MAPLBOOKS Since 1996. Heemang Institute, Inc. www.mapl.co.kr

mapl

마플교과서

Your master plan. MAPL

수능과 내신의 수학개념서

마플교과서
확률과 통계

마플교과서 확률과 통계

ISBN : 978-89-94845-69-2 (53410)

발행일 : 2019년 7월 31일(1판 1쇄)

인쇄일 : 2024년 11월 4일

판/쇄 : 1판 8쇄

펴낸곳
희망에듀출판부 *(Heemang Institute, inc. Publishing dept.)*

펴낸이
임정선

주소 경기도 부천시 석천로 174 하성빌딩
[174, Seokcheon-ro, Bucheon-si, Gyeonggi-do, Republic of Korea]

교재 오류 및 문의
mapl@heemangedu.co.kr

희망에듀 홈페이지
http://www.heemangedu.co.kr

마플교재 인터넷 구입처
http://www.mapl.co.kr

교재 구입 문의
오성서적
Tel 032) 653-6653
Fax 032) 655-4761

YOUR
MASTER
PLAN

핵심단권화 수학개념서
마플교과서 시리즈

내신 1등급 완성
Σ
마플시너지 시리즈

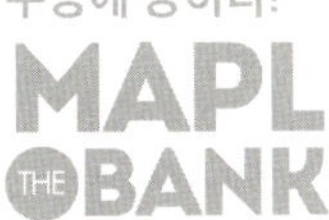

수능에 강하다!
MAPL
THE BANK
마플총정리 시리즈

핵심단권화 수학개념서

마플교과서 시리즈

내신 1등급 완성

마플시너지 시리즈

수능에 강하다!
MAPL THE BANK
마플총정리 시리즈

INTRO

매시 업은 [으깨어서 하나로 뭉친다]는 의미로써 원래 DJ 뮤지션들이 여러 곡을 샘플링하거나 서로 다른 곡을 조합하여 새로운 곡을 만들어 내는 것을 의미하는 음악용어이나 IT(정보기술) 분야에서는 웹상에서 웹서비스 업체들이 제공하는 다양한 정보(콘텐츠)와 서비스를 혼합하여 새로운 서비스를 개발하는 것을 의미합니다. 즉 서로 다른 웹사이트의 콘텐츠를 조합하여 새로운 차원의 콘텐츠와 서비스를 창출하는 것을 말합니다.

마플 수학 교과서는 매시업(MASH UP)된 교재입니다

마플교과서는 학생 여러분이 수능과 내신을 효율적으로 준비할 수 있도록 교육과정에 따라 체계적으로 꾸며졌습니다. 한 눈에 모든 유형을 볼 수 있도록 구성된 신개념 교과서입니다.
또한 개정교과서의 핵심 내용정리, 학교 내신 빈출문제, 수능 기출 및 전국 연합 모의고사의 엄선된 문제로 구성된 단권화된 유형별 개념서입니다.

① 핵심내용과 문제를 단권화한 마플 교과서

고등학생들이 수학 공부에 좌절하는 이유는 공부 자체의 양이 많고, 전 범위 시험에 따른 효과적인 반복학습 요구량이 급증하기 때문입니다. 단권화를 완성해 놓으면 엄청난 위력이 발휘되지만 거기에 도달하기까지의 지루함, 진도의 느림 등 많은 어려움이 있습니다.
이에 마플 교과서는 이 한 권으로 시간의 효율화를 기할 수 있고, 최근의 학교시험 경향과, 수능 과정의 기본적인 개념 정리를 한 눈에 쉽게 파악할 수 있도록 단권화하여 정리하였습니다.

② 마플 교과서는 반복입니다

많은 문제를 풀기보다 학생스스로 자연스럽게 개념을 습득하고, 문제를 해결하는 수학적인 힘을 기르기 위해서는 반복학습이 중요합니다.
이에 마플 교과서는 개념정리의 보기문제와 개념익힘의 확인, 변형, 발전문제, 단원종합문제의 BASIC, NORMAL, TOUGH문제를 통하여 자동적으로 유사문제 및 변형된 다양한 문제를 접할 수 있어, 새로 개정된 수학과 교육과정에 맞추어 문제해결 능력, 수학적 추론 능력, 의사소통 능력을 키울 수 있습니다.

③ 문제은행으로 구성된 교재

개념서 따로, 문제집 따로가 아닌 마플 교과서 한 권으로 두 가지 효과를 낼 수 있도록 문제은행식으로 구성되었습니다. 수학적 사고 능력이 능동적으로 키워질 수 있도록 구성된 교육과정에 따라 체계적인 문제흐름으로 문제를 구성하여 어떠한 형태의 문제라도 자신감있게 해결할 수 있도록 구성하였습니다.

끝으로 이 개념서를 통하여 학생 여러분의 수학적 창의성과 문제해결 능력이 크게 배양되어 학생이 꿈꾸는 희망이 실현되길 바랍니다.

희망에듀 출판부

목차

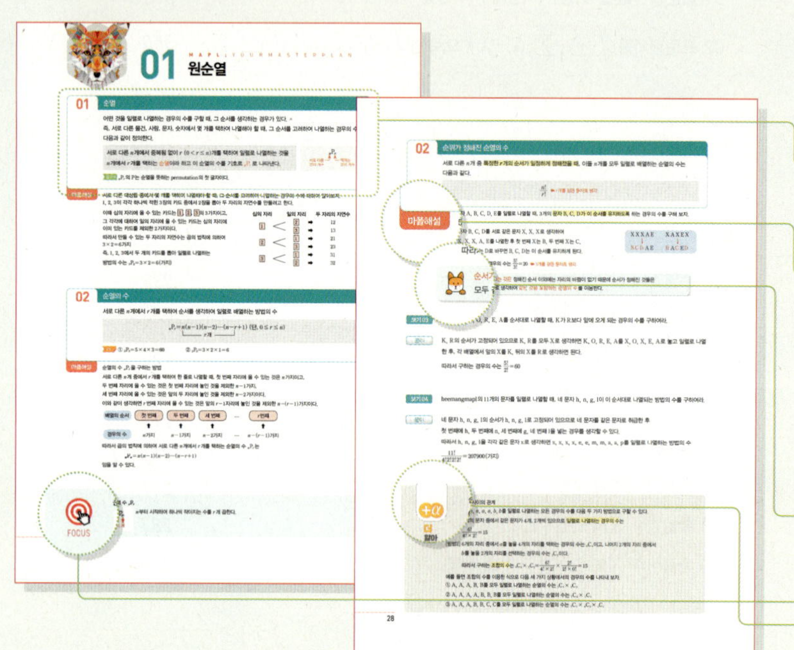

01 개념정리 단계
자세한 개념 설명 + [보기]의 일체화

개념정리

교육과정을 체계화하여 알기 편하게 구성하였고 교과서의 개념을 [보기]문제로 정리, 일체화를 꾀했습니다.

마플해설

개념의 원리나 공식 유도 과정 및 성질을 증명하여 개념의 완벽한 이해를 돕기 위한 부가 설명입니다.

FOCUS정리

주요 개념 정리와 마플해설 단계에서 배운 내용을 요약, 정리하여 학습 내용을 한 눈에 쉽게 상기할 수 있도록 요점 정리와 보충 학습이 가능하도록 했습니다.

Keypoint 

마플해설에서 요점이나 중심을 두는 부분으로 핵심만을 쉽게 정리하여 암기할 수 있도록 제시된 내용입니다.

$+\alpha$ 더 알아보기

개념정리와 마플해설에서 필요한 세부적인 내용을 추가하여 정리하였습니다.

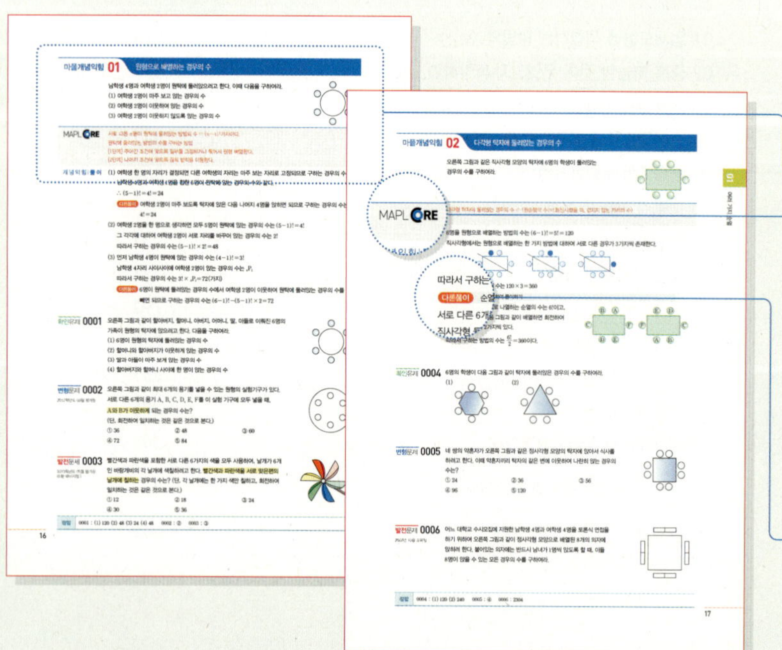

02 개념익힘 단계 PART1
핵심 개념을 아우르는 예시문제 연습

마플개념익힘

개념정리 단계를 통해 배운 개념을 적용할 수 있는 대표적인 핵심 유형 문제입니다. 마플코어에서 새로 도입할 내용과 원리의 실마리를 제공하고 마플 풀이를 통해서 개념을 확실하게 이해할 수 있도록 했습니다.

마플코어

학습한 내용의 핵심개념을 정리하여 개념 익힘 해결에 결정적 역할을 하는 실마리를 제공합니다. 보다 쉽게 문제와 개념을 연결해 해결할 수 있도록 도움을 줍니다.

다른 풀이

다각적으로 사고하는 연습이 필요하므로 다른 방법(교육과정 외의 개념 또는 특이한 풀이, 직관적인 풀이 등)으로 문제에 접근할 수 있도록 알려 줍니다.

03 개념익힘 단계 PART2
확인유제 + 변형문제 + 발전문제

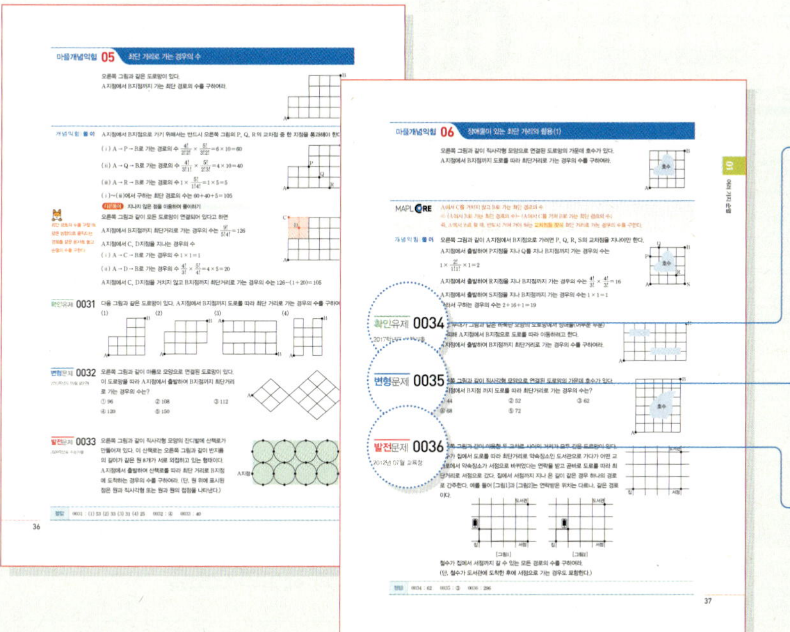

확인유제
개념익힘문제를 통해 익힌 풀이 과정을 반복 연습하면서 스스로 문제를 해결할 수 있는 힘을 키울 수 있습니다.

변형문제
개념익힘 및 확인유제보다 더 새롭고 강한 개념을 가지는 업그레이드된 문제입니다. 사고력을 키울 수 있는 문제로 구성되어 새로운 문제 적응력을 키울 수 있습니다.

발전문제
내신과 수능에서 개념익힘에 해당하는 종합적인 문제해결능력을 키울 수 있는 응용문제로서 고득점을 얻기 위한 중요한 문제로 구성되었습니다.

04 단원종합문제
BASIC + NORMAL + TOUGH

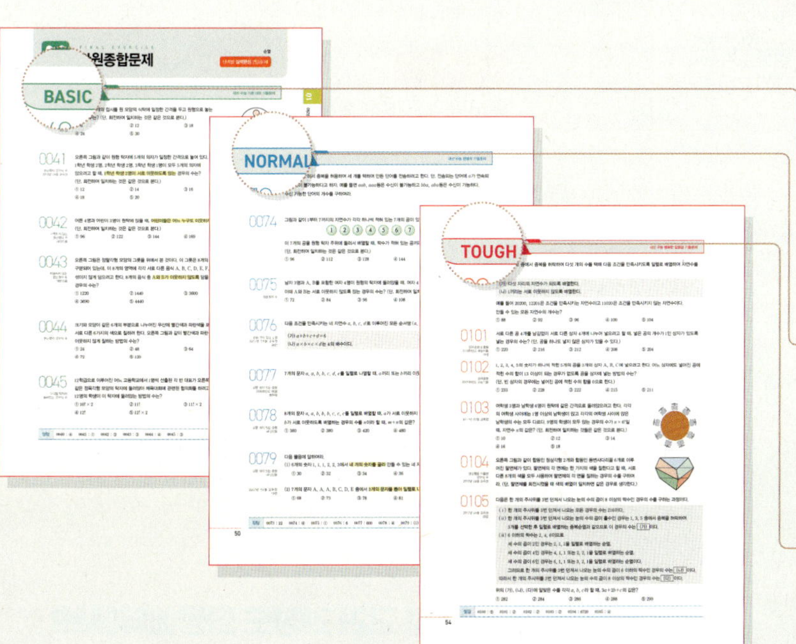

BASIC 내신, 수능 기본 대표기출문제
정답률 70%이상의 내신 기출문제와 교육청/평가원 기출문제로, 기본 계산문제와 내용 실수를 줄이도록 기존의 개념익힘문제를 반복할 수 있도록 구성된 문제입니다.

NORMAL 내신, 수능 변별력 기출문제
정답률 30%이하인 학교내신 1등급, 수능 1등급을 목표로 해서 변별력 있는 문제로 구성하였습니다.

서술형
복합적인 내용을 가진 변별력 높은 서술형 문제를 단계별로 서술하여 서술형 대비를 보다 체계적으로 할 수 있게 하였습니다.

TOUGH 내신, 수능 행복한 일등급 기출문제
각종 기출문제에서 오답률 70%이상의 문제로서 수학적 사고력을 기르고, 문제해결능력 및 추론문제로 구성된 수능 21, 29, 30번에 도전하는 수준 높은 문제로 구성하였습니다.

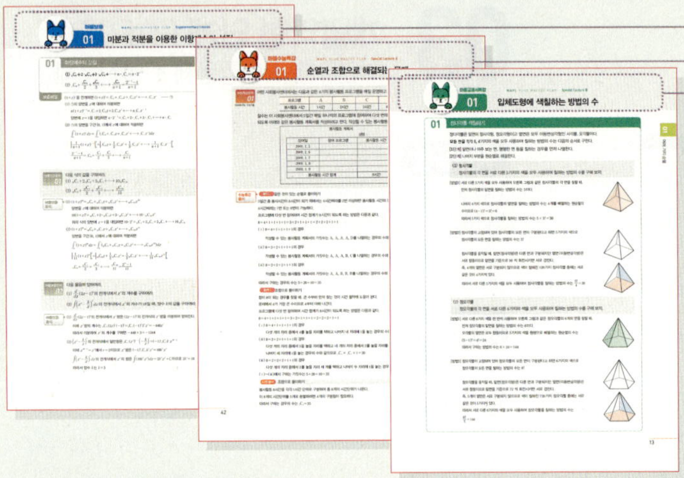

05 마플보충 / 마플특강
심층학습을 위한 추가 파트

마플보충

교육과정에서 다루고 있지 않지만 개념 이해와 문제 해결능력에 유용한 내용을 제시하여 수학적 원리의 이해도를 높일 수 있도록 했습니다.

마플수능특강

교육과정에서 다루는 새로운 개념 이해와 수능문제 해결능력에 유용한 내용을 제시하여 수학적 원리의 이해도를 높일 수 있도록 했습니다.

마플교과서특강

학교 교과서에서 수학적 사고력을 기르는 내용을 요점정리하여 추가했습니다.

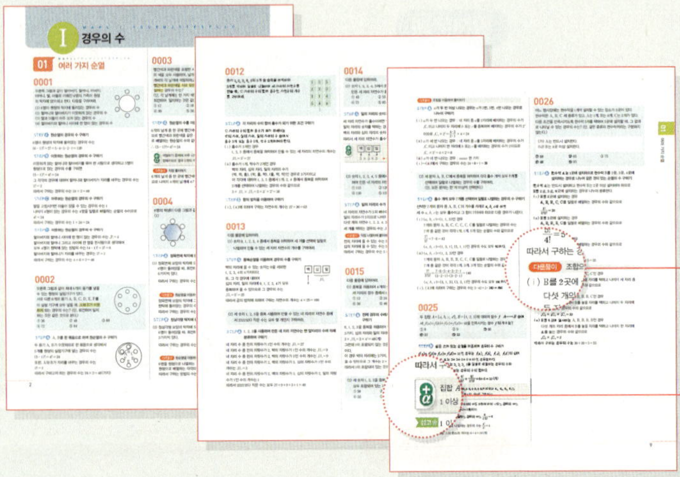

06 정답과 해설
정답과 해설의 요소들

다른풀이

다각적으로 사고하는 연습이 필요하므로 다른 방법 (교육과정 외의 개념 또는 특이한 풀이, 직관적인 풀이 등)으로 문제에 접근할 수 있도록 알려줍니다.

+α

해설부분의 추가적인 설명이 필요한 내용을 정리하였습니다.

수능과 내신의 수학개념서

mapl

마플
교과서

MAPL SERIES www.mapl.co.kr

확률과 통계

Ⅰ 경우의 수　　Ⅱ 확률　　Ⅲ 통계

01

여러 가지 순열

1. 원순열
2. 중복순열
3. 같은 것이 있는 순열

01 원순열

01 순열

어떤 것을 일렬로 나열하는 경우의 수를 구할 때, 그 순서를 생각하는 경우가 있다.

즉, 서로 다른 물건, 사람, 문자, 숫자에서 몇 개를 택하여 나열해야 할 때, 그 순서를 고려하여 나열하는 경우의 수를 다음과 같이 정의한다.

> 서로 다른 n개에서 중복됨 없이 $r\,(0 < r \leq n)$개를 택하여 일렬로 나열하는 것을 n개에서 r개를 택하는 **순열** 이라 하고 이 순열의 수를 기호로 $_n\mathrm{P}_r$로 나타낸다.

$$\text{서로 다른 것의 개수} \Rightarrow {}_n\mathrm{P}_r \Leftarrow \text{택하는 것의 개수}$$

참고 $_n\mathrm{P}_r$의 P는 순열을 뜻하는 permutation의 첫 글자이다.

마플해설 서로 다른 대상들 중에서 몇 개를 택하여 나열해야 할 때, 그 순서를 고려하여 나열하는 경우의 수에 대하여 알아보자.

1, 2, 3이 각각 하나씩 적힌 3장의 카드 중에서 2장을 뽑아 두 자리의 자연수를 만들려고 한다.

이때 십의 자리에 올 수 있는 카드는 1, 2, 3의 3가지이고,
그 각각에 대하여 일의 자리에 올 수 있는 카드는 십의 자리에
이미 있는 카드를 제외한 2가지이다.

따라서 만들 수 있는 두 자리의 자연수는 곱의 법칙에 의하여
$3 \times 2 = 6$가지

즉, 1, 2, 3에서 두 개의 카드를 뽑아 일렬로 나열하는

방법의 수는 $_3\mathrm{P}_2 = 3 \times 2 = 6$(가지)

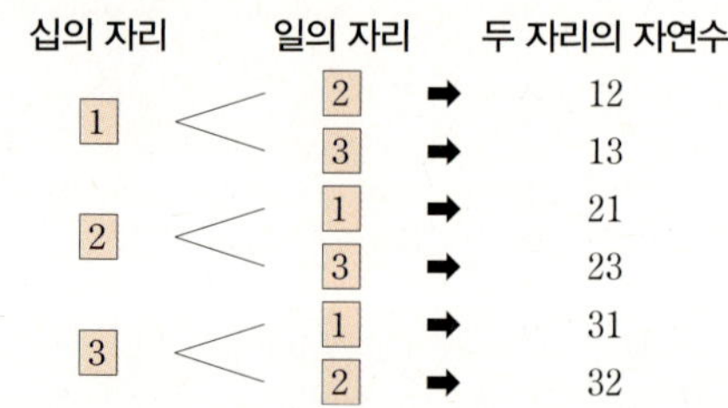

십의 자리	일의 자리	두 자리의 자연수
1	2 ➡	12
	3 ➡	13
2	1 ➡	21
	3 ➡	23
3	1 ➡	31
	2 ➡	32

02 순열의 수

서로 다른 n개에서 r개를 택하여 순서를 생각하여 일렬로 배열하는 방법의 수

$$_n\mathrm{P}_r = \underbrace{n(n-1)(n-2)\cdots(n-r+1)}_{r\text{개}} \ (\text{단},\ 0 \leq r \leq n)$$

EX ① $_5\mathrm{P}_3 = 5 \times 4 \times 3 = 60$ ② $_3\mathrm{P}_3 = 3 \times 2 \times 1 = 6$

마플해설 순열의 수 $_n\mathrm{P}_r$을 구하는 방법

서로 다른 n개 중에서 r개를 택하여 한 줄로 나열할 때, 첫 번째 자리에 올 수 있는 것은 n가지이고,

두 번째 자리에 올 수 있는 것은 첫 번째 자리에 놓인 것을 제외한 $n-1$가지,

세 번째 자리에 올 수 있는 것은 앞의 두 자리에 놓인 것을 제외한 $n-2$가지이다.

이와 같이 생각하면 r번째 자리에 올 수 있는 것은 앞의 $r-1$자리에 놓인 것을 제외한 $n-(r-1)$가지이다.

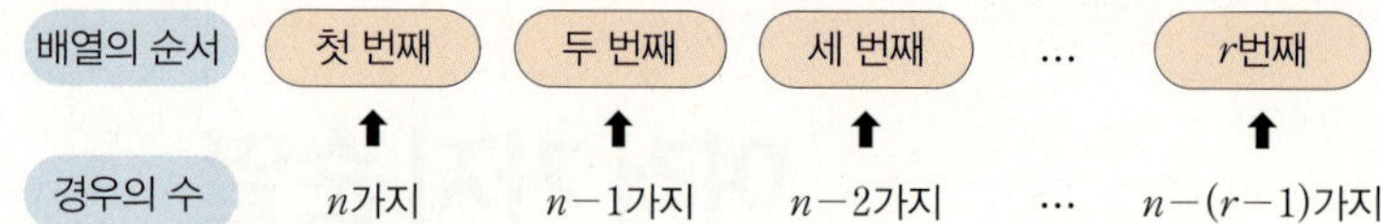

배열의 순서	첫 번째	두 번째	세 번째	…	r번째
경우의 수	n가지	$n-1$가지	$n-2$가지	…	$n-(r-1)$가지

따라서 곱의 법칙에 의하여 서로 다른 n개에서 r개를 택하는 순열의 수 $_n\mathrm{P}_r$는

$$_n\mathrm{P}_r = n(n-1)(n-2)\cdots(n-r+1)$$

임을 알 수 있다.

FOCUS

순열의 수 $_n\mathrm{P}_r$

n부터 시작하여 하나씩 작아지는 수를 r개 곱한다.

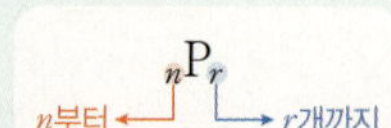

보기 01 다음 순열의 수를 구하여라.

(1) 4명의 후보 중에서 회장 1명, 부회장 1명을 뽑는 순열의 수

(2) 4개의 알파벳 M, A, P, L 중에서 서로 다른 3개를 택하여 일렬로 나열하는 경우의 수

(3) 나정이네 반에서 연극에 참가할 8명 중에서 배역 A, B, C를 정하는 경우의 수

(4) 11명의 축구 선수 중에서 5명의 선수를 뽑아 순서를 정하여 승부차기를 하는 경우의 수

풀이

(1) $_4P_2 = 4 \times 3 = 12$

(2) $_4P_3 = 4 \times 3 \times 2 = 24$

(3) $_8P_3 = 8 \times 7 \times 6 = 336$

(4) $_{11}P_5 = 11 \times 10 \times 9 \times 8 \times 7 = 55440$

보기 02 1, 2, 3의 숫자가 적힌 3장의 카드가 있다. 다음 물음에 답하여라.

(1) 3장의 카드를 나열하여 만들 수 있는 세 자리 자연수의 개수를 구하여라.

(2) 2장을 뽑아 만들 수 있는 두 자리 자연수의 개수를 구하여라.

풀이

(1) $_3P_3 = 3 \times 2 \times 1 = 6$(가지)

(2) $_3P_2 = 3 \times 2 = 6$(가지)

03 계승과 순열의 수

(1) 서로 다른 n개에서 n개 전체를 일렬로 배열하는 방법의 수

$$_nP_n = n(n-1)(n-2)\cdots 3 \cdot 2 \cdot 1$$

이 식의 우변에 있는 1부터 n까지의 자연수를 차례대로 곱한 것을 n의 계승이라 하고 기호로 $n!$과 같이 나타낸다.

$n! = n(n-1)(n-2)\cdots 3 \cdot 2 \cdot 1$, 즉 $_nP_n = n!$

> **참고** n의 계승 $n!$에서 !은 펙토리얼(factorial)이라고 읽는다.

(2) $0 < r < n$일 때, 순열의 수 $_nP_r$을 계승을 이용하여 다음과 같이 나타낸다.

$$_nP_r = n(n-1)(n-2)\cdots(n-r+1) = \frac{n!}{(n-r)!}$$

(3) 다음과 같이 정의한다.

① $_nP_n = n!$ ② $_nP_0 = 1$ ③ $0! = 1$

마플해설 $0 < r < n$일 때, 순열의 수 $_nP_r$을 계승을 이용하여 나타내면 다음과 같다.

$_nP_r = n(n-1)(n-2)\cdots(n-r+1)$

$= \dfrac{n(n-1)(n-2)\cdots(n-r+1)(n-r)(n-r-1)\cdots 2 \cdot 1}{(n-r)(n-r-1)\cdots 2 \cdot 1} = \dfrac{n!}{(n-r)!}$

$0! = 1$로 정의하면 $_nP_n = \dfrac{n!}{(n-n)!} = \dfrac{n!}{0!} = n!$이므로 위의 식은 $r = n$일 때도 성립한다.

$_nP_0 = 1$로 정의하면 $_nP_0 = \dfrac{n!}{(n-0)!} = \dfrac{n!}{n!} = 1$이므로 위의 식은 $r = 0$일 때도 성립한다.

보기 03 다음 값을 구하여라.

(1) $_7P_3$ (2) $_5P_5$ (3) $0! \cdot 4!$ (4) $_6P_0$

풀이

(1) $_7P_3 = \dfrac{7!}{(7-3)!} = \dfrac{7!}{4!} = \dfrac{7 \cdot 6 \cdot 5 \cdot 4 \cdot 3 \cdot 2 \cdot 1}{4 \cdot 3 \cdot 2 \cdot 1} = 210$

(2) $_5P_5 = 5! = 5 \cdot 4 \cdot 3 \cdot 2 \cdot 1 = 120$

(3) $0! \cdot 4! = 1 \cdot 4 \cdot 3 \cdot 2 \cdot 1 = 24$

(4) $_6P_0 = 1$

서로 다른 것을 원형으로 배열하는 순열을 원순열이라고 하며, 원순열에서는 회전하여 일치하는 경우를 모두 같은 것으로 정한다.

(1) 서로 다른 n개를 원형으로 배열하는 원순열의 수는 $\dfrac{n!}{n}=(n-1)!$이다.

(2) 서로 다른 n개 중에서 어느 한 개의 위치를 고정하고 나머지 $(n-1)$개를 일렬로 배열하는 원순열의 수는 $(n-1)!$이다.

참고 ① 원형으로 배열할 때는 위치를 생각하지 않고 순서만을 생각하여 순서가 같은 배열을 모두 같은 경우로 본다.

② 서로 다른 n개에서 r개를 택한 후 원형으로 배열하는 경우의 수는 $\dfrac{{}_n\mathrm{P}_r}{r}$이다.

마플해설

원순열의 수를 구하는 방법을 알아보자.

세 사람 A, B, C가 원 모양의 탁자에 둘러앉았을 때, 다음 그림의 경우는 서로 다른 것처럼 보이지만 첫째 배열을 차례로 회전시켜 보면 나머지 2개의 배열을 만들 수 있다. 이때 회전하여 같은 배열이 되는 이 3개의 배열은 모두 같은 것으로 볼 수 있다.

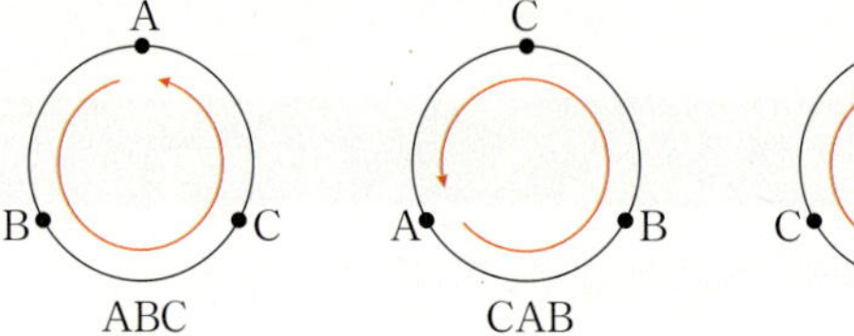

즉, 세 명의 사람 A, B, C를 일렬로 배열하는 순열의 수는 3!이지만 이 각각을 원형으로 배열하면 3! 중 3가지씩 같은 배열이 있다. 따라서 세 사람 A, B, C를 원형으로 배열하는 경우의 수는

$$\frac{3!}{3}=(3-1)!=2!=2$$

이다.

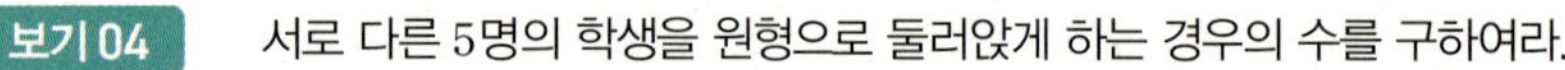

이와 같이 서로 다른 것을 원형으로 배열하는 순열을 원순열이라 한다.

서로 다른 n개를 일렬로 배열하는 순열의 수는 $n!$이고, 이 각각을 원형으로 배열하면 $n!$ 중 같은 배열이 n가지씩 있다.

따라서 서로 다른 n개를 원형으로 배열하는 원순열의 수는 $\dfrac{n!}{n}=(n-1)!$

보기 04 서로 다른 5명의 학생을 원형으로 둘러앉게 하는 경우의 수를 구하여라.

풀이 서로 다른 5명을 원형으로 배열하는 원순열의 수이므로 $\dfrac{5!}{5}=(5-1)!=4!=24$

보기 05 서로 다른 7명의 학생을 오른쪽 그림의 4인용 원탁에 둘러앉게 하는 경우의 수를 구하여라.

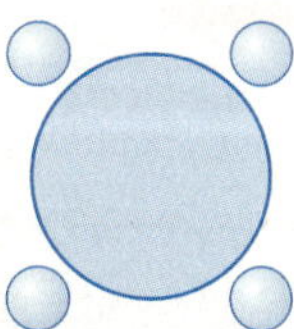

풀이 서로 다른 7명에서 4명을 택하여 원형으로 배열하는 원순열의 수이므로 $\dfrac{{}_7\mathrm{P}_4}{4}=\dfrac{7\times6\times5\times4}{4}=210$(가지)

보기 06 오른쪽 그림과 같이 정사각형으로 이루어진 4개의 영역을 A, B, C, D의 서로 다른 4가지 색을 모두 사용하여 칠하는 방법의 수를 구하여라.

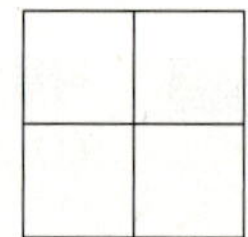

풀이 다음 그림과 같이 회전에 의하여 같아지는 것이 4가지씩 있다.

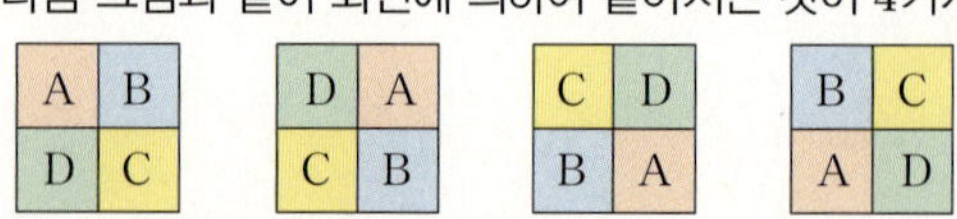

따라서 구하는 방법의 수는 $\dfrac{4!}{4}=(4-1)!=3!=6$(가지)

05 이웃하는 또는 이웃하지 않게 하는 원순열의 수

두 집단 중 한 집단을 이웃하게 또는 이웃하지 않게 하는 원순열의 수

(1) 한 집단을 이웃하게 하는 원순열의 수

[1단계] 이웃하게 하는 집단을 묶어서 하나의 대상으로 보고 원순열의 수를 구한다.
[2단계] [1단계]에서 구한 임의의 한 원순열에 대하여 이웃하게 하는 집단의 구성원끼리의 자리를 바꿀 수 있는 순열의 수를 구한다.
[3단계] [1단계]에서 구한 원순열과 [2단계]에서 구한 순열의 수를 곱한다.

(2) 한 집단을 이웃하지 않게 하는 원순열의 수

[1단계] 이웃해도 좋은 집단으로 만들어지는 원순열의 수를 구한다.
[2단계] [1단계]에서 구한 임의의 한 원순열에 대하여 대상들 사이에 이웃하지 않게 하는 대상을 나열하는 순열의 수를 구한다.
[3단계] [1단계]에서 구한 원순열의 수와 [2단계]에서 구한 순열의 수를 곱한다.

보기 07 부모와 4명의 자녀로 구성된 6명의 가족이 원형의 식탁에 둘러앉을 때, 다음을 구하여라.

(1) 6명이 앉는 경우의 수

(2) 부모가 이웃하여 앉는 경우의 수

(3) 부모가 마주 보고 앉는 경우의 수

풀이 (1) 6명이 원형 식탁에 둘러앉는 방법의 수는 원순열의 수이므로

$$(6-1)!=5!=120$$

(2) 부모를 한 사람으로 생각하면 5명이 원형 식탁에 둘러앉는 방법의 수는

$$(5-1)!=4!=24$$

이때 각각에 대하여 부모가 서로 자리를 바꿔 앉는 방법의 수가 $2!$이므로 구하는 경우의 수는 $24 \times 2! = 48$

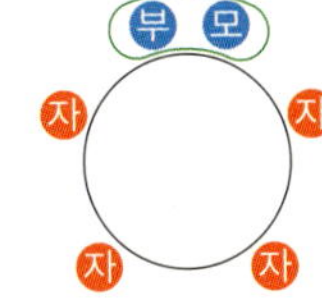

(3) 부모 중 한사람이 앉으면 다른 한 사람은 그 맞은편에 앉으면 되고, 다른 가족 4명이 나머지 자리에 앉으면 된다. 이때 다른 가족 4명이 나머지 자리에 앉는 경우의 수는 $4!$이므로 구하는 경우의 수는 $1 \times 4! = 24$

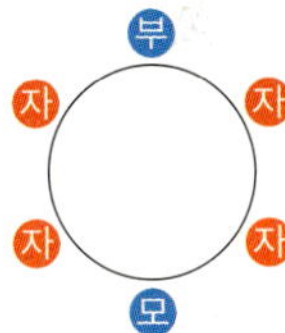

보기 08 남학생 4명과 여학생 3명이 원형의 탁자에 둘러앉을 때, 다음을 구하여라.

(1) 여학생끼리 이웃하여 앉는 경우의 수

(2) 여학생끼리 이웃하지 않게 앉는 경우의 수

풀이 (1) 여학생 3명을 한 명으로 생각하면 5명이 원탁에 둘러앉는 경우의 수는

$$(5-1)!=4!=24$$

여학생끼리 자리를 바꾸는 경우의 수는 $3!=6$

따라서 구하는 경우의 수는 $24 \times 6 = 144$

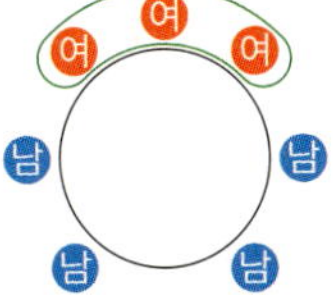

(2) 먼저 남학생 4명이 원형의 탁자에 둘러앉는 경우의 수는

$$(4-1)!=3!=6$$

이때 남학생 사이의 4곳 중에서 3곳을 택하여 여학생이 앉으면 서로 이웃하지 않으므로 여학생이 앉는 경우의 수는 $_4\mathrm{P}_3 = 24$

따라서 구하는 경우의 수는 $6 \times 24 = 144$

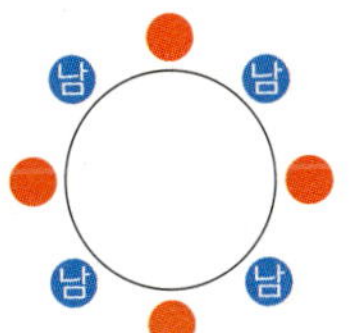

다각형의 둘레에 배열하는 방법의 수는 다음과 같다.

$$\text{(원순열의 수)} \times \text{(회전시켰을 때 겹치지 않는 자리의 수, 즉 기준이 되는 원소의 개수)}$$

마플해설 **다각형 둘레에 배열하는 순열의 수**

서로 다른 n개를 원형으로 배열하는 경우에는 어느 자리를 기준으로 고정시키더라도 모두 같은 경우이지만
다각형 둘레에 배열하는 경우에는 기준이 되는 원소의 위치에 따라 서로 다른 방법이 될 수 있다.

예를 들어 정삼각형의 모양의 탁자에 6명의 학생이 둘러앉는 방법의 수를 구하여 보자.

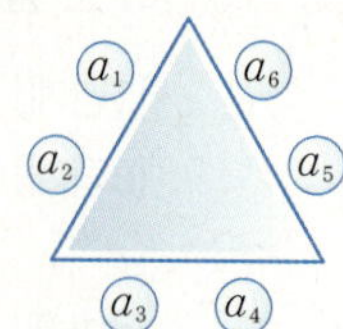

방법1 오른쪽 그림에서 특정한 한 학생이 6개의 자리 중 a_1에 앉았다고 할 때, 회전시키면
a_3 또는 a_5에 앉은 것과 같으므로 a_1, a_3, a_5의 자리는 구분 되지 않는다.
마찬가지 방법으로 a_2, a_4, a_6의 자리는 구분되지 않는다.

즉, 고정시키는 사람 ❶이 a_1, a_2 중 어느 자리에 앉느냐에 따라 다음과 같은 2가지의 서로 다른 배열이 나타난다.

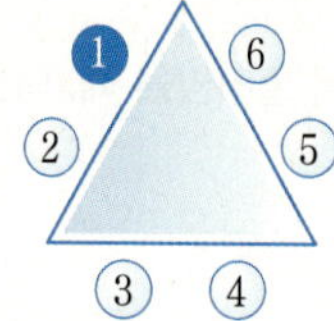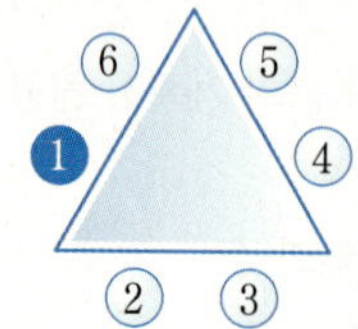

따라서 6명의 학생이 원탁에 둘러앉는 각 경우에 대하여 특정한 한 사람이 앉을 수 있는 서로 다른 자리는
a_1, a_2의 2군데이므로 6명의 학생이 정삼각형 모양의 탁자에 둘러앉는 방법의 수는 $(6-1)! \times 2 = 240$(가지)

방법2 서로 다른 n개를 원형으로 배열하는 원순열의 수는 일렬로 배열하는 순열의 수 $n!$을 회전에 의하여 같아지는 것의
개수인 n으로 나누어 구하였다.
다음 그림과 같이 앉아 있는 6명의 학생 A, B, C, D, E, F가 반시계 방향으로 한 칸씩 이동하여 앉기를 반복할 때,
같아지는 것의 개수가 3가지씩 있다.

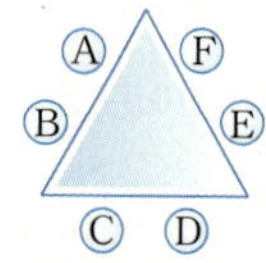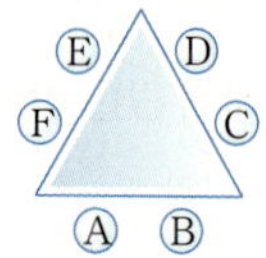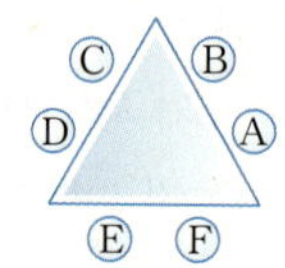
← 반시계방향으로 한 칸씩 이동하면 일치한다.

따라서 정삼각형 모양의 탁자에 6명이 둘러앉는 방법의 수는 $\dfrac{6!}{3} = 240$

다각형에 둘러앉은 방법의 수를 구하면 다음과 같다.

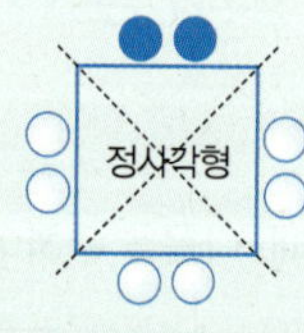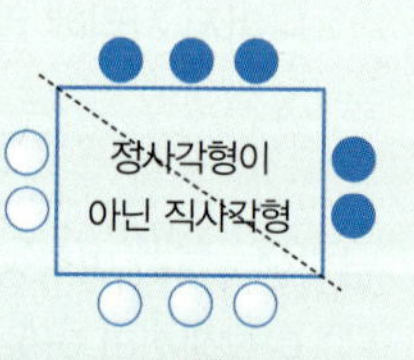

$$(6-1)! \times \frac{6}{3} = 5! \times 2 \qquad (8-1)! \times \frac{8}{4} = 7! \times 2 \qquad (10-1)! \times \frac{10}{5} = 9! \times 2 \qquad (10-1)! \times \frac{10}{2} = 9! \times 5$$

FOCUS **다각형 모양의 탁자에서 활용된 원순열**

정사각형 탁자의 각 변에 1명씩 앉는 방법과 2명씩 앉는 방법의 수는 각각 얼마인지 구해 보자.

(1) 오른쪽 그림의 경우에는 원순열과 같다. 단지 원형의 탁자가 정사각형의 탁자로 변경된 것뿐이다.
　　즉, 정사각형 탁자의 각 변에 1명씩 4명이 앉는 방법의 수는 $(4-1)! = 6$(가지)

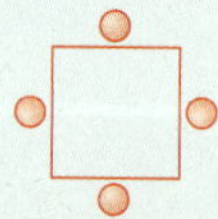

(2) 오른쪽 그림의 경우에는 다음과 같이 두 가지 방법으로 생각할 수 있다.
　　[방법1] 기준점이 되는 자리를 하나 잡는다. 즉 한 명을 한 변의 왼쪽에 앉아 기준점이 되는 것과
　　　　　오른쪽에 앉아 기준점이 되는 것은 다르므로 $2 \times 7! = 10080$(가지)
　　[방법2] 8명을 일렬로 배열하여 차례로 각 자리에 앉히는 방법의 수는 $8!$가지이다.
　　　　　원순열과 같이 정사각형의 탁자를 $90°$회전할 때마다 같은 배치가 나타나므로 4로 나누어 준다.
　　　　　즉, $\dfrac{8!}{4} = 10080$(가지)

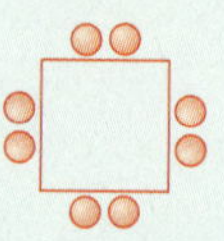

01 입체도형에 색칠하는 방법의 수

01 정다각뿔 색칠하기

정다각뿔은 밑면이 정다각형이고 옆면은 모두 이등변삼각형으로 이루어진 도형이다.
여기서는 정사각뿔과 정오각뿔에 색칠하는 경우의 수를 구해보자.
모든 면을 각각 5, 6가지의 색을 모두 사용하여 칠하는 방법의 수는 다음의 순서로 구한다.

방법1 [1단계] 밑면을 먼저 칠한다.

[2단계] 나머지 부분을 원순열로 해결한다.

방법2 [1단계] 모든 면이 구분된다고 가정하고 색칠하는 경우의 수를 구한다.

[2단계] 도형을 움직여 서로 겹치는 경우의 수를 구하여 나눈다.

(1) 정사각뿔

정사각뿔의 각 면을 서로 다른 5가지의 색을 모두 사용하여 칠하는 방법의 수를 구해 보자.
(단, 각 색은 1번씩만 사용하고, 회전하여 일치하는 경우는 모두 같은 것으로 본다.)

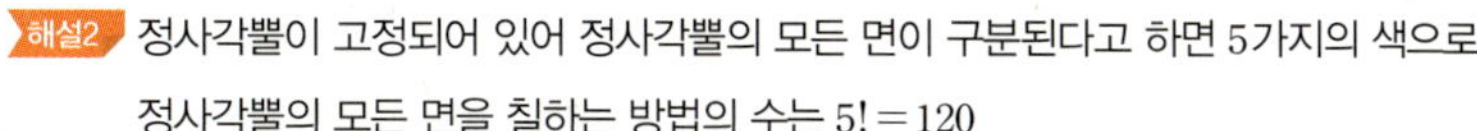

해설1 서로 다른 5가지 색을 모두 사용하여 오른쪽 그림과 같은 정사각뿔의 각 면을 칠할 때,

먼저 정사각뿔의 밑면을 칠하는 방법의 수는 5이다.

나머지 4가지 색으로 정사각뿔의 옆면을 칠하는 방법의 수는 4개를 배열하는 원순열의 수이므로

$(4-1)!=3!=6$

따라서 5가지 색으로 정사각뿔을 칠하는 방법의 수는 $5 \times 3!=30$

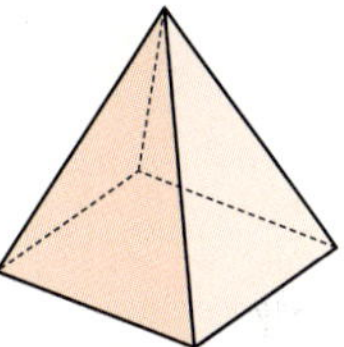

해설2 정사각뿔이 고정되어 있어 정사각뿔의 모든 면이 구분된다고 하면 5가지의 색으로

정사각뿔의 모든 면을 칠하는 방법의 수는 $5!=120$

정사각뿔을 움직일 때, 밑면(정사각형)은 다른 면과 구분되지만 옆면(이등변삼각형)은

서로 합동이므로 밑면을 기준으로 90°씩 회전시키면 서로 겹친다.

즉, 4개의 옆면은 서로 구분되지 않으므로 색이 칠해진 120가지 정사각뿔 중에는 서로

같은 것이 4가지씩 있다.

따라서 서로 다른 5가지의 색을 모두 사용하여 정사각뿔을 칠하는 방법의 수는

$\dfrac{5!}{4}=30$

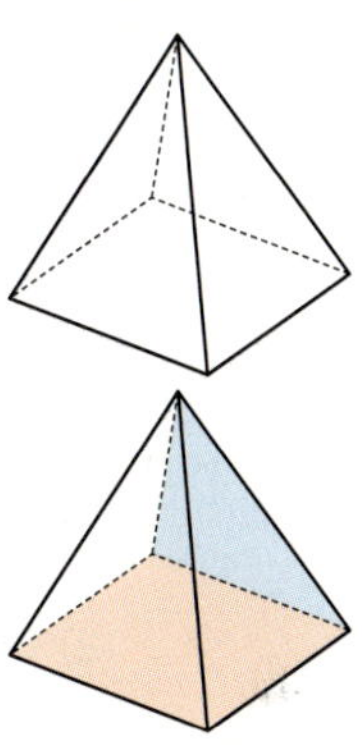

(2) 정오각뿔

정오각뿔의 각 면을 서로 다른 6가지의 색을 모두 사용하여 칠하는 방법의 수를 구해 보자.

해설1 서로 다른 6가지 색을 한 번씩 사용하여 오른쪽 그림과 같은 정오각뿔의 6개의 면을 칠할 때,

먼저 정오각뿔의 밑면을 칠하는 방법의 수는 6이다.

오각뿔의 옆면은 모두 합동이므로 5가지의 색을 원형으로 배열하는 원순열의 수는

$(5-1)!=4!=24$

따라서 구하는 방법의 수는 $6 \times 24=144$

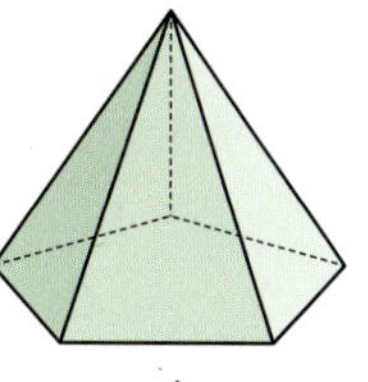

해설2 정오각뿔이 고정되어 있어 정오각뿔의 모든 면이 구분된다고 하면 6가지의 색으로

정오각뿔의 모든 면을 칠하는 방법의 수는 $6!=720$

정오각뿔을 움직일 때, 밑면(정오각형)은 다른 면과 구분되지만 옆면(이등변삼각형)은

서로 합동이므로 밑면을 기준으로 72°씩 회전시키면 서로 겹친다.

즉, 5개의 옆면은 서로 구분되지 않으므로 색이 칠해진 720가지 정오각뿔 중에는 서로

같은 것이 5가지씩 있다.

따라서 서로 다른 6가지의 색을 모두 사용하여 정오각뿔을 칠하는 방법의 수는

$\dfrac{6!}{5}=144$

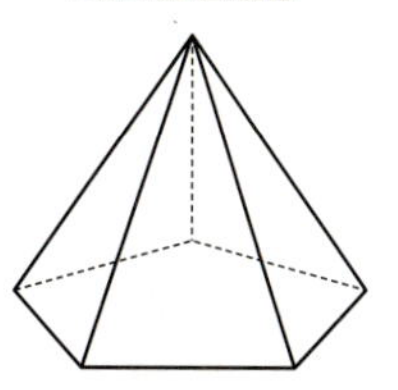

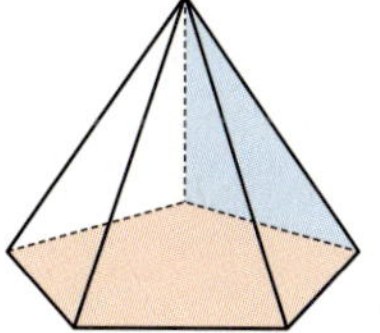

정다면체와 같이 도형을 움직여서 일치하는 경우가 있는 입체도형에 색칠하는 경우의 수는 다음 두 가지 방법으로 구할 수 있다.

방법1 [1단계] 한 면을 밑면으로 정하여 한 가지 색을 먼저 칠한다. ← 경우의 수는 '1'

[2단계] 나머지 면을 원순열 등을 고려하여 칠한다.

방법2 [1단계] 입체도형이 고정되어 있다고 생각하고(모든 면이 구별된다고 생각하고) 모든 면을 칠한다. ⇨ $n!$

[2단계] 회전하거나 뒤집는 등 움직이면서 서로 같은(구분되지 않는, 겹치는) 경우의 수를 구하여 나눈다.

$$\frac{(\text{고정되어 있을 때 칠하는 방법의 수})}{(\text{도형을 움직였을 때 생기는 서로 같은 경우의 수})}$$

정다면체는 정사면체, 정육면체, 정팔면체, 정십이면체, 정이십면체의 5가지가 있다. 5가지 정다면체 중 정사면체, 정육면체, 정팔면체, 정십이면체의 모든 면을 각각 4, 6, 8, 12가지의 색을 모두 사용하여 칠하는 방법의 수를 구하여 보자.

(1) 정사면체

정사면체의 각 면을 서로 다른 4가지의 색을 모두 사용하여 칠하는 방법의 수를 구해 보자.

해설1 정사면체의 모든 면을 4가지의 색을 모두 사용하여 칠하는 방법의 수는 1면을 정해 1가지 색을 칠한 후, 나머지 3가지 색으로 나머지 3면을 원순열로 배열하여 칠하는 방법의 수와 같다.

따라서 구하는 방법의 수는 $1 \times (3-1)! = 2$

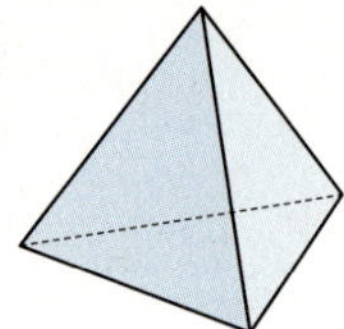

해설2 정사면체가 고정되어 있어 정사면체의 모든 면이 구분된다고 하면 서로 다른 4가지의 색으로 정사면체의 모든 면을 칠하는 방법의 수는 4!

정사면체를 움직일 때, 4개의 면은 서로 구분되지 않으므로 특정한 색이 칠해진 한 면을 밑면으로 정하는 방법은 4가지가 있다.

특정한 색이 칠해진 밑면(정삼각형)을 기준으로 회전시키면 서로 같은 것이 3가지씩 있다.

따라서 서로 다른 4가지의 색으로 정사면체를 칠하는 방법의 수는 $\dfrac{4!}{4 \times 3} = 2$

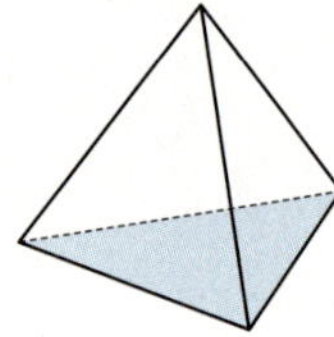

(2) 정육면체

정육면체의 각 면을 서로 다른 6가지의 색을 모두 사용하여 칠하는 방법의 수를 구해 보자.

해설1 정육면체의 모든 면을 6가지의 색을 모두 사용하여 칠하는 방법의 수는 1면을 정해 1가지 색을 칠한 후, 이 면과 만나는 4면을 나머지 5가지 색 중 4가지 색을 택하여 원순열로 배열하여 칠하고, 남은 1가지 색을 마지막 면에 칠하는 방법의 수와 같다.

따라서 구하는 방법의 수는 $1 \times {}_5C_4 \times (4-1)! \times 1 = 30$

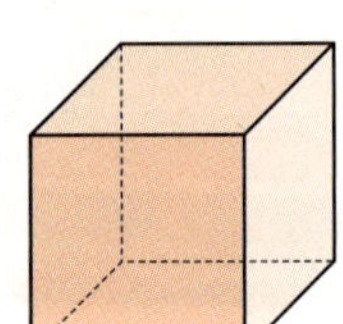

해설2 정육면체가 고정되어 있어 정육면체의 모든 면이 구분된다고 하면 서로 다른 6가지의 색으로 정육면체의 모든 면을 칠하는 방법의 수는 6!

정육면체를 움직일 때, 6개의 면은 서로 구분되지 않으므로 특정한 색이 칠해진 한 면을 밑면으로 정하면 서로 같은 것이 6가지씩 있다.

특정한 색이 칠해진 밑면(정사각형)을 기준으로 회전시키면 서로 같은 것이 4가지씩 있다.

따라서 서로 다른 6가지의 색으로 정육면체를 칠하는 방법의 수는 $\dfrac{6!}{6 \times 4} = 30$

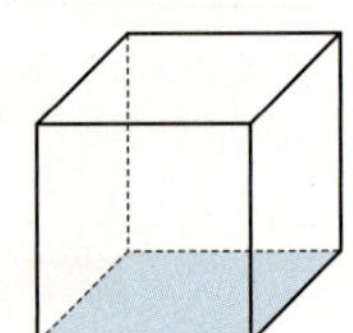

해설3 우선 한 면을 기준으로 한 가지 색을 칠한다.

남은 면들에 색을 칠하는 경우의 수는 5!

이때 정육면체의 한 면이 정사각형이므로 4가지가 겹친다.

따라서 구하는 경우의 수는 $\dfrac{5!}{4} = 30$

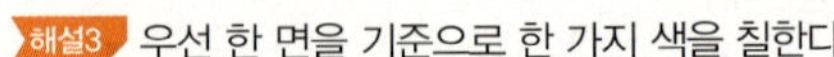

(3) 정팔면체

정팔면체의 각 면을 서로 다른 8가지의 색을 모두 사용하여 칠하는 방법의 수를 구해 보자.

해설1 색칠하는 방법을 정팔면체에 1부터 8까지의 자연수를 한 면에 하나씩 적는 방법의 수라 하여

구할 수 있다.

한 수를 하나의 면에 고정한 후 나머지 7개의 수를 차례대로 각 면에 적는 방법의 수는

7!이다.

이때 그림에서와 같이 먼저 고정한 면을 기준으로 120°만큼씩 회전하면 같은 정팔면체가

생기므로 3으로 나누어 구하는 방법의 수는 $\dfrac{7!}{3} = 7 \times 6 \times 5 \times 4 \times 2 = 1680$

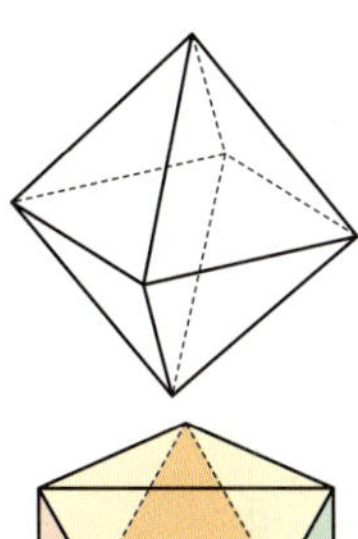

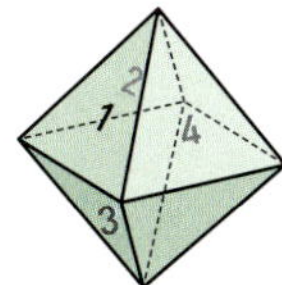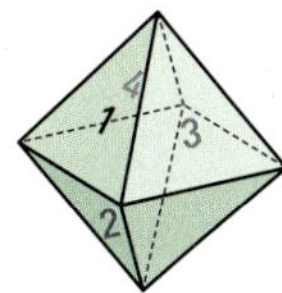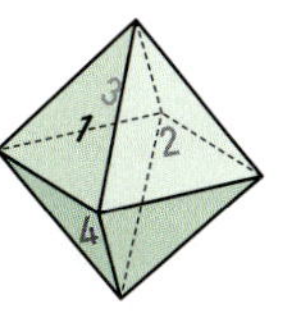

해설2 정팔면체가 고정되어 있어 정팔면체의 모든 면이 구분된다고 하면 8가지의 색으로

정팔면체의 모든 면을 칠하는 방법의 수는 8!

정팔면체를 움직일 때, 8개의 옆면(정삼각형)은 서로 구분되지 않으므로 특정한 색이

칠해진 한 면을 밑면으로 정하는 방법은 8가지가 있다. (밑면의 대체 효과)

특정한 색이 칠해진 밑면(정삼각형)을 기준으로 120°만큼씩 정팔면체를 회전시키면

서로 겹치므로 밑면이 정해진 도형 중에는 서로 같은 것이 3가지씩 있다. (밑면의 회전 효과)

따라서 서로 다른 8가지의 색을 모두 사용하여 정팔면체를 칠하는 방법의 수 $\dfrac{8!}{8 \times 3} = 1680$

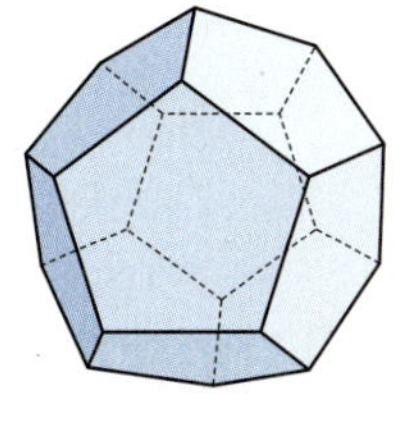

해설3 정팔면체의 한 면에 8가지 색 중 한 가지 색을 칠하는 경우의 수는 1이다.

이때 색칠한 면과 마주 보고 있는 면에 색을 칠하는 경우의 수는 7이다.

색이 칠해진 한 개의 면과 모서리를 공유하는 세 개의 면에 색을 칠하는 경우의 수는 $_6C_3 \times (3-1)! = 20 \times 2 = 40$

나머지 세 개의 면을 칠하는 경우의 수는 $3! = 6$

따라서 구하는 방법의 수는 $1 \times 7 \times 40 \times 6 = 1680$

> **참고** 정팔면체의 한 면에 8가지 색 중 한 가지 색을 칠하는 경우의 수는 1이다.
>
> 이 면과 접한 3면을 나머지 7가지 색 중 3가지 색을 택하여 원순열로 나열하여 칠한 후,
>
> 이 3면과 접한 3면을 나머지 4가지 색 중 3가지 색을 택하여 나열한 후 남은 1가지 색을 마지막 면에 칠하는
>
> 방법의 수와 같다.
>
> 따라서 구하는 방법의 수는 $_7C_3 \times (3-1)! \times _4C_3 \times 3! = 1680$

(4) 정십이면체

정십이면체의 각 면을 서로 다른 12가지의 색을 모두 사용하여 칠하는 방법의 수를 구해 보자.

해설 정십이면체의 모든 면을 12가지의 색을 모두 사용하여 칠하는 방법의 수는 먼저 1면을 정하여

1가지 색을 칠하고, 이 면과 만나는 5면을 나머지 11가지 색 중 5가지 색을 택하여 원순열로

배열하여 칠한 후, 이 5면과 만나는 5면을 나머지 6가지 색 중 5가지 색을 택하여 칠하고,

남은 1가지 색을 마지막 면에 칠하는 방법의 수와 같다.

따라서 구하는 방법의 수는 $_{11}C_5 \times (5-1)! \times _6C_5 \times 5! = 7983360 (가지)$

남학생 4명과 여학생 2명이 원탁에 둘러앉을 때, 다음을 구하여라.
(단, 회전하여 일치하는 것은 같은 것으로 본다.)
(1) 여학생 2명이 마주 보고 앉는 경우의 수
(2) 여학생 2명이 이웃하여 앉는 경우의 수
(3) 여학생 2명이 이웃하지 않도록 앉는 경우의 수

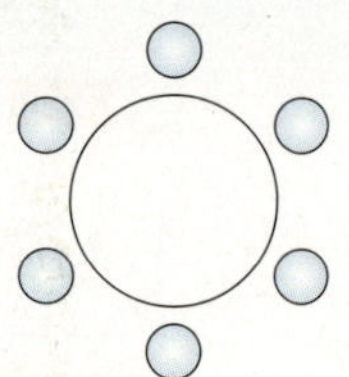

MAPL CORE

서로 다른 n명이 원탁에 둘러앉는 방법의 수 ⇨ $(n-1)!$가지이다.
원탁에 둘러앉는 방법의 수를 구하는 방법
[1단계] 주어진 조건에 맞도록 일부를 고정하거나 묶어서 원형 배열한다.
[2단계] 나머지 조건에 맞도록 곱의 법칙을 이용한다.

개념익힘 | 풀이

(1) 여학생 한 명의 자리가 결정되면 다른 여학생의 자리는 마주 보는 자리로 고정되므로 구하는 경우의 수는
　　남학생 4명과 여학생 1명을 합한 5명이 원탁에 앉는 경우의 수와 같다.
　　∴ $(5-1)!=4!=24$

　　다른풀이 여학생 2명이 마주 보도록 탁자에 앉은 다음 나머지 4명을 앉히면 되므로 구하는 경우의 수는
　　　　$4!=24$

(2) 여학생 2명을 한 명으로 생각하면 모두 5명이 원탁에 앉는 경우의 수는 $(5-1)!=4!$
　　그 각각에 대하여 여학생 2명이 서로 자리를 바꾸어 앉는 경우의 수는 $2!$
　　따라서 구하는 경우의 수는 $(5-1)! \times 2!=48$

(3) 먼저 남학생 4명이 원탁에 앉는 경우의 수는 $(4-1)!=3!$
　　남학생 4자리 사이사이에 여학생 2명이 앉는 경우의 수는 $_4\mathrm{P}_2$
　　따라서 구하는 경우의 수는 $3! \times _4\mathrm{P}_2=72$(가지)

　　다른풀이 6명이 원탁에 둘러앉는 경우의 수에서 여학생 2명이 이웃하여 원탁에 둘러앉는 경우의 수를
　　　　빼면 되므로 구하는 경우의 수는 $(6-1)!-(5-1)! \times 2=72$

확인유제 0001

오른쪽 그림과 같이 할아버지, 할머니, 아버지, 어머니, 딸, 아들로 이뤄진 6명의 가족
이 원형의 탁자에 앉으려고 한다. 다음을 구하여라. (단, 회전하여 일치하는 것은 같은
것으로 본다.)
(1) 6명이 원형의 탁자에 둘러앉는 경우의 수
(2) 할머니와 할아버지가 이웃하게 앉는 경우의 수
(3) 딸과 아들이 마주 보게 앉는 경우의 수
(4) 할아버지와 할머니 사이에 한 명이 앉는 경우의 수

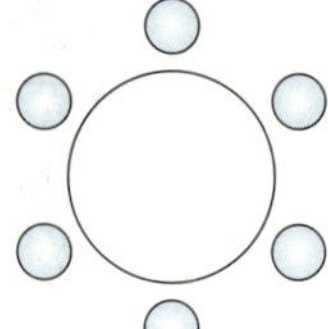

변형문제 0002
2012학년도 09월 평가원

오른쪽 그림과 같이 최대 6개의 용기를 넣을 수 있는 원형의 실험기구가 있다. 서로
다른 6개의 용기 A, B, C, D, E, F를 이 실험 기구에 모두 넣을 때, A와 B가 이웃
하게 되는 경우의 수는? (단, 회전하여 일치하는 것은 같은 것으로 본다.)

① 36　　　　② 48　　　　③ 60
④ 72　　　　⑤ 84

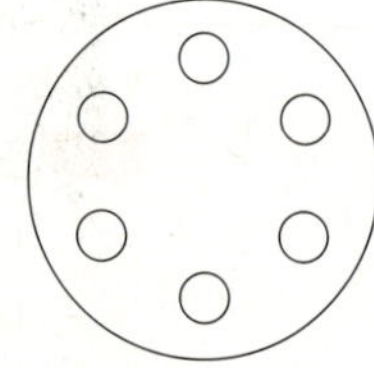

발전문제 0003
2013학년도 05월 평가원
(B형 예비시행)

빨간색과 파란색을 포함한 서로 다른 6가지의 색을 모두 사용하여, 날개가 6개인
바람개비의 각 날개에 색칠하려고 한다. 빨간색과 파란색을 서로 맞은편의날개에
칠하는 경우의 수는? (단, 각 날개에는 한 가지 색만 칠하고, 회전하여 일치하는 것
은 같은 것으로 본다.)

① 12　　　　② 18　　　　③ 24
④ 30　　　　⑤ 36

정답　0001 : (1) 120 (2) 48 (3) 24 (4) 48　　0002 : ②　　0003 : ③

오른쪽 그림과 같은 직사각형 모양의 탁자에 6명의 학생이 둘러앉는
경우의 수를 구하여라. (단, 회전하여 일치하는 것은 같은 것으로 본다.)

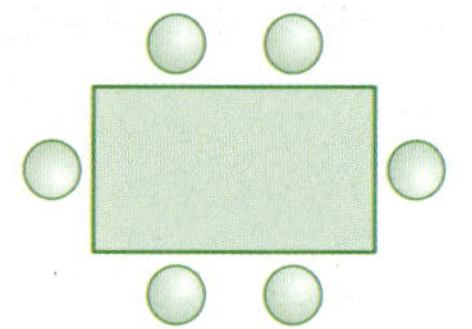

MAPL **CORE**　다각형 탁자에 둘러앉는 경우의 수 ⇨ (원순열의 수)×(회전시켰을 때, 겹치지 않는 자리의 수)

개념익힘|풀이　6명을 원형으로 배열하는 방법의 수는 $(6-1)!=5!=120$

직사각형에서는 원형으로 배열하는 한 가지 방법에 대하여 서로 다른 경우가 3가지씩 존재한다.

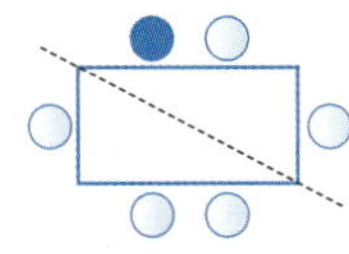 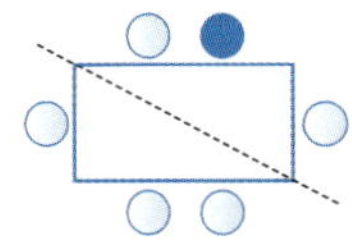 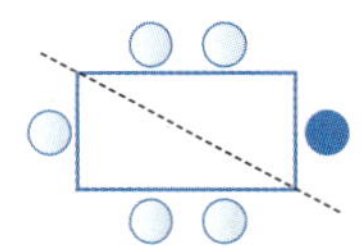

따라서 구하는 경우의 수는 $120 \times 3 = 360$

다른풀이　순열을 이용하여 풀이하기

서로 다른 6개를 일렬로 나열하는 순열의 수는 $6!$이고,
직사각형 둘레에 다음 그림과 같이 배열하면 회전하여
일치하는 경우가 2가지씩 있다.

따라서 구하는 방법의 수는 $\dfrac{6!}{2}=360$이다.

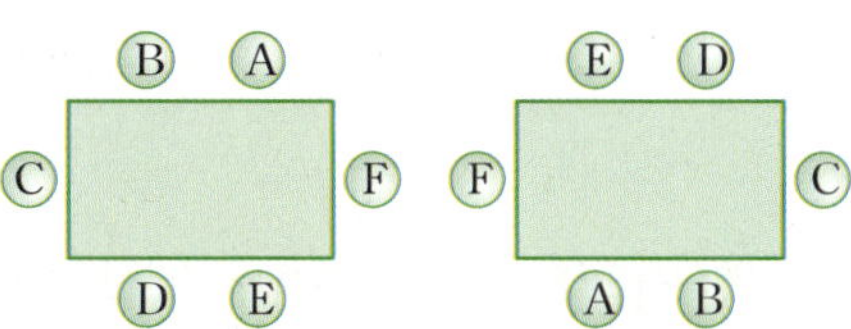

확인유제 0004　6명의 학생이 다음 그림과 같이 탁자에 둘러앉은 경우의 수를 구하여라.
(단, 회전하여 일치하는 것은 같은 것으로 본다.)

(1)　　　　　　　(2)

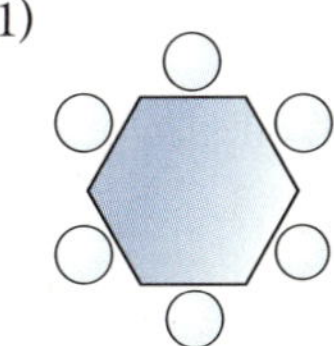 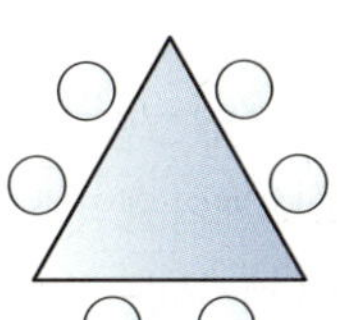

변형문제 0005　네 쌍의 약혼자가 오른쪽 그림과 같은 정사각형 모양의 탁자에 앉아서 식사를
하려고 한다. 이때 약혼자끼리 탁자의 같은 변에 이웃하여 나란히 앉는 경우의
수는? (단, 회전하여 일치하는 것은 같은 것으로 본다.)

① 24　　　　　　② 36　　　　　　③ 56
④ 96　　　　　　⑤ 120

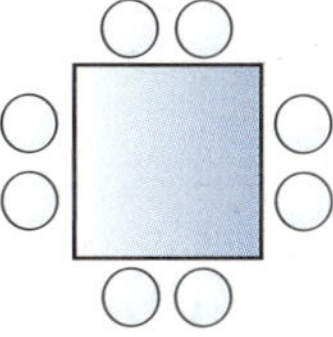

발전문제 0006
2003년 10월 교육청

어느 대학교 수시모집에 지원한 남학생 4명과 여학생 4명을 토론식 면접을 하
기 위하여 오른쪽 그림과 같이 정사각형 모양으로 배열된 8개의 의자에 앉히려
한다. 붙어있는 의자에는 반드시 남녀가 1명씩 앉도록 할 때, 이들 8명이 앉을
수 있는 모든 경우의 수를 구하여라. (단, 회전하여 일치하는 것은 같은 것으로
본다.)

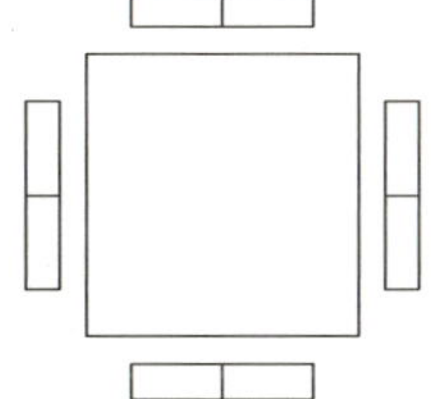

정답　0004 : (1) 120 (2) 240　　0005 : ④　　0006 : 2304

오른쪽 그림과 같이 큰 원 내부가 7개의 부분으로 나누어져 있다. 이 내부를 빨강, 주황, 노랑, 초록, 파랑, 남색, 보라의 7가지 색을 모두 사용하여 칠하는 경우의 수를 구하여라. (단, 작은 원을 제외한 나머지 6개의 부분은 모양과 크기가 서로 같다.)

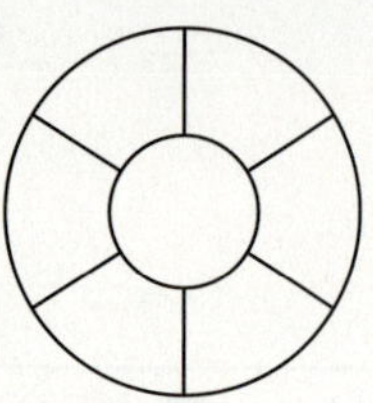

MAPL **CORE**

[1단계] 원순열로 해결할 수 없는 부분을 먼저 색칠한다.
[2단계] 나머지 부분을 원순열로 해결한다.
즉, 가운데에 도형이 있는 경우에는 가운데 도형에 먼저 색칠하고 나머지는 원순열을 이용한다.

참고　서로 다른 n개에서 r개를 택하여 원형으로 배열하는 방법의 수 $\Rightarrow \dfrac{_nP_r}{r}$

개념익힘|**풀이**　가운데 작은 원에 색을 칠하는 경우의 수는 7
가운데에 빨강을 칠했다고 하면 나머지 6가지 색을 6등분한 칸에 칠하는 방법의 수는 6개를 원형으로 배열하는 원순열의 수와 같으므로 $(6-1)!=5!=120$
따라서 구하는 경우의 수는 $7 \times 120 = 840$

확인유제 **0007**　오른쪽 그림과 같이 큰 원의 내부가 5개의 부분으로 나누어져 있다. 이 내부에 5가지 색을 모두 사용하여 각 부분에 한 가지 색을 칠할 때, 도형을 색칠하는 방법의 수를 구하여라. (단, 회전하여 일치하는 것은 같은 것으로 본다.)

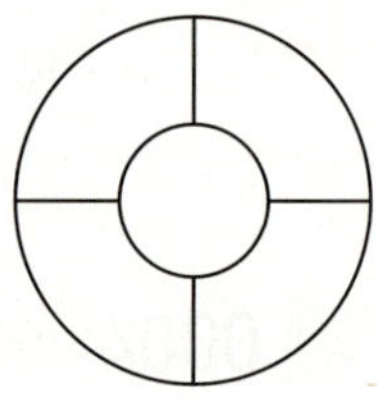

변형문제 **0008**　정사각형에 내접하는 원을 4등분하여 오른쪽 그림과 같은 도형을 만들었다. 도형의 한 영역에 한 가지 색만 사용하여 8개의 영역에 서로 다른 8가지 색을 모두 칠하는 방법의 수는? (단, 회전하여 겹쳐지는 것들은 같은 것으로 한다.)
① 10080　　　② 14400　　　③ 22800
④ 33800　　　⑤ 52500

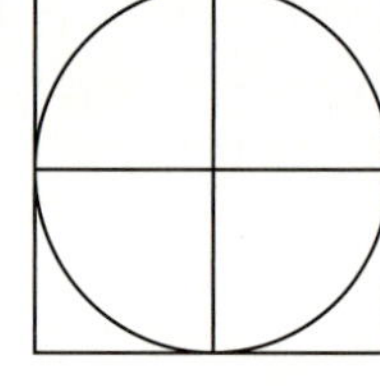

발전문제 **0009**　오른쪽 그림과 같이 서로 접하고 크기가 같은 원 3개와 이 세 원의 중심을 꼭짓점으로 하는 정삼각형이 있다. 원의 내부 또는 정삼각형의 내부에 만들어지는 7개의 영역에 서로 다른 7가지 색을 모두 사용하여 칠하려고 한다. 한 영역에 한 가지색만을 칠할 때, 색칠한 결과로 나올 수 있는 경우의 수는? (단, 회전하여 일치하는 것은 같은 것으로 본다.)
2012학년도 06월 평가원
① 1260　　　② 1680　　　③ 2520
④ 3760　　　⑤ 5040

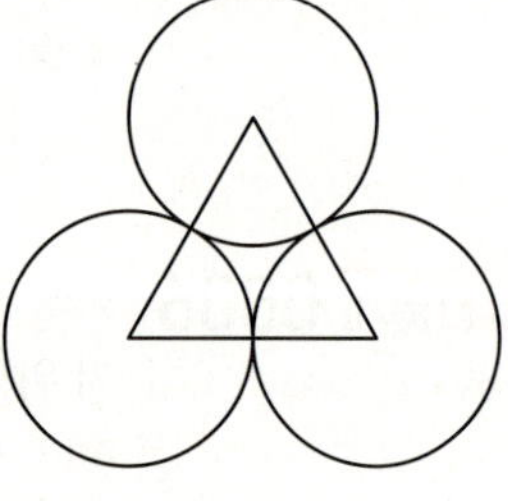

정답　　0007 : 30　　0008 : ①　　0009 : ②

02 중복순열

01 중복순열의 수

(1) 중복순열의 정의

서로 다른 n개에서 중복을 허락하여 r개를 택하여 일렬로 나열하는 순열을 n개에서 r개를 택하는 **중복순열**
이라 하고, 이 중복순열의 수를 기호로 $_n\Pi_r$과 같이 나타낸다.

고정된 것의 개수 (받는 쪽) $\Rightarrow$ $_n\Pi_r$ $\Leftarrow$ 선택하는 것의 개수 (주는 쪽)

참고 $_n\Pi_r$의 Π는 곱을 뜻하는 product의 첫 글자 P에 해당하는 그리스 문자로 '파이 (pi)'라 읽는다.

(2) 중복순열의 수

서로 다른 n개에서 r개를 택하는 중복순열의 수는 다음과 같다.

$$_n\Pi_r = \underbrace{n \times n \times n \times \cdots \times n}_{r개} = n^r$$

EX 2개의 문자 a, b 중에서 중복을 허용하여 3개를 택하여 일렬로 나열하는 경우의 수는 $_2\Pi_3 = 2^3 = 8$ (주의 $_2\Pi_3 \neq 3^2$)

참고 순열의 수 $_n\mathrm{P}_r$에서는 $n \geq r$이어야 하지만 중복순열의 수 $_n\Pi_r$에서는 중복을 허락하여 택하기 때문에 $n < r$인 경우도
성립한다.

마플해설 중복순열의 수 $_n\Pi_r$을 구하는 방법을 알아보자.

서로 다른 n개에서 r개를 택하여 일렬로 나열할 때, 첫 번째, 두 번째, $\cdots$, r번째에 올 수 있는 경우는 각각 n가지씩이다.

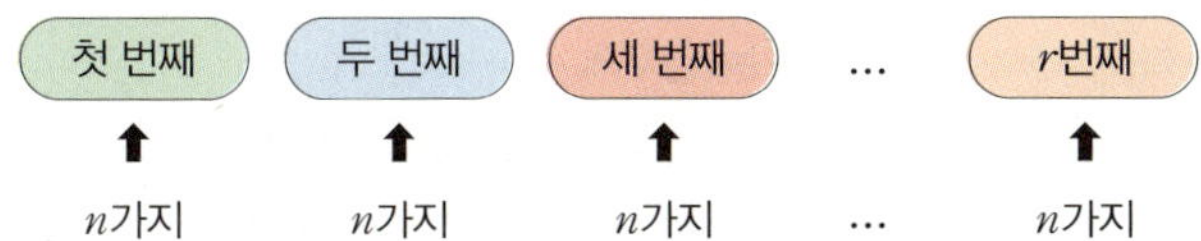

따라서 곱의 법칙에 의하여 다음이 성립한다.

$$_n\Pi_r = \underbrace{n \times n \times n \times \cdots \times n}_{r개} = n^r$$

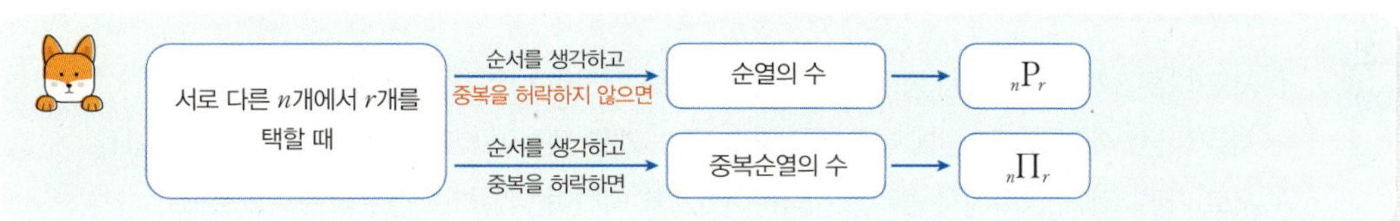

보기 01 다음 물음에 답하여라.

(1) 세 개의 숫자 1, 2, 3에서 중복을 허용하여 네 개를 택해 만들 수 있는 네 자리 자연수의 개수를 구하여라.

(2) 민규와 연우가 방송부, 미술부, 연극부, 음악부 중 한 곳에 가입하는 경우의 수를 구하여라.

풀이 (1) 네 자리의 자연수의 개수는 세 개의 숫자 1, 2, 3 중에서 중복을 허용하여 네 개를 택하는 중복 순열의 수인

$$_3\Pi_4 = 3^4 = 81$$

(2) 방송부, 미술부, 연극부, 음악부 중에서 중복을 허락하여 2개를 택하는 중복순열의 수와 같으므로

$$_4\Pi_2 = 4^2 = 16 (가지)$$

FOCUS

중복순열의 대표적인 예

① 중복을 허락하여 만드는 정수의 개수 문제   ② 기명투표 하는 문제
③ 모스 부호 문제   ④ 깃발 신호 문제
⑤ 반 배정하는 문제   ⑥ 우체통에 편지 넣는 문제
⑦ 함수의 개수 문제   ⑧ 호텔 투숙 문제
⑨ 이진법의 수 문제

다음 물음에 답하여라.

(1) 서로 다른 3통의 편지를 서로 다른 A, B 두 우체통에 넣는 방법의 수를 구하여라.

(2) 5명의 여행자가 3곳의 호텔에 투숙하는 방법의 수를 구하여라.

(3) 6명의 선거인이 2명의 후보에게 투표하는 방법의 수를 구하여라.

　(단, 기명투표로서 한 사람이 한 표를 투표하고, 기권은 없는 것으로 한다.)

(1) 오른쪽 그림과 같이 편지에 1, 2, 3의 번호를 붙이고, A우체통에 넣는 편지는 A, B우체통에 넣는 편지는 B로 표시하면 이것은 A, B에서 중복을 허락하여 3개를 뽑는 중복순열의 수와 같다.

　따라서 구하는 방법의 수는 $_2\Pi_3 = 2^3 = 8$

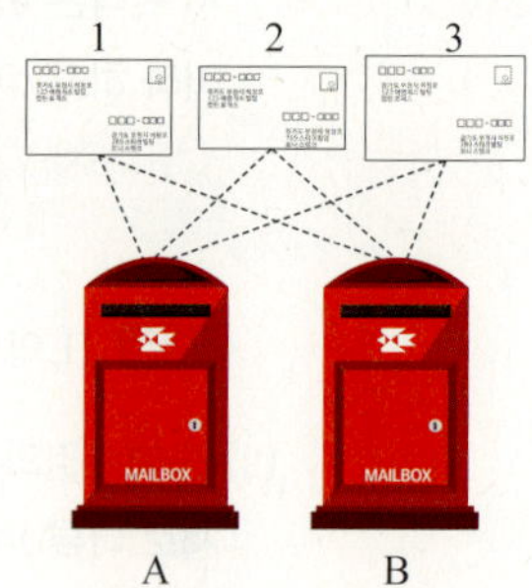

(2) 한 사람이 호텔에 투숙하는 방법은 3가지이므로 5명인 경우는

$$_3\Pi_5 = 3 \times 3 \times 3 \times 3 \times 3 = 3^5 = 243$$

(3) 각 선거인마다 2가지의 투표하는 방법이 있으므로 2명의 후보에게 중복을 허락하여 6개를 택하는 중복순열의 수와 같게 된다.

$$_2\Pi_6 = 2^6 = 64$$

다음 경우의 수가 나머지 넷과 다른 하나는?

① 3개의 문자 a, b, c를 중복 사용하여 다섯 자리 신호를 만드는 경우의 수

② 5명의 회원이 각자 비행기, 기차, 고속버스 중에서 한 가지 교통수단을 이용하는 경우의 수

③ 5명의 학생이 세 영화 A, B, C 중에서 각각 관람할 영화를 1편씩 택하는 모든 경우의 수

④ 서로 다른 5개의 과일을 남김없이 서로 다른 3개의 접시 A, B, C에 담는 경우의 수 (단, 빈 접시가 있을 수 있다.)

⑤ 다섯 개의 기호 □ ◇ ○ △ ▽ 중에서 중복을 허용하여 택한 3개를 일렬로 나열하여 만들 수 있는 암호의 개수

① 서로 다른 3개의 문자에서 중복을 허락하여 5개를 택하여 나열하는 경우의 수이므로 $_3\Pi_5$

② 서로 다른 3개의 교통수단에서 중복을 허락하여 5개를 택하여 나열하는 경우의 수이므로 $_3\Pi_5$

③ 서로 다른 3개의 영화에서 중복을 허락하여 5개를 택하여 나열하는 경우의 수이므로 $_3\Pi_5$

④ 서로 다른 3개의 접시에서 중복을 허락하여 5개를 택하여 나열하는 경우의 수이므로 $_3\Pi_5$

⑤ 서로 다른 5개의 기호에서 중복을 허락하여 3개를 택하여 나열하는 경우의 수이므로 $_5\Pi_3$

따라서 나머지 넷과 다른 하나는 ⑤이다.

모스 부호 (•)과 (−)를 사용하여 부호를 만들 때, • 과 −에서 3개를 뽑아 만들 수 있는 부호의 수를 구하여라.

• 과 −에서 3개를 뽑아 모스 부호를 실제로 만들어 보면

• • • , • • − , • − • , − • • , • − − , − • − , − − • , − − −

의 8가지이다.

이것은 2개의 모스 부호 중에서 중복을 허락하여 3개를 뽑아 나열하는 경우의 수이므로 $_2\Pi_3 = 2^3 = 8$(가지)

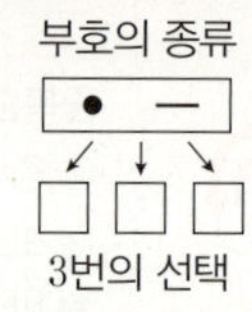

01 두 사람 수현, 영석이의 풀이 중 누구의 풀이가 옳은지 구한다.

(1) 4개의 과일 사과, 귤, 바나나, 망고가 각각 1개씩 있다. 이 과일을 서로 다른 3개의 접시 A, B, C에 남김없이 담으려고 하는 경우의 수를 구하여라. (단, 빈 접시가 있을 수 있다.)

> 수현 : 접시 A에 담을 수 있는 과일은 4개, 접시 B에 담을 수 있는 과일도 4개, 접시 C에 담을 수 있는 과일도 4개이므로
> 경우의 수는 $4 \times 4 \times 4 = 4^3 = 64$
>
> 영석 : 사과, 귤, 바나나, 망고를 담을 수 있는 접시는 A, B, C 3개 중 1개이므로 구하는 경우의 수는
> $3 \times 3 \times 3 \times 3 = 3^4 = 81$

잘못된 부분

수현이의 풀이에서는 서로 다른 접시에 한 가지 과일을 동시에 담는 경우가 생긴다.

옳은 풀이

4가지의 과일을 담을 수 있는 접시는 A, B, C 3개 중 1개이므로 3개에서 4개를 택하는 중복순열의 수이므로

구하는 경우의 수는 $_3\Pi_4 = 3^4 = 81$ $\therefore$ 영석이의 풀이가 옳다.

(2) 5명의 학생이 방과 후 수업으로 개설된 축구, 농구, 야구 중에서 한 가지를 택하는 방법의 수를 구하여라.

> 수현 : 축구 수업을 택하는 학생은 5명, 농구 수업을 택하는 학생은 5명, 야구를 택하는 학생은 5명이므로 경우의 수는
> $5 \times 5 \times 5 = 5^3 = 125$
>
> 영석 : 5명의 학생이 각각 택하는 방과 후 수업은 축구, 농구, 야구의 3가지씩이므로 구하는 경우의 수는
> $3 \times 3 \times 3 \times 3 \times 3 = 3^5 = 243$

잘못된 부분

수현이의 풀이에서는 한 학생이 두 가지 이상의 방과 후 수업을 택하는 경우가 생긴다.

옳은 풀이

축구, 농구, 야구의 서로 다른 3개에서 5개를 택하는 중복순열의 수이므로 구하는 경우의 수는 $_3\Pi_5 = 3^5 = 243$

$\therefore$ 영석이의 풀이가 옳다.

(3) 네 명이 가위 바위 보를 할 때, 일어날 수 있는 모든 경우의 수를 구하여라.

> 수현 : 가위를 낼 수 있는 사람은 4명, 바위를 낼 수 있는 사람은 4명, 보를 낼 수 있는 사람은 4명이므로
> 구하는 경우의 수는 $4 \times 4 \times 4 = 4^3 = 64$
>
> 영석 : 네 명 각자가 낼 수 있는 것은 가위, 바위, 보의 3가지씩이므로 구하는 경우의 수는 $3 \times 3 \times 3 \times 3 = 3^4 = 81$

잘못된 부분

수현이의 풀이는 한 사람이 가위, 바위, 보를 동시에 내는 경우를 포함, 서로 다른 두 사람이 같은 것을 내는 것이 제외되어 있다.

옳은 풀이

네 명의 학생이 가위, 바위, 보 중에서 하나를 선택하는 경우이므로 3개에서 5개를 택하는 중복순열의 수이므로 구하는

경우의 수는 $_3\Pi_4 = 3^4 = 81$ $\therefore$ 영석이의 풀이가 옳다.

(4) 각각 서로 다른 프로야구 선수의 서명이 있는 야구공 네 개를 추첨을 통해 세 명의 학생 A, B, C에게 나누어 주는 방법의 수를 구하여라. (단, 야구공을 못 받는 학생이 있을 수도 있다.)

> 수현 : A가 네 개 중 하나를 받고, B가 남은 세 개 중 하나를 받고, C가 남은 두 개 중 하나를 받는 방법의 수는
> $4 \times 3 \times 2 = 24$이다. 이때 각각에 대하여 남은 야구공 하나를 세 학생 중 한 학생에게 줄 수 있으므로 구하는
> 방법의 수는 $24 \times 3 = 72$이다.
>
> 영석 : 세 명의 학생에게 줄 수 있는 야구공의 최대 개수가 4이고 서로 다른 4개에서 3개를 택하는 중복순열의 수와
> 같으므로 구하는 방법의 수는 $4 \times 4 \times 4 = 4^3 = 64$이다.

잘못된 부분

수현 : 야구공을 못 받는 학생이 있는 경우는 세지 않았다.

영석 : 하나의 야구공을 두 사람 이상에게 중복하여 나누어 주는 경우를 포함하고 이것은 각 공이 한 개뿐이므로 불가능하다.

옳은 풀이

세 명의 학생에게 서로 다른 야구공 네 개를 나눠 주는 방법의 수는 서로 다른 3개에서 4개를 택하는 중복순열의 수이므로

방법의 수는 $_3\Pi_4 = 3^4 = 81$ $\therefore$ 수현, 영석이의 풀이가 모두 옳지 않다.

두 집합 $X=\{x_1,\ x_2,\ \cdots,\ x_r\}$, $Y=\{y_1,\ y_2,\ \cdots,\ y_n\}$에 대하여

① X에서 Y로의 함수의 개수 $\Rightarrow {}_n\Pi_r=n^r$

② $r \leq n$일 때, $x_i \neq x_j$이면 $f(x_i) \neq f(x_j)$인 함수의 개수 $\Rightarrow {}_nP_r$

③ $r \leq n$일 때, $x_i < x_j$이면 $f(x_i) < f(x_j)$인 함수의 개수 $\Rightarrow {}_nC_r$

④ $n=r$일 때, 일대일대응 (역함수가 존재)인 함수의 개수 $\Rightarrow n!$

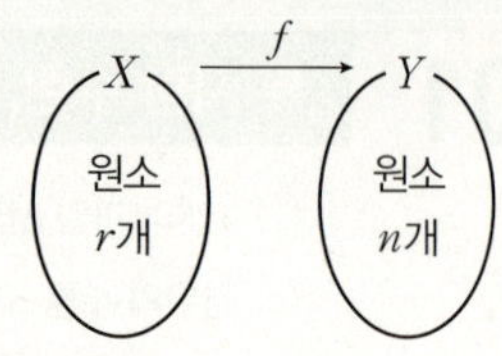

보기 05   두 집합 $X=\{1,\ 2,\ 3\}$, $Y=\{1,\ 2,\ 3,\ 4\}$에 대하여 다음을 구하여라.

(1) X에서 Y로의 함수의 개수

(2) X에서 Y로의 일대일함수의 개수

풀이   (1) 오른쪽 그림은 X의 원소 1, 2, 3에 Y의 원소 1이 대응하는 경우이고

이것을 $(1,\ 1,\ 1)$로 나타내면 집합 X에서 Y로의 함수는 1, 2, 3, 4의

4개에서 중복을 허락하여 3개를 택하는 중복순열이 된다.

즉 1, 2, 3, 4의 4개 (집합 Y의 원소의 개수)에서 중복을 허락하여

3개 (집합 X의 원소의 개수)를 택하는 중복순열의 수와 같으므로

함수의 개수는 ${}_4\Pi_3=4^3=64$

← 함수는 정의역의 각 원소에 공역의 같은 원소가 대응해도 되므로 중복순열의 수

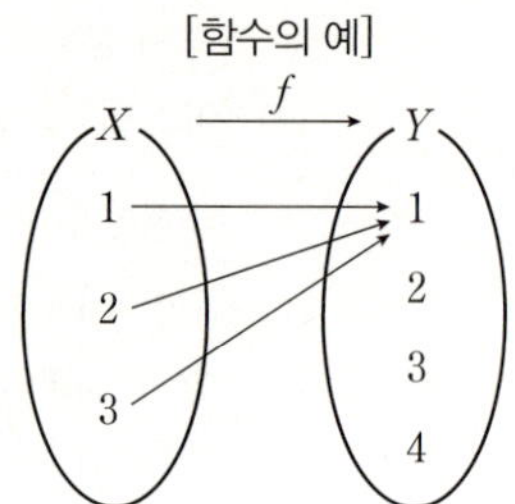

(2) 일대일함수는 $x_i \neq x_j$이면 $f(x_i) \neq f(x_j)$이므로 X의 서로 다른 원소에

Y의 서로 다른 원소가 대응하므로 1, 2, 3, 4의 4개에서 3개를 택하는

순열이 된다.

즉 1, 2, 3, 4의 4개 (집합 Y의 원소의 개수)에서 서로 다른 3개(집합 X의

원소의 개수)를 택하여(중복을 허용하지 않고) 일렬로 나열하는 경우의 수와

같으므로 일대일함수의 개수는 ${}_4P_3=4\times3\times2=24$

← 일대일함수는 각 원소에 공역의 서로 다른 원소가 대응하므로 순열의 수를 이용한다.

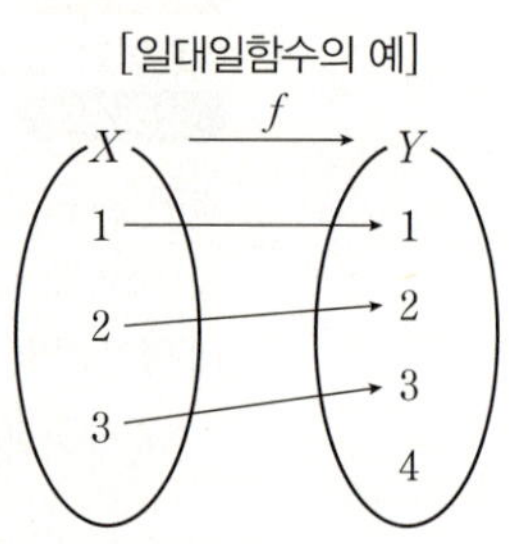

보기 06   두 집합 $X=\{a,\ b,\ c,\ d\}$, $Y=\{1,\ 2,\ 3,\ 4\}$에 대하여 다음을 구하여라.

(1) X에서 Y로의 함수의 개수

(2) X에서 Y로의 일대일함수의 개수

풀이   (1) 집합 X의 원소 a에 대응할 수 있는 집합 Y의 원소는 1, 2, 3, 4의 4개이고, 집합 X의 다른 원소 b, c, d에

대응할 수 있는 Y의 원소도 각각 1, 2, 3, 4의 4개씩이다.

따라서 구하는 함수의 개수는 집합 Y의 원소 1, 2, 3, 4의 4개에서 중복을 허락하여 4개를 택하는 중복순열의 수

와 같으므로 ${}_4\Pi_4=4^4=256$

(2) 집합 X의 원소 a에 대응할 수 있는 집합 Y의 원소는 1, 2, 3, 4의 4개이고, 집합 X의 다른 원소 b, c, d에

대응할 수 있는 Y의 원소는 각각 3개, 2개, 1개이다.

따라서 구하는 일대일함수의 개수는 집합 Y의 원소 1, 2, 3, 4의 4개에서 서로 다른 4개를 택하는 순열의 수와

같으므로 ${}_4P_4=4\times3\times2\times1=24$

← 일대일대응 (역함수가 존재)인 함수의 개수와 같다.

서로 다른 6개의 사탕을 3명에게 남김없이 나누어 주는 경우의 수와 서로 다른 3개의 전자펜을 n명에게 남김없이 나누어 주는 경우의 수가 같을 때, n의 값을 구하여라.
(단, 사탕이나 전자펜을 받지 못한 사람이 있을 수 있다.)

**MAPL CORE** 서로 다른 n개에서 중복을 허락하여 r개를 택하는 순열을 n개에서 r개를 택하는 중복순열이라 하고,
이 중복순열의 수를 기호로 $_n\Pi_r$과 같이 나타낸다.

개념익힘│풀이 서로 다른 6개의 사탕을 3명에게 남김없이 나누어 주는 경우의 수는 서로 다른 3개에서 중복을 허락하여
6개를 선택하여 나열하는 경우의 수와 같으므로
$$_3\Pi_6 = 3^6 \qquad \cdots\cdots ㉠$$
서로 다른 3개의 전자펜을 n명에게 남김없이 나누어 주는 경우의 수는 서로 다른 n개에서 중복을 허락하여
3개를 선택하여 나열하는 경우의 수와 같으므로
$$_n\Pi_3 = n^3 \qquad \cdots\cdots ㉡$$
㉠, ㉡이 서로 같으므로 $n^3 = 3^6$
따라서 $n = 3^2 = 9$

확인유제 0010
2016학년도 06월 평가원

서로 다른 종류의 연필 5자루를 4명의 학생 A, B, C, D에게 남김없이 나누어 주는 경우의 수는?
(단, 연필을 받지 못하는 학생이 있을 수 있다.)

① 1024　　② 1034　　③ 1044　　④ 1054　　⑤ 1064

변형문제 0011 다음 물음에 답하여라.
(1) 서로 다른 8자루의 연필을 2명의 학생에게 남김없이 나누어 주려고 한다. 2명 모두 적어도 한 자루 이상의
연필을 받도록 나누어 주는 방법의 수는?

① 128　　② 130　　③ 254　　④ 256　　⑤ 258

2019학년도 06월 평가원

(2) 세 문자 a, b, c에서 중복을 허용하여 네 개를 택하여 일렬로 나열할 때, 문자 a가 2개 이상 나열되는
경우의 수는?

① 21　　② 27　　③ 33　　④ 37　　⑤ 41

발전문제 0012 숫자 1, 2, 3, 4, 5의 5개 중 중복을 허락하여 3개를 택하여 일렬로 나열하여 세 자리의
자연수를 만들 때, 각 자리의 수의 합이 홀수인 자연수의 개수를 구하여라.

정답　0010 : ①　　0011 : (1) ③ (2) ③　　0012 : 63

다음 물음에 답하여라.

(1) 중복을 허락하여 다섯 개의 숫자 0, 1, 2, 3, 4로 만들 수 있는 네 자리 자연수의 개수를 구하여라.

(2) 다섯 개의 숫자 0, 1, 2, 3, 4를 중복 사용하여 만든 자연수를 크기가 작은 순서로 나열할 때,
3000은 몇 번째 수인지 구하여라.

MAPL CORE

중복순열을 구할 때, $_n\Pi_r$ 을 n^r 인지 r^n 인지 혼동하는 경우가 있다.
이 경우에는 직접 곱셈의 법칙을 이용하여 문제를 해결하는 것이 좋다.

개념익힘 | 풀이

(1) 천의 자리에 올 수 있는 숫자는 0을 제외한 1, 2, 3, 4의 4가지이다.

또, 그 각 경우에 대하여 백의 자리, 십의 자리, 일의 자리에는

0, 1, 2, 3, 4가 모두 중복하여 올 수 있으므로 그 경우의 수는 $_5\Pi_3 = 5^3$

따라서 구하는 네 자리 자연수의 개수는 $4 \times 5^3 = 500$(개)

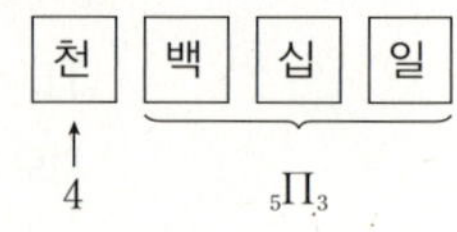

(2) 0, 1, 2, 3, 4를 사용하여 만든 자연수는 맨 앞자리에는 0을 제외한 4개의 숫자가 올 수 있고
나머지 자리에는 5개의 숫자가 모두 올 수 있다.

한 자리의 수의 개수는 4

두 자리의 수의 개수는 $4 \times _5\Pi_1 = 20$

세 자리의 수의 개수는 $4 \times _5\Pi_2 = 100$

네 자리의 수 중 천의 자릿수가 1인 수의 개수는 $_5\Pi_3 = 125$

네 자리의 수 중 천의 자릿수가 2인 수의 개수는 $_5\Pi_3 = 125$

따라서 3000보다 작은 수의 개수는 $4 + 20 + 100 + 125 + 125 = 374$이므로 3000은 375번째 수이다.

확인유제 0013

2018년 03월 교육청

다음 물음에 답하여라.

(1) 숫자 0, 1, 2, 3, 4 중에서 중복을 허락하여 세 개를 선택해 일렬로 나열하여 만들 수 있는 세 자리 자연수의
개수를 구하여라.

(2) 세 숫자 1, 2, 3을 중복 사용하여 만들 수 있는 네 자리의 자연수 중에서 2322보다 작은 수는 모두 몇 개인지
구하여라.

변형문제 0014

2017년 07월 교육청

다음 물음에 답하여라.

(1) 숫자 1, 2, 3, 4, 5에서 중복을 허락하여 세 개를 택해 일렬로 나열하여 만든 세 자리 자연수가 홀수인
경우의 수는?

① 45　　② 55　　③ 65　　④ 75　　⑤ 85

2017학년도 수능기출

(2) 숫자 1, 2, 3, 4, 5 중에서 중복을 허락하여 네 개를 택해 일렬로 나열하여 만든 네 자리의 자연수가 5의
배수인 경우의 수는?

① 115　　② 120　　③ 125　　④ 130　　⑤ 135

발전문제 0015

2007년 11월 교육청

다음 물음에 답하여라.

(1) 중복을 허용하여 4개의 숫자 0, 1, 2, 3 중 3개를 택하여 만들 수 있는 세 자리의 정수 중에서 1이 포함되어
있는 것의 개수는?

① 12　　② 24　　③ 30　　④ 36　　⑤ 46

2004학년도 수능기출

(2) 세 숫자 1, 2, 3을 중복 사용하여 네 자리의 자연수를 만들 때, 1과 2가 모두 포함되어 있는 자연수의 개수는?

① 58　　② 56　　③ 54　　④ 52　　⑤ 50

정답　0013 : (1) 100 (2) 49　　0014 : (1) ④ (2) ③　　0015 : (1) ③ (2) ⑤

두 집합 $X=\{1, 2, 3, 4\}$와 $Y=\{5, 6, 7\}$에 대하여 다음을 구하여라.

(1) 집합 X에서 Y로의 함수의 개수

(2) (1)의 함수 중 $f(1)=7$인 함수의 개수

(3) 집합 X에서 Y로의 함수 중 치역과 공역이 일치하는 함수의 개수

MAPL CORE

두 집합 $X=\{x_1, x_2, \cdots, x_r\}$, $Y=\{y_1, y_2, \cdots, y_n\}$일 때,

(1) X에서 Y로의 함수의 개수　　　　　　$\Rightarrow {}_n\Pi_r=n^r$

(2) $x_i \neq x_j$이면 $f(x_i) \neq f(x_j)$인 함수의 개수 $\Rightarrow {}_n\mathrm{P}_r$

(1) 집합 Y의 원소 3개를 X의 4개의 원소에 각각 대응시키면 된다.

이때 선택되는 Y의 원소 3개는 중복을 허락하여도 상관없으므로 구하는 함수의 개수는

$${}_3\Pi_4=3^4=81(가지)$$

(2) $f(1)=7$이므로 집합 Y의 원소 3개를 X의 원소 중 1을 제외한 3개의 원소에 대응시키면 된다.

이때 선택되는 Y의 원소 3개는 중복되어도 상관없으므로 구하는 함수의 개수는

$${}_3\Pi_3=3^3=27(가지)$$

(3) 집합 X에서 Y로의 함수의 개수는 81가지이고, 이 중에서 치역이 한 개인 것은 3가지,

치역이 두 개인 것은 $({}_2\Pi_4-2)\times 3$가지이므로 치역과 공역이 일치하는 함수의 개수는

$$81-3-({}_2\Pi_4-2)\times 3=36(가지)$$

확인유제 0016　다음 물음에 답하여라.

(1) 두 집합 $X=\{1, 2, 3\}$, $Y=\{2, 4, 6, 8, 10\}$에 대하여 함수 $f:X \longrightarrow Y$ 중에서 $f(2) \neq 2$인 함수의 개수를
구하여라.

(2) 두 집합 $A=\{1, 2, 3, 4\}$, $B=\{a, b, c\}$에 대하여 A에서 B로의 함수 f 중에서 $B=\{f(x)|x \in A\}$인 함수
의 개수를 구하여라.

변형문제 0017　다음 물음에 답하여라.

(1) 두 집합 $X=\{1, 2, 3\}$, $Y=\{0, 1, 2, 3\}$에 대하여 X에서 Y로의 함수 f 중에서 $f(1) \times f(3)=0$을 만족하는
함수 f의 개수는?

① 24　　　　　② 26　　　　　③ 28　　　　　④ 30　　　　　⑤ 32

(2) 두 집합 $A=\{a, b, c, d, e\}$, $B=\{1, 2, 3, 4, 5, 6\}$에 대하여 A에서 B로의 함수 f 중에서 다음 조건을 만족
시키는 함수 f의 개수는?

> (가) $f(a) \neq 1$, $f(a) \neq 6$
>
> (나) $f(b)=f(c)$

① 756　　　　　② 792　　　　　③ 828　　　　　④ 864　　　　　⑤ 900

발전문제 0018　집합 $X=\{1, 2, 3, 4, 5, 6\}$에 대하여 함수 $f:X \longrightarrow X$는 다음 조건을 만족시킨다.

2010년 03월 교육청

> (가) $f(3)$은 짝수이다.
>
> (나) $x<3$이면 $f(x)<f(3)$이다.
>
> (다) $x>3$이면 $f(x)>f(3)$이다.

함수 f의 개수를 구하여라.

정답　0016 : (1) 100 (2) 36　　0017 : (1) ③ (2) ④　　0018 : 136

03 같은 것이 있는 순열

01 같은 것이 있는 순열의 수

n개 중에서 서로 같은 것이 각각 p개, q개, $\cdots$, r개씩 있을 때, 이들 n개를 모두 일렬로 나열하는 순열의 수는

$$\frac{n!}{p!q!\cdots r!}$$

마플해설 두 문자 a, b가 각각 3개, 2개인 a, a, a, b, b를 일렬로 배열하여 만들 수 있는 순열의 수를 알아보자.

3개의 문자 a, a, a를 각각 a_1, a_2, a_3로 2개의 문자 b, b를 각각 b_1, b_2로 구별한다면 이 5개를 일렬로 나열하는 순열의 수는

$$_5P_5 = 5!$$

이다. 그런데 실제로 5!가지 중에서 a_1, a_2, a_3의 순서를 바꾸는 3!가지와 b_1, b_2의 순서를 바꾸는 2!가지는 모두 같은 것이다.

즉, 5!가지 중에서 다음과 같은 $3! \times 2!$가지의 순열은 번호의 구분이 없다면 모두 $aaabb$로 같음을 알 수 있다.

이와 같이 생각하면 3개의 a와 2개의 b를 일렬로 나열하는 순열의 수는 다음과 같이 계산할 수 있다.

$$\frac{5!}{3! \times 2!} = 10 \quad \leftarrow \text{3개의 } a \text{와 2개의 } b \text{를 일렬로 나열하는 모든 경우는 다음의 10가지이다.}$$

$$aaabb, \ aabab, \ aabba, \ abaab, \ ababa, \ abbaa, \ baaab, \ baaba, \ babaa, \ bbaaa$$

일반적으로 $\underbrace{a, a, a, \cdots, a}_{p\text{개}}, \underbrace{b, b, \cdots, b}_{q\text{개}}, \underbrace{c, c, c, \cdots, c}_{r\text{개}}, \cdots$의 순열의 수는 $\dfrac{n!}{p! \cdot q! \cdot r!}$

보기 01 다음 영어 단어의 문자를 사용하여 만들 수 있는 순열의 수를 구하여라.

(1) pass   (2) eleven   (3) success

풀이 (1) 4개의 문자 중 같은 문자인 s가 2개 있으므로 순열의 수는 $\dfrac{4!}{2!} = 12$

(2) 6개의 문자 중 같은 문자인 e가 3개 있으므로 순열의 수는 $\dfrac{6!}{3!} = 120$

(3) 7개의 문자 중 같은 문자인 s가 3개, c가 2개 있으므로 순열의 수는 $\dfrac{7!}{3!2!} = 420$

보기 02 excellent라는 단어를 이루는 9개의 알파벳을 모두 사용하여 일렬로 배열할 때, 다음을 구하여라.

(1) 양 끝에 l이 오는 경우의 수

(2) 세 개의 e가 모두 인접하도록 배열하는 경우의 수

풀이 (1) l□□□□□□□l와 같이 양 끝에 l을 배열하고 중간에 e, x, c, e, e, n, t를 일렬로 배열하면 되므로

배열하는 경우의 수는 $1 \times \dfrac{7!}{3!} = 840$

(2) 세 개의 e, e, e를 하나의 문자 P로 생각하면 P, x, c, l, l, n, t를 일렬로 배열하면 되므로

배열하는 경우의 수는 $\dfrac{7!}{2!} = 2520$

02 순위가 정해진 순열의 수

서로 다른 n개 중 **특정한 r개의 순서가 일정하게 정해졌을 때**, 이들 n개를 모두 일렬로 배열하는 순열의 수는 다음과 같다.

$$\dfrac{n!}{r!} \quad \leftarrow r\text{개를 같은 문자로 생각}$$

마플해설   5개의 문자 A, B, C, D, E를 일렬로 나열할 때, 3개의 **문자 B, C, D가 이 순서를 유지하도록** 하는 경우의 수를 구해 보자.

설명   문자 B, C, D를 서로 같은 문자 X, X, X로 생각하여

X, X, X, A, E를 나열한 후 첫 번째 X는 B, 두 번째 X는 C,

세 번째 X는 D로 바꾸면 B, C, D는 이 순서를 유지하게 된다.

따라서 구하는 경우의 수는 $\dfrac{5!}{3!}=20$ $\leftarrow 3$개를 같은 문자로 생각

순서가 일정하다는 것은 정해진 순서 이외에는 자리의 바뀜이 없기 때문에 순서가 정해진 것들은 모두 같은 것으로 생각하여 **같은 것을 포함하는 순열의 수를 이용**한다.

보기 03   5개의 문자 K, O, R, E, A를 순서대로 나열할 때, K가 R보다 앞에 오게 되는 경우의 수를 구하여라.

풀이   K, R의 순서가 고정되어 있으므로 K, R를 모두 X로 생각하면 K, O, R, E, A를 X, O, X, E, A로 놓고 일렬로 나열한 후, 각 배열에서 앞의 X를 K, 뒤의 X를 R로 생각하면 된다.

따라서 구하는 경우의 수는 $\dfrac{5!}{2!}=60$

보기 04   heemangmapl의 11개의 문자를 일렬로 나열할 때, 네 문자 h, n, g, l이 이 순서대로 나열되는 방법의 수를 구하여라.

풀이   네 문자 h, n, g, l의 순서가 h, n, g, l로 고정되어 있으므로 네 문자를 같은 문자로 취급한 후

첫 번째에 h, 두 번째에 n, 세 번째에 g, 네 번째 l을 넣는 경우를 생각할 수 있다.

따라서 h, n, g, l을 각각 같은 문자 x로 생각하면 x, x, x, x, e, e, m, m, a, a, p를 일렬로 나열하는 방법의 수

$$\dfrac{11!}{4!\,2!\,2!\,2!}=207900$$

+α 더 알아보기

순열과 조합 사이의 관계

6개의 문자 a, a, a, a, b, b를 일렬로 나열하는 모든 경우의 수를 다음 두 가지 방법으로 구할 수 있다.

[방법1] 6개의 문자 중에서 같은 문자가 4개, 2개씩 있으므로 **일렬로 나열하는 경우의 수**는

$$\dfrac{6!}{4! \times 2!}=15$$

[방법2] 6개의 자리 중에서 a를 놓을 4개의 자리를 택하는 경우의 수는 $_6C_4$이고, 나머지 2개의 자리 중에서

b를 놓을 2개의 자리를 선택하는 경우의 수는 $_2C_2$이다.

따라서 구하는 **조합의 수**는 $_6C_4 \times _2C_2 = \dfrac{6!}{4! \times 2!} \times \dfrac{2!}{2! \times 0!}=15$

예를 들면 조합의 수를 이용한 식으로 다음 세 가지 상황에서의 경우의 수를 나타내 보자.

① A, A, A, B, B를 모두 일렬로 나열하는 순열의 수는 $_5C_3 \times _2C_2$

② A, A, A, A, B, B, B를 모두 일렬로 나열하는 순열의 수는 $_7C_4 \times _3C_3$

③ A, A, A, B, B, C, C를 모두 일렬로 나열하는 순열의 수는 $_7C_3 \times _4C_2 \times _2C_2$

[방법1] 같은 것이 있는 순열의 수를 이용하는 방법

바둑판 모양의 도로망에서 도로를 따라 두 지점 사이를 최단거리로 가는 경우의 수는 가로 방향으로 한 칸 움직이는 이동과 세로 방향으로 한 칸 움직이는 이동을 필요한 횟수만큼 일렬로 나열하는 경우의 수, 즉 같은 것이 있는 순열의 수와 같다. 오른쪽 그림과 같이 가로 방향의 칸의 수가 a, 세로 방향의 칸의 수가 b일 때, 이 도로망을 따라 A지점에서 B지점까지 최단거리로 가는 경우의 수는

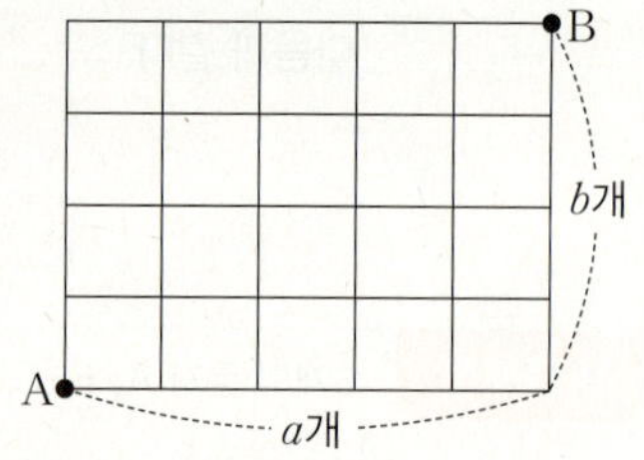

$$\frac{(a+b)!}{a!\,b!}$$

[방법2] A지점을 출발하여 각 교차점에 이르는 경우의 수

오른쪽 그림과 같이 바둑판 모양의 길에서 A지점부터 C지점까지 최단 거리로 가는 방법의 수가 m이고, D지점까지 최단거리로 가는 방법의 수를 n이라고 하자. 이때 A지점부터 E지점까지 최단경로는 C지점을 통과하는 경우와 D지점을 통과하는 경로로 나눌 수 있고, 이 두 경우는 동시에 일어날 수 없으므로 합의 법칙에 의하여 A지점부터 E지점까지 최단거리로 가는 방법의 수는 $m+n$이다.

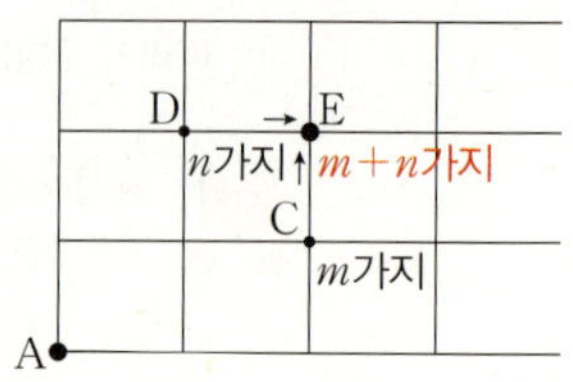

마플해설　**최단 거리로 가는 방법의 수**

다음 제시된 문제를 여러 가지 방법으로 해결하여 보자.

> 오른쪽 그림과 같은 도로망의 A지점에서 B지점까지 최단 거리로 가는 방법의 수를 구해 보자.

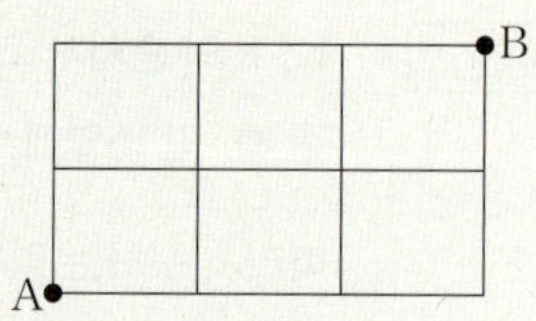

[방법1] 합의 법칙을 이용하는 방법

A지점을 출발하여 각 교차점에 도달할 수 있는 경우의 수는 합의 법칙을 이용하여 왼쪽 또는 아래쪽에서 오는 경우의 수의 합으로 구할 수 있다. 따라서 구하는 경우의 수는 10가지이다.

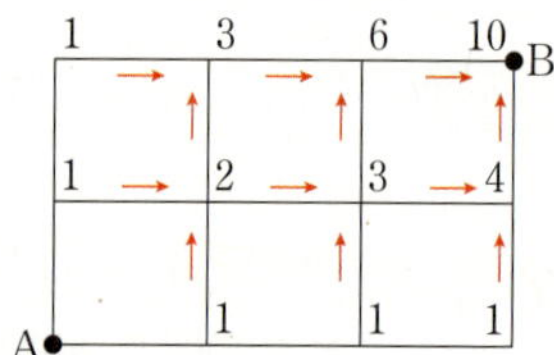

[방법2] 같은 것이 있는 순열의 수를 이용하는 방법

그림과 같이 오른쪽으로 가는 길을 각각 1, 2, 3이라고 하고, 위로 가는 길을 각각 a, b라고 하자. 그러면 A에서 B로 가는 길은 $123ab$, $1a2b3$, $ab123$, $\cdots$과 같이 나타낼 수 있다. 1, 2, 3과 a, b는 순서가 정해져 있으므로 5개의 위치 □□□□□에서 숫자나 알파벳의 위치를 택하는 경우의 수를 구하면

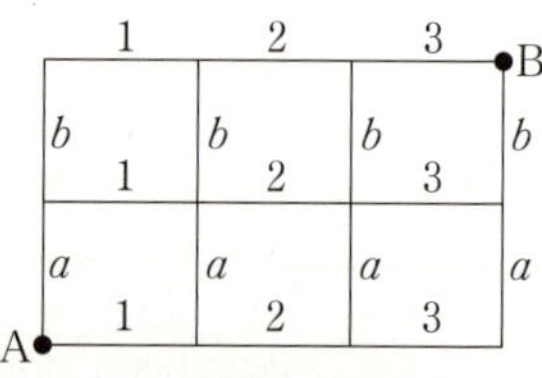

$$_5C_3 = {_5C_2} = \frac{5!}{3!2!} = 10\text{이다.}$$

[방법3] 중복조합을 이용하는 방법 (※ 중복조합 학습 후)

밑에서부터 왼쪽에서 오른쪽으로 가는 길을 아래에서부터 각각 1, 2, 3이라고 하자.

예를 들어 화살표 (가)방향으로 가는 길은 111이 되고, 화살표 (나)방향으로 가는 길은 123으로 나타낼 수 있다. 그러면 A에서 B로 가는 길을 123, 222, 223, $\cdots$과 같이 나타낼 수 있다. 오른쪽에 쓰여진 수는 왼쪽보다 작을 수 없으므로 순서는 정해져 있고 같은 수가 중복되어도 된다. 즉 1, 2, 3으로부터 중복을 허용하여 3개의 수를 택하는 중복조합의 수와 같으므로 $_3H_3 = {_5C_3} = 10$이다.

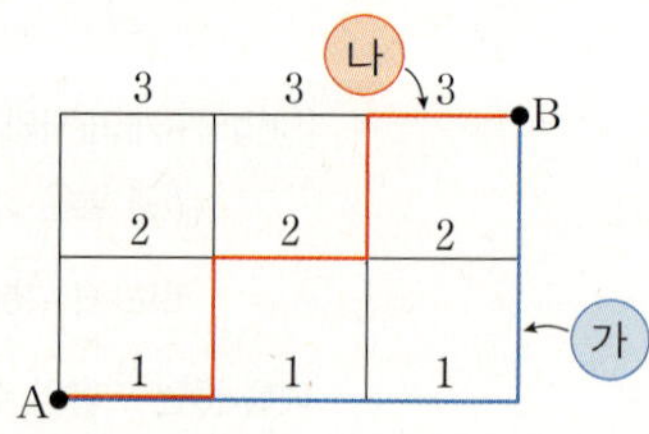

보기 05 오른쪽 그림과 같은 도로망이 있다. 다음을 구하여라.

(1) A지점에서 B지점으로 최단 거리로 가는 경우의 수

(2) A지점에서 P지점을 거쳐 B지점으로 최단 거리로 가는 경우의 수

(3) A지점에서 P지점을 거치지 않고 B지점으로 최단 거리로 가는 경우의 수

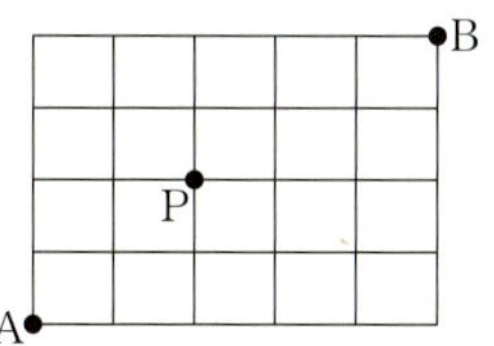

풀이 가로방향으로 한 칸 가는 것을 a, 세로방향으로 한 칸 가는 것을 b로 나타내면

(1) A지점에서 B지점으로 최단 거리로 가는 경우의 수는 5개의 a와 4개의 b를 일렬로 나열하는 순열의 수,

즉 $a, a, a, a, a, b, b, b, b$를 일렬로 나열하는 경우의 수 $\dfrac{9!}{5!4!}=126$

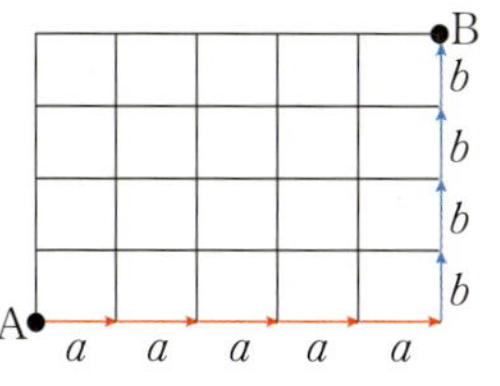

(2) A지점에서 P지점을 거쳐 B지점으로 최단 거리로 가는 경우의 수

(i) A지점에서 P로 최단 거리로 가는 경우의 수는 2개의 a와 2개의 b를, 일렬로 나열하는 순열의 수,

즉 a, a, b, b를 일렬로 나열하는 경우의 수 $\dfrac{4!}{2!2!}=6$

(ii) P지점에서 B로 최단 거리로 가는 경우의 수는 3개의 a와 2개의 b를, 일렬로 나열하는 순열의 수,

즉 a, a, a, b, b를 일렬로 나열하는 경우의 수 $\dfrac{5!}{3!2!}=10$

(i), (ii)에서 A지점에서 P지점을 거쳐 B지점으로 최단 거리로 가는 경우의 수는 $6 \times 10 = 60$

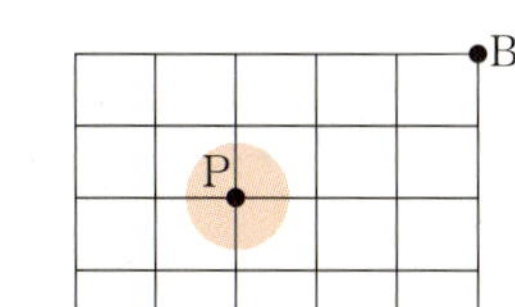
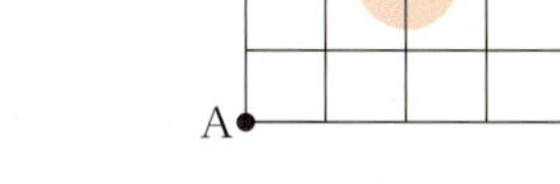

(3) A지점에서 P지점을 거치지 않고 B지점으로 최단 거리로 가는 경우의 수에서 P지점을 거치는 경우의 수를 빼면 되므로

(1), (2)에서 $126 - 60 = 66$

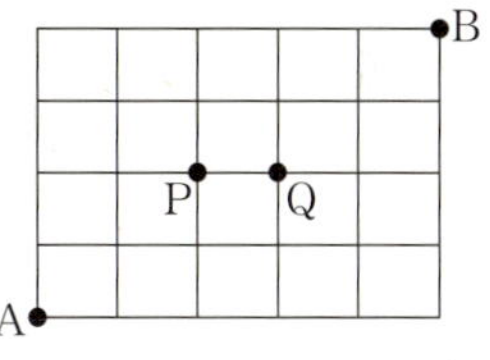

보기 06 오른쪽 그림과 같은 도로망이 있다. 다음 물음을 구하여라.

(1) A지점에서 선분 PQ를 거쳐 B지점으로 가는 최단 경로의 수

(2) A지점에서 선분 PQ를 거치지 않고 B지점으로 가는 최단 경로의 수

풀이 오른쪽으로 한 칸 가는 것을 a, 위쪽으로 한 칸 가는 것을 b로 나타내면

(1) (i) A에서 P로 가는 최단 경로의 수는 오른쪽으로 2칸, 위쪽으로 2칸

즉 a, a, b, b를 일렬로 나열하는 경우의 수 $\dfrac{4!}{2!2!}=6$

(ii) P지점에서 Q지점으로 가는 최단 경로의 수는 a뿐이므로 1

(iii) Q지점에서 B지점으로 가는 최단 경로의 수는 오른쪽으로 2칸, 위쪽으로 2칸,

즉 a, a, b, b를 일렬로 나열하는 경우의 수 $\dfrac{4!}{2!2!}=6$

따라서 A지점에서 선분 PQ를 거쳐 B지점으로 가는 최단 경로의 수는 $6 \times 1 \times 6 = 36$

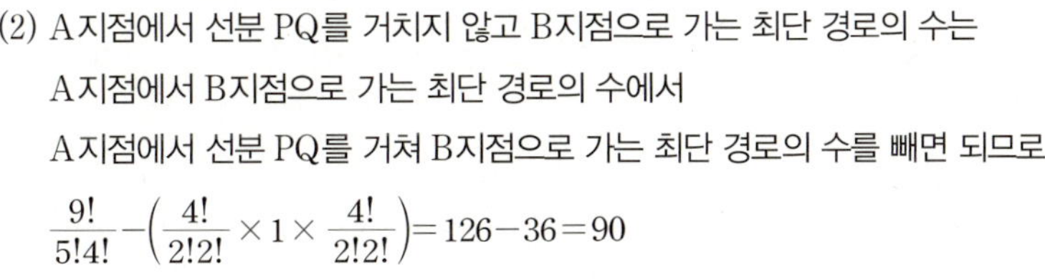

(2) A지점에서 선분 PQ를 거치지 않고 B지점으로 가는 최단 경로의 수는 A지점에서 B지점으로 가는 최단 경로의 수에서 A지점에서 선분 PQ를 거쳐 B지점으로 가는 최단 경로의 수를 빼면 되므로

$\dfrac{9!}{5!4!} - \left(\dfrac{4!}{2!2!} \times 1 \times \dfrac{4!}{2!2!} \right) = 126 - 36 = 90$

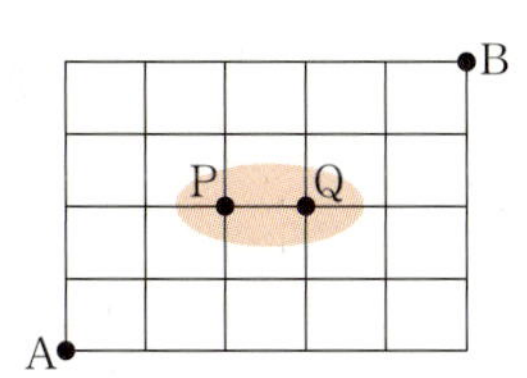

마플개념익힘 01 같은 문자가 있는 순열의 수(조건이 있는 경우)

다음 물음에 답하여라.

(1) CLASSIC의 7개 영문자를 일렬로 배열할 때, 영문자 A와 L이 이웃하게 배열되는 경우의 수를 구하여라.

(2) 8개의 영문자 N, O, T, E, B, O, O, K를 일렬로 나열할 때, N, E, T를 이웃하도록 배열하는 경우의 수를 구하여라.

MAPL CORE
같은 것이 있는 순열 ⇨ 같은 것의 개수만큼 계승해 주어 나누어 준다.
이웃하는 것이 있는 순열 ⇨ 이웃하는 것을 하나로 생각하여 나열한다.

개념익힘 | 풀이

(1) A, L을 한 문자 X로 생각하여 X, C, S, S, I, C를 일렬로 배열하는 경우의 수는 $\frac{6!}{2!2!}=180$

또한 A, L을 서로 바꾸는 경우의 수가 2가지

따라서 구하는 경우의 수는 $180\times 2=360$

(2) N, E, T를 한 문자 X로 생각하여 X, B, O, O, O, K를 일렬로 배열하는 경우의 수는 $\frac{6!}{3!}=120$

또한 N, E, T를 일렬로 배열하는 경우의 수는 $3!=6$

따라서 구하는 경우의 수는 $120\times 6=720$

확인유제 0019 다음 물음에 답하여라.

(1) A, A, A, B, B, C, D의 7개의 문자를 일렬로 나열할 때, C와 D가 서로 인접하지 않도록 나열하는 경우의 수를 구하여라.

2012학년도 수능기출

(2) 흰색 깃발 5개, 파란색 깃발 5개를 일렬로 모두 나열할 때, 양 끝에 흰색 깃발이 놓이는 경우의 수는? (단, 같은 색 깃발끼리는 서로 구별하지 않는다.)

① 56 ② 63 ③ 70 ④ 77 ⑤ 84

변형문제 0020
2006년 05월 교육청

6개의 문자 a, a, a, b, b, c 중에서 4개를 선택하여 일렬로 나열할 때, 만들 수 있는 서로 다른 문자열의 개수는?

① 36 ② 38 ③ 40 ④ 42 ⑤ 44

발전문제 0021 다음 물음에 답하여라.

(1) 8개의 문자 baseball을 일렬로 나열할 때, 양쪽 끝에는 서로 다른 문자가 오는 경우의 수를 구하여라.

2004년 10월 교육청

(2) 7개의 문자 a, b, b, c, c, c, d를 일렬로 나열할 때, 양쪽 끝에는 서로 다른 문자가 오는 경우의 수를 구하여라.

정답 0019 : (1) 300 (2) ① 0020 : ② 0021 : (1) 4500 (2) 340

마플개념익힘 02   같은 숫자가 있는 순열

6개의 숫자 0, 1, 1, 1, 2, 2를 일렬로 배열할 때, 다음 물음에 답하여라.

(1) 6자리 정수는 몇 개인지 구하여라.

(2) 6자리 정수 중 짝수의 개수를 구하여라.

MAPL CORE

n개의 숫자 중에서 서로 같은 것이 각각 p개, q개, $\cdots$, r개인 경우 A자리 자연수의 개수를 구할 때, 0이 최고 자리에 올 수 없음에 유의한다.

개념익힘|풀이

(1) 여섯 자리 정수의 맨 앞자리에 오는 숫자는 1 또는 2이다.

(i) 1□□□□□의 꼴 : □에 숫자 1, 1, 2, 2, 0을 늘어놓는 순열의 수이므로 $\dfrac{5!}{2!2!}=30$

(ii) 2□□□□□의 꼴 : □에 숫자 1, 1, 1, 2, 0을 늘어놓는 순열의 수이므로 $\dfrac{5!}{3!}=20$

(i), (ii)에서 6자리 정수는 $30+20=50$

다른풀이   여사건을 이용하여 풀이하기

맨 앞자리에 0이 오는 경우는 여섯 자리의 자연수가 아니므로 구하는 정수의 개수는

(전체 경우의 수)−(0을 제외한 수들을 나열하는 경우의 수)

$\dfrac{6!}{3!2!}-\dfrac{5!}{3!2!}=60-10=50$

(2) 여섯 자리 정수 중 짝수의 개수는 일의 자리에 올 수 있는 숫자는 0 또는 2이다.

(i) □□□□□0의 꼴 : □에 숫자 1, 1, 1, 2, 2를 늘어놓는 순열의 수이므로 $\dfrac{5!}{3!2!}=10$

(ii) □□□□□2의 꼴 : □에 숫자 1, 1, 1, 2, 0을 늘어놓는 순열의 수에서 맨 앞자리에 0이 오는 경우를

빼면 되므로 $\dfrac{5!}{3!}-\dfrac{4!}{3!}=20-4=16$

(i), (ii)에서 $10+16=26$

확인유제 0022   6개의 숫자 0, 1, 2, 2, 3, 3을 일렬로 배열할 때, 다음 물음에 답하여라.

(1) 6자리 정수는 몇 개인지 구하여라.

(2) 6자리 정수 중 짝수의 개수를 구하여라.

변형문제 0023   다음 물음에 답하여라.

(1) 0, 0, 1, 2, 2, 2의 숫자가 각각 하나씩 적힌 6장의 카드를 사용하여 만들 수 있는 여섯 자리의 정수 중 짝수의 개수는?

  ① 16   ② 18   ③ 28   ④ 34   ⑤ 36

(2) 7개의 숫자 0, 1, 2, 3, 4, 4, 5를 일렬로 나열하여 일곱 자리의 자연수를 만들 때, 1과 2가 이웃하는 5의 배수의 개수는?

  ① 108   ② 135   ③ 162   ④ 189   ⑤ 216

발전문제 0024   세 문자 A, B, C에서 중복을 허락하여 각각 홀수 개씩 모두 7개를 선택하여 일렬로 나열하는 경우의 수를 구하여라. (단, 모든 문자는 한 개 이상씩 선택한다.)

2018년 03월 교육청

정답   0022 : (1) 150 (2) 78   0023 : (1) ④ (2) ⑤   0024 : 546

어느 지역에 행사를 알리기 위해 총 6곳의 장소에 각 장소마다 한 개씩 현수막을 설치하려고 한다. 각 장소에는 두 종류의 현수막 A, B 중 하나만 설치하되, 설치된 A, B의 총 개수가 각각 2이상이 되도록 현수막을 설치하는 경우의 수를 구하여라. (단, 같은 종류의 현수막은 서로 구별되지 않는다.)

MAPL CORE 같은 것이 있는 대상들을 일렬로 나열하는 경우에 같은 것의 개수가 n일 때, $n!$로 나눠 경우의 수를 구한다.

개념익힘 | 풀이 6곳의 장소에 두 종류의 현수막 A, B를 각각 2개 이상 설치해야 하므로

(i) 현수막 A를 4개, 현수막 B를 2개 사용하는 경우

6곳에서 현수막을 설치하는 경우의 수는 $\dfrac{6!}{4!2!}=15$

(ii) 현수막 A를 3개, 현수막 B를 3개 사용하는 경우

6곳에서 현수막을 설치하는 경우의 수는 $\dfrac{6!}{3!3!}=20$

(iii) 현수막 A를 2개, 현수막 B를 4개 사용하는 경우

6곳에서 현수막을 설치하는 경우의 수는 $\dfrac{6!}{2!4!}=15$

(i)~(iii)에서 구하는 경우의 수는 $15+20+15=50$

확인유제 0025
2011학년도 수능기출

어느 행사장에는 현수막을 1개씩 설치할 수 있는 장소가 5곳이 있다. 현수막은 A, B, C 세 종류가 있고, A는 1개, B는 4개, C는 2개가 있다. 다음 조건을 만족시키도록 현수막 5개를 택하여 5곳에 설치할 때, 그 결과로 나타날 수 있는 경우의 수는? (단, 같은 종류의 현수막끼리는 구분하지 않는다.)

> (가) A는 반드시 설치한다.
> (나) B는 2곳 이상 설치한다.

① 55   ② 65   ③ 75   ④ 85   ⑤ 95

변형문제 0026

두 집합 $A=\{a, b, c, d\}$, $B=\{1, 2, 3\}$에 대하여 함수 $f : A \longrightarrow B$ 중에서 $f(a)+f(b)+f(c)+f(d)=10$을 만족시키는 함수 f의 개수는?

① 8   ② 9   ③ 10   ④ 11   ⑤ 12

발전문제 0027
2017년 03월 교육청

오른쪽 그림과 같이 주머니에 숫자 1이 적힌 흰 공과 검은 공이 각각 2개, 숫자 2가 적힌 흰 공과 검은 공이 각각 2개가 들어 있고, 비어 있는 8개의 칸에 1부터 8까지의 자연수가 하나씩 적혀 있는 진열장이 있다. 숫자가 적힌 8개의 칸에 주머니 안의 공을 한 칸에 한 개씩 모두 넣을 때, 숫자 4, 5, 6이 적힌 칸에 넣는 세 개의 공이 적힌 수의 합이 5이고 모두 같은 색이 되도록 하는 경우의 수를 구하여라. (단, 모든 공은 크기와 모양이 같다.)

정답   0025 : ①   0026 : ③   0027 : 180

세 개의 서로 다른 음료수 A, B, C에는 뚜껑이 달려 있고 안에는 각각의 음료가 들어있다. 각 음료를 마시기 위해서는 반드시 음료의 뚜껑이 열려있어야 한다. 이때 세 음료수의 뚜껑을 열어 서로 다른 모든 음료를 마시는 경우의 수를 구하여라.

MAPL CORE

서로 다른 n개의 문자를 일렬로 나열할 때, 특정한 r개를 미리 정해진 순서대로 나열하는 방법의 수

$\Rightarrow$ 같은 것이 r개 포함된 n개를 일렬로 나열하는 방법의 수, 즉 $\dfrac{n!}{r!}$ (가지)

개념익힘 | 풀이

세 음료수 A, B, C의 뚜껑을 각각 a_1, b_1, c_1이라 하고, 안에 들어 있는 음료수를 각각 a_2, b_2, c_2라고 하자.

음료수의 뚜껑을 열고 음료를 마시는 방법의 수는 a_1, a_2, b_1, b_2, c_1, c_2를 일렬로 나열할 때,

a_1, b_1, c_1이 각각 a_2, b_2, c_2의 앞에 오도록 나열하는 방법의 수와 같다.

즉 a_1과 a_2, b_1과 b_2, c_1과 c_2 사이에는 배열순서가 정해져 있으므로 같은 문자로 생각하여 나열하면 된다.

따라서 구하는 경우의 수는 $\dfrac{6!}{2!2!2!}=90$

확인유제 0028
2010학년도 09월 평가원

오른쪽 표와 같이 3개 과목에 각각 2개의 수준으로 구성된 6개의 과제가 있다. 각 과목의 과제는 수준 I의 과제를 제출한 후에만 수준 II의 과제를 제출할 수 있다. 예를 들어 '국어 A → 수학 A → 국어 B → 영어 A → 영어 B → 수학 B' 순서로 과제를 제출할 수 있다. 6개의 과제를 모두 제출할 때, 제출 순서를 정하는 경우의 수를 구하여라.

수준＼과목	국어	수학	영어
I	국어 A	수학 A	영어 A
II	국어 B	수학 B	영어 B

변형문제 0029
2014학년도 06월 평가원

다음 물음에 답하여라.

(1) 1부터 6까지의 자연수가 하나씩 적혀 있는 6장의 카드가 있다. 이 카드를 모두 한 번씩 사용하여 일렬로 나열할 때, 2가 적혀 있는 카드는 4가 적혀 있는 카드보다 왼쪽에 나열하고 홀수가 적혀 있는 카드는 작은 수부터 크기 순서로 왼쪽부터 나열하는 경우의 수는?

① 56　　② 60　　③ 64　　④ 68　　⑤ 72

2010학년도 수능기출

(2) 어느 회사원이 처리해야 할 업무는 A, B를 포함하여 모두 6가지이다. 이 중에서 A, B를 포함한 4가지 업무를 오늘 처리하려고 하는데, A를 B보다 먼저 처리해야 한다. 오늘 처리할 업무를 택하고, 택한 업무의 처리 순서를 정하는 경우의 수는?

① 60　　② 66　　③ 72　　④ 78　　⑤ 84

발전문제 0030
2014년 07월 교육청

오른쪽 그림과 같이 크기가 서로 다른 3개의 펭귄 인형과 4개의 곰 인형이 두 상자 A, B에 왼쪽부터 크기가 작은 것에서 큰 것 순으로 담겨져 있다. 다음 조건을 만족시키도록 상자 A, B의 모든 인형을 일렬로 진열하는 경우의 수를 구하여라.

(가) 같은 상자에 담겨있는 인형은 왼쪽부터 크기가 작은 것에서 큰 것 순으로 진열한다.

(나) 상자 A의 왼쪽에서 두 번째 펭귄 인형은 상자 B의 왼쪽에서 두 번째 곰 인형보다 왼쪽에 진열한다.

정답　0028 : 90　　0029 : (1) ② (2) ③　　0030 : 13

오른쪽 그림과 같은 도로망이 있다.
A지점에서 B지점까지 가는 최단 경로의 수를 구하여라.

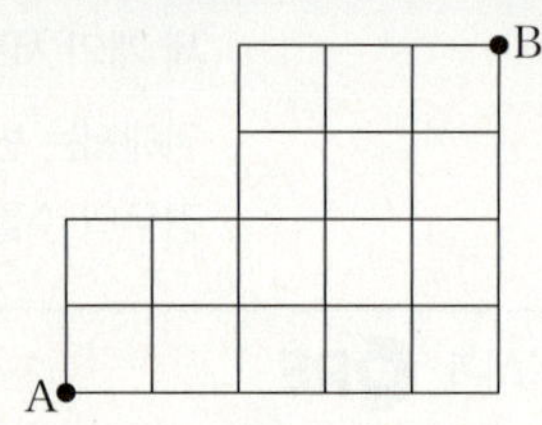

개념익힘│풀이 A지점에서 B지점으로 가기 위해서는 반드시 오른쪽 그림의 P, Q, R의 교차점 중 한 지점을 통과해야 한다.

(ⅰ) A → P → B로 가는 경로의 수 $\dfrac{4!}{2!2!} \times \dfrac{5!}{3!2!} = 6 \times 10 = 60$

(ⅱ) A → Q → B로 가는 경로의 수 $\dfrac{4!}{3!1!} \times \dfrac{5!}{2!3!} = 4 \times 10 = 40$

(ⅲ) A → R → B로 가는 경로의 수 $1 \times \dfrac{5!}{1!4!} = 1 \times 5 = 5$

(ⅰ)~(ⅲ)에서 구하는 최단 경로의 수는 $60 + 40 + 5 = 105$

다른풀이 지나지 않은 점을 이용하여 풀이하기

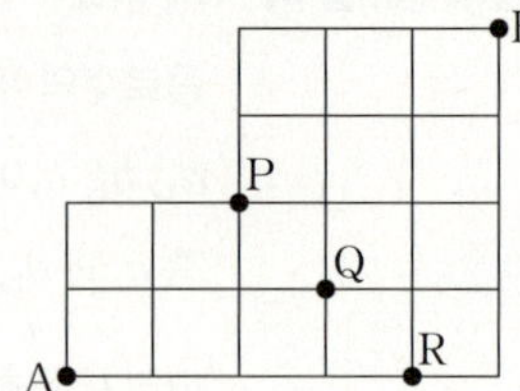

오른쪽 그림과 같이 모든 도로망이 연결되어 있다고 하면

A지점에서 B지점까지 최단 거리로 가는 경우의 수는 $\dfrac{9!}{5!4!} = 126$

A지점에서 C, D지점을 지나는 경우의 수

(ⅰ) A → C → B로 가는 경우의 수 $1 \times 1 = 1$

(ⅱ) A → D → B로 가는 경우의 수 $\dfrac{4!}{3!} \times \dfrac{5!}{4!} = 4 \times 5 = 20$

∴ A지점에서 C, D지점을 거치지 않고 B지점까지 최단 거리로 가는 경우의 수는 $126 - (1 + 20) = 105$

최단 경로의 수를 구할 때,
같은 방향으로 움직이는
경로를 같은 문자로 놓고
순열의 수를 구한다.

확인유제 0031 다음 그림과 같은 도로망이 있다. A지점에서 B지점까지 도로를 따라 최단 거리로 가는 경우의 수를 구하여라.

(1) (2) (3) (4)

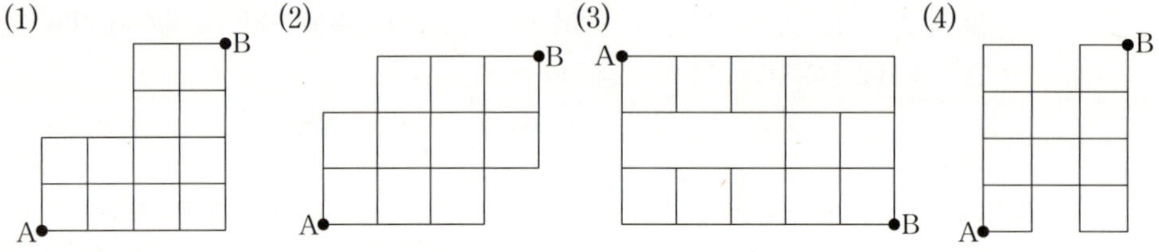

변형문제 0032 오른쪽 그림과 같이 마름모 모양으로 연결된 도로망이 있다.
이 도로망을 따라 A지점에서 출발하여 B지점까지 최단 거리
로 가는 경우의 수는?

2013학년도 09월 평가원

① 96 ② 108 ③ 112
④ 120 ⑤ 150

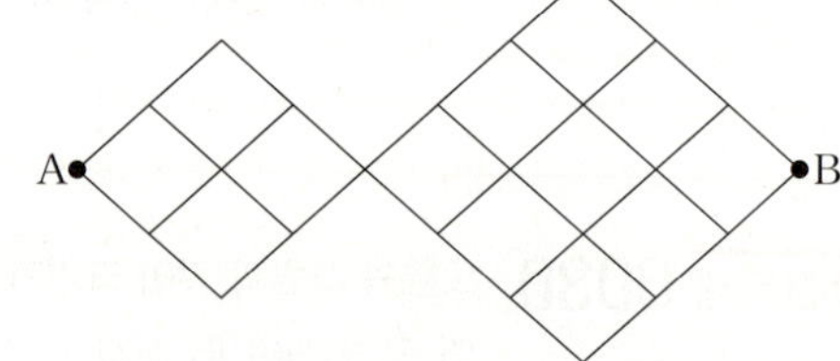

발전문제 0033 오른쪽 그림과 같이 직사각형 모양의 잔디밭에 산책로가
만들어져 있다. 이 산책로는 오른쪽 그림과 같이 반지름
의 길이가 같은 원 8개가 서로 외접하고 있는 형태이다.
A지점에서 출발하여 산책로를 따라 최단 거리로 B지점
에 도착하는 경우의 수를 구하여라. (단, 원 위에 표시된
점은 원과 직사각형 또는 원과 원의 접점을 나타낸다.)

2009학년도 수능기출

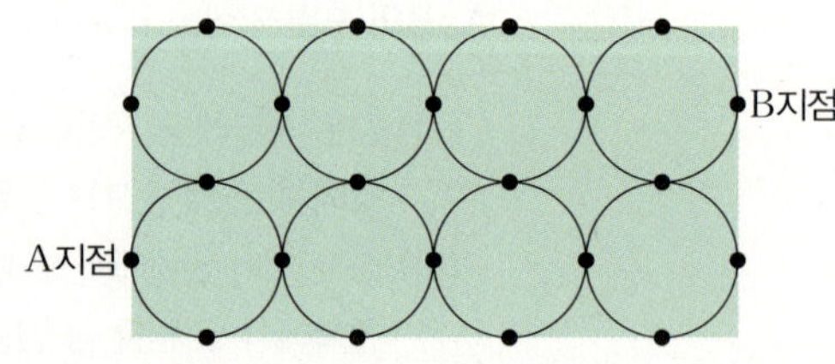

정답 0031 : (1) 53 (2) 33 (3) 31 (4) 25   0032 : ④   0033 : 40

오른쪽 그림과 같이 직사각형 모양으로 연결된 도로망의 가운데 호수가 있다.
A지점에서 B지점까지 도로를 따라 최단 거리로 가는 경우의 수를 구하여라.

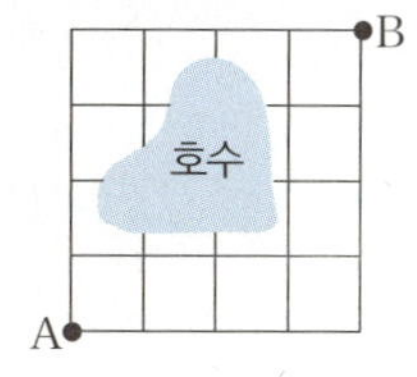

MAPL **CORE**

장애물이 있는 최단 경로의 수 구하기
[방법1] 반드시 지나고 경로가 중복되지 않는 중간 경유점을 찾아 경우의 수의 곱의 법칙을 이용하여 구한다.
[방법2] A에서 C를 거치지 않고 B로 가는 최단 경로의 수
　⇨ (A에서 B로 가는 최단 경로의 수)−(A에서 C를 거쳐 B로 가는 최단 경로의 수)

개념익힘 | 풀이　오른쪽 그림과 같이 A지점에서 B지점으로 가려면 P, Q, R, S의 교차점을
지나야만 한다.
A지점에서 출발하여 P지점을 지나 Q를 지나 B지점까지 가는 경우의 수는

$$1 \times \frac{2!}{1!1!} \times 1 = 2$$

A지점에서 출발하여 R지점을 지나 B지점까지 가는 경우의 수는 $\dfrac{4!}{3!} \times \dfrac{4!}{3!} = 16$

A지점에서 출발하여 S지점을 지나 B지점까지 가는 경우의 수는 $1 \times 1 = 1$
따라서 구하는 경우의 수는 $2 + 16 + 1 = 19$

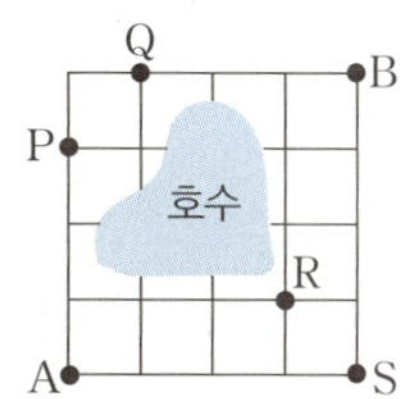

확인유제 0034
2017학년도 사관기출

어느 부대가 그림과 같은 바둑판 모양의 도로망에서 장애물(어두운 부분)
을 피해 A지점에서 B지점으로 도로를 따라 이동하려고 한다.
A지점에서 출발하여 B지점까지 최단 거리로 가는 경우의 수를 구하여라.

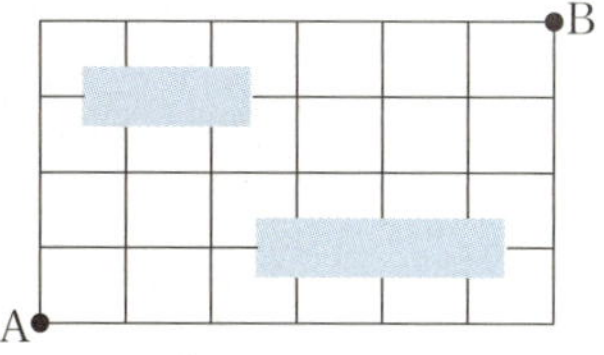

변형문제 0035

오른쪽 그림과 같은 도로망이 있다. A지점에서 출발하여 B지점까지 최단
거리로 갈 때, P지점은 지나고 Q지점은 지나지 않는 방법의 수는?

① 40　　　　　　② 60　　　　　　③ 80
④ 100　　　　　　⑤ 120

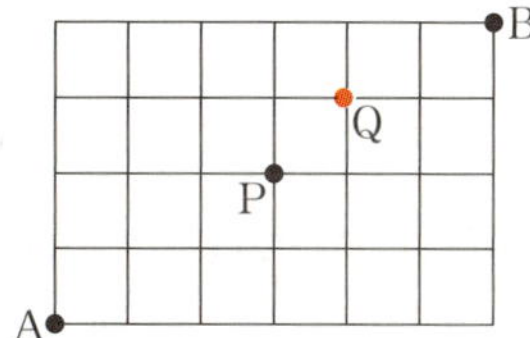

발전문제 0036
2012년 07월 교육청

오른쪽 그림과 같이 직사각형 모양으로 연결된 도로망의 가운데 호수가 있다.
A지점에서 B지점 까지 도로를 따라 최단 거리로 가는 경우의 수는?

① 44　　　　　　② 52　　　　　　③ 62
④ 68　　　　　　⑤ 72

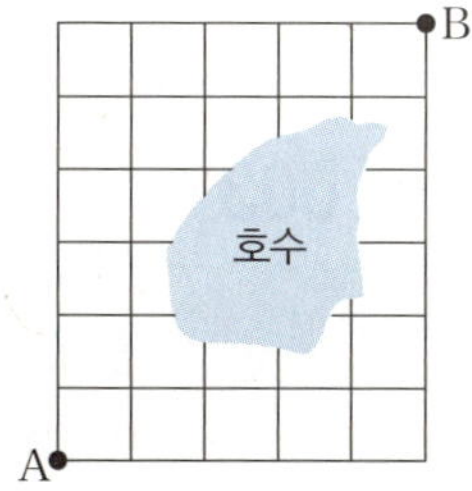

정답　　0034 : 62　　0035 : ①　　0036 : ③

오른쪽 그림과 같이 바둑판 모양의 도로망이 있다. 다음 조건을 만족하며
A에서 B까지 최단거리로 가는 경우의 수를 각각 구하여라.

(1) 교차로 P와 Q는 지나지 않는다.

(2) 교차로 P와 Q에서 직진과 우회전은 할 수 있으나 좌회전은 할 수 없다.

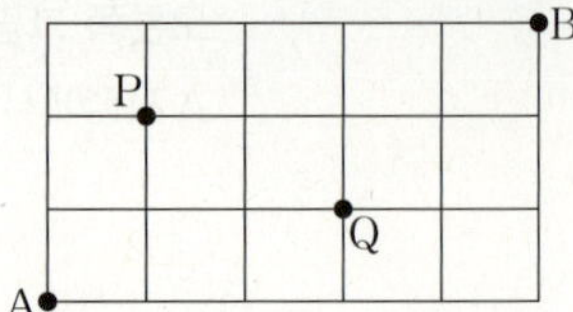

MAPL CORE

장애물이 있는 최단 경로의 수 구하기
[방법1] 반드시 지나고 경로가 중복되지 않는 중간 경유점을 찾아 경우의 수의 곱의 법칙을 이용하여 구한다.
[방법2] A에서 C를 거치지 않고 B로 가는 최단 경로의 수
⇨ (A에서 B로 가는 최단 경로의 수)−(A에서 C를 거쳐 B로 가는 최단 경로의 수)

개념익힘 | 풀이

(1) A → B로 가는 경우에서 P, Q를 지나지 않는 경우이므로

$$\frac{8!}{5!3!} - \left(\frac{3!}{2!} \times \frac{5!}{4!} + \frac{4!}{3!} \times \frac{4!}{2!2!} \right) = 56 - (15 + 24) = \mathbf{17}$$

← A를 출발하여 B에 도달하는 최단 경로 중 교차로 P, Q를 지나는 경우는 없다.

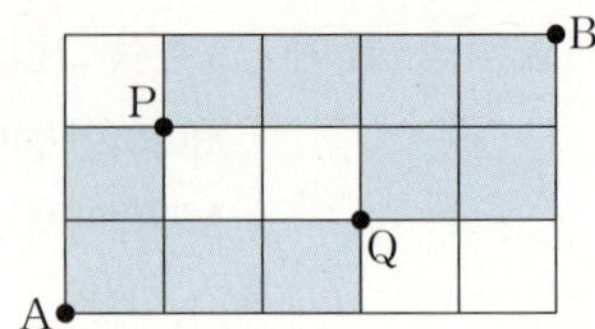

(2) A → B로 가는 경우에서 P, Q에서 좌회전을 하는 경우를 빼면 된다.

즉, P_1에서 P로 가는 경우에는 P에서 좌회전할 수 없으므로 P_2로
갈 수 없다.

마찬가지로 Q_1에서 Q로 가는 경우에는 Q에서 좌회전할 수 없으므로
Q_2로 갈 수 없다.

그런데 P에서 좌회전하는 경우는 $P_1 \to P \to P_2$로 가는 경우이고 Q에서
좌회전하는 경우는 $Q_1 \to Q \to Q_2$로 가는 경우이므로

$$\frac{8!}{5!3!} - \left(1 \times 1 + \frac{3!}{2!} \times \frac{3!}{2!} \right) = 56 - (1 + 9) = 46$$

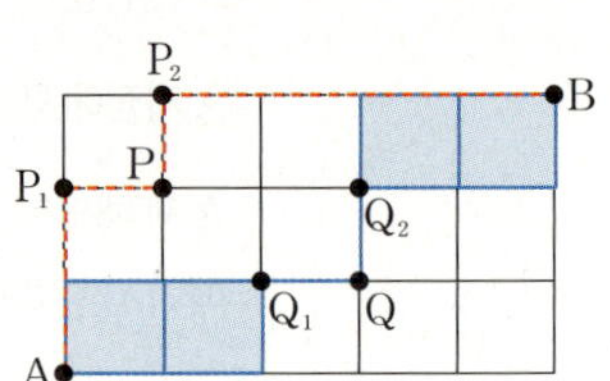

확인유제 0037 오른쪽 그림과 같은 도로망이 있다. P지점에서는 좌회전이 되지 않는다고
할 때, 자동차를 타고 A지점에서 B지점까지 최단 거리로 가는 방법의 수
를 구하여라.

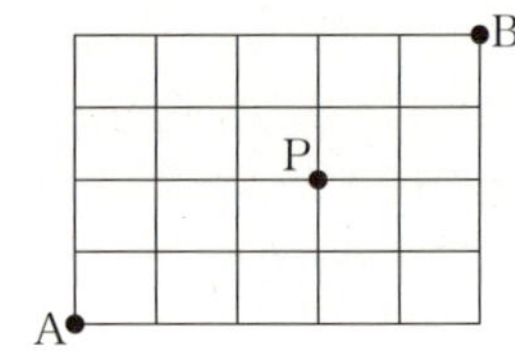

변형문제 0038 오른쪽 그림과 같이 A지점에서 B지점으로 가는 도로망이 직각으로 교차
하고 있다. P지점에서는 호수로 인한 교통 혼잡으로 좌회전이 금지되어
있다. 이때 A지점에서 B지점까지 최단 거리로 가는 방법의 수는?

① 110   ② 112   ③ 114

④ 116   ⑤ 118

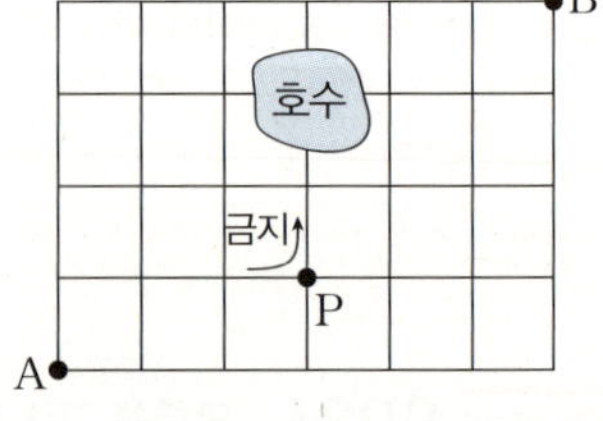

발전문제 0039
2017학년도 경찰대기출
오른쪽 그림은 어느 도시의 도로를 선으로 나타낸 것이다. 교차로 P
에서는 좌회전을 할 수 없고, 교차로 Q는 공사 중이어서 지나갈 수
없다고 한다. A를 출발하여 B에 도달하는 최단 경로의 개수는?

① 818   ② 825   ③ 832

④ 839   ⑤ 846

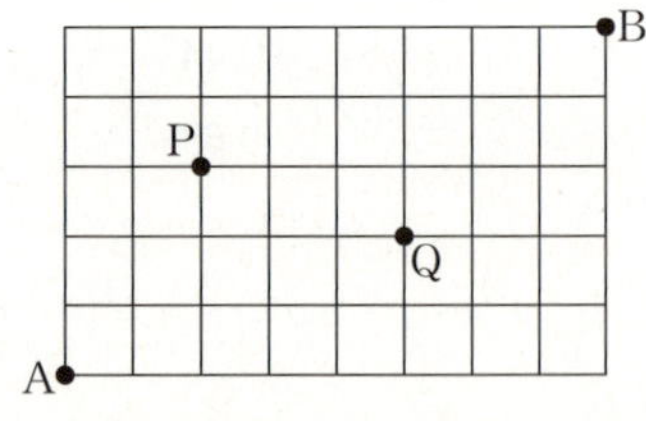

정답   0037 : 108   0038 : ②   0039 : ④

직육면체의 최단거리

 **교과서특강문제 01**　오른쪽 그림과 같이 작은 정육면체 8개를 큰 정육면체 1개가 되도록 가지런히 쌓은 후에 꼭짓점 A에서 꼭짓점 G까지 외부의 선만 활용하여 최단거리로 가는 경우의 수를 구하여라.

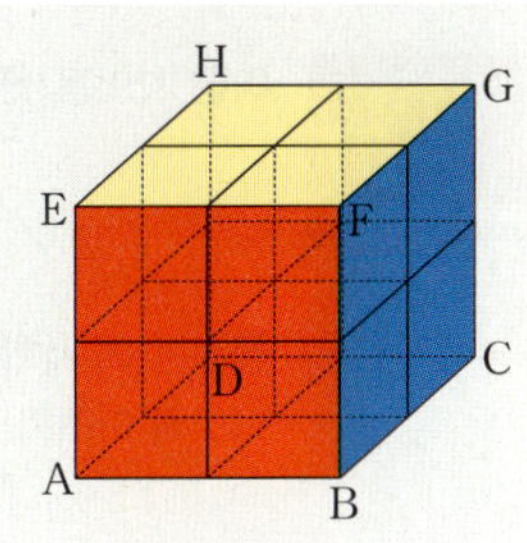

교과서특강 풀이 ▶ **풀이1**　같은 것이 있는 순열을 활용하여 전체 경우의 수를 구하여 보자.

(i) 큰 정육면체의 각 면에 서로 다른 색을 칠하였을 때, 최단거리는 2개의 색 면을 이동하는 것으로 생각할 수 있다.

　　2개의 색 면을 고르는 경우의 수는 꼭짓점 A를 공유하는 면이 3개이고, 각 면마다 최단 거리로 가기 위하여 지날 수 있는

　　면이 2개이므로 $3 \times 2 = 6$이다.

(ii) 빨간색 면과 노란색 면을 활용하여 이동한다고 생각하자. 가로로 한 칸 이동 (→)을 p,

　　세로로 한 칸 이동 (↑)을 q라고 하면 A에서 G까지 가는 경로의 수는 2개의 p와 4개의 q를

　　일렬로 배열하는 경우의 수와 같으므로 $\dfrac{6!}{2! \times 4!} = 15$이다.

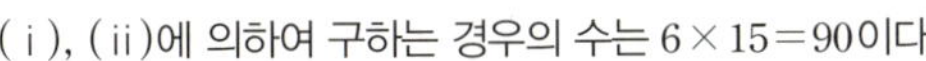

(i), (ii)에 의하여 구하는 경우의 수는 $6 \times 15 = 90$이다.

(iii) 위에서 중복되는 경로를 제외하여 보자. A → F → G로 가는 경우를 생각하여 보자.

　　선분 FG가 노란색 면과 파란색 면에 공통으로 있으므로 경로의 수는

　　$\dfrac{4!}{2! \times 2!} \times 1 = 6$이 중복된다.

　　A → H → G, A → C → G로 가는 경우도 마찬가지이므로

　　중복되는 경로의 수는 $6 \times 3 = 18$이다.

　　A → B → G, A → E → G, A → D → G로 가는 경우도 중복되는

　　경로의 수를 위와 마찬가지 방법으로 구하면 $1 \times \dfrac{4!}{2! \times 2!} \times 3 = 18$이다.

(i)~(iii)에 의하여 구하는 전체 경우의 수는 $90 - (18 + 18) = 54$이다.

풀이2　각 교차점에 이르는 경우의 수 구하기

눈에 보이는 꼭짓점에만 각 교차점에 이르는 경우의 수를 쓰면 오른쪽 그림과 같다.

따라서 구하는 전체 경우의 수는 54이다.

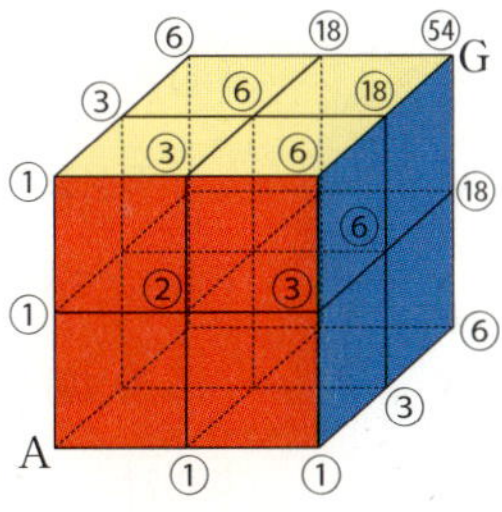

 **교과서특강문제 02**　오른쪽 그림과 같이 작은 정육면체 27개를 큰 정육면체 1개가 되도록 가지런히 쌓은 후에 꼭짓점 A에서 꼭짓점 G까지 외부의 선만 활용하여 최단거리로 가는 경우의 수를 구하여라.

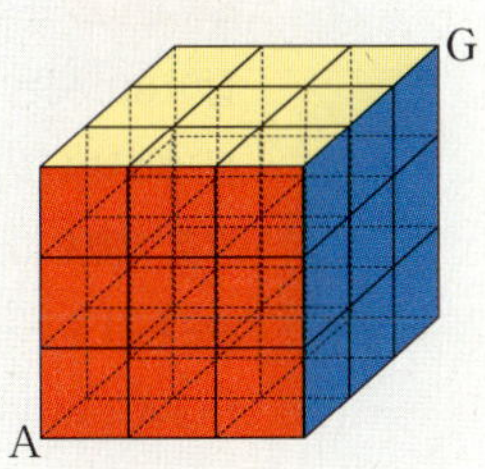

교과서특강 풀이 ▶ **풀이1**　같은 것이 있는 순열을 활용하여 전체 경우의 수를 구하여 보자.

(i) 지나는 면을 고르는 경우의 수는 $3 \times 2 = 6$

(ii) 가로가 3칸, 세로가 6칸이므로 경우의 수는 $\dfrac{9!}{3! \times 6!} = 84$

(i), (ii)에 의하여 구하는 경우의 수는 $6 \times 84 = 504$

(iii) 위에서 중복되는 경로의 경우의 수는 $\left\{ \left(\dfrac{6!}{3! \times 3!} \times 1 \right) \times 3 \right\} \times 2 = 120$

(i)~(iii)에 의하여 구하는 전체 경우의 수는 $504 - 120 = 384$

풀이2　각 교차점에 이르는 경우의 수 구하기

눈에 보이는 꼭짓점에만 각 교차점에 이르는 경우의 수를 쓰면 오른쪽 그림과 같다.

따라서 구하는 전체 경우의 수는 384이다.

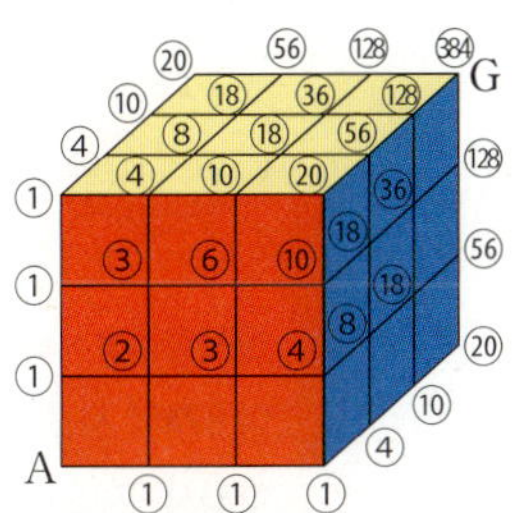

01 순열과 조합으로 해결되는 문제

수능특강문제 01
2009학년도 수능기출

어떤 사회봉사센터에서는 다음과 같은 4가지 봉사활동 프로그램을 매일 운영하고 있다.

프로그램	A	B	C	D
봉사활동 시간	1시간	2시간	3시간	4시간

철수는 이 사회봉사센터에서 5일간 매일 하나씩의 프로그램에 참여하여 다섯 번의 봉사활동 시간 합계가 8시간이 되도록 아래와 같은 봉사활동 계획서를 작성하려고 한다. 작성할 수 있는 봉사활동 계획서의 가짓수를 구하여라.

봉사활동 계획서

성명 :

참여일	참여 프로그램	봉사활동 시간
2009. 1. 5		
2009. 1. 6		
2009. 1. 7		
2009. 1. 8		
2009. 1. 9		
봉사활동 시간 합계		8시간

수능특강 풀이

풀이1 같은 것이 있는 순열로 풀이하기

5일간 총 봉사시간이 8시간이 되기 위해서는 4시간짜리를 2번 이상하면 봉사활동 시간의 합이 11시간 이상이므로
4시간짜리는 1번 또는 0번이 가능하다.

프로그램에 다섯 번 참여하여 시간 합계가 8시간이 되도록 하는 방법은 다음과 같다.

$$8 = 4+1+1+1+1 = 3+2+1+1+1 = 2+2+2+1+1$$

(i) $8 = 4+1+1+1+1$의 경우

작성할 수 있는 봉사활동 계획서의 가짓수는 A, A, A, A, D를 나열하는 경우의 수와 같으므로 $\dfrac{5!}{4!1!} = 5$

(ii) $8 = 3+2+1+1+1$의 경우

작성할 수 있는 봉사활동 계획서의 가짓수는 A, A, A, B, C를 나열하는 경우의 수와 같으므로 $\dfrac{5!}{3!} = 20$

(iii) $8 = 2+2+2+1+1$의 경우

작성할 수 있는 봉사활동 계획서의 가짓수는 A, A, B, B, B를 나열하는 경우의 수와 같으므로 $\dfrac{5!}{2!3!} = 10$

따라서 구하는 경우의 수는 $5+20+10 = 35$

풀이2 조합으로 풀이하기

합이 8이 되는 경우를 찾을 때, 큰 수부터 먼저 찾는 것이 시간 절약에 도움이 된다.

문제에서 4가 가장 큰 수이므로 4부터 더해 나간다.

프로그램에 다섯 번 참여하여 시간 합계가 8시간이 되도록 하는 방법은 다음과 같다.

$$8 = 4+1+1+1+1 = 3+2+1+1+1 = 2+2+2+1+1$$

(i) $8 = 4+1+1+1+1$의 경우

다섯 개의 자리 중에서 4를 놓을 자리를 택하고 나머지 네 자리에 1을 놓는 경우의 수와 같으므로 $_5C_1 \times 1 = 5$

(ii) $8 = 3+2+1+1+1$의 경우

다섯 개의 자리 중에서 3을 놓을 자리를 택하고 네 개의 자리 중에서 2를 놓을 자리를 택하고

나머지 세 자리에 1을 놓는 경우의 수와 같으므로 $_5C_1 \times {_4C_1} \times 1 = 20$

(iii) $8 = 2+2+2+1+1$의 경우

다섯 개의 자리 중에서 2를 놓을 자리 세 개를 택하고 나머지 두 자리에 1을 놓는 경우의 수와 같으므로 $_5C_3 \times 1 = 10$

(i)~(iii)에서 구하는 가짓수는 $5+20+10 = 35$

다른풀이 조합으로 풀이하기

봉사활동 8시간을 각각 1시간 단위로 구분하여 총 8개의 시간단위가 나온다.

이 8개의 시간단위를 5개로 분할하려면 4개의 구분점이 필요하다.

따라서 구하는 경우의 수는 $_7C_4 = 35$

1개의 본사와 5개의 지사로 이루어진 어느 회사의 본사로부터 각 지사까지의 거리가 표와 같다.

지사	가	나	다	라	마
거리 (km)	50	50	100	150	200

본사에서 각 지사에 A, B, C, D, E를 지사장으로 각각 발령할 때, A보다 B가 본사로부터 먼 지사의 지사장이 되도록 5명을 발령하는 경우의 수를 구하여라.

수능특강 풀이

풀이1 같은 것이 있는 순열로 풀이하기

STEP A A와 B를 동일하게 생각하여 경우의 수 구하기

다섯 명 A, B, C, D, E를 다섯 곳에 발령할 때, A의 발령지보다 B의 발령지가 멀도록 발령하는 경우의 수는

A와 B를 같은 사람으로 생각하여 거리가 먼 곳에 B를 발령하면 되므로 같은 것이 있는 순열로 생각할 수 있다.

즉 경우의 수는 $\dfrac{5!}{2!}=60$

STEP B A와 B가 (가), (나)에 발령될 경우를 제외하고 경우의 수 구하기

이 중에서 A, B가 같은 거리인 경우는 제외시켜야 하므로 A와 B를 같은 사람으로 생각하여 (가), (나)지사에 발령하고

C, D, E를 나머지 세 지사에 발령하는 방법의 수는 $3!=6$

따라서 구하는 방법의 수는 $60-6=54$

풀이2 A의 발령지를 지정해주는 순열로 풀이하기

B의 발령지가 A의 발령지보다 본사로부터 거리가 멀어야 하므로 A가 발령받는 지사를 기준으로 생각한다.

(i) A를 (가), (나)에 발령하고 B는 (다), (라), (마) 중에 발령하는 경우의 수는 $2\times3=6$

(ii) A를 (다)에 발령하고 B는 (라), (마) 중에 발령하는 경우의 수는 $1\times2=2$

(iii) A를 (라)에 발령하고 B는 (마)에 발령하는 경우의 수는 $1\times1=1$

(i)～(iii)에 의해 A와 B의 발령지를 선택하는 경우의 수는 $6+2+1=9$

이때 C, D, E의 나머지 발령지를 선택하는 경우의 수는 $3!=6$

따라서 구하는 경우의 수는 $9\times6=54$

풀이3 B의 발령지를 지정해주는 순열로 풀이하기

B의 발령지가 A의 발령지보다 본사로부터 거리가 멀어야 하므로 B가 발령받는 지사를 기준으로 생각한다.

(i) B가 (마)지사에 발령받는 경우

A가 (마)를 제외한 모든 지사에 발령받을 수 있으므로 B를 제외한 4명을 발령하는 경우의 수는 $4!=24$

(ii) B가 (라)지사에 발령받는 경우

A가 (가), (나), (다)지사에 발령받을 수 있으므로 A를 발령하는 경우는 $_3C_1$가지이고

나머지 3명을 발령하는 경우의 수는 $3!$이므로 $_3C_1\times3!=18$

(iii) B가 (다)지사에 발령받는 경우

A가 (가), (나)지사에 발령받을 수 있으므로 A를 발령하는 경우는 $_2C_1$가지이고

나머지 3명을 발령하는 경우의 수는 $3!$이므로 $_2C_1\times3!=12$

(iv) B가 (가) 또는 (나)지사에 발령받는 경우

B는 A보다 본사에서 먼 지사의 지사장이 될 수 없다.

따라서 구하는 경우의 수는 $24+18+12=54$

풀이4 직접 경우의 수 풀이하기

A보다 B가 거리가 먼 지사를 선택해야 하므로

A가 (가)인 경우 B는 (다), (라), (마)

A가 (나)인 경우 B는 (다), (라), (마)

A가 (다)인 경우 B는 (라), (마)

A가 (라)인 경우 B는 (마)이면 된다.

따라서 C, D, E는 나머지 세 곳을 한 곳씩 선택하면 되므로 $(3+3+2+1)\times3!=54$

단원종합문제

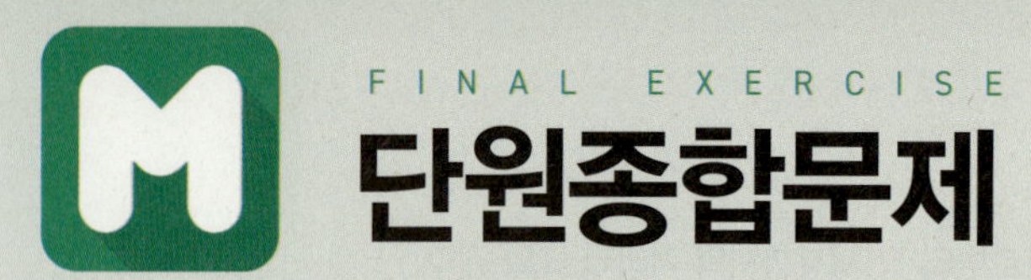

BASIC

0040
원순열의 경우의 수
2018학년도 09월
평가원

서로 다른 5개의 접시를 원 모양의 식탁에 일정한 간격을 두고 원형으로 놓는
경우의 수는? (단, 회전하여 일치하는 것은 같은 것으로 본다.)

① 6 ② 12 ③ 18
④ 24 ⑤ 30

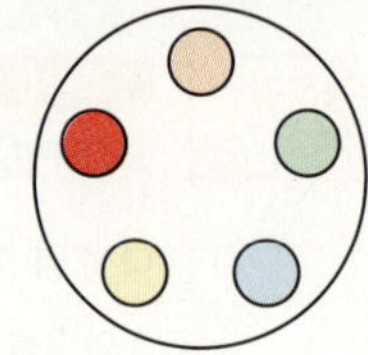

0041
원순열의 경우의 수
2019년 03월 교육청

오른쪽 그림과 같이 원형 탁자에 5개의 의자가 일정한 간격으로 놓여 있다.
1학년 학생 2명, 2학년 학생 2명, 3학년 학생 1명이 모두 5개의 의자에 앉
으려고 할 때, 1학년 학생 2명이 서로 이웃하도록 앉는 경우의 수는?
(단, 회전하여 일치하는 것은 같은 것으로 본다.)

① 12 ② 14 ③ 16
④ 18 ⑤ 20

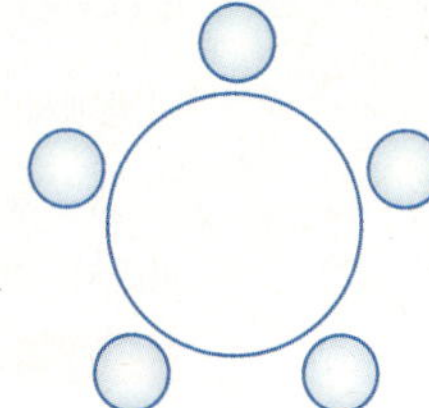

0042
이웃하지 않는
원순열의 수
내신빈출

어른 4명과 어린이 3명이 원탁에 앉을 때, 어린이들은 어느 누구도 이웃하지 않도록 앉는 경우의 수는?
(단, 회전하여 일치하는 것은 같은 것으로 본다.)

① 96 ② 122 ③ 144 ④ 169 ⑤ 225

0043
이웃하지 않는
원순열의 수
내신빈출

오른쪽 그림은 정팔각형 모양의 그릇을 위에서 본 것이다. 이 그릇은 8개의 영역으로
구분되어 있는데, 이 8개의 영역에 각각 서로 다른 음식 A, B, C, D, E, F, G, H를
섞이지 않게 담으려고 한다. 8개의 음식 중 A와 B가 이웃하지 않도록 담을 수 있는
경우의 수는? (단, 회전하여 일치하는 것은 같은 것으로 본다.)

① 1220 ② 1440 ③ 3600
④ 3690 ⑤ 4440

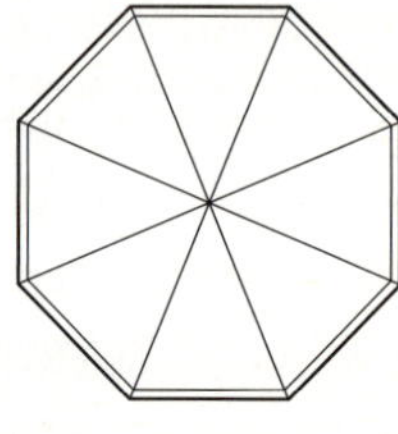

0044
조합과 원순열의 수
내신빈출

다음 물음에 답하여라.

(1) 서로 다른 5명의 학생 중 3명을 뽑아 원탁에 앉히는 경우의 수는?

① 20 ② 24 ③ 28 ④ 48 ⑤ 64

(2) 남녀 각 5명 중에서 3명씩을 뽑아 원탁에 앉힐 때, 남자와 여자를 서로 번갈아 앉히는 경우의 수는?

① 980 ② 1000 ③ 1100 ④ 1200 ⑤ 1400

0045
원순열을 이용하여
색칠하는 경우의 수
내신빈출

오른쪽 그림과 같은 원판에 서로 다른 8가지의 색을 모두 사용하여 8개의 각 영역을 칠하는 경우의 수는? (단, 두 원의 중심은 같고 두 선분은 원의 중심에서 수직으로 만난다. 또한, 회전하여 같아지는 경우는 한 가지로 생각한다.)

① 1440　　　　　② 10080　　　　　③ 24000
④ 42000　　　　　⑤ 36000

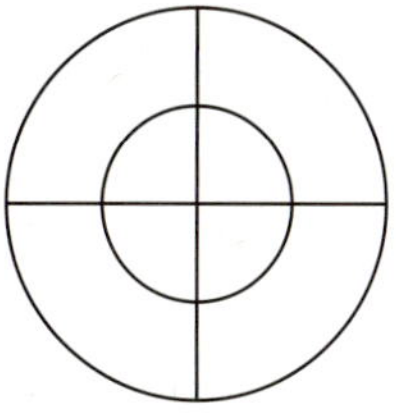

0046
중복순열
내신빈출

네 개의 숫자

$$0, 1, 2, 3$$

중에서 중복을 허용하여 만들 수 있는 네 자리 이하의 자연수의 개수는?

① 100　　　② 125　　　③ 150　　　④ 175　　　⑤ 255

0047
중복순열
내신빈출

1000보다 작은 자연수 중에서 숫자 5를 가지지 않은 자연수의 개수는?

① 680　　　② 728　　　③ 748　　　④ 768　　　⑤ 780

0048
같은 것이 있는 순열
내신빈출

7개의 문자

$$T, O, M, T, O, O, M$$

을 일렬로 나열할 때, 2개의 T 사이에 1개 이상의 문자가 놓이는 경우의 수는?

① 150　　　② 160　　　③ 170　　　④ 180　　　⑤ 190

0049
같은 것이 있는 순열
2009년 07월 교육청

숫자 1, 2, 2, 3, 3, 3을 일렬로 나열할 때, 짝수는 반드시 앞에서부터 짝수 번째 자리에 오는 경우의 수는?

① 8　　　② 9　　　③ 10　　　④ 11　　　⑤ 12

0050
이웃하는 원순열의
계산
내신빈출

A, B 두 개의 원탁이 있어, A에는 세 쌍의 부부가, B에는 두 쌍의 약혼자가 둘러앉는다고 한다. 부부는 부부끼리, 약혼자는 약혼자끼리 서로 이웃하여 앉는 방법의 수는? (단, 회전하여 일치하는 것은 같은 것으로 본다.)

① 16　　　② 32　　　③ 64　　　④ 120　　　⑤ 124

0051
원순열을 이용하여
색칠하는 경우의 수

오른쪽 그림과 같이 같은 크기의 정사각형 5개와 직각이등변삼각형 4개가 놓여 있다. 직각이등변삼각형의 내부 또는 정사각형의 내부에 만들어지는 9개의 영역에 서로 다른 6가지 색을 모두 사용하여 한 영역에 한 가지 색만을 칠하려고 한다. 직각이등변삼각형의 내부에 만들어지는 4개의 영역에는 같은 색을 칠하고, 나머지 정사각형의 내부에 만들어지는 5개의 영역에 서로 다른 색을 칠할 때, 색칠한 결과로 나올 수 있는 경우의 수는? (단, 회전하여 일치하는 것은 같은 것으로 본다.)

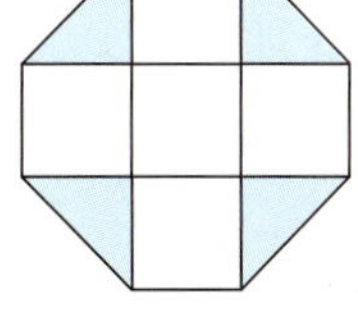

① 120　　　② 140　　　③ 160　　　④ 180　　　⑤ 200

0052
이웃하는 원순열
내신빈출

세계 핵무기 감축 회의에 의장국인 한국, 미국, 중국 대표 1명씩과 아프리카 대표 두 명, 유럽 대표 두 명, 남미 대표 두 명이 다음 조건을 만족시키면서 원탁에 둘러앉으려고 한다.

(가) 같은 대륙의 대표끼리는 이웃한다.
(나) 의장국끼리는 이웃하지 않는다.

이때 원탁에 둘러앉는 방법의 수를 구하여라.

0053
중복순열의 경우의 수
내신빈출

다음 물음에 답하여라.

(1) 다섯 개의 숫자 1, 2, 3, 4, 5 중에서 중복을 허락하여 4개를 택해 만든 네 자리 자연수 중에서 십의 자리의 수가 짝수인 자연수의 개수는?

① 75　　　　② 125　　　　③ 225　　　　④ 250　　　　⑤ 325

(2) 두 자리의 자연수 중에서 십의 자리의 수와 일의 자리의 수의 합이 짝수인 것의 개수는?

① 30　　　　② 35　　　　③ 40　　　　④ 45　　　　⑤ 50

0054
같은 것이 있는 순열
2005학년도 수능기출

1, 2, 2, 4, 5, 5를 일렬로 배열하여 여섯 자리 자연수를 만들 때, 300000보다 큰 자연수의 개수는?

① 60　　　　② 90　　　　③ 120　　　　④ 150　　　　⑤ 180

0055
같은 것이 있는 순열
내신빈출

서로 다른 4개의 가방과 똑같은 4개의 리본, 똑같은 4개의 인형이 있다. 각 가방에 1개의 리본과 1개의 인형을 달려고 한다. 각 가방에서 리본을 인형보다 먼저 단다고 할 때, 4개의 가방에 리본과 인형을 다는 순서를 정하는 모든 경우의 수는? (단, 각 가방에서 리본과 인형을 연속하여 달지 않아도 된다.)

① 1250　　　　② 1500　　　　③ 1750　　　　④ 2250　　　　⑤ 2520

0056
순서가 정해진
순열의 수
내신빈출

다섯 개의 문자 a_1, a_2, a_3, b_1, b_2를 일렬로 나열할 때, a_2는 a_1의 오른쪽에, a_3는 a_2의 오른쪽에, b_2는 b_1의 왼쪽에 놓이도록 배열하는 방법의 수는?

① 10　　　　② 20　　　　③ 30　　　　④ 40　　　　⑤ 60

0057
함수의 개수
내신빈출

두 집합 $A=\{a, b, c\}$, $B=\{4, 5\}$에 대하여 함수 $f : A \longrightarrow B$ 중 다음 조건 (가), (나)를 만족하는 함수 f의 개수를 각각 p, q라고 할 때, $p+q$의 값을 구하여라.

(가) $f(a)+f(b)+f(c)$는 짝수이다.
(나) $f(a)f(b)f(c)$는 짝수이다.

0058
원순열의 수
내신빈출

그림과 같이 1부터 7까지의 자연수가 각각 하나씩 적혀 있는 7개의 공이 있다.

 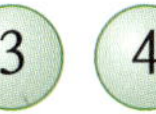  

이 7개의 공을 원형 탁자 주위에 둘러서 배열할 때, 짝수가 적혀 있는 공끼리 이웃하지 않는 경우의 수는?
(단, 회전하여 일치하는 것은 같은 것으로 본다.)

① 96   ② 112   ③ 128   ④ 144   ⑤ 160

0059
같은 것이 있는 순열
2017년 03월 교육청

다음 조건을 만족시키는 네 자연수 a, b, c, d로 이루어진 모든 순서쌍 (a, b, c, d)의 개수를 구하여라.

(가) $a+b+c+d=6$
(나) $a \times b \times c \times d$는 4의 배수이다.

0060
같은 것이 있는 순열
내신빈출

2007년 04월 교육청

다음 물음에 답하여라.

(1) 6개의 숫자 1, 1, 1, 2, 2, 3에서 네 개의 숫자를 골라 만들 수 있는 네 자리 자연수의 개수는?

① 30   ② 32   ③ 34   ④ 36   ⑤ 38

(2) 7개의 문자 A, A, A, B, C, D, E 중에서 3개의 문자를 뽑아 일렬로 나열할 수 있는 모든 경우의 수는?

① 68   ② 73   ③ 78   ④ 81   ⑤ 90

0061
같은 것이 있는 순열
2017년 03월 교육청

7개의 숫자 2, 2, 3, 3, 4, 4, 4가 하나씩 적혀 있는 7장의 카드에서 5장의 카드를 택해 일렬로 나열하여 다섯 자리의 자연수를 만들 때, 홀수의 개수는?

① 32   ② 34   ③ 36   ④ 38   ⑤ 40

0062
같은 것이 있는 순열
내신빈출

A, B, C, D, E를 포함한 7명의 학생을 다음 조건을 만족시키도록 일렬로 세우는 경우의 수는?

(가) A는 B보다 왼쪽에 세우고 C는 B보다 오른쪽에 세운다.
(나) D, E는 서로 이웃하지 않게 세운다.

① 240   ② 360   ③ 480   ④ 600   ⑤ 820

0063
2011학년도 06월
평가원

두 문자 a, b를 중복을 허락하여 만든 6자리 문자열 중에서 다음 조건을 만족시키는 문자열의 개수를 구하여라.

(가) 첫 문자는 a이다.
(나) a끼리는 이웃하지 않는다.

0064
같은 것이 있는 순열의 활용
2006학년도 06월
평가원

어느 건물에서는 출입을 통제하기 위하여 각 자리가 0과 1로 이루어진 8자리 문자열의 보안카드를 이용하고 있다. 보안카드의 8자리 문자열에 1의 개수가 5개이거나 문자열의 처음 4자리가 0110이면 이 건물의 출입문을 통과할 수 있다. 예를 들어 보안카드의 문자열이 10110011이거나 01100101이면 이 건물에 출입할 수 있다. 이 건물의 출입문을 통과할 수 있는 서로 다른 보안카드의 총 개수를 구하여라.

정답   0058 : ④   0059 : 6   0060 : (1) ⑤ (2) ②   0061 : ④   0062 : ④   0063 : 8   0064 : 68

0065

같은 것이 있는 순열의 활용
2009학년도 06월 평가원

$\frac{4}{4}$박자는 4분음을 한 박으로 하여 한 마디가 네 박으로 구성된다. 예를 들어 $\frac{4}{4}$박자 한 마디는 4분 음표(♩) 또는 8분 음표(♪)만을 사용하여 ♩♩♩♩ 또는 ♪♩♪♩♩와 같이 구성할 수 있다. 4분 음표 또는 8분 음표만 사용하여 $\frac{4}{4}$박자의 한 마디를 구성하는 경우의 수를 구하여라.

0066

중복순열
2019년 03월 교육청

주머니 속에 네 개의 숫자 0, 1, 2, 3이 각각 하나씩 적혀 있는 공 4개가 들어 있다. 이 주머니에서 1개의 공을 꺼내어 공에 적혀 있는 수를 확인한 후 다시 넣는다. 이 과정을 3번 반복할 때, 꺼낸 공에 적혀 있는 수를 차례로 a, b, c라 하자.

$\frac{bc}{a}$가 정수가 되도록 하는 모든 순서쌍 (a, b, c)의 개수를 구하여라.

0067

최단경로의 수
내신빈출

오른쪽 그림과 같은 직사각형 모양으로 연결된 도로망이 있다. 이 도로망을 따라 A지점에서 출발하여 B지점까지 최단거리로 가는 경우의 수는?

① 48   ② 49   ③ 50

④ 51   ⑤ 52

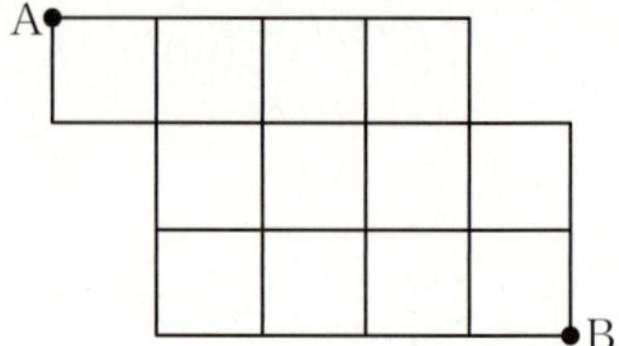

0068

최단경로의 수
2013학년도 수능기출

오른쪽 그림과 같이 마름모 모양으로 연결된 도로망이 있다. 이 도로망을 따라 A지점에서 출발하여 C지점을 지나지 않고, D지점도 지나지 않으면서 B지점까지 최단거리로 가는 경우의 수는?

① 26   ② 24   ③ 22

④ 20   ⑤ 18

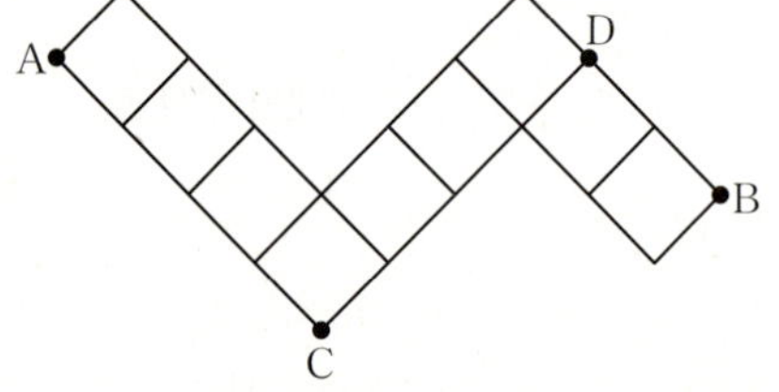

0069

최단경로의 수
2015학년도 사관기출

오른쪽 그림과 같이 정사각형 모양으로 연결된 도로망이 있다. 이 도로망을 따라 A지점에서 출발하여 B지점까지 최단거리로 가는 경우의 수는?

① 40   ② 42   ③ 44

④ 46   ⑤ 48

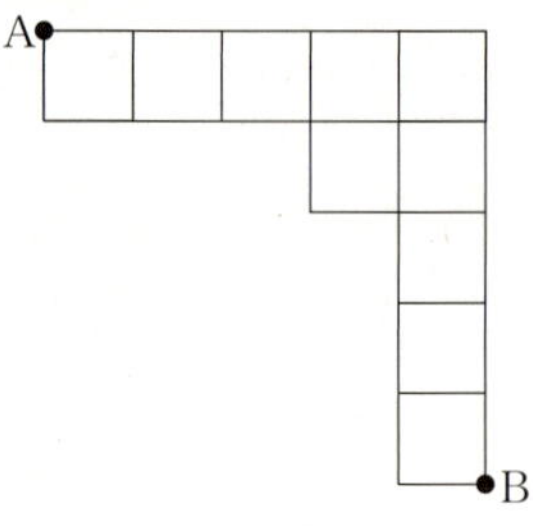

0070

최단거리의 활용
2012년 07월 교육청

오른쪽 그림과 같이 이웃한 두 교차로 사이의 거리가 모두 같은 도로망이 있다. 철수가 집에서 도로를 따라 최단거리로 약속장소인 도서관으로 가다가 어떤 교차로에서 약속장소가 서점으로 바뀌었다는 연락을 받고 곧바로 도로를 따라 최단거리로 서점으로 갔다. 집에서 서점까지 지나 온 길이 같은 경우 하나의 경로로 간주한다. 예를 들어 [그림1]과 [그림2]는 연락받은 위치는 다르나, 같은 경로이다.

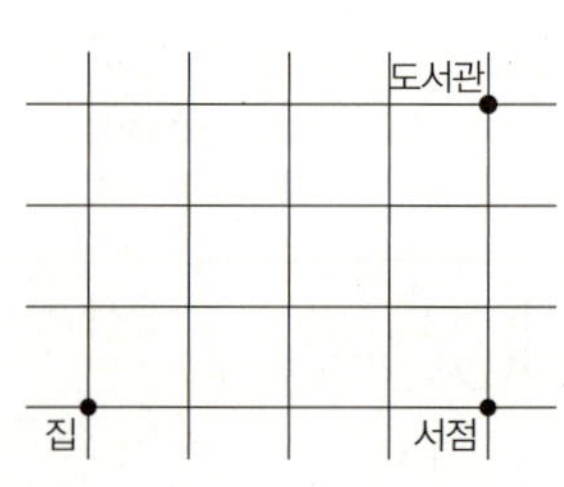

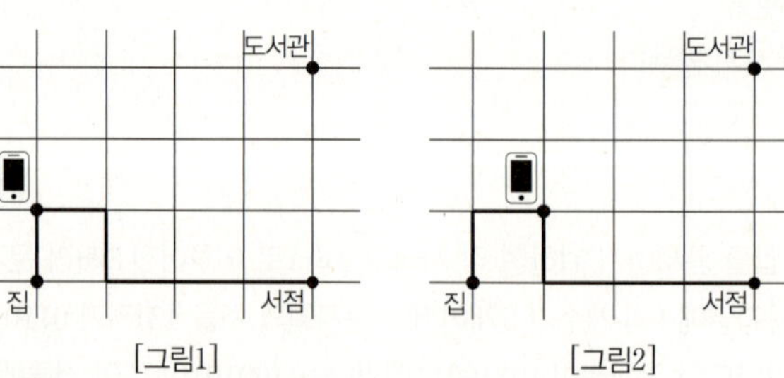

철수가 집에서 서점까지 갈 수 있는 모든 경로의 수를 구하여라.
(단, 철수가 도서관에 도착한 후에 서점으로 가는 경우도 포함한다.)

0071

원순열의 수
서 술 형

오른쪽 그림과 같이 한 자리에 한 명씩 총 6명이 탈 수 있는 원형 놀이기구가 있다.
현진이와 흥민이를 포함한 6명이 이 놀이기구를 타려고 할 때, 다음을 서술하여라.
(단, 회전하여 일치하는 것은 같은 것으로 본다.)
[1단계] 현진이와 흥민이가 마주 보고 앉는 경우의 수를 구한다.
[2단계] 현진이와 흥민이가 이웃하여 앉는 경우의 수를 구한다.
[3단계] 현진이와 흥민이 사이에 한 명이 앉는 경우의 수를 구한다.

0072

원순열의 수
서 술 형

구절판은 얇게 부친 밀전병에 채를 썬 고기, 채소 등을 올려 싸서 먹는 밀쌈으로
대표적인 궁중 요리이다. 오른쪽 그림과 같이 팔각형 모양으로 된 나무 그릇에
9가지의 서로 다른 음식을 한 칸에 한 가지씩 담으려고 한다. 다음 단계로 식으
로 서술하여라. (단, 회전하여 일치하는 것은 같은 것으로 본다.)
[1단계] 준비된 9가지의 음식을 서로 다르게 담는 경우의 수를 구한다.
[2단계] 가운데에 밀전병을 담고 8가지 음식 중 당근과 소고기를 이웃하여 담는
경우의 수를 구한다.
[3단계] 가운데 밀전병을 담고 8가지 음식 중 고기와 무채를 이웃하지 않게 담는 경우의 수를 구한다.

0073

같은 것이 있는
순열의 수
서 술 형

TOMORROW라는 단어를 이루는 8개의 알파벳을 모두 사용하여 일렬로 배열할 때, 다음을 서술하여라.
[1단계] 일렬로 배열하는 경우의 수를 구한다.
[2단계] 양 끝에 O가 오는 경우의 수를 구한다.
[3단계] 같은 문자끼리 모두 이웃하는 경우의 수를 구한다.

0074

중복순열
서 술 형

서로 다른 종류의 빵 10개와 서로 다른 모양의 바구니 3개가 있다. 이 10개의 빵 중에서 5개를 택하여 바구니에
나누어 담는 경우의 수를 구하는 과정을 다음 단계로 서술하여라. (단, 바구니를 모두 사용하지 않아도 된다.)
[1단계] 10개의 빵 중에서 5개를 택하는 경우의 수를 구한다.
[2단계] 1단계에서 택한 5개의 빵을 바구니에 나누어 담는 경우의 수를 구한다.
[3단계] 1, 2단계의 결과를 이용하여 10개의 빵 중에 5개를 택하여 바구니에 나누어 담는 경우의 수를 구한다.

0075

같은 것이 있는
순열의 수
서 술 형

아래 그림과 같이 모양이 같고 크기가 다른 4개의 토끼 인형과 3개의 곰 인형이 있다. 7개의 인형 모두를 다음 조건
을 만족시키도록 일렬로 배열하는 경우의 수를 다음 단계로 서술하여라.

(가) 토끼 인형은 크기가 작은 것부터 왼쪽에 배열한다.
　　곰 인형도 같은 방법으로 배열한다.
(나) 토끼 인형 중에서 두 번째로 작은 인형은 곰 인형 중
　　에서 두 번째로 작은 인형보다 왼쪽에 배열한다.

[1단계] 토끼 인형만을 크기가 작은 것부터 배열하는 경우의 수를 구한다.
[2단계] 토끼 인형을 크기가 작은 것부터 a_1, a_2, a_3, a_4라 하고, 곰 인형을 크기가 작은 것부터 b_1, b_2, b_3이라 할 때,
　　　　a_2를 b_2보다 왼쪽에 놓고, 인형 b_1의 위치가 될 수 있는 자리를 구한다.
[3단계] 1, 2단계를 이용하여 조건을 만족시키는 경우의 수를 구한다.

정답　0071 : 해설참조　　0072 : 해설참조　　0073 : 해설참조　　0074 : 해설참조　　0075 : 해설참조

0076
중복순열
2016년 07월 교육청

세 수 0, 1, 2 중에서 중복을 허락하여 다섯 개의 수를 택해 다음 조건을 만족시키도록 일렬로 배열하여 자연수를 만든다.

(가) 다섯 자리의 자연수가 되도록 배열한다.
(나) 1끼리는 서로 이웃하지 않도록 배열한다.

예를 들어 20200, 12201은 조건을 만족시키는 자연수이고 11020은 조건을 만족시키지 않는 자연수이다.

만들 수 있는 모든 자연수의 개수는?

① 88　　　② 92　　　③ 96　　　④ 100　　　⑤ 104

0077
중복순열의 활용
2018학년도 수능기출

서로 다른 공 4개를 남김없이 서로 다른 상자 4개에 나누어 넣으려고 할 때, 넣은 공의 개수가 1인 상자가 있도록 넣는 경우의 수는? (단, 공을 하나도 넣지 않은 상자가 있을 수 있다.)

① 220　　　② 216　　　③ 212　　　④ 208　　　⑤ 204

0078
중복순열
2007학년도 수능기출

1, 2, 3, 4, 5의 숫자가 하나씩 적힌 5개의 공을 3개의 상자 A, B, C에 넣으려고 한다. 어느 상자에도 넣어진 공에 적힌 수의 합이 13 이상이 되는 경우가 없도록 공을 상자에 넣는 방법의 수는? (단, 빈 상자의 경우에는 넣어진 공에 적힌 수의 합을 0으로 한다.)

① 233　　　② 228　　　③ 222　　　④ 215　　　⑤ 211

0079
원순열의 활용
2017년 03월 교육청

여학생 3명과 남학생 6명이 원탁에 같은 간격으로 둘러앉으려고 한다. 각각의 여학생 사이에는 1명 이상의 남학생이 앉고 각각의 여학생 사이에 앉은 남학생의 수는 모두 다르다. 9명의 학생이 모두 앉는 경우의 수가 $n \times 6!$일 때, 자연수 n의 값은? (단, 회전하여 일치하는 것들은 같은 것으로 본다.)

① 10　　　② 12　　　③ 14
④ 16　　　⑤ 18

0080
원순열을 이용한
경우의 수
2010년 03월 교육청

오른쪽 그림과 같이 합동인 정삼각형 2개와 합동인 등변사다리꼴 6개로 이루어진 팔면체가 있다. 팔면체의 각 면에는 한 가지의 색을 칠한다고 할 때, 서로 다른 8개의 색을 모두 사용하여 팔면체의 각 면을 칠하는 경우의 수를 구하여라. (단, 팔면체를 회전시켰을 때 색의 배열이 일치하면 같은 경우로 생각한다.)

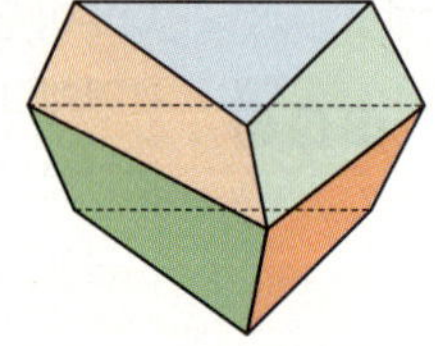

0081
같은 것이 있는 순열
2017년 04월 교육청

다음은 한 개의 주사위를 3번 던져서 나오는 눈의 수의 곱이 8 이상의 짝수인 경우의 수를 구하는 과정이다.

(i) 한 개의 주사위를 3번 던져서 나오는 모든 경우의 수는 216이다.
(ii) 한 개의 주사위를 3번 던져서 나오는 눈의 수의 곱이 홀수인 경우는 1, 3, 5 중에서 중복을 허락하여 3개를 선택한 후 일렬로 배열하는 중복순열과 같으므로 이 경우의 수는 　(가)　이다.
(iii) 6 이하의 짝수는 2, 4, 6이므로
　　　세 수의 곱이 2인 경우는 2, 1, 1을 일렬로 배열하는 순열,
　　　세 수의 곱이 4인 경우는 4, 1, 1 또는 2, 2, 1을 일렬로 배열하는 순열,
　　　세 수의 곱이 6인 경우는 6, 1, 1 또는 3, 2, 1을 일렬로 배열하는 순열이다.
　　　그러므로 한 개의 주사위를 3번 던져서 나오는 눈의 수의 곱이 6 이하의 짝수인 경우의 수는 　(나)　이다.
　　　따라서 한 개의 주사위를 3번 던져서 나오는 눈의 수의 곱이 8 이상의 짝수인 경우의 수는 　(다)　이다.

위의 (가), (나), (다)에 알맞은 수를 각각 a, b, c라 할 때, $3a+2b+c$의 값은?

① 282　　　② 284　　　③ 286　　　④ 288　　　⑤ 290

수능과 내신의 수학개념서

mapl

MAPL SERIES www.mapl.co.kr

마플 교과서

확률과 통계

Ⅰ 경우의 수 Ⅱ 확률 Ⅲ 통계

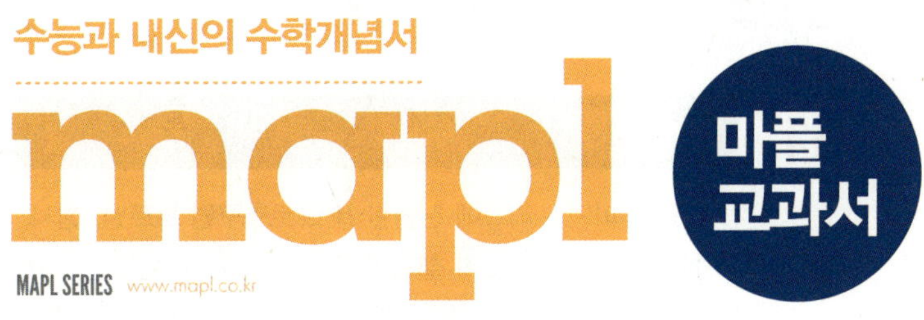

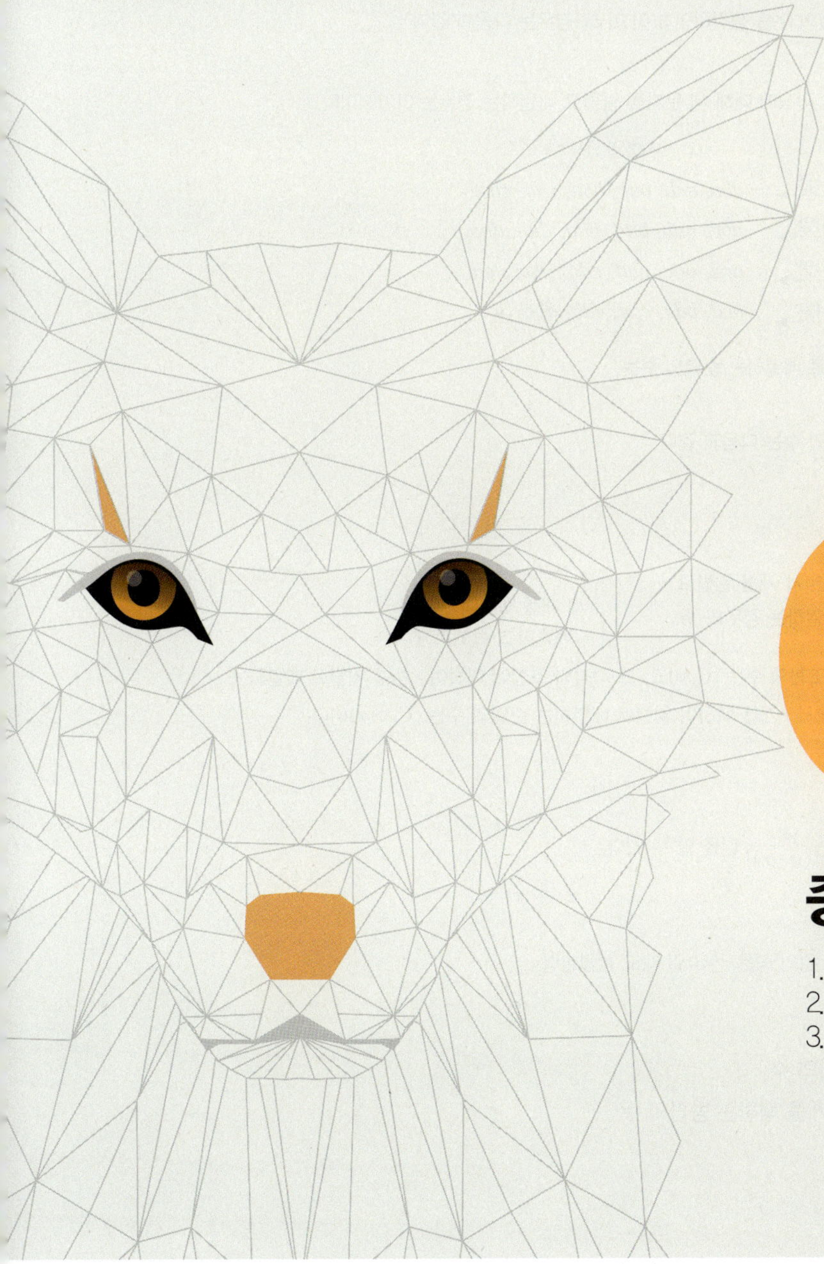

02

중복조합과 이항정리

1. 중복조합
2. 이항정리
3. 이항계수의 성질

01 중복조합

01 조합

유럽 챔피언스 리그에 진출한 세 프로축구팀 토트넘, 첼시, 레알 마드리드가 서로 한 번씩 경기를 할 때, 토트넘과 첼시가 경기하는 것과 첼시와 토트넘이 경기하는 것은 서로 같으므로 세 축구팀이 한 번씩 경기를 하는 방법의 수는 (토트넘, 첼시), (토트넘, 레알 마드리드), (레알 마드리드, 첼시)가 경기를 하는 3가지이다.

즉, 서로 다른 사람, 문자, 숫자, 물건에서 몇 개를 택할 때, 그 순서를 생각하지 않는 경우의 수를 다음과 같이 정의한다.

서로 다른 n개에서 순서를 생각하지 않고 r개 $(0 < r \le n)$를 택하는 것을 n개에서 r개를 택하는 **조합**이라 하고 이 조합의 수를 기호 $_n\mathrm{C}_r$로 나타낸다.

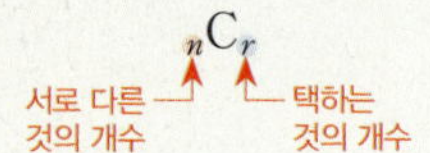

> **참고** $_n\mathrm{C}_r$의 C는 조합을 뜻하는 Combination의 첫 글자이다.
>
> 서로 다른 것에서 순서를 생각하지 않고 택하는 것은 조합이고, 순서를 생각하여 택하는 것은 순열이다.

마플해설 **순열과 조합의 관계를 이용하여 조합의 수 $_n\mathrm{C}_r$을 구할 수 있다.**

네 개의 문자 a, b, c, d에서 세 개를 택하는 조합에서 그 각각에 대하여 순서를 정하여 배열하는 순열에 대하여 생각해 보자.

예를 들면 a, b, c를 택하여 일렬로 배열하는 순열의 수를 생각하면 3!이고, 그 경우는 다음과 같다.

$$abc, \ acb, \ bac, \ bca, \ cab, \ cba$$

네 개의 문자에서 세 개를 택하는 $_4\mathrm{C}_3$가지의 조합 각각에 대해 세 문자를 일렬로 배열하는 경우는 3!가지이다.

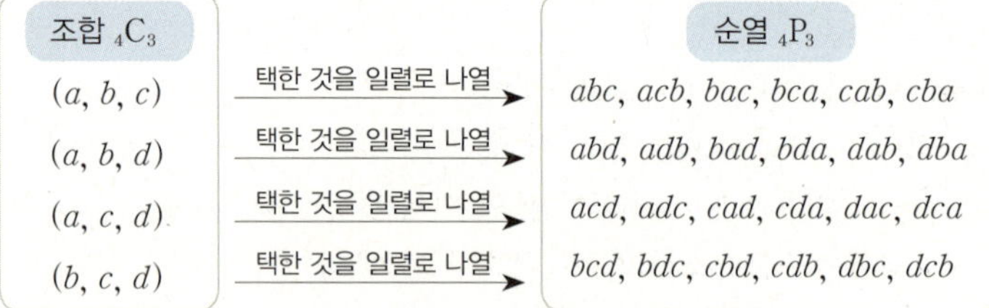

조합 $_4\mathrm{C}_3$		순열 $_4\mathrm{P}_3$
(a, b, c)	택한 것을 일렬로 나열	$abc, \ acb, \ bac, \ bca, \ cab, \ cba$
(a, b, d)	택한 것을 일렬로 나열	$abd, \ adb, \ bad, \ bda, \ dab, \ dba$
(a, c, d)	택한 것을 일렬로 나열	$acd, \ adc, \ cad, \ cda, \ dac, \ dca$
(b, c, d)	택한 것을 일렬로 나열	$bcd, \ bdc, \ cbd, \ cdb, \ dbc, \ dcb$

따라서 서로 다른 네 개에서 세 개를 택하여 일렬로 배열하는 순열의 수는

$$_4\mathrm{C}_3 \times 3! = {}_4\mathrm{P}_3$$

이므로 서로 다른 네 개에서 세 개를 택하는 조합의 수는 다음과 같다.

$$_4\mathrm{C}_3 = \frac{_4\mathrm{P}_3}{3!} = \frac{4 \times 3 \times 2}{3 \times 2 \times 1} = 4$$

$_4\mathrm{C}_3$	$\times$	$3!$	$=$	$_4\mathrm{P}_3$
a, b, c, d 중에서 세 개를 택하는 경우의 수		택한 세 개를 일렬로 배열하는 경우의 수		a, b, c, d 중에서 세 개를 택하여 일렬로 배열하는 경우의 수

일반적으로 서로 다른 n개 중에서 r개를 택하는 조합의 수는 $_n\mathrm{C}_r$이고, 그 각각의 조합에 대하여 r개를 일렬로 배열하는 순열의 수는 $r!$이다. 그러므로 서로 다른 n개 중에서 r개를 택하여 일렬로 배열하는 순열의 수는 $_n\mathrm{C}_r \times r!$이다.

그런데 이 값은 순열의 수 $_n\mathrm{P}_r$과 같으므로

$$_n\mathrm{C}_r \times r! = {}_n\mathrm{P}_r$$

즉, $_n\mathrm{C}_r = \dfrac{_n\mathrm{P}_r}{r!} = \dfrac{n(n-1)(n-2)\cdots(n-r+1)}{r!} = \dfrac{n!}{r!(n-r)!}$ 임을 알 수 있다.

여기서 $r = 0$일 때, $_n\mathrm{C}_0 = \dfrac{n!}{0!(n-0)!} = 1$이다.

따라서 $0! = 1$, $_n\mathrm{P}_0 = 1$이므로 $_n\mathrm{C}_0 = 1$로 정의하면 위의 식은 $r = 0$일 때도 성립한다.

보기 01 다음을 조합의 수를 구하여라.

(1) 5명의 학생 중에서 대표 2명을 뽑는 방법의 수

(2) 색이 모두 다른 10개의 색연필 중에서 4개를 택하는 방법의 수

풀이 (1) $_5\mathrm{C}_2 = \dfrac{_5\mathrm{P}_2}{2!} = \dfrac{5 \times 4}{2 \times 1} = 10$

(2) $_{10}\mathrm{C}_4 = \dfrac{_{10}\mathrm{P}_4}{4!} = \dfrac{10 \times 9 \times 8 \times 7}{4 \times 3 \times 2 \times 1} = 210$

(1) 서로 다른 n개에서 r개를 택하는 조합의 수는

$$_n\mathrm{C}_r=\frac{_n\mathrm{P}_r}{r!}=\frac{n!}{r!(n-r)!} \ \ (\text{단}, 0 \le r \le n)$$

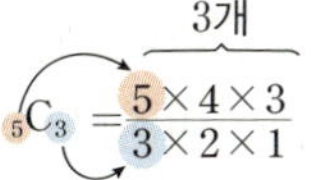

> **EX** $_7\mathrm{C}_3=\dfrac{7!}{3!(7-3)!}=\dfrac{7!}{3!4!}=35$

(2) 조합의 수의 성질

① $_n\mathrm{C}_0={}_n\mathrm{C}_n=1$

② $_n\mathrm{C}_r={}_n\mathrm{C}_{n-r}$ (단, $0 \le r \le n$)　←　$_n\mathrm{C}_r$의 값을 구할 때, $r>n-r$이면 $_n\mathrm{C}_r$를 $_n\mathrm{C}_{n-r}$로 바꾸어 계산하면 간단하다.

> **해설** 서로 다른 n개에서 (r개를 택하는 경우의 수)$=$(($n-r$)개를 택하는 경우의 수)

> **EX** $_7\mathrm{C}_5={}_7\mathrm{C}_{7-5}={}_7\mathrm{C}_2=\dfrac{7\times6}{2\times1}=21$

③ $_n\mathrm{C}_r={}_{n-1}\mathrm{C}_{r-1}+{}_{n-1}\mathrm{C}_r$ (단, $1 \le r < n$)

> **해설** 서로 다른 n개에서 r개를 택하는 조합의 수는
>
> $=$(특정한 1개를 포함하는 경우의 수)$+$(특정한 1개를 제외한 경우의 수)
>
> $=\{(n-1)$개에서 $(r-1)$개를 택하는 경우의 수$\}+\{(n-1)$개에서 r개를 택하는 경우의 수$\}$

마플해설

① $0!=1$이므로 $_n\mathrm{C}_0=\dfrac{n!}{0!n!}=1$, $_n\mathrm{C}_n=\dfrac{n!}{n!0!}=1$

② $_n\mathrm{C}_r={}_n\mathrm{C}_{n-r}$의 증명

$$_n\mathrm{C}_r=\frac{n!}{r!(n-r)!} \text{에서 } r \text{ 대신 } n-r \text{을 대입하면 } {}_n\mathrm{C}_{n-r}=\frac{n!}{(n-r)!\{n-(n-r)\}!}=\frac{n!}{(n-r)!r!}={}_n\mathrm{C}_r$$

$_n\mathrm{C}_r={}_n\mathrm{C}_{n-r}$의 관계

서로 다른 n개에서 r개를 택하는 조합의 수는 서로 다른 n개 중에서 r개를 택할 경우와 남아 있는 ($n-r$)개를 택하는 조합의 수가 같으므로 $_n\mathrm{C}_r={}_n\mathrm{C}_{n-r}$이 성립한다.

예를 들면 서로 다른 5개의 구슬이 들어있는 주머니에서 3개의 구슬을 꺼내는

방법의 수는 $_5\mathrm{C}_3=\dfrac{5\times4\times3}{3\times2\times1}=10$

이고 주머니에서 2개를 남기는 방법의 수는 $_5\mathrm{C}_2=\dfrac{5\times4}{2\times1}=10$이므로

3개를 택하는(꺼내는) 방법의 수와 2개를 택하는(남기는) 것은 같은 경우의 수임을 알 수 있다.

③ $_n\mathrm{C}_r={}_{n-1}\mathrm{C}_{r-1}+{}_{n-1}\mathrm{C}_r$의 증명

$$_{n-1}\mathrm{C}_{r-1}+{}_{n-1}\mathrm{C}_r=\frac{(n-1)!}{(r-1)!\{(n-1)-(r-1)\}!}+\frac{(n-1)!}{r!\{(n-1)-r\}!}=\frac{(n-1)!}{(r-1)!(n-r)!}+\frac{(n-1)!}{r!(n-r-1)!}$$

$$=\frac{r(n-1)!}{r!(n-r)!}+\frac{(n-r)(n-1)!}{r!(n-r)!}$$

$$=\frac{\{(n-r)+r\}(n-1)!}{r!(n-r)!}=\frac{n!}{r!(n-r)!}={}_n\mathrm{C}_r$$

$_n\mathrm{C}_r={}_{n-1}\mathrm{C}_{r-1}+{}_{n-1}\mathrm{C}_r$의 관계

서로 다른 n개의 대상 중에서 r개를 뽑는 경우는 특정한 대상 A를 포함하는 경우와 포함하지 않는 경우로 나눌 수 있다.

(ⅰ) A를 포함하는 경우의 수는 이미 뽑힌 A를 제외한 나머지 ($n-1$)개 중에서 ($r-1$)개를 뽑는 경우의 수와 같으므로 $_{n-1}\mathrm{C}_{r-1}$

(ⅱ) A를 포함하지 않는 경우의 수는 A를 제외한 ($n-1$)개 중에서 r개를 뽑는 경우의 수이므로 $_{n-1}\mathrm{C}_r$

(ⅰ), (ⅱ)의 경우의 수를 합하면 $_{n-1}\mathrm{C}_{r-1}+{}_{n-1}\mathrm{C}_r={}_n\mathrm{C}_r$이 성립한다.

예를 들어 A를 포함한 5개의 구슬이 들어있는 주머니에서 3개를 꺼낼 때,

(ⅰ) A$+$(나머지 4개 중 2개)를 꺼내는 방법의 수 $_4\mathrm{C}_2$(가지)

(ⅱ) A를 제외한 나머지 4개 중 3개를 꺼내는 방법의 수 $_4\mathrm{C}_3$(가지)

(ⅰ), (ⅱ)에서 $_5\mathrm{C}_3={}_4\mathrm{C}_2+{}_4\mathrm{C}_3$

(1) 중복조합의 정의

서로 다른 n개에서 중복을 허락하여 r개를 택하는 조합을 **중복조합**이라 하고,

이 중복조합의 수를 기호로 ${}_n\mathrm{H}_r$로 나타낸다.

$$\text{서로 다른 것의 개수} \Rightarrow {}_n\mathrm{H}_r \Leftarrow \text{택하는 것의 개수(구분할 수 없는 것)}$$

참고 ${}_n\mathrm{H}_r$에서 H는 같음을 뜻하는 homogeneous의 첫 글자이다.

(2) 중복조합의 수

서로 다른 n개에서 순서를 고려하지 않고 중복을 허락하여 r개를 택하는 중복조합의 수는 다음과 같다.

$$_n\mathrm{H}_r = {}_{n+r-1}\mathrm{C}_r$$

EX 민호는 과일 가게에서 과일을 사려고 한다.

감, 사과, 배의 3종류의 과일 중에서 10개를 사는 경우의 수를 구하여라.

서로 다른 3개　　　　구분할 수 없는 10개를 택하는 것의 개수

$$\Rightarrow {}_3\mathrm{H}_{10} = {}_{3+10-1}\mathrm{C}_{10} = {}_{12}\mathrm{C}_{10} = {}_{12}\mathrm{C}_2 = 66 \quad \leftarrow {}_n\mathrm{C}_r = {}_n\mathrm{C}_{n-r}$$

참고 조합의 수 ${}_n\mathrm{C}_r$에서는 $0 \leq r \leq n$이어야 하지만 중복조합의 수 ${}_n\mathrm{H}_r$에서는 중복하여 택하기 때문에 $n < r$이어도 된다.

마플해설

중복조합의 수 ${}_n\mathrm{H}_r = {}_{n+r-1}\mathrm{C}_r$를 구하는 방법

세 문자 a, b, c 중에서 중복을 허락하여 4개를 택하는 조합은 다음과 같이 ${}_3\mathrm{H}_4 = 15$가지가 있다.

이때 택해야 하는 문자가 4개이므로 각각을 다음과 같이 ○로 나타낸다.

○의 각 위치에 문자를 놓으면 된다. 그리고 택하는 순서는 의미가 없으므로 앞에서부터 순서대로

a의 묶음, b의 묶음, c의 묶음으로 생각할 수 있다.

이때 각 묶음을 구별하기 위하여 2개의 칸막이 |를 놓는다.

예를 들어 a를 2개, b를 1개, c를 1개 택한 경우는 $aabc \Rightarrow$ ○ ○|○|○ 와 같다.

또, a를 2개, c를 2개 택한 경우는 $aacc \Rightarrow$ ○○||○○ 이다.

위의 15가지 경우를 문자 사이의 경계를 나타내는 2개 |와 문자를 나타내는 4개의 ○를 이용하여 나타내면 다음과 같다.

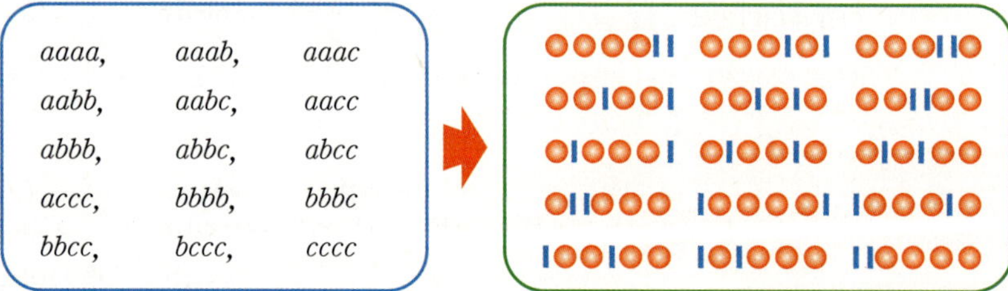

따라서 구하려는 중복조합의 수 ${}_3\mathrm{H}_4$는 4개의 ○와 2개의 |를 모두 일렬로 배열하는 것이므로 같은 것이 있는 순열이고

그 순열의 수는 다음과 같다. $\dfrac{(4+2)!}{4!2!} = \dfrac{6!}{4!2!} = 15$

즉, 다음은 중복조합의 수를 같은 것이 있는 순열의 수로 구하는 방법이다.

서로 다른 n개에서 r개를 택하는 중복조합의 수 ${}_n\mathrm{H}_r$는

r개의 ○와 $(n-1)$개의 |를 일렬로 나열하는 ==같은 것이 있는 순열의 수==와 같으므로 다음이 성립한다.

$$_n\mathrm{H}_r = \frac{\{r+(n-1)\}!}{r!(n-1)!} = {}_{r+(n-1)}\mathrm{C}_r = {}_{n+r-1}\mathrm{C}_r$$

$\leftarrow (r+n-1)$개의 자리에서 ○를 놓을 r개의 자리를 택하는 조합의 수

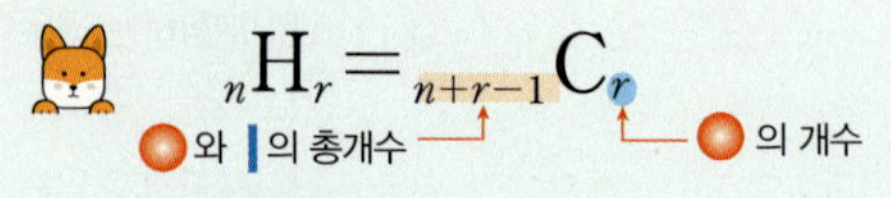

서로 다른 n개에서 r개를 택할 때	중복을 허락하고 순서를 생각하지 않으면	중복조합의 수 ${}_n\mathrm{H}_r = {}_{n+r-1}\mathrm{C}_r$

보기 02 크기와 모양이 같은 빨간 공, 파란 공, 노란 공이 각각 4개 이상씩 들어 있는 주머니에서 4개의 공을 택하는 경우의 수를 구하여라.

풀이 크기와 모양이 같은 빨간 공, 파란 공, 노란 공이 각각 4개 이상씩 들어 있는 주머니에서 4개의 공을 택하는 중복조합의 수 $_3H_4$는 그림과 같이 4개의 공과 2개의 직사각형 모양의 막대를 일렬로 배열하는 순열의 수와 같다.

따라서 같은 것이 있는 순열의 수를 이용하여 $_3H_4 = \dfrac{6!}{4!2!} = 15$와 같이 구할 수 있다.

보기 03 다음 값을 구하여라.

(1) $_7H_2$ (2) $_3H_5$ (3) $_5H_5$

풀이 (1) $_7H_2 = {}_{7+2-1}C_2 = {}_8C_2 = \dfrac{8 \cdot 7}{2 \cdot 1} = 28$ (2) $_3H_5 = {}_{3+5-1}C_5 = {}_7C_5 = {}_7C_2 = \dfrac{7 \cdot 6}{2 \cdot 1} = 21$

(3) $_5H_5 = {}_{5+5-1}C_5 = {}_9C_5 = {}_9C_4 = \dfrac{9 \cdot 8 \cdot 7 \cdot 6}{4 \cdot 3 \cdot 2 \cdot 1} = 126$

보기 04 3종류의 과일 사과, 오렌지, 포도 중에서 중복을 허용하여 4개를 택하는 모든 경우의 수를 구하는 과정이다.

이 경우의 수는 중복조합의 수와 같으므로 $_3H_4 = 15$이다.

이 15가지의 경우를 나열하면 다음 왼쪽 표와 같고, 이때 '/'를 사용하여 과일을 구분하면 각 경우는 다음 표와 같이 나타낼 수 있다. (단, '사과 111'은 사과를 3개 택하였음을 나타낸다.)

사과	오렌지	포도	개수		과일구분을 '/'로 표시	
1111	0	0	4		1111//	
111	1	0	4		111/1/	
111	0	1	4	➡	111//1	} 15가지
⋮	⋮	⋮	⋮		⋮	
0	0	1111	4		//1111	

그런데 위의 모든 경우는 4개의 '1'과 2개의 '/'를 일렬로 배열한 것과 같다.

따라서 모든 경우의 수는 같은 것이 있는 순열의 수 (가) $= 15$ 또는 조합의 수 (나) $= 15$와 같고, 이로부터 $_3H_4 = {}_6C_4$임을 알 수 있다.

일반적으로 서로 다른 n개에서 r개를 택하는 중복조합의 수 $_nH_r$는 r개의 '1'과 $(n-1)$개의 '/'를 일렬로 배열하는 경우의 수와 같으므로 (다) $= {}_{n+r-1}C_r$와 같다.

즉, $_nH_r = {}_{n+r-1}C_r$이다.

위의 (가), (나), (다) 에 알맞은 것은?

	(가)	(나)	(다)
①	$\dfrac{6!}{4!2!}$	$_5C_4$	$\dfrac{(n+r)!}{r!(n-1)!}$
②	$\dfrac{6!}{4!2!}$	$_6C_4$	$\dfrac{(n+r-1)!}{(r+1)!n!}$
③	$\dfrac{6!}{4!2!}$	$_6C_4$	$\dfrac{(n+r-1)!}{r!(n-1)!}$
④	$\dfrac{5!}{3!2!}$	$_5C_4$	$\dfrac{(n+r-1)!}{r!(n-1)!}$
⑤	$\dfrac{5!}{3!2!}$	$_6C_3$	$\dfrac{(n+r)!}{r!(n-1)!}$

풀이 위의 모든 경우는 4개의 '1'과 2개의 '/'를 일렬로 배열한 것과 같다.

따라서 모든 경우의 수는 같은 것이 있는 순열의 수 $\dfrac{6!}{4!2!} = 15$ 또는 조합의 수 $_6C_4 = 15$와 같고, 이로부터 $_3H_4 = {}_6C_4$임을 알 수 있다.

일반적으로 서로 다른 n개에서 r개를 택하는 중복조합의 수 $_nH_r$는 r개의 '1'과 $(n-1)$개의 '/'를 일렬로 배열하는 경우의 수와 같으므로 $\dfrac{(n+r-1)!}{r!(n-1)!} = {}_{n+r-1}C_r$와 같다.

$_nH_r = {}_{n+r-1}C_r$이다. 따라서 옳은 것은 ③번이다.

04 순서쌍으로 중복조합의 수 구하기

01   중복조합의 수를 구하는 방법을 일대일대응을 이용하여 구하기

① 세 개의 숫자 1, 2, 3에서 두 개를 택하는 중복조합의 수를 구하는 경우

다음 표는 세 개의 숫자 1, 2, 3 중에서 두 개를 택하는 중복조합을 두 자리의 자연수로 생각할 때, 크기순으로 나타낸 것이다.

이때 각 중복조합에서 첫째 자리의 수는 그대로 두고, 둘째 자리에 차례로 1을 더하면 다음 조합의 표가 된다.

중복조합	11	12	13	22	23	33	경우의 수 $_3H_2$
↓	↓	↓	↓	↓	↓	↓	첫째, 둘째 자리의 수에 각각 0, 1을 더한다.
조합	12	13	14	23	24	34	경우의 수 $_4C_2$

즉, 네 개의 숫자 1, 2, 3, 4 중에서 서로 다른 두 개를 택하는 조합을 두 자리의 자연수로 생각할 때, 크기순으로 나열하면

두 경우가 일대일대응이므로 중복조합의 수 $_3H_2$와 조합의 수 $_4C_2$은 서로 같다.

따라서 4개의 숫자 1, 2, 3, 4에서 2개를 택하는 조합의 수 $_3H_2=_{3+2-1}C_2=_4C_2$

② 세 개의 숫자 1, 2, 3에서 세 개를 택하는 중복조합의 수를 구하는 경우

다음 표는 세 개의 숫자 1, 2, 3 중에서 세 개를 택하는 중복조합을 세 자리의 자연수로 생각할 때, 크기순으로 나타낸 것이다.

이때 각 중복조합에서 첫째 자리의 수는 그대로 두고, 둘째 자리, 셋째 자리에 차례로 1, 2를 더하면 다음 조합의 표가 된다.

중복조합	111	112	113	122	…	333	경우의 수 $_3H_3$
↓	↓	↓	↓	↓	↓	↓	첫째, 둘째 , 셋째 자리의 수에 각각 0, 1, 2를 더한다.
조합	123	124	125	134	…	345	경우의 수 $_5C_3$

즉, 다섯 개의 숫자 1, 2, 3, 4, 5 중에서 서로 다른 세 개를 택하는 조합을 세 자리의 자연수로 생각할 때, 크기순으로 나열하면

두 경우가 일대일대응이므로 중복조합의 수 $_3H_3$와 조합의 수 $_5C_3$은 서로 같다.

따라서 5개의 숫자 1, 2, 3, 4, 5에서 3개를 택하는 조합의 수 $_3H_3=_{3+3-1}C_3=_5C_3$

③ 세 개의 숫자 1, 2, 3에서 네 개를 택하는 중복조합의 수를 구하는 경우

다음 표는 세 개의 숫자 1, 2, 3 중에서 네 개를 택하는 중복조합을 네 자리의 자연수로 생각할 때, 크기순으로 나타낸 것이다.

이때 각 중복조합에서 첫째 자리의 수는 그대로 두고, 둘째 자리, 셋째 자리, 넷째 자리 에 차례로 1, 2, 3을 더하면

다음 조합의 표가 된다.

중복조합	1111	1112	1113	1122	…	3333	경우의 수 $_3H_4$
↓	↓	↓	↓	↓	↓	↓	첫째, 둘째, 셋째, 넷째 자리의 수에 각각 0, 1, 2, 3을 더한다.
조합	1234	1235	1245	1345	…	3456	경우의 수 $_6C_4$

즉, 여섯 개의 숫자 1, 2, 3, 4, 5, 6 중에서 서로 다른 세 개를 택하는 조합을 네 자리의 자연수로 생각할 때, 크기순으로

나열하면 두 경우가 일대일대응이므로 중복조합의 수 $_3H_4$와 조합의 수 $_6C_4$은 서로 같다.

따라서 6개의 숫자 1, 2, 3, 4, 5, 6에서 4개를 택하는 조합의 수 $_3H_4=_{3+4-1}C_4=_6C_4$

참고 세 개의 숫자 1, 2, 3에서 4개를 택하는 경우와 같다.

즉, $(1, 1, 1, 1), (1, 1, 1, 2), (1, 1, 1, 3), (1, 1, 2, 2), (1, 1, 2, 3),$

$(1, 1, 3, 3), (1, 2, 2, 2), (1, 2, 2, 3), (1, 2, 3, 3), (1, 3, 3, 3),$

$(2, 2, 2, 2), (2, 2, 2, 3), (2, 2, 3, 3), (2, 3, 3, 3), (3, 3, 3, 3)$

↓ 첫 번째, 두 번째, 세 번째, 네 번째 수에 각각 0, 1, 2, 3을 더한다.

$(1, 2, 3, 4), (1, 2, 3, 5), (1, 2, 3, 6), (1, 2, 4, 5), (1, 2, 4, 6),$

$(1, 2, 5, 6), (1, 3, 4, 5), (1, 3, 4, 6), (1, 3, 5, 6), (1, 4, 5, 6),$

$(2, 3, 4, 5), (2, 3, 4, 6), (2, 3, 5, 6), (2, 4, 5, 6), (3, 4, 5, 6)$

↓

즉, 6개의 숫자 1, 2, 3, 4, 5, 6에서 4개를 택하는 조합의 수 $_3H_4=_{3+4-1}C_4=_6C_4$

(1) 다항식의 항의 개수

① $(a+b)^n$의 전개식에서 항의 개수

⇨ 서로 다른 2개의 문자 a, b에서 중복을 허용하여 n개를 택하는 중복조합의 수와 같으므로

$${}_2H_n={}_{n+1}C_n={}_{n+1}C_1=n+1 \qquad \leftarrow {}_nC_r={}_nC_{n-r}$$

② $(a+b+c)^n$의 전개식에서 항의 개수

⇨ 서로 다른 3개의 문자 a, b, c에서 중복을 허용하여 n개를 택하는 중복조합의 수와 같으므로

$${}_3H_n={}_{n+2}C_n={}_{n+2}C_2=\frac{(n+1)(n+2)}{2!} \qquad \leftarrow {}_nC_r={}_nC_{n-r}$$

(2) 무기명 투표

r명의 유권자가 n명의 후보자에게 무기명 투표를 할 때, 득표수의 경우의 수 ⇨ ${}_nH_r={}_{n+r-1}C_r$

보기 05 다음을 구하여라.

(1) 서로 다른 세 문자 a, b, c에서 중복을 허락하여 4개의 문자를 뽑는 방법의 수를 구하여라.

(2) 사과, 배, 감, 포도의 4가지 과일 중에서 중복을 허락하여 5개를 선택하는 방법의 수를 구하여라.

풀이 (1) 서로 다른 3개에서 중복을 허용하여 4개를 선택하는 중복조합의 수이므로

$${}_3H_4={}_{3+4-1}C_4={}_6C_4={}_6C_2=\frac{6\cdot5}{2\cdot1}=15$$

(2) 서로 다른 4개의 과일에서 중복을 허용하여 5개를 선택하는 경우의 수이므로

$${}_4H_5={}_{4+5-1}C_5={}_8C_5={}_8C_3=\frac{8\cdot7\cdot6}{3\cdot2\cdot1}=56$$

보기 06 $(a+b+c)^4$을 전개할 때, 생기는 서로 다른 항의 개수를 구하여라.

풀이 $(a+b+c)^4$을 전개할 때, 생기는 항들은 a^4, a^3b, a^2bc, abc^2, $\cdots$등으로 모두 4차의 꼴이다. 이것은 $aaaa$, $aaab$, $aabc$, $bccc$, $\cdots$등으로 볼 수 있으므로 서로 다른 항의 개수는 a, b, c의 세 문자에서 중복을 허락하여 4개를 택하는 중복조합의 수와 같다.

따라서 구하는 서로 다른 항의 개수는 ${}_3H_4={}_{3+4-1}C_4={}_6C_4={}_6C_2=\dfrac{6\cdot5}{2\cdot1}=15$(가지)

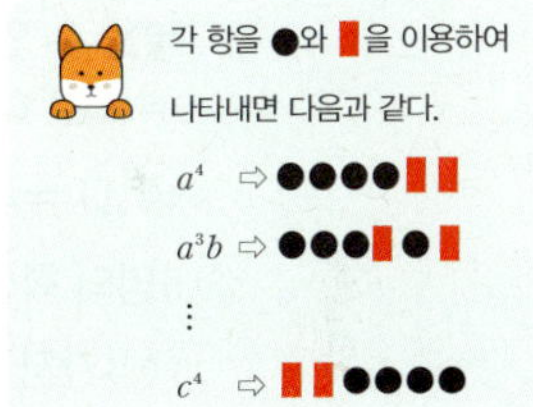

보기 07 10명의 학생들로 이루어진 반에서 3명의 반장 후보 갑, 을, 병에게 투표를 할 때, 다음 각 경우에 개표 결과는 모두 몇 가지나 되는지 구하여라. (단, 기권이나 무효표는 없다.)

(1) 10명의 학생들이 누구에게 투표하였는지 밝히는 경우의 수 (기명 투표)

(2) 10명의 학생들이 누구에게 투표하였는지를 밝히지 않는 경우의 수 (무기명 투표)

풀이 (1) '기명' 투표를 하는 경우의 수는 구분이 되는 10장의 투표용지에 반장 후보 갑, 을, 병을 적는 경우의 수와 같으므로 갑, 을, 병 3개에서 중복을 허락하여 10개를 택하여 나열하는 중복순열의 수 ${}_3\Pi_{10}=3^{10}$이다.

← 10명의 학생들의 각각을 1, 2, 3, 4, $\cdots$, 10으로 나타내면 함수 $\{1, 2, 3, 4, \cdots, 10\}\longrightarrow\{$갑, 을, 병$\}$의 개수와 같으므로 중복 순열의 수 ${}_3\Pi_{10}=3^{10}$

(2) '무기명' 투표를 하는 경우의 수는 구분이 되지 않는 10장의 투표용지에 반장 후보 갑, 을, 병을 적는 경우의 수와 같으므로 갑, 을, 병 3개 중에서 중복을 허락하여 10개를 택하는 중복조합의 수

$${}_3H_{10}={}_{3+10-1}C_{10}={}_{12}C_{10}={}_{12}C_2=66$$이다.

+α 더 알아보기

다항식 $(x^2+x+1)^3$의 전개식에서 서로 다른 항의 개수를 구한 것 중 잘못된 부분을 찾고 옳은 풀이를 한다.

잘못된 풀이 3개의 항 1, x, x^2에서 중복을 허용하여 3개를 택하는 경우의 수는 ${}_3H_3={}_5C_3=10$

← $(x^2+x+1)^3$을 전개할 때, 동류항이 생기지 않는다고 생각하고 항의 개수를 구하였다.

옳은 풀이 $(x^2+x+1)^3=x^6+3x^5+6x^4+7x^3+6x^2+3x+1$이므로 항의 개수는 7이다.

← $(x^2+x+1)^3$을 전개하면 동류항이 생기므로 동류항을 정리하여 항의 개수를 구하였다.

중복조합과 중복순열

01 여러 가지 중복조합의 표현

다음 표에서 구하는 중복조합의 수를 $_nH_r$로 나타내고 계산하여라.

$$\text{서로 다른 것의 개수} \Rightarrow {}_n H_r \Leftarrow \text{택하는 것의 개수(구분할 수 없는 것)}$$

	내용	n	r	$_nH_r={}_{n+r-1}C_r$
①	같은 색의 축구공 6개를 서로 다른 4개의 상자에 넣는 경우의 수	4	6	$_4H_6={}_{4+6-1}C_6$
②	같은 종류의 연필 7자루를 학생 A, B, C에게 남김없이 나누어 주는 경우의 수 (단, 연필을 받지 못하는 학생이 있을 수도 있다.)	3	7	$_3H_7={}_{3+7-1}C_7$
③	서로 다른 4개의 상자 A, B, C, D에 똑같은 5개의 공을 넣은 모든 경우의 수 (단, 빈 상자가 있을 수도 있다.) ⇔ 서로 다른 4개의 상자에서 중복을 허용하여 5개를 택하는 경우의 수	4	5	$_4H_5={}_{4+5-1}C_5$
④	서로 다른 4종류의 과일 중에서 5개를 택하는 경우의 수	4	5	$_4H_5={}_{4+5-1}C_5$
⑤	같은 종류의 엽서 4개를 서로 다른 3개의 봉투에 넣은 경우의 수	3	4	$_3H_4={}_{3+4-1}C_4$
⑥	같은 종류의 과자 4개를 서로 다른 3개의 접시에 넣은 경우의 수	3	4	$_3H_4={}_{3+4-1}C_4$
⑦	바닐라, 초콜릿, 딸기 중에서 중복을 허락하여 5가지를 고르는 경우의 수	3	5	$_3H_5={}_{3+5-1}C_5$

02 중복순열과 중복조합의 비교

① 서로 다른 4개의 상자 A, B, C, D에 똑같은 5개의 공을 넣은 모든 경우의 수 (단, 빈 상자가 있을 수도 있다.)

　⇔ 서로 다른 4개의 상자에서 중복을 허용하여 5개를 택하는 경우의 수

　⇔ $_4H_5={}_{4+5-1}C_5={}_8C_5={}_8C_3=56$

② 서로 다른 4개의 상자 A, B, C, D에 서로 다른 3개의 공을 넣은 모든 경우의 수 (단, 한 상자에 공을 여러 개 넣을 수 있다.)

　⇔ 서로 다른 4개의 상자에서 중복을 허용하여 3개를 택하여 일렬로 나열하는 경우의 수

　⇔ $_4\Pi_3=4^3=64$

③ 5명의 학생이 분식집에 가서 각자 떡볶이, 튀김, 순대 중 1개를 주문하려고 할 때, 학생이 주문하는 경우의 수

　⇔ 3가지 메뉴 중 중복을 허락하여 5개를 택해 일렬로 배열하는 방법과 같으므로 구하는 경우의 수는

　⇔ $_3\Pi_5=3^5=243$　　　← 주문자를 기록할 때에는 중복순열

④ 5명의 학생이 분식집에 가서 각자 떡볶이, 튀김, 순대 중 1개를 주문하려고 할 때, 주문서를 받을 경우의 수

　⇔ 3가지 메뉴 중 중복을 허락하여 5개를 택하는 방법과 같으므로 구하는 경우의 수는

　⇔ $_3H_5={}_{3+5-1}C_5={}_7C_5={}_7C_2=21$　　　← 주문자를 기록하지 않을 때에는 중복조합

⑤ 같은 종류의 연필 6자루와 서로 다른 종류의 지우개 2개를 학생 3명에게 남김없이 나누어 주는 경우의 수 (단, 아무것도 받지 못하는 학생이 있을 수 있다.)

　(i) 같은 종류의 연필 6자루를 학생 3명에게 남김없이 나누어 주는 경우의 수는 서로 다른 3개에서 중복을 허락하여 6개를 택하는 경우의 수와 같으므로 $_3H_6={}_{3+6-1}C_6={}_8C_6={}_8C_2=28$

　(ii) 서로 다른 종류의 지우개 2개를 학생 3명에게 남김없이 나누어 주는 경우의 수는 서로 다른 3개에서 중복을 허락하여 2개를 택하여 일렬로 나열하는 경우의 수와 같으므로 $_3\Pi_2=3^2=9$

　(i), (ii)에서 구하는 경우의 수는 $28\times9=252$

서로 다른 3개의 문자 A, B, C에서 2개의 문자를 택하는 순열, 중복순열, 조합, 중복조합을 표로 나타내면 다음과 같다.

	순서	중복	기호	나열방법
순열	○	×	$_3P_2$	AB, BA, BC, CB, CA, AC
중복순열	○	○	$_3\Pi_2$	AB, BA, BC, CB, CA, AC, AA, BB, CC
조합	×	×	$_3C_2$	(A, B)/(B, C)/(C, A)
중복조합	×	○	$_3H_2$	(A, B)/(B, C)/(C, A)/(A, A)/(B, B)/(C, C)

$x_1+x_2+x_3+\cdots+x_n=r$ (n, r은 자연수)에서

(1) 음이 아닌 정수해의 개수 $\Rightarrow$ 서로 다른 n개에서 r개를 택하는 중복조합의 수

$\Rightarrow {}_n\mathrm{H}_r={}_{n+r-1}\mathrm{C}_r$

(2) 양의 정수해의 개수는 (단, $r \geq n$) $\Rightarrow$ 서로 다른 n개에서 $(r-n)$개를 택하는 중복조합의 수

$\Rightarrow {}_n\mathrm{H}_{r-n}={}_{n+(r-n)-1}\mathrm{C}_{r-n}={}_{r-1}\mathrm{C}_{n-1}$

마플해설

(1) 방정식 $x+y+z=5$를 만족하는 음이 아닌 정수해의 순서쌍 (x, y, z)의 개수를 구해보자.

서로 다른 세 문자 x, y, z에서 중복을 허락하여 5개의 문자를 택하는 방법의 수와 같다.

문자를 뽑는 방법과 그에 따른 해를 다음과 같이 대응시킬 수 있기 때문이다.

$x, x, y, y, y \Longleftrightarrow x=2, y=3, z=0$

$x, x, y, z, z \Longleftrightarrow x=2, y=2, z=1$

$\cdots$

따라서 $x+y+z=5$를 만족하는 음이 아닌 정수해의 순서쌍 (x, y, z)의 개수는 서로 다른 세 문자에서 중복을

허락하여 5개를 택하는 방법의 수와 같다.

그러므로 음이 아닌 정수해의 순서쌍 (x, y, z)의 개수는 ${}_3\mathrm{H}_5={}_{3+5-1}\mathrm{C}_5={}_7\mathrm{C}_5={}_7\mathrm{C}_2=\dfrac{7 \cdot 6}{2 \cdot 1}=21$

위의 식을 확장하면 $x_1+x_2+x_3+\cdots+x_n=r$의 음이 아닌 정수해의 개수는 ${}_n\mathrm{H}_r={}_{n+r-1}\mathrm{C}_r$이다.

(2) 방정식 $x+y+z=5$를 만족하는 양의 정수해의 순서쌍 (x, y, z)의 개수를 구해보자.

앞의 내용과 비교하면 해에 0이 포함되어 있는지, 포함되어 있지 않는지의 여부로 해의 조건이 달라진다.

이때 0이 제외되므로 먼저 x, y, z를 하나씩 뽑고, 남은 2개를 x, y, z에서 중복을 허용하여 뽑는다.

$x, y, z, x, x \Longleftrightarrow x=3, y=1, z=1$

$x, y, z, x, y \Longleftrightarrow x=2, y=2, z=1$

$x=x'+1, y=y'+1, z=z'+1$ (x', y', z'은 음이 아닌 정수)이라 하면 $x+y+z=5$에서

$(x'+1)+(y'+1)+(z'+1)=5$, 즉 $x'+y'+z'=2$를 만족하는 음이 아닌 정수해의 개수를 구하는 것과 같다.

$${}_3\mathrm{H}_2={}_{3+2-1}\mathrm{C}_2={}_4\mathrm{C}_2=\dfrac{4 \cdot 3}{2 \cdot 1}=6 \text{(가지)}$$

위의 식을 확장하면 $x_1+x_2+x_3+\cdots+x_n=r$ ($n \leq r$)의 양의 정수해의 개수는 ${}_n\mathrm{H}_{r-n}={}_{n+(r-n)-1}\mathrm{C}_{r-n}$이다.

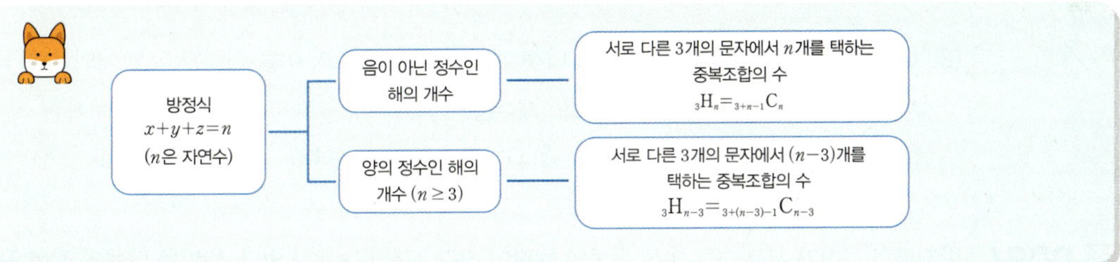

보기 08 방정식 $x+y+z=8$에 대하여 다음 물음에 답하여라.

(1) 음이 아닌 정수해의 개수 　　　(2) 양의 정수해의 개수

풀이

(1) 방정식 $x+y+z=8$의 음이 아닌 정수해의 순서쌍 (x, y, z)의 개수는

서로 다른 세 문자 x, y, z에서 중복을 허락하여 8개를 택하는 방법의 수와 같으므로

$${}_3\mathrm{H}_8={}_{3+8-1}\mathrm{C}_8={}_{10}\mathrm{C}_8={}_{10}\mathrm{C}_2=\dfrac{10 \cdot 9}{2 \cdot 1}=45$$

(2) 방정식 $x+y+z=8$의 양의 정수해의 개수는 $x \geq 1$, $y \geq 1$, $z \geq 1$이므로

$x=1+a, y=1+b, z=1+c$로 놓으면 방정식 $a+b+c=5$의 음이 아닌 정수해의 개수와 같다.

음이 아닌 정수해의 개수는 a, b, c에서 5개를 택하는 중복조합의 수와 같으므로

$${}_3\mathrm{H}_5={}_{3+5-1}\mathrm{C}_5={}_7\mathrm{C}_5={}_7\mathrm{C}_2=\dfrac{7 \cdot 6}{2 \cdot 1}=21$$

2011년 10월 교육청　축구공, 농구공, 배구공 중에서 4개의 공을 선택하는 방법의 수를 구하여라.
(단, 각 종류의 공은 4개 이상씩 있고, 같은 종류의 공은 서로 구별하지 않는다.)

MAPL CORE

중복조합의 수와 방정식의 해의 개수

서로 다른 n개에서 중복을 허락하여 r개를 택하는 중복조합의 수 $_n\mathrm{H}_r=_{n+r-1}\mathrm{C}_r$과 같게 된다.

또한, 이것은 다음 부정방정식의 해의 개수와 같다. $a_1+a_2+a_3+\cdots+a_n=r$ (단, a_i는 음이 아닌 정수, r는 자연수)

참고 똑같은 r개의 구슬을 서로 다른 n개의 상자에 남김없이 넣는 방법의 수는

서로 다른 n개의 상자 중에서 중복을 허락하여 r개를 택하는 중복조합의 수 $_n\mathrm{H}_r$과 같다.

개념익힘│풀이　서로 다른 공 3개에서 4개를 택하는 중복조합의 수이므로

$$_3\mathrm{H}_4=_{3+4-1}\mathrm{C}_4=_6\mathrm{C}_4=_6\mathrm{C}_2=\frac{6\cdot5}{2}=15$$

다른풀이　음이 아닌 정수해의 개수를 이용하여 풀이하기

축구공의 개수 a, 농구공의 개수 b, 배구공의 개수 c라 하면

$a+b+c=4$를 만족하는 a, b, c는 음이 아닌 정수해 (a, b, c)의 개수와 같다.

$$\therefore\ _3\mathrm{H}_4=_{3+4-1}\mathrm{C}_4=_6\mathrm{C}_4=_6\mathrm{C}_2=\frac{6\cdot5}{2}=15(\text{가지})$$

확인유제 0082　어떤 음식점에서는 후식으로 사과, 배, 감, 귤의 4가지 과일과 커피, 녹차, 홍차의 3가지 차를 준비하고 있다.
중복을 허락하여 과일 3개와 차 3개를 선택하는 방법의 수는? (단, 모든 종류의 과일과 차는 각각 3개 이상 준비
되어 있다.)

① 30　　　　② 45　　　　③ 150　　　　④ 200　　　　⑤ 300

변형문제 0083　다음 물음에 답하여라.
2014학년도 수능기출
(1) 숫자 1, 2, 3, 4에서 중복을 허락하여 5개를 택할 때, 숫자 4가 한 개 이하가 되는 경우의 수는?

① 45　　　　② 42　　　　③ 39　　　　④ 36　　　　⑤ 33

2011년 10월 교육청　(2) 세 수 2, 3, 5에서 중복을 허락하여 다섯 개의 수를 선택하고, 이들 선택된 다섯 개의 수를 곱하여 만들어
지는 수 중에서 9의 배수가 아닌 것의 개수는?

① 6　　　　② 9　　　　③ 11　　　　④ 12　　　　⑤ 15

발전문제 0084　반지름의 길이가 서로 다른 여섯 종류의 원판이 각각 3개씩 18개가 있다. 원판을 다음과 같은 규칙으로 쌓으려고
2012년 10월 교육청　한다.

(가) 원판 3개를 택하여 원판의 중심이 일치하도록 쌓는다.
(나) 반지름의 길이가 작은 원판은 반지름의 길이가 큰 원판 위에 쌓는다.
(다) 반지름의 길이가 같은 원판은 구별하지 않으면서 쌓는다.

그림은 반지름의 길이가 같은 두 개의 원판과 반지름의 길이가 작은 한 개의 원판을 규칙에 따라 쌓은 예이다.
이와 같이 쌓는 방법의 수를 구하여라.

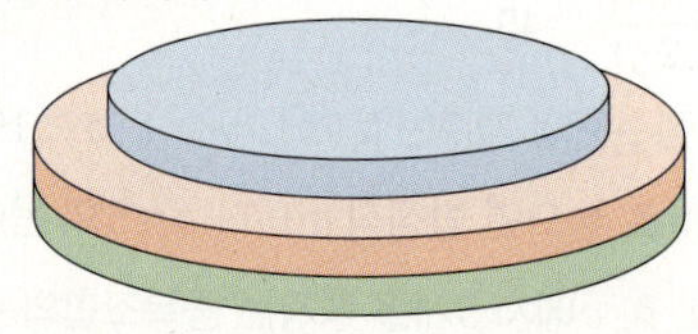

같은 종류의 사과 5개, 같은 종류의 수박 3개, 배 1개를 3명에게 남김없이 나누어 주는 경우의 수를 구하여라.
(단, 1개도 받지 못하는 사람이 있을 수 있다.)

MAPL CORE

① 서로 다른 n명에게 같은 물건 r개를 나누어 주는 방법의 수
$$\Rightarrow {}_n H_r = {}_{n+r-1}C_r$$
② 서로 다른 n명에게 같은 물건 r개를 나누어 줄 때, 한 명에게 적어도 한 개 이상씩 나누어 주는 방법의 수
$$\Rightarrow {}_n H_{r-n} = {}_{r-1}C_{r-n}\ (단,\ n \le r)$$

개념익힘 | 풀이

(i) 같은 종류의 사과 5개를 3명에게 남김없이 나누어 주는 경우의 수는
$${}_3 H_5 = {}_{3+5-1}C_5 = {}_7 C_5 = {}_7 C_2 = \frac{7 \cdot 6}{2 \cdot 1} = 21$$

(ii) 같은 종류의 수박 3개를 3명에게 남김없이 나누어 주는 경우의 수는
$${}_3 H_3 = {}_{3+3-1}C_3 = {}_5 C_3 = {}_5 C_2 = \frac{5 \cdot 4}{2 \cdot 1} = 10$$

(iii) 배 1개를 3명에게 나누어 주는 경우의 수는 3이다.

(i)~(iii)에서 구하는 경우의 수는 $21 \times 10 \times 3 = 630$(가지)

확인유제 0085
2013학년도 수능기출

같은 종류의 주스 4병, 같은 종류의 생수 2병, 우유 1병을 3명에게 남김없이 나누어 주는 경우의 수는?
(단, 1병도 받지 못하는 사람이 있을 수 있다.)

① 330　　　② 315　　　③ 300　　　④ 285　　　⑤ 270

변형문제 0086
2009학년도 09월 평가원

다음 물음에 답하여라.

(1) 사과 주스, 포도 주스, 감귤 주스 중에서 8병을 선택하려고 한다. 사과 주스, 포도 주스, 감귤 주스를
각각 적어도 1병 이상씩 선택하는 경우의 수는? (단, 각 종류의 주스는 8병 이상씩 있다.)

① 17　　　② 19　　　③ 21　　　④ 23　　　⑤ 25

2014학년도 06월 평가원

(2) 고구마피자, 새우피자, 불고기피자 중에서 m개를 주문하는 경우의 수가 36일 때, 고구마피자, 새우피자,
불고기피자를 적어도 하나씩 포함하여 m개를 주문하는 경우의 수는?

① 12　　　② 15　　　③ 18　　　④ 21　　　⑤ 24

발전문제 0087
2013년 10월 교육청

다음 물음에 답하여라.

(1) 같은 종류의 선물 4개를 4명의 학생에게 남김없이 나누어 줄 때, 2명의 학생만 선물을 받는 경우의 수는?
(단, 선물끼리는 서로 구별하지 않는다.)

① 18　　　② 21　　　③ 24　　　④ 30　　　⑤ 36

(2) 같은 종류의 연필 2자루와 같은 종류의 볼펜 5자루를 서로 다른 필통 3개에 남김없이 나누어 넣을 때,
비어있는 필통이 생기지 않도록 나누어 넣는 경우의 수는?

① 60　　　② 65　　　③ 70　　　④ 75　　　⑤ 80

정답　　0085 : ⑤　　　0086 : (1) ③ (2) ②　　　0087 : (1) ① (2) ④

방정식 $x+y+z=10$에 대하여 다음 물음에 답하여라.

(1) 양의 짝수의 정수해의 개수

(2) $x \geq 1$, $y \geq 2$, $z \geq 3$을 만족하는 정수해의 개수

MAPL CORE

$x_1+x_2+x_3+\cdots+x_m=n$ (m, n은 자연수)에서

① 음이 아닌 정수해의 개수 $\Rightarrow {}_mH_n={}_{m+n-1}C_n$

② 양의 정수해의 개수 (단, $n \geq m$) $\Rightarrow {}_mH_{n-m}={}_{m+(n-m)-1}C_{n-m}={}_{n-1}C_{m-1}$

개념익힘 | 풀이

(1) x, y, z가 짝수인 자연수이므로 $x=2(a+1)$, $y=2(b+1)$, $z=2(c+1)$ (단, a, b, c는 음이 아닌 정수)

로 놓으면 $x+y+z=10$을 만족하는 순서쌍 (x, y, z)의 개수는

$2(a+1)+2(b+1)+2(c+1)=10$이므로

$a+b+c=2$를 만족시키는 음이 아닌 정수해 (a, b, c)의 개수와 같다. ← 3개의 문자 a, b, c에서 2개를 택하는 중복조합의 수

$\therefore {}_3H_2={}_{3+2-1}C_2={}_4C_2=6$

(2) $x+y+z=10$에서 $x \geq 1$, $y \geq 2$, $z \geq 3$이므로

$x=a+1$, $y=b+2$, $z=c+3$ (단, a, b, c는 음이 아닌 정수)

로 놓으면 $(a+1)+(b+2)+(c+3)=10$에서

$a+b+c=4$를 만족시키는 음이 아닌 정수해 (a, b, c)의 개수와 같다. ← 3개의 문자 a, b, c에서 4개를 택하는 중복조합의 수

$\therefore {}_3H_4={}_{3+4-1}C_4={}_6C_2=\dfrac{6 \cdot 5}{2 \cdot 1}=15$

확인유제 0088 다음 물음에 답하여라.

2012학년도 06월 평가원

(1) 방정식 $x+y+z=20$을 만족시키는 양의 정수 중 짝수인 x, y, z에 대하여 순서쌍 (x, y, z)의 개수를 구하여라.

(2) 방정식 $x+y+z=11$에 대하여 양의 정수 중 홀수인 x, y, z에 대하여 순서쌍 (x, y, z)의 개수를 구하여라.

변형문제 0089 다음 물음에 답하여라.

2014학년도 09월 평가원

(1) 방정식 $x+y+z=4$를 만족시키는 -1 이상의 정수 x, y, z의 모든 순서쌍 (x, y, z)의 개수는?

① 21 ② 28 ③ 36 ④ 45 ⑤ 56

(2) 방정식 $x+y+z=14$를 만족시키는 2 이상의 자연수 x, y, z의 모든 순서쌍 (x, y, z)의 개수는?

① 36 ② 42 ③ 45 ④ 50 ⑤ 55

발전문제 0090 다음 물음에 답하여라.

(1) 방정식 $x+y+z+5w=7$을 만족시키는 음이 아닌 정수 x, y, z, w의 순서쌍 (x, y, z, w)의 개수는?

① 32 ② 36 ③ 40 ④ 42 ⑤ 46

2017학년도 06월 평가원

(2) 방정식 $x+y+z+5w=14$를 만족시키는 양의 정수 x, y, z, w의 모든 순서쌍 (x, y, z, w)의 개수는?

① 27 ② 29 ③ 31 ④ 33 ⑤ 35

2016학년도 09월 평가원

(3) 다음 조건을 만족시키는 음이 아닌 정수 a, b, c, d의 모든 순서쌍 (a, b, c, d)의 개수는?

> (가) $a+b+c+3d=10$
> (나) $a+b+c \leq 5$

① 18 ② 20 ③ 22 ④ 24 ⑤ 26

정답 0088 : (1) 36 (2) 15　0089 : (1) ③ (2) ③　0090 : (1) ④ (2) ③ (3) ①

K리그 축구에 응원을 나온 학생 4명에게 같은 종류의 음료수 10개를 나누어 주려고 한다. 다음을 구하여라.

(1) 음료수 10개를 나누어 주는 경우의 수

(2) 음료수 10개를 한 학생에게 적어도 한 개씩 나누어 주는 경우의 수

MAPL CORE

(1) 서로 같은 r개를 n명에게 나누어 주는 방법의 수

　⇨ 서로 다른 n명에서 중복을 허용하여 r개를 택하는 중복조합의 수와 같으므로 $_n\mathrm{H}_r = {}_{n+r-1}\mathrm{C}_r$

(2) 서로 같은 r개를 n명에게 적어도 하나씩 나누어 주는 방법의 수

　⇨ 서로 다른 n명에게 먼저 하나씩 나누어 주고 남은 $(r-n)$개를 n명에게 나누어 주는 방법의 수와 같다.

　　$_n\mathrm{H}_{r-n} = {}_{r-1}\mathrm{C}_{r-n}$

개념익힘 | 풀이

(1) 서로 다른 네 사람 중에서 중복을 허락하여 10개를 택하는 중복조합의 수와 같으므로

$$_4\mathrm{H}_{10} = {}_{4+10-1}\mathrm{C}_{10} = {}_{13}\mathrm{C}_{10} = {}_{13}\mathrm{C}_3 = 286$$

(2) 네 사람에게 음료수 10개를 나누어줄 때, 음료수 한 개씩은 미리 나눠주고 나머지 6개를 네 사람에게 나누어 주는 경우의 수와 같으므로

$$_4\mathrm{H}_6 = {}_{4+6-1}\mathrm{C}_6 = {}_9\mathrm{C}_6 = {}_9\mathrm{C}_3 = 84$$

다른풀이　방정식의 음이 아닌 정수해의 개수를 이용하여 풀이하기

선택하는 네 사람의 음료수의 개수를 각각 x, y, z, w개 씩 나누어 주면

$x+y+z+w = 10$ (단, $x \geq 1$, $y \geq 1$, $z \geq 1$, $w \geq 1$인 자연수)

$x=a+1$, $y=b+1$, $z=c+1$, $w=d+1$라 하면 $a+b+c+d=6$ (단, a, b, c, d는 음이 아닌 정수)

즉, 음료수를 각각 1개씩 나누어 주고 남은 음료수 6개를 네 학생에게 나누어 주는 중복조합의 수와 같으므로

$$_4\mathrm{H}_6 = {}_{4+6-1}\mathrm{C}_6 = {}_9\mathrm{C}_6 = {}_9\mathrm{C}_3 = 84$$

확인유제 0091　11개의 막대사탕을 세 명의 학생에게 나누어 주려고 한다. 다음을 구하여라.

(1) 11개의 막대사탕을 세 명의 학생에게 나누어 주는 경우의 수

(2) 세 명의 학생에게 각각 한 개 이상의 막대사탕을 나누어 주는 경우의 수

변형문제 0092　4명의 학생에게 8자루의 연필 모두를 나누어 주는 방법 중에서 연필을 한 자루도 받지 못하는 학생이 생기는 경우의 수는? (단, 연필은 서로 구별하지 않는다.)

2011년 10월 교육청

① 110　　　　② 120　　　　③ 130　　　　④ 140　　　　⑤ 150

발전문제 0093　어느 상담 교사가 월요일, 화요일, 수요일 3일 동안 학생 9명과 상담하기 위하여 상담 계획표를 작성하려고 한다.

2011학년도 06월 평가원

[상담 계획표]

요일	월요일	화요일	수요일
학생 수(명)	a	b	c

상담 교사는 각 학생과 한 번만 상담하고, 요일별로 적어도 한 명의 학생과 상담한다. 상담 계획표에 학생 수만을 기록할 때, 작성할 수 있는 상담 계획표의 가짓수를 구하여라. (단, a, b, c는 자연수이다.)

정답　0091 : (1) 78 (2) 45　　0092 : ③　　0093 : 28

같은 종류의 하트젤리 5개, 같은 종류의 왕방울젤리 10개를 세 사람에게 남김없이 나누어줄 때,

각 사람이 적어도 하트젤리 1개, 왕방울젤리 2개는 받도록 나누어 주는 경우의 수를 구하여라.

MAPL CORE

서로 같은 r개를 n명에게 적어도 하나씩 나누어 주는 경우의 수

⇨ 서로 다른 n명에게 먼저 하나씩 나누어 주고 남은 $(r-n)$개를 n명에게 나누어 주는 경우의 수 ${}_n H_{r-n} = {}_{r-1}C_{r-n}$

개념익힘|풀이　세 사람이 각각 적어도 하트젤리 1개, 왕방울젤리 2개를 받아야 하므로 먼저 세 사람에게 각각 하트젤리 1개와

왕방울젤리 2개를 나누어 준 후 나머지 하트젤리 2개와 왕방울젤리 4개를 나누어 주는 경우를 생각하면 된다.

(i) 하트젤리 2개를 세 사람에게 나눠 주는 경우

세 사람 중에서 중복을 허락하여 두 사람을 택한 후 하트젤리를 주는 경우와 같으므로 그 경우의 수는

$${}_3 H_2 = {}_{3+2-1}C_2 = {}_4 C_2 = 6$$

(ii) 왕방울젤리 4개를 세 사람에게 나눠 주는 경우

세 사람 중에서 중복을 허락하여 네 사람을 택한 후 왕방울젤리를 주는 경우와 같으므로 그 경우의 수는

$${}_3 H_4 = {}_{3+4-1}C_4 = {}_6 C_4 = {}_6 C_2 = 15$$

(i), (ii)에서 구하는 경우의 수는 곱의 법칙에 의하여 $6 \times 15 = 90$

다른풀이　방정식의 음이 아닌 정수해의 개수를 이용하여 풀이하기

(i) 세 사람에게 하트젤리를 각각 x, y, z개씩 나누어 주면

$$x+y+z=5 \; (x \geq 1, \; y \geq 1, \; z \geq 1 \text{인 자연수})$$

$x=a+1$, $y=b+1$, $z=c+1$라 하면 $a+b+c=2$ (a, b, c는 음이 아닌 정수)

즉, 하트젤리를 각각 1개씩 나누어 주고 남은 하트젤리 2개를 세 사림에게 나누어 주는 중복조합의 수와

같으므로 ${}_3 H_2 = {}_{3+2-1}C_2 = {}_4 C_2 = 6$

(ii) 세 사람에게 왕방울젤리를 각각 x', y', z'개씩 나누어 주면

$$x'+y'+z'=10 \; (x' \geq 2, \; y' \geq 2, \; z' \geq 2 \text{인 자연수})$$

$x'=a'+2$, $y'=b'+2$, $z'=c'+2$라 하면 $a'+b'+c'=4$ (a', b', c'는 음이 아닌 정수)

즉, 왕방울젤리를 각각 2개씩 나누어 주고 남은 왕방울젤리 4개를 세 사람에게 나누어 주는 중복조합의 수

와 같으므로 ${}_3 H_4 = {}_{3+4-1}C_4 = {}_6 C_4 = {}_6 C_2 = 15$

(i), (ii)에서 곱의 법칙에 의하여 $6 \times 15 = 90$

확인유제 0094
2014학년도 수능기출

흰 색 탁구공 8개와 주황색 탁구공 7개를 3명의 학생에게 남김없이 나누어 주려고 한다.

각 학생이 흰색 탁구공과 주황색 탁구공을 각각 한 개 이상 갖도록 나누어 주는 경우의 수는?

① 295　　　② 300　　　③ 305　　　④ 310　　　⑤ 315

변형문제 0095
2019학년도 09월 평가원

다음 물음에 답하여라.

(1) 서로 다른 종류의 사탕 3개와 같은 종류의 구슬 7개를 같은 종류의 주머니 3개에 남김없이 나누어 넣으려고

한다. 각 주머니에 사탕과 구슬이 각각 1개 이상씩 들어가도록 나누어 넣는 경우의 수는?

① 11　　　② 12　　　③ 13　　　④ 14　　　⑤ 15

(2) 서로 다른 종류의 사탕 5개, 같은 종류의 구슬 7개, 같은 종류의 주머니 3개가 있다. 사탕은 3개를 택하여

각 주머니에 1개씩 나누어 담고, 구슬은 7개 모두를 각 주머니에 1개 이상씩 들어가도록 나누어 담는 경우의

수는?

① 110　　　② 120　　　③ 130　　　④ 140　　　⑤ 150

발전문제 0096
2019학년도 수능기출

네 명의 학생 A, B, C, D에게 같은 종류의 초콜릿 8개를 다음 규칙에 따라 남김없이 나누어 주는 경우의 수는?

(가) 각 학생은 적어도 1개의 초콜릿을 받는다.

(나) 학생 A는 학생 B보다 더 많은 초콜릿을 받는다.

① 11　　　② 13　　　③ 15　　　④ 17　　　⑤ 19

정답　0094 : ⑤　　0095 : (1) ⑤ (2) ⑤　　0096 : ②

마플개념익힘 **06** 중복조합을 이용한 함수의 개수(1)

두 집합 $X=\{1, 2, 3\}$, $Y=\{1, 2, 3, 4, 5\}$에 대하여 다음 조건을 만족하는 함수 $f : X \longrightarrow Y$의 개수를 구하여라. (단, x_i, $x_j \in X$)

(1) $x_i \neq x_j$이면 $f(x_i) \neq f(x_j)$ (2) $x_i < x_j$이면 $f(x_i) < f(x_j)$ (3) $x_i < x_j$이면 $f(x_i) \leq f(x_j)$

MAPL CORE

두 집합 $X=\{x_1, x_2, \cdots, x_m\}$, $Y=\{y_1, y_2, \cdots, y_n\}$일 때. (단, $m \leq n$)

(1) $x_i \neq x_j$이면 $f(x_i) \neq f(x_j)$인 함수의 개수 $\Rightarrow {}_n\mathrm{P}_m$

(2) $x_i < x_j$이면 $f(x_i) < f(x_j)$인 함수의 개수 $\Rightarrow {}_n\mathrm{C}_m$

(3) $x_i < x_j$이면 $f(x_i) \leq f(x_j)$인 함수의 개수 $\Rightarrow {}_n\mathrm{H}_m$

$\Rightarrow$ 서로 다른 n개에서 중복을 허락하여 m개를 택하는 중복조합의 수와 같다.

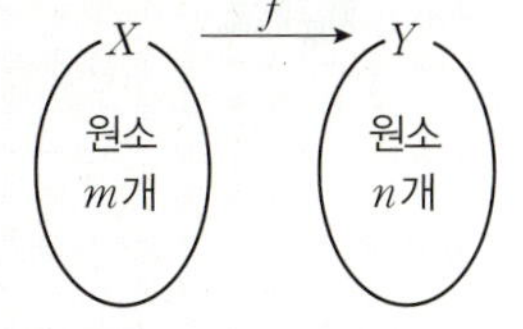

개념익힘 | 풀이

(1) X의 원소가 서로 다른 경우, 대응되는 Y의 원소도 서로 달라야 하므로 f는 일대일함수이고
정의역의 원소 3개에 대응할 공역의 원소 5개 중 3개를 선택한 후, 순서를 고려하여 일렬로 나열하는
순열의 수와 같다. ${}_5\mathrm{P}_3 = 60$

(2) X의 원소 1, 2, 3에 Y의 원소 1, 2, 3, 4, 5 중에서 서로 다른 세 개의
원소를 뽑아 이것을 크기 순서로 대응시킨다.
즉, $f(1)$, $f(2)$, $f(3)$의 대소 관계는 $f(1) < f(2) < f(3)$을 만족한다.
예를 들면 Y의 원소 중 1, 2, 3을 뽑으면 $x_i < x_j$이면 $f(x_i) < f(x_j)$
을 만족하는 경우는 $f(1)=1$, $f(2)=2$, $f(3)=3$뿐이다.
따라서 Y의 원소 5개 중에서 세 개를 순서에 상관없이 뽑은 후 크기 순으로
배열하면 되는 조합의 수와 같으므로 함수 f의 개수는 ${}_5\mathrm{C}_3 = 10$

$f(1)$	$< f(2)$	$< f(3)$
1	2	3
1	2	4
1	2	5
1	3	4
$\cdots$		

(3) 주어진 조건을 만족시키려면 5개의 숫자 1, 2, 3, 4, 5 중에서 중복을 허락하여
3개를 택한 후 작은 수부터 차례로 정의역의 원소 1, 2, 3에 대응시키면 된다.
즉, f의 개수는 공역의 원소 5개 중에서 3개를 택하는 중복조합의 수와 같으므로
${}_5\mathrm{H}_3 = {}_{5+3-1}\mathrm{C}_3 = {}_7\mathrm{C}_3 = 35$

$f(1)$	$\leq f(2)$	$\leq f(3)$
1	1	1
1	1	2
1	2	2
1	2	3
$\cdots$		

확인유제 0097

$X=\{1, 2, 3, 4\}$에서 $Y=\{1, 2, 3, 4, 5, 6, 7\}$에 대하여 다음 조건을 만족하는 함수 $f : X \longrightarrow Y$의 개수를 구하여라.

(1) 집합 X의 두 원소 x_1, x_2에 대하여 $x_1 < x_2$이면 $f(x_1) < f(x_2)$를 만족하는 함수 f의 개수

(2) 집합 X의 두 원소 x_1, x_2에 대하여 $x_1 < x_2$일 때, $f(x_1) \geq f(x_2)$를 만족하는 함수 f의 개수

2006학년도 06월 평가원

변형문제 0098

집합 $X=\{1, 2, 3, 4\}$에서 집합 $Y=\{4, 5, 6, 7\}$로의 함수 f 중 다음 조건을 만족하는 함수의 개수는?

2011년 07월 교육청

(가) $f(2)=5$

(나) 집합 X의 임의의 두 원소 i, j에 대하여 $i < j$이면 $f(i) \leq f(j)$

① 10   ② 12   ③ 14   ④ 16   ⑤ 18

발전문제 0099

집합 $X=\{1, 2, 3, 4\}$에서 집합 $Y=\{5, 6, 7, 8\}$로의 함수 f 중 다음 조건을 만족하는 함수의 개수를 구하여라.

(가) $f(3)$은 홀수이다.

(나) 집합 X의 임의의 두 원소 i, j에 대하여 $i < j$이면 $f(i) \leq f(j)$

정답   0097 : (1) 35 (2) 210   0098 : ②   0099 : 16

집합 $X=\{1, 2, 3\}$에서 집합 $Y=\{1, 2, 3, 4, 5\}$에 대하여 함수 $f:X\longrightarrow Y$ 중에서 다음을 만족하는 함수의
개수를 구하여라.

(1) $f(1)\leq f(2)\leq f(3)$ (2) $f(1)<f(2)\leq f(3)$

MAPL CORE

집합 $X=\{1, 2, 3, \cdots, m\}$, $Y=\{1, 2, 3, \cdots, n\}$에 대하여 함수 $f:X\longrightarrow Y$ 중에서

① 일대일함수 f의 개수 ⇨ $_n\mathrm{P}_m$ (단, $m\leq n$)

② $a\in X$, $b\in X$이고 $a<b$인 임의의 a, b에 대하여 $f(a)<f(b)$를 만족시키는 함수 f의 개수 ⇨ $_n\mathrm{C}_m$ (단, $m\leq n$)

③ $a\in X$, $b\in X$이고 $a<b$인 임의의 a, b에 대하여 $f(a)\leq f(b)$를 만족시키는 함수 f의 개수 ⇨ $_n\mathrm{H}_m=_{n+m-1}\mathrm{C}_m$

개념익힘 | 풀이

(1) $f(1)\leq f(2)\leq f(3)$인 경우

집합 Y의 5개의 원소 중에서 정의역의 원소 1, 2, 3에 대응할 3개의 원소를 택하는

중복조합의 수와 같으므로 $_5\mathrm{H}_3=_{5+3-1}\mathrm{C}_3=_7\mathrm{C}_3=35$

(2) (ⅰ) $f(1)\leq f(2)\leq f(3)$인 경우

집합 Y의 5개의 원소 중에서 정의역의 원소 1, 2, 3에 대응할 3개의 원소를 택하는

중복조합의 수와 같으므로 $_5\mathrm{H}_3=_{5+3-1}\mathrm{C}_3=_7\mathrm{C}_3=35$

(ⅱ) $f(1)=f(2)\leq f(3)$인 경우

집합 Y의 5개의 원소 중에서 정의역의 원소 2, 3에 대응할 2개의 원소를 택하는

중복조합의 수와 같으므로 $_5\mathrm{H}_2=_{5+2-1}\mathrm{C}_2=_6\mathrm{C}_2=15$

(ⅰ), (ⅱ)에서 $f(1)<f(2)\leq f(3)$을 만족시키는 함수 f의 개수는 $35-15=20$

확인유제 0100

한 개의 주사위를 5번 던질 때, k번째 나오는 눈의 수를 $a_k(k=1, 2, 3, 4, 5)$라고 하자.
이때 다음을 만족하는 경우의 수를 구하여라.

(1) $a_1<a_2<a_3<a_4<a_5$

(2) $a_1\leq a_2\leq a_3\leq a_4\leq a_5$

(3) $a_1\leq a_2=a_3\leq a_4\leq a_5$

변형문제 0101

다음 물음에 답하여라.

(1) 두 집합 $X=\{a, b, c, d\}$, $Y=\{1, 2, 3, 4, 5, 6\}$에 대하여 다음 조건을 만족시키는

함수 $f:X\longrightarrow Y$의 개수는?

$$f(a)\leq f(b)<f(c)\leq f(d)$$

① 20   ② 30   ③ 50   ④ 60   ⑤ 70

(2) 두 집합 $X=\{1, 2, 3, 4, 5\}$, $Y=\{1, 2, 3, 4, 5, 6, 7\}$에 대하여 다음 조건을 만족시키는

함수 $f:X\longrightarrow Y$의 개수는?

$$f(1)<f(2)\leq f(3)\leq f(4)<f(5)$$

① 64   ② 84   ③ 96   ④ 126   ⑤ 210

발전문제 0102

두 집합 $X=\{1, 2, 3, 4, 5\}$, $Y=\{3, 4, 5, 6, 7\}$에 대하여 함수 $f:X\longrightarrow Y$가 다음 세 조건을 만족시킨다.

(가) $f(2)=4$

(나) $f(3)<f(4)$

(다) 임의의 $x_1\in X$, $x_2\in X$에 대하여 $x_1<x_2$이면 $f(x_1)\leq f(x_2)$이다.

이때 함수 f의 개수를 구하여라.

정답   0100 : (1) 6 (2) 252 (3) 126   0101 : (1) ⑤ (2) ④   0102 : 20

마플개념익힘 08 중복조합을 이용한 함수의 개수(3)

$$1 < a < b \le 5 < c \le d \le 10$$

를 만족시키는 자연수 a, b, c, d의 모든 순서쌍 (a, b, c, d)의 개수를 구하여라.

MAPL CORE 두 정수 m, n에 대하여 (단, $m < n$)

① $m < a < b < c < d < n$을 만족하는 정수 a, b, c, d의 모든 순서쌍 (a, b, c, d)의 개수 ⇨ ${}_{m-n-1}C_4$

② $m \le a \le b \le c \le d \le n$을 만족하는 정수 a, b, c, d의 모든 순서쌍 (a, b, c, d)의 개수 ⇨ ${}_{m-n+1}H_4$

개념익힘 | 풀이 5를 기준으로 순서쌍 (a, b)와 순서쌍 (c, d)의 개수를 각각 구한 후 곱의 법칙을 이용하여 구한다.

$1 < a < b \le 5 < c \le d \le 10$

(ⅰ) $1 < a < b \le 5$에서 자연수 a, b의 순서쌍 (a, b)는 2, 3, 4, 5 중에서 서로 다른 두 자연수를 택하는 조합의 수이므로 경우의 수는 ${}_4C_2=\dfrac{4\cdot 3}{2\cdot 1}=6$

(ⅱ) $5 < c \le d \le 10$에서 자연수 c, d의 순서쌍 (c, d)는 6, 7, 8, 9, 10 중에서 중복을 허락하여 두 자연수를 택하는 중복조합의 수이므로 경우의 수는 ${}_5H_2={}_{5+2-1}C_2={}_6C_2=\dfrac{6\cdot 5}{2\cdot 1}=15$

(ⅰ), (ⅱ)에서 구하는 모든 순서쌍 (a, b, c, d)의 개수는 $6\times 15=90$

확인유제 0103

2014년 09월 평가원

다음 물음에 답하여라.

(1) $3 \le a \le b \le c \le d \le 10$을 만족시키는 자연수 a, b, c, d의 모든 순서쌍 (a, b, c, d)의 개수는?

① 240 ② 270 ③ 300 ④ 330 ⑤ 360

(2) $1 < a < b \le 6 < c \le d \le 12$를 만족시키는 자연수 a, b, c, d의 모든 순서쌍 (a, b, c, d)의 개수를 구하여라.

변형문제 0104

2015학년도 수능기출

다음 물음에 답하여라.

(1) 다음 조건을 만족시키는 자연수 a, b, c의 모든 순서쌍 (a, b, c)의 개수는?

(가) $a\times b\times c$는 홀수이다.
(나) $a \le b \le c \le 20$

① 200 ② 210 ③ 220 ④ 230 ⑤ 240

2016년 07월 교육청

(2) 다음 조건을 만족시키는 세 자연수의 모든 순서쌍 (a, b, c)의 개수는?

(가) 세 수 a, b, c의 합은 짝수이다.
(나) $a \le b \le c \le 15$

① 320 ② 324 ③ 328 ④ 332 ⑤ 336

발전문제 0105

2018년 10월 교육청 26번

집합 $X=\{1, 2, 3, 4, 5, 6, 7\}$에 대하여 다음 조건을 만족시키는 함수 $f : X \longrightarrow X$의 개수를 구하여라.

(가) 함수 f의 치역의 원소의 개수는 3이다.
(나) 집합 X의 임의의 두 원소 x_1, x_2에 대하여 $x_1 < x_2$이면 $f(x_1) \le f(x_2)$이다.

정답 0103 : (1) ④ (2) 210 0104 : (1) ③ (2) ⑤ 0105 : 525

단원종합문제

단계별 **실력완성** 연습문제

BASIC

내신 수능 기본 대표 기출문제

0106
중복조합의 계산
2012학년도
수능기출

자연수 r에 대하여 $_3H_r=_7C_2$일 때, $_5H_r$의 값을 구하여라.

0107
중복조합의 계산
내신빈출

등식 $_3H_7=_8C_7+_nC_2$를 만족시키는 자연수 n의 값은?

① 5　　　　② 6　　　　③ 7　　　　④ 8　　　　⑤ 9

0108
중복조합의 계산
2013학년도 05월
평가원

$(a+b+c)^4(x+y)^3$의 전개식에서 서로 다른 항의 개수를 구하여라.

0109
중복조합의 계산
내신빈출

서로 다른 3종류의 아이스크림 중에서 중복을 허락하여 n개의 아이스크림을 주문하는 경우의 수가 55일 때, n의 값은? (단, 각 종류의 아이스크림은 충분히 많고, 주문하지 않은 아이스크림의 종류가 있을 수 있다.)

① 8　　　　② 9　　　　③ 10　　　　④ 11　　　　⑤ 12

0110
중복조합의 활용
2007년 07월 교육청

오른쪽 그림과 같이 서로 다른 3개의 상자에 같은 종류의 초콜릿 10개를 넣으려고 한다. 모든 상자에 한 개 이상의 초콜릿을 넣을 때, 초콜릿을 넣는 방법의 수는?

① 16　　　　② 36　　　　③ 66
④ 343　　　　⑤ 1000

0111
중복순열과 중복조합의
비교
내신빈출

다음 경우의 수가 다른 값을 갖는 것은?
① 1, 2, 3을 사용하여 만들 수 있는 네 자리 정수의 개수
② 똑같은 사과 4개를 세 아이에게 나누어 주는 방법의 수
③ $(a+b+c)^4$의 전개식에서 서로 다른 항의 개수
④ 4명의 선거인이 3명의 후보자에게 무기명으로 투표하는 경우의 수
⑤ 방정식 $x+y+z=4$의 음이 아닌 정수해의 개수

0112
중복조합의 활용
내신빈출

원형의 탁자 주위에 똑같은 의자가 12개 놓여 있다. 4명의 학생이 탁자에 둘러앉을 때, 빈 의자를 사이에 두고 어느 누구도 이웃하지 않게 앉히는 경우의 수는?

① 120　　　　② 160　　　　③ 180
④ 210　　　　⑤ 240

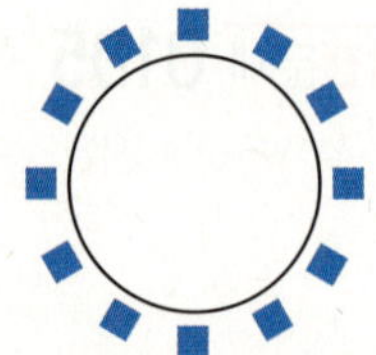

정답	0106 : 126　0107 : ④　0108 : 60　0109 : ②　0110 : ②　0111 : ①　0112 : ④

0113

중복조합의 활용
2005년 10월 교육청

평면 위의 평행한 두 직선 l, m과 직선 l 위의 서로 다른 세 점 P, Q, R이 있다.

직선 l 위의 세 점 P, Q, R에서 각각 하나의 선분으로 직선 m 위의 점을 연결할 때, 세 선분이 교차하지 않는 경우의 수를 구하려고 한다.

예를 들어 그림과 같이 직선 m 위에 두 점이 있을 때, 구하는 모든 경우의 수는 4(가지)이다. 직선 m 위에 10개의 점이 있을 때, 위와 같이 세 선분이 교차하지 않는 모든 경우의 수를 구하여라.

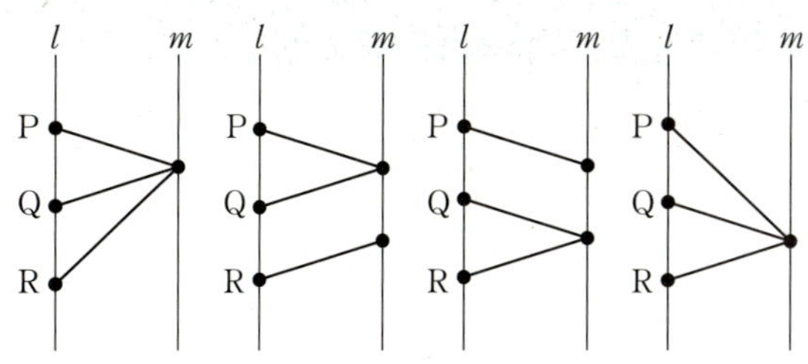

0114

중복조합의 계산

다음 물음에 답하여라.

(1) 같은 종류의 연필 3자루, 같은 종류의 볼펜 4자루를 학생 2명에게 남김없이 나누어 주는 경우의 수는?

　(단, 아무것도 받지 못하는 학생이 있을 수 있다.)

① 8　　　　② 12　　　　③ 16　　　　④ 20　　　　⑤ 24

2010년 07월 교육청

(2) 크기와 모양이 같은 검은 구슬 5개와 흰 구슬 2개를 서로 다른 세 상자에 모두 넣는 경우의 수는?

　(단, 비어있는 상자가 있을 수 있다.)

① 125　　　　② 126　　　　③ 127　　　　④ 128　　　　⑤ 129

0115

중복조합의 계산
내신빈출

다음 물음에 답하여라.

(1) $(a+b+c)^5$의 전개식에서 a를 인수로 갖는 서로 다른 항의 개수는?

① 12　　　　② 13　　　　③ 14　　　　④ 15　　　　⑤ 16

(2) $(a+b+c+d)^6$의 전개식에서 a는 포함하고 b는 포함하지 않는 서로 다른 항의 개수는?

① 19　　　　② 21　　　　③ 23　　　　④ 25　　　　⑤ 27

(3) $(a+b+c+d)^5(e+f+g)^4$의 전개식에서 a는 포함하지 않고 e는 포함하는 문자의 곱으로 이루어진 서로 다른 항의 개수는?

① 100　　　　② 120　　　　③ 160　　　　④ 186　　　　⑤ 210

0116

중복조합의 계산
내신빈출

세 자연수 a, b, c에 대하여 $2 \le a \le b \le c \le 7$을 만족시키는 모든 순서쌍 (a, b, c)의 개수는?

① 52　　　　② 54　　　　③ 56　　　　④ 58　　　　⑤ 60

0117

정수의 개수
2012학년도 06월
평가원
2013학년도 06월
평가원

다음 물음에 답하여라.

(1) 방정식 $x+y+z=17$을 만족시키는 음이 아닌 정수 x, y, z에 대하여 순서쌍 (x, y, z)의 개수를 구하여라.

(2) 방정식 $x+y+z+w=4$를 만족시키는 음이 아닌 정수해의 순서쌍 (x, y, z, w)의 개수를 구하여라.

0118

부정방정식의
정수해의 개수
내신빈출

다음 조건을 만족시키는 세 정수 a, b, c의 순서쌍 (a, b, c)의 개수는?

(가) $a \ge 1$, $b \ge -1$, $c \ge 0$
(나) $a+b+c=10$

① 48　　　　② 60　　　　③ 66　　　　④ 78　　　　⑤ 80

정답　0113 : 220　　0114 : (1) ④ (2) ②　　0115 : (1) ④ (2) ② (3) ⑤　　0116 : ③　　0117 : (1) 171 (2) 35　　0118 : ③

0119
중복조합의 계산
2014년 07월 교육청

다음 물음에 답하여라.

(1) 한 개의 주사위를 3번 던져서 나온 눈의 수를 차례로 x, y, z라 하자. 방정식 $x+y+z=6$을 만족시키는 해의 순서쌍 (x, y, z)의 개수는?

① 7　　② 10　　③ 13　　④ 16　　⑤ 19

2018년 07월 교육청

(2) 한 개의 주사위를 세 번 던져 나오는 눈의 수를 차례로 a, b, c라 하자. $a+b+c=14$를 만족시키는 모든 순서쌍 (a, b, c)의 개수는?

① 11　　② 12　　③ 13　　④ 14　　⑤ 15

(3) 방정식 $x+y+z=10$을 만족시키는 1 이상이고 5 이하인 자연수 x, y, z의 모든 순서쌍 (x, y, z)의 개수는?

① 14　　② 16　　③ 18　　④ 20　　⑤ 22

0120
짝수와 홀수인 정수의 개수
내신빈출

다음 물음에 답하여라.

(1) 방정식 $x+y+z=16$을 만족시키는 양의 정수 중 짝수인 x, y, z에 대하여 순서쌍 (x, y, z)의 개수를 구하여라.

(2) 방정식 $x+y+z=17$을 만족시키는 자연수 x, y, z에 대하여 x는 홀수, y, z는 짝수인 모든 자연수 (x, y, z)의 개수를 구하여라.

0121
짝수와 홀수인 정수의 개수
내신빈출

다음 물음에 답하여라.

(1) 방정식 $x+y+z=19$를 만족시키는 양의 정수 x, y, z의 순서쌍 (x, y, z) 중에서 x, y, z에 대하여 곱 xyz의 값이 홀수인 것의 개수를 구하여라.

(2) 방정식 $x+y+z=9$를 만족시키는 양의 정수 x, y, z의 순서쌍 (x, y, z) 중에서 x, y, z에 대하여 곱 xyz의 값이 짝수인 것의 개수를 구하여라.

0122
방정식의 정수해의 개수
내신빈출

다음 물음에 답하여라.

(1) 똑같은 초콜릿 21개 모두를 세 명의 학생에게 각각 홀수개씩 나누어 주는 경우의 수는?
(단, 모든 학생은 적어도 한 개의 초콜릿을 받는다.)

① 51　　② 52　　③ 53　　④ 54　　⑤ 55

(2) $(x+y+z)^{11}$의 전개식에서 x, y, z의 차수가 모두 홀수인 서로 다른 항의 개수는?

① 12　　② 15　　③ 18　　④ 21　　⑤ 24

0123
중복조합의 활용
2015학년도 09월
평가원

네 개의 자연수 1, 2, 4, 8 중에서 중복을 허락하여 세 수를 선택할 때, 세 수의 곱이 100 이하가 되도록 선택하는 경우의 수는?

① 12　　② 14　　③ 16　　④ 18　　⑤ 20

정답　0119 : (1) ② (2) ⑤ (3) ③　　0120 : (1) 21 (2) 28　　0121 : (1) 45 (2) 18　　0122 : (1) ⑤ (2) ②　　0123 : ③

0124
중복조합의 활용
내신빈출

15 이하의 서로 다른 네 자연수 a, b, c, d에 대하여

$$a+6 \leq b+4 \leq c+2 \leq d$$

를 만족시키는 a, b, c, d의 모든 순서쌍 (a, b, c, d)의 개수는?

① 480　　　② 485　　　③ 490　　　④ 495　　　⑤ 500

0125
중복조합의 활용
2017학년도 06월
평가원

사과, 감, 배, 귤 네 종류의 과일 중에서 8개를 선택하려고 한다. 사과는 1개 이하를 선택하고, 감, 배, 귤은 각각 1개 이상을 선택하는 경우의 수를 구하여라. (단, 각 종류의 과일은 8개 이상씩 있다.)

0126
중복조합의 활용
2014년 10월 교육청

주머니 안에 0, 2, 3, 5가 하나씩 적혀 있는 4개의 공이 있다. 이 주머니에서 임의로 한 개의 공을 꺼내어 숫자를 확인한 후 다시 넣는 시행을 3회 반복한다. 꺼낸 3개의 공에 적힌 수를 모두 곱한 값으로 가능한 서로 다른 정수의 개수는?

① 9　　　② 11　　　③ 13　　　④ 15　　　⑤ 17

0127
부정방정식의
정수해의 개수
내신빈출

다음 물음에 답하여라.

(1) 방정식 $|x|+|y|+|z|=6$을 만족시키는 0이 아닌 정수 x, y, z의 순서쌍 (x, y, z)의 개수는?

　① 80　　　② 90　　　③ 100　　　④ 110　　　⑤ 120

(2) 방정식 $|x|+|y|+|z|=8$, $xy \neq 0$을 만족시키는 정수 x, y, z의 순서쌍 (x, y, z)의 개수는?

　① 170　　　② 186　　　③ 196　　　④ 216　　　⑤ 288

0128
부정방정식의
정수해의 개수
내신빈출

다음 조건을 만족시키는 네 자연수 a, b, c, d의 순서쌍 (a, b, c, d)의 개수는?

(가) a, b, c, d는 10의 배수이다.
(나) $a+b+c+d=80$

① 35　　　② 45　　　③ 60　　　④ 65　　　⑤ 70

0129
방정식의 정수해의
개수
내신빈출

등식 $abc=2^5 \times 3^4$을 만족시키는 자연수 a, b, c의 모든 자연수 (a, b, c)의 개수는?

① 315　　　② 320　　　③ 325　　　④ 330　　　⑤ 335

0130

다음 물음에 답하여라.

(1) 두 집합 $X=\{1, 2, 3, 4, 5\}$에 대하여 다음 두 조건을 만족하는 함수 $f : X \longrightarrow X$의 개수는?

> (가) $f(1)f(5)=6$
>
> (나) $f(2) \geq f(3) \geq f(4) \geq f(5)$

① 20　　② 25　　③ 30　　④ 35　　⑤ 40

(2) 두 집합 $X=\{1, 2, 3, 4, 5\}$, $Y=\{1, 2, 3, 4, 5, 6\}$에 대하여 다음 두 조건을 만족하는 함수 $f : X \longrightarrow Y$의 개수는?

> (가) $f(3)f(5)=18$
>
> (나) X의 임의의 두 원소 x_1, x_2에 대하여 $x_1 < x_2$이면 $f(x_1) \leq f(x_2)$

① 16　　② 20　　③ 24　　④ 28　　⑤ 32

0131

집합 $X=\{1, 2, 3, 4, 5\}$에 대하여 다음 조건을 만족시키는 함수 $f : X \longrightarrow X$의 개수는?

> (가) $f(3) \neq 3$
>
> (나) 집합 X의 두 원소 x_1, x_2에 대하여 $x_1 < x_2$이면 $f(x_1) \leq f(x_2)$이다.

① 60　　② 70　　③ 80　　④ 90　　⑤ 126

0132

집합 $X=\{1, 2, 3, 4, 5, 6\}$에 대하여 다음 조건을 만족시키는 함수 $f : X \longrightarrow X$의 개수는?

> (가) $f(3)=3$
>
> (나) $f(3) < f(4)$
>
> (나) 집합 X의 두 원소 x_1, x_2에 대하여 $x_1 < x_2$이면 $f(x_1) \leq f(x_2)$이다.

① 60　　② 65　　③ 70　　④ 75　　⑤ 80

0133

집합 $A=\{1, 2, 3, 4, 5\}$에서 A로의 함수 중에서 다음 조건을 만족하는 함수 f의 개수는?

> (가) $f(5) \leq 4$
>
> (나) 집합 A의 두 원소 x_1, x_2에 대하여 $x_1 < x_2$이면 $f(x_1) \leq f(x_2)$이다.

① 15　　② 30　　③ 35　　④ 50　　⑤ 56

0134

두 집합 $A=\{1, 2, 3, 4, 5, 6, 7, 8, 9\}$, $B=\{1, 2, 3\}$에 대하여 다음 조건을 만족시키는 함수 $f : A \longrightarrow B$의 개수는?

> (가) 집합 A의 임의의 두 원소 x_1, x_2에 대하여 $x_1 < x_2$이면 $f(x_1) \leq f(x_2)$이다.
>
> (나) 함수 f의 공역과 치역이 같다.

① 26　　② 28　　③ 36　　④ 41　　⑤ 46

0135

오른쪽 그림에서 점수가 표시된 그림과 같은 과녁에 6개의 화살을 쏘아 점수를 얻는 경기가 있다. 6개의 화살을 모두 과녁에 맞혔을 때, 점수의 합계가 51점 이상이 되는 경우의 수는? (단, 화살이 과녁의 경계에 맞는 경우는 없다.)

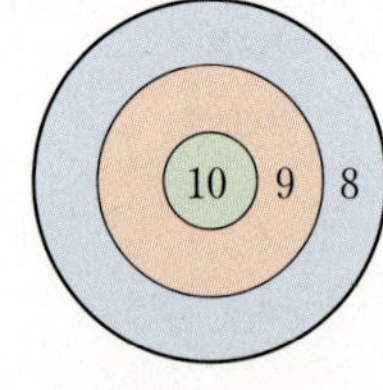

① 15　　② 21　　③ 24

④ 27　　⑤ 38

정답　0130 : (1) ③ (2) ③　　0131 : ④　　0132 : ①　　0133 : ⑤　　0134 : ②　　0135 : ③

0136
중복조합의 활용
2019년 07월 교육청

어느 수영장에 1번부터 8번까지 8개의 레인이 있다. 3명의 학생이 서로 다른 레인의 번호를 각각 1개씩 선택할 때, 3명의 학생이 선택한 레인의 세 번호 중 어느 두 번호도 연속되지 않도록 선택하는 경우의 수를 구하여라.

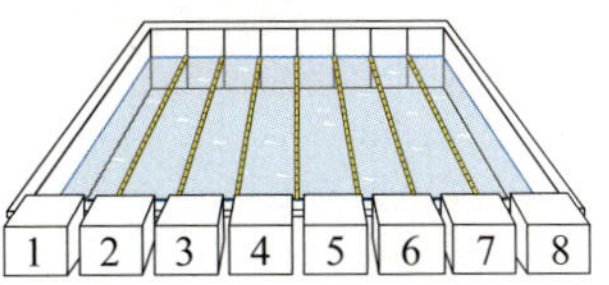

0137
중복조합의 활용
2010학년도 수능기출

같은 종류의 사탕 5개를 3명의 아이에게 1개 이상씩 나누어 주고, 같은 종류의 초콜릿 5개를 1개의 사탕을 받은 아이에게만 1개 이상씩 나누어 주려고 한다. 사탕과 초콜릿을 남김없이 나누어 주는 경우의 수는?

① 27 ② 24 ③ 21 ④ 18 ⑤ 15

0138
중복조합의 활용
2018학년도 사관기출

그림과 같이 10개의 공이 들어 있는 주머니와 일렬로 나열된 네 상자 A, B, C, D가 있다. 이 주머니에서 2개의 공을 동시에 꺼내어 이웃한 두 상자에 각각 한 개씩 넣는 시행을 5회 반복할 때, 네 상자 A, B, C, D에 들어 있는 공의 개수를 각각 a, b, c, d라 하자. a, b, c, d의 모든 순서쌍 (a, b, c, d)의 개수는? (단, 상자에 넣은 공은 다시 꺼내지 않는다.)

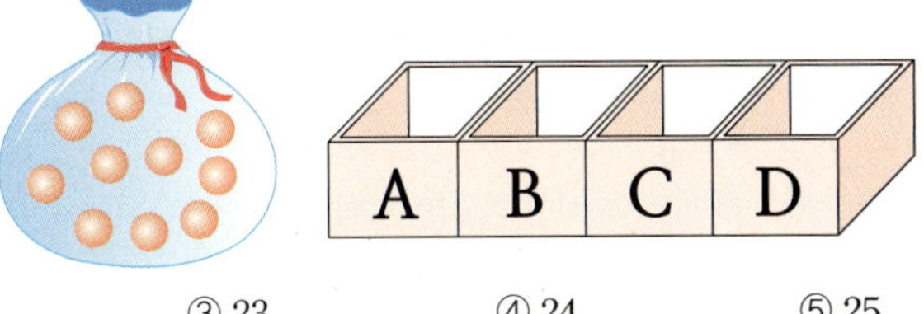

① 21 ② 22 ③ 23 ④ 24 ⑤ 25

0139
중복조합의 활용
2019학년도 사관기출

흰색 탁구공 3개와 주황색 탁구공 4개를 서로 다른 3개의 비어 있는 상자 A, B, C에 남김없이 넣으려고 할 때, 다음 조건을 만족시키도록 넣는 경우의 수는? (단, 탁구공을 하나도 넣지 않은 상자가 있을 수 있다.)

(가) 상자 A에는 흰색 탁구공을 1개 이상 넣는다.
(나) 흰색 탁구공만 들어 있는 상자는 없도록 넣는다.

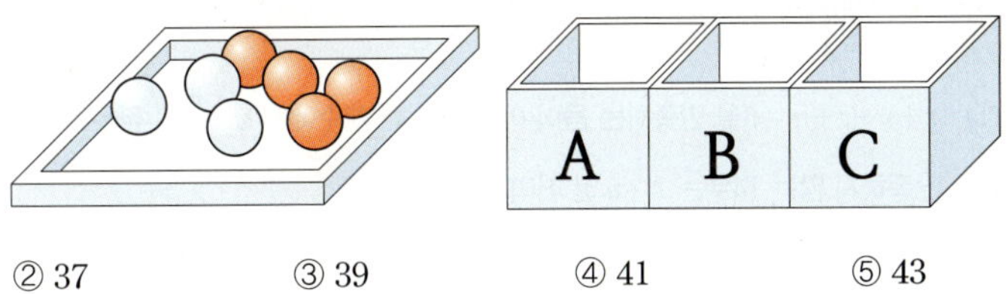

① 35 ② 37 ③ 39 ④ 41 ⑤ 43

0140
중복조합의 활용
2012년 10월 교육청

크기가 같은 정육면체 모양의 블록 12개를 모두 사용하여 쌓은 입체도형을 만들려고 한다. 이 도형을 위에서 내려다 본 모양이 [그림1], 정면을 기준으로 오른쪽 옆에서 본 모양이 [그림2]와 같이 되도록 만들 수 있는 방법의 수를 구하여라. (단, 블록은 서로 구별하지 않는다.)

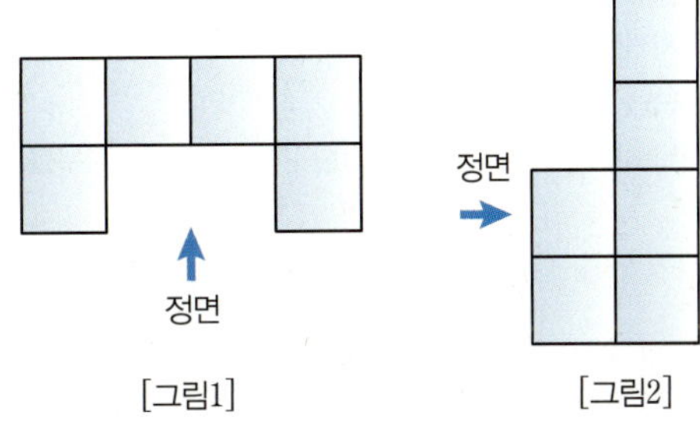

정면

정면

[그림1]

[그림2]

정답   0136 : 120   0137 : ⑤   0138 : ①   0139 : ②   0140 : 60

정수해의 개수 기출문제

01 방정식의 정수해의 개수

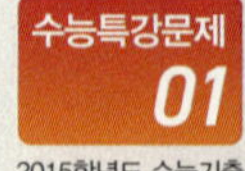

수능특강문제 01
2015학년도 수능기출

연립방정식
$$\begin{cases} x+y+z+3w=14 \\ x+y+z+w=10 \end{cases}$$
을 만족시키는 음이 아닌 정수 x, y, z, w의 모든 순서쌍 (x, y, z, w)의 개수는?

① 40　　② 45　　③ 50　　④ 55　　⑤ 60

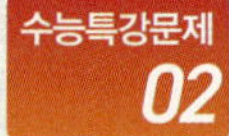

STEP Ⓐ **연립방정식에서 w의 값 구하기**

연립방정식 $\begin{cases} x+y+z+3w=14 & \cdots\cdots \text{㉠} \\ x+y+z+w=10 & \cdots\cdots \text{㉡} \end{cases}$

에서 ㉠-㉡을 하면 $2w=4$

$\therefore w=2$

이것을 ㉠ 또는 ㉡에 대입하면 $x+y+z=8$

STEP Ⓑ **중복조합을 이용하여 순서쌍 구하기**

즉, w는 항상 2이어야 하므로 $x+y+z=8$을 만족하는 음이 아닌 정수 $(x, y, z, 2)$의 순서쌍의 개수는
서로 다른 3개에서 8개를 택하는 중복조합의 수와 같으므로
$${}_3H_8={}_{3+8-1}C_8={}_{10}C_8={}_{10}C_2=45$$

수능특강문제 02
2016학년도 06월
평가원

다음 조건을 만족시키는 음이 아닌 정수 x, y, z, u의 모든 순서쌍 (x, y, z, u)의 개수를 구하여라.

(가) $x+y+z+u=6$

(나) $x \neq u$

STEP Ⓐ **중복조합을 이용하여 조건 (가)를 만족하는 경우의 수 구하기**

조건 (가) $x+y+z+u=6$을 만족하는 음이 아닌 정수해의 모든 순서쌍 (x, y, z, u)의 개수는 서로 다른 4개에서
중복을 허락하여 6개를 선택하는 중복조합의 수이므로
$${}_4H_6={}_{4+6-1}C_6={}_9C_6={}_9C_3=84$$

STEP Ⓑ **$x+y+z+u=6$을 만족하는 음이 아닌 정수해 개수에서 $x=u$인 경우의 수를 빼기**

조건 (나)를 만족하지 않는 경우는 $x=u$일 때이므로
$x+y+z+u=2x+y+z=6$을 만족하는 음이 아닌 정수 x, y, z의 순서쌍 (x, y, z)의 개수와 같다.

(ⅰ) $x=u=0$일 때,
　　$y+z=6$을 만족시키는 음이 아닌 정수해 개수는 ${}_2H_6={}_7C_6=7$

(ⅱ) $x=u=1$일 때,
　　$y+z=4$를 만족시키는 음이 아닌 정수해 개수는 ${}_2H_4={}_5C_4=5$

(ⅲ) $x=u=2$일 때,
　　$y+z=2$를 만족시키는 음이 아닌 정수해 개수는 ${}_2H_2={}_3C_2=3$

(ⅳ) $x=u=3$일 때,
　　$y+z=0$을 만족시키는 음이 아닌 정수해 개수는 $y=0$, $z=0$인 1

(ⅰ)~(ⅳ)에서 $7+5+3+1=16$

따라서 조건 (가)를 만족하는 경우에서 조건 (나)를 만족하지 않는 경우를 뺀 순서쌍의 개수는 $84-(7+5+3+1)=68$

다음 조건을 만족시키는 자연수 a, b, c, d의 모든 순서쌍 (a, b, c, d)의 개수는?

> (가) a, b, c, d 중에서 홀수의 개수는 2이다.
> (나) $a+b+c+d=12$

① 108 ② 120 ③ 132 ④ 144 ⑤ 156

STEP A 네 자연수 a, b, c, d 중 홀수가 2개인 경우의 수 구하기

네 자연수 a, b, c, d 중 홀수가 2개인 경우의 수는 $_4C_2=6$

STEP B 중복조합을 이용하여 2개의 짝수와 2개의 홀수의 경우의 수 구하기

a, b, c, d 중 두 홀수를 $2x+1$, $2y+1$, 두 짝수를 $2z+2$, $2w+2$라 하면 (단, x, y, z, w는 음이 아닌 정수)

조건 (나) $a+b+c+d=12$에 대입하면

$(2x+1)+(2y+1)+(2z+2)+(2w+2)=12$

$\therefore\ x+y+z+w=3$

이때 순서쌍 (x, y, z, w)의 개수는 서로 다른 네 개의 x, y, z, w에서 중복을 허락하여 3개를 선택하는 중복조합의 수이므로

$_4H_3=_{4+3-1}C_3=_6C_3=20$

따라서 구하는 순서쌍 (a, b, c, d)의 개수는 $6\times20=120$

다음 조건을 만족시키는 음이 아닌 정수 a, b, c, d, e의 모든 순서쌍 (a, b, c, d, e)의 개수는?

> (가) a, b, c, d, e 중에서 0의 개수는 2이다.
> (나) $a+b+c+d+e=10$

① 240 ② 280 ③ 320 ④ 360 ⑤ 400

STEP A a, b, c, d, e 중 그 값이 0인 것을 선택하는 경우의 수 구하기

조건 (가)에서 a, b, c, d, e 중에서 0의 개수가 2이므로 5개중 0인 것 2개를 뽑는 경우의 수는

$_5C_2=10$ ...... ㉠

STEP B 중복조합을 이용하여 순서쌍 구하기

이 10가지 경우의 수에서 먼저 $a=b=0$일 때,

$c+d+e=10$을 만족시키는 자연수 c, d, e의 순서쌍 (c, d, e)의 개수는

$c=c'+1$, $d=d'+1$, $e=e'+1$ (단, c', d', e'는 음이 아닌 정수)라 하면

$(c'+1)+(d'+1)+(e'+1)=10$

$c'+d'+e'=7$을 만족시키는 순서쌍 (c', d', e')의 개수와 같으므로

$_3H_7=_{3+7-1}C_7=_9C_7=_9C_2=36$ ...... ㉡

따라서 ㉠, ㉡에서 순서쌍의 개수는 $10\times36=360$

수능특강문제 05

2015학년도 06월 평가원

다음 조건을 만족시키는 음이 아닌 정수 a, b, c의 모든 순서쌍 (a, b, c)의 개수는?

(가) $a+b+c=6$

(나) 좌표평면에서 세 점 $(1, a)$, $(2, b)$, $(3, c)$가 한 직선 위에 있지 않다.

① 19   ② 20   ③ 21   ④ 22   ⑤ 23

수능특강 풀이

STEP A 조건 (가)에서 중복조합을 이용하여 순서쌍의 개수 구하기

조건 (가)에서 $a+b+c=6$을 만족하는 음이 아닌 정수해의 순서쌍 (a, b, c)의 개수는 $_3H_6=_8C_6=28$

STEP B 직선의 기울기를 이용하여 조건 (나)를 만족시키지 않는 순서쌍을 구하여 순서쌍의 개수 구하기

조건 (나)를 만족하지 않는 경우는 $(1, a)$, $(2, b)$, $(3, c)$가 한 직선 위에 있는 경우이다.

두 점 $(2, b)$, $(3, c)$를 지나는 직선의 기울기와 두 점 $(1, a)$, $(2, b)$를 지나는 직선의 기울기가 같아야 하므로

$$\frac{b-a}{2-1}=\frac{c-b}{3-2},\ b-a=c-b$$

$$\therefore\ 2b=a+c$$

이 식을 조건 (가)에 대입하면 $3b=6$이므로 $b=2$, $a+c=4$를 이루는 경우를 제외하면 된다.

즉, 세 점이 한 직선 위에 있는 경우의 수는 $_2H_4=_5C_4=5$

조건 (가)를 이용해 구한 28개의 순서쌍 중에서 조건 (나)를 이용해 구한 5가지의 순서쌍을 제외해야 한다.

따라서 구하는 순서쌍의 개수는 $28-5=23$

다른풀이 직접 풀이하기

조건 (가)를 만족시키는 음이 아닌 정수 a, b, c의 순서쌍 (a, b, c)의 개수는

서로 다른 3개에서 6개를 뽑는 중복조합의 수와 같으므로

$$_3H_6=_{3+6-1}C_6=_8C_6=_8C_2=28 \qquad \cdots\cdots\ \bigcirc$$

이때 조건 (나)에서 세 점 $(1, a)$, $(2, b)$, $(3, c)$가 한 직선 위에 있지 않아야 하므로

$$\frac{b-a}{2-1}\neq\frac{c-b}{3-2},\ b-a\neq c-b,\ 2b\neq a+c$$

$2b\neq 6-b$ ($\because$ 조건 (가)에서 $a+c=6-b$)

$3b\neq 6$

$\therefore\ b\neq 2$

따라서 조건 (가)를 만족하는 순서쌍 (a, b, c) 중에서 $b=2$인 경우는 $(0, 2, 4)$, $(1, 2, 3)$, $(2, 2, 2)$, $(3, 2, 1)$, $(4, 2, 0)$의

5가지이므로 구하는 순서쌍의 개수는 $28-5=23$

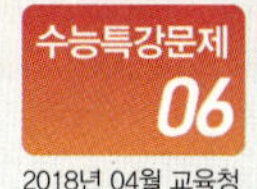 **다음 조건을 만족시키는 자연수 a, b, c, d의 모든 순서쌍 (a, b, c, d)의 개수는?**

2018년 04월 교육청

(가) $a+b+c+d=12$

(나) 좌표평면에서 두 점 (a, b), (c, d)는 서로 다른 점이며 두 점 중 어떠한 점도 직선 $y=2x$ 위에 있지 않다.

① 125 ② 134 ③ 143 ④ 152 ⑤ 161

STEP A 조건을 만족하기 위해 여사건을 이용하기

조건에 맞는 순서쌍 (a, b, c, d)의 개수를 구하려면

조건 (가)를 만족시키는 경우에서 두 점 (a, b), (c, d)가 서로 같은 경우와 점 (a, b) 또는 점 (c, d)가 직선 $y=2x$ 위에 있는 경우를 제외하면 된다.

STEP B 중복조합을 이용하여 조건 (가)를 만족하는 경우의 수 구하기

$a=a'+1$, $b=b'+1$, $c=c'+1$, $d=d'+1$이라 하면

$a+b+c+d=12$를 만족시키는 자연수 해의 개수는 $a'+b'+c'+d'=8$을 만족시키는 음이 아닌 정수해의 개수와 같으므로

$_4H_8=_{11}C_8=_{11}C_3=165$

STEP C 두 점 (a, b), (c, d)가 서로 같은 경우와 점 (a, b) 또는 점 (c, d)가 직선 $y=2x$ 위에 있는 경우의 수 구하기

(i) 두 점 (a, b), (c, d)가 같은 경우

$a=c$, $b=d$이므로 $a+b=6$이고 순서쌍의 개수는 $_2H_4=5$

즉, 순서쌍은 $(1, 5, 1, 5)$, $(2, 4, 2, 4)$, $(3, 3, 3, 3)$, $(4, 2, 4, 2)$, $(5, 1, 5, 1)$의 5가지이다.

(ii) 점 (a, b)가 직선 $y=2x$ 위에 있는 경우

$b=2a$이므로 $3a+c+d=12$

$a=1$인 경우 $c+d=9$의 자연수 해의 개수는 $_2H_7=8$

$a=2$인 경우 $c+d=6$의 자연수 해의 개수는 $_2H_4=5$

$a=3$인 경우 $c+d=3$의 자연수 해의 개수는 $_2H_1=2$

그러므로 점 (a, b)가 직선 $y=2x$ 위에 있을 때의 순서쌍의 개수 $8+5+2=15$에서 (i)과 중복되는 순서쌍 $(2, 4, 2, 4)$를 제외한 순서쌍의 개수는 14이다.

(iii) 점 (c, d)가 직선 $y=2x$ 위에 있는 경우

(ii)와 같이 순서쌍의 개수는 14이다.

(iv) 두 점 (a, b), (c, d)가 모두 직선 $y=2x$ 위에 있는 경우

$3a+3c=12$이므로 $a+c=4$

그러므로 두 점 (a, b), (c, d)가 모두 직선 $y=2x$ 위에 있을 때의 순서쌍의 개수 $_2H_2=3$에서 (i)과 중복되는 순서쌍 $(2, 4, 2, 4)$를 제외한 순서쌍의 개수는 2이다.

$((1, 2, 3, 6), (3, 6, 1, 2))$

(i)~(iv)에 의하여 구하는 순서쌍의 개수는 $165-5-(14+14-2)=134$

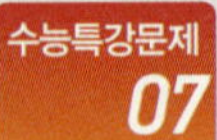

수능특강문제 07
2015학년도 09월 평가원

자연수 n에 대하여 $abc=2^n$을 만족시키는 1보다 큰 자연수 a, b, c의 순서쌍 (a, b, c)의 개수가 28일 때, n의 값을 구하여라.

수능특강 풀이

STEP Ⓐ a, b, c를 2의 거듭제곱으로 바꾸어 표현하기

자연수 n에 대하여 $abc=2^n$을 만족시키는 1보다 큰 자연수 a, b, c는 2^p (p는 자연수)꼴이므로

$a=2^x$, $b=2^y$, $c=2^z$ (x, y, z는 자연수)이라 하면

$abc=2^n$에서 $2^{x+y+z}=2^n$ $\therefore x+y+z=n$

STEP Ⓑ 중복조합을 이용하여 양의 정수해 구하기

$x+y+z=n$을 만족시키는 자연수 x, y, z의 순서쌍은 $x=x'+1$, $y=y'+1$, $z=z'+1$이라 하면

$x'+y'+z'=n-3$ (단, x', y', z'은 음이 아닌 정수)

이때 순서쌍 (a, b, c)의 개수는 x, y, z 3개 중 중복을 허락하여 $(n-3)$개를 선택하는 경우의 수와 같으므로

$_3H_{n-3}={}_{n-1}C_{n-3}={}_{n-1}C_2=\dfrac{(n-1)(n-2)}{2}=28$

$(n-1)(n-2)=56$, $n^2-3n-54=0$, $(n+6)(n-9)=0$ $\therefore n=9$ ($\because n\geq 1$)

따라서 구하는 자연수 n의 값은 9

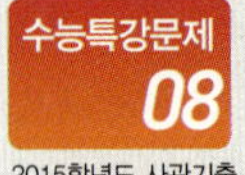

수능특강문제 08
2015학년도 사관기출

등식 $abc=1024$를 만족시키는 세 자연수 a, b, c의 순서쌍 (a, b, c)의 개수는?

① 42 　　② 48 　　③ 54 　　④ 60 　　⑤ 66

수능특강 풀이

STEP Ⓐ 1024를 소인수분해하여 등식을 변형하기

$abc=1024=2^{10}$이므로 $a=2^x$, $b=2^y$, $c=2^z$라 하면 (단, x, y, z는 음이 아닌 정수)

$abc=2^{x+y+z}=2^{10}$에서 $x+y+z=10$

STEP Ⓑ 중복조합을 이용하여 음이 아닌 정수해 구하기

이때 순서쌍 (a, b, c)의 개수는 $x+y+z=10$을 만족하는 음이 아닌 정수 x, y, z의 순서쌍 (x, y, z)의 개수와 같다.

따라서 구하는 순서쌍의 개수는 $_3H_{10}={}_{3+10-1}C_{10}={}_{12}C_{10}={}_{12}C_2=66$

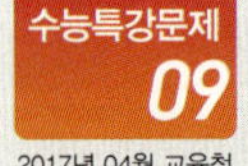

수능특강문제 09
2017년 04월 교육청

네 개의 자연수 2, 3, 5, 7 중에서 중복을 허락하여 8개를 선택할 때, 선택된 8개의 수의 곱이 60의 배수가 되도록 하는 경우의 수를 구하여라.

수능특강 풀이

소수인 자연수 2, 3, 5, 7이 선택되어진 개수를 각각 a, b, c, d라 하면 $a+b+c+d=8$ (단, a, b, c, d는 음이 아닌 정수)

8개의 수의 곱은 $2^a\times 3^b\times 5^c\times 7^d=60k$ (단, k는 자연수)

즉, $2^a\times 3^b\times 5^c\times 7^d=(2^2\times 3\times 5)\times k$이므로

$a\geq 2$, $b\geq 1$, $c\geq 1$, $d\geq 0$

$a'=a-2$, $b'=b-1$, $c'=c-1$, $d'=d$라 하면 $a'+b'+c'+d'=4$ (단, a', b', c', d'은 음이 아닌 정수)

순서쌍 (a, b, c, d)의 개수는 순서쌍 (a', b', c', d')의 개수와 같다.

따라서 구하는 경우의 수는 $_4H_4={}_7C_4=35$

다른풀이 소수인 네 수에서 중복조합 수로 풀이하기

네 자연수 2, 3, 5, 7이 소수이고 $60=2^2\times 3\times 5$이므로 네 수를 곱하여 60이 되려면 2가 두 개, 3이 한 개, 5가 한 개를 택하여야 하므로 네 수를 곱하여 60이 되는 경우는 1가지

이때 선택된 8개의 수의 곱이 60의 배수가 되려면 4개는 뽑혔으므로 나머지 4개의 숫자의 곱은 소수인 네 자연수 2, 3, 5, 7에서 중복을 허락하여 4개를 뽑은 경우의 수 만큼 60의 배수가 되므로 중복조합의 개수는

$_4H_4={}_{4+4-1}H_4={}_7C_4={}_7C_3=35$

 수능특강문제
10
2017학년도 수능기출

다음 조건을 만족시키는 음이 아닌 정수 a, b, c의 모든 순서쌍 (a, b, c)의 개수를 구하여라.

(가) $a+b+c=7$

(나) $2^a \times 4^b$은 8의 배수이다.

수능특강 풀이

STEP A **조건 (가)를 만족하는 중복조합의 경우의 수 구하기**

방정식 $a+b+c=7$을 만족시키는 음이 아닌 정수해의 순서쌍 (a, b, c)의 개수는

$_3H_7 = {}_9C_7 = {}_9C_2 = 36$

STEP B **$2^a \times 4^b$은 8의 배수가 아닌 순서쌍 (a, b)의 경우의 수 구하기**

조건 (나)에서 $2^a \times 4^b = 2^{a+2b} = 8k$ (단, k는 자연수)이므로 $a+2b \geq 3$

이때 조건 (나)를 만족시키지 않는 경우는 $a+2b < 3$을 만족해야 하므로

$b=0$일 때, $a=0$ 또는 $a=1$ 또는 $a=2$

$b=1$일 때, $a=0$

즉 순서쌍은 $(0, 0)$, $(0, 1)$, $(1, 0)$, $(2, 0)$의 4가지이다.

STEP C **여사건을 이용하여 경우의 수 구하기**

따라서 구하는 순서쌍의 개수는 $36-4=32$

다른풀이 직접 중복조합을 이용하여 풀이하기

조건 (가)에서 $a+b+c=7$이고 조건 (나)에서 $a+2b \geq 3$을 동시에 만족하는 음이 아닌 정수 a, b, c의 모든 순서쌍 (a, b, c)는 b를 기준으로 분류하면

(ⅰ) $b=2$일 때, $a+c=5$이므로 순서쌍 (a, b, c)의 개수는 $_2H_5 = {}_6C_5 = 6$

$\quad\quad b=3$일 때, $a+c=4$이므로 순서쌍 (a, b, c)의 개수는 $_2H_4 = {}_5C_4 = 5$

$\quad\quad b=4$일 때, $a+c=3$이므로 순서쌍 (a, b, c)의 개수는 $_2H_3 = {}_4C_3 = 4$

$\quad\quad b=5$일 때, $a+c=2$이므로 순서쌍 (a, b, c)의 개수는 $_2H_2 = {}_3C_2 = 3$

$\quad\quad b=6$일 때, $a+c=1$이므로 순서쌍 (a, b, c)의 개수는 $_2H_1 = {}_2C_2 = 2$

$\quad\quad b=7$일 때, $a+c=0$이므로 순서쌍 (a, b, c)의 개수는 $_2H_0 = {}_2C_0 = 1$

(ⅱ) $b=1$일 때, $a \geq 1$이므로 $a+c=6$을 만족한다.

$\quad\quad$ 이때 $a=a'+1$ (단, a'는 음이 아닌 정수)이라 하면

$\quad\quad a+c=6$에서 $a'+c=5$를 만족하는 순서쌍 (a, b, c)의 개수는 $_2H_5 = {}_6C_5 = 6$

(ⅲ) $b=0$일 때, $a \geq 3$이므로 $a+c=7$을 만족한다.

$\quad\quad$ 이때 $a=a''+3$ (단, a''는 음이 아닌 정수)이라 하면

$\quad\quad a+c=7$에서 $a''+c=4$를 만족하는 순서쌍 (a, b, c)의 개수는 $_2H_4 = {}_5C_4 = 5$

(ⅰ)~(ⅲ)에서 조건을 만족하는 순서쌍 (a, b, c)의 개수는 $(6+5+4+3+2+1)+6+5=21+11=32$

다른풀이 직접 중복조합을 이용하여 풀이하기

조건 (나)에서 $2^a \times 4^b = 2^{a+2b}$이고 이 수가 8의 배수이어야 하므로 $a+2b \geq 3$

(ⅰ) $b=0$일 때, $a \geq 3$이어야 하므로

$\quad\quad$ 조건 (가)에서 $a=a'+3$ (a'은 음이 아닌 정수)으로 놓으면 $a+b+c=(a'+3)+c=7$, $a'+c=4$

$\quad\quad$ 즉, 순서쌍 (a, b, c)의 개수는 $_2H_4 = {}_{2+4-1}C_4 = {}_5C_4 = {}_5C_1 = 5$

(ⅱ) $b=1$일 때, $a \geq 1$이어야 하므로

$\quad\quad$ 조건 (가)에서 $a=a'+1$ (a'은 음이 아닌 정수)로 놓으면 $a+b+c=(a'+1)+1+c=7$, $a'+c=5$

$\quad\quad$ 즉, 순서쌍 (a, b, c)의 개수는 $_2H_5 = {}_{2+5-1}C_5 = {}_6C_5 = {}_6C_1 = 6$

(ⅲ) $b \geq 2$일 때, $a \geq 0$이면 되므로

$\quad\quad$ 조건 (가)에서 $b=b'+2$ (b'는 음이 아닌 정수)로 놓으면 $a+b+c=a+(b'+2)+c=7$, $a+b'+c=5$

$\quad\quad$ 즉, 순서쌍 (a, b, c)의 개수는 $_3H_5 = {}_{3+5-1}C_5 = {}_7C_5 = {}_7C_2 = 21$

(ⅰ)~(ⅲ)에서 구하는 순서쌍의 개수는 $5+6+21=32$

수능특강문제 11
2016학년도 수능기출

세 정수 a, b, c에 대하여

$$1 \leq |a| \leq |b| \leq |c| \leq 5$$

를 만족시키는 모든 순서쌍 (a, b, c)의 개수는?

① 360　　② 320　　③ 280　　④ 240　　⑤ 200

수능특강 풀이

STEP Ⓐ 순서쌍 $(|a|, |b|, |c|)$의 개수 구하기

$1 \leq |a| \leq |b| \leq |c| \leq 5$를 만족시키는 모든 순서쌍 $(|a|, |b|, |c|)$의 개수는

1, 2, 3, 4, 5 중에서 중복을 허락하여 3개를 택하는 중복조합의 수와 같으므로

$${}_5H_3 = {}_{5+3-1}C_3 = {}_7C_3 = 35$$

STEP Ⓑ 순서쌍 (a, b, c)의 개수 구하기

이때 세 정수 a, b, c는 각각 절댓값이 같고 부호가 다른 두 개의 값을 가질 수 있으므로

순서쌍 (a, b, c)의 개수는 $(|a|, |b|, |c|)$의 개수의 2^3배와 같다.

따라서 순서쌍의 개수는 $35 \times 2 \times 2 \times 2 = 280$

수능특강문제 12
2019학년도 경찰대기출

세 정수 a, b, c에 대하여

$$1 \leq a \leq |b| \leq |c| \leq 7$$

을 만족시키는 모든 순서쌍 (a, b, c)개수는?

① 300　　② 312　　③ 324　　④ 336　　⑤ 348

수능특강 풀이

STEP Ⓐ 중복조합을 이용하여 a, $|b|$, $|c|$의 값 정하는 경우의 수 구하기

$1 \leq a \leq |b| \leq |c| \leq 7$을 만족하는 순서쌍 $(a, |b|, |c|)$의 개수는

7개의 자연수 중 중복을 허락하여 3개를 선택하는 경우의 수와 같으므로

$${}_7H_3 = {}_9C_3 = \frac{9 \cdot 8 \cdot 7}{3 \cdot 2 \cdot 1} = 84$$

STEP Ⓑ $|b|$, $|c|$에서 b와 c의 값을 결정하는 경우의 수를 곱하여 전체 경우의 수 구하기

이때 정수 b와 c는 절댓값이 같고 부호가 다른 두 개의 값을 가질 수 있으므로 2^2과 같다.

따라서 $2^2 \times 84 = 336$

수능특강문제 13
2020학년도 06월 평가원

다음 조건을 만족시키는 음이 아닌 정수 x_1, x_2, x_3, x_4의 모든 순서쌍 (x_1, x_2, x_3, x_4)의 개수는?

(가) $n=1$, 2, 3일 때, $x_{n+1}-x_n \geq 2$이다.

(나) $x_4 \leq 12$

① 210　　② 220　　③ 230　　④ 240　　⑤ 250

수능특강 풀이

STEP A 중복조합의 경우의 수 구하기

조건 (가)에서 $x_{n+1}-x_n \geq 2$ 이므로 $x_{n+1} \geq x_n+2$

$x_2 \geq x_1+2$, $x_3 \geq x_2+2$, $x_4 \geq x_3+2$ ...... ㉠

x_1은 음이 아닌 정수이므로 $x_1 \geq 0$ ...... ㉡

조건 (나)에서 $x_4 \leq 12$ ...... ㉢

㉠, ㉡, ㉢을 연립하면 $6 \leq x_1+6 \leq x_2+4 \leq x_3+2 \leq x_4 \leq 12$

이때 (x_1, x_2, x_3, x_4)의 순서쌍의 개수는 $(x_1+6, x_2+4, x_3+2, x_4)$의 순서쌍의 개수와 같다.

$(x_1+6, x_2+4, x_3+2, x_4)$의 순서쌍의 개수는 6, 7, 8, $\cdots$, 12의 7개의 자연수 중 중복을 허락하여 4개를 선택하는 중복조합의 수와 같다.

따라서 구하는 순서쌍의 개수는 $_7H_4 = {}_{10}C_4 = \dfrac{10 \times 9 \times 8 \times 7}{4 \times 3 \times 2 \times 1} = 210$

다른풀이 정수해의 개수를 이용하여 풀이하기

조건 (가)에서 $x_{n+1}-x \geq 2$이므로 $x_{n+1} \geq x_n+2$ ← 연속하지 않는 수

$x_2 \geq x_1+2$, $x_3 \geq x_2+2$, $x_4 \geq x_3+2$이고 x_1은 음이 아닌 정수이므로 $x_1 \geq 0$

0 이상 13 이하의 13개의 정수의 자리에서 4개의 자리에 x_1, x_2, x_3, x_4가

결정하고 그 사이에 수의 개수를 각각 a, b, c, d, e개 라고 하자.

즉 (a개), x_1, (b개), x_2, (c개), x_3, (d개), x_4, (e개)의 꼴로 배열하면

$a+b+c+d+e=9$ (a, e는 음이 아닌 정수, $b \geq 1$, $c \geq 1$, $d \geq 1$)

$b=b'+1$, $c=c'+1$, $d=d'+1$이라 하면 (b', c', d'음이 아닌 정수)

$a+b'+c'+d'+e=6$ (a, b', c', d', e는 음이 아닌 정수)

$_5H_6 = {}_{10}C_6 = {}_{10}C_4 = \dfrac{10 \times 9 \times 8 \times 7}{4 \times 3 \times 2 \times 1} = 210$

다른풀이 조합을 이용하여 풀이하기

조건 (가)에서 $x_{n+1}-x_n \geq 2$이므로 $x_{n+1} \geq x_n+2$

$x_2 \geq x_1+2$, $x_3 \geq x_2+2$, $x_4 \geq x_3+2$이므로

음이 아닌 정수 x_1, x_2, x_3, x_4는 이웃하지 않게 정한다.

13개의 돌 중에서 먼저 4개의 돌을 제외한 9개의 돌에 순서를 부여하여 나열하고 그 사이사이 10개 지점에서 4개를 택하여 나열하면

되므로 $_{10}C_4 = \dfrac{10 \times 9 \times 8 \times 7}{4 \times 3 \times 2 \times 1} = 210$

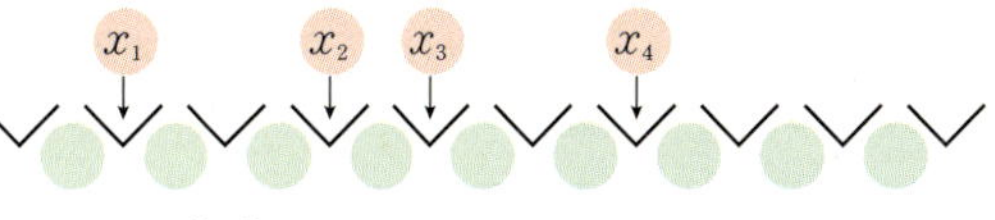

[예] $x_1=2$, $x_2=5$, $x_3=7$, $x_4=10$

다른풀이 중복조합을 이용하여 풀이하기

$x_{n+1}-x_n=a_n$ ($n=1$, 2, 3)이라 하면 조건 (가)에서 $a_n \geq 2$이고

$(x_4-x_3)+(x_3-x_2)+(x_2-x_1)=x_4-x_1$이므로 $a_1+a_2+a_3=x_4-x_1$

이때 $x_1+a_1+a_2+a_3=x_4 \leq 12$ 이므로 $12-x_4=a_4$라 하면 $a_4 \geq 0$이고

$x_1+a_1+a_2+a_3+a_4=12$ ...... ㉠

이때 $a_n'=a_n-2$ ($n=1$, 2, 3)이라 하면

$x_1+a_1'+a_2'+a_3'+a_4=6$ ...... ㉡

이때 $x_1 \geq 0$, $a_1' \geq 0$, $a_2' \geq 0$, $a_3' \geq 0$, $a_4 \geq 0$이므로 ㉡을 만족시키는 순서쌍 $(x_1, a_1, a_2, a_3, a_4)$의 개수는

$_5H_6 = {}_{5+6-1}C_6 = {}_{10}C_6 = {}_{10}C_4 = \dfrac{10 \times 9 \times 8 \times 7}{4 \times 3 \times 2 \times 1} = 210$

02 이항정리

01 이항정리

자연수 n에 대하여 $(a+b)^n$의 전개식을 조합을 이용하여 나타내면 다음과 같고, 이를 **이항정리**라 한다.

$$(a+b)^n = {}_nC_0 a^n + {}_nC_1 a^{n-1}b^1 + {}_nC_2 a^{n-2}b^2 + \cdots + {}_nC_r a^{n-r}b^r + \cdots + {}_nC_n b^n$$

$(a+b)^n$의 전개식에서 각 항의 계수 ${}_nC_0,\ {}_nC_1,\ \cdots,\ {}_nC_r,\ \cdots,\ {}_nC_n$을 **이항계수**라 하고, ${}_nC_r a^{n-r}b^r$을 $(a+b)^n$의 전개식의 일반항이라고 한다.

이항정리 $(a+b)^n = {}_nC_0 a^n + {}_nC_1 a^{n-1}b^1 + {}_nC_2 a^{n-2}b^2 + \cdots + {}_nC_r a^{n-r}b^r + \cdots + {}_nC_n b^n$의 특징

① $(a+b)^n$의 전개식의 항의 개수는 $n+1$이다.

② 각 항 ${}_nC_r a^{n-r}b^r$에서 a의 지수와 b의 지수의 합은 n이다.

③ ${}_nC_r = {}_nC_{n-r}$이므로 $(a+b)^n$의 전개식에서 $a^r b^{n-r}$과 $a^{n-r}b^r$의 계수는 같고, 따라서 이항계수는 가운데를 중심으로 좌우 대칭이다.

④ 좌변에서 우변으로 전개하는것은 쉬우나 우변에서 좌변으로 바꾸는 것은 익숙하지 않으므로 [보기5]에서 정확히 연습한다.

마플해설

이항정리의 유도 과정

조합을 이용하여 $(a+b)^3$의 전개식을 구하는 방법에 대하여 알아보자.

먼저 곱셈 공식을 이용하여 전개하면

$$(a+b)^3 = (a+b)(a+b)(a+b) = a^3 + 3a^2 b + 3ab^2 + b^3$$

이므로 다음과 같은 네 개의 항이 생긴다. $a^3,\ a^2 b,\ ab^2,\ b^3$

이때 $a^2 b$의 계수는 세 인수 $(a+b),\ (a+b),\ (a+b)$ 중 1개에서 b를 택하고, 나머지 2개에서 각각 a를 택하여 곱한 단항식 $aab,\ aba,\ baa$의 합의 경우 이므로 그 경우의 수는 ${}_3C_1$이다.

마찬가지 방법으로 $a^3,\ ab^2,\ b^3$의 계수는 각각 ${}_3C_0,\ {}_3C_2,\ {}_3C_3$과 같음을 알 수 있다.

따라서 $(a+b)^3$의 전개식은 $(a+b)^3 = {}_3C_0 a^3 + {}_3C_1 a^2 b + {}_3C_2 ab^2 + {}_3C_3 b^3$과 같이 조합을 이용하여 나타낼 수 있다.

일반적으로 $(a+b)^n$의 전개식은 n개의 인수 $(a+b)$ 각각에서 a 또는 b를 하나씩 택하여 곱한 것을 모두 더한 것이다.

이때 n개의 인수 $(a+b)$ 중에서 r개의 인수에서 b를 택하고, 나머지 $(n-r)$개의 인수에서는 a를 택하여 이를 곱하면 $a^{n-r}b^r$이다.

여기서 항 $a^{n-r}b^r$의 계수는 n개의 인수 중 r개의 인수에서 b를 택하는 방법의 수인 ${}_nC_r$와 같다.

따라서 $(a+b)^n$의 전개식은 $(a+b)^n = {}_nC_0 a^n + {}_nC_1 a^{n-1}b^1 + \cdots + {}_nC_r a^{n-r}b^r + \cdots + {}_nC_n b^n$으로 나타낼 수 있고, 이것을 이항정리라고 한다.

보기 01

이항정리를 이용하여 다음 식을 전개하여라.

(1) $(x-2)^4$ (2) $(2x+y)^3$ (3) $\left(x+\dfrac{1}{x}\right)^4$

풀이

(1) $(x-2)^4 = {}_4C_0 x^4 + {}_4C_1 x^3 (-2) + {}_4C_2 x^2 (-2)^2 + {}_4C_3 x(-2)^3 + {}_4C_4 \times (-2)^4$

$\qquad = x^4 - 4 \cdot 2x^3 + 6 \cdot 4x^2 - 4 \cdot 8x + 16$

$\qquad = x^4 - 8x^3 + 24x^2 - 32x + 16$

(2) $(2x+y)^3 = {}_3C_0 (2x)^3 + {}_3C_1 (2x)^2 y + {}_3C_2 (2x)y^2 + {}_3C_3 y^3$

$\qquad = 8x^3 + 12x^2 y + 6xy^2 + y^3$

(3) $\left(x+\dfrac{1}{x}\right)^4 = {}_4C_0 x^4 + {}_4C_1 x^3 \left(\dfrac{1}{x}\right) + {}_4C_2 x^2 \left(\dfrac{1}{x}\right)^2 + {}_4C_3 x\left(\dfrac{1}{x}\right)^3 + {}_4C_4 \left(\dfrac{1}{x}\right)^4$

$\qquad = x^4 + 4x^2 + 6 + \dfrac{4}{x^2} + \dfrac{1}{x^4}$

보기 02 $(a+b)^7$의 전개식에서 다음 항의 계수를 구하여라.

(1) a^3b^4 (2) ab^6

풀이   (1) $(a+b)^7$의 전개식의 일반항은 $_7C_r a^{7-r}b^r$에서 a^3b^4의 계수는 $_7C_4=35$

                (2) $(a+b)^7$의 전개식의 일반항은 $_7C_r a^{7-r}b^r$에서 ab^6의 계수는 $_7C_6=7$

보기 03   다음 물음에 답하여라.

(1) 다항식 $(1+x)^7$의 전개식에서 x^4의 계수를 구하여라.   ← 2019학년도 수능기출

(2) 다항식 $(1+x)^{10}$의 전개식에서 x^3의 계수를 구하여라.   ← 2014년 10월 교육청

(3) 다항식 $(x^2+1)^5$의 전개식에서 x^2의 계수를 구하여라.   ← 2012년 10월 교육청

풀이   (1) $(1+x)^7$의 전개식의 일반항은 $_7C_r x^r$에서 x^4의 계수는 $_7C_4=_7C_3=\dfrac{7\cdot6\cdot5}{3\cdot2\cdot1}=35$

         (2) $(1+x)^{10}$의 전개식의 일반항은 $_{10}C_r x^r$이므로 x^3의 계수는 $_{10}C_3=\dfrac{10\cdot9\cdot8}{3\cdot2\cdot1}=120$

         (3) $(x^2+1)^5$의 전개식에서 일반항은 $_5C_r(x^2)^{5-r}1^r=_5C_r x^{10-2r}$이므로 x^2의 계수는 $10-2r=2$

            $r=4$일 때, x^2의 계수는 $_5C_4=_5C_1=5$

보기 04 $\left(2x-\dfrac{1}{x}\right)^4$의 전개식에서 x^2의 계수를 구하여라.

풀이   이항정리에 의하여 $\left(2x-\dfrac{1}{x}\right)^4$의 전개식은

$$\left(2x-\dfrac{1}{4}\right)^4=_4C_0(2x)^4+_4C_1(2x)^3\left(-\dfrac{1}{x}\right)+_4C_2(2x)^2\left(-\dfrac{1}{x}\right)^2+_4C_3(2x)\left(-\dfrac{1}{x}\right)^3+_4C_4\left(-\dfrac{1}{x}\right)^4$$

이 중에서 x^2항이 되는 것은 $2x$를 세 번, $\left(-\dfrac{1}{x}\right)$을 한 번 곱한 경우이다.

즉, $_4C_1(2x)^3\left(-\dfrac{1}{x}\right)=4\times(2x)^3\times\left(-\dfrac{1}{x}\right)=4\times(8x^3)\times\left(-\dfrac{1}{x}\right)=-32x^2$

따라서 x^2의 계수는 -32이다.

보기 05   다음 식의 값을 구하여라.

(1) $_nC_0 7^n+_nC_1 7^{n-1}3+_nC_2 7^{n-2}3^2+\cdots+_nC_n 3^n$

(2) $_{10}C_0\left(\dfrac{3}{4}\right)^{10}+5\cdot_{10}C_1\left(\dfrac{1}{4}\right)^1\left(\dfrac{3}{4}\right)^9+5^2\cdot_{10}C_2\left(\dfrac{1}{4}\right)^2\left(\dfrac{3}{4}\right)^8+\cdots+5^{10}\cdot_{10}C_{10}\left(\dfrac{1}{4}\right)^{10}$

풀이 $(a+b)^n=_nC_0 a^n+_nC_1 a^{n-1}b+_nC_2 a^{n-2}b^2+\cdots+_nC_n b^n$ $\cdots\cdots$ ㉠

(1) ㉠에 $a=7$, $b=3$을 대입하면

      $\therefore\ _nC_0 7^n+_nC_1 7^{n-1}3+_nC_2 7^{n-2}3^2+\cdots+_nC_n 3^n=(7+3)^n=10^n$ ← $\displaystyle\sum_{k=0}^{n} {}_nC_k 7^{n-k}3^k=(7+3)^n=10^n$

(2) (주어진 식)$=_{10}C_0\left(\dfrac{3}{4}\right)^{10}+_{10}C_1\left(\dfrac{5}{4}\right)^1\left(\dfrac{3}{4}\right)^9+_{10}C_2\left(\dfrac{5}{4}\right)^2\left(\dfrac{3}{4}\right)^8+\cdots+_{10}C_{10}\left(\dfrac{5}{4}\right)^{10}$

         이때 ㉠에 $a=\dfrac{3}{4}$, $b=\dfrac{5}{4}$, $n=10$을 대입하면

         $\therefore\ _{10}C_0\left(\dfrac{3}{4}\right)^{10}+_{10}C_1\left(\dfrac{5}{4}\right)^1\left(\dfrac{3}{4}\right)^9+_{10}C_2\left(\dfrac{5}{4}\right)^2\left(\dfrac{3}{4}\right)^8+\cdots+_{10}C_{10}\left(\dfrac{5}{4}\right)^{10}=\left(\dfrac{3}{4}+\dfrac{5}{4}\right)^{10}=2^{10}=1024$

         ← $\displaystyle\sum_{k=0}^{10} {}_nC_k\left(\dfrac{3}{4}\right)^k\left(\dfrac{5}{4}\right)^{10-k}=\left(\dfrac{3}{4}+\dfrac{5}{4}\right)^{10}=2^{10}=1024$

+α 더 알아보기

수 I 통합 유형

① $\displaystyle\sum_{k=0}^{n} {}_nC_k\left(\dfrac{4}{5}\right)^k\left(\dfrac{6}{5}\right)^{n-k}=\left(\dfrac{4}{5}+\dfrac{6}{5}\right)^n=2^n$ ← $(a+b)^n=\displaystyle\sum_{r=0}^{n} {}_nC_r a^{n-r}b^r$

② $\displaystyle\sum_{k=0}^{100} 2^k\,_{100}C_k\,p^k q^{100-k}=\sum_{k=0}^{100} {}_{100}C_k(2p)^k q^{100-k}=(2p+q)^{100}$ ← $2^k\cdot p^k=(2p)^k$

$n=0, 1, 2, 3, 4, 5, \cdots$일 때, $(a+b)^n$의 전개식의 이항계수를 차례로 나열하면 다음과 같다.

$n=0$일 때, $\qquad\qquad\qquad\qquad (a+b)^0 = 1$

$n=1$일 때, $\qquad\qquad\qquad\qquad (a+b)^1 = 1\,a + 1\,b$

$n=2$일 때, $\qquad\qquad\qquad\qquad (a+b)^2 = 1\,a^2 + 2\,ab + 1\,b^2$

$n=3$일 때, $\qquad\qquad\qquad\qquad (a+b)^3 = 1\,a^3 + 3\,a^2b + 3\,ab^2 + 1\,b^3$

$n=4$일 때, $\qquad\qquad\qquad\qquad (a+b)^4 = 1\,a^4 + 4\,a^3b + 6\,a^2b^2 + 4\,ab^3 + 1\,b^4$

$n=5$일 때, $\qquad\qquad\qquad\qquad (a+b)^5 = 1\,a^5 + 5\,a^4b + 10\,a^3b^2 + 10\,a^2b^3 + 5\,ab^4 + 1\,b^5$

$\qquad\qquad \cdots$

이항계수를 다음 그림과 같이 삼각형 모양으로 나열한 것을 파스칼의 삼각형이라 한다.

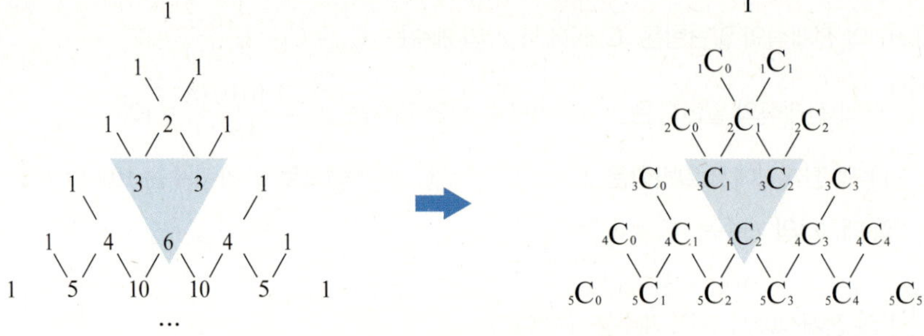

파스칼의 삼각형에서 각 단계의 수는 그 위 단계의 이웃하는 합과 같으므로

$$_nC_r = {}_{n-1}C_{r-1} + {}_{n-1}C_r \ (\text{단, } 1 \le r < n)$$

파스칼의 삼각형에서 각 단계의 배열은 좌우 대칭 대칭이다.

$$_nC_r = {}_nC_{n-r}$$

임을 확인 할 수 있다.

① $_nC_0 = 1,\ _nC_n = 1$

② $_nC_r = {}_nC_{n-r}\,(0 \le r \le n)$ ← 각 행의 배열이 좌우 대칭이다.

③ $_{n-1}C_r + {}_{n-1}C_{r-1} = {}_nC_r\,(1 \le r \le n-1)$ ← 각 수의 왼쪽 위와 오른쪽 위에 있는 두 수의 합과 같다.

보기 06   승우를 포함하여 10명으로 이뤄진 축구 동아리에서 5명의 대표를 뽑는 경우의 수를 두 방법으로 각각 구하여라.

증명   [방법1] 10명 중에서 5명을 뽑는 경우의 수는 $_{10}C_5 = 252$이다.

[방법2] 승우가 뽑히는 경우의 수는 $_9C_4$, 승우가 뽑히지 않는 경우의 수는 $_9C_5$

이때 두 사건이 동시에 일어나지 않으므로 구하는 경우의 수는 $_9C_4 + {}_9C_5 = {}_{10}C_5 = 252$

파스칼의 삼각형을 만들 때 사용되는 원리 $_nC_r = {}_{n-1}C_{r-1} + {}_{n-1}C_r\ (1 \le r \le n)$을 두 가지로 설명한다.

[설명1] $_{n-1}C_r + {}_{n-1}C_{r-1} = {}_nC_r\ (1 \le r \le n-1)$을 조합의 수를 이용하여 설명한다.

$$_{n-1}C_{r-1} + {}_{n-1}C_r = \frac{(n-1)!}{(r-1)!(n-r)!} + \frac{(n-1)!}{r!(n-r-1)!} = \frac{r(n-1)!}{r!(n-r)!} + \frac{(n-r)(n-1)!}{r!(n-r)!}$$

$$= \frac{\{r+(n-r)\}(n-1)!}{r!(n-r)!}$$

$$= \frac{n!}{r!(n-r)!} = {}_nC_r$$

[설명2] $_{n-1}C_r + {}_{n-1}C_{r-1} = {}_nC_r\ (1 \le r \le n-1)$을 경우의 수를 이용하여 설명한다.

n명 중에서 r명을 뽑는 경우의 수는 $_nC_r$이다.

한편 특정인 한 명이 r명 중에서 뽑히는 경우의 수는 $_{n-1}C_{r-1}$이고, 뽑히지 않는 경우의 수는 $_{n-1}C_r$이다.

이때 두 사건이 동시에 일어나지 않으므로 구하는 경우의 수는 $_{n-1}C_{r-1} + {}_{n-1}C_r$이다.

따라서 $_nC_r = {}_{n-1}C_{r-1} + {}_{n-1}C_r$이다.

(1) 이항계수

이항계수를 다음 그림과 같이 삼각형 모양으로 나열한 것을 파스칼의 삼각형이라 한다.

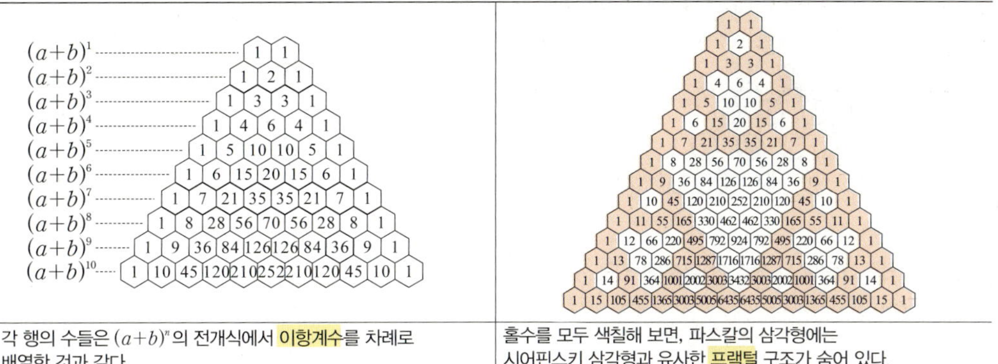

각 행의 수들은 $(a+b)^n$의 전개식에서 이항계수를 차례로 배열한 것과 같다.

홀수를 모두 색칠해 보면, 파스칼의 삼각형에는 시어핀스키 삼각형과 유사한 프랙털 구조가 숨어 있다.

(2) 하키 스틱 패턴 (Hockey Stick Pattern)

바깥쪽의 1에서 시작하여 대각선 방향으로 수들을 더하면 아래 행의 안쪽 하키 스틱 모양에 있는 수가 된다.

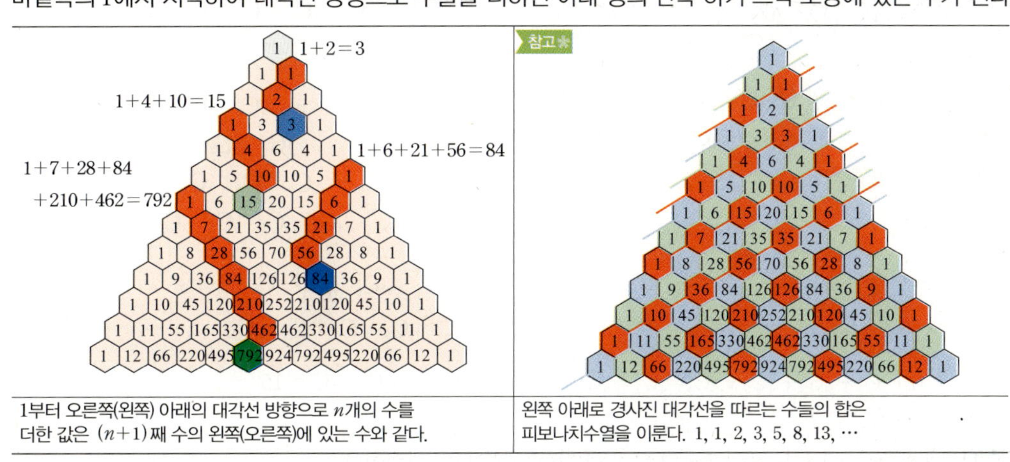

1부터 오른쪽(왼쪽) 아래의 대각선 방향으로 n개의 수를 더한 값은 $(n+1)$째 수의 왼쪽(오른쪽)에 있는 수와 같다.

왼쪽 아래로 경사진 대각선을 따르는 수들의 합은 피보나치수열을 이룬다. 1, 1, 2, 3, 5, 8, 13, $\cdots$

하키스틱의 성질

① $_1C_0 + {_2}C_1 + {_3}C_2 + {_4}C_3 + \cdots + {_n}C_{n-1} = {_{n+1}}C_{n-1}$

② $_nC_n + {_{n+1}}C_n + {_{n+2}}C_n + \cdots + {_{n+m}}C_n = {_{n+m+1}}C_{n+1}$ ⬅ 1에서 시작하여 대각선 방향으로 수들을 더하면 꺾인 곳의 수가 된다.

(3) 행의 합 패턴

파스칼 삼각형의 각 행에 배열된 수를 모두 더하면 2의 거듭제곱이 된다. 즉 n번째 행의 수의 합은 항상 2^n이 된다.

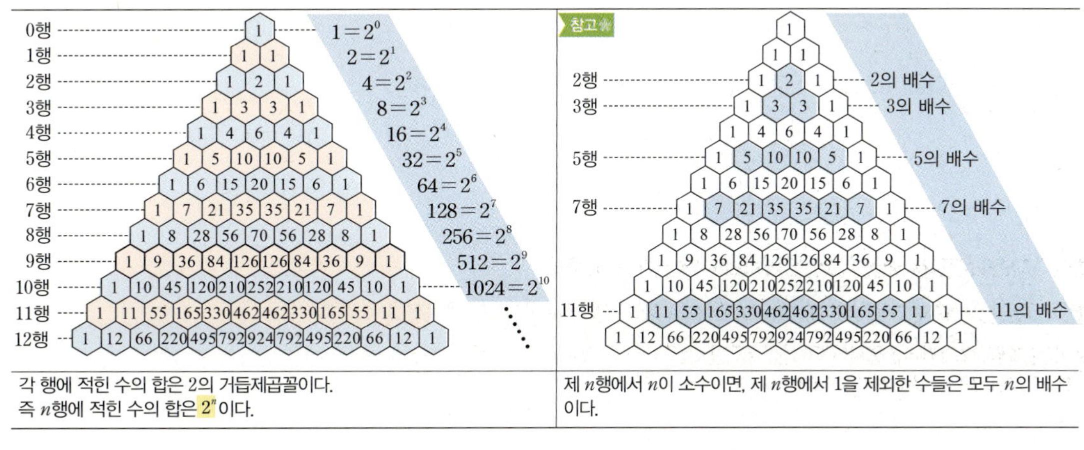

각 행에 적힌 수의 합은 2의 거듭제곱꼴이다. 즉 n행에 적힌 수의 합은 2^n이다.

제 n행에서 n이 소수이면, 제 n행에서 1을 제외한 수들은 모두 n의 배수이다.

(4) 최단 거리의 수

파스칼의 삼각형에서 각 숫자들을 바로 아래 행의 왼쪽 또는 오른쪽의 숫자와 연결한 모양을 생각해 보자.

첫 번째 행의 1에서 시작하여 연결된 선을 따라 어떤 숫자 n에 도달하는 최단 거리의 수는 바로 n가지이다.

예를 들어 아래 그림의 4에 도달하는 최단 거리의 수는 4가지이다.

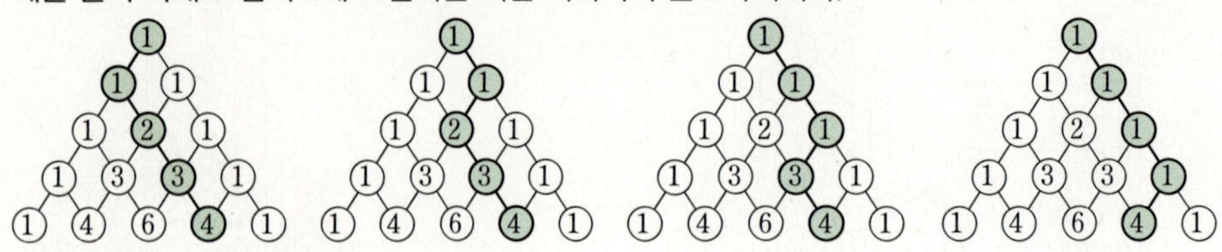

다음 그림에서 색칠한 부분에 있는 수의 합을 구하여라.

(1)

$$_1C_0 \quad _1C_1$$
$$_2C_0 \quad _2C_1 \quad _2C_2$$
$$_3C_0 \quad _3C_1 \quad _3C_2 \quad _3C_3$$
$$_4C_0 \quad _4C_1 \quad _4C_2 \quad _4C_3 \quad _4C_4$$
$$\vdots$$
$$_{10}C_0 \quad _{10}C_1 \quad _{10}C_2 \quad \cdots \quad _{10}C_{10}$$

(2)

$$_1C_0 \quad _1C_1$$
$$_2C_0 \quad _2C_1 \quad _2C_2$$
$$_3C_0 \quad _3C_1 \quad _3C_2 \quad _3C_3$$
$$_4C_0 \quad _4C_1 \quad _4C_2 \quad _4C_3 \quad _4C_4$$
$$_5C_0 \quad _5C_1 \quad _5C_2 \quad _5C_3 \quad _5C_4 \quad _5C_5$$

풀이

(1) 파스칼의 삼각형의 하키스틱 패턴에 의하여

$$_1C_1 + _2C_1 + _3C_1 + _4C_1 + \cdots + _{10}C_1 = _{11}C_2 = 55$$

참고 $_1C_1 + _2C_1 + _3C_1 + _4C_1 + \cdots + _{10}C_1$

$$= 1 + 2 + 3 + 4 + \cdots 10 = 55$$

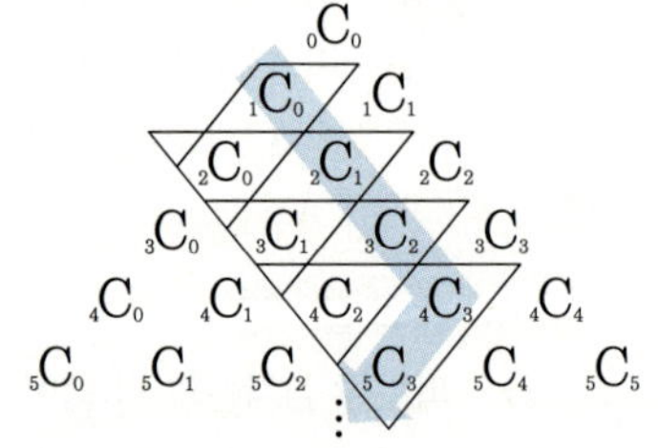

(2) $_3C_1 + _3C_2 + _4C_3 + _5C_4 = _4C_2 + _4C_3 + _5C_4 = _5C_3 + _5C_4 = _6C_4 = _6C_2 = 15$

$_1C_0 + _2C_1 + _3C_2 + _4C_3$을 파스칼의 삼각형을 이용하여 구하여라.

풀이

$_1C_0 = _2C_0$이고 $_nC_r = _{n-1}C_{r-1} + _{n-1}C_r$이므로

$_1C_0 + _2C_1 + _3C_2 + _4C_3$

$= (_2C_0 + _2C_1) + _3C_2 + _4C_3 \qquad \leftarrow _1C_0 = _2C_0$

$= (_3C_1 + _3C_2) + _4C_3 \qquad \leftarrow _2C_0 + _2C_1 = _3C_1$

$= _4C_2 + _4C_3 \qquad \leftarrow _3C_1 + _3C_2 = _4C_2$

$= _5C_3 = 10$

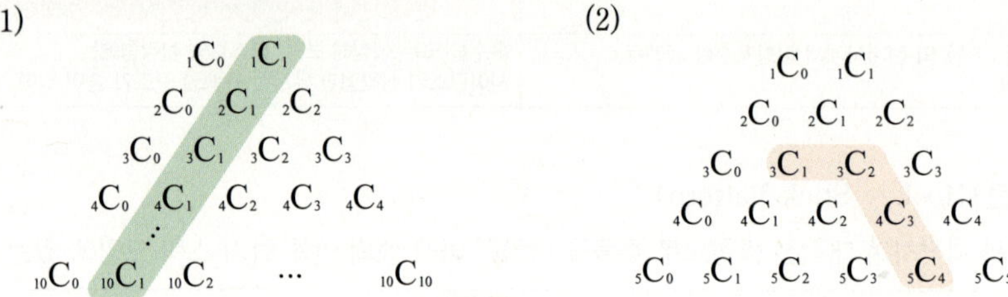

다음 파스칼의 삼각형에서 1행부터 5행까지의 합을 구하여라.

풀이

n행의 모든 항의 합은

$_nC_0 + _nC_1 + _nC_2 + \cdots + _nC_n = 2^n$이므로 n행의 합은 2^n이다.

따라서 $2^1 + 2^2 + 2^3 + 2^4 + 2^5 = 2 + 4 + 8 + 16 + 32 = 62$

마플개념익힘 01 이항정리의 일반항과 이항계수 구하기

2007학년도 06월 평가원

다음 물음에 답하여라.

(1) $(3x+y)^6$의 전개식에서 x^2y^4의 계수를 구하여라.

(2) $\left(2x^2-\frac{1}{x}\right)^4$의 전개식에서 x^2의 계수를 구하여라.

MAPL CORE

① $(a+b)^n$의 전개식에서 일반항은 ⇨ ${}_nC_r a^{n-r}b^r$

② $(a+x)^n$의 전개식에서 x^r의 계수는 ⇨ ${}_nC_r a^{n-r}$

③ $(ax+by)^n$의 전개식에서 $x^{n-r}y^r$의 계수는 ⇨ ${}_nC_r a^{n-r}b^r$

개념익힘 | 풀이

(1) $(3x+y)^6$의 전개식에서 일반항은 ${}_6C_r(3x)^{6-r}y^r={}_6C_r3^{6-r}x^{6-r}y^r$

이때 x^2y^4의 계수는 $r=4$인 경우이므로 ${}_6C_43^2={}_6C_23^2=15\times9=135$

(2) $\left(2x^2-\frac{1}{x}\right)^4$ 전개식의 일반항은 ${}_4C_r(2x^2)^{4-r}\left(-\frac{1}{x}\right)^r={}_4C_r2^{4-r}(-1)^rx^{8-3r}$

이때 x^2의 계수는 $8-3r=2$, 즉 $r=2$일 때이다.

따라서 x^2의 계수는 ${}_4C_2\cdot2^2\cdot(-1)^2=24$

확인유제 0141

다음 물음에 답하여라.

2008학년도 수능기출

(1) $(2x-y)^4$의 전개식에서 x^2y^2의 계수를 구하여라.

2009학년도 수능기출

(2) $\left(2x+\frac{1}{2x}\right)^7$의 전개식에서 x의 계수를 구하여라.

(3) $\left(x+\frac{1}{x^3}\right)^4$의 전개식에서 $\frac{1}{x^4}$의 계수를 구하여라.

변형문제 0142

다음 물음에 답하여라. (단, a는 상수이다.)

2019학년도 09월 평가원

(1) 다항식 $(x+a)^5$의 전개식에서 x^3의 계수가 40일 때, x의 계수를 구하여라.

2007학년도 09월 평가원

(2) 다항식 $(1+ax)^7$의 전개식에서 x의 계수가 14일 때, x^2의 계수를 구하여라.

(3) 양수 a에 대하여 $\left(ax^3-\frac{1}{x}\right)^5$의 전개식에서 x^3의 계수가 -90일 때, $\left(x+\frac{a}{x}\right)^5$의 전개식에서 x^3의 계수를 구하여라.

발전문제 0143

다음 물음에 답하여라.

2019학년도 09월 평가원

(1) x에 대한 두 다항식 $(2+3x)^5$, $(kx+1)^6$의 전개식에서 x^2의 계수가 서로 같을 때, k^2의 값을 구하여라. (단, k는 상수이다.)

2017년 10월 교육청

(2) 다항식 $(x+a)^6$의 전개식에서 x^4의 계수가 x^5의 계수의 50배일 때, 양의 상수 a의 값을 구하여라.

정답 0141 : (1) 24 (2) 70 (3) 6 0142 : (1) 80 (2) 84 (3) 15 0143 : (1) 48 (2) 20

다음 물음에 답하여라.

(1) $(1+x)^4(2+x)^5$의 전개식에서 x의 계수를 구하여라.

(2) $(x+1)(x^2-2y)^{10}$의 전개식에서 $x^{15}y^3$의 계수를 구하여라.

MAPL CORE

$(a+x)^n(b+x)^m$꼴의 전개식에서

[1단계] $(a+x)^n$, $(b+x)^m$의 전개식에서 일반항을 각각 구한다. $\Rightarrow {}_nC_r a^{n-r}x^r$, ${}_mC_s b^{m-s}x^s$

[2단계] $(a+x)^n(b+x)^m$의 전개식에서 일반항을 구한다. $\Rightarrow {}_nC_r a^{n-r}x^r \times {}_mC_s b^{m-s}x^s = {}_nC_r {}_mC_s a^{n-r}b^{m-s}x^{r+s}$

[3단계] $r+s=k$ $(r=0, 1, 2, \cdots, n,\ s=0, 1, 2, \cdots, m)$를 만족하는 r, s의 값을 구한다.

[4단계] [3단계]의 식을 대입하여 x^k의 계수를 구한다.

개념익힘 | 풀이

(1) 전개식의 일차항은 (일차항)×(상수항), (상수항)×(일차항)에서만 나타난다.

$(1+x)^4$의 전개식에서 일반항은 ${}_4C_r 1^{4-r}x^r = {}_4C_r x^r$

$(2+x)^5$의 전개식에서 일반항은 ${}_5C_s 2^{5-s}x^s$

따라서 $(1+x)^4(2+x)^5$의 전개식에서 x의 계수는 ${}_4C_1 \times {}_5C_0 2^5 + {}_4C_0 \times {}_5C_1 2^4 = 4 \times 32 + 80 = 208$

다른풀이 x항은 $r+s=1$일 때이고 r, s는 각각 $0 \le r \le 4$, $0 \le x \le 5$인 정수임을 이용하여 풀이하기

$(1+x)^4(2+x)^5$의 전개식에서 일반항은 ${}_4C_r x^r \times {}_5C_s 2^{5-s}x^s = {}_4C_r \times {}_5C_s 2^{5-s}x^{r+s}$

이므로 x의 계수는 $r+s=1$일 때, ${}_4C_r \times {}_5C_s \times 2^{5-s}$의 값을 구하면 된다.

(i) $r=1$, $s=0$인 경우 ${}_4C_1 \times {}_5C_0 \times 2^{5-0} = 128$

(ii) $r=0$, $s=1$인 경우 ${}_4C_0 \times {}_5C_1 \times 2^{5-1} = 80$

따라서 (i), (ii)에서 x의 계수는 $128+80=208$

(2) $(x^2-2y)^{10}$의 전개식에서 일반항은 ${}_{10}C_r (x^2)^{10-r}(-2y)^r = {}_{10}C_r \times (-2)^r x^{20-2r}y^r$

y^3을 포함한 항은 $r=3$일 때이고,

이때 항은 ${}_{10}C_3 \times (-2)^3 x^{14}y^3 = -960x^{14}y^3$

따라서 이 항과 $x+1$의 x와 곱하면 $x^{15}y^3$의 항이므로 -960

확인유제 0144

2019학년도 06월 평가원

2009학년도 09월 평가원

다음 물음에 답하여라.

(1) 다항식 $(1+2x)(1+x)^5$의 전개식에서 x^4의 계수를 구하여라.

(2) 다항식 $(1-x)^4(2-x)^3$의 전개식에서 x^2의 계수를 구하여라.

변형문제 0145

다음 물음에 답하여라.

(1) $(x^2+x+1)\left(x+\dfrac{1}{x}\right)^6$의 전개식에서 상수항을 구하여라.

(2) $(1+x+x^2)\left(x+\dfrac{1}{x}\right)^{10}$의 전개식에서 x의 계수를 구하여라.

발전문제 0146

다음 물음에 답하여라. (단, $a>0$)

(1) $(ax^3-3)\left(x-\dfrac{1}{x}\right)^7$의 전개식에서 x^2의 계수가 70일 때, 상수 a의 값을 구하여라.

(2) $(x+1)^2(x-a)^5$의 전개식에서 x^2의 계수와 상수항이 같을 때, 상수 a의 값을 구하여라.

정답 0144 : (1) 25 (2) 102   0145 : (1) 35 (2) 252   0146 : (1) 2 (2) 1

마플개념익힘 03 파스칼의 삼각형의 성질

파스칼의 삼각형을 이용하여 다음 식의 값을 구하여라.

${}_2C_0+{}_3C_1+{}_4C_2+{}_5C_3+\cdots+{}_{10}C_8$

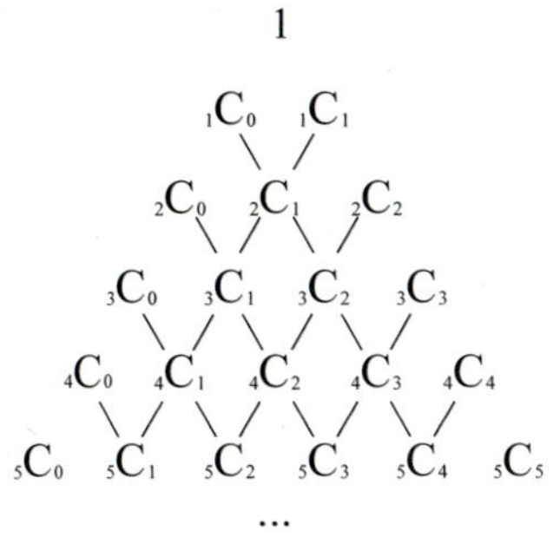

개념익힘 | 풀이 파스칼의 삼각형의 성질인 ${}_{n-1}C_r+{}_{n-1}C_{r-1}={}_nC_r$를 이용하면 ${}_2C_0={}_3C_0$이므로

$({}_2C_0+{}_3C_1)+{}_4C_2+{}_5C_3+\cdots+{}_{10}C_8$

$=({}_3C_0+{}_3C_1)+{}_4C_2+{}_5C_3+\cdots+{}_{10}C_8$

$=({}_4C_1+{}_4C_2)+\cdots+{}_{10}C_8$

$={}_5C_2+{}_5C_3+\cdots+{}_{10}C_8\cdots={}_{11}C_8={}_{11}C_3=165$

다른풀이 하키 스틱 패턴을 이용하여 풀이하기

파스칼의 삼각형의 성질인 1에서 시작하여 대각선 방향으로 수들을 더하면 꺾어진 곳의 수가 된다.

즉, 하키스틱 ${}_2C_0+{}_3C_1+{}_4C_2+{}_5C_3+\cdots+{}_nC_{n-2}={}_{n+1}C_{n-2}$을 이용한다.

따라서 ${}_2C_0+{}_3C_1+{}_4C_2+{}_5C_3+\cdots+{}_{10}C_8={}_{11}C_8=165$

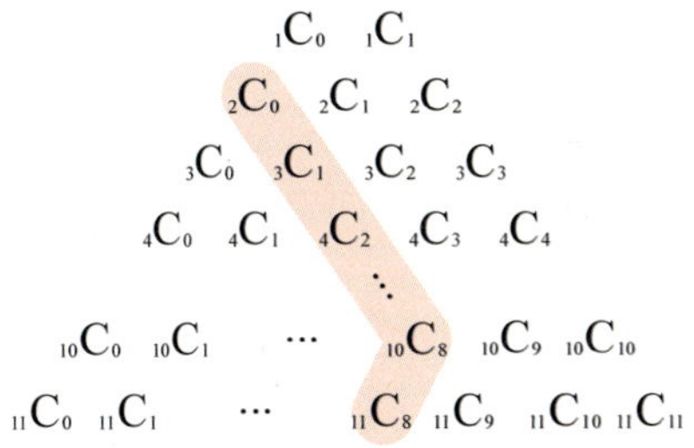

확인유제 0147 오른쪽 그림과 같이 수를 배열한 것을 파스칼의 삼각형이라고 한다. 색칠한 부분의 모든 수의 합을 구하여라.

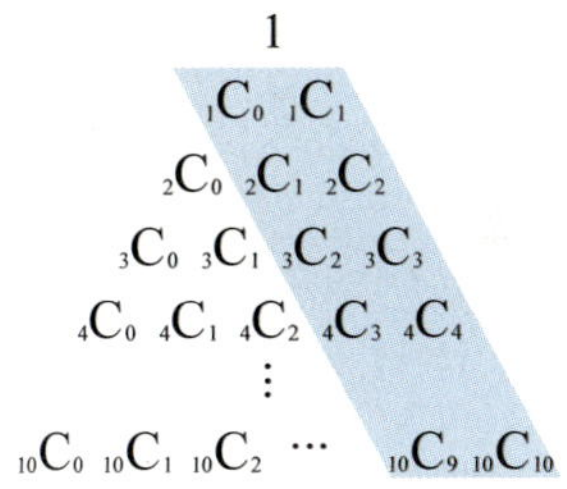

변형문제 0148 오른쪽 그림과 같은 수의 배열을 파스칼의 삼각형이라고 한다. 색칠한 부분의 모든 수들의 합은?

2007년 07월 교육청

① 224 ② 226 ③ 228

④ 230 ⑤ 232

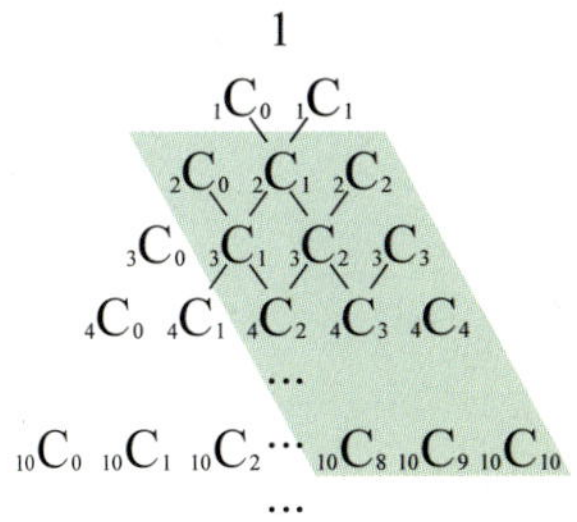

발전문제 0149 오른쪽 그림과 같은 파스칼의 삼각형에서 색칠한 부분의 모든 수들의 합을 구하여라.

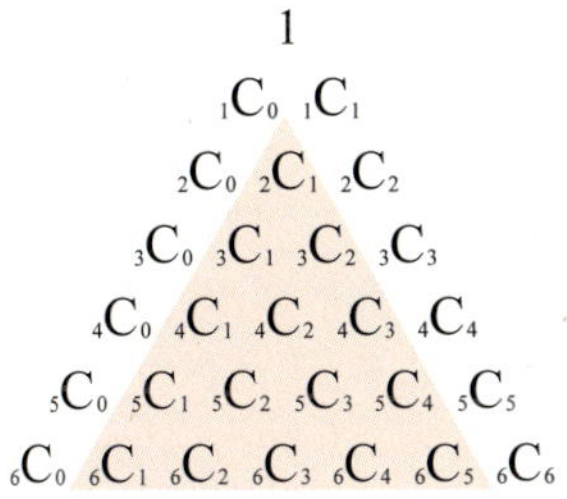

정답 0147 : 65 0148 : ③ 0149 : 114

다음 식의 전개식에서 x^3의 계수를 구하여라.

$$(1+x)+(1+x)^2+(1+x)^3+(1+x)^4+\cdots+(1+x)^{12}$$

MAPL CORE

[방법1] $_{n-1}C_r+{}_{n-1}C_{r-1}={}_nC_r$임을 이용하여 2개의 항끼리 간단히 묶어 풀이하기

[방법2] 파스칼의 삼각형의 하키 스틱 패턴을 이용하여 풀이하기

[방법3] [수학 I]의 등비수열의 합을 이용하여 풀이하기

> **참고** [수학 I]과 [확률통계]는 학습과정이 동일하다. 즉 고2때, 동시에 나가는 학생은 수열을 학습하지 않았으므로 이 문제를 패스하고, 수열을 학습한 학생의 경우만 내신시험에 통합하여 출제될 수 있으므로 학습한다.

개념익힘 | 풀이　$(1+x)+(1+x)^2+(1+x)^3+(1+x)^4+\cdots+(1+x)^{12}$의 전개식에서 x^3의 계수는

$(1+x)^3$, $(1+x)^4$, $\cdots$, $(1+x)^{12}$의 각각의 전개식의 x^3의 계수를 더하면 된다.

$(1+x)^3$에서 x^3의 계수는 $_3C_3$, $(1+x)^4$에서 x^3의 계수는 $_4C_3$, $\cdots$ $(1+x)^{12}$에서 x^3의 계수는 $_{12}C_3$

이므로 x^3의 계수는 $_3C_3+{}_4C_3+{}_5C_3+\cdots+{}_{12}C_3$와 같다.

방법1 $_{n-1}C_r+{}_{n-1}C_{r-1}={}_nC_r$임을 이용하여 2개의 항끼리 간단히 묶어 풀이하기

$$_3C_3+{}_4C_3+{}_5C_3+\cdots+{}_{12}C_3=({}_4C_4+{}_4C_3)+{}_5C_3+\cdots{}_{12}C_3 \quad \leftarrow {}_3C_3={}_4C_4$$
$$=({}_5C_4+{}_5C_3)+{}_6C_3+\cdots+{}_{12}C_3$$
$$=({}_6C_4+{}_6C_3)+{}_7C_3+\cdots+{}_{12}C_3$$
$$\vdots$$
$$=_{12}C_4+{}_{12}C_3={}_{13}C_4$$
$$=\frac{13\cdot12\cdot11\cdot10}{4\cdot3\cdot2\cdot1}=715$$

방법2 파스칼의 삼각형의 하키 스틱 패턴을 이용하여 풀이하기

파스칼의 삼각형의 성질에서 처음부터 시작하여 대각선 방향으로 수들을 더하면 꺾어진 곳의 수가 되므로

$$_3C_3+{}_4C_3+{}_5C_3+\cdots+{}_{12}C_3={}_{13}C_4=715$$

$$
\begin{array}{cccccc}
_2C_0 & _2C_1 & _2C_2 & & & \\
_3C_0 & _3C_1 & _3C_2 & _3C_3 & & \\
_4C_0 & _4C_1 & _4C_2 & _4C_3 & _4C_4 & \\
_5C_0 & _5C_1 & _5C_2 & _5C_3 & _5C_4 & _5C_5 \\
& & & \vdots & & \\
\cdots & _{12}C_1 & _{12}C_2 & _{12}C_3 & _{12}C_4 & \cdots \\
\cdots & _{13}C_2 & _{13}C_3 & _{13}C_4 & _{13}C_5 & \cdots \\
\end{array}
$$

방법3 [수학 I]의 등비수열의 합을 이용하여 풀이하기

$(1+x)+(1+x)^2+(1+x)^3+(1+x)^4+\cdots+(1+x)^{12}$은

첫째항 $1+x$, 공비가 $1+x$, 항의 개수가 12인 등비수열의 합이므로

$$S_{12}=\frac{(1+x)\{(1+x)^{12}-1\}}{(1+x)-1}=\frac{(1+x)^{13}-(1+x)}{x}$$

이때 분모가 x이므로 구하는 x^3항의 계수는 $(1+x)^{13}$의 전개식에서 x^4의 계수와 같다.

$(1+x)^{13}$의 전개식의 일반항은 $_{13}C_r x^r$에서 x^4의 항은 $r=4$이다.

따라서 구하는 계수는 $_{13}C_4=\dfrac{13\cdot12\cdot11\cdot10}{4\cdot3\cdot2\cdot1}=715$

> **참고** 직접 계산하면 $_3C_3+{}_4C_3+{}_5C_3+\cdots+{}_{12}C_3=\dfrac{3\cdot2\cdot1}{6}+\dfrac{4\cdot3\cdot2}{6}+\cdots+\dfrac{12\cdot11\cdot10}{6}$
>
> $$=\frac{1}{6}\sum_{k=1}^{10}k(k+1)(k+2)=715$$

확인유제 **0150** 다음 물음에 답하여라.

(1) $(1+x)+(1+x)^2+(1+x)^3+\cdots+(1+x)^{10}$의 전개식에서 x^2의 계수를 구하여라.

(2) $(1+x^2)+(1+x^2)^2+(1+x^2)^3+\cdots+(1+x^2)^{10}$의 전개식에서 x^4의 계수를 구하여라.

변형문제 **0151** 다음 물음에 답하여라.

(1) $(1+2x)+(1+2x)^2+\cdots+(1+2x)^{10}$의 전개식에서 x^9의 계수는?

① 2^9 ② 2^{10} ③ $11\cdot2^9$ ④ $11\cdot2^{10}$ ⑤ $11\cdot2^{11}$

(2) $x^2(1+2x)+x^2(1+2x)^2+\cdots+x^2(1+2x)^{10}$의 전개식에서 x^7의 계수는?

① $2^5{}_{10}C_5$ ② $2^5{}_{11}C_6$ ③ $2^6{}_{11}C_6$ ④ $2^7{}_{11}C_4$ ⑤ $2^{10}{}_{11}C_{10}$

발전문제 **0152** $(1+x^3)+(1+x^3)^2+(1+x^3)^3+\cdots+(1+x^3)^n$의 전개식에서 x^6의 계수가 10일 때, 자연수 n의 값을 구하여라.

정답   0150 : (1) 165 (2) 165   0151 : (1) ③ (2) ②   0152 : 4

03 $(1+x)^{2n}$의 전개식에서 x^n의 계수

01 $(1+x)^n(1+x)^n=(1+x)^{2n}$에서 x^n의 계수

$(1+x)^n(1+x)^n=(1+x)^{2n}$에서 x^n의 계수는 다음과 같다.

$$({}_n\mathrm{C}_0)^2+({}_n\mathrm{C}_1)^2+({}_n\mathrm{C}_2)^2+\cdots+({}_n\mathrm{C}_n)^2={}_{2n}\mathrm{C}_n$$

설명1 $(1+x)^{2n}$의 전개식에서 x^n의 계수를 구하는 방법

[1단계] $(1+x)^n(1+x)^n=(1+x)^{2n}$이므로 x^n의 계수는

$${}_n\mathrm{C}_0\times{}_n\mathrm{C}_n+{}_n\mathrm{C}_1\times{}_n\mathrm{C}_{n-1}+{}_n\mathrm{C}_2\times{}_n\mathrm{C}_{n-2}+\cdots+{}_n\mathrm{C}_n\times{}_n\mathrm{C}_0=({}_n\mathrm{C}_0)^2+({}_n\mathrm{C}_1)^2+({}_n\mathrm{C}_2)^2+\cdots+({}_n\mathrm{C}_n)^2$$

[2단계] $(1+x)^{2n}$의 전개식에서 x^n의 계수는 ${}_{2n}\mathrm{C}_n$

이때 $(1+x)^n(1+x)^n=(1+x)^{2n}$이므로 $({}_n\mathrm{C}_0)^2+({}_n\mathrm{C}_1)^2+({}_n\mathrm{C}_2)^2+\cdots+({}_n\mathrm{C}_n)^2={}_{2n}\mathrm{C}_n$이다.

설명2   1에서 n까지의 번호가 붙은 파란 구슬과 빨간 구슬이 각각 n개씩 있다고 할 때, $2n$개의 구슬에서 n개를 뽑는 방법의 수는 ${}_{2n}\mathrm{C}_n$이다.

한편 $2n$개의 구슬에서 n개를 뽑는 경우의 수는 n개의 파란 구슬에서 0개, 1개, 2개, $\cdots$, n개를 뽑고, 각각 나머지를 빨간 구슬 n개에서 뽑는 경우의 수의 합과 같다.

파란 구슬(n)	0	1	2	$\cdots$	$n-1$	n
빨간 구슬(n)	n	$n-1$	$n-2$	$\cdots$	1	0
경우의 수	${}_n\mathrm{C}_0\cdot{}_n\mathrm{C}_n$	${}_n\mathrm{C}_1\cdot{}_n\mathrm{C}_{n-1}$	${}_n\mathrm{C}_2\cdot{}_n\mathrm{C}_{n-2}$	$\cdots$	${}_n\mathrm{C}_{n-1}\cdot{}_n\mathrm{C}_1$	${}_n\mathrm{C}_n\cdot{}_n\mathrm{C}_0$

이때 조합의 성질에 의해 ${}_n\mathrm{C}_r\cdot{}_n\mathrm{C}_{n-r}={}_n\mathrm{C}_r\cdot{}_n\mathrm{C}_r=({}_n\mathrm{C}_r)^2$이므로

파란 구슬의 개수가 0개, 1개, $\cdots$, n개 포함되는 경우의 수를 모두 더하면

$({}_n\mathrm{C}_0)^2+({}_n\mathrm{C}_1)^2+({}_n\mathrm{C}_2)^2+\cdots+({}_n\mathrm{C}_n)^2$이 된다.

$\therefore ({}_n\mathrm{C}_0)^2+({}_n\mathrm{C}_1)^2+({}_n\mathrm{C}_2)^2+\cdots+({}_n\mathrm{C}_n)^2={}_{2n}\mathrm{C}_n$

+α 더 알아보기

파스칼의 삼각형에서 7번째 행에 있는 모든 수의 제곱의 합은 몇 번째 행의 가운데 있는 수와 같은지 구한다.

$1^2=1$

$1^2+1^2=2={}_2\mathrm{C}_1$ $\leftarrow ({}_1\mathrm{C}_0)^2+({}_1\mathrm{C}_1)^2={}_2\mathrm{C}_1$

$1^2+2^2+1^2=6={}_4\mathrm{C}_2$ $\leftarrow ({}_2\mathrm{C}_0)^2+({}_2\mathrm{C}_1)^2+({}_2\mathrm{C}_2)^2={}_4\mathrm{C}_2$

$1^2+3^2+3^2+1^2=20={}_6\mathrm{C}_3$ $\leftarrow ({}_3\mathrm{C}_0)^2+({}_3\mathrm{C}_1)^2+({}_3\mathrm{C}_2)^2+({}_3\mathrm{C}_3)^2={}_6\mathrm{C}_3$

$1^2+4^2+6^2+4^2+1^2=70={}_8\mathrm{C}_4$ $\leftarrow ({}_4\mathrm{C}_0)^2+({}_4\mathrm{C}_1)^2+({}_4\mathrm{C}_2)^2+({}_4\mathrm{C}_3)^2+({}_4\mathrm{C}_4)^2={}_8\mathrm{C}_4$

즉, 1번째, 2번째, 3번째, 4번째, 5번째 행에 있는 모든 수의 제곱의 합은 각각 1번째, 3번째, 5번째, 7번째, 9번째 행의 가운데 있는 수와 같다. 7번째 행에 있는 모든 수의 제곱의 합은 13번째 행의 가운데 있는 수 ${}_{12}\mathrm{C}_6$이므로

$({}_6\mathrm{C}_0)^2+({}_6\mathrm{C}_1)^2+({}_6\mathrm{C}_2)^2+\cdots+({}_6\mathrm{C}_6)^2={}_{12}\mathrm{C}_6$

따라서 $({}_n\mathrm{C}_0)^2+({}_n\mathrm{C}_1)^2+({}_n\mathrm{C}_2)^2+\cdots+({}_n\mathrm{C}_n)^2={}_{2n}\mathrm{C}_n$이다.

수능특강문제 01 $({}_{10}C_0)^2+({}_{10}C_1)^2+({}_{10}C_2)^2+\cdots+({}_{10}C_{10})^2={}_mC_k$일 때, $m+k$의 값을 구하여라.

수능특강 풀이

STEP A $(1+x)^{10}(1+x)^{10}$의 전개식에서 x^{10}의 계수가 $({}_{10}C_0)^2+({}_{10}C_1)^2+({}_{10}C_2)^2+\cdots+({}_{10}C_{10})^2$임을 이해하기

$(1+x)^{10}={}_{10}C_0+{}_{10}C_1x+{}_{10}C_2x^2+\cdots+{}_{10}C_{10}x^{10}$

$(x+1)^{10}={}_{10}C_0x^{10}+{}_{10}C_1x^9+{}_{10}C_2x^8+\cdots+{}_{10}C_{10}$

이므로

$(1+x)^{10}(1+x)^{10}=(1+x)^{10}(x+1)^{10}$

$\qquad\qquad =({}_{10}C_0+{}_{10}C_1x+{}_{10}C_2x^2+\cdots+{}_{10}C_{10}x^{10})\times({}_{10}C_0x^{10}+{}_{10}C_1x^9+{}_{10}C_2x^8+\cdots+{}_{10}C_{10})$

이다. 이 전개식에서 x^{10}의 계수는 다음과 같다.

${}_{10}C_0\times{}_{10}C_0+{}_{10}C_1\times{}_{10}C_1+{}_{10}C_2\times{}_{10}C_2+\cdots+{}_{10}C_{10}\times{}_{10}C_{10}$

$=({}_{10}C_0)^2+({}_{10}C_1)^2+({}_{10}C_2)^2+\cdots+({}_{10}C_{10})^2$

STEP B $({}_{10}C_0)^2+({}_{10}C_1)^2+({}_{10}C_2)^2+\cdots+({}_{10}C_{10})^2$**의 값을** ${}_nC_r$**꼴로 나타내어** m**,** k**의 값 구하기**

$(1+x)^{10}(1+x)^{10}=(1+x)^{20}$이므로 $(1+x)^{20}$의 전개식에서 x^{10}의 계수는 ${}_{20}C_{10}$이다.

따라서 $({}_{10}C_0)^2+({}_{10}C_1)^2+({}_{10}C_2)^2+\cdots+({}_{10}C_{10})^2={}_{20}C_{10}$

$\therefore m+k=20+10=30$

다른풀이 $({}_{10}C_n)^2={}_{10}C_n\cdot{}_{10}C_n={}_{10}C_n\cdot{}_{10}C_{10-n}$을 이용하기

$\displaystyle\sum_{n=0}^{10}{}_{10}C_n\cdot{}_{10}C_n=\sum_{n=0}^{10}{}_{10}C_n\cdot{}_{10}C_{10-n}$

${}_{10}C_n$은 $(1+x)^{10}$에서 x^n의 계수이고 ${}_{10}C_{10-n}$은 $(x+1)^{10}$에서 x^{10-n}의 계수이다.

따라서 $\displaystyle\sum_{n=0}^{10}{}_{10}C_n\cdot{}_{10}C_{10-n}$의 값은 $(1+x)^{20}$의 x^{10}의 계수이므로 ${}_{20}C_{10}$

수능특강문제 02 ${}_{15}C_0\times{}_{20}C_{10}+{}_{15}C_1\times{}_{20}C_{11}+{}_{15}C_2\times{}_{20}C_{12}+\cdots+{}_{15}C_{10}\times{}_{20}C_{20}={}_nC_k$일 때, $n+k$의 값을 구하여라. (단, $k\leq20$)

수능특강 풀이

STEP A $(1+x)^{15}(1+x)^{20}$의 전개식에서 x^{10}의 계수 구하기

$(1+x)^{15}={}_{15}C_0+{}_{15}C_1x+{}_{15}C_2x^2+\cdots+{}_{15}C_{15}x^{15}$

$(x+1)^{20}={}_{20}C_0x^{20}+{}_{20}C_1x^{19}+{}_{20}C_2x^{18}+\cdots+{}_{20}C_{20}$

이므로

$(1+x)^{15}(1+x)^{20}=(1+x)^{15}(x+1)^{20}$

$\qquad\qquad =({}_{15}C_0+{}_{15}C_1x+{}_{15}C_2x^2+\cdots+{}_{15}C_{15}x^{15})\times({}_{20}C_0x^{20}+{}_{20}C_1x^{19}+{}_{20}C_2x^{18}+\cdots+{}_{20}C_{20})$

이다. 이 전개식에서 x^{10}의 계수는 다음과 같다.

${}_{15}C_0\times{}_{20}C_{10}+{}_{15}C_1\times{}_{20}C_{11}+{}_{15}C_2\times{}_{20}C_{12}+\cdots+{}_{15}C_{10}\times{}_{20}C_{20}$ $\Leftarrow\displaystyle\sum_{r=0}^{10}{}_{15}C_r\cdot{}_{20}C_{10+r}$

STEP B **주어진 값을** ${}_nC_r$**꼴로 나타내기**

$(1+x)^{15}(1+x)^{20}=(1+x)^{35}$이므로 $(1+x)^{35}$의 전개식에서 x^{10}의 계수는 ${}_{35}C_{10}$이다.

${}_{15}C_0\times{}_{20}C_{10}+{}_{15}C_1\times{}_{20}C_{11}+{}_{15}C_2\times{}_{20}C_{12}+\cdots+{}_{15}C_{10}\times{}_{20}C_{20}$

$={}_{35}C_{10}$

따라서 $n=35$, $k=10$이므로 $n+k=45$

다음 식의 값을 증명하여라.

(1) $(_{12}C_0)^2+(_{12}C_1)^2+(_{12}C_2)^2+\cdots+(_{12}C_{12})^2={}_{24}C_{12}$

(2) $(_{12}C_0)^2-(_{12}C_1)^2+(_{12}C_2)^2-\cdots+(_{12}C_{12})^2={}_{12}C_6$

(1) $(1+x)^{12}={}_{12}C_0+{}_{12}C_1x+{}_{12}C_2x^2+\cdots+{}_{12}C_{12}x^{12}$

$(x+1)^{12}={}_{12}C_0x^{12}+{}_{12}C_1x^{11}+{}_{12}C_2x^{10}+\cdots+{}_{12}C_{12}$

이므로

$(1+x)^{12}(1+x)^{12}=(1+x)^{12}(x+1)^{12}$

$\qquad=({}_{12}C_0+{}_{12}C_1x+{}_{12}C_2x^2+\cdots+{}_{12}C_{12}x^{12})\times({}_{12}C_0x^{12}+{}_{12}C_1x^{10}+{}_{12}C_2x^9+\cdots+{}_{12}C_{12})$

이다. 이 전개식에서 x^{12}의 계수는 다음과 같다.

${}_{12}C_0\cdot{}_{12}C_0+{}_{12}C_1\cdot{}_{12}C_1+{}_{12}C_2\cdot{}_{12}C_2+\cdots+{}_{12}C_{12}\cdot{}_{12}C_{12}$

$=(_{12}C_0)^2+(_{12}C_1)^2+(_{12}C_2)^2+\cdots+(_{12}C_{12})^2$

이때 $(1+x)^{12}(1+x)^{12}=(1+x)^{24}$이므로 $(1+x)^{24}$의 전개식에서 x^{12}의 계수는 ${}_{24}C_{12}$이다.

따라서 $(_{12}C_0)^2+(_{12}C_1)^2+(_{12}C_2)^2+\cdots+(_{12}C_{12})^2={}_{24}C_{12}$

다른풀이 $(_{12}C_n)^2={}_{12}C_n\cdot{}_{12}C_n={}_{12}C_n\cdot{}_{12}C_{12-n}$을 이용하기

$(1+x)^n(1+x)^n$에서 x^n의 계수는

${}_nC_0\cdot{}_nC_n+{}_nC_1\cdot{}_nC_{n-1}+{}_nC_2\cdot{}_nC_{n-2}+\cdots+{}_nC_n\cdot{}_nC_0$

$={}_nC_0\cdot{}_nC_0+{}_nC_1\cdot{}_nC_1+{}_nC_2\cdot{}_nC_2+\cdots+{}_nC_n\cdot{}_nC_n$

$=(_nC_0)^2+(_nC_1)^2+(_nC_2)^2+\cdots+(_nC_n)^2$

$(1+x)^{2n}$의 전개식에서 x^n의 계수는 ${}_{2n}C_n$이므로 $(_nC_0)^2+(_nC_1)^2+(_nC_2)^2+\cdots+(_nC_n)^2={}_{2n}C_n$

$\therefore (_{12}C_0)^2+(_{12}C_1)^2+(_{12}C_2)^2+\cdots+(_{12}C_{12})^2={}_{24}C_{12}$

(2) $(1-x)^{12}={}_{12}C_0-{}_{12}C_1x+{}_{12}C_2x^2-\cdots+{}_{12}C_{12}x^{12}$

$(x+1)^{12}={}_{12}C_0x^{12}+{}_{12}C_1x^{11}+{}_{12}C_2x^{10}+\cdots+{}_{12}C_{12}$

이므로

$(1-x)^{12}(1+x)^{12}=(1-x)^{12}(x+1)^{12}$

$\qquad=({}_{12}C_0-{}_{12}C_1x+{}_{12}C_2x^2-\cdots+{}_{12}C_{12}x^{12})\times({}_{12}C_0x^{12}+{}_{12}C_1x^{11}+{}_{12}C_2x^{10}+\cdots+{}_{12}C_{12})$

이다. 이 전개식에서 x^{12}의 계수는 다음과 같다.

${}_{12}C_0\cdot{}_{12}C_0-{}_{12}C_1\cdot{}_{12}C_1+{}_{12}C_2\cdot{}_{12}C_2-\cdots+{}_{12}C_{12}\cdot{}_{12}C_{12}$

$=(_{12}C_0)^2-(_{12}C_1)^2+(_{12}C_2)^2-\cdots+(_{12}C_{12})^2$

이때 $(1-x)^{12}(1+x)^{12}=(1-x^2)^{12}$이므로 $(1-x^2)^{12}$의 전개식에서 x^{12}의 계수는 ${}_{12}C_6$이다.

따라서 $(_{12}C_0)^2-(_{12}C_1)^2+(_{12}C_2)^2-\cdots+(_{12}C_{12})^2={}_{12}C_6$

파스칼의 삼각형의 역사

이항계수를 삼각형의 형태로 배열한 것을 '파스칼의 삼각형'이라고 부르지만
파스칼(Pascal, B., 1623 ~ 1662)이 이 형태를 가장 먼저 제시한 것은 아니다.

송나라의 양휘(揚輝, 1238 ~ 1298)가 이미 『상해구장산법』에서 이 형태를 제시하였고,
아라비아의 수학자 오마르 카얌(Omar Khayyam, 1048 ~ 1131)도 이 형태를 활용하여
이항정리를 증명하였다고 한다.

우리나라의 수학자 홍정하(洪正夏, 1684 ~ ?)의 『구일집』에서도 그것을 발견할 수 있다.

다만 파스칼이 이 형태가 가진 다양하고 독특한 성질을 찾아내어 『산술삼각형론』을 저술한
공로를 인정하여 오늘날 파스칼의 삼각형이라고 부른다.

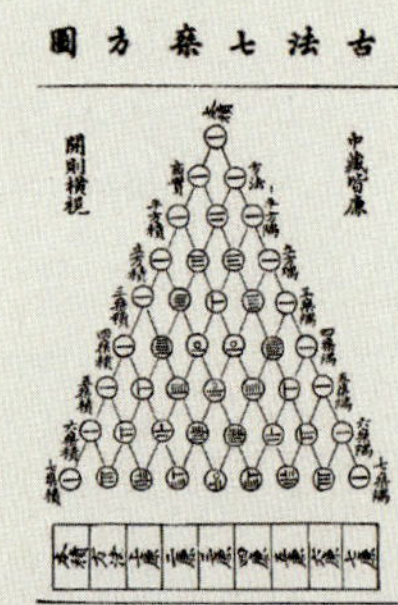

02 $r\,_nC_r = n\,_{n-1}C_{r-1}\,(r \geq 1)$을 이용한 이항계수의 성질

(1) $_nC_1 + 2\,_nC_2 + 3\,_nC_3 + \cdots + n\,_nC_n = n \cdot 2^{n-1}$

설명 $r \times\,_nC_r = n \times\,_{n-1}C_{r-1}\,(r \geq 1)$임을 이용하여 주어진 식을 정리하면

$_nC_1 + 2\,_nC_2 + 3\,_nC_3 + \cdots + n\,_nC_n$

$=\,_{n-1}C_0 +\,_{n-1}C_1 +\,_{n-1}C_2 +\,_{n-1}C_3 + \cdots +\,_{n-1}C_{n-1}$

$= n(_{n-1}C_0 +\,_{n-1}C_1 +\,_{n-1}C_2 +\,_{n-1}C_3 + \cdots +\,_{n-1}C_{n-1})$

$= n \cdot 2^{n-1}$

참고 수2 미분을 이용하여 구할 수 있다.

$(1+x)^n$을 전개하면 $(1+x)^n =\,_nC_0 +\,_nC_1 x +\,_nC_2 x^2 + \cdots +\,_nC_n x^n$ ······ ㉠

㉠의 양변을 x에 대하여 미분하면 $n(1+x)^{n-1} =\,_nC_1 + 2\,_nC_2 x + 3\,_nC_3 x^2 + \cdots + n\,_nC_n x^{n-1}$

양변에 $x=1$을 대입하면 $n \cdot 2^{n-1} =\,_nC_1 + 2 \cdot\,_nC_2 + 3 \cdot\,_nC_3 + \cdots + n \cdot\,_nC_n$

(2) $1 \times\,_nC_1 - 2 \times\,_nC_2 + 3 \times\,_nC_3 - 4 \times\,_nC_4 + \cdots + n \times\,_nC_n = 0$ (단, n이 1보다 큰 홀수)

설명 $r \times\,_nC_r = n \times\,_{n-1}C_{r-1}\,(r \geq 1)$

$1 \times\,_nC_1 - 2 \times\,_nC_2 + 3 \times\,_nC_3 - 4 \times\,_nC_4 + \cdots + n \times\,_nC_n$

$= n \times\,_{n-1}C_0 - n \times\,_{n-1}C_1 + n \times\,_{n-1}C_2 - n \times\,_{n-1}C_3 + \cdots + n \times\,_{n-1}C_{n-1}$

$= n \times (_{n-1}C_0 -\,_{n-1}C_1 +\,_{n-1}C_2 -\,_{n-1}C_3 + \cdots +\,_{n-1}C_{n-1})$

$= n \times 0 = 0$

(3) $1 \cdot\,_nC_0 + 2 \cdot\,_nC_1 + 3 \cdot\,_nC_2 + 4 \cdot\,_nC_3 + \cdots + (n+1) \cdot\,_nC_n = 2^n + n \cdot 2^{n-1} = (2+n) \cdot 2^{n-1}$

설명 $_nC_0 +\,_nC_1 +\,_nC_2 +\,_nC_3 + \cdots +\,_nC_n = 2^n$ ······ ㉠

$_nC_1 + 2\,_nC_2 + 3\,_nC_3 + \cdots + n\,_nC_n = n \cdot 2^{n-1}$ ······ ㉡

㉠+㉡을 하면 $1 \cdot\,_nC_0 + 2 \cdot\,_nC_1 + 3 \cdot\,_nC_2 + 4 \cdot\,_nC_3 + \cdots + (n+1) \cdot\,_nC_n = 2^n + n \cdot 2^{n-1} = (2+n) \cdot 2^{n-1}$

수능특강문제 04 다음 물음에 답하여라. (단, m은 소수, n은 자연수)

(1) $_{12}C_1 + 2\,_{12}C_2 + 3\,_{12}C_3 + \cdots + 12\,_{12}C_{12} = m \cdot 2^n$을 만족하는 m, n에 대하여 $m+n$의 값을 구하여라.
  (단, m은 소수, n은 자연수)

(2) $_nC_1 + 2\,_nC_2 + 3\,_nC_3 + \cdots + n\,_nC_n = 1024$를 만족시키는 자연수 n의 값을 구하여라.

(3) $1 \cdot\,_{10}C_0 + 2 \cdot\,_{10}C_1 + 3 \cdot\,_{10}C_2 + 4 \cdot\,_{10}C_3 + \cdots + 11 \cdot\,_{10}C_{10}$의 값을 구하여라.

수능특강 풀이 $r\,_nC_r = n\,_{n-1}C_{r-1}$임을 이용하여 주어진 식을 정리하면

(1) $_{12}C_1 + 2\,_{12}C_2 + 3\,_{12}C_3 + \cdots + 12\,_{12}C_{12} = 12\,_{11}C_0 + 12\,_{11}C_1 + 12\,_{11}C_2 + 12\,_{11}C_3 + \cdots + 12\,_{11}C_{11}$

$= 12(_{11}C_0 +\,_{11}C_1 +\,_{11}C_2 +\,_{11}C_3 + \cdots +\,_{11}C_{11})$

$= 12 \cdot 2^{11}$

이때 m이 소수이므로 식을 정리하면 $3 \cdot 2^2 \cdot 2^{11} = 3 \cdot 2^{13}$

따라서 $m+n = 3+13 = 16$

(2) $_nC_1 + 2\,_nC_2 + 3\,_nC_3 + \cdots + n\,_nC_n = n \cdot 2^{n-1} =\,_{n-1}C_0 +\,_{n-1}C_1 +\,_{n-1}C_2 +\,_{n-1}C_3 + \cdots +\,_{n-1}C_{n-1}$

$= n(_{n-1}C_0 +\,_{n-1}C_1 +\,_{n-1}C_2 +\,_{n-1}C_3 + \cdots +\,_{n-1}C_{n-1})$

$= n \cdot 2^{n-1}$

따라서 $n \cdot 2^{n-1} = 1024 = 2^{10} = 8 \cdot 2^{8-1}$이므로 $n = 8$

(3) $1 \cdot\,_{10}C_0 + 2 \cdot\,_{10}C_1 + 3 \cdot\,_{10}C_2 + 4 \cdot\,_{10}C_3 + \cdots + 11 \cdot\,_{10}C_{10}$

$= (_{10}C_0 +\,_{10}C_1 +\,_{10}C_2 +\,_{10}C_3 + \cdots +\,_{10}C_{10}) + (1 \cdot\,_{10}C_1 + 2 \cdot\,_{10}C_2 + 3 \cdot\,_{10}C_3 + \cdots + 10 \cdot\,_{10}C_{10})$에서

$_{10}C_0 +\,_{10}C_1 +\,_{10}C_2 +\,_{10}C_3 + \cdots +\,_{10}C_{10} = 2^{10}$ ······ ㉠ ← $_nC_0 +\,_nC_1 +\,_nC_2 +\,_nC_3 + \cdots +\,_nC_n = 2^n$

$_{10}C_1 + 2\,_{10}C_2 + 3\,_{10}C_3 + \cdots + 10\,_{10}C_{10} = 10 \cdot 2^9$ ······ ㉡ ← $_nC_1 + 2\,_nC_2 + 3\,_nC_3 + \cdots + n\,_nC_n = n \cdot 2^{n-1}$

㉠+㉡을 하면 $1 \cdot\,_{10}C_0 + 2 \cdot\,_{10}C_1 + 3 \cdot\,_{10}C_2 + 4 \cdot\,_{10}C_3 + \cdots + 11 \cdot\,_{10}C_{10} = 2^{10} + 10 \times 2^9 = 6144$

$$(1+i)^n = ({}_n\mathrm{C}_0 - {}_n\mathrm{C}_2 + {}_n\mathrm{C}_4 - {}_n\mathrm{C}_6 + \cdots) + ({}_n\mathrm{C}_1 - {}_n\mathrm{C}_3 + {}_n\mathrm{C}_5 - {}_n\mathrm{C}_7 + \cdots)i \quad (\text{단, } i=\sqrt{-1})$$

$(1+i)^n$의 실수부분은 ${}_n\mathrm{C}_0 - {}_n\mathrm{C}_2 + {}_n\mathrm{C}_4 - {}_n\mathrm{C}_6 + \cdots$

허수부분은 ${}_n\mathrm{C}_1 - {}_n\mathrm{C}_3 + {}_n\mathrm{C}_5 - {}_n\mathrm{C}_7 + \cdots$

설명 $(1+i)^n = {}_n\mathrm{C}_0 + {}_n\mathrm{C}_1 i + {}_n\mathrm{C}_2 i^2 + {}_n\mathrm{C}_3 i^3 + {}_n\mathrm{C}_4 i^4 + \cdots + {}_n\mathrm{C}_n i^n$

$\quad = {}_n\mathrm{C}_0 + {}_n\mathrm{C}_1 i - {}_n\mathrm{C}_2 - {}_n\mathrm{C}_3 i + {}_n\mathrm{C}_4 \cdots + {}_n\mathrm{C}_n i^n$

$\quad = ({}_n\mathrm{C}_0 - {}_n\mathrm{C}_2 + {}_n\mathrm{C}_4 - {}_n\mathrm{C}_6 + {}_n\mathrm{C}_8 - \cdots) + ({}_n\mathrm{C}_1 - {}_n\mathrm{C}_3 + {}_n\mathrm{C}_5 - {}_n\mathrm{C}_7 + {}_n\mathrm{C}_9 - \cdots)i$

이때 실수부분은 ${}_n\mathrm{C}_0 - {}_n\mathrm{C}_2 + {}_n\mathrm{C}_4 - {}_n\mathrm{C}_6 + \cdots$

허수부분은 ${}_n\mathrm{C}_1 - {}_n\mathrm{C}_3 + {}_n\mathrm{C}_5 - {}_n\mathrm{C}_7 + \cdots$

수능특강문제 05

$(1+i)^{20}$의 전개식을 이용하여 다음 식의 값을 구하여라. (단, $i=\sqrt{-1}$)

(1) ${}_{20}\mathrm{C}_0 - {}_{20}\mathrm{C}_2 + {}_{20}\mathrm{C}_4 - {}_{20}\mathrm{C}_6 + \cdots - {}_{20}\mathrm{C}_{18} + {}_{20}\mathrm{C}_{20}$

(2) ${}_{20}\mathrm{C}_1 - {}_{20}\mathrm{C}_3 + {}_{20}\mathrm{C}_5 - {}_{20}\mathrm{C}_6 + \cdots + {}_{20}\mathrm{C}_{17} - {}_{20}\mathrm{C}_{19}$

수능특강 풀이

$(1+i)^{20} = \{(1+i)^2\}^{10} = (2i)^{10} = 2^{10} \cdot i^{10} = -2^{10}$

이항정리를 이용하여 식을 정리하면

$(1+i)^{20} = {}_{20}\mathrm{C}_0 + {}_{20}\mathrm{C}_1 i + {}_{20}\mathrm{C}_2 i^2 + {}_{20}\mathrm{C}_3 i^3 + {}_{20}\mathrm{C}_4 i^4 + \cdots + {}_{20}\mathrm{C}_{20} i^{20}$

$\quad = {}_{20}\mathrm{C}_0 + {}_{20}\mathrm{C}_1 i - {}_{20}\mathrm{C}_2 - {}_{20}\mathrm{C}_3 i + {}_{20}\mathrm{C}_4 - \cdots + {}_{20}\mathrm{C}_{20}$

$\quad = {}_{20}\mathrm{C}_0 - {}_{20}\mathrm{C}_2 + {}_{20}\mathrm{C}_4 - \cdots + {}_{20}\mathrm{C}_{20} + ({}_{20}\mathrm{C}_1 - {}_{20}\mathrm{C}_3 + {}_{20}\mathrm{C}_5 - \cdots + {}_{20}\mathrm{C}_{17} - {}_{20}\mathrm{C}_{19})i$

(1) ${}_{20}\mathrm{C}_0 - {}_{20}\mathrm{C}_2 + {}_{20}\mathrm{C}_4 - {}_{20}\mathrm{C}_6 + \cdots - {}_{20}\mathrm{C}_{18} + {}_{20}\mathrm{C}_{20}$은

$(1+i)^{20}$의 실수부분이므로 ${}_{20}\mathrm{C}_0 - {}_{20}\mathrm{C}_2 + {}_{20}\mathrm{C}_4 - {}_{20}\mathrm{C}_6 + \cdots - {}_{20}\mathrm{C}_{18} + {}_{20}\mathrm{C}_{20} = -2^{10}$

(2) ${}_{20}\mathrm{C}_1 - {}_{20}\mathrm{C}_3 + {}_{20}\mathrm{C}_5 - {}_{20}\mathrm{C}_6 + \cdots + {}_{20}\mathrm{C}_{17} - {}_{20}\mathrm{C}_{19}$은

$(1+i)^{20}$의 허수부분이므로 ${}_{20}\mathrm{C}_1 - {}_{20}\mathrm{C}_3 + {}_{20}\mathrm{C}_5 - {}_{20}\mathrm{C}_7 + \cdots + {}_{20}\mathrm{C}_{17} - {}_{20}\mathrm{C}_{19} = 0$

다른풀이 ${}_n\mathrm{C}_r = {}_n\mathrm{C}_{n-r}$를 이용하여 풀이하기

${}_{20}\mathrm{C}_1 - {}_{20}\mathrm{C}_3 + {}_{20}\mathrm{C}_5 - {}_{20}\mathrm{C}_6 + \cdots + {}_{20}\mathrm{C}_{17} - {}_{20}\mathrm{C}_{19}$

$= ({}_{20}\mathrm{C}_1 - {}_{20}\mathrm{C}_{19}) + (-{}_{20}\mathrm{C}_3 + {}_{20}\mathrm{C}_{17}) + ({}_{20}\mathrm{C}_5 - {}_{20}\mathrm{C}_{15}) + (-{}_{20}\mathrm{C}_7 + {}_{20}\mathrm{C}_{13}) + ({}_{20}\mathrm{C}_9 - {}_{20}\mathrm{C}_{11})$

$= ({}_{20}\mathrm{C}_1 - {}_{20}\mathrm{C}_1) + (-{}_{20}\mathrm{C}_3 + {}_{20}\mathrm{C}_3) + ({}_{20}\mathrm{C}_5 - {}_{20}\mathrm{C}_5) + (-{}_{20}\mathrm{C}_7 + {}_{20}\mathrm{C}_7) + ({}_{20}\mathrm{C}_9 - {}_{20}\mathrm{C}_9)$

$= 0$

수능특강문제 06

$(1+i)^{40}$의 전개식을 이용하여 $\log_2({}_{40}\mathrm{C}_0 - {}_{40}\mathrm{C}_2 + {}_{40}\mathrm{C}_4 - {}_{40}\mathrm{C}_6 + \cdots - {}_{40}\mathrm{C}_{38} + {}_{40}\mathrm{C}_{40})$의 값을 구하는 과정을 다음 단계로 구하여라. (단, $i=\sqrt{-1}$)

[1단계] $(1+i)^{40}$의 값을 $a+bi$ (a, b는 실수)의 꼴로 나타낸다.

[2단계] 이항정리를 이용하여 $(1+i)^{40}$의 전개식을 구한다.

[3단계] 1단계에서 계산한 $(1+i)^{40}$의 값과 2단계에서 구한 $(1+i)^{40}$의 전개식의 실수부분을 비교하여

$\log_2({}_{40}\mathrm{C}_0 - {}_{40}\mathrm{C}_2 + {}_{40}\mathrm{C}_4 - {}_{40}\mathrm{C}_6 + \cdots - {}_{40}\mathrm{C}_{38} + {}_{40}\mathrm{C}_{40})$의 값을 구한다.

수능특강 풀이

[1단계] $(1+i)^{40}$을 거듭제곱을 이용하면 $(1+i)^2 = 1+2i+i^2 = 2i$이므로

$\quad (1+i)^{40} = \{(1+i)^2\}^{20} = (2i)^{20} = 2^{20} + 0i$

[2단계] $(1+i)^{40} = {}_{40}\mathrm{C}_0 + {}_{40}\mathrm{C}_1 i + {}_{40}\mathrm{C}_2 i^2 + {}_{40}\mathrm{C}_3 i^3 + \cdots + {}_{40}\mathrm{C}_{40} i^{40}$

$\quad = {}_{40}\mathrm{C}_0 + {}_{40}\mathrm{C}_1 i - {}_{40}\mathrm{C}_2 - {}_{40}\mathrm{C}_3 i + \cdots + {}_{40}\mathrm{C}_{40}$

$\quad = {}_{40}\mathrm{C}_0 - {}_{40}\mathrm{C}_2 + {}_{40}\mathrm{C}_4 - {}_{40}\mathrm{C}_6 + \cdots + {}_{40}\mathrm{C}_{40} + ({}_{40}\mathrm{C}_1 - {}_{40}\mathrm{C}_3 + {}_{40}\mathrm{C}_5 - \cdots - {}_{40}\mathrm{C}_{39})i$

[3단계] 1단계와 2단계에서 실수부분을 비교하면

$\quad {}_{40}\mathrm{C}_0 - {}_{40}\mathrm{C}_2 + {}_{40}\mathrm{C}_4 - {}_{40}\mathrm{C}_6 + \cdots - {}_{40}\mathrm{C}_{38} + {}_{40}\mathrm{C}_{40} = 2^{20}$

$\quad \therefore \log_2({}_{40}\mathrm{C}_0 - {}_{40}\mathrm{C}_2 + {}_{40}\mathrm{C}_4 - {}_{40}\mathrm{C}_6 + \cdots - {}_{40}\mathrm{C}_{38} + {}_{40}\mathrm{C}_{40}) = \log_2 2^{20} = 20$

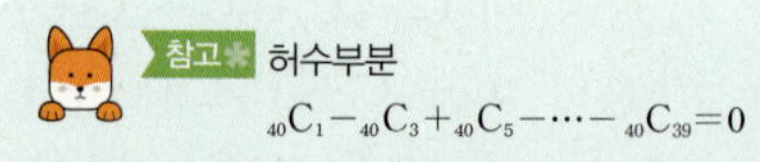

03 이항계수의 성질

01 이항계수의 성질(1)

이항정리를 이용하여 다항식 $(1+x)^n$을 전개하면

$(1+x)^n={}_nC_0+{}_nC_1x+{}_nC_2x^2+\cdots+{}_nC_nx^n$ 이다. $\leftarrow (1+x)^n=\sum_{r=0}^{n} {}_nC_r x^r$

이 전개식을 이용하면 다음과 같이 이항계수의 성질을 얻을 수 있다. 이항계수의 성질들은 이항계수로 이루어진 식의 값을 간단하게 2의 거듭제곱이나 0으로 나타내어 이항계수로 이루어진 복잡한 식들을 간단한 값으로 나타낼 수 있다.

> 자연수 n에 대하여 다음이 성립한다.
>
> (1) ${}_nC_0+{}_nC_1+{}_nC_2+{}_nC_3+\cdots+{}_nC_n=2^n$
>
> (2) ${}_nC_0-{}_nC_1+{}_nC_2-{}_nC_3+\cdots+(-1)^n{}_nC_n=0$
>
> (3) ${}_nC_0+{}_nC_2+{}_nC_4+\cdots+{}_nC_{n-1}={}_nC_1+{}_nC_3+{}_nC_5+\cdots+{}_nC_n=2^{n-1}$ $\leftarrow n$이 1보다 큰 홀수
>
> ${}_nC_0+{}_nC_2+{}_nC_4+\cdots+{}_nC_n={}_nC_1+{}_nC_3+{}_nC_5+\cdots+{}_nC_{n-1}=2^{n-1}$ $\leftarrow n$이 짝수

마플해설

$(1+x)^n$을 전개하면 $(1+x)^n={}_nC_0+{}_nC_1x+{}_nC_2x^2+{}_nC_3x^3+\cdots+{}_nC_nx^n$ $\cdots\cdots$ ㉠

(1) ㉠의 양변에 $x=1$을 대입하면

    $2^n={}_nC_0+{}_nC_1+{}_nC_2+{}_nC_3+\cdots+{}_nC_n$ $\cdots\cdots$ ㉡

(2) ㉠의 양변에 $x=-1$을 대입하면

    $0={}_nC_0-{}_nC_1+{}_nC_2-{}_nC_3+\cdots+(-1)^n{}_nC_n$ $\cdots\cdots$ ㉢

(3) n이 1보다 큰 홀수일 때,

    ㉡+㉢을 하면 $2({}_nC_0+{}_nC_2+{}_nC_4+\cdots+{}_nC_{n-1})=2^n$ $\therefore {}_nC_0+{}_nC_2+{}_nC_4+\cdots+{}_nC_{n-1}=2^{n-1}$

    ㉡-㉢을 하면 $2({}_nC_1+{}_nC_3+{}_nC_5+\cdots+{}_nC_n)=2^n$ $\therefore {}_nC_1+{}_nC_3+{}_nC_5+\cdots+{}_nC_n=2^{n-1}$

    이므로 ${}_nC_0+{}_nC_2+{}_nC_4+\cdots+{}_nC_{n-1}={}_nC_1+{}_nC_3+{}_nC_5+\cdots+{}_nC_n=2^{n-1}$

    n이 짝수일 때,

    ㉡+㉢을 하면 $2({}_nC_0+{}_nC_2+{}_nC_4+\cdots+{}_nC_n)=2^n$ $\therefore {}_nC_0+{}_nC_2+{}_nC_4+\cdots+{}_nC_n=2^{n-1}$

    ㉡-㉢을 하면 $2({}_nC_1+{}_nC_3+{}_nC_5+\cdots+{}_nC_{n-1})=2^n$ $\therefore {}_nC_1+{}_nC_3+{}_nC_5+\cdots+{}_nC_{n-1}=2^{n-1}$

    이므로 ${}_nC_0+{}_nC_2+{}_nC_4+\cdots+{}_nC_n={}_nC_1+{}_nC_3+{}_nC_5+\cdots+{}_nC_{n-1}=2^{n-1}$

보기 01

다음 값을 구하여라.

(1) ${}_{10}C_0+{}_{10}C_1+{}_{10}C_2+\cdots+{}_{10}C_{10}$

(2) ${}_{10}C_1+{}_{10}C_3+{}_{10}C_5+\cdots+{}_{10}C_9$

(3) ${}_{10}C_2+{}_{10}C_4+{}_{10}C_6+\cdots+{}_{10}C_{10}$

풀이

(1) ${}_{10}C_0+{}_{10}C_1+{}_{10}C_2+\cdots+{}_{10}C_{10}=2^{10}$

(2) ${}_{10}C_1+{}_{10}C_3+{}_{10}C_5+\cdots+{}_{10}C_9=2^9$

(3) ${}_{10}C_2+{}_{10}C_4+{}_{10}C_6+\cdots+{}_{10}C_{10}=2^9-{}_{10}C_0=2^9-1$

$+\alpha$ 더 알아보기

${}_{2n}C_0+{}_{2n}C_2+{}_{2n}C_4+\cdots+{}_{2n}C_{2n-2}+{}_{2n}C_{2n}={}_{2n}C_1+{}_{2n}C_3+{}_{2n}C_5+\cdots+{}_{2n}C_{2n-3}+{}_{2n}C_{2n-1}=2^{2n-1}$을 증명한다.

증명 $(1+x)^{2n}={}_{2n}C_0+{}_{2n}C_1x+{}_{2n}C_2x^2+\cdots+{}_{2n}C_{2n}x^{2n}$ $\cdots\cdots$ ㉠

    ㉠의 양변에 $x=1$을 대입하면 $2^{2n}={}_{2n}C_0+{}_{2n}C_1+{}_{2n}C_2+\cdots+{}_{2n}C_{2n}$ $\cdots\cdots$ ㉡

    ㉠의 양변에 $x=-1$을 대입하면 $0={}_{2n}C_0-{}_{2n}C_1+{}_{2n}C_2-\cdots+{}_{2n}C_{2n}$ $\cdots\cdots$ ㉢

    ㉡+㉢을 하면 $2^{2n}=2({}_{2n}C_0+{}_{2n}C_2+{}_{2n}C_4+\cdots+{}_{2n}C_{2n})$이므로 ${}_{2n}C_0+{}_{2n}C_2+{}_{2n}C_4+\cdots+{}_{2n}C_{2n}=2^{2n-1}$

    ㉡-㉢을 하면 $2^{2n}=2({}_{2n}C_1+{}_{2n}C_3+{}_{2n}C_5+\cdots+{}_{2n}C_{2n-1})$이므로 ${}_{2n}C_1+{}_{2n}C_3+{}_{2n}C_5+\cdots+{}_{2n}C_{2n-1}=2^{2n-1}$

    따라서 ${}_{2n}C_0+{}_{2n}C_2+{}_{2n}C_4+\cdots+{}_{2n}C_{2n-2}+{}_{2n}C_{2n}={}_{2n}C_1+{}_{2n}C_3+{}_{2n}C_5+\cdots+{}_{2n}C_{2n-3}+{}_{2n}C_{2n-1}=2^{2n-1}$

이항정리를 이용하여 $(1+x)^n$의 전개식을 구하면

$$(1+x)^n={}_n\mathrm{C}_0+{}_n\mathrm{C}_1x+{}_n\mathrm{C}_2x^2+\cdots+{}_n\mathrm{C}_rx^r+\cdots+{}_n\mathrm{C}_nx^n$$

이 식의 $x,\ n$에 적당한 수를 대입하여 구하고자 하는 이항계수의 관계식을 만들어 낸다.

보기 02   다음을 구하여라.

(1) ${}_{10}\mathrm{C}_0+{}_{10}\mathrm{C}_1\cdot3+{}_{10}\mathrm{C}_2\cdot3^2+\cdots+{}_{10}\mathrm{C}_{10}\cdot3^{10}$

(2) $\log_2({}_{10}\mathrm{C}_0+3\cdot{}_{10}\mathrm{C}_1+3^2\cdot{}_{10}\mathrm{C}_2+\cdots+3^{10}\cdot{}_{10}\mathrm{C}_{10})$

(3) $\log_9({}_{10}\mathrm{C}_0+2\cdot{}_{10}\mathrm{C}_1+2^2\cdot{}_{10}\mathrm{C}_2+\cdots+2^{10}\cdot{}_{10}\mathrm{C}_{10})$

풀이   (1) 이항정리를 이용하여 $(1+x)^{10}$을 전개하면

$$(1+x)^{10}={}_{10}\mathrm{C}_0+{}_{10}\mathrm{C}_1x+{}_{10}\mathrm{C}_2x^2+\cdots+{}_{10}\mathrm{C}_rx^r+\cdots+{}_{10}\mathrm{C}_{10}x^{10}$$

등식의 양변에 $x=3$을 대입하면

$$ {}_{10}\mathrm{C}_0+{}_{10}\mathrm{C}_1\cdot3+{}_{10}\mathrm{C}_2\cdot3^2+\cdots+{}_{10}\mathrm{C}_{10}\cdot3^{10}=(1+3)^{10}=4^{10}=2^{20}$$

(2) 이항정리를 이용하여 $(1+x)^{10}$을 전개하면 $(1+x)^{10}={}_{10}\mathrm{C}_0+{}_{10}\mathrm{C}_1x+{}_{10}\mathrm{C}_2x^2+\cdots+{}_{10}\mathrm{C}_{10}x^{10}$

등식의 양변에 $x=3$을 대입하면 $(1+3)^{10}={}_{10}\mathrm{C}_0+{}_{10}\mathrm{C}_1\cdot3+{}_{10}\mathrm{C}_2\cdot3^2+\cdots+{}_{10}\mathrm{C}_{10}\cdot3^{10}$

즉, ${}_{10}\mathrm{C}_0+3\cdot{}_{10}\mathrm{C}_1+3^2\cdot{}_{10}\mathrm{C}_2+\cdots+3^{10}\cdot{}_{10}\mathrm{C}_{10}=4^{10}$

$\therefore \log_2({}_{10}\mathrm{C}_0+3\cdot{}_{10}\mathrm{C}_1+3^2\cdot{}_{10}\mathrm{C}_2+\cdots+3^{10}\cdot{}_{10}\mathrm{C}_{10})=\log_2 4^{10}=\log_2 2^{20}=20$

(3) 이항정리를 이용하여 $(1+x)^{10}$을 전개하면 $(1+x)^{10}={}_{10}\mathrm{C}_0+{}_{10}\mathrm{C}_1x+{}_{10}\mathrm{C}_2x^2+\cdots+{}_{10}\mathrm{C}_{10}x^{10}$

등식의 양변에 $x=2$를 대입하면 $(1+2)^{10}={}_{10}\mathrm{C}_0+{}_{10}\mathrm{C}_1\cdot2+{}_{10}\mathrm{C}_2\cdot2^2+\cdots+{}_{10}\mathrm{C}_{10}\cdot2^{10}$

즉, ${}_{10}\mathrm{C}_0+2\cdot{}_{10}\mathrm{C}_1+2^2\cdot{}_{10}\mathrm{C}_2+\cdots+2^{10}\cdot{}_{10}\mathrm{C}_{10}=3^{10}$

$\therefore \log_9({}_{10}\mathrm{C}_0+2\cdot{}_{10}\mathrm{C}_1+2^2\cdot{}_{10}\mathrm{C}_2+\cdots+2^{10}\cdot{}_{10}\mathrm{C}_{10})=\log_9 3^{10}=\log_{3^2}3^{10}=\dfrac{10}{2}\log_3 3=5$

원소의 개수가 n인 집합 A의 부분집합의 개수가 ${}_n\mathrm{C}_0+{}_n\mathrm{C}_1+{}_n\mathrm{C}_2+\cdots+{}_n\mathrm{C}_n=2^n$임을 증명한다.

① 집합 A의 부분집합 중에서 원소의 개수가 $k\ (1\le k\le n)$인 부분집합의 개수는 ${}_n\mathrm{C}_k$임을 설명해 보자.

> **설명** n개의 원소 중에서 k개의 원소를 택하는 경우의 수와 같으므로 ${}_n\mathrm{C}_k$이다.

② 등식 ${}_n\mathrm{C}_0+{}_n\mathrm{C}_1+{}_n\mathrm{C}_2+\cdots+{}_n\mathrm{C}_n=2^n$을 이용하여 집합 A의 부분집합의 개수는 2^n임을 설명해 보자.

> **설명** n개의 원소로 이루어진 집합 $A=\{1,\ 2,\ 3,\ \cdots,\ n\}$에 대하여
>
> 원소의 개수가 0개인 부분집합의 개수는 ${}_n\mathrm{C}_0$
>
> 원소의 개수가 1개인 부분집합의 개수는 ${}_n\mathrm{C}_1$
>
> 원소의 개수가 2개인 부분집합의 개수는 ${}_n\mathrm{C}_2$
>
> $\vdots$
>
> 원소의 개수가 n개인 부분집합의 개수는 ${}_n\mathrm{C}_n$
>
> 따라서 집합 A의 부분집합의 개수는
>
> ${}_n\mathrm{C}_0+{}_n\mathrm{C}_1+{}_n\mathrm{C}_2+\cdots+{}_n\mathrm{C}_n=2^n$이므로 주어진 등식이 성립한다.

③ 집합 A의 부분집합 B의 원소의 개수가 $r(1\le r\le n)$일 때, $B\subset C\subset A$를 만족시키는 집합 C의 개수는 2^{n-r}임을 설명해 보자.

> **설명** $B\subset C\subset A$를 만족시키는 집합 C의 개수는 $(n-r)$개의 원소를 갖는 집합의 부분집합의 개수와 같으므로
>
> ${}_{n-r}\mathrm{C}_0+{}_{n-r}\mathrm{C}_1+\cdots+{}_{n-r}\mathrm{C}_{n-r}=2^{n-r}$

01 미분과 적분을 이용한 이항계수의 성질

01 이항계수의 성질

(1) $_nC_1+2\cdot{}_nC_2+3\cdot{}_nC_3+\cdots+n\cdot{}_nC_n=n\cdot2^{n-1}$

(2) $_nC_0+\dfrac{_nC_1}{2}+\dfrac{_nC_2}{3}+\cdots+\dfrac{_nC_n}{n+1}=\dfrac{2^{n+1}-1}{n+1}$

보충해설 $(1+x)^n$을 전개하면 $(1+x)^n={}_nC_0+{}_nC_1x+{}_nC_2x^2+\cdots+{}_nC_nx^n$ $\cdots\cdots$ ㉠

(1) ㉠의 양변을 x에 대하여 미분하면

$$n(1+x)^{n-1}={}_nC_1+2{}_nC_2x+3{}_nC_3x^2+\cdots+n{}_nC_nx^{n-1}$$

양변에 $x=1$을 대입하면 $n\cdot2^{n-1}={}_nC_1+2\cdot{}_nC_2+3\cdot{}_nC_3+\cdots+n\cdot{}_nC_n$

(2) ㉠의 양변을 구간 $[0,\,1]$에서 x에 대하여 적분하면

$$\int_0^1(1+x)^n\,dx=\int_0^1({}_nC_0+{}_nC_1x+{}_nC_2x^2+\cdots+{}_nC_nx^n)\,dx$$

$$\left[\dfrac{1}{n+1}(1+x)^{n+1}\right]_0^1=\left[{}_nC_0x+\dfrac{1}{2}{}_nC_1x^2+\dfrac{1}{3}{}_nC_2x^3+\cdots+\dfrac{1}{n+1}{}_nC_nx^{n+1}\right]_0^1$$

$$\dfrac{2^{n+1}-1}{n+1}={}_nC_0+\dfrac{_nC_1}{2}+\dfrac{_nC_2}{3}+\cdots+\dfrac{_nC_n}{n+1}$$

마플보충문제 01 다음 식의 값을 구하여라.

(1) $_{10}C_1+2{}_{10}C_2+3{}_{10}C_3+\cdots+10{}_{10}C_{10}$

(2) $_{10}C_0+\dfrac{_{10}C_1}{2}+\dfrac{_{10}C_2}{3}+\cdots+\dfrac{_{10}C_{10}}{11}$

마플보충 풀이 (1) $(1+x)^{10}={}_{10}C_0+{}_{10}C_1x+{}_{10}C_2x^2+\cdots+{}_{10}C_{10}x^{10}$

양변을 x에 대하여 미분하면

$$10(1+x)^9={}_{10}C_1+2\cdot{}_{10}C_2x+3\cdot{}_{10}C_3x^2+\cdots+10\cdot{}_{10}C_{10}x^9$$

위의 식의 양변에 $x=1$을 대입하면 $10\cdot2^9={}_{10}C_1+2{}_{10}C_2+3{}_{10}C_3+\cdots+10{}_{10}C_{10}$

(2) $(1+x)^{10}={}_{10}C_0+{}_{10}C_1x+{}_{10}C_2x^2+\cdots+{}_{10}C_{10}x^{10}$

양변을 구간 $[0,\,1]$에서 x에 대하여 적분하면

$$\int_0^1(1+x)^{10}\,dx=\int_0^1({}_{10}C_0+{}_{10}C_1x+{}_{10}C_2x^2+\cdots+{}_{10}C_{10}x^{10})\,dx$$

$$\left[\dfrac{1}{11}(1+x)^{11}\right]_0^1=\left[{}_{10}C_0x+\dfrac{1}{2}{}_{10}C_1x^2+\dfrac{1}{3}{}_{10}C_2x^3+\cdots+\dfrac{1}{11}{}_{10}C_{10}x^{11}\right]_0^1$$

$$_{10}C_0+\dfrac{_{10}C_1}{2}+\dfrac{_{10}C_2}{3}+\cdots+\dfrac{_{10}C_{10}}{11}=\dfrac{2^{11}-1}{11}$$

마플보충문제 02 다음 물음에 답하여라.

(1) $\dfrac{d}{dx}(2x-1)^8$의 전개식에서 x^2의 계수를 구하여라.

(2) $\int\left(x^2-\dfrac{k}{x}\right)^5dx$의 전개식에서 x^5의 계수가 18일 때, 양수 k의 값을 구하여라.

마플보충 풀이 (1) $\dfrac{d}{dx}(2x-1)^8$의 전개식에서 x^2항은 $(2x-1)^8$의 전개식의 x^3항을 미분하여 얻어진다.

이때 x^3항의 계수는 $_8C_5(2x)^3(-1)^5={}_8C_5(-1)^52^3x^3=-448x^3$

따라서 미분하여 x^2의 계수를 구하면 $-448\times3=-1344$

(2) $\left(x^2-\dfrac{k}{x}\right)^5$의 전개식에서 일반항은 $_5C_r(x^2)^{5-r}\left(-\dfrac{k}{x}\right)^r=(-1)^r{}_5C_rk^rx^{10-3r}$

이때 $x^{10-3r}=x^4$에서 $10-3r=4$, $r=2$이므로 x^4항은 $(-1)^2{}_5C_2k^2x^4=10k^2x^4$

$\int\left(x^2-\dfrac{k}{x}\right)^5dx$의 전개식에서 x^5의 항은 $\int(10k^2x^4)dx=2k^2x^5+C$이므로 $2k^2=18$

따라서 $k>0$이므로 $k=3$

다음 물음에 답하여라.

(1) $1000 < {}_n\mathrm{C}_1 + {}_n\mathrm{C}_2 + {}_n\mathrm{C}_3 + \cdots + {}_n\mathrm{C}_n < 2000$을 만족시키는 n의 값을 구하여라.

(2) $\log_2({}_{99}\mathrm{C}_{50} + {}_{99}\mathrm{C}_{51} + {}_{99}\mathrm{C}_{52} + \cdots + {}_{99}\mathrm{C}_{99})$의 값을 구하여라.

MAPL CORE　이항계수의 성질

① ${}_n\mathrm{C}_0 + {}_n\mathrm{C}_1 + {}_n\mathrm{C}_2 + \cdots + {}_n\mathrm{C}_n = 2^n$

② ${}_n\mathrm{C}_1 + {}_n\mathrm{C}_2 + {}_n\mathrm{C}_3 + \cdots + {}_n\mathrm{C}_n = 2^n - 1$

③ ${}_n\mathrm{C}_0 + {}_n\mathrm{C}_2 + {}_n\mathrm{C}_4 + \cdots + {}_n\mathrm{C}_{n-1} = {}_n\mathrm{C}_1 + {}_n\mathrm{C}_3 + {}_n\mathrm{C}_5 + \cdots + {}_n\mathrm{C}_n = 2^{n-1}$　◀ n이 1보다 큰 홀수

개념익힘 | 풀이

(1) ${}_n\mathrm{C}_1 + {}_n\mathrm{C}_2 + {}_n\mathrm{C}_3 + \cdots + {}_n\mathrm{C}_n = 2^n - 1$이므로

$1000 < 2^n - 1 < 2000$, $1001 < 2^n < 2001$

이때 $2^9 = 512$, $2^{10} = 1024$, $2^{11} = 2048$이므로

위의 부등식을 만족하는 정수 n의 값은 $n = 10$

(2) ${}_{99}\mathrm{C}_r = {}_{99}\mathrm{C}_{99-r}\,(r = 0, 1, 2, \cdots, 99)$이므로

${}_{99}\mathrm{C}_{50} + {}_{99}\mathrm{C}_{51} + {}_{99}\mathrm{C}_{52} + \cdots + {}_{99}\mathrm{C}_{99} = {}_{99}\mathrm{C}_{49} + {}_{99}\mathrm{C}_{48} + {}_{99}\mathrm{C}_{47} + \cdots + {}_{99}\mathrm{C}_0$

한편 ${}_{99}\mathrm{C}_0 + {}_{99}\mathrm{C}_1 + {}_{99}\mathrm{C}_2 + \cdots + {}_{99}\mathrm{C}_{99} = 2^{99}$이므로

${}_{99}\mathrm{C}_{50} + {}_{99}\mathrm{C}_{51} + {}_{99}\mathrm{C}_{52} + \cdots + {}_{99}\mathrm{C}_{99} = \dfrac{1}{2} \cdot 2^{99} = 2^{98}$

$\therefore \log_2({}_{99}\mathrm{C}_{50} + {}_{99}\mathrm{C}_{51} + {}_{99}\mathrm{C}_{52} + \cdots + {}_{99}\mathrm{C}_{99}) = \log_2 2^{98} = 98 \log_2 2 = 98$

확인유제 0153　다음 물음에 답하여라.

(1) $2000 < {}_n\mathrm{C}_1 + {}_n\mathrm{C}_2 + {}_n\mathrm{C}_3 + \cdots + {}_n\mathrm{C}_n < 3000$을 만족시키는 n의 값을 구하여라.

(2) $\log_4({}_{15}\mathrm{C}_8 + {}_{15}\mathrm{C}_9 + {}_{15}\mathrm{C}_{10} + \cdots + {}_{15}\mathrm{C}_{15})$의 값을 구하여라.

(3) $\log_2({}_{13}\mathrm{C}_1 + {}_{13}\mathrm{C}_3 + {}_{13}\mathrm{C}_5 + \cdots + {}_{13}\mathrm{C}_{13})$의 값을 구하여라.

변형문제 0154
2010학년도 06월 평가원

50 이하의 자연수 n 중에서

$${}_n\mathrm{C}_1 + {}_n\mathrm{C}_2 + \cdots + {}_n\mathrm{C}_n$$

의 값이 3의 배수가 되도록 하는 n의 개수는?

① 23　　② 25　　③ 36　　④ 47　　⑤ 56

발전문제 0155　집합 $A = \{1, 2, 3, \cdots, 10\}$에 대하여 다음 물음에 답하여라. (단, 부분집합 중 공집합은 제외시킨다.)

(1) 집합 A의 부분집합 중에서 원소의 개수가 홀수인 것의 개수를 구하여라.

(2) 집합 A의 부분집합 중에서 원소의 개수가 짝수인 것의 개수를 구하여라.

정답　0153 : (1) 11 (2) 7 (3) 12　　0154 : ②　　0155 : (1) 512 (2) 511

$$f(n)=\dfrac{{}_n\mathrm{C}_0+\dfrac{1}{2}{}_n\mathrm{C}_1+\dfrac{1}{4}{}_n\mathrm{C}_2+\cdots+\dfrac{1}{2^n}\cdot{}_n\mathrm{C}_n}{{}_n\mathrm{C}_0+2{}_n\mathrm{C}_1+2^2{}_n\mathrm{C}_2+\cdots+2^n\cdot{}_n\mathrm{C}_n}$$ 일 때, $f(10)$의 값을 구하여라.

MAPL CORE

이항정리를 이용하여 $(1+x)^n$의 전개식을 구하면

$(1+x)^n={}_n\mathrm{C}_0+{}_n\mathrm{C}_1x+{}_n\mathrm{C}_2x^2+\cdots+{}_n\mathrm{C}_rx^r+\cdots+{}_n\mathrm{C}_nx^n$

이 식의 x, n에 적당한 한 수를 대입하여 구하고자 하는 이항계수의 관계식을 만들어 낸다.

개념익힘│풀이

$(1+x)^n={}_n\mathrm{C}_0+{}_n\mathrm{C}_1x+{}_n\mathrm{C}_2x^2+\cdots+{}_n\mathrm{C}_nx^n$ ······ ㉠

㉠의 양변에 $x=\dfrac{1}{2}$을 대입하면

$${}_n\mathrm{C}_0+\dfrac{1}{2}{}_n\mathrm{C}_1+\dfrac{1}{4}{}_n\mathrm{C}_2+\cdots+\dfrac{1}{2^n}\cdot{}_n\mathrm{C}_n=\left(1+\dfrac{1}{2}\right)^n=\left(\dfrac{3}{2}\right)^n$$

㉠의 양변에 $x=2$를 대입하면

$${}_n\mathrm{C}_0+2{}_n\mathrm{C}_1+2^2{}_n\mathrm{C}_2+\cdots+2^n\cdot{}_n\mathrm{C}_n=(1+2)^n=3^n$$

$$f(n)=\dfrac{{}_n\mathrm{C}_0+\dfrac{1}{2}{}_n\mathrm{C}_1+\dfrac{1}{4}{}_n\mathrm{C}_2+\cdots+\dfrac{1}{2^n}\cdot{}_n\mathrm{C}_n}{{}_n\mathrm{C}_0+2{}_n\mathrm{C}_1+2^2{}_n\mathrm{C}_2+\cdots+2^n\cdot{}_n\mathrm{C}_n}=\dfrac{\left(\dfrac{3}{2}\right)^n}{3^n}=\left(\dfrac{1}{2}\right)^n$$

따라서 $f(10)=\left(\dfrac{1}{2}\right)^{10}=\dfrac{1}{2^{10}}$

확인유제 0156

2010년 04월 교육청

다음 물음에 답하여라.

(1) $f(n)={}_n\mathrm{C}_0-\dfrac{1}{2}{}_n\mathrm{C}_1+\dfrac{1}{2^2}{}_n\mathrm{C}_2-\cdots+(-1)^n\dfrac{1}{2^n}{}_n\mathrm{C}_n$ 일 때, $f(10)$의 값을 구하여라.

(2) ${}_5\mathrm{C}_0\left(\dfrac{13}{8}\right)^5+{}_5\mathrm{C}_1\left(\dfrac{3}{8}\right)^1\left(\dfrac{13}{8}\right)^4+{}_5\mathrm{C}_2\left(\dfrac{3}{8}\right)^2\left(\dfrac{13}{8}\right)^3+{}_5\mathrm{C}_3\left(\dfrac{3}{8}\right)^3\left(\dfrac{13}{8}\right)^2+{}_5\mathrm{C}_4\left(\dfrac{3}{8}\right)^4\left(\dfrac{13}{8}\right)+{}_5\mathrm{C}_5\left(\dfrac{3}{8}\right)^5$ 의 값을 구하여라.

변형문제 0157

다음 물음에 답하여라.

(1) $\displaystyle\sum_{n=1}^{10}\left(\sum_{m=1}^{n}{}_n\mathrm{C}_m\right)$의 값을 구하여라.

(2) $\displaystyle\sum_{i=1}^{n}\left(\sum_{j=0}^{i}{}_i\mathrm{C}_j\right)=62$를 만족하는 n의 값을 구하여라.

← [수학Ⅰ]과 [확률통계]는 학습과정이 동일하다.
즉 고2때, 동시에 나가는 학생은 수열을 학습하지 않았으므로 이 문제를 패스하고, 수열을 학습한 학생의 경우만 내신시험에 통합하여 출제될 수 있으므로 학습한다.

발전문제 0158

2006학년도 09월 평가원

다음 물음에 답하여라.

(1) 2 이상의 자연수 n에 대하여 $f(n)=\displaystyle\sum_{k=2}^{n}({}_k\mathrm{C}_0+{}_k\mathrm{C}_1+{}_k\mathrm{C}_2+{}_k\mathrm{C}_3+\cdots+{}_k\mathrm{C}_{k-1})$ 일 때, $f(6)$의 값을 구하여라.

(2) 자연수 n에 대하여 $f(n)=\displaystyle\sum_{k=1}^{n}({}_{2k}\mathrm{C}_1+{}_{2k}\mathrm{C}_3+{}_{2k}\mathrm{C}_5+\cdots+{}_{2k}\mathrm{C}_{2k-1})$ 일 때, $f(5)$의 값을 구하여라.

정답   0156 : (1) $\dfrac{1}{2^{10}}$ (2) 32   0157 : (1) 2036 (2) 5   0158 : (1) 119 (2) 682

다음 물음에 답하여라.

(1) 11^{10}을 100으로 나누었을 때의 나머지를 구하여라.

(2) 21^{21}을 400으로 나눈 나머지를 구하여라.

MAPL CORE

$(N \pm 1)^n$꼴의 식을 N^p으로 나눈 나머지를 구할 때,

$\Rightarrow (1+x)^n = {}_nC_0 + {}_nC_1 x + {}_nC_2 x^2 + \cdots + {}_nC_n x^n$인 이항정리를 이용한다.

개념익힘│풀이

(1) $(1+x)^n = {}_nC_0 + {}_nC_1 x + {}_nC_2 x^2 + \cdots + {}_nC_n x^n$이므로

$$11^{10} = (1+10)^{10} = {}_{10}C_0 + {}_{10}C_1 \cdot 10 + {}_{10}C_2 \cdot 10^2 + \cdots + {}_{10}C_{10} \cdot 10^{10}$$

$$= 1 + (1 + {}_{10}C_2 + {}_{10}C_3 \cdot 10 + \cdots + {}_{10}C_{10} \cdot 10^8)10^2$$

여기서 $10^2 = 100$이므로 100으로 나누었을 때의 나머지는 1이다.　← 두 번째 항부터는 모두 100으로 나누어떨어진다.

(2) $21^{21} = (1+20)^{21} = {}_{21}C_0 + {}_{21}C_1 \cdot 20 + {}_{21}C_2 \cdot 20^2 + \cdots + {}_{21}C_{21} \cdot 20^{21}$

$$= {}_{21}C_0 + {}_{21}C_1 \cdot 20 + ({}_{21}C_2 + {}_{21}C_3 \cdot 20 + \cdots + {}_{21}C_{21} \cdot 20^{19})20^2$$

여기서 $20^2 = 400$이므로 400으로 나눈 나머지는

${}_{21}C_0 + {}_{21}C_1 \cdot 20 = 1 + 21 \times 20 = 421$에서 21이다.　← 세 번째 항부터는 모두 400으로 나누어떨어진다.

확인유제 0159　다음 물음에 답하여라.

(1) 31^{30}을 900으로 나눈 나머지를 구하여라.

(2) 9^9을 100으로 나눈 나머지를 구하여라.

(3) 2^{40}을 15로 나누었을 때, 나머지를 구하여라.

변형문제 0160　다음 물음에 답하여라.

(1) 11^{11}의 백의 자리, 십의 자리, 일의 자리의 숫자를 각각 l, m, n라고 할 때, lmn의 값은?

　① 4　　　② 6　　　③ 8　　　④ 12　　　⑤ 16

(2) 21^{11}의 백의 자리, 십의 자리, 일의 자리의 숫자를 각각 a, b, c라고 할 때, $a+b+c$의 값은?

　① 4　　　② 5　　　③ 8　　　④ 12　　　⑤ 15

발전문제 0161　다음 물음에 답하여라.

(1) 어느 월요일로부터 8^{11}일이 지난 날은 무슨 요일인가?

　① 월요일　　② 화요일　　③ 수요일　　④ 목요일　　⑤ 금요일

(2) 자연수 n에 대하여 오늘부터 n^7일 후는 금요일이라 할 때, 오늘부터 $(n+1)^7$일 후는 무슨 요일인가?

　① 목요일　　② 금요일　　③ 토요일　　④ 일요일　　⑤ 월요일

(3) 오늘부터 25^7일째 되는 날이 수요일이라 할 때, 27^7일째 되는 날은 무슨 요일인가?

　① 수요일　　② 목요일　　③ 금요일　　④ 토요일　　⑤ 일요일

정답　0159 : (1) 1 (2) 89 (3) 1　　0160 : (1) ② (2) ②　　0161 : (1) ② (2) ③ (3) ③

BASIC

내신 수능 기본 대표 기출문제

0162
이항정리의 계수의
진위판단
내신빈출

$\left(3x - \dfrac{1}{x}\right)^6$ 의 전개식에 대한 설명으로 [보기]에서 옳은 것만을 있는 대로 고른 것은?

> ㄱ. $\dfrac{1}{x^4}$ 의 계수는 -18이다.
>
> ㄴ. 서로 다른 항의 개수는 6이다.
>
> ㄷ. 상수항은 -540이다.

① ㄱ   ② ㄴ   ③ ㄱ, ㄴ   ④ ㄱ, ㄷ   ⑤ ㄱ, ㄴ, ㄷ

0163
이항정리의 계수의
진위판단
내신빈출

$\left(2x^2 - \dfrac{1}{x}\right)^4$ 의 전개식에 대한 설명으로 [보기]에서 옳은 것만을 있는 대로 고른 것은?

> ㄱ. x^5 의 계수는 -32이다.
>
> ㄴ. x^2 의 계수는 24이다.
>
> ㄷ. 서로 다른 항의 개수는 5이다.
>
> ㄹ. 상수항은 0이다.

① ㄱ, ㄴ   ② ㄴ, ㄷ   ③ ㄱ, ㄴ, ㄹ   ④ ㄴ, ㄷ, ㄹ   ⑤ ㄱ, ㄴ, ㄷ, ㄹ

0164
이항정리의 일반항
2018학년도 수능기출

다음 물음에 답하여라.

(1) $\left(x + \dfrac{2}{x}\right)^8$ 의 전개식에서 x^4 의 계수는?

     ① 108   ② 112   ③ 116   ④ 120   ⑤ 124

2017년 06월 평가원

(2) $\left(x + \dfrac{1}{3x}\right)^6$ 의 전개식에서 x^2 의 계수는?

     ① $\dfrac{4}{3}$ ② $\dfrac{13}{9}$ ③ $\dfrac{14}{9}$ ④ $\dfrac{5}{3}$ ⑤ $\dfrac{16}{9}$

0165
이항정리의 일반항
2019년 03월 교육청

다음 물음에 답하여라.

(1) 다항식 $\left(2x + \dfrac{1}{2}\right)^6$ 의 전개식에서 x^4 의 계수는?

     ① 30   ② 40   ③ 50   ④ 60   ⑤ 70

2013년 10월 교육청

(2) $\left(x^2 + \dfrac{1}{x}\right)^7$ 의 전개식에서 x^2 의 계수는?

     ① 7   ② 14   ③ 21   ④ 28   ⑤ 35

2008학년도 수능기출

(3) $\left(2x + \dfrac{1}{2x}\right)^7$ 의 전개식에서 x 의 계수는?

     ① 14   ② 28   ③ 42   ④ 56   ⑤ 70

정답   0162 : ④   0163 : ⑤   0164 : (1) ② (2) ④   0165 : (1) ④ (2) ⑤ (3) ⑤

0166

이항정리의 미정계수
결정
2008학년도 06월
평가원

다음 물음에 답하여라.

(1) 다항식 $(x-1)^n$의 전개식에서 x의 계수가 -12일 때, n의 값을 구하여라.

① 6　　② 8　　③ 10　　④ 12　　⑤ 14

2010학년도 수능기출

(2) 다항식 $(1+x)^n$의 전개식에서 x^2의 계수가 45일 때, 자연수 n의 값을 구하여라.

① 8　　② 10　　③ 12　　④ 14　　⑤ 16

2017년 04월 교육청

(3) 다항식 $(x+3)^n$의 전개식에서 상수항이 81일 때, x의 계수는?

① 108　　② 114　　③ 120　　④ 126　　⑤ 132

0167

이항정리의 미정계수
결정
2013학년도 09월
평가원
2015학년도 06월
평가원

다음 물음에 답하여라.

(1) 다항식 $(1+ax)^5$의 전개식에서 x^4의 계수가 405일 때, 양수 a의 값을 구하여라.

(2) $\left(ax+\dfrac{1}{x}\right)^4$의 전개식에서 상수항이 54일 때, 양수 a의 값을 구하여라.

2015학년도 수능기출

(3) 다항식 $(x+a)^6$의 전개식에서 x^4의 계수가 60일 때, 양수 a의 값을 구하여라.

0168

이항정리의 계수
2012학년도 09월
평가원

다음 물음에 답하여라.

(1) 다항식 $(x+a)^5$의 전개식에서 x^3의 계수와 x^4의 계수가 같을 때, $60a$의 값은? (단, a는 양수이다.)

① 20　　② 30　　③ 40　　④ 50　　⑤ 60

2012학년도 수능기출

(2) 다항식 $(x+a)^7$의 전개식에서 x^4의 계수가 280일 때, x^5의 계수는? (단, a는 상수이다.)

① 84　　② 91　　③ 98　　④ 105　　⑤ 112

(3) 다항식 $(x+a)^5$의 전개식에서 x^2의 계수가 80일 때, x^3의 계수는? (단, a는 실수이다.)

① 40　　② 45　　③ 50　　④ 55　　⑤ 60

0169

이항정리의 계수
2018년 05월 교육청

$\left(x+\dfrac{1}{x}\right)^{2n}$의 전개식에서 x^2의 계수를 a_n이라 할 때, $a_1+a_2+a_3+a_4$의 값은?

① 76　　② 77　　③ 78　　④ 79　　⑤ 80

정답　0166 : (1) ④ (2) ② (3) ①　　0167 : (1) 3 (2) 3 (3) 2　　0168 : (1) ② (2) ① (3) ①　　0169 : ①

0170

이항정리의 계수
내신빈출

다음 물음에 답하여라.

(1) $\left(x-\dfrac{k}{y}\right)^5$ 의 전개식에서 $\dfrac{x^3}{y^2}$ 의 계수가 250일 때, 양수 k의 값은?

① 2 　　② 3 　　③ 4 　　④ 5 　　⑤ 6

(2) $\left(x^2+\dfrac{k}{x}\right)^5$ 의 전개식에서 x^4의 계수가 90일 때, 양수 k의 값은?

① 2 　　② 3 　　③ 4 　　④ 5 　　⑤ 6

0171

이항정리의 상수항

다음 물음에 답하여라.

(1) $\left(x^2+\dfrac{3}{x}\right)^n$ 의 전개식에서 0이 아닌 상수항이 존재하도록 하는 100 이하의 자연수 n의 개수는?

① 31 　　② 32 　　③ 33 　　④ 34 　　⑤ 35

(2) $\left(x^2+\dfrac{1}{x^5}\right)^n$ 의 전개식에서 0이 아닌 상수항이 존재하도록 하는 자연수 n의 최솟값을 a, 그때의 상수항을 b라 할 때, $a+b$의 값은?

① 24 　　② 28 　　③ 32 　　④ 36 　　⑤ 40

2008년 10월 교육청 (3) $\left(x+\dfrac{1}{x^n}\right)^{10}$ 의 전개식에서 상수항이 존재하도록 하는 모든 자연수 n의 값의 합은?

① 10 　　② 11 　　③ 12 　　④ 13 　　⑤ 14

0172

이항정리의 활용
내신빈출

$f(n)={}_n\mathrm{C}_0-\dfrac{2}{3}{}_n\mathrm{C}_1+\left(\dfrac{2}{3}\right)^2{}_n\mathrm{C}_2+\cdots+(-1)^n\left(\dfrac{2}{3}\right)^n{}_n\mathrm{C}_n$ 일 때, $f(10)$의 값은?

① $\dfrac{1}{3^{20}}$ 　　② $\dfrac{1}{3^{10}}$ 　　③ 1 　　④ 3^{10} 　　⑤ 3^{20}

0173

파스칼의 삼각형
내신빈출

오른쪽 그림과 같은 파스칼의 삼각형에서 색칠한 부분의 모든 수의 합은?

① 27 　　② 36 　　③ 63

④ 72 　　⑤ 81

0174

파스칼의 삼각형
내신빈출

오른쪽 그림은 파스칼의 삼각형의 일부이다. 그림에 있는 모든 수들의 합은?

① 518 　　② 618 　　③ 718

④ 819 　　⑤ 918

0175

(1+x)ⁿ의 전개식의
활용
내신빈출

$21^{10}-1$을 400으로 나눈 나머지는?

① 200　　② 201　　③ 202　　④ 203　　⑤ 204

0176

(1+x)ⁿ의 전개식의
활용
내신빈출

12^{10}을 20으로 나눈 나머지는?

① 4　　② 6　　③ 14　　④ 15　　⑤ 16

0177

두 다항식의 전개식
내신빈출

다음 물음에 답하여라.

(1) $(x+1)^4\left(x-\dfrac{1}{x}\right)^5$의 전개식에 x^4의 계수는?

①　15　　② 20　　③ 25　　④ 30　　⑤ 35

(2) $(x^2+1)\left(x+\dfrac{1}{x}\right)^6$의 전개식에서 x^2의 계수는?

① 25　　② 30　　③ 35　　④ 40　　⑤ 45

0178

두 다항식의 전개식
내신빈출

다음 물음에 답하여라.

(1) $(x+a)^3(x-1)^4$의 전개식에서 x의 계수가 -1일 때, 상수 a의 값은?

① -2　　② -1　　③ 0　　④ 1　　⑤ 2

(2) $(1+x^2)^3(1+x^3)^n$의 전개식에서 x^6의 계수가 16일 때, 자연수 n의 값은?

① 3　　② 4　　③ 5　　④ 6　　⑤ 7

2020학년도 06월
평가원

(3) $\left(x^2-\dfrac{1}{x}\right)\left(x+\dfrac{a}{x^2}\right)^4$의 전개식에서 x^3의 계수가 7일 때, 상수 a의 값은?

① 1　　② 2　　③ 3　　④ 4　　⑤ 5

0179

점근선과 이항정리의
계수
내신빈출

유리함수 $y=\dfrac{3-2x}{2x-4}$의 그래프의 점근선의 방정식이 $x=a$, $y=b$일 때, 다항식 $\left(ax^3+\dfrac{b}{x}\right)^7$의 전개식에서 x^5의 계수는?

① -320　　② -280　　③ -120　　④ 280　　⑤ 320

0180

[수학 I]과 통합형 문제
내신빈출

$(1+x)^{n+1}$의 전개식에서 x^2의 계수를 a_n이라 하자. $\displaystyle\sum_{n=1}^{99}\dfrac{1}{a_n}=\dfrac{q}{p}$일 때, $p+q$의 값은?

(단, p, q는 서로소인 자연수)

① 99　　② 107　　③ 127　　④ 139　　⑤ 149

정답　0175 : ①　　0176 : ①　　0177 : (1) ② (2) ③　　0178 : (1) ④ (2) ④ (3) ②　　0179 : ④　　0180 : ⑤

0181
이항계수의 성질
내신빈출

다음 물음에 답하여라.

(1) $A=\{a_1,\ a_2,\ a_3,\ \cdots,\ a_{20}\}$의 부분집합 중에서 원소의 개수가 홀수인 부분집합의 개수는?

① 2^{17} ② 2^{18} ③ 2^{19} ④ 2^{20} ⑤ 2^{21}

(2) 19가지 서로 다른 과일이 있다. 이 19개의 과일 중 10개 이상의 과일을 택하는 경우의 수는?

(단, 각각의 과일을 택하는 순서는 생각하지 않는다.)

① 2^{17} ② 2^{18} ③ 2^{19} ④ 2^{20} ⑤ 2^{21}

0182
이항계수의 성질
내신빈출

다음 물음에 답하여라.

(1) 전체집합 $U=\{1,\ 2,\ 3,\ \cdots,\ 10\}$의 두 부분집합 A, B가 $A \subset B$를 만족시키도록 두 집합 A, B를 정하는

모든 경우의 수는?

① 2^{10} ② 2^{12} ③ 3^{9} ④ 3^{10} ⑤ 3^{11}

(2) 전체집합 $U=\{1,\ 2,\ 3,\ 4,\ 5\}$의 공집합이 아닌 두 부분집합 A, B에 대하여 $A \subset B$를 만족시키는 경우의 수는?

① 191 ② 211 ③ 225 ④ 236 ⑤ 256

0183
[수학 I]과 통합형 문제
내신빈출

다음 물음에 답하여라.

(1) $(x+1)^n$의 전개식에서 x^4, x^5, x^6의 계수가 이 순서대로 등차수열을 이루도록 하는 n의 값들의 합은?

(단, 자연수 n은 6 이상)

① 12 ② 16 ③ 21 ④ 36 ⑤ 49

(2) $(x+2)^n$의 전개식에서 x^3, x^4, x^5의 계수가 이 순서대로 등차수열을 이룰 때, x^6의 계수는?

(단, 자연수 n은 6 이상이고 10 이하인 자연수)

① 110 ② 112 ③ 114 ④ 116 ⑤ 120

0184
이항계수의 성질
내신빈출

다음 물음에 답하여라.

(1) $N={}_{11}C_2+{}_{11}C_4+{}_{11}C_6+{}_{11}C_8+{}_{11}C_{10}$일 때, N의 양의 약수의 개수는?

① 4 ② 6 ③ 8 ④ 10 ⑤ 12

(2) 두 수 A, B가 $A={}_7C_1+{}_7C_2+{}_7C_4+{}_7C_7$, $B={}_5C_0+{}_5C_1\times3+{}_5C_2\times3^2+{}_5C_3\times3^3+{}_5C_4\times3^4+{}_5C_5\times3^5$

일 때, $\dfrac{B}{A}$의 값은?

① 2 ② 4 ③ 8 ④ 16 ⑤ 32

0185
이항계수의 성질
내신빈출

등식 $\dfrac{{}_{16}C_1+{}_{16}C_3+{}_{16}C_5+\cdots+{}_{16}C_{15}}{{}_{2n}C_0+{}_{2n}C_2+{}_{2n}C_4+\cdots+{}_{2n}C_{2n}}=1024$를 만족시키는 자연수 n의 값은?

① 3 ② 4 ③ 5 ④ 6 ⑤ 7

0186
이항계수의 성질
내신빈출

$\log_2({}_{21}C_0+{}_{21}C_1+{}_{21}C_2+\cdots+{}_{21}C_{10})+\log_8({}_{97}C_1+{}_{97}C_3+{}_{97}C_5+\cdots+{}_{97}C_{97})$의 값은?

① 52 ② 64 ③ 512 ④ 1024 ⑤ 2048

정답 0181 : (1) ③ (2) ② 　 0182 : (1) ④ (2) ② 　 0183 : (1) ③ (2) ② 　 0184 : (1) ③ (2) ④ 　 0185 : ① 　 0186 : ①

0187
파스칼의 삼각형
내신빈출

$(x+1)+(x+1)^2+(x+1)^3+\cdots+(x+1)^{10}$의 전개식에서 x^3의 계수는?

① 310 ② 320 ③ 330 ④ 340 ⑤ 350

0188
파스칼의 삼각형
내신빈출

다음 조건을 이용하여 $(_{12}C_0)^2+(_{12}C_1)^2+(_{12}C_2)^2+\cdots+(_{12}C_{12})^2$을 간단히 하면?

> (가) $(1+x)^{24}=(1+x)^{12}(1+x)^{12}$
>
> (나) $_nC_r=_nC_{n-r}$ (단, n은 자연수, r은 정수, $0 \le r \le n$)

① 2^{12} ② $_{24}P_{12}$ ③ $_{24}C_{12}$ ④ $(_{24}P_{12})^2$ ⑤ $(_{24}C_{12})^2$

0189
두 다항식의 전개식
서술형

$(2x+1)^3\left(x+\dfrac{3}{x}\right)^6$의 전개식에서 x^5의 계수를 구하는 과정을 다음 단계로 서술하여라.

[1단계] $(2x+1)^3$의 전개식과 $\left(x+\dfrac{3}{x}\right)^6$의 전개식에서 일반항을 구한다.

[2단계] $(2x+1)^3\left(x+\dfrac{3}{x}\right)^6$의 전개식에서 x^5이 되는 경우를 구한다.

[3단계] x^5의 계수를 구한다.

0190
이항계수의 활용
서술형

31^8을 60으로 나누었을 때의 나머지를 구하는 과정을 다음 단계로 서술하여라.

[1단계] 31^8을 $(1+30)^8$으로 변형한 후 이항정리를 이용하여 전개한다.

[2단계] 1단계에서 전개한 각 항이 60의 배수인지 알아본다.

[3단계] 2단계의 결과를 이용하여 31^8을 60으로 나누었을 때의 나머지를 구한다.

0191
복소수와 이항계수
서술형

$(1+i)^{10}$의 전개식을 이용하여 $_{10}C_0-_{10}C_2+_{10}C_4-_{10}C_6+_{10}C_8-_{10}C_{10}$의 값을 구하는 과정을 다음 단계로 서술하여라. (단, $i=\sqrt{-1}$)

[1단계] $(1+i)^{10}$의 값을 $a+bi$ (a, b는 실수)의 꼴로 나타낸다.

[2단계] 이항정리를 이용하여 $(1+i)^{10}$의 전개식을 구한다.

[3단계] 1단계에서 계산한 $(1+i)^{10}$의 값과 2단계에서 구한 $(1+i)^{10}$의 전개식의 실수부분을 비교하여 $_{10}C_0-_{10}C_2+_{10}C_4-_{10}C_6+_{10}C_8-_{10}C_{10}$의 값을 구한다.

0192
파스칼의 삼각형
서술형

$(1+x)+(1+x)^2+(1+x)^3+\cdots+(1+x)^{10}$의 전개식에서 x^2의 계수를 구하는 과정을 다음 단계로 서술하여라.

[1단계] $(1+x)$의 거듭제곱 꼴인 각 식에서 x^2의 계수를 조합의 수로 나타낸다.

[2단계] 이항계수를 정리한 아래 파스칼의 삼각형에 1단계에서 구한 수들을 표시한다.

$$1 \quad 1$$
$$1 \quad 2 \quad 1$$
$$1 \quad 3 \quad 3 \quad 1$$
$$1 \quad 4 \quad 6 \quad 4 \quad 1$$
$$1 \quad 5 \quad 10 \quad 10 \quad 5 \quad 1$$
$$1 \quad 6 \quad 15 \quad 20 \quad 15 \quad 6 \quad 1$$
$$1 \quad 7 \quad 21 \quad 35 \quad 35 \quad 21 \quad 7 \quad 1$$
$$1 \quad 8 \quad 28 \quad 56 \quad 70 \quad 56 \quad 28 \quad 8 \quad 1$$
$$1 \quad 9 \quad 36 \quad 84 \quad 126 \quad 126 \quad 84 \quad 36 \quad 9 \quad 1$$
$$1 \quad 10 \quad 45 \quad 120 \quad 210 \quad 252 \quad 210 \quad 120 \quad 45 \quad 10 \quad 1$$

[3단계] 2단계의 결과를 이용하여 x^2의 계수를 구한다.

0193
이항정리의 계수
2006학년도
수능기출

다항식 $2(x+a)^n$의 전개식에서 x^{n-1}의 계수와 다항식 $(x-1)(x+a)^n$의 전개식에서 x^{n-1}의 계수가 같게 되는 모든 순서쌍 (a, n)에 대하여 an의 최댓값을 구하여라. (단, a는 자연수, n은 2 이상인 자연수)

0194
이항정리의 빈칸추론
2018학년도 06월
평가원

다음은 x에 대한 다항식 $(x+a^2)^n$과 $(x^2-2a)(x+a)^n$의 전개식에서 x^{n-1}의 계수가 같게 되는 두 자연수 a와 $n(n \geq 4)$의 값을 구하는 과정의 일부이다.

> $(x+a^2)^n$의 전개식에서 x^{n-1}의 계수는 a^2n이다.
>
> $(x^2-2a)(x+a)^n=x^2(x+a)^n-2a(x+a)^n$에서
>
> $x^2(x+a)^n$을 전개하면 x^{n-1}의 계수는 $\boxed{\text{(가)}} \times a^3$이고, $2a(x+a)^n$을 전개하면 x^{n-1}의 계수는 $2a^2n$이다.
>
> 따라서 $(x^2-2a)(x+a)^n$의 전개식에서 x^{n-1}의 계수는 $\boxed{\text{(가)}} \times a^3-2a^2n$
>
> 이다. 그러므로
>
> $$a^2n=\boxed{\text{(가)}} \times a^3-2a^2n$$
>
> 이고, 이 식을 정리하여 a를 n에 관한 식으로 나타내면
>
> $$a=\frac{18}{\boxed{\text{(나)}}}$$
>
> 여기서 a는 자연수이고 n은 4 이상의 자연수이므로 $n=\boxed{\text{(다)}}$이다.

위의 (가), (나)에 알맞은 식을 각각 $f(n)$, $g(n)$이라 하고 (다)에 알맞은 수를 k라 할 때, $f(k)+g(k)$의 값은?

① 10   ② 16   ③ 22   ④ 28   ⑤ 34

0195
이항계수의 성질

자연수 N에 대하여

$N={}_{99}C_1 \cdot 2+{}_{99}C_2 \cdot 2^2+{}_{99}C_3 \cdot 2^3+\cdots+{}_{99}C_{99} \cdot 2^{99}$을 10으로 나눈 나머지는?

① 2   ② 3   ③ 4   ④ 5   ⑤ 6

0196
파스칼의 삼각형

부등식 $x+y+z \leq 15$의 해 중에서 x, y, z가 음이 아닌 정수인 해의 개수는?

① 400   ② 455   ③ 560   ④ 680   ⑤ 816

0197
파스칼의 삼각형의
활용
2013학년도
경찰대기출

다음 다항식에서 x^{22}의 계수는?

$$(x+1)^{24}+x(x+1)^{23}+x^2(x+1)^{22}+\cdots+x^{22}(x+1)^2$$

① 1520   ② 1760   ③ 2020   ④ 2240   ⑤ 2300

정답   0193 : 12   0194 : ①   0195 : ⑤   0196 : ⑤   0197 : ⑤

霜降 ^{상강}

울타리아래
이슬이내려
찬꽃부리가
빛나네

한국의 절기 ⑱ '상강'

자료출처 : 한국민속대백과사전 http://folkency.nfm.go.kr

음력 9월에 드는 24절기의 하나로서 말 그대로 서리가 내리는 시기를 뜻하는 절기. 이때는 단풍이 절정에 이르며 국화도 활짝 피는 늦가을의 계절이다. 중구일과 같이 국화주를 마시며 가을 나들이를 하는 이유도 이런 계절적 사정과 밀접한 관련이 있다. 조선시대에는 상강에 국가의례인 둑제[纛祭]를 행하기도 했다. 특히 농사력으로는 이 시기에 추수가 마무리되는 때이기에 겨울맞이를 시작해야 한다. 권문해(權文海)의 『초간선생문집(草澗先生文集)』을 보면 상강에 대한 기록이 자세하다.

"한밤중에 된서리가 팔방에 두루 내리니, 숙연히 천지가 한번 깨끗해지네. 바라보는 가운데 점점 산 모양이 파리해 보이고, 구름 끝에 처음 놀란 기러기가 나란히 가로질러 가네. 시냇가의 쇠잔한 버들은 잎에 병이 들어 시드는데, 울타리 아래에 이슬이 내려 찬 꽃부리가 빛나네. 도리어 근심이 되는 것은 노포(老圃)가 가을이 다 가면, 때로 서풍을 향해 깨진 술잔을 씻는 것이라네(半夜嚴霜遍八紘 肅然天地一番清 望中漸覺山容瘦 雲外初驚雁陳橫 殘柳溪邊凋病葉 露叢籬下燦寒英 却愁老圃秋歸盡 時向西風洗破觥)."

수능과 내신의 수학개념서

mapl

MAPL SERIES www.mapl.co.kr

마플 교과서

확률과 통계

Ⅰ 경우의 수 | Ⅱ 확률 | Ⅲ 통계

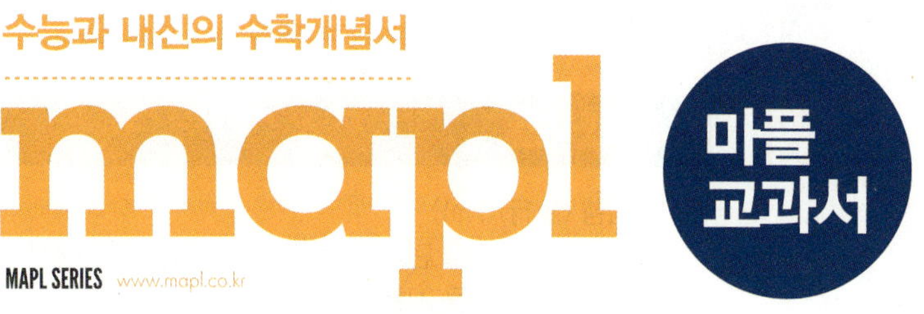

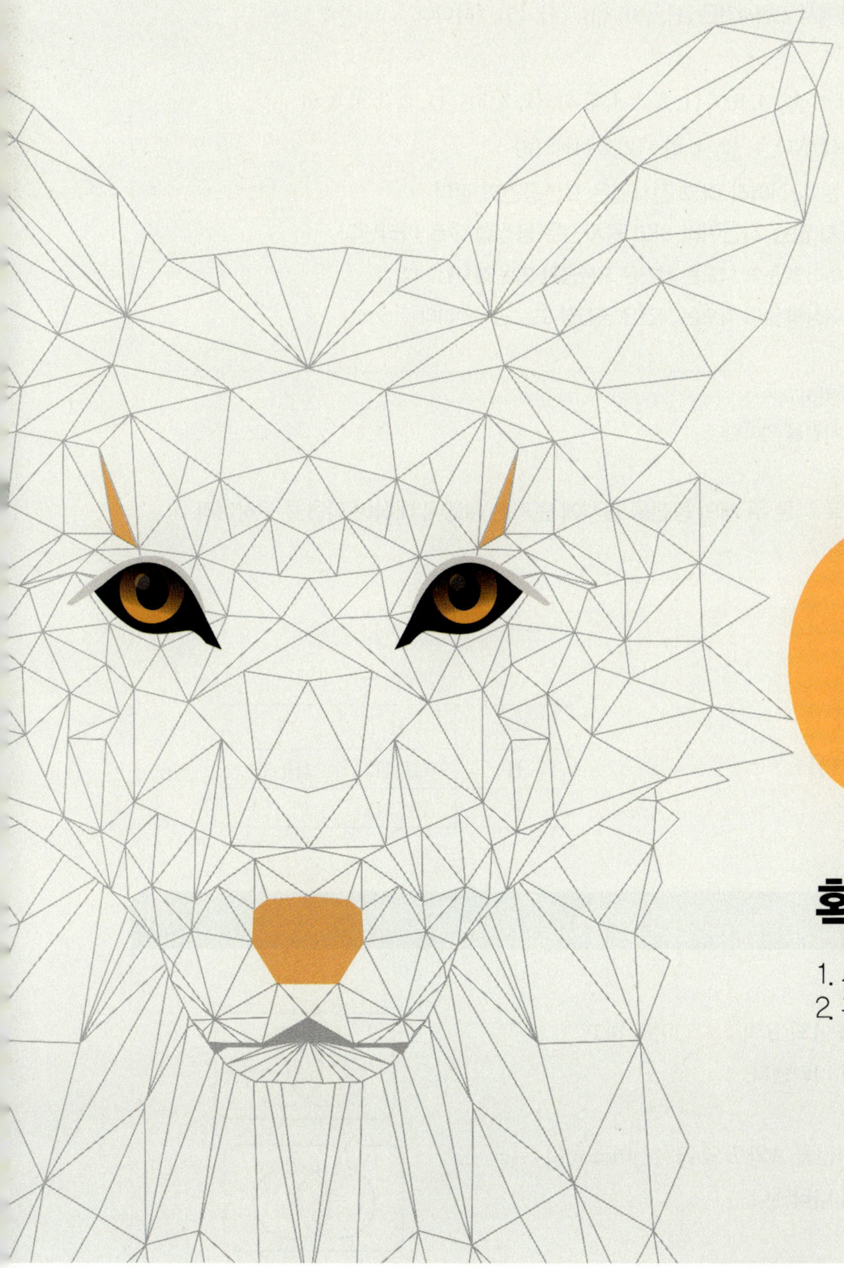

01 확률의 뜻과 활용

1. 시행과 사건
2. 확률의 뜻

01 시행과 사건

01 시행과 사건

(1) 시행 (試行/trial)
주사위나 동전을 던지는 것과 같이 동일한 조건에서 반복할 수 있고, 그 결과가 우연에 의하여 결정되는 실험이나 관찰을 시행이라 한다.

(2) 표본공간 (sample space) : 어떤 시행에서 일어날 수 있는 모든 결과 전체의 집합

> 참고 표본공간은 보통 S로 나타내고 공집합이 아닌 경우만 생각하고 전체집합과 같은 뜻이다.

(3) 사건 (事件/event) : 시행의 결과를 집합으로 나타낸 것, 즉 표본공간의 부분집합이다.

(4) 근원사건 : 표본공간의 부분집합 중 한 개의 원소로 이루어진 사건

> EX 이를테면 한 개의 주사위를 던지는 시행에서 나오는 눈의 수의 표본공간 S는
>
> $$S=\{1, 2, 3, 4, 5, 6\}$$
>
> 이 시행에서 짝수의 눈이 나오는 사건을 A라 하면 $A=\{2, 4, 6\}$
>
> 이 시행에서 소수의 눈이 나오는 사건을 B라 하면 $B=\{2, 3, 5\}$
>
> 또한, 한 개의 주사위를 던지는 시행에서 근원사건은 $\{1\}, \{2\}, \{3\}, \{4\}, \{5\}, \{6\}$이다.
>
> 이때 다음을 확인할 수 있다.
>
> ① 사건은 표본공간의 부분집합이다. ⇨ $\{2, 4, 6\}\subset\{1, 2, 3, 4, 5, 6\}$, $\{2, 3, 5\}\subset\{1, 2, 3, 4, 5, 6\}$
>
> ② 사건은 근원사건의 합집합으로 표현한다. ⇨ $\{2, 4, 6\}=\{2\}\cup\{4\}\cup\{6\}$

(5) 전사건 : 어떤 시행에서 반드시 일어나는 사건이라 하고 전사건은 표본공간과 같다.

(6) 공사건 : 어떤 시행에서 절대로 일어나지 않는 사건이라 하고 공사건은 공집합 $\varnothing$로 나타낸다.

> EX 주사위를 한 개 던지는 시행에서 6 이하의 눈이 나오는 사건은 표본공간 또는 전사건이다.
>
> 주사위를 한 개 던지는 시행에서 7 이상의 눈이 나오는 사건은 공집합 또는 공사건이다.

마플해설 '주사위를 던진다.' 이 말은 1회의 시행을 하라는 뜻이고
'주사위의 수가 3이다.' 에서 3은 일어난 하나의 사건을 의미한다.

보기 01 동전의 앞면을 H, 뒷면을 T라고 할 때, 서로 다른 두 개의 동전을 동시에 던지는 시행에 대하여 다음을 구하여라.

(1) 표본공간 S

(2) 근원사건

(3) 서로 다른 면이 나오는 사건 A

풀이 (1) $S=\{(H, H), (H, T), (T, H), (T, T)\}$

(2) $\{(H, H)\}, \{(H, T)\}, \{(T, H)\}, \{(T, T)\}$

(3) $A=\{(H, T), (T, H)\}$

	H	T
H	(H, H)	(H, T)
T	(T, H)	(T, T)

02 합사건과 곱사건

표본공간 S에서의 두 사건 A, B에 대하여

(1) 합사건 : A 또는 B가 일어나는 사건을 A와 B의 합사건이라 하고
이것을 기호로 $A\cup B$와 같이 나타낸다.

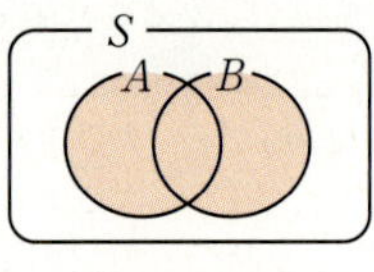

(2) 곱사건 : A와 B가 동시에 일어나는 사건을 A와 B의 곱사건이라 하고
이것을 기호로 $A\cap B$와 같이 나타낸다.

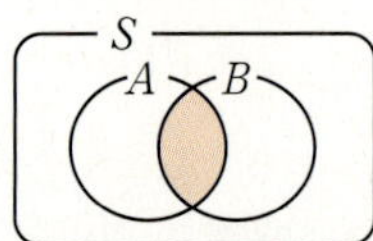

03 배반사건과 여사건

표본공간 S에서의 두 사건 A, B에 대하여

(1) 배반사건 : A와 B가 동시에 일어나지 않을 때, 즉
$$A \cap B = \varnothing$$
일 때, A와 B는 서로 배반이라 하고 이 두 사건을 배반사건이라 한다.

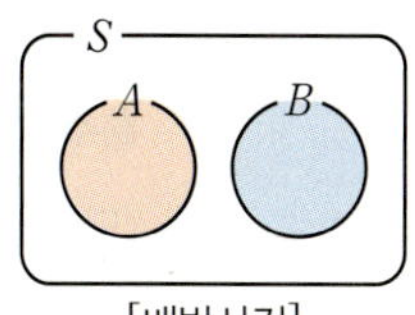

(2) 여사건 : 어떤 사건 A에 대하여 A가 일어나지 않는 사건을 A의 여사건이라 하고 이것을 기호로 A^c와 같이 나타낸다.

이때 사건 A와 그 여사건 A^c에 대하여 $A \cap A^c = \varnothing$이므로

A와 A^c는 서로 배반사건이다.

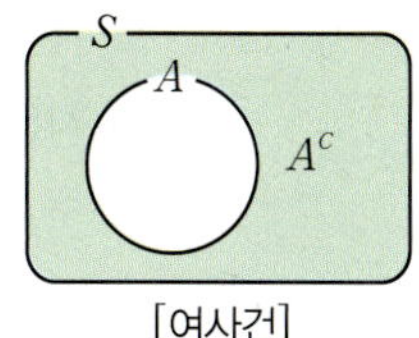

보기 02 한 개의 주사위를 던지는 시행에서 짝수의 눈이 나오는 사건을 A, 6의 약수의 눈이 나오는 사건을 B라고 할 때, 다음 사건을 구하여라.

(1) $A \cup B$ (2) $A \cap B$ (3) A^c (4) $A^c \cap B^c$

풀이 한 개의 주사위를 던지는 시행에서 나올 수 있는 모든 경우의 집합을 S, 짝수의 눈이 나오는 사건을 A, 6의 약수의 눈이 나오는 사건을 B라고 하면

$$S = \{1,\ 2,\ 3,\ 4,\ 5,\ 6\},\ A = \{2,\ 4,\ 6\},\ B = \{1,\ 2,\ 3,\ 6\}$$

(1) $A \cup B = \{2,\ 4,\ 6\} \cup \{1,\ 2,\ 3,\ 6\} = \{1,\ 2,\ 3,\ 4,\ 6\}$

(2) $A \cap B = \{2,\ 4,\ 6\} \cap \{1,\ 2,\ 3,\ 6\} = \{2,\ 6\}$

(3) $A^c = \{1,\ 3,\ 5\}$

(4) $A^c \cap B^c = (A \cup B)^c = \{5\}$

보기 03 한 개의 동전을 두 번 던지는 시행에서 앞면이 적어도 한 번 나오는 사건을 A, 앞면이 한 번만 나오는 사건을 B, 두 번 모두 뒷면이 나오는 사건을 C라고 할 때, 다음을 구하여라.

(1) A의 여사건   (2) A, B, C 중에서 서로 배반사건인 두 사건

풀이 (1) 동전의 앞면을 H, 뒷면을 T라고 하면 표본공간

$$S = \{(H,\ H),\ (H,\ T),\ (T,\ H),\ (T,\ T)\}$$

$A = \{(H,\ H),\ (H,\ T),\ (T,\ H)\},\ B = \{(H,\ T),\ (T,\ H)\},\ C = \{(T,\ T)\}$이므로 사건 A의 여사건은 C이다.

(2) $A \cap C = \varnothing$, $B \cap C = \varnothing$이므로 사건 A와 C, 사건 B와 C가 서로 배반사건이다.

FOCUS

배반사건과 여사건의 관계

표본공간 S의 부분집합인 두 사건 A, B에 대하여 A가 B의 여사건일 때, 즉 $A = B^c$이면

$$A \cap B = A \cap A^c = \varnothing$$

이므로 두 사건 A, B는 서로 배반사건이다.

하지만 A와 B가 배반사건이라 해서 A가 반드시 B의 여사건인 것은 아니다.

| 사건 A가 사건 B의 여사건이다. | 두 사건 A, B가 서로 배반사건이다. |

EX 이를테면 주사위를 던져서 홀수 눈이 나오는 사건을 A, 2의 눈이 나오는 사건을 B라 하면

$$S = \{1,\ 2,\ 3,\ 4,\ 5,\ 6\},\ A = \{1,\ 3,\ 5\},\ B = \{2\}$$

이때 $A \cap B = \varnothing$이므로 두 사건 A, B는 서로 배반사건이다.

그러나 $B^c = \{1,\ 3,\ 4,\ 5,\ 6\}$이므로 $A \neq B^c$이다. 즉 사건 A는 B의 여사건인 것은 아니다

| A, B가 서로 배반사건 | $\longrightarrow$ | A는 B의 여사건 B^c의 부분집합 | $\longrightarrow$ | $A \subset B^c$ |

참고 표본공간 S의 임의의 사건 A에 대하여 $A \cup A^c = S$이다.

사건 $\varnothing$은 모든 사건과 배반사건이다. 여사건은 배반사건의 특별한 경우이다.

1부터 7까지의 자연수가 하나씩 적힌 7장의 카드 중에서 임의로 한 장의 카드를 뽑을 때, 뽑힌 카드에 적힌 수가 홀수인 사건을 A, 6의 약수인 사건을 B, 2의 배수인 사건을 C라 할 때, 다음 중 옳지 않은 것은?

(단, A^c은 A의 여사건이다.)

① $B=\{1, 2, 3, 6\}$

② $A^c \cap B=\{2, 6\}$

③ 사건 A는 사건 C의 여사건이다.

④ 두 사건 B, C는 서로 배반사건이다.

⑤ 이 시행의 근원사건은 $\{1\}$, $\{2\}$, $\{3\}$, $\{4\}$, $\{5\}$, $\{6\}$, $\{7\}$이다.

MAPL CORE　　두 사건 A, B에 대하여 $A \cap B = \varnothing$이면 사건 A와 사건 B는 서로 배반사건이다.

개념익힘 | 풀이　표본공간을 S라 하면 $S=\{1, 2, 3, 4, 5, 6, 7\}$

홀수인 사건 A는 $A=\{1, 3, 5, 7\}$, 6의 약수인 사건 B는 $B=\{1, 2, 3, 6\}$

2의 배수인 사건 C는 $C=\{2, 4, 6\}$

① $B=\{1, 2, 3, 6\}$ [참]

② $A^c \cap B=\{2, 4, 6\} \cap \{1, 2, 3, 6\}=\{2, 6\}$ [참]

③ $A^c=\{2, 4, 6\}$이므로 사건 A는 사건 C의 여사건이다. [참]

④ $B \cap C=\{2, 6\}$이므로 두 사건 B, C는 서로 배반사건이 아니다. [거짓]

⑤ 표본공간이 $S=\{1, 2, 3, 4, 5, 6, 7\}$이므로 시행의 근원사건은 $\{1\}$, $\{2\}$, $\{3\}$, $\{4\}$, $\{5\}$, $\{6\}$, $\{7\}$이다. [참]

따라서 옳지 않은 것은 ④이다.

확인유제 0198　한 개의 주사위를 한 번 던지는 시행에서 소수인 눈이 나오는 사건을 A, 3의 약수의 눈이 나오는 사건을 B,

2의 배수의 눈이 나오는 사건을 C라 할 때, 다음 중 옳지 않은 것은?

① $A=\{2, 3, 5\}$　　　　　　　　　　② $A \cap C=\{2\}$

③ 사건 A는 사건 B의 여사건이다.　　　　④ 두 사건 B, C는 서로 배반사건이다.

⑤ 이 시행의 근원사건은 $\{1\}$, $\{2\}$, $\{3\}$, $\{4\}$, $\{5\}$, $\{6\}$이다.

변형문제 0199　1부터 12까지의 자연수가 각각 하나씩 적힌 12장의 카드에서 임의로 한 장을 선택할 때,

다음 네 사건 A, B, C, D 중에서 서로 배반사건인 두 사건을 [보기]에서 있는 대로 고른 것은?

> A : 소수가 적혀 있는 카드가 나오는 사건
> B : 홀수가 적혀 있는 카드가 나오는 사건
> C : 8의 약수가 적혀 있는 카드가 나오는 사건
> D : 4의 배수가 적혀 있는 카드가 나오는 사건

ㄱ. A와 B	ㄴ. A와 D	ㄷ. B와 C	ㄹ. B와 D

① ㄱ, ㄴ　　　② ㄴ, ㄷ　　　③ ㄴ, ㄹ　　　④ ㄷ, ㄹ　　　⑤ ㄴ, ㄷ, ㄹ

발전문제 0200　표본공간 S의 두 사건 A, B가 서로 배반사건이고 사건 A의 여사건을 C라 할 때, 다음 중 옳지 않은 것은?

(단, B^c은 B의 여사건이다.)

① $A \cap B=\varnothing$　　② $A \cap B^c=A$　　③ $A \cup C=S$　　④ $C \subset B$　　⑤ $A \subset B^c$

정답　　0198 : ③　　0199 : ③　　0200 : ④

1부터 10까지의 자연수가 하나씩 적혀 있는 10장의 카드에서 한 장의 카드를 택할 때, 카드에 적힌 수가 3의 배수인 사건을 A, 소수인 사건을 B라고 하자. 이때 두 사건 A, B와 모두 배반인 사건 C의 개수를 구하여라.

MAPL CORE

① 두 사건 A, B에 대하여 $A \cap B = \varnothing$이면 사건 A와 사건 B는 서로 배반사건이다.

② 사건 A와 그 여사건 A^c의 부분집합은 서로 배반이다.

③ 원소의 개수가 n인 집합의 부분집합의 개수는 2^n이다.

개념익힘 | 풀이

표본공간을 S라 하면 $S = \{1, 2, 3, 4, 5, 6, 7, 8, 9, 10\}$

카드에 적힌 수가 3의 배수인 사건이 A이므로 $A = \{3, 6, 9\}$

카드에 적힌 수가 소수인 사건이 B이므로 $B = \{2, 3, 5, 7\}$

이때 사건 A의 여사건 $A^c = \{1, 2, 4, 5, 7, 8, 10\}$

사건 B의 여사건 $B^c = \{1, 4, 6, 8, 9, 10\}$이므로

사건 A와 서로 배반인 사건은 A^c의 부분집합이고 사건 B와 서로 배반인 사건은 B^c의 부분집합

이므로 사건 C는 $A^c \cap B^c = \{1, 4, 8, 10\}$의 부분집합이다.

따라서 구하는 사건 C의 개수는 $2^4 = 16$

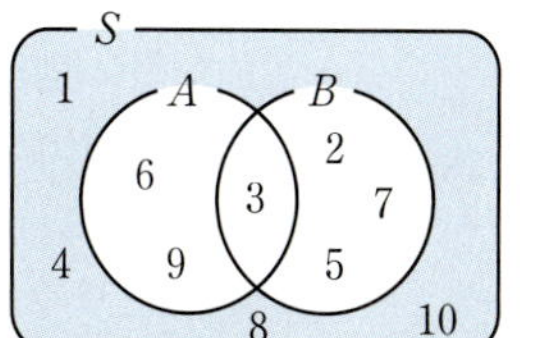

확인유제 0201

한 개의 주사위를 던지는 시행에서 3의 배수의 눈이 나오는 사건을 A라 할 때, 사건 A와 서로 배반인 사건의 개수를 구하여라.

변형문제 0202

다음 물음에 답하여라.

(1) 표본공간 $S = \{1, 2, 3, 4, 5, 6, 7, 8, 9\}$의 부분집합인 두 사건 A, B_n이

$$A = \{1, 2, 3, 4, 8, 9\},\quad B_n = \{x \mid x \text{는 } n \text{의 배수}\}\ (n \text{은 } 9 \text{ 이하의 자연수})$$

일 때, 사건 A^c과 사건 B_n이 서로 배반사건이 되도록 하는 모든 자연수 n의 값의 합은? (단, A^c는 A의 여사건이다.)

① 18   ② 19   ③ 20   ④ 21   ⑤ 22

(2) 1부터 10까지의 자연수가 각각 하나씩 적힌 10장의 카드 중에서 임의로 한 장의 카드를 꺼낼 때, 그 카드에 적힌 수가 소수인 사건을 A, 6 이상의 수가 적힌 카드가 나오는 사건을 B라 할 때, 두 사건 A, B^c과 모두 배반인 사건 E의 개수는? (단, B^c은 B의 여사건이고 $E \neq \varnothing$)

① 12   ② 13   ③ 14   ④ 15   ⑤ 16

발전문제 0203

2007학년도 06월 평가원

표본공간 S는 $S = \{1, 2, 3, 4, 5\}$이고 모든 근원사건의 확률은 같다. 표본공간 S의 두 사건 A, B가 서로 배반사건이고 $0 < P(B) < P(A)$가 되도록 두 사건 A, B를 선택하는 경우의 수는?

① 45   ② 50   ③ 55   ④ 60   ⑤ 65

정답   0201 : 16   0202 : (1) ④ (2) ④   0203 : ⑤

02 확률의 뜻

01 수학적 확률

(1) 확률

어떤 시행에서 사건 A가 일어날 가능성을 수의 값으로 나타낸 것을 사건 A가 일어날 **확률**이라 하고,

이것을 기호로 $\mathrm{P}(A)$와 같이 나타낸다.

> 참고 ☀ $\mathrm{P}(A)$의 P는 확률을 뜻하는 Probability의 첫 글자이다.

(2) 수학적 확률

어떤 시행의 표본공간 S가 유한개의 근원사건으로 이루어져 있고, 각 근원사건이 일어날 가능성이 모두 같을 때, 사건 A가 일어날 확률은 다음과 같다.

$$\mathrm{P}(A)=\frac{n(A)}{n(S)}=\frac{(\text{사건 } A\text{의 원소의 개수})}{(\text{표본공간 } S\text{의 원소의 개수})}$$

이때 $\mathrm{P}(A)$를 사건 A가 일어날 **수학적 확률**이라 한다.

> 참고 ☀ 유한집합 A의 원소의 개수를 기호로 $n(A)$와 같이 나타낸다.

마플해설   한 개의 주사위를 던지면 1, 2, 3, 4, 5, 6의 눈 중의 하나가 나오고, 이 6개의 눈 중에서 어떤 눈이 나올 것인가는 우연에 의하여 정해진다. 정육면체 모양의 주사위는 각각의 눈이 나올 가능성이 같다고 기대할 수 있으므로 각 눈이 나올 가능성은 $\frac{1}{6}$ 이라고 할 수 있다.

보기 01   한 개의 주사위를 두 번 던질 때, 나오는 두 눈의 수의 합이 9일 확률을 구하여라.

풀이   한 개의 주사위를 두 번 던지는 시행에서 표본공간 S는 $S=\{(1, 1), (1, 2), \cdots, (6, 5), (6, 6)\}$

이므로 $n(S)=6\times 6=36$이다.

이때 나오는 두 눈의 수의 합이 9인 사건을 A라 하면 $A=\{(3, 6), (4, 5), (5, 4), (6, 3)\}$

이므로 $n(A)=4$이다.

따라서 구하는 확률 $\mathrm{P}(A)$는 $\mathrm{P}(A)=\dfrac{n(A)}{n(S)}=\dfrac{4}{36}=\dfrac{1}{9}$

보기 02   빨간 공 3개와 파란 공 2개가 들어 있는 주머니에서 2개의 공을 꺼낼 때, 빨간 공 1개와 파란 공 1개가 나올 확률을 구하여라.

풀이   표본공간 S라 하면 빨간 공 3개와 파란 공 2개가 들어 있는 주머니에서

임의로 2개의 공을 꺼내는 경우의 수는 $n(S)={}_5\mathrm{C}_2=10$

빨간 공 1개와 파란 공 1개를 꺼내는 사건을 A라 하면 $n(A)={}_3\mathrm{C}_1\times {}_2\mathrm{C}_1=3\times 2=6$

따라서 구하는 확률은 $\mathrm{P}(A)=\dfrac{n(A)}{n(S)}=\dfrac{6}{10}=\dfrac{3}{5}$

보기 03   잼잼, 초코를 포함한 5마리의 강아지를 일렬로 세울 때, 잼잼, 초코 두 마리 강아지를 이웃하여 세우는 확률을 구하여라.

풀이   표본공간 S라 하면 5마리 강아지를 일렬로 세우는 경우의 수는 $n(S)=5!=5\times 4\times 3\times 2\times 1=120$

잼잼, 초코를 이웃하여 세우는 사건을 A라 하면 **잼잼, 초코**를 묶어 한 마리라 생각하면 $4!$이고,

이때 **잼잼, 초코**가 서로 자리를 바꿀 수 있으므로 구하는 경우의 수는

$n(A)=4!\times 2=4\times 3\times 2\times 1\times 2=48$

따라서 구하는 확률은 $\mathrm{P}(A)=\dfrac{n(A)}{n(S)}=\dfrac{48}{120}=\dfrac{2}{5}$

수학적 확률일 조건

01 수학적 확률이 잘못 적용된 경우

어떤 시행에서 표본공간 S의 각각의 경우가 일어날 가능성이 모두 같다고 기대할 수 있을 때, 사건 A가 일어날 확률 $\mathrm{P}(A)$을 정의한다. 다음 보기는 잘못된 수학적 확률을 구한 것이다.

① 해가 뜨거나 뜨지 않거나 2가지 경우가 있으니까 내일 아침에 해가 뜰 확률은 $\dfrac{1}{2}$이다.

해설 해가 뜨는 것과 뜨지 않는 것은 각각의 경우가 일어날 가능성이 모두 같다고 기대할 수 없으므로 확률이 $\dfrac{1}{2}$라고 할 수 없다.

② 동전을 3번 던져서 차례로 앞면, 뒷면, 앞면이 나왔으면 다음번에는 반드시 뒷면이 나온다.

해설 동전을 던질 때마다 앞면이 나올 가능성과 뒷면이 나올 가능성은 항상 $\dfrac{1}{2}$로 같으므로 다음번에 반드시 뒷면이 나온다고 할 수 없다.

③ 일기 예보에서 서울에 비가 올 확률이 20%이면 서울에서 20%의 지역에 비가 내린다.

해설 일기 예보에서 서울에 비가 올 확률이 20%인 것은 과거의 동일한 기상상태에서 10번 중 2번 비가 왔다는 뜻으로 비가 내리는 부분의 넓이를 뜻하는 것이 아니므로 20%의 지역에 비가 내린다고 할 수 없다.

④ 동전을 2개 던질 때, 2개가 모두 앞면이 나올 확률은
나올 수 있는 경우는 모두 앞면이거나 모두 뒷면, 서로 다른 면이 나오는 세 가지 경우가 있다.
따라서 2개가 모두 앞면이 나올 확률은 $\dfrac{1}{3}$이다.

해설 동전을 2개 던질 때, 표본공간은 {(앞면, 앞면), (앞면, 뒷면), (뒷면, 앞면), (뒷면, 뒷면)}이다.
따라서 2개가 모두 앞면이 나올 확률은 $\dfrac{1}{4}$이다.

⑤ 사과 맛 사탕 3개와 포도 맛 사탕 2개가 들어있는 상자에서 임의로 사탕 2개를 동시에 꺼낼 때, 나올 수 있는 경우는
사과 맛 사탕 2개, 사과 맛 사탕 1개와 포도 맛 사탕 1개, 포도 맛 사탕 2개의 3가지 맛이다.
따라서 사탕 2개가 서로 다른 맛일 확률은 3가지 경우 중 1가지 경우이므로 $\dfrac{1}{3}$이다.

해설 사과 맛 사탕 2개, 사과 맛 사탕 1개와 포도 맛 사탕 1개, 포도 맛 사탕 2개가 나올 가능성이 같지 않은데 수학적 확률을 적용했으므로 옳지 않다.

옳은 풀이 5개의 사탕 중 2개의 사탕을 꺼내는 경우의 수는 $_5\mathrm{C}_2=10$
이때 꺼낸 사탕이 서로 다른 맛인 경우는 사과 맛 사탕 1개, 포도맛 사탕 1개를 꺼내는 경우이므로
그 경우의 수는 $_3\mathrm{C}_1 \times _2\mathrm{C}_1=3 \times 2=6$
따라서 구하는 확률은 $\dfrac{6}{10}=\dfrac{3}{5}$

⑥ 초록 구슬 2개, 파란 구슬 3개가 들어있는 주머니에서 임의로 2개의 구슬을 동시에 꺼낼 때,
꺼낸 구슬이 서로 다른 색일 확률은
나올 수 있는 경우는 초록 구슬과 초록 구슬, 초록 구슬과 파란 구슬, 파란 구슬과 파란 구슬의 3가지가 있다.
따라서 꺼낸 구슬이 서로 다른 색일 확률은 $\dfrac{1}{3}$이다.

해설 초록 구슬과 초록 구슬, 초록 구슬과 파란 구슬, 파란 구슬과 파란 구슬이 일어날 가능성이 같지 않으므로 나올 수 있는 경우를 3가지로 세는 것은 옳지 않다.

옳은 풀이 5개의 구슬 중 2개의 구슬을 꺼내는 경우의 수는 $_5\mathrm{C}_2=10$
이때 꺼낸 구슬이 서로 다른 색인 경우는 초록 구슬 1개, 파란 구슬 1개를 꺼내는 경우이므로 그 경우의 수는
$_2\mathrm{C}_1 \times _3\mathrm{C}_1=6$
따라서 구하는 확률은 $\dfrac{6}{10}=\dfrac{3}{5}$

동일한 조건에서 같은 시행을 n번 반복하여 사건 A가 일어난 횟수를 r_n이라고 하면 시행 횟수 n이 한없이 커짐에 따라 그 상대도수 $\dfrac{r_n}{n}$이 일정한 값 p에 가까워지면 이 값 p를 사건 A가 일어날 **통계적 확률**이라고 한다.

그러나 실제로는 시행횟수 n을 한없이 크게 할 수 없으므로 n이 충분히 클 때의 상대도수 $\dfrac{r_n}{n}$을 통계적 확률로 본다.

한편 사건 A가 일어날 수학적 확률이 p일 때, 시행 횟수 n을 충분히 크게 하면 상대도수 $\dfrac{r_n}{n}$은 수학적 확률 p에 가까워진다는 것이 알려져 있다.

따라서 수학적 확률을 구하기 어려운 경우에 통계적 확률을 대신 사용할 수 있다.

마플해설

수학적 확률은 어떤 시행에서 각 근원사건이 일어날 가능성이 모두 같은 정도로 기대된다는 가정 아래 정의하였다.

그런데 우리 주변의 여러 가지 현상 중에는 각 근원사건이 일어날 가능성이 모두 같은 정도로 기대된다고 생각하기 어려운 경우가 흔히 있다. 즉, 특정한 시기에 비가 올 확률, 어느 야구 선수가 안타를 칠 확률, 농구 선수가 자유투를 성공시킬 확률, 축구 선수가 페널티 킥을 성공시킬 확률 등은 수학적 확률로 정의할 수 없다.

다음은 윷짝 한 개를 여러 번 던질 때, 평평한 면이 나온 횟수와 상대도수를 나타낸 표와 그래프이다.

윷짝 그림

평평한 면　둥근 면

시행 횟수(n)	50	100	150	200	250	300	350	400
평평한 면이 나온 횟수(r_n)	32	65	87	126	155	177	217	240
상대도수($\dfrac{r_n}{n}$)	0.64	0.65	0.58	0.63	0.62	0.59	0.62	0.6

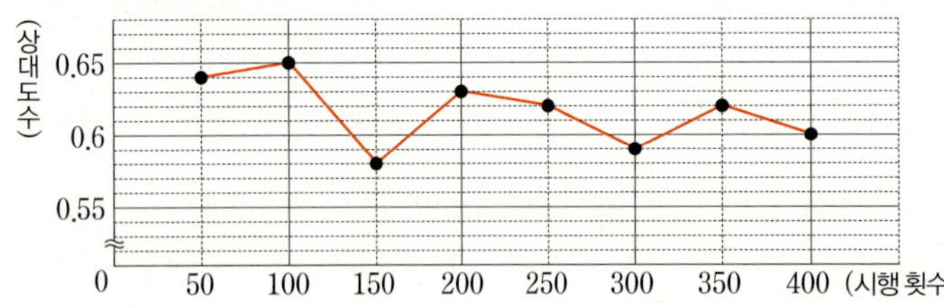

$$(\text{상대도수}) = \dfrac{(\text{그 계급의 도수})}{(\text{도수의 총합})}$$

이 그래프에서 윷짝 한 개를 던졌을 때, 시행횟수를 충분히 크게 하면 윷짝의 평평한 면이 나오는 경우의 상대도수는 일정한 값 0.6에 가까워짐을 알 수 있다.

보기 04

다음 물음에 답하여라.

(1) 어느 농구선수가 200개의 자유투를 시도하여 150개를 성공시켰다. 이 선수의 자유투 성공률을 구하여라.

(2) 어느 공장에서 생산된 제품 500개를 조사하였을 때, 불량품이 2개 발견되었다면 생산된 제품 중 불량품일 확률을 구하여라.

풀이

(1) 이 선수의 자유투 성공률은 $\dfrac{150}{200} = 0.75$

(2) 불량품일 확률은 $\dfrac{2}{500} = 0.004$

보기 05

100개의 제비가 들어 있는 주머니에서 1개의 제비를 뽑는 시행을 300번 반복하였더니 당첨 제비가 9번 나왔다. 이때 주머니 속에는 몇 개의 당첨 제비가 들어 있다고 볼 수 있는지 구하여라. (단, 한 번 뽑은 제비는 다시 주머니에 넣는다.)

풀이

구하는 당첨 제비의 개수를 x라 하면 당첨 제비를 뽑을 수학적 확률은 $\dfrac{x}{100}$이다.

이때 문제의 조건으로부터 당첨 제비가 나올 통계적 확률이 $\dfrac{9}{300}$이므로

$$\dfrac{9}{300} = \dfrac{x}{100} \quad \therefore x = 3 \quad \leftarrow \dfrac{r_n}{n} \fallingdotseq P(A)$$

따라서 주머니 속에 3개의 당첨 제비가 들어 있다고 볼 수 있다.

통계적 확률의 특징

① 시행 횟수가 충분히 크면 ⇨ (통계적 확률) $\fallingdotseq$ (수학적 확률)

② 수학적 확률을 구하기 어려운 경우에 통계적 확률을 대신 사용할 수 있다.

FOCUS

03 기하학적 확률

연속적인 변량을 크기로 갖는 표본공간의 영역 S 안에서 각각의 점을 잡을 가능성이 같은 정도로 기대될 때, 표본공간과 사건을 나타내는 집합의 원소의 개수 대신 점의 집합이 나타내는 길이나 영역의 넓이를 이용해서 확률을 계산한다.

이때 영역 S에 포함되어 있는 영역 A에 대하여 영역 S에서 임의로 잡은 점이 영역 A에 속할 확률은 다음과 같다.

$$\mathrm{P}(A)=\frac{(\text{영역 } A \text{의 크기})}{(\text{영역 } S \text{의 크기})}$$

이와 같이 정의된 확률 $\mathrm{P}(A)$를 **기하학적 확률**이라 한다.

마플해설

오른쪽 그림과 같이 반지름의 길이가 각각 2, 4, 6이고 중심이 같은 세 원으로 이루어진

과녁에 총을 쏠 때, 총알이 색칠한 부분을 맞힐 확률을 구하여 보자.

(단, 총알은 반드시 과녁을 맞히고 과녁의 모든 점에 맞을 확률은 같다.)

이때 표본공간은 반지름의 길이가 6인 원의 모든 점에 대응하는 점의 집합이므로

표본공간을 S, 색칠한 부분에 화살이 맞을 사건을 A라 하면 $n(S)$와 $n(A)$를 각각 구해야 한다.

그런데 S와 A 모두 무수히 많은 근원사건으로 이루어져 있으므로 그 수를 셀 수 없다.

따라서 $n(S)$와 $n(A)$의 값 대신 각각의 집합이 나타내는 넓이를 이용하여 확률을

$$\mathrm{P}(A)=\frac{(\text{영역 } A \text{의 넓이})}{(\text{영역 } S \text{의 넓이})}=\frac{16\pi-4\pi}{36\pi}=\frac{12\pi}{36\pi}=\frac{1}{3}$$

과 같이 구한다.

이와 같이 길이, 넓이 등 경우의 수가 무수히 많아서 그 수를 셀 수 없는 경우의 확률은 기하학적 확률을 이용하여 구한다.

보기 06

$-2 \leq a \leq 6$인 실수 a에 대하여 이차방정식 $2x^2+2ax+a=0$이 실근을 가질 확률을 구하여라.

풀이

이차방정식 $2x^2+2ax+a=0$의 판별식을 D라 할 때,

주어진 이차방정식이 실근을 가지려면 $\dfrac{D}{4}=a^2-2a \geq 0$, $a(a-2) \geq 0$

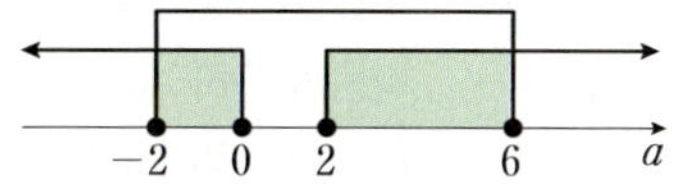

$\therefore a \leq 0$ 또는 $a \geq 2$

이때 $-2 \leq a \leq 6$이므로 주어진 방정식이 실근을 갖도록 하는 a값의 범위는 $-2 \leq a \leq 0$ 또는 $2 \leq a \leq 6$

따라서 구하는 확률은 $\dfrac{2+4}{8}=\dfrac{3}{4}$

보기 07

한 변의 길이가 2인 정사각형 모양의 과녁에 화살을 명중시켰을 때, 화살과 네 꼭짓점 사이의 거리가 모두 1 이상일 확률을 구하여라.

풀이

이 시행에서 표본공간은 한 변의 길이가 2인 정사각형과 그 내부이다.

이때 화살과 네 꼭짓점 사이의 거리가 모두 1 이상인 경우는 화살이

오른쪽 그림의 색칠한 부분에 맞는 경우이다.

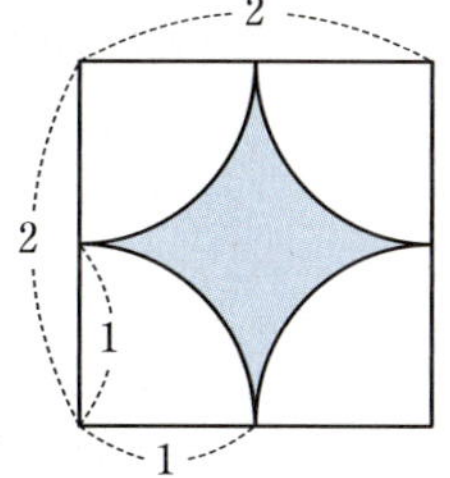

따라서 구하는 확률은 $\dfrac{(\text{색칠한 부분의 넓이})}{(\text{정사각형의 넓이})}=\dfrac{4-\pi}{4}=1-\dfrac{\pi}{4}$

윷놀이

윷놀이는 삼국 시대 이전부터 전해오는 한국 고유의 민속놀이로 대개 정월 초하루부터 보름날까지 즐긴다. 부여 시대에 5가지 가축을 5부락에 나눠주어 그 가축들을 경쟁적으로 번식시킬 목적에서 비롯된 놀이라고 하며, 그에 연유하여 '도'는 돼지, '개'는 개, '걸'은 양, '윷'은 소, '모'는 말에 비유한다.

윷놀이에 사용되는 윷짝은 박달나무 같은 단단한 나무로 만드는데, 가운데는 굵고 양 끝은 조금 가늘게 하고 등은 둥글게 하여 구르기 좋게 하고 배는 평평하게 만든다.

표본공간이 S인 어떤 시행에서 확률의 기본 성질은 다음과 같다.

① 임의의 사건 A에 대하여 　　　　　　　　　　$0 \leq P(A) \leq 1$

② 반드시 일어나는 사건 S에 대하여 　　　　　$P(S)=1$ 　　← 반드시 일어나는 사건

③ 절대로 일어날 수 없는 사건 $\varnothing$에 대하여 　$P(\varnothing)=0$ 　　← 절대로 일어나지 않은 사건

참고 반드시 일어나는 사건을 전사건, 절대로 일어날 수 없는 사건을 공사건이라고 한다.

마플해설

① 어떤 시행에서 임의의 사건 A는 표본공간 S의 부분집합이므로 집합 S와 사건 A 사이에는 $\varnothing \subset A \subset S$이므로

$$0 \leq n(A) \leq n(S)$$

이고, 이 부등식의 각 변을 $n(S)$로 나누면

$$0 \leq \frac{n(A)}{n(S)} \leq 1, \ \text{즉} \ 0 \leq P(A) \leq 1 \text{이다.}$$

② 사건 A가 반드시 일어나는 사건이면 $A=S$이므로

$$P(S)=\frac{n(S)}{n(S)}=1$$

③ 사건 A가 S와 절대로 일어나지 않는 사건이면 $A=\varnothing$이므로

$$P(\varnothing)=\frac{n(\varnothing)}{n(S)}=0$$

EX $0.25, \ \dfrac{1}{5}, \ -0.2, \ 0, \ 1, \ 120\%$에서 확률이 될 수 없는 것은

확률은 0 이상 1 이하의 값을 가지므로 0보다 작은 값인 -0.2, 1보다 큰 값인 120%는 확률이 될 수 없다.

보기 08 노란 공 2개와 빨간 공 3개가 들어 있는 주머니에서 3개의 공을 동시에 꺼낼 때,
다음을 구하여라.
(1) 노란 공이 3개 나올 확률
(2) 빨간 공이 1개 이상 나올 확률

풀이 (1) 어떤 경우에도 노란 공이 3개가 나올 수 없으므로 구하는 확률은 0이다.

(2) 어떤 경우에도 빨간 공은 1개 이상 나오므로 구하는 확률은 1이다.

보기 09 숫자 1, 2, 3이 하나씩 적혀 있는 세 장의 카드를 임의로 일렬로 배열하여
세 자리 자연수를 만들 때, 다음을 구하여라.
(1) 그 수가 2의 배수일 확률
(2) 그 수가 3의 배수일 확률
(3) 그 수가 5의 배수일 확률

풀이 (1) 세 자리 자연수가 2의 배수일 확률은 $\dfrac{2!}{3!}=\dfrac{1}{3}$ 　← 일의 자리의 수가 2인 경우

(2) 세 자리 자연수가 3의 배수일 확률은 1 　　← 1, 2, 3으로 이루어진 세 자리 자연수는 모두 3의 배수이다.

(3) 세 자리 자연수가 5의 배수일 확률은 0 　　← 일의 자리의 수가 0, 5인 경우

참인 확률의 기본 성질

표본공간을 S, 절대로 일어나지 않는 사건을 $\varnothing$이라고 할 때, 임의의 두 사건 A, B에 대하여 다음이 성립한다.

① $P(S)+P(\varnothing)=1$ 　　← $P(S)=1, \ P(\varnothing)=0$

② $P(A) \leq P(S)$ 　　← $A \subset S$

③ $0 \leq P(A)+P(B) \leq 2$ 　　← $0 \leq P(A) \leq 1, \ 0 \leq P(B) \leq 1$

FOCUS

다음 물음에 답하여라.

(1) 서로 다른 두 개의 주사위를 동시에 던질 때, 두 눈의 수의 합이 8의 약수일 확률을 구하여라.

(2) 한 개의 주사위를 두 번 던져서 나오는 눈의 수를 차례대로 a, b라 할 때,

직선 $y=ax+b$가 직선 $y=2x+3$과 평행할 확률을 구하여라.

MAPL CORE

(1) 두 주사위를 던질 때, 눈의 합의 경우의 수

합	2	3	4	5	6	7	8	9	10	11	12
경우의 수	1	2	3	4	5	6	5	4	3	2	1

(2) 두 주사위를 던질 때, 눈의 차의 경우의 수

차	0	1	2	3	4	5
경우의 수	6	10	8	6	4	2

개념익힘｜풀이

(1) 서로 다른 두 개의 주사위를 두 번 던질 때, 일어날 수 있는 모든 경우의 수는 $6 \times 6 = 36$

두 주사위의 눈의 수를 차례로 a, b라 할 때, 두 눈의 수의 합이 8의 약수가 되는 경우는 다음과 같다.

(i) $a+b=2$인 경우 : (a, b)가 $(1, 1)$의 1(가지)이다.

(ii) $a+b=4$인 경우 : (a, b)가 $(1, 3)$, $(2, 2)$, $(3, 1)$의 3(가지)이다.

(iii) $a+b=8$인 경우 : (a, b)가 $(2, 6)$, $(3, 5)$, $(4, 4)$, $(5, 3)$, $(6, 2)$의 5(가지)이다.

(i)～(iii)에서 두 눈의 합이 8의 약수가 되는 경우의 수는 $1+3+5=9$(가지)이다.

따라서 구하는 확률은 $\dfrac{9}{36}=\dfrac{1}{4}$이다.

(2) 한 개의 주사위를 두 번 던질 때, 나올 수 있는 모든 경우의 수는 $6 \times 6 = 36$이다.

이때 두 직선 $y=ax+b$, $y=2x+3$이 평행하려면 $a=2$, $b \neq 3$인 a, b의 순서쌍 (a, b)는

$(2, 1)$, $(2, 2)$, $(2, 4)$, $(2, 5)$, $(2, 6)$의 5개이다.

따라서 구하는 확률은 $\dfrac{5}{36}$이다.

확인유제 0204　다음 물음에 답하여라.

(1) 두 개의 주사위 A, B를 동시에 던질 때, 나오는 두 눈의 수가 서로 다른 눈이 나올 확률을 a, 두 눈의 곱이 짝수가 될 확률을 b라 할 때, $a+b$의 값을 구하여라.

(2) 한 개의 주사위를 두 번 던져서 나온 눈의 수를 차례로 a, b라 할 때, x, y에 대한 연립방정식 $\begin{cases} ax+2y=1 \\ bx+y=3 \end{cases}$

의 해가 존재하지 않을 확률을 구하여라.

변형문제 0205　두 개의 주사위를 동시에 던져서 나온 두 눈의 수를 각각 a, b라 할 때, a^2+b^2이 짝수일 확률은?

① $\dfrac{5}{9}$　　② $\dfrac{1}{2}$　　③ $\dfrac{11}{18}$　　④ $\dfrac{13}{18}$　　⑤ $\dfrac{5}{6}$

발전문제 0206　다음 물음에 답하여라. (단, $i=\sqrt{-1}$)

(1) 한 개의 주사위를 두 번 던져서 나오는 눈의 수를 차례대로 a, b라 할 때, $i^a+i^b=0$일 확률은?

① $\dfrac{1}{18}$　　② $\dfrac{1}{9}$　　③ $\dfrac{5}{12}$　　④ $\dfrac{1}{3}$　　⑤ $\dfrac{2}{9}$

2009학년도 수능기출

(2) 주사위를 두 번 던질 때, 나오는 눈의 수를 차례로 m, n이라 할 때, $i^m \cdot (-i)^n=1$일 확률은?

① $\dfrac{1}{18}$　　② $\dfrac{1}{9}$　　③ $\dfrac{1}{6}$　　④ $\dfrac{5}{18}$　　⑤ $\dfrac{1}{3}$

정답　0204 : (1) $\dfrac{19}{12}$ (2) $\dfrac{1}{12}$　　0205 : ②　　0206 : (1) ⑤ (2) ④

한 개의 주사위를 2번 던져 첫 번째 나온 눈의 수를 a, 두 번째 나온 눈의 수를 b라고 할 때,

x에 관한 이차방정식 $x^2+ax+b=0$에 대하여 다음 물음에 답하여라.

(1) 서로 다른 두 실근을 가질 확률을 구하여라.

(2) 중근을 가질 확률을 구하여라.

MAPL CORE

이차방정식 $ax^2+bx+c=0\ (a \neq 0)$의 판별식을 D라 하면

① 서로 다른 두 실근을 가질 조건은 $D=b^2-4ac>0$

② 중근을 가질 조건은 $D=b^2-4ac=0$

③ 서로 다른 두 허근을 가질 조건은 $D=b^2-4ac<0$

개념익힘 | 풀이

(1) 한 개의 주사위를 한 번 던질 때 나올 수 있는 모든 경우의 수가 6이므로

한 개의 주사위를 두 번 던질 때, 나올 수 있는 모든 경우의 수가 $6 \times 6=36$이다.

이차방정식 $x^2+ax+b=0$의 판별식을 D라 하면 서로 다른 두 실근을 가질 조건은 $D>0$이어야 하므로

$D=a^2-4b>0$이다.

부등식 $a^2>4b$를 만족시키는 순서쌍 (a, b)는

$(3, 1), (3, 2), (4, 1), (4, 2), (4, 3), (5, 1), (5, 2), (5, 3), (5, 4), (5, 5), (5, 6)$

$(6, 1), (6, 2), (6, 3), (6, 4), (6, 5), (6, 6)$의 17(가지)이다.

따라서 구하는 확률은 $\dfrac{17}{36}$이다.

(2) 이차방정식 $x^2+ax+b=0$의 판별식을 D라 하면 중근을 가질 조건은 $D=0$이어야 하므로

$D=a^2-4b=0$이다.

방정식 $a^2=4b$를 만족시키는 순서쌍 (a, b)는 $(2, 1), (4, 4)$의 2(가지)이다.

따라서 구하는 확률은 $\dfrac{2}{36}=\dfrac{1}{18}$

확인유제 0207　서로 다른 두 개의 주사위를 동시에 던지는 시행에서 나온 두 눈의 수를 각각 a, b라고 할 때, x에 대한

이차방정식 $ax^2+6x+b=0$에 대하여 다음 물음에 답하여라.

(1) 서로 다른 두 실근을 가질 확률을 구하여라.

(2) 중근을 가질 확률을 구하여라.

변형문제 0208　한 개의 주사위를 두 번 던질 때 나오는 눈의 수를 차례로 a, b라 하자. 이차함수 $f(x)=x^2-7x+10$에 대하여

2017학년도 06월 평가원　$f(a)f(b)<0$이 성립할 확률은?

① $\dfrac{1}{18}$　　② $\dfrac{1}{9}$　　③ $\dfrac{1}{6}$　　④ $\dfrac{2}{9}$　　⑤ $\dfrac{5}{18}$

발전문제 0209　다음 물음에 답하여라.

2020학년도 06월 평가원　(1) 한 개의 주사위를 세 번 던져서 나오는 눈의 수를 차례로 a, b, c라 할 때, $a>b$이고 $a>c$일 확률은?

① $\dfrac{13}{54}$　　② $\dfrac{55}{216}$　　③ $\dfrac{29}{108}$　　④ $\dfrac{61}{216}$　　⑤ $\dfrac{8}{27}$

2019학년도 06월 평가원　(2) 한 개의 주사위를 세 번 던질 때 나오는 눈의 수를 차례로 a, b, c라 하자. 세 수 a, b, c가 $a<b-2 \leq c$를

만족시킬 확률은?

① $\dfrac{2}{27}$　　② $\dfrac{1}{12}$　　③ $\dfrac{5}{54}$　　④ $\dfrac{11}{108}$　　⑤ $\dfrac{1}{9}$

정답　0207 : (1) $\dfrac{4}{9}$ (2) $\dfrac{1}{36}$　　0208 : ④　　0209 : (1) ② (2) ④

A, B, C, D, E, F의 6개의 문자를 일렬로 나열할 때, 다음을 구하여라.

(1) A와 B가 이웃할 경우의 확률

(2) 모음끼리 이웃하지 않을 확률

(3) A와 B 사이에 한 개의 문자가 들어갈 확률

MAPL CORE

(1) 이웃할 때의 순열의 수 ⇨ 이웃하는 것을 하나로 묶는다.
　　(한 묶음으로 생각하여 구한 순열의 수)×(한 묶음 안에서의 순열의 수)

(2) 이웃하지 않을 때의 순열의 수
　　(이웃해도 좋은 것을 먼저 배열)×(그 사이 사이와 양 끝에 배열)

개념익힘 | 풀이　6개의 문자를 일렬로 나열하는 경우의 수는 6!가지이다.

(1) A와 B가 이웃하게 앉게 되는 경우의 수는 A, B를 묶어 한 문자로 보고

일렬로 세운 후 A와 B가 서로 자리를 바꾸면 되므로 경우의 수는 $5! \times 2$

따라서 구하는 확률은 $\dfrac{5! \times 2}{6!} = \dfrac{1}{3}$

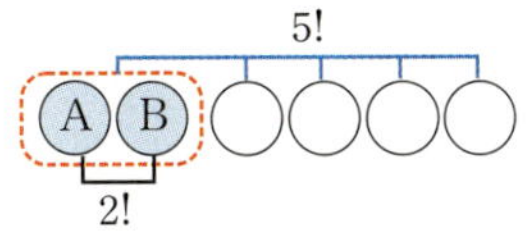

(2) 6개의 문자를 일렬로 나열하는 방법의 수는 6!

자음 B, C, D, F를 일렬로 나열하는 방법의 수는 4!

또한, 모음 A, E가 이웃하지 않도록 5곳 중 2곳에 A와 E를

나열하는 경우의 수는 $_5P_2$

따라서 구하는 확률은 $\dfrac{4! \times {}_5P_2}{6!} = \dfrac{2}{3}$

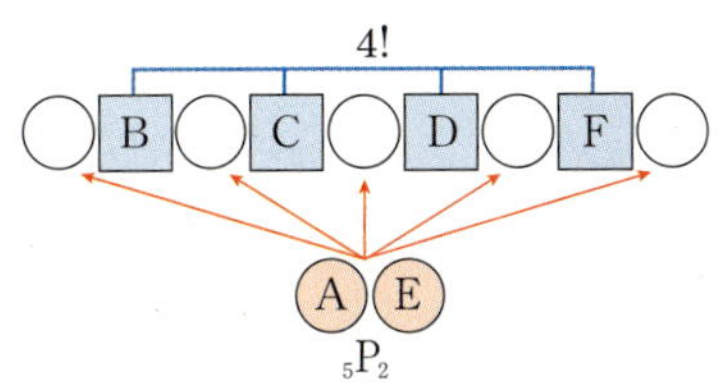

(3) A와 B 사이에 한 문자를 세우는 경우의 수는 A, B를 제외한

4개의 문자 중 한 문자를 뽑아 A와 B 사이에 세우고, 이들 3문자를

묶어서 한 개로 생각하여 나머지 3개와 함께 일렬로 세우는 경우이고

이때 A와 B가 위치를 바꿀 수 있으므로 구하는 경우의 수는

$_4P_1 \times 4! \times 2!$

따라서 구하는 확률은 $\dfrac{4 \times 2! \times 4!}{6!} = \dfrac{192}{720} = \dfrac{4}{15}$

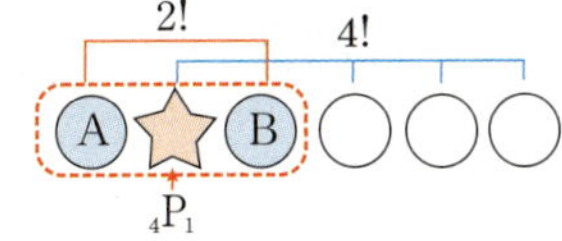

확인유제 0210　다음 물음에 답하여라.

(1) 5명의 학생 A, B, C, D, E를 일렬로 세울 때, A, B가 양 끝에 서 있을 확률을 구하여라.

(2) A, B, C, D, E의 다섯 사람을 일렬로 세울 때, A, B, C가 이웃할 확률을 구하여라.

(3) SMARTPHONE의 10개의 문자를 일렬로 나열할 때, M과 T 사이에 2개의 문자가 올 확률을 구하여라.

변형문제 0211　1, 2, 3, 4, 5, 6의 숫자가 하나씩 적힌 6장의 카드를 일렬로 배열할 때, 1, 2, 3이 적힌 카드 3장이 이웃할

확률을 a, 양쪽 끝에 홀수가 적힌 카드가 올 확률을 b라고 하자. 이때 $a+b$의 값은?

① $\dfrac{1}{5}$　　　　② $\dfrac{2}{5}$　　　　③ $\dfrac{3}{5}$　　　　④ $\dfrac{4}{5}$　　　　⑤ $\dfrac{2}{3}$

발전문제 0212　세 학생 A, B, C를 포함한 7명의 학생을 일렬로 세운다고 하자. A와 B는 서로 이웃하고, C는 A, B 어느 누구

2018년 08월 교육청　와도 이웃하지 않도록 세울 확률이 $\dfrac{q}{p}$일 때, $p+q$의 값을 구하여라. (단, p와 q는 서로소인 자연수이다.)

정답　　0210 : (1) $\dfrac{1}{10}$ (2) $\dfrac{3}{10}$ (3) $\dfrac{7}{45}$　　0211 : ②　　0212 : 25

4명의 남학생 A, B, C, D와 3명의 여학생 E, F, G가 있다. 다음을 구하여라.

(1) 7명이 원형으로 앉을 때, 여학생 E, F, G가 이웃하여 앉을 확률

(2) 7명이 원형으로 앉을 때, 여학생 E, F, G가 어떤 두 사람도 이웃하지 않게 앉을 확률

MAPL CORE　서로 다른 n개를 원형으로 배열하는 방법의 수 $\Rightarrow \dfrac{_n\mathrm{P}_n}{n}=\dfrac{n!}{n}=(n-1)!$

개념익힘|풀이　남학생 4명, 여학생 3명의 7명이 원탁에 둘러앉는 모든 경우의 수는

$(7-1)!=6!$　$\leftarrow \dfrac{7!}{7}=6!=720$

(1) 여학생 3명 E, F, G를 한 묶음으로 생각하여 5명을 원형으로 배열하는

경우의 수 $(5-1)!=4!$

이때 E, F, G 3명이 자리를 바꾸어 서는 경우의 수는 3!이므로

E, F, G가 이웃하여 원형으로 앉는 경우의 수는 $4!\times 3!$이다.

따라서 구하는 확률은 $\dfrac{4!\times 3!}{6!}=\dfrac{1}{5}$

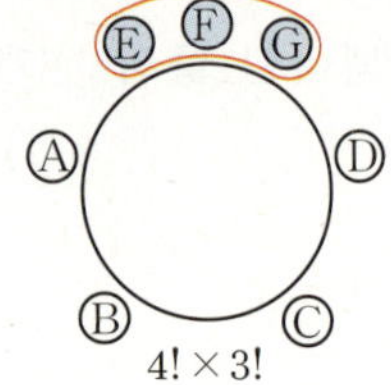

(2) 3명의 여학생 E, F, G가 어떤 두 사람도 이웃하지 않게 앉는 경우의 수는

4명의 남학생 A, B, C, D를 원형으로 배열하고 그 사이사이에 여학생을

배열하는 경우의 수는 $(4-1)!\times {_4\mathrm{P}_3}=144$이다.

따라서 구하는 확률은 $\dfrac{(4-1)!\times {_4\mathrm{P}_3}}{6!}=\dfrac{144}{720}=\dfrac{1}{5}$

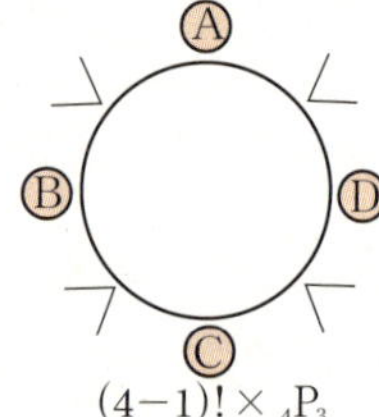

확인유제 0213　3명의 남학생 A, B, C와 3명의 여학생 D, E, F가 원형의 탁자에 일정한 간격을 두고 앉을 때, 다음 물음에
답하여라.
(1) 남학생과 여학생이 교대로 앉을 확률을 구하여라.
(2) 남학생 A와 여학생 D가 이웃하게 앉을 확률을 구하여라.
(3) 두 학생 C, D가 이웃하지 않을 확률을 구하여라.
(4) 남학생 A와 여학생 D가 마주 보고 앉을 확률을 구하여라.

변형문제 0214　두 학생 A, B를 포함한 5명의 학생이 일렬로 앉을 때 A, B가 이웃할 확률을 p_1, 두 학생 C, D를 포함한 5명의
학생이 원탁에 앉을 때 C, D가 이웃할 확률을 p_2라 한다. $p_1 p_2$의 값은?

① $\dfrac{1}{5}$　　② $\dfrac{1}{3}$　　③ $\dfrac{2}{5}$　　④ $\dfrac{3}{5}$　　⑤ $\dfrac{1}{2}$

발전문제 0215　다음 물음에 답하여라.
(1) 오른쪽 그림과 같이 정삼각형 모양의 식탁에 남자 3명과 여자 3명이 둘러앉으려고
한다. 남자와 여자가 식탁의 같은 변에 이웃하여 앉을 확률을 구하여라.

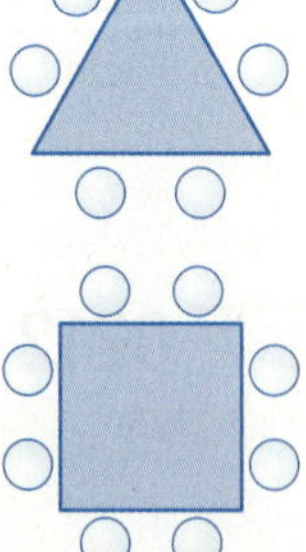

(2) 오른쪽 그림과 같이 정사각형 모양의 탁자에 남자 4명과 여자 4명이 둘러앉으려고
한다. 남자와 여자가 탁자의 같은 변에 이웃하여 앉을 확률을 구하여라.

정답　$0213 : (1)\ \dfrac{1}{10}\ (2)\ \dfrac{2}{5}\ (3)\ \dfrac{3}{5}\ (4)\ \dfrac{1}{5}$　　$0214 : ①$　　$0215 : (1)\ \dfrac{2}{5}\ (2)\ \dfrac{8}{35}$

집합 $X=\{1, 2, 3, 4\}$에 대하여 X에서 X로의 함수 $f: X \longrightarrow X$ 중에서 임의로 하나의 함수를 택할 때, 다음을 구하여라.

(1) 함수 f가 일대일대응일 확률

(2) 함수 f가 상수함수일 확률

(3) 함수 f의 치역의 원소의 개수가 2일 확률

MAPL CORE

서로 다른 n개에서 중복을 허락하여 r개를 택하여 일렬로 배열하는 것을 중복순열이라 하고, $_n\Pi_r = n^r$임을 이용하여 경우의 수를 구한 다음 확률을 구한다.

$X=\{1, 2, 3, 4\}$에 대하여 X에서 X로의 함수 $f: X \longrightarrow X$의 개수는 $_4\Pi_4 = 4^4$

(1) 함수 f가 일대일대응이 되는 경우의 수는 $_4P_4 = 4 \times 3 \times 2 \times 1 = 24$

따라서 구하는 확률은 $\dfrac{24}{4^4} = \dfrac{3}{32}$

(2) 함수 f가 상수함수가 되는 경우의 수는 집합 $X=\{1, 2, 3, 4\}$의 모든 원소가 집합 X의 원소 1 또는 2 또는 3 또는 4에 모두 대응되는 4가지이다.

따라서 구하는 확률은 $\dfrac{4}{4^4} = \dfrac{1}{64}$

(3) 공역 $X=\{1, 2, 3, 4\}$이므로 치역의 원소의 개수가 2인 경우의 수는 $_4C_2 = 6$

즉 치역은 $\{1, 2\}, \{1, 3\}, \{1, 4\}, \{2, 3\}, \{2, 4\}, \{3, 4\}$이다.

이때 $X=\{1, 2, 3, 4\}$에서 함수 f의 치역이 $\{1, 2\}$인 함수의 개수는

$_2\Pi_4 - 2 = 2^4 - 2 = 14$ ← 전체 함수의 개수에서 상수함수의 개수를 뺀다.

즉 함수 f의 치역이 $\{1, 3\}, \{1, 4\}, \{2, 3\}, \{2, 4\}, \{3, 4\}$일 때의 함수의 개수도 각각 14이므로

함수 f의 치역의 원소의 개수가 2인 함수의 개수는 $6 \times 14 = 84$이다.

따라서 구하는 확률은 $\dfrac{84}{4^4} = \dfrac{21}{64}$

확인유제 0216 집합 $X=\{a, b, c\}$에서 집합 $Y=\{1, 3, 5, 7\}$로의 함수 f 중에서 임의로 하나를 택할 때, 다음을 구하여라.

(1) 함수 f가 일대일함수일 확률

(2) 함수 f의 치역의 원소의 개수가 2일 확률

(3) 함수 f가 상수함수일 확률

변형문제 0217 세 학생이 이번 주 월, 화, 수, 목, 금, 토요일 중에서 각자 임의로 하루를 선택하여 연극공연을 보러 가려고 한다. 이 세 학생 중에서 같은 날에 연극공연을 보는 학생이 없을 확률은?

① $\dfrac{1}{9}$ ② $\dfrac{2}{9}$ ③ $\dfrac{1}{3}$ ④ $\dfrac{5}{9}$ ⑤ $\dfrac{2}{3}$

발전문제 0218 다음 물음에 답하여라.

(1) 네 개의 숫자 0, 1, 2, 3에서 중복을 허락하여 세 개의 숫자를 택하여 세 자리 자연수를 만들 때, 짝수일 확률은?

① $\dfrac{5}{6}$ ② $\dfrac{3}{4}$ ③ $\dfrac{2}{3}$ ④ $\dfrac{1}{2}$ ⑤ $\dfrac{1}{3}$

(2) 1, 2, 3, 4, 5에서 중복을 허용하여 임의로 택한 세 수를 a, b, c라 하자. $a+bc$의 값이 짝수일 확률을 $\dfrac{p}{q}$라 할 때, $p+q$의 값은? (단, p, q는 서로소인 자연수)

① 182   ② 183   ③ 184   ④ 185   ⑤ 186

정답 0216 : (1) $\dfrac{3}{8}$ (2) $\dfrac{9}{16}$ (3) $\dfrac{1}{16}$ 0217 : ④   0218 : (1) ④ (2) ③

다음 물음에 답하여라.

(1) student의 7개 문자를 일렬로 임의로 나열할 때, 같은 문자끼리 이웃할 확률을 구하여라.

(2) 6개의 숫자 A, B, B, C, C, C를 일렬로 나열할 때, 양 끝에 서로 다른 문자가 올 확률을 구하여라.

MAPL CORE　n개 중에서 같은 것이 각각 p개, q개, $\cdots$, r개씩 있을 때, n개를 일렬로 나열하는 순열의 수는

$$\frac{n!}{p!\cdot q!\cdots r!}\ (\text{단, } p+q+\cdots+r=n)$$

개념익힘 | 풀이　(1) student에서 t가 2개이므로 이 7개의 문자를 일렬로 나열하는 전체경우의 수는 $\dfrac{7!}{2!}$

t가 서로 이웃하는 경우의 수는 6!

따라서 구하는 확률은 $\dfrac{6!}{\dfrac{7!}{2!}}=\dfrac{2}{7}$

(2) A가 1개, B가 2개, C가 3개 있으므로 6개의 문자를 일렬로 나열하는 모든 경우의 수는

$$\frac{6!}{2!\times 3!}=\frac{6\times 5\times 4\times 3!}{2\times 3!}=60$$

양 끝에 서로 다른 문자가 오는 경우는

(i) 양 끝에 오는 문자가 A, B일 때,

그 사이에는 B, C, C, C를 나열하면 되므로 그 경우의 수는 $2\times\dfrac{4!}{3!}=8$

(ii) 양 끝에 오는 수가 A, C일 때,

그 사이에는 B, B, C, C를 나열하면 되므로 그 경우의 수는 $2\times\dfrac{4!}{2!\times 2!}=2\times\dfrac{24}{2\times 2}=12$

(iii) 양 끝에 오는 수가 B, C일 때,

그 사이에는 A, B, C, C를 나열하면 되므로 그 경우의 수는 $2\times\dfrac{4!}{2!}=2\times\dfrac{24}{2}=24$

(i)~(iii)에 의하여 양 끝에 서로 다른 문자가 오는 경우의 수는 $8+12+24=44$이다.

따라서 구하는 확률은 $\dfrac{44}{60}=\dfrac{11}{15}$

확인유제 0219　다음 물음에 답하여라.

(1) 6개의 문자 C, O, F, F, E, E를 일렬로 나열할 때, 모음끼리 이웃할 확률을 구하여라.

(2) 5개의 문자 P, Q, P, Q, R를 일렬로 나열할 때, 양 끝에 같은 문자가 올 확률을 구하여라.

변형문제 0220　다음 물음에 답하여라.

2007년 03월 교육청

(1) BANANA의 6개의 문자 B, A, N, A, N, A를 일렬로 나열할 때, 두 개의 N이 서로 이웃할 확률은?

① $\dfrac{1}{8}$　　② $\dfrac{1}{6}$　　③ $\dfrac{1}{5}$　　④ $\dfrac{1}{4}$　　⑤ $\dfrac{1}{3}$

2018학년도 09월 평가원

(2) A, A, A, B, B, C의 문자가 하나씩 적혀 있는 6장의 카드가 있다. 이 카드를 모두 한 번씩 사용하여 일렬로 임의로 나열할 때, 양 끝 모두에 A가 적힌 카드가 나오게 나열될 확률은?

① $\dfrac{3}{20}$　　② $\dfrac{1}{5}$　　③ $\dfrac{1}{4}$　　④ $\dfrac{3}{10}$　　⑤ $\dfrac{7}{20}$

발전문제 0221　한 개의 주사위를 네 번 던질 때 나오는 눈의 수를 차례로 a, b, c, d라 하자. 네 수 a, b, c, d의 곱 $a\times b\times c\times d$가 12일 확률은?

① $\dfrac{1}{36}$　　② $\dfrac{5}{72}$　　③ $\dfrac{1}{9}$　　④ $\dfrac{11}{72}$　　⑤ $\dfrac{7}{36}$

정답　0219 : (1) $\dfrac{1}{5}$ (2) $\dfrac{1}{5}$　　0220 : (1) ⑤ (2) ②　　0221 : ①

리조트 4개의 객실에 묵고 있는 4명의 투숙객들에게 객실의 열쇠를 임의로 나누어 줄 때, 다음을 구하여라.

(1) 4명 모두 남의 방의 열쇠를 받을 확률

(2) 4명 중 2명만이 자신의 방의 열쇠를 받을 확률

MAPL CORE

일정한 규칙에 의해 나열할 수 없는, 즉 하나하나씩 직접 조사해야 하는 문제는 수형도를 그려서 해결한다.

특히 수형도는 순서가 있는(사전식배열) 경우의 수를 셀 때, 중복되거나 빠짐없이 모든 경우를 세야 한다.

참고 자기 자리로 가지 않는 순열 공식

$1, 2, 3, \cdots, n$을 일렬로 나열할 때, $a_i \neq i \ (i=1, 2, 3, \cdots, n)$을 만족하는 경우의 수를 $f(n)$이라 하면

① $f(1)=0$ ② $f(2)=1$ ③ $f(3)=2$ ④ $f(4)=9$ ⑤ $f(5)=44$

개념익힘 | 풀이

4명의 투숙객을 A, B, C, D라 하고, 이들 각자의 방을 a, b, c, d라 하면 이들에게 임의로 열쇠를 주는

경우의 수는 $4!=24$ ← $n(S)$

(1) 4명 모두 남의 방의 열쇠를 받는 경우는 다음 그림과 같고 경우의 수는 $3 \times 3 = 9$ ← $n(A)$

A	B	C	D
	a	d	c
b	c	d	a
	d	a	c

A	B	C	D
	a	d	b
c	d	a	b
	d	b	a

A	B	C	D
	a	b	c
d	c	a	b
	c	b	a

따라서 구하는 확률은 $\dfrac{9}{24}=\dfrac{3}{8}$ ← $P(A)=\dfrac{n(A)}{n(S)}$

(2) 4명 중 자신의 방의 열쇠를 받을 2명과 남의 방의 열쇠를 받는 경우는 다음 그림과 같고

경우의 수는 $_4C_2 \cdot 1 = 6$ ← $n(B)$

A	B	C	D
a	b	d	c

A	B	C	D
a	d	c	b

A	B	C	D
a	c	b	d

A	B	C	D
d	b	c	a

A	B	C	D
c	b	a	d

A	B	C	D
b	a	c	d

따라서 구하는 확률은 $\dfrac{6}{24}=\dfrac{1}{4}$ ← $P(B)=\dfrac{n(B)}{n(S)}$

확인유제 0222 4명의 수험생의 수험표를 섞어서 임의로 한 장씩 나누어 줄 때, 4명 모두 다른 사람의 수험표를 받을 확률을 구하여라.

변형문제 0223 다음 물음에 답하여라.

(1) A, B, C, D, E의 5명의 학생이 각자의 이름표를 섞은 다음에 임의로 하나씩 뽑았다. 이때 5명의 학생 중

2명의 학생은 자기 이름표를 뽑고 나머지는 3명은 다른 학생의 이름표를 뽑을 확률은?

① $\dfrac{1}{8}$ ② $\dfrac{1}{7}$ ③ $\dfrac{1}{6}$ ④ $\dfrac{1}{4}$ ⑤ $\dfrac{1}{2}$

2004학년도 12월 평가원

(2) 상훈이를 포함한 5명의 학생이 쪽지시험을 본 후, 5장의 답안지를 섞은 다음에 임의로 하나씩 뽑는다.

상훈이만 자신의 답안지를 뽑고 나머지 4명은 다른 학생의 답안지를 뽑을 확률은?

① $\dfrac{2}{7}$ ② $\dfrac{3}{40}$ ③ $\dfrac{3}{10}$ ④ $\dfrac{3}{5}$ ⑤ $\dfrac{2}{3}$

발전문제 0224 수험생 5명의 수험표를 섞어서 임의로 줄 때, 5명 모두가 다른 사람의 수험표를 받을 확률은?

1994학년도 수능기출

① $\dfrac{7}{30}$ ② $\dfrac{11}{30}$ ③ $\dfrac{19}{30}$ ④ $\dfrac{9}{35}$ ⑤ $\dfrac{16}{35}$

정답 0222 : $\dfrac{3}{8}$ 0223 : (1) ③ (2) ② 0224 : ②

마플개념익힘 08 부분집합의 개수를 이용한 확률

집합 $A=\{a, b, c, d, e, f\}$의 부분집합 중 한 개의 부분집합을 택할 때, 다음을 구하여라.

(1) 집합 A의 부분집합이 원소의 개수가 세 개일 확률을 구하여라.

(2) 집합 A의 부분집합이 c를 포함하고 원소의 개수가 3일 확률을 구하여라.

(3) 집합 A의 부분집합 중 두 원소 a, b를 반드시 포함하고, 두 원소 e, f를 포함하지 않을 확률을 구하여라.

MAPL CORE

집합 $A=\{a_1, a_2, a_3, \cdots, a_n\}$에 대하여

① 집합 A의 부분집합의 개수 ⇨ 2^n

② 원소의 개수가 r인 부분집합의 개수 ⇨ ${}_nC_r$

③ 집합 A의 원소 중 특정한 k개를 포함하는 (또는 포함하지 않는) 부분집합의 개수 ⇨ 2^{n-k} (단, $n>k$)

④ 집합 A의 원소 중에서 p개는 포함하고, q개는 포함하지 않는 부분집합의 개수 ⇨ 2^{n-p-q} (단, $n>p+q$)

개념익힘 | 풀이 집합 $A=\{a, b, c, d, e, f\}$의 원소의 개수가 6이므로 집합 A의 부분집합의 개수는 $2^6=64$이다.

(1) 집합 A의 부분집합 중 원소가 3개인 부분집합의 개수는 집합 A의 6개의 원소 a, b, c, d, e, f 중 서로 다른 3개를 택하는 경우의 수와 같으므로 ${}_6C_3=20$이다.

따라서 구하는 확률은 $\frac{20}{64}=\frac{5}{16}$

(2) 집합 A의 부분집합이 c를 포함하고 원소의 개수가 3인 부분집합의 개수는 a, b, d, e, f 중 2개를 택하는 경우의 수와 같으므로 ${}_5C_2=10$

따라서 구하는 확률은 $\frac{10}{64}=\frac{5}{32}$

(3) 집합 $A=\{a, b, c, d, e, f\}$에서 a과 b를 원소로 갖고, e와 f를 원소로 갖지 않는 부분집합의 개수는 $2^{6-2-2}=2^2=4$이다.

따라서 구하는 확률은 $\frac{4}{64}=\frac{1}{16}$

확인유제 0225 집합 $A=\{a_1, a_2, a_3, a_4, a_5\}$의 모든 부분집합 중 임의로 한 개의 부분집합을 택할 때, 다음을 구하여라.

(1) 이 부분집합이 2개의 원소를 가질 확률

(2) 이 부분집합이 a_1과 a_3을 반드시 원소로 갖고 a_2를 원소로 갖지 않을 확률

변형문제 0226 집합 $S=\{x | x$는 9보다 작은 자연수$\}$의 부분집합 중에서 임의로 택한 한 집합을 A라 할 때,

$$1\in A,\ 4\notin A,\ 5\in A,\ 6\notin A,\ 8\in A$$

일 확률은?

① $\frac{1}{64}$ ② $\frac{1}{32}$ ③ $\frac{1}{16}$ ④ $\frac{3}{16}$ ⑤ $\frac{2}{3}$

발전문제 0227 집합 $S=\{x | x$는 18의 양의 약수$\}$의 진부분집합 중에서 임의로 택한 한 집합을 A라 할 때, A가 3과 9를 원소로 갖고, 1과 2를 원소로 갖지 않을 확률을 구하여라.

정답 0225 : (1) $\frac{5}{16}$ (2) $\frac{1}{8}$ 0226 : ② 0227 : $\frac{4}{63}$

다음 물음에 답하여라.

(1) 흰 공 3개와 붉은 공 5개가 들어 있는 주머니에서 2개의 공을 꺼낼 때, 그것이 모두 붉은 공일 확률을 구하여라.

(2) A, B, C, D, E의 서로 다른 과자 5개 중에서 2개를 구입할 때, A과자는 구입하고 E과자는 구입하지 않을 확률을 구하여라.

MAPL CORE

서로 다른 n개에서 순서를 생각하지 않고 r개를 뽑을 때, n개에서 r개를 택한 조합이라 하고 이 조합의 수를 $_nC_r$로 나타낸다.

조합의 계산 공식

① $_nC_r = \dfrac{_nP_r}{r!} = \dfrac{n!}{r!(n-r)!} = \dfrac{n!}{r!(n-r)!}$ (단, $0 \le r \le n$)　② $_nC_r = {_nC_{n-r}}$　③ $_nC_0 = 1$, $_nC_n = 1$

개념익힘 | 풀이

(1) 8개의 공에서 2개의 공을 꺼낼 때, 그 경우의 수는 $_8C_2 = 28$이고

이 중 붉은 공이 2개일 경우의 수는 $_5C_2 = 10$

따라서 구하는 확률은 $\dfrac{_5C_2}{_8C_2} = \dfrac{5}{14}$

(2) 5개의 과자 중에서 2개를 구입하는 경우의 수는 $_5C_2 = 10$

A과자는 구입하고 E과자는 구입하지 않는 경우의 수는 A와 E를 제외한 3개의 과자 중에서 1개를 구입하고 A를 포함시키는 경우의 수와 같으므로 $_3C_1 = 3$

따라서 구하는 확률은 $\dfrac{_3C_1}{_5C_2} = \dfrac{3}{10}$

확인유제 0228
2017학년도 09월 평가원

다음 물음에 답하여라.

(1) 흰 공 2개, 빨간 공 4개가 들어 있는 주머니가 있다. 이 주머니에서 임의로 2개의 공을 동시에 꺼낼 때, 꺼낸 2개의 공이 모두 흰 공일 확률이 $\dfrac{q}{p}$이다. $p+q$의 값을 구하여라. (단, p와 q는 서로소인 자연수)

(2) 6명의 축구선수 A, B, C, D, E, F에서 3명의 대표를 뽑을 때, A는 포함되고 B는 포함되지 않을 확률을 구하여라.

변형문제 0229
2008학년도 09월 평가원

흰 공 2개, 노란 공 2개, 파란 공 2개가 들어 있는 주머니가 있다. 이 주머니에서 임의로 3개의 공을 동시에 꺼낼 때, 공의 색깔이 모두 다를 확률은? (단, 모든 공의 크기와 모양은 같다.)

① $\dfrac{2}{5}$　　② $\dfrac{1}{2}$　　③ $\dfrac{3}{5}$　　④ $\dfrac{7}{10}$　　⑤ $\dfrac{4}{5}$

발전문제 0230

다음 물음에 답하여라.

(1) 주머니 속에 1부터 9까지의 번호가 각각 적힌 9개의 공이 들어있다. 이 중에서 4개의 공을 꺼내어 나온 공에 적힌 번호를 크기순으로 나열할 때, 두 번째로 작은 수가 5일 확률을 구하여라.

2019학년도 수능기출

(2) 주머니 속에 2부터 8까지의 자연수가 각각 하나씩 적힌 구슬 7개가 들어 있다. 이 주머니에서 임의로 2개의 구슬을 동시에 꺼낼 때, 꺼낸 구슬에 적힌 두 자연수가 서로소일 확률을 구하여라.

정답　$0228 : (1)\ 16\ (2)\ \dfrac{3}{10}$　　$0229 : ①$　　$0230 : (1)\ \dfrac{4}{21}\ (2)\ \dfrac{2}{3}$

1부터 10까지의 자연수가 쓰여 있는 10장의 카드가 있다. 이 중에서 임의로 세 장의 카드를 택할 때,
이 카드에 쓰여 있는 세 수의 합이 홀수일 확률을 구하여라.

MAPL CORE 조합의 계산 공식

① $_nC_r = \dfrac{_nP_r}{r!} = \dfrac{n!}{r!(n-r)!}$ (단, $0 \le r \le n$)   ② $_nC_r = {}_nC_{n-r}$ ③ $_nC_0 = 1,\ _nC_n = 1$

개념익힘|풀이 10장의 카드에서 3장의 카드를 택하는 경우의 수는 $_{10}C_3 = 120$

이때 세 수의 합이 홀수이려면 (홀수)+(홀수)+(홀수) 또는 (홀수)+(짝수)+(짝수)이어야 한다.

(i) (홀수, 홀수, 홀수)인 경우

　홀수가 적힌 5장의 카드 중에서 3장을 뽑는 방법의 수이므로 $_5C_3 = 10$

(ii) (홀수, 짝수, 짝수)인 경우

　홀수가 적힌 5장의 카드 중에서 1장, 짝수가 적힌 5장의 카드 중에서 2장을 뽑는 방법의 수이므로

　$_5C_1 \times {}_5C_2 = 5 \times 10 = 50$

(i), (ii)에서 세 수의 합이 홀수인 경우의 수는 $10 + 50 = 60$

따라서 구하는 확률은 $\dfrac{60}{120} = \dfrac{1}{2}$

확인유제 0231 1, 2, 3, 4, 5의 숫자가 하나씩 적힌 5장의 카드가 들어있는 상자에서 임의로 3장의 카드를 꺼낼 때, 카드에 적힌
숫자의 합이 홀수가 될 확률을 구하여라.

변형문제 0232 다음 물음에 답하여라.

(1) 10명의 학생으로 이루어진 모임에서 대표 2명을 뽑을 때, 남학생과 여학생이 1명씩 뽑힐 확률은 $\dfrac{8}{15}$ 이다.

　이때 10명의 학생 중에서 여학생의 수는? (단, 여학생이 남학생보다 많다.)

　① 5　　② 6　　③ 7　　④ 8　　⑤ 9

(2) 모양과 크기가 같은 흰 공 4개와 검은 공 3개가 들어 있는 주머니에서 3개의 공을 꺼낼 때, 주머니에 남아
　있는 흰 공과 검은 공의 수가 같을 확률은?

　① $\dfrac{14}{35}$　　② $\dfrac{16}{35}$　　③ $\dfrac{17}{35}$　　④ $\dfrac{18}{35}$　　⑤ $\dfrac{19}{35}$

발전문제 0233 다음 물음에 답하여라.

2013학년도 09월 평가원

(1) 주머니 안에 1, 2, 3, 4의 숫자가 하나씩 적혀 있는 4장의 카드가 있다.
　주머니에서 갑이 2장의 카드를 임의로 뽑고 을이 남은 2장의 카드 중에
　서 1장의 카드를 임의로 뽑을 때, 갑이 뽑은 2장의 카드에 적힌 수의 곱
　이 을이 뽑은 카드에 적힌 수보다 작을 확률을 구하여라.

(2) 주머니 안에 1, 2, 3, 4, 5의 숫자가 하나씩 적혀 있는 5장의 카드가 있다.
　주머니에서 갑이 먼저 1장의 카드를 뽑은 후, 을이 남은 4장의 카드 중에
　서 2장의 카드를 뽑았다. 을이 뽑은 2장의 카드에 적힌 수의 합이 갑이 뽑
　은 1장의 카드에 적힌 수보다 작거나 같을 확률을 $\dfrac{q}{p}$ 라고 할 때, $p+q$의

　값을 구하여라. (단, p와 q는 서로소이다.)

정답　$0231 : \dfrac{2}{5}$　　$0232 : (1)\ ② \ (2)\ ④$　　$0233 : (1)\ \dfrac{1}{4}\ (2)\ 37$

오른쪽 그림과 같이 원 위에 같은 간격으로 놓여 있는 8개의 점에서 3개의 점을 택하여
삼각형을 만들 때, 다음 물음에 답하여라.
(1) 이 삼각형이 **직각삼각형이 될** 확률을 구하여라.
(2) 이 삼각형이 **이등변삼각형이 될** 확률을 구하여라.

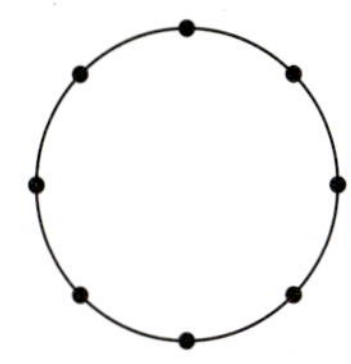

MAPL CORE

(1) 직선의 개수 : 서로 다른 n개의 점에서 두 점을 이으면 직선이 되므로 직선의 개수는 ⇨ $_nC_2$

　　주의 일직선(동일 직선) 위에 있는 점들을 이으면 직선은 한 개 생긴다.

(2) 삼각형의 개수 : 일직선 위에 있지 않는 서로 다른 n개의 점에서 세 점을 이으면 삼각형이 되므로 삼각형의 개수는
　　　　⇨ $_nC_3$

　　주의 일직선 위에 있는 모든 점들은 삼각형을 만들 수 없다.

개념익힘│풀이　8개의 점 중 세 점을 택하여 연결하면 삼각형을 만들 수 있으므로

8개의 점 중에서 3개의 점을 선택하는 경우의 수는 $_8C_3=56$

(1) 원 위의 두 점을 이은 가장 긴 선분이 원의 지름이 되고, 지름에 대한 원주각의
　　크기는 항상 $90°$이므로 나머지 6개의 점 중에서 1개를 택하여 연결하면
　　직각삼각형이 만들어진다. 즉 지름으로 택할 수 있는 경우의 수는 4이다.
　　이 각각에 대하여 만들 수 있는 직각삼각형의 개수가 $_6C_1=6$이므로
　　$4\times6=24$

　　따라서 구하는 확률은 $\dfrac{4\times6}{56}=\dfrac{3}{7}$

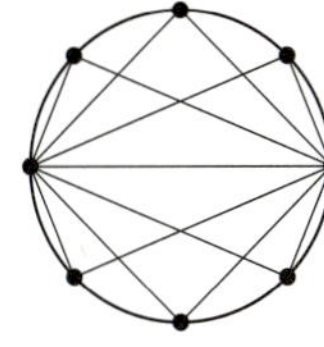

(2) 오른쪽 그림과 같이 한 꼭지각에 대하여 3개의 이등변삼각형을 만들 수 있고
　　꼭지각에 해당하는 점으로 가능한 것이 8개이므로 이등변삼각형의 개수는 $3\times8=24$

　　따라서 구하는 확률은 $\dfrac{24}{56}=\dfrac{3}{7}$

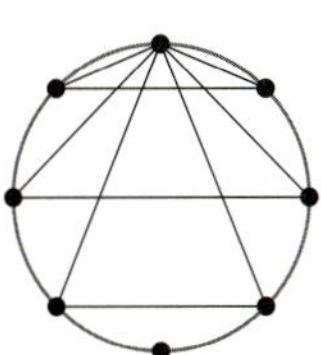

　　참고 원 위에 같은 간격으로 놓여 있는 8개의 점에서 3개의 점을 택하여 삼각형을 만들 때,
　　　　　　만든 삼각형이 예각삼각형 또는 둔각삼각형이 될 확률은
　　　　　　전체 삼각형의 개수에서 직각삼각형이 될 확률을 뺀 것과 같으므로 $\dfrac{_8C_3-24}{_8C_3}=1-\dfrac{24}{56}=\dfrac{4}{7}$

확인유제 0234　오른쪽 그림과 같이 원의 둘레를 6등분하는 6개의 점이 있다. 이 중에서 세 점을 임의
로 택하여 그 세 점을 꼭짓점으로 하는 삼각형을 만들 때, 다음 물음에 답하여라.
(1) 이 삼각형이 **직각삼각형이 될** 확률을 구하여라.
(2) 이 삼각형이 **이등변삼각형이 될** 확률을 구하여라.

변형문제 0235　원 위에 일정한 간격으로 8개의 점이 놓여 있다. 이 중 세 개의 점을 연결하여 삼각형을 만들 때,

2019학년도 경찰대기출
2007학년도 경찰대기출

이 삼각형이 **둔각삼각형일 확률**은?

① $\dfrac{2}{7}$　　　　② $\dfrac{5}{14}$　　　　③ $\dfrac{3}{7}$　　　　④ $\dfrac{1}{2}$　　　　⑤ $\dfrac{4}{7}$

발전문제 0236　오른쪽 그림과 같이 한 변의 길이가 1인 정사각형 6개를 붙여놓은 도형이 있다.

2006년 10월 교육청

12개의 꼭짓점 중에서 임의로 **두 점을 연결한 선분의 길이가 무리수일 확률**이
$\dfrac{a}{b}$일 때, $a+b$의 값을 구하여라. (단, a, b는 서로소인 자연수이다.)

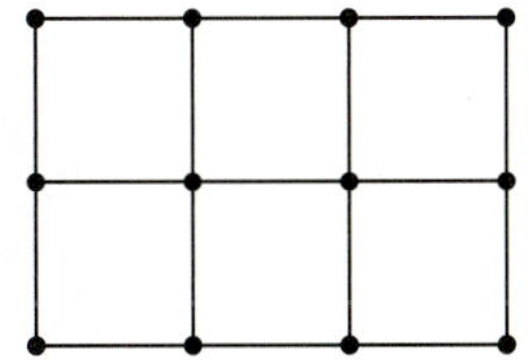

정답　0234 : (1) $\dfrac{3}{5}$ (2) $\dfrac{2}{5}$　　0235 : ③　　0236 : 17

다음 물음에 답하여라.

(1) 현진이는 네 종류의 공 축구공, 농구공, 배구공, 야구공에서 중복을 허락하여 5개를 구입할 때,
축구공 2개를 포함할 확률을 구하여라. (단, 같은 종류의 공은 서로 구별하지 않는다.)

(2) 빨간색, 파란색, 노란색 풍선을 파는 가게에서 임의로 10개의 풍선을 고를 때, 빨간색, 파란색, 노란색 풍선
이 적어도 1개씩 포함될 확률을 구하여라.

MAPL **CORE**

서로 다른 n개 중에서 중복을 허락하여 r개를 택하는 조합을 중복조합이라 하고, 이 중복조합의 수는
$$_n\mathrm{H}_r = {}_{n+r-1}\mathrm{C}_r$$
임을 이용하여 경우의 수를 구한 다음 확률을 구한다.

개념익힘|풀이

(1) 네 종류의 공 축구공, 농구공, 배구공, 야구공에서 중복을 허락하여 5개를 택하는 전체 경우의 수는
$$_4\mathrm{H}_5 = {}_{4+5-1}\mathrm{C}_5 = {}_8\mathrm{C}_5 = {}_8\mathrm{C}_3 = 56 \quad \leftarrow a+b+c+d=5(\text{음이 아닌 정수해})$$
이때 축구공 2개를 포함하는 경우의 수는 축구공을 제외한 세 종류의 공에서 중복을 허락하여 3개를 택하는
경우의 수와 같으므로
$$_3\mathrm{H}_3 = {}_{3+3-1}\mathrm{C}_3 = {}_5\mathrm{C}_3 = {}_5\mathrm{C}_2 = 10$$
따라서 구하는 확률은 $\dfrac{10}{56} = \dfrac{5}{28}$

(2) 세 종류의 풍선에서 중복을 허락하여 10개의 풍선을 고르는 경우의 수는
$$_3\mathrm{H}_{10} = {}_{3+10-1}\mathrm{C}_{10} = {}_{12}\mathrm{C}_2 = 66 \quad \leftarrow a+b+c+d=10(\text{음이 아닌 정수해})$$
빨간색, 파란색, 노란색 풍선이 적어도 1개씩 포함되는 경우의 수는
빨간색, 파란색, 노란색 풍선을 하나씩 고른 다음 나머지 7개를 고르는 경우의 수와 같으므로
$$_3\mathrm{H}_7 = {}_{3+7-1}\mathrm{C}_7 = {}_9\mathrm{C}_2 = 36$$
따라서 구하는 확률은 $\dfrac{36}{66} = \dfrac{6}{11}$

확인유제 **0237**　다음 물음에 답하여라.

(1) 사과, 밀감, 배 3종류의 과일을 파는 과일 가게에서 6개의 과일을 사려고 한다. 임의로 과일을 선택하여
살 때, 같은 종류의 과일을 4개 살 확률을 구하여라. (단, 같은 종류의 과일은 서로 구분되지 않는다.)

(2) 서로 같은 사탕 9개를 네 명의 학생에게 임의로 남김없이 나누어 줄 때, 세 학생만 사탕을 받을 확률을
구하여라.

변형문제 **0238**　서로 다른 세 개의 주사위 A, B, C를 던져 나온 눈의 수를 각각 a, b, c라 할 때, 다음 물음에 답하여라.

(1) $a < b < c$일 확률을 구하여라.

(2) $a \leq b \leq c$일 확률을 구하여라.

발전문제 **0239**　두 집합 $A=\{1, 2, 3, 4\}$, $B=\{3, 4, 5, 6, 7\}$에 대하여 A에서 B로의 함수 중에서 임의로 한 개를 택할 때,
이 함수가 다음 조건을 만족하는 함수 f일 확률을 구하여라.

> (가) $f(2)=5$
>
> (나) A의 임의의 두 원소 x_1, x_2에 대하여 $x_1 < x_2$이면 $f(x_1) \leq f(x_2)$이다.

정답　0237 : (1) $\dfrac{9}{28}$ (2) $\dfrac{28}{55}$　　0238 : (1) $\dfrac{5}{54}$ (2) $\dfrac{7}{27}$　　0239 : $\dfrac{18}{625}$

주머니 속에 흰 공과 검은 공이 10개 들어 있다. 이 주머니 속에서 2개를 꺼내 보고 다시 넣는 시행을 여러 번 반복하여 보았더니 3번에 1번꼴로 2개가 모두 흰 공이었다. 이 주머니 속의 흰 공의 개수를 구하여라.

MAPL CORE

동일한 조건에서 같은 시행을 n회 반복하였을 때, 사건 A가 일어난 횟수를 r_n이라 하면 n의 값이 한없이 커짐에 따라 상대도수 $\dfrac{r_n}{n}$이 일정한 값을 사건 A의 통계적 확률 이라 한다.

n이 충분히 크게 하면 (통계적 확률)≒(수학적 확률)이다.

개념익힘 | 풀이

10개의 구슬 중에서 2개를 꺼내는 경우의 수는 $_{10}C_2=45$

주머니 속에 들어 있는 흰 공의 개수를 n개라고 하면 10개 중 2개를 꺼낼 때,

모두 흰 공일 확률은 $\dfrac{_nC_2}{_{10}C_2}=\dfrac{n(n-1)}{90}$

이 시행에서 3번에 1번꼴로 2개 모두 흰 공을 꺼냈으므로 통계적 확률은 $\dfrac{1}{3}$

이때 수학적 확률과 통계적 확률이 같으므로 $\dfrac{n(n-1)}{90}=\dfrac{1}{3}$

$n(n-1)=30,\ n^2-n-30=0,\ (n-6)(n+5)=0$

$\therefore\ n=6\ (\because n>0)$

따라서 주머니 속에는 6개의 흰 공이 들어 있다고 볼 수 있다.

확인유제 0240

주머니 속에 흰 공과 검은 공이 합쳐서 8개 들어 있다. 이 속에서 두 개 꺼내 보고 다시 넣고 하는 일을 여러 번 되풀이해 보니 4회에 3회의 꼴로 두 개 모두 흰 공이었다고 할 때, 주머니 속의 흰 공의 개수를 구하여라.

변형문제 0241

상자 속에 빨간 공과 파란 공을 합쳐서 모두 16개의 공이 들어 있다. 이 상자에서 2개의 공을 꺼내어 보고 다시 넣는 시행을 여러 번 반복하였더니 12번에 1번꼴로 2개가 모두 파란 공이 나왔다. 이때 이 상자 속에는 몇 개의 빨간 공이 들어 있는가?

① 4   ② 5   ③ 7   ④ 11   ⑤ 14

발전문제 0242

다음 물음에 답하여라.

(1) 다음은 어느 공장에서 생산하는 제품에 포함된 불량품의 개수를 조사한 것이다. 이 공장에서 생산한 제품 중에서 한 개를 꺼낼 때, 그것이 불량품일 확률을 구하여라.

제품의 개수(n)	100	500	1000	5000	10000
불량품의 개수(r)	3	13	23	117	230
상대도수($\dfrac{r}{n}$)	0.03	0.026	0.023	0.0234	0.0230

(2) 야구선수가 타석에 n번 들어가서 r번 출루하였을 때, $\dfrac{r}{n}$을 출루율이라고 한다. 지난 시즌의 통산 출루율이 0.350인 추신수 선수가 이번 시즌에 타석에 400번 들어갈 때, 몇 번 출루할 수 있는지 구하여라.

정답   0240 : 7   0241 : ④   0242 : (1) 0.023 (2) 140

오른쪽 그림과 같이 한 변의 길이가 1인 정사각형 ABCD의 내부에
임의로 점 P를 잡을 때, 다음 물음에 답하여라.
(1) 삼각형 ABP가 예각삼각형이 될 확률을 구하여라.
(2) 삼각형 ABP가 둔각삼각형이 될 확률을 구하여라.

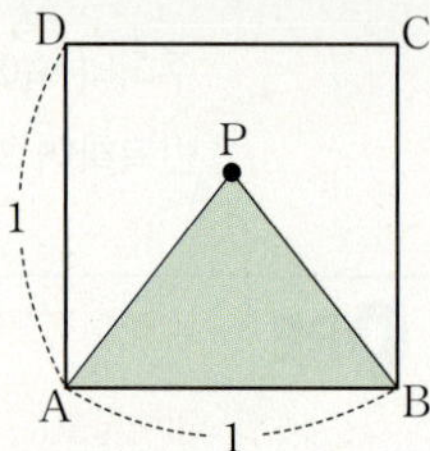

MAPL CORE

선분 AB가 반원 O의 지름일 때, 즉
① $\angle APB = 90°$(직각) $\Leftrightarrow$ 점 P는 원 위에 있다.
② $\angle APB < 90°$(예각) $\Leftrightarrow$ 점 P′는 원의 외부에 있다.
③ $\angle APB > 90°$(둔각) $\Leftrightarrow$ 점 P″는 원의 내부에 있다.

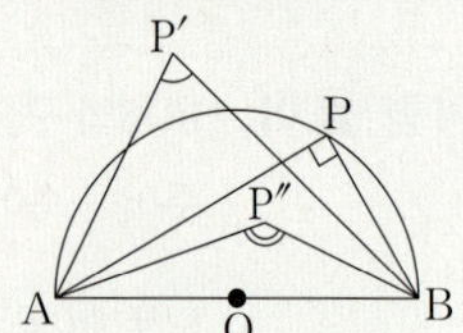

개념익힘 | 풀이

(1) 점 P가 선분 AB를 지름으로 하는 반원 위에 있을 때,
  △ABP는 직각삼각형이므로 이 반원의 외부에 점 P를 잡으면
  $\angle APB < 90°$이므로 삼각형 ABP는 예각삼각형이다.
  이때, 점 P를 만족하는 영역은 그림의 어두운 부분과 같다.
  따라서 구하는 확률은

$$\frac{(\text{반원 밖의 넓이})}{(\square ABCD의\ 넓이)} = \frac{1 - \frac{1}{2} \cdot \pi \cdot \left(\frac{1}{2}\right)^2}{1 \cdot 1} = 1 - \frac{\pi}{8}$$

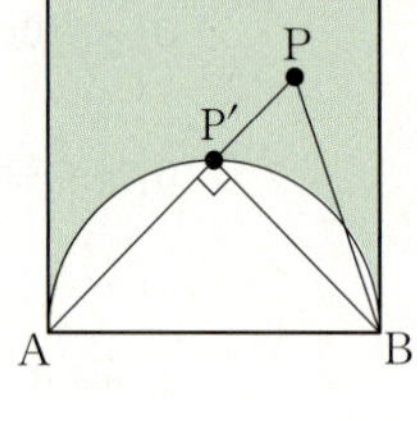

(2) 점 P가 선분 AB를 지름으로 하는 반원의 내부에 있으면
  $\angle APB > 90°$이므로 삼각형 ABP는 둔각삼각형이다.

  그런데 $\square ABCD$의 넓이는 1이고 반원의 넓이는 $\pi\left(\frac{1}{2}\right)^2 \cdot \frac{1}{2} = \frac{\pi}{8}$

  따라서 구하는 확률은 $\dfrac{(\text{반원의 넓이})}{(\square ABCD의\ 넓이)} = \dfrac{\frac{\pi}{8}}{1} = \dfrac{\pi}{8}$

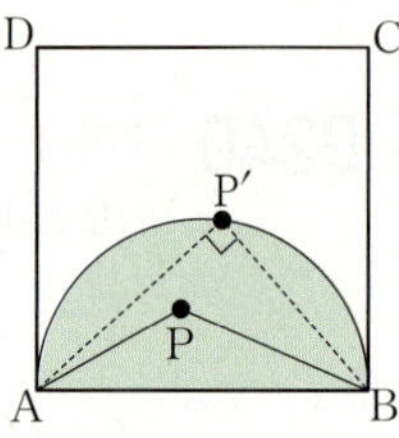

확인유제 0243 오른쪽 그림과 같이 한 변의 길이가 2인 정사각형 ABCD의 내부의 한 점 P를
임의로 잡을 때, 점 P에서 각 꼭짓점에 이르는 거리가 1보다 클 확률을 구하여라.

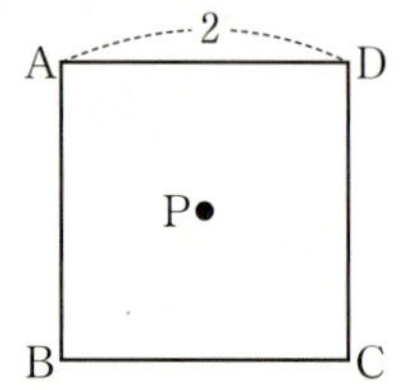

변형문제 0244 주사위 한 개를 던져 나오는 눈의 수를 a라 하면 이차함수 $y = x^2 - 4$의 그래프와 원 $x^2 + y^2 = a^2$의
교점의 개수가 4일 확률은?

① $\dfrac{2}{5}$　　　② $\dfrac{1}{3}$　　　③ $\dfrac{2}{3}$　　　④ $\dfrac{1}{2}$　　　⑤ $\dfrac{4}{5}$

발전문제 0245 1부터 5까지의 자연수가 하나씩 적혀 있는 5개의 공이 들어 있는 주머니에서 임의로 한 개의 공을 꺼내
그 공에 적혀있는 수를 k라 할 때, $|x| + |y| = 4$의 그래프와 원 $x^2 + y^2 = k^2$이 만날 확률은?

① $\dfrac{2}{5}$　　　② $\dfrac{1}{3}$　　　③ $\dfrac{2}{3}$　　　④ $\dfrac{1}{2}$　　　⑤ $\dfrac{4}{5}$

정답 $0243 : 1 - \dfrac{\pi}{4}$　　$0244 : ②$　　$0245 : ①$

07

가위 바위 보와 확률

01 두 명이 가위 바위 보

A, B가 가위 바위 보를 한 번 할 때, 다음 확률을 구하여라.

① A만 이길 확률을 구하여라.

풀이 두 명이 가위 바위 보를 할 때, 가위 바위 보를 낼 수 있으므로

모든 경우의 수는 $_3\Pi_2=3^2=9$

A만 이기는 경우는 오른쪽과 같다.

이 경우의 수는 3이므로 구하는 확률은 $\dfrac{3}{3^2}=\dfrac{1}{3}$

A	B
가위	보
바위	가위
보	바위

② 비길 확률을 구하여라.

풀이 두 명이 가위 바위 보를 할 때, 가위 바위 보를 낼 수 있으므로

모든 경우의 수는 $_3\Pi_2=3^2=9$

비기는 경우, 각각의 가위 바위 보를 나열하는 경우

(가위, 가위), (바위, 바위), (보, 보)를 각각 일렬로 나열하는 경우와 같으므로 3가지

따라서 구하는 확률은 $\dfrac{3}{9}=\dfrac{1}{3}$

+α 더 알아 보기

가위 · 바위 · 보 손가락 모양

가위 · 바위 · 보는 손가락 모양을 따서 붙인 이름으로, 한 손으로 엄지손가락이나 집게손가락 또는 집게손가락과 가운뎃손가락만을 펴고 나머지 손가락은 접은 모양을 '가위', 주먹 쥔 손을 '바위', 그리고 다섯 손가락을 모두 편 모양을 '보'라고 한다.

가위     **바위**    **보** 

국가별 가위 바위 보 표현 방법

한국 : 가위 바위 보

일본 : 잔 켄 보

인도네시아 : 군띵 바투 카인

영국 : Stone Paper Scissor

미국 : Rock Paper Scissor 또는 Ro Sham Bo (남부지역)

중국 : 젠다오 쓰터우 부

필리핀 : 착 앤 포이(Jack and Poi)

베트남 : Hammer Nail Paper

프랑스 : Stone Scissor Well

세 명 A, B, C가 가위 바위 보를 한 번 할 때, 다음 확률을 구하여라.

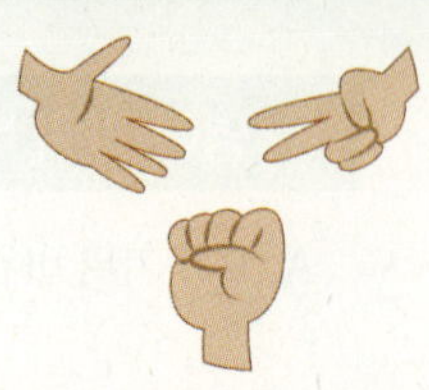

① A만 이길 확률을 구하여라.

풀이 세 명이 가위 바위 보를 할 때, 가위 바위 보를 낼 수 있으므로
모든 경우의 수는 $_3\Pi_3 = 3^3 = 27$

A만 이기는 경우는 오른쪽과 같다.

이 경우의 수는 3이므로 구하는 확률은 $\dfrac{3}{3^3} = \dfrac{1}{9}$

A	B	C
가위	보	보
바위	가위	가위
보	바위	바위

② 한 명만 이길 확률을 구하여라.

풀이 세 명이 가위 바위 보를 할 때, 가위 바위 보를 낼 수 있으므로 모든 경우의 수는 $_3\Pi_3 = 3^3 = 27$

이기는 사람은 세 명 중 한 명이고, 각각의 가위 바위 보를 나열하는 경우
한 명만 이기는 경우는 (가위, 보, 보), (바위, 가위, 가위), (보, 바위, 바위)를 각각 일렬로 나열하는 경우와 같으므로

$$\dfrac{3!}{2!} \times 3 = 9$$

따라서 구하는 확률은 $\dfrac{9}{27} = \dfrac{1}{3}$

다른풀이 조합을 이용하여 풀이하기

세 명이 가위 바위 보를 할 때, 생기는 모든 경우의 수는 $3^3 = 27$

세 명이 가위 바위 보를 할 때, 이기는 사람이 한 명인 경우의 수는

세 사람 중 이기는 사람을 한 명 뽑고, 이 사람이 가위 바위 보 중 하나를 선택하는 경우의 수와 같다.

즉, 세 명이 가위 바위 보를 할 때, 이기는 사람이 한 명인 경우의 수는 $_3C_1 \times _3C_1 = 3 \times 3 = 9$

따라서 구하는 확률은 $\dfrac{9}{27} = \dfrac{1}{3}$

③ 두 사람만 이기는 확률을 구하여라.

풀이 세 명이 가위 바위 보를 할 때, 가위 바위 보를 낼 수 있으므로 모든 경우의 수는 $_3\Pi_3 = 3^3 = 27$

지는 사람은 세 명 중 한 명이고, 각각의 가위 바위 보를 나열하는 경우
두 명만 이기는 경우는 (가위, 가위, 보), (바위, 바위, 가위), (보, 보, 바위)를 각각 일렬로 나열하는 경우와 같으므로

$$\dfrac{3!}{2!} \times 3 = 9$$

따라서 구하는 확률은 $\dfrac{9}{27} = \dfrac{1}{3}$

④ 어느 한 명도 이기지 못할 확률, 즉 승부가 나지 않을 확률을 구하여라.

풀이 세 명이 가위 바위 보를 할 때, 가위 바위 보를 낼 수 있으므로 모든 경우의 수는 $_3\Pi_3 = 3^3 = 27$

어느 한 명도 이기지 못하는 경우는 다음과 같다.

(ⅰ) 세 명이 모두 같은 것을 내는 경우
　　(가위, 가위, 가위), (바위, 바위, 바위), (보, 보, 보)의 3가지

(ⅱ) 세 명 모두 다른 것을 내는 경우
　　(가위, 바위, 보)를 일렬로 나열하는 경우와 같으므로 $3! = 6$가지

(ⅰ), (ⅱ)에서 어느 한 명도 이기지 못하는 경우의 수는 $3 + 6 = 9$이므로 구하는 확률은 $\dfrac{9}{27} = \dfrac{1}{3}$

03 네 명이 가위 바위 보

네 명 A, B, C, D가 가위 바위 보를 한 번 할 때, 다음 확률을 구하여라.

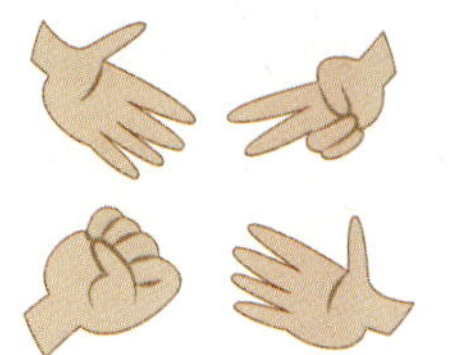

① A만 이길 확률을 구하여라.

풀이 네 명의 학생이 가위 바위 보를 할 때, 나타나는 모든 경우의 수는

$$_3\Pi_4 = 3^4 = 81$$

A만 이기는 경우는 오른쪽과 같다.

이 경우의 수는 3이므로 구하는 확률은 $\dfrac{3}{3^4} = \dfrac{1}{27}$

A	B	C	D
가위	보	보	보
바위	가위	가위	가위
보	바위	바위	바위

② 한 명만 이길 확률을 구하여라.

풀이 네 명의 학생이 가위 바위 보를 할 때, 나타나는 모든 경우의 수는 $_3\Pi_4 = 3^4 = 81$

이기는 사람은 네 명 중 한 명이고, 각각의 가위 바위 보를 나열하는 경우

(가위, 보, 보, 보), (바위, 가위, 가위, 가위), (보, 바위, 바위, 바위)를 각각 일렬로 나열하는 경우와 같으므로

$$\dfrac{4!}{3!} \times 3 = 12$$

따라서 한 명만 이길 확률은 $\dfrac{12}{81} = \dfrac{4}{27}$

다른풀이 조합을 이용하여 풀이하기

네 명이 가위 바위 보를 할 때, 생기는 모든 경우의 수는 $3^4 = 81$

네 명이 가위 바위 보를 할 때, 이기는 사람이 한 명인 경우의 수는

네 사람 중 이기는 사람을 한 명 뽑고, 이 사람이 가위 바위 보 중 하나를 선택하는 경우의 수와 같다.

즉, 네 명의 학생이 가위 바위 보를 할 때, 이기는 사람이 한 명인 경우의 수는 $_4C_1 \times _3C_1 = 4 \times 3 = 12$

따라서 한 명만 이길 확률은 $\dfrac{12}{81} = \dfrac{4}{27}$

③ 두 명만 이기는 확률을 구하여라.

풀이 네 명의 학생이 가위 바위 보를 할 때, 나타나는 모든 경우의 수는 $_3\Pi_4 = 3^4 = 81$

이기는 사람은 네 명 중 두 명이 이기고 각각의 가위 바위 보를 나열하는 경우

(가위, 가위, 보, 보), (바위, 바위, 가위, 가위), (보, 보, 바위, 바위)의 3가지이고 각각 일렬로 나열하는 경우의 수는

$$\dfrac{4!}{2!2!} \times 3 = 18$$

따라서 두 명만 이기는 확률은 $\dfrac{18}{81} = \dfrac{2}{9}$

다른풀이 조합을 이용하여 풀이하기

두 명이 이기고 두 명이 지는 경우의 수는

네 명의 학생 중 가위 바위 보에서 이기는 2명을 택하는 경우의 수는 $_4C_2 = 6$

이 6가지의 각 경우에 대하여 이기는 사람이 낼 것과 지는 사람이 낼 것을 정하는 경우의 수는

(가위, 가위, 보, 보), (바위, 바위, 가위, 가위), (보, 보, 바위, 바위)의 3가지이다.

즉, 네 명의 학생 중 2명이 이기고 2명이 지는 경우의 수는 $6 \times 3 = 18$

따라서 두 명만 이기는 확률은 $\dfrac{18}{81} = \dfrac{2}{9}$

④ 세 명이 이기는 확률을 구하여라.

풀이 네 명의 학생이 가위 바위 보를 할 때 나타나는 모든 경우의 수는 $_3\Pi_4=3^4=81$

이기는 사람은 네 명 중 세 명이 이기고 각각의 가위, 바위, 보를 나열하는 경우

(가위, 가위, 가위 보), (바위, 바위, 바위, 가위), (보, 보, 보, 바위)의 3가지이고 각각 일렬로 나열하는 경우의 수는

$$\frac{4!}{3!}\times 3=12$$

따라서 세 명이 이기는확률은 $\dfrac{12}{81}=\dfrac{4}{27}$

다른풀이 조합을 이용하여 풀이하기

세 명이 이기는 경우의 수는

네 명의 학생 중 가위 바위 보에서 이기는 3명을 택하는 경우의 수는 $_4C_3=4$

이 4가지의 각 경우에 대하여 이기는 사람이 낼 것과 지는 사람이 낼 것을 정하는 경우의 수는

(가위, 가위, 가위 보), (바위, 바위, 바위, 가위), (보, 보, 보, 바위)의 3가지이다.

즉, 네 명의 학생 중 3명이 이기고 1명이 지는 경우의 수는 $4\times 3=12$

따라서 세 명이 이기는확률은 $\dfrac{12}{81}=\dfrac{4}{27}$

⑤ 어느 한 명도 이기지 못할 확률, 즉 승부가 나지 않을 확률을 구하여라.

풀이 네 명의 학생이 가위 바위 보를 할 때, 나타나는 모든 경우의 수는 $_3\Pi_4=3^4=81$

(i) 네 명 모두 같은 것을 내는 경우

(가위, 가위, 가위, 가위), (바위, 바위, 바위, 바위), (보, 보, 보, 보)의 3가지이다.

(ii) 세 명이 서로 다른 것을 내는 경우

(가위, 가위, 바위 보), (바위, 바위, 가위, 보), (보, 보, 가위, 바위)의 3가지이고 각각 일렬로 나열하는 경우의 수는

$$\frac{4!}{2!}\times 3=36$$

(i), (ii)에서 승부가 나지 않는 경우의 수는 $3+36=39$

따라서 승부가 나지 않을 확률은 $\dfrac{39}{81}=\dfrac{13}{27}$

⑥ 네 명이 가위 바위 보를 한 번 할 때, 승부가 날 확률을 구하여라. ← 다음 단원인 여사건의 확률을 이용한다.

풀이 네 명의 학생이 가위 바위 보를 할 때 나타나는 모든 경우의 수는 $_3\Pi_4=3^4=81$

이때 승부가 나는 사건의 여사건은 승부가 나지 않는 사건으로 다음과 같다.

(i) 네 명 모두 같은 것을 내는 경우

(가위, 가위, 가위, 가위), (바위, 바위, 바위, 바위), (보, 보, 보, 보)의 3가지이다.

(ii) 세 명이 서로 다른 것을 내는 경우

(가위, 가위, 바위 보), (바위, 바위, 가위, 보), (보, 보, 가위, 바위)의 3가지이고 각각 일렬로 나열하는 경우의 수는

$$\frac{4!}{2!}\times 3=36$$

(i), (ii)에서 승부가 나지 않는 경우의 수는 $3+36=39$이므로 승부가 나지 않을 확률은 $\dfrac{39}{81}=\dfrac{13}{27}$

따라서 승부가 날 확률은 $1-\dfrac{13}{27}=\dfrac{14}{27}$

마플수능특강
04

함수의 개수와 확률

01　함수의 개수를 이용한 확률

두 집합 X, Y에 대하여 $n(X)=m$, $n(Y)=n$일 때,

$m \leq n$일 때, 집합 X, Y에 대하여 두 원소 x_1, x_2에 대하여

① 함수 $f : X \longrightarrow Y$의 개수 $\Rightarrow$ $_n\Pi_m = n^m$

② $x_1 \neq x_2$이면 $f(x_1) \neq f(x_2)$인 함수의 개수 $\Rightarrow$ $_n\mathrm{P}_m$

③ $x_1 < x_2$이면 $f(x_1) < f(x_2)$인 함수의 개수 (또는 $x_1 < x_2$이면 $f(x_1) > f(x_2)$인 함수의 개수) $\Rightarrow$ $_n\mathrm{C}_m$

④ $x_1 < x_2$이면 $f(x_1) \leq f(x_2)$인 함수의 개수 (또는 $x_1 < x_2$이면 $f(x_1) \geq f(x_2)$인 함수의 개수) $\Rightarrow$ $_n\mathrm{H}_m$

수능특강문제 01

두 집합 $X=\{1, 2, 3\}$, $Y=\{4, 5, 6, 7\}$에 대하여 함수 $f : X \longrightarrow Y$ 중에서 임의로 하나를 택할 때, 일대일함수일 확률은?

① $\dfrac{1}{8}$　　　② $\dfrac{1}{4}$　　　③ $\dfrac{3}{8}$　　　④ $\dfrac{1}{2}$　　　⑤ $\dfrac{5}{27}$

수능특강 풀이

X에서 Y로의 함수 $f : X \longrightarrow Y$의 개수는 $_4\Pi_3 = 4^3$

함수 f가 일대일함수가 되는 경우의 수는 $_4\mathrm{P}_3 = 4 \times 3 \times 2 = 24$

따라서 구하는 확률은 $\dfrac{24}{4^3} = \dfrac{3}{8}$

수능특강문제 02

두 집합 $X=\{a, b, c\}$, $Y=\{1, 2, 3, 4, 5\}$에 대하여 함수 $f : X \longrightarrow Y$ 중에서 임의로 하나를 택할 때, $f(a) < f(b) < f(c)$일 확률은?

① $\dfrac{1}{25}$　　　② $\dfrac{2}{25}$　　　③ $\dfrac{3}{25}$　　　④ $\dfrac{1}{5}$　　　⑤ $\dfrac{6}{25}$

수능특강 풀이

X에서 Y로의 함수 $f : X \longrightarrow Y$의 개수는 $_5\Pi_3 = 5^3$

이때 $f(a) < f(b) < f(c)$를 만족시키는 함수 f의 개수는 1, 2, 3, 4, 5에서 3개를 택하는 경우의 수와 같으므로

$_5\mathrm{C}_3 = 10$

따라서 구하는 확률은 $\dfrac{10}{5^3} = \dfrac{2}{25}$

> **참고** 1, 2, 3, 4, 5에서 1, 3, 5의 3개를 택하는 경우 $f(a) < f(b) < f(c)$를 만족시키기 위해서는
>
> $f(a)=1$, $f(b)=2$, $f(c)=5$로 단 하나의 함수가 정해진다.
>
> 따라서 구하는 함수 f의 개수는 1, 2, 3, 4, 5에서 3개를 택하는 경우의 수인 $_5\mathrm{C}_3$과 같다.

수능특강문제 03

두 집합 $X=\{1, 2, 3, 4\}$, $Y=\{5, 6, 7\}$에 대하여 함수 $f : X \longrightarrow Y$ 중에서 임의로 하나를 택할 때, X의 임의의 두 원소 a, b에 대하여 $a < b$이면 $f(a) \geq f(b)$를 만족시킬 확률은?

① $\dfrac{1}{27}$　　　② $\dfrac{2}{27}$　　　③ $\dfrac{1}{9}$　　　④ $\dfrac{4}{27}$　　　⑤ $\dfrac{5}{27}$

수능특강 풀이

X에서 Y로의 함수 $f : X \longrightarrow Y$의 개수는 $_3\Pi_4 = 3^4$

이때 X의 임의의 두 원소 a, b이면 $f(a) \geq f(b)$를 만족시키는 함수 f의 개수는 5, 6, 7에서 중복을 허락하여 4개를 택하는 경우의 수와 같으므로 $_3\mathrm{H}_4 = {}_6\mathrm{C}_4 = 15$

따라서 구하는 확률은 $\dfrac{15}{3^4} = \dfrac{5}{27}$

> **참고** 5, 6, 7에서 5, 5, 6, 7의 4개를 택하는 경우 $f(1) \geq f(2) \geq f(3) \geq f(4)$를 만족시키기 위해서는
>
> $f(1)=7$, $f(2)=6$, $f(3)=5$, $f(4)=5$로 단 하나의 함수가 정해진다.
>
> 따라서 구하는 함수 f의 개수는 5, 6, 7에서 중복을 허락하여 4개를 택하는 경우의 수인 $_3\mathrm{H}_4$과 같다.

두 집합 $X=\{a,\ b,\ c\}$, $Y=\{1,\ 2,\ 3,\ 4\}$에 대하여 모든 $f:X \longrightarrow Y$ 중에서 임의로 하나를 택할 때,

$$f(a)<f(b)\leq f(c)$$

를 만족시키는 함수일 확률은?

① $\dfrac{1}{32}$　　② $\dfrac{1}{16}$　　③ $\dfrac{3}{32}$　　④ $\dfrac{1}{8}$　　⑤ $\dfrac{5}{32}$

▶ $f(a)$, $f(b)$, $f(c)$로 가능한 것은 1, 2, 3, 4로 각각 5개씩이므로 함수 f의 개수는 $_4\Pi_3=4^3$

이때 $f(a)<f(b)\leq f(c)$를 만족시키는 경우는 다음과 같다.

(i) $f(a)<f(b)<f(c)$를 만족시키는 함수 f의 개수는

　1, 2, 3, 4에서 3개를 택하는 경우의 수와 같으므로 $_4C_3=_4C_1=4$

(ii) $f(a)<f(b)=f(c)$를 만족시키는 함수 f의 개수는

　1, 2, 3, 4에서 2개를 택하는 경우의 수와 같으므로 $_4C_2=6$

(i), (ii)에서 $f(a)<f(b)\leq f(c)$를 만족시키는 함수 f의 개수는 $4+6=10$

따라서 구하는 확률은 $\dfrac{10}{4^3}=\dfrac{5}{32}$

집합 $X=\{1,\ 2,\ 3,\ 4\}$에 대하여 함수 $f:X\longrightarrow X$ 중에서 임의로 한 개를 택할 때,

$$f(1)f(2)f(3)f(4)=8$$

을 만족시키는 함수일 확률은?

① $\dfrac{1}{32}$　　② $\dfrac{3}{64}$　　③ $\dfrac{1}{16}$　　④ $\dfrac{5}{64}$　　⑤ $\dfrac{3}{32}$

▶ X에서 X로의 함수 $f:X\longrightarrow X$의 개수는 $_4\Pi_4=4^4$

$f(1)f(2)f(3)f(4)=8$에서 $8=1\times1\times2\times4=1\times2\times2\times2$

이므로 각각의 경우 함수 f의 개수는 다음과 같다.

(i) 순서쌍 $(f(1),\ f(2),\ f(3),\ f(4))$의 개수는

　1, 1, 2, 4를 일렬로 나열하는 경우의 수와 같으므로 함수 f의 개수는 $\dfrac{4!}{2!}=12$

(ii) 순서쌍 $(f(1),\ f(2),\ f(3),\ f(4))$의 개수는

　1, 2, 2, 2를 일렬로 나열하는 경우의 수와 같으므로 함수 f의 개수는 $\dfrac{4!}{3!}=4$

(i), (ii)에서 함수 f의 개수는 $12+4=16$

따라서 구하는 확률은 $\dfrac{16}{4^4}=\dfrac{1}{16}$

$X=\{a,\ b,\ c,\ d\}$에서 X로의 일대일함수 $f:X\longrightarrow X$ 중 임의로 하나를 택할 때, 임의의 $x\in X$에 대하여 $f(x)\neq x$를 만족시키는 함수일 확률은?

① $\dfrac{1}{4}$　　② $\dfrac{3}{8}$　　③ $\dfrac{1}{2}$　　④ $\dfrac{5}{8}$　　⑤ $\dfrac{3}{4}$

▶ 집합 $X=\{a,\ b,\ c,\ d\}$에서 X로의 일대일함수 $f:X\longrightarrow X$의 개수는 $4!$

임의의 $x\in X$에 대하여 $f(x)\neq x$를 만족시키는 일대일함수이기 위한 $f(a)$, $f(b)$, $f(c)$, $f(d)$의 값은 다음과 같다.

a	b	c	d
	a	d	c
b	c	d	a
	d	a	c

a	b	c	d
	a	d	b
c	d	a	b
	d	b	a

a	b	c	d
	a	b	c
d	c	a	b
	c	b	a

즉, $f(x)\neq x$를 만족시키는 함수의 개수는 9

따라서 구하는 확률은 $\dfrac{9}{4!}=\dfrac{3}{8}$

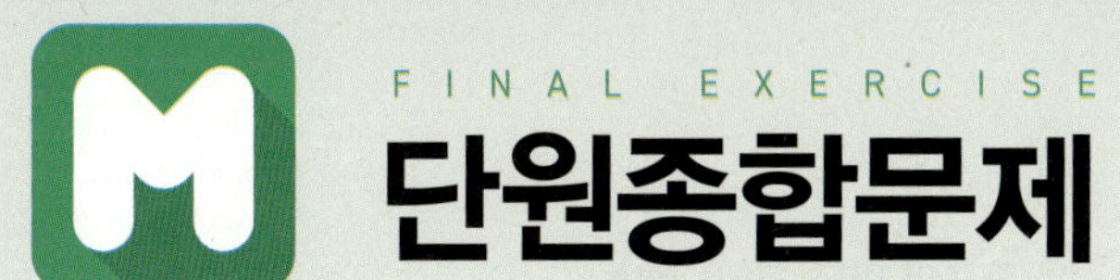

BASIC

내신 수능 기본 대표 기출문제

0246
확률의 기본성질
내신빈출

표본공간이 S인 어떤 시행에 대하여 [보기]에서 옳은 것만을 있는 대로 고른 것은?

> ㄱ. 반드시 일어나는 전사건 S에 대하여 $P(S)=1$이다.
>
> ㄴ. 절대로 일어나지 않는 공사건 $\varnothing$에 대하여 $P(\varnothing)=0$이다.
>
> ㄷ. 임의의 사건 A에 대하여 $0 \le P(A) \le 1$이다.

① ㄱ   ② ㄴ   ③ ㄱ, ㄴ   ④ ㄴ, ㄷ   ⑤ ㄱ, ㄴ, ㄷ

0247
배반사건과 여사건
내신빈출

주사위를 한 번 던지는 시행에서 나오는 눈의 수의 표본공간을 S라 하자. 주사위를 한 번 던져서 나온 눈의 수가 짝수인 사건을 A라 할 때, S의 부분집합인 사건 B가 다음 조건을 만족시킨다.

> (가) 두 사건 A, B는 서로 배반사건이다.
>
> (나) $n(B)=2$

사건 B의 모든 원소의 합을 k라 할 때, k의 최솟값은? (단, $n(B)$는 사건 B의 원소의 개수이다.)

① 2   ② 3   ③ 4   ④ 5   ⑤ 6

0248
순열을 이용한 확률
내신빈출

네 개의 숫자 0, 1, 2, 3이 각각 하나씩 적혀 있는 4장의 카드가 있다. 이 카드를 한 줄로 나열하여 네 자리의 정수를 만들 때, 이 정수가 3100보다 클 확률은?

① $\dfrac{1}{8}$ ② $\dfrac{1}{6}$ ③ $\dfrac{2}{9}$ ④ $\dfrac{1}{4}$ ⑤ $\dfrac{1}{3}$

0249
원순열을 이용한 확률
2018년 07월 교육청

다음 물음에 답하여라.
(1) A, B를 포함한 6명이 원형의 탁자에 일정한 간격을 두고 앉을 때, A, B가 이웃하여 앉을 확률은?

    (단, 회전하여 일치하는 것은 같은 것으로 본다.)

① $\dfrac{1}{5}$ ② $\dfrac{3}{10}$ ③ $\dfrac{2}{5}$ ④ $\dfrac{1}{2}$ ⑤ $\dfrac{3}{5}$

2016년 10월 교육청

(2) 갑과 을을 포함한 7명이 원탁에 둘러앉을 때, 갑과 을이 서로 이웃하여 앉을 확률은?

    (단, 회전하여 일치하는 것은 같은 것으로 본다.)

① $\dfrac{1}{12}$ ② $\dfrac{1}{6}$ ③ $\dfrac{1}{4}$ ④ $\dfrac{1}{3}$ ⑤ $\dfrac{5}{12}$

0250
순열을 이용한 확률

여학생 4명, 남학생 4명이 있다. 다음을 구하여라.
(1) 8명이 일렬로 앉을 때, 여학생과 남학생이 번갈아가며 앉게 될 확률을 구하여라.
(2) 8명이 원형으로 앉을 때, 여학생과 남학생이 번갈아가며 앉게 될 확률을 구하여라.

정답   0246 : ⑤   0247 : ③   0248 : ③   0249 : (1) ③ (2) ④   0250 : (1) $\dfrac{1}{35}$ (2) $\dfrac{1}{35}$

0251
원순열을 이용한 확률
내신빈출

오른쪽 그림과 같이 정육각형 모양의 탁자 둘레에 같은 종류의 의자 6개가 놓여 있다. 이 6개의 의자에 어머니 3명과 아이 3명이 임의로 앉을 때, 어머니와 아이가 교대로 앉을 확률은? (단, 회전하여 일치하는 것은 같은 것으로 본다.)

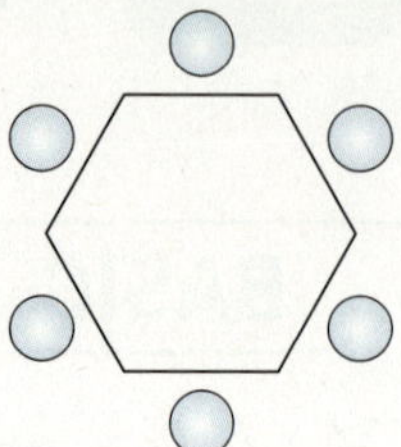

① $\dfrac{1}{20}$　　② $\dfrac{1}{10}$　　③ $\dfrac{3}{20}$

④ $\dfrac{1}{5}$　　⑤ $\dfrac{1}{4}$

0252
순열을 이용한 확률
내신빈출

걸그룹 가수 5팀, 보이그룹 가수 3팀이 한 팀씩 차례로 공연을 한다. 임의로 공연 순서를 정할 때, 보이그룹 가수 3팀 중 어떤 2팀도 연속해서 공연하지 않도록 순서가 정해질 확률은?

① $\dfrac{9}{28}$　　② $\dfrac{5}{14}$　　③ $\dfrac{11}{28}$　　④ $\dfrac{3}{7}$　　⑤ $\dfrac{13}{28}$

0253
순열을 이용한 확률
내신빈출

축구선수 3명과 야구선수 n명이 일렬로 서는 경우의 수가 720일 때, 양끝에 축구선수가 서있을 확률은?

① $\dfrac{1}{10}$　　② $\dfrac{1}{7}$　　③ $\dfrac{1}{5}$　　④ $\dfrac{3}{5}$　　⑤ $\dfrac{3}{4}$

0254
순열을 이용한 확률
내신빈출

A, B를 포함한 6명의 학생을 임의로 일렬로 세울 때, A와 B 사이에 한 사람이 있을 확률은?

① $\dfrac{1}{15}$　　② $\dfrac{2}{15}$　　③ $\dfrac{1}{5}$　　④ $\dfrac{4}{15}$　　⑤ $\dfrac{1}{3}$

0255
수학적 확률
2008학년도 06월
평가원

1부터 10까지의 자연수가 하나씩 적힌 10개의 구슬이 들어 있는 주머니가 있다. 이 주머니에서 임의로 한 개의 구슬을 꺼내어 그 구슬에 적힌 수를 m이라 할 때, 직선 $y=m$과 이차함수 $y=-x^2+5x-\dfrac{3}{4}$이 만나도록 하는 수가 적힌 구슬을 꺼낼 확률은?

① $\dfrac{1}{5}$　　② $\dfrac{3}{10}$　　③ $\dfrac{2}{5}$　　④ $\dfrac{1}{2}$　　⑤ $\dfrac{3}{5}$

0256
조합에 의한 확률
2007년 09월 평가원

주머니 속에 흰 구슬 4개와 검은 구슬 5개가 들어 있다. 이 주머니에서 임의로 3개의 구슬을 동시에 꺼낼 때, 흰 구슬 1개와 검은 구슬 2개가 나올 확률은? (단, 모든 구슬은 크기와 모양이 같다고 한다.)

① $\dfrac{10}{21}$　　② $\dfrac{4}{7}$　　③ $\dfrac{2}{3}$　　④ $\dfrac{16}{21}$　　⑤ $\dfrac{6}{7}$

0257
순열과 조합을 이용한
확률
2015학년도 경찰대
기출

1부터 10까지 자연수가 하나씩 적혀있는 10개의 공이 주머니에 들어있다. 이 주머니에서 3개의 공을 임의로 한 개씩 꺼낼 때, 나중에 꺼낸 공에 적혀 있는 수가 더 큰 순서로 꺼낼 확률은? (단, 꺼낸 공은 다시 넣지 않는다.)

① $\dfrac{1}{2}$　　② $\dfrac{1}{3}$　　③ $\dfrac{1}{5}$　　④ $\dfrac{1}{6}$　　⑤ $\dfrac{1}{8}$

정답　0251 : ②　0252 : ②　0253 : ③　0254 : ④　0255 : ④　0256 : ①　0257 : ④

0258
순열을 이용한 확률
2011학년도 09월
평가원

어느 여객선의 좌석이 A구역에 2개, B구역에 1개, C구역에 1개 남아 있다. 남아 있는 좌석을 남자 승객 2명과 여자 승객 2명에게 임의로 배정할 때, 남자 승객 2명이 모두 A구역에 배정될 확률을 p라 하자. 이때 $120p$의 값을 구하여라.

0259
순열과 조합을 이용한
확률
2009학년도 사관기출

5장의 카드가 들어있는 상자가 있다. 5장의 카드 각각에는 1부터 5까지 서로 다른 자연수가 하나씩 적혀 있다. 이 상자에서 임의로 1장의 카드를 꺼내어 숫자를 확인한 후 다시 넣는 시행을 4번 반복하여 제 i번째에 꺼낸 카드에 적힌 숫자를 $a_i(i=1, 2, 3, 4)$라 하자. $a_1 < a_2 < a_3 < a_4$가 될 확률이 $\dfrac{q}{p}$일 때, $p+q$의 값을 구하여라. (단, p, q는 서로소인 자연수이다.)

0260
중복조합을 이용한
확률
내신빈출

주머니에 1부터 5까지의 자연수가 각각 하나씩 적혀 있는 5개의 구슬이 들어 있다. 이 주머니에서 임의로 1개의 구슬을 꺼내어 숫자를 확인한 후 다시 넣는 시행을 4번 반복할 때, k번째에 꺼낸 구슬에 적혀있는 숫자를 $a_k(k=1, 2, 3, 4)$라 하자.

$a_1 \leq a_2 \leq a_3 \leq a_4$가 될 확률이 $\dfrac{q}{p}$일 때, $p+q$의 값을 구하여라. (단, p와 q는 서로소인 자연수이다.)

0261
순열을 이용한 확률
내신빈출

신발의 사이즈가 서로 다른 4명의 학생이 있다. 4명이 신고 있는 신발 4켤레, 즉 총 8개의 신발을 임의로 일렬로 나열할 때, 사이즈가 가장 큰 신발은 서로 이웃하고 사이즈가 가장 작은 신발은 서로 이웃하지 않을 확률은? (단, 각 학생의 왼발과 오른발의 신발 사이즈는 서로 같다.)

① $\dfrac{1}{28}$　　② $\dfrac{1}{14}$　　③ $\dfrac{3}{28}$　　④ $\dfrac{1}{7}$　　⑤ $\dfrac{5}{28}$

0262
확률의 기본성질
내신빈출

다섯 개의 수 2, 4, 5, 6, 8 중에서 임의로 서로 다른 세 수를 동시에 택할 때, 세 수의 곱이 n의 배수일 확률을 $f(n)$이라고 하자. 다음은 $f(4)+f(5)+f(7)$의 값을 구하는 과정이다.

서로 다른 세 수를 동시에 택할 때, 항상 짝수가 2개 이상 포함되므로

$$f(4)= \boxed{\text{(가)}}$$

세 수의 곱이 5의 배수이려면 5를 반드시 택해야 하므로

$$f(5)= \frac{{}_4\mathrm{C}_{\boxed{\text{(나)}}}}{{}_5\mathrm{C}_2}=\frac{\boxed{\text{(다)}}}{5}$$

세 수의 곱이 7의 배수이려면 7이 포함되어야 하므로

$$f(7)= \boxed{\text{(라)}}$$

따라서 $f(4)+f(5)+f(7)= \boxed{\text{(마)}}$

(가), (나), (다), (라), (마) 안에 알맞은 수를 각각 a, b, c, d, e라 할 때, $a+b+c+d+e$의 값은?

① $\dfrac{8}{5}$　　② $\dfrac{12}{5}$　　③ $\dfrac{22}{5}$　　④ $\dfrac{32}{5}$　　⑤ $\dfrac{38}{5}$

0263

순열을 이용한 확률
2013년 07월 교육청

그림과 같이 15개의 자리가 있는 일자형의 놀이기구에 5명이 타려고 할 때, 5명이 어느 누구와도 서로 이웃하지 않게 탈 확률은?

① $\dfrac{1}{26}$　　② $\dfrac{1}{13}$　　③ $\dfrac{3}{26}$　　④ $\dfrac{2}{13}$　　⑤ $\dfrac{5}{26}$

0264

순열을 이용한 확률
2005학년도 수능기출

다음 물음에 답하여라.

(1) 키가 서로 다른 네 사람이 있다. 이들을 일렬로 세울 때, 앞에서 세 번째 사람이 자신과 이웃한 두 사람보다 키가 작을 확률은?

① $\dfrac{1}{3}$　　② $\dfrac{1}{2}$　　③ $\dfrac{3}{5}$　　④ $\dfrac{2}{3}$　　⑤ $\dfrac{3}{4}$

(2) 생일이 서로 다른 5명의 사람이 있다. 이들을 일렬로 세울 때, 두 번째 사람이 자신과 이웃한 두 사람보다 생일이 빠를 확률은?

① $\dfrac{1}{6}$　　② $\dfrac{1}{5}$　　③ $\dfrac{1}{4}$　　④ $\dfrac{1}{3}$　　⑤ $\dfrac{1}{2}$

0265

주사위를 이용한
확률의 계산
내신빈출

한 개의 주사위를 두 번 던져서 첫 번째에 나온 눈의 수를 a, 두 번째 나온 눈의 수를 b라 할 때, 두 함수 $f(x)=(a-2)x-4$, $g(x)=(b-3)x+1$에 대하여 합성함수 $y=(f \circ g)(x)$의 그래프가 x축과 만나지 않을 확률을 구하여라.

0266

조합을 이용한 확률
내신빈출

다음 물음에 답하여라.

(1) 1부터 10까지의 자연수가 각각 하나씩 적혀 있는 10장의 카드가 있다. 이 중에서 임의로 세 장의 카드를 동시에 택할 때, 이 카드에 적힌 숫자의 합이 3의 배수일 확률은?

① $\dfrac{1}{4}$　　② $\dfrac{3}{10}$　　③ $\dfrac{7}{20}$　　④ $\dfrac{2}{5}$　　⑤ $\dfrac{9}{20}$

(2) 10개의 수 $2, 2^2, 2^3, \cdots, 2^{10}$ 중에서 임의로 선택한 두 수의 합이 3의 배수일 확률은?

① $\dfrac{7}{30}$　　② $\dfrac{11}{30}$　　③ $\dfrac{19}{30}$　　④ $\dfrac{5}{9}$　　⑤ $\dfrac{16}{55}$

0267

같은 것이 있는 수열을
이용한 확률
내신빈출

한 개의 주사위를 4번 던질 때, 나오는 눈의 수 중에서 서로 다른 수가 3개일 확률은?

① $\dfrac{4}{9}$　　② $\dfrac{1}{2}$　　③ $\dfrac{5}{9}$　　④ $\dfrac{11}{18}$　　⑤ $\dfrac{2}{3}$

정답　　0263 : ④　　0264 : (1) ① (2) ④　　0265 : $\dfrac{5}{18}$　　0266 : (1) ③ (2) ④　　0267 : ③

0268
같은 것이 있는 수열을 이용한 확률
내신빈출

오른쪽 그림과 같이 도로망이 있다. A지점에서 B지점까지 최단경로로 갈 때, P지점을 거쳐서 갈 확률은? (단, 최단경로를 선택할 확률은 같다.)

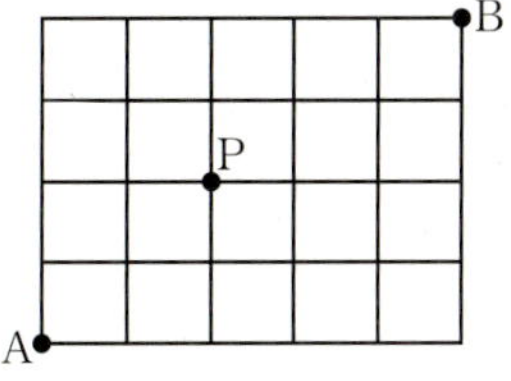

① $\dfrac{1}{3}$ ② $\dfrac{1}{5}$ ③ $\dfrac{1}{4}$

④ $\dfrac{2}{7}$ ⑤ $\dfrac{10}{21}$

0269
원순열을 이용한 확률
내신빈출

A, B, C, D, E, F, G, H의 8명이 원탁에 둘러앉을 때, A, G는 서로 마주 보고 앉고, B, C는 이웃하여 앉게 될 확률은?

① $\dfrac{1}{15}$ ② $\dfrac{1}{23}$ ③ $\dfrac{4}{121}$ ④ $\dfrac{4}{105}$ ⑤ $\dfrac{3}{235}$

0270
조합을 이용한 확률
내신빈출

다음 물음에 답하여라.

(1) 한 개의 주사위를 3번 던질 때, 나오는 눈의 수를 차례대로 a, b, c라 할 때,

$$\sqrt{(a-b)(b-c)}=-\sqrt{a-b}\sqrt{b-c}$$

일 확률은?

① $\dfrac{5}{27}$ ② $\dfrac{7}{27}$ ③ $\dfrac{1}{3}$ ④ $\dfrac{11}{27}$ ⑤ $\dfrac{43}{108}$

(2) 한 개의 주사위를 3번 던질 때, 나오는 눈의 수를 차례대로 a, b, c라 할 때,

$$\sqrt{\dfrac{b-a}{b-c}}=-\dfrac{\sqrt{b-a}}{\sqrt{b-c}}$$

일 확률은?

① $\dfrac{3}{20}$ ② $\dfrac{25}{108}$ ③ $\dfrac{47}{216}$ ④ $\dfrac{55}{216}$ ⑤ $\dfrac{65}{216}$

0271
순열과 확률
2008학년도 06월
평가원

1부터 9까지의 자연수 중에서 임의로 서로 다른 4개의 수를 선택하여 네 자리의 자연수를 만들 때, 백의 자리의 수와 십의 자리의 수의 합이 짝수가 될 확률은?

① $\dfrac{4}{9}$ ② $\dfrac{1}{2}$ ③ $\dfrac{5}{9}$ ④ $\dfrac{11}{18}$ ⑤ $\dfrac{13}{18}$

0272
중복조합을 이용한 확률
내신빈출

서로 다른 네 개의 주사위를 던져 나온 눈의 수를 각각 a, b, c, d라 할 때, $a \le b < c \le d$가 성립할 확률은?

① $\dfrac{11}{216}$ ② $\dfrac{17}{324}$ ③ $\dfrac{35}{648}$ ④ $\dfrac{1}{18}$ ⑤ $\dfrac{37}{648}$

0273
수학적 확률
내신빈출

A, B를 포함한 7명의 사람이 오른쪽 그림과 같은 모터보트에 임의로 자리를 정하여 앉을 때, A, B가 서로 이웃하여 앉을 확률은? (단, 7명 모두 모터보트 운전을 할 수 있다.)

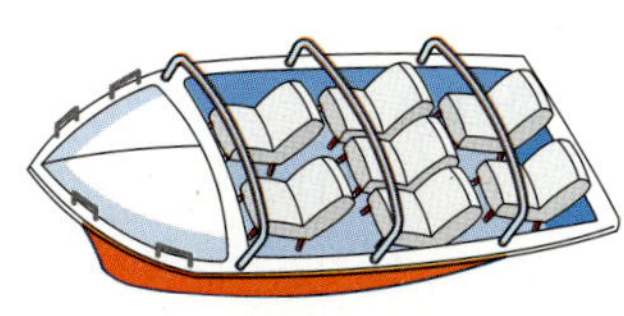

① $\dfrac{3}{20}$ ② $\dfrac{3}{10}$ ③ $\dfrac{4}{21}$

④ $\dfrac{1}{3}$ ⑤ $\dfrac{1}{2}$

정답 0268 : ⑤ 0269 : ④ 0270 : (1) ⑤ (2) ② 0271 : ① 0272 : ③ 0273 : ③

0274

순열을 이용한 확률
2019학년도 사관기출

오른쪽 그림과 같이 1열, 2열, 3열에 각각 2개씩 모두 6개의 좌석이 있는 놀이기구가 있다. 이 놀이기구의 6개의 좌석에 6명의 학생 A, B, C, D, E, F가 각각 한 명씩 임의로 앉을 때, 다음 조건을 만족시키도록 앉을 확률은 $\dfrac{q}{p}$이다. $p+q$의 값을 구하여라. (단, p와 q는 서로소인 자연수)

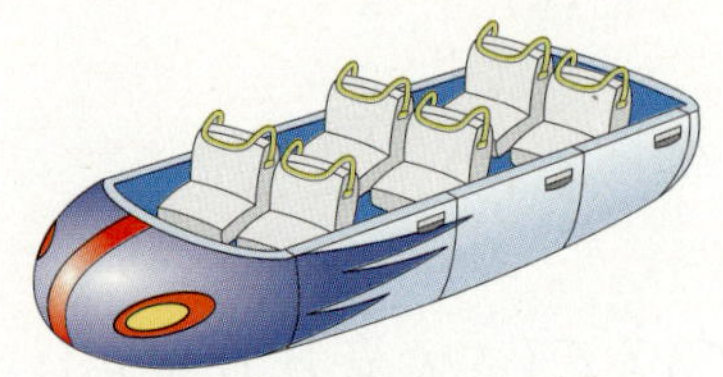

(가) 두 학생 A, B는 같은 열에 앉는다.
(나) 두 학생 C, D는 서로 다른 열에 앉는다.
(다) 학생 E는 1열에 앉지 않는다.

0275

순열을 이용한 확률
서 술 형

A, B, C, D, E의 5명을 일렬로 나열할 때, A, B끼리는 이웃하고 C, D는 이웃하지 않을 확률을 구하는 과정을 다음 단계로 서술하여라.

[1단계] 5명을 일렬로 나열하는 경우의 수를 구한다.

[2단계] A, B끼리는 이웃하고 C, D는 이웃하지 않는 경우의 수를 구한다.

[3단계] 확률을 구한다.

0276

순열을 이용한 확률
서 술 형

서로 다른 두 개의 주사위 A, B를 동시에 던지는 시행에서 나오는 눈의 수를 각각 a, b라 할 때, x에 대한 이차방정식 $x^2-ax+2b=0$이 실근을 가질 확률을 구하는 과정을 다음 단계로 서술하여라.

[1단계] 서로 다른 두 개의 주사위 A, B를 동시에 던지는 시행에서 나오는 모든 경우의 수를 구한다.

[2단계] 이차방정식 $x^2-ax+2b=0$이 실근을 가지려면 판별식 D를 이용하여 조건을 구한다.

[3단계] 이차방정식 $x^2-ax+2b=0$이 실근을 가질 경우의 수를 구한다.

[4단계] 확률을 구한다.

0277

조합을 이용한 확률
서 술 형

16명의 벤처기업 CEO로 이루어진 모임에서 대표 2명을 뽑을 때, 남자대표와 여자대표가 1명씩 뽑힐 확률은 $\dfrac{2}{5}$이다. 이 16명의 벤처기업 CEO 중에서 여자대표의 수를 구하는 과정을 다음 단계로 서술하여라.
(단, 여자대표가 남자대표보다 많다.)

[1단계] 16명의 벤처기업 CEO에서 2명을 뽑는 경우의 수를 구한다.

[2단계] 여자대표를 x라 할 때, 남자대표와 여자대표가 1명씩 뽑힐 확률을 구한다.

[3단계] 남자대표와 여자대표가 1명씩 뽑힐 확률이 $\dfrac{2}{5}$임을 이용하여 여자대표의 수를 구한다.

0278

조합을 이용한 확률
서 술 형

오른쪽 그림과 같이 평행한 두 직선 l, m 위에 각각 3개, 4개의 점이 있다. 한 직선 위에 있는 이웃하는 두 점 사이의 거리가 1이고 두 직선 l, m 사이의 거리가 1일 때, 다음 단계로 서술하여라.

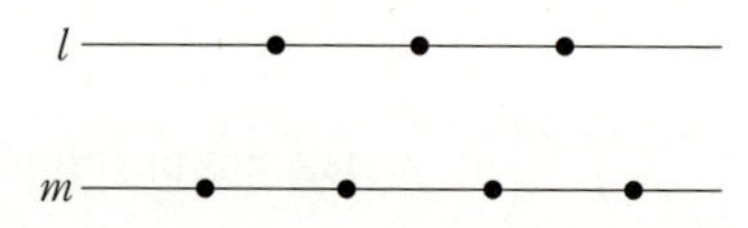

[1단계] 두 직선 l, m 위의 7개의 점 중에서 3개의 점을 꼭짓점으로 하는 삼각형의 개수를 구한다.

[2단계] 삼각형의 넓이가 1이 되는 삼각형의 개수를 구한다.

[3단계] 두 직선 l, m 위의 7개의 점 중에서 3개의 점을 꼭짓점으로 하는 삼각형 중 임의로 하나를 택할 때, 삼각형의 넓이가 1일 확률을 구한다.

정답 0274 : 49   0275 : 해설참조   0276 : 해설참조   0277 : 해설참조   0278 : 해설참조

0279
순열을 이용한 확률

세 사람이 5개의 상영관의 영화표를 판매하는 매표소에서 영화표를 임의로 구매할 때, 이들 중 두 사람만 같은 상영관의 영화표를 구매할 확률은?

① $\dfrac{11}{25}$　　② $\dfrac{12}{25}$　　③ $\dfrac{3}{25}$　　④ $\dfrac{17}{25}$　　⑤ $\dfrac{4}{5}$

0280
순열을 이용한 확률
2020학년도 06월
평가원

숫자 1, 1, 2, 2, 3, 3이 하나씩 적혀 있는 6개의 공이 들어 있는 주머니가 있다. 이 주머니에서 한 개의 공을 임의로 꺼내어 공에 적힌 수를 확인한 후 다시 넣지 않는다. 이와 같은 시행을 6번 반복할 때, $k(1 \leq k \leq 6)$번째 꺼낸 공에 적힌 수를 a_k라 하자. 두 자연수 m, n을

$$m = a_1 \times 100 + a_2 \times 10 + a_3, \quad n = a_4 \times 100 + a_5 \times 10 + a_6$$

이라 할 때, $m > n$인 확률은 $\dfrac{q}{p}$이다. $p+q$의 값을 구하여라.

(단, p와 q는 서로소인 자연수이다.)

0281
조합을 이용한 확률

원 위에 일정한 간격으로 10개의 점이 놓여 있다. 이 중 세 개의 점을 연결하여 삼각형을 만들 때, 이 삼각형이 둔각삼각형일 확률은?

① $\dfrac{29}{60}$　　② $\dfrac{49}{120}$　　③ $\dfrac{1}{2}$　　④ $\dfrac{59}{120}$　　⑤ $\dfrac{37}{60}$

0282
중복순열을 이용한
확률

오른쪽 그림과 같이 3개의 주머니에 모양과 크기가 같은 공이 각각 3개씩 들어 있고, 각 주머니에 있는 공에는 1, 2, 3의 숫자가 한 개씩 적혀 있다. 민호가 먼저 각 주머니에서 공을 하나씩 꺼낸 다음, 송이가 각 주머니에서 공을 하나씩 꺼낼 때, 두 사람 모두 1, 2, 3이 적힌 공을 하나씩 꺼낼 확률을 $\dfrac{q}{p}$라 하자. $p+q$의 값은? (단, p와 q는 서로소인 자연수이다.)

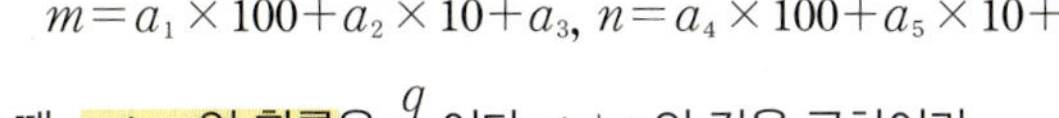

① 15　　② 16　　③ 17　　④ 18　　⑤ 19

0283
조합을 이용한 확률

갑과 을 두 사람이 다음과 같은 방법으로 주사위 던지기 놀이를 하려고 한다. 이 놀이에서 을이 이길 확률은?

(가) 먼저 갑이 2개의 주사위를 던지고, 나중에 을이 1개의 주사위를 던진다.
(나) 을이 던진 주사위에서 나온 눈의 수가 갑이 던진 2개의 주사위에서 나온 눈의 수 사이에 있으면 을이 이기고, 그렇지 않으면 갑이 이긴다.

① $\dfrac{5}{27}$　　② $\dfrac{4}{9}$　　③ $\dfrac{14}{27}$　　④ $\dfrac{16}{27}$　　⑤ $\dfrac{2}{3}$

0284
순열과 조합을
이용하는 확률
2016학년도 09월
평가원

주머니 1, 1, 2, 3, 4의 숫자가 하나씩 적혀 있는 5개의 공이 들어 있다. 이 주머니에서 임의로 4개의 공을 동시에 꺼내어 임의로 일렬로 나열하고 나열된 순서대로 공에 적혀 있는 수를 a, b, c, d라 할 때, $a \leq b \leq c \leq d$일 확률은?

① $\dfrac{1}{15}$　　② $\dfrac{1}{12}$　　③ $\dfrac{1}{9}$

④ $\dfrac{1}{6}$　　⑤ $\dfrac{1}{3}$

정답　0279 : ②　　0280 : 22　　0281 : ③　　0282 : ⑤　　0283 : ①　　0284 : ①

© Photo by Tim Tiedemann on Unsplash

한국의 절기 ⑲ '입동'   자료출처 : 한국민속대백과사전 http://folkency.nfm.go.kr

이날부터 겨울이 시작된다고 하여 입동(立冬)이라고 한다. 태양의 황경(黃經)이 225도일 때이며, 양력으로는 11월 7일 또는 8일 무렵, 음력으로는 10월에 든다. 서리가 내린다는 상강(霜降) 후 약 15일, 첫눈이 내린다는 소설(小雪) 전 약 15일에 든다. 입동 즈음에는 동면하는 동물들이 땅 속에 굴을 파고 숨으며, 산야에 나뭇잎은 떨어지고 풀들은 말라간다.「회남자(淮南子)」권3 「천문훈(天文訓)」에 의하면 "추분(秋分)이 지나고 46일 후면 입동(立冬)인데 초목이 다 죽는다."라고 하였다. 낙엽이 지는 데에는 나무들이 겨울을 지내는 동안 영양분의 소모를 최소로 줄이기 위한 자연의 이치가 숨었다. 입동 무렵이면 밭에서 무와 배추를 뽑아 김장을 하기 시작한다. 입동을 전후하여 5일 내외에 담근 김장이 맛이 좋다고 한다. 그러나 온난화 현상 때문인지 요즈음은 김장철이 조금 늦어지고 있다. 농가에서는 냉해(冷害)를 줄이기 위해 수확한 무를 땅에 구덕(구덩이)을 파고 저장하기도 한다. 추수하면서 들판에 놓아두었던 볏짚을 모아 겨우내 소의 먹이로 쓸 준비도 한다. 예전에는 겨울철에 풀이 말라 다른 먹이가 없었기 때문에 주로 볏짚을 썰어 쇠죽을 쑤어 소에게 먹였다. 입동을 즈음하여 예전에는 농가에서 고사를 많이 지냈다. 대개 음력으로 10월 10일에서 30일 사이에 날을 받아 햇곡식으로 시루떡을 하고, 제물을 약간 장만하여 곡물을 저장하는 곳간과 마루 그리고 소를 기르는 외양간에 고사를 지냈다. 고사를 지내고 나면 농사철에 애를 쓴 소에게 고사 음식을 가져다주며 이웃들 간에 나누어 먹었다.

확률과 통계

02

확률의 덧셈정리

1. 확률의 덧셈정리

01 확률의 덧셈정리

01 확률의 덧셈정리

(1) 두 사건 A와 B에 대하여
$$P(A \cup B) = P(A) + P(B) - P(A \cap B)$$

(2) 두 사건 A와 B가 서로 배반사건, 즉 $A \cap B = \varnothing$이면 $P(A \cap B) = 0$이므로
$$P(A \cup B) = P(A) + P(B)$$

마플해설

표본공간 S의 두 사건 A와 B에 대하여 사건 A 또는 사건 B가 일어날 확률을 다음 방법으로 구한다.

두 사건 A, B에 대하여
$$n(A \cup B) = n(A) + n(B) - n(A \cap B)$$
이다.

따라서 사건 A 또는 사건 B가 일어날 확률 $P(A \cup B)$는
$$P(A \cup B) = \frac{n(A \cup B)}{n(S)}$$
$$= \frac{n(A)}{n(S)} + \frac{n(B)}{n(S)} - \frac{n(A \cap B)}{n(S)}$$
$$= P(A) + P(B) - P(A \cap B)$$
이다.

특히 두 사건 A와 B가 서로 배반사건, 즉 $A \cap B = \varnothing$이면 $P(A \cap B) = 0$
이므로
$$P(A \cup B) = P(A) + P(B)$$
가 성립한다.

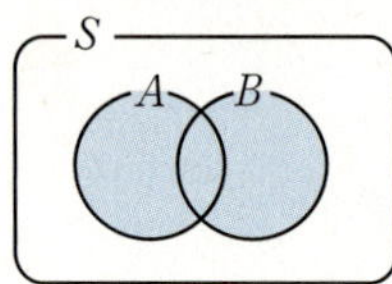

$n(A \cup B)$
$= n(A) + n(B) - n(A \cap B)$
A, B가 배반사건이 아닌 경우

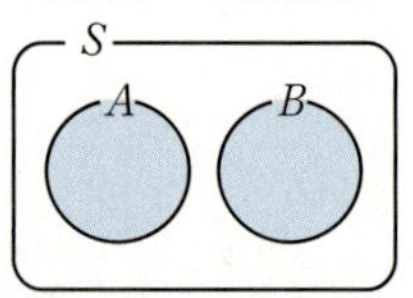

$n(A \cup B) = n(A) + n(B)$
A, B가 배반사건인 경우

보기 01

다음 물음에 답하여라.

(1) 두 사건 A, B에 대하여 $P(A) = \dfrac{1}{2}$, $P(B) = \dfrac{1}{3}$, $P(A \cap B) = \dfrac{1}{4}$일 때, $P(A \cup B)$를 구하여라.

2018년 10월 교육청 (2) 두 사건 A, B가 서로 배반사건이고 $P(A) = \dfrac{1}{3}$, $P(B) = \dfrac{1}{4}$일 때, $P(A \cup B)$를 구하여라.

(3) 두 사건 A, B가 서로 배반사건이고 $P(A) = \dfrac{1}{6}$, $P(A \cup B) = \dfrac{2}{3}$일 때, $P(B)$를 구하여라.

풀이

(1) $P(A \cup B) = P(A) + P(B) - P(A \cap B) = \dfrac{1}{2} + \dfrac{1}{3} - \dfrac{1}{4} = \dfrac{7}{12}$

(2) 두 사건 A, B가 서로 배반사건이므로 $P(A \cap B) = 0$

$P(A \cup B) = P(A) + P(B) = \dfrac{1}{3} + \dfrac{1}{4} = \dfrac{7}{12}$

(3) 두 사건 A, B가 서로 배반사건이므로 $P(A \cap B) = 0$

$P(A \cup B) = P(A) + P(B)$에서 $\dfrac{2}{3} = \dfrac{1}{6} + P(B)$ $\therefore P(B) = \dfrac{1}{2}$

확률의 덧셈정리의 확장

세 사건 A, B, C에 대하여

① $P(A \cup B \cup C) = P(A) + P(B) + P(C) - P(A \cap B) - P(B \cap C) - P(C \cap A) + P(A \cap B \cap C)$

② 세 사건 A, B, C가 서로 배반사건일 때, $P(A \cup B \cup C) = P(A) + P(B) + P(C)$

보기 02 1부터 30까지의 자연수가 각각 적힌 30개의 공이 들어 있는 상자에서 임의로 한 개의 공을 꺼낼 때, 다음을 구하여라.
(1) 3의 배수이거나 4의 배수가 적힌 공이 나올 확률
(2) 10 이하의 수 또는 20 이상의 수가 적힌 공이 나올 확률

풀이 (1) 3의 배수가 적힌 공이 나오는 사건을 A, 4의 배수가 적힌 공이 나오는 사건을 B라고 하면
$A \cap B$는 12의 배수이다.
$n(A)=10$, $n(B)=7$, $n(A \cap B)=2$
따라서 구하는 확률은

$$P(A \cup B)=P(A)+P(B)-P(A \cap B)=\frac{10}{30}+\frac{7}{30}-\frac{2}{30}=\frac{15}{30}=\frac{1}{2}$$

(2) 10 이하의 수가 적힌 공이 나오는 사건을 C, 20 이상의 수가 적힌 공이 나오는 사건을 D라고 하면
$n(C)=10$, $n(D)=11$이고 $C \cap D = \varnothing$이므로 두 사건은 배반사건이다.
따라서 구하는 확률은

$$P(C \cup D)=P(C)+P(D)=\frac{1}{3}+\frac{11}{30}=\frac{7}{10}$$

보기 03 한 개의 주사위를 던질 때, 나오는 눈의 수가 6의 약수 또는 소수일 확률을 구하여라.

풀이 6의 약수인 사건을 A라 하면 $A=\{1, 2, 3, 6\}$,
소수인 사건을 B라 하면 $B=\{2, 3, 5\}$
$A \cap B=\{2, 3\}$이므로 $n(A)=4$, $n(B)=3$, $n(A \cap B)=2$
따라서 구하는 확률은

$$P(A \cup B)=P(A)+P(B)-P(A \cap B)=\frac{4}{6}+\frac{3}{6}-\frac{2}{6}=\frac{5}{6}$$

보기 04 흰 공이 2개, 검은 공이 3개 들어 있는 상자에서 2개의 공을 동시에 꺼낼 때, 같은 색의 공이 나올 확률을 구하여라.

풀이 5개의 공 중 임의로 2개의 공을 꺼내는 모든 경우의 수는 $_5C_2$이다.
흰 공 2개를 꺼내는 사건을 A, 검은 공 2개를 꺼내는 사건을 B라 하면

$$P(A)=\frac{_2C_2}{_5C_2}=\frac{1}{10}, \quad P(B)=\frac{_3C_2}{_5C_2}=\frac{3}{10}$$

따라서 두 사건 A, B는 서로 배반사건이므로 구하는 확률은

$$P(A \cup B)=P(A)+P(B)=\frac{1}{10}+\frac{3}{10}=\frac{2}{5}$$

보기 05 세 사건 A, B, C가 모두 서로 배반사건이고 $P(A \cup B)=\frac{5}{12}$, $P(B \cup C)=\frac{7}{12}$, $P(B)=\frac{1}{4}$일 때, $P(A \cup B \cup C)$를 구하여라.

풀이 A, B, C는 모두 서로 배반사건이고 $P(B)=\frac{1}{4}$이므로

$$P(A)+P(B)=P(A \cup B)=\frac{5}{12} \text{에서 } P(A)=\frac{5}{12}-P(B)=\frac{5}{12}-\frac{1}{4}=\frac{1}{6}$$

$$P(B)+P(C)=P(B \cup C)=\frac{7}{12} \text{에서 } P(C)=\frac{7}{12}-P(B)=\frac{7}{12}-\frac{1}{4}=\frac{1}{3}$$

$$\therefore P(A \cup B \cup C)=P(A)+P(B)+P(C)=\frac{1}{6}+\frac{1}{4}+\frac{1}{3}=\frac{3}{4}$$

사건 A에 대하여 A가 일어나지 않을 사건을 A의 여사건이라 하고 A^c으로 나타낸다.

> 사건 A의 여사건 A^c의 확률 $\mathrm{P}(A^c)$은
>
> $$\mathrm{P}(A^c)=1-\mathrm{P}(A) \quad \leftarrow \mathrm{P}(A)+\mathrm{P}(A^c)=1$$

마플해설

임의의 사건 A에 대하여 사건 A와 그 여사건 A^c는 서로 배반사건이다.

즉 $A \cap A^c = \varnothing$이므로 확률의 덧셈정리에 의하여

$\mathrm{P}(A \cup A^c)=\mathrm{P}(A)+\mathrm{P}(A^c)$이다.

이때 $\mathrm{P}(A \cup A^c)=\mathrm{P}(S)=1$이므로 사건 A의 여사건 A^c의 확률은

$\mathrm{P}(A^c)=1-\mathrm{P}(A)$가 성립한다.

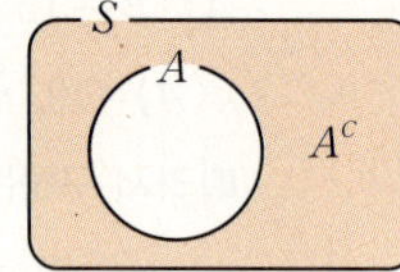

보기 06

서로 다른 두 주사위를 동시에 던질 때, 다음을 구하여라.

(1) 서로 같은 눈의 수가 나오는 확률   (2) 서로 다른 눈의 수가 나올 확률

풀이

서로 다른 두 주사위를 동시에 던져 나오는 경우의 수는 $6 \times 6 = 36$

(1) 같은 눈이 나오는 사건을 A라 하면 $n(A)=6$

따라서 구하는 확률은 $\mathrm{P}(A)=\dfrac{6}{36}=\dfrac{1}{6}$

(2) 서로 다른 수의 눈이 나올 사건은 A^c이므로

따라서 구하는 확률은 $\mathrm{P}(A^c)=1-\mathrm{P}(A)=1-\dfrac{1}{6}=\dfrac{5}{6}$ $\leftarrow \mathrm{P}(A)+\mathrm{P}(A^c)=1$

보기 07

남학생 4명, 여학생 3명으로 구성된 연극 동아리에서 임의로 2명의 학생을 뽑아 주연을 시킬 때, 다음을 구하여라.

(1) 2명 모두 남학생일 확률   (2) 적어도 한 명이 여학생일 확률

풀이

7명의 학생에서 2명을 뽑는 경우의 수는 $_7\mathrm{C}_2=21$

(1) 2명 모두 남학생일 사건을 A라 하면 경우의 수는 $_4\mathrm{C}_2=6$이다.

따라서 2명 모두 남학생일 확률은 $\mathrm{P}(A)=\dfrac{_4\mathrm{C}_2}{_7\mathrm{C}_2}=\dfrac{2}{7}$

(2) 2명 모두 남학생일 사건 A에 대하여 적어도 한 명이 여학생이 나오는 사건은 A^c이다.

따라서 적어도 한 명이 여학생일 확률은 $\mathrm{P}(A^c)=1-\mathrm{P}(A)=1-\dfrac{2}{7}=\dfrac{5}{7}$ $\leftarrow \mathrm{P}(A)+\mathrm{P}(A^c)=1$

보기 08

5명의 가족을 일렬로 나열할 때, 다음을 구하여라.

(1) 부모가 이웃할 확률   (2) 부모가 이웃하지 않을 확률

풀이

(1) 5명을 일렬로 나열하는 경우의 수는 $5!$

부모가 이웃하여 나열하는 사건을 A라 하면 경우의 수는 $4! \times 2!$이다.

따라서 구하는 확률은 $\mathrm{P}(A)=\dfrac{4! \times 2!}{5!}=\dfrac{2}{5}$

(2) 부모가 이웃하여 나열하는 사건 A에 대하여 부모가 이웃하지 않는 사건은 여사건 A^c이다.

따라서 구하는 확률은 $\mathrm{P}(A^c)=1-\mathrm{P}(A)=1-\dfrac{2}{5}=\dfrac{3}{5}$ $\leftarrow \mathrm{P}(A)+\mathrm{P}(A^c)=1$

여사건의 활용

① 「적어도 ~인 확률」, 「~ 이상인 확률」, 「~ 이하인 확률」, 「~가 존재할 확률」은 여사건을 이용할 수 있다.

② 경우가 복잡하거나 조건이 어려우면 여사건을 이용할 수 있다.

FOCUS

(1) 사건 A의 여사건의 확률 $P(A^c)=1-P(A)$을 이용한 확률의 덧셈정리는 다음과 같다.

① $P(A^c \cap B^c)=1-P(A \cup B)$ ← A, B가 모두 일어나지 않을 확률

② $P(A^c \cup B^c)=1-P(A \cap B)$ ← A가 일어나지 않거나 B가 일어나지 않을 확률

해설 두 사건 A, B와 그 각각의 여사건은 A^c, B^c이다.

① 드모르간의 법칙에 의하여 $A^c \cap B^c=(A \cup B)^c$이다.

즉, 사건 $A \cup B$의 여사건은 $A^c \cap B^c$이므로 사건 $A^c \cap B^c$이 일어날 확률은

$P(A^c \cap B^c)=P((A \cup B)^c)=1-P(A \cup B)$

② 드모르간의 법칙에 의하여 $A^c \cup B^c=(A \cap B)^c$이다.

즉, 사건 $A \cap B$의 여사건은 $A^c \cup B^c$이므로 사건 $A^c \cup B^c$이 일어날 확률은

$P(A^c \cup B^c)=P((A \cap B)^c)=1-P(A \cap B)$

(2) $A \cap B^c=A-B=A-(A \cap B)$을 이용한 확률의 덧셈정리는 다음과 같다.

① $P(A \cap B^c)=P(A)-P(A \cap B)$

② $P(A)=P(A \cap B)+P(A \cap B^c)$

해설 두 사건 A, B에 대하여

두 사건 $A \cap B$, $A \cap B^c$은 사건 A를 분할한 것이므로 표본공간을 S라 하면

오른쪽 그림과 같다.

$A \cap B^c=A-B=A-(A \cap B)$이므로

$P(A \cap B^c)=P(A)-P(A \cap B)$

$P(A)=P(A \cap B)+P(A \cap B^c)$

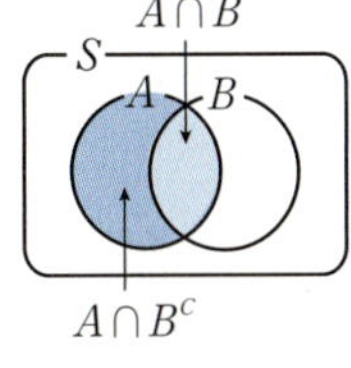

보기 09 두 사건 A, B에 대하여

$$P(A)=\frac{3}{5}, \ P(B)=\frac{3}{10}, \ P(A \cup B)=\frac{7}{10}$$

일 때, $P(A^c \cup B^c)$의 값을 구하여라. (단, A^c, B^c은 A, B의 여사건이다.)

풀이 두 사건 A, B에 대하여 $P(A \cup B)=P(A)+P(B)-P(A \cap B)$

$\dfrac{7}{10}=\dfrac{3}{5}+\dfrac{3}{10}-P(A \cap B)$ $\therefore$ $P(A \cap B)=\dfrac{1}{5}$

따라서 $P(A^c \cup B^c)=1-P(A \cap B)=1-\dfrac{1}{5}=\dfrac{4}{5}$

보기 10 다음 물음에 답하여라. (단, B^c은 B의 여사건이다.)

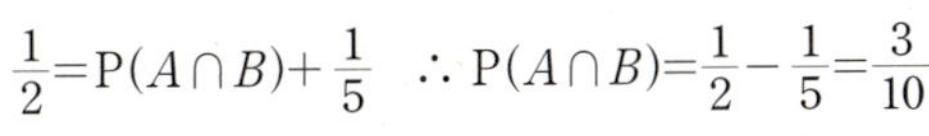

(1) 두 사건 A, B에 대하여 $P(A \cap B)=\dfrac{1}{8}$, $P(A \cap B^c)=\dfrac{3}{16}$일 때, $P(A)$의 값을 구하여라.

(2) 두 사건 A, B에 대하여 $P(A)=\dfrac{1}{2}$, $P(A \cap B^c)=\dfrac{1}{5}$일 때, $P(A \cap B)$의 값을 구하여라.

풀이 (1) $P(A \cap B^c)=P(A)-P(A \cap B)$이므로

$P(A)=P(A \cap B)+P(A \cap B^c)=\dfrac{1}{8}+\dfrac{3}{16}=\dfrac{5}{16}$

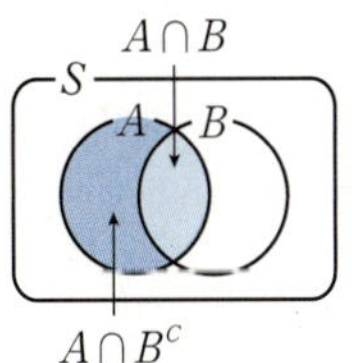

(2) 두 사건 $A \cap B$, $A \cap B^c$은 서로 배반사건이므로

$P(A)=P(A \cap B)+P(A \cap B^c)$

$\dfrac{1}{2}=P(A \cap B)+\dfrac{1}{5}$ $\therefore$ $P(A \cap B)=\dfrac{1}{2}-\dfrac{1}{5}=\dfrac{3}{10}$

송이네 반 학생 36명의 통학 수단을 조사하였더니 버스를 이용하는 학생은 18명, 자전거를 이용하는 학생은 15명, 버스와 자전거를 모두 이용하는 학생은 6명이었다. 송이네반 학생 36명 중에서 임의로 한 명을 선택하였을 때, 그 학생이 버스 또는 자전거를 이용하여 통학할 확률을 구하여라.

MAPL CORE

임의의 두 사건 A, B에 대하여 사건 A 또는 B가 일어날 확률

$P(A \cup B) = P(A) + P(B) - P(A \cap B)$

➡ $P(A \cap B) = P(A) + P(B) - P(A \cup B)$

개념익힘 | 풀이 　36명의 학생 중에서 임의로 한 학생을 선택하였을 때,

선택된 학생이 버스를 이용하는 사건을 A, 자전거를 이용하는 사건을 B라 하면

버스를 이용하는 학생은 18명, 자전거를 이용하는 학생은 15명이므로

$P(A) = \dfrac{18}{36}$, $P(B) = \dfrac{15}{36}$

버스와 자전거를 모두 이용하는 사건은 $A \cap B$라 하면

버스와 자전거를 모두 이용하는 학생은 6명이므로 $P(A \cap B) = \dfrac{6}{36}$

따라서 학생이 버스 또는 자전거를 이용하여 통학할 확률은

$P(A \cup B) = P(A) + P(B) - P(A \cap B) = \dfrac{18}{36} + \dfrac{15}{36} - \dfrac{6}{36} = \dfrac{27}{36} = \dfrac{3}{4}$

확인유제 0285 　1부터 30까지의 숫자가 각각 하나씩 적힌 30장의 카드가 들어 있는 주머니가 있다. 임의로 1개의 카드를 꺼내 나온 숫자를 a라 할 때, 이차방정식 $6x^2 - 5ax + a^2 = 0$이 정수해를 가질 확률은?

① $\dfrac{3}{4}$　　② $\dfrac{1}{3}$　　③ $\dfrac{2}{3}$　　④ $\dfrac{1}{2}$　　⑤ $\dfrac{13}{30}$

변형문제 0286

2007학년도 09월 평가원

어느 학급은 35명으로 이루어져 있다. 이 학급의 모든 학생 중 대학수학능력시험 사회탐구 영역에서 국사를 선택한 학생은 22명이고 세계사를 선택한 학생은 17명이다. 국사와 세계사 중 어느 것도 선택하지 않은 학생은 4명이다. 이 학급에서 한 명의 학생을 뽑을 때, 이 학생이 국사와 세계사를 모두 선택하였을 확률은?

① $\dfrac{6}{35}$　　② $\dfrac{1}{5}$　　③ $\dfrac{8}{35}$　　④ $\dfrac{9}{35}$　　⑤ $\dfrac{2}{7}$

발전문제 0287 　5개의 숫자 0, 1, 2, 4, 5를 모두 한 번씩 사용하여 만들 수 있는 다섯 자리의 자연수 중에서 임의로 하나의 자연수를 택할 때, 이 자연수가 짝수이거나 5의 배수일 확률은 $\dfrac{q}{p}$이다. $p+q$의 값을 구하여라.

(단, p, q는 서로소인 자연수이다.)

정답 　0285 : ③　　0286 : ③　　0287 : 29

빨간 공 5개, 파란 공 3개가 들어 있는 상자에서 3개의 공을 꺼낼 때, 다음 확률을 구하여라.
(1) 모두 같은 색의 공이 나올 확률
(2) 파란 공이 1개 이하로 나올 확률

MAPL CORE

① 두 사건 A, B가 서로 배반사건이면 $P(A \cup B) = P(A) + P(B)$이다.
② 임의의 사건 A에 대하여 $0 \leq P(A) \leq 1$

개념익힘 | 풀이

빨간 공 5개, 파란 공 3개가 들어 있는 상자에서 3개의 공을 꺼내는 모든 경우의 수는 $_8C_3 = 56$

(1) 꺼낸 3개의 공이 모두 빨간 공일 사건을 A, 꺼낸 3개의 공이 모두 파란 공일 사건을 B라 하면

$$n(A) = {}_5C_3, \ n(B) = {}_3C_3 \text{이므로 } P(A) = \frac{{}_5C_3}{{}_8C_3} = \frac{10}{56}, \ P(B) = \frac{{}_3C_3}{{}_8C_3} = \frac{1}{56}$$

따라서 두 사건 A, B는 서로 배반사건이므로 구하는 확률은

$$P(A \cup B) = P(A) + P(B) = \frac{10}{56} + \frac{1}{56} = \frac{11}{56} \quad \leftarrow P(A \cap B) = 0$$

(2) 파란 공이 1개 이하로 나올 경우는
빨간 공 2개, 파란 공 1개를 꺼내는 경우와 3개 모두 빨간 공을 꺼내는 경우가 있다.
빨간 공을 2개, 파란 공을 1개를 꺼내는 사건을 A, 3개 모두 빨간 공을 꺼내는 사건을 B라 하면

$$n(A) = {}_5C_2 \times {}_3C_1 = 30, \ n(B) = {}_5C_3 = 10 \text{이므로 } P(A) = \frac{15}{28}, \ P(B) = \frac{5}{28}$$

따라서 두 사건 A, B는 서로 배반사건이므로 구하는 확률은

$$P(A \cup B) = P(A) + P(B) = \frac{15}{28} + \frac{5}{28} = \frac{5}{7} \quad \leftarrow P(A \cap B) = 0$$

확인유제 0288 빨간 공 3개, 노란 공 2개, 파란 공 1개가 들어 있는 주머니에서 임의로 2개의 공을 동시에 꺼낼 때, 같은 색의 공 2개를 꺼낼 확률을 구하여라.

변형문제 0289 다음 물음에 답하여라.

2017년 07월 교육청

(1) 흰 공 6개와 빨간 공 4개가 들어 있는 주머니가 있다. 이 주머니에서 임의로 4개의 공을 동시에 꺼낼 때, 꺼낸 4개의 공 중 흰 공의 개수가 3 이상일 확률은?

① $\frac{17}{42}$　　② $\frac{19}{42}$　　③ $\frac{1}{2}$　　④ $\frac{23}{42}$　　⑤ $\frac{25}{42}$

2012년 07월 교육청

(2) 1부터 9까지의 자연수가 하나씩 적혀 있는 9개의 공이 들어있는 주머니가 있다. 이 주머니에서 임의로 3개의 공을 동시에 꺼낼 때, 꺼낸 공에 적혀 있는 세 수의 합이 짝수일 확률은?

① $\frac{5}{14}$　　② $\frac{8}{21}$　　③ $\frac{3}{7}$　　④ $\frac{10}{21}$　　⑤ $\frac{11}{21}$

발전문제 0290 어느 학급은 남녀 합하여 36명이다. 반에서 청소 당번 2명을 제비뽑기로 뽑을 때, 2명이 모두 남학생이거나 여학생일 확률이 $\frac{1}{2}$이라고 한다. 이때 남학생은 모두 몇 명인가? (단, 남학생의 수는 15명보다 많다.)

① 17　　② 18　　③ 19　　④ 20　　⑤ 21

정답　　$0288 : \frac{4}{15}$　　$0289 :$ (1) ② (2) ⑤　　$0290 :$ ⑤

다음 물음에 답하여라.

2016학년도 09월 평가원

(1) 두 사건 A, B에 대하여 $P(A)+P(B)=\dfrac{7}{9}$, $P(A\cap B)=\dfrac{2}{9}$일 때, $P(A\cup B)$의 값을 구하여라.

2010년 07월 교육청

(2) 두 사건 A, B에 대하여 $P(A)=\dfrac{1}{2}$, $P(A\cap B)=\dfrac{1}{4}$, $P(A\cup B)=\dfrac{7}{12}$일 때, $P(B)$의 값을 구하여라.

MAPL CORE

두 사건 A, B에 대하여

① $P(A\cup B)=P(A)+P(B)-P(A\cap B)$

② $P(A\cap B)=P(A)+P(B)-P(A\cup B)$

③ $P(A\cap B^c)=P(A)-P(A\cap B)$　← $A\cap B^c=A-B=A-(A\cap B)$

④ $P(A)=P(A\cap B)+P(A\cap B^c)$

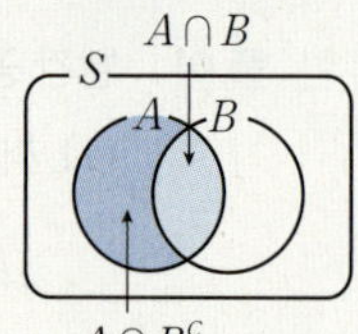

개념익힘│풀이

(1) $P(A)+P(B)=\dfrac{7}{9}$, $P(A\cap B)=\dfrac{2}{9}$이므로

$$P(A\cup B)=P(A)+P(B)-P(A\cap B)=\dfrac{7}{9}-\dfrac{2}{9}=\dfrac{5}{9}$$

(2) $P(A\cup B)=P(A)+P(B)-P(A\cap B)$에서 $\dfrac{7}{12}=\dfrac{1}{2}+P(B)-\dfrac{1}{4}$

$$\therefore\ P(B)=\dfrac{1}{3}$$

확인유제 0291

2015학년도 09월 평가원

두 사건 A, B에 대하여 $P(A\cap B)=\dfrac{2}{3}P(A)=\dfrac{2}{5}P(B)$일 때, $\dfrac{P(A\cup B)}{P(A\cap B)}$의 값을 구하여라.

(단, $P(A\cap B)\neq 0$이다.)

변형문제 0292

2019학년도 06월 평가원

다음 물음에 답하여라.

(1) 두 사건 A, B에 대하여 $P(A)=\dfrac{2}{3}$, $P(A\cap B)=\dfrac{1}{4}$일 때, $P(A\cap B^c)$의 값은?

(단, B^c는 B의 여사건이다.)

① $\dfrac{1}{3}$　　② $\dfrac{5}{12}$　　③ $\dfrac{1}{2}$　　④ $\dfrac{7}{12}$　　⑤ $\dfrac{2}{3}$

2019학년도 09월 평가원

(2) 두 사건 A, B에 대하여 $P(A)=\dfrac{1}{2}$, $P(A\cap B^c)=\dfrac{1}{5}$일 때, $P(A^c\cup B^c)$의 값은?

(단, A^c은 A의 여사건이다.)

① $\dfrac{2}{5}$　　② $\dfrac{1}{2}$　　③ $\dfrac{3}{5}$　　④ $\dfrac{7}{10}$　　⑤ $\dfrac{4}{5}$

2014학년도 수능기출

(3) 두 사건 A, B에 대하여 $P(A^c\cup B^c)=\dfrac{4}{5}$, $P(A\cap B^c)=\dfrac{1}{4}$일 때, $P(A^c)$의 값은?

(단, A^c은 A의 여사건이다.)

① $\dfrac{1}{2}$　　② $\dfrac{11}{20}$　　③ $\dfrac{3}{5}$　　④ $\dfrac{13}{20}$　　⑤ $\dfrac{7}{10}$

발전문제 0293

2016학년도 09월 평가원

두 사건 A, B에 대하여

$$P(A\cap B^c)=P(A^c\cap B)=\dfrac{1}{6},\ P(A\cup B)=\dfrac{2}{3}$$

일 때, $P(A\cap B)$의 값은? (단, A^c은 A의 여사건이다.)

① $\dfrac{1}{12}$　　② $\dfrac{1}{6}$　　③ $\dfrac{1}{4}$　　④ $\dfrac{1}{3}$　　⑤ $\dfrac{5}{12}$

정답　0291 : 3　　0292 : (1) ② (2) ④ (3) ②　　0293 : ④

2009학년도 수능기출

두 사건 A, B는 서로 배반사건이고

$$P(A \cap B^c) = \frac{1}{5}, \ P(A^c \cap B) = \frac{1}{4}$$

일 때, $P(A \cup B)$의 값을 구하여라. (단, A^c은 A의 여사건이다.)

MAPL CORE

두 사건 A, B가 서로 배반사건이면 $A \cap B = \varnothing$이므로 $P(A \cap B) = 0$

① $P(A \cup B) = P(A) + P(B)$

② $P(A \cap B^c) = P(A)$ ← $P(A) = P(A \cap B) + P(A \cap B^c) = 0 + P(A \cap B^c)$

③ $P(A^c \cap B) = P(B)$

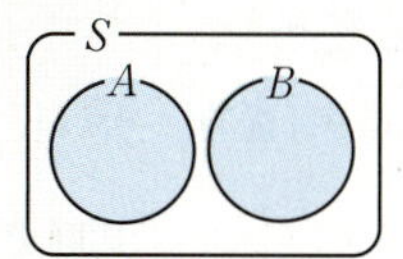

개념익힘 | 풀이 두 사건 A, B가 서로 배반사건이므로 $A \cap B = \varnothing$이고 오른쪽 벤 다이어그램에 의하여

$$P(A \cap B^c) = P(A) - P(A \cap B) = P(A) = \frac{1}{5}$$

$$P(A^c \cap B) = P(B) - P(A \cap B) = P(B) = \frac{1}{4}$$

따라서 A, B가 서로 배반사건이므로

$$P(A \cup B) = P(A) + P(B) = \frac{1}{5} + \frac{1}{4} = \frac{9}{20}$$

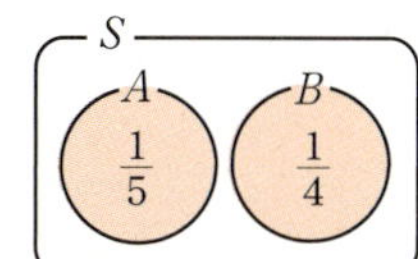

확인유제 0294 두 사건 A와 B는 서로 배반사건이고

$$P(A^c) = \frac{1}{3}, \ P(A^c \cap B) = \frac{1}{4}$$

일 때, $P(A \cup B)$의 값을 구하여라. (단, A^c은 A의 여사건이다.)

변형문제 0295 다음 물음에 답하여라.

2015학년도 09월 평가원

(1) 두 사건 A와 B는 서로 배반사건이고 $P(A \cup B) = 4P(B) = 1$일 때, $P(A)$의 값은?

① $\frac{1}{4}$　　　② $\frac{3}{8}$　　　③ $\frac{1}{2}$　　　④ $\frac{5}{8}$　　　⑤ $\frac{3}{4}$

2013년 10월 교육청

(2) 서로 배반인 두 사건 A, B에 대하여 $P(A) = \frac{1}{2}$, $P(A^c \cap B^c) = \frac{1}{4}$일 때, $P(B)$의 값은?

(단, A^c은 A의 여사건이다.)

① $\frac{1}{4}$　　　② $\frac{3}{8}$　　　③ $\frac{1}{2}$　　　④ $\frac{5}{8}$　　　⑤ $\frac{3}{4}$

2015학년도 수능기출

(3) 사건 A, B에 대하여 A^c과 B는 서로 배반사건이고 $P(A) = 2P(B) = \frac{3}{5}$일 때, $P(A \cap B^c)$의 값은?

(단, A^c은 A의 여사건이다.)

① $\frac{7}{20}$　　　② $\frac{3}{10}$　　　③ $\frac{1}{4}$　　　④ $\frac{1}{5}$　　　⑤ $\frac{3}{20}$

발전문제 0296 두 사건 A, B에 대하여 A와 B^c은 서로 배반사건이고

2019학년도 수능기출

$$P(A) = \frac{1}{3}, \ P(A^c \cap B) = \frac{1}{6}$$

일 때, $P(B)$의 값은? (단, A^c은 A의 여사건이다.)

① $\frac{5}{12}$　　　② $\frac{1}{2}$　　　③ $\frac{7}{12}$　　　④ $\frac{2}{3}$　　　⑤ $\frac{3}{4}$

정답 $0294 : \dfrac{11}{12}$　　$0295 : (1)\ ⑤\ (2)\ ①\ (3)\ ②$　　$0296 : ②$

두 사건 A, B가 서로 배반사건이고 $P(A \cup B) = \dfrac{2}{3}$일 때, $P(A)P(B)$의 최댓값을 구하여라.

(단, $P(A)P(B) > 0$)

MAPL CORE

① 두 사건 A, B가 서로 배반사건이면 $P(A \cup B) = P(A) + P(B)$이다.

② 임의의 사건 A에 대하여 $0 \le P(A) \le 1$

개념익힘 | 풀이　두 사건 A, B가 서로 배반사건 이므로 $P(A \cup B) = P(A) + P(B)$이다.

이때 $P(A) = x$이라 하면 $P(A \cup B) = \dfrac{2}{3}$이므로 $\dfrac{2}{3} = x + P(B)$

$\therefore P(B) = \dfrac{2}{3} - x$

따라서 $P(A)P(B) = x\left(\dfrac{2}{3} - x\right) = \dfrac{2}{3}x - x^2 = -\left(x - \dfrac{1}{3}\right)^2 + \dfrac{1}{9}$이므로

$x = \dfrac{1}{3}$일 때, $P(A)P(B)$의 최댓값은 $\dfrac{1}{9}$이다.

다른풀이　산술평균과 기하평균을 이용하여 풀이하기

두 사건 A, B가 $P(A) \ne 0$, $P(B) \ne 0$이므로 $P(A) > 0$, $P(B) > 0$이다.

또한, 두 사건 A, B가 서로 배반일 때, $P(A \cup B) = P(A) + P(B)$에서

$P(A) = x$, $P(B) = y$라 하면 $x + y = \dfrac{2}{3}$

두 양수에 대한 산술평균과 기하평균에 의하여 $x + y \ge 2\sqrt{xy}$

$\dfrac{2}{3} \ge 2\sqrt{xy}$ (단, 등호는 $x = y$일 때 성립한다.)

$\therefore xy \le \dfrac{1}{9}$

따라서 $P(A) = P(B) = \dfrac{1}{3}$일 때, $P(A)P(B)$의 최댓값은 $\dfrac{1}{9}$이다.

확인유제 0297　두 사건 A, B가 서로 배반사건이고 $P(A \cup B) = \dfrac{1}{2}$일 때, $P(A)P(B)$의 최댓값은? (단, $P(A)P(B) > 0$)

① $\dfrac{1}{4}$　　② $\dfrac{1}{2}$　　③ $\dfrac{1}{12}$　　④ $\dfrac{1}{16}$　　⑤ $\dfrac{1}{8}$

변형문제 0298　다음 물음에 답하여라.

(1) 두 사건 A, B가 서로 배반사건이고 $P(A) - 2P(B) = \dfrac{1}{3}$일 때, $P(B)$의 최댓값을 구하여라.

(2) 두 사건 A, B가 서로 배반사건이고 $3P(A) + P(B) = \dfrac{3}{2}$일 때, $P(A)$의 최솟값을 구하여라.

발전문제 0299　다음 물음에 답하여라.

(1) 두 사건 A, B에 대하여 $P(A) = \dfrac{1}{4}$, $P(B) = \dfrac{1}{2}$일 때, $P(A \cup B)$의 최댓값과 최솟값의 합을 $\dfrac{q}{p}$라 하자.

$p + q$의 값을 구하여라. (단, p와 q는 서로소인 자연수이다.)

(2) 두 사건 A, B에 대하여 $P(A) = \dfrac{1}{4}$, $P(A \cup B) = \dfrac{3}{4}$일 때, $P(B)$의 최댓값과 최솟값의 합을 구하여라.

정답　0297 : ④　　0298 : (1) $\dfrac{2}{9}$ (2) $\dfrac{1}{4}$　　0299 : (1) 9 (2) $\dfrac{5}{4}$

15개의 제비 중에서 8개가 당첨 제비라고 한다. 이 중에서 임의로 2개를 동시에 뽑을 때, 다음을 구하여라.

(1) 당첨 제비가 한 개도 나오지 않을 확률

(2) 적어도 한 개는 당첨 제비일 확률

MAPL CORE

'적어도'가 있는 문제는 여사건의 확률을 이용한다.

사건 A와 그 여사건 A^c에 대하여 $P(A)=1-P(A^c)$　◀ (적어도 한 개가 A인 확률)=1−(모두 A가 아닌 확률)

개념익힘｜풀이

(1) 15개의 제비 중 2개를 꺼내는 경우의 수는 $_{15}C_2=105$

이때 당첨 제비가 한 개도 나오지 않을 사건은 당첨 제비가 아닌 7개 중에서 2개를 꺼내는 사건이므로

그 경우의 수는 $_7C_2=21$

따라서 구하는 확률은 $\dfrac{_7C_2}{_{15}C_2}=\dfrac{21}{105}=\dfrac{1}{5}$

(2) 당첨 제비가 한 개도 나오지 않을 사건을 A라 하면 적어도 한 개는 당첨 제비일 사건은 A^c이다.

즉, (1)에서 $P(A)=\dfrac{1}{5}$이므로 $P(A^c)=1-P(A)=1-\dfrac{1}{5}=\dfrac{4}{5}$

확인유제 0300

2006학년도 09월 평가원

다음 물음에 답하여라.

(1) 2개의 당첨제비가 포함되어 있는 10개의 제비 중에서 임의로 3개의 제비를 동시에 뽑을 때,

적어도 한 개가 당첨 제비일 확률은?

① $\dfrac{2}{15}$　　② $\dfrac{4}{15}$　　③ $\dfrac{2}{5}$　　④ $\dfrac{8}{15}$　　⑤ $\dfrac{2}{3}$

2016년 07월 교육청

(2) 주머니에는 흰 공 3개, 검은 공 4개가 들어 있다. 이 주머니에서 임의로 2개의 공을 동시에 꺼낼 때,

흰 공을 적어도 한 개를 꺼낼 확률은?

① $\dfrac{11}{21}$　　② $\dfrac{4}{7}$　　③ $\dfrac{13}{21}$　　④ $\dfrac{2}{3}$　　⑤ $\dfrac{5}{7}$

변형문제 0301

에티오피아산 원두와 케냐산 원두를 합하여 10가지 원두 중에서 에티오피아산 원두가 n가지 있다.

이 중에서 임의로 2가지를 동시에 택할 때, 적어도 한 가지가 에티오피아산 원두일 확률이 $\dfrac{2}{3}$이다.

자연수 n의 값은?

① 3　　② 4　　③ 5　　④ 6　　⑤ 7

발전문제 0302

2019학년도 06월 평가원

다음 물음에 답하여라.

(1) 어느 지구대에서는 학생들의 안전한 통학을 위한 귀가도우미 프로그램에 참여하기로 하였다. 이 지구대의
경찰관은 모두 9명이고, 각 경찰관은 두 개의 근무 조 A, B 중 한 조에 속해 있다. 이 지구대의 근무 조 A는
5명, 근무 조 B는 4명의 경찰관으로 구성되어 있다. 이 지구대의 경찰관 9명 중에서 임의로 3명을 동시에
귀가도우미로 선택할 때, 근무 조 A와 근무 조 B에서 적어도 1명씩 선택될 확률을 구하여라.

2013학년도 수능기출

(2) 오른쪽 좌석표에서 2행 2열 좌석을 제외한 8개의 좌석에 여학생 4명과
남학생 4명을 1명씩 임의로 배정할 때, 적어도 2명의 남학생이 서로 이
웃하게 배정될 확률은 p이다. $70p$의 값을 구하여라. (단, 2명이 같은 행
의 바로 옆이나 같은 열의 바로 앞뒤에 있을 때 이웃한 것으로 본다.)

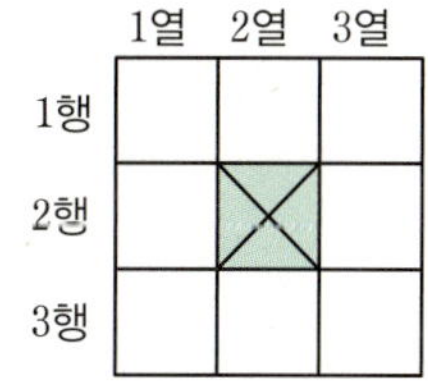

배 6개와 사과 4개가 들어있는 주머니가 있다. 이 주머니에서 임의로
2개의 과일을 동시에 꺼낼 때, 다음을 구하여라.
(1) 적어도 1개가 배일 확률
(2) 사과가 1개 이상일 확률

MAPL CORE

① 사건 A와 그 여사건 A^c에 대하여 $P(A^c)=1-P(A)$
② '적어도 ~인 확률', '~ 이상인 확률', '~ 이하인 확률', '~가 아닐 확률' 등을 구할 때는 여사건의 확률을 이용한다.

개념익힘|풀이

(1) 10개의 과일 중에서 임의로 2개의 과일을 꺼내는 경우의 수는 $_{10}C_2=45$

꺼낸 2개의 과일 중 적어도 1개가 배인 사건을 A라 하면

여사건 A^c는 2개 과일이 모두 사과인 사건이므로 꺼내는 경우의 수는 $_4C_2=6$

$$P(A^c)=\frac{_4C_2}{_{10}C_2}=\frac{6}{45}=\frac{2}{15}$$

따라서 구하는 확률은 $P(A)=1-P(A^c)=1-\frac{2}{15}=\frac{13}{15}$

(2) 10개의 과일 중에서 임의로 2개의 과일을 꺼내는 경우의 수는 $_{10}C_2=45$

꺼낸 2개의 과일 중 사과가 1개 이상인 사건을 B라 하면

여사건 B^c은 2개의 과일이 모두 배인 사건이므로 꺼내는 경우의 수는 $_6C_2=15$

$$P(B^c)=\frac{_6C_2}{_{10}C_2}=\frac{15}{45}=\frac{1}{3}$$

따라서 구하는 확률은 $P(B)=1-P(B^c)=1-\frac{1}{3}=\frac{2}{3}$

확인유제 0303

남학생 12명, 여학생 13명으로 구성된 어느 학교 연극 동아리에서 임의로 두 명의 학생을 뽑아 설문조사를 할 때,
다음을 구하여라.
(1) 적어도 한 명의 남학생이 뽑힐 확률
(2) 여학생이 1명 이상 뽑힐 확률

변형문제 0304

2018년 05월 교육청

다음 물음에 답하여라.
(1) 상자에 1부터 10까지의 자연수가 하나씩 적혀 있는 카드가 10장 들어 있다. 이 상자에서 임의로 3장의 카드를
동시에 꺼낼 때, 꺼낸 카드에 적혀 있는 세 수의 최댓값이 6 이상일 확률은?

① $\frac{7}{12}$　　② $\frac{2}{3}$　　③ $\frac{3}{4}$　　④ $\frac{5}{6}$　　⑤ $\frac{11}{12}$

(2) 흰 공 4개, 검은 공 3개가 들어 있는 주머니에서 임의로 4개의 공을 꺼낼 때, 흰 공을 2개 이상 꺼낼 확률은?

① $\frac{4}{5}$　　② $\frac{29}{35}$　　③ $\frac{6}{7}$　　④ $\frac{31}{35}$　　⑤ $\frac{32}{35}$

발전문제 0305

2010년 10월 교육청

다음 물음에 답하여라.
(1) 50원, 100원, 500원 짜리 동전이 각각 3개씩 모두 9개가 들어있는 지갑에서 동전 3개를 임의로 꺼낼 때,

꺼낸 모든 동전 금액의 합이 250원 이상일 확률을 $\frac{q}{p}$ 라 하자. 이때 $p+q$의 값을 구하여라.

(단, p, q는 서로소인 자연수이다.)

2018학년도 06월 평가원

(2) 그림과 같이 1, 2, 3, 4의 숫자가 하나씩 적혀있는 카드가 각각 3장씩 12장이 있다. 이 12장의 카드 중에서
임의로 3장의 카드를 선택할 때, 선택한 카드 중에 같은 숫자가 적혀 있는 카드가 2장 이상일 확률을 구하여
라.

$$\boxed{1}\;\boxed{1}\;\boxed{1}\;\boxed{2}\;\boxed{2}\;\boxed{2}\;\boxed{3}\;\boxed{3}\;\boxed{3}\;\boxed{4}\;\boxed{4}\;\boxed{4}$$

정답　0303 : (1) $\frac{37}{50}$ (2) $\frac{39}{50}$　　0304 : (1) ⑤ (2) ④　　0305 : (1) 79 (2) $\frac{28}{55}$

A, B를 포함한 6명의 학생에게 각자의 학생증을 받았다가 이들 6명의 학생에게 학생증을 임의로 1개씩 다시 돌려줄 때, A와 B가 모두 자신의 학생증을 돌려받지 못할 확률은?

① $\dfrac{3}{5}$ 　　② $\dfrac{19}{30}$ 　　③ $\dfrac{2}{3}$ 　　④ $\dfrac{7}{10}$ 　　⑤ $\dfrac{11}{15}$

MAPL CORE　사건 A와 그 여사건 A^c에 대하여 $P(A^c)=1-P(A)$

개념익힘 | 풀이

6명의 학생들이 학생증을 돌려받는 경우의 수는 6!

A, B가 모두 자신의 학생증을 돌려받지 못할 사건을 A라 하면

여사건 A^c은 A 또는 B가 학생증을 돌려받을 사건이다.

(ⅰ) A가 자신의 학생증을 돌려받고 나머지 5명이 학생증을 받는 경우의 수는 5!

(ⅱ) B가 자신의 학생증을 돌려받고 나머지 5명이 학생증을 받는 경우의 수는 5!

(ⅲ) A, B가 자신의 학생증을 돌려받고 나머지 4명이 학생증을 받는 경우의 수는 4!

(ⅰ)~(ⅲ)에서 A 또는 B가 학생증을 돌려받는 경우의 수는 5!+5!−4!

$$P(A^c)=\dfrac{5!+5!-4!}{6!}=\dfrac{3}{10}$$

따라서 구하는 확률은 $P(A)=1-P(A^c)=1-\dfrac{3}{10}=\dfrac{7}{10}$

확인유제 0306　숫자 1, 2, 3이 하나씩 적혀 있는 세 개의 공을 1, 2, 3이 하나씩 적혀 있는 세 개의 상자 안에 임의로 집어넣으려고 한다. 공에 적혀 있는 수와 상자에 적혀 있는 수가 적어도 한 개는 일치할 확률은? (단, 공은 한 개씩만 넣는다.)

① $\dfrac{1}{2}$ 　　② $\dfrac{3}{5}$ 　　③ $\dfrac{2}{3}$

④ $\dfrac{3}{4}$ 　　⑤ $\dfrac{5}{6}$

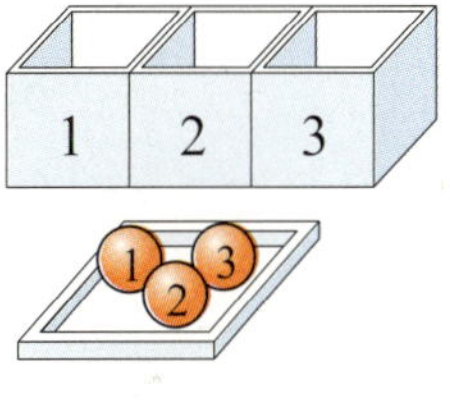

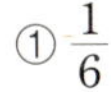
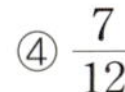

변형문제 0307　학생 A, B, C, D 4명이 4인 놀이기구에 오른쪽 그림과 같이 앉아서 탔다. 이 놀이기구가 재미있었던 친구들은 다시 이 놀이기구를 타기로 하였다. 이 놀이기구에 다시 타서 4명의 자리를 임의로 정할 때, A와 B 중에서 적어도 한 학생은 자신이 처음 앉은 자리와 다른 자리에 앉을 확률은?

① $\dfrac{1}{6}$ 　　② $\dfrac{1}{4}$ 　　③ $\dfrac{1}{3}$

④ $\dfrac{7}{12}$ 　　⑤ $\dfrac{11}{12}$

발전문제 0308　4권의 마플 수학 문제집 수1, 수2, 확통, 미적분과 그 각각의 해설지가 있다. 4권의 문제집에 하나씩 해설지를 배치시킬 때, 적어도 한 쌍의 문제지와 해설지가 일치할 확률은?

① $\dfrac{5}{16}$ 　　② $\dfrac{3}{8}$ 　　③ $\dfrac{1}{2}$

④ $\dfrac{5}{8}$ 　　⑤ $\dfrac{3}{4}$

정답　0306 : ③ 　 0307 : ⑤ 　 0308 : ④

다음 물음에 답하여라.

(1) 집합 $X=\{1, 2, 3\}$에서 집합 $Y=\{1, 2, 3, 4, 5, 6\}$로의 함수 중에서 임의로 하나를 택할 때, 모든 함숫값의 곱이 짝수가 되는 함수일 확률을 구하여라.

(2) 한 개의 주사위를 세 번 던져서 나오는 눈의 수를 차례로 a, b, c라고 할 때,
$$(a-b)(b-c)=0$$
일 확률을 구하여라.

MAPL CORE 사건 A를 만족시키는 경우가 세야 할 것이 너무 많아 복잡함을 느끼면 사건 A^c의 확률을 구하는 것이 더 편리하다. 즉, A가 일어나지 않을 사건 A^c에 대하여 $\mathrm{P}(A^c)=1-\mathrm{P}(A)$을 이용하여 구한다.

개념익힘|풀이

(1) 집합 X에서 집합 Y로의 함수의 개수는 $_6\Pi_3=6^3=216$

모든 함숫값의 곱이 짝수일 사건을 A라 하면 여사건 A^c은 모든 함숫값들의 곱이 홀수인 사건이다.

모든 함숫값들의 곱이 홀수가 되려면 집합 X의 모든 원소가 집합 Y의 원소 중 홀수인 1, 3, 5에

대응되어야 하므로 $_3\Pi_3=3^3=27$

$$\mathrm{P}(A^c)=\frac{27}{216}=\frac{1}{8}$$

따라서 구하는 확률은 $\mathrm{P}(A)=1-\mathrm{P}(A^c)=1-\frac{1}{8}=\frac{7}{8}$

(2) 한 개의 주사위를 세 번 던질 때, 나오는 모든 경우의 수는 $_6\Pi_3=6^3=216$

$(a-b)(b-c)=0$인 사건을 A라 하면 ← $(a-b)(b-c)=0$ 이면 $a=b$ 또는 $b=c$

여사건 A^c은 $(a-b)(b-c)\neq 0$인 사건이다.

$(a-b)(b-c)\neq 0$이려면 $a\neq b$이고 $b\neq c$이어야 하므로 3개의 수를 택하는 경우의 수는 $6\cdot5\cdot5=150$

즉, $(a-b)(b-c)\neq 0$을 만족하는 확률은 $\mathrm{P}(A^c)=\frac{150}{216}=\frac{25}{36}$

따라서 구하는 확률은 $\mathrm{P}(A)=1-\mathrm{P}(A^c)=1-\frac{25}{36}=\frac{11}{36}$

다른풀이 확률의 덧셈정리 $\mathrm{P}(A\cup B)=\mathrm{P}(A)+\mathrm{P}(B)-\mathrm{P}(A\cap B)$을 이용하여 풀이하기

한 개의 주사위를 세 번 던질 때, 나오는 모든 경우의 수는 $_6\Pi_3=6^3=216$

$(a-b)(b-c)=0$이면 $a=b$ 또는 $b=c$이므로 $a=b$일 사건을 A, $b=c$일 사건을 B라고 하면

$\mathrm{P}(A)=\frac{36}{216}=\frac{1}{6}$, $\mathrm{P}(B)=\frac{36}{216}=\frac{1}{6}$, $\mathrm{P}(A\cap B)=\frac{6}{216}=\frac{1}{36}$

따라서 $(a-b)(b-c)=0$일 확률은 $\mathrm{P}(A\cup B)$이므로

$$\mathrm{P}(A\cup B)=\mathrm{P}(A)+\mathrm{P}(B)-\mathrm{P}(A\cap B)=\frac{1}{6}+\frac{1}{6}-\frac{1}{36}=\frac{11}{36}$$

확인유제 0309 다음 물음에 답하여라.

(1) 집합 $X=\{1, 2, 3\}$에서 집합 $Y=\{1, 2, 3, 6\}$으로의 함수 중에서 임의로 하나를 택할 때, 모든 함숫값의 곱이 짝수가 되는 함수일 확률을 구하여라.

(2) 한 개의 주사위를 세 번 던져서 나오는 눈의 수를 차례로 a, b, c라고 할 때,
$$(a-b)(b-c)(c-a)=0$$
일 확률을 구하여라.

(3) 서로 다른 세 개의 주사위를 동시에 던졌을 때, 나온 눈을 차례로 a, b, c라고 할 때,
$$(a-b)^2+(b-c)^2+(c-a)^2>0$$
일 확률을 구하여라.

정답 $0309:$ (1) $\frac{7}{8}$ (2) $\frac{4}{9}$ (3) $\frac{35}{36}$

변형문제 **0310** 다음 물음에 답하여라.

(1) 영어 단어 LOVELY에 들어 있는 6개의 문자를 일렬로 나열할 때, 같은 문자가 이웃하지 않을 확률은?

① $\dfrac{2}{5}$　　② $\dfrac{3}{5}$　　③ $\dfrac{2}{3}$　　④ $\dfrac{4}{5}$　　⑤ $\dfrac{7}{10}$

(2) I♡MATH의 6개의 문자 또는 기호를 임의로 일렬로 배열할 때, 기호 ♡가 맨 앞에 오지 않을 확률은?

① $\dfrac{1}{6}$　　② $\dfrac{2}{5}$　　③ $\dfrac{3}{5}$　　④ $\dfrac{2}{3}$　　⑤ $\dfrac{5}{6}$

발전문제 **0311** 다음 물음에 답하여라.

2019학년도 수능기출

(1) 숫자 1, 2, 3, 4가 하나씩 적혀 있는 흰 공 4개와 숫자 4, 5, 6이 하나씩 적혀 있는 검은 공 3개가 있다. 이 7개의 공을 임의로 일렬로 나열할 때, 같은 숫자가 적혀 있는 공이 서로 이웃하지 않게 나열될 확률은 $\dfrac{q}{p}$이다. $p+q$의 값을 구하여라. (단, p와 q는 서로소인 자연수이다.)

2018학년도 수능기출

(2) 방정식 $x+y+z=10$을 만족시키는 음이 아닌 정수 x, y, z의 모든 순서쌍 $(x,\ y,\ z)$ 중에서 임의로 한 개를 선택한다. 선택한 순서쌍 $(x,\ y,\ z)$가 $(x-y)(y-z)(z-x)\neq 0$을 만족시킬 확률은 $\dfrac{q}{p}$이다. $p+q$의 값을 구하여라. (단, p와 q는 서로소인 자연수이다.)

(3) 방정식 $x+y+z=11$을 만족시키는 양의 정수 x, y, z의 모든 순서쌍 $(x,\ y,\ z)$ 중에서 임의로 한 개를 택할 때, 선택한 순서쌍 $(x,\ y,\ z)$의 세 수의 곱 xyz가 짝수일 확률은 $\dfrac{q}{p}$이다. $p+q$의 값을 구하여라. (단, p와 q는 서로소인 자연수이다.)

2019학년도 09월 평가원

(4) 방정식 $a+b+c=9$를 만족시키는 음이 아닌 정수 a, b, c의 모든 순서쌍 $(a,\ b,\ c)$ 중에서 임의로 한 개를 선택할 때, 선택한 순서쌍 $(a,\ b,\ c)$가

$$a<2 \ \text{또는} \ b<2$$

를 만족시킬 확률은 $\dfrac{q}{p}$이다. $p+q$의 값을 구하여라. (단, p와 q는 서로소인 자연수이다.)

2008학년도 수능기출

(5) 여학생 4명과 남학생 2명이 어느 요양 시설에서 6명 모두가 하루에 한 명씩 6일 동안 봉사 활동을 하려고 한다. 이 6명의 학생이 봉사활동 순번을 임의로 정할 때, 첫째 날 또는 여섯째 날에 남학생이 봉사 활동을 하게 될 확률은?

① $\dfrac{17}{30}$　　② $\dfrac{3}{5}$　　③ $\dfrac{19}{30}$　　④ $\dfrac{2}{3}$　　⑤ $\dfrac{7}{10}$

정답　0310 : (1) ③ (2) ⑤　　0311 : (1) 12 (2) 19 (3) 5 (4) 89 (5) ②

단원종합문제

BASIC

0312

확률의 덧셈정리와
배반사건
2017학년도 09월
평가원

다음 물음에 답하여라.

(1) 두 사건 A와 B는 서로 배반사건이고 $P(A)=\dfrac{1}{6}$, $P(A \cup B)=\dfrac{1}{2}$일 때, $P(B)$의 값은?

① $\dfrac{1}{6}$ ② $\dfrac{1}{4}$ ③ $\dfrac{1}{3}$ ④ $\dfrac{5}{12}$ ⑤ $\dfrac{1}{2}$

2010학년도 수능기출

(2) 두 사건 A와 B는 서로 배반사건이고 $P(A)=P(B)$, $P(A)P(B)=\dfrac{1}{9}$일 때, $P(A \cup B)$의 값은?

① $\dfrac{1}{6}$ ② $\dfrac{1}{3}$ ③ $\dfrac{1}{2}$ ④ $\dfrac{2}{3}$ ⑤ $\dfrac{5}{6}$

0313

확률의 덧셈정리와
여사건의 확률계산
내신빈출

다음 물음에 답하여라.

(1) 두 사건 A, B에 대하여 $P(A)=\dfrac{3}{5}$, $P(B)=\dfrac{3}{10}$, $P(A \cup B)=\dfrac{7}{10}$일 때, $P(A^c \cup B^c)$의 값은?

  (단, A^c은 A의 여사건이다.)

① $\dfrac{7}{10}$ ② $\dfrac{3}{4}$ ③ $\dfrac{4}{5}$ ④ $\dfrac{17}{20}$ ⑤ $\dfrac{9}{10}$

(2) 서로 배반인 두 사건 A, B에 대하여 $P(A)=\dfrac{1}{3}$, $P(A^c \cap B^c)=\dfrac{1}{6}$일 때, $P(B)$의 값은?

  (단, A^c은 A의 여사건이다.)

① $\dfrac{1}{8}$ ② $\dfrac{1}{2}$ ③ $\dfrac{2}{3}$ ④ $\dfrac{3}{4}$ ⑤ $\dfrac{5}{6}$

0314

여사건과 확률의
덧셈정리

다음 물음에 답하여라.

(1) 두 사건 A, B에 대하여 $P(A^c \cup B^c)=\dfrac{3}{4}$, $P(A \cap B^c)=\dfrac{1}{2}$일 때, $P(A^c)$의 값은?

  (단, A^c은 A의 여사건이다.)

① $\dfrac{1}{4}$ ② $\dfrac{1}{2}$ ③ $\dfrac{3}{4}$ ④ $\dfrac{5}{12}$ ⑤ $\dfrac{7}{12}$

2020학년도 06월
평가원

(2) 두 사건 A, B에 대하여 $P(A \cup B)=\dfrac{3}{4}$, $P(A^c \cap B)=\dfrac{2}{3}$일 때, $P(A)$의 값은?

  (단, A^c은 A의 여사건이다.)

① $\dfrac{1}{12}$ ② $\dfrac{1}{8}$ ③ $\dfrac{1}{6}$ ④ $\dfrac{5}{24}$ ⑤ $\dfrac{1}{4}$

2019학년도 06월
평가원

(3) 두 사건 A, B에 대하여 $P(A)=\dfrac{2}{3}$, $P(A \cap B)=\dfrac{1}{4}$일 때, $P(A^c \cup B)$의 값은?

  (단, A^c은 A의 여사건이다.)

① $\dfrac{1}{2}$ ② $\dfrac{7}{12}$ ③ $\dfrac{2}{3}$ ④ $\dfrac{3}{4}$ ⑤ $\dfrac{5}{6}$

정답 0312 : (1) ③ (2) ④   0313 : (1) ③ (2) ②   0314 : (1) ① (2) ① (3) ②

0315
배반사건이 아닌
확률의 덧셈정리

1부터 100까지의 자연수가 하나씩 적혀 있는 100개의 구슬이 들어 있는 상자에서 임의로 1개의 구슬을 꺼낼 때, 꺼낸 구슬에 적혀 있는 수가 6과 서로소일 확률은?

① $\dfrac{33}{100}$　　② $\dfrac{17}{50}$　　③ $\dfrac{7}{20}$　　④ $\dfrac{9}{25}$　　⑤ $\dfrac{37}{100}$

0316
배반사건의 덧셈정리
내신빈출

1부터 9까지의 자연수가 각각 적힌 9장의 카드가 들어 있는 상자에서 임의로 4장의 카드를 꺼내 순서대로 나열하여 네 자리 수를 만들었다. 이때 이 수가 2의 배수이거나 5의 배수일 확률은? (단, 꺼낸 카드는 다시 넣지 않는다.)

① $\dfrac{1}{9}$　　② $\dfrac{2}{9}$　　③ $\dfrac{4}{9}$　　④ $\dfrac{5}{9}$　　⑤ $\dfrac{7}{9}$

0317
확률의 덧셈정리
내신빈출

1부터 5까지의 자연수가 하나씩 적힌 다섯 장의 카드에서 2장을 임의로 뽑을 때, 3 또는 4가 적힌 카드를 뽑을 확률은?

① $\dfrac{1}{10}$　　② $\dfrac{3}{10}$　　③ $\dfrac{7}{10}$　　④ $\dfrac{1}{2}$　　⑤ $\dfrac{3}{4}$

0318
배반사건인 덧셈정리
내신빈출

주머니 안에 1부터 6까지의 숫자가 적힌 공이 2개씩 모두 12개의 공이 들어 있다. 이 중 3개의 공을 임의로 꺼낼 때, 공에 적혀 있는 가장 큰 수가 5일 확률은?

① $\dfrac{1}{16}$　　② $\dfrac{1}{15}$　　③ $\dfrac{1}{41}$　　④ $\dfrac{16}{55}$　　⑤ $\dfrac{19}{57}$

0319
적어도가 있는
여사건의 확률
내신빈출

8개의 문자 SUPERMAN을 일렬로 배열할 때, 적어도 한 쪽 끝에 모음이 오는 확률은?

① $\dfrac{1}{14}$　　② $\dfrac{3}{14}$　　③ $\dfrac{5}{14}$　　④ $\dfrac{9}{14}$　　⑤ $\dfrac{11}{14}$

0320
여사건의 확률
복잡한 경우
내신빈출

오른쪽 그림과 같이 반원의 둘레에 7개의 점이 있다. 이들 중 3개의 점을 택하여 선분으로 이을 때, 삼각형이 될 확률을 구하여라.

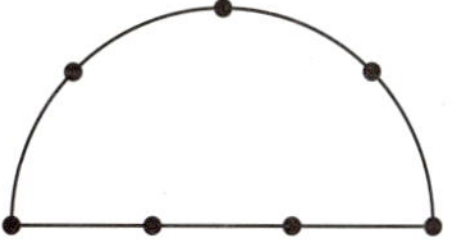

0321
적어도가 있는
여사건의 확률
내신빈출

A, B를 포함한 7명의 학생 중 임의로 서로 다른 4명을 선택하여 연필을 한 자루씩 주려고 한다.

A, B 중 적어도 한 명은 연필을 받을 확률이 $\dfrac{q}{p}$일 때, $p+q$의 값은? (단, p와 q는 서로소인 자연수이다.)

① 6　　② 7　　③ 11　　④ 13　　⑤ 16

0322

적어도가 있는
여사건의 확률
2005년 10월 교육청

다음 물음에 답하여라.

(1) 흰 공이 2개, 검은 공이 8개 들어있는 주머니에서 두 개의 공을 동시에 꺼낼 때, 적어도 한 개가 흰 공일 확률은?

① $\dfrac{28}{45}$ ② $\dfrac{17}{45}$ ③ $\dfrac{11}{45}$ ④ $\dfrac{7}{45}$ ⑤ $\dfrac{4}{45}$

2020학년도 06월
평가원

(2) 검은 공 3개, 흰 공 4개가 들어 있는 주머니가 있다. 이 주머니에서 임의로 3개의 공을 동시에 꺼낼 때, 꺼낸 3개의 공 중에서 적어도 한 개가 검은 공일 확률은?

① $\dfrac{19}{35}$ ② $\dfrac{22}{35}$ ③ $\dfrac{5}{7}$ ④ $\dfrac{4}{5}$ ⑤ $\dfrac{31}{35}$

0323

적어도가 있는 여사건
의 확률

남학생 3명, 여학생 4명중 임의로 3명의 임원을 동시에 선택할 때, 남학생과 여학생이 적어도 1명씩 포함될 확률은? (단, 임원은 서로 구별하지 않는다.)

① $\dfrac{4}{5}$ ② $\dfrac{29}{35}$ ③ $\dfrac{6}{7}$ ④ $\dfrac{31}{35}$ ⑤ $\dfrac{32}{35}$

0324

이상인 경우
여사건의 확률
내신빈출

1부터 10까지의 자연수가 적힌 10장의 카드에서 임의로 2장을 동시에 꺼낼 때, 카드에 적힌 수의 합이 8 이상일 확률은?

① $\dfrac{1}{4}$ ② $\dfrac{2}{5}$ ③ $\dfrac{3}{5}$ ④ $\dfrac{4}{5}$ ⑤ $\dfrac{5}{6}$

0325

복잡한 경우
여사건의 확률
내신빈출

다음 물음에 답하여라.

(1) 1부터 15까지의 자연수가 각각 하나씩 적혀 있는 15장의 카드 중에서 임의로 두 장의 카드를 뽑을 때, 카드에 적힌 두 수의 곱이 짝수일 확률은?

① $\dfrac{3}{11}$ ② $\dfrac{1}{12}$ ③ $\dfrac{4}{15}$ ④ $\dfrac{11}{15}$ ⑤ $\dfrac{13}{15}$

(2) 1부터 10까지의 자연수가 하나씩 적혀 있는 10개의 공이 들어있는 주머니에서 임의로 3개의 공을 동시에 꺼낼 때, 꺼낸 3개의 공에 적혀 있는 세 수의 곱이 짝수일 확률은?

① $\dfrac{1}{12}$ ② $\dfrac{1}{6}$ ③ $\dfrac{7}{12}$ ④ $\dfrac{1}{2}$ ⑤ $\dfrac{11}{12}$

0326

복잡한 경우
여사건의 확률
내신빈출

부모를 포함하여 여섯 명의 가족이 원탁에 둘러앉을 때, 부모가 이웃하지 않게 앉을 확률은?

① $\dfrac{3}{10}$ ② $\dfrac{1}{2}$ ③ $\dfrac{7}{10}$ ④ $\dfrac{3}{5}$ ⑤ $\dfrac{9}{10}$

0327

적어도가 있는
여사건의 확률
내신빈출

다음 물음에 답하여라.

(1) 20장의 카드 중에 n장의 당첨카드가 들어 있다. 이 카드를 반복해서 2장을 뽑을 때, 그 중 적어도 한 장이 당첨 카드일 확률은 $\dfrac{7}{19}$이라 한다. 이때 n의 값은?

① 4 ② 5 ③ 6 ④ 7 ⑤ 8

(2) 빨간 볼펜이 3개, 파란 볼펜이 n개 들어 있는 필통에서 임의로 두 개의 볼펜을 동시에 꺼낼 때, 적어도 한 개는 파란 볼펜이 나올 확률이 $\dfrac{7}{10}$이다. 이때 n의 값은?

① 2 ② 3 ③ 4 ④ 5 ⑤ 6

정답 0322 : (1) ② (2) ⑤   0323 : ③   0324 : ④   0325 : (1) ④ (2) ⑤   0326 : ④   0327 : (1) ① (2) ①

0328
확률의 덧셈정리
진위판단
내신빈출

어떤 시행의 임의의 두 사건 A, B에 대하여 다음 [보기] 중 옳은 것을 모두 골라라.

> ㄱ. $P(A)=1$이면 A^c은 공사건이다.
> ㄴ. 두 사건 A, B가 배반사건이면 A^c, B^c도 배반사건이다.
> ㄷ. 사건 A, A^c이 각각 근원사건이면 이 시행에서 나올 수 있는 서로 다른 사건의 개수는 4개이다.

① ㄱ　　　　② ㄴ　　　　③ ㄱ, ㄷ　　　　④ ㄴ, ㄷ　　　　⑤ ㄱ, ㄴ, ㄷ

0329
확률의 덧셈정리
진위판단
내신빈출

표본공간 S의 두 부분집합인 임의의 두 사건 A, B와 공사건 $\varnothing$에 대하여 [보기]에서 옳은 것만을 있는 대로 고른 것은?

> ㄱ. $A \cap B = \varnothing$, $A \cup B = S$이면 $P(A)=1-P(B)$
> ㄴ. $A \cap B = \varnothing$이면 $P(A)+P(B) \leq 1$
> ㄷ. $P(A^c)=1-P(B)$이면 $A=B$

① ㄱ　　　　② ㄴ　　　　③ ㄱ, ㄴ　　　　④ ㄴ, ㄷ　　　　⑤ ㄱ, ㄴ, ㄷ

0330
적어도가 있는
여사건의 확률
내신빈출

민준, 송이, 준기, 민호가 각자 자신의 휴대전화를 상자 속에 넣고 섞은 다음 하나씩 꺼낼 때, 적어도 한 명은 자신의 휴대전화를 꺼낼 확률은? (단, 각 휴대전화를 꺼낼 확률은 모두 같다.)

① $\dfrac{5}{16}$　　　　② $\dfrac{3}{8}$　　　　③ $\dfrac{1}{2}$　　　　④ $\dfrac{5}{8}$　　　　⑤ $\dfrac{3}{4}$

0331
적어도가 있는
여사건의 확률
내신빈출

다음 물음에 답하여라.

(1) 9월에 태어난 3명의 학생 A, B, C 중에서 적어도 2명의 생일이 같을 확률은?

① $\dfrac{11}{225}$　　　　② $\dfrac{22}{225}$　　　　③ $\dfrac{25}{225}$　　　　④ $\dfrac{28}{225}$　　　　⑤ $\dfrac{202}{225}$

(2) 네 명의 학생 A, B, C, D가 11월에 태어났다. 네 학생 중에서 적어도 두 학생의 생일이 같을 확률은?

① $\dfrac{47}{250}$　　　　② $\dfrac{57}{250}$　　　　③ $\dfrac{67}{250}$　　　　④ $\dfrac{77}{250}$　　　　⑤ $\dfrac{203}{250}$

0332
배반사건이 아닌
확률의 덧셈정리
내신빈출

한 개의 주사위를 두 번 던질 때, 나오는 두 눈의 합이 8이거나 차가 2인 확률은?

① $\dfrac{5}{36}$　　　　② $\dfrac{7}{36}$　　　　③ $\dfrac{11}{36}$　　　　④ $\dfrac{1}{3}$　　　　⑤ $\dfrac{2}{3}$

0333
복잡한 경우
여사건의 확률
내신빈출

다음 물음에 답하여라.

(1) 오른쪽 그림과 같이 한 변의 길이가 1인 정육각형의 꼭짓점의 위치에 놓인 6개의 점 중에서 임의로 2개를 택하여 선분을 그을 때, 선분의 길이가 1보다 클 확률은?

① $\dfrac{1}{4}$　　　　② $\dfrac{2}{5}$　　　　③ $\dfrac{3}{5}$　　　　④ $\dfrac{3}{4}$　　　　⑤ $\dfrac{2}{3}$

(2) 오른쪽 그림과 같이 한 변의 길이가 1인 정육각형이 있다. 이 정육각형의 6개의 꼭짓점 중에서 임의로 서로 다른 두 점을 선택했을 때, 이 두 점 사이의 거리가 유리수가 될 확률은?

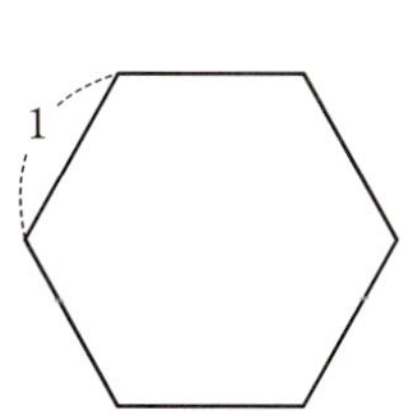

① $\dfrac{2}{5}$　　　　② $\dfrac{3}{5}$　　　　③ $\dfrac{4}{5}$　　　　④ $\dfrac{5}{11}$　　　　⑤ $\dfrac{6}{11}$

정답　0328 : ③　　0329 : ③　　0330 : ④　　0331 : (1) ② (2) ①　　0332 : ③　　0333 : (1) ③ (2) ②

0334
배반사건인 확률의
덧셈정리
내신빈출

주머니 속에 1, 2, 3, 4가 적힌 구슬이 각각 3개씩 모두 12개가 들어 있다. 이 주머니에서 임의로 3개의 구슬을 동시에 꺼낼 때, 꺼낸 구슬에 3이 적힌 구슬은 포함되지만 4가 적힌 구슬은 포함되지 않을 확률은?

① $\dfrac{14}{55}$　　② $\dfrac{16}{55}$　　③ $\dfrac{18}{55}$　　④ $\dfrac{4}{11}$　　⑤ $\dfrac{2}{5}$

0335
적어도가 있는
여사건의 확률

A, B, C를 포함한 10명의 체조선수 중에서 대회에 출전할 3명의 선수를 임의로 뽑을 때, A, B, C 중 적어도 2명이 뽑힐 확률은?

① $\dfrac{11}{60}$　　② $\dfrac{23}{120}$　　③ $\dfrac{1}{5}$　　④ $\dfrac{5}{24}$　　⑤ $\dfrac{13}{60}$

0336
배반사건이 아닌 확률
내신빈출

다음 물음에 답하여라.

(1) n이 20 이하의 자연수일 때, x에 대한 이차방정식

$$10x^2 - 7nx + n^2 = 0$$

의 정수해가 존재할 확률은?

① $\dfrac{3}{5}$　　② $\dfrac{4}{5}$　　③ $\dfrac{5}{7}$　　④ $\dfrac{2}{3}$　　⑤ $\dfrac{5}{6}$

(2) $|n| \le 20$인 모든 정수 n에 대하여 x에 대한 이차방정식

$$10x^2 + 3nx - n^2 = 0$$

의 근이 정수일 확률은?

① $\dfrac{9}{41}$　　② $\dfrac{17}{41}$　　③ $\dfrac{25}{41}$　　④ $\dfrac{49}{81}$　　⑤ $\dfrac{37}{41}$

0337
배반사건의 덧셈정리
내신빈출

4명의 학생 A, B, C, D가 체육대회에서 400m 이어달리기 경기의 반 대표로 출전하였다. 제비뽑기로 순서를 정할 때, B가 가장 먼저 달리거나 A보다 나중에 달리게 될 확률은?

① $\dfrac{4}{7}$　　② $\dfrac{1}{2}$　　③ $\dfrac{3}{4}$　　④ $\dfrac{1}{3}$　　⑤ $\dfrac{2}{5}$

0338
배반사건인 덧셈정리
2008학년도 06월
평가원

O표가 있는 4개의 제비와 X표가 있는 4개의 제비가 있다. 이 8개의 제비 중에서 4개를 뽑았을 때, O표가 있는 제비가 3개 이상이 나오거나 4개 모두 X표인 제비가 나올 확률을 $\dfrac{q}{p}$ 라 하자. $p+q$의 값을 구하여라.

(단, p와 q는 서로소인 자연수이다.)

0339
배반사건인 덧셈정리
내신빈출

집합 $X = \{1, 2, 3, 4\}$에서 $Y = \{3, 4, 5, 6, 7\}$로의 함수 중에서 임의로 택한 한 함수를 f 라 할 때, $f(1) = f(2) < f(3) \le f(4)$가 성립할 확률은?

① $\dfrac{4}{125}$　　② $\dfrac{6}{125}$　　③ $\dfrac{8}{125}$　　④ $\dfrac{2}{25}$　　⑤ $\dfrac{12}{125}$

0340
배반사건의 확률
내신빈출

A, B를 포함한 친구 6명이 오른쪽 그림과 같이 좌석이 배열된 영화관에서 좌석번호가 F열 5번, F열 6번, F열 7번, G열 4번, G열 5번, H열 4번인 6개의 표를 구매하였다. 6개의 표를 임의로 나눠 가져 자리를 정할 때, A, B 두 사람이 같은 열의 이웃한 자리에 앉을 확률은?

F04	F05	F06	F07
G04	G05	G06	G07
H04	H05	H06	H07

① $\dfrac{2}{15}$　　② $\dfrac{4}{15}$　　③ $\dfrac{1}{3}$　　④ $\dfrac{1}{5}$　　⑤ $\dfrac{2}{5}$

정답　0334 : ②　　0335 : ①　　0336 : (1) ① (2) ③　　0337 : ③　　0338 : 44　　0339 : ①　　0340 : ④

0341
배반사건인 덧셈정리

다음 물음에 답하여라.

(1) 오른쪽 그림과 같이 크기가 같은 4개의 정사각형을 붙여 만든 도형 위에 10개의 점이 있다. 이들 점 중 임의로 3개의 점을 택하여 선분으로 연결할 때, 직각이등변삼각형이 만들어질 확률은 $\dfrac{q}{p}$이다. $p+q$의 값을 구하여라. (단, p, q는 서로소인 자연수이다.)

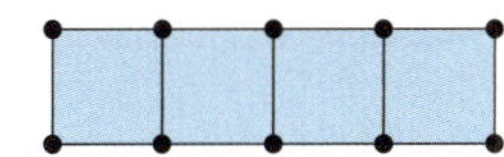

(2) 오른쪽 그림과 같이 평행한 두 직선 l, m에 대하여 직선 l 위에 3개의 점과 직선 m 위에 4개의 점이 있다. 이들 점 중 임의로 3개의 점을 택하여 선분으로 연결할 때, 삼각형이 만들어질 확률은 $\dfrac{q}{p}$이다. $p+q$의 값을 구하여라. (단, p, q는 서로소인 자연수이다.)

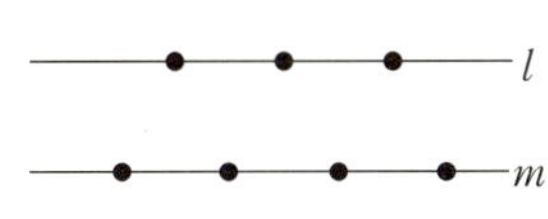

0342
이상인 여사건의 확률
2010년 03월 교육청

다음 과정을 차례로 시행한다.

[과정1] 한 모서리의 길이가 1인 정육면체 125개를 그림과 같이 빈틈없이 쌓아 한 변의 길이가 5인 정육면체 한 개를 만든다.

[과정2] 한 모서리의 길이가 5인 정육면체의 한 밑면을 제외한 다섯 개의 면 전체에 색칠을 한다.

[과정3] 모두 흩뜨린 후, 한 모서리의 길이가 1인 125개의 정육면체 중에서 한 개를 임의로 선택한다.

위의 [과정3]에서 적어도 한 면이 색칠 되어져 있는 정육면체를 선택할 확률은 $\dfrac{q}{p}$이다.

이때 $p+q$의 값을 구하여라. (단, p와 q는 서로소인 자연수이다.)

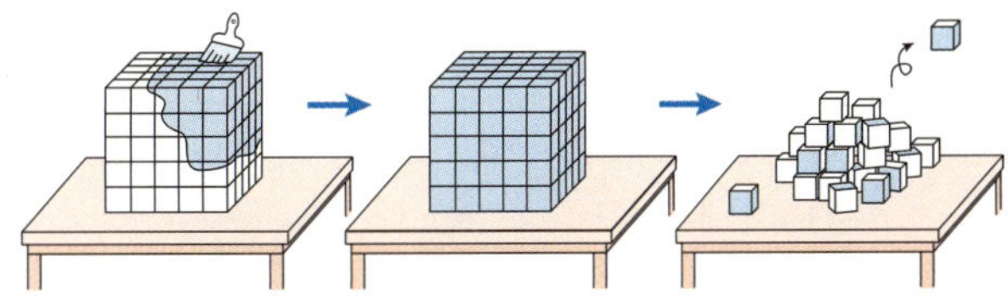

0343
배반사건이 아닌
확률의 덧셈정리
서 술 형

두 집합 $X=\{1,\ 2,\ 3\}$, $Y=\{4,\ 5,\ 6,\ 7\}$에 대하여 X에서 Y로의 함수 f 중에서 임의로 하나를 택할 때, $f(1)=5$ 또는 $f(2)=7$일 확률을 구하는 과정을 다음 단계로 서술하여라.

[1단계] X에서 Y로의 함수에서 $f(1)=5$를 만족하는 사건을 A라 할 때, $P(A)$를 구한다.

[2단계] X에서 Y로의 함수에서 $f(2)=7$을 만족하는 사건을 B라 할 때, $P(B)$를 구한다.

[3단계] X에서 Y로의 함수에서 $f(1)=5$, $f(2)=7$을 만족하는 사건을 $A \cap B$라 할 때, $P(A \cap B)$을 구한다.

[4단계] $f(1)=5$ 또는 $f(2)=7$일 확률을 구한다.

0344
배반사건인 확률의
덧셈정리
2005학년도 수능기출
서 술 형

키가 서로 다른 네 사람이 있다. 이들을 일렬로 세울 때, 앞에서 세 번째 사람이 자신과 이웃한 두 사람보다 키가 작을 확률을 구하는 과정을 다음 단계로 서술하여라.

[1단계] 키가 서로 다른 네 사람을 일렬로 세우는 경우의 수를 구한다.

[2단계] 키가 제일 작은 사람이 앞에서 세 번째에 서는 사건을 A라 할 때, $P(A)$를 구한다.

[3단계] 키가 두 번째로 작은 사람이 앞에서 세 번째에 서는 사건을 B라 할 때, $P(B)$를 구한다.

[4단계] 두 사건 A, B가 배반사건임을 이용하여 구하는 확률을 구한다.

0345
여사건의 확률
서 술 형

1반과 2반의 학생으로만 구성된 어느 동아리 회원 10명 중에서 대표 2명을 뽑을 때, 같은 반 학생이 뽑힐 확률은 $\dfrac{8}{15}$이다. 이 동아리 회원 중에서 1반과 2반의 학생 수의 차를 구하는 과정을 다음 단계로 서술하여라.

[1단계] 동아리 회원 10명 중 대표 2명을 뽑는 경우의 수를 구한다.

[2단계] 2명의 대표를 각각 1반과 2반에서 뽑는 확률을 구한다.

[3단계] 같은 반 학생이 뽑힐 확률이 $\dfrac{8}{15}$임을 이용하여 1반과 2반의 학생 수를 구한다.

[4단계] 1반과 2반의 학생 수의 차를 구한다.

정답　0341 : (1) 71 (2) 13　　0342 : 214　　0343 : 해설참조　　0344 : 해설참조　　0345 : 해설참조

0346
배반사건의 확률
2017학년도 수능기출

두 주머니 A와 B에는 숫자 1, 2, 3, 4가 하나씩 적혀 있는 4장의 카드가 각각 들어 있다. 갑은 주머니 A에서, 을은 주머니 B에서 각자 임의로 두 장의 카드를 꺼내어 가진다. 갑이 가진 두 장의 카드에 적힌 수의 합과 을이 가진 두 장의 카드에 적힌 수의 합이 같을 확률은 $\dfrac{q}{p}$이다. $p+q$의 값을 구하여라. (단, p, q는 서로소인 자연수이다.)

0347
복잡한 경우
여사건의 확률
2010학년도 09월
평가원

다음 물음에 답하여라.

(1) 1부터 9까지 자연수가 하나씩 적혀 있는 9개의 공이 주머니에 들어 있다. 이 주머니에서 임의로 3개의 공을 동시에 꺼낼 때, 꺼낸 공에 적혀 있는 수 a, b, c $(a<b<c)$가 다음 조건을 만족시킬 확률은?

> (가) $a+b+c$는 홀수이다.
> (나) $a\times b\times c$는 3의 배수이다.

① $\dfrac{5}{14}$　　② $\dfrac{8}{21}$　　③ $\dfrac{17}{42}$　　④ $\dfrac{3}{7}$　　⑤ $\dfrac{19}{42}$

2019학년도
경찰대기출

(2) 1부터 9까지의 자연수가 각각 하나씩 적힌 9개의 공이 들어 있는 주머니가 있다. 이 주머니에서 임의로 4개의 공을 동시에 꺼낼 때, 꺼낸 공에 적혀 있는 수 a, b, c, d가 다음 조건을 만족시킬 확률은?

> (가) $a+b+c+d$는 홀수이다.
> (나) $a\times b\times c\times d$는 15의 배수이다.

① $\dfrac{4}{21}$　　② $\dfrac{3}{14}$　　③ $\dfrac{5}{21}$　　④ $\dfrac{11}{42}$　　⑤ $\dfrac{2}{7}$

0348
복잡한 경우
여사건의 확률
2009년 07월 교육청

오른쪽 그림과 같이 12개의 전구와 전광판으로 이루어진 신호기가 있다. m열의 전구가 n개 켜져 있는 경우 $n\cdot 4^{m-1}$으로 계산되고, 네 개의 열이 계산된 수의 합이 전광판에 나타난다. 예를 들어 1열에서 1개, 3열에서 2개의 전구가 켜진 경우, 전광판에 33이 나타난다. 12개의 전구 중 임의로 2개를 켤 때, 전광판에 짝수가 나타날 확률을 $\dfrac{q}{p}$ (p, q는 서로소)라 하자. $p+q$의 값을 구하여라.

0349
복잡한 경우
여사건의 확률
2009학년도 06월
평가원

집합 $X=\{1, 2, 3\}$, $Y=\{1, 2, 3, 4\}$, $Z=\{0, 1\}$에 대하여 조건 (가)를 만족시키는 모든 함수 $f:X\longrightarrow Y$ 중에서 임의로 하나를 선택하고, 조건 (나)를 만족시키는 모든 함수 $g:Y\longrightarrow Z$ 중에서 임의로 하나를 선택하여 합성함수 $g\circ f:X\longrightarrow Z$를 만들 때, 이 합성함수의 치역이 Z일 확률은 $\dfrac{q}{p}$이다. $p+q$의 값을 구하여라. (단, p, q는 서로소인 자연수이다.)

> (가) X의 임의의 두 원소 x_1, x_2에 대하여 $x_1\neq x_2$이면 $f(x_1)\neq f(x_2)$이다.
> (나) g의 치역은 Z이다.

정답　　0346 : 11　　0347 : (1) ① (2) ①　　0348 : 35　　0349 : 13

수능과 내신의 수학개념서

mapl

MAPL SERIES www.mapl.co.kr

마플 교과서

확률과 통계

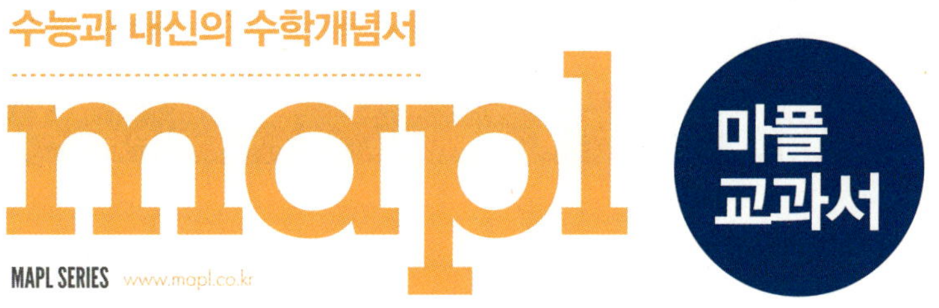

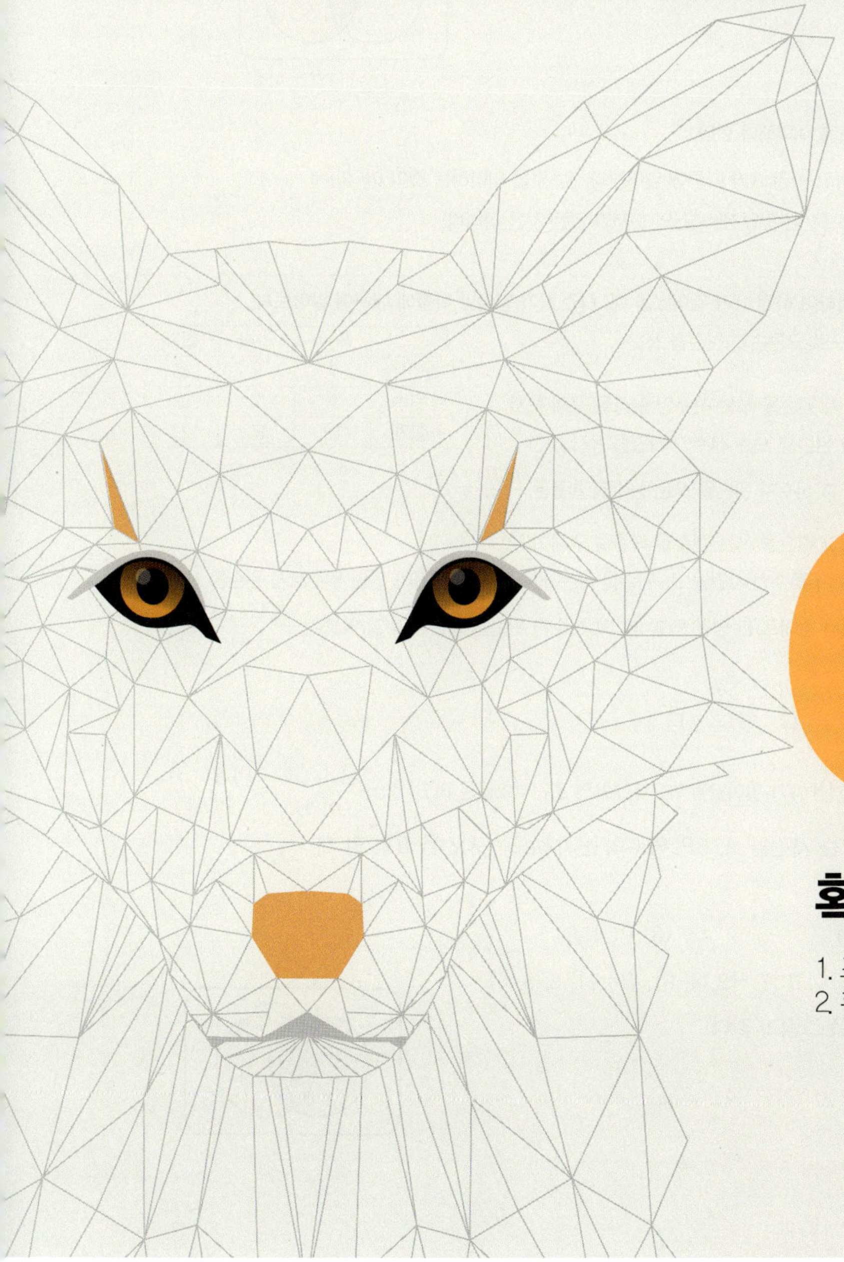

03

확률의 곱셈정리

1. 조건부확률
2. 확률의 곱셈정리

01 조건부확률

01 조건부확률

(1) 조건부확률

표본공간 S의 두 사건 A, B에 대하여 확률이 0이 아닌 사건 A가 일어났다고 가정할 때, 사건 B가 일어날 확률을 A가 일어났을 때의 사건 B의 **조건부확률**이라 하고 기호로 $\mathrm{P}(B|A)$와 같이 나타낸다.

(2) 조건부확률의 계산

① 사건 A가 일어났을 때, 사건 B의 조건부확률은

$$\mathrm{P}(B|A)=\frac{n(A\cap B)}{n(A)}=\frac{\mathrm{P}(A\cap B)}{\mathrm{P}(A)}\ (\text{단, } \mathrm{P}(A)>0)$$

← 사건 A에 속하는 것들 중 사건 B에도 속하는 것들의 비율

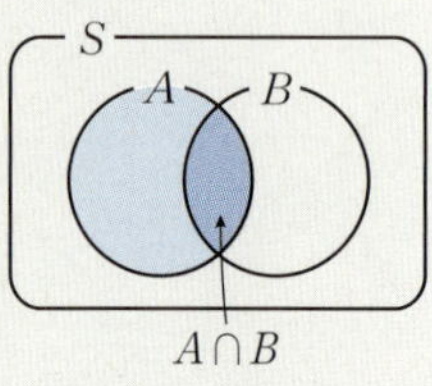

② 사건 B가 일어났을 때, 사건 A의 조건부확률은

$$\mathrm{P}(A|B)=\frac{n(A\cap B)}{n(B)}=\frac{\mathrm{P}(A\cap B)}{\mathrm{P}(B)}\ (\text{단, } \mathrm{P}(B)>0)$$

← 사건 B에 속하는 것들 중 사건 A에도 속하는 것들의 비율

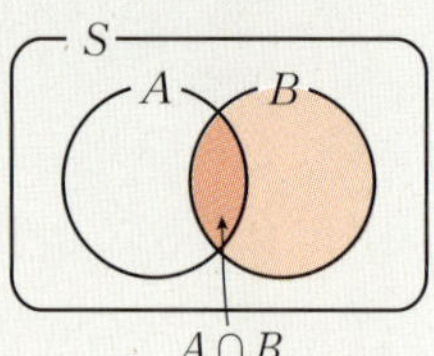

주의 확률 $\mathrm{P}(B|A)$와 $\mathrm{P}(A|B)$가 다르다는 것에 주의해야 한다.

참고 조건부확률 $\mathrm{P}(B|A)$는 '사건 A가 일어나고 사건 B가 나중에 일어난다.' 는 것을 의미하는 것이 아니다. 단지 '사건 A가 일어났다.' 는 것을 조건으로 한 것일 뿐 사건의 순서가 있는 것은 아니다.

마플해설 어떤 시행에서 표본공간 S의 두 사건 A, B에 대하여 사건 A가 일어났을 때, 사건 B가 일어날 확률에 대하여 알아보자.

오른쪽 표는 어느 야구팀에 등록된 선수를 대상으로 오른손과 왼손을 쓰는 투수와 타자의 수를 조사하여 나타낸 것이다.

	투수	타자	합계
오른손	7	8	15
왼손	5	7	12
합계	12	15	27

① 선수 중에서 임의로 한 명을 택할 때, 그 선수가 왼손을 쓰는 선수일 확률을 구해 보자.

해설 전체 조사 대상자의 집합을 S, 선수가 왼손을 쓰는 선수인 사건을 B라 하면

선수 중에서 임의로 한 명을 택할 때, 그 선수가 왼손을 쓰는 선수일 확률은 $\dfrac{n(B)}{n(S)}=\dfrac{12}{27}$

② 투수 중에서 임의로 한 명을 택할 때, 그 선수가 왼손을 쓰는 선수일 확률을 구해 보자.

해설 전체 조사 대상자의 집합을 S, 그 선수가 투수인 사건을 A, 왼손을 쓰는 선수인 사건을 B라 하면 투수로서 왼손을 쓰는 선수인 사건은 $A\cap B$이다. 투수 중에서 임의로 한 명을 택할 때, 그 선수가 왼손을 쓰는 투수일 확률은 $\dfrac{n(A\cap B)}{n(A)}=\dfrac{5}{12}$

즉, 이것은 $\mathrm{P}(B|A)=\dfrac{\dfrac{n(A\cap B)}{n(S)}}{\dfrac{n(A)}{n(S)}}=\dfrac{\mathrm{P}(A\cap B)}{\mathrm{P}(A)}=\dfrac{\dfrac{5}{27}}{\dfrac{12}{27}}=\dfrac{5}{12}$

따라서 일반적으로 표본공간 S에서 사건 A가 일어났을 때, 사건 B의 조건부확률은 $\mathrm{P}(B|A)=\dfrac{n(A\cap B)}{n(A)}=\dfrac{\mathrm{P}(A\cap B)}{\mathrm{P}(A)}$

보기 01 한 개의 주사위를 던져서 짝수의 눈이 나오는 사건을 A, 6의 약수의 눈이 나오는 사건을 B라 할 때, 다음 확률을 구하여라.

(1) $\mathrm{P}(A\cap B)$　　　(2) $\mathrm{P}(B|A)$　　　(3) $\mathrm{P}(A|B)$

풀이 표본공간을 S라 하면 $S=\{1,\,2,\,3,\,4,\,5,\,6\}$이고 $A=\{2,\,4,\,6\}$, $B=\{1,\,2,\,3,\,6\}$ 이므로 두 집합 A, B 사이의 관계는 오른쪽 그림과 같다.

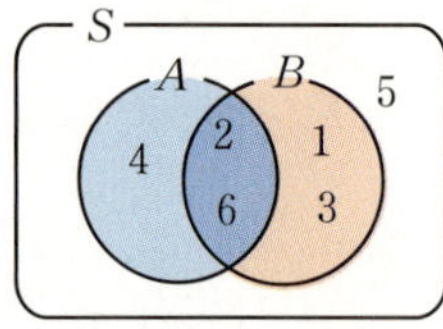

(1) $\mathrm{P}(A\cap B)=\dfrac{n(A\cap B)}{n(S)}=\dfrac{2}{6}=\dfrac{1}{3}$　　← $A\cap B=\{2,\,6\}$

(2) $\mathrm{P}(B|A)=\dfrac{n(A\cap B)}{n(A)}=\dfrac{2}{3}$　　← 또는 $\dfrac{\mathrm{P}(A\cap B)}{\mathrm{P}(A)}$로 계산

(3) $\mathrm{P}(A|B)=\dfrac{n(A\cap B)}{n(B)}=\dfrac{2}{4}=\dfrac{1}{2}$　　← 또는 $\dfrac{\mathrm{P}(A\cap B)}{\mathrm{P}(B)}$로 계산

오른쪽 표는 어느 고등학교 학생 30명을 대상으로 후라이드치킨과 양념치킨의 선호도를 조사하여 나타낸 것이다. 물음에 답하여라.

	후라이드	양념	합계
남학생	12	6	18
여학생	4	8	12
합계	16	14	30

(1) 다음을 구하여라.

　① 전체 고등학교 학생 중 임의로 한 명을 택할 때, 그 학생이 후라이드치킨을 선호할 확률을 구하여라.

　② 전체 고등학교 학생 중 임의로 한 명을 택할 때, 그 학생이 양념치킨을 선호할 확률을 구하여라.

(2) 다음을 구하여라.

　① 남학생 중 임의로 한 명을 택할 때, 그 학생이 후라이드치킨을 선호할 확률을 구하여라.

　② 남학생 중 임의로 한 명을 택할 때, 그 학생이 양념치킨을 선호할 확률을 구하여라.

　③ 여학생 중 임의로 한 명을 택할 때, 그 학생이 후라이드치킨을 선호할 확률을 구하여라.

　④ 여학생 중 임의로 한 명을 택할 때, 그 학생이 양념치킨을 선호할 확률을 구하여라.

(3) 다음을 구하여라.

　① 후라이드치킨을 선호한 학생 중 임의로 한 명을 택할 때, 그 학생이 남학생일 확률을 구하여라.

　② 후라이드치킨을 선호한 학생 중 임의로 한 명을 택할 때, 그 학생이 여학생일 확률을 구하여라..

　③ 양념치킨을 선호한 학생 중 임의로 한 명을 택할 때, 그 학생이 남학생일 확률을 구하여라.

　④ 양념치킨을 선호한 학생 중 임의로 한 명을 택할 때, 그 학생이 여학생일 확률을 구하여라.

풀이 전체 고등학교 학생 집합을 S, 남학생 중 임의로 한 명을 택할 사건을 M, 여학생 중 임의로 한 명을 택할 사건을 W, 후라이드치킨를 선호할 사건을 A, 양념치킨을 선호할 사건을 B라 하면

(1) ① 전체 고등학교 학생 중 임의로 한 명을 택할 때, 그 학생이 후라이드치킨을 선호할 확률은

$$P(A) = \frac{n(A)}{n(S)} = \frac{16}{30} = \frac{8}{15}$$

② 전체 고등학교 학생 중 임의로 한 명을 택할 때, 그 학생이 양념치킨을 선호할 확률은

$$P(B) = \frac{n(B)}{n(S)} = \frac{14}{30} = \frac{7}{15}$$

(2) ① 남학생 중 임의로 한 명을 택할 때, 그 학생이 후라이드치킨을 선호할 확률은

$$P(A|M) = \frac{n(A \cap M)}{n(M)} = \frac{12}{18} = \frac{2}{3}$$

② 남학생 중 임의로 한 명을 택할 때, 그 학생이 양념치킨을 선호할 확률은

$$P(B|M) = \frac{n(B \cap M)}{n(M)} = \frac{6}{18} = \frac{1}{3}$$

③ 여학생 중 임의로 한 명을 택할 때, 그 학생이 후라이드치킨을 선호할 확률은

$$P(A|W) = \frac{n(A \cap W)}{n(W)} = \frac{4}{12} = \frac{1}{3}$$

④ 여학생 중 임의로 한 명을 택할 때, 그 학생이 양념치킨을 선호할 확률은

$$P(B|W) = \frac{n(B \cap W)}{n(W)} = \frac{8}{12} = \frac{2}{3}$$

(3) ① 후라이드치킨을 선호한 학생 중 임의로 한 명을 택할 때, 그 학생이 남학생일 확률은

$$P(M|A) = \frac{n(M \cap A)}{n(A)} = \frac{12}{16} = \frac{3}{4}$$

② 후라이드치킨을 선호한 학생 중 임의로 한 명을 택할 때, 그 학생이 여학생일 확률은

$$P(W|A) = \frac{n(W \cap A)}{n(A)} = \frac{4}{16} = \frac{1}{4}$$

③ 양념치킨을 선호한 학생 중 임의로 한 명을 택할 때, 그 학생이 남학생일 확률은

$$P(M|B) = \frac{n(M \cap B)}{n(B)} = \frac{6}{14} = \frac{3}{7}$$

④ 양념치킨을 선호한 학생 중 임의로 한 명을 택할 때, 그 학생이 여학생일 확률은

$$P(W|B) = \frac{n(W \cap B)}{n(B)} = \frac{8}{14} = \frac{4}{7}$$

오른쪽 표는 어느 산악회 회원 100명을 대상으로 지리산과 설악산 중 등반을 하고 싶은 산을 조사하여 나타낸 것이다. 이 산악회 회원 중에서 임의로 택한 한 명이 설악산 등반을 하고 싶다고 할 때, 그 회원이 여자일 확률을 구하여라.

	지리산	설악산	합계
남자	12	38	50
여자	28	22	50
합계	40	60	100

풀이

[방법1] 원소의 개수를 이용한 조건부확률

설악산 등반을 하고 싶은 사건을 A, 산악회 회원이 여자일 사건을 B라 할 때,

$$n(A)=60,\ n(A\cap B)=22$$

따라서 구하는 확률은 $\mathrm{P}(B|A)=\dfrac{n(A\cap B)}{n(A)}=\dfrac{22}{60}=\dfrac{11}{30}$

[방법2] 확률을 이용한 조건부확률

설악산 등반을 하고 싶은 사건을 A, 산악회 회원이 여자일 사건을 B라 할 때,

$$\mathrm{P}(A)=\dfrac{60}{100}=\dfrac{3}{5},\ \mathrm{P}(A\cap B)=\dfrac{22}{100}=\dfrac{11}{50}$$

따라서 구하는 확률은 $\mathrm{P}(B|A)=\dfrac{\mathrm{P}(A\cap B)}{\mathrm{P}(A)}=\dfrac{\frac{11}{50}}{\frac{3}{5}}=\dfrac{11}{30}$

보기 04

두 사건 A, B에 대하여 $\mathrm{P}(A)=\dfrac{1}{2}$, $\mathrm{P}(B)=\dfrac{3}{10}$, $\mathrm{P}(A\cup B)=\dfrac{3}{5}$일 때, 다음을 구하여라.

(1) $\mathrm{P}(A\cap B)$ (2) $\mathrm{P}(B|A)$ (3) $\mathrm{P}(A|B)$

풀이

(1) $\mathrm{P}(A\cup B)=\mathrm{P}(A)+\mathrm{P}(B)-\mathrm{P}(A\cap B)$에서

$$\mathrm{P}(A\cap B)=\mathrm{P}(A)+\mathrm{P}(B)-\mathrm{P}(A\cup B)=\dfrac{1}{2}+\dfrac{3}{10}-\dfrac{3}{5}=\dfrac{1}{5}$$

(2) $\mathrm{P}(B|A)=\dfrac{\mathrm{P}(A\cap B)}{\mathrm{P}(A)}=\dfrac{\frac{1}{5}}{\frac{1}{2}}=\dfrac{2}{5}$

(3) $\mathrm{P}(A|B)=\dfrac{\mathrm{P}(A\cap B)}{\mathrm{P}(B)}=\dfrac{\frac{1}{5}}{\frac{3}{10}}=\dfrac{2}{3}$

보기 05

1부터 10까지의 자연수가 각각 하나씩 적힌 10장의 카드가 있다. 이 중 한 장의 카드를 임의로 꺼내는 시행에서 홀수가 적힌 카드가 나왔을 때, 그것이 3의 배수가 적힌 카드일 확률을 구하여라.

풀이

홀수가 적힌 카드가 나오는 사건을 A, 3의 배수가 적힌 카드가 나오는 사건을 B라고 하면

$$A=\{1,\ 3,\ 5,\ 7,\ 9\},\ B=\{3,\ 6,\ 9\},\ A\cap B=\{3,\ 9\}$$

$$\mathrm{P}(A)=\dfrac{5}{10},\ \mathrm{P}(B)=\dfrac{3}{10},\ \mathrm{P}(A\cap B)=\dfrac{2}{10}$$

따라서 구하는 확률은 사건 A가 일어났을 때의 사건 B의 조건부확률이므로

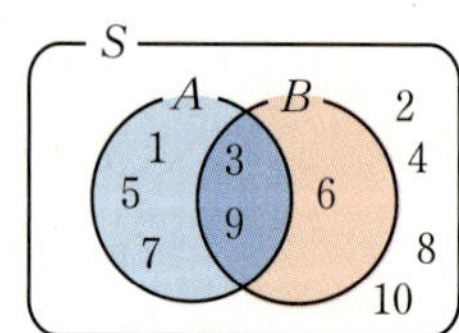

$$\mathrm{P}(B|A)=\dfrac{\mathrm{P}(A\cap B)}{\mathrm{P}(A)}=\dfrac{\frac{2}{10}}{\frac{5}{10}}=\dfrac{2}{5}$$ ← $\mathrm{P}(B|A)=\dfrac{n(A\cap B)}{n(A)}=\dfrac{2}{5}$

주의

조건부확률 $\mathrm{P}(B|A)$는 사건 A가 일어났을 때, 사건 B가 일어날 확률이므로 사건 A가 일어나지 않으면 조건부확률의 의미가 없다.

따라서 조건부확률 $\mathrm{P}(B|A)$에서는 $\mathrm{P}(A)\neq 0$, 즉 $\mathrm{P}(A)>0$이라고 가정한다.

마플교과서특강

08

조건부확률의 성질

01 조건부확률의 성질

(1) 원소의 개수를 이용한 조건부확률

$P(B)$	$P(A \cap B)$	$P(B\|A)$
$P(B)=\dfrac{n(B)}{n(S)}$	$P(A \cap B)=\dfrac{n(A \cap B)}{n(S)}$	$P(B\|A)=\dfrac{n(A \cap B)}{n(A)}$
표본공간 S에서 사건 B가 일어날 확률	표본공간 S에서 사건 $A \cap B$가 일어날 확률	사건 A를 표본공간으로 생각할 때 사건 $A \cap B$가 일어날 확률 ※ 표본공간을 S에서 A로 축소

(2) 조건부확률

① 사건 A가 일어났을 때, 사건 B의 조건부확률은

$$P(B|A)=\frac{P(A \cap B)}{P(A)} \ (\text{단, } P(A)>0) \ \leftarrow \text{사건 } A\text{를 새로운 모든 집합으로 생각하고 } A\text{안에서 } A \cap B\text{가 일어날 확률}$$

② 사건 B가 일어났을 때, 사건 A의 조건부확률은

$$P(A|B)=\frac{P(A \cap B)}{P(B)} \ (\text{단, } P(B)>0) \ \leftarrow \text{사건 } B\text{를 새로운 모든 집합으로 생각하고 } B\text{안에서 } A \cap B\text{가 일어날 확률}$$

(3) $P(B|A) \neq P(A|B)$

> **해설** $P(B|A)=\dfrac{n(A \cap B)}{n(A)}=\dfrac{P(A \cap B)}{P(A)}$, $P(A|B)=\dfrac{n(A \cap B)}{n(B)}=\dfrac{P(A \cap B)}{P(B)}$ 이므로
>
> 일반적으로 $P(B|A)$와 $P(A|B)$는 다르다.

(4) $P(A) \neq P(A|B)$

> **해설** 표본공간을 S라 하면 $P(A)=\dfrac{n(A)}{n(S)}$ 이고 $P(A|B)=\dfrac{n(A \cap B)}{n(B)}$ 이다.
>
> 즉, $P(A|B)$는 사건 B가 일어났을 때, 사건 A가 일어날 확률을 생각하는 것이므로 $P(A) \neq P(A|B)$ 이다.

(5) $P(A)>0$, $P(B)>0$일 때,

두 사건 A, B가 서로 배반사건이면 $P(B|A)=P(A|B)=0$

> **해설** 두 사건 A, B가 서로 배반사건이면 $P(A \cap B)=0$이므로
>
> $P(B|A)=\dfrac{P(A \cap B)}{P(A)}=\dfrac{0}{P(A)}=0$, $P(A|B)=\dfrac{P(A \cap B)}{P(B)}=\dfrac{0}{P(B)}=0$

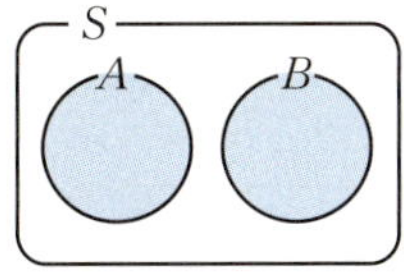

(6) $P(A)>0$, $P(B)>0$일 때,

A가 일어났을 때, B가 일어나지 않을 확률은 $P(B^c|A)=1-P(B|A)$

> **해설** $P(B^c|A)=\dfrac{P(A \cap B^c)}{P(A)}=\dfrac{P(A)-P(A \cap B)}{P(A)}=1-\dfrac{P(A \cap B)}{P(A)}$
>
> $=1-P(B|A)$

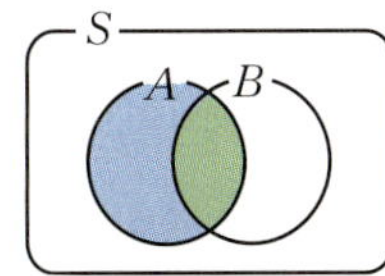

(7) $P(B|A^c)+P(B^c|A^c)=1$

> **해설** $P(B|A^c)+P(B^c|A^c)=\dfrac{P(A^c \cap B)}{P(A^c)}+\dfrac{P(A^c \cap B^c)}{P(A^c)}=\dfrac{P(A^c)}{P(A^c)}=1$

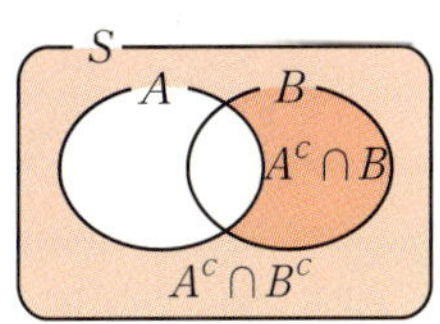

오른쪽 표는 어느 직업 체험 행사에 참가한 300명의 어느 고등학교
1, 2학년 학생 중 남학생과 여학생의 수를 조사하여 나타낸 것이다.
이 행사에 참가한 학생에서 임의로 한 명을 뽑을 때, 여학생이 뽑히는
사건을 A, 2학년 학생이 뽑히는 사건을 B라 할 때, 다음을 구하여라.

(1) $P(B|A)$ (2) $P(A|B)$

구분	남학생	여학생	합계	(단위 : 명)
1학년	80	60	140	
2학년	90	70	160	
합계	170	130	300	

MAPL **CORE**

원소의 개수를 이용한 조건부확률

사건 A가 일어났을 때 사건 B의 조건부확률은 $P(B|A)=\dfrac{n(A\cap B)}{n(A)}$ (단, $P(A)>0$)

개념익힘 | 풀이 $P(A)$는 고등학교 300명에서 여학생이 뽑히는 사건 A가 일어날 확률이므로 $P(A)=\dfrac{130}{300}=\dfrac{13}{30}$

$P(B)$는 고등학교 300명에서 2학년 학생이 뽑히는 사건 B가 일어날 확률이므로 $P(B)=\dfrac{160}{300}=\dfrac{8}{15}$

$P(A\cap B)$는 고등학교 300명에서 사건 $A\cap B$가 일어날 확률이므로 $P(A\cap B)=\dfrac{70}{300}=\dfrac{7}{30}$

(1) $P(B|A)$는 고등학교 300명에서 여학생이 뽑히는 사건 A가 일어났을 때,

2학년 학생이 뽑히는 사건 B가 일어날 확률이므로 $P(B|A)=\dfrac{P(A\cap B)}{P(A)}=\dfrac{\frac{7}{30}}{\frac{13}{30}}=\dfrac{7}{13}$

(2) $P(A|B)$는 고등학교 300명에서 2학년 학생이 뽑히는 사건 B가 일어났을 때,

여학생이 뽑히는 사건 A가 일어날 확률이므로 $P(A|B)=\dfrac{P(A\cap B)}{P(B)}=\dfrac{\frac{7}{30}}{\frac{8}{15}}=\dfrac{7}{16}$

확인유제 0350
2014학년도 수능기출

어느 마라톤 대회에 참가한 50명의 동호회 회원 중 마라톤에서 완주
한 회원 수와 기권한 회원 수가 다음과 같다. 참가한 회원 중에서 임
의로 선택된 한 명의 회원이 여성이었을 때, 이 회원이 마라톤에서
완주하였을 확률이 p이다. $100p$의 값을 구하여라.

구분	남성	여성	(단위 : 명)
완주한 회원 수	27	9	
기권한 회원 수	8	6	

변형문제 0351

M학교 학생 200명을 대상으로 신제품 교복 점퍼에 대한 만족도를
조사한 결과의 일부가 다음 표와 같다. 조사에 참여한 학생 중에서
임의로 선택한 학생이 남자일 때, 이 학생이 신제품에 대하여 '만족'
이라고 평가한 학생일 확률은? (단, a는 자연수이다.)

	만족	불만족	합계	(단위 : 명)
남학생		10		
여학생	$3a$	$2a$		
합계	160		200	

① $\dfrac{4}{25}$ ② $\dfrac{13}{25}$ ③ $\dfrac{4}{5}$ ④ $\dfrac{23}{25}$ ⑤ $\dfrac{54}{65}$

발전문제 0352
2010학년도 09월 평가원

어느 공항에는 두 대의 검색대만 있으며, 비행기 탑승 전에는 반드시 공항 검색대를 통과하여야 한다.
남학생 7명, 여학생 7명이 모두 A, B검색대를 통과하였는데, A검색대를 통과한 남학생은 4명, B검색대를 통과
한 남학생은 3명이다. 여학생 중에서 한 학생을 임의로 선택할 때, 이 학생이 A검색대를 통과한 여학생일 확률을
p라 하고 B검색대를 통과한 학생 중에서 한 학생을 임의로 선택할 때, 이 학생이 남학생일 확률을 q라 하자.
$p=q$일 때, A검색대를 통과한 여학생은 모두 몇 명인지 구하여라.
(단, 두 검색대를 모두 통과한 학생은 없으며, 각 검색대로 적어도 1명의 여학생이 통과하였다.)

정답 0350 : 60   0351 : ④   0352 : 3

오른쪽 표는 어느 야구팀 동호회에서 투수와 타자의 선호도를 조사한 것이다.
전체 회원 중에서 임의로 뽑은 한 명이 여자였을 때, 이 회원이 투수선수를
선호할 확률은 $\dfrac{1}{6}$일 때, x의 값을 구하여라.

(단, 모든 회원은 선호도조사에 참여한다.)

	남자	여자
투수	5	x
타자	25	15

MAPL CORE

사건 A가 일어났을 때, 사건 B의 조건부확률은 $P(B|A)=\dfrac{P(A\cap B)}{P(A)}$ (단, $P(A)>0$)

개념익힘 | 풀이　전체 회원 중에서 임의로 뽑은 한 명이 여자일 사건을 A라 하면

$P(A)=\dfrac{15+x}{45+x}$

전체 회원 중에서 투수선수를 선호할 사건을 B라 하면

전체 회원 중에서 임의로 한 명을 뽑았을 때,

그 회원이 여자이고 투수선수를 선호할 확률은 $P(A\cap B)=\dfrac{x}{45+x}$

	남자	여자	합계
투수	5	x	$5+x$
타자	25	15	40
합계	30	$x+15$	$45+x$

따라서 전체 회원 중에서 임의로 뽑은 한 명이 여자였을 때, 이 회원이 투수선수를 선호할 확률이 $\dfrac{1}{6}$이므로

$$P(B|A)=\dfrac{P(A\cap B)}{P(A)}=\dfrac{\dfrac{x}{45+x}}{\dfrac{15+x}{45+x}}=\dfrac{x}{15+x}=\dfrac{1}{6} \quad \Leftarrow P(B|A)=\dfrac{n(A\cap B)}{n(A)}$$

$6x=15+x$　∴　$x=3$

확인유제 0353
2014학년도 09월 평가원

휴대 전화의 메인 보드 또는 액정 화면 고장으로 서비스
센터에 접수된 200건에 대하여 접수 시기를 품질보증 기
간 이내, 이후로 구분한 결과는 다음과 같다. 접수된 200
건 중에서 임의로 선택한 1건이 액정 화면고장 건일 때,
이 건의 접수 시기가 품질보증기간 이내일 확률이 $\dfrac{2}{3}$이다. $a-b$의 값을 구하여라.

(단, 메인 보드와 액정 화면 둘 다 고장인 경우는 고려하지 않는다.)

(단위 : 건)

구분	메인보드 고장	액정화면 고장	합계
기간 이내	90	50	140
기간 이후	a	b	60

변형문제 0354
2019학년도 09월 평가원

여학생이 40명이고 남학생이 60명인 어느 학교 전체 학생을 대상으로 축구와 야구에 대한 선호도를 조사하였다.
이 학교 학생의 70%가 축구를 선택하였으며, 나머지 30%는 야구를 선택하였다. 이 학교의 학생 중 임의로 뽑은
1명이 축구를 선택한 남학생일 확률은 $\dfrac{2}{5}$이다. 이 학교의 학생 중 임의로 뽑은 1명이 야구를 선택한 학생일 때,
이 학생이 여학생일 확률은? (단, 조사에서 모든 학생들은 축구와 야구 중 한 가지만 선택하였다.)

① $\dfrac{1}{4}$　　　② $\dfrac{1}{3}$　　　③ $\dfrac{5}{12}$　　　④ $\dfrac{1}{2}$　　　⑤ $\dfrac{7}{12}$

발전문제 0355
2017학년도 수능기출

어느 학교의 전체 학생은 360명이고, 각 학생은 체험 학습 A, 체험 학습 B 중 하나를 선택하였다. 이 학교의 학생
중 체험 학습 A를 선택한 학생은 남학생 90명과 여학생 70명이다. 이 학교의 학생 중 임의로 뽑은 1명의 학생이
체험 학습 B를 선택한 학생일 때, 이 학생이 남학생일 확률은 $\dfrac{2}{5}$이다. 이 학교의 여학생의 수는?

① 180　　　② 185　　　③ 190　　　④ 195　　　⑤ 200

정답　0353 : 10　　0354 : ②　　0355 : ③

어느 학교에서 새로 도입한 교복 점퍼에 대한 구매 희망여부를 조사하였더니 구매를 희망하는 학생은 전체 학생의 75%이고, 구매를 희망하는 2학년 학생은 전체 학생의 30%이었다. 전체 학생 중에서 임의로 뽑은 한 명이 구매를 희망하는 학생일 때, 그 학생이 2학년 학생일 확률을 구하여라.

MAPL CORE

원소의 개수를 이용한 조건부확률

사건 A가 일어났을 때, 사건 B의 조건부확률은 $\mathrm{P}(B|A)=\dfrac{n(A\cap B)}{n(A)}$ (단, $\mathrm{P}(A)>0$)

개념익힘 | 풀이 임의로 뽑은 학생이 교복점퍼 구매를 희망하는 학생일 사건을 A, 2학년 학생일 사건을 B라고 하면 구하는 확률은 $\mathrm{P}(B|A)$이다.

$$\mathrm{P}(A)=\frac{75}{100},\ \mathrm{P}(A\cap B)=\frac{30}{100}=\frac{3}{10}$$

따라서 구하는 확률은 사건 A가 일어났을 때의 사건 B의 조건부확률이므로

$$\mathrm{P}(B|A)=\frac{\mathrm{P}(A\cap B)}{\mathrm{P}(A)}=\frac{\dfrac{3}{10}}{\dfrac{75}{100}}=\frac{2}{5}$$

다른풀이 표를 이용하여 조건부확률 구하기

어느 학교의 전체 학생을 100명이라 하면 표로 나타내면 다음과 같다.

	2학년	1, 3학년	합계
구매희망	30	45	75
구매를 희망하지 않음			25
합계			100

전체 학생 중에서 임의로 뽑은 한 명이 구매를 희망하는 학생일 때, 그 학생이 2학년 학생일 확률은 $\dfrac{30}{75}=\dfrac{2}{5}$

확인유제 0356 어느 분식집의 1년 간 이용 고객 수를 조사하였더니 학생이 전체 고객의 75%이고, 여학생이 전체 고객의 50%이었다. 이 분식집 이용 고객 중 임의로 뽑은 한 명이 학생일 때, 그 학생이 여학생일 확률을 구하여라.

변형문제 0357
2016학년도 수능기출
어느 회사의 직원은 모두 60명이고, 각 직원은 두 개의 부서 A, B 중 한 부서에 속해 있다. 이 회사의 A부서는 20명, B부서는 40명의 직원으로 구성되어 있다. 이 회사의 A부서에 속해 있는 직원의 50%가 여성이다. 이 회사 여성 직원의 60%가 B부서에 속해 있다. 이 회사의 직원 60명 중에서 임의로 선택한 한 명이 B부서에 속해 있을 때, 이 직원이 여성일 확률은 p이다. $80p$의 값을 구하여라.

발전문제 0358
2012학년도 09월 평가원
남학생 수와 여학생 수의 비가 $2:3$인 어느 고등학교에서 전체 학생의 70%가 K자격증을 가지고 있고, 나머지 30%는 가지고 있지 않다. 이 학교의 학생 중에서 임의로 한 명을 선택할 때, 이 학생이 K자격증을 가지고 있는 남학생일 확률이 $\dfrac{1}{5}$이다. 이 학교의 학생 중에서 임의로 선택한 학생이 K자격증을 가지고 있지 않을 때, 이 학생이 여학생일 확률을 구하여라.

정답 $0356:\dfrac{2}{3}$ $0357:30$ $0358:\dfrac{1}{3}$

다음 물음에 답하여라.

(1) 한 개의 주사위를 한 번 던져서 나온 눈의 수가 홀수일 때, 이 눈의 수가 3의 배수일 확률을 구하여라.

(2) 한 개의 주사위를 한 번 던져서 나온 눈의 수가 소수일 때, 이 눈의 수가 짝수일 확률을 구하여라.

MAPL CORE　원소의 개수를 이용한 조건부확률

사건 A가 일어났을 때, 사건 B의 조건부확률은 $P(B|A)=\dfrac{n(A\cap B)}{n(A)}$ (단, $P(A)>0$)

(1) 홀수의 눈이 나오는 사건을 A, 3의 배수의 눈이 나오는 사건을 B라 하면

$A=\{1,\,3,\,5\}$, $B=\{3,\,6\}$, $A\cap B=\{3\}$이므로 $P(A)=\dfrac{1}{2}$, $P(A\cap B)=\dfrac{1}{6}$

따라서 $P(B|A)=\dfrac{P(A\cap B)}{P(A)}=\dfrac{\frac{1}{6}}{\frac{1}{2}}=\dfrac{1}{3}$

(2) 소수의 눈이 나오는 사건을 A, 짝수가 나오는 사건을 B라 하면

$A=\{2,\,3,\,5\}$, $B=\{2,\,4,\,6\}$, $A\cap B=\{2\}$이므로 $P(A)=\dfrac{1}{2}$, $P(A\cap B)=\dfrac{1}{6}$

따라서 $P(B|A)=\dfrac{P(A\cap B)}{P(A)}=\dfrac{\frac{1}{6}}{\frac{1}{2}}=\dfrac{1}{3}$

확인유제 0359　한 개의 주사위를 던질 때, 짝수의 눈이 나오는 사건을 A, 소수의 눈이 나오는 사건을 B라 하자.

2017학년도 사관기출

$P(B|A)-P(B|A^c)$의 값은? (단, A^c은 A의 여사건이다.)

① $-\dfrac{1}{3}$　　② $-\dfrac{1}{6}$　　③ 0　　④ $\dfrac{1}{6}$　　⑤ $\dfrac{1}{3}$

변형문제 0360　오른쪽 그림과 같이 어느 카페의 메뉴에는 서로 다른 3가지의 주스와 서로

2016년 10월 교육청

다른 2가지의 아이스크림이 있다. 두 학생 A, B가 이 5가지 중 1가지씩을 임의로 주문했다고 한다. A, B가 주문한 것이 서로 다를 때, A, B가 주문한 것이 모두 아이스크림일 확률은?

① $\dfrac{1}{6}$　　② $\dfrac{1}{7}$　　③ $\dfrac{1}{8}$

④ $\dfrac{1}{9}$　　⑤ $\dfrac{1}{10}$

발전문제 0361　다음 물음에 답하여라.

2018학년도 수능기출

(1) 한 개의 주사위를 두 번 던진다. 6의 눈이 한 번도 나오지 않을 때, 나온 두 눈의 수의 합이 4의 배수일 확률은?

① $\dfrac{4}{25}$　　② $\dfrac{1}{5}$　　③ $\dfrac{6}{25}$　　④ $\dfrac{7}{25}$　　⑤ $\dfrac{8}{25}$

2017학년도 09월 평가원

(2) 한 개의 주사위를 두 번 던질 때, 나오는 눈의 수를 차례로 a, b라 하자. 두 수의 곱 ab가 6의 배수일 때, 이 두 수의 합 $a+b$가 7일 확률은?

① $\dfrac{1}{5}$　　② $\dfrac{7}{30}$　　③ $\dfrac{4}{15}$　　④ $\dfrac{3}{10}$　　⑤ $\dfrac{1}{3}$

정답　0359 : ①　　0360 : ⑤　　0361 : (1) ③ (2) ③

두 사건 A, B에 대하여 다음 확률을 구하여라.

(1) $P(A)=\dfrac{1}{2}$, $P(B)=\dfrac{1}{3}$, $P(A\cup B)=\dfrac{2}{3}$일 때, $P(A|B)$를 구하여라.

(2) $P(A)=\dfrac{1}{2}$, $P(B)=\dfrac{2}{5}$, $P(A\cap B^c)=\dfrac{1}{5}$일 때, $P(B|A^c)$의 값을 구하여라.

MAPL CORE

두 사건 A, B에 대하여

① $P(B|A)=\dfrac{P(A\cap B)}{P(A)}$, $P(A|B)=\dfrac{P(A\cap B)}{P(B)}$

② $P(A\cup B)=P(A)+P(B)-P(A\cap B)$

③ $P(A\cap B^c)=P(A)-P(A\cap B)$, $P(A^c\cap B)=P(B)-P(A\cap B)$

④ $P(A)=P(A\cap B)+P(A\cap B^c)$에서 $P(A\cap B)=P(A)-P(A\cap B^c)$

개념익힘|풀이

(1) $P(A\cup B)=P(A)+P(B)-P(A\cap B)$이므로

$$P(A\cap B)=P(A)+P(B)-P(A\cup B)=\frac{1}{2}+\frac{1}{3}-\frac{2}{3}=\frac{1}{6}$$

따라서 $P(A|B)=\dfrac{P(A\cap B)}{P(B)}=\dfrac{\frac{1}{6}}{\frac{1}{3}}=\dfrac{1}{2}$

(2) $P(A)=P(A\cap B)+P(A\cap B^c)$이므로

$$P(A\cap B)=P(A)-P(A\cap B^c)=\frac{1}{2}-\frac{1}{5}=\frac{3}{10}$$

따라서 $P(B|A^c)=\dfrac{P(B\cap A^c)}{P(A^c)}=\dfrac{P(B)-P(A\cap B)}{1-P(A)}=\dfrac{\frac{2}{5}-\frac{3}{10}}{1-\frac{1}{2}}=\dfrac{1}{5}$

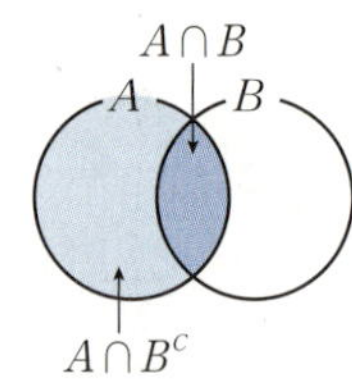

확인유제 0362　두 사건 A, B에 대하여 $P(A)=\dfrac{1}{2}$, $P(B)=\dfrac{2}{5}$, $P(A\cup B)=\dfrac{4}{5}$일 때, $P(B|A)$의 값은?

2019학년도 사관기출

① $\dfrac{1}{10}$　　② $\dfrac{1}{5}$　　③ $\dfrac{3}{10}$　　④ $\dfrac{2}{5}$　　⑤ $\dfrac{1}{2}$

변형문제 0363　다음 물음에 답하여라. (단, A^c, B^c은 A, B의 여사건이다.)

2015학년도 수능기출

(1) 두 사건 A, B에 대하여 $P(A)=\dfrac{1}{3}$, $P(A\cap B)=\dfrac{1}{8}$일 때, $P(B^c|A)$의 값은?

① $\dfrac{11}{24}$　　② $\dfrac{1}{2}$　　③ $\dfrac{13}{24}$　　④ $\dfrac{7}{12}$　　⑤ $\dfrac{5}{8}$

(2) 두 사건 A, B에 대하여 $P(A)=\dfrac{1}{2}$, $P(B)=\dfrac{1}{3}$, $P(A\cap B)=\dfrac{1}{12}$일 때, $P(B|A^c)$의 값은?

① $\dfrac{1}{6}$　　② $\dfrac{1}{4}$　　③ $\dfrac{1}{3}$　　④ $\dfrac{5}{12}$　　⑤ $\dfrac{1}{2}$

2011학년도 사관기출

(3) 두 사건 A, B에 대하여 $P(A)=0.4$, $P(B)=0.5$, $P(A\cup B)=0.8$일 때, $P(A^c|B)+P(A|B^c)$의 값은?

① 1.1　　② 1.2　　③ 1.3　　④ 1.4　　⑤ 1.5

발전문제 0364　다음 물음에 답하여라. (단, A^c, B^c은 A, B의 여사건이다.)

2006학년도 09월 평가원

(1) 두 사건 A, B에 대하여 $P(A)=\dfrac{1}{3}$, $P(B)=\dfrac{1}{4}$, $P(A|B)=\dfrac{1}{3}$일 때, $P(A^c\cap B^c)$의 값을 구하여라.

(2) 두 사건 A, B에 대하여 $P(A)=\dfrac{3}{10}$, $P(B)=\dfrac{1}{2}$, $P(A^c\cap B^c)=\dfrac{2}{5}$일 때, $P(B|A)$를 구하여라.

정답　0362 : ②　　0363 : (1) ⑤ (2) ⑤ (3) ④　　0364 : (1) $\dfrac{1}{2}$ (2) $\dfrac{2}{3}$

02 확률의 곱셈정리

01 확률의 곱셈정리

(1) 확률의 곱셈정리

두 사건 A, B에 대하여 두 사건 A, B가 동시에(잇달아) 일어날 확률 $P(A \cap B)$은

① $P(A \cap B) = P(A)P(B|A)$ (단, $P(A) > 0$)

② $P(A \cap B) = P(B)P(A|B)$ (단, $P(B) > 0$)

참고 $P(A \cap B) = P(A)P(B|A) = P(B)P(A|B)$

(2) 확률의 곱셈정리의 활용

두 사건 A, B에 대하여 오른쪽 벤다이어그램에서

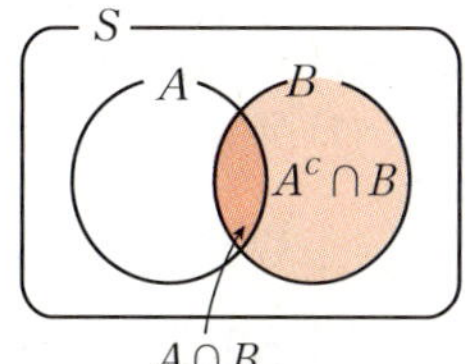

$(A \cap B) \cap (A^c \cap B) = \varnothing$, $(A \cap B) \cup (A^c \cap B) = B$

이므로 확률의 덧셈정리에 의하여 다음이 성립한다.

$(A \cap B)$와 $(A^c \cap B)$는 배반사건이므로

$P(B) = P(A \cap B) + P(A^c \cap B) = P(A)P(B|A) + P(A^c)P(B|A^c)$

마플해설

조건부확률을 이용하여 두 사건 A, B에 대하여 사건 A와 사건 B가 동시에 일어날 확률 $P(A \cap B)$을 구해보자.

$P(A) > 0$일 때, 조건부확률 $P(B|A) = \dfrac{P(A \cap B)}{P(A)}$의 양변에 $P(A)$를 곱하면 $P(A \cap B) = P(A)P(B|A)$가 성립한다.

마찬가지로

$P(B) > 0$일 때, $P(A|B) = \dfrac{P(A \cap B)}{P(B)}$의 양변에 $P(B)$를 곱하면 $P(A \cap B) = P(B)P(A|B)$가 성립한다.

보기 01

주머니에 빨간 공 7개와 파란 공 3개가 들어있다. 이 주머니에서 임의로 2개의
공을 차례로 꺼낼 때, 다음 물음에 답하여라. (단, 꺼낸 공은 다시 넣지 않는다.)
(1) 첫 번째에 빨간 공이 나오고 두 번째는 파란 공이 나올 확률을 구하여라.
(2) 두 번째는 빨간 공이 나올 확률을 구하여라.

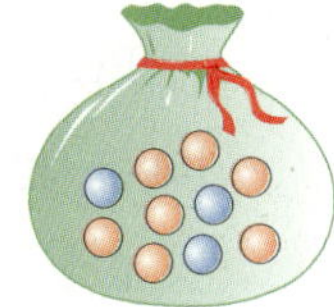

풀이

첫 번째에 빨간 공이 나오는 사건을 A, 두 번째에 파란 공이 나오는 사건을 B라 하면

(1) 첫 번째에 빨간 공이 나오고 두 번째는 파란 공이 나올 확률은

$$P(A \cap B) = P(A)P(B|A) = \frac{7}{10} \times \frac{3}{9} = \frac{7}{30}$$

← 첫 번째 빨간 공이 나왔을 때, 두 번째 파란 공이 나올 확률은 $P(B|A) = \frac{3}{9} = \frac{1}{3}$

(2) 두 번째는 빨간 공이 나올 사건을 E라 하면

(i) 첫 번째에 빨간 공이 나오고 두 번째도 빨간 공이 나올 확률은

$$P(A \cap E) = P(A)P(E|A) = \frac{7}{10} \times \frac{6}{9} = \frac{42}{90}$$

(ii) 첫 번째에 파란 공이 나오고 두 번째는 빨간 공이 나올 확률은

$$P(A^c \cap E) = P(A^c)P(E|A^c) = \frac{3}{10} \times \frac{7}{9} = \frac{21}{90}$$

(i), (ii)가 서로 배반사건이므로 두 번째에 빨간 공이 나올 확률은

$$P(E) = P(A \cap E) + P(A^c \cap E) = P(A)P(E|A) + P(A^c)P(E|A^c) = \frac{42}{90} + \frac{21}{90} = \frac{63}{90} = \frac{7}{10}$$

10개의 제비 중 3개의 당첨 제비가 들어 있다. 이 중에서 송이와 준기가 차례로
한 개씩 뽑을 때, 다음 물음에 답하여라. (단, 처음에 꺼낸 제비는 다시 넣지 않는다.)

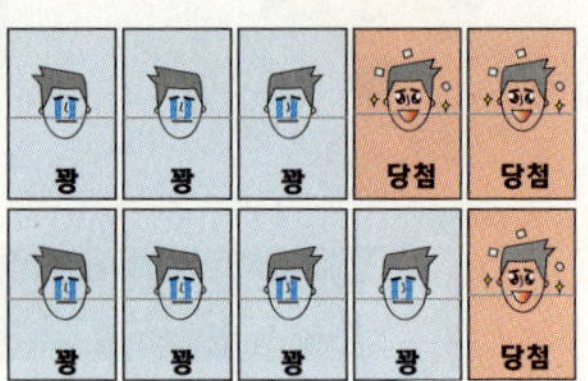

(1) 두 사람 모두 당첨 제비를 뽑을 확률을 구하여라.

(2) 송이만 당첨 제비를 뽑을 확률을 구하여라.

(3) 준기만 당첨 제비를 뽑을 확률을 구하여라.

(4) 준기가 당첨 제비를 뽑을 확률을 구하여라.

(5) 두 사람 중 한 명만 당첨 제비를 뽑을 확률을 구하여라.

풀이

송이가 당첨 제비를 뽑을 사건을 A, 준기가 당첨 제비를 뽑을 사건을 B라 할 때,

송이가 당첨 제비를 뽑았을 때, 남아 있는 9개의 제비 중 당첨 제비는 2개이므로

준기가 당첨 제비를 뽑을 확률 $P(B|A)=\dfrac{2}{9}$

송이가 당첨 제비를 뽑지 않았을 때, 남아 있는 9개의 제비 중 당첨 제비는 3개이므로

준기가 당첨 제비를 뽑을 확률 $P(B|A^c)=\dfrac{3}{9}$

(1) 두 사람 모두 당첨 제비를 뽑을 확률   ← 송이가 당첨 제비를 뽑고, 준기가 당첨 제비를 뽑을 확률

$$P(A\cap B)=P(A)P(B|A)=\frac{3}{10}\times\frac{2}{9}=\frac{1}{15}$$

(2) 송이만 당첨 제비를 뽑을 확률   ← 송이는 당첨 제비를 뽑고, 준기가 당첨 제비를 뽑지 않을 확률

$$P(A\cap B^c)=P(A)P(B^c|A)=\frac{3}{10}\times\frac{7}{9}=\frac{7}{30}$$

(3) 준기만 당첨 제비를 뽑을 확률   ← 송이는 당첨 제비를 뽑지 않고, 준기가 당첨 제비를 뽑을 확률

$$P(A^c\cap B)=P(A^c)P(B|A^c)=\frac{7}{10}\times\frac{3}{9}=\frac{7}{30}$$

(4) 준기가 당첨 제비를 뽑을 확률

(i) 송이가 당첨 제비를 뽑고, 준기도 당첨 제비를 뽑을 확률

$$P(A\cap B)=P(A)P(B|A)=\frac{3}{10}\times\frac{2}{9}=\frac{1}{15}$$

(ii) 송이가 당첨 제비를 뽑지 않고, 준기가 당첨 제비를 뽑을 확률

$$P(A^c\cap B)=P(A^c)P(B|A^c)=\frac{7}{10}\times\frac{3}{9}=\frac{7}{30}$$

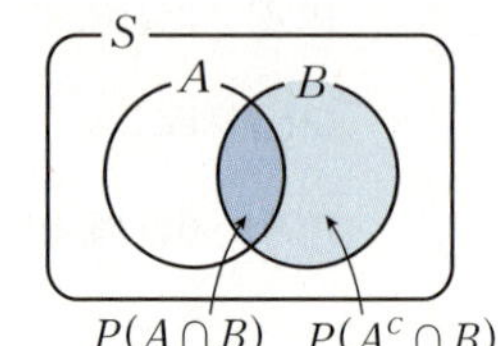

(i), (ii)가 서로 배반사건이므로 준기가 당첨 제비를 뽑을 확률은

$$P(B)=P(A\cap B)+P(A^c\cap B)=P(A)P(B|A)+P(A^c)P(B|A^c)=\frac{1}{15}+\frac{7}{30}=\frac{3}{10}$$

(5) 두 사람 중 한 명만 당첨 제비를 뽑을 확률

(i) 송이만 당첨 제비를 뽑을 확률은 $\dfrac{7}{30}$ ← (2)

(ii) 준기만 당첨 제비를 뽑을 확률은 $\dfrac{7}{30}$ ← (3)

(i), (ii)가 서로 배반사건이므로 두 사람 중 한 명만 당첨 제비를 뽑을 확률은 $\dfrac{7}{30}+\dfrac{7}{30}=\dfrac{7}{15}$

$P(A)=P(B)=\dfrac{3}{10}$ 이므로 송이와 준기가 뽑는 순서에 관계없이 당첨 제비를 뽑을 확률은 $\dfrac{3}{10}$ 으로 같다.

일반적으로 제비뽑기에서는 뽑는 순서에 관계없이 당첨제비를 뽑을 확률이 모두 같다.

당첨될 확률이 높은 반

어느 학교 체육대회 예선에서 제비뽑기를 이용하여 3개의 반 대표가 부전승으로 결승에 올라갈 1개의 반을 뽑으려고 할 때,
먼저 선택하는 것이 유리한지, 나중에 선택하는 것이 유리한지 구하여라. (단, 뽑은 제비는 다시 넣지 않는다.)

(i) 제일 먼저 뽑는 사람이 당첨 제비를 뽑을 확률은 $\dfrac{1}{3}$

(ii) 두 번째 뽑는 사람이 당첨 제비를 뽑을 확률은 $\dfrac{2}{3}\times\dfrac{1}{2}=\dfrac{1}{3}$ ← 먼저 뽑는 사람이 당첨 제비를 뽑지 않고 둘째 사람이 당첨 제비를 뽑는 경우

(iii) 제일 나중에 뽑는 사람이 당첨 제비를 뽑을 확률은 $\dfrac{2}{3}\times\dfrac{1}{2}\times1=\dfrac{1}{3}$ ← 두 명이 당첨 제비를 뽑지 않고 세 번째 사람이 당첨 제비를 뽑는 경우

(i)~(iii)에서 뽑는 순서에 관계없이 당첨 제비를 뽑을 확률은 $\dfrac{1}{3}$ 로 같다.

02 확률의 곱셈정리를 이용한 조건부확률

표본공간 S에서 두 사건 A, B가 $A \cup B = S$이고 서로 배반사건일 때, 확률의 덧셈정리를 이용하여 조건부확률을 새롭게 정의한다.

(1) 어떤 특정한 사건 E가 일어날 조건에서 사건 A가 일어날 확률은

$$P(A|E) = \frac{P(A \cap E)}{P(E)} = \frac{P(A \cap E)}{P(A \cap E) + P(B \cap E)}$$

(2) 어떤 특정한 사건 E가 일어날 조건에서 사건 B가 일어날 확률은

$$P(B|E) = \frac{P(B \cap E)}{P(E)} = \frac{P(B \cap E)}{P(A \cap E) + P(B \cap E)}$$

마플해설

서로 배반인 두 사건 A, B에 대하여 어떤 특정한 사건 E가 일어날 조건에서

두 사건 $A \cap E$와 $B \cap E$는 서로 배반사건이다.

이때 $E = (A \cap E) \cup (B \cap E)$이므로 확률의 덧셈정리에 의하여

$$P(E) = P(A \cap E) + P(B \cap E)$$

조건부확률 $P(A|E) = \dfrac{P(A \cap E)}{P(E)} = \dfrac{P(A \cap E)}{P(A \cap E) + P(B \cap E)}$

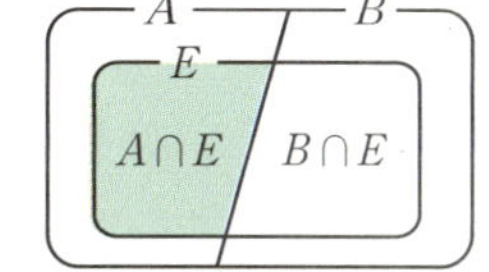

보기 03

어느 회사에서는 같은 제품을 두 공장 A와 B에서 생산하는데 A공장과 B공장의 생산량은 각각 전체 제품의 30%와 70%이다. 두 공장 A와 B에서의 불량률은 각각 2%와 5%라고 한다. 두 공장에서 생산된 제품 중 한 개를 임의로 선택할 때, 다음을 구하여라.

(1) 그 제품이 불량품일 확률

(2) 그 제품이 불량품일 때, A공장에서 생산되었을 확률

풀이

두 공장 A와 B에서 생산된 제품인 사건을 각각 A와 B라 하고, 제품이 불량품인 사건을 E라고 하면

$$P(A) = 0.3, \ P(B) = 0.7, \ P(E|A) = 0.02, \ P(E|B) = 0.05$$

(1) 두 공장에서 생산된 제품 중 한 개를 선택할 때, 그 제품이 불량품일 확률은

(ⅰ) A공장에서 생산된 제품 중 불량품인 사건은 $A \cap E$이고 확률은

$$P(A \cap E) = P(A)P(E|A) = 0.3 \times 0.02 = 0.006$$

(ⅱ) B공장에서 생산된 제품 중 불량품인 사건은 $B \cap E$이고 확률은

$$P(B \cap E) = P(B)P(E|B) = 0.7 \times 0.05 = 0.035$$

(ⅰ), (ⅱ)가 서로 배반사건이므로 구하는 확률은

$$P(E) = P(A \cap E) + P(B \cap E) = P(A)P(E|A) + P(B)P(E|B) = 0.041$$

(2) 선택된 제품이 불량품이었을 때, A공장에서 생산되었을 확률은 $P(A|E) = \dfrac{P(A \cap E)}{P(E)} = \dfrac{0.006}{0.041} = \dfrac{6}{41}$

보기 04

주머니 P에는 노란색 단추 6개와 초록색 단추 4개가 들어 있고, 주머니 Q에는 노란색 단추 3개와 초록색 단추 5개가 들어 있다. 한 주머니를 임의로 선택하여 꺼낸 단추가 초록색 단추이었을 때, 그 단추가 주머니 P에 들어 있었을 확률을 구하여라.

풀이

주머니 P, Q를 선택하는 사건을 각각 A, B, 초록색 단추를 꺼내는 사건을 E라고 하면

(ⅰ) 주머니 P에서 초록색 단추를 꺼낼 확률은 $P(A \cap E) = P(A)P(E|A) = \dfrac{1}{2} \times \dfrac{4}{10} = \dfrac{1}{5}$

(ⅱ) 주머니 Q에서 초록색 단추를 꺼낼 확률은 $P(B \cap E) = P(B)P(E|B) = \dfrac{1}{2} \times \dfrac{5}{8} = \dfrac{5}{16}$

(ⅰ), (ⅱ)로부터 초록색 단추를 꺼낼 확률은 $P(E) = P(A \cap E) + P(B \cap E) = \dfrac{1}{5} + \dfrac{5}{16} = \dfrac{41}{80}$이다.

따라서 꺼낸 단추가 초록색 단추이었을 때, 그 단추가 주머니 P에 들어 있었을 확률은

$$P(A|E) = \frac{P(A \cap E)}{P(E)} = \frac{\dfrac{1}{5}}{\dfrac{41}{80}} = \frac{16}{41}$$

주머니에 흰색 탁구공 6개와 주황색 탁구공 7개가 들어있다. 이 주머니에서
임의로 2개의 탁구공을 차례로 꺼낼 때, 다음 물음에 답하여라.
(단, 꺼낸 탁구공은 다시 넣지 않는다.)
(1) 흰색 탁구공, 주황색 탁구공의 순서로 탁구공을 꺼낼 확률을 구하여라.
(2) 두 번째에 주황색 탁구공이 나올 확률을 구하여라.

MAPL CORE

두 사건 A, B에 대하여

① $P(A \cap B) = P(A)P(B|A) = P(B)P(A|B)$

② 두 사건 $A \cap B$, $A^c \cap B$가 배반사건일 때, $P(B) = P(A \cap B) + P(A^c \cap B)$

개념익힘 | 풀이 처음 흰색 탁구공을 꺼낼 사건은 A, 두 번째 주황색 탁구공을 꺼낼 사건은 B라 하면

(1) 흰색 탁구공, 주황색 탁구공의 순서로 탁구공을 꺼낼 확률은 ← 두 번째만 주황색이 탁구공이 나올 확률

$$P(A \cap B) = P(A)P(B|A) = \frac{6}{13} \times \frac{7}{12} = \frac{7}{26}$$

(2) 두 번째에 주황색 탁구공이 나올 확률

(ⅰ) 흰색 탁구공, 주황색 탁구공의 순서로 탁구공을 꺼낼 확률은

$$P(A \cap B) = P(A)P(B|A) = \frac{6}{13} \times \frac{7}{12} = \frac{7}{26}$$

(ⅱ) 주황색 탁구공, 주황색 탁구공의 순서로 탁구공을 꺼낼 확률은

$$P(A^c \cap B) = P(A^c)P(B|A^c) = \frac{7}{13} \times \frac{6}{12} = \frac{7}{26}$$

(ⅰ), (ⅱ)에서 사건 $A \cap B$와 $A^c \cap B$는 서로 배반사건이므로

$$P(B) = P(A \cap B) + P(A^c \cap B) = \frac{7}{26} + \frac{7}{26} = \frac{7}{13}$$

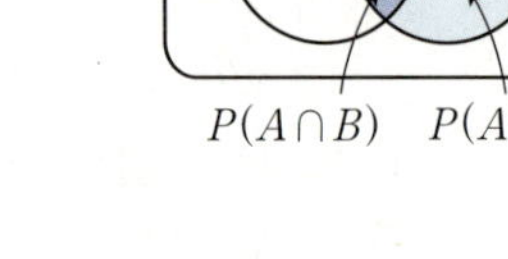

확인유제 0365 다음 물음에 답하여라.

(1) 흰 공 3개, 검은 공 2개가 들어 있는 주머니에서 한 개씩 2개의 공을 꺼낸다.
두 번째 꺼낸 공이 흰 공일 확률은? (단, 꺼낸 공은 다시 넣지 않는다.)

① $\dfrac{3}{10}$　　② $\dfrac{3}{5}$　　③ $\dfrac{1}{2}$　　④ $\dfrac{2}{3}$　　⑤ $\dfrac{5}{6}$

(2) 나의 꿈에 대한 발표시간에 남학생 3명과 여학생 5명이 한 명씩 발표를 한다. 임의로 발표 순서를 정할 때,
두 번째로 발표하는 학생이 남학생으로 정해질 확률은?

① $\dfrac{15}{56}$　　② $\dfrac{9}{28}$　　③ $\dfrac{3}{8}$　　④ $\dfrac{3}{7}$　　⑤ $\dfrac{27}{56}$

변형문제 0366 어느 냉면집을 이용한 학생 50명 중에서 30명은 남학생, 20명은 여학생이고 남학생의 20%와 여학생의 40%가
물냉면을 먹은 학생이다. 이 50명의 학생 중에서 임의로 한 명을 선택할 때, **이 학생이 물냉면을 먹은 학생일**
확률은?

① $\dfrac{3}{25}$　　② $\dfrac{1}{5}$　　③ $\dfrac{7}{25}$　　④ $\dfrac{1}{4}$　　⑤ $\dfrac{11}{25}$

발전문제 0367 빨간 공 3개, 검은 공 1개가 들어 있는 주머니와 각 면에 1, 2, 3, 4의
숫자가 하나씩 적혀 있는 정사면체가 있다. 이 정사면체를 한 번 던져
서 바닥에 닿은 면에 적힌 수에 해당하는 개수만큼 주머니에서 공을
동시에 꺼낼 때, 빨간 공이 2개 나올 확률을 구하여라.

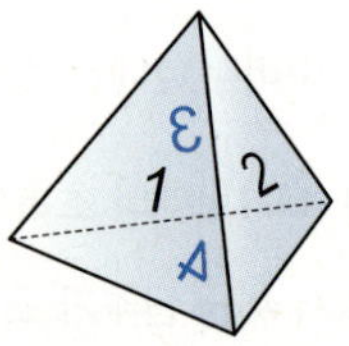

정답　0365 : (1) ② (2) ③　　0366 : ③　　0367 : $\dfrac{5}{16}$

비가 온 날의 다음 날에 비가 올 확률이 $\dfrac{1}{2}$이고, 비가 오지 않은 날의 다음 날에 비가 올 확률이 $\dfrac{1}{3}$이라고 한다. 월요일에 비가 왔을 때, 같은 주 목요일에 비가 올 확률을 구하여라.

MAPL CORE

두 사건 A, B에 대하여

① $P(A \cap B) = P(A)P(B|A) = P(B)P(A|B)$ ② $P(B) = P(A \cap B) + P(A^c \cap B)$

개념익힘 | 풀이

월요일에 비가 왔을 때, 같은 주 목요일에도 비가 올 수 있는
가능한 경우를 나타내면 오른쪽 표와 같고
비가 오는 경우를 ○ , 오지 않는 경우를 ×라 하면
오른쪽 그림과 같이 네 가지로 분류할 수 있다.
비오는 사건을 W, 다음날 비가 올 사건을 R라 하면

월	화	수	목	확률
○	○	○	○	$\dfrac{1}{2} \times \dfrac{1}{2} \times \dfrac{1}{2} = \dfrac{1}{8}$
	○	×	○	$\dfrac{1}{2} \times \dfrac{1}{2} \times \dfrac{1}{3} = \dfrac{1}{12}$
	×	○	○	$\dfrac{1}{2} \times \dfrac{1}{3} \times \dfrac{1}{2} = \dfrac{1}{12}$
	×	×	○	$\dfrac{1}{2} \times \dfrac{2}{3} \times \dfrac{1}{3} = \dfrac{1}{9}$

(i) 비가 온 날의 다음 날에 비가 올 확률은 $P(R|W) = \dfrac{1}{2}$

(ii) 비가 온 날의 다음 날에 비가 오지 않을 확률은 $P(R^c|W) = \dfrac{1}{2}$

(iii) 비가 오지 않은 날의 다음 날에 비가 올 확률은 $P(R|W^c) = \dfrac{1}{3}$

(iv) 비가 오지 않은 날의 다음 날에 비가 오지 않을 확률은 $P(R^c|W^c) = \dfrac{2}{3}$

(i)~(iv)에 의하여 구하는 확률은

$\dfrac{1}{2} \times \dfrac{1}{2} \times \dfrac{1}{2} + \dfrac{1}{2} \times \dfrac{1}{2} \times \dfrac{1}{3} + \dfrac{1}{2} \times \dfrac{1}{3} \times \dfrac{1}{2} + \dfrac{1}{2} \times \dfrac{2}{3} \times \dfrac{1}{3} = \dfrac{1}{8} + \dfrac{1}{12} + \dfrac{1}{12} + \dfrac{1}{9} = \dfrac{29}{72}$ ← 이 네 사건은 서로 배반사건

확인유제 0368 프리미어리그 M팀에서 활약 중인 E선수는 5번에 3번꼴로 경기에 출전한다. E선수가 출전한 경기에서 M팀이 승리할 확률은 $\dfrac{2}{3}$이고, E선수가 출전하지 않은 경기에서 M팀이 승리하지 못할 확률은 $\dfrac{3}{4}$이다. M팀이 승리할 확률은?

① $\dfrac{2}{5}$ ② $\dfrac{1}{2}$ ③ $\dfrac{3}{5}$ ④ $\dfrac{4}{5}$ ⑤ $\dfrac{3}{4}$

변형문제 0369 다음 물음에 답하여라.

(1) 사랑 야구팀이 비가 내릴 때, 경기에서 이길 확률이 0.6이고, 비가 내리지 않을 때 경기에서 이길 확률은 0.5라고 한다. 경기가 예정된 날에 비가 내릴 확률이 0.4일 때, 그 날의 경기에서 사랑 야구팀이 이길 확률은?

① 0.34   ② 0.54   ③ 0.67   ④ 0.72   ⑤ 0.74

(2) 희망축구팀은 다른 팀과의 경기에서 비가 내리면 이길 확률이 0.7이고, 비가 내리지 않으면 이길 확률이 0.4라고 한다. 경기가 열리는 날의 30%는 비가 내릴 것으로 예상될 때, 그날의 경기에서 희망축구팀이 이길 확률은?

① 0.39   ② 0.49   ③ 0.59   ④ 0.69   ⑤ 0.79

발전문제 0370
1997학년도 수능기출

어느 청량음료 회사의 연간 청량음료 판매량은 그 해 여름의 평균 기온에 크게 좌우 된다. 과거 자료에 따르면 한 해의 판매 목표액을 달성할 확률은 그 해 여름의 평균 기온이 예년보다 높을 경우에 0.8, 예년과 비슷할 경우에 0.6, 예년보다 낮을 경우에 0.3이다. 일기예보에 따르면 내년 여름의 평균 기온이 예년보다 높을 확률이 0.4, 예년과 비슷할 확률이 0.5, 예년보다 낮을 확률이 0.1이라고 한다. 이 회사가 내년에 판매 목표액을 달성할 확률은?

① 0.55   ② 0.60   ③ 0.65   ④ 0.70   ⑤ 0.75

정답   0368 : ②   0369 : (1) ② (2) ②   0370 : ③

주머니 A에는 흰 공 2개, 빨간 공 1개가 들어있고, 주머니 B에는 흰 공 3개, 빨간 공 1개가 들어 있다. 임의로 한 주머니를 택하여 동시에 2개의 공을 꺼낼 때, 모두 흰 공일 확률을 구하여라.
(단, 주머니 A, B를 택할 확률은 서로 같다.)

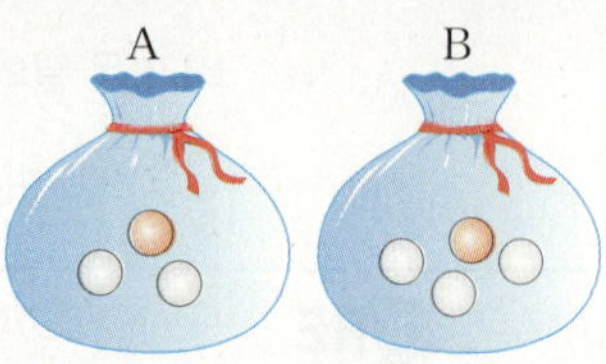

MAPL CORE

두 사건 A, B가 동시에 일어날 확률을 구할 때는 확률의 곱셈정리
$P(A \cap B) = P(A)P(B|A) = P(B)P(A|B)$임을 이용한다.
$P(E) = P(A \cap E) + P(B \cap E) = P(A)P(E|A) + P(B)P(E|B)$

개념익힘 | 풀이

주머니 A를 선택하는 사건을 A, 주머니 B를 선택하는 사건을 B라 하고 흰 공 2개를 뽑는 사건을 E라 하자.

(i) 주머니 A가 선택된 경우

주머니 A에는 흰 공 2개, 빨간 공 1개가 있고, 이 중에서 2개의 공을 꺼낼 때 모두 흰 공을 뽑을 확률은

$$P(A \cap E) = P(A)P(E|A) = \frac{1}{2} \times \frac{{}_2C_2}{{}_3C_2} = \frac{1}{6}$$

(ii) 주머니 B가 선택된 경우

주머니 B에는 흰 공 3개, 빨간 공 1개가 있고, 이 중에서 2개의 공을 꺼낼 때 모두 흰 공을 뽑을 확률은

$$P(B \cap E) = P(B)P(E|B) = \frac{1}{2} \times \frac{{}_3C_2}{{}_4C_2} = \frac{1}{4}$$

(i), (ii)에서 두 사건 A, B는 배반사건이므로 구하는 확률은

$$P(E) = P(A \cap E) + P(B \cap E) = P(A)P(E|A) + P(B)P(E|B) = \frac{1}{6} + \frac{1}{4} = \frac{5}{12}$$

확인유제 0371

다음 물음에 답하여라.
(1) 주머니 A에는 흰 구슬이 3개, 검은 구슬이 2개 들어 있고,
주머니 B에는 흰 구슬이 2개, 검은 구슬이 4개 들어 있다.
주머니 A에서 한 개를 꺼내어 주머니 B에 넣고 잘 섞은 뒤에
주머니 B에서 한 개를 꺼낼 때, 그것이 검은 구슬일 확률을 구하여라.

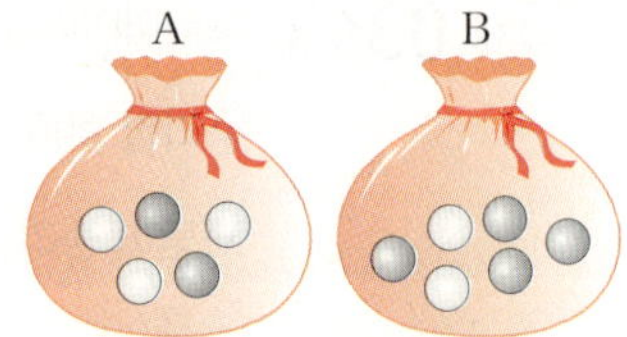

(2) 주머니 A에는 흰 구슬이 4개, 빨간 구슬이 6개 들어 있고,
주머니 B에는 흰 구슬과 빨간 구슬을 합하여 10개가 들어 있다.
주머니 A에서 한 개의 구슬을 꺼내어 주머니 B에 넣고 잘 섞은 다음,
주머니 B에서 한 개의 구슬을 꺼낼 때 그것이 흰 구슬일 확률은 $\frac{2}{5}$이다.
이때 주머니 B에 처음 들어 있던 흰 구슬의 개수를 구하여라.

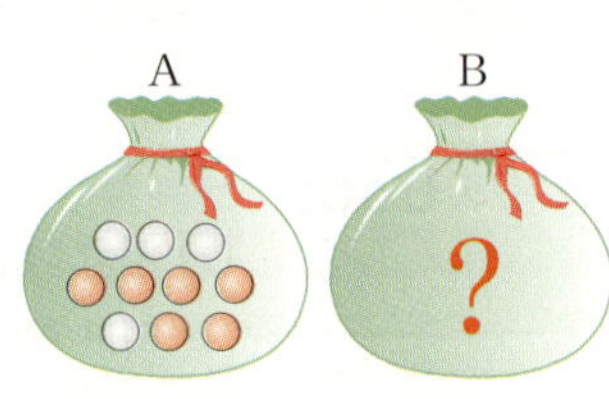

변형문제 0372

주머니 A와 B에는 1, 2, 3, 4, 5의 숫자가 하나씩 적혀 있는 다섯 개의 공이 각각 들어 있다. 주머니 A에서 임의로 한 개의 공을 꺼내어 주머니 B에 넣은 후 주머니 B에서 임의로 두 개의 공을 동시에 꺼낼 때, 꺼낸 두 개의 공에 적혀 있는 수의 곱이 홀수일 확률은? (단, 모든 공의 크기와 모양은 같다.)

① $\frac{4}{25}$　　② $\frac{1}{5}$　　③ $\frac{6}{25}$　　④ $\frac{7}{25}$　　⑤ $\frac{8}{25}$

발전문제 0373

주머니 A에는 흰 공 3개, 검은 공 2개가 들어 있고, 주머니 B에는 흰 공 2개, 검은 공 3개가 들어 있다. 두 주머니 A, B에서 각각 임의로 하나의 주머니를 택한 후 두 개의 공을 꺼낼 때, 검은 공이 들어 있을 확률은?

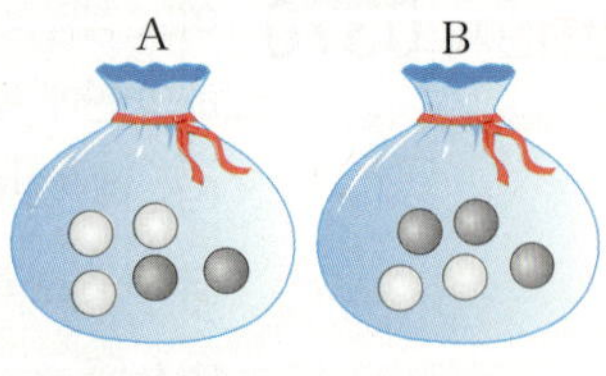

① $\frac{1}{20}$　　② $\frac{1}{6}$　　③ $\frac{7}{20}$

④ $\frac{2}{5}$　　⑤ $\frac{4}{5}$

정답　0371 : (1) $\frac{22}{35}$ (2) 4　0372 : ⑤　0373 : ⑤

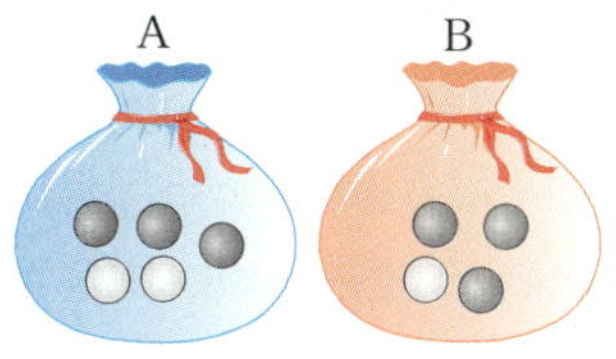

2014학년도 수능기출

주머니 A에는 흰 공 2개와 검은 공 3개가 들어 있고, 주머니 B에는 흰 공 1개와 검은 공 3개가 들어 있다. 주머니 A에서 임의로 1개의 공을 꺼내어 흰 공이면 흰 공 2개를 주머니 B에 넣고 검은 공이면 검은 공 2개를 주머니 B에 넣은 후, 주머니 B에서 임의로 1개의 공을 꺼낼 때 꺼낸 공이 흰 공일 확률을 구하여라.

MAPL CORE

두 사건 A, B가 동시에 일어날 확률을 구할 때는 확률의 곱셈정리
$P(A \cap B) = P(A)P(B|A) = P(B)P(A|B)$임을 이용한다.

개념익힘 | 풀이

주머니 B에서 임의로 1개의 공을 꺼낼 때 꺼낸 공이 흰 공일 사건을 E라 하면

(i) 주머니 A에서 꺼낸 공이 흰 공인 경우의 사건을 A라 하자.　　← 흰 공 2개를 주머니 B에 넣는다.

이때 주머니 B에는 흰 공이 3개, 검은 공이 3개가 있으므로 주머니 B에서 꺼낸 것이 흰 공일 확률은

$$P(A \cap E) = P(A)P(E|A) = \frac{2}{5} \times \frac{3}{6} = \frac{1}{5}$$　　← 주머니 A에서 꺼낸 공이 흰 공일 확률 $\frac{2}{5}$

(ii) 주머니 A에서 꺼낸 공이 검은 공인 경우의 사건을 B라 하자.　　← 검은 공 2개를 주머니 B에 넣는다.

이때 주머니 B에는 흰 공이 1개, 검은 공이 5개가 있으므로 주머니 B에서 꺼낸 것이 흰 공일 확률은

$$P(B \cap E) = P(B)P(E|B) = \frac{3}{5} \times \frac{1}{6} = \frac{1}{10}$$　　← 주머니 A에서 꺼낸 공이 검은 공일 확률 $\frac{3}{5}$

(i), (ii)이 배반사건이므로 구하는 확률은 $P(E) = P(A \cap E) + P(B \cap E) = \frac{1}{5} + \frac{1}{10} = \frac{3}{10}$

확인유제 0374

다음 물음에 답하여라.

(1) 주머니에 흰색 공 2개와 검은색 공 5개가 들어 있다. 한 개의 공을 임의로 뽑아 그 색을 본 후 되돌려 놓고, 그 공과 같은 색의 공을 하나 더 주머니에 넣었다. 주머니에 있는 8개의 공 중에서 2개의 공을 임의로 뽑을 때, 둘 다 검은색 공일 확률은?

① $\frac{1}{49}$　　② $\frac{5}{49}$　　③ $\frac{5}{196}$　　④ $\frac{25}{196}$　　⑤ $\frac{95}{196}$

(2) 흰 공 3개와 검은 공 2개가 들어 있는 주머니가 있다. 이 주머니에서 임의로 1개의 공을 꺼내어 꺼낸 공이 흰 공이면 꺼낸 흰 공 대신 1개의 검은 공을 넣고, 꺼낸 공이 검은 공이면 꺼낸 검은 공 대신 1개의 흰 공을 주머니에 넣는다. 다시 이 주머니에서 임의로 2개의 공을 동시에 꺼낼 때, 꺼낸 2개의 공이 모두 흰 공일 확률은?

① $\frac{1}{4}$　　② $\frac{3}{10}$　　③ $\frac{7}{20}$　　④ $\frac{2}{5}$　　⑤ $\frac{9}{20}$

변형문제 0375

검은 공 4개, 흰 공 3개가 들어 있는 상자에서 1개의 공을 꺼내어 색을 확인한 후 다시 넣고, 그 공과 같은 색의 공을 한 개 더 상자에 넣는다. 다시 이 상자에서 2개의 공을 뽑을 때, 적어도 1개의 흰 공을 뽑을 확률은?

① $\frac{17}{39}$　　② $\frac{18}{49}$　　③ $\frac{33}{98}$　　④ $\frac{69}{98}$　　⑤ $\frac{71}{98}$

발전문제 0376

2012학년도 수능기출

상자 A에는 빨간 공 3개와 검은 공 5개가 들어 있고, 상자 B는 비어 있다. 상자 A에서 임의로 2개의 공을 꺼내어 빨간 공이 나오면 [실행1]을, 빨간 공이 나오지 않으면 [실행2]를 할 때, 상자 B에 있는 빨간 공의 개수가 1개일 확률을 구하여라.

> [실행1] 꺼낸 공을 상자 B에 넣는다.
>
> [실행2] 꺼낸 공을 상자 B에 넣고, 상자 A에서 임의로 2개의 공을 더 꺼내어 상자 B에 넣는다.

정답　0374 : (1) ⑤ (2) ②　　0375 : ④　　0376 : $\frac{3}{4}$

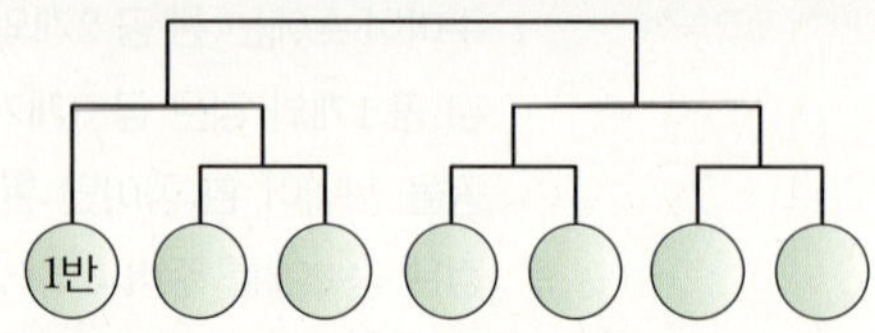

2007학년도 06월 평가원

3학년에 7개의 반이 있는 어느 고등학교에서 토너먼트 방식으로 축구 시합을 하려고 하는데 이미 1반은 부전승으로 결정되어 있다. 다음과 같은 형태의 대진표를 만들어 시합을 할 때, 1반과 2반이 축구 시합을 할 확률을 구하여라. (단, 각 반이 시합에서 이길 확률은 모두 $\dfrac{1}{2}$ 이고, 기권하는 반은 없다고 한다.)

MAPL CORE　확률의 곱셈법칙과 배반사건을 이용하여 확률 구하기
$$P(B)=P(A\cap B)+P(A^c\cap B)=P(A)P(B|A)+P(A^c)P(B|A^c)$$

개념익힘|풀이　1반과 2반이 축구시합을 하는 경우를 분류하면 다음과 같다.

(ⅰ) 2반이 1반과 준결승에서 만나는 경우

2반이 1반과 준결승에서 만나는 경우는 오른쪽 그림과 같고

그 확률은 $\dfrac{2}{6}=\dfrac{1}{3}$ 이고 2반이 1차전에서 이겨야 하므로

구하는 확률은 $\dfrac{1}{3}\times\dfrac{1}{2}=\dfrac{1}{6}$

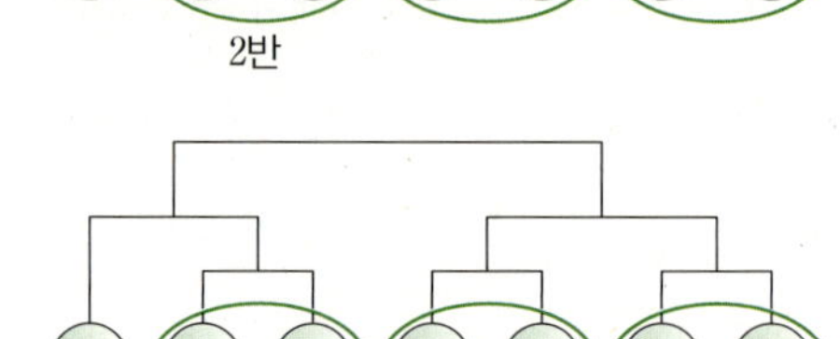

(ⅱ) 2반이 1반과 결승에서 만나는 경우

2반이 1반과 결승에서 만나는 경우는 오른쪽 그림과 같고

그 확률은 $\dfrac{4}{6}=\dfrac{2}{3}$ 이고 1반이 1차전에서 이기고 2반이

1차전과 준결승에서 이겨야 하므로 구하는 확률은

$$\dfrac{2}{3}\times\dfrac{1}{2}\times\dfrac{1}{2}\times\dfrac{1}{2}=\dfrac{1}{12}$$

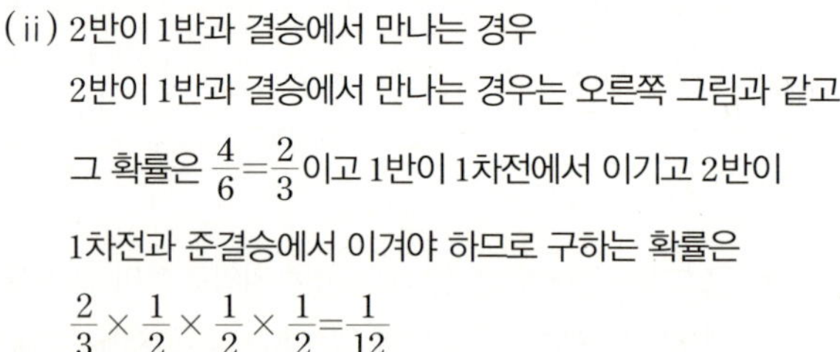

(ⅰ), (ⅱ)이 배반사건이므로 구하는 확률은 $\dfrac{1}{6}+\dfrac{1}{12}=\dfrac{1}{4}$

확인유제 0377　농구대회에 A, B, C, D, E, F의 6개 팀이 토너먼트 방식으로 경기를 한다. A팀은 부전승으로 결정되어 있다. 오른쪽과 같이 대진표를 만들어 시합을 할 때, A팀과 B팀이 시합을 할 확률을 구하여라. (단, 모든 팀이 시합에서 이길 확률은 모두 $\dfrac{1}{2}$ 이고 기권하는 팀은 없다.)

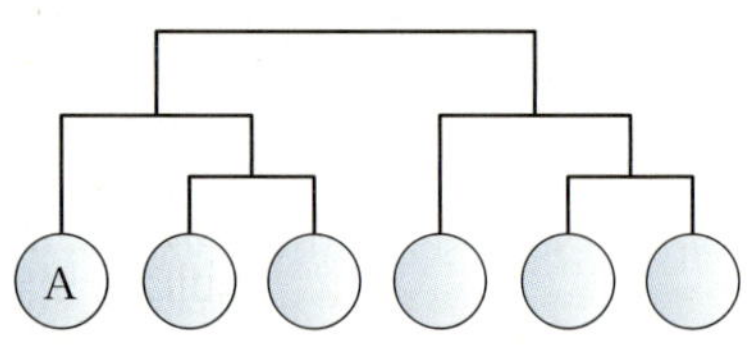

변형문제 0378　어떤 시합에서 A가 B를 이길 확률은 $\dfrac{1}{2}$, B가 C를 이길 확률은 $\dfrac{3}{4}$, C가 A를 이길 확률은 $\dfrac{1}{4}$ 이다. A, B, C 세 사람이 토너먼트 방식으로 시합을 할 때, A가 우승할 확률은? (단, A, B, C가 (가), (나), (다)에 배정될 확률은 같다.)

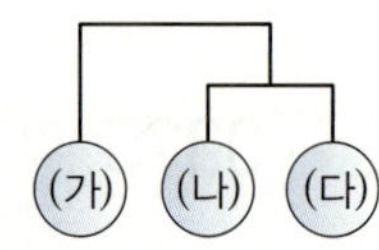

① $\dfrac{1}{4}$　　② $\dfrac{1}{3}$　　③ $\dfrac{5}{12}$　　④ $\dfrac{7}{16}$　　⑤ $\dfrac{3}{4}$

발전문제 0379　어느 축구팀은 경기에서 이길 확률이 $\dfrac{1}{2}$ 이라고 한다. 이 축구팀이 오른쪽 그림과 같이 승자 진출전 방식으로 경기를 하여 최종 우승했을 때, 3승으로 우승했을 확률을 구하여라.

정답　$0377:\dfrac{3}{10}$　　$0378:④$　　$0379:\dfrac{1}{4}$

스마트폰을 사용하는 청소년의 40%가 S전자 제품을 사용하고 이 회사의 제품을 사용하는 청소년의 60%가 5G 서비스를 이용한다. 다른 전자 회사 스마트폰 제품을 사용하는 청소년의 50%가 5G 서비스를 사용한다.
임의로 뽑은 한 명의 청소년이 5G 서비스를 사용하였을 때, 그 청소년이 S전자 제품을 사용할 확률을 구하여라.

MAPL CORE

[1단계] 문제의 내용에 맞는 사건 A, B, $A \cap B$를 정한다.

[2단계] 확률의 곱셈정리와 덧셈정리를 이용하여 $P(B) = P(A \cap B) + P(A^c \cap B)$을 구한다.

[3단계] 조건부확률 $P(B|A) = \dfrac{P(A \cap B)}{P(A)}$을 구한다.

개념익힘 | 풀이

청소년이 S전자의 스마트폰을 사용하는 사건을 A, 5G 서비스를 사용하는 사건을 B라 하면

구하는 확률은 $P(A|B)$이다.

(ⅰ) S전자의 스마트폰을 사용하는 학생이 5G 서비스를 사용하는 확률은

$$P(A \cap B) = P(A)P(B|A) = 0.4 \times 0.6 = 0.24$$

(ⅱ) 다른 전자 회사의 스마트폰을 사용하는 학생이 5G 서비스를 사용하는 확률은

$$P(A^c \cap B) = P(A^c)P(B|A^c) = 0.6 \times 0.5 = 0.3$$

(ⅰ), (ⅱ)이 배반사건이므로 청소년이 5G 서비스를 사용하는 확률은

$$P(B) = P(A \cap B) + P(A^c \cap B) = 0.24 + 0.3 = 0.54$$

따라서 구하는 확률은 $P(A|B) = \dfrac{P(A \cap B)}{P(B)} = \dfrac{0.24}{0.54} = \dfrac{4}{9}$

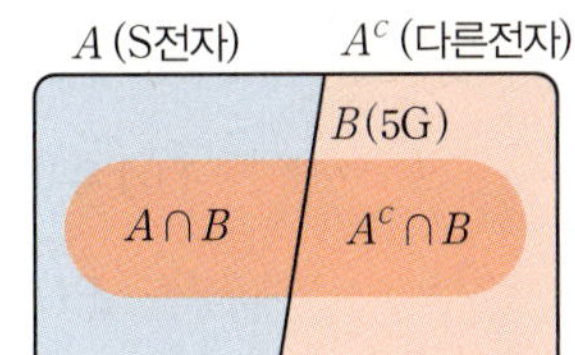

다른풀이 표를 이용하여 조건부확률 구하기

스마트폰을 사용하는 청소년을 100명이라 하면 오른쪽 표를 구할 수 있다. 이때 뽑은 한 명의 청소년이 5G 서비스를 사용하였을 때, 그 청소년이 S회사의 제품을 사용할 확률은

$$P(A|B) = \dfrac{n(A \cap B)}{n(B)} = \dfrac{24}{54} = \dfrac{4}{9}$$

항목 \ 점수	S회사	다른 회사	제품의 개수
5G 사용	24	30	54
5G 사용안함	16	30	46
계	40	60	100

확인유제 0380
2013학년도 수능기출

어느 학교 전체 학생의 60%는 버스로, 나머지 40%는 걸어서 등교하였다. 버스로 등교한 학생의 $\dfrac{1}{20}$이 지각하였고, 걸어서 등교한 학생의 $\dfrac{1}{15}$이 지각하였다. 이 학교 전체 학생 중 임의로 선택한 1명의 학생이 지각하였을 때, 이 학생이 버스로 등교하였을 확률은?

① $\dfrac{3}{7}$　　② $\dfrac{9}{20}$　　③ $\dfrac{9}{19}$　　④ $\dfrac{1}{2}$　　⑤ $\dfrac{9}{17}$

변형문제 0381
2010학년도 수능기출

철수가 받은 전자우편의 10%는 '여행' 이라는 단어를 포함한다.
'여행' 을 포함한 전자우편의 50%가 광고이고, '여행' 을 포함하지 않은 전자우편의 20%가 광고이다.
철수가 받은 한 전자우편이 광고일 때, 이 전자우편이 '여행' 을 포함할 확률은?

① $\dfrac{5}{23}$　　② $\dfrac{6}{23}$　　③ $\dfrac{7}{23}$　　④ $\dfrac{8}{23}$　　⑤ $\dfrac{9}{23}$

발전문제 0382
2015학년도 수능기출

어느 학교의 전체 학생 320명을 대상으로 수학동아리 가입여부를 조사한 결과 남학생의 60%와 여학생의 50%가 수학동아리에 가입하였다고 한다. 이 학교의 수학동아리에 가입한 학생 중 임의로 1명을 선택할 때, 이 학생이 남학생일 확률을 p_1, 이 학교의 수학동아리에 가입한 학생 중 임의로 1명을 선택할 때 이 학생이 여학생일 확률을 p_2라 하자. $p_1 = 2p_2$일 때, 이 학교의 남학생의 수는?

① 170　　② 180　　③ 190　　④ 200　　⑤ 210

정답　0380 : ⑤　　0381 : ①　　0382 : ④

2014학년도 06월 평가원

주머니 A에 검은 구슬 3개가 들어 있고, 주머니 B에는 검은 구슬 2개와 흰 구슬 2개가 들어 있다. 두 주머니 A, B 중 임의로 선택한 하나의 주머니에서 동시에 꺼낸 2개의 구슬이 모두 검은색일 때, 선택된 주머니가 B이었을 확률을 구하여라.

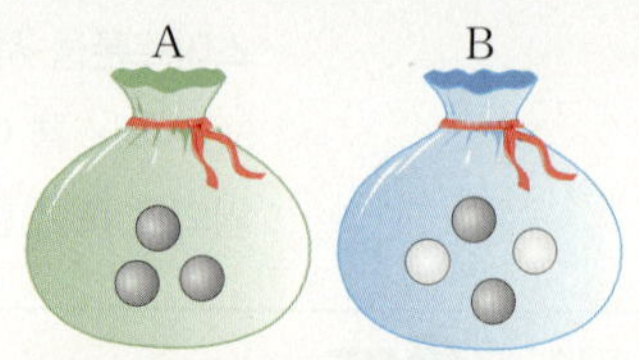

MAPL **CORE**

표본공간 S의 임의의 두 사건 A, B가 서로 배반사건이 아닌 경우

오른쪽 벤 다이어그램처럼 $P(B)=P(A\cap B)+P(A^c\cap B)$이므로

사건 B가 일어났을 때, 사건 A의 조건부확률은

$$P(A|B)=\frac{P(A\cap B)}{P(B)}=\frac{P(A\cap B)}{P(A\cap B)+P(A^c\cap B)}$$

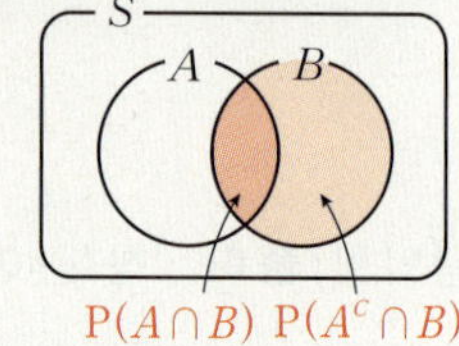

개념익힘 | 풀이

주머니 A를 선택하는 사건을 A, 주머니 B를 선택하는 사건을 B,

꺼낸 2개의 구슬이 모두 검은색일 사건을 E라 하면 구하는 확률은 $P(B|E)$이다.

(i) 주머니 A를 선택하고 꺼낸 2개의 구슬이 모두 검은색일 확률은

$$P(A\cap E)=P(A)P(E|A)=\frac{1}{2}\times\frac{{}_3C_2}{{}_3C_2}=\frac{1}{2}\times 1=\frac{1}{2}$$

(ii) 주머니 B를 선택하고 꺼낸 2개의 구슬이 모두 검은색일 확률은

$$P(B\cap E)=P(B)P(E|B)=\frac{1}{2}\times\frac{{}_2C_2}{{}_4C_2}=\frac{1}{2}\times\frac{1}{6}=\frac{1}{12}$$

(i), (ii)이 서로 배반사건이므로 2개의 구슬이 모두 검은색일 확률은

$$P(E)=P(A\cap E)+P(B\cap E)=\frac{1}{2}+\frac{1}{12}=\frac{7}{12}$$

따라서 구하는 확률은 $P(B|E)=\dfrac{P(B\cap E)}{P(E)}=\dfrac{\frac{1}{12}}{\frac{7}{12}}=\dfrac{1}{7}$

확인유제 0383

주머니 A에서 검은 구슬 3개와 흰 구슬 1개가 들어 있고, 주머니 B에는 검은 구슬 2개와 흰 구슬 2개가 들어 있다. 두 주머니 A, B 중 임의로 선택한 하나의 주머니에서 동시에 꺼낸 2개의 구슬이 모두 검은색일 때, 선택된 주머니가 A이었을 확률을 구하여라.

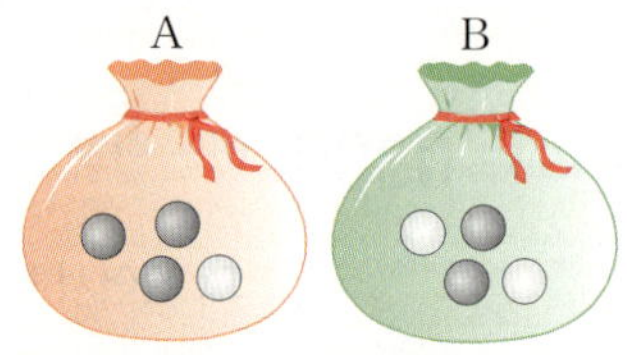

변형문제 0384

2008학년도 수능기출
독립사건

주머니 A에는 1, 2, 3, 4, 5의 숫자가 하나씩 적혀 있는 5장의 카드가 들어 있고, 주머니 B에는 6, 7, 8, 9, 10의 숫자가 하나씩 적혀 있는 5장의 카드가 들어 있다. 두 주머니 A, B에서 각각 카드를 임의로 한 장씩 꺼냈다. 꺼낸 2장의 카드에 적혀 있는 두 수의 합이 홀수일 때, 주머니 A에서 꺼낸 카드에 적혀 있는 수가 짝수일 확률은?

① $\dfrac{5}{13}$ ② $\dfrac{4}{13}$ ③ $\dfrac{3}{13}$ ④ $\dfrac{2}{13}$ ⑤ $\dfrac{1}{13}$

발전문제 0385

2012학년도 수능기출
독립사건

주머니 A에는 1, 2, 3, 4, 5의 숫자가 하나씩 적혀 있는 5장의 카드가 들어 있고, 주머니 B에는 1, 2, 3, 4, 5, 6의 숫자가 하나씩 적혀 있는 6장의 카드가 들어 있다. 한 개의 주사위를 한 번 던져서 나온 눈의 수가 3의 배수이면 주머니 A에서 임의로 카드를 한 장 꺼내고, 3의 배수가 아니면 주머니 B에서 임의로 카드를 한 장 꺼낸다. 주머니에서 꺼낸 카드에 적힌 수가 짝수일 때, 그 카드가 주머니 A에서 꺼낸 카드일 확률은?

① $\dfrac{1}{5}$ ② $\dfrac{2}{9}$ ③ $\dfrac{1}{4}$ ④ $\dfrac{2}{7}$ ⑤ $\dfrac{1}{3}$

정답 0383 : $\dfrac{3}{4}$ 0384 : ②   0385 : ④

A주머니에 흰 공 2개, 검은 공 5개가 들어 있고 B주머니에 흰 공 3개, 검은 공 4개가 들어 있다. A주머니에서 한 개의 공을 임의로 꺼내어 B주머니에 넣은 다음 다시 B주머니에서 하나의 공을 꺼내기로 한다. B에서 꺼낸 공이 흰 공일 때, A에서 B로 옮겨진 공이 흰 공이었을 확률을 구하여라.

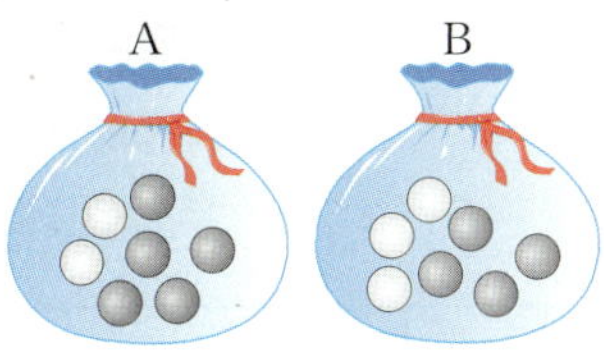

MAPL CORE

[1단계] 문제의 내용에 맞는 사건 A, E, $A \cap E$를 정한다.

[2단계] 확률의 곱셈정리와 덧셈정리를 이용하여 $P(E) = P(A \cap E) + P(A^c \cap E)$을 구한다.

[3단계] 조건부확률 $P(A|E) = \dfrac{P(A \cap E)}{P(E)}$을 구한다.

개념익힘 | 풀이　첫 번째 시행에서 주머니 A에서 주머니 B로 흰 공을 옮겨지는 사건을 A,

두 번째 시행에서 주머니 B에서 흰 공을 꺼낼 사건을 E라 하고 구하는 확률은 $P(A|E)$이다.

(i) A주머니에서 흰 공을 꺼내어 B주머니에 넣고 B주머니에서 흰 공 1개를 꺼낼 확률은

$$P(A \cap E) = P(A)P(E|A) = \frac{2}{7} \times \frac{1}{2} = \frac{1}{7}$$

(ii) A주머니에서 검은 공을 꺼내고 B주머니에 넣고 B주머니에서 흰 공 1개를 꺼낼 확률은

$$P(A^c \cap E) = P(A^c)P(E|A^c) = \frac{5}{7} \times \frac{3}{8} = \frac{15}{56}$$

(i), (ii)이 각각 배반사건이므로 B에서 꺼낸 공이 흰 공일 확률은

$$P(E) = P(A \cap E) + P(A^c \cap E) = \frac{1}{7} + \frac{15}{56} = \frac{23}{56}$$

따라서 구하는 확률은 $P(A|E) = \dfrac{P(A \cap E)}{P(E)} = \dfrac{\frac{1}{7}}{\frac{23}{56}} = \dfrac{8}{23}$

확인유제 0386　주머니 A에는 흰 공 3개와 검은 공 4개가 들어있고, 주머니 B에는 흰 공 5개와 검은 공 4개가 들어있다. 주머니 A에서 임의로 1개의 공을 꺼내어 주머니 B에 넣은 다음 주머니 B에서 임의로 꺼낸 1개의 공이 흰 공일 때, 주머니 A에서 꺼낸 공이 검은 공일 확률을 구하여라.

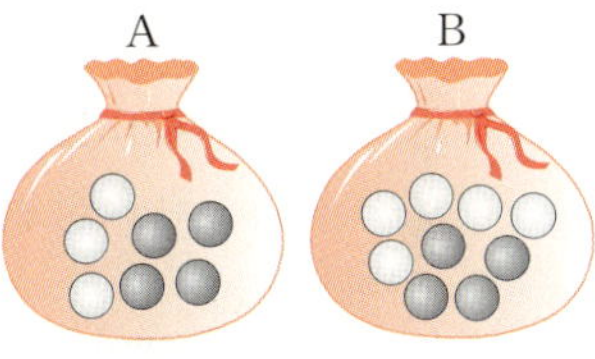

변형문제 0387
2016학년도 사관기출

주머니에 크기와 모양이 같은 흰 공 2개와 검은 공 3개가 들어 있다. 이 주머니에서 임의로 1개의 공을 꺼내어 색을 확인한 후 다시 넣지 않는다. 이와 같은 시행을 두 번 반복하여 두 번째 꺼낸 공이 흰 공이었을 때, 첫 번째 꺼낸 공도 흰 공이었을 확률이 p이다. $40p$의 값을 구하여라.

발전문제 0388
2018학년도 사관기출

상자 A에는 흰 공 2개, 검은 공 3개가 들어 있고, 상자 B에는 흰 공 3개, 검은 공 4개가 들어 있다. 한 개의 동전을 던져 앞면이 나오면 상자 A를, 뒷면이 나오면 상자 B를 택하고, 택한 상자에서 임의로 두 개의 공을 동시에 꺼내기로 한다. 이 시행을 한 번 하여 꺼낸 공의 색깔이 서로 같았을 때, 상자 A를 택하였을 확률은?

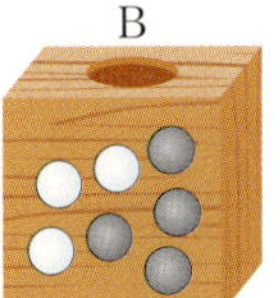

① $\dfrac{11}{29}$　　② $\dfrac{12}{29}$　　③ $\dfrac{13}{29}$　　④ $\dfrac{14}{29}$　　⑤ $\dfrac{15}{29}$

정답　$0386 : \dfrac{10}{19}$　　$0387 : 10$　　$0388 : ④$

건망증이 심한 수영이는 평균 5번에 1번의 비율로 방문한 장소에 모자를 두고 온다. 수영이는 설날에 A, B, C 세 집을 차례로 방문하고 집에 와서야 세 집 중 한 군데에 모자를 두고 왔다는 깃을 일았다. 이때 모자를 C집에 두고 왔을 확률을 구하여라.

서로 배반인 두 사건 A, B에 대하여 어떤 특정한 사건 E가 일어날 조건에서

① 사건 A가 일어날 확률은 ⇨ $P(A|E)=\dfrac{P(A \cap E)}{P(E)}=\dfrac{P(A \cap E)}{P(A \cap E)+P(B \cap E)}$

② 사건 B가 일어날 확률은 ⇨ $P(B|E)=\dfrac{P(B \cap E)}{P(E)}=\dfrac{P(B \cap E)}{P(A \cap E)+P(B \cap E)}$

개념익힘│풀이 모자를 세 집 A, B, C에 두고 오는 사건을 각각 A, B, C라 하고, 모자를 두고 오는 사건을 E라 하고 구하는 확률은 $P(C|E)$이다.

$$P(A \cap E)=\frac{1}{5}, \ P(B \cap E)=\frac{4}{5} \times \frac{1}{5}=\frac{4}{25}, \ P(C \cap E)=\frac{4}{5} \times \frac{4}{5} \times \frac{1}{5}=\frac{16}{125}$$

즉, 세 집 중 한 군데에 모자를 두고 오는 사건이 배반사건이므로 확률은

$$P(E)=P(A \cap E)+P(B \cap E)+P(C \cap E)=\frac{1}{5}+\frac{4}{25}+\frac{16}{125}=\frac{61}{125}$$

따라서 구하는 확률은 $P(C|E)=\dfrac{P(C \cap E)}{P(E)}=\dfrac{\frac{16}{125}}{\frac{61}{125}}=\dfrac{16}{61}$

확인유제 0389 4번에 1번 꼴로 방문한 곳에 스마트폰을 두고 다니는 혜리가 어느 날 독서실, 체육관, 매점 세 곳을 갔다 와서 스마트폰이 없어진 것을 알았을 때, 체육관에 스마트폰을 두고 왔을 확률을 구하여라.

변형문제 0390 한 개의 주사위를 사용하여 다음 규칙에 따라 점수를 얻는 시행을 한다.

2014학년도 05월 평가원

> (가) 한 번 던져 나온 눈의 수가 5 이상이면 나온 눈의 수를 점수로 한다.
> (나) 한 번 던져 나온 눈의 수가 5보다 작으면 한 번 더 던져 나온 눈의 수를 점수로 한다.

시행의 결과로 얻은 점수가 5점 이상일 때, 주사위를 한 번만 던졌을 확률을 $\dfrac{q}{p}$라 하자.

p^2+q^2의 값을 구하여라. (단, p와 q는 서로소인 자연수이다.)

발전문제 0391 4개의 야구팀 A, B, C, D가 다음과 같은 방법으로 우승팀을 결정하기로 하였다.

2009년 10월 교육청

> (가) A팀과 B팀이 경기를 하고, C팀과 D팀이 경기를 한다.
> (나) (가)에서 이긴 팀끼리 경기를 한다.
> (다) (가)에서 진 팀끼리 경기를 한다.
> (라) (나)에서 진 팀과 (다)에서 이긴 팀이 경기를 한다.
> (마) (나)에서 이긴 팀과 (라)에서 이긴 팀이 경기를 한다.
> (바) (마)에서 이긴 팀이 우승팀이 된다. ◀ 첫판에 지더라도 우승할 수 있다.

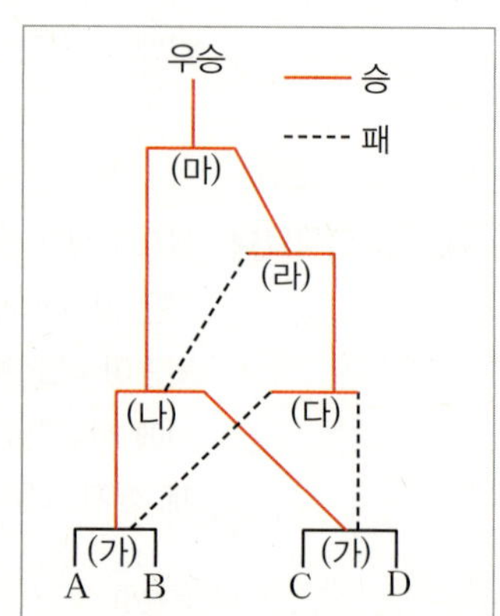

매 경기에서 각 팀이 이길 확률은 모두 $\dfrac{1}{2}$로 같다고 하자.

A팀이 우승했을 때, A팀이 (가)에서 이겼을 확률은 $\dfrac{q}{p}$이다.

이때 $p+q$의 값을 구하여라. (단, p와 q는 서로소인 두 자연수이다.)

정답 $0389 : \dfrac{12}{37}$ $0390 : 34$ $0391 : 7$

어떤 의사가 암에 걸린 사람을 암에 걸렸다고 진단할 확률은 98%이고, 암에 걸리지 않은 사람을 암에 걸리지 않았다고 진단할 확률은 92%라고 한다. 이 의사가 실제로 암에 걸린 사람 400명과 실제로 암에 걸리지 않은 사람 600명을 진찰하여 암에 걸렸는지 아닌지를 진단하였다. 다음 물음에 답하여라.

(1) 이들 1000명 중 임의로 한 사람을 뽑았을 때, 그 사람이 암에 걸렸다고 진단 받은 사람일 확률을 구하여라.

(2) 암에 걸렸다고 진단 받은 사람이 실제로 암에 걸린 사람일 확률을 구하여라.

MAPL CORE

서로 배반인 두 사건 A, B에 대하여 어떤 특정한 사건 E가 일어날 조건에서

① 사건 A가 일어날 확률은 ⇨ $P(A|E) = \dfrac{P(A \cap E)}{P(E)} = \dfrac{P(A \cap E)}{P(A \cap E) + P(B \cap E)}$

② 사건 B가 일어날 확률은 ⇨ $P(B|E) = \dfrac{P(B \cap E)}{P(E)} = \dfrac{P(B \cap E)}{P(A \cap E) + P(B \cap E)}$

개념익힘|풀이

실제로 암에 걸린 사람일 사건을 A, 암에 걸렸다고 진단할 사건을 E라고 하자.

(1) (i) 암에 걸린 사람을 암에 걸렸다고 진단할 확률은

$$P(A \cap E) = P(A) \times P(E|A) = \frac{400}{1000} \times \frac{98}{100} = \frac{392}{1000}$$

← 실제로 암에 걸린 사람일 확률 $\frac{400}{1000}$, 암에 걸린 사람을 암에 걸렸다고 진단할 확률 $\frac{98}{100}$

(ii) 암에 걸리지 않은 사람을 암에 걸렸다고 진단할 확률은

$$P(A^c \cap E) = P(A^c) \times P(E|A^c) = \frac{600}{1000} \times \frac{8}{100} = \frac{48}{1000}$$

← 실제로 암에 걸리지 않은 사람일 확률 $\frac{600}{1000}$, 암에 걸리지 않은 사람을 암에 걸렸다고 진단할 확률 $1 - \frac{92}{100} = \frac{8}{100}$

따라서 구하는 확률은 $P(E) = P(A \cap E) + P(A^c \cap E) = \dfrac{392}{1000} + \dfrac{48}{1000} = \dfrac{11}{25}$

(2) 암에 걸렸다고 진단 받은 사람이 실제로 암에 걸린 사람일 확률은

$$P(A|E) = \frac{P(A \cap E)}{P(E)} = \frac{\frac{392}{1000}}{\frac{11}{25}} = \frac{49}{55}$$

확인유제 0392 다음 물음에 답하여라.

(1) 암을 조기에 발견하는 검사법으로 CT단층촬영이 있다. 이 CT촬영에 대하여 다음과 같은 연구 조사가 있다.

> 암에 걸린 사람에게 CT촬영을 하면 80%의 확률로 정확하게 암이라고 진단되고, 암에 걸리지 않은 사람에게 CT촬영을 하면 5%의 오진이 있다.

암에 걸린 사람과 걸리지 않은 사람의 비율이 각각 10%, 90%인 어떤 집단에서 임의로 한 사람을 택하여 CT촬영을 하여 암에 걸렸다고 진단할 때, 이 사람이 정말로 암에 걸렸을 확률을 구하여라.

2010학년도 사관기출

(2) 어느 보안 전문회사에서 바이러스 감염 여부를 진단하는 프로그램을 개발하였다.

그 진단 프로그램은 바이러스에 감염된 컴퓨터를 감염되었다고 진단할 확률이 94%이고, 바이러스에 감염되지 않은 컴퓨터를 감염되지 않았다고 진단할 확률이 98%이다. 실제로 바이러스에 감염된 컴퓨터 200대와 바이러스에 감염되지 않은 컴퓨터 300대에 대해 이 진단 프로그램으로 바이러스 감염 여부를 검사하려고 한다. 이 500대의 컴퓨터 중 임의로 한 대를 택하여 이 진단 프로그램으로 감염 여부를 검사하였더니 바이러스에 감염되었다고 진단하였을 때, 이 컴퓨터가 실제로 감염된 컴퓨터일 확률은?

① $\dfrac{94}{97}$　　② $\dfrac{92}{97}$　　③ $\dfrac{90}{97}$　　④ $\dfrac{47}{49}$　　⑤ $\dfrac{47}{50}$

정답 0392 : (1) $\dfrac{16}{25}$ (2) ①

변형문제 **0393**

2010학년도 사관기출

다음 물음에 답하여라.

(1) A상자에는 '진실'이 적힌 2장의 카드와 '거짓'이 적힌 3장의 카드가 들어 있고, B상자에는 1부터 9까지의 자연수가 하나씩 적힌 9개의 공이 들어 있다. A상자에서 1장의 카드를 임의로 뽑을 때, '진실'이 적힌 카드를 뽑은 사람은 진실만을 말하고, '거짓'이 적힌 카드를 뽑은 사람은 거짓만을 말한다고 한다. 상순이가 A상자에서 1장의 카드를 뽑은 후, B상자에서 1개의 공을 꺼낸다고 하자. 상순이가 짝수가 적힌 공을 꺼냈다고 말했을 때, 그 공이 진짜 짝수가 적힌 공일 확률은?

① $\dfrac{7}{22}$　　② $\dfrac{8}{23}$　　③ $\dfrac{3}{8}$　　④ $\dfrac{2}{5}$　　⑤ $\dfrac{11}{26}$

(2) 태희와 병만이는 거짓말을 할 확률이 각각 $\dfrac{3}{10}$, $\dfrac{1}{10}$ 이다. 흰 공 3개와 검은 공 5개가 들어 있는 주머니에서 공 한 개를 꺼내어 태희와 병만이에게 보여주었더니 태희는 흰 공, 병만이는 검은 공이라고 하였을 때, 그 공이 실제로 검은 공이었을 확률은 $\dfrac{q}{p}$ 이다. 이때 $p+q$의 값을 구하여라. (단, p, q는 서로소인 자연수)

발전문제 **0394**

다음 물음에 답하여라.

(1) 어느 도시에서 야간에 뺑소니 사건이 일어났다. 이 도시 전체 차량의 80%는 자가용이고, 20%는 영업용이다. 그런데 한 목격자가 뺑소니 차량을 자가용이라고 증언하였다. 이 증언의 타당성을 알아보기 위해 사고와 동일한 상황에서 그 목격자가 자가용 차량과 영업용 차량을 구별할 수 있는 능력을 측정해 본 결과 바르게 구별할 확률이 90%이었다. 그렇다면 목격자가 본 뺑소니 차량이 실제로 자가용일 확률은 $\dfrac{q}{p}$ 이다.

이때 $p+q$의 값을 구하여라. (단, p, q는 서로소인 자연수이고, 모든 차량이 뺑소니 사건을 일으킬 가능성은 같다고 가정한다.)

2019학년도 경찰대기출

(2) 백인 80%, 흑인 10%, 동양인 10%의 세 인종의 주민으로 구성된 지역에서 범죄사건이 일어났다. 목격자는 '범인은 동양인'이라고 진술하였지만 가까이서 정확히 범인의 얼굴을 본 것은 아니고 CCTV도 없었다. 어두워지기 시작하는 저녁 무렵에 벌어진 사건임을 감안하여 수사관은 목격자 진술의 신빙성을 알아볼 필요가 있다고 판단하여 비슷한 조건에서 많은 테스트를 해 보았다. 그 결과 목격자가 인종을 옳게 판단할 확률은 모든 인종에 대해 동일하게 0.9이였고, 인종을 잘못 판단하는 경우에는 백인을 동양인으로, 흑인을 동양인으로 판단하였다고 한다. 목격자가 동양인이라고 진술한 범인이 실제로 동양인일 확률은?

① $\dfrac{1}{2}$　　② $\dfrac{2}{3}$　　③ $\dfrac{3}{4}$　　④ $\dfrac{4}{5}$　　⑤ $\dfrac{5}{6}$

마플교과서특강 09

조건부확률을 수형도로 해결하기

01 수형도를 이용하여 조건부확률 구하기

오른쪽 그림과 같이 붉은 공과 파란공이 들어 있는 두 주머니 X, Y가 있다. 한 개의 주사위를 던져 6의 약수의 눈이 나오면 주머니 X에서 임의로 한 개의 공을 꺼내고, 6의 약수가 아닌 눈이 나오면 주머니 Y에서 임의로 한 개의 공을 꺼낸다. 꺼낸 공이 붉은 공일 때, 이 공이 주머니 X에서 나왔을 확률을 다음 단계로 구한다.

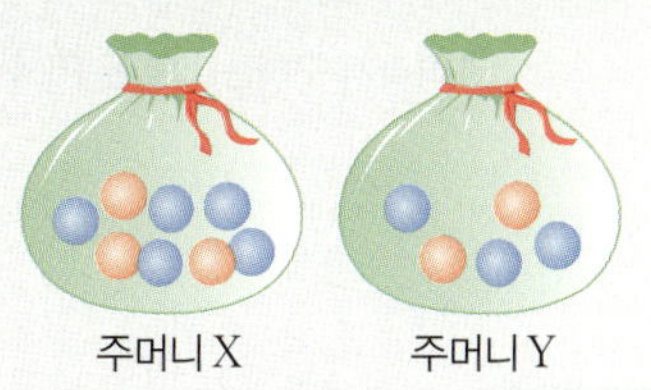

[1단계] 주어진 문제의 관계를 수형도를 이용하여 각 경우의 확률을 구한다.

한 개의 주사위를 던져 6의 약수의 눈이 나오는 사건을 A, 6의 약수가 아닌 눈이 나오는 사건을 A^c라고 하고 주머니에서 붉은 공을 꺼내는 사건을 E라 하자.

이때 다음 그림과 같이 수형도를 이용하여 각 경우의 확률을 구할 수 있다.

[2단계] 꺼낸 공이 붉은 공일 확률을 구한다.

붉은 공을 꺼낼 확률은 $P(E) = P(A \cap E) + P(A^c \cap E) = \frac{1}{4} + \frac{2}{15} = \frac{23}{60}$

[3단계] 꺼낸 공이 붉은 공일 때, 이 공이 주머니 X에서 나왔을 확률을 구한다.

6의 약수의 눈이 나오고 붉은 공을 꺼낼 확률은 $P(A \cap E) = \frac{1}{4}$

따라서 구하는 확률은 $P(A|E) = \dfrac{P(A \cap E)}{P(E)} = \dfrac{\frac{1}{4}}{\frac{23}{60}} = \dfrac{15}{23}$

교과서특강문제 01

오른쪽 그림과 같이 붉은 공과 파란공이 들어 있는 두 주머니 X, Y가 있다. 한 개의 주사위를 던져 6의 약수의 눈이 나오면 주머니 X에서 임의로 한 개의 공을 꺼내고, 6의 약수가 아닌 눈이 나오면 주머니 Y에서 임의로 한 개의 공을 꺼낸다. 꺼낸 공이 파란 공일 때, 이 공이 주머니 Y에서 나왔을 확률을 구하여라.

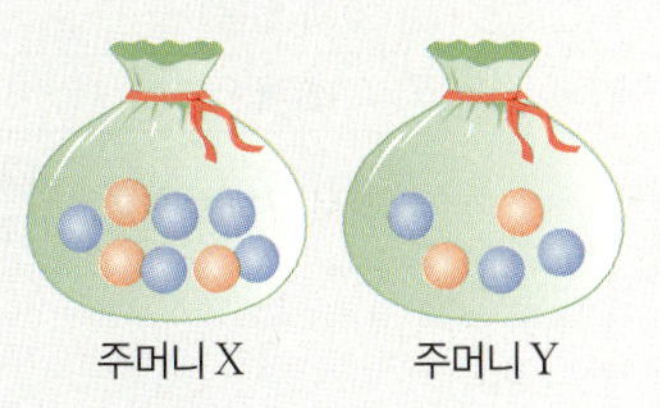

교과서특강 풀이 ▶ [1단계] 주어진 문제의 관계를 수형도를 이용하여 각 경우의 확률을 구한다.

한 개의 주사위를 던져 6의 약수의 눈이 나오는 사건을 A, 6의 약수가 아닌 눈이 나오는 사건을 A^c라 하고 주머니에서 파란 공을 꺼내는 사건을 F라 하자.

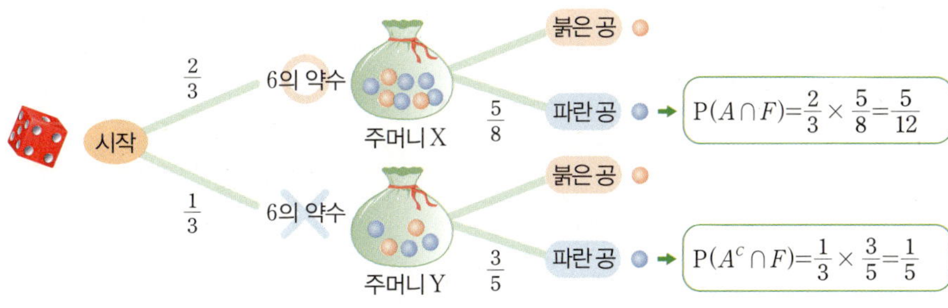

[2단계] 꺼낸 공이 파란 공일 확률을 구한다.

파란 공을 꺼낼 확률은 $\mathrm{P}(F)=\mathrm{P}(A\cap F)+\mathrm{P}(A^c\cap F)=\dfrac{5}{12}+\dfrac{1}{5}=\dfrac{37}{60}$

[3단계] 꺼낸 공이 파란 공일 때, 이 공이 주머니 Y에서 나왔을 확률을 구한다.

또, 주머니 Y에서 파란 공을 꺼낼 확률은 $\mathrm{P}(A^c\cap F)=\dfrac{1}{5}$

따라서 구하는 확률은 $\mathrm{P}(A^c|F)=\dfrac{\mathrm{P}(A^c\cap F)}{\mathrm{P}(F)}=\dfrac{\dfrac{1}{5}}{\dfrac{37}{60}}=\dfrac{12}{37}$

교과서특강문제 02 어느 제약 회사에서 개발한 새로운 진통제의 임상시험 참가자 중 60%에게는 새로운 진통제를 주고 40%에게는 기존 진통제를 주었다. 임상시험 결과 새로운 진통제를 복용한 참가자의 80%, 기존의 진통제를 복용한 참가자의 60%가 진통 완화 효과를 봤다고 한다.
임상 시험 참가자 중에서 임의로 택한 한 명이 진통 완화 효과를 보았을 때, 그 참가자가 새로운 진통제를 복용한 참가자일 확률을 구하여라.

교과서특강 풀이 [1단계] 주어진 문제의 관계를 수형도를 이용하여 각 경우의 확률을 구한다.

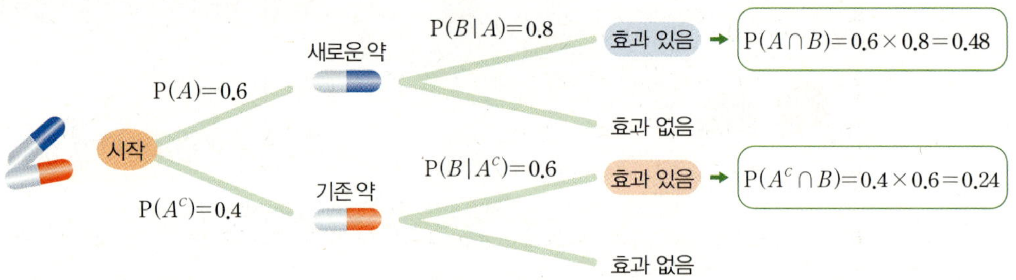

[2단계] 임상 시험 참가자 중에서 임의로 택한 한 명이 진통 완화 효과를 본 참가자일 확률을 구한다.

진통 완화 효과를 본 참가자일 확률

$\mathrm{P}(B)=\mathrm{P}(A\cap B)+\mathrm{P}(A^c\cap B)=0.48+0.24=0.72$

[3단계] 임상 시험 참가자 중에서 임의로 택한 한명이 진통 완화 효과를 보았을 때, 그 참가자가 새로운 진통제를 복용한 참가자일 확률을 구한다.

$\mathrm{P}(A|B)=\dfrac{\mathrm{P}(A\cap B)}{\mathrm{P}(B)}=\dfrac{0.48}{0.72}=\dfrac{2}{3}$

다른풀이 표를 이용하여 구하기

	새로운 진통제 복용	기존 진통제 복용	합계
효과 있음	0.48	0.24	0.72
효과 없음	0.12	0.16	0.28
합계	0.6	0.4	1

따라서 구하는 확률은 $\dfrac{0.48}{0.72}=\dfrac{2}{3}$

BASIC

내신 수능 기본 대표 기출문제

0395
주어진 표를 이용한
조건부확률
2018학년도 09월
평가원

14개의 공에 각각 검은색과 흰색 중 한 가지 색이 칠해져 있고, 자연수가 하나씩 적혀 있다. 각각의 공에 칠해져 있는 색과 적혀 있는 수에 따라 분류한 공의 개수는 다음과 같다. 14개의 공 중에서 임의로 선택한 한 개의 공이 검은색일 때, 이 공에 적혀 있는 수가 짝수일 확률은?

(단위 : 개)

구분	검은색	흰색	합계
홀수	5	3	8
짝수	4	2	6
합계	9	5	14

① $\dfrac{2}{9}$ ② $\dfrac{5}{18}$ ③ $\dfrac{1}{3}$ ④ $\dfrac{7}{18}$ ⑤ $\dfrac{4}{9}$

0396
주어진 표를 이용한
조건부확률
2018년 07월 교육청

어느 역사 동아리 1, 2학년 학생 32명을 대상으로 박물관 A와 박물관 B에 대한 선호도를 조사하였다. 이 조사에 참여한 학생은 박물관 A와 박물관 B 중 하나를 선택하였고, 각 학생이 선택한 박물관별 인원수는 다음과 같다.
이 조사에 참여한 역사 동아리 학생 중에서 임의로 선택한 1명이 박물관 A를 선택한 학생일 때, 이 학생이 1학년 학생일 확률은?

(단위 : 명)

구분	1학년	2학년	합계
박물관 A	9	15	24
박물관 B	6	2	8
합계	15	17	32

① $\dfrac{3}{8}$ ② $\dfrac{5}{12}$ ③ $\dfrac{11}{24}$ ④ $\dfrac{1}{2}$ ⑤ $\dfrac{13}{24}$

0397
주어진 표를 이용한
조건부확률
2019학년도 06월
평가원

어느 인공지능 시스템에 고양이 사진 40장과 강아지 사진 40장을 입력한 후, 이 인공지능 시스템이 각각의 사진을 인식하는 실험을 실시하여 다음 결과를 얻었다.
이 실험에서 입력된 80장의 사진 중에서 임의로 선택한 1장이 인공지능 시스템에 의해 고양이 사진으로 인식된 사진일 때, 이 사진이 고양이 사진일 확률은?

(단위 : 장)

입력＼인식	고양이 사진	강아지 사진	합계
고양이 사진	32	8	40
강아지 사진	4	36	40
합계	36	44	80

① $\dfrac{4}{9}$ ② $\dfrac{5}{9}$ ③ $\dfrac{2}{3}$ ④ $\dfrac{7}{9}$ ⑤ $\dfrac{8}{9}$

0398
주어진 표를 이용한
조건부확률
2018학년도 수능기출

어느 고등학교 전체 학생 500명을 대상으로 지역 A와 지역 B에 대한 국토 문화 탐방 희망 여부를 조사한 결과는 다음과 같다. 이 고등학교 학생 중에서 임의로 선택한 1명이 지역 A를 희망한 학생일 때, 이 학생이 지역 B도 희망한 학생일 확률은?

(단위 : 명)

지역B＼지역A	희망함	희망하지 않음	합계
희망함	140	310	450
희망하지 않음	40	10	50
합계	180	320	500

① $\dfrac{19}{45}$ ② $\dfrac{23}{45}$ ③ $\dfrac{3}{5}$

④ $\dfrac{31}{45}$ ⑤ $\dfrac{7}{9}$

정답   0395 : ⑤   0396 : ①   0397 : ⑤   0398 : ⑤

0399

조건부확률의 계산
2016년 04월 교육청

두 사건 A, B에 대하여 $P(A^c)=\dfrac{1}{4}$, $P(B|A)=\dfrac{1}{6}$일 때, $P(A\cap B)$의 값은? (단, A^c은 A의 여사건이다.)

① $\dfrac{1}{8}$　　② $\dfrac{1}{7}$　　③ $\dfrac{1}{6}$　　④ $\dfrac{1}{5}$　　⑤ $\dfrac{1}{4}$

0400

조건부확률의 계산
2009학년도 09월
평가원

두 사건 A, B에 대하여

$$P(A\cup B)=\frac{5}{8},\ P(B)=\frac{1}{4}$$

일 때, $P(A|B^c)$의 값은? (단, B^c는 B의 여사건이다.)

① $\dfrac{1}{2}$　　② $\dfrac{1}{3}$　　③ $\dfrac{1}{4}$　　④ $\dfrac{1}{5}$　　⑤ $\dfrac{1}{6}$

0401

조건부확률의 계산
내신빈출

두 사건 A, B에 대하여

$$P(A)=\frac{5}{9},\ P(B)=\frac{1}{3},\ P(A\cup B)=\frac{2}{3}$$

일 때, $P(B|A)$의 값은?

① $\dfrac{4}{9}$　　② $\dfrac{1}{3}$　　③ $\dfrac{7}{9}$　　④ $\dfrac{2}{5}$　　⑤ $\dfrac{4}{5}$

0402

조건부확률의 계산
2018년 10월 교육청

두 사건 A, B가 서로 배반사건이고, $P(A)=\dfrac{1}{2}$, $P(B)=\dfrac{2}{5}$일 때, $P(A|B^c)$의 값은?

(단, B^c은 B의 여사건이다.)

① $\dfrac{2}{5}$　　② $\dfrac{3}{5}$　　③ $\dfrac{3}{4}$　　④ $\dfrac{5}{6}$　　⑤ $\dfrac{6}{7}$

0403

조건부확률의 계산
2013학년도 수능기출

다음 물음에 답하여라. (단, B^c은 B의 여사건이다.)

(1) 두 사건 A, B에 대하여 $P(A\cap B)=\dfrac{1}{8}$, $P(B^c|A)=2P(B|A)$일 때, $P(A)$의 값은?

① $\dfrac{5}{12}$　　② $\dfrac{3}{8}$　　③ $\dfrac{1}{3}$　　④ $\dfrac{7}{24}$　　⑤ $\dfrac{1}{4}$

2009학년도 수능기출

(2) 두 사건 A, B에 대하여 $P(A)=\dfrac{1}{2}$, $P(B^c)=\dfrac{2}{3}$이며 $P(B|A)=\dfrac{1}{6}$일 때, $P(A^c|B)$의 값은?

　　(단, A^c은 A의 여사건이다.)

① $\dfrac{1}{2}$　　② $\dfrac{7}{12}$　　③ $\dfrac{2}{3}$　　④ $\dfrac{3}{4}$　　⑤ $\dfrac{5}{6}$

0404

조건부확률의 계산
2017학년도 06월
평가원

두 사건 A, B에 대하여 $P(A)=\dfrac{13}{16}$, $P(A\cap B^c)=\dfrac{1}{4}$일 때, $P(B|A)$의 값은? (단, A^c은 A의 여사건이다.)

① $\dfrac{5}{13}$　　② $\dfrac{6}{13}$　　③ $\dfrac{7}{13}$　　④ $\dfrac{8}{13}$　　⑤ $\dfrac{9}{13}$

정답　0399 : ①　0400 : ①　0401 : ④　0402 : ④　0403 : (1) ② (2) ④　0404 : ⑤

0405
조건부확률 이용한
확률 구하기
내신빈출

다음 물음에 답하여라.

(1) 주사위 한 개를 던져서 짝수의 눈이 나왔을 때, 그 눈이 소수일 확률은?

① $\dfrac{1}{6}$　　② $\dfrac{1}{3}$　　③ $\dfrac{1}{2}$　　④ $\dfrac{2}{3}$　　⑤ $\dfrac{3}{10}$

(2) 한 개의 주사위 한 번 던져서 홀수의 눈이 나왔을 때, 그 눈이 소수일 확률은?

① $\dfrac{1}{6}$　　② $\dfrac{1}{3}$　　③ $\dfrac{1}{2}$　　④ $\dfrac{2}{3}$　　⑤ $\dfrac{3}{10}$

0406
확률의 곱셈정리
내신빈출

다음 물음에 답하여라.

(1) 빨간 구슬 5개, 흰 구슬 3개가 들어 있는 주머니에서 임의로 구슬을 한 개씩 두 번 꺼낼 때, 첫 번째와 두 번째 모두 흰 구슬일 확률은? (단, 꺼낸 구슬은 다시 넣지 않는다.)

① $\dfrac{1}{8}$　　② $\dfrac{3}{8}$　　③ $\dfrac{2}{7}$　　④ $\dfrac{3}{28}$　　⑤ $\dfrac{7}{15}$

(2) 10개의 제품이 들어있는 상자에 3개의 불량품이 들어있다. 이 상자에서 임의로 1개씩 두 번 연속하여 제품을 꺼낼 때, 모두 불량품이 나올 확률은? (단, 꺼낸 제품은 다시 넣지 않는다.)

① $\dfrac{1}{30}$　　② $\dfrac{1}{15}$　　③ $\dfrac{1}{10}$　　④ $\dfrac{2}{15}$　　⑤ $\dfrac{1}{6}$

0407
확률의 곱셈정리
내신빈출

흰 공 n개와 빨간 공 3개가 들어 있는 주머니에서 한 개씩 2개의 공을 꺼낼 때, 첫 번째는 흰 공, 두 번째는 빨간 공이 나올 확률이 $\dfrac{1}{4}$이다. 이때 모든 n의 값의 합은? (단, 꺼낸 공은 다시 넣지 않는다.)

① 4　　② 5　　③ 6　　④ 7　　⑤ 8

0408
확률의 곱셈정리
내신빈출

상자 A에는 흰 공 3개와 검은 공 4개가 들어 있고, 상자 B에는 흰 공 4개와 검은 공 3개가 들어 있다. A에서 한 개의 공을 꺼내 B에 넣은 후 두 상자에서 각각 한 개의 공을 꺼낼 때, 꺼낸 공이 모두 흰 공일 확률은?

① $\dfrac{5}{28}$　　② $\dfrac{13}{56}$　　③ $\dfrac{15}{56}$　　④ $\dfrac{19}{56}$　　⑤ $\dfrac{11}{28}$

0409
확률의 곱셈정리
내신빈출

주머니 A에는 흰 구슬이 4개, 검은 구슬이 6개 들어 있고, 주머니 B에는 흰 구슬과 검은 구슬을 합하여 10개가 들어있다. 주머니 A에서 한 개의 구슬을 꺼내어 B에 넣고 잘 섞은 다음, 주머니 B에서 한 개의 구슬을 꺼낼 때 그것이 흰 구슬일 확률은 $\dfrac{2}{5}$이다. 이때 주머니 B에 처음 들어 있던 흰 구슬의 개수는?

① 3　　② 4　　③ 5　　④ 6　　⑤ 7

0410
확률의 곱셈정리
2006학년도 수능기출

각 면에 1, 1, 1, 2의 숫자가 하나씩 적혀 있는 정사면체 모양의 상자가 있다. 이 상자를 던져서 밑면에 적힌 숫자가 1이면 오른쪽 그림의 영역 A에, 숫자가 2이면 영역 B에 색을 칠하기로 하였다. 두 영역에 색이 모두 칠해질 때까지 이 상자를 계속 던질 때, 3번째에 마칠 확률을 $\dfrac{q}{p}$라 하자. $p+q$의 값을 구하여라. (단, p, q는 서로소인 자연수이다.)

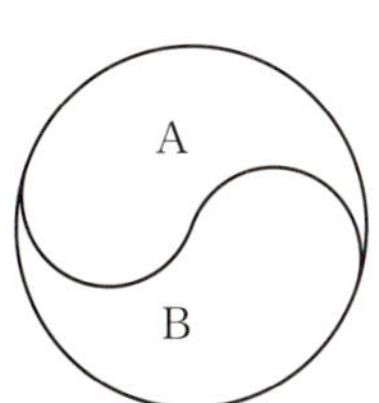

0411

주어진 표를 이용한
조건부확률
2013학년도 09월
평가원

5명의 학생 A, B, C, D, E가 김밥, 만두, 쫄면 중에서 서로 다른 2종류
의 음식을 표와 같이 선택하였다. 이 5명 중에서 임의로 뽑힌 한 학생이
만두를 선택한 학생일 때, 이 학생이 쫄면도 선택하였을 확률은?

	A	B	C	D	E
김밥	○	○		○	
만두	○	○	○		○
쫄면			○	○	○

① $\dfrac{1}{4}$　　　② $\dfrac{1}{3}$　　　③ $\dfrac{1}{2}$

④ $\dfrac{2}{3}$　　　⑤ $\dfrac{3}{4}$

0412

주어진 표를 이용한
조건부확률
2011학년도 09월
평가원

다음 물음에 답하여라.

(1) 어느 지역에서 발생한 식중독과 음식 A의 연관성을
알아보기 위해 300명을 조사하여 다음 결과를 얻었
다. 조사 대상 300명 중에서 임의로 선택된 사람이
A를 먹은 사람일 때 이 사람이 식중독에 걸렸을 확
률을 p_1, A를 먹지 않은 사람일 때 이 사람이 식중
독에 걸렸을 확률을 p_2라고 하자. $\dfrac{p_1}{p_2}$의 값은?

(단위 : 명)

	식중독에 걸린 사람	식중독에 걸리지 않은 사람	합계
A를 먹은 사람	22	28	50
A를 먹지 않은 사람	24	226	250
합계	46	254	300

① $\dfrac{11}{3}$　　② $\dfrac{25}{6}$　　③ $\dfrac{55}{12}$　　④ $\dfrac{21}{4}$　　⑤ $\dfrac{35}{6}$

2014학년도 09월
평가원

(2) 어느 학교의 독후감 쓰기 대회에 1, 2학년 학생 50명이 참가하였다.
이 대회에 참가한 학생은 다음 두 주제 중 하나를 반드시 골라야 하고,
각 학생이 고른 주제별 인원수는 표와 같다. 이 대회에 참가한 학생
50명 중에서 임의로 선택한 1명이 1학년 학생일 때, 이 학생이 주제 B
를 고른 학생일 확률을 p_1이라 하고, 이 대회에 참가한 학생 50명 중
에서 임의로 선택한 1명이 주제 B를 고른 학생일 때, 이 학생이 1학년
학생일 확률을 p_2라 하자. $\dfrac{p_2}{p_1}$의 값은?

주제 A : 수학의 역사
주제 B : 수학과 예술

(단위 : 명)

구분	1학년	2학년	합계
주제 A	8	12	20
주제 B	16	14	30
합계	24	26	50

① $\dfrac{1}{2}$　　② $\dfrac{3}{5}$　　③ $\dfrac{4}{5}$　　④ $\dfrac{3}{2}$　　⑤ $\dfrac{7}{4}$

0413

주어진 표를 이용한
조건부확률 구하기
내신빈출

오른쪽 표는 어느 동아리 회원들의 축구와 야구의 선호도를 조사한 것이다.
전체 동아리 회원 중에서 임의로 뽑은 한 명이 남자였을 때, 이회원이 축구
를 선호할 확률은 $\dfrac{2}{3}$라고 한다. 이때 x의 값은?

(단, 각 회원은 한 종목에만 선호도를 나타낼 수 있다.)

구분	남자	여자
축구	x	8
야구	15	7

① 20　　　② 23　　　③ 27　　　④ 30　　　⑤ 38

0414

주어진 표를 이용한
조건부확률 구하기
내신빈출

오른쪽 표는 어느 고등학교 전체 학생 300명의 주요 통학수단과
통학거리를 조사한 것이다. 이 학교에서 임의로 택한 한 명의 학
생이 자전거로 통학할 때, 그 학생의 통학거리가 5km 미만일 확
률이 $\dfrac{3}{5}$이다. 이 학교에서 임의로 택한 한 명의 학생의 통학 거리
가 5km 이상일 때, 그 학생이 도보로 통학할 확률은?

	도보	자전거	합계
5km 미만	a	$100-a$	100
5km 이상	$200-2a$	$2a$	200
합계	$200-a$	$100+a$	300

① $\dfrac{1}{5}$　　② $\dfrac{1}{4}$　　③ $\dfrac{1}{2}$　　④ $\dfrac{3}{4}$　　⑤ $\dfrac{3}{5}$

정답　0411 : ③　　0412 : (1) ③ (2) ③　　0413 : ④　　0414 : ④

0415
주어진 표를 이용한
조건부확률 구하기
내신빈출

떡볶이와 순대만 판매하는 어느 분식집을 이용하는 학생 30명을 대상으로 조사한 결과 떡볶이를 좋아하는 학생은 18명이었다. 이 분식집을 이용하는 학생 중 순대를 좋아하는 여학생인 확률은 $\frac{1}{6}$이고, 이 분식집을 이용하는 학생 중 떡볶이를 좋아할 때, 이 학생이 남학생일 확률은 $\frac{2}{3}$이다. 이 분식집을 이용하는 학생 중 임의로 택한 한 명이 남학생이었을 때, 순대를 좋아하는 확률은?

① $\frac{2}{19}$ ② $\frac{7}{19}$ ③ $\frac{5}{12}$ ④ $\frac{7}{12}$ ⑤ $\frac{2}{3}$

0416
표가 주어진
조건부확률
2016학년도 09월
평가원

어느 도서관 이용자 300명을 대상으로 각 연령대별, 성별 이용 현황을 조사한 결과는 다음과 같다.

구분	19세 이하	20대	30대	40세 이상	계
남성	40	a	$60-a$	100	200
여성	35	$45-b$	b	20	100

이 도서관 이용자 300명 중에서 30대가 차지하는 비율은 12%이다. 이 도서관 이용자 300명 중에서 임의로 선택한 1명이 남성일 때 이 이용자가 20대일 확률과, 이 도서관 이용자 300명 중에서 임의로 선택한 1명이 여성일 때, 이 이용자가 30대일 확률이 서로 같다. $a+b$의 값을 구하여라.

0417
확률의 곱셈정리
2009학년도 수능기출

주머니 A와 B에는 1, 2, 3, 4, 5의 숫자가 하나씩 적혀 있는 다섯 개의 구슬이 각각 들어 있다. 철수는 주머니 A에서, 영희는 주머니 B에서 각자 구슬을 임의로 한 개씩 꺼내어 두 구슬에 적혀 있는 숫자를 확인한 후 다시 넣지 않는다. 이와 같은 시행을 반복할 때, 첫 번째 꺼낸 두 구슬에 적혀 있는 숫자가 서로 다르고, 두 번째 꺼낸 두 구슬에 적혀 있는 숫자가 같을 확률은?

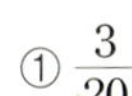

① $\frac{3}{20}$ ② $\frac{1}{5}$ ③ $\frac{1}{4}$ ④ $\frac{3}{10}$ ⑤ $\frac{7}{20}$

0418
확률의 곱셈정리
내신빈출

주머니 A에는 흰 공 3개, 검은 공 3개가 들어 있고, 주머니 B에는 흰 공 2개, 검은 공 2개가 들어 있다. 두 주머니 A, B에서 각각 임의로 2개의 공을 동시에 꺼내어 서로 다른 주머니에 넣었을 때, 주머니 A보다 주머니 B에 더 많은 흰 공이 들어 있을 확률은?

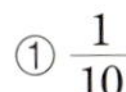

① $\frac{1}{10}$ ② $\frac{1}{6}$ ③ $\frac{7}{30}$
④ $\frac{4}{15}$ ⑤ $\frac{1}{2}$

0419
확률의 곱셈정리와
조건부확률
2018년 10월 교육청

흰 공 3개, 검은 공 2개가 들어 있는 주머니에서 갑이 임의로 2개의 공을 동시에 꺼내고, 남아 있는 3개의 공 중에서 을이 임의로 2개의 공을 동시에 꺼낸다. 갑이 꺼낸 흰 공의 개수가 을이 꺼낸 흰 공의 개수보다 많을 때, 을이 꺼낸 공이 모두 검은 공일 확률은?

① $\frac{1}{15}$ ② $\frac{2}{15}$ ③ $\frac{1}{5}$ ④ $\frac{4}{15}$ ⑤ $\frac{1}{3}$

0420
곱셈정리의 확률
내신빈출

주머니에 1부터 10까지의 자연수가 각각 하나씩 적힌 10개의 공이 들어있다. 이 주머니에서 임의로 2개의 공을 동시에 꺼내 공에 적힌 수를 확인하고 꺼낸 공을 주머니에 다시 넣는다. 이 시행을 2번 했을 때, 확인한 4개의 수의 최댓값이 10일 확률은?

① $\frac{1}{5}$ ② $\frac{9}{25}$ ③ $\frac{11}{25}$ ④ $\frac{12}{25}$ ⑤ $\frac{3}{5}$

정답　0415 : ② 　0416 : 72 　0417 : ① 　0418 : ④ 　0419 : ⑤ 　0420 : ②

0421

다음 물음에 답하여라.

(1) 흰 공 3개에는 1, 2, 3의 숫자를 하나씩 적고, 검은 공 3개에는 4, 5, 6의 숫자를 하나씩 적어 주머니에 넣은 후 임의로 2개의 공을 동시에 꺼냈다. 주머니에서 꺼낸 2개의 공에 적힌 숫자의 합이 소수일 때, 꺼낸 2개의 공의 색이 같을 확률은?

① $\dfrac{2}{7}$ ② $\dfrac{5}{14}$ ③ $\dfrac{3}{7}$

④ $\dfrac{1}{2}$ ⑤ $\dfrac{4}{7}$

2018년 10월 교육청

(2) 주머니에 1, 2, 3, 4의 숫자가 각각 하나씩 적힌 흰 공 4개와 3, 5, 7, 9의 숫자가 각각 하나씩 적힌 검은 공 4개가 들어 있다. 이 주머니에서 임의로 3개의 공을 동시에 꺼낸다. 꺼낸 3개의 공이 흰 공 2개, 검은 공 1개일 때, 꺼낸 검은 공에 적힌 수가 꺼낸 흰 공 2개에 적힌 수의 합보다 클 확률은?

① $\dfrac{11}{24}$ ② $\dfrac{1}{2}$ ③ $\dfrac{13}{24}$

④ $\dfrac{7}{12}$ ⑤ $\dfrac{5}{8}$

0422

확률의 곱셈정리와
조건부확률
2013년 07월 교육청

오른쪽 그림과 같이 크기와 모양이 같은 공이 상자 A에는 검은 공 2개와 흰 공 2개, 상자 B에는 검은 공 1개와 흰 공 2개가 들어 있다. 두 상자 A, B 중 임의로 선택한 하나의 상자에서 공을 1개 꺼냈더니 검은 공이 나왔을 때, 그 상자에 남은 공이 모두 흰 공일 확률은?

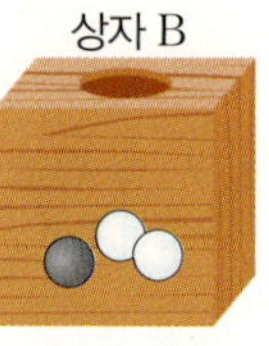

① $\dfrac{3}{10}$ ② $\dfrac{2}{5}$ ③ $\dfrac{1}{2}$ ④ $\dfrac{3}{5}$ ⑤ $\dfrac{7}{10}$

0423

확률의 곱셈정리와
조건부확률
내신빈출

상자 A에는 흰 공이 2개, 검은 공이 4개가 들어 있고, 상자 B에는 흰 공이 3개, 검은 공이 2개가 들어 있다. 두 상자 A, B 중에서 한 상자를 임의로 택하고 그 상자에서 2개의 공을 꺼냈을 때, 흰 공이 1개, 검은 공이 1개가 나왔다. 이때 택한 상자가 A일 확률은?

① $\dfrac{1}{15}$ ② $\dfrac{4}{15}$ ③ $\dfrac{3}{10}$ ④ $\dfrac{17}{30}$ ⑤ $\dfrac{8}{17}$

0424

확률의 곱셈정리와
조건부확률
2015학년도 사관기출

주머니 A에는 흰 공 2개, 검은 공 4개가 들어 있고, 주머니 B에는 흰 공 4개, 검은 공 2개가 들어 있다. 주머니 A에서 임의로 2개의 공을 꺼내어 주머니 B에 넣고 섞은 다음 주머니 B에서 임의로 2개의 공을 꺼내어 주머니 A에 넣었더니 두 주머니에 있는 검은 공의 개수가 서로 같아졌다. 이때 주머니 A에서 꺼낸 공이 모두 검은 공이었을 확률은?

① $\dfrac{6}{11}$ ② $\dfrac{13}{22}$ ③ $\dfrac{7}{11}$ ④ $\dfrac{15}{22}$ ⑤ $\dfrac{8}{11}$

0425

확률의 곱셈정리와
조건부확률
2007학년도 09월
평가원

어느 학교 전체 학생을 대상으로 지난 한 달 동안 컴퓨터를 사용한 시간에 대하여 조사하여, 컴퓨터를 매일 1시간 이상 사용한 집단 A와 그렇지 않은 집단 B로 분류하였다. 집단 A에 속한 학생은 전체 학생의 60%이었고, 이 중에서 70%의 학생이 안경을 착용하고 있었다. 그리고 집단 B에 속한 학생의 40%가 안경을 착용하고 있는 것으로 나타났다. 이때 임의로 한 학생을 선택하였더니 안경을 착용하고 있었다.

이 학생이 집단 A에 속할 확률을 $\dfrac{q}{p}$ 라 할 때, $p+q$의 값을 구하여라. (단, p와 q는 서로소인 자연수이다.)

정답 0421 : (1) ③ (2) ③ 0422 : ② 0423 : ⑤ 0424 : ① 0425 : 50

0426

조건부확률과
곱셈정리의 확률
2007학년도 수능기출

5개의 제비 중에서 당첨제비가 2개 있다. 갑이 먼저 한 개의 제비를 뽑은 다음 을이 한 개의 제비를 뽑을 때, 갑이 당첨제비를 뽑을 사건을 A, 을이 당첨제비를 뽑을 사건을 B라 하자. [보기]에서 옳은 것을 모두 고른 것은?
(단, 한 번 뽑은 제비는 다시 넣지 않는다.)

> ㄱ. $P(A)=P(B)$
> ㄴ. $P(B|A)>P(B|A^c)$
> ㄷ. $P(B|A)=P(A|B)$

① ㄱ ② ㄴ ③ ㄷ ④ ㄱ, ㄴ ⑤ ㄱ, ㄷ

0427

곱셈정리의 확률
서 술 형

상자 속에 20개의 제비가 들어 있고, 그 중 4개가 당첨제비이다. 이 상자에서 강인이와 승호가 차례로 한 개씩 제비를 뽑을 때, 다음 물음에 답하고 그 과정을 서술하여라. (단, 뽑은 제비는 다시 넣지 않는다.)
[1단계] 강인이가 당첨제비를 뽑을 확률을 구한다.
[2단계] 승호가 당첨제비를 뽑을 확률을 구한다.
[3단계] 1단계, 2단계 결과를 비교하여 강인이와 승호 중 누가 더 유리한지 설명한다.

0428

곱셈정리의 확률
서 술 형

어떤 축구팀은 비가 내릴 때 경기에서 이길 확률이 0.4이고, 비가 내리지 않을 때 경기에서 이길 확률이 0.6이라고 한다. 내일 비가 내릴 확률이 0.3일 때, 이 팀이 내일 경기에서 이길 확률을 다음 단계로 서술하여라.

[1단계] 내일 비가 내리고 이길 확률을 구한다.
[2단계] 내일 비가 내리지 않고 이길 확률을 구한다.
[3단계] 내일 경기에서 이길 확률을 구한다.

0429

주머니에서 공을
꺼내는 곱셈정리의
확률
서 술 형

오른쪽 그림과 같이 주머니 A에는 2, 3의 숫자가 하나씩 적힌 공이 각각 4개, 5개가 들어있고, 주머니 B에는 흰 공 3개, 검은 공 7개가 들어있다. 주머니 A에서 임의로 한 개의 공을 꺼낼 때, 꺼낸 공에 적힌 숫자가 n $(n=2, 3)$이면 주머니 B에서 임의로 $(8-2n)$개의 공을 동시에 꺼낼 때, 주머니 B에서 적어도 한 개의 흰 공이 나올 확률을 구하는 과정을 다음 단계로 서술하여라.

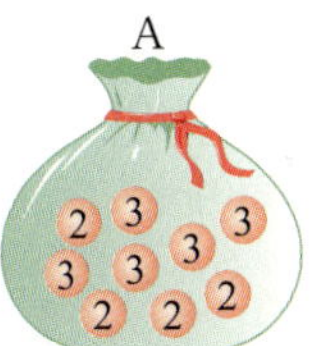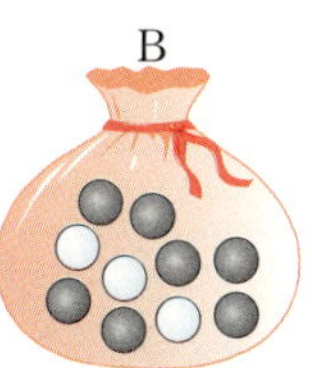

[1단계] $n=2$이면 주머니 B에서 임의로 4개의 공을 동시에 꺼낼 때 적어도 한 개의 흰 공을 꺼낼 확률을 구한다.
[2단계] $n=3$이면 주머니 B에서 임의로 2개의 공을 동시에 꺼낼 때 적어도 한 개의 흰 공을 꺼낼 확률을 구한다.
[3단계] 1단계, 2단계를 이용하여 주머니 B에서 적어도 한 개의 흰 공이 나올 확률을 구한다.

0430

조건부확률
2017학년도 06월
평가원
서 술 형

오른쪽 표와 같이 두 상자 A, B에는 흰 구슬과 검은 구슬이 섞여서 각각 100개씩 들어 있다. 두 상자 A, B에서 각각 1개씩 임의로 꺼낸 구슬이 서로 같은 색일 때, 그 색이 흰색일 확률은 $\dfrac{2}{9}$이다. a의 값을 구하는 과정을 다음 단계로 서술하여라.

(단위 : 개)	상자 A	상자 B
흰 구슬	a	$100-2a$
검은 구슬	$100-a$	$2a$
합계	100	100

[1단계] 두 상자 A, B에서 꺼낸 구슬이 모두 흰색일 확률을 a에 관한 식으로 나타낸다.
[2단계] 두 상자 A, B에서 꺼낸 구슬이 모두 검은 색일 확률을 a에 관한 식으로 나타낸다.
[3단계] 두 구슬이 모두 같은 색일 때, 그 색이 흰색일 확률이 $\dfrac{2}{9}$임을 이용하여 a에 관한 식으로 나타낸다.
[4단계] 자연수 a의 값을 구한다.

정답   0426 : ⑤   0427 : 해설참조   0428 : 해설참조   0429 : 해설참조   0430 : 해설참조

0431

표가 주어진
조건부확률

H고등학교의 전체 학생을 대상으로 대입 수시모집 지원 여부를 조사하였다. 학생부종합전형에 지원한 학생과 지원하지 않은 학생의 비는 7:3이고, 논술전형에 지원한 학생과 지원하지 않은 학생의 비는 4:1이다. 이 고등학교 학생 중에서 임의로 선택한 한 학생이 논술전형에 지원한 학생일 때, 이 학생이 학생부종합전형에 지원한 학생일 확률은 $\frac{3}{4}$ 이다. 이 학교 학생 중에서 임의로 뽑은 한 명이 학생부종합전형과 논술전형에 모두 지원하지 않은 학생일 확률을 $\frac{p}{q}$ 라 할 때, $p+q$의 값을 구하여라. (단, p, q는 서로소인 자연수)

0432

확률의 곱셈정리와
·조건부확률

어느 도로에서 사고가 많이 발생하는 지점에 과속 단속 카메라를 설치하였다. 이 점을 지나는 차량 중 5%는 과속을 하여 통과하며, 과속 단속 카메라가 과속하는 차량을 과속이라고 판단할 확률은 0.98이고, 과속하지 않은 차량을 과속이라고 판단할 확률은 0.02이다. 이 지점을 통과한 차량 중 단속 카메라가 과속이라고 판단했을 때, 이 차량이 실제로 과속으로 단속된 차량일 확률은?

① $\frac{8}{25}$　　　② $\frac{17}{250}$　　　③ $\frac{9}{125}$　　　④ $\frac{19}{250}$　　　⑤ $\frac{49}{68}$

0433

확률의 곱셈정리와
조건부확률
2014학년도 사관기출

어떤 제품은 전체 생산량의 30%, 20%, 50%가 각각 세 공장 A, B, C에서 생산되고, 제품의 불량률은 각각 2%, 4%, a%라고 한다. 세 공장 A, B, C에서 생산된 제품 중 임의로 선택한 한 개의 제품이 불량품일 때, 그 제품이 C공장에서 생산된 제품이었을 확률은 $\frac{15}{29}$ 이다. a의 값을 구하여라.

(단, 세 공장 A, B, C에서는 다른 제품은 생산되지 않는다.)

0434

확률의 곱셈정리와
조건부확률
2018학년도 09월
평가원

그림과 같이 주머니 A에는 1부터 6까지의 자연수가 하나씩 적힌 6장의 카드가 들어 있고 주머니 B와 C에는 1부터 3까지의 자연수가 하나씩 적힌 3장의 카드가 각각 들어 있다. 갑은 주머니 A에서, 을은 주머니 B에서, 병은 주머니 C에서 각자 임의로 1장의 카드를 꺼낸다. 이 시행에서 갑이 꺼낸 카드에 적힌 수가 을이 꺼낸 카드에 적힌 수보다 클 때, 갑이 꺼낸 카드에 적힌 수가 을과 병이 꺼낸 카드에 적힌 수의 합보다 클 확률이 k이다. $100k$의 값을 구하여라.

0435

확률의 곱셈정리
2018년 10월 교육청

오른쪽 그림과 같이 주머니에 ★ 모양의 스티커가 각각 1개씩 붙어 있는 카드 2장과 스티커가 붙어 있지 않은 카드 3장이 들어 있다. 이 주머니를 사용하여 다음의 시행을 한다.

> 주머니에서 임의로 2장의 카드를 동시에 꺼낸 다음, 꺼낸 카드에 ★ 모양의 스티커를 각각 1개씩 붙인 후 다시 주머니에 넣는다.

위의 시행을 2번 반복한 뒤 주머니 속에 ★ 모양의 스티커가 3개 붙어 있는 카드가 들어 있을 확률은 $\frac{q}{p}$ 이다. $p+q$의 값을 구하여라. (단, p와 q는 서로소인 자연수이다.)

0436

확률의 곱셈정리를
이용하여 조건부확률
구하기
2018학년도 06월
평가원

흰 공 3개, 검은 공 4개가 들어 있는 주머니가 있다. 이 주머니에서 임의로 3개의 공을 동시에 꺼내어, 꺼낸 흰 공과 검은 공의 개수를 각각 m, n이라 하자. 이 시행에서 $2m \geq n$일 때, 꺼낸 흰 공의 개수가 2일 확률은 $\frac{q}{p}$ 이다. $p+q$의 값을 구하여라. (단, p와 q는 서로소인 자연수이다.)

확률과 통계

04

사건의 독립과 종속

1. 사건의 독립과 종속
2. 독립시행의 확률

01 사건의 독립과 종속

01 사건의 독립과 종속

(1) 독립과 종속의 의미

① 독립 (獨立 : independence)

확률이 0이 아닌 두 사건 A, B에 대하여

'사건 A가 일어나든, 일어나지 않든 사건 B가 일어날 확률은 항상 같다.'

즉, 「사건 A의 발생 여부가 사건 B가 일어날 확률에 영향을 주지 않는다.」

이때 사건 A와 사건 B는 서로 독립이라 하고 서로 독립인 사건을 독립사건이라 한다.

$$P(B|A)=P(B|A^c)=P(B) \text{ 또는 } P(A|B)=P(A|B^c)=P(A)$$

② 종속 (從屬 : dependence)

두 사건 A, B가 독립이 아닐 때, 두 사건 A, B는 서로 종속이라 하고, 서로 종속인 두 사건을 종속사건이라 한다.

$$P(B|A) \neq P(B|A^c) \text{ 또는 } P(B|A) \neq P(B)$$

(2) 독립과 종속의 정의와 성질

A, B가 독립의 정의	$P(B|A)=P(B)$ 또는 $P(A|B)=P(A)$
A, B가 독립의 성질	$P(B|A)=P(B|A^c)=P(B)$
A, B가 종속의 정의	$P(B|A) \neq P(B)$ 또는 $P(A|B) \neq P(A)$
A, B가 종속의 성질	$P(B|A) \neq P(B|A^c)$ 또는 $P(B|A^c) \neq P(B)$

마플해설

주머니 속에 흰 공 4개, 검은 공 3개가 들어 있다. 이 중에서 한 개씩 두 번 꺼낼 때,
첫 번째 꺼낸 공이 흰 공인 사건을 A, 두 번째 꺼낸 공이 흰 공인 사건을 B라 할 때,

(1) 처음 꺼낸 공을 다시 넣고 두 번째 공을 꺼내는 경우 (복원추출)

두 번째에 흰 공을 꺼낼 확률은 첫 번째 꺼낸 흰 공의 확률에 영향을 받지 않으므로

$P(B|A)=\dfrac{4}{7}$, $P(B|A^c)=\dfrac{4}{7}$, 즉 $P(B|A)=P(B|A^c)=P(B)$

즉, 두 사건 A와 B는 서로 독립이다.

따라서 두 사건 A, B에 대하여 사건 A의 발생 여부가 사건 B가 일어날 확률에 영향을 주지 않을 때, 즉

$P(B|A)=P(B)$ 또는 $P(A|B)=P(A)$

일 때, 두 사건 A, B는 서로 독립이라 하고, 서로 독립인 두 사건을 독립사건이라고 한다.

(2) 처음 꺼낸 공을 다시 넣지 않고 두 번째 공을 꺼내는 경우 (비복원추출)

첫 번째 꺼낸 공의 색깔에 따라 두 번째 흰 공을 꺼낼 확률이 달라지므로

$P(B|A)=\dfrac{3}{6}=\dfrac{1}{2}$, $P(B|A^c)=\dfrac{4}{6}=\dfrac{2}{3}$, 즉 $P(B|A) \neq P(B|A^c)$

즉, 두 사건 A와 B는 서로 종속이다.

$P(B|A) \neq P(B)$ 또는 $P(A|B) \neq P(A)$

따라서 두 사건이 서로 독립이 아닐 때, 두 사건은 서로 종속이라고 하며, 서로 종속인 두 사건을 종속사건이라고 한다.

참고 복원추출 : 추출하였던 것을 제자리에 돌려놓고 다음의 것을 추출하는 방법

비복원추출 : 추출하였던 것을 제자리에 되돌리지 않고, 다음 표본을 추출하는 방법

+α 더 알아보기

$0 < P(A) < 1$일 때, 두 사건 A, B가 독립이면 $P(B|A)=P(B)$이므로 $P(B|A^c)=P(B)$이 성립한다.

$P(B|A^c)=\dfrac{P(A^c \cap B)}{P(A^c)}=\dfrac{P(B)-P(A \cap B)}{P(A^c)}=\dfrac{P(B)-P(A)P(B|A)}{1-P(A)}=\dfrac{P(B)-P(A)P(B)}{1-P(A)}=\dfrac{P(B)\{1-P(A)\}}{1-P(A)}=P(B)$

이므로

$P(B|A^c)=P(B)$도 성립한다.

02 두 사건이 독립일 조건

두 사건 A, B가 서로 독립이기 위한 **필요충분조건**은 다음과 같다.

$$P(A \cap B) = P(A)P(B) \ (단, \ P(A) > 0, \ P(B) > 0)$$

마플해설

두 사건 A, B가 서로 독립일 필요충분조건에 대하여 증명

두 사건 A, B가 서로 독립이면 $P(B|A) = P(B)$이므로 확률의 곱셈정리에 의하여

$$P(A \cap B) = P(A)P(B|A) = P(A)P(B)$$

이다. 즉 $P(A \cap B) = P(A)P(B)$가 성립한다.

역으로 $P(A \cap B) = P(A)P(B)$이면

$$P(B|A) = \frac{P(A \cap B)}{P(A)} = \frac{P(A)P(B)}{P(A)} = P(B)$$

에서 $P(B|A) = P(B)$이므로 두 사건 A, B는 서로 독립이다.

따라서 두 사건 A와 B가 서로 독립이기 위한 필요충분조건은 $P(A \cap B) = P(A)P(B)$이다.

보기 01

한 개의 주사위를 던져서 2의 배수의 눈이 나오는 사건을 A, 3의 배수의 눈이 나오는 사건을 B, 소수의 눈이 나오는 사건을 C라고 할 때, 다음 두 사건이 독립 또는 종속임을 확인하여라.

(1) 사건 A와 B　　　　　　　　(2) 사건 A와 C

풀이

$A = \{2, 4, 6\}$, $B = \{3, 6\}$, $C = \{2, 3, 5\}$에서

$$P(A) = \frac{1}{2}, \ P(B) = \frac{1}{3}, \ P(C) = \frac{1}{2}$$

(1) $A \cap B = \{6\}$에서 $P(A \cap B) = \frac{1}{6}$, $P(A)P(B) = \frac{1}{2} \times \frac{1}{3} = \frac{1}{6}$

따라서 $P(A \cap B) = P(A)P(B)$이므로 두 사건 A, B는 서로 독립이다.

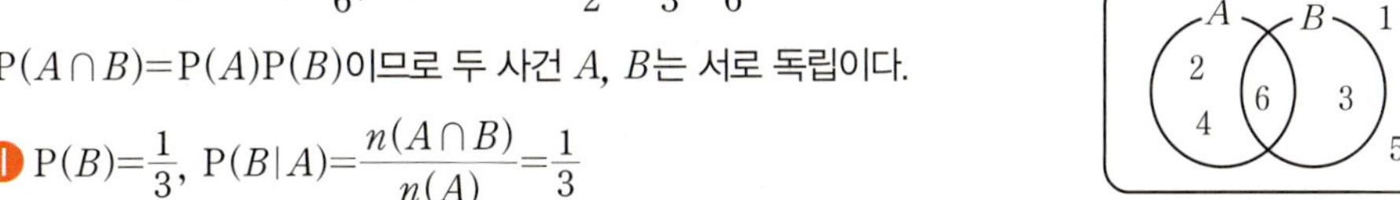

다른풀이 $P(B) = \frac{1}{3}$, $P(B|A) = \frac{n(A \cap B)}{n(A)} = \frac{1}{3}$

$\therefore \ P(B|A) = P(B)$ ← 또는 $P(A|B) = P(A)$를 보여도 된다.

따라서 두 사건 A, B는 서로 독립이다.

(2) $A \cap C = \{2\}$에서 $P(A \cap C) = \frac{1}{6}$, $P(A)P(C) = \frac{1}{2} \times \frac{1}{2} = \frac{1}{4}$

따라서 $P(A \cap C) \neq P(A)P(C)$이므로 두 사건 A, C는 서로 종속이다.

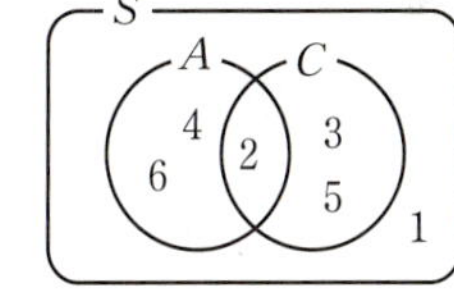

다른풀이 $P(C) = \frac{1}{2}$, $P(C|A) = \frac{n(A \cap C)}{n(A)} = \frac{1}{3}$

$\therefore \ P(C|A) \neq P(C)$ ← 또는 $P(A|C) \neq P(A)$를 보여도 된다.

따라서 두 사건 A, C는 서로 종속이다.

보기 02

한 개의 동전과 한 개의 주사위를 동시에 던질 때, 동전의 앞면이 나오는 사건을 A, 주사위는 눈의 수가 3의 배수인 사건을 B라 하자. 다음을 구하여라.

(1) $P(A \cap B)$　　　　　　(2) $P(B|A)$　　　　　　(3) $P(B|A^c)$

풀이

$A = \{H\}$, $B = \{3, 6\}$이므로 $P(A) = \frac{1}{2}$, $P(B) = \frac{2}{6} = \frac{1}{3}$이고 두 사건 A, B는 서로 독립이다.

(1) $P(A \cap B) = P(A)P(B) = \frac{1}{2} \times \frac{1}{3} = \frac{1}{6}$

(2) $P(B|A) = P(B) = \frac{1}{3}$

(3) $P(B|A^c) = P(B) = \frac{1}{3}$

한 개의 주사위를 던질 때, 홀수의 눈이 나오는 사건을 A, 소수의 눈이 나오는 사건을 B, 5 또는 6의 눈이 나오는 사건을 C라 할 때, 다음 [보기] 중 서로 독립인 것을 모두 골라라.

| ㄱ. A와 B | ㄴ. B와 C | ㄷ. A와 C |

MAPL CORE

① $P(A)P(B)=P(A \cap B)$이면 A, B는 서로 독립
② $P(A)P(B) \neq P(A \cap B)$이면 A, B는 서로 종속

개념익힘 | 풀이

$A=\{1, 3, 5\}$, $B=\{2, 3, 5\}$, $C=\{5, 6\}$이므로 $P(A)=\dfrac{1}{2}$, $P(B)=\dfrac{1}{2}$, $P(C)=\dfrac{1}{3}$

또, $A \cap B=\{3, 5\}$, $B \cap C=\{5\}$, $A \cap C=\{5\}$이므로 $P(A \cap B)=\dfrac{1}{3}$, $P(B \cap C)=\dfrac{1}{6}$, $P(A \cap C)=\dfrac{1}{6}$

ㄱ. $P(A)P(B)=\dfrac{1}{2} \times \dfrac{1}{2}=\dfrac{1}{4}$, $P(A \cap B)=\dfrac{1}{3}$에서

  $P(A \cap B) \neq P(A)P(B)$이므로 두 사건 A, B는 서로 종속이다.

ㄴ. $P(B)P(C)=\dfrac{1}{2} \times \dfrac{1}{3}=\dfrac{1}{6}$, $P(B \cap C)=\dfrac{1}{6}$에서

  $P(B \cap C)=P(B)P(C)$이므로 두 사건 B, C는 서로 독립이다.

ㄷ. $P(A)P(C)=\dfrac{1}{2} \times \dfrac{1}{3}=\dfrac{1}{6}$, $P(A \cap C)=\dfrac{1}{6}$에서

  $P(A \cap C)=P(A)P(C)$이므로 두 사건 A, C는 서로 독립이다.

따라서 서로 독립인 것은 ㄴ, ㄷ이다.

확인유제 0437 한 개의 주사위를 던져 짝수의 눈이 나오는 사건을 A, 4의 약수의 눈이 나오는 사건을 B, 3의 배수의 눈이 나오는 사건을 C라 할 때, [보기]에서 옳은 것만을 있는 대로 고른 것은?

| ㄱ. 두 사건 A, B는 서로 독립이다. |
| ㄴ. 두 사건 B, C는 서로 종속이다. |
| ㄷ. 두 사건 C, A는 서로 독립이다. |

① ㄱ   ② ㄴ   ③ ㄷ   ④ ㄱ, ㄴ   ⑤ ㄴ, ㄷ

변형문제 0438 1부터 10까지 자연수가 각각 하나씩 적힌 10장의 카드 중에서 임의로 한 장을 뽑을 때, n의 배수가 적힌 카드를 뽑는 사건을 A_n이라 하자. 이때 [보기]에서 옳은 것을 모두 고른 것은?

2007년 03월 교육청

| ㄱ. A_3과 A_4는 서로 배반사건이다. |
| ㄴ. $P(A_4 \vert A_2)=\dfrac{1}{5}$ |
| ㄷ. A_2와 A_5는 서로 독립이다. |

① ㄱ   ② ㄱ, ㄴ   ③ ㄱ, ㄷ   ④ ㄴ, ㄷ   ⑤ ㄱ, ㄴ, ㄷ

발전문제 0439 10개의 제비 중에 당첨제비가 3개 들어 있다. 송이와 민호 두 사람이 이 순서대로 한 개씩만 제비를 뽑을 때, 송이가 당첨되는 사건을 A라 하고, 민호가 당첨되는 사건을 B라 하자. 옳은 것만을 [보기]에서 있는 대로 고른 것은? (단, 뽑은 제비는 다시 넣지 않는다.)

| ㄱ. $P(A \cap B)=\dfrac{3}{50}$ |
| ㄴ. $P(A \vert B)=P(B \vert A)$ |
| ㄷ. 두 사건 A, B는 서로 독립이다. |

① ㄱ   ② ㄴ   ③ ㄷ   ④ ㄱ, ㄷ   ⑤ ㄴ, ㄷ

정답   0437 : ⑤   0438 : ③   0439 : ②

2005학년도 수능기출

오른쪽 표는 어느 회사에서 전체 직원 360명을 대상으로 재직 연수와 새로운 조직 개편안에 대한 찬반 여부를 조사한 표이다. 재직 연수가 10년 미만일 사건과 조직 개편안에 찬성할 사건이 서로 독립일 때, a의 값을 구하여라.

(단위 : 명)

재직 연수 \ 찬반 여부	찬성	반대	합계
10년 미만	a	b	120
10년 이상	c	d	240
합계	150	210	360

MAPL **CORE**

두 사건 A, B가 서로 독립이면 다음이 성립한다.
① $\mathrm{P}(A \cap B) = \mathrm{P}(A)\mathrm{P}(B)$
② $\mathrm{P}(A|B) = \mathrm{P}(A)$ 또는 $\mathrm{P}(B|A) = \mathrm{P}(B)$

개념익힘 | 풀이

재직연수가 10년 미만일 사건을 A, 조직 개편안에 찬성할 사건을 B라 하고

회사 전체직원을 표본공간 S라 하면

$$\mathrm{P}(A) = \frac{n(A)}{n(S)} = \frac{120}{360} = \frac{1}{3}, \ \mathrm{P}(B) = \frac{n(B)}{n(S)} = \frac{150}{360} = \frac{5}{12}, \ \mathrm{P}(A \cap B) = \frac{n(A \cap B)}{n(S)} = \frac{a}{360}$$

이때 두 사건 A, B가 서로 독립일 필요충분조건은 $\mathrm{P}(A \cap B) = \mathrm{P}(A)\mathrm{P}(B)$이므로

$$\frac{a}{360} = \frac{1}{3} \times \frac{5}{12}$$

따라서 $a = 50$

다른풀이 두 사건 A, B가 독립이므로 $\mathrm{P}(A|B) = \mathrm{P}(A)$를 이용하여 풀이하기

재직연수가 10년 미만일 사건을 A, 조직 개편안에 찬성할 사건을 B라 하면

$$\mathrm{P}(A) = \frac{1}{3}, \ \mathrm{P}(A|B) = \frac{a}{150}$$

이때 두 사건 A, B가 서로 독립이므로 $\mathrm{P}(A|B) = \mathrm{P}(A)$이 성립한다.

따라서 $\dfrac{1}{3} = \dfrac{a}{150}$ 이므로 $a = 50$ ← 두 사건 A, B가 독립이므로 $\mathrm{P}(B|A) = \mathrm{P}(B)$를 이용하여 a의 값을 구할 수 있다.

확인유제 0440

→ 서로 독립인 사건에서는 비율이 동일함을 이용하여 풀 수 있다. 해설참고

소희 반은 안경을 쓴 남학생 15명, 안경을 안 쓴 남학생 3명, 안경을 쓴 여학생 10명, 안경을 안 쓴 여학생 x명으로 구성되어 있다. 소희 반 학생 중에서 임의로 한 명을 뽑을 때, 뽑힌 학생이 남학생인 사건을 A, 안경을 쓴 학생인 사건을 B라고 하자. 두 사건 A, B가 서로 독립일 때, x의 값은?

① 2　　　② 4　　　③ 6　　　④ 8　　　⑤ 10

변형문제 0441

오른쪽 표는 어느 회사에서 전체 직원 250명을 대상으로 폴더블 스마트폰의 구입희망 여부를 조사하여 나타낸 표이다. 전체 직원 중 한 명을 임의로 뽑을 때, 뽑힌 직원이 남자 직원인 사건을 A, 폴더블 스마트폰을 구입 희망하는 직원인 사건을 B라 하자. 두 사건 A, B가 서로 독립일 때, a의 값은?

	구입 희망	구입 안함	합계
남자	a	b	130
여자	c	d	120
합계	150	100	250

① 65　　　② 72　　　③ 78　　　④ 82　　　⑤ 104

발전문제 0442

2006학년도 06월 평가원

어느 회사의 전체 직원은 기혼남성 6명, 미혼남성 20명, 기혼여성 36명, 미혼여성 x명이다. 이 회사에서 직원 중 한 사람을 선택하여 선물을 주기로 하였다. 선택된 직원이 남성인 경우를 사건 A라 하고, 미혼인 경우를 사건 B라 하지. 두 사건 A, B가 서로 독립일 때, x의 값을 구하여라.
(단, 각 직원이 선택될 확률은 같다고 가정한다.)

정답　0440 : ①　　0441 : ③　　0442 : 120

주머니 속에 8개의 공이 들어 있다. 이 중 k개는 흰 공이고, 나머지는 검은 공이다. 흰 공에는 1부터 k까지의 자연수가 각각 하나씩 적혀 있고, 검은 공에는 $k+1$부터 8까지의 자연수가 각각 하나씩 적혀 있다.
이 주머니에서 임의로 하나의 공을 꺼낼 때, 흰 공이 나오는 사건을 A라 하고, 홀수가 적힌 공이 나오는 사건을 B라 하자. 두 사건 A, B가 서로 독립이 되도록 자연수 k의 값을 정할 때, 모든 k의 값의 합을 구하여라.
(단, $1 \leq k \leq 7$이다.)

MAPL C◯RE

두 사건 A, B가 서로 독립이면 다음이 성립한다.
① $P(A \cap B) = P(A)P(B)$
② $P(A|B) = P(A)$ 또는 $P(B|A) = P(B)$

개념익힘 | 풀이

흰 공이 나오는 사건을 A, 홀수가 적힌 공이 나오는 사건을 B라 하면 k개는 흰 공이고, 나머지는 검은 공이므로
$P(A) = \dfrac{k}{8}$, $P(B) = \dfrac{4}{8} = \dfrac{1}{2}$

$\therefore P(A)P(B) = \dfrac{k}{8} \times \dfrac{1}{2} = \dfrac{k}{16}$

k값에 따른 확률을 구하여 표로 나타내면 오른쪽과 같다.
두 사건 A, B가 서로 독립일 필요충분조건은
$P(A \cap B) = P(A)P(B)$를 만족해야 한다.
즉, 표에서

k	1	2	3	4	5	6	7
$P(A)$	$\frac{1}{8}$	$\frac{2}{8}$	$\frac{3}{8}$	$\frac{4}{8}$	$\frac{5}{8}$	$\frac{6}{8}$	$\frac{7}{8}$
$P(B)$	$\frac{1}{2}$	$\frac{1}{2}$	$\frac{1}{2}$	$\frac{1}{2}$	$\frac{1}{2}$	$\frac{1}{2}$	$\frac{1}{2}$
$P(A)P(B)$	$\frac{1}{16}$	$\frac{2}{16}$	$\frac{3}{16}$	$\frac{4}{16}$	$\frac{5}{16}$	$\frac{6}{16}$	$\frac{7}{16}$
$P(A \cap B)$	$\frac{1}{8}$	$\frac{1}{8}$	$\frac{2}{8}$	$\frac{2}{8}$	$\frac{3}{8}$	$\frac{3}{8}$	$\frac{4}{8}$

← $n(A \cap B)$는 k개의 흰 공에서 홀수인 공의 개수

$k = 2$일 때, $P(A \cap B) = \dfrac{1}{8}$, $P(A)P(B) = \dfrac{2}{8} \times \dfrac{1}{2} = \dfrac{1}{8}$에서 $P(A)P(B) = P(A \cap B)$이므로 독립

$k = 4$일 때, $P(A \cap B) = \dfrac{2}{8}$, $P(A)P(B) = \dfrac{4}{8} \times \dfrac{1}{2} = \dfrac{2}{8}$에서 $P(A)P(B) = P(A \cap B)$이므로 독립

$k = 6$일 때, $P(A \cap B) = \dfrac{3}{8}$, $P(A)P(B) = \dfrac{6}{8} \times \dfrac{1}{2} = \dfrac{3}{8}$에서 $P(A)P(B) = P(A \cap B)$이므로 독립

따라서 두 사건 A, B가 서로 독립이 되도록 하는 자연수 k의 값은 2, 4, 6이고 합은 12이다.

확인유제 0443 주사위의 1의 눈의 면에서부터 $k(1 \leq k \leq 5)$의 눈의 면까지 빨간색을 칠하고 $(k+1)$의 눈의 면에서부터 6의 눈의 면까지는 파란색을 칠한다. 이 주사위를 던질 때 '짝수의 눈이 나온다.' 라는 사건을 A, '빨간색을 칠한 면이 나온다.' 라는 사건을 B라고 할 때, 두 사건 A, B가 서로 독립이 되는 k의 값들의 합을 구하여라.

변형문제 0444
2011학년도 수능기출

어느 디자인 공모 대회에 철수가 참가하였다. 참가자는 두 항목에서 점수를 받으며, 각 항목에서 받을 수 있는 점수는 오른쪽 표와 같이 3가지 중 하나이다. 철수가 각 항목에서 점수 A를 받을 확률은 $\dfrac{1}{2}$, 점수 B를 받을

항목＼점수	점수 A	점수 B	점수 C
관람객 투표	40	30	20
심사 위원	50	40	30

수 있는 확률은 $\dfrac{1}{3}$, 점수 C를 받을 수 있는 확률은 $\dfrac{1}{6}$이다. 관람객 투표 점수를 받는 사건과 심사위원 점수를 받는 사건이 서로 독립일 때, 철수가 받는 두 점수의 합이 70일 확률은?

① $\dfrac{1}{3}$　　　② $\dfrac{11}{36}$　　　③ $\dfrac{5}{18}$　　　④ $\dfrac{1}{4}$　　　⑤ $\dfrac{2}{9}$

발전문제 0445
2019학년도 수능기출 27번

한 개의 주사위를 한 번 던진다. 홀수의 눈이 나오는 사건을 A, 6 이하의 자연수 m에 대하여 m의 약수의 눈이 나오는 사건을 B라 하자. 두 사건 A, B가 서로 독립이 되도록 하는 모든 m의 값의 합을 구하여라.

정답　0443 : 6　　0444 : ③　　0445 : 8

한 개의 주사위를 던질 때, 사건 $A=\{1, 2, 3, 4\}$에 대하여 다음 조건을 만족시키는 **사건 B의 개수**를 구하여라.

(가) $\mathrm{P}(A\cap B)=\dfrac{1}{3}$

(나) 두 사건 A, B는 서로 독립이다.

MAPL CORE

두 사건 A, B가 서로 독립이면 다음이 성립한다.

① $\mathrm{P}(A\cap B)=\mathrm{P}(A)\mathrm{P}(B)$

② $\mathrm{P}(A|B)=\mathrm{P}(A)$ 또는 $\mathrm{P}(B|A)=\mathrm{P}(B)$

개념익힘 | 풀이

한 개의 주사위를 던지는 시행에서 나올 수 있는 모든 결과의 집합을 $S=\{1, 2, 3, 4, 5, 6\}$이라 하자.

조건 (가)에서 $\mathrm{P}(A\cap B)=\dfrac{1}{3}=\dfrac{2}{6}$이므로 $n(A\cap B)=2$ $\qquad$ …… ㉠

$\mathrm{P}(A)=\dfrac{4}{6}=\dfrac{2}{3}$

조건 (나)에서 두 사건 A, B가 서로 독립이므로 $\mathrm{P}(A\cap B)=\mathrm{P}(A)\mathrm{P}(B)$가 성립한다.

즉, $\mathrm{P}(A\cap B)=\dfrac{2}{3}\times \mathrm{P}(B)=\dfrac{1}{3}$에서 $\mathrm{P}(B)=\dfrac{1}{2}=\dfrac{3}{6}$이므로 $n(B)=3$ …… ㉡

㉠, ㉡에서 사건 B의 원소의 개수는 3이고, 그 중 2개는 사건 $A\cap B$의 원소이다.

사건 B의 원소는 사건 A의 원소인 1, 2, 3, 4 중에서 2개를 택하고,

여사건 A^c의 원소인 5, 6 중에서 1개를 택하면 된다.

따라서 구하는 사건 B의 개수는 $_4\mathrm{C}_2\times {_2}\mathrm{C}_1=6\times 2=12$

확인유제 0446

1부터 10까지의 수가 각각 적힌 10장의 카드에서 한 장의 카드를 임의로 택할 때, 나오는 수가 홀수인 사건을 A 라고 하자. 다음 조건을 만족시키는 **사건 B의 개수**를 구하여라.

(가) 두 사건 A, B는 서로 독립이다.

(나) $\mathrm{P}(B)=\dfrac{1}{5}$

변형문제 0447

2005학년도 06월 평가원

표본공간 S는 $S=\{1, 2, 3, \cdots, 12\}$이고 모든 근원사건의 확률은 같다. 사건 A가 $A=\{4, 8, 12\}$일 때,

사건 A와 독립이고 $n(A\cap X)=2$인 사건 X의 개수는? (단, $n(B)$는 집합 B의 원소의 개수를 나타낸다.)

① 36 $\qquad$ ② 54 $\qquad$ ③ 136 $\qquad$ ④ 214 $\qquad$ ⑤ 252

발전문제 0448

한 개의 주사위를 던지는 시행에서 나올 수 있는 모든 결과의 집합을 $S=\{1, 2, 3, 4, 5, 6\}$이라 하자.

이때 두 사건 A, B가 다음 조건을 만족시킨다.

(가) $\mathrm{P}(A)=\dfrac{1}{2}$, $\mathrm{P}(B)=\dfrac{2}{3}$

(나) 두 사건 A, B는 서로 독립이다.

두 사건 A, B의 순서쌍 (A, B)의 개수는?

① 9 $\qquad$ ② 20 $\qquad$ ③ 60 $\qquad$ ④ 120 $\qquad$ ⑤ 180

정답 $\quad$ 0446 : 25 $\qquad$ 0447 : ⑤ $\qquad$ 0448 : ⑤

두 사건 A, B가 서로 독립이고 $P(A^c)=\dfrac{1}{4}$, $P(A \cup B)=\dfrac{4}{5}$일 때, $P(A \cap B)$의 값을 구하여라.

(단, A^c은 A의 여사건이다.)

MAPL⊙RE

두 사건 A, B가 독립이면 다음이 성립한다.

① $P(A \cap B)=P(A)P(B)$

② $P(A \cap B^c)=P(A)P(B^c)$

③ $P(A \cup B)=P(A)+P(B)-P(A)P(B)$

개념익힘 | 풀이

$P(A^c)=\dfrac{1}{4}$이므로 $P(A)=1-P(A^c)=1-\dfrac{1}{4}=\dfrac{3}{4}$

확률의 덧셈정리에 의하여 $P(A \cup B)=P(A)+P(B)-P(A \cap B)$

두 사건 A, B는 서로 독립이므로 $P(A \cap B)=P(A)P(B)$

이때 $P(A \cup B)=\dfrac{4}{5}$이고 $P(A \cup B)=P(A)+P(B)-P(A)P(B)$이므로

$\dfrac{4}{5}=\dfrac{3}{4}+P(B)-\dfrac{3}{4}P(B)$에서 $\dfrac{1}{4}P(B)=\dfrac{1}{20}$

$\therefore\ P(B)=\dfrac{1}{5}$

따라서 $P(A \cap B)=P(A)P(B)=\dfrac{3}{4} \times \dfrac{1}{5}=\dfrac{3}{20}$

확인유제 0449 다음 물음에 답하여라.

2016학년도 수능기출

(1) 두 사건 A, B가 서로 독립이고

$$P(A^c)=\dfrac{1}{4},\ P(A \cap B)=\dfrac{1}{2}$$

일 때, $P(B|A^c)$의 값은? (단, A^c은 A의 여사건이다.)

① $\dfrac{5}{12}$ ② $\dfrac{1}{2}$ ③ $\dfrac{7}{12}$ ④ $\dfrac{2}{3}$ ⑤ $\dfrac{3}{4}$

2018학년도 수능기출

(2) 두 사건 A와 B는 서로 독립이고

$$P(A)=\dfrac{2}{3},\ P(A \cup B)=\dfrac{5}{6}$$

일 때, $P(B)$의 값은?

① $\dfrac{1}{3}$ ② $\dfrac{5}{12}$ ③ $\dfrac{1}{2}$ ④ $\dfrac{7}{12}$ ⑤ $\dfrac{2}{3}$

2018년 08월 교육청

(3) 두 사건 A와 B는 서로 독립이고

$$P(A \cap B)=\dfrac{1}{6},\ P(A|B)=\dfrac{5}{6}$$

일 때, $P(A \cup B)$의 값은?

① $\dfrac{1}{3}$ ② $\dfrac{7}{15}$ ③ $\dfrac{3}{5}$ ④ $\dfrac{11}{15}$ ⑤ $\dfrac{13}{15}$

정답   0449 : (1) ④ (2) ③ (3) ⑤

변형문제 **0450**

2011학년도 06월 평가원

다음 물음에 답하여라.

(1) 두 사건 A와 B는 서로 독립이고

$$\mathrm{P}(A)=\frac{1}{4},\ \mathrm{P}(A\cup B)=\frac{1}{2}$$

일 때, $\mathrm{P}(B^c|A)$의 값은? (단, B^c은 B의 여사건이다.)

① $\frac{1}{6}$ ② $\frac{1}{3}$ ③ $\frac{1}{2}$ ④ $\frac{2}{3}$ ⑤ $\frac{5}{6}$

2012학년도 수능기출

(2) 두 사건 A와 B는 서로 독립이고

$$\mathrm{P}(A\cup B)=\frac{1}{2},\ \mathrm{P}(A|B)=\frac{3}{8}$$

일 때, $\mathrm{P}(A\cap B^c)$의 값은? (단, B^c은 B의 여사건이다.)

① $\frac{1}{10}$ ② $\frac{3}{20}$ ③ $\frac{1}{5}$ ④ $\frac{1}{4}$ ⑤ $\frac{3}{10}$

(3) 두 사건 A와 B는 서로 독립이고

$$\mathrm{P}(A|B)=\frac{5}{8},\ \mathrm{P}(A\cup B)=\frac{3}{4}$$

일 때, $\mathrm{P}(A^c\cap B)$의 값은? (단, B^c은 B의 여사건이다.)

① $\frac{1}{12}$ ② $\frac{1}{8}$ ③ $\frac{1}{4}$ ④ $\frac{3}{8}$ ⑤ $\frac{1}{2}$

발전문제 **0451**

2016학년도 09월 평가원

다음 물음에 답하여라.

(1) 두 사건 A, B가 서로 독립이고

$$\mathrm{P}(A)=\frac{1}{6},\ \mathrm{P}(A\cap B^c)+\mathrm{P}(A^c\cap B)=\frac{1}{3}$$

일 때, $\mathrm{P}(B)$의 값은? (단, A^c은 A의 여사건이다.)

① $\frac{1}{8}$ ② $\frac{1}{4}$ ③ $\frac{3}{8}$ ④ $\frac{1}{2}$ ⑤ $\frac{5}{8}$

(2) 두 사건 A, B가 서로 독립이고

$$\mathrm{P}(A^c|B)=\frac{1}{5},\ \mathrm{P}(A\cap B^c)+\mathrm{P}(A^c\cap B)=\frac{2}{5}$$

일 때, $\mathrm{P}(B|A^c)$의 값은? (단, A^c은 A의 여사건이다.)

① $\frac{11}{25}$ ② $\frac{12}{25}$ ③ $\frac{2}{3}$ ④ $\frac{4}{5}$ ⑤ $\frac{14}{15}$

정답 0450 : (1) ④ (2) ⑤ (3) ②   0451 : (1) ② (2) ③

마플개념익힘 06 독립사건의 확률 구하기 (1)

두 학생 A, B가 아이돌 오디션에 참석하여 연습생으로 선발되는 확률이 각각 $\frac{1}{3}$, $\frac{3}{5}$일 때,
두 학생 중에서 한 학생만 연습생으로 선발되는 확률을 구하여라.
(단, A, B가 연습생으로 선발되는 사건은 서로 독립이다.)

MAPL CORE
① 두 사건 A, B가 서로 독립이면 $\mathrm{P}(A\cap B)=\mathrm{P}(A)\mathrm{P}(B)$
② 사건 A의 여사건의 확률은 $\mathrm{P}(A^c)=1-\mathrm{P}(A)$

개념익힘 | 풀이 두 학생 A, B가 오디션에 참석하여 연습생으로 선발되는 사건을 A, B라 하면

(i) 학생 A가 연습생으로 선발되고 학생 B는 연습생으로 선발되지 못할 확률은

$$\mathrm{P}(A\cap B^c)=\mathrm{P}(A)\mathrm{P}(B^c)=\frac{1}{3}\times\left(1-\frac{3}{5}\right)=\frac{1}{3}\times\frac{2}{5}=\frac{2}{15}$$

(ii) 학생 A는 연습생으로 선발되지 못하고 학생 B는 연습생으로 선발 되는 확률은

$$\mathrm{P}(A^c\cap B)=\mathrm{P}(A^c)\mathrm{P}(B)=\left(1-\frac{1}{3}\right)\times\frac{3}{5}=\frac{2}{3}\times\frac{3}{5}=\frac{6}{15}$$

(i), (iii)가 서로 배반사건이므로 구하는 확률은 $\frac{2}{15}+\frac{6}{15}=\frac{8}{15}$

확인유제 0452 두 학생 A, B가 연말에 공연을 관람할 확률이 각각 $\frac{1}{7}$, $\frac{2}{5}$라고 한다. 각 학생이 공연을 관람할 사건이 서로 독립일 때, 두 학생 중에서 한 학생만 연말에 공연을 관람할 확률을 구하여라.

변형문제 0453
2010학년도 수능기출

각 면에 1, 1, 1, 2, 2, 3의 숫자가 하나씩 적혀있는 정육면체 모양의 상자를 던져 윗면에 적힌 수를 읽기로 한다. 이 상자를 3번 던질 때, 첫 번째와 두 번째 나온 수의 합이 4이고 세 번째 나온 수가 홀수일 확률은?

① $\frac{5}{27}$ ② $\frac{11}{54}$ ③ $\frac{2}{9}$ ④ $\frac{13}{54}$ ⑤ $\frac{7}{27}$

발전문제 0454 다음 물음에 답하여라.

(1) 두 사격선수 A, B가 한 번의 사격에서 10점을 얻을 확률은 각각 $\frac{3}{4}$, $\frac{2}{3}$라고 한다.
두 선수가 임의로 순서를 정하여 각각 한 번씩 사격하였더니 먼저 사격한 선수만 10점을 얻었다고 할 때, 먼저 사격한 선수가 A이었을 확률은?

① $\frac{1}{2}$ ② $\frac{9}{17}$ ③ $\frac{3}{5}$ ④ $\frac{2}{3}$ ⑤ $\frac{9}{13}$

(2) 두 축구 선수 승우, 강인이가 승부차기 할 때, 성공할 확률이 각각 $\frac{3}{5}$, $\frac{2}{3}$이다.
승우, 강인이가 한 번씩 승부차기 하여 한 선수만 성공을 할 때, 승우가 성공할 확률은?
(단, 승우, 강인이 승부차기 하는 사건은 서로 독립이다.)

① $\frac{1}{5}$ ② $\frac{2}{7}$ ③ $\frac{3}{7}$ ④ $\frac{2}{5}$ ⑤ $\frac{7}{15}$

정답 0452 : $\frac{3}{7}$ 0453 : ① 0454 : (1) ③ (2) ③

승부차기 성공률이 각각 80%, 60%인 강인이와 승호가 차례로 승부차기를 한 번씩만 할 때, 적어도 한 명이 승부차기에 성공할 확률을 구하여라.
(단, 강인이와 승호가 각각 승부차기에서 성공하는 사건은 서로 독립이다.)

MAPL CORE

① 두 사건 A, B가 서로 독립이면 $P(A \cap B) = P(A)P(B)$

② 사건 A의 여사건의 확률은 $P(A^c) = 1 - P(A)$

개념익힘 | 풀이

강인이와 승호가 승부차기에 성공할 사건을 각각 A, B라고 하면 A, B는 서로 독립이므로

$P(A) = 0.8$, $P(B) = 0.6$

강인이와 승호가 적어도 한 명이 승부차기에 성공할 경우는

강인이만 승부차기에 성공할 경우, 승호만 승부차기에 성공할 경우, 강인이와 승호 모두 승부차기에 성공할 경우,
로 나눌 수 있다.

(ⅰ) 강인이만 승부차기에 성공할 확률은 $P(A \cap B^c) = P(A)P(B^c) = 0.8 \times (1-0.6) = 0.32$

(ⅱ) 승호만 승부차기에 성공할 확률은 $P(A^c \cap B) = P(A^c)P(B) = (1-0.8) \times 0.6 = 0.12$

(ⅲ) 강인이와 승호 모두 승부차기에 성공할 확률은 $P(A \cap B) = P(A)P(B) = 0.8 \times 0.6 = 0.48$

(ⅰ)~(ⅲ)이 배반사건이므로 구하는 확률은 $0.32 + 0.12 + 0.48 = 0.92$

다른풀이 여사건을 이용하여 풀이하기

강인이와 승호가 승부차기에 성공할 사건을 각각 A, B라고 하면

둘 다 승부차기에 성공하지 못할 확률은 $P(A^c \cap B^c)$이므로 구하는 확률은 $1 - P(A^c \cap B^c)$

두 사건 A, B가 서로 독립이므로 두 사건 A^c, B^c도 서로 독립이다.

$P(A^c \cap B^c) = P(A^c)P(B^c) = \{1-P(A)\}\{1-P(B)\} = 0.2 \times 0.4 = 0.08$

따라서 구하는 확률은 $1 - P(A^c \cap B^c) = 1 - 0.08 = 0.92$

확인유제 0455 세 선수 갑, 을, 병이 10점인 표적을 명중시킬 확률이 각각 $\dfrac{1}{3}$, $\dfrac{2}{5}$, $\dfrac{1}{2}$이다. 이들이 표적을 향해 한 발씩 쏠 때,

다음을 구하여라.
(1) 갑, 을, 병이 모두 명중시키지 못할 확률
(2) 갑, 을, 병 중에서 적어도 한명은 명중시킬 확률

변형문제 0456 세 학생 A, B, C가 대학 수시모집에서 수리영역 최저학력 기준에 통과할 확률이 각각 $\dfrac{1}{2}$, $\dfrac{1}{3}$, $\dfrac{1}{4}$일 때,

이 시험에 두 사람만 합격할 확률을 구하여라. (단, A, B, C가 각각 시험에 합격하는 사건은 서로 독립이다.)

① $\dfrac{1}{4}$　　　② $\dfrac{3}{5}$　　　③ $\dfrac{1}{2}$　　　④ $\dfrac{4}{13}$　　　⑤ $\dfrac{5}{16}$

발전문제 0457 세 명의 양궁 선수가 화살 한 발을 쏘아 10점 과녁에 맞힐 확률이 각각 $\dfrac{2}{5}$, $\dfrac{1}{3}$, p이다.

적어도 한 사람은 10점 과녁을 맞힐 확률이 $\dfrac{4}{5}$일 때, $20p$의 값을 구하여라.

정답　$0455 : (1)\ \dfrac{1}{5}\ (2)\ \dfrac{4}{5}$　　$0456 : ①$　　$0457 : 10$

독립과 종속의 성질

01 독립사건의 성질

(1) 두 사건 A, B가 서로 독립인지 종속인지 판단조건

P(A)>0, P(B)>0인 두 사건 A, B가 서로 종속이기 위한 필요충분조건은 P($A\cap B$)≠P(A)P(B)이다.

즉, 두 사건 A, B가 서로 독립이기 위한 필요충분조건은 P($A\cap B$)=P(A)P(B)이다.

① P($A\cap B$)=P(A)P(B)이면 두 사건 A와 B는 서로 독립

② P($A\cap B$)≠P(A)P(B)이면 두 사건 A와 B는 서로 종속

(2) 0<P(A)<1, 0<P(B)<1인 두 사건 A, B가 서로 독립이면

두 사건 A^c와 B, A와 B^c, A^c와 B^c도 서로 독립이다.

$$두\ 사건\ A와\ B가\ 서로\ 독립 \Longleftrightarrow 두\ 사건\ A^c과\ B이\ 서로\ 독립$$
$$\Longleftrightarrow 두\ 사건\ A와\ B^c이\ 서로\ 독립$$
$$\Longleftrightarrow 두\ 사건\ A^c과\ B^c이\ 서로\ 독립$$

참고 ✎ 두 사건 A, B가 서로 종속이면 A, A^c, B, B^c은 서로 종속이다.

특강해설

두 사건 A, B가 독립이기 위한 필요충분조건 P($A\cap B$)=P(A)P(B)를 이용하여 이를 증명한다.

(1) 두 사건 A, B가 독립이면 두 사건 A와 B^c도 독립이다. 즉 P($A\cap B^c$)=P(A)P(B^c)

해설
$$P(A\cap B^c)=P(A)-P(A\cap B)$$
$$=P(A)-P(A)P(B) \quad \leftarrow 두\ 사건\ A,\ B가\ 독립$$
$$=P(A)\{1-P(B)\}=P(A)P(B^c)$$

즉, P($A\cap B^c$)=P(A)P(B^c)이므로 두 사건 A와 B^c는 서로 독립이다.

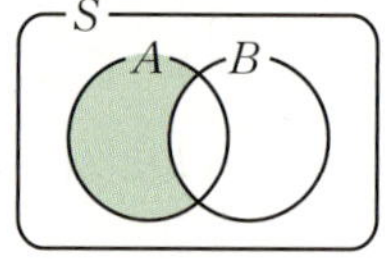

(2) 두 사건 A, B가 독립이면 두 사건 A^c와 B도 독립이다. 즉 P($A^c\cap B$)=P(A^c)P(B)

해설
$$P(A^c\cap B)=P(B)-P(A\cap B)$$
$$=P(B)-P(A)P(B) \quad \leftarrow 두\ 사건\ A,\ B가\ 독립$$
$$=P(B)\{1-P(A)\}=P(A^c)P(B)$$

즉, P($A^c\cap B$)=P(A^c)P(B)이므로 두 사건 A^c와 B는 서로 독립이다.

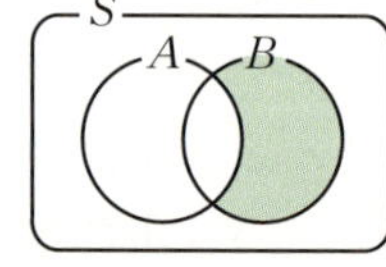

(3) 두 사건 A, B가 독립이면 두 사건 A^c와 B^c도 독립이다. 즉 P($A^c\cap B^c$)=P(A^c)P(B^c)

해설
$$P(A^c\cap B^c)=P((A\cup B)^c)$$
$$=1-P(A\cup B)$$
$$=1-\{P(A)+P(B)-P(A\cap B)\}$$
$$=1-P(A)-P(B)+P(A)P(B) \quad \leftarrow 두\ 사건\ A,\ B가\ 독립$$
$$=1-P(A)-P(B)\{1-P(A)\}$$
$$=\{1-P(A)\}\{1-P(B)\}=P(A^c)P(B^c)$$

즉, P($A^c\cap B^c$)=P(A^c)P(B^c)이므로 두 사건 A^c와 B^c는 서로 독립이다.

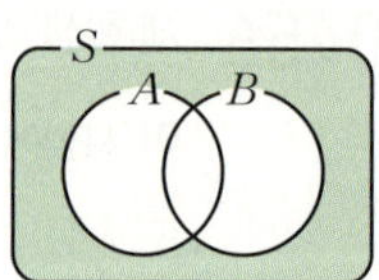

FOCUS

두 사건 A, B가 서로 독립인 것과 필요충분조건은

① P($A\cap B$)=P(A)P(B) $\leftarrow$ 간편한 독립판정법

② P(A)=P($A|B$)=P($A|B^c$)

③ P(B)=P($B|A$)=P($B|A^c$)

④ 두 사건 A^c과 B, A와 B^c, A^c과 B^c도 각각 서로 독립이다.

 수능특강문제 01

$P(A)>0$, $P(B)>0$인 두 사건 A, B가 서로 독립일 때, 다음 중 옳지 않은 것은? (단, A^c은 A의 여사건이다.)

① $P(B|A)=P(B|A^c)=P(B)$

② $P(A|B)=P(A|B^c)$

③ $P(A\cap B)=P(A)P(B)$

④ 두 사건 A^c와 B가 서로 독립이다.

⑤ 두 사건 A^c와 B^c은 서로 종속이다.

수능특강 풀이

① $P(B|A)=P(B|A^c)=P(B)$ [참]

② $P(A|B)=P(A|B^c)$ [참]

③ $P(A\cap B)=P(A)P(B)$ [참]

④ 두 사건 A, B가 서로 독립이므로 $P(B|A^c)=P(B)$

이때 $P(A^c\cap B)=P(A^c)P(B|A^c)=P(A^c)P(B)$

즉, 두 사건 A^c와 B는 서로 독립이다. [참]

⑤ 두 사건 A, B가 서로 독립이면 A^c와 B^c도 서로 독립이다. [거짓]

따라서 옳지 않은 것은 ⑤번이다.

수능특강문제 02

$P(A)>0$, $P(B)>0$인 두 사건 A, B가 서로 독립일 때, 다음 중 옳지 않은 것은? (단, A^c은 A의 여사건이다.)

① $P(A\cap B)=P(A|B)P(B|A)$

② $P(A|B^c)=1-P(A^c|B)$

③ $P(A\cap B^c)=P(A)\{1-P(B)\}$

④ $P(A)+P(B)=1$

⑤ $\{1-P(A)\}\{1-P(B)\}=1-P(A\cup B)$

수능특강 풀이

① 두 사건 A, B가 서로 독립이므로 $P(A\cap B)=P(A)P(B)$

이때 $P(A)=P(A|B)$, $P(B)=P(B|A)$이므로 $P(A\cap B)=P(A|B)P(B|A)$ [참]

② $P(A|B^c)=P(A)$, $1-P(A^c|B)=1-P(A^c)$이므로 $P(A)=1-P(A^c)$ [참]

③ 두 사건 A와 B^c도 서로 독립이므로 $P(A\cap B^c)=P(A)P(B^c)=P(A)\{1-P(B)\}$ [참]

④ **반례** $S=\{1, 2, 3\}$, $A=\{1, 2, 3\}$, $B=\{1\}$에서

$A\cap B=\{1\}$이므로 $P(A\cap B)=\dfrac{1}{3}$, $P(A)P(B)=1\times\dfrac{1}{3}=\dfrac{1}{3}$

즉, $P(A\cap B)=P(A)P(B)$이므로 두 사건 A, B는 서로 독립이지만

$P(A)+P(B)=1+\dfrac{1}{3}=\dfrac{4}{3}\neq 1$ [거짓]

⑤ 두 사건 A^c과 B^c도 서로 독립이므로

$\{1-P(A)\}\{1-P(B)\}=P(A^c)P(B^c)$

$=P(A^c\cap B^c)$

$=P((A\cup B)^c)$

$=1-P(A\cup B)$ [참]

다른풀이 두 사건 A, B가 서로 독립이므로 $P(A\cap B)=P(A)P(B)$

$\therefore \{1-P(A)\}\{1-P(B)\}=1-\{P(A)+P(B)-P(A\cap B)\}=1-P(A\cup B)$ [참]

따라서 옳지 않은 것은 ④번이다.

수능특강문제 03

$P(A)>0$, $P(B)>0$인 두 사건 A, B가 서로 독립일 때, [보기] 중 옳은 것은? (단, A^c은 A의 여사건이다.)

> ㄱ. $P(A \cap B^c)=P(A)P(B^c)$
>
> ㄴ. $P(A^c \cap B)=P(A^c)P(B)$
>
> ㄷ. $P(A^c \cap B^c)=P(A^c)P(B^c)$

① ㄱ ② ㄷ ③ ㄱ, ㄴ ④ ㄴ, ㄷ ⑤ ㄱ, ㄴ, ㄷ

수능특강 풀이

ㄱ. 두 사건 A와 B^c도 서로 독립이므로 $P(A \cap B^c)=P(A)P(B^c)$ [참]

ㄴ. 두 사건 A^c와 B도 서로 독립이므로 $P(A^c \cap B)=P(A^c)P(B)$ [참]

ㄷ. 두 사건 A^c와 B^c도 서로 독립이므로 $P(A^c \cap B^c)=P(A^c)P(B^c)$ [참]

따라서 옳은 것은 ㄱ, ㄴ, ㄷ이므로 ⑤번이다.

수능특강문제 04

$P(A)>0$, $P(B)>0$인 두 사건 A, B에 대하여 다음 중 옳은 것은? (단, A^c은 A의 여사건이다.)

① 두 사건 A, B가 서로 독립이면 $P(A|B)=P(B|A)$이다.

② 두 사건 A, B가 서로 독립이면 $P(A^c|B)=1-P(A^c)$이다.

③ 두 사건 A, B가 서로 독립이면 $P(A \cup B)=P(A)+P(B)$이다.

④ $P(A \cap B) \neq P(A)P(B)$이면 A, B는 서로 종속이다.

⑤ 두 사건 A, B가 서로 종속이면 $P(A \cap B)=P(A)P(A|B)$이다.

수능특강 풀이

① 두 사건 A, B가 서로 독립이면 $P(A|B)=P(A)$, $P(B|A)=P(B)$이므로 $P(A|B) \neq P(B|A)$이다. [거짓]

② 두 사건 A, B가 서로 독립이면 $P(A^c|B)=P(A^c)$이므로 $P(A^c|B) \neq 1-P(A^c)$이다. [거짓]

③ 두 사건 A, B가 서로 독립이면 $P(A \cup B)=P(A)+P(B)-P(A \cap B)=P(A)+P(B)-P(A)P(B)$이다. [거짓]

④ $P(A \cap B) \neq P(A)P(B)$이면 두 사건 A, B는 서로 종속이다. [참]

⑤ 두 사건 A, B가 서로 종속이면 $P(A \cap B)=P(A)P(B|A)$이다. [거짓]

따라서 옳은 것은 ④이다.

수능특강문제 05

확률이 0이 아닌 두 사건 A, B에 대하여 다음 [보기] 중 옳은 것만을 있는 대로 고른 것은?

> ㄱ. $A=B^c$이면 A와 B는 서로 종속사건이다.
>
> ㄴ. 두 사건 A, B가 서로 종속이면 $P(A \cup B)=P(A)+P(B)-P(A)P(B|A)$
>
> ㄷ. 두 사건 A, B가 서로 독립이면 $\{1-P(A)\}\{1-P(B)\}=1-P(A \cup B)$

① ㄱ ② ㄴ ③ ㄱ, ㄴ ④ ㄴ, ㄷ ⑤ ㄱ, ㄴ, ㄷ

수능특강 풀이

ㄱ. $A=B^c$이면 $A \cap B=B^c \cap B=\varnothing$이므로 두 사건 A와 B는 서로 배반사건이다.

　즉, $P(A \cap B) \neq P(A)P(B)$이므로 두 사건 A, B는 서로 종속이다. [참] ← $P(A \cap B)=0$, $P(A)P(B)>0$

ㄴ. 두 사건 A, B가 서로 종속이면 $P(A \cap B)=P(A)P(B|A)$

$\therefore P(A \cup B)=P(A)+P(B)-P(A \cap B)$
$\qquad\qquad\quad =P(A)+P(B)-P(A)P(B|A)$ [참]

ㄷ. 두 사건 A, B가 서로 독립이면 $P(A \cap B)=P(A)P(B)$

$\therefore \{1-P(A)\}\{1-P(B)\}=1-\{P(A)+P(B)-P(A)P(B)\}$
$\qquad\qquad\qquad\qquad\quad =1-\{P(A)+P(B)-P(A \cap B)\}$
$\qquad\qquad\qquad\qquad\quad =1-P(A \cup B)$ [참]

따라서 옳은 것은 ㄱ, ㄴ, ㄷ이므로 ⑤번이다.

(1) 두 사건 A, B가 배반사건이면 A, B는 서로 종속사건이다. (단, $P(A)>0$, $P(B)>0$) [참]

해설 공사건이 아닌 두 사건 A, B가 서로 배반사건이면

$P(A)>0$, $P(B)>0$이고 $A \cap B = \varnothing$에서 $P(A \cap B)=0$이므로

$P(A \cap B) \neq P(A)P(B)$이다. ← $P(A \cap B)=0$, $P(A)P(B)>0$

따라서 두 사건 A, B는 서로 종속이다.

참고 $P(A|B)=\dfrac{P(A \cap B)}{P(B)}=\dfrac{0}{P(B)}=0 \neq P(A)$이므로 두 사건 A, B는 서로 종속이다.

주의 두 사건 A, B가 배반사건이면 두 사건 A, B는 서로 독립이다. [거짓]

(2) 두 사건 A, B가 서로 독립사건이면 A, B는 배반사건이 아니다. (단, $P(A)>0$, $P(B)>0$) [참]

해설 공사건이 아닌 두 사건 A, B가 서로 독립사건이면

$P(A)>0$, $P(B)>0$이고 $P(A \cap B)=P(A)P(B) \neq 0$이므로 $P(A \cap B) \neq 0$이다.

따라서 A, B는 서로 배반사건이 아니다.

참고 (1)에서 두 명제 '두 사건 A, B가 서로 배반사건이면 A, B는 서로 종속이다.' 가 참이므로
이 명제의 대우인 '두 사건 A, B가 서로 독립이면 A, B는 서로 배반사건도 아니다.' 도 참이다.

참고 $P(A|B)=\dfrac{P(A \cap B)}{P(B)}=\dfrac{P(A)P(B)}{P(B)}=P(A) \neq 0$이므로 $P(A \cap B) \neq 0$이다.

즉, 두 사건이 서로 독립이면 한 사건이 일어나는 것이 다른 사건이 일어날 확률에 영향을 주지 않으므로
두 사건은 동시에 일어날 수 있다. 이것은 두 사건이 서로 배반사건이 아님을 뜻한다.

주의 두 사건 A, B가 서로 독립사건이면 두 사건 A, B는 서로 배반사건이다. [거짓]

두 사건 A, B가 서로 종속사건이면 두 사건 A, B는 서로 배반사건이다. [거짓]

반례 주사위를 던질 때, 소수가 나오는 사건을 A, 짝수가 나오는 사건을 B라 하면 $P(A)=\dfrac{1}{2}$, $P(B)=\dfrac{1}{2}$, $P(A \cap B)=\dfrac{1}{6}$이면

$P(A \cap B) \neq P(A)P(B)$이지만 $P(A \cap B) \neq 0$이다.

즉, 두 사건 A, B가 서로 종속사건일 때, 두 사건 A, B는 서로 배반사건이 아닐 수 있다.

(3) 사건 A와 그 여사건 A^c은 서로 배반사건이므로 두 사건 A, A^c은 서로 종속이다. (단, $0<P(A)<1$) [참]

해설 사건 A와 그 여사건 A^c은 서로 배반사건이므로 $A \cap A^c = \varnothing$

즉, $P(A \cap A^c)=0$이므로 $P(A \cap A^c) \neq P(A)P(A^c)$이므로 두 사건 A, A^c는 서로 종속이다.

스티브 잡스가 아이패드를 만든 사건과 희망에듀에서 마플교재를 만든 사건
⇨ 영향을 주지는 않지만 동시에 일어날 수 있다.
⇨ 독립이지만 배반은 아니다.

FOCUS

	배반사건	독립사건
정의	$A \cap B = \varnothing$	$P(B|A)=P(B)$ 또는 $P(A|B)=P(A)$
의미	사건 A, B가 동시에 일어나지 않는다.	A와 B는 일어날 확률에 서로 영향을 주지 않는다.
확률의 덧셈정리	$P(A \cup B)=P(A)+P(B)$	$P(A \cup B)=P(A)+P(B)-P(A)P(B)$
확률의 곱셈정리	$P(A \cap B)=0$	$P(A \cap B)=P(A)P(B)$
판단방법	$A \cap B = \varnothing$이면 두 사건 A, B는 서로 배반사건이다.	$P(A \cap B)=P(A)P(B)$이면 두 사건 A, B는 서로 독립이다.

$P(A)>0$, $P(B)>0$인 두 사건 A, B에 대하여 다음 중 옳지 않은 것은?

① 두 사건 A, B가 서로 배반사건이면 $P(B|A)=0$이다.

② 두 사건 A, B가 서로 배반사건이면 A와 B는 서로 독립이다.

③ 두 사건 A, B가 서로 독립사건이면 $P(A\cap B^c)=P(A)P(B^c)$이다.

④ $P(A\cap B)=P(A)P(B)$이면 $P(A^c|B)=1-P(A|B)$이다.

⑤ 두 사건 A, B가 서로 배반사건이면 $P(A)+P(B)\leq 1$이다.

① 두 사건 A, B가 서로 배반사건이면 $P(A\cap B)=0$이다.

$$P(A\cap B)=0\text{이므로 } P(B|A)=\frac{P(A\cap B)}{P(A)}=0 \text{ [참]}$$

② **반례** 한 개의 주사위를 던질 때, 짝수가 나오는 사건을 A, 홀수가 나오는 사건을 B라 하면

$P(A)=\dfrac{1}{2}$, $P(B)=\dfrac{1}{2}$이고, $P(A\cap B)=0$이므로 두 사건 A, B는 서로 배반사건이다.

그러나 $P(A)P(B)=\dfrac{1}{4}\neq P(A\cap B)$이므로 두 사건 A, B는 서로 독립이 아니다. [거짓]

③ 두 사건 A, B가 서로 독립사건이면 $P(A|B)=P(A|B^c)=P(A)$

$\therefore P(A\cap B^c)=P(B^c)P(A|B^c)=P(B^c)P(A)=P(A)P(B^c)$ [참]

④ $P(A\cap B)=P(A)P(B)$이면 두 사건 A, B는 서로 독립이므로 $P(A)=P(A|B)$이다.

두 사건 A, B가 서로 독립이면 두 사건 A^c, B도 서로 독립이다.

$\therefore P(A^c|B)=P(A^c)=1-P(A)=1-P(A|B)$ [참]

⑤ A, B가 배반사건이므로 $P(A\cup B)=P(A)+P(B)$

확률의 정의에 의해 $0<P(A)+P(B)=P(A\cup B)\leq 1$ [참]

따라서 옳지 않은 것은 ②이다.

$P(A)\neq 0$, $P(B)\neq 0$인 두 사건 A, B에 대하여 다음 중 옳지 않은 것은?

① $P(B|A)=P(B)$이면 A와 B는 서로 독립이다.

② $P(A|B)=P(A)$와 $P(A\cap B)=P(A)P(B)$는 필요충분조건이다.

③ 두 사건 A, B가 서로 종속이면 $P(A\cup B)=P(A)+P(B)-P(A)P(B|A)$이다.

④ A와 B가 서로 배반이면 A와 B가 서로 종속이다.

⑤ A와 B가 서로 독립이면 A와 B가 서로 배반이다.

① $P(B|A)=P(B)$이면 A와 B가 서로 독립이다. [참]

② $P(A|B)=P(A)$와 $P(A\cap B)=P(A)P(B)$는 필요충분조건이다. [참]

③ 두 사건 A, B가 서로 종속이면 $P(A\cap B)=P(A)P(B|A)$이므로 $P(A\cup B)=P(A)+P(B)-P(A)P(B|A)$이다. [참]

참고 두 사건 A, B가 서로 종속인 것과 상관없이 $P(A\cup B)=P(A)+P(B)-P(A)P(B|A)$가 항상 성립한다.

④ A와 B가 서로 배반이면 $A\cap B=\varnothing$이므로 $P(A\cap B)=0$

이때 조건에서 $P(A)\neq 0$, $P(B)\neq 0$이므로 $P(A)P(B)\neq 0$

즉 $P(A\cap B)\neq P(A)P(B)$이므로 A와 B는 서로 종속이다. [참]

⑤ **반례** $S=\{1,\,2\}$, $A=\{1,\,2\}$, $B=\{1\}$에서 $A\cap B=\{1\}$이므로 $P(A\cap B)=\dfrac{1}{2}$, $P(A)P(B)=1\times\dfrac{1}{2}=\dfrac{1}{2}$

즉, $P(A\cap B)=P(A)P(B)$이므로 A와 B는 서로 독립이지만 배반은 아니다. [거짓]

따라서 옳지 않은 것은 ⑤이다.

08 두 사건 A, B에 대하여 $0 < \mathrm{P}(A) < 1$, $0 < \mathrm{P}(B) < 1$일 때, 다음 중 옳지 않은 것은? (단, A^c은 A의 여사건이다.)

① $\mathrm{P}(A|B^c)=0$이면 $\mathrm{P}(A|B)\mathrm{P}(B)=\mathrm{P}(A)$이다.

② A, B가 서로 독립이면 $\mathrm{P}(A^c \cap B)=\{1-\mathrm{P}(A)\}\mathrm{P}(B)$

③ $\mathrm{P}(B|A)=0$이면 A, B는 배반사건이다.

④ A, B가 서로 독립이고 $\mathrm{P}(A \cup B)=1$이면 B는 A의 여사건이다.

⑤ A, B가 배반사건이면 $\mathrm{P}(A \cup B)=1$이면 B는 A의 여사건이다.

① $\mathrm{P}(A|B^c)=\dfrac{\mathrm{P}(A \cap B^c)}{\mathrm{P}(B^c)}=0$이면 $\mathrm{P}(A \cap B^c)=0$이므로 $A \subset B$이다.

$$\mathrm{P}(A|B)\mathrm{P}(B)=\dfrac{\mathrm{P}(A \cap B)}{\mathrm{P}(B)} \cdot \mathrm{P}(B)=\mathrm{P}(A \cap B)=\mathrm{P}(A) \ [\text{참}]$$

② A, B가 서로 독립이면 A^c, B도 서로 독립이므로

$$\mathrm{P}(A^c \cap B)=\mathrm{P}(A^c)\mathrm{P}(B)=\{1-\mathrm{P}(A)\}\mathrm{P}(B) \ [\text{참}]$$

③ $\mathrm{P}(B|A)=0$이면 $\mathrm{P}(A \cap B)=\mathrm{P}(A)\mathrm{P}(B|A)=0$

즉, A, B는 배반사건이다. [참]

④ A와 B가 독립이고 $\mathrm{P}(A \cup B)=1$이므로

$\mathrm{P}(A \cup B)=\mathrm{P}(A)+\mathrm{P}(B)-\mathrm{P}(A \cap B)$에서 $1=\mathrm{P}(A)+\mathrm{P}(B)-\mathrm{P}(A)\mathrm{P}(B)$

$\{\mathrm{P}(A)-1\}\{\mathrm{P}(B)-1\}=0$

$\therefore \ \mathrm{P}(A)=1$ 또는 $\mathrm{P}(B)=1$

이때 B가 A의 여사건이 되려면 $\mathrm{P}(A)=1$, $\mathrm{P}(B)=0$ 또는 $\mathrm{P}(A)=0$, $\mathrm{P}(B)=1$이어야 하는데

주어진 조건에서 $\mathrm{P}(A) \neq 0$, $\mathrm{P}(B) \neq 0$이므로 B는 A의 여사건이 될 수 없다. [거짓]

⑤ A, B가 배반사건이고 $\mathrm{P}(A \cup B)=1$이면 $\mathrm{P}(A)+\mathrm{P}(B)=1$

즉, $\mathrm{P}(A)=1-\mathrm{P}(B)$이므로 B는 A의 여사건이다. [참]

따라서 옳지 않은 것은 ④번이다.

09 $\mathrm{P}(A) > 0$, $\mathrm{P}(B) > 0$인 두 사건 A, B에 대하여 다음 중 옳지 않은 것은? (단, A^c은 A의 여사건이다.)

① 두 사건 A, B가 서로 독립이면 $\{1-\mathrm{P}(A)\}\{1-\mathrm{P}(B)\}=1-\mathrm{P}(A \cup B)$

② A와 B가 서로 배반사건이면 $\mathrm{P}(B|A)=\mathrm{P}(A|B)=0$이다.

③ $\mathrm{P}(A^c|B)=0$이면 A와 B는 서로 배반사건이다.

④ $0 < \mathrm{P}(A|B) < \mathrm{P}(B|A)$이면 $\mathrm{P}(A) < \mathrm{P}(B)$이다.

⑤ $\mathrm{P}(B|A)+\mathrm{P}(B^c|A)=1$

① 두 사건 A, B가 서로 독립이므로 $\mathrm{P}(A \cap B)=\mathrm{P}(A)\mathrm{P}(B)$

$\therefore \ \{1-\mathrm{P}(A)\}\{1-\mathrm{P}(B)\}=1-\{\mathrm{P}(A)+\mathrm{P}(B)-\mathrm{P}(A \cap B)\}=1-\mathrm{P}(A \cup B)$ [참]

② A와 B가 서로 배반사건이면 $\mathrm{P}(A \cap B)=0$이므로 $\mathrm{P}(B|A)=\dfrac{\mathrm{P}(A \cap B)}{\mathrm{P}(A)}=0$, $\mathrm{P}(A|B)=\dfrac{\mathrm{P}(A \cap B)}{\mathrm{P}(B)}=0$ [참]

③ $\mathrm{P}(A^c|B)=\dfrac{\mathrm{P}(A^c \cap B)}{\mathrm{P}(B)}=0$이면 $\mathrm{P}(A^c \cap B)=0$이므로 $B \subset A$이다.

즉, A와 B는 서로 배반사건이 아니다. [거짓]

④ $0 < \mathrm{P}(A|B) < \mathrm{P}(B|A)$에서 $0 < \dfrac{\mathrm{P}(A \cap B)}{\mathrm{P}(B)} < \dfrac{\mathrm{P}(A \cap B)}{\mathrm{P}(A)}$이므로 $\mathrm{P}(A) < \mathrm{P}(B)$ [참]

⑤ $\mathrm{P}(B|A)+\mathrm{P}(B^c|A)=\dfrac{\mathrm{P}(A \cap B)}{\mathrm{P}(A)}+\dfrac{\mathrm{P}(A \cap B^c)}{\mathrm{P}(A)}=\dfrac{\mathrm{P}(A \cap B)+\mathrm{P}(A \cap B^c)}{\mathrm{P}(A)}=\dfrac{\mathrm{P}(A)}{\mathrm{P}(A)}=1$ [참]

따라서 옳지 않은 것은 ③번이다.

02 독립시행의 확률

01 독립시행의 확률

(1) 독립시행

한 개의 동전이나 주사위를 여러 번 던지는 시행처럼, 동일한 시행을 여러 번 반복할 때, 각 시행의 결과가 서로 아무런 영향을 주지 않을 때, 즉 매회의 시행에서 일어나는 사건이 서로 독립일 때, 이러한 시행을 **독립시행**이라고 한다.

독립시행에서는 각 시행에서 일어나는 사건이 서로 독립이므로 독립시행의 확률은 각 사건의 확률을 곱하여 구할 수 있다.

(2) 독립시행의 확률

> 어떤 시행에서 사건 A가 일어날 확률이 $p(0<p<1)$일 때, 이 시행을 n회 반복한 독립시행에서 사건 A가 r회 일어날 확률은
> $$_n\mathrm{C}_r\, p^r (1-p)^{n-r} \ (\text{단, } r=0, 1, 2, \cdots, n)$$

참고 n회의 독립시행에서 사건 A가 r회 일어나면 여사건 A^c은 $(n-r)$회 일어난다.

이때 $\mathrm{P}(A)=p$이므로 $\mathrm{P}(A^c)=1-p$이다.

독립시행은 '시행' 과 '사건' 에 관한 확률이다.

$$\text{시행} \longrightarrow n\text{회}, \quad \text{사건} \longrightarrow r\text{번}, \quad \text{확률} \longrightarrow {_n\mathrm{C}_r\, p^r (1-p)^{n-r}}$$

마플해설

한 개의 주사위를 4번 던질 때, 1의 눈이 2번 나올 확률을 구하여보자.
한 개의 주사위를 4번 던지는 독립시행에서 1의 눈이 2번 나오는 경우는
$_4\mathrm{C}_2$가지이고, 각 경우는 오른쪽 표와 같다.

이때 각 사건은 서로 독립이고 의 확률은 $\dfrac{1}{6}$, $\times$의 확률은 $\dfrac{5}{6}$이므로

표의 각 경우가 일어날 확률은 모두 $\left(\dfrac{1}{6}\right)^2 \times \left(\dfrac{5}{6}\right)^2$이다.

한편 이들 $_4\mathrm{C}_2$가지의 사건은 서로 배반사건이므로 4번의 독립시행에서 1의 눈이 2번 나올 확률은 덧셈정리에 의하여 다음이 성립한다.

$$_4\mathrm{C}_2 \times \left(\dfrac{1}{6}\right)^2 \times \left(\dfrac{5}{6}\right)^2 = \dfrac{25}{216}$$

1회	2회	3회	4회	확률
●	●	×	×	$\dfrac{1}{6} \times \dfrac{1}{6} \times \dfrac{5}{6} \times \dfrac{5}{6}$
●	×	●	×	$\dfrac{1}{6} \times \dfrac{5}{6} \times \dfrac{1}{6} \times \dfrac{5}{6}$
●	×	×	●	$\dfrac{1}{6} \times \dfrac{5}{6} \times \dfrac{5}{6} \times \dfrac{1}{6}$
×	●	●	×	$\dfrac{5}{6} \times \dfrac{1}{6} \times \dfrac{1}{6} \times \dfrac{5}{6}$
×	●	×	●	$\dfrac{5}{6} \times \dfrac{1}{6} \times \dfrac{5}{6} \times \dfrac{1}{6}$
×	×	●	●	$\dfrac{5}{6} \times \dfrac{5}{6} \times \dfrac{1}{6} \times \dfrac{1}{6}$

보기 01

다음 물음에 답하여라.

(1) 한 개의 주사위를 4번 던질 때, 3의 배수의 눈이 3번 나올 확률을 구하여라.

(2) 한 개의 동전을 5번 던질 때, 앞면이 2개 나올 확률을 구하여라.

(3) 한 개의 동전을 5번 던질 때, 앞면이 4번 이상 나올 확률을 구하여라.

풀이

(1) 한 개의 주사위 던져 3의 배수의 눈이 나올 확률이 $\dfrac{2}{6}=\dfrac{1}{3}$이므로 구하는 확률은 $_4\mathrm{C}_3 \left(\dfrac{1}{3}\right)^3 \left(\dfrac{2}{3}\right)^1 = \dfrac{8}{81}$

(2) 한 개의 동전을 던져 앞면이 나올 확률이 $\dfrac{1}{2}$이므로 구하는 확률은 $_5\mathrm{C}_2 \left(\dfrac{1}{2}\right)^2 \left(\dfrac{1}{2}\right)^3 = \dfrac{5}{16}$

(3) 한 개의 동전을 던져 앞면이 나올 확률이 $\dfrac{1}{2}$이므로 구하는 확률은 $_5\mathrm{C}_4 \left(\dfrac{1}{2}\right)^4 \left(\dfrac{1}{2}\right) + {_5\mathrm{C}_5}\left(\dfrac{1}{2}\right)^5 = \dfrac{5}{32} + \dfrac{1}{32} = \dfrac{3}{16}$

수능특강문제 08 

두 사건 A, B에 대하여 $0 < \mathrm{P}(A) < 1$, $0 < \mathrm{P}(B) < 1$일 때, 다음 중 옳지 않은 것은? (단, A^c은 A의 여사건이다.)

① $\mathrm{P}(A|B^c)=0$이면 $\mathrm{P}(A|B)\mathrm{P}(B)=\mathrm{P}(A)$이다.

② A, B가 서로 독립이면 $\mathrm{P}(A^c \cap B)=\{1-\mathrm{P}(A)\}\mathrm{P}(B)$

③ $\mathrm{P}(B|A)=0$이면 A, B는 배반사건이다.

④ A, B가 서로 독립이고 $\mathrm{P}(A \cup B)=1$이면 B는 A의 여사건이다.

⑤ A, B가 배반사건이면 $\mathrm{P}(A \cup B)=1$이면 B는 A의 여사건이다.

수능특강 풀이

① $\mathrm{P}(A|B^c)=\dfrac{\mathrm{P}(A \cap B^c)}{\mathrm{P}(B^c)}=0$이면 $\mathrm{P}(A \cap B^c)=0$이므로 $A \subset B$이다.

$$\mathrm{P}(A|B)\mathrm{P}(B)=\frac{\mathrm{P}(A \cap B)}{\mathrm{P}(B)} \cdot \mathrm{P}(B)=\mathrm{P}(A \cap B)=\mathrm{P}(A)\ \text{[참]}$$

② A, B가 서로 독립이면 A^c, B도 서로 독립이므로

$$\mathrm{P}(A^c \cap B)=\mathrm{P}(A^c)\mathrm{P}(B)=\{1-\mathrm{P}(A)\}\mathrm{P}(B)\ \text{[참]}$$

③ $\mathrm{P}(B|A)=0$이면 $\mathrm{P}(A \cap B)=\mathrm{P}(A)\mathrm{P}(B|A)=0$

즉, A, B는 배반사건이다. [참]

④ A와 B가 독립이고 $\mathrm{P}(A \cup B)=1$이므로

$\mathrm{P}(A \cup B)=\mathrm{P}(A)+\mathrm{P}(B)-\mathrm{P}(A \cap B)$에서 $1=\mathrm{P}(A)+\mathrm{P}(B)-\mathrm{P}(A)\mathrm{P}(B)$

$\{\mathrm{P}(A)-1\}\{\mathrm{P}(B)-1\}=0$

$\therefore \mathrm{P}(A)=1$ 또는 $\mathrm{P}(B)=1$

이때 B가 A의 여사건이 되려면 $\mathrm{P}(A)=1$, $\mathrm{P}(B)=0$ 또는 $\mathrm{P}(A)=0$, $\mathrm{P}(B)=1$이어야 하는데

주어진 조건에서 $\mathrm{P}(A) \neq 0$, $\mathrm{P}(B) \neq 0$이므로 B는 A의 여사건이 될 수 없다. [거짓]

⑤ A, B가 배반사건이고 $\mathrm{P}(A \cup B)=1$이면 $\mathrm{P}(A)+\mathrm{P}(B)=1$

즉, $\mathrm{P}(A)=1-\mathrm{P}(B)$이므로 B는 A의 여사건이다. [참]

따라서 옳지 않은 것은 ④번이다.

수능특강문제 09

$\mathrm{P}(A) > 0$, $\mathrm{P}(B) > 0$인 두 사건 A, B에 대하여 다음 중 옳지 않은 것은? (단, A^c은 A의 여사건이다.)

① 두 사건 A, B가 서로 독립이면 $\{1-\mathrm{P}(A)\}\{1-\mathrm{P}(B)\}=1-\mathrm{P}(A \cup B)$

② A와 B가 서로 배반사건이면 $\mathrm{P}(B|A)=\mathrm{P}(A|B)=0$이다.

③ $\mathrm{P}(A^c|B)=0$이면 A와 B는 서로 배반사건이다.

④ $0 < \mathrm{P}(A|B) < \mathrm{P}(B|A)$이면 $\mathrm{P}(A) < \mathrm{P}(B)$이다.

⑤ $\mathrm{P}(B|A)+\mathrm{P}(B^c|A)=1$

수능특강 풀이

① 두 사건 A, B가 서로 독립이므로 $\mathrm{P}(A \cap B)=\mathrm{P}(A)\mathrm{P}(B)$

$\therefore \{1-\mathrm{P}(A)\}\{1-\mathrm{P}(B)\}=1-\{\mathrm{P}(A)+\mathrm{P}(B)-\mathrm{P}(A \cap B)\}=1-\mathrm{P}(A \cup B)$ [참]

② A와 B가 서로 배반사건이면 $\mathrm{P}(A \cap B)=0$이므로 $\mathrm{P}(B|A)=\dfrac{\mathrm{P}(A \cap B)}{\mathrm{P}(A)}=0$, $\mathrm{P}(A|B)=\dfrac{\mathrm{P}(A \cap B)}{\mathrm{P}(B)}=0$ [참]

③ $\mathrm{P}(A^c|B)=\dfrac{\mathrm{P}(A^c \cap B)}{\mathrm{P}(B)}=0$이면 $\mathrm{P}(A^c \cap B)=0$이므로 $B \subset A$이다.

즉, A와 B는 서로 배반사건이 아니다. [거짓]

④ $0 < \mathrm{P}(A|B) < \mathrm{P}(B|A)$에서 $0 < \dfrac{\mathrm{P}(A \cap B)}{\mathrm{P}(B)} < \dfrac{\mathrm{P}(A \cap B)}{\mathrm{P}(A)}$이므로 $\mathrm{P}(A) < \mathrm{P}(B)$ [참]

⑤ $\mathrm{P}(B|A)+\mathrm{P}(B^c|A)=\dfrac{\mathrm{P}(A \cap B)}{\mathrm{P}(A)}+\dfrac{\mathrm{P}(A \cap B^c)}{\mathrm{P}(A)}=\dfrac{\mathrm{P}(A \cap B)+\mathrm{P}(A \cap B^c)}{\mathrm{P}(A)}=\dfrac{\mathrm{P}(A)}{\mathrm{P}(A)}=1$ [참]

따라서 옳지 않은 것은 ③번이다.

02 독립시행의 확률

01 독립시행의 확률

(1) 독립시행

한 개의 동전이나 주사위를 여러 번 던지는 시행처럼, 동일한 시행을 여러 번 반복할 때, 각 시행의 결과가 서로 아무런 영향을 주지 않을 때, 즉 매회의 시행에서 일어나는 사건이 서로 독립일 때, 이러한 시행을 **독립시행**이라고 한다.

독립시행에서는 각 시행에서 일어나는 사건이 서로 독립이므로 독립시행의 확률은 각 사건의 확률을 곱하여 구할 수 있다.

(2) 독립시행의 확률

> 어떤 시행에서 사건 A가 일어날 확률이 $p(0 < p < 1)$일 때, 이 시행을 n회 반복한 독립시행에서 사건 A가 r회 일어날 확률은
> $$_nC_r p^r (1-p)^{n-r} \ (\text{단},\ r=0,\ 1,\ 2,\ \cdots,\ n)$$

참고 ✽ n회의 독립시행에서 사건 A가 r회 일어나면 여사건 A^c은 $(n-r)$회 일어난다.

이때 $P(A)=p$이므로 $P(A^c)=1-p$이다.

독립시행은 '시행' 과 '사건' 에 관한 확률이다.

시행 ⟶ n회 , 사건 ⟶ r번 , 확률 ⟶ $_nC_r p^r (1-p)^{n-r}$

마플해설

한 개의 주사위를 4번 던질 때, 1의 눈이 2번 나올 확률을 구하여보자.
한 개의 주사위를 4번 던지는 독립시행에서 1의 눈이 2번 나오는 경우는 $_4C_2$가지이고, 각 경우는 오른쪽 표와 같다.

이때 각 사건은 서로 독립이고 의 확률은 $\dfrac{1}{6}$, ×의 확률은 $\dfrac{5}{6}$이므로

표의 각 경우가 일어날 확률은 모두 $\left(\dfrac{1}{6}\right)^2 \times \left(\dfrac{5}{6}\right)^2$이다.

한편 이들 $_4C_2$가지의 사건은 서로 배반사건이므로 4번의 독립시행에서 1의 눈이 2번 나올 확률은 덧셈정리에 의하여 다음이 성립한다.

$$_4C_2 \times \left(\dfrac{1}{6}\right)^2 \times \left(\dfrac{5}{6}\right)^2 = \dfrac{25}{216}$$

1회	2회	3회	4회	확률
●	●	×	×	$\dfrac{1}{6} \times \dfrac{1}{6} \times \dfrac{5}{6} \times \dfrac{5}{6}$
●	×	●	×	$\dfrac{1}{6} \times \dfrac{5}{6} \times \dfrac{1}{6} \times \dfrac{5}{6}$
●	×	×	●	$\dfrac{1}{6} \times \dfrac{5}{6} \times \dfrac{5}{6} \times \dfrac{1}{6}$
×	●	●	×	$\dfrac{5}{6} \times \dfrac{1}{6} \times \dfrac{1}{6} \times \dfrac{5}{6}$
×	●	×	●	$\dfrac{5}{6} \times \dfrac{1}{6} \times \dfrac{5}{6} \times \dfrac{1}{6}$
×	×	●	●	$\dfrac{5}{6} \times \dfrac{5}{6} \times \dfrac{1}{6} \times \dfrac{1}{6}$

보기 01

다음 물음에 답하여라.

(1) 한 개의 주사위를 4번 던질 때, 3의 배수의 눈이 3번 나올 확률을 구하여라.

(2) 한 개의 동전을 5번 던질 때, 앞면이 2개 나올 확률을 구하여라.

(3) 한 개의 동전을 5번 던질 때, 앞면이 4번 이상 나올 확률을 구하여라.

풀이

(1) 한 개의 주사위 던져 3의 배수의 눈이 나올 확률이 $\dfrac{2}{6}=\dfrac{1}{3}$이므로 구하는 확률은 $_4C_3 \left(\dfrac{1}{3}\right)^3 \left(\dfrac{2}{3}\right)^1 = \dfrac{8}{81}$

(2) 한 개의 동전을 던져 앞면이 나올 확률이 $\dfrac{1}{2}$이므로 구하는 확률은 $_5C_2 \left(\dfrac{1}{2}\right)^2 \left(\dfrac{1}{2}\right)^3 = \dfrac{5}{16}$

(3) 한 개의 동전을 던져 앞면이 나올 확률이 $\dfrac{1}{2}$이므로 구하는 확률은 $_5C_4 \left(\dfrac{1}{2}\right)^4 \left(\dfrac{1}{2}\right) + {}_5C_5 \left(\dfrac{1}{2}\right)^5 = \dfrac{5}{32} + \dfrac{1}{32} = \dfrac{3}{16}$

보기 02

다음 물음에 답하여라.

(1) 안타를 칠 확률이 0.2인 야구 선수가 3번 타석에 들어설 때, 3번 중 2번 안타를 칠 확률을 구하여라.

(2) 윷놀이에서 윷짝 한 개를 던질 때, 둥근 면이 나올 확률은 $\dfrac{2}{5}$이고, 평평한 면이 나올 확률은 $\dfrac{3}{5}$이라고 하자.

이 윷짝 네 개를 동시에 던질 때, 걸이 나올 확률을 구하여라.

풀이

(1) 타석에 설 때 안타를 칠 확률이 0.2이므로 3번의 독립시행이므로 구하는 확률은 $_3C_2(0.2)^2(0.8)=0.096$

(2) 걸이 나오는 경우는 네 개의 윷짝 중 한 개는 둥근면이 나오고, 나머지 세 개는 평평한 면이 나와야 하므로

독립시행의 확률에 의하여 $_4C_1 \times \left(\dfrac{2}{5}\right)^1 \times \left(\dfrac{3}{5}\right)^3 = \dfrac{216}{625}$

보기 03

다음 물음에 답하여라.

(1) 3문제를 풀면 2문제를 맞히는 학생이 있다. 4문제가 출제된 어떤 시험에서 3문제 이상 맞히면 합격이라고 할 때,
이 학생이 시험에 합격할 확률을 구하여라.

(2) A반과 B반이 배구 시합을 하는 데 각 세트 당 이길 확률은 A반이 $\dfrac{2}{3}$, B반이 $\dfrac{1}{3}$이다.

두 세트를 먼저 이기는 반이 우승한다고 할 때, A반이 우승할 확률을 구하여라.

풀이

(1) 이 학생이 1개의 문제를 맞힐 확률은 $\dfrac{2}{3}$이므로 이 학생이 시험에 합격할 확률은

$$_4C_3\left(\dfrac{2}{3}\right)^3\left(\dfrac{1}{3}\right)^1 + _4C_4\left(\dfrac{2}{3}\right)^4 = \dfrac{32}{81} + \dfrac{16}{81} = \dfrac{16}{27}$$

← (4문제 중에서 3문제를 맞힐 확률)＋(4문제 중에서 4문제를 맞힐 확률)

(2) 두 세트를 먼저 이기면 우승이므로 A반이 우승할 확률은

$$_2C_2\left(\dfrac{2}{3}\right)^2\left(\dfrac{1}{3}\right)^0 + _2C_1\left(\dfrac{2}{3}\right)^1\left(\dfrac{1}{3}\right)^1 \cdot \dfrac{2}{3} = \dfrac{4}{9} + \dfrac{8}{27} = \dfrac{20}{27}$$

← (A반이 1, 2세트 모두 이기는 확률)＋(A반이 1, 2세트 중 1번 이기고, 3세트에서 이기는 확률)

FOCUS

(1) 독립시행의 활용

1회의 시행에서 사건 A가 일어날 확률은 p, 그 여사건의 확률을 q라고 하면 이 시행에서 n회 반복하는 독립시행에서
사건 A가 r회 일어날 확률은

① $r=0$일 때, $_nC_0q^n$ ② $1 \le r \le n-1$일 때, $_nC_rp^rq^{n-r}$ ③ $r=n$일 때, $_nC_np^n$

▶참고★ q^n, $_nC_rp^rq^{n-r}$, p^n은 $(p+q)^n$의 전개식의 각 항이다.

(2) 독립시행의 여러 사건의 예

동전던지기, 주사위 던지기, 화살(총)쏘기(명중, 불 명중), 우량품/불량품의 복원추출, 약을 투약, 축구의 승부차기,
한국시리즈(7전 4선승제) …

(3) 독립시행의 특징

① 같은 시행을 여러 번 반복한다.

② 각 시행의 결과는 다른 시행의 결과에 아무런 영향을 받지 않는다.

즉 각 시행에서 어떤 사건이 일어날 확률이 항상 일정하다.

어느 축구선수는 패널티킥을 6번 시도하여 4번 성공한다. 이 축구선수가 4번의 패널티킥을 시도할 때, 다음을 구하여라.

(1) 세 골 이상 넣을 확률 (2) 적어도 한 번은 골을 넣을 확률

MAPL CORE

한 번의 시행에서 사건 A가 일어날 확률은 p, 사건 A가 일어나지 않을 확률을 q라 하면

이 시행을 n번 반복한 독립시행에서 사건 A가 r번 일어날 확률은 ${}_nC_r p^r q^{n-r}$ (단, $p+q=1$, $r=0, 1, 2, \cdots, n$)

개념익힘|풀이 (1) 어느 축구선수가 패널티킥을 한 번 시도할 때, 성공할 확률은 $\dfrac{4}{6}=\dfrac{2}{3}$이다.

4번의 독립시행에서 세 골 이상 넣을 경우는 세 골만 넣은 경우와 네 골 모두 넣은 경우이다.

$${}_4C_3\left(\dfrac{2}{3}\right)^3\left(\dfrac{1}{3}\right)+{}_4C_4\left(\dfrac{2}{3}\right)^4=\dfrac{32}{81}+\dfrac{16}{81}=\dfrac{48}{81}=\dfrac{16}{27}$$ ← (세 골만 넣을 확률) + (네 골 모두 넣은 확률)

(2) 4번의 독립시행에서 확률이 $\dfrac{2}{3}$인 사건이 1번 이상 일어날 확률이므로

이 여사건의 확률은 4번 모두 실패할 확률이다. 즉 ${}_4C_0\left(\dfrac{1}{3}\right)^4=\dfrac{1}{81}$

따라서 구하는 확률은 $1-\dfrac{1}{81}=\dfrac{80}{81}$

확인유제 0458 다음 물음에 답하여라.

(1) 소희가 문제를 맞힐 확률은 $\dfrac{1}{2}$이라 한다. 4문제 중에서 3문제 이상을 맞히면 합격하는 시험에서 소희가 합격할 확률은?

① $\dfrac{3}{16}$ ② $\dfrac{5}{16}$ ③ $\dfrac{7}{16}$ ④ $\dfrac{11}{16}$ ⑤ $\dfrac{13}{16}$

2016년 10월 교육청

(2) 한 개의 동전을 4번 던질 때, 앞면이 적어도 한 번 나올 확률은?

① $\dfrac{7}{16}$ ② $\dfrac{9}{16}$ ③ $\dfrac{11}{16}$ ④ $\dfrac{13}{16}$ ⑤ $\dfrac{15}{16}$

변형문제 0459 다음 물음에 답하여라.

(1) 각 면에 1, 1, 2, 3, 4, 4의 숫자가 하나씩 적혀 있는 정육면체 모양의 상자를 던져 윗면에 적힌 수를 읽기로 한다. 이 상자를 5번 던질 때, 나온 다섯 개의 수의 곱이 짝수일 확률은?

① $\dfrac{1}{16}$ ② $\dfrac{3}{32}$ ③ $\dfrac{9}{16}$ ④ $\dfrac{15}{16}$ ⑤ $\dfrac{31}{32}$

(2) 각 면에 1, 2, 3, 3, 3, 4의 숫자가 하나씩 적혀 있는 정육면체 모양의 상자를 던져 윗면에 적힌 수를 읽기로 한다. 이 상자를 5번 던질 때, 나온 다섯 개의 수의 곱이 3의 배수일 확률은?

① $\dfrac{1}{32}$ ② $\dfrac{1}{16}$ ③ $\dfrac{9}{16}$ ④ $\dfrac{15}{16}$ ⑤ $\dfrac{31}{32}$

발전문제 0460 동전 A의 앞면과 뒷면에는 각각 1과 2가 적혀있고 동전 B의 앞면과 뒷면에는 각각 3과 4가 적혀 있다.

2019학년도 09월 평가원 동전 A를 세 번, 동전 B를 네 번 던져 나온 7개의 수의 합이 19 또는 20일 확률은?

① $\dfrac{7}{16}$ ② $\dfrac{15}{32}$ ③ $\dfrac{1}{2}$ ④ $\dfrac{17}{32}$ ⑤ $\dfrac{9}{16}$

정답 0458 : (1) ② (2) ⑤ 0459 : (1) ⑤ (2) ⑤ 0460 : ①

검은 공 2개, 흰 공 4개가 있는 주머니에서 임의로 한 개의 공을 꺼낼 때, 꺼낸 공이
검은 공이면 1점, 흰 공이면 2점을 기록하고 공을 다시 주머니에 넣는다. 이와 같은
시행을 4번 반복할 때, 기록한 점수의 합이 7점일 확률을 구하여라.

MAPL CORE

[1단계] 주어진 조건을 만족하려면 사건 A가 몇 번 일어나야 하는지를 파악한다.
[2단계] 독립시행에서 일어날 확률은 $_nC_r\,p^r q^{n-r}$(단, $p+q=1$, $r=0, 1, 2, \cdots, n$)을 구한다.

개념익힘 | 풀이

검은 공 2개, 흰 공 4개가 있는 주머니에서 임의로 한 개의 공을 꺼낼 때,

검은 공이 나올 확률이 $\dfrac{2}{6}=\dfrac{1}{3}$ 이고, 흰 공이 나올 확률이 $\dfrac{4}{6}=\dfrac{2}{3}$

4번의 시행 중에서 검은 공이 나온 횟수를 x $(0 \le x \le 4)$라 하면 흰 공이 나온 횟수는 $4-x$

검은 공이면 1점, 흰 공이면 2점이므로 점수는 $1 \times x + 2 \times (4-x) = 8-x$

$8-x=7$에서 $x=1$

따라서 4번의 시행 중 검은 공이 1번 나올 확률은 $_4C_1\left(\dfrac{1}{3}\right)^1\left(\dfrac{2}{3}\right)^3=\dfrac{32}{81}$

확인유제 0461

2019학년도 사관기출

흰 공 4개와 검은 공 2개가 들어 있는 주머니에서 임의로 한 개의 공을 꺼내어
공의 색을 확인한 후 다시 넣는 시행을 5회 반복한다. 각 시행에서 꺼낸 공이 흰
공이면 1점을 얻고, 검은 공이면 2점을 얻을 때, 얻은 점수의 합이 7일 확률은?

① $\dfrac{80}{243}$　　② $\dfrac{1}{3}$　　③ $\dfrac{82}{243}$　　④ $\dfrac{83}{243}$　　⑤ $\dfrac{28}{81}$

변형문제 0462

2017년 07월 교육청

다음 물음에 답하여라.

(1) 한 개의 동전을 7번 던질 때, 앞면이 뒷면보다 3번 더 많이 나올 확률은?

① $\dfrac{19}{128}$　　② $\dfrac{21}{128}$　　③ $\dfrac{23}{128}$　　④ $\dfrac{25}{128}$　　⑤ $\dfrac{27}{128}$

2018년 10월 교육청

(2) 한 개의 동전을 사용하여 다음 규칙에 따라 점수를 얻는 시행을 한다.

> 한 번 던져 앞면이 나오면 2점, 뒷면이 나오면 1점을 얻는다.

이 시행을 5번 반복하여 얻은 점수의 합이 6 이하일 확률은?

① $\dfrac{3}{32}$　　② $\dfrac{1}{8}$　　③ $\dfrac{5}{32}$　　④ $\dfrac{3}{16}$　　⑤ $\dfrac{7}{32}$

발전문제 0463

2018학년도 수능기출

다음 물음에 답하여라.

(1) 한 개의 동전을 6번 던질 때, 앞면이 나오는 횟수가 뒷면이 나오는 횟수보다 클 확률은 $\dfrac{q}{p}$ 이다.

$p+q$의 값을 구하여라. (단, p와 q는 서로소인 자연수이다.)

2017학년도 06월 평가원

(2) 각 면에 1, 2, 3, 4의 숫자가 하나씩 적혀 있는 정사면체 모양의 상자를 던져 밑면에 적힌 숫자를 읽기로
한다. 이 상자를 3번 던져 2가 나오는 횟수를 m, 2가 아닌 숫자가 나오는 횟수를 n이라 할 때,
$i^{|m-n|}=-i$일 확률을 구하여라. (단, $i=\sqrt{-1}$)

정답　0461 : ①　　0462 : (1) ② (2) ④　　0463 : (1) 43 (2) $\dfrac{7}{16}$

2011학년도 09월 평가원

주사위를 1개 던져서 나오는 눈의 수가 6의 약수이면 동전 3개를 동시에 던지고, 6의 약수가 아니면 동전 2개를 동시에 던진다. 1개의 주사위를 1번 던진 후 그 결과에 따라 동전을 던질 때, 앞면이 나오는 동전의 개수가 1일 확률을 구하여라.

MAPL CORE

경우를 나누는 독립시행의 확률을 계산하는 방법

[1단계] 조건을 만족하는 경우를 모두 찾는다.

[2단계] 독립시행의 확률 $_nC_r p^r (1-p)^{n-r}$ 을 이용하여 각 경우의 확률을 구한다.

[3단계] 배반사건에서의 확률의 덧셈정리를 이용하여 구하는 전체 확률을 구한다.

개념익힘 | 풀이

주사위 1개를 던져서 나오는 눈의 수가 6의 약수인 경우는 1, 2, 3, 6이므로 나올 확률은 $\dfrac{4}{6}=\dfrac{2}{3}$

(i) 주사위를 1개 던져 6의 약수가 나오는 경우

주사위의 눈의 수가 6의 약수이고 동전 3개를 동시에 던져 앞면이 나오는 동전의 개수가 1일 확률은

$$\dfrac{2}{3} \times {}_3C_1 \left(\dfrac{1}{2}\right)^1 \left(\dfrac{1}{2}\right)^2 = \dfrac{1}{4}$$

(ii) 주사위를 1개 던져 6의 약수가 아닌 눈이 나오는 경우

주사위의 눈의 수가 6의 약수가 아니고 동전 2개를 동시에 던져 앞면이 나오는 동전의 개수가 1일 확률은

$$\dfrac{1}{3} \times {}_2C_1 \left(\dfrac{1}{2}\right)^1 \left(\dfrac{1}{2}\right)^1 = \dfrac{1}{6}$$

(i), (ii)가 서로 배반사건이므로 구하는 확률은 $\dfrac{1}{4}+\dfrac{1}{6}=\dfrac{5}{12}$

확인유제 0464

다음 물음에 답하여라.

(1) 흰 공 2개, 검은 공 2개가 들어있는 상자에서 1개의 공을 꺼내어 그것이 흰 공이면 동전을 3회 던지고 검은 공이면 동전을 4회 던질 때, 앞면이 3회 나올 확률은? (단, 동전의 앞면과 뒷면이 나올 확률은 같다.)

① $\dfrac{3}{16}$　　② $\dfrac{5}{16}$　　③ $\dfrac{7}{16}$　　④ $\dfrac{9}{16}$　　⑤ $\dfrac{11}{16}$

(2) 한 개의 주사위를 한 번 던져서 3의 배수의 눈이 나오면 한 개의 동전을 3번 던지고 3의 배수가 아닌 눈이 나오면 한 개의 동전을 2번 던질 때, 동전의 앞면이 2번 이상 나올 확률은?

① $\dfrac{1}{6}$　　② $\dfrac{1}{4}$　　③ $\dfrac{1}{3}$　　④ $\dfrac{5}{12}$　　⑤ $\dfrac{1}{2}$

변형문제 0465

2013학년도 수능기출

흰 공 4개, 검은 공 3개가 들어 있는 주머니가 있다. 이 주머니에서 임의로 2개의 공을 동시에 꺼내어, 꺼낸 2개의 공의 색이 서로 다르면 1개의 동전을 3번 던지고, 꺼낸 2개의 공의 색이 서로 같으면 1개의 동전을 2번 던진다. 이 시행에서 동전의 앞면이 2번 나올 확률은?

① $\dfrac{9}{28}$　　② $\dfrac{19}{56}$　　③ $\dfrac{5}{14}$　　④ $\dfrac{3}{8}$　　⑤ $\dfrac{11}{28}$

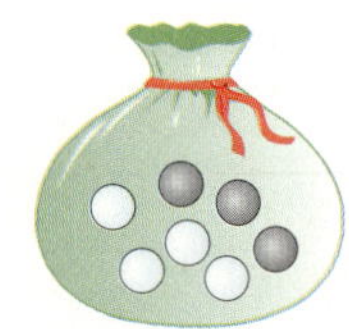

발전문제 0466

2015학년도 사관기출

주머니 A에는 흰 구슬 2개, 검은 구슬 1개가 들어 있고, 주머니 B에는 흰 구슬 1개, 검은 구슬 2개가 들어있다. 한 개의 주사위를 던져서 3의 배수의 눈이 나오면 주머니 A에서 임의로 한 개의 구슬을 꺼내고, 3의 배수가 아닌 눈이 나오면 주머니 B에서 임의로 한 개의 구슬을 꺼낸다. 주사위를 4번 던지고 난 후에 주머니 A에는 검은 구슬이, 주머니 B에는 흰 구슬이 각각 한 개씩 남아 있을 확률은 $\dfrac{q}{p}$ 이다. $p+q$의 값을 구하여라.

(단, p와 q는 서로소인 자연수이고, 꺼낸 구슬은 다시 넣지 않는다.)

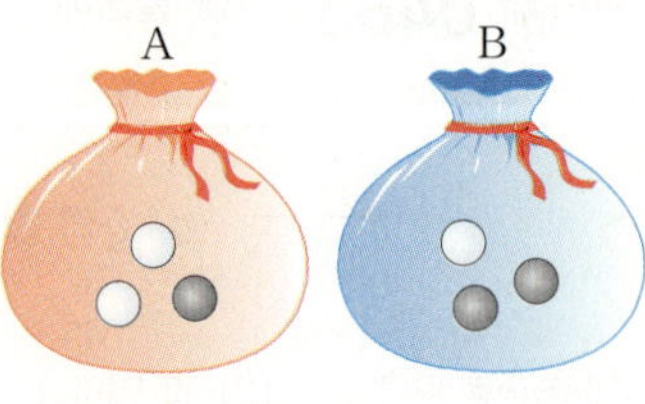

정답　0464 : (1) ① (2) ③　　0465 : ①　　0466 : 251

A대학교에서는 수시모집과 정시모집으로 입학생을 선발한다. 수시모집은 정시모집보다 먼저 실시하고, 수시모집에 지원하여 합격한 학생은 정시모집에 지원할 수 없다고 한다. 어떤 고등학생 3명이 A대학교의 수시모집에 지원하였을 때, 합격할 확률은 각각 $\dfrac{1}{2}$이고, 정시모집에 지원하였을 때, 합격할 확률은 각각 $\dfrac{1}{3}$이라고 하자.

이 학생 3명이 A대학교의 수시모집에 모두 지원하고, 이 중 불합격한 학생은 다시 A대학교의 정시모집에 지원한다고 할 때, 3명 중 2명이 합격할 확률을 구하여라. (단, 각 학생이 A대학교에 합격하는 사건은 서로 독립이다.)

MAPL CORE　독립시행 관련 문제는 예전에는 시행 횟수를 이용한 단순한 문제가 주를 이뤘던 반면, 최근 문제에서는 시행자체의 확률을 구하는 문제가 자주 출제되고 있다.

개념익힘│**풀이**　A대학교에 합격하려면 수시모집에서 합격하거나, 수시모집에서 불합격하고 정시모집에서 합격해야 하므로

이때 수시모집 합격확률은 $\dfrac{1}{2}$, 정시모집 합격확률은 $\dfrac{1}{3}$이므로

한 학생이 A대학교에 합격할 확률은 $\dfrac{1}{2}+\dfrac{1}{2}\times\dfrac{1}{3}=\dfrac{2}{3}$

따라서 각 학생이 A대학에 합격하는 사건은 각각 독립이므로 3명 중 2명이 합격할 확률은

$$_3C_2\left(\dfrac{2}{3}\right)^2\left(\dfrac{1}{3}\right)=\dfrac{4}{9}$$

확인유제 0467　E대학의 졸업시험은 2번까지 기회가 주어지는데 1차 시험은 모두 치러야 하고, 1차 시험을 통과하지 못한 학생은 2차 시험을 치러야 한다. 이 대학교 학생 5명이 1차 시험을 치렀을 때 각 학생이 1차 시험에 통과할 확률은 $\dfrac{1}{4}$이고, 2차 시험을 치렀을 때 각 학생이 2차 시험에 통과할 확률은 $\dfrac{1}{3}$이라고 하자. 5명의 학생 중 3명만 졸업시험에 통과할 확률이 $\dfrac{q}{p}$일 때, $p+q$의 값을 구하여라. (단, p, q는 서로소인 자연수이다.)

변형문제 0468　어느 질병에 대한 치료법으로 1단계 치료를 하고, 1단계 치료에 성공한 환자만 2단계 치료를 하여 2단계 치료까지 성공한 환자는 완치된 것으로 판단된다. 1단계 치료 결과와 2단계 치료 결과는 서로 독립이며, 1단계 치료와 2단계 치료에 성공할 확률은 각각 $\dfrac{1}{2}$과 $\dfrac{2}{3}$이다. 4명의 환자를 대상으로 이 치료법을 적용하였을 때, 완치된 것으로 판단될 환자가 2명일 확률은?
2010학년도 06월 평가원

① $\dfrac{13}{54}$　　② $\dfrac{8}{27}$　　③ $\dfrac{19}{54}$　　④ $\dfrac{11}{27}$　　⑤ $\dfrac{25}{54}$

발전문제 0469　어느 인터넷 사이트에서 회원을 대상으로 행운권 추첨행사를 하고 있다. 행운권이 당첨될 확률은 $\dfrac{1}{3}$이고, 당첨되는 경우에는 회원 점수가 5점, 당첨되지 않는 경우에는 1점 올라간다. 행운권 추첨에 4회 참여하여 회원 점수가 16점 올라갈 확률은? (단, 행운권을 추첨하는 시행은 서로 독립이다.)
2011학년도 09월 평가원

① $\dfrac{8}{81}$　　② $\dfrac{10}{81}$　　③ $\dfrac{4}{27}$　　④ $\dfrac{14}{81}$　　⑤ $\dfrac{16}{81}$

마플개념익힘 **04**　　독립시행을 이용한 확률 구하기

정답　0467 : 21　　0468 : ②　　0469 : ①

올림픽 탁구 개인전에서 두 선수 A, B가 5선 3선승제인 게임을 하여 우승자를 가리기로 하였다.

두 선수 A와 B가 각 경기에서 서로를 이길 확률은 각각 $\dfrac{1}{3}$, $\dfrac{2}{3}$ 이고 비기는 경우는 없다고 할 때,

4번째 경기에서 우승자가 결정될 확률을 구하여라.

MAPL CORE   [1단계] n회에 우승을 해야 하므로 $n-1$회까지를 독립시행의 확률에 의해 계산한다.
[2단계] $n-1$회까지의 확률과 마지막 n회 우승할 확률을 곱하여 확률을 계산한다.

개념익힘 | 풀이   (i) A선수가 4번째 경기에서 우승자가 될 확률은

3번째 경기까지 2승 1패이어야 하고 4번째 경기를 이겨야 하므로

$$\left\{ {}_3C_2 \times \left(\dfrac{1}{3}\right)^2 \times \dfrac{2}{3} \right\} \times \dfrac{1}{3} = \dfrac{2}{27}$$

(ii) B선수가 4번째 경기에서 우승자가 될 확률은

3번째 경기까지 2승 1패이어야 하고 4번째 경기를 이겨야 하므로

$$\left\{ {}_3C_2 \times \left(\dfrac{2}{3}\right)^2 \times \dfrac{1}{3} \right\} \times \dfrac{2}{3} = \dfrac{8}{27}$$

(i), (ii)는 서로 배반사건이므로 구하는 확률은 $\dfrac{2}{27} + \dfrac{8}{27} = \dfrac{10}{27}$

확인유제 0470   프로농구 챔피언 결정전은 7번 경기를 해서 먼저 4번을 이기면 우승을 한다. 실력이 같은 정도로 기대되는 두 팀 A와 B가 프로농구 챔피언 결정전에서 맞붙게 되었을 때, 여섯 번째 경기에서 우승팀이 결정될 확률을 구하여라. (단, 비기는 경우는 없다.)

① $\dfrac{3}{25}$ ② $\dfrac{3}{16}$ ③ $\dfrac{5}{16}$ ④ $\dfrac{5}{32}$ ⑤ $\dfrac{11}{16}$

변형문제 0471   다음 물음에 답하여라.
(1) 프로 야구 한국시리즈에 진출한 두 팀 A, B는 7번의 경기 중 먼저 4번 이기는 팀이 우승을 한다.

3번의 경기가 끝난 결과 A팀이 1승 2패로 뒤져 있다. A팀이 한 경기에서 B팀을 이길 확률이 $\dfrac{2}{3}$ 일 때,

한국시리즈에서 A팀이 우승할 확률을 구하여라. (단, 비기는 경우는 없다.)

(2) 두 프로 야구팀 A, B가 7전 4선승제인 한국시리즈에 진출하였다.

3경기를 진행한 결과가 A팀이 2승 1패로 앞서 가고 있을 때, A팀이 우승할 확률을 구하여라.
(단, 각 경기에서 두 팀이 이길 확률은 서로 같고, 비기는 경우는 없다.)

발전문제 0472   두 배구 팀 A, B가 상대를 각 세트에서 이길 확률이 각각 $\dfrac{2}{3}$, $\dfrac{1}{3}$ 이고 5세트 중에서 3세트를 먼저 이기는 팀이

경기에서 승리한다. A팀이 승리했다고 할 때, A팀이 4세트 안에 승리했을 확률은?

① $\dfrac{4}{27}$ ② $\dfrac{8}{27}$ ③ $\dfrac{3}{4}$ ④ $\dfrac{64}{81}$ ⑤ $\dfrac{15}{16}$

정답   0470 : ③   0471 : (1) $\dfrac{16}{27}$ (2) $\dfrac{11}{16}$ 0472 : ③

주사위를 1개 던져서 나오는 눈의 수 만큼의 동전을 던진다. 예를 들어 1의 눈이 나오면 동전을 1개, 6의 눈이 나오면 동전을 6개 던진다. 1개의 주사위를 1번 던진 후 그 결과에 따라 동전을 던졌더니 앞면이 나온 동전의 개수가 4개였다고 할 때, 주사위에서 나온 눈이 4일 확률을 구하여라.

MAPL CORE   사건 A가 일어났을 때의 사건 B의 조건부확률 $P(B|A)=\dfrac{P(A\cap B)}{P(A)}$ (단, $P(A)>0$)

개념익힘│풀이

주사위를 던진 후 그 결과에 따라 동전을 던졌더니 앞면이 나온 동전의 개수가 4일 사건을 E라 하고

주사위에서 나온 눈이 $k\,(k=1,\,2,\,3,\,4,\,5,\,6)$인 사건을 X_k라 하면

$$P(E)=P(X_1\cap E)+P(X_2\cap E)+P(X_3\cap E)+P(X_4\cap E)+P(X_5\cap E)+P(X_6\cap E)$$

$$=0+0+0+\frac{1}{6}\times{}_4C_4\left(\frac{1}{2}\right)^4+\frac{1}{6}\times{}_5C_4\left(\frac{1}{2}\right)^4\left(\frac{1}{2}\right)+\frac{1}{6}\times{}_6C_4\left(\frac{1}{2}\right)^4\left(\frac{1}{2}\right)^2=\frac{29}{384}$$

$\leftarrow P(X_1\cap E)+P(X_2\cap E)+P(X_3\cap E)=0+0+0=0$

이때 주사위에서 나온 눈이 4일 사건이 X_4이므로 구하는 확률은 $P(X_4|\,E)$이다.

$$P(X_4\cap E)=\frac{1}{6}\times{}_4C_4\left(\frac{1}{2}\right)^4=\frac{4}{384}$$

따라서 구하는 확률은 $P(X_4|E)=\dfrac{P(X_4\cap E)}{P(E)}=\dfrac{\frac{4}{384}}{\frac{29}{384}}=\dfrac{4}{29}$

확인유제 0473
2013학년도 09월 평가원

A가 동전을 2개 던져서 나온 앞면의 개수만큼 B가 동전을 던진다. B가 던져서 나온 앞면의 개수가 1일 때, A가 던져서 나온 앞면의 개수가 2일 확률은?

① $\dfrac{1}{6}$ ② $\dfrac{1}{5}$ ③ $\dfrac{1}{4}$ ④ $\dfrac{1}{3}$ ⑤ $\dfrac{1}{2}$

변형문제 0474
2018학년도 06월 평가원

다음 물음에 답하여라.

(1) 서로 다른 2개의 주사위를 동시에 던져 나온 눈의 수가 같으면 한 개의 동전을 4번 던지고, 나온 눈의 수가 다르면 한 개의 동전을 2번 던진다. 이 시행에서 동전의 앞면이 나온 횟수와 뒷면이 나온 횟수가 같을 때, 동전을 4번 던졌을 확률은?

① $\dfrac{3}{23}$ ② $\dfrac{5}{23}$ ③ $\dfrac{7}{23}$ ④ $\dfrac{9}{23}$ ⑤ $\dfrac{11}{23}$

2019년 07월 교육청

(2) 주머니에 1, 2, 3, 4의 숫자가 하나씩 적혀 있는 4개의 공이 들어 있다. 이 주머니에서 임의로 2개의 공을 동시에 꺼낼 때, 꺼낸 공에 적혀 있는 숫자의 합이 소수이면 1개의 동전을 2번 던지고, 소수가 아니면 1개의 동전을 3번 던진다. 동전의 앞면이 2번 나왔을 때, 꺼낸 2개의 공에 적혀 있는 숫자의 합이 소수일 확률은?

① $\dfrac{2}{7}$ ② $\dfrac{5}{14}$ ③ $\dfrac{3}{7}$ ④ $\dfrac{1}{2}$ ⑤ $\dfrac{4}{7}$

발전문제 0475
2019학년도 수능기출

좌표평면의 원점에 점 A가 있다. 한 개의 동전을 사용하여 다음 시행을 한다.

> 동전을 한 번 던져
> 앞면이 나오면 점 A를 x축의 양의 방향으로 1만큼,
> 뒷면이 나오면 점 A를 y축의 양의 방향으로 1만큼 이동시킨다.

위의 시행을 반복하여 점 A의 x좌표 또는 y좌표가 처음으로 3이 되면 이 시행을 멈춘다. 점 A의 y좌표가 처음으로 3이 되었을 때, 점 A의 x좌표가 1일 확률은?

① $\dfrac{1}{4}$ ② $\dfrac{5}{16}$ ③ $\dfrac{3}{8}$ ④ $\dfrac{7}{16}$ ⑤ $\dfrac{1}{2}$

정답   0473 : ④   0474 : (1) ① (2) ⑤   0475 : ③

좌표평면 위의 점 P는 주사위 1개를 1번 던져서 나오는 눈의 수가 4의 약수이면 x축의 양의 방향으로 1만큼, 4의 약수가 아니면 y축의 양의 방향으로 1만큼 이동한다. 오른쪽 그림과 같이 원점 O에서 출발한다고 할 때, 다음 물음에 답하여라. (단, 더 이상 이동할 수 없으면 움직이지 않는다.)

(1) 점 P가 점 B에 도착할 확률을 구하여라.

(2) 주사위를 7번 던졌을 때, C지점에 도착할 확률을 구하여라.

(3) 주사위를 7번 던졌을 때, A지점을 거쳐 C지점에 도착할 확률을 구하여라.

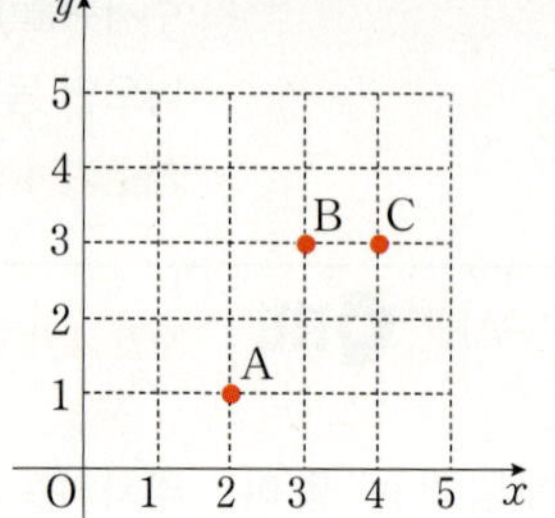

MAPL CORE

[1단계] 주어진 조건을 만족하려면 사건 A가 몇 번 일어나야 하는지를 파악한다.

[2단계] 독립시행에서 일어날 확률은 $_nC_r\,p^r q^{n-r}$ (단, $p+q=1$, $r=0,\ 1,\ 2,\ \cdots,\ n$)을 구한다.

개념익힘 | 풀이　주사위 1개를 1번 던져서 나오는 눈의 수가 4의 약수는 1, 2, 4이므로 확률은 $\dfrac{3}{6}=\dfrac{1}{2}$ 이므로

4의 약수가 아닐 확률도 $\dfrac{1}{2}$ 이다.

(1) 원점 O에서 출발한 점 P가 점 B에 도착하려면

주사위 1개를 6번 던져서 4의 약수가 3번, 4의 약수가 아닌 수가 3번 나와야 한다.

따라서 구하는 확률은 $_6C_3\left(\dfrac{1}{2}\right)^3\left(\dfrac{1}{2}\right)^3=\dfrac{5}{16}$

(2) 주사위를 7번 던졌을 때, 원점 O에서 출발한 점 P가 점 C에 도착하려면

주사위 1개를 7번 던져서 4의 약수가 4번, 4의 약수가 아닌 수가 3번 나와야 한다.

따라서 구하는 확률은 $_7C_4\left(\dfrac{1}{2}\right)^4\left(\dfrac{1}{2}\right)^3=\dfrac{35}{128}$

(3) 주사위를 7번 던졌을 때, A지점을 거쳐 C지점에 도착 도착하려면

주사위를 3번 던져서 4의 약수가 2번, 4의 약수가 아닌 수가 1번 나오고,

그 다음에 주사위를 4번 던져서 4의 약수가 2번, 4의 약수가 아닌 수가 2번 나와야 한다.

따라서 구하는 확률은 $_3C_2\left(\dfrac{1}{2}\right)^2\left(\dfrac{1}{2}\right)^1\times {}_4C_2\left(\dfrac{1}{2}\right)^2\left(\dfrac{1}{2}\right)^2=\dfrac{3}{8}\times\dfrac{3}{8}=\dfrac{9}{64}$

확인유제 0476　다음 물음에 답하여라.

(1) 수직선 위의 원점에 점 A가 있다. 한 개의 주사위를 던져서 6의 약수의 눈이 나오면 점 A를 1만큼, 그 이외의 눈이 나오면 점 A를 -1만큼 움직인다. 주사위를 4번 던질 때, 점 A가 2의 위치에 있을 확률을 구하여라.

(2) 수직선 위의 점 P가 원점에 있다. 한 개의 주사위를 던져 짝수의 눈의 수가 나오면 오른쪽으로 1만큼 이동시키고 홀수의 눈의 수가 나오면 왼쪽으로 1만큼 이동시킨다. 주사위를 6회 던질 때, 원점에서 점 P까지의 거리가 3 이하가 될 확률을 구하여라.

변형문제 0477　주어진 좌표평면 위에서만 움직이는 원점 위에 점 P가 있다. 점 P는 주사위를 한 번 던져서 3의 배수의 눈이 나오면 x축의 양의 방향으로 2만큼 움직이고, 그 외의 눈이 나오면 x축의 음의 방향으로 1만큼 움직인다. 또, 주사위를 한 번 던질 때마다 y축의 양의 방향으로 1만큼 움직인다. 이때 점 P가 점 $(4,\ 5)$의 위치에 오게 될 확률은?

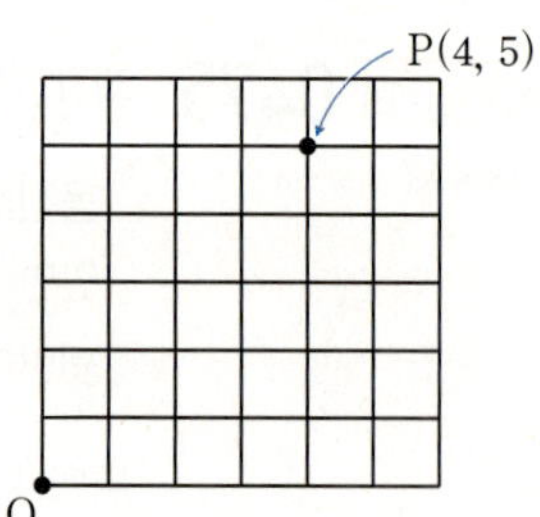

① $\dfrac{10}{87}$　　② $\dfrac{15}{243}$　　③ $\dfrac{40}{243}$

④ $\dfrac{60}{243}$　　⑤ $\dfrac{80}{243}$

정답　0476 : (1) $\dfrac{32}{81}$ (2) $\dfrac{25}{32}$　　0477 : ③

발전문제 **0478** 다음 물음에 답하여라.

(1) 점 P는 한 변의 길이가 1인 정오각형 ABCDE 위를 다음 [규칙]에 따라
시계 방향으로 움직인다고 한다.

> (가) 점 P는 처음에 점 A에 있다.
> (나) 한 개의 동전을 던져 앞면이 나오면 1만큼, 뒷면이 나오면 2만큼
> 시계 방향으로 이동한다.

동전을 7번 던졌을 때, 점 P가 다시 점 A에 있게 될 확률을 구하여라.

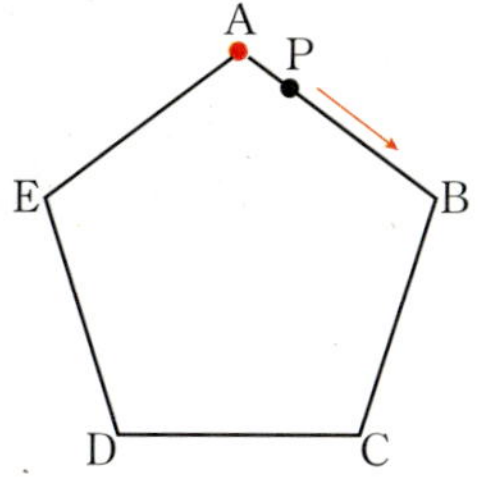

(2) 점 P는 한 변의 길이가 1인 정육각형 ABCDEF 위를 다음 [규칙]에 따라
시계 반대 방향으로 움직인다고 한다.

> (가) 점 P는 처음에 점 A에 있다.
> (나) 한 개의 동전을 던져 앞면이 나오면 2만큼, 뒷면이 나오면 1만큼
> 시계 반대 방향으로 이동한다.

동전을 5번 던졌을 때, 점 P가 다시 점 A에 있게 될 확률을 구하여라.

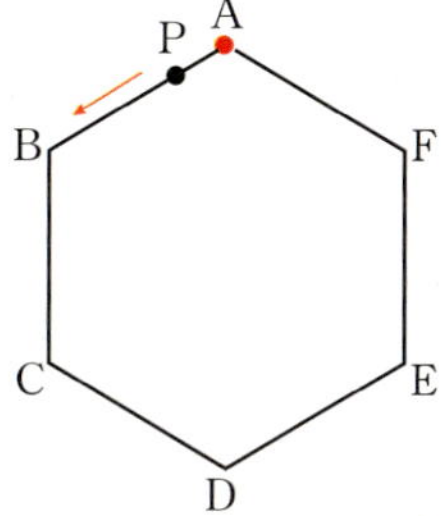

(3) 오른쪽 그림과 같이 한 변의 길이가 1인 정삼각형 ABC에서 점 P가 다음
규칙을 만족시키며 변을 따라 이동한다.

> (가) 점 P는 처음에 점 A에 있다.
> (나) 주사위 한 개를 던져 3의 배수의 눈이 나오면 2만큼, 다른 눈이
> 나오면 1만큼 시계 반대 방향으로 움직인다.

한 개의 주사위를 5번 던져서 점 P가 꼭짓점 A로 돌아갈 확률을 구하여라.

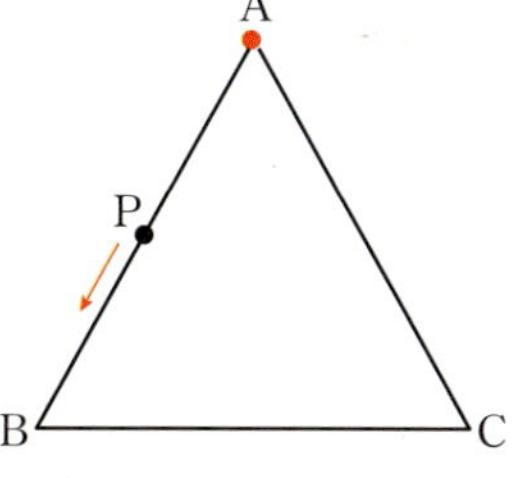

(4) 오른쪽 그림과 같이 한 변의 길이가 1인 정사각형 ABCD에서 점 P가 다음
규칙을 만족시키며 변을 따라 이동한다.

> (가) 점 P는 처음에 점 A에 있다.
> (나) 한 개의 동전을 던져서 앞면이 나오면 2만큼, 뒷면이 나오면 1만큼
> 시계 방향으로 이동한다.

한 개의 동전을 8번 던졌을 때, 점 P가 점 B에 있게 될 확률을 구하여라.

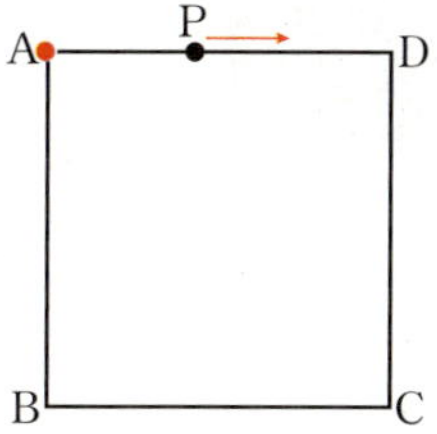

(5) A, B를 포함한 6명이 정육각형 모양의 탁자에 그림과 같이 둘러
앉아 주사위 한 개를 사용하여 다음 규칙을 따르는 시행을 한다.

> 주사위를 가진 사람이 주사위를 던져 나온 눈의 수가 3의
> 배수이면 시계 방향으로, 3의 배수가 아니면 시계 반대 방향
> 으로 이웃한 사람에게 주사위를 준다.

A부터 시작하여 이 시행을 5번 한 후 B가 주사위를 가지고 있을
확률을 구하여라.

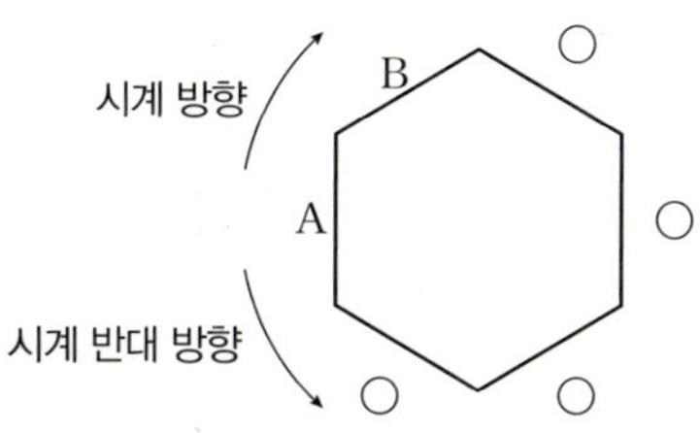

공정한 분배와 확률

01   합리적인 분배

이길 확률이 $\dfrac{1}{2}$로 같은 두 사람 A, B가 4번의 게임을 먼저 이기면 상금을 받는 시합을 하고 있다.

그런데 4회 경기를 하여 A가 3번, B가 1번을 이긴 상태에서 부득이하게 게임을 중단하게 되었다.

이때 A와 B가 나누어 갖게 될 상금의 합리적인 분배를 다음 단계로 구할 수 있다.

[1단계] 시합이 중단되지 않고 계속된다고 생각하면 A가 이길 확률을 구한다.

   (i) 5번째 게임에서 A가 상금을 전부 가지려면 5번째 게임에서 이겨야 하므로 확률은 $\dfrac{1}{2}$

   (ii) 6번째 게임에서 A가 상금을 전부 가지려면 5번째 게임에서는 지고, 6번째 게임에서 이겨야 하므로

      확률은 $\dfrac{1}{2} \times \dfrac{1}{2} = \dfrac{1}{4}$

   (iii) 7번째 게임에서 A가 상금을 전부 가지려면 5, 6번째 게임에서는 지고, 7번째 게임에서 이겨야 하므로

      확률은 $\dfrac{1}{2} \times \dfrac{1}{2} \times \dfrac{1}{2} = \dfrac{1}{8}$

   (i)~(iii)에서 A가 상금을 전부 가질 확률은 $\dfrac{1}{2} + \dfrac{1}{4} + \dfrac{1}{8} = \dfrac{7}{8}$

[2단계] 시합이 중단되지 않고 계속된다고 생각하면 B가 이길 확률을 구한다.

   A가 상금을 전부 가질 확률이 $\dfrac{7}{8}$이므로 여사건의 확률에 의하여 B가 상금을 전부 가질 확률은

   $1 - \dfrac{7}{8} = \dfrac{1}{8}$

[3단계] A와 B가 나누어 갖게 될 상금의 합리적인 분배를 구한다.

   게임을 계속 진행하였을 때, A, B가 상금을 전부가질 확률은 각각 $\dfrac{7}{8}$, $\dfrac{1}{8}$이므로

   상금은 7 : 1로 분배하는 것이 공정하다.

교과서특강문제 01   이길 확률이 $\dfrac{1}{2}$로 같은 두 사람 A, B가 5번의 게임을 먼저 이기면 상금을 받는 시합을 하고 있다고 하자.

그런데 7회 경기를 하여 A가 4번, B가 3번을 이긴 상태에서 부득이하게 게임을 중단하게 되었다.
이때 A와 B가 나누어 갖게 될 상금의 합리적인 분배를 구하여라.

[1단계] 게임을 중단하지 않고 계속할 때, A가 상금을 모두 가질 확률을 구한다.

   (i) 8번째 게임에서 A가 상금을 전부 가지려면 8번째 게임에서 이겨야 하므로 확률은 $\dfrac{1}{2}$

   (ii) 9번째 게임에서 A가 상금을 전부 가지려면 8번째 게임에서는 지고, 9번째 게임에서 이겨야 하므로

      확률은 $\dfrac{1}{2} \times \dfrac{1}{2} = \dfrac{1}{4}$

   (i), (ii)에서 A가 상금을 전부 가질 확률은 $\dfrac{1}{2} + \dfrac{1}{4} = \dfrac{3}{4}$

[2단계] 시합이 중단되지 않고 계속된다고 생각하면 B가 이길 확률을 구한다.

   A가 상금을 전부 가질 확률이 $\dfrac{3}{4}$이므로 여사건의 확률에 의하여 B가 상금을 전부 가질 확률은

   $1 - \dfrac{3}{4} = \dfrac{1}{4}$

[3단계] A와 B가 상금을 어떻게 분배해야 공정한지 구한다.

   게임을 계속 진행하였을 때, A, B가 상금을 전부가질 확률은 각각 $\dfrac{3}{4}$, $\dfrac{1}{4}$이므로

   상금은 3 : 1로 분배하는 것이 공정하다.

교과서특강문제 02 이탈리아의 수학자 파촐리는 자신의 책에 다음과 같은 문제를 실었다.

이길 확률이 같은 두 사람이 게임을 하여 **6번 먼저 이기는 사람**이 상금을 모두 갖기로 하였다.
그런데 7번의 게임에서 A가 4번, B가 3번 이겼을 때, 게임을 중단하였다면 상금을 어떻게 분배해야 공정한가?

A와 B가 비기는 경우는 없고 매 게임에서 이길 확률이 서로 같다고 할 때, A와 B가 상금을 어떻게 분배해야 공정한지 구하여라.

교과서특강 풀이 ▶ [1단계] 게임을 중단하지 않고 계속할 때, A가 상금을 모두 가질 확률을 구한다.

(i) 9번째 게임에서 상금을 모두 갖는 경우

A가 8번째와 9번째 게임을 모두 이겨야 하므로 그 확률은 $_2C_2 \times \left(\dfrac{1}{2}\right)^2 \times \left(\dfrac{1}{2}\right)^0 = \dfrac{1}{4}$

(ii) 10번째 게임에서 상금을 모두 갖는 경우

A가 9번째 게임까지 1승을 하고 10번째 게임에서 이기면 되므로 그 확률은 $_2C_1 \times \left(\dfrac{1}{2}\right)^1 \times \left(\dfrac{1}{2}\right)^1 \times \dfrac{1}{2} = \dfrac{1}{4}$

(iii) 11번째 게임에서 상금을 모두 갖는 경우

A가 10번째 게임까지 1승을 하고, 11번째 게임에서 이기면 되므로 그 확률은 $_3C_1 \times \left(\dfrac{1}{2}\right)^1 \times \left(\dfrac{1}{2}\right)^2 \times \dfrac{1}{2} = \dfrac{3}{16}$

(i)~(iii)에서 구하는 확률은 $\dfrac{1}{4} + \dfrac{1}{4} + \dfrac{3}{16} = \dfrac{11}{16}$

[2단계] 시합이 중단되지 않고 계속된다고 생각하면 B가 이길 확률을 구한다.

A가 상금을 전부 가질 확률이 $\dfrac{11}{16}$ 이므로 여사건의 확률에 의하여 B가 상금을 전부 가질 확률은 $1 - \dfrac{11}{16} = \dfrac{5}{16}$

[3단계] A와 B가 상금을 어떻게 분배해야 공정한지 구한다.

게임을 계속 진행하였을 때, A, B가 상금을 전부 가질 확률은 각각 $\dfrac{11}{16}, \dfrac{5}{16}$ 이므로

상금은 11 : 5로 분배하는 것이 공정하다.

교과서특강문제 03 실력이 같은 것으로 여겨지는 A, B 두 사람이 게임을 해서 먼저 **3번 이기는 사람**이 상금 6400만 원을 받기로 하였다.
그런데 게임을 시작해서 A가 1번 이긴 후에 사정에 의해 게임이 중단되었다. 이때 두 사람 A, B의 합리적인 상금의 분배 방법을 구하여라. (단, 비기는 경우는 없다.)

교과서특강 풀이 ▶ [1단계] 게임을 중단하지 않고 계속할 때, A가 상금을 모두 가질 확률을 구한다.

(i) 3번째 게임에서 상금을 모두 갖는 경우

A가 2번째와 3번째 게임을 모두 이겨야 하므로 그 확률은 $\left(\dfrac{1}{2}\right)^2 = \dfrac{1}{4}$

(ii) 4번째 게임에서 상금을 모두 갖는 경우

A가 3번째 게임까지 1승을 하고, 4번째 게임에서 이기면 되므로 그 확률은 $_2C_1 \times \left(\dfrac{1}{2}\right)^1 \times \left(\dfrac{1}{2}\right)^1 \times \dfrac{1}{2} = \dfrac{1}{4}$

(iii) 5번째 게임에서 상금을 모두 갖는 경우

A가 4번째 게임까지 1승을 하고, 5번째 게임에서 이기면 되므로 그 확률은 $_3C_1 \times \left(\dfrac{1}{2}\right)^1 \times \left(\dfrac{1}{2}\right)^2 \times \dfrac{1}{2} = \dfrac{3}{16}$

(i)~(iii)에서 구하는 확률은 $\dfrac{1}{4} + \dfrac{1}{4} + \dfrac{3}{16} = \dfrac{11}{16}$

[2단계] 시합이 중단되지 않고 계속된다고 생각하면 B가 이길 확률을 구한다.

A가 상금을 전부 가질 확률이 $\dfrac{11}{16}$ 이므로 여사건의 확률에 의하여 B가 상금을 전부 가질 확률은 $1 - \dfrac{11}{16} = \dfrac{5}{16}$

[3단계] A와 B가 분배 받은 상금을 구한다.

게임을 계속 진행하였을 때, A, B가 상금을 전부가질 확률은 각각 $\dfrac{11}{16}, \dfrac{5}{16}$ 이므로

A, B가 받은 상금은 $6400 \times \dfrac{11}{16} = 4400$(만 원), $6400 \times \dfrac{5}{16} = 2000$(만 원)

BASIC

0479
두 사건이 서로 독립일 조건

한 개의 주사위를 두 번 던질 때, 나오는 두 눈의 수의 합이 6인 사건을 A, 첫 번째 나온 눈의 수가 2인 사건을 B, 두 번째 나온 눈의 수가 5인 사건을 C라 하자. [보기]에서 옳은 것을 모두 고른 것은?

> ㄱ. 두 사건 A, B는 서로 종속이다.
> ㄴ. 두 사건 B, C는 서로 독립이다.
> ㄷ. 두 사건 A, C는 서로 종속이다.

① ㄱ   ② ㄴ   ③ ㄱ, ㄴ   ④ ㄴ, ㄷ   ⑤ ㄱ, ㄴ, ㄷ

0480
두 사건이 서로 독립일 조건

1부터 10까지의 숫자가 적힌 10개의 공이 들어 있는 상자에서 임의로 1개의 공을 꺼낼 때, 홀수가 적힌 공이 나오는 사건을 A, 짝수가 적힌 공이 나오는 사건을 B, 소수가 적힌 공이 나오는 사건을 C라 한다.

다음 [보기] 중 옳은 것만을 있는 대로 고른 것은?

> ㄱ. A와 B는 서로 배반사건이다.
> ㄴ. A와 C는 서로 독립이다.
> ㄷ. B와 C는 서로 종속이다.

① ㄱ   ② ㄴ   ③ ㄷ   ④ ㄱ, ㄴ   ⑤ ㄱ, ㄷ

0481
독립사건의 확률의 계산
2014년 07월 교육청

다음 물음에 답하여라. (단, A^c은 A의 여사건이다.)

(1) 두 사건 A, B는 서로 독립이고 $P(A \cap B) = \dfrac{1}{6}$, $P(B) = \dfrac{1}{3}$일 때, $P(A^c)$의 값은?

① $\dfrac{1}{6}$ ② $\dfrac{1}{3}$ ③ $\dfrac{1}{2}$ ④ $\dfrac{2}{3}$ ⑤ $\dfrac{5}{6}$

2014년 10월 교육청

(2) 두 사건 A, B는 서로 독립이고 $P(A^c) = \dfrac{2}{3}$, $P(A \cap B) = \dfrac{1}{12}$일 때, $P(B)$의 값은?

① $\dfrac{1}{8}$ ② $\dfrac{1}{4}$ ③ $\dfrac{3}{8}$ ④ $\dfrac{1}{2}$ ⑤ $\dfrac{5}{8}$

0482
독립사건의 확률의 계산
2014년 10월 교육청

두 사건 A, B가 서로 독립이고 $P(A) = \dfrac{1}{4}$, $P(A^c \cap B) = \dfrac{1}{4}$일 때, $P(A \cap B)$의 값은?

(단, A^c는 A의 여사건이다.)

① $\dfrac{1}{12}$ ② $\dfrac{1}{6}$ ③ $\dfrac{1}{4}$ ④ $\dfrac{1}{3}$ ⑤ $\dfrac{5}{12}$

0483
독립사건의 확률의 계산
2017년 10월 교육청

다음 물음에 답하여라.

(1) 두 사건 A, B가 서로 독립이고 $P(A \cap B) = \dfrac{1}{4}$, $P(A \cap B^c) = \dfrac{1}{3}$일 때, $P(B)$의 값은?

（단, B^c은 B의 여사건이다.)

① $\dfrac{3}{14}$ ② $\dfrac{2}{7}$ ③ $\dfrac{5}{14}$ ④ $\dfrac{3}{7}$ ⑤ $\dfrac{1}{2}$

2014학년도 05월 평가원

(2) 두 사건 A, B가 서로 독립이고 $P(A \cap B) = \dfrac{1}{4}$, $P(A^c \cap B) = \dfrac{1}{6}$일 때, $P(A)$의 값은?

（단, A^c은 A의 여사건이다.)

① $\dfrac{2}{5}$ ② $\dfrac{1}{2}$ ③ $\dfrac{3}{5}$ ④ $\dfrac{7}{10}$ ⑤ $\dfrac{4}{5}$

정답   0479 : ⑤   0480 : ⑤   0481 : (1) ③ (2) ②   0482 : ①   0483 : (1) ④ (2) ③

0484

다음 물음에 답하여라. (단, A^c는 A의 여사건이다.)

(1) 두 사건 A, B가 서로 독립이고 $P(A^c)=\dfrac{3}{4}$, $P(A\cup B^c)=\dfrac{3}{10}$일 때, $P(B)$의 값은?

① $\dfrac{2}{3}$　　② $\dfrac{11}{15}$　　③ $\dfrac{4}{5}$　　④ $\dfrac{13}{15}$　　⑤ $\dfrac{14}{15}$

(2) 두 사건 A, B가 서로 독립이고 $P(A^c)=\dfrac{3}{5}$, $P(A\cup B^c)=\dfrac{7}{10}$일 때, $P(A\cap B)$의 값은?

① $\dfrac{1}{5}$　　② $\dfrac{1}{4}$　　③ $\dfrac{3}{5}$　　④ $\dfrac{2}{3}$　　⑤ $\dfrac{3}{4}$

0485

다음 물음에 답하여라.

(1) 세 사건 A, B, C에서 A와 B는 서로 배반사건이고, A와 C는 서로 독립이다.

$$P(A\cup B)=\dfrac{4}{5},\ P(A\cap C)=\dfrac{1}{4},\ P(C)=\dfrac{1}{3}$$

일 때, $P(B)$의 값은?

① $\dfrac{1}{20}$　　② $\dfrac{1}{6}$　　③ $\dfrac{3}{7}$　　④ $\dfrac{1}{2}$　　⑤ $\dfrac{4}{15}$

(2) 세 사건 A, B, C에 대하여 A와 B는 서로 배반사건이고, A와 C는 서로 독립이다.

$$P(A\cup B)=\dfrac{5}{6},\ P(A\cap C)=\dfrac{1}{5},\ P(C^c)=\dfrac{3}{4}$$

일 때, $P(B)$의 값은?

① $\dfrac{1}{30}$　　② $\dfrac{2}{5}$　　③ $\dfrac{3}{5}$　　④ $\dfrac{4}{15}$　　⑤ $\dfrac{7}{15}$

0486

다음 물음에 답하여라.

(1) 오른쪽 그림과 같이 ON, OFF 기능이 있는 스위치를 가진 회로가 있다.

각 스위치가 ON, OFF일 확률이 각각 $\dfrac{1}{2}$일 때, A에서 B로 전류가 흐를 확률은?

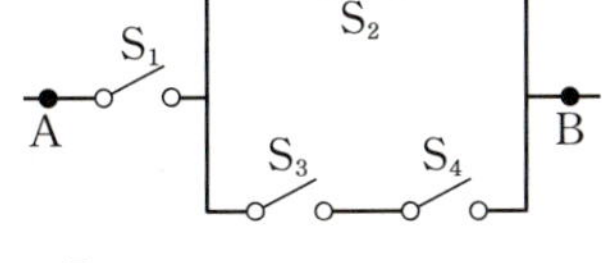

① $\dfrac{1}{16}$　　② $\dfrac{2}{7}$　　③ $\dfrac{5}{54}$　　④ $\dfrac{5}{17}$　　⑤ $\dfrac{5}{16}$

(2) 오른쪽 그림과 같은 전기회로에서 x번 스위치가 닫혀 있을 확률은 $\dfrac{x}{6}$ 이다. 각각의 스위치가 독립적으로 작동할 때, A와 B 사이에 전류가 흐를 확률은?

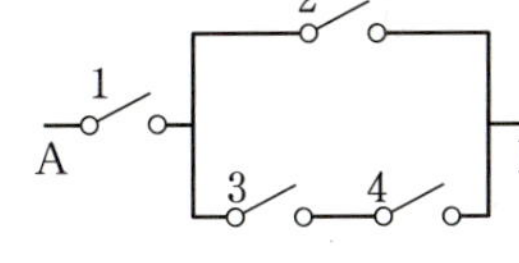

① $\dfrac{2}{15}$　　② $\dfrac{2}{7}$　　③ $\dfrac{5}{54}$　　④ $\dfrac{5}{17}$　　⑤ $\dfrac{2}{13}$

0487

한 개의 주사위를 던져서 3의 배수의 눈이 나오면 오른쪽으로 한 칸 이동하고, 그 이외의 눈이 나오면 위로 한 칸 이동한다. 주사위를 4번 던졌을 때, O지점에서 출발한 점이 P지점으로 도착할 확률은?

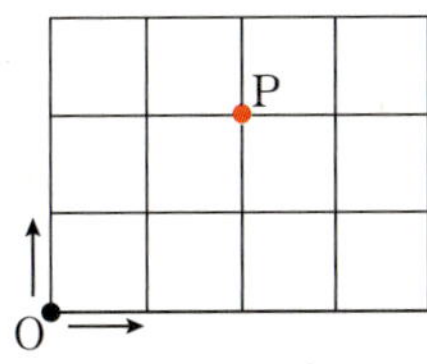

① $\dfrac{7}{27}$　　② $\dfrac{8}{27}$　　③ $\dfrac{1}{3}$

④ $\dfrac{10}{27}$　　⑤ $\dfrac{11}{27}$

0488

채널이 1부터 100까지 설정된 텔레비전이 있다. 이 텔레비전의 리모콘의 일부는 오른쪽 그림과 같고, 현재 켜져 있는 채널은 50이다.

채널증가 버튼 ⌃과 채널감소 버튼 ⌄ 두 개 중 한 번에 한 개의 버튼을 임의로 여섯 번 누를 때, 채널이 다시 50이 될 확률은? (단, 버튼을 한 번 누르면 채널은 1씩 변한다.)

① $\dfrac{1}{4}$　　② $\dfrac{5}{16}$　　③ $\dfrac{3}{8}$　　④ $\dfrac{7}{16}$　　⑤ $\dfrac{1}{2}$

　0484 : (1) ⑤ (2) ①　　0485 : (1) ① (2) ①　　0486 : (1) ⑤ (2) ③　　0487 : ②　　0488 : ②

0489

독립시행의 확률
2003학년도 수능기출

다음 물음에 답하여라.

(1) A와 B 두 팀이 축구 경기에서 연장전까지 $0:0$으로 승부를 가리지 못하여 승부차기를 하였다.

각 팀당 5명의 선수가 A팀부터 시작하여 1명씩 교대로 승부차기를 할 때, B팀이 $5:4$로 이길 확률은?

(단, 각 선수의 승부차기는 독립시행이고 성공할 확률은 0.8이다.)

① 0.2×0.8^8 ② 0.8^8 ③ 0.2×0.8^9 ④ 0.8^9 ⑤ 0.8^{10}

1998학년도 수능기출

(2) 어떤 야구 선수가 상대팀의 투수 A와 대결할 때 안타를 칠 확률은 0.2이고, 투수 B와 대결할 때 안타를 칠 확률은 0.25이다. 한 경기에서 이 선수가 투수 A와 2회 대결한 후 투수 B와 1회 대결한다면 3회의 대결 중 2회 이상 안타를 칠 확률은?

① 0.10 ② 0.12 ③ 0.14 ④ 0.15 ⑤ 0.16

0490

여사건을 이용한 독립
시행의 확률
내신빈출

다음 물음에 답하여라.

(1) 안타를 칠 확률이 $\frac{1}{4}$인 야구 선수가 타석에 3번 섰을 때, 적어도 1번 이상 안타를 칠 확률은?

① $\frac{37}{64}$ ② $\frac{25}{32}$ ③ $\frac{13}{16}$ ④ $\frac{27}{32}$ ⑤ $\frac{57}{64}$

2019년 07월 교육청

(2) 한 개의 주사위를 5번 던져서 나오는 다섯 눈의 수의 곱이 짝수일 확률은?

① $\frac{23}{32}$ ② $\frac{25}{32}$ ③ $\frac{27}{32}$ ④ $\frac{29}{32}$ ⑤ $\frac{31}{32}$

0491

두 가지 사건의
독립시행의 확률
내신빈출

다음 물음에 답하여라.

(1) 한 개의 주사위를 던져 홀수의 눈이 나오면 동전을 3번 던지고, 짝수의 눈이 나오면 동전을 두 번 던지기로 할 때, 동전의 앞면이 한 번 나올 확률은?

① $\frac{3}{16}$ ② $\frac{1}{4}$ ③ $\frac{7}{16}$ ④ $\frac{15}{32}$ ⑤ $\frac{27}{64}$

(2) 1개의 동전을 한 번 던져서 앞면이 나오면 1개의 주사위를 2번 던지고, 뒷면이 나오면 1개의 주사위를 3번 던지는 시행이 있다. 이 시행을 한 번 할 때, 주사위의 3의 배수의 눈이 오직 한 번만 나올 확률은 $\frac{q}{p}$이다. 이때 $p+q$의 값은? (단, p, q는 서로소인 자연수)

① 11 ② 12 ③ 13 ④ 14 ⑤ 15

0492

두 가지 이상 사건의
독립시행의 확률
내신빈출

다음 물음에 답하여라.

(1) 명중률이 75%인 사수가 있다. 한 개의 주사위를 던져서 1 또는 2의 눈이 나오면 두 번 쏘고, 그 이외의 눈이 나오면 세 번 쏘기로 한다. 한 개의 주사위를 한 번 던져서 이에 따라 목표물을 쏠 때, 오직 한 번 명중할 확률은?

① $\frac{5}{32}$ ② $\frac{7}{32}$ ③ $\frac{9}{32}$ ④ $\frac{1}{4}$ ⑤ $\frac{11}{32}$

(2) 3부터 10까지의 번호가 각각 적힌 공이 들어 있는 상자에서 1개의 공을 꺼낼 때, 소수가 적힌 공이면 동전을 3번, 짝수가 적힌 공이면 동전을 4번 던진다. 이때 동전의 앞면이 3번 나올 확률은?

① $\frac{11}{64}$ ② $\frac{3}{16}$ ③ $\frac{13}{64}$ ④ $\frac{7}{32}$ ⑤ $\frac{15}{64}$

정답   0489 : (1) ④ (2) ②   0490 : (1) ① (2) ⑤   0491 : (1) ③ (2) ③   0492 : (1) ② (2) ①

0493
독립사건의 진위판단
2007학년도 수능기출

3개의 동전을 동시에 던질 때, 앞면이 나오는 동전이 한 개 이하인 사건을 A, 동전 3개가 모두 같은 면이 나오는 사건을 B라고 하자. 다음 [보기]에서 옳은 것을 모두 고르면?

> ㄱ. $P(A) = \dfrac{1}{2}$
>
> ㄴ. $P(A \cap B) = \dfrac{1}{8}$
>
> ㄷ. 사건 A와 사건 B는 서로 독립이다.

① ㄱ   ② ㄷ   ③ ㄱ, ㄴ   ④ ㄴ, ㄷ   ⑤ ㄱ, ㄴ, ㄷ

0494
독립사건을 이용한
미지수 구하기
2011학년도 사관기출

어느 지역에서 사관학교에 지원한 학생들을 대상으로 안경 착용 여부를 조사하였더니 그 결과가 오른쪽 표와 같았다. 이 학생들 중에서 임의로 한 명을 선택할 때, 그 학생이 남학생일 사건을 A, 안경을 쓴 학생일 사건을 B라 하자. 두 사건 A, B가 서로 독립일 때, 자연수 n의 값을 구하여라.

	남학생	여학생
안경을 쓴 학생	n명	100명
안경을 안 쓴 학생	180명	$(n+30)$명

0495
독립시행을 이용한
승패확률
내신빈출

5번의 경기 중에서 3번을 먼저 이기는 사람이 최종 우승하는 체스 대회의 결승에 A와 B 두 사람이 진출하였다. A가 첫 번째 경기를 이겼을 때, A가 최종 우승할 확률은?

(단, A가 B를 이길 확률은 $\dfrac{2}{3}$이고, 비기는 경우는 없다.)

① $\dfrac{5}{9}$ ② $\dfrac{2}{3}$ ③ $\dfrac{7}{9}$ ④ $\dfrac{8}{9}$ ⑤ $\dfrac{3}{4}$

0496
독립사건을 이용한
확률 구하기
내신빈출

다음 물음에 답하여라.

(1) 세 명이 가위 바위 보를 하여 이긴 사람이 1명일 때, 그 사람을 대표로 뽑기로 하였다. 두 번째 가위 바위 보에서 대표가 결정될 확률은? (단, 첫 번째에 두 사람이 이기는 경우도 무승부로 간주한다.)

① $\dfrac{1}{27}$ ② $\dfrac{1}{9}$ ③ $\dfrac{2}{9}$ ④ $\dfrac{1}{3}$ ⑤ $\dfrac{2}{3}$

(2) 세 명이 가위 바위 보 게임을 하여 우승자를 1명만 결정하려고 한다. 우승자 1명이 결정되지 않았을 때에는 이긴 사람들 또는 비긴 사람들끼리 가위 바위 보를 다시 실시한다. 두 번째의 가위 바위 보에서 1명의 우승자가 결정될 확률은?

① $\dfrac{5}{27}$ ② $\dfrac{2}{9}$ ③ $\dfrac{7}{27}$ ④ $\dfrac{8}{27}$ ⑤ $\dfrac{1}{3}$

0497
독립시행의 확률
내신빈출

한 개의 주사위를 3번 던지는 시행에서 나오는 눈의 수를 차례로 a, b, c라 할 때, 세 수의 곱 abc가 4의 배수일 확률을 $\dfrac{p}{q}$라 할 때, $p+q$의 값은? (단, p, q는 서로소인 자연수이다.)

① 11   ② 12   ③ 13   ④ 14   ⑤ 15

0498
독립시행의 횟수 찾기
내신빈출

검은 공 4개와 흰 공 2개가 들어 있는 상자에서 임의로 공 1개를 꺼내어 색을 확인하고 다시 집어넣는 것을 1회 시행이라고 하자. 검은 공이 나오면 3점, 흰 공이 나오면 1점을 얻을 때, 8회의 시행을 한 후 12점을 얻을 확률이 $\dfrac{k}{3^8}$이다. 상수 k의 값은?

① 98   ② 102   ③ 106   ④ 110   ⑤ 112

정답   0493 : ⑤   0494 : 120   0495 : ④   0496 : (1) ③ (2) ⑤   0497 : ③   0498 : ⑤

0499
독립시행을 이용한
이항계수의 계산
2007년 10월 교육청

주사위 1개와 동전 6개를 동시에 던질 때, 나온 주사위의 눈의 수와 앞면이 나온 동전의 개수가 서로 같을 확률은?

① $\dfrac{21}{128}$ ② $\dfrac{1}{6}$ ③ $\dfrac{11}{64}$ ④ $\dfrac{25}{128}$ ⑤ $\dfrac{15}{64}$

0500
독립시행의 확률
2014학년도 09월
평가원

다음 물음에 답하여라.

(1) 한 개의 주사위를 A는 4번 던지고 B는 3번 던질 때, 3의 배수의 눈이 나오는 횟수를 각각 a, b라 하자.

$a+b=6$일 확률은?

① $\dfrac{10}{3^7}$ ② $\dfrac{11}{3^7}$ ③ $\dfrac{4}{3^6}$ ④ $\dfrac{13}{3^7}$ ⑤ $\dfrac{14}{3^7}$

2008학년도 사관기출

(2) 한 개의 주사위를 4번 던질 때, 1의 눈이 나오는 횟수를 a, 2의 눈이 나오는 횟수를 b라 하자.

$a-b=1$일 확률은?

① $\dfrac{4}{27}$ ② $\dfrac{5}{27}$ ③ $\dfrac{2}{9}$ ④ $\dfrac{19}{81}$ ⑤ $\dfrac{7}{27}$

0501
독립시행의 확률

주머니에 흰 공 2개와 검은 공 4개가 들어있다. 이 주머니에서 임의로 1개의 공을 꺼내 공의 색을 확인하고 다시 주머니에 넣는다. 이 시행을 6회 반복할 때, 3번째 시행에서 흰 공이 두 번째로 나오고 6번째 시행에서 검은 공이 두 번째로 나올 확률은 $\dfrac{q}{p}$이다. $p+q$의 값은? (단, p와 q는 서로소인 자연수이다.)

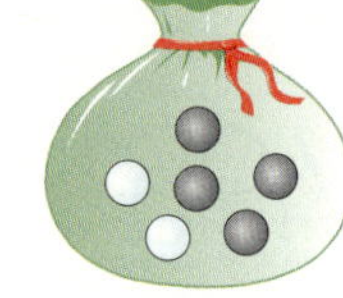

① 729   ② 730   ③ 735   ④ 737   ⑤ 740

0502
독립시행의 확률의
활용
내신빈출

한 개의 주사위를 5번 던질 때, 3의 약수의 눈이 나오는 횟수를 m, 3의 약수가 아닌 눈이 나오는 횟수를 n이라 하자. 방정식 $x^2+x+1=0$의 한 근을 ω라 할 때, $\omega^{|m-n|}=1$을 만족시킬 확률이 $\dfrac{q}{p}$일 때, $p+q$의 값을 구하여라. (p와 q는 서로소인 자연수이다.)

0503
독립사건을 이용한
미지수 구하기
내신빈출

표본공간 $S=\{1,\ 2,\ 3,\ 4,\ 5,\ 6,\ 7,\ 8,\ 9,\ 10\}$에 대하여 두 사건 A, B_k가

$$A=\{3,\ 5,\ 6,\ 7,\ 8\},\ B_k=\{1,\ 3,\ k,\ k+2\}$$

일 때, 두 사건 A와 B_k가 서로 독립이 되도록 하는 자연수 k의 합은? (단, $n(B_k)=4$이다.)

① 15   ② 17   ③ 19   ④ 21   ⑤ 23

0504
독립시행의 확률
2019학년도 09월
평가원

상자 A와 상자 B에 각각 6개의 공이 들어 있다. 동전 1개를 사용하여 다음 시행을 한다.

> 동전을 한 번 던져
> 앞면이 나오면 상자 A에서 공 1개를 꺼내어 상자 B에 넣고,
> 뒷면이 나오면 상자 B에서 공 1개를 꺼내어 상자 A에 넣는다.

위의 시행을 6번 반복할 때, 상자 B에 들어 있는 공의 개수가 6번째 시행 후 처음으로 8이 될 확률은?

① $\dfrac{1}{64}$ ② $\dfrac{3}{64}$ ③ $\dfrac{5}{64}$ ④ $\dfrac{7}{64}$ ⑤ $\dfrac{9}{64}$

정답   0499 : ①   0500 : (1) ⑤ (2) ④   0501 : ④   0502 : 37   0503 : ③   0504 : ③

0505
독립사건의 빈칸추론
2017학년도 06월
평가원

한 개의 주사위를 두 번 던질 때 나오는 눈의 수를 차례로 a, b라 하자.

다음은 이차함수 $f(x)=x^2-7x+12$에 대하여 $f(a)f(b)=0$이 성립할 확률을 구하는 과정이다.

첫 번째 던져서 나오는 주사위의 눈의 수를 a라 할 때, $f(a)=0$이 되는 사건을 A라 하고,

두 번째 던져서 나오는 주사위의 눈의 수를 b라 할 때, $f(b)=0$이 되는 사건을 B라 하자.

이차방정식 $f(x)=0$의 해는 $x=3$ 또는 $x=4$이므로

$$P(A)= \boxed{(가)} , \ P(B)= \boxed{(가)} \ \text{이다.}$$

구하는 확률 $P(A\cup B)$는 $P(A\cup B)=P(A)+P(B)-P(A\cap B)$

이고, 두 사건 A와 B는 서로 독립이므로

$$P(A\cap B)= \boxed{(나)} \ \text{이다. 그러므로}$$

$$P(A\cup B)= \boxed{(다)} \ \text{이다.}$$

위의 (가), (나), (다)에 알맞은 수를 각각 m, n, k라 할 때, $m\times n\times k$의 값은?

① $\dfrac{1}{81}$ ② $\dfrac{5}{243}$ ③ $\dfrac{7}{243}$ ④ $\dfrac{1}{27}$ ⑤ $\dfrac{11}{243}$

0506
독립사건을 이용한
미지수 구하기
내신빈출
서술형

어떤 학급의 전체 학생 36명을 대상으로 뮤지컬 관람에 대한 찬성, 반대를 묻는 투표를 실시하였다. 이 학급에서 남학생은 16명이고, 뮤지컬 관람에 찬성한 학생은 27명이다. 이 학급의 학생 중에서 임의로 선택한 1명이 남학생인 사건과 뮤지컬 관람에 찬성하는 학생인 사건이 서로 독립일 때, 이 학급의 학생 중에서 뮤지컬 관람에 반대하는 여학생의 수를 구하는 과정을 다음 단계로 서술하여라. (단, 모든 학생들이 기권 없이 찬성과 반대 중 한 가지에 투표하였다.)

[1단계] 이 학급의 학생 중에서 임의로 선택한 1명이 남학생일 확률을 구한다.

[2단계] 뮤지컬 관람에 찬성하는 학생일 확률을 구한다.

[3단계] 선택한 1명이 남학생 중 뮤지컬 관람에 찬성하는 학생을 x명이라 하고 선택한 1명이 남학생인 사건과 뮤지컬 관람에 찬성하는 학생인 사건이 서로 독립임을 이용하여 x의 값을 구한다.

[4단계] 뮤지컬 관람에 반대하는 여학생의 수를 구한다.

0507
독립사건을 이용한
미지수 구하기
서술형

한 개의 주사위를 두 번 던질 때, 첫 번째 나오는 눈의 수가 4의 배수인 사건을 A, 두 개의 주사위에서 나오는 눈의 수의 합이 k인 사건을 B_k라 하면 두 사건 A와 B_k는 서로 독립이다. (단, k는 5 이상의 자연수이다.)

다음 단계로 서술하여라.

[1단계] 사건 A의 확률을 구한다.

[2단계] 두 사건 A와 B_k는 서로 독립임을 이용하여 사건 B_k의 확률을 구한다.

[3단계] 1단계, 2단계를 이용하여 k의 값을 구한다.

0508
독립시행의 확률
서술형

상자에 1부터 10까지의 자연수가 하나씩 적혀 있는 10개의 공이 들어있다. 이 상자에서 임의로 한 개의 공을 꺼낼 때, 홀수가 적힌 공이 나오면 동전을 4번, 짝수가 적힌 공이 나오면 동전을 5번 던진다. 이때 동전의 앞면이 3번 나올 확률을 구하는 과정을 다음 단계로 서술하여라.

[1단계] 홀수가 적힌 공이 나오고, 동전의 앞면이 3번 나올 확률을 구한다.

[2단계] 짝수가 적힌 공이 나오고, 동전의 앞면이 3번 나올 확률을 구한다.

[3단계] 동전의 앞면이 3번 나올 확률을 구한다.

정답 0505 : ② 0506 : 해설참조 0507 : 해설참조 0508 : 해설참조

0509
독립사건의 빈칸추론·
2020학년도 06월
평가원

1부터 8까지의 자연수가 하나씩 적혀 있는 8장의 카드가 있다. 이 카드를 모두 한 번씩 사용하여 그림과 같은 8개의 자리에 각각 한 장씩 임의로 놓을 때, 8 이하의 자연수 k에 대하여 k번째 자리에 놓인 카드에 적힌 수가 k 이하인 사건을 A_k라 하자.

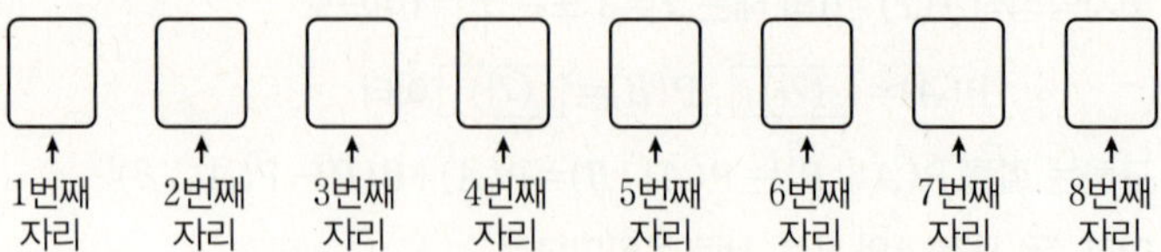

다음은 두 자연수 m, $n(1 \le m < n \le 8)$에 대하여 두 사건 A_m과 A_n이 서로 독립이 되도록 하는 m, n의 모든 순서쌍 (m, n)의 개수를 구하는 과정이다.

> A_k는 k번째 자리에 k 이하의 자연수 중 하나가 적힌 카드가 놓여 있고
> k번째 자리를 제외한 7개의 자리에 나머지 7장의 카드가 놓여 있는 사건이므로
> $$P(A_k)=\boxed{\text{(가)}} \text{이다.}$$
> $A_m \cap A_n (m < n)$은 m번째 자리에 m 이하의 자연수 중 하나가 적힌 카드가 놓여있고, n번째 자리에 n 이하의 자연수 중 m번째 자리에 놓인 카드에 적힌 수가 아닌 자연수가 적힌 카드가 놓여 있고, m번째와 n번째 자리를 제외한 6개의 자리에 나머지 6장의 카드가 놓여 있는 사건이므로
> $$P(A_m \cap B_n)=\boxed{\text{(나)}} \text{이다.}$$
> 한편, 두 사건 A_m과 A_n이 서로 독립이기 위해서는 $P(A_m \cap A_n)=P(A_m)P(A_n)$을 만족시켜야 한다.
> 따라서 두 사건 A_m과 A_n이 서로 독립이 되도록 하는 m, n의 모든 순서쌍 (m, n)의 개수는 $\boxed{\text{(다)}}$ 이다.

위의 (가)에 알맞은 식에 $k=4$를 대입한 값을 p, (나)에 알맞은 식에 $m=3$, $n=5$를 대입한 값을 q, (다)에 알맞은 수를 r이라 할 때, $p \times q \times r$의 값은?

① $\dfrac{3}{8}$　　　② $\dfrac{1}{2}$　　　③ $\dfrac{5}{8}$　　　④ $\dfrac{3}{4}$　　　⑤ $\dfrac{7}{8}$

0510
독립시행의 빈칸추론·
2017학년도 사관기출

주머니에 1, 2, 3, 4, 5의 숫자가 하나씩 적혀 있는 다섯 개의 구슬이 들어 있다. 주머니에서 임의로 한 개의 구슬을 꺼내어 구슬에 적혀 있는 숫자를 확인한 후 다시 넣는다. 이와 같은 시행을 4회 반복하여 얻은 4개의 수 중에서 3개의 수의 합의 최댓값을 N이라 하자. 다음은 N ≥ 14일 확률을 구하는 과정이다.

> (i) N＝15인 경우
>
> 　5가 적힌 구슬이 4회 나올 확률은 $\dfrac{1}{625}$이고, 5가 적힌 구슬이 3회, 4 이하의 수가 적힌 구슬 중 한 개가
>
> 　1회 나올 확률은 $\dfrac{\boxed{\text{(가)}}}{625}$이다.
>
> (ii) N＝14인 경우
>
> 　5가 적힌 구슬이 2회, 4가 적힌 구슬이 2회 나올 확률은 $\dfrac{6}{625}$이고, 5가 적힌 구슬이 2회, 4가 적힌 구슬이
>
> 　1회, 3 이하의 수가 적힌 구슬 중 한 개가 1회 나올 확률은 $\dfrac{\boxed{\text{(나)}}}{625}$이다.
>
> (i), (ii)에서 구하는 확률은 $\dfrac{\boxed{\text{(다)}}}{625}$이다.

위의 (가), (나), (다)에 알맞은 수를 각각 p, q, r이라 할 때, $p+q+r$의 값은?

① 96　　　② 101　　　③ 106　　　④ 111　　　⑤ 116

정답　　0509 : ④　　0510 : ④

확률과 통계

01

확률분포

1. 확률변수와 확률분포
2. 이산확률변수의 기댓값과 표준편차
3. 확률변수 $aX+b$의 기댓값과 표준편차
4. 이항분포

01 확률변수와 확률분포

01 확률변수

(1) 확률변수 (random variable)

어떤 시행의 결과에 따라 표본공간 S의 각 원소에 하나의 실숫값이 대응되는 함수를 확률변수라 한다.

확률변수는 보통 알파벳 X, Y, Z등으로 나타내고, 확률변수가 가질 수 있는 값은 소문자 x, y, z등으로

나타낸다. 또, 확률변수 X가 어떤 값 x를 가질 확률을 기호로 $\mathrm{P}(X=x)$와 같이 나타낸다.

(2) 확률분포

확률변수 X가 취하는 값과 그 값을 취할 확률 사이의 대응 관계를 X의 확률분포라 한다.

> 참고 ✽ 확률변수는 표본공간을 정의역으로 하고 실수 전체의 집합을 공역으로 하는 함수이지만 변수의 역할을 하므로 확률변수이다.

마플해설

한 개의 동전을 두 번 던지는 시행에서 동전의 앞면을 H, 뒷면을 T로 나타내면 표본공간 S는 다음과 같다.

$$S=\{HH,\ HT,\ TH,\ TT\}$$

이때 동전의 앞면이 나오는 횟수를 X라고 할 때,

$$(HH) \Rightarrow X=2,\ (HT),\ (TH) \Rightarrow X=1,\ (TT) \Rightarrow X=0$$

즉, X는 0, 1, 2 중 한 값을 취하고, 각 값을 취할 확률은

$\dfrac{1}{4}$, $\dfrac{1}{2}$, $\dfrac{1}{4}$이므로 이것을 기호로 $\mathrm{P}(X=0)=\dfrac{1}{4}$, $\mathrm{P}(X=1)=\dfrac{1}{2}$, $\mathrm{P}(X=2)=\dfrac{1}{4}$

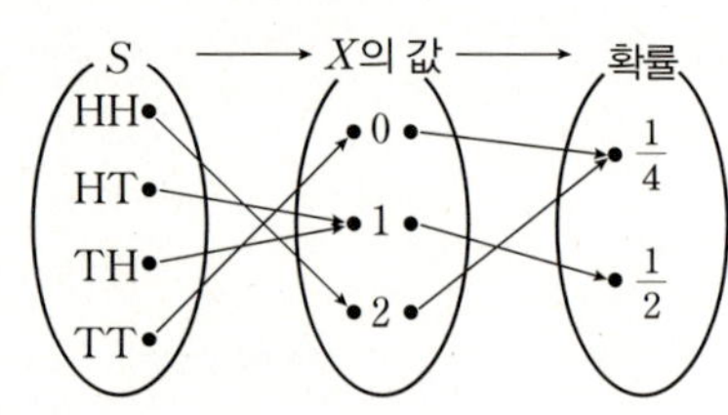

이와 같이 어떤 시행의 결과에 따라 변수가 취할 수 있는 값과 그 확률이 각각 정해지는 변수를 확률변수라 한다.

02 이산확률변수의 확률분포

(1) 이산확률변수 (discrete random variable)

확률변수 X가 취할 수 있는 값이 유한개 있거나 자연수와 같이 셀 수 있을 때, X를 이산확률변수라고 한다.

(2) 확률질량함수

이산확률변수 X가 가질 수 있는 모든 값 x_1, x_2, x_3, $\cdots$, x_n에 이 값을 가질 확률

p_1, p_2, p_3, $\cdots$, p_n이 대응되는 함수

$$\mathrm{P}(X=x_i)=p_i\,(i=1,\ 2,\ \cdots,\ n)$$

를 이산확률변수 X의 확률질량함수라 한다.

확률질량함수의 대응 관계를 이산확률변수 X의 확률분포라 한다.

이산확률변수 X의 확률분포를 표와 그래프로 나타내면 다음과 같다.

X	x_1	x_2	x_3	$\cdots$	x_n	합계
$\mathrm{P}(X=x)$	p_1	p_2	p_3	$\cdots$	p_n	1

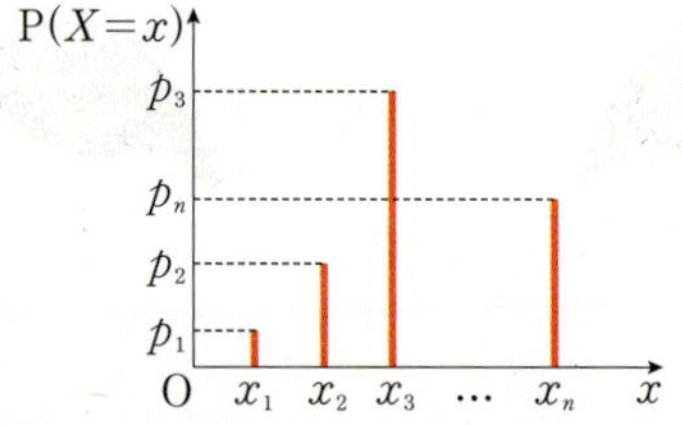

> 참고 ✽ 이산확률변수 X의 확률분포는 확률질량함수, 표 또는 그래프 등으로 나타낼 수 있다.

마플해설

예를 들어 한 개의 동전을 두 번 던지는 시행에서 앞면이 나오는 횟수를 X라 하면 X는 확률변수이고,

X가 가질 수 있는 값은 0, 1, 2이므로 X는 이산확률변수이다. 이때 X가 각 값을 가질 확률은

$$\mathrm{P}(X=0)=\dfrac{1}{4},\ \mathrm{P}(X=1)=\dfrac{1}{2},\ \mathrm{P}(X=2)=\dfrac{1}{4}$$

이고, X의 확률분포를 확률질량함수, 표와 그래프로 나타내면 각각 다음과 같다.

(1) 확률질량함수

동전 한 개를 던져서 앞면이 나올 확률은 $\dfrac{1}{2}$이고, 2회의 독립시행이므로 $\mathrm{P}(X=x)={}_2\mathrm{C}_x\left(\dfrac{1}{2}\right)^x\left(\dfrac{1}{2}\right)^{2-x}={}_2\mathrm{C}_x\left(\dfrac{1}{2}\right)^2\,(x=0,\ 1,\ 2)$

(2) 표

X	0	1	2	합계
$\mathrm{P}(X=x)$	$\dfrac{1}{4}$	$\dfrac{1}{2}$	$\dfrac{1}{4}$	1

(3) 그래프

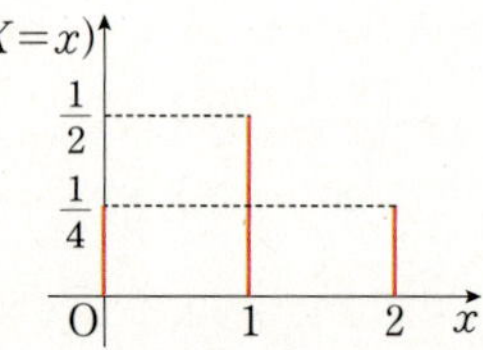

이산확률변수는 확률의 기본 성질에 의하여 다음을 만족한다.

> 이산확률변수 X의 확률질량함수 $\mathrm{P}(X=x_i)=p_i\,(i=1,\ 2,\ \cdots,\ n)$에 대하여
>
> ① $0 \leq p_i \leq 1$　　　　　←임의의 사건 A에 대하여 $0 \leq \mathrm{P}(A) \leq 1$
>
> ② $p_1+p_2+p_3+\cdots+p_n=1\left(\displaystyle\sum_{i=1}^{n}p_i=1\right)$　←전사건 S에 대하여 $\mathrm{P}(S)=1$
>
> ③ $\mathrm{P}(x_i \leq X \leq x_j)=p_i+p_{i+1}+p_{i+2}+\cdots+p_j$ (단, $i,\ j=1,\ 2,\ 3,\ \cdots,\ n,\ i \leq j$) ←$\displaystyle\sum_{k=i}^{j}\mathrm{P}(X=x_k)$

마플해설　동전 두 개를 동시에 던져서 나오는 앞면의 개수를 X라 할 때, X의 확률질량함수는 다음과 같다.

$$\mathrm{P}(X=0)=\frac{1}{4},\ \mathrm{P}(X=1)=\frac{1}{2},\ \mathrm{P}(X=2)=\frac{1}{4}$$

(1) $\mathrm{P}(X=x) \geq 0$

(2) $\mathrm{P}(X=0)+\mathrm{P}(X=1)+\mathrm{P}(X=2)=\dfrac{1}{4}+\dfrac{1}{2}+\dfrac{1}{4}=1$

따라서 주어진 확률질량함수가 위의 성질 ①, ②를 만족시킴을 확인할 수 있다.

보기01　확률변수 X의 확률분포를 표로 나타내면 오른쪽과 같을 때, 다음에 답하여라.

(1) 상수 a의 값을 구하여라.

(2) $\mathrm{P}(X=1$ 또는 $X=3)$의 값을 구하여라.

(3) $\mathrm{P}(X \geq 1)$의 값을 구하여라.

X	0	1	2	3	합계
$\mathrm{P}(X=x)$	$\dfrac{3}{8}$	a	$\dfrac{3}{8}$	$\dfrac{1}{8}$	1

풀이　(1) 모든 확률의 합이 1이므로 $\dfrac{3}{8}+a+\dfrac{3}{8}+\dfrac{1}{8}=1$　$\therefore a=\dfrac{1}{8}$

(2) $\mathrm{P}(X=1$ 또는 $X=3)=\mathrm{P}(X=1)+\mathrm{P}(X=3)=\dfrac{1}{8}+\dfrac{1}{8}=\dfrac{1}{4}$　←$\mathrm{P}(X=x_i$ 또는 $X=x_j)=\mathrm{P}(X=x_i)+\mathrm{P}(X=x_j)$ (단, $i \neq j$)

(3) $\mathrm{P}(X \geq 1)=\mathrm{P}(X=1)+\mathrm{P}(X=2)+\mathrm{P}(X=3)=\dfrac{1}{8}+\dfrac{3}{8}+\dfrac{1}{8}=\dfrac{5}{8}$

보기02　주머니 속에 빨간 공 3개와 흰 공 2개가 들어 있다. 이 주머니에서 2개의 공을 꺼낼 때, 나오는 흰 공의 개수를 확률변수 X라고 하자. 다음 물음에 답하여라.

(1) X의 확률질량함수를 구하여라.

(2) X의 확률분포를 표로 나타내어라.

(3) 흰 공의 개수가 1개 이하일 확률을 구하여라.

풀이　(1) 흰 공이 2개이므로 확률변수 X가 가지는 값은 0, 1, 2이다.

　5개의 공 중에서 2개를 꺼내는 경우의 수는 $_5\mathrm{C}_2$이고 꺼내는 2개의 공 중 흰 공이 x개인 경우의 수는

　$_2\mathrm{C}_x \times _3\mathrm{C}_{2-x}$이므로 X의 확률질량함수는 $\mathrm{P}(X=x)=\dfrac{_2\mathrm{C}_x \times _3\mathrm{C}_{2-x}}{_5\mathrm{C}_2}\ (x=0,\ 1,\ 2)$

(2) X의 각각에 대한 확률은 다음과 같다.

$$\mathrm{P}(X=0)=\frac{_3\mathrm{C}_2}{_5\mathrm{C}_2}=\frac{3}{10},\ \mathrm{P}(X=1)=\frac{_3\mathrm{C}_1 \times _2\mathrm{C}_1}{_5\mathrm{C}_2}=\frac{3}{5},\ \mathrm{P}(X=2)=\frac{_2\mathrm{C}_2}{_5\mathrm{C}_2}=\frac{1}{10}$$

X의 확률분포를 표로 나타내면 아래와 같다.

X	0	1	2	합계
$\mathrm{P}(X=x)$	$\dfrac{3}{10}$	$\dfrac{3}{5}$	$\dfrac{1}{10}$	1

(3) 흰 공의 개수가 1개 이하일 확률은 $\mathrm{P}(X \leq 1)$이므로

$$\mathrm{P}(X \leq 1)=\mathrm{P}(X=0)+\mathrm{P}(X=1)=\frac{3}{10}+\frac{3}{5}=\frac{9}{10}$$

확률변수 X의 확률질량함수가 $\mathrm{P}(X=x)=kx-\dfrac{1}{8}\ (x=1,\ 2,\ 3,\ 4)$일 때, 다음에 답하여라.

(1) 상수 k의 값을 구하여라.　　　　　　(2) $\mathrm{P}(X\geq 3)$를 구하여라.

MAPL CORE

확률변수 X의 확률질량함수 $\mathrm{P}(X=x)=p_i\,(i=1,\ 2,\ 3,\ \cdots,\ n)$에 대하여

[1단계] 모든 확률의 합이 1임을 이용하여 미지수를 구한다.

[2단계] 확률변수 X가 a 이상 b 이하의 값을 가질 확률은 $a\leq x_i\leq b$인 모든 $\mathrm{P}(X=x_i)=p_i$의 합이다.

개념익힘|풀이

(1) 확률변수 X가 가지는 값은 1, 2, 3, 4이므로 X의 확률분포를 표로 나타내면 다음과 같다.

X	1	2	3	4	합계
$\mathrm{P}(X=x)$	$k-\dfrac{1}{8}$	$2k-\dfrac{1}{8}$	$3k-\dfrac{1}{8}$	$4k-\dfrac{1}{8}$	1

모든 확률의 합이 1이므로

$$\left(k-\frac{1}{8}\right)+\left(2k-\frac{1}{8}\right)+\left(3k-\frac{1}{8}\right)+\left(4k-\frac{1}{8}\right)=10k-\frac{1}{2}=1$$

따라서 $k=\dfrac{3}{20}$

(2) $\mathrm{P}(X\geq 3)=\mathrm{P}(X=3)+\mathrm{P}(X=4)=\left(3k-\dfrac{1}{8}\right)+\left(4k-\dfrac{1}{8}\right)=7k-\dfrac{1}{4}$

$$=7\times\frac{3}{20}-\frac{1}{4}=\frac{16}{20}=\frac{4}{5}$$

확인유제 0511 확률변수 X의 확률질량함수가 $\mathrm{P}(X=x)=kx^2\,(x=1,\ 2,\ 3,\ 4)$일 때, 다음을 구하여라.

(1) 상수 k의 값을 구하여라.　　　　　　(2) $\mathrm{P}(1\leq X\leq 3)$의 값을 구하여라.

변형문제 0512 확률변수 X가 갖는 값이 0, 1, 2, 3이고 확률질량함수가 $\mathrm{P}(X=x)=\dfrac{ax+2}{20}\,(x=0,\ 1,\ 2,\ 3)$일 때,

$\mathrm{P}(|X-2|\leq 1)$의 값은? (단, a는 상수이다.)

① $\dfrac{11}{12}$　　　② $\dfrac{3}{4}$　　　③ $\dfrac{13}{20}$　　　④ $\dfrac{7}{8}$　　　⑤ $\dfrac{9}{10}$

발전문제 0513 다음 물음에 답하여라.

(1) 1, 2, 3, 4의 값을 갖는 확률변수 X의 확률분포가 오른쪽 표와 같다. $\mathrm{P}(1\leq X\leq 3)=\dfrac{2}{3}$일 때, 두 상수 a, b에 대하여 $a+b$의 값을 구하여라.

X	1	2	3	4	합계
$\mathrm{P}(X=x)$	$\dfrac{1}{3}$	a	$\dfrac{1}{4}$	$2b$	1

(2) 확률변수 X의 확률분포가 오른쪽 표와 같을 때, $\mathrm{P}(X=4)=\dfrac{3}{2}\mathrm{P}(X=2)$일 때, $\mathrm{P}(3\leq X\leq 4)$의 값을 구하여라. (단, a, b는 상수)

X	2	3	4	합계
$\mathrm{P}(X=x)$	$2a$	$3a$	b	1

정답　　0511 : (1) $\dfrac{1}{30}$ (2) $\dfrac{7}{15}$　　0512 : ⑤　　0513 : (1) $\dfrac{1}{4}$ (2) $\dfrac{3}{4}$

1부터 6까지의 숫자가 각각 적혀 있는 6장의 카드에서 동시에 3장을 뽑을 때, 뽑힌 카드에 적힌 수 중 **가장 작은 수를 확률변수 X**라고 하자. 다음 물음에 답하여라.

(1) X의 확률분포를 표로 나타내어라.

(2) $P(X \leq 2)$를 구하여라.

MAPL CORE

[1단계] 확률변수 X가 취할 수 있는 값을 모두 찾는다.
[2단계] 각각의 확률변수 X에 대응하는 확률을 구한다.

개념익힘|풀이

(1) 확률변수 X가 가지는 값은 1, 2, 3, 4이므로 각각의 확률을 구하면

$$P(X=1)=\frac{{}_5C_2}{{}_6C_3}=\frac{1}{2}, \ P(X=2)=\frac{{}_4C_2}{{}_6C_3}=\frac{3}{10}$$

$$P(X=3)=\frac{{}_3C_2}{{}_6C_3}=\frac{3}{20}, \ P(X=4)=\frac{{}_2C_2}{{}_6C_3}=\frac{1}{20}$$

확률변수 X의 확률분포를 표로 나타내면 다음과 같다.

X	1	2	3	4	합계
$P(X=x)$	$\dfrac{1}{2}$	$\dfrac{3}{10}$	$\dfrac{3}{20}$	$\dfrac{1}{20}$	1

(2) $P(X \leq 2)=P(X=1)+P(X=2)=\dfrac{1}{2}+\dfrac{3}{10}=\dfrac{4}{5}$

확인유제 0514　주머니 속에 빨간 공 2개와 검은 공 3개가 들어있다. 이 중에서 2개의 공을 임의로 꺼낼 때, 나오는 **빨간 공의 개수를 확률변수 X**라 하자. 다음 물음에 답하여라.

(1) X의 확률분포를 표로 나타내어라.

(2) $P(X \geq 1)$을 구하여라.

변형문제 0515　주머니 속에 1, 1, 3, 3, 5의 숫자가 각각 하나씩 적혀 있는 공이 5개 들어 있다. 이 주머니에서 임의로 2개의 공을 동시에 꺼낼 때, **두 공에 적혀 있는 수의 합을 확률변수 X**라 하자. $P(X \geq 4)$의 값은?

① $\dfrac{1}{2}$　　　② $\dfrac{3}{5}$　　　③ $\dfrac{7}{10}$　　　④ $\dfrac{4}{5}$　　　⑤ $\dfrac{9}{10}$

발전문제 0516　3개의 배와 7개의 사과가 들어 있는 상자에서 임의로 5개를 꺼낼 때, **나오는 사과의 개수를 확률변수 X**라 하자. $P(X \geq a)=\dfrac{1}{2}$일 때, 자연수 a의 값을 구하여라.

02 이산확률변수의 기댓값과 표준편차

01 이산확률변수의 기댓값 (평균)

이산확률변수 X의 확률질량함수가

$$\mathrm{P}(X=x_i)=p_i\,(i=1,\ 2,\ 3,\ \cdots,\ n)$$

일 때, X의 확률분포를 표로 나타내면 오른쪽 표와 같을 때,
이산확률변수 X의 **기댓값** $\mathrm{E}(X)$ 또는 **평균** m은 다음과 같다.

X	x_1	x_2	$\cdots$	x_n	합계
$\mathrm{P}(X=x_i)$	p_1	p_2	$\cdots$	p_n	1

$$\mathrm{E}(X)=m=x_1 p_1+x_2 p_2+\cdots+x_n p_n$$

참고 ① $\mathrm{E}(X)$에서 E는 Expectation(기댓값)의 첫 글자이고 m은 평균을 뜻하는 mean의 첫 글자이다.

② 평균은 변량의 총합을 변량의 개수로 나누어 구한다.

기댓값은 확률변수와 그 확률변수의 확률을 곱한 총합으로 구한다.

평균과 기댓값은 구하는 방식의 차이가 있을 뿐 기댓값과 평균은 의미가 같다.

마플해설

한 장에 1000원인 복권 20장이 있는데, 당첨 상금과 각각의 복권의 장수는
오른쪽 표와 같다.

이때 각 순위별 당첨 확률은 $\dfrac{1}{20},\ \dfrac{1}{10},\ \dfrac{3}{20},\ \dfrac{7}{10}$ 이고

복권 한 장에 대하여 기대할 수 있는 상금의 평균은
당첨 금액의 총합을 복권의 총 매수로 나눈 것이므로 다음과 같다.

$$\dfrac{5000\times1+2000\times2+1000\times3+0\times14}{20}=600(원)$$

위 식의 좌변을 변형하면

$$5000\times\dfrac{1}{20}+2000\times\dfrac{2}{20}+1000\times\dfrac{3}{20}+0\times\dfrac{14}{20}=600(원)$$

이므로 복권 한 장에 대하여 기대할 수 있는 상금의 평균은 각각의
상금과 그 상금을 받을 확률을 곱하여 더한 것과 같음을 알 수 있다.

구분	상금 (원)	개수 (장)
1등	5000	1
2등	2000	2
3등	1000	3
등외	0	14

X	5000	2000	1000	0	합계
$\mathrm{P}(X=x_i)$	$\dfrac{1}{20}$	$\dfrac{1}{10}$	$\dfrac{3}{20}$	$\dfrac{7}{10}$	1

보기 01

한 개의 주사위를 던져서 나온 눈의 수를 확률변수 X라 할 때, X의 기댓값을 구하여라.

풀이

확률변수 X의 확률분포를 표로 나타내면 다음과 같다.

X	1	2	3	4	5	6	합계
$\mathrm{P}(X=x)$	$\dfrac{1}{6}$	$\dfrac{1}{6}$	$\dfrac{1}{6}$	$\dfrac{1}{6}$	$\dfrac{1}{6}$	$\dfrac{1}{6}$	1

따라서 확률변수 X의 기댓값 $\mathrm{E}(X)$는

$$\mathrm{E}(X)=1\times\dfrac{1}{6}+2\times\dfrac{1}{6}+3\times\dfrac{1}{6}+4\times\dfrac{1}{6}+5\times\dfrac{1}{6}+6\times\dfrac{1}{6}=\dfrac{7}{2}$$

보기 02

확률변수 X의 확률분포를 표로 나타내면 오른쪽과 같을 때,
X의 기댓값을 구하여라. (단, a는 상수)

X	1	3	5	합계
$\mathrm{P}(X=x)$	$\dfrac{1}{4}$	$\dfrac{1}{2}$	a	1

풀이

확률의 합은 1이므로 $\dfrac{1}{4}+\dfrac{1}{2}+a=1$ $\quad\therefore\ a=\dfrac{1}{4}$

따라서 확률변수 X의 기댓값 $\mathrm{E}(X)$는

$$\mathrm{E}(X)=1\times\dfrac{1}{4}+3\times\dfrac{1}{2}+5\times\dfrac{1}{4}=3$$

보기 03 빨간 공이 6개와 파란 공이 4개가 들어 있는 주머니에서 임의로 3개의 공을 뽑을 때, 뽑은 파란색 공의 개수를 확률변수 X라 하자. X의 기댓값을 구하여라.

풀이 파란색 공의 개수를 확률변수 X라고 하면 X가 갖는 값은 0, 1, 2, 3이고, 각 값을 가질 확률은

$$P(X=0)=\frac{{}_6C_3}{{}_{10}C_3}=\frac{1}{6}, \ P(X=1)=\frac{{}_6C_2\times{}_4C_1}{{}_{10}C_3}=\frac{1}{2}, \ P(X=2)=\frac{{}_6C_1\times{}_4C_2}{{}_{10}C_3}=\frac{3}{10}$$

$$P(X=3)=\frac{{}_4C_3}{{}_{10}C_3}=\frac{1}{30}$$

이므로 X의 확률분포를 표로 나타내면 다음과 같다.

X	0	1	2	3	합계
$P(X=x)$	$\frac{1}{6}$	$\frac{1}{2}$	$\frac{3}{10}$	$\frac{1}{30}$	1

따라서 확률변수 X의 기댓값 $E(X)$는

$$E(X)=0\times\frac{1}{6}+1\times\frac{1}{2}+2\times\frac{3}{10}+3\times\frac{1}{30}=\frac{6}{5}$$

보기 04 비슷한 모양의 5개의 금고 열쇠 중에서 금고에 맞는 열쇠는 1개만 있다고 한다. 어느 열쇠가 금고에 맞는지 알아보기 위해 하나씩 차례로 여는 시도를 하였을 때, 열릴 때까지 시도한 횟수의 평균을 구하여라.

풀이 금고가 열릴 때까지 시도한 횟수를 확률변수 X라고 하면 X가 갖는 값은 1, 2, 3, 4, 5이고, 각 값을 가질 확률은

$$P(X=1)=\frac{1}{5}, \ P(X=2)=\frac{4}{5}\times\frac{1}{4}=\frac{1}{5}, \ P(X=3)=\frac{4}{5}\times\frac{3}{4}\times\frac{1}{3}=\frac{1}{5}$$

$$P(X=4)=\frac{4}{5}\times\frac{3}{4}\times\frac{2}{3}\times\frac{1}{2}=\frac{1}{5}, \ P(X=5)=\frac{4}{5}\times\frac{3}{4}\times\frac{2}{3}\times\frac{1}{2}\times1=\frac{1}{5}$$

이므로 X의 확률분포를 표로 나타내면 다음과 같다.

X	1	2	3	4	5	합계
$P(X=x)$	$\frac{1}{5}$	$\frac{1}{5}$	$\frac{1}{5}$	$\frac{1}{5}$	$\frac{1}{5}$	1

확률변수 X의 기댓값 $E(X)$는 $E(X)=1\times\frac{1}{5}+2\times\frac{1}{5}+3\times\frac{1}{5}+4\times\frac{1}{5}+5\times\frac{1}{5}=3$

따라서 금고가 열릴 때까지 시도한 횟수의 평균은 3이다.

 **+α 더 알아보기**

이산확률변수의 기댓값은 도수분포표에서의 평균과 같다.
오른쪽 도수분포표에서 평균을 구하면

$$m=\frac{x_1f_1+x_2f_2+\cdots+x_nf_n}{N}$$

여기서 변량들을 확률변수 X로 보면 확률변수 X의 각 값을 취할 확률은 도수분포표에서 각각의 도수를 총 도수로 나눈 상대도수로 생각할 수 있으므로

$$m=x_1\times\frac{f_1}{N}+x_2\times\frac{f_2}{N}+x_3\times\frac{f_3}{N}+\cdots+x_n\times\frac{f_n}{N}$$

$$=x_1p_1+x_2p_2+\cdots+x_np_n=\sum_{i=1}^{n}x_ip_i$$

변량	x_1	x_2	$\cdots$	x_n	합계
도수	f_1	f_2	$\cdots$	f_n	N

↓

X	x_1	x_2	$\cdots$	x_n	합계
$P(X=x_i)$	$\frac{f_1}{N}$	$\frac{f_2}{N}$	$\cdots$	$\frac{f_n}{N}$	1

이산확률변수 X의 기댓값 $\mathrm{E}(X)$를 m이라고 할 때, X의 분산과 표준편차는 다음과 같다.

(1) 분산 : 편차 $X-m$의 제곱의 기댓값을 확률변수 X의 분산이라 하고, 기호로 $\mathrm{V}(X)$와 같이 나타낸다.

$$\mathrm{V}(X)=\mathrm{E}\{(X-m)^2\}$$
$$=(x_1-m)^2p_1+(x_2-m)^2p_2+(x_3-m)^2p_3+\cdots+(x_n-m)^2p_n$$

(2) 표준편차 : 분산의 양의 제곱근 $\sqrt{\mathrm{V}(X)}$을 확률변수 X의 표준편차라 하고, 기호로 $\sigma(X)$와 같이 나타낸다.

$$\sigma(X)=\sqrt{\mathrm{V}(X)}$$

참고 ① $\mathrm{V}(X)$의 V는 분산을 뜻하는 Variance의 첫 글자이고, $\sigma(X)$의 σ(sigma)는 표준편차를 뜻하는 standard deviation의 첫 글자 s에 해당하는 그리스 문자로, '시그마' 라고 읽는다.

② 분산은 확률변수 X의 값과 평균의 차를 제곱한 값의 평균을 구한 것이다.

분산이 클수록 확률변수 X는 평균에서 멀리 떨어진 값을 가질 확률이 크다는 것을 의미한다.

즉, 분산과 표준편차는 자료들의 분포 상태를 나타내는 값으로 분산과 표준편차가 작을수록 자료가 평균에 밀집되어 있다는 것을 의미한다.

분산의 계산

$$\mathrm{V}(X)=(x_1^{\,2}p_1+x_2^{\,2}p_2+\cdots+x_n^{\,2}p_n)-m^2$$
$$=\mathrm{E}(X^2)-\{\mathrm{E}(X)\}^2 \quad \leftarrow \text{(제곱의 평균)} - \text{(평균의 제곱)}$$

주의 $\mathrm{E}(X^2)$은 X^2의 기댓값이고, $\{\mathrm{E}(X)\}^2$은 X의 기댓값의 제곱이다.

마플해설 이산확률변수 X의 확률의 합이 1이므로 $p_1+p_2+p_3+\cdots+p_n=1$

X의 기댓값은 $\mathrm{E}(X)=x_1p_1+x_2p_2+x_3p_3+\cdots+x_np_n=m$, X^2의 기댓값은 $\mathrm{E}(X^2)=x_1^{\,2}p_1+x_2^{\,2}p_2+x_3^{\,2}p_3+\cdots+x_n^{\,2}p_n$

이므로 이산확률변수 X의 분산 $\mathrm{V}(X)$를 구하는 식은 다음과 같이 변형할 수 있다.

$$\mathrm{V}(X)=(x_1-m)^2p_1+(x_2-m)^2p_2+\cdots+(x_n-m)^2p_n$$
$$=(x_1^{\,2}-2mx_1+m^2)p_1+(x_2^{\,2}-2mx_2+m^2)p_2+\cdots+(x_n^{\,2}-2mx_n+m^2)p_n$$
$$=(x_1^{\,2}p_1+x_2^{\,2}p_2+\cdots+x_n^{\,2}p_n)-2m(x_1p_1+x_2p_2+\cdots+x_np_n)+m^2(p_1+p_2+\cdots+p_n)$$
$$=(x_1^{\,2}p_1+x_2^{\,2}p_2+\cdots+x_n^{\,2}p_n)-2m\times m+m^2\times1 \quad \leftarrow x_1p_1+x_2p_2+\cdots+x_np_n=m,\, p_1+p_2+p_3+\cdots+p_n=1$$
$$=(x_1^{\,2}p_1+x_2^{\,2}p_2+\cdots+x_n^{\,2}p_n)-m^2$$
$$=\mathrm{E}(X^2)-\{(\mathrm{E}(X)\}^2$$

보기 05 이산확률변수 X의 확률분포가 오른쪽 표와 같을 때, X의 기댓값(평균)과 분산 및 표준편차를 구하여라.

X	1	3	5	7	합계
$\mathrm{P}(X=x)$	$\dfrac{1}{4}$	$\dfrac{1}{4}$	$\dfrac{1}{4}$	$\dfrac{1}{4}$	1

풀이 확률변수 X의 평균은 $\mathrm{E}(X)=1\times\dfrac{1}{4}+3\times\dfrac{1}{4}+5\times\dfrac{1}{4}+7\times\dfrac{1}{4}=4$

이므로 확률변수 X의 분산과 표준편차는 각각 다음과 같다.

$$\mathrm{V}(X)=\mathrm{E}(X^2)-\{\mathrm{E}(X)\}^2$$
$$=1^2\times\dfrac{1}{4}+3^2\times\dfrac{1}{4}+5^2\times\dfrac{1}{4}+7^2\times\dfrac{1}{4}-4^2=21-16=5$$

$$\sigma(X)=\sqrt{\mathrm{V}(X)}=\sqrt{5}$$

참고 $\mathrm{V}(X)=\mathrm{E}\{(X-m)^2\}=(1-4)^2\times\dfrac{1}{4}+(3-4)^2\times\dfrac{1}{4}+(5-4)^2\times\dfrac{1}{4}+(7-4)^2\times\dfrac{1}{4}=5$

+α 더 알아보기

[수학I]에서 수열의 합 $(\textstyle\sum)$을 학습한 학생들은 확률변수 X의 평균과 분산을 다음과 같이 정리할 수 있다.

① $\mathrm{E}(X)=\displaystyle\sum_{i=1}^{n}x_ip_i$

② $\mathrm{V}(X)=\displaystyle\sum_{i=1}^{n}(x_i-m)^2p_i=\sum_{i=1}^{n}x_i^{\,2}p_i-m^2$

보기 06   1부터 4까지 자연수가 각각 적힌 4장의 카드 중에서 임의로 2장을 동시에 뽑을 때, 카드에 적힌 수 중 작은 수를
확률변수 X라고 하자. X의 분산과 표준편차를 구하여라.

풀이   확률변수 X가 취하는 값은 1, 2, 3이고 이들의 확률을 구하면

$$P(X=1)=\frac{_3C_1}{_4C_2}=\frac{1}{2}$$ ← 자연수 1을 뽑고 2, 3, 4 중에서 한 개를 뽑는 경우

$$P(X=2)=\frac{_2C_1}{_4C_2}=\frac{1}{3}$$ ← 자연수 2을 뽑고 3, 4 중에서 한 개를 뽑는 경우

$$P(X=3)=\frac{_1C_1}{_4C_2}=\frac{1}{6}$$ ← 자연수 3을 뽑고 4를 뽑는 경우

확률변수 X의 확률분포를 표로 나타내면 오른쪽과 같다.

X의 기댓값과 X^2의 기댓값은

$$E(X)=1\times\frac{1}{2}+2\times\frac{1}{3}+3\times\frac{1}{6}=\frac{5}{3}$$

$$E(X^2)=1^2\times\frac{1}{2}+2^2\times\frac{1}{3}+3^2\times\frac{1}{6}=\frac{10}{3}$$

따라서 확률변수 X의 분산과 표준편차는

$$V(X)=E(X^2)-\{E(X)\}^2=\frac{10}{3}-\left(\frac{5}{3}\right)^2=\frac{5}{9},\ \sigma(X)=\sqrt{\frac{5}{9}}=\frac{\sqrt{5}}{3}$$

X	1	2	3	합계
$P(X=x)$	$\frac{1}{2}$	$\frac{1}{3}$	$\frac{1}{6}$	1

보기 07   한 개의 동전을 세 번 던져서 나오는 앞면의 횟수를 확률변수 X라 할 때, X의 평균, 분산, 표준편차를 각각 구하여라.

풀이   확률변수 X가 취하는 값은 0, 1, 2, 3이고 이들의 확률을 구하면

$$P(X=0)=_3C_0\left(\frac{1}{2}\right)^3=\frac{1}{8},\ P(X=1)=_3C_1\left(\frac{1}{2}\right)\left(\frac{1}{2}\right)^2=\frac{3}{8}$$

$$P(X=2)=_3C_2\left(\frac{1}{2}\right)^2\left(\frac{1}{2}\right)=\frac{3}{8},\ P(X=3)=_3C_3\left(\frac{1}{2}\right)^3=\frac{1}{8}$$

확률변수 X의 확률분포를 표로 나타내면 오른쪽과 같다.

X의 기댓값과 X^2의 기댓값은

$$E(X)=0\times\frac{1}{8}+1\times\frac{3}{8}+2\times\frac{3}{8}+3\times\frac{1}{8}=\frac{3}{2}$$

$$E(X^2)=0^2\times\frac{1}{8}+1^2\times\frac{3}{8}+2^2\times\frac{3}{8}+3^2\times\frac{1}{8}=3$$

따라서 확률변수 X의 분산과 표준편차는

$$V(X)=E(X^2)-\{E(X)\}^2=3-\left(\frac{3}{2}\right)^2=\frac{3}{4},\ \sigma(X)=\sqrt{\frac{3}{4}}=\frac{\sqrt{3}}{2}$$

X	0	1	2	3	합계
$P(X=x)$	$\frac{1}{8}$	$\frac{3}{8}$	$\frac{3}{8}$	$\frac{1}{8}$	1

+α 더 알아보기

이산확률변수 X의 확률분포가 다음 표와 같다고 하자.

X	x_1	x_2	$\cdots$	x_n	합계
$P(X=x_i)$	p_1	p_2	$\cdots$	p_n	1

참고 ☀ 편차는 변량에서 평균을 뺀 값이다.

확률변수 X의 평균을 $E(X)=m$이라고 하면

$$E(X-m)=(x_1-m)p_1+(x_2-m)p_2+\cdots+(x_n-m)p_n=(x_1p_1+x_2p_2+\cdots+x_np_n)-m(p_1+p_2+\cdots+p_n)=m-m=0$$

이므로 편차 $X-m$의 평균은 항상 0이다.

즉, 편차의 평균으로는 의미가 없으므로 편차의 제곱으로 평균을 구하는데 편차의 제곱 $(X-m)^2$의 확률분포는 다음 표와 같다.

$(X-m)^2$	$(x_1-m)^2$	$(x_2-m)^2$	$(x_3-m)^2$	$\cdots$	$(x_n-m)^2$	합계
$P((X-m)^2)$	p_1	p_2	p_3	$\cdots$	p_n	1

따라서 확률변수 $(X-m)^2$의 기댓값 $E((X-m)^2)$을 확률변수 X의 분산이라고 한다.

$$E((X-m)^2)=(x_1-m)^2p_1+(x_2-m)^2p_2+(x_3-m)^2p_3+\cdots+(x_n-m)^2p_n$$

이것을 기호로 $V(X)$로 나타낸다.

또, 분산 $V(X)$의 양의 제곱근 $\sqrt{V(X)}$를 확률변수 X의 표준편차라 하고 기호 $\sigma(X)$로 나타낸다.

확률변수 X의 확률분포가 다음 표와 같을 때, 확률변수 X의 평균과 분산을 구하여라.

X	-1	0	1	합계
$P(X=x)$	a	$\dfrac{a}{2}$	a^2	1

MAPL CORE

확률변수 X의 확률분포가 표로 주어진 경우

[1단계] 확률의 총합이 1임을 이용하여 미지수 계산

[2단계] 기댓값 $E(X)=x_1p_1+x_2p_2+x_3p_3+\cdots+x_np_n=m$, 분산 $V(X)=\sigma^2(X)=E(X^2)-\{E(X)\}^2$

개념익힘 | 풀이

확률의 합이 1이므로 $a+\dfrac{a}{2}+a^2=1$, $2a^2+3a-2=0$

$\therefore (a+2)(2a-1)=0$

이때 $0\leq a\leq 1$에서 $a=\dfrac{1}{2}$이므로 확률변수 X의 확률분포를 표로 나타내면 다음과 같다.

X	-1	0	1	합계
$P(X=x)$	$\dfrac{1}{2}$	$\dfrac{1}{4}$	$\dfrac{1}{4}$	1

따라서 확률변수 X의 평균과 분산을 각각 구하면

$$E(X)=(-1)\times\dfrac{1}{2}+0\times\dfrac{1}{4}+1\times\dfrac{1}{4}=-\dfrac{1}{4}$$

$$V(X)=(-1)^2\times\dfrac{1}{2}+0^2\times\dfrac{1}{4}+1^2\times\dfrac{1}{4}-\left(-\dfrac{1}{4}\right)^2=\dfrac{11}{16} \quad\leftarrow V(X)=(x_1{}^2p_1+x_2{}^2p_2+\cdots+x_n{}^2p_n)-m^2$$

확인유제 0517

2008년 07월 교육청

다음 물음에 답하여라.

(1) 확률변수 X의 확률분포가 다음 표와 같다. 이때 $E(X)=4$일 때, $V(X)$의 값을 구하여라.

X	2	4	a	합계
$P(X=x)$	b	$\dfrac{1}{4}$	$\dfrac{1}{4}$	1

2005학년도 09월 평가원

(2) 확률변수 X의 확률분포가 다음 표와 같다. $E(X)=5$일 때, X의 분산을 구하여라.

X	1	2	4	8	합계
$P(X=x)$	$\dfrac{1}{4}$	a	$\dfrac{1}{8}$	b	1

변형문제 0518

2011학년도 수능기출

확률변수 X의 확률분포가 다음 표와 같다.

X	-1	0	1	2	합계
$P(X=x)$	$\dfrac{3-a}{8}$	$\dfrac{1}{8}$	$\dfrac{3+a}{8}$	$\dfrac{1}{8}$	1

$P(0\leq X\leq 2)=\dfrac{7}{8}$일 때, 확률변수 X의 평균 $E(X)$의 값은?

① $\dfrac{1}{4}$　　② $\dfrac{3}{8}$　　③ $\dfrac{1}{2}$　　④ $\dfrac{5}{8}$　　⑤ $\dfrac{3}{4}$

발전문제 0519

2019학년도 09월 평가원

두 이산확률변수 X와 Y가 가지는 값이 각각 1부터 5까지의 자연수이고

$$P(Y=k)=\dfrac{1}{2}P(X=k)+\dfrac{1}{10}\ (k=1,\ 2,\ 3,\ 4,\ 5)$$

이다. $E(X)=4$일 때, $E(Y)=a$이다. $8a$의 값을 구하여라.

[수학I] 등차수열 등비수열을 학습한 학생들만 풀어본다.

확률변수 X의 확률분포를 표로 나타내면 오른쪽과 같다. 세 수 $\dfrac{9}{13}$, a, b가 이 순서로 등비수열을 이룰 때, X의 기댓값 $E(X)$의 값을 구하여라. (단, a, b는 상수)

X	13	26	39	합계
$P(X=x)$	$\dfrac{9}{13}$	a	b	1

MAPL CORE

확률변수 X의 확률분포가 표로 주어진 경우

[1단계] 확률의 총합이 1임을 이용하여 미지수 계산

[2단계] 기댓값 $E(X)=x_1 p_1 + x_2 p_2 + x_3 p_3 + \cdots + x_n p_n = m$,

분산 $V(X)=\sigma^2(X)=E(X^2)-\{E(X)\}^2$

참고 세 수 a, b, c가 이 순서대로

① 등차수열을 이룬다. ⇨ $2b=a+c$

② 등비수열을 이룬다. ⇨ $b^2=ac$

개념익힘 | 풀이

확률의 합은 1이므로 $\dfrac{9}{13}+a+b=1$ $\therefore b=\dfrac{4}{13}-a$ ...... ㉠

세 수 $\dfrac{9}{13}$, a, b가 이 순서로 등비수열을 이루므로 $a^2=\dfrac{9}{13}b$ ...... ㉡

㉠을 ㉡에 대입하여 정리하면 $a^2=\dfrac{9}{13}\left(\dfrac{4}{13}-a\right)$

$169a^2+117a-36=0$, $(13a-3)(13a+12)=0$

$\therefore a=\dfrac{3}{13}(\because 0 \leq a \leq 1)$ ...... ㉢

㉢을 ㉠에 대입하면 $b=\dfrac{4}{13}-\dfrac{3}{13}=\dfrac{1}{13}$

확률변수 X의 확률분포를 표로 나타내면 오른쪽과 같다.

이때 확률변수 X의 평균 $E(X)$는

$\therefore E(X)=13\times\dfrac{9}{13}+26\times\dfrac{3}{13}+39\times\dfrac{1}{13}=9+6+3=18$

X	13	26	39	합계
$P(X=x)$	$\dfrac{9}{13}$	$\dfrac{3}{13}$	$\dfrac{1}{13}$	1

확인유제 0520

2006학년도 수능기출

확률변수 X의 확률분포를 표로 나타내면 오른쪽과 같다. $\dfrac{4}{7}$, a, b가 이 순서로 등비수열을 이루고 X의 평균이 24일 때, k의 값을 구하여라.

X	k	$2k$	$4k$	합계
$P(X=x)$	$\dfrac{4}{7}$	a	b	1

변형문제 0521

확률변수 X의 확률분포를 표로 나타내면 오른쪽과 같다. 세 수 a, b, $\dfrac{4}{9}$가 이 순서대로 등차수열을 이룰 때, X의 평균 $E(X)$의 값은? (단, a, b는 상수이다.)

X	1	2	3	합계
$P(X=x)$	a	b	$\dfrac{4}{9}$	1

① $\dfrac{16}{9}$ ② $\dfrac{17}{9}$ ③ 2 ④ $\dfrac{19}{9}$ ⑤ $\dfrac{20}{9}$

발전문제 0522

확률변수 X의 확률분포를 표로 나타내면 오른쪽과 같다. p_1, p_2, p_3이 이 순서대로 등차수열을 이루고 X의 평균이 $\dfrac{1}{3}$일 때, X의 표준편차를 구하여라.

X	-1	0	1	합계
$P(X=x)$	p_1	p_2	p_3	1

정답 0520 : 14 0521 : ⑤ 0522 : $\dfrac{\sqrt{5}}{3}$

숫자 1, 2, 2, 3이 각각 하나씩 적힌 4개의 공이 들어 있는 주머니에서 임의로 두 개의 공을 동시에 꺼낼 때, 꺼낸 2개의 공에 적힌 수의 합을 확률변수 X라 하자. 표준편차 $\sigma(X)$를 구하여라.

MAPL CORE

확률분포가 표로 주어지지 않은 경우 확률변수의 표준편차 구하기
[1단계] 주어진 조건에서 확률변수 X의 확률분포를 표로 만든다.
[2단계] 기댓값 $E(X)=x_1p_1+x_2p_2+x_3p_3+\cdots+x_np_n=m$, 분산 $V(X)=\sigma^2(X)=E(X^2)-\{E(X)\}^2$

개념익힘 | 풀이　확률변수 X가 가질 수 있는 값은 3, 4, 5이고 각각의 확률은

$$P(X=3)=\frac{2}{_4C_2}=\frac{1}{3}, \ P(X=4)=\frac{2}{_4C_2}=\frac{1}{3}, \ P(X=5)=\frac{2}{_4C_2}=\frac{1}{3}$$

확률변수 X의 확률분포를 표로 나타내면 다음과 같다.

X	3	4	5	합계
$P(X=x)$	$\frac{1}{3}$	$\frac{1}{3}$	$\frac{1}{3}$	1

참고 1, 2, 2, 3의 숫자가 적힌 4개의 공을 각각
1, 2_A, 2_B, 3이라 하자. 임의로 꺼낸 2개의 공에
적힌 수의 합이 3, 4, 5인 경우는 다음과 같다.
3인 경우 : $(1, 2_A)$, $(1, 2_B)$의 2가지
4인 경우 : $(1, 3)$, $(2_A, 2_B)$의 2가지
5인 경우 : $(2_A, 3)$, $(2_B, 3)$의 2가지

확률변수 X의 평균과 표준편차는

$$E(X)=3\times\frac{1}{3}+4\times\frac{1}{3}+5\times\frac{1}{3}=\frac{12}{3}=4$$

$$V(X)=E(X^2)-\{E(X)\}^2=3^2\times\frac{1}{3}+4^2\times\frac{1}{3}+5^2\times\frac{1}{3}-4^2=\frac{2}{3} \quad \therefore \ \sigma(X)=\sqrt{\frac{2}{3}}=\frac{\sqrt{6}}{3}$$

확인유제 0523
2000학년도 수능기출

다음 물음에 답하여라.

(1) 주사위를 한 번 던져 나온 눈의 수를 4로 나눈 나머지를 확률변수 X라 하자. X의 평균을 구하여라.
　　(단, 주사위의 각 눈이 나올 확률은 모두 같다.)

(2) 붉은 공 2개, 흰 공 3개가 들어 있는 주머니 속에서 동시에 3개의 공을 꺼낼 때, 나오는 흰 공의 개수를 확률변수 X라 하자. X의 표준편차를 구하여라.

변형문제 0524
2014년 10월 교육청

함수 $y=f(x)$의 그래프가 오른쪽 그림과 같다.
한 개의 주사위를 한 번 던져서 나온 눈의 수를 a라 할 때,
곡선 $y=f(x)$와 직선 $y=a$의 교점의 개수를 확률변수 X
라 하자. $E(X)=\dfrac{q}{p}$라 할 때, $p+q$의 값을 구하여라.
(단, p, q는 서로소인 자연수이다.)

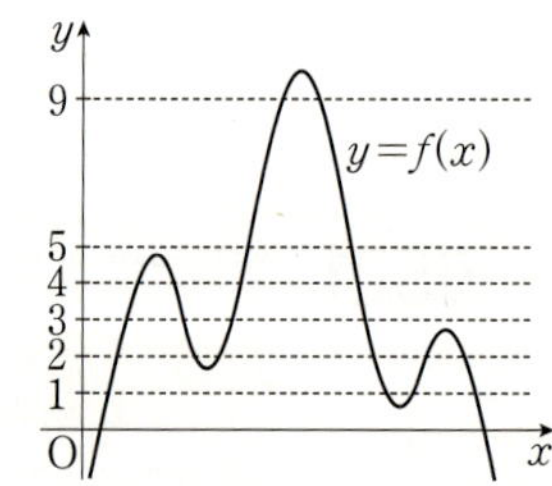

발전문제 0525
2019학년도 경찰대기출

주머니 A에는 1, 2, 3, 4의 숫자가 각각 하나씩 적힌 4장의 카드가
들어있고, 주머니 B에는 1, 2, 3, 4, 5의 숫자가 각각 하나씩 적힌 5
개의 공이 들어 있다. 주머니 A에서 임의로 한 장의 카드를 꺼내고
주머니 B에서 임의로 하나의 공을 꺼낼 때 나오는 두 자연수 중 작
지 않은 수를 확률변수 X라 하자. 이때 $E(X)$의 값은?

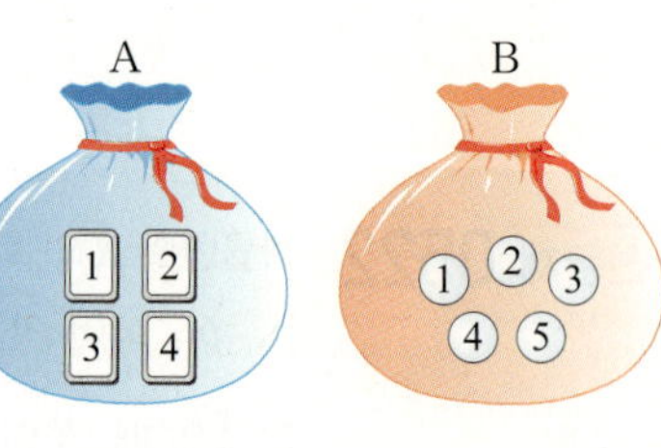

① $\dfrac{13}{4}$　　② $\dfrac{7}{2}$　　③ $\dfrac{15}{4}$　　④ 4　　⑤ $\dfrac{17}{4}$

정답　0523 : (1) $\dfrac{3}{2}$ (2) $\dfrac{3}{5}$　　0524 : 14　　0525 : ②

03 확률변수 $aX+b$의 기댓값과 표준편차

01 확률변수 $aX+b$의 평균과 분산 및 표준편차

확률변수 $aX+b$ $(a, b$는 상수 $a \neq 0)$의 기댓값(평균)과 분산 및 표준편차는 다음과 같다.

(1) 평균 $\qquad \mathrm{E}(aX+b)=a\mathrm{E}(X)+b \quad \leftarrow a, b$의 영향을 모두 받는다.

(2) 분산 $\qquad \mathrm{V}(aX+b)=a^2\mathrm{V}(X) \quad \leftarrow a$의 영향만 받는다.

(3) 표준편차 $\quad \sigma(aX+b)=|a|\sigma(X)$

참고 이산확률변수의 기댓값(평균), 분산 및 표준편차의 성질은 연속확률변수에 대해서도 성립한다.

마플해설

이산확률변수 $aX+b$의 평균, 분산, 표준편차를 각각 구하여 보자.

이산확률변수 X의 확률분포가 다음 표와 같이 주어졌다고 하자.

X	x_1	x_2	x_3	$\cdots$	x_n	합계
$\mathrm{P}(X=x_i)$	p_1	p_2	p_3	$\cdots$	p_n	1

이때 $Y=aX+b$ $(a, b$는 상수, $a \neq 0)$라 하면 이산확률변수 Y가 갖는 값이

$$ax_1+b, \ ax_2+b, \ ax_3+b, \ \cdots, \ ax_n+b$$

이고, 각각의 값을 가질 확률이

$$\mathrm{P}(Y=ax_i+b)=\mathrm{P}(X=x_i)=p_i \, (i=1, 2, 3, \cdots, n)$$

이므로 이산확률변수 Y의 확률분포를 표로 나타내면 다음과 같다.

Y	ax_1+b	ax_2+b	ax_3+b	$\cdots$	ax_n+b	합계
$\mathrm{P}(Y=ax_i+b)$	p_1	p_2	p_3	$\cdots$	p_n	1

따라서 이산확률변수 Y의 평균과 분산 및 표준편차는 다음과 같다.

$$\mathrm{E}(Y)=\mathrm{E}(aX+b)=(ax_1+b)p_1+(ax_2+b)p_2+\cdots+(ax_n+b)p_n$$

평균

$$=a(x_1p_1+x_2p_2+\cdots+x_np_n)+b(p_1+p_2+\cdots+p_n)$$

$$=a\mathrm{E}(X)+b \quad \leftarrow x_1p_1+x_2p_2+\cdots+x_np_n=\mathrm{E}(X), \ p_1+p_2+\cdots+p_n=1$$

여기서 $\mathrm{E}(X)=m$이라 하면 $\mathrm{E}(Y)=am+b$이므로

$$\mathrm{V}(Y)=\mathrm{E}(\{Y-\mathrm{E}(Y)\}^2)=\{(ax_1+b)-(am+b)\}^2p_1+\{(ax_2+b)-(am+b)\}^2p_2+\cdots+\{(ax_n+b)-(am+b)\}^2p_n$$

분산

$$=a^2\{(x_1-m)^2p_1+(x_2-m)^2p_2+\cdots+(x_n-m)^2p_n\}$$

$$=a^2\mathrm{V}(X) \quad \leftarrow \mathrm{V}(X)=(x_1-m)^2p_1+(x_2-m)^2p_2+\cdots+(x_n-m)^2p_n$$

$$\sigma(Y)=\sqrt{\mathrm{V}(Y)}=\sqrt{a^2\mathrm{V}(X)}=|a|\sigma(X)$$

표준편차

참고 $\mathrm{V}(Y)=\mathrm{V}(aX+b)=\mathrm{E}\{(aX+b)^2\}-\{\mathrm{E}(aX+b)\}^2$

$$=\mathrm{E}(a^2X^2+2abX+b^2)-\{a\mathrm{E}(X)+b\}^2$$

$$=a^2\mathrm{E}(X^2)+2ab\mathrm{E}(X)+b^2-a^2\{\mathrm{E}(X)\}^2-2ab\mathrm{E}(X)-b^2$$

$$=a^2[\mathrm{E}(X^2)-\{\mathrm{E}(X)\}^2]$$

$$=a^2\mathrm{V}(X)$$

+α 더 알아보기

[수학I]에서 수열의 합 $\left(\sum\right)$으로 확률변수 $aX+b$ $(a, b$는 상수, $a \neq 0)$의 평균, 분산, 표준편차를 각각 구하여 보자.

(1) 확률변수 Y의 평균 $\mathrm{E}(Y)$

$$\mathrm{E}(Y)=\mathrm{E}(aX+b)=\sum_{i=1}^{n}(ax_i+b)p_i=a\sum_{i=1}^{n}x_ip_i+b\sum_{i=1}^{n}p_i=a\mathrm{E}(X)+b \quad \leftarrow \sum_{i=1}^{n}x_ip_i=\mathrm{E}(X), \ \sum_{i=1}^{n}p_i=1$$

(2) 확률변수 Y의 분산 $\mathrm{V}(Y)$

$$\mathrm{V}(Y)=\mathrm{V}(aX+b)=\sum_{i=1}^{n}\{(ax_i+b)-(am+b)\}^2p_i$$

$$=\sum_{i=1}^{n}(ax_i-am)^2p_i=a^2\sum_{i=1}^{n}(x_i-m)^2p_i=a^2\mathrm{V}(X) \quad \leftarrow \sum_{i=1}^{n}(x_i-m)^2p_i=\mathrm{V}(X)$$

(3) 확률변수 Y의 표준편차 $\sigma(Y)$

$$\sigma(Y)=\sigma(aX+b)=\sqrt{\mathrm{V}(aX+b)}=\sqrt{a^2\mathrm{V}(X)}=|a|\sigma(X)$$

이산확률변수 X에 대하여

$$\mathrm{E}(X)=3,\ \mathrm{V}(X)=4$$

일 때, 다음 확률변수의 기댓값(평균)과 분산 및 표준편차를 구하여라.

(1) $3X-1$ (2) $-2X+5$

$\mathrm{E}(X)=3$, $\mathrm{V}(X)=4$이므로 $\sigma(X)=2$이다.

(1) $\mathrm{E}(3X-1)=3\mathrm{E}(X)-1=3\times3-1=8$

$\quad \mathrm{V}(3X-1)=3^2\mathrm{V}(X)=9\times4=36$

$\quad \sigma(3X-1)=|3|\sigma(X)=3\times\sqrt{4}=6$

(2) $\mathrm{E}(-2X+5)=-2\mathrm{E}(X)+5=-2\times3+5=-1$

$\quad \mathrm{V}(-2X+5)=(-2)^2\mathrm{V}(X)=4\times4=16$

$\quad \sigma(-2X+5)=|-2|\sigma(X)=2\times\sqrt{4}=4$

확률변수 X의 확률분포가 오른쪽 표와 같을 때, 확률변수 $Y=2X+3$의 평균과 분산, 표준편차를 구하여라.

X	1	2	3	합계
$\mathrm{P}(X=x)$	$\dfrac{1}{4}$	$\dfrac{1}{2}$	$\dfrac{1}{4}$	1

확률변수 X의 평균과 분산 및 표준편차는 다음과 같다.

$$\mathrm{E}(X)=1\times\frac{1}{4}+2\times\frac{1}{2}+3\times\frac{1}{4}=2$$

$$\mathrm{V}(X)=\mathrm{E}(X^2)-\{\mathrm{E}(X)\}^2=1^2\times\frac{1}{4}+2^2\times\frac{1}{2}+3^2\times\frac{1}{4}-2^2=\frac{1}{2}$$

$$\sigma(X)=\sqrt{\mathrm{V}(X)}=\sqrt{\frac{1}{2}}=\frac{\sqrt{2}}{2}$$

따라서 다음을 얻는다.

$$\mathrm{E}(Y)=\mathrm{E}(2X+3)=2\mathrm{E}(X)+3=2\times2+3=7$$

$$\mathrm{V}(Y)=\mathrm{V}(2X+3)=2^2\mathrm{V}(X)=4\times\frac{1}{2}=2$$

$$\sigma(Y)=\sigma(2X+3)=2\sigma(X)=2\times\frac{\sqrt{2}}{2}=\sqrt{2}$$

흰 공 3개와 검은 공 3개가 들어 있는 주머니에서 임의로 2개의 공을 꺼낼 때, 꺼낸 흰 공의 개수를 확률변수 X라 하자. 확률변수 $5X+2$의 평균과 분산 및 표준편차를 구하여라.

확률변수 X가 가질 수 있는 값은 0, 1, 2이고 각각의 확률은

$$\mathrm{P}(X=0)=\frac{{}_3\mathrm{C}_2}{{}_6\mathrm{C}_2}=\frac{1}{5},\ \mathrm{P}(X=1)=\frac{{}_3\mathrm{C}_1\times{}_3\mathrm{C}_1}{{}_6\mathrm{C}_2}=\frac{3}{5},\ \mathrm{P}(X=2)=\frac{{}_3\mathrm{C}_2}{{}_6\mathrm{C}_2}=\frac{1}{5}$$

확률변수 X의 확률분포를 표로 나타내면 오른쪽과 같다.

X	0	1	2	합계
$\mathrm{P}(X=x)$	$\dfrac{1}{5}$	$\dfrac{3}{5}$	$\dfrac{1}{5}$	1

$$\mathrm{E}(X)=0\times\frac{1}{5}+1\times\frac{3}{5}+2\times\frac{1}{5}=1$$

$$\mathrm{V}(X)=\mathrm{E}(X^2)-\{\mathrm{E}(X)\}^2=0^2\times\frac{1}{5}+1^2\times\frac{3}{5}+2^2\times\frac{1}{5}-1^2=\frac{2}{5}$$

$$\sigma(X)=\sqrt{\mathrm{V}(X)}=\sqrt{\frac{2}{5}}=\frac{\sqrt{10}}{5}$$

따라서 다음을 얻는다.

$$\mathrm{E}(Y)=\mathrm{E}(5X+2)=5\mathrm{E}(X)+2=5\times1+2=7$$

$$\mathrm{V}(Y)=\mathrm{V}(5X+2)=5^2\mathrm{V}(X)=25\times\frac{2}{5}=10$$

$$\sigma(Y)=\sigma(5X+2)=5\sigma(X)=5\times\frac{\sqrt{10}}{5}=\sqrt{10}$$

11

평균과 표준편차

교과서특강문제 01

다음 (가)~(다)의 분산을 각각 V_1, V_2, V_3라고 할 때, V_1, V_2, V_3의 대소 관계를 구하여라.

(가) 1, 2, 3, 4, 5, 6, 7, 8, 9, 10

(나) 1, 3, 5, 7, 9, 11, 13, 15, 17, 19

(다) 2, 4, 6, 8, 10, 12, 14, 16, 18, 20

교과서특강 풀이

(가)의 10개의 항의 확률변수를 X라고 하면 $V(X)=V_1$

(나)의 10개의 홀수인 항의 확률변수가 $2X-1$이므로 $V_2=V(2X-1)=2^2V(X)=4V_1$

(다)의 10개의 짝수인 항의 확률변수가 $2X$이므로 $V_3=V(2X)=2^2V(X)=4V_1$

따라서 $V_1 < V_2 = V_3$

교과서특강문제 02

세 자료 A : 1부터 50까지의 자연수

　　　　B : 51부터 100까지의 자연수

　　　　C : 1부터 100까지의 짝수

의 표준편차를 순서대로 a, b, c라 할 때, a, b, c의 대소 관계를 바르게 나타낸 것은?

① $a=b<c$　　② $a<b=c$　　③ $a=b=c$　　④ $a<b<c$　　⑤ $a<c<b$

교과서특강 풀이

A : 1부터 50까지의 자연수　　　$\longrightarrow$ 1, 2, 3, $\cdots$, 50

B : 51부터 100까지의 자연수　　$\longrightarrow$ 51, 52, 53, $\cdots$, 100

C : 1부터 100까지의 짝수　　　　$\longrightarrow$ 2, 4, 6, $\cdots$, 100

A, B, C의 표준편차 σ는 각각 $\sigma(A)=a$, $\sigma(B)=b$, $\sigma(C)=c$

이때 B의 각 변량은 A의 각 변량에 50을 더한 것과 같다.

$B=A+50$이므로 $\sigma(B)=\sigma(A+50)=\sigma(A)$ $\therefore b=a$

또, C의 각 변량은 A의 각 변량을 2배 한 것이므로 $C=2A$

$\sigma(C)=\sigma(2A)=2\sigma(A)$ $\therefore c=2a$

따라서 $a=b<c$

교과서특강문제 03

다음과 같이 정의된 확률변수 X, Y, Z의 분산의 대소 관계를 바르게 나타낸 것은?
(단, $V(X)$는 확률변수 X의 분산이다.)

X : 연속하는 100개의 자연수에서 임의로 뽑은 두 수의 차

Y : 연속하는 100개의 홀수에서 임의로 뽑은 두 수의 차

Z : 연속하는 100개의 짝수에서 임의로 뽑은 두 수의 차

① $V(X)<V(Y)<V(Z)$　　　② $V(X)=V(Y)=V(Z)$　　　③ $V(X)>V(Y)=V(Z)$

④ $V(X)=V(Y)<V(Z)$　　　⑤ $V(X)<V(Y)=V(Z)$

교과서특강 풀이

확률변수 X는 연속하는 100개의 자연수에서 임의로 뽑은 두 수의 차는 X : 1, 2, 3, $\cdots$, 99

확률변수 Y는 연속하는 100개의 홀수에서 임의로 뽑은 두 수의 차는 Y : 2, 4, 6, $\cdots$, 198

즉 확률변수 X와 Y의 개수는 같고 $Y=2X$

확률변수 Z는 연속하는 100개의 짝수에서 임의로 뽑은 두 수의 차는 Z : 2, 4, 6, $\cdots$, 198

즉 확률변수 X와 Z의 개수는 같고 $Z=2X$

$Y=Z=2X$이므로

$V(Y)=V(2X)=4V(X)$

$V(Z)=V(2X)=4V(X)$

따라서 $V(X)<V(Y)=V(Z)$

마플개념익힘 01 확률변수 $aX+b$의 평균, 분산, 표준편차

이산확률변수 X에 대하여 $\mathrm{E}(X)=5$, $\mathrm{V}(X)=20$일 때,

$$\mathrm{E}(aX+b)=30,\ \mathrm{V}(aX+b)=80$$

이 되도록 하는 상수 a, b에 대하여 ab의 값을 구하여라. (단, $a<0$)

MAPL CORE 확률변수 $aX+b$ (a, b는 상수, $a\neq0$)에 대하여

① $\mathrm{E}(aX+b)=a\mathrm{E}(X)+b$　② $\mathrm{V}(aX+b)=a^2\mathrm{V}(X)$

③ $\sigma(aX+b)=|a|\sigma(X)$　④ $\mathrm{E}(aX^2+bX+c)=a\mathrm{E}(X^2)+b\mathrm{E}(X)+c$

개념익힘 | 풀이 $\mathrm{E}(X)=5$, $\mathrm{V}(X)=20$이므로

$\mathrm{E}(aX+b)=a\mathrm{E}(X)+b=30$에서 $5a+b=30$ ...... ㉠

$\mathrm{V}(aX+b)=a^2\mathrm{V}(X)=80$에서 $20a^2=80$

$a^2=4$

$a<0$이므로 $a=-2$

$a=-2$를 ㉠에 대입하면 $5\times(-2)+b=30$ $\therefore b=40$

따라서 $a=-2$, $b=40$이므로 $ab=-80$

확인유제 0526 다음 물음에 답하여라.

(1) 확률변수 X에 대하여 $\mathrm{E}(X)=10$, $\mathrm{V}(X)=4$이고, 확률변수 $Y=aX+b$에 대하여 $\mathrm{E}(Y)=0$, $\mathrm{V}(Y)=16$일 때, 상수 a, b에 대하여 ab의 값은? (단, $a>0$)

① -120　② -80　③ -60　④ -40　⑤ -20

(2) 확률변수 X에 대하여 $\mathrm{E}(X)=20$, $\sigma(X)=10$이다.
$\mathrm{E}(aX+b)=90$, $\sigma(aX+b)=40$이 성립하도록 하는 두 양수 a, b에 대하여 ab의 값은?

① 20　② 25　③ 30　④ 35　⑤ 40

변형문제 0527 다음 물음에 답하여라.

(1) 확률변수 X에 대하여

$$\mathrm{E}(X)=3,\ \mathrm{E}(X^2)=10$$

일 때, 확률변수 $Y=3X+1$에 대하여 $\mathrm{E}(Y)+\mathrm{V}(Y)$의 값은?

① 12　② 13　③ 15　④ 17　⑤ 19

(2) 확률변수 X에 대하여

$$\mathrm{E}(X)=4,\ \mathrm{V}(X)=2$$

이다. 확률변수 $Y=2X+1$에 대하여 $\mathrm{E}(Y^2)$의 값은?

① 79　② 81　③ 87　④ 89　⑤ 93

발전문제 0528 확률변수 X의 확률질량함수가
2011학년도 수능기출

$$\mathrm{P}(X=x)=\frac{ax+2}{10}\ (x=-1,\ 0,\ 1,\ 2)$$

일 때, 확률변수 $3X+2$의 분산 $\mathrm{V}(3X+2)$의 값은? (단, a는 상수이다.)

① 9　② 18　③ 27　④ 36　⑤ 45

정답 0526 : (1) ④ (2) ⑤　0527 : (1) ⑤ (2) ④　0528 : ①

확률변수 X의 확률분포가 다음과 같을 때, 확률변수 $Y=4X+5$의 분산 $V(Y)$을 구하여라.

X	-1	0	1	합계
$P(X=x)$	$2a$	a	a	1

MAPL CORE

확률분포가 표로 주어진 경우 확률변수 $aX+b$의 평균, 분산, 표준편차 구하기
[1단계] 모든 확률의 합이 1임을 이용하여 확률분포의 표를 완성한다.
[2단계] $E(X)$, $V(X)$의 값을 구한다.
[3단계] $E(X)$, $V(X)$을 이용하여 $E(aX+b)$, $V(aX+b)$의 값을 구한다.

개념익힘 | 풀이

확률의 합이 1이므로 $2a+a+a=1$, $4a=1$ $\therefore a=\dfrac{1}{4}$

확률변수 X의 평균과 분산을 각각 구하면

$$E(X)=(-1)\times\dfrac{2}{4}+0\times\dfrac{1}{4}+1\times\dfrac{1}{4}=-\dfrac{1}{4},\ E(X^2)=(-1)^2\times\dfrac{2}{4}+0^2\times\dfrac{1}{4}+1^2\times\dfrac{1}{4}=\dfrac{3}{4}$$

$$V(X)=E(X^2)-\{E(X)\}^2=\dfrac{3}{4}-\left(-\dfrac{1}{4}\right)^2=\dfrac{11}{16}$$

따라서 $V(Y)=V(4X+5)=4^2 V(X)=16\times\dfrac{11}{16}=11$

확인유제 0529

2012학년도 수능기출

확률변수 X의 확률분포를 표로 나타내면 다음과 같다. $E(4X+10)$의 값을 구하여라.

X	0	1	2	합계
$P(X=x)$	$\dfrac{1}{4}$	a	$2a$	1

변형문제 0530

다음 물음에 답하여라. (단, a, b는 상수이다.)

(1) 확률변수 X의 확률분포를 표로 나타내면 오른쪽과 같다. $P(1\le X\le4)=\dfrac{7}{8}$일 때, $E(2X+3)$의 값은?

X	1	2	4	8	합계
$P(X=x)$	a	$\dfrac{1}{4}$	$\dfrac{1}{8}$	b	1

① $\dfrac{5}{2}$　　② 3　　③ $\dfrac{7}{2}$　　④ 5　　⑤ 8

(2) 확률변수 X의 확률분포를 표로 나타내면 오른쪽과 같다. $E(X)=2$일 때, $V(5X+1)$의 값은?

X	0	1	a	합계
$P(X=x)$	$\dfrac{1}{5}$	$\dfrac{2}{5}$	$\dfrac{2}{5}$	1

① 50　　② 60　　③ 70　　④ 80　　⑤ 90

발전문제 0531

2016년 10월 교육청

다음 물음에 답하여라. (단, a, b는 상수이다.)

(1) 확률변수 X의 확률분포를 표로 나타내면 오른쪽과 같다. $E(3X+1)$의 값은?
(단, k는 상수이다.)

X	2	4	8	16	합계
$P(X=x)$	$\dfrac{{}_4C_1}{k}$	$\dfrac{{}_4C_2}{k}$	$\dfrac{{}_4C_3}{k}$	$\dfrac{{}_4C_4}{k}$	1

① 13　　② 14　　③ 15　　④ 16　　⑤ 17

(2) 확률변수 X의 확률질량함수가 $P(X=x)=\dfrac{{}_5C_x}{k}$ ($x=0,\ 1,\ 2,\ 3,\ 4,\ 5$이고, k는 자연수)일 때, $E(2X+5)$의 값은?

① 10　　② 12　　③ 13　　④ 14　　⑤ 15

흰 공 3개와 검은 공 2개가 들어 있는 주머니에서 2개의 공을 꺼낼 때,
그 속에 포함된 흰 공의 개수를 확률변수 X라고 하자.
이때 $E(5X+4)+V(5X+10)$의 값을 구하여라.

MAPL CORE

확률분포가 표로 주어지지 않은 확률변수 $aX+b$의 평균, 분산, 표준편차 구하기
[1단계] 주어진 조건에서 확률변수 X의 확률분포를 표로 만든다.
[2단계] 기댓값, 분산, 표준편차를 구한다.
[3단계] $E(X)$, $V(X)$를 이용하여 $E(aX+b)$, $V(aX+b)$의 값을 구한다.

개념익힘 | 풀이

확률변수 X가 취할 수 있는 값은 0, 1, 2이고 그 확률은 각각

$$P(X=0)=\frac{_2C_2}{_5C_2}=\frac{1}{10},\ P(X=1)=\frac{_3C_1\times\,_2C_1}{_5C_2}=\frac{6}{10},\ P(X=2)=\frac{_3C_2}{_5C_2}=\frac{3}{10}$$

확률변수 X의 확률분포를 표로 나타내면 다음과 같다.

X	0	1	2	합계
$P(X=x)$	$\frac{1}{10}$	$\frac{6}{10}$	$\frac{3}{10}$	1

확률변수 X에 대하여 평균과 분산을 각각 구하면

$$E(X)=0\times\frac{1}{10}+1\times\frac{6}{10}+2\times\frac{3}{10}=\frac{6}{5}$$

$$V(X)=E(X^2)-\{E(X)\}^2=0^2\times\frac{1}{10}+1^2\times\frac{6}{10}+2^2\times\frac{3}{10}-\left(\frac{6}{5}\right)^2=\frac{9}{25}$$

$$\therefore\ E(5X+4)+V(5X+10)=5E(X)+4+25V(X)=5\times\frac{6}{5}+4+25\times\frac{9}{25}=19$$

확인유제 0532　상자 안에 들어있는 5개의 제품 중에는 품질 검사를 통과하지 못한 불량품이 2개 포함
되어 있다. 이 상자에서 임의로 2개의 제품을 동시에 꺼낼 때, 꺼낸 제품 중에서 불량품
의 개수를 확률변수 X라 할 때, $E(5X+1)+V(5X+1)$의 값을 구하여라.

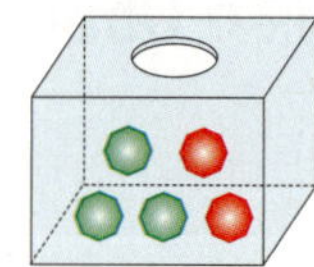

변형문제 0533　다음 물음에 답하여라.
2006학년도 09월 평가원

(1) 각 면에 1, 1, 2, 2, 2, 4의 숫자가 하나씩 적혀 있는 정육면체 모양의 상자가 있다. 이 상자를 던졌을 때,
윗면에 적힌 수를 확률변수 X라 하자. 확률변수 $5X+3$의 평균을 구하여라.

2014학년도 수능기출

(2) 1부터 5까지의 자연수가 각각 하나씩 적혀 있는 5개의 서랍이 있다. 5개의 서랍
중 영희에게 임의로 2개를 배정해주려고 한다. 영희에게 배정되는 서랍에 적혀
있는 자연수 중 작은 수를 확률변수 X라 할 때, $E(10X)$의 값을 구하여라.

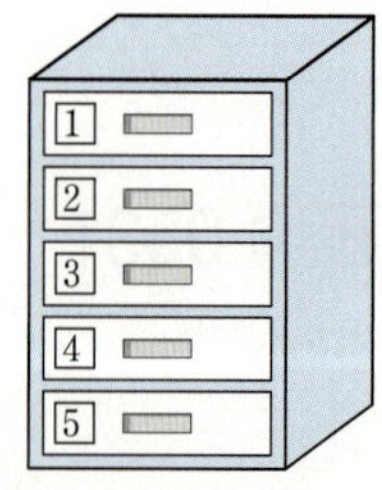

발전문제 0534　남학생 3명과 여학생 2명을 임의로 한 줄로 세우고 앞에서부터 1, 2, 3, 4, 5의 번호를 부여한다고 한다.
앞에서부터 처음으로 서 있는 남학생이 부여받은 번호를 확률변수 X라 할 때, $V(20X+3)$의 값은?

① 90　　　　② 120　　　　③ 150　　　　④ 180　　　　⑤ 210

정답　　0532 : 14　　0533 : (1) 13 (2) 20　　0534 : ④

04 이항분포

01 이항분포의 정의

(1) 이항분포

한 번의 시행에서 사건 A가 일어날 확률을 p, 일어나지 않을 확률을 $q(q=1-p)$라 하고 n번의 독립시행에서

사건 A가 일어나는 횟수를 확률변수 X라 하면 X의 확률질량함수는 독립시행의 확률에 의하여

$$P(X=x)=\begin{cases} q^n & (x=0) \\ {}_n C_x p^x q^{n-x} & (x=1, 2, \cdots, n-1) \\ p^n & (x=n) \end{cases}$$

이다.

(2) 확률변수 X의 확률분포를 표로 나타내면 다음과 같다.

X	0	1	2	$\cdots$	x	$\cdots$	n	합계
$P(X=x)$	${}_n C_0 p^0 q^n$	${}_n C_1 p^1 q^{n-1}$	${}_n C_2 p^2 q^{n-2}$	$\cdots$	${}_n C_x p^x q^{n-x}$	$\cdots$	${}_n C_n p^n q^0$	1

위의 표에서 각 확률은 식 $(q+p)^n$을 이항정리에 의하여 전개한 식

$$(q+p)^n={}_n C_0 p^0 q^n+{}_n C_1 pq^{n-1}+\cdots+{}_n C_x p^x q^{n-x}+\cdots+{}_n C_n p^n q^0$$

의 우변에 있는 각 항과 같다. ← $q+p=1$이므로 각 확률을 모두 더한 값이 1임을 알 수 있다.

이와 같은 확률변수 X의 확률분포를 이항분포라고 하며, 이것을 기호로 $B(n,\ p)$와 같이 나타내고

'확률변수 X는 이항분포 $B(n,\ p)$를 따른다.' 고 한다.

여기서 n은 시행 횟수이고 p는 각 시행에서 사건 A가 일어날 확률이다.

> 참고 ※ $B(n,\ p)$에서 B는 이항분포를 뜻하는 Binomial distributtion의 첫 글자이다.

확률변수 X의 확률질량함수가

$$P(X=x)={}_n C_x p^x q^{n-x}(x=0, 1, 2, \cdots, n, q=1-p)$$

일 때, 확률변수 X는 이항분포 $B(n,\ p)$를 따른다고 한다.

← ${}_n C_x$는 n번의 시행에서 사건 A가 x번 일어나는 경우의 수이며, $p^x q^{n-x}$은 각 경우의 확률이다.

마플해설

예를 들면 한 개의 동전을 10번 던져서 나온 앞면의 횟수를 확률변수 X라고 하면 X는 이항분포 $B\left(10, \dfrac{1}{2}\right)$을 따른다.

따라서 X의 확률질량함수는 $P(X=x)={}_{10} C_x \left(\dfrac{1}{2}\right)^x \left(\dfrac{1}{2}\right)^{10-x} (x=0, 1, 2, \cdots, 10)$이고

확률변수 X의 확률분포를 표로 나타내면 다음과 같다.

X	0	1	$\cdots$	10	합계
$P(X=x)$	${}_{10} C_0 \left(\dfrac{1}{2}\right)^0 \left(\dfrac{1}{2}\right)^{10}$	${}_{10} C_1 \left(\dfrac{1}{2}\right)^1 \left(\dfrac{1}{2}\right)^9$	$\cdots$	${}_{10} C_{10} \left(\dfrac{1}{2}\right)^{10}$	1

보기 01 한 개의 주사위를 5번 던져서 3 또는 4의 눈이 나온 횟수를 X라고 할 때, 다음을 구하여라.

(1) 확률변수 X가 따르는 분포를 이항분포 $B(n,\ p)$의 형태로 나타내어라.

(2) 확률변수 X의 확률질량함수

(3) 확률 $P(X=2)$

풀이 (1) 한 개의 주사위를 한 번 던져서 3 또는 4의 눈이 나올 확률은 $\dfrac{1}{3}$이므로

확률변수 X는 이항분포 $B\left(5, \dfrac{1}{3}\right)$을 따른다.

(2) X의 확률질량함수는 $P(X=x)={}_5 C_x \left(\dfrac{1}{3}\right)^x \left(\dfrac{2}{3}\right)^{5-x} (x=0, 1, \cdots, 5)$

(3) $P(X=2)={}_5 C_2 \left(\dfrac{1}{3}\right)^2 \left(\dfrac{2}{3}\right)^3=\dfrac{80}{243}$

다음 확률변수 X가 이항분포를 따르는지 확인하고, 이항분포를 따르면 $B(n,\ p)$의 꼴로 나타내어라.

(1) 한 개의 주사위를 8번 던질 때, 3 이상의 눈이 나오는 횟수 X

(2) 흰 공 3개와 검은 공 5개가 들어 있는 주머니에서 임의로 2개의 공을 꺼낼 때, 꺼낸 흰 공의 개수 X

(3) 서로 다른 두 개의 동전을 동시에 던지는 시행을 20회 반복할 때, 두 개의 동전 모두 앞면이 나오는 횟수 X

(4) 스파게티를 주문하는 손님의 비율이 전체의 30%인 어느 식당에서 100명의 손님 중 스파게티를 주문하는 손님의 수 X

(5) 표적 명중률이 75%인 어느 양궁 선수가 6번의 사격을 할 때, 명중시키는 횟수 X

(6) 어떤 항공사의 고객이 항공권을 예약한 후 탑승하지 않을 확률은 0.1이라 한다. 이 항공사에 400명의 고객이 예약을 하였을 때 탑승하지 않는 고객의 수 X

(1) $B\!\left(8,\ \dfrac{2}{3}\right)$

(2) 독립시행이 아니므로 이항분포를 따르지 않는다.

(3) $B\!\left(20,\ \dfrac{1}{4}\right)$

(4) $B\!\left(100,\ \dfrac{3}{10}\right)$

(5) $B\!\left(6,\ \dfrac{3}{4}\right)$

(6) $B(400,\ 0.1)$

어느 야구 선수는 타석에 들어설 때마다 안타를 칠 확률이 0.4이라고 한다.
이 선수가 4번의 타석에 들어설 때, 안타를 치는 횟수를 확률변수 X라 하자.
다음을 구하여라.

(1) 확률변수 X의 확률질량함수

(2) $P(X=2)$

(3) 안타를 3번 이상 칠 확률

(1) 각 타석에서 안타를 칠 확률은 $\dfrac{2}{5}$이고, 4번의 타석에서 안타를 치는 횟수를 확률변수 X라고 하면

X는 이항분포 $B\!\left(4,\ \dfrac{2}{5}\right)$를 따르므로 X의 확률질량함수는

$$P(X=x)={}_4C_x\left(\frac{2}{5}\right)^{x}\left(\frac{3}{5}\right)^{4-x}\ (x=0,\ 1,\ 2,\ 3,\ 4)$$

(2) $P(X=2)={}_4C_2\left(\dfrac{2}{5}\right)^{2}\left(\dfrac{3}{5}\right)^{2}=\dfrac{216}{625}$

(3) $P(X\geq 3)=P(X=3)+P(X=4)={}_4C_3\left(\dfrac{2}{5}\right)^{3}\left(\dfrac{3}{5}\right)^{1}+{}_4C_4\left(\dfrac{2}{5}\right)^{4}=\dfrac{112}{625}$

이항분포의 이용

일반적으로 앞면과 뒷면, 홀수와 짝수, 명중과 불명중, 합격과 불합격, 성공과 실패, 우량과 불량 등과 같이 가능한 결과가 오직 2가지인 경우 이항분포를 이용한다.

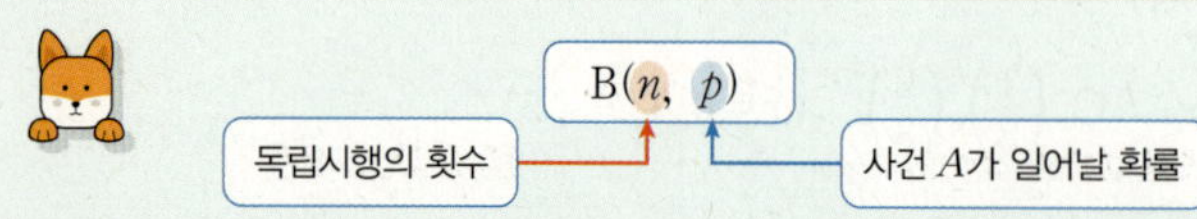

확률변수 X가 이항분포 $B(n,\ p)$를 따를 때, X의 평균, 분산, 표준편차는 다음과 같다.

(1) 평균 $E(X)=np$

(2) 분산 $V(X)=npq$ (단, $q=1-p$)

(3) 표준편차 $\sigma(X)=\sqrt{npq}$

(4) X^2의 평균 $E(X^2)=V(X)+\{E(X)\}^2=npq+(np)^2$ (단, $q=1-p$) $\leftarrow V(X)=E(X^2)-\{E(X)\}^2$

마플해설

확률변수 X가 이항분포 $B(n,\ p)$를 따를 때, X의 평균과 표준편차를 구하여 보자.

예를 들어 확률변수 X가 이항분포 $B(3,\ p)$를 따를 때, X의 확률분포를 표로 나타내면 다음과 같다. (단, $p+q=1$)

X	0	1	2	3	합계
$P(X=x)$	${}_3C_0 q^3$	${}_3C_1 p^1 q^2$	${}_3C_2 p^2 q^1$	${}_3C_3 p^3$	1

여기서 X의 평균과 분산은 다음과 같다.

$$E(X)=0\times {}_3C_0 q^3+1\times {}_3C_1 p^1 q^2+2\times {}_3C_2 p^2 q^1+3\times {}_3C_3 p^3$$
$$=0\times q^3+1\times 3pq^2+2\times 3p^2 q+3\times p^3=3p(p+q)^2=3p \quad\leftarrow p+q=1$$
$$V(X)=E(X^2)-\{E(X)\}^2$$
$$=(0^2\times q^3+1^2\times 3pq^2+2^2\times 3p^2 q+3^2\times p^3)-(3p)^2$$
$$=3p(p+q)(3p+q)-(3p)^2=3pq \quad\leftarrow p+q=1$$
$$\sigma(X)=\sqrt{3pq}$$

이항분포 $B(3,\ p)$를 따르는 확률변수 X의 평균은 $3p$이고, 분산은 $3pq$이다.

따라서 확률분포의 표를 이용하여 평균과 분산을 구하는 것보다 더 쉽게 평균과 분산을 구할 수 있다.

보기 04 확률변수 X가 이항분포 $B\left(20,\ \dfrac{1}{5}\right)$을 따를 때, X의 평균과 분산, 표준편차를 구하여라.

풀이 $n=20,\ p=\dfrac{1}{5},\ q=1-\dfrac{1}{5}=\dfrac{4}{5}$인 경우이므로

$$E(X)=20\times \frac{1}{5}=4,\ V(X)=20\times \frac{1}{5}\times \frac{4}{5}=\frac{16}{5},\ \sigma(X)=\frac{4\sqrt{5}}{5}$$

보기 05 한 개의 주사위를 180번 던질 때, 1 또는 2의 눈이 나오는 횟수를 확률변수 X라고 하자. 이때 X의 평균과 분산을 구하여라.

풀이 X는 이항분포 $B\left(180,\ \dfrac{1}{3}\right)$을 따르므로

$$E(X)=np=180\times \frac{1}{3}=60,\ V(X)=npq=180\times \frac{1}{3}\times \frac{2}{3}=40$$

보기 06 어느 항공 회사의 고객 중 90%는 예약을 지킨다고 한다. 이 항공 회사에 예약한 100명의 고객 중에서 예약을 지킨 사람의 수를 확률변수 X라 하면 다음에 답하여라.

(1) X의 평균과 분산을 구하여라.

(2) X^2의 평균을 구하여라.

풀이 (1) 예약을 지킨 사람일 확률은 0.9이므로 확률변수 X는 이항분포 $B(100,\ 0.9)$를 따르므로

$$E(X)=100\times 0.9=90,\ V(X)=100\times 0.9\times 0.1=9$$

(2) $V(X)=E(X^2)-\{E(X)\}^2$에서 $E(X^2)=V(X)+\{E(X)\}^2=9+90^2=8109$

따라서 X^2의 평균은 8109이다.

확률변수 X의 확률질량함수가

$$P(X=x)={}_{27}C_x\left(\frac{1}{3}\right)^x\left(\frac{2}{3}\right)^{27-x}\ (x=0,\ 1,\ 2,\ \cdots,\ 27)$$

일 때, 다음을 구하여라.

(1) $E(X)$ (2) $V(X)$

풀이

확률변수 X의 확률질량함수가 $P(X=x)={}_{27}C_x\left(\frac{1}{3}\right)^x\left(\frac{2}{3}\right)^{27-x}\ (x=0,\ 1,\ 2,\ \cdots,\ 27)$이므로

X는 이항분포 $B\left(27,\ \frac{1}{3}\right)$을 따른다.

이때 $n=27,\ p=\frac{1}{3}$이므로

(1) $E(X)=27\times\frac{1}{3}=9$ (2) $V(X)=27\times\frac{1}{3}\times\frac{2}{3}=6$

보기 08

확률변수 X의 확률분포가 다음과 같다.

X	0	1	2	$\cdots$	n	합계
$P(X=x)$	${}_nC_0\left(\frac{2}{3}\right)^n$	${}_nC_1\left(\frac{1}{3}\right)^1\left(\frac{2}{3}\right)^{n-1}$	${}_nC_2\left(\frac{1}{3}\right)^2\left(\frac{2}{3}\right)^{n-2}$	$\cdots$	${}_nC_n\left(\frac{1}{3}\right)^n$	1

확률변수 $3X-2$의 평균이 58일 때, $3X+2$의 분산을 구하여라.

풀이

확률변수 X는 이항분포 $B\left(n,\ \frac{1}{3}\right)$을 따르므로 $E(X)=\frac{n}{3}$

확률변수 $3X-2$의 평균은 $E(3X-2)=3E(X)-2=3\times\frac{n}{3}-2=58$

$\therefore\ n=60$

따라서 X의 분산 $V(X)=60\times\frac{1}{3}\times\frac{2}{3}=\frac{40}{3}$이므로

$V(3X+2)=3^2V(X)=9\times\frac{40}{3}=120$

독립시행과 이항분포의 구별하는 문구

① ~번에서 ~ 번인 확률   ⇨ 독립시행의 정리

② ~번에서 ~ 번 나오는 횟수 ⇨ 이항분포

FOCUS

$$P(X=x)={}_nC_x\,p^x\,q^{n-x}\ \rightarrow\ B(n,\ p)\ \rightarrow\ \begin{cases}E(X)=np\\V(X)=npq\ (\text{단},\ q=1-p)\\\sigma(X)=\sqrt{npq}\end{cases}$$

(1) 이항분포의 그래프의 성질

이항분포 $B(n, p)$에서 n의 값이 커지면 확률분포의 그래프는 어떤 모양이 되는지 알아보자.

한 개의 주사위를 n번 던질 때, 3의 눈이 나오는 횟수를 X라고 하자.

확률변수 X는 이항분포 $B\left(n, \dfrac{1}{6}\right)$을 따르며, 확률변수 X의 확률질량함수는 다음과 같다.

$$P(X=x)=\begin{cases} \left(\dfrac{5}{6}\right)^{n} & (x=0) \\ {}_{n}C_{x}\left(\dfrac{1}{6}\right)^{x}\left(\dfrac{5}{6}\right)^{n-x} & (x=1, 2, \cdots, n-1) \\ \left(\dfrac{1}{6}\right)^{n} & (x=n) \end{cases}$$

$n=10, 20, 30, 40, 50$일 때의 확률분포를 표와 그래프로 나타내면 다음과 같다.

X＼n	10	20	30	40	50
0	0.162	0.028	0.004	0.001	0.000
1	0.323	0.104	0.025	0.005	0.001
2	0.291	0.198	0.073	0.021	0.005
3	0.155	0.238	0.137	0.054	0.017
4	0.054	0.202	0.185	0.099	0.040
5	0.013	0.129	0.192	0.143	0.075
6	0.002	0.065	0.180	0.167	0.112
7	0.000	0.028	0.110	0.162	0.140
8		0.008	0.063	0.134	0.151
9		0.002	0.031	0.095	0.141
10		0.000	0.013	0.059	0.116
11			0.005	0.032	0.084
12			0.001	0.016	0.055
13			0.000	0.007	0.032
14				0.003	0.017
15				0.001	0.008
16				0.000	0.004
17					0.001
18					0.001
19					0.000

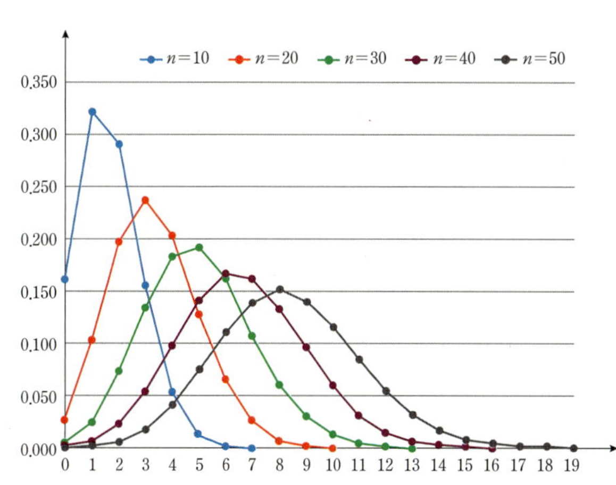

위의 그래프에서 알 수 있듯이 이항분포 $B(n, p)$에서 p가 일정할 때, 그 확률분포의 그래프는 n의 값이 클수록 좌우가 대칭인 종 모양의 곡선에 가까워진다.

(2) 큰수의 법칙

상대도수 $\dfrac{X}{n}$와 수학적 확률 p 사이에 성립하는 다음과 같은 성질을 **큰 수의 법칙**이라고 한다.

> 어떤 시행에서 사건 A가 일어날 확률이 p일 때, n번의 독립시행에서 사건 A가 일어나는 횟수를 X라 하면 임의의 양수 h에 대하여 n의 값이 한없이 커지면 $P\left(\left|\dfrac{X}{n}-p\right|<h\right)$는 1에 한없이 가까워진다.

① 큰 수의 법칙 $P\left(\left|\dfrac{X}{n}-p\right|<h\right)$는 1에 한없이 가까워진다는 의미

  ⇨ n이 커지면 n회의 시행 중 사건 A가 일어날 상대도수 $\dfrac{X}{n}$와 수학적 확률 p가 같게 될 확률이 1에 가까워진다.

② 통계적 확률은 시행횟수 n이 충분히 클 때, 상대도수는 $\dfrac{X}{n}$이다.

③ 큰 수의 법칙에 의하면 시행 횟수가 충분히 클 때, 상대도수, 즉 통계적 확률 수학적 확률에 가까워짐을 알 수 있다.

따라서 자연현상이나 사회현상에서 수학적 확률을 구하기 어려운 경우에 통계적 확률을 대신 사용할 수 있다.

한 개의 주사위를 던질 때 3의 눈이 나올 수학적 확률은 $\dfrac{1}{6}$이다.

그러나 이것이 주사위를 6번 던질 때, 3의 눈이 반드시 1번 나온다는 뜻은 아니다.

한 개의 주사위를 n번 던져서 3의 눈이 나오는 횟수를 X라고 할 때, 상대도수 $\dfrac{X}{n}$와 수학적 확률 $\dfrac{1}{6}$ 사이에는 어떤 관계가 있는지 알아보자.

표를 이용하여 $n=10,\ 30,\ 50$일 때, $\dfrac{X}{n}$와 $\dfrac{1}{6}$의 차가 0.1보다 작을 확률 $\mathrm{P}\!\left(\left|\dfrac{X}{n}-\dfrac{1}{6}\right|<0.1\right)$을 구해 보면 다음과 같다.

$$\mathrm{P}\!\left(\left|\dfrac{X}{n}-\dfrac{1}{6}\right|<0.1\right)=\mathrm{P}\!\left(\dfrac{1}{6}-0.1<\dfrac{X}{n}<\dfrac{1}{6}+0.1\right)=\mathrm{P}\!\left(\dfrac{n}{15}<X<\dfrac{4n}{15}\right)$$

이므로 시행횟수 n에 따른 값은 다음과 같다.

(i) $n=10$일 때, $\dfrac{2}{3}<X<\dfrac{8}{3}$에서 $X=1,\ 2$이므로

$$\mathrm{P}\!\left(\left|\dfrac{X}{10}-\dfrac{1}{6}\right|<0.1\right)=\mathrm{P}(X=1)+\mathrm{P}(X=2)=0.323+0.291=0.614$$

(ii) $n=30$일 때, $2<X<8$에서 $X=3,\ 4,\ 5,\ 6,\ 7$이므로

$$\mathrm{P}\!\left(\left|\dfrac{X}{30}-\dfrac{1}{6}\right|<0.1\right)=\mathrm{P}(2<X<8)=\mathrm{P}(X=3)+\mathrm{P}(X=4)+\cdots+\mathrm{P}(X=7)=0.137+0.185+\cdots+0.110=0.784$$

(iii) $n=50$일 때, $\dfrac{10}{3}<X<\dfrac{40}{3}$에서 $X=4,\ 5,\ \cdots,\ 13$이므로

$$\mathrm{P}\!\left(\left|\dfrac{X}{50}-\dfrac{1}{6}\right|<0.1\right)=\mathrm{P}(X=4)+\mathrm{P}(X=5)+\cdots+\mathrm{P}(X=13)=0.040+0.075+\cdots+0.032=0.946$$

이상에서 n이 커질 때, 확률 $\mathrm{P}\!\left(\left|\dfrac{X}{n}-\dfrac{1}{6}\right|<0.1\right)$은 1에 가까워짐을 알 수 있다.

이것은 상대도수 $\dfrac{X}{n}$와 수학적 확률 $\dfrac{1}{6}$의 차가 0.1보다 작을 확률은 시행 횟수 n이 커질수록 1에 가까워짐을 의미한다.

위 결과는 0.1대신 0.01, 0.001, $\cdots$과 같은 임의의 작은 양수로 바꾸어도 성립한다.

일반적으로 n회의 독립시행에서 사건 A가 일어난 횟수를 X라 하면 상대도수 $\dfrac{X}{n}$는 n이 커질수록 수학적 확률 p에 가까워진다.

이와 같이 상대도수 $\dfrac{X}{n}$와 수학적 확률 p 사이에 성립하는 성질을 **큰 수의 법칙**이라고 한다.

주사위 한 개를 n번 던질 때, 홀수의 눈이 나오는 횟수 X에 대하여 n의 값이 한없이 커지면 $\mathrm{P}\!\left(\left|\dfrac{X}{n}-p\right|<h\right)$는 1에 한없이 가까워진다. 이때 p의 값을 구하여라. (단, h는 임의의 양수)

주사위 한 개를 던지는 시행을 무한히 반복할 때, 홀수 1, 3, 5의 눈이 나올 통계적 확률은 $\dfrac{1}{2}$이고,

이 값과 이때의 수학적 확률 p는 같다. $\therefore\ p=\dfrac{1}{2}$

한 개의 주사위를 30번 던져서 1의 눈이 나오는 횟수를 X라고 할 때, X의 확률분포를 표를 참고하여 $\mathrm{P}\!\left(\left|\dfrac{X}{30}-\dfrac{1}{6}\right|<0.05\right)$의 값을 구하여라.

$\quad\quad n$ $\mathrm{P}(X)$	10	30	50
$\mathrm{P}(X=0)$	0.1615	0.0042	0.0001
$\mathrm{P}(X=1)$	0.3230	0.0253	0.0011
$\mathrm{P}(X=2)$	0.2907	0.0733	0.0054
$\mathrm{P}(X=3)$	0.1550	0.1368	0.0172
$\mathrm{P}(X=4)$	0.0543	0.1847	0.0405
$\mathrm{P}(X=5)$	0.0130	0.1921	0.0745
$\mathrm{P}(X=6)$	0.0022	0.1601	0.1118
$\mathrm{P}(X=7)$	0.0002	0.1098	0.1405
$\mathrm{P}(X=8)$	$\vdots$	$\vdots$	0.1510

$\left|\dfrac{X}{30}-\dfrac{1}{6}\right|<0.05$에서 $-0.05<\dfrac{X}{30}-\dfrac{1}{6}<0.05$, $\dfrac{7}{60}<\dfrac{X}{30}<\dfrac{13}{60}$

$\therefore\ \dfrac{7}{2}<X<\dfrac{13}{2}$이므로 $X=4$ 또는 $X=5$ 또는 $X=6$

$$\mathrm{P}\!\left(\left|\dfrac{X}{30}-\dfrac{1}{6}\right|\le0.05\right)=\mathrm{P}(X=4)+\mathrm{P}(X=5)+\mathrm{P}(X=6)=0.1847+0.1921+0.1601=0.5369$$

 주사위 한 개를 던질 때 1의 눈이 나올 확률은 $\dfrac{1}{6}$이고, 주사위 한 개를 30번 던질 때 1의 눈이 나오는 횟수 X의 확률질량함수는

$$\mathrm{P}(X=x)={}_{30}\mathrm{C}_x\left(\dfrac{1}{6}\right)^{x}\left(\dfrac{5}{6}\right)^{30-x}$$이다.

미플수능특강

06

[수학 I], [수학 II]에서 이항분포의 평균과 분산 유도

01 이항분포 $B(n,\ p)$의 유도하기

[수학I], [수학II]를 이용하여 확률변수 X가 이항분포 $B(n,\ p)$를 따를 때 평균, 분산, 표준편차는 다음과 같다.

(1) $E(X)=\displaystyle\sum_{x=0}^{n} x\cdot {}_n C_x p^x q^{n-x}=np$

(2) $V(X)=\displaystyle\sum_{x=0}^{n} x^2\cdot {}_n C_x p^x q^{n-x}-\left\{\sum_{x=0}^{n} x\cdot {}_n C_x p^x q^{n-x}\right\}^2=npq$

(3) $E(X^2)=\displaystyle\sum_{x=0}^{n} x^2\cdot {}_n C_x p^x q^{n-x}=npq+\{np\}^2$　←$E(X^2)=V(X)+\{E(X)\}^2$

특강해설

확률변수 X가 이항분포 $B(n,\ p)$를 따를 때, $E(X)=np$, $V(X)=npq$임을 증명하여 보자.

$P(X=x)={}_n C_x p^x q^{n-x}\ (x=0,\ 1,\ 2,\ \cdots,\ n,\ p+q=1)$에서

(1) $E(X)=\displaystyle\sum_{x=0}^{n} x\cdot P(X=x)=\sum_{x=0}^{n} x\, {}_n C_x p^x q^{n-x}=np$

증명 $E(X)=\displaystyle\sum_{x=0}^{n} x\, {}_n C_x p^x q^{n-x}=\sum_{x=1}^{n} x\, {}_n C_x p^x q^{n-x}$

이때 $x\, {}_n C_x=x\times\dfrac{n!}{x!(n-x)!}=\dfrac{n(n-1)!}{(x-1)!\{(n-1)-(x-1)\}!}={}_{n-1}C_{x-1}$이므로

$E(X)=\displaystyle\sum_{x=1}^{n} n\, {}_{n-1}C_{x-1} p^x q^{n-x}$

$=np\displaystyle\sum_{x=1}^{n} {}_{n-1}C_{x-1} p^{x-1} q^{(n-1)-(x-1)}$

$=np(p+q)^{n-1}=np$　←$p+q=1$

증명 미분을 이용한 증명

$(q+pt)^n=\displaystyle\sum_{r=0}^{n} {}_n C_r p^r t^r q^{n-r}$ (단, $p+q=1$)

을 t의 함수로 보고, 양변을 t에 관하여 미분하면

$n(q+pt)^{n-1}\cdot p=\displaystyle\sum_{r=1}^{n} r\cdot {}_n C_r p^r t^{r-1} q^{n-r}$

이 식의 양변에 $t=1$을 대입하면

$n(q+p)^{n-1}\cdot p=\displaystyle\sum_{r=1}^{n} r\cdot {}_n C_r p^r q^{n-r}$　←$p+q=1$

따라서 $E(X)=\displaystyle\sum_{r=0}^{n} r P(X=r)=\sum_{r=0}^{n} r\cdot {}_n C_r p^r q^{n-r}=\sum_{r=1}^{n} r\cdot {}_n C_r p^r q^{n-r}$ 이므로 $E(X)=np$이다.

(2) $V(X)=\displaystyle\sum_{x=0}^{n} x^2\, {}_n C_x p^x q^{n-x}-\left\{\sum_{x=0}^{n} x\, {}_n C_x p^x q^{n-x}\right\}^2=npq$

증명 $E(X^2)=\displaystyle\sum_{x=0}^{n} x^2\cdot P(X=x)=\sum_{x=0}^{n} x^2\, {}_n C_x p^x q^{n-x}$ (단, $q=1-p$)

$=\displaystyle\sum_{x=0}^{n} \{x(x-1)+x\}\, {}_n C_x p^x q^{n-x}$

$=\displaystyle\sum_{x=0}^{n} x(x-1)\, {}_n C_x p^x q^{n-x}+\sum_{x=0}^{n} x\, {}_n C_x p^x q^{n-x}$

이때 $x(x-1)\, {}_n C_x=x(x-1)\times\dfrac{n!}{x!(n-x)!}=\dfrac{n(n-1)(n-2)!}{(x-2)!\{(n-2)-(x-2)\}!}=n(n-1)\, {}_{n-2}C_{x-2}\ (x\geq 2)$

이므로

$E(X^2)=n(n-1)p^2\displaystyle\sum_{x=2}^{n} {}_{n-2}C_{x-2} p^{x-2} q^{(n-2)-(x-2)}+\sum_{x=0}^{n} x\, {}_n C_x p^x q^{n-x}$

$=n(n-1)p^2(p+q)^{n-2}+np$　←$p+q=1$

$=n(n-1)p^2+np$

따라서 $V(X)=E(X^2)-\{E(X)\}^2=n(n-1)p^2+np-(np)^2=np(1-p)=npq$

다음 값을 구하여라.

(1) $\displaystyle\sum_{x=0}^{30} x \cdot {}_{30}\mathrm{C}_x \left(\frac{1}{3}\right)^x \left(\frac{2}{3}\right)^{30-x}$

(2) $\displaystyle\sum_{x=0}^{50} (x-20)^2 \, {}_{50}\mathrm{C}_x \left(\frac{2}{5}\right)^x \left(\frac{3}{5}\right)^{50-x}$

수능특강
풀이

(1) $\mathrm{P}(X=x)={}_{30}\mathrm{C}_x \left(\frac{1}{3}\right)^x \left(\frac{2}{3}\right)^{30-x}$ (단, $x=0,\ 1,\ 2,\ \cdots,\ 30$)로 놓으면

확률변수 X는 이항분포 $\mathrm{B}\left(30,\ \frac{1}{3}\right)$을 따른다.

따라서 $\displaystyle\sum_{x=0}^{30} x \cdot {}_{30}\mathrm{C}_x \left(\frac{1}{3}\right)^x \left(\frac{2}{3}\right)^{30-x} = \sum_{x=0}^{30} x\mathrm{P}(X=x)=\mathrm{E}(X)=30\times\frac{1}{3}=10$

(2) $\mathrm{P}(X=x)={}_{50}\mathrm{C}_x \left(\frac{2}{5}\right)^x \left(\frac{3}{5}\right)^{50-x}$ (단, $x=0,\ 1,\ 2,\ \cdots,\ 50$)로 놓으면

확률변수 X는 이항분포 $\mathrm{B}\left(50,\ \frac{2}{5}\right)$을 따른다.

$\displaystyle\sum_{x=0}^{50} (x-20)^2 \, {}_{50}\mathrm{C}_x \left(\frac{2}{5}\right)^x \left(\frac{3}{5}\right)^{50-x} = \sum_{x=0}^{50} (x-20)^2 \mathrm{P}(X=x)=\sum_{x=0}^{50}(x-m)^2\mathrm{P}(X=x)$ ← $\mathrm{E}(X)=50\times\frac{2}{5}=20=m$

즉, $\displaystyle\sum_{x=0}^{50} (x-20)^2 \, {}_{50}\mathrm{C}_x \left(\frac{2}{5}\right)^x \left(\frac{3}{5}\right)^{50-x}$ 는 분산 $\mathrm{V}(X)$를 뜻한다.

따라서 $\displaystyle\sum_{x=0}^{50} (x-20)^2 \, {}_{50}\mathrm{C}_x \left(\frac{2}{5}\right)^x \left(\frac{3}{5}\right)^{50-x}=\mathrm{V}(X)=50\times\frac{2}{5}\times\frac{3}{5}=12$

다음 물음에 답하여라.

(1) 확률변수 X의 확률질량함수가 $\mathrm{P}(X=x)={}_{16}\mathrm{C}_x \left(\frac{1}{4}\right)^x \left(\frac{3}{4}\right)^{16-x}$ $(x=0,\ 1,\ 2,\ \cdots,\ 16)$일 때,

$\displaystyle\sum_{x=0}^{16} x^2 \cdot \mathrm{P}(X=x)$의 값을 구하여라.

(2) 확률변수 X의 확률질량함수가 $\mathrm{P}(X=x)={}_{36}\mathrm{C}_x \left(\frac{1}{6}\right)^x \left(\frac{5}{6}\right)^{36-x}$ $(x=0,\ 1,\ 2,\ \cdots,\ 36)$일 때,

$\displaystyle\sum_{x=0}^{36} (x^2+3x)\,\mathrm{P}(X=x)$의 값을 구하여라.

수능특강
풀이

(1) 확률변수 X는 이항분포 $\mathrm{B}\left(16,\ \frac{1}{4}\right)$를 따르므로

$\mathrm{E}(X)=16\times\frac{1}{4}=4,\ \mathrm{V}(X)=16\times\frac{1}{4}\times\frac{3}{4}=3$

따라서 $\displaystyle\sum_{x=0}^{16} x^2\mathrm{P}(X=x)=\mathrm{E}(X^2)=\mathrm{V}(X)+\{\mathrm{E}(X)\}^2=3+4^2=19$

(2) 확률변수 X는 이항분포 $\mathrm{B}\left(36,\ \frac{1}{6}\right)$을 따르므로

$\mathrm{E}(X)=36\times\frac{1}{6}=6,\ \mathrm{V}(X)=36\times\frac{1}{6}\times\frac{5}{6}=5$

$\mathrm{E}(X^2)=\mathrm{V}(X)+\{\mathrm{E}(X)\}^2=5+6^2=41$

따라서 $\displaystyle\sum_{x=0}^{36} (x^2+3x)\,\mathrm{P}(X=x)=\sum_{x=0}^{36} x^2\mathrm{P}(X=x)+\sum_{x=0}^{36} 3x\mathrm{P}(X=x)=\mathrm{E}(X^2)+3\mathrm{E}(X)=41+3\times 6=59$

수능특강문제 03 · 2010년 10월 교육청

10 이하의 음이 아닌 정수 r에 대하여 함수 f를

$$f(r)={}_{10}\mathrm{C}_r\left(\frac{1}{2}\right)^{10}$$

이라 할 때, $2\sum_{r=0}^{10}r^2 f(r)$의 값을 구하여라.

수능특강 풀이

10 이하의 음이 아닌 정수를 확률변수 X라 하면

$$f(r)={}_{10}\mathrm{C}_r\left(\frac{1}{2}\right)^{10}={}_{10}\mathrm{C}_r\left(\frac{1}{2}\right)^{r}\left(\frac{1}{2}\right)^{10-r}=\mathrm{P}(X=r)$$이므로

확률변수 X는 이항분포 $\mathrm{B}\left(10,\ \frac{1}{2}\right)$을 따른다.

$\mathrm{E}(X)=10\times\frac{1}{2}=5,\ \mathrm{V}(X)=10\times\frac{1}{2}\times\frac{1}{2}=\frac{5}{2}$

$\therefore\ 2\sum_{r=0}^{10}r^2 f(r)=2\mathrm{E}(X^2)=2[\mathrm{V}(X)+\{\mathrm{E}(X)\}^2]=55$

수능특강문제 04

다음 물음에 답하여라.

(1) 확률변수 X의 확률질량함수가

$$\mathrm{P}(X=r)={}_{100}\mathrm{C}_r\left(\frac{1}{5}\right)^{r}\left(\frac{4}{5}\right)^{100-r}\ (r=0,\ 1,\ 2,\ \cdots,\ 100)$$

일 때, $\sum_{r=0}^{100}(r^2-r)\mathrm{P}(X=r)$의 값을 구하여라.

(2) 확률변수 X의 확률질량함수가 다음과 같다.

$$\mathrm{P}(X=r)={}_{20}\mathrm{C}_r\,p^r(1-p)^{20-r}\ (단,\ r=0,\ 1,\ 2,\ \cdots,\ 20)$$

$\mathrm{P}(X=12)=\dfrac{1}{81}\mathrm{P}(X=8)$가 성립할 때, $\sum_{r=0}^{20}(r^2-r)\mathrm{P}(X=r)$의 값을 구하여라. (단, $0<p<1$)

수능특강 풀이

(1) 확률질량함수가 $\mathrm{P}(X=r)={}_{100}\mathrm{C}_r\left(\frac{1}{5}\right)^{r}\left(\frac{4}{5}\right)^{100-r}$인 확률변수 X는 이항분포 $\mathrm{B}\left(100,\ \frac{1}{5}\right)$을 따른다.

확률변수 X의 평균 $\mathrm{E}(X)$와 분산 $\mathrm{V}(X)$는

$\mathrm{E}(X)=100\times\frac{1}{5}=20,\ \mathrm{V}(X)=100\times\frac{1}{5}\times\frac{4}{5}=16$

$\mathrm{E}(X^2)=\mathrm{V}(X)+\{\mathrm{E}(X)\}^2=16+400=416$

$\therefore\ \sum_{r=0}^{100}(r^2-r)\mathrm{P}(X=r)=\sum_{r=0}^{100}r^2\mathrm{P}(X=r)-\sum_{r=0}^{100}r\mathrm{P}(X=r)=\mathrm{E}(X^2)-\mathrm{E}(X)=416-20=396$

(2) $\mathrm{P}(X=r)={}_{20}\mathrm{C}_r\,p^r(1-p)^{20-r}$에서 $1-p=q$라 하면

$\mathrm{P}(X=12)=\frac{1}{81}\mathrm{P}(X=8)$이므로 ${}_{20}\mathrm{C}_{12}\,p^{12}q^8=\frac{1}{81}\times{}_{20}\mathrm{C}_8\,p^8 q^{12}$

위의 식을 정리하면 $p^4=\frac{1}{81}q^4,\ p=\frac{1}{3}q\ (\because\ p>0,\ q>0)$

한편 $q=1-p$이므로 $1-p=3p$

$\therefore\ p=\frac{1}{4}$

이때 확률질량함수가 $\mathrm{P}(X=r)={}_{20}\mathrm{C}_r\,p^r(1-p)^{20-r}$인 확률변수 X는 이항분포 $\mathrm{B}\left(20,\ \frac{1}{4}\right)$을 따른다.

확률변수 X의 평균 $\mathrm{E}(X)$와 분산 $\mathrm{V}(X)$는

$\mathrm{E}(X)=20\times\frac{1}{4}=5,\ \mathrm{V}(X)=20\times\frac{1}{4}\times\frac{3}{4}=\frac{15}{4}$

$\mathrm{E}(X^2)=\mathrm{V}(X)+\{\mathrm{E}(X)\}^2=\frac{15}{4}+5^2=\frac{115}{4}$

따라서 $\sum_{r=0}^{20}(r^2-r)\mathrm{P}(X=r)=\sum_{r=0}^{20}r^2\mathrm{P}(X=r)-\sum_{r=0}^{20}r\mathrm{P}(X=r)=\mathrm{E}(X^2)-\mathrm{E}(X)=\frac{115}{4}-5=\frac{95}{4}$

다음 물음에 답하여라.

(1) 확률변수 X는 이항분포 $\mathrm{B}\left(n,\ \dfrac{1}{2}\right)$을 따른다. 이때 $\mathrm{P}(X=2)=10\mathrm{P}(X=1)$이 성립할 때, n의 값을 구하여라.

(2) 확률변수 X가 이항분포 $\mathrm{B}(n,\ p)$를 따르고 평균은 4이며 분산은 2일 때, $\dfrac{\mathrm{P}(X=2)}{\mathrm{P}(X=3)}$의 값을 구하여라.

MAPL **CORE**

확률변수 X가 이항분포 $\mathrm{B}(n,\ p)$를 따를 때, X의 확률질량함수는

$\mathrm{P}(X=r)={}_n\mathrm{C}_r\,p^r q^{n-r}$ (단, $p+q=1$, $r=0,\ 1,\ 2,\ \cdots,\ n$)이다.

개념익힘│풀이　(1) 확률변수 X는 이항분포 $\mathrm{B}\left(n,\ \dfrac{1}{2}\right)$을 따르므로

X의 확률질량함수는 $\mathrm{P}(X=r)={}_n\mathrm{C}_r\left(\dfrac{1}{2}\right)^r\left(\dfrac{1}{2}\right)^{n-r}$ (단, $r=0,\ 1,\ 2,\ 3,\ \cdots,\ n$)

이때 $\mathrm{P}(X=2)=10\mathrm{P}(X=1)$에서 ${}_n\mathrm{C}_2\left(\dfrac{1}{2}\right)^n=10\,{}_n\mathrm{C}_1\left(\dfrac{1}{2}\right)^n,\ \dfrac{n(n-1)}{2}=10n,\ \dfrac{n-1}{2}=10$

$\therefore\ n=21$

(2) 확률변수 X가 이항분포 $\mathrm{B}(n,\ p)$를 따르므로

$\mathrm{E}(X)=np=4$ 　　　…… ㉠

$\mathrm{V}(X)=np(1-p)=2$ 　　…… ㉡

㉠, ㉡에서 $4(1-p)=2$ 　$\therefore\ p=\dfrac{1}{2},\ n=8$

즉, 확률변수 X의 확률질량함수는 $\mathrm{P}(X=r)={}_8\mathrm{C}_r\left(\dfrac{1}{2}\right)^r\left(\dfrac{1}{2}\right)^{8-r}$ (단, $r=0,\ 1,\ 2,\ 3,\ \cdots,\ 8$)

따라서 X는 이항분포 $\mathrm{B}\left(8,\ \dfrac{1}{2}\right)$을 따르므로 $\dfrac{\mathrm{P}(X=2)}{\mathrm{P}(X=3)}=\dfrac{{}_8\mathrm{C}_2\left(\dfrac{1}{2}\right)^2\left(\dfrac{1}{2}\right)^6}{{}_8\mathrm{C}_3\left(\dfrac{1}{2}\right)^3\left(\dfrac{1}{2}\right)^5}=\dfrac{{}_8\mathrm{C}_2}{{}_8\mathrm{C}_3}=\dfrac{1}{2}$

확인유제 **0535**　이항분포 $\mathrm{B}(n,\ p)$를 따르는 확률변수 X에 대하여 X의 평균이 2, 분산이 1이라고 할 때, $\dfrac{\mathrm{P}(X=1)}{\mathrm{P}(X=2)}$의 값을 구하여라.

변형문제 **0536**　확률변수 X가 값 x를 가질 확률이

2007학년도 09월 평가원

$$\mathrm{P}(X=x)={}_n\mathrm{C}_x\,p^x(1-p)^{n-x}\ \text{(단, }x=0,\ 1,\ 2,\ \cdots,\ n\text{이고 }0<p<1)$$

이다. 이때 $\mathrm{E}(X)=1$, $\mathrm{V}(X)=\dfrac{9}{10}$일 때, $\mathrm{P}(X<2)$를 구하여라.

① $\dfrac{19}{10}\left(\dfrac{9}{10}\right)^9$　　② $\dfrac{17}{9}\left(\dfrac{8}{9}\right)^8$　　③ $\dfrac{15}{8}\left(\dfrac{7}{8}\right)^7$　　④ $\dfrac{13}{7}\left(\dfrac{6}{7}\right)^6$　　⑤ $\dfrac{11}{6}\left(\dfrac{5}{6}\right)^5$

발전문제 **0537**　확률변수 X는 이항분포 $\mathrm{B}(3,\ p)$를 따르고 확률변수 Y는 이항분포 $\mathrm{B}(4,\ 2p)$를 따른다고 한다. 이때

2008년 10월 교육청

$$10\mathrm{P}(X=3)=\mathrm{P}(Y\geq3)$$

을 만족시키는 양수 p의 값은 $\dfrac{n}{m}$이다. $m+n$의 값을 구하여라. (단, $m,\ n$은 서로소인 자연수이다.)

정답　$0535:\dfrac{2}{3}$　　$0536:$ ①　　$0537:35$

다음 물음에 답하여라.

(1) 확률변수 X가 이항분포 $\mathrm{B}\left(100, \dfrac{1}{5}\right)$을 따를 때, $\sigma(-2X+5)$의 값을 구하여라.

(2) 확률변수 X가 이항분포 $\mathrm{B}\left(n, \dfrac{1}{2}\right)$을 따르고 분산이 2일 때, 확률변수 X^2에 대하여 $\mathrm{E}(X^2)$의 값을 구하여라.

MAPL CORE

확률변수 X와 두 상수 a, b에 대하여 (단, $a \neq 0$)

① $\mathrm{E}(aX+b)=a\mathrm{E}(X)+b$　　② $\mathrm{V}(aX+b)=a^2\mathrm{V}(X)$　　③ $\sigma(aX+b)=|a|\sigma(X)$

확률변수 X가 이항분포 $\mathrm{B}(n,\ p)$를 따를 때, $\mathrm{E}(X^2)=\mathrm{V}(X)+\{\mathrm{E}(X)\}^2=npq+(np)^2$

개념익힘 | 풀이

(1) 확률변수 X가 이항분포 $\mathrm{B}\left(100, \dfrac{1}{5}\right)$을 따르므로

분산 $\mathrm{V}(X)=100 \times \dfrac{1}{5} \times \dfrac{4}{5}=16$이므로 $\sigma(X)=\sqrt{\mathrm{V}(X)}=\sqrt{16}=4$

$\therefore\ \sigma(-2X+5)=|-2|\sigma(X)=2 \times 4=8$

(2) 확률변수 X가 이항분포 $\mathrm{B}\left(n, \dfrac{1}{2}\right)$을 따르므로

분산 $\mathrm{V}(X)=n \times \dfrac{1}{2} \times \dfrac{1}{2}=\dfrac{n}{4}=2$이므로 $n=8$

이때 확률변수 X의 평균은 $\mathrm{E}(X)=\dfrac{n}{2}=4$이므로

$\mathrm{V}(X)=\mathrm{E}(X^2)-\{\mathrm{E}(X)\}^2$에서 $\mathrm{E}(X^2)=\mathrm{V}(X)+\{\mathrm{E}(X)\}^2=2+4^2=18$

확인유제 0538　다음 물음에 답하여라.

2013학년도 09월 평가원

(1) 확률변수 X가 이항분포 $\mathrm{B}\left(6, \dfrac{2}{3}\right)$를 따를 때, $\mathrm{V}(-3X+2)$의 값은?

① 8　　② 9　　③ 10　　④ 11　　⑤ 12

2014학년도 수능기출

(2) 확률변수 X가 이항분포 $\mathrm{B}(9,\ p)$를 따르고 $\{\mathrm{E}(X)\}^2=\mathrm{V}(X)$일 때, p의 값은? (단, $0<p<1$)

① $\dfrac{1}{13}$　　② $\dfrac{1}{12}$　　③ $\dfrac{1}{11}$　　④ $\dfrac{1}{10}$　　⑤ $\dfrac{1}{9}$

2019학년도 수능기출

(3) 확률변수 X가 이항분포 $\mathrm{B}\left(n, \dfrac{1}{2}\right)$을 따르고 $\mathrm{E}(X^2)=\mathrm{V}(X)+25$를 만족시킬 때, n의 값은?

① 10　　② 12　　③ 14　　④ 16　　⑤ 18

변형문제 0539　다음 물음에 답하여라.

2019학년도 09월 평가원

(1) 이항분포 $\mathrm{B}\left(n, \dfrac{1}{2}\right)$을 따르는 확률변수 X에 대하여 $\mathrm{V}\left(\dfrac{1}{2}X+1\right)=5$일 때, n의 값은?

① 60　　② 80　　③ 100　　④ 120　　⑤ 150

2019년 07월 교육청

(2) 이항분포 $\mathrm{B}(72,\ p)$를 따르는 확률변수 X에 대하여 $\mathrm{E}(2X-3)=45$일 때, $\mathrm{V}(2X-3)$의 값은?

① 16　　② 20　　③ 28　　④ 36　　⑤ 64

발전문제 0540　확률변수 X가 이항분포 $\mathrm{B}(n,\ p)$를 따른다. 확률변수 $2X-5$의 평균과 표준편차가 각각 175와 12일 때,

2013학년도 수능기출　n의 값은?

① 130　　② 135　　③ 140　　④ 145　　⑤ 150

정답　　0538 : (1) ⑤ (2) ④ (3) ①　　0539 : (1) ② (2) ⑤　　0540 : ⑤

확률변수 X의 확률질량함수가 $P(X=x)={}_{100}C_x\left(\dfrac{1}{10}\right)^x\left(\dfrac{9}{10}\right)^{100-x}$ (단, $x=0,\ 1,\ 2,\ \cdots,\ 100$)일 때, 다음을 구하여라.

(1) X의 평균과 분산을 구하여라.

(2) $3X+2$의 평균과 분산을 구하여라.

MAPL CORE

① 확률변수 X가 이항분포 $B(n,\ p)$를 따를 때

$E(X)=np,\ V(X)=npq,\ \sigma(X)=\sqrt{npq}$ (단, $q=1-p$)

② 확률변수 X와 두 상수 a, b에 대하여 (단, $a\neq0$)

$E(aX+b)=aE(X)+b,\ V(aX+b)=a^2V(X),\ \sigma(aX+b)=|a|\sigma(X)$

개념익힘 | 풀이

(1) 확률변수 X의 확률질량함수가 $P(X=x)={}_{100}C_x\left(\dfrac{1}{10}\right)^x\left(\dfrac{9}{10}\right)^{100-x}$ 이므로

확률변수 X는 이항분포 $B\left(100,\ \dfrac{1}{10}\right)$을 따른다.

$E(X)=100\times\dfrac{1}{10}=10,\ V(X)=100\times\dfrac{1}{10}\times\dfrac{9}{10}=9$

(2) 확률변수 X의 평균 $E(X)=10$, $V(X)=9$이므로

확률변수 $3X+2$의 평균과 분산은 각각

$E(3X+2)=3E(X)+2=3\times10+2=32$

$V(3X+2)=3^2V(X)=9\times9=81$

확인유제 0541 확률변수 X의 확률질량함수가

$$P(X=x)={}_{100}C_x\left(\dfrac{1}{4}\right)^x\left(\dfrac{3}{4}\right)^{100-x}\ (x=0,\ 1,\ 2,\ \cdots,\ 100)$$

일 때, $E(2X-4)+V(2X-4)$의 값을 구하여라.

변형문제 0542 확률변수 X의 확률질량함수가

$$P(X=x)=\begin{cases}{}_{150}C_0\left(\dfrac{3}{5}\right)^{150} & (x=0)\\[2mm]{}_{150}C_x\left(\dfrac{2}{5}\right)^x\left(\dfrac{3}{5}\right)^{150-x} & (x=1,\ 2,\ 3,\ \cdots,\ 149)\\[2mm]{}_{150}C_{150}\left(\dfrac{2}{5}\right)^{150} & (x=150)\end{cases}$$

일 때, $E(2X+3)+\sigma(2X+3)$의 값은?

① 123　　　② 126　　　③ 131　　　④ 135　　　⑤ 137

발전문제 0543 다음 물음에 답하여라.

2010학년도 09월 평가원

(1) 확률변수 X가 이항분포 $B(10,\ p)$를 따르고 $P(X=4)=\dfrac{1}{3}P(X=5)$일 때, $E(7X)$의 값은? (단, $0<p<1$)

① 20　　　② 30　　　③ 40　　　④ 50　　　⑤ 60

(2) 확률변수 X가 이항분포 $B\left(n,\ \dfrac{1}{4}\right)$를 따르고 $9P(X=3)=10P(X=2)$일 때, $\sigma(6X+2)$의 값은?

① 3　　　② 6　　　③ 9　　　④ 12　　　⑤ 15

정답 0541 : 121　　0542 : ④　　0543 : (1) ④ (2) ③

마플개념익힘 04 확률질량함수가 주어진 이항분포의 평균과 분산(2)

확률변수 X가 갖는 값이 0, 1, 2, $\cdots$, 60이고, X의 확률질량함수가

$$P(X=x)={}_{60}C_x\left(\frac{1}{2}\right)^{60}\ (x=0,\ 1,\ 2,\ \cdots,\ 60)$$

일 때, $E(X^2)$의 값을 구하여라.

MAPL CORE

① 확률변수 X가 이항분포 $B(n,\ p)$를 따를 때

$E(X)=np,\ V(X)=npq,\ \sigma(X)=\sqrt{npq}$ (단, $q=1-p$)

$V(X)=E(X^2)-\{E(X)\}^2$이므로 $E(X^2)=V(X)+\{E(X)\}^2=npq+(np)^2$

② 확률변수 X와 두 상수 a, b에 대하여 (단, $a\neq 0$)

$E(aX+b)=aE(X)+b,\ V(aX+b)=a^2V(X),\ \sigma(aX+b)=|a|\sigma(X)$

개념익힘 | 풀이 확률변수 X의 확률질량함수는

$$P(X=x)={}_{60}C_x\left(\frac{1}{2}\right)^{60}={}_{60}C_x\left(\frac{1}{2}\right)^{x}\left(\frac{1}{2}\right)^{60-x}\ (\text{단, } x=0,\ 1,\ 2,\ \cdots,\ 60)$$

이므로 확률변수 X는 이항분포 $B\left(60,\ \frac{1}{2}\right)$을 따른다.

$E(X)=60\times\frac{1}{2}=30,\ V(X)=60\times\frac{1}{2}\times\frac{1}{2}=15$

따라서 $V(X)=E(X^2)-\{E(X)\}^2$에서 $E(X^2)=V(X)+\{E(X)\}^2=15+30^2=915$

확인유제 0544
2009년 07월 교육청

어느 배구선수의 공격이 성공하는 횟수를 확률변수 X라 하면 n번 공격했을 때, k번 성공할 확률은 다음과 같다.

$$P(X=k)={}_{n}C_k\left(\frac{1}{2}\right)^{n}\ (k=0,\ 1,\ 2,\ \cdots,\ n)$$

$E(X^2)=39$일 때, $V(10X)$의 값을 구하여라.

변형문제 0545

한 개의 주사위를 200번 던지는 시행에서 3의 배수의 눈이 나오는 횟수를 확률변수 X라 할 때, X의 확률질량함수는

$$P(X=x)={}_{200}C_x a^x\left(\frac{2}{3}\right)^{200-x}\ (x=0,\ 1,\ 2,\ \cdots,\ 200)$$

이다. $E(3X+30a)$의 값은? (단, a는 상수이다.)

① 170 ② 190 ③ 210 ④ 230 ⑤ 250

발전문제 0546

다음 물음에 답하여라.

(1) 확률변수 X의 확률질량함수가

$$P(X=x)={}_{180}C_x p^x q^{180-x}\ (x=0,\ 1,\ 2,\ 3,\ \cdots,\ 180)$$

이다. X의 평균이 60일 때, $E(X^2)$의 값을 구하여라. (단, $p+q=1$)

2019학년도 사관기출

(2) 확률변수 X가 가지는 값이 0부터 25까지의 정수이고, $0<p<\frac{1}{2}$인 실수 p에 대하여 X의 확률질량함수는

$$P(X=x)={}_{25}C_x p^x(1-p)^{25-x}\ (x=0,\ 1,\ 2,\ \cdots,\ 25)$$

이다. $V(X)=4$일 때, $E(X^2)$의 값을 구하여라.

정답 0544 : 300 0545 : ③ 0546 : (1) 3640 (2) 29

흰 공 6개, 검은 공 a개가 들어 있는 상자에서 공 한 개를 꺼내어 색을 조사하고 다시 넣는 시행을 b번 되풀이하였을 때, 검은 공이 나오는 횟수를 X라고 하자. 확률변수 X의 평균이 4이고 분산이 $\dfrac{12}{5}$라고 할 때, 상수 a, b에 대하여 $a+b$의 값을 구하여라.

MAPL CORE

[1단계] 주어진 조건으로부터 시행횟수 n과 한 번의 시행에서 어떤 사건이 일어날 확률 p를 구하여 $\mathrm{B}(n,\ p)$로 나타낸다.
[2단계] 이항분포의 평균, 분산, 표준편차를 구한다.

개념익힘 | 풀이　한 번의 시행에서 검은 공이 나올 확률은 $\dfrac{a}{6+a}$이므로 확률변수 X는 이항분포 $\mathrm{B}\left(b,\ \dfrac{a}{6+a}\right)$를 따른다.

$$\mathrm{E}(X)=b\times\dfrac{a}{6+a}=4 \qquad\cdots\cdots\ \text{㉠}$$

$$\mathrm{V}(X)=b\times\dfrac{a}{6+a}\times\left(1-\dfrac{a}{6+a}\right)=\dfrac{12}{5} \qquad\cdots\cdots\ \text{㉡}$$

㉠을 ㉡에 대입하면 $4\left(1-\dfrac{a}{6+a}\right)=\dfrac{12}{5}$, $1-\dfrac{a}{6+a}=\dfrac{3}{5}$, $\dfrac{a}{6+a}=\dfrac{2}{5}$

$$\therefore\ a=4$$

$a=4$를 ㉠에 대입하면 $b\cdot\dfrac{4}{10}=4$　$\therefore\ b=10$

따라서 $a+b=14$

확인유제 0547　다음 물음에 답하여라.

(1) 흰 공이 x개, 검은 공이 3개 들어 있는 주머니에서 공을 1개 꺼내어 색을 확인하고 다시 넣는 시행을 n회 반복한다. 흰 공이 나오는 횟수 X의 평균은 36, 분산은 9일 때, $n+x$의 값을 구하여라.

(2) 세 개의 빨간 공과 k개의 흰 공이 들어 있는 상자에서 한 개의 공을 꺼내어 색을 확인하고 다시 넣는 시행을 45번 반복할 때, 빨간 공이 나오는 횟수를 확률변수 X라고 하자. $\mathrm{E}(X)=15$일 때, $\mathrm{E}(X^2)$의 값을 구하여라.

변형문제 0548　다음 물음에 답하여라.

(1) 서로 다른 동전 3개를 동시에 던지는 시행을 80번 반복할 때, 앞면이 나오는 동전이 2개인 횟수를 확률변수 X라 하자. 이때 $\mathrm{E}(3X+2)$의 값은?

① 28　　② 88　　③ 90　　④ 92　　⑤ 96

(2) 서로 다른 2개의 주사위를 동시에 던지는 시행을 120회 반복할 때, 2개의 주사위를 동시에 던져서 나오는 두 눈의 수의 합이 6 이하인 횟수를 확률변수 X라 하자. $\mathrm{E}(2X+3)$의 값은?

① 102　　② 103　　③ 104　　④ 105　　⑤ 106

발전문제 0549　다음 물음에 답하여라.

2008학년도 수능기출

(1) 한 개의 주사위를 20번 던질 때 1의 눈이 나오는 횟수를 X라 하고, 한 개의 동전을 n번 던질 때 앞면이 나오는 횟수를 Y라고 하자. Y의 분산이 X의 분산보다 커지는 n의 최솟값을 구하여라.

(2) 동전 3개를 동시에 100회 던지는 시행에서 동전 3개 모두 같은 면이 나오는 횟수를 확률변수 X라 하고 동전 3개를 동시에 n회 던지는 시행에서 동전 2개만 앞면이 나오는 횟수를 확률변수 Y라 하자. 이때 $\mathrm{E}(8Y)\geq\mathrm{E}(3X+3)$을 만족시키는 자연수 n의 최솟값을 구하여라.

정답　0547 : (1) 57 (2) 235　　0548 : (1) ④ (2) ②　　0549 : (1) 12 (2) 26

한 개의 주사위를 한 번 던져 나온 눈의 수를 a라 할 때, 곡선 $y=x^2+5x$와 직선 $y=ax-1$이 서로 다른 두 점에서 만나는 사건을 A라 하자. 한 개의 주사위를 180번 던지는 시행에서 사건 A가 일어나는 횟수를 확률변수 X라 할 때, $\mathrm{E}(X^2)$을 구하여라.

MAPL CORE

[1단계] 주어진 조건으로부터 시행횟수 n과 한 번의 시행에서 어떤 사건이 일어날 확률 p를 구하여 $\mathrm{B}(n,\ p)$로 나타낸다.

[2단계] 이항분포의 평균 $\mathrm{E}(X)=np$, 분산 $\mathrm{V}(X)=np(1-p)$를 구한다.

개념익힘 | 풀이

곡선 $y=x^2+5x$와 직선 $y=ax-1$이 서로 다른 두 점에서 만나려면

$x^2+5x=ax-1$에서 이차방정식 $x^2+(5-a)x+1=0$이 서로 다른 두 실근을 가져야 한다.

이차방정식의 판별식을 D라 하면 $D=(5-a)^2-4>0$

$a^2-10a+21>0,\ (a-3)(a-7)>0$

$\therefore a<3$ 또는 $a>7$

즉, a는 한 개의 주사위를 던져 나오는 눈의 수이므로 $a=1$ 또는 $a=2$

사건 A가 일어날 확률은 $\dfrac{1}{3}$이므로 확률변수 X는 이항분포 $\mathrm{B}\!\left(180,\ \dfrac{1}{3}\right)$을 따른다.

$\mathrm{E}(X)=180\times\dfrac{1}{3}=60,\ \mathrm{V}(X)=180\times\dfrac{1}{3}\times\dfrac{2}{3}=40$

따라서 $\mathrm{V}(X)=\mathrm{E}(X^2)-\{\mathrm{E}(X)\}^2$이므로 $\mathrm{E}(X^2)=\mathrm{V}(X)+\{\mathrm{E}(X)\}^2=40+(60)^2=3640$

확인유제 0550

2009학년도 09월 평가원

한 개의 주사위를 던져 나온 눈의 수 a에 대하여 직선 $y=ax$와 곡선 $y=x^2-2x+4$가 서로 다른 두 점에서 만나는 사건을 A라 하자. 한 개의 주사위를 300회 던지는 독립시행에서 사건 A가 일어나는 횟수를 확률변수 X라 할 때, X의 평균 $\mathrm{E}(X)$는?

① 100 ② 150 ③ 180 ④ 200 ⑤ 240

변형문제 0551

2015학년도 09월 평가원

이차함수 $y=f(x)$의 그래프는 오른쪽 그림과 같고, $f(0)=f(3)=0$이다. 한 개의 주사위를 던져 나온 눈의 수 m에 대하여 $f(m)$이 0보다 큰 사건을 A라고 하자. 한 개의 주사위를 15회 던지는 독립시행에서 사건 A가 일어나는 횟수를 확률변수 X라 할 때, $\mathrm{E}(X)$의 값은?

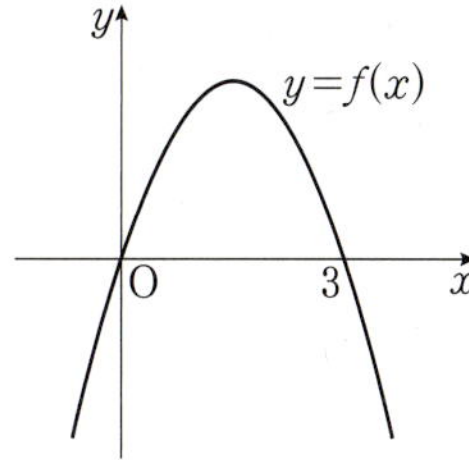

① 3 ② $\dfrac{7}{2}$ ③ 4

④ $\dfrac{9}{2}$ ⑤ 5

발전문제 0552

2010학년도 06월 평가원

어느 창고에 부품 S가 3개, 부품 T가 2개 있는 상태에서 부품 2개를 추가로 들여왔다. 추가된 부품은 S 또는 T이고, 추가된 부품 중 S의 개수는 이항분포 $\mathrm{B}\!\left(2,\ \dfrac{1}{2}\right)$을 따른다. 이 7개의 부품 중 임의로 1개를 선택한 것이 T일 때, 추가된 부품이 모두 S였을 확률은?

① $\dfrac{1}{6}$ ② $\dfrac{1}{4}$ ③ $\dfrac{1}{3}$ ④ $\dfrac{1}{2}$ ⑤ $\dfrac{3}{4}$

정답 0550 : ④ 0551 : ⑤ 0552 : ①

10개의 동전을 던져서 앞면이 나오는 횟수 x에 대하여 3^x원을 상금으로 받는다고 할 때,
상금의 기댓값을 구하여라.

MAPL CORE

[1단계] 주어진 조건으로부터 시행횟수 n과 한 번의 시행에서 어떤 사건이 일어날 확률 p를 구하여 $\mathrm{B}(n,\ p)$로 나타낸다.

[2단계] $\mathrm{P}(X=r)={}_{n}\mathrm{C}_r\, p^r q^{n-r}$ 에서

$$\mathrm{E}(a^x)=\sum_{r=0}^{n} a^r \cdot \mathrm{P}(X=r)=\sum_{r=0}^{n} a^r \cdot {}_{n}\mathrm{C}_r\, p^r q^{n-r}=\sum_{r=0}^{n}{}_{n}\mathrm{C}_r\,(ap)^r q^{n-r}=(ap+q)^n \text{을 활용한다.}$$

개념익힘 | 풀이　앞면이 나오는 개수를 X라고 하면 확률변수 X는 이항분포 $\mathrm{B}\left(10,\ \dfrac{1}{2}\right)$을 따르므로

확률질량함수는 $\mathrm{P}(X=x)={}_{10}\mathrm{C}_x\left(\dfrac{1}{2}\right)^x\left(\dfrac{1}{2}\right)^{10-x}$ (단, $x=0,\ 1,\ 2,\ \cdots,\ 10$)이다.

확률변수 X의 이항분포가 다음 표와 같다.

X	0	1	2	$\cdots$	10	합계
3^x	3^0	3^1	3^2	$\cdots$	3^{10}	
$\mathrm{P}(X=x)$	${}_{10}\mathrm{C}_0\left(\dfrac{1}{2}\right)^{10}$	${}_{10}\mathrm{C}_1\left(\dfrac{1}{2}\right)^{10}$	${}_{10}\mathrm{C}_2\left(\dfrac{1}{2}\right)^{10}$	$\cdots$	${}_{10}\mathrm{C}_{10}\left(\dfrac{1}{2}\right)^{10}$	1

이때 3^x원의 기댓값은

$$\mathrm{E}(3^x)=3^0\mathrm{P}(X=0)+3^1\mathrm{P}(X=1)+3^2\mathrm{P}(X=2)+\cdots+3^{10}\mathrm{P}(X=10)$$

$$=3^0\times{}_{10}\mathrm{C}_0\left(\dfrac{1}{2}\right)^0\left(\dfrac{1}{2}\right)^{10}+3^1\times{}_{10}\mathrm{C}_1\left(\dfrac{1}{2}\right)^1\left(\dfrac{1}{2}\right)^9+3^2\times{}_{10}\mathrm{C}_2\left(\dfrac{1}{2}\right)^2\left(\dfrac{1}{2}\right)^8+\cdots+3^{10}\times{}_{10}\mathrm{C}_{10}\left(\dfrac{1}{2}\right)^{10}\left(\dfrac{1}{2}\right)^0$$

$$={}_{10}\mathrm{C}_0\left(\dfrac{3}{2}\right)^0\left(\dfrac{1}{2}\right)^{10}+{}_{10}\mathrm{C}_1\left(\dfrac{3}{2}\right)^1\left(\dfrac{1}{2}\right)^9+{}_{10}\mathrm{C}_2\left(\dfrac{3}{2}\right)^2\left(\dfrac{1}{2}\right)^8+\cdots+{}_{10}\mathrm{C}_{10}\left(\dfrac{3}{2}\right)^{10}\left(\dfrac{1}{2}\right)^0$$

$$=\left(\dfrac{1}{2}+\dfrac{3}{2}\right)^{10}=2^{10}=1024\,(\text{원})$$

참고 $\displaystyle\sum_{r=0}^{n}{}_{n}\mathrm{C}_r\,a^{n-r}b^r={}_{n}\mathrm{C}_0 a^n+{}_{n}\mathrm{C}_1 a^{n-1}b^1+{}_{n}\mathrm{C}_2 a^{n-2}b^2+\cdots+{}_{n}\mathrm{C}_r a^{n-r}b^r+\cdots+{}_{n}\mathrm{C}_n b^n=(a+b)^n$

$$\mathrm{E}(3^x)=\sum_{x=0}^{10}3^x\cdot{}_{10}\mathrm{C}_x\left(\dfrac{1}{2}\right)^x\left(\dfrac{1}{2}\right)^{10-x}=\sum_{x=0}^{10}{}_{10}\mathrm{C}_x\left(\dfrac{3}{2}\right)^x\left(\dfrac{1}{2}\right)^{10-x}=\left(\dfrac{1}{2}+\dfrac{3}{2}\right)^{10}=2^{10}=1024$$

확인유제 0553　확률변수 X가 이항분포 $\mathrm{B}\left(5,\ \dfrac{1}{3}\right)$을 따를 때, 기댓값 $\mathrm{E}(4^X)$의 값은?

① 16　　② 32　　③ 64　　④ 128　　⑤ 256

변형문제 0554　서로 다른 4개의 주사위를 동시에 던져 나온 눈의 수 중 짝수의 개수가 X이면 강인이는 9^X원의 상금을 받고,
소희는 $100X^2$원의 상금을 받기로 하였다. 강인이와 소희가 받을 상금의 기댓값의 차는?

① 105　　② 110　　③ 115　　④ 120　　⑤ 125

발전문제 0555　사건 A가 1회의 시행에서 일어날 확률이 p일 때, n회의 독립시행에서 사건 A가 일어나는 횟수를 확률변수 X

2006학년도 사관기출
[수학I]의 수열의 합
($\sum$)을 학습한 학생만
풀도록 한다.

라 하자. 확률변수 X의 평균이 80이고 분산이 64라 할 때, $\displaystyle\sum_{r=0}^{n}5^r\cdot\mathrm{P}(X=r)$의 값은?

(단, $\mathrm{P}(X=r)$은 $X=r$일 때의 확률이다.)

① $\left(\dfrac{9}{5}\right)^{400}$　　② $\left(\dfrac{7}{5}\right)^{450}$　　③ $\left(\dfrac{9}{5}\right)^{399}$　　④ 2^{399}　　⑤ 2^{400}

정답　0553 : ②　　0554 : ⑤　　0555 : ①

한 개의 주사위를 한 번 던져 나온 눈의 수를 a라 할 때, 곡선 $y=x^2+5x$와 직선 $y=ax-1$이 서로 다른 두 점에서 만나는 사건을 A라 하자. 한 개의 주사위를 180번 던지는 시행에서 사건 A가 일어나는 횟수를 확률변수 X라 할 때, $\mathrm{E}(X^2)$을 구하여라.

MAPL CORE

[1단계] 주어진 조건으로부터 시행횟수 n과 한 번의 시행에서 어떤 사건이 일어날 확률 p를 구하여 $\mathrm{B}(n,\ p)$로 나타낸다.
[2단계] 이항분포의 평균 $\mathrm{E}(X)=np$, 분산 $\mathrm{V}(X)=np(1-p)$를 구한다.

개념익힘 | 풀이

곡선 $y=x^2+5x$와 직선 $y=ax-1$이 서로 다른 두 점에서 만나려면

$x^2+5x=ax-1$에서 이차방정식 $x^2+(5-a)x+1=0$이 서로 다른 두 실근을 가져야 한다.

이차방정식의 판별식을 D라 하면 $\mathrm{D}=(5-a)^2-4>0$

$a^2-10a+21>0,\ (a-3)(a-7)>0$

$\therefore\ a<3$ 또는 $a>7$

즉, a는 한 개의 주사위를 던져 나오는 눈의 수이므로 $a=1$ 또는 $a=2$

사건 A가 일어날 확률은 $\dfrac{1}{3}$이므로 확률변수 X는 이항분포 $\mathrm{B}\left(180,\ \dfrac{1}{3}\right)$을 따른다.

$\mathrm{E}(X)=180\times\dfrac{1}{3}=60,\ \mathrm{V}(X)=180\times\dfrac{1}{3}\times\dfrac{2}{3}=40$

따라서 $\mathrm{V}(X)=\mathrm{E}(X^2)-\{\mathrm{E}(X)\}^2$이므로 $\mathrm{E}(X^2)=\mathrm{V}(X)+\{\mathrm{E}(X)\}^2=40+(60)^2=3640$

확인유제 0550
2009학년도 09월 평가원

한 개의 주사위를 던져 나온 눈의 수 a에 대하여 직선 $y=ax$와 곡선 $y=x^2-2x+4$가 서로 다른 두 점에서 만나는 사건을 A라 하자. 한 개의 주사위를 300회 던지는 독립시행에서 사건 A가 일어나는 횟수를 확률변수 X라 할 때, X의 평균 $\mathrm{E}(X)$는?

① 100 ② 150 ③ 180 ④ 200 ⑤ 240

변형문제 0551
2015학년도 09월 평가원

이차함수 $y=f(x)$의 그래프는 오른쪽 그림과 같고, $f(0)=f(3)=0$이다. 한 개의 주사위를 던져 나온 눈의 수 m에 대하여 $f(m)$이 0보다 큰 사건을 A라고 하자. 한 개의 주사위를 15회 던지는 독립시행에서 사건 A가 일어나는 횟수를 확률변수 X라 할 때, $\mathrm{E}(X)$의 값은?

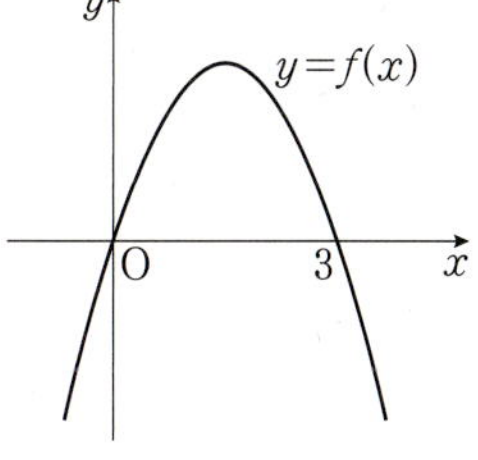

① 3 ② $\dfrac{7}{2}$ ③ 4

④ $\dfrac{9}{2}$ ⑤ 5

발전문제 0552
2010학년도 06월 평가원

어느 창고에 부품 S가 3개, 부품 T가 2개 있는 상태에서 부품 2개를 추가로 들여왔다. 추가된 부품은 S 또는 T이고, 추가된 부품 중 S의 개수는 이항분포 $\mathrm{B}\left(2,\ \dfrac{1}{2}\right)$을 따른다. 이 7개의 부품 중 임의로 1개를 선택한 것이 T일 때, 추가된 부품이 모두 S였을 확률은?

① $\dfrac{1}{6}$ ② $\dfrac{1}{4}$ ③ $\dfrac{1}{3}$ ④ $\dfrac{1}{2}$ ⑤ $\dfrac{3}{4}$

정답 0550 : ④ 0551 : ⑤ 0552 : ①

10개의 동전을 던져서 앞면이 나오는 횟수 x에 대하여 3^x원을 상금으로 받는다고 할 때,
상금의 기댓값을 구하여라.

MAPL CORE

[1단계] 주어진 조건으로부터 시행횟수 n과 한 번의 시행에서 어떤 사건이 일어날 확률 p를 구하여 $\mathrm{B}(n, p)$로 나타낸다.

[2단계] $\mathrm{P}(X=r)={}_nC_r p^r q^{n-r}$에서

$$\mathrm{E}(a^x)=\sum_{r=0}^{n}a^r \cdot \mathrm{P}(X=r)=\sum_{r=0}^{n}a^r \cdot {}_nC_r p^r q^{n-r}=\sum_{r=0}^{n}{}_nC_r(ap)^r q^{n-r}=(ap+q)^n$$ 을 활용한다.

개념익힘 | 풀이   앞면이 나오는 개수를 X라고 하면 확률변수 X는 이항분포 $\mathrm{B}\left(10, \dfrac{1}{2}\right)$을 따르므로

확률질량함수는 $\mathrm{P}(X=x)={}_{10}C_x\left(\dfrac{1}{2}\right)^x\left(\dfrac{1}{2}\right)^{10-x}$ (단, $x=0, 1, 2, \cdots, 10$)이다.

확률변수 X의 이항분포가 다음 표와 같다.

X	0	1	2	$\cdots$	10	합계
3^x	3^0	3^1	3^2	$\cdots$	3^{10}	
$\mathrm{P}(X=x)$	${}_{10}C_0\left(\dfrac{1}{2}\right)^{10}$	${}_{10}C_1\left(\dfrac{1}{2}\right)^{10}$	${}_{10}C_2\left(\dfrac{1}{2}\right)^{10}$	$\cdots$	${}_{10}C_{10}\left(\dfrac{1}{2}\right)^{10}$	1

이때 3^x원의 기댓값은

$$\mathrm{E}(3^x)=3^0\mathrm{P}(X=0)+3^1\mathrm{P}(X=1)+3^2\mathrm{P}(X=2)+\cdots+3^{10}\mathrm{P}(X=10)$$

$$=3^0\times{}_{10}C_0\left(\dfrac{1}{2}\right)^0\left(\dfrac{1}{2}\right)^{10}+3^1\times{}_{10}C_1\left(\dfrac{1}{2}\right)^1\left(\dfrac{1}{2}\right)^9+3^2\times{}_{10}C_2\left(\dfrac{1}{2}\right)^2\left(\dfrac{1}{2}\right)^8+\cdots+3^{10}\times{}_{10}C_{10}\left(\dfrac{1}{2}\right)^{10}\left(\dfrac{1}{2}\right)^0$$

$$={}_{10}C_0\left(\dfrac{3}{2}\right)^0\left(\dfrac{1}{2}\right)^{10}+{}_{10}C_1\left(\dfrac{3}{2}\right)^1\left(\dfrac{1}{2}\right)^9+{}_{10}C_2\left(\dfrac{3}{2}\right)^2\left(\dfrac{1}{2}\right)^8+\cdots+{}_{10}C_{10}\left(\dfrac{3}{2}\right)^{10}\left(\dfrac{1}{2}\right)^0$$

$$=\left(\dfrac{1}{2}+\dfrac{3}{2}\right)^{10}=2^{10}=1024\,(원)$$

참고 $\displaystyle\sum_{r=0}^{n}{}_nC_r a^{n-r}b^r={}_nC_0 a^n+{}_nC_1 a^{n-1}b^1+{}_nC_2 a^{n-2}b^2+\cdots+{}_nC_r a^{n-r}b^r+\cdots+{}_nC_n b^n=(a+b)^n$

$$\mathrm{E}(3^x)=\sum_{x=0}^{10}3^x\cdot{}_{10}C_x\left(\dfrac{1}{2}\right)^x\left(\dfrac{1}{2}\right)^{10-x}=\sum_{x=0}^{10}{}_{10}C_x\left(\dfrac{3}{2}\right)^x\left(\dfrac{1}{2}\right)^{10-x}=\left(\dfrac{1}{2}+\dfrac{3}{2}\right)^{10}=2^{10}=1024$$

확인유제 0553   확률변수 X가 이항분포 $\mathrm{B}\left(5, \dfrac{1}{3}\right)$을 따를 때, 기댓값 $\mathrm{E}(4^X)$의 값은?

① 16　　　② 32　　　③ 64　　　④ 128　　　⑤ 256

변형문제 0554   서로 다른 4개의 주사위를 동시에 던져 나온 눈의 수 중 짝수의 개수가 X이면 강인이는 9^X원의 상금을 받고,
소희는 $100X^2$원의 상금을 받기로 하였다. 강인이와 소희가 받을 상금의 기댓값의 차는?

① 105　　　② 110　　　③ 115　　　④ 120　　　⑤ 125

발전문제 0555   사건 A가 1회의 시행에서 일어날 확률이 p일 때, n회의 독립시행에서 사건 A가 일어나는 횟수를 확률변수 X

2006학년도 사관기출
[수학I]의 수열의 합
($\sum$)을 학습한 학생만
풀도록 한다.

라 하자. 확률변수 X의 평균이 80이고 분산이 64라 할 때, $\displaystyle\sum_{r=0}^{n}5^r\cdot\mathrm{P}(X=r)$의 값은?
(단, $\mathrm{P}(X=r)$은 $X=r$일 때의 확률이다.)

① $\left(\dfrac{9}{5}\right)^{400}$　　　② $\left(\dfrac{7}{5}\right)^{450}$　　　③ $\left(\dfrac{9}{5}\right)^{399}$　　　④ 2^{399}　　　⑤ 2^{400}

정답　0553 : ②　　0554 : ⑤　　0555 : ①

마플수능특강 07

분산의 의미와 성질

01 확률변수 X에 대하여 $\mathrm{E}\{(X-t)^2\}$을 최소로 하는 t의 값과 최솟값

$f(t)=\mathrm{E}\{(X-t)^2\}=(t-m)^2+\mathrm{V}(X)$의 최솟값은 분산인 σ^2이고 이때의 t의 값은 평균 m이다.

즉, 분산 $\mathrm{V}(X)$는 $\mathrm{E}\{(X-t)^2\}$의 최솟값이다.

▶참고✱ $\mathrm{E}(aX^2+bX+c)=a\mathrm{E}(X^2)+b\mathrm{E}(X)+c$

특강해설

$$
\begin{aligned}
f(t)=\mathrm{E}\{(X-t)^2\}&=\mathrm{E}(X^2-2tX+t^2)\\
&=\mathrm{E}(X^2)-2t\mathrm{E}(X)+t^2\\
&=t^2-2mt+\mathrm{E}(X^2) \quad\leftarrow \mathrm{E}(X)=m\\
&=(t-m)^2+\mathrm{E}(X^2)-m^2\\
&=(t-m)^2+\mathrm{V}(X) \quad\leftarrow \mathrm{E}(X^2)-m^2=\mathrm{V}(X)
\end{aligned}
$$

따라서 함수 $f(t)$의 최솟값은 $\mathrm{V}(X)$이고, 이때의 t의 값은 $t=m$이다.

수능특강문제 01

평균이 80이고 표준편차가 $\sqrt{5}$인 확률변수 X에 대하여 확률변수 $(X-t)^2$의 기댓값의 최솟값과 그때의 t의 값을 구하여라.

수능특강 풀이

$\mathrm{E}(X)=80$이고 $\sigma(X)=\sqrt{5}$이므로 $\mathrm{V}(X)=5$

이때 $(X-t)^2$의 기댓값을 $f(t)$로 놓으면

$$
\begin{aligned}
f(t)=\mathrm{E}\{(X-t)^2\}=\mathrm{E}(X^2-2tX+t^2)&=\mathrm{E}(X^2)-2t\mathrm{E}(X)+t^2\\
&=t^2-160t+\mathrm{E}(X^2) \quad\leftarrow \mathrm{E}(X)=80\\
&=(t-80)^2+\mathrm{E}(X^2)-80^2\\
&=(t-80)^2+\mathrm{V}(X) \quad\leftarrow \mathrm{E}(X^2)-80^2=\mathrm{V}(X)\\
&=(t-80)^2+5
\end{aligned}
$$

따라서 확률변수 $(X-t)^2$의 기댓값의 최솟값은 5이고, 이때의 t의 값은 80이다.

수능특강문제 02

주머니 속에 1, 2, 3, 4, 5의 번호가 각각 적힌 5개의 공이 들어 있다. 이 중에서 세 개의 공을 동시에 꺼낼 때, 가장 작은 수를 X라고 하자. 이때 확률변수 $(X-a)^2$의 기댓값이 최소일 때, 상수 a의 값과 최솟값을 구하여라.

수능특강 풀이

확률변수 X가 취할 수 있는 값은 1, 2, 3이고 그 확률은 각각

$$
\mathrm{P}(X=1)=\frac{{}_4\mathrm{C}_2}{{}_5\mathrm{C}_3}=\frac{3}{5},\ \mathrm{P}(X=2)=\frac{{}_3\mathrm{C}_2}{{}_5\mathrm{C}_3}=\frac{3}{10},\ \mathrm{P}(X=3)=\frac{{}_2\mathrm{C}_2}{{}_5\mathrm{C}_3}=\frac{1}{10}
$$

이므로 확률변수 X의 확률분포를 표로 나타내면 다음과 같다.

X	1	2	3	합계
$\mathrm{P}(X=x)$	$\frac{3}{5}$	$\frac{3}{10}$	$\frac{1}{10}$	1

$$
\mathrm{E}(X)=1\times\frac{3}{5}+2\times\frac{3}{10}+3\times\frac{1}{10}=\frac{3}{2},\ \mathrm{E}(X^2)=1^2\times\frac{3}{5}+2^2\times\frac{3}{10}+3^2\times\frac{1}{10}=\frac{27}{10}
$$

$$
\mathrm{V}(X)=\mathrm{E}(X^2)-\{\mathrm{E}(X)\}^2=\frac{27}{10}-\left(\frac{3}{2}\right)^2=\frac{9}{20}
$$

$$
\begin{aligned}
f(a)=\mathrm{E}\{(X-a)^2\}=\mathrm{E}(X^2-2aX+a^2)&=\mathrm{E}(X^2)-2a\mathrm{E}(X)+a^2\\
&=a^2-3a+\mathrm{E}(X^2) \quad\leftarrow \mathrm{E}(X)=\frac{3}{2}\\
&=\left(a-\frac{3}{2}\right)^2+\mathrm{E}(X^2)-\left(\frac{3}{2}\right)^2 \quad\leftarrow \mathrm{E}(X^2)-\left(\frac{3}{2}\right)^2=\mathrm{V}(X)\\
&=\left(a-\frac{3}{2}\right)^2+\frac{9}{20}
\end{aligned}
$$

따라서 $a=\mathrm{E}(X)=\frac{3}{2}$일 때, $f(a)$는 최솟값 $\mathrm{V}(X)=\frac{9}{20}$를 가진다.

확률변수 X가 이항분포 $\mathrm{B}(n,\ p)$을 따르면

$f(t)=\mathrm{E}\{(X-t)^2\}=(t-m)^2+\mathrm{V}(X)$의 최솟값은 분산인 $\mathrm{V}(X)=npq$이고

이때의 t의 값은 평균 $m=np$이다.

즉, 분산 $\mathrm{V}(X)=npq$는 $\mathrm{E}\{(X-t)^2\}$의 최솟값이다.

특강해설

$$
\begin{aligned}
f(a)=\mathrm{E}\{(X-a)^2\}=\mathrm{E}(X^2-2aX+a^2)&=\mathrm{E}(X^2)-2a\mathrm{E}(X)+a^2 \\
&=a^2-2ma+\mathrm{E}(X^2) \qquad \leftarrow \mathrm{E}(X)=m \\
&=(a-m)^2+\mathrm{E}(X^2)-m^2 \\
&=(a-m)^2+\mathrm{V}(X) \qquad \leftarrow \mathrm{E}(X^2)-m^2=\mathrm{V}(X)
\end{aligned}
$$

따라서 함수 $f(a)$의 최솟값은 $\mathrm{V}(X)$이고, 이때의 a의 값은 $a=m$이다.

수능특강문제 03

한 개의 동전을 3회 던질 때, 앞면이 나오는 횟수를 X라고 하자.

(1) 확률변수 X의 평균과 X^2의 평균을 구하여라.

(2) $(X-a)^2$의 기댓값의 최솟값을 구하여라. (단, a는 상수이다.)

수능특강 풀이

(1) 확률변수 X는 이항분포 $\mathrm{B}\left(3,\ \dfrac{1}{2}\right)$을 따르므로

$$\mathrm{E}(X)=3\times\dfrac{1}{2}=\dfrac{3}{2},\ \mathrm{V}(X)=3\times\dfrac{1}{2}\times\dfrac{1}{2}=\dfrac{3}{4}\text{이므로}$$

$$\mathrm{V}(X)=\mathrm{E}(X^2)-\{\mathrm{E}(X)\}^2\text{에서 } \mathrm{E}(X^2)=\mathrm{V}(X)+\{\mathrm{E}(X)\}^2=\dfrac{3}{4}+\left(\dfrac{3}{2}\right)^2=3$$

(2)
$$
\begin{aligned}
\mathrm{E}\{(X-a)^2\}=\mathrm{E}(X^2-2aX+a^2)&=\mathrm{E}(X^2)-2a\mathrm{E}(X)+a^2 \\
&=3-2a\times\dfrac{3}{2}+a^2 \\
&=\left(a-\dfrac{3}{2}\right)^2+\dfrac{3}{4}
\end{aligned}
$$

따라서 최솟값은 $\dfrac{3}{4}$이다.

수능특강문제 04

다음 물음에 답하여라. (단, a는 상수)

(1) 한 개의 주사위를 8번 던질 때, 소수의 눈이 나오는 횟수를 확률변수 X라 할 때, 확률변수 $(X-a)^2$의 평균의 최솟값을 구하여라.

(2) 한 개의 동전을 20번 던질 때, 앞면이 나오는 횟수를 확률변수 X라 할 때, 확률변수 $(X+a)^2$의 기댓값의 최솟값을 구하여라.

수능특강 풀이

(1) 한 개의 주사위를 던질 때, 소수의 눈이 나오는 확률은 $\dfrac{3}{6}=\dfrac{1}{2}$이므로

확률변수 X는 이항분포 $\mathrm{B}\left(8,\ \dfrac{1}{2}\right)$을 따른다.

$$\mathrm{E}(X)=8\times\dfrac{1}{2}=4,\ \mathrm{V}(X)=8\times\dfrac{1}{2}\times\dfrac{1}{2}=2\text{이므로}$$

$$\mathrm{V}(X)=\mathrm{E}(X^2)-\{\mathrm{E}(X)\}^2\text{에서 } \mathrm{E}(X^2)=\mathrm{V}(X)+\{\mathrm{E}(X)\}^2=2+4^2=18$$

이때 확률변수 $(X-a)^2$의 평균 $\mathrm{E}\{(X-a)^2\}$을 구하면

$$
\begin{aligned}
\mathrm{E}\{(X-a)^2\}=\mathrm{E}(X^2-2aX+a^2)&=\mathrm{E}(X^2)-2a\mathrm{E}(X)+a^2 \\
&=a^2-8a+18 \\
&=(a-4)^2+2
\end{aligned}
$$

따라서 $a=4$일 때, 최솟값은 2이다.

(2) 한 개의 동전을 던졌을 때, 앞면이 나오는 확률이 $\frac{1}{2}$이므로 확률변수 X는 이항분포 $B\left(20, \frac{1}{2}\right)$을 따른다.

$$E(X)=20\times\frac{1}{2}=10,\ V(X)=20\times\frac{1}{2}\times\frac{1}{2}=5\text{이므로}$$

$$V(X)=E(X^2)-\{E(X)\}^2\text{에서 }E(X^2)=V(X)+\{E(X)\}^2=5+10^2=105$$

이때 확률변수 $(X+a)^2$의 기댓값 $E\{(X+a)^2\}$을 구하면

$$\begin{aligned}E\{(X+a)^2\}&=E(X^2+2aX+a^2)=E(X^2)+2aE(X)+a^2\\&=a^2+20a+105\\&=(a+10)^2+5\end{aligned}$$

따라서 $a=-10$일 때, 최솟값은 5이다.

100원짜리 동전 3개를 동시에 던져서 앞면이 나온 금액의 합을 X라 할 때, 확률변수 $(X-a)^2$의 기댓값이 최소가 되도록 하는 상수 a의 값은?

① 110 　　② 120 　　③ 130 　　④ 140 　　⑤ 150

확률변수 X가 취할 수 있는 값은 0, 100, 200, 300이고 그 확률은 각각

$$P(X=0)={}_3C_0\left(\frac{1}{2}\right)^3=\frac{1}{8}$$

$$P(X=100)={}_3C_1\left(\frac{1}{2}\right)^1\left(\frac{1}{2}\right)^2=\frac{3}{8}$$

$$P(X=200)={}_3C_2\left(\frac{1}{2}\right)^2\left(\frac{1}{2}\right)^1=\frac{3}{8}$$

$$P(X=300)={}_3C_3\left(\frac{1}{2}\right)^3=\frac{1}{8}\text{이므로}$$

확률변수 X의 확률분포를 표로 나타내면 다음과 같다.

X	0	100	200	300	합계
$P(X=x)$	$\frac{1}{8}$	$\frac{3}{8}$	$\frac{3}{8}$	$\frac{1}{8}$	1

확률변수 X에 대하여

$$E(X)=0\times\frac{1}{8}+100\times\frac{3}{8}+200\times\frac{3}{8}+300\times\frac{1}{8}=150$$

$$E(X^2)=0^2\times\frac{1}{8}+100^2\times\frac{3}{8}+200^2\times\frac{3}{8}+300^2\times\frac{1}{8}=30000$$

$$\begin{aligned}\therefore E\{(X-a)^2\}&=E(X^2-2aX+a^2)=E(X^2)-2aE(X)+a^2\\&=a^2-300a+30000\\&=(a-150)^2+7500\end{aligned}$$

따라서 $E\{(X-a)^2\}$는 $a=150$일 때, 최솟값은 7500이다.

흰 구슬 2개와 검은 구슬 3개가 들어 있는 상자에서 한 개의 구슬을 꺼내는 시행을 225번 반복할 때, 흰 구슬이 나오는 횟수를 확률변수 X라고 하자. 이때 $f(x)=\sum_{k=0}^{225}(x-k)^2P(X=k)$의 최솟값을 구하여라.

(단, 매번 꺼낸 공은 다시 상자에 넣는다.)

225번의 시행 중 흰 구슬이 나오는 횟수를 확률변수 X라고 하면 X는 이항분포 $B\left(225, \frac{2}{5}\right)$를 따른다.

이때 $E(X)=225\times\frac{2}{5}=90,\ V(X)=225\times\frac{2}{5}\times\frac{3}{5}=54$

$$\begin{aligned}f(x)&=\sum_{k=0}^{225}(x-k)^2P(X=k)=\sum_{k=0}^{225}(x^2-2kx+k^2)P(X=k)\\&=x^2\sum_{k=0}^{225}P(X=k)-2x\sum_{k=0}^{225}kP(X=k)+\sum_{k=0}^{225}k^2P(X=k)\\&=x^2\cdot1-2x\cdot E(X)+E(X^2)\\&=x^2\cdot1-2x\cdot E(X)+[V(X)+\{E(X)\}^2]\\&=x^2-2x\cdot90+(54+90^2)\\&=(x^2-2\cdot90x+90^2)+54\\&=(x-90)^2+54\end{aligned}$$

따라서 최솟값은 54

FINAL EXERCISE
단원종합문제

BASIC

0556
확률질량함수의
성질을 이용한 확률
내신빈출

확률변수 X가 취하는 값이 6의 양의 약수이고 X의 확률질량함수가 $P(X=x)=\dfrac{7-kx}{16}$일 때, $P(X \le 3)$의 값은?
(단, k는 상수이다.)

① $\dfrac{5}{16}$ ② $\dfrac{3}{8}$ ③ $\dfrac{9}{16}$ ④ $\dfrac{11}{16}$ ⑤ $\dfrac{15}{16}$

0557
확률분포가
주어질 때의 확률
2018년 10월 교육청

이산확률변수 X의 확률분포를 표로 나타내면 다음과 같을 때, $P(X \le 2)$의 값은?

X	1	2	3	합계
$P(X=x)$	a	$a+\dfrac{1}{4}$	$a+\dfrac{1}{2}$	1

① $\dfrac{1}{4}$ ② $\dfrac{7}{24}$ ③ $\dfrac{1}{3}$ ④ $\dfrac{3}{8}$ ⑤ $\dfrac{5}{12}$

0558
확률분포가 표로
주어진 경우 X의
평균과 분산
2019학년도 사관기출

다음 물음에 답하여라.

(1) 확률변수 X의 확률분포를 표로 나타내면 오른쪽과 같다.
$E(X)=\dfrac{11}{6}$일 때, $\dfrac{b}{a}$의 값은? (단, a, b는 상수)

X	0	1	2	3	합계
$P(X=x)$	a	$\dfrac{1}{3}$	$\dfrac{1}{4}$	b	1

① 1 ② 2 ③ 3 ④ 4 ⑤ 5

(2) 확률변수 X의 확률분포를 표로 나타내면 오른쪽과 같다.
$E(X)=\dfrac{11}{2}$일 때, $V(X)$의 값은? (단, a, b는 상수)

X	a	$2a$	$3a$	합계
$P(X=x)$	$\dfrac{5}{12}$	$\dfrac{1}{3}$	b	1

① $\dfrac{11}{3}$ ② $\dfrac{23}{6}$ ③ $\dfrac{23}{4}$ ④ $\dfrac{25}{4}$ ⑤ $\dfrac{13}{2}$

0559
확률분포가 표로
주어진 경우
$aX+b$의 평균과 분산
2016년 10월 교육청

다음 물음에 답하여라.

(1) 확률변수 X의 확률분포를 표로 나타내면 다음과 같다.

X	0	1	2	3	합계
$P(X=x)$	$2a$	$\dfrac{3}{8}$	$\dfrac{1}{4}$	a	1

$E(4X-1)$의 값은? (단, a는 상수이다.)

① 1 ② 2 ③ 3 ④ 4 ⑤ 5

2009학년도 09월
평가원

(2) 확률변수 X의 확률분포를 표로 나타내면 다음과 같다.

X	1	2	3	4	5	합계
$P(X=x)$	$\dfrac{3}{10}$	p	$\dfrac{1}{10}$	p	p	1

$E(5X+3)$의 값은? (단, p는 상수이다.)

① 17 ② 18 ③ 19 ④ 20 ⑤ 21

정답   0556 : ⑤   0557 : ⑤   0558 : (1) ④ (2) ③   0559 : (1) ④ (2) ①

0560

확률분포가 표로
주어진 경우 확률변수
$aX+b$의 분산
2010학년도 수능기출

확률변수 X의 확률분포표는 다음과 같다. 확률변수 $7X$의 분산 $\mathrm{V}(7X)$의 값은?

X	0	1	2	합계
$\mathrm{P}(X=x)$	$\dfrac{2}{7}$	$\dfrac{3}{7}$	$\dfrac{2}{7}$	1

① 14 ② 21 ③ 28 ④ 35 ⑤ 42

0561

확률분포가 표로
주어진 경우 확률변수
$aX+b$의 평균
2012년 10월 교육청

확률변수 X의 확률분포표는 다음과 같다.

X	1	2	3	4	합계
$\mathrm{P}(X=x)$	a	$2a$	$3a$	$4a$	1

확률변수 $4X+7$의 평균 $\mathrm{E}(4X+7)$의 값을 구하여라. (단, a는 상수이다.)

0562

확률질량함수가
주어진 확률변수의
평균과 표준편차

다음 물음에 답하여라.

(1) 확률변수 X가 갖는 값이 1, 2, 3이고 X의 확률질량함수가
$$\mathrm{P}(X=x)=a(x+1)\ (x=1,\ 2,\ 3)$$
일 때, $9\mathrm{E}(X)$의 값은? (단, a는 상수이다.)

① 10 ② 20 ③ 30 ④ 40 ⑤ 50

(2) 확률변수 X가 0, 1, 2, 3의 값을 갖고 확률질량함수가
$$\mathrm{P}(X=x)=\dfrac{a-x}{10}\ (x=0,\ 1,\ 2,\ 3)$$
일 때, 표준편차 $\sigma(X)$의 값은? (단, a는 상수이다.)

① 1 ② $\dfrac{\sqrt{11}}{10}$ ③ $\dfrac{\sqrt{30}}{5}$ ④ $\dfrac{\sqrt{13}}{10}$ ⑤ $\dfrac{\sqrt{35}}{5}$

0563

확률분포가 주어지지
않을 때, $aX+b$의 평균
내신빈출

확률변수 X가 취할 수 있는 값은 1, 2, 3, 4이고,
$$\mathrm{P}(X=x+1)=2\mathrm{P}(X=x)\ (x=1,\ 2,\ 3)$$
이 성립할 때, $\mathrm{E}(30X-20)$의 값은?

① 76 ② 78 ③ 80 ④ 82 ⑤ 84

0564

확률변수 $aX+b$의
평균과 분산
내신빈출

확률변수 X에 대하여 $Y=2X-1$일 때,
$$\mathrm{E}(Y)=9,\ \mathrm{V}(Y)=12$$
이다. $\mathrm{E}(X^2)$의 값은?

① 20 ② 22 ③ 24 ④ 26 ⑤ 28

0565

확률분포가
주어질 때의 확률
2008학년도 수능기출

확률변수 X에 대하여
$$\mathrm{P}(X=2)=1-\mathrm{P}(X=0),\ 0<\mathrm{P}(X=0)<1,\ \{\mathrm{E}(X)\}^2=2\mathrm{V}(X)$$
일 때, 확률 $\mathrm{P}(X=2)$의 값은?

① $\dfrac{1}{6}$ ② $\dfrac{1}{3}$ ③ $\dfrac{1}{2}$ ④ $\dfrac{2}{3}$ ⑤ $\dfrac{5}{6}$

정답 0560 : ③ 0561 : 19 0562 : (1) ② (2) ① 0563 : ② 0564 : ⑤ 0565 : ④

0566

확률변수 X의 분산
내신빈출

다음 물음에 답하여라.

(1) 확률변수 X에 대하여 $\{E(X)\}^2=a$, $E(X^2)=30$, $\sigma(X)=5$ 일 때, 상수 a의 값은?

　① 5　　② 10　　③ 15　　④ 20　　⑤ 25

(2) 확률변수 X에 대하여 $E(X)=3$, $E(X^2)=13$일 때, $\sigma(-3X+2)$의 값은?

　① 3　　② 5　　③ 6　　④ 9　　⑤ 11

(3) 확률변수 X에 대하여 $E(2X)=8$, $E(X^2)=20$일 때, $V(3X)$의 값은?

　① 9　　② 18　　③ 27　　④ 36　　⑤ 45

0567

확률분포가 주어지지
않을 때의 평균
내신빈출

다음 물음에 답하여라.

(1) 서랍 안에 있는 건전지 4개 중에서 수명이 다한 건전지는 1개 있다고 한다. 수명이 다한 건전지를 찾기 위해
한 번에 1개씩 차례로 건전지를 점검할 때, 점검 횟수를 확률변수 X라 하자. X의 분산은?

　① $\dfrac{5}{4}$　　② $\dfrac{3}{2}$　　③ 2　　④ $\dfrac{5}{2}$　　⑤ 3

(2) 주머니 안에 흰 공 2개와 검은 공 3개가 들어있다. 이 주머니에서 한 개씩 차례로 공을 꺼낼 때, 처음으로
흰 공이 나올 때까지 공을 꺼낸 횟수를 확률변수 X라 하자. X의 평균은? (단, 꺼낸 공은 다시 넣지 않는다.)

　① 2　　② 3　　③ 4　　④ 5　　⑤ 6

0568

확률분포의 표가
주어지지 않을 때
$aX+b$의 평균

다음 물음에 답하여라.

(1) 흰 공 4개, 검은 공 2개가 들어 있는 주머니에서 3개의 공을 동시에 꺼낼 때,
나오는 흰 공의 개수를 확률변수 X라 하자. $E(10X+5)$의 값은?

　① 10　　② 15　　③ 20

　④ 25　　⑤ 30

2017학년도 사관기출

(2) 주머니 속에 흰 공이 5개, 검은 공이 3개 들어 있다. 이 주머니에서 임의로 4개의 공
을 동시에 꺼낼 때, 나오는 검은 공의 개수를 확률변수 X라 하자. $E(X)$의 값은?

　① $\dfrac{3}{2}$　　② $\dfrac{7}{4}$　　③ 2

　④ $\dfrac{9}{4}$　　⑤ $\dfrac{5}{2}$

0569

확률분포가
주어지지 않은 평균
내신빈출

다음 물음에 답하여라.

(1) 주머니 속에 흰 공 4개, 검은 공 3개가 들어 있다. 이 속에서 두 개의 공을 꺼내어 이들의 색이 같으면
1400원을 받고, 다르면 700원을 주기로 하는 놀이가 있다. 이때 받는 금액의 기댓값은?

　① 170원　　② 180원　　③ 190원　　④ 200원　　⑤ 210원

(2) 흰 공 4개, 검은 공 3개가 들어 있는 주머니에서 2개의 공을 꺼내는 놀이를 하여 흰 공 1개당 350원,
검은 공 1개당 700원의 상금을 받는다고 한다. 이 놀이를 한 번 할 때의 상금의 기댓값은?

　① 200원　　② 600원　　③ 800원　　④ 1000원　　⑤ 1200원

0570

이항분포의 평균과
분산
2012학년도 수능기출

다음 물음에 답하여라.

(1) 확률변수 X가 이항분포 $B(200,\ p)$를 따르고 X의 평균이 40일 때, X의 분산은?

　① 32　　② 33　　③ 34　　④ 35　　⑤ 36

(2) 확률변수 X가 이항분포 $B(10,\ p)$를 따르고 X의 평균이 4일 때, X^2의 평균은?

　① 12　　② 21　　③ $\dfrac{12}{5}$　　④ $\dfrac{92}{5}$　　⑤ $\dfrac{97}{5}$

0571

이항분포의 $aX+b$의
평균과 분산

2014학년도 09월
평가원

다음 물음에 답하여라.

(1) 확률변수 X가 이항분포 $B\left(n, \dfrac{1}{3}\right)$을 따르고 $V(3X)=40$일 때, n의 값은?

① 12　　　② 16　　　③ 20　　　④ 24　　　⑤ 30

(2) 확률변수 X가 이항분포 $B\left(n, \dfrac{1}{3}\right)$을 따르고 $E(2X+5)=13$일 때, n의 값은?

① 6　　　② 9　　　③ 12　　　④ 15　　　⑤ 18

(3) 확률변수 X가 이항분포 $B\left(n, \dfrac{1}{5}\right)$을 따르고 $E\left(\dfrac{1}{4}X+10\right)=15$일 때, $E(X^2)$의 값은?

① 400　　　② 408　　　③ 412　　　④ 416　　　⑤ 420

0572

이항분포가
주어지지 않을 때
분산

2018년 10월 교육청
2011학년도 수능기출

다음 물음에 답하여라.

(1) 한 개의 주사위를 36번 던질 때, 3의 배수의 눈이 나오는 횟수를 확률변수 X라 하자. $V(X)$의 값은?

① 6　　　② 8　　　③ 10　　　④ 12　　　⑤ 14

(2) 동전 2개를 동시에 던지는 시행을 10회 반복할 때, 동전 2개 모두 앞면이 나오는 횟수를 확률변수 X라고 하자.
　 확률변수 $4X+1$의 분산 $V(4X+1)$의 값은?

① 10　　　② 15　　　③ 20　　　④ 25　　　⑤ 30

0573

이항분포가
주어지는 경우
$aX+b$의 평균과 분산

2016년 10월 교육청

2016학년도
경찰대기출

다음 물음에 답하여라.

(1) 이항분포 $B\left(40, \dfrac{1}{2}\right)$을 따르는 확률변수 X에 대하여 $E(aX+b)=50$, $\sigma(aX+b)=2\sqrt{10}$이 성립할 때,
　 두 상수 a, b에 대하여 $a+b$의 값은? (단, $a>0$)

① 12　　　② 16　　　③ 18　　　④ 20　　　⑤ 22

(2) 확률변수 X가 이항분포 $B(n, p)$를 따르고 $E(3X+1)=11$, $V(3X+1)=20$이다. $n+p$의 값은?

① $\dfrac{25}{3}$　　　② $\dfrac{28}{3}$　　　③ $\dfrac{31}{3}$　　　④ $\dfrac{34}{3}$　　　⑤ $\dfrac{37}{3}$

(3) 확률변수 X가 이항분포 $B(n, p)$를 따르고 $E(X^2)=40$, $E(3X+1)=19$일 때, $\dfrac{P(X=1)}{P(X=2)}$의 값은?

① $\dfrac{4}{17}$　　　② $\dfrac{7}{17}$　　　③ $\dfrac{10}{17}$　　　④ $\dfrac{13}{17}$　　　⑤ $\dfrac{16}{17}$

0574

확률질량함수가
주어진 이항분포의
평균과 분산
내신빈출

다음 물음에 답하여라.

(1) 확률변수 X의 확률질량함수가

$$P(X=x)={}_{90}C_x\left(\dfrac{1}{3}\right)^x\left(\dfrac{2}{3}\right)^{90-x}\ (단, x=0, 1, 2, \cdots, 90)$$

일 때, $E(X^2)$의 값은?

① 360　　　② 460　　　③ 660　　　④ 720　　　⑤ 920

(2) 확률변수 X의 확률질량함수가

$$P(X=x)={}_{72}C_x\left(\dfrac{1}{3}\right)^x\left(\dfrac{2}{3}\right)^{72-x}\ (x=0, 1, 2, \cdots, 72)$$

일 때, $E(2X-10)+V(2X-10)$의 값은?

① 98　　　② 100　　　③ 102　　　④ 104　　　⑤ 106

정답　　0571 : (1) ③ (2) ③ (3) ④　　0572 : (1) ② (2) ⑤　　0573 : (1) ① (2) ③ (3) ①　　0574 : (1) ⑤ (2) ③

0575
확률분포의 표가 주어지지 않을 때 $aX+b$의 분산

다음 물음에 답하여라.

(1) 주머니 속에 1부터 5까지의 숫자가 하나씩 적혀 있는 5장의 카드가 있다. 이 주머니에서 임의로 동시에 2장의 카드를 꺼낼 때, 꺼낸 두 카드에 적혀 있는 수 중 작은 수를 확률변수 X라 하자. $V(10X+3)$의 값은?

① 100 ② 150 ③ 200 ④ 250 ⑤ 300

(2) 주머니 속에 1부터 5까지의 숫자가 하나씩 적혀 있는 5장의 카드가 있다. 이 주머니에서 임의로 동시에 2장의 카드를 꺼낼 때, 꺼낸 두 카드에 적혀 있는 수 중 큰 수를 확률변수 X라 하자. $V(3X+5)$의 값은?

① 3 ② 5 ③ 7 ④ 9 ⑤ 11

0576
확률분포의 표가 주어지지 않을 때 $aX+b$의 평균
2008학년도 사관기출

다음 물음에 답하여라.

(1) 주머니 속에 1부터 5까지의 자연수가 각각 하나씩 적힌 5개의 공이 들어 있다. 이 주머니에서 임의로 3개의 공을 동시에 꺼낼 때, 꺼낸 공에 적힌 수의 최솟값을 확률변수 X라 하자. 이때 X의 평균은?

① 1 ② $\dfrac{4}{3}$ ③ $\dfrac{3}{2}$ ④ $\dfrac{5}{3}$ ⑤ 2

(2) 1부터 6까지의 자연수가 하나씩 적혀있는 6개의 공이 들어있는 상자에서 임의로 3개의 공을 동시에 꺼낼 때, 이 3개의 공에 적혀 있는 수 중 가장 작은 수를 확률변수 X라 할 때, $E(4X+2)$의 값은?

① 9 ② 10 ③ 11 ④ 12 ⑤ 13

0577
확률분포가 표로 주어지지 않은 경우 확률변수의 분산
내신빈출

주머니 속에 1, 2, 3의 숫자가 하나씩 적혀 있는 공이 각각 3개, 2개, 1개 들어 있다. 이 주머니에서 임의로 두 개의 공을 꺼낼 때, 꺼낸 공에 적혀 있는 숫자의 합을 확률변수 X라 하자. $V(X)$의 값은?

① $\dfrac{2}{3}$ ② $\dfrac{5}{6}$ ③ $\dfrac{5}{8}$ ④ $\dfrac{5}{9}$ ⑤ $\dfrac{8}{9}$

0578
확률질량함수가 주어진 확률변수 $aX+b$의 평균과 분산
내신빈출

확률변수 X가 갖는 값이 -1, 0, 1, 2이고 X의 확률질량함수가

$$P(X=x)=\dfrac{x+2}{10}\ (x=-1,\ 0,\ 1,\ 2)$$

일 때, 두 상수 a, b에 대하여 확률변수 $Y=aX+b$의 평균이 0, 분산이 1이다. $3a+b$의 값은? (단, $a>0$)

① 1 ② 2 ③ 3 ④ 4 ⑤ 5

0579
확률분포의 표가 주어지지 않을 때 $aX+b$의 평균
내신빈출

100원짜리 동전 2개와 500원짜리 동전 2개를 동시에 던질 때, 100원짜리 동전 중 앞면이 나온 것의 개수와 500원짜리 동전 중 앞면이 나온 것의 개수의 곱을 확률변수 X라 하자. 확률변수 X의 확률분포는 오른쪽 표와 같다. 두 상수 a, b에 대하여 $E(aX+b)$의 값은?

X	0	1	2	4	합계
$P(X=x)$	a	$\dfrac{1}{4}$	b	$\dfrac{1}{16}$	1

① $\dfrac{11}{16}$ ② $\dfrac{13}{16}$ ③ $\dfrac{15}{16}$ ④ $\dfrac{17}{16}$ ⑤ $\dfrac{19}{16}$

0580

이항분포가 주어진
경우의 확률
내신빈출

어느 전자 회사에서 판매하고 있는 스마트폰에 대한 제조 회사별 고객의 선호도를 조사한 표는 다음과 같다.

제조회사	S	A	L	H	합계
선호도(%)	28	25	26	21	100

192명의 고객을 대상으로 선호도를 조사할 때, A제조 회사 제품을 선호하는 고객의 수를 확률변수 X라 할 때, $\sigma(3X+6)$의 값은? (단, 192명의 고객은 각각 한 제조 회사만을 선호한다.)

① 12　　② 14　　③ 16　　④ 18　　⑤ 20

0581

이항분포의 표가
주어진 경우
$aX+b$의 평균과 분산
내신빈출

다음 물음에 답하여라.

(1) 확률변수 X의 확률분포가 다음 표와 같다.

X	0	1	2	$\cdots$	10	합계
$\mathrm{P}(X=x)$	${}_{10}\mathrm{C}_0\left(\dfrac{1}{2}\right)^{10}$	${}_{10}\mathrm{C}_1\left(\dfrac{1}{2}\right)^{10}$	${}_{10}\mathrm{C}_2\left(\dfrac{1}{2}\right)^{10}$	$\cdots$	${}_{10}\mathrm{C}_{10}\left(\dfrac{1}{2}\right)^{10}$	1

상수 a, b에 대하여 $\mathrm{E}(aX+b)=30$, $\mathrm{V}(aX+b)=40$이라고 할 때, $a+b$의 값은? (단, $a>0$)

① 10　　② 12　　③ 14　　④ 16　　⑤ 18

(2) 확률변수 X의 확률분포가 다음 표와 같다.

X	0	1	$\cdots$	n	합계
$\mathrm{P}(X=x)$	${}_n\mathrm{C}_0\left(\dfrac{2}{5}\right)^n$	${}_n\mathrm{C}_1\left(\dfrac{3}{5}\right)^1\left(\dfrac{2}{5}\right)^{n-1}$	$\cdots$	${}_n\mathrm{C}_n\left(\dfrac{3}{5}\right)^n$	1

확률변수 $-5X+3a$의 평균이 -90, 분산이 120일 때, $n+a$의 값은? (단, a는 상수)

① 10　　② 20　　③ 30　　④ 40　　⑤ 50

0582

이항분포가 주어지지
않은 경우의 분산
내신빈출

한 개의 주사위를 던져 나온 눈의 수 a에 대하여 직선 $y=ax$와 원 $x^2+(y-3)^2=1$이 서로 다른 두 점에서 만나는 사건을 A라고 하자. 한 개의 주사위를 90번 던지는 시행에서 사건 A가 일어나는 횟수를 확률변수 X라고 할 때, X의 분산은?

① 16　　② 18　　③ 20　　④ 22　　⑤ 24

0583

이항분포가
주어지는 경우
내신빈출

확률변수 X는 이항분포 $\mathrm{B}(20,\ p)$를 따르고 확률변수 Y는 이항분포 $\mathrm{B}(21,\ p)$를 따른다고 한다.

$$\mathrm{E}(Y)-\mathrm{E}(X)=\frac{1}{3}$$

일 때, $\mathrm{P}(Y\geq 1)-\mathrm{P}(X\geq 1)$의 값은?

① $\left(\dfrac{2}{3}\right)^{20}$　　② $\left(\dfrac{2}{3}\right)^{21}$　　③ $\dfrac{1}{3}\left(\dfrac{2}{3}\right)^{20}$　　④ $\dfrac{1}{3}\left(\dfrac{2}{3}\right)^{21}$　　⑤ $\dfrac{1}{3}\left(\dfrac{2}{3}\right)^{22}$

0584

이항분포가
주어지는 경우
내신빈출

다음 물음에 답하여라.

(1) 확률변수 X가 이항분포 $\mathrm{B}(n,\ p)$를 따르고 다음 두 조건을 모두 만족할 때, 평균 $\mathrm{E}(X)$는?

(가) $\mathrm{V}(X)=\dfrac{8}{9}$

(나) $\mathrm{P}(X=1)=8\mathrm{P}(X=0)$

① $\dfrac{1}{2}$　　② $\dfrac{1}{3}$　　③ $\dfrac{3}{4}$　　④ $\dfrac{8}{3}$　　⑤ $\dfrac{8}{7}$

(2) 확률변수 X는 이항분포 $\mathrm{B}(n,\ p)$를 따르고 다음 조건을 만족시킨다. $\mathrm{E}(X^2)$의 값은? (단, $p\neq 0$)

(가) $\mathrm{V}(X)=12$

(나) $\mathrm{P}(X=n-1)=192\mathrm{P}(X=n)$

① 260　　② 264　　③ 268　　④ 272　　⑤ 276

정답　0580 : ④　　0581 : (1) ③ (2) ①　　0582 : ③　　0583 : ③　　0584 : (1) ④ (2) ③

0585

이산확률분포의
평균과 분산
서 술 형

여학생 4명과 남학생 3명중에서 임의로 대표 3명을 뽑을 때, 뽑힌 여학생의 수를 확률변수 X라 할 때, 다음 단계로 서술하여라.

[1단계] X의 확률질량함수를 구한다.

[2단계] X의 확률분포를 표로 나타낸다.

[3단계] 여학생이 적어도 2명 뽑힐 확률을 구한다.

[4단계] 평균 $\mathrm{E}(X)$를 구한다.

[5단계] 분산 $\mathrm{V}(X)$를 구한다.

0586

이산확률분포의
평균과 분산
서 술 형

이산확률변수 X의 확률분포가 오른쪽 표와 같다. $\mathrm{E}(X)=\dfrac{7}{8}$일 때, 분산 $\mathrm{V}(X)$의 값을 구하는 과정을 다음 단계로 서술하여라. (단, a, b는 상수이다.)

X	0	1	2	합계
$\mathrm{P}(X=x)$	$\dfrac{1}{4}$	a	b	1

[1단계] $a+b$의 값을 구한다.

[2단계] 1단계에서 구한 $a+b$와 $\mathrm{E}(X)=\dfrac{7}{8}$을 이용하여 a, b의 값을 구한다.

[3단계] 분산 $\mathrm{V}(X)$를 구한다.

0587

이산확률분포의
평균과 분산
2018학년도 사관기출
서 술 형

한 변의 길이가 1인 정육각형의 6개의 꼭짓점 중에서 임의로 서로 다른 3개의 점을 택하여 이 3개의 점을 꼭짓점으로 하는 삼각형을 만들 때, 이 삼각형의 넓이를 확률변수 X라 하자. 다음 단계로 서술하여라.

[1단계] 확률변수 X의 확률분포를 표로 나타낸다.

[2단계] $\mathrm{P}\left(X \geq \dfrac{\sqrt{3}}{2}\right)$의 값을 구한다.

[3단계] 확률변수 X의 기댓값을 구한다.

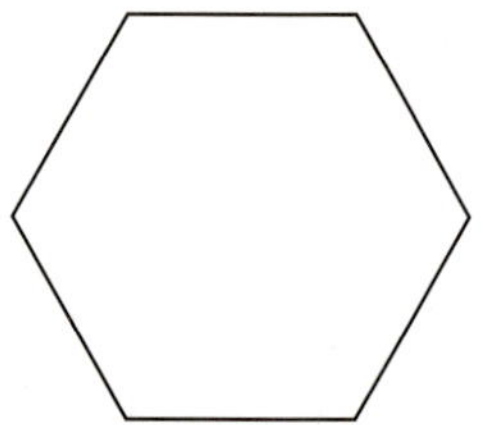

0588

확률변수 $aX+b$의
평균과 분산
서 술 형

확률변수 X가 갖는 값이 0, 1, 2, 3이고 X의 확률질량함수가

$$\mathrm{P}(X=x)=\frac{4-x}{k}\ (x=0,\ 1,\ 2,\ 3)$$

일 때, $\mathrm{E}(aX+b)=2$, $\mathrm{V}(aX+b)=1$을 만족하는 a, b에 대하여 $2a+b$의 값을 구하는 과정을 다음 단계로 서술하여라. (단, k, a, b는 상수이고 $a>0$)

[1단계] 확률변수 X의 확률분포를 표로 나타내고 상수 k의 값을 구한다.

[2단계] 확률변수 X의 평균 $\mathrm{E}(X)$와 분산 $\mathrm{V}(X)$를 구한다.

[3단계] $\mathrm{E}(aX+b)=2$, $\mathrm{V}(aX+b)=1$을 이용하여 상수 a, b의 값을 구한다.

[4단계] $2a+b$의 값을 구한다.

0589

확률변수 $aX+b$의
평균과 분산
서 술 형

확률변수 X가 이항분포 $\mathrm{B}(8,\ p)$를 따르고

$$\mathrm{P}(X=3)=\frac{1}{2}\mathrm{P}(X=4)$$

일 때, 확률변수 $13X$의 평균 $\mathrm{E}(13X+6)$을 구하는 과정을 다음 단계로 서술하여라. (단, $0<p<1$)

[1단계] 확률변수 X의 확률질량함수 $\mathrm{P}(X=x)$를 p를 사용하여 나타낸다.

[2단계] $\mathrm{P}(X=3)=\dfrac{1}{2}\mathrm{P}(X=4)$를 만족시키는 상수 p의 값을 구한다.

[3단계] $\mathrm{E}(13X+6)$을 구한다.

0590
확률분포의 표가
주어지지 않을 때
X^2의 평균

흰 공 2개와 검은 공 3개가 들어 있는 주머니에서 임의로 공을 한 개씩 꺼내어 공의 색을 확인한다. 흰 공 2개를 모두 꺼낼 때까지만 공을 꺼냈을 때, 주머니에 남아 있는 검은 공의 개수를 확률변수 X라 하자. $\mathrm{E}(X^2)$의 값은? (단, 꺼낸 공은 다시 넣지 않는다.)

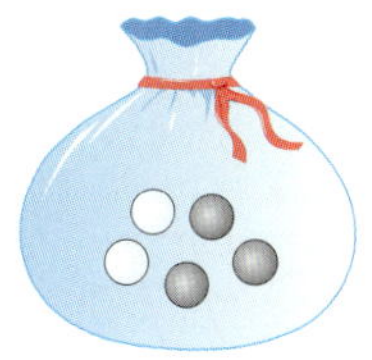

① $\dfrac{8}{5}$　　② $\dfrac{17}{10}$　　③ $\dfrac{9}{5}$　　④ $\dfrac{19}{10}$　　⑤ 2

0591
확률분포의 표가
주어지지 않을 때
X의 평균
2010년 03월 교육청

오른쪽 그림과 같이 숫자 1, 2, 3이 각각 하나씩 적혀 있는 흰 공 3개와 검은 공 3개가 들어있는 주머니가 있다. 이 주머니에서 임의로 2개의 공을 동시에 꺼낼 때, 꺼낸 공에 적혀 있는 숫자의 최솟값을 확률변수 X라 하자. X의 평균이 $\dfrac{q}{p}$일 때, $p+q$의 값을 구하여라. (단, p, q는 서로소인 자연수이다.)

0592
확률분포의 표가
주어지지 않을 때
X의 분산

오른쪽 그림과 같이 주머니 A에는 1, 2, 3이 적힌 공이 각각 한 개씩 들어 있고, 주머니 B에는 0, 1, 2가 적힌 공이 각각 한 개씩 들어있다. 주머니 A에서 임의로 2개의 공을 동시에 꺼내고 주머니 B에서 임의로 1개의 공을 꺼낼 때, 꺼낸 3개의 공에 적힌 수의 합을 확률변수 X라 하자. $\mathrm{V}(X)$의 값은?

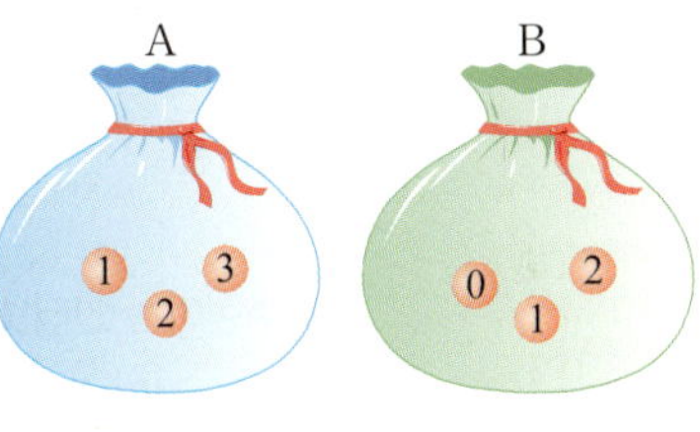

① 1　　② $\dfrac{4}{3}$　　③ $\dfrac{5}{3}$　　④ 2　　⑤ $\dfrac{7}{3}$

0593
확률분포의 표가
주어지지 않을 때
X의 분산

오른쪽 그림과 같이 좌표평면 위에 x좌표와 y좌표가 각각 0 또는 1 또는 2인 9개의 점이 있다. 이 9개의 점 중에서 임의로 서로 다른 2개의 점을 동시에 택할 때, 두 점의 x좌표의 합을 확률변수 X라 하자. $\mathrm{V}(6X)$의 값은?

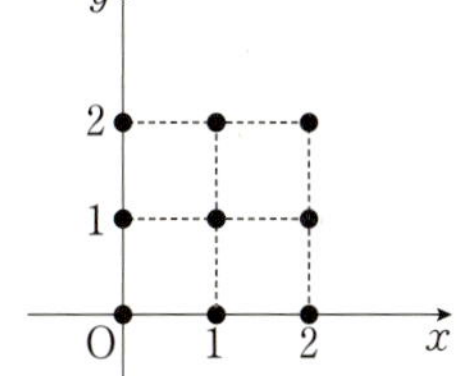

① 32　　② 36　　③ 40
④ 42　　⑤ 46

0594
이항분포의 표가
주어지지 않을 때
X의 평균과 분산

원점 O에서 출발하여 수직선 위를 움직이는 점 P는 주사위 1개를 던져서 홀수의 눈이 나오면 양의 방향으로 3만큼 움직이고, 짝수의 눈이 나오면 음의 방향으로 2만큼 움직인다.
주사위 1개를 10번 던질 때, 점 P의 좌표를 확률변수 X라고 하자. X의 평균과 분산을 구하여라.

0595
이항분포의 표가
주어지지 않을 때
X의 평균

소희는 기본점수로 100점을 부여 받고, 한 개의 주사위를 한 번 던지는 시행을 90회 하면서 다음과 같은 규칙으로 점수를 얻는다.

　(가) 주사위를 한 번 던져서 3의 배수의 눈이 나오면 소희의 점수에 3점을 더한다.
　(나) 주사위를 한 번 던져서 3의 배수의 눈이 나오지 않으면 소희의 점수에서 1점을 뺀다.

한 개의 주사위를 90회 던진 후 계산된 소희의 점수를 확률변수 X라 할 때, $\mathrm{V}(X)$의 값을 구하여라.

정답　0590 : ⑤　　0591 : 37　　0592 : ②　　0593 : ④　　0594 : 5, $\dfrac{125}{2}$　　0595 : 320

0596

두 개의 주사위를 던져서 나온 눈의 수의 곱을 N이라 하자.

$$N=k \cdot 2^n \ (k\text{는 홀수, } n\text{은 음이 아닌 정수})$$

일 때, n의 값을 확률변수 X라 하자. 이때 확률변수 $3X+9$의 평균을 구하여라.

0597

프로야구 한국시리즈는 두 팀이 출전하여 7번의 경기 중 4번을 먼저 이기는 팀이 우승팀이 된다. A, B 두 팀이 한국시리즈에 출전하여 우승팀이 정해지기까지 치른 경기의 수를 확률변수 X라 하자. 매 경기마다 각 팀이 이길 확률은 모두 $\frac{1}{2}$로 같다고 할 때, $E(16X)$의 값을 구하여라. (단, 두 팀이 경기를 할 때 무승부는 없다고 가정한다.)

0598

다음 물음에 답하여라.

(1) 어떤 학생이 오랜만에 방문하는 인터넷 사이트에 접속하기 위하여 비밀번호 여섯 자리를 입력하려고 한다. 이 학생은 비밀번호를 지정할 때, 앞의 네 자리는 항상 자신의 생일 숫자인 1023을 사용하고 뒤의 두 자리는 5, 6, 7, 8, 9 중에서 서로 다른 두 숫자를 택하여 사용하는데, 뒤의 두 자리 수가 전혀 기억나지 않는다. 비밀번호 입력을 시작하여 맞는지 확인하는 데 걸리는 시간은 10초이고, 접속에 실패한 비밀번호는 다시 입력하지 않는다. 처음 입력할 때부터 접속될 때까지 소요되는 시간의 기댓값은?

① 1분   ② 1분 30초   ③ 1분 45초   ④ 2분   ⑤ 3분 10초

(2) 수현이는 인터넷 강의 사이트에 회원으로 가입하면서 비밀번호를 10자리로 설정하였는데 앞의 4자리는 1318이라는 것이 정확히 기억났지만 뒤의 6자리는 영문자 e, e, b, b, s, s로 만들었다는 것만 기억나고 영문자 배열의 순서가 기억나지 않았다. 수현이는 비밀번호를 맞추어 로그인하기 위하여 1318○○○○○○과 같이 뒤의 6개의 자리에 e, e, b, b, s, s의 서로 다른 영문자 배열 중 임의로 한 배열을 선택하여 만든 비밀번호를 입력하여 로그인이 되는지 확인하는 과정을 반복하였다. 수현이가 처음으로 정확한 비밀번호를 맞추어 로그인이 될 때까지 확인한 횟수를 확률변수 X라 하자. $E(aX-1)=90$을 만족시키는 상수 a의 값은?

(단, 한 번 입력한 비밀번호는 다시 입력하지 않는다.)

① 2   ② 3   ③ 4   ④ 6   ⑤ 8

0599

주머니 속에 1, 2, 3, 4, 5의 수가 각각 하나씩 적힌 5개의 공이 들어 있다. 이 주머니에서 임의로 3개의 공을 동시에 꺼내어 적힌 수를 확인하고 다시 집어넣는 시행을 한다. 이와 같은 시행을 25회 반복할 때, 꺼낸 3개의 공에 적힌 수들 중 두 수의 합이 나머지 한 수와 같은 경우가 나오는 횟수를 확률변수 X라 하자. 확률변수 X^2의 평균 $E(X^2)$의 값은?

① 102   ② 104   ③ 106   ④ 108   ⑤ 110

0600

오른쪽 그림과 같이 한 모서리의 길이가 2인 정육면체에서 서로 다른 세 꼭짓점을 택하여 만든 삼각형의 넓이를 확률변수 X라 할 때, $E(7X^2)$의 값을 구하는 과정을 다음 단계로 서술하여라.

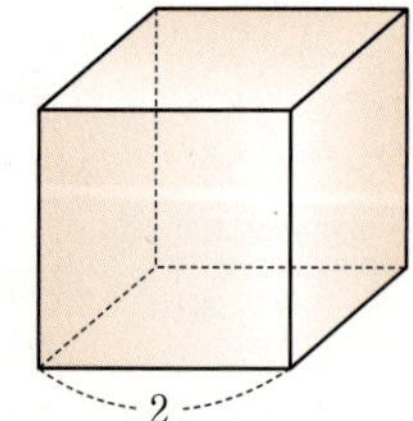

[1단계] X의 확률분포를 표로 나타낸다.

[2단계] 확률 $P(2 \leq X \leq 3)$을 구한다.

[3단계] $E(7X^2)$의 값을 구한다.

정답   0596 : 13   0597 : 93   0598 : (1) ③ (2) ①   0599 : ③   0600 : 해설참조

확률변수 X의 빈칸추론

수능특강문제 01
2018학년도 수능기출

확률변수 X의 확률분포를 표로 나타내면 다음과 같다.

X	0.121	0.221	0.321	합계
$P(X=x)$	a	b	$\dfrac{2}{3}$	1

다음은 $E(X)=0.271$일 때, $V(X)$를 구하는 과정이다.

$Y=10X-2.21$이라 하자.
확률변수 Y의 확률분포를 표로 나타내면 다음과 같다.

Y	-1	0	1	합계
$P(Y=y)$	a	b	$\dfrac{2}{3}$	1

$E(Y)=10E(X)-2.21=0.5$이므로 $a=\boxed{\text{(가)}}$, $b=\boxed{\text{(나)}}$

이고 $V(Y)=\dfrac{7}{12}$이다.

한편, $Y=10X-2.21$이므로 $V(Y)=\boxed{\text{(다)}}\times V(X)$이다.

따라서 $V(X)=\dfrac{1}{\boxed{\text{(다)}}}\times\dfrac{7}{12}$이다.

위의 (가), (나), (다)에 알맞은 수를 각각 p, q, r이라 할 때, pqr의 값은? (단, a, b는 상수이다.)

① $\dfrac{13}{9}$ ② $\dfrac{16}{9}$ ③ $\dfrac{19}{9}$ ④ $\dfrac{22}{9}$ ⑤ $\dfrac{25}{9}$

수능특강 풀이

STEP A 확률변수 Y의 확률의 합이 1이고 평균을 이용하여 a, b의 값 구하기

$Y=10X-2.21$이라 하자. 확률변수 Y의 확률분포를 표로 나타내면 다음과 같다.

Y	-1	0	1	합계
$P(Y=y)$	a	b	$\dfrac{2}{3}$	1

확률의 총합이 1이므로 $a+b+\dfrac{2}{3}=1$ $\therefore a+b=\dfrac{1}{3}$ $\cdots\cdots$ ㉠

또, $E(Y)=10E(X)-2.21=10\cdot0.271-2.21=0.5=\dfrac{1}{2}$이므로

$E(Y)=(-1)\times a+0\times b+1\times\dfrac{2}{3}=-a+\dfrac{2}{3}=\dfrac{1}{2}$ $\cdots\cdots$ ㉡

그러므로 ㉠과 ㉡에서 $a=\boxed{\dfrac{1}{6}}$, $b=\boxed{\dfrac{1}{6}}$

STEP B $V(aX+b)=a^2V(X)$를 이용하여 빈칸추론하기

이고 $V(Y)=\dfrac{7}{12}$이다.

한편 $Y=10X-2.21$이므로 $V(Y)=\boxed{100}\times V(X)$이다. ← $V(aX+b)=a^2V(X)$

따라서 $V(X)=\dfrac{1}{\boxed{100}}\times\dfrac{7}{12}$이다.

STEP C pqr의 값 구하기

그러므로 $p=\dfrac{1}{6}$, $q=\dfrac{1}{6}$, $r=100$이므로 $pqr=\dfrac{1}{6}\times\dfrac{1}{6}\times100=\dfrac{25}{9}$

 확률변수 X의 값이 0.121, 0.221, 0.321이므로 평균과 분산을 구할 때, 계산이 복잡하므로 확률변수 Y의 값을 $Y=10X-2.21$로 변형하면 평균과 분산의 성질을 이용하여 간편하게 평균과 분산을 구할 수 있다.

앞면에 숫자 1, 2, 3, 4, 5가 하나씩 적혀 있는 5장의 카드가 상자에 들어 있다. 이 상자에서 임의로 3장의 카드를 한 장씩 꺼내고, 꺼낸 순서대로 카드의 뒷면에 숫자 1, 2, 3을 차례로 적는다. 이 3장의 카드 중 앞뒤 양쪽 면에 서로 다른 숫자가 적혀 있는 카드의 개수를 확률변수 X라 하자. 예를 들어 꺼낸 카드의 앞면에 적혀 있는 숫자가 차례로 4, 1, 3인 경우는 $X=2$이다. 다음은 확률변수 X의 평균 $\mathrm{E}(X)$를 구하는 과정이다. (단, 상자에서 꺼내기 전 카드의 뒷면에서 숫자가 적혀 있지 않고 꺼낸 카드는 상자에 다시 넣지 않는다.)

> 상자에 들어있는 5장의 카드 중에서 임의로 3장의 카드를 한 장씩 꺼내고, 꺼낸 순서대로 카드의 뒷면에 숫자 1, 2, 3을 차례로 적는 경우의 수는 $_5\mathrm{P}_3=60$이다.
>
> 확률변수 X가 가질 수 있는 값은 0, 1, 2, 3이므로
>
> (i) $X=0$인 사건은
>
> 　3장의 카드 모두 앞뒤 양쪽 면에 적혀 있는 숫자가 서로 같은 경우이다. 그러므로 $\mathrm{P}(X=0)=\dfrac{1}{60}$
>
> (ii) $X=1$인 사건은
>
> 　앞뒤 양쪽 면에 적혀 있는 숫자가 서로 다른 카드가 1장이고, 나머지 2장의 카드는 앞뒤 양쪽 면에 적혀 있는 숫자가 서로 같은 경우이다. 그러므로 $\mathrm{P}(X=1)=\boxed{\ (가)\ }$
>
> (iii) $X=2$인 사건은
>
> 　앞뒤 양쪽 면에 적혀 있는 숫자가 서로 다른 카드가 2장이고, 나머지 1장의 카드는 앞뒤 양쪽 면에 적혀 있는 숫자가 서로 같은 경우이다. 그러므로 $\mathrm{P}(X=2)=\boxed{\ (나)\ }$
>
> (iv) $X=3$인 사건의 경우에는
>
> 　확률질량함수의 성질에 의하여 $\mathrm{P}(X=3)=1-\left(\dfrac{1}{60}+\boxed{\ (가)\ }+\boxed{\ (나)\ }\right)$
>
> 이다. 따라서 $\mathrm{E}(X)=\displaystyle\sum_{k=0}^{3}\{k\times\mathrm{P}(X=k)\}=\boxed{\ (다)\ }$

위의 (가), (나), (다)에 알맞은 수를 각각 a, b, c라 할 때, $10a+20b+5c$의 값을 구하여라.

수능특강 풀이 ▶ 꺼낸 3장의 카드의 앞면에 적혀 있는 수를 차례로 α, β, γ라 할 때, 이를 순서쌍 (α, β, γ)와 같이 나타내자.

(i) $X=0$인 사건은

앞뒤 양쪽 면에 적혀 있는 숫자가 모두 같은 경우이므로 $(1, 2, 3)$의 1가지

$$\mathrm{P}(X=0)=\dfrac{1}{60}$$

(ii) $X=1$인 사건은

앞뒤 양쪽 면에 적혀 있는 숫자가 서로 같은 카드의 개수가 2인 경우이다.

앞뒤 양쪽 면에 적혀 있는 숫자가 1과 2로 같은 경우는 $(1, 2, 4)$, $(1, 2, 5)$의 2가지

앞뒤 양쪽 면에 적혀 있는 숫자가 1과 3 또는 2와 3으로 같은 경우도 각각 2가지이므로

$$\mathrm{P}(X=1)=\dfrac{2\times3}{60}=\boxed{\dfrac{1}{10}}$$

(iii) $X=2$인 사건은

앞뒤 양쪽 면에 적혀 있는 숫자가 서로 같은 카드의 개수가 1인 경우이다.

앞뒤 양쪽 면에 적혀 있는 숫자가 1로 같은 경우는

$(1, 3, 2)$, $(1, 3, 4)$, $(1, 3, 5)$, $(1, 4, 2)$, $(1, 4, 5)$, $(1, 5, 2)$, $(1, 5, 4)$의 7가지

앞뒤 양쪽 면에 적혀 있는 숫자가 2 또는 3으로 같은 경우도 각각 7가지이므로

$$\mathrm{P}(X=2)=\dfrac{7\times3}{60}=\boxed{\dfrac{7}{20}}$$

(iv) $X=3$인 사건의 경우는

확률질량함수의 성질에 의하여

$$\mathrm{P}(X=3)=1-\{\mathrm{P}(X=0)+\mathrm{P}(X=1)+\mathrm{P}(X=2)\}=1-\left(\dfrac{1}{60}+\boxed{\dfrac{1}{10}}+\boxed{\dfrac{7}{20}}\right)=\dfrac{8}{15}$$

확률변수 X의 확률분포를 표로 나타내면 오른쪽 그림과 같다.

X	0	1	2	3	합계
$\mathrm{P}(X=x)$	$\dfrac{1}{60}$	$\dfrac{1}{10}$	$\dfrac{7}{20}$	$\dfrac{8}{15}$	1

$$\mathrm{E}(X)=0\times\dfrac{1}{60}+1\times\dfrac{1}{10}+2\times\dfrac{7}{20}+3\times\dfrac{8}{15}=\dfrac{12}{5}$$

$$\mathrm{E}(X)=\displaystyle\sum_{k=0}^{3}\{k\times\mathrm{P}(X=k)\}=\boxed{\dfrac{12}{5}}$$

따라서 $a=\dfrac{1}{10}$, $b=\dfrac{7}{20}$, $c=\dfrac{12}{5}$이므로 $10a+20b+5c=20$

서로 같은 흰 공 4개와 서로 같은 검은 공 3개가 들어 있는 주머니에서 임의로 공을 한 개씩 모두 꺼낼 때, 꺼낸 순서대로 1부터 7까지의 번호를 부여한다. 4개의 흰 공에 부여된 번호 중 두 번째로 작은 번호를 확률변수 X라 할 때, 다음은 $\mathrm{E}(X)$를 구하는 과정이다.

공에 번호를 부여하는 모든 경우의 수를 N이라 하면 N은 서로 같은 흰 공 4개와 서로 같은 검은 공 3개를 일렬로 나열하는 경우의 수와 같으므로 N= (가) 이고, 확률변수 X가 가질 수 있는 값은 2, 3, 4, 5이다.

(i) $X=2$일 때,

번호 2가 부여된 흰 공 앞에 흰 공 1개,

번호 2가 부여된 흰 공 뒤에 흰 공 2개와 검은 공 3개를 나열하는 경우의 수는

$$1 \times \dfrac{5!}{2! \times 3!}$$ 이므로 $\mathrm{P}(X=2)=\dfrac{10}{\mathrm{N}}$

(ii) $X=3$일 때,

번호 3이 부여된 흰 공 앞에 흰 공 1개와 검은 공 1개,

번호 3이 부여된 흰 공 뒤에 흰 공 2개와 검은 공 2개를 나열하는 경우의 수는

$$2! \times \dfrac{4!}{2! \times 2!}$$ 이므로 $\mathrm{P}(X=3)=\dfrac{12}{\mathrm{N}}$

(iii) $X=4$일 때,

번호 4가 부여된 흰 공 앞에 흰 공 1개와 검은 공 2개,

번호 4가 부여된 흰 공 뒤에 흰 공 2개와 검은 공 1개를 나열하는 경우의 수는

(나) 이므로 $\mathrm{P}(X=4)=\dfrac{\text{(나)}}{\mathrm{N}}$

(iv) $X=5$일 때,

확률질량함수의 성질에 의하여 $\mathrm{P}(X=5)=1-\{\mathrm{P}(X=2)+\mathrm{P}(X=3)+\mathrm{P}(X=4)\}$

따라서 $\mathrm{E}(X)=\displaystyle\sum_{k=2}^{5}\{k \times \mathrm{P}(X=k)\}=$ (다)

위의 (가), (나), (다)에 알맞은 수를 각각 a, b, c라 할 때, $a+b+5c$의 값을 구하여라.

공에 번호를 부여하는 모든 경우의 수를 N이라 하면 N은 서로 같은 흰 공 4개와 서로 같은 검은 공 3개를 일렬로 나열하는 경우의 수와 같으므로 N= $a=\dfrac{7!}{4! \times 3!}=35$ 이고, 확률변수 X가 가질 수 있는 값은 2, 3, 4, 5이다.

(i) $X=2$일 때,

번호 2가 부여된 흰 공 앞에 흰 공 1개,

번호 2가 부여된 흰 공 뒤에 흰 공 2개와 검은 공 3개를 나열하는

경우의 수는 $1 \times \dfrac{5!}{2! \times 3!}=10$이므로 $\mathrm{P}(X=2)=\dfrac{10}{\mathrm{N}}$

1	2	3	4	5	6	7
●	○	○○●●●을 일렬로 나열				

(ii) $X=3$일 때,

번호 3이 부여된 흰 공 앞에 흰 공 1개와 검은 공 1개,

번호 3이 부여된 흰 공 뒤에 흰 공 2개와 검은 공 2개를 나열하는 경우의 수는

$$2! \times \dfrac{4!}{2! \times 2!}=12$$ 이므로 $\mathrm{P}(X=3)=\dfrac{12}{\mathrm{N}}$

1	2	3	4	5	6	7
○	●	○	○○●●을 일렬로 나열			
●	○					

(iii) $X=4$일 때,

번호 4가 부여된 흰 공 앞에 흰 공 1개와 검은 공 2개,

번호 4가 부여된 흰 공 뒤에 흰 공 2개와 검은 공 1개를 나열하는

경우의 수는 $b=\dfrac{3!}{2!} \times \dfrac{3!}{2!}=9$ 이므로 $\mathrm{P}(X=4)=\dfrac{9}{\mathrm{N}}$

1	2	3	4	5	6	7
○●●을 일렬로 나열			○	○○●을 일렬로 나열		

(iv) $X=5$일 때,

확률질량함수의 성질에 의하여 $\mathrm{P}(X=5)=1-\{\mathrm{P}(X=2)+\mathrm{P}(X=3)+\mathrm{P}(X=4)\}$

확률변수 X의 확률분포를 표로 나타내면 오른쪽 그림과 같다.

$$c=2 \times \dfrac{10}{35}+3 \times \dfrac{12}{35}+4 \times \dfrac{9}{35}+5 \times \dfrac{4}{35}=\dfrac{16}{5}$$

$$\mathrm{E}(X)=\sum_{k=2}^{5}\{k \times \mathrm{P}(X=k)\}=\dfrac{16}{5}$$

X	2	3	4	5	합계
$\mathrm{P}(X=x)$	$\dfrac{10}{35}$	$\dfrac{12}{35}$	$\dfrac{9}{35}$	$\dfrac{4}{35}$	1

따라서 $a+b+5c=35+9+5 \times \dfrac{16}{5}=60$

숫자 2, 2, 3, 4가 각각 하나씩 적힌 공 4개가 들어 있는 주머니가 있다. 이 주머니에서 임의로 공을 한 개 꺼내어 그 공에 적힌 수를 종이에 적고, 꺼낸 공을 주머니에 다시 넣는 시행을 반복할 때 종이에 적힌 모든 수의 합이 처음으로 9 이상이 될 때까지 주머니에서 공을 꺼낸 횟수를 확률변수 X 라 하자. 다음은 $E(X)$의 값을 구하는 과정이다.

주머니에서 임의로 꺼낸 공에 적힌 수가 2, 3, 4일 확률은 각각 $\dfrac{1}{2}$, $\dfrac{1}{4}$, $\dfrac{1}{4}$이고,

확률변수 X가 가질 수 있는 값은 3, 4, 5이다.

(i) $X=5$인 사건은

공을 4번 꺼낼 때까지 종이에 적힌 수의 합이 8인 경우뿐이므로

$$P(X=5)=\boxed{\text{(가)}}$$

(ii) $X=4$인 사건은

공을 3번 꺼낼 때까지 종이에 적힌 수의 합이 6이고 네 번째 꺼낸 공에 적힌 수가 3 이상인 경우

공을 3번 꺼낼 때까지 종이에 적힌 수의 합이 7인 경우

공을 3번 꺼낼 때까지 종이에 적힌 수의 합이 8인 경우로 나눌 수 있다.

그러므로

$$P(X=4)={}_3C_3\left(\frac{1}{2}\right)^3\times\left(\frac{1}{4}+\frac{1}{4}\right)+\boxed{\text{(나)}}+\left\{{}_3C_2\left(\frac{1}{2}\right)^2\left(\frac{1}{4}\right)^1+{}_3C_1\left(\frac{1}{2}\right)^1\left(\frac{1}{4}\right)^2\right\}$$

(i), (ii)에서 $P(X=3)=1-P(X=5)-P(X=4)$이므로 $E(X)=\boxed{\text{(다)}}$

위의 (가), (나), (다)에 알맞은 수를 각각 a, b, c라 할 때, $a+b+c$의 값은?

① $\dfrac{109}{32}$　　② $\dfrac{113}{32}$　　③ $\dfrac{117}{32}$　　④ $\dfrac{121}{32}$　　⑤ $\dfrac{125}{32}$

수능특강 풀이 ▶ 확률변수 X가 가질 수 있는 값은 3, 4, 5이다.

주머니에서 임의로 꺼낸 공에 적힌 수가 2, 3, 4일 확률은 각각 $\dfrac{1}{2}$, $\dfrac{1}{4}$, $\dfrac{1}{4}$

(i) $X=5$인 사건은

공을 4번 꺼낼 때까지 종이에 적힌 수의 합이 8인 경우뿐이므로

$$P(X=5)={}_4C_4\left(\frac{1}{2}\right)^4=\boxed{\frac{1}{16}}$$

(ii) $X=4$인 사건은

공을 3번 꺼낼 때까지 종이에 적힌 수의 합이 6이고 네 번째 꺼낸 공에 적힌 수가 3 이상인 경우

공을 3번 꺼낼 때까지 종이에 적힌 수의 합이 7인 경우

공을 3번 꺼낼 때까지 종이에 적힌 수의 합이 8인 경우로 나눌 수 있다.

그러므로

$$P(X=4)={}_3C_3\left(\frac{1}{2}\right)^3\times\left(\frac{1}{4}+\frac{1}{4}\right)+\boxed{{}_3C_2\left(\frac{1}{2}\right)^2\left(\frac{1}{4}\right)^1}+\left\{{}_3C_2\left(\frac{1}{2}\right)^2\left(\frac{1}{4}\right)^1+{}_3C_1\left(\frac{1}{2}\right)^1\left(\frac{1}{4}\right)^2\right\}$$

$$=\frac{1}{16}+\boxed{\frac{3}{16}}+\left(\frac{3}{16}+\frac{3}{32}\right)=\frac{17}{32}$$

(i), (ii)에서 $P(X=3)=1-P(X=5)-P(X=4)=\dfrac{13}{32}$

확률변수 X의 확률분포를 표로 나타내면 다음과 같다.

X	3	4	5	합계
$P(X=k)$	$\dfrac{13}{32}$	$\dfrac{17}{32}$	$\dfrac{1}{16}$	1

$$E(X)=3\times\frac{13}{32}+4\times\frac{17}{32}+5\times\frac{1}{16}=\frac{39+68+10}{32}=\boxed{\frac{117}{32}}$$

따라서 $a=\dfrac{1}{16}$, $b=\dfrac{3}{16}$, $c=\dfrac{117}{32}$이므로 $a+b+c=\dfrac{2+6+117}{32}=\dfrac{125}{32}$

점 P가 수직선 위의 원점에 놓여 있다. 한 개의 주사위를 던져 나온 눈의 수가 6의 약수이면 점 P를 양의 방향으로 2만큼, 6의 약수가 아니면 음의 방향으로 1만큼 움직이는 시행을 반복한다. 점 P의 좌표가 9 이상 또는 −4 이하가 되거나 시행 횟수가 6회가 되면 위 시행을 멈춘다고 할 때, 점 P의 최종 위치의 좌표를 확률변수 X라 하자.

다음은 확률변수 X의 평균 $\mathrm{E}(X)$를 구하는 과정이다.

위의 시행을 5회 이하로 하게 되는 경우는 6의 약수인 눈이 처음부터 연속으로 5회 나오거나 6의 약수가 아닌 눈이 처음부터 연속으로 4회 나오는 경우뿐이다.

확률변수 X가 가질 수 있는 값의 최솟값은 −4이고 최댓값은 (가) 이다.

$$P(X=-4)=\left(\frac{1}{3}\right)^4$$

$$P(X=-3)=\boxed{(나)}\times\left(\frac{2}{3}\right)^1\left(\frac{1}{3}\right)^5$$

$$P(X=0)=(_6C_2-1)\left(\frac{2}{3}\right)^2\left(\frac{1}{3}\right)^4$$

$$P(X=3)=_6C_3\left(\frac{2}{3}\right)^3\left(\frac{1}{3}\right)^3$$

$$P(X=6)=_6C_4\left(\frac{2}{3}\right)^4\left(\frac{1}{3}\right)^2$$

$$P(X=9)=\boxed{(다)}\times\left(\frac{2}{3}\right)^5\left(\frac{1}{3}\right)^1$$

$$P\left(X=\boxed{(가)}\right)=\left(\frac{2}{3}\right)^5$$

따라서 $\mathrm{E}(X)=\dfrac{1420}{243}$

위의 (가), (나), (다)에 알맞은 수를 각각 a, b, c라 할 때, $a+b+c$의 값은?

① 17　　　　② 18　　　　③ 19　　　　④ 20　　　　⑤ 21

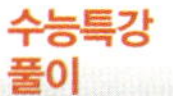

STEP Ⓐ 확률변수 X의 최댓값 구하기

주사위의 눈이 처음부터 6의 약수가 연속으로 5회 나오는 경우

확률변수 X는 최댓값을 갖고 그 값은 $\boxed{10}$이므로 $a=10$

STEP Ⓑ $X=-3$일 때, 독립시행의 확률 구하기

6의 약수인 눈이 나오는 경우를 ○, 6의 약수가 아닌 눈이 나오는 경우를 ×라 하자.

$X=-3$인 경우는

6의 약수인 눈이 1회, 6의 약수가 아닌 눈이 5회 나오는 경우의 $_6C_1$가지 중

×××××○, ×××××○× ←6의 약수가 아닌 눈이 처음부터 연속으로 4회 나오면 멈춘다.

인 경우를 제외한 $_6C_1-2$가지이므로

$$P(X=-3)=\boxed{_6C_1-2}\times\left(\frac{2}{3}\right)^1\left(\frac{1}{3}\right)^5$$

∴ $b=4$

STEP Ⓒ $X=9$일 때, 독립시행의 확률 구하기

$X=9$인 경우는

6의 약수인 눈이 5회, 6의 약수가 아닌 눈이 1회 나오는 경우의 $_6C_1$가지 중

○○○○○× ←6의 약수가 처음부터 연속으로 5회 나오면 멈춘다.

인 경우를 제외한 $_6C_1-1$가지이므로

$$P(X=9)=\boxed{_6C_1-1}\times\left(\frac{2}{3}\right)^5\left(\frac{1}{3}\right)^1$$

∴ $c=5$

따라서 $a+b+c=10+4+5=19$

무게가 1인 추 6개, 무게가 2인 추 3개와 비어 있는 주머니 1개가 있다. 주사위 한 개를 사용하여 다음의 시행을 한다. (단, 무게의 단위는 g이다.)

주사위를 한 번 던져 나온 눈의 수가 2 이하이면 무게가 1인 추 1개를 주머니에 넣고, 눈의 수가 3 이상이면 무게가 2인 추 1개를 주머니에 넣는다.

위의 시행을 반복하여 주머니에 들어 있는 추의 총무게가 처음으로 6보다 크거나 같을 때, 주머니에 들어 있는 추의 개수를 확률변수 X라 하자. 다음은 X의 확률질량함수 $\mathrm{P}(X=x)$ $(x=3, 4, 5, 6)$을 구하는 과정이다.

(i) $X=3$인 사건은

주머니에 무게가 2인 추 3개가 들어 있는 경우이므로 $\mathrm{P}(X=3)=\boxed{(가)}$

(ii) $X=4$인 사건은

세 번째 시행까지 넣은 추의 총무게가 4이고 네 번째 시행에서 무게가 2인 추를 넣는 경우와

세 번째 시행까지 넣은 추의 총무게가 5인 경우로 나눌 수 있다. 그러므로

$$\mathrm{P}(X=4)=\boxed{(나)}+{}_3\mathrm{C}_1\left(\frac{1}{3}\right)^1\left(\frac{2}{3}\right)^2$$

(iii) $X=5$인 사건은

네 번째 시행까지 넣은 추의 총무게가 4이고 다섯 번째 시행에서 무게가 2인 추를 넣는 경우와

네 번째 시행까지 넣은 추의 총무게가 5인 경우로 나눌 수 있다. 그러므로

$$\mathrm{P}(X=5)={}_4\mathrm{C}_4\left(\frac{1}{3}\right)^4\left(\frac{2}{3}\right)^0\times\frac{2}{3}+\boxed{(다)}$$

(iv) $X=6$인 사건은

다섯 번째 시행까지 넣은 추의 총무게가 5인 경우이므로 $\mathrm{P}(X=6)=\left(\frac{1}{3}\right)^5$

위의 (가), (나), (다)에 알맞은 수를 각각 a, b, c라 할 때, $\dfrac{ab}{c}$의 값은?

① $\dfrac{4}{9}$ ② $\dfrac{7}{9}$ ③ $\dfrac{10}{9}$ ④ $\dfrac{13}{9}$ ⑤ $\dfrac{16}{9}$

수능특강 풀이 ▶ 주사위를 한 번 던져 나온 눈의 수가 2 이하일 확률은 $\dfrac{1}{3}$이므로 무게가 1인 추 1개를 주머니에 넣을 확률은 $\dfrac{1}{3}$이고

주사위를 한 번 던져 나온 눈의 수가 3 이상일 확률은 $\dfrac{2}{3}$이므로 무게가 2인 추 1개를 주머니에 넣을 확률은 $\dfrac{2}{3}$이다.

이때 확률변수 X의 값에 따른 X의 확률질량함수 $\mathrm{P}(X=x)$를 구하는 과정은 다음과 같다.

(i) $X=3$인 사건은 주머니에 무게가 2인 추 3개가 들어 있는 경우이므로

$$\mathrm{P}(X=3)=\left(\frac{2}{3}\right)^3=\boxed{\frac{8}{27}}$$

(ii) $X=4$인 사건은

세 번째 시행까지 넣은 추의 총무게가 4이고 네 번째 시행에서 무게가 2인 추를 넣는 경우와

세 번째 시행까지 넣은 추의 총무게가 5인 경우로 나눌 수 있다. 그러므로

$$\mathrm{P}(X=4)=\boxed{{}_3\mathrm{C}_2\left(\frac{1}{3}\right)^2\left(\frac{2}{3}\right)\times\frac{2}{3}}+{}_3\mathrm{C}_1\left(\frac{1}{3}\right)^1\left(\frac{2}{3}\right)^2\times 1 \quad\longleftarrow \text{추의 무게가 }(1, 1, 2)+2\text{ 또는 }(1, 2, 2)+(1\text{이거나 }2)$$

$$\mathrm{P}(X=4)=\boxed{\frac{4}{27}}+{}_3\mathrm{C}_1\left(\frac{1}{3}\right)^1\left(\frac{2}{3}\right)^2$$

(iii) $X=5$인 사건은

네 번째 시행까지 넣은 추의 총무게가 4이고 다섯 번째 시행에서 무게가 2인 추를 넣는 경우와

네 번째 시행까지 넣은 추의 총무게가 5인 경우로 나눌 수 있다. 그러므로

$$\mathrm{P}(X=5)={}_4\mathrm{C}_4\left(\frac{1}{3}\right)^4\left(\frac{2}{3}\right)^0\times\frac{2}{3}+\boxed{{}_4\mathrm{C}_3\left(\frac{1}{3}\right)^3\left(\frac{2}{3}\right)^1\times 1} \quad\longleftarrow \text{추의 무게가 }(1, 1, 1, 1)+2\text{ 또는 }(1, 1, 1, 2)+(1\text{이거나 }2)$$

$$\mathrm{P}(X=5)={}_4\mathrm{C}_4\left(\frac{1}{3}\right)^4\left(\frac{2}{3}\right)^0\times\frac{2}{3}+\boxed{\frac{8}{81}}$$

(iv) $X=6$인 사건은 다섯 번째 시행까지 넣은 추의 총무게가 5인 경우이므로 $\mathrm{P}(X=6)=\left(\frac{1}{3}\right)^5$

(i)~(iii)에 의하여 $a=\dfrac{8}{27}$, $b=\dfrac{4}{27}$, $c=\dfrac{8}{81}$ $\therefore \dfrac{ab}{c}=\dfrac{\dfrac{8}{27}\times\dfrac{4}{27}}{\dfrac{8}{81}}=\dfrac{4}{9}$

수능과 내신의 수학개념서

mapl 마플 교과서

MAPL SERIES www.mapl.co.kr

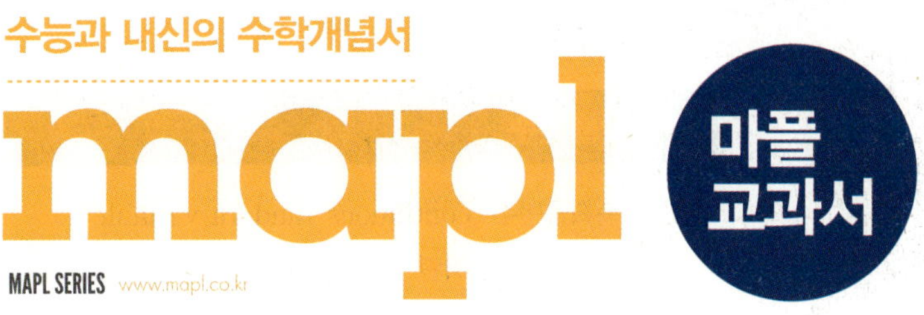

확률과 통계

Ⅰ 경우의 수 Ⅱ 확률 Ⅲ 통계

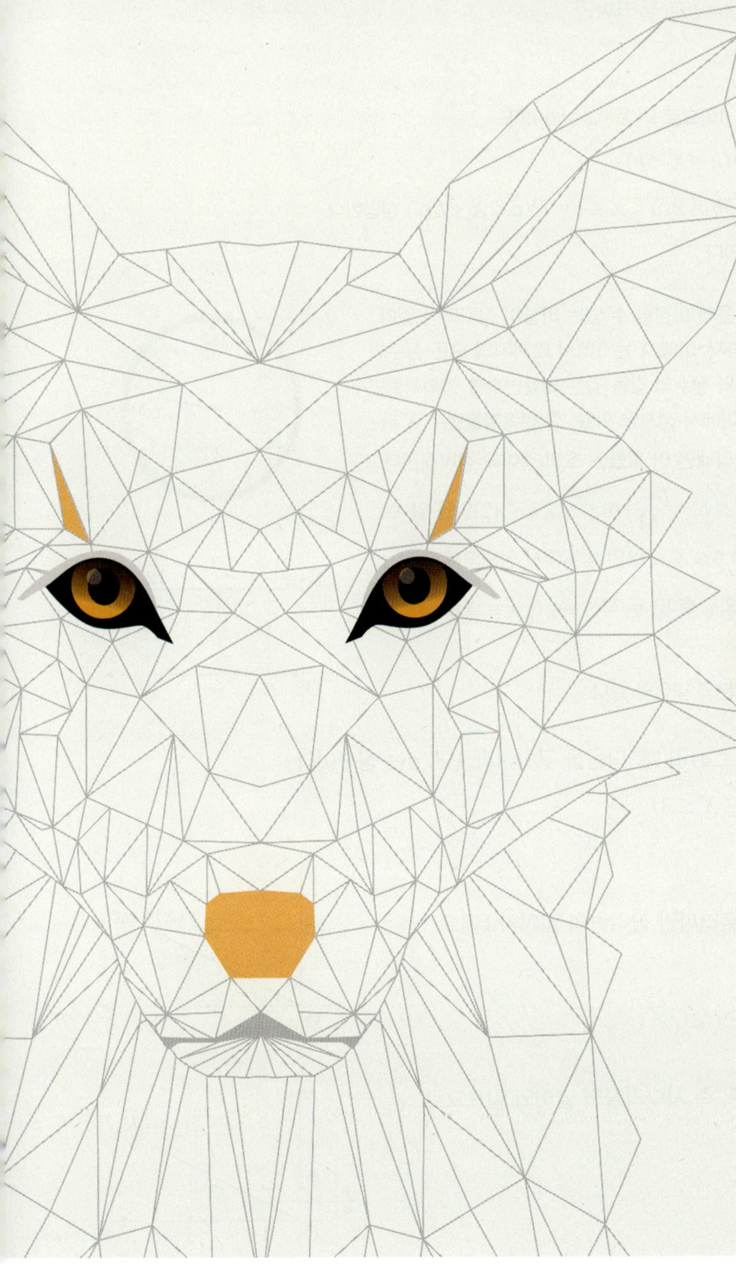

02

연속확률분포

1. 연속확률변수의 확률분포
2. 정규분포
3. 이항분포와 정규분포의 관계

01 연속확률변수의 확률분포

01 연속확률변수

(1) 연속확률변수 (continuous random variable)

확률변수 X가 어떤 구간에 속하는 모든 실수 값을 취할 때, 확률변수 X를 연속확률변수라고 한다.

(2) 확률밀도함수

연속확률변수 X가 $\alpha \le X \le \beta$에 속하는 모든 실수 값을 취할 때, 다음 조건을 모두 만족시키는 함수 $f(x)$를 확률변수 X의 확률밀도함수라고 한다.

① 모든 실수 x에 대하여 $f(x) \ge 0$

② 함수 $y=f(x)$의 그래프와 x축 및 두 직선 $x=\alpha$, $x=\beta$로 둘러싸인 부분의 넓이는 1이다.

③ 연속확률변수 X가 a 이상 b 이하의 값을 가질 확률

$$P(a \le X \le b)$$

는 $f(x)$의 그래프와 x축 및 두 직선 $x=a$, $x=b$로 둘러싸인

부분의 넓이와 같다. (단, $\alpha \le a \le b \le \beta$)

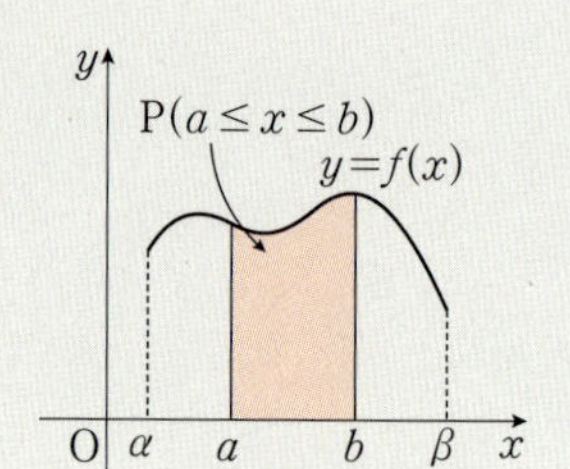

참고 ◈ 연속확률변수 X가 특정한 값 x를 가질 확률은 0이므로 $P(X=x)=0$이다.

$$P(a \le X \le b) = P(a \le X < b) + P(X=b) = P(a \le X < b)$$

마찬가지 방법으로 $P(a \le X \le b) = P(a \le X < b) = P(a < X \le b) = P(a < X < b)$이 성립한다.

EX 연속확률변수로는 키, 몸무게, 시간, 온도 등이 있다.

오른쪽 그림과 같이 수평으로 놓인 원판의 중심에 자유롭게 회전할 수 있는 바늘이 장치되어 있다. 이 바늘을 회전시켜 저절로 멈춘 곳의 눈금을 X라고 하자. 이때 X는 0에서 12까지의 모든 실수의 값을 가질 수 있다. 이와 같이 어떤 범위에 속하는 임의의 실수의 값을 갖는 확률변수를 연속확률변수라 한다. 이때, 바늘이 눈금 a와 $b(0 \le a \le b \le 12)$ 사이에서 정지할 확률, 즉 연속확률변수 X가 a 이상 b 이하의 값을 가질 확률을 $P(a \le X \le b)$로 나타내면 이 확률은 호의 길이에 정비례한다고 볼 수 있다. 이때 전체 호의 길이를 12라 하면 $P(a \le X \le b)=\dfrac{b-a}{12}(0 \le a \le b \le 12)$임을 알 수 있다. 오른쪽 그림에서 함수 $f(x)$는 연속확률변수 X가 $0 \le X \le 12$인 범위에서 정의되며, 그 범위에서 $f(x)=\dfrac{1}{12} \ge 0$, 함수 $f(x)=\dfrac{1}{12}$의 그래프와 x축 및 두 직선 $x=0$, $x=12$로 둘러싸인 부분의 넓이는 1인 성질을 갖는다.

이때 확률 $P(a \le X \le b)$는 오른쪽 그림에서 색칠한 부분의 넓이와 같다.

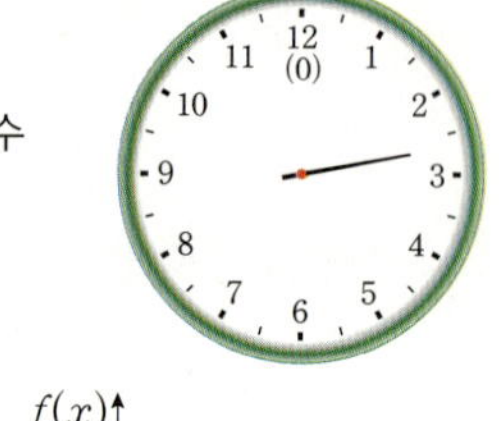

확률변수 X의 확률밀도함수가 $f(x)=ax(0 \le x \le 4)$일 때, 다음을 구하여라. (단, a는 상수이다.)

(1) a의 값 　　　　　　　　 (2) $P(1 \le X \le 3)$

풀이

(1) $f(x)$가 X의 확률밀도함수이므로

$f(x)=ax$의 그래프와 x축 및 직선 $x=4$로 둘러싸인 삼각형의 넓이가 1이고

$f(4)=4a$이므로 $\dfrac{1}{2} \times 4 \times 4a = 1$

$\therefore a=\dfrac{1}{8}$　← $f(x) \ge 0$이어야 하므로 $a \ge 0$

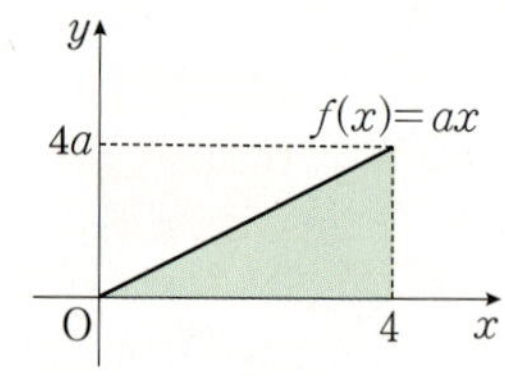

(2) $P(1 \le X \le 3)$은 오른쪽 그림에서 색칠한 부분, 즉 사다리꼴의 넓이와 같으므로

$$P(1 \le X \le 3) = \dfrac{1}{2} \times \left(\dfrac{1}{8} + \dfrac{3}{8} \right) \times 2 = \dfrac{1}{2}$$

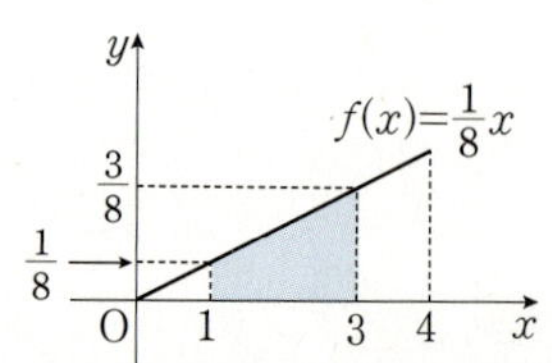

연속확률변수 X의 확률밀도함수 $f(x)$가 $f(x)=2ax+a\,(0\le x\le 2)$일 때, 다음을 구하여라.
(단, a는 상수이다.)

(1) a의 값   (2) $\mathrm{P}(0\le X\le 1)$의 값

MAPL CORE

연속확률변수 X가 구간 $[\alpha,\ \beta]$의 모든 실수값을 가질 때, X에 대한 확률밀도함수가 $f(x)$이면 다음 성질을 만족한다.

① $f(x)\ge 0$

② 함수 $y=f(x)$의 그래프와 x축 및 두 직선 $x=\alpha$, $x=\beta$로 둘러싸인 부분의 넓이는 1이다.

③ 확률 $\mathrm{P}(a\le X\le b)$는 함수 $y=f(x)$의 그래프와 x축 및 두 직선 $x=a$, $x=b$로 둘러싸인 부분의 넓이와 같다.

개념익힘 | 풀이

(1) $f(x)\ge 0$이어야 하므로 $a\ge 0$

$f(x)=2ax+a$의 그래프와 x축 및 직선 $x=2$로 둘러싸인

사다리꼴의 넓이가 1이고 $f(2)=5a$이므로 $\dfrac{1}{2}\times(a+5a)\times 2=1$

$\therefore a=\dfrac{1}{6}$

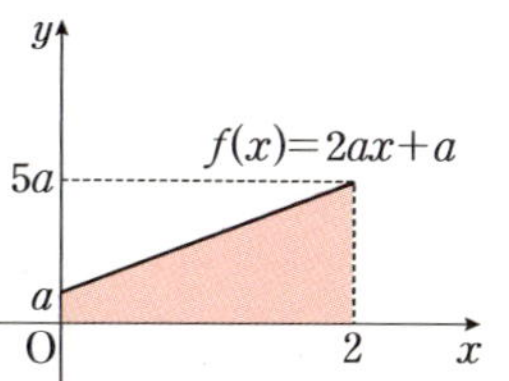

(2) $f(x)=\dfrac{1}{3}x+\dfrac{1}{6}$에서 $f(1)=\dfrac{1}{2}$

$\mathrm{P}(0\le X\le 1)$은 함수 $y=f(x)$의 그래프와 x축 및

두 직선 $x=0$, $x=1$로 둘러싸인 사다리꼴의 넓이와 같으므로

$\mathrm{P}(0\le X\le 1)=\dfrac{1}{2}\times\left(\dfrac{1}{6}+\dfrac{1}{2}\right)\times 1=\dfrac{1}{3}$

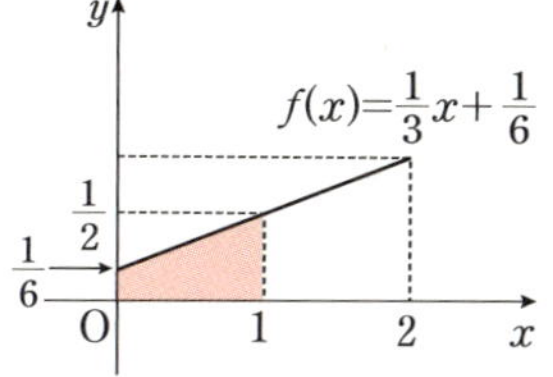

확인유제 0601

다음 물음에 답하여라. (단, a는 상수이다.)

(1) 연속확률변수 X의 확률밀도함수가 $f(x)=ax+\dfrac{1}{2}\,(0\le x\le 4)$일 때, $\mathrm{P}(1\le X\le 2)$의 값을 구하여라.

2010년 07월 교육청

(2) 연속확률변수 X의 확률밀도함수가 $f(x)=1-ax\,(1\le x\le 3)$일 때, $\mathrm{P}(1\le X\le 2)$의 값을 구하여라.

변형문제 0602

2009학년도 06월 평가원

구간 $0\le x\le 2$에서 정의된 연속확률변수 X의 확률밀도함수 $f(x)$는 다음과 같다.

$$f(x)=\begin{cases} a(1-x) & (0\le x<1) \\ b(x-1) & (1\le x\le 2) \end{cases}$$

$\mathrm{P}(1<X\le 2)=\dfrac{a}{6}$일 때, $a-b$의 값은?

① 1 ② $\dfrac{1}{2}$ ③ $\dfrac{1}{3}$ ④ $\dfrac{1}{4}$ ⑤ $\dfrac{1}{5}$

발전문제 0603

2015학년도 09월 평가원

구간 $0\le x\le 3$의 모든 실수 값을 가지는 연속확률변수 X에 대하여

$$\mathrm{P}(x\le X\le 3)=a(3-x)\,(0\le x\le 3)$$

이 성립할 때, $\mathrm{P}(0\le X\le a)=\dfrac{q}{p}$이다.

$p+q$의 값을 구하여라. (단, a는 상수이고, p와 q는 서로소인 자연수이다.)

정답 $0601 : (1)\ \dfrac{5}{16}\ (2)\ \dfrac{5}{8}$ $0602 : ①$ $0603 : 10$

연속확률변수 X가 갖는 값의 범위는 $0 \le X \le 10$이고,
X의 확률밀도함수의 그래프는 오른쪽 그림과 같다.

$$P(0 \le X \le a) = \frac{2}{5}$$

일 때, 두 상수 a, b에 대하여 $a+b$의 값을 구하여라.

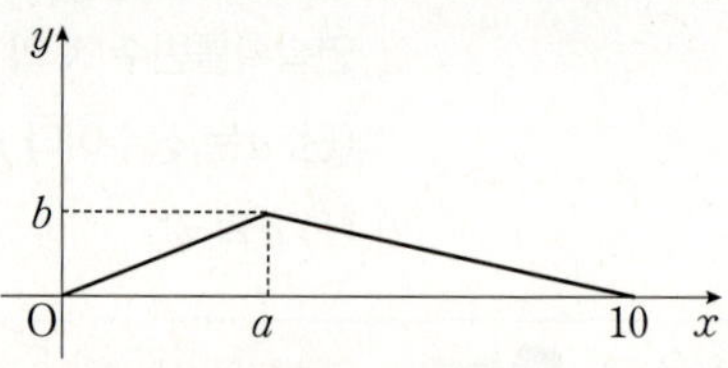

MAPL CORE

연속확률변수 X가 구간 $[\alpha, \beta]$의 모든 실수값을 가질 때, X에 대한 확률밀도함수가 $f(x)$이면 다음 성질을 만족한다.

① $f(x) \ge 0$

② 함수 $y=f(x)$의 그래프와 x축 및 두 직선 $x=\alpha$, $x=\beta$로 둘러싸인 부분의 넓이는 1이다.

③ 확률 $P(a \le X \le b)$는 함수 $y=f(x)$의 그래프와 x축 및 두 직선 $x=a$, $x=b$로 둘러싸인 부분의 넓이와 같다.

개념익힘 | 풀이　X의 확률밀도함수를 $y=f(x)\,(0 \le x \le 10)$라 하면

확률밀도함수의 성질에 의해 $y=f(x)$의 그래프와 x축으로 둘러싸인 부분의 넓이가 1이므로

$$\frac{1}{2} \times 10 \times b = 1 \quad \therefore b = \frac{1}{5}$$

이때 $P(0 \le X \le a)$는 함수 $y=f(x)$의 그래프와 x축 및 $x=a$로 둘러싸인 부분의 넓이와 같으므로

$$P(0 \le X \le a) = \frac{1}{2} \times a \times b = \frac{2}{5}, \quad ab = \frac{4}{5} \qquad \cdots\cdots \text{㉠}$$

$b = \frac{1}{5}$을 ㉠에 대입하면 $a \times \frac{1}{5} = \frac{4}{5}$　$\therefore a = 4$

따라서 $a+b = 4 + \frac{1}{5} = \frac{21}{5}$

확인유제 0604　다음 물음에 답하여라.

2019학년도 사관기출

(1) 연속확률변수 X가 갖는 값의 범위가 $0 \le X \le 4$이
고 X의 확률밀도함수의 그래프가 그림과 같을 때,
$P\!\left(\dfrac{1}{2} \le X \le 3\right)$의 값을 구하여라.

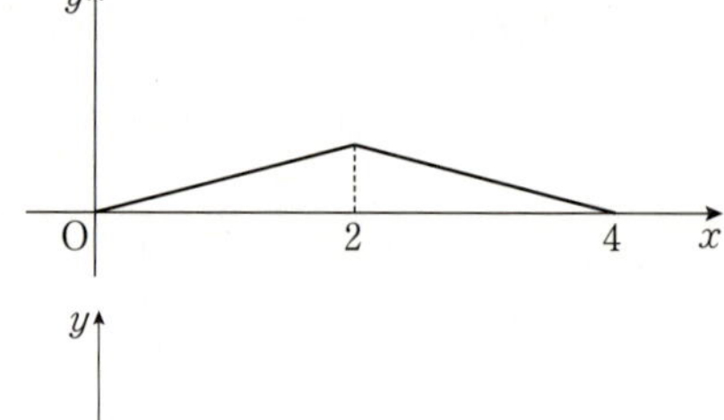

2010학년도 수능기출

(2) 연속확률변수 X가 갖는 값의 범위는 $0 \le X \le 4$이고
X의 확률밀도함수의 그래프는 오른쪽 그림과 같을 때,
$100\,P(0 \le X \le 2)$의 값을 구하여라.

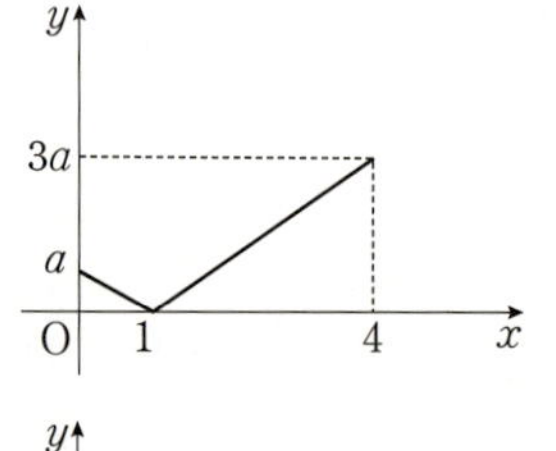

변형문제 0605　연속확률변수 X가 갖는 값의 범위는 $0 \le X \le 2$이고 X의

2019학년도 수능기출

확률밀도함수의 그래프가 그림과 같을 때, $P\!\left(\dfrac{1}{3} \le X \le a\right)$

의 값은? (단, a는 상수이다.)

① $\dfrac{11}{16}$　　　② $\dfrac{5}{8}$　　　③ $\dfrac{9}{16}$

④ $\dfrac{1}{2}$　　　⑤ $\dfrac{7}{16}$

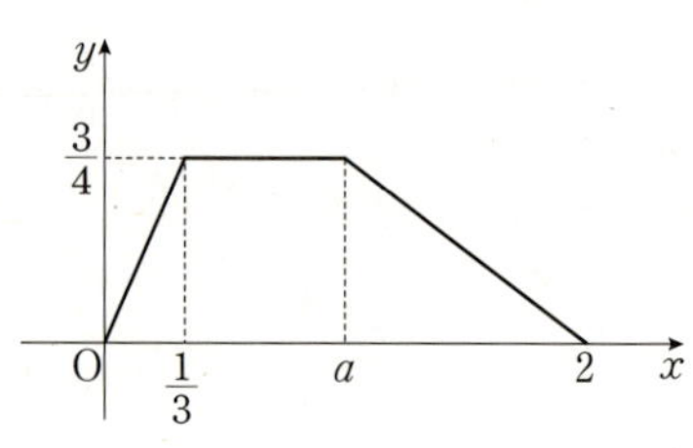

발전문제 0606　양의 실수 a, b에 대하여 연속확률변수 X가 취하는 값의 범위는 $-a \le X \le 4$이고, 확률변수 X의 확률밀도함수가

$$f(x) = \begin{cases} \dfrac{b}{a}(x+a) & (-a \le x \le 0) \\[2mm] b - \dfrac{1}{12}x & (0 \le x \le 4) \end{cases}$$

이다. $P(0 \le X \le 4) = 2P(-a \le X \le 0)$일 때, 상수 a, b에 대하여 $a+b$의 값을 구하여라.

정답　$0604 : (1)\ \dfrac{27}{32}\ (2)\ 20$　　$0605 : ④$　　$0606 : \dfrac{7}{3}$

구간 $0 \leq x \leq 8$의 모든 값을 취하는 확률변수 X의 확률밀도함수 $f(x)$가 다음을 만족시킨다.

> (가) $f(4+x)=f(4-x)$
>
> (나) $\mathrm{P}(2 \leq X \leq 4)=3\mathrm{P}(0 \leq X \leq 2)$
>
> (다) $\mathrm{P}(3 \leq X \leq 4)=\dfrac{3}{16}$

일 때, 확률 $\mathrm{P}(5 \leq X \leq 6)$을 구하여라.

MAPL CORE　$f(a+x)=f(b-x)$인 함수는 $x=\dfrac{a+b}{2}$에 대하여 대칭인 함수이다.

개념익힘 | 풀이　조건 (가)에서 $f(4+x)=f(4-x)$를 만족하는 $f(x)$는 $x=4$에
대한 대칭이므로 확률밀도함수 $y=f(x)$는 오른쪽 그림과 같다.

$$\mathrm{P}(0 \leq X \leq 4)=\mathrm{P}(4 \leq X \leq 8)=\frac{1}{2}$$

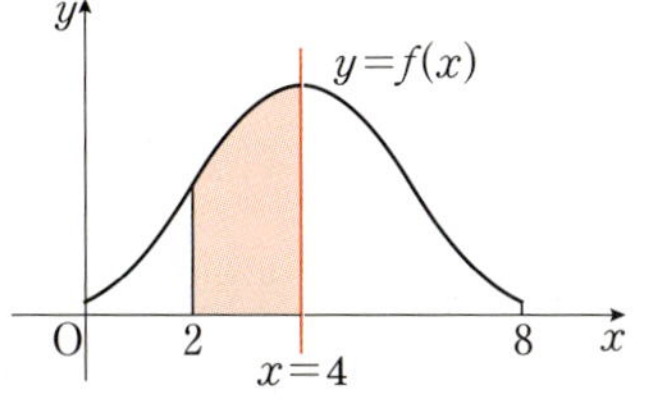

조건 (나)에서 $\mathrm{P}(2 \leq X \leq 4)=\dfrac{1}{2}-\mathrm{P}(0 \leq X \leq 2)$

$$=\frac{1}{2}-\frac{1}{3}\mathrm{P}(2 \leq X \leq 4)$$

$$\therefore \mathrm{P}(2 \leq X \leq 4)=\frac{3}{8}$$

조건 (다)에서 $\mathrm{P}(3 \leq X \leq 4)=\dfrac{3}{16}$이므로

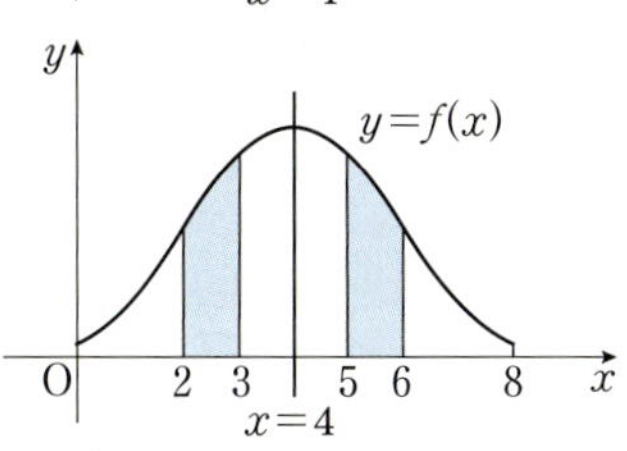

$$\therefore \mathrm{P}(5 \leq X \leq 6)=\mathrm{P}(2 \leq X \leq 3)=\mathrm{P}(2 \leq X \leq 4)-\mathrm{P}(3 \leq X \leq 4)=\frac{3}{8}-\frac{3}{16}=\frac{3}{16}$$

확인유제 0607
2009학년도 경찰대기출

$-2 \leq X \leq 4$의 모든 값을 취하는 확률변수 X의 확률밀도함수 $f(x)$는 $f(1-x)=f(1+x)$를 만족시킬 때,

$\mathrm{P}(1 \leq X \leq 3)=2\mathrm{P}(3 \leq X \leq 4)$이고 $\mathrm{P}(0 \leq X \leq 1)=\dfrac{1}{4}$일 때, $\mathrm{P}(0 \leq X \leq 3)$의 값은?

① $\dfrac{5}{12}$　　　② $\dfrac{1}{2}$　　　③ $\dfrac{7}{12}$　　　④ $\dfrac{2}{3}$　　　⑤ $\dfrac{3}{4}$

변형문제 0608
2005학년도 06월 평가원

연속확률변수 X의 확률밀도함수 $f(x)$가 모든 실수 x에 대하여 $f(2+x)=f(2-x)$를 만족시킨다.
두 양수 a와 $b(a<b)$에 대하여 $\mathrm{P}(2-a \leq X \leq 2+a)=p_1$, $\mathrm{P}(2+a \leq X \leq 2+b)=p_2$일 때,
확률 $\mathrm{P}(2-b \leq X \leq 2+b)$를 p_1과 p_2로 나타낸 것은? (단, $p_1>0$, $p_2>0$이다.)

① p_1+p_2　　　② $\dfrac{p_1+p_2}{2}$　　　③ $\dfrac{p_1-p_2}{2}$　　　④ p_1-p_2　　　⑤ p_2-p_1

발전문제 0609
2008학년도 09월 평가원
수 | 통합문제

연속확률변수 X가 갖는 값의 범위는 $0 \leq X \leq 2$이고 확률밀도함수
의 그래프는 오른쪽 그림과 같다. 두 양수 a, b에 대하여

$p_1=\mathrm{P}(0 \leq X \leq a)$, $p_2=\mathrm{P}(a<X \leq b)$, $p_3=\mathrm{P}(b<X \leq 2)$ 이다.

세 확률 p_1, p_2, p_3이 이 순서로 등차수열을 이루고 $a+b=\dfrac{4}{3}$일 때,
b의 값을 구하여라. (단, $a<b$이다.)

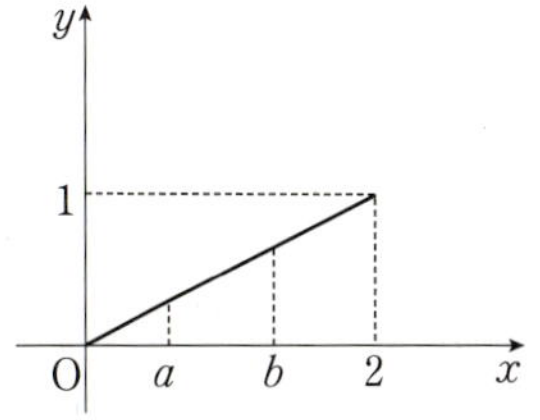

정답　0607 : ③　　0608 : ①　　0609 : $\dfrac{7}{6}$

연속확률변수 X의 확률밀도함수 $f(x)$가 $f(x)=\dfrac{2}{9}x\,(0 \le x \le 3)$일 때, 매회의 시행에서 사건 A가 일어날 확률이 $\mathrm{P}\left(0 \le X \le \dfrac{3}{2}\right)$으로 일정하다. 5회의 독립시행에서 사건 A가 일어나는 횟수를 Y라 할 때, $\mathrm{E}(4Y+5)$를 구하여라.

MAPL CORE

① 확률변수 X가 이항분포 $\mathrm{B}(n,\ p)$를 따를 때,
  $\mathrm{E}(X)=np,\ \mathrm{V}(X)=npq,\ \sigma(X)=\sqrt{npq}$ (단, $q=1-p$)
② 확률변수 X와 두 상수 $a,\ b$에 대하여 (단, $a \ne 0$)
  $\mathrm{E}(aX+b)=a\mathrm{E}(X)+b,\ \mathrm{V}(aX+b)=a^2\mathrm{V}(X),\ \sigma(aX+b)=|a|\sigma(X)$

개념익힘 | 풀이　1회 시행에서 사건 A가 일어날 확률 $\mathrm{P}\left(0 \le X \le \dfrac{3}{2}\right)$은

함수 $y=f(x)$의 그래프와 x축 및 $x=\dfrac{3}{2}$로 둘러싸인

부분의 넓이와 같으므로 $\dfrac{1}{2} \times \dfrac{3}{2} \times \dfrac{1}{3}=\dfrac{1}{4}$

즉, $\mathrm{P}(A)=\dfrac{1}{4}$이고 확률변수 Y는 이항분포 $\mathrm{B}\left(5,\ \dfrac{1}{4}\right)$을 따른다.

$\mathrm{E}(Y)=5 \times \dfrac{1}{4}=\dfrac{5}{4}$

따라서 $\mathrm{E}(4Y+5)=4\mathrm{E}(Y)+5=4 \times \dfrac{5}{4}+5=10$

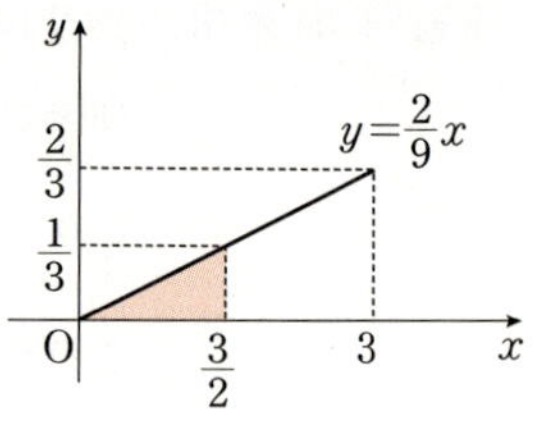

확인유제 0610
2009학년도 09월 평가원

연속확률변수 X의 확률밀도함수 $f(x)$가 다음과 같다.

$$f(x)=\dfrac{1}{2}x\,(0 \le x \le 2)$$

매회의 시행에서 사건 A가 일어날 확률이 $\mathrm{P}(0 \le X \le 1)$로 일정할 때, 3회의 독립시행에서 사건 A가 2회 이상 일어날 확률을 $\dfrac{q}{p}$라 하자. $p+q$의 값을 구하여라. (단, p와 q는 서로소인 자연수이다.)

변형문제 0611

지효가 집에서 학교까지 가는 데 걸리는 시간을 X분이라고 할 때, X의 확률밀도함수 $y=f(x)$의 그래프가 오른쪽 그림과 같다고 한다. 학교 등교 시간이 8시까지일 때, 7시 30분에서 집에서 출발한 지효가 3일 중에서 2일 이상 지각할 확률은?

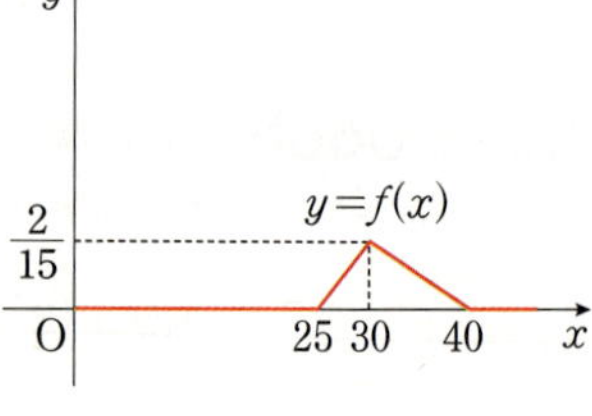

① $\dfrac{4}{9}$　　　② $\dfrac{8}{27}$　　　③ $\dfrac{20}{27}$

④ $\dfrac{2}{3}$　　　⑤ $\dfrac{24}{27}$

발전문제 0612

연속확률변수 X가 갖는 값의 범위가 $-3 \le X \le 1$이고 확률밀도함수가 $f(x)=\begin{cases} ax+\dfrac{1}{2} & (-3 \le x \le 0) \\ \dfrac{1}{2}(1-x) & (0 \le x \le 1) \end{cases}$ 이다.

매회 시행에서 사건 A가 일어날 확률이 $2\mathrm{P}(-3 \le X \le -2)$로 일정할 때, 720회의 독립시행에서 사건 A가 일어날 횟수를 Y라 하자. 이때 $\mathrm{E}(Y)+\mathrm{V}(Y)$의 값을 구하여라. (단, a는 상수이다.)

정답　　0610 : 37　　0611 : ③　　0612 : 220

연속확률변수와 적분

01 연속확률변수의 평균과 표준편차

[수학 II]에서 적분을 학습한 학생은 연속확률변수의 평균과 분산 및 표준편차를 정적분을 이용하여 다음과 같이 구할 수 있다.

연속확률변수 $X(\alpha \le X \le \beta)$에 대하여 확률 $\mathrm{P}(a \le X \le b)(\alpha \le a \le b \le \beta)$는 확률밀도함수 $y=f(x)$의 그래프와 x축 및 두 직선 $x=a$, $x=b$로 둘러싸인 부분의 넓이와 같으므로 이를 정적분으로 나타내면

$$\mathrm{P}(a \le X \le b)=\int_a^b f(x)dx$$

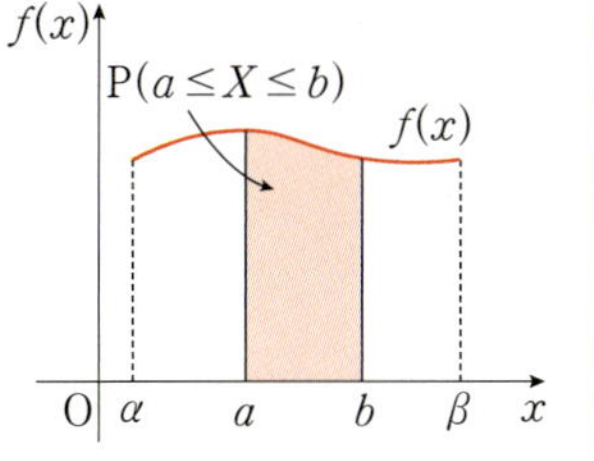

이다. 따라서 연속확률변수 X의 확률밀도함수 $f(x)(\alpha \le x \le \beta)$의 성질은 다음과 같다.

① $\alpha \le x \le \beta$인 모든 x에 대하여 $f(x) \ge 0$

② $\displaystyle\int_\alpha^\beta f(x)dx=1$

◀ 함수 $y=f(x)$의 그래프와 x축 및 두 직선 $x=\alpha$, $x=\beta$로 둘러싸인 부분의 넓이는 1이다.

③ $\mathrm{P}(a \le X \le b)=\displaystyle\int_a^b f(x)dx$ (단, $\alpha \le a \le b \le \beta$)

◀ 확률 $\mathrm{P}(a \le X \le b)$는 함수 $y=f(x)$의 그래프와 x축 및 두 직선 $x=a$, $x=b$로 둘러싸인 부분의 넓이와 같다.

보기 01 연속확률변수 X의 확률밀도함수가 $f(x)=kx^2(0 \le x \le 1)$일 때, 다음을 구하여라. (단, k는 상수)

(1) k의 값　　　　　　　　　　　(2) $\mathrm{P}\left(\dfrac{1}{2} \le X \le 1\right)$

풀이 (1) 함수 $f(x)$의 그래프와 x축 및 두 직선 $x=0$, $x=1$로 둘러싸인

부분의 넓이가 1이므로 $\displaystyle\int_0^1 f(x)dx=1$

즉, $\displaystyle\int_0^1 f(x)dx=\int_0^1 kx^2 dx=k\left[\dfrac{1}{3}x^3\right]_0^1=\dfrac{1}{3}k=1$

$\therefore k=3$

(2) $\mathrm{P}\left(\dfrac{1}{2} \le X \le 1\right)=\displaystyle\int_{\frac{1}{2}}^1 3x^2 dx=\left[x^3\right]_{\frac{1}{2}}^1=1-\dfrac{1}{8}=\dfrac{7}{8}$

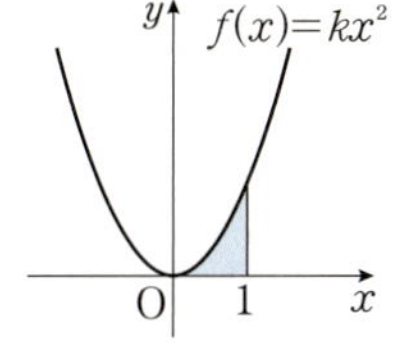

보기 02 연속확률변수 X의 확률밀도함수가 상수 a에 대하여 $f(x)=ax(1-x)(0 \le x \le 1)$일 때, 확률 $\mathrm{P}\left(0 \le X \le \dfrac{1}{3}\right)$을 구하여라.

풀이 확률밀도함수의 정의에 의하여 $f(x) \ge 0$이고, $y=f(x)$와 x축 및 두 직선 $x=0$, $x=1$로 둘러싸인 부분의 넓이가 1이므로

$\displaystyle\int_0^1 f(x)dx=\int_0^1 ax(1-x)dx=\int_0^1 a(x-x^2)dx$

$=a\left[\dfrac{1}{2}x^2-\dfrac{1}{3}x^3\right]_0^1=\dfrac{a}{6}=1$

$\therefore a=6$

$f(x)=6x(1-x)=6x-6x^2$이므로

$\therefore \mathrm{P}\left(0 \le X \le \dfrac{1}{3}\right)=\displaystyle\int_0^{\frac{1}{3}} f(x)dx=\int_0^{\frac{1}{3}}(6x-6x^2)dx=\left[3x^2-2x^3\right]_0^{\frac{1}{3}}=\dfrac{7}{27}$

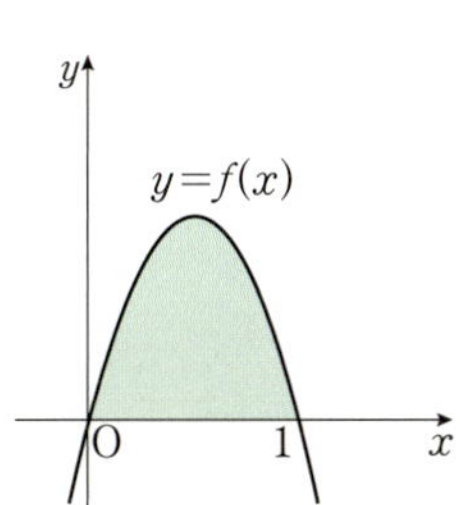

연속확률변수 X의 확률밀도함수가 $f(x)(\alpha \leq x \leq \beta)$일 때,

(1) 평균 : $\mathrm{E}(X)=m=\displaystyle\int_{\alpha}^{\beta} xf(x)dx$ ← 이산확률변수의 평균 $\mathrm{E}(X)=\displaystyle\sum_{i=1}^{n} x_i p_i$

(2) 분산 : $\mathrm{V}(X)=\mathrm{E}\{(X-m)^2\}=\displaystyle\int_{\alpha}^{\beta}(x-m)^2 f(x)dx$ ← 이산확률변수의 분산 $\mathrm{V}(X)=\mathrm{E}((X-m)^2)=\displaystyle\sum_{i=1}^{n}(x_i-m)^2 p_i$

$$= \int_{\alpha}^{\beta} x^2 f(x)dx - m^2 \text{ (단, } \mathrm{E}(X)=m)$$

$$= \mathrm{E}(X^2) - \{\mathrm{E}(X)\}^2$$

(3) 표준편차 : $\sigma(X)=\sqrt{\mathrm{V}(X)}$

 연속확률변수 X의 분산을 구하는 공식 $\mathrm{E}(X^2)-\{\mathrm{E}(X)\}^2$의 유도 과정

연속확률변수 X가 취할 수 있는 값의 범위가 $\alpha \leq X \leq \beta$이고, 확률밀도함수가 $f(x)$일 때,

$$\mathrm{V}(X)= \int_{\alpha}^{\beta}(x-m)^2 f(x)dx$$

$$= \int_{\alpha}^{\beta}(x^2-2mx+m^2)f(x)dx$$

$$= \int_{\alpha}^{\beta} x^2 f(x)dx - 2m\int_{\alpha}^{\beta} xf(x)dx + m^2\int_{\alpha}^{\beta} f(x)dx$$

$$= \int_{\alpha}^{\beta} x^2 f(x)dx - 2m^2 + m^2 \qquad \leftarrow \int_{\alpha}^{\beta} xf(x)dx=m,\ \int_{\alpha}^{\beta} f(x)dx=1$$

$$= \int_{\alpha}^{\beta} x^2 f(x)dx - m^2 = \mathrm{E}(X^2) - \{\mathrm{E}(X)\}^2 \qquad \leftarrow \int_{\alpha}^{\beta} x^2 f(x)dx=\mathrm{E}(X^2),\ m=\mathrm{E}(X)$$

보기 03   확률변수 X의 확률밀도함수가 $f(x)=2x(0 \leq x \leq 1)$일 때, X의 평균과 표준편차를 구하여라.

풀이 X의 평균 $\mathrm{E}(X)=\displaystyle\int_{0}^{1} xf(x)dx = \int_{0}^{1} x\cdot 2xdx = \left[\frac{2}{3}x^3\right]_{0}^{1}=\frac{2}{3}$

X의 분산 $\mathrm{V}(X)=\displaystyle\int_{\alpha}^{\beta} x^2 f(x)dx - m^2$이므로

$$\mathrm{V}(X)= \int_{0}^{1} x^2 \cdot 2xdx - \left(\frac{2}{3}\right)^2 = \left[\frac{1}{2}x^4\right]_{0}^{1} - \left(\frac{2}{3}\right)^2 = \frac{1}{18}$$

따라서 X의 표준편차 $\sigma(X)=\sqrt{\dfrac{1}{18}}=\dfrac{\sqrt{2}}{6}$

FOCUS

이산확률분포와 연속확률분포의 비교

	이산확률분포	연속확률분포
분포와 그래프	X: $x_1,\ x_2,\ x_3,\ \cdots,\ x_n$, 합계 / $\mathrm{P}(X=x)$: $p_1,\ p_2,\ p_3,\ \cdots,\ p_n$, 1	그래프 (α a b β x)
전체면적 (전체 도수)	$\displaystyle\sum_{i=1}^{n} p_i = 1$	$\displaystyle\int_{\alpha}^{\beta} f(x)dx = 1$
$\mathrm{P}(a \leq m \leq b)$	$\mathrm{P}(a \leq X \leq b)=\displaystyle\sum_{i=a}^{b} p_i$	$\mathrm{P}(a \leq X \leq b)=\displaystyle\int_{a}^{b} f(x)dx$
평균	$\mathrm{E}(X)=m=\displaystyle\sum_{i=1}^{n} x_i p_i$	$\mathrm{E}(X)=m=\displaystyle\int_{\alpha}^{\beta} xf(x)dx$
분산	$\mathrm{V}(X)=\displaystyle\sum_{i=1}^{n}(x_i-m)^2 p_i$ $=\displaystyle\sum_{i=1}^{n} x_i^2 p_i - m^2$	$\mathrm{V}(X)=\displaystyle\int_{\alpha}^{\beta}(x-m)^2 f(x)dx$ $=\displaystyle\int_{\alpha}^{\beta} x^2 f(x)dx - m^2$

03   연속확률변수 $aX+b$의 평균, 분산, 표준편차

연속확률변수 X에 대하여 확률변수 $Y=aX+b\,(a,\ b$는 상수, $a\neq0)$의 평균, 분산, 표준편차도

이산확률변수와 마찬가지로 다음이 성립한다.

(1) $\mathrm{E}(aX+b)=a\mathrm{E}(X)+b$ (2) $\mathrm{V}(aX+b)=a^2\mathrm{V}(X)$ (3) $\sigma(aX+b)=|a|\sigma(X)$

마플해설   연속확률변수 $aX+b$의 평균, 분산을 구하는 공식의 유도 과정

연속확률변수 X가 취할 수 있는 값의 범위가 $\alpha\le X\le\beta$이고 확률밀도함수가 $f(x)$일 때,

(1) $\mathrm{E}(aX+b)=a\mathrm{E}(X)+b$

$$\mathrm{E}(aX+b)=\int_\alpha^\beta(ax+b)f(x)dx=a\int_\alpha^\beta xf(x)dx+b\int_\alpha^\beta f(x)dx=a\mathrm{E}(X)+b \qquad \leftarrow \int_\alpha^\beta xf(x)dx=\mathrm{E}(X),\ \int_\alpha^\beta f(x)dx=1$$

(2) $\mathrm{V}(aX+b)=a^2\mathrm{V}(X)$

$$\mathrm{V}(aX+b)=\int_\alpha^\beta[ax+b-\{a\mathrm{E}(X)+b\}]^2f(x)dx=a^2\int_\alpha^\beta\{x-\mathrm{E}(X)\}^2f(x)dx=a^2\mathrm{V}(X) \qquad \leftarrow \int_\alpha^\beta(x-m)^2f(x)dx=\mathrm{V}(X)$$

보기 04   연속확률변수 X의 확률밀도함수 $f(x)$가 $f(x)=\dfrac{3}{4}(1-x^2)\,(-1\le x\le1)$일 때, 다음을 구하여라.

(1) X의 평균과 분산   (2) $2X+1$의 평균과 분산

풀이   (1) X의 평균 $\mathrm{E}(X)=\displaystyle\int_{-1}^1 xf(x)dx=\int_{-1}^1\frac{3}{4}(x-x^3)dx=\frac{3}{4}\int_{-1}^1(x-x^3)dx=0$ $\leftarrow$ 기함수 정적분

       X의 분산 $\mathrm{V}(X)=\displaystyle\int_{-1}^1 x^2f(x)dx-\{\mathrm{E}(X)\}^2$

$$=\int_{-1}^1\frac{3}{4}(x^2-x^4)dx-0^2=\frac{3}{2}\int_0^1(x^2-x^4)dx \qquad \leftarrow \text{우함수 정적분}$$

$$=\frac{3}{2}\left[\frac{1}{3}x^3-\frac{1}{5}x^5\right]_0^1=\frac{3}{2}\times\frac{2}{15}=\frac{1}{5}$$

   (2) $\mathrm{E}(2X+1)=2\mathrm{E}(X)+1=2\times0+1=1$, $\mathrm{V}(2X+1)=4\mathrm{V}(X)=4\times\dfrac{1}{5}=\dfrac{4}{5}$

보기 05 $-1\le X\le1$에서 정의된 연속확률변수 X의 확률밀도함수 $f(x)$가 다음 조건을 만족시킨다.

(가) $f(-x)=f(x)$

(나) $\displaystyle\int_0^1 x^2f(x)dx=\dfrac{1}{10}$

$\mathrm{V}(10X+3)$의 값을 구하여라.

풀이 $g(x)=xf(x)$라 하면 $g(-x)=-xf(-x)=-xf(x)=-g(x)$ $\leftarrow y=g(x)$는 기함수

이므로

$$\mathrm{E}(X)=\int_{-1}^1 xf(x)dx=0$$

$h(x)=x^2f(x)$라 하면 $h(-x)=(-x)^2f(-x)=x^2f(x)=h(x)$ $\leftarrow y=h(x)$는 우함수

이므로

$$\int_{-1}^1 x^2f(x)dx=2\int_0^1 x^2f(x)dx=2\times\frac{1}{10}=\frac{1}{5}$$

$$\therefore\ \mathrm{V}(X)=\int_{-1}^1 x^2f(x)dx-\left\{\int_{-1}^1 xf(x)dx\right\}^2=2\int_0^1 x^2f(x)dx-0=2\times\frac{1}{10}=\frac{1}{5}$$

따라서 $\mathrm{V}(10X+3)=100\mathrm{V}(X)=100\times\dfrac{1}{5}=20$

02 정규분포

01 정규분포와 확률밀도함수

실수 전체의 집합에서 정의된 연속확률변수 X의 확률밀도함수 $f(x)$가

$$f(x)=\frac{1}{\sqrt{2\pi}\,\sigma}e^{-\frac{(x-m)^2}{2\sigma^2}}\ (m\text{은 상수},\ \sigma\text{는 양의 상수})$$

일 때, X의 확률분포를 정규분포라고 하며 이것을 기호로

$$N(m,\ \sigma^2)$$

과 같이 나타낸다. 이때 '확률변수 X는 정규분포 $N(m,\ \sigma^2)$을 따른다.' 고 한다.

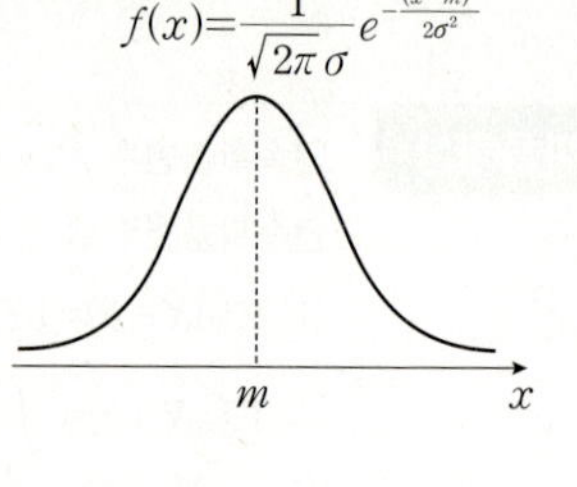

참고 m과 σ는 각각 확률변수 X의 평균과 표준편차임을 나타내는 상수이며 e는 $2.7182818\cdots$인 무리수이고
정규분포를 따르는 확률변수의 확률밀도함수의 그래프를 정규분포곡선이라고 한다.

한편, 연속확률변수 X가 정규분포 $N(m,\ \sigma^2)$을 따를 때,

확률 $P(a\le X\le b)$는 오른쪽 그림에서 정규분포곡선과 x축 및 두 직선
$x=a$, $x=b$로 둘러싸인 도형의 넓이와 같고 평균이 m이고 표준편차가
σ인 정규분포곡선은 직선 $x=m$에 대하여 대칭이고, 그래프와 x축 사이
의 넓이는 1이다.

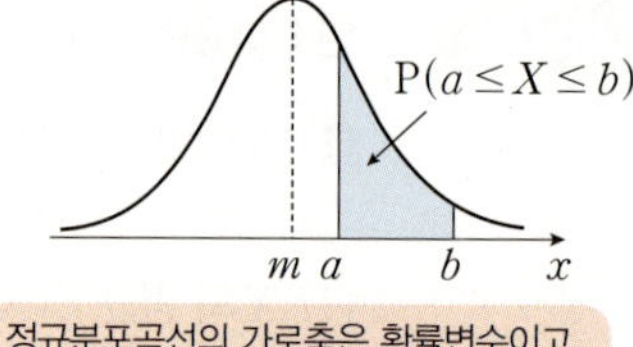

참고 $N(m,\ \sigma^2)$의 N은 정규분포를 뜻하는 Normal distribution의 첫 글자이다.
정규분포의 확률밀도함수의 그래프를 그릴 때는 세로축을 생략하기도 한다.

정규분포곡선의 가로축은 확률변수이고,
세로축은 확률이다.

마플해설

강수량, 시험 점수, 키, 몸무게, 통학 시간, 신생아의 체중 등 자연현상이나 사회 현상에서
나타나는 여러 가지 통계 자료를 정리하여 히스토그램을 그리면 자료의 수가 커짐에 따라
오른쪽 그림과 같이 좌우 대칭인 종 모양의 어떤 곡선에 가까워지는 경우가 많다.

모든 실수값을 갖는 연속확률변수 X의 확률밀도함수 $y=f(x)$의 그래프가
오른쪽 그림과 같이 좌우 대칭인 종 모양의 어떤 특정한 곡선이라 하자.
이 곡선의 대칭축이 직선 $x=m$이고 곡선의 볼록한 모양이 바뀌는 점과 대칭축과의 거리가 σ일 때,
이 확률변수 X의 확률분포를 평균이 m, 분산이 σ^2인 정규분포라 하며, 기호로

$$N(m,\ \sigma^2)\text{과 같이 나타낸다.}$$

이때 확률변수 X는 정규분포 $N(m,\ \sigma^2)$을 따른다고 한다.

또, 확률변수 X가 정규분포 $N(m,\ \sigma^2)$을 따를 때, X가 a 이상 b 이하의 값을 가질 확률
$P(a\le X\le b)$는 오른쪽 그림에서 색칠한 부분의 넓이와 같다.

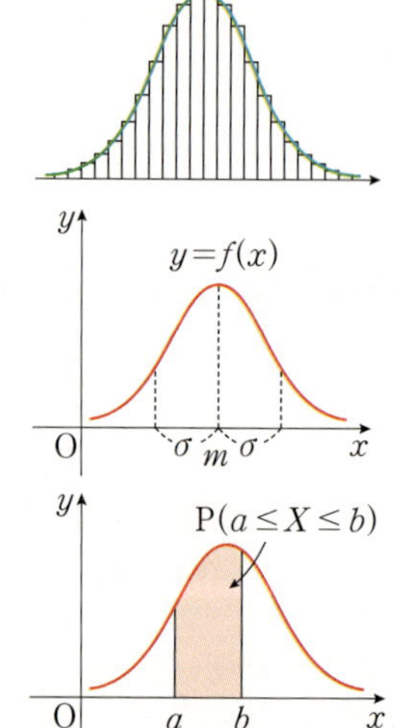

참고 표준편차 σ는 자료들이 평균을 중심으로 흩어진 정도를 나타내므로 확률밀도함수의 그래프는 σ의 값에 따라 그 모양이 결정
된다. 정규분포곡선의 가운데 부분이 높을수록 표준편차가 적은 것이므로 자료가 고르다고 할 수 있다.

보기 01

확률변수 X가 정규분포 $N(20,\ 3^2)$을 따를 때, 다음을 구하여라.

(1) 평균과 표준편차

(2) $P(X\le 20)$

(3) $P(X\le 10)=P(X\ge a)$인 상수 a의 값

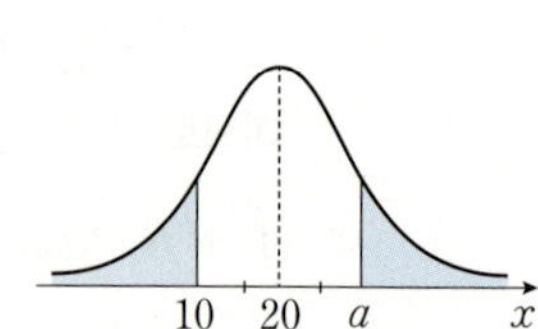

풀이

(1) 확률변수 X가 정규분포 $N(20,\ 3^2)$을 따를 때, 평균은 20, 표준편차는 3이다.

(2) 이 확률분포를 나타내는 함수의 그래프는 직선 $x=20$에 대하여 대칭이므로 $P(X\le 20)=\dfrac{1}{2}$, $P(X\ge 20)=\dfrac{1}{2}$

(3) 이 정규분포곡선은 직선 $x=20$에 대하여 대칭이므로 $P(X\le 10)=P(X\ge a)$에서 $20=\dfrac{10+a}{2}$ $\therefore a=30$

일반적으로 정규분포 $N(m, \sigma^2)$의 확률밀도함수 $f(x)=\dfrac{1}{\sqrt{2\pi}\,\sigma}e^{-\frac{(x-m)^2}{2\sigma^2}}$의 그래프의 성질은 다음과 같다.

(1) 직선 $x=m$에 대하여 대칭인 종 모양의 곡선이고, 점근선은 x축이다. $\leftarrow f(m+x)=f(m-x)$

(2) 이 곡선과 x축 사이의 넓이는 1이다.

 ① $P(X \geq m)=P(X \leq m)=0.5$

 ② $P(m \leq X \leq m+a)=P(m-a \leq X \leq m)$ (단, $a>0$)

(3) 함수 $f(x)$는 $x=m$일 때, 최댓값 $f(m)=\dfrac{1}{\sqrt{2\pi}\,\sigma}$을 가진다.

(4) 곡선의 볼록한 모양이 바뀌는 점과 대칭축과의 거리는 σ이다.

(5) σ의 값이 일정할 때,

 m의 값이 달라지면 대칭축의 위치는 바뀌지만 모양은 변하지 않는다.

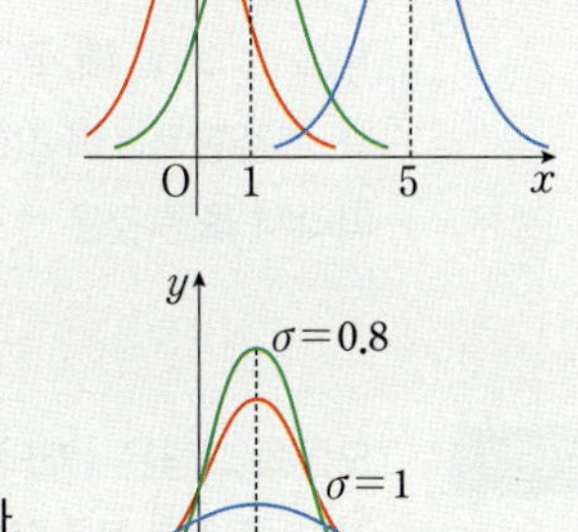
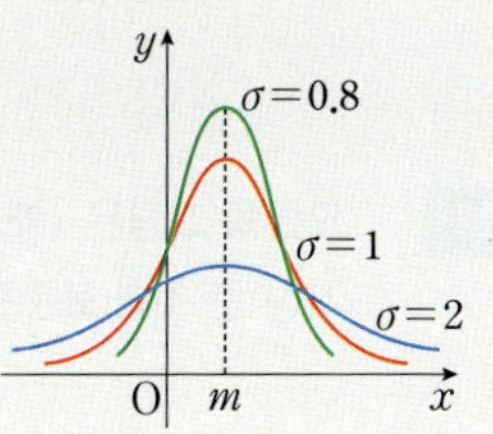

(6) m의 값이 일정할 때,

 표준편차 σ의 값이 커질수록 곡선은 낮아지면서 양쪽으로 퍼지고,

 표준편차 σ의 값이 작아질수록 곡선은 높아지면서 뾰족하게 된다.

 즉, σ의 값이 클수록 가운데 부분의 높이는 낮아지고 옆으로 퍼진 모양이 된다.

마플해설 다음은 m과 σ의 값에 따라 정규분포곡선을 그린 것이다.

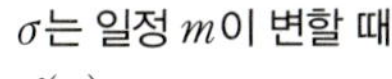
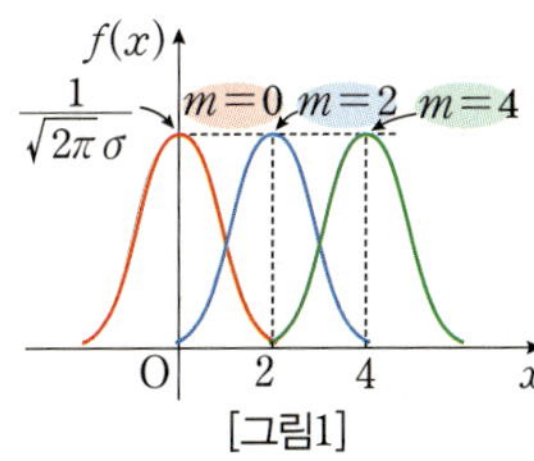
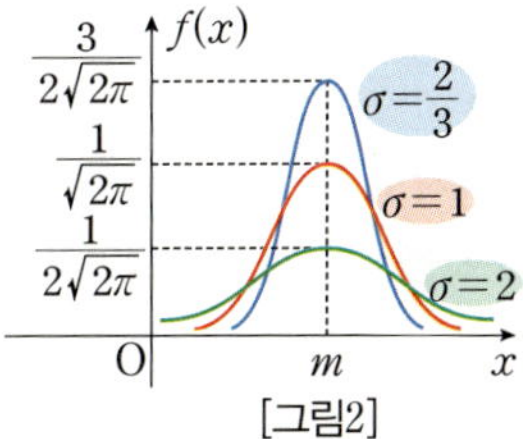

[그림1]은 표준편차는 같지만 평균이 다른 세 정규분포곡선으로, 그래프의 모양은 같지만 대칭축의 위치는 다르다는 것을 알 수 있다.

 즉, σ의 값이 일정할 때, m의 값이 달라지면 대칭축의 위치는 바뀌지만 그래프의 모양은 변하지 않는다.

[그림2]는 평균은 같지만 표준편차가 다른 세 정규분포곡선으로 표준편차가 클수록 그래프의 모양은 가운데 부분의 높이는 낮아지고

 옆으로 퍼진다는 것을 알 수 있다.

 즉, m의 값이 일정할 때, σ의 값이 클수록 가운데 부분의 높이는 낮아지고 옆으로 퍼진 모양이 된다.

① 정규분포의 표준편차가 같고 평균이 서로 다를 때,

 오른쪽 그림과 같은 모양이 된다.

 즉, 두 그래프는 겹쳐지는 꼴이고 대칭축의 위치만 다르다.

 ➡ 평균 m의 값이 클수록 오른쪽으로, 작을수록 왼쪽으로

  평행이동 한다.

 ➡ 곡선의 평행이동

② 정규분포의 평균이 같고 표준편차가 다를 때,

 오른쪽 그림과 같은 모양이 된다.

 즉, 두 그래프는 대칭축의 위치는 같으나 곡선의 펴져 있는 상태가

 다르다.

 ➡ 표준편차 σ의 값이 클수록 낮아지면서 넓어지고

  작을수록 높아지면서 좁아진다.

 ➡ 곡선 모양의 변화

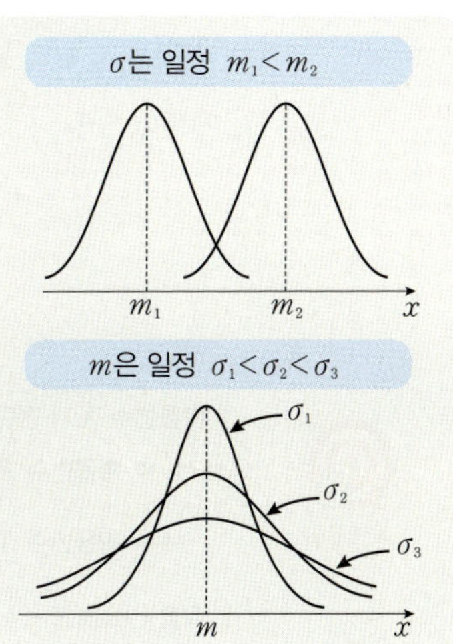

확률변수 X가 정규분포 $N(m, \sigma^2)$을 따르면 X의 확률밀도함수는 $f(x)=\dfrac{1}{\sqrt{2\pi}\,\sigma}e^{-\frac{(x-m)^2}{2\sigma^2}}$이다.

이때 다음 [보기]의 설명 중 옳은 것을 모두 고른 것은?

> ㄱ. $P(X \leq m)=P(X \geq m)=0.5$이다.
> ㄴ. 곡선 $y=f(x)$는 $f(m+x)=f(m-x)$를 만족한다.
> ㄷ. $x_1 < x_2$일 때, $P(x_1 \leq X \leq x_2)=P(X \leq x_1)-P(X \leq x_2)$
> ㄹ. 표준편차 σ의 값이 작을수록 곡선의 가운데 부분이 낮아진다.

① ㄱ　　　② ㄱ, ㄴ　　　③ ㄱ, ㄴ, ㄷ　　　④ ㄱ, ㄷ, ㄹ　　　⑤ ㄱ, ㄴ, ㄷ, ㄹ

풀이

ㄱ. $x=m$에 대하여 대칭이고 넓이가 1이므로 $P(X \leq m)=P(X \geq m)=0.5$이다. [참]

ㄴ. $y=f(x)$가 직선 $x=m$에 대하여 대칭이므로 $f(m+x)=f(m-x)$ [참]

ㄷ. $x_1 < x_2$일 때, $P(x_1 \leq X \leq x_2)=P(X \leq x_2)-P(X \leq x_1)$ [거짓]

ㄹ. 표준편차 σ의 값이 작을수록 곡선은 가운데 부분이 높아진다. [거짓]

따라서 옳은 것은 ㄱ, ㄴ이다.

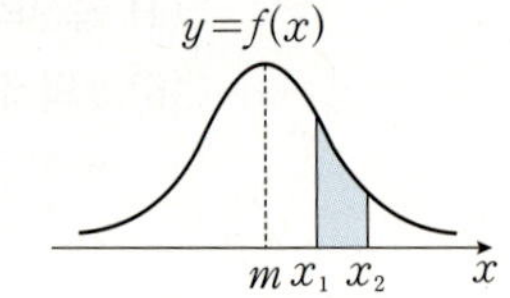

보기 03

오른쪽 그림은 4개의 정규분포곡선이다. 이 곡선 중에서 평균이 가장 큰 것과 표준편차가 가장 큰 것을 각각 구하여라.

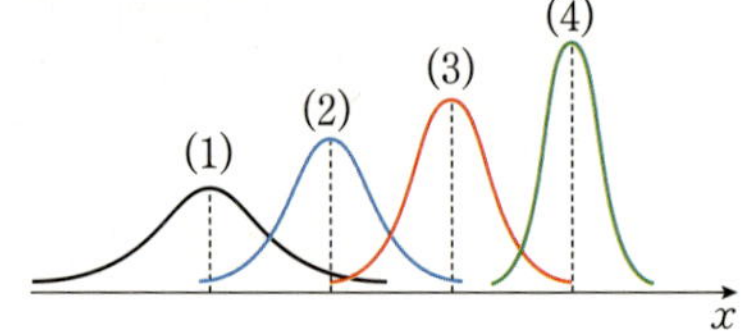

풀이

대칭축이 평균이므로 평균이 가장 큰 것 : (4)

표준편차는 그래프의 모양을 결정하므로 표준편차가 가장 큰 것 : (1)

보기 04

오른쪽 그림에서 세 곡선 A, B, C는 각각 정규분포를 따르는 세 확률변수 X_A, X_B, X_C의 확률분포를 나타낸 그래프이다. 두 곡선 A, B의 대칭축은 서로 같고 곡선 C는 곡선 A를 x축의 방향으로 평행이동한 것이다.

X_A, X_B, X_C의 평균을 각각 m_A, m_B, m_C라 하고 표준편차를 각각 σ_A, σ_B, σ_C라고 할 때, 다음의 대소를 비교하여라.

(1) m_A, m_B, m_C　　　　　(2) σ_A, σ_B, σ_C

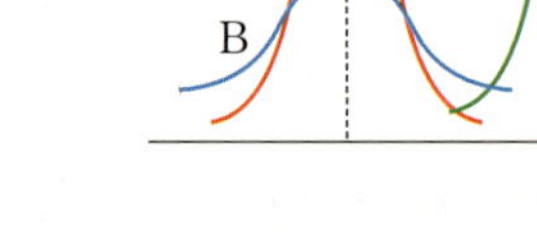

풀이

(1) 두 곡선 A, B의 대칭축은 서로 같고, 곡선 C의 대칭축의 위치가 크므로

$$m_A=m_B < m_C$$

(2) 두 곡선 A, C의 표준편차가 같고 곡선 B는 곡선 A보다 가운데 부분의 높이가 낮아지고 옆으로 퍼진 모양이므로

$$\sigma_A=\sigma_C < \sigma_B$$

FOCUS

① 확률변수 X가 정규분포 $N(m, \sigma^2)$을 따른다.

$\iff$ 확률변수 X는 평균이 m, 표준편차가 σ인 정규분포를 따른다.

$\iff$ 확률변수 X의 확률밀도함수는 $f(x)=\dfrac{1}{\sqrt{2\pi}\,\sigma}e^{-\frac{(x-m)^2}{2\sigma^2}}$이다.

② 확률 $P(a \leq X \leq b)$는 정규분포곡선과 x축 및 두 직선 $x=a$, $x=b$로 둘러싸인 도형의 넓이와 같다.

(1) 표준정규분포의 정의

평균이 0이고 분산이 1인 정규분포를 <u>표준정규분포</u>라 하며 이것을 기호로 N$(0, 1)$과 같이 나타낸다.

확률변수 Z가 표준정규분포 N$(0, 1)$를 따르면 Z의 확률밀도함수는

$$f(z)=\frac{1}{\sqrt{2\pi}}e^{-\frac{z^2}{2}} \quad (z는\ 모든\ 실수)$$

이고 그 그래프는 오른쪽 그림과 같다.

이때 Z가 0 이상 z 이하의 값을 가질 확률 P$(0 \le Z \le z)$는 오른쪽
그림에서 색칠한 도형의 넓이와 같고, 그 값은 이 책 부록에 있는
표준정규분포표에 주어져 있다.

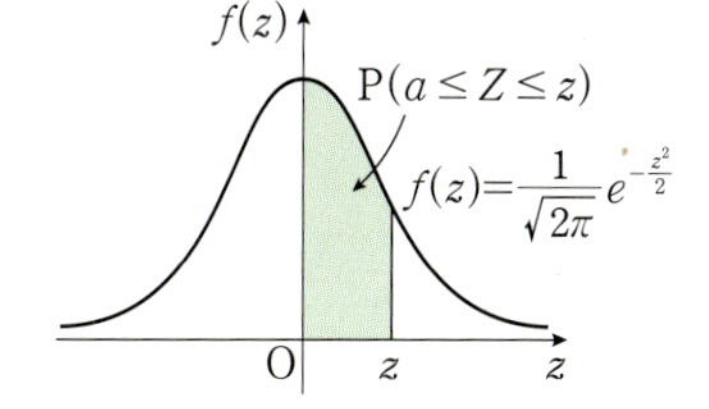

[참고] 표준정규분포를 영어로 Standard normal distribution라 한다.

표준정규분포를 따르는 확률변수는 보통 Z로 나타낸다.

[EX] 확률 P$(0 \le Z \le 1.96)$를 표준정규분포표를 이용하여 구하여라.

오른쪽 표준정규분포표의 맨 왼쪽에 있는 세로줄에서 1.9를 찾은 다음
맨 위쪽에 있는 가로줄에서 0.06을 찾아 가로줄과 세로줄이 만나는 곳의
수를 찾으면 P$(0 \le Z \le 1.96)=0.4750$

P$(0 \le Z \le 3)=0.4987$

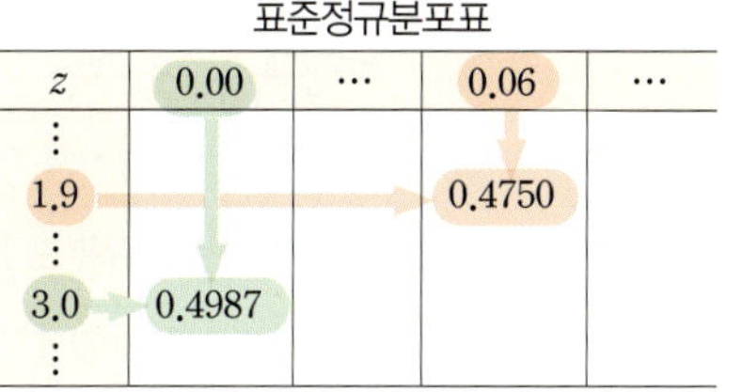

표준정규분포표

z	0.00	$\cdots$	0.06	$\cdots$
$\vdots$				
1.9			0.4750	
$\vdots$				
3.0	0.4987			
$\vdots$				

[참고] 표준정규분포의 확률밀도함수 $f(z)$의 그래프는 $z=0$에 대하여

좌우대칭이므로 P$(Z \ge 0)=$P$(Z \le 0)=0.5$이고

P$(-z \le Z \le 0)=$P$(0 \le Z \le z)$ (단, $z>0$)이다.

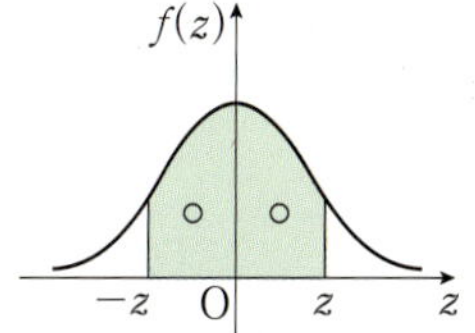

(2) 표준정규분포표를 이용한 확률변수 Z의 확률 구하기

표준정규분포표에서는 확률 P$(0 \le Z \le a)$의 결과만 계산되어 있는데 P$(1 \le Z \le 2)$와 같이 0부터 시작하지
않은 Z의 값의 범위의 확률은 표준정규분포표와 표준정규분포곡선의 성질인 y축에 대하여 대칭이고 곡선과
z축 사이의 넓이 1과 P$(Z \ge 0)=$P$(Z \le 0)=0.5$임을 이용하여 다음 Z의 값의 범위의 확률을 구할 수 있다.

a, b, c, d, e가 양수일 때,

① P$(Z \ge 0)=$P$(Z \le 0)=0.5$ ← [그림1]

② P$(a \le Z \le b)=$P$(0 \le Z \le b)-$P$(0 \le Z \le a)$ ← [그림2]

③ P$(-c \le Z \le d)=$P$(-c \le Z \le 0)+$P$(0 \le Z \le d)=$P$(0 \le Z \le c)+$P$(0 \le Z \le d)$ ← [그림3]

④ P$(Z \ge e)=0.5-$P$(0 \le Z \le e)$ ← [그림4]

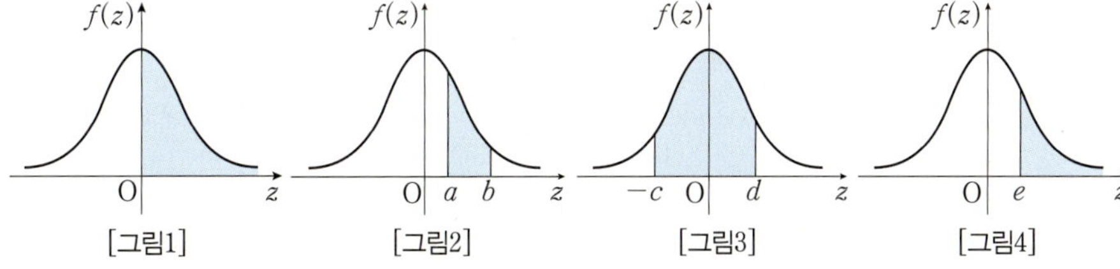

확률 P$(0 \le Z \le a)=\int_0^a \frac{1}{\sqrt{2\pi}}e^{-\frac{z^2}{2}}dz$의 계산이 쉽지 않다.

고교수준의 적분법은 계산이 불가능하다. 하지만 여러 가지 값에 대하여 적분하여 확률
P$(0 \le Z \le a)$를 계산해 놓은 결과를 표로 만든 것이 있는데, 이 표를 표준정규분포표라 한다.
표에는 a의 값에 따라 달라지는 확률 P$(0 \le Z \le a)$가 0부터 3.49까지 0.01간격으로
계산되어 있다.

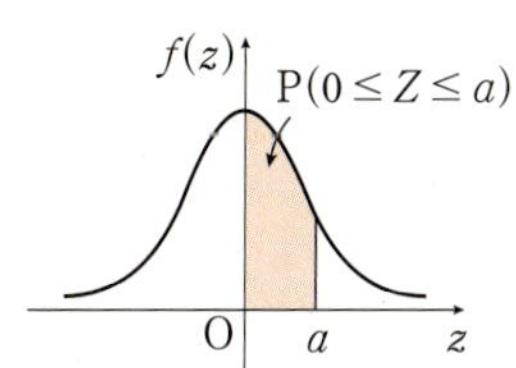

확률변수 Z가 표준정규분포 $N(0, 1)$을 따를 때, 다음 확률을 구하여라.

(단, $P(0 \leq Z \leq 1)=0.3413$, $P(0 \leq Z \leq 2)=0.4772$)

(1) $P(Z \geq -1)$ (2) $P(-2 \leq Z \leq -1)$

주어진 확률을 $P(0 \leq Z \leq z)$의 꼴로 나타낸다.

(1) $P(Z \geq -1)=P(Z \geq 0)+P(0 \leq Z \leq 1)=0.5+0.3413=0.8413$

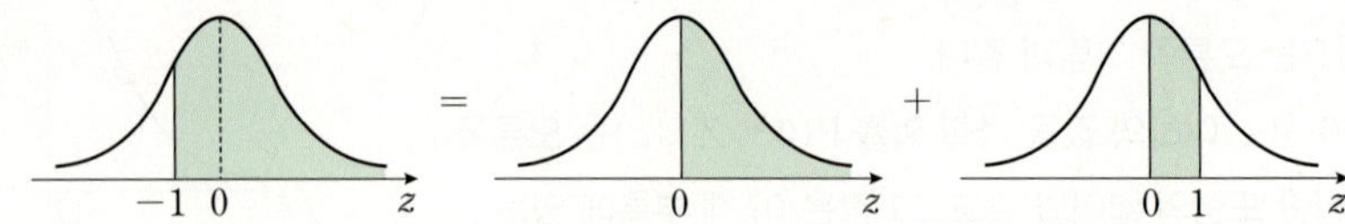

(2) $P(-2 \leq Z \leq -1)=P(1 \leq Z \leq 2)=P(0 \leq Z \leq 2)-P(0 \leq Z \leq 1)$
$$=0.4772-0.3413=0.1359$$

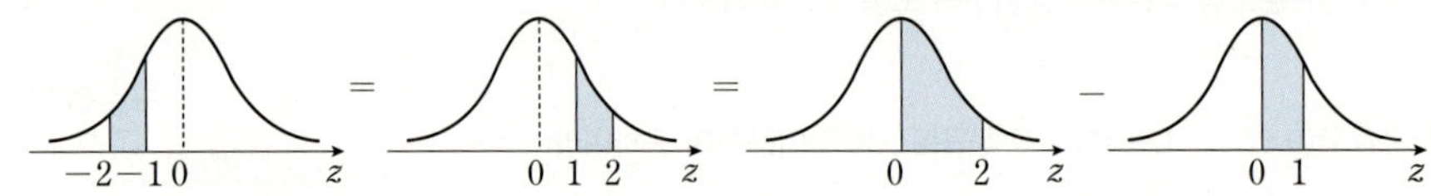

확률변수 Z가 표준정규분포 $N(0, 1)$을 따를 때, 다음을 만족하는 상수 a, b의 값을 구하여라.

(단, $P(0 \leq Z \leq 1.96)=0.4750$, $P(0 \leq Z \leq 1.53)=0.4370$)

(1) $P(a \leq Z \leq 0)=0.4750$ (2) $P(Z \geq b)=0.0630$

(1) $P(a \leq Z \leq 0)=P(0 \leq Z \leq -a)=0.4750$

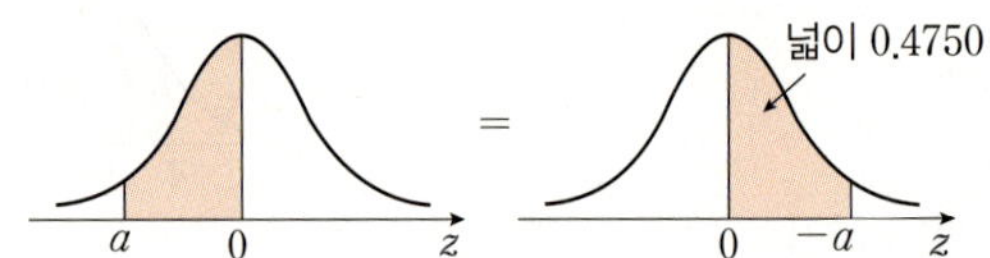

이때 $P(0 \leq Z \leq 1.96)=0.4750$이므로 $-a=1.96$

$\therefore a=-1.96$

(2) $P(Z \geq b)=0.5-P(0 \leq Z \leq b)=0.0630$이므로
$P(0 \leq Z \leq b)=0.5-0.0630=0.4370$

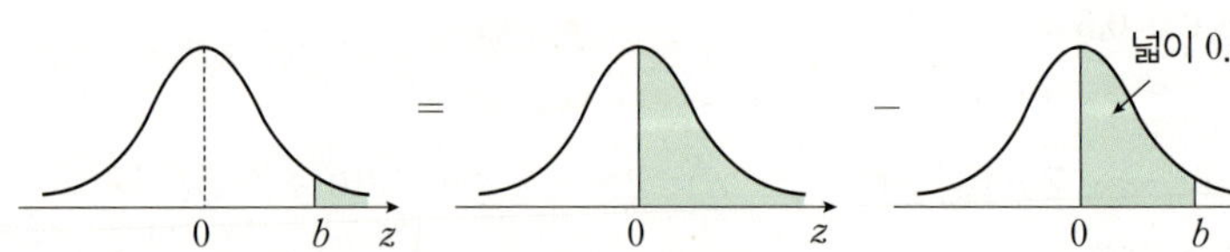

이때 $P(0 \leq Z \leq 1.53)=0.4370$이므로 $b=1.53$

① X가 연속확률변수이면 $P(X=b)=0$이므로 $P(a \leq X \leq b)=P(a \leq X \leq b)$를 만족시킨다.

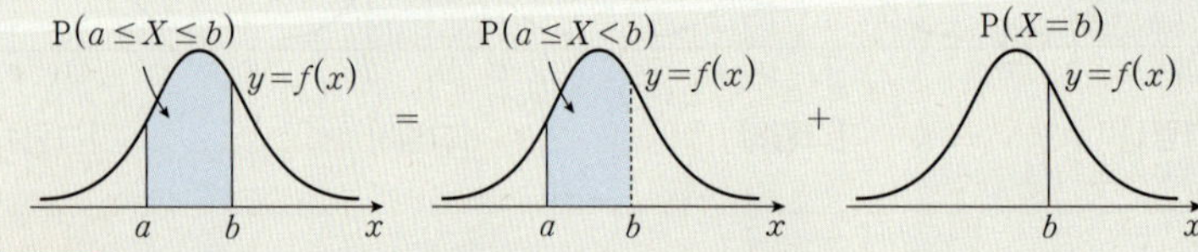

설명 $P(a \leq X \leq b)=P(a \leq X < b)+P(X=b)$이므로 $P(X=b)=0$이다.

② $P(a \leq X \leq b)=P(a < X \leq b)=P(a < X < b)$가 성립한다.

설명 $P(a \leq X \leq b)=P(a < X \leq b)+P(X=a)$이고 $P(X=a)=0$이므로 $P(a \leq X \leq b)=P(a < X \leq b)$

$P(a \leq X \leq b)=P(a < X < b)+P(X=a)+P(X=b)$이고 $P(X=a)=0$, $P(X=b)=0$이므로

$P(a \leq X \leq b)=P(a < X < b)$

04 정규분포와 표준정규분포의 관계

정규분포 $N(m, \sigma^2)$을 따르는 확률변수 X가 a 이상 b 이하의 값을 가질 **확률 $P(a \leq X \leq b)$는**

$$Z = \frac{X-m}{\sigma}$$

을 이용하여 다음과 같이 표준정규분포 $N(0, 1)$을 따르는 **확률변수 Z로 바꿔야 한다.**   ← 정규분포의 표준화

즉, $P(a \leq X \leq b) = P\left(\dfrac{a-m}{\sigma} \leq \dfrac{X-m}{\sigma} \leq \dfrac{b-m}{\sigma}\right) = P\left(\dfrac{a-m}{\sigma} \leq Z \leq \dfrac{b-m}{\sigma}\right)$

이므로 표준정규분포표를 이용하여 확률 $P(a \leq X \leq b)$를 구할 수 있다.

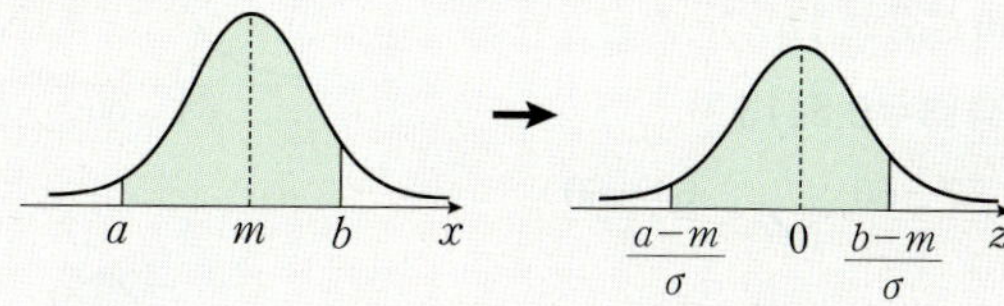

마플해설   일반적으로 확률변수 X에 대하여 $E(aX+b) = aE(X)+b$, $V(aX+b) = a^2 V(X)$가 성립하므로 다음을 얻는다.

정규분포 $N(m, \sigma^2)$을 따르는 확률변수 X에 대하여 $Z = \dfrac{X-m}{\sigma}$이라 하면 확률변수 Z의 평균과 분산은 각각 다음과 같다.

$$E(Z) = E\left(\frac{X-m}{\sigma}\right) = \frac{1}{\sigma}\{E(X)-m\} = \frac{1}{\sigma}(m-m) = 0$$

$$V(Z) = V\left(\frac{X-m}{\sigma}\right) = \frac{1}{\sigma^2} V(X) = \frac{1}{\sigma^2} \times \sigma^2 = 1$$

이처럼 정규분포 $N(m, \sigma^2)$을 따르는 확률변수 X를 확률변수 $Z = \dfrac{X-m}{\sigma}$으로 나타내면 Z는 표준정규분포 $N(0, 1)$을 따른다.

즉, 정규분포 $N(m, \sigma^2)$을 따르는 확률변수 X의 확률을 확률변수 $Z = \dfrac{X-m}{\sigma}$의 확률을 이용하여 구할 수 있다.

+α 더 알아보기

표준화를 이용한 확률 $P(a \leq X \leq b)$ 구하기

확률변수 X가 정규분포 $N(m, \sigma^2)$을 따른다고 할 때, 확률 $P(a \leq X \leq b)$는 [그림1]의 정규분포곡선과 x축 및 $x=a$, $x=b$로 둘러싸인 도형의 넓이이므로 $P(a \leq X \leq b) = \displaystyle\int_a^b \frac{1}{\sqrt{2\pi}\,\sigma} e^{-\frac{(x-m)^2}{2\sigma^2}} dx$이다.

그런데 이러한 정규분포곡선을 결정하는 데 반드시 필요한 m, σ의 값은 확률변수 X가 따르는 정규분포에 따라 달라지므로 정규분포곡선도 그 모양이 바뀌게 되어 확률을 쉽게 구할 수 없다.

따라서 다음과 같은 두 단계의 변화를 거쳐 m, σ의 값을 각각 0, 1로 고정시켜 확률변수 X를 확률변수 Z로 표준화하여 확률변수 Z에 대한 표준정규분포를 이용하여 확률을 구하면 된다.

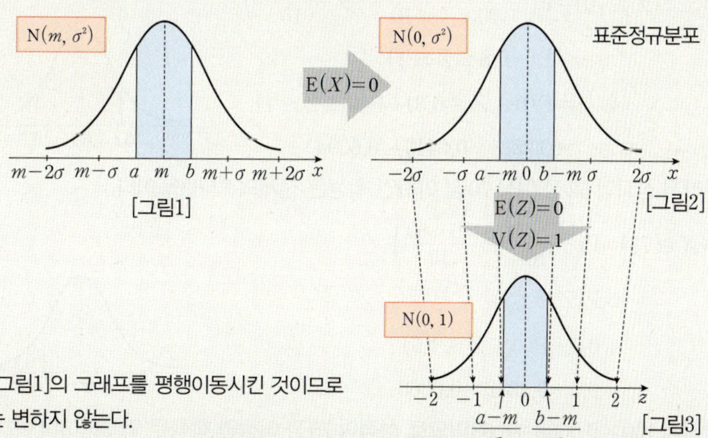

[그림2]의 그래프는 [그림1]의 그래프를 평행이동시킨 것이므로 색칠한 부분의 넓이는 변하지 않는다.

$$P(a \leq X \leq b) = \int_a^b \frac{1}{\sqrt{2\pi}\,\sigma} e^{-\frac{(x-m)^2}{2\sigma^2}} dx = \int_{a-m}^{b-m} \frac{1}{\sqrt{2\pi}\,\sigma} e^{-\frac{x^2}{2\sigma^2}} dx$$

또한, 위의 변화과정 중에서 [그림2]와 [그림3]의 색칠된 부분의 넓이는 변함이 없음이 알려져 있다.

$$P(a \leq X \leq b) = \int_{a-m}^{b-m} \frac{1}{\sqrt{2\pi}\,\sigma} e^{-\frac{x^2}{2\sigma^2}} dx = \int_{\frac{a-m}{\sigma}}^{\frac{b-m}{\sigma}} \frac{1}{\sqrt{2\pi}} e^{-\frac{z^2}{2}} dz$$

이때 [그림3]에서 $P\left(\dfrac{a-m}{\sigma} \leq Z \leq \dfrac{b-m}{\sigma}\right) = \displaystyle\int_{\frac{a-m}{\sigma}}^{\frac{b-m}{\sigma}} \frac{1}{\sqrt{2\pi}} e^{-\frac{z^2}{2}} dz$이므로 $P(a \leq X \leq b) = P\left(\dfrac{a-m}{\sigma} \leq Z \leq \dfrac{b-m}{\sigma}\right)$

확률변수 X가 정규분포 $N(60, 2^2)$을 따를 때, 오른쪽 표준정규분포표를 이용하여 다음 각 확률을 구하여라.

(1) $P(X \geq 58)$　　(2) $P(57 \leq X \leq 64)$　　(3) $P(X \leq 59)$

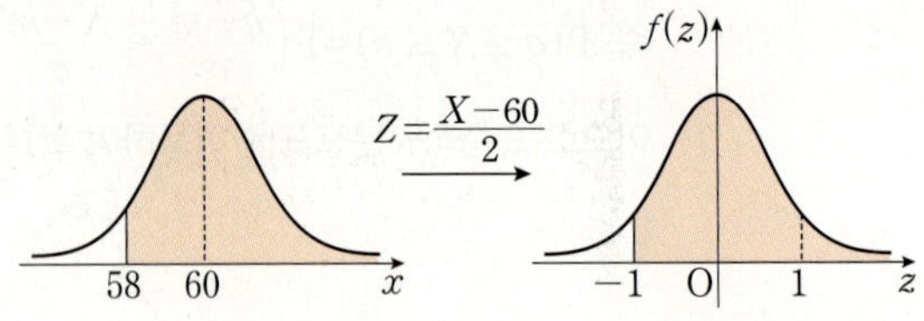

z	$P(0 \leq Z \leq z)$
0.5	0.1915
1.0	0.3413
1.5	0.4332
2.0	0.4772

확률변수 X가 정규분포 $N(60, 2^2)$을 따르므로 확률변수 $Z = \dfrac{X-60}{2}$는 표준정규분포 $N(0, 1)$을 따른다.

(1) $P(X \geq 58) = P\left(Z \geq \dfrac{58-60}{2}\right)$

$\quad = P(Z \geq -1)$

$\quad = 0.5 + P(0 \leq Z \leq 1)$

$\quad = 0.5 + 0.3413 = 0.8413$

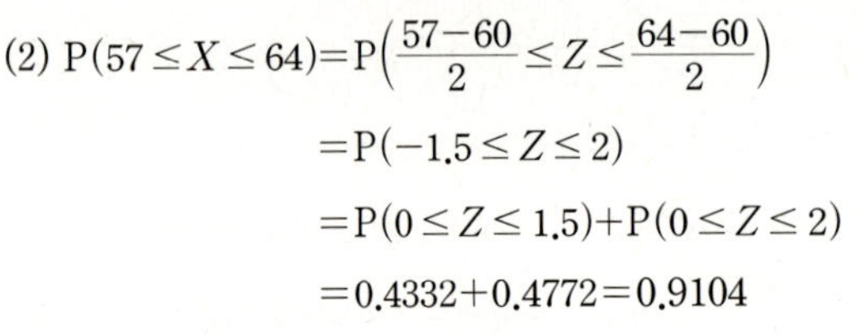

(2) $P(57 \leq X \leq 64) = P\left(\dfrac{57-60}{2} \leq Z \leq \dfrac{64-60}{2}\right)$

$\quad = P(-1.5 \leq Z \leq 2)$

$\quad = P(0 \leq Z \leq 1.5) + P(0 \leq Z \leq 2)$

$\quad = 0.4332 + 0.4772 = 0.9104$

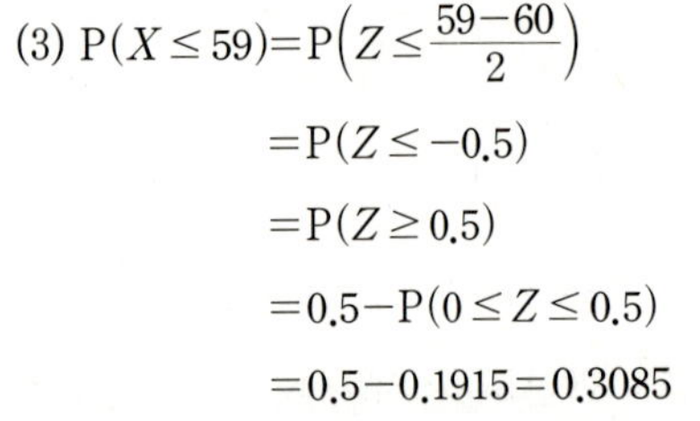

(3) $P(X \leq 59) = P\left(Z \leq \dfrac{59-60}{2}\right)$

$\quad = P(Z \leq -0.5)$

$\quad = P(Z \geq 0.5)$

$\quad = 0.5 - P(0 \leq Z \leq 0.5)$

$\quad = 0.5 - 0.1915 = 0.3085$

어느 고등학교 학생 100명의 수학 성적은 평균이 60점, 표준편차가 10점인 정규분포를 따른다고 한다. 다음 물음에 답하여라.

(1) 성적이 52점 이상 70점 이하인 학생은 전체의 약 몇 %인지 구하여라.

(2) 성적이 75점 이상인 학생은 약 몇 명인지 구하여라.

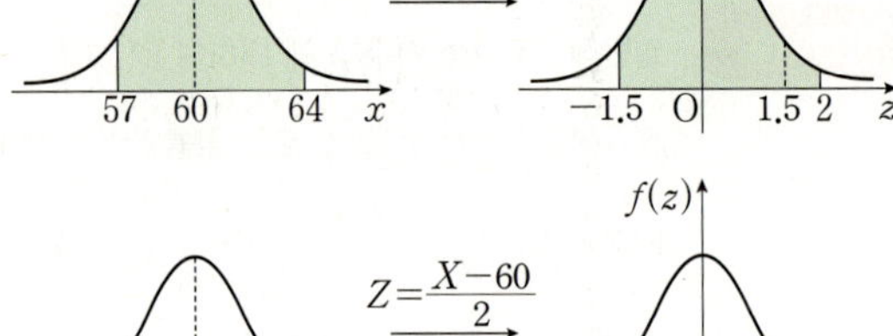

z	$P(0 \leq Z \leq z)$
0.8	0.2881
1.0	0.3413
1.5	0.4332
2.0	0.4772

수학 성적을 확률변수 X라 하면 X는 정규분포 $N(60, 10^2)$을 따르므로 확률변수

$Z = \dfrac{X-60}{10}$는 표준정규분포 $N(0, 1)$을 따른다.

(1) $P(52 \leq X \leq 70) = P\left(\dfrac{52-60}{10} \leq \dfrac{X-60}{10} \leq \dfrac{70-60}{10}\right)$

$\quad = P(-0.8 \leq Z \leq 1)$

$\quad = P(0 \leq Z \leq 0.8) + P(0 \leq Z \leq 1)$

$\quad = 0.2881 + 0.3413 = 0.6294$

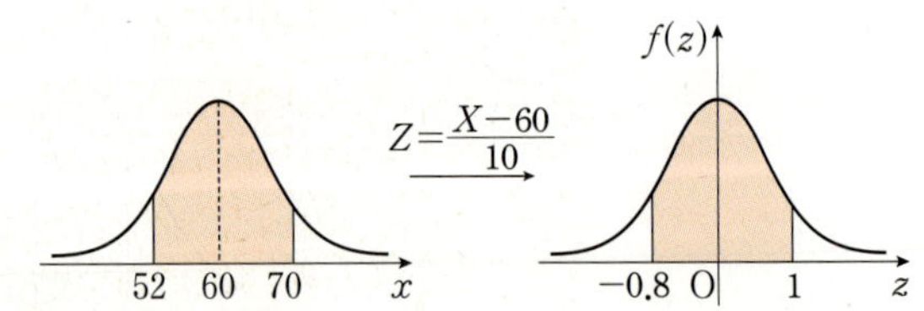

따라서 성적이 52점 이상 70점 이하인 학생은 전체의 약 63%이다.

(2) $P(X \geq 75) = P\left(\dfrac{X-60}{10} \geq \dfrac{75-60}{10}\right)$

$\quad = P(Z \geq 1.5)$

$\quad = 0.5 - P(0 \leq Z \leq 1.5)$

$\quad = 0.5 - 0.4332 = 0.0668$

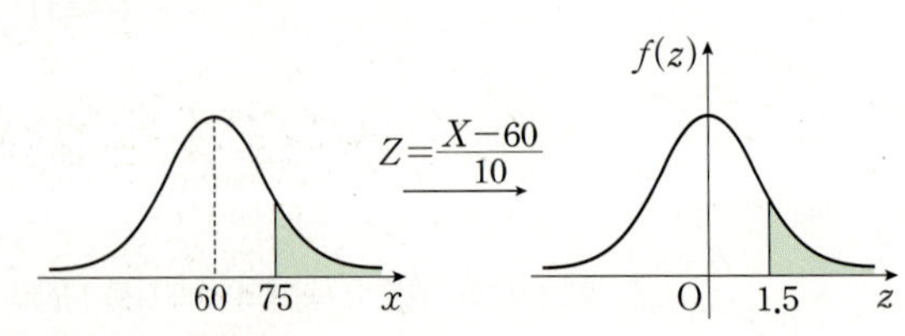

따라서 $100 \times 0.0668 = 6.68$이므로 성적이 75점 이상인 학생은 약 7명이다.

FOCUS 정규분포의 표준화

확률변수	X (정규분포)	$Z = \dfrac{X-m}{\sigma}$	Z (표준정규분포)
분포	$N(m, \sigma^2)$		$N(0, 1)$
확률	$P(a \leq X \leq b)$		$P\left(\dfrac{a-m}{\sigma} \leq X \leq \dfrac{b-m}{\sigma}\right)$

정규분포 $N(m, \sigma^2)$을 따르는 확률변수 X를 표준화하여 확률변수 X가 평균에서 $k\sigma$범위 내에 있을 확률을 구할 수 있다. 즉 $P(m-k\sigma \leq X \leq m+k\sigma)(k=1, 2, 3)$을 구하면 다음과 같다.

① $P(m-\sigma \leq X \leq m+\sigma)=P(-1 \leq Z \leq 1)=2P(0 \leq Z \leq 1)=0.6826$

② $P(m-2\sigma \leq X \leq m+2\sigma)=P(-2 \leq Z \leq 2)=2P(0 \leq Z \leq 2)=0.9544$

③ $P(m-3\sigma \leq X \leq m+3\sigma)=P(-3 \leq Z \leq 3)=2P(0 \leq Z \leq 3)=0.9974$

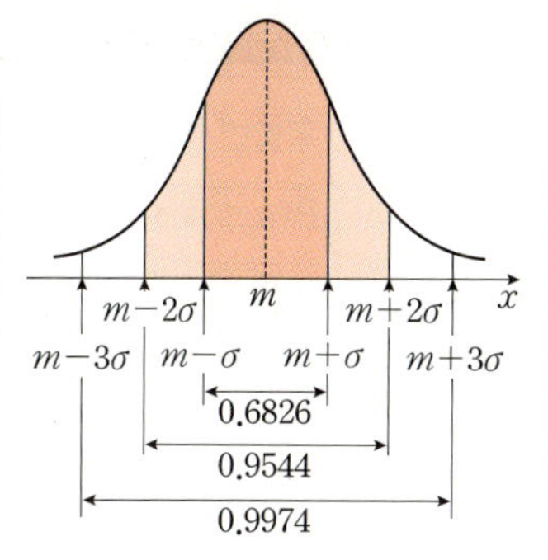

이것은 전체 자료의 약 68.26%는 구간 $[m-\sigma, m+\sigma]$에 분포되어 있고,

약 95.44%는 구간 $[m-2\sigma, m+2\sigma]$에 분포되어 있으며

약 99.74%는 구간 $[m-3\sigma, m+3\sigma]$에 분포되어 있다는 뜻이다.

마플해설

확률변수 X가 정규분포 $N(m, \sigma^2)$을 따르므로 확률변수 $Z=\dfrac{X-m}{\sigma}$은 표준정규분포 $N(0, 1)$을 따른다.

① $P(m-\sigma \leq X \leq m+\sigma)=P\left(\dfrac{(m-\sigma)-m}{\sigma} \leq \dfrac{X-m}{\sigma} \leq \dfrac{(m+\sigma)-m}{\sigma}\right)=P(-1 \leq Z \leq 1)$

② $P(m-2\sigma \leq X \leq m+2\sigma)=P\left(\dfrac{(m-2\sigma)-m}{\sigma} \leq \dfrac{X-m}{\sigma} \leq \dfrac{(m+2\sigma)-m}{\sigma}\right)=P(-2 \leq Z \leq 2)$

③ $P(m-3\sigma \leq X \leq m+3\sigma)=P\left(\dfrac{(m-3\sigma)-m}{\sigma} \leq \dfrac{X-m}{\sigma} \leq \dfrac{(m+3\sigma)-m}{\sigma}\right)=P(-3 \leq Z \leq 3)$

위에서 확률변수 X의 값이 $m+k\sigma$(k는 상수)일 때, 확률변수 Z의 값은 k의 값에 따라 달라짐을 알 수 있다.

보기 09

정규분포 $N(m, \sigma^2)$을 따르는 확률변수 X에 대하여

$$P(m \leq X \leq m+\sigma)=a, \quad P(m \leq X \leq m+2\sigma)=b$$

일 때, 다음을 a, b에 대한 식으로 나타내어라.

(1) $P(m-\sigma \leq X \leq m+\sigma)$　　　　(2) $P(X \geq m+\sigma)$　　　　(3) $P(X \geq m-2\sigma)$

풀이

오른쪽 그림과 같이 확률변수 X의 확률밀도함수의 그래프는 직선 $x=m$에 대하여 대칭이므로

(1) $P(m-\sigma \leq X \leq m+\sigma)=P(m-\sigma \leq X \leq m)+P(m \leq X \leq m+\sigma)$

$\qquad\qquad\qquad\qquad\qquad = 2P(m \leq X \leq m+\sigma)=2a$

(2) $P(X \geq m+\sigma)=P(X \geq m)-P(m \leq X \leq m+\sigma)$

$\qquad\qquad\quad = 0.5-a$

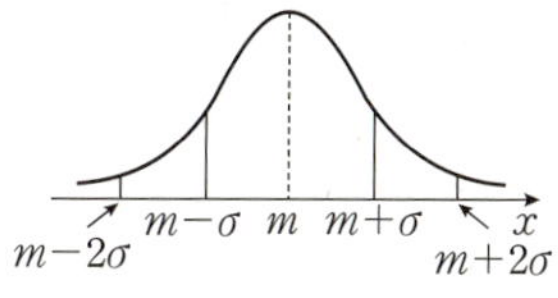

(3) $P(X \geq m-2\sigma)=P(m-2\sigma \leq X \leq m)+P(X \geq m)$

$\qquad\qquad\qquad = P(m \leq X \leq m+2\sigma)+0.5=b+0.5$

보기 10

확률변수 X가 정규분포 $N(m, \sigma^2)$을 따를 때, 다음을 만족하는 상수 k의 값을 구하여라.

(1) $P(m-k\sigma \leq X \leq m+k\sigma)=0.8664$

(2) $P(|X-m| \leq k\sigma)=0.9876$

z	$P(0 \leq Z \leq z)$
1.5	0.4332
2.0	0.4772
2.5	0.4938

풀이

$P(m-k\sigma \leq X \leq m+k\sigma)=P\left(\dfrac{m-k\sigma-m}{\sigma} \leq Z \leq \dfrac{m+k\sigma-m}{\sigma}\right)$

$\qquad\qquad\qquad\qquad\qquad = P(-k \leq Z \leq k)=2P(0 \leq Z \leq k)$

또한, $P(|X-m| \leq k\sigma)=P(k\sigma \leq X-m \leq k\sigma)$이다.

(1) $P(0 \leq Z \leq 1.5)=0.4332$이므로 $P(-1.5 \leq Z \leq 1.5)=0.8664$ $\therefore k=1.5$

(2) $P(0 \leq Z \leq 2.5)=0.4938$이므로 $P(-2.5 \leq Z \leq 2.5)=0.9876$ $\therefore k=2.5$

보기 11

확률변수 X가 정규분포 $N(20, 3^2)$을 따를 때, 오른쪽 표를 이용하여 $P(20 \leq X \leq 26)$의 값을 구하여라. (단, m은 평균, σ는 표준편차이다.)

x	$P(m \leq X \leq x)$
$m+\sigma$	0.3413
$m+2\sigma$	0.4772
$m+3\sigma$	0.4987

풀이

확률변수 X가 정규분포 $N(20, 3^2)$을 따르므로 $m=20$, $\sigma=3$이다.

$\therefore P(20 \leq X \leq 26)=P(20 \leq X \leq 20+6)=P(m \leq X \leq m+2\sigma)=0.4772$

확률변수를 표준화하는 이유

01 확률계산을 쉽게 할 수 있다.

확률변수 X가 정규분포 $N(m, \sigma^2)$을 따르는 경우

$P(a \le X \le b)$를 계산하는 문제 유형은 가장 일반적인 것으로 평균 m과 표준편차 σ의 값에 관계없이 다음과 같은 정규분포곡선과 x축 사이의 넓이를 이용하여 확률을 계산할 수 있다.

정규분포 $N(m, \sigma^2)$을 따르는 확률변수 X에 대하여

① $P(|X-m| \le \sigma) = P(-1 \le Z \le 1) = 0.6826$

② $P(|X-m| \le 2\sigma) = P(-2 \le Z \le 2) = 0.9544$

③ $P(|X-m| \le 3\sigma) = P(-3 \le Z \le 3) = 0.9974$

즉 X와 평균의 차가 σ, 2σ, 3σ 이내에 있을 확률이 각각 0.6826, 0.9544, 0.9974이다.

> **EX** 확률변수 X가 정규분포 $N(60, 5^2)$을 따를 때, $m=60$, $\sigma=5$이므로 $P(55 \le X \le 65) = P(60-5 \le X \le 60+5)$는
> $P(m-\sigma \le X \le m+\sigma)$꼴이 되어 $P(55 \le X \le 65) = 0.6826$을 쉽게 구할 수 있다.

하지만 $P(m-k\sigma \le X \le m+k\sigma)$ $(k=1, 2, 3)$꼴이 아닌 $P(54 \le X \le 72)$과 같은 확률의 계산은 쉽지 않다.

이때 확률변수 X 대신 표준화된 확률변수 $Z = \dfrac{X-m}{\sigma}$을 사용하면

$P(54 \le X \le 72) = P\left(\dfrac{54-60}{5} \le Z \le \dfrac{72-60}{5}\right) = P(-1.2 \le Z \le 2.4)$가 되고

표준정규분포표를 이용하면 $P(-1.2 \le Z \le 2.4) = 0.3849 + 0.4918 = 0.8767$ 임을 어렵지 않게 계산할 수 있다.

z	$P(0 \le Z \le z)$
1.2	0.3849
2.4	0.4918

특강해설 정규분포 $N(m, \sigma^2)$을 따르는 확률변수 X의 확률밀도함수 $f(x)$에 대하여 정규분포 곡선을 나타내는 $y=f(x)$의 그래프는 오른쪽 그림처럼 자료의 평균 m과 표준편차 σ의 값에 따라 모양이 달라진다.

자연현상이나 사회현상에서 따르는 자료 중 정규분포를 따르는 자료는 매우 다양하다. 따라서 자료에 따라 각각의 정규분포 곡선이 그려질 수 있고, 그 곡선 하나하나에 대해 일일이 확률 계산을 하기란 번거롭다. 이때 평균 $m=0$, 표준편차 $\sigma=1$인 정규분포를 따르는 표준화된 확률변수를 이용하면 하나의 확률계산표(표준정규분포표)만 있어도 확률 계산을 쉽게 할 수 있다.

02 다른 집단의 같은 성격의 확률변수를 비교할 수 있다.

예를 들면 수능 1등급이 많은 학급에서 80점인 학생과 수능 4등급이 많은 학급에서 80점인 학생의 두 학생의 학습능력을 비교한다면 상식적으로 생각해도 두 학생의 학습능력은 80점이라는 수에 상관없이 서로 다르다는 점은 분명할 것이다. 이런 비교를 위해 표준화된 변수를 이용하는 경우가 생긴다. ← [보기1] 참고

특강해설 오른쪽 그림은 2019년 한국, 미국, 스위스 세 나라의 1인당 연간 국민 소득의 평균과 표준편차를 나타낸 것이고 정규분포를 따른다고 한다. 이때 한국, 미국, 스위스 세 나라에서 1인당 연간 소득이 각각 35000

	한국	미국	스위스
평균	30000 달러	52000달러	67000 달러
표준편차	2000달러	12000달러	10000달러

달러, 70000달러, 87000달러인 갑, 을, 병을 뽑을 때, 각 나라별로 그 사람의 1인당 국민소득 수준이 상대적으로 높은 사람부터 순서대로 나열하여라.

> **설명** 한국, 미국, 중국 세 나라의 1인당 국민소득을 각각 표준화하면 다음과 같다.

(i) 한국인의 1인당 연간 국민 소득 정규분포 $N(30000, 2000^2)$을 따르므로

갑의 35000(달러)의 위치를 a라 하면 $a = \dfrac{35000-30000}{2000} = \dfrac{5}{2} = 2.5$

(ii) 미국인의 1인당 연간 국민 소득 정규분포 $N(52000, 12000^2)$을 따르므로

을의 70000(달러)의 위치를 b라 하면 $b = \dfrac{70000-52000}{12000} = \dfrac{3}{2} = 1.5$

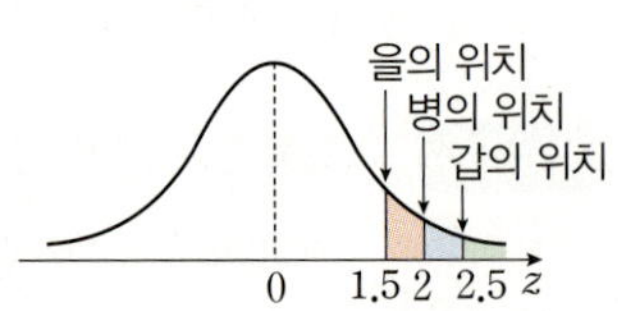

(ⅲ) 스위스인의 1인당 연간 국민 소득정규분포 $N(67000, 10000^2)$을 따르므로

병의 87000(달러)의 위치를 c라 하면 $c = \dfrac{87000 - 67000}{10000} = 2$

(ⅰ)~(ⅲ)에서 상대적으로 1인당 국민 소득이 높은 사람은 $a > c > b$이므로 갑, 병, 을 순이다.

 오른쪽 표는 어느 고등학교 2학년 1학기의 중간고사에서 수학, 국어 과목에 대한 P군의 점수와 전체 학생의 점수의 평균, 표준편차를 나타낸 것이다. 전체 학생의 수학, 국어 과목의 점수가 각각 정규분포를 따른다고 할 때, 내신등급이 높은 과목을 구하여라.

(단, $P(0 \le Z \le 1) = 0.3413$, $P(0 \le Z \le 2.5) = 0.4938$)

	수학	국어
P군의 점수	70점	80점
평균	55점	75점
표준편차	6점	5점

 수학 과목의 점수를 확률변수 X라 하면 X는 정규분포 $N(55, 6^2)$를 따른다.

$P(X \ge 70) = P\left(Z \ge \dfrac{70 - 55}{6}\right) = P(Z \ge 2.5) = 0.0062$

이므로 P군의 수학 점수는 상위 0.62%이다.

국어 과목의 점수를 확률변수 Y라 하면 Y는 정규분포 $N(75, 5^2)$를 따른다.

$P(Y \ge 80) = P\left(Z \ge \dfrac{80 - 75}{5}\right) = P(Z \ge 1) = 0.1587$

이므로 P군의 국어점수는 상위 15.87%이다.

따라서 수학과목에서 P군보다 시험을 잘 본 학생의 비율이 작으므로 내신등급은 수학과목이 국어과목보다 더 높다.

03 정규분포를 이용한 최저점수를 구할 수 있다.

$\alpha = P(X \ge a)$인 a를 구하는 방법

확률변수 X가 정규분포 $N(m, \sigma^2)$을 따를 때, 주어진 확률 α에 대하여 $\alpha = P(X \ge a)$인 a값은 다음의 순서로 구한다.

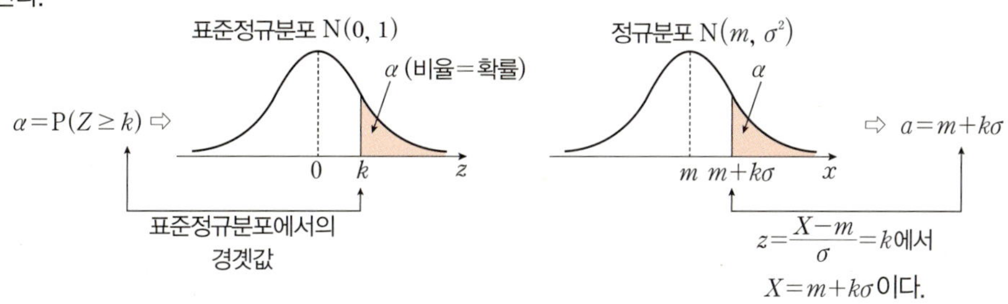

 100명을 모집하는 어느 회사의 입사 시험에 500명이 응시하였다. 수험생의 시험 성적의 분포가 평균이 250점, 표준편차가 50점인 정규분포를 따른다고 할 때, 합격자의 최저 점수를 구하여라.

z	$P(0 \le Z \le z)$
0.52	0.2
0.84	0.3
1.28	0.4

 수험생의 시험 성적을 확률변수 X라 하면 X는 정규분포 $N(250, 50^2)$을 따른다.

이때 합격자는 100명이므로 최저 합격 점수를 a라 하면 $P(X \ge a) = \dfrac{100}{500} = 0.2$

확률변수 X를 $Z = \dfrac{X - 250}{50}$으로 표준화하면 Z는 $N(0, 1)$을 따르므로

$P(X \ge a) = P\left(Z \ge \dfrac{a - 250}{50}\right) = 0.2$

즉 $P\left(0 \le Z \le \dfrac{a - 250}{50}\right) = 0.3$

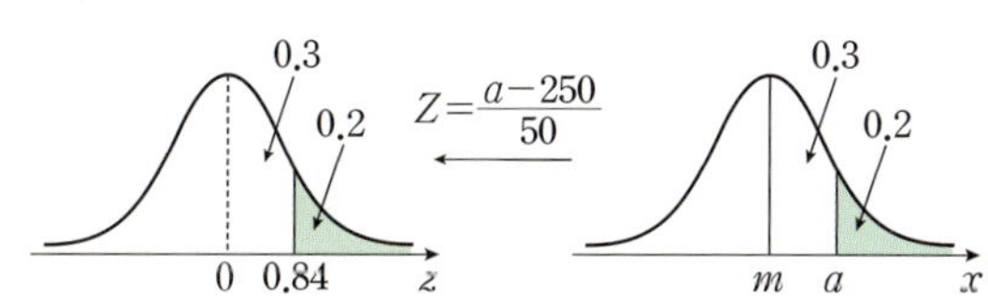

표준정규분포표에서 $P(0 \le Z \le 0.84) = 0.3$이므로

$\dfrac{a - 250}{50} = 0.84$

따라서 구하는 최저 점수는 $a = 250 + 0.84 \times 50 = 292$(점)

학생의 수가 서로 같은 두 고등학교 A, B의 수학점수를 각각 확률변수 X, Y 라 할 때, X, Y는 각각 정규분포 $N(m_1, \sigma_1^2)$, $N(m_2, \sigma_2^2)$을 따르고 X, Y의 확률밀도함수 $y=f(x)$, $y=g(x)$의 그래프는 각각 그림과 같다. [보기]에서 옳은 것을 모두 골라라.

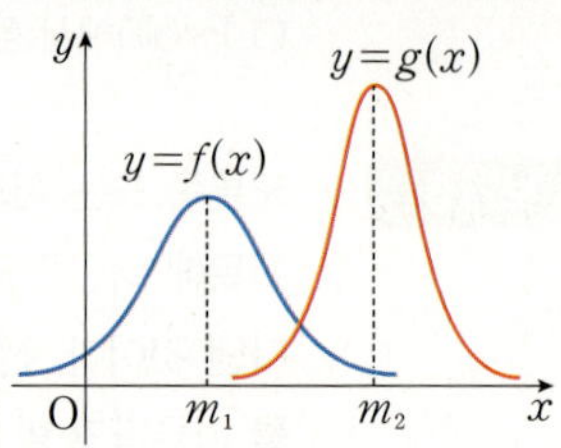

> ㄱ. $P(X \le m_1)+P(Y \le m_2)=1$
> ㄴ. B고등학교의 수학점수의 평균이 A고등학교의 수학점수의 평균보다 높다.
> ㄷ. A고등학교의 수학 점수의 표준편차가 B고등학교의 수학점수의 표준편차 보다 크다.

MAPL CORE

정규분포 $N(m, \sigma^2)$의 확률밀도함수의 그래프는

① σ의 값이 일정할 때,

　m의 값이 변하면 대칭축의 위치는 바뀌지만 곡선의 모양은 같다.

② m의 값이 일정할 때,

　σ의 값이 커지면 곡선은 낮아지면서 양쪽으로 퍼지고

　σ의 값이 작아지면 곡선은 높아지면서 뾰족하게 된다.

개념익힘|풀이　ㄱ. $P(X \le m_1)=P(Y \le m_2)=0.5$

　　　이므로 $P(X \le m_1)+P(Y \le m_2)=1$ [참]

ㄴ. $m_1 < m_2$이므로 B고등학교의 수학 점수의 평균이 A고등학교의 수학 점수의 평균보다 높다. [참]

ㄷ. A고등학교의 수학 점수 X의 확률밀도함수의 그래프가 B고등학교의 수학 점수 Y의 확률밀도함수의 그래프보다 낮고 양쪽으로 퍼지므로 $\sigma_1^2 > \sigma_2^2$이다.

　　즉 A고등학교의 수학점수의 표준편차가 B고등학교의 수학점수의 표준편차보다 더 크다. [참]

따라서 옳은 것은 ㄱ, ㄴ, ㄷ이다.

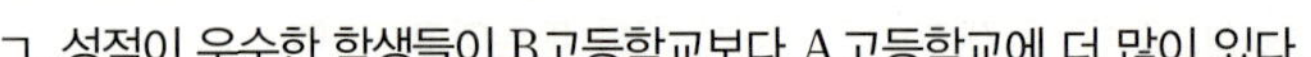

확인유제 0613

1997학년도 수능기출

3학년 재학생 수가 각각 500명인 같은 지역 A, B, C 세 고등학교 3학년 학생의 수학 성적 분포가 각각 정규분포를 이루고 오른쪽 그림과 같다. 다음 중 옳은 것을 모두 고른 것은?

> ㄱ. 성적이 우수한 학생들이 B고등학교보다 A고등학교에 더 많이 있다.
> ㄴ. B고등학교 학생들은 평균적으로 A고등학교 학생들보다 성적이 더 우수하다.
> ㄷ. C고등학교 학생들보다 B고등학교 학생들의 성적이 더 고른 편이다.

① ㄱ　　　② ㄴ　　　③ ㄷ　　　④ ㄱ, ㄷ　　　⑤ ㄴ, ㄷ

정답　0613 : ④

변형문제 0614 다음 물음에 답하여라.

(1) 세 확률변수 X_1, X_2, X_3은 각각 정규분포 $N(m, \sigma^2)$, $N(2m, \sigma^2)$, $N(m, 2\sigma^2)$을 따른다. 세 확률변수 X_1, X_2, X_3의 확률밀도함수를 각각 $f(x)$, $g(x)$, $h(x)$라 하자. 오른쪽 그림의 네 곡선 A, B, C, D 에서 함수 $y=f(x)$, $y=g(x)$, $y=h(x)$의 그래프로 적당한 것을 차례대로 나열한 것은? (단, m, σ는 양수이고 두 곡선 A와 B, C와 D 는 각각 대칭축이 서로 같다.)

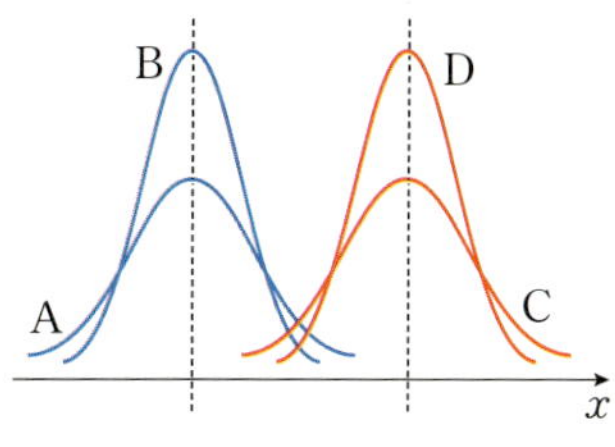

① A, C, B ② B, C, A ③ B, D, A ④ C, A, B ⑤ D, B, A

(2) 정규분포를 따르는 두 확률변수 X, Y의 확률밀도함수를 각각 $f(x)$, $g(x)$라 하자. $y=f(x)$, $y=g(x)$의 그래프가 오른쪽 그림과 같을 때, 다음 중 옳지 않은 것은? (단, 두 그래프는 각각 두 직선 $x=5$, $x=10$ 에 대하여 대칭이다.)

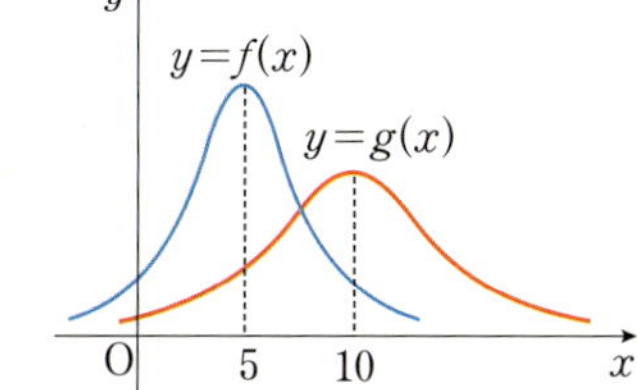

① $E(X) < E(Y)$

② $\sigma(X) < \sigma(Y)$

③ $P(Y \leq 10) + P(Y \geq 10) = 1$

④ $P(X \leq 5) = P(Y \leq 10)$

⑤ $P(5 \leq X \leq 10) = P(Y \geq 10)$

발전문제 0615 다음 물음에 답하여라.

(1) 정규분포를 따르는 두 연속확률변수 X, Y의 확률밀도함수를 각각 $f(x)$, $g(x)$라 하자. 두 함수 $f(x)$, $g(x)$의 그래프가 오른쪽 그림과 같을 때, 옳은 것만을 [보기]에서 있는 대로 고른 것은?

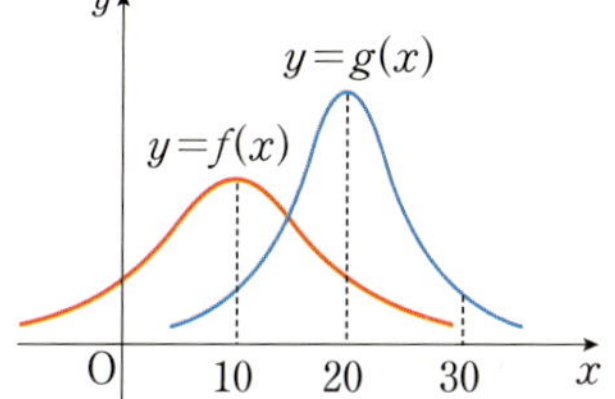

ㄱ. $E(3X+5) = E(2Y-5)$
ㄴ. $\sigma(Y) < \sigma(X)$
ㄷ. $P(10 \leq X \leq 20) < P(20 \leq Y \leq 30)$

① ㄱ ② ㄱ, ㄴ ③ ㄱ, ㄷ ④ ㄴ, ㄷ ⑤ ㄱ, ㄴ, ㄷ

(2) 확률변수 X와 Y는 평균이 $m(m \neq 0)$, 표준편차가 각각 σ_1과 σ_2인 정규분포를 따르고, 확률밀도함수가 각각 $f(x)$와 $g(x)$이다.

$$P(X \geq 2m) = P(Y \geq 3m)$$

일 때, 옳은 것만을 [보기]에서 있는 대로 고른 것은?

ㄱ. $\sigma_2 = 2\sigma_1$
ㄴ. $f(m) > g(m)$
ㄷ. $P(X \leq 0) + P(Y \geq 0) = 1$

① ㄱ ② ㄷ ③ ㄱ, ㄴ ④ ㄴ, ㄷ ⑤ ㄱ, ㄴ, ㄷ

오른쪽 표는 강인이네 고등학교 3학년 학생들의 국어, 수학, 영어 시험 성적의 평균과 표준편차 및 강인의 성적을 나타내고 있다. 각 과목의 성적이 정규분포를 따를 때, 3학년 학생 중에서 강인이보다 국어, 수학, 영어의 성적이 좋은 학생의 비율을 각각 a, b, c라 할 때, a, b, c의 대소 관계를 구하여라.

(단위 : 점)

과목	국어	수학	영어
평균	65	52	56
표준편차	10	16	12
강인이의 성적	70	62	65

MAPL CORE　각각 다른 조건에서 과목의 직접적인 비교는 불가능하다. 세 과목 국어, 수학, 영어의 평균과 표준편차를 이용하여 각각의 과목을 표준화시키면 상대적인 과목의 위치를 파악할 수 있다.

개념익힘 | 풀이　국어, 수학, 영어 성적을 각각 확률변수 X_A, X_B, X_C라 하면 세 확률변수는

$N(65, 10^2)$, $N(52, 16^2)$, $N(56, 12^2)$을 따르므로 $Z_A = \dfrac{X_A - 65}{10}$, $Z_B = \dfrac{X_B - 52}{16}$, $Z_C = \dfrac{X_C - 56}{12}$

로 놓으면 Z_A, Z_B, Z_C는 모두 표준정규분포 $N(0, 1)$을 따른다.

강인이의 국어, 수학, 영어 점수는 각각 70점, 62점, 65점이므로

강인이보다 국어, 수학, 영어 성적이 높을 학생의 비율을 각각 구하면

$$a = P(X_A > 70) = P\left(Z_A > \frac{70-65}{10}\right) = P\left(Z_A > \frac{1}{2}\right) = P(Z_A > 0.5)$$

$$b = P(X_B > 62) = P\left(Z_B > \frac{62-52}{16}\right) = P\left(Z_B > \frac{5}{8}\right) = P(Z_B > 0.625)$$

$$c = P(X_C > 65) = P\left(Z_C > \frac{65-56}{12}\right) = P\left(Z_C > \frac{3}{4}\right) = P(Z_C > 0.75)$$

따라서 표준정규분포곡선은 오른쪽 그림과 같으므로 $a > b > c$이다.

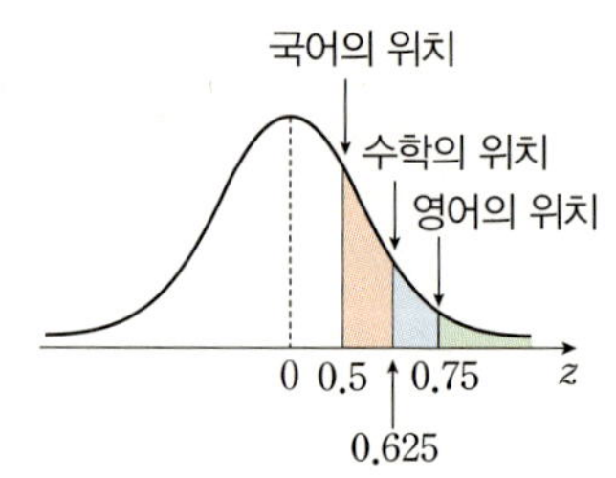

참고★ 다른 학생과 비교하여 상대적으로 강인이의 성적이 좋은 과목부터 순서대로 나열하면 다음과 같다.

$a > b > c$이므로 강인이보다 높은 점수를 받은 학생의 비율이 적을수록 강인이의 성적이 상대적으로 높으므로

강인이의 성적이 상대적으로 높은 과목을 차례로 나열하면 영어, 수학, 국어이다.

확인유제 0616　오른쪽 표는 소희의 국어, 수학, 영어 성적과 소희 반 전체 학생의 평균과 표준편차를 나타낸 표이다. 다른 학생과 비교할 때, 소희가 상대적으로 성적이 좋은 과목부터 순서대로 적으면? (단, 소희네 반 성적은 정규분포를 따른다.)

(단위 : 점)

과목	국어	수학	영어
평균	65	55	75
표준편차	10	15	5
소희의 성적	85	70	90

① 국어, 영어, 수학　　　② 국어, 수학, 영어

③ 수학, 국어, 영어　　　④ 수학, 영어, 국어

⑤ 영어, 국어, 수학

변형문제 0617

1997학년도 수능기출

어느 해 한국, 미국, 일본의 대졸 신입 사원의 월급은 평균이 각각 80만 원, 2000불, 18만 엔이고 표준편차가 각각 10만 원, 300불, 2만 5천 엔인 정규분포를 따른다고 한다. 위 3개국에서 임의로 한 명씩 뽑은 대졸 신입 사원 A, B, C의 월급이 각각 94만 원, 2250불, 21만 엔이라고 할 때, 각각 자국 내에서 상대적으로 월급을 많이 받는 사람부터 순서대로 적은 것은?

① A, B, C　　　② A, C, B　　　③ B, A, C　　　④ C, A, B　　　⑤ C, B, A

2018년 07월 교육청

어느 공장에서 생산되는 휴대전화 1대의 무게는 평균이 153g이고 표준편차가 2g인 정규분포를 따른다고 한다. 이 공장에서 생산된 휴대전화 중에서 임의로 선택한 휴대전화 1대의 무게가 151g 이상이고 154g 이하일 확률을 오른쪽 표준정규분포표를 이용하여 구하여라.

z	$P(0 \leq Z \leq z)$
0.5	0.1915
1.0	0.3413
1.5	0.4332
2.0	0.4772

MAPL CORE

[1단계] 확률변수 X를 정한다.

[2단계] 정규분포 $N(m, \sigma^2)$을 따를 때, 확률변수를 표준화하고 표준정규분포를 이용하여 확률을 구한다.

[3단계] $P(a \leq X \leq b) = P\left(\dfrac{a-m}{\sigma} \leq Z \leq \dfrac{b-m}{\sigma}\right)$ (단, $a < b$)

개념익힘 | 풀이

휴대전화 1대의 무게를 확률변수 X라 하면 확률변수 X는 정규분포 $N(153, 2^2)$을 따르므로

확률변수 $Z = \dfrac{X-153}{2}$는 표준정규분포 $N(0, 1)$을 따른다.

$$P(151 \leq X \leq 154) = P\left(\dfrac{151-153}{2} \leq \dfrac{X-153}{2} \leq \dfrac{154-153}{2}\right)$$
$$= P(-1 \leq Z \leq 0.5)$$
$$= P(-1 \leq Z \leq 0) + P(0 \leq Z \leq 0.5)$$
$$= P(0 \leq Z \leq 1) + P(0 \leq Z \leq 0.5)$$
$$= 0.3413 + 0.1915 = 0.5328$$

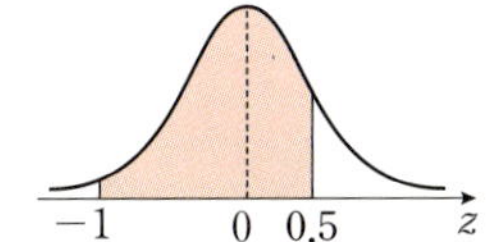

확인유제 0618

2013학년도 수능기출

다음 물음에 답하여라.

(1) 어느 학교 전체 학생의 시험 점수는 평균이 500점, 표준편차가 25점인 정규분포를 따른다고 한다. 이 학교 학생 중 임의로 1명을 선택할 때, 이 학생의 시험점수가 475점 이상이고 550점 이하일 확률을 오른쪽 표준정규분포표를 이용하여 구한 것은?

① 0.7745　　② 0.8185　　③ 0.9104

④ 0.9270　　⑤ 0.9710

z	$P(0 \leq Z \leq z)$
1.0	0.3413
1.5	0.4332
2.0	0.4772
2.5	0.4938

2017학년도 09월 평가원

(2) 어느 공항에서 처리되는 각 수하물의 무게는 평균이 18kg, 표준편차가 2kg인 정규분포를 따른다고 한다. 이 공항에서 처리되는 수하물 중에서 임의로 한 개를 선택할 때, 이 수하물의 무게가 16kg 이상이고 22kg 이하일 확률을 오른쪽 표준정규분포표를 이용하여 구한 것은?

① 0.5328　　② 0.6247　　③ 0.7745

④ 0.8185　　⑤ 0.9104

z	$P(0 \leq Z \leq z)$
0.5	0.1915
1.0	0.3413
1.5	0.4332
2.0	0.4772

변형문제 0619

2017년 07월 교육청

어느 양계장에서 생산하는 계란 1개의 무게는 평균이 52g, 표준편차가 8g인 정규분포를 따른다고 한다. 이 양계장에서 생산하는 계란 중 임의로 1개를 선택할 때, 이 계란의 무게가 60g 이상이고 68g 이하일 확률을 오른쪽 표준정규분포표를 이용하여 구한 것은?

① 0.0440　　② 0.0655　　③ 0.0919

④ 0.1359　　⑤ 0.1525

z	$P(0 \leq Z \leq z)$
1.0	0.3413
1.5	0.4332
2.0	0.4772
2.5	0.4938
3.0	0.4987

발전문제 0620

2011학년도 09월 평가원

어느 동물의 특정 자극에 대한 반응 시간은 평균이 m, 표준편차가 1인 정규분포를 따른다고 한다. 반응 시간이 2.93 미만일 확률이 0.1003일 때, m의 값을 오른쪽 표준정규분포표를 이용하여 구한 것은?

① 3.47　　② 3.84　　③ 4.21

④ 4.58　　⑤ 4.95

z	$P(0 \leq Z \leq z)$
0.91	0.3186
1.28	0.3997
1.65	0.4505
2.02	0.4783

정답　0618 : (1) ② (2) ④　　0619 : ④　　0620 : ③

어떤 회사의 통신망을 이용하는 사람들의 접속시간은 평균이 40분, 표준편차가 5분인 정규분포를 따른다고 한다. 이 통신망 이용자 중에서 10000명을 임의로 뽑을 때, 접속시간이 50분을 넘는 사람의 수를 오른쪽 표준정규분포표를 이용하여 구하여라.

z	$P(0 \leq Z \leq z)$
0.5	0.1915
1.2	0.3849
1.5	0.4332
2.0	0.4772

MAPL CORE

학생 n명의 키, 몸무게, 성적 등이 정규분포를 따를 때, 특정범위에 포함되는 학생 수를 다음 단계로 구한다.
[1단계] 무게, 키, 몸무게, 성적 등을 확률변수 X로 놓는다.
[2단계] 확률변수 X가 특정범위에 포함될 확률 p를 정규분포와 표준정규분포표를 이용하여 구한다.
[3단계] 학생 수 및 불량품의 개수 ⇨ (확률)×전체개수(명)

개념익힘 | 풀이

접속시간을 확률변수 X라고 하면 X는 정규분포 $N(40, 5^2)$을 따르므로

확률변수 $Z = \dfrac{X-40}{5}$는 표준정규분포 $N(0, 1)$을 따른다.

접속시간이 50분을 넘을 확률(비율)은

$$P(X \geq 50) = P\left(Z \geq \frac{50-40}{5}\right)$$
$$= P(Z \geq 2)$$
$$= 0.5 - P(0 \leq Z \leq 2)$$
$$= 0.5 - 0.4772 = 0.0228$$

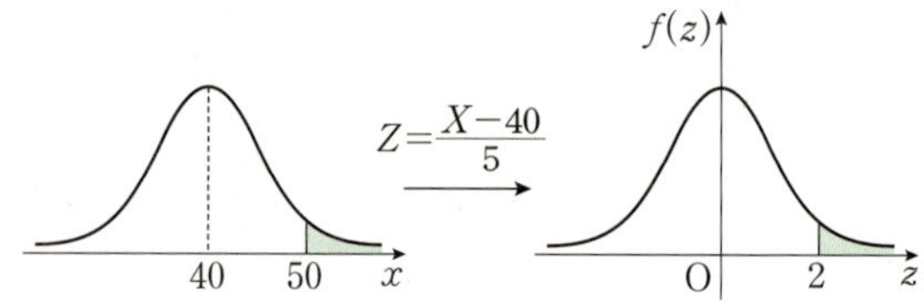

(접속시간이 50분을 넘는 사람의 수)=(통신망 이용자 수)×(접속시간이 50분을 넘은 비율)
이므로 통신망 이용자 10000명 중에서 접속시간이 50분을 넘는 사람의 수는 $10000 \times 0.0228 = 228$(명)

확인유제 0621

디자인 자격시험의 필기시험에 1000명이 응시하였다. 응시자의 점수는 평균이 48점, 표준편차가 20점인 정규분포를 따른다고 한다. 이 필기 시험에서 60점 이상인 사람들에게 실기시험 응시자격이 주어진다고 할 때, 실기시험 응시자격이 주어진 사람 수를 오른쪽 표준정규분포표를 이용하여 구하여라.

z	$P(0 \leq Z \leq z)$
0.5	0.19
0.6	0.23
0.7	0.26
0.8	0.29

변형문제 0622
2008년 10월 교육청

어떤 특산품 과일을 재배하는 과수원에서는 해마다 수확량의 일부를 해외로 수출한다. 이 과수원에서 올해 수확한 과일 30000개의 무게는 평균 400g, 표준편차 20g인 정규분포를 따른다고 한다. 이 30000개의 과일 중 무게가 400g 이상이고 440g 이하인 과일을 선별하여 수출하였다. 이 과수원에서 올해 수출한 과일의 개수를 오른쪽 표준정규분포표를 이용하여 구한 것은?

z	$P(0 \leq Z \leq z)$
1.0	0.34
1.5	0.43
2.0	0.48
2.5	0.49

① 10200　　② 11600　　③ 12900
④ 14400　　⑤ 14700

발전문제 0623
2016년 09월 교육청

어느 대학의 신입생 모집에 3000명의 수험생이 지원하였다. 이 대학에 지원한 수험생은 모두 같은 시험을 치렀으며, 시험 성적은 평균이 382점, 표준편차가 8점인 정규분포를 따랐다. 이 시험 성적만으로 합격자를 정하였더니 가장 낮은 성적으로 합격한 학생의 성적은 398점이었고 동점자는 없었다. 이 모집에서 합격한 여학생의 수가 남학생의 수의 2배였을 때, 오른쪽 표준정규분포표를 이용하여 합격한 남학생은 몇 명인지를 구하여라.

z	$P(0 \leq Z \leq z)$
1.0	0.34
1.5	0.43
2.0	0.48
2.5	0.49

정답　0621 : 270　　0622 : ④　　0623 : 20

다음 물음에 답하여라.

(1) 확률변수 X가 정규분포 $N(36,\ 4^2)$을 따를 때,

　$P(X \le a) = 0.1587$을 만족하는 실수 a의 값을 구하여라.

(2) 확률변수 X가 정규분포 $N(30,\ 2^2)$을 따를 때,

　$P(X \ge k+30) = 0.0228$을 만족하는 실수 k의 값을 구하여라.

z	$P(0 \le Z \le z)$
1.0	0.3413
2.0	0.4772
3.0	0.4987

MAPL CORE　확률변수 X가 정규분포 $N(m,\ \sigma^2)$을 따를 때, 확률변수 $Z = \dfrac{X-m}{\sigma}$은 표준정규분포 $N(0,\ 1)$을 따른다.

개념익힘 | 풀이

(1) 정규분포 $N(36,\ 4^2)$을 따르는 확률변수 $Z = \dfrac{X-36}{4}$는 표준정규분포 $N(0,\ 1)$을 따른다.

$$P(X \le a) = P\left(\frac{X-36}{4} \le \frac{a-36}{4}\right) = P\left(Z \le \frac{a-36}{4}\right) = P(Z \ge 0) - P\left(0 \le Z \le \frac{36-a}{4}\right)$$

$$= 0.5 - P\left(0 \le Z \le \frac{36-a}{4}\right) = 0.1587$$

$$\therefore P\left(0 \le Z \le \frac{36-a}{4}\right) = 0.5 - 0.1587 = 0.3413$$

따라서 $P(0 \le Z \le 1) = 0.3413$이므로 $\dfrac{36-a}{4} = 1$　$\therefore a = 32$

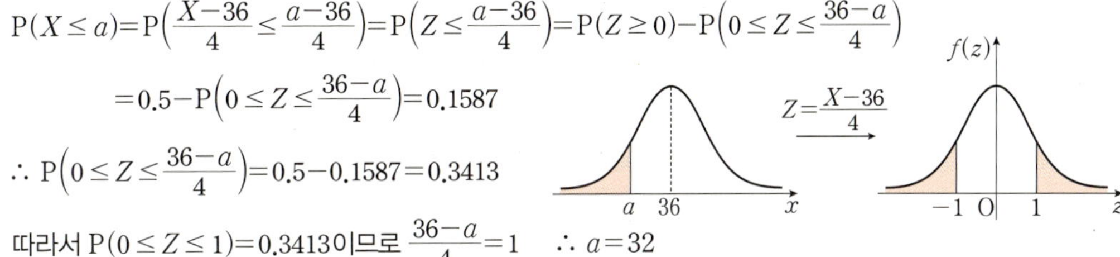

(2) 정규분포 $N(30,\ 2^2)$을 따르는 확률변수 $Z = \dfrac{X-30}{2}$는 표준정규분포 $N(0,\ 1)$을 따른다.

$$P(X \ge k+30) = P\left(\frac{X-30}{2} \ge \frac{k+30-30}{2}\right) = P\left(Z \ge \frac{k}{2}\right) = P(Z \ge 0) - P\left(0 \le Z \le \frac{k}{2}\right)$$

$$= 0.5 - P\left(0 \le Z \le \frac{k}{2}\right) = 0.0228$$

$$\therefore P\left(0 \le Z \le \frac{k}{2}\right) = 0.4772$$

따라서 $P(0 \le Z \le 2) = 0.4772$이므로 $\dfrac{k}{2} = 2$　$\therefore k = 4$

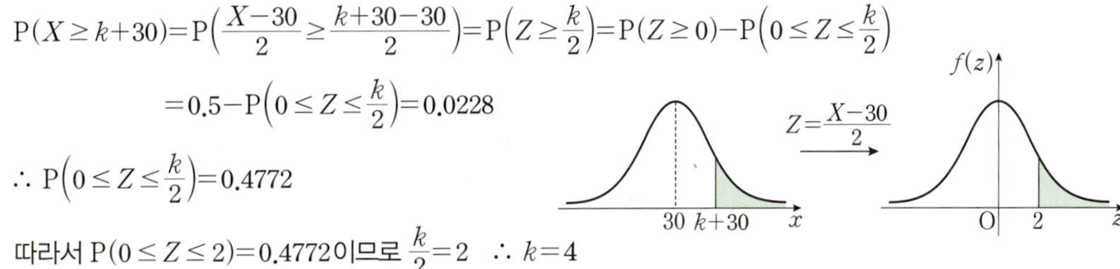

확인유제 0624　다음 물음에 답하여라.

(1) 확률변수 X가 정규분포 $N(50,\ 5^2)$을 따를 때,

　$P(45 \le X \le a) = 0.8185$

　를 만족시키는 실수 a의 값을 오른쪽 표준정규분포표를 이용하여 구하여라.

(2) 확률변수 X가 정규분포 $N(55,\ \sigma^2)$을 따를 때,

　$P(X \ge 45) = 0.9772$

　를 만족시기는 σ의 값을 오른쪽 표준정규분포표를 이용하여 구하여라.

z	$P(0 \le Z \le z)$
0.5	0.1915
1.0	0.3413
1.5	0.4332
2.0	0.4772

변형문제 0625
2018학년도 09월 평가원

확률변수 X는 평균이 m, 표준편차가 σ인 정규분포를 따르고 다음 등식을 만족시킨다.

$$P(m \le X \le m+12) - P(X \le m-12) = 0.3664$$

오른쪽 표준정규분포표를 이용하여 σ의 값을 구한 것은?

① 4　　　② 6　　　③ 8

④ 10　　　⑤ 12

z	$P(0 \le Z \le z)$
1.5	0.4332
2.0	0.4772
2.5	0.4938
3.0	0.4987

발전문제 0626
2018학년도 수능기출

확률변수 X가 평균이 m, 표준편차가 σ인 정규분포를 따르고

$$P(X < 3) = P(3 \le X \le 80) = 0.3$$

일 때, $m+\sigma$의 값을 구하여라.

(단, Z가 표준정규분포를 따르는 확률변수일 때, $P(0 \le Z \le 0.25) = 0.1$, $P(0 \le Z \le 0.52) = 0.2$로 계산한다.)

정답　0624 : (1) 60 (2) 5　　0625 : ③　　0626 : 155

2006년 04월 교육청

정규분포 $N(m, \sigma^2)$을 따르는 확률변수 X에 대하여 확률밀도함수 $f(x)$가 모든 실수 x에 대하여

$$f(100-x)=f(100+x)$$

를 만족한다. $P(m \leq X \leq m+8)=0.4772$일 때, 표준정규분포표를 이용하여 $P(94 \leq X \leq 110)$을 구하여라.

z	$P(0 \leq Z \leq z)$
1.5	0.4332
2.0	0.4772
2.5	0.4938
3.0	0.4987

MAPL**CORE**

확률변수 X가 정규분포 $N(m, \sigma^2)$을 따를 때, 확률변수 $Z=\dfrac{X-m}{\sigma}$은 표준정규분포 $N(0, 1)$을 따른다.

정규분포곡선의 대칭성을 이용하여 평균 m을 구하고 주어진 조건에서 표준편차를 구한다.

개념익힘│풀이

$f(a+x)=f(a-x)$
이면 $f(x)$는 $x=a$에 대하여 대칭이다.

정규분포 $N(m, \sigma^2)$을 따르는 확률변수 X의 확률밀도함수의 그래프는 직선 $x=m$에 대하여 대칭이다.

$f(100-x)=f(100+x)$를 만족하는 확률밀도함수 $f(x)$는 $x=100$에 대하여 대칭이므로 평균은 $m=100$

확률변수 X가 정규분포 $N(100, \sigma^2)$을 따르므로 $P(m \leq X \leq m+8)=0.4772$에서

$$P(m \leq X \leq m+8)=P(100 \leq X \leq 108)=P\left(\frac{100-100}{\sigma} \leq Z \leq \frac{108-100}{\sigma}\right)$$

표준정규분포표에서 $P(0 \leq Z \leq 2)=0.4772$이므로 $\dfrac{108-100}{\sigma}=2$　∴　$\sigma=4$

따라서 확률변수 X가 정규분포 $N(100, 4^2)$을 따르므로

$Z=\dfrac{X-100}{4}$는 표준정규분포 $N(0, 1)$을 따른다.

$$P(94 \leq X \leq 110)=P\left(\frac{94-100}{4} \leq Z \leq \frac{110-100}{4}\right)$$

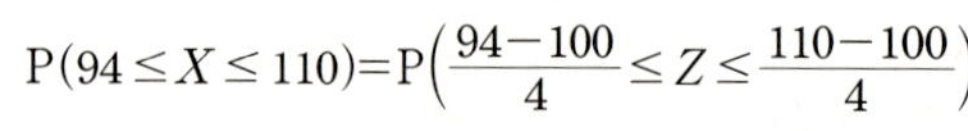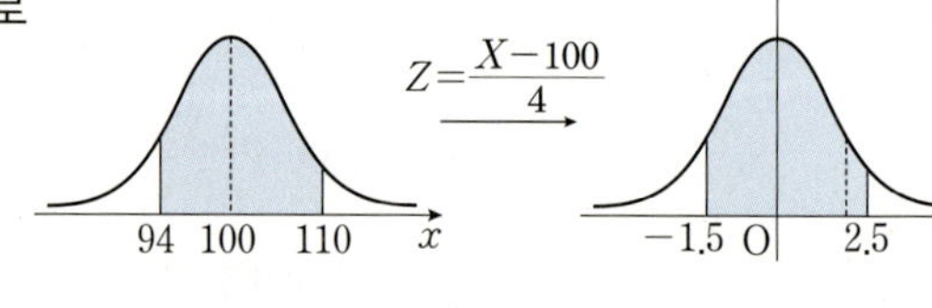

$$=P(-1.5 \leq Z \leq 2.5)$$
$$=P(0 \leq Z \leq 1.5)+P(0 \leq Z \leq 2.5)$$
$$=0.4332+0.4938=0.9270$$

확인유제 0627

정규분포 $N(m, \sigma^2)$을 따르는 확률변수 X의 확률밀도함수 $f(x)$가 모든 실수 x에 대하여 $f(x)=f(200-x)$를 만족시킨다.

$P(m-4 \leq X \leq m+4)=0.8664$일 때, 확률 $P(X \geq 92)$는?

① 0.9332　　② 0.9554　　③ 0.9772　　④ 0.9938　　⑤ 0.9987

z	$P(0 \leq Z \leq z)$
1.5	0.4332
2.0	0.4772
2.5	0.4938
3.0	0.4987

변형문제 0628

정규분포 $N(m, \sigma^2)$을 따르는 확률변수 X가 다음 조건을 만족시킨다.

> (가) $P(X \geq 55)=P(X \leq 45)$
> (나) $P(m \leq X \leq m+3)=0.3413$

$P(X \leq 56)$의 값을 오른쪽 표준정규분포표를 이용하여 구한 것은?

① 0.6422　　② 0.7428　　③ 0.8849　　④ 0.9224　　⑤ 0.9772

z	$P(0 \leq Z \leq z)$
0.5	0.1915
1.0	0.3413
1.5	0.4332
2.0	0.4772

발전문제 0629

2018년 07월 교육청

확률변수 X는 평균이 m, 표준편차가 8인 정규분포를 따르고 다음 조건을 만족시킨다.

> (가) $P(X \leq k)+P(X \leq 100+k)=1$
> (나) $P(X \geq 2k)=0.0668$

m의 값을 오른쪽 표준정규분포표를 이용하여 구한 것은? (단, k는 상수이다.)

① 96　　② 100　　③ 104　　④ 108　　⑤ 112

z	$P(0 \leq Z \leq z)$
0.5	0.1915
1.0	0.3413
1.5	0.4332
2.0	0.4772

정답　0627 : ⑤　　0628 : ⑤　　0629 : ⑤

확률변수 X가 정규분포 $N(m, \sigma^2)$을 따르고 다음 조건을 만족시킨다.

(가) $P(X \geq 48) = P(X \leq 12)$

(나) $E(X^2) = 916$

$P(X \leq 40)$의 값을 오른쪽 표를 이용하여 구하여라.

x	$P(m \leq X \leq x)$
$m + 1.5\sigma$	0.4332
$m + 2\sigma$	0.4772
$m + 2.5\sigma$	0.4938

 **MAPL CORE**

연속확률변수 X에 대하여 다음의 성질이 성립한다.

① $V(X) = E(X^2) - \{E(X)\}^2$ ② $E(aX+b) = aE(X)+b$, $V(aX+b) = a^2V(X)$, $\sigma(aX+b) = |a|\sigma(X)$

개념익힘 | 풀이

확률변수 X가 정규분포 $N(m, \sigma^2)$을 따르므로 이 정규분포곡선은

직선 $x = m$에 대하여 대칭이다.

조건 (가)에서 $P(X \geq 48) = P(X \leq 12)$이므로 $m = \dfrac{48+12}{2} = 30$

조건 (나)에서 $E(X^2) = 916$이므로 $V(X) = E(X^2) - \{E(X)\}^2 = 916 - 900 = 16$

$\therefore \sigma = 4$ ← $V(X) = \sigma^2$, $E(X) = m$

즉 $\sigma = 4$이고 확률변수 X는 정규분포 $N(30, 4^2)$을 따른다.

이때 주어진 표는 오른쪽 표와 같다.

$\therefore P(X \leq 40) = P(X \leq 30) + P(30 \leq X \leq 40)$

$\qquad = 0.5 + 0.4938 = 0.9938$

x	$P(30 \leq X \leq x)$
36	0.4332
38	0.4772
40	0.4938

참고 ① $P(X \leq 40) = P(X \leq m+2.5\sigma) = 0.5 + P(m \leq X \leq m+2.5\sigma) = 0.5 + 0.4938 = 0.9938$

② $P(X \leq 40) = P\left(Z \leq \dfrac{40-30}{4}\right) = P(Z \leq 2.5) = 0.5 + P(0 \leq Z \leq 2.5) = 0.5 + 0.4938 = 0.9938$

← 주어진 표에서 $P(m \leq X \leq m+2.5\sigma) = P\left(\dfrac{m-m}{\sigma} \leq Z \leq \dfrac{m+2.5\sigma-m}{\sigma}\right) = P(0 \leq Z \leq 2.5) = 0.4938$

확인유제 0630

2013학년도 수능기출

확률변수 X가 정규분포 $N(m, \sigma^2)$을 따르고 다음 조건을 만족시킨다.

(가) $P(X \geq 64) = P(X \leq 56)$

(나) $E(X^2) = 3616$

$P(X \leq 68)$의 값을 오른쪽 표를 이용하여 구한 것은?

① 0.9104   ② 0.9332   ③ 0.9544   ④ 0.9772   ⑤ 0.9938

x	$P(m \leq X \leq x)$
$m + 1.5\sigma$	0.4332
$m + 2\sigma$	0.4772
$m + 2.5\sigma$	0.4938

변형문제 0631

정규분포 $N(m, \sigma^2)$을 따르는 확률변수 X가 다음 조건을 만족시킨다.

(가) $P(X \geq 3) + P(X \geq 7) = 1$

(나) $E(X^2) + E(X) = 39$

$P(2 \leq X \leq 11)$의 값을 오른쪽 표준정규분포표를 이용하여 구하여라.

z	$P(0 \leq Z \leq z)$
0.5	0.1915
1.0	0.3413
1.5	0.4332
2.0	0.4772

발전문제 0632

확률변수 X는 정규분포 $N(m, \sigma^2)$을 따르고 다음 조건을 만족시킨다.

(가) $P(X \leq 60) = P(X \geq 100)$

(나) $V\left(\dfrac{1}{6}X + 3\right) = 1$

$P(74 \leq X \leq 86)$의 값을 오른쪽 그림을 이용하여 구한 것은?

① 0.4987   ② 0.6826   ③ 0.8664

④ 0.9772   ⑤ 0.9987

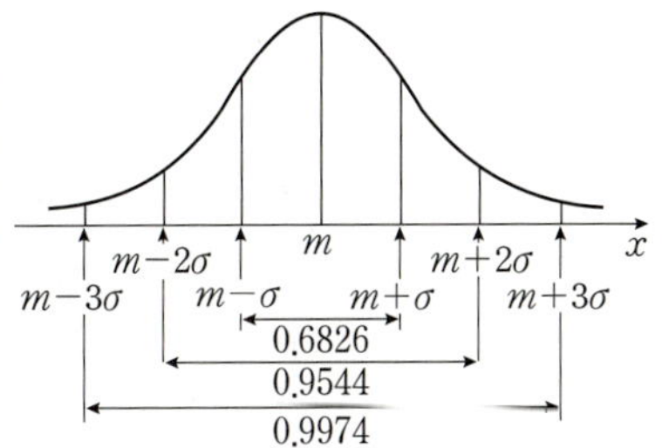

정답   0630 : ④   0631 : 0.8185   0632 : ②

어느 양계장에서는 달걀을 무게에 따라 오른쪽 표와 같이 가격을 정하여 판매하고 있다. 이 양계장에서 생산한 달걀 무게는 평균이 60g, 표준편차가 10g인 정규분포를 따른다고 한다. 이 양계장에서 생산한 달걀 한 개의 가격의 기댓값을 구하여라. (단, $P(0 \le Z \le 1) = 0.34$, Z는 표준화된 확률변수)

무게(g)	가격(원)
60 미만	200
60 이상 70 미만	250
70 이상	300

MAPL CORE

확률변수 X가 정규분포 $N(m, \sigma^2)$을 따를 때, 확률변수 $Z = \dfrac{X-m}{\sigma}$은 표준정규분포 $N(0, 1)$을 따른다.

[1단계] $P(a \le X \le b) = P\left(\dfrac{a-m}{\sigma} \le Z \le \dfrac{b-m}{\sigma}\right)$ (단, $a < b$)

[2단계] 확률분포의 기댓값을 구하고, 확률의 곱셈정리를 이용하여 종속, 독립, 조건부확률을 구한다.

개념익힘 | 풀이　양계장에서 생산한 달걀 무게를 확률변수 X라 하면 X는 정규분포 $N(60, 10^2)$을 따르므로

확률변수 $Z = \dfrac{X-60}{10}$는 표준정규분포 $N(0, 1)$을 따른다.

그리고 달걀 판매 가격을 확률변수 Y라고 할 때, Y가 각각 200, 250, 300일 때의 확률은 다음과 같다.

$$P(Y=200) = P(X < 60) = P\left(\dfrac{X-60}{10} < \dfrac{60-60}{10}\right) = P(Z < 0) = 0.5$$

$$P(Y=250) = P(60 \le X < 70) = P\left(\dfrac{60-60}{10} \le \dfrac{X-60}{10} \le \dfrac{70-60}{10}\right) = P(0 \le Z < 1) = 0.34$$

$$P(Y=300) = P(X \ge 70) = P\left(\dfrac{X-60}{10} \ge \dfrac{70-60}{10}\right) = P(Z \ge 1) = 0.16$$

확률변수 Y의 확률분포를 표로 나타내면 오른쪽과 같다.
따라서 Y의 기댓값은
$E(Y) = 200 \times 0.5 + 250 \times 0.34 + 300 \times 0.16 = 233$(원)

Y	200	250	300	합계
$P(Y=y)$	0.5	0.34	0.16	1

확인유제 0633
2006년 03월 교육청

고속도로의 어느 지점을 통과하는 자동차들의 속력은 평균이 104km/시, 표준편차가 8km/시인 정규분포를 따른다고 한다. 이 지점에서의 속력이 120km/시를 초과하면 과속으로 단속된다고 할 때, 이 지점을 통과하는 두 자동차 A, B가 모두 과속으로 단속될 확률을 주어진 표준정규분포표를 이용하여 구한 것은? (단, A와 B의 속력은 서로 독립이다.)

z	$P(0 \le Z \le z)$
1.0	0.34
1.5	0.42
2.0	0.48

① $\dfrac{1}{2500}$　　② $\dfrac{1}{400}$　　③ $\dfrac{49}{10000}$　　④ $\dfrac{9}{2500}$　　⑤ $\dfrac{16}{625}$

변형문제 0634
2019학년도 수능기출

어느 회사 직원들의 어느 날의 출근 시간은 평균이 66.4분, 표준편차가 15분인 정규분포를 따른다고 한다. 이 날 출근 시간이 73분 이상인 직원들 중에서 40%, 73분 미만인 직원들 중에서 20%가 지하철을 이용하였고, 나머지 직원들은 다른 교통수단을 이용하였다. 이 날 출근한 이 회사 직원들 중 임의로 선택한 1명이 지하철을 이용하였을 확률은? (단, Z가 표준정규분포를 따르는 확률변수일 때, $P(0 \le Z \le 0.44) = 0.17$로 계산한다.)

① 0.306　　② 0.296　　③ 0.286　　④ 0.276　　⑤ 0.266

발전문제 0635
2011학년도 수능기출

어느 재래시장을 이용하는 고객의 집에서 시장까지의 거리는 평균이 1740m, 표준편차가 500m인 정규분포를 따른다고 한다. 집에서 시장까지의 거리가 2000m 이상인 고객 중에서 15%, 2000m 미만인 고객 중에서 5%는 자가용을 이용하여 시장에 온다고 한다. 자가용을 이용하여 시장에 온 고객 중에서 임의로 1명을 선택할 때, 이 고객의 집에서 시장까지의 거리가 2000m 미만일 확률은? (단, Z가 표준정규분포를 따르는 확률변수일 때, $P(0 \le Z \le 0.52) = 0.2$로 계산한다.)

① $\dfrac{3}{8}$　　② $\dfrac{7}{16}$　　③ $\dfrac{1}{2}$　　④ $\dfrac{9}{16}$　　⑤ $\dfrac{5}{8}$

정답　0633 : ①　　0634 : ⑤　　0635 : ②

두 확률변수 X, Y가 각각 정규분포 $N(50, 10^2)$, $N(40, 8^2)$을 따른다.

$$P(50 \leq X \leq k) = P(24 \leq Y \leq 40)$$

을 만족시키는 상수 k의 값을 구하여라.

MAPL **CORE**   확률변수 X가 정규분포 $N(m, \sigma^2)$을 따를 때, 확률변수 $Z = \dfrac{X-m}{\sigma}$은 표준정규분포 $N(0, 1)$을 따른다.

개념익힘 | 풀이

확률변수 X는 정규분포 $N(50, 10^2)$을 따르므로 $Z = \dfrac{X-50}{10}$은 표준정규분포 $N(0, 1)$을 따른다.

$$P(50 \leq X \leq k) = P\left(\frac{50-50}{10} \leq Z \leq \frac{k-50}{10}\right) = P\left(0 \leq Z \leq \frac{k-50}{10}\right) \qquad \cdots\cdots \text{㉠}$$

확률변수 Y는 정규분포 $N(40, 8^2)$을 따르므로 $Z = \dfrac{Y-40}{8}$은 표준정규분포 $N(0, 1)$을 따른다.

$$P(24 \leq Y \leq 40) = P\left(\frac{24-40}{8} \leq Z \leq \frac{40-40}{8}\right) = P(-2 \leq Z \leq 0) = P(0 \leq Z \leq 2) \qquad \cdots\cdots \text{㉡}$$

$P(50 \leq X \leq k) = P(24 \leq Y \leq 40)$이므로

㉠, ㉡에서 $\dfrac{k-50}{10} = 2$

$\therefore k = 70$

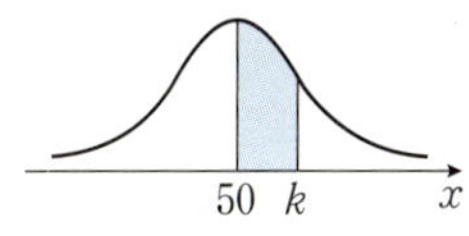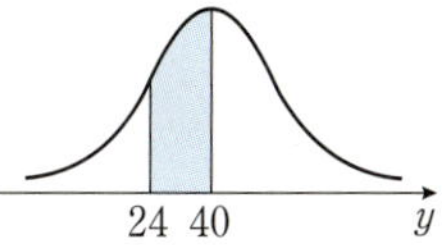

확인유제 0636   다음 물음에 답하여라.

(1) 두 확률변수 X, Y가 각각 정규분포 $N(20, 4^2)$, $N(m, 8^2)$을 따를 때, $P(X \leq 15) = P(Y \leq 15)$ 를 만족하는 상수 m의 값을 구하여라.

(2) 확률변수 X, Y가 각각 정규분포 $N(8, 2^2)$, $N(12, 3^2)$을 따를 때, $P(6 \leq X \leq 12) = P(6 \leq Y \leq k)$ 를 만족하도록 하는 상수 k의 값을 구하여라.

변형문제 0637   두 연속확률변수 X와 Y는 각각 정규분포 $N(50, \sigma^2)$, $N(65, 4\sigma^2)$을 따른다.

2018년 10월 교육청

$$P(X \geq k) = P(Y \leq k) = 0.1056$$

일 때, $k+\sigma$의 값을 오른쪽 표준정규분포표를 이용하여 구하여라. (단, $\sigma > 0$)

z	$P(0 \leq Z \leq z)$
1.25	0.3944
1.50	0.4332
1.75	0.4599
2.00	0.4772

발전문제 0638   다음 물음에 답하여라.

2016학년도 09월 평가원

(1) 확률변수 X는 정규분포 $N(10, 4^2)$, 확률변수 Y는 정규분포 $N(m, 4^2)$을 따르고, 확률변수 X와 Y의 확률밀도함수는 각각 $f(x)$, $g(x)$이다.

$$f(12) = g(26), \quad P(Y \geq 26) \geq 0.5$$

일 때, $P(Y \leq 20)$의 값을 오른쪽 표준정규분포표를 이용하여 구한 것은?

① 0.0062   ② 0.0228   ③ 0.0896   ④ 0.1587   ⑤ 0.2255

z	$P(0 \leq Z \leq z)$
1.0	0.3413
1.5	0.4332
2.0	0.4772
2.5	0.4938

2017학년도 수능기출

(2) 확률변수 X는 평균이 m, 표준편차가 5인 정규분포를 따르고, 확률변수 X의 확률밀도함수 $f(x)$가 다음 조건을 만족시킨다.

(가) $f(10) > f(20)$

(나) $f(4) < f(22)$

m이 자연수일 때, $P(17 \leq X \leq 18)$의 값을 오른쪽 표준정규분포표를 이용하여 구한 것은?

① 0.044   ② 0.053   ③ 0.062   ④ 0.078   ⑤ 0.097

z	$P(0 \leq Z \leq z)$
0.6	0.226
0.8	0.288
1.0	0.341
1.2	0.385
1.4	0.419

정답   0636 : (1) 25 (2) 15   0637 : 59   0638 : (1) ② (2) ③

2013학년도 09월 평가원

A과수원에서 생산하는 귤의 무게는 평균이 86, 표준편차가 15인 정규분포를 따르고, B과수원에서 생산하는 귤의 무게는 평균이 88, 표준편차가 10인 정규분포를 따른다고 한다. A과수원에서 임의로 선택한 귤의 무게가 98 이하일 확률과 B과수원에서 임의로 선택한 귤의 무게가 a 이하일 **확률이 같을 때**, a의 값을 구하여라. (단, 귤의 무게의 단위는 g이다.)

MAPL CORE

서로 다른 평균과 표준편차를 갖는 두 집단에 대한 확률을 구하는 방법
[1단계] 확률변수 2개를 X, Y로 놓는다.
[2단계] 확률변수 X, Y가 표준정규분포를 따르도록 변수를 변형하여 그 확률을 구한다.

개념익힘 | 풀이

A과수원에서 생산하는 귤의 무게를 확률변수 X라 하면 X는 정규분포 $\mathrm{N}(86,\ 15^2)$을 따르므로

$Z = \dfrac{X-86}{15}$ 은 표준정규분포 $\mathrm{N}(0,\ 1)$을 따른다.

$$\mathrm{P}(X \le 98) = \mathrm{P}\left(\dfrac{X-86}{15} \le \dfrac{98-86}{15}\right) = \mathrm{P}\left(Z \le \dfrac{4}{5}\right) \qquad \cdots\cdots ㉠$$

B과수원에서 생산하는 귤의 무게를 확률변수 Y라 하면 Y는 정규분포 $\mathrm{N}(88,\ 10^2)$을 따르므로

$Z = \dfrac{Y-88}{10}$ 은 표준정규분포 $\mathrm{N}(0,\ 1)$을 따른다.

$$\mathrm{P}(Y \le a) = \mathrm{P}\left(\dfrac{Y-88}{10} \le \dfrac{a-88}{10}\right) = \mathrm{P}\left(Z \le \dfrac{a-88}{10}\right) \qquad \cdots\cdots ㉡$$

㉠, ㉡에서 두 확률이 서로 같으므로

$$\mathrm{P}(X \le 98) = \mathrm{P}(Y \le a)$$

$$\mathrm{P}\left(Z \le \dfrac{4}{5}\right) = \mathrm{P}\left(Z \le \dfrac{a-88}{10}\right)$$

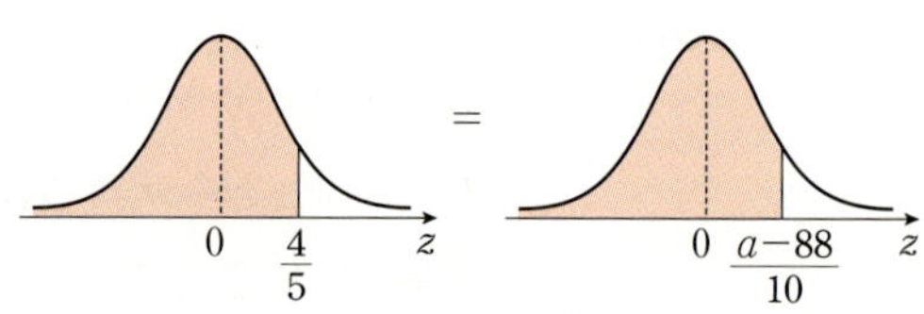

따라서 $\dfrac{4}{5} = \dfrac{a-88}{10}$ 이므로 $a = 96$

확인유제 0639

2008학년도 09월 평가원

어느 회사에서는 두 종류의 막대 모양 과자 A, B를 생산하고 있다. 과자 A의 길이의 분포는 평균 m, 표준편차 σ_1인 정규분포이고, 과자 B의 길이의 분포는 평균 $m+25$, 표준편차 σ_2인 정규분포이다. 과자 A의 길이가 $m+10$ 이상일 확률과 과자 B의 길이가 $m+10$ 이하일 **확률이 같을 때**, $\dfrac{\sigma_2}{\sigma_1}$의 값은?

① $\dfrac{3}{2}$ ② 2 ③ $\dfrac{5}{2}$ ④ 3 ⑤ $\dfrac{7}{2}$

변형문제 0640

2012학년도 09월 평가원

어느 공장에서 생산되는 제품 A의 무게는 정규분포 $\mathrm{N}(m,\ 1)$을 따르고, 제품 B의 무게는 정규분포 $\mathrm{N}(2m,\ 4)$를 따른다. 이 공장에서 생산된 제품 A와 제품 B에서 임의로 제품을 1개씩 선택할 때, 선택된 제품 A의 무게가 k 이상일 확률과 선택된 제품 B의 무게가 k 이하일 **확률이 같다.** $\dfrac{k}{m}$의 값은?

① $\dfrac{11}{9}$ ② $\dfrac{5}{4}$ ③ $\dfrac{23}{18}$ ④ $\dfrac{47}{36}$ ⑤ $\dfrac{4}{3}$

발전문제 0641

2010학년도 수능기출

어느 뼈 화석이 두 동물 A와 B 중에서 어느 동물의 것인지 판단하는 방법 가운데 한 가지는 특정 부위의 길이를 이용하는 것이다. 동물 A의 이 부위의 길이는 정규분포 $\mathrm{N}(10,\ 0.4^2)$을 따르고, 동물 B의 이 부위의 길이는 정규분포 $\mathrm{N}(12,\ 0.6^2)$을 따른다. 이 부위의 길이가 d 미만이면 동물 A의 화석으로 판단하고, d 이상이면 동물 B의 화석으로 판단한다. 동물 A의 화석을 동물 A의 화석으로 판단할 확률과 동물 B의 화석을 동물 B의 화석으로 판단할 **확률이 같아지는 d의 값**은? (단, 길이의 단위는 cm이다.)

① 10.4 ② 10.5 ③ 10.6 ④ 10.7 ⑤ 10.8

정답   0639 : ①   0640 : ⑤   0641 : ⑤

정규분포 $N(50, 10^2)$을 따르는 확률변수 X에 대하여 확률변수 Y가

$$Y = 2X - 1$$

일 때, 확률 $P(Y \le 89)$의 값을 구하여라.

z	$P(0 \le Z \le z)$
0.5	0.1915
1.0	0.3413
2.0	0.4772

MAPL CORE

확률변수 X에 대하여 다음 성질이 성립한다.
① $V(X) = E(X^2) - \{E(X)\}^2$
② $E(aX+b) = aE(X)+b$, $V(aX+b) = a^2V(X)$, $\sigma(aX+b) = |a|\sigma(X)$
연속확률변수 X에 대해서도 위와 같은 성질이 성립한다.

개념익힘 | 풀이

확률변수 X가 정규분포 $N(50, 10^2)$을 따르므로

$E(X) = 50$, $V(X) = 10^2$

$E(Y) = E(2X-1) = 2E(X) - 1 = 2 \cdot 50 - 1 = 99$

$V(Y) = V(2X-1) = 2^2V(X) = 2^2 \cdot 10^2 = 20^2$

즉 확률변수 Y는 정규분포 $N(99, 20^2)$을 따르므로

$Z = \dfrac{Y-99}{20}$로 놓으면 Z는 표준정규분포 $N(0, 1)$을 따른다.

$$P(Y \le 89) = P\left(Z \le \dfrac{89-99}{20}\right)$$
$$= P(Z \le -0.5) = P(Z \ge 0.5)$$
$$= P(Z \ge 0) - P(0 \le Z \le 0.5)$$
$$= 0.5 - 0.1915$$
$$= 0.3085$$

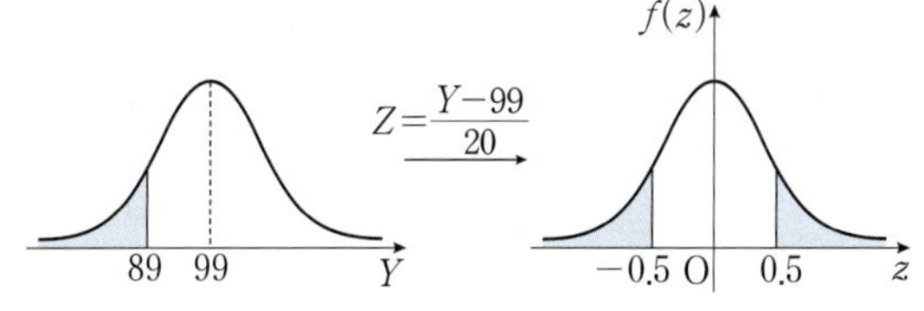

확인유제 0642　희망 고등학교 학생들의 일일 희망에듀 시청 시간을 X라 하면 확률변수 X는 평균 60분, 표준편차 10분인 정규분포를 따르고, $P(X \le 50) = 0.1587$이다. 이때 $Y = 3X - 4$라 할 때, 확률 $P(Y \le 206)$의 값은?

① 0.7745　　② 0.8185　　③ 0.8256　　④ 0.8332　　⑤ 0.8413

변형문제 0643　정규분포를 따르는 두 연속확률변수 X, Y가 다음 조건을 만족시킨다.

2015학년도 사관기출

> (가) $E(X) = 10$
> (나) $Y = 3X$

$P(X \le k) = P(Y \ge k)$를 만족시키는 상수 k의 값은?

① 14　　② 15　　③ 16　　④ 17　　⑤ 18

발전문제 0644　정규분포를 따르는 두 연속확률변수 X, Y가 다음 조건을 만족시킨다.

2015학년도 사관기출

> (가) $Y = aX (a > 0)$
> (나) $P(X \le 18) + P(Y \ge 36) = 1$
> (다) $P(X \le 28) = P(Y \ge 28)$

$E(Y)$의 값은?

① 42　　② 44　　③ 46　　④ 48　　⑤ 50

정답　0642 : ⑤　　0643 : ②　　0644 : ①

어느 대학 4차 산업학과의 모집인원은 20명인데 1000명이 응시하였다. 응시생 1000명의 성적 분포는 평균 70점, 표준편차 8점인 정규분포를 따른다고 할 때, 합격하기 위한 최저점수를 오른쪽 표준정규분포표를 이용하여 구하여라.

z	$P(0 \leq Z \leq z)$
0.67	0.25
1.50	0.43
2.00	0.48

MAPL CORE

[1단계] 응시자(학생들)의 점수를 확률변수 X로 놓고 X가 따르는 정규분포 $N(m, \sigma^2)$을 구한 다음 X를 표준화한다.

[2단계] 합격자의 최저 점수를 k로 놓고 $P(X \geq k)$의 값을 구하고 이를 Z에 대한 식으로 바꾼다.

[3단계] 표준정규분포표를 이용하여 k값을 구한다.

개념익힘 | 풀이

4차 산업학과 응시생 입학 성적을 확률변수 X라 하면 X는 정규분포 $N(70, 8^2)$을 따른다.

응시생 1000명 중 합격자가 20명이므로 합격할 확률(비율)은 $\dfrac{20}{1000}=0.02$이고,

합격하기 위한 최저 점수를 k라고 하면 $P(X \geq k)=0.02$이다.

$$P(X \geq k)=P\left(\frac{X-70}{8} \geq \frac{k-70}{8}\right)$$
$$=P\left(Z \geq \frac{k-70}{8}\right)$$
$$=0.5-P\left(0 \leq Z \leq \frac{k-70}{8}\right)=0.02$$

$$\therefore P\left(0 \leq Z \leq \frac{k-70}{8}\right)=0.48$$

이때 $P(0 \leq Z \leq 2)=0.48$이므로 $\dfrac{k-70}{8}=2$에서 $k-70=16$

$$\therefore k=86$$

따라서 합격하기 위한 최저 합격점은 86점이다.

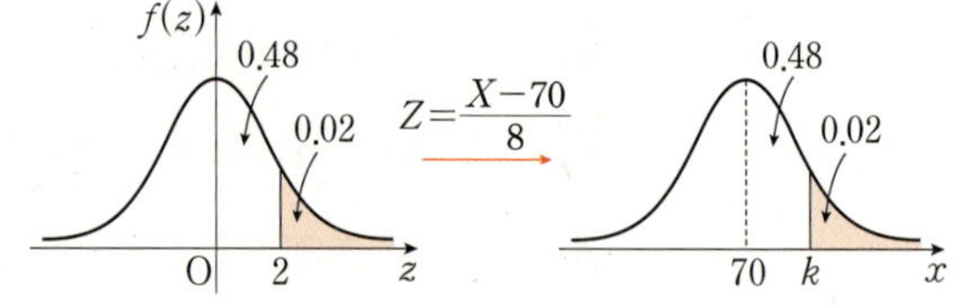

참고 

$P\left(Z \geq \dfrac{k-70}{8}\right)=0.02=0.5-0.48$

$=P(Z \geq 0)-P(0 \leq Z \leq 2)=P(Z \geq 2)$

이므로 $\dfrac{k-70}{8}=2$에서 $k-70=16$ $\therefore k=86$

따라서 합격하기 위한 최저 합격점은 86점이다.

확인유제 0645

2018학년도 경찰대기출

입학정원이 35명인 A학과는 올해 대학수학능력시험 4개 영역 표준점수의 총합을 기준으로 하여 성적순에 의하여 신입생을 선발한다. 올해 A학과에 지원한 수험생이 500명이고 이들의 성적은 평균 500점, 표준편차 30점인 정규분포를 따른다고 할 때, A학과에 합격하기 위한 최저점수를 아래 표준정규분포표를 이용하여 구한 것은?

z	$P(0 \leq Z \leq z)$
0.5	0.19
1.0	0.34
1.5	0.43
2.0	0.48
2.5	0.49

① 530 ② 535 ③ 540
④ 545 ⑤ 550

변형문제 0646

2007학년도 09월 평가원

어느 농장의 생후 7개월 된 돼지 200마리의 무게는 평균 110kg, 표준편차 10kg인 정규분포를 따른다고 한다.

이 200마리의 돼지 중 무거운 것부터 차례로 3마리를 뽑아 우량 돼지 선발대회에 보내려고 한다. 우량돼지선발대회에 보낼 돼지의 최소 무게를 오른쪽 표준정규분포표를 이용하여 구한 것은?

z	$P(0 \leq Z \leq z)$
2.12	0.4830
2.17	0.4850
2.29	0.4890

① 121.6kg ② 126.7kg ③ 130.7kg ④ 131.7kg ⑤ 132.9kg

발전문제 0647

어느 자격증 시험에서 70점 이상을 받으면 합격이라 한다. 10000명이 응시한 이 자격증 시험 점수가 평균이 55점이고 표준편차가 σ점인 정규분포를 따를 때, 합격자 수가 668명이었다. 오른쪽 표준정규분포표를 이용하여 σ의 값은?

z	$P(0 \leq Z \leq z)$
0.5	0.1915
1.0	0.3413
1.5	0.4332
2.0	0.4772

① 6 ② 8 ③ 10
④ 12 ⑤ 14

정답 0645 : ④ 0646 : ④ 0647 : ③

마플개념익힘 13 $f(x)=\mathrm{P}(a\le X\le b)$인 정규분포

2009년 04월 교육청

확률변수 X는 평균이 20, 표준편차가 4인 정규분포를 따른다. 함수 $f(k)$를 $f(k)=\mathrm{P}(k-8\le X\le k)$로 정의할 때, $f(k)$에 대한 설명으로 옳은 것만을 [보기]에서 있는 대로 골라라.

> ㄱ. $f(12)=f(36)$
>
> ㄴ. 함수 $f(k)$는 $k=24$일 때, 최댓값을 갖는다.
>
> ㄷ. 임의의 실수 k에 대하여 $f(k)=f(24-k)$이다.

MAPL CORE

정규분포 $\mathrm{N}(m,\ \sigma^2)$을 따르는 확률변수 X에 대하여 $f(x)=\mathrm{P}(a\le X\le b)$의 최댓값(단, $b-a$는 일정)

$\Rightarrow m=\dfrac{a+b}{2}$ (평균 m은 a와 b의 중점이다.)

개념익힘 | 풀이

확률변수 X가 정규분포 $\mathrm{N}(20,\ 4^2)$을 따르고

ㄱ. $f(12)=\mathrm{P}(4\le X\le 12)=\mathrm{P}(28\le X\le 36)=f(36)$ [참]

ㄴ. $f(k)=\mathrm{P}\!\left(\dfrac{k-28}{4}\le Z\le \dfrac{k-20}{4}\right)$은 정규분포곡선에서

$z=\dfrac{k-28}{4}$ 과 $z=\dfrac{k-20}{4}$, z축으로 둘러싸인 부분의 넓이이므로

구간의 길이가 같을 때, 구간이 정규분포곡선에서 가운데에 몰려있어야 확률이 크다.

$z=\dfrac{k-28}{4}$ 과 $z=\dfrac{k-20}{4}$ 이 $z=0$에 대하여 대칭일 때, 최댓값을 갖는다.

즉 $-\left(\dfrac{k-28}{4}\right)=\dfrac{k-20}{4}$ 에서 $k-28=-k+20$이므로 $k=24$ [참]

참고 $f(k)$가 최대일 때, $\dfrac{(k-8)+k}{2}=20$이므로 $k=24$이다.

ㄷ. $f(k)=\mathrm{P}(k-8\le X\le k)=\mathrm{P}\!\left(\dfrac{k-28}{4}\le Z\le \dfrac{k-20}{4}\right)$

$f(24-k)=\mathrm{P}(16-k\le X\le 24-k)=\mathrm{P}\!\left(\dfrac{-k-4}{4}\le Z\le \dfrac{-k+4}{4}\right)$

이므로 $f(k)\ne f(24-k)$ [거짓]

참고 $f(k)=f(24-k)$는 $k=12$에 대하여 대칭임을 의미한다.

반례 $k=4$일 때, $f(4)=f(20)$인지 확인해 보면

$f(4)=\mathrm{P}\!\left(\dfrac{4-28}{4}\le Z\le \dfrac{4-20}{4}\right)$

$\quad =\mathrm{P}(-6\le Z\le -4)$

$f(20)=\mathrm{P}\!\left(\dfrac{20-28}{4}\le Z\le \dfrac{20-20}{4}\right)$

$\quad =\mathrm{P}(-2\le Z\le 0)$

$\therefore f(4)\ne f(24-4)$ [거짓]

따라서 옳은 것은 ㄱ, ㄴ이다.

확인유제 0648

정규분포 $\mathrm{N}(10,\ 2^2)$을 따르는 확률변수 X에 대하여 함수 $f(t)$를 $f(t)=\mathrm{P}(t\le X\le t+4)$와 같이 정의할 때, 다음 [보기]에서 옳은 것을 모두 고르면?

> ㄱ. $f(t)$의 최댓값은 $f(8)$이다.
>
> ㄴ. $f(6)=f(10)$
>
> ㄷ. $f(8+t)=f(8-t)$
>
> ㄹ. $10\le x_1 < x_2$인 임의의 두 실수 $x_1,\ x_2$에 대하여 $f(x_1)>f(x_2)$이다.

① ㄱ   ② ㄴ, ㄷ   ③ ㄴ, ㄹ   ④ ㄴ, ㄷ, ㄹ   ⑤ ㄱ, ㄴ, ㄷ, ㄹ

변형문제 0649

2010학년도 09월 평가원

양의 실수 전체의 집합을 정의역으로 하는 함수 $\mathrm{H}(t)$는 평균 20, 표준편차 t인 정규분포를 따르는 확률변수 X에 대하여 $\mathrm{H}(t)=\mathrm{P}(X\le 15)$이다. 옳은 것만을 [보기]에서 있는 대로 고른 것은? (단, 표준정규분포를 따르는 확률변수 Z에 대하여 $\mathrm{P}(0\le Z\le 1)=0.3413$, $\mathrm{P}(0\le Z\le 2)=0.4772$이다.)

> ㄱ. $\mathrm{H}(2.5)=\mathrm{P}(Z\ge 2)$
>
> ㄴ. $\mathrm{H}(2)<\mathrm{H}(2.5)$
>
> ㄷ. $\mathrm{H}(5)<5\mathrm{H}(2)$

① ㄱ   ② ㄷ   ③ ㄱ, ㄴ   ④ ㄴ, ㄷ   ⑤ ㄱ, ㄴ, ㄷ

정답   0648 : ⑤   0649 : ③

14 $Z=\dfrac{X-m}{\sigma}$ 의 평균과 표준편차

01 평균과 표준편차가 서로 다른 분포를 가지는 확률변수가 취하는 값들을 비교

평균과 표준편차가 다른 여러 가지 자료들을 비교해야 하는 경우가 있는데 그때 자주 사용되는 방법은 **확률변수 X 의 표준화와 표준점수**가 있다. 예를 들어, 여러 과목 시험을 보았다고 하고, 그 시험과목들에 대한 정보로 평균과 표준편차, 본인 점수를 알고 있다고 하면 상대적으로 더 잘한 과목들은 어떤 과목인지 알고 싶을 때 변수를 변환하는 작업을 하면 된다.

(1) 확률변수 X 의 표준화

> 확률변수 X 의 평균이 m, 표준편차가 σ 일 때, 확률변수 Z 를 $Z=\dfrac{X-m}{\sigma}$ 이라 하면
>
> Z 의 평균은 0이고 표준편차는 1이다.
>
> 이때 확률변수 Z 를 표준화한 확률변수라 한다.

설명 ① 확률변수 $Z=\dfrac{X-m}{\sigma}$ 의 평균 $\mathrm{E}(Z)$ 의 값을 구한다.

$$\mathrm{E}(Z)=\mathrm{E}\Big(\dfrac{X-m}{\sigma}\Big)=\mathrm{E}\Big(\dfrac{X}{\sigma}-\dfrac{m}{\sigma}\Big)=\dfrac{1}{\sigma}\mathrm{E}(X)-\dfrac{m}{\sigma}=\dfrac{m}{\sigma}-\dfrac{m}{\sigma}=0$$

② 확률변수 $Z=\dfrac{X-m}{\sigma}$ 의 분산 $\mathrm{V}(Z)$ 의 값을 구한다.

$$\mathrm{V}(Z)=\mathrm{V}\Big(\dfrac{X-m}{\sigma}\Big)=\mathrm{V}\Big(\dfrac{X}{\sigma}-\dfrac{m}{\sigma}\Big)=\Big(\dfrac{1}{\sigma}\Big)^2\mathrm{V}(X)=\dfrac{1}{\sigma^2}\times\sigma^2=1$$

③ 확률변수 $Z=\dfrac{X-m}{\sigma}$ 의 표준편차 $\sigma(Z)$ 의 값을 구한다.

$$\sigma(Z)=\sqrt{\mathrm{V}(Z)}=1$$

(2) 표준점수 (standard score)

> ① 확률변수 X 의 평균이 m, 표준편차가 $\sigma(\sigma>0)$ 일 때,
>
> 확률변수 $T=10\Big(\dfrac{X-m}{\sigma}\Big)+50$ 의 평균은 50, 분산은 100, 표준편차는 10이다.

설명 T 의 평균은 $\mathrm{E}(T)=\mathrm{E}\Big(10\Big(\dfrac{X-m}{\sigma}\Big)+50\Big)=\dfrac{10}{\sigma}\mathrm{E}(X)-\dfrac{10}{\sigma}m+50=\dfrac{10}{\sigma}m-\dfrac{10}{\sigma}m+50=50$

T 의 분산은 $\mathrm{V}(T)=\mathrm{V}\Big(10\Big(\dfrac{X-m}{\sigma}\Big)+50\Big)=\dfrac{10^2}{\sigma^2}\mathrm{V}(X)=\dfrac{100}{\sigma^2}\times\sigma^2=100$

T 의 표준편차는 $\sigma(T)=\sigma\Big(10\Big(\dfrac{X-m}{\sigma}\Big)+50\Big)=\Big|\dfrac{10}{\sigma}\Big|\sigma(X)=\dfrac{10}{\sigma}\times\sigma=10$

> ② 확률변수 X 의 평균이 m, 표준편차가 $\sigma(\sigma>0)$ 일 때,
>
> 확률변수 $T=20\Big(\dfrac{X-m}{\sigma}\Big)+100$ 의 평균은 100, 분산은 400, 표준편차는 20이다.

설명 T 의 평균은 $\mathrm{E}(T)=\mathrm{E}\Big(20\Big(\dfrac{X-m}{\sigma}\Big)+100\Big)=\dfrac{20}{\sigma}\mathrm{E}(X)-\dfrac{20}{\sigma}m+100=\dfrac{20}{\sigma}m-\dfrac{20}{\sigma}m+100=100$

T 의 분산은 $\mathrm{V}(T)=\mathrm{V}\Big(20\Big(\dfrac{X-m}{\sigma}\Big)+100\Big)=\dfrac{20^2}{\sigma^2}\mathrm{V}(X)=\dfrac{400}{\sigma^2}\times\sigma^2=400$

T 의 표준편차는 $\sigma(T)=\sigma\Big(20\Big(\dfrac{X-m}{\sigma}\Big)+100\Big)=\Big|\dfrac{20}{\sigma}\Big|\sigma(X)=\dfrac{20}{\sigma}\times\sigma=20$

참고 시험 성적을 Z 의 값으로 변환하면 음수가 나오는 경우도 생기고 시험성적의 만점은 일반적으로 100점을 생각하는데 Z 의 값은 아주 작게 나오기 때문에 실제로 얼마나 시험 성적이 좋은 것인지 판단하기 어렵다.

그래서 이 식을 보완한 표준점수라는 것을 더 자주 이용한다.

어느 시험에서 수학영역의 점수를 X라 하고 확률변수 X의 평균을 m, 표준편차를 σ라고 하면 표준점수 T는

$$T = 20\left(\frac{X-m}{\sigma}\right) + 100$$

으로 구한다. 이때 확률변수 X가 정규분포 $N(m,\ \sigma^2)$을 따른다고 할 때, 표준점수 T는 평균은 100, 분산은 400, 표준편차는 20이다.

(1) 수학영역에서 1등급을 받기 위한 표준점수

수학 영역의 점수가 상위 4%까지인 경우를 1등급이라고 한다. 다음은 수학영역에서 1등급을 받기 위해서는 표준점수는 135.2 이상이어야 한다. (단, $P(0 \le Z \le 1.76) = 0.46$)

설명 $Y = 20 \times \dfrac{X-m}{\sigma} + 100$에서 $Z = \dfrac{X-m}{\sigma}$이라 하면 $Y = 20Z + 100$이고 $E(Z) = 0$, $\sigma(Z) = 1$이므로

$E(Y) = E(20Z + 100) = 100$, $\sigma(Y) = \sigma(20Z + 100) = 20$

즉, 확률변수 T는 정규분포 $N(100,\ 20^2)$을 따른다.

이때 $P(T \ge a) = 0.04$인 점수 a는

$$P(T \ge a) = P\left(\frac{T-100}{20} \ge \frac{a-100}{20}\right) = P\left(Z \ge \frac{a-100}{20}\right)$$
$$= 0.5 - P\left(0 \le Z \le \frac{a-100}{20}\right) = 0.04$$

$$\therefore\ P\left(0 \le Z \le \frac{a-100}{20}\right) = 0.46$$

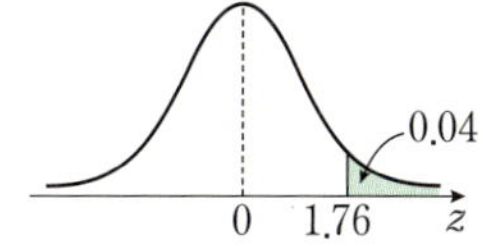

이때 $P(0 \le Z \le 1.76) = 0.46$이므로 $\dfrac{a-100}{20} = 1.76$ $\therefore\ a = 135.2$

따라서 수학영역에서 1등급을 받기 위한 표준점수가 135.2 이상이어야 한다.

(2) 수학영역에서 2등급을 받기 위한 표준점수

수학영역의 점수가 상위 4%에서 11%까지인 경우를 2등급이라고 한다. 위와 같은 방법으로 수학 영역에서 2등급 이상을 받기 위해서는 표준점수가 124.6점 이상이어야 한다. (단, $P(0 \le Z \le 1.23) = 0.39$)

설명 확률변수 T는 정규분포 $N(100,\ 20^2)$을 따르므로

$P(T \ge t) = 0.11$인 점수 t는

$$P(T \ge t) = P\left(\frac{T-100}{20} \ge \frac{t-100}{20}\right) = P\left(Z \ge \frac{t-100}{20}\right)$$
$$= 0.5 - P\left(0 \le Z \le \frac{t-100}{20}\right) = 0.11$$

$$\therefore\ P\left(0 \le Z \le \frac{t-100}{20}\right) = 0.39$$

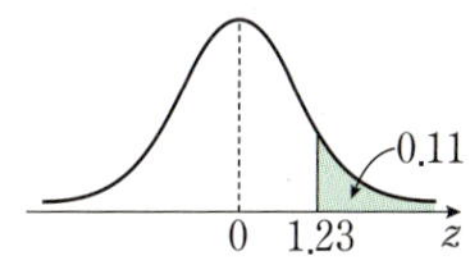

이때 $P(0 \le Z \le 1.23) = 0.39$이므로 $\dfrac{t-100}{20} = 1.23$ $\therefore\ t = 124.6$

따라서 수학영역에서 2등급을 받기 위한 표준점수가 124.6점 이상이어야 한다.

다음은 지호의 영어와 수학의 성적과 지호네 반 전체학생의 평균과 표준편차를 나타낸 표이다. 이때 다른 학생과 비교할 때, 지호의 상대적으로 성적이 좋은 과목을 구하여라.

과목	수학	영어
평균	65	75
표준편차	10	6
본인점수	75	80

지호의 점수 X에 대하여 표준화한 확률변수 Z를 구하여 보면

$$\text{수학}: Z=\frac{75-65}{10}=\frac{10}{10}=1 \qquad \text{영어}: Z=\frac{80-75}{6}=\frac{5}{6}$$

따라서 영어 점수가 조금 더 높으나 상대적으로 수학을 더 잘했음을 알 수 있다.

어떤 과목의 시험점수 X의 평균이 m점이고 표준편차가 σ점일 때, 새로운 확률변수 T를

$$T=a\left(\frac{X-m}{\sigma}\right)+b$$

로 정하였다. T의 평균이 100점, 표준편차가 20점이 되도록 하는 상수 a, b의 값을 구하여라. (단, $a>0$)

$\mathrm{E}(X)=m$, $\sigma(X)=\sigma$이고 $\mathrm{E}(T)=100$, $\sigma(T)=20$이므로

T의 평균은 $\mathrm{E}(T)=\mathrm{E}\left(a\left(\dfrac{X-m}{\sigma}\right)+b\right)=\dfrac{a}{\sigma}\mathrm{E}(X)-\dfrac{a}{\sigma}m+b=\dfrac{a}{\sigma}m-\dfrac{a}{\sigma}m+b=b$

$\therefore b=100$

T의 분산은 $\mathrm{V}(T)=\mathrm{V}\left(a\left(\dfrac{X-m}{\sigma}\right)+b\right)=\dfrac{a^2}{\sigma^2}\mathrm{V}(X)=\dfrac{a^2}{\sigma^2}\times\sigma^2=a^2$

T의 표준편차는 $\sigma(T)=\sigma\left(a\left(\dfrac{X-m}{\sigma}\right)+b\right)=\left|\dfrac{a}{\sigma}\right|\sigma(X)=\dfrac{a}{\sigma}\times\sigma=a$

$\therefore a=20$

어떤 시험 점수 X의 평균이 m점이고 표준편차가 σ점일 때, $T=10\left(\dfrac{X-m}{\sigma}\right)+50$을 표준점수라고 한다. 다음에 답하여라.

(1) 표준점수 T의 평균과 표준편차를 구하여라.

(2) 한국사 시험 점수의 평균이 65점이고 표준편차가 15점이다. 민호의 한국사 점수가 80일 때, 표준점수를 구하여라.

(3) 평균이 65점이고 표준편차가 10점인 수학 과목에서 75점을 받은 학생과 평균이 70점이고 표준편차가 20점인 영어 과목에서 85점을 받은 학생 중에서 어느 학생의 표준점수가 더 높은지 구하여라.

구분	수학	영어
평균	65	70
표준편차	10	20
받은 점수	75	85

(1) $T=10\left(\dfrac{X-m}{\sigma}\right)+50=\dfrac{10}{\sigma}X-\dfrac{10m}{\sigma}+50$이고 $\mathrm{E}(X)=m$, $\sigma(X)=\sigma$이므로

$\mathrm{E}(T)=\mathrm{E}\left(\dfrac{10}{\sigma}X-\dfrac{10m}{\sigma}+50\right)=\dfrac{10}{\sigma}\mathrm{E}(X)-\dfrac{10m}{\sigma}+50=\dfrac{10m}{\sigma}-\dfrac{10m}{\sigma}+50=50$

$\sigma(\mathrm{T})=\sigma\left(\dfrac{10}{\sigma}X-\dfrac{10m}{\sigma}+50\right)=\left|\dfrac{10}{\sigma}\right|\sigma(X)=\dfrac{10}{\sigma}\times\sigma=10$

(2) 평균이 65점이고 표준편차가 15점이므로 구하는 표준점수는 $10\left(\dfrac{80-65}{15}\right)+50=60$

(3) 수학 과목에서 75점을 받은 학생의 표준점수 $T=10\left(\dfrac{75-65}{10}\right)+50=60$

영어 과목에서 85점을 받은 학생의 표준점수 $T=10\left(\dfrac{85-70}{20}\right)+50=57.5$

따라서 수학과목에서 75점을 받은 학생의 표준점수가 더 높다.

03 이항분포와 정규분포의 관계

01 이항분포와 정규분포의 관계

(1) 확률변수 X가 이항분포 $\mathrm{B}(n,\ p)$를 따를 때, n이 **충분히 크면** X는 근사적으로 정규분포 $\mathrm{N}(np,\ npq)$를 따른다. (단, $q=1-p$)

(2) 확률변수 X가 이항분포 $\mathrm{B}(n,\ p)$를 따를 때, n이 충분히 클 때의 **확률 $\mathrm{P}(a \leq X \leq b)$는 정규분포를 이용**하여 구한다.

참고✱ 확률변수 X가 이항분포 $\mathrm{B}(n,\ p)$를 따를 때, n의 값이 충분히 크면

① 이항분포 $\mathrm{B}(n,\ p)$의 그래프는 정규분포 $\mathrm{N}(np,\ npq)$의 그래프에 가까워진다. (단, $q=1-p$)

② 확률변수 X는 근사적으로 정규분포 $\mathrm{N}(np,\ npq)$를 따른다. (단, $q=1-p$)

③ 확률변수 $Z=\dfrac{X-np}{\sqrt{npq}}$ 는 근사적으로 표준정규분포 $\mathrm{N}(0,\ 1)$을 따른다.

④ n의 값이 충분히 크다는 것은 일반적으로 $np \geq 5,\ nq \geq 5$을 동시에 만족시킬 때이다.

⑤ 이항분포 $\mathrm{B}(n,\ p)$를 따르는 확률변수 X의 확률질량함수는 $\mathrm{P}(X=x)={}_nC_x p^x q^{n-x}\ (x=0,\ 1,\ 2,\ \cdots,\ n)$이고

X의 평균과 분산, 표준편차는 $\mathrm{E}(X)=np,\ \mathrm{V}(X)=npq,\ \sigma(X)=\sqrt{npq}$ (단, $q=1-p$)이다.

이산확률변수
확률질량함수
이항분포 $\mathrm{B}(n,\ p)$

n이 충분히 크면
확률 $\mathrm{P}(a \leq X \leq b)$의 복잡한 확률 계산을 간단히 계산하는 방법

연속확률변수
확률밀도함수
정규분포 $\mathrm{N}(np,\ npq)$

마플해설 한 개의 주사위를 n번 던져서 1의 눈이 나오는 횟수를 확률변수 X라 하면

이산확률변수 X는 이항분포 $\mathrm{B}\!\left(n,\ \dfrac{1}{6}\right)$을 따를 때, X의 확률밀도함수는 $\mathrm{P}(X=x)={}_nC_x\left(\dfrac{1}{6}\right)^x\left(\dfrac{5}{6}\right)^{n-x}\ (x=0,\ 1,\ 2,\ \cdots,\ n)$

이다. 이 확률은 n이 커질수록 계산하기가 어려워진다. ◀ X의 평균은 $m=n\times\dfrac{1}{6}=\dfrac{n}{6}$이고 분산은 $\sigma^2=n\times\dfrac{1}{6}\times\dfrac{5}{6}=\dfrac{5n}{36}$이다.

이항분포에서 확률을 근사적으로 구하는 방법을 알아보자.

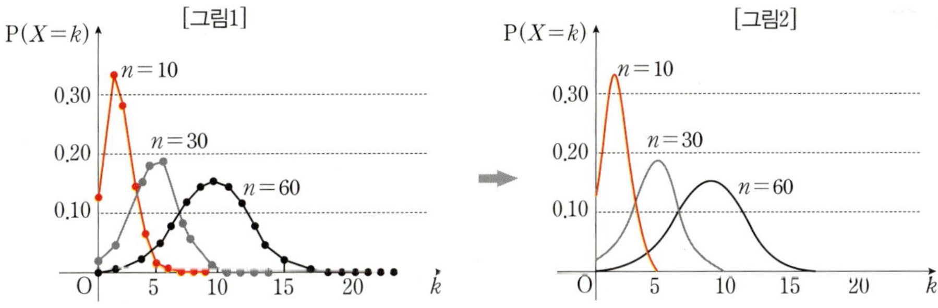

[그림1]은 주사위를 던지는 횟수가 $n=10,\ 30,\ 60$일 때, 이항분포 $\mathrm{B}\!\left(n,\ \dfrac{1}{6}\right)$의 확률밀도함수의 그래프를 나타낸 것이고, [그림2]에서

이항분포 $\mathrm{B}\!\left(n,\ \dfrac{1}{6}\right)$의 그래프는 시행횟수 n이 커짐에 따라 좌우대칭인 종 모양의 정규분포곡선에 가까워짐을 알 수 있다. 즉

이항분포 $\mathrm{B}\!\left(n,\ \dfrac{1}{6}\right)$에서의 확률은 n이 충분히 클 때, 정규분포를 이용하여 근사적으로 구할 수 있다. 일반적으로 이항분포 $\mathrm{B}(n,\ p)$

의 그래프는 시행횟수 n이 커지면 X는 평균이 np이고 분산이 npq인 정규분포 $\mathrm{N}(np,\ npq)$에 가까워진다는 사실이 알려져 있다.

이항분포 $\mathrm{B}(n,\ p)$의 확률은 n이 크면 계산하기 매우 어렵다.

예를 들어 이항분포 $\mathrm{B}\!\left(720,\ \dfrac{1}{6}\right)$에서 확률변수 X가 120번 이상 140번 이하로 나올 확률은

$\mathrm{P}(120 \leq X \leq 140)={}_{720}C_{120}\left(\dfrac{1}{6}\right)^{120}\left(\dfrac{5}{6}\right)^{600}+{}_{720}C_{121}\left(\dfrac{1}{6}\right)^{121}\left(\dfrac{5}{6}\right)^{599}+\cdots+{}_{720}C_{140}\left(\dfrac{1}{6}\right)^{140}\left(\dfrac{5}{6}\right)^{580}$

이므로 이 확률은 계산기를 이용해도 쉽지 않다. 그러나 이항분포 $\mathrm{B}(n,\ p)$와 정규분포 $\mathrm{N}(np,\ npq)$사이의 관계를 이용하면 이항분포의 확률 $\mathrm{P}(120 \leq X \leq 140)$을 근사적으로 쉽게 구할 수 있음이 알려져 있다.

확률변수 X가 이항분포 $B\left(180,\ \dfrac{1}{6}\right)$을 따를 때의 확률 $P(25 \leq X \leq 35)$을 구하여라.

(단, $P(0 \leq Z \leq 1)=0.3413$)

이산확률변수 X가 이항분포 $B\left(180,\ \dfrac{1}{6}\right)$을 따르므로 평균 m과 표준편차 σ는

$$m=180 \times \dfrac{1}{6}=30, \quad \sigma=\sqrt{180 \times \dfrac{1}{6} \times \dfrac{5}{6}}=5$$

이때 180은 충분히 큰 수이므로 확률변수 X는 근사적으로 정규분포 $N(30,\ 5^2)$을 따른다.

따라서 확률변수 $Z=\dfrac{X-30}{5}$는 표준정규분포 $N(0,\ 1)$을 따르므로 구하는 확률은

$$P(25 \leq X \leq 35)=P\left(\dfrac{25-30}{5} \leq Z \leq \dfrac{35-30}{5}\right)$$
$$=P(-1 \leq Z \leq 1)=2P(0 \leq Z \leq 1)=2 \times 0.3413=0.6826$$

이므로 구하는 확률은 0.6826에 가까워진다.

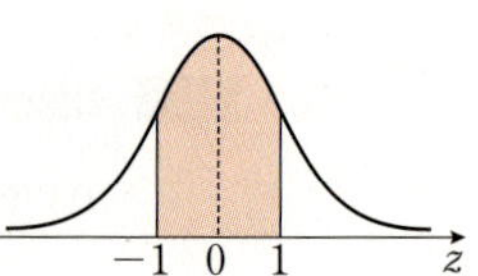

이산확률변수 X는 이항분포 $B\left(180,\ \dfrac{1}{6}\right)$을 따를 때,

X의 확률밀도함수는 $P(X=x)={}_{180}C_x\left(\dfrac{1}{6}\right)^{x}\left(\dfrac{5}{6}\right)^{180-x}$ $(x=0,\ 1,\ 2,\ \cdots,\ 180)$이다.

① $P(25 \leq X \leq 35)$를 이항분포에서의 확률로서 계산할 때

$$P(25 \leq X \leq 35)=P(X=25)+P(X=26)+\cdots+P(X=35)$$
$$={}_{180}C_{25}\left(\dfrac{1}{6}\right)^{25}\left(\dfrac{5}{6}\right)^{155}+{}_{180}C_{26}\left(\dfrac{1}{6}\right)^{26}\left(\dfrac{5}{6}\right)^{154}+\cdots+{}_{180}C_{35}\left(\dfrac{1}{6}\right)^{35}\left(\dfrac{5}{6}\right)^{145}$$

② $P(25 \leq X \leq 35)$은 정규분포곡선에서 $25 \leq X \leq 35$일 때,

정규분포곡선 $y=f(x)$와 x축 사이의 넓이를 나타낸 것이다.

∴ ② 정규분포를 이용하여 ①의 이항분포의 확률을 계산할 수 있다.

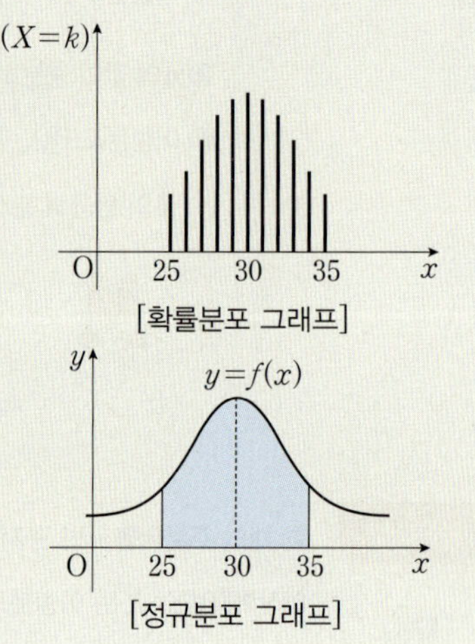

한 개의 주사위를 720회 던질 때, 1의 눈이 나오는 횟수를 확률변수 X라고 하자. 오른쪽 표준정규분포표를 이용하여 다음 물음에 답하여라.

(1) X의 평균과 표준편차를 구하여라.

(2) $P(120 \leq X \leq 130)$을 구하여라.

(3) $P(X \geq 110)$을 구하여라.

z	$P(0 \leq Z \leq z)$
1.0	0.3413
1.5	0.4332
2.0	0.4772

(1) 1이 나오는 횟수를 확률변수 X라 하면 X는 이항분포 $B\left(720,\ \dfrac{1}{6}\right)$을 따르므로 평균과 표준편차는

$$E(X)=720 \times \dfrac{1}{6}=120, \quad \sigma(X)=\sqrt{720 \times \dfrac{1}{6} \times \dfrac{5}{6}}=10$$

이때 720은 충분히 큰 수이므로 확률변수 X는 근사적으로 정규분포 $N(120,\ 10^2)$을 따른다.

확률변수 $Z=\dfrac{X-120}{10}$는 표준정규분포 $N(0,\ 1)$을 따른다.

(2) $P(120 \leq X \leq 130)=P\left(\dfrac{120-120}{10} \leq Z \leq \dfrac{130-120}{10}\right)=P(0 \leq Z \leq 1)=0.3413$

(3) $P(X \geq 110)=P\left(\dfrac{X-120}{10} \geq \dfrac{110-120}{10}\right)$
$$=P(Z \geq -1)=0.5+P(0 \leq Z \leq 1)$$
$$=0.5+0.3413=0.8413$$

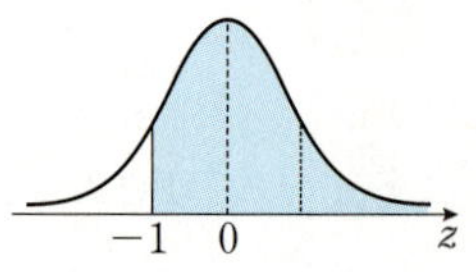

확률변수 X의 확률질량함수가

$$P(X=r)={}_{100}C_r\left(\frac{1}{5}\right)^r\left(\frac{4}{5}\right)^{100-r}\ (r=0,\,1,\,2,\,\cdots,\,100)$$

일 때, $P(X \geq 28)$의 값을 오른쪽 표준정규분포표를 이용하여 구하여라.

z	$P(0 \leq Z \leq z)$
1.0	0.3413
1.5	0.4332
2.0	0.4772

MAPL CORE

① 확률변수 X가 이항분포 $B(n,\,p)$를 따를 때, X의 평균 $m=np$, 표준편차는 $\sigma=\sqrt{npq}$ (단, $q=1-p$)이다.

② 확률변수 X가 이항분포 $B(n,\,p)$를 따르고 n이 충분히 클 때, X는 근사적으로 정규분포 $N(np,\,npq)$를 따른다.

　← 라플라스(Laplace)의 정리

개념익힘 | 풀이　확률변수 X의 확률질량함수가 $P(X=r)={}_{100}C_r\left(\frac{1}{5}\right)^r\left(\frac{4}{5}\right)^{100-r}\ (r=0,\,1,\,2,\,\cdots,\,100)$일 때,

← 사건이 일어날 확률이 $\frac{1}{5}$인 시행을 독립적으로 100회 되풀이 할 때, 사건이 r회 일어날 확률을 뜻한다.

확률변수 X는 이항분포 $B\left(100,\,\frac{1}{5}\right)$을 따른다.

이때 확률변수 X의 평균 m과 표준편차 σ를 구하면

$$m=100\times\frac{1}{5}=20,\ \sigma=\sqrt{100\times\frac{1}{5}\times\frac{4}{5}}=4$$

이때 $n=100$은 충분히 큰 수이므로 X는 근사적으로 정규분포 $N(20,\,4^2)$을 따른다.

확률변수 $Z=\dfrac{X-20}{4}$는 표준정규분포 $N(0,\,1)$을 따르므로 구하는 확률은

$$P(X \geq 28)=P\left(\frac{X-20}{4} \geq \frac{28-20}{4}\right)$$
$$=P(Z \geq 2)$$
$$=0.5-P(0 \leq Z \leq 2)$$
$$=0.5-0.4772=0.0228$$

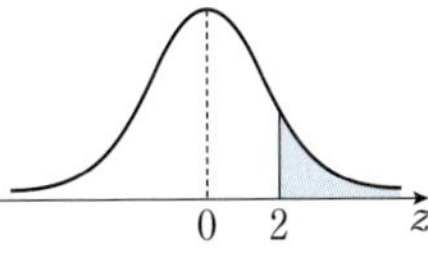

확인유제 0650　확률변수 X의 확률질량함수가 $P(X=x)={}_{48}C_x\left(\frac{1}{4}\right)^x\left(\frac{3}{4}\right)^{48-x}$

$(x=0,\,1,\,2,\,\cdots,\,48)$일 때, $P(9 \leq X \leq 15)$의 값은?

① 0.3413　　　② 0.4772　　　③ 0.6826

④ 0.8185　　　⑤ 0.9974

z	$P(0 \leq Z \leq z)$
1.0	0.3413
1.5	0.4332
2.0	0.4772

변형문제 0651　확률변수 X의 확률질량함수와 기댓값이 다음 조건을 만족한다.

(가) $P(X=x)={}_{1200}C_x\,p^x(1-p)^{1200-x}\ (x=0,\,1,\,2,\,\cdots,\,1200)$

(나) $E(X)=300$

$P(X \geq 315)$의 값을 오른쪽 표준정규분포표를 이용하여 구한 것은?

① 0.0013　　② 0.0062　　③ 0.0228　　④ 0.0668　　⑤ 0.1587

z	$P(0 \leq Z \leq z)$
1.0	0.3413
1.5	0.4332
2.0	0.4772

발전문제 0652　확률변수 X의 확률질량함수와 분산이 다음 조건을 만족한다.

(가) $P(X=x)={}_{n}C_x\left(\frac{1}{4}\right)^x\left(\frac{3}{4}\right)^{n-x}\ (x=0,\,1,\,2,\,3,\,\cdots,\,n)$

(나) $V(X)=36$

이때 $P(X \geq a)=0.0228$을 만족시키는 상수 a의 값을 오른쪽 표준정규분포표를 이용하여 구하여라.

z	$P(0 \leq Z \leq z)$
1.0	0.3413
1.5	0.4332
2.0	0.4772

정답　0650 : ③　　0651 : ⑤　　0652 : 60

어느 범죄 연구기관의 조사 결과에 의하면 어떤 종류의 범죄는 출소 후 재범
확률이 0.8에 이른다고 한다. 현재 수감 중인 그 종류의 범죄자 400명 중에
서 출소 후에 같은 범죄를 범하는 자의 수가 300명 이상일 확률의 근사값을
오른쪽 표준정규분포표를 이용하여 구하여라.

z	$P(0 \le Z \le z)$
1.0	0.34
1.5	0.43
2.0	0.48
2.5	0.49

MAPL **CORE**

① 확률변수 X가 이항분포 $B(n,\ p)$를 따를 때, X의 평균 $m=np$, 표준편차는 $\sigma=\sqrt{npq}$ (단, $q=1-p$)이다.

② 확률변수 X가 이항분포 $B(n,\ p)$를 따르고 n이 충분히 클 때, X는 근사적으로 정규분포 $N(np,\ npq)$를 따른다.

이항분포와 정규분포, 표준정규분포 사이의 관계를 이용하여 확률변수 X에 대한 확률을 구한다.

개념익힘 | 풀이　범죄자 400명 중 같은 범죄를 범하는 자의 수를 확률변수 X라 하면

X는 이항분포 $B(400,\ 0.8)$을 따르므로 X의 평균 m과 표준편차 σ는

$$m=400 \times 0.8=320,\ \sigma=\sqrt{400 \times 0.8 \times 0.2}=8$$

$n=400$은 충분히 크므로 확률변수 X는 근사적으로 정규분포 $N(320,\ 8^2)$을 따르므로

확률변수 $Z=\dfrac{X-320}{8}$는 표준정규분포 $N(0,\ 1)$을 따른다.

따라서 출소 후에 같은 범죄를 범하는 자의 수가 300명 이상일 확률은

$$P(X \ge 300)=P\left(Z \ge \frac{300-320}{8}\right)$$

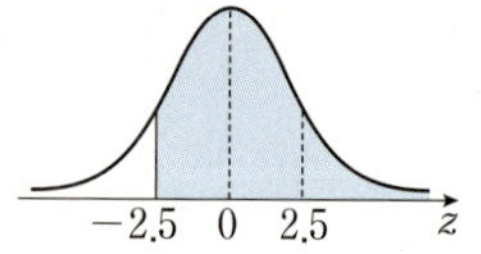

$$=P(Z \ge -2.5)$$
$$=0.5+P(0 \le Z \le 2.5)$$
$$=0.5+0.49=0.99$$

확인유제 0653
2007학년도 수능기출

어느 문구점에 진열되어 있는 공책 중 10%는 A회사의 제품이라고 한다. 한
고객이 이 문구점에서 임의로 100권의 공책을 구입했을 때, A회사 제품이
13권 이상 포함될 확률을 오른쪽 표준정규분포표를 이용하여 구한 것은?

① 0.0668　　② 0.1056　　③ 0.1587

④ 0.2266　　⑤ 0.2734

z	$P(0 \le Z \le z)$
0.75	0.2734
1.00	0.3413
1.25	0.3944
1.50	0.4332

변형문제 0654

각 면에 1, 2, 3, 4의 숫자가 하나씩 적혀 있는 정사면체 모양의 상자 2개를
동시에 던졌을 때 바닥에 닿은 면에 적혀 있는 두 눈의 수의 곱이 홀수인 사건
을 A라 하자. 이 시행을 1200번 하였을 때, 사건 A가 일어나는 횟수가 270
이하일 확률을 오른쪽 표준정규분포표를 이용하여 구한 값을 p라 할 때,
$1000p$의 값을 구하여라.

z	$P(0 \le Z \le z)$
1.0	0.341
1.5	0.433
2.0	0.477
2.5	0.494

발전문제 0655
2005학년도 수능기출

다음은 어느 백화점에서 판매하고 있는 등산화에 대한 제조회사별 고객의 선호
도를 조사한 표이다.

제조회사	A	B	C	D	합계
선호도(%)	20	28	25	27	100

192명의 고객이 각각 한 켤레씩 등산화를 산다고 할 때, C회사 제품을 선택할
고객이 42명 이상일 확률을 오른쪽 표준정규분포표를 이용하여 구한 것은?

① 0.6915　　② 0.7745　　③ 0.8256　　④ 0.8332　　⑤ 0.8413

z	$P(0 \le Z \le z)$
0.5	0.1915
1.0	0.3413
1.5	0.4332
2.0	0.4772

정답　0653 : ③　　0654 : 23　　0655 : ⑤

한 개의 주사위를 720번 던져서 1의 눈이 나오는 횟수를 확률변수 X라 하자.

$$P(X \leq k) = 0.0228$$

를 만족시키는 상수 k의 값을 오른쪽 표준정규분포표를 이용하여 구하여라.

z	$P(0 \leq Z \leq z)$
0.5	0.1915
1.0	0.3413
1.5	0.4332
2.0	0.4772

MAPL CORE

[1단계] 확률변수 X가 이항분포 $B(n,\ p)$를 따르므로 $E(X)=np$, $V(X)=npq$임을 이용한다. (단, $q=1-p$)

[2단계] X가 근사적으로 정규분포를 따르므로 X를 표준화하여 확률을 구한다.

개념익힘 | 풀이

한 개의 주사위를 던져서 1의 눈이 나오는 확률은 $\dfrac{1}{6}$이므로 확률변수 X는 이항분포 $B\!\left(720,\ \dfrac{1}{6}\right)$을 따른다.

이때 확률변수 X의 평균 m과 표준편차 σ를 구하면

$$m = 720 \times \frac{1}{6} = 120, \quad \sigma = \sqrt{720 \times \frac{1}{6} \times \frac{5}{6}} = \sqrt{100} = 10$$

이때 720는 충분히 큰 수이므로 확률변수 X는 근사적으로 정규분포 $N(120, 10^2)$을 따르므로

확률변수 $Z = \dfrac{X-120}{10}$은 표준정규분포 $N(0,1)$을 따른다.

$P(X \leq k) = 0.0228$에서 $P(X \leq k) = P\!\left(Z \leq \dfrac{k-120}{10}\right)$이므로

$$P\!\left(Z \leq \frac{k-120}{10}\right) = 0.0228$$
$$= 0.5 - 0.4772$$
$$= P(Z \leq 0) - P(0 \leq Z \leq 2)$$
$$= P(Z \leq 0) - P(-2 \leq Z \leq 0)$$
$$= P(Z \leq -2)$$

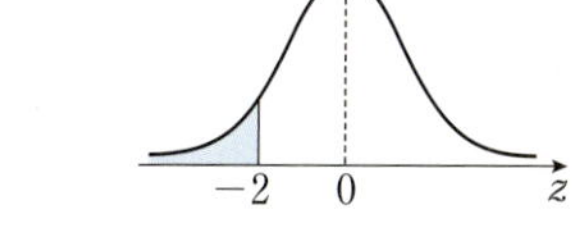

따라서 $\dfrac{k-120}{10} = -2$이므로 $k = 100$

확인유제 0656
2009년 03월 교육청

한 개의 동전을 400번 던질 때, 앞면이 나온 횟수를 확률변수 X라 하자.

$$P(X \leq k) = 0.9772$$

를 만족시키는 상수 k의 값을 오른쪽 표준정규분포표를 이용하여 구하여라.

z	$P(0 \leq Z \leq z)$
1.0	0.3413
2.0	0.4772
3.0	0.4987

변형문제 0657

다음 물음에 답하여라.

(1) 한 개의 동전을 100번 던질 때, 앞면이 60번 이상 나올 확률과 한 개의 주사위를 1800번 던질 때, 3의 배수의 눈이 k번 이상 나올 확률이 같다고 한다. 이때 k의 값은?

① 590 ② 600 ③ 610 ④ 640 ⑤ 720

(2) 서로 다른 동전 2개를 동시에 100번 던질 때 두 동전 중 한 개만 앞면이 나오는 횟수를 확률변수 X라 하고, A, B 두 사람이 가위 바위 보를 162번할 때 A가 이기는 횟수를 확률변수 Y라 한다.

$P(X \leq 40) = P(Y \geq k)$를 만족시키는 상수 k의 값은?

① 64 ② 66 ③ 68 ④ 70 ⑤ 72

발전문제 0658

한 개의 주사위를 한 번 던져서 나오는 눈의 수 a의 값에 따라 좌표평면 위에 이차함수 $y = x^2 + 2ax + 5$의 그래프를 그리는 시행을 한다. 이 시행을 450회 반복할 때, 그려지는 이차함수의 그래프 중 x축과 서로 다른 두 점에서 만나는 횟수가 k 이상일 확률을 다음 표준정규분포표를 이용하여 구하면 0.9332이다. 자연수 k의 값을 구하여라.

z	$P(0 \leq Z \leq z)$
0.5	0.1915
1.0	0.3413
1.5	0.4332
2.0	0.4772

정답 0656 : 220   0657 : (1) ④ (2) ②   0658 : 285

어떤 해운회사의 통계자료에 의하면 예약고객 10명 중 8명의 비율로 승선한다고 한다. 정원이 340명인 여객선의 예약고객이 400명일 때, 승선한 고객이 예약고객만으로 정원을 초과하지 않을 확률을 표준정규분포표를 이용하여 구하여라.

z	$P(0 \leq Z \leq z)$
2.2	0.4861
2.4	0.4918
2.5	0.4938

개념익힘 | 풀이

400명의 예약고객 중에서 승선하는 사람의 수를 확률변수 X라 하면 X는 이항분포 $B\left(400, \dfrac{4}{5}\right)$를 따르므로

평균 m과 표준편차 σ를 구하면 $m = 400 \times \dfrac{4}{5} = 320$, $\sigma = \sqrt{400 \times \dfrac{4}{5} \times \dfrac{1}{5}} = \sqrt{64} = 8$

이때 400은 충분히 큰 수이므로 확률변수 X는 근사적으로 정규분포 $N(320, 8^2)$을 따른다.

확률변수 $Z = \dfrac{X-320}{8}$은 표준정규분포 $N(0, 1)$을 따르므로 정원이 340명인 여객선에 예약고객 중 340명 이하만 승선하면 예약고객만으로 정원을 초과하지 않으므로 확률을 구하면

$$P(X \leq 340) = P\left(Z \leq \frac{340-320}{8}\right)$$
$$= P(Z \leq 2.5) = 0.5 + P(0 \leq Z \leq 2.5) = 0.5 + 0.4938 = 0.9938$$

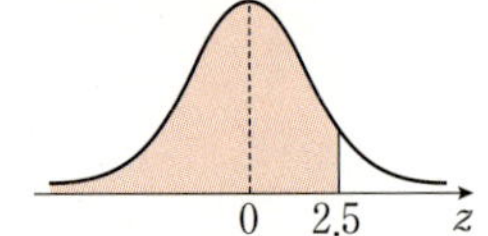

다른풀이　취소하는 사람의 수를 이용하여 풀이하기

예약하여 취소하는 사람의 수를 확률변수 Y라 하면 Y는 이항분포 $B\left(400, \dfrac{1}{5}\right)$을 따르므로

평균 m과 표준편차 σ를 구하면 $m = 400 \times \dfrac{1}{5} = 80$, $\sigma = \sqrt{400 \times \dfrac{1}{5} \times \dfrac{4}{5}} = \sqrt{64} = 8$

이때 400은 충분히 크므로 확률변수 Y는 근사적으로 $N(80, 8^2)$을 따른다.

따라서 예약고객 400명 중 정원이 340명인 여객선에 취소하는 고객이 60명 이상이면 정원을 초과하지 않으므로 확률을 구하면

$$P(Y \geq 60) = P\left(Z \geq \frac{60-80}{8}\right)$$
$$= P(Z \geq -2.5) = 0.5 + P(0 \leq Z \leq 2.5) = 0.5 + 0.4938 = 0.9938$$

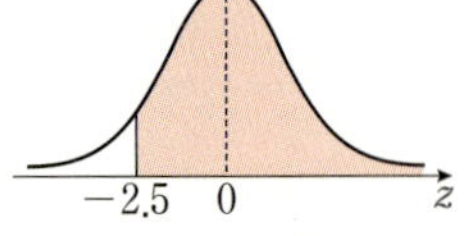

확인유제 0659

고속열차의 탑승권을 예매한 사람이 예매를 취소하거나 실제로 고속열차를 타지 않을 확률이 20%라고 한다. 이러한 이유로 실수요자를 보호하고 예약 부도로 인한 손실을 방지하기 위해 초과 예약을 받는데 종종 좌석이 부족하여 소비자가 피해를 입는 사례가 발생한다. 좌석 수가 87석인 고속열차의 탑승권을 예매한 사람이 100명일 때, 좌석이 부족하게 될 확률을 구하여라.

z	$P(0 \leq Z \leq z)$
0.5	0.1915
1.0	0.3413
1.5	0.4332
2.0	0.4772

변형문제 0660

어느 소극장의 좌석 수는 86석이고, 이 소극장의 공연을 예약한 사람이 공연을 보러 오지 않을 확률이 10%이어서 추가로 14개를 더하여 모두 100개의 티켓을 발매하여 매진되었다. 예약한 사람 중 공연을 보러 온 사람에게 선착순으로 좌석을 하나씩 배정할 때, 좌석이 부족할 확률을 오른쪽 표준정규분포표를 이용하여 구한 것은?

① 0.6915　　　　② 0.6587　　　　③ 0.7780

④ 0.8413　　　　⑤ 0.9599

z	$P(0 \leq Z \leq z)$
0.5	0.1915
1.0	0.3413
1.5	0.4332
2.0	0.4772

발전문제 0661

소희가 100명을 선발하는 한국대학교 경영학과에 지원하여 7번째 예비 합격 후보가 되었다. 이 학과의 합격자가 등록을 하지 않을 확률이 0.1이라고 할 때, 소희가 이 학과에 합격할 확률을 표준정규분포를 이용하여 구하여라.
(단, 예비 합격 후보들은 추가 합격의 기회가 주어질 경우 모두 등록한다.)

z	$P(0 \leq Z \leq z)$
0.5	0.1915
1.0	0.3413
1.5	0.4332
2.0	0.4772

정답　0659 : 0.0228　　0660 : ④　　0661 : 0.8413

어느 회사에서 만든 신제품의 무게는 정규분포 $N(180, 8^2)$을 따른다. 이 회사에서는 신제품의 무게가 164g보다 작을 경우 **불량품으로 판정**한다. 하루에 2500개의 신제품을 생산할 때, **불량품의 개수가 64개 이하일 확률**을 오른쪽 표준정규분포표를 이용하여 구하여라.

z	$P(0 \le Z \le z)$
1.0	0.34
1.5	0.43
2.0	0.48

MAPL CORE

[1단계] 정규분포를 이용하여 기대하는 확률 p를 구한다.

[2단계] 주어진 조건을 이항분포 $B(n, p)$로 나타낸다.

[3단계] 정규분포 $N(np, np(1-p))$로 바꾸고 표준화하여 확률을 구한다.

개념익힘 | 풀 이　　**신제품의 무게**를 확률변수 X라 하면 X는 정규분포 $N(180, 8^2)$을 따른다.

X가 164g보다 작을 때 불량품이므로 불량품일 확률은

$$P(X < 164) = P\left(Z < \frac{164-180}{8}\right)$$
$$= P(Z < -2)$$
$$= P(Z > 2)$$
$$= 0.5 - P(0 \le Z \le 2) = 0.5 - 0.48 = 0.02$$

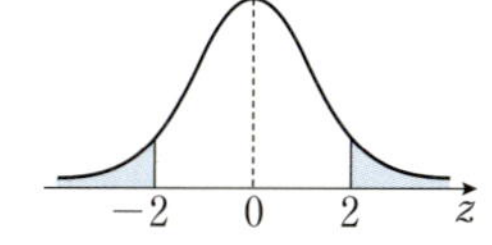

즉, 임의로 한 개의 제품을 뽑을 때, 불량품일 확률은 0.02이므로 신제품 중 **불량품의 개수를** 확률변수 Y라 하면 Y는 이항분포 $B(2500, 0.02)$를 따르므로 평균과 표준편차를 구하면

$$E(Y) = 2500 \times 0.02 = 50, \quad \sigma(Y) = \sqrt{2500 \times 0.02 \times 0.98} = \sqrt{49} = 7$$

이때 2500은 충분히 큰 수이므로 Y는 근사적으로 정규분포 $N(50, 7^2)$을 따른다.

따라서 불량품의 개수가 64개 이하일 확률은

$$P(Y \le 64) = P\left(Z \le \frac{64-50}{7}\right)$$
$$= P(Z \le 2) = 0.5 + 0.48 = 0.98$$

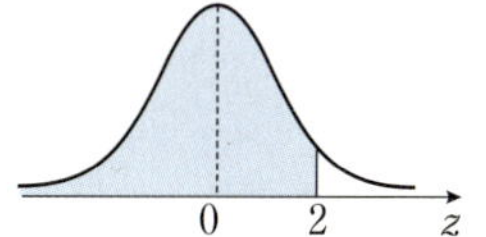

확인유제 0662　　5G스마트 TV안에 들어가는 핵심 반도체의 무게는 평균이 240g, 표준편차가 12g인 정규분포를 따르고, 무게가 216g 이하인 것은 **불량품으로 처리**하여 TV를 출시하지 않는다. 이때 핵심 반도체 10000개를 임의로 뽑아서 그 무게를 조사할 때, **불량품으로 처리될 핵심 반도체의 개수가 228개 이상일 확률**을 오른쪽 표준정규분포표를 이용하여 구하여라.

z	$P(0 \le Z \le z)$
0.5	0.19
1.0	0.34
1.5	0.43
2.0	0.48

변형문제 0663

2012년 10월 교육청

어느 과수원에서 수확한 사과의 무게는 평균 400g, 표준편차 50g인 정규분포를 따른다고 한다. 이 사과 중 무게가 442g 이상인 것을 **1등급 상품**으로 정한다. 이 과수원에서 수확한 사과 중 100개를 임의로 선택할 때, **1등급 상품이 24개 이상일 확률**을 오른쪽 표준정규분포표를 이용하여 구한 것은?

① 0.10　　　② 0.16　　　③ 0.20
④ 0.26　　　⑤ 0.34

z	$P(0 \le Z \le z)$
0.64	0.24
0.84	0.30
1.00	0.34
1.28	0.40

발전문제 0664

2008년 10월 교육청

어느 도시의 학생 2500명을 대상으로 조사한 통학 시간은 정규분포를 따르고 평균이 25분, 표준편차가 5분이라고 한다. 이 2500명의 학생 중 임의로 택한 한 학생의 통학 시간이 35분 이상일 확률은 p_1이다. 또, 이 2500명의 학생 중에서 통학 시간이 35분 이상인 학생이 n명 이상일 확률은 p_2이다. $p_1 = p_2$일 때, 오른쪽 표준정규분포표를 이용하여 자연수 n의 값을 구하여라.

z	$P(0 \le Z \le z)$
1.0	0.34
1.5	0.43
2.0	0.48

정답　　0662 : 0.02　　0663 : ②　　0664 : 64

BASIC

0665
연속확률변수를 이용한
확률의 활용
2008학년도 수능기출

연속확률변수 X가 갖는 값의 범위는 $0 \leq X \leq 3$이고 확률 $P(X \leq 1)$과 확률 $P(X \leq 2)$의 값이 이차방정식 $6x^2 - 5x + 1 = 0$의 두 근일 때, 확률 $P(1 < X \leq 2)$의 값은?

① $\dfrac{1}{12}$ ② $\dfrac{1}{6}$ ③ $\dfrac{1}{4}$ ④ $\dfrac{1}{3}$ ⑤ $\dfrac{5}{12}$

0666
정규분포곡선의 성질
내신빈출

확률변수 X가 정규분포 $N(120,\ 4^2)$을 따를 때,

$$P(X \leq 100) = P(X \geq a) = P(Z \geq b)$$

가 성립한다. 두 상수 a, b에 대하여 ab의 값은? (단, Z는 표준정규분포표를 따르는 확률변수이다.)

① 300   ② 400   ③ 500   ④ 600   ⑤ 700

0667
정규분포곡선의
성질의 진위판단
내신빈출

정규분포 $N(m,\ \sigma^2)$을 따르는 확률변수 X의 확률밀도함수 $f(x)$에 대하여 [보기]에서 옳은 것을 고르면?
(단, a, b는 상수이다.)

ㄱ. $a < b$이면 $P(X \leq a) < P(X \leq b)$이다.

ㄴ. $P(X \leq a) + P(X \geq b) = 1$이면 $a = b$이다.

ㄷ. $P(X \leq a) = P(X \geq b)$이면 $f(a) = f(b)$이다.

ㄹ. 임의의 실수 x에 대하여 $f(m+x) = f(m-x)$이다.

① ㄱ   ② ㄴ, ㄷ   ③ ㄱ, ㄴ   ④ ㄴ, ㄷ, ㄹ   ⑤ ㄱ, ㄴ, ㄷ, ㄹ

0668
정규분포의 성질
2006년 04월 교육청

다음 물음에 답하여라.

(1) 확률변수 X는 정규분포 $N(m,\ \sigma^2)$을 따른다. $\dfrac{1}{5}X$의 분산이 1이고 $P(X \leq 80) = P(X \geq 120)$

일 때, $m + \sigma^2$의 값은?

① 105   ② 110   ③ 115   ④ 120   ⑤ 125

2010년 07월 교육청

(2) 확률변수 X는 정규분포 $N(m,\ \sigma^2)$을 따를 때, 실수 a, b에 대하여 $P(X < a-3) = P(X > b+2)$

가 성립한다. $Y = \dfrac{1}{3}X + 1$일 때, 확률변수 Y의 평균은 51, 분산은 $\dfrac{4}{9}$이다. 이때 $a+b+\sigma$의 값은?

① 299   ② 300   ③ 301   ④ 302   ⑤ 303

0669
정규분포의 성질

다음 물음에 답하여라.

(1) 확률변수 X가 정규분포 $N(m,\ \sigma^2)$을 따를 때, $P(X \leq 30) = P(X \geq 52)$가 성립한다.

$P(a \leq X \leq a+16)$의 값이 최대가 되도록 하는 실수 a의 값은?

① 31   ② 32   ③ 33   ④ 34   ⑤ 35

2011학년도 09월
평가원

(2) 연속확률변수 X가 갖는 값의 범위가 $0 \leq X \leq 2$이고 확률변수 X의 확률밀도함수가

$$f(x) = \begin{cases} x & (0 \leq x < 1) \\ -x+2 & (1 \leq x \leq 2) \end{cases} \text{일 때,}$$

$P\left(a \leq X \leq a + \dfrac{1}{2}\right)$의 최댓값은? (단, a는 상수이다.)

① $\dfrac{7}{16}$ ② $\dfrac{1}{2}$ ③ $\dfrac{9}{16}$ ④ $\dfrac{5}{8}$ ⑤ $\dfrac{11}{16}$

정답   0665 : ②   0666 : ⑤   0667 : ⑤   0668 : (1) ⑤ (2) ⑤   0669 : (1) ③ (2) ①

0670
정규분포곡선의 성질
2017년 10월 교육청

다음 물음에 답하여라.

(1) 정규분포 $N(m, 2^2)$를 따르는 확률변수 X에 대하여 함수

$$g(k)=P(k-8 \leq X \leq k)$$

는 $k=12$일 때 최댓값을 갖는다. 오른쪽 표준정규분포표를 이용하여 구한 최댓값은?

① 0.3830　　　　② 0.5328　　　　③ 0.6826

④ 0.8664　　　　⑤ 0.9544

z	$P(0 \leq Z \leq z)$
0.5	0.1915
1.0	0.3413
1.5	0.4332
2.0	0.4772

(2) 확률변수 X는 평균이 m이고 표준편차가 4인 정규분포를 따르고

$$P(X \geq 10)=P(X \leq 14)$$

를 만족시킨다. 실수 t에 대하여 함수 $g(t)$를

$$g(t)=P(t \leq X \leq t+8)$$

라 할 때, 오른쪽 표준정규분포표를 이용하여 $g(t)$의 최댓값은?

① 0.3830　　　　② 0.5328　　　　③ 0.6826

④ 0.8664　　　　⑤ 0.9544

z	$P(0 \leq Z \leq z)$
0.5	0.1915
1.0	0.3413
1.5	0.4332
2.0	0.4772

0671
정규분포의 성질을
이용한 확률 구하기
내신빈출

확률변수 X는 정규분포 $N(m, \sigma^2)$을 따르고 다음 조건을 만족시킨다.

(가) $P(X \leq 90)=P(X \geq 36)$

(나) $V(2X+1)=100$

이때 $P(58 \leq X \leq 73)$의 값을 오른쪽 표준정규분포표를 이용하여 구한 것은?

① 0.5328　　　　② 0.6826　　　　③ 0.7745

④ 0.8185　　　　⑤ 0.9104

z	$P(0 \leq Z \leq z)$
0.5	0.1915
1.0	0.3413
1.5	0.4332
2.0	0.4772

0672
정규분포를 이용한
미지수 구하기
내신빈출

다음 물음에 답하여라.

(1) 확률변수 X가 정규분포 $N(30, 2^2)$을 따를 때,

$$P(26 \leq X \leq a)=0.1359$$

를 만족하는 상수 a의 값은? (단, m은 평균, σ는 표준편차이다.)

① 24　　　　② 26　　　　③ 28

④ 30　　　　⑤ 32

x	$P(m \leq X \leq x)$
$m+\sigma$	0.3413
$m+2\sigma$	0.4772
$m+3\sigma$	0.4987

(2) 확률변수 X가 정규분포 $N(53, 7^2)$을 따를 때, 오른쪽 표를 이용하여

$P(X \leq a)=0.1587$을 만족시키는 상수 a의 값은?

(단, m은 평균, σ는 표준편차이다.)

① 44　　　　② 46　　　　③ 48

④ 50　　　　⑤ 52

x	$P(m \leq X \leq x)$
$m+\sigma$	0.3413
$m+2\sigma$	0.4772
$m+3\sigma$	0.4987

0673
정규분포를 이용한
미지수 구하기
내신빈출

확률변수 X가 정규분포 $N(12, 3^2)$을 따르고, 확률변수 Y는 정규분포 $N(27, 6^2)$을 따른다.

$$P(6 \leq X \leq 15)=P(21 \leq Y \leq a)$$

를 만족시키는 상수 a의 값은?

① 39　　　② 40　　　③ 41　　　④ 42　　　⑤ 43

정답　0670 : (1) ⑤ (2) ③　　0671 : ④　　0672 : (1) ③ (2) ②　　0673 : ①

0674

다음 물음에 답하여라.

(1) 어느 공장에서 생산하는 축구공 1개의 무게는 평균이 430g이고 표준편차가 14g인 정규분포를 따른다고 한다. 이 공장에서 생산한 축구공 중에서 임의로 선택한 축구공 1개의 무게가 409g 이상일 확률을 오른쪽 표준정규분포표를 이용하여 구한 것은?

① 0.6915   ② 0.8413   ③ 0.9332

④ 0.9772   ⑤ 0.9938

z	$P(0 \leq Z \leq z)$
0.5	0.1915
1.0	0.3413
1.5	0.4332
2.0	0.4772
2.5	0.4938

(2) 어느 자동차 타이어 회사에서 생산하는 타이어의 수명은 평균이 36개월, 표준편차가 4개월인 정규분포를 따른다고 한다. 이 회사에서 생산한 타이어 중 임의로 1개를 선택할 때, 타이어의 수명이 30개월 이상 38개월 이하일 확률을 오른쪽 표준정규분포표를 이용하여 구한 것은?

① 0.3830   ② 0.5238   ③ 0.6247

④ 0.7745   ⑤ 0.8185

z	$P(0 \leq Z \leq z)$
0.5	0.1915
1.0	0.3413
1.5	0.4332
2.0	0.4772
2.5	0.4938

0675

어느 공장에서 생산되는 병의 내압강도는 정규분포 $N(m, \sigma^2)$을 따르고, 내압강도가 40보다 작은 병은 불량품으로 분류한다. 이 공장의 공정능력을 평가하는 공정능력지수 G는 $G = \dfrac{m-40}{3\sigma}$ 으로 계산한다.

$G = 0.8$일 때, 임의로 추출한 한 개의 병이 불량품일 확률을 오른쪽 표준정규분포표를 이용하여 구한 것은?

① 0.0139   ② 0.0107   ③ 0.0082

④ 0.0062   ⑤ 0.0038

z	$P(0 \leq Z \leq z)$
2.2	0.4861
2.3	0.4893
2.4	0.4918
2.5	0.4938

0676

집에서 학교까지의 통학 시간을 X분이라고 하면 확률변수 X는 정규분포 $N(30, 5^2)$을 따른다. 수업 시작 40분 전에 집에서 출발할 때, 지각할 확률의 값은?

① 0.0228   ② 0.0668   ③ 0.1587

④ 0.2708   ⑤ 0.3085

z	$P(0 \leq Z \leq z)$
1.0	0.3413
1.5	0.4332
2.0	0.4772

0677

다음 물음에 답하여라.

(1) 두 무선 이어폰 제품 A, B에 대하여 제품 A의 무게를 확률변수 X라 하면 X는 정규분포 $N(40, 5^2)$을 따르고, 제품 B의 무게를 확률변수 Y라 하면 Y는 정규분포 $N(26, 2^2)$을 따른다.

$$P(X \leq 30) = P(Y \geq k)$$

일 때, k의 값은? (단, 제품의 무게의 단위는 g이다.)

① 25   ② 30   ③ 35   ④ 40   ⑤ 45

(2) 어느 제과회사에서 생산하는 A과자의 무게를 확률변수 X라 할 때, X는 정규분포 $N(70, 4^2)$을 따르고, B과자의 무게를 확률변수 Y라 할 때, Y는 정규분포 $N(82, \sigma^2)$을 따른다.

$$P(X \leq 78) = P(Y \leq 85)$$

일 때, σ의 값은? (단, 제품의 무게의 단위는 g이다.)

① $\dfrac{1}{2}$ ② 1   ③ $\dfrac{3}{2}$ ④ 2   ⑤ $\dfrac{5}{2}$

정답   0674 : (1) ③ (2) ③   0675 : ③   0676 : ①   0677 : (1) ② (2) ③

0678

이항분포와
정규분포의 관계
내신빈출

다음 물음에 답하여라.

(1) 확률변수 X가 이항분포 $\mathrm{B}\left(64, \dfrac{1}{2}\right)$를 따를 때, X는 근사적으로 정규분포 $\mathrm{N}(a,\,b)$를 따르고

$$\mathrm{P}(32 \leq X \leq 40)=\mathrm{P}(0 \leq Z \leq c)$$

이다. 이때 상수 a, b, c에 대하여 $a+b+c$의 값은? (단, 확률변수 Z는 표준정규분포를 따른다.)

① 36 　　② 48 　　③ 50 　　④ 52 　　⑤ 56

(2) 이항분포 $\mathrm{B}\left(100, \dfrac{1}{2}\right)$을 따르는 확률변수 X가 근사적으로 정규분포 $\mathrm{N}(a,\,b)$를 따른다고 할 때,

$$\mathrm{P}(X \geq 55)=0.5-\mathrm{P}(0 \leq Z \leq c)$$

이다. 이때 상수 a, b, c에 대하여 $a+b+c$의 값은? (단, 확률변수 Z는 표준정규분포를 따른다.)

① 72 　　② 74 　　③ 76 　　④ 78 　　⑤ 80

0679

이항분포와 정규분포를
이용한 확률 구하기

다음 물음에 답하여라.

(1) 한 개의 주사위를 36번 던져서 짝수의 눈이 15번 이상 21번 이하 나올 확률을
오른쪽 표준정규분포표를 이용하여 구한 것은?

① 0.1930 　　② 0.3413 　　③ 0.4832
④ 0.6826 　　⑤ 0.8664

z	$\mathrm{P}(0 \leq Z \leq z)$
0.5	0.1915
1.0	0.3413
1.5	0.4332
2.0	0.4772

2017학년도
경찰대기출

(2) 한 개의 주사위를 72번 던질 때, 3의 배수의 눈이 30번 이상 36번 이하로 나올
확률을 오른쪽 표준정규분포표를 이용하여 구한 것은?

① 0.0215 　　② 0.0655 　　③ 0.1359
④ 0.1525 　　⑤ 0.1574

z	$\mathrm{P}(0 \leq Z \leq z)$
1.0	0.3413
1.5	0.4332
2.0	0.4772
2.5	0.4938
3.0	0.4987

(3) 서로 다른 2개의 주사위를 동시에 던져서 나오는 두 눈의 수를 확인하는 시행을
한다. 이 시행을 300번 반복할 때, 두 눈의 수가 모두 홀수가 나오는 횟수가 60
회 이하일 확률을 다음 표준정규분포표를 이용하여 구한 것은?

① 0.0228 　　② 0.0668 　　③ 0.1587
④ 0.3085 　　⑤ 0.4772

z	$\mathrm{P}(0 \leq Z \leq z)$
0.5	0.1915
1.0	0.3413
1.5	0.4332
2.0	0.4772

0680

이항분포와
정규분포의 관계
내신빈출

다음 물음에 답하여라.

(1) 확률변수 X가 이항분포 $\mathrm{B}\left(1200, \dfrac{1}{4}\right)$을 따를 때, $\mathrm{P}\left(\left|\dfrac{X}{1200}-\dfrac{1}{4}\right|<\dfrac{1}{40}\right)$의
값을 오른쪽 표준정규분포표를 이용하여 구한 것은?

① 0.0228 　　② 0.0956 　　③ 0.1587
④ 0.0668 　　⑤ 0.9544

z	$\mathrm{P}(0 \leq Z \leq z)$
0.5	0.1915
1.0	0.3413
1.5	0.4332
2.0	0.4772

(2) 한 개의 주사위를 720회 던지는 시행에서 6의 눈이 나오는 횟수를 확률변수
X라 할 때, $\mathrm{P}\left(\left|\dfrac{X}{720}-\dfrac{1}{6}\right|<\dfrac{1}{40}\right)$의 값을 오른쪽 표준정규분포표를 이용하여
구한 것은?

① 0.7781 　　② 0.8041 　　③ 0.8644
④ 0.9282 　　⑤ 0.9544

z	$\mathrm{P}(0 \leq Z \leq z)$
1.2	0.3849
1.4	0.4192
1.6	0.4452
1.8	0.4641
2.0	0.4772

정답　0678 : (1) ③ (2) ③ 　　0679 : (1) ④ (2) ② (3) ① 　　0680 : (1) ⑤ (2) ④

0681
표준정규분포에서
확률 구하기
내신빈출

확률변수 X가 정규분포 $N(10,\ \sigma^2)$을 따르고

$$P(7 \leq X \leq 10) = 0.1915$$

일 때, 확률 $P(X \geq 16)$을 오른쪽 표준정규분포표를 이용하여 구한 것은?

① 0.0228　　　　② 0.0668　　　　③ 0.1587
④ 0.2857　　　　⑤ 0.3887

z	$P(0 \leq Z \leq z)$
0.5	0.1915
1.0	0.3413
1.5	0.4332
2.0	0.4772

0682
정규분포 곡선의 활용
내신빈출

두 확률변수 X, Y는 각각 정규분포 $N(a,\ \sigma^2)$, $N(a+24,\ \sigma^2)$을 따르고
두 확률변수 X, Y의 확률밀도함수가 각각 $f(x)$, $g(x)$이다.
이때 방정식 $f(x)=g(x)$를 만족시키는 x의 값은 50이고
$P(33 \leq X \leq 36)=0.24$, $P(38 \leq X \leq 43)=0.39$를 만족시킬 때,
$P(62 \leq Y \leq 64)$의 값은? (단, a는 상수이다.)

① 0.13　　　② 0.14　　　③ 0.15　　　④ 0.16　　　⑤ 0.17

0683
정규분포의 활용
2019년 07월 교육청

확률변수 X가 평균이 m, 표준편차가 σ인 정규분포를 따를 때, 실수 전체의 집합에서
정의된 함수 $f(t)$는 $f(t)=P(t \leq X \leq t+2)$이다. 함수 $f(t)$는 $t=4$에서 최댓값을 갖
고, $f(m)=0.3413$이다. 오른쪽 표준정규분포표를 이용하여 $f(7)$의 값을 구한 것은?

① 0.1359　　　　② 0.0919　　　　③ 0.0606
④ 0.0440　　　　⑤ 0.0166

z	$P(0 \leq Z \leq z)$
1.0	0.3413
1.5	0.4332
2.0	0.4772
2.5	0.4938

0684
이항분포와 정규분포의
진위판단
내신빈출

자연수 n에 대하여 이산확률변수 X의 확률질량함수가

$$P(X=x) = {}_n C_x \left(\frac{1}{5}\right)^{n-x} \left(\frac{4}{5}\right)^x \quad (x=0,\ 1,\ 2,\ \cdots,\ n)$$

이고 $V(X)=16$일 때, [보기]에서 옳은 것만을 있는 대로 고른 것은? (단, Z가 표준정규분포를 따르는 확률변수일
때, $P(0 \leq Z \leq 0.5)=0.1915$, $P(0 \leq Z \leq 1.5)=0.4332$으로 계산한다.)

> ㄱ. 확률변수 X는 이항분포 $B\left(100,\ \dfrac{4}{5}\right)$을 따른다.
>
> ㄴ. 확률변수 X는 근사적으로 정규분포 $N(80,\ 4^2)$을 따른다.
>
> ㄷ. $P(78 \leq X \leq 86)=0.6247$

① ㄱ　　　② ㄴ　　　③ ㄱ, ㄷ　　　④ ㄴ, ㄷ　　　⑤ ㄱ, ㄴ, ㄷ

0685
정규분포그래프를
이용한 확률 구하기
2008학년도 사관기출

확률변수 X는 정규분포 $N(0,\ \sigma^2)$을 따르고, 확률변수 Z는 표준정규분포 $N(0,\ 1)$
을 따른다. 두 확률변수 X, Z의 확률밀도함수를 각각 $f(x)$, $g(x)$라 할 때, 다음
조건이 모두 성립한다.

z	$P(0 \leq Z \leq z)$
1.2	0.385
1.5	0.433
2.0	0.477

> (가) $\sigma > 1$
> (나) 두 곡선 $y=f(x)$, $y=g(x)$는 $x=-1.5$, $x=1.5$일 때 만난다.

두 곡선 $y=f(x)$, $y=g(x)$로 둘러싸인 부분의 넓이가 0.096일 때, X의 표준편차
σ의 값을 오른쪽 표준정규분포표를 이용하여 구한 것은?

① 1.20　　　　② 1.25　　　　③ 1.50
④ 1.75　　　　⑤ 2.00

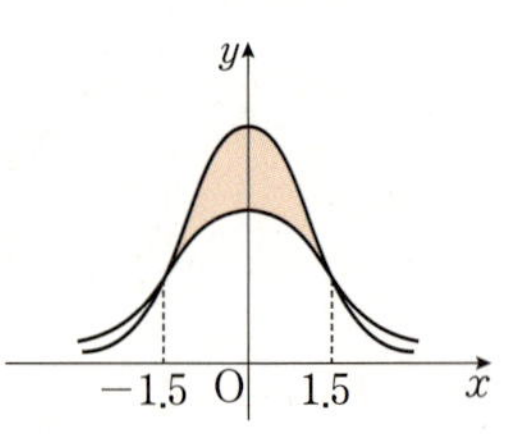

정답　　0681 : ③　　0682 : ③　　0683 : ①　　0684 : ⑤　　0685 : ②

0686

확률변수가 2개인
정규분포에서 미지수
구하기
2015학년도 09월
평가원

어느 학교 3학년 학생의 A과목 시험 점수는 평균이 m, 표준편차가 σ인 정규분포를 따르고, B과목 시험 점수는 평균이 $m+3$, 표준편차가 σ인 정규분포를 따른다고 한다. 이 학교 3학년 학생 중에서 A과목 시험 점수가 80점 이상인 학생의 비율이 9%이고, B과목 시험 점수가 80점 이상인 학생의 비율이 15%일 때, $m+\sigma$의 값은?
(단, Z가 표준정규분포를 따르는 확률변수일 때, $P(0 \le Z \le 1.04)=0.35$, $P(0 \le Z \le 1.34)=0.41$로 계산한다.)

① 68.6　　　　② 70.6　　　　③ 72.6　　　　④ 74.6　　　　⑤ 76.6

0687

확률변수가 2개인
정규분포에서 미지수
구하기

어느 공장에서는 두 종류의 5G스마트폰 케이스 A, B를 생산하고 있다.
스마트폰 케이스 A의 무게는 평균이 m, 표준편차가 σ인 정규분포를 따르고
스마트폰 케이스 B의 무게는 평균이 $m+15$, 표준편차가 2σ인 정규분포를 따른다.
스마트폰 케이스 A의 무게가 $m-5$ 이하일 확률이 0.1587일 때, 스마트폰 케이스
B의 무게가 m 이상 $m+25$ 이하일 확률을 다음 표준정규분포표를 이용하여 구한
것은? (단, 무게의 단위는 g이다.)

z	$P(0 \le Z \le z)$
0.5	0.1915
1.0	0.3413
1.5	0.4332
2.0	0.4772

① 0.5328　　　　② 0.6247　　　　③ 0.6687　　　　④ 0.7745　　　　⑤ 0.8185

0688

이항분포와 정규분포를
이용한 확률 구하기
내신빈출

확률변수 X는 이항분포 $B(720, p)$를 따른다. $V(2X+3)=400$일 때, $P(X \le 110)$
의 값을 오른쪽 표준정규분포표를 이용하여 구한 것은? $\left(단,\ 0<p<\dfrac{1}{2}\right)$

z	$P(0 \le Z \le z)$
1.0	0.3413
1.5	0.4332
2.0	0.4772
2.5	0.4938

① 0.0228　　　　② 0.0668　　　　③ 0.0778
④ 0.1587　　　　⑤ 0.4332

0689

이항분포와 정규분포의
관계에서 미지수 구하기
내신빈출

확률변수 X가 이항분포 $B\left(400, \dfrac{1}{5}\right)$을 따를 때, $P(72 \le X \le a)=0.7745$를
만족시키는 상수 a의 값을 오른쪽 표준정규분포표를 이용하여 구한 것은?

z	$P(0 \le Z \le z)$
0.5	0.1915
1.0	0.3413
1.5	0.4332
2.0	0.4772

① 90　　　　② 92　　　　③ 94
④ 96　　　　⑤ 98

0690

이항분포와 정규분포의
관계를 이용한 미지수
구하기
내신빈출

어느 지역에서 승용차를 가지고 있는 사람들 중 10년 이상 된 승용차를 가진 사람의
비율을 조사하였더니 20%이었다. 이 지역에서 승용차를 가지고 있는 사람 400명을
조사하여 그 중에 10년 이상 된 승용차를 가진 사람이 k명 이상일 확률이 0.0668일
때, 오른쪽 표준정규분포표를 이용하여 구한 k의 값은?

z	$P(0 \le Z \le z)$
1.0	0.3413
1.5	0.4332
2.0	0.4772
2.5	0.4938

① 86　　　　② 88　　　　③ 90
④ 92　　　　⑤ 94

0691

이항분포와 정규분포를
이용한 확률 구하기
2009학년도 사관기출

서류전형 후 필기시험을 실시하는 어느 시험에서 720명이 서류전형에 합격하였다.
서류전형 합격자는 필기시험에서 A, B, C, D의 4과목 중 2과목을 반드시 선택해야
하고, 각 과목을 선택할 확률은 모두 같다고 한다. 4과목 중 A, B를 선택한 서류전형
의 합격자의 수가 110명 이상 145명 이하일 확률을 오른쪽 표준정규분포표를 이용하
여 구한 것은?

z	$P(0 \le Z \le z)$
1.0	0.3413
1.5	0.4332
2.0	0.4772
2.5	0.4938

① 0.0166　　　　② 0.1359　　　　③ 0.1525　　　　④ 0.8351　　　　⑤ 0.9104

0692

이항분포와 정규분포를
이용한 확률 구하기
내신빈출

흰 공 4개, 검은 공 5개가 들어 있는 주머니에서 임의로 3개의 공을 동시에 꺼내 공의
색깔을 확인한 다음 주머니에 다시 넣는 시행을 980회 반복할 때, 나온 흰 공의 개수
가 2인 횟수를 확률변수 X라 하자. $P(X \le a)=0.8413$을 만족시키는 a을 표준정규
분포표를 이용하여 구한 것은?

z	$P(0 \le Z \le z)$
1.0	0.3413
1.5	0.4332
2.0	0.4772
2.5	0.4938

① 305　　　　② 320　　　　③ 335
④ 350　　　　⑤ 365

정답　0686 : ⑤　　0687 : ④　　0688 : ④　　0689 : ②　　0690 : ④　　0691 : ④　　0692 : ⑤

0693

정규분포와 확률
<서술형>

L놀이공원 자유이용권을 이용하는 고객 10000명의 놀이기구 대기시간은 평균이 12분, 표준편차가 2분인 정규분포를 따른다고 한다. 자유이용권 고객 중 놀이기구 대기시간이 15분 이상인 고객의 수를 오른쪽 표준정규분포표를 이용하여 구하는 과정을 다음 단계로 서술하여라.

z	$P(0 \leq Z \leq z)$
0.5	0.1915
1.0	0.3413
1.5	0.4332
2.0	0.4772

[1단계] 놀이기구 대기시간을 확률변수 X라 할 때, 정규분포와 표준정규분포의 관계를 구한다.

[2단계] 자유이용권 이용고객 중 임의로 선택한 한 명의 놀이기구 대기시간이 15분 이상일 확률을 구한다.

[3단계] 자유이용권 고객 중 놀이기구 대기시간이 15분 이상인 고객의 수를 구한다.

0694

정규분포와 확률
2008학년도 수능기출
<서술형>

어느 회사의 전체 신입 사원 1000명을 대상으로 신체검사를 한 결과, 키는 평균 m, 표준편차 10인 정규분포를 따른다고 한다. 전체 신입 사원 중에서 키가 177 이상인 사원이 242명이었다. 전체 신입 사원 중에서 임의로 선택한 한 명의 키가 180 이상일 확률을 오른쪽 표준정규분포표를 이용하여 구하는 과정을 다음 단계로 서술하여라. (단, 키의 단위는 cm이다.)

z	$P(0 \leq Z \leq z)$
0.7	0.2580
0.8	0.2881
0.9	0.3159
1.0	0.3413

[1단계] 신입사원의 키를 확률변수 X라 할 때, 정규분포와 표준정규분포의 관계를 구한다.

[2단계] 신입 사원 중에서 키가 177 이상인 사원이 242명임을 이용하여 평균 m을 구한다.

[3단계] 신입 사원 중에서 임의로 선택한 한 명의 키가 180 이상일 확률을 구한다.

0695

정규분포와 확률
<서술형>

모집정원이 30명인 어느 대학 뷰티학과 수시 모집에 150명이 응시하였다. 응시자의 내신 점수와 면접 점수를 더한 총점은 평균이 84점, 표준편차가 7점인 정규분포를 따른다고 한다. 모집 정원의 1.5배를 1차 합격자로 선발한다고 할 때, 1차 합격자가 되려면 총점을 몇 점 이상 받아야 하는지를 오른쪽 표준정규분포표를 이용하여 구하는 과정을 다음 단계로 서술하여라.

z	$P(0 \leq Z \leq z)$
0.52	0.2
0.62	0.23
0.84	0.3
1.00	0.34

[1단계] 응시자의 총점을 확률변수 X, 1차 합격선의 총점을 c라 할 때, $P(X \geq c)$를 구한다.

[2단계] 표준정규분포 $N(0, 1)$을 따르는 확률변수 Z를 이용하여 $P(X \geq c)$를 나타낸다.

[3단계] 오른쪽 표준정규분포표를 이용하여 c의 값을 구한다.

0696

이항분포와
정규분포의 관계

서로 다른 두 개의 주사위를 동시에 450번 던질 때, 두 주사위의 눈의 수의 차가 2 이하인 사건의 횟수를 확률변수 X라고 하자. 다음은 오른쪽 표준정규분포표를 이용하여 확률 $P(X \leq 320)$을 구하는 과정이다. (가), (나), (다), (라), (마), (바)에 알맞은 수를 써넣어라.

z	$P(0 \leq Z \leq z)$
0.5	0.1915
1.0	0.3413
1.5	0.4332
2.0	0.4772

한 번의 시행에서 두 주사위의 눈의 수의 차가 2이하인 사건의 확률은 (가) 이다.

확률변수 X는 이항분포 $B(\boxed{(나)}, \boxed{(가)})$를 따르고 시행횟수도 충분히 크므로

확률변수 X는 근사적으로 정규분포 $N(\boxed{(다)}, \boxed{(라)})$을 따른다.

따라서 구하는 확률은 $P(X \leq 320) = P(Z \leq \boxed{(마)}) = \boxed{(바)}$

0697

이항분포와
정규분포의 관계
<서술형>

어느 회사에서 만든 신제품의 무게는 정규분포 $N(180, 8^2)$을 따른다. 이 회사에서는 신제품의 무게가 164g보다 작을 경우 불량품으로 판정한다. 하루에 2500개의 신제품을 생산할 때, 불량품의 개수가 64개 이하일 확률을 오른쪽 표준정규분포표를 이용하여 구하는 과정을 다음 단계로 서술하여라.

z	$P(0 \leq Z \leq z)$
1.0	0.34
1.5	0.43
2.0	0.48

[1단계] 신제품의 무게를 확률변수 X라 하고 불량품이 될 확률을 구한다.

[2단계] 불량품의 개수를 확률변수 Y라 하고 Y가 따르는 확률분포를 구한다.

[3단계] 확률변수 Y의 평균과 표준편차를 구한다.

[4단계] 불량품의 개수가 64개 이하일 확률을 구한다.

정답   0693 : 해설참조   0694 : 해설참조   0695 : 해설참조   0696 : 해설참조   0697 : 해설참조

0698
이항분포와
정규분포의 관계

다음 물음에 답하여라.

(1) 표준정규분포표를 이용하여 다음 식의 값을 구하면?

$$_{100}C_{96}\left(\frac{9}{10}\right)^{96}\left(\frac{1}{10}\right)^{4}+_{100}C_{95}\left(\frac{9}{10}\right)^{95}\left(\frac{1}{10}\right)^{5}+_{100}C_{94}\left(\frac{9}{10}\right)^{94}\left(\frac{1}{10}\right)^{6}+\cdots$$
$$+_{100}C_{87}\left(\frac{9}{10}\right)^{87}\left(\frac{1}{10}\right)^{13}$$

① 0.5220 ② 0.5668 ③ 0.6587 ④ 0.8085 ⑤ 0.8185

z	$P(0 \le Z \le z)$
0.5	0.1915
1.0	0.3413
1.5	0.4332
2.0	0.4772

2007년 03월 교육청

〈수학 I〉을 수열의
합을 학습한 학생들만
푼다.

(2) $\displaystyle\sum_{k=351}^{369}{}_{400}C_k\left(\frac{9}{10}\right)^{k}\left(\frac{1}{10}\right)^{400-k}$ 의 값을 오른쪽 표준정규분포표를 이용하여 구한 것은?

① 0.1587 ② 0.3085 ③ 0.6826

④ 0.8664 ⑤ 0.9544

z	$P(0 \le Z \le z)$
1.0	0.3413
1.5	0.4332
2.0	0.4772

0699
이항분포와
정규분포의 관계

〈수학 I〉을 수열의
합을 학습한 학생들만
푼다.

각 면에 1, 2, 3, 4의 숫자가 하나씩 적혀 있는 정사면체 모양의 상자가 있다. 이 상자를 192회 던질 때, 1이 적혀있는 면이 바닥에 놓이는 횟수를 확률변수 X라 하자. $\displaystyle\sum_{k=39}^{60}P(X=k)$의 값을 오른쪽 표준정규분포표를 이용하여 구한 것은?

① 0.3413 ② 0.3830 ③ 0.7745

④ 0.8664 ⑤ 0.9104

z	$P(0 \le Z \le z)$
0.5	0.1915
1.0	0.3413
1.5	0.4332
2.0	0.4772
2.5	0.4938

0700
이항분포와 정규분포를
이용한 확률 구하기
2014학년도 사관기출

수직선 위의 원점에 위치한 점 A가 있다. 주사위 1개를 던질 때 3의 배수의 눈이 나오면 점 A를 양의 방향으로 3만큼 이동하고, 그 이외의 눈이 나오면 점 A를 음의 방향으로 2만큼 이동하는 시행을 한다. 이와 같은 시행을 72회 반복할 때, 점 A의 좌표를 확률변수 X라 하자. 확률 $P(X \ge 11)$의 값을 오른쪽 표준정규분포표를 이용하여 구한 것은?

① 0.0228 ② 0.0401 ③ 0.0668

④ 0.1056 ⑤ 0.1587

z	$P(0 \le Z \le z)$
1.00	0.3413
1.25	0.3944
1.50	0.4332
1.75	0.4599
2.00	0.4772

0701
정규분포를 이용하여
이항분포의 확률
구하기

우리나라의 남도에서 생산되는 특산품을 상자에 담아 포장하여 유통시키는데 특산품이 담긴 상자의 무게는 평균 10000g, 표준편차 8g인 정규분포를 따른다고 한다. 특산품이 담긴 상자의 무게가 9984g 이하인 상자는 다시 포장하는 것으로 판정한다. 특산품이 담긴 상자를 임의로 2500개를 택할 때, 다시 포장을 해야 할 상자가 43개 이하일 확률을 오른쪽 표준정규분포표를 이용하여 구한 값은?

① 0.12 ② 0.16 ③ 0.17

④ 0.66 ⑤ 0.81

z	$P(0 \le Z \le z)$
0.5	0.19
1.0	0.34
1.5	0.43
2.0	0.48

0702
표준정규분포에서
확률 구하기
2011학년도 수능기출
서술형

어느 회사 직원의 하루 생산량은 근무 기간에 따라 달라진다고 한다. 근무 기간이 n개월 $(1 \le n \le 100)$인 직원의 하루 생산량은 평균이 $an+100(a$는 상수), 표준편차가 12인 정규분포를 따른다고 한다. 근무 기간이 16개월인 직원의 하루 생산량이 84 이하일 확률이 0.0228일 때, 근무 기간이 36개월인 직원의 하루 생산량이 100이상이고 142 이하일 확률을 오른쪽 표준정규분포표를 이용하여 구하는 과정을 다음 단계로 서술하여라.

z	$P(0 \le Z \le z)$
1.0	0.3413
1.5	0.4332
2.0	0.4772
2.5	0.4938

[1단계] 근무 기간이 16개월인 직원의 하루 생산량을 확률변수 X라 할 때, 정규분포와 표준정규분포의 관계를 구한다.

[2단계] 근무 기간이 16개월인 직원의 하루 생산량이 84 이하일 확률이 0.0228임을 이용하여 a를 구한다.

[3단계] 근무 기간이 36개월인 직원의 하루 생산량이 100 이상이고 142 이하일 확률을 구한다.

정답   0698 : (1) ⑤ (2) ④   0699 : ⑤   0700 : ②   0701 : ②   0702 : 해설참조

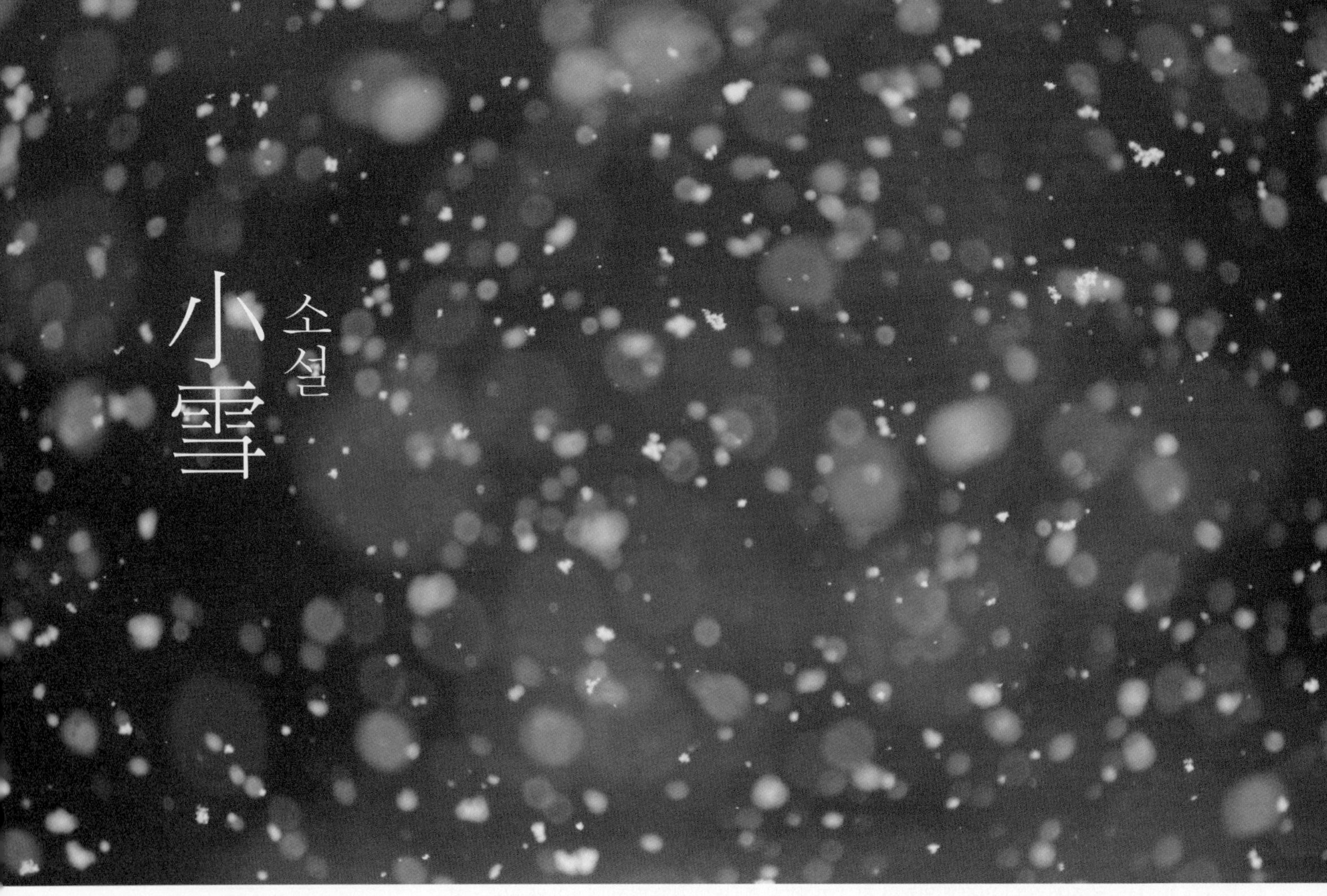

© Photo by Jessica Fadel on Unsplash

밤사이
내린
반가운
첫눈

한국의 절기 ⑳ '소설'   자료출처 : 한국민속대백과사전 http://folkency.nfm.go.kr

24절기 중 스무 번째 절기. 이날 첫눈이 내린다고 하여 소설(小雪)이라고 한다. 태양의 황경(黃經)이 240도일 때이며, 양력으로 11월 22일 또는 23일 무렵, 음력으로는 10월에 든다.

겨울이 시작되는 입동(立冬) 후 15일, 큰 눈이 내린다는 대설(大雪) 전 약 15일에 든다. 소설은 대개 음력 10월 하순에 드는데, "초순의 홑바지가 하순의 솜바지로 바뀐다." 라는 속담이 전할 정도로 날씨가 급강하하는 계절이기도 하다. 그래서 사람들은 소설 전에 김장을 하기 위해 서두른다. 이미 농사철은 지났지만 여러 가지 월동 준비를 위한 잔일이 남는다. 시래기를 엮어 달고 무말랭이나 호박을 썰어 말리기도 하며 목화를 따서 손을 보기도 한다. 또 겨우내 소먹이로 쓸 볏짚을 모아두기도 한다.

한편 "소설 추위는 빚을 내서라도 한다."라는 속담이 있다. 소설에 날씨가 추워야 보리 농사가 잘 된다고 한다. 대개 소설 즈음에는 바람이 심하게 불고 날씨도 추워진다. 이 날 부는 바람을 손돌바람, 추위를 손돌추위라고 하며, 뱃사람들은 소설 무렵에는 배를 잘 띄우려 하지 않는다.

수능과 내신의 수학개념서

mapl

마플 교과서

MAPL SERIES www.mapl.co.kr

확률과 통계

Ⅰ 경우의 수 | Ⅱ 확률 | Ⅲ 통계

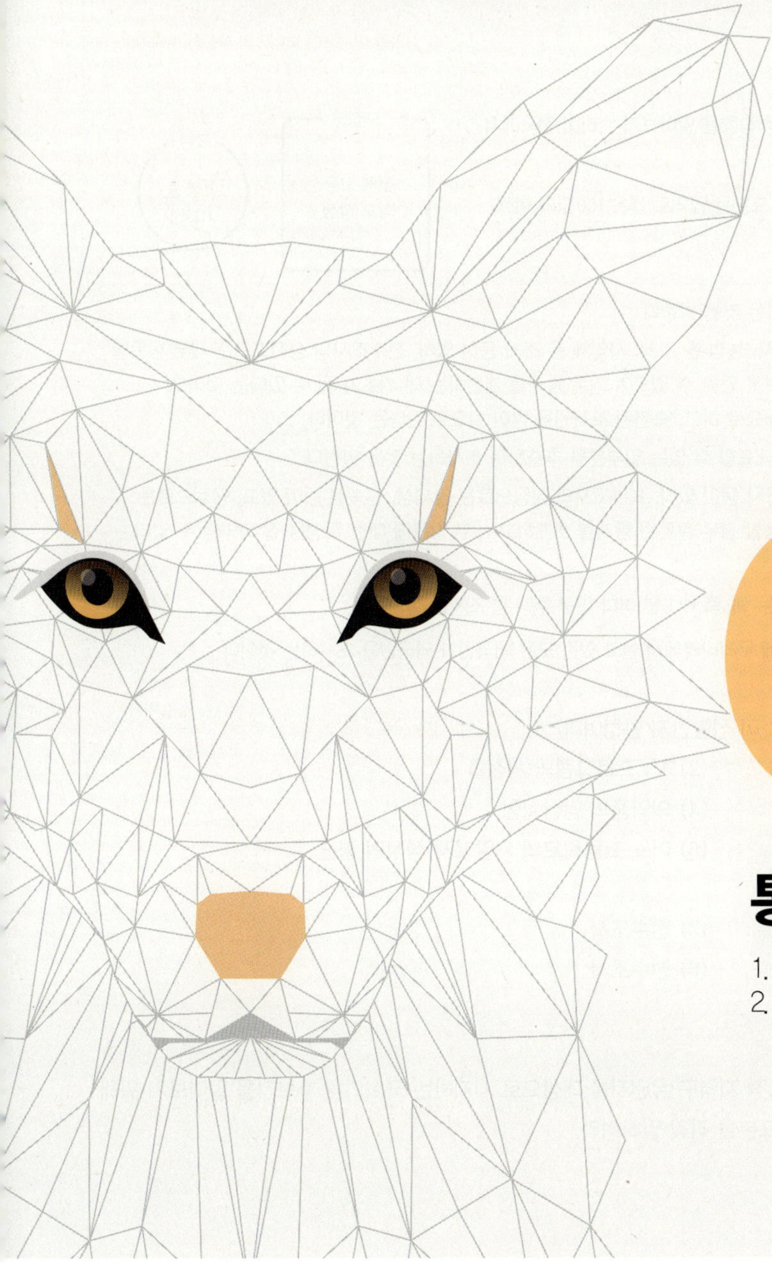

03

통계적 추정

1. 모집단과 표본
2. 모평균의 추정

01 모집단과 표본

01 모집단과 표본

(1) 모집단과 표본

여러 가지 사회 복지정책의 자료를 만들기 위하여 모든 국민을 대상으로 인구조사를 하는 경우가 있다. 이와 같이 조사 대상 전체를 조사하는 것을 전수조사라고 한다. 그러나 조사 대상의 크기가 너무 커서 전수조사를 하기에는 비용과 시간이 많이 소요될 뿐만 아니라 미세먼지 조사, 과일의 당도 검사, 전구의 수명 조사 등과 같이 전수조사 자체가 불가능한 경우도 있다.

이와 같은 경우 조사 대상 전체의 성질을 알기위해 전체 대신 그 일부만을 조사하는 것을 표본조사라고 한다.

통계조사에서 알고자 하는 조사의 대상 전체를 모집단(母集團)이라 하고, 조사하기 위해 뽑은 모집단의 일부를 표본(sample)이라 한다.

이때 표본조사에서 뽑은 표본의 개수를 표본의 크기라 하고, 모집단에서 표본을 뽑는 것을 추출이라고 한다.

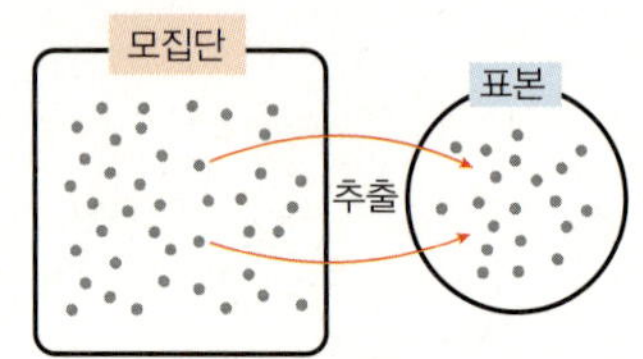

예를 들면 우리나라 고등학교 학생들의 하루 학습량을 알아보기 위하여 전국에서 임의로 100명의 학생을 선발하였다고 하자.

이때 모집단은 우리나라 고등학교 학생 전체, 표본은 임의로 뽑은 100명의 학생, 표본의 크기는 100이다.

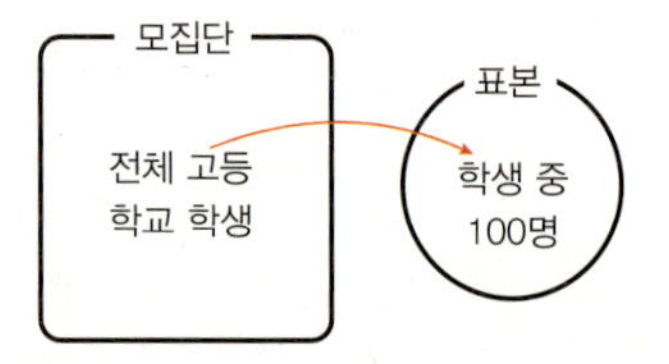

마플해설

① 전수조사(Census) : 조사 대상 전체를 조사하는 것을 말한다.

전수조사의 대표적인 예로는 인구 주택 총 조사, 농업 총 조사, 사업체 총 조사 등이 있다. 전수조사의 장점으로는 세부 항목별 자료를 작성할 수 있고, 특정 사항에 대한 정보를 얻을 수 있으며 기존 통계를 개선하는 데 기초가 될 수 있다는 것이고, 단점으로는 엄청난 조사비용과 많은 시간을 필요로 하고, 숙련된 조사원을 많이 필요로 한다는 것이다.

② 표본조사(Sample survey) : 전체 모집단을 대표할 수 있는 일부분을 추출하여 조사하는 것을 말한다.

표본조사의 대표적인 예로는 품질검사, 여론조사 등이 있다. 표본조사의 장점으로는 경제성, 신속성 등이 있고, 단점으로는 모집단을 제대로 대표하지 못하는 표본을 사용할 경우 잘못된 통계를 초래하고 세부 항목에 대한 특성을 잘 파악할 수 없다는 것이다.

참고✱ 우리나라는 연도의 끝자리가 0, 5가 되는 해, 즉 매 5년 마다 인구 주택 총 조사를 실시한다.

인구주택 총 조사란 어떤 특정한 시점에 우리나라에서 살고 있는 모든 내국인과 외국인을 조사하는 것이다.

보기 01 다음 조사가 전수조사와 표본조사 중 어느 것이 적합한지 말하여라.

(1) 우리나라 총 인구 조사   (2) TV프로그램의 시청률

(3) 병무청의 징병 신체검사   (4) 의약품의 임상실험

(5) 청소년의 스마트폰 평균 사용시간   (6) 어느 고등학교의 기말고사 성적의 평균

풀이

(1) 전수조사   (2) 표본조사   (3) 전수조사

(4) 표본조사   (5) 표본조사   (6) 전수조사

보기 02 어느 여론 조사기관에서는 투표권이 있는 특정 지역구 유권자를 대상으로 지지하는 국회의원 후보자를 알아보기 위해 1000명을 뽑아 조사하였다. 이때 모집단과 표본을 각각 말하여라.

풀이

모집단 : 특정지역구 유권자 전체

표본 : 특정 지역구 유권자 중 뽑힌 1000명

(1) 임의추출

표본조사의 목적은 모집단 전체를 조사하지 않고 그 일부인 표본을 조사하여 얻은 정보를 바탕으로 모집단의 특성을 추측하는데 있다. 이때 모집단의 특성을 보다 정확하게 추측하기 위해서는 모집단을 대표하는 표본을 추출하는 것이 중요하다.

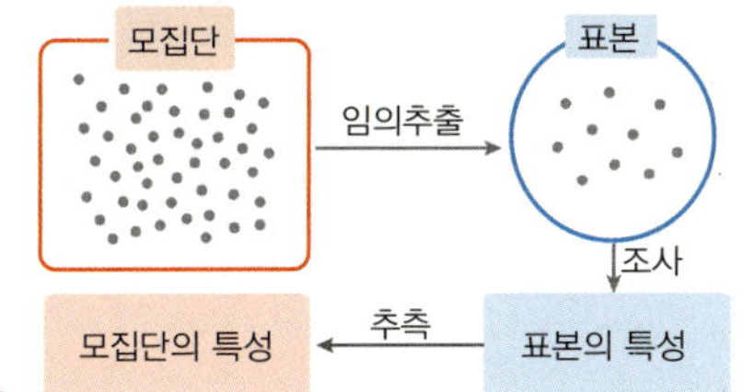

예를 들어 어떤 여론 조사에서 유선 전화 사용자만을 대상으로 조사한 경우에는 특정 계층의 사람이 집중적으로 선택될 수 있기 때문에, 즉, 모든 사람이 선택될 확률이 같지 않으므로 임의추출이라고 볼 수 없다.

이를 위해서는 추출되는 표본이 모집단의 어느 한 부분에 편중되지 않아야 한다. 즉, 모집단의 각 원소가 같은 확률로 추출되도록 하여야 하는데, 이와 같이 추출하는 방법을 임의추출이라고 한다.

모집단에서 표본을 임의추출할 때에는 난수표, 제비뽑기, 난수 주사위, 공학용 계산기, 컴퓨터 프로그램 등을 사용할 수 있다.

(2) 표본을 추출하는 방법

① 복원추출 : 한 번 추출된 자료를 다시 되돌려 놓은 후 다시 추출하는 방법

② 비복원추출 : 한 번 추출된 자료를 다시 되돌려 놓지 않고 다시 추출하는 방법

> **참고** 특별한 언급이 없는 경우의 표본은 임의추출하여 얻은 표본을 뜻한다.

마플해설

모집단에서 표본을 임의추출을 할 때에는 난수 주사위, 난수표, 공학용 계산기, 컴퓨터 소프트웨어 등을 이용한다. 난수 주사위는 정이십면체의 각 면에 0부터 9까지의 수를 두 번씩 적은 것이다. 난수표는 0부터 9까지의 수를 임의의 순서로 나열한 수표로, 좌·우, 상·하, 대각선 어느 방향으로 읽어 나가도 각각의 수가 거의 같은 확률로 나타나도록 만든 것이다.

보기 03

1에서 6까지의 수가 각각 적힌 6개의 공이 들어 있는 주머니를 모집단으로 하여 표본의 크기가 2인 표본을 추출하려고 한다. 다음과 같은 표본을 추출하는 경우의 수를 구하여라.

(1) 한 개씩 복원추출하는 경우

(2) 한 개씩 비복원추출하는 경우

(3) 동시에 2개를 추출하는 경우

풀이

(1) 복원추출하는 경우의 수 $6 \times 6 = 6^2 = 36$

(2) 비복원추출하는 경우의 수 $6 \times 5 = 30$

(3) 동시에 2개를 추출하는 경우의 수 $_6C_2 = 15$

+α 더 알아보기

① 임의추출

표본조사의 목적은 모집단에서 뽑은 표본을 바탕으로 모집단의 특성인 모집단의 평균이나 표준편차 등을 추측하는데 있다.

이때 표본에 의한 추측값과 모집단의 참값 사이의 오차를 줄이기 위해서는 표본을 추출할 때, 모집단의 특정부분이 집중적으로 추출되지 않도록 하여야 한다.

즉, 모집단의 각 대상이 같은 확률로 추출되도록 하여야 하는데, 이와 같이 추출하는 방법을 임의추출이라고 한다.

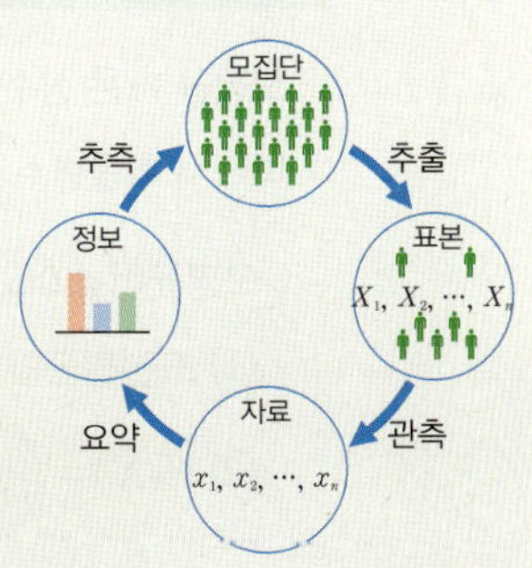

② 임의추출과 복원추출을 같게 생각한다.

특별한 언급이 없는 경우의 표본은 임의추출하여 얻은 표본을 뜻한다.

또, 모집단에서 표본을 임의추출하기 위해서는 복원추출을 해야 하지만 모집단의 크기가 충분히 큰 경우에는 비복원추출도 복원추출로 생각한다.

따라서 「추출」이라는 표현이 있으면 임의추출과 복원추출을 함께 생각한다.

(1) 모평균, 모분산, 모표준편차

모집단에서 조사하고자 하는 특성을 나타내는 확률변수를 X라고 할 때, X의 평균, 분산, 표준편차를 각각 모평균, 모분산, 모표준편차라고 하며, 이것을 기호로 각각 m, σ^2, σ와 같이 나타낸다.

(2) 표본평균, 표본분산, 표본표준편차

모집단에서 임의추출한 크기가 n인 표본을 X_1, X_2, X_3, $\cdots$, X_n이라고 할 때, 이 n개의 평균, 분산, 표준편차를 각각 표본평균, 표본분산, 표본표준편차라고 하며, 이것을 기호로 각각 $\overline{X}$, S^2, S와 같이 나타낸다.

표본평균 $\overline{X}$, 표본분산 S^2, 표본표준편차 S는 다음과 같이 구한다.

> ① 표본평균 : $\overline{X}=\dfrac{1}{n}(X_1+X_2+\cdots+X_n)$ ← $\dfrac{1}{n}\sum\limits_{i=1}^{n}X_i$
>
> ② 표본분산 : $S^2=\dfrac{1}{n-1}\{(X_1-\overline{X})^2+(X_2-\overline{X})^2+\cdots+(X_n-\overline{X})^2\}$ ← $\dfrac{1}{n-1}\sum\limits_{i=1}^{n}(X_i-\overline{X})^2$
>
> ③ 표본표준편차 : $S=\sqrt{S^2}$

주의 모분산은 편차의 제곱 $(X-m)^2$의 합을 자료의 개수로 나누어서 구하지만 크기가 n인 표본의 표본분산

$$S^2=\frac{1}{n-1}\{(X_1-\overline{X})^2+(X_2-\overline{X})^2+\cdots+(X_n-\overline{X})^2\}은$$

모분산과 차이를 줄이기 위해서는 표본의 크기인 n보다 1이 작은 값인 $n-1$로 나누어서 구한다. ← 마플보충 참고

마플해설 표본평균, 표본분산, 표본표준편차는 표본에 따라 다른 값을 가지므로 각각의 확률변수가 될 수 있다.

예를 들면 1, 2, 3, $\cdots$, 9, 10으로 구성된 모집단에서

① 크기가 3인 표본 2, 6, 7을 임의추출 하였을 때, 표본평균 $\overline{X}$, 표본분산 S^2,

$$\overline{X}=\frac{1}{3}(2+6+7)=5, \quad S=\frac{1}{3-1}\{(2-5)^2+(6-5)^2+(7-5)^2\}=7$$

② 크기가 3인 표본 3, 4, 5을 임의추출 하였을 때, 표본평균 $\overline{X}$, 표본분산 S^2,

$$\overline{X}=\frac{1}{3}(3+4+5)=4, \quad S=\frac{1}{3-1}\{(3-4)^2+(4-4)^2+(5-4)^2\}=1$$

즉, 모집단에서 임의추출한 크기가 n인 표본 X_1, X_2, X_3, $\cdots$, X_n

표본평균 $\overline{X}=\dfrac{\text{표본의 합}}{\text{표본의 크기}}=\dfrac{X_1+X_2+X_3+\cdots+X_n}{n}$

표본분산 $S^2=\dfrac{(\text{표본}-\text{표본평균})^2\text{의 합}}{(\text{표본의 크기})-1}=\dfrac{1}{n-1}\{(X_1-\overline{X})^2+(X_2-\overline{X})^2+\cdots+(X_n-\overline{X})^2\}$

표본표준편차 $S=\sqrt{(\text{표본분산})}=\sqrt{S^2}$

따라서 모집단에서 크기가 같은 표본을 임의추출 하였을 때, 모집단은 변하지 않기 때문에 모평균은 변하지 않지만 표본평균 $\overline{X}$는 추출한 표본에 따라 다른 값을 가질 수 있으므로 표본평균 $\overline{X}$는 확률변수이다.

모평균 m은 상수이므로 변하지 않지만 표본평균 $\overline{X}$는 추출된 표본에 따라 다른 값을 가지므로 확률변수이다.

따라서 확률변수 $\overline{X}$의 확률분포를 이용하면 $\overline{X}$의 평균과 표준편차를 구할 수 있다.

> 모평균이 m이고 모표준편차가 σ인 모집단에서 임의추출한 크기가 n인 표본의 표본평균 $\overline{X}$에 대하여
>
> (1) 표본평균의 평균은 모평균 m과 일치한다. 즉 $\mathrm{E}(\overline{X})=m$
>
> (2) $V(\overline{X})=\dfrac{\sigma^2}{n}$, $\sigma(\overline{X})=\dfrac{\sigma}{\sqrt{n}}$

참고 모집단 $\Rightarrow$ $\mathrm{E}(X)=m$, $\mathrm{V}(X)=\sigma^2$, $\sigma(X)=\sigma$

표본집단 $\Rightarrow$ $\mathrm{E}(\overline{X})=m$, $\mathrm{V}(\overline{X})=\dfrac{\sigma^2}{n}$, $\sigma(\overline{X})=\dfrac{\sigma}{\sqrt{n}}$

표본평균 $\overline{X}$는 확률변수이고 $\overline{x}$는 $\overline{X}$를 측정하여 얻은 값이다.

X_2 ＼ X_1	2	4	6	8
2	2	3	4	5
4	3	4	5	6
6	4	5	6	7
8	5	6	7	8

$[\overline{X}=\dfrac{1}{2}(X_1+X_2)$의 값$]$

표본평균의 분포를 살펴보고, 표본평균과 모평균 사이의 관계를 알아보자. 예를 들어 주머니 속에 2, 4, 6, 8의 숫자가 각각 적힌 네 개의 공이 들어 있다. 이 주머니에서 한 개의 공을 임의추출할 때, 공에 적힌 숫자를 확률변수 X라고 하면 X의 확률분포, 즉 모집단의 확률분포는 오른쪽 표와 같다. 이 모집단 분포에서 X의 평균 m과 분산 σ^2은 다음과 같다.

X	2	4	6	8	합계
$\mathrm{P}(X=x)$	$\dfrac{1}{4}$	$\dfrac{1}{4}$	$\dfrac{1}{4}$	$\dfrac{1}{4}$	1

$$m=\mathrm{E}(X)=2\times\frac{1}{4}+4\times\frac{1}{4}+6\times\frac{1}{4}+8\times\frac{1}{4}=5$$

← 모집단의 평균

$$\sigma^2=\mathrm{V}(X)=2^2\times\frac{1}{4}+4^2\times\frac{1}{4}+6^2\times\frac{1}{4}+8^2\times\frac{1}{4}-5^2=5$$

← 모집단의 분산

이때 $m=5$를 모평균, $\sigma^2=5$를 모분산 $\sigma=\sqrt{5}$를 모표준편차라고 한다.

(1) 이 모집단에서 크기가 2인 표본을 복원추출하여 공에 적힌 수를 X_1, X_2이라 하면 추출가능한 모든 표본을 나열하여 그 표본평균 $\overline{X}=\dfrac{1}{2}(X_1+X_2)$의 확률분포를 표로 나타내면 다음과 같다.

표본평균 $\overline{X}$의 확률분포
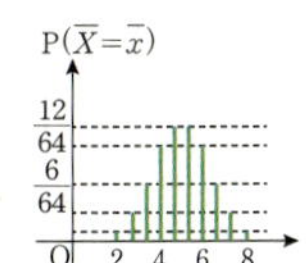

$\overline{X}$	2	3	4	5	6	7	8	합계
$\mathrm{P}(\overline{X}=\overline{x})$	$\dfrac{1}{16}$	$\dfrac{2}{16}$	$\dfrac{3}{16}$	$\dfrac{4}{16}$	$\dfrac{3}{16}$	$\dfrac{2}{16}$	$\dfrac{1}{16}$	1

따라서 확률변수 $\overline{X}$의 평균, 분산, 표준편차는 각각을 구한다.

$$\mathrm{E}(\overline{X})=2\times\frac{1}{16}+3\times\frac{2}{16}+4\times\frac{3}{16}+\cdots+8\times\frac{1}{16}=5$$

← 표본평균의 평균

$$\mathrm{V}(\overline{X})=2^2\times\frac{1}{16}+3^2\times\frac{2}{16}+4^2\times\frac{3}{16}+\cdots+8^2\times\frac{1}{16}-5^2=\frac{5}{2}$$

← 표본평균의 분산

$$\sigma(\overline{X})=\sqrt{\frac{5}{2}}=\frac{\sqrt{10}}{2}$$

이 값을 모집단의 모평균, 모분산, 모표준편차와 비교하면 다음 관계가 성립함을 알 수 있다.

모평균 m	5	$m=\mathrm{E}(\overline{X})$ ⟶	5	표본평균의 평균 $\mathrm{E}(\overline{X})$
모분산 σ^2	5	$\dfrac{\sigma^2}{2}=\mathrm{V}(\overline{X})$ ⟶	$\dfrac{5}{2}$	표본평균의 분산 $\mathrm{V}(\overline{X})$

여기서 표본평균 $\overline{X}$의 평균 5는 모평균과 같다.

또, 표본평균 $\overline{X}$의 분산 $\dfrac{5}{2}$는 모분산 5를 표본의 크기 2로 나눈 것과 같다.

(2) 이 모집단에서 크기가 3인 표본 X_1, X_2, X_3을 복원추출하고, 그 표본평균 $\overline{X}=\dfrac{1}{3}(X_1+X_2+X_3)$의 확률분포를

표본평균 $\overline{X}$의 확률분포

표로 나타내면 다음과 같다.

$\overline{X}$	2	$\dfrac{8}{3}$	$\dfrac{10}{3}$	4	$\dfrac{14}{3}$	$\dfrac{16}{3}$	6	$\dfrac{20}{3}$	$\dfrac{22}{3}$	8	합계
$\mathrm{P}(\overline{X}=\overline{x})$	$\dfrac{1}{64}$	$\dfrac{3}{64}$	$\dfrac{6}{64}$	$\dfrac{10}{64}$	$\dfrac{12}{64}$	$\dfrac{12}{64}$	$\dfrac{10}{64}$	$\dfrac{6}{64}$	$\dfrac{3}{64}$	$\dfrac{1}{64}$	1

따라서 표본평균 $\overline{X}=\dfrac{1}{3}(X_1+X_2+X_3)$의 평균, 분산, 표준편차는 각각을 구하면 $\mathrm{E}(\overline{X})=5$, $\mathrm{V}(\overline{X})=\dfrac{5}{3}$

여기서 표본평균 $\overline{X}$의 평균 5는 모평균과 같다.

또, 표본평균 $\overline{X}$의 분산 $\dfrac{5}{3}$는 모분산 5를 표본의 크기 3으로 나눈 것과 같다.

일반적으로 모평균 m이고 모표준편차가 σ인 모집단에서 크기가 n인 표본을 임의 추출할 때, 표본평균 $\overline{X}$의 평균, 분산, 표준편차는 각각 다음과 같다.

$$\mathrm{E}(\overline{X})=m,\ \mathrm{V}(\overline{X})=\frac{\sigma^2}{n},\ \sigma(\overline{X})=\frac{\sigma}{\sqrt{n}}\ \text{이 성립한다.}$$

앞의 예에서 모집단의 분포와 크기가 2, 3인 표본의 표본평균의 확률분포를 그래프로 나타내면 오른쪽 그림과 같다.

이와 같이 표본의 크기가 커지면 표본평균 $\overline{X}$의 분포는 정규분포에 가까워진다.

모집단이 충분히 크면 비복원추출일 때에도 오른쪽의 성질은 성립한다.

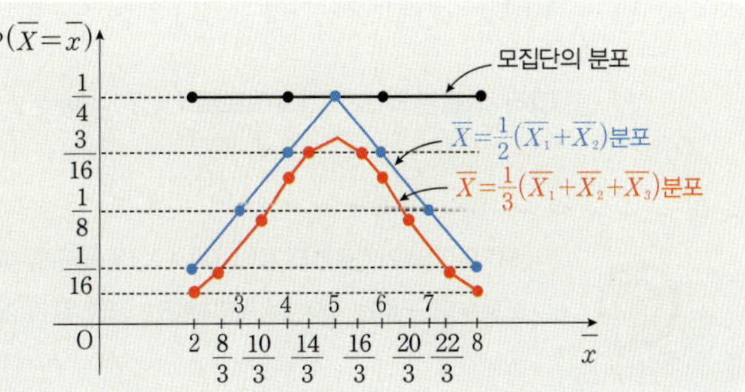

모평균이 10, 모표준편차가 6인 모집단에서 크기 9인 표본을 임의추출할 때, 표본평균 $\overline{X}$에 대하여 다음을 각각 구하여라.

(1) $E(\overline{X})$ (2) $V(\overline{X})$ (3) $E(\overline{X}^2)$ (4) $E(3\overline{X}+2)$ (5) $\sigma(5\overline{X}-3)$

모평균이 $E(X)=m=10$, 모표준편차가 $\sigma=6$인 모집단에서 크기 $n=9$이므로

(1) 표본평균 $\overline{X}$의 평균은 $E(\overline{X})=m=10$

(2) 표본평균 $\overline{X}$의 분산은 $V(\overline{X})=\dfrac{\sigma^2}{n}=\dfrac{6^2}{9}=4$

(3) $V(\overline{X})=E(\overline{X}^2)-\{E(\overline{X})\}^2$에서 $E(\overline{X}^2)=V(\overline{X})+\{E(\overline{X})\}^2=4+10^2=104$ ← $E(\overline{X})=m=10$

(4) $E(3\overline{X}+2)=3E(\overline{X})+2=3\times10+2=32$

(5) $\sigma(5\overline{X}-3)=5\sigma(\overline{X})=5\times2=10$ ← $\sigma(\overline{X})=\sqrt{V(\overline{X})}=\sqrt{4}=2$

어떤 모집단의 확률분포를 표로 나타내면 다음과 같다. 이 모집단에서 크기가 2인 표본을 복원추출하여 구한 표본평균을 $\overline{X}$라 할 때, $P(\overline{X}=2)$의 값을 구하여라.

X	1	2	3	합계
$P(X=x)$	$\dfrac{1}{4}$	$\dfrac{1}{4}$	$\dfrac{1}{2}$	1

$P(\overline{X}=2)$는 표본의 표본평균이 2일 확률이다.

모집단 $\{1,\ 2,\ 3\}$에서 크기가 2인 표본 중 표본평균이 2인 것은 $(1,\ 3),\ (2,\ 2),\ (3,\ 1)$이므로

$$P(\overline{X}=2)=\frac{1}{4}\times\frac{1}{2}+\frac{1}{4}\times\frac{1}{4}+\frac{1}{2}\times\frac{1}{4}=\frac{5}{16}$$

모집단의 확률변수 X의 확률분포가 다음 표와 같다. 이 모집단에서 크기 5인 표본을 임의추출할 때, 표본평균 $\overline{X}$의 평균과 분산을 각각 구하여라.

X	1	2	3	4	합계
$P(X=x)$	0.4	0.3	0.2	0.1	1

모집단에서 확률변수 X의 평균과 분산을 구하면

$E(X)=m=1\times0.4+2\times0.3+3\times0.2+4\times0.1=2$

$V(X)=\sigma^2=1^2\times0.4+2^2\times0.3+3^2\times0.2+4^2\times0.1-2^2=1$

따라서 표본의 크기가 5이므로 $E(\overline{X})=m=2$, $V(\overline{X})=\dfrac{\sigma^2}{n}=\dfrac{1}{5}$

모집단의 확률변수 X의 확률분포가 다음 표와 같다. 이 모집단에서 크기 4인 표본을 임의추출할 때, 표본평균 $\overline{X}$의 평균과 분산을 각각 구하여라.

X	1	2	3	합계
$P(X=x)$	$\dfrac{1}{4}$	a	$\dfrac{1}{4}$	1

확률의 합이 1이므로 $\dfrac{1}{4}+a+\dfrac{1}{4}=1$ $\therefore a=\dfrac{1}{2}$

모집단에서 확률변수 X의 평균과 분산을 구하면

$E(X)=m=1\times\dfrac{1}{4}+2\times\dfrac{1}{2}+3\times\dfrac{1}{4}=2$

$V(X)=\sigma^2=1^2\times\dfrac{1}{4}+2^2\times\dfrac{1}{2}+3^2\times\dfrac{1}{4}-2^2=\dfrac{1}{2}$

따라서 표본의 크기가 4이므로 $E(\overline{X})=m=2$, $V(\overline{X})=\dfrac{\sigma^2}{4}=\dfrac{1}{8}$

[보기6], [보기7]로부터 $E(\overline{X})$, $V(\overline{X})$등을 구할 때, 표본평균 $\overline{X}$의 확률분포를 구하는 것보다 모집단의 확률변수 X의 확률분포로부터 구하는 것이 더 편리하다는 점을 알 수 있다.

FOCUS

05 표본평균 $\overline{X}$의 확률분포

모평균이 m이고 모표준편차가 σ인 모집단에서 임의추출한 크기가 n인 표본의 표본평균 $\overline{X}$에 대하여

① 모집단이 정규분포 $N(m, \sigma^2)$을 따르면 n의 크기에 관계없이 $\overline{X}$는 정규분포 $N\left(m, \dfrac{\sigma^2}{n}\right)$을 따른다.

② 모집단의 분포가 정규분포가 아닐 때에도 표본의 크기 n이 충분히 크면 $\overline{X}$의 분포는 정규분포 $N\left(m, \dfrac{\sigma^2}{n}\right)$을 따른다는 사실이 알려져 있다. ◀ 표본의 크기가 n이 30 이상이면 충분히 큰 것으로 본다.

③ 표본평균 $\overline{X}$가 정규분포 $N\left(m, \dfrac{\sigma^2}{n}\right)$을 따를 때, $Z=\dfrac{\overline{X}-m}{\dfrac{\sigma}{\sqrt{n}}}$으로 놓으면 ◀ $\overline{X}$에 대한 표준화

확률변수 Z는 표준정규분포 $N(0, 1^2)$을 따른다.

보기 08 다음 물음에 답하여라.

(1) 정규분포 $N(60, 10^2)$을 따르는 모집단에서 크기가 20인 표본을 임의추출할 때, 표본평균 $\overline{X}$가 이루는 분포를 구하여라.

(2) 평균이 100이고 표준편차가 3인 모집단에서 크기가 72인 표본을 임의추출할 때, 표본평균 $\overline{X}$가 이루는 분포를 구하여라.

풀이 (1) 모집단이 정규분포 $N(60, 10^2)$을 따르므로 모집단에서 크기가 20인 표본을 임의추출하므로

표본평균 $\overline{X}$는 정규분포 $N\left(60, \dfrac{10^2}{20}\right)$, 즉 $N(60, 5)$를 따른다.

(2) 표본의 크기 72가 충분히 크므로 모집단이 정규분포를 따르지 않더라도 $\overline{X}$는 근사적으로 정규분포 $N\left(100, \dfrac{3^2}{72}\right)$,

즉 $N\left(100, \dfrac{1}{8}\right)$을 따른다.

보기 09 확률변수 X가 정규분포 $N(10, 1^2)$을 따르는 모집단에서 크기가 4인 표본을 임의추출한 표본평균을 $\overline{X}$, 크기가 9인 표본을 임의추출하여 구한 표본평균을 $\overline{Y}$라고 하자. 세 확률변수 X, $\overline{X}$, $\overline{Y}$의 확률밀도함수의 그래프를 오른쪽 그림에서 각각 찾아라.

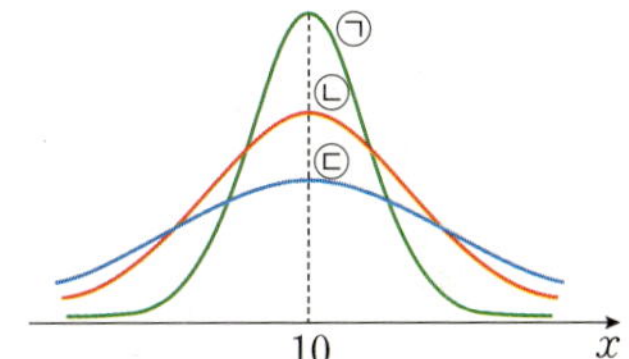

풀이 표본의 크기가 클수록 표준편차가 작아지므로 그래프는 높아지면서 뾰족해진다.

확률변수 X는 정규분포 $N(10, 1^2)$을 따르므로 확률밀도함수의 그래프는 ㉢이다.

확률변수 $\overline{X}$는 정규분포 $N\left(10, \dfrac{1}{4}\right)$을 따르므로 확률밀도함수의 그래프는 ㉡이다.

확률변수 $\overline{Y}$는 정규분포 $N\left(10, \dfrac{1}{9}\right)$을 따르므로 확률밀도함수의 그래프는 ㉠이다.

보기 10 정규분포 $N(100, 10^2)$을 따르는 모집단에서 크기가 25인 표본을 임의추출할 때, 표본평균 $\overline{X}$에 대하여 다음을 구하여라.

(1) $\overline{X}$의 확률분포

(2) $P(100 \leq \overline{X} \leq 104)$

z	$P(0 \leq Z \leq z)$
1.0	0.3413
1.5	0.4332
2.0	0.4772

풀이 확률변수 X가 $N(m, \sigma^2)$을 따르면 표본의 크기가 n인 표본평균 $\overline{X}$는 $N\left(m, \dfrac{\sigma^2}{n}\right)$을 따른다.

(1) 표본평균 $\overline{X}$는 정규분포 $N\left(100, \dfrac{10^2}{25}\right)$, 즉 $N(100, 2^2)$을 따른다.

(2) 확률변수 $Z=\dfrac{\overline{X}-100}{2}$은 표준정규분포 $N(0, 1)$을 따르므로

$$P(100 \leq \overline{X} \leq 104)=P\left(\dfrac{100-100}{2} \leq Z \leq \dfrac{104-100}{2}\right)=P(0 \leq Z \leq 2)=0.4772$$

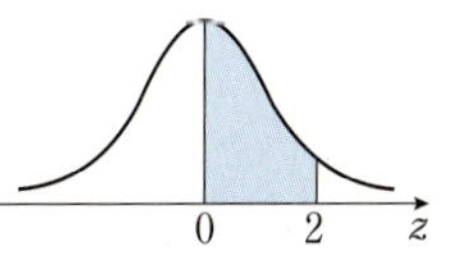

표본평균 $\overline{X}$ 의 정규분포

01   표본평균 $\overline{X}$ 의 평균과 분산

모평균이 m이고 모표준편차가 σ인 모집단에서 크기가 n인 표본을 임의추출할 때,
표본평균 $\overline{X}$의 평균과 분산 및 표준편차를 증명하면 다음과 같다.

$$\mathrm{E}(\overline{X})=m,\ \mathrm{V}(\overline{X})=\frac{\sigma^2}{n},\ \sigma(\overline{X})=\frac{\sigma}{\sqrt{n}}$$

증명 모평균이 m이고 분산이 σ^2인 모집단에서 크기가 n인 표본 $X_1,\ X_2,\ \cdots,\ X_n$을 임의추출,

즉, 복원추출했을 때, $X_1,\ X_2,\ \cdots,\ X_n$의 각각의 확률분포는 모집단의 확률변수 X의 확률분포와 같다.

$$\mathrm{E}(X_1)=\mathrm{E}(X_2)=\cdots=\mathrm{E}(X_n)=m$$
$$\mathrm{V}(X_1)=\mathrm{V}(X_2)=\cdots=\mathrm{V}(X_n)=\sigma^2$$

이다. 한편, $X_1,\ X_2,\ \cdots,\ X_n$이 서로 독립일 때, 다음 성질이 성립함이 알려져 있다.

$$\mathrm{E}(X_1+X_2+\cdots+X_n)=\mathrm{E}(X_1)+\mathrm{E}(X_2)+\cdots+\mathrm{E}(X_n)$$
$$\mathrm{V}(X_1+X_2+\cdots+X_n)=\mathrm{V}(X_1)+\mathrm{V}(X_2)+\cdots+\mathrm{V}(X_n)$$

따라서 표본평균 $\overline{X}=\dfrac{1}{n}(X_1+X_2+\cdots+X_n)$에 대하여 표본평균 $\overline{X}$의 평균과 분산은 다음과 같다.

평균은

$$\mathrm{E}(\overline{X})=\mathrm{E}\Big(\frac{1}{n}(X_1+X_2+\cdots+X_n)\Big)$$
$$=\frac{1}{n}\{\mathrm{E}(X_1)+\mathrm{E}(X_2)+\cdots+\mathrm{E}(X_n)\}$$
$$=\frac{1}{n}\underbrace{(m+m+\cdots+m)}_{n개}=\frac{1}{n}\times n\times m$$
$$=m$$

분산은

$$\mathrm{V}(\overline{X})=\mathrm{V}\Big(\frac{1}{n}(X_1+X_2+\cdots+X_n)\Big)$$
$$=\frac{1}{n^2}\{\mathrm{V}(X_1)+\mathrm{V}(X_2)+\cdots+\mathrm{V}(X_n)\}$$
$$=\frac{1}{n^2}\underbrace{(\sigma^2+\sigma^2+\cdots+\sigma^2)}_{n개}=\frac{1}{n^2}\times n\times\sigma^2$$
$$=\frac{\sigma^2}{n}$$

표준편차

$$\sigma(\overline{X})=\sqrt{\mathrm{V}(\overline{X})}=\frac{\sigma}{\sqrt{n}}\ \text{이다.}$$

표본평균 $\overline{X}$에 대하여 $\mathrm{E}(\overline{X})=m$, $\sigma(\overline{X})=\dfrac{\sigma}{\sqrt{n}}$임을 알았다. 이 사실이 모평균을 추정할 때, 다음과 같은 의미를 갖는다.

$\mathrm{E}(X)=m$이고 $\mathrm{E}(\overline{X})=m$, 즉 모집단의 평균과 표본평균의 평균이 일치하므로 표본평균의 자료를 이용하여 모평균을 추론할 수 있다. 또, $\sigma(X)=\sigma$이고 $\sigma(\overline{X})=\dfrac{\sigma}{\sqrt{n}}$이므로 표본평균의 표준편차가 모집단의 표준편차보다 더 작다.

즉, 표본평균은 모집단의 자료보다 모평균에 더 밀집되어 있다.
따라서 표본평균을 이용하여 모평균을 추정하면 편리하다.

모평균이 m이고 모표준편차가 σ인 모집단에서 임의추출한 크기가 n인 표본의 표본평균 $\overline{X}$에 대하여 다음과 같은 사실이 알려져 있다.

① 모집단이 정규분포 $\mathrm{N}(m,\ \sigma^2)$을 따르면 n의 크기에 관계없이 $\overline{X}$는 정규분포 $\mathrm{N}\!\left(m,\ \dfrac{\sigma^2}{n}\right)$을 따른다.

② 모집단의 분포가 정규분포가 아닐 때에도 표본의 크기 n이 충분히 크면 $\overline{X}$의 분포는 정규분포 $\mathrm{N}\!\left(m,\ \dfrac{\sigma^2}{n}\right)$을 따른다는 사실이 알려져 있다.

> **설명** 모집단의 분포가 정규분포가 아닐 때에도 표본의 크기 n이 충분히 크면 $\overline{X}$의 분포는 정규분포 $\mathrm{N}\!\left(m,\ \dfrac{\sigma^2}{n}\right)$을 따른다.

모집단의 분포가 다른 여러 가지 경우에 표본의 크기를 2, 5, 15, 30으로 달리하여 표본평균의 분포를 나타낸 것이다.

모집단의 분포	표본평균의 표본분포			
	$n=2$	$n=5$	$n=15$	$n=30$

이 그림에서 모집단의 분포가 정규분포에 전혀 가깝지 않더라도 표본평균의 분포는 표본의 크기가 커지면서 정규분포 곡선에 가까워진다.

즉, 표본의 크기 n이 충분히 크면 모집단의 분포에 관계없이 표본평균의 분포는 근사적으로 정규분포를 따른다.

예를 들면 평평한 면이 나올 확률이 0.6인 윷짝 한 개를 차례로 10번, 50번, 200번, 1000번 던질 때, 평평한 면이 나온 횟수의 평균의 분포는 다음 그림과 같다. 즉 던지는 횟수가 커짐에 따라 정규분포에 가까워짐을 알 수 있다.

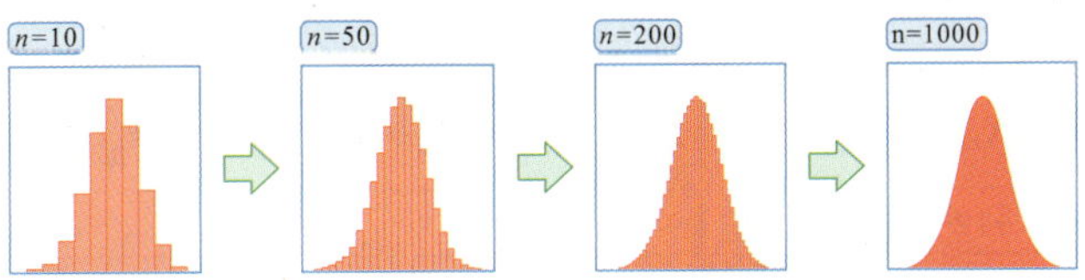

또한, 앞면이 나올 확률이 0.4인 찌그러진 동전 한 개를 차례로 10번, 50번, 200번, 1000번 던질 때, 앞면이 나온 횟수의 평균의 분포는 다음 그림과 같다.

즉, 던지는 횟수가 커짐에 따라 정규분포에 가까워진다.

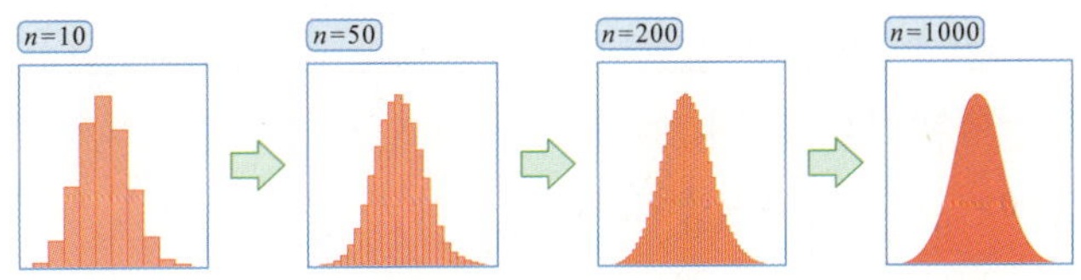

02   표준편차를 $\sqrt{\dfrac{1}{n-1}\sum\limits_{i=1}^{n}(X_i-\overline{X})^2}$ 으로 정의하는 이유

01   모표준편차 σ 대신에 표본표준편차 S를 사용하는 이유

모집단에서 추출한 크기 n인 표본 $X_1,\ X_2,\ X_3,\ \cdots,\ X_n$에 대하여 표본표준편차를

$$S_n=\sqrt{\frac{1}{n}\sum_{i=1}^{n}(X_i-\overline{X})^2}\ \text{이 아니라}\ S=\sqrt{\frac{1}{n-1}\sum_{i=1}^{n}(X_i-\overline{X})^2}\ \text{으로 정의하는 이유}$$

모평균 m을 추정할 때 모표준편차 σ의 값을 모르는 것이 보통이므로 모표준편차를 표본표준편차로 대신할 수 있다고 하였다. σ를 대신하기에 S_n과 S 중 어느 것이 더 적절한지 생각하여 보자.

다음 $S_n{}^2$의 기댓값 $\mathrm{E}(S_n{}^2)$을 구한 것이다.

$$
\begin{aligned}
\mathrm{E}(S_n{}^2)=\mathrm{E}\Big(\frac{1}{n}\sum_{i=1}^{n}(X_i-\overline{X})^2\Big)&=\mathrm{E}\Big(\frac{1}{n}\sum_{i=1}^{n}\{(X_i-m)-(\overline{X}-m)\}^2\Big)\\
&=\frac{1}{n}\mathrm{E}\Big(\sum_{i=1}^{n}\{(X_i-m)^2-2(X_i-m)(\overline{X}-m)+(\overline{X}-m)^2\}\Big)\\
&=\frac{1}{n}\mathrm{E}\Big(\sum_{i=1}^{n}(X_i-m)^2-2(\overline{X}-m)\sum_{i=1}^{n}(X_i-m)+n(\overline{X}-m)^2\Big)\\
&=\frac{1}{n}\Big[\mathrm{E}\Big(\sum_{i=1}^{n}(X_i-m)^2\Big)-2\mathrm{E}\Big((\overline{X}-m)\sum_{i=1}^{n}(X_i-m)\Big)+n\mathrm{E}(\overline{X}-m)^2\Big]\\
&=\frac{1}{n}\Big\{\sum_{i=1}^{n}\mathrm{E}\{(X_i-m)^2\}-n\mathrm{E}(\overline{X}-m)^2\Big\}\quad\text{←}\ \sum_{i=1}^{n}(X_i-m)=n(\overline{X}-m)\\
&=\frac{1}{n}\Big\{\sum_{i=1}^{n}\mathrm{V}(X_i)-n\mathrm{V}(\overline{X})\Big\}=\frac{1}{n}\Big\{n\sigma^2-n\cdot\frac{\sigma^2}{n}\Big\}=\frac{n-1}{n}\sigma^2
\end{aligned}
$$

$\mathrm{E}(S_n{}^2)=\dfrac{n-1}{n}\sigma^2$이므로 $S_n{}^2$은 모집단의 분산 σ^2보다 작아지는 경향이 있다.

$S_n{}^2$에 $\dfrac{n}{n-1}$을 곱한 S^2의 기댓값은 $\mathrm{E}(S^2)=\mathrm{E}\Big(\dfrac{n}{n-1}S_n{}^2\Big)=\dfrac{n}{n-1}\mathrm{E}(S_n{}^2)=\dfrac{n}{n-1}\cdot\dfrac{n-1}{n}\sigma^2=\sigma^2$이므로 S^2이 $S_n{}^2$

보다 모분산을 대신하기에 더 적절하다. 이와 같은 이유로 표본표준편차를 $\sqrt{\dfrac{1}{n-1}\sum\limits_{i=1}^{n}(X_i-\overline{X})^2}$ 으로 정의한다.

보충해설   다음과 같은 구체적인 예를 통하여 알아보자.

2, 4, 6의 수가 각각 적힌 3개의 공을 주머니에 넣고 여기에서 임의로 꺼낸 한 개의 공에 적힌 수를 X라고 하면 확률변수 X는 오른쪽 표와 같은 분포를 이룬다.

X	2	4	6	합계
$\mathrm{P}(X=x)$	$\dfrac{1}{3}$	$\dfrac{1}{3}$	$\dfrac{1}{3}$	1

X의 모평균 m과 모분산 σ^2을 구하면 다음과 같다.

$$m=2\times\frac{1}{3}+4\times\frac{1}{3}+6\times\frac{1}{3}=4,\quad \sigma^2=2^2\times\frac{1}{3}+4^2\times\frac{1}{3}+6^2\times\frac{1}{3}-4^2=\frac{8}{3}\quad\therefore\ \sigma=\frac{2\sqrt{6}}{3}$$

참고 표본평균

$\overline{X}=\frac{1}{2}(X_1+X_2)$는 X_1과 X_2의 값에 따라 다른 값을 갖는 확률변수이다.

X_1＼X_2	2	4	6
2	2	3	4
4	3	4	5
6	4	5	6

[$\overline{X}=\frac{1}{2}(X_1+X_2)$의 값]

이 주머니에서 크기가 2인 표본을 복원추출하여 $\overline{X}$, $\sum\limits_{i=1}^{n}(X_i-\overline{X})^2$, S^2, S, $S_n{}^2$, S_n의 값을 차례로 구하면 다음 표와 같다.

개수	표본	$\overline{X}$	$\sum\limits_{i=1}^{n}(X_i-\overline{X})^2$	S^2	$S=\sqrt{\dfrac{1}{n-1}\sum\limits_{i=1}^{n}(X_i-\overline{X})^2}$	$S_n{}^2$	$S_n=\sqrt{\dfrac{1}{n}\sum\limits_{i=1}^{n}(X_i-\overline{X})^2}$
1	$\{2,\ 2\}$	2	$(2-2)^2+(2-2)^2=0$	0	0	0	0
2	$\{2,\ 4\}$	3	$(2-3)^2+(4-3)^2=2$	2	$\sqrt{2}$	1	1
2	$\{2,\ 6\}$	4	$(2-4)^2+(6-4)^2=8$	8	$2\sqrt{2}$	4	2
1	$\{4,\ 4\}$	4	$(4-4)^2+(4-4)^2=0$	0	0	0	0
2	$\{4,\ 6\}$	5	$(4-5)^2+(6-5)^2=2$	2	$\sqrt{2}$	1	1
1	$\{6,\ 6\}$	6	$(6-6)^2+(6-6)^2=0$	0	0	0	0

여기서 실제로 $\mathrm{E}(S^2)$과 $\mathrm{E}(S_n{}^2)$을 구해 보면 다음과 같다.

$$\mathrm{E}(S^2)=0\times\frac{1}{9}+2\times\frac{2}{9}+8\times\frac{2}{9}+0\times\frac{1}{9}+2\times\frac{2}{9}+0\times\frac{1}{9}=\frac{8}{3}=\sigma^2,$$

$$\mathrm{E}(S_n{}^2)=0\times\frac{1}{9}+1\times\frac{2}{9}+4\times\frac{2}{9}+0\times\frac{1}{9}+1\times\frac{2}{9}+0\times\frac{1}{9}=\frac{4}{3}=\frac{1}{2}\sigma^2$$

S^2이 $S_n{}^2$보다 모분산을 대신하기에 더 적절하다. 이와 같은 이유로 표본표준편차를 $\sqrt{\dfrac{1}{n-1}\sum\limits_{i=1}^{n}(X_i-\overline{X})^2}$ 으로 정의한다.

확률변수 X가 정규분포 $N(m, \sigma^2)$을 따를 때, 이 모집단에서 크기 n_1, n_2인 표본을 임의추출하여 그 표본평균을 각각 $\overline{X}$, $\overline{Y}$라고 하자. 오른쪽 그림이 각각 확률변수 $\overline{X}$, $\overline{Y}$의 확률밀도함수 $f(x)$, $g(x)$를 나타낼 때, 다음 [보기] 중 옳은 것을 모두 골라라.

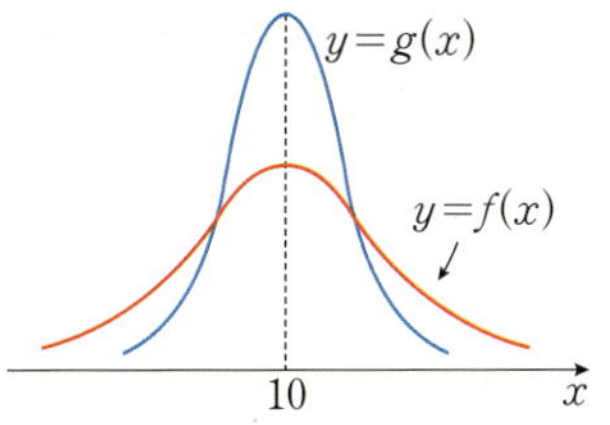

> ㄱ. $m=10$　　　ㄴ. $\sigma(\overline{X})>\sigma(\overline{Y})$　　　ㄷ. $n_1>n_2$

MAPL CORE 정규분포의 평균이 같고 표준편차가 다를 때, 즉 두 그래프는 대칭축의 위치는 같으나 곡선의 펴져 있는 상태가 다르다.
➡ 표준편차 σ의 값이 클수록 낮아지면서 넓어지고 작을수록 높아지면서 좁아진다.

개념익힘|풀이　ㄱ. 주어진 그래프에서 평균이 10이므로 모평균 $m=10$이다. [참]

ㄴ. 평균이 10으로 일정하고 $y=g(x)$의 그래프가 $y=f(x)$의 그래프보다 폭이 좁고

　　높이가 높으므로 $\overline{Y}$의 표준편차가 $\overline{X}$의 표준편차보다 작다.　∴ $\sigma(\overline{X})>\sigma(\overline{Y})$ [참]

ㄷ. $\sigma(\overline{X})=\dfrac{\sigma}{\sqrt{n_1}}$, $\sigma(\overline{Y})=\dfrac{\sigma}{\sqrt{n_2}}$라 할 때, ㄴ에서 $\dfrac{\sigma}{\sqrt{n_2}}<\dfrac{\sigma}{\sqrt{n_1}}$이므로 $\sqrt{n_1}<\sqrt{n_2}$　∴ $n_1<n_2$ [거짓]

따라서 옳은 것은 ㄱ, ㄴ이다.

확인유제 0703　모평균이 m, 모표준편차가 σ인 정규분포를 따르는 모집단에서 크기 n_1인 표본을 임의추출하여 얻은 표본평균을 $\overline{X}$, 크기 n_2인 표본을 임의추출하여 얻은 표본평균을 $\overline{Y}$라고 할 때, 다음 [보기] 중 옳은 것을 고르면?

> ㄱ. $E(\overline{X})=E(\overline{Y})$이면 $n_1=n_2$
> ㄴ. $n_1<n_2$이면 $V(\overline{X})<V(\overline{Y})$
> ㄷ. $\sigma(\overline{X})=\sigma(\overline{Y})$이면 $n_1=n_2$

① ㄴ　　　　② ㄷ　　　　③ ㄱ, ㄴ　　　　④ ㄴ, ㄷ　　　　⑤ ㄱ, ㄴ, ㄷ

변형문제 0704　정규분포 $N(m, \sigma^2)$을 따르는 모집단에서 임의추출한 크기가 n_1과 n_2인 표본의 표본평균의 확률밀도함수를 각각 $f(x)$와 $g(x)$라고 하자. $n_1<n_2$일 때, 두 함수 $f(x)$와 $g(x)$의 그래프의 모양으로 가장 적절한 것은?

①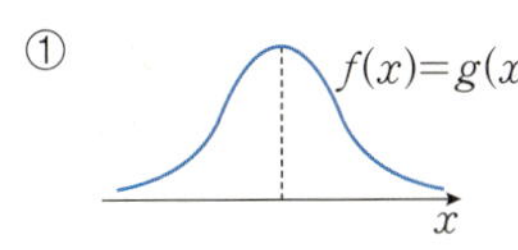②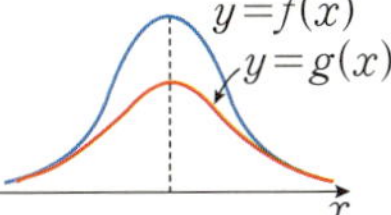③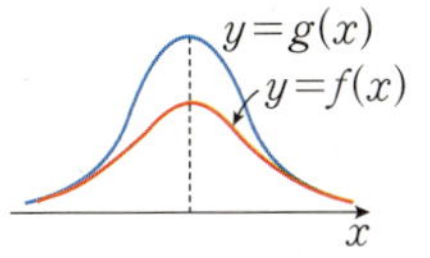

④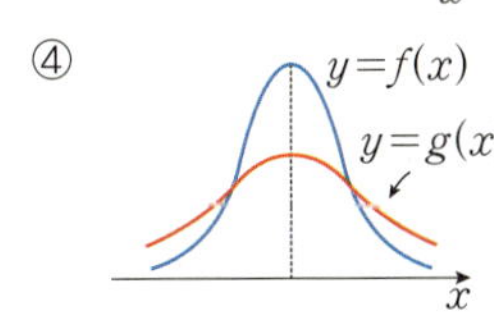⑤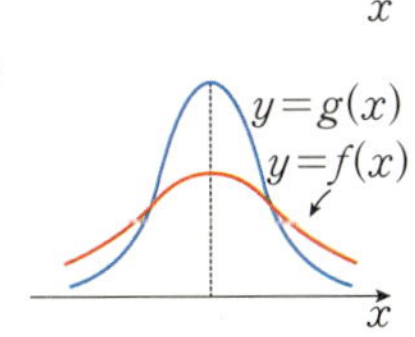

발전문제 0705　어느 모집단의 확률변수 X가 정규분포 $N(m, \sigma^2)$을 따르고 이 모집단에서 크기가 n_1인 표본을 임의추출하여 구한 표본평균을 $\overline{X}$, 크기가 n_2인 표본을 임의추출하여 구한 표본평균을 $\overline{Y}$라 할 때, [보기]에서 옳은 것만을 있는 대로 고른 것은?

> ㄱ. $E(\overline{X})=E(\overline{Y})$
> ㄴ. $V(\overline{X})=V(2\overline{Y})$이면 $n_2=4n_1$
> ㄷ. $n_1<n_2$이면 두 확률변수 $\overline{X}$, $\overline{Y}$의 확률밀도함수를 각각 $f(x)$, $g(x)$라 할 때, 함수 $f(x)$의 최댓값은 함수 $g(x)$의 최댓값보다 작다.
> ㄹ. $m<a<b$인 a, b에 대하여 $P(m\le\overline{X}\le a)=P(m\le\overline{Y}\le b)$이면 $n_1>n_2$이다.

① ㄱ　　　　② ㄱ, ㄴ　　　　③ ㄴ, ㄷ　　　　④ ㄱ, ㄷ, ㄹ　　　　⑤ ㄱ, ㄴ, ㄷ, ㄹ

정답　0703 : ②　　0704 : ⑤　　0705 : ⑤

다음 물음에 답하여라.

(1) 모평균이 50, 모표준편차가 5인 모집단으로부터 크기 n인 표본을 임의추출할 때, 표본평균 $\overline{X}$의 평균은 a,

표준편차는 $\dfrac{1}{3}$이다. 이때 a와 n의 값을 구하여라.

(2) 표준편차가 4인 모집단에서 크기가 n인 표본을 복원추출할 때, 표본평균 $\overline{X}$의 표준편차가 1 이하가 되도록 하는 n의 최솟값을 구하여라.

MAPL CORE　모평균이 m, 모분산 σ^2인 모집단에서 크기가 n인 표본을 임의추출할 때, 표본평균 $\overline{X}$에 대하여

표본평균의 기댓값 $\mathrm{E}(\overline{X})=m$, 표본평균의 분산 $\mathrm{V}(\overline{X})=\dfrac{\sigma^2}{n}$, 표본평균의 표준편차 $\sigma(\overline{X})=\dfrac{\sigma}{\sqrt{n}}$

개념익힘 | 풀이　(1) 모평균이 $m=50$, 모표준편차가 $\sigma=5$인 모집단에서 표본의 크기가 n이므로

$$a=\mathrm{E}(\overline{X})=m=50 \quad \therefore\ a=50$$

$$\sigma(\overline{X})=\frac{5}{\sqrt{n}}=\frac{1}{3}\ \text{이므로}\ \sqrt{n}=15 \quad \therefore\ n=225$$

(2) 모표준편차 $\sigma=4$이므로 표본평균 $\overline{X}$의 표준편차가 1 이하인 것을 식으로 나타내면

$$\sigma(\overline{X})=\frac{4}{\sqrt{n}}\le 1\ \text{이고},\ \sqrt{n}\ge 4\ \text{의 양변을 제곱하면}\ n\ge 16$$

따라서 n의 최솟값은 16이다.

확인유제 0706　다음 물음에 답하여라.

(1) 모평균이 20, 모표준편차가 a인 모집단에서 크기가 4인 표본을 임의추출할 때, 표본평균 $\overline{X}$의 평균은 b,

표준편차는 4라고 한다. 이때 상수 a, b에 대하여 ab의 값을 구하여라.

(2) 모평균이 100, 모표준편차가 12인 모집단에서 크기가 n인 표본을 복원추출할 때, 표본평균 $\overline{X}$의 표준편차가 2 이하가 되도록 하는 n의 최솟값을 구하여라.

변형문제 0707　다음 물음에 답하여라.

(1) 정규분포 $\mathrm{N}(10,\ 4)$를 따르는 모집단에서 크기가 2인 표본을 임의추출하여 구한 표본평균을 $\overline{X}$라 할 때, $\mathrm{E}(\overline{X}^2)$의 값은?

① 65　　　② 85　　　③ 95　　　④ 102　　　⑤ 124

(2) 모표준편차가 16인 정규분포를 따르는 모집단에서 크기가 16인 표본을 임의추출하여 구한 표본평균 $\overline{X}$에 대하여 $\mathrm{E}(\overline{X}^2)=25$일 때, 모평균 $\mathrm{E}(X)$의 값은? (단, $\mathrm{E}(X)>0$)

① 3　　　② $2\sqrt{3}$　　　③ $3\sqrt{2}$　　　④ 4　　　⑤ 5

발전문제 0708　다음 물음에 답하여라.

(1) 모평균이 10, 모표준편차가 4인 모집단에서 크기가 4인 표본을 임의추출하여 구한 표본평균을 $\overline{X}$라 할 때, $\mathrm{E}(3\overline{X}+2)+\sigma(5\overline{X}-2)$의 값을 구하여라.

(2) 모표준편차가 10인 정규분포를 따르는 모집단에서 크기가 n인 표본을 임의추출하여 구한 표본평균 $\overline{X}$에 대하여 $\mathrm{V}(2\overline{X}+1)=16$일 때, 자연수 n의 값을 구하여라.

정답　0706 : (1) 160 (2) 36　　0707 : (1) ④ (2) ①　　0708 : (1) 42 (2) 25

2017년 10월 교육청

모집단에서 확률변수 X의 확률분포가 오른쪽 표와 같다. 이 모집단에서 크기가 16인 표본을 임의추출할 때, 표본평균 $\overline{X}$의 평균과 분산을 구하여라. (단, a는 상수이다.)

X	-2	0	1	합계
$\mathrm{P}(X=x)$	$\dfrac{1}{3}$	$\dfrac{1}{2}$	a	1

MAPL **CORE**

[1단계] 주어진 모집단의 확률분포에서 모평균 m과 모분산 σ^2을 구한다.

[2단계] 표본평균 $\overline{X}$의 $\mathrm{E}(\overline{X})=m$, $\mathrm{V}(\overline{X})=\dfrac{\sigma^2}{n}$ 임을 이용하여 구한다.

개념익힘 | 풀이

모집단의 확률변수 X의 확률분포를 나타내는 표에서 확률의 성질에 의하여 모든 확률의 합이 1이므로

$\dfrac{1}{3}+\dfrac{1}{2}+a=1$에서 $a=\dfrac{1}{6}$

확률변수 X의 평균과 분산을 구하면

$\mathrm{E}(X)=(-2)\times\dfrac{1}{3}+0\times\dfrac{1}{2}+1\times\dfrac{1}{6}=-\dfrac{1}{2}$

$\mathrm{E}(X^2)=(-2)^2\times\dfrac{1}{3}+0^2\times\dfrac{1}{2}+1^2\times\dfrac{1}{6}=\dfrac{3}{2}$

$\mathrm{V}(X)=\mathrm{E}(X^2)-\{\mathrm{E}(X)\}^2=\dfrac{3}{2}-\left(-\dfrac{1}{2}\right)^2=\dfrac{5}{4}$

따라서 표본의 크기가 16이므로 표본평균 $\overline{X}$의 평균은 $\mathrm{E}(\overline{X})=m=-\dfrac{1}{2}$, 분산은 $\mathrm{V}(\overline{X})=\dfrac{\mathrm{V}(X)}{16}=\dfrac{5}{64}$

확인유제 0709

모집단의 확률변수 X의 확률분포를 표로 나타내면 오른쪽과 같다. 이 모집단에서 크기가 2인 표본을 임의추출하여 구한 표본평균 $\overline{X}$에 대하여 $\mathrm{E}(\overline{X})=\dfrac{8}{3}$이다. $\mathrm{V}(\overline{X})$의 값은? (단, a, b는 상수이다.)

X	0	2	4	합계
$\mathrm{P}(X=x)$	$\dfrac{1}{6}$	a	b	1

① $\dfrac{5}{9}$　　② $\dfrac{10}{9}$　　③ $\dfrac{5}{3}$　　④ $\dfrac{20}{9}$　　⑤ $\dfrac{25}{9}$

변형문제 0710

2019학년도 09월 평가원

어느 모집단의 확률변수 X의 확률분포가 오른쪽 표와 같다. $\mathrm{E}(X^2)=\dfrac{16}{3}$일 때, 이 모집단에서 임의추출한 크기가 20인 표본의 표본평균 $\overline{X}$에 대하여 $\mathrm{V}(\overline{X})$의 값은?

X	0	2	4	합계
$\mathrm{P}(X=x)$	$\dfrac{1}{6}$	a	b	1

① $\dfrac{1}{60}$　　② $\dfrac{1}{30}$　　③ $\dfrac{1}{20}$　　④ $\dfrac{1}{15}$　　⑤ $\dfrac{1}{12}$

발전문제 0711

2009학년도 수능기출

모집단의 확률변수 X의 확률분포가 오른쪽 표와 같다. 이 모집단에서 크기가 2인 표본을 복원추출하여 구한 표본평균을 $\overline{X}$라 하자. $\overline{X}$의 평균이 18일 때, $\mathrm{P}(\overline{X}=20)$의 값은?

X	10	20	30	합계
$\mathrm{P}(X=x)$	$\dfrac{1}{2}$	a	$\dfrac{1}{2}-a$	1

① $\dfrac{2}{5}$　　② $\dfrac{19}{50}$　　③ $\dfrac{9}{25}$　　④ $\dfrac{17}{50}$　　⑤ $\dfrac{8}{25}$

정답　0709 : ②　　0710 : ④　　0711 : ④

주머니 속에 1, 1, 2, 2, 2, 3, 3이 각각 하나씩 적힌 7개의 공이 들어 있다.

이 주머니에서 임의로 3개의 공을 꺼낼 때, 적힌 수의 평균을 $\overline{X}$라 하자.

이때 $\overline{X}$의 평균과 분산을 각각 구하여라.

MAPL CORE

[1단계] 확률변수 X가 취하는 값과 그 각각의 확률을 구한다.

[2단계] $\mathrm{E}(X)$와 $\mathrm{V}(X)$를 구한다. ◀ $\mathrm{E}(X)$가 모평균 m, $\mathrm{V}(X)$가 모분산 σ^2이다.

[3단계] $\mathrm{E}(\overline{X})=m$, $\mathrm{V}(\overline{X})=\dfrac{\sigma^2}{n}$ 임을 이용한다.

개념익힘 | 풀이

주머니에서 임의로 1개의 공을 꺼낼 때, 공에 적힌 수를 확률변수 X라 하면 X가 가질 수 있는 값은 1, 2, 3이고 각각의 값에 대응하는 확률분포는 오른쪽 표와 같다. 모집단에서 평균과 분산을 구하면

X	1	2	3	합계
$\mathrm{P}(X=x)$	$\dfrac{2}{7}$	$\dfrac{3}{7}$	$\dfrac{2}{7}$	1

$$\mathrm{E}(X)=m=1\times\frac{2}{7}+2\times\frac{3}{7}+3\times\frac{2}{7}=2$$

$$\mathrm{V}(X)=\sigma^2=\mathrm{E}(X^2)-\{\mathrm{E}(X)\}^2$$
$$=1^2\times\frac{2}{7}+2^2\times\frac{3}{7}+3^2\times\frac{2}{7}-2^2=\frac{4}{7}$$

따라서 표본의 크기가 3이므로 $\mathrm{E}(\overline{X})=m=2$, $\mathrm{V}(\overline{X})=\dfrac{\sigma^2}{3}=\dfrac{\frac{4}{7}}{3}=\dfrac{4}{21}$

확인유제 0712

오른쪽 그림과 같이 주머니 속에 1, 1, 2, 2, 2, 2, 3, 3이 적힌 8개의 공이 들어 있다. 이 주머니에서 임의추출한 3개의 공에 적힌 수의 표본평균을 $\overline{X}$라고 할 때, $\mathrm{V}(6\overline{X}+2)$의 값은? (단, 모든 공은 크기와 모양이 같다.)

① 3　　　　② 6　　　　③ 9
④ 12　　　　⑤ 16

변형문제 0713

모집단의 확률변수 X의 확률질량함수가

$$\mathrm{P}(X=x)=\frac{x+1}{a}\ (x=0,\ 1,\ 2,\ 3)$$

이다. 이 모집단에서 크기가 5인 표본을 임의추출하여 그 표본평균을 $\overline{X}$라 할 때, $\mathrm{V}(\overline{X})$의 값은?
(단, a는 상수이다.)

① $\dfrac{1}{6}$　　　② $\dfrac{1}{5}$　　　③ $\dfrac{1}{4}$　　　④ $\dfrac{1}{3}$　　　⑤ $\dfrac{1}{2}$

발전문제 0714

5개의 숫자 1, 1, 1, 2, 3이 각각 하나씩 적힌 5개의 공이 들어 있는 상자에서 크기가 n인 표본을 임의추출할 때, 공에 적힌 숫자의 표본평균 $\overline{X}$의 분산이 $\dfrac{1}{50}$이다. 이때 n의 값을 구하여라.

정답　0712 : ②　　0713 : ②　　0714 : 32

2016학년도 경찰대기출

어느 도시에서 운전면허증을 소지한 사람이 지난 10년 간 교통법규를 위반한 건수는 평균 5건, 표준편차 1건인 정규분포를 따른다고 한다. 이 도시에서 운전면허증을 소지한 사람 중에서 임의추출한 100명이 지난 10년 간 교통법규를 위반한 건수의 평균이 4.85건 이상이고 5.2건 이하일 확률을 오른쪽 표준정규분포표를 이용하여 구하여라.

z	$P(0 \leq Z \leq z)$
1.0	0.3413
1.5	0.4332
2.0	0.4772
2.5	0.4938

MAPL **C**RE

[1단계] 확률변수 X가 정규분포를 따르는 모집단에서 임의추출한 크기가 n인 표본의 표본평균 $\overline{X}$의 정규분포를 구한다.

[2단계] 표본평균 $\overline{X}$를 표준화하여 표준정규분포표를 이용하여 확률을 구한다.

개념익힘 | 풀 이

10년 간 교통법규를 위반한 건수를 확률변수 X라 하면 X는 정규분포 $N(5, 1^2)$을 따르므로 임의추출한

100명의 지난 10년 간 교통법규를 위반한 건수의 평균 $\overline{X}$는 정규분포 $N\left(5, \dfrac{1}{100}\right)$, 즉 $N(5, 0.1^2)$을 따른다.

따라서 구하는 확률은

$$P(4.85 \leq \overline{X} \leq 5.2) = P\left(\dfrac{4.85-5}{0.1} \leq Z \leq \dfrac{5.2-5}{0.1}\right)$$
$$= P(-1.5 \leq Z \leq 2)$$
$$= P(0 \leq Z \leq 1.5) + P(0 \leq Z \leq 2)$$
$$= 0.4332 + 0.4772$$
$$= 0.9104$$

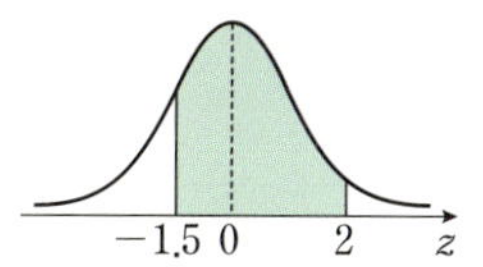

확인유제 0715

2016학년도 06월 평가원

어느 지역의 1인 가구의 월 식료품 구입비는 평균이 45만 원, 표준편차가 8만 원인 정규분포를 따른다고 한다. 이 지역의 1인 가구 중에서 임의로 추출한 16가구의 월 식료품 구입비의 표본평균이 44만 원 이상이고 47만 원 이하일 확률을 오른쪽 표준정규분포표를 이용하여 구한 것은?

z	$P(0 \leq Z \leq z)$
0.5	0.1915
1.0	0.3413
1.5	0.4332
2.0	0.4772

① 0.3830   ② 0.5328   ③ 0.6915

④ 0.8185   ⑤ 0.8413

변형문제 0716

2014학년도 09월 평가원

어느 전화 상담원 A가 지난해 받은 상담 전화의 상담 시간은 평균이 20분, 표준편차가 5분인 정규분포를 따른다고 한다. 전화 상담원 A가 지난해 받은 상담 전화를 대상으로 크기가 16인 표본을 임의추출할 때, 상담시간의 표본평균이 19분 이상이고 22분 이하일 확률을 오른쪽 표준정규분포표를 이용하여 구한 것은?

z	$P(0 \leq Z \leq z)$
0.8	0.2881
1.2	0.3849
1.6	0.4452
2.0	0.4772

① 0.6730   ② 0.7333   ③ 0.7653

④ 0.8301   ⑤ 0.9224

발전문제 0717

2018학년도 수능기출

어느 공장에서 생산하는 화장품 1개의 내용량은 평균이 201.5g이고 표준편차가 1.8g인 정규분포를 따른다고 한다. 이 공장에서 생산한 화장품 중 임의추출한 9개의 화장품 내용량의 표본평균이 200g 이상일 확률을 오른쪽 표준정규분포표를 이용하여 구한 것은?

z	$P(0 \leq Z \leq z)$
1.0	0.3413
1.5	0.4332
2.0	0.4772
2.5	0.4938

① 0.7745   ② 0.8413   ③ 0.9332

④ 0.9772   ⑤ 0.9938

정답   0715 : ②   0716 : ②   0717 : ⑤

A도시에서 B도시로 운행하는 고속버스들의 소요시간은 평균이 m분이고, 표준편차가 10분인 정규분포를 따른다고 한다. 이 고속버스들의 소요시간 중에서 크기가 n인 표본을 임의추출하여 구한 표본평균을 $\overline{X}$라 하자.

$$P(m-5 \leq \overline{X} \leq m+5) = 0.9544$$

를 만족시키는 **표본의 크기 n의 값**을 오른쪽 표준정규분포표를 이용하여 구하여라.

z	$P(0 \leq Z \leq z)$
0.5	0.1915
1.0	0.3413
1.5	0.4332
2.0	0.4772

MAPL **CORE**　　정규분포 $N(m, \sigma^2)$을 따르는 모집단에서 임의추출한 n인 표본의 표본평균 $\overline{X}$가 정규분포 $N\left(m, \dfrac{\sigma^2}{n}\right)$을 따른다.

개념익힘 | 풀이　A도시에서 B도시로 운행하는 고속버스의 소요시간을 확률변수 X라 하면 X는 $N(m, 10^2)$을 따르므로

표본의 크기가 n이므로 표본평균 $\overline{X}$는 정규분포 $N\left(m, \left(\dfrac{10}{\sqrt{n}}\right)^2\right)$을 따른다.

이때 $P(m-5 \leq \overline{X} \leq m+5) = P\left(\dfrac{m-5-m}{\dfrac{10}{\sqrt{n}}} \leq \dfrac{\overline{X}-m}{\dfrac{10}{\sqrt{n}}} \leq \dfrac{m+5-m}{\dfrac{10}{\sqrt{n}}}\right)$

$$= P\left(-\dfrac{\sqrt{n}}{2} \leq Z \leq \dfrac{\sqrt{n}}{2}\right) = 2P\left(0 \leq Z \leq \dfrac{\sqrt{n}}{2}\right)$$

한편 $P(0 \leq Z \leq 2) = 0.4772$에서 $2P\left(0 \leq Z \leq \dfrac{\sqrt{n}}{2}\right) = 2 \times 0.4772 = 0.9544$

이므로 $2P\left(0 \leq Z \leq \dfrac{\sqrt{n}}{2}\right) = 2P(0 \leq Z \leq 2)$이다.

따라서 $\dfrac{\sqrt{n}}{2} = 2$에서 $n = 16$

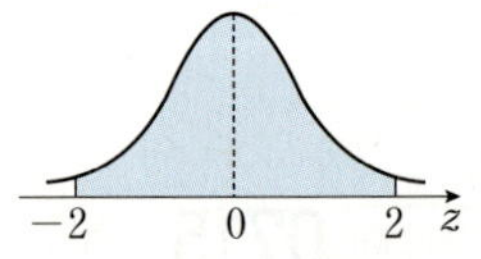

확인유제 0718　정규분포 $N(27, 2^2)$을 따르는 모집단에서 크기가 n인 표본을 임의추출할 때, 표본평균을 $\overline{X}$라고 하자. 이때

$$P(26 \leq \overline{X} \leq 28) = 0.9876$$

을 만족시키는 **표본의 크기 n의 값**을 구하여라.

z	$P(0 \leq Z \leq z)$
1.0	0.3413
1.5	0.4332
2.0	0.4772
2.5	0.4938

변형문제 0719
2008학년도 09월 평가원

어느 공장에서 생산되는 건전지의 수명은 평균 m시간, 표준편차 3시간인 정규분포를 따른다고 한다. 이 공장에서 생산된 건전지 중 크기가 n인 표본을 임의추출하여 구한 건전지의 수명에 대한 표본평균을 $\overline{X}$라 하자.

$$P(m-0.5 \leq \overline{X} \leq m+0.5) = 0.8664$$

를 만족시키는 **표본의 크기 n의 값**을 오른쪽 표준정규분포표를 이용하여 구한 것은?

z	$P(0 \leq Z \leq z)$
0.5	0.1915
1.0	0.3413
1.5	0.4332
2.0	0.4772

① 49　　　② 64　　　③ 81　　　④ 100　　　⑤ 121

발전문제 0720
2009년 07월 교육청

어느 공장에서 생산되는 농구공 무게는 평균이 600g, 표준편차가 20g인 정규분포를 따른다고 한다. 이 공장에서 생산된 농구공 n개를 임의추출하여 무게를 달아 보았을 때, 평균이 595g 이상 610g 이하일 확률이 0.8185이다. n의 값을 오른쪽 표준정규분포표를 이용하여 구하여라.

z	$P(0 \leq Z \leq z)$
1.0	0.3413
1.5	0.4332
2.0	0.4772

정답　　0718 : 25　　0719 : ③　　0720 : 16

모평균이 30, 모표준편차가 σ인 정규분포를 따르는 모집단에서 크기가 16인 표본을 임의추출하여 구한 표본평균을 $\overline{X}$라 하자.

$$P(\overline{X} \leq 32) = 0.9772$$

일 때, 실수 σ의 값을 다음 표준정규분포표를 이용하여 구하여라.

z	$P(0 \leq Z \leq z)$
1.0	0.3413
1.5	0.4332
2.0	0.4772
2.5	0.4938

MAPL CORE 정규분포 $N(m, \sigma^2)$을 따르는 모집단에서 임의 추출한 n인 표본의 표본평균 $\overline{X}$가 정규분포 $N\left(m, \dfrac{\sigma^2}{n}\right)$을 따른다.

개념익힘 | 풀 이 모집단의 확률변수를 X라 하면 X는 정규분포 $N(30, \sigma^2)$을 따르므로 크기가 16인 표본을

임의추출하여 구한 표본평균 $\overline{X}$는 정규분포 $N\left(30, \left(\dfrac{\sigma}{4}\right)^2\right)$을 따른다. ← $E(\overline{X})=30,\ \sigma(\overline{X})=\dfrac{\sigma}{\sqrt{16}}=\dfrac{\sigma}{4}$

$$P(\overline{X} \leq 32) = P\left(Z \leq \dfrac{32-30}{\dfrac{\sigma}{4}}\right) = P\left(Z \leq \dfrac{8}{\sigma}\right) = 0.9772$$ ← 확률변수 $Z = \dfrac{\overline{X}-30}{\dfrac{\sigma}{4}}$은 표준정규분포 $N(0, 1)$을 따른다.

이므로

$$0.5 + P\left(0 \leq Z \leq \dfrac{8}{\sigma}\right) = 0.9772 \text{에서 } P\left(0 \leq Z \leq \dfrac{8}{\sigma}\right) = 0.4772$$

따라서 표준정규분포표에서 $P(0 \leq Z \leq 2) = 0.4772$이므로 $\dfrac{8}{\sigma} = 2$

$$\therefore \sigma = 4$$

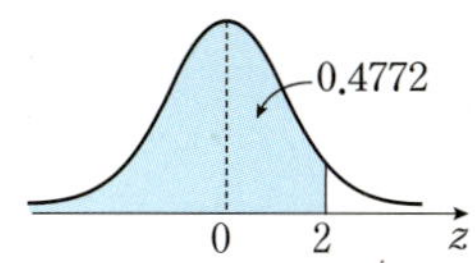

확인유제 0721
2012학년도 09월 평가원

어느 학교 학생들의 통학 시간은 평균이 50분, 표준편차가 σ분인 정규분포를 따른다. 이 학교 학생들을 대상으로 16명을 임의추출하여 조사한 통학 시간의 표본평균을 $\overline{X}$라 하자.

$$P(50 \leq \overline{X} \leq 56) = 0.4332$$

일 때, σ의 값을 표준정규분포표를 이용하여 구하여라.

z	$P(0 \leq Z \leq z)$
1.0	0.3413
1.5	0.4332
2.0	0.4772

변형문제 0722
2019학년도 사관기출

모평균이 85, 모표준편차가 6인 정규분포를 따르는 모집단에서 크기가 16인 표본을 임의추출하여 구한 표본평균을 $\overline{X}$라 할 때,

$$P(\overline{X} \geq k) = 0.0228$$

을 만족시키는 상수 k의 값을 오른쪽 표준정규분포 표를 이용하여 구한 것은?

z	$P(0 \leq Z \leq z)$
0.5	0.1915
1.0	0.3413
1.5	0.4332
2.0	0.4772

① 86 ② 88 ③ 90 ④ 92 ⑤ 94

발전문제 0723
2014학년도 수능기출

다음 물음에 답하여라.

(1) 어느 약품 회사가 생산하는 약품 1병의 용량은 평균이 m, 표준편차가 10인 정규분포를 따른다고 한다. 이 회사가 생산한 약품 중에서 임의로 추출한 25병의 용량의 표본평균이 2000 이상일 확률이 0.9772일 때, m의 값을 오른쪽 표준정규분포표를 이용하여 구하여라. (단, 용량의 단위는 mL 이다.)

z	$P(0 \leq Z \leq z)$
0.5	0.1915
1.0	0.3413
1.5	0.4332
2.0	0.4772

(2) 어느 회사에서 생산하는 자동차 타이어의 수명을 확률변수 X라 하면 X는 정규분포 $N(m, 3.6^2)$을 따른다고 한다. 이 회사에서 생산하는 자동차 타이어 중에서 임의추출한 81개의 자동차 타이어의 수명의 표본평균을 $\overline{X}$라 하자.

$$P(\overline{X} \geq 50) = 0.0062$$

일 때, 오른쪽 표준정규분포표를 이용하여 m의 값을 구하여라. (단, 자동차타이어의 수명의 단위는 개월이다.)

z	$P(0 \leq Z \leq z)$
1.0	0.3413
1.5	0.4332
2.0	0.4772
2.5	0.4938

정답 0721 : 16   0722 : ②   0723 : (1) 2004 (2) 49

A고등학교 학생의 몸무게는 평균이 60kg, 표준편차가 6kg인 정규분포를 따른다고 한다. 적재중량이 549kg 이상이 되면 경고음을 내도록 설계되어 있는 엘리베이터에 A고등학교 학생 중 임의추출한 9명이 탑승하였을 때, 경고음이 울릴 확률을 구하여라.

z	$\mathrm{P}(0 \leq Z \leq z)$
0.5	0.1915
1.0	0.3413
1.5	0.4332
2.0	0.4772

MAPL CORE

정규분포 $\mathrm{N}(m,\ \sigma^2)$을 따르는 모집단에서 임의추출한 크기가 n인 표본의 표본평균 $\overline{X}$가 정규분포 $\mathrm{N}\left(m,\ \dfrac{\sigma^2}{n}\right)$을 따른다.

개념익힘 | 풀이

A고등학교 학생의 몸무게를 확률변수 X라 하면 X는 정규분포 $\mathrm{N}(60,\ 6^2)$을 따른다.

임의로 뽑은 9명의 학생의 몸무게의 평균을 $\overline{X}$라 하면 표본평균 $\overline{X}$는 정규분포 $\mathrm{N}(60,\ 2^2)$을 따른다.

← $\mathrm{E}(\overline{X})=60,\ \sigma(\overline{X})=\dfrac{6}{\sqrt{9}}=2$

따라서 경고음이 울릴 확률은

$$\mathrm{P}(9\overline{X} \geq 549)=\mathrm{P}\left(\overline{X} \geq \frac{549}{9}\right)=\mathrm{P}(\overline{X} \geq 61)$$

$$=\mathrm{P}\left(Z \geq \frac{61-60}{2}\right)$$

$$=\mathrm{P}(Z \geq 0.5)$$

$$=0.5-\mathrm{P}(0 \leq Z \leq 0.5)$$

$$=0.5-0.1915=0.3085$$

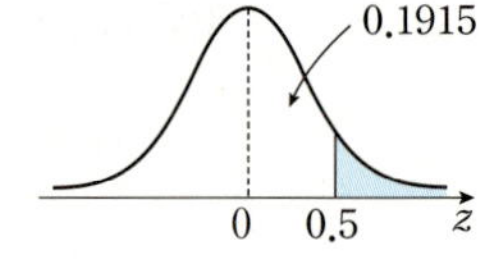

참고 k번째 학생의 몸무게를 X_k라 하면 $X_1+X_2+\cdots+X_9 \geq 549$에서

$\dfrac{X_1+X_2+\cdots+X_9}{9} \geq \dfrac{549}{9}=61$이므로 학생들의 평균 몸무게가 61kg 이상일 때, 경고음이 울린다.

확인유제 0724
2011학년도 수능기출

어느 도시에서 공용 자전거의 1회 이용 시간은 평균이 60분, 표준편차가 10분인 정규분포를 따른다고 한다. 공용 자전거를 이용한 25회를 임의추출하여 조사할 때, 25회 이용 시간의 총합이 1450분 이상일 확률을 오른쪽 표준정규분포표를 이용하여 구한 것은?

① 0.8351 ② 0.8413 ③ 0.9332
④ 0.9772 ⑤ 0.9928

z	$\mathrm{P}(0 \leq Z \leq z)$
1.0	0.3413
1.5	0.4332
2.0	0.4772
2.5	0.4938

변형문제 0725
2011학년도 경찰대기출

어느 대민 봉사센터의 전화 상담의 통화 시간은 평균이 8분이고 표준편차가 2분인 정규분포를 따른다고 한다. 이 봉사 센터에 걸려오는 상담 전화 중 임의로 선택한 4통의 통화 시간의 합이 30분 이상일 확률을 오른쪽 표준정규분포표를 이용하여 구한 것은?

① 0.690 ② 0.691 ③ 0.692
④ 0.693 ⑤ 0.694

z	$\mathrm{P}(0 \leq Z \leq z)$
0.5	0.192
1.0	0.341
1.5	0.433
2.0	0.477

발전문제 0726

어느 농장에서 판매하는 감자 한 박스의 무게는 평균이 18kg, 표준편차가 4kg인 정규분포를 따른다고 한다. 이 농장에서 임의추출한 감자 25박스의 무게의 총합을 확률변수 X라 할 때, $\mathrm{P}(X \geq 500)$인 값을 오른쪽 표준정규분포표를 이용하여 구한 것은?

① 0.0022 ② 0.0036 ③ 0.0062
④ 0.0228 ⑤ 0.0662

z	$\mathrm{P}(0 \leq Z \leq z)$
1.0	0.3413
1.5	0.4332
2.0	0.4772
2.5	0.4938

정답 0724 : ② 0725 : ③ 0726 : ③

정규분포 N(13, 4)를 따르는 모집단에서 크기 n인 표본을 임의추출하여 표본평균 $\overline{X}$ 라고 할 때,

$$P(12 \leq \overline{X} \leq 14) \geq 0.9$$

를 만족하는 **자연수 n의 최솟값**을 구하여라. (단, $P(0 \leq Z \leq 1.65)=0.45$로 계산한다.)

MAPL**C**RE　[1단계] 표본평균 $\overline{X}$ 를 표준화하여 표준정규분포로 나타낸다.
　　　　　　[2단계] 주어진 확률을 만족하는 표본의 최솟값을 구한다.

개념익힘│풀이　모집단이 정규분포 N(13, 4)를 따르고 표본의 크기가 n이므로

표본평균 $\overline{X}$ 의 분포는 정규분포 $N\left(13, \dfrac{4}{n}\right)$ 를 따른다.

$$P(12 \leq \overline{X} \leq 14) = P\left(\frac{12-13}{\frac{2}{\sqrt{n}}} \leq Z \leq \frac{14-13}{\frac{2}{\sqrt{n}}}\right)$$

$$= P\left(-\frac{\sqrt{n}}{2} \leq Z \leq \frac{\sqrt{n}}{2}\right) = 2P\left(0 \leq Z \leq \frac{\sqrt{n}}{2}\right)$$

$2P\left(0 \leq Z \leq \dfrac{\sqrt{n}}{2}\right) \geq 0.9$ 에서 $P\left(0 \leq Z \leq \dfrac{\sqrt{n}}{2}\right) \geq 0.45$

$P\left(0 \leq Z \leq \dfrac{\sqrt{n}}{2}\right) \geq 0.45 = P(0 \leq Z \leq 1.65)$

이를 만족시키려면 $\dfrac{\sqrt{n}}{2} \geq 1.65$ 이어야 하므로 $\sqrt{n} \geq 3.3$

따라서 $n \geq 10.89$이므로 n의 최솟값은 11이다.

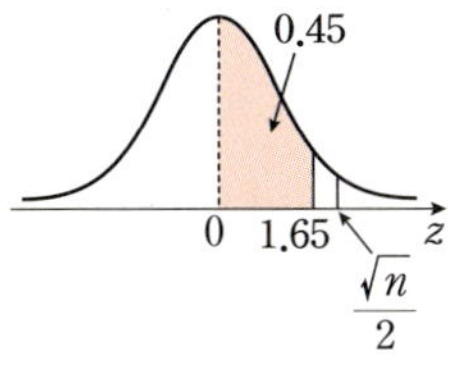

확인유제 0727　어느 전기 회사에서 생산하는 형광등의 수명은 평균 1000시간이고 표준편차가 20시간인 정규분포를 따른다고 한다. 이 회사에서 생산한 형광등 중에서 임의추출한 n개의 표본의 표본평균을 $\overline{X}$ 라 할 때,

$$P(995 \leq \overline{X} \leq 1005) \geq 0.99$$

가 성립하기 위한 **n의 최솟값**을 구하여라. (단, $P(0 \leq Z \leq 2.5)=0.495$)

변형문제 0728　대중교통을 이용하여 출근하는 어느 지역 직장인의 월 교통비는 평균이 8이고
2018학년도 09월 평가원　표준편차가 1.2인 정규분포를 따른다고 한다. 대중교통을 이용하여 출근하는 이 지역 직장인 중 임의추출한 n명의 월 교통비의 표본평균을 $\overline{X}$ 라 할 때,

$$P(7.76 \leq \overline{X} \leq 8.24) \geq 0.6826$$

이 되기 위한 **n의 최솟값**을 오른쪽 표준정규분포표를 이용하여 구하여라.
(단, 교통비의 단위는 만 원이다.)

z	$P(0 \leq Z \leq z)$
0.5	0.1915
1.0	0.3413
1.5	0.4332
2.0	0.4772

발전문제 0729　어느 기계에서 생산된 제품 1개의 길이는 평균이 140cm, 표준편차가 20cm인 정규분포를 따른다고 한다. 이 기계에서 생산된 제품 중 임의추출한 n개의 길이의 표본평균을 $\overline{X}$ 라 할 때,

$$P(\overline{X} \geq 135) \leq 0.9332$$

를 만족시키는 자연수 **n의 최댓값**을 오른쪽 표준정규분포표를 이용하여 구한 것은?

z	$P(0 \leq Z \leq z)$
0.5	0.1915
1.0	0.3413
1.5	0.4332
2.0	0.4772

① 26　　② 36　　③ 56　　④ 72　　⑤ 92

정답　0727 : 100　　0728 : 25　　0729 : ②

09   확률변수 X와 표본평균 $\overline{X}$의 확률

01   확률변수 X의 표본평균 $\overline{X}$의 정규분포

① 확률변수 X가 정규분포 $\mathrm{N}(m, \sigma^2)$을 따른다. $\Rightarrow$ $Z=\dfrac{X-m}{\sigma}$이라 하면 Z는 표준정규분포 $\mathrm{N}(0, 1)$을 따른다.

② 표본평균 $\overline{X}$가 정규분포 $\mathrm{N}\left(m, \dfrac{\sigma^2}{n}\right)$을 따른다. $\Rightarrow$ $Z=\dfrac{\overline{X}-m}{\dfrac{\sigma}{\sqrt{n}}}$이라 하면 Z는 표준정규분포 $\mathrm{N}(0, 1)$을 따른다.

수능특강문제 01   정규분포 $\mathrm{N}(10, 2^2)$을 따르는 확률변수 X에 대하여 X가 12 이상일 확률을 p라 하자. 또, 이 모집단에서 크기가 4인 표본을 임의추출하였을 때, 그 평균이 12 이상일 확률을 q라 하자. $p+q$의 값을 오른쪽 표준정규분포표를 이용하여 구하여라.

z	$\mathrm{P}(0 \leq Z \leq z)$
0.5	0.1915
1.0	0.3413
1.5	0.4332
2.0	0.4772

수능특강 풀이

STEP Ⓐ 확률변수 X의 $\mathrm{P}(X \geq 12)$ 구하기

확률변수 X는 정규분포 $\mathrm{N}(10, 2^2)$을 따르므로

$$\mathrm{P}(X \geq 12)=\mathrm{P}\left(Z \geq \frac{12-10}{2}\right)=\mathrm{P}(Z \geq 1)$$
$$=0.5-\mathrm{P}(0 \leq Z \leq 1)$$
$$=0.5-0.3413=0.1587$$

$\therefore p=0.1587$

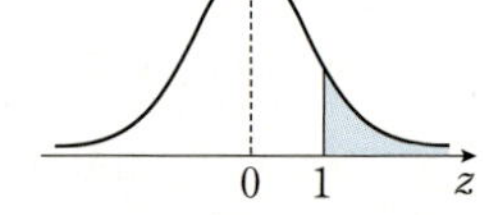

STEP Ⓑ 표본평균 $\overline{X}$의 $\mathrm{P}(\overline{X} \geq 12)$ 구하기

또, 크기가 4인 표본의 평균을 $\overline{X}$라 하면 $\overline{X} \geq 12$일 확률을 구하면 된다.

이때 표본평균 $\overline{X}$는 정규분포 $\mathrm{N}(10, 1^2)$을 따르므로

$$\mathrm{P}(\overline{X} \geq 12)=\mathrm{P}\left(Z \geq \frac{12-10}{1}\right)=\mathrm{P}(Z \geq 2)$$
$$=0.5-\mathrm{P}(0 \leq Z \leq 2)$$
$$=0.5-0.4772=0.0228$$

$\therefore q=0.0228$

따라서 $p+q=0.1587+0.0228=0.1815$

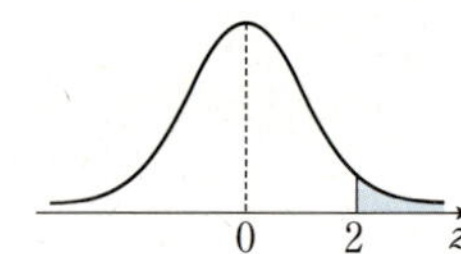

수능특강문제 02   모집단의 확률변수 X는 정규분포 $\mathrm{N}(100, 4^2)$을 따른다고 한다. 모집단에서 크기가 n인 표본을 임의추출하여 만든 표본평균을 $\overline{X}$라 하자. $\mathrm{P}(X \leq 88)=\mathrm{P}(\overline{X} \geq 102)$가 성립할 때, n의 값을 구하여라.

수능특강 풀이

$\mathrm{E}(\overline{X})=100$, $\mathrm{V}(\overline{X})=\dfrac{16}{n}$이므로 $\overline{X}$는 정규분포 $\mathrm{N}\left(100, \dfrac{16}{n}\right)$을 따르고

$Z=\dfrac{\overline{X}-100}{\dfrac{4}{\sqrt{n}}}$이라 하면 Z는 표준정규분포 $\mathrm{N}(0, 1)$을 따른다.

$$\mathrm{P}(X \leq 88)=\mathrm{P}\left(Z \leq \frac{88-100}{4}\right)=\mathrm{P}(Z \leq -3)$$

$$\mathrm{P}(\overline{X} \geq 102)=\mathrm{P}\left(Z \geq \frac{102-100}{\dfrac{4}{\sqrt{n}}}\right)=\mathrm{P}\left(Z \geq \frac{\sqrt{n}}{2}\right)$$이므로

$\mathrm{P}(X \leq 88)=\mathrm{P}(\overline{X} \geq 102)$가 성립하려면 $3=\dfrac{\sqrt{n}}{2}$, $\sqrt{n}=6$

따라서 $n=36$

수능특강문제 03 (2008년 03월 교육청)

어느 공장에서 만드는 제품 A의 무게는 평균 120g, 표준편차 10g인 정규분포를 따른다고 한다. 이 공장에서 만드는 제품 A 중에서 임의추출한 1개의 무게가 130g 이상일 확률을 p_1, 임의추출한 4개의 무게의 평균이 130g 이상일 확률을 p_2라 할 때, p_1-p_2의 값을 오른쪽 표준정규분포표를 이용하여 구한 것은?

① -0.1498 ② -0.1359 ③ 0
④ 0.1359 ⑤ 0.1498

z	$P(0 \le Z \le z)$
0.5	0.1915
1.0	0.3413
1.5	0.4332
2.0	0.4772
2.5	0.4938

수능특강 풀이

STEP A 제품의 길이를 확률변수 X로 놓고 p_1 구하기

제품 A의 무게를 확률변수 X라 하면 X는 정규분포 $N(120, 10^2)$을 따른다.

$$p_1 = P(X \ge 130) = P\left(Z \ge \frac{130-120}{10}\right)$$
$$= P(Z \ge 1)$$
$$= 0.5 - P(0 \le Z \le 1) = 0.1587$$

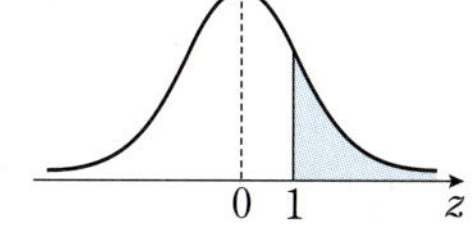

STEP B 크기가 4인 표본일 때, 표본평균의 평균과 표준편차 구하기

한편 크기가 4인 표본의 표본평균을 $\overline{X}$라 하면 $E(\overline{X}) = 120$, $V(\overline{X}) = \dfrac{10^2}{4} = 5^2$

즉, 확률변수 $\overline{X}$는 정규분포 $N(120, 5^2)$을 따른다.

STEP C 크기가 4인 표본일 때, 표본평균 $\overline{X}$로 놓고 p_2 구하기

$$p_2 = P(\overline{X} \ge 130) = P\left(Z \ge \frac{130-120}{5}\right)$$
$$= P(Z \ge 2)$$
$$= 0.5 - P(0 \le Z \le 2) = 0.0228$$

따라서 $p_1 - p_2 = 0.1587 - 0.0228 = 0.1359$

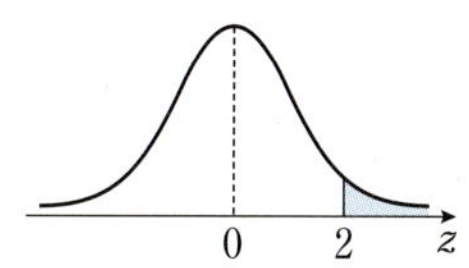

수능특강문제 04 (2012학년도 수능기출)

어느 공장에서 생산되는 제품의 길이 X는 평균이 m이고, 표준편차가 4인 정규분포를 따른다고 한다. $P(m \le X \le a) = 0.3413$일 때, 이 공장에서 생산된 제품 중에서 임의추출한 제품 16개의 길이의 표본평균이 $a-2$ 이상일 확률을 오른쪽 표준정규분포표를 이용하여 구한 것은? (단, a는 상수이고, 길이의 단위는 cm이다.)

① 0.0228 ② 0.0668 ③ 0.0919
④ 0.1359 ⑤ 0.1587

z	$P(0 \le Z \le z)$
1.0	0.3413
1.5	0.4332
2.0	0.4772

수능특강 풀이

STEP A 제품의 길이를 확률변수 X로 놓고 확률 구하기

제품의 길이를 확률변수 X라 하면 X는 정규분포 $N(m, 4^2)$을 따른다.

$$P(m \le X \le a) = P\left(\frac{m-m}{4} \le Z \le \frac{a-m}{4}\right)$$
$$= P\left(0 \le Z \le \frac{a-m}{4}\right) = 0.3413$$

이때 표준정규분포에서 $P(0 \le Z \le 1) = 0.3413$이므로 $\dfrac{a-m}{4} = 1$

$\therefore a = m+4$ ⋯⋯ ㉠

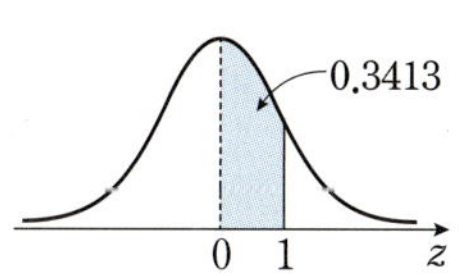

STEP B 크기가 16인 표본일 때, 표본평균 $\overline{X}$로 놓고 확률 구하기

한편 크기가 16인 표본의 표본평균을 $\overline{X}$라 하면 $E(\overline{X}) = m$, $V(\overline{X}) = \dfrac{4^2}{16} = 1^2$

즉, 확률변수 $\overline{X}$는 정규분포 $N(m, 1^2)$을 따른다.

따라서 구하는 확률은 ㉠에서

$$P(\overline{X} \ge a-2) = P(\overline{X} \ge m+2) = P\left(Z \ge \frac{m+2-m}{1}\right)$$
$$= P(Z \ge 2)$$
$$= 0.5 - P(0 \le Z \le 2)$$
$$= 0.5 - 0.4772 = 0.0228$$

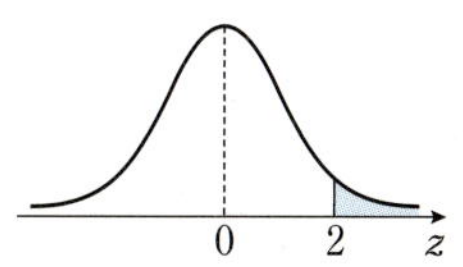

어느 공장에서 생산하는 군용 위장크림 1개의 무게는 평균이 m, 표준편차가 σ인 정규분포를 따른다고 한다. 이 공장에서 생산하는 군용 위장크림 중에서 임의로 택한 1개의 무게가 50 이상일 확률은 0.1587이다. 이 공장에서 생산하는 군용 위장크림 중에서 임의추출한 4개의 무게의 평균이 50 이상일 확률을 오른쪽 표준정규분포표를 이용하여 구한 것은? (단, 무게의 단위는 g이다.)

z	$P(0 \leq Z \leq z)$
0.5	0.1915
1.0	0.3413
1.5	0.4332
2.0	0.4772

① 0.0228   ② 0.0668   ③ 0.1587

④ 0.3085   ⑤ 0.4332

수능특강 풀이

STEP A 군용 위장크림 1개의 무게를 확률변수 X로 놓고 확률 구하기

군용 위장크림 1개의 무게를 확률변수 X라 하면 X는 정규분포 $N(m, \sigma^2)$을 따른다.

이때 무게가 50 이상일 확률은 0.1587이므로

$$P(X \geq 50) = P\left(Z \geq \frac{50-m}{\sigma}\right) = 0.5 - P\left(0 \leq Z \leq \frac{50-m}{\sigma}\right) = 0.1587$$

즉, $P\left(0 \leq Z \leq \frac{50-m}{\sigma}\right) = 0.3413$이므로 $\frac{50-m}{\sigma} = 1$

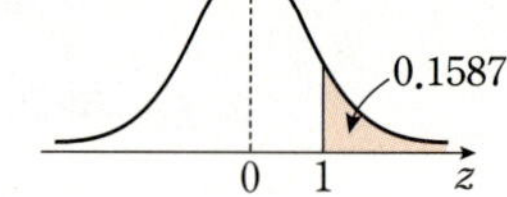

STEP B 크기가 4인 표본일 때, 표본평균 $\overline{X}$로 놓고 확률 구하기

군용 위장크림 중에서 임의추출한 4개의 무게의 평균을 $\overline{X}$라 하면 $E(\overline{X}) = m$, $\sigma(\overline{X}) = \frac{\sigma}{\sqrt{4}} = \frac{\sigma}{2}$

즉, 표본평균 $\overline{X}$는 정규분포 $N\left(m, \left(\frac{\sigma}{2}\right)^2\right)$을 따른다.

따라서 임의추출한 4개의 무게의 평균이 50 이상일 확률은

$$P(\overline{X} \geq 50) = P\left(Z \geq \frac{50-m}{\frac{\sigma}{2}}\right) = P\left(Z \geq 2 \cdot \frac{50-m}{\sigma}\right) = P(Z \geq 2) \left(\because \frac{50-m}{\sigma} = 1\right)$$

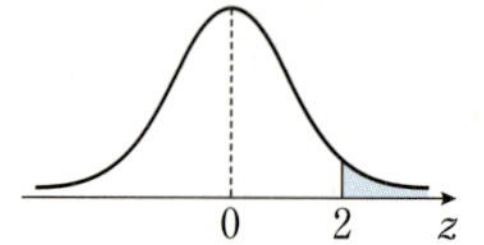

$$= 0.5 - P(0 \leq Z \leq 2) = 0.5 - 0.4772 = 0.0228$$

어느 고등학교의 학생 1명이 등교할 때 가져가는 책가방의 무게는 평균이 6.5kg, 표준편차가 2kg인 정규분포를 따른다고 한다. 이 고등학교의 학생 중에서 임의로 선택한 학생 1명이 등교할 때 가져가는 책가방의 무게가 5.5kg 이상일 확률을 p_1, 임의로 선택한 학생 16명이 등교할 때 가져가는 책가방의 무게의 표본평균이 a kg 이하일 확률을 p_2라 할 때, $p_1 + p_2 = 1.6687$이 성립한다. a의 값을 오른쪽 표준정규분포표를 이용하여 구하여라.

z	$P(0 \leq Z \leq z)$
0.5	0.1915
1.0	0.3413
1.5	0.4332
2.0	0.4772

수능특강 풀이

STEP A 책가방의 무게 1개의 무게를 확률변수 X로 놓고 확률 구하기

이 고등학교의 학생 1명이 등교할 때, 가져가는 책가방의 무게를 확률변수 X라 하면 X는 정규분포 $N(6.5, 2^2)$을 따르므로

$$p_1 = P(X \geq 5.5) = P\left(Z \geq \frac{5.5-6.5}{2}\right) = P(Z \geq -0.5)$$
$$= 0.5 + P(0 \leq Z \leq 0.5) = 0.5 + 0.1915 = 0.6915$$

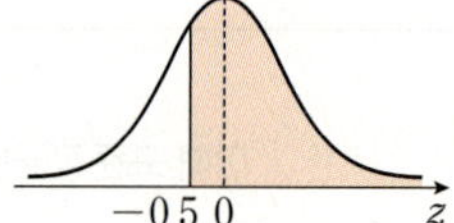

STEP B 크기가 16인 표본일 때, 표본평균 $\overline{X}$로 놓고 확률 구하기

크기가 16인 표본의 평균 $\overline{X}$는 정규분포 $N\left(6.5, \frac{2^2}{16}\right)$, 즉 $N(6.5, 0.5^2)$을 따르므로

$$p_2 = P(\overline{X} \leq a) = P\left(Z \leq \frac{a-6.5}{0.5}\right)$$

이때 $p_1 + p_2 = 1.6687$이므로 $p_2 = 1.6687 - p_1 = 1.6687 - 0.6915 = 0.9772$

즉, $P\left(Z \leq \frac{a-6.5}{0.5}\right) = 0.5 + P\left(0 \leq Z \leq \frac{a-6.5}{0.5}\right) = 0.9772$

$$P\left(0 \leq Z \leq \frac{a-6.5}{0.5}\right) = 0.9772 - 0.5 = 0.4772$$

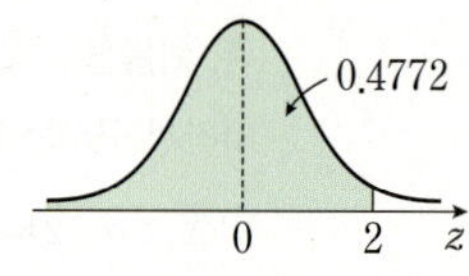

주어진 표준정규분포표에서 $P(0 \leq Z \leq 2) = 0.4772$이므로 $\frac{a-6.5}{0.5} = 2$

따라서 $a = 7.5$

2012학년도 09월
평가원

어느 지역 학생들의 1일 인터넷 사용시간 X는 평균이 m분, 표준편차가 30분인 정규분포를 따른다. 이 지역 학생들을 대상으로 9명을 임의추출하여 조사한 1일 인터넷 사용시간의 표본평균을 $\overline{X}$라 하자. 함수 $G(k)$, $H(k)$를

$$G(k)=P(X \le m+30k),\ H(k)=P(\overline{X} \ge m-30k)$$

라 할 때, 옳은 것만을 [보기]에서 있는 대로 고른 것은?

ㄱ. $G(0)=H(0)$
ㄴ. $G(3)=H(1)$
ㄷ. $G(1)+H(-1)=1$

① ㄱ   ② ㄷ   ③ ㄱ, ㄴ   ④ ㄴ, ㄷ   ⑤ ㄱ, ㄴ, ㄷ

STEP A   함수 $G(k)$에 대한 확률변수 X를 표준화하기

학생들의 인터넷 사용시간을 확률변수 X는 정규분포 $N(m, 30^2)$을 따르므로

$G(k)=P(X \le m+30k)$

$\qquad =P\left(Z \le \dfrac{m+30k-m}{30}\right)$

$\qquad =P(Z \le k)$

STEP B   함수 $H(k)$에 대한 표본평균 $\overline{X}$를 표준화하기

표본의 크기가 9인 표본평균 $\overline{X}$에 대하여

$E(\overline{X})=m$, $\sigma(\overline{X})=\dfrac{30}{\sqrt{9}}=10$이므로 $\overline{X}$는 정규분포 $N(m, 10^2)$을 따른다.

$\therefore H(k)=P(\overline{X} \ge m-30k)$

$\qquad =P\left(Z \ge \dfrac{m-30k-m}{10}\right)$

$\qquad =P(Z \ge -3k)$

STEP C $G(k)$, $H(k)$를 이용해 진위판단하기

ㄱ. $G(0)=P(Z \le 0)=0.5$, $H(0)=P(Z \ge 0)=0.5$

$\quad \therefore G(0)=H(0)$ [참]

ㄴ. $G(3)=P(Z \le 3)$

$\qquad =0.5+P(0 \le Z \le 3)$

$\quad H(1)=P(Z \ge -3)$

$\qquad =P(-3 \le Z \le 0)+0.5$

$\qquad =P(0 \le Z \le 3)+0.5$

$\quad \therefore G(3)=H(1)$ [참]

ㄷ. $G(1)=P(Z \le 1)$, $H(-1)=P(Z \ge 3)$

$\quad$ 이므로

$\quad G(1)+H(-1)=P(Z \le 1)+P(Z \ge 3)$

$\qquad\qquad =1-P(1 \le Z \le 3)$

$\quad P(1 \le Z \le 3)>0$이므로 $G(1)+H(-1)<1$ [거짓]

따라서 옳은 것은 ㄱ, ㄴ이다.

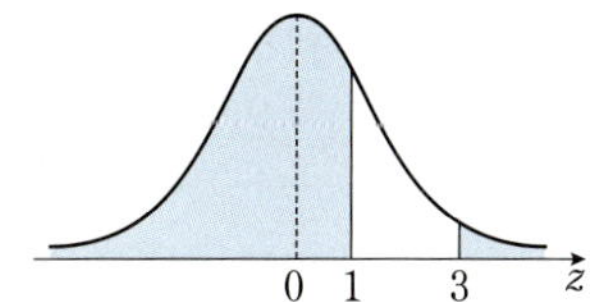

어느 공장에서 생산되는 제품의 무게 X는 평균이 60g, 표준편차가 5g인 정규분포를 따른다고 한다. 제품의 무게가 50g 이하인 제품은 불량품으로 판정한다. 이 공장에서 생산된 제품 중에서 2500개를 임의로 추출할 때, 2500개 무게의 평균을 $\overline{X}$, 불량품의 개수를 Y라고 하자. 오른쪽 표준정규분포표를 이용하여 옳은 것만을 [보기]에서 있는 대로 고른 것은?

ㄱ. $P(\overline{X} \geq 60) = \dfrac{1}{2}$

ㄴ. $P(Y \geq 57) = P(\overline{X} \leq 59.9)$

ㄷ. 임의의 양수 k에 대하여
$P(60-k \leq X \leq 60+k) > P(60-k \leq \overline{X} \leq 60+k)$

z	$P(0 \leq Z \leq z)$
0.5	0.19
1.0	0.34
1.5	0.43
2.0	0.48
2.5	0.49

① ㄱ   ② ㄷ   ③ ㄱ, ㄴ   ④ ㄴ, ㄷ   ⑤ ㄱ, ㄴ, ㄷ

STEP A 표본평균 $\overline{X}$의 분포 구하기

확률변수 X가 정규분포 $N(60, 5^2)$을 따르므로 크기가 2500인 표본의 표본평균을 $\overline{X}$라 하면

$$E(\overline{X}) = 60,\quad V(\overline{X}) = \frac{5^2}{2500} = 0.1^2$$

즉, 확률변수 $\overline{X}$는 정규분포 $N(60, 0.1^2)$을 따른다.

STEP B 불량품으로 판정될 확률을 구하고 이를 이용하여 확률변수 Y의 분포 구하기

또한, 불량품으로 판정될 확률은

$$P(X \leq 50) = P\left(Z \leq \frac{50-60}{5}\right) = P(Z \leq -2) = 0.5 - P(0 \leq Z \leq 2) = 0.02$$

이므로 확률변수 Y는 이항분포 $B(2500, 0.02)$를 따른다.

$$E(X) = np = 2500 \times 0.02 = 50,\quad V(X) = npq = 2500 \times 0.02 \times 0.98 = 49$$

확률변수 Y는 근사적으로 정규분포 $N(50, 7^2)$을 따른다.

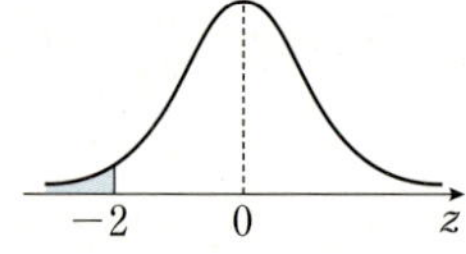

STEP C 확률변수 X, Y, $\overline{X}$을 이용하여 진위판단하기

ㄱ. $P(\overline{X} \geq 60) = P\left(Z \geq \dfrac{60-60}{0.1}\right) = P(Z \geq 0)$
$\qquad\qquad\qquad = \dfrac{1}{2}$ [참]

ㄴ. $P(Y \geq 57) = P\left(Z \geq \dfrac{57-50}{7}\right) = P(Z \geq 1)$
$\qquad\qquad\quad = 0.5 - P(0 \leq Z \leq 1)$
$\qquad\qquad\quad = 0.5 - 0.34$
$\qquad\qquad\quad = 0.16$

$P(\overline{X} \leq 59.9) = P\left(Z \leq \dfrac{59.9-60}{0.1}\right) = P(Z \leq -1)$
$\qquad\qquad\qquad = 0.5 - P(0 \leq Z \leq 1)$
$\qquad\qquad\qquad = 0.5 - 0.34$
$\qquad\qquad\qquad = 0.16$

$\therefore P(Y \geq 57) = P(\overline{X} \leq 59.9)$ [참]

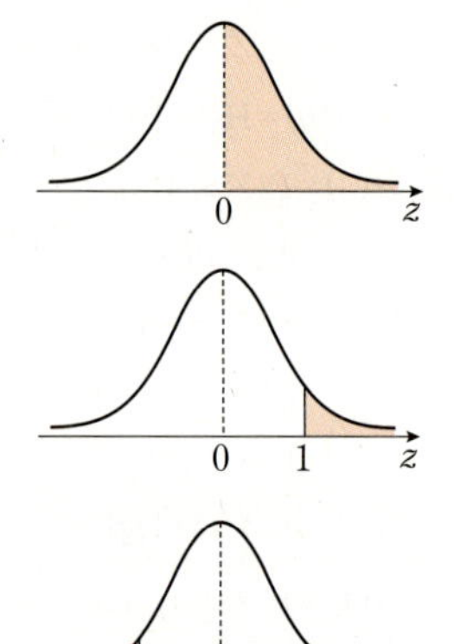

ㄷ. $P(60-k \leq X \leq 60+k) = P\left(\dfrac{60-k-60}{5} \leq Z \leq \dfrac{60+k-60}{5}\right) = P\left(-\dfrac{k}{5} \leq Z \leq \dfrac{k}{5}\right)$

$P(60-k \leq \overline{X} \leq 60+k) = P\left(\dfrac{60-k-60}{0.1} \leq Z \leq \dfrac{60+k-60}{0.1}\right) = P\left(-\dfrac{k}{0.1} \leq Z \leq \dfrac{k}{0.1}\right)$

임의의 양수 k에 대하여 $\dfrac{k}{5} < \dfrac{k}{0.1}$이므로

$$P\left(-\dfrac{k}{5} \leq Z \leq \dfrac{k}{5}\right) < P\left(-\dfrac{k}{0.1} \leq Z \leq \dfrac{k}{0.1}\right)$$

$\therefore P(60-k \leq X \leq 60+k) < P(60-k \leq \overline{X} \leq 60+k)$ [거짓]

따라서 옳은 것은 ㄱ, ㄴ이다.

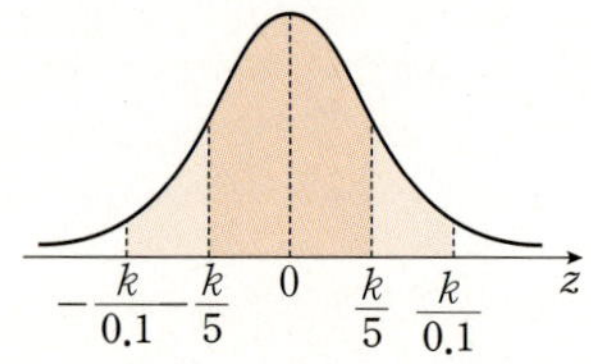

02 모평균의 추정

01 모평균의 신뢰구간

(1) 추정

표본에서 얻은 자료를 이용하여 모집단의 특성인 모평균, 모표준편차 등을
추측하는 것을 추정이라고 한다.

(2) 모평균의 신뢰구간

정규분포 $N(m, \sigma^2)$을 따르는 모집단에서 크기가 n인 표본을 임의추출할 때의
표본평균 $\overline{X}$의 값을 $\overline{x}$라고 하면 모평균 m의 신뢰구간은 다음과 같다.

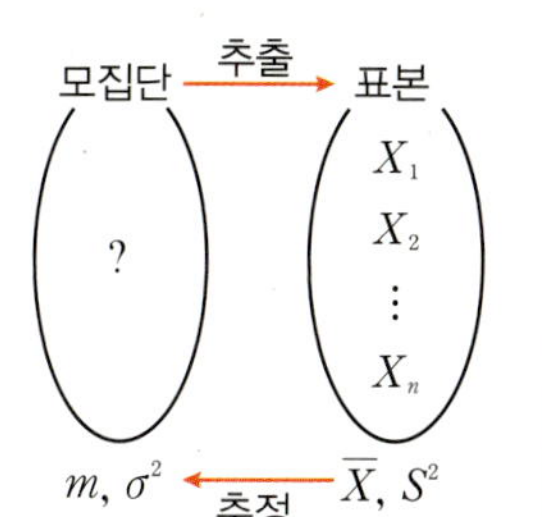

① 신뢰도 95%의 신뢰구간 $\overline{x}-1.96\dfrac{\sigma}{\sqrt{n}} \leq m \leq \overline{x}+1.96\dfrac{\sigma}{\sqrt{n}}$

② 신뢰도 99%의 신뢰구간 $\overline{x}-2.58\dfrac{\sigma}{\sqrt{n}} \leq m \leq \overline{x}+2.58\dfrac{\sigma}{\sqrt{n}}$

마플해설

표본평균을 이용하여 모평균을 추정하는 방법을 알아보자.

정규분포 $N(m, \sigma^2)$을 따르는 모집단에서 크기가 n인 표본을 임의추출할 때 표본평균 $\overline{X}$는 정규분포 $N\left(m, \dfrac{\sigma^2}{n}\right)$을 따른다.

모평균 m에 대한 신뢰도 95%의 신뢰구간	모평균 m에 대한 신뢰도 99%의 신뢰구간
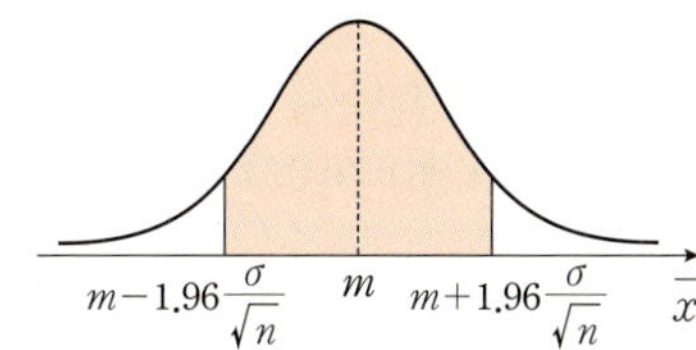	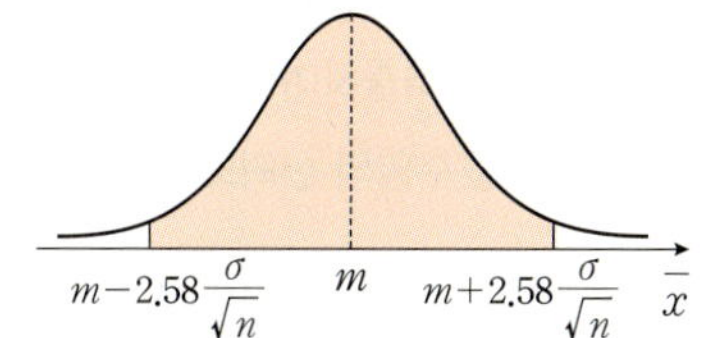
$P(-1.96 \leq Z \leq 1.96)=0.95$	$P(-2.58 \leq Z \leq 2.58)=0.99$
$\Longleftrightarrow P\left(-1.96 \leq \dfrac{\overline{X}-m}{\frac{\sigma}{\sqrt{n}}} \leq 1.96\right)=0.95$	$\Longleftrightarrow P\left(-2.58 \leq \dfrac{\overline{X}-m}{\frac{\sigma}{\sqrt{n}}} \leq 2.58\right)=0.99$
$\Longleftrightarrow P\left(\overline{X}-1.96\dfrac{\sigma}{\sqrt{n}} \leq m \leq \overline{X}+1.96\dfrac{\sigma}{\sqrt{n}}\right)=0.95$	$\Longleftrightarrow P\left(\overline{X}-2.58\dfrac{\sigma}{\sqrt{n}} \leq m \leq \overline{X}+2.58\dfrac{\sigma}{\sqrt{n}}\right)=0.99$
$\Longleftrightarrow$ 모평균 m이 $\overline{X}-1.96\dfrac{\sigma}{\sqrt{n}}$ 이상 $\overline{X}+1.96\dfrac{\sigma}{\sqrt{n}}$ 이하인 범위에 포함될 확률이 0.95임을 나타낸다.	$\Longleftrightarrow$ 모평균 m이 $\overline{X}-2.58\dfrac{\sigma}{\sqrt{n}}$ 이상 $\overline{X}+2.58\dfrac{\sigma}{\sqrt{n}}$ 이하인 범위에 포함될 확률이 0.99임을 나타낸다.
여기서 모집단으로부터 크기가 n인 표본을 임의추출하여 실제로 얻은 표본평균 $\overline{X}$의 값을 $\overline{x}$라고 할 때, $$\overline{x}-1.96\dfrac{\sigma}{\sqrt{n}} \leq m \leq \overline{x}+1.96\dfrac{\sigma}{\sqrt{n}}$$ 를 모평균 m의 신뢰도 95%의 신뢰구간이라고 한다.	여기서 모집단으로부터 크기가 n인 표본을 임의추출하여 실제로 얻은 표본평균 $\overline{X}$의 값을 $\overline{x}$라고 할 때, $$\overline{x}-2.58\dfrac{\sigma}{\sqrt{n}} \leq m \leq \overline{x}+2.58\dfrac{\sigma}{\sqrt{n}}$$ 를 모평균 m의 신뢰도 99%의 신뢰구간이라고 한다.

FOCUS

모평균 m에 대한 신뢰도 95%인 신뢰구간의 의미

표본평균 $\overline{X}$는 확률변수이므로 추출되는 표본에 따라 그 값이 달라지고 신뢰구간도
달라진다. 이렇게 해서 구한 신뢰구간 중에는 오른쪽 그림과 같이 모평균 m을 포함
하는 것과 포함하지 않는 것이 있을 수 있다.

모평균 m에 대한 신뢰도 95%의 신뢰구간이라는 말은 모집단으로부터 크기가 n인
표본을 여러 번 추출하여 신뢰구간을 만드는 일을 반복할 때, 구한 신뢰구간 중에서
약 95%가 모평균 m을 포함할 것으로 기대된다는 것을 뜻한다. 즉, 100개의 표본을
추출하여 신뢰구간을 만들 때, 모평균 m을 포함하는 것이 약 95개라는 것을 의미한다.

오른쪽 그림에서 표본평균 $\overline{X}$의 값을 $\overline{x_1}$, $\overline{x_2}$, $\overline{x_4}$, $\cdots$로 계산한 신뢰구간은 m을 포함
하고, $\overline{x_3}$, $\overline{x_5}$, $\cdots$로 계산한 신뢰구간은 m을 포함하지 않는다.

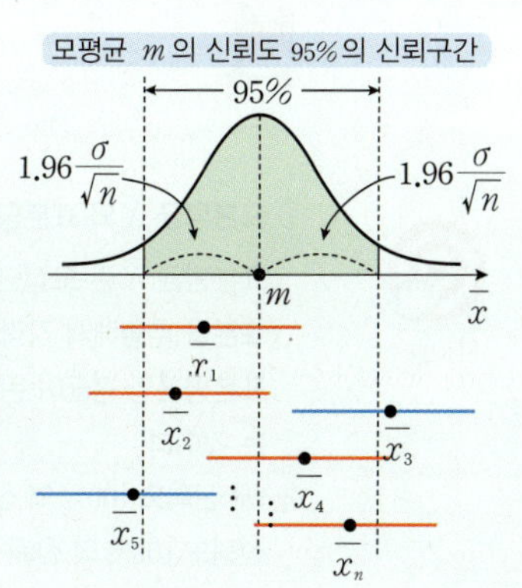

어느 전자회사의 폴더블폰의 무게는 평균이 mg, 표준편차가 5g인 정규분포를 따른다고 한다. 이 전자회사의 폴더블폰 25개를 임의 추출하여 무게를 조사하였더니 그 평균이 500g이었다. 이때 모평균 m을 구하여라.

(1) 신뢰도 95% 신뢰구간   (2) 신뢰도 99% 신뢰구간

주어진 조건에서 $n=25$, $\overline{x}=500$, $\sigma=5$이다.

(1) 모평균 m의 신뢰도 95%인 신뢰구간은

$$500-1.96\times\frac{5}{\sqrt{25}}\leq m\leq 500+1.96\times\frac{5}{\sqrt{25}}$$

$$\therefore\ 498.04\leq m\leq 501.96$$

(2) 모평균 m의 신뢰도 99%인 신뢰구간은

$$500-2.58\times\frac{5}{\sqrt{25}}\leq m\leq 500+2.58\times\frac{5}{\sqrt{25}}$$

$$\therefore\ 497.42\leq m\leq 502.58$$

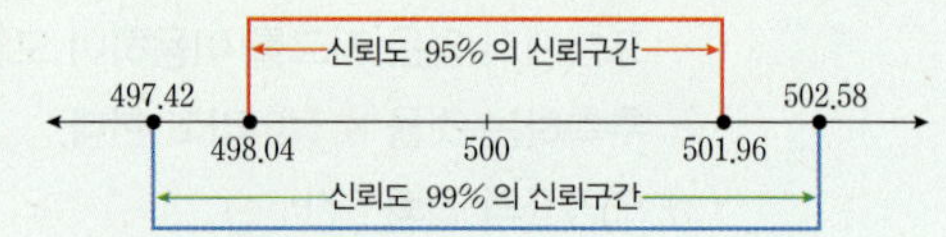

신뢰도 95%의 신뢰구간의 길이는 $501.96-498.04=3.92$
신뢰도 99%의 신뢰구간의 길이는 $502.58-497.42=5.16$
이므로 신뢰도가 커질수록 신뢰구간의 길이는 길어진다.

모표준편차가 주어지지 않은 경우 신뢰구간을 구하는 방법
모평균의 신뢰구간을 구할 때, 모표준편차 σ의 값을 알 수 없는 경우가 많다.
이 경우 표본의 크기 n이 충분히 크면 표본표준편차의 값 s는 모표준편차 σ와 큰 차이가 없음이 알려져 있다.
따라서 n이 충분히 크면 모표준편차 σ대신에 표본표준편차의 값 s를 이용하여 신뢰구간을 구할 수 있다.

다음 물음에 답하여라.

(1) 어느 공장에서 생산되는 건전지의 수명은 정규분포를 따른다고 한다. 이 공장에서 생산된 건전지 중에서 36개를 임의 추출하여 그 수명을 조사하였더니, 평균이 30시간, 표준편차가 3시간이었다. 이 공장에서 생산되는 건전지의 평균수명의 신뢰도 95%인 신뢰구간을 구하여라. (단, $\mathrm{P}(|Z|\leq 1.96)=0.95$)

(2) 어느 학교 학생 100m달리기 기록은 정규분포를 따른다고 한다. 이 학교 학생 중 64명을 임의추출하여 100m달리기 기록을 측정하였더니 평균이 16초, 표준편차가 4초였다. 이 학교 학생의 100m 달리기 기록의 평균 m초를 신뢰도 99%로 추정한 신뢰구간을 구하여라. (단, $\mathrm{P}(|Z|\leq 2.58)=0.99$)

(1) $n=36$, $\overline{x}=30$, $s=3$ 이며 건전지의 평균수명의 신뢰도 95%인 신뢰구간은

표본의 크기 $n=36$이 충분히 크므로 모표준편차 σ 대신 표본표준편차 $s=3$을 사용하여 신뢰구간을 구할 수 있다.

$$30-1.96\times\frac{3}{\sqrt{36}}\leq m\leq 30+1.96\times\frac{3}{\sqrt{36}}$$

$$\therefore\ 29.02\leq m\leq 30.98\ \text{(단위 :시간)}$$

(2) $n=64$, $\overline{x}=16$, $s=4$ 이며 100m 달리기 기록의 신뢰도 99%인 신뢰구간은

표본의 크기 $n=64$이 충분히 크므로 모표준편차 σ대신 표본표준편차 $s=4$를 사용하여 신뢰구간을 구할 수 있다.

$$16-2.58\times\frac{4}{\sqrt{64}}\leq m\leq 16+2.58\times\frac{4}{\sqrt{64}}$$

$$\therefore\ 14.71\leq m\leq 17.29\ \text{(단위 :초)}$$

① **표본평균 $\overline{X}$와 표본평균의 평균 $\mathrm{E}(\overline{X})$ 비교**
표본평균 $\overline{X}$란 모집단에서 표본 하나만 추출해서 그 표본 내에서 평균을 낸 것이고, 표본평균의 평균 $\mathrm{E}(\overline{X})$는 여러 가지 표본을 추출해서 각각의 표본의 평균을 구한 후 그 평균들의 평균을 구한 것이다. 둘 중에서 모평균 m과 같은 것은 당연히 표본평균의 평균이 된다. 표본 하나를 추출해서 평균을 내면 원래의 모평균과 같지 않다. 그래서 모평균 m은 '구간' 만 추정하는 것이다.
② **왜! 신뢰도 100%의 신뢰구간을 사용하지 않는가?**
신뢰도 100%의 신뢰구간은 표본의 전체범위를 생각하므로 표본의 의미 있는 정보를 주지 못하게 된다.

$\mathrm{P}(|Z| \le k) = \dfrac{\alpha}{100}$ 를 만족시키는 양수 k에 대하여 크기가 n인 표본의 표본평균을 $\overline{x}$라 할 때, 모평균 m에 대한

신뢰도 $\alpha\%$의 신뢰구간은 $\overline{x} - k \times \dfrac{\sigma}{\sqrt{n}} \le m \le \overline{x} + k \times \dfrac{\sigma}{\sqrt{n}}$ 이므로

신뢰구간의 길이 l는 $l = 2k\dfrac{\sigma}{\sqrt{n}}$

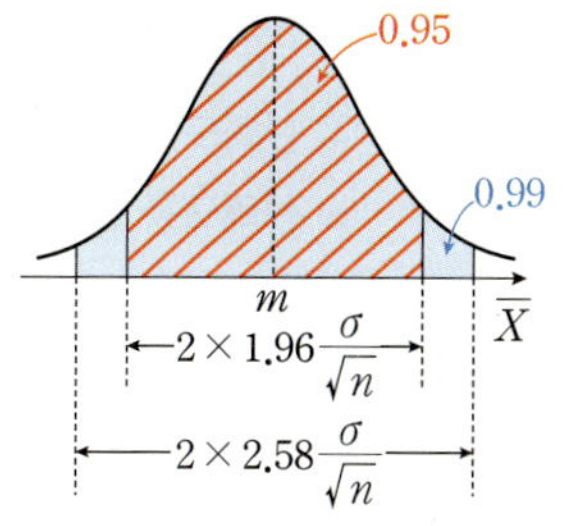

	신뢰도 95%	신뢰도 99%
신뢰구간의 길이	$2 \times 1.96 \dfrac{\sigma}{\sqrt{n}}$	$2 \times 2.58 \dfrac{\sigma}{\sqrt{n}}$

(1) 신뢰구간의 길이 l은 신뢰도 $\alpha\%$ (k)에 비례한다.

> **표본의 크기 n이 일정할 때**
> ① 신뢰도 α의 값이 커질수록 (k의 값이 커진다) 신뢰구간의 길이 l은 길어진다.
> ② 신뢰도 α의 값이 작을수록 (k의 값이 작아진다) 신뢰구간의 길이 l은 짧아진다.

$l = 2k\dfrac{\sigma}{\sqrt{n}}$

(2) 신뢰구간의 길이 l은 $\sqrt{n}$에 반비례 한다.

> **신뢰도가 일정할 때 (k의 값이 일정하다.)**
> ① 표본의 크기 n의 값이 커질수록 신뢰구간의 길이 l은 짧아진다.
> ② 표본의 크기 n의 값이 작을수록 신뢰구간의 길이 l은 길어진다.

$l = 2k\dfrac{\sigma}{\sqrt{n}}$

(3) 신뢰도와 모표준편차가 일정할 때, 표본의 크기를 p배 하면 신뢰구간의 길이는 $\dfrac{1}{\sqrt{p}}$배이다.

> 신뢰구간의 길이 $2k\dfrac{\sigma}{\sqrt{n}}$ ⇨ 신뢰도 α가 높으면 k의 값은 커지고, 표본의 크기가 작아지면 $\dfrac{1}{\sqrt{n}}$의 값이 커진다. 신뢰구간의 길이는 모평균 m과 표본평균 $\overline{x}$와 관련이 없다.

마플해설

(1) 모표준편차 σ의 값이 정해져 있고, 표본의 크기 n이 일정할 때,

　① 신뢰도 95%일 때, 신뢰구간의 길이 ⇨ $2 \times 1.96 \dfrac{\sigma}{\sqrt{n}}$

　② 신뢰도 99%일 때, 신뢰구간의 길이 ⇨ $2 \times 2.58 \dfrac{\sigma}{\sqrt{n}}$

즉, 신뢰도 99%일 때의 신뢰구간의 길이가 95%일 때의 신뢰구간의 길이보다 약 1.3배 더 길다.

(2) 신뢰도와 모표준편차가 일정할 때,

　① 신뢰구간의 길이를 $\dfrac{1}{k}$배로 짧게 하면 ⇨ 표본의 크기를 k^2배로 크게 된다.

　② 신뢰구간의 길이를 k배로 길게 하면 ⇨ 표본의 크기를 $\dfrac{1}{k^2}$배로 작게 된다.

보기 03 정규분포를 따르는 어떤 모집단에서 표준편차가 100일 때, 표본평균 $\overline{x}$로 모평균 m을 추정할 때,

다음 물음에 답하여라. (단, $\mathrm{P}(|Z| \le 1.96) = 0.95$, $\mathrm{P}(|Z| \le 2.58) = 0.99$)

(1) 표본의 크기가 400이고 신뢰도 95%인 경우 신뢰구간의 길이를 구하여라.

(2) 표본의 크기가 16이고 신뢰도 99%인 경우 신뢰구간의 길이를 구하여라.

풀이

(1) $n = 400$, $\sigma = 100$이므로 신뢰구간의 길이는 $2 \times 1.96 \times \dfrac{100}{\sqrt{400}} = 19.6$

(2) $n = 16$, $\sigma = 100$이므로 신뢰구간의 길이는 $2 \times 2.58 \times \dfrac{100}{\sqrt{16}} = 129$

신뢰도를 높이면서 표본의 크기를 크게 하면 신뢰구간의 길이는 길어진다. [거짓]

신뢰도가 높아질수록 신뢰구간의 길이는 길어지고, 표본의 크기를 크게 하면 신뢰구간의 길이는 짧아지므로

신뢰도를 높이면서 표본의 크기를 크게 할 때, 신뢰구간의 길이는 짧아질 수도, 길어질 수도 있으므로 알 수 없다.

FOCUS

 정규분포를 따르는 모집단에서 표본을 임의추출하여 모평균을 추정할 때, 다음 설명 중 참, 거짓을 표시하여라.

① 신뢰구간의 길이는 모평균의 값과 관계가 없다.

② 표본평균이 커지면 신뢰구간의 길이가 길어진다.

③ 신뢰도가 일정할 때, 표본의 크기를 100배하면 신뢰구간의 길이는 $\dfrac{1}{10}$배가 된다.

④ 신뢰도를 높일 때, 신뢰구간의 길이를 일정하게 하려면 표본의 크기를 작게 하면 된다.

⑤ 신뢰도를 높이면서 표본의 크기를 크게 하면 신뢰구간의 길이는 길어진다.

 정규분포 $N(m, \sigma^2)$를 따르는 모집단에서 크기가 n인 표본을 임의추출하여 신뢰도 $\alpha\%$로 추정한 모평균 m에 대한 신뢰구간의 길이는 $2k\dfrac{\sigma}{\sqrt{n}}$이다. (단, $P(|Z| \le k) = \dfrac{\alpha}{100}$)

① 신뢰구간의 길이는 모평균의 값과 관계없고 신뢰도, 표본의 크기, 모표준편차에 따라 달라진다. [참]

② 신뢰구간의 길이는 표본평균의 값과 관계없고 신뢰도, 표본의 크기, 모표준편차에 따라 달라진다. [거짓]

③ 신뢰도가 일정할 때, 표본의 크기를 100배하면 신뢰구간의 길이는 $\dfrac{1}{10}$배가 된다. [참]

④ 신뢰도 α를 높일 때, 신뢰구간의 길이를 일정하게 하려면 표본의 크기를 크게 해야 한다. [거짓]

⑤ 신뢰도가 높아질수록 신뢰구간의 길이는 길어지고 표본의 크기를 크게 하면 신뢰구간의 길이는 짧아지므로 신뢰도를 높이면서 표본의 크기를 크게 할 때, 신뢰구간의 길이는 짧아질 수도, 길어질 수도 있으므로 알 수 없다. [거짓]

 정규분포를 따르는 모집단에서 표본을 임의추출하여 모평균을 추정할 때, 다음 설명 중 참, 거짓을 표시하여라.

① 표본의 크기가 일정할 때, 신뢰도가 높아지면 신뢰구간의 길이는 길어진다.

② 신뢰도가 일정할 때, 표본의 크기를 크게 하면 신뢰구간의 길이는 길어진다.

③ 신뢰도를 낮추면서 표본의 크기를 크게 하면 신뢰구간의 길이는 짧아진다.

④ 신뢰도를 높이면서 표본의 크기를 크게 하면 신뢰구간의 길이는 커진다.

⑤ 동일한 표본을 사용할 때, 신뢰도 99%인 신뢰구간은 신뢰도 95%인 신뢰구간을 포함한다.

⑥ 신뢰도가 일정할 때, 표본의 크기가 4배가 되면 신뢰구간의 길이는 2배가 된다.

 정규분포 $N(m, \sigma^2)$를 따르는 모집단에서 크기가 n인 표본을 임의추출하여 신뢰도 $\alpha\%$로 추정한 모평균 m에 대한 신뢰구간의 길이는 $2k\dfrac{\sigma}{\sqrt{n}}$이다.

① 표본의 크기가 일정할 때, 신뢰도 α가 높아지면 k의 값은 커지므로 신뢰구간의 길이 $2k\dfrac{\sigma}{\sqrt{n}}$는 길어진다. [참]

② 신뢰도가 일정할 때, 표본의 크기를 크게 하면 $\dfrac{1}{\sqrt{n}}$의 값이 작으므로 신뢰구간의 길이 $2k\dfrac{\sigma}{\sqrt{n}}$의 값은 짧아진다. [거짓]

③ 신뢰도 α를 낮추면서 표본의 크기를 크게 하면 k의 값은 작아지고 $\dfrac{1}{\sqrt{n}}$의 값도 작아지므로 신뢰구간의 길이 $2k\dfrac{\sigma}{\sqrt{n}}$의 값은 짧아진다. [참]

④ 신뢰도 α를 높이면서 표본의 크기를 크게 하면 k의 값은 커지고 $\dfrac{1}{\sqrt{n}}$의 값은 작아지므로 신뢰구간의 길이 $2k\dfrac{\sigma}{\sqrt{n}}$의 값이 커진다고 할 수 없다. [거짓]

⑤ 동일한 표본을 사용할 때, 신뢰도 α를 높일수록 신뢰구간의 길이가 길어지므로 신뢰도 99%의 신뢰구간은 신뢰도 95%인 신뢰구간을 포함한다. [참]

⑥ 표본의 크기가 4배가 되면 신뢰구간의 길이는 $\dfrac{1}{2}$배가 된다. [거짓] $\leftarrow 2k\dfrac{10}{\sqrt{4n}} = 2k\dfrac{10}{\sqrt{n}} \times \dfrac{1}{2}$

어느 게임회사의 사원들의 하루 운동시간은 모평균이 m분이고 **모표준편차가 10분**인 정규분포를 따른다고 한다.
이 게임회사에서 사원 n명을 임의추출하여 하루 운동시간을 조사하였더니, 평균이 42분이었다.
이 게임회사 사원들의 하루 운동 시간의 모평균 m에 대한 신뢰도 95%인 신뢰구간이 $38.08 \leq m \leq 45.92$일 때,
n의 값을 구하여라. (단, $\mathrm{P}(|Z| \leq 1.96) = 0.95$)

MAPL CORE 모표준편차가 σ인 모집단에서 크기가 n인 표본을 임의추출하여 구한 표본평균이 $\overline{x}$일 때, 모평균 m에 대한 신뢰도 95%의
신뢰구간 $\Rightarrow \overline{x} - 1.96 \dfrac{\sigma}{\sqrt{n}} \leq m \leq \overline{x} + 1.96 \dfrac{\sigma}{\sqrt{n}}$

개념익힘│풀이 표본평균 $\overline{x} = 42$, 모표준편차 $\sigma = 10$, 표본의 크기 n
이므로 모평균 m에 대하여 신뢰도 95%인 신뢰구간은

$$42 - 1.96 \times \frac{10}{\sqrt{n}} \leq m \leq 42 + 1.96 \times \frac{10}{\sqrt{n}}$$

이때 신뢰구간이 $38.08 \leq m \leq 45.92$이므로

$$42 - 1.96 \times \frac{10}{\sqrt{n}} = 38.08 \ \text{또는}$$

$$42 + 1.96 \times \frac{10}{\sqrt{n}} = 45.92$$

즉 $1.96 \times \dfrac{10}{\sqrt{n}} = 3.92$이므로 $\sqrt{n} = 5$ $\therefore n = 25$

다른풀이 신뢰구간의 길이를 이용하여 풀이하기
모평균 m에 대하여 신뢰도 95%인 신뢰구간은

$$42 - 1.96 \times \frac{\sigma}{\sqrt{n}} \leq m \leq 42 + 1.96 \times \frac{\sigma}{\sqrt{n}}$$

$$\left(42 + 1.96 \times \frac{\sigma}{\sqrt{n}}\right) - \left(42 - 1.96 \times \frac{\sigma}{\sqrt{n}}\right) = 2 \times 1.96 \times \frac{\sigma}{\sqrt{n}}$$

신뢰구간이 $38.08 \leq m \leq 45.92$이므로

$$2 \times 1.96 \times \frac{\sigma}{\sqrt{n}} = 45.92 - 38.08, \ 3.92 \times \frac{\sigma}{\sqrt{n}} = 7.84$$

이때 $\sigma = 10$이므로 $2 = \dfrac{10}{\sqrt{n}}$

따라서 $\sqrt{n} = 5$이므로 $n = 25$

확인유제 0730 어느 종편방송사의 8시뉴스의 방송 시간은 평균이 m분, **표준편차가 2분**인 정규분포를 따른다고 한다.
방송된 8시뉴스를 대상으로 크기가 n인 표본을 임의추출하여 방송 시간을 조사하였더니 평균이 50분이었다.
방송된 8시뉴스의 평균 방송시간 m에 대한 신뢰도 95%로 추정한 신뢰구간은 $49.02 \leq m \leq 50.98$이다.
n의 값을 구하여라. (단, $\mathrm{P}(|Z| \leq 1.96) = 0.95$)

변형문제 0731
2019학년도 수능기출

어느 마을에서 수확하는 수박의 무게는 평균이 $m$kg, **표준편차가 1.4kg**인 정규분포를 따른다고 한다.
이 마을에서 수확한 수박 중에서 49개를 임의추출하여 얻은 표본평균을 이용하여 이 마을에서 수확하는 수박의
무게의 평균 m에 대한 신뢰도 95%의 신뢰구간을 구하면 $a \leq m \leq 7.992$이다. a의 값은?
(단, Z가 표준정규분포를 따르는 확률변수일 때, $\mathrm{P}(|Z| \leq 1.96) = 0.95$로 계산한다.)

① 7.198　　　② 7.208　　　③ 7.218　　　④ 7.228　　　⑤ 7.238

발전문제 0732
2015학년도 09월 평가원

다음 물음에 답하여라.
(1) 어느 나라에서 작년에 운행된 택시의 연간 주행거리는 모평균이 m인 정규분포를 따른다고 한다. 이 나라에서 작년에 운행된 택시 중에서 16대를 임의추출하여 구한 연간주행거리의 표본평균이 $\overline{x}$이고, 이 결과를 이용하여 신뢰도 95%로 추정한 m에 대한 신뢰 구간이 $\overline{x} - c \leq m \leq \overline{x} + c$이었다. 이 나라에서 작년에 운행된 택시 중에서 임의로 1대를 선택할 때, **이 택시의 연간 주행거리가 $m + c$ 이하일 확률**을 오른쪽 표준정규분포표를 이용하여 구하여라. (단, 주행거리의 단위는 km이다.)

z	$\mathrm{P}(0 \leq Z \leq z)$
0.49	0.1879
0.98	0.3365
1.47	0.4292
1.96	0.4750

(2) 어느 분식점에서 판매하는 고기만두의 무게는 모평균이 m이고, 모표준편차가 σ인 정규분포를 따른다고 한다. 이 분식집에서 판매하는 고기만두 중 36개를 임의추출하여 구한 무게의 표본평균의 값이 $\overline{x}$이고, 이를 이용하여 구한 모평균 m에 대한 신뢰도 99%의 신뢰구간이 $\overline{x} - c \leq m \leq \overline{x} + c$이다. 이 분식집에서 판매하는 고기만두 중 **임의추출한 64개의 고기만두의 무게의 평균이 $m + \dfrac{1}{2}c$ 이상일 확률**을 다음 표준정규분포표를 이용하여 구하여라. (단, 무게의 단위는 g이다.)

z	$\mathrm{P}(0 \leq Z \leq z)$
0.98	0.3365
1.29	0.4015
1.72	0.4573
1.96	0.4750
2.58	0.4950

정답 0730 : 16　　0731 : ②　　0732 : (1) 0.6879 (2) 0.0427

어느 공장에서 생산되는 스마트폰의 무게는 평균이 mg인 정규분포를 따른다고 한다. 이 공장에서 생산된 스마트폰 400개의 무게를 측정하였더니 평균이 540g, **표준편차가 20g**이었다. 이 공장에서 생산되는 스마트폰 전체 무게의 평균 m에 대한 신뢰도 95%의 신뢰구간을 구하여라.

(단, Z가 표준정규분포를 따르는 확률변수일 때, $\mathrm{P}(|Z| \leq 1.96) = 0.95$로 계산한다.)

MAPL **CORE**

일반적으로 모평균의 신뢰구간을 구할 때, 모표준편차 σ를 모르는 경우가 많다.
이때 표본의 크기 n이 충분히 크면 표본표준편차의 값 s는 모표준편차 σ와 큰 차이가 없음이 알려져 있다.
따라서 n이 충분히 크면 모표준편차 σ 대신에 표본표준편차의 값 s를 이용하여 신뢰구간을 구할 수 있다.

개념익힘 | 풀이　표본의 크기 $n = 400$, 표본평균 $\overline{x} = 540$, 표본표준편차 $s = 20$

이때 표본의 크기 $n = 400$이 충분히 크므로 모표준편차 σ 대신 표본표준편차 $s = 20$을 사용하여 신뢰구간을 구할 수 있다.

모평균 m에 대하여 신뢰도 95%인 신뢰구간은

$$540 - 1.96\frac{20}{\sqrt{400}} \leq m \leq 540 + 1.96\frac{20}{\sqrt{400}}$$

$$540 - 1.96 \leq m \leq 540 + 1.96$$

따라서 $538.04 \leq m \leq 541.96$

확인유제 0733　어느 회사에서 생산되는 휴대 전화의 배터리 사용시간은 정규분포를 따른다고 한다. 이 회사에서 생산된 휴대 전화 169대를 임의추출하여 배터리 사용시간을 조사하였더니 평균이 100시간이고 **표준편차가 13시간**이었다. 이 휴대전화의 배터리 사용시간의 모평균 m에 대한 신뢰도 99%의 신뢰구간을 구하여라.

(단, Z가 표준정규분포를 따르는 확률변수일 때, $\mathrm{P}(|Z| \leq 2.58) = 0.99$이다.)

변형문제 0734
2007학년도 수능기출

어느 공장에서 생산되는 탁구공을 일정한 높이에서 강철바닥에 떨어뜨렸을 때 탁구공이 튀어 오른 높이는 정규분포를 따른다고 한다. 이 공장에서 생산된 탁구공 중 임의추출한 100개에 대하여 튀어 오른 높이를 측정하였더니 평균이 245, **표준편차가 20**이었다.

이 공장에서 생산되는 탁구공 전체의 튀어 오른 높이의 평균에 대한 신뢰도 95%의 신뢰구간에 속하는 정수의 개수는? (단, 높이의 단위는 mm이고, Z가 표준정규분포를 따를 때, $\mathrm{P}(0 \leq Z \leq 1.96) = 0.4750$이다.)

① 5　　　　② 6　　　　③ 7　　　　④ 8　　　　⑤ 9

발전문제 0735
2013년 10월 교육청

다음 물음에 답하여라.

(1) 어느 밭에서 수확한 딸기의 무게는 정규분포를 따른다고 한다. 이 딸기 중에서 임의추출한 n개의 무게를 조사하였더니 평균이 20g, **표준편차가 5g**이었다. 이 결과를 이용하여 이 밭에서 수확한 딸기 무게의 평균을 신뢰도 95%로 추정한 신뢰구간이 $19.02 \leq m \leq a$이다. $n + a$의 값은?

(단, 표준정규분포를 따르는 확률변수 Z에 대하여 $\mathrm{P}(0 \leq Z \leq 1.96) = 0.4750$이다.)

① 84.98　　② 85.96　　③ 101.02　　④ 120.98　　⑤ 121.96

(2) 어느 분식점에서 판매하는 떡볶이의 열량은 정규분포를 따른다고 한다. 이 분식점에서 판매하는 떡볶이 n 그릇을 임의추출하여 그 열량을 조사하였더니 평균이 150kcal, **표준편차가 12kcal**였다. 이 분식점에서 판매하는 떡볶이 열량의 평균 $m$kcal을 신뢰도 95%로 추정한 신뢰구간이 $146.08 \leq m \leq a$일 때, $n + a$의 값은?

(단, $\mathrm{P}(|Z| \leq 1.96) = 0.95$)

① 100.98　　② 120.96　　③ 140.92　　④ 160.92　　⑤ 189.92

정답　　0733 : $97.42 \leq m \leq 102.58$　　0734 : ③　　0735 : (1) ④ (2) ⑤

모평균이 m, **모표준편차가 σ**인 정규분포를 따르는 모집단에서 크기가 36인 표본을 임의추출하여 얻은 표본평균으로부터 구한 모평균 m에 대한 신뢰도 99%의 신뢰구간이 $58.56 \le m \le 65.44$이다. σ의 값의 구하여라.
(단, Z가 표준정규분포를 따르는 확률변수일 때, $P(|Z| \le 2.58) = 0.99$로 계산한다.)

MAPL CORE

모표준편차가 σ인 모집단에서 크기가 n인 표본을 임의추출하여 구한 표본평균이 $\bar{x}$일 때,

모평균 m에 대한 신뢰도 95%의 신뢰구간 $\Rightarrow \bar{x} - 1.96\dfrac{\sigma}{\sqrt{n}} \le m \le \bar{x} + 1.96\dfrac{\sigma}{\sqrt{n}}$

모평균 m에 대한 신뢰도 99%의 신뢰구간 $\Rightarrow \bar{x} - 2.58\dfrac{\sigma}{\sqrt{n}} \le m \le \bar{x} + 2.58\dfrac{\sigma}{\sqrt{n}}$

개념익힘 | 풀이

크기가 36인 표본으로부터 구한 표본평균의 값을 $\bar{x}$라 하면 모평균 m에 대한 신뢰도 99%의 신뢰구간은

$\bar{x} - 2.58 \times \dfrac{\sigma}{\sqrt{36}} \le m \le \bar{x} + 2.58 \times \dfrac{\sigma}{\sqrt{36}}$ 이므로 신뢰구간이 $58.56 \le m \le 65.44$와 일치한다.

$\bar{x} - 2.58 \times \dfrac{\sigma}{\sqrt{36}} = 58.56$ ⋯⋯ ㉠

$\bar{x} + 2.58 \times \dfrac{\sigma}{\sqrt{36}} = 65.44$ ⋯⋯ ㉡

㉡ − ㉠에서 $2 \times 2.58 \times \dfrac{\sigma}{\sqrt{36}} = 65.44 - 58.56 = 6.88$

따라서 $0.86 \times \sigma = 6.88$이므로 $\sigma = 8$

확인유제 0736
2012학년도 수능기출

어느 회사에서 생산하는 음료수 1병에 들어 있는 칼슘 함유량은 모평균이 m, 모표준편차가 σ인 정규분포를 따른다고 한다. 이 회사에서 생산한 음료수 16병을 임의추출하여 칼슘 함유량을 측정한 결과 표본평균이 12.34이었다. 이 회사에서 생산한 음료수 1병에 들어있는 칼슘 함유량의 모평균 m에 대한 신뢰도 95%의 신뢰구간이 $11.36 \le m \le a$일 때, $a + \sigma$의 값은?
(단, Z가 표준정규분포를 따를 때, $P(0 \le Z \le 1.96) = 0.4750$이고, 칼슘 함유량의 단위는 mg이다.)

① 14.32　　② 14.82　　③ 15.32　　④ 15.82　　⑤ 16.32

변형문제 0737
2018학년도 09월 평가원

어느 회사에서 생산하는 초콜릿 한 개의 무게는 평균이 m, 표준편차가 σ인 정규분포를 따른다고 한다. 이 회사에서 생산하는 초콜릿 중에서 임의추출한 크기가 49인 표본을 조사하였더니 초콜릿 무게의 표본평균의 값이 $\bar{x}$이었다. 이결과를 이용하여 이 회사에서 생산하는 초콜릿 한 개의 무게의 평균 m에 대한 신뢰도 95%의 신뢰구간을 구하면 $1.73 \le m \le 1.87$이다. $\dfrac{\sigma}{\bar{x}} = k$일 때, $180k$의 값을 구하여라.
(단, 무게의 단위는 g이고, Z가 표준정규분포를 따를 때 $P(0 \le Z \le 1.96) = 0.475$로 계산한다.)

발전문제 0738
2019학년도 수능기출

어느 지역 주민들의 하루 여가 활동 시간은 평균이 m분, **표준편차가 σ분**인 정규분포를 따른다고 한다. 이 지역 주민 중 16명을 임의추출하여 구한 하루 여가 활동 시간의 표본평균이 75분일 때, 모평균 m에 대한 신뢰도 95%의 신뢰구간이 $a \le m \le b$이다. 이 지역 주민 중 16명을 다시 임의추출하여 구한 하루 여가 활동 시간의 표본평균이 77분일 때, 모평균 m에 대한 신뢰도 99%의 신뢰구간이 $c \le m \le d$이다. $d - b = 3.86$을 만족시키는 σ의 값을 구하여라. (단, Z가 표준정규분포를 따르는 확률변수일 때, $P(|Z| \le 1.96) = 0.95$, $P(|Z| \le 2.58) = 0.99$로 계산한다.)

정답　0736 : ③　　0737 : 25　　0738 : 12

어느 아이스크림 공장에서 만든 아이스크림 무게는 표준편차가 4g인 정규분포를 따른다고 한다.
이 공장에서 만든 아이스크림의 무게의 평균 mg을 신뢰도 95%로 추정한 신뢰구간이 $a \leq m \leq b$일 때,
$b-a$의 값이 0.4 이하가 되도록 하려면 적어도 몇 개의 아이스크림을 조사하여야 하는지 구하여라.

MAPL CORE

신뢰도, 표본의 크기, 신뢰구간 사이의 관계

95% 신뢰도의 신뢰구간 $l_1 = 2 \times 1.96 \times \dfrac{\sigma}{\sqrt{n}}$

99% 신뢰도의 신뢰구간 $l_2 = 2 \times 2.58 \times \dfrac{\sigma}{\sqrt{n}}$

참고 $\alpha\%$ 신뢰도의 신뢰구간의 길이 l은
$\Rightarrow l = 2 \times k \dfrac{\sigma}{\sqrt{n}}$ (단, $\mathrm{P}(|Z| \leq k) = \dfrac{\alpha}{100}$)

개념익힘 | 풀이   모표준편차 $\sigma = 4$, 표본의 크기를 n, 표본평균을 $\overline{x}$이라 하면

모평균 m에 대하여 신뢰도 95%인 신뢰구간은 $\overline{x} - 1.96\dfrac{4}{\sqrt{n}} \leq m \leq \overline{x} + 1.96\dfrac{4}{\sqrt{n}}$

이므로 신뢰구간의 길이는 $b - a = 2 \times 1.96 \times \dfrac{4}{\sqrt{n}}$

신뢰구간의 길이가 0.4 이하이려면 $2 \times 1.96 \times \dfrac{4}{\sqrt{n}} \leq 0.4$

$\sqrt{n} \geq 39.2$에서 $n \geq 1536.64$

따라서 n의 최솟값은 1537이므로 적어도 1537개의 아이스크림을 조사한다.

확인유제 0739   표준편차가 2인 정규분포를 따르는 모집단에서 신뢰도 95%로 추정한 모평균 m의 신뢰구간이 $a \leq m \leq b$이다.
이때 $b - a$의 값이 0.98 이하가 되도록 하는 표본의 크기의 최솟값을 구하여라. (단, $\mathrm{P}(|Z| \leq 1.96) = 0.95$)

변형문제 0740   어느 농장에서 생산된 딸기의 당도는 모평균이 m브릭스, 모표준편차가 0.5브릭스인 정규분포를 따른다고 한다.
모평균 m을 신뢰도 95%로 추정할 때, 신뢰구간의 길이가 0.2 이하가 되기 위한 표본의 크기 n의 최솟값을 구하여라. (단, $\mathrm{P}(0 \leq Z \leq 1.96) = 0.4750$)

발전문제 0741   다음 물음에 답하여라.
(1) 어느 회사에서 생산하는 영양제에 들어 있는 칼슘의 양은 정규분포를 따른다. 이 회사에서 생산된 영양제
16정을 임의추출하여 모평균 m에 대한 신뢰도 95%인 신뢰구간을 구했더니 $125.85 \leq m \leq 130.75$이었다.
이 회사에서 생산된 영양제 100정을 임의추출하여 모평균 m에 대한 신뢰도 99%인 신뢰구간을 구할 때,
이 신뢰구간의 길이는? (단, $\mathrm{P}(|Z| \leq 1.96) = 0.95$, $\mathrm{P}(|Z| \leq 2.58) = 0.99$)

① 1.96　　② 1.99　　③ 2.58　　④ 2.99　　⑤ 3.14

(2) 어떤 공장에서 생산되는 전구의 수명은 표준편차가 10시간인 정규분포를 따른다. 이 공장에서 생산된 전구
100개의 수명을 조사하여 모집단의 평균을 신뢰도 95%로 추정하였고, 또 표본의 크기를 n으로 하여 모집단
의 평균을 신뢰도 99%로 추정하였다. 두 신뢰구간의 길이가 같을 때, n의 값은?
(단, $\mathrm{P}(|Z| \leq 2) = 0.95$, $\mathrm{P}(|Z| \leq 3) = 0.99$)

① 121　　② 144　　③ 169　　④ 196　　⑤ 225

정답   0739 : 64　　0740 : 97　　0741 : (1) ③ (2) ⑤

표준편차가 4인 정규분포를 따르는 모집단의 모평균 m을 크기가 16인 표본을 이용하여 신뢰도 $\alpha\%$로 추정하였더니 신뢰구간 $a \le m \le b$에서 $b-a$의 값이 1이었다. 같은 신뢰도로 추정한 모평균 m의 신뢰구간이 $c \le m \le d$라고 할 때, $d-c$의 값이 2가 되도록 하는 표본의 크기를 구하여라.

MAPL CORE

신뢰도, 표본의 크기, 신뢰구간 사이의 관계

95% 신뢰도의 신뢰구간 $l_1 = 2 \times 1.96 \times \dfrac{\sigma}{\sqrt{n}}$

99% 신뢰도의 신뢰구간 $l_2 = 2 \times 2.58 \times \dfrac{\sigma}{\sqrt{n}}$

> **참고** $\alpha\%$ 신뢰도의 신뢰구간의 길이 l은
> $$\Rightarrow l = 2 \times k \dfrac{\sigma}{\sqrt{n}} \quad (\text{단, } P(|Z| \le k) = \dfrac{\alpha}{100})$$

개념익힘 | 풀이

모집단의 분포가 정규분포 $N(m, 4^2)$을 따르고 표본의 크기가 16인 $\overline{X}$는 정규분포 $N\left(m, \dfrac{4^2}{16}\right)$,

즉 $N(m, 1)$을 따르므로 모평균 m에 대하여 $P(|Z| \le k) = \dfrac{\alpha}{100}$일 때,

신뢰도 $\alpha\%$의 신뢰구간 $a \le m \le b$에서 신뢰구간의 길이가 1이므로

$$b - a = 2k \times \dfrac{4}{\sqrt{16}} = 2k = 1 \quad \therefore k = \dfrac{1}{2}$$

이때 같은 신뢰도로 추정하므로 $k = \dfrac{1}{2}$, 신뢰도 $\alpha\%$의 신뢰구간 $c \le m \le d$에서 신뢰구간의 길이가 2이므로

$$d - c = 2k \times \dfrac{4}{\sqrt{n}} = 2\text{에 대입하면 } 1 \times \dfrac{4}{\sqrt{n}} = 2$$

$$\therefore n = 4$$

확인유제 0742 다음 표는 표준정규분포표의 일부분이다. 모표준편차가 10인 모집단에서 100개의 표본을 임의로 추출하였더니 모평균 m의 신뢰도 $\alpha\%$로 추정한 신뢰구간이 $25.54 \le m \le 28.46$이었을 때, α의 값은? (단, 표의 값은 $P(0 \le Z \le z)$를 나타낸다.)

z	0.04	0.05	0.06	0.07
1.3	0.4099	0.4115	0.4131	0.4147
1.4	0.4251	0.4265	0.4279	0.4292

① 74.16 ② 79.55 ③ 85.58 ④ 95 ⑤ 99

변형문제 0743 다음 물음에 답하여라.

(1) 정규분포를 따르는 모집단에서 크기가 100인 표본의 표본평균을 구하여 모평균을 추정하고 있다. 이때 신뢰도 95%로 모평균 m을 추정하였을 때의 신뢰구간의 길이는 l이었다. 모평균 m을 신뢰도 $\alpha\%$로 추정한 신뢰구간의 길이가 $\dfrac{l}{2}$일 때, 오른쪽 표준정규분포표를 이용하여 α의 값을 구하여라.

z	$P(0 \le Z \le z)$
0.98	0.335
1.96	0.475
2.58	0.495

2010년 04월 교육청

(2) 분산이 σ^2인 정규분포를 따르는 모집단에서 크기 n인 표본을 임의추출하여 모평균 m을 추정한 후 신뢰구간의 길이를 구하고자 한다. 오른쪽 표준정규분포표를 이용하여 구한 모평균 m에 대한 신뢰도 79.6%의 신뢰구간의 길이가 l이고, 모평균 m에 대한 신뢰도 $\alpha\%$의 신뢰구간의 길이는 $2l$이다. 이때 α의 값을 구하여라.

z	$P(0 \le Z \le z)$
1.27	0.3980
1.69	0.4545
1.96	0.4750
2.54	0.4945

발전문제 0744 표준편차가 8인 정규분포를 따르는 어느 모집단에서 크기가 144인 표본을 임의추출하여 구한 표본평균을 $\overline{x}$라 하자. 다음 조건을 만족시키는 상수 a의 값을 오른쪽 표준정규분포표를 이용하여 구하여라.

z	$P(0 \le Z \le z)$
1.28	0.4000
1.60	0.4452
1.92	0.4726
2.24	0.4875

(가) $P(Z \le a) = 0.90$

(나) 모평균 m을 신뢰도 $\alpha\%$로 추정한 신뢰구간이 $\overline{x} - a \le m \le \overline{x} + a$이다.

정답 0742 : ③   0743 : (1) 67 (2) 98.9   0744 : 94.52

정규분포 $N(m, \sigma^2)$을 따르는 모집단에서 크기가 n인 표본을 임의추출하여 구한 모평균 m에 대한 신뢰도 $\alpha\%$의 신뢰구간이 $a \le m \le b$일 때, [보기]에서 옳은 것만을 있는 대로 골라라.

(단, m, σ, α는 상수이고, Z가 표준정규분포를 따르는 확률변수일 때, $P(|Z| \le 1.96) = 0.95$로 계산한다.)

> ㄱ. 표본의 크기가 일정할 때, 신뢰도를 높게 하면 $b-a$의 값은 커진다.
> ㄴ. 신뢰도가 일정할 때, 표본의 크기를 크게 하면 $b-a$의 값은 작아진다.
> ㄷ. 신뢰도가 일정할 때, 표본의 크기를 2배로 늘리면 $b-a$의 값은 $\dfrac{1}{2}$배가 된다.
> ㄹ. $\alpha = 95$, $n = 196$일 때, $b-a < 0.5\sigma$이다.

MAPL CORE

$P(|Z| \le k) = \dfrac{\alpha}{100}$일 때, 모평균 m에 대한 신뢰도 $\alpha\%$의 신뢰구간 $\overline{x} - k \times \dfrac{\sigma}{\sqrt{n}} \le m \le \overline{x} + k \times \dfrac{\sigma}{\sqrt{n}}$

① 신뢰구간의 길이 $2k\dfrac{\sigma}{\sqrt{n}}$는 신뢰도 α가 높으면 k의 값은 커지고, 표본의 크기가 작아지면 $\dfrac{1}{\sqrt{n}}$의 값이 커진다.

② 신뢰구간의 길이는 모평균 m과 표본평균 $\overline{x}$와 관련이 없다.

개념익힘 | 풀이　$P(|Z| \le k) = \dfrac{\alpha}{100}$를 만족시키는 양수 k에 대하여 크기가 n인 표본의 표본평균 $\overline{x}$라 할 때,

모평균 m에 대한 신뢰도 $\alpha\%$의 신뢰구간은 $\overline{x} - k \times \dfrac{\sigma}{\sqrt{n}} \le m \le \overline{x} + k \times \dfrac{\sigma}{\sqrt{n}}$이므로

신뢰구간의 길이 $b - a = 2k\dfrac{\sigma}{\sqrt{n}}$이다.

ㄱ. 표본의 크기가 일정할 때, 신뢰도 α를 높게 하면 k가 커지므로 $b-a$의 값은 커진다. [참]

ㄴ. 신뢰도가 일정할 때, 표본의 크기를 크게 하면 $\dfrac{1}{\sqrt{n}}$의 값이 작으므로 $b-a$의 값은 작아진다. [참]

ㄷ. 신뢰도가 일정할 때, 표본의 크기를 2배로 늘리면 $b-a$의 값은 $\dfrac{1}{\sqrt{2}}$배가 된다. [거짓]

ㄹ. $\alpha = 95$에서 $P(|Z| \le k) = \dfrac{\alpha}{100} = 0.95$이고, $P(|Z| \le 1.96) = 0.95$이므로 $k = 1.96$이다.

　즉, $n = 196$일 때, $b - a = \dfrac{2 \times 1.96 \times \sigma}{\sqrt{196}} = 0.28\sigma < 0.5\sigma$ [참]

따라서 옳은 것은 ㄱ, ㄴ, ㄹ이다.

확인유제 0745　정규분포 $N(m, \sigma^2)$을 따르는 모집단에서 크기가 n인 표본을 임의추출하여 구한 모평균 m에 대한 신뢰도 $\alpha\%$의 신뢰구간이 $a \le m \le b$이고, 신뢰도 $\beta\%$의 신뢰구간이 $c \le m \le d$일 때, [보기]에서 옳은 것만을 있는 대로 고른 것은? (단, σ, α, β는 상수이고, Z가 표준정규분포를 따르는 확률변수일 때, $P(|Z| \le 1.96) = 0.95$로 계산한다.)

> ㄱ. 신뢰도가 일정할 때, n의 값이 작아질수록 $b-a$의 값은 커진다.
> ㄴ. 신뢰도가 커질수록 $b-a$의 값은 커진다.
> ㄷ. $\alpha = 95$, $n = 100$일 때, $b-a < 0.4\sigma$이다.
> ㄹ. $\alpha < \beta$이면 $b-a < d-c$이다.

① ㄱ　　　　② ㄱ, ㄷ　　　　③ ㄷ, ㄹ　　　　④ ㄱ, ㄴ, ㄷ　　　　⑤ ㄱ, ㄴ, ㄷ, ㄹ

변형문제 **0746**

2005년 10월 교육청

어떤 두 직업에 종사하는 전체 근로자 중 한 직업에서 표본 A를, 또 다른 직업에서 표본 B를 추출하여 월급을 조사하였더니 다음과 같은 결과를 얻었다. (단위는 만 원이고, 표본 A, B의 월급의 분포는 정규분포를 따른다.)

표본	표본의 크기	평균	표준편차	신뢰도(%)	모평균의 추정
A	n_1	240	12	α	$237 \leq m \leq 243$
B	n_2	230	10	α	$228 \leq m \leq 232$

위의 자료에 대한 다음 중 옳은 설명을 모두 고른 것은?

> ㄱ. 표본 A보다 표본 B의 분포가 더 고르다.
> ㄴ. 표본 A의 크기가 표본 B의 크기보다 작다.
> ㄷ. 신뢰도를 α보다 크게 하면 신뢰구간의 길이도 길어진다.

① ㄱ   ② ㄱ, ㄴ   ③ ㄱ, ㄷ   ④ ㄴ, ㄷ   ⑤ ㄱ, ㄴ, ㄷ

발전문제 **0747**

2009학년도 09월 평가원

다음 물음에 답하여라.

(1) 모집단 A는 정규분포 $N(m_1, \sigma^2)$을 따르고, 모집단 B는 정규분포 $N\left(m_2, \left(\dfrac{\sigma}{2}\right)^2\right)$을 따른다.

모집단 A에서 크기 n_1, 모집단 B에서 크기 n_2인 표본을 각각 임의추출할 때의 표본평균을 각각 $\overline{X_A}$, $\overline{X_B}$라 하자. [보기]에서 옳은 것만을 있는 대로 고른 것은? (단, n_1, n_2는 1보다 큰 자연수이다.)

> ㄱ. $m_1 = m_2$이면 $\mathrm{E}(\overline{X_A}) = \mathrm{E}(\overline{X_B})$이다.
> ㄴ. 표본평균 $\overline{X_B}$는 정규분포 $N\left(m_2, \left(\dfrac{\sigma}{2}\right)^2\right)$을 따른다.
> ㄷ. $n_1 = 4n_2$일 때, m_1에 대한 신뢰도 95%의 신뢰구간이 $[a, b]$이고, m_2에 대한 신뢰도 95%의 신뢰구간이 $[c, d]$이면 $b - a = d - c$이다.

① ㄱ   ② ㄷ   ③ ㄱ, ㄷ   ④ ㄴ, ㄷ   ⑤ ㄱ, ㄴ, ㄷ

2007학년도 수능기출

(2) 정규분포 $N(m, 2^2)$을 따르는 모집단에서 임의추출한 크기 7인 표본과 크기 10인 표본의 표본평균을 각각 $\overline{X_A}$, $\overline{X_B}$라 하고, $\overline{X_A}$와 $\overline{X_B}$의 분포를 이용하여 추정한 모평균 m에 대한 신뢰도 95%의 신뢰구간을 각각 $a \leq m \leq b$, $c \leq m \leq d$라고 하자. [보기]에서 옳은 것을 모두 고른 것은?

> ㄱ. $\overline{X_A}$의 분산은 $\overline{X_B}$의 분산보다 크다.
> ㄴ. $\mathrm{P}(\overline{X_A} \leq m+2) < \mathrm{P}(\overline{X_B} \leq m+2)$
> ㄷ. $d - c < b - a$

① ㄱ   ② ㄷ   ③ ㄱ, ㄴ   ④ ㄴ, ㄷ   ⑤ ㄱ, ㄴ, ㄷ

정답   0746 : ⑤   0747 : (1) ③ (2) ⑤

BASIC

내신 수능 기본 대표 기출문제

0748
표본평균의 평균, 분산 구하기
내신빈출

확률변수 X의 확률분포가 오른쪽 표와 같은 모집단에서 크기가 n인 표본을 임의추출할 때, 표본평균 $\overline{X}$의 분산이 $\dfrac{1}{4}$이라고 한다. 이때 n의 값은? (단, a는 상수)

X	0	1	2	3	합계
$P(X=x)$	$\dfrac{1}{8}$	$\dfrac{3}{8}$	$\dfrac{3}{8}$	a	1

① 2 　　② 3 　　③ 4 　　④ 5 　　⑤ 6

0749
표본평균의 평균, 분산 구하기
2011학년도 09월 평가원

다음은 어느 모집단의 확률분포표이다. 이 모집단에서 크기가 16인 표본을 임의추출할 때, 표본평균 $\overline{X}$의 표준편차는? (단, a는 상수이다.)

X	-2	0	1	합계
$P(X=x)$	$\dfrac{1}{4}$	a	$\dfrac{1}{2}$	1

① $\dfrac{\sqrt{6}}{8}$ 　　② $\dfrac{\sqrt{6}}{6}$ 　　③ $\dfrac{\sqrt{6}}{4}$ 　　④ $\dfrac{\sqrt{6}}{2}$ 　　⑤ $\sqrt{6}$

0750
표본평균의 평균, 분산 구하기
내신빈출

모집단의 확률변수 X의 확률분포가 오른쪽 표와 같다. 이 모집단에서 크기가 2인 표본을 임의추출하여 그 표본평균을 $\overline{X}$라 할 때, $E(\overline{X}^2)$는? (단, a는 상수)

X	-1	0	1	합계
$P(X=x)$	$\dfrac{1}{6}$	a	$\dfrac{1}{2}$	1

① $\dfrac{5}{18}$ 　　② $\dfrac{1}{3}$ 　　③ $\dfrac{7}{18}$ 　　④ $\dfrac{4}{9}$ 　　⑤ $\dfrac{1}{2}$

0751
표본평균의 평균, 분산 구하기
내신빈출

다음 물음에 답하여라.

(1) 모집단의 확률변수 X의 확률분포를 표로 나타내면 오른쪽과 같다. 이 모집단에서 크기가 4인 표본을 복원추출하여 구한 표본평균을 $\overline{X}$라 하자. $E(10\overline{X}+3)$의 값은?

X	-1	0	1	합계
$P(X=x)$	$\dfrac{1}{5}$	$3a$	$5a$	1

① 4 　　② 5 　　③ 6 　　④ 7 　　⑤ 8

(2) 모집단의 확률변수 X의 확률분포를 표로 나타내면 오른쪽과 같다. 이 모집단에서 크기가 4인 표본을 임의추출할 때, 표본평균을 $\overline{X}$라 하자. $V(3\overline{X}+2)$의 값은?

X	1	3	5	합계
$P(X=x)$	$3a$	$2a$	a	1

① $\dfrac{5}{2}$ 　　② 5 　　③ 6 　　④ 8 　　⑤ $\dfrac{21}{2}$

0752
표본평균의 확률 구하기
2010학년도 수능기출

어느 방송사의 '9시 뉴스'의 방송시간은 평균이 50분, 표준편차가 2분인 정규분포를 따른다고 한다. 방송된 '9시 뉴스'를 대상으로 크기가 9인 표본을 임의추출하여 조사한 방송시간의 표본평균을 $\overline{X}$라 할 때, $P(49 \leq \overline{X} \leq 51)$의 값을 오른쪽 표준정규분포표를 이용하여 구한 것은?

z	$P(0 \leq Z \leq z)$
1.5	0.4332
1.6	0.4452
1.7	0.4554
1.8	0.4641

① 0.8664 　　② 0.8904 　　③ 0.9108 　　④ 0.9282 　　⑤ 0.9452

정답　0748 : ② 　0749 : ① 　0750 : ③ 　0751 : (1) ③ (2) ② 　0752 : ①

0753

표본평균의 확률
구하기
2016학년도 사관기출

어느 과수원에서 생산되는 사과의 무게는 평균이 350g이고 표준편차가 30g인 정규분포를 따른다고 한다. 이 과수원에서 생산된 사과 중에서 임의로 선택한 9개의 무게의 평균이 345g 이상 365g 이하일 확률을 오른쪽 표준정규분포표를 이용하여 구한 것은?

① 0.5328 ② 0.6247 ③ 0.6687

④ 0.7745 ⑤ 0.8185

z	$P(0 \leq Z \leq z)$
0.5	0.1915
1.0	0.3413
1.5	0.4332
2.0	0.4772
2.5	0.4938

0754

표본평균의 확률을
이용하여 표본의 크기
구하기
내신빈출

다음 물음에 답하여라.

(1) 정규분포 $N(m, \, 4^2)$을 따르는 모집단에서 임의추출한 크기 m^2인 표본의 표본평균을 $\overline{X}$라 하자. 이때
$$P(m-1 \leq \overline{X} \leq m+1) = 0.9544$$
를 만족시키는 m의 값은? (단, m은 자연수이다.)

① 6 ② 8 ③ 10

④ 12 ⑤ 14

z	$P(0 \leq Z \leq z)$
1.0	0.3413
1.5	0.4332
2.0	0.4772

(2) 평균이 100kg이고 표준편차가 3kg인 정규분포를 따르는 모집단에서 크기가 n인 표본을 임의추출하여 구한 표본평균을 $\overline{X}$라 할 때,
$$P(99.5 \leq \overline{X} \leq 101.5) = 0.6247$$
을 만족시키는 n의 값을 오른쪽 표준정규분포표를 이용하여 구한 것은?

① 5 ② 6 ③ 7

④ 8 ⑤ 9

z	$P(0 \leq Z \leq z)$
0.5	0.1915
1.0	0.3413
1.5	0.4332
2.0	0.4772

0755

표본평균의 확률을
이용하여 미지수
구하기
2014년 10월 교육청

어느 제과점에서 판매되는 찹쌀 도넛의 무게는 평균이 70, 표준편차가 2.5인 정규분포를 따른다고 한다. 이 제과점에서 판매되는 찹쌀 도넛 중 16개를 임의추출하여 조사한 무게의 표본평균을 $\overline{X}$라 하자.
$$P(|\overline{X}-70| \leq a) = 0.9544$$
를 만족시키는 상수 a의 값을 오른쪽 표준정규분포표를 이용하여 구한 것은?
(단, 무게의 단위는 g이다.)

① 1.00 ② 1.25 ③ 1.50 ④ 2.00 ⑤ 2.25

z	$P(0 \leq Z \leq z)$
1.0	0.3413
1.5	0.4332
2.0	0.4772
2.5	0.4938

0756

신뢰구간에 속하는
자연수의 개수
2013학년도 수능기출

표준편차 σ가 알려진 정규분포를 따르는 모집단에서 크기가 n인 표본을 임의추출하여 얻은 모평균에 대한 신뢰도 95%의 신뢰구간이 $100.4 \leq m \leq 139.6$이었다. 같은 표본을 이용하여 얻은 모평균에 대한 신뢰도 99%의 신뢰구간에 속하는 자연수의 개수는?
(단, Z가 표준정규분포를 따르는 확률변수일 때, $P(0 \leq Z \leq 1.96)=0.475$, $P(0 \leq Z \leq 2.58)=0.495$로 계산한다.)

① 45 ② 47 ③ 49 ④ 51 ⑤ 53

0757

신뢰구간에 속하는
자연수
내신빈출

정규분포를 따르고 표준편차가 10인 어느 모집단에서 크기가 4인 표본을 임의추출 하였더니 평균이 30이었다. 이 결과를 이용하여 구한 모평균 m에 대한 신뢰도 95%의 신뢰구간에 속하는 자연수의 총합을 a, 모평균 m에 대한 신뢰도 99%의 신뢰구간에 속하는 자연수의 총합을 b라 할 때, $b-a$의 값은?
(단, Z가 표준정규분포를 따르는 확률변수일 때, $P(0 \leq Z \leq 1.96)=0.475$, $P(0 \leq Z \leq 2.58)=0.495$이다.)

① 150 ② 160 ③ 170 ④ 180 ⑤ 190

정답 0753 : ②   0754 : (1) ② (2) ⑤   0755 : ②   0756 : ④   0757 : ④

0758

다음 물음에 답하여라.

(1) 어느 회사에서 생산된 모니터의 수명은 정규분포를 따른다고 한다. 이 회사에서 생산된 모니터 중 임의추출한 100대의 수명의 표본평균이 $\bar{x}$, 표본표준편차가 500이었다. 이 결과를 이용하여 회사에서 생산된 모니터의 수명의 평균을 신뢰도 95%로 추정한 신뢰구간이 $\bar{x}-c \leq m \leq \bar{x}+c$이다. c의 값을 구하여라.
(단, Z가 표준정규분포를 따르는 확률변수일 때, $P(0 \leq Z \leq 1.96)=0.4750$이다.)

(2) 어느 농가에서 생산하는 석류의 무게는 평균이 m, 표준편차가 40인 정규분포를 따른다고 한다. 이 농가에서 생산하는 석류 중에서 임의추출한 크기가 64인 표본을 조사하였더니 석류 무게의 표본평균의 값이 $\bar{x}$이었다. 이 결과를 이용하여 이 농가에서 생산하는 석류 무게의 평균 m에 대한 신뢰도 99%의 신뢰구간을 구하면 $\bar{x}-c \leq m \leq \bar{x}+c$이다. c의 값은? (단, 무게의 단위는 g이고, Z가 표준정규분포를 따르는 확률변수일 때, $P(0 \leq Z \leq 2.58)=0.495$로 계산한다.)

① 25.8　　② 21.5　　③ 17.2　　④ 12.9　　⑤ 8.6

0759

다음 물음에 답하여라.

(1) 모표준편차가 3인 정규분포를 따르는 모집단에서 크기가 36인 표본을 임의 추출하여 구한 표본평균이 30일 때, 모평균 m에 대한 신뢰도 95%로 추정한 신뢰구간이 $a \leq m \leq b$이다. 두 상수 a, b에 대하여 $100(b-a)$의 값은? (단, $P(|Z| \leq 1.96)=0.95$)

① 124　　② 132　　③ 172　　④ 185　　⑤ 196

(2) 청소년 가장 가정을 돕기 위해 경찰청에서 기획한 수박판매행사에 사용된 수박의 무게는 표준편차 1kg인 정규분포를 따른다고 한다. 이 수박들 중에서 49개의 수박을 임의추출하여 무게를 조사해보니 평균 9kg이였다. 이 행사에 사용된 수박의 모평균 m(kg)을 신뢰도 95%로 추정할 때의 신뢰구간은 $a \leq m \leq b$이다. 이때 $b-a$의 값은? (단, $P(|Z| \leq 2)=0.95$)

① $\dfrac{4}{7}$　　② $\dfrac{6}{7}$　　③ $\dfrac{8}{7}$　　④ $\dfrac{10}{7}$　　⑤ $\dfrac{12}{7}$

0760

다음 물음에 답하여라.

(1) 어느 회사 직원들의 하루 여가 활동 시간은 모평균이 m, 모표준편차가 10인 정규분포를 따른다고 한다. 이 회사 직원 중 n명을 임의추출하여 신뢰도 95%로 추정한 모평균 m에 대한 신뢰구간이 $38.08 \leq m \leq 45.92$일 때, n의 값은? (단, 시간의 단위는 분이고, Z가 표준정규분포를 따르는 확률변수일 때 $P(|Z| \leq 1.96)=0.95$로 계산한다.)

① 25　　② 36　　③ 49　　④ 64　　⑤ 81

(2) 모표준편차가 4인 정규분포를 따르는 모집단에서 크기가 n인 표본을 임의추출하여 구한 모평균 m에 대한 신뢰도 99%의 신뢰구간이 $51.76 \leq m \leq 54.34$일 때, 자연수 n의 값은?
(단, Z가 표준정규분포를 따르는 확률변수일 때, $P(|Z| \leq 2.58)=0.99$로 계산한다.)

① 25　　② 36　　③ 49　　④ 64　　⑤ 81

0761

표준편차가 σ인 정규분포를 따르는 모집단에서 크기가 400인 표본을 임의추출하여 구한 모평균 m에 대한 신뢰도 99%의 신뢰구간이 $81.42 \leq m \leq 86.58$일 때, σ의 값은?
(단, Z가 표준정규분포를 따르는 확률변수일 때, $P(|Z| \leq 2.58)=0.99$로 계산한다.)

① 5　　② 10　　③ 15　　④ 20　　⑤ 25

0762

어느 지역의 버스 정류장 사이의 거리는 표준편차가 80m인 정규분포를 따른다. 모평균을 신뢰도 95%로 추정할 때, 모평균과 표본평균의 차가 39.2 m 이하가 되기 위한 표본의 크기의 최솟값은? (단, $P(|Z| \leq 1.96)=0.95$)

① 9　　② 16　　③ 25　　④ 36　　⑤ 49

정답　0758 : (1) 98 (2) ④　　0759 : (1) ⑤ (2) ①　　0760 : (1) ① (2) ④　　0761 : ④　　0762 : ②

0763

확률분포의 표가
주어질 때 표본평균의
분산 구하기
2010학년도
경찰대기출

어느 모집단의 확률분포를 표로 나타내면 오른쪽과 같다. 이 모집단에서 크기가 3인 표본을 복원추출하여 구한 표본평균을 $\overline{X}$라 하자. $\overline{X}$의 분산이 $\dfrac{17}{12}$일 때, a의 값은?

X	0	3	6	합계
$\mathrm{P}(X=x)$	$\dfrac{1}{3}$	a	$\dfrac{2}{3}-a$	1

① $\dfrac{1}{6}$ ② $\dfrac{1}{5}$ ③ $\dfrac{1}{4}$ ④ $\dfrac{1}{3}$ ⑤ $\dfrac{1}{2}$

0764

모집단의 확률분포의
표가 주어질 때
확률구하기
2017년 10월 교육청

어느 모집단의 확률분포를 표로 나타내면 오른쪽과 같다. 이 모집단에서 크기가 2인 표본을 임의추출하여 구한 표본평균을 $\overline{X}$라 하자. $\mathrm{P}(\overline{X}=2)=\dfrac{1}{9}$일 때, $\mathrm{P}(\overline{X}=3)$의 값은? (단, a, b는 상수이다.)

X	1	2	4	합계
$\mathrm{P}(X=x)$	$\dfrac{1}{4}$	a	b	1

① $\dfrac{2}{9}$ ② $\dfrac{5}{18}$ ③ $\dfrac{1}{3}$ ④ $\dfrac{7}{18}$ ⑤ $\dfrac{4}{9}$

0765

모집단의 분포를
구하여 확률구하기
2015학년도 수능기출

주머니 속에 1의 숫자가 적혀 있는 공 1개, 2의 숫자가 적혀 있는 공 2개, 3의 숫자가 적혀 있는 공 5개가 들어 있다. 이 주머니에서 임의로 1개의 공을 꺼내어 공에 적혀 있는 수를 확인한 후 다시 넣는다. 이와 같은 시행을 2번 반복할 때, 꺼낸 공에 적혀 있는 수의 평균을 $\overline{X}$라 하자. $\mathrm{P}(\overline{X}=2)$의 값은?

① $\dfrac{5}{32}$ ② $\dfrac{11}{64}$ ③ $\dfrac{3}{16}$ ④ $\dfrac{13}{64}$ ⑤ $\dfrac{7}{32}$

0766

표본평균의 확률을
이용하여 미지수
구하기
2008학년도 09월
평가원

어느 학교의 체육대회에서 학급 대항 멀리뛰기 시합을 하는데, 각 학급에서 임의추출한 학생 4명의 멀리뛰기 기록에 대한 표본평균 $\overline{X}$가 상수 L보다 크면 이 학급은 예선을 통과한 것으로 한다. 어느 학급 학생들의 멀리뛰기 기록은 평균 196.8, 표준편차 10인 정규분포를 따른다고 한다. 이 학급이 예선을 통과할 확률이 0.8770일 때, 상수 L의 값을 구한 것은? (단, 멀리뛰기 기록의 단위는 cm이다.)

z	$\mathrm{P}(0 \le Z \le z)$
1.07	0.3577
1.16	0.3770
1.18	0.3810
1.27	0.3980

① 190 ② 191 ③ 192 ④ 193 ⑤ 194

0767

표본평균의 확률을
이용하여 미지수
구하기
2007학년도 09월
평가원

어느 과자 공장에서 생산하는 과자 A의 무게는 평균 800g, 표준편차 14g인 정규분포를 따른다고 한다. 이 공장에서는 생산 시스템의 이상 여부를 점검하기 위하여 하루에 생산된 과자 A 중에서 크기가 49인 임의표본을 추출하여 과자의 무게에 대한 표본평균 $\overline{X}$를 계산한다. $\overline{X}$가 상수 c보다 작으면 생산 시스템에 이상이 있는 것으로 판단하고 생산 시스템을 점검한다. 이 공장에서 생산 시스템에 이상이 있다고 판단될 확률이 0.02라고 할 때, 상수 c의 값은?

z	$\mathrm{P}(0 \le Z \le z)$
1.88	0.47
2.05	0.48
2.33	0.49

① 771.3 ② 784.7 ③ 787.1 ④ 791.5 ⑤ 795.9

정답 　0763 : ⑤　0764 : ②　0765 : ⑤　0766 : ②　0767 : ⑤

0768

표본평균의 확률
구하기
내신빈출

다음 물음에 답하여라.

(1) 어느 회사에서 생산하는 과자 1개의 무게는 평균이 40g, 표준편차가 4g인 정규분포를 따른다고 한다. 이 회사에서는 임의추출한 과자 16개를 한 세트로 포장하여 판매한다. 이 회사의 과자 한 세트를 구입하였을 때, 그 무게가 672g 이상일 확률을 오른쪽 표준정규분포표를 이용하여 구한 것은? (단, 포장 재료의 무게는 제외한다.)

z	$P(0 \leq Z \leq z)$
1.0	0.3413
1.5	0.4332
2.0	0.4772
2.5	0.4938

① 0.0118   ② 0.01487   ③ 0.0228

④ 0.0668   ⑤ 0.0778

(2) 어느 공장에서 생산하는 장난감의 무게는 평균이 60g, 표준편차가 4g인 정규분포를 따른다고 한다. 이 공장에서 생산한 장난감 중 임의로 25개를 택할 때, 그 무게의 총합이 1550g 이하일 확률을 오른쪽 표준정규분포표를 이용하여 구한 것은?

z	$P(0 \leq Z \leq z)$
0.5	0.1915
1.0	0.3413
1.5	0.4332
2.5	0.4938

① 0.8413   ② 0.9332   ③ 0.9710

④ 0.9772   ⑤ 0.9938

0769

표본평균의 확률
구하기
내신빈출

어느 마트에서 판매되는 통조림 한 개의 무게는 정규분포 $N(m, 8^2)$을 따르고, 이 정규분포의 확률밀도함수 $f(x)$는 모든 실수 x에 대하여

$$f(600-x)=f(600+x)$$

를 만족시킨다. 이 마트에서는 임의로 통조림 4개씩을 한 상자에 포장하여 판매하고 있는데 한 상자에 들어 있는 통조림의 무게의 합이 2360 미만이면 이 상자의 통조림을 다른 것으로 바꿔 다시 포장한다고 한다. 이 마트에서 판매할 포장된 통조림 상자 중 임의로 선택한 통조림 한 상자에 들어 있는 통조림를 다른 것으로 바꿔 다시 포장할 확률을 오른쪽 표준정규분포표를 이용하여 구한 것은? (단, 무게의 단위는 g이다.)

z	$P(0 \leq Z \leq z)$
0.5	0.1915
1.0	0.3413
1.5	0.4332
2.0	0.4772
2.5	0.4938

① 0.0013   ② 0.0062   ③ 0.0228   ④ 0.0668   ⑤ 0.1687

0770

표본평균의 확률
구하기
2009학년도 09월
평가원

어떤 모집단의 분포가 정규분포 $N(m, 10^2)$을 따르고, 이 정규분포의 확률밀도함수 $f(x)$의 그래프와 구간별 확률은 오른쪽과 같다. 확률밀도함수 $f(x)$는 모든 실수 x에 대하여 $f(x)=f(100-x)$를 만족한다. 이 모집단에서 크기 25인 표본을 임의추출할 때의 표본평균을 $\overline{X}$라 하자. $P(44 \leq \overline{X} \leq 48)$의 값은?

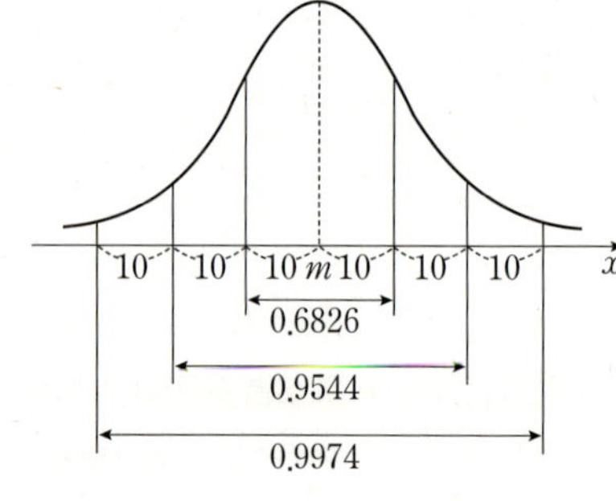

① 0.1359   ② 0.1574   ③ 0.1965

④ 0.2350   ⑤ 0.2718

0771

확률변수 X와
표본평균 $\overline{X}$의 확률
구하기
내신빈출

어느 고등학교 신입생의 키는 평균이 168cm이고 표준편차가 2cm인 정규분포를 따른다. 임의로 뽑은 한 신입생의 키가 164cm 이상 172cm 이하일 확률과 임의추출한 64명의 신입생의 평균키가 $(168-a)$cm 이상 $(168+a)$cm 이하일 확률이 서로 같을 때, a의 값은?

① $\dfrac{1}{3}$ ② $\dfrac{1}{4}$ ③ $\dfrac{1}{2}$ ④ $\dfrac{3}{2}$ ⑤ $\dfrac{7}{2}$

0772

이항분포와
표본평균의 확률
내신빈출

이항분포 $B\left(180, \dfrac{1}{6}\right)$을 따르는 모집단에서 크기가 25인 표본을 임의추출하여 구한 표본평균을 $\overline{X}$라 할 때, $P(28 \leq \overline{X} \leq 29)$의 값을 오른쪽 표준정규분포표를 이용하여 구한 것은?

z	$P(0 \leq Z \leq z)$
1.0	0.3413
1.5	0.4332
2.0	0.4772

① 0.0228   ② 0.0668   ③ 0.0919

④ 0.1359   ⑤ 0.1587

정답   0768 : (1) ③ (2) ⑤   0769 : ②   0770 : ②   0771 : ③   0772 : ④

0773

표본평균의 확률의
진위판단
2013학년도 09월
평가원

정규분포 $N(10, 2^2)$을 따르는 모집단에서 임의추출한 크기 n인 표본의 표본평균을 $\overline{X}$, 표준정규분포를 따르는
확률변수를 Z라 하자. 옳은 것만을 [보기]에서 있는 대로 고른 것은? (단, a, b는 상수이다.)

> ㄱ. $V(\overline{X}) = \dfrac{4}{n}$
>
> ㄴ. $P(\overline{X} \leq 10-a) = P(\overline{X} \geq 10+a)$
>
> ㄷ. $P(\overline{X} \geq a) = P(Z \leq b)$이면 $a + \dfrac{2}{\sqrt{n}}b = 10$이다.

① ㄱ   ② ㄴ   ③ ㄱ, ㄷ   ④ ㄴ, ㄷ   ⑤ ㄱ, ㄴ, ㄷ

0774

표본평균의 확률의
진위판단
2008학년도 수능기출

모평균 75, 모표준편차 5인 정규분포를 따르는 모집단에서 임의추출한 크기 25인 표본의 표본평균을 $\overline{X}$라 하자.
표준정규분포를 따르는 확률변수 Z에 대하여 양의 상수 c가 $P(|Z|>c)=0.06$을 만족시킬 때, [보기]에서 옳은 것
을 모두 고른 것은?

> ㄱ. $P(Z>a)=0.05$인 상수 a에 대하여 $c>a$이다.
>
> ㄴ. $P(\overline{X} \leq c+75)=0.97$
>
> ㄷ. $P(\overline{X}>b)=0.01$인 상수 b에 대하여 $c<b-75$이다.

① ㄱ   ② ㄷ   ③ ㄱ, ㄴ   ④ ㄴ, ㄷ   ⑤ ㄱ, ㄴ, ㄷ

0775

신뢰구간의 길이를
이용한 신뢰도 구하기
내신빈출

어느 공장에서 생산되는 전구의 수명은 정규분포를 따른다고 한다. 이 공장에서
생산된 전구 중 크기가 36인 표본을 임의추출하여 전구의 수명을 조사하였더니
평균이 860시간, 표준편차가 48시간이었다. 이 공장에서 생산한 전체 전구의
평균수명 m에 대한 신뢰도 $\alpha\%$의 신뢰구간이 $a \leq m \leq b$일 때, $b-a=24$를
만족한다. 이때 오른쪽 표준정규분포표를 이용하여 α의 값을 구하여라.

z	$P(0 \leq Z \leq z)$
0.5	0.19
1.0	0.34
1.5	0.43
2.0	0.48

0776

모표준편차가
주어지지 않는 경우
신뢰도 95%신뢰구간
내신빈출

어느 과수원에서 수확한 배의 무게는 정규분포를 따른다고 한다. 이 과수원에서 수확한 배 중 100개를 임의추출하
여 무게를 측정하였더니 평균이 250g, 표준편차가 sg이었다. 이 과수원에서 수확한 배의 평균 mg에 대한 신뢰도
95%의 신뢰구간이

$$a \leq m \leq 251.96$$

일 때, $a+s$의 값은? (단, a는 상수)

(단, Z가 표준정규분포를 따르는 확률변수일 때, $P(|Z| \leq 1.96)=0.95$로 계산한다.)

① 248.04   ② 258.04   ③ 268.04   ④ 278.04   ⑤ 288.04

0777

표본평균의 확률을
이용하여 미지수
구하기
서술형

4, 5, 6, 7의 숫자가 각각 하나씩 적힌 공이 각각 80개, 60개, 40개, 20개가
들어 있는 주머니에서 100개의 공을 임의추출할 때, 공에 적힌 숫자의 평균을
$\overline{X}$라 하자. 이때

$$P(\overline{X} \geq k)=0.0228$$

을 만족시키는 상수 k의 값을 구하는 과정을 표준정규분포를 이용하여
다음 단계로 서술하여라.

z	$P(0 \leq Z \leq z)$
1.0	0.3413
1.5	0.4332
2.0	0.4772
2.5	0.4938

[1단계] 공에 적힌 숫자를 확률변수 X라 할 때, X의 확률분포를 표로 나타낸다.

[2단계] 확률변수 X의 평균과 표준편차를 구한다.

[3단계] 확률변수 $\overline{X}$의 확률분포를 구한다.

[4단계] 확률변수 Z가 표준정규분포 $N(0, 1)$을 따를 때, $P(\overline{X} \geq k)=P(Z \geq \alpha)$를 만족하는 α의 값을 구한다.

[5단계] $P(\overline{X} \geq k)=0.0228$을 만족하는 상수 k를 구한다.

0778

표본평균의 확률을
이용하여 표본의 크기
구하기
(서술형)

어느 공장에서 생산하는 우유의 용량은 평균이 1000mL, 표준편차가 60mL인 정규분포를 따른다고 한다. 이 공장에서 생산하는 우유 중 n개를 임의추출할 때, 표본평균 $\overline{X}$에 대해 오른쪽 표준정규분포표를 이용하여 $P(970 \leq \overline{X} \leq 1030) = 0.9544$를 만족시키는 n의 값을 구하는 과정을 다음 단계로 서술하여라.

z	$P(0 \leq Z \leq z)$
1.0	0.3413
1.5	0.4332
2.0	0.4772
2.5	0.4938

[1단계] $\overline{X}$의 확률분포를 구한다.

[2단계] 확률변수 Z가 표준정규분포 $N(0, 1)$을 따를 때, $P(970 \leq \overline{X} \leq 1030) = P(\alpha \leq Z \leq \beta)$가 되도록 하는 α와 β를 구한다.

[3단계] n의 값을 구한다.

0779

표본평균의 확률을
이용하여 미지수
구하기
2017학년도 수능기출
(서술형)

정규분포 $N(0, 4^2)$을 따르는 모집단에서 크기가 9인 표본을 임의추출하여 구한 표본평균을 $\overline{X}$,

정규분포 $N(3, 2^2)$을 따르는 모집단에서 크기가 16인 표본을 임의추출하여 구한 표본평균을 $\overline{Y}$라 하자.

$P(\overline{X} \geq 1) = P(\overline{Y} \leq a)$를 만족시키는 상수 a의 값을 구하는 과정을 다음 단계로 서술하여라.

[1단계] $\overline{X}$의 확률분포를 구한다.

[2단계] $\overline{Y}$의 확률분포를 구한다.

[3단계] 확률변수 Z가 표준정규분포 $N(0, 1)$을 따를 때, $P(\overline{X} \geq 1) = P(Z \geq \alpha)$, $P(\overline{Y} \leq a) = P(Z \leq \beta)$가 되도록 하는 α와 β를 구한다.

[4단계] $P(\overline{X} \geq 1) = P(\overline{Y} \leq a)$을 만족하는 a의 값을 구한다.

0780

표본평균의 확률을
이용하여 미지수
구하기
2016학년도 수능기출
(서술형)

정규분포 $N(50, 8^2)$을 따르는 모집단에서 크기가 16인 표본을 임의추출하여 구한 표본평균을 $\overline{X}$, 정규분포 $N(75, \sigma^2)$을 따르는 모집단에서 크기가 25인 표본을 임의추출하여 구한 표본평균을 $\overline{Y}$라 하자. $P(\overline{X} \leq 53) + P(\overline{Y} \leq 69) = 1$일 때, $P(\overline{Y} \geq 71)$의 값을 오른쪽 표준정규분포표를 이용하여 다음 단계로 서술하여라.

z	$P(0 \leq Z \leq z)$
1.0	0.3413
1.2	0.3849
1.4	0.4192
1.6	0.4452

[1단계] $\overline{X}$의 확률분포를 구한다.

[2단계] $\overline{Y}$의 확률분포를 구한다.

[3단계] 확률변수 Z가 표준정규분포 $N(0, 1)$을 따를 때, $P(\overline{X} \leq 53) = P(Z \leq \alpha)$, $P(\overline{Y} \leq 69) = P(Z \leq \beta)$가 되도록 하는 α와 β를 구한다.

[4단계] $P(\overline{X} \leq 53) + P(\overline{Y} \leq 69) = 1$을 만족하는 σ을 구한다.

[5단계] $P(\overline{Y} \geq 71)$의 값을 구한다.

0781

표본평균과 이항정리
(서술형)

어느 초콜릿 공장에서 만드는 초콜릿 한개의 무게 평균이 30g이고 표준편차가 4g인 정규분포를 따른다고 한다. 이 초콜릿 공장에서는 초콜릿 4개씩 한 상자에 담아서 판매하는데, 4개의 초콜릿을 담은 상자의 무게가 109.76g 이하이면 불량품인 상자로 판정된다고 한다. 이 초콜릿 공장에서 출하한 초콜릿 상자 400개 중에서 불량품인 상자가 28개 이하일 확률을 오른쪽 표준정규분포표를 이용하여 구하는 과정을 다음 단계로 서술하여라. (단, 상자의 무게는 무시한다.)

z	$P(0 \leq Z \leq z)$
0.58	0.22
1.28	0.40
1.64	0.45
2.00	0.48

[1단계] 4개의 초콜릿의 평균 무게를 $\overline{X}$라 할 때, 초콜릿 상자가 불량일 확률을 $\overline{X}$에 관한 식으로 나타낸다.

[2단계] $\overline{X}$의 확률분포를 구한다.

[3단계] 출하한 상자가 불량품일 확률을 구한다.

[4단계] 초콜릿 상자 400개 중에서 불량품인 상자의 수를 확률변수 Y라 할 때, 이항분포를 따르는 확률변수 Y의 평균, 분산, 표준편차를 구한다.

[5단계] 표준정규분포표를 이용하여 불량품인 상자가 28개 이하일 확률을 구한다.

0782
표본평균의 확률과
독립사건
2006학년도 수능기출

어느 공장에서 생산되는 제품의 무게가 정규분포 $N(11, 2^2)$을 따른다고 하자. A와 B 두 사람이 크기가 4인 표본을 각각 독립적으로 임의추출 하였다. A와 B가 추출한 표본의 평균이 모두 10 이상 14 이하가 될 확률을 오른쪽 표준정규분포표를 이용하여 구한 것은?

z	$P(0 \le Z \le z)$
1.0	0.3413
2.0	0.4772
3.0	0.4987

① 0.8123   ② 0.7056   ③ 0.6587

④ 0.5228   ⑤ 0.2944

0783
표본평균의 확률을
이용한 미지수 구하기

A고등학교 학생 전체의 1인당 1일 수면시간은 평균이 m분, 표준편차가 σ분인 정규분포를 따르고, B고등학교 학생 전체의 1인당 1일 수면시간은 평균이 $(m+1)$분, 표준편차가 2σ분인 정규분포를 따른다고 한다. A고등학교에서 임의추출한 학생 25명의 1인당 1일 수면시간의 평균이 335분 이상일 확률과 B고등학교에서 임의추출한 학생 25명의 1인당 1일 수면시간의 평균이 335분 이상일 확률을 다음 표준정규분포표를 이용하여 구한 값이 각각 0.0062, 0.1587이다. $m+\sigma$의 값을 구하여라.

z	$P(0 \le Z \le z)$
0.5	0.1915
1.0	0.3413
1.5	0.4332
2.0	0.4772
2.5	0.4938

0784
표본평균의 확률을
만족하는 n의 최솟값

어느 공장에서 생산하는 전구의 수명은 모평균이 1000시간이고 모표준편차가 100시간인 정규분포를 따른다고 한다. 이 공장에서 생산하는 전구 중에서 임의추출한 n개의 표본의 표본평균을 $\overline{X}$라고 할 때,

$$P\left(\overline{X} \ge 950 + \frac{172}{\sqrt{n}}\right) \ge 0.90$$

을 만족시키는 n의 최솟값을 오른쪽 표준정규분포표를 이용하여 구한 것은?

z	$P(0 \le Z \le z)$
0.58	0.22
1.28	0.40
1.65	0.45

① 26   ② 36   ③ 56   ④ 72   ⑤ 92

0785
신뢰구간과 근과
계수의 관계
2010학년도 09월
평가원

어느 공장에서 생산되는 제품의 길이는 모표준편차가 $\frac{1}{1.96}$인 정규분포를 따른다고 한다. 이 공장에서 생산되는 제품 중에서 임의추출한 10개 제품의 길이를 측정하여 표본평균을 구하였다. 이 표본평균을 이용하여 구한 제품의 길이의 모평균에 대한 신뢰도 95%의 신뢰구간을 $\alpha \le m \le \beta$라 하자.

α와 β가 이차방정식 $10x^2 - 100x + k = 0$의 두 근일 때, k의 값을 구하여라.

(단, 표준정규분포를 따르는 확률변수 Z에 대하여 $P(0 \le Z \le 1.96) = 0.4750$이다.)

0786
신뢰구간을 이용하여
미지수 구하기
2019학년도 09월
평가원

어느 고등학교 학생들의 1개월 자율학습실 이용 시간은 평균이 m, 표준편차가 5인 정규분포를 따른다고 한다.

이 고등학교 학생 25명을 임의추출하여 1개월 자율학습실 이용 시간을 조사한 표본평균이 $\overline{x_1}$일 때, 모평균 m에 대한 신뢰도 95%의 신뢰구간이 $80 - a \le m \le 80 + a$이었다.

또, 이 고등학교 학생 n명을 임의추출하여 1개월 자율학습실 이용시간을 조사한 표본평균이 $\overline{x_2}$일 때, 모평균 m에 대한 신뢰도 95%의 신뢰구간이 다음과 같다.

$$\frac{15}{16}\overline{x_1} - \frac{5}{7}a \le m \le \frac{15}{16}\overline{x_1} + \frac{5}{7}a$$

$n + \overline{x_2}$의 값은? (단, 이용시간의 단위는 시간이고, Z가 표준정규분포를 따르는 확률변수일 때, $P(0 \le Z \le 1.96) = 0.475$로 계산한다.)

① 121   ② 124   ③ 127   ④ 130   ⑤ 133

정답   0782 : ②   0783 : 340   0784 : ②   0785 : 249   0786 : ②

표준정규분포표

TABLE OF STANDARD NORMAL DISTRIBUTION

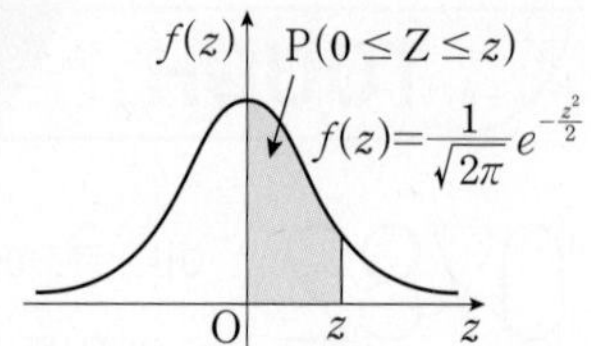

z	0.00	0.01	0.02	0.03	0.04	0.05	0.06	0.07	0.08	0.09
0.0	0.0000	0.0040	0.0080	0.0120	0.0160	0.0199	0.0239	0.0279	0.0319	0.0359
0.1	0.0398	0.0438	0.0478	0.0517	0.0557	0.0596	0.0636	0.0675	0.0714	0.0753
0.2	0.0793	0.0832	0.0871	0.0910	0.0948	0.0987	0.1026	0.1064	0.1103	0.1141
0.3	0.1179	0.1217	0.1255	0.1293	0.1331	0.1368	0.1406	0.1443	0.1480	0.1517
0.4	0.1554	0.1591	0.1628	0.1664	0.1700	0.1736	0.1772	0.1808	0.1844	0.1879
0.5	0.1915	0.1950	0.1985	0.2019	0.2054	0.2088	0.2123	0.2157	0.2190	0.2224
0.6	0.2257	0.2291	0.2324	0.2357	0.2389	0.2422	0.2454	0.2486	0.2517	0.2549
0.7	0.2580	0.2611	0.2642	0.2673	0.2704	0.2734	0.2764	0.2794	0.2823	0.2852
0.8	0.2881	0.2910	0.2939	0.2967	0.2995	0.3023	0.3051	0.3078	0.3106	0.3133
0.9	0.3159	0.3186	0.3212	0.3238	0.3264	0.3289	0.3315	0.3340	0.3365	0.3389
1.0	0.3413	0.3438	0.3461	0.3485	0.3508	0.3531	0.3554	0.3577	0.3599	0.3621
1.1	0.3643	0.3665	0.3686	0.3708	0.3729	0.3749	0.3770	0.3790	0.3810	0.3830
1.2	0.3849	0.3869	0.3888	0.3907	0.3925	0.3944	0.3962	0.3980	0.3997	0.4015
1.3	0.4032	0.4049	0.4066	0.4082	0.4099	0.4115	0.4131	0.4147	0.4162	0.4177
1.4	0.4192	0.4207	0.4222	0.4236	0.4251	0.4265	0.4279	0.4292	0.4306	0.4319
1.5	0.4332	0.4345	0.4357	0.4370	0.4382	0.4394	0.4406	0.4418	0.4429	0.4441
1.6	0.4452	0.4463	0.4474	0.4484	0.4495	0.4505	0.4515	0.4525	0.4535	0.4545
1.7	0.4554	0.4564	0.4573	0.4582	0.4591	0.4599	0.4608	0.4616	0.4625	0.4633
1.8	0.4641	0.4649	0.4656	0.4664	0.4671	0.4678	0.4686	0.4693	0.4699	0.4706
1.9	0.4713	0.4719	0.4726	0.4732	0.4738	0.4744	0.4750	0.4756	0.4761	0.4767
2.0	0.4772	0.4778	0.4783	0.4788	0.4793	0.4798	0.4803	0.4808	0.4812	0.4817
2.1	0.4821	0.4826	0.4830	0.4834	0.4838	0.4842	0.4846	0.4850	0.4854	0.4857
2.2	0.4861	0.4864	0.4868	0.4871	0.4875	0.4878	0.4881	0.4884	0.4887	0.4890
2.3	0.4893	0.4896	0.4898	0.4901	0.4904	0.4906	0.4909	0.4911	0.4913	0.4916
2.4	0.4918	0.4920	0.4922	0.4925	0.4927	0.4929	0.4931	0.4932	0.4934	0.4936
2.5	0.4938	0.4940	0.4941	0.4943	0.4945	0.4946	0.4948	0.4949	0.4951	0.4952
2.6	0.4953	0.4955	0.4956	0.4957	0.4959	0.4960	0.4961	0.4962	0.4963	0.4964
2.7	0.4965	0.4966	0.4967	0.4968	0.4969	0.4970	0.4971	0.4972	0.4973	0.4974
2.8	0.4974	0.4975	0.4976	0.4977	0.4977	0.4978	0.4979	0.4979	0.4980	0.4981
2.9	0.4981	0.4982	0.4983	0.4983	0.4984	0.4984	0.4985	0.4985	0.4986	0.4986
3.0	0.4987	0.4987	0.4987	0.4988	0.4988	0.4989	0.4989	0.4989	0.4990	0.4990
3.1	0.4990	0.4991	0.4991	0.4991	0.4992	0.4992	0.4992	0.4992	0.4993	0.4993
3.2	0.4993	0.4993	0.4994	0.4994	0.4994	0.4994	0.4994	0.4995	0.4995	0.4995
3.3	0.4995	0.4995	0.4996	0.4996	0.4996	0.4996	0.4996	0.4996	0.4996	0.4997
3.4	0.4997	0.4997	0.4997	0.4997	0.4997	0.4997	0.4997	0.4997	0.4998	0.4998

© Photo by Emiliano Arano from Pexels

Sometimes in the waves of change
we find our true direction.

Unknown

masterplan

MAPLBOOKS Since 1996. Heemang Institute, Inc. www.mapl.co.kr

mapl

마플교과서

Your master plan. MAPL

수능과 내신의
수학개념서

확률과 통계

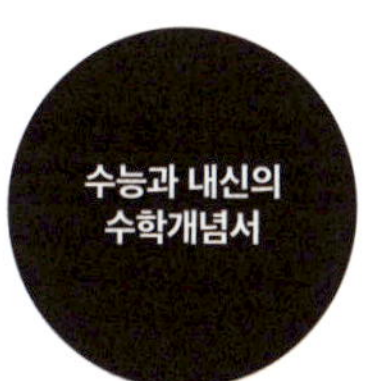

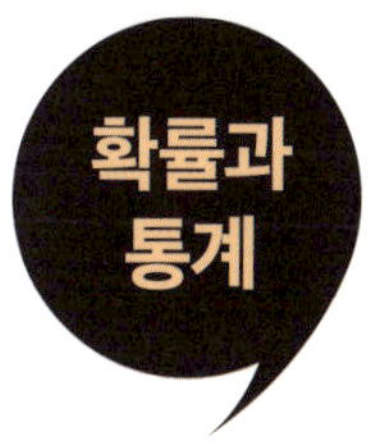

수능과 내신의 수학개념서

마플교과서
확률과 통계

마플교과서 확률과 통계

ISBN : 978-89-94845-69-2 (53410)

발행일 : 2019년 7월 31일(1판 1쇄)

인쇄일 : 2024년 11월 4일

판/쇄 : 1판 8쇄

펴낸곳
희망에듀출판부 *(Heemang Institute, inc. Publishing dept.)*

펴낸이
임정선

주소 경기도 부천시 석천로 174 하성빌딩
[174, Seokcheon-ro, Bucheon-si, Gyeonggi-do, Republic of Korea]

교재 오류 및 문의
mapl@heemangedu.co.kr

희망에듀 홈페이지
http://www.heemangedu.co.kr

마플교재 인터넷 구입처
http://www.mapl.co.kr

교재 구입 문의
오성서적
Tel 032) 653-6653
Fax 032) 655-4761

YOUR MASTER PLAN

핵심단권화 수학개념서
마플교과서 시리즈

내신 1등급 완성
Σ
마플시너지 시리즈

수능에 강하다!
MAPL THE BANK
마플총정리 시리즈

YOUR
MASTER
PLAN

핵심단권화 수학개념서
마플교과서 시리즈

내신 1등급 완성
Σ
마플시너지 시리즈

수능에 강하다!
MAPL THE BANK
마플총정리 시리즈

MAPLBOOKS Since 1996. Heemang Institute, Inc. www.mapl.co.kr

mapl

마플교과서

Your master plan. MAPL

수능과 내신의
수학개념서

확률과 통계

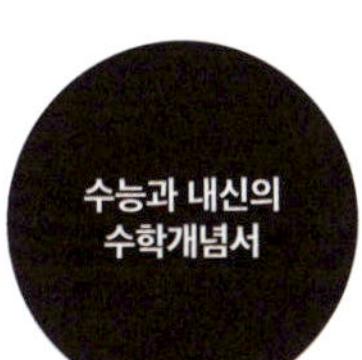

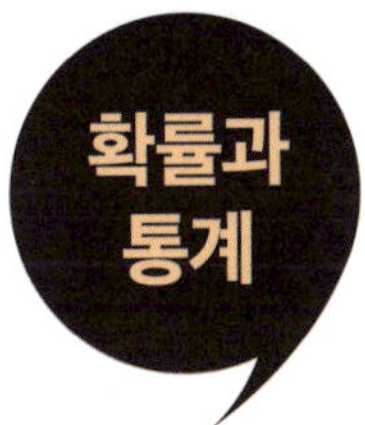

수능과 내신의 수학개념서

마플교과서
확률과 통계

마플교과서 확률과 통계

ISBN : 978-89-94845-69-2 (53410)

발행일 : 2019년 7월 31일(1판 1쇄)

인쇄일 : 2024년 11월 4일

판/쇄 : 1판 8쇄

펴낸곳
희망에듀출판부 (Heemang Institute, inc. Publishing dept.)

펴낸이
임정선

주소 경기도 부천시 석천로 174 하성빌딩
[174, Seokcheon-ro, Bucheon-si, Gyeonggi-do, Republic of Korea]

교재 오류 및 문의
mapl@heemangedu.co.kr

희망에듀 홈페이지
http://www.heemangedu.co.kr

마플교재 인터넷 구입처
http://www.mapl.co.kr

교재 구입 문의
오성서적
Tel 032) 653-6653
Fax 032) 655-4761

YOUR
MASTER
PLAN

핵심단권화 수학개념서
마플교과서 시리즈

내신 1등급 완성
Σ
마플시너지 시리즈

수능에 강하다!
MAPL THE BANK
마플총정리 시리즈

YOUR
MASTER
PLAN

핵심단권화 수학개념서
마플교과서 시리즈

내신 1등급 완성
Σ
마플시너지 시리즈

수능에 강하다!
MAPL THE BANK
마플총정리 시리즈

개념이 있는
정답과 해설

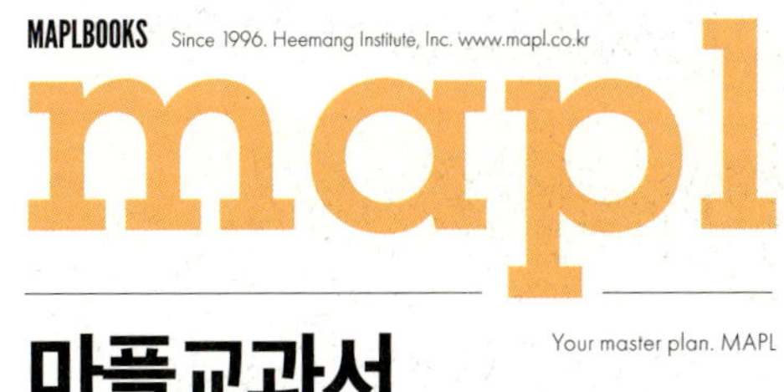

마플교과서

목차

I 경우의 수

01 여러 가지 순열

0001

오른쪽 그림과 같이 할아버지, 할머니, 아버지, 어머니, 딸, 아들로 이뤄진 6명의 가족이 원형의 탁자에 앉으려고 한다. 다음을 구하여라.
(단, 회전하여 일치하는 것은 같은 것으로 본다.)

(1) 6명이 원형의 탁자에 둘러앉는 경우의 수
(2) 할머니와 할아버지가 이웃하게 앉는 경우의 수
(3) 딸과 아들이 마주 보게 앉는 경우의 수
(4) 할아버지와 할머니 사이에 한 명이 앉는 경우의 수

STEP Ⓐ 원순열의 경우의 수 구하기

(1) 6명이 원형의 탁자에 둘러앉는 경우의 수는
$$(6-1)!=5!=5\cdot4\cdot3\cdot2\cdot1=120$$

STEP Ⓑ 이웃하는 원순열의 경우의 수 구하기

(2) 이웃하게 앉는 할머니와 할아버지를 묶어 한 사람으로 생각하고
5명이 원형으로 앉는 경우의 수를 구하면
$$(5-1)!=4!=24$$
그 각각의 경우에 대하여 할머니와 할아버지가 자리를 바꾸는 경우의 수는
$$2!=2$$
따라서 구하는 경우의 수는 $24\times2=48$

STEP Ⓒ 마주보는 원순열의 경우의 수 구하기

(3) 딸을 고정시키면 아들이 앉을 수 있는 경우의 수는 1
나머지 4명이 앉는 경우의 수는 4명을 일렬로 배열하는 순열의 수이므로
$$4!=24$$
따라서 구하는 경우의 수는 $1\times24=24$

STEP Ⓓ 이웃하는 원순열의 경우의 수 구하기

(4) 할아버지와 할머니 사이에 한 명이 앉는 경우의 수는 $_4P_1=4$
할아버지와 할머니 그리고 사이에 한 명을 한사람으로 생각하여
모두 4명이 원탁에 앉는 방법의 수는 $(4-1)!=3!=6$
할아버지와 할머니가 자리를 바꾸는 경우는 $2!=2$
따라서 구하는 경우의 수는 $4\times6\times2=48$

0002

오른쪽 그림과 같이 최대 6개의 용기를 넣을 수 있는 원형의 실험기구가 있다.
서로 다른 6개의 용기 A, B, C, D, E, F를 이 실험 기구에 모두 넣을 때, A와 B가 이웃하게 되는 경우의 수는? (단, 회전하여 일치하는 것은 같은 것으로 본다.)

① 36 　　② 48 　　③ 60
④ 72 　　⑤ 84

STEP Ⓐ A, B를 한 묶음으로 하여 원순열의 수 구하기

두 용기 A, B가 이웃하므로 한 묶음으로 생각해서
5개를 원형의 실험기구에 넣는 경우의 수는
$$(5-1)!=4!=24$$

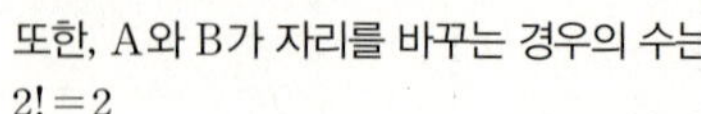

또한, A와 B가 자리를 바꾸는 경우의 수는
$$2!=2$$
따라서 구하고자 하는 경우의 수는 $24\times2=48$

0003

빨간색과 파란색을 포함한 서로 다른 6가지의 색을 모두 사용하여, 날개가 6개인 바람개비의 각 날개에 색칠하려고 한다. 빨간색과 파란색을 서로 맞은편의 날개에 칠하는 경우의 수는? (단, 각 날개에는 한 가지 색만 칠하고, 회전하여 일치하는 것은 같은 것으로 본다.)

① 12 　　② 18 　　③ 24
④ 30 　　⑤ 36

STEP Ⓐ 원순열의 수를 이용하여 경우의 수 구하기

6개의 날개 중 한 곳에 빨간색이 칠해지면 파란색은 맞은편의 날개에 칠해지므로 빨간색과 파란색을 같은 색으로 취급하면 서로 다른 5개의 색을 원형으로 배열하는 원순열의 수와 같다.
$$\therefore\ (5-1)!=4!=24$$

> ➕α 색칠하기 문제에 자주 나오는 유형으로 빨간색이 칠해지면 파란색의 자리가 정해지므로 결국 5개의 색을 칠하는 것과 같아진다.

다른풀이 직접 풀이하기

6개의 날개 중 한 곳에 빨간색이 칠해지면 파란색은 맞은편의 날개에 칠해지므로 나머지 4개의 날개에 4가지의 색을 칠하는 방법의 수는 $4!=24$

0004

6명의 학생이 다음 그림과 같이 탁자에 둘러앉은 경우의 수를 구하여라.
(단, 회전하여 일치하는 것은 같은 것으로 본다.)

(1) 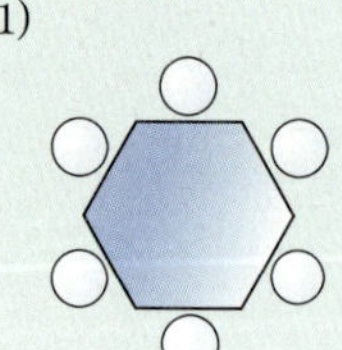 　　(2) 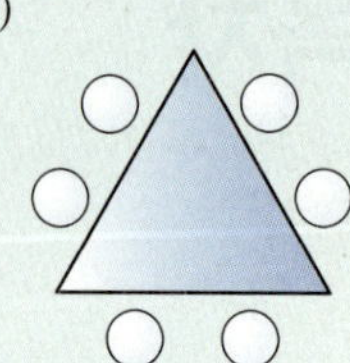

STEP Ⓐ 정육각형 탁자에 둘러앉는 경우의 수 구하기

(1) 정육각형 모양의 탁자에 오른쪽 그림과 같이 6명이 둘러앉을 때, 회전하여 같은 것이 6가지씩 있다.

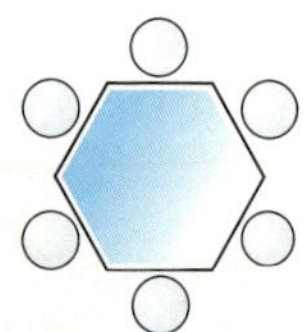

따라서 구하는 경우의 수는 $\dfrac{6!}{6}=\dfrac{720}{6}=120$

다른풀이 원순열을 이용하여 풀이하기

정육각형 모양의 탁자에 그림과 같이 6명이 둘러앉는 경우의 수는 6명이 원탁에 둘러앉는 경우의 수와 같다.
따라서 구하는 경우의 수는 $(6-1)!=5!=120$

STEP Ⓑ 정삼각형 탁자에 둘러앉는 경우의 수 구하기

(2) 정삼각형 모양의 탁자에 오른쪽 그림과 같이 6명이 둘러앉을 때, 회전하여 같은 것이 3가지씩 있다.

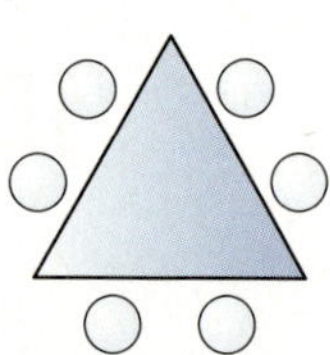

따라서 구하는 경우의 수는 $\dfrac{6!}{3}=\dfrac{720}{3}=240$

다른풀이 원순열을 이용하여 풀이하기

6명을 원형으로 나열하는 경우의 수는 $5!=120$
원형으로 배열하는 각각의 방법에 대하여 서로 다른 경우가 2가지씩 있다.
따라서 구하는 방법의 수는 $120\times2=240$

0005

네 쌍의 약혼자가 오른쪽 그림과 같은 정사각형 모양의 탁자에 앉아서 식사를 하려고 한다. 이때 약혼자끼리 탁자의 같은 변에 이웃하여 나란히 앉는 경우의 수는? (단, 회전하여 일치하는 것은 같은 것으로 본다.)

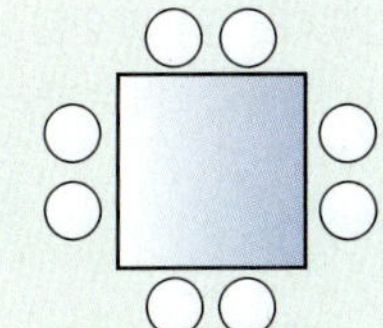

① 24 ② 36
③ 56 ④ 96
⑤ 120

STEP A 약혼자 한 쌍을 한 묶음으로 하여 원순열 구하기

약혼자 한 쌍을 한 묶음으로 하여 네 쌍을 네 변에 앉히는 경우의 수는 원순열의 수이므로 $(4-1)!=3!=6$

STEP B 남녀가 자리를 바꾸는 경우의 수 구하기

이때 한 쌍의 남녀가 자리를 바꾸는 경우의 수가 $2!=2$가지이므로 네 쌍의 약혼자가 자리를 바꾸는 경우의 수는 2^4

STEP C 구하는 경우의 수 구하기

따라서 구하는 경우의 수는 $6\times2^4=96$

0006

어느 대학교 수시모집에 지원한 남학생 4명과 여학생 4명을 토론식 면접을 하기 위하여 오른쪽 그림과 같이 정사각형 모양으로 배열된 8개의 의자에 앉히려 한다. 붙어있는 의자에는 반드시 남녀가 1명씩 앉도록 할 때, 이들 8명이 앉을 수 있는 모든 경우의 수를 구하여라. (단, 회전하여 일치하는 것은 같은 것으로 본다.)

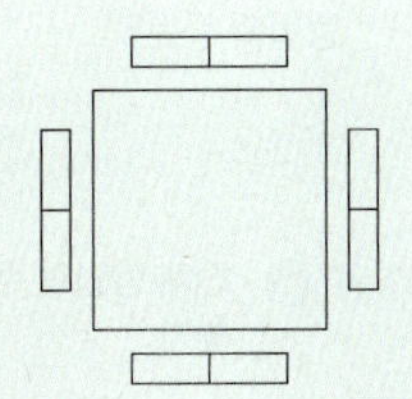

STEP A 남학생 4명을 앉히는 경우의 수 구하기

먼저 남자 4명을 앉히는 경우의 수는 $(4-1)!=3!=6$
이때 붙어있는 각 자리에 남자 4명이 앉은 경우의 수는 $2\times2\times2\times2=16$
즉 먼저 남자 4명을 앉히는 경우의 수는 $6\times16=96$

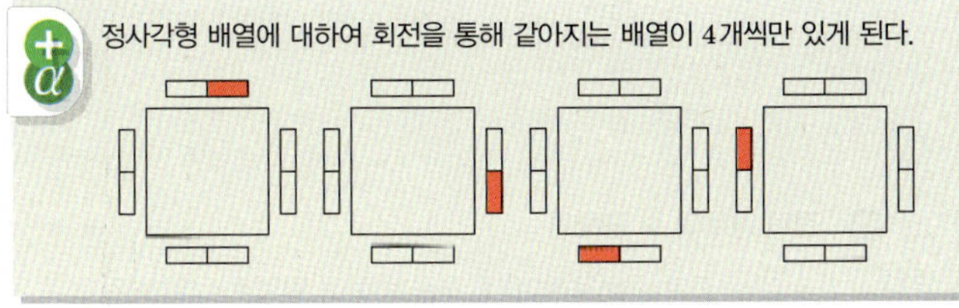

정사각형 배열에 대하여 회전을 통해 같아지는 배열이 4개씩만 있게 된다.

STEP B 여학생 4명을 앉히는 경우의 수 구하기

남학생 4명을 앉혔으므로 남은 4개의 자리에 여학생 4명을 앉히는 경우의 수는 $4!=24$

STEP C 구하는 경우의 수 구하기

따라서 8명이 앉을 수 있는 모든 경우의 수는 $96\times24=2304$

0007

오른쪽 그림과 같이 큰 원의 내부가 5개의 부분으로 나누어져 있다. 이 내부에 5가지 색을 모두 사용하여 각 부분에 한 가지 색을 칠할 때, 도형을 색칠하는 방법의 수를 구하여라. (단, 회전하여 일치하는 것은 같은 것으로 본다.)

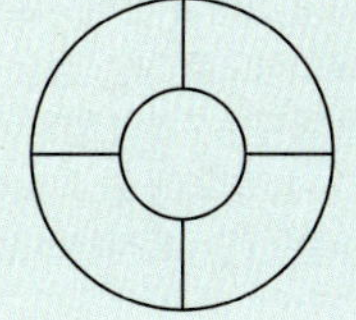

STEP A 가운데 도형에 먼저 색칠하는 경우의 수 구하기

5가지 색을 A, B, C, D, E라 하면
먼저 가운데 작은 원을 색칠하는 경우의 수는 5

STEP B 나머지는 원순열을 이용하여 구하기

가운데 작은 원에 A를 색칠하였다면 둘레에는 B, C, D, E를 이용하여 색칠하면 되는데 이것은 원형을 이루므로 색칠하는 경우의 수는
$(4-1)!=3!=6$
따라서 색칠하는 경우의 수는 $5\times6=30$

0008

정사각형에 내접하는 원을 4등분하여 오른쪽 그림과 같은 도형을 만들었다. 도형의 한 영역에 한 가지 색만 사용하여 8개의 영역에 서로 다른 8가지 색을 모두 칠하는 방법의 수는? (단, 회전하여 겹쳐지는 것들은 같은 것으로 한다.)

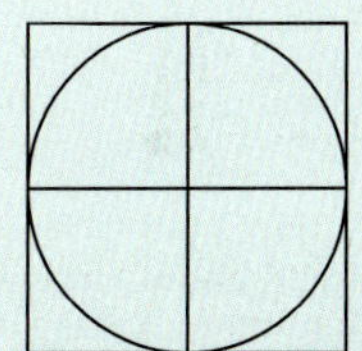

① 10080 ② 14400
③ 22800 ④ 33800
⑤ 52500

STEP A 4가지의 색을 선택하여 원의 내부 영역에 칠하는 경우의 수 구하기

4가지의 색을 선택하여 원의 내부 영역에 칠하는 경우의 수는
$$\frac{{}_8P_4}{4}=420 \quad \leftarrow {}_8C_4\times(4-1)!=420$$

STEP B 나머지 4가지의 색을 원의 외부 4개의 영역에 칠하는 경우의 수 구하기

나머지 4가지의 색을 원의 외부 4개의 영역에 칠하는 경우의 수는
$4!=24$
따라서 구하는 방법의 수는 $420\times24=10080$

다른풀이 회전하여 같은 것이 4가지씩 있음을 이용하여 풀이하기

정사각형이 고정되어 있을 때,
8개의 영역에 서로 다른 8가지의 색을 칠하는 방법의 수는 $8!$
회전하여 같은 것이 4가지씩 있으므로 구하는 방법의 수는 $\dfrac{8!}{4}=10080$

0009

다음 그림과 같이 서로 접하고 크기가 같은 원 3개와 이 세 원의 중심을 꼭짓점으로 하는 정삼각형이 있다. 원의 내부 또는 정삼각형의 내부에 만들어지는 7개의 영역에 서로 다른 7가지 색을 모두 사용하여 칠하려고 한다. 한 영역에 한 가지색만을 칠할 때, 색칠한 결과로 나올 수 있는 경우의 수는? (단, 회전하여 일치하는 것은 같은 것으로 본다.)

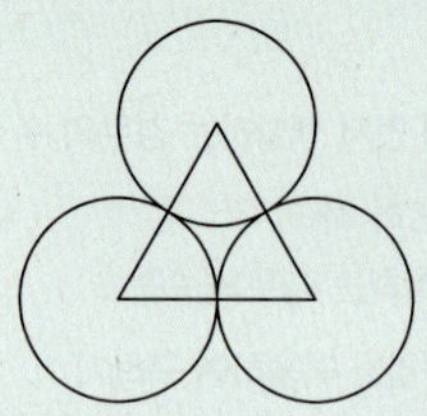

① 1260   ② 1680   ③ 2520
④ 3760   ⑤ 5040

STEP A   가운데 영역과 정삼각형 내부와 원 내부가 겹치는 영역에 칠하는 경우의 수 구하기

다음 그림과 같이 7개의 영역을 각각 a, b, c, d, e, f, g라 하자.

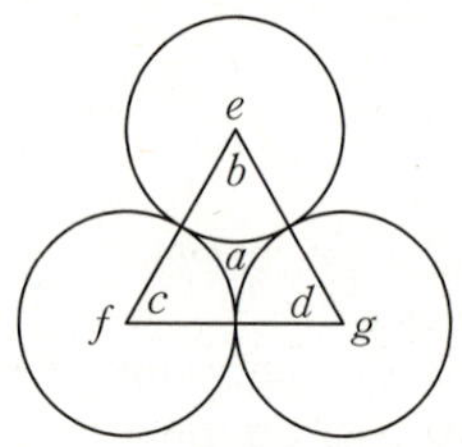

7가지 색 중에서 가운데 영역 a에 색칠하는 방법의 수는 7
남은 6가지 색 중에서 b, c, d에 색칠하는 방법의 수는

$${}_6C_3 \times (3-1)! = 40 \quad \leftarrow \frac{{}_6P_3}{3} = 40$$

STEP B   정삼각형 외부와 원 내부가 겹치는 영역에 칠하는 경우의 수 구하기

나머지 가지 색을 e, f, g에 색칠하는 것은 회전에 의하여 일치할 수 없으므로 색칠하는 방법의 수는 $3! = 6$

STEP C   색칠한 결과로 나올 수 있는 경우의 수 구하기

따라서 색칠한 결과로 나올 수 있는 경우의 수는 $7 \times 40 \times 6 = 1680$

다른풀이   원형으로 배열하는 경우로 풀이하기

서로 다른 7개의 영역에 7가지 색을 칠하는 방법의 수는 7!
가운데 부분을 제외한 삼각형 내부의 남은 세 부분을 $120°$씩 회전할 때마다 같은 그림이 3번 나오게 된다.

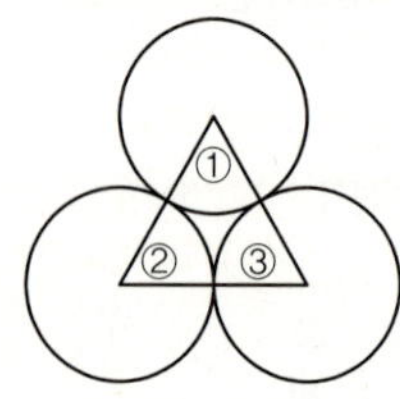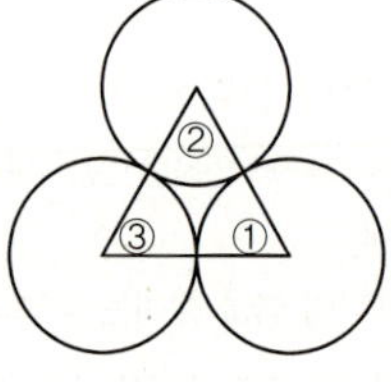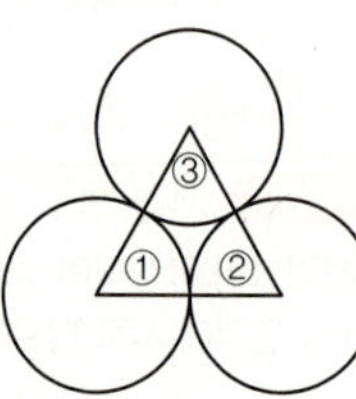

따라서 구하는 경우의 수는 $\dfrac{7!}{3} = \dfrac{7 \cdot 6 \cdot 5 \cdot 4 \cdot 3 \cdot 2 \cdot 1}{3} = 1680$

0010

서로 다른 종류의 연필 5자루를 4명의 학생 A, B, C, D에게 남김없이 나누어 주는 경우의 수는? (단, 연필을 받지 못하는 학생이 있을 수 있다.)
① 1024   ② 1034   ③ 1044
④ 1054   ⑤ 1064

STEP A   중복순열을 이용하여 경우의 수 구하기

서로 다른 종류의 연필 5자루를 4명의 학생 A, B, C, D에게 나누어 주는 경우의 수는 4명의 학생 A, B, C, D에서 중복을 허락하여 5명을 택하여 일렬로 배열하는 수와 같으므로 ${}_4\Pi_5 = 4^5 = 1024$

다른풀이   직접 나열하여 풀이하기

첫 번째 연필을 받을 수 있는 학생이 4명
두 번째 연필을 받을 수 있는 학생도 4명
세 번째 연필을 받을 수 있는 학생도 4명
네 번째 연필을 받을 수 있는 학생도 4명
다섯 번째 연필을 받을 수 있는 학생도 4명
이므로 구하는 경우의 수는 $4 \times 4 \times 4 \times 4 \times 4 = 4^5 = 2^{10} = 1024$

0011

다음 물음에 답하여라.

(1) 서로 다른 8자루의 연필을 2명의 학생에게 남김없이 나누어 주려고 한다. 2명 모두 적어도 한 자루 이상의 연필을 받도록 나누어 주는 방법의 수는?
① 128   ② 130   ③ 254
④ 256   ⑤ 258

STEP A   전체 방법의 수에서 한 학생에게만 연필을 모두 주는 방법의 수를 빼기

두 명의 학생을 A, B로 놓으면 연필 8자루를 두 학생에게 나누어 주는 방법의 수는 ${}_2\Pi_8 = 2^8 = 256$
이 중 한 학생에게만 연필을 모두 주는 방법의 수는 2가지이므로 구하는 방법의 수는 $256 - 2 = 254$

(2) 세 문자 a, b, c에서 중복을 허용하여 네 개를 택하여 일렬로 나열할 때, 문자 a가 2개 이상 나열되는 경우의 수는?
① 21   ② 27   ③ 33
④ 37   ⑤ 41

STEP A   전체 경우의 수 구하기

세 문자 a, b, c에서 중복을 허용하여 네 개를 택하여 일렬로 나열하는 경우의 수는 ${}_3\Pi_4 = 3^4 = 81$ …… ㉠

STEP B   문자 a가 0개, 1개 나열되는 경우의 수 구하기

(i) 세 문자 a, b, c를 중복하여 네 개를 나열하는 경우의 수 중 문자 a가 0개 나열되는 경우
b, c로만 중복을 허락하여 나열하는 경우의 수는 ${}_2\Pi_4 = 2^4 = 16$

(ii) 세 문자 a, b, c를 중복하여 네 개를 나열하는 경우의 수 중 문자 a가 1개 나열되는 경우
문자 a를 나열하는 경우의 수는 4
나머지 세 자리에 b, c를 중복을 허락하여 나열하는 경우의 수는 ${}_2\Pi_3 = 2^3 = 8$이므로 경우의 수는 $4 \times 8 = 32$

STEP C   전체 경우의 수에서 문자 a가 0개, 1개 일렬로 나열하는 경우의 수를 빼기

(i), (ii)에 의하여 구하는 경우의 수는 $81 - (16 + 32) = 33$

다른풀이 같은 문자가 있는 순열을 이용하여 풀이하기

STEP A 문자 a가 두 번 이상 나오는 경우의 수 구하기

(i) a가 두 번 나오는 경우

a가 2개, b가 2개인 경우의 수는 $\dfrac{4!}{2!2!}=6$

a가 2개, c가 2개인 경우의 수는 $\dfrac{4!}{2!2!}=6$

a가 2개, b가 1개, c가 1개인 경우의 수는 $\dfrac{4!}{2!}=12$

이므로 이 경우의 수는 $6+6+12=24$

(ii) a가 세 번 나오는 경우

a가 3개, b가 1개인 경우의 수는 $\dfrac{4!}{3!}=4$

a가 3개, c가 1개인 경우의 수는 $\dfrac{4!}{3!}=4$

이므로 이 경우의 수는 $4+4=8$

(iii) a가 네 번 나오는 경우

네 개의 a를 일렬로 나열하는 경우의 수는 1이다.

(i)~(iii)에서 구하는 경우의 수는 $1+8+24=33$

다른풀이 조합을 이용하여 풀이하기

STEP A a가 두 번 이상 나오는 경우는 a가 2번, 3번, 4번 나오는 경우로 나누어 구하기

(i) a가 두 번 나오는 경우

네 자리 중 a를 2자리에 배치하는 경우의 수가 $_4C_2$이고

나머지 두 자리에 b 또는 c를 중복하여 배치하는 경우의 수가 2^2이므로

$_4C_2 \times 2^2 = \dfrac{4\cdot3}{2\cdot1} \times 4 = 24$

(ii) a가 세 번 나오는 경우

네 자리 중 a를 3자리에 배치하는 경우의 수가 $_4C_3$이고

나머지 한 자리에 b 또는 c를 배치하는 경우의 수가 2이므로

$_4C_3 \times 2^1 = 4 \times 2 = 8$

(iii) a가 네 번 나오는 경우 : $aaaa$ 한 가지

(i)~(iii)에서 구하는 경우의 수는 $24+8+1=33$

0012

숫자 1, 2, 3, 4, 5의 5개 중 중복을 허락하여 3개를 택하여 일렬로 나열하여 세 자리의 자연수를 만들 때, 각 자리의 수의 합이 홀수인 자연수의 개수를 구하여라.

1	3	5
2	2	3
2	1	4
5	4	4

⋮

STEP A 각 자리의 수의 합이 홀수가 되기 위한 조건 구하기

각 자리의 수의 합이 홀수가 되기 위해서는 백의 자리, 십의 자리, 일의 자리의 수 중에서 홀수 3개 또는 홀수 1개, 짝수 2개이어야 한다.

(i) 홀수가 3개인 경우

1, 3, 5 중에서 중복을 허락하여 만들 수 있는 세 자리의 자연수의 개수는

$_3\Pi_3 = 3^3 = 27$

(ii) 홀수가 1개, 짝수가 2개인 경우

백의 자리, 십의 자리, 일의 자리의 수가

(짝, 짝, 홀), (짝, 홀, 짝), (홀, 짝, 짝)인 경우로 3가지이고

이 각각에 대하여 1, 3, 5 중에서 1개, 2, 4 중에서 중복을 허락하여

2개를 선택하여 나열하는 경우의 수와 같으므로

$3 \times {_3\Pi_1} \times {_2\Pi_2} = 3 \times 3^1 \times 2^2 = 36$

STEP B 합의 법칙을 이용하여 구하기

(i), (ii)에 의하여 구하는 자연수의 개수는 $27+36=63$

0013

다음 물음에 답하여라.

(1) 숫자 0, 1, 2, 3, 4 중에서 중복을 허락하여 세 개를 선택해 일렬로 나열하여 만들 수 있는 세 자리 자연수의 개수를 구하여라.

STEP A 중복순열을 이용하여 경우의 수를 구하기

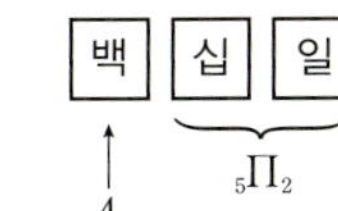

백의 자리에 올 수 있는 숫자는 0을 제외한
1, 2, 3, 4의 4가지이다.
또, 그 각 경우에 대하여
십의 자리, 일의 자리에 0, 1, 2, 3, 4가 모두
중복하여 올 수 있으므로 그 경우의 수는 $_5\Pi_2 = 5^2 = 25$
따라서 곱의 법칙에 의하여 구하는 자연수의 개수는 $4 \times 25 = 100$

(2) 세 숫자 1, 2, 3을 중복 사용하여 만들 수 있는 네 자리의 자연수 중에서 2322보다 작은 수는 모두 몇 개인지 구하여라.

STEP A 1, 2, 3을 사용하여 만든 네 자리 자연수는 맨 앞자리의 수에 의해 분류하여 구하기

네 자리 수 중 천의 자릿수가 1인 수의 개수는 $_3\Pi_3 = 27$
네 자리 수 중 천의 자릿수가 2, 백의 자릿수가 1인 수의 개수는 $_3\Pi_2 = 9$
네 자리 수 중 천의 자릿수가 2, 백의 자릿수가 2인 수의 개수는 $_3\Pi_2 = 9$
네 자리 수 중 천의 자릿수가 2, 백의 자릿수가 3, 십의 자릿수가 1인 수의
개수는 $_3\Pi_1 = 3$
네 자리 수 중 천의 자릿수가 2, 백의 자릿수가 3, 십의 자릿수가 2, 일의 자릿
수가 1인 수의 개수는 1
따라서 2322보다 작은 수는 모두 $27+9+9+3+1=49$

0014

다음 물음에 답하여라.

(1) 숫자 1, 2, 3, 4, 5에서 중복을 허락하여 세 개를 택해 일렬로 나열하여 만든 세 자리 자연수가 홀수인 경우의 수는?

① 45 ② 55 ③ 65
④ 75 ⑤ 85

STEP A 일의 자리의 숫자가 홀수인 경우의 수 구하기

세 자리 자연수가 홀수이려면 일의 자리의 숫자는 홀수이어야 한다.
일의 자리의 숫자를 택하는 경우의 수는 $_3C_1$
백의 자리와 십의 자리의 숫자를 택하는 경우의 수는 $_5\Pi_2$
따라서 세 자리 자연수가 홀수인 경우의 수는 $_3C_1 \times _5\Pi_2 = 3 \times 5^2 = 75$

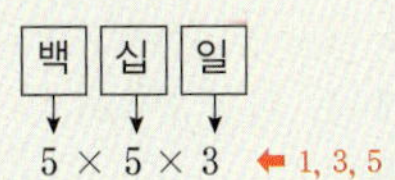

(2) 숫자 1, 2, 3, 4, 5 중에서 중복을 허락하여 네 개를 택해 일렬로 나열하여 만든 네 자리의 자연수가 5의 배수인 경우의 수는?

① 115 ② 120 ③ 125
④ 130 ⑤ 135

STEP A 일의 자리의 수가 5이고 나머지 수를 나열하는 경우의 수 구하기

네 자리의 자연수가 5의 배수이므로 일의 자리가 5인 경우이다.
일의 자리수가 5이므로 나머지 세 자리에는 다섯 개의 자연수 1, 2, 3, 4, 5
에서 중복을 허락하여 세 개를 택하는 경우의 수는 $_5\Pi_3 = 5^3 = 125$

다른풀이 직접 나열하여 풀이하기

천의 자리에 올 수 있는 수는 5가지, 백의 자리에 올 수 있는 수는 5가지
십의 자리에 올 수 있는 수는 5가지, 일의 자리는 5로 고정되므로 1가지
따라서 구하는 경우의 수는 $5 \times 5 \times 5 \times 1 = 125$

0015

다음 물음에 답하여라.

(1) 중복을 허용하여 4개의 숫자 0, 1, 2, 3 중 3개를 택하여 만들 수 있는 세 자리의 정수 중에서 1이 포함되어 있는 것의 개수는?

   ① 12   ② 24   ③ 30
   ④ 36   ⑤ 46

STEP Ⓐ 전체 경우의 수에서 숫자 1이 포함되지 않는 경우의 수를 빼서 구하기

0, 1, 2, 3을 중복을 허용하여 만들 수 있는 세 자리의 정수는 백의 자리에는 3가지, 십의 자리와 일의 자리에는 각각 4가지가 올 수 있으므로 그 개수는

$3 \times {}_4\Pi_2 = 3 \times 4^2 = 48$

그런데 1이 포함되지 않는 것은 0, 2, 3만 가지고 중복을 허용하여 만든 경우이다.

이 경우 백의 자리에는 2가지, 십의 자리와 일의 자리에는 각각 3가지가 올 수 있으므로 그 개수는 $2 \times {}_3\Pi_2 = 2 \times 3^2 = 18$

따라서 1이 포함되어 있는 것의 개수는 $48 - 18 = 30$

---

(2) 세 숫자 1, 2, 3을 중복 사용하여 네 자리의 자연수를 만들 때, 1과 2가 모두 포함되어 있는 자연수의 개수는?

   ① 58   ② 56   ③ 54
   ④ 52   ⑤ 50

STEP Ⓐ (세 숫자로 만든 네 자리 자연수)
− (1, 3만으로 또는 2, 3만으로 만든 네 자리 자연수)
+ (3만으로 만든 네 자리 자연수)임을 이용하여 풀이하기

(ⅰ) 세 숫자에서 중복을 허락하여 네 자리 자연수를 만들 경우의 수는
$${}_3\Pi_4 = 3^4 = 81$$

(ⅱ) 1, 3 또는 2, 3으로 중복을 허락하는 네 자리 자연수를 만들 경우의 수는
$${}_2\Pi_4 \times 2 = 2^4 \times 2 = 32$$

(ⅲ) 3만으로 만든 네 자리 자연수는 1

따라서 구하는 자연수의 개수는 $81 - 32 + 1 = 50$

0016

다음 물음에 답하여라.

(1) 두 집합 $X = \{1, 2, 3\}$, $Y = \{2, 4, 6, 8, 10\}$에 대하여 함수 $f : X \longrightarrow Y$ 중에서 $f(2) \neq 2$인 함수의 개수를 구하여라.

STEP Ⓐ 전체 함수의 개수에서 $f(2) = 2$인 함수의 개수를 빼서 구하기

X에서 Y로의 함수의 개수는 ${}_5\Pi_3 = 5^3 = 125$

X에서 Y로의 함수 중 $f(2) = 2$인 함수의 개수는 ${}_5\Pi_2 = 5^2 = 25$

따라서 구하는 함수의 개수는 $125 - 25 = 100$

다른풀이 직접 함수의 개수 구하기

$f(1)$의 값이 될 수 있는 수는 5개

$f(2)$의 값이 될 수 있는 수는 2를 제외한 4개

$f(3)$의 값이 될 수 있는 수는 5개이므로 구하는 함수의 개수는 $5 \cdot 4 \cdot 5 = 100$

---

(2) 두 집합 $A = \{1, 2, 3, 4\}$, $B = \{a, b, c\}$에 대하여 A에서 B로의 함수 f 중에서 $B = \{f(x) | x \in A\}$인 함수의 개수를 구하여라.

STEP Ⓐ 전체 함수의 개수에서 치역이 1개, 2개인 함수의 개수를 빼서 구하기

$B = \{f(x) | x \in A\}$에서 함수 f의 치역과 공역이 같다.

(ⅰ) 함수의 개수는 ${}_3\Pi_4 = 3^4 = 81$

(ⅱ) 치역이 $\{a, b\}$, $\{b, c\}$, $\{c, a\}$인 함수의 개수는
$$3 \times ({}_2\Pi_4 - 2) = 3 \times (2^4 - 2) = 42$$

(ⅲ) 치역이 $\{a\}$, $\{b\}$, $\{c\}$인 함수의 개수는 3

(ⅰ)~(ⅲ)에 의하여 구하는 함수의 개수는 $81 - (42 + 3) = 36$

다른풀이 같은 것이 있는 순열을 이용하여 구하기

같은 것이 있는 순열을 이용하여 함숫값이 각각
$\{a, a, b, c\}$, $\{a, b, b, c\}$, $\{a, b, c, c\}$인 경우로 나누어 각각의 순열의 수를 계산하면 $3 \times \dfrac{4!}{2!} = 36$

0017

다음 물음에 답하여라.

(1) 두 집합 $X = \{1, 2, 3\}$, $Y = \{0, 1, 2, 3\}$에 대하여 X에서 Y로의 함수 f 중에서 $f(1) \times f(3) = 0$을 만족하는 함수 f의 개수는?

   ① 24   ② 26   ③ 28
   ④ 30   ⑤ 32

STEP Ⓐ $f(1) = 0$, $f(3) = 0$인 경우를 나누어 구하기

$f(1) = 0$인 함수의 개수는 $1 \times {}_4\Pi_2 = 16$

$f(3) = 0$인 함수의 개수는 $1 \times {}_4\Pi_2 = 16$

$f(1) = 0$이고 $f(3) = 0$인 함수의 개수는 $1 \times {}_4\Pi_1 = 4$

따라서 구하는 함수 f의 개수는 $16 + 16 - 4 = 28$

---

(2) 두 집합 $A = \{a, b, c, d, e\}$, $B = \{1, 2, 3, 4, 5, 6\}$에 대하여 A에서 B로의 함수 f 중에서 다음 조건을 만족시키는 함수 f의 개수는?

> (가) $f(a) \neq 1$, $f(a) \neq 6$
> (나) $f(b) = f(c)$

   ① 756   ② 792   ③ 828
   ④ 864   ⑤ 900

STEP Ⓐ 경우의 수의 곱의 법칙을 이용하여 구하기

집합 A의 원소 a는 집합 B의 원소 중 1과 6을 제외한 4개의 원소 중 한 원소에 대응한다.

또한, 집합 A의 원소 b, d, e는 각각 집합 B의 원소 6개의 원소 중 한 원소에 대응하면 된다.

이때 집합 A의 원소 c는 원소 b가 대응하는 원소와 같은 원소에 대응하면 된다.

따라서 구하는 함수 f의 개수는 $4 \times {}_6\Pi_3 \times 1 = 4 \times 6^3 \times 1 = 864$

0018

집합 $X=\{1, 2, 3, 4, 5, 6\}$에 대하여 함수 $f : X \longrightarrow X$는 다음 조건을 만족시킨다.

> (가) $f(3)$은 짝수이다.
> (나) $x<3$이면 $f(x)<f(3)$이다.
> (다) $x>3$이면 $f(x)>f(3)$이다.

함수 f의 개수를 구하여라.

STEP A $f(3)=2$, 4, 6인 경우의 수 구하기

조건 (가)에서 $f(3)$은 짝수이므로
$f(3)=2$ 또는 $f(3)=4$ 또는 $f(3)=6$에 대응한다.
(i) $f(3)=2$일 때,
　　조건 (나), (다)에서 1, 2는 모두 1에 대응되고 4, 5, 6은
　　각각 3, 4, 5, 6 중 하나에 대응되므로 함수 f의 개수는
　　$_1\Pi_2 \times _4\Pi_3 = 1^2 \times 4^3 = 64$
(ii) $f(3)=4$일 때,
　　조건 (나), (다)에서 1, 2가 각각 1, 2, 3 중 하나에 대응되고 4, 5, 6은
　　각각 5, 6 중 하나에 대응되므로 함수 f의 개수는
　　$_3\Pi_2 \times _2\Pi_3 = 3^2 \times 2^3 = 72$
(iii) $f(3)=6$일 때,
　　조건 (다)에서 $x>3$이면 $f(x)>f(3)$이므로 $f(4)$, $f(5)$, $f(6)$의 값이
　　존재하지 않으므로 조건을 만족시키는 함수 f는 없다.

STEP B 함수 f의 개수 구하기

따라서 구하는 함수 f의 개수는 $64+72=136$

0019

다음 물음에 답하여라.
(1) A, A, A, B, B, C, D의 7개의 문자를 일렬로 나열할 때,
　　C와 D가 서로 인접하지 않도록 나열하는 경우의 수를 구하여라.

STEP A C와 D가 서로 인접하지 않도록 나열하는 경우의 수 구하기

A, A, A, B, B의 5개의 문자를 일렬로 나열하는 경우의 수는 $\dfrac{5!}{3!2!}=10$
A, A, A, B, B의 양 끝과 사이사이에 C, D를 나열하는 경우의 수는
$_6P_2=30$
따라서 구하는 경우의 수는 $10 \times 30 = 300$

다른풀이 인접하는 경우의 수를 구하여 풀이하기

A, A, A, B, B, C, D의 7개의 문자를 일렬로 나열하는 방법의 수는
$\dfrac{7!}{3!2!}=420$
C, D가 인접하도록 나열하는 방법의 수는 $\dfrac{6!}{3! \cdot 2!} \cdot 2 = 120$
따라서 인접하지 않는 방법의 수는 $420-120=300$(가지)

(2) 흰색 깃발 5개, 파란색 깃발 5개를 일렬로 모두 나열할 때, 양 끝에 흰색 깃발이 놓이는 경우의 수는? (단, 같은 색 깃발끼리는 서로 구별하지 않는다.)
　① 56　　　　② 63　　　　③ 70
　④ 77　　　　⑤ 84

STEP A 같은 것이 있는 순열을 이용하여 구하기

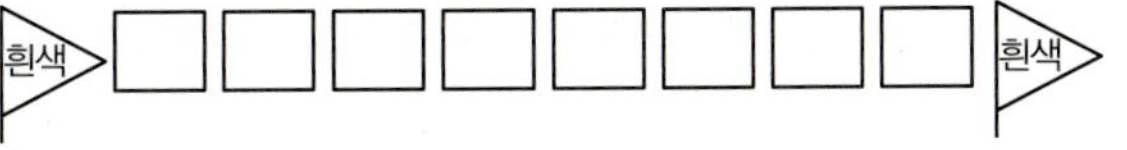

0020

6개의 문자 a, a, a, b, b, c 중에서 4개를 선택하여 일렬로 나열할 때, 만들 수 있는 서로 다른 문자열의 개수는?
　① 36　　　　② 38　　　　③ 40
　④ 42　　　　⑤ 44

STEP A a의 개수를 기준으로 같은 것이 있는 순열의 수 구하기

순서에 관계없이 4개를 선택하는 경우를 a의 개수를 기준으로 생각하면
5가지이고 각각의 경우에 일렬로 나열하는 경우의 수는
(i) a가 3개인 경우

　　a, a, a, b를 일렬로 나열하는 문자열의 개수는 $\dfrac{4!}{3!}=4$

　　a, a, a, c를 일렬로 나열하는 문자열의 개수는 $\dfrac{4!}{3!}=4$

(ii) a가 2개인 경우

　　a, a, b, b를 일렬로 나열하는 문자열의 개수는 $\dfrac{4!}{2!2!}=6$

　　a, a, b, c를 일렬로 나열하는 문자열의 개수는 $\dfrac{4!}{2!}=12$

(iii) a가 1개인 경우

　　a, b, b, c를 일렬로 나열하는 문자열의 개수는 $\dfrac{4!}{2!}=12$

(i)~(iii)에서 서로 다른 문자열의 개수는 $4+4+6+12+12=38$

0021

다음 물음에 답하여라.
(1) 8개의 문자 baseball을 일렬로 나열할 때, 양쪽 끝에는 서로 다른 문자가 오는 경우의 수를 구하여라.

STEP A 8개 문자를 일렬로 나열하는 경우의 수 구하기

양쪽 끝에는 서로 다른 문자가 오는 경우의 수는 전체 경우의 수에서
양 끝에 서로 같은 문자가 오는 경우를 뺀다.
8개 문자 b, a, s, e, b, a, l, l를 일렬로 나열하는 경우의 수는
$\dfrac{8!}{2!2!2!}=5040$

STEP B 양 끝에 서로 같은 문자가 오는 경우의 수 구하기

(i) 양끝 모두 b가 오는 경우

　b ☐☐☐☐☐☐ b

　나머지 a, s, e, a, l, l를 배열하는 경우의 수는 $\dfrac{6!}{2!2!}=180$
(ii) 양끝 모두 a가 오는 경우

　a ☐☐☐☐☐☐ a

　나머지 b, s, e, b, l, l를 배열하는 경우의 수는 $\dfrac{6!}{2!2!}=180$
(iii) 양끝 모두 l가 오는 경우

　l ☐☐☐☐☐☐ l

　나머지 b, a, s, e, b, a를 배열하는 경우의 수는 $\dfrac{6!}{2!2!}=180$
(i)~(iii)에서 양 끝에 서로 같은 문자가 오는 경우의 수는 $3 \times 180 = 540$

STEP C (전체 경우의 수)−(양 끝에 서로 같은 문자가 오는 경우의 수)임을 이용하여 구하기

따라서 구하는 경우의 수는 $5040-540=4500$

먼저 양 끝에 흰색 깃발을 놓고 흰색 깃발 2개를 제외한 가운데 8개는 흰색 깃발 3개, 파란색 깃발 5개를 일렬로 나열하는 경우의 수이므로
$\dfrac{8!}{3!5!}=56$

(2) 7개의 문자 a, b, b, c, c, c, d를 일렬로 나열할 때, 양쪽 끝에는 서로 다른 문자가 오는 경우의 수를 구하여라.

STEP A 7개 문자를 일렬로 나열하는 경우의 수 구하기

양쪽 끝에는 서로 다른 문자가 오는 경우의 수는 전체 경우의 수에서 양 끝에 서로 같은 문자가 오는 경우를 뺀다.

7개 문자를 일렬로 나열하는 경우의 수는 $\dfrac{7!}{2!3!}=420$

STEP B 양 끝에 서로 같은 문자가 오는 경우의 수 구하기

(i) 양끝 모두 b가 오는 경우

$\boxed{b}\ \square\ \square\ \square\ \square\ \square\ \boxed{b}$

나머지 a, c, c, c, d를 배열하는 경우의 수는 $\dfrac{5!}{3!}=20$

(ii) 양끝 모두 c가 오는 경우

$\boxed{c}\ \square\ \square\ \square\ \square\ \square\ \boxed{c}$

나머지 a, b, b, c, d를 배열하는 경우의 수는 $\dfrac{5!}{2!}=60$

따라서 구하는 경우의 수는 $420-(20+60)=340$

0022

6개의 숫자 0, 1, 2, 2, 3, 3을 일렬로 배열할 때, 다음 물음에 답하여라.

(1) 6자리 정수는 몇 개인지 구하여라.

STEP A 여섯 자리 정수의 개수는 맨 앞자리에 오는 숫자를 구분하여 구하기

여섯 자리 정수의 맨 앞자리에 오는 숫자는 1 또는 2 또는 3이다.

(i) 1□□□□□의 꼴 : □에 숫자 0, 2, 2, 3, 3을 늘어놓는 순열의 수이므로 $\dfrac{5!}{2!2!}=30$

(ii) 2□□□□□의 꼴 : □에 숫자 0, 1, 2, 3, 3을 늘어놓는 순열의 수이므로 $\dfrac{5!}{2!}=60$

(iii) 3□□□□□의 꼴 : □에 숫자 0, 1, 2, 2, 3을 늘어놓는 순열의 수이므로 $\dfrac{5!}{2!}=60$

(i)～(iii)에서 $30+60+60=150$

다른풀이 맨 앞자리에 0이 오는 경우를 이용하여 풀이하기

맨 앞자리에 0이 오는 경우는 여섯 자리의 자연수가 아니므로 구하는 경우의 수는

(전체 경우의 수)－(0을 제외한 수들을 나열하는 경우의 수)

$\dfrac{6!}{2!2!}-\dfrac{5!}{2!2!}=180-30=150$

(2) 6자리 정수 중 짝수의 개수를 구하여라.

STEP A 일의 자리에 0 또는 2가 오는 경우의 수 구하기

여섯 자리 정수 중 짝수의 일의 자리에 올 수 있는 숫자는 0 또는 2이다.

(i) □□□□□0의 꼴 : □에 숫자 1, 1, 2, 2, 3을 늘어놓는 순열의 수이므로 $\dfrac{5!}{2!2!}=30$

(ii) □□□□□2의 꼴 : □에 숫자 0, 1, 1, 2, 3을 늘어놓는 순열의 수에서 맨 앞자리에 0이 오는 경우를 빼면 되므로 $\dfrac{5!}{2!}-\dfrac{4!}{2!}=60-12=48$

(i), (ii)에서 $30+48=78$

0023

다음 물음에 답하여라.

(1) 0, 0, 1, 2, 2, 2의 숫자가 각각 하나씩 적힌 6장의 카드를 사용하여 만들 수 있는 여섯 자리의 정수 중 짝수의 개수는?
  ① 16   ② 18   ③ 28
  ④ 34   ⑤ 36

STEP A 일의 자리의 숫자가 0 또는 2인 경우의 수 구하기

(i) □□□□□0의 꼴 : 0, 1, 2, 2, 2를 늘어놓는 순열의 수에서 맨 앞자리에 0이 오는 경우를 빼면 되므로 $\dfrac{5!}{3!}-\dfrac{4!}{3!}=20-4=16$

(ii) □□□□□2의 꼴 : 0, 0, 1, 2, 2를 늘어놓는 순열의 수에서 맨 앞자리에 0이 오는 경우를 빼면 되므로 $\dfrac{5!}{2!2!}-\dfrac{4!}{2!}=30-12=18$

STEP B 합의 법칙을 이용하여 구하기

(i), (ii)에서 구하는 정수의 개수는 $16+18=34$

다른풀이 10^5자리의 숫자가 1 또는 2임을 이용하여 풀이하기

0, 0, 1, 2, 2, 2가 적힌 6장의 카드를 사용하여 만들 수 있는 여섯 자리의 정수는 10^5자리의 숫자가 1 또는 2이다.

(i) 10^5자리의 숫자가 1인 경우

0, 0, 2, 2, 2가 적힌 카드를 일렬로 나열하는 방법의 수는 $\dfrac{5!}{2!\cdot3!}=10$

(ii) 10^5자리의 숫자가 2인 경우

0, 0, 1, 2, 2가 적힌 카드를 일렬로 나열하는 방법의 수는 $\dfrac{5!}{2!\cdot2!}=30$

(i), (ii)에서 여섯 자리의 정수의 개수는

$10+30=40$ ……㉠

이때 주어진 6장의 카드를 사용하여 만들 수 있는 여섯 자리의 정수 중 홀수는 일의 자리의 숫자가 1, 10^5자리의 숫자가 2이므로 0, 0, 2, 2가 적힌 카드를 일렬로 나열하는 방법의 수와 같다.

$\therefore \dfrac{4!}{2!\cdot2!}=6$ ……㉡

따라서 ㉠, ㉡에서 구하는 짝수의 개수는 $40-6=34$

(2) 7개의 숫자 0, 1, 2, 3, 4, 4, 5를 일렬로 나열하여 일곱 자리의 자연수를 만들 때, 1과 2가 이웃하는 5의 배수의 개수는?
  ① 108   ② 135   ③ 162
  ④ 189   ⑤ 216

STEP A 5의 배수가 되려면 일의 자리의 수가 0 또는 5임을 이용하여 경우의 수 구하기

(i) 일의 자리의 수가 0인 경우

1, 2를 하나의 수로 생각하여 나머지 3, 4, 4, 5와 함께 일렬로 나열하고 1, 2의 위치를 바꿀 수 있으므로 구하는 경우의 수는 $\dfrac{5!}{2!}\times2=120$

(ii) 일의 자리의 수가 5인 경우

1, 2를 하나의 수로 생각하여 나머지 0, 3, 4, 4와 함께 일렬로 나열한다. 이때 백만의 자리에는 0이 올 수 없고 1, 2의 위치를 바꿀 수 있으므로 구하는 경우의 수는

$\left(\dfrac{5!}{2!}-\dfrac{4!}{2!}\right)\times2=(60-12)\times2=48\times2=96$

STEP B 합의 법칙을 이용하여 구하기

(i), (ii)에서 구하는 5의 배수의 개수는 $120+96=216$

0024

세 문자 A, B, C에서 중복을 허락하여 각각 홀수 개씩 모두 7개를 선택하여 일렬로 나열하는 경우의 수를 구하여라. (단, 모든 문자는 한 개 이상씩 선택한다.)

  홀수 개씩 모두 7개를 선택하여 일렬로 나열하는 경우의 수 구하기

선택한 7개의 문자 중 A, B, C의 개수를 차례로 a, b, c라 하면
세 수 a, b, c는 모두 홀수이고 그 합이 7이어야 하므로
다음 경우가 나온다.

(i) $(a, b, c)=(1, 1, 5)$인 경우

7개의 문자 A, B, C, C, C, C, C를 일렬로 나열하는 경우의 수는
7개 중 같은 것이 각각 1개, 1개, 5개 있는 순열의 수와 같으므로

$$\frac{7!}{5!}=7 \cdot 6=42$$

$(a, b, c)=(1, 5, 1)$, $(5, 1, 1)$인 경우의 수도 모두 42이다.

(ii) $(a, b, c)=(1, 3, 3)$인 경우

7개의 문자 A, B, B, B, C, C, C를 일렬로 나열하는 경우의 수는
7개 중 같은 것이 각각 1개, 3개, 3개 있는 순열의 수와 같으므로

$$\frac{7!}{3!3!}=\frac{7 \cdot 6 \cdot 5 \cdot 4 \cdot 3 \cdot 2 \cdot 1}{(3 \cdot 2 \cdot 1) \cdot (3 \cdot 2 \cdot 1)}=140$$

$(a, b, c)=(3, 1, 3)$, $(3, 3, 1)$인 경우의 수도 모두 140이다.

(i), (ii)에 의하여 구하는 경우의 수는 $3 \cdot 42+3 \cdot 140=546$

0025

어느 행사장에는 현수막을 1개씩 설치할 수 있는 장소가 5곳이 있다.
현수막은 A, B, C 세 종류가 있고, A는 1개, B는 4개, C는 2개가 있다.
다음 조건을 만족시키도록 현수막 5개를 택하여 5곳에 설치할 때, 그 결과로 나타날 수 있는 경우의 수는? (단, 같은 종류의 현수막끼리는 구분하지 않는다.)

> (가) A는 반드시 설치한다.
> (나) B는 2곳 이상 설치한다.

① 55 ② 65 ③ 75
④ 85 ⑤ 95

  현수막 A는 1곳에 설치하므로 현수막 B를 2곳, 3곳, 4곳에 설치하는 경우로 나누어 같은 것이 있는 순열의 수 구하기

현수막 A는 반드시 설치하고 현수막 B는 2곳 이상 설치해야 하므로
B를 2곳, 3곳, 4곳에 설치하는 경우로 나누어 분류한다.

(i) B를 2곳에 설치하는 경우

A, B, B, C, C를 일렬로 배열하는 경우의 수와 같으므로

$$\frac{5!}{2!2!}=30$$

(ii) B를 3곳에 설치하는 경우

A, B, B, B, C를 일렬로 배열하는 경우의 수와 같으므로

$$\frac{5!}{3!}=20$$

(iii) B를 4곳에 설치하는 경우

A, B, B, B, B를 일렬로 배열하는 경우의 수와 같으므로

$$\frac{5!}{4!}=5$$

따라서 구하는 경우의 수는 $30+20+5=55$

  조합으로 풀이하기

(i) B를 2곳에 설치하는 A, B, B, C, C인 경우

다섯 개의 자리 중에서 B를 놓을 자리를 택하고 나머지 세 자리 중
두 자리에 C를 놓는 경우의 수와 같으므로

$${}_5C_2 \times {}_3C_2 \times {}_1C_1=30$$

(ii) B를 3곳에 설치하는 A, B, B, B, C인 경우

다섯 개의 자리 중에서 B를 놓을 자리를 택하고 나머지 두 자리에
A, C를 놓는 경우의 수와 같으므로

$${}_5C_3 \times {}_2C_1 \times {}_1C_1=20$$

(iii) B를 4곳에 설치하는 A, B, B, B, B인 경우

다섯 개의 자리 중에서 B를 놓을 자리를 택하고 나머지 한 자리에
A를 놓는 경우의 수와 같으므로

$${}_5C_4 \times {}_1C_1=5$$

따라서 구하는 경우의 수는 $30+20+5=55$

0026

두 집합 $A=\{a, b, c, d\}$, $B=\{1, 2, 3\}$에 대하여 함수 $f : A \longrightarrow B$ 중에서 $f(a)+f(b)+f(c)+f(d)=10$을 만족시키는 함수 f의 개수는?

① 8 ② 9 ③ 10
④ 11 ⑤ 12

  같은 것이 있는 순열을 이용하여 경우의 수 구하기

$f(a)+f(b)+f(c)+f(d)=10$인 경우는 $f(a)$, $f(b)$, $f(c)$, $f(d)$의 값이
$3+3+3+1=10$ 또는 $3+3+2+2=10$인 경우뿐이다.
즉 구하는 함수의 개수는 3, 3, 3, 1을 일렬로 배열하는 경우의 수와
3, 3, 2, 2를 일렬로 배열하는 경우의 수의 합이다.

따라서 구하는 함수의 개수는 $\dfrac{4!}{3!} + \dfrac{4!}{2!2!}=4+6=10$

집합 $A=\{(a_1, a_2, a_3, a_4) | a_1+a_2+a_3+a_4=10$이고 a_1, a_2, a_3, a_4는 1 이상 3 이하의 자연수$\}$의 원소의 개수를 구하여라.

 1 이상 3 이하의 자연수 중 4개의 수를 더하여 10이 나오는 경우의
수는 $2+2+3+3$이거나 $1+3+3+3$뿐이다.

2, 2, 3, 3을 일렬로 나열하는 경우의 수는 $\dfrac{4!}{2!2!}=6$

1, 3, 3, 3을 일렬로 나열하는 경우의 수는 $\dfrac{4!}{3!}=4$

따라서 집합 A의 원소의 개수는 $6+4=10$

0027

다음 그림과 같이 주머니에 숫자 1이 적힌 흰 공과 검은 공이 각각 2개, 숫자 2가 적힌 흰 공과 검은 공이 각각 2개가 들어 있고, 비어 있는 8개의 칸에 1부터 8까지의 자연수가 하나씩 적혀 있는 진열장이 있다.

숫자가 적힌 8개의 칸에 주머니 안의 공을 한 칸에 한 개씩 모두 넣을 때, 숫자 4, 5, 6이 적힌 칸에 넣는 세 개의 공이 적힌 수의 합이 5이고 모두 같은 색이 되도록 하는 경우의 수를 구하여라. (단, 모든 공은 크기와 모양이 같다.)

STEP A 숫자 4, 5, 6이 적힌 칸에 넣는 세 개의 공이 적힌 수의 합이 5이고 모두 같은 색이 되도록 하는 경우 구하기

4, 5, 6이 적힌 칸의 세 개의 공에 적힌 수의 합이 5이고
세 개의 공이 모두 같은 색인 경우는 다음과 같다.

(i) 4, 5, 6이 적힌 칸에 흰 공 ①, ②, ②를 넣는 경우의 수는 $\dfrac{3!}{2!}=3$

　　나머지 5개의 칸에 흰 공 ①, 검은 공 ❶, ❶, ❷, ❷를 넣는 경우의 수는

　　$\dfrac{5!}{2!2!}=30$

　　즉 흰 공으로 합이 5인 경우의 수 $3\times30=90$

(ii) 4, 5, 6이 적힌 칸에 검은 공 ❶, ❷, ❷를 넣는 경우도 마찬가지이므로
　　경우의 수는 90

STEP B 합의 법칙을 이용하여 경우의 수 구하기

(i), (ii)에 의하여 $90+90=180$

0028

다음 표와 같이 3개 과목에 각각 2개의 수준으로 구성된 6개의 과제가 있다. 각 과목의 과제는 수준 I의 과제를 제출한 후에만 수준 II의 과제를 제출할 수 있다.
예를 들어 '국어A → 수학A → 국어B → 영어A → 영어B → 수학B' 순서로 과제를 제출할 수 있다.

과목 수준	국어	수학	영어
I	국어A	수학A	영어A
II	국어B	수학B	영어B

6개의 과제를 모두 제출할 때, 제출 순서를 정하는 경우의 수를 구하여라.

STEP A 같은 것이 있는 순열을 이용하여 경우의 수 구하기

조건에서 각 과목의 과제는 수준 I의 과제를 제출한 후에만 수준 II의 과제를 제출할 수 있다고 했다.
그런데 수준 I과 수준 II의 순서를 먼저 생각하면
국어, 수학, 영어에 따라 경우를 다 나눠야 하는 것이 아닌지를 고민하여 혼란이 올 수 있다.
이때는 국어를 a, 수학을 b, 영어를 c로 놓고
a, a, b, b, c, c를 일렬로 나열한 후,
같은 문자에서 앞을 A, 뒤를 B로 놓으면 된다.
따라서 6개 중에서 a, b, c가 각각 2개씩 있으므로 a, a, b, b, c, c를 일렬로
나열하는 경우의 수는 $\dfrac{6!}{2!2!2!}=\dfrac{720}{8}=90$

전체 제출해야 하는 과제의 자리가 6개 있다고 생각하고 이 중에서 2개를 선택하여 첫 번째 자리에는 국어 A를, 두 번째 자리에는 국어 B를 배열한다.
다시 나머지 4개 중에서 2개를 선택하여 첫 번째 자리에는 수학 A를, 두 번째 자리에는 수학 B를 배열한 후 나머지 2개 중에서 첫 번째 자리에는 영어 A를, 두 번째 자리에는 영어 B를 배열한다.
$\therefore\ _6C_2\times{}_4C_2\times1=15\times6\times1=90$

0029

다음 물음에 답하여라.

(1) 1부터 6까지의 자연수가 하나씩 적혀 있는 6장의 카드가 있다.
이 카드를 모두 한 번씩 사용하여 일렬로 나열할 때, 2가 적혀 있는 카드는 4가 적혀 있는 카드보다 왼쪽에 나열하고 홀수가 적혀 있는 카드는 작은 수부터 크기 순서로 왼쪽부터 나열하는 경우의 수는?
　① 56　　　　② 60　　　　③ 64
　④ 68　　　　⑤ 72

STEP A 같은 것이 있는 순열을 이용하여 구하기

짝수가 적혀 있는 카드 중에서 2가 적혀 있는 카드는 4가 적혀 있는 카드보다 왼쪽에 나열되어야 하므로 두 카드를 같은 카드 a, a라 하고 홀수가 적혀 있는 카드는 작은 수부터 크기 순서로 왼쪽부터 나열되어야 하므로
세 카드 역시 같은 카드 b, b, b라 하자.
즉 6장의 카드를 주어진 조건에 따라 나열하는 경우의 수는 a, a, b, b, b, 6을 나열하는 경우의 수와 같다.
나열하고 난 후에 a는 순서대로 2, 4로, b는 왼쪽부터 차례대로 1, 3, 5로 바꾸면 된다.

STEP B 경우의 수 구하기

따라서 a, a, b, b, b, 6을 일렬로 나열하는 경우의 수는 $\dfrac{6!}{2!3!}=60$

2와 4의 순서가 정해져 있으므로 6!가지 중 2!가지의 중복이 발생한다.
또, 홀수를 나열하는 순서도 정해져 있으므로 6!가지 중 3!가지의 중복이 발생한다. 따라서 6!을 2!3!으로 나눠야 한다.

STEP A 2, 4가 나열되는 두 칸을 선택하는 경우의 수 구하기

6개의 자리 중에서 2개를 선택하여 첫 번째 자리에는 2를, 두 번째 자리에는 4를 배열한다.
즉 경우의 수는 $_6C_2=15$

STEP B 1, 3, 5가 나열되는 세 칸을 선택하는 경우의 수 구하기

다시 나머지 4개 중에서 3개를 선택하여 첫 번째 자리에는 1을, 두 번째 자리에는 3을 세 번째 자리에는 5를 배열한 후 나머지 1개를 선택하여 6을 배열한다.
즉 경우의 수는 $_4C_3={}_4C_1=4$
따라서 경우의 수는 $15\times4=60$

(2) 어느 회사원이 처리해야 할 업무는 A, B를 포함하여 모두 6가지이다.
이 중에서 A, B를 포함한 4가지 업무를 오늘 처리하려고 하는데, A를 B보다 먼저 처리해야 한다. 오늘 처리할 업무를 택하고, 택한 업무의 처리순서를 정하는 경우의 수는?
　① 60　　　　② 66　　　　③ 72
　④ 78　　　　⑤ 84

STEP A A, B를 제외한 4가지에서 2가지를 택하는 경우의 수 구하기

처리해야 할 6가지 업무를 A, B, C, D, E, F라 하면
C, D, E, F의 4가지 업무 중 2개를 택하는 경우의 수는

$_4C_2=\dfrac{4\cdot3}{2\cdot1}=6$

STEP B A, B를 같은 문자로 보고 업무 처리 순서 정하기

이때 업무 C, D가 택해졌을 때, 업무 A를 업무 B보다 먼저 처리하는 방법의
수는 A와 B를 같은 문자 X, X로 보고 X, X, C, D를 일렬로 배열하는 방법
의 수와 같으므로 $\dfrac{4!}{2!}=12$

따라서 구하는 경우의 수는 $6\times12=72$

다른풀이 조합을 이용하여 풀이하기

A, B 이외의 나머지 업무 중 2개를 택하는 경우의 수는 $_4\mathrm{C}_2=\dfrac{4\times3}{2\times1}=6$

이 4가지 업무를 배열하는 자리 중에서 2개를 선택하여 첫 번째 자리에는
업무 A를, 두 번째 자리에는 업무 B를 배열하고 나머지 두 업무를 배열한다.

즉 $_4\mathrm{C}_2\times2!=\dfrac{4\times3}{2\times1}\times2=12$

따라서 구하는 경우의 수는 $6\times12=72$

0030

다음 그림과 같이 크기가 서로 다른 3개의 펭귄 인형과 4개의 곰 인형이
두 상자 A, B에 왼쪽부터 크기가 작은 것에서 큰 것 순으로 담겨져 있다.

[상자A]　　　　[상자B]

다음 조건을 만족시키도록 상자 A, B의 모든 인형을 일렬로 진열하는
경우의 수를 구하여라.

> (가) 같은 상자에 담겨있는 인형은 왼쪽부터 크기가 작은 것에서 큰 것
>   순으로 진열한다.
> (나) 상자 A의 왼쪽에서 두 번째 펭귄 인형은 상자 B의 왼쪽에서
>   두 번째 곰 인형보다 왼쪽에 진열한다.

STEP A 조건 (가), (나)를 만족하는 인형을 진열하는 경우의 수 구하기

펭귄 인형을 크기가 작은 것부터 a_1, a_2, a_3이라 하고
곰 인형을 크기가 작은 것부터 b_1, b_2, b_3, b_4라 하면

(i) 곰 인형 b_1가 펭귄 인형 a_2보다 왼쪽에 있는 경우

　펭귄 인형 a_2의 왼쪽에는 펭귄 인형 a_1과 곰 인형 b_1를 진열하고
　나머지 인형은 모두 펭귄 인형 a_2의 오른쪽에 진열하면 된다.
　← $(a_1, b_1), \boxed{a_2}, (a_3, \boxed{b_2}, b_3, b_4)$

　펭귄 인형 a_2의 왼쪽에 인형 2개를 진열하는 경우의 수는 $2!=2$
　이때 펭귄 인형 b_2의 오른쪽에 펭귄 인형 1개와 곰 인형 3개를 진열하는

　경우의 수는 $\dfrac{4!}{3!}=4$

　즉 이 경우 인형을 진열하는 경우의 수는 $2\times4=8$

(ii) 곰 인형 b_1가 펭귄 인형 a_2보다 오른쪽에 있는 경우

　펭귄 인형 a_2의 왼쪽에는 펭귄 인형 a_1만 진열하고
　나머지 인형은 모두 펭귄 인형 a_3의 오른쪽에 펭귄 인형 1개와 곰 인형

　4개를 진열하는 경우의 수는 $\dfrac{5!}{4!}=5$

　← $a_1, \boxed{a_2}, (a_3, b_1, \boxed{b_2}, b_3, b_4)$

STEP B 구하는 경우의 수 구하기

(i), (ii)에 의하여 구하는 경우의 수는 $8+5=13$

다른풀이 a_3과 b_2의 위치를 이용하여 풀이하기

STEP A 조건 (가), (나)를 만족하는 인형을 진열하는 경우의 수 구하기

펭귄 인형을 크기가 작은 것부터 a_1, a_2, a_3이라 하고
곰 인형을 크기가 작은 것부터 b_1, b_2, b_3, b_4라 하면
(가), (나)조건을 모두 만족시키려면
a_1, a_2, b_1이 b_2의 왼쪽에 진열되어야 하므로 a_3이 b_2의 왼쪽에 있는 경우와
오른쪽에 있는 경우로 나눠 경우의 수를 구할 수 있다.

(i) a_3이 b_2보다 오른쪽에 있는 경우

　b_2를 기준으로 왼쪽에 a_1, a_2, b_1이, 오른쪽에 a_3, b_3, b_4가 진열된다.
　← $(a_1, \boxed{a_2}, b_1), \boxed{b_2}, (a_3, b_3, b_4)$

　펭귄 인형과 곰 인형 각각의 순서는 정해져 있으므로
　a_1, a_2, a_3을 모두 a로 두고 b_1, b_2, b_3, b_4를 모두 b로 둔다면

　a, a, b와 a, b, b를 진열하는 경우의 수이므로 $\dfrac{3!}{2!}\times\dfrac{3!}{2!}=9$

(ii) a_3이 b_2보다 왼쪽에 있는 경우

　b_2를 기준으로 왼쪽에 a_1, a_2, a_3, b_1이, 오른쪽에 b_3, b_4가 진열된다.
　← $(a_1, \boxed{a_2}, a_3, b_1), \boxed{b_2}, (b_3, b_4)$

　펭귄 인형과 곰 인형 각각의 순서는 정해져 있으므로
　a_1, a_2, a_3을 모두 a로 두고 b_1, b_2, b_3, b_4를 모두 b로 둔다면

　a, a, a, b와 b, b를 진열하는 경우의 수이므로 $\dfrac{4!}{3!}\times1=4$

STEP B 구하는 경우의 수 구하기

(i), (ii)에 의하여 구하는 경우의 수는 $9+4=13$

> **+α** 주어진 조건을 만족하는 진열은 다음 표와 같이 분할할 수 있다.
>
> | 진열 | 1 | 2 | 3 | 4 | 5 | 6 | 7 |
> |---|---|---|---|---|---|---|---|
> | (i) | a_1 | a_2 | b_1 | b_2 | b_3 | b_4 | a_3 |
> | (ii) | a_1 | a_2 | a_3 | b_1 | b_2 | b_3 | b_4 |

다른풀이 조합을 이용한 풀이하기

(i) a_3이 b_2보다 왼쪽에 있는 경우

　$(b_1), a_1, (b_1), a_2, (b_1), a_3, (b_1), b_2, b_3, b_4$
　즉 경우의 수는 $_4\mathrm{C}_1\times1=4$

(ii) a_3이 b_2보다 오른쪽에 있는 경우

　$(b_1), a_1, (b_1), a_2, (b_1), b_2, (a_3), b_3, (a_3), b_4, (a_3)$
　즉 경우의 수는 $_3\mathrm{C}_1\times1\times_3\mathrm{C}_1=9$

(i), (ii)에 의하여 구하는 경우의 수는 $9+4=13$

0031

다음 그림과 같은 도로망이 있다. A지점에서 B지점까지 도로를 따라 최단 거리로 가는 경우의 수를 구하여라.

(1)

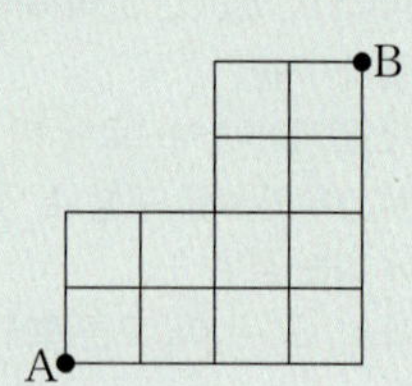

STEP A A지점에서 B지점까지 갈 때, 반드시 지나야 하는 교차점 찾기

다음 그림에서와 같이 A지점에서 B지점으로 가려면 P, Q, R의 교차점을 지나야만 한다.

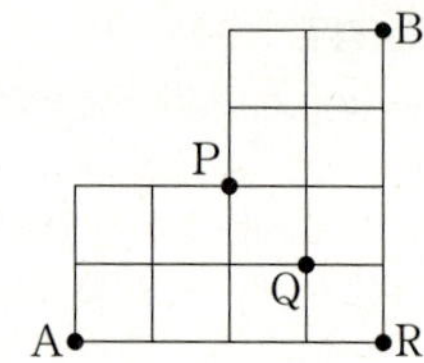

STEP B 최단 거리로 가는 경우의 수 구하기

(i) A → P → B로 가는 경우 $\dfrac{4!}{2!2!} \times \dfrac{4!}{2!2!} = 6 \times 6 = 36$

(ii) A → Q → B로 가는 경우 $\dfrac{4!}{3!1!} \times \dfrac{4!}{1!3!} = 4 \times 4 = 16$

(iii) A → R → B로 가는 경우 $1 \times 1 = 1$

따라서 A지점에서 B지점으로 최단 거리로 가는 방법의 수는 $36 + 16 + 1 = 53$

다른풀이 지나지 않은 점을 이용하여 풀이하기

STEP A A지점에서 B지점까지 최단 거리로 가는 경우의 수 구하기

오른쪽 그림과 같이 모든 도로망이 연결되어 있다고 하면
A지점에서 B지점까지 최단거리로
가는 경우의 수는 $\dfrac{8!}{4!4!} = 70$

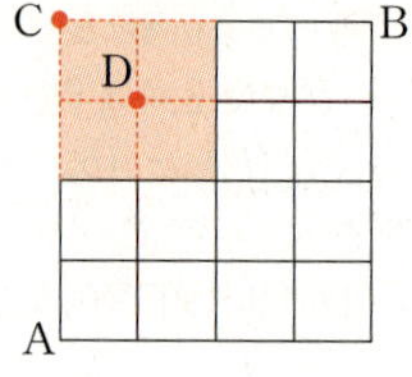

STEP B A지점에서 C, D지점을 거치지 않고 B지점까지 최단 거리로 가는 경우의 수 구하기

A지점에서 C, D지점을 지나는 경우의 수는

(i) A → C → B로 가는 경우의 수는 1

(ii) A → D → B로 가는 경우의 수는 $\dfrac{4!}{3!} \times \dfrac{4!}{3!} = 16$

따라서 구하는 경우의 수는 $70 - (1 + 16) = 53$

(2)

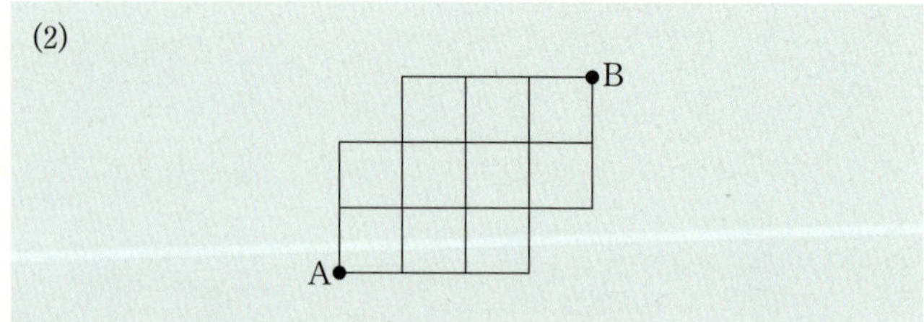

STEP A A지점에서 B지점까지 갈 때, 지나지 않은 교차점 찾기

다음 그림과 같이 P, Q지점이 연결되어 있다고 하자.

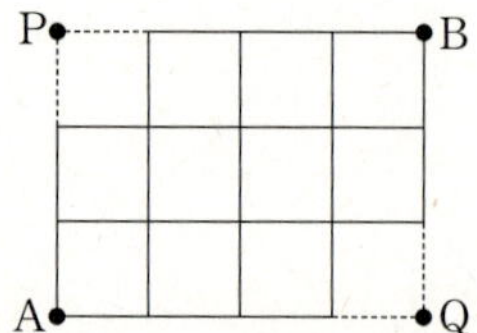

(i) A → B로 가는 최단 거리의 경우의 수는 $\dfrac{7!}{4!3!} = 35$

(ii) A → P → B로 가는 최단 거리의 경우의 수는 1

(iii) A → Q → B로 가는 최단 거리의 경우의 수는 1

STEP B A지점에서 B지점까지 도로를 따라 최단 거리로 가는 경우의 수 구하기

따라서 구하는 경우의 수는 $35 - (1 + 1) = 33$

(3)

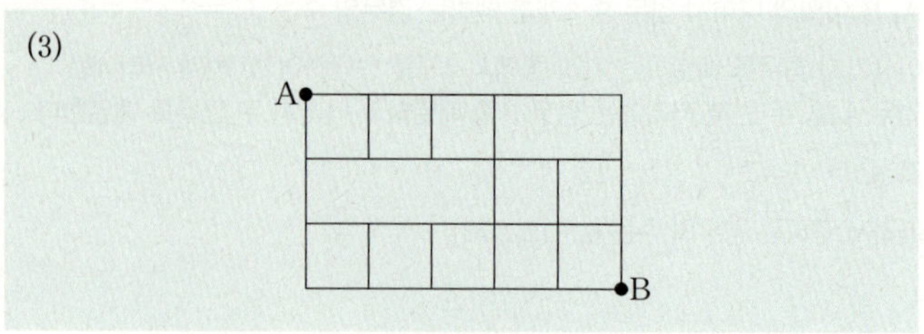

STEP A A지점에서 B지점까지 갈 때, 반드시 지나야 하는 교차점 찾기

다음 그림과 같이 세 점 P, Q, R지점을 잡으면

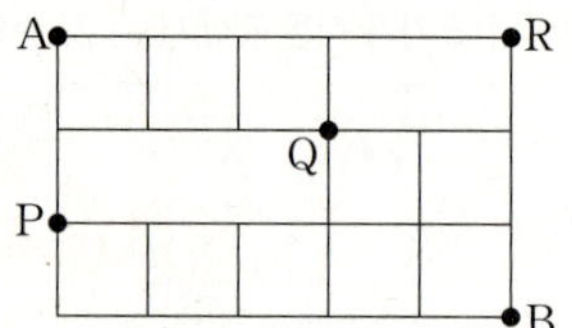

A지점에서 B지점까지 가는 최단경로의 수는

(i) A → P → B 로 가는 최단 거리의 경우의 수는 $1 \times \dfrac{6!}{5!1!} = 6$

(ii) A → Q → B로 가는 최단 거리의 경우의 수는 $\dfrac{4!}{3!1!} \times \dfrac{4!}{2!2!} = 24$

(iii) A → R → B로 가는 최단 거리의 경우의 수는 1

STEP B A지점에서 B지점까지 도로를 따라 최단 거리로 가는 경우의 수 구하기

따라서 구하는 경우의 수는 $6 + 24 + 1 = 31$

(4)

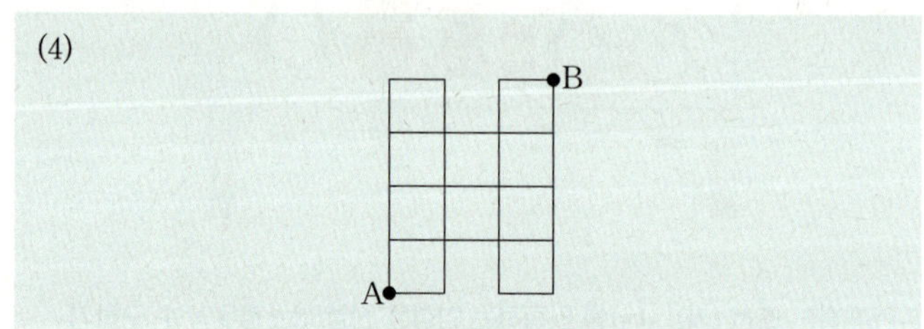

STEP A A지점에서 B지점까지 갈 때, 지나지 않은 교차점 찾기

다음 그림과 같이 P, Q 도로가 연결되어 있다고 하자.

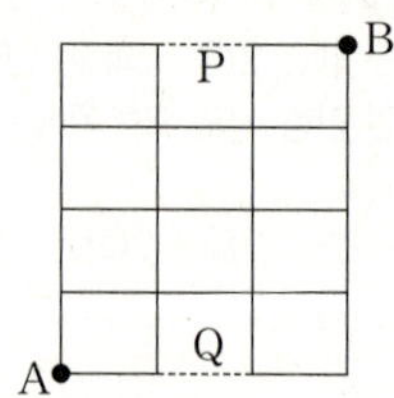

(i) A → B로 가는 최단 거리의 경우의 수는 $\dfrac{7!}{4!3!} = 35$

(ii) A → P → B로 가는 최단 거리의 경우의 수는 $\dfrac{5!}{4!1!} \times 1 = 5$

A → Q → B로 가는 최단 거리의 경우의 수는 $1 \times \dfrac{5!}{4!1!} = 5$

STEP B A지점에서 B지점까지 도로를 따라 최단 거리로 가는 경우의 수 구하기

따라서 구하는 경우의 수는 $35 - (5 + 5) = 25$

0032

다음 그림과 같이 마름모 모양으로 연결된 도로망이 있다. 이 도로망을 따라 A지점에서 출발하여 B지점까지 최단 거리로 가는 경우의 수는?

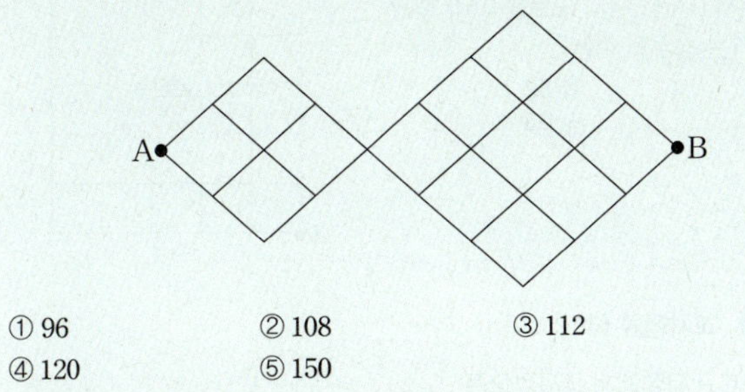

① 96 ② 108 ③ 112
④ 120 ⑤ 150

 최단거리로 가는 경우의 수 구하기

다음 그림과 같이 점 C를 잡으면 점 C를 반드시 지나야 하므로

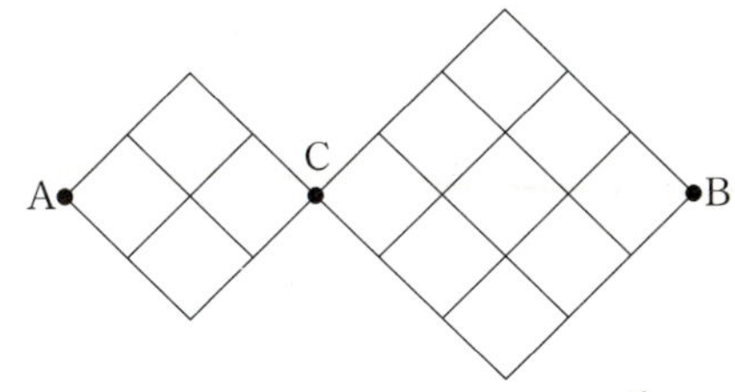

A지점에서 C지점까지 최단 거리로 가는 경우의 수는 $\dfrac{4!}{2!2!}=6$

C지점에서 B지점까지 최단 거리로 가는 경우의 수는 $\dfrac{6!}{3!3!}=20$

따라서 구하는 경우의 수는 $6 \times 20 = 120$ (가지)

0033

다음 그림과 같이 직사각형 모양의 잔디밭에 산책로가 만들어져 있다. 이 산책로는 다음 그림과 같이 반지름의 길이가 같은 원 8개가 서로 외접하고 있는 형태이다. A지점에서 출발하여 산책로를 따라 최단 거리로 B지점에 도착하는 경우의 수를 구하여라. (단, 원 위에 표시된 점은 원과 직사각형 또는 원과 원의 접점을 나타낸다.)

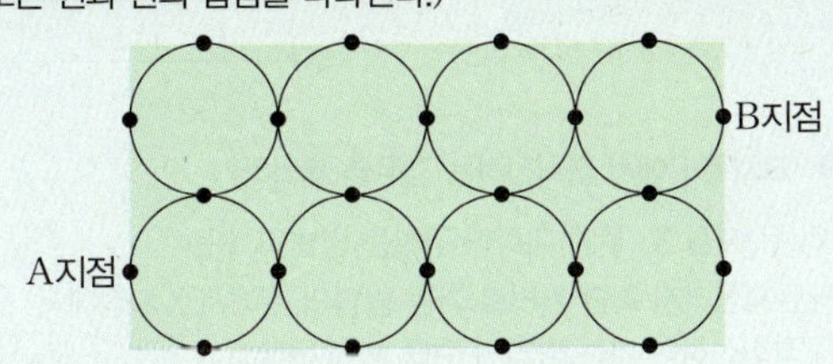

 점들을 각각 연결하여 직사각형 만들기

[그림1]에서 A지점에서 출발하여 산책로를 따라 최단 거리로 B지점에 도착하는 경우의 수는 [그림2]에서 A지점에서 출발하여 실선을 따라 최단 거리로 B지점에 도착하는 경우의 수와 같다.
원의 점들을 연결해 직사각형을 만든 후, 각 접점을 이어서 길을 만들면 다음과 같다.

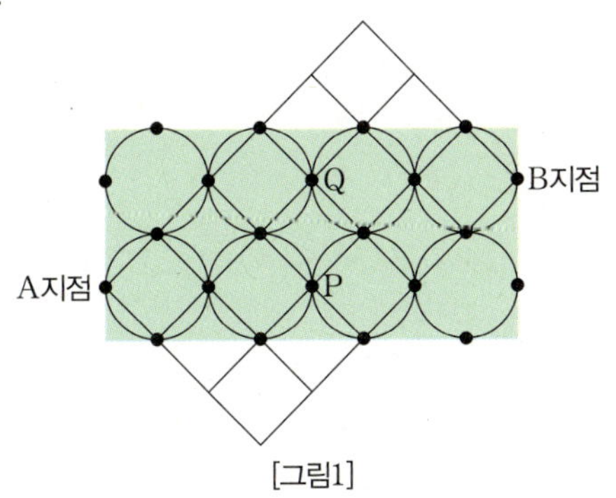

[그림1]

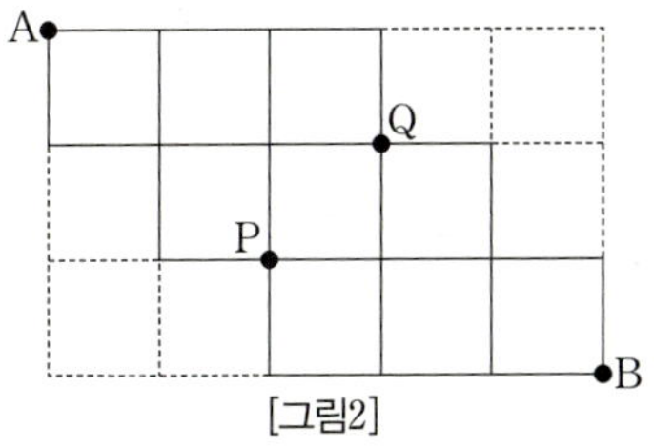

[그림2]

 각각의 경우의 수를 구하기

(i) A → P → B로 가는 경우

$$\left(\dfrac{4!}{2!2!}-1\right) \times \dfrac{4!}{3!} = 5 \times 4 = 20$$

(ii) A → Q → B로 가는 경우

$$\dfrac{4!}{3!} \times \left(\dfrac{4!}{2!2!}-1\right) = 4 \times 5 = 20$$

(i), (ii)에서 구하는 경우의 수는 $20 + 20 = 40$

다른풀이 직접 합의 법칙을 이용하여 풀이하기

A지점에서 출발하여 최단 거리로 B지점까지 가는 동안 A에서 출발하여 각 지점까지의 최단 경로의 수를 적으면 아래와 같다.

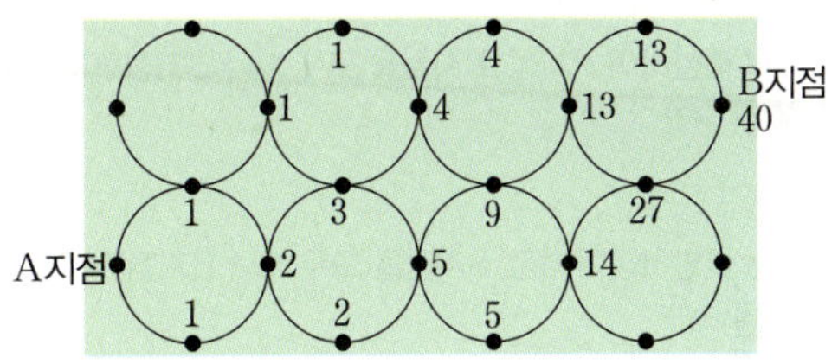

따라서 구하는 경우의 수는 40

0034

어느 부대가 그림과 같은 바둑판 모양의 도로망에서 장애물(어두운 부분)을 피해 A지점에서 B지점으로 도로를 따라 이동하려고 한다.
A지점에서 출발하여 B지점까지 최단 거리로 가는 경우의 수를 구하여라.

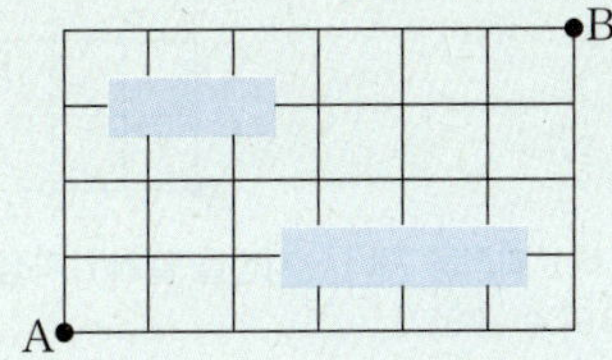

 P, Q, R, S지점을 정하여 최단 경로를 찾기

다음 그림과 같이 P, Q, R, S지점을 정하면 다음과 같다.

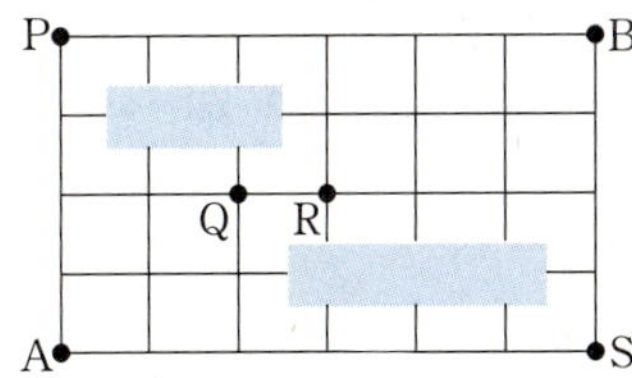

 같은 것이 있는 순열을 이용하여 경우의 수 구하기

A 지점에서 출발하여 B 지점까지 최단 거리로 가는 경우의 수는

(i) A → P → B로 가는 방법의 수는 $1 \times 1 = 1$

(ii) A → Q → R → B로 가는 방법의 수는

$$\dfrac{4!}{2!2!} \times 1 \times \dfrac{5!}{3!2!} = 6 \times 10 = 60$$

(iii) A → S → B로 가는 방법의 수는 $1 \times 1 = 1$

(i)~(iii)에서 구하는 최단 거리로 가는 경우의 수는 $1 + 60 + 1 = 62$

0035

오른쪽 그림과 같은 도로망이 있다. A지점에서 출발하여 B지점까지 최단거리로 갈 때, P지점은 지나고 Q지점은 지나지 않는 방법의 수는?

① 40 ② 60
③ 80 ④ 100
⑤ 120

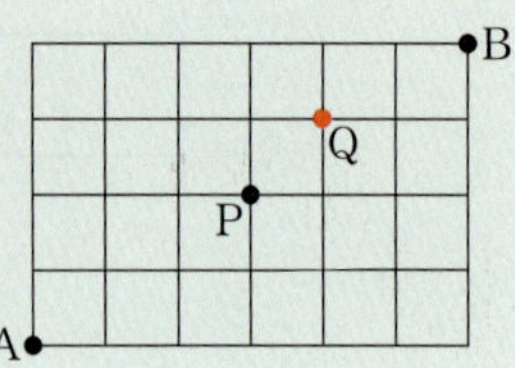

STEP A A지점에서 P지점 지나 B지점까지 가는 교차점 찾기

오른쪽 그림과 같이 두 지점을 R, S라고 할 때, A지점에서 P지점을 걸쳐 두 지점 R, S 를 지나 B지점까지 가는 최단거리의 방법의 수를 구한다.

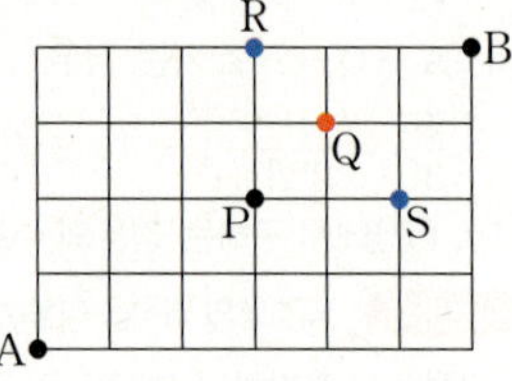

STEP B A지점에서 P지점을 지나 Q지점을 지나지 않고 B지점까지 가는 최단 거리 구하기

(i) A지점에서 출발하여 P지점, R지점을 모두 지나 B지점까지 최단 거리로 가는 방법의 수는

$$\frac{5!}{3!2!} \times 1 \times 1 = 10$$

(iii) A지점에서 출발하여 P지점, S지점을 모두 지나 B지점까지 최단 거리로 가는 방법의 수는

$$\frac{5!}{3!2!} \times 1 \times \frac{3!}{1!3!} = 10 \times 3 = 30$$

(i), (iii)에 의하여 구하는 방법의 수는 $10+30=40$

다른풀이 전체 최단거리에서 A지점에서 P지점을 지나 Q지점을 걸쳐 B지점까지 가는 최단 거리의 방법의 수를 뺀다.

STEP A A지점에서 P지점을 지나 B지점까지 최단 거리로 가는 경우의 수 구하기

A지점에서 P지점을 지나 B지점까지 최단거리로 가는 경우의 수

$$\frac{5!}{3!2!} \times \frac{5!}{3!2!} = 10 \times 10 = 100$$

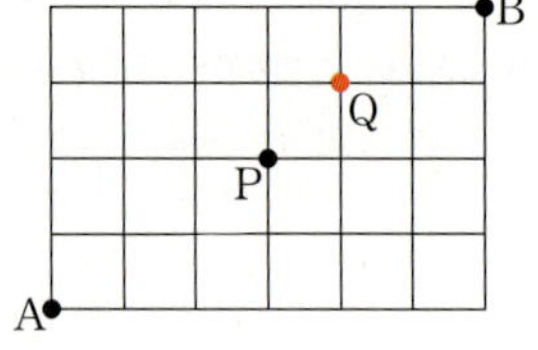

STEP B A지점에서 P지점을 지나 Q지점을 걸쳐 B지점까지 최단 거리로 가는 경우의 수 구하기

A지점에서 P지점을 지나 Q지점을 걸쳐 B지점까지 최단거리로 가는

경우의 수 $\dfrac{5!}{3!2!} \times 2! \times \dfrac{3!}{2!} = 10 \times 2 \times 3 = 60$

STEP C 구하는 최단 거리 구하기

따라서 구하는 최단거리의 방법의 수는 $100-60=40$

0036

오른쪽 그림과 같이 직사각형 모양으로 연결된 도로망의 가운데 호수가 있다. A지점에서 B지점 까지 도로를 따라 최단 거리로 가는 경우의 수는?

① 44 ② 52
③ 62 ④ 68
⑤ 72

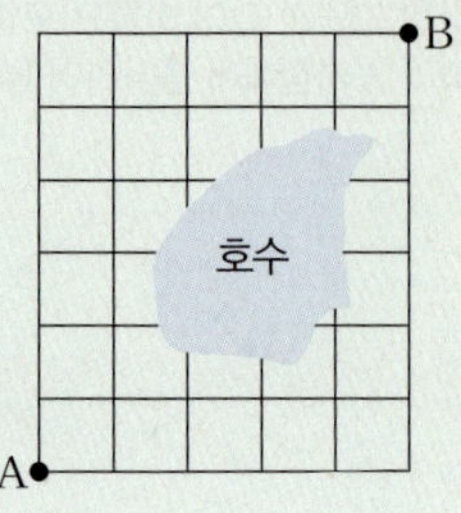

STEP A 교차점을 찾기

그림과 같이 A지점에서 B지점으로 가려면 P, Q, R의 교차점을 지나야만 한다.

A지점에서 출발하여 P지점을 지나 B지점까지 가는 경우의 수는

$$\frac{7!}{6!1!} \times 1 = 7$$

A지점에서 출발하여 Q지점을 지나 B지점까지 가는 경우의 수는

$$\left(\frac{7!}{5!2!} - \frac{5!}{3!2!}\right) \times \frac{4!}{3!} = 44$$

A지점에서 출발하여 R지점을 지나 B지점까지 가는 경우의 수는

$$\left(\frac{7!}{5!2!} - \frac{5!}{3!2!}\right) \times 1 = 11$$

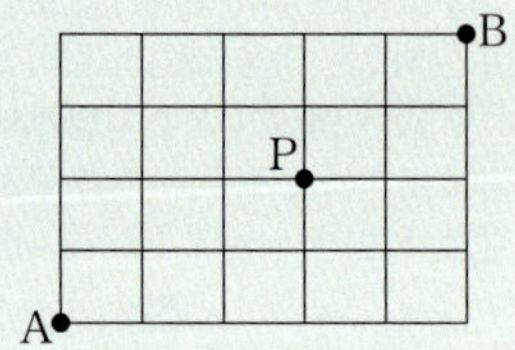

STEP B A지점에서 B지점 까지 최단 거리로 가는 경우의 수 구하기

따라서 구하는 경우의 수는 $7+44+11=62$

0037

오른쪽 그림과 같은 도로망이 있다. P지점에서는 좌회전이 되지 않는다고 할 때, 자동차를 타고 A지점에서 B지점까지 최단거리로 가는 방법의 수를 구하여라.

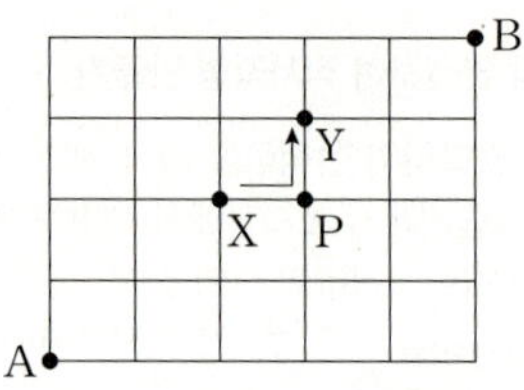

STEP A 교차로 P에서 좌회전하는 경우를 제외하기

다음 그림의 두 지점 X, Y에 대하여 구하는 방법의 수는

A지점에서 B지점까지 최단 거리로 가는 방법의 수에서 X지점에서 Y지점까지 좌회전하여 가는 방법의 수를 빼면 된다.

따라서 구하는 방법의 수는 $\dfrac{9!}{5!4!} - \left(\dfrac{4!}{2!2!} \times \dfrac{3!}{2!}\right) = 108$

0038

다음 그림과 같이 A지점에서 B지점으로 가는 도로망이 직각으로 교차하고 있다. P지점에서는 호수로 인한교통 혼잡으로 좌회전이 금지되어 있다. 이때 A지점에서 B지점까지 최단 거리로 가는 방법의 수는?

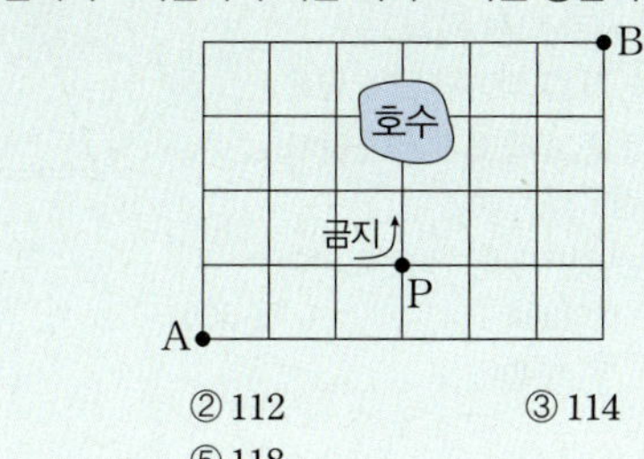

① 110   ② 112   ③ 114
④ 116   ⑤ 118

STEP A   A에서 B까지 최단거리로 가는 경우의 수 구하기

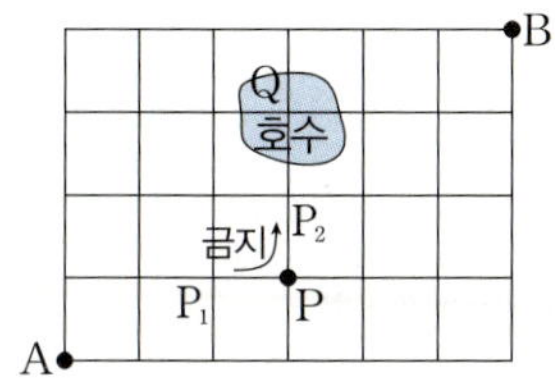

A에서 B로 최단 거리로 가는 경우의 수 $\dfrac{10!}{6!4!}=210$

STEP B   교차로 P에서 좌회전하거나 교차로 Q를 지나는 경우를 제외하기

(i) P에서 좌회전하는 최단 거리의 수는

A→(P₁→P→P₂)→B로 가는 경우의 수이므로

$$\therefore \dfrac{3!}{2!1!}\times 1 \times \dfrac{5!}{3!2!}=3\times 10=30$$

(ii) Q를 지나는 최단 거리의 수는

A→Q→B로 가는 경우의 수이므로

$$\therefore \dfrac{6!}{3!3!}\times \dfrac{4!}{3!1!}=20\times 4=80$$

(iii) P에서 좌회전하고 Q를 지나는 최단 거리의 수는

A→(P₁→P→P₂)→Q→B로 가는 경우의 수이므로

$$\therefore \dfrac{3!}{2!1!}\times 1 \times 1 \times \dfrac{4!}{3!1!}=3\times 4=12$$

(i)∼(iii)에서 구하는 방법의 수는 210−(30+80)+12=112

0039

다음 그림은 어느 도시의 도로를 선으로 나타낸 것이다. 교차로 P에서는 좌회전을 할 수 없고, 교차로 Q는 공사 중이어서 지나갈 수 없다고 한다.

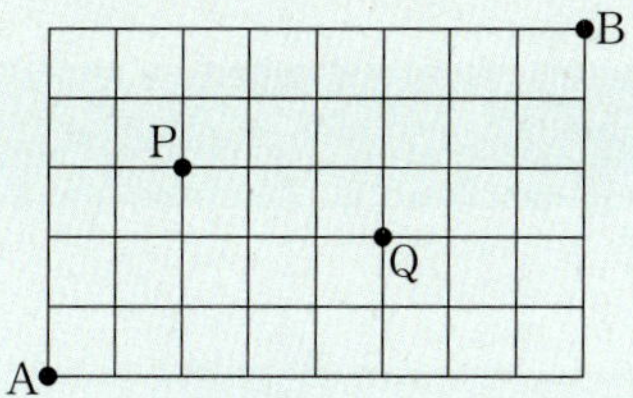

A를 출발하여 B에 도달하는 최단 경로의 개수는?

① 818   ② 825   ③ 832
④ 839   ⑤ 846

STEP A   A에서 B까지 최단 거리로 가는 경우의 수 구하기

A를 출발하여 B에 도달하는 최단 경로의 방법의 수는

$$\dfrac{13!}{8!5!}=\dfrac{13\times 12\times 11\times 10\times 9}{5\times 4\times 3\times 2\times 1}=1287$$

STEP B   교차로 P에서 좌회전하는 경우와 교차로 Q를 지나는 경우를 제외하기

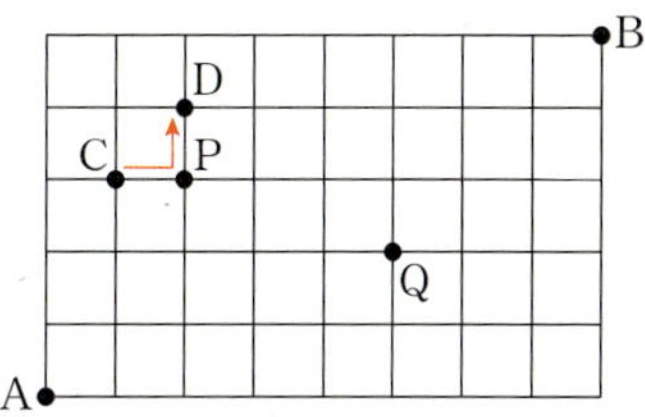

(i) 교차로 P에서 좌회전하는 최단 경로의 수는

A→C→P→D→B로 가는 경로의 수이므로

$$\dfrac{4!}{3!}\times 1 \times 1 \times \dfrac{7!}{6!}=28$$

(ii) 교차로 Q를 지나는 최단 경로의 수는

A→Q→B로 가는 경로의 수이므로

$$\dfrac{7!}{5!2!}\times \dfrac{6!}{3!3!}=21\times 20=420$$

A를 출발하여 B에 도달하는 최단 경로 중 교차로 Q를 지나면서 교차로 P에서 좌회전 하는 경우는 없으므로

(i), (ii)에서 구하는 최단 경로의 수는 1287−28−420=839

다른풀이   여사건과 조합을 이용하여 최단 거리 구하기

전체 최단 경로의 수는 $_{13}C_5=1287$

A→C→P→D→B의 경로의 수는 $_4C_1 \cdot {}_7C_1=28$

A→Q→B의 경로의 수는 $_7C_2 \cdot {}_6C_3=420$

따라서 구하는 최단 경로의 수는

$$_{13}C_5-{}_4C_1 \cdot {}_7C_1-{}_7C_2 \cdot {}_6C_3=1287-28-420=839$$

M 단원종합문제

BASIC

0040

서로 다른 5개의 접시를 원 모양의 식탁에 일정한 간격을 두고 원형으로 놓는 경우의 수는? (단, 회전하여 일치하는 것은 같은 것으로 본다.)

① 6 　　　　② 12
③ 18 　　　　④ 24
⑤ 30

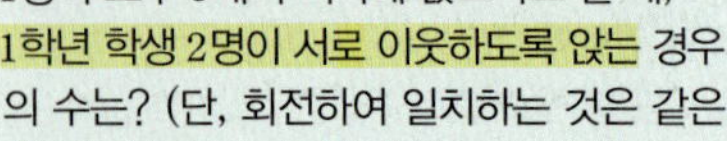

STEP A 　원순열의 수를 이용하여 경우의 수 구하기

서로 다른 5개의 접시를 원형으로 나열하는 경우의 수는 $(5-1)!=4!=24$

0041

오른쪽 그림과 같이 원형 탁자에 5개의 의자가 일정한 간격으로 놓여 있다.
1학년 학생 2명, 2학년 학생 2명, 3학년 학생 1명이 모두 5개의 의자에 앉으려고 할 때, 1학년 학생 2명이 서로 이웃하도록 앉는 경우의 수는? (단, 회전하여 일치하는 것은 같은 것으로 본다.)

① 12 　　　　② 14 　　　　③ 16
④ 18 　　　　⑤ 20

STEP A 　1학년 학생 2명을 한 묶음으로 하여 원순열의 수 구하기

1학년 학생 2명이 이웃하도록 앉아야 하므로
1학년 학생 2명을 한 묶음으로 생각하면
나머지 학생 3명과 함께 원형으로 앉는 경우의 수는 $(4-1)!=3!=6$
이때 1학년 학생 2명이 서로 자리를 바꾸는 경우의 수가 $2!=2$이므로
구하는 경우의 수는 $6\times2=12$

0042

어른 4명과 어린이 3명이 원탁에 앉을 때, 어린이들은 어느 누구도 이웃하지 않도록 앉는 경우의 수는? (단, 회전하여 일치하는 것은 같은 것으로 본다.)

① 96 　　　　② 122 　　　　③ 144
④ 169 　　　　⑤ 225

STEP A 　어른 4명을 원형으로 나열하는 경우의 수 구하기

오른쪽 그림과 같이 어른 4명을 먼저 원탁의
○자리에 앉히는 경우의 수는
$(4-1)!=3!=6$

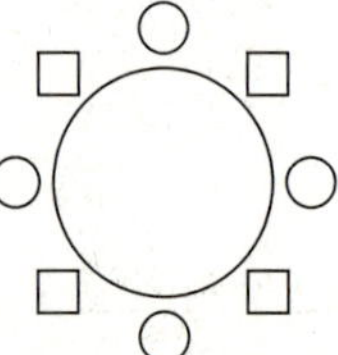

STEP B 　어른 사이의 4개의 자리에 어린이 3명을 앉히는 경우의 수 구하기

어른 사이의 4개의 □자리에 어린이 3명을 앉히는 경우의 수는
$_4P_3=4\cdot3\cdot2=24$
따라서 구하는 모든 경우의 수는 $6\cdot24=144$

0043

오른쪽 그림은 정팔각형 모양의 그릇을 위에서 본 것이다.
이 그릇은 8개의 영역으로 구분되어 있는데, 이 8개의 영역에 각각 서로 다른 음식 A, B, C, D, E, F, G, H를 섞이지 않게 담으려고 한다. 8개의 음식 중 A와 B가 이웃하지 않도록 담을 수 있는 경우의 수는?
(단, 회전하여 일치하는 것은 같은 것으로 본다.)

① 1220 　　　　② 1440 　　　　③ 3600
④ 3690 　　　　⑤ 4440

STEP A 　서로 다른 8가지의 음식을 원순열로 나열하는 경우의 수 구하기

서로 다른 8가지의 음식을 원형으로 담는 방법의 수는
$$\frac{8!}{8}=(8-1)!=7!=5040$$

STEP B 　A와 B를 이웃하게 원순열로 나열하는 경우의 수 구하기

A와 B를 묶어 한 가지로 생각하고 서로 다른 7가지의 음식을 담는
방법의 수는 $\dfrac{7!}{7}=(7-1)!=6!=720$
이 각각의 경우에 대하여 A와 B의 자리를 바꾸는 방법의 수는 2가지이므로
A와 B가 이웃하는 방법의 수는 $720\times2=1440$
따라서 구하는 방법의 수는 $5040-1440=3600$

0044

다음 물음에 답하여라.

(1) 서로 다른 5명의 학생 중 3명을 뽑아 원탁에 앉히는 경우의 수는?
　① 20 　　　　② 24 　　　　③ 28
　④ 48 　　　　⑤ 64

STEP A 　뽑아서 원탁에 앉히는 경우의 수 구하기

5명의 학생 중에서 3명의 학생을 뽑는 경우의 수는 $_5C_3=\,_5C_2=\dfrac{5\cdot4}{2\cdot1}=10$
뽑은 3명을 원형의 탁자에 둘러앉히는 경우의 수는 $(3-1)!=2!=2\cdot1=2$
따라서 구하는 경우의 수 $10\times2=20$

(2) 남녀 각 5명 중에서 3명씩을 뽑아 원탁에 앉힐 때, 남자와 여자를 서로 번갈아 앉히는 경우의 수는?
　① 980 　　　　② 1000 　　　　③ 1100
　④ 1200 　　　　⑤ 1400

STEP A 　뽑아서 원탁에 번갈아 앉히는 경우의 수 구하기

남녀 각각 5명 중에서 3명씩을 택하는 경우의 수는 $_5C_3\times\,_5C_3$
남자 3명을 원탁에 앉히는 방법의 수는 원순열의 수이므로 $(3-1)!$
그 상태에서 여자 3명을 남자들 사이에 앉히는 방법은 3!
따라서 구하는 경우의 수는
$_5C_3\times\,_5C_3\times(3-1)!\times3!=10\times10\times2\times6=1200$

0045

오른쪽 그림과 같은 원판에 서로 다른 8가지의
색을 모두 사용하여 8개의 각 영역을 칠하는
경우의 수는? (단, 두 원의 중심은 같고 두 선
분은 원의 중심에서 수직으로 만난다. 또한, 회
전하여 같아지는 경우는 한 가지로 생각한다.)

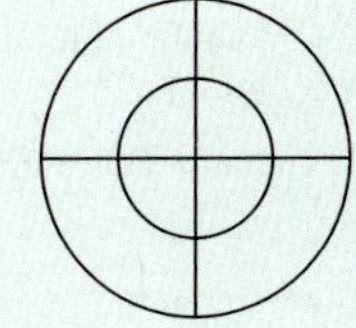

① 1440　　　　　② 10080
③ 24000　　　　　④ 42000
⑤ 36000

STEP Ⓐ 뽑아서 원형에 색칠하는 경우의 수 구하기

바깥쪽의 네 영역에 4가지 색을 칠하는 경우의 수는 $_8C_4 \times (4-1)! = 420$
이 경우 각각에 대하여 안쪽의 네 영역에 나머지 4가지 색을 칠하는
경우의 수는 $4! = 24$
따라서 구하는 경우의 수는 $420 \times 24 = 10080$

0046

네 개의 숫자 0, 1, 2, 3 중에서 중복을 허용하여 만들 수 있는 네 자리
이하의 자연수의 개수는?

① 100　　　　　② 125　　　　　③ 150
④ 175　　　　　⑤ 255

STEP Ⓐ 중복순열을 이용하여 네 자리 이하의 자연수의 개수 구하기

최고 자리에 올 수 있는 숫자는 0을 제외한 1, 2, 3이므로
한 자리의 자연수의 개수는 3
두 자리의 자연수의 개수는 $3 \times 4 = 12$
세 자리의 자연수의 개수는 $3 \times 4^2 = 48$
네 자리의 자연수의 개수는 $3 \times 4^3 = 192$

STEP Ⓑ 합의 법칙을 이용하여 경우의 수 구하기

따라서 구하는 자연수의 개수는 $3 + 12 + 48 + 192 = 255$

다른풀이 0을 포함하여 음이 아닌 정수의 개수로 풀이하기

세 자리의 자연수 123, 두 자리의 자연수 12, 한 자리의 자연수 3을 각각
0123, 0012, 0003로 생각하면 0, 1, 2, 3을 중복을 허락하여 만들 수 있는 음이
아닌 정수의 개수는 서로 다른 4개에서 4개를 택하는 중복순열의 수와 같다.
이때 자연수가 아닌 정수는 0000뿐이므로 구하는 자연수의 개수는
$_4\Pi_4 - 1 = 4^4 - 1 = 256 - 1 = 255$

0047

1000보다 작은 자연수 중에서 숫자 5를 가지지 않은 자연수의 개수는?

① 680　　　　　② 728　　　　　③ 748
④ 768　　　　　⑤ 780

STEP Ⓐ 중복순열을 이용하여 네 자리 이하의 자연수의 개수 구하기

숫자 5를 가지고 있지 않은 1000보다 작은 자연수 중에서
한 자리의 자연수의 개수는 8
두 자리의 자연수의 개수는 $8 \times 9 = 72$
세 자리의 자연수의 개수는 $8 \times 9 \times 9 = 648$

STEP Ⓑ 합의 법칙을 이용하여 경우의 수 구하기

따라서 구하는 자연수의 개수는 $8 + 72 + 648 = 728$

다른풀이 0을 포함하여 음이 아닌 정수의 개수로 풀이하기

두 자리의 자연수 37을 037로, 한 자리의 자연수 7을 007로 생각하면
숫자 5를 가지고 있지 않은 1000보다 작은 음이 아닌 정수의 개수는
$_9\Pi_3 = 9^3 = 729$
이때 자연수가 아닌 정수는 000뿐이므로 구하는 자연수의 개수는
$729 - 1 = 728$

0048

7개의 문자

$$T, O, M, T, O, O, M$$

을 일렬로 나열할 때, 2개의 T 사이에 1개 이상의 문자가 놓이는 경우의
수는?

① 150　　　　　② 160　　　　　③ 170
④ 180　　　　　⑤ 190

STEP Ⓐ 같은 것이 있는 전체 순열의 수 구하기

T, O, M, T, O, O, M의 7개의 문자를 일렬로 나열하는 경우의 수는

$$\frac{7!}{2!2!3!} = 210$$

STEP Ⓑ T, T를 묶어서 한 문자로 보고 같은 것이 있는 순열의 수 구하기

이때 T, T를 묶어서 한 문자로 생각하여 나머지 5개의 문자와 함께 일렬로
나열하는 경우의 수는 $\dfrac{6!}{2!3!} = 60$

STEP Ⓒ 2개의 T 사이에 1개 이상의 문자가 놓이는 경우의 수 구하기

따라서 2개의 T 사이에 1개 이상의 문자가 놓이는 경우의 수는
$210 - 60 = 150$

0049

숫자

$$1, 2, 2, 3, 3, 3$$

을 일렬로 나열할 때, 짝수는 반드시 앞에서부터 짝수 번째 자리에 오는
경우의 수는?

① 8　　　　　② 9　　　　　③ 10
④ 11　　　　　⑤ 12

STEP Ⓐ 2가 배열되는 경우의 수 구하기

짝수는 6자리 중에서 다음과 같이 색칠한 짝수 번째 자리에 나열할 수 있다.

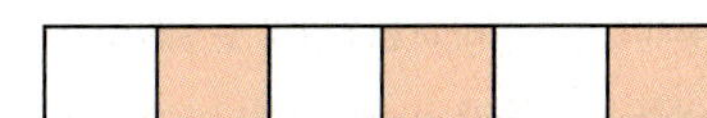

짝수 2, 2를 배열할 자리를 선택하는 경우의 수는 $_3C_2 = 3$

STEP Ⓑ 나머지 1, 3, 3, 3을 배열하는 경우의 수 구하기

이제 남은 4개의 수 1, 3, 3, 3을 배열하는 경우의 수는 $\dfrac{4!}{3!} = 4$
따라서 구하는 경우의 수는 $3 \times 4 = 12$

0050

A, B 두 개의 원탁이 있어, A에는 세 쌍의 부부가, B에는 두 쌍의 약혼자가 둘러앉는다고 한다. 부부는 부부끼리, 약혼자는 약혼자끼리 서로 이웃하여 앉는 방법의 수는? (단, 회전하여 일치하는 것은 같은 것으로 본다.)

① 16   ② 32   ③ 64
④ 120   ⑤ 124

STEP Ⓐ 부부, 약혼자를 한 묶음으로 생각하여 원순열의 수 구하기

(i) A에 앉는 방법의 수

세 쌍을 세 묶음으로 생각하면
이 세 묶음이 원탁에 앉는 방법의 수는 $(3-1)!$가지이고
이 각각에 대하여 각 묶음의 부부가 서로 바꾸어 앉는 방법의 수는
각 쌍마다 2!가지이다.

$\therefore (3-1)! \times 2! \times 2! \times 2! = 16$(가지)

(ii) B에 앉는 방법의 수

같은 방법으로 생각하면
$(2-1)! \times 2! \times 2! = 4$(가지)

따라서 구하는 방법의 수는 $16 \times 4 = 64$(가지)

0051

오른쪽 그림과 같이 같은 크기의 정사각형 5개와 직각이등변삼각형 4개가 놓여 있다. 직각이등변삼각형의 내부 또는 정사각형의 내부에 만들어지는 9개의 영역에 서로 다른 6가지 색을 모두 사용하여 한 영역에 한 가지 색만을 칠하려고 한다. 직각이등변삼각형의 내부에 만들어지는 4개의 영역에는 같은 색을 칠하고, 나머지 정사각형의 내부에 만들어지는 5개의 영역에 서로 다른 색을 칠할 때, 색칠한 결과로 나올 수 있는 경우의 수는? (단, 회전하여 일치하는 것은 같은 것으로 본다.)

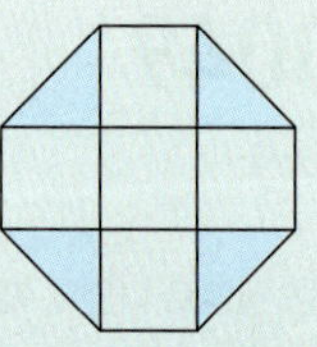

① 120   ② 140   ③ 160
④ 180   ⑤ 200

STEP Ⓐ A, B영역의 색을 정하고 원순열의 수 이용하기

6가지 색 중 2가지 색을 먼저 뽑아 A, B영역에
칠하는 경우의 수는 $_6P_2 = 6 \times 5 = 30$
나머지 4가지 색을 C, D, E, F영역에 칠하는
경우의 수는 원순열의 수와 같으므로
$(4-1)! = 3! = 6$
따라서 구하는 경우의 수는 $30 \times 6 = 180$

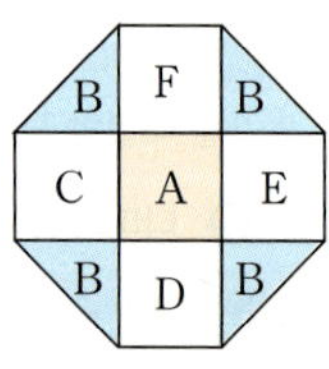

0052

세계 핵무기 감축 회의에 의장국인 한국, 미국, 중국 대표 1명씩과 아프리카 대표 두 명, 유럽 대표 두 명, 남미 대표 두 명이 다음 조건을 만족시키면서 원탁에 둘러앉으려고 한다.

(가) 같은 대륙의 대표끼리는 이웃한다.
(나) 의장국끼리는 이웃하지 않는다.

이때 원탁에 둘러앉는 방법의 수를 구하여라.

STEP Ⓐ 같은 대륙 대표를 한 묶음으로 생각하여 원순열 이용하기

(i) 같은 대륙끼리는 이웃하므로 6명의 대표를
3명으로 보고 원탁에 둘러앉는 방법의 수는
$(3-1)!$(가지)
또한, 같은 대륙의 대표끼리 자리를 서로 바꾸어 앉는 경우의 수가 각각 2가지씩이므로
$(3-1)! \times 2 \times 2 \times 2 = 16$(가지)

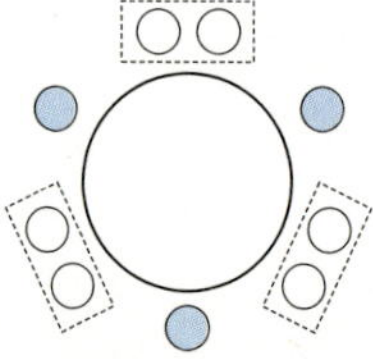

STEP Ⓑ 의장국끼리 이웃하지 않는 방법의 수 구하기

(ii) 의장국끼리 서로 이웃하지 않으므로
같은 대륙의 대표 사이에 앉아야 하고 앉는 방법의 수는
$3! = 6$(가지)

(i), (ii)에서 구하는 방법의 수는 $16 \times 6 = 96$(가지)

0053

다음 물음에 답하여라.

(1) 다섯 개의 숫자 1, 2, 3, 4, 5 중에서 중복을 허락하여 4개를 택해 만든 네 자리 자연수 중에서 십의 자리의 수가 짝수인 자연수의 개수는?

① 75   ② 125   ③ 225
④ 250   ⑤ 325

STEP Ⓐ 십의 자리의 숫자를 기준으로 개수 구하기

다섯 개의 숫자 1, 2, 3, 4, 5 중에서 중복을 허락하여 4개를 택해 만든
네 자리의 자연수를 $1000a + 100b + 10c + d$라 하자.
십의 자리의 수가 짝수이므로
(i) $c = 2$인 경우

a, b, d는 1, 2, 3, 4, 5의 5개의 수가 가능하므로 $_5\Pi_3 = 5^3$
(ii) $c = 4$인 경우

a, b, d는 1, 2, 3, 4, 5의 5개의 수가 가능하므로 $_5\Pi_3 = 5^3$
따라서 십의 자리의 수가 짝수인 네 자리의 자연수의 개수는
$2 \times _5\Pi_3 = 2 \times 5^3 = 250$(개)

(2) 두 자리의 자연수 중에서 십의 자리의 수와 일의 자리의 수의 합이 짝수인 것의 개수는?

① 30   ② 35   ③ 40
④ 45   ⑤ 50

STEP Ⓐ 두 수가 모두 홀수, 짝수인 경우를 나누어 개수 구하기

십의 자리의 수와 일의 자리의 수의 합이 짝수이려면
두 수가 모두 홀수이거나 모두 짝수이어야 한다.
(i) 두 수가 모두 홀수인 경우

각 자리에 1, 3, 5, 7, 9 중 하나를 택하면 되므로 구하는 개수는
$_5\Pi_2 = 5^2 = 25$(개)
(ii) 두 수가 모두 짝수인 경우

각 자리에 0, 2, 4, 6, 8 중 하나를 택하는 경우의 수에서 십의 자리에
0이 오는 경우의 수를 제외하면 되므로 구하는 개수는
$_5\Pi_2 - 5 = 5^2 - 5 = 20$(개)

(i), (ii)에서 구하는 개수는 $25 + 20 = 45$(개)

0054

1, 2, 2, 4, 5, 5를 일렬로 배열하여 여섯 자리 자연수를 만들 때, 300000보다 큰 자연수의 개수는?

① 60   ② 90   ③ 120

④ 150   ⑤ 180

STEP Ⓐ 300000보다 큰 수를 같은 것이 있는 순열을 이용하여 구하기

300000보다 큰 수는 십만 자리수가 4 또는 5인 경우뿐이다.

(i) 십만 자리의 수가 4인 경우

$$\boxed{4}\ \square\ \square\ \square\ \square\ \square$$

남은 다섯 자리에 1, 2, 2, 5, 5를 일렬로 배열하는 경우의 수는

$$\frac{5!}{2!2!}=30$$

(ii) 십만 자리의 수가 5인 경우

$$\boxed{5}\ \square\ \square\ \square\ \square\ \square$$

남은 다섯 자리에 1, 2, 2, 4, 5를 일렬로 배열하는 경우의 수는

$$\frac{5!}{2!}=60$$

STEP Ⓑ 자연수의 개수 구하기

(i), (ii)에서 구하는 자연수의 개수는 $30+60=90$

0055

서로 다른 4개의 가방과 똑같은 4개의 리본, 똑같은 4개의 인형이 있다. 각 가방에 1개의 리본과 1개의 인형을 달려고 한다. 각 가방에서 리본을 인형보다 먼저 단다고 할 때, 4개의 가방에 리본과 인형을 다는 순서를 정하는 모든 경우의 수는? (단, 각 가방에서 리본과 인형을 연속하여 달지 않아도 된다.)

① 1250   ② 1500   ③ 1750

④ 2250   ⑤ 2520

STEP Ⓐ 순서가 정해진 순열의 수 구하기

4개의 가방을 a, b, c, d라고 하면 1개의 가방에 1개의 리본과 1개의 인형을 달아야 하므로 a, a, b, b, c, c, d, d를 일렬로 배열한 다음 같은 문자에 대하여 첫 번째를 리본으로, 두 번째를 인형으로 생각하면 된다.

STEP Ⓑ 4개의 가방에 리본과 인형을 다는 순서를 정하는 모든 경우의 수 구하기

따라서 구하는 모든 경우의 수는 $\dfrac{8!}{2!2!2!2!}=2520$

0056

다섯 개의 문자 a_1, a_2, a_3, b_1, b_2를 일렬로 나열할 때, a_2는 a_1의 오른쪽에, a_3는 a_2의 오른쪽에, b_2는 b_1의 왼쪽에 놓이도록 배열하는 방법의 수는?

① 10   ② 20   ③ 30

④ 40   ⑤ 60

STEP Ⓐ 순서가 정해진 순열을 이용하여 구하기

첨자는 무시하고 a, a, a, b, b를 한 줄로 배열한 후,

a에서 왼쪽부터 a_1, a_2, a_3으로 b에는 왼쪽부터 b_2, b_1으로 배열하면 조건을 만족하게 된다.

그러므로 구하는 방법의 수는 a를 3개, b를 2개 포함하는 같은 것이 있는 순열의 수이다.

$$\therefore \frac{5!}{3!2!}=10\,(가지)$$

0057

두 집합 $A=\{a, b, c\}$, $B=\{4, 5\}$에 대하여 함수 $f : A \longrightarrow B$ 중 다음 조건 (가), (나)를 만족하는 함수 f의 개수를 각각 p, q라고 할 때, $p+q$의 값을 구하여라.

(가) $f(a)+f(b)+f(c)$는 짝수이다.

(나) $f(a)f(b)f(c)$는 짝수이다.

STEP Ⓐ 같은 것이 있는 순열을 이용하여 함수의 개수 구하기

$f(x)$는 4 또는 5이므로

(가) $f(a)+f(b)+f(c)$가 짝수이려면

$f(a)$, $f(b)$, $f(c)$가 각각 짝, 짝, 짝인 경우

$f(a)=f(b)=f(c)=4 \to 1\,(가지)$

짝, 홀, 홀인 경우
홀, 짝, 홀인 경우   ⇨ 4, 5, 5를 배열하는 방법의 수와
홀, 홀, 짝인 경우   같으므로 $\dfrac{3!}{2!}=3$

$$\therefore p=1+3=4\,(가지)$$

STEP Ⓑ 중복순열을 이용하여 함수의 개수 구하기

(나) $f(a)f(b)f(c)$가 짝수이려면 적어도 하나가 짝수이어야 하므로

$q={}_2\Pi_3-(f(a)=f(b)=f(c)=5$인 함수의 개수)

$\quad=8-1=7\,(가지)$

따라서 $p+q=4+7=11$

0058

그림과 같이 1부터 7까지의 자연수가 각각 하나씩 적혀 있는 7개의 공이 있다.

이 7개의 공을 원형 탁자 주위에 둘러서 배열할 때, 짝수가 적혀 있는 공끼리 이웃하지 않는 경우의 수는?
(단, 회전하여 일치하는 것은 같은 것으로 본다.)

① 96 　　　② 112 　　　③ 128
④ 144 　　　⑤ 160

STEP Ⓐ 이웃해도 상관없는 홀수를 먼저 배열하는 경우의 수 구하기

홀수 1, 3, 5, 7이 적혀있는 4개의 공을 원형 탁자 주위에 둘러서 배열하는 경우의 수는 $(4-1)!=3!=6$

STEP Ⓑ 홀수가 적혀 있는 4개의 공 사이에 짝수를 배열하는 경우의 수 구하기

이때 홀수가 적혀 있는 4개의 공 사이에 짝수 2, 4, 6이 적혀있는 3개의 공을 배열하면 짝수가 적혀 있는 공끼리 이웃하지 않게 된다.
짝수가 적혀 있는 공 3개를 홀수가 적혀 있는 공들 사이에 배열하는 경우의 수는 $_4P_3=4\times3\times2=24$
따라서 구하는 경우의 수는 $6\times24=144$

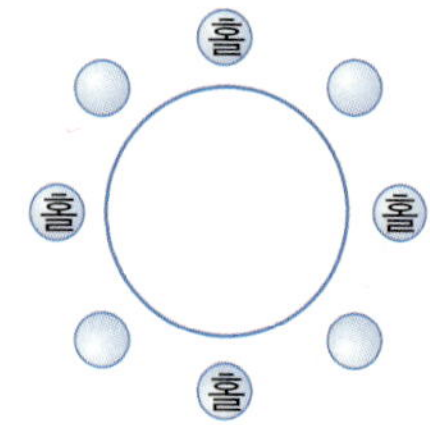

0059

다음 조건을 만족시키는 네 자연수 a, b, c, d로 이루어진 모든 순서쌍 (a, b, c, d)의 개수를 구하여라.

(가) $a+b+c+d=6$
(나) $a\times b\times c\times d$는 4의 배수이다.

STEP Ⓐ 네 자연수의 합이 6인 경우를 구하기

조건 (가)에서 네 자연수의 합이 6인 경우는
$1+1+1+3$ 또는 $1+1+2+2$의 두 가지이다.
(i) $1+1+1+3$인 경우
　　네 자연수의 곱은 $1\times1\times1\times3=3$이므로 곱이 4의 배수가 아니다.
(ii) $1+1+2+2$인 경우
　　네 자연수의 곱은 $1\times1\times2\times2=4$이므로 곱이 4의 배수이다.
(i), (ii)에 의해서 조건을 만족시키는 네 자연수는 1, 1, 2, 2이다.
따라서 가능한 순서쌍 (a, b, c, d)의 개수는 1, 1, 2, 2을 나열하는 경우의 수와 같으므로 $\dfrac{4!}{2!2!}=6$

다른풀이 조합을 이용하여 풀이하기

네 자연수 a, b, c, d에 대하여 조건 (가)에서
$1\le a, b, c, d\le3$　　　…… ㉠
이때 조건 (나)에서 $abcd$가 4의 배수이므로 a, b, c, d 중 적어도 두 수는 2이어야 한다.

즉 ㉠에서 $a+b+c+d=6$을 만족하는 경우는 a, b, c, d 중 2개는 1이고 남은 2개는 2인 경우뿐이다.
따라서 순서쌍 (a, b, c, d)의 개수는 4개 중 2개를 뽑는 방법의 수와 같으므로 $_4C_2=6$

0060

다음 물음에 답하여라.
(1) 6개의 숫자 1, 1, 1, 2, 2, 3에서 네 개의 숫자를 골라 만들 수 있는 네 자리 자연수의 개수는?
① 30 　　　② 32 　　　③ 34
④ 36 　　　⑤ 38

STEP Ⓐ 1의 개수를 기준으로 같은 것이 있는 순열의 수 구하기

순서에 관계없이 4개를 선택하는 경우를 1의 개수를 기준으로 생각하면 3가지이고 각각의 경우에 일렬로 나열하는 경우의 수는
(i) 1이 3개인 경우

　　1, 1, 1, 2를 일렬로 나열하는 문자열의 개수는 $\dfrac{4!}{3!}=4$

　　1, 1, 1, 3을 일렬로 나열하는 문자열의 개수는 $\dfrac{4!}{3!}=4$

(ii) 1이 2개인 경우

　　1, 1, 2, 2를 일렬로 나열하는 문자열의 개수는 $\dfrac{4!}{2!2!}=6$

　　1, 1, 2, 3을 일렬로 나열하는 문자열의 개수는 $\dfrac{4!}{2!}=12$

(iii) 1이 1개인 경우

　　1, 2, 2, 3을 일렬로 나열하는 문자열의 개수는 $\dfrac{4!}{2!}=12$

(i)~(iii)에서 서로 다른 문자열의 개수는 $4+4+6+12+12=38$

(2) 7개의 문자 A, A, A, B, C, D, E 중에서 3개의 문자를 뽑아 일렬로 나열할 수 있는 모든 경우의 수는?
① 68 　　　② 73 　　　③ 78
④ 81 　　　⑤ 90

STEP Ⓐ A의 개수를 기준으로 같은 것이 있는 순열의 수 구하기

순서에 관계없이 3개를 선택하는 경우를 A의 개수를 기준으로 생각하면 4가지이고 각각의 경우에 일렬로 나열하는 경우의 수는
(i) A를 3개 선택하는 경우
　　A, A, A를 일렬로 나열하는 경우의 수는 1
(ii) A를 2개 선택하는 경우
　　B, C, D, E에서 1개를 뽑아 일렬로 나열하는 경우의 수는
　　$_4C_1\times\dfrac{3!}{2!}=12$
(iii) A를 1개 선택하는 경우
　　B, C, D, E에서 2개를 뽑아 일렬로 나열하는 경우의 수는
　　$_4C_2\times3!=36$
(iv) A를 선택하지 않는 경우
　　B, C, D, E에서 3개를 뽑아 일렬로 나열하는 경우의 수는
　　$_4P_3=24$
(i)~(iv)에서 구하는 경우의 수는 $1+12+36+24=73$

0061

7개의 숫자 2, 2, 3, 3, 4, 4, 4가 하나씩 적혀 있는 7장의 카드에서 5장의 카드를 택해 일렬로 나열하여 다섯 자리의 자연수를 만들 때, 홀수의 개수는?

① 32 　　　② 34 　　　③ 36
④ 38 　　　⑤ 40

STEP Ⓐ 4의 개수를 기준으로 같은 것이 있는 순열의 수 구하기

다섯 자리의 홀수의 개수는 일의 자리의 수가 3이고 나머지 네 자리에 4의 개수를 기준으로 생각하면 5가지이고 각각의 경우의 수는 다음과 같다.

(i) 4가 3개인 경우

　4, 4, 4, 3을 일렬로 배열하는 경우의 수 $\dfrac{4!}{3!}=4$

　4, 4, 4, 2를 일렬로 배열하는 경우의 수 $\dfrac{4!}{3!}=4$

(ii) 4가 2개인 경우

　4, 4, 2, 2를 일렬로 배열하는 경우의 수 $\dfrac{4!}{2!2!}=6$

　4, 4, 2, 3을 일렬로 배열하는 경우의 수 $\dfrac{4!}{2!}=12$

(iii) 4가 1개인 경우

　4, 3, 2, 2를 일렬로 배열하는 경우의 수 $\dfrac{4!}{2!}=12$

STEP Ⓑ 합의 법칙을 이용하여 구하기

(i)～(iii)에서 다섯 자리의 자연수를 만들 때, 홀수의 개수는
$4+4+6+12+12=38$

0062

A, B, C, D, E를 포함한 7명의 학생을 다음 조건을 만족시키도록 일렬로 세우는 경우의 수는?

(가) A는 B보다 왼쪽에 세우고 C는 B보다 오른쪽에 세운다.
(나) D, E는 서로 이웃하지 않게 세운다.

① 240 　　　② 360 　　　③ 480
④ 600 　　　⑤ 820

STEP Ⓐ 같은 것이 있는 순열의 수를 이용하여 경우의 수 구하기

조건 (가)를 만족시키는 경우는
A, B, C를 X, X, X로 놓고 일렬로 세운 후에 X, X, X의 순서대로
A, B, C를 세우면 되므로 그 경우의 수는 $\dfrac{7!}{3!}=840$

조건 (나)에서 D, E가 이웃하는 경우의 수는
D, E를 한 사람으로 생각하면 되므로 그 경우의 수는
$\dfrac{6!}{3!}\times 2=120\times 2=240$

STEP Ⓑ 전체 경우의 수에서 D, E가 이웃하는 경우의 수를 빼서 구하기

따라서 구하는 경우의 수는 $840-240=600$

다른풀이 D, E가 이웃하지 않은 순열의 수를 이용하여 풀이하기

D, E를 제외한 5명을 일렬로 세울 때, A, B, C를 X, X, X로 놓고
일렬로 세우는 경우의 수는 $\dfrac{5!}{3!}=20$

이 각각에 대하여 5명의 사이사이와 맨 앞, 맨 뒤의 6곳에 D, E를 세우는
경우의 수는 $_6P_2=6\times 5=30$
따라서 구하는 경우의 수는 $20\times 30=600$

0063

두 문자 a, b를 중복을 허락하여 만든 6자리 문자열 중에서 다음 조건을 만족시키는 문자열의 개수를 구하여라.

(가) 첫 문자는 a이다.
(나) a끼리는 이웃하지 않는다.

STEP Ⓐ 나머지 네 문자를 a의 개수에 따라 나누어 구하기

두 조건을 만족하기 위해서는 두 번째 문자는 b이므로
나머지 네 문자를 a의 개수에 따라 나눈다.

(i) a가 0일 때, b를 4개 나열하는 경우의 수는 1(가지)

(ii) a가 1일 때, $abbb$를 나열하는 경우의 수는 $\dfrac{4!}{3!}=4$(가지)

(iii) a가 2일 때, $abab$, $baba$, $abba$의 경우이므로 3(가지)

STEP Ⓑ 문자열의 개수 구하기

(i)～(iii)에 의해 $1+4+3=8$(가지)

다른풀이 a가 첫 문자이면서 이웃하지 않는 순열의 수를 이용하여 풀이하기

전체 경우에서 a끼리 이웃하는 경우를 뺀다.
두 조건을 만족하기 위해서는 두 번째 문자는 b이므로
나머지 네 문자에 두 문자 a, b를 중복을 허락하여
4개를 뽑아 나열하는 방법은 $_2\Pi_4=2^4=16$(가지)

(i) a가 두 개, b가 두 개 사용된 경우
　$(a, a, b, b), (b, a, a, b), (b, b, a, a)$의 3(가지)

(ii) a가 세 개, b가 한 개 사용된 경우
　(a, a, a, b)를 나열하는 경우 $\dfrac{4!}{3!}=4$(가지)

(iii) a만 사용된 경우 (a, a, a, a)의 1(가지)

(i)～(iii)에서 a끼리 이웃하는 경우는 $3+4+1=8$가지이므로
구하는 경우의 수는 $16-8=8$(가지)

0064

어느 건물에서는 출입을 통제하기 위하여 각 자리가 0과 1로 이루어진 8자리 문자열의 보안카드를 이용하고 있다. 보안카드의 8자리 문자열에 1의 개수가 5개이거나 문자열의 처음 4자리가 0110이면 이 건물의 출입문을 통과할 수 있다. 예를 들어 보안카드의 문자열이 10110011이거나 01100101이면 이 건물에 출입할 수 있다. 이 건물의 출입문을 통과할 수 있는 서로 다른 보안카드의 총 개수를 구하여라.

STEP Ⓐ 1의 개수가 5개인 경우, 0110을 처음 네 자리로 하는 경우의 수 구하기

(i) 1의 개수가 5개인 경우
　이는 8자리 중 5자리를 선택하는 경우의 수와 같다.
　즉 $_8C_5=_8C_3=\dfrac{8\times 7\times 6}{3\times 2\times 1}=56$

(ii) 0110을 처음 네 자리로 하는 경우
　이는 0110□□□□와 같은 꼴이므로 뒤에 네 자리에 0 또는 1을
　임의로 나열하는 중복순열의 수와 같으므로 $_2\Pi_4=2^4=16$

STEP Ⓑ 0110을 처음 네 자리로 하면서 1의 개수가 5개인 경우의 수 구하기

(iii) 0110을 처음 네 자리로 하면서 1의 개수가 5개인 경우
　즉 0110□□□□의 꼴에서 뒤에 네 자리에 1이 세 개인 경우
　$_4C_3=_4C_1=4$

STEP Ⓒ 보안카드의 총 개수 구하기

따라서 구하는 서로 다른 보안카드의 총 개수는
(i)+(ii)-(iii)=$56+16-4=68$

 세 개 이상의 사건에서 어느 두 사건도 동시에 일어나지 않으면 합의 법칙을 이용할 수 있지만 그렇지 않을 때에는 꼭 중복된 경우의 수를 빼 주어야 한다.

STEP A 1의 개수가 5개인 경우의 수 구하기

1의 개수가 5개인 경우의 수는 0이 3개와 1이 5개인

0, 0, 0, 1, 1, 1, 1, 1을 일렬로 나열하는 경우의 수와 같으므로

$$\frac{8!}{3!5!}=56$$

STEP B 처음 네 자리가 0110인 경우의 수 구하기

처음 4자리가 '0110□□□□' 인 경우의 수는 마지막 4자리에 '0' 또는 '1'을
임의로 나열하는 경우의 수와 같으므로 $2^4=16$

STEP C 중복되는 경우의 수를 구하기

1의 개수가 5개인 동시에 처음 4자리가 '0110$\boxed{0}\,\boxed{1}\,\boxed{1}\,\boxed{1}$' 인 경우의 수는
마지막 4자리에 '0' 1개와 '1' 3개를 나열하는 경우의 수와 같으므로

$$\frac{4!}{1!3!}=4$$

따라서 구하는 서로 다른 보안카드의 총 개수는 $56+16-4=68$

0065

$\dfrac{4}{4}$ 박자는 4분음을 한 박으로 하여 한 마디가 네 박으로 구성된다.

예를 들어 $\dfrac{4}{4}$ 박자 한 마디는 4분 음표(♩) 또는 8분 음표(♪)만을 사용하
여 ♩♩♩♩ 또는 ♪♪♩♪♩와 같이 구성할 수 있다. 4분 음표 또는 8분
음표만 사용하여 $\dfrac{4}{4}$ 박자의 한 마디를 구성하는 경우의 수를 구하여라.

STEP A 8분 음표의 개수를 x, 4분 음표의 개수를 y개라 할 때,
$\dfrac{1}{2}x+y=4$를 만족하는 순서쌍 (x, y)의 개수 구하기

8분 음표의 개수를 x개, 4분 음표의 개수를 y개라 하면

$\dfrac{1}{2}x+y=4$를 만족하는 음이 아닌 정수 x, y의 순서쌍은

$(x, y)=(0, 4), (2, 3), (4, 2), (6, 1), (8, 0)$이므로
각 순서쌍의 가짓수를 구한다.

STEP B 각 경우에 음표를 나열하는 경우의 수 구하기

(i) $(x, y)=(0, 4)$일 때,

　　즉 4분 음표 4개 사용하는 경우의 수
　　♩♩♩♩를 일렬로 나열하는 경우와 같으므로 그 가짓수는
　　1(가지)

(ii) $(x, y)=(2, 3)$일 때,

　　즉 8분 음표 2개, 4분 음표 3개 사용하는 경우의 수
　　♪♪♩♩♩를 일렬로 나열하는 경우의 수이므로

　　$\dfrac{5!}{3!2!}=10$(가지)

(iii) $(x, y)=(4, 2)$일 때,

　　즉 8분 음표 4개, 4분 음표 2개 사용하는 경우의 수
　　♪♪♪♪♩♩를 일렬로 나열하는 경우의 수이므로

　　$\dfrac{6!}{2!4!}=15$(가지)

(iv) $(x, y)=(6, 1)$일 때,

　　즉 8분 음표 6개, 4분 음표 1개 사용하는 경우의 수
　　♪♪♪♪♪♪♩를 일렬로 나열하는 경우의 수이므로

　　$\dfrac{7!}{1!6!}=7$(가지)

(v) $(x, y)=(8, 0)$일 때,

　　즉 8분 음표 8개, 4분 음표 0개 사용하는 경우의 수
　　♪♪♪♪♪♪♪♪를 일렬로 나열하는 경우의 수이므로
　　1(가지)

(i)∼(v)에서 구하는 방법의 수는 $1+10+15+7+1=34$

(i) 4분 음표(♩) 4개로 구성하는 경우의 수는 1

(ii) 4분 음표(♩) 3개, 8분 음표(♪) 2개로 구성하는 경우의 수는
　　다섯 개의 자리 중에서 4분 음표 3개를 놓을 자리를 택하고
　　나머지 자리에는 8분 음표를 놓는 방법과 같으므로
　　$_5C_3 \times 1=10$

(iii) 4분 음표(♩) 2개, 8분 음표(♪) 4개로 구성하는 경우의 수는
　　여섯 개의 자리 중에서 4분 음표 2개를 놓을 자리를 택하고
　　나머지 자리에는 8분 음표를 놓는 방법과 같으므로
　　$_6C_2 \times 1=15$

(iv) 4분 음표(♩) 1개, 8분 음표(♪) 6개로 구성하는 경우의 수는
　　일곱 개의 자리 중에서 4분 음표 1개를 놓을 자리를 택하고
　　나머지 자리에는 8분 음표를 놓는 방법과 같으므로
　　$_7C_1 \times 1=7$

(v) 8분 음표(♪) 8개로 구성하는 경우의 수는 1

(i)∼(v)에서 구하는 경우의 수는 $1+10+15+7+1=34$

0066

주머니 속에 네 개의 숫자 0, 1, 2, 3이 각각
하나씩 적혀 있는 공 4개가 들어 있다.
이 주머니에서 1개의 공을 꺼내어 공에 적혀
있는 수를 확인한 후 다시 넣는다.
이 과정을 3번 반복할 때, 꺼낸 공에 적혀 있는

수를 차례로 a, b, c라 하자. $\dfrac{bc}{a}$가 정수가 되도록 하는 모든 순서쌍

(a, b, c)의 개수를 구하여라.

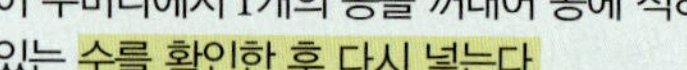

STEP A 주머니에서 꺼낸 수 b, c의 전체 경우의 수

중복하여 주머니에서 꺼낸 두 수 b, c에 대하여

bc의 전체 경우의 수는 16

c＼b	0	1	2	3
0	0	0	0	0
1	0	1	2	3
2	0	2	4	6
3	0	3	6	9

STEP B 중복순열을 이용하여 $\dfrac{bc}{a}$가 정수가 되는 경우의 수 구하기

(i) $a=0$인 경우

　　$\dfrac{bc}{a}$가 정의되지 않으므로 정수가 되는 경우는 존재하지 않는다.

(ii) $a=1$인 경우

　　$\dfrac{bc}{a}=bc$는 항상 정수이므로 b, c를 정하는 경우의 수는

　　0, 1, 2, 3에서 2개를 택하는 중복순열의 수와 같으므로 $_4\Pi_2=4^2=16$

(iii) $a=2$인 경우

　　$\dfrac{bc}{a}=\dfrac{bc}{2}$이므로 $bc=2k$(k는 정수)일 때, $\dfrac{bc}{a}$가 정수이다.

　　$a=2$일 때, b와 c를 택하는 전체 경우의 수 16에서
　　b와 c가 모두 홀수인 경우의 수 4를 빼면 되므로 $16-4=12$

(iv) $a=3$인 경우

　　$\dfrac{bc}{a}=\dfrac{bc}{3}$이므로 $bc=3k$(k는 정수)일 때, $\dfrac{bc}{a}$가 정수이다.

　　$a=3$일 때, b와 c를 택하는 전체 경우의 수 16에서
　　$bc \neq 3k$인 경우의 수를 빼면 된다.
　　$bc \neq 3k$인 경우의 수는 1, 2에서 2개를 택하는 중복순열의 수
　　$_2\Pi_2=4$이므로 $16-4=12$

(i)∼(iv)에 의하여 $\dfrac{bc}{a}$가 정수가 되도록 하는 모든 순서쌍 (a, b, c)의

개수는 $16+12+12=40$

0067

다음 그림과 같은 직사각형 모양으로 연결된 도로망이 있다. 이 도로망을 따라 A지점에서 출발하여 B지점까지 최단거리로 가는 경우의 수는?

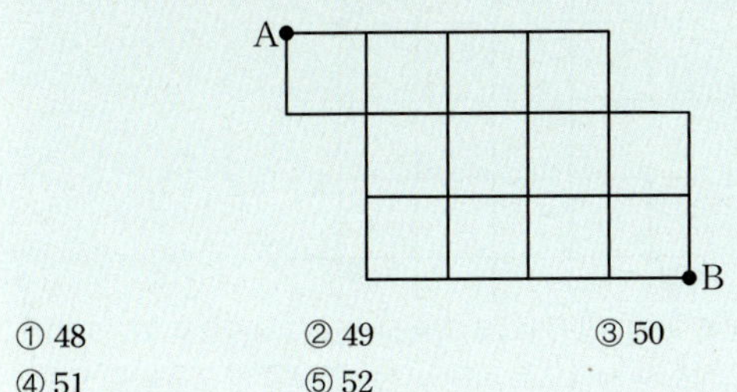

① 48   ② 49   ③ 50
④ 51   ⑤ 52

STEP A 같은 것이 있는 순열의 수를 이용하여 구하기

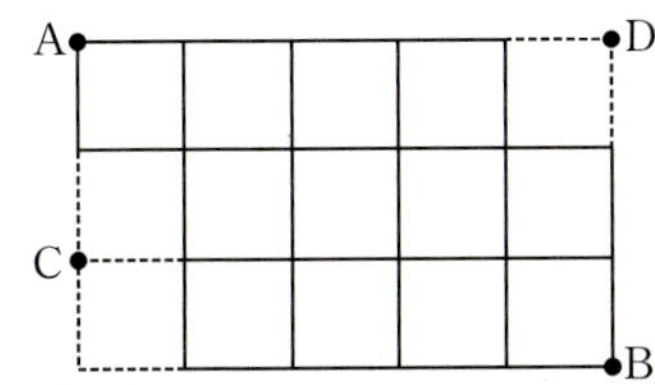

그림과 같이 모든 도로망이 연결되어 있다고 하면

A지점에서 출발하여 B지점까지 최단거리로 가는 경우의 수는 $\dfrac{8!}{5!3!}=56$

이 중에서 C지점 또는 D지점을 지나는 경우의 수는 $1\times\dfrac{6!}{5!}+1\times1=7$

따라서 구하는 경우의 수는 $56-7=49$

다른풀이 교차점을 이용하여 풀이하기

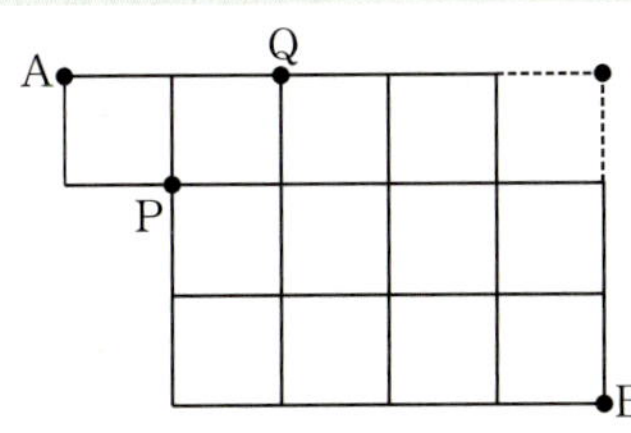

A지점에서 출발하여 B지점까지 최단거리로 가는 경우의 수는
$A\to P\to B$ 또는 $A\to Q\to B$이므로
$$2\times\dfrac{6!}{4!2!}+1\times\left(\dfrac{6!}{3!3!}-1\right)=30+19=49$$

0068

다음 그림과 같이 마름모 모양으로 연결된 도로망이 있다.

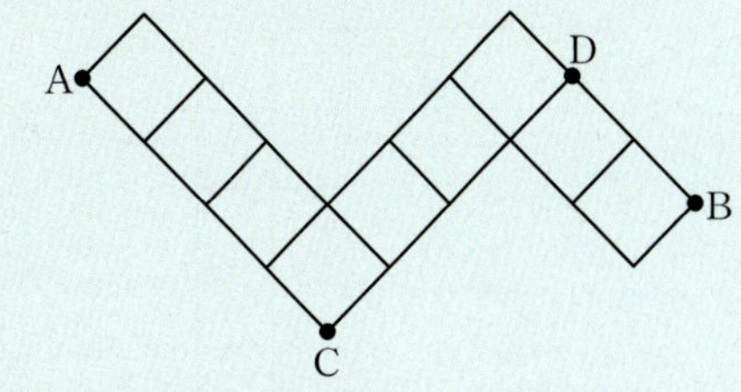

이 도로망을 따라 A지점에서 출발하여 C지점을 지나지 않고, D지점도 지나지 않으면서 B지점까지 최단거리로 가는 경우의 수는?

① 26   ② 24   ③ 22
④ 20   ⑤ 18

STEP A P, Q, R지점을 정하여 최단 경로를 찾기

A지점에서 출발하여 C지점을 지나지 않고 D지점도 지나지 않으면서 B지점까지 최단거리로 가는 방법의 수는 그림과 같이 P, Q, R지점을 잡으면 반드시 P, Q, R지점을 모두 지나야 한다.

즉 $A\to P\to Q\to R\to B$로 가는 최단거리의 수를 구한다.

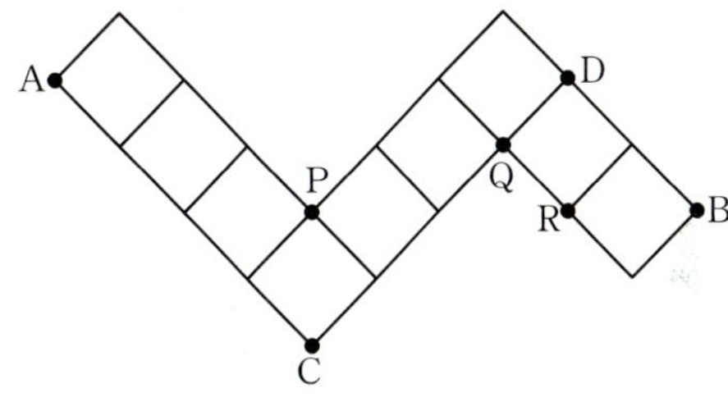

STEP B 같은 것이 있는 순열을 이용하여 경우의 수를 구하기

$A\to P$로 가는 방법의 수는 $\dfrac{4!}{3!1!}=4$ (또는 $_4C_1=4$)

$P\to Q$로 가는 방법의 수는 $\dfrac{3!}{2!1!}=3$ (또는 $_3C_1=3$)

$Q\to R$로 가는 방법의 수는 1

$R\to B$로 가는 방법의 수는 $\dfrac{2!}{1!1!}=2$ (또는 $_2C_1=2$)

따라서 구하는 경우의 수는 $4\times3\times1\times2=24$

다른풀이 직접 합의 법칙을 이용하여 풀이하기

C지점과 D지점을 모두 지나지 않아야 하므로 다음과 같은 도로망을 따라 A지점에서 B지점으로 이동하는 경우의 수를 구하면 되므로 구하는 경우의 수는 24이다.

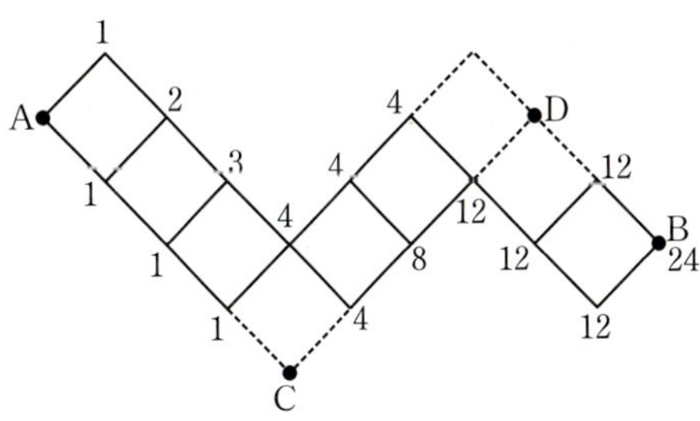

0069

다음 그림과 같이 정사각형 모양으로 연결된 도로망이 있다.

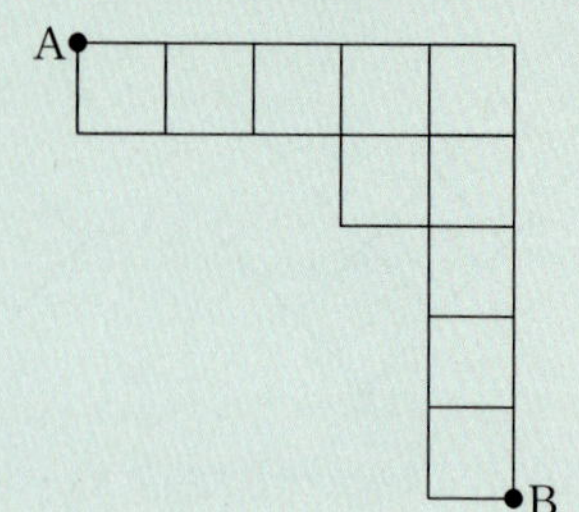

이 도로망을 따라 A지점에서 출발하여 B지점까지 최단거리로 가는 경우의 수는?

① 40　　　② 42　　　③ 44
④ 46　　　⑤ 48

STEP A　최단거리의 경우의 수 구하기

A지점에서 B지점으로 가기 위해서는 다음 그림의 C, D, E 중 한 점을 통과해야 한다.

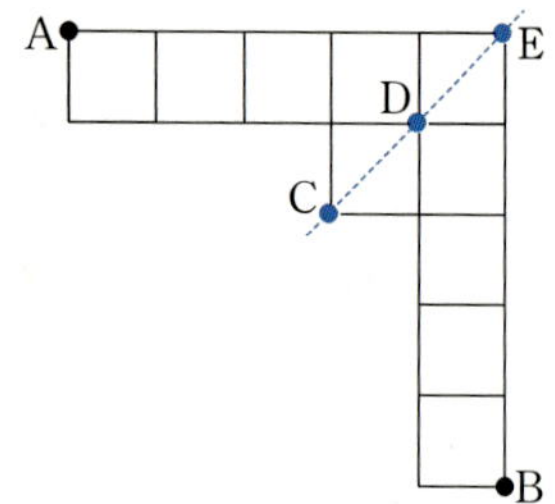

(i) A → C → B로 가는 경우의 수는 $\dfrac{4!}{3!} \times \dfrac{4!}{3!} = 16$

(ii) A → D → B로 가는 경우의 수는 $\dfrac{5!}{4!} \times \dfrac{5!}{4!} = 25$

(iii) A → E → B로 가는 경우의 수는 $1 \times 1 = 1$

(i)~(iii)에서 최단거리로 가는 방법의 수는 $16 + 25 + 1 = 42$

다른풀이　직접 합의 법칙을 이용하여 풀이하기

그림처럼 두 경로가 만나는 점에서 각각의 경우를 더해주면 된다.
따라서 최단거리로 가는 방법의 수는 42

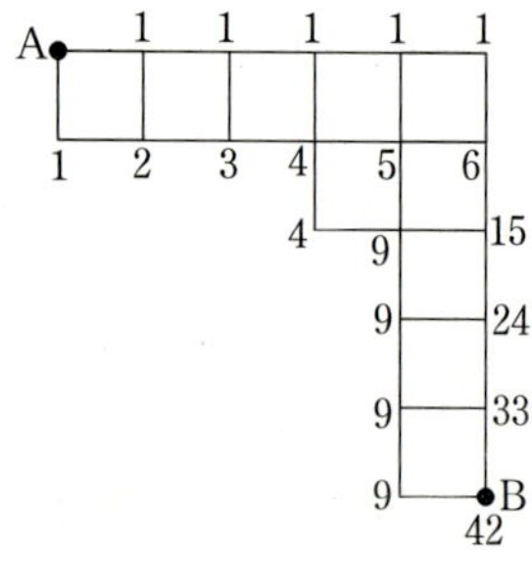

0070

그림과 같이 이웃한 두 교차로 사이의 거리가 모두 같은 도로망이 있다.

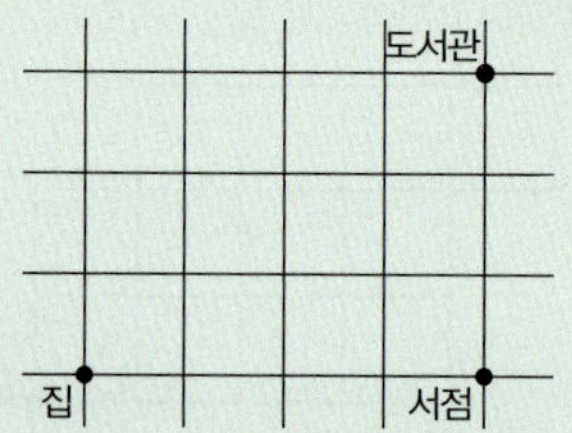

철수가 집에서 도로를 따라 최단거리로 약속장소인 도서관으로 가다가 어떤 교차로에서 약속장소가 서점으로 바뀌었다는 연락을 받고 곧바로 도로를 따라 최단거리로 서점으로 갔다.
집에서 서점까지 지나 온 길이 같은 경우 하나의 경로로 간주한다.
예를 들어 [그림1]과 [그림2]는 연락받은 위치는 다르나, 같은 경로이다.

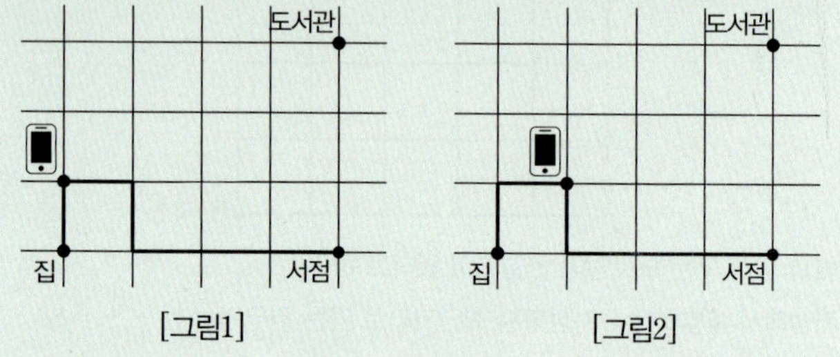

철수가 집에서 서점까지 갈 수 있는 모든 경로의 수를 구하여라.
(단, 철수가 도서관에 도착한 후에 서점으로 가는 경우도 포함한다.)

STEP A　연락을 받은 교차로가 어디에 있는지 경우를 나누어 구하기

가로 방향의 도로를 밑에서부터 차례로 l_0, l_1, l_2, l_3이라 하면

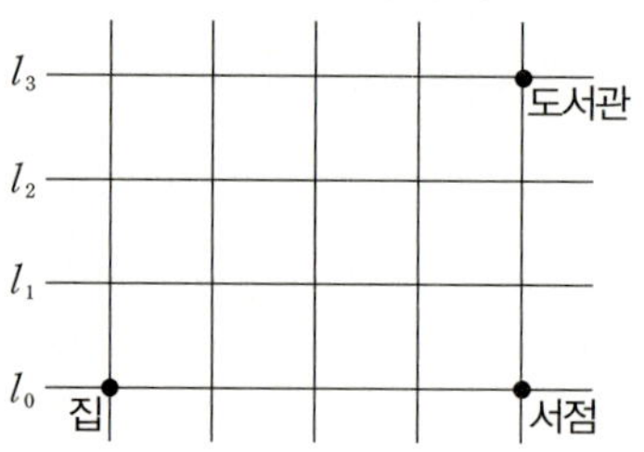

STEP B　각각의 경우의 수 구하기

(i) 연락받은 교차로가 l_0에 있을 때,
　　집에서 서점까지 갈수 있는 경로의 수는 1
(ii) 연락받은 교차로가 l_1에 있는 경우

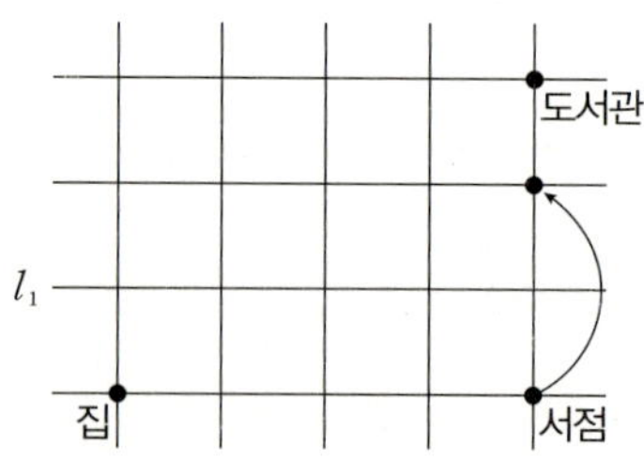

서점의 위치를 l_1을 기준으로 대칭이동한 후,

집에서 서점까지 갈수 있는 경로의 수는 $\dfrac{6!}{4!2!} = 15$

(iii) 연락받은 교차로가 l_2에 있는 경우

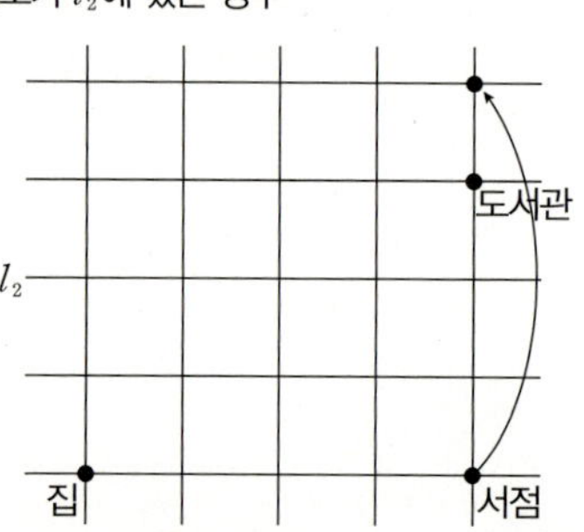

서점의 위치를 l_2를 기준으로 대칭이동한 후,

집에서 서점까지 갈 수 있는 경로의 수는 $\dfrac{8!}{4!4!}=70$

(ⅳ) 연락받은 교차로가 l_3에 있는 경우

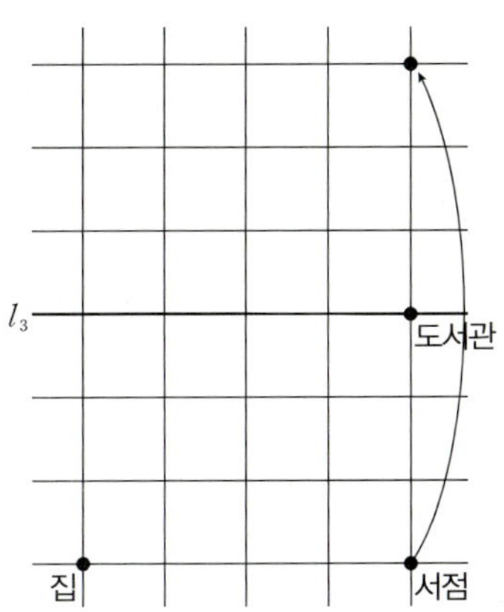

서점의 위치를 l_3을 기준으로 대칭이동한 후,

집에서 서점까지 갈 수 있는 경로의 수는 $\dfrac{10!}{4!6!}=210$

(ⅰ)~(ⅳ)에서 구하는 경로의 수는 $1+15+70+210=296$

0071

⊛ 서 술 형 ⊛

오른쪽 그림과 같이 한 자리에 한 명씩 총 6명이 탈 수 있는 원형 놀이기구가 있다. 현진이와 흥민이를 포함한 6명이 이 놀이기구를 타려고 할 때, 다음을 서술하여라. (단, 회전하여 일치하는 것은 같은 것으로 본다.)

[1단계] 현진이와 흥민이가 마주 보고 앉는 경우의 수를 구한다.
[2단계] 현진이와 흥민이가 이웃하여 앉는 경우의 수를 구한다.
[3단계] 현진이와 흥민이 사이에 한 명이 앉는 경우의 수를 구한다.

1단계　현진이와 흥민이가 마주 보고 앉는 경우의 수를 구한다. ◀ 30%

현진이를 고정시키면 흥민이가 탈 수 있는 경우의 수는 1
그 다음에 4명이 타는 경우의 수는
4명을 일렬로 배열하는 순열의 수이므로 4!
따라서 구하는 경우의 수는 $1\times4!=24$(가지)

2단계　현진이와 흥민이가 이웃하여 앉는 경우의 수를 구한다. ◀ 30%

현진이와 흥민이를 한 명으로 생각하면 5명이 놀이기구를 타는 경우의 수는 $(5-1)!$
그 각각에 대하여 현진이와 흥민이가 서로 자리를 바꾸어 타는 경우의 수는 2!
따라서 구하는 경우의 수는 $(5-1)!\times2!=48$(가지)

3단계　현진이와 흥민이 사이에 한 명이 앉는 경우의 수를 구한다. ◀ 40%

현진이와 흥민이 사이에 어느 한 명이 앉는 방법의 수는 4
현진이와 흥민이 그리고 한 명을 한사람으로 생각하여 모두 4명이 놀이기구를 타는 방법의 수는 $(4-1)!$
현진이와 흥민이가 자리를 바꾸는 경우는 2!
따라서 구하는 방법의 수는 $4\times(4-1)!\times2!=48$(가지)

0072

⊛ 서 술 형 ⊛

구절판은 얇게 부친 밀전병에 채를 썬 고기, 채소 등을 올려 싸서 먹는 밀쌈으로 대표적인 궁중 요리이다. 그림과 같이 팔각형 모양으로 된 나무 그릇에 9가지의 서로 다른 음식을 한 칸에 한 가지씩 담으려고 한다. 다음 단계로 식으로 서술하여라. (단, 회전하여 일치하는 것은 같은 것으로 본다.)

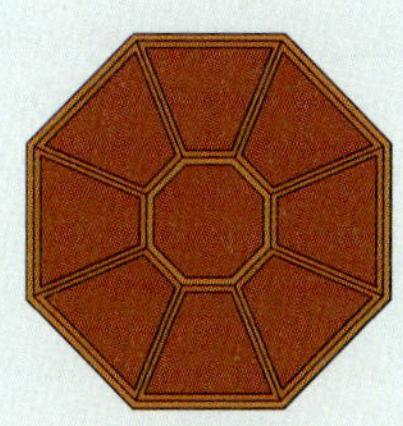

[1단계] 준비된 9가지의 음식을 서로 다르게 담는 경우의 수를 구한다.
[2단계] 가운데에 밀전병을 담고 8가지 음식 중 당근과 소고기를 이웃하여 담는 경우의 수를 구한다.
[3단계] 가운데 밀전병을 담고 8가지 음식 중 고기와 무채를 이웃하지 않게 담는 경우의 수를 구한다.

1단계　준비된 9가지의 음식을 서로 다르게 담는 경우의 수를 구한다. ◀ 30%

가운데에 음식을 담는 경우의 수 $_9C_1=9$
나머지 8가지 음식을 원형으로 담는 경우의 수는 $(8-1)!=7!$
따라서 구하는 경우의 수는 $9\times7!=45360$

2단계　가운데에 밀전병을 담고 8가지 음식 중 당근과 소고기를 이웃하여 담는 경우의 수를 구한다. ◀ 30%

가운데에 밀전병을 담고 8가지 음식 중 당근과 소고기를 묶어서 한 가지 음식이라 생각하면 7가지 음식을 원형으로 담는 경우의 수는 $(7-1)!=6!$
그 각각의 경우에 대하여 당근과 소고기의 자리를 바꾸어 담는 경우의 수는 2!이다.
따라서 구하는 경우의 수는 $6!\times2!=1440$

3단계　가운데 밀전병을 담고 8가지 음식 중 고기와 무채를 이웃하지 않게 담는 경우의 수를 구한다. ◀ 40%

가운데 밀전병을 담고 8가지 음식을 원형으로 담는 경우의 수는 $(8-1)!=7!$
또한, 가운데 밀전병을 담고 8가지 음식 중 고기와 무채를 이웃하게 담는 경우의 수는 $6!\times2$
따라서 고기와 무채를 이웃하지 않게 담는 경우의 수는
$7!-6!\times2=5040-1440=3600$

0073

⊛ 서 술 형 ⊛

TOMORROW라는 단어를 이루는 8개의 알파벳을 모두 사용하여 일렬로 배열할 때, 다음을 서술하여라.

[1단계] 일렬로 배열하는 경우의 수를 구한다.
[2단계] 양 끝에 O가 오는 경우의 수를 구한다.
[3단계] 같은 문자끼리 모두 이웃하는 경우의 수를 구한다.

1단계　일렬로 배열하는 경우의 수를 구한다. ◀ 30%

TOMORROW의 8개의 문자 중 서로 같은 것이 O가 3개, R이 2개있으므로
이를 일렬로 나열하는 경우의 수는 $\dfrac{8!}{3!2!}=3360$

2단계　양 끝에 O가 오는 경우의 수를 구한다. ◀ 30%

O□□□□□□O와 같이 양 끝에 O를 배열하고
중간에 T, M, R, R, O, W를 일렬로 배열하면 되므로 배열하는 경우의 수는
$1\times\dfrac{6!}{2!}=360$

3단계　같은 문자끼리 모두 이웃하는 경우의 수를 구한다. ◀ 40%

같은 문자 O, O, O와 R, R끼리 묶어 각각 K, Q로 한 문자로 생각하면
T, M, W, K, Q의 5개의 문자를 일렬로 배열하는 경우의 수는 5!
또 O, O, O와 R, R을 각각 일렬로 배열하면 1가지씩이다.
따라서 구하는 경우의 수는 $1\times1\times5!=120$

0074

서로 다른 종류의 빵 10개와 서로 다른 모양의 바구니 3개가 있다.
이 10개의 빵 중에서 5개를 택하여 바구니에 나누어 담는 경우의 수를
구하는 과정을 다음 단계로 서술하여라. (단, 바구니를 모두 사용하지 않아
도 된다.)

[1단계] 10개의 빵 중에서 5개를 택하는 경우의 수를 구한다.
[2단계] 1단계에서 택한 5개의 빵을 바구니에 나누어 담는 경우의 수를
구한다.
[3단계] 1, 2단계의 결과를 이용하여 10개의 빵 중에 5개를 택하여 바구니
에 나누어 담는 경우의 수를 구한다.

1단계   10개의 빵 중에서 5개를 택하는 경우의 수를 구한다. ◀ 30%

10개의 빵 중에서 5개를 택하는 경우의 수는

$$_{10}C_5 = \frac{10 \times 9 \times 8 \times 7 \times 6}{5 \times 4 \times 3 \times 2 \times 1} = 252$$

2단계   1단계에서 택한 5개의 빵을 바구니에 나누어 담는 경우의 수를 구한다. ◀ 30%

1단계에서 택한 5개의 빵을 바구니에 나누어 담는 경우의 수는

$$_3\Pi_5 = 3^5 = 243$$

3단계   1, 2단계의 결과를 이용하여 10개의 빵 중에 5개를 택하여 바구니에 나누어 담는 경우의 수를 구한다. ◀ 40%

1, 2단계에서 구하는 경우의 수는 $_{10}C_5 \times {}_3\Pi_5 = 252 \times 243 = 61236$

0075

아래 그림과 같이 모양이 같고 크기가 다른 4개의 토끼 인형과 3개의 곰
인형이 있다.

7개의 인형 모두를 다음 조건을 만족시키도록 일렬로 배열하는 경우의 수
를 다음 단계로 서술하여라.

  (가) 토끼 인형은 크기가 작은 것부터 왼쪽에 배열한다.
      곰 인형도 같은 방법으로 배열한다.
  (나) 토끼 인형 중에서 두 번째로 작은 인형은 곰 인형 중에서 두 번째
      로 작은 인형보다 왼쪽에 배열한다.

[1단계] 토끼 인형만을 크기가 작은 것부터 배열하는 경우의 수를 구한다.
[2단계] 토끼 인형을 크기가 작은 것부터 a_1, a_2, a_3, a_4라 하고, 곰 인형을
크기가 작은 것부터 b_1, b_2, b_3이라 할 때, a_2를 b_2보다 왼쪽에 놓
고, 인형 b_1의 위치가 될 수 있는 자리를 구한다.
[3단계] 1, 2단계를 이용하여 조건을 만족시키는 경우의 수를 구한다.

1단계   토끼 인형만을 크기가 작은 것부터 배열하는 경우의 수를 구한다. ◀ 30%

토끼 인형을 크기가 작은 것부터 왼쪽에 배열해야 하므로 경우의 수는 1

2단계   토끼 인형을 크기가 작은 것부터 a_1, a_2, a_3, a_4라 하고 곰 인형을 크기가 작은 것부터 b_1, b_2, b_3이라 할 때, a_2를 b_2보다 왼쪽에 놓고 인형 b_1의 위치가 될 수 있는 자리를 구한다. ◀ 30%

다음과 같이 b_1의 위치에 따라 두 가지 경우로 나눌 수 있다.

$(a_1, \ b_1), \ a_2, \ (a_3, \ a_4, \ b_2, \ b_3)$ …… ㉠

$(a_1), \ a_2, \ (a_3, \ a_4, \ b_1, \ b_2, \ b_3)$ …… ㉡

3단계   1, 2단계를 이용하여 조건을 만족시키는 경우의 수를 구한다. ◀ 40%

㉠의 경우 $2! \times 1 \times \dfrac{4!}{2!2!} = 12$

㉡의 경우 $1! \times 1 \times \dfrac{5!}{2!3!} = 10$

구하는 경우의 수는 $12 + 10 = 22$

TOUGH

0076

세 수 0, 1, 2 중에서 중복을 허락하여 다섯 개의 수를 택해 다음 조건을
만족시키도록 일렬로 배열하여 자연수를 만든다.

> (가) 다섯 자리의 자연수가 되도록 배열한다.
> (나) 1끼리는 서로 이웃하지 않도록 배열한다.

예를 들어 20200, 12201은 조건을 만족시키는 자연수이고 11020은 조건을
만족시키지 않는 자연수이다. 만들 수 있는 모든 자연수의 개수는?

① 88　　　　　② 92　　　　　③ 96
④ 100　　　　　⑤ 104

STEP Ⓐ 1은 세 번 이하로 사용됨을 이해하기

1을 네 번 이상 사용하면 반드시 1끼리 서로 이웃하게 되므로
1은 세 번 이하로 사용된다.

STEP Ⓑ 각 경우의 수 구하기

(i) 1이 사용되지 않는 경우
　　맨 앞자리에 2가 나오고 나머지 네 자리에 0과 2를 배열하는
　　경우의 수는 $2^4=16$
(ii) 1이 한 번 사용되는 경우
　　1로 시작되는 경우의 수는 $2^4=16$　　← 남은 네 자리에 0과 2를 배열

| 1 | | | | |

　　2로 시작되는 경우의 수는 $4\times 2^3=32$　　← 남은 세 자리에 0과 2를 배열

| 2 | 1 | | | | , | 2 | | 1 | | | ,
| 2 | | 1 | | | , | 2 | | | 1 |

(iii) 1이 두 번 사용되는 경우
　　1로 시작되는 경우의 수는 $3\times 2^3=24$　　← 남은 세 자리에 0과 2를 배열

| 1 | | 1 | | | , | 1 | | | 1 | | , | 1 | | | | 1 |

　　2로 시작되는 경우의 수는 $3\times 2^2=12$　　← 남은 두 자리에 0과 2를 배열

| 2 | 1 | | 1 | | , | 2 | 1 | | | 1 | , | 2 | | 1 | | 1 |

(iv) 1이 세 번 사용되는 경우
　　첫 번째, 세 번째, 다섯 번째에는 반드시 1이 사용되므로 $2^2=4$
　　← 남은 두 자리에 0과 2를 배열

| 1 | | 1 | | 1 |

따라서 조건을 만족시키는 자연수의 개수는 104

 수형도를 이용하여 구할 수 있다.

0077

서로 다른 공 4개를 남김없이 서로 다른 상자 4개에 나누어 넣으려고 할
때, 넣은 공의 개수가 1인 상자가 있도록 넣는 경우의 수는?
(단, 공을 하나도 넣지 않은 상자가 있을 수 있다.)

① 220　　　　　② 216　　　　　③ 212
④ 208　　　　　⑤ 204

STEP Ⓐ 넣은 공의 개수가 1인 상자의 개수를 기준으로 뽑아서 같은 것이
　　　　있는 순열의 수로 경우의 수 구하기

(i) 서로 다른 상자 4개에 넣은 공의 개수가 3, 1, 0, 0인 경우
　　서로 다른 4개의 공을 3개, 1개로 나누는 경우의 수는
　　$_4C_3\times {_1C_1}={_4C_1}\times {_1C_1}=4\times 1=4$

　　3, 1, 0, 0을 일렬로 나열하는 경우의 수는 $\dfrac{4!}{2!}=12$

　　즉 서로 다른 공 4개를 서로 다른 상자 4개에 넣은 공의 개수가
　　3, 1, 0, 0인 경우의 수는 $4\times 12=48$
(ii) 서로 다른 상자 4개에 넣은 공의 개수가 2, 1, 1, 0인 경우
　　서로 다른 4개의 공을 2개, 1개, 1개로 나누는 경우의 수는
　　$_4C_2\times {_2C_1}\times {_1C_1}=6\times 2\times 1=12$

　　2, 1, 1, 0을 일렬로 나열하는 경우의 수는 $\dfrac{4!}{2!}=12$

　　즉 서로 다른 공 4개를 서로 다른 상자 4개에 넣은 공의 개수가
　　2, 1, 1, 0인 경우의 수는 $12\times 12=144$
(iii) 서로 다른 상자 4개에 넣은 공의 개수가 1, 1, 1, 1인 경우
　　서로 다른 공 4개를 서로 다른 상자 4개에 넣은 공의 개수가
　　1, 1, 1, 1인 경우의 수는 $4!=24$
(i)~(iii)에서 구하는 경우의 수는 $48+144+24=216$

다른풀이 여사건의 개수로 풀이하기

4개의 공을 4개의 상자에 나누어 넣을 수 있는 경우는
$(1, 1, 1, 1), (2, 1, 1, 0), (3, 1, 0, 0), (2, 2, 0, 0), (4, 0, 0, 0)$의 5가지
서로 다른 공 4개를 남김없이 서로 다른 상자 4개에 나누어 넣는 경우의 수는
$_4\Pi_4=4^4=256$
이때 한 상자에 공이 4개 들어가는 경우와 두 상자에 공이 2개씩 들어가는
경우는 넣은 공의 개수가 1인 상자가 없으므로 제외해야 한다.
(i) 한 상자에 공이 4개가 들어가는 경우　← 4, 0, 0, 0
　　서로 다른 네 상자 중 공을 넣을 한 상자를 선택하는 경우의 수는
　　$_4C_1=4$
　　선택된 상자에 공 4개를 모두 넣는 경우의 수는 1
　　즉 이때의 경우의 수 $4\times 1=4$
(ii) 두 상자에 공이 2개씩 들어가는 경우　← 2, 2, 0, 0
　　서로 다른 네 상자 중 공을 넣을 두 상자를 선택하는 경우의 수는
　　$_4C_2=6$
　　선택된 상자에 공을 2개씩 나누어 넣는 경우의 수는
　　$_4C_2\times {_2C_2}=6$　← $\dfrac{4!}{2!2!}=6$
　　즉 이때의 경우의 수 $6\times 6=36$
(i), (ii)에서 구하는 경우의 수는 $256-(4+36)=216$

0078

1, 2, 3, 4, 5의 숫자가 하나씩 적힌 5개의 공을 3개의 상자 A, B, C에 넣으려고 한다. 어느 상자에도 넣어진 공에 적힌 수의 합이 13 이상이 되는 경우가 없도록 공을 상자에 넣는 방법의 수는?
(단, 빈 상자의 경우에는 넣어진 공에 적힌 수의 합을 0으로 한다.)

① 233   ② 228   ③ 222
④ 215   ⑤ 211

STEP Ⓐ 전체 경우의 수 구하기

5개의 공에 적힌 수를 모두 더하면 15이므로
여사건을 이용하는 것이 효율적이다.
이때 여사건의 수는 합이 13, 14, 15인 경우로 나눠 구하면 된다.
구하는 방법의 수는 5개의 공을 3개의 상자에 넣는 모든 방법의 수에서
어떤 한 상자에 넣어진 공에 적힌 수의 합이 13 이상이 되도록 넣는 방법의
수를 빼어 구하면 된다.
즉 3개의 상자 A, B, C에 서로 다른 5개의 공을 임의로 넣는 경우의 수는
$$_3\Pi_5 = 3^5 = 243$$

STEP Ⓑ 합이 13 이상이 되는 경우의 수 구하기

상자에 있는 공에 적힌 숫자의 합이 13 이상인 상자가 존재하는 경우의 수는
다음과 같다.
(ⅰ) 합이 13인 경우
공을 (1, 3, 4, 5), (2), (0)으로 나눈 후 세 상자 A, B, C에 넣는
경우의 수는 3! = 6

세 상자 중 어느 한 상자에 1, 3, 4, 5가 들어가고 2는 나머지
두 상자 중 어느 하나에 들어가는 경우의 수는 $3 \times 2 = 6$

(ⅱ) 합이 14인 경우
공을 (2, 3, 4, 5), (1), (0)으로 나눈 후 세 상자 A, B, C에 넣는
경우의 수는 3! = 6

세 상자 중 어느 한 상자에 2, 3, 4, 5가 들어가고 1은 나머지
두 상자 중 어느 하나에 들어가는 경우의 수는 $3 \times 2 = 6$

(ⅲ) 합이 15인 경우
공을 (1, 2, 3, 4, 5), (0), (0)으로 나눈 후 세 상자 A, B, C에 넣는
경우의 수는 $\dfrac{3!}{2!} = 3$

세 상자 중 어느 한 상자에 1, 2, 3, 4, 5가 들어가는 경우의 수는 3

STEP Ⓒ 구하는 방법의 수 구하기

(ⅰ)~(ⅲ)에 의하여 구하는 방법의 수는 243 − (6 + 6 + 3) = 228

다른풀이 합이 13 이상이 되는 경우의 수를 구하여 풀이하기

3개의 상자 A, B, C에 서로 다른 5개의 공을 임의로 넣는 경우의 수는
$$_3\Pi_5 = 3^5 = 243$$
이때 상자에 있는 공에 적힌 숫자의 합이 13 이상인 상자는 많아야 1개이므로
공에 적힌 숫자의 합이 13 이상인 경우가 존재하려면
세 상자 중 어느 한 상자에는 3, 4, 5가 적힌 공은 반드시 들어가고
이 상자에 1, 2가 적힌 공 중에서 적어도 하나가 들어가야 한다.
즉 이 경우의 수는 $_3C_1 \times (_3\Pi_2 - _2\Pi_2) = 3(9 - 4) = 15$
따라서 구하는 경우의 수는 243 − 15 = 228

0079

여학생 3명과 남학생 6명이 원탁에 같은 간격으로 둘러앉으려고 한다. 각각의 여학생 사이에는 1명 이상의 남학생이 앉고 각각의 여학생 사이에 앉은 남학생의 수는 모두 다르다. 9명의 학생이 모두 앉는 경우의 수가 $n \times 6!$일 때, 자연수 n의 값은? (단, 회전하여 일치하는 것들은 같은 것으로 본다.)

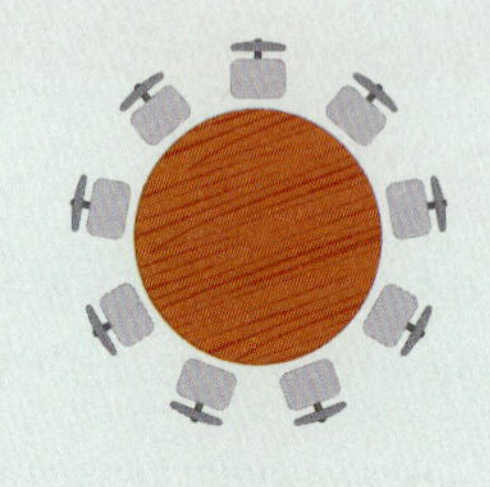

① 10   ② 12   ③ 14
④ 16   ⑤ 18

STEP Ⓐ 원순열의 경우의 수 구하기

여학생 3명이 원탁에 둘러앉는 경우의 수는 $(3-1)! = 2!$

STEP Ⓑ 여학생 사이에 앉은 남학생의 수는 모두 다른 경우의 수 구하기

각 경우에 대하여 여학생과 여학생 사이 세 곳에 앉는 남학생의 수는
모두 달라야 하므로 각각 1명, 2명, 3명이고 이를 정하는 경우의 수는 3!
남학생을 일렬로 나열하는 경우의 수는 6!

STEP Ⓒ 9명의 학생이 모두 앉는 경우의 수 구하기

즉 구하는 경우의 수는 $2! \times 3! \times 6! = 12 \times 6!$
따라서 $n = 12$

다른풀이 직접 원탁에 나열하여 풀이하기

여학생 사이에는 1명 이상의 남학생이 앉고 각각의 여학생 사이에 앉은
남학생의 수는 모두 다르므로 여학생 사이에 남학생의 수는 각각
1명, 2명, 3명이어야 한다.
여학생은 그 사이에 의자가 1개, 2개, 3개 있도록 앉을 의자를 선택하는
경우는 아래와 같이 2가지 방법이 있다. ← $(3-1)! = 2! = 2$
즉 다른 의자 3개를 선택하더라도 회전하게 되면 같은 모양이 된다.

위에서 선택된 의자 3개는 모두 간격이 달라 구별되는 자리들이므로
여학생을 앉히는 방법의 수는 3! = 6이고 남학생들도 서로 구별되는
6개의 자리에 앉게 되므로 남학생을 앉히는 방법의 수는 6!이다.
따라서 9명의 학생이 조건을 만족하여 모두 앉는 경우의 수는
$2 \times 3! \times 6! = 12 \times 6!$ ∴ $n = 12$

다른풀이 나누어 주는 경우의 수로 풀이하기

여학생 3명이 원탁에 둘러앉는 경우의 수는 $(3-1)! = 2!$
각 경우에 대하여 여학생과 여학생 사이 세 곳에 앉는 남학생의 수는
모두 다르므로 남학생 6명이 3명, 2명, 1명의 세 조로 나뉘어
여학생과 여학생 사이에 앉아야 한다.
이와 같이 남학생을 세 조로 나누는 경우의 수는
$$_6C_3 \times _3C_2 \times _1C_1 = \dfrac{6!}{3!2!}$$
각 경우에 대하여 세 조를 여학생과 여학생 사이의 세 곳에 배열하는 경우의
수는 3!
각 경우에 대하여 남학생끼리 자리를 바꾸는 경우의 수는 3! × 2! × 1!이므로
구하는 경우의 수는 $2! \times \dfrac{6!}{3!2!} \times 3! \times 3! \times 2! \times 1! = 12 \times 6!$
따라서 $n = 12$

0080

오른쪽 그림과 같이 합동인 정삼각형 2개와 합동인 등변사다리꼴 6개로 이루어진 팔면체가 있다. 팔면체의 각 면에는 한 가지의 색을 칠한다고 할 때, 서로 다른 8개의 색을 모두 사용하여 팔면체의 각 면을 칠하는 경우의 수를 구하여라. (단, 팔면체를 회전시켰을 때, 색의 배열이 일치하면 같은 경우로 생각한다.)

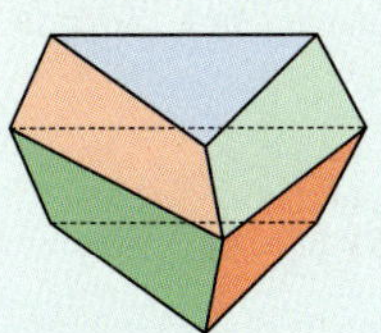

STEP A   합동인 두 정삼각형에 칠할 색을 결정하기

8개의 면 중에서 합동인 정삼각형 2개에 칠할 색을 고르고 이를 윗면과 아랫면으로 고정시키는 경우의 수는

$${}_8\mathrm{C}_2\times(2-1)!=\frac{8\times7}{2\times1}=28$$

STEP B   옆면에 있는 등변사다리꼴에 칠할 색을 결정하기

윗면과 아랫면을 고정시켜 놓고 6개의 사다리꼴에 색을 칠하는 경우의 수는

회전시켰을 때 같아지는 경우가 3개씩 있으므로 $\dfrac{6!}{3}=240$

따라서 구하는 경우의 수는 $28\times240=6720$

> **다른풀이**   정삼각형 2개, 위쪽 등변사다리꼴 3개, 아래쪽 등변사다리꼴 3개로 나누어 차례대로 풀이하기

(i) 8개의 색 중에서 2개의 색을 선택하여 합동인 정삼각형 2개를 칠한다. 이때 문제에서 주어진 팔면체는 위, 아래의 구분이 없으므로 그냥 색을 선택하면 된다.

(ii) 남은 6개의 색 중에서 3개의 색을 선택하여 위쪽에 있는 등변사다리꼴 3개를 칠하면 되는데 기준이 없으므로 원순열이다.
다시 남은 3개의 색으로 아래쪽에 있는 등변사다리꼴 3개를 칠하면 되는데 위쪽 등변사다리꼴의 색을 통해 기준이 생겼으므로 원순열이 아닌 순열이 된다.

(i), (ii)에서 구하는 경우의 수는
(정삼각형 2개)×(위쪽 등변사다리꼴 3개)×(아래쪽 등변사다리꼴 3개)

$${}_8\mathrm{C}_2\times\{{}_6\mathrm{C}_3\times(3-1)!\}\times3!=\frac{8\cdot7}{2\cdot1}\cdot\frac{6\cdot5\cdot4}{3\cdot2\cdot1}\cdot2\cdot1\cdot3\cdot2\cdot1=6720$$

> **다른풀이**   순열을 이용하여 풀이하기

합동인 정삼각형 2개, 등변사다리꼴 6개로 된 팔면체에 서로 다른 8가지 색으로 색칠하는 방법의 수는

(i) 밑면에 8가지 반대편에 7가지 색칠하면 8×7

이때 밑면을 결정하는 방법이 2개로 같으므로 $\dfrac{8\times7}{2}$

(ii) 밑면에 접한 3개 면에 색칠하는 경우의 수는 ${}_6\mathrm{P}_3$

이때 밑면에 접한 3개 면을 원형으로 배열할 때,

접하는 등변사다리꼴의 개수가 3개이므로 $\dfrac{{}_6\mathrm{P}_3}{3}$

(iii) 나머지 3개 면을 일렬로 색칠하는 방법의 수 $3!$

(i)~(iii)에서 $\dfrac{8\times7}{2}\times\dfrac{{}_6\mathrm{P}_3}{3}\times3!=6720$

> **다른풀이** $\dfrac{n!}{n}$ 을 이용하여 풀이하기

먼저 8개의 색을 팔면체의 모든 면에 한 번씩 칠한 후, 옆쪽 방향으로 3번 회전한다.
이때 위 아래를 뒤집어도 동일한 배열이 나타난다.

따라서 경우의 수는 $\dfrac{8!}{3\times2}=\dfrac{8\times7\times6\times5\times4\times3\times2\times1}{3\times2}=6720$

0081

다음은 한 개의 주사위를 3번 던져서 나오는 눈의 수의 곱이 8 이상의 짝수인 경우의 수를 구하는 과정이다.

> (i) 한 개의 주사위를 3번 던져서 나오는 모든 경우의 수는 216이다.
> (ii) 한 개의 주사위를 3번 던져서 나오는 눈의 수의 곱이 홀수인 경우는 1, 3, 5 중에서 중복을 허락하여 3개를 선택한 후 일렬로 배열하는 중복순열과 같으므로 이 경우의 수는 │ (가) │이다.
> (iii) 6 이하의 짝수는 2, 4, 6이므로
> 세 수의 곱이 2인 경우는 2, 1, 1을 일렬로 배열하는 순열,
> 세 수의 곱이 4인 경우는 4, 1, 1 또는 2, 2, 1을 일렬로 배열하는 순열, 세 수의 곱이 6인 경우는 6, 1, 1 또는 3, 2, 1을 일렬로 배열하는 순열이다.
> 그러므로 한 개의 주사위를 3번 던져서 나오는 눈의 수의 곱이 6 이하의 짝수인 경우의 수는 │ (나) │이다.
> 따라서 한 개의 주사위를 3번 던져서 나오는 눈의 수의 곱이 8 이상의 짝수인 경우의 수는 │ (다) │이다.

위의 (가), (나), (다)에 알맞은 수를 각각 a, b, c라 할 때, $3a+2b+c$의 값은?

① 282 ② 284 ③ 286
④ 288 ⑤ 290

STEP A   주사위를 3번 던져서 나오는 눈의 수의 곱이 홀수인 경우의 수 구하기

(i) 한 개의 주사위를 3번 던져서 나오는 모든 경우의 수는 $6^3=216$이다.

(ii) 한 개의 주사위를 3번 던져서 나오는 눈의 수의 곱이 홀수인 경우는 1, 3, 5 중에서 중복을 허락하여 3개를 선택한 후 일렬로 배열하는 중복순열과 같으므로 이 경우의 수는 ${}_3\Pi_3=3^3=\boxed{27}$이다.

STEP B   같은 것이 있는 순열을 이용하여 세 수의 곱이 8미만인 경우를 구하여 여사건을 이용하기

(iii) 6 이하의 짝수는 2, 4, 6이므로
세 수의 곱이 2인 경우의 수는 2, 1, 1을 일렬로 배열하는 순열의 수와 같으므로

$$\frac{3!}{2!}=3 \qquad\qquad \cdots\cdots \text{㉠}$$

세 수의 곱이 4인 경우의 수는 4, 1, 1 또는 2, 2, 1을 일렬로 배열하는 순열의 수와 같으므로

$$\frac{3!}{2!}+\frac{3!}{2!}=3+3=6 \qquad\qquad \cdots\cdots \text{㉡}$$

세 수의 곱이 6인 경우의 수는 6, 1, 1 또는 3, 2, 1을 일렬로 배열하는 순열의 수와 같으므로

$$\frac{3!}{2!}+3!=3+6=9 \qquad\qquad \cdots\cdots \text{㉢}$$

㉠, ㉡, ㉢에서 한 개의 주사위를 3번 던져서 나오는 눈의 수의 곱이 6 이하의 짝수인 경우의 수는 $3+6+9=\boxed{18}$이다.

따라서 한 개의 주사위를 3번 던져서 나오는 눈의 수의 곱이 8 이상의 짝수인 경우의 수는 $216-27-18=\boxed{171}$이다.

STEP C $3a+2b+c$의 값 구하기

따라서 $a=27$, $b=18$, $c=171$이므로 $3a+2b+c=288$

02 중복조합과 이항정리

0082

어떤 음식점에서는 후식으로 사과, 배, 감, 귤의 4가지 과일과 커피, 녹차, 홍차의 3가지 차를 준비하고 있다. 중복을 허락하여 과일 3개와 차 3개를 선택하는 방법의 수는? (단, 모든 종류의 과일과 차는 각각 3개 이상 준비되어 있다.)

① 30   ② 45   ③ 150
④ 200   ⑤ 300

STEP A   중복조합의 경우의 수 구하기

(i) 과일을 택하는 방법의 수
서로 다른 4개에서 3개를 택하는 중복조합의 수이므로
$$_4H_3 = {}_{4+3-1}C_3 = {}_6C_3 = \frac{6\cdot5\cdot4}{3\cdot2\cdot1} = 20$$

(ii) 차를 택하는 방법의 수
서로 다른 3개에서 3개를 택하는 중복조합의 수이므로
$$_3H_3 = {}_{3+3-1}C_3 = {}_5C_3 = {}_5C_2 = \frac{5\cdot4}{2\cdot1} = 10$$

(i), (ii)에서 구하는 경우의 수는 $20 \times 10 = 200$

0083

다음 물음에 답하여라.

(1) 숫자 1, 2, 3, 4에서 중복을 허락하여 5개를 택할 때, 숫자 4가 한 개 이하가 되는 경우의 수는?

① 45   ② 42   ③ 39
④ 36   ⑤ 33

STEP A   숫자 4가 하나도 선택되지 않을 때와 1개 선택될 때로 나누어 경우의 수 구하기

선택된 숫자 1, 2, 3의 개수를 각각 a, b, c라 하면
(i) 숫자 4가 선택되지 않은 경우
구하는 경우의 수는 $a+b+c=5$를 만족시키는 음이 아닌 정수의 순서쌍 (a, b, c)의 개수이므로 $_3H_5 = {}_7C_5 = {}_7C_2 = 21$

(ii) 숫자 4가 한 개 선택되는 경우
구하는 경우의 수는 $a+b+c=4$를 만족시키는 음이 아닌 정수의 순서쌍 (a, b, c)의 개수이므로 $_3H_4 = {}_6C_4 = {}_6C_2 = 15$

STEP B   합의 법칙을 이용하여 경우의 수 구하기

(i), (ii)에서 구하는 경우의 수는 $21+15 = 36$

(2) 세 수 2, 3, 5에서 중복을 허락하여 다섯 개의 수를 선택하고, 이들 선택된 다섯 개의 수를 곱하여 만들어지는 수 중에서 9의 배수가 아닌 것의 개수는?

① 6   ② 9   ③ 11
④ 12   ⑤ 15

STEP A   2, 3, 5에서 다섯 개의 수를 곱하여 만들어지는 수 중에서 9의 배수가 아닌 것을 중복조합을 이용하여 경우의 수 구하기

다섯 개의 수를 곱하여 만들어지는 수 중에서 9의 배수가 아닌 것의 개수는
(i) 3이 0개인 경우
두 수 2, 5에서 중복을 허락하여 다섯 개의 수를 선택하는 경우의 수는
$$_2H_5 = {}_{2+5-1}C_5 = {}_6C_5 = {}_6C_1 = 6$$

(ii) 3이 1개인 경우
두 수 2, 5에서 중복을 허락하여 네 개의 수를 선택하는 경우의 수는
$$_2H_4 = {}_{2+4-1}C_4 = {}_5C_4 = {}_5C_1 = 5$$

STEP B   합의 법칙을 이용하여 경우의 수 구하기

(i), (ii)에서 구하는 경우의 수는 $6+5 = 11$

0084

반지름의 길이가 서로 다른 여섯 종류의 원판이 각각 3개씩 18개가 있다. 원판을 다음과 같은 규칙으로 쌓으려고 한다.

(가) 원판 3개를 택하여 원판의 중심이 일치하도록 쌓는다.
(나) 반지름의 길이가 작은 원판은 반지름의 길이가 큰 원판 위에 쌓는다.
(다) 반지름의 길이가 같은 원판은 구별하지 않으면서 쌓는다.

그림은 반지름의 길이가 같은 두 개의 원판과 반지름의 길이가 작은 한 개의 원판을 규칙에 따라 쌓은 예이다. 이와 같이 쌓는 방법의 수를 구하여라.

STEP A   같은 것이 3개씩 있고 주어진 규칙에 따라 원판을 쌓는 중복조합의 수로 구하기

(가) 원판 3개를 택하여 원판의 중심이 일치하도록 쌓는다.
(나) 반지름의 길이가 작은 원판은 반지름의 길이가 큰 원판 위에 쌓는다.
       순서
(다) 반지름의 길이가 같은 원판은 구별하지 않으면서 쌓는다.
       중복

원판 3개를 선택하고 나면 조건 (나), (다)에 의하여 쌓는 순서가 정해져 있으므로 세 개의 원판을 택하면 쌓는 방법은 한가지로 정해진다.
따라서 구하는 방법의 수는 서로 다른 6개에서 3개를 택하는 중복조합의 수이므로 $_6H_3 = {}_{6+3-1}C_3 = {}_8C_3 = 56$

 조건 (나)를 읽고 '순서'가 있다고 생각하여 순열 문제로 보지 않아야 한다.
3개의 원판을 택하면 쌓는 방법은 1가지로 정해지므로 순서를 생각하지 않아도 된다.

 **순열과 조합 구별 요령**
남이 순서를 정하면 (미리 순서를 지정해 주는 경우) ⇨ 조합
내가 순서를 정하면 ⇨ 순열

다른풀이   경우를 나누어 풀이하기

STEP A   뽑은 3개의 원판 중 크기가 같은 원판이 있는 경우와 없는 경우로 나누고 각각에 대해 경우의 수 구하기

(i) 선택된 3개의 원판이 크기가 모두 다른 경우
반지름의 길이가 서로 다른 여섯 종류의 원판 중 3종류의 원판을 각각 1개씩 선택하고 선택된 3개의 원판을 쌓는 방법은 1가지이므로
$$_6C_3 \times 1 = 20$$

(ii) 선택된 3개의 원판 중 2개는 같은 종류, 1개는 다른 종류의 원판인 경우
같은 종류의 원판 2개를 선택하는 경우는 6종류의 원판이 있으므로 6가지
또, 크기가 다른 원판 1개를 선택하는 경우는 5가지가 있으므로
같은 종류의 원판 2개와 다른 종류의 원판 1개를 선택하는 방법은
$6 \times 5 = 30$
선택된 3개의 원판을 쌓는 방법은 1가지이므로 $30 \times 1 = 30$

(iii) 선택된 3개의 원판이 같은 종류인 경우
반지름의 길이가 서로 다른 여섯 종류의 원판이 있으므로 같은 종류의 원판 3개를 선택하는 경우의 수는 6가지
각 경우마다 쌓는 방법은 1가지이므로 $6 \times 1 = 6$

(i)~(iii)에서 구하는 방법의 수는 $20+30+6 = 56$

0085

같은 종류의 주스 4병, 같은 종류의 생수 2병, 우유 1병을 3명에게 남김없이 나누어 주는 경우의 수는?
(단, 1병도 받지 못하는 사람이 있을 수 있다.)

① 330　　　② 315　　　③ 300
④ 285　　　⑤ 270

 주스, 생수, 우유를 각각 3명에게 나눠주는 경우는 중복조합을 이용하여 경우의 수 구하기

(i) 같은 주스 4병을 3명에게 나누어 주는 경우의 수는
$$_3H_4 = {}_{3+4-1}C_4 = {}_6C_4 = {}_6C_2 = 15$$
(ii) 같은 생수 2병을 3명에게 나누어 주는 경우의 수는
$$_3H_2 = {}_{3+2-1}C_2 = {}_4C_2 = 6$$
(iii) 우유 1병을 3명에게 나누어 주는 경우의 수는
$$_3H_1 = {}_{3+1-1}C_1 = {}_3C_1 = 3$$

 곱의 법칙을 이용하여 경우의 수 구하기

(i)~(iii)에서 주스를 나눠 주는 것, 생수를 나눠 주는 것, 우유를 나눠 주는 것은 동시에 일어나므로 곱의 법칙에 의해 $15 \times 6 \times 3 = 270$

0086

다음 물음에 답하여라.
(1) 사과 주스, 포도 주스, 감귤 주스 중에서 8병을 선택하려고 한다. 사과 주스, 포도 주스, 감귤 주스를 각각 적어도 1병 이상씩 선택하는 경우의 수는? (단, 각 종류의 주스는 8병 이상씩 있다.)

① 17　　　② 19　　　③ 21
④ 23　　　⑤ 25

 중복조합을 이용하여 구하기

선택하는 사과주스, 포도주스, 감귤주스를 적어도 한 병 이상씩 선택해야 하므로 우선 1개씩 3개를 선택하면 나머지 5개를 중복을 허락하여 선택하면 된다. 즉 구하는 경우의 수는 서로 다른 세 종류의 주스 중에서 5개를 선택하는 중복조합의 수이다.

따라서 $_3H_5 = {}_{3+5-1}C_5 = {}_7C_5 = {}_7C_2 = \dfrac{7 \cdot 6}{2 \cdot 1} = 21$

 양의 정수해의 개수 구하여 풀이하기

선택하는 사과주스, 포도주스, 감귤주스의 개수를 각각 x, y, z라 하면 각 종류의 주스는 적어도 한 병 이상씩 선택해야 하므로 $x+y+z=8$인 양의 정수해의 개수를 구한다.
$x=a+1$, $y=b+1$, $z=c+1$ (단, a, b, c는 음이 아닌 정수)
$(a+1)+(b+1)+(c+1)=8$에서 $a+b+c=5$의 음이 아닌 정수해의 개수를 구한다.
구하는 경우의 수는 3개에서 중복을 허락하여 5개를 뽑는 방법의 수이다.

따라서 $_3H_5 = {}_{3+5-1}C_5 = {}_7C_5 = {}_7C_2 = \dfrac{7 \cdot 6}{2 \cdot 1} = 21$

(2) 고구마피자, 새우피자, 불고기피자 중에서 m개를 주문하는 경우의 수가 36일 때, 고구마피자, 새우피자, 불고기피자를 적어도 하나씩 포함하여 m개를 주문하는 경우의 수는?

① 12　　　② 15　　　③ 18
④ 21　　　⑤ 24

 중복조합을 이용하여 m 구하기

고구마피자, 새우피자, 불고기피자 중에서 m개를 주문하는 경우의 수는
$$_3H_m = {}_{3+m-1}C_m = {}_{m+2}C_m = {}_{m+2}C_2 = \dfrac{(m+2)(m+1)}{2} = 36$$
즉 $(m+2)(m+1)=72$, $m^2+3m-70=0$, $(m+10)(m-7)=0$
m은 자연수이므로 $m=7$

 각각의 피자를 1개씩 주문을 하고 남은 4개에 대해 중복조합을 이용하여 구하기

고구마피자, 새우피자, 불고기피자를 적어도 하나씩 포함하여 7개를 주문하는 경우는 각각의 피자를 1개씩 주문을 하고 남은 4개의 피자에 대하여 중복을 허락하여 선택한다.
따라서 구하는 경우의 수는 서로 다른 3개에서 중복을 허락하여 4개를 택하는 중복조합의 수이므로 $_3H_4 = {}_{3+4-1}C_4 = {}_6C_4 = {}_6C_2 = 15$

고구마피자, 새우피자, 불고기피자의 개수를 각각 x, y, z라 하면 각 종류의 피자는 적어도 하나씩 선택해야 하므로 $x+y+z=7$인 양의 정수해의 개수를 구한다.
$x=a+1$, $y=b+1$, $z=c+1$ (단, a, b, c는 음이 아닌 정수)
$(a+1)+(b+1)+(c+1)=7$에서 $a+b+c=4$의 음이 아닌 정수해의 개수이므로 구하는 경우의 수는 3개에서 중복을 허락하여 4개를 뽑는 방법의 수이다.
따라서 $_3H_4 = {}_{3+4-1}C_4 = {}_6C_4 = {}_6C_2 = 15$

0087

다음 물음에 답하여라.
(1) 같은 종류의 선물 4개를 4명의 학생에게 남김없이 나누어 줄 때, 2명의 학생만 선물을 받는 경우의 수는? (단, 선물끼리는 서로 구별하지 않는다.)

① 18　　　② 21　　　③ 24
④ 30　　　⑤ 36

 4명 중 선물을 받을 2명을 선택하는 경우의 수 구하기

(i) 4명의 학생 중에서 선물을 받을 2명을 택하는 경우의 수는
$$_4C_2 = 6$$

 선물 4개를 선택된 2명에게 빠짐없이 나누어 주는 경우의 수 구하기

(ii) 학생 2명에게 같은 종류의 선물 4개를 나누어 주는데 각자 적어도 1개의 선물은 받아야 하므로 나누어 주는 방법의 수는 서로 다른 2개에서 중복을 허락하여 2개를 택하는 중복조합의 수와 같다.
$$_2H_2 = {}_{2+2-1}C_2 = {}_3C_2 = 3$$
(i), (ii)에서 구하는 경우의 수는 $_4C_2 \times 3 = 6 \times 3 = 18$

 같은 것이 있는 경우의 수로 풀이하기

학생 2명에게만 선물을 나누어 주므로 나누어 주는 선물의 개수는 다음과 같다.
$(0, 0, 1, 3)$ 또는 $(0, 0, 2, 2)$로 선물을 나누어 주는 경우의 수는

(i) $(0, 0, 1, 3)$을 일렬로 나열하는 경우의 수는 $\dfrac{4!}{2!} = 12$

(ii) $(0, 0, 2, 2)$를 일렬로 나열하는 경우의 수는 $\dfrac{4!}{2!2!} = 6$

따라서 구하는 경우의 수는 $12+6=18$

(2) 같은 종류의 연필 2자루와 같은 종류의 볼펜 5자루를 서로 다른 필통 3개에 남김없이 나누어 넣을 때, 비어있는 필통이 생기지 않도록 나누어 넣는 경우의 수는?

① 60   ② 65   ③ 70

④ 75   ⑤ 80

STEP A 연필 2자루를 세 필통에 나누고 볼펜 5자루를 나누어 주는 경우의 수 구하기

필통 3개에 넣는 연필의 수에 따라 다음과 같은 경우로 나누어 생각할 수 있다.

(i) 연필을 필통 3개에 각각 1자루, 1자루, 0자루로 나누어 넣는 경우

연필은 서로 구별하지 않으므로 서로 다른 3개의 필통 중 연필을 넣지 않는 1개의 필통을 택하는 경우의 수는 $_3C_1=3$

연필이 들어있지 않은 1개의 필통에 볼펜 1자루를 넣는다.

남아 있는 같은 종류의 볼펜 4자루를 서로 다른 필통 3개에 나누어 넣는 경우의 수는 $_3H_4={}_{3+4-1}C_4={}_6C_4={}_6C_2=\dfrac{6\times5}{2\times1}=15$

즉 이 경우의 수는 $3\times15=45$

(ii) 연필을 필통 3개에 각각 2자루, 0자루, 0자루로 나누어 넣는 경우

서로 다른 3개의 필통 중 연필 2자루를 넣는 1개의 필통을 택하는 경우의 수는 $_3C_1=3$

연필이 들어 있지 않은 2개의 필통에 볼펜을 1자루씩 넣는다.

남아 있는 같은 종류의 볼펜 3자루를 서로 다른 필통 3개에 나누어 넣는 경우의 수는 $_3H_3={}_{3+3-1}C_3={}_5C_3={}_5C_2=\dfrac{5\times4}{2\times1}=10$

즉 이 경우의 수는 $3\times10=30$

STEP B 합의 법칙을 이용하여 구하기

(i), (ii)에서 구하는 경우의 수는 $45+30=75$

0088

다음 물음에 답하여라.

(1) 방정식 $x+y+z=20$을 만족시키는 양의 정수 중 짝수인 x, y, z에 대하여 순서쌍 (x, y, z)의 개수를 구하여라.

STEP A x, y, z가 짝수인 양의 정수인 해로 바꾸기

$x=2l$, $y=2m$, $z=2n$ (단, l, m, n은 자연수)라 하면

$x+y+z=20$에서 $2l+2m+2n=20$

$\therefore l+m+n=10$ (단, l, m, n은 자연수)

STEP B 양의 정수해의 개수 구하기

$l=a+1$, $m=b+1$, $n=c+1$ (단, a, b, c는 음이 아닌 정수)

로 놓으면 $a+b+c=7$

따라서 방정식 $a+b+c=7$의 음이 아닌 정수해의 순서쌍 (a, b, c)개수는

a, b, c에서 7개를 택하는 중복조합의 수와 같으므로

$_3H_7={}_{3+7-1}C_7={}_9C_7={}_9C_2=36$

(2) 방정식 $x+y+z=11$에 대하여 양의 정수 중 홀수인 x, y, z에 대하여 순서쌍 (x, y, z)의 개수를 구하여라.

STEP A x, y, z가 홀수인 음이 아닌 정수인 해로 바꾸기

x, y, z가 홀수인 자연수이면

$x=2a+1$, $y=2b+1$, $z=2c+1$ (단, a, b, c는 음이 아닌 정수)일 때,

$x+y+z=11$을 만족하는 순서쌍 (x, y, z)의 개수는

$x+y+z=2(a+b+c)+3=11$

STEP B 양의 정수해의 개수 구하기

따라서 $a+b+c=4$의 음이 아닌 정수해 (a, b, c)의 개수와 같으므로

$_3H_4={}_{3+4-1}C_4={}_6C_2=15$

0089

다음 물음에 답하여라.

(1) 방정식 $x+y+z=4$를 만족시키는 -1 이상의 정수 x, y, z의 모든 순서쌍 (x, y, z)의 개수는?

① 21   ② 28   ③ 36

④ 45   ⑤ 56

STEP A 방정식을 음이 아닌 정수해인 방정식으로 변형하기

$x+y+z=4$ ($x\geq-1$, $y\geq-1$, $z\geq-1$인 정수)를 만족시키는

순서쌍 (x, y, z)의 개수는

$x=a-1$, $y=b-1$, $z=c-1$ (단, a, b, c는 음이 아닌 정수)

라 하면 $(a-1)+(b-1)+(c-1)=4$에서 $a+b+c=7$을 만족시키는

음이 아닌 정수 a, b, c의 순서쌍 (a, b, c)의 개수와 같다.

STEP B 음이 아닌 정수해의 개수 구하기

따라서 방정식 $a+b+c=7$의 음이 아닌 정수 a, b, c의 순서쌍 (a, b, c)의

개수는 서로 다른 3개의 문자 a, b, c에서 7개를 택하는 중복조합의 수와

같으므로 $_3H_7={}_{3+7-1}C_7={}_9C_7={}_9C_2=\dfrac{9\cdot8}{2\cdot1}=36$

(2) 방정식 $x+y+z=14$를 만족시키는 2 이상의 자연수 x, y, z의 모든 순서쌍 (x, y, z)의 개수는?

① 36   ② 42   ③ 45

④ 50   ⑤ 55

STEP A 중복조합을 사용하기 쉽게 변형하기

$x+y+z=14$ ($x\geq2$, $y\geq2$, $z\geq2$인 정수)를 만족시키는

순서쌍 (x, y, z)의 개수는

$x=a+2$, $y=b+2$, $z=c+2$ (단, a, b, c는 음이 아닌 정수)

라 하면 $(a+2)+(b+2)+(c+2)=14$에서 $a+b+c=8$을 만족시키는

음이 아닌 정수 a, b, c의 순서쌍 (a, b, c)의 개수와 같다.

STEP B 음이 아닌 정수해의 개수 구하기

따라서 방정식 $a+b+c=8$의 음이 아닌 정수 a, b, c의 순서쌍 (a, b, c)의

개수는 서로 다른 3개의 문자 a, b, c에서 8개를 택하는 중복조합의 수와

같으므로 $_3H_8={}_{3+8-1}C_8={}_{10}C_8={}_{10}C_2=\dfrac{10\cdot9}{2\cdot1}=45$

0090

다음 물음에 답하여라.

(1) 방정식 $x+y+z+5w=7$을 만족시키는 음이 아닌 정수 x, y, z, w의 순서쌍 (x, y, z, w)의 개수는?

① 32   ② 36   ③ 40

④ 42   ⑤ 46

STEP A 부정방정식의 정수해의 개수 이해하기

w의 값에 따라 각 경우로 나누면 다음과 같다.

(i) $w=0$일 때, $x+y+z=7$이고 구하는 순서쌍의 개수는

서로 다른 3개에서 7개를 택하는 중복조합의 수이므로

$_3H_7={}_{3+7-1}C_7={}_9C_7={}_9C_2=\dfrac{9\times8}{2\times1}=36$

(ii) $w=1$일 때, $x+y+z=2$이고 구하는 순서쌍의 개수는

서로 다른 3개에서 2개를 택하는 중복조합의 수이므로

$_3H_2={}_{3+2-1}C_2={}_4C_2=\dfrac{4\times3}{2\times1}=6$

(i), (ii)에서 구하는 순서쌍의 개수는 합의 법칙에 의해 $36+6=42$

(2) 방정식 $x+y+z+5w=14$를 만족시키는 양의 정수 x, y, z, w의
　　모든 순서쌍 (x, y, z, w)의 개수는?
　① 27　　　　② 29　　　　③ 31
　④ 33　　　　⑤ 35

STEP Ⓐ 부정방정식의 정수해의 개수 이해하기

양의 정수 조건을 음이 아닌 정수 조건이 되도록 식을 변형한 후
w의 값을 1 또는 2로 나누어 중복조합을 이용하여 구한다.

STEP Ⓑ w의 값에 따라 순서쌍의 개수 구하기

(i) $w=1$인 경우
　$x+y+z=9$ (단, 양의 정수 x, y, z)
　$x=x'+1$, $y=y'+1$, $z=z'+1$로 놓으면
　$x'+y'+z'=6$ (단, 음이 아닌 정수 x', y', z')
　구하는 순서쌍의 개수는 $x'+y'+z'=6$을 만족시키는
　음이 아닌 정수의 순서쌍의 개수이므로
　${}_3H_6={}_{3+6-1}C_6={}_8C_2=28$
(ii) $w=2$인 경우
　$x+y+z=4$ (단, 양의 정수 x, y, z)
　$x=x'+1$, $y=y'+1$, $z=z'+1$로 놓으면
　$x'+y'+z'=1$ (단, 음이 아닌 정수 x', y', z')
　구하는 순서쌍의 개수는 $x'+y'+z'=1$을 만족시키는
　음이 아닌 정수의 모든 순서쌍의 개수이므로
　${}_3H_1={}_{3+1-1}C_1={}_3C_1=3$
(iii) $w \geq 3$인 경우
　$x+y+z<0$이므로 방정식을 만족시키는 양의 정수 x, y, z가 존재하지
　않는다.
(i)~(iii)에서 구하는 순서쌍의 개수는 $28+3=31$

(3) 다음 조건을 만족시키는 음이 아닌 정수 a, b, c, d의 모든 순서쌍
　(a, b, c, d)의 개수는?

> (가) $a+b+c+3d=10$
> (나) $a+b+c \leq 5$

　① 18　　　　② 20　　　　③ 22
　④ 24　　　　⑤ 26

STEP Ⓐ 주어진 조건을 만족하는 d의 값 구하기

음이 아닌 정수 a, b, c, d에 대하여
조건 (가)에서 $a+b+c=10-3d$이고
조건 (나)에서 $a+b+c \leq 5$이므로 $0 \leq 10-3d \leq 5$
$\therefore \dfrac{5}{3} \leq d \leq \dfrac{10}{3}$
즉 d가 될 수 있는 값은 2, 3

STEP Ⓑ d의 값에 따라 각각의 경우의 수 구하기

(i) $d=2$일 때, $a+b+c=4$를 만족시키는 음이 아닌 정수 a, b, c의
　　순서쌍 (a, b, c)의 개수는 서로 다른 3개에서 중복을 허락하여
　　4개를 택하는 중복조합의 수이므로 ${}_3H_4={}_{3+4-1}C_4={}_6C_4={}_6C_2=15$
(ii) $d=3$일 때, $a+b+c=1$을 만족시키는 음이 아닌 정수 a, b, c의
　　순서쌍 (a, b, c)의 개수는 서로 다른 3개 중에서 1개를 택하는
　　경우의 수이므로 ${}_3H_1={}_{3+1-1}C_1={}_3C_1=3$
(i), (ii)에서 구하는 순서쌍의 개수는 $15+3=18$

$d=0$일 때, 조건 (가)로부터 $a+b+c=10$
조건 (나)의 $a+b+c \leq 5$에 모순
$d=1$일 때, 조건 (가)로부터 $a+b+c=7$
조건 (나)의 $a+b+c \leq 5$에 모순

다른풀이 d의 값에 따라 경우를 나누어 풀이하기

조건 (나)에서 $0 \leq a+b+c \leq 5$이므로 음이 아닌 정수 a, b, c에 대하여
다음과 같이 분류한다.
(i) $a+b+c=0$, 2, 3, 5일 때,
　　(가)에서 $3d=10$, 8, 7, 5이므로 정수인 d가 존재하지 않으므로 모순
(ii) $a+b+c=1$일 때,
　　(가)에서 $3d=9$이므로 $d=3$이고 $a+b+c=1$을 만족시키는
　　음이 아닌 정수 a, b, c의 순서쌍 (a, b, c)의 개수는
　　${}_3H_1={}_{3+1-1}C_1={}_3C_1=3$
(iii) $a+b+c=4$일 때,
　　(가)에서 $3d=6$이므로 $d=2$이고 $a+b+c=4$를 만족시키는
　　음이 아닌 정수 a, b, c의 순서쌍 (a, b, c)의 개수는
　　${}_3H_4={}_{3+4-1}C_4={}_6C_4={}_6C_2=15$
(i)~(iii)에서 구하는 순서쌍의 개수는 $15+3=18$

0091

11개의 막대사탕을 세 명의 학생에게 나누어 주려고 한다.
다음을 구하여라.

(1) 11개의 막대사탕을 세 명의 학생에게 나누어 주는 경우의 수

STEP Ⓐ 세 명의 학생에게 중복을 허락하여 나누는 경우의 수 구하기

세 명의 학생을 A, B, C라 하면
구하는 방법의 수는 세 문자 A, B, C 중에서 중복을 허용하여 11개를 택하는
중복조합의 수와 같다.
즉 경우의 수는 ${}_3H_{11}={}_{3+11-1}C_{11}={}_{13}C_{11}={}_{13}C_2=78$

(2) 세 명의 학생에게 각각 한 개 이상의 막대사탕을 나누어 주는
　경우의 수

STEP Ⓐ 세 명의 학생이 적어도 하나의 막대사탕을 나누는 경우의 수 구하기

3명의 학생들에게 먼저 1개씩 막대사탕을 주고 나서 나머지 8개를 분배하는
경우의 수를 구하면 된다.
이것은 3개 중에서 중복을 허용하여 8개를 택하는 중복조합의 수와 같다.
즉 경우의 수는 ${}_3H_8={}_{3+8-1}C_8={}_{10}C_8={}_{10}C_2=45$

다른풀이 방정식의 정수해의 개수를 이용하여 풀이하기

선택하는 세 사람의 막대 사탕을 각각 x, y, z개 씩 나누어 주면
$x+y+z=11$ (단, $x \geq 1$, $y \geq 1$, $z \geq 1$인 자연수)
$x=a+1$, $y=b+1$, $z=c+1$라 하면
$a+b+c=8$ (단, a, b, c는 음이 아닌 정수)
즉 막대 사탕을 각각 1개씩 나누어 주고 남은 막대 사탕 8개를 세 학생에게
나누어 주는 중복조합의 수와 같으므로
${}_3H_8={}_{3+8-1}C_8={}_{10}C_8={}_{10}C_2=45$

0092

4명의 학생에게 8자루의 연필 모두를 나누어 주는 방법 중에서 연필을
한 자루도 받지 못하는 학생이 생기는 경우의 수는?
(단, 연필은 서로 구별하지 않는다.)

① 110　　　　② 120　　　　③ 130
④ 140　　　　⑤ 150

STEP A 8자루의 연필을 4명에게 나누어 주는 중복조합의 수에서 4자루의
연필을 4명에게 나누어 주는 중복조합의 수를 빼면 됨을 이해하기

구하는 경우의 수는 8자루의 연필을 네 명의 학생에게 모두 주는 경우의 수에
서 네 명의 학생 모두 적어도 한 개의 연필을 받는 경우의 수를 뺀 것과 같다.

STEP B 8자루의 연필을 4명의 학생에게 나누어 주는 경우의 수 구하기

8자루의 연필을 네 명의 학생에게 모두 나누어 주는 경우의 수는
네 명의 학생에서 8개를 택하는 중복조합의 수와 같으므로

$$_4H_8 = {}_{4+8-1}C_8 = {}_{11}C_8 = {}_{11}C_3 = \frac{11 \cdot 10 \cdot 9}{3 \cdot 2 \cdot 1} = 165$$

STEP C 4자루의 연필을 4명의 학생에게 나누어 주는 경우의 수 구하기

네 명의 학생 모두 적어도 한 개의 연필을 받는 경우의 수는 8자루의 연필 중
4명의 학생에게 먼저 연필을 각각 1개씩 나누어 준 후 남은 4자루의 연필을
네 명의 학생에게 모두 나누어 주는 중복조합의 수와 같으므로

$$_4H_4 = {}_{4+4-1}C_4 = {}_7C_4 = {}_7C_3 = \frac{7 \cdot 6 \cdot 5}{3 \cdot 2 \cdot 1} = 35$$

따라서 구하는 경우의 수는 $165 - 35 = 130$

다른풀이 방정식의 정수해의 개수를 이용하여 풀이하기

STEP A 4명의 학생에게 8자루의 연필을 나누어 주는 경우의 수 구하기

연필을 한 자루도 받지 못하는 학생이 생기는 사건에는 연필을 받지 못하는
학생이 1명인 사건, 2명인 사건, 3명인 사건 모두 포함된다.
각 사건에 대한 경우의 수를 일일이 구할 수도 있지만 전체의 경우의 수에서
4명 모두 적어도 한 개의 연필을 받는 경우의 수를 빼면 쉽게 구할 수 있다.
즉 4명의 학생이 받는 연필의 개수를 a, b, c, d라 하고
8자루의 연필 모두를 나누어 주는 방법은
$a+b+c+d=8$ (단, a, b, c, d는 음이 아닌 정수)의 꼴로 나타내어지므로
서로 다른 4개에서 중복을 허락하여 8개를 택하는 중복조합의 수는
$_4H_8 = {}_{4+8-1}C_8 = {}_{11}C_8 = {}_{11}C_3 = 165$

STEP B 4명이 모두 적어도 한 자루의 연필을 가지는 경우의 수 구하기

4명의 학생이 적어도 1개씩 연필을 받는 방법의 수는
$a+b+c+d=8$ (단, a, b, c, d는 양의 정수)
즉 $a=a'+1$, $b=b'+1$, $c=c'+1$, $d=d'+1$
$a'+b'+c'+d'=4$ (단, a', b', c', d'은 음이 아닌 정수)의 꼴이다.
즉 서로 다른 4개에서 중복을 허락하여 4개를 택하는 중복조합의 수는
$_4H_4 = {}_{4+4-1}C_4 = {}_7C_4 = {}_7C_3 = 35$

STEP C 전체에서 적어도 한 자루의 연필을 가지는 경우를 빼기

(i), (ii)에서 연필을 한 자루도 받지 못하는 학생이 생기는 경우의 수는
$_4H_8 - {}_4H_4 = {}_{11}C_3 - {}_7C_3 = 165 - 35 = 130$

다른풀이 여사건을 이용하지 않은 풀이하기

(i) 4명 중 1명이 연필을 받지 못하는 경우
　　받지 못할 학생 1명을 선택하고 나머지 3명에게 미리 한 자루씩 나눠준
　　후, 남은 연필 5자루를 중복을 허락하여 3명의 학생에게 나눠주는
　　경우의 수는 $_4C_1 \cdot {}_3H_5 = 4 \cdot {}_7C_5 = 4 \cdot {}_7C_2 = 4 \times 21 = 84$

(ii) 4명 중 2명이 연필을 받지 못하는 경우
　　받지 못할 학생 2명을 선택하고 나머지 2명에게 미리 한 자루씩 나눠준
　　후, 남은 연필 6자루를 중복을 허락하여 2명의 학생에게 나눠주는
　　경우의 수는 $_4C_2 \cdot {}_2H_6 = 6 \cdot {}_7C_6 = 6 \cdot {}_7C_1 = 6 \cdot 7 = 42$

(iii) 4명 중 3명이 연필을 받지 못하는 경우
　　받지 못할 학생 3명을 선택하고 나머지 1명이 8자루를 가지는
　　경우의 수는 $_4C_3 \cdot 1 = 4$

(i)~(iii)에서 구하는 경우의 수는 $84 + 42 + 4 = 130$

0093

어느 상담 교사가 월요일, 화요일, 수요일 3일 동안 학생 9명과 상담하기
위하여 상담 계획표를 작성하려고 한다.

[상담 계획표]

요일	월요일	화요일	수요일
학생 수(명)	a	b	c

상담 교사는 각 학생과 한 번만 상담하고, 요일별로 적어도 한 명의 학생과
상담한다. 상담 계획표에 학생 수만을 기록할 때, 작성할 수 있는 상담
계획표의 가짓수를 구하여라. (단, a, b, c는 자연수이다.)

STEP A 양의 정수해의 개수로 구하기

월요일, 화요일, 수요일에 상담하는 학생 수가 각각 a, b, c명이고
3일 동안 상담하는 학생 수가 9명이므로 $a+b+c=9$
이때 요일별로 적어도 한 명의 학생과 상담하므로
$a=a'+1$, $b=b'+1$, $c=c'+1$이라 하면
$a'+b'+c'=6$의 음이 아닌 정수해의 개수와 같다.
따라서 상담 계획표의 가짓수는 $_3H_6 = {}_{3+6-1}C_6 = {}_8C_6 = {}_8C_2 = 28$

다른풀이 9명을 3개로 분할하고 각 경우의 수로 풀이하기

구하는 가짓수는 9를 3개의 자연수로 분할하고 각각 a, b, c에 배정하는
경우의 수와 같다.

(i) $(1, 1, 7)$로 나눌 때,
　　1명, 1명, 7명을 월요일, 화요일, 수요일에 각각 배정하는 경우의 수는
　　$\dfrac{3!}{2!} = 3$

(ii) $(1, 2, 6)$으로 나눌 때,
　　1명, 2명, 6명을 월요일, 화요일, 수요일에 각각 배정하는 경우의 수는
　　$3! = 6$

(iii) $(1, 3, 5)$로 나눌 때,
　　1명, 3명, 5명을 월요일, 화요일, 수요일에 각각 배정하는 경우의 수는
　　$3! = 6$

(iv) $(1, 4, 4)$로 나눌 때,
　　1명, 4명, 4명을 월요일, 화요일, 수요일에 각각 배정하는 경우의 수는
　　$\dfrac{3!}{2!} = 3$

(v) $(2, 2, 5)$로 나눌 때,
　　2명, 2명, 5명을 월요일, 화요일, 수요일에 각각 배정하는 경우의 수는
　　$\dfrac{3!}{2!} = 3$

(vi) $(2, 3, 4)$로 나눌 때,
　　2명, 3명, 4명을 월요일, 화요일, 수요일에 각각 배정하는 경우의 수는
　　$3! = 6$

(vii) $(3, 3, 3)$로 나눌 때,
　　3명, 3명, 3명을 월요일, 화요일, 수요일에 각각 배정하는 경우의 수는
　　1

따라서 구하는 가짓수는 $3+6+6+3+3+6+1 = 28$

0094

흰 색 탁구공 8개와 주황색 탁구공 7개를 3명의 학생에게 남김없이 나누어 주려고 한다. 각 학생이 흰색 탁구공과 주황색 탁구공을 각각 한 개 이상씩 갖도록 나누어 주는 경우의 수는?

① 295   ② 300   ③ 305
④ 310   ⑤ 315

STEP A 각 학생들에게 흰색과 주황색 탁구공을 미리 1개씩 나누어 주고 남은 흰색 탁구공 5개와 주황색 탁구공 4개를 나눠주는 경우의 수 구하기

흰색 탁구공 8개와 주황색 탁구공 7개가 있으므로
흰색 탁구공과 주황색 탁구공을 각각 한 개씩 3명의 학생에게 나눠준 후 나머지 흰색 탁구공 5개와 주황색 탁구공 4개를 나누어 주는 경우를 생각하면 된다.

(i) 흰색 탁구공 5개를 3명의 학생에게 나눠 주는 경우
세 학생에서 중복을 허락하여 다섯 학생을 택한 후 흰색 탁구공을 주는 경우와 같으므로 그 경우의 수는
$$_3H_5=_{3+5-1}C_5=_7C_5=_7C_2=\frac{7\cdot6}{2\cdot1}=21$$

(ii) 주황색 탁구공 4개를 3명의 학생에게 나눠 주는 경우
세 학생에서 중복을 허락하여 네 학생을 택한 후 주황색 탁구공을 주는 경우와 같으므로 그 경우의 수는
$$_3H_4=_{3+4-1}C_4=_6C_4=_6C_2=\frac{6\cdot5}{2\cdot1}=15$$

STEP B 곱의 법칙을 이용하여 경우의 수 구하기

(i), (ii)에서 구하는 경우의 수는 곱의 법칙에 의하여 $21\times15=315$

다른풀이 방정식의 정수해의 개수를 이용하여 풀이하기

STEP A 양의 정수해의 개수 구하기

(i) 3명의 학생에게 흰색 탁구공을 각각 x, y, z개씩 나누어 주면
$x+y+z=8$ ($x\geq1$, $y\geq1$, $z\geq1$인 자연수)
$x=a+1$, $y=b+1$, $z=c+1$
$a+b+c=5$ (a, b, c는 음이 아닌 정수)
즉 흰색 탁구공을 각각 1개씩 나누어 주고 남은 흰색 탁구공 5개를 3명의 학생에게 나누어 주는 방법의 수는
$$_3H_5=_{3+5-1}C_5=_7C_5=_7C_2=21$$

(ii) 3명의 학생에게 주황색 탁구공을 각각 x', y', z'개씩 나누어 주면
$x'+y'+z'=7$ ($x'\geq1$, $y'\geq1$, $z'\geq1$인 자연수)
$x'=a'+1$, $y'=b'+1$, $z'=c'+1$
$a'+b'+c'=4$ (a', b', c'은 음이 아닌 정수)
즉 주황색 탁구공을 각각 1개씩 나누어 주고 남은 주황색 탁구공 4개를 3명의 학생에게 나누어 주는 방법의 수는
$$_3H_4=_{3+4-1}C_4=_6C_4=_6C_2=15$$

STEP B 곱의 법칙을 이용하여 경우의 수 구하기

(i), (ii)에서 경우의 수는 $21\times15=315$

0095

다음 물음에 답하여라.

(1) 서로 다른 종류의 사탕 3개와 같은 종류의 구슬 7개를 같은 종류의 주머니 3개에 남김없이 나누어 넣으려고 한다. 각 주머니에 사탕과 구슬이 각각 1개 이상씩 들어가도록 나누어 넣는 경우의 수는?

① 11   ② 12   ③ 13
④ 14   ⑤ 15

STEP A 집합의 분할을 이용하여 경우의 수 구하기

서로 다른 종류의 사탕 3개를 같은 종류의 주머니 3개에 각각 1개씩 나누어 담는 경우의 수는 1이다. ← $_3C_1\times_2C_1\times_1C_1\times\frac{1}{3!}=1$

02

STEP B 중복조합을 이용하여 경우의 수 구하기

서로 다른 사탕 3개를 각 주머니에 1개씩 넣으면 주머니는 구별이 가능하게 된다.
즉 같은 종류의 구슬 7개를 서로 구별이 되는 주머니 3개에 남김없이 나누어 담을 때, 각 주머니에 구슬이 1개 이상씩 들어가도록 나누어 넣으면 된다.
서로 다른 주머니 3개에서 중복을 허락하여 4(=7−3)개를 택하는 경우의 수와 같으므로
$$_3H_4=_{3+4-1}C_4=_6C_4=_6C_2=\frac{6\times5}{2}=15$$
따라서 구하는 경우의 수는 $1\times15=15$

(2) 서로 다른 종류의 사탕 5개, 같은 종류의 구슬 7개, 같은 종류의 주머니 3개가 있다. 사탕은 3개를 택하여 각 주머니에 1개씩 나누어 담고, 구슬은 7개 모두를 각 주머니에 1개 이상씩 들어가도록 나누어 담는 경우의 수는?

① 110   ② 120   ③ 130
④ 140   ⑤ 150

STEP A 서로 다른 종류의 사탕 5개에서 3개를 택하는 경우의 수 구하기

주머니는 서로 구별되지 않으므로 각 주머니에 사탕이 1개씩 들어가도록 나누어 담는 경우의 수는 서로 다른 종류의 사탕 5개중 3개를 택하는 조합의 수와 같으므로 $_5C_3=_5C_2=\frac{5\times4}{2\times1}=10$

STEP B 중복조합을 이용하여 경우의 수 구하기

이제 주머니 3개는 서로 구별되므로 각 주머니마다 구슬을 1개씩 넣은 후 나머지 구슬 4개를 주머니 3개에 나누어 담으면 된다.
남아 있는 서로 같은 종류의 구슬 4개를 서로 다른 주머니 3개에 남김없이 나누어 담는 경우의 수는 서로 다른 3개에서 4개를 택하는 중복조합의 수와 같으므로 $_3H_4=_{3+4-1}C_4=_6C_4=_6C_2=\frac{6\times5}{2\times1}=15$
따라서 구하는 경우의 수는 $10\times15=150$

다른풀이 순열을 이용하여 풀이하기

같은 종류의 구슬 7개를 같은 종류의 주머니 3개에 적어도 1개의 구슬이 들어가도록 남김없이 나누어 담는 경우는 구슬을
'1개, 1개, 5개,' 또는 '1개, 2개, 4개' 또는 '1개, 3개, 3개' 또는 '2개, 2개, 3개'로 나누어 담는 4가지 경우가 있다.

(i) 구슬을 '1개, 1개, 5개' 또는 '1개, 3개, 3개' 또는 '2개, 2개, 3개'로 나누어 담는 경우
각 경우에서 같은 종류의 구슬 7개를 같은 종류의 주머니 3개에 주어진 개수와 같이 나누어 담는 경우의 수는 1
이때 같은 개수의 구슬이 들어간 주머니 2개는 서로 구별되지 않는다.
서로 다른 종류의 사탕 5개 중 3개를 택하는 경우의 수는
$_5C_3=_5C_2=\frac{5\times4}{2\times1}=10$이고 택한 사탕 3개를 구별되지 않는 주머니 2개와 구별되는 주머니 1개에 나누어 담는 경우의 수는 $\frac{3!}{2!}=3$
구슬을 나누어 담는 3가지 경우에 대하여 같은 수만큼의 경우가 생기므로 이 경우의 수는 $3\times(1\times10\times3)=90$

(ii) 구슬을 '1개, 2개, 4개'로 나누어 담는 경우
같은 종류의 구슬 7개를 같은 종류의 주머니 3개에 주어진 개수와 같이 나누어 담는 경우의 수는 1
이때 주머니 3개는 서로 구별된다.
서로 다른 종류의 사탕 5개 중 3개를 택하여 서로 다른 주머니 3개에 나누어 담는 경우의 수는 $_5P_3=5\times4\times3=60$
따라서 이 경우의 수는 $1\times60=60$

(i), (ii)에서 구하는 경우의 수는 $90+60=150$

0096

네 명의 학생 A, B, C, D에게 같은 종류의 초콜릿 8개를 다음 규칙에 따라 남김없이 나누어 주는 경우의 수는?

> (가) 각 학생은 적어도 1개의 초콜릿을 받는다.
> (나) 학생 A는 학생 B보다 더 많은 초콜릿을 받는다.

① 11   ② 13   ③ 15
④ 17   ⑤ 19

STEP A 조건 (가)를 만족하는 부정방정식의 음 아닌 정수해의 조건 구하기

네 명의 학생 A, B, C, D가 받는 초콜릿의 개수를 각각 a, b, c, d라 하면
$a+b+c+d=8$
이때 조건 (가)에 의하여 네 명의 학생이 각각 적어도 1개의 초콜릿을 받으므로 a, b, c, d는 자연수이다.
이때 $a=a'+1$, $b=b'+1$, $c=c'+1$, $d=d'+1$이라 하면
$a'+b'+c'+d'=4$ (a', b', c', d'은 음이 아닌 정수) ······ ㉠

STEP B 조건 (나)를 만족하는 중복조합의 수 구하기

조건 (나)에 의하여 $a>b$이므로 $a'>b'$이어야 하므로
(i) $b'=0$일 때,
  $a'=1$인 경우 $c'+d'=3$이므로 이 경우의 수는 $_2H_3=_4C_3=4$
  $a'=2$인 경우 $c'+d'=2$이므로 이 경우의 수는 $_2H_2=_3C_2=3$
  $a'=3$인 경우 $c'+d'=1$이므로 이 경우의 수는 $_2H_1=_2C_1=2$
  $a'=4$인 경우 $c'+d'=0$이므로 이 경우의 수는 1
(ii) $b'=1$일 때,
  $a'=2$인 경우 $c'+d'=1$이므로 이 경우의 수는 $_2H_1=_2C_1=2$
  $a'=3$인 경우 $c'+d'=0$이므로 이 경우의 수는 1
(iii) $b'=2$이고
  $a'>b'$이므로 $a'\geq3$
  이때 $a'+b'\geq5$이므로 ㉠을 만족하지 못한다.
(i)~(iii)에서 구하는 모든 경우의 수는 $(4+3+2+1)+(2+1)=10+3=13$

0097

$X=\{1, 2, 3, 4\}$에서 $Y=\{1, 2, 3, 4, 5, 6, 7\}$에 대하여 다음 조건을 만족하는 함수 $f:X\longrightarrow Y$의 개수를 구하여라.

> (1) 집합 X의 두 원소 x_1, x_2에 대하여 $x_1<x_2$이면 $f(x_1)<f(x_2)$를 만족하는 함수 f의 개수

STEP A 조합의 함수의 개수 구하기

함숫값이 순서가 정해져 있으므로 순서를 생각하지 않고
7개의 원소 중 4개의 원소를 택하는 조합의 개수이다.
따라서 구하는 개수는 $_7C_4=35$

> (2) 집합 X의 두 원소 x_1, x_2에 대하여 $x_1<x_2$일 때, $f(x_1)\geq f(x_2)$를 만족하는 함수 f의 개수

STEP A 중복조합을 이용하여 조건을 만족시키는 함수의 개수 구하기

정의역의 각 원소 1, 2, 3, 4에 대한 함숫값은 1, 2, 3, 4, 5, 6, 7 중 하나이고
$f(1)\geq f(2)\geq f(3)\geq f(4)$이어야 한다.
주어진 조건을 만족시키는 함수의 개수는
7개의 숫자 1, 2, 3, 4, 5, 6, 7 중에서 중복을 허락하여 4개를 택한 후
큰 수부터 차례로 정의역의 원소 1, 2, 3, 4에 대응시키면 된다.
따라서 서로 다른 7개 중에서 4개를 택하는 중복조합의 수와 같으므로
$_7H_4=_{7+4-1}C_4=_{10}C_4=210$

0098

집합 $X=\{1, 2, 3, 4\}$에서 집합 $Y=\{4, 5, 6, 7\}$로의 함수 f 중 다음 조건을 만족하는 함수의 개수는?

> (가) $f(2)=5$
> (나) 집합 X의 임의의 두 원소 i, j에 대하여 $i<j$이면 $f(i)\leq f(j)$

① 10   ② 12   ③ 14
④ 16   ⑤ 18

STEP A $f(2)=5$를 기준으로 $f(1)$이 가질 수 있는 값과 $f(3)$, $f(4)$가 가질 수 있는 값을 중복조합을 이용하여 경우의 수를 구하기

(i) $f(1)$이 가질 수 있는 값의 경우의 수
  조건 (가), (나)에 의해
  $f(1)\leq5$를 만족하므로
  $f(1)=4$ 또는 $f(1)=5$
  즉 $f(1)$이 가질 수 있는 경우의 수는
  2이다.

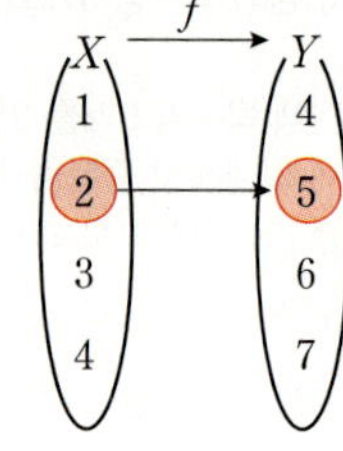

(ii) $f(3)$, $f(4)$가 가질 수 있는 값의 경우의 수
  조건 (가), (나)에 의해
  $5\leq f(3)\leq f(4)\leq7$을 만족해야 하므로
  5, 6, 7 중 중복을 허락하여 2개를 선택한 후
  $f(3)\leq f(4)$를 만족하도록 대응 시켜주면 되므로 구하는 경우의 수는
  $_3H_2=_{3+2-1}C_2=_4C_2=6$

STEP B 곱의 법칙을 이용하여 구하기

(i), (ii)에서 함수의 개수는 $2\times6=12$

0099

집합 $X=\{1, 2, 3, 4\}$에서 집합 $Y=\{5, 6, 7, 8\}$로의 함수 f 중 다음 조건을 만족하는 함수의 개수를 구하여라.

> (가) $f(3)$은 홀수이다.
> (나) 집합 X의 임의의 두 원소 i, j에 대하여 $i<j$이면 $f(i)\leq f(j)$

STEP A 중복조합을 이용하여 경우의 수를 구하기

(i) $f(3)=5$일 때,
  1, 2는 5에 대응되어야하고
  4는 5, 6, 7, 8 중 하나에 대응되면 된다.
  즉 구하는 경우의 수는 4가지

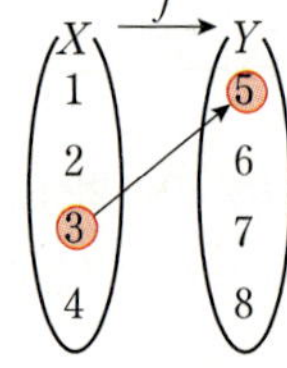

(ii) $f(3)=7$일 때,
  1, 2는 5, 6, 7에 조건 (나)를 만족하도록
  대응시키는 중복조합의 수는
  $_3H_2=_{3+2-1}C_2=_4C_2=6$
  또한, 4는 7, 8 중 하나에 대응되어야 하므로
  경우의 수는 2
  즉 구하는 경우의 수는 $6\cdot2=12$

STEP B 합의 법칙을 이용하여 구하기

(i), (ii)에서 조건을 만족하는 경우의 수는 $4+12=16$

0100

한 개의 주사위를 5번 던질 때, k번째 나오는 눈의 수를
$$a_k(k=1, 2, 3, 4, 5)$$
라고 하자. 이때 다음을 만족하는 경우의 수를 구하여라.

(1) $a_1 < a_2 < a_3 < a_4 < a_5$

STEP A 조합의 경우의 수 구하기

$a_1 < a_2 < a_3 < a_4 < a_5$인 경우의 수는
1, 2, 3, 4, 5, 6에서 5개를 택하여 작은 수부터 크기순으로 나열하면 되므로
$$_6C_5 = {}_6C_1 = 6$$

(2) $a_1 \leq a_2 \leq a_3 \leq a_4 \leq a_5$

STEP A 중복조합의 경우의 수 구하기

$a_1 \leq a_2 \leq a_3 \leq a_4 \leq a_5$인 경우의 수는
1, 2, 3, 4, 5, 6에서 5개를 택하는 중복조합의 수와 같으므로
$$_6H_5 = {}_{6+5-1}C_5 = {}_{10}C_5 = \frac{10 \cdot 9 \cdot 8 \cdot 7 \cdot 6}{5 \cdot 4 \cdot 3 \cdot 2 \cdot 1} = 252$$

(3) $a_1 \leq a_2 = a_3 \leq a_4 \leq a_5$

STEP A 중복조합의 경우의 수 구하기

$a_1 \leq a_2 = a_3 \leq a_4 \leq a_5$인 경우의 수는
1, 2, 3, 4, 5, 6에서 4개를 택하는 중복조합의 수와 같으므로
$$_6H_4 = {}_{6+4-1}C_4 = {}_9C_4 = \frac{9 \cdot 8 \cdot 7 \cdot 6}{4 \cdot 3 \cdot 2 \cdot 1} = 126$$

0101

다음 물음에 답하여라.

(1) 두 집합 $X=\{a, b, c, d\}$, $Y=\{1, 2, 3, 4, 5, 6\}$에 대하여 다음 조건을 만족시키는 함수 $f : X \longrightarrow Y$의 개수는?

$$f(a) \leq f(b) < f(c) \leq f(d)$$

STEP A $f(a) \leq f(b) \leq f(c) \leq f(d)$를 만족하는 함수 f의 개수에서 $f(a) \leq f(b) = f(c) \leq f(d)$를 만족하는 함수 f의 개수를 빼기

(I) $f(a) \leq f(b) \leq f(c) \leq f(d)$를 만족하는 함수 f의 개수는 집합 Y의 6개의 원소에서 중복을 허락하여 4개를 뽑는 조합의 수와 같으므로
$$_6H_4 = {}_{6+4-1}C_4 = {}_9C_4 = \frac{9 \cdot 8 \cdot 7 \cdot 6}{4 \cdot 3 \cdot 2 \cdot 1} = 126$$

(ii) $f(a) \leq f(b) = f(c) \leq f(d)$를 만족하는 함수 f의 개수는 집합 Y의 6개의 원소에서 중복을 허락하여 3개를 뽑는 조합의 수와 같으므로
$$_6H_3 = {}_{6+3-1}C_3 = {}_8C_3 = \frac{8 \cdot 7 \cdot 6}{3 \cdot 2 \cdot 1} = 56$$

(I), (ii)에서 구하는 함수 f의 개수는 $126 - 56 = 70$

(2) 두 집합 $X=\{1, 2, 3, 4, 5\}$, $Y=\{1, 2, 3, 4, 5, 6, 7\}$에 대하여 다음 조건을 만족시키는 함수 $f : X \longrightarrow Y$의 개수는?

$$f(1) < f(2) \leq f(3) \leq f(4) < f(5)$$

① 64 　　　 ② 84 　　　 ③ 96
④ 126 　　 ⑤ 210

STEP A 중복조합을 이용하여 함수의 개수 구하기

(I) $f(1) \leq f(2) \leq f(3) \leq f(4) \leq f(5)$를 만족하는 함수 f의 개수는
$$_7H_5 = {}_{7+5-1}C_5 = {}_{11}C_5 = 462$$

(ii) $f(1) = f(2) \leq f(3) \leq f(4) \leq f(5)$ 또는 $f(1) \leq f(2) \leq f(3) \leq f(4) = f(5)$를 만족하는 함수 f의 개수는 집합 Y의 1, 2, 3, 4, 5, 6, 7 중에서 중복을 허락하여 4개를 택한 다음 큰 것부터 차례대로 대응시키는 방법의 수와 같다.
즉 구하는 함수의 개수는 $_7H_4 = {}_{7+4-1}C_4 = {}_{10}C_4 = 210$

(iii) $f(1) = f(2) \leq f(3) \leq f(4) = f(5)$를 만족하는 함수 f의 개수는 집합 Y의 1, 2, 3, 4, 5, 6, 7 중에서 중복을 허락하여 3개를 택한 다음 큰 것부터 차례대로 대응시키는 방법의 수와 같다.
즉 구하는 함수 f의 개수는 $_7H_3 = {}_{7+3-1}C_3 = {}_9C_3 = 84$

STEP B 합의 법칙을 이용하여 구하기

(I)~(iii)에서 구하는 함수의 개수는 $462 - (210 + 210) + 84 = 126$

0102

두 집합 $X=\{1, 2, 3, 4, 5\}$, $Y=\{3, 4, 5, 6, 7\}$에 대하여
함수 $f : X \longrightarrow Y$가 다음 세 조건을 만족시킨다.

(가) $f(2) = 4$
(나) $f(3) < f(4)$
(다) 임의의 $x_1 \in X$, $x_2 \in X$에 대하여 $x_1 < x_2$이면
　　　$f(x_1) \leq f(x_2)$이다.

이때 함수 f의 개수를 구하여라.

STEP A $f(1)$의 값과 $f(3)$, $f(4)$, $f(5)$의 값을 정하는 경우로 나누어 함수의 개수 구하기

세 조건 (가), (나), (다)를 만족하는 경우는
$f(1) \leq 4 \leq f(3) < f(4) \leq f(5)$

(I) $f(1)$을 정하는 방법의 수는 3, 4에서 1개를 선택하는 조합의 수와 같으므로 $_2C_1 = 2$

(ii) $f(3) < f(4) \leq f(5)$를 만족하는 $f(3)$, $f(4)$, $f(5)$를 정하는 경우의 수는

$f(3) \leq f(4) \leq f(5)$인 경우

$f(3)$, $f(4)$, $f(5)$를 정하는 경우의 수는
4, 5, 6, 7에서 중복을 허락하여 3개를 뽑는 조합의 수와 같으므로
$$_4H_3 = {}_{4+3-1}C_3 = {}_6C_3 = \frac{6 \cdot 5 \cdot 4}{3 \cdot 2 \cdot 1} = 20 \qquad \cdots\cdots ㉠$$

$f(3) = f(4) \leq f(5)$인 경우

$f(3)$, $f(4)$, $f(5)$를 정하는 경우의 수는
4, 5, 6, 7에서 중복을 허락하여 2개를 뽑는 조합의 수와 같으므로
$$_4H_2 = {}_{4+2-1}C_2 = {}_5C_2 = \frac{5 \cdot 4}{2 \cdot 1} = 10 \qquad \cdots\cdots ㉡$$

즉 ㉠, ㉡에서 구하는 경우의 수는 $20 - 10 = 10$

STEP B 구하는 함수의 개수 구하기

(I), (ii)에서 구하는 함수 f의 개수는 $2 \times 10 = 20$

0103

다음 물음에 답하여라.

(1) $3 \le a \le b \le c \le d \le 10$을 만족시키는 자연수 a, b, c, d의 모든 순서쌍 (a, b, c, d)의 개수는?

① 240   ② 270   ③ 300

④ 330   ⑤ 360

STEP A   중복조합을 이용하여 순서쌍의 개수 구하기

$3 \le a \le b \le c \le d \le 10$을 만족하는 자연수 a, b, c, d는
3부터 10까지의 8개의 자연수 중에서 중복을 허락하여 4개를 선택한 후
가장 작은 수부터 차례로 a, b, c, d라 하면 된다.
즉 구하는 순서쌍 (a, b, c, d)의 개수는 8개의 자연수 중에서
중복을 허락하여 4개의 숫자를 뽑는 중복조합의 수와 같다.
따라서 구하는 순서쌍의 개수는

$$_8\mathrm{H}_4 = {}_{8+4-1}\mathrm{C}_4 = {}_{11}\mathrm{C}_4 = \frac{11 \times 10 \times 9 \times 8}{4 \times 3 \times 2 \times 1} = 330$$

 $3 < a < b < c < d < 10$을 만족하는 자연수 a, b, c, d의 순서쌍 (a, b, c, d)의 개수 ⇨ 4부터 9까지의 자연수 6개 중 4개를 뽑는 조합의 수 $_6\mathrm{C}_4$

(2) $1 < a < b \le 6 < c \le d \le 12$를 만족시키는 자연수 a, b, c, d의 모든 순서쌍 (a, b, c, d)의 개수를 구하여라.

STEP A   6을 기준으로 순서쌍 (a, b)와 순서쌍 (c, d)의 개수를 각각 구하기

$1 < a < b \le 6 < c \le d \le 12$ …… ㉠

(i) $1 < a < b \le 6$에서
자연수 a, b의 순서쌍 (a, b)는 2, 3, 4, 5, 6 중에서
서로 다른 두 자연수를 택하는 조합의 수이므로

경우의 수는 $_5\mathrm{C}_2 = \dfrac{5 \cdot 4}{2 \cdot 1} = 10$

(ii) $6 < c \le d \le 12$에서
자연수 c, d의 순서쌍 (c, d)는 7, 8, 9, 10, 11, 12 중에서
중복을 허락하여 두 자연수를 택하는 중복조합의 수이므로

경우의 수는 $_6\mathrm{H}_2 = {}_{6+2-1}\mathrm{C}_2 = {}_7\mathrm{C}_2 = \dfrac{7 \cdot 6}{2 \cdot 1} = 21$

STEP B   곱의 법칙을 이용하여 구하기

(i), (ii)에서 구하는 모든 순서쌍 (a, b, c, d)의 개수는 $10 \times 21 = 210$

0104

다음 물음에 답하여라.

(1) 다음 조건을 만족시키는 자연수 a, b, c의 모든 순서쌍 (a, b, c)의 개수는?

> (가) $a \times b \times c$는 홀수이다.
> (나) $a \le b \le c \le 20$

① 200   ② 210   ③ 220

④ 230   ⑤ 240

STEP A   세 자연수의 곱이 홀수이므로 세 수가 모두 홀수임을 이용하기

조건 (가)에서 $a \times b \times c$는 홀수이므로 a, b, c는 모두 홀수이다.

STEP B   중복조합을 이용하여 구하기

조건 (나)에서 a, b, c는 모두 20 이하의 홀수이고 $a \le b \le c$이므로
a, b, c에서 서로 같은 수를 선택할 수 있고 서로 다른 수를 선택하는
경우에는 크기의 순서가 정해진다.

즉 20 이하의 홀수 1, 3, 5, 7, …, 19의 10개 중에서 중복을 허락하여
3개를 뽑는 순서쌍의 (a, b, c)의 개수는

$$_{10}\mathrm{H}_3 = {}_{10+3-1}\mathrm{C}_3 = {}_{12}\mathrm{C}_3 = \frac{12 \cdot 11 \cdot 10}{3 \cdot 2 \cdot 1} = 220$$

[다른풀이]   세 수 모두 홀수가 됨을 이용하여 풀이하기

조건 (가)에서
$a \times b \times c$가 홀수이므로 a, b, c는 모두 홀수인 자연수이다.
즉 $a = 2x_1 - 1$, $b = 2x_2 - 1$, $c = 2x_3 - 1$ (단, x_1, x_2, x_3는 자연수)
이라 하면
조건 (나)에서
$2x_1 - 1 \le 2x_2 - 1 \le 2x_3 - 1 \le 20$

$x_1 \le x_2 \le x_3 \le \dfrac{21}{2}$

∴ $x_1 \le x_2 \le x_3 \le 10$ $(\because x_1, x_2, x_3$는 자연수$)$

이 식을 만족하는 자연수 x_1, x_2, x_3의 모든 순서쌍 (x_1, x_2, x_3)의 개수는

$$_{10}\mathrm{H}_3 = {}_{12}\mathrm{C}_3 = 220$$

 $a < b < c \le 20$이면 20 이하의 홀수 중 서로 다른 세 수를 고르기만 하면 되므로 조합 $_{10}\mathrm{C}_3$을 이용하여 구하면 자동으로 a, b, c의 크기는 순서가 정해진다.

(2) 다음 조건을 만족시키는 세 자연수의 모든 순서쌍 (a, b, c)의 개수는?

> (가) 세 수 a, b, c의 합은 짝수이다.
> (나) $a \le b \le c \le 15$

① 320   ② 324   ③ 328

④ 332   ⑤ 336

STEP A   세 수 a, b, c에 대하여 $a+b+c$가 짝수인 경우 이해하기

1부터 15까지의 자연수 중 짝수는 2, 4, 6, 8, 10, 12, 14의 7개이고
홀수는 8개이므로 $a+b+c$가 짝수인 경우
세 수 a, b, c가 모두 짝수인 경우와
세 수 a, b, c 중 1개만 짝수인 경우로 나누어 구한다.

STEP B   각각의 경우의 수 구하기

(i) a, b, c가 모두 짝수인 경우
$a \le b \le c \le 15$를 만족하는 순서쌍 (a, b, c)의 개수는
짝수 7개 중 중복을 허락하여 3개를 선택하는 경우의 수이므로

$$_7\mathrm{H}_3 = {}_9\mathrm{C}_3 = \frac{9 \cdot 8 \cdot 7}{3 \cdot 2 \cdot 1} = 84$$

(ii) a, b, c 중 1개만 짝수인 경우
$a \le b \le c \le 15$를 만족하는 순서쌍 (a, b, c)의 개수는
짝수 1개를 선택하는 경우의 수이므로 $_7\mathrm{C}_1 = 7$
홀수 8개 중 중복을 허락하여 2개를 선택하는 경우의 수는 $_8\mathrm{H}_2$
선택한 세 수를 크기순으로 나열하는 경우의 수는 1이므로

$$7 \times {}_8\mathrm{H}_2 \times 1 = 7 \times {}_9\mathrm{C}_2 \times 1 = 252$$

(i), (ii)에 의하여 구하는 경우의 수는 $84 + 252 = 336$

0105

집합 $X=\{1, 2, 3, 4, 5, 6, 7\}$에 대하여 다음 조건을 만족시키는
함수 $f : X \longrightarrow X$의 개수를 구하여라.

> (가) 함수 f의 치역의 원소의 개수는 3이다.
> (나) 집합 X의 임의의 두 원소 x_1, x_2에 대하여 $x_1 < x_2$이면
> $\quad f(x_1) \leq f(x_2)$이다.

STEP A 조건 (가)를 만족하는 경우의 수 구하기

조건 (가)에서
함수 f의 치역에 속하는 집합 X의 원소 3개를 택하는 경우의 수는
$$_7\mathrm{C}_3 = \frac{7 \cdot 6 \cdot 5}{3 \cdot 2 \cdot 1} = 35 \qquad \cdots\cdots \ \text{㉠}$$

STEP B 음이 아닌 정수해의 개수 구하기

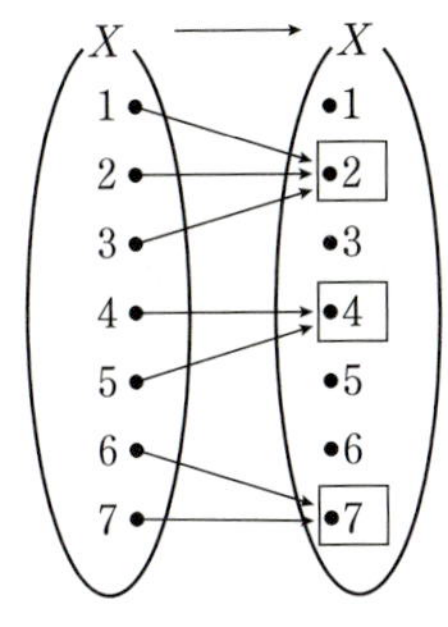

치역에 속하는 3개의 수에 각각 대응하는 집합 X의 원소의 개수를 각각
a, b, c라 하자.
집합 X의 원소의 개수는 7이므로 $a+b+c=7$
치역의 각 원소에 적어도 하나의 값은 대응되어야 하므로
$a \geq 1$, $b \geq 1$, $c \geq 1$
즉 음이 아닌 세 정수 a', b', c'에 대하여
$a=a'+1$, $b=b'+1$, $c=c'+1$이라 하면
$(a'+1)+(b'+1)+(c'+1)=7$
$\therefore a'+b'+c'=4$ (a', b', c'은 음이 아닌 정수)
이때 순서쌍 (a', b', c')의 개수는
$$_3\mathrm{H}_4 = {}_6\mathrm{C}_4 = {}_6\mathrm{C}_2 = \frac{6 \cdot 5}{2 \cdot 1} = 15 \qquad \cdots\cdots \ \text{㉡}$$

STEP C 조건을 만족시키는 함수 $f : X \longrightarrow X$의 개수 구하기

따라서 ㉠, ㉡에서 구하는 함수 f의 개수는 $35 \times 15 = 525$

BASIC

0106

자연수 r에 대하여 $_3\mathrm{H}_r = {}_7\mathrm{C}_2$일 때, $_5\mathrm{H}_r$의 값을 구하여라.

STEP A 중복조합의 수 계산하기

$_3\mathrm{H}_r = {}_{3+r-1}\mathrm{C}_r = {}_{r+2}\mathrm{C}_r = {}_{r+2}\mathrm{C}_2 = {}_7\mathrm{C}_2 \quad \therefore r=5$
따라서 $_5\mathrm{H}_r = {}_5\mathrm{H}_5 = {}_{5+5-1}\mathrm{C}_5 = {}_9\mathrm{C}_4 = \dfrac{9 \cdot 8 \cdot 7 \cdot 6}{4 \cdot 3 \cdot 2 \cdot 1} = 126$

0107

등식 $_3\mathrm{H}_7 = {}_8\mathrm{C}_7 + {}_n\mathrm{C}_2$를 만족시키는 자연수 n의 값은?

① 5 ② 6 ③ 7
④ 8 ⑤ 9

STEP A 중복조합의 수 계산하기

$_3\mathrm{H}_7 = {}_{3+7-1}\mathrm{C}_7 = {}_9\mathrm{C}_7 = {}_9\mathrm{C}_2 = \dfrac{9 \cdot 8}{2 \cdot 1} = 36$, $\ _8\mathrm{C}_7 = {}_8\mathrm{C}_1 = 8$
$_3\mathrm{H}_7 = {}_8\mathrm{C}_7 + {}_n\mathrm{C}_2$에서 $36 = 8 + {}_n\mathrm{C}_2 \quad \therefore {}_n\mathrm{C}_2 = 28$
이때 $\dfrac{n(n-1)}{2 \cdot 1} = 28$, $n^2 - n - 56 = 0$, $(n-8)(n+7)=0$
따라서 n은 2 이상의 자연수이므로 $n=8$

다른풀이 조합의 수의 성질을 이용하여 풀이하기

$_3\mathrm{H}_7 = {}_{3+7-1}\mathrm{C}_7 = {}_9\mathrm{C}_7$이고 조합의 수의 성질에서 $_9\mathrm{C}_7 = {}_8\mathrm{C}_7 + {}_8\mathrm{C}_6$이므로
$_3\mathrm{H}_7 = {}_8\mathrm{C}_7 + {}_8\mathrm{C}_6$
또, 조건에서 $_3\mathrm{H}_7 = {}_8\mathrm{C}_7 + {}_n\mathrm{C}_2$이므로 $_n\mathrm{C}_2 = {}_8\mathrm{C}_6 = {}_8\mathrm{C}_2 \quad \therefore n=8$

0108

$(a+b+c)^4 (x+y)^3$의 전개식에서 서로 다른 항의 개수를 구하여라.

STEP A 항의 전개식에서 서로 다른 항의 개수는 중복조합의 수로 구하기

$(a+b+c)^4 (x+y)^3$의 전개식에서 $(a+b+c)^4$, $(x+y)^3$이 동류항을 가지고
있지 않으므로 서로 다른 항의 개수는 $(a+b+c)^4$의 서로 다른 항의 개수와
$(x+y)^3$의 서로 다른 항의 개수의 곱과 같다.
(i) $(a+b+c)^4$을 전개할 때 생기는 서로 다른 항의 개수는 서로 다른
$\quad$ 세 문자 a, b, c에서 중복을 허락하여 4개를 선택하는 방법의 수이므로
$\qquad _3\mathrm{H}_4 = {}_{3+4-1}\mathrm{C}_4 = {}_6\mathrm{C}_4 = {}_6\mathrm{C}_2 = 15$

> 
> 일반항을 $ka^p b^q c^r$ (k는 자연수)이라 하면
> $p+q+r=4$ (단, $0 \leq p \leq 4$, $0 \leq q \leq 4$, $0 \leq r \leq 4$)
> 즉 $(a+b+c)^4$의 전개식에서 서로 다른 항의 개수는
> 방정식 $p+q+r=4$의 음이 아닌 정수해의 개수와 같으므로
> $_3\mathrm{H}_4 = {}_{3+4-1}\mathrm{C}_4 = {}_6\mathrm{C}_4 = {}_6\mathrm{C}_2 = 15$

(ii) $(x+y)^3$을 전개할 때 생기는 서로 다른 항의 개수는 서로 다른 두 문자
$\quad x$, y에서 중복을 허락하여 3개를 선택하는 방법의 수이므로
$\qquad _2\mathrm{H}_3 = {}_{2+3-1}\mathrm{C}_3 = {}_4\mathrm{C}_3 = {}_4\mathrm{C}_1 = 4$
따라서 구하는 서로 다른 항의 개수는 $15 \times 4 = 60$

> 
> 이 문제에서는 전개식에서 항의 계수를 묻는 것이 아니라 항의 개수를
> 묻는 것이므로 이항정리 문제가 아니다.

0109

서로 다른 3종류의 아이스크림 중에서 중복을 허락하여 n개의 아이스크림을 주문하는 경우의 수가 55일 때, n의 값은? (단, 각 종류의 아이스크림은 충분히 많고, 주문하지 않은 아이스크림의 종류가 있을 수 있다.)

① 8 ② 9 ③ 10
④ 11 ⑤ 12

STEP Ⓐ 중복조합의 수를 이용하여 n의 값 구하기

서로 다른 3종류의 아이스크림 중에서 중복을 허락하여 n개의 아이스크림을 주문하는 경우의 수는 서로 다른 3개에서 n개를 택하는 중복조합의 수와 같으므로

$${}_3H_n = {}_{3+n-1}C_n = {}_{n+2}C_n = {}_{n+2}C_2 = \frac{(n+2)(n+1)}{2 \cdot 1}$$

$$\frac{(n+2)(n+1)}{2} = 55$$

$$n^2 + 3n - 108 = 0, \quad (n+12)(n-9) = 0$$

따라서 n은 자연수이므로 $n = 9$

0110

다음 그림과 같이 서로 다른 3개의 상자에 같은 종류의 초콜릿 10개를 넣으려고 한다. 모든 상자에 한 개 이상의 초콜릿을 넣을 때, 초콜릿을 넣는 방법의 수는?

① 16 ② 36 ③ 66
④ 343 ⑤ 1000

STEP Ⓐ 3개의 상자에 초콜릿을 하나씩 넣고 남은 7개의 초콜릿에 대해 중복조합을 이용하여 경우의 수 구하기

각 상자에 미리 한 개씩 넣고 나머지 7개를 배열하는 방법의 수는 서로 다른 3종류의 상자에 중복을 허락하여 7개를 선택하는 중복조합의 수와 같다.
따라서 구하는 방법의 수는 ${}_3H_7 = {}_{3+7-1}C_7 = {}_9C_2 = 36$

다른풀이 양의 정수해의 개수를 이용하여 풀이하기

서로 다른 3개의 상자에 넣는 초콜릿의 개수를 각각 x, y, z라 하고
$x+y+z = 10$인 양의 정수해의 개수를 구하면
$x = x'+1, \ y = y'+1, \ z = z'+1$
$(x'+1)+(y'+1)+(z'+1) = 10$
$x'+y'+z' = 7$의 음이 아닌 정수해이므로 구하는 순서쌍 (x', y', z')의 개수는 서로 다른 3개에서 중복을 허락하여 7개를 택하는 중복조합의 수와 같으므로 ${}_3H_7 = {}_{3+7-1}C_7 = {}_9C_2 = 36$

0111

다음 경우의 수가 다른 값을 갖는 것은?
① 1, 2, 3을 사용하여 만들 수 있는 네 자리 정수의 개수
② 똑같은 사과 4개를 세 아이에게 나누어 주는 방법의 수
③ $(a+b+c)^4$의 전개식에서 서로 다른 항의 개수
④ 4명의 선거인이 3명의 후보자에게 무기명으로 투표하는 경우의 수
⑤ 방정식 $x+y+z = 4$의 음이 아닌 정수해의 개수

STEP Ⓐ 중복순열과 중복조합 비교하기

① 중복순열의 수이므로 ${}_3\Pi_4 = 3^4 = 81$
② 중복조합의 수이므로 ${}_3H_4 = {}_6C_4 = 15$

③ 3명의 후보 중에서 중복을 허락하여 4개를 선택하여 곱하면 각 항이 되므로 중복조합의 수이다.
  $\therefore {}_3H_4 = {}_6C_4 = 15$
④ 3명의 후보 중에서 중복을 허락하여 4장의 투표지에 적을 사람을 선택하는 경우이므로 중복조합의 수이다
  $\therefore {}_3H_4 = {}_6C_4 = 15$
⑤ $x+y+z = 4$의 음이 아닌 정수해의 개수는 중복조합의 수이므로
  ${}_3H_4 = {}_6C_4 = 15$
따라서 경우의 수가 다른 하나는 ①번이다.

0112

원형의 탁자 주위에 똑같은 의자가 12개 놓여 있다. 4명의 학생이 탁자에 둘러앉을 때, 빈 의자를 사이에 두고 어느 누구도 이웃하지 않게 앉히는 경우의 수는?

① 120 ② 160
③ 180 ④ 210
⑤ 240

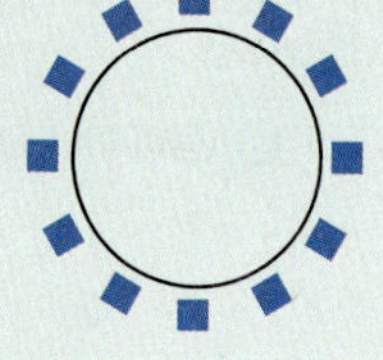

STEP Ⓐ 먼저 4명의 학생을 원형으로 배열하는 경우의 수 구하기

먼저 4명의 학생을 원형으로 배열하는 경우의 수는
$(4-1)! = 6$

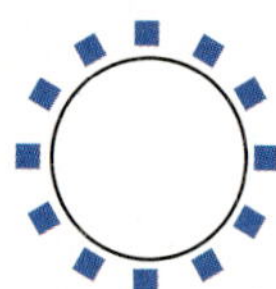

STEP Ⓑ x, y, z가 양의 정수이므로 음이 아닌 정수해로 바꾸어 정수해의 개수 구하기

4명의 학생 사이에 있는 빈 의자의 개수를 각각 a, b, c, d라고 하면
$a+b+c+d = 12-4 = 8$
이때 a, b, c, d는 1 이상의 자연수이므로 ${}_4H_4 = {}_{4+4-1}C_4 = {}_7C_4 = {}_7C_3 = 35$
따라서 구하는 경우의 수는 $6 \times 35 = 210$

0113

평면 위의 평행한 두 직선 l, m과 직선 l 위의 서로 다른 세 점 P, Q, R이 있다. 직선 l 위의 세 점 P, Q, R에서 각각 하나의 선분으로 직선 m 위의 점을 연결할 때, 세 선분이 교차하지 않는 경우의 수를 구하려고 한다. 예를 들어 그림과 같이 직선 m 위에 두 점이 있을 때, 구하는 모든 경우의 수는 4(가지)이다. 직선 m 위에 10개의 점이 있을 때, 위와 같이 세 선분이 교차하지 않는 모든 경우의 수를 구하여라.

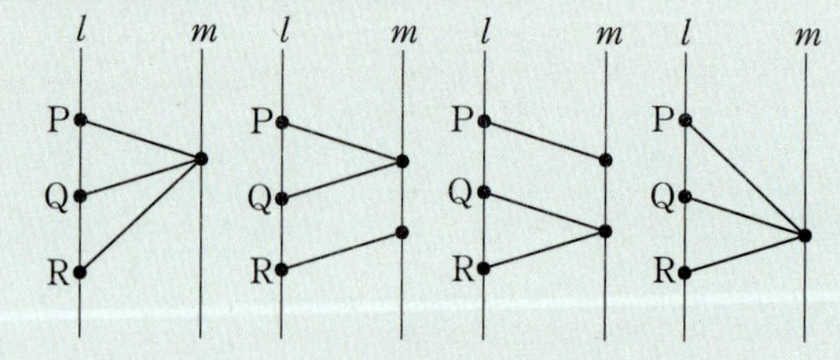

STEP Ⓐ 세 선분이 교차하지 않도록 하기 위해서는 m에서 선택되어지는 점의 순서는 이미 정해져야 하므로 중복조합을 이용하여 경우의 수 구하기

주어진 조건에서 직선 m 위의 10개의 점 중 중복으로 세 개의 점을 선택하여 택해진 순서에 따라 세 점 P, Q, R을 대응시키면 된다.
즉 직선 m 위의 점 중에서 첫 번째, 세 번째, 여덟 번째 점을 선택했다고 하면 선이 겹쳐지지 않기 위해서는 세 점 P, Q, R을 그 순서에 맞게 대응시키면 된다.
따라서 서로 다른 10개의 점에서 3개의 점을 중복해서 택하는 조합의 수와 같으므로 구하는 모든 경우의 수는 ${}_{10}H_3 = {}_{10+3-1}C_3 = {}_{12}C_3 = 220$

0114

다음 물음에 답하여라.

(1) 같은 종류의 연필 3자루, 같은 종류의 볼펜 4자루를 학생 2명에게 남김없이 나누어 주는 경우의 수는? (단, 아무것도 받지 못하는 학생이 있을 수 있다.)

① 8 ② 12 ③ 16
④ 20 ⑤ 24

STEP A 중복조합의 수를 이용하여 구하기

같은 종류의 연필 3자루를 학생 2명에게 남김없이 나누어 주는 경우의 수는 서로 다른 2개에서 3개를 택하는 중복조합의 수와 같으므로
$$_2H_3 = {}_{2+3-1}C_3 = {}_4C_3 = {}_4C_1 = 4$$
같은 종류의 볼펜 4자루를 학생 2명에게 남김없이 나누어 주는 경우의 수는 서로 다른 2개에서 4개를 택하는 중복조합의 수와 같으므로
$$_2H_4 = {}_{2+4-1}C_4 = {}_5C_4 = {}_5C_1 = 5$$

STEP B 곱의 법칙을 이용하여 구하기

따라서 구하는 경우의 수는 $4 \times 5 = 20$

---

(2) 크기와 모양이 같은 검은 구슬 5개와 흰 구슬 2개를 서로 다른 세 상자에 모두 넣는 경우의 수는? (단, 비어있는 상자가 있을 수 있다.)

① 125 ② 126 ③ 127
④ 128 ⑤ 129

STEP A 검은 구슬을 서로 다른 세 상자에 모두 넣고, 흰 구슬을 세 상자에 나누어 넣는 경우로 나누어 각각에 대해 경우의 수 구하기

(ⅰ) 크기와 모양이 같은 검은 구슬 5개를 서로 다른 세 상자에 모두 넣는 방법의 수는 3개 중 중복을 허락하여 5개를 선택하는 경우이므로
$$_3H_5 = {}_{3+5-1}C_5 = {}_7C_5 = {}_7C_2 = 21$$

서로 다른 세 상자에 넣은 각각의 개수를 x, y, z라 하면
$x+y+z=5$인 음이 아닌 정수해의 개수이므로
$$_3H_5 = {}_{3+5-1}C_5 = {}_7C_5 = {}_7C_2 = 21$$

(ⅱ) 크기와 모양이 같은 흰 구슬 2개를 서로 다른 세 상자에 넣는 방법의 수는 3개 중 중복을 허락하여 2개를 선택하는 경우이므로
$$_3H_2 = {}_{3+2-1}C_2 = {}_4C_2 = 6$$

STEP B 곱의 법칙을 이용하여 구하기

따라서 구하는 경우의 수는 $21 \times 6 = 126$

0115

다음 물음에 답하여라.

(1) $(a+b+c)^5$의 전개식에서 a를 인수로 갖는 서로 다른 항의 개수는?

① 12 ② 13 ③ 14
④ 15 ⑤ 16

STEP A 전체 항의 개수와 a를 인수로 갖지 않은 항의 개수를 구하기

$(a+b+c)^5$의 전개식에서 항의 개수는
a, b, c에서 중복을 허락하여 5개를 택하는 경우의 수와 같으므로
$$_3H_5 = {}_{3+5-1}C_5 = {}_7C_5 = {}_7C_2 = \frac{7 \cdot 6}{2 \cdot 1} = 21$$
이 중 a를 인수로 갖지 않는 항의 개수는
b, c에서 중복을 허락하여 5개를 택하는 경우의 수와 같으므로
$$_2H_5 = {}_{2+5-1}C_5 = {}_6C_5 = {}_6C_1 = 6$$

STEP B 전체 항의 개수에서 a를 인수로 갖지 않은 항의 개수를 빼서 구하기

따라서 a를 인수로 갖는 항의 개수는 $21 - 6 = 15$

---

(2) $(a+b+c+d)^6$의 전개식에서 a는 포함하고 b는 포함하지 않는 서로 다른 항의 개수는?

① 19 ② 21 ③ 23
④ 25 ⑤ 27

STEP A 항의 전개식에서 b를 포함하지 않는 항의 개수 구하기

$(a+b+c+d)^6$의 전개식에서 b를 포함하지 않는 서로 다른 항의 개수는 $(a+c+d)^6$의 전개식에서 서로 다른 항의 개수와 같다.
$(a+c+d)^6$의 전개식에서 서로 다른 항의 개수는 3개의 문자 a, c, d에서 6개를 택하는 중복조합의 수와 같으므로
$$_3H_6 = {}_{3+6-1}C_6 = {}_8C_6 = {}_8C_2 = \frac{8 \cdot 7}{2 \cdot 1} = 28$$

STEP B $(a+c+d)^6$의 전개식에서 a를 포함하지 않는 항의 개수 구하기

한편 $(a+c+d)^6$의 전개식에서 a를 포함하지 않는 항의 개수는 $(c+d)^6$의 전개식에서 서로 다른 항의 개수와 같다.
이 경우의 수는 2개의 문자 c, d에서 6개를 택하는 중복조합의 수와 같으므로
$$_2H_6 = {}_{2+6-1}C_6 = {}_7C_1 = 7$$

STEP C b를 포함하지 않는 항의 개수에서 a를 포함하지 않는 항의 개수를 빼서 구하기

따라서 구하는 항의 개수는 $28 - 7 = 21$

> **다른풀이** 방정식의 음이 아닌 정수해의 개수를 이용하여 풀이하기

$(a+b+c+d)^6$의 전개식에서 b를 포함하지 않는 서로 다른 항의 개수는 $(a+c+d)^6$의 전개식에서 서로 다른 항의 개수와 같다.
$(a+c+d)^6$의 전개식에서 a를 포함하는 각 항은
$a^x c^y d^z$ ($x+y+z=6$, x는 자연수, y, z는 음이 아닌 정수)의 꼴이다.
$x = x' + 1$ (x'은 음이 아닌 정수)
라 하면 $x+y+z=6$에서 $(x'+1)+y+z=6$
$x'+y+z=5$
위의 방정식을 만족시키는 음이 아닌 정수 x', y, z의 모든 순서쌍 (x', y, z)의 개수는 서로 다른 3개에서 5개를 택하는 중복조합의 수와 같으므로
$$_3H_5 = {}_{3+5-1}C_5 = {}_7C_5 = {}_7C_2 = \frac{7 \cdot 6}{2 \cdot 1} = 21$$

---

(3) $(a+b+c+d)^5(e+f+g)^4$의 전개식에서 a는 포함하지 않고 e는 포함하는 문자의 곱으로 이루어진 서로 다른 항의 개수는?

① 100 ② 120 ③ 160
④ 186 ⑤ 210

STEP A $(a+b+c+d)^5$의 전개식에서 a를 포함하지 않는 항의 개수 구하기

$(a+b+c+d)^5$의 전개식에서 a를 포함하지 않는 문자의 곱으로 이루어진 서로 다른 항의 개수는 $(b+c+d)^5$의 전개식에서 서로 다른 항의 개수와 같으므로 $_3H_5 = {}_{3+5-1}C_5 = {}_7C_5 = {}_7C_2 = \frac{7 \cdot 6}{2 \cdot 1} = 21$

STEP B $(e+f+g)^4$의 전개식에서 e를 포함 하는 항의 개수 구하기

$(e+f+g)^4$의 전개식에서 e를 포함 하는 문자의 곱으로 이루어진 서로 다른 항의 개수는 전체의 항의 개수에서 e를 포함하지 않는 항의 개수를 뺀 것과 같으므로
$$\begin{aligned}
_3H_4 - {}_2H_4 &= {}_{3+4-1}C_4 - {}_{2+4-1}C_4 \\
&= {}_6C_4 - {}_5C_4 \\
&= \frac{6 \cdot 5}{2 \cdot 1} - 5 \\
&= 15 - 5 = 10
\end{aligned}$$

STEP C 곱의 법칙을 이용하여 구하기

따라서 구하는 항의 개수는 $21 \cdot 10 = 210$

0116

세 자연수 a, b, c에 대하여 $2 \leq a \leq b \leq c \leq 7$을 만족시키는 모든 순서쌍 (a, b, c)의 개수는?

① 52 ② 54 ③ 56
④ 58 ⑤ 60

STEP Ⓐ 중복조합을 이용하여 구하기

구하는 모든 순서쌍의 개수는 2부터 7까지의 6개의 자연수 중에서
3개를 택하는 중복조합의 수와 같으므로

$$_6\mathrm{H}_3 = {}_{6+3-1}\mathrm{C}_3 = {}_8\mathrm{C}_3 = \frac{8 \cdot 7 \cdot 6}{3 \cdot 2 \cdot 1} = 56$$

0117

다음 물음에 답하여라.

(1) 방정식 $x+y+z=17$을 만족시키는 음이 아닌 정수 x, y, z에 대하여 순서쌍 (x, y, z)의 개수를 구하여라.

STEP Ⓐ 음이 아닌 정수해의 개수 구하기

방정식 $x+y+z=17$을 만족시키는 음이 아닌 정수해의 순서쌍 (x, y, z)의
개수는 서로 다른 세 문자 x, y, z에서 중복을 허락하여 17개를 뽑는
중복조합의 수와 같으므로 $_3\mathrm{H}_{17} = {}_{3+17-1}\mathrm{C}_{17} = {}_{19}\mathrm{C}_{17} = {}_{19}\mathrm{C}_2 = 171$

(2) 방정식 $x+y+z+w=4$를 만족시키는 음이 아닌 정수해의 순서쌍 (x, y, z, w)의 개수를 구하여라.

STEP Ⓐ 음이 아닌 정수해의 개수 구하기

방정식 $x+y+z+w=4$를 만족시키는 음이 아닌 정수해의 순서쌍
(x, y, z, w)의 개수는 서로 다른 네 문자 x, y, z, w에서 중복을 허락하여
4개를 뽑는 중복조합의 수와 같으므로

$$_4\mathrm{H}_4 = {}_{4+4-1}\mathrm{C}_4 = {}_7\mathrm{C}_4 = {}_7\mathrm{C}_3 = \frac{7 \cdot 6 \cdot 5}{3 \cdot 2 \cdot 1} = 35$$

0118

다음 조건을 만족시키는 세 정수 a, b, c의 순서쌍 (a, b, c)의 개수는?

(가) $a \geq 1$, $b \geq -1$, $c \geq 0$
(나) $a+b+c=10$

① 48 ② 60 ③ 66
④ 78 ⑤ 80

STEP Ⓐ 방정식을 음이 아닌 정수해의 개수로 변형하기

조건 (가)에서 $a'=a-1$, $b'=b+1$이라 하면
a', b', c는 음이 아닌 정수이다.
조건 (나)에서 $a+b+c=(a'+1)+(b'-1)+c=10$이므로
$a'+b'+c=10$ (단, a', b', c는 음이 아닌 정수)
따라서 구하는 순서쌍의 개수는 서로 다른 3개에서 중복을 허락하여 10개를
뽑는 중복조합의 수와 같으므로 $_3\mathrm{H}_{10} = {}_{3+10-1}\mathrm{C}_{10} = {}_{12}\mathrm{C}_2 = \frac{12 \cdot 11}{2 \cdot 1} = 66$

0119

다음 물음에 답하여라.

(1) 한 개의 주사위를 3번 던져서 나온 눈의 수를 차례로 x, y, z라 하자. 방정식 $x+y+z=6$을 만족시키는 해의 순서쌍 (x, y, z)의 개수는?

① 7 ② 10 ③ 13
④ 16 ⑤ 19

STEP Ⓐ 방정식을 음이 아닌 정수해의 개수로 변형하기

$x \geq 1$, $y \geq 1$, $z \geq 1$이고 $x+y+z=6$이므로
$x=x'+1$, $y=y'+1$, $z=z'+1$로 놓으면
이때 주어진 방정식에 대입하면 $(x'+1)+(y'+1)+(z'+1)=6$
$x'+y'+z'=3$ (단, x', y', z'은 음이 아닌 정수)

STEP Ⓑ 음이 아닌 정수해의 개수 구하기

$x'+y'+z'=3$을 만족하는 음이 아닌 정수 x', y', z'의 모든 순서쌍
(x', y', z')의 개수는 $_3\mathrm{H}_3 = {}_5\mathrm{C}_3 = {}_5\mathrm{C}_2 = 10$

(2) 한 개의 주사위를 세 번 던져 나오는 눈의 수를 차례로 a, b, c라 하자. $a+b+c=14$를 만족시키는 모든 순서쌍 (a, b, c)의 개수는?

① 11 ② 12 ③ 13
④ 14 ⑤ 15

STEP Ⓐ 주사위를 던져 나온 눈의 수를 양의 정수임을 이용하여 식 정리하기

$1 \leq a \leq 6$, $1 \leq b \leq 6$, $1 \leq c \leq 6$이므로
$a=6-a'$, $b=6-b'$, $c=6-c'$이라 하자.
$(6-a')+(6-b')+(6-c')=14$

STEP Ⓑ 음이 아닌 정수해의 개수 구하기

$a'+b'+c'=4$ (단, a', b', c'은 음이 아닌 정수)
따라서 모든 순서쌍 (a, b, c)의 개수는 $_3\mathrm{H}_4 = {}_{3+4-1}\mathrm{C}_4 = {}_6\mathrm{C}_4 = {}_6\mathrm{C}_2 = 15$

다른풀이 중복순열의 정수해의 개수로 풀이하기

방정식 $a+b+c=14(a \geq 1, b \geq 1, c \geq 1)$의 순서쌍 (a, b, c)의 개수는
$a=a'+1$, $b=b'+1$, $c=c'+1$이라 하면
$a'+b'+c'=11$ (단, a', b', c'은 음 아닌 정수)을 만족시키는 순서쌍
(a', b', c')의 개수는 $_3\mathrm{H}_{11} = {}_{3+11-1}\mathrm{H}_{11} = {}_{13}\mathrm{C}_{11} = {}_{13}\mathrm{C}_2 = 78$
한편 $a \leq 6$, $b \leq 6$, $c \leq 6$이므로 $a' \leq 5$, $b' \leq 5$, $c' \leq 5$이어야 한다.
따라서 a', b', c'의 값 중 어느 하나라도 6 이상인 경우를 구해 보면
a'이 6 이상인 경우는 순서쌍 (a', b', c')가
$(11, 0, 0)$
$(10, 1, 0), (10, 0, 1)$
$(9, 2, 0), (9, 1, 1), (9, 0, 2)$
$(8, 3, 0), (8, 2, 1), (8, 1, 2), (8, 0, 3)$
$(7, 4, 0), (7, 3, 1), (7, 2, 2), (7, 1, 3), (7, 0, 4)$
$(6, 5, 0), (6, 4, 1), (6, 1, 4), (6, 3, 2), (6, 2, 3), (6, 0, 5)$
인 경우가 21가지이고 b', c'의 경우도 마찬가지이므로 $3 \times 21 = 63$
따라서 구하는 순서쌍 (a, b, c)의 개수는 $78-63=15$

다른풀이 같은 것이 있는 경우의 수를 이용하여 풀이하기

$a+b+c=14$를 만족하는 순서쌍 (a, b, c)의 개수

(ⅰ) 6, 6, 2인 경우 순서쌍의 개수는 $\dfrac{3!}{2!}=3$

(ⅱ) 6, 5, 3인 경우 순서쌍의 개수는 $3!=6$

(ⅲ) 6, 4, 4인 경우 순서쌍의 개수는 $\dfrac{3!}{2!}=3$

(ⅳ) 5, 5, 4인 경우 순서쌍의 개수는 $\dfrac{3!}{2!}=3$

(ⅰ)~(ⅳ)에서 모든 순서쌍 (a, b, c)의 개수는 $3+6+3+3=15$

(3) 방정식 $x+y+z=10$을 만족시키는 1 이상이고 5 이하인 자연수
x, y, z의 모든 순서쌍 (x, y, z)의 개수는?
① 14　　　② 16　　　③ 18
④ 20　　　⑤ 22

STEP Ⓐ 양의 정수임을 이용하여 식 정리하기

$1 \leq x \leq 5$, $1 \leq y \leq 5$, $1 \leq z \leq 5$
$x=5-x'$, $y=5-y'$, $z=5-z'$
$(5-x')+(5-y')+(5-z')=10$

STEP Ⓑ 음이 아닌 정수해의 개수 구하기

$x'+y'+z'=5$ (단, x', y', z'은 음이 아닌 정수)
즉 모든 순서쌍 (x, y, z)의 개수는 $_3H_5=_{3+5-1}C_5=_7C_5=_7C_2=21$
이때 순서쌍 (x', y', z') 중에서 $(5, 0, 0)$, $(0, 5, 0)$, $(0, 0, 5)$ 세 가지는
자연수 x, y, z 조건에 위배가 되므로 제외한다.
따라서 $21-3=18$

다른풀이　중복순열의 정수해의 개수로 풀이하기

방정식 $x+y+z=10$ $(x \geq 1$, $y \geq 1$, $z \geq 1)$의 순서쌍 (x, y, z)의 개수는
$x=x'+1$, $y=y'+1$, $z=z'+1$이라 하면
$x'+y'+z'=7$ (단, x', y', z'은 음 아닌 정수)을 만족시키는
순서쌍 (x', y', z')의 개수는 $_3H_7=_{3+7-1}C_7=_9C_7=_9C_2=36$
한편 $x \leq 5$, $y \leq 5$, $z \leq 5$이므로 $x' \leq 4$, $y' \leq 4$, $z' \leq 4$이어야 한다.
따라서 x', y', z'의 값 중 어느 하나라도 5 이상인 경우를 구해 보면
x'이 5 이상인 경우는 순서쌍 (x', y', z')가
$(7, 0, 0)$
$(6, 1, 0)$, $(6, 0, 1)$
$(5, 2, 0)$, $(5, 1, 1)$, $(5, 0, 2)$
인 경우가 6가지이고 y', z'의 경우도 마찬가지이므로 $3 \times 6=18$
따라서 구하는 순서쌍 (x, y, z)의 개수는 $36-18=18$

0120

다음 물음에 답하여라.
(1) 방정식 $x+y+z=16$을 만족시키는 양의 정수 중 짝수인 x, y, z에
대하여 순서쌍 (x, y, z)의 개수를 구하여라.

STEP Ⓐ x, y, z가 짝수인 양의 정수인 해로 바꾸기

$x=2l$, $y=2m$, $z=2n$ (단, l, m, n은 자연수)
라 하면 $x+y+z=16$에서 $2l+2m+2n=16$
$\therefore l+m+n=8$ (단, l, m, n은 자연수)

STEP Ⓑ 음이 아닌 정수해의 개수 구하기

$l=a+1$, $m=b+1$, $n=c+1$ (단, a, b, c는 음이 아닌 정수)
로 놓으면 $a+b+c=5$
따라서 방정식 $a+b+c=5$의 음이 아닌 정수해의 순서쌍 (a, b, c)개수는
a, b, c에서 5개를 택하는 중복조합의 수와 같으므로
$_3H_5=_{3+5-1}C_5=_7C_5=_7C_2=21$

(2) 방정식 $x+y+z=17$을 만족시키는 자연수 x, y, z에 대하여
x는 홀수, y, z는 짝수인 모든 자연수 (x, y, z)의 개수를 구하여라.

STEP Ⓐ x는 홀수, y, z는 짝수인 음이 아닌 정수인 해로 바꾸기

방정식 $x+y+z=17$　　　……　㉠
에서 x는 홀수, y, z는 짝수이므로

$x=2a+1$, $y=2b+2$, $c=2c+2$ $(a$, b, c는 음이 아닌 정수)
로 놓고 ㉠에 대입하면
$(2a+1)+(2b+2)+(2c+2)=17$
$a+b+c=6$

STEP Ⓑ 음이 아닌 정수해의 개수 구하기

방정식 $a+b+c=6$을 만족시키는 음이 아닌 정수 a, b, c의 모든 순서쌍
(a, b, c)의 개수는 서로 다른 3개에서 중복을 허락하여 6개를 택하는 경우의
수와 같으므로 $_3H_6=_{3+6-1}C_6=_8C_6=_8C_2=\dfrac{8 \cdot 7}{2 \cdot 1}=28$

0121

다음 물음에 답하여라.
(1) 방정식 $x+y+z=19$를 만족시키는 양의 정수 x, y, z의 순서쌍
(x, y, z) 중에서 x, y, z에 대하여 곱 xyz의 값이 홀수인 것의 개수
를 구하여라.

STEP Ⓐ 홀수인 순서쌍의 개수 구하기

xyz가 홀수이므로 x, y, z가 각각 홀수이어야 한다.
즉 $x=2a+1$, $y=2b+1$, $z=2c+1$ (단, a, b, c는 음이 아닌 정수)
로 놓고 $x+y+z=19$에 대입하면
$(2a+1)+(2b+1)+(2c+1)=19$
$a+b+c=8$
이 방정식을 만족시키는 음이 아닌 정수 a, b, c의 순서쌍 (a, b, c)의 개수는
서로 다른 3개에서 8개를 택하는 중복조합의 수와 같으므로
$_3H_8=_{3+8-1}C_8=_{10}C_8=_{10}C_2=45$

(2) 방정식 $x+y+z=9$를 만족시키는 양의 정수 x, y, z의 순서쌍
(x, y, z) 중에서 x, y, z에 대하여 곱 xyz의 값이 짝수인 것의
개수를 구하여라.

STEP Ⓐ 주어진 방정식의 모든 해가 양의 정수로 이루어진 순서쌍의 개수
구하기

구하는 순서쌍 (x, y, z)는 $x+y+z=9$　　　……　㉠
를 만족시키는 양의 정수 x, y, z의 순서쌍 (x, y, z) 중에서 x, y, z가
모두 홀수인 것을 제외한 것이다.
$x=x'+1$, $y=y'+1$, $z=z'+1$ $(x'$, y', z'는 음이 아난 정수)
로 놓고 ㉠에 대입하면 $x'+y'+z'=6$
방정식 $x'+y'+z'=6$을 만족시키는 음이 아닌 정수 x', y', z'의
순서쌍 (x', y', z')의 개수는 서로 다른 3개에서 6개를 딕하는
중복조합의 수와 같으므로 $_3H_6=_{3+6-1}C_6=_8C_6=_8C_2=28$

STEP Ⓑ 주어진 방정식의 모든 해가 홀수로 이루어진 순서쌍의 개수
구하기

$x+y+z=9$에서
$x=2a+1$, $b=2b+1$, $c=2c+1$ $(a$, b, c는 음이 아닌 정수)
로 놓고 ㉠에 대입하면 $(2a+1)+(2b+1)+(2c+1)=9$
$a+b+c=3$
방정식 $a+b+c=3$을 만족시키는 음이 아닌 정수 a, b, c의 순서쌍 (a, b, c)
의 개수는 서로 다른 3개에서 3개를 택하는 중복조합의 수와 같으므로
$_3H_3=_{3+3-1}C_3=_5C_3=_5C_2=10$

STEP Ⓒ 주어진 방정식의 모든 해가 양의 정수로 이루어진 순서쌍의 개수
에서 방정식의 모든 해가 홀수로 이루어진 순서쌍의 개수를 빼기

따라서 구하는 순서쌍 (x, y, z)의 개수는 $28-10=18$

0122

다음 물음에 답하여라.

(1) 똑같은 초콜릿 21개 모두를 세 명의 학생에게 각각 홀수개씩 나누어
주는 경우의 수는? (단, 모든 학생은 적어도 한 개의 초콜릿을 받는다.)

① 51 　　　　② 52 　　　　③ 53

④ 54 　　　　⑤ 55

STEP A 양의 정수 중 홀수인 x, y, z에 대하여 순서쌍 (x, y, z)의 개수 구하기

세 명의 학생에게 나누어 주는 초콜릿의 수를 각각 x, y, z라 하면
방정식 $x+y+z=21$을 만족하는 홀수의 순서쌍 (x, y, z)의 개수와 같다.
$x=2x'+1$, $y=2y'+1$, $z=2z'+1$ (x', y', z'음이 아닌 정수)
라 하면
$x+y+z=2x'+1+2y'+1+2z'+1=21$
$\therefore x'+y'+z'=9$
따라서 구하는 순서쌍의 개수는 서로 다른 3개에서 중복을 허락하여 9개를
택하는 중복조합의 수와 같으므로 $_3H_9={}_{3+9-1}C_9={}_{11}C_9={}_{11}C_2=55$

(2) $(x+y+z)^{11}$의 전개식에서 x, y, z의 차수가 모두 홀수인 서로 다른
항의 개수는?

① 12 　　　　② 15 　　　　③ 18

④ 21 　　　　⑤ 24

STEP A 양의 정수 중 짝수인 x, y, z에 대하여 순서쌍 (x, y, z)의 개수 구하기

$(x+y+z)^{11}$의 전개식에서 x, y, z의 차수가 모두 홀수인 항의 개수는
$x^a y^b z^c$에서 방정식 $a+b+c=11$을 만족하는 양의 정수 중 홀수인 a, b, c의
순서쌍 (a, b, c)의 개수와 같다.
$a=2a'+1$, $b=2b'+1$, $c=2c'+1$이라 하면
$(2a'+1)+(2b'+1)+(2c'+1)=11$
$\therefore a'+b'+c'=4$ (a', b', c'은 음이 아닌 정수) 　　…… ㉠

STEP B 음이 아닌 정수해의 개수 구하기

따라서 방정식 ㉠을 만족시키는 음이 아닌 정수 a', b', c'의
순서쌍 (a', b', c')의 개수는 $_3H_4={}_{3+4-1}C_4={}_6C_4={}_6C_2=15$

0123

네 개의 자연수 1, 2, 4, 8 중에서 중복을 허락하여 세 수를 선택할 때,
세 수의 곱이 100 이하가 되도록 선택하는 경우의 수는?

① 12 　　　　② 14 　　　　③ 16

④ 18 　　　　⑤ 20

STEP A 전체 경우의 수 구하기

네 자연수 1, 2, 4, 8 중 중복을 허락하여 세 수를 선택하는 경우의 수는
$_4H_3={}_{4+3-1}C_3={}_6C_3=20$

STEP B 세 수의 곱이 100을 초과하는 경우의 수를 구하여 빼기

세 수의 곱이 100을 초과하는 경우의 수는
(i) 8이 3개일 때, $8\times8\times8>100$
(ii) 8이 2개일 때, $8\times8\times4>100$, $8\times8\times2>100$
(iii) 8이 1개일 때, $8\times4\times4>100$의 4가지이다.
따라서 네 자연수 중 중복을 허락하여 선택한 세 수의 곱이 100 이하가 되는
경우의 수는 $20-4=16$

다른풀이 직접 구하여 풀이하기

주어진 네 개의 자연수는 각각 2^0, 2^1, 2^2, 2^3으로 나타낼 수 있고 이 수들을
곱한 값도 2^n의 형태가 된다.
$2^6=64$, $2^7=128$이므로 $2^6<100<2^7$이므로 세 수의 곱이 100 이하가 되려면
지수의 합이 6 이하 이여야 한다.
즉 0, 1, 2, 3 네 수에 대하여 중복을 허락하여 선택한 세 수의 합이 6 이하
이여야 한다.
이때 순서쌍을 구하면
합이 0인 경우는 $(0, 0, 0)$
합이 1인 경우는 $(1, 0, 0)$
합이 2인 경우는 $(2, 0, 0)$, $(1, 1, 0)$
합이 3인 경우는 $(3, 0, 0)$, $(2, 1, 0)$, $(1, 1, 1)$
합이 4인 경우는 $(3, 1, 0)$, $(2, 2, 0)$, $(2, 1, 1)$
합이 5인 경우는 $(3, 2, 0)$, $(3, 1, 1)$, $(2, 2, 1)$
합이 6인 경우는 $(3, 3, 0)$, $(3, 2, 1)$, $(2, 2, 2)$이므로 경우의 수는
$1+1+2+3+3+3+3=16$

NORMAL

0124

15 이하의 서로 다른 네 자연수 a, b, c, d에 대하여
$$a+6 \leq b+4 \leq c+2 \leq d$$
를 만족시키는 a, b, c, d의 모든 순서쌍 (a, b, c, d)의 개수는?

① 480 ② 485 ③ 490
④ 495 ⑤ 500

STEP A 조건을 만족하는 a, b', c', d'의 조건 구하기

$a+6 \leq b+4 \leq c+2 \leq d$에서
$b \geq a+2$, $c \geq b+2$, $d \geq c+2$이므로
$b'=b-1$, $c'=c-2$, $d'=d-3$이라 하면
$b' \geq a+1$, $c' \geq b'+1$, $d' \geq c'+1$이므로
$1 \leq a < b' < c' < d' \leq 12$

STEP B 조합을 이용하여 구하기

1부터 12까지의 자연수 중에서 서로 다른 네 수 a, b', c', d'을 택하면
네 수 a, b, c, d는 주어진 조건을 만족시킨다.
따라서 구하는 경우의 수는 $_{12}C_4 = \dfrac{12 \times 11 \times 10 \times 9}{4 \times 3 \times 2 \times 1} = 495$

0125

사과, 감, 배, 귤 네 종류의 과일 중에서 8개를 선택하려고 한다.
사과는 1개 이하를 선택하고, 감, 배, 귤은 각각 1개 이상을 선택하는 경우
의 수를 구하여라. (단, 각 종류의 과일은 8개 이상씩 있다.)

STEP A 네 종류의 과일 중에서 8개를 선택하는 방정식 작성하기

선택되는 8개 중에 사과, 감, 배, 귤을 선택한 개수를 각각 x, y, z, w라 하면
주어진 조건에 의하여
$x+y+z+w=8$ ($x=0$ 또는 $x=1$이고 $y \geq 1$, $z \geq 1$, $w \geq 1$)

STEP B 사과가 1개 이하이므로 $x=0$, $x=1$로 나누어 경우의 수 구하기

(i) $x=0$일 때,
　　$y+z+w=8$ $(y \geq 1, z \geq 1, w \geq 1)$이므로
　　$y=y'+1$, $z=z'+1$, $w=w'+1$이라 하면
　　$y'+z'+w'=5$ $(y' \geq 0, z' \geq 0, w' \geq 0)$이므로
　　순서쌍 (x, y, z, w)의 개수는
　　$_3H_5 = {}_{3+5-1}C_5 = {}_7C_5 = {}_7C_2 = 21$
(ii) $x=1$일 때,
　　$y+z+w=7$ $(y \geq 1, z \geq 1, w \geq 1)$이므로
　　$y=y'+1$, $z=z'+1$, $w=w'+1$이라 하면
　　$y'+z'+w'=4$ $(y' \geq 0, z' \geq 0, w' \geq 0)$이므로
　　순서쌍 (x, y, z, w)의 개수는
　　$_3H_4 = {}_{3+4-1}C_4 = {}_6C_4 = {}_6C_2 = 15$
(i), (ii)에서 구하는 경우의 수는 $21+15=36$

0126

주머니 안에 0, 2, 3, 5가 하나씩 적혀 있는 4개의 공이 있다.
이 주머니에서 임의로 한 개의 공을 꺼내어 숫자를 확인한 후 다시 넣는
시행을 3회 반복한다. 꺼낸 3개의 공에 적힌 수를 모두 곱한 값으로 가능
한 서로 다른 정수의 개수는?

① 9 ② 11 ③ 13
④ 15 ⑤ 17

STEP A 0을 꺼낼 때와 꺼내지 않을 때로 나누어 중복조합의 수 구하기

꺼낸 3개의 공에 적힌 수 중 네 수 0, 2, 3, 5의 개수를 각각
a, b, c, d라 하자.
세 수의 곱은 0 또는 $2^b 3^c 5^d$이고
$a+b+c+d=3$ $(a \geq 0, b \geq 0, c \geq 0, d \geq 0)$
(i) $a \neq 0$ (즉 수 0을 꺼낼 때)일 때,
　　세 수의 곱은 항상 0이므로 구하는 정수는 1개이다.
(ii) $a=0$ (즉 수 0을 꺼내지 않을 때)일 때,
　　순서쌍 (b, c, d)가 다르면 $2^b 3^c 5^d$의 값도 다르므로 구하는 정수의
　　개수는 $b+c+d=3$을 만족시키는 순서쌍 (b, c, d)의 개수와 같다.
　　즉 $_3H_3 = {}_5C_3 = 10$
(i), (ii)에서 구하는 정수의 개수는 11

참고★ 보기의 개수가 적으므로 수형도를 구하여 직접 계산한다.

0127

다음 물음에 답하여라.
(1) 방정식 $|x|+|y|+|z|=6$을 만족시키는 0이 아닌 정수 x, y, z의
　　순서쌍 (x, y, z)의 개수는?

① 80 ② 90 ③ 100
④ 110 ⑤ 120

STEP A 방정식을 음이 아닌 정수해의 방정식으로 변형하기

0이 아닌 정수 x, y, z에 대하여
$|x|$, $|y|$, $|z|$는 1 이상의 정수이므로
$|x|=x'+1$, $|y|=y'+1$, $|z|=z'+1$ (단, x', y', z'은 음이 아닌 정수)
라 놓으면 방정식 $|x|+|y|+|z|=6$에 대입하면
$(x'+1)+(y'+1)+(z'+1)=6$
$\therefore x'+y'+z'=3$ (단, x', y', z'은 음이 아닌 정수)

STEP B 음이 아닌 정수해의 개수 구하기

방정식 $x'+y'+z'=3$을 만족시키는 음이 아닌 정수 x', y', z'의
순서쌍 (x', y', z')의 개수는 $_3H_3 = {}_{3+3-1}C_3 = {}_5C_3 = {}_5C_2 = \dfrac{5 \cdot 4}{2 \cdot 1} = 10$
이때 하나의 순서쌍 (x', y', z')에 대하여
$x = \pm(x'+1)$, $y = \pm(y'+1)$, $z = \pm(z'+1)$이므로
순서쌍 (x, y, z)는 $2^3 = 8$개씩 존재하므로
구하는 순서쌍 (x, y, z)의 개수는 $10 \times 8 = 80$

순서쌍 (x', y', z')이 $(1, 1, 1)$일 때,
$|x|=2$, $|y|=2$, $|z|=2$이므로
순서쌍 (x, y, z)는 $(2, 2, 2)$, $(2, 2, -2)$, $(2, -2, 2)$, $(-2, 2, 2)$,
$(2, -2, -2)$, $(-2, 2, -2)$, $(-2, -2, 2)$, $(-2, -2, -2)$인 8개가 존재한다.

(2) 방정식 $|x|+|y|+|z|=8$, $xy \neq 0$을 만족시키는 정수 x, y, z의
　순서쌍 (x, y, z)의 개수는?
① 170　　　　② 186　　　　③ 196
④ 216　　　　⑤ 288

STEP Ⓐ 방정식을 음이 아닌 정수해의 방정식으로 변형하기

$xy \neq 0$이므로 $x \neq 0$이고 $y \neq 0$이므로 $z=0$인 경우와 $z \neq 0$인 경우로
나눌 수 있다.
(i) $z=0$인 경우
　$|x|+|y|=8$이고 $|x|$, $|y|$는 1 이상의 정수이므로
　$|x|=a+1$, $|y|=b+1$ (a, b는 음이 아닌 정수)
　로 놓으면 $(a+1)+(b+1)=8$
　$\therefore a+b=6$
　방정식 $a+b=6$을 만족시키는 음이 아닌 정수 a, b의 모든 순서쌍
　(a, b)의 개수는 $_2H_6=_{2+6-1}C_6=_7C_6=_7C_1=7$
　이때 하나의 순서쌍 (a, b)에 대하여 $x=\pm(a+1)$, $y=\pm(b+1)$일 때,
　방정식 $|x|+|y|=10$이 성립하므로 순서쌍 $(x, y, 0)$의 개수는
　$7 \cdot 4=28$
(ii) $z \neq 0$인 경우
　$|x|+|y|+|z|=8$이고 $|x|$, $|y|$, $|z|$는 1 이상의 정수이므로
　$|x|=c+1$, $|y|=d+1$, $|z|=e+1$ (c, d, e는 음이 아닌 정수)
　로 놓으면 $(c+1)+(d+1)+(e+1)=8$
　$\therefore c+d+e=5$
　방정식 $c+d+e=5$를 만족시키는 음이 아닌 정수 c, d, e의 모든
　순서쌍 (c, d, e)의 개수는 $_3H_5=_{3+5-1}C_5=_7C_5=_7C_2=\dfrac{7 \cdot 6}{2 \cdot 1}=21$
　이때 하나의 순서쌍 (c, d, e)에 대하여
　$x=\pm(c+1)$, $y=\pm(d+1)$, $z=\pm(e+1)$일 때,
　방정식 $|x|+|y|+|z|=10$이 성립하므로 순서쌍 (x, y, z)의 개수는
　$21 \cdot 8=168$

STEP Ⓑ 음이 아닌 정수해의 개수 구하기

(i), (ii)에서 구하는 순서쌍 (x, y, z)의 개수는 $28+168=196$

0128

다음 조건을 만족시키는 네 자연수 a, b, c, d의 순서쌍 (a, b, c, d)의
개수는?

(가) a, b, c, d는 10의 배수이다.
(나) $a+b+c+d=80$

① 35　　　　② 45　　　　③ 60
④ 65　　　　⑤ 70

STEP Ⓐ 방정식을 음이 아닌 정수해의 방정식으로 변형하기

$a=10k+10$, $b=10l+10$, $c=10m+10$, $d=10n+10$
(k, l, m, n은 음이 아닌 정수)으로 놓으면
$a+b+c+d=80$은 다음과 같다.
$(10k+10)+(10l+10)+(10m+10)+(10n+10)=80$
$\therefore k+l+m+n=4$　　　…… ㉠

STEP Ⓑ 음이 아닌 정수해의 개수 구하기

㉠을 만족시키는 음이 아닌 정수 k, l, m, n의 순서쌍 (k, l, m, n)의 개수는
$_4H_4=_{4+4-1}C_4=_7C_4=_7C_3=\dfrac{7 \cdot 6 \cdot 5}{3 \cdot 2 \cdot 1}=35$

0129

등식 $abc=2^5 \times 3^4$을 만족시키는 자연수 a, b, c의 모든 자연수 (a, b, c)
의 개수는?

① 315　　　　② 320　　　　③ 325
④ 330　　　　⑤ 335

STEP Ⓐ 방정식을 음이 아닌 정수해의 방정식으로 변형하기

$a=2^{x_1}3^{y_1}$, $b=2^{x_2}3^{y_2}$, $c=2^{x_3}3^{y_3}$
(단, x_1, x_2, x_3, y_1, y_2, y_3은 음이 아닌 정수)
로 놓으면 $abc=2^{x_1+x_2+x_3}3^{y_1+y_2+y_3}$
$abc=2^5 \times 3^4$에서 $x_1+x_2+x_3=5$, $y_1+y_2+y_3=4$

STEP Ⓑ 음이 아닌 정수해의 개수 구하기

방정식 $x_1+x_2+x_3=5$를 만족시키는 음이 아닌 정수 x_1, x_2, x_3의 모든
순서쌍 (x_1, x_2, x_3)의 개수는 서로 다른 3개에서 5개를 택하는 중복조합의
수와 같으므로
$_3H_5=_{3+5-1}C_5=_7C_5=_7C_2=\dfrac{7 \cdot 6}{2 \cdot 1}=21$
방정식 $y_1+y_2+y_3=4$를 만족시키는 음이 아닌 정수 y_1, y_2, y_3의 모든
순서쌍 (y_1, y_2, y_3)의 개수는 서로 다른 3개에서 4개를 택하는 중복조합의
수와 같으므로
$_3H_4=_{3+4-1}C_4=_6C_4=_6C_2=\dfrac{6 \cdot 5}{2 \cdot 1}=15$
따라서 자연수 a, b, c의 모든 순서쌍 (a, b, c)의 개수는 $21 \times 15=315$

0130

다음 물음에 답하여라.

(1) 두 집합 $X=\{1, 2, 3, 4, 5\}$에 대하여 다음 두 조건을 만족하는 함수
　$f : X \longrightarrow X$의 개수는?

(가) $f(1)f(5)=6$
(나) $f(2) \geq f(3) \geq f(4) \geq f(5)$

① 20　　　　② 25　　　　③ 30
④ 35　　　　⑤ 40

STEP Ⓐ 두 조건 (가), (나)를 만족하는 함수의 개수 구하기

조건 (가)에서
$f(1)f(5)=6$이므로 $f(5)$가 가질 수 있는 값은 2 또는 3이다.
(i) $f(5)=2$일 때,
　$f(1)=3$이고 $f(2) \geq f(3) \geq f(4) \geq 2$이므로
　2, 3, 4, 5에서 중복을 허락하여 3개를 택한 후 크기순으로 차례로
　$f(2)$, $f(3)$, $f(4)$의 값으로 정하면 되므로 경우의 수는
　$_4H_3=_{4+3-1}C_3=_6C_3=\dfrac{6 \cdot 5 \cdot 4}{3 \cdot 2 \cdot 1}=20$
(ii) $f(5)=3$일 때,
　$f(1)=2$이고 $f(2) \geq f(3) \geq f(4) \geq 3$이므로
　3, 4, 5에서 중복을 허락하여 3개를 택한 후 크기순으로 차례로
　$f(2)$, $f(3)$, $f(4)$의 값으로 정하면 되므로 경우의 수는
　$_3H_3=_{3+3-1}C_3=_5C_3=_5C_2=\dfrac{5 \cdot 4}{2 \cdot 1}=10$

STEP Ⓑ 구하는 함수의 개수 구하기

(i), (ii)에서 구하는 함수 f의 개수는 $20+10=30$

(2) 두 집합 $X=\{1, 2, 3, 4, 5\}$, $Y=\{1, 2, 3, 4, 5, 6\}$에 대하여 다음 두 조건을 만족하는 함수 $f : X \longrightarrow Y$의 개수는?

> (가) $f(3)f(5)=18$
> (나) X의 임의의 두 원소 x_1, x_2에 대하여 $x_1 < x_2$이면
> $$f(x_1) \leq f(x_2)$$

① 16   ② 20   ③ 24
④ 28   ⑤ 32

STEP Ⓐ 두 조건 (가), (나)를 만족하는 함수의 개수 구하기

조건 (가), (나)에서 $f(3)f(5)=18$을
만족하는 $f(3)=3$, $f(5)=6$이므로

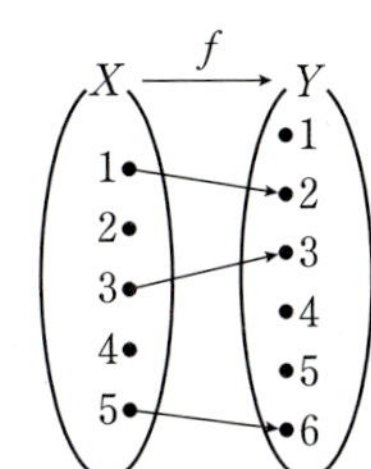

(i) $f(1)$, $f(2)$가 가질 수 있는 값의 경우의 수

조건 (가), (나)에 의해
$1 \leq f(1) \leq f(2) \leq 3$을 만족해야 한다.
즉 1, 2, 3 중 중복을 허락하여 2개를
선택한 후 $f(1) \leq f(2)$를 만족하도록
대응시켜주면 되므로 구하는 경우의 수는
$_3H_2 = _{3+2-1}C_2 = _4C_2 = 6$

(ii) $f(4)$가 가질 수 있는 값의 경우의 수

조건 (가), (나)에 의해 $3 \leq f(4) \leq 6$을 만족해야 한다.
즉 $f(4)$는 3, 4, 5, 6에 대응하는 4가지이다.

STEP Ⓑ 구하는 함수의 개수 구하기

따라서 구하는 함수의 개수는 $6 \times 4 = 24$

0131

집합 $X=\{1, 2, 3, 4, 5\}$에 대하여 다음 조건을 만족시키는 함수 $f : X \longrightarrow X$의 개수는?

> (가) $f(3) \neq 3$
> (나) 집합 X의 두 원소 x_1, x_2에 대하여 $x_1 < x_2$이면
> $$f(x_1) \leq f(x_2)$$이다.

① 60   ② 70   ③ 80
④ 90   ⑤ 126

STEP Ⓐ 조건 (나)를 만족시키는 함수의 개수 구하기

집합 X의 두 원소 x_1, x_2에 대하여 $x_1 < x_2$이면
$f(x_1) \leq f(x_2)$를 만족시키는 모든 함수의 개수에서 $f(3)=3$을 만족시키는
함수의 개수를 빼면 된다.
조건(나)를 만족시키는 함수의 개수는 1, 2, 3, 4, 5의 5개를 뽑는 중복조합의
수와 같으므로 $_5H_5 = _{5+5-1}C_5 = _9C_5 = _9C_4 = 126$

STEP Ⓑ $f(3)=3$을 만족시키는 함수 구하기

이 중에서 $f(3)=3$을 만족시키는 함수는 공역의 1, 2, 3에서 중복을 허락하여
2개를 뽑은 후 작은 수부터 정의역 1, 2에 차례대로 대응시키고 공역의
3, 4, 5에서 중복을 허락하여 2개를 택한 후 작은 수부터 정의역의 4, 5에
차례대로 대응시키면 된다.
즉 구하는 함수의 개수는 $_3H_2 \times _3H_2 = _4C_2 \times _4C_2 = 6 \times 6 = 36$

STEP Ⓒ 조건을 만족시키는 함수에서 $f(3)=3$을 만족시키는 함수를 빼서 구하기

따라서 구하는 함수 f의 개수는 $126 - 36 = 90$

0132

집합 $X=\{1, 2, 3, 4, 5, 6\}$에 대하여 다음 조건을 만족시키는 함수 $f : X \longrightarrow X$의 개수는?

> (가) $f(3)=3$
> (나) $f(3) < f(4)$
> (나) 집합 X의 두 원소 x_1, x_2에 대하여 $x_1 < x_2$이면
> $$f(x_1) \leq f(x_2)$$이다.

① 60   ② 65   ③ 70
④ 75   ⑤ 80

STEP Ⓐ $f(1)$, $f(2)$의 값과 $f(3)$, $f(4)$, $f(5)$의 값을 정하는 경우로 나누어 함수의 개수 구하기

세 조건 (가), (나), (다)를 만족하는 경우는
$f(1) \leq f(2) \leq f(3) = 3 < f(4) \leq f(5) \leq f(6)$이다.

(i) $f(1) \leq f(2) \leq f(3)$이고 $f(3)=3$인 경우

$f(1)$, $f(2)$, $f(3)$의 값을 정하는 경우의 수는 1, 2, 3에서 중복을 허락
하여 두 개를 뽑는 조합의 수와 같으므로 $_3H_2 = _{3+2-1}C_2 = _4C_2 = 6$

(ii) $f(3) < f(4)$을 만족하고 $f(4) \leq f(5) \leq f(6)$인 경우

$f(4)$, $f(5)$, $f(6)$의 값을 정하는 경우의 수는 4, 5, 6에서 중복을 허락
하여 3개를 뽑는 조합의 수와 같으므로 $_3H_3 = _{3+3-1}C_3 = _5C_3 = _5C_2 = 10$

STEP Ⓑ 구하는 함수의 개수 구하기

(i), (ii)에서 구하는 함수 f의 개수는 $6 \times 10 = 60$

0133

집합 $A=\{1, 2, 3, 4, 5\}$에서 A로의 함수 중에서 다음 조건을 만족하는
함수 f의 개수는?

> (가) $f(5)\leq 4$
> (나) 집합 A의 두 원소 x_1, x_2에 대하여 $x_1<x_2$이면
> $f(x_1)\leq f(x_2)$이다.

① 15 ② 30 ③ 35
④ 50 ⑤ 56

조건 (가), (나)를 만족하는 함수 f는
$f(1)\leq f(2)\leq f(3)\leq f(4)\leq f(5)\leq 4$를 만족한다.
즉 함수 f의 개수는 1, 2, 3, 4의 4개의 수 중에서 5개를 뽑는
중복조합의 수와 같다.
따라서 $_4H_5=_8C_5=_8C_3=\dfrac{8\times7\times6}{3\times2\times1}=56$

다른풀이 $f(5)=4, 3, 2, 1$임을 이용하여 중복조합의 수 구하기

조건 (나)를 만족해야 하므로 $f(1)\leq f(2)\leq f(3)\leq f(4)\leq f(5)$

(i) $f(5)=4$인 경우

1, 2, 3, 4 중에서 중복을 허락하여 4개의 수를 선택하는 조합의 수
이므로 $_4H_4=_{4+4-1}C_4=_7C_4=35$

(ii) $f(5)=3$인 경우

1, 2, 3 중에서 중복을 허락하여 4개의 수를 선택하는 조합의 수이므로
$_3H_4=_{3+4-1}C_4=_6C_4=_6C_2=15$

(iii) $f(5)=2$인 경우

1, 2 중에서 중복을 허락하여 4개의 수를 선택하는 조합의 수이므로
$_2H_4=_{2+4-1}C_4=_5C_4=_5C_1=5$

(iv) $f(5)=1$인 경우

$f(1)=f(2)=f(3)=f(4)=f(5)=1$의 1(가지)

따라서 구하는 함수의 개수는 $35+15+5+1=56$

다른풀이 $f(5)=5$를 만족하는 함수의 개수를 이용하여 풀이하기

조건 (나)를 만족하는 경우의 수는 $_5H_5=_{5+5-1}C_5=_9C_5=126$
조건 (가)에서 $f(5)=5$인 개수는 $_5H_4=_{5+4-1}C_4=_8C_4=70$
따라서 만족하는 함수의 개수는 $126-70=56$

0134

두 집합 $A=\{1, 2, 3, 4, 5, 6, 7, 8, 9\}$, $B=\{1, 2, 3\}$에 대하여 다음
조건을 만족시키는 함수 $f:A\longrightarrow B$의 개수는?

> (가) 집합 A의 임의의 두 원소 x_1, x_2에 대하여 $x_1<x_2$이면
> $f(x_1)\leq f(x_2)$이다.
> (나) 함수 f의 공역과 치역이 같다.

① 26 ② 28 ③ 36
④ 41 ⑤ 46

집합 A의 원소의 크기는 순서가 정해져 있으므로
집합 B의 세 원소 1, 2, 3 중에서 중복을 허용하여 9개의 원소를 뽑으면
조건 (가)를 만족하는 함수 하나를 결정할 수 있다.
그런데 (나)에서 공역과 치역이 같아야 하므로 1, 2, 3을 먼저 한 개씩 뽑은 후
1, 2, 3 중에서 나머지 6(=9−3)개를 뽑아야 한다.
∴ $_3H_6=_8C_6=_8C_2=28$

다른풀이 여사건을 이용하여 풀이하기

조건 (가)를 만족하는 함수의 개수는 $_3H_9=_{11}C_9=55$
공역이 $\{1, 2\}$, $\{1, 3\}$, $\{2, 3\}$인 함수의 개수는 $3\times_2H_9=3\times_{10}C_9=30$
공역이 $\{1\}$, $\{2\}$, $\{3\}$인 함수의 개수는 3
∴ $55-30+3=28$

0135

오른쪽 그림에서 점수가 표시된 그림과 같은
과녁에 6개의 화살을 쏘아 점수를 얻는 경기가
있다. 6개의 화살을 모두 과녁에 맞혔을 때,
점수의 합계가 51점 이상이 되는 경우의 수는?
(단, 화살이 과녁의 경계에 맞는 경우는 없다.)

① 15 ② 21
③ 24 ④ 27
⑤ 38

8점, 9점, 10점을 맞힌 화살의 개수를 x, y, z라 두고 방정식을 세우면
총 6개의 화살을 맞혔으므로 $x+y+z=6$ (단, $x\geq0$, $y\geq0$, $z\geq0$)
3개의 과녁을 6개의 화살로 맞힐 경우의 수는 음이 아닌 정수해의 개수와
같으므로 $_3H_6=_{3+6-1}C_6=_8C_6=_8C_2=28$

6개의 화살을 과녁에 맞혔을 때,
최소 점수는 48점이므로 전체 경우의 수에서 점수의 합계가 51점 미만인 경우
는 48점, 49점, 50점이 되는 경우의 수를 뺀다.
48점인 경우 : $(8, 8, 8, 8, 8, 8)$의 1
49점인 경우 : $(8, 8, 8, 8, 8, 9)$의 1
50점인 경우 : $(8, 8, 8, 8, 8, 10)$, $(8, 8, 8, 8, 9, 9)$의 2
즉 51점 미만이 되는 경우의 수는 $1+1+2=4$
따라서 구하는 경우의 수는 $28-4=24$

> **⊕α** 8점, 9점, 10점을 맞힌 화살의 개수를 x, y, z라 하면
> 51점 미만이 되는 경우의 수는 $8x+9y+10z\leq50$ (단, $x+y+z=6$)
> 의 순서쌍 (x, y, z)를 구한다.
> 즉 $(6, 0, 0)$, $(5, 1, 0)$, $(5, 0, 1)$, $(4, 2, 0)$의 4개이다.

TOUGH

0136

어느 수영장에 1번부터 8번까지 8개의 레인이 있다.
3명의 학생이 서로 다른 레인의 번호를 각각 1개씩 선택할 때, 3명의 학생이 선택한 레인의 세 번호 중 어느 두 번호도 연속되지 않도록 선택하는 경우의 수를 구하여라.

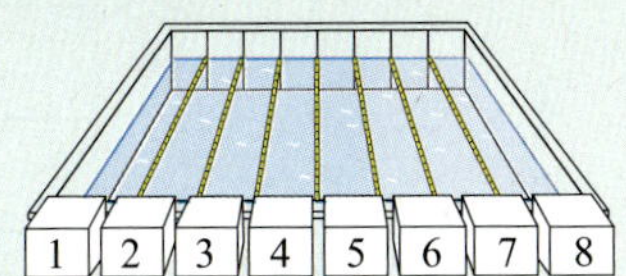

STEP A X, Y, Z를 선택하는 경우의 수 구하기

8개의 레인 번호 중 어느 두 번호도 연속되지 않도록 선택한 3개의 레인 번호를 각각 X, Y, Z(X < Y < Z)라 하자.
X, Y, Z를 선택하는 경우의 수는 다음과 같다.
X보다 작은 레인 번호의 개수를 a,
X보다 크고 Y보다 작은 레인 번호의 개수를 b,
Y보다 크고 Z보다 작은 레인 번호의 개수를 c,
Z보다 큰 레인 번호의 개수를 d라 하면

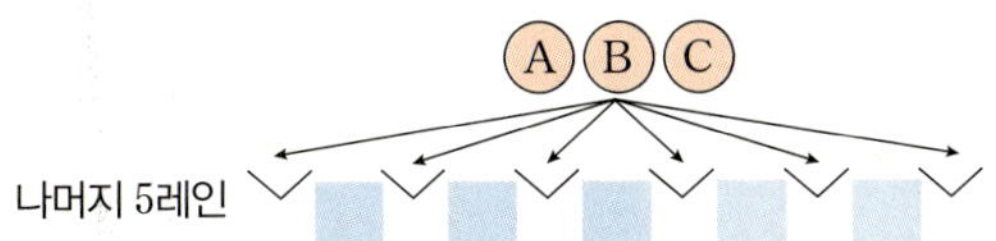

$a+b+c+d=5\,(a \geq 0,\ b \geq 1,\ c \geq 1,\ d \geq 0)$
$b=b'+1,\ c=c'+1$
$a+b'+c'+d=3\,(a \geq 0,\ b' \geq 0,\ c' \geq 0,\ d \geq 0)$
$_4H_3=\,_6C_3=20$

STEP B 순서를 정하여 선택하는 경우의 수 구하기

3개의 레인 번호 X, Y, Z를 3명의 학생이 선택하는 경우의 수는 3!
따라서 $20 \times 3!=120$

다른풀이   이웃하지 않는 경우의 수를 이용하여 풀이하기

먼저 3명의 학생 A, B, C가 레인을 선택하고 나머지 5명의 레인을 다음 그림과 같이 나열된다고 하자.

나머지 5레인

3명의 학생 A, B, C가 선택한 레인의 세 번호 중 어느 두 번호도 연속되지 않도록 선택하는 경우의 수는
A학생이 선택하는 경우의 수 6가지
B학생이 선택하는 경우의 수 5가지   ← A학생이 선택하는 경우를 제외한 경우
C학생이 선택하는 경우의 수 4가지   ← A, B학생이 선택하는 경우를 제외한 경우
이므로
경우의 수는 $6 \times 5 \times 4=120$

0137

같은 종류의 사탕 5개를 3명의 아이에게 1개 이상씩 나누어 주고, 같은 종류의 초콜릿 5개를 1개의 사탕을 받은 아이에게만 1개 이상씩 나누어 주려고 한다. 사탕과 초콜릿을 남김없이 나누어 주는 경우의 수는?

① 27   ② 24   ③ 21
④ 18   ⑤ 15

STEP A   사탕 5개를 3명의 아이에게 1개 이상씩 나눠주는 경우로 나누고 각각의 경우의 수 구하기

사탕 5개를 3명의 아이에게 1개 이상씩 나눠주는 방법은
(3, 1, 1), (2, 2, 1)의 두 가지 경우가 있다.
(i) 사탕을 (3, 1, 1)로 나눠주는 경우
　　같은 종류의 사탕을 (3, 1, 1)로 나누어주는 경우 사탕 3개를 받을 아이를 선택하는 경우의 수는 $_3C_1$
　　1개의 사탕을 받은 아이가 2명이므로 초콜릿 5개를 2명의 아이에게 1개 이상씩 나눠주는 경우는 $_2H_3=\,_{2+3-1}C_3=\,_4C_3=4$
　　즉 경우의 수는 $_3C_1 \times 4=12$
(ii) 사탕을 (2, 2, 1)로 나눠주는 경우
　　같은 종류의 사탕을 (2, 2, 1)로 나누어주는 경우 사탕 1개 받을 아이를 선택하는 경우의 수는 $_3C_1$
　　1개의 사탕을 받은 아이가 1명이므로 초콜릿을 나누는 경우는 1
　　즉 경우의 수는 $_3C_1 \times 1=3$

STEP B   합의 법칙을 이용하여 경우의 수 구하기

(i), (ii)에서 구하는 경우의 수는 $12+3=15$

다른풀이   중복조합을 이용하는 풀이하기

같은 종류의 사탕 5개를 3명의 아이에게 1개 이상씩 나누어 주는 방법의 가짓수는 $x+y+z=2\,(x, y, z$는 음이 아닌 정수)의 해의 개수와 같으므로
$_3H_2=\,_{3+2-1}C_2=6$
이를 순서쌍으로 나타내면
$(1, 1, 3),\ (1, 3, 1),\ (3, 1, 1),\ (1, 2, 2),\ (2, 1, 2),\ (2, 2, 1)$
1개의 사탕을 받은 아이에게만 초콜릿 5개를 1개 이상씩 나누어 준다.
(i) $(1, 1, 3),\ (1, 3, 1),\ (3, 1, 1)$인 경우
　　두 명의 아이에게 초콜릿 5개를 적어도 하나씩 나누어 주는 경우의 수는 방정식 $a+b=3\,(a, b$는 음이 아닌 정수)의 해의 개수와 같으므로
　　$_2H_3=\,_{2+3-1}C_3=\,_4C_3=\,_4C_1=4$
　　즉 경우의 수는 $_3C_1 \times 4=12$
(ii) $(1, 2, 2),\ (2, 1, 2),\ (2, 2, 1)$인 경우
　　한 아이에게 초콜릿 5개를 나누어 주면 되므로 3
(i), (ii)에서 구하는 경우의 수는 $12+3=15$

0138

그림과 같이 10개의 공이 들어 있는 주머니와 일렬로 나열된 네 상자 A, B, C, D가 있다. 이 주머니에서 2개의 공을 동시에 꺼내어 이웃한 두 상자에 각각 한 개씩 넣는 시행을 5회 반복할 때, 네 상자 A, B, C, D에 들어 있는 공의 개수를 각각 a, b, c, d라 하자. a, b, c, d의 모든 순서쌍 (a, b, c, d)의 개수는? (단, 상자에 넣은 공은 다시 꺼내지 않는다.)

① 21   ② 22   ③ 23
④ 24   ⑤ 25

공 2개를 뽑아서 이웃한 상자에 넣는 방법은 (A, B), (B, C), (C, D)이므로 한 번의 시행에 3가지가 생긴다.

즉 서로 다른 3가지의 경우를 중복을 허락하여 총 다섯 번 선택하는 것이므로

$$_3H_5 = _7C_5 = _7C_2 = \frac{7 \times 6}{2 \times 1} = 21$$

다른풀이 중복조합을 이용하여 풀이하기

5회의 시행 중 (A, B), (B, C), (C, D)에 넣은 경우를 각각 x, y, z라 하면

$a = x$, $b = x + y$, $c = y + z$, $d = z$

즉 a, b, c, d의 모든 순서쌍 (a, b, c, d)의 개수는

$x + y + z = 5$의 음이 아닌 정수해의 개수와 같다.

따라서 구하는 순서쌍의 개수는 $_3H_5 = _7C_5 = _7C_2 = \frac{7 \times 6}{2 \times 1} = 21$

0139

흰색 탁구공 3개와 주황색 탁구공 4개를 서로 다른 3개의 비어 있는 상자 A, B, C에 남김없이 넣으려고 할 때, 다음 조건을 만족시키도록 넣는 경우의 수는? (단, 탁구공을 하나도 넣지 않은 상자가 있을 수 있다.)

(가) 상자 A에는 흰색 탁구공을 1개 이상 넣는다.
(나) 흰색 탁구공만 들어 있는 상자는 없도록 넣는다.

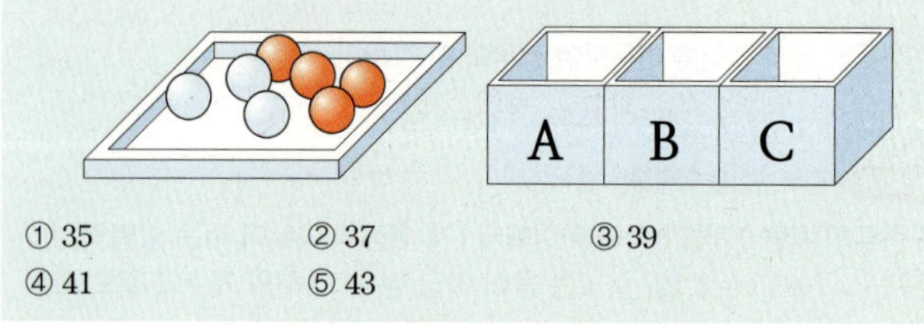

① 35   ② 37   ③ 39
④ 41   ⑤ 43

우선 A상자에 흰 공 1개, 주황색 공 1개를 넣어 두고
나머지 흰 공 2개와 주황색 공 3개를 넣는 경우의 수를 구한다.

(ⅰ) A상자에 흰 공 2개를 모두 넣은 경우
남은 주황색 3개를 3상자에 넣는 경우의 수는 $a + b + c = 3$의 음이 아닌 정수해의 순서쌍 (a, b, c)의 개수와 같으므로 $_3H_3 = _5C_3 = 10$

(ⅱ) A상자에 흰 공 1개를 넣고 남은 1개는 B 또는 C에 넣은 경우
남은 주황색 3개 중 1개는 흰 공이 들어간 B 또는 C에 넣고
나머지 2개를 3상자에 넣는 경우의 수는 $a + b + c = 2$의 음이 아닌 정수해의 순서쌍 (a, b, c)의 개수와 같으므로 $_3H_2 = _4C_2 = 6$
∴ $2 \times 6 = 12$

(ⅲ) 흰 공 2개를 모두 B 또는 C에 넣는 경우
주황색 1개를 흰 공이 들어간 B 또는 C에 넣고
나머지 2개를 3상자에 넣는 경우의 수는 $a + b + c = 2$의 음이 아닌 정수해의 순서쌍 (a, b, c)의 개수와 같으므로 $_3H_2 = _4C_2 = 6$
∴ $2 \times 6 = 12$

(ⅳ) 흰 공 2개를 B와 C에 1개씩 나누어 넣은 경우
주황색 2개를 B와 C에 1개씩 넣고
나머지 1개를 3상자에 넣는 경우의 수는 3

(ⅰ)~(ⅳ)에서 구하는 경우의 수는 $10 + 12 + 12 + 3 = 37$

0140

크기가 같은 정육면체 모양의 블록 12개를 모두 사용하여 쌓은 입체도형을 만들려고 한다. 이 도형을 위에서 내려다 본 모양이 [그림1], 정면을 기준으로 오른쪽 옆에서 본 모양이 [그림2]와 같이 되도록 만들 수 있는 방법의 수를 구하여라. (단, 블록은 서로 구별하지 않는다.)

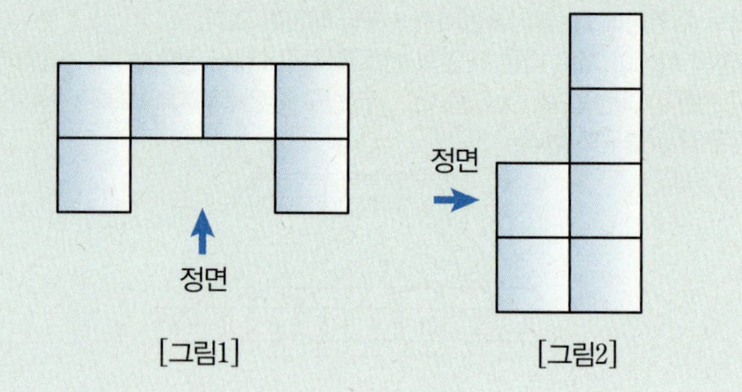

1층에 6개를 모두 쌓은 후 남은 6개를 쌓는 방법은 다음과 같다.

(ⅰ) 2층 앞줄에 모두 1개씩 쌓는 경우
뒷줄 네 곳 중 한 곳에 3개를 쌓고 나머지 세 곳 중 한 곳에 1개를 쌓으면 되므로

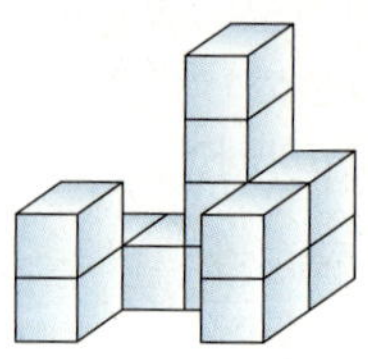

$$\therefore \ _4C_1 \times _3C_1 = 12$$

(ⅱ) 2층 앞줄 두 곳 중 한 곳에만 1개를 쌓는 경우
뒷줄 네 곳 중 한 곳에 3개를 쌓고 나머지 세 곳에 중복을 허락하여 2개를 쌓으면 되므로

$$\therefore \ _2C_1 \times _4C_1 \times _3H_2 = 48$$

따라서 $12 + 48 = 60$

0141

다음 물음에 답하여라.

(1) $(2x-y)^4$의 전개식에서 x^2y^2의 계수를 구하여라.

STEP Ⓐ 이항정리의 일반항을 이용하여 구하기

$(2x-y)^4$의 전개식의 일반항은

$_4C_r(2x)^{4-r}(-y)^r = {_4}C_r 2^{4-r}(-1)^r x^{4-r}y^r$

따라서 x^2y^2항은 $r=2$일 때이므로 x^2y^2의 계수는 $_4C_2 \cdot 2^2 \cdot (-1)^2 = 24$

(2) $\left(2x+\dfrac{1}{2x}\right)^7$의 전개식에서 x의 계수를 구하여라.

STEP Ⓐ 이항정리의 일반항을 이용하여 구하기

$\left(2x+\dfrac{1}{2x}\right)^7$의 전개식에서 일반항은

$_7C_r(2x)^{7-r}\left(\dfrac{1}{2x}\right)^r = {_7}C_r 2^{7-2r}x^{7-2r}$

따라서 $7-2r=1$에서 $r=3$이므로 x의 계수는 $_7C_3 \cdot 2^1 = \dfrac{7\cdot 6\cdot 5}{3\cdot 2\cdot 1}\cdot 2 = 70$

(3) $\left(x+\dfrac{1}{x^3}\right)^4$의 전개식에서 $\dfrac{1}{x^4}$의 계수를 구하여라.

STEP Ⓐ 이항정리의 일반항을 이용하여 구하기

$\left(x+\dfrac{1}{x^3}\right)^4$의 전개식에서 일반항은

$_4C_r \cdot x^{4-r}\cdot\left(\dfrac{1}{x^3}\right)^r = {_4}C_r \cdot x^{4-4r}$

따라서 $\dfrac{1}{x^4}$의 항은 $4-4r=-4$에서 $r=2$일 때이므로 $\dfrac{1}{x^4}$의 계수는 $_4C_2 = 6$

0142

다음 물음에 답하여라. (단, a는 상수이다.)

(1) 다항식 $(x+a)^5$의 전개식에서 x^3의 계수가 40일 때, x의 계수를 구하여라.

STEP Ⓐ x^3의 계수가 40임을 이용하여 a^2의 값 구하기

$(a+x)^5$의 전개식에서 일반항은

$_5C_r a^{5-r}x^r$ (단, $r=0,\ 1,\ 2,\ \cdots,\ 5$)

x^3의 계수는 $r=3$를 대입하면 $_5C_3 a^2$이므로

$_5C_3 a^2 = 40$에서 $10a^2 = 40$

$\therefore a^2 = 4$

STEP Ⓑ x의 계수 구하기

따라서 x의 계수는 $r=1$일 때이므로 $_5C_1 a^4 = 5\times 4^2 = 80$

(2) 다항식 $(1+ax)^7$의 전개식에서 x의 계수가 14일 때, x^2의 계수를 구하여라.

STEP Ⓐ $(1+ax)^7$의 전개식에서 x의 계수가 14일 때, a의 값 구하기

$(1+ax)^7$의 전개식에서 일반항은

$_7C_r(ax)^r = {_7}C_r a^r x^r$ (단, $r=0,\ 1,\ 2,\ \cdots,\ 7$)

이때 x의 계수는 $r=1$일 때이므로 $_7C_1 \times a = 14$, $7\times a = 14$

$\therefore a = 2$

STEP Ⓑ x^2의 계수 구하기

따라서 x^2의 계수는 $_7C_2 a^2 = 21\times 4 = 84$

(3) 양수 a에 대하여 $\left(ax^3-\dfrac{1}{x}\right)^5$의 전개식에서 x^3의 계수가 -90일 때, $\left(x+\dfrac{a}{x}\right)^5$의 전개식에서 x^3의 계수를 구하여라.

STEP Ⓐ $\left(ax^3-\dfrac{1}{x}\right)^5$의 전개식에서 x^3의 계수가 -90일 때, a의 값 구하기

$\left(ax^3-\dfrac{1}{x}\right)^5$의 전개식의 일반항은

$_5C_r(ax^3)^{5-r}\left(-\dfrac{1}{x}\right)^r = {_5}C_r a^{5-r}(-1)^r x^{15-4r}$

x^3항은 $15-4r=3$, 즉 $r=3$일 때이므로 $_5C_3 a^2 (-1)^3 = -90$

$a^2 = 9$

즉 $a>0$이므로 $a=3$

STEP Ⓑ $\left(x+\dfrac{a}{x}\right)^5$의 전개식에서 x^3의 계수 구하기

$\left(x+\dfrac{a}{x}\right)^5 = \left(x+\dfrac{3}{x}\right)^5$의 전개식의 일반항은

$_5C_r x^{5-r}\left(\dfrac{3}{x}\right)^r = {_5}C_r 3^r x^{5-2r}$

따라서 x^3항은 $5-2r=3$, 즉 $r=1$일 때이므로 x^3의 계수는 $_5C_1 \times 3 = 15$

0143

다음 물음에 답하여라.

(1) x에 대한 두 다항식 $(2+3x)^5$, $(kx+1)^6$의 전개식에서 x^2의 계수가 서로 같을 때, k^2의 값을 구하여라. (단, k는 상수이다.)

STEP Ⓐ 전개식에서 x^2의 계수가 같을 때, k의 값 구하기

$(2+3x)^5$의 전개식에서 x^2항은 $_5C_2 \times (3x)^2 \times 2^3$이므로

x^2의 계수는 $_5C_2 \times 2^3 \times 3^2 = 720$이고

$(kx+1)^6$의 전개식에서 x^2항은 $_6C_2 \times (kx)^2 \times 1^4$이므로

x^2의 계수는 $_6C_2 \times k^2 = 15k^2$

따라서 $720 = 15k^2$ $\therefore k^2 = 48$

(2) 다항식 $(x+a)^6$의 전개식에서 x^4의 계수가 x^5의 계수의 50배일 때, 양의 상수 a의 값을 구하여라.

STEP Ⓐ $(x+a)^6$의 전개식에서 x^4의 계수가 x^5의 계수의 50배일 때, a의 값 구하기

$(x+a)^6$의 전개식에서 일반항은

$_6C_r a^{6-r}x^r$ (단, $r=0,\ 1,\ 2,\ \cdots,\ 6$)

x^4의 계수가 x^5의 계수의 50배이므로

$_6C_4 a^2 = 50{_6}C_5 a$

따라서 $15a^2 = 300a$이므로 $a=20$ $(\because a>0)$

0144

다음 물음에 답하여라.

(1) 다항식 $(1+2x)(1+x)^5$의 전개식에서 x^4의 계수를 구하여라.

 $(1+2x)(1+x)^5$의 전개식에서 x^4의 계수 구하기

$(1+2x)(1+x)^5$의 전개식에서 x^4의 계수는

(i) $(1+2x)$에서 상수항과 $(1+x)^5$에서 x^4항을 곱하는 경우

$\quad 1 \times {}_5C_4 = 5$

(ii) $(1+2x)$에서 x항과 $(1+x)^5$에서 x^3항을 곱하는 경우

$\quad 2 \times {}_5C_3 = 2 \times 10 = 20$

(i), (ii)에서 x^4의 계수는 $5+20=25$

 $(1+2x)(1+x)^5 = (1+x)^5 + 2x(1+x)^5$에서 x^4항은
$(1 \cdot {}_5C_4 x^4) + (2x \times {}_5C_3 \times x^3)$이므로 x^4의 계수는 $5+2 \times 10 = 25$

(2) 다항식 $(1-x)^4(2-x)^3$의 전개식에서 x^2의 계수를 구하여라.

 $(1-x)^4(2-x)^3$의 전개식에서 x^2의 계수 구하기

$(1-x)^4(2-x)^3$의 전개식에서 x^2의 계수는 다음 세 가지 경우가 있다.

$(1-x)^4$의 항	$(2-x)^3$의 항
상수항	x^2항
x항	x항
x^2항	상수항

(i) $(1-x)^4$에서 상수항과 $(2-x)^3$에서 x^2항을 곱하는 경우

$\quad {}_4C_0 \cdot 1^4 \cdot (-1)^0 \times {}_3C_2 \cdot 2 \cdot (-1)^2 = 1 \times 6 = 6$

(ii) $(1-x)^4$에서 x항과 $(2-x)^3$에서 x항을 곱하는 경우

$\quad {}_4C_1 \cdot 1^3 \cdot (-1)^1 \times {}_3C_1 \cdot 2^2 \cdot (-1)^1 = (-4) \times (-12) = 48$

(iii) $(1-x)^4$에서 x^2항과 $(2-x)^3$에서 상수항을 곱하는 경우

$\quad {}_4C_2 \cdot 1^2 \cdot (-1)^2 \times {}_3C_0 \cdot 2^3 \cdot (-1)^0 = 6 \times 8 = 48$

(i)~(iii)에서 x^2의 계수는 $6+48+48=102$

0145

다음 물음에 답하여라.

(1) $(x^2+x+1)\left(x+\dfrac{1}{x}\right)^6$의 전개식에서 상수항을 구하여라.

 $(x^2+x+1)\left(x+\dfrac{1}{x}\right)^6$의 전개식에서 상수항 구하기

$\left(x+\dfrac{1}{x}\right)^6$의 전개식의 일반항은 ${}_6C_r x^r \left(\dfrac{1}{x}\right)^{6-r} = {}_6C_r x^{2r-6}$이므로

$(x^2+x+1)\left(x+\dfrac{1}{x}\right)^6$의 전개식의 일반항은

$(x^2+x+1) \times {}_6C_r x^{2r-6} = {}_6C_r x^{2r-4} + {}_6C_r x^{2r-5} + {}_6C_r x^{2r-6}$

이 식에서 상수항이 나오는 경우는 다음과 같다.

(i) ${}_6C_r x^{2r-4}$에서 $2r-4=0$, 즉 $r=2$일 때 ${}_6C_2 = \dfrac{6 \times 5}{2 \times 1} = 15$

(ii) ${}_6C_r x^{2r-5}$에서 $2r-5=0$, 즉 $r=\dfrac{5}{2}$일 때 r이 정수이어야 하므로

$\quad$ 부적합하다.

(iii) ${}_6C_r x^{2r-6}$에서 $2r-6=0$, 즉 $r=3$일 때 ${}_6C_3 = \dfrac{6 \times 5 \times 4}{3 \times 2 \times 1} = 20$

(i)~(iii)으로부터 상수항은 $15+20=35$

(2) $(1+x+x^2)\left(x+\dfrac{1}{x}\right)^{10}$의 전개식에서 x의 계수를 구하여라.

 $(1+x+x^2)\left(x+\dfrac{1}{x}\right)^{10}$의 전개식에서 x의 계수 구하기

$\left(x+\dfrac{1}{x}\right)^{10}$의 전개식의 일반항은 ${}_{10}C_r x^r \left(\dfrac{1}{x}\right)^{10-r} = {}_{10}C_r x^{2r-10}$이므로

$(1+x+x^2)\left(x+\dfrac{1}{x}\right)^{10}$의 전개식의 일반항은

$(1+x+x^2) \times {}_{10}C_r x^{2r-10} = {}_{10}C_r x^{2r-10} + {}_{10}C_r x^{2r-9} + {}_{10}C_r x^{2r-8}$

이 식에서 x항이 나오는 경우는 다음과 같다.

(i) ${}_{10}C_r x^{2r-10}$에서 $2r-10=1$, 즉 $r=\dfrac{11}{2}$일 때 r은 정수이어야 하므로

$\quad$ 부적합하다.

(ii) ${}_{10}C_r x^{2r-9}$에서 $2r-9=1$, 즉 $r=5$일 때 ${}_{10}C_5$

(iii) ${}_{10}C_r x^{2r-8}$에서 $2r-8=1$, 즉 $r=\dfrac{9}{2}$일 때 r은 정수이어야 하므로

$\quad$ 부적합하다.

(i)~(iii)으로부터 x항은 ${}_{10}C_5 = \dfrac{10 \cdot 9 \cdot 8 \cdot 7 \cdot 6}{5 \cdot 4 \cdot 3 \cdot 2 \cdot 1} = 252$

0146

다음 물음에 답하여라. (단, $a > 0$)

(1) $(ax^3-3)\left(x-\dfrac{1}{x}\right)^7$의 전개식에서 x^2의 계수가 70일 때, 상수 a의 값을 구하여라.

 $(ax^3-3)\left(x-\dfrac{1}{x}\right)^7$의 전개식에서 x^2의 계수가 70일 때, 상수 a의 값 구하기

$\left(x-\dfrac{1}{x}\right)^7$의 전개식의 일반항은

$\quad {}_7C_r x^{7-r} \left(-\dfrac{1}{x}\right)^r = {}_7C_r (-1)^r x^{7-2r} \qquad \cdots\cdots \ ㉠$

이때 $(ax^3-3)\left(x-\dfrac{1}{x}\right)^7$의 전개식에서 x^2항의 계수는 다음 세 가지이다.

(ax^3-3)의 항	$\left(x-\dfrac{1}{x}\right)^7$의 항
ax^3의 항	$\dfrac{1}{x}$의 항
-3의 항	x^2의 항

(i) ㉠에서 $\dfrac{1}{x}$항은 $7-2r=-1$, 즉 $r=4$일 때이므로

$\quad {}_7C_4 (-1)^4 x^{-1} = \dfrac{35}{x}$

(ii) ㉠에서 x^2항은 $7-2r=2$일 때이므로 $r=\dfrac{5}{2}$

$\quad$ 그런데 r은 $0 \le r \le 7$인 정수이므로 x^2항은 존재하지 않는다.

(i), (ii)에서 x^2항은 $ax^3 \cdot \dfrac{35}{x} = 70x^2$ $\quad \therefore a=2$

(2) $(x+1)^2(x-a)^5$의 전개식에서 x^2의 계수와 상수항이 같을 때, 상수 a의 값을 구하여라.

 $(x+1)^2(x-a)^5$의 전개식에서 x^2의 계수와 상수항이 같을 때, 상수 a의 값 구하기

$(x+1)^2(x-a)^5 = (x^2+2x+1)(x-a)^5$의 전개식에서 x^2의 계수는 다음의 세 가지이다.

(x^2+2x+1)의 항	$(x-a)^5$의 항
x^2항	상수항
x항	x항
상수항	x^2항

즉 x^2의 계수는 ${}_5C_0 (-a)^5 + 2 \times {}_5C_1 (-a)^4 + {}_5C_2 (-a)^3$

상수항은 ${}_5C_0 (-a)^5$이므로

${}_5C_0 (-a)^5 + 2 \times {}_5C_1 (-a)^4 + {}_5C_2 (-a)^3 = {}_5C_0 (-a)^5$

따라서 $10a^4 - 10a^3 = 0$이므로 $a=1$

0147

다음 그림과 같이 수를 배열한 것을 파스칼의 삼각형이라고 한다.
색칠한 부분의 모든 수의 합을 구하여라.

$$1$$
$$_1C_0 \quad _1C_1$$
$$_2C_0 \quad _2C_1 \quad _2C_2$$
$$_3C_0 \quad _3C_1 \quad _3C_2 \quad _3C_3$$
$$_4C_0 \quad _4C_1 \quad _4C_2 \quad _4C_3 \quad _4C_4$$
$$\vdots$$
$$_{10}C_0 \quad _{10}C_1 \quad _{10}C_2 \cdots \quad _{10}C_9 \quad _{10}C_{10}$$

STEP A 파스칼의 삼각형의 하키스틱 패턴을 이용하기

(i) $_1C_1 + _2C_2 + _3C_3 + \cdots + _{10}C_{10} = _{11}C_{10} - 1 = 11 - 1 = 10$

(ii) $_1C_0 + _2C_1 + _3C_2 + \cdots + _{10}C_9 = _{11}C_9 = _{11}C_2 = 55$

(i), (ii)에서 색칠한 부분의 수의 합은 $10 + 55 = 65$

다른풀이 $_{n-1}C_r + _{n-1}C_{r-1} = _nC_r$을 이용하여 풀이하기

$(_1C_0 + _1C_1) + (_2C_1 + _2C_2) + (_3C_2 + _3C_3) + + \cdots + (_{10}C_9 + _{10}C_{10})$
$= _2C_1 + _3C_2 + _4C_3 + _5C_4 + \cdots + _{11}C_{10}$
$= _{12}C_{10} - 1$
$= _{12}C_2 - 1$
$= \dfrac{12 \cdot 11}{2} - 1$
$= 66 - 1 = 65$

0148

다음 그림과 같은 수의 배열을 파스칼의 삼각형이라고 한다.
색칠한 부분의 모든 수들의 합은?

$$1$$
$$_1C_0 \quad _1C_1$$
$$_2C_0 \quad _2C_1 \quad _2C_2$$
$$_3C_0 \quad _3C_1 \quad _3C_2 \quad _3C_3$$
$$_4C_0 \quad _4C_1 \quad _4C_2 \quad _4C_3 \quad _4C_4$$
$$\vdots$$
$$_{10}C_0 \quad _{10}C_1 \quad _{10}C_2 \cdots _{10}C_8 \quad _{10}C_9 \quad _{10}C_{10}$$
$$\cdots$$

① 224　　② 226　　③ 228
④ 230　　⑤ 232

STEP A 파스칼의 삼각형의 하키스틱 패턴을 이용하기

(i) $_2C_0 + _3C_1 + _4C_2 + \cdots + _{10}C_8 = _{11}C_8$

(ii) $_1C_0 + _2C_1 + _3C_2 + \cdots + _{10}C_9 = _{11}C_9$에서
$\quad _2C_1 + _3C_2 + \cdots + _{10}C_9 = _{11}C_9 - _1C_0$

(iii) $1 + _1C_1 + _2C_2 + _3C_3 + \cdots + _{10}C_{10} = _{11}C_{10}$에서
$\quad _2C_2 + _3C_3 + \cdots + _{10}C_{10} = _{11}C_{10} - 1 - 1$

STEP B 색칠한 부분의 합 구하기

(i)~(iii)에서 색칠한 부분의 합은
$_{11}C_8 + (_{11}C_9 - 1) + (_{11}C_{10} - 2) = 165 + (55 - 1) + (11 - 2) = 228$

$$1$$
$$_1C_0 \quad _1C_1$$
$$_2C_0 \quad _2C_1 \quad _2C_2$$
$$_3C_0 \quad _3C_1 \quad _3C_2 \quad _3C_3$$
$$_4C_0 \quad _4C_1 \quad _4C_2 \quad _4C_3 \quad _4C_4$$
$$\vdots$$
$$_{10}C_0 \quad _{10}C_1 \cdots \quad _{10}C_8 \quad _{10}C_9 \quad _{10}C_{10}$$
$$_{11}C_0 \quad _{11}C_1 \cdots \quad _{11}C_8 \quad _{11}C_9 \quad _{11}C_{10} \quad _{11}C_{11}$$

0149

다음 그림과 같은 파스칼의 삼각형에서 색칠한 부분의 모든 수들의 합을
구하여라.

$$1$$
$$_1C_0 \quad _1C_1$$
$$_2C_0 \quad _2C_1 \quad _2C_2$$
$$_3C_0 \quad _3C_1 \quad _3C_2 \quad _3C_3$$
$$_4C_0 \quad _4C_1 \quad _4C_2 \quad _4C_3 \quad _4C_4$$
$$_5C_0 \quad _5C_1 \quad _5C_2 \quad _5C_3 \quad _5C_4 \quad _5C_5$$
$$_6C_0 \quad _6C_1 \quad _6C_2 \quad _6C_3 \quad _6C_4 \quad _6C_5 \quad _6C_6$$

STEP A 파스칼의 삼각형의 행의 합 패턴을 이용하여 계산하기

그림의 삼각형 안에 있는 수를 한 행씩 계산해보면 다음과 같다.
$_2C_1 = 2$
$_3C_1 + _3C_2 = (_3C_0 + _3C_1 + _3C_2 + _3C_3) - _3C_0 - _3C_3 = 2^3 - 2$
$_4C_1 + _4C_2 + _4C_3 = (_4C_0 + _4C_1 + _4C_2 + _4C_3 + _4C_4) - _4C_0 - _4C_4 = 2^4 - 2$
$_5C_1 + _5C_2 + _5C_3 + _5C_4 = (_5C_0 + _5C_1 + _5C_2 + _5C_3 + _5C_4 + _5C_5) - _5C_0 - _5C_5$
$\quad = 2^5 - 2$
$_6C_1 + _6C_2 + _6C_3 + _6C_4 + _6C_5 = 2^6 - 2$
따라서 삼각형 안에 있는 모든 수들의 합은
$2 + (2^3 - 2) + (2^4 - 2) + (2^5 - 2) + (2^6 - 2)$
$= (2 + 2^3 + 2^4 + 2^5 + 2^6) + (-2) \times 4$
$= 114$

다른풀이 파스칼의 삼각형의 하키스틱 패턴을 이용하여 풀이하기

파스칼의 삼각형을 이용하면 다음과 같이 빠르게 계산할 수 있다.

$$_1C_0 \quad _1C_1$$
$$_2C_0 \quad _2C_1 \quad _2C_2$$
$$_3C_0 \quad _3C_1 \quad _3C_2 \quad _3C_3$$
$$_4C_0 \quad _4C_1 \quad _4C_2 \quad _4C_3 \quad _4C_4$$
$$_5C_0 \quad _5C_1 \quad _5C_2 \quad _5C_3 \quad _5C_4 \quad _5C_5$$
$$_6C_0 \quad _6C_1 \quad _6C_2 \quad _6C_3 \quad _6C_4 \quad _6C_5 \quad _6C_6$$
$$_7C_0 \quad _7C_1 \quad _7C_2 \quad _7C_3 \quad _7C_4 \quad _7C_5 \quad _7C_6 \quad _7C_7$$

삼각형 안의 수만 더해야 하므로 제일 긴 식을 먼저 정리하면 다음과 같다.
$_1C_1 + _2C_1 + \cdots + _6C_1 = _7C_2$에서 $_1C_1$은 제외시켜야 하므로
$_2C_1 + _3C_1 + _4C_1 + _5C_1 + _6C_1 = _7C_2 - _1C_1$이다.
같은 방법으로 모두 정리하여 삼각형 안의 수들의 합을 구할 수도 있다.
$(_7C_2 - _1C_1) + (_7C_3 - _2C_2) + (_7C_4 - _3C_3) + (_7C_5 - _4C_4) + _6C_5$
$= (21 - 1) + (35 - 1) + (35 - 1) + (21 - 1) + 6$
$= 114$

0150

다음 물음에 답하여라.
(1) $(1+x)+(1+x)^2+(1+x)^3+\cdots+(1+x)^{10}$의 전개식에서 x^2의 계수를 구하여라.

STEP A $(1+x)^n$의 전개식에서 x^2의 계수가 $_nC_2$임을 이용하기

$(1+x)+(1+x)^2+(1+x)^3+(1+x)^4+\cdots+(1+x)^{10}$의 전개식에서
x^2의 계수는 $(1+x)^2$, $(1+x)^3$, $(1+x)^4$, $\cdots$, $(1+x)^{10}$의 각각의 전개식의
x^2의 계수를 더하면 된다.
$(1+x)^2$에서 x^2의 계수는 $_2C_2$, $(1+x)^3$에서 x^2의 계수는 $_3C_2$,
$\cdots(1+x)^{10}$에서 x^2의 계수는 $_{10}C_2$이므로
x^2의 계수는 $_2C_2+_3C_2+_4C_2+\cdots+_{10}C_2$와 같다.

STEP B $_{n-1}C_r+_{n-1}C_{r-1}=_nC_r$임을 이용하여 2개의 항끼리 간단히 묶어 구하기

$$_2C_2+_3C_2+_4C_2+\cdots+_{10}C_2=(_3C_3+_3C_2)+_4C_2+\cdots+_{10}C_2 \quad \leftarrow\ _2C_2=_3C_3$$
$$=(_4C_3+_4C_2)+_5C_2+\cdots+_{10}C_2$$
$$=(_5C_3+_5C_2)+_6C_2+\cdots+_{10}C_2$$
$$\vdots$$
$$=_{10}C_3+_{10}C_2$$
$$=_{11}C_3$$
$$=\frac{11\cdot10\cdot9}{3\cdot2\cdot1}=165$$

다른풀이 파스칼의 삼각형의 하키스틱 패턴을 이용하여 풀이하기

파스칼의 삼각형의 성질에서 처음부터 시작하여 대각선 방향으로 수들을
더하면 꺾어진 곳의 수가 되므로
$$_2C_2+_3C_2+_4C_2+\cdots+_{10}C_2=_{11}C_3=\frac{11\cdot10\cdot9}{3\cdot2\cdot1}=165$$

$$_1C_0 \quad _1C_1$$
$$_2C_0 \quad _2C_1 \quad _2C_2$$
$$_3C_0 \quad _3C_1 \quad _3C_2 \quad _3C_3$$
$$_4C_0 \quad _4C_1 \quad _4C_2 \quad _4C_3 \quad _4C_4$$
$$\vdots \quad \vdots$$
$$_{10}C_0 \quad _{10}C_1 \quad _{10}C_2 \quad \cdots \quad _{10}C_9 \quad _{10}C_{10}$$
$$_{11}C_0 \quad _{11}C_1 \quad _{11}C_2 \quad _{11}C_3 \quad \cdots \quad _{11}C_{10} \quad _{11}C_{11}$$

다른풀이 등비수열의 합을 이용하여 풀이하기

주어진 식의 첫째항 $1+x$, 공비가 $1+x$, 항의 개수가 10인 등비수열의
합이므로 $\dfrac{(1+x)\{(1+x)^{10}-1\}}{(1+x)-1}=\dfrac{(1+x)^{11}-(1+x)}{x}$
이때 분모가 x이므로 구하는 x^2항의 계수는 $(1+x)^{11}$의 전개식에서 x^3의
계수와 같다.
$(1+x)^{11}$의 전개식의 일반항은 $_{11}C_r x^r$에서 x^3의 항은 $r=3$이다.
따라서 구하는 계수는 $_{11}C_3=\dfrac{11\cdot10\cdot9}{3\cdot2\cdot1}=165$

(2) $(1+x^2)+(1+x^2)^2+(1+x^2)^3+\cdots+(1+x^2)^{10}$의 전개식에서 x^4의 계수를 구하여라.

STEP A $(1+x^2)^n$의 전개식에서 x^4의 계수가 $_nC_2$임을 이용하기

$(1+x^2)+(1+x^2)^2+(1+x^2)^3+\cdots+(1+x^2)^{10}$의 전개식에서 x^4의 계수는
$(1+x^2)^2$, $(1+x^2)^3$, $(1+x^2)^4$, $\cdots$, $(1+x^2)^{10}$의 각각의 전개식의 x^4의 계수를
더하면 된다.
$(1+x^2)^2$에서 x^4의 계수는 $_2C_2$, $(1+x^2)^3$에서 x^4의 계수는 $_3C_2$,
$\cdots(1+x^2)^{10}$에서 x^4의 계수는 $_{10}C_2$이므로
x^4의 계수는 $_2C_2+_3C_2+_4C_2+\cdots+_{10}C_2$와 같다.

STEP B $_{n-1}C_r+_{n-1}C_{r-1}=_nC_r$임을 이용하여 2개의 항끼리 간단히 묶어 구하기

$$_2C_2+_3C_2+_4C_2+\cdots+_{10}C_2=(_3C_3+_3C_2)+_4C_2+\cdots+_{10}C_2 \quad \leftarrow\ _2C_2=_3C_3$$
$$=(_4C_3+_4C_2)+_5C_2+\cdots+_{10}C_2$$
$$=(_5C_3+_5C_2)+_6C_2+\cdots+_{10}C_2$$
$$\vdots$$
$$=_{10}C_3+_{10}C_2=_{11}C_3$$
$$=\frac{11\cdot10\cdot9}{3\cdot2\cdot1}=165$$

다른풀이 파스칼의 삼각형의 하키 스틱 패턴을 이용하여 풀이하기

파스칼의 삼각형의 성질에서 처음부터 시작하여 대각선 방향으로 수들을
더하면 꺾어진 곳의 수가 되므로
$$_2C_2+_3C_2+_4C_2+\cdots+_{10}C_2=_{11}C_3=\frac{11\cdot10\cdot9}{3\cdot2\cdot1}=165$$

다른풀이 등비수열의 합을 이용하여 풀이하기

주어진 식의 첫째항 $1+x^2$, 공비가 $1+x^2$, 항의 개수가 10인 등비수열의
합이므로 $\dfrac{(1+x^2)\{(1+x^2)^{10}-1\}}{(1+x^2)-1}=\dfrac{(1+x^2)^{11}-(1+x^2)}{x^2}$
이때 분모가 x^2이므로 구하는 x^4항의 계수는
$(1+x^2)^{11}$의 전개식에서 x^6의 계수와 같다.
$(1+x^2)^{11}$의 전개식의 일반항은 $_{11}C_r x^{2r}$에서 x^6의 항은 $r=3$
따라서 구하는 계수는 $_{11}C_3=\dfrac{11\cdot10\cdot9}{3\cdot2\cdot1}=165$

0151

다음 물음에 답하여라.
(1) $(1+2x)+(1+2x)^2+\cdots+(1+2x)^{10}$의 전개식에서 x^9의 계수는?

① 2^9 ② 2^{10} ③ $11\cdot2^9$
④ $11\cdot2^{10}$ ⑤ $11\cdot2^{11}$

STEP A $(1+2x)^n$의 전개식에서 x^9의 계수가 $_nC_9 2^9$임을 이용하기

$(1+2x)+(1+2x)^2+\cdots+(1+2x)^{10}$
$(1+2x)^n$의 전개식의 일반항은 $_nC_r\cdot2^r x^r$이므로 x^9항은 $r=9$일 때이다.
이때 x^9항이 나오는 식은 $(1+2x)^9$, $(1+2x)^{10}$이므로
$(1+2x)^9$에서 x^9의 계수는 $_9C_9 2^9$
$(1+2x)^{10}$에서 x^{10}의 계수는 $_{10}C_9 2^9$
따라서 x^9의 계수는 $_9C_9 2^9+_{10}C_9 2^9=2^9(_9C_9+_{10}C_9)=_{11}C_{10}\cdot2^9=11\cdot2^9$

(2) $x^2(1+2x)+x^2(1+2x)^2+\cdots+x^2(1+2x)^{10}$의 전개식에서 x^7의 계수는?

① $2^5\,_{10}C_5$ ② $2^5\,_{11}C_6$ ③ $2^6\,_{11}C_6$
④ $2^7\,_{11}C_4$ ⑤ $2^{10}\,_{11}C_{10}$

STEP A $x^2(1+2x)^n$의 전개식에서 x^7의 계수가 $_nC_5 2^5$임을 이용하기

$x^2(1+2x)+x^2(1+2x)^2+\cdots+x^2(1+2x)^{10}$의 전개식에서 x^7의 계수는
x^2이 모두 곱해져 있으므로 $(1+2x)^5$, $(1+2x)^6$, $(1+2x)^7$, $\cdots$, $(1+2x)^{10}$의
각각의 전개식의 x^5의 계수를 더하면 된다.
$(1+2x)^5$에서 x^5의 계수는 $2^5\,_5C_5$, $(1+2x)^6$에서 x^5의 계수는 $2^5\,_6C_5$,
$\cdots(1+2x)^{10}$에서 x^5의 계수는 $2^5\,_{10}C_5$이므로
x^5의 계수는 $2^5\,_5C_5+2^5\,_6C_5+2^5\,_7C_5+\cdots+2^5\,_{10}C_5$와 같다.

STEP B $_{n-1}C_r+_{n-1}C_{r-1}=_nC_r$임을 이용하여 2개의 항끼리 간단히 묶어 구하기

$2^5(_5C_5+_6C_5+_7C_5+\cdots+_{10}C_5)$
$=2^5\{(_6C_6+_6C_5)+_7C_5+\cdots+_{10}C_5\} \quad \leftarrow\ _5C_5=_6C_6$
$=2^5\{(_7C_6+_7C_5)+_8C_5+\cdots+_{10}C_5\}$
$=2^5\{(_8C_6+_8C_5)+_9C_5+_{10}C_5\}$
$=2^5\{(_9C_6+_9C_5)+_{10}C_5\}$
$=2^5(_{10}C_6+_{10}C_5)=2^5\,_{11}C_6$

파스칼의 삼각형의 성질에서 처음부터 시작하여 대각선 방향으로 수들을
더하면 꺾어진 곳의 수가 되므로
$2^5({}_5C_5+{}_6C_5+{}_7C_5+\cdots+{}_{10}C_5)=2^5\,{}_{11}C_6$

$$
\begin{array}{ccccccc}
{}_4C_0 & \cdots & {}_4C_3 & {}_4C_4 & & & \\
{}_5C_0 & \cdots & {}_5C_3 & {}_5C_4 & {}_5C_5 & & \\
{}_6C_0 & \cdots & {}_6C_3 & {}_6C_4 & {}_6C_5 & {}_6C_6 & \\
{}_7C_0 & \cdots & {}_7C_3 & {}_7C_4 & {}_7C_5 & {}_7C_6 & {}_7C_7 \\
& \vdots & & & \vdots & & \\
\cdots & {}_{10}C_3 & {}_{10}C_4 & {}_{10}C_5 & {}_{10}C_6 & \cdots & \\
\cdots & {}_{11}C_4 & {}_{11}C_5 & {}_{11}C_6 & {}_{11}C_7 & \cdots & \\
\end{array}
$$

0152

$(1+x^3)+(1+x^3)^2+(1+x^3)^3+\cdots+(1+x^3)^n$의 전개식에서 x^6의 계수가
10일 때, 자연수 n의 값을 구하여라.

STEP A $(1+x^3)^n$의 전개식의 일반항은 ${}_nC_r x^{3r}$임을 이용하기

$(1+x^3)^n$의 전개식의 일반항은 ${}_nC_r x^{3r}$이므로 x^6항은 $r=2$일 때이다.
주어진 다항식의 x^6항이 나오는 식은
$(1+x^3)^2, (1+x^3)^3, \cdots, (1+x^3)^n$
즉 x^6의 계수를 구하면 ${}_2C_2, {}_3C_2, \cdots, {}_nC_2$이므로
모두 더하면 x^6의 계수는 파스칼의 삼각형의 성질에 의하여
$${}_2C_2+{}_3C_2+\cdots+{}_nC_2={}_{n+1}C_3=\frac{(n+1)n(n-1)}{3\cdot2\cdot1}=10$$
따라서 $(n+1)n(n-1)=60=5\cdot4\cdot3$이므로 $n=4$

참고 ${}_5C_3=10$이므로 $n+1=5$
$\therefore n=4$

주어진 식의 첫째항 $1+x^3$, 공비가 $1+x^3$, 항의 개수가 n인
등비수열의 합이므로
$$\frac{(1+x^3)\{(1+x^3)^n-1\}}{(1+x^3)-1}=\frac{(1+x^3)^{n+1}-(1+x^3)}{x^3}$$
이때 분모가 x^3이므로 구하는 x^6항의 계수는 $(1+x^3)^{n+1}$의 전개식에서
x^9의 계수와 같다.
$(1+x^3)^{n+1}$의 전개식의 일반항은 ${}_{n+1}C_r x^{3r}$에서 x^9의 항은 $r=3$
$r=3$을 대입하면 ${}_{n+1}C_3 x^9$의 계수는 10이므로 ${}_{n+1}C_3=10$
따라서 $n+1=5$이므로 $n=4$

0153

다음 물음에 답하여라.
(1) $2000<{}_nC_1+{}_nC_2+{}_nC_3+\cdots+{}_nC_n<3000$을 만족시키는 n의 값을
구하여라.

STEP A 이항계수의 성질을 이용하기

${}_nC_1+{}_nC_2+{}_nC_3+\cdots+{}_nC_n=2^n-1$이므로
$2000<{}_nC_1+{}_nC_2+{}_nC_3+\cdots+{}_nC_n<3000$
$2000<2^n-1<3000$
즉 $2001<2^n<3001$에서 $2^{10}=1024$, $2^{11}=2048$, $2^{12}=4096$이므로
위의 부등식을 만족하는 정수 n의 값은 $n=11$

(2) $\log_4({}_{15}C_8+{}_{15}C_9+{}_{15}C_{10}+\cdots+{}_{15}C_{15})$의 값을 구하여라.

STEP A ${}_{15}C_r={}_{15}C_{15-r}$을 이용하여 구하기

${}_{15}C_r={}_{15}C_{15-r}(r=0, 1, 2, \cdots, 15)$에서
${}_{15}C_8+{}_{15}C_9+\cdots+{}_{15}C_{15}={}_{15}C_7+{}_{15}C_6+\cdots+{}_{15}C_0$
한편 ${}_{15}C_0+{}_{15}C_1+{}_{15}C_2+\cdots+{}_{15}C_{15}=2^{15}$이므로
${}_{15}C_8+{}_{15}C_9+\cdots+{}_{15}C_{15}=\frac{1}{2}\times2^{15}=2^{14}$

STEP B $\log_4({}_{15}C_8+{}_{15}C_9+{}_{15}C_{10}+\cdots+{}_{15}C_{15})$의 값 구하기

$\log_4({}_{15}C_8+{}_{15}C_9+{}_{15}C_{10}+\cdots+{}_{15}C_{15})=\log_4 2^{14}=14\log_4 2=7$

(3) $\log_2({}_{13}C_1+{}_{13}C_3+{}_{13}C_5+\cdots+{}_{13}C_{13})$의 값을 구하여라.

STEP A ${}_nC_0+{}_nC_2+{}_nC_4+\cdots+{}_nC_{n-1}=2^{n-1}$을 이용하여 구하기

${}_nC_0+{}_nC_2+{}_nC_4+\cdots+{}_nC_{n-1}={}_nC_1+{}_nC_3+{}_nC_5+\cdots+{}_nC_n=2^{n-1}$
n이 1보다 큰 홀수이므로
${}_{13}C_1+{}_{13}C_3+{}_{13}C_5+\cdots+{}_{13}C_{13}=2^{13-1}=2^{12}$

STEP B $\log_2({}_{13}C_1+{}_{13}C_3+{}_{13}C_5+\cdots+{}_{13}C_{13})$의 값 구하기

$\log_2({}_{13}C_1+{}_{13}C_3+{}_{13}C_5+\cdots+{}_{13}C_{13})=\log_2 2^{12}=12$

0154

50 이하의 자연수 n 중에서 ${}_nC_1+{}_nC_2+\cdots+{}_nC_n$의 값이 3의 배수가 되도
록 하는 n의 개수는?
① 23   ② 25   ③ 36
④ 47   ⑤ 56

STEP A ${}_nC_0+{}_nC_1+\cdots+{}_nC_n=(1+1)^n=2^n$임을 이용하기

$\begin{aligned}{}_nC_1+{}_nC_2+{}_nC_3+\cdots+{}_nC_n&=({}_nC_0+{}_nC_1+{}_nC_2+\cdots+{}_nC_n)-{}_nC_0\\&=2^n-1\end{aligned}$

STEP B 2^n-1이 3의 배수가 되는 경우 구하기

위의 식에 $n=1, 2, 3, \cdots$을 차례대로 대입하면
$2^1-1=1$, $2^2-1=3$, $2^3-1=7$, $2^4-1=15$, $\cdots$
2^n-1이 3의 배수가 되기 위해서는 2^n을 3으로 나누었을 때,
나머지가 1인 수이어야 한다.
2^n은 n이 홀수일 때, 3으로 나누면 나머지가 2이고
n이 짝수일 때, 3으로 나누면 나머지가 1이므로
2^n-1이 3의 배수가 되려면 n이 짝수이면 된다.
따라서 $2^2, 2^4, 2^6, \cdots, 2^{50}$이 3으로 나누었을 때, 나머지가 1인 수이므로
구하는 n의 개수는 25

증명 $n=2k$ (k는 자연수)라 하면
$$2^n-1=2^{2k}-1=4^k-1$$
$$=(4-1)(4^{k-1}+4^{k-2}+\cdots+4+1)$$
$$=3(4^{k-1}+4^{k-2}+\cdots+4+1)$$
따라서 n이 짝수이면 2^n-1은 3의 배수이다.

0155

집합 $A=\{1, 2, 3, \cdots, 10\}$에 대하여 다음 물음에 답하여라.
(단, 부분집합 중 공집합은 제외시킨다.)

(1) 집합 A의 부분집합 중에서 원소의 개수가 홀수인 것의 개수를 구하여라.

STEP Ⓐ 집합의 개수가 홀수인 부분집합의 개수를 조합을 이용하여 구하기

집합 A의 부분집합 중 원소의 개수가 n인 것의 개수는
$_{10}C_n\ (0 \le n \le 10)$이므로 $f(n)=_{10}C_n$이라 하면
집합 A의 부분집합 중 원소의 개수가 홀수인 것의 개수는
$f(1)+f(3)+f(5)+\cdots+f(9)$이다.

STEP Ⓑ 이항계수의 성질을 이용하여 값을 구하기

$$f(1)+f(3)+f(5)+\cdots+f(9)=_{10}C_1+_{10}C_3+_{10}C_5+\cdots+_{10}C_9$$
$$=2^{10-1}=2^9=512$$

(2) 집합 A의 부분집합 중에서 원소의 개수가 짝수인 것의 개수를 구하여라.

STEP Ⓐ 집합의 개수가 짝수인 부분집합의 개수를 조합을 이용하여 구하기

집합 A의 부분집합 중 원소의 개수가 n인 것의 개수는
$_{10}C_n\ (0 \le n \le 10)$이므로 $f(n)=_{10}C_n$이라 하면
집합 A의 부분집합 중 원소의 개수가 짝수인 것의 개수는
$f(2)+f(4)+f(6)+\cdots+f(10)$이다.

STEP Ⓑ 이항계수의 성질을 이용하여 값을 구하기

$$f(2)+f(4)+f(6)+\cdots+f(10)$$
$$=_{10}C_2+_{10}C_4+_{10}C_6+\cdots+_{10}C_{10}$$
$$=(_{10}C_0+_{10}C_2+_{10}C_4+_{10}C_6+\cdots+_{10}C_{10})-_{10}C_0$$
$$=2^{10-1}-1$$
$$=2^9-1$$
$$=511$$

부분집합의 개수

서로 다른 n개의 원소를 갖는 집합 A의 부분집합 중 원소가 r개인
부분집합의 개수가 $_nC_r\ (0 \le r \le n)$이다.

원소가 0개인 부분집합의 개수는 $_nC_0$

원소가 1개인 부분집합의 개수는 $_nC_1$

원소가 2개인 부분집합의 개수는 $_nC_2$

$\vdots$

원소가 n개인 부분집합의 개수는 $_nC_n$

따라서 $_nC_0+_nC_1+_nC_2+\cdots+_nC_n$의 값은 집합 A의 모든 부분집합의 개수의
합인 2^n과 같다.

0156

다음 물음에 답하여라.

(1) $f(n)=_nC_0-\dfrac{1}{2}_nC_1+\dfrac{1}{2^2}_nC_2-\cdots+(-1)^n\dfrac{1}{2^n}_nC_n$일 때, $f(10)$의 값을 구하여라.

STEP Ⓐ $(1+x)^n=\sum\limits_{r=0}^{n}{_nC_r}x^r$에 $x=-\dfrac{1}{2}$을 대입하여 구하기

$(1+x)^n=_nC_0+_nC_1x+_nC_2x^2+\cdots+_nC_nx^n$ $\cdots\cdots$ ㉠

$f(n)$은 ㉠의 전개식에 $x=-\dfrac{1}{2}$을 대입한 것과 같으므로

$$f(n)=_nC_0-\dfrac{1}{2}_nC_1+\dfrac{1}{2^2}_nC_2-\cdots+(-1)^n\dfrac{1}{2^n}_nC_n$$
$$=\left(1-\dfrac{1}{2}\right)^n=\left(\dfrac{1}{2}\right)^n$$

따라서 $f(10)=\left(\dfrac{1}{2}\right)^{10}=\dfrac{1}{2^{10}}$

(2) $_5C_0\left(\dfrac{13}{8}\right)^5+_5C_1\left(\dfrac{3}{8}\right)^1\left(\dfrac{13}{8}\right)^4+_5C_2\left(\dfrac{3}{8}\right)^2\left(\dfrac{13}{8}\right)^3$
$+_5C_3\left(\dfrac{3}{8}\right)^3\left(\dfrac{13}{8}\right)^2+_5C_4\left(\dfrac{3}{8}\right)^4\left(\dfrac{13}{8}\right)+_5C_5\left(\dfrac{3}{8}\right)^5$

의 값을 구하여라.

STEP Ⓐ 이항정리 공식 $\sum\limits_{k=0}^{n}{_nC_k}a^kb^{n-k}=(a+b)^n$을 이용하여 구하기

$_5C_0\left(\dfrac{13}{8}\right)^5+_5C_1\left(\dfrac{3}{8}\right)^1\left(\dfrac{13}{8}\right)^4+_5C_2\left(\dfrac{3}{8}\right)^2\left(\dfrac{13}{8}\right)^3+_5C_3\left(\dfrac{3}{8}\right)^3\left(\dfrac{13}{8}\right)^2$
$$+_5C_4\left(\dfrac{3}{8}\right)^4\left(\dfrac{13}{8}\right)+_5C_5\left(\dfrac{3}{8}\right)^5$$
$$=\left(\dfrac{3}{8}+\dfrac{13}{8}\right)^5$$
$$=2^5=32$$

참고✳ $\sum\limits_{k=0}^{5}{_5C_k}\left(\dfrac{3}{8}\right)^k\left(\dfrac{13}{8}\right)^{5-k}=\left(\dfrac{3}{8}+\dfrac{13}{8}\right)^5=2^5=32$

0157

다음 물음에 답하여라.

(1) $\sum\limits_{n=1}^{10}\left(\sum\limits_{m=1}^{n}{_nC_m}\right)$의 값을 구하여라.

STEP Ⓐ 이항계수의 성질을 이용하기

$\sum\limits_{m=1}^{n}{_nC_m}=_nC_1+_nC_2+_nC_3+\cdots+_nC_n=2^n-1$이므로

$$\sum\limits_{n=1}^{10}\left(\sum\limits_{m=1}^{n}{_nC_m}\right)=\sum\limits_{n=1}^{10}(2^n-1)$$
$$=\sum\limits_{n=1}^{10}2^n-\sum\limits_{n=1}^{10}1$$
$$=\dfrac{2(2^{10}-1)}{2-1}-10$$
$$=2^{11}-12=2036$$

(2) $\sum\limits_{i=1}^{n}\left(\sum\limits_{j=0}^{i}{_iC_j}\right)=62$를 만족하는 n의 값을 구하여라.

STEP Ⓐ 이항계수의 성질을 이용하기

$\sum\limits_{j=0}^{i}{_iC_j}=_iC_0+_iC_1+_iC_2+_iC_3+\cdots+_iC_i=2^i$이므로

$$\sum\limits_{i=1}^{n}\left(\sum\limits_{j=0}^{i}{_iC_j}\right)=\sum\limits_{i=1}^{n}2^i=\dfrac{2^{n+1}-2}{2-1}=2^{n+1}-2$$

이때 $2^{n+1}-2=62,\ 2^{n+1}=64$

따라서 $n=5$

0158

다음 물음에 답하여라.

(1) 2 이상의 자연수 n에 대하여

$$f(n)=\sum_{k=2}^{n}({}_k C_0+{}_k C_1+{}_k C_2+{}_k C_3+\cdots+{}_k C_{k-1})$$

일 때, $f(6)$의 값을 구하여라.

STEP Ⓐ $\sum_{r=0}^{n}{}_n C_r=2^n$을 이용하여 구하기

$$f(n)=\sum_{k=2}^{n}({}_k C_0+{}_k C_1+{}_k C_2+{}_k C_3+\cdots+{}_k C_{k-1})$$
$$=\sum_{k=2}^{n}({}_k C_0+{}_k C_1+{}_k C_2+{}_k C_3+\cdots+{}_k C_{k-1}+{}_k C_k-{}_k C_k)$$
$$=\sum_{k=2}^{n}(2^k-1)$$

STEP Ⓑ 시그마의 성질을 이용하여 $f(6)$의 값 구하기

$$\therefore f(6)=\sum_{k=2}^{6}(2^k-1)=\sum_{k=2}^{6}2^k-\sum_{k=2}^{6}1$$
$$=\frac{4(2^5-1)}{2-1}-5$$
$$=119$$

(2) 자연수 n에 대하여

$$f(n)=\sum_{k=1}^{n}({}_{2k} C_1+{}_{2k} C_3+{}_{2k} C_5+\cdots+{}_{2k} C_{2k-1})$$

일 때, $f(5)$의 값을 구하여라.

STEP Ⓐ ${}_{2k} C_1+{}_{2k} C_3+{}_{2k} C_5+\cdots+{}_{2k} C_{2k-1}=2^{2k-1}$임을 이용하기

$$(1+x)^{2k}={}_{2k} C_0+{}_{2k} C_1 x+{}_{2k} C_2 x^2+\cdots+{}_{2k} C_{2k} x^{2k} \quad\cdots\cdots\ \bigcirc$$
$\bigcirc$에 $x=1$을 대입하면
$${}_{2k} C_0+{}_{2k} C_1+{}_{2k} C_2+\cdots+{}_{2k} C_r+\cdots+{}_{2k} C_{2k}=2^{2k} \quad\cdots\cdots\ \bigcirc\!\bigcirc$$
$\bigcirc$에 $x=-1$을 대입하면
$${}_{2k} C_0-{}_{2k} C_1+{}_{2k} C_2-\cdots+(-1)^r{}_{2k} C_r+\cdots+{}_{2k} C_{2k}=0 \quad\cdots\cdots\ \bigcirc\!\bigcirc\!\bigcirc$$
$(\bigcirc\!\bigcirc-\bigcirc\!\bigcirc\!\bigcirc)\div 2$에서
$${}_{2k} C_1+{}_{2k} C_3+{}_{2k} C_5+\cdots+{}_{2k} C_{2k-1}=2^{2k-1}$$

STEP Ⓑ 시그마의 성질을 이용하여 $f(5)$의 값 구하기

$$\therefore f(5)=\sum_{k=1}^{5}({}_{2k} C_1+{}_{2k} C_3+{}_{2k} C_5+\cdots+{}_{2k} C_{2k-1})$$
$$=\sum_{k=1}^{5}2^{2k-1}=2+2^3+2^5+2^7+2^9=\frac{2(4^5-1)}{4-1}=682$$

0159

다음 물음에 답하여라.

(1) 31^{30}을 900으로 나눈 나머지를 구하여라.

STEP Ⓐ $31^{30}=(1+30)^{30}$으로 변형하여 이항정리를 이용하기

$31^{30}=(1+30)^{30}$이므로 이항정리에 의하여
$$(1+30)^{30}={}_{30} C_0+{}_{30} C_1\times 30^1+{}_{30} C_2\times 30^2+\cdots+{}_{30} C_{30}\times 30^{30}$$
즉 $900=30^2$이고 전개식에서 ${}_{30} C_0$을 제외한 항은 모두 30^2을 인수로
가지고 있어 30^2의 배수이므로 900으로 나누어떨어진다.
↞ 두 번째 항부터는 모두 900으로 나누어떨어진다.
따라서 구하는 나머지는 ${}_{30} C_0=1$에서 1이다.

(2) 9^9을 100으로 나눈 나머지를 구하여라.

STEP Ⓐ $9^9=(-1+10)^9$으로 변형하여 이항정리를 이용하기

이항정리를 이용하여 $(-1+x)^9$을 전개하면
$(-1+x)^9={}_9 C_0(-1)^9+{}_9 C_1(-1)^8 x+{}_9 C_2(-1)^7 x^2+\cdots+{}_9 C_9 x^9$이므로
이 식에 $x=10$을 대입하면
$$9^9=(-1+10)^9={}_9 C_0(-1)^9+{}_9 C_1(-1)^8\cdot 10+{}_9 C_2(-1)^7\cdot 10^2+\cdots+{}_9 C_9 10^9$$
$100=10^2$이고 전개식에서 ${}_9 C_0(-1)^9$, ${}_9 C_1(-1)^8\cdot 10$을 제외한 항은
모두 10^2을 인수로 가지고 있어 10^2의 배수이므로 10^2으로 나누어떨어진다.
↞ 세 번째 항부터는 모두 100으로 나누어떨어진다.
따라서 구하는 나머지는 ${}_9 C_0(-1)^9+{}_9 C_1(-1)^8\cdot 10=-1+90=89$에서 89

(3) 2^{40}을 15로 나누었을 때, 나머지를 구하여라.

STEP Ⓐ $2^{40}=(2^4)^{10}=(1+15)^{10}$으로 변형하여 이항정리를 이용하기

$2^{40}=(2^4)^{10}=16^{10}=(1+15)^{10}$이므로 이항정리에 의하여
$$(1+15)^{10}={}_{10} C_0+{}_{10} C_1\times 15^1+{}_{10} C_2\times 15^2+\cdots+{}_{10} C_{10}\times 15^{10}$$
위의 전개식에서 ${}_{10} C_0$을 제외한 항은 모두 15의 배수이므로
15로 나누어떨어진다. ↞ 두 번째 항부터는 모두 15로 나누어떨어진다.
따라서 구하는 나머지는 ${}_{10} C_0=1$에서 1이다.

0160

다음 물음에 답하여라.

(1) 11^{11}의 백의 자리, 십의 자리, 일의 자리의 숫자를 각각 l, m, n라고
할 때, lmn의 값은?

① 4   ② 6   ③ 8
④ 12   ⑤ 16

STEP Ⓐ $11^{11}=(1+10)^{11}$으로 변형하여 이항정리를 이용하기

$11^{11}=(1+10)^{11}$이므로 이항정리에 의하여
$$(1+10)^{11}={}_{11} C_0+{}_{11} C_1\cdot 10+{}_{11} C_2\cdot 10^2+{}_{11} C_3\cdot 10^3+\cdots+{}_{11} C_{11} 10^{11}$$
$$=1+11\cdot 10+55\cdot 10^2+10^3({}_{11} C_3+{}_{11} C_4\cdot 10+\cdots+{}_{11} C_{11}\cdot 10^8)$$
위의 전개식에서 1, $11\cdot 10$, $55\cdot 10^2$을 제외한 항은 모두 10^3의 배수이므로
백의 자리의 숫자, 십의 자리의 숫자, 일의 자리의 숫자는
$1+11\cdot 10+55\cdot 10^2$만 계산하여 구한다.

STEP Ⓑ lmn의 값 구하기

$1+110+5500=5611$이므로
11^{11}의 백의 자리 숫자는 6, 십의 자리의 숫자는 1, 일의 자리의 숫자는 1
따라서 $l=6$, $m=1$, $n=1$이므로 $lmn=6$

(2) 21^{11}의 백의 자리, 십의 자리, 일의 자리의 숫자를 각각 a, b, c라고 할
때, $a+b+c$의 값은?

① 4   ② 5   ③ 8
④ 12   ⑤ 15

STEP Ⓐ $21^{11}=(1+20)^{11}$으로 변형하여 이항정리를 이용하기

$21^{11}=(1+20)^{11}$이므로 이항정리에 의하여
$$(1+20)^{11}={}_{11} C_0+{}_{11} C_1\cdot 20+{}_{11} C_2\cdot 20^2+{}_{11} C_3\cdot 20^3+\cdots+{}_{11} C_{11} 20^{11}$$
위의 전개식에서 ${}_{11} C_2\cdot 20^2=22000$이므로
${}_{11} C_0$, ${}_{11} C_1\cdot 20$을 제외한 항은 모두 1000의 배수이다.
백의 자리의 숫자, 십의 자리의 숫자, 일의 자리의 숫자는
${}_{11} C_0+{}_{11} C_1\cdot 20$만 계산하여 구한다.

STEP Ⓑ $a+b+c$의 값 구하기

${}_{11} C_0+{}_{11} C_1\cdot 20=221$
21^{11}의 백의 자리 숫자는 2, 십의 자리의 숫자는 2, 일의 자리의 숫자는 1
따라서 $a=2$, $b=2$, $c=1$이므로 $a+b+c=2+2+1=5$

0161

다음 물음에 답하여라.

(1) 어느 월요일로부터 8^{11}일이 지난 날은 무슨 요일인가?

① 월요일   ② 화요일   ③ 수요일

④ 목요일   ⑤ 금요일

STEP A $8^{11}=(7+1)^{11}$**으로 변형하여 이항정리를 이용하기**

$8^{11}=(1+7)^{11}$이므로 이항정리에 의하여

$(1+7)^{11}={}_{11}C_0+{}_{11}C_1 7+\cdots+{}_{11}C_{10}7^{10}+{}_{11}C_{11}7^{11}$

$\qquad\qquad ={}_{11}C_0+7({}_{11}C_1+\cdots+{}_{11}C_{10}7^9+{}_{11}C_{11}7^{10})$

위의 전개식에서 ${}_{11}C_0$을 제외한 항은 모두 7의 배수이다.

즉 8^{11}을 7로 나눈 나머지는 1이다.

따라서 어느 월요일로부터 8^{11}일이 지난 날은 1일 후인 화요일이다.

> 오늘이 월요일일 때, 오늘부터 7일 후는 오늘과 같은 월요일이다.
>
> 즉 8일 후는 $1+7$이므로 월요일부터 1일 후 화요일이고
>
> 17일 후는 $3+7\cdot2$이므로 월요일부터 3일 후 목요일이다.
>
> 따라서 $n+7k$ (n, k는 자연수)로 나타냈을 때, 오늘부터 n일 후의 요일을 구하면 된다.

(2) 자연수 n에 대하여 오늘부터 n^7일 후는 금요일이라 할 때, 오늘부터 $(n+1)^7$일 후는 무슨 요일인가?

① 목요일   ② 금요일   ③ 토요일

④ 일요일   ⑤ 월요일

STEP A   **오늘부터 7일 후는 오늘과 같은 요일임을 이용하기**

$(1+n)^7={}_7C_0+{}_7C_1 n+{}_7C_2 n^2+{}_7C_3 n^3+\cdots+{}_7C_7 n^7$

위의 전개식에서 ${}_7C_0$, ${}_7C_7 n^7$을 제외한 항은 모두 7의 배수이다.

즉 오늘부터 ${}_7C_0+{}_7C_7 n^7=n^7+1$일 후의 요일을 의미한다.

따라서 오늘부터 n^7일 후는 금요일이므로 구하는 요일은 1일 후인 토요일이다.

(3) 오늘부터 25^7일째 되는 날이 수요일이라 할 때, 27^7일째 되는 날은 무슨 요일인가?

① 수요일   ② 목요일   ③ 금요일

④ 토요일   ⑤ 일요일

STEP A $27^7=(2+25)^7$**으로 변형하여 이항정리를 이용하기**

$27^7=(2+25)^7$이므로 이항정리에 의하여

$(2+25)^7={}_7C_0 2^7+{}_7C_1 2^6\cdot25+{}_7C_2 2^5\cdot25^2+\cdots+{}_7C_7 25^7$

위의 전개식에서 ${}_7C_0 2^7$, ${}_7C_7 25^7$을 제외한 항은 모두 7의 배수이다.

따라서 ${}_7C_0 2^7+{}_7C_7 25^7$에서 오늘부터 25^7일째 되는 날은 수요일이고

$2^7=128=7\times18+2$이 되는 요일은 수요일부터 2일 후인 금요일이다.

BASIC

0162

$\left(3x-\dfrac{1}{x}\right)^6$의 전개식에 대한 설명으로 [보기]에서 옳은 것만을 있는 대로 고른 것은?

> ㄱ. $\dfrac{1}{x^4}$의 계수는 -18이다.
>
> ㄴ. 서로 다른 항의 개수는 6이다.
>
> ㄷ. 상수항은 -540이다.

① ㄱ   ② ㄴ   ③ ㄱ, ㄴ

④ ㄱ, ㄷ   ⑤ ㄱ, ㄴ, ㄷ

STEP A   **이항정리의 일반항을 구하여 [보기]의 진위판단하기**

$\left(3x-\dfrac{1}{x}\right)^6$ 전개식의 일반항은

${}_6C_r(3x)^{6-r}\left(-\dfrac{1}{x}\right)^r={}_6C_r 3^{6-r}(-1)^r x^{6-2r}$

ㄱ. $\dfrac{1}{x^4}$의 계수는 $6-2r=-4$이므로 $r=5$

     즉 x^{-4}의 계수는 ${}_6C_5 3^{6-5}(-1)^5=6\cdot3\cdot(-1)=-18$ [참]

ㄴ. 서로 다른 항의 개수는 서로 다른 2개에서 중복을 허락하여 6개를

     택하는 경우의 수와 같으므로 ${}_2H_6={}_{2+6-1}C_6={}_7C_6={}_7C_1=7$ [거짓]

ㄷ. 상수항은 $6-2r=0$이므로 $r=3$

     즉 상수항은 ${}_6C_3 3^{6-3}(-1)^3=20\cdot27\cdot(-1)=-540$ [참]

따라서 옳은 것은 ㄱ, ㄷ이다.

0163

$\left(2x^2-\dfrac{1}{x}\right)^4$의 전개식에 대한 설명으로 [보기]에서 옳은 것만을 있는 대로 고른 것은?

> ㄱ. x^5의 계수는 -32이다.
>
> ㄴ. x^2의 계수는 24이다.
>
> ㄷ. 서로 다른 항의 개수는 5이다.
>
> ㄹ. 상수항은 0이다.

① ㄱ, ㄴ   ② ㄴ, ㄷ   ③ ㄱ, ㄴ, ㄹ

④ ㄴ, ㄷ, ㄹ   ⑤ ㄱ, ㄴ, ㄷ, ㄹ

STEP A   **이항정리의 일반항을 구하여 [보기]의 진위판단하기**

$\left(2x^2-\dfrac{1}{x}\right)^4$ 전개식의 일반항은

${}_4C_r(2x^2)^{4-r}\left(-\dfrac{1}{x}\right)^r={}_4C_r 2^{4-r}(-1)^r x^{8-3r}$

ㄱ. x^5의 계수는 $8-3r=5$이므로 $r=1$

     즉 x^5의 계수는 ${}_4C_1 2^{4-1}(-1)^1=4\cdot8\cdot(-1)=-32$ [참]

ㄴ. x^2의 계수는 $8-3r=2$이므로 $r=2$

     즉 x^2의 계수는 ${}_4C_2 2^{4-2}(-1)^2=6\cdot4\cdot1=24$ [참]

ㄷ. 서로 다른 항의 개수는 서로 다른 2개에서 중복을 허락하여 4개를 택하는

     경우의 수와 같으므로 ${}_2H_4={}_{2+4-1}C_4={}_5C_4={}_5C_1=5$ [참]

ㄹ. 상수항은 $8-3r=0$을 만족시키는 음이 아닌 정수 r가 존재하지 않으므로

     상수항은 0이다. [참]

따라서 옳은 것은 ㄱ, ㄴ, ㄷ, ㄹ이다.

0164

다음 물음에 답하여라.

(1) $\left(x+\dfrac{2}{x}\right)^8$의 전개식에서 x^4의 계수는?

  ① 108   ② 112   ③ 116
  ④ 120   ⑤ 124

STEP A 이항정리의 일반항을 구하여 x^4의 계수 구하기

$\left(x+\dfrac{2}{x}\right)^8$의 전개식에서 일반항은

$_8C_r x^{8-r}\left(\dfrac{2}{x}\right)^r = _8C_r 2^r x^{8-2r}$ (단, $r=0, 1, 2, \cdots, 8$)

x^4항은 $8-2r=4$

$\therefore\ r=2$

따라서 x^4의 계수는 $_8C_2 \times 2^2 = 28 \times 4 = 112$

(2) $\left(x+\dfrac{1}{3x}\right)^6$의 전개식에서 x^2의 계수는?

  ① $\dfrac{4}{3}$ ② $\dfrac{13}{9}$ ③ $\dfrac{14}{9}$
  ④ $\dfrac{5}{3}$ ⑤ $\dfrac{16}{9}$

STEP A 이항정리를 이용하여 전개식의 일반항 구하기

$\left(x+\dfrac{1}{3x}\right)^6$의 전개식에서 일반항은

$_6C_r(x)^{6-r}\left(\dfrac{1}{3x}\right)^r = _6C_r x^{6-r}\left(\dfrac{1}{3}\right)^r\left(\dfrac{1}{x}\right)^r$

$\qquad = _6C_r\left(\dfrac{1}{3}\right)^r x^{6-2r}$ (단, $r=0, 1, 2, \cdots, 6$)

x^2의 계수는 $6-2r=2$

$\therefore\ r=2$

따라서 x^2의 계수는 $_6C_2\left(\dfrac{1}{3}\right)^2 = \dfrac{6\cdot 5}{2\cdot 1}\cdot\dfrac{1}{9} = \dfrac{5}{3}$

0165

다음 물음에 답하여라.

(1) 다항식 $\left(2x+\dfrac{1}{2}\right)^6$의 전개식에서 x^4의 계수는?

  ① 30   ② 40   ③ 50
  ④ 60   ⑤ 70

STEP A 이항정리의 일반항을 구하여 x^4의 계수 구하기

다항식 $\left(2x+\dfrac{1}{2}\right)^6$의 전개식의 일반항은

$_6C_r(2x)^{6-r}\left(\dfrac{1}{2}\right)^r = _6C_r 2^{6-2r}x^{6-r}$ (단, $r=0, 1, 2, \cdots, 6$)

따라서 x^4의 계수는 $r=2$일 때, $_6C_2 2^{6-4} = \dfrac{6\cdot 5}{2}\cdot 2^2 = 60$

(2) $\left(x^2+\dfrac{1}{x}\right)^7$의 전개식에서 x^2의 계수는?

  ① 7   ② 14   ③ 21
  ④ 28   ⑤ 35

STEP A 이항정리의 일반항을 구하여 x^2의 계수 구하기

$\left(x^2+\dfrac{1}{x}\right)^7$의 전개식의 일반항은

$_7C_r(x^2)^{7-r}\left(\dfrac{1}{x}\right)^r = _7C_r x^{14-3r}$ (단, $r=0, 1, 2, \cdots, 7$)

$14-3r=2$에서 $r=4$

따라서 x^2의 계수는 $_7C_4 = 35$

---

(3) $\left(2x+\dfrac{1}{2x}\right)^7$의 전개식에서 x의 계수는?

  ① 14   ② 28   ③ 42
  ④ 56   ⑤ 70

STEP A 이항정리의 일반항을 이용하여 x의 계수 구하기

$\left(2x+\dfrac{1}{2x}\right)^7$의 전개식에서 일반항은

$_7C_r(2x)^{7-r}\left(\dfrac{1}{2x}\right)^r = _7C_r 2^{7-2r}x^{7-2r}$ (단, $r=0, 1, 2, 3, 4, 5, 6, 7$)

x의 항은 $7-2r=1$

$\therefore\ r=3$

따라서 x의 계수는 $_7C_3 \times 2^1 = 35 \times 2 = 70$

0166

다음 물음에 답하여라.

(1) 다항식 $(x-1)^n$의 전개식에서 x의 계수가 -12일 때, n의 값을 구하여라.

  ① 6   ② 8   ③ 10
  ④ 12   ⑤ 14

STEP A $(x-1)^n$의 전개식에서 x의 계수가 -12일 때, n의 값 구하기

$(x-1)^n$의 전개식에서 일반항은

$_nC_r x^r(-1)^{n-r}$ (단, $r=0, 1, 2, \cdots, n$)

x항은 $r=1$일 때이므로 x의 계수는 $_nC_1(-1)^{n-1}=(-1)^{n-1}\cdot n$

따라서 $(-1)^{n-1}\cdot n=-12$이므로 $n=12$

(2) 다항식 $(1+x)^n$의 전개식에서 x^2의 계수가 45일 때, 자연수 n의 값을 구하여라.

  ① 8   ② 10   ③ 12
  ④ 14   ⑤ 16

STEP A $(1+x)^n$의 전개식에서 x^2의 계수가 45일 때, n의 값 구하기

$(1+x)^n$의 전개식에서 일반항은

$_nC_r x^r$ (단, $r=0, 1, 2, \cdots, n$)

이때 x^2의 계수는 $r=2$일 때, 45이므로 $_nC_2=\dfrac{n(n-1)}{2}=45$

$n^2-n-90=0,\ (n-10)(n+9)=0$

따라서 자연수 $n=10$

(3) 다항식 $(x+3)^n$의 전개식에서 상수항이 81일 때, x의 계수는?

  ① 108   ② 114   ③ 120
  ④ 126   ⑤ 132

STEP A $(x+3)^n$의 전개식에서 상수항이 81일 때, n의 값 구하기

다항식 $(x+3)^n$의 전개식의 일반항은

$_nC_r x^r 3^{n-r}$ (단, $r=0, 1, 2, \cdots, n$)

상수항이 81이므로 $r=0$일 때, $_nC_0 \times 3^n = 81$

$\therefore\ n=4$

STEP B x의 계수 구하기

$(x+3)^4$의 전개식에서 x항은 $_4C_1 \times x \times 3^3 = 4 \times 27 \times x = 108x$

따라서 x의 계수는 108

0167

다음 물음에 답하여라.

(1) 다항식 $(1+ax)^5$의 전개식에서 x^4의 계수가 405일 때, 양수 a의 값을 구하여라.

STEP Ⓐ 이항정리의 일반항을 이용하여 구하기

$(1+ax)^5$의 전개식의 일반항은

$_5\mathrm{C}_r 1^{5-r}(ax)^r = _5\mathrm{C}_r a^r x^r$

이때 x^4항은 $r=4$일 때이므로 x^4의 계수는 $_5\mathrm{C}_4 a^4 = 5a^4 = 405$, $a^4 = 81$

따라서 $a>0$이므로 $a=3$

(2) $\left(ax+\dfrac{1}{x}\right)^4$의 전개식에서 상수항이 54일 때, 양수 a의 값을 구하여라.

STEP Ⓐ 이항정리의 일반항을 이용하여 구하기

$\left(ax+\dfrac{1}{x}\right)^4$의 전개식의 일반항은

$_4\mathrm{C}_r (ax)^{4-r}\left(\dfrac{1}{x}\right)^r = _4\mathrm{C}_r a^{4-r} x^{4-2r}$

이때 상수항은 $r=2$일 때이므로 상수항은 $_4\mathrm{C}_2 \cdot a^2 = 6a^2 = 54$

따라서 $a^2 = 9$이므로 $a=3$ $(\because a>0)$

(3) 다항식 $(x+a)^6$의 전개식에서 x^4의 계수가 60일 때, 양수 a의 값을 구하여라.

STEP Ⓐ 이항정리의 일반항을 이용하여 구하기

$(x+a)^6$의 전개식에서 일반항은

$_6\mathrm{C}_r a^{6-r} x^r$이므로 x^4항은 $r=4$일 때이다.

x^4의 계수는 $_6\mathrm{C}_4 a^2 = 15a^2$이므로 $15a^2 = 60$에서 $a^2 = 4$

따라서 $a>0$이므로 $a=2$

0168

다음 물음에 답하여라.

(1) 다항식 $(x+a)^5$의 전개식에서 x^3의 계수와 x^4의 계수가 같을 때, $60a$의 값은? (단, a는 양수이다.)

① 20 ② 30 ③ 40
④ 50 ⑤ 60

STEP Ⓐ $(x+a)^5$의 전개식에서 x^3의 계수와 x^4의 계수가 같을 때, a의 값 구하기

$(x+a)^5$의 전개식에서 일반항은

$_5\mathrm{C}_r x^{5-r} a^r$ (단, $r=0, 1, 2, \cdots, 5$)

x^3의 계수는 $r=2$일 때이므로 $_5\mathrm{C}_2 \times a^2 = 10a^2$

x^4의 계수는 $r=1$일 때이므로 $_5\mathrm{C}_1 \times a = 5a$

x^3의 계수와 x^4의 계수가 같으므로 $10a^2 = 5a$

$\therefore a = \dfrac{1}{2}$ $(\because a>0)$

따라서 $60a = 30$

(2) 다항식 $(x+a)^7$의 전개식에서 x^4의 계수가 280일 때, x^5의 계수는? (단, a는 상수이다.)

① 84 ② 91 ③ 98
④ 105 ⑤ 112

STEP Ⓐ $(x+a)^7$의 전개식에서 x^4의 계수가 280일 때, a의 값 구하기

$(x+a)^7$의 전개식에서 일반항은 $_7\mathrm{C}_r x^{7-r} a^r$이므로 x^4의 계수는

$7-r=4$에서 $r=3$일 때이므로 $_7\mathrm{C}_3 a^3 = 280$

$35a^3 = 280$, $a^3 = 8$

$\therefore a = 2$

STEP Ⓑ x^5의 계수 구하기

따라서 x^5의 계수는 $r=2$일 때이므로 $_7\mathrm{C}_2 a^2 = _7\mathrm{C}_2 \times 2^2 = 21 \times 4 = 84$

(3) 다항식 $(x+a)^5$의 전개식에서 x^2의 계수가 80일 때, x^3의 계수는? (단, a는 실수이다.)

① 40 ② 45 ③ 50
④ 55 ⑤ 60

STEP Ⓐ $(x+a)^5$의 전개식에서 x^2의 계수가 80임을 이용하여 a 구하기

$(x+a)^5$의 전개식에서 일반항은

$_5\mathrm{C}_r x^{5-r} a^r = _5\mathrm{C}_r a^r x^{5-r}$

x^2항은 $5-r=2$, 즉 $r=3$일 때이므로 x^2의 계수는

$_5\mathrm{C}_3 a^3 = 80$, $10a^3 = 80$

$\therefore a = 2$

STEP Ⓑ $(x+a)^5$의 전개식에서 x^3의 계수 구하기

따라서 x^3항은 $5-r=3$, 즉 $r=2$일 때이므로 x^3의 계수는

$_5\mathrm{C}_2 a^2 = 10 \times 4 = 40$

0169

$\left(x+\dfrac{1}{x}\right)^{2n}$의 전개식에서 x^2의 계수를 a_n이라 할 때, $a_1 + a_2 + a_3 + a_4$의 값은?

① 76 ② 77 ③ 78
④ 79 ⑤ 80

STEP Ⓐ $\left(x+\dfrac{1}{x}\right)^{2n}$의 전개식에서 x^2의 계수 a_n 구하기

$\left(x+\dfrac{1}{x}\right)^{2n}$의 전개식에서 일반항은

$_{2n}\mathrm{C}_r x^{2n-r}\left(\dfrac{1}{x}\right)^r = _{2n}\mathrm{C}_r \times x^{2n-2r}$

x^2의 계수는 $2n-2r=2$일 때, 즉 $r=n-1$이므로 $a_n = _{2n}\mathrm{C}_{n-1}$

STEP Ⓑ $a_1 + a_2 + a_3 + a_4$의 값 구하기

따라서 $a_1 + a_2 + a_3 + a_4 = _2\mathrm{C}_0 + _4\mathrm{C}_1 + _6\mathrm{C}_2 + _8\mathrm{C}_3 = 1 + 4 + 15 + 56 = 76$

0170

다음 물음에 답하여라.

(1) $\left(x-\dfrac{k}{y}\right)^5$의 전개식에서 $\dfrac{x^3}{y^2}$의 계수가 250일 때, 양수 k의 값은?

① 2 ② 3 ③ 4
④ 5 ⑤ 6

STEP Ⓐ 전개식에서 $\dfrac{x^3}{y^2}$의 계수가 250인 양수 k의 값 구하기

$\left(x-\dfrac{k}{y}\right)^5$의 전개식에서 일반항은

$_5\mathrm{C}_r x^{5-r}\left(-\dfrac{k}{y}\right)^r = _5\mathrm{C}_r (-k)^r x^{5-r}\left(\dfrac{1}{y}\right)^r$

$\dfrac{x^3}{y^2}$의 계수는 $r=2$이므로 $_5\mathrm{C}_2 (-k)^2 = _5\mathrm{C}_2 k^2 = 10k^2 = 250$

따라서 양수 $k=5$

(2) $\left(x^2+\dfrac{k}{x}\right)^5$의 전개식에서 x^4의 계수가 90일 때, 양수 k의 값은?

① 2　　　　② 3　　　　③ 4
④ 5　　　　⑤ 6

$\left(x^2+\dfrac{k}{x}\right)^5$의 전개식에서 일반항은

$_5\mathrm{C}_r(x^2)^{5-r}\left(\dfrac{k}{x}\right)^r=\,_5\mathrm{C}_r k^r x^{10-3r}$

x^4의 계수는 $10-3r=4$이므로 $r=2$

즉 $_5\mathrm{C}_2 k^2=90$에서 $10k^2=90$

$\therefore\ k^2=9$

따라서 양수 $k=3$

0171

다음 물음에 답하여라.

(1) $\left(x^2+\dfrac{3}{x}\right)^n$의 전개식에서 0이 아닌 상수항이 존재하도록 하는 100 이하의 자연수 n의 개수는?

① 31　　　　② 32　　　　③ 33
④ 34　　　　⑤ 35

$\left(x^2+\dfrac{3}{x}\right)^n$의 전개식에서 일반항은

$_n\mathrm{C}_r(x^2)^{n-r}\left(\dfrac{3}{x}\right)^r=\,_n\mathrm{C}_r 3^r x^{2n-3r}$

이때 상수항이 0이 아니려면 $2n-3r=0$을 만족시켜야 하므로

$r=\dfrac{2}{3}n$

이때 n이 자연수이고 r는 $0\le r\le n$인 정수이므로

n은 3의 배수이고 r는 짝수이다.

따라서 구하는 100 이하의 자연수 n의 개수는 100 이하의 3의 배수의 개수와 같으므로 33

(2) $\left(x^2+\dfrac{1}{x^5}\right)^n$의 전개식에서 0이 아닌 상수항이 존재하도록 하는 자연수 n의 최솟값을 a, 그때의 상수항을 b라 할 때, $a+b$의 값은?

① 24　　　　② 28　　　　③ 32
④ 36　　　　⑤ 40

$\left(x^2+\dfrac{1}{x^5}\right)^n$의 전개식에서 일반항은

$_n\mathrm{C}_r(x^2)^{n-r}\left(\dfrac{1}{x^5}\right)^r=\,_n\mathrm{C}_r x^{2n-7r}$

이때 상수항이 0이 아니려면 $2n-7r=0$을 만족시켜야 하므로

$r=\dfrac{2n}{7}$

이때 n이 자연수이고 r는 $0\le r\le n$인 정수이므로

$r=\dfrac{2n}{7}$을 만족시키는 n은 7의 배수이어야 한다.

즉 n의 최솟값은 $n=7$이므로 $a=7$

$n=7$일 때, $r=2$이므로 상수항은 $b=\,_7\mathrm{C}_2=21$

따라서 $a+b=7+21=28$

---

(3) $\left(x+\dfrac{1}{x^n}\right)^{10}$의 전개식에서 상수항이 존재하도록 하는 모든 자연수 n의 값의 합은?

① 10　　　　② 11　　　　③ 12
④ 13　　　　⑤ 14

$\left(x+\dfrac{1}{x^n}\right)^{10}$의 전개식에서 일반항은

$_{10}\mathrm{C}_r x^{10-r}(x^{-n})^r=\,_{10}\mathrm{C}_r x^{10-(n+1)r}$ (단, $r=0,\,1,\,2,\,\cdots,\,10$)

상수항이 존재하려면

$10-(n+1)r=0$에서 $n+1=\dfrac{10}{r}$　　　…… ㉠

㉠을 만족시키는 자연수 $n,\ r$의 순서쌍은 $(9,\,1),\,(4,\,2),\,(1,\,5)$

따라서 모든 자연수 n의 값의 합은 $9+4+1=14$

> **참고** $(n+1)r=10$을 만족하는 자연수 $n,\ r$의 값은
> $(n+1)r=10\times1,\ (n+1)r=5\times2,\ (n+1)r=2\times5$
> $n=9,\ r=1,\ n=4,\ r=2,\ n=1,\ r=5$
> 따라서 n의 값들의 합은 $9+4+1=14$

0172

$f(n)=\,_n\mathrm{C}_0-\dfrac{2}{3}\,_n\mathrm{C}_1+\left(\dfrac{2}{3}\right)^2\,_n\mathrm{C}_2+\cdots+(-1)^n\left(\dfrac{2}{3}\right)^n\,_n\mathrm{C}_n$일 때, $f(10)$의 값은?

① $\dfrac{1}{3^{20}}$　　　　② $\dfrac{1}{3^{10}}$　　　　③ 1
④ 3^{10}　　　　⑤ 3^{20}

$(1+x)^n=\,_n\mathrm{C}_0+\,_n\mathrm{C}_1 x+\,_n\mathrm{C}_2 x^2+\cdots+\,_n\mathrm{C}_n x^n$　…… ㉠

$f(n)$은 ㉠의 전개식에 $x=-\dfrac{2}{3}$를 대입한 것과 같으므로

$f(n)=\,_n\mathrm{C}_0-\dfrac{2}{3}\,_n\mathrm{C}_1+\left(\dfrac{2}{3}\right)^2\,_n\mathrm{C}_2+\cdots+(-1)^n\left(\dfrac{2}{3}\right)^n\,_n\mathrm{C}_n=\left(1-\dfrac{2}{3}\right)^n=\left(\dfrac{1}{3}\right)^n$

따라서 $f(10)=\left(\dfrac{1}{3}\right)^{10}=\dfrac{1}{3^{10}}$

0173

다음 그림과 같은 파스칼의 삼각형에서 색칠한 부분의 모든 수의 합은?

$$1$$
$$_1\mathrm{C}_0\quad _1\mathrm{C}_1$$
$$_2\mathrm{C}_0\quad _2\mathrm{C}_1\quad _2\mathrm{C}_2$$
$$_3\mathrm{C}_0\quad _3\mathrm{C}_1\quad _3\mathrm{C}_2\quad _3\mathrm{C}_3$$
$$\vdots$$
$$_{10}\mathrm{C}_0\quad _{10}\mathrm{C}_1\quad _{10}\mathrm{C}_2\quad \cdots\quad _{10}\mathrm{C}_9\quad _{10}\mathrm{C}_{10}$$

① 27　　　　② 36　　　　③ 63
④ 72　　　　⑤ 81

(i) $_1\mathrm{C}_0+\,_2\mathrm{C}_1+\,_3\mathrm{C}_2+\cdots+\,_{10}\mathrm{C}_9=\,_{11}\mathrm{C}_9$에서

$\quad _2\mathrm{C}_1+\,_3\mathrm{C}_2+\cdots+\,_{10}\mathrm{C}_9=\,_{11}\mathrm{C}_9-1$

(ii) $1+\,_1\mathrm{C}_1+\,_2\mathrm{C}_2+\cdots+\,_{10}\mathrm{C}_{10}=\,_{11}\mathrm{C}_{10}$에서

$\quad _2\mathrm{C}_2+\,_3\mathrm{C}_3+\cdots+\,_{10}\mathrm{C}_{10}=\,_{11}\mathrm{C}_{10}-1-1$

(i), (ii)에서 어두운 부분의 수의 합은

$(_{11}\mathrm{C}_9-1)+(_{11}\mathrm{C}_{10}-2)=(55-1)+(11-2)=63$

다른풀이 $_{n-1}C_r+_{n-1}C_{r-1}=_nC_r$을 이용하여 풀이하기

$(_2C_1+_2C_2)+(_3C_2+_3C_3)+(_4C_3+_4C_4)+\cdots+(_{10}C_9+_{10}C_{10})$
$=_3C_2+_4C_3+_5C_4+\cdots+_{11}C_{10}$
$=_1C_0+_2C_1+_3C_2+_4C_3+_5C_4+\cdots+_{11}C_{10}-(_1C_0+_2C_1)$
$=_{12}C_{10}-(1+2)$
$=_{12}C_2-(1+2)$
$=\dfrac{12\times11}{2}-(1+2)$
$=63$

0174

다음 그림은 파스칼의 삼각형의 일부이다. 그림에 있는 모든 수들의 합은?

$$_4C_2$$
$$_5C_2 \quad _5C_3$$
$$_6C_2 \quad _6C_3 \quad _6C_4$$
$$_7C_2 \quad _7C_3 \quad _7C_4 \quad _7C_5$$
$$_8C_2 \quad _8C_3 \quad _8C_4 \quad _8C_5 \quad _8C_6$$
$$_9C_2 \quad _9C_3 \quad _9C_4 \quad _9C_5 \quad _9C_6 \quad _9C_7$$

① 518   ② 618   ③ 718
④ 819   ⑤ 918

STEP Ⓐ 파스칼의 삼각형의 성질을 이용하여 구하기

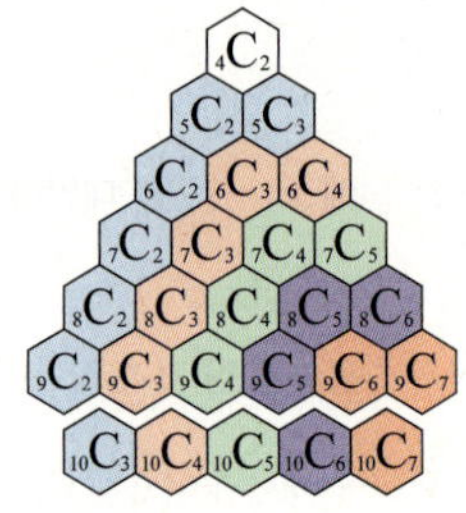

위의 그림과 같이 색칠한 부분을 살펴보면
$_5C_2+_5C_3+_6C_2+_7C_2+_8C_2+_9C_2$
$=_6C_3+_6C_2+_7C_2+_8C_2+_9C_2$
$=_7C_3+_7C_2+_8C_2+_9C_2$
$=_8C_3+_8C_2+_9C_2$
$=_9C_3+_9C_2=_{10}C_3$
위와 같은 방법으로 나머지 부분을 계산하면
$_6C_3+_6C_4+_7C_3+_8C_3+_9C_3=_{10}C_4$
$_7C_4+_7C_5+_8C_4+_9C_4=_{10}C_5$
$_8C_5+_8C_6+_9C_5=_{10}C_6$
$_9C_6+_9C_7=_{10}C_7$
따라서 구하는 합은
$_4C_2+_{10}C_3+_{10}C_4+_{10}C_5+_{10}C_6+_{10}C_7$
$=_4C_2+2(_{10}C_3+_{10}C_4)+_{10}C_5$
$=6+2(120+210)+252$
$=918$

NORMAL

0175

$21^{10}-1$을 400으로 나눈 나머지는?
① 200   ② 201   ③ 202
④ 203   ⑤ 204

STEP Ⓐ $21^{10}-1=(1+20)^{10}-1$으로 변형하여 이항정리를 이용하기

$21^{10}-1=(1+20)^{10}-1$
$\qquad\quad =_{10}C_0+_{10}C_1 20+_{10}C_2 20^2+\cdots+_{10}C_{10}20^{10}-1$
이때 $_{10}C_r 20^r$에서 $r\geq2$이면 400으로 나누어 떨어지므로
$21^{10}-1$을 400으로 나누었을 때의 나머지는 $_{10}C_0+_{10}C_1 20-1$을 400으로
나누었을 때의 나머지와 같다.
따라서 $_{10}C_0+_{10}C_1 20-1=200$이므로 $21^{10}-1$을 400으로 나누었을 때의
나머지는 200

0176

12^{10}을 20으로 나눈 나머지는?
① 4   ② 6   ③ 14
④ 15   ⑤ 16

STEP Ⓐ $12^{10}=(10+2)^{10}$으로 변형하여 이항정리를 이용하기

$12^{10}=(2+10)^{10}$이므로 이항정리에 의하여
$(2+10)^{10}=_{10}C_0\times2^{10}+_{10}C_1\times2^9\times10+_{10}C_2\times2^8\times10^2+\cdots+_{10}C_{10}\times10^{10}$
위의 전개식에서 $_{10}C_0\times2^{10}$을 제외한 항은 모두 20의 배수이므로
20으로 나누어떨어진다. ← 두 번째 항부터는 모두 20으로 나누어떨어진다.
따라서 구하는 나머지는 $_{10}C_0\times2^{10}=1024$를 20으로 나누었을 때의 나머지와
같은 4이다.

0177

다음 물음에 답하여라.
(1) $(x+1)^4\left(x-\dfrac{1}{x}\right)^5$의 전개식에 x^4의 계수는?
① 15   ② 20   ③ 25
④ 30   ⑤ 35

STEP Ⓐ 전개식에서 x^4항이 나오는 경우 구하기

$(x+1)^4$의 전개식의 일반항은 $_4C_r x^r$
$\left(x-\dfrac{1}{x}\right)^5$ 전개식의 일반항은 $_5C_s x^{5-s}(-x^{-1})^s=_5C_s(-1)^s x^{5-2s}$
이때 $(x+1)^4\left(x-\dfrac{1}{x}\right)^5$의 전개식에서 일반항은 $_4C_r{_5C_s}(-1)^s x^{5+r-2s}$
$5+r-2s=4$에서 $r-2s=-1$을 만족시키는 순서쌍 $(r,\,s)$는
$(1,\,1)$ 또는 $(3,\,2)$

STEP Ⓑ 각 경우와 계수 구하기
(i) $r=1$, $s=1$인 경우 ⇨ (x항)×(x^3항)
     x^4의 계수는 $_4C_1\times_5C_1\times(-1)=-20$
(ii) $r=3$, $s=2$인 경우 ⇨ (x^3항)×(x항)
     x^4의 계수는 $_4C_3\times_5C_2=40$
(i), (ii)에서 구하는 x^4항의 계수는 $40-20=20$

(2) $\left(x^2+1\right)\left(x+\dfrac{1}{x}\right)^6$의 전개식에서 x^2의 계수는?

① 25   ② 30   ③ 35
④ 40   ⑤ 45

STEP Ⓐ 전개식에서 x^2항이 나오는 경우 구하기

$\left(x+\dfrac{1}{x}\right)^6$의 전개식에서 상수항을 a, x^2의 계수를 b라 하면

$\left(x^2+1\right)\left(x+\dfrac{1}{x}\right)^6$의 전개식에서 x^2항은 $x^2\times a+1\times bx^2=(a+b)x^2$

STEP Ⓑ $\left(x+\dfrac{1}{x}\right)^6$의 상수항과 x^2의 계수 구하기

$\left(x+\dfrac{1}{x}\right)^6$의 전개식에서 일반항은

${}_6\mathrm{C}_r x^{6-r}\left(\dfrac{1}{x}\right)^r={}_6\mathrm{C}_r x^{6-2r}$ …… ㉠

㉠에서 상수항은 $6-2r=0$, 즉 $r=3$일 때이므로 상수항 a는

$a={}_6\mathrm{C}_3=\dfrac{6\cdot5\cdot4}{3\cdot2\cdot1}=20$

㉠에서 x^2항은 $6-2r=2$, 즉 $r=2$일 때이므로 x^2의 계수 b는

$b={}_6\mathrm{C}_2=\dfrac{6\cdot5}{2\cdot1}=15$

따라서 구하는 x^2의 계수는 $a+b=20+15=35$

다른풀이 식을 전개하여 풀이하기

STEP Ⓐ 주어진 식을 정리하기

$\left(x^2+1\right)\left(x+\dfrac{1}{x}\right)^6=\left(x^2+1\right)\left(\dfrac{x^2+1}{x}\right)^6=\dfrac{(x^2+1)^7}{x^6}$ 이므로 $\left(x^2+1\right)\left(x+\dfrac{1}{x}\right)^6$의

전개식에서 x^2의 계수는 $(x^2+1)^7$의 전개식에서 x^8의 계수와 같다.

STEP Ⓑ $(x^2+1)^7$의 전개식에서 x^8의 계수 구하기

$(x^2+1)^7$의 전개식에서 일반항은 ${}_7\mathrm{C}_r (x^2)^{7-r}1^r={}_7\mathrm{C}_r x^{14-2r}$

x^8항은 $14-2r=8$, 즉 $r=3$일 때이다.

따라서 구하는 x^8의 계수는 ${}_7\mathrm{C}_3=\dfrac{7\cdot6\cdot5}{3\cdot2\cdot1}=35$

0178

다음 물음에 답하여라.
(1) $(x+a)^3(x-1)^4$의 전개식에서 x의 계수가 -1일 때, 상수 a의 값은?

① -2 ② -1 ③ 0
④ 1   ⑤ 2

STEP Ⓐ 전개식에서 x항이 나오는 경우 구하기

$(x+a)^3={}_3\mathrm{C}_0 x^3+{}_3\mathrm{C}_1 x^2 a+{}_3\mathrm{C}_2 xa^2+{}_3\mathrm{C}_3 a^3$
$\qquad =x^3+3ax^2+3a^2x+a^3$
$(x-1)^4={}_4\mathrm{C}_0 x^4+{}_4\mathrm{C}_1 x^3(-1)+{}_4\mathrm{C}_2 x^2(-1)^2+{}_4\mathrm{C}_3 x(-1)^3+{}_4\mathrm{C}_4(-1)^4$
$\qquad =x^4-4x^3+6x^2-4x+1$

이므로 $(x+a)^3(x-1)^4$의 전개식에서 x의 계수는

$3a^2\cdot1+a^3\cdot(-4)=3a^2-4a^3$

STEP Ⓑ 전개식에서 x의 계수가 -1인 상수 a의 값 구하기

이때 x의 계수는 -1이므로 $3a^2-4a^3=-1$

$(a-1)(4a^2+a+1)=0$

따라서 $a=1$

(2) $(1+x^2)^3(1+x^3)^n$의 전개식에서 x^6의 계수가 16일 때, 자연수 n의 값은?

① 3   ② 4   ③ 5
④ 6   ⑤ 7

STEP Ⓐ 전개식에서 x^6항이 나오는 경우 구하기

$(1+x^2)^3=1+3x^2+3x^4+x^6$

$(1+x^3)^n$의 각 항은 ${}_n\mathrm{C}_r x^{3r}$ $(r=1,\,2,\,\cdots,\,n-1)$ 또는 1 또는 x^{3n}이므로

두 식을 곱하여 얻을 수 있는 x^6항은

$1\times{}_n\mathrm{C}_2 x^6+x^6\times1=\left\{\dfrac{n(n-1)}{2}+1\right\}x^6$

STEP Ⓑ 전개식에서 x^6의 계수가 16인 자연수 n의 값 구하기

x^6의 계수가 16이므로 $\dfrac{n(n-1)}{2}+1=16$

$n^2-n-30=0$, $(n-6)(n+5)=0$

따라서 자연수 $n=6$

(3) $\left(x^2-\dfrac{1}{x}\right)\left(x+\dfrac{a}{x^2}\right)^4$의 전개식에서 x^3의 계수가 7일 때, 상수 a의 값은?

① 1   ② 2   ③ 3
④ 4   ⑤ 5

STEP Ⓐ 이항계수의 일반항 구하기

$\left(x+\dfrac{a}{x^2}\right)^4$의 전개식에서 일반항은

${}_4\mathrm{C}_r x^{4-r}\left(\dfrac{a}{x^2}\right)^r={}_4\mathrm{C}_r a^r x^{4-r}x^{-2r}={}_4\mathrm{C}_r a^r x^{4-3r}$ …… ㉠

STEP Ⓑ x^3의 계수가 7임을 이용하여 a의 값 구하기

$\left(x^2-\dfrac{1}{x}\right)\left(x+\dfrac{a}{x^2}\right)^4=x^2\left(x+\dfrac{a}{x^2}\right)^4-\dfrac{1}{x}\left(x+\dfrac{a}{x^2}\right)^4$

이므로 전개식에서 x^3의 계수는 다음과 같다.

(i) x^2의 계수 1과 $\left(x+\dfrac{a}{x^2}\right)^4$에서 x의 계수와의 곱일 때,

㉠에서 x의 계수는 $4-3r=1$, 즉 $r=1$일 때 x^3의 계수는

$1\times{}_4\mathrm{C}_1 a^1=4a$

(ii) $\dfrac{1}{x}$의 계수 -1과 $\left(x+\dfrac{a}{x^2}\right)^4$에서 x^4의 계수와의 곱일 때,

㉠에서 x^4의 계수는 $4-3r=4$, 즉 $r=0$일 때 x^3의 계수는

$(-1)\times{}_4\mathrm{C}_0 a^0=-1$

(i), (ii)에서 x^3의 계수가 7이므로 $4a+(-1)=7$ $\therefore a=2$

0179

유리함수 $y=\dfrac{3-2x}{2x-4}$의 그래프의 점근선의 방정식이 $x=a$, $y=b$일 때,

다항식 $\left(ax^3+\dfrac{b}{x}\right)^7$의 전개식에서 x^3의 계수는?

① -320 ② -280 ③ -120
④ 280   ⑤ 320

STEP Ⓐ 유리함수의 점근선의 방정식 구하기

유리함수 $y=\dfrac{3-2x}{2x-4}$에서 $y=\dfrac{-1}{2x-4}-1$이므로

점근선의 방정식은 $x=2$, $y=-1$, 즉 $a=2$, $b=-1$

STEP Ⓑ 다항식의 전개식에서 x^5의 계수 구하기

다항식 $\left(ax^3+\dfrac{b}{x}\right)^7$, 즉 $\left(2x^3-\dfrac{1}{x}\right)^7$의 전개식에서 일반항은

${}_7\mathrm{C}_r (2x^3)^{7-r}\left(-\dfrac{1}{x}\right)^r={}_7\mathrm{C}_r 2^{7-r}(-1)^r x^{21-4r}$

따라서 x^5항은 $21-4r=5$, 즉 $r=4$일 때이므로 x^5의 계수는

${}_7\mathrm{C}_4\times2^3\times(-1)^4=35\times8\times1=280$

0180

$(1+x)^{n+1}$의 전개식에서 x^2의 계수를 a_n이라 하자.

$\sum\limits_{n=1}^{99} \dfrac{1}{a_n} = \dfrac{q}{p}$ 일 때, $p+q$의 값은? (단, p, q는 서로소인 자연수)

① 99   ② 107   ③ 127

④ 139   ⑤ 149

STEP A 이항정리의 일반항을 이용하여 x^2의 계수 구하기

$(1+x)^{n+1}$의 전개식에서 x^2의 계수는 $_{n+1}C_2$이므로

$$a_n = {}_{n+1}C_2 = \frac{(n+1)n}{2}$$

STEP B 부분분수로 변형하여 수열의 합 구하기

$$\sum_{n=1}^{99} \frac{1}{a_n} = \sum_{n=1}^{99} \frac{2}{n(n+1)} = 2\sum_{n=1}^{99}\left(\frac{1}{n} - \frac{1}{n+1}\right)$$
$$= 2\left\{\left(\frac{1}{1}-\frac{1}{2}\right)+\left(\frac{1}{2}-\frac{1}{3}\right)+\cdots+\left(\frac{1}{99}-\frac{1}{100}\right)\right\}$$
$$= 2\left(\frac{1}{1}-\frac{1}{100}\right) = 2\cdot\frac{99}{100} = \frac{99}{50}$$

따라서 $p=50$, $q=99$이므로 $p+q=149$

0181

다음 물음에 답하여라.

(1) $A=\{a_1, a_2, a_3, \cdots, a_{20}\}$의 부분집합 중에서 원소의 개수가 홀수인 부분집합의 개수는?

① 2^{17} ② 2^{18} ③ 2^{19}

④ 2^{20} ⑤ 2^{21}

STEP A 집합의 개수가 홀수인 부분집합의 개수를 조합을 이용하여 구하기

집합 A의 부분집합 중 원소의 개수가 n인 것의 개수는
$_{20}C_n (0 \le n \le 20)$이므로 $f(n)={}_{20}C_n$이라 하면
집합 A의 부분집합 중 원소의 개수가 홀수인 것의 개수는
$f(1)+f(3)+f(5)+\cdots+f(19)$

STEP B 이항계수의 성질을 이용하여 값을 구하기

$$f(1)+f(3)+f(5)+\cdots+f(19) = {}_{20}C_1 + {}_{20}C_3 + {}_{20}C_5 + \cdots + {}_{20}C_{19}$$
$$= 2^{20-1}$$
$$= 2^{19}$$

(2) 19가지 서로 다른 과일이 있다. 이 19개의 과일 중 10개 이상의 과일을 택하는 경우의 수는? (단, 각각의 과일을 택하는 순서는 생각하지 않는다.)

① 2^{17} ② 2^{18} ③ 2^{19}

④ 2^{20} ⑤ 2^{21}

STEP A 서로 다른 과일을 택하는 경우의 수는 조합을 이용하여 구하기

19가지 서로 다른 과일에서 n개의 과일을 선택하는 것의 개수는
$_{19}C_n (0 \le n \le 19)$이므로 $f(n)={}_{19}C_n$이라 하면
19가지 서로 다른 과일 중 10개 이상의 과일을 택하는 경우의 수는
$f(10)+f(11)+f(12)+\cdots+f(19)$

STEP B 이항계수의 성질을 이용하여 값을 구하기

$$f(10)+f(11)+f(12)+\cdots+f(19) = {}_{19}C_{10} + {}_{19}C_{11} + {}_{19}C_{12} + \cdots + {}_{19}C_{19}$$
$$= \frac{1}{2}({}_{19}C_0 + {}_{19}C_1 + {}_{19}C_2 + \cdots + {}_{19}C_{19})$$
$$= \frac{1}{2}\cdot 2^{19}$$
$$= 2^{18}$$

0182

다음 물음에 답하여라.

(1) 전체집합 $U=\{1, 2, 3, \cdots, 10\}$의 두 부분집합 A, B가 $A \subset B$를 만족시키도록 두 집합 A, B를 정하는 모든 경우의 수는?

① 2^{10} ② 2^{12} ③ 3^9

④ 3^{10} ⑤ 3^{11}

STEP A $A \subset B$를 만족시키도록 두 집합 A, B를 정하는 경우의 수

$n(B)=k (0 \le k \le 10,\ k$는 정수$)$일 때, 집합 B의 개수는 $_{10}C_k$,
그 각각에 대하여 집합 A의 개수는 2^k이므로
두 집합 A, B를 정하는 경우의 수는 $_{10}C_k \times 2^k$

STEP B 이항계수의 성질을 이용하여 값을 구하기

두 집합 A, B를 정하는 모든 경우의 수는

$${}_{10}C_0 \times 2^0 + {}_{10}C_1 \times 2^1 + {}_{10}C_2 \times 2^2 + \cdots + {}_{10}C_{10} \times 2^{10}$$
$$= {}_{10}C_0 \times 1^{10} \times 2^0 + {}_{10}C_1 \times 1^9 \times 2^1 + {}_{10}C_2 \times 1^8 \times 2^2 + \cdots + {}_{10}C_{10} \times 1^0 \times 2^{10}$$
$$= (1+2)^{10}$$
$$= 3^{10}$$

(2) 전체집합 $U=\{1, 2, 3, 4, 5\}$의 공집합이 아닌 두 부분집합 A, B에 대하여 $A \subset B$를 만족시키는 경우의 수는?

① 191   ② 211   ③ 225

④ 236   ⑤ 256

STEP A $A \subset B$를 만족시키도록 두 집합 A, B를 정하는 경우의 수

$n(B)=k (1 \le k \le 5)$일 때, 집합 B의 경우의 수는 $_5C_k$이고
그 각각에 대하여 집합 A의 경우의 수는 $2^k - 1$

STEP B 이항계수의 성질을 이용하여 값을 구하기

즉 $A \subset B$를 만족시키는 경우의 수는
$${}_5C_1 \times (2^1-1) + {}_5C_2 \times (2^2-1) + {}_5C_3 \times (2^3-1)$$
$$+ {}_5C_4 \times (2^4-1) + {}_5C_5 \times (2^5-1)$$
$$= ({}_5C_1 \times 2^1 + {}_5C_2 \times 2^2 + {}_5C_3 \times 2^3 + {}_5C_4 \times 2^4 + {}_5C_5 \times 2^5)$$
$$\quad - ({}_5C_1 + {}_5C_2 + {}_5C_3 + {}_5C_4 + {}_5C_5)$$

이때
$$({}_5C_0 + {}_5C_1 \times 2^1 + {}_5C_2 \times 2^2 + \cdots + {}_5C_5 \times 2^5) - {}_5C_0 = (1+2)^5 - 1 = 242$$
이고 $({}_5C_0 + {}_5C_1 + {}_5C_2 + \cdots + {}_5C_5) - {}_5C_0 = 2^5 - 1 = 31$
따라서 구하는 경우의 수는 $242 - 31 = 211$

0183

다음 물음에 답하여라.

(1) $(x+1)^n$의 전개식에서 x^4, x^5, x^6의 계수가 이 순서대로 등차수열을 이루도록 하는 n의 값들의 합은? (단, 자연수 n은 6 이상)

① 12   ② 16   ③ 21

④ 36   ⑤ 49

STEP Ⓐ $(x+1)^n$의 전개식에서 x^4, x^5, x^6의 계수가 이 순서대로 등차수열임을 이용하여 n의 값 구하기

$(x+1)^n$의 전개식에서 일반항은 $_nC_r x^r$

이때 x^4, x^5, x^6의 계수는 각각 $_nC_4$, $_nC_5$, $_nC_6$

이 세 수가 순서대로 등차수열을 이루므로

$_nC_4 + _nC_6 = 2 \times _nC_5$

$$\frac{n(n-1)(n-2)(n-3)}{4\cdot3\cdot2\cdot1} + \frac{n(n-1)(n-2)(n-3)(n-4)(n-5)}{6\cdot5\cdot4\cdot3\cdot2\cdot1}$$

$$= 2 \times \frac{n(n-1)(n-2)(n-3)(n-4)}{5\cdot4\cdot3\cdot2\cdot1}$$

$n \geq 6$이므로 양변을 $\dfrac{n(n-1)(n-2)(n-3)}{4\cdot3\cdot2\cdot1}$로 나누면

$$1 + \frac{(n-4)(n-5)}{30} = \frac{2(n-4)}{5}$$

정리하면 $30 + n^2 - 9n + 20 = 12n - 48$

$n^2 - 21n + 98 = 0$, $(n-7)(n-14) = 0$

$\therefore n = 7$ 또는 $n = 14$

STEP Ⓑ n의 값의 합 구하기

따라서 $7 + 14 = 21$

(2) $(x+2)^n$의 전개식에서 x^3, x^4, x^5의 계수가 이 순서대로 등차수열을 이룰 때, x^6의 계수는? (단, 자연수 n은 6 이상이고 10 이하인 자연수)

① 110   ② 112   ③ 114

④ 116   ⑤ 120

STEP Ⓐ $(x+2)^n$의 전개식에서 x^3, x^4, x^5의 계수가 이 순서대로 등차수열임을 이용하여 n의 값 구하기

$(x+2)^n$의 전개식에서 일반항은 $_nC_r 2^{n-r} x^r$

이때 x^3, x^4, x^5의 계수가 각각 $_nC_3 2^{n-3}$, $_nC_4 2^{n-4}$, $_nC_5 2^{n-5}$

이 세 수가 순서대로 등차수열을 이루므로

$_nC_3 \cdot 2^{n-3} + _nC_5 \cdot 2^{n-5} = 2 \times _nC_4 2^{n-4}$

양변을 2^{n-5}로 나누면 $_nC_3 \cdot 4 + _nC_5 = _nC_4 \cdot 4$

$$\frac{n(n-1)(n-2)}{3\cdot2\cdot1} \cdot 4 + \frac{n(n-1)(n-2)(n-3)(n-4)}{5\cdot4\cdot3\cdot2\cdot1}$$

$$= \frac{n(n-1)(n-2)(n-3)}{4\cdot3\cdot2\cdot1} \cdot 4$$

$n \geq 6$이므로 양변을 $n(n-1)(n-2)$로 나누면

$$\frac{1}{6} \cdot 4 + \frac{(n-3)(n-4)}{120} = \frac{(n-3)}{24} \cdot 4$$

즉 $n^2 - 27n + 152 = 0$, $(n-8)(n-19) = 0$

자연수 n은 6 이상이고 10 이하인 자연수이므로 $n = 8$

STEP Ⓑ $(x+2)^n$의 전개식에서 x^6의 계수 구하기

따라서 $(x+2)^8$의 전개식에서 일반항은 $_8C_r 2^{8-r} x^r$이므로 x^6의 계수는

$_8C_6 2^{8-6} = 28 \cdot 4 = 112$

0184

다음 물음에 답하여라.

(1) $N = _{11}C_2 + _{11}C_4 + _{11}C_6 + _{11}C_8 + _{11}C_{10}$일 때, N의 양의 약수의 개수는?

① 4   ② 6   ③ 8

④ 10   ⑤ 12

STEP Ⓐ 이항정리의 성질을 이용하여 양의 약수의 개수 구하기

$N = _{11}C_2 + _{11}C_4 + _{11}C_6 + _{11}C_8 + _{11}C_{10}$

$= (_{11}C_0 + _{11}C_2 + _{11}C_4 + _{11}C_6 + _{11}C_8 + _{11}C_{10}) - _{11}C_0$

$= 2^{11-1} - 1$

$= 2^{10} - 1$

$= (2^5 - 1)(2^5 + 1)$

$= 31 \times 33 = 31 \times 3 \times 11$

따라서 N의 양의 약수의 개수는 $2 \times 2 \times 2 = 8$

(2) 두 수 A, B가

$$A = _7C_1 + _7C_2 + _7C_4 + _7C_7,$$

$$B = _5C_0 + _5C_1 \times 3 + _5C_2 \times 3^2 + _5C_3 \times 3^3 + _5C_4 \times 3^4 + _5C_5 \times 3^5$$

일 때, $\dfrac{B}{A}$의 값은?

① 2   ② 4   ③ 8

④ 16   ⑤ 32

STEP Ⓐ 이항계수의 성질을 이용하여 구하기

$A = _7C_1 + _7C_2 + _7C_4 + _7C_7$

$= _7C_1 + _7C_5 + _7C_3 + _7C_7$

$= _7C_1 + _7C_3 + _7C_5 + _7C_7$

$= 2^{7-1} = 2^6$

$B = _5C_0 + _5C_1 \times 3 + _5C_2 \times 3^2 + _5C_3 \times 3^3 + _5C_4 \times 3^4 + _5C_5 \times 3^5$

$= _5C_0 \times 1^5 + _5C_1 \times 1^4 \times 3 + _5C_2 \times 1^3 \times 3^2 + _5C_3 \times 1^2 \times 3^3$
$\qquad\qquad + _5C_4 \times 1 \times 3^4 + _5C_5 \times 3^5$

$= (1+3)^5$

$= 4^5 = (2^2)^5 = 2^{10}$

따라서 $\dfrac{B}{A} = \dfrac{2^{10}}{2^6} = 2^4 = 16$

0185

등식 $\dfrac{_{16}C_1 + _{16}C_3 + _{16}C_5 + \cdots + _{16}C_{15}}{_{2n}C_0 + _{2n}C_2 + _{2n}C_4 + \cdots + _{2n}C_{2n}} = 1024$를 만족시키는 자연수 n의 값은?

① 3   ② 4   ③ 5

④ 6   ⑤ 7

STEP Ⓐ 이항계수의 성질을 이용하여 구하기

$$_{16}C_1 + _{16}C_3 + _{16}C_5 + \cdots + _{16}C_{15} = \frac{2^{16}}{2} = 2^{15},$$

$$_{2n}C_0 + _{2n}C_2 + _{2n}C_4 + \cdots + _{2n}C_{2n} = \frac{2^{2n}}{2} = 2^{2n-1}$$

이므로

$$\frac{_{16}C_1 + _{16}C_3 + _{16}C_5 + \cdots + _{16}C_{15}}{_{2n}C_0 + _{2n}C_2 + _{2n}C_4 + \cdots + _{2n}C_{2n}} = \frac{2^{15}}{2^{2n-1}} = 1024$$

$\therefore 2^{15-(2n-1)} = 2^{16-2n} = 2^{10}$

따라서 $16 - 2n = 10$이므로 $n = 3$

0186

$\log_2({}_{21}C_0+{}_{21}C_1+{}_{21}C_2+\cdots+{}_{21}C_{10})+\log_8({}_{97}C_1+{}_{97}C_3+{}_{97}C_5+\cdots+{}_{97}C_{97})$의 값은?

① 52   ② 64   ③ 512
④ 1024   ⑤ 2048

STEP Ⓐ 이항계수의 성질을 이용하여 구하기

(ⅰ) ${}_{21}C_0+{}_{21}C_1+{}_{21}C_2+\cdots+{}_{21}C_{21}=2^{21}$에서

${}_{21}C_0+{}_{21}C_1+\cdots+{}_{21}C_{10}={}_{21}C_{21}+{}_{21}C_{20}+\cdots+{}_{21}C_{11}$이므로

$${}_{21}C_0+{}_{21}C_1+{}_{21}C_2+\cdots+{}_{21}C_{10}=\frac{2^{21}}{2}=2^{20}$$

$$\therefore \log_2({}_{21}C_0+{}_{21}C_1+{}_{21}C_2+\cdots+{}_{21}C_{10})=\log_2 2^{20}=20$$

(ⅱ) ${}_{97}C_0+{}_{97}C_1+{}_{97}C_2+\cdots+{}_{97}C_{97}=2^{97}$에서

${}_{97}C_1+{}_{97}C_3+{}_{97}C_5+\cdots+{}_{97}C_{97}={}_{97}C_0+{}_{97}C_2+{}_{97}C_4+\cdots+{}_{97}C_{96}$이므로

$${}_{97}C_1+{}_{97}C_3+{}_{97}C_5+\cdots+{}_{97}C_{97}=\frac{2^{97}}{2}=2^{96}$$

$$\therefore \log_8({}_{97}C_1+{}_{97}C_3+{}_{97}C_5+\cdots+{}_{97}C_{97})=\log_{2^3}2^{96}=\frac{96}{3}=32$$

(ⅰ), (ⅱ)에서 $20+32=52$

0187

$(x+1)+(x+1)^2+(x+1)^3+\cdots+(x+1)^{10}$의 전개식에서 x^3의 계수는?

① 310   ② 320   ③ 330
④ 340   ⑤ 350

STEP Ⓐ $(1+x)^n$의 전개식에서 x^3의 계수가 ${}_nC_3$임을 이용하기

$(1+x)+(1+x)^2+(1+x)^3+(1+x)^4+\cdots+(1+x)^{10}$의 전개식에서

x^3의 계수는

$(1+x)^3, (1+x)^4, \cdots, (1+x)^{10}$의 각각의 전개식의 x^3의 계수를 더하면 된다.

$(1+x)^3$에서 x^3의 계수는 ${}_3C_3$, $(1+x)^4$에서 x^3의 계수는 ${}_4C_3$,

$\cdots(1+x)^{10}$에서 x^3의 계수는 ${}_{10}C_3$이므로

x^3의 계수는 ${}_3C_3+{}_4C_3+{}_5C_3+\cdots+{}_{10}C_3$와 같다.

STEP Ⓑ ${}_{n-1}C_r+{}_{n-1}C_{r-1}={}_nC_r$임을 이용하여 2개의 항끼리 간단히 묶어 구하기

$$\begin{aligned}
{}_3C_3+{}_4C_3+{}_5C_3+\cdots+{}_{10}C_3 &=({}_4C_4+{}_4C_3)+{}_5C_3+\cdots+{}_{10}C_3 \quad \leftarrow {}_3C_3={}_4C_4\\
&=({}_5C_4+{}_5C_3)+{}_6C_3+\cdots+{}_{10}C_3\\
&=({}_6C_4+{}_6C_3)+{}_7C_3+\cdots+{}_{10}C_3\\
&\qquad\qquad\vdots\\
&={}_{10}C_4+{}_{10}C_3\\
&={}_{11}C_4\\
&=\frac{11\cdot10\cdot9\cdot8}{4\cdot3\cdot2\cdot1}=330
\end{aligned}$$

다른풀이 파스칼의 삼각형의 하키 스틱 패턴을 이용하여 풀이하기

파스칼의 삼각형의 성질에서 처음부터 시작하여 대각선 방향으로 수들을 더하면 꺾어진 곳의 수가 되므로

$${}_3C_3+{}_4C_3+{}_5C_3+\cdots+{}_{10}C_3={}_{11}C_4=\frac{11\cdot10\cdot9\cdot8}{4\cdot3\cdot2\cdot1}=330$$

다른풀이 등비수열의 합을 이용하여 풀이하기

주어진 식의 첫째항 $1+x$, 공비가 $1+x$, 항의 개수가 10인 등비수열의

합이므로 $\dfrac{(1+x)\{(1+x)^{10}-1\}}{(1+x)-1}=\dfrac{(1+x)^{11}-(1+x)}{x}$

이때 분모가 x이므로 구하는 x^3항의 계수는 $(1+x)^{11}$의 전개식에서 x^4의 계수와 같다.

$(1+x)^{11}$의 전개식의 일반항은 ${}_{11}C_r x^r$에서 x^4의 항은 $r=4$이다.

따라서 구하는 계수는 ${}_{11}C_4=\dfrac{11\cdot10\cdot9\cdot8}{4\cdot3\cdot2\cdot1}=330$

0188

다음 조건을 이용하여 $({}_{12}C_0)^2+({}_{12}C_1)^2+({}_{12}C_2)^2+\cdots+({}_{12}C_{12})^2$을 간단히 하면?

> (가) $(1+x)^{24}=(1+x)^{12}(1+x)^{12}$
> (나) ${}_nC_r={}_nC_{n-r}$ (단, n은 자연수, r은 정수, $0\le r\le n$)

① 2^{12} ② ${}_{24}P_{12}$ ③ ${}_{24}C_{12}$
④ $({}_{24}P_{12})^2$ ⑤ $({}_{24}C_{12})^2$

STEP Ⓐ $(1+x)^{12}(1+x)^{12}$의 전개식에서 x^{12}의 계수가 $({}_{12}C_0)^2+({}_{12}C_1)^2+({}_{12}C_2)^2+\cdots+({}_{12}C_{12})^2$임을 이해하기

$(1+x)^{12}={}_{12}C_0+{}_{12}C_1x+{}_{12}C_2x^2+\cdots+{}_{12}C_{12}x^{12}$

$(x+1)^{12}={}_{12}C_0x^{12}+{}_{12}C_1x^{11}+{}_{12}C_2x^{10}+\cdots+{}_{12}C_{12}$이므로

$$\begin{aligned}
(1+x)^{12}(1+x)^{12}&=(1+x)^{12}(x+1)^{12}\\
&=({}_{12}C_0+{}_{12}C_1x+{}_{12}C_2x^2+\cdots+{}_{12}C_{12}x^{12})\\
&\quad\times({}_{12}C_0x^{12}+{}_{12}C_1x^{11}+{}_{12}C_2x^{10}+\cdots+{}_{12}C_{12})
\end{aligned}$$

이다.

이 전개식에서 x^{12}의 계수는 다음과 같다.

$${}_{12}C_0\times{}_{12}C_0+{}_{12}C_1\times{}_{12}C_1+{}_{12}C_2\times{}_{12}C_2+\cdots+{}_{12}C_{12}\times{}_{12}C_{12}$$
$$=({}_{12}C_0)^2+({}_{12}C_1)^2+({}_{12}C_2)^2+\cdots+({}_{12}C_{12})^2$$

STEP Ⓑ $({}_{12}C_0)^2+({}_{12}C_1)^2+({}_{12}C_2)^2+\cdots+({}_{12}C_{12})^2$의 값을 ${}_nC_r$꼴로 나타내기

$(1+x)^{12}(1+x)^{12}=(1+x)^{24}$이므로

$(1+x)^{24}$의 전개식에서 x^{12}의 계수는 ${}_{24}C_{12}$이다.

따라서 $({}_{12}C_0)^2+({}_{12}C_1)^2+({}_{12}C_2)^2+\cdots+({}_{12}C_{12})^2={}_{24}C_{12}$

다른풀이 $({}_{12}C_n)^2={}_{12}C_n\cdot{}_{12}C_n={}_{12}C_n\cdot{}_{12}C_{12-n}$을 이용하기

$(1+x)^n$의 전개식에서 x^r의 계수는 ${}_nC_r$이므로

$(1+x)^n(1+x)^n$에서 x^n의 계수는

$${}_nC_0\cdot{}_nC_n+{}_nC_1\cdot{}_nC_{n-1}+{}_nC_2\cdot{}_nC_{n-2}+\cdots+{}_nC_n\cdot{}_nC_0$$
$$={}_nC_0\cdot{}_nC_0+{}_nC_1\cdot{}_nC_1+{}_nC_2\cdot{}_nC_2+\cdots+{}_nC_n\cdot{}_nC_n$$
$$=({}_nC_0)^2+({}_nC_1)^2+({}_nC_2)^2+\cdots+({}_nC_n)^2$$

$(1+x)^{2n}$의 전개식에서 x^n의 계수는 ${}_{2n}C_n$

$\therefore ({}_nC_0)^2+({}_nC_1)^2+({}_nC_2)^2+\cdots+({}_nC_n)^2={}_{2n}C_n$

$\therefore ({}_{12}C_0)^2+({}_{12}C_1)^2+({}_{12}C_2)^2+\cdots+({}_{12}C_{12})^2={}_{24}C_{12}$

0189 서술형

$(2x+1)^3\left(x+\dfrac{3}{x}\right)^6$ 의 전개식에서 x^5의 계수를 구하는 과정을 다음 단계로 서술하여라.

[1단계] $(2x+1)^3$의 전개식과 $\left(x+\dfrac{3}{x}\right)^6$의 전개식에서 일반항을 구한다.

[2단계] $(2x+1)^3\left(x+\dfrac{3}{x}\right)^6$의 전개식에서 x^5이 되는 경우를 구한다.

[3단계] x^5의 계수를 구한다.

| 1단계 | $(2x+1)^3$의 전개식과 $\left(x+\dfrac{3}{x}\right)^6$의 전개식에서 일반항을 구한다. | ◀ 40% |

$(2x+1)^3=8x^3+12x^2+6x+1$

$\left(x+\dfrac{3}{x}\right)^6$ 의 전개식의 일반항은

$_6\mathrm{C}_r x^{6-r}\left(\dfrac{3}{x}\right)^r=_6\mathrm{C}_r\times 3^r\times x^{6-2r}$

| 2단계 | $(2x+1)^3\left(x+\dfrac{3}{x}\right)^6$의 전개식에서 x^5이 되는 경우를 구한다. | ◀ 40% |

$(2x+1)^3\left(x+\dfrac{3}{x}\right)^6$ 의 전개식에서 x^5이 되는 경우는

$x^3\times x^2=x^2\times x^3=x\times x^4=1\times x^5$이다.

$6-2r=2$에서 $r=2$

$6-2r=3$을 만족시키는 정수 r는 없다.

$6-2r=4$에서 $r=1$

$6-2r=5$를 만족시키는 정수 r는 없다.

즉

$r=2$일 때, $8x^3\times _6\mathrm{C}_2\times 3^2\times x^2=1080x^5$

$r=1$일 때, $6x\times _6\mathrm{C}_1\times 3\times x^4=108x^5$

| 3단계 | x^5의 계수를 구한다. | ◀ 20% |

따라서 x^5의 계수는 $1080+108=1188$

0190 서술형

31^8을 60으로 나누었을 때의 나머지를 구하는 과정을 다음 단계로 서술하여라.

[1단계] 31^8을 $(1+30)^8$으로 변형한 후 이항정리를 이용하여 전개한다.

[2단계] 1단계에서 전개한 각 항이 60의 배수인지 알아본다.

[3단계] 2단계의 결과를 이용하여 31^8을 60으로 나누었을 때의 나머지를 구한다.

| 1단계 | 31^8을 $(30+1)^8$으로 변형한 후 이항정리를 이용하여 전개한다. | ◀ 40% |

$(1+30)^8=_8\mathrm{C}_0+_8\mathrm{C}_1\times 30^1+_8\mathrm{C}_2\times 30^2+\cdots+_8\mathrm{C}_8\times 30^8$

| 2단계 | 1단계에서 전개한 각 항이 60의 배수인지 알아본다. | ◀ 40% |

전개식에서 $_8\mathrm{C}_0$을 제외한 모든 항은 $60=2\times 30$을 인수로 가지므로 $_8\mathrm{C}_0$항을 제외하고 모두 60의 배수이다.

| 3단계 | 2단계의 결과를 이용하여 31^8을 60으로 나누었을 때의 나머지를 구한다. | ◀ 20% |

따라서 31^8을 60으로 나누었을 때의 나머지는 1이다.

0191 서술형

$(1+i)^{10}$의 전개식을 이용하여 $_{10}\mathrm{C}_0-_{10}\mathrm{C}_2+_{10}\mathrm{C}_4-_{10}\mathrm{C}_6+_{10}\mathrm{C}_8-_{10}\mathrm{C}_{10}$의 값을 구하는 과정을 다음 단계로 서술하여라. (단, $i=\sqrt{-1}$)

[1단계] $(1+i)^{10}$의 값을 $a+bi$ (a, b는 실수)의 꼴로 나타낸다.

[2단계] 이항정리를 이용하여 $(1+i)^{10}$의 전개식을 구한다.

[3단계] 1단계에서 계산한 $(1+i)^{10}$의 값과 2단계에서 구한 $(1+i)^{10}$의 전개식의 실수부분을 비교하여 $_{10}\mathrm{C}_0-_{10}\mathrm{C}_2+_{10}\mathrm{C}_4-_{10}\mathrm{C}_6+_{10}\mathrm{C}_8-_{10}\mathrm{C}_{10}$의 값을 구한다.

| 1단계 | $(1+i)^{10}$의 값을 $a+bi$ (a, b는 실수)의 꼴로 나타낸다. | ◀ 30% |

$(1+i)^{10}$을 거듭제곱을 이용하면 $(1+i)^2=1+2i+i^2=2i$이므로

$(1+i)^{10}=\{(1+i)^2\}^5=(2i)^5=0+32i$

| 2단계 | 이항정리를 이용하여 $(1+i)^{10}$의 전개식을 구한다. | ◀ 40% |

$(1+i)^{10}$
$=_{10}\mathrm{C}_0+_{10}\mathrm{C}_1 i+_{10}\mathrm{C}_2 i^2+_{10}\mathrm{C}_3 i^3+\cdots+_{10}\mathrm{C}_{10} i^{10}$
$=_{10}\mathrm{C}_0+_{10}\mathrm{C}_1 i-_{10}\mathrm{C}_2-_{10}\mathrm{C}_3 i+\cdots-_{10}\mathrm{C}_{10}$
$=_{10}\mathrm{C}_0-_{10}\mathrm{C}_2+_{10}\mathrm{C}_4-_{10}\mathrm{C}_6+_{10}\mathrm{C}_8-_{10}\mathrm{C}_{10}+(_{10}\mathrm{C}_1-_{10}\mathrm{C}_3+_{10}\mathrm{C}_5-_{10}\mathrm{C}_7+_{10}\mathrm{C}_9)i$

| 3단계 | 1단계에서 계산한 $(1+i)^{10}$의 값과 2단계에서 구한 $(1+i)^{10}$의 전개식의 실수부분을 비교하여 $_{10}\mathrm{C}_0-_{10}\mathrm{C}_2+_{10}\mathrm{C}_4-_{10}\mathrm{C}_6+_{10}\mathrm{C}_8-_{10}\mathrm{C}_{10}$의 값을 구한다. | ◀ 30% |

[1단계]와 [2단계]에서 실수부분을 비교하면

$_{10}\mathrm{C}_0-_{10}\mathrm{C}_2+_{10}\mathrm{C}_4-_{10}\mathrm{C}_6+_{10}\mathrm{C}_8-_{10}\mathrm{C}_{10}=0$

참고 허수부분 $_{10}\mathrm{C}_1-_{10}\mathrm{C}_3+_{10}\mathrm{C}_5-_{10}\mathrm{C}_7+_{10}\mathrm{C}_9=32$

0192

$(1+x)+(1+x)^2+(1+x)^3+\cdots+(1+x)^{10}$의 전개식에서 x^2의 계수를 구하는 과정을 다음 단계로 서술하여라.

[1단계] $(1+x)$의 거듭제곱 꼴인 각 식에서 x^2의 계수를 조합의 수로 나타낸다.

[2단계] 이항계수를 정리한 아래 파스칼의 삼각형에 1단계에서 구한 수들을 표시한다.

$$
\begin{array}{c}
1 \quad 1 \\
1 \quad 2 \quad 1 \\
1 \quad 3 \quad 3 \quad 1 \\
1 \quad 4 \quad 6 \quad 4 \quad 1 \\
1 \quad 5 \quad 10 \quad 10 \quad 5 \quad 1 \\
1 \quad 6 \quad 15 \quad 20 \quad 15 \quad 6 \quad 1 \\
1 \quad 7 \quad 21 \quad 35 \quad 35 \quad 21 \quad 7 \quad 1 \\
1 \quad 8 \quad 28 \quad 56 \quad 70 \quad 56 \quad 28 \quad 8 \quad 1 \\
1 \quad 9 \quad 36 \quad 84 \quad 126 \quad 126 \quad 84 \quad 36 \quad 9 \quad 1 \\
1 \quad 10 \quad 45 \quad 120 \quad 210 \quad 252 \quad 210 \quad 120 \quad 45 \quad 10 \quad 1
\end{array}
$$

[3단계] 2단계의 결과를 이용하여 x^2의 계수를 구한다.

1단계 $(1+x)$의 거듭제곱 꼴인 각 식에서 x^2의 계수를 조합의 수로 나타낸다. ◀ 40%

$(1+x)+(1+x)^2+(1+x)^3+\cdots+(1+x)^{10}$의 전개식에서

x^2의 계수는

$(1+x)^2$에서 x^2의 계수는 $_2C_2$

$(1+x)^3$에서 x^2의 계수는 $_3C_2$

$\vdots$

$(1+x)^{10}$에서 x^2의 계수는 $_{10}C_2$

2단계 이항계수를 정리한 아래 파스칼의 삼각형에 1단계에서 구한 수들을 표시한다. ◀ 40%

$$
\begin{array}{c}
1 \quad 1 \\
1 \quad 2 \quad 1 \\
1 \quad 3 \quad 3 \quad 1 \\
1 \quad 4 \quad 6 \quad 4 \quad 1 \\
1 \quad 5 \quad 10 \quad 10 \quad 5 \quad 1 \\
1 \quad 6 \quad 15 \quad 20 \quad 15 \quad 6 \quad 1 \\
1 \quad 7 \quad 21 \quad 35 \quad 35 \quad 21 \quad 7 \quad 1 \\
1 \quad 8 \quad 28 \quad 56 \quad 70 \quad 56 \quad 28 \quad 8 \quad 1 \\
1 \quad 9 \quad 36 \quad 84 \quad 126 \quad 126 \quad 84 \quad 36 \quad 9 \quad 1 \\
1 \quad 10 \quad 45 \quad 120 \quad 210 \quad 252 \quad 210 \quad 120 \quad 45 \quad 10 \quad 1
\end{array}
$$

3단계 2단계의 결과를 이용하여 x^2의 계수를 구한다. ◀ 20%

$$_2C_2+{}_3C_2+{}_4C_2+\cdots+{}_{10}C_2={}_{11}C_3=\frac{11\cdot10\cdot9}{3\cdot2\cdot1}=165$$

0193

다항식 $2(x+a)^n$의 전개식에서 x^{n-1}의 계수와 다항식 $(x-1)(x+a)^n$의 전개식에서 x^{n-1}의 계수가 같게 되는 모든 순서쌍 $(a,\ n)$에 대하여 an의 최댓값을 구하여라. (단, a는 자연수, n은 2 이상인 자연수이다.)

STEP A 두 다항식의 전개식에서 x^{n-1}의 계수 구하기

$2(x+a)^n$의 전개식의 일반항은

$2{}_nC_r a^r x^{n-r}$ (단, $n=0,\ 1,\ \cdots,\ n$)

x^{n-1}항의 계수는 $r=1$일 때이므로

$2{}_nC_1 a=2na$ $\qquad\qquad$ ……㉠

$(x-1)(x+a)^n=x(x+a)^n-(x+a)^n$이므로

x^{n-1}의 항의 계수는

$${}_nC_2 a^2+(-1)({}_nC_1\cdot a)=\frac{n(n-1)}{2}a^2-na \quad ……㉡$$

STEP B 두 다항식의 x^{n-1}의 계수가 같음을 이용하여 순서쌍 $(a,\ n)$ 구하기

㉠, ㉡에서

$2na=\dfrac{n(n-1)}{2}a^2-na$를 정리하면

$6na=n(n-1)a^2,\ 6=(n-1)a$

$(n-1)a=6=1\cdot6=2\cdot3=3\cdot2=6\cdot1$

이므로

a	$n-1$
1	6
2	3
3	2
6	1

$a,\ n\ (n\geq2)$은 자연수이므로 이를 만족하는 순서쌍 $(a,\ n)$은

$(a,\ n)=(6,\ 2),\ (3,\ 3),\ (2,\ 4),\ (1,\ 7)$

따라서 an의 최댓값은 $(a,\ n)$이 $(6,\ 2)$일 때, 12

(1) 정수 조건의 부정방정식 : (일차식)×(일차식)=(정수)꼴로 변형

(2) 실수 조건의 부정방정식 :

① $A^2+B^2=0$꼴로 변형하여 $A=0$, $B=0$임을 이용한다.

② 한 문자에 대하여 내림차순으로 정리한 후 이차방정식의 판별식 D가 $D\geq0$임을 이용한다.

0194

다음은 x에 대한 다항식 $(x+a^2)^n$과 $(x^2-2a)(x+a)^n$의 전개식에서 x^{n-1}의 계수가 같게 되는 두 자연수 a와 n $(n \geq 4)$의 값을 구하는 과정의 일부이다.

> $(x+a^2)^n$의 전개식에서 x^{n-1}의 계수는 $a^2 n$이다.
> $(x^2-2a)(x+a)^n = x^2(x+a)^n - 2a(x+a)^n$에서
> $x^2(x+a)^n$을 전개하면 x^{n-1}의 계수는 $\boxed{(가)} \times a^3$이고,
> $2a(x+a)^n$을 전개하면 x^{n-1}의 계수는 $2a^2 n$이다.
> 따라서 $(x^2-2a)(x+a)^n$의 전개식에서 x^{n-1}의 계수는
> $$\boxed{(가)} \times a^3 - 2a^2 n$$
> 이다. 그러므로
> $$a^2 n = \boxed{(가)} \times a^3 - 2a^2 n$$
> 이고, 이 식을 정리하여 a를 n에 관한 식으로 나타내면
> $$a = \frac{18}{\boxed{(나)}}$$
> 여기서 a는 자연수이고 n은 4 이상의 자연수이므로 $n = \boxed{(다)}$ 이다.

위의 (가), (나)에 알맞은 식을 각각 $f(n)$, $g(n)$이라 하고 (다)에 알맞은 수를 k라 할 때, $f(k)+g(k)$의 값은?

① 10 ② 16 ③ 22
④ 28 ⑤ 34

STEP A $x^2(x+a)^n$의 전개식에서 x^{n-1}의 계수 구하기

$x^2(x+a)^n$의 전개식에서 일반항이
$x^2 \cdot {}_n C_r a^{n-r} x^r = {}_n C_r a^{n-r} x^{r+2}$이므로
x^{n-1}의 계수는 ${}_n C_{n-3} a^3 = \boxed{{}_n C_3} a^3$이다.

STEP B 두 다항식의 x^{n-1}의 계수가 같게 되는 a의 일차방정식 구하기

$a^2 n = {}_n C_3 \times a^3 - 2a^2 n$에서 이 식을 정리하면
$n = {}_n C_3 \times a - 2n$
이 식을 정리하여 a를 n에 관한 식으로 나타내면
$$a = \frac{3n}{{}_n C_3} = \frac{18}{\boxed{(n-1)(n-2)}}$$

STEP C a가 자연수가 되는 n의 값 구하기

또한, a가 자연수이고 $a = \dfrac{18}{(n-1)(n-2)}$ 을 만족하는 n은 4 이상의 자연수이므로 n은 2 이상의 연속한 두 자연수 $n-2$, $n-1$의 곱이 18의 약수이어야 한다.
이를 만족시키는 연속된 두 자연수는 2, 3뿐이므로 $n = \boxed{4}$ 이다.
따라서 $f(n) = {}_n C_3$, $g(n) = (n-1)(n-2)$, $k=4$이므로
$f(4) + g(4) = {}_4 C_3 + (4-1)(4-2) = 4 + 6 = 10$

0195

자연수 N에 대하여 $N = {}_{99} C_1 \cdot 2 + {}_{99} C_2 \cdot 2^2 + {}_{99} C_3 \cdot 2^3 + \cdots + {}_{99} C_{99} \cdot 2^{99}$을 10으로 나눈 나머지는?

① 2 ② 3 ③ 4
④ 5 ⑤ 6

STEP A 이항정리의 성질을 이용하여 나머지 구하기

$N = {}_{99} C_1 \cdot 2 + {}_{99} C_2 \cdot 2^2 + {}_{99} C_3 \cdot 2^3 + \cdots + {}_{99} C_{99} \cdot 2^{99}$
$\quad = (1+2)^{99} - 1$
$\quad = 3^{99} - 1$
이므로 N을 10으로 나눈 나머지는 N의 일의 자릿수이다.
한편 3의 거듭제곱의 일의 자릿수는

$3^1 = 3$, $3^2 = 9$, $3^3 = 7$, $3^4 = 1$, $3^5 = 3$, $3^6 = 9$, $\cdots$의 규칙을 가지므로
$3^{99} = (3^4)^{24} \cdot 3^3 = 7$
따라서 $3^{99} - 1$의 일의 자릿수는 6

0196

부등식 $x+y+z \leq 15$의 해 중에서 x, y, z가 음이 아닌 정수인 해의 개수는?

① 400 ② 455 ③ 560
④ 680 ⑤ 816

STEP A 방정식의 음이 아닌 정수해 구하기

$x+y+z \leq 15$의 해 중에서 x, y, z가 음이 아닌 정수인 해의 개수는 서로 다른 3개에서 중복을 허락하여 k $(k = 0, 1, 2, 3, \cdots, 15)$개를 선택하는 방법의 수와 같으므로 ${}_3 H_0 + {}_3 H_1 + {}_3 H_2 + \cdots + {}_3 H_{15}$

STEP B 파스칼의 삼각형의 성질을 이용하여 구하기

${}_3 H_0 + {}_3 H_1 + {}_3 H_2 + \cdots + {}_3 H_{15}$
$= {}_{3+0-1} C_0 + {}_{3+1-1} C_1 + {}_{3+2-1} C_2 + \cdots + {}_{3+15-1} C_{15}$
$= {}_2 C_0 + {}_3 C_1 + {}_4 C_2 + \cdots + {}_{17} C_{15}$
$= ({}_3 C_0 + {}_3 C_1) + {}_4 C_2 + \cdots + {}_{17} C_{15}$
$= ({}_4 C_1 + {}_4 C_2) + \cdots + {}_{17} C_{15}$
$\qquad\qquad \vdots$
$= {}_{17} C_{14} + {}_{17} C_{15}$
$= {}_{18} C_{15}$
$= {}_{18} C_3$
$= \dfrac{18 \cdot 17 \cdot 16}{3 \cdot 2 \cdot 1}$
$= 816$

하키스틱의 성질
${}_2 C_0 + {}_3 C_1 + {}_4 C_2 + \cdots + {}_n C_{n-2} = {}_{n+1} C_{n-2}$ ← 이항정리의 활용

0197

다음 다항식에서 x^{22}의 계수는?

$$(x+1)^{24} + x(x+1)^{23} + x^2(x+1)^{22} + \cdots + x^{22}(x+1)^2$$

① 1520 ② 1760 ③ 2020
④ 2240 ⑤ 2300

STEP A x^{22}의 계수를 구하기

$(x+1)^{24} + x(x+1)^{23} + x^2(x+1)^{22} + \cdots + x^{22}(x+1)^2$
$= (1+x)^{24} + x(1+x)^{23} + x^2(1+x)^{22} + \cdots + x^{22}(1+x)^2$
각 항에서 x^{22}의 계수를 정리하면
$(1+x)^{24}$에서 x^{22}의 계수는 ${}_{24} C_{22}$
$x(1+x)^{23}$에서 x^{22}의 계수는 $(1+x)^{23}$에서 x^{21}의 계수와 같으므로 ${}_{23} C_{21}$
이와 같은 방법으로 주어진 식에서 x^{22}의 계수를 모두 구하면
${}_{24} C_{22} + {}_{23} C_{21} + {}_{22} C_{20} + \cdots + {}_3 C_1 + {}_2 C_0$

STEP B 파스칼의 삼각형의 성질을 이용하여 구하기

조합의 성질에서 ${}_n C_r = {}_n C_{n-r}$을 이용하여 정리하면
${}_{24} C_2 + {}_{23} C_2 + {}_{22} C_2 + \cdots + {}_3 C_2 + {}_2 C_2 = {}_{25} C_3$
$\qquad\qquad = \dfrac{25 \cdot 24 \cdot 23}{6}$
$\qquad\qquad = 2300$
따라서 주어진 식에서 x^{22}의 계수는 2300

II 확률

01 확률의 뜻과 활용

0198

한 개의 주사위를 한 번 던지는 시행에서 소수인 눈이 나오는 사건을 A, 3의 약수의 눈이 나오는 사건을 B, 2의 배수의 눈이 나오는 사건을 C라 할 때, 다음 중 옳지 않은 것은?
① $A=\{2, 3, 5\}$
② $A \cap C=\{2\}$
③ 사건 A는 사건 B의 여사건이다.
④ 두 사건 B, C는 서로 배반사건이다.
⑤ 이 시행의 근원사건은 $\{1\}, \{2\}, \{3\}, \{4\}, \{5\}, \{6\}$이다.

STEP Ⓐ 사건 A, B, C 구하기

표본공간 S는 $S=\{1, 2, 3, 4, 5, 6\}$
소수인 눈이 나오는 사건 A는 $A=\{2, 3, 5\}$
3의 약수의 눈이 나오는 사건 B는 $B=\{1, 3\}$
2의 배수의 눈이 나오는 사건 C는 $C=\{2, 4, 6\}$

STEP Ⓑ [보기]의 진위판단하기

① $A=\{2, 3, 5\}$ [참]
② $A \cap C=\{2\}$ [참]
③ $A^c=\{1, 4, 6\}$이므로 사건 A는 사건 B의 여사건이 아니다. [거짓]
④ $B \cap C=\varnothing$이므로 두 사건 B, C는 서로 배반사건이다. [참]
⑤ 표본공간 $S=\{1, 2, 3, 4, 5, 6\}$이므로 이 시행의 근원사건은
　$\{1\}, \{2\}, \{3\}, \{4\}, \{5\}, \{6\}$이다. [참]
따라서 옳지 않은 것은 ③이다.

0199

1부터 12까지의 자연수가 각각 하나씩 적힌 12장의 카드에서 임의로 한 장을 선택할 때, 다음 네 사건 A, B, C, D 중에서 서로 배반사건인 두 사건을 [보기]에서 있는 대로 고른 것은?

> A: 소수가 적혀 있는 카드가 나오는 사건
> B: 홀수가 적혀 있는 카드가 나오는 사건
> C: 8의 약수가 적혀 있는 카드가 나오는 사건
> D: 4의 배수가 적혀 있는 카드가 나오는 사건

> ㄱ. A와 B　　　　ㄴ. A와 D
> ㄷ. B와 C　　　　ㄹ. B와 D

① ㄱ, ㄴ　　② ㄴ, ㄷ　　③ ㄴ, ㄹ
④ ㄷ, ㄹ　　⑤ ㄴ, ㄷ, ㄹ

STEP Ⓐ 네 사건 A, B, C, D를 각각 구하기

표본공간 S는 $S=\{1, 2, 3, 4, 5, 6, 7, 8, 9, 10, 11, 12\}$
소수가 적혀 있는 카드가 나오는 사건 A는 $A=\{2, 3, 5, 7, 11\}$
홀수가 적혀 있는 카드가 나오는 사건 B는 $B=\{1, 3, 5, 7, 9, 11\}$
8의 양수가 적혀 있는 카드가 나오는 사건 C는 $C=\{1, 2, 4, 8\}$
4의 배수가 적혀 있는 카드가 나오는 사건 D는 $D=\{4, 8, 12\}$

STEP Ⓑ $A \cap B$, $A \cap D$, $B \cap C$, $B \cap D$ 구하기

ㄱ. $A \cap B=\{3, 5, 7\}$이므로 A와 B는 배반사건이 아니다.
ㄴ. $A \cap D=\varnothing$이므로 A와 D는 배반사건이다.
ㄷ. $B \cap C=\{1\}$이므로 B와 C는 배반사건이 아니다.
ㄹ. $B \cap D=\varnothing$이므로 B와 D는 배반사건이다.
따라서 서로 배반인 두 사건은 ㄴ, ㄹ이다.

0200

표본공간 S의 두 사건 A, B가 서로 배반사건이고 사건 A의 여사건을 C라 할 때, 다음 중 옳지 않은 것은? (단, B^c은 B의 여사건이다.)
① $A \cap B=\varnothing$　　② $A \cap B^c=A$　　③ $A \cup C=S$
④ $C \subset B$　　⑤ $A \subset B^c$

STEP Ⓐ 세 사건 A, B, C를 벤다이어그램으로 나타내기

두 사건 A, B가 서로 배반사건이므로
$A \cap B=\varnothing$
사건 A의 여사건은 C이므로 $A^c=C$

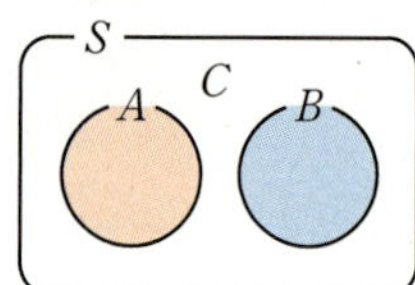

STEP Ⓑ [보기]의 진위판단하기

① $A \cap B=\varnothing$ [참]
② $A \cap B^c=A-B=A$ [참]
③ $A \cup C=A \cap A^c=S$ [참]
④ $C \subset B$ [거짓]
⑤ A, B가 서로 배반사건이므로 $A \subset B^c$ [참]
따라서 옳지 않은 것은 ④이다.

0201

한 개의 주사위를 던지는 시행에서 3의 배수의 눈이 나오는 사건을 A라 할 때, 사건 A와 서로 배반인 사건의 개수를 구하여라.

STEP Ⓐ 사건 A를 구하기

표본공간을 S라 하면
$S=\{1, 2, 3, 4, 5, 6\}$이고 $A=\{3, 6\}$

STEP Ⓑ 사건 A와 그 여사건 A^c이 서로 배반임을 이해하기

$A^c=\{1, 2, 4, 5\}$이고 $A \cap A^c=\varnothing$이므로
두 사건 A, A^c은 서로 배반이다.
이때 사건 A의 여사건인 $A^c=\{1, 2, 4, 5\}$의 부분집합은
모두 사건 $A=\{3, 6\}$과 서로 배반사건이다.

STEP Ⓒ 사건 A와 서로 배반인 사건의 개수 구하기

따라서 사건 A와 서로 배반인 사건의 개수는 여사건 A^c의 부분집합의 개수와 같으므로 $2^4=16$

0202

다음 물음에 답하여라.

(1) 표본공간 $S=\{1, 2, 3, 4, 5, 6, 7, 8, 9\}$의 부분집합인 두 사건 A, B_n이

$$A=\{1, 2, 3, 4, 8, 9\}, \quad B_n=\{x \mid x는 n의 배수\}$$

$\quad$ (n은 9 이하의 자연수)

일 때, 사건 A^c과 사건 B_n이 서로 배반사건이 되도록 하는 모든 자연수 n의 값의 합은? (단, A^c는 A의 여사건이다.)

① 18 $\qquad$ ② 19 $\qquad$ ③ 20

④ 21 $\qquad$ ⑤ 22

STEP Ⓐ 사건 A^c를 구하기

표본공간 $S=\{1, 2, 3, 4, 5, 6, 7, 8, 9\}$에서

$A=\{1, 2, 3, 4, 8, 9\}$이므로 $A^c=\{5, 6, 7\}$

STEP Ⓑ 사건 B_n 구하기

$B_1=\{1, 2, 3, 4, 5, 6, 7, 8, 9\}$, $B_2=\{2, 4, 6, 8\}$

$B_3=\{3, 6, 9\}$, $B_4=\{4, 8\}$

n이 5 이상일 때에는 $B_n=\{n\}$

STEP Ⓒ 두 사건 A, B_n와 서로 배반사건이 되도록 하는 자연수 n의 값 구하기

사건 A^c과 사건 B_n이 서로 배반사건이 되도록 하는 n의 값은 4, 8, 9이고 이들의 합은 $4+8+9=21$

---

(2) 1부터 10까지의 자연수가 각각 하나씩 적힌 10장의 카드 중에서 임의로 한 장의 카드를 꺼낼 때, 그 카드에 적힌 수가 소수인 사건을 A, 6 이상의 수가 적힌 카드가 나오는 사건을 B라 할 때, 두 사건 A, B^c과 모두 배반인 사건 E의 개수는? (단, B^c은 B의 여사건이고 $E \neq \varnothing$)

① 12 $\qquad$ ② 13 $\qquad$ ③ 14

④ 15 $\qquad$ ⑤ 16

STEP Ⓐ 사건 A를 구하기

표본공간을 S라 하면

$S=\{1, 2, 3, 4, 5, 6, 7, 8, 9, 10\}$

STEP Ⓑ 두 사건 A, B^c 구하기

소수가 적힌 카드가 나오는 사건이 A이므로 $A=\{2, 3, 5, 7\}$

6이상의 수가 적힌 카드가 나오는 사건이 B이므로 $B=\{6, 7, 8, 9, 10\}$

이때 사건 B의 여사건은 $B^c=\{1, 2, 3, 4, 5\}$

STEP Ⓒ 두 사건 A, B^c와 서로 배반인 사건의 개수 구하기

사건 A와 서로 배반인 사건은 사건 A^c의 부분집합이고

사건 B^c과 서로 배반인 사건은 사건 B의 부분집합이므로 사건 E는 $A^c \cap B$의 공집합이 아닌 부분집합이다.

$A^c \cap B=\{1, 4, 6, 8, 9, 10\} \cap \{6, 7, 8, 9, 10\}$

$\qquad\quad =\{6, 8, 9, 10\}$

따라서 구하는 사건 E의 개수는 $2^4-1=15$

0203

표본공간 S는 $S=\{1, 2, 3, 4, 5\}$이고 모든 근원사건의 확률은 같다. 표본공간 S의 두 사건 A, B가 서로 배반사건이고 $0<\mathrm{P}(B)<\mathrm{P}(A)$가 되도록 두 사건 A, B를 선택하는 경우의 수는?

① 45 $\qquad$ ② 50 $\qquad$ ③ 55

④ 60 $\qquad$ ⑤ 65

STEP Ⓐ $0<n(B)<n(A)$로 표현하기

두 사건 A, B가 서로 배반사건이므로 $A \cap B=\varnothing$이고

$0<\mathrm{P}(B)<\mathrm{P}(A)$에서 $0<n(B)<n(A)$

STEP Ⓑ $n(B)=1$, $n(B)=2$인 경우의 수 구하기

(ⅰ) $n(B)=1$인 경우

$\quad$ A의 근원사건의 수는 B의 근원사건을 제외한 2개 이상이므로 사건 A의 원소가 2개, 3개, 4개인 경우의 수는

$\quad$ $_5C_1 \times (_4C_4 + _4C_3 + _4C_2)=5(1+4+6)=55$

(ⅱ) $n(B)=2$인 경우

$\quad$ A의 근원사건의 수는 B의 근원사건의 수를 제외하고 3개 이상이어야 하므로 경우의 수는

$\quad$ $_5C_2 \times _3C_3=10 \times 1=10$

(ⅰ), (ⅱ)에서 구하는 경우의 수는 $55+10=65$

> **다른풀이** 확률의 성질을 이용하여 풀이하기

두 사건 A, B가 서로 배반 사건이므로

$\mathrm{P}(A \cup B)=\mathrm{P}(A)+\mathrm{P}(B) \leq 1$이 된다.

또한, $0<\mathrm{P}(B)<\mathrm{P}(A)$이므로 $\mathrm{P}(B)$의 값은 $\dfrac{1}{5}$ 또는 $\dfrac{2}{5}$가 된다.

(ⅰ) $\mathrm{P}(B)=\dfrac{1}{5}$이면 $\dfrac{1}{5}<\mathrm{P}(A) \leq \dfrac{4}{5}$에서

$\quad$ $\mathrm{P}(A)=\dfrac{2}{5}$ 또는 $\mathrm{P}(A)=\dfrac{3}{5}$ 또는 $\mathrm{P}(A)=\dfrac{4}{5}$이므로 두 사건 A, B를 선택하는 경우의 수는

$\quad$ $_5C_1 \times (_4C_2 + _4C_3 + _4C_4)=5(6+4+1)=55$

(ⅱ) $\mathrm{P}(B)=\dfrac{2}{5}$이면 $\dfrac{2}{5}<\mathrm{P}(A) \leq \dfrac{3}{5}$에서 $\mathrm{P}(A)=\dfrac{3}{5}$이므로 두 사건 A, B를 선택하는 경우의 수는

$\quad$ $_5C_2 \times _3C_3=10 \times 1=10$

(ⅰ), (ⅱ)에서 구하는 경우의 수는 $55+10=65$

0204

다음 물음에 답하여라.

(1) 두 개의 주사위 A, B를 동시에 던질 때, 나오는 두 눈의 수가 서로 다른 눈이 나올 확률을 a, 두 눈의 곱이 짝수가 될 확률을 b라 할 때, $a+b$의 값을 구하여라.

STEP Ⓐ 두 눈의 수 서로 다른 눈이 나올 확률 구하기

두 개의 주사위를 동시에 던질 때,

나오는 모든 경우의 수는 $6 \times 6=36$

(ⅰ) 두 눈의 수가 서로 다른 눈이 나올 경우

$\quad$ 전체 경우의 수에서 두 번 모두 같은 눈이 나오는 경우를 빼면 된다.

$\quad$ 즉 두 번 모두 같은 눈이 나오는 경우

$\quad$ $(1, 1), (2, 2), (3, 3), (4, 4), (5, 5), (6, 6)$의 6가지이므로

$\quad$ $36-6=30$(가지)

$\quad$ 즉 두 눈이 모두 다른 눈이 나올 확률은 $a=\dfrac{30}{36}=\dfrac{5}{6}$

STEP Ⓑ 두 눈의 곱이 짝수가 되는 확률 구하기

(ⅱ) 두 눈의 곱이 짝수가 되는 경우의 수는 전체 경우의 수에서 두 눈의 곱이 홀수가 되는 경우의 수를 빼면 된다.

$\quad$ 즉 홀수가 되는 경우

$\quad$ $(1, 1), (1, 3), (1, 5), (3, 1), (3, 3), (3, 5), (5, 1), (5, 3), (5, 5)$의 9가지이므로 $36-9=27$(가지)

$\quad$ 즉 두 눈의 곱이 짝수가 되는 확률은 $b=\dfrac{27}{36}=\dfrac{3}{4}$

STEP Ⓒ $a+b$의 값 구하기

(ⅰ), (ⅱ)에서 $a+b$의 값은 $a+b=\dfrac{5}{6}+\dfrac{3}{4}=\dfrac{19}{12}$

(2) 한 개의 주사위를 두 번 던져서 나온 눈의 수를 차례로 a, b라 할 때,
x, y에 대한 연립방정식 $\begin{cases} ax+2y=1 \\ bx+y=3 \end{cases}$ 의 해가 존재하지 않을 확률을 구하여라.

STEP A 두 직선이 평행할 조건 구하기

주어진 연립방정식의 해가 존재하지 않으려면
$\dfrac{a}{b}=\dfrac{2}{1}\neq\dfrac{1}{3}$, 즉 $a=2b$이어야 한다.

STEP B 방정식 $a=2b$를 만족시키는 순서쌍 $(a,\,b)$를 구하여 확률 구하기

이때 $a=2b$인 경우는 $(a,\,b)$가 $(2,\,1)$, $(4,\,2)$, $(6,\,3)$일 때의 3(가지)

따라서 구하는 확률은 $\dfrac{3}{36}=\dfrac{1}{12}$

0205

두 개의 주사위를 동시에 던져서 나온 두 눈의 수를 각각 a, b라 할 때, a^2+b^2이 짝수일 확률은?

① $\dfrac{5}{9}$ ② $\dfrac{1}{2}$ ③ $\dfrac{11}{18}$
④ $\dfrac{13}{18}$ ⑤ $\dfrac{5}{6}$

STEP A 두 개의 주사위를 동시에 던져서 나오는 모든 경우의 수 구하기

두 개의 주사위를 동시에 던질 때, 모든 경우의 수는
$6\times6=36$

STEP B a^2+b^2이 짝수인 순서쌍 $(a,\,b)$를 구하여 그 확률 구하기

a^2+b^2이 짝수가 되려면 a, b가 모두 홀수이거나 a, b가 모두 짝수이다.

(i) a, b가 모두 홀수인 순서쌍 $(a,\,b)$는
　　$(1,\,1)$, $(1,\,3)$, $(1,\,5)$, $(3,\,1)$, $(3,\,3)$, $(3,\,5)$, $(5,\,1)$, $(5,\,3)$, $(5,\,5)$
　　의 9개이다.　◀ $3\times3=9$(가지)

(ii) a, b가 모두 짝수인 순서쌍 $(a,\,b)$는
　　$(2,\,2)$, $(2,\,4)$, $(2,\,6)$, $(4,\,2)$, $(4,\,4)$, $(4,\,6)$, $(6,\,2)$, $(6,\,4)$, $(6,\,6)$
　　의 9개이다.　◀ $3\times3=9$(가지)

(i), (ii)에서 a^2+b^2이 짝수인 순서쌍 $(a,\,b)$의 개수는 $9+9=18$

따라서 구하는 확률은 $\dfrac{18}{36}=\dfrac{1}{2}$

다른풀이 배반사건인 확률의 덧셈정리를 이용하여 풀이하기

서로 독립인 두 사건의 확률의 곱셈정리를 이용하여 다음과 같이 푼다.

(i) a가 짝수이고 b도 짝수일 확률 $\dfrac{3}{6}\times\dfrac{3}{6}=\dfrac{1}{4}$

(ii) a가 홀수이고 b도 홀수일 확률 $\dfrac{3}{6}\times\dfrac{3}{6}=\dfrac{1}{4}$

(i), (ii)에서 구하는 확률은 $\dfrac{1}{4}+\dfrac{1}{4}=\dfrac{1}{2}$

0206

다음 물음에 답하여라. (단, $i=\sqrt{-1}$)

(1) 한 개의 주사위를 두 번 던져서 나오는 눈의 수를 차례대로 a, b라 할 때, $i^a+i^b=0$일 확률은?

① $\dfrac{1}{18}$ ② $\dfrac{1}{9}$ ③ $\dfrac{5}{12}$
④ $\dfrac{1}{3}$ ⑤ $\dfrac{2}{9}$

STEP A 두 개의 주사위를 동시에 던져서 나오는 모든 경우의 수 구하기

한 개의 주사위를 두번 던질 때, 모든 경우의 수는
$6\times6=36$

STEP B $i^a+i^b=0$을 만족시키는 순서쌍 $(a,\,b)$ 구하기

$i^1=i^5=i$, $i^2=i^6=-1$, $i^3=-i$, $i^4=1$이므로
$i^a+i^b=0$을 만족시키는 순서쌍 $(a,\,b)$의 개수는
$(1,\,3)$, $(2,\,4)$, $(3,\,1)$, $(3,\,5)$, $(4,\,2)$, $(4,\,6)$, $(5,\,3)$, $(6,\,4)$의 8개이다.

STEP C 확률 구하기

따라서 구하는 확률은 $\dfrac{8}{36}=\dfrac{2}{9}$

(2) 주사위를 두 번 던질 때, 나오는 눈의 수를 차례로 m, n이라 할 때, $i^m\cdot(-i)^n=1$일 확률은?

① $\dfrac{1}{18}$ ② $\dfrac{1}{9}$ ③ $\dfrac{1}{6}$
④ $\dfrac{5}{18}$ ⑤ $\dfrac{1}{3}$

STEP A 전체 경우의 수 구하기

주사위를 두 번 던져 나오는 모든 경우의 수는
$6\times6=36$

STEP B 복소수의 성질을 이용하여 경우의 수 구하기

$i^m\cdot(-i)^n=(-1)^n\cdot i^{m+n}=1$이기 위해서는
n이 짝수이면서 $m+n$이 4의 배수이거나
n이 홀수이면서 $m+n$이 4의 배수가 아닌 짝수이어야 한다.
이때 순서쌍 $(m,\,n)$은 다음과 같이 분류한다.

(i) n이 짝수이면서 $m+n$이 4의 배수인 경우
　　$(-1)^n\times i^{m+n}=i^{m+n}=1$
　　n이 짝수이고 $m+n=4$, 8, 12인 경우 순서쌍 $(n,\,m)$으로 가능한 것은
　　$(2,\,2)$, $(2,\,6)$, $(4,\,4)$, $(6,\,2)$, $(6,\,6)$의 5

(ii) n이 홀수이면서 $m+n$이 4의 배수가 아닌 짝수인 경우
　　$(-1)^n\times i^{m+n}=(-1)\times i^{m+n}=1$
　　n이 홀수이고 $m+n=2$, 6, 10인 경우 순서쌍 $(n,\,m)$으로 가능한 것은
　　$(1,\,1)$, $(1,\,5)$, $(3,\,3)$, $(5,\,1)$, $(5,\,5)$의 5가지

(i), (ii)에서 $i^m\cdot(-i)^n$의 값이 1이 되는 경우의 수는 $5+5=10$

STEP C 확률 구하기

따라서 구하는 확률은 $\dfrac{10}{36}=\dfrac{5}{18}$

0207

서로 다른 두 개의 주사위를 동시에 던지는 시행에서 나온 두 눈의 수를 각각 a, b라고 할 때, x에 대한 이차방정식 $ax^2+6x+b=0$에 대하여 다음 물음에 답하여라.

(1) 서로 다른 두 실근을 가질 확률을 구하여라.

STEP A 서로 다른 두 개의 주사위를 동시에 던져서 나오는 모든 경우의 수 구하기

서로 다른 두 개의 주사위를 두 번 던질 때, 모든 경우의 수는
$6 \times 6 = 36$

STEP B 이차방정식 $ax^2+6x+b=0$이 서로 다른 두 실근을 가질 조건 구하기

이차방정식 $ax^2+6x+b=0$의 판별식을 D라 하면
서로 다른 두 실근을 가질 조건은 $D>0$이어야 하므로
$$\frac{D}{4}=3^2-ab>0, \ \text{즉} \ ab<9$$

STEP C 부등식 $ab<9$를 만족시키는 순서쌍 (a, b)를 구하여 확률 구하기

부등식 $ab<9$를 만족시키는 순서쌍 (a, b)는
$(1, 1), (1, 2), (1, 3), (1, 4), (1, 5), (1, 6)$
$(2, 1), (2, 2), (2, 3), (2, 4)$
$(3, 1), (3, 2)$
$(4, 1), (4, 2)$
$(5, 1)$
$(6, 1)$의 16개이다.
따라서 구하는 확률은 $\dfrac{16}{36}=\dfrac{4}{9}$

(2) 중근을 가질 확률을 구하여라.

STEP A 이차방정식 $ax^2+6x+b=0$이 중근을 가질 조건 구하기

이차방정식 $ax^2+6x+b=0$의 판별식을 D라 하면
중근을 가질 조건은 $D=0$이어야 하므로 $\dfrac{D}{4}=3^2-ab=0$, 즉 $ab=9$

STEP B 방정식 $ab=9$를 만족시키는 순서쌍 (a, b)를 구하여 확률 구하기

방정식 $ab=9$를 만족시키는 순서쌍 (a, b)는 $(3, 3)$의 1개이다.
따라서 구하는 확률은 $\dfrac{1}{36}$

> **참고** 서로 다른 **두 주사위의 눈의 곱**을 표로 나타내면 다음과 같다.

×	1	2	3	4	5	6
1	1	2	3	4	5	6
2	2	4	6	8	10	12
3	3	6	9	12	15	18
4	4	8	12	16	20	24
5	5	10	15	20	25	30
6	6	12	18	24	30	36

0208

한 개의 주사위를 두 번 던질 때 나오는 눈의 수를 차례로 a, b라 하자. 이차함수 $f(x)=x^2-7x+10$에 대하여 $f(a)f(b)<0$이 성립할 확률은?

① $\dfrac{1}{18}$ ② $\dfrac{1}{9}$ ③ $\dfrac{1}{6}$

④ $\dfrac{2}{9}$ ⑤ $\dfrac{5}{18}$

STEP A 전체 경우의 수 구하기

한 개의 주사위를 두 번 던져 나오는 모든 경우의 수는
$6 \times 6 = 36$

STEP B $f(a)f(b)<0$이 성립하는 경우의 수를 구하여 확률 구하기

이차함수 $f(x)=x^2-7x+10$에서 $f(x)=(x-2)(x-5)$의 그래프는 다음 그림과 같다.

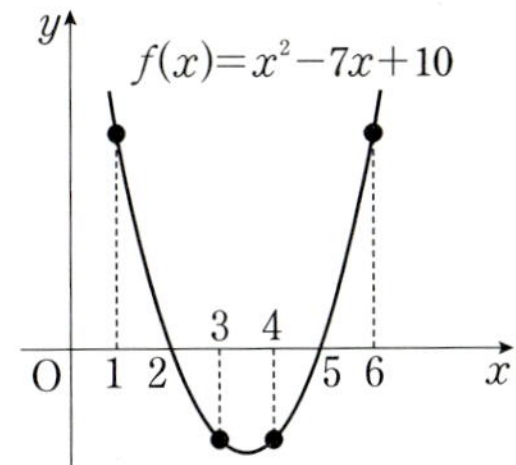

이때 $f(1)=4>0$, $f(6)=4>0$, $f(2)=0$, $f(5)=0$, $f(3)=-2<0$, $f(4)=-2<0$이므로 $f(a)f(b)<0$을 만족시키는 순서쌍 (a, b)는
$(1, 3), (1, 4), (3, 1), (4, 1), (6, 3), (6, 4), (3, 6), (4, 6)$으로 8개이다.
따라서 구하는 확률은 $\dfrac{8}{36}=\dfrac{2}{9}$

>  $f(a)f(b)<0$이려면 $f(a)$와 $f(b)$의 부호가 다르므로
> $f(a)>0$, $f(b)<0$인 경우 $2 \times 2 = 4$
> $f(a)<0$, $f(b)>0$인 경우 $2 \times 2 = 4$
> 즉 $f(a)f(b)<0$인 경우의 수는 $4+4=8$

0209

다음 물음에 답하여라.
(1) 한 개의 주사위를 세 번 던져서 나오는 눈의 수를 차례로 a, b, c라 할 때, $a>b$이고 $a>c$일 확률은?

① $\dfrac{13}{54}$ ② $\dfrac{55}{216}$ ③ $\dfrac{29}{108}$

④ $\dfrac{61}{216}$ ⑤ $\dfrac{8}{27}$

STEP A 전체 경우의 수 구하기

전체 경우의 수는 $6^3=216$

STEP B $a>b$이고 $a>c$를 만족하는 경우의 수 구하기

$a>b$, $a>c$를 만족하는 경우의 수는 다음 표와 같다.

a	$a>b$인 b의 주사위의 눈	$a>c$인 c의 주사위의 눈
1	만족하지 않음	
2	1	1
3	1, 2	1, 2
4	1, 2, 3	1, 2, 3
5	1, 2, 3, 4	1, 2, 3, 4
6	1, 2, 3, 4, 5	1, 2, 3, 4, 5

$a=2$일 때, 순서쌍 (b, c)의 개수는 1×1
$a=3$일 때, 순서쌍 (b, c)의 개수는 2×2
$a=4$일 때, 순서쌍 (b, c)의 개수는 3×3
$a=5$일 때, 순서쌍 (b, c)의 개수는 4×4
$a=6$일 때, 순서쌍 (b, c)의 개수는 5×5
즉 $a>b$이고 $a>c$인 사건의 경우의 수는
$$1^2+2^2+3^2+4^2+5^2=55 \ \leftarrow \ \sum_{k=1}^{5} k^2 = \frac{5 \times 6 \times 11}{6}=55$$
따라서 구하는 확률은 $\dfrac{55}{216}$

다른풀이 조합을 이용하여 풀이하기

전체 경우의 수는 $6^3=216$

$a>b$이고 $a>c$인 사건의 경우의 수는

$a>b>c$, $a>c>b$, $a>b=c$인 세 가지 경우로 나눌 수 있다.

(ⅰ) $a>b>c$를 만족하는 경우의 수

$$_6C_3=\frac{6\times5\times4}{3\times2\times1}=20$$

(ⅱ) $a>c>b$를 만족하는 경우의 수

$$_6C_3=\frac{6\times5\times4}{3\times2\times1}=20$$

(ⅲ) $a>b=c$를 만족하는 경우의 수

$$_6C_2=\frac{6\times5}{2\times1}=15$$

(ⅰ)~(ⅲ)에서 경우의 수는 $20+20+15=55$

따라서 구하는 확률은 $\dfrac{55}{216}$

---

(2) 한 개의 주사위를 세 번 던질 때 나오는 눈의 수를 차례로 a, b, c라 하자. 세 수 a, b, c가 $a<b-2\le c$를 만족시킬 확률은?

① $\dfrac{2}{27}$　　② $\dfrac{1}{12}$　　③ $\dfrac{5}{54}$

④ $\dfrac{11}{108}$　　⑤ $\dfrac{1}{9}$

STEP Ⓐ 전체 경우의 수 구하기

주사위를 세 번 던져서 나오는 모든 경우의 수는 $6^3=216$

STEP Ⓑ $a<b-2\le c$를 만족시킬 확률 구하기

$a<b-2\le c$를 만족시키는 경우이므로

a를 기준으로 b, c가 될 수 있는 경우의 수를 구해보면

$a=1$일 때, $b=4$이면 c는 2, 3, 4, 5, 6이므로 5가지

$a=1$일 때, $b=5$이면 c는 3, 4, 5, 6이므로 4가지

$a=1$일 때, $b=6$이면 c는 4, 5, 6이므로 3가지

$a=2$일 때, $b=5$이면 c는 3, 4, 5, 6이므로 4가지

$a=2$일 때, $b=6$이면 c는 4, 5, 6이므로 3가지

$a=3$일 때, $b=6$이면 c는 4, 5, 6이므로 3가지

즉 $a<b-2\le c$를 만족시키는 경우의 수는 $5+4+3+4+3+3=22$

따라서 구하는 확률은 $\dfrac{22}{216}=\dfrac{11}{108}$

다른풀이 b를 기준으로 풀이하기

STEP Ⓐ b의 범위 구하기

$a<b-2\le c$에서 $a\ge1$이므로 $1<b-2$

$\therefore 3<b$

이때 b는 주사위의 눈의 수이므로 $b\le6$

$\therefore 3<b\le6$

STEP Ⓑ b의 값에 따라 순서쌍 (a, b, c)의 개수 구하기

(ⅰ) $b=4$일 때, $a<2\le c$이므로

　　$a=1$, $c=2, 3, 4, 5, 6$, 즉 순서쌍 (a, b, c)의 개수는

　　$1\times5=5$

(ⅱ) $b=5$일 때, $a<3\le c$이므로

　　$a=1, 2$, $c=3, 4, 5, 6$, 즉 순서쌍 (a, b, c)의 개수는

　　$2\times4=8$

(ⅲ) $b=6$일 때, $a<4\le c$이므로

　　$a=1, 2, 3$, $c=4, 5, 6$, 즉 순서쌍 (a, b, c)의 개수는

　　$3\times3=9$

(ⅰ)~(ⅲ)에서 $a<b-2\le c$를 만족시키는 경우의 수는 $5+8+9=22$

STEP Ⓒ 확률 구하기

따라서 한 개의 주사위를 세 번 던질 때, 나오는 모든 경우의 수는 6^3이므로 구하는 확률은 $\dfrac{22}{6^3}=\dfrac{22}{216}=\dfrac{11}{108}$

0210

다음 물음에 답하여라.

(1) 5명의 학생 A, B, C, D, E를 일렬로 세울 때, A, B가 양 끝에 서 있을 확률을 구하여라.

STEP Ⓐ 5명을 일렬로 세우는 경우의 수 구하기

A, B, C, D, E 5명을 일렬로 세우는 경우의 수는

$5!=120$

STEP Ⓑ A, B를 양 끝에 세우고 가운데 나머지 세 명을 세우는 경우의 수 구하기

A, B를 양 끝에 세우는 경우의 수는 2!이고 가운데 세 명을 세우는 경우의 수는 3!이다.

즉 A, B를 양 끝에 세우고 가운데 나머지 세 명을 세우는 경우의 수는

$2!\times3!=2\times6=12$

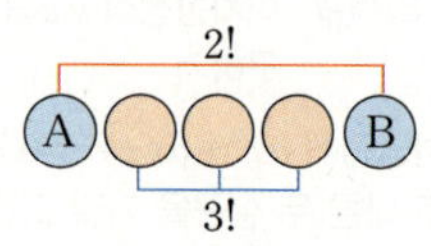

STEP Ⓒ 확률 구하기

따라서 구하는 확률은 $\dfrac{12}{120}=\dfrac{1}{10}$

---

(2) A, B, C, D, E의 다섯 사람을 일렬로 세울 때, A, B, C가 이웃할 확률을 구하여라.

STEP Ⓐ 5명을 일렬로 세우는 경우의 수 구하기

A, B, C, D, E 5명을 일렬로 세우는 경우의 수는 5!

STEP Ⓑ A, B, C가 이웃하는 경우의 수 구하기

A, B, C가 이웃하는 경우는 A, B, C를 한 묶음으로 생각할 때,

이 묶음과 D, E를 일렬로 세우는 경우의 수는 3!이고

이 묶음 안에서 A, B, C를 일렬로 배열하는 경우의 수는 3!이므로 구하는 경우의 수는

$3!\times3!=6\times6=36$

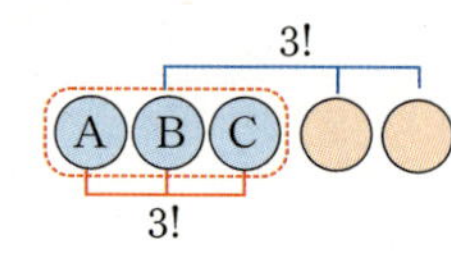

STEP Ⓒ 확률 구하기

따라서 구하는 확률은 $\dfrac{3!\times3!}{5!}=\dfrac{3}{10}$

---

(3) SMARTPHONE의 10개의 문자를 일렬로 나열할 때, M과 T 사이에 2개의 문자가 올 확률을 구하여라.

STEP Ⓐ 10개의 문자를 일렬로 나열하는 경우의 수 구하기

10개의 문자를 일렬로 나열하는 경우의 수 10!

STEP Ⓑ M과 T 사이에 2개의 문자가 오는 경우의 수 구하기

M과 T 사이에 2개의 문자를 나열하는 경우의 수 M, T를 제외한 8개의 문자 중 두 문자를 뽑아 M, T 사이에 세우는 경우의 수는 $_8P_2$

M과 T의 자리를 바꾸는 경우의 수는 2!

한 묶음 M☆☆T와 남은 6개의 문자를 일렬로 배열하는 경우의 수는

7!이므로 구하는 경우의 수는 $2!\times{}_8P_2\times7!$

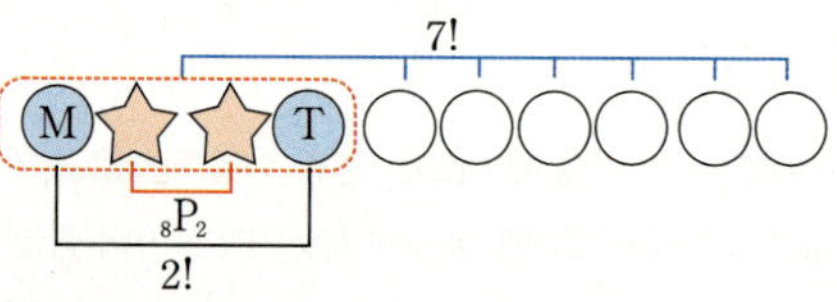

STEP Ⓒ 확률 구하기

따라서 구하는 확률은 $\dfrac{2!\times{}_8P_2\times7!}{10!}=\dfrac{7}{45}$

0211

1, 2, 3, 4, 5, 6의 숫자가 하나씩 적힌 6장의 카드를 일렬로 배열할 때, 1, 2, 3이 적힌 카드 3장이 이웃할 확률을 a, 양쪽 끝에 홀수가 적힌 카드가 올 확률을 b라고 하자. 이때 $a+b$의 값은?

① $\dfrac{1}{5}$ ② $\dfrac{2}{5}$ ③ $\dfrac{3}{5}$

④ $\dfrac{4}{5}$ ⑤ $\dfrac{2}{3}$

STEP A 1, 2, 3이 적힌 카드 3장이 이웃할 확률 구하기

1, 2, 3, 4, 5, 6의 숫자가 하나씩 적힌 6장의 카드를 일렬로 배열할 때, 1, 2, 3이 적힌 카드 3장이 이웃하는 사건을 A, 양쪽 끝에 홀수가 적힌 카드가 오는 사건을 B라 하자.

6장의 카드를 일렬로 배열하는 경우의 수는 $6!$이고 1, 2, 3이 적힌 카드 3장이 이웃하는 경우의 수는 $4! \times 3!$

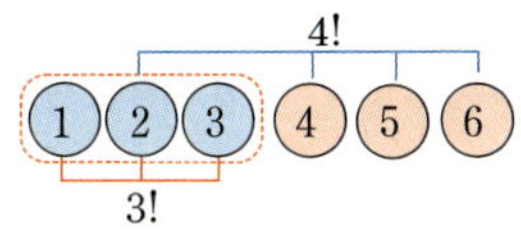

즉 구하는 확률은 $P(A) = \dfrac{4! \times 3!}{6!} = \dfrac{1}{5}$ 이므로 $a = \dfrac{1}{5}$

STEP B 양쪽 끝에 홀수가 적힌 카드가 올 확률 구하기

홀수는 1, 3, 5의 세 개이므로 양쪽 끝에 홀수가 적힌 카드가 오는 경우의 수는 $_3P_2 = 3 \cdot 2 = 6$

짝수 3개와 양 끝의 홀수 2개를 제외한 홀수 1이 일렬로 배열하는 경우의 수는 $(3+1)! = 4! = 24$

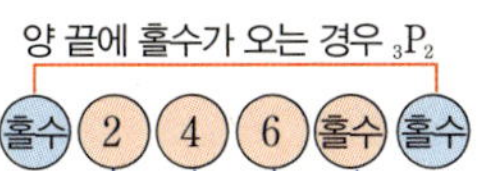

즉 구하는 확률은

$P(B) = \dfrac{_3P_2 \times 4!}{6!} = \dfrac{6 \times 24}{720} = \dfrac{1}{5}$ 이므로 $b = \dfrac{1}{5}$

STEP C $a+b$의 값 구하기

따라서 $a+b = \dfrac{1}{5} + \dfrac{1}{5} = \dfrac{2}{5}$

0212

세 학생 A, B, C를 포함한 7명의 학생을 일렬로 세운다고 하자. A와 B는 서로 이웃하고, C는 A, B 어느 누구와도 이웃하지 않도록 세울 확률이 $\dfrac{q}{p}$일 때, $p+q$의 값을 구하여라. (단, p와 q는 서로소인 자연수이다.)

STEP A 7명의 학생을 일렬로 세우는 경우의 수 구하기

7명의 학생을 일렬로 세우는 경우의 수는 $7!$

STEP B A와 B는 서로 이웃하고, C는 A, B 어느 누구와도 이웃하지 않을 확률 구하기

A, B, C를 제외한 4명을 일렬로 세우는 경우의 수는 $4!$

4명의 앞, 뒤와 그 사이사이의 5자리 중 2자리에 A, B를 한 사람으로 생각하여 두 명을 세우는 경우의 수는 $_5P_2 \times 2!$

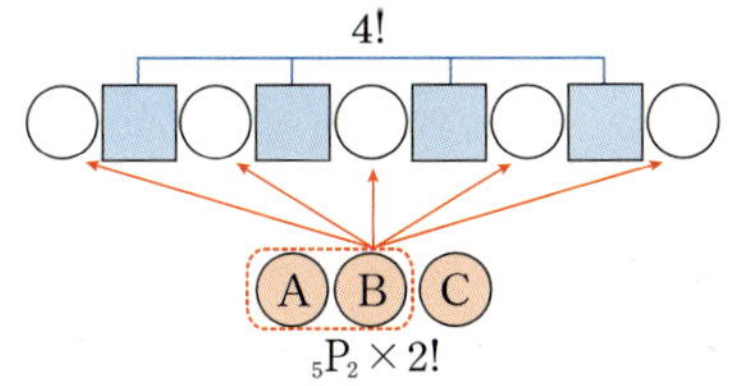

STEP C 확률 구하기

즉 구하는 확률은 $\dfrac{4! \times _5P_2 \times 2!}{7!} = \dfrac{4}{21}$

따라서 $p = 21$, $q = 4$이므로 $p+q = 25$

0213

3명의 남학생 A, B, C와 3명의 여학생 D, E, F가 원형의 탁자에 일정한 간격을 두고 앉을 때, 다음 물음에 답하여라.

(1) 남학생과 여학생이 교대로 앉을 확률을 구하여라.

STEP A 남학생 3명, 여학생 3명의 6명이 원탁에 둘러앉는 모든 경우의 수 구하기

남학생 3명, 여학생 3명의 6명이 원탁에 둘러앉는 모든 경우의 수는

$(6-1)! = 5! = 120$ ← $\dfrac{6!}{6} = 5! = 120$

STEP B 남학생과 여학생이 교대로 앉는 경우의 수를 구하기

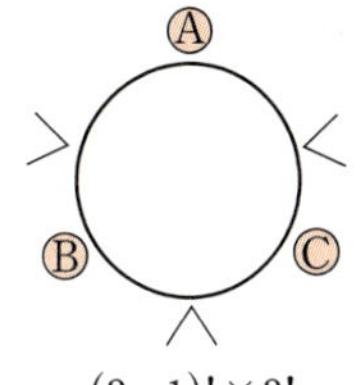

남학생 3명과 여학생 3명이 교대로 원탁에 둘러앉는 방법은 그림과 같이 먼저 남학생 3명을 원탁에 앉히고, 남학생 사이에 있는 3개의 자리에 여학생 3명을 앉히면 되므로 그 경우의 수는

$(3-1)! \times 3! = 2 \times 6 = 12$

STEP C 확률 구하기

따라서 구하는 확률은 $\dfrac{12}{120} = \dfrac{1}{10}$

참고 ▶ 남학생과 여학생이 교대로 앉을 확률은 여학생끼리 이웃하지 않게 앉을 확률을 구하는 문제와 같다.

(2) 남학생 A와 여학생 D가 이웃하게 앉을 확률을 구하여라.

STEP A 남학생 3명, 여학생 3명의 6명이 원탁에 둘러앉는 모든 경우의 수 구하기

남학생 3명, 여학생 3명의 6명이 원탁에 둘러앉는 모든 경우의 수는

$(6-1)! = 5! = 120$ ← $\dfrac{6!}{6} = 5! = 120$

STEP B 남학생 A와 여학생 D가 이웃하게 앉는 경우의 수 구하기

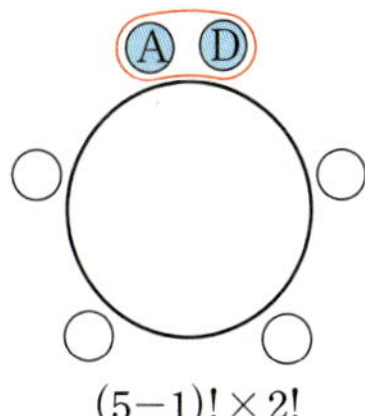

그림과 같이 A, D를 한 묶음으로 생각하면 5명이 원탁에 둘러앉는 경우의 수는 $(5-1)! = 24$이고 A, D가 서로 자리를 바꿔 앉는 경우의 수는 $2!$이므로 A, D가 이웃하여 6명이 원형의 탁자에 일정한 간격을 두고 앉는 경우의 수는

$(5-1)! \times 2! = 4! \times 2! = 48$

STEP C 확률 구하기

따라서 구하는 확률은 $\dfrac{48}{120} = \dfrac{2}{5}$

(3) 두 학생 C, D가 이웃하지 않을 확률을 구하여라.

STEP Ⓐ 남학생 3명, 여학생 3명의 6명이 원탁에 둘러앉는 모든 경우의 수 구하기

남학생 3명, 여학생 3명의 6명이 원탁에 둘러앉는 모든 경우의 수는
$(6-1)!=5!=120$ ← $\dfrac{6!}{6}=5!=120$

STEP Ⓑ C, D가 이웃하지 않을 경우의 수를 구하기

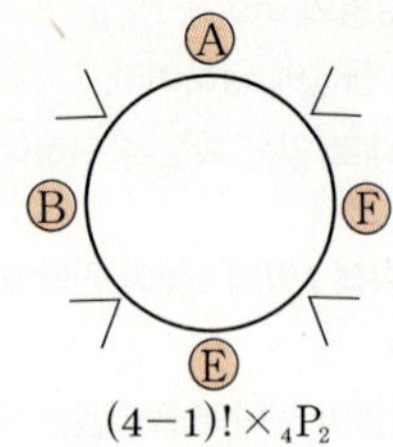

$(4-1)! \times {}_4\mathrm{P}_2$

두 학생 C, D를 제외한 A, B, E, F가 원형으로 앉는 경우의 수는
$(4-1)!=3!$
그 사이사이에 두 학생 C, D가 앉는 경우의 수는 ${}_4\mathrm{P}_2$이므로
두 학생 C, D가 이웃하지 않을 경우의 수는 $3! \times {}_4\mathrm{P}_2 = 6 \times 4 \times 3 = 72$

STEP Ⓒ 확률 구하기

따라서 구하는 확률은 $\dfrac{72}{120}=\dfrac{3}{5}$

(4) 남학생 A와 여학생 D가 마주 보고 앉을 확률을 구하여라.

STEP Ⓐ 남학생 3명, 여학생 3명의 6명이 원탁에 둘러앉는 모든 경우의 수 구하기

남학생 3명, 여학생 3명의 6명이 원탁에 둘러앉는 모든 경우의 수는
$(6-1)!=5!=120$ ← $\dfrac{6!}{6}=5!=120$

STEP Ⓑ 남학생 A와 여학생 D가 마주 보고 앉는 경우의 수를 구하기

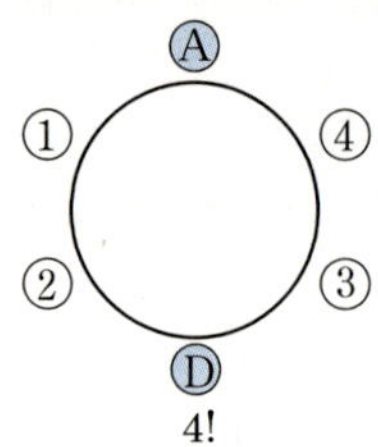

그림과 같이 먼저 A, D를 마주 보는 자리에 고정을 하고
①~④에 4명의 학생을 앉히면 되므로 원탁에 둘러앉는 경우의 수는
${}_4\mathrm{P}_4=4!=24$

STEP Ⓒ 확률 구하기

따라서 구하는 확률은 $\dfrac{24}{120}=\dfrac{1}{5}$

0214

두 학생 A, B를 포함한 5명의 학생이 일렬로 앉을 때,
A, B가 이웃할 확률을 p_1, 두 학생 C, D를 포함한 5명의 학생이 원탁에
앉을 때, C, D가 이웃할 확률을 p_2라 한다. $p_1 p_2$의 값은?

① $\dfrac{1}{5}$ ② $\dfrac{1}{3}$ ③ $\dfrac{2}{5}$

④ $\dfrac{3}{5}$ ⑤ $\dfrac{1}{2}$

STEP Ⓐ 5명이 일렬로 앉을 때, A, B가 이웃할 확률 p_1 구하기

5명의 학생이 일렬로 앉는 경우의 수는 $5!$
두 학생 A, B를 한 묶음으로 생각하면 4명을 일렬로 앉는 경우의 수는
$4!$이고 A, B가 서로 자리를 바꾸어 앉는 경우의 수는 $2!$이다.
즉 A, B가 이웃하도록 앉는 경우의 수는 $4! \times 2!$
따라서 구하는 확률은 $p_1 = \dfrac{4! \times 2!}{5!} = \dfrac{2}{5}$

STEP Ⓑ 5명이 원탁에 앉을 때, C, D가 이웃할 확률 p_2 구하기

5명의 학생이 원탁에 둘러앉는 모든 경우의 수는 $(5-1)!$
두 학생 C, D를 한 묶음으로 생각하면 4명이 원탁에 둘러앉는 경우의 수는
$(4-1)!$이고 C, D가 서로 자리를 바꾸어 앉는 경우의 수는 $2!$이다.
즉 C, D가 이웃하도록 원탁에 앉는 경우의 수는
$(4-1)! \times 2! = 3! \times 2!$
따라서 구하는 확률은 $p_2 = \dfrac{3! \times 2!}{4!} = \dfrac{2}{4} = \dfrac{1}{2}$

STEP Ⓒ 확률 $p_1 p_2$ 구하기

(i), (ii)에서 $p_1 p_2 = \dfrac{2}{5} \times \dfrac{1}{2} = \dfrac{1}{5}$

다른풀이 덧셈정리를 이용하여 풀이하기

(i) 5명을 일렬로 앉힐 때, A가 먼저 앉고 B가 두 번째로 앉기로 해도
구하는 확률은 변하지 않는다.

A가 5개의 자리 중 양쪽 끝의 자리에 앉을 확률은 $\dfrac{2}{5}$이고

이때 B가 A의 옆에 앉을 확률은 $\dfrac{1}{4}$

또, A가 5개의 자리 중 양쪽 끝이 아닌 자리에 앉을 확률은 $\dfrac{3}{5}$이고

이때 B가 A의 옆에 앉을 확률은 $\dfrac{2}{4}$

따라서 A, B가 이웃하여 앉을 확률은 $\dfrac{2}{5} \times \dfrac{1}{4} + \dfrac{3}{5} \times \dfrac{2}{4} = \dfrac{2}{5}$

(ii) 5명이 원탁에 앉을 때, A가 가장 먼저 앉고 B가 두 번째로 앉기로 해도
구하는 확률은 변하지 않는다.
A는 6개의 자리 중 어느 자리에 앉더라도 B와 이웃하게 될 확률은
일정하다.

A가 아무 자리에나 앉을 확률은 $\dfrac{5}{5}=1$이고

이때 B가 A의 옆에 앉을 확률은 $\dfrac{2}{4}$

따라서 A, B가 이웃하지 않을 확률은 $1 \times \dfrac{2}{4} = \dfrac{1}{2}$

(i), (ii)에서 $p_1 p_2 = \dfrac{2}{5} \times \dfrac{1}{2} = \dfrac{1}{5}$

0215

다음 물음에 답하여라.

(1) 오른쪽 그림과 같이 정삼각형 모양의 식탁에
남자 3명과 여자 3명이 둘러앉으려고 한다.
남자와 여자가 식탁의 같은 변에 이웃하여
앉을 확률을 구하여라.

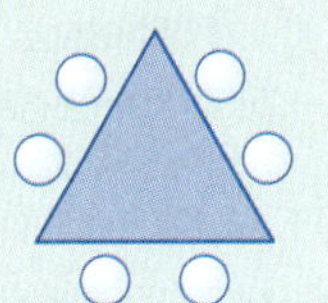

STEP A 정삼각형 모양의 탁자에 둘러앉는 경우의 수 구하기

6명이 원형으로 둘러앉는 경우의 수는 $(6-1)!=5!=120$
정삼각형 모양의 식탁에서는 원형으로 둘러앉는 각 경우에 대하여
다음 그림과 같이 서로 다른 2가지 경우가 존재하므로
6명이 정삼각형 모양의 식탁에 둘러앉는 경우의 수는 $5! \times 2=240$

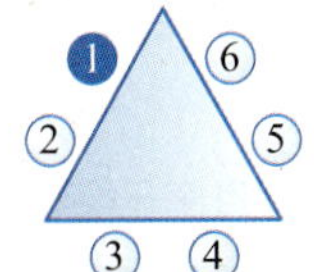 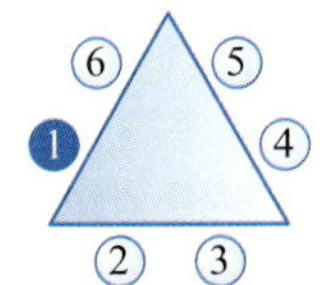

STEP B 남자와 여자가 탁자의 같은 변에 이웃하여 앉는 경우의 수 구하기

이때 남자와 여자가 식탁의 같은 변에 이웃하여 앉는 경우의 수는
남자 3명을 식탁의 세 변에 각각 앉힌 후 여자 3명을 남은 세 자리에 앉히고
각 변에서 남녀가 서로 자리를 바꾸는 경우를 생각하면 되므로
$(3-1)! \times 3! \times 2^3=2 \times 6 \times 8=96$

STEP C 확률 구하기

따라서 구하는 확률은 $\dfrac{96}{240}=\dfrac{2}{5}$

> **다른풀이** 세 쌍의 짝을 이루는 경우를 이용하여 풀이하기

남자 3, 여자 3명이 세 쌍의 짝을 이루는 경우의 수는 $3!$
한 쌍을 한 묶음으로 하여 세 쌍을 세 변에 앉히는 경우는 원순열과 같으므로
$(3-1)!$
각 쌍의 남녀가 자리를 바꾸는 경우의 수가 각각 2!이므로 2^3
즉 구하는 경우의 수는 $3! \times (3-1)! \times 2^3=6 \times 2 \times 8=96$
따라서 구하는 확률은 $\dfrac{96}{240}=\dfrac{2}{5}$

---

(2) 오른쪽 그림과 같이 정사각형 모양의 탁자에
남자 4명과 여자 4명이 둘러앉으려고 한다.
남자와 여자가 탁자의 같은 변에 이웃하여
앉을 확률을 구하여라.

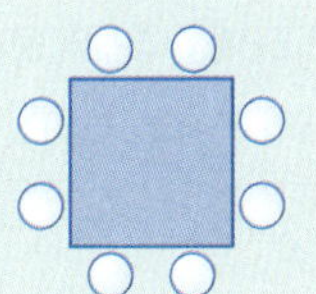

STEP A 정사각형 모양이 탁자에 둘러앉는 경우의 수 구하기

8명이 원형으로 둘러앉는 경우의 수는 $(8-1)!=7!$
정사각형 모양의 탁자에서는 원형으로 둘러앉는 각 경우에 대하여
그림과 같이 서로 다른 2가지의 경우가 존재하므로
8명이 정사각형 모양의 탁자에 둘러앉는 경우의 수는 $7! \times 2$

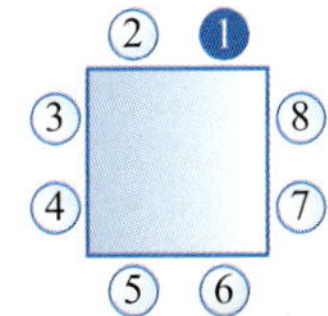 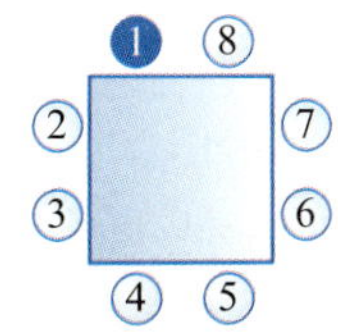

STEP B 남자와 여자가 탁자의 같은 변에 이웃하여 앉는 경우의 수 구하기

남자와 여자가 탁지의 같은 변에 이웃하여 앉는 경우의 수는
남자 4명을 탁자의 네 변에 각각 앉힌 후 여자 4명을 남은 네 자리에 앉히고
각 변에서 남자와 여자가 서로 자리를 바꾸는 경우를 생각하면 되므로
경우의 수는 $(4-1)! \times 4! \times 2^4=6 \times 4! \times 16$

STEP C 확률 구하기

따라서 구하는 확률은 $\dfrac{6 \times 4! \times 16}{7! \times 2}=\dfrac{6 \times 4! \times 16}{7 \times 6 \times 5 \times 4! \times 2}=\dfrac{8}{35}$

> **다른풀이** 네 쌍의 짝을 이루는 경우를 이용하여 풀이하기

남자 4, 여자 4명이 네 쌍의 짝을 이루는 경우의 수는 $4!$
한 쌍을 한 묶음으로 하여 네 쌍을 네 변에 앉히는 경우는 원순열과 같으므로
$(4-1)!$
각 쌍의 남녀가 자리를 바꾸는 경우의 수가 각각 2!이므로 2^4
구하는 경우의 수는 $4! \times (4-1)! \times 2^4=4! \times 6 \times 16$
따라서 구하는 확률은 $\dfrac{4! \times 6 \times 16}{7! \times 2}=\dfrac{8}{35}$

0216

집합 $X=\{a,\ b,\ c\}$에서 집합 $Y=\{1,\ 3,\ 5,\ 7\}$로의 함수 f 중에서 임의로
하나를 택할 때, 다음을 구하여라.

(1) 함수 f가 일대일함수일 확률

STEP A X에서 Y로의 함수의 개수 구하기

집합 $X=\{a,\ b,\ c\}$에서 집합 $Y=\{1,\ 3,\ 5,\ 7\}$로의 함수의 개수는
$_4\Pi_3=4^3=64$

STEP B 일대일함수일 확률 구하기

함수 f가 일대일함수가 되는 경우의 수는 $_4P_3=4 \times 3 \times 2=24$
따라서 구하는 확률은 $\dfrac{24}{64}=\dfrac{3}{8}$

---

(2) 함수 f의 치역의 원소의 개수가 2일 확률

STEP A 함수 f의 치역의 원소의 개수가 2인 경우의 수 구하기

공역 $Y=\{1,\ 3,\ 5,\ 7\}$이므로 치역의 원소의 개수가 2인 경우의 치역은
$\{1,\ 3\},\ \{1,\ 5\},\ \{1,\ 7\},\ \{3,\ 5\},\ \{3,\ 7\},\ \{5,\ 7\}$
이때 $X=\{a,\ b,\ c\}$에서 함수 f의 치역이 $\{1,\ 3\}$인 함수의 개수는
$_2\Pi_3-2=2^3-2=6$ ← 전체 함수의 개수에서 상수함수의 개수를 뺀다.
함수 f의 치역이 $\{1,\ 5\},\ \{1,\ 7\},\ \{3,\ 5\},\ \{3,\ 7\},\ \{5,\ 7\}$일 때의 함수의
개수도 각각 6이므로 함수 f의 치역의 원소의 개수가 2인 함수의 개수는
$6 \times 6=36$

STEP B 일대일함수일 확률 구하기

따라서 구하는 확률은 $\dfrac{36}{64}=\dfrac{9}{16}$

> **참고** 다음 그림과 같이 함수 f의 치역이 $\{1,\ 3\}$인 함수의 개수는 6개이다.

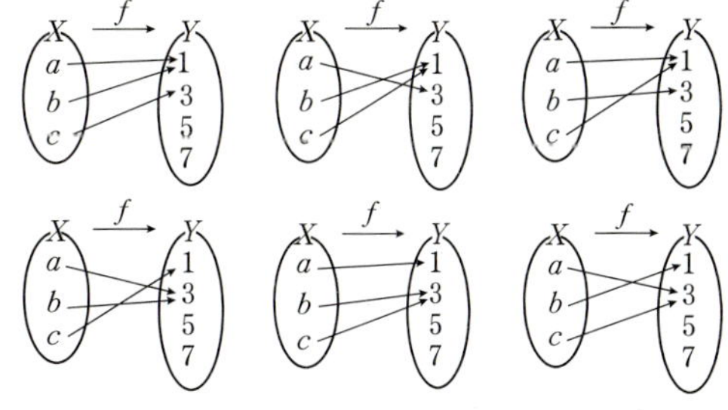

---

(3) 함수 f가 상수함수일 확률

STEP A 함수 f가 상수함수일 확률 구하기

함수 f가 상수함수가 되는 경우의 수는
(i) 집합 $X=\{a,\ b,\ c\}$의 모든 원소가 집합 Y의 원소 1에 대응될 때
(ii) 집합 $X=\{a,\ b,\ c\}$의 모든 원소가 집합 Y의 원소 3에 대응될 때
(iii) 집합 $X=\{a,\ b,\ c\}$의 모든 원소가 집합 Y의 원소 5에 대응될 때
(iv) 집합 $X=\{a,\ b,\ c\}$의 모든 원소가 집합 Y의 원소 7에 대응될 때
(i)~(iv)에서 4가지이므로 구하는 확률은 $\dfrac{4}{64}=\dfrac{1}{16}$

0217

세 학생이 이번 주 월, 화, 수, 목, 금, 토요일 중에서 각자 임의로 하루를 선택하여 연극공연을 보러 가려고 한다. 이 세 학생 중에서 같은 날에 연극공연을 보는 학생이 없을 확률은?

① $\dfrac{1}{9}$ 　② $\dfrac{2}{9}$ 　③ $\dfrac{1}{3}$

④ $\dfrac{5}{9}$ 　⑤ $\dfrac{2}{3}$

STEP A　세 학생 A, B, C가 이번 주 월, 화, 수, 목, 금, 토요일 중에서 연극공연을 선택하는 경우의 수 구하기

세 학생이 6일 중 각자 하루를 선택하는 전체 경우의 수는 $_6\Pi_3=6^3$

STEP B　세 학생 중에서 같은 날에 연극공연을 보는 학생이 없는 경우의 수 구하기

세 학생이 같은 날에 연극공연을 가는 학생이 없는 경우는
세 학생이 모두 다른 날에 가야 하므로
세 학생이 6일 중 서로 다른 3일을 선택하는 경우의 수는
$_6P_3=6\times5\times4=120$

STEP C　확률 구하기

따라서 구하는 확률은 $\dfrac{120}{6^3}=\dfrac{5}{9}$

0218

다음 물음에 답하여라.
(1) 네 개의 숫자 0, 1, 2, 3에서 중복을 허락하여 세 개의 숫자를 택하여 세 자리 자연수를 만들 때, 짝수일 확률은?

① $\dfrac{5}{6}$ 　② $\dfrac{3}{4}$ 　③ $\dfrac{2}{3}$

④ $\dfrac{1}{2}$ 　⑤ $\dfrac{1}{3}$

STEP A　네 개의 숫자 0, 1, 2, 3에서 중복을 허락하여 세 자리 자연수의 개수 구하기

중복을 허락하여 0, 1, 2, 3으로 만들 수 있는 세 자리 자연수의 개수는
$3\times_4\Pi_2=3\times4^2=48$

STEP B　짝수일 확률 구하기

짝수이려면 일의 자리 수가 0, 2 중 하나이고
백의 자리의 수로 가능한 숫자는 0을 제외한 3가지,
십의 자리의 수로 가능한 숫자는 4
이므로 짝수의 개수는 $3\times4\times2=24$
따라서 구하는 확률은 $\dfrac{24}{48}=\dfrac{1}{2}$

(2) 1, 2, 3, 4, 5에서 중복을 허용하여 임의로 택한 세 수를 a, b, c라 하자. $a+bc$의 값이 짝수일 확률을 $\dfrac{p}{q}$라 할 때, $p+q$의 값은?
（단, p, q는 서로소인 자연수）

① 182 　② 183 　③ 184

④ 185 　⑤ 186

STEP A　서로 다른 5개에서 중복을 허락하여 3개를 택하는 전체 경우의 수 구하기

서로 다른 5개에서 중복을 허락하여 3개를 택하는 경우의 수는
$_5\Pi_3=5^3=125$

STEP B　$a+bc$의 값이 짝수일 확률 구하기

1, 2, 3, 4, 5 중 짝수는 2, 4의 2개, 홀수는 1, 3, 5의 3개이므로
$a+bc$의 값이 짝수인 경우는 다음과 같다.

(i) a와 bc가 모두 홀수인 경우
a, b, c가 모두 홀수이어야 하므로 경우의 수는 $3^3=27$
(ii) a와 bc가 모두 짝수인 경우
a가 짝수이므로 2가지
bc가 짝수인 경우의 수는 $5^2-3^2=16$　← b, c가 모두 홀수인 경우를 뺀다.
∴ $2\times16=32$
(i), (ii)에서 $a+bc$의 값이 짝수인 경우의 수는 $27+32=59$

따라서 구하는 확률은 $\dfrac{59}{125}$ 이므로 $p+q=59+125=184$

0219

다음 물음에 답하여라.
(1) 6개의 문자 C, O, F, F, E, E를 일렬로 나열할 때, 모음끼리 이웃할 확률을 구하여라.

STEP A　6개의 문자를 일렬로 나열하는 경우의 수 구하기

6개의 문자 C, O, F, F, E, E를 일렬로 나열하는 경우의 수는
$\dfrac{6!}{2!2!}=180$

STEP B　모음끼리 이웃하는 경우의 수 구하기

이때 모음 O, E, E끼리 이웃하는 경우의 수는 O, E, E를 한 묶음으로 생각하면 $\boxed{\text{O, E, E}}$, C, F, F를 일렬로 나열하는 경우의 수는 $\dfrac{4!}{2!}$이고

O, E, E를 나열하면 $\dfrac{3!}{2!}$이므로 모음끼리 이웃하는 경우의 수는
$\dfrac{4!}{2!}\times\dfrac{3!}{2!}=36$

STEP C　확률 구하기

따라서 구하는 확률은 $\dfrac{36}{180}=\dfrac{1}{5}$

(2) 5개의 문자 P, Q, P, Q, R를 일렬로 나열할 때, 양 끝에 같은 문자가 올 확률을 구하여라.

STEP A　5개의 문자를 일렬로 나열하는 경우의 수 구하기

5개의 문자 P, Q, P, Q, R를 일렬로 나열하는 경우의 수는
$\dfrac{5!}{2!2!}=30$

STEP B　양 끝에 같은 문자가 오는 경우의 수 구하기

양 끝에 같은 문자가 오는 경우는
(i) 양 끝에 P가 오는 경우 그 사이에는 Q, Q, R가 오는 경우의 수는
$\dfrac{3!}{2!}=3$
(ii) 양 끝에 Q가 오는 경우 그 사이에는 P, P, R가 오는 경우의 수는
$\dfrac{3!}{2!}=3$

STEP C　확률 구하기

(i), (ii)에 의하여 구하는 확률은 $\dfrac{3+3}{30}=\dfrac{1}{5}$

0220

다음 물음에 답하여라.

(1) BANANA의 6개의 문자 B, A, N, A, N, A를 일렬로 나열할 때,
두 개의 N이 서로 이웃할 확률은?

① $\dfrac{1}{8}$　　　② $\dfrac{1}{6}$　　　③ $\dfrac{1}{5}$

④ $\dfrac{1}{4}$　　　⑤ $\dfrac{1}{3}$

STEP A 전체 경우의 수 구하기

B, A, N, A, N, A를 일렬로 나열하는 경우의 수는 $\dfrac{6!}{3!2!}=60$

STEP B 서로 이웃하는 문자들은 묶어서 한 문자로 보고 일렬로 나열하기

두 개의 N을 하나로 묶어서 일렬로 나열하는 경우의 수는 $\dfrac{5!}{3!}=20$

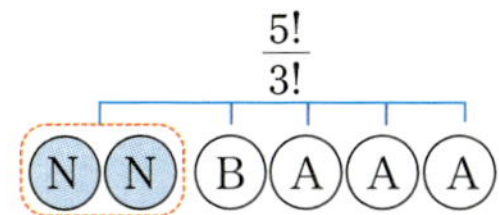

STEP C 확률 구하기

따라서 구하는 확률은 $\dfrac{20}{60}=\dfrac{1}{3}$

(2) A, A, A, B, B, C의 문자가 하나씩 적혀 있는 6장의 카드가 있다.
이 카드를 모두 한 번씩 사용하여 일렬로 임의로 나열할 때,
양 끝 모두에 A가 적힌 카드가 나오게 나열될 확률은?

① $\dfrac{3}{20}$　　　② $\dfrac{1}{5}$　　　③ $\dfrac{1}{4}$

④ $\dfrac{3}{10}$　　　⑤ $\dfrac{7}{20}$

STEP A 같은 것이 있는 순열의 수 구하기

A, A, A, B, B, C의 문자가 하나씩 적혀 있는 6장의 카드를 일렬로 나열하는 경우의 수는 $\dfrac{6!}{3!2!}=60$

STEP B 양 끝 모두에 A가 적힌 카드가 나오게 하는 경우의 수 구하기

양 끝 모두에는 A가 적힌 카드가 나와야 하므로 A, B, B, C가 적혀 있는 4장의 카드를 A, A가 적혀 있는 2장의 카드 사이에 나열해야 한다.

이때 카드를 나열하는 경우의 수는 $\dfrac{4!}{2!}=12$

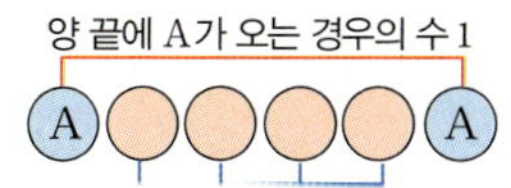

A, B, B, C를 일렬로 나열하는 경우의 수 $\dfrac{4!}{2!}$

STEP C 확률 구하기

따라서 구하는 확률은 $\dfrac{12}{60}=\dfrac{1}{5}$

0221

한 개의 주사위를 네 번 던질 때, 나오는 눈의 수를 차례로 a, b, c, d라 하자. 네 수 a, b, c, d의 곱 $a \times b \times c \times d$가 12일 확률은?

① $\dfrac{1}{36}$　　　② $\dfrac{5}{72}$　　　③ $\dfrac{1}{9}$

④ $\dfrac{11}{72}$　　　⑤ $\dfrac{7}{36}$

STEP A 전체 경우의 수 구하기

한 개의 주사위를 네 번 던질 때, 나오는 눈의 수는 6^4

STEP B $a \times b \times c \times d = 12$인 경우의 수 구하기

$a \times b \times c \times d = 12 = 2^2 \times 3$이므로 1의 개수에 따라 다음 경우로 나눈다.

(i) 1이 2개일 때,

12가 나올 수 있는 수의 순서쌍 (a, b, c, d)는

$(1, 1, 2, 6)$, $(1, 1, 3, 4)$이므로 경우의 수는 $2 \times \dfrac{4!}{2!} = 24$

(ii) 1이 1개일 때,

12가 나올 수 있는 수의 순서쌍 (a, b, c, d)는

$(1, 2, 2, 3)$이므로 경우의 수는 $\dfrac{4!}{2!} = 12$

(i), (ii)에서 $a \times b \times c \times d = 12$인 a, b, c, d을 정하는 경우의 수는
$24 + 12 = 36$

따라서 구하는 확률은 $\dfrac{36}{6^4} = \dfrac{1}{36}$

다른풀이 중복조합을 이용하여 풀이하기

$a \times b \times c \times d = 12 = 2^2 \times 3$에서

$a = 2^{a_1}3^{a_2}$, $b = 2^{b_1}3^{b_2}$, $c = 2^{c_1}3^{c_2}$, $d = 2^{d_1}3^{d_2}$

(단, a_1, a_2, b_1, b_2, c_1, c_2음 아닌 정수)라 하면

$a \times b \times c \times d = 2^{a_1+a_2+a_3+a_4} \times 3^{b_1+b_2+b_3+b_4} = 2^2 \times 3^1$

$a_1+b_1+c_1+d_1 = 2$, $a_2+b_2+c_2+d_2 = 1$인 정수해의 개수는

${}_4H_2 \times {}_4H_1 = {}_5C_2 \times {}_4C_1 = 10 \times 4 = 40$

그런데 a, b, c, d는 주사위의 눈이 12가 될 수 없으므로 a, b, c, d 중 어느 하나가 12이고 나머지 세 수가 1인 경우의 수는 4가지이므로
기대하는 경우의 수는 $40 - 4 = 36$

따라서 구하는 확률은 $\dfrac{36}{6^4} = \dfrac{1}{36}$

0222

4명의 수험생의 수험표를 섞어서 임의로 한 장씩 나누어 줄 때, 4명 모두 다른 사람의 수험표를 받을 확률을 구하여라.

STEP A 전체 경우의 수 구하기

수험생 4명을 일렬로 세우는 경우의 수는 $4! = 24$

STEP B 4명 모두가 다른 사람의 수험표를 받을 확률 구하기

이 중에서 4명 모두가 다른 사람의 수험표 a_1, a_2, a_3, a_4를 받는 경우의 수는 수험생 4명을 1, 2, 3, 4라 하여 다음 그림과 같은 수형도를 그려보면 a_1에 2를 대응시킬 때, 3가지 있고 a_1에 3, 4를 대응시킬 때에도 각각 3가지씩 있으므로 $3 \times 3 = 9$

a_1	a_2	a_3	a_4	$a_1a_2a_3a_4$
2	1 — 4 — 3			← 2 1 4 3
	3 — 4 — 1			← 2 3 4 1
	4 — 1 — 3			← 2 4 1 3
3	1 — 4 — 2			← 3 1 4 2
	4 — 1 — 2			← 3 4 1 2
	4 — 2 — 1			← 3 4 2 1
4	1 — 2 — 3			← 4 1 2 3
	3 — 1 — 2			← 4 3 1 2
	3 — 2 — 1			← 4 3 2 1

STEP C 확률 구하기

따라서 구하는 확률은 $\dfrac{9}{24} = \dfrac{3}{8}$

0223

다음 물음에 답하여라.

(1) A, B, C, D, E의 5명의 학생이 각자의 이름표를 섞은 다음에 임의로 하나씩 뽑았다. 이때 5명의 학생 중 2명의 학생은 자기 이름표를 뽑고 나머지는 3명은 다른 학생의 이름표를 뽑을 확률은?

① $\dfrac{1}{8}$ ② $\dfrac{1}{7}$ ③ $\dfrac{1}{6}$

④ $\dfrac{1}{4}$ ⑤ $\dfrac{1}{2}$

STEP A 전체 경우의 수 구하기

A, B, C, D, E의 5명의 학생이 각자의 이름표를 섞은 다음에 임의로 하나씩 뽑는 경우의 수는 $5! = 120$

STEP B 2명의 학생은 자기 이름표를 뽑고 나머지는 3명은 다른 학생의 이름표를 뽑은 경우의 수 구하기

본인의 이름표를 뽑은 학생을 A, B라 하면 A, B를 제외한 나머지 3명의 학생이 다른 학생의 이름표를 뽑는 경우는 다음과 같다.

C	D	E
D 의 이름표	E 의 이름표	C 의 이름표
E 의 이름표	C 의 이름표	D 의 이름표

A, C가 자기 이름표를 뽑는 경우도 마찬가지이므로 5명의 학생 중에서 2명이 자기 이름표를 뽑는 경우의 수는 $_5C_2 = 10$가지이고 각각의 경우마다 남은 3명의 학생이 다른 학생의 이름표를 뽑는 경우의 수는 2

STEP C 확률 구하기

따라서 구하는 확률은 $\dfrac{_5C_2 \times 2}{120} = \dfrac{20}{120} = \dfrac{1}{6}$

(2) 상훈이를 포함한 5명의 학생이 쪽지시험을 본 후, 5장의 답안지를 섞은 다음에 임의로 하나씩 뽑는다. 상훈이만 자신의 답안지를 뽑고 나머지 4명은 다른 학생의 답안지를 뽑을 확률은?

① $\dfrac{2}{7}$ ② $\dfrac{3}{40}$ ③ $\dfrac{3}{10}$

④ $\dfrac{3}{5}$ ⑤ $\dfrac{2}{3}$

STEP A 전체 경우의 수 구하기

5명의 학생이 쪽지시험을 본 후, 5장의 답안지를 섞은 다음에 임의로 하나씩 뽑는 경우의 수는 $5! = 120$

STEP B 나머지 4명은 다른 학생의 답안지를 뽑은 경우의 수 구하기

상훈이를 제외한 나머지 학생을 A, B, C, D라 하고 학생 A가 학생 B의 답안지를 뽑았을 경우는 다음과 같이 세 가지이다.

학생	A	B	C	D
뽑은 답안지	B의 답안지	A의 답안지	D의 답안지	C의 답안지
		C의 답안지	D의 답안지	A의 답안지
		D의 답안지	A의 답안지	C의 답안지

학생 A가 C, D의 답안지를 뽑는 경우도 마찬가지로 3가지씩이므로 $3 \times 3 = 9$

STEP C 확률 구하기

따라서 구하는 확률은 $\dfrac{9}{120} = \dfrac{3}{40}$

0224

수험생 5명의 수험표를 섞어서 임의로 줄 때, 5명 모두가 다른 사람의 수험표를 받을 확률은?

① $\dfrac{7}{30}$ ② $\dfrac{11}{30}$ ③ $\dfrac{19}{30}$

④ $\dfrac{9}{35}$ ⑤ $\dfrac{16}{35}$

STEP A 전체 경우의 수 구하기

수험생 5명을 일렬로 세우는 경우의 수는 $5!$

STEP B 5명 모두가 다른 사람의 수험표를 받을 확률 구하기

이 중에서 5명 모두가 다른 사람의 수험표 a_1, a_2, a_3, a_4, a_5를 받는 경우의 수는 수험생 5명을 1, 2, 3, 4, 5라 하여 다음 그림과 같은 수형도를 그려보면 a_1에 2를 대응시킬 때, 11가지 있고 a_1에 3, 4, 5를 대응시킬 때에도 각각 11가지씩 있으므로 $11 \times 4 = 44$

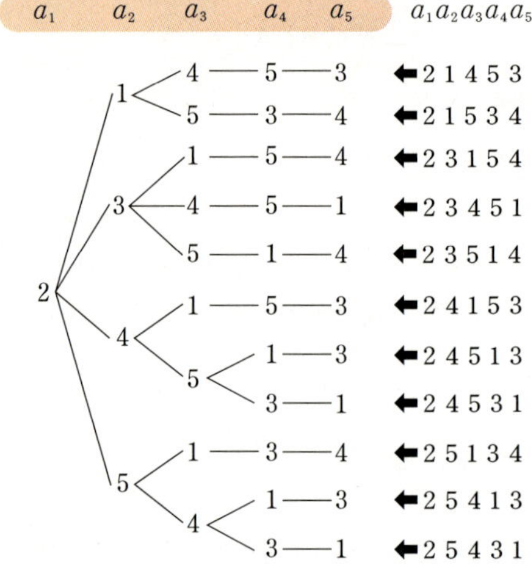

STEP C 확률 구하기

따라서 구하는 확률은 $\dfrac{44}{5!} = \dfrac{11}{30}$

0225

집합 $A = \{a_1,\ a_2,\ a_3,\ a_4,\ a_5\}$의 모든 부분집합 중 임의로 한 개의 부분집합을 택할 때, 다음을 구하여라.

(1) 이 부분집합이 2개의 원소를 가질 확률

STEP A 집합 A의 부분집합의 개수 구하기

집합 $A = \{a_1,\ a_2,\ a_3,\ a_4,\ a_5\}$의 원소의 개수가 5이므로 집합 A의 부분집합의 개수는 $2^5 = 32$

STEP B 집합 A의 부분집합 중 원소의 개수가 2인 부분집합의 개수를 구하기

집합 A의 부분집합 중 원소의 개수가 2인 부분집합의 개수는 집합 A의 5개의 원소 a_1, a_2, a_3, a_4, a_5 중 서로 다른 2개를 뽑는 조합의 수와 같으므로 $_5C_2 = 10$

STEP C 확률 구하기

따라서 구하는 확률은 $\dfrac{10}{32} = \dfrac{5}{16}$

(2) 이 부분집합이 a_1과 a_3을 반드시 원소로 갖고 a_2를 원소로 갖지 않을 확률

STEP **A** 집합 A의 부분집합의 개수 구하기

집합 $A=\{a_1, a_2, a_3, a_4, a_5\}$의 원소의 개수가 5이므로
집합 A의 부분집합의 개수는 $2^5=32$

STEP **B** 집합 A의 부분집합 중 a_1과 a_3을 반드시 원소로 갖고 a_2를 원소로 갖지 않을 부분집합의 개수 구하기

집합 $A=\{a_1, a_2, a_3, a_4, a_5\}$에서 a_1, a_3을 원소로 갖고
a_2를 원소로 갖지 않는 부분집합의 개수는 $2^{5-2-1}=2^2=4$

STEP **C** 확률 구하기

따라서 구하는 확률은 $\dfrac{4}{32}=\dfrac{1}{8}$

0226

집합 $S=\{x \mid x$는 9보다 작은 자연수$\}$의 부분집합 중에서 임의로 택한 한 집합을 A라 할 때,
$$1 \in A, \ 4 \notin A, \ 5 \in A, \ 6 \notin A, \ 8 \in A$$
일 확률은?

① $\dfrac{1}{64}$　　② $\dfrac{1}{32}$　　③ $\dfrac{1}{16}$

④ $\dfrac{3}{16}$　　⑤ $\dfrac{2}{3}$

STEP **A** 집합 S의 부분집합의 개수 구하기

집합 $S=\{1, 2, 3, 4, 5, 6, 7, 8\}$의 원소의 개수가 8이므로
집합 S의 부분집합의 개수는 2^8

STEP **B** 집합 S의 부분집합 중 세 원소 1, 5, 8을 포함하고 두 원소 4, 6을 포함하지 않는 부분집합의 개수 구하기

집합 S의 부분집합 중 세 원소 1, 5, 8을 반드시 포함하고
두 원소 4, 6을 모두 포함하지 않는 부분집합의 개수는 $2^{8-3-2}=2^3$

STEP **C** 확률 구하기

따라서 구하는 확률은 $\dfrac{2^3}{2^8}=\dfrac{1}{2^5}=\dfrac{1}{32}$

0227

집합 $S=\{x \mid x$는 18의 양의 약수$\}$의 진부분집합 중에서 임의로 택한 한 집합을 A라 할 때, A가 3과 9를 원소로 갖고, 1과 2를 원소로 갖지 않을 확률을 구하여라.

STEP **A** 집합 S의 진부분집합의 개수 구하기

18의 양의 약수는 1, 2, 3, 6, 9, 18로 6개이다.
집합 $S=\{1, 2, 3, 6, 9, 18\}$의 진부분집합의 개수는 $2^6-1=63$

STEP **B** 두 원소 3, 9를 포함하고 두 원소 1, 2를 포함하지 않는 부분집합의 개수 구하기

두 원소 3, 9를 포함하고 두 원소 1, 2를 포함하지 않는 부분집합의 개수는
$2^{6-2-2}=2^2=4$

따라서 구하는 확률은 $\dfrac{4}{63}$

0228

다음 물음에 답하여라.

(1) 흰 공 2개, 빨간 공 4개가 들어 있는 주머니가 있다. 이 주머니에서 임의로 2개의 공을 동시에 꺼낼 때, 꺼낸 2개의 공이 모두 흰 공일 확률이 $\dfrac{q}{p}$이다. $p+q$의 값을 구하여라.

   (단, p와 q는 서로소인 자연수)

STEP **A** 전체 경우의 수 구하기

흰 공 2개, 빨간 공 4개가 들어있는 주머니에서 2개를 꺼내는
전체 경우의 수는 $_6C_2=15$

STEP **B** 2개 모두 흰 공을 꺼내는 경우의 수 구하기

2개 모두 흰 공을 꺼내는 경우의 수는 $_2C_2=1$

구하는 확률은 $\dfrac{1}{15}$이므로 $p=15$, $q=1$

따라서 $p+q=15+1=16$

(2) 6명의 축구선수 A, B, C, D, E, F에서 3명의 대표를 뽑을 때, A는 포함되고 B는 포함되지 않을 확률을 구하여라.

STEP **A** 전체 경우의 수 구하기

6명 중 3명을 뽑는 경우의 수는 $_6C_3=20$

STEP **B** A는 포함되고 B는 포함되지 않는 경우의 수 구하기

A는 포함되고 B는 포함되지 않는 경우는 C, D, E, F의 4명 중에서
2명을 뽑는 경우의 수와 같으므로 $_4C_2=6$

따라서 구하는 확률은 $\dfrac{_4C_2}{_6C_3}=\dfrac{6}{20}=\dfrac{3}{10}$

0229

흰 공 2개, 노란 공 2개, 파란 공 2개가 들어 있는 주머니가 있다. 이 주머니에서 임의로 3개의 공을 동시에 꺼낼 때, 공의 색깔이 모두 다를 확률은? (단, 모든 공의 크기와 모양은 같다.)

① $\dfrac{2}{5}$　　② $\dfrac{1}{2}$　　③ $\dfrac{3}{5}$

④ $\dfrac{7}{10}$　　⑤ $\dfrac{4}{5}$

STEP **A** 전체 경우의 수 구하기

주머니에서 6개의 공 중에서 임의로 3개의 구슬을 동시에 꺼내는 경우의 수는
$_6C_3=20$

STEP **B** 3개의 공 색깔이 모두 다른 경우의 수 구하기

이때 3개의 공 색깔이 모두 다른 경우의 수는 $_2C_1 \times _2C_1 \times _2C_1=8$

따라서 구하는 확률은 $\dfrac{8}{20}=\dfrac{2}{5}$

0230

다음 물음에 답하여라.

(1) 주머니 속에 1부터 9까지의 번호가 각각 적힌 9개의 공이 들어있다. 이 중에서 4개의 공을 꺼내어 나온 공에 적힌 번호를 크기순으로 나열할 때, 두 번째로 작은 수가 5일 확률을 구하여라.

STEP A 전체 경우의 수 구하기

9개의 공 중에서 4개의 공을 꺼내는 경우의 수는 $_9C_4 = 126$

STEP B 두 번째로 작은 수가 5인 경우의 수 구하기

뽑은 4개의 수를 크기순으로 나열할 때, 두 번째로 작은 수가 5인 경우의 수는 5보다 큰 6, 7, 8, 9 중 2개를 뽑고 5보다 작은 수 1, 2, 3, 4 중 1개를 뽑은 경우의 수는 $_4C_2 \times _4C_1 = 24$

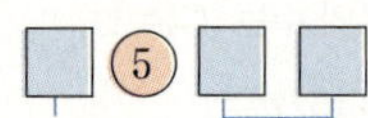

STEP C 확률 구하기

따라서 구하는 확률은 $\dfrac{_4C_2 \times _4C_1}{_9C_4} = \dfrac{24}{126} = \dfrac{4}{21}$

---

(2) 주머니 속에 2부터 8까지의 자연수가 각각 하나씩 적힌 구슬 7개가 들어 있다. 이 주머니에서 임의로 2개의 구슬을 동시에 꺼낼 때, 꺼낸 구슬에 적힌 두 자연수가 서로소일 확률을 구하여라.

STEP A 전체 경우의 수 구하기

7개의 구슬이 들어 있는 주머니에서 임의로 2개의 구슬을 꺼내는 경우의 수는 $_7C_2 = 21$

STEP B 꺼낸 구슬에 적힌 두 자연수가 서로소인 경우의 수 구하기

이때 꺼낸 구슬에 적힌 두 자연수가 서로소인 경우는 $(2, 3), (2, 5), (2, 7), (3, 4), (3, 5), (3, 7), (3, 8), (4, 5), (4, 7), (5, 6), (5, 7), (5, 8), (6, 7), (7, 8)$의 14가지이다.
따라서 구하는 확률은 $\dfrac{14}{21} = \dfrac{2}{3}$

0231

1, 2, 3, 4, 5의 숫자가 하나씩 적힌 5장의 카드가 들어있는 상자에서 임의로 3장의 카드를 꺼낼 때, 카드에 적힌 숫자의 합이 홀수가 될 확률을 구하여라.

STEP A 전체 경우의 수 구하기

5장의 카드에서 3장의 카드를 꺼내는 경우의 수는 $_5C_3 = _5C_2 = 10$

STEP B 적힌 숫자의 합이 홀수가 되는 경우의 수 구하기

이때 세 수의 합이 홀수이려면
(홀수)+(짝수)+(짝수) 또는 (홀수)+(홀수)+(홀수)이어야 한다.
(i) (홀수)+(짝수)+(짝수)인 경우
　　홀수가 적힌 3장의 카드 중에서 1장, 짝수가 적힌 2장의 카드 중에서 2장을 뽑는 방법의 수는 $_3C_1 \times _2C_2 = 3 \times 1 = 3$
(ii) (홀수)+(홀수)+(홀수)인 경우
　　홀수가 적힌 3장의 카드 중에서 3장을 뽑는 방법의 수는 $_3C_3 = 1$
(i), (ii)에서 세 수의 합이 홀수인 경우의 수는 $3 + 1 = 4$

STEP C 확률 구하기

따라서 구하는 확률은 $\dfrac{4}{10} = \dfrac{2}{5}$

0232

다음 물음에 답하여라.

(1) 10명의 학생으로 이루어진 모임에서 대표 2명을 뽑을 때, 남학생과 여학생이 1명씩 뽑힐 확률은 $\dfrac{8}{15}$이다. 이때 10명의 학생 중에서 여학생의 수는? (단, 여학생이 남학생보다 많다.)

① 5　　　　② 6　　　　③ 7
④ 8　　　　⑤ 9

STEP A 전체 경우의 수 구하기

10명의 학생에서 대표 2명을 뽑는 경우의 수는 $_{10}C_2 = 45$

STEP B 남학생과 여학생이 1명씩 뽑힐 확률은 $\dfrac{8}{15}$임을 이용하여 여학생의 수 구하기

여학생의 수를 x명이라고 하면 남학생의 수는 $(10-x)$명
이때 주어진 조건에 의하여 $x > 10-x$
$\therefore x > 5$
대표 2명을 뽑을 때, 남학생과 여학생이 1명씩 뽑힐 확률은
$$\dfrac{_xC_1 \times _{10-x}C_1}{_{10}C_2} = \dfrac{x(10-x)}{45} = \dfrac{8}{15}$$
$x(10-x) = 24, \ x^2 - 10x + 24 = 0$
따라서 $x > 5$이므로 $x = 6$이므로 구하는 여학생의 수는 6

---

(2) 모양과 크기가 같은 흰 공 4개와 검은 공 3개가 들어 있는 주머니에서 3개의 공을 꺼낼 때, 주머니에 남아있는 흰 공과 검은 공의 수가 같을 확률은?

① $\dfrac{14}{35}$　　　　② $\dfrac{16}{35}$　　　　③ $\dfrac{17}{35}$
④ $\dfrac{18}{35}$　　　　⑤ $\dfrac{19}{35}$

STEP A 전체 경우의 수 구하기

7개의 공에서 3개를 꺼내는 방법의 수는 $_7C_3 = 35$

STEP B 주머니에 남아 있는 흰 공과 검은 공의 수가 같은 경우의 수 구하기

이때 주머니에 남아 있는 흰 공의 수와 검은 공의 수가 같으려면 꺼내어진 3개의 공이 흰 공 2개, 검은 공 1개이어야 한다.
즉 흰 공 4개에서 2개, 검은 공 3개에서 1개를 택하는 방법의 수는 $_4C_2 \times _3C_1 = 6 \times 3 = 18$

STEP C 확률 구하기

따라서 구하는 확률은 $\dfrac{18}{35}$

0233

다음 물음에 답하여라.

(1) 주머니 안에 1, 2, 3, 4의 숫자가 하나씩 적혀 있는 4장의 카드가 있다. 주머니에서 갑이 2장의 카드를 임의로 뽑고 을이 남은 2장의 카드 중에서 1장의 카드를 임의로 뽑을 때, 갑이 뽑은 2장의 카드에 적힌 수의 곱이 을이 뽑은 카드에 적힌 수보다 작을 확률을 구하여라.

STEP A 전체 경우의 수 구하기

주머니에서 갑이 2장의 카드를 임의로 뽑고 을이 남은 2장의 카드 중에서 1장의 카드를 임의로 뽑는 방법의 수는 $_4C_2 \times {}_2C_1 = 12$

STEP B 갑이 뽑은 2장의 카드에 적힌 수의 곱이 을이 뽑은 카드에 적힌 수보다 작을 경우의 수 구하기

이때 갑이 뽑은 2장의 카드에 적힌 수의 곱을 a, 을이 뽑은 1장의 카드에 적힌 수를 b라 하면 $a < b$를 만족하는 경우는 다음과 같다.

(i) $b = 3$일 때,
   $a = 2(=1 \times 2)$이므로 1
(ii) $b = 4$일 때,
   $a = 2(=1 \times 2)$ 또는 $a = 3(=1 \times 3)$이므로 2

따라서 구하는 확률은 $\dfrac{1+2}{12} = \dfrac{1}{4}$

> **참고**
>
> | 을이 뽑은 수 | 3 | 4 | 4 |
> |---|---|---|---|
> | 갑이 뽑은 수 | 1, 2 | 1, 2 | 1, 3 |

(2) 주머니 안에 1, 2, 3, 4, 5의 숫자가 하나씩 적혀 있는 5장의 카드가 있다. 주머니에서 갑이 먼저 1장의 카드를 뽑은 후, 을이 남은 4장의 카드 중에서 2장의 카드를 뽑았다. 을이 뽑은 2장의 카드에 적힌 수의 합이 갑이 뽑은 1장의 카드에 적힌 수보다 작거나 같을 확률을 $\dfrac{q}{p}$라고 할 때, $p+q$ 의 값을 구하여라. (단, p와 q는 서로소이다.)

STEP A 전체 경우의 수 구하기

나올 수 있는 모든 경우의 수는 $_5C_1 \times {}_4C_2 = 30$

STEP B 을이 뽑은 2장의 카드에 적힌 수의 합이 갑이 뽑은 1장의 카드에 적힌 수보다 작거나 같은 경우의 수 구하기

이때 두 장의 카드의 수의 합은 3 이상 9 이하이므로 갑이 1 또는 2를 뽑는 경우, 주어진 조건을 만족시키는 경우는 없다. 즉 을이 뽑는 2장의 카드의 수와 갑이 3, 4, 5가 적힌 카드를 뽑는 경우의 수를 표로 만들면 다음과 같다.

갑	을
3	(1, 2) → 1(가지)
4	(1, 2), (1, 3) → 2(가지)
5	(1, 2), (1, 3), (1, 4), (2, 3) → 4(가지)

따라서 구하는 확률은 $\dfrac{1+2+4}{_5C_1 \times {}_4C_2} = \dfrac{7}{30}$이므로 $p+q = 37$

0234

오른쪽 그림과 같이 원의 둘레를 6등분하는 6개의 점이 있다. 이 중에서 세 점을 임의로 택하여 그 세 점을 꼭짓점으로 하는 삼각형을 만들 때, 다음 물음에 답하여라.

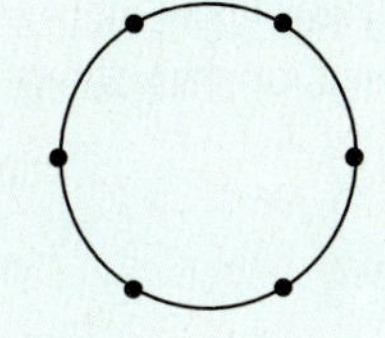

(1) 이 삼각형이 직각삼각형이 될 확률을 구하여라.

STEP A 조합의 수를 이용하여 만들 수 있는 삼각형의 개수 구하기

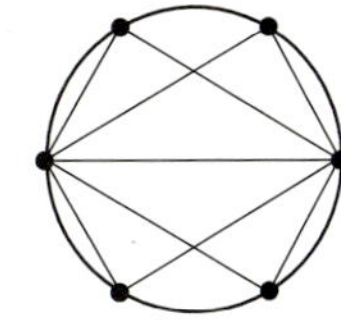

정육각형의 6개의 꼭짓점 중 어느 세 점도 일직선 위에 있지 않는다. 6개의 꼭짓점 중 세 꼭짓점을 택하여 연결하면 삼각형을 만들 수 있으므로 $_6C_3 = 20$

STEP B 주어진 6개의 점에서 원의 지름을 택하여 직각삼각형이 되는 경우의 수 구하기

정육각형의 6개의 꼭짓점이 한 원 위에 존재하고 원주 위의 두 점을 이은 가장 긴 선분이 원의 지름이 되므로 지름으로 택할 수 있는 경우의 수는 3이다.
지름에 대한 원주각의 크기는 항상 $90°$이므로 나머지 4개의 점 중에서 1개를 택하여 연결하면 직각삼각형이 만들어진다.
이 각각에 대하여 만들 수 있는 직각삼각형의 개수는 $_4C_1 = 4$이므로 전체 직각삼각형이 되는 경우의 수는 $3 \times 4 = 12$

STEP C 확률 구하기

따라서 구하는 확률은 $\dfrac{12}{20} = \dfrac{3}{5}$

(2) 이 삼각형이 이등변삼각형이 될 확률을 구하여라.

STEP A 조합의 수를 이용하여 만들 수 있는 삼각형의 개수 구하기

세 점을 택하여 만들 수 있는 삼각형의 개수는 $_6C_3 = 20$

STEP B 이등변삼각형이 되는 경우의 수 구하기

만들 수 있는 이등변삼각형은 오른쪽 그림과 같으므로 이등변삼각형의 개수는 8

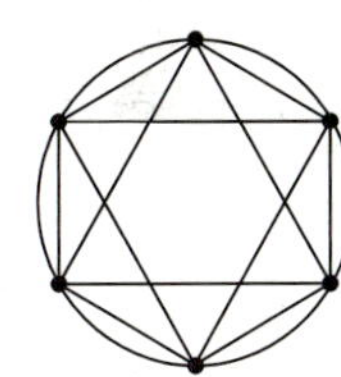

따라서 구하는 확률은 $\dfrac{8}{20} = \dfrac{2}{5}$

0235

원 위에 일정한 간격으로 8개의 점이 놓여 있다. 이 중 세 개의 점을 연결하여 삼각형을 만들 때, 이 삼각형이 둔각삼각형일 확률은?

① $\dfrac{2}{7}$ ② $\dfrac{5}{14}$ ③ $\dfrac{3}{7}$

④ $\dfrac{1}{2}$ ⑤ $\dfrac{4}{7}$

STEP A 전체 삼각형의 개수 구하기

오른쪽 그림과 같이 8개의 점을
$P_1,\ P_2,\ \cdots,\ P_8$이라 하면
세 개의 점을 연결하여 만들 수 있는
삼각형의 수는

$$_8C_3 = \frac{8 \cdot 7 \cdot 6}{3 \cdot 2 \cdot 1} = 56$$

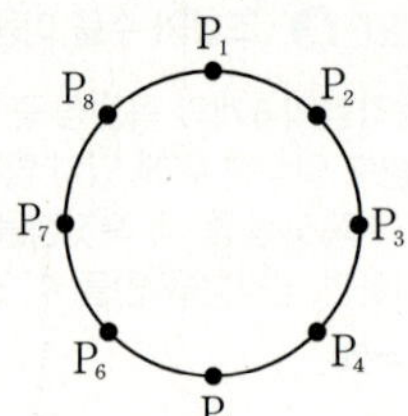

STEP B 둔각삼각형이 되는 경우의 수 구하기

(ⅰ) 이웃한 3개의 점으로 둔각인 이등변삼각형이 만들어 지는 경우
$\angle P_1,\ \angle P_2,\ \angle P_3,\ \cdots,\ \angle P_8$이
각각 둔각인 삼각형이므로
둔각삼각형의 개수는 8이다.

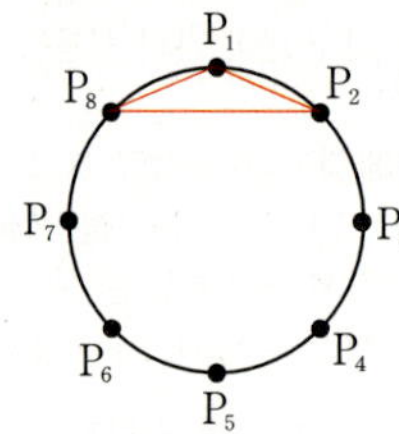

(ⅱ) 이웃한 2개의 점과 이웃하지 않는 한 점으로 만들어지는 경우
선분 P_1P_2를 한 변으로 하는
둔각삼각형의 개수는 2이다.
마찬가지로
선분 P_2P_3, P_3P_4, $\cdots$, P_8P_1을 한 변으로
하는 둔각삼각형의 개수도 각각 2가지
이므로 이 경우의 둔각삼각형의 개수는
$2 \times 8 = 16$

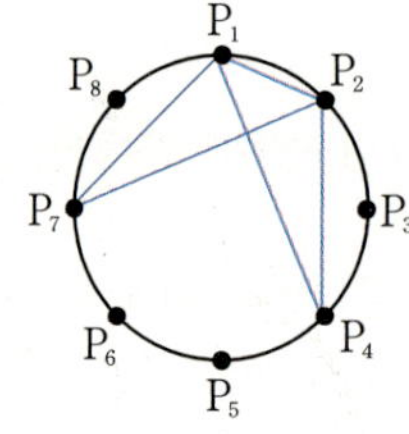

(ⅰ), (ⅱ)에서 구하는 경우의 수는 $8+16 = 24$

STEP C 확률 구하기

따라서 구하려는 확률은 $\dfrac{24}{56} = \dfrac{3}{7}$

0236

오른쪽 그림과 같이 한 변의 길이가 1인
정사각형 6개를 붙여놓은 도형이 있다.
12개의 꼭짓점 중에서 임의로 두 점을
연결한 선분의 길이가 무리수일 확률이
$\dfrac{a}{b}$일 때, $a+b$의 값을 구하여라.
(단, a, b는 서로소인 자연수이다.)

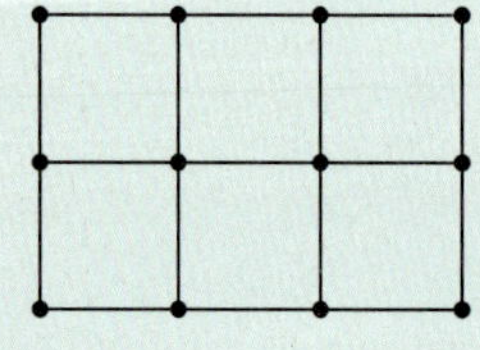

STEP A 한 변의 길이가 무리수가 되는 경우 구하기

한 변의 길이가 무리수가 되려면 두 점이 같은 선분 위에 있으면 안 된다.
한 점을 선택했을 때, 선택한 점과 같은 선분 위에는 항상 다섯 개의 점이
존재하므로 선택한 점과 같은 선분 위에 있지 않은 점은 6개이다.

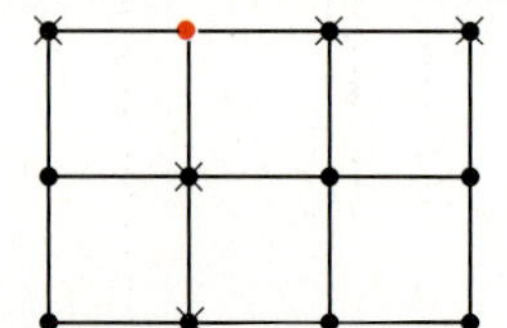

STEP B 가로 방향에 한 점을 선택하는 경우, 무리수인 경우의 수 구하기

(ⅰ) 맨 위 가로선 위에 한 점을 선택하는 경우

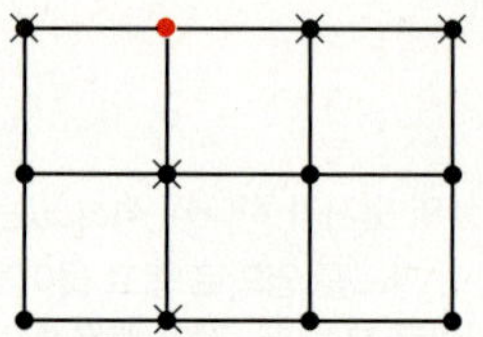

가로선에서 점을 선택하는 경우의 수는 $_4C_1 = 4$이고 그 점과 같은
선분 위에 있지 않은 점은 6개 존재하므로 만족하는 경우의 수는
$$4 \times 6 = 24$$

(ⅱ) 중간 가로선 위에 한 점을 선택하는 경우

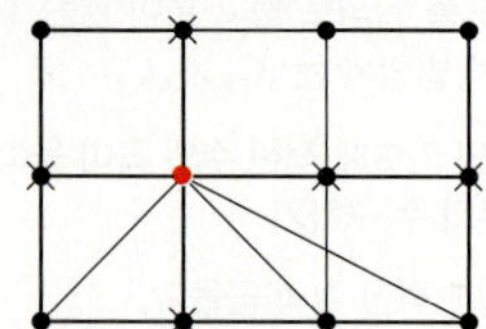

맨 아래 가로선 위의 점과 연결했을 때, 무리수가 되는 경우만 생각하면
되므로 경우의 수는 $_4C_1 \times 3 = 12$

(ⅲ) 맨 아래 가로선 위에 한 점을 선택하는 경우
(ⅰ), (ⅱ)에 모두 포함되어 있다.

(ⅰ)~(ⅲ)에서 구하는 경우의 수는 $24+12 = 36$

따라서 구하는 확률은 $\dfrac{36}{_{12}C_2} = \dfrac{36}{66} = \dfrac{6}{11}$

다른풀이 여사건의 확률을 이용하여 풀이하기

STEP A 전체 경우의 수 구하기

12개의 점 중 두 점을 선택하여 선분을 만들 수 있는 모든 경우의 수는
$_{12}C_2 = 66$

STEP B 선분의 길이가 유리수인 경우의 수 구하기

선분의 길이가 무리수일 확률은 전체사건의 확률에서 선분의 길이가 유리수일
확률을 빼면 된다.
선분의 길이가 유리수가 되려면 한 선분 위에 있는 두 개의 점을 선택해야 한다.
가로선 세 개에는 각각 4개의 점이 있고 세로선 네 개에는 각각 3개의 점이
있으므로 선분의 길이가 유리수가 되는 경우의 수는
$$_4C_2 \times 3 + _3C_2 \times 4 = 18+12 = 30$$

선분의 길이가 유리수가 되는 확률은 $\dfrac{30}{66}$

STEP C 여사건의 확률 구하기

따라서 구하는 확률은 $1 - \dfrac{30}{66} = \dfrac{36}{66} = \dfrac{6}{11}$ 이므로 $a=6$, $b=11$

$\therefore a+b = 17$

다른풀이 직접 구하는 풀이하기

12개의 점 중 두 점을 선택하는 경우의 수는 $_{12}C_2 = 66$
선분의 길이가 무리수일 경우의 수

(ⅰ) 선분의 길이가 $\sqrt{2}$인 경우의 수는 $2 \times 6 = 12$

(ⅱ) 선분의 길이가 $\sqrt{5}$인 경우의 수는 $2 \times 7 = 14$

(ⅲ) 선분의 길이가 $\sqrt{10}$인 경우의 수는 $2 \times 2 = 4$

(ⅳ) 선분의 길이가 $2\sqrt{2}$인 경우의 수는 $2 \times 2 = 4$

(ⅴ) 선분의 길이가 $\sqrt{13}$인 경우의 수는 $2 \times 1 = 2$

따라서 구하는 확률은 $\dfrac{12+14+4+4+2}{66} = \dfrac{36}{66} = \dfrac{6}{11}$

0237

다음 물음에 답하여라.

(1) 사과, 밀감, 배 3종류의 과일을 파는 과일 가게에서 6개의 과일을 사려고 한다. 임의로 과일을 선택하여 살 때, 같은 종류의 과일을 4개 살 확률을 구하여라. (단, 같은 종류의 과일은 서로 구분되지 않는다.)

STEP ⓐ 전체 경우의 수 구하기

3종류의 과일에서 6개의 과일을 사는 경우의 수는

$_3H_6=_{3+6-1}C_6=_8C_6=_8C_2=28$

STEP ⓑ 같은 종류의 과일을 4개 살 확률 구하기

같은 종류의 과일을 4개 사는 경우의 수는 한 가지 종류에서 4개 선택하고
나머지 2종류에서 2개를 선택하는 경우의 수이므로

$_3C_1\times_3H_2=3\times_3C_2=3\times3=9$

따라서 구하는 확률은 $\dfrac{9}{28}$

(2) 서로 같은 사탕 9개를 네 명의 학생에게 임의로 남김없이 나누어 줄 때, 세 학생만 사탕을 받을 확률을 구하여라.

STEP ⓐ 전체 경우의 수 구하기

서로 같은 사탕 9개를 네 명의 학생에게 남김없이 나눠 주는
전체 경우의 수는 $_4H_9=_{4+9-1}C_9=_{12}C_9=_{12}C_3=220$

STEP ⓑ 세 학생만 사탕을 받을 확률 구하기

세 학생만 사탕을 받으므로 네 명의 학생 중 받지 못하는 1명을 택하고
나머지 세 학생에게 1개 이상 사탕을 주어야 하므로
9개의 사탕 중 1개씩 세 학생에게 나누어 준 후 남은 6개의 사탕을
세 학생에게 남김없이 나누어 주는 경우의 수는

$_4C_1\times_3H_6=4\times_{3+6-1}C_6=4\times_8C_6=4\times_8C_2=4\times28$

따라서 구하는 확률은 $\dfrac{4\times28}{220}=\dfrac{28}{55}$

0238

서로 다른 세 개의 주사위 A, B, C를 던져 나온 눈의 수를 각각 a, b, c라 할 때, 다음 물음에 답하여라.

(1) $a<b<c$일 확률을 구하여라.

STEP ⓐ 전체 경우의 수 구하기

서로 다른 세 개의 주사위를 던져 나오는 경우의 수는 $6\times6\times6=6^3$

STEP ⓑ $a<b<c$일 확률을 구하기

이때 $a<b<c$를 만족시키는 순서쌍 (a, b, c)의 개수는
서로 다른 6개에서 3개를 택하는 경우의 수와 같으므로 $_6C_3=20$

따라서 구하는 확률은 $\dfrac{20}{6^3}=\dfrac{5}{54}$

(2) $a\leq b\leq c$일 확률을 구하여라.

STEP ⓐ 전체 경우의 수 구하기

서로 다른 세 개의 주사위를 던져 나오는 경우의 수는 $6\times6\times6=6^3$

STEP ⓑ $a\leq b\leq c$일 확률을 구하기

이때 $a\leq b\leq c$를 만족시키는 순서쌍 (a, b, c)의 개수는
서로 다른 6개에서 중복을 허락하여 3개를 택하는 중복조합의 수와 같으므로

$_6H_3=_{6+3-1}C_3=_8C_3=56$

따라서 구하는 확률은 $\dfrac{56}{6^3}=\dfrac{7}{27}$

0239

두 집합 $A=\{1, 2, 3, 4\}$, $B=\{3, 4, 5, 6, 7\}$에 대하여 A에서 B로의 함수 중에서 임의로 한 개를 택할 때, 이 함수가 다음 조건을 만족하는 함수 f일 확률을 구하여라.

> (가) $f(2)=5$
> (나) A의 임의의 두 원소 x_1, x_2에 대하여 $x_1<x_2$이면 $f(x_1)\leq f(x_2)$이다.

STEP ⓐ 전체 경우의 수 구하기

A에서 B로의 함수 f의 개수는 $_5\Pi_4=5^4=625$

STEP ⓑ 조건 (가), (나)를 만족하는 경우의 수 구하기

조건 (가), (나)에서 $f(1)$을 B의 원소
3, 4, 5 중에서 하나에 대응시키는
경우의 수는 $_3C_1=3$
또한, A의 원소 3, 4를 B의 원소 5, 6, 7
중에서 중복을 허락하여 2개의 수에 대응
시키는 경우의 수는

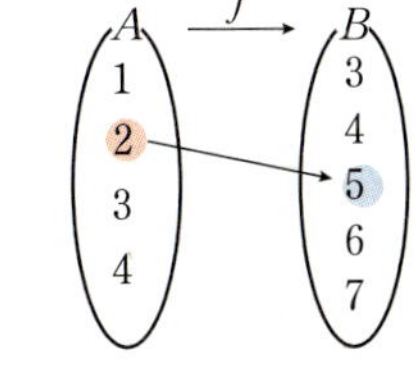

$_3H_2=_{3+2-1}C_2=_4C_2=6$
조건을 만족하는 경우의 수는 $3\times6=18$

STEP ⓒ 확률 구하기

따라서 구하는 확률은 $\dfrac{18}{625}$

0240

주머니 속에 흰 공과 검은 공이 합쳐서 8개 들어 있다. 이 속에서 두 개 꺼내 보고 다시 넣고 하는 일을 여러 번 되풀이해 보니 4회에 3회의 꼴로 두 개 모두 흰 공이었다고 할 때, 주머니 속의 흰 공의 개수를 구하여라.

STEP ⓐ 수학적 확률 구하기

주머니 속에 들어 있는 흰 공의 개수를 n이라고 하면
8개의 공 중에서 2개의 공을 꺼낼 때, 모두 흰 공일 확률은

$\dfrac{_nC_2}{_8C_2}=\dfrac{n(n-1)}{56}$

STEP ⓑ 통계적 확률 구하기

이 시행에서 4회에 3회의 꼴로 두 개 모두 흰 공을 꺼냈으므로

통계적 확률은 $\dfrac{3}{4}$

STEP ⓒ (수학적 확률)=(통계적 확률)임을 이용하여 흰 공의 개수 구하기

이때 수학적 확률과 통계적 확률이 같으므로

$\dfrac{n(n-1)}{56}=\dfrac{3}{4}$, $n(n-1)=42$

$n^2-n-42=0$, $(n-7)(n+6)=0$

$\therefore n=7$ $(\because n>0)$

따라서 주머니 속에는 7개의 흰 공이 들어 있다.

0241

상자 속에 빨간 공과 파란 공을 합쳐서 모두 16개의 공이 들어 있다.
이 상자에서 2개의 공을 꺼내어 보고 다시 넣는 시행을 여러 번 반복하였
더니 12번에 1번꼴로 2개가 모두 파란 공이 나왔다.
이때 이 상자 속에는 몇 개의 빨간 공이 들어 있는가?

① 4 　　　　　② 5 　　　　　③ 7
④ 11 　　　　　⑤ 14

STEP A　수학적 확률 구하기

상자 속에 들어 있는 파란 공의 개수를 n이라고 하면
16개의 공 중에서 2개의 공을 꺼낼 때, 모두 파란 공일 확률은

$$\frac{{}_n\mathrm{C}_2}{{}_{16}\mathrm{C}_2}=\frac{n(n-1)}{16\cdot15}$$

STEP B　통계적 확률 구하기

이 시행에서 12번에 1번꼴로 2개 모두 파란 공일 통계적 확률은 $\dfrac{1}{12}$

STEP C　(수학적 확률)=(통계적 확률)임을 이용하여 흰 공의 개수 구하기

이때 수학적 확률과 통계적 확률이 같으므로

$$\frac{n(n-1)}{16\cdot15}=\frac{1}{12},\ n(n-1)=20$$

$$n^2-n-20=0,\ (n-5)(n+4)=0$$

$$\therefore\ n=5\ (\because\ n>0)$$

따라서 상자 속에 5개의 파란 공이 들어 있다고 볼 수 있으므로
빨간 공은 $16-5=11$개가 들어 있다고 볼 수 있다.

0242

다음 물음에 답하여라.

(1) 다음은 어느 공장에서 생산하는 제품에 포함된 불량품의 개수를 조사
한 것이다. 이 공장에서 생산한 제품 중에서 한 개를 꺼낼 때, 그것이
불량품일 확률을 구하여라.

제품의 개수(n)	100	500	1000	5000	10000
불량품의 개수(r)	3	13	23	117	230
상대도수($\frac{r}{n}$)	0.03	0.026	0.023	0.0234	0.0230

STEP A　n을 충분히 크게 하면 (통계적 확률)=(수학적 확률)임을 이용하여 구하기

시행 횟수 n이 충분히 클 때의 상대도수를 통계적 확률의 근삿값으로
볼 수 있으므로 구하는 확률은 약 0.023이라고 할 수 있다.

(2) 야구선수가 타석에 n번 들어가서 r번 출루하였을 때, $\dfrac{r}{n}$을 출루율이
라고 한다. 지난 시즌의 통산 출루율이 0.350인 추신수 선수가 이번 시
즌에 타석에 400번 들어갈 때, 몇 번 출루할 수 있는지 구하여라.

STEP A　n이 충분히 크게 하면 (통계적 확률)=(수학적 확률)임을 이용하여 구하기

타석에 400번 들어갈 때, x번 출루하였다고 하면
출루율이 0.350이므로

$$\frac{x}{400}=0.350,\ x=140$$

따라서 타석에 400번 들어갈 때, 140번 출루한다.

0243

오른쪽 그림과 같이 한 변의 길이가 2인
정사각형 ABCD의 내부의 한 점 P를
임의로 잡을 때, 점 P에서 각 꼭짓점에
이르는 거리가 1보다 클 확률을 구하여라.

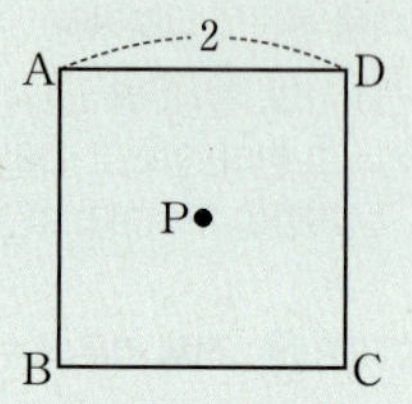

STEP A　전체 영역의 수 구하기

전체 영역의 넓이는 $2^2=4$

STEP B　점 P에서 각 꼭짓점에 이르는 거리가 1보다 클 영역 구하기

점 P에서 각 꼭짓점에 이르는 거리가 1보다
크려면 점 P가 각 꼭짓점을 중심으로 하고
반지름의 길이가 1인 사분원의 외부에 있어
야 한다.
이때 색칠한 부분의 넓이는 $4-\pi$

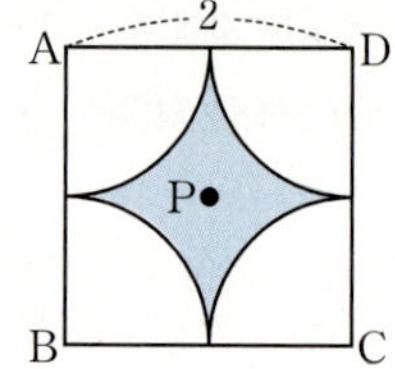

따라서 구하는 확률은 $\dfrac{\pi-4}{4}=1-\dfrac{\pi}{4}$

0244

주사위 한 개를 던져 나오는 눈의 수를 a라 하면 이차함수 $y=x^2-4$의
그래프와 원 $x^2+y^2=a^2$의 교점의 개수가 4일 확률은?

① $\dfrac{2}{5}$ 　　　　　② $\dfrac{1}{3}$ 　　　　　③ $\dfrac{2}{3}$

④ $\dfrac{1}{2}$ 　　　　　⑤ $\dfrac{4}{5}$

STEP A　이차함수 $y=x^2-4$와 원 $x^2+y^2=a^2$을 그리기

이차함수 $y=x^2-4$의 그래프는 꼭짓점의 좌표가 $(0,-4)$이고
아래로 볼록하다.
원의 방정식 $x^2+y^2=a^2$에서 $a=1,2,3,\cdots,6$을 각각 대입하여
원을 각각 그린다.

STEP B　a의 값에 따라 이차함수와 원의 교점의 개수 구하기

이차함수 $y=x^2-4$의 그래프와 원 $x^2+y^2=a^2$의 교점의 개수를 구하면
다음과 같다.

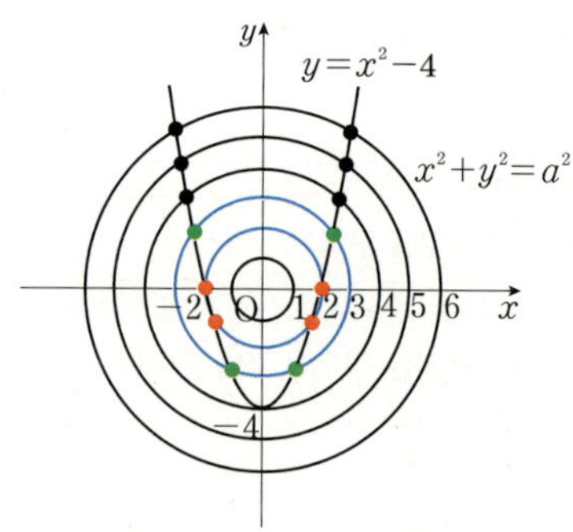

(ⅰ) $a=1$일 때, 교점의 개수는 0
(ⅱ) $a=2$일 때,
　　　$y=x^2-4$에서 $x^2=y+4$이므로
　　　이것을 $x^2+y^2=4$에 대입하면
　　　$y+4+y^2=4,\ y^2+y=0$
　　　$y(y+1)=0$, 즉 $y=0$ 또는 $y=-1$
　　　교점의 개수는 $(2,0),(-2,0),(\sqrt{3},-1),(-\sqrt{3},-1)$의 4
(ⅲ) $a=3$일 때, 교점의 개수는 4
(ⅳ) $a=4$일 때, 교점의 개수는 3
(ⅴ) $a=5,\ a=6$ 이상일 때 교점의 개수는 2

0245 (continued)

따라서 이차함수 $y=x^2-4$의 그래프와 원 $x^2+y^2=a^2$의 교점의 개수가 4인 경우는 $a=2$, $a=3$일 때이므로 구하는 확률은 $\dfrac{2}{6}=\dfrac{1}{3}$

0245

1부터 5까지의 자연수가 하나씩 적혀 있는 5개의 공이 들어 있는 주머니에서 임의로 한 개의 공을 꺼내 그 공에 적혀있는 수를 k라 할 때, $|x|+|y|=4$의 그래프와 원 $x^2+y^2=k^2$이 만날 확률은?

① $\dfrac{2}{5}$ ② $\dfrac{1}{3}$ ③ $\dfrac{2}{3}$

④ $\dfrac{1}{2}$ ⑤ $\dfrac{4}{5}$

STEP A $|x|+|y|=4$의 그래프 그리기

$|x|+|y|=4$에서

(i) $x\geq 0$, $y\geq 0$일 때, $x+y=4$
(ii) $x\geq 0$, $y<0$일 때, $x-y=4$
(iii) $x<0$, $y\geq 0$일 때, $-x+y=4$, 즉 $x-y=-4$
(iv) $x<0$, $y<0$일 때, $-x-y=4$, 즉 $x+y=-4$
그래프는 다음 그림과 같다.

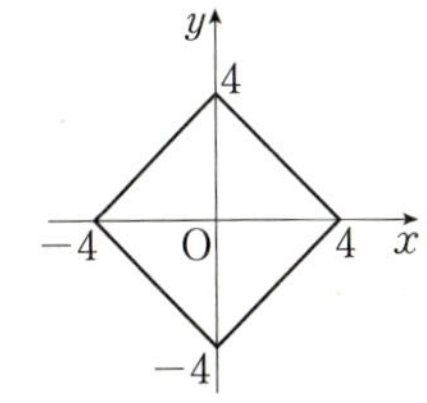

STEP B k의 값에 따라 $|x|+|y|=4$와 원의 교점의 개수 구하기

$k=1$, 2, 3, 4, 5를 대입하여 원 $x^2+y^2=k^2$과 $|x|+|y|=4$의 교점의 개수를 구하면 다음과 같다.

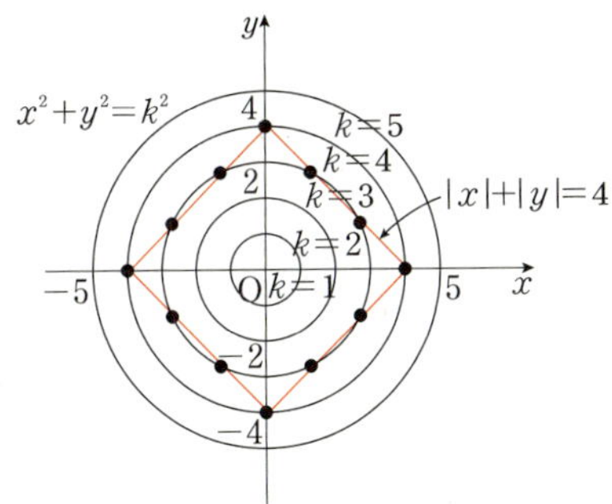

(i) $k=1$, $k=2$일 때, 교점의 개수는 0
(ii) $k=3$일 때, 교점의 개수는 8
(iii) $k=4$일 때, 교점의 개수는 4
(iv) $k=5$일 때, 교점의 개수는 0
즉 교점이 존재하는 경우는 $k=3$, $k=4$일 때이다.

STEP C $|x|+|y|=4$의 그래프와 원 $x^2+y^2=k^2$이 만날 확률 구하기

따라서 구하는 확률은 $\dfrac{2}{5}$

> **참고** 원 $x^2+y^2=k^2$과 $|x|+|y|=4$가 접하는 경우는 $|x|+|y|=4$의
> 그래프의 제 1사분면에서 직선 $x+y-4=0$과 원의 중심 $(0, 0)$ 사이의
> 거리가 k $(k>0)$일 때, $\dfrac{|0+0-4|}{\sqrt{1^2+1^2}}=2\sqrt{2}=k$
> 즉 $k=2\sqrt{2}$일 때이다.

확률의 뜻

BASIC

0246

표본공간이 S인 어떤 시행에 대하여 [보기]에서 옳은 것만을 있는 대로 고른 것은?

> ㄱ. 반드시 일어나는 전사건 S에 대하여 $P(S)=1$이다.
> ㄴ. 절대로 일어나지 않는 공사건 $\varnothing$에 대하여 $P(\varnothing)=0$이다.
> ㄷ. 임의의 사건 A에 대하여 $0\leq P(A)\leq 1$이다.

① ㄱ ② ㄴ ③ ㄱ, ㄴ
④ ㄴ, ㄷ ⑤ ㄱ, ㄴ, ㄷ

STEP A 확률의 기본성질을 이용하여 진위판단하기

ㄱ. 반드시 일어나는 전사건 S에 대하여 $P(S)=1$이다. [참]
ㄴ. 절대로 일어나지 않는 공사건 $\varnothing$에 대하여 $P(\varnothing)=0$이다. [참]
ㄷ. 임의의 사건 A에 대하여 $0\leq P(A)\leq 1$이다. [참]
따라서 옳은 것은 ㄱ, ㄴ, ㄷ이다.

0247

주사위를 한 번 던지는 시행에서 나오는 눈의 수의 표본공간을 S라 하자. 주사위를 한 번 던져서 나온 눈의 수가 짝수인 사건을 A라 할 때, S의 부분집합인 사건 B가 다음 조건을 만족시킨다.

> (가) 두 사건 A, B는 서로 배반사건이다.
> (나) $n(B)=2$

사건 B의 모든 원소의 합을 k라 할 때, k의 최솟값은?
(단, $n(B)$는 사건 B의 원소의 개수이다.)

① 2 ② 3 ③ 4
④ 5 ⑤ 6

STEP A 사건 A 구하기

표본공간을 S라 하면 $S=\{1, 2, 3, 4, 5, 6\}$
주사위를 한 번 던져서 나온 눈의 수가 짝수인 사건 $A=\{2, 4, 6\}$

STEP B 두 사건 A, B가 서로 배반사건이 되는 사건 B 구하기

조건 (가), (나)에서
두 사건 A, B는 서로 배반사건이므로
$A\cap B=\varnothing$이고 $n(B)=2$이므로
$B=\{1, 3\}$ 또는 $B=\{1, 5\}$ 또는 $B=\{3, 5\}$

STEP C 사건 B의 모든 원소의 합 k의 최솟값 구하기

이때 사건 B의 모든 원소의 합은 $k=4$ 또는 $k=6$ 또는 $k=8$
따라서 k의 최솟값은 4

0248

네 개의 숫자 0, 1, 2, 3이 각각 하나씩 적혀 있는 4장의 카드가 있다.
이 카드를 한 줄로 나열하여 네 자리의 정수를 만들 때,
이 정수가 3100보다 클 확률은?

① $\dfrac{1}{8}$ ② $\dfrac{1}{6}$ ③ $\dfrac{2}{9}$

④ $\dfrac{1}{4}$ ⑤ $\dfrac{1}{3}$

STEP A 전체 경우의 수 구하기

네 개의 숫자 0, 1, 2, 3을 한 줄로 나열하여 네 자리의 정수를 만드는
경우의 수는 $3 \times 3 \times 2 \times 1 = 18$

STEP B 3100보다 클 확률 구하기

네 자리의 정수 중에서 3100보다 큰 수는 31□□, 32□□의 꼴인 수이므로
3100보다 큰 정수를 만드는 경우의 수는 $_2P_2 + _2P_2 = 4$

따라서 구하는 확률은 $\dfrac{4}{18} = \dfrac{2}{9}$

0249

다음 물음에 답하여라.

(1) A, B를 포함한 6명이 원형의 탁자에 일정한 간격을 두고 앉을 때,
    A, B가 이웃하여 앉을 확률은?
    (단, 회전하여 일치하는 것은 같은 것으로 본다.)

① $\dfrac{1}{5}$ ② $\dfrac{3}{10}$ ③ $\dfrac{2}{5}$

④ $\dfrac{1}{2}$ ⑤ $\dfrac{3}{5}$

STEP A 6명이 원형의 탁자에 앉는 경우의 수 구하기

A, B를 포함한 6명이 원형의 탁자에 일정한 간격을 두고 앉는 경우의 수는
$(6-1)! = 5! = 120$

STEP B A, B가 이웃하여 6명이 원형의 탁자에 앉는 경우의 수 구하기

A, B가 이웃하여 6명이 원형의 탁자에
일정한 간격을 두고 앉는 경우의 수는
$2! \times (5-1)! = 2! \times 4! = 48$

따라서 구하는 확률은 $\dfrac{48}{120} = \dfrac{2}{5}$

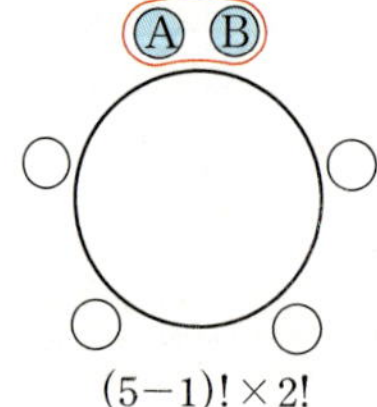

(2) 갑과 을을 포함한 7명이 원탁에 둘러앉을 때, 갑과 을이 서로 이웃하여
    앉을 확률은? (단, 회전하여 일치하는 것은 같은 것으로 본다.)

① $\dfrac{1}{12}$ ② $\dfrac{1}{6}$ ③ $\dfrac{1}{4}$

④ $\dfrac{1}{3}$ ⑤ $\dfrac{5}{12}$

STEP A 전체 경우의 수 구하기

7명이 원탁에 둘러앉는 경우의 수는 $(7-1)!$

STEP B 갑과 을이 서로 이웃하여 원탁에 둘러앉는 경우의 수 구하기

갑과 을이 서로 이웃하여 원탁에 둘러앉는 경우의 수는 $2! \times (6-1)!$

따라서 구하는 확률은 $\dfrac{2! \times 5!}{6!} = \dfrac{1}{3}$

0250

여학생 4명, 남학생 4명이 있다. 다음을 구하여라.

(1) 8명이 일렬로 앉을 때, 여학생과 남학생이 번갈아가며 앉게 될 확률을
    구하여라.

STEP A 8명이 일렬로 세우는 경우의 수 구하기

8명이 일렬로 앉는 경우의 수는 8!

STEP B 여학생과 남학생이 번갈아가며 앉는 경우의 수 구하기

여학생 4명, 남학생 4명이 번갈아 가며 앉는 경우의 수는 $4! \times 4! \times 2$

따라서 구하는 확률은 $\dfrac{4! \times 4! \times 2}{8!} = \dfrac{1}{35}$

(2) 8명이 원형으로 앉을 때, 여학생과 남학생이 번갈아가며 앉게 될
    확률을 구하여라.

STEP A 8명이 원형으로 앉는 경우의 수 구하기

8명이 원형으로 앉는 경우의 수는 $(8-1)! = 7!$ ← $\dfrac{8!}{8} = 7!$

STEP B 여학생과 남학생이 번갈아가며 앉는 경우의 수 구하기

남학생 4명이 원탁에 둘러앉는 경우의 수는 $(4-1)! = 3!$
남학생 사이에 여학생 4명이 앉는 경우의 수는 4!
이므로 남학생과 여학생이 교대로 앉는 경우의 수는 $3! \times 4!$

따라서 구하는 확률은 $\dfrac{3! \times 4!}{7!} = \dfrac{1}{35}$

0251

오른쪽 그림과 같이 정육각형 모양의 탁자
둘레에 같은 종류의 의자 6개가 놓여 있다.
이 6개의 의자에 어머니 3명과 아이 3명이
임의로 앉을 때, 어머니와 아이가 교대로 앉
을 확률은? (단, 회전하여 일치하는 것은 같
은 것으로 본다.)

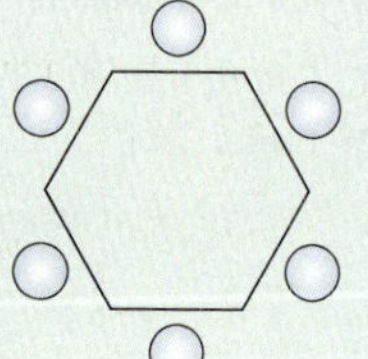

① $\dfrac{1}{20}$ ② $\dfrac{1}{10}$

③ $\dfrac{3}{20}$ ④ $\dfrac{1}{5}$

⑤ $\dfrac{1}{4}$

STEP A 전체 경우의 수 구하기

6명의 사람이 의자에 앉는 경우의 수는
$(6-1)! = 5!$ ← $\dfrac{6!}{6} = 5!$

STEP B 어머니와 아이가 교대로 앉을 확률 구하기

어머니 3명이 오른쪽 그림과 같이 색칠한
의자에 앉는 경우의 수는
$(3-1)! = 2!$ ← $\dfrac{3!}{3} = 2!$
아이 3명이 색칠하지 않은 의자에 앉는
경우의 수는 3!가지이므로 어머니와 아이가
교대로 앉는 경우의 수는 $2! \times 3!$

따라서 구하는 확률은 $\dfrac{2! \times 3!}{5!} = \dfrac{1}{10}$

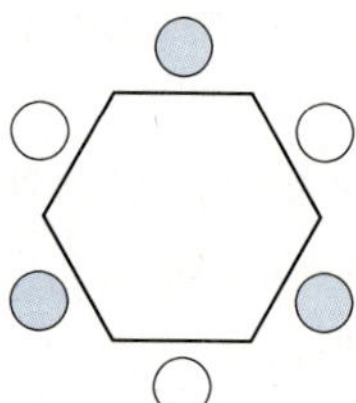

0252

걸그룹 가수 5팀, 보이그룹 가수 3팀이 한 팀씩 차례로 공연을 한다. 임의로 공연 순서를 정할 때, 보이그룹 가수 3팀 중 어떤 2팀도 연속해서 공연하지 않도록 순서가 정해질 확률은?

① $\dfrac{9}{28}$　　② $\dfrac{5}{14}$　　③ $\dfrac{11}{28}$

④ $\dfrac{3}{7}$　　⑤ $\dfrac{13}{28}$

STEP Ⓐ　8팀이 공연 순서를 정하는 경우의 수 구하기

8팀이 공연 순서를 정하는 경우의 수는 8!

STEP Ⓑ　걸그룹 가수 5팀, 보이그룹 가수 3팀이 한 팀씩 차례로 공연을 한다. 임의로 공연 순서를 정하는 경우의 수 구하기

보이그룹 3팀중 어떤 2팀도 연속해서 공연하지 않도록 순서를 정하는 경우의 수는

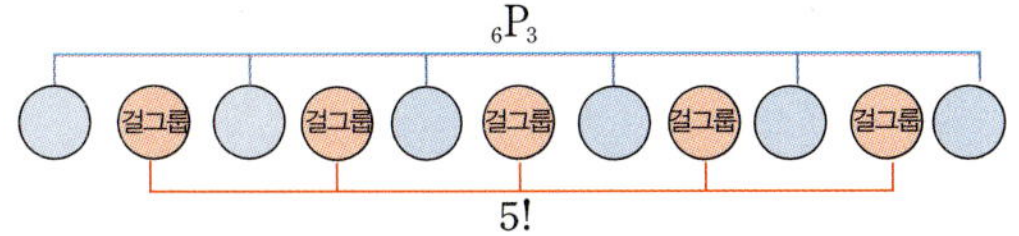

위와 같이 걸그룹 5팀을 일렬로 세우고, 여섯 군데의 ◯ 중에서 세 곳을 택하여 보이그룹 3팀을 일렬로 세우는 경우의 수와 같으므로 $5! \times {}_6\mathrm{P}_3$

STEP Ⓒ　확률 구하기

따라서 구하는 확률은 $\dfrac{5! \times {}_6\mathrm{P}_3}{8!} = \dfrac{5}{14}$

0253

축구선수 3명과 야구선수 n명이 일렬로 서는 경우의 수가 720일 때, 양끝에 축구선수가 서있을 확률은?

① $\dfrac{1}{10}$　　② $\dfrac{1}{7}$　　③ $\dfrac{1}{5}$

④ $\dfrac{3}{5}$　　⑤ $\dfrac{3}{4}$

STEP Ⓐ　축구선수 3명과 야구선수 n명이 일렬로 서는 경우의 수가 720임을 이용하여 n의 값을 구한다

축구선수 3명과 야구선수 n명이 일렬로 서는 경우의 수는 $(3+n)! = 720$에서 $720 = 6!$이므로 $(n+3)! = 6!$
$\therefore n = 3$

STEP Ⓑ　양 끝에 축구선수 2명이 서는 경우의 수를 구하기

3명의 축구선수 중에서 양 끝에 축구선수 2명이 서는 경우의 수는
${}_3\mathrm{P}_2 = 3 \times 2 = 6$
야구선수 3명과 양 끝의 축구선수 2명을 제외한 축구선수 1명이 일렬로 서는 경우의 수는 $(3+1)! = 4! = 24$

STEP Ⓒ　확률을 구하기

따라서 구하는 확률은 $\dfrac{6 \times 24}{720} = \dfrac{1}{5}$

0254

A, B를 포함한 6명의 학생을 임의로 일렬로 세울 때, A와 B 사이에 한 사람이 있을 확률은?

① $\dfrac{1}{15}$　　② $\dfrac{2}{15}$　　③ $\dfrac{1}{5}$

④ $\dfrac{4}{15}$　　⑤ $\dfrac{1}{3}$

STEP Ⓐ　6명을 일렬로 세우는 경우의 수 구하기

6명의 학생을 일렬로 세우는 경우의 수는 6!

STEP Ⓑ　A와 B 사이에 한 사람만 세우는 경우의 수 구하기

A와 B 사이에 한 사람만 세우는 경우의 수는 A, B를 제외한 4명의 학생 중 한 명을 뽑아 A와 B 사이에 세우고, 이들 3명을 묶어서 한 명으로 생각하여 나머지 3명과 함께 일렬로 세우는 경우이고
이때 A와 B가 위치를 바꿀 수 있으므로 구하는 경우의 수는 ${}_4\mathrm{C}_1 \times 4! \times 2!$

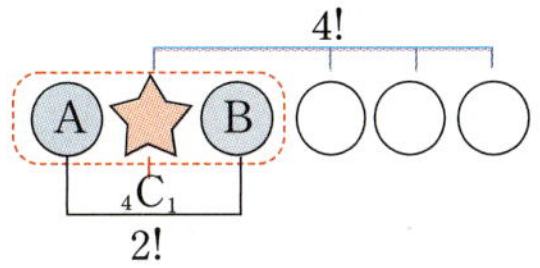

STEP Ⓒ　확률 구하기

따라서 구하는 확률은 $\dfrac{{}_4\mathrm{C}_1 \times 4! \times 2!}{6!} = \dfrac{4}{15}$

0255

1부터 10까지의 자연수가 하나씩 적힌 10개의 구슬이 들어 있는 주머니가 있다. 이 주머니에서 임의로 한 개의 구슬을 꺼내어 그 구슬에 적힌 수를 m이라 할 때, 직선 $y = m$과 이차함수 $y = -x^2 + 5x - \dfrac{3}{4}$이 만나도록 하는 수가 적힌 구슬을 꺼낼 확률은?

① $\dfrac{1}{5}$　　② $\dfrac{3}{10}$　　③ $\dfrac{2}{5}$

④ $\dfrac{1}{2}$　　⑤ $\dfrac{3}{5}$

STEP Ⓐ　전체 경우의 수 구하기

10개의 구슬이 들어 있는 주머니에서 임의로 한 개의 구슬을 꺼내는 경우의 수는 ${}_{10}\mathrm{C}_1 = 10$

STEP Ⓑ　주어진 직선과 포물선이 만나는 경우의 정수 m의 개수 구하기

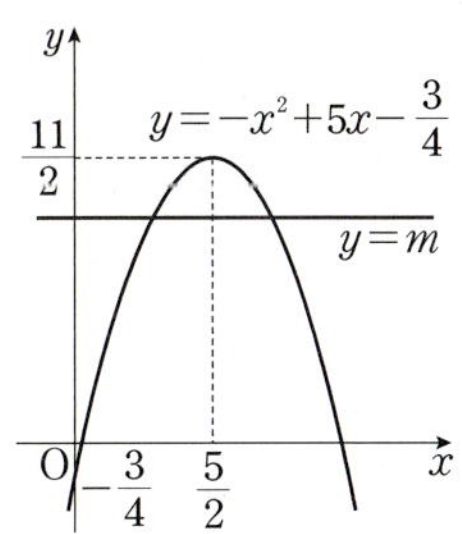

직선 $y = m \ (1 \le m \le 10)$과 포물선 $y = -x^2 + 5x - \dfrac{3}{4}$이 만나려면

이차방정식 $m = -x^2 + 5x - \dfrac{3}{4}$

즉 $x^2 - 5x + m + \dfrac{3}{4} = 0$에서 실근 x의 값이 존재하므로 판별식

$D = (-5)^2 - 4\left(m + \dfrac{3}{4}\right) \ge 0, \ -4m + 22 \ge 0$

이때 $m \le \dfrac{11}{2}$이므로 정수 $m = 1, 2, 3, 4, 5$

STEP Ⓒ　확률 구하기

따라서 구슬에 적힌 수가 1, 2, 3, 4, 5일 때, 주어진 직선과 포물선이 만나므로 구하는 확률은 $\dfrac{5}{10} = \dfrac{1}{2}$

0256

주머니 속에 흰 구슬 4개와 검은 구슬 5개가 들어 있다. 이 주머니에서 임의로 3개의 구슬을 동시에 꺼낼 때, 흰 구슬 1개와 검은 구슬 2개가 나올 확률은? (단, 모든 구슬은 크기와 모양이 같다고 한다.)

① $\dfrac{10}{21}$　　② $\dfrac{4}{7}$　　③ $\dfrac{2}{3}$

④ $\dfrac{16}{21}$　　⑤ $\dfrac{6}{7}$

STEP A 전체 경우의 수 구하기

주머니 속에 흰 구슬 4개와 검은 구슬 5개의 총 9개의 구슬에서 임의로 3개의 구슬을 동시에 꺼내는 경우의 수는 $_9C_3=84$

STEP B 흰 구슬 1개와 검은 구슬 2개를 꺼내는 경우의 수 구하기

이때 흰 구슬 1개와 검은 구슬 2개를 꺼내는 경우의 수는 $_4C_1 \times _5C_2=40$

따라서 구하는 확률은 $\dfrac{40}{84}=\dfrac{10}{21}$

0257

1부터 10까지 자연수가 하나씩 적혀있는 10개의 공이 주머니에 들어있다. 이 주머니에서 3개의 공을 임의로 한 개씩 꺼낼 때, 나중에 꺼낸 공에 적혀 있는 수가 더 큰 순서로 꺼낼 확률은? (단, 꺼낸 공은 다시 넣지 않는다.)

① $\dfrac{1}{2}$　　② $\dfrac{1}{3}$　　③ $\dfrac{1}{5}$

④ $\dfrac{1}{6}$　　⑤ $\dfrac{1}{8}$

STEP A 순열을 이용하여 전체 경우의 수 구하기

주머니에서 3개의 공을 차례대로 꺼내는 경우의 수는 $_{10}P_3=720$

STEP B 나중에 꺼낸 공에 적힌 수가 더 큰 경우의 수를 구하여 확률 구하기

이 중에서 나중에 꺼내는 공에 적힌 수가 더 큰 경우의 수를 순서대로 나열하는 경우라도 배열 방법이 이미 정해져서 순서를 생각하지 않아도 되므로 $_{10}C_3=120$

따라서 구하는 확률은 $\dfrac{120}{720}=\dfrac{1}{6}$

0258

어느 여객선의 좌석이 A구역에 2개, B구역에 1개, C구역에 1개 남아 있다. 남아 있는 좌석을 남자 승객 2명과 여자 승객 2명에게 임의로 배정할 때, 남자 승객 2명이 모두 A구역에 배정될 확률을 p라 하자. 이때 $120p$의 값을 구하여라.

STEP A 전체 경우의 수 구하기

남아 있는 4개의 좌석에 4명의 승객이 앉는 경우의 수는 $4!=24$

STEP B 4명에게 좌석을 배정하는 경우의 수 구하기

남자 승객 2명이 A구역에 배정되고 나머지 여자 승객 2명이 B, C구역에 배정되는 경우의 수는 $2! \times 2!=4$

따라서 구하는 확률은 $p=\dfrac{4}{24}=\dfrac{1}{6}$이므로 $120p=20$

다른풀이 같은 것이 있는 순열로 풀이하기

승객 4명을

A구역에 2명, B구역에 1명, C구역에 1명 배정하는 경우의 수는 $\dfrac{4!}{2!}=12$

남자 승객 2명을 A구역에 배정하는 경우,
남은 여자 승객 2명을 B, C구역에 1명씩 배정하면 되므로 경우의 수는 2

따라서 구하는 확률은 $\dfrac{2}{12}=\dfrac{1}{6}$이므로 $120p=120 \times \dfrac{1}{6}=20$

0259

5장의 카드가 들어있는 상자가 있다. 5장의 카드 각각에는 1부터 5까지 서로 다른 자연수가 하나씩 적혀 있다. 이 상자에서 임의로 1장의 카드를 꺼내어 숫자를 확인한 후 다시 넣는 시행을 4번 반복하여 제 i번째에 꺼낸 카드에 적힌 숫자를 $a_i(i=1, 2, 3, 4)$라 하자. $a_1<a_2<a_3<a_4$가 될 확률이 $\dfrac{q}{p}$일 때, $p+q$의 값을 구하여라. (단, p, q는 서로소인 자연수이다.)

STEP A 전체 중복순열을 이용하여 경우의 수 구하기

전체 경우의 수는 중복순열이므로 $_5\Pi_4=5^4$

STEP B $a_1<a_2<a_3<a_4$일 때의 경우의 수를 구하여 확률 구하기

이때 $a_1<a_2<a_3<a_4$를 만족하는 경우의 수는 순서가 정해진 순열이므로 5장의 카드 중 4장을 뽑는 경우의 수는 $_5C_4=5$

따라서 구하는 확률은 $\dfrac{5}{5^4}=\dfrac{1}{5^3}=\dfrac{q}{p}$이므로 $p+q=126$

0260

주머니에 1부터 5까지의 자연수가 각각 하나씩 적혀 있는 5개의 구슬이 들어 있다. 이 주머니에서 임의로 1개의 구슬을 꺼내어 숫자를 확인한 후 다시 넣는 시행을 4번 반복할 때, k번째에 꺼낸 구슬에 적혀있는 숫자를 $a_k(k=1, 2, 3, 4)$라 하자. $a_1 \leq a_2 \leq a_3 \leq a_4$가 될 확률이 $\dfrac{q}{p}$일 때, $p+q$의 값을 구하여라. (단, p와 q는 서로소인 자연수이다.)

STEP A 전체 중복순열을 이용하여 경우의 수 구하기

a_1, a_2, a_3, a_4의 값을 정하는 경우의 수는 $_5\Pi_4=5^4=625$

STEP B $a_1 \leq a_2 \leq a_3 \leq a_4$일 때의 경우의 수를 구하여 확률 구하기

이때 $a_1 \leq a_2 \leq a_3 \leq a_4$가 되는 경우의 수는

$_5H_4=_8C_4=\dfrac{8 \times 7 \times 6 \times 5}{4 \times 3 \times 2 \times 1}=70$

즉 구하는 확률은 $\dfrac{70}{625}=\dfrac{14}{125}$

따라서 $p=125$, $q=14$이므로 $p+q=125+14=139$

0261

신발의 사이즈가 서로 다른 4명의 학생이 있다. 4명이 신고 있는 신발 4켤레, 즉 총 8개의 신발을 임의로 일렬로 나열할 때, 사이즈가 가장 큰 신발은 서로 이웃하고 사이즈가 가장 작은 신발은 서로 이웃하지 않을 확률은? (단, 각 학생의 왼발과 오른발의 신발 사이즈는 서로 같다.)

① $\dfrac{1}{28}$　　② $\dfrac{1}{14}$　　③ $\dfrac{3}{28}$

④ $\dfrac{1}{7}$　　⑤ $\dfrac{5}{28}$

STEP Ⓐ 전체 중복순열을 이용하여 경우의 수 구하기

신발의 사이즈가 큰 것부터 4켤레의 신발을 AA′, BB′, CC′, DD′라 하면 8개의 신발을 일렬로 나열하는 경우의 수는 8!

STEP Ⓑ 중복조합을 이용하여 경우의 수 구하기

A와 A′를 이웃하도록 하여 AA′, B, B′, C, C′를 나열하는 경우의 수는 $5! \times 2!$

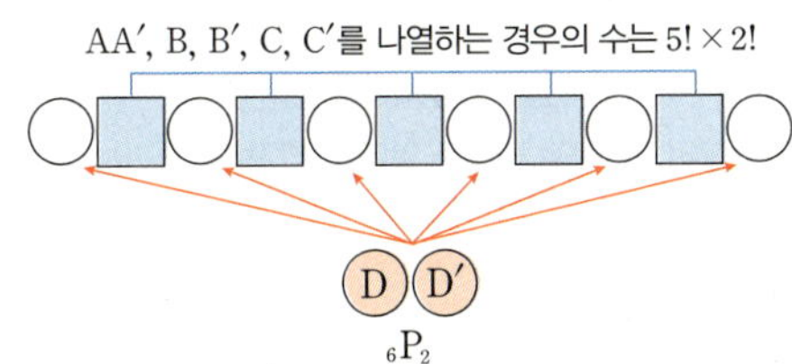

이때 나열한 신발의 사이 4곳과 양 끝 2곳을 합쳐서 6곳 중에서 2곳에 D, D′를 나열하는 경우의 수는 $_6P_2 = 6 \times 5 = 30$

따라서 구하는 확률은 $\dfrac{5! \times 2 \times 30}{8!} = \dfrac{5}{28}$

0262

다섯 개의 수 2, 4, 5, 6, 8 중에서 임의로 서로 다른 세 수를 동시에 택할 때, 세 수의 곱이 n의 배수일 확률을 $f(n)$이라고 하자.

다음은 $f(4) + f(5) + f(7)$의 값을 구하는 과정이다.

> 서로 다른 세 수를 동시에 택할 때, 항상 짝수가 2개 이상 포함되므로
> $$f(4) = \boxed{(가)}$$
> 세 수의 곱이 5의 배수이려면 5를 반드시 택해야 하므로
> $$f(5) = \frac{_4C_{\boxed{(나)}}}{_5C_2} = \frac{\boxed{(다)}}{5}$$
> 세 수의 곱이 7의 배수이려면 7이 포함되어야 하므로
> $$f(7) = \boxed{(라)}$$
> 따라서 $f(4) + f(5) + f(7) = \boxed{(마)}$

(가), (나), (다), (라), (마) 안에 알맞은 수를 각각 a, b, c, d, e라 할 때, $a+b+c+d+e$의 값은?

① $\dfrac{8}{5}$　　② $\dfrac{12}{5}$　　③ $\dfrac{22}{5}$

④ $\dfrac{32}{5}$　　⑤ $\dfrac{38}{5}$

STEP Ⓐ 확률의 기본성질을 이용하여 빈칸추론하기

다섯 개의 수 2, 4, 5, 6, 8 중에서 임의로 서로 다른 세 수를 동시에 택할 때, 세 수의 곱이 n의 배수일 확률을 $f(n)$이므로

서로 다른 세 수를 동시에 택할 때, 항상 짝수가 2개 이상 포함되므로
$$f(4) = \boxed{1}$$

세 수의 곱이 5의 배수이려면 5를 반드시 택해야 하므로
$$f(5) = \frac{_4C_{\boxed{2}}}{_5C_2} = \frac{\boxed{3}}{5} \quad \leftarrow \text{나머지 2, 4, 6, 8에서 2개를 택한다.}$$

세 수의 곱이 7의 배수이려면 7이 포함되어야 하므로
$$f(7) = \boxed{0} \quad \leftarrow \text{7이 없다.}$$

따라서 $f(4) + f(5) + f(7) = \boxed{\dfrac{8}{5}}$

$\therefore a=1,\ b=2,\ c=3,\ d=0,\ e=\dfrac{8}{5}$

$a+b+c+d+e = 1+2+3+0+\dfrac{8}{5} = \dfrac{38}{5}$

0263

그림과 같이 15개의 자리가 있는 일자형의 놀이기구에 5명이 타려고 할 때, 5명이 어느 누구와도 서로 이웃하지 않게 탈 확률은?

① $\dfrac{1}{26}$ ② $\dfrac{1}{13}$ ③ $\dfrac{3}{26}$

④ $\dfrac{2}{13}$ ⑤ $\dfrac{5}{26}$

STEP A 전체 경우의 수 구하기

5명이 일자형 놀이기구에 타는 모든 경우의 수는 15개의 자리 중에서 서로 다른 5개를 뽑아서 5명이 앉을 자리를 정해주면 되므로 $_{15}P_5$

STEP B 빈자리를 먼저 배열하고 사람을 배열하는 경우의 수 구하기

5명이 어느 누구와도 서로 이웃하지 않게 타는 경우의 수는
5명이 앉을 5개의 자리를 제외한 빈자리 10개 사이사이 9개의 자리 및 양끝 2개의 자리를 포함한 11개의 자리에 5명이 앉는 방법의 수이므로 $_{11}P_5$와 같다.

따라서 구하는 확률은 $\dfrac{_{11}P_5}{_{15}P_5}=\dfrac{11\cdot10\cdot9\cdot8\cdot7}{15\cdot14\cdot13\cdot12\cdot11}=\dfrac{2}{13}$

다른풀이 중복조합을 이용하여 풀이하기

STEP A 사람과 빈자리를 먼저 배열하기

5명을 각각 A, B, C, D, E라 하면 5명의 순서를 배열하는 경우의 수는 5!
어느 누구와도 이웃하지 않아야 하므로 각 사람들 사이에 빈자리는 반드시 있어야 한다.
즉 그림과 같이 배치할 수 있다.

| ㉠ | A | ㉡ | B | ㉢ | C | ㉣ | D | ㉤ | E | ㉥ |

STEP B 중복조합을 이용하여 경우의 수 구하기

㉠, ㉡, ㉢, ㉣, ㉤, ㉥에 각각 a, b, c, d, e, f개의 빈자리가 있다고 하면
$a+b+c+d+e+f=10$ (단, a, f는 음이 아닌 정수 b, c, d, e는 자연수)
이때 $b'=b-1, c'=c-1, d'=d-1, e'=e-1$이라 하면
$a+b'+c'+d'+e'+f=6$ (단, a, b', c', d', e', f는 음이 아닌 정수)
방정식의 정수해의 개수는 $_6H_6=_{11}C_6$
따라서 구하는 확률은 $\dfrac{5!\times_{11}C_6}{_{15}P_5}=\dfrac{2}{13}$

0264

다음 물음에 답하여라.

(1) 키가 서로 다른 네 사람이 있다. 이들을 일렬로 세울 때, 앞에서 세 번째 사람이 자신과 이웃한 두 사람보다 키가 작을 확률은?

① $\dfrac{1}{3}$ ② $\dfrac{1}{2}$ ③ $\dfrac{3}{5}$

④ $\dfrac{2}{3}$ ⑤ $\dfrac{3}{4}$

STEP A 네 사람을 일렬로 세우는 경우의 수 구하기

키가 작은 사람부터 차례로 a_1, a_2, a_3, a_4라 할 때,
네 사람을 일렬로 세우는 경우의 수는 $4!=24$

STEP B 세 번째 오는 사람에 대한 각 경우의 수 구하기

앞에서 세 번째 사람이 자신과 이웃한 두 사람보다 키가 작은 경우는 다음과 같다.
(i) 앞에서 세 번째에 a_1이 나오는 경우

세 번째 사람이 키가 제일 작으므로 나머지 세 사람을 일렬로 세우는 경우의 수는 $3!=6$
(ii) 앞에서 세 번째에 a_2가 나오는 경우

이웃한 두 사람이 다 커야 하므로 앞에서 첫 번째 자리는 키가 제일 작은 사람이 a_2 좌우에 a_3, a_4이 서야 하는 경우의 수는 $2!=2$

STEP C 확률 구하기

(i), (ii)에서 구하는 확률은 $\dfrac{2+6}{24}=\dfrac{1}{3}$

(2) 생일이 서로 다른 5명의 사람이 있다. 이들을 일렬로 세울 때, 두 번째 사람이 자신과 이웃한 두 사람보다 생일이 빠를 확률은?

① $\dfrac{1}{6}$ ② $\dfrac{1}{5}$ ③ $\dfrac{1}{4}$

④ $\dfrac{1}{3}$ ⑤ $\dfrac{1}{2}$

STEP A 5명의 사람을 일렬로 세우는 경우의 수 구하기

생일이 빠른 사람부터 차례로 a_1, a_2, a_3, a_4, a_5라 할 때,
5명의 사람을 일렬로 세우는 경우의 수는 $5!=120$

STEP B 두 번째 오는 사람에 대한 각 경우의 수 구하기

두 번째에 서는 사람에 따른 경우의 수는 다음과 같다.
(i) 앞에서 두 번째에 a_1이 나오는 경우

a_1의 양옆에는 a_2, a_3, a_4, a_5 모두 올 수 있으므로 $4!=24$
(ii) 앞에서 두 번째에 a_2가 나오는 경우

a_2의 양옆에는 a_3, a_4, a_5가 올 수 있으므로 $_3P_2\times2!=12$
(iii) 앞에서 두 번째에 a_3이 나오는 경우

a_3의 양옆에는 a_4, a_5가 올 수 있으므로 $_2P_2\times2!=4$
(i)~(iii)에서 두 번째 사람이 자신과 이웃한 두 사람보다 생일이 빠른 경우의 수는 $24+12+4=40$

STEP C 확률 구하기

따라서 구하는 확률은 $\dfrac{40}{120}=\dfrac{1}{3}$

0265

한 개의 주사위를 두 번 던져서 첫 번째에 나온 눈의 수를 a, 두 번째 나온 눈의 수를 b라 할 때, 두 함수 $f(x)=(a-2)x-4$, $g(x)=(b-3)x+1$에 대하여 합성함수 $y=(f\circ g)(x)$의 그래프가 x축과 만나지 않을 확률을 구하여라.

STEP A 전체 경우의 수 구하기

한 개의 주사위를 두 번 던질 때, 모든 경우의 수는 $6\times6=36$

STEP B $y=(f\circ g)(x)$의 그래프가 x축과 만나지 않을 경우의 수 구하기

이때 $y=(f\circ g)(x)=f(g(x))=(a-2)\{(b-3)x+1\}-4$
$$=(a-2)(b-3)x+a-6$$

이므로 $(f\circ g)(x)$의 그래프가 x축과 만나지 않기 위해서는

$(a-2)(b-3)=0$이고 $a-6\neq0$ ...... ㉠

이어야 한다. 즉 $a=2$ 또는 $b=3$, $a\neq6$

㉠을 만족시키는 순서쌍 (a,b)는 $(2,1)$, $(2,2)$, $(2,3)$, $(2,4)$, $(2,5)$, $(2,6)$, $(1,3)$, $(3,3)$, $(4,3)$, $(5,3)$의 10가지

STEP C 확률 구하기

따라서 구하는 확률은 $\dfrac{10}{36}=\dfrac{5}{18}$

0266

다음 물음에 답하여라.
(1) 1부터 10까지의 자연수가 각각 하나씩 적혀 있는 10장의 카드가 있다. 이 중에서 임의로 세 장의 카드를 동시에 택할 때, 이 카드에 적힌 숫자의 합이 3의 배수일 확률은?

① $\dfrac{1}{4}$ ② $\dfrac{3}{10}$ ③ $\dfrac{7}{20}$
④ $\dfrac{2}{5}$ ⑤ $\dfrac{9}{20}$

STEP A 전체 경우의 수 구하기

10장의 카드 중에서 임의로 세 장의 카드를 동시에 택하는 경우의 수는 ${}_{10}C_3=120$

STEP B 이 카드에 적힌 숫자의 합이 3의 배수인 경우의 수 구하기

1부터 10까지의 자연수를 $3k$, $3k+1$, $3k+2$ (k는 정수)의 꼴로 나누면 $3k$의 꼴은 3, 6, 9의 3개이고 $3k+1$의 꼴은 1, 4, 7, 10의 4개이며 $3k+2$의 꼴은 2, 5, 8의 3개이다.

세 장의 카드에 적힌 숫자의 합이 3의 배수인 경우는 다음과 같다.
(ⅰ) $3k$, $3k+1$, $3k+2$의 꼴 중에서 어느 한 꼴의 수만 3개 택하는 경우의 수는 ${}_3C_3+{}_4C_3+{}_3C_3=6$
(ⅱ) $3k$, $3k+1$, $3k+2$의 꼴을 각각 1개씩 택하는 경우의 수는 ${}_3C_1\times{}_4C_1\times{}_3C_1=36$
(ⅰ), (ⅱ)에서 숫자의 합이 3의 배수인 경우의 수는 $6+36=42$

STEP C 확률 구하기

따라서 구하는 확률은 $\dfrac{42}{120}=\dfrac{7}{20}$

(2) 10개의 수 2, 2^2, 2^3, $\cdots$, 2^{10} 중에서 임의로 선택한 두 수의 합이 3의 배수일 확률은?

① $\dfrac{7}{30}$ ② $\dfrac{11}{30}$ ③ $\dfrac{19}{30}$
④ $\dfrac{5}{9}$ ⑤ $\dfrac{16}{55}$

STEP A 전체 경우의 수 구하기

10개의 수 중에서 두 개의 수를 선택하는 경우의 수는 ${}_{10}C_2=45$

STEP B 두 수의 합이 3의 배수인 경우의 수 구하기

3으로 나누었을 때, 나머지가 1인 수들은 2^2, 2^4, 2^6, 2^8, 2^{10}이고
3으로 나누었을 때, 나머지가 2인 수들은 2^1, 2^3, 2^5, 2^7, 2^9이다.
10개의 수 중에서 선택한 두 수의 합이 3의 배수가 되려면 선택한 두 수 각각을 3으로 나누었을 때의 나머지의 합이 3으로 나누어 떨어져야 한다.
즉 3으로 나누었을 때, 나머지가 1인 수 2^2, 2^4, 2^6, 2^8, 2^{10} 중에서 하나와 3으로 나누었을 때, 나머지가 2인 수 2^1, 2^3, 2^5, 2^7, 2^9 중에서 하나를 선택해야 하고 그 경우의 수는 $5\times5=25$

STEP C 확률 구하기

따라서 구하는 확률은 $\dfrac{25}{45}=\dfrac{5}{9}$

0267

한 개의 주사위를 4번 던질 때, 나오는 눈의 수 중에서 서로 다른 수가 3개일 확률은?

① $\dfrac{4}{9}$ ② $\dfrac{1}{2}$ ③ $\dfrac{5}{9}$
④ $\dfrac{11}{18}$ ⑤ $\dfrac{2}{3}$

STEP A 전체 경우의 수 구하기

한 개의 주사위를 4번 던질 때, 일어날 수 있는 경우의 수는 6^4

STEP B 서로 다른 수가 3개인 경우의 수 구하기

나오는 서로 다른 눈의 수가 3가지이므로 한 가지의 눈이 두 번 나오게 된다.
6개의 눈 중에서 2번 나오는 눈의 수가 정해지는 경우의 수는 ${}_6C_1$
1번씩 나오는 나머지 2가지의 눈의 수가 정해지는 경우의 수는 ${}_5C_2$
또한, 나온 4개의 수를 a, a, b, c라 할 때, a, a, b, c를 일렬로 나열하는 경우의 수는 $\dfrac{4!}{2!}=12$

따라서 구하는 확률은 $\dfrac{{}_6C_1\times{}_5C_2\times12}{6^4}=\dfrac{5}{9}$

0268

오른쪽 그림과 같이 도로망이 있다. A지점에서 B지점까지 최단경로로 갈 때, P지점을 거쳐서 갈 확률은?
(단, 최단경로를 선택할 확률은 같다.)

① $\dfrac{1}{3}$ ② $\dfrac{1}{5}$
③ $\dfrac{1}{4}$ ④ $\dfrac{2}{7}$
⑤ $\dfrac{10}{21}$

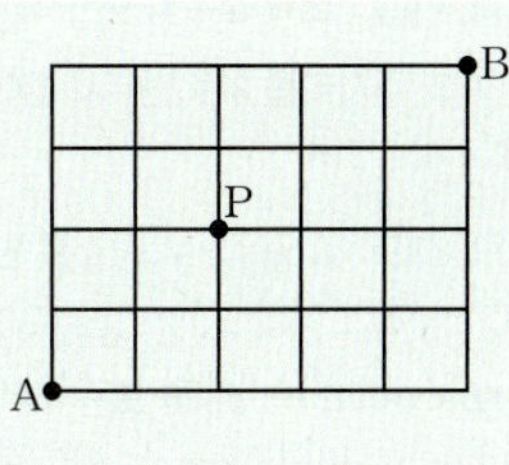

STEP A 전체 경우의 수 구하기

A지점에서 B지점까지 최단 거리로 가는 경우의 수는 $\dfrac{9!}{5!4!}=126$

STEP B A지점에서 P지점을 거쳐 B지점까지 최단거리로 가는 경우의 수 구하기

A지점에서 P지점까지 최단 거리로 가는 경우의 수는 $\dfrac{4!}{2!2!}=6$
P지점에서 B지점까지 최단 거리로 가는 경우의 수는 $\dfrac{5!}{3!2!}=10$
A지점에서 P지점을 거쳐 B지점까지 최단 거리로 가는 경우의 수는 $6\times10=60$

STEP C P지점을 거쳐서 갈 확률 구하기

따라서 구하는 확률은 $\dfrac{60}{126}=\dfrac{10}{21}$

0269

A, B, C, D, E, F, G, H의 8명이 원탁에 둘러앉을 때,
A, G는 서로 마주 보고 앉고, B, C는 이웃하여 앉게 될 확률은?

① $\dfrac{1}{15}$　　② $\dfrac{1}{23}$　　③ $\dfrac{4}{121}$

④ $\dfrac{4}{105}$　　⑤ $\dfrac{3}{235}$

STEP A　전체 경우의 수 구하기

8명이 원탁에 둘러앉은 경우의 수는 $(8-1)!=7!$

STEP B　A, G는 서로 마주 보고 앉고 B, C는 이웃하여 앉게 원형으로 나열하는 경우의 수 구하기

오른쪽 그림과 같이 A, G가 마주 보고
앉을 때, 남은 6개의 자리 중에서 이웃한
2개의 자리를 택하는 방법이 4가지,
B와 C가 자리를 바꾸는 방법이 2가지
이고 남은 4개의 자리에 D, E, F, H가
앉는 방법이 4!가지이므로 B, C가
이웃하여 앉는 경우의 수는
$4\times2!\times4!$

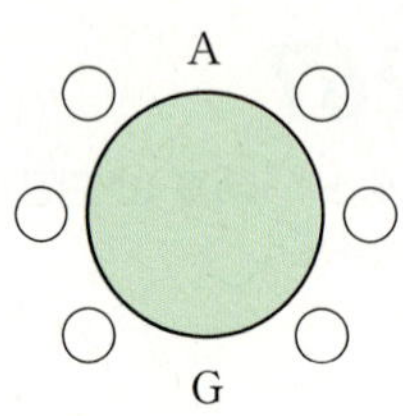

STEP C　확률 구하기

따라서 구하는 확률은 $\dfrac{4\times2!\times4!}{7!}=\dfrac{4}{105}$

0270

다음 물음에 답하여라.

(1) 한 개의 주사위를 3번 던질 때, 나오는 눈의 수를 차례대로 a, b, c라 할 때, $\sqrt{(a-b)(b-c)}=-\sqrt{a-b}\sqrt{b-c}$일 확률은?

① $\dfrac{5}{27}$　　② $\dfrac{7}{27}$　　③ $\dfrac{1}{3}$

④ $\dfrac{11}{27}$　　⑤ $\dfrac{43}{108}$

STEP A　전체 경우의 수 구하기

한 개의 주사위를 3번 던져서 일어날 수 있는 모든 경우의 수는
$_6\Pi_3=6^3=216$

STEP B　$\sqrt{xy}=-\sqrt{x}\sqrt{y}$를 만족시키는 경우의 수 구하기

$\sqrt{(a-b)(b-c)}=-\sqrt{a-b}\sqrt{b-c}$가 성립하는 경우는
$a-b<0$이고 $b-c<0$ 또는 $a=b$ 또는 $b=c$이다.
(i) $a-b<0$이고 $b-c<0$인 경우
　　즉 $a<b<c$인 순서쌍의 (a, b, c)의 개수는 $_6C_3=20$
(ii) $a=b$ 또는 $b=c$인 경우
　　$a=b$인 경우 순서쌍 (a, b, c)의 개수는 $6\times6=36$
　　$b=c$인 경우 순서쌍 (a, b, c)의 개수는 $6\times6=36$
　　$a=b=c$인 경우 순서쌍 (a, b, c)의 개수는 6이므로
　　$a=b$ 또는 $b=c$인 순서쌍 (a, b, c)의 개수는 $36+36-6=66$
(i), (ii)에서 순서쌍 (a, b, c)의 개수는 $20+66=86$
따라서 구하는 확률은 $\dfrac{86}{216}=\dfrac{43}{108}$

참고 $\sqrt{xy}=-\sqrt{x}\sqrt{y}$를 만족시키는 경우는 $x<0$이고 $y<0$ 또는 $x=0$ 또는 $y=0$

(2) 한 개의 주사위를 3번 던질 때, 나오는 눈의 수를 차례대로 a, b, c라 할 때, $\sqrt{\dfrac{b-a}{b-c}}=-\dfrac{\sqrt{b-a}}{\sqrt{b-c}}$일 확률은?

① $\dfrac{3}{20}$　　② $\dfrac{25}{108}$　　③ $\dfrac{47}{216}$

④ $\dfrac{55}{216}$　　⑤ $\dfrac{65}{216}$

STEP A　전체 경우의 수 구하기

한 개의 주사위를 3번 던져서 일어날 수 있는 모든 경우의 수는
$_6\Pi_3=6^3=216$

STEP B　$\sqrt{\dfrac{x}{y}}=-\dfrac{\sqrt{x}}{\sqrt{y}}$를 만족시키는 경우의 수 구하기

$\sqrt{\dfrac{b-a}{b-c}}=-\dfrac{\sqrt{b-a}}{\sqrt{b-c}}$가 성립하는 경우는
$b-a>0$이고 $b-c<0$ 또는 $a=b$
(i) $b-a>0$이고 $b-c<0$인 경우
　　즉 $a<b<c$인 경우 순서쌍 (a, b, c)의 개수는 $_6C_3=20$
(ii) $a=b\neq c$ ($\because b-c\neq0$)인 경우 순서쌍 (a, b, c)의 개수는 $6\times5=30$
(i), (ii)에서 $20+30=50$

STEP C　확률 구하기

따라서 구하는 확률은 $\dfrac{50}{216}=\dfrac{25}{108}$

참고 $\sqrt{\dfrac{x}{y}}=-\dfrac{\sqrt{x}}{\sqrt{y}}$를 만족시키는 경우는 $x>0$이고 $y<0$ 또는 $x=0$

0271

1부터 9까지의 자연수 중에서 임의로 서로 다른 4개의 수를 선택하여 네 자리의 자연수를 만들 때, 백의 자리의 수와 십의 자리의 수의 합이 짝수가 될 확률은?

① $\dfrac{4}{9}$　　② $\dfrac{1}{2}$　　③ $\dfrac{5}{9}$

④ $\dfrac{11}{18}$　　⑤ $\dfrac{13}{18}$

STEP A　전체 경우의 수 구하기

1부터 9까지의 자연수 중에서 서로 다른 4개의 수를 선택하여 네 자리의 자연수를 만드는 경우의 수는 $_9P_4=9\times8\times7\times6=3024$

STEP B　백의 자리의 수와 십의 자리의 수의 합이 짝수가 되는 경우의 수 구하기

백의 자리의 수와 십의 자리의 수의 합이 짝수가 되는 경우는 두 수 모두 짝수일 때와 모두 홀수일 때이다.
(i) 두 수 모두 짝수인 경우
　　짝수 2, 4, 6, 8의 4개의 수 중 2개를 선택하고
　　나머지 7개의 수 중 2개를 선택하여 나열하는 경우의 수는
　　$_4P_2\times_7P_2=4\times3\times7\times6=504$
(ii) 두 수 모두 홀수인 경우
　　홀수 1, 3, 5, 7, 9의 5개의 수 중 2개를 선택하고
　　나머지 7개의 수 중 2개를 선택하여 나열하는 경우의 수는
　　$_5P_2\times_7P_2=5\times4\times7\times6=840$
(i), (ii)에서 백의 자리와 십의 자리의 수의 합이 짝수가 되는 경우의 수는
$504+840=1344$
따라서 구하는 확률은 $\dfrac{1344}{3024}=\dfrac{4}{9}$

0272

서로 다른 네 개의 주사위를 던져 나온 눈의 수를 각각 a, b, c, d라 할 때, $a \leq b < c \leq d$가 성립할 확률은?

① $\dfrac{11}{216}$ ② $\dfrac{17}{324}$ ③ $\dfrac{35}{648}$

④ $\dfrac{1}{18}$ ⑤ $\dfrac{37}{648}$

STEP A 전체 경우의 수 구하기

서로 다른 네 개의 주사위를 던져 나오는 a, b, c, d의 순서쌍 (a, b, c, d)의 전체 개수는 $_6\Pi_4 = 6^4$

STEP B $a \leq b < c \leq d$를 만족하는 경우의 수 구하기

$a \leq b < c \leq d$를 만족시키는 사건의 경우의 수는
$a \leq b \leq c \leq d$인 경우의 수에서 $a \leq b = c \leq d$인 경우의 수를 빼면 된다.
(i) $a \leq b \leq c \leq d$인 경우의 수는 $_6H_4 = {}_9C_4 = 126$
(ii) $a \leq b = c \leq d$인 경우의 수는 $_6H_3 = {}_8C_3 = 56$
(i), (ii)에서 $a \leq b < c \leq d$를 만족시키는 사건의 경우의 수는
$126 - 56 = 70$

따라서 구하는 확률은 $\dfrac{70}{6^4} = \dfrac{35}{648}$

다른풀이 조합을 이용하여 풀이하기

STEP A 전체 경우의 수 구하기

서로 다른 네 개의 주사위를 던져 나오는 a, b, c, d의 순서쌍 (a, b, c, d)의 전체 개수는 $_6\Pi_4 = 6^4$

STEP B $a \leq b < c \leq d$를 만족하는 경우의 수 구하기

$a \leq b < c \leq d$를 만족시키는 사건의 경우의 수는
(i) $a < b < c < d$인 경우의 수는 $_6C_4 = 15$
(ii) $a = b < c < d$인 경우의 수는 $_6C_3 = 20$
(iii) $a < b < c = d$인 경우의 수는 $_6C_3 = 20$
(iv) $a = b < c = d$인 경우의 수는 $_6C_2 = 15$
(i)~(iv)에서 $a \leq b < c \leq d$를 만족시키는 사건의 경우의 수는
$15 + 20 + 20 + 15 = 70$이므로 구하는 확률은 $\dfrac{70}{6^4} = \dfrac{35}{648}$

0273

A, B를 포함한 7명의 사람이 오른쪽 그림과 같은 모터보트에 임의로 자리를 정하여 앉을 때, A, B가 서로 이웃하여 있을 확률은? (단, 7명 모두 모터보트 운전을 할 수 있다.)

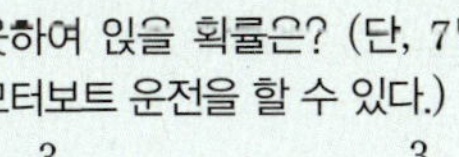

① $\dfrac{3}{20}$ ② $\dfrac{3}{10}$ ③ $\dfrac{4}{21}$

④ $\dfrac{1}{3}$ ⑤ $\dfrac{1}{2}$

STEP A 전체 경우의 수 구하기

7명이 자리를 정하는 경우의 수는 $7!$

STEP B A, B가 이웃하는 경우의 수 구하기

A, B가 첫 번째 칸에 앉고 나머지 자리에 5명이 앉는 경우의 수는 $2 \times 5!$
A, B가 두 번째 칸에 앉고 나머지 자리에 5명이 앉는 경우의 수는 $4 \times 5!$
A, B가 세 번째 칸에 앉고 나머지 자리에 5명이 앉는 경우의 수는 $2 \times 5!$
즉 경우의 수는 $2 \times 5! + 4 \times 5! + 2 \times 5! = (2 + 4 + 2) \times 5! = 8 \times 5!$

STEP C 확률 구하기

따라서 구하는 확률은 $\dfrac{8 \times 5!}{7!} = \dfrac{4}{21}$

0274

다음 그림과 같이 1열, 2열, 3열에 각각 2개씩 모두 6개의 좌석이 있는 놀이기구가 있다. 이 놀이기구의 6개의 좌석에 6명의 학생 A, B, C, D, E, F가 각각 한 명씩 임의로 앉을 때, 다음 조건을 만족시키도록 앉을 확률은 $\dfrac{q}{p}$이다. $p+q$의 값을 구하여라. (단, p와 q는 서로소인 자연수)

> (가) 두 학생 A, B는 같은 열에 앉는다.
> (나) 두 학생 C, D는 서로 다른 열에 앉는다.
> (다) 학생 E는 1열에 앉지 않는다.

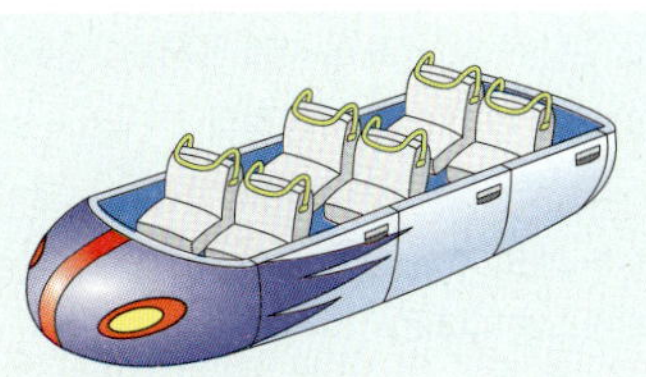

STEP A 모든 경우의 수 구하기

6개의 좌석에 6명의 학생을 한 명씩 임의로 앉는 경우의 수는 $6! = 720$

STEP B 조건을 만족하게 자리를 정하여 앉는 경우의 수 구하기

조건을 만족하도록 6명의 학생을 E, (A, B), F, (C, D)의 순으로 자리를 정하여 앉히면 된다.
(i) 학생 E가 2열과 3열의 4자리 중 한 곳을 정하여 앉는 경우의 수는
  $_4C_1 = 4$
(ii) 두 학생 A, B가 E가 앉지 않은 열에 앉는 경우의 수는 $_2C_1 \times 2! = 4$
(iii) 학생 F가 학생 E, (A, B)가 앉지 않은 열의 2자리 중 한 곳을 정하여
  앉는 경우의 수는 $_2C_1 = 2$
(iv) 두 학생 C, D가 남은 자리에 앉는 경우의 수는 $2! = 2$
(i)~(iv)에서 조건을 만족하도록 앉는 경우의 수는 $4 \times 4 \times 2 \times 2 = 64$

STEP C 확률 구하기

즉 구하려는 확률은 $\dfrac{64}{720} = \dfrac{4}{45}$
따라서 $p = 45$, $q = 4$이므로 $p + q = 45 + 4 = 49$

0275 서술형

A, B, C, D, E의 5명을 일렬로 나열할 때, A, B끼리는 이웃하고 C, D는 이웃하지 않을 확률을 구하는 과정을 다음 단계로 서술하여라.

[1단계] 5명을 일렬로 나열하는 경우의 수를 구한다.
[2단계] A, B끼리는 이웃하고 C, D는 이웃하지 않는 경우의 수를 구한다.
[3단계] 확률을 구한다.

1단계 5명을 일렬로 나열하는 경우의 수를 구한다. ◀ 30%

5명을 일렬로 나열하는 경우의 수는 $5! = 120$

2단계 A, B끼리는 이웃하고 C, D는 이웃하지 않는 경우의 수를 구한다. ◀ 50%

A, B끼리는 이웃하고 C, D는 이웃하지 않는 경우의 수는
A, B를 한 묶음으로 보고 이 묶음과 E를 나열한 후 C, D가 이웃하지 않도록
A, B묶음과 E 사이, 그리고 양 끝의 3곳에 나열하는 경우와 같으므로 경우의
수는 $2! \times 2! \times {}_3P_2 = 24$

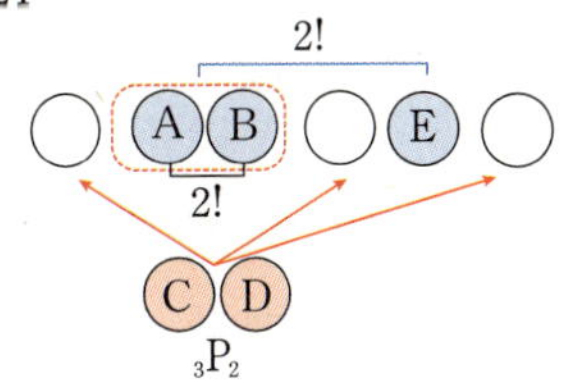

| 3단계 | 확률을 구한다. | ◀ 20% |

따라서 구하는 확률은 $\dfrac{24}{120}=\dfrac{1}{5}$

주의 A, B끼리는 이웃하고 C, D가 이웃하지 않는 경우의 수를 $2!\times2!\times{}_4\mathrm{P}_2$로
구하지 않도록 주의한다.
A, B를 한 묶음으로 보고 이 묶음과 E를 배열한 후 C, D가 이웃하지 않도록
배열할 때, A, B 사이에는 C, D를 배열할 수 없으므로 $2!\times2!\times{}_3\mathrm{P}_2$이다.

0276 서술형

서로 다른 두 개의 주사위 A, B를 동시에 던지는 시행에서 나오는 눈의 수
를 각각 a, b라 할 때, x에 대한 이차방정식 $x^2-ax+2b=0$이 실근을 가
질 확률을 구하는 과정을 다음 단계로 서술하여라.
[1단계] 서로 다른 두 개의 주사위 A, B를 동시에 던지는 시행에서 나오는
모든 경우의 수를 구한다.
[2단계] 이차방정식 $x^2-ax+2b=0$이 실근을 가지려면 판별식 D를
이용하여 조건을 구한다.
[3단계] 이차방정식 $x^2-ax+2b=0$이 실근을 가질 경우의 수를 구한다.
[4단계] 확률을 구한다.

| 1단계 | 서로 다른 두 개의 주사위 A, B를 동시에 던지는 시행에서 나오는 모든 경우의 수를 구한다. | ◀ 30% |

서로 다른 두 개의 주사위 A, B를 동시에 던지는 시행에서
나오는 모든 경우의 수는 $6\times6=36$

| 2단계 | 이차방정식 $x^2-ax+2b=0$이 실근을 가지려면 판별식 D를 이용하여 조건을 구한다. | ◀ 30% |

이차방정식 $x^2-ax+2b=0$이 실근을 가지려면 이 이차방정식의
판별식 D가 $D=a^2-8b\geq0$이어야 하므로 $a^2\geq8b$

| 3단계 | 이차방정식 $x^2-ax+2b=0$이 실근을 가질 경우의 수를 구한다. | ◀ 30% |

이때 $b\geq1$이므로 $a\geq3$
(i) $a=3$일 때, b는 1이므로 경우의 수는 1
(ii) $a=4$일 때, b는 1, 2이므로 경우의 수는 2
(iii) $a=5$일 때, b는 1, 2, 3이므로 경우의 수는 3
(iv) $a=6$일 때, b는 1, 2, 3, 4이므로 경우의 수는 4
(i)∼(iv)에서 모든 경우의 수는 $1+2+3+4=10$

| 4단계 | 확률을 구한다. | ◀ 10% |

따라서 구하는 확률은 $\dfrac{10}{36}=\dfrac{5}{18}$

0277 서술형

16명의 벤처기업 CEO로 이루어진 모임에서 대표 2명을 뽑을 때,
남자대표와 여자대표가 1명씩 뽑힐 확률은 $\dfrac{2}{5}$이다. 이 16명의 벤처기업
CEO 중에서 여자대표의 수를 구하는 과정을 다음 단계로 서술하여라.
(단, 여자대표가 남자대표보다 많다.)
[1단계] 16명의 벤처기업 CEO에서 2명을 뽑는 경우의 수를 구한다.
[2단계] 여자대표를 x라 할 때, 남자대표와 여자대표가 1명씩 뽑힐 확률을
구한다.
[3단계] 남자대표와 여자대표가 1명씩 뽑힐 확률이 $\dfrac{2}{5}$임을 이용하여
여자대표의 수를 구한다.

| 1단계 | 16명의 벤처기업 CEO에서 2명을 뽑는 경우의 수를 구한다. | ◀ 20% |

16명 중에서 2명을 뽑는 전체 경우의 수는 ${}_{16}\mathrm{C}_2=\dfrac{16\times15}{2\times1}=120$

| 2단계 | 여자대표를 x라 할 때, 남자대표와 여자대표가 1명씩 뽑힐 확률을 구한다. | ◀ 40% |

여자대표를 x라 하면 남자대표는 $16-x$이므로
남자대표와 여자대표가 1명씩 뽑히는 경우의 수는
${}_x\mathrm{C}_1\times{}_{16-x}\mathrm{C}_1=x(16-x)$이므로 그 확률은 $\dfrac{x(16-x)}{120}$

| 3단계 | 남자대표와 여자대표가 1명씩 뽑힐 확률이 $\dfrac{2}{5}$임을 이용하여 여자대표의 수를 구한다. | ◀ 40% |

$\dfrac{x(16-x)}{120}=\dfrac{2}{5}$이므로 $x^2-16x+48=0$, $(x-4)(x-12)=0$
$\therefore x=4$ 또는 $x=12$
이때 여자대표가 남자대표보다 많으므로 여자대표의 수는 12이다.

0278 서술형

다음 그림과 같이 평행한 두 직선 l, m 위에 각각 3개, 4개의 점이 있다.
한 직선 위에 있는 이웃하는 두 점 사이의 거리가 1이고
두 직선 l, m 사이의 거리가 1일 때, 다음 단계로 서술하여라.

l ———●———●———●———

m ———●——●———●———●——

[1단계] 두 직선 l, m 위의 7개의 점 중에서 3개의 점을 꼭짓점으로 하는
삼각형의 개수를 구한다.
[2단계] 삼각형의 넓이가 1이 되는 삼각형의 개수를 구한다.
[3단계] 두 직선 l, m 위의 7개의 점 중에서 3개의 점을 꼭짓점으로 하는
삼각형 중 임의로 하나를 택할 때, 삼각형의 넓이가 1일 확률을
구한다.

| 1단계 | 두 직선 l, m 위의 7개의 점 중에서 3개의 점을 꼭짓점으로 하는 삼각형의 개수를 구한다. | ◀ 30% |

7개의 점 중에서 3개의 점을 택하는 전체 경우의 수는 ${}_7\mathrm{C}_3=35$
이때 한 직선 위의 3개의 점을 선분으로 연결한 것은 삼각형이 될 수 없다.
직선 l 위의 3개의 점을 택하는 경우의 수는 ${}_3\mathrm{C}_3=1$,
직선 m 위의 3개의 점을 택하는 경우의 수는 ${}_4\mathrm{C}_3=4$이므로
삼각형이 되는 경우의 수는 $35-1-4=30$

| 2단계 | 삼각형의 넓이가 1이 되는 삼각형의 개수를 구한다. | ◀ 50% |

두 직선 l, m 사이의 거리, 즉 삼각형의 높이가 1이므로
삼각형의 넓이가 1이기 위해서는
$\dfrac{1}{2}\times$(밑변의 길이)$\times1=1$에서 밑변의 길이가 2이어야 한다.
(i) 직선 l 위에서 택한 밑변의 길이가 2인 경우
밑변을 만드는 두 점을 택하는 경우의 수는 1,
직선 m에서 한 꼭짓점을 택하는 경우의 수는 4이므로
구하는 경우의 수는 $1\times4=4$
(ii) 직선 m 위에서 택한 밑변의 길이가 2인 경우
밑변을 만드는 두 점을 택하는 경우의 수는 2,
직선 l에서 한 꼭짓점을 택하는 경우의 수는 3이므로
구하는 경우의 수는 $2\times3=6$
(i), (ii)에서 삼각형의 넓이가 1인 경우의 수는 $4+6=10$

| 3단계 | 두 직선 l, m 위의 7개의 점 중에서 3개의 점을 꼭짓점으로 하는 삼각형 중 임의로 하나를 택할 때, 삼각형의 넓이가 1일 확률을 구한다. | ◀ 20% |

(i), (ii)에서 삼각형의 넓이가 1인 경우의 수는 $4+6=10$이므로
구하는 확률은 $\dfrac{10}{30}=\dfrac{1}{3}$

0279

세 사람이 5개의 상영관의 영화표를 판매하는 매표소에서 영화표를 임의로 구매할 때, 이들 중 두 사람만 같은 상영관의 영화표를 구매할 확률은?

① $\dfrac{11}{25}$ ② $\dfrac{12}{25}$ ③ $\dfrac{3}{25}$
④ $\dfrac{17}{25}$ ⑤ $\dfrac{4}{5}$

STEP A 전체 경우의 수 구하기

세 사람이 영화표를 구매하는 경우의 수는
$_5\Pi_3 = 5^3 = 125$

STEP B 두 사람만 같은 상영관의 영화표를 구매하는 경우의 수 구하기

세 사람이 모두 다른 상영관의 영화표를 구매하는 경우의 수는
$_5P_3 = 5 \times 4 \times 3 = 60$
세 사람이 모두 같은 상영관의 영화표를 구매하는 경우의 수는 5이다.
즉 세 사람 중에서 두 사람만 같은 상영관의 영화표를 구매하는 경우의 수는
$125 - (60 + 5) = 60$

STEP C 확률 구하기

따라서 세 사람 중에서 두 사람만 같은 상영관의 영화표를 구매할 확률은
$\dfrac{60}{125} = \dfrac{12}{25}$

0280

숫자 1, 1, 2, 2, 3, 3이 하나씩 적혀 있는 6개의 공이 들어 있는 주머니가 있다. 이 주머니에서 한 개의 공을 임의로 꺼내어 공에 적힌 수를 확인한 후 다시 넣지 않는다. 이와 같은 시행을 6번 반복할 때, $k\,(1 \le k \le 6)$번째 꺼낸 공에 적힌 수를 a_k라 하자. 두 자연수 m, n을
$$m = a_1 \times 100 + a_2 \times 10 + a_3, \quad n = a_4 \times 100 + a_5 \times 10 + a_6$$
이라 할 때, $m > n$인 확률은 $\dfrac{q}{p}$이다. $p+q$의 값을 구하여라.
(단, p와 q는 서로소인 자연수이다.)

STEP A 전체 경우의 수 구하기

$k\,(1 \le k \le 6)$를 순서쌍 $(a_1,\ a_2,\ a_3,\ a_4,\ a_5,\ a_6)$으로 나타내면
순서쌍의 개수는 1, 1, 2, 2, 3, 3을 한 줄로 배열하는 경우의 수와 같으므로
$\dfrac{6!}{2! \times 2! \times 2!} = 90$

STEP B $m > n$인 경우의 수 구하기

이때 $m > n$이기 위해서는 $a_1 > a_4$ 또는 $a_1 = a_4$, $a_2 > a_5$이어야 한다.
(i) $a_1 > a_4$인 순서쌍은
　$(2,\ a_2,\ a_3,\ 1,\ a_5,\ a_6)$ 또는 $(3,\ a_2,\ a_3,\ 1,\ a_5,\ a_6)$ 또는
　$(3,\ a_2,\ a_3,\ 2,\ a_5,\ a_6)$
　이므로 그 개수는 $3 \times \dfrac{4!}{2!} = 36$
(ii) $a_1 = a_4$, $a_2 > a_5$인 순서쌍은
　$(1,\ 3,\ a_3,\ 1,\ 2,\ a_6)$ 또는 $(2,\ 3,\ a_3,\ 2,\ 1,\ a_6)$ 또는 $(3,\ 2,\ a_3,\ 3,\ 1,\ a_6)$
　이므로 그 개수는 $3 \times 2! = 6$

a_1	a_2	a_3	a_4	a_5	a_6	$m > n$인 경우의 수
2			1			$\dfrac{4!}{2!} = 12$
3			1			$\dfrac{4!}{2!} = 12$
3			2			$\dfrac{4!}{2!} = 12$
1	3		1	2		$2! = 2$
2	3		2	1		$2! = 2$
3	2		3	1		$2! = 2$

STEP C 확률을 구하여 $p+q$의 값 구하기

(i), (ii)에 의하여 구하는 확률은 $\dfrac{36+6}{90} = \dfrac{7}{15}$
따라서 $p = 15$, $q = 7$이므로 $p + q = 22$

다른풀이 $m = n$인 사건을 이용하여 여사건의 확률로 풀이하기

m과 n이 만들어지는 전체의 경우의 수는
1, 1, 2, 2, 3, 3을 한 줄로 배열하는 경우의 수와 같으므로
$\dfrac{6!}{2! \times 2! \times 2!} = 90$

이때 $m = n$인 경우를 제외하면 $m > n$이거나 $m < n$이다.
즉 $m > n$인 경우의 수와 $m < n$인 경우의 수는 같으므로
$m = n$인 경우의 수를 먼저 구하자.
$m = n$이려면 $a_1 = a_4$, $a_2 = a_5$, $a_3 = a_6$이어야 하므로 이 경우의 수는 $3! = 6$
$m > n$인 경우의 수는 $\dfrac{90 - 6}{2} = 42$

따라서 구하는 확률은 $\dfrac{42}{90} = \dfrac{7}{15}$이므로 $p + q = 15 + 7 = 22$

참고 $m = n$인 사건을 A라 하고 $m > n$인 사건을 B라 하면
$$P(B) = \dfrac{1}{2}\{1 - P(A)\}$$
이때 $m = n$인 확률은 $P(A) = \dfrac{_2C_1 \times {_2C_1} \times {_2C_1} \times 3!}{6!} = \dfrac{1}{15}$
따라서 $P(B) = \dfrac{1}{2}\{1 - P(A)\} = \dfrac{1}{2}\left(1 - \dfrac{1}{15}\right) = \dfrac{7}{15}$

0281

원 위에 일정한 간격으로 10개의 점이 놓여 있다. 이 중 세 개의 점을 연결하여 삼각형을 만들 때, 이 삼각형이 둔각삼각형일 확률은?

① $\dfrac{29}{60}$ ② $\dfrac{49}{120}$ ③ $\dfrac{1}{2}$
④ $\dfrac{59}{120}$ ⑤ $\dfrac{37}{60}$

STEP A 전체 삼각형의 개수 구하기

오른쪽 그림과 같이 10개의 점을 P_1, P_2, $\cdots$, P_{10}이라 하면
세 개의 점을 연결하여 만들 수 있는 삼각형의 수는
$_{10}C_3 = \dfrac{10 \cdot 9 \cdot 8}{3 \cdot 2 \cdot 1} = 120$

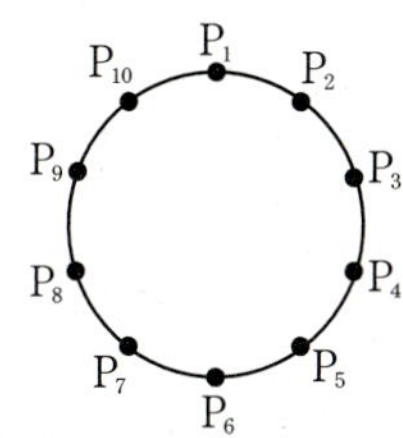

STEP B 둔각삼각형이 되는 경우의 수 구하기

(i) 이웃한 3개의 점으로 둔각인 이등변삼각형이 만들어 지는 경우
　$\angle P_1$, $\angle P_2$, $\angle P_3$, $\cdots$, $\angle P_{10}$이 각각
　둔각인 삼각형이므로 둔각삼각형의 개수는 10이다.

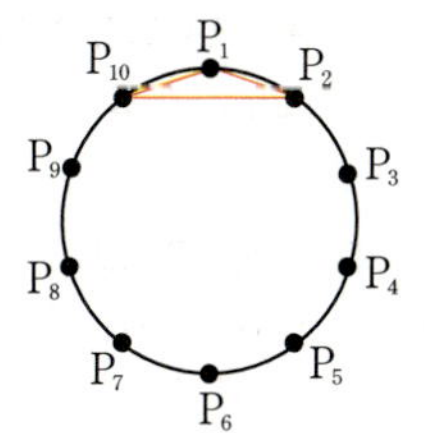

(ii) 이웃하지 않는 3개의 점으로 둔각인 이등변삼각형이 만들어지는 경우
$\angle P_1$, $\angle P_2$, $\angle P_3$, $\cdots$, $\angle P_{10}$이 각각
둔각인 삼각형의 개수는 10이다.

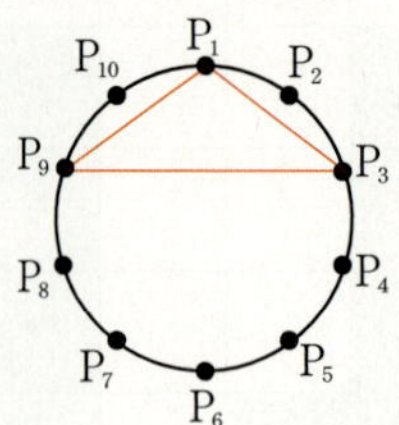

(iii) 이웃한 2개의 점과 이웃하지 않는 한 점으로 만들어지는 경우
선분 P_1P_2를 한 변으로 하는
둔각삼각형의 개수는 4이다.
마찬가지로
선분 P_2P_3, P_3P_4, $\cdots$, $P_{10}P_1$을
한 변으로 하는 둔각삼각형의
개수도 각각 4가지이므로
이 경우의 둔각삼각형의 개수는
$4 \times 10 = 40$

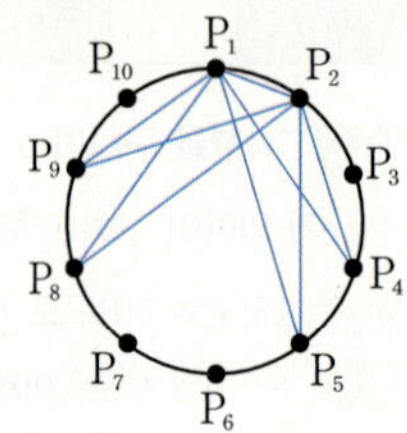

(i), (ii)에서 구하는 경우의 수는 $10 + 10 + 40 = 60$

STEP C 확률 구하기
따라서 구하려는 확률은 $\dfrac{60}{120} = \dfrac{1}{2}$

0282

다음 그림과 같이 3개의 주머니에 모양과 크기가 같은 공이 각각 3개씩 들어 있고, 각 주머니에 있는 공에는 1, 2, 3의 숫자가 한 개씩 적혀 있다. 민호가 먼저 각 주머니에서 공을 하나씩 꺼낸 다음, 송이가 각 주머니에서 공을 하나씩 꺼낼 때, 두 사람 모두 1, 2, 3이 적힌 공을 하나씩 꺼낼 확률을 $\dfrac{q}{p}$라 하자. $p+q$의 값은? (단, p와 q는 서로소인 자연수이다.)

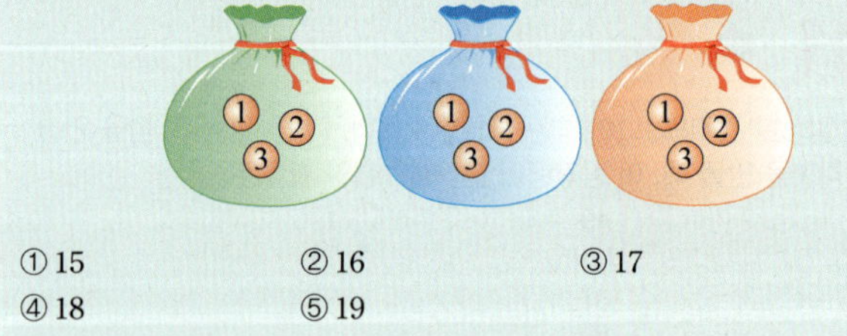

① 15   ② 16   ③ 17
④ 18   ⑤ 19

STEP A 전체 경우의 수 구하기
민호와 송이가 3개의 주머니에서 공을 하나씩 꺼내는 방법의 수는
$_3\Pi_3 \times _2\Pi_3 = 3^3 \times 2^3$

STEP B 두 사람 모두 1, 2, 3이 적힌 공을 하나씩 꺼내는 경우의 수 구하기

민호가 3개의 주머니에서 1, 2, 3이 적힌 공을 하나씩 꺼내는 방법의 수는
$3! = 6$
이때 민호가 차례로 1, 2, 3이 적힌 공을 꺼냈다고 하자.
송이가 3개의 주머니에서 1, 2, 3이 적힌 공을 각각 하나씩 꺼내는 경우는
차례로 2, 3, 1이 적힌 공을 꺼내거나 3, 1, 2가 적힌 공을 꺼내는 2가지가 있다.
즉 두 사람 모두 1, 2, 3이 적힌 공을 하나씩 꺼내는 경우의 수는
$6 \times 2 = 12$

STEP C 확률 구하기
따라서 구하는 확률은 $\dfrac{12}{3^3 \times 2^3} = \dfrac{1}{3^2 \times 2} = \dfrac{1}{18}$
$\therefore p+q = 18 + 1 = 19$

다른풀이 곱셈정리를 이용하여 풀이하기
다음과 같이 확률의 곱셈정리를 이용하여 풀 수도 있다.
민호가 1, 2, 3이 적힌 공을 각각 하나씩 꺼낼 확률은
$\dfrac{3}{3} \times \dfrac{2}{3} \times \dfrac{1}{3} = \dfrac{2}{9}$
이때 송이가 3개의 주머니에서 차례로 2, 3, 1 또는 3, 1, 2의 순서로
공을 꺼내야 하므로 이 확률은 $2 \times \dfrac{1}{2} \times \dfrac{1}{2} \times \dfrac{1}{2} = \dfrac{1}{4}$
따라서 구하는 확률은 $\dfrac{2}{9} \times \dfrac{1}{4} = \dfrac{1}{18}$
$\therefore p+q = 18 + 1 = 19$

0283

갑과 을 두 사람이 다음과 같은 방법으로 주사위 던지기 놀이를 하려고 한다. 이 놀이에서 을이 이길 확률은?

(가) 먼저 갑이 2개의 주사위를 던지고, 나중에 을이 1개의 주사위를 던진다.
(나) 을이 던진 주사위에서 나온 눈의 수가 갑이 던진 2개의 주사위에서 나온 눈의 수 사이에 있으면 을이 이기고, 그렇지 않으면 갑이 이긴다.

① $\dfrac{5}{27}$ ② $\dfrac{4}{9}$ ③ $\dfrac{14}{27}$
④ $\dfrac{16}{27}$ ⑤ $\dfrac{2}{3}$

STEP A 전체 경우의 수 구하기
먼저 갑이 2개의 주사위를 던지고 나중에 을이 1개의 주사위를 던질 때,
나오는 경우의 수는 $6^2 \cdot 6 = 216$

STEP B 갑이 던진 눈의 수 사이에 을이 던진 주사위에서 나온 눈의 수가 나오는 경우의 수 구하기

갑이 던진 주사위의 눈의 수를 각각 a, b라고 하고
을이 던진 주사위의 눈의 수를 c라고 하면
을이 이기는 경우는 $a < c < b$ 또는 $b < c < a$일 때이다.
이때 서로 다른 세 수를 택한 후 부등식을 만족하도록 a, b, c를 정하면
되므로 을이 이기는 경우의 수는 $_6C_3 \times 2 = 40$

STEP C 확률 구하기
따라서 구하는 확률은 $\dfrac{40}{216} = \dfrac{5}{27}$

0284

주머니 1, 1, 2, 3, 4의 숫자가 하나씩 적혀 있는 5개의 공이 들어 있다.
이 주머니에서 임의로 4개의 공을 동시에 꺼내어 임의로 일렬로 나열하고 나열된 순서대로 공에 적혀있는 수를 a, b, c, d라 할 때, $a \le b \le c \le d$일 확률은?

① $\dfrac{1}{15}$ ② $\dfrac{1}{12}$

③ $\dfrac{1}{9}$ ④ $\dfrac{1}{6}$

⑤ $\dfrac{1}{3}$

STEP Ⓐ 전체 경우의 수 구하기

주머니에서 임의로 4개의 공을 동시에 꺼내어 임의로 일렬로 나열하는 경우는 1의 숫자가 적힌 공의 개수에 따라 각 경우로 나누면 다음과 같다.

(ⅰ) 1의 숫자가 적힌 공이 1개인 경우
    1, 2, 3, 4의 숫자가 적힌 공을 일렬로 나열하는 경우의 수는 $4!=24$

(ⅱ) 1의 숫자가 적힌 공이 2개인 경우
    2, 3, 4의 숫자가 적힌 공 중 2개를 택하는 경우의 수는 $_3C_2$
    이 각각에 대하여 1이 적힌 공 2개와 위의 공 2개를 일렬로 나열하는
    경우의 수는 $\dfrac{4!}{2!}$
    이때 경우의 수는 $_3C_2 \times \dfrac{4!}{2!}=36$

(ⅰ), (ⅱ)에서 4개의 공을 나열하는 경우의 수는 $24+36=60$

STEP Ⓑ $a \le b \le c \le d$일 경우를 1이 적힌 공의 개수에 따라 구하기

한편 나열된 순서대로 공에 적혀있는 수를 a, b, c, d라 할 때,
$a \le b \le c \le d$인 경우의 수는 다음 각 경우로 나누면 다음과 같다.

(ⅲ) 1의 숫자가 적힌 공이 1개인 경우
    2, 3, 4의 숫자가 적힌 공을 모두 뽑는 경우의 수이므로 $_3C_3=1$

(ⅳ) 1의 숫자가 적힌 공이 2개인 경우
    2, 3, 4의 숫자가 적힌 공을 2개 뽑는 경우의 수이므로 $_3C_2=3$

(ⅲ), (ⅳ)에 의하여 $a \le b \le c \le d$인 경우의 수는 $1+3=4$

따라서 구하는 확률은 $\dfrac{4}{60}=\dfrac{1}{15}$

다른풀이 1이 적힌 두 공을 다른 공이라고 생각하고 풀이하기

STEP Ⓐ 순열을 이용하여 전체 경우의 수 구하기

1, 1, 2, 3, 4의 숫자가 하나씩 적혀 있는 5개의 공이 들어 있는 주머니에서 임의로 4개의 공을 꺼내어 임의로 나열하는 전체 경우의 수는 두 개의 1을 다르게 보고 구하면 5개 중 4개를 일렬로 나열하는 경우의 수이므로
$_5P_4=5 \times 4 \times 3 \times 2=120$

STEP Ⓑ $a \le b \le c \le d$일 경우를 1이 적힌 공의 개수에 따라 구하기

(ⅰ) 1이 적힌 공이 1개일 때, $a \le b \le c \le d$인 경우
    2개의 1을 다르게 보고 1개를 선택하고 나머지 2, 3, 4가 적힌 공을 모두
    뽑아 작은 순서로 배열하는 경우의 수는 $_2C_1 \times _3C_3=2$

(ⅱ) 1이 적힌 공이 2개일 때, $a \le b \le c \le d$인 경우
    2개의 1을 다르게 보고 2개를 선택하고 나머지 2, 3, 4가 적힌 공에서
    2개를 뽑아 작은 순서로 배열하는 경우의 수는 $_2C_2 \times _3C_2 \times 2!=6$

(ⅰ), (ⅱ)에서 구하는 경우의 수는 $2+6=8$

STEP Ⓒ 확률 구하기

따라서 구하는 확률은 $\dfrac{8}{120}=\dfrac{1}{15}$

확률의 덧셈정리

0285

1부터 30까지의 숫자가 각각 하나씩 적힌 30장의 카드가 들어 있는 주머니가 있다. 임의로 1개의 카드를 꺼내 나온 숫자를 a라 할 때, 이차방정식 $6x^2-5ax+a^2=0$이 정수해를 가질 확률은?

① $\dfrac{3}{4}$ ② $\dfrac{1}{3}$ ③ $\dfrac{2}{3}$

④ $\dfrac{1}{2}$ ⑤ $\dfrac{13}{30}$

STEP A   각각의 확률 구하기

이차방정식 $6x^2-5ax+a^2=0$에서 $(3x-a)(2x-a)=0$

$\therefore\ x=\dfrac{a}{3}$ 또는 $x=\dfrac{a}{2}$

표본공간을 S, $x=\dfrac{a}{3}$가 정수인 사건을 A,

$x=\dfrac{a}{2}$가 정수인 사건을 B라 하면

$S=\{1,\ 2,\ 3,\ \cdots,\ 30\}$, $A=\{a\,|\,a$는 3의 배수$\}$, $B=\{a\,|\,a$는 2의 배수$\}$,

$A\cap B=\{a\,|\,a$는 6의 배수$\}$이므로 각각의 확률은

$\mathrm{P}(A)=\dfrac{10}{30}$, $\mathrm{P}(B)=\dfrac{15}{30}$, $\mathrm{P}(A\cap B)=\dfrac{5}{30}$

STEP B $\mathrm{P}(A\cup B)=\mathrm{P}(A)+\mathrm{P}(B)-\mathrm{P}(A\cap B)$임을 이용하여 구하기

$\mathrm{P}(A\cup B)=\mathrm{P}(A)+\mathrm{P}(B)-\mathrm{P}(A\cap B)$

$\qquad=\dfrac{10}{30}+\dfrac{15}{30}-\dfrac{5}{30}=\dfrac{20}{30}=\dfrac{2}{3}$

0286

어느 학급은 35명으로 이루어져 있다. 이 학급의 모든 학생 중 대학수학능력시험 사회탐구 영역에서 국사를 선택한 학생은 22명이고 세계사를 선택한 학생은 17명이다. 국사와 세계사 중 어느 것도 선택하지 않은 학생은 4명이다. 이 학급에서 한 명의 학생을 뽑을 때, 이 학생이 국사와 세계사를 모두 선택하였을 확률은?

① $\dfrac{6}{35}$ ② $\dfrac{1}{5}$ ③ $\dfrac{8}{35}$

④ $\dfrac{9}{35}$ ⑤ $\dfrac{2}{7}$

STEP A   국사와 세계사 중 어느 것도 선택하지 않은 학생은 4명이므로 두 과목 중 한 과목이라도 선택한 학생은 31명임을 이용하기

대학수학능력시험 사회탐구 영역에서 국사를 선택할 사건을 A, 세계사를 선택할 사건을 B라 하면
국사를 선택한 학생은 22명이고 세계사를 선택한 학생은 17명이므로

$\mathrm{P}(A)=\dfrac{22}{35}$, $\mathrm{P}(B)=\dfrac{17}{35}$

국사와 세계사 중 어느 것도 선택하지 않은 학생은 4명이므로

$\mathrm{P}((A\cup B)^c)=\dfrac{4}{35}$이고

$\mathrm{P}(A\cup B)=1-\mathrm{P}((A\cup B)^c)=1-\dfrac{4}{35}=\dfrac{31}{35}$

STEP B $\mathrm{P}(A\cap B)=\mathrm{P}(A)+\mathrm{P}(B)-\mathrm{P}(A\cup B)$임을 이용하여 구하기

따라서 이 학생이 국사와 세계사를 모두 선택하였을 확률은

$\mathrm{P}(A\cap B)=\mathrm{P}(A)+\mathrm{P}(B)-\mathrm{P}(A\cup B)$

$\qquad=\dfrac{22}{35}+\dfrac{17}{35}-\dfrac{31}{35}=\dfrac{8}{35}$

0287

5개의 숫자 0, 1, 2, 4, 5를 모두 한 번씩 사용하여 만들 수 있는 다섯 자리의 자연수 중에서 임의로 하나의 자연수를 택할 때, 이 자연수가 짝수이거나 5의 배수일 확률은 $\dfrac{q}{p}$이다. $p+q$의 값을 구하여라.

(단, p, q는 서로소인 자연수이다.)

STEP A   전체 경우의 수 구하기

5개의 숫자 0, 1, 2, 4, 5를 모두 한 번씩 사용하여 만들 수 있는 다섯 자리의 자연수의 개수는 0, 1, 2, 4, 5를 모두 일렬로 나열하는 경우의 수에서 0이 맨 앞에 오도록 일렬로 나열하는 경우의 수를 뺀 것과 같으므로
$5!-4!=120-24=96$

STEP B   짝수일 확률과 5의 배수일 확률 구하기

다섯 자리의 자연수 중에서 짝수인 사건을 A, 5의 배수인 사건을 B라고 하면

(i) 짝수인 경우는 일의 자리의 숫자가 0 또는 2 또는 4일 때이다.
    일의 자리의 숫자가 0인 자연수의 개수는 $4!=24$
    일의 자리의 숫자가 2인 자연수의 개수는 $4!-3!=24-6=18$
    일의 자리의 숫자가 4인 자연수의 개수는 $4!-3!=24-6=18$
    즉 짝수의 개수는 $24+18+18=60$이므로 짝수일 확률은

    $\mathrm{P}(A)=\dfrac{60}{96}=\dfrac{5}{8}$

(ii) 5의 배수인 경우는 일의 자리의 숫자가 0 또는 5일 때이다.
    일의 자리의 숫자가 0인 자연수의 개수는 $4!=24$
    일의 자리의 숫자가 5인 자연수의 개수는 $4!-3!=18$
    즉 5의 배수의 개수는 $24+18=42$이므로 5의 배수일 확률은

    $\mathrm{P}(B)=\dfrac{42}{96}=\dfrac{7}{16}$

(iii) 짝수이고 5의 배수인 경우는 일의 자리의 숫자가 0일 때이다.
    일의 자리의 숫자가 0인 자연수의 개수는 $4!=24$

    즉 짝수이고 5의 배수일 확률은 $\mathrm{P}(A\cap B)=\dfrac{24}{96}=\dfrac{1}{4}$

STEP C $\mathrm{P}(A\cup B)=\mathrm{P}(A)+\mathrm{P}(B)-\mathrm{P}(A\cap B)$임을 이용하여 구하기

(i)~(iii)에서 짝수이거나 5의 배수일 확률은
$\mathrm{P}(A\cup B)=\mathrm{P}(A)+\mathrm{P}(B)-\mathrm{P}(A\cap B)$

$\qquad=\dfrac{5}{8}+\dfrac{7}{16}-\dfrac{1}{4}=\dfrac{10+7-4}{16}=\dfrac{13}{16}$

따라서 $p=16$, $q=13$이므로 $p+q=29$

0288

빨간 공 3개, 노란 공 2개, 파란 공 1개가 들어 있는 주머니에서 임의로 2개의 공을 동시에 꺼낼 때, 같은 색의 공 2개를 꺼낼 확률을 구하여라.

STEP A   전체 경우의 수 구하기

6개의 공 중 임의로 2개의 공을 꺼내는 모든 경우의 수는 ${}_6\mathrm{C}_2$

STEP B   두 사건 A, B가 서로 배반일 때의 확률 $\mathrm{P}(A\cup B)$ 구하기

빨간 공 2개를 꺼내는 사건을 A, 노란 공 2개를 꺼내는 사건을 B라 하면

$\mathrm{P}(A)=\dfrac{{}_3\mathrm{C}_2}{{}_6\mathrm{C}_2}=\dfrac{3}{15}$, $\mathrm{P}(B)=\dfrac{{}_2\mathrm{C}_2}{{}_6\mathrm{C}_2}=\dfrac{1}{15}$

따라서 두 사건 A, B는 서로 배반사건이므로 구하는 확률은

$\mathrm{P}(A\cup B)=\mathrm{P}(A)+\mathrm{P}(B)=\dfrac{3}{15}+\dfrac{1}{15}=\dfrac{4}{15}$

0289

다음 물음에 답하여라.
(1) 흰 공 6개와 빨간 공 4개가 들어 있는 주머니가 있다. 이 주머니에서 임의로 4개의 공을 동시에 꺼낼 때, 꺼낸 4개의 공 중 흰 공의 개수가 3 이상일 확률은?

① $\dfrac{17}{42}$　　② $\dfrac{19}{42}$　　③ $\dfrac{1}{2}$

④ $\dfrac{23}{42}$　　⑤ $\dfrac{25}{42}$

STEP A 전체 경우의 수 구하기

주머니에서 임의로 4개의 공을 동시에 꺼내는 모든 경우의 수는
$_{10}C_4 = 210$

STEP B 두 사건 A, B의 확률 $P(A)$, $P(B)$의 값 구하기

(i) 흰 공의 개수가 3일 사건을 A라 하면
흰 공 3개, 빨간 공 1개를 꺼내는 경우의 수는
$_6C_3 \cdot {}_4C_1 = 20 \cdot 4 = 80$

이 경우의 확률은 $P(A) = \dfrac{80}{210} = \dfrac{8}{21}$

(ii) 흰 공의 개수가 4일 사건을 B라 하면
흰 공 6개에서 4개를 꺼내는 경우의 수는
$_6C_4 = {}_6C_2 = 15$

이 경우의 확률은 $P(B) = \dfrac{15}{210} = \dfrac{1}{14}$

STEP C 두 사건 A, B가 서로 배반일 때의 확률 $P(A \cup B)$ 구하기

(i), (ii)에 의해 두 사건 A, B는 서로 배반사건이므로 구하는 확률은
$P(A \cup B) = P(A) + P(B) = \dfrac{8}{21} + \dfrac{1}{14} = \dfrac{19}{42}$

---

(2) 1부터 9까지의 자연수가 하나씩 적혀 있는 9개의 공이 들어있는 주머니가 있다. 이 주머니에서 임의로 3개의 공을 동시에 꺼낼 때, 꺼낸 공에 적혀 있는 세 수의 합이 짝수일 확률은?

① $\dfrac{5}{14}$　　② $\dfrac{8}{21}$　　③ $\dfrac{3}{7}$

④ $\dfrac{10}{21}$　　⑤ $\dfrac{11}{21}$

STEP A 전체 경우의 수 구하기

9개의 공이 들어있는 주머니에서 임의로 3개의 공을 동시에 꺼내는 경우의 수는 $_9C_3 = \dfrac{9 \times 8 \times 7}{3 \times 2 \times 1} = 84$

STEP B 세 수의 합이 짝수가 되는 경우의 수 구하기

주머니에서 꺼낸 3개의 공에 적혀있는 세 수의 합이 짝수인 경우는
(홀수, 홀수, 짝수), (짝수, 짝수, 짝수)의 두 가지 경우이다.
(i) (홀수, 홀수, 짝수)인 사건을 A라 하면
1, 3, 5, 7, 9가 적힌 공 중에서 두 개를 꺼내고
2, 4, 6, 8이 적힌 공 중에서 하나를 꺼내면 되므로 경우의 수는
$_5C_2 \times {}_4C_1 = 40$

이 경우의 확률은 $P(A) = \dfrac{{}_5C_2 \times {}_4C_1}{{}_9C_3} = \dfrac{10}{21}$

(ii) (짝수, 짝수, 짝수)인 사건을 B라 하면
2, 4, 6, 8이 적힌 공 중에서 세 개를 꺼내면 되므로 경우의 수는
$_4C_3 = 4$

이 경우의 확률은 $P(B) = \dfrac{{}_4C_3}{{}_9C_3} = \dfrac{4}{84} = \dfrac{1}{21}$

STEP C 배반 사건의 확률 구하기

(i), (ii)에 의해 두 사건 A, B는 서로 배반사건이므로 구하는 확률은
$P(A \cup B) = P(A) + P(B) = \dfrac{40}{84} + \dfrac{4}{84} = \dfrac{11}{21}$

0290

어느 학급은 남녀 합하여 36명이다. 반에서 청소 당번 2명을 제비뽑기로 뽑을 때, 2명이 모두 남학생이거나 여학생일 확률이 $\dfrac{1}{2}$ 이라고 한다. 이때 남학생은 모두 몇 명인가? (단, 남학생의 수는 15명보다 많다.)

① 17　　② 18　　③ 19
④ 20　　⑤ 21

STEP A 전체 경우의 수 구하기

36명에서 청소 당번 2명을 제비뽑기하는 경우의 수는 $_{36}C_2$

STEP B 두 사건 A, B가 서로 배반일 때의 확률 $P(A \cup B)$ 구하기

36명 중 남학생을 n명, 여학생을 $36-n$명이라 하면
(i) 2명을 뽑을 때, 2명 모두 남학생일 사건을 A라 하면
$$P(A) = \frac{{}_nC_2}{{}_{36}C_2}$$
(ii) 2명을 뽑을 때, 2명 모두 여학생일 사건을 B라 하면
$$P(B) = \frac{{}_{36-n}C_2}{{}_{36}C_2}$$
(i), (ii)에서 A, B는 배반사건이므로 구하는 확률은
$$P(A \cup B) = P(A) + P(B) = \frac{{}_nC_2}{{}_{36}C_2} + \frac{{}_{36-n}C_2}{{}_{36}C_2} = \frac{1}{2}$$

STEP C 확률 $P(A \cup B)$의 값을 이용하여 n의 값 구하기
$$\frac{n(n-1)}{36 \cdot 35} + \frac{(36-n)(35-n)}{36 \cdot 35} = \frac{1}{2}$$
$2n^2 - 72n + 36 \times 35 = 35 \times 18$, $2n^2 - 72n + 18 \times 35 = 0$
$n^2 - 36n + 21 \times 15 = 0$, $(n-21)(n-15) = 0$
$\therefore n = 21 \ (\because n > 15)$
따라서 남학생은 모두 21명이다.

0291

두 사건 A, B에 대하여
$$P(A \cap B) = \frac{2}{3}P(A) = \frac{2}{5}P(B)$$
일 때, $\dfrac{P(A \cup B)}{P(A \cap B)}$의 값을 구하여라. (단, $P(A \cap B) \neq 0$이다.)

STEP A $P(A \cup B) = P(A) + P(B) - P(A \cap B)$임을 이용하여 구하기

$P(A \cap B) = \dfrac{2}{3}P(A)$이고 $P(B) = \dfrac{5}{2} \times \dfrac{2}{3}P(A) = \dfrac{5}{3}P(A)$이므로
$$P(A \cup B) = P(A) + P(B) - P(A \cap B)$$
$$= P(A) + \frac{5}{3}P(A) - \frac{2}{3}P(A)$$
$$= 2P(A)$$
따라서 $\dfrac{P(A \cup B)}{P(A \cap B)} = \dfrac{2P(A)}{\dfrac{2}{3}P(A)} = 3$

다른풀이 $P(A \cap B)$을 이용하여 풀이하기

$P(A \cap B) = \dfrac{2}{3}P(A) = \dfrac{2}{5}P(B)$에서 $P(A) = \dfrac{3}{2}P(A \cap B)$

$P(B) = \dfrac{5}{2}P(A \cap B)$이므로
$$P(A \cup B) = P(A) + P(B) - P(A \cap B)$$
$$= \frac{3}{2}P(A \cap B) + \frac{5}{2}P(A \cap B) - P(A \cap B)$$
$$= 3P(A \cap B)$$
따라서 $\dfrac{P(A \cup B)}{P(A \cap B)} = \dfrac{3P(A \cap B)}{P(A \cap B)} = 3$

0292

다음 물음에 답하여라.

(1) 두 사건 A, B에 대하여
$$P(A)=\frac{2}{3},\ P(A\cap B)=\frac{1}{4}$$
일 때, $P(A\cap B^c)$의 값은? (단, B^c는 B의 여사건이다.)

① $\dfrac{1}{3}$ ② $\dfrac{5}{12}$ ③ $\dfrac{1}{2}$

④ $\dfrac{7}{12}$ ⑤ $\dfrac{2}{3}$

STEP A $P(A\cap B)+P(A\cap B^c)=P(A)$을 이용하여 구하기

두 사건 $A\cap B$, $A\cap B^c$은
서로 배반사건이므로
$$P(A\cap B)+P(A\cap B^c)=P(A)$$
← $(A\cap B)\cup(A\cap B^c)=A$

$P(A)=\dfrac{2}{3}$, $P(A\cap B)=\dfrac{1}{4}$에서

$$P(A\cap B^c)=P(A)-P(A\cap B)=\frac{2}{3}-\frac{1}{4}=\frac{5}{12}$$

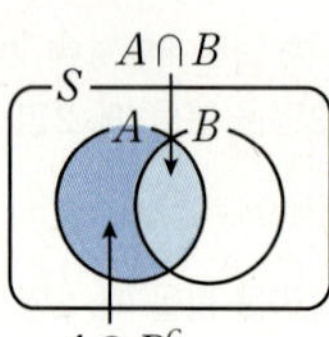

(2) 두 사건 A, B에 대하여
$$P(A)=\frac{1}{2},\ P(A\cap B^c)=\frac{1}{5}$$
일 때, $P(A^c\cup B^c)$의 값은? (단, A^c은 A의 여사건이다.)

① $\dfrac{2}{5}$ ② $\dfrac{1}{2}$ ③ $\dfrac{3}{5}$

④ $\dfrac{7}{10}$ ⑤ $\dfrac{4}{5}$

STEP A $P(A)=P(A\cap B^c)+P(A\cap B)$을 이용하기

$P(A)=P(A\cap B^c)+P(A\cap B)$에서
$$P(A\cap B)=P(A)-P(A\cap B^c)$$
$$=\frac{1}{2}-\frac{1}{5}=\frac{3}{10}$$

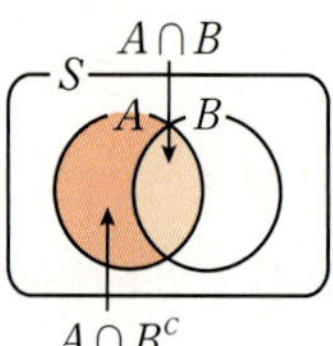

STEP B $P(A^c\cup B^c)$의 값 구하기
$$P(A^c\cup B^c)=1-P(A\cap B)=1-\frac{3}{10}=\frac{7}{10}$$

(3) 두 사건 A, B에 대하여
$$P(A^c\cup B^c)=\frac{4}{5},\ P(A\cap B^c)=\frac{1}{4}$$
일 때, $P(A^c)$의 값은? (단, A^c은 A의 여사건이다.)

① $\dfrac{1}{2}$ ② $\dfrac{11}{20}$ ③ $\dfrac{3}{5}$

④ $\dfrac{13}{20}$ ⑤ $\dfrac{7}{10}$

STEP A $P(A^c\cup B^c)=1-P(A\cap B)$을 이용하기

드모르간의 법칙에 의하여 $A^c\cup B^c=(A\cap B)^c$이므로
$$P(A^c\cup B^c)=1-P(A\cap B)=\frac{4}{5}$$
$$\therefore\ P(A\cap B)=\frac{1}{5}$$

STEP B $P(A)=P(A\cap B)+P(A\cap B^c)$을 이용하기

이때 $P(A)=P(A\cap B)+P(A\cap B^c)$
이고 $P(A\cap B^c)=\dfrac{1}{4}$이므로
$$P(A)=P(A\cap B)+P(A\cap B^c)$$
$$=\frac{1}{5}+\frac{1}{4}=\frac{9}{20}$$

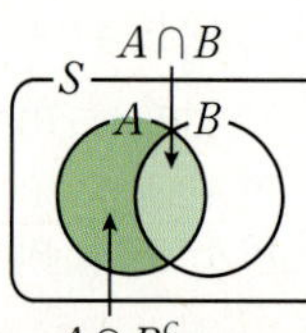

STEP C $P(A^c)=1-P(A)$를 이용하여 구하기

따라서 $P(A^c)=1-P(A)=1-\dfrac{9}{20}=\dfrac{11}{20}$ ← $P(A)+P(A^c)=1$

0293

두 사건 A, B에 대하여
$$P(A\cap B^c)=P(A^c\cap B)=\frac{1}{6},\ P(A\cup B)=\frac{2}{3}$$
일 때, $P(A\cap B)$의 값은? (단, A^c은 A의 여사건이다.)

① $\dfrac{1}{12}$ ② $\dfrac{1}{6}$ ③ $\dfrac{1}{4}$

④ $\dfrac{1}{3}$ ⑤ $\dfrac{5}{12}$

STEP A $P(A\cap B^c)=P(A)-P(A\cap B)$을 이용하여 구하기

$$P(A\cap B^c)=P(A)-P(A\cap B)=\frac{1}{6}$$

$$P(A^c\cap B)=P(B)-P(A\cap B)=\frac{1}{6}$$

표본공간을 S라 하고 벤 다이어그램으로 나타내면 다음 그림과 같다.

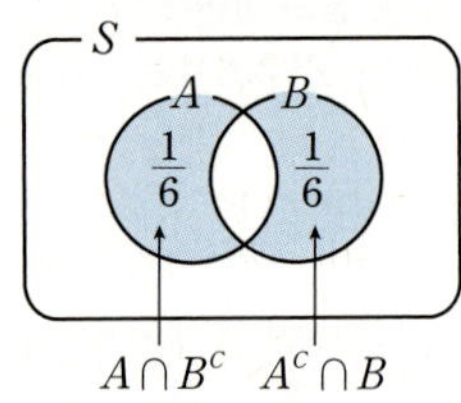

$$P(A\cap B)=P(A\cup B)-P(A\cap B^c)-P(A^c\cap B)=\frac{2}{3}-\frac{1}{6}-\frac{1}{6}=\frac{1}{3}$$

다른풀이 $P(A\cap B)=P(A)+P(B)-P(A\cup B)$을 이용하여 풀이하기

$$P(A\cap B^c)=P(A)-P(A\cap B)=\frac{1}{6}$$

$$P(A^c\cap B)=P(B)-P(A\cap B)=\frac{1}{6}$$에서

$$P(A)=P(B)=P(A\cap B)+\frac{1}{6}$$

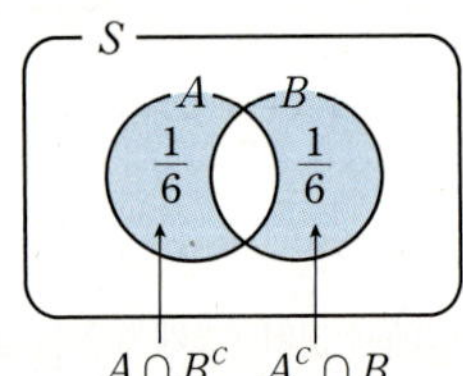

$$P(A\cap B)=P(A)+P(B)-P(A\cup B)$$ ← $P(A\cup B)=\dfrac{2}{3}$
$$=2\left\{P(A\cap B)+\frac{1}{6}\right\}-\frac{2}{3}$$
$$=2P(A\cap B)+\frac{1}{3}-\frac{2}{3}$$
$$\therefore\ P(A\cap B)=\frac{1}{3}$$

다른풀이 $P(A\cap B)=k$로 놓고 풀이하기

$P(A\cap B)=k$ (k는 상수)라 하면

$P(A\cap B^c)=P(A)-P(A\cap B)=\dfrac{1}{6}$이므로

$$P(A)=P(A\cap B^c)+P(A\cap B)=\frac{1}{6}+k$$

$$P(B)=P(A^c\cap B)+P(A\cap B)=\frac{1}{6}+k$$

그런데 $P(A\cup B)=P(A)+P(B)-P(A\cap B)=\dfrac{2}{3}$이므로

$$\left(\frac{1}{6}+k\right)+\left(\frac{1}{6}+k\right)-k=\frac{2}{3}$$

따라서 $k=\dfrac{1}{3}$

0294

두 사건 A와 B는 서로 배반사건이고
$$P(A^c)=\frac{1}{3},\ P(A^c\cap B)=\frac{1}{4}$$
일 때, $P(A\cup B)$의 값을 구하여라. (단, A^c은 A의 여사건이다.)

STEP A $P(A)=1-P(A^c)$임을 이용하기

$P(A^c)=\frac{1}{3}$이므로 $P(A)=1-P(A^c)=1-\frac{1}{3}=\frac{2}{3}$

STEP B 두 사건 A, B가 서로 배반사건이면 $P(A\cup B)=P(A)+P(B)$임을 이용하기

두 사건 A와 B가 서로 배반사건이므로 $P(A\cap B)=0$에서

$P(A^c\cap B)=P(B)-P(A\cap B)=P(B)=\frac{1}{4}$

따라서 $P(A\cup B)=P(A)+P(B)=\frac{2}{3}+\frac{1}{4}=\frac{11}{12}$

다른풀이 $P(A\cup B)=1-P(A^c\cap B^c)$을 이용하여 풀이하기

$P(A^c\cap B^c)=P(A^c)-P(A^c\cap B)=\frac{1}{3}-\frac{1}{4}=\frac{1}{12}$

$P(A\cup B)=1-P(A^c\cap B^c)=1-\frac{1}{12}=\frac{11}{12}$

0295

다음 물음에 답하여라.
(1) 두 사건 A와 B는 서로 배반사건이고
$$P(A\cup B)=4P(B)=1$$
일 때, $P(A)$의 값은?

① $\frac{1}{4}$　　　② $\frac{3}{8}$　　　③ $\frac{1}{2}$

④ $\frac{5}{8}$　　　⑤ $\frac{3}{4}$

STEP A 두 사건이 배반사건이므로 $P(A\cap B)=0$임을 이용하여 구하기

두 사건 A, B가 서로 배반사건이므로 $P(A\cap B)=0$

$P(A\cup B)=P(A)+P(B)$이므로 $P(A\cup B)=4P(B)=1$에서

$P(A)+P(B)=4P(B)=1$ ∴ $P(B)=\frac{1}{4}$

따라서 $P(A)=3P(B)=3\times\frac{1}{4}=\frac{3}{4}$

다른풀이 벤 다이어그램을 이용하여 풀이하기

$P(A\cup B)=4P(B)=1$을 그림으로
나타내면 오른쪽 그림과 같다.
∴ $P(A)=\frac{3}{4}$

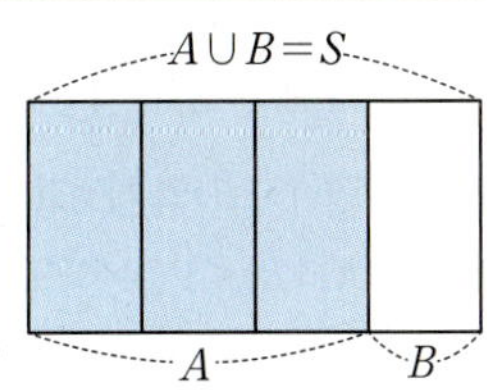

(2) 서로 배반인 두 사건 A, B에 대하여
$$P(A)=\frac{1}{2},\ P(A^c\cap B^c)=\frac{1}{4}$$
일 때, $P(B)$의 값은? (단, A^c은 A의 여사건이다.)

① $\frac{1}{4}$　　　② $\frac{3}{8}$　　　③ $\frac{1}{2}$

④ $\frac{5}{8}$　　　⑤ $\frac{3}{4}$

STEP A $P(A^c\cap B^c)=P((A\cup B)^c)=1-P(A\cup B)$을 이용하여 구하기

드모르간의 법칙에 의하여 $A^c\cap B^c=(A\cup B)^c$

$P(A^c\cap B^c)=1-P(A\cup B)=\frac{1}{4}$

∴ $P(A\cup B)=\frac{3}{4}$

STEP B 두 사건 A, B가 서로 배반사건이면 $P(A\cup B)=P(A)+P(B)$임을 이용하기

두 사건 A, B가 서로 배반사건이므로 $P(A\cap B)=0$
확률의 덧셈정리에서

$P(A\cup B)=P(A)+P(B)$이므로 $\frac{3}{4}=\frac{1}{2}+P(B)$

따라서 $P(B)=\frac{3}{4}-\frac{1}{2}=\frac{1}{4}$

(3) 사건 A, B에 대하여 A^c과 B는 서로 배반사건이고
$$P(A)=2P(B)=\frac{3}{5}$$
일 때, $P(A\cap B^c)$의 값은? (단, A^c은 A의 여사건이다.)

① $\frac{7}{20}$　　　② $\frac{3}{10}$　　　③ $\frac{1}{4}$

④ $\frac{1}{5}$　　　⑤ $\frac{3}{20}$

STEP A 사건 A^c과 B가 배반사건임을 이용하여 $P(A^c\cup B)$ 구하기

$P(A)=\frac{3}{5}$에서 $P(A^c)=1-P(A)=1-\frac{3}{5}=\frac{2}{5}$

$2P(B)=\frac{3}{5}$에서 $P(B)=\frac{3}{10}$

이때 A^c과 B가 서로 배반사건이므로 $P(A^c\cap B)=0$

$P(A^c\cup B)=P(A^c)+P(B)-P(A^c\cap B)=\frac{2}{5}+\frac{3}{10}-0=\frac{7}{10}$

STEP B 드모르간의 법칙을 이용하여 $P(A\cap B^c)$ 구하기

따라서 $P(A\cap B^c)=P((A^c\cup B)^c)=1-P(A^c\cup B)=1-\frac{7}{10}=\frac{3}{10}$

다른풀이 A^c과 B가 서로 배반사건이면 $B\subset A$임을 이용하여 풀이하기

A^c과 B가 서로 배반사건이므로 $P(A^c\cap B)=0$
즉 사건 A와 B의 포함관계는 $B\subset A$

이때 $P(A)=2P(B)=\frac{3}{5}$에서 $P(A\cap B)=P(B)=\frac{3}{10}$

따라서 $P(A\cap B^c)=P(A)-P(A\cap B)=P(A)-P(B)=\frac{3}{5}-\frac{3}{10}=\frac{3}{10}$

0296

두 사건 A, B에 대하여 A와 B^c은 서로 배반사건이고
$$P(A)=\frac{1}{3},\ P(A^c\cap B)=\frac{1}{6}$$
일 때, $P(B)$의 값은? (단, A^c은 A의 여사건이다.)

① $\frac{5}{12}$　　　② $\frac{1}{2}$　　　③ $\frac{7}{12}$

④ $\frac{2}{3}$　　　⑤ $\frac{3}{4}$

STEP A 두 사건 A와 B^c은 서로 배반사건임을 이용하여 $P(B^c)$ 구하기

$P(A)=\frac{1}{3}$, $P(A^c\cap B)=\frac{1}{6}$이고

$P(A^c\cap B)=P((A\cup B^c)^c)=1-P(A\cup B^c)$이고

두 사건 A와 B^c은 서로 배반사건이므로

$P(A^c\cap B)=1-P(A\cup B^c)$

$\qquad\qquad=1-\{P(A)+P(B^c)\}$

$\qquad\qquad=1-\left\{\frac{1}{3}+P(B^c)\right\}$

$\frac{1}{6}=\frac{2}{3}-P(B^c)$

∴ $P(B^c)=\frac{1}{2}$

STEP B $P(B)=1-P(B^c)$을 이용하여 구하기

따라서 $P(B)=1-P(B^c)=1-\frac{1}{2}=\frac{1}{2}$

다른풀이 A과 B^c이 서로 배반사건이면 $A \subset B$임을 이용하여 풀이하기

STEP Ⓐ 두 사건 A와 B^c이 서로 배반사건임을 이용하여 $\mathrm{P}(B)$ 구하기

두 사건 A와 B^c은 서로 배반사건이므로 $A \cap B^c = \varnothing$

즉 $A \subset B$이므로 $B = A \cup (A^c \cap B)$

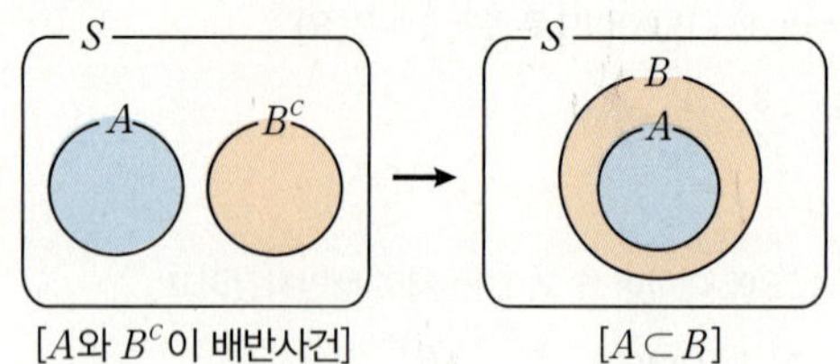

이때 A와 $A^c \cap B$는 서로 배반사건이므로

$\mathrm{P}(B) = \mathrm{P}(A) + \mathrm{P}(A^c \cap B) = \dfrac{1}{3} + \dfrac{1}{6} = \dfrac{1}{2}$

0297

두 사건 A, B가 서로 배반사건이고 $\mathrm{P}(A \cup B) = \dfrac{1}{2}$일 때,
$\mathrm{P}(A)\mathrm{P}(B)$의 최댓값은? (단, $\mathrm{P}(A)\mathrm{P}(B) > 0$)

① $\dfrac{1}{4}$ ② $\dfrac{1}{2}$ ③ $\dfrac{1}{12}$

④ $\dfrac{1}{16}$ ⑤ $\dfrac{1}{8}$

STEP Ⓐ A, B가 서로 배반사건임을 이용하여 $\mathrm{P}(B)$의 값 구하기

두 사건 A, B가 서로 배반사건 일 때, $\mathrm{P}(A \cup B) = \mathrm{P}(A) + \mathrm{P}(B)$에서

$\mathrm{P}(A) = x\left(0 < x < \dfrac{1}{2}\right)$라 하면 $\mathrm{P}(A \cup B) = \dfrac{1}{2}$이므로 $\dfrac{1}{2} = x + \mathrm{P}(B)$

$\therefore \mathrm{P}(B) = \dfrac{1}{2} - x$

STEP Ⓑ $\mathrm{P}(A)\mathrm{P}(B)$의 최댓값 구하기

$\mathrm{P}(A)\mathrm{P}(B) = x\left(\dfrac{1}{2} - x\right) = \dfrac{1}{2}x - x^2 = -\left(x - \dfrac{1}{4}\right)^2 + \dfrac{1}{16}$

즉 $x = \dfrac{1}{4}$일 때, $\mathrm{P}(A)\mathrm{P}(B)$의 최댓값은 $\dfrac{1}{16}$

다른풀이 산술평균과 기하평균을 이용하여 풀이하기

두 사건 A, B가 $\mathrm{P}(A) \neq 0$, $\mathrm{P}(B) \neq 0$이므로 $\mathrm{P}(A) > 0$, $\mathrm{P}(B) > 0$

또한, 두 사건 A, B가 서로 배반일 때, $\mathrm{P}(A \cup B) = \mathrm{P}(A) + \mathrm{P}(B)$에서

$\mathrm{P}(A) = x$, $\mathrm{P}(B) = y$라 하면 $x + y = \dfrac{1}{2}$

두 양수의 합과 곱에 대한 절대부등식에 의하여 $x + y \geq 2\sqrt{xy}$

$\dfrac{1}{2} \geq 2\sqrt{xy}$ (단, 등호는 $x = y$일 때 성립)

$xy \leq \dfrac{1}{16}$

따라서 $\mathrm{P}(A) = \mathrm{P}(B) = \dfrac{1}{4}$일 때, $\mathrm{P}(A)\mathrm{P}(B)$의 최댓값은 $\dfrac{1}{16}$

0298

다음 물음에 답하여라.

(1) 두 사건 A, B가 서로 배반사건이고 $\mathrm{P}(A) - 2\mathrm{P}(B) = \dfrac{1}{3}$일 때,
$\mathrm{P}(B)$의 최댓값을 구하여라.

STEP Ⓐ A, B가 서로 배반사건임을 이용하기

두 사건 A와 B가 서로 배반이므로

$\mathrm{P}(A \cup B) = \mathrm{P}(A) + \mathrm{P}(B)$

STEP Ⓑ 확률의 성질에 의하여 $0 \leq \mathrm{P}(A \cup B) \leq 1$임을 이용하기

$0 \leq \mathrm{P}(A \cup B) \leq 1$이므로 $0 \leq \mathrm{P}(A) + \mathrm{P}(B) \leq 1$ …… ㉠

한편 $\mathrm{P}(A) - 2\mathrm{P}(B) = \dfrac{1}{3}$에서 $\mathrm{P}(A) = \dfrac{1}{3} + 2\mathrm{P}(B)$이므로

㉠에 대입하면 $0 \leq \dfrac{1}{3} + 2\mathrm{P}(B) + \mathrm{P}(B) \leq 1$

$3\mathrm{P}(B) \leq \dfrac{2}{3}$ $\therefore \mathrm{P}(B) \leq \dfrac{2}{9}$

STEP Ⓒ $\mathrm{P}(B)$의 최댓값 구하기

따라서 $\mathrm{P}(B)$의 최댓값은 $\dfrac{2}{9}$

(2) 두 사건 A, B가 서로 배반사건이고 $3\mathrm{P}(A) + \mathrm{P}(B) = \dfrac{3}{2}$일 때,
$\mathrm{P}(A)$의 최솟값을 구하여라.

STEP Ⓐ A, B가 서로 배반사건임을 이용하기

두 사건 A와 B가 서로 배반이므로
$\mathrm{P}(A \cup B) = \mathrm{P}(A) + \mathrm{P}(B)$

STEP Ⓑ 확률의 성질에 의하여 $0 \leq \mathrm{P}(A \cup B) \leq 1$임을 이용하기

$0 \leq \mathrm{P}(A \cup B) \leq 1$이므로 $0 \leq \mathrm{P}(A) + \mathrm{P}(B) \leq 1$ …… ㉠

한편 $3\mathrm{P}(A) + \mathrm{P}(B) = \dfrac{3}{2}$에서 $\mathrm{P}(B) = \dfrac{3}{2} - 3\mathrm{P}(A)$이므로

㉠에 대입하면 $0 \leq \mathrm{P}(A) + \dfrac{3}{2} - 3\mathrm{P}(A) \leq 1$

$\therefore \mathrm{P}(A) \geq \dfrac{1}{4}$

STEP Ⓒ $\mathrm{P}(A)$의 최솟값 구하기

따라서 $\mathrm{P}(A)$의 최솟값은 $\dfrac{1}{4}$

0299

다음 물음에 답하여라.

(1) 두 사건 A, B에 대하여 $\mathrm{P}(A) = \dfrac{1}{4}$, $\mathrm{P}(B) = \dfrac{1}{2}$일 때, $\mathrm{P}(A \cup B)$의
최댓값과 최솟값의 합을 $\dfrac{q}{p}$라 하자. $p + q$의 값을 구하여라.
(단, p와 q는 서로소인 자연수이다.)

STEP Ⓐ $\mathrm{P}(A \cup B) = \mathrm{P}(A) + \mathrm{P}(B) - \mathrm{P}(A \cap B)$임을 이용하기

$\mathrm{P}(A \cup B) = \mathrm{P}(A) + \mathrm{P}(B) - \mathrm{P}(A \cap B)$
$= \dfrac{1}{4} + \dfrac{1}{2} - \mathrm{P}(A \cap B)$

이므로 $\mathrm{P}(A \cap B)$가 최소일 때, $\mathrm{P}(A \cup B)$는 최대이고
$\mathrm{P}(A \cap B)$가 최대일 때, $\mathrm{P}(A \cup B)$는 최소이다.

STEP Ⓑ $\mathrm{P}(A \cup B)$의 최댓값과 최솟값 구하기

이때 $0 \leq \mathrm{P}(A \cap B) \leq \mathrm{P}(A)$이므로

(ⅰ) $\mathrm{P}(A \cap B)$가 최소일 때,   ← $A \cap B = \varnothing$

     $\mathrm{P}(A \cap B) = 0$이므로 $\mathrm{P}(A \cup B)$의 최댓값은

     $\mathrm{P}(A \cup B) = \dfrac{1}{4} + \dfrac{1}{2} - 0 = \dfrac{3}{4}$

(ⅱ) $\mathrm{P}(A \cap B)$가 최대일 때,

     $\mathrm{P}(A \cap B) = \mathrm{P}(A) = \dfrac{1}{4}$이므로 $\mathrm{P}(A \cup B)$의 최솟값은

     $\mathrm{P}(A \cup B) = \dfrac{1}{4} + \dfrac{1}{2} - \dfrac{1}{4} = \dfrac{1}{2}$

STEP Ⓒ $p + q$의 값 구하기

(ⅰ), (ⅱ)에서 $\mathrm{P}(A \cup B)$의 최댓값과 최솟값의 합은 $\dfrac{3}{4} + \dfrac{1}{2} = \dfrac{5}{4}$

$\therefore p + q = 5 + 4 = 9$

(2) 두 사건 A, B에 대하여 $P(A)=\dfrac{1}{4}$, $P(A\cup B)=\dfrac{3}{4}$일 때, $P(B)$의 최댓값과 최솟값의 합을 구하여라.

STEP Ⓐ $P(A\cup B)=P(A)+P(B)-P(A\cap B)$임을 이용하기

$P(A\cup B)=P(A)+P(B)-P(A\cap B)$에서

$\dfrac{3}{4}=\dfrac{1}{4}+P(B)-P(A\cap B)$

$P(B)=P(A\cap B)+\dfrac{1}{2}$

이때 $0\le P(A\cap B)\le P(A)$이므로

$P(A\cap B)$가 최소일 때, $P(B)$는 최소이고
$P(A\cap B)$가 최대일 때, $P(B)$는 최대이다.

STEP Ⓑ $P(B)$의 최댓값과 최솟값 구하기

(i) $P(A\cap B)$가 최소일 때, ← $A\cap B=\varnothing$

$P(A\cap B)=0$이므로 $P(B)$의 최솟값은

$P(B)=0+\dfrac{1}{2}=\dfrac{1}{2}$

(ii) $P(A\cap B)$가 최대일 때,

$P(A\cap B)=P(A)=\dfrac{1}{4}$이므로 $P(B)$의 최댓값은

$P(B)=\dfrac{1}{4}+\dfrac{1}{2}=\dfrac{3}{4}$

STEP Ⓒ 최댓값과 최솟값의 합 구하기

(i), (ii)에서 $P(B)$의 최댓값과 최솟값의 합은 $\dfrac{3}{4}+\dfrac{1}{2}=\dfrac{5}{4}$

0300

다음 물음에 답하여라.

(1) 2개의 당첨제비가 포함되어 있는 10개의 제비 중에서 임의로 3개의 제비를 동시에 뽑을 때, 적어도 한 개가 당첨 제비일 확률은?

① $\dfrac{2}{15}$ ② $\dfrac{4}{15}$ ③ $\dfrac{2}{5}$

④ $\dfrac{8}{15}$ ⑤ $\dfrac{2}{3}$

STEP Ⓐ 모든 경우의 수 구하기

10개의 제비 중에서 임의로 3개의 제비를 동시에 뽑는 경우의 수는 $_{10}C_3$

STEP Ⓑ 당첨제비가 하나도 안 뽑힐 사건의 확률 구하기

적어도 한 개가 당첨제비일 사건을 A라 하면
여사건 A^c은 당첨제비가 하나도 안 뽑힐 사건이므로
경우의 수는 $_8C_3$

STEP Ⓒ $P(A)=1-P(A^c)$을 이용하여 구하기

따라서 $P(A^c)=\dfrac{_8C_3}{_{10}C_3}=\dfrac{56}{120}=\dfrac{7}{15}$이므로 구하는 확률은

$P(A)=1-P(A^c)=1-\dfrac{7}{15}=\dfrac{8}{15}$

참고❋ 적어도 한 개가 당첨 제비일 확률은 여사건의 확률을 이용하면
$1-$(당첨제비가 하나도 안 뽑힐 확률)

---

(2) 주머니에는 흰 공 3개, 검은 공 4개가 들어 있다. 이 주머니에서 임의로 2개의 공을 동시에 꺼낼 때, 흰 공을 적어도 한 개를 꺼낼 확률은?

① $\dfrac{11}{21}$ ② $\dfrac{4}{7}$ ③ $\dfrac{13}{21}$

④ $\dfrac{2}{3}$ ⑤ $\dfrac{5}{7}$

STEP Ⓐ 모든 경우의 수 구하기

주머니에서 임의로 2개의 공을 동시에 꺼내는 경우의 수는 $_7C_2$

STEP Ⓑ 여사건인 모두 검은 공을 꺼내는 경우의 수 구하기

흰 공을 적어도 1개 이상 꺼내는 사건을 A라 하면
여사건 A^c은 모두 검은 공을 꺼내는 사건이므로 경우의 수는 $_4C_2$

STEP Ⓒ $P(A)=1-P(A^c)$을 이용하여 구하기

따라서 $P(A^c)=\dfrac{_4C_2}{_7C_2}=\dfrac{6}{21}=\dfrac{2}{7}$이므로 구하는 확률은

$P(A)=1-P(A^c)=1-\dfrac{2}{7}=\dfrac{5}{7}$

참고❋ 적어도 한 개가 흰 공일 확률은 여사건의 확률을 이용하면
$1-$(흰 공이 한 개도 나오지 않을 확률)

다른풀이 덧셈정리를 이용한 확률 구하기

흰 공을 적어도 1개 이상 꺼내는 경우는
주머니에서 흰 공 1개, 검은 공 1개이거나 흰 공 2개를 꺼내는 경우이다.

따라서 구하는 확률은 $P(A)=\dfrac{_3C_1\times_4C_1}{_7C_2}+\dfrac{_3C_2}{_7C_2}=\dfrac{12}{21}+\dfrac{3}{21}=\dfrac{15}{21}=\dfrac{5}{7}$

0301

에티오피아산 원두와 케냐산 원두를 합하여 10가지 원두 중에서 에티오피아산 원두가 n가지 있다. 이 중에서 임의로 2가지를 동시에 택할 때, 적어도 한 가지가 에티오피아산 원두일 확률이 $\dfrac{2}{3}$이다. 자연수 n의 값은?

① 3   ② 4   ③ 5

④ 6   ⑤ 7

STEP Ⓐ 모든 경우의 수 구하기

10가지 원두 중에서 2가지의 원두를 동시에 꺼내는 경우의 수는 $_{10}C_2$

STEP Ⓑ 모두 케냐산 원두를 택하는 경우의 수 구하기

적어도 한 가지의 에티오피아산 원두을 택하는 사건을 A라 하면
여사건 A^c은 모두 케냐산 원두를 택하는 사건이므로
케냐산 원두 $10-n$가지에서 2개를 택하는 경우의 수는 $_{10-n}C_2$

STEP Ⓒ $P(A)=1-P(A^c)$을 이용하여 구하기

$P(A^c)=\dfrac{_{10-n}C_2}{_{10}C_2}=\dfrac{(10-n)(9-n)}{90}$이므로 구하는 확률은

$P(A)=1-P(A^c)=1-\dfrac{(10-n)(9-n)}{90}=\dfrac{2}{3}$에서

$n^2-19n+60=0,\ (n-4)(n-15)=0$

따라서 $n\le 10$이므로 $n=4$

0302

다음 물음에 답하여라.

(1) 어느 지구대에서는 학생들의 안전한 통학을 위한 귀가도우미 프로그램에 참여하기로 하였다. 이 지구대의 경찰관은 모두 9명이고, 각 경찰관은 두 개의 근무 조 A, B 중 한 조에 속해 있다. 이 지구대의 근무 조 A는 5명, 근무 조 B는 4명의 경찰관으로 구성되어 있다. 이 지구대의 경찰관 9명 중에서 임의로 3명을 동시에 귀가도우미로 선택할 때, 근무 조 A와 근무 조 B에서 적어도 1명씩 선택될 확률을 구하여라.

STEP A 전체 경우의 수 구하기

전체 경찰관 9명 중에 3명을 선택하는 경우의 수는 $_9C_3=84$

STEP B 귀가도우미 3명이 모두 같은 근무조일 사건의 확률 구하기

(i) 귀가도우미 3명이 모두 근무조 A인 5명에서 선택되는 경우의 수는

$$_5C_3=_5C_2=10$$ 이므로 확률은 $\dfrac{_5C_3}{_9C_3}=\dfrac{10}{84}$

(ii) 귀가도우미 3명이 모두 근무조 B인 4명에서 선택되는 경우의 수는

$$_4C_3=_4C_1=4$$ 이므로 확률은 $\dfrac{_4C_3}{_9C_3}=\dfrac{4}{84}$

(i), (ii)에서 귀가도우미 3명이 모두 같은 근무조일 확률은 배반사건이므로

$$\dfrac{10}{84}+\dfrac{4}{84}=\dfrac{14}{84}=\dfrac{1}{6}$$

STEP C $P(A)=1-P(A^c)$을 이용하여 구하기

귀가도우미로 근무 조 A와 B에서 적어도 한 명씩 선택될 확률은

$$1-(\text{귀가도우미 3명이 모두 같은 근무조일 확률})=1-\dfrac{1}{6}=\dfrac{5}{6}$$

다른풀이 덧셈정리를 이용한 확률 구하기

전체 경찰관 9명 중에 3명을 선택하는 경우의 수는 $_9C_3=\dfrac{9\cdot8\cdot7}{3\cdot2\cdot1}=84$

근무 조 A와 B에서 각각 적어도 한명이 선택되는 경우는 다음 두 가지 경우가 있다.

(i) A에서 1명, B에서 2명이 선택되는 경우의 수는

$$_5C_1\times_4C_2=5\times6=30$$

(ii) A에서 2명, B에서 1명이 선택되는 경우의 수는

$$_5C_2\times_4C_1=10\times4=40$$

(i), (ii)에서 근무 조 A와 B에서 적어도 한 명씩 선택되는 경우의 수는

$$30+40=70$$

따라서 구하는 확률은 $\dfrac{70}{84}=\dfrac{5}{6}$

---

(2) 오른쪽 좌석표에서 2행 2열 좌석을 제외한 8개의 좌석에 여학생 4명과 남학생 4명을 1명씩 임의로 배정할 때, 적어도 2명의 남학생이 서로 이웃하게 배정될 확률은 p이다. $70p$의 값을 구하여라. (단, 2명이 같은 행의 바로 옆이나 같은 열의 바로 앞뒤에 있을 때 이웃한 것으로 본다.)

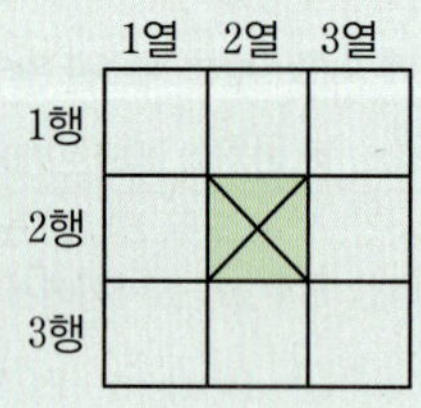

STEP A 전체 경우의 수 구하기

8명의 학생이 8개의 좌석에 배정되는 모든 경우의 수는 $8!$

STEP B 적어도 2명의 남학생이 서로 이웃하게 배정될 사건의 여사건인 어느 남학생도 이웃하지 않게 배정하는 경우의 수 구하기

이때 적어도 2명의 남학생이 서로 이웃하게 배정되는 사건을 A라 하면 여사건 A^c은 어느 남학생도 서로 이웃하게 배정되지 않는 사건이다. m행 n열의 좌석을 $(m, n)(m=1, 2, 3, n=1, 2, 3)$으로 나타내면 어느 남학생도 이웃하지 않게 배정되는 경우는 다음과 같다.

(i) [그림 1]과 같이 남학생 4명이 $(1, 1), (1, 3), (3, 1), (3, 3)$에 배정되고 나머지 자리에 여학생 4명이 배정되는 경우의 수는 $4!\times4!$

(ii) [그림 2]와 같이 남학생 4명이 $(1, 2), (2, 1), (2, 3), (3, 2)$에 배정되고 나머지 자리에 여학생 4명이 배정되는 경우의 수는 $4!\times4!$

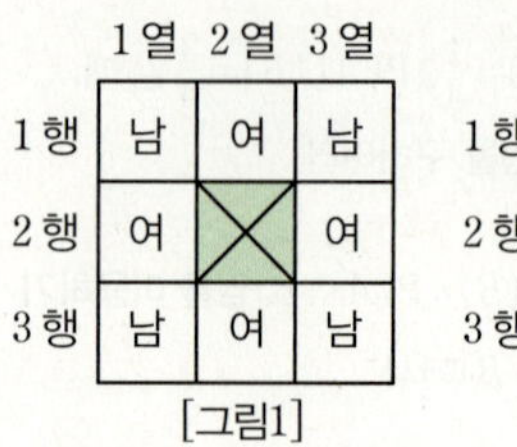

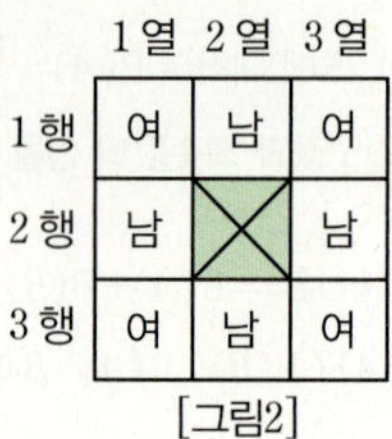

(i), (ii)에서 여사건 A^c이 일어나는 경우의 수는 $4!\times4!\times2$

$$P(A^c)=\dfrac{4!\times4!\times2}{8!}=\dfrac{1}{35}$$

STEP C $P(A)=1-P(A^c)$을 이용하여 구하기

$$\therefore p=P(A)=1-P(A^c)=1-\dfrac{1}{35}=\dfrac{34}{35}$$

따라서 $70p=70\times\dfrac{34}{35}=68$

주의! 문제의 그림을 보고 원순열로 풀이하면 안 된다. 왜냐하면 문제에서 좌석표는 행과 열이 구분되고 '회전하여 일치하는 것은 같은 것으로 본다.' 라는 조건이 주어지지 않았으므로 원순열로 생각하면 안 된다.

0303

남학생 12명, 여학생 13명으로 구성된 어느 학교 연극 동아리에서 임의로 두 명의 학생을 뽑아 설문조사를 할 때, 다음을 구하여라.

(1) 적어도 한 명의 남학생이 뽑힐 확률

STEP A 전체 경우의 수 구하기

25명의 학생 중에서 임의로 2명을 뽑는 경우의 수는 $_{25}C_2=300$

STEP B 여사건인 남학생이 한 명도 뽑히지 않은 사건 구하기

뽑는 2명의 학생 중 적어도 한 명이 남학생일 사건을 A라 하면 여사건 A^c는 남학생이 한 명도 뽑히지 않은 사건이다. 즉 모두 여학생이 뽑히는 사건이므로 뽑는 경우의 수는 $_{13}C_2=78$

$$P(A^c)=\dfrac{_{13}C_2}{_{25}C_2}=\dfrac{78}{300}=\dfrac{13}{50}$$

STEP C $P(A)=1-P(A^c)$을 이용하여 구하기

따라서 구하는 확률은 $P(A)=1-P(A^c)=1-\dfrac{13}{50}=\dfrac{37}{50}$

---

(2) 여학생이 1명 이상 뽑힐 확률

STEP A 전체 경우의 수 구하기

25명의 학생 중에서 임의로 2명을 뽑는 경우의 수는 $_{25}C_2=300$

STEP B 여사건인 2명이 남학생일 사건 구하기

뽑는 2명의 학생 중 여학생이 1명 이상인 사건을 B라 하면 여사건 B^c은 뽑는 2명이 모두 남학생이므로 뽑는 경우의 수는 $_{12}C_2=66$

$$P(B^c)=\dfrac{_{12}C_2}{_{25}C_2}=\dfrac{66}{300}=\dfrac{11}{50}$$

STEP C $P(B)=1-P(B^c)$을 이용하여 구하기

따라서 구하는 확률은 $P(B)=1-P(B^c)=1-\dfrac{11}{50}=\dfrac{39}{50}$

0304

다음 물음에 답하여라.

(1) 상자에 1부터 10까지의 자연수가 하나씩 적혀 있는 카드가 10장 들어 있다. 이 상자에서 임의로 3장의 카드를 동시에 꺼낼 때, 꺼낸 카드에 적혀 있는 세 수의 최댓값이 6 이상일 확률은?

① $\dfrac{7}{12}$ ② $\dfrac{2}{3}$ ③ $\dfrac{3}{4}$

④ $\dfrac{5}{6}$ ⑤ $\dfrac{11}{12}$

STEP A 전체 경우의 수 구하기

10장의 카드에서 3장의 카드를 동시에 꺼내는 경우의 수는 $_{10}C_3$

STEP B 여사건인 최댓값이 5 이하인 사건 구하기

꺼낸 카드에 적혀 있는 세 수의 최댓값이 6 이상인 사건을 A라 하면 여사건 A^c은 최댓값이 5 이하이므로 경우의 수는 $_5C_3$

STEP C $P(A)=1-P(A^c)$을 이용하여 구하기

따라서 $P(A^c)=\dfrac{_5C_3}{_{10}C_3}=\dfrac{10}{120}=\dfrac{1}{12}$ 이므로 구하는 확률은

$P(A)=1-P(A^c)=1-\dfrac{1}{12}=\dfrac{11}{12}$

---

(2) 흰 공 4개, 검은 공 3개가 들어 있는 주머니에서 임의로 4개의 공을 꺼낼 때, 흰 공을 2개 이상 꺼낼 확률은?

① $\dfrac{4}{5}$ ② $\dfrac{29}{35}$ ③ $\dfrac{6}{7}$

④ $\dfrac{31}{35}$ ⑤ $\dfrac{32}{35}$

STEP A 전체 경우의 수 구하기

흰 공 4개, 검은 공 3개가 들어 있는 주머니에서 4개의 공을 꺼내는 경우의 수는 $_7C_4=_7C_3=35$

STEP B 여사건인 흰 공을 1개, 검은 공 3개를 꺼내는 사건 구하기

4개의 공을 꺼낼 때 흰 공을 2개 이상 꺼내는 사건을 A라 하면 여사건 A^c은 흰 공을 1개, 검은 공 3개를 꺼내므로 경우의 수는 $_4C_1\times_3C_3=4$

STEP C $P(A)=1-P(A^c)$을 이용하여 구하기

따라서 $P(A^c)=\dfrac{_4C_1\times_3C_3}{_7C_4}=\dfrac{4}{35}$ 이므로 구하는 확률은

$P(A)=1-P(A^c)=1-\dfrac{4}{35}=\dfrac{31}{35}$

0305

다음 물음에 답하여라.

(1) 50원, 100원, 500원 짜리 동전이 각각 3개씩 모두 9개가 들어있는 지갑에서 동전 3개를 임의로 꺼낼 때, 꺼낸 모든 동전 금액의 합이 250원 이상일 확률을 $\dfrac{q}{p}$ 라 하자. 이때 $p+q$의 값을 구하여라.
(단, p, q는 서로소인 자연수이다.)

STEP A 전체 경우의 수 구하기

꺼낸 모든 동전 금액의 합이 250원 이상일 확률은 전체 사건의 확률에서 모든 동전 금액의 합이 250원 미만일 확률을 빼주면 된다.
전체 사건의 경우의 수는 $_9C_3=84$

STEP B 50원짜리 동전의 개수를 기준으로 확률 구하기

꺼낸 3개의 동전 금액의 합이 250원 미만이려면 꺼낸 동전 중 50원짜리 동전의 개수에 따라 나눠서 확률을 구한다.

(i) 50원짜리 동전이 3개인 경우

$\dfrac{_3C_3}{_9C_3}=\dfrac{1}{84}$

(ii) 50원짜리 동전이 2개인 경우

다른 한 개의 동전이 100원짜리이어야 하므로 $\dfrac{_3C_2\times_3C_1}{_9C_3}=\dfrac{9}{84}$

(iii) 50원짜리 동전이 1개인 경우

다른 두 개의 동전이 100원짜리이어야 하는데 금액의 합이 250원이므로 조건에 맞지 않는다.

(iv) 50원짜리 동전이 0개인 경우

100원짜리 동전만 3개이어야 하는데 금액의 합이 300원이므로 조건에 맞지 않는다.

(i)~(iv)에서 금액의 합이 250원 미만일 확률은 $\dfrac{1}{84}+\dfrac{9}{84}=\dfrac{5}{42}$

STEP C 여사건의 확률 구하기

즉 구하는 확률은 $1-\dfrac{5}{42}=\dfrac{37}{42}$ 이므로 $p=42$, $q=37$

따라서 $p+q=79$

---

(2) 그림과 같이 1, 2, 3, 4의 숫자가 하나씩 적혀있는 카드가 각각 3장씩 12장이 있다. 이 12장의 카드 중에서 임의로 3장의 카드를 선택할 때, 선택한 카드 중에 같은 숫자가 적혀 있는 카드가 2장 이상일 확률을 구하여라.

$\boxed{1}\ \boxed{1}\ \boxed{1}\ \boxed{2}\ \boxed{2}\ \boxed{2}\ \boxed{3}\ \boxed{3}\ \boxed{3}\ \boxed{4}\ \boxed{4}\ \boxed{4}$

STEP A 전체 경우의 수 구하기

12장의 카드 중 3장을 선택하는 경우의 수는
$_{12}C_3=220$ 가지 ← 12장의 카드를 모두 다른 것으로 생각한다.

STEP B 여사건인 선택한 3장의 카드에 적혀 있는 숫자가 모두 다른 사건 구하기

선택한 카드 중 같은 숫자가 적혀 있는 카드가 2장 이상인 사건을 A라 하면 여사건 A^c은 선택한 3장의 카드에 적혀 있는 숫자가 모두 다른 경우이므로 1, 2, 3, 4 중에 3개의 숫자를 선택하는 경우의 수는 $_4C_3=4$이고 선택한 세 숫자가 적힌 카드는 각각 3장씩 있으므로 1장씩 뽑는 경우의 수는 $_3C_1\times_3C_1\times_3C_1$

← 예를 들면 카드에 적힌 수가 각각 1, 2, 3이라 하면
  1이 적힌 카드를 선택하는 경우의 수는 $_3C_1=3$가지
  2가 적힌 카드와 3이 적힌 카드를 선택하는 경우의 수 또한 같은 방법으로 3가지씩이다.

즉 선택한 3장의 카드에 모두 다른 숫자가 적혀있는 확률

$P(A^c)=\dfrac{_4C_3\times_3C_1\times_3C_1\times_3C_1}{_{12}C_3}=\dfrac{108}{220}=\dfrac{27}{55}$

STEP C $P(A)=1-P(A^c)$을 이용하여 구하기

따라서 선택한 카드 중에 같은 숫자가 적혀 있는 카드가 2장 이상일 확률은

$P(A)=1-P(A^c)=1-\dfrac{27}{55}=\dfrac{28}{55}$

다른풀이 같은 숫자가 적혀 있는 카드의 개수에 따른 경우로 나누어 풀이하기

12장의 카드 중 3장을 선택하는 경우의 수는 $_{12}C_3=220$ 가지
이때 선택한 3장의 카드 중 같은 숫자가 적혀 있는 카드가 몇 장인지 다른 경우를 나누어 보면 다음과 같다.

(i) 같은 숫자가 적혀 있는 카드가 2장 일 때,
같은 숫자가 적혀 있는 카드 2장에 적힐 수를 고르는 경우의 수는 $_4C_1$
이 숫자가 적혀 있는 카드 3장 중 2장을 고르는 경우의 수는 $_3C_2$
나머지 1장의 카드를 고르는 경우의 수는 $_9C_1$

← 같은 수가 적혀 있는 3장의 카드를 제외한 9장의 카드 중 하나를 고른 것

즉 이때의 확률은 $\dfrac{_4C_1\times_3C_2\times_9C_1}{_{12}C_2}=\dfrac{4\times3\times9}{220}=\dfrac{27}{55}$

(ii) 같은 숫자가 적혀 있는 카드가 3장 일 때,
같은 숫자가 적혀 있는 카드 3장에 적힐 수를 고르는 경우의 수는 $_4C_1$

즉 이때의 확률은 $\dfrac{_4C_1}{_{12}C_2}=\dfrac{4}{220}=\dfrac{1}{55}$

（ⅰ）, （ⅱ）에서 선택한 카드 중에 같은 숫자가 적혀 있는 카드가 2장 이상일

확률은 배반사건이므로 $\dfrac{27}{55}+\dfrac{1}{55}=\dfrac{28}{55}$

 카드를 1장씩 순차적으로 꺼내는 시행을 3번(비복원추출)하는 것으로
생각하면 확률의 곱셈정리에 의하여 선택한 카드 3장에 적힌 숫자가

모두 다를 확률은 $\dfrac{12}{12}\times\dfrac{9}{11}\times\dfrac{6}{10}=\dfrac{27}{55}$

따라서 구하는 확률은 $1-\dfrac{27}{55}=\dfrac{28}{55}$

0306

숫자 1, 2, 3이 하나씩 적혀 있는 세 개의 공을 1, 2, 3이 하나씩 적혀 있는
세 개의 상자 안에 임의로 집어넣으려고 한다. 공에 적혀 있는 수와 상자에
적혀 있는 수가 적어도 한 개는 일치할 확률은? (단, 공은 한 개씩만 넣는
다.)

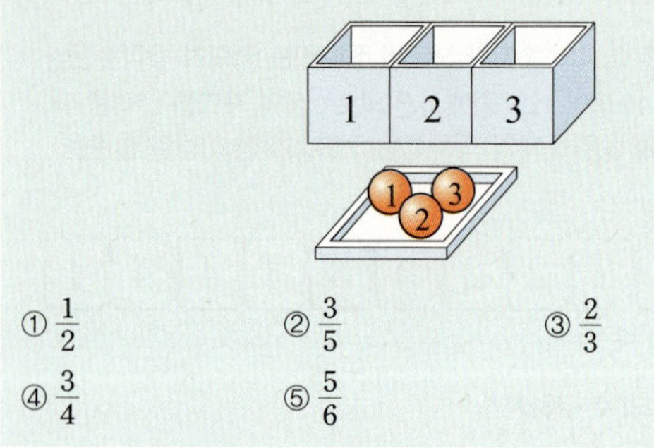

① $\dfrac{1}{2}$ ② $\dfrac{3}{5}$ ③ $\dfrac{2}{3}$

④ $\dfrac{3}{4}$ ⑤ $\dfrac{5}{6}$

STEP A 모든 경우의 수 구하기

숫자 1, 2, 3이 하나씩 적혀있는 세 개의 공을 숫자 1, 2, 3이 하나씩 적혀 있는
세 개의 상자에 대응시키는 모든 경우의 수는 $3!=6$

STEP B 여사건인 공의 수와 상자의 수가 일치하지 않는 사건 구하기

공에 적혀 있는 수와 상자에 적혀 있는 수가 적어도 1개는 일치하는 사건을
A라 하면 여사건 A^c은 공에 적혀 있는 수와 상자에 적혀 있는 수가 하나도
일치하지 않는 사건이므로 공에 적혀 있는 수와 상자에 적혀 있는 수가 하나도
일치하지 않는 경우의 수는 다음과 같이 2이다.

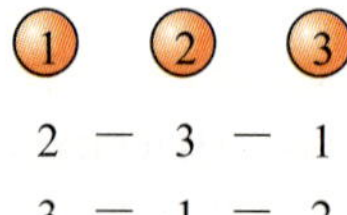

$$2 - 3 - 1$$
$$3 - 1 - 2$$

즉 $P(A^c)=\dfrac{2}{6}=\dfrac{1}{3}$

STEP C $P(A)=1-P(A^c)$을 이용하여 구하기

따라서 구하는 확률은 $P(A)=1-P(A^c)=1-\dfrac{1}{3}=\dfrac{2}{3}$

0307

학생 A, B, C, D 4명이 4인 놀이기구에
오른쪽 그림과 같이 앉아서 탔다. 이 놀이
기구가 재미있었던 친구들은 다시 이 놀이
기구를 타기로 하였다. 이 놀이기구에 다시
타서 4명의 자리를 임의로 정할 때, A와 B
중에서 적어도 한 학생은 자신이 처음 앉은
자리와 다른 자리에 앉을 확률은?

① $\dfrac{1}{6}$ ② $\dfrac{1}{4}$ ③ $\dfrac{1}{3}$

④ $\dfrac{7}{12}$ ⑤ $\dfrac{11}{12}$

STEP A 전체 경우의 수 구하기

4명이 4자리에 앉는 경우의 수는 4!

**STEP B 여사건인 A와 B 두 학생 모두 자신이 처음 앉은 자리에 앉는
사건 구하기**

A와 B 중에서 적어도 중 적어도 한 사람이 자신이 처음 앉은 자리와
다른 자리에 앉는 사건을 A라고 하면 여사건 A^c은 A와 B 두 학생 모두
자신이 처음 앉은 자리에 앉는 사건이다.
A와 B 두 학생 모두 자신이 처음 앉은 자리에 앉는 경우의 수는 1이고
이때 남은 2개의 자리에 C와 D가 앉는 경우의 수는 2!이므로

$$P(A^c)=\dfrac{1\times2!}{4!}=\dfrac{1}{12}$$

STEP C $P(A)=1-P(A^c)$을 이용하여 구하기

따라서 구하는 확률은 $P(A)=1-P(A^c)=1-\dfrac{1}{12}=\dfrac{11}{12}$

0308

4권의 마플 수학 문제집 수1, 수2, 확통, 미적분과 그 각각의 해설지가
있다. 4권의 문제집에 하나씩 해설지를 배치시킬 때, 적어도 한 쌍의
문제지와 해설지가 일치하는 확률은?

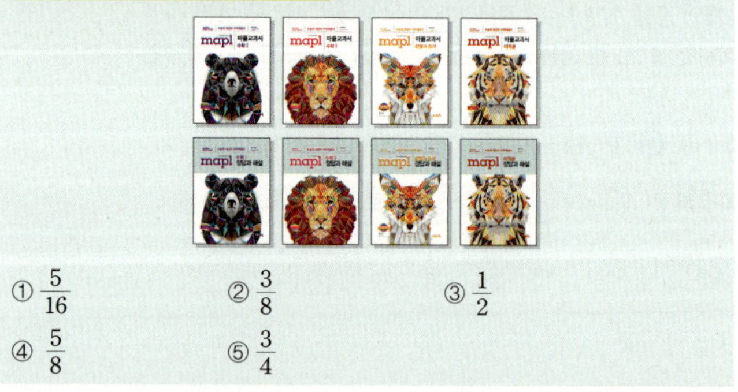

① $\dfrac{5}{16}$ ② $\dfrac{3}{8}$ ③ $\dfrac{1}{2}$

④ $\dfrac{5}{8}$ ⑤ $\dfrac{3}{4}$

STEP A 모든 경우의 수 구하기

4권의 문제집에 4권의 해설지를 대응시키는 모든 경우의 수는 $4!=24$

STEP B 여사건인 문제지와 해설지가 하나도 일치하지 않는 사건 구하기

4권의 마플수학 문제집 수1, 수2, 확통,
미적분을 A, B, C, D라 하고
그 각각의 해설지를 a, b, c, d라 하자.
적어도 하나의 문제지와 해설지가 일치
하는 사건을 A라 하면
여사건 A^c은 문제지와 해설지가 하나도
일치하지 않는 사건이므로 경우의 수는

오른쪽과 같이 9이다. 즉 $P(A^c)=\dfrac{9}{24}=\dfrac{3}{8}$

STEP C $P(A)=1-P(A^c)$을 이용하여 구하기

따라서 구하는 확률은 $P(A)=1-P(A^c)=1-\dfrac{3}{8}=\dfrac{5}{8}$

0309

다음 물음에 답하여라.

(1) 집합 $X=\{1, 2, 3\}$에서 집합 $Y=\{1, 2, 3, 6\}$으로의 함수 중에서 임의로 하나를 택할 때, 모든 함숫값의 곱이 짝수가 되는 함수일 확률을 구하여라.

STEP A 전체 경우의 수 구하기

집합 X에서 집합 Y로의 함수의 개수는 $_4\Pi_3=4^3=64$

STEP B 여사건인 모든 함숫값들의 곱이 홀수일 사건 구하기

모든 함숫값들의 곱이 짝수일 사건을 A라 하면
여사건 A^c은 모든 함숫값들의 곱이 홀수일 사건이므로
모든 함숫값들의 곱이 홀수가 되려면 집합 X의 모든 원소가 집합 Y의
원소 중 홀수인 1, 3에 대응되어야 하므로 그 경우의 수는 $_2\Pi_3=2^3=8$
$$P(A^c)=\frac{8}{64}=\frac{1}{8}$$

STEP C $P(A)=1-P(A^c)$을 이용하여 구하기

따라서 구하는 확률은 $P(A)=1-P(A^c)=1-\frac{1}{8}=\frac{7}{8}$

(2) 한 개의 주사위를 세 번 던져서 나오는 눈의 수를 차례로 a, b, c라고 할 때, $(a-b)(b-c)(c-a)=0$일 확률을 구하여라.

STEP A 전체 경우의 수 구하기

한 개의 주사위를 세 번 던질 때 나오는 모든 경우의 수는 $_6\Pi_3=6^3=216$

STEP B 여사건인 $(a-b)(b-c)(c-a)\neq 0$인 사건 구하기

$(a-b)(b-c)(c-a)=0$인 사건을 A라 하면
← $(a-b)(b-c)(c-a)=0$이면 $a=b$ 또는 $b=c$ 또는 $c=a$
여사건 A^c은 $(a-b)(b-c)(c-a)\neq 0$인 사건이다.
즉 $(a-b)(b-c)(c-a)\neq 0$이려면
$a\neq b$이고 $b\neq c$이고 $c\neq a$이어야 하므로 1부터 6까지의 6개 수 중에서
서로 다른 3개의 수를 택하는 경우의 수와 같으므로 $_6P_3=6\times5\times4=120$
즉 $(a-b)(b-c)(c-a)\neq 0$을 만족하는 확률은 $P(A^c)=\frac{120}{216}=\frac{5}{9}$

STEP C $P(A)=1-P(A^c)$을 이용하여 구하기

따라서 구하는 확률은 $P(A)=1-P(A^c)=1-\frac{5}{9}=\frac{4}{9}$

(3) 서로 다른 세 개의 주사위를 동시에 던졌을 때, 나온 눈을 차례로 a, b, c라고 할 때, $(a-b)^2+(b-c)^2+(c-a)^2>0$일 확률을 구하여라.

STEP A 전체 경우의 수 구하기

세 개의 주사위를 던질 때 나오는 모든 경우의 수는
$$_6\Pi_3=6\times6\times6=6^3=216$$

STEP B 여사건인 $(a-b)^2+(b-c)^2+(c-a)^2=0$인 사건 구하기

$(a-b)^2+(b-c)^2+(c-a)^2>0$이 되는 세 눈이 나오는 사건을 A라고 하면
여사건 A^c은 $(a-b)^2+(b-c)^2+(c-a)^2=0$이 되는 세 눈이 나오는
사건이다.
이때 $(a-b)^2+(b-c)^2+(c-a)^2=0$이면 $a=b=c$이므로 경우의 수는 6
$$P(A^c)=\frac{6}{6^3}=\frac{1}{36}$$

STEP C $P(A)=1-P(A^c)$을 이용하여 구하기

따라서 구하는 확률은 $P(A)=1-P(A^c)=1-\frac{1}{36}=\frac{35}{36}$

0310

다음 물음에 답하여라.

(1) 영어 단어 LOVELY에 들어 있는 6개의 문자를 일렬로 나열할 때, 같은 문자가 이웃하지 않을 확률은?

① $\frac{2}{5}$ ② $\frac{3}{5}$ ③ $\frac{2}{3}$

④ $\frac{4}{5}$ ⑤ $\frac{7}{10}$

STEP A 전체 경우의 수 구하기

LOVELY에 들어 있는 6개의 문자를 일렬로 나열하는 경우의 수는 $\frac{6!}{2!}$

STEP B 여사건인 같은 문자끼리 이웃하는 사건 구하기

같은 문자가 이웃하지 않을 사건을 A라 하면
여사건 A^c은 같은 문자끼리 이웃하는 사건이므로
2개의 L을 1개의 문자로 보고 나열하면 되므로 5!
$$P(A^c)=\frac{5!}{\frac{6!}{2!}}=\frac{1}{3}$$

STEP C $P(A)=1-P(A^c)$을 이용하여 구하기

따라서 같은 문자가 이웃하지 않을 확률은
$$P(A)=1-P(A^c)=1-\frac{1}{3}=\frac{2}{3}$$

(2) I♡MATH의 6개의 문자 또는 기호를 임의로 일렬로 배열할 때, 기호 ♡가 맨 앞에 오지 않을 확률은?

① $\frac{1}{6}$ ② $\frac{2}{5}$ ③ $\frac{3}{5}$

④ $\frac{2}{3}$ ⑤ $\frac{5}{6}$

STEP A 전체 경우의 수 구하기

I♡MATH에 들어 있는 6개의 문자를 일렬로 나열하는 경우의 수는 6!

STEP B 여사건인 같은 문자끼리 이웃하는 사건 구하기

기호 ♡가 맨 앞에 오지 않을 사건을 A라 하면
여사건 A^c은 기호 ♡가 맨 앞에 오는 사건이므로 경우의 수는 5!
$$P(A^c)=\frac{5!}{6!}=\frac{1}{6}$$

STEP C $P(A)=1-P(A^c)$을 이용하여 구하기

따라서 기호 ♡가 맨 앞에 오지 않을 확률은
$$P(A)=1-P(A^c)=1-\frac{1}{6}=\frac{5}{6}$$

0311

다음 물음에 답하여라.

(1) 숫자 1, 2, 3, 4가 하나씩 적혀 있는 흰 공 4개와 숫자 4, 5, 6이 하나씩 적혀 있는 검은 공 3개가 있다. 이 7개의 공을 임의로 일렬로 나열할 때, 같은 숫자가 적혀 있는 공이 서로 이웃하지 않게 나열될 확률은 $\frac{q}{p}$이다. $p+q$의 값을 구하여라. (단, p와 q는 서로소인 자연수이다.)

STEP A 7개의 공을 일렬로 나열하는 경우의 수 구하기

7개의 공을 일렬로 나열하는 경우의 수는 7!

STEP B 여사건인 4가 적혀 있는 공이 이웃하게 나열되는 경우의 수 구하기

같은 숫자가 적혀 있는 공이 서로 이웃하지 않게 나열되는 사건을 A라 하면
여사건 A^c은 같은 숫자가 적혀 있는 공이 서로 이웃하게 나열되는 사건이다.

4가 적혀 있는 흰 공과 4가 적혀 있는 검은 공을 하나의 공으로 생각하여
6개의 공을 일렬로 나열하는 경우의 수는 $6!$이고
이 각각에 대하여 4가 적혀 있는 흰 공과 4가 적혀 있는 검은 공이 서로
위치를 바꿀 수 있으므로 이때의 경우의 수는 $6! \times 2!$

즉 $P(A^c) = \dfrac{6! \times 2!}{7!} = \dfrac{2}{7}$

STEP C $P(A) = 1 - P(A^c)$을 이용하여 구하기

즉 $P(A) = 1 - P(A^c) = 1 - \dfrac{2}{7} = \dfrac{5}{7}$

따라서 $p = 7$, $q = 5$이므로 $p + q = 7 + 5 = 12$

다른풀이 경우의 수를 이용하여 확률 구하기

먼저 이웃해도 되는 1, 2, 3, 5, 6의 5개의 공을 배열한다.
맨 앞과 맨 뒤, 그리고 사이사이에 나머지 2개의 공을 1개씩 배치한다.
즉 구하는 경우의 수는 $5! \times {}_6P_2$
따라서 공을 배열하는 전체 경우의 수는 $7!$이므로 구하고자 하는 확률은

$\dfrac{5! \times {}_6P_2}{7!} = \dfrac{5}{7}$

---

(2) 방정식 $x + y + z = 10$을 만족시키는 음이 아닌 정수 x, y, z의 모든
순서쌍 (x, y, z) 중에서 임의로 한 개를 선택한다. 선택한 순서쌍
(x, y, z)가 $(x-y)(y-z)(z-x) \neq 0$을 만족시킬 확률은 $\dfrac{q}{p}$이다.
$p + q$의 값을 구하여라. (단, p와 q는 서로소인 자연수이다.)

STEP A 중복조합을 이용하여 전체 경우의 수 구하기

방정식 $x + y + z = 10$을 만족시키는 음이 아닌 정수 x, y, z의 모든
순서쌍 (x, y, z)의 개수는

${}_3H_{10} = {}_{3+10-1}C_{10} = {}_{12}C_2 = \dfrac{12 \times 11}{2 \times 1} = 66$

STEP B 여사건 $(x-y)(y-z)(z-x) = 0$인 확률 구하기

선택한 순서쌍 (x, y, z)가 $(x-y)(y-z)(z-x) \neq 0$을 만족하는 사건을
A라 하면 여사건 A^c는 $(x-y)(y-z)(z-x) = 0$을 만족하여야 한다.
$(x-y)(y-z)(z-x) = 0$이 성립하려면
x, y, z 중에서 적어도 두 개가 서로 같아야 한다.

(i) $x = y = z$인 경우

　$x + y + z = 3x = 10$이므로 $x = y = z = \dfrac{10}{3}$

　즉 정수가 아니므로 순서쌍이 될 수 없으므로
　x, y, z 중 두 개가 서로 같아야 한다.

(ii) $x = y \neq z$인 경우 ← x, y, z 중에서 오직 두 개만 서로 같을 수 있다.

　$x + y + z = 2x + z = 10$이므로 가능한 순서쌍은
　$(0, 0, 10)$, $(1, 1, 8)$, $(2, 2, 6)$, $(3, 3, 4)$, $(4, 4, 2)$, $(5, 5, 0)$의 6개
　또한, $y = z \neq x$, $z = x \neq y$인 경우도 마찬가지이다.

(i), (ii)에서 $(x-y)(y-z)(z-x) = 0$을 만족시키는 순서쌍의 개수는
$6 + 6 + 6 = 18$

즉 $P(A^c) = \dfrac{18}{66} = \dfrac{3}{11}$

STEP C $P(A) = 1 - P(A^c)$을 이용하여 구하기

따라서 $(x-y)(y-z)(z-x) \neq 0$이 성립할 확률은

$P(A) = 1 - P(A^c) = 1 - \dfrac{3}{11} = \dfrac{8}{11}$　$\therefore$ $p + q = 11 + 8 = 19$

---

(3) 방정식 $x + y + z = 11$을 만족시키는 양의 정수 x, y, z의 모든 순서쌍
(x, y, z) 중에서 임의로 한 개를 택할 때, 선택한 순서쌍 (x, y, z)의
세 수의 곱 xyz가 짝수일 확률은 $\dfrac{q}{p}$이다. $p + q$의 값을 구하여라.
(단, p와 q는 서로소인 자연수이다.)

STEP A 중복조합을 이용하여 전체 경우의 수 구하기

방정식 $x + y + z = 11$을 만족시키는 양의 정수 x, y, z의 모든 순서쌍
(x, y, z)의 개수는
$x = a + 1$, $y = b + 1$, $z = c + 1$ (단, a, b, c는 음 아닌 정수)
라 하면 $(a+1) + (b+1) + (c+1) = 11$에서 $a + b + c = 8$을 만족하는 음 아닌
정수 a, b, c의 순서쌍 (a, b, c)의 개수와 같으므로
${}_3H_8 = {}_{3+8-1}C_8 = {}_{10}C_8 = {}_{10}C_2 = 45$

STEP B 여사건인 순서쌍의 곱 xyz가 홀수인 확률 구하기

순서쌍의 세 수의 곱 xyz가 짝수인 사건을 A라 하면
← xyz가 짝수이기 위해서는 x, y, z 중 적어도 하나가 짝수이어야 한다.
여사건 A^c은 순서쌍의 세 수의 곱 xyz가 홀수인 사건이다.
← x, y, z가 모두 홀수이어야 한다.
방정식 $x + y + z = 11$을 만족시키는 홀수 x, y, z의 모든 순서쌍 (x, y, z)의
개수는 $(2k+1) + (2l+1) + (2m+1) = 11$에서 $k + l + m = 4$를 만족시키는
음이 아닌 정수 k, l, m의 순서쌍 (k, l, m)의 개수와 같으므로
${}_3H_4 = {}_{3+4-1}C_4 = {}_6C_4 = {}_6C_2 = 15$

즉 $P(A^c) = \dfrac{15}{45} = \dfrac{1}{3}$

STEP C $P(A) = 1 - P(A^c)$을 이용하여 구하기

따라서 $P(A) = 1 - P(A^c) = 1 - \dfrac{1}{3} = \dfrac{2}{3}$　$\therefore$ $p + q = 2 + 3 = 5$

---

(4) 방정식 $a + b + c = 9$를 만족시키는 음이 아닌 정수 a, b, c의 모든
순서쌍 (a, b, c) 중에서 임의로 한 개를 선택할 때, 선택한 순서쌍
(a, b, c)가
$$a < 2 \text{ 또는 } b < 2$$
를 만족시킬 확률은 $\dfrac{q}{p}$이다. $p + q$의 값을 구하여라.
(단, p와 q는 서로소인 자연수이다.)

STEP A 중복조합을 이용하여 전체 경우의 수 구하기

방정식 $a + b + c = 9$를 만족시키는 음이 아닌 정수 a, b, c의 순서쌍 (a, b, c)
의 개수는 서로 다른 3개에서 중복을 허락하여 9개를 택하는 중복조합의 수와
같으므로 ${}_3H_9 = {}_{11}C_9 = {}_{11}C_2 = \dfrac{11 \cdot 10}{2 \cdot 1} = 55$

STEP B 여사건 $a \geq 2$, $b \geq 2$를 모두 만족시키는 순서쌍 (a, b, c) 구하기

선택한 순서쌍 (a, b, c)가 $a < 2$ 또는 $b < 2$를 만족하는 사건을 A라 하면
여사건 A^c은 $a \geq 2$, $b \geq 2$를 모두 만족시키는 사건이므로
순서쌍 (a, b, c)의 개수는
$a = a' + 2$, $b = b' + 2$ (단, a', b'는 음이 아닌 정수)
라 할 때, $(a'+2) + (b'+2) + c = 9$에서 $a' + b' + c = 5$를 만족시키는 음이
아닌 정수 a', b', c의 모든 순서쌍 (a', b', c)의 개수와 같다.
이것은 서로 다른 3개에서 중복을 허락하여 5개를 택하는 중복조합의 수와
같으므로 ${}_3H_5 = {}_{3+5-1}C_5 = {}_7C_2 = 21$

즉 $a \geq 2$, $b \geq 2$를 만족시킬 확률은 $P(A^c) = \dfrac{21}{55}$

STEP C $P(A) = 1 - P(A^c)$을 이용하여 구하기

$P(A) = 1 - P(A^c) = 1 - \dfrac{21}{55} = \dfrac{34}{55}$

따라서 $p = 55$, $q = 34$이므로 $p + q = 55 + 34 = 89$

(5) 여학생 4명과 남학생 2명이 어느 요양 시설에서 6명 모두가 하루에
한 명씩 6일 동안 봉사 활동을 하려고 한다. 이 6명의 학생이 봉사활동
순번을 임의로 정할 때, 첫째 날 또는 여섯째 날에 남학생이 봉사활동
을 하게 될 확률은?

① $\dfrac{17}{30}$　　② $\dfrac{3}{5}$　　③ $\dfrac{19}{30}$

④ $\dfrac{2}{3}$　　⑤ $\dfrac{7}{10}$

STEP A　전체 경우의 수 구하기

6명의 학생이 봉사 활동 순번을 임의로 정하는 경우의 수는 6!

STEP B　여사건인 첫째 날과 여섯째 날에 모두 여학생이 봉사활동할 사건 구하기

첫째 날 또는 여섯째 날에 남학생이 봉사활동을 하게 될 사건을 A라 하면
여사건 A^c은 첫째 날과 여섯째 날 모두 여학생이 봉사활동을 하게 되는
사건이다.

첫째 날과 여섯째 날에 여학생이 봉사 활동을 하는 경우의 수는
첫째 날과 여섯째 날에 봉사활동을 할 여학생 2명을 뽑아서 순번을 정하고
나머지 네 명의 순번을 정하는 경우의 수는 $_4C_2 \times 2! \times 4!$　← $_4P_2 \times 4! = 288$

확률은 $P(A^c) = \dfrac{_4C_2 \times 2! \times 4!}{6!} = \dfrac{2}{5}$

STEP C　$P(A) = 1 - P(A^c)$을 이용하여 구하기

따라서 구하는 확률은 $P(A) = 1 - P(A^c) = 1 - \dfrac{2}{5} = \dfrac{3}{5}$

다른풀이　확률의 곱셈정리를 이용하여 풀이하기

첫째 날 또는 여섯째 날에 남학생이 봉사활동을 하게 될 확률은
1−(첫째 날과 여섯째 날에 모두 여학생이 봉사활동을 할 확률)
로 구할 수 있다.

여학생 4명 중 첫째 날 봉사활동을 할 사람을 정할 확률은 $\dfrac{4}{6}$이고

남은 여학생 3명 중 여섯째 날에 봉사활동을 할 사람을 정할 확률은 $\dfrac{3}{5}$

즉 첫째 날 또는 여섯째 날 모두 여학생이 봉사활동을 하게 될 확률은

$\dfrac{4}{6} \times \dfrac{3}{5} = \dfrac{2}{5}$

따라서 구하는 확률은 $1 - \dfrac{2}{5} = \dfrac{3}{5}$

다른풀이　$n(A \cup B) = n(A) + n(B) - n(A \cap B)$를 이용하여 풀이하기

6명의 학생이 봉사 활동 순번을 임의로 정하는 경우의 수는 $6! = 720$
첫째 날에 남학생이 봉사활동을 하는 사건을 A,
여섯 째 날에 남학생이 봉사활동을 하는 사건을 B라 하면
조건을 만족하는 경우의 수는 $n(A \cup B)$
첫째 날에 남학생이 봉사활동을 하는 경우의 수는
$n(A) = _2P_1 \times 5! = 240$
여섯 째 날에 남학생이 봉사활동을 하는 경우의 수는
$n(B) = _2P_1 \times 5! = 240$
첫째 날과 여섯째 날 모두 남학생이 봉사활동을 하는 경우의 수는
$n(A \cap B) = 2 \times 4! = 48$
즉 $n(A \cup B) = n(A) + n(B) - n(A \cap B)$
$\qquad\qquad\quad = 240 + 240 - 48 = 432$

따라서 구하는 확률은 $P(A \cup B) = \dfrac{432}{720} = \dfrac{3}{5}$

BASIC

0312

다음 물음에 답하여라.

(1) 두 사건 A와 B는 서로 배반사건이고

$$P(A) = \dfrac{1}{6},\ P(A \cup B) = \dfrac{1}{2}$$

일 때, $P(B)$의 값은?

① $\dfrac{1}{6}$　　② $\dfrac{1}{4}$　　③ $\dfrac{1}{3}$

④ $\dfrac{5}{12}$　　⑤ $\dfrac{1}{2}$

STEP A　두 사건이 배반사건이므로 $P(A \cap B) = 0$임을 이용하여 구하기

두 사건 A, B가 서로 배반사건이므로 $P(A \cap B) = 0$

$P(A \cup B) = P(A) + P(B)$에서 $\dfrac{1}{2} = \dfrac{1}{6} + P(B)$

따라서 $P(B) = \dfrac{1}{2} - \dfrac{1}{6} = \dfrac{1}{3}$

(2) 두 사건 A와 B는 서로 배반사건이고

$$P(A) = P(B),\ P(A)P(B) = \dfrac{1}{9}$$

일 때, $P(A \cup B)$의 값은?

① $\dfrac{1}{6}$　　② $\dfrac{1}{3}$　　③ $\dfrac{1}{2}$

④ $\dfrac{2}{3}$　　⑤ $\dfrac{5}{6}$

STEP A　두 사건 A와 B가 배반사건이면 $P(A \cap B) = 0$임을 이용하기

$P(A) = P(B),\ P(A)P(B) = \dfrac{1}{9}$에서

$\{P(A)\}^2 = \dfrac{1}{9}$이므로 $P(A) = P(B) = \dfrac{1}{3}$

따라서 두 사건 A와 B가 배반사건이므로

$P(A \cup B) = P(A) + P(B) = \dfrac{1}{3} + \dfrac{1}{3} = \dfrac{2}{3}$

0313

다음 물음에 답하여라.

(1) 두 사건 A, B에 대하여

$$P(A) = \dfrac{3}{5},\ P(B) = \dfrac{3}{10},\ P(A \cup B) = \dfrac{7}{10}$$

일 때, $P(A^c \cup B^c)$의 값은? (단, A^c은 A의 여사건이다.)

① $\dfrac{7}{10}$　　② $\dfrac{3}{4}$　　③ $\dfrac{4}{5}$

④ $\dfrac{17}{20}$　　⑤ $\dfrac{9}{10}$

STEP A　$P(A \cup B) = P(A) + P(B) - P(A \cap B)$을 이용하여 구하기

두 사건 A, B에 대하여 $P(A \cup B) = P(A) + P(B) - P(A \cap B)$

$P(A) = \dfrac{3}{5},\ P(B) = \dfrac{3}{10},\ P(A \cup B) = \dfrac{7}{10}$이므로 $\dfrac{7}{10} = \dfrac{3}{5} + \dfrac{3}{10} - P(A \cap B)$

$\therefore P(A \cap B) = \dfrac{1}{5}$

STEP B　$P(A^c \cup B^c) = 1 - P(A \cap B)$임을 이용하여 구하기

따라서 $P(A^c \cup B^c) = 1 - P(A \cap B) = 1 - \dfrac{1}{5} = \dfrac{4}{5}$

(2) 서로 배반인 두 사건 A, B에 대하여
$$P(A)=\frac{1}{3},\ P(A^c \cap B^c)=\frac{1}{6}$$
일 때, $P(B)$의 값은? (단, A^c은 A의 여사건이다.)

① $\frac{1}{8}$ ② $\frac{1}{2}$ ③ $\frac{2}{3}$

④ $\frac{3}{4}$ ⑤ $\frac{5}{6}$

STEP Ⓐ $P(A^c \cap B^c)=1-P(A \cup B)$임을 이용하여 구하기

$P(A^c \cap B^c)=P((A \cup B)^c)=\frac{1}{6}$이므로

$P(A \cup B)=1-P((A \cup B)^c)=1-\frac{1}{6}=\frac{5}{6}$

STEP Ⓑ 두 사건 A와 B가 배반사건이면 $P(A \cap B)=0$임을 이용하기

따라서 두 사건 A와 B가 배반사건이므로

$P(A \cup B)=P(A)+P(B)$에서 $\frac{5}{6}=\frac{1}{3}+P(B)$ ∴ $P(B)=\frac{1}{2}$

0314

다음 물음에 답하여라.

(1) 두 사건 A, B에 대하여
$$P(A^c \cup B^c)=\frac{3}{4},\ P(A \cap B^c)=\frac{1}{2}$$
일 때, $P(A^c)$의 값은? (단, A^c은 A의 여사건이다.)

① $\frac{1}{4}$ ② $\frac{1}{2}$ ③ $\frac{3}{4}$

④ $\frac{5}{12}$ ⑤ $\frac{7}{12}$

STEP Ⓐ $P(A^c \cup B^c)=P((A \cap B)^c)$임을 이용하여 구하기

$P(A^c \cup B^c)=P((A \cap B)^c)=\frac{3}{4}$이므로

$P(A \cap B)=1-P((A \cap B)^c)=1-\frac{3}{4}=\frac{1}{4}$

STEP Ⓑ $P(A)=P(A \cap B)+P(A \cap B^c)$을 이용하여 구하기

두 집합 $A \cap B$, $A \cap B^c$은 집합 A를 분할한 것이므로 표본공간을 S라고 하면 오른쪽 그림과 같다.

즉 $P(A)=P(A \cap B)+P(A \cap B^c)$

이므로 $P(A)=\frac{1}{4}+\frac{1}{2}=\frac{3}{4}$

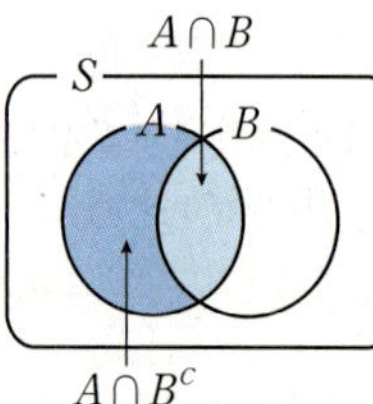

STEP Ⓒ $P(A^c)=1-P(A)$을 이용하여 구하기

따라서 $P(A^c)=1-P(A)=1-\frac{3}{4}=\frac{1}{4}$

(2) 두 사건 A, B에 대하여
$$P(A \cup B)=\frac{3}{4},\ P(A^c \cap B)=\frac{2}{3}$$
일 때, $P(A)$의 값은? (단, A^c은 A의 여사건이다.)

① $\frac{1}{12}$ ② $\frac{1}{8}$ ③ $\frac{1}{6}$

④ $\frac{5}{24}$ ⑤ $\frac{1}{4}$

STEP Ⓐ $P(A \cup B)=P(A)+P(A^c \cap B)$을 이용하여 구하기

$A \cup (A^c \cap B)=A \cup B$이고

$A \cap (A^c \cap B)=\varnothing$이다.

$P(A \cup B)=P(A)+P(A^c \cap B)$

이므로 $P(A)=P(A \cup B)-P(A^c \cap B)$

$\qquad =\frac{3}{4}-\frac{2}{3}=\frac{1}{12}$

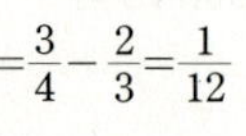
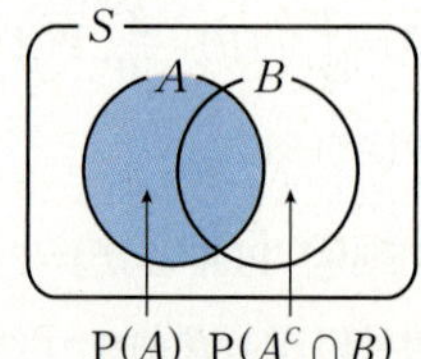

(3) 두 사건 A, B에 대하여
$$P(A)=\frac{2}{3},\ P(A \cap B)=\frac{1}{4}$$
일 때, $P(A^c \cup B)$의 값은? (단, A^c은 A의 여사건이다.)

① $\frac{1}{2}$ ② $\frac{7}{12}$ ③ $\frac{2}{3}$

④ $\frac{3}{4}$ ⑤ $\frac{5}{6}$

STEP Ⓐ $P(A^c \cup B)=1-P(A \cap B^c)$를 이용하여 구하기

$P(A^c \cup B)=P((A \cap B^c)^c)=1-P(A \cap B^c)$ ······ ㉠

STEP Ⓑ $P(A)=P(A \cap B)+P(A \cap B^c)$을 이용하여 구하기

두 집합 $A \cap B$, $A \cap B^c$은 집합 A를 분할한 것이므로 표본공간을 S라고 하면 오른쪽 그림과 같다.

즉 $P(A)=P(A \cap B)+P(A \cap B^c)$

이므로

$P(A \cap B^c)=P(A)-P(A \cap B)$

$\qquad =\frac{2}{3}-\frac{1}{4}=\frac{5}{12}$

따라서 ㉠에서 $P(A^c \cup B)=1-P(A \cap B^c)=1-\frac{5}{12}=\frac{7}{12}$

0315

1부터 100까지의 자연수가 하나씩 적혀 있는 100개의 구슬이 들어 있는 상자에서 임의로 1개의 구슬을 꺼낼 때, 꺼낸 구슬에 적혀 있는 수가 6과 서로소일 확률은?

① $\frac{33}{100}$ ② $\frac{17}{50}$ ③ $\frac{7}{20}$

④ $\frac{9}{25}$ ⑤ $\frac{37}{100}$

STEP Ⓐ 전체 경우의 수 구하기

100개의 구슬 중에서 1개의 구슬을 꺼내는 전체 경우의 수는 100

STEP Ⓑ 여사건인 2의 배수 또는 3의 배수인 사건 구하기

$6=2 \times 3$이므로 6과 서로소이기 위해서는 2와 3 모두에 서로소이어야 한다.
즉 2의 배수도 아니고 3의 배수도 아니어야 하므로
이 사건의 여사건은 2의 배수 또는 3의 배수인 사건이다.
상자에서 임의로 1개의 구슬을 꺼낼 때,
꺼낸 구슬에 적혀 있는 수가 2의 배수,
3의 배수일 사건을 각각 A, B라 하고
꺼낸 구슬에 적혀 있는 수가 6의 배수일 사건을 $A \cap B$라 하면

$P(A)=\frac{50}{100},\ P(B)=\frac{33}{100},\ P(A \cap B)=\frac{16}{100}$

즉 2의 배수 또는 3의 배수인 확률은

$P(A \cup B)=P(A)+P(B)-P(A \cap B)$

$\qquad =\frac{50}{100}+\frac{33}{100}-\frac{16}{100}=\frac{67}{100}$

STEP Ⓒ $P(A^c \cap B^c)=1-P(A \cup B)$을 이용하여 구하기

따라서 꺼낸 구슬에 적혀 있는 수가 6과 서로소일 확률은

$P(A^c \cap B^c)=1-P(A \cup B)=1-\frac{67}{100}=\frac{33}{100}$

0316

1부터 9까지의 자연수가 각각 적힌 9장의 카드가 들어 있는 상자에서
임의로 4장의 카드를 꺼내 순서대로 나열하여 네 자리 수를 만들었다.
이때 이 수가 2의 배수이거나 5의 배수일 확률은?
(단, 꺼낸 카드는 다시 넣지 않는다.)

① $\dfrac{1}{9}$　　② $\dfrac{2}{9}$　　③ $\dfrac{4}{9}$

④ $\dfrac{5}{9}$　　⑤ $\dfrac{7}{9}$

STEP Ⓐ 전체 경우의 수 구하기

9개의 자연수에서 4장의 카드를 꺼내 순서대로 나열하여
네 자리 수를 만드는 경우의 수는 $_9P_4$

STEP Ⓑ 2의 배수, 5의 배수일 확률 구하기

2의 배수가 되려면 일의 자리 숫자가 2, 4, 6, 8이 되어야 하고
5의 배수가 되려면 일의 자리 숫자가 5가 되어야 한다.
(ⅰ) 네 자리의 자연수가 2의 배수가 되는 사건을 A라고 하면

$$P(A)=\dfrac{_8P_3\times 4}{_9P_4}=\dfrac{4}{9}$$

(ⅱ) 5의 배수가 되는 사건을 B라고 하면

$$P(B)=\dfrac{_8P_3\times 1}{_9P_4}=\dfrac{1}{9}$$

STEP Ⓒ 두 사건 A, B가 서로 배반일 때의 확률 $P(A\cup B)$ 구하기

(ⅰ), (ⅱ)에서 두 사건 A, B는 서로 배반사건이므로 구하는 확률은

$$P(A\cup B)=P(A)+P(B)=\dfrac{4}{9}+\dfrac{1}{9}=\dfrac{5}{9}$$

0317

1부터 5까지의 자연수가 하나씩 적힌 다섯 장의 카드에서 2장을 임의로
뽑을 때, 3 또는 4가 적힌 카드를 뽑을 확률은?

① $\dfrac{1}{10}$　　② $\dfrac{3}{10}$　　③ $\dfrac{7}{10}$

④ $\dfrac{1}{2}$　　⑤ $\dfrac{3}{4}$

STEP Ⓐ 전체 경우의 수 구하기

다섯 장의 카드에서 2장을 뽑는 경우의 수는 $_5C_2$

STEP Ⓑ 각 사건을 구하기

이때 3이 적힌 카드를 뽑는 사건을 A,
4가 적힌 카드를 뽑는 사건을 B라 하면
3이 적힌 카드와 4가 적힌 카드를 모두 뽑는 사건은 $A\cap B$이므로

$$P(A)=\dfrac{_4C_1}{_5C_2}=\dfrac{2}{5},\ P(B)=\dfrac{_4C_1}{_5C_2}=\dfrac{2}{5},\ P(A\cap B)=\dfrac{1}{_5C_2}=\dfrac{1}{10}$$

STEP Ⓒ $P(A\cup B)=P(A)+P(B)-P(A\cap B)$을 이용하여 구하기

따라서 구하는 확률은
$$P(A\cup B)=P(A)+P(B)-P(A\cap B)=\dfrac{2}{5}+\dfrac{2}{5}-\dfrac{1}{10}=\dfrac{7}{10}$$

0318

주머니 안에 1부터 6까지의 숫자가 적힌 공이 2개씩 모두 12개의 공이 들
어 있다. 이 중 3개의 공을 임의로 꺼낼 때, 공에 적혀 있는 가장 큰 수가
5일 확률은?

① $\dfrac{1}{16}$　　② $\dfrac{1}{15}$　　③ $\dfrac{1}{41}$

④ $\dfrac{16}{55}$　　⑤ $\dfrac{19}{57}$

STEP Ⓐ 전체 경우의 수 구하기

12개의 공 중에서 3개를 꺼내는 방법의 수는 $_{12}C_3=220$

STEP Ⓑ 5가 적힌 공이 한 개일 때와 2개가 들어 있을 확률 구하기

3개의 공 중 공에 적혀 있는 가장 큰 수가 5가 되기 위해서는
5가 적힌 공이 한 개일 사건을 A,
또는 2개가 들어 있을 사건을 B라 하면
(ⅰ) 5가 적힌 공이 한 개 있는 경우
　　나머지 2개의 공은 1에서 4까지 적힌 공이 될 수 있으므로
　　그 경우의 수는 $_2C_1\times _8C_2=56$

　　이므로 확률은 $P(A)=\dfrac{56}{220}$
(ⅱ) 5가 적힌 공이 2개 있는 경우
　　나머지 한 개의 공은 1에서 4까지 적힌 공이 될 수 있으므로
　　그 경우의 수는 $_2C_2\times _8C_1=8$

　　이므로 확률은 $P(B)=\dfrac{8}{220}$

STEP Ⓒ 두 사건 A, B가 서로 배반일 때의 확률 $P(A\cup B)$ 구하기

따라서 두 사건 A, B는 서로 배반사건이므로 구하는 확률은
$$P(A\cup B)=P(A)+P(B)=\dfrac{56}{220}+\dfrac{8}{220}=\dfrac{64}{220}=\dfrac{16}{55}$$

0319

8개의 문자 SUPERMAN을 일렬로 배열할 때, 적어도 한 쪽 끝에 모음이
오는 확률은?

① $\dfrac{1}{14}$　　② $\dfrac{3}{14}$　　③ $\dfrac{5}{14}$

④ $\dfrac{9}{14}$　　⑤ $\dfrac{11}{14}$

STEP Ⓐ 전체 경우의 수 구하기

8개의 문자를 일렬로 나열하는 경우의 수는 8!

STEP Ⓑ 여사건인 양 끝 모두 자음이 오는 사건 구하기

적어도 한 쪽 끝에 모음이 오는 사건을 A라 하면
여사건 A^c는 양 끝 모두 자음 S, P, R, M, N이 오는 사건이므로
$$P(A^c)=\dfrac{_5P_2\times 6!}{8!}=\dfrac{5}{14}$$

STEP Ⓒ $P(A)=1-P(A^c)$을 이용하여 구하기

따라서 구하는 확률은 $P(A)=1-P(A^c)=1-\dfrac{5}{14}=\dfrac{9}{14}$

0320

오른쪽 그림과 같이 반원의 둘레에 7개의 점이 있다. 이들 중 3개의 점을 택하여 선분으로 이을 때, 삼각형이 될 확률을 구하여라.

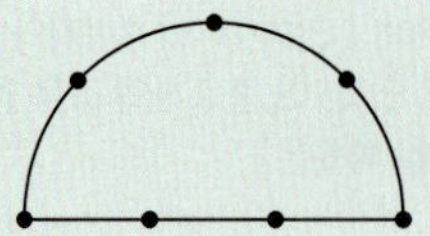

STEP Ⓐ 전체 경우의 수 구하기

7개의 점이 있으므로 이들 중 3개의 점을 택하는 경우의 수는 $_7C_3$

STEP Ⓑ 여사건인 삼각형이 만들어지지 않는 사건 구하기

삼각형이 되는 사건을 A라 하면 여사건 A^c은 삼각형이 만들어지지 않는 사건이다.

이때 삼각형이 만들어지지 않으려면 한 직선 위의 4개의 점 중 3개의 점을 택하면 되므로 $P(A^c)=\dfrac{_4C_3}{_7C_3}=\dfrac{4}{35}$

STEP Ⓒ $P(A)=1-P(A^c)$을 이용하여 구하기

따라서 구하는 확률은 $P(A)=1-P(A^c)=1-\dfrac{4}{35}=\dfrac{31}{35}$

0321

A, B를 포함한 7명의 학생 중 임의로 서로 다른 4명을 선택하여 연필을 한 자루씩 주려고 한다. A, B 중 적어도 한 명은 연필을 받을 확률이 $\dfrac{q}{p}$일 때, $p+q$의 값은? (단, p와 q는 서로소인 자연수이다.)

① 6   ② 7   ③ 11
④ 13   ⑤ 16

STEP Ⓐ 전체 경우의 수 구하기

7명 중 4명을 택하는 방법의 수는 $_7C_4=_7C_3=35$

STEP Ⓑ 여사건인 A, B를 제외한 나머지 5명 중 4명이 연필을 받는 사건 구하기

A, B 중 적어도 한 명이 연필을 받는 사건을 A라 하면

여사건 A^c은 A, B를 제외한 나머지 5명 중 4명이 연필을 받는 사건이므로 A, B를 제외한 나머지 5명 중 연필을 받을 4명을 택하는 방법의 수는

$_5C_4=_5C_1=5$

$\therefore P(A^c)=\dfrac{5}{35}=\dfrac{1}{7}$

STEP Ⓒ $P(A)=1-P(A^c)$을 이용하여 구하기

구하는 확률은 $P(A)=1-P(A^c)=1-\dfrac{1}{7}=\dfrac{6}{7}$

따라서 $p=7$, $q=6$이므로 $p+q=13$

0322

다음 물음에 답하여라.

(1) 흰 공이 2개, 검은 공이 8개 들어있는 주머니에서 두 개의 공을 동시에 꺼낼 때, 적어도 한 개가 흰 공일 확률은?

① $\dfrac{28}{45}$ ② $\dfrac{17}{45}$ ③ $\dfrac{11}{45}$
④ $\dfrac{7}{45}$ ⑤ $\dfrac{4}{45}$

STEP Ⓐ 모든 경우의 수 구하기

10개의 공에서 두 개의 공을 꺼내는 경우의 수는 $_{10}C_2$

STEP Ⓑ 여사건인 흰 공이 한 개도 나오지 않을 사건 구하기

적어도 한 개가 흰 공일 사건을 A라 하면

여사건 A^c은 검은 공만 두 개 꺼내는 경우이므로 경우의 수는 $_8C_2$

STEP Ⓒ $P(A)=1-P(A^c)$을 이용하여 구하기

따라서 $P(A^c)=\dfrac{_8C_2}{_{10}C_2}=\dfrac{28}{45}$이므로 구하는 확률은

$P(A)=1-P(A^c)=1-\dfrac{28}{45}=\dfrac{17}{45}$

> **참고 ✷** 적어도 한 개가 흰 공일 확률을 여사건의 확률을 이용하여
> $1-($흰 공이 한 개도 나오지 않을 확률)로 구하기

(2) 검은 공 3개, 흰 공 4개가 들어 있는 주머니가 있다. 이 주머니에서 임의로 3개의 공을 동시에 꺼낼 때, 꺼낸 3개의 공 중에서 적어도 한 개가 검은 공일 확률은?

① $\dfrac{19}{35}$ ② $\dfrac{22}{35}$ ③ $\dfrac{5}{7}$
④ $\dfrac{4}{5}$ ⑤ $\dfrac{31}{35}$

STEP Ⓐ 전체 경우의 수 구하기

7개의 공 중 4개를 꺼내는 경우의 수는 $_7C_3=35$

STEP Ⓑ 여사건인 3개의 공 모두 흰 공일 사건 구하기

꺼낸 3개의 공 중에서 적어도 한 개가 검은 공인 사건을 A라 하면 A^c는 3개의 공 모두 흰 공일 사건이므로

$P(A)=1-P(A^c)=1-\dfrac{_4C_3}{_7C_3}=1-\dfrac{4}{35}=\dfrac{31}{35}$

0323

남학생 3명, 여학생 4명중 임의로 3명의 임원을 동시에 선택할 때, 남학생과 여학생이 적어도 1명씩 포함될 확률은? (단, 임원은 서로 구별하지 않는다.)

① $\dfrac{4}{5}$ ② $\dfrac{29}{35}$ ③ $\dfrac{6}{7}$
④ $\dfrac{31}{35}$ ⑤ $\dfrac{32}{35}$

STEP Ⓐ 전체 경우의 수 구하기

학생 7명 중에 3명을 선택하는 경우의 수는 $_7C_3=35$

STEP Ⓑ 3명이 모두 남학생이거나 여학생인 사건의 확률 구하기

3명의 임원이 모두 남학생인 경우의 수는 $_3C_3=1$

이므로 확률은 $\dfrac{_3C_3}{_7C_3}=\dfrac{1}{35}$

3명의 임원이 모두 여학생인 경우의 수는 $_4C_3=_4C_1=4$

이므로 확률은 $\dfrac{_4C_3}{_7C_3}=\dfrac{4}{35}$

즉 3명이 모두 남학생이거나 여학생이 선택되는 확률은

$\dfrac{1}{35}+\dfrac{4}{35}=\dfrac{5}{35}=\dfrac{1}{7}$

STEP Ⓒ $P(A)=1-P(A^c)$을 이용하여 구하기

따라서 남학생과 여학생이 적어도 1명씩 임원에 포함될 확률은

$1-(3$명이 모두 남학생이거나 여학생이 선택되는 확률$)=1-\dfrac{1}{7}=\dfrac{6}{7}$

0324

1부터 10까지의 자연수가 적힌 10장의 카드에서 임의로 2장을 동시에 꺼낼 때, 카드에 적힌 수의 합이 8 이상일 확률은?

① $\dfrac{1}{4}$ ② $\dfrac{2}{5}$ ③ $\dfrac{3}{5}$

④ $\dfrac{4}{5}$ ⑤ $\dfrac{5}{6}$

STEP A 전체 경우의 수 구하기

1부터 10까지의 자연수가 적힌 10장의 카드에서 임의로 2장을 동시에 꺼낼 때, 나오는 모든 경우의 수는 $_{10}\mathrm{C}_2=45$

STEP B 카드에 적힌 수의 합이 8 미만인 사건의 경우의 수 구하기

2장의 카드에 적힌 수의 합을 S라 하면

$3 \leq S \leq 19$

이때 1부터 10까지의 자연수가 적힌 10장의 카드에서 2장을 꺼낼 때, 카드에 적힌 수의 합이 8 이상인 사건을 A라 하면

1부터 10까지의 자연수가 적힌 10장의 카드에서 2장을 꺼낼 때, 카드에 적힌 수의 합이 8 미만이 나오는 사건은 A^c이다.

S가 3이 되는 경우는 (1, 2)가 나오는 경우이므로 1가지

S가 4가 되는 경우는 (1, 3)이 나오는 경우이므로 1가지

S가 5가 되는 경우는 (1, 4), (2, 3)이 나오는 경우이므로 2가지

S가 6이 되는 경우는 (1, 5), (2, 4)가 나오는 경우이므로 2가지

S가 7이 되는 경우는 (1, 6), (2, 5), (3, 4)가 나오는 경우이므로 3가지

STEP C $\mathrm{P}(A)=1-\mathrm{P}(A^c)$을 이용하여 구하기

따라서 $n(A^c)=9$이므로 $\mathrm{P}(A)=1-\mathrm{P}(A^c)=1-\dfrac{9}{45}=\dfrac{4}{5}$

0325

다음 물음에 답하여라.

(1) 1부터 15까지의 자연수가 각각 하나씩 적혀 있는 15장의 카드 중에서 임의로 두 장의 카드를 뽑을 때, 카드에 적힌 두 수의 곱이 짝수일 확률은?

① $\dfrac{3}{11}$ ② $\dfrac{1}{12}$ ③ $\dfrac{4}{15}$

④ $\dfrac{11}{15}$ ⑤ $\dfrac{13}{15}$

STEP A 모든 경우의 수 구하기

1부터 15까지의 자연수가 하나씩 적혀있는 15장의 카드 중에서 임의로 두 장의 카드를 꺼내는 모든 경우의 수는 $_{15}\mathrm{C}_2$

STEP B 두 수의 곱이 홀수인 사건의 경우의 수 구하기

15장의 카드 중에서 임의로 두 장의 카드를 동시에 뽑을 때, 두 장의 카드에 적혀있는 두 수의 곱이 짝수인 사건을 A라 하면 여사건 A^c은 두 수의 곱이 홀수인 사건이다.

이때 두 수의 곱이 홀수가 되려면 두 수 모두 홀수이어야 하므로 이 경우의 수는 $_8\mathrm{C}_2$

STEP C $\mathrm{P}(A)=1-\mathrm{P}(A^c)$을 이용하여 구하기

따라서 $\mathrm{P}(A^c)=\dfrac{_8\mathrm{C}_2}{_{15}\mathrm{C}_2}=\dfrac{4}{15}$이므로 구하는 확률은

$\mathrm{P}(A)=1-\mathrm{P}(A^c)=1-\dfrac{4}{15}=\dfrac{11}{15}$

두 자연수의 곱이 짝수, 홀수인 경우는 다음과 같다.

① 두 자연수의 곱이 짝수인 경우

  (홀수) × (짝수) = (짝수)

  (짝수) × (홀수) = (짝수)

  (짝수) × (짝수) = (짝수)

② 두 자연수의 곱이 홀수인 경우

  (홀수) × (홀수) = (홀수)

따라서 두 자연수의 곱이 짝수인 사건의 확률을 직접 구하는 것보다 여사건인 두 자연수의 곱이 홀수인 사건의 확률을 이용하는 것이 더 간단하다.

(2) 1부터 10까지의 자연수가 하나씩 적혀 있는 10개의 공이 들어있는 주머니에서 임의로 3개의 공을 동시에 꺼낼 때, 꺼낸 3개의 공에 적혀 있는 세 수의 곱이 짝수일 확률은?

① $\dfrac{1}{12}$ ② $\dfrac{1}{6}$ ③ $\dfrac{7}{12}$

④ $\dfrac{1}{2}$ ⑤ $\dfrac{11}{12}$

STEP A 모든 경우의 수 구하기

1부터 10까지의 자연수가 하나씩 적혀있는 10개의 공이 들어있는 주머니에서 임의로 3개의 공을 동시에 꺼내는 모든 경우의 수는 $_{10}\mathrm{C}_3$

STEP B 여사건인 세 수의 곱이 홀수인 사건 구하기

이 주머니에서 임의로 동시에 꺼낸 3개의 공에 적혀있는 세 수의 곱이 짝수인 사건을 A라 하면 여사건 A^c은 세 수의 곱이 홀수인 사건이다.

이때 세 수의 곱이 홀수가 되려면 세 수 모두 홀수이어야 하므로 이 경우의 수는 $_5\mathrm{C}_3$

STEP C $\mathrm{P}(A)=1-\mathrm{P}(A^c)$을 이용하여 구하기

따라서 $\mathrm{P}(A^c)=\dfrac{_5\mathrm{C}_3}{_{10}\mathrm{C}_3}=\dfrac{10}{120}=\dfrac{1}{12}$이므로 구하는 확률은

$\mathrm{P}(A)=1-\mathrm{P}(A^c)=1-\dfrac{1}{12}=\dfrac{11}{12}$

0326

부모를 포함하여 여섯 명의 가족이 원탁에 둘러앉을 때, 부모가 이웃하지 않게 앉을 확률은?

① $\dfrac{3}{10}$ ② $\dfrac{1}{2}$ ③ $\dfrac{7}{10}$

④ $\dfrac{3}{5}$ ⑤ $\dfrac{9}{10}$

STEP A 모든 경우의 수 구하기

여섯 명이 원탁에 둘러앉는 방법의 수는 $(6-1)!=5!$

STEP B 여사건인 부모가 이웃하게 앉을 사건 구하기

부모가 이웃하지 않게 앉을 사건을 A라 하면 여사건 A^c은 부모가 이웃하게 앉을 사건이므로

$\mathrm{P}(A^c)=\dfrac{(5-1)! \times 2!}{5!}=\dfrac{2}{5}$

STEP C $\mathrm{P}(A)=1-\mathrm{P}(A^c)$을 이용하여 구하기

따라서 부모가 이웃하지 않게 앉을 확률은

$\mathrm{P}(A)=1-\mathrm{P}(A^c)=1-\dfrac{2}{5}=\dfrac{3}{5}$

0327

다음 물음에 답하여라.

(1) 20장의 카드 중에 n장의 당첨카드가 들어 있다. 이 카드를 반복해서 2장을 뽑을 때, 그 중 적어도 한 장이 당첨 카드일 확률은 $\dfrac{7}{19}$이라 한다. 이때 n의 값은?

① 4   ② 5   ③ 6
④ 7   ⑤ 8

STEP A   모든 경우의 수 구하기

20장의 카드 중에서 2개를 뽑는 경우의 수는 $_{20}C_2$

STEP B   여사건인 한 장도 당첨되지 않을 사건 구하기

20장의 카드 중에서 2장을 뽑을 때 적어도 한 장이 당첨 카드일 사건을 A라 하면 여사건 A^c은 한 장도 당첨되지 않을 사건이므로 경우의 수는 $_{20-n}C_2$

$$P(A^c)=\frac{_{20-n}C_2}{_{20}C_2}=\frac{(20-n)(19-n)}{20\times19}$$

STEP C $P(A)=1-P(A^c)$을 이용하여 구하기

$$P(A)=1-P(A^c)=1-\frac{(20-n)(19-n)}{20\times19}=\frac{7}{19}$$

$\dfrac{(20-n)(19-n)}{20\cdot19}=\dfrac{12}{19}$에서 $(20-n)(19-n)=240$

$n^2-39n+140=0$, $(n-4)(n-35)=0$

따라서 $0\le n\le20$이므로 $n=4$

---

(2) 빨간 볼펜이 3개, 파란 볼펜이 n개 들어 있는 필통에서 임의로 두 개의 볼펜을 동시에 꺼낼 때, 적어도 한 개는 파란 볼펜이 나올 확률이 $\dfrac{7}{10}$이다. 이때 n의 값은?

① 2   ② 3   ③ 4
④ 5   ⑤ 6

STEP A   모든 경우의 수 구하기

$3+n$개의 볼펜 중에서 2개를 꺼내는 경우의 수는 $_{n+3}C_2$

STEP B   여사건은 모두 빨간 볼펜을 꺼내는 사건 구하기

적어도 한 개는 파란 볼펜일 사건을 A라 하면
여사건 A^c은 모두 빨간 볼펜을 꺼내는 사건이므로
빨간 볼펜 3개에서 2개를 꺼내는 경우의 수는 $_3C_2$

$$P(A^c)=\frac{_3C_2}{_{n+3}C_2}=\frac{3\times2}{(n+3)(n+2)}$$

STEP C $P(A)=1-P(A^c)$을 이용하여 구하기

$$P(A)=1-P(A^c)=1-\frac{6}{(n+3)(n+2)}=\frac{7}{10}$$에서

$(n+3)(n+2)=20$

$n^2+5n-14=0$, $(n+7)(n-2)=0$

따라서 $n>0$이므로 $n=2$

0328

어떤 시행의 임의의 두 사건 A, B에 대하여 다음 [보기] 중 옳은 것을 모두 골라라.

> ㄱ. $P(A)=1$이면 A^c은 공사건이다.
> ㄴ. 두 사건 A, B가 배반사건이면 A^c, B^c도 배반사건이다.
> ㄷ. 사건 A, A^c이 각각 근원사건이면 이 시행에서 나올 수 있는 서로 다른 사건의 개수는 4개이다.

① ㄱ   ② ㄴ   ③ ㄱ, ㄷ
④ ㄴ, ㄷ   ⑤ ㄱ, ㄴ, ㄷ

STEP A   확률의 덧셈정리의 진위판단하기

ㄱ. $P(A)=1$이면 사건 A는 전사건이고 전사건의 여사건은 공사건이므로 사건 A^c은 공사건이다. [참]

ㄴ. **[반례]** 주사위를 한 번 던져서 2 이하의 눈이 나오는 사건을 A, 5 이상의 눈이 나오는 사건을 B라 하면 A, B는 배반사건이다.
그러나 $A^c=\{3, 4, 5, 6\}$, $B^c=\{1, 2, 3, 4\}$이므로 A^c, B^c은 배반사건이 아니다. [거짓]

ㄷ. 표본공간을 S라 하면 $A\cup A^c=S$이고
두 사건 A, A^c이 각각 근원사건이므로 $n(A)=1$, $n(A^c)=1$
$\therefore n(S)=n(A)+n(A^c)=2$
즉 표본공간 S의 원소의 개수가 2개이므로 서로 다른 사건의 개수는 $2^2=4$ [참]

따라서 옳은 것은 ㄱ, ㄷ이다.

0329

표본공간 S의 두 부분집합인 임의의 두 사건 A, B와 공사건 $\varnothing$에 대하여 [보기]에서 옳은 것만을 있는 대로 고른 것은?

> ㄱ. $A\cap B=\varnothing$, $A\cup B=S$이면 $P(A)=1-P(B)$
> ㄴ. $A\cap B=\varnothing$이면 $P(A)+P(B)\le1$
> ㄷ. $P(A^c)=1-P(B)$이면 $A=B$

① ㄱ   ② ㄴ   ③ ㄱ, ㄴ
④ ㄴ, ㄷ   ⑤ ㄱ, ㄴ, ㄷ

STEP A   여사건과 확률의 덧셈정리의 진위판단하기

ㄱ. $A\cap B=\varnothing$, $A\cup B=S$이면 $A=B^c$, $B=A^c$이므로
$P(A)=P(B^c)=1-P(B)$ [참]

ㄴ. $A\cap B=\varnothing$이면 A, B는 서로 배반사건이므로
$P(A\cup B)=P(A)+P(B)$
이때 $0\le P(A\cup B)\le1$이므로 $P(A)+P(B)\le1$ [참]

ㄷ. $P(A^c)=1-P(B)$이면
$1-P(A)=1-P(B)$이므로 $P(A)=P(B)$
그러나 $A=B$인 것은 아니다. [거짓]
[반례] $S=\{1, 2, 3, 4, 5\}$이고 두 사건 $A=\{1, 2\}$, $B=\{3, 4\}$이면 $P(A)=P(B)$은 성립하지만 $A=B$인 것은 아니다.

따라서 옳은 것은 ㄱ, ㄴ이다.

0330

민준, 송이, 준기, 민호가 각자 자신의 휴대전화를 상자 속에 넣고 섞은 다음 하나씩 꺼낼 때, 적어도 한 명은 자신의 휴대전화를 꺼낼 확률은? (단, 각 휴대전화를 꺼낼 확률은 모두 같다.)

① $\dfrac{5}{16}$ ② $\dfrac{3}{8}$ ③ $\dfrac{1}{2}$

④ $\dfrac{5}{8}$ ⑤ $\dfrac{3}{4}$

STEP A 전체 경우의 수 구하기

휴대전화를 꺼내는 모든 경우의 수는 $4! = 24$

STEP B 여사건인 4명 모두 다른 사람의 휴대전화를 꺼내는 사건 구하기

적어도 한 명은 자신의 휴대전화를 꺼내는 사건을 A라 하면
여사건 A^c는 4명 모두 다른 사람의 휴대전화를 꺼내는 사건이므로
민준, 송이, 준기, 민호의 휴대전화를 각각 a, b, c, d라 하면
4명 모두 다른 사람의 휴대전화를 꺼내는 경우는 오른쪽 그림과 같이 9가지이다.

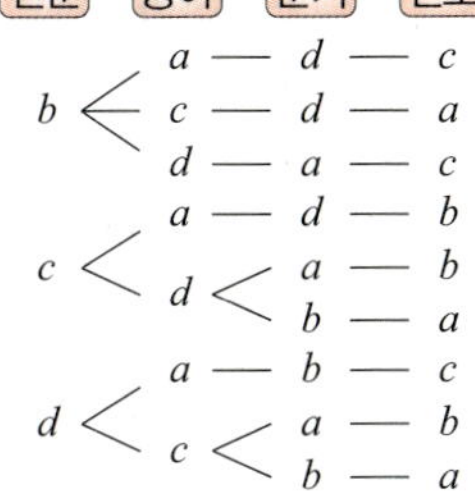

$\therefore P(A^c) = \dfrac{9}{24} = \dfrac{3}{8}$

STEP C $P(A) = 1 - P(A^c)$을 이용하여 구하기

따라서 구하는 확률은 $P(A) = 1 - P(A^c) = 1 - \dfrac{3}{8} = \dfrac{5}{8}$

0331

다음 물음에 답하여라.
(1) 9월에 태어난 3명의 학생 A, B, C 중에서 적어도 2명의 생일이 같을 확률은?

① $\dfrac{11}{225}$ ② $\dfrac{22}{225}$ ③ $\dfrac{25}{225}$

④ $\dfrac{28}{225}$ ⑤ $\dfrac{202}{225}$

STEP A 전체 경우의 수 구하기

9월이 30일까지 있으므로 세 학생의 생일로 가능한 경우의 수는 $_{30}\Pi_3 = 30^3$

STEP B 여사건인 세 학생의 생일이 모두 다른 사건 구하기

적어도 2명의 생일이 같은 사건을 A라 하면
여사건 A^c은 세 학생의 생일이 모두 다른 사건이므로
세 학생이 생일이 모두 다른 경우의 수는 $_{30}P_3$

$\therefore P(A^c) = \dfrac{_{30}P_3}{_{30}\Pi_3} = \dfrac{30 \times 29 \times 28}{30^3} = \dfrac{203}{225}$

STEP C $P(A) = 1 - P(A^c)$을 이용하여 구하기

따라서 적어도 2명의 생일이 같을 확률은
$P(A) = 1 - P(A^c) = 1 - \dfrac{203}{225} = \dfrac{22}{225}$

(2) 네 명의 학생 A, B, C, D가 11월에 태어났다. 네 학생 중에서 적어도 두 학생의 생일이 같을 확률은?

① $\dfrac{47}{250}$ ② $\dfrac{57}{250}$ ③ $\dfrac{67}{250}$

④ $\dfrac{77}{250}$ ⑤ $\dfrac{203}{250}$

STEP A 전체 경우의 수 구하기

11월이 30일까지 있으므로 네 학생의 생일로 가능한 경우의 수는 $_{30}\Pi_4 = 30^4$

STEP B 여사건인 네 학생의 생일이 모두 다른 사건 구하기

적어도 2명의 생일이 같은 사건을 A라 하면
여사건 A^c은 네 학생의 생일이 모두 다른 사건이므로
네 학생이 생일이 모두 다른 경우의 수는 $_{30}P_4$

$\therefore P(A^c) = \dfrac{_{30}P_4}{_{30}\Pi_4} = \dfrac{30 \times 29 \times 28 \times 27}{30^4} = \dfrac{203}{250}$

STEP C $P(A) = 1 - P(A^c)$을 이용하여 구하기

따라서 적어도 2명의 생일이 같을 확률은
$P(A) = 1 - P(A^c) = 1 - \dfrac{203}{250} = \dfrac{47}{250}$

0332

한 개의 주사위를 두 번 던질 때, 나오는 두 눈의 합이 8이거나 차가 2인 확률은?

① $\dfrac{5}{36}$ ② $\dfrac{7}{36}$ ③ $\dfrac{11}{36}$

④ $\dfrac{1}{3}$ ⑤ $\dfrac{2}{3}$

STEP A 전체 경우의 수 구하기

한 개의 주사위를 두 번 던질 때, 나오는 경우의 수는 $6 \times 6 = 36$

STEP B 각각의 확률 구하기

두 눈의 수의 합이 8인 사건을 A,
두 눈의 수의 차가 2인 사건을 B라고 하면
두 눈의 수의 합이 8이거나 차가 2인 사건은 $A \cup B$이고
두 눈의 합이 8인 경우는 (2, 6), (3, 5), (4, 4), (5, 3), (6, 2)이고
차가 2인 경우는 (1, 3), (2, 4), (3, 5), (4, 6), (3, 1), (4, 2), (5, 3), (6, 4)
이므로 $n(A) = 5$, $n(B) = 8$, $n(A \cap B) = 2$에서
$P(A) = \dfrac{5}{36}$, $P(B) = \dfrac{8}{36}$, $P(A \cap B) = \dfrac{2}{36}$

STEP C $P(A \cup B) = P(A) + P(B) - P(A \cap B)$임을 이용하여 구하기

따라서 구하는 확률은
$P(A \cup B) = P(A) + P(B) - P(A \cap B) = \dfrac{5}{36} + \dfrac{8}{36} - \dfrac{2}{36} = \dfrac{11}{36}$

0333

다음 물음에 답하여라.
(1) 오른쪽 그림과 같이 한 변의 길이가 1인 정육각형의 꼭짓점의 위치에 놓인 6개의 점 중에서 임의로 2개를 택하여 선분을 그을 때, 선분의 길이가 1보다 클 확률은?

① $\dfrac{1}{4}$ ② $\dfrac{2}{5}$ ③ $\dfrac{3}{5}$

④ $\dfrac{3}{4}$ ⑤ $\dfrac{2}{3}$

STEP A 전체 경우의 수 구하기

2개의 점을 택하여 그을 수 있는 선분의 수는 $_6C_2 = 15$
2개의 점을 택하여 선분을 그을 때,
선분의 길이가 1 이하인 사건을 A라고 하자.

STEP B 이 중에서 길이가 1 이하인 선분의 수 구하기

이 중에서 길이가 1 이하인 선분의 수는 6이므로 $P(A) = \dfrac{6}{15} = \dfrac{2}{5}$

STEP C $P(A) = 1 - P(A^c)$을 이용하여 구하기

따라서 선분의 길이가 1보다 클 확률은 $P(A^c) = 1 - P(A) = 1 - \dfrac{2}{5} = \dfrac{3}{5}$

(2) 오른쪽 그림과 같이 한 변의 길이가 1인 정육각형이 있다. 이 정육각형의 6개의 꼭짓점 중에서 임의로 서로 다른 두 점을 선택했을 때, 이 두 점 사이의 거리가 유리수가 될 확률은?

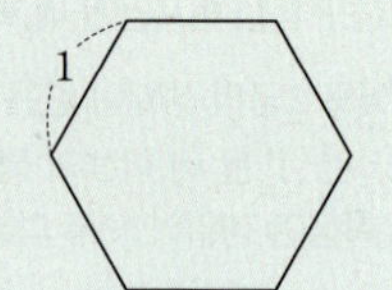

① $\dfrac{2}{5}$　　② $\dfrac{3}{5}$　　③ $\dfrac{4}{5}$

④ $\dfrac{5}{11}$　　⑤ $\dfrac{6}{11}$

STEP A　전체 경우의 수 구하기

6개의 꼭짓점에서 임의로 서로 다른 두 점을 선택하는 경우의 수는 $_6C_2=15$

STEP B　두 점 사이의 거리가 무리수가 되는 경우 구하기

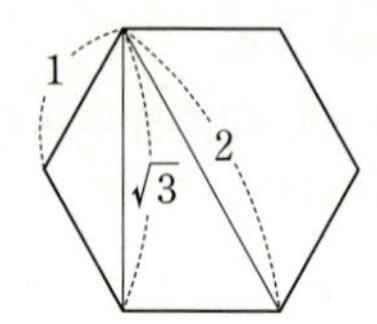

오른쪽 그림에서 서로 다른 두 점 사이의 거리는 1, $\sqrt{3}$, 2이므로 두 점 사이의 거리가 유리수가 될 확률은 무리수가 되지 않을 확률과 같다.

두 점을 선택했을 때, 이 두 점 사이의 거리가 $\sqrt{3}$인 사건을 A라고 하면 $n(A)=6$이므로

$$\mathrm{P}(A)=\frac{6}{15}=\frac{2}{5}$$

STEP C　$\mathrm{P}(A^c)=1-\mathrm{P}(A)$을 이용하여 구하기

따라서 구하는 확률은 $\mathrm{P}(A^c)=1-\mathrm{P}(A)=1-\dfrac{2}{5}=\dfrac{3}{5}$

0334

주머니 속에 1, 2, 3, 4가 적힌 구슬이 각각 3개씩 모두 12개가 들어 있다. 이 주머니에서 임의로 3개의 구슬을 동시에 꺼낼 때, 꺼낸 구슬에 3이 적힌 구슬은 포함되지만 4가 적힌 구슬은 포함되지 않을 확률은?

① $\dfrac{14}{55}$　　② $\dfrac{16}{55}$　　③ $\dfrac{18}{55}$

④ $\dfrac{4}{11}$　　⑤ $\dfrac{2}{5}$

STEP A　전체 경우의 수 구하기

12개가 들어 있는 주머니에서 임의로 3개의 구슬을 동시에 꺼낼 때, 경우의 수는 $_{12}C_3$

STEP B　꺼낸 구슬에 3이 적힌 구슬은 포함되지만 4가 적힌 구슬은 포함되지 않을 확률 구하기

주머니에서 임의로 3개의 구슬을 동시에 꺼낼 때,

(i) 3이 적힌 구슬을 1개, 1 또는 2가 적힌 구슬을 2개 꺼낼 확률은

$$\frac{_3C_1\times {_6C_2}}{_{12}C_3}=\frac{3\times15}{220}=\frac{45}{220}$$

(ii) 3이 적힌 구슬을 2개, 1 또는 2가 적힌 구슬을 1개 꺼낼 확률은

$$\frac{_3C_2\times {_6C_1}}{_{12}C_3}=\frac{3\times6}{220}=\frac{18}{220}$$

(iii) 3이 적힌 구슬만 3개 꺼낼 확률은 $\dfrac{_3C_3}{_{12}C_3}=\dfrac{1}{220}$

STEP C　배반사건을 이용하여 구하기

(i)~(iii)에서 구하는 확률은 $\dfrac{45}{220}+\dfrac{18}{220}+\dfrac{1}{220}=\dfrac{64}{220}=\dfrac{16}{55}$

다른풀이　여사건을 이용하여 풀이하기

주머니에서 임의로 3개의 구슬을 동시에 꺼낼 때,

1, 2, 3이 적힌 구슬 9개에서만 3개를 꺼낼 확률은 $\dfrac{_9C_3}{_{12}C_3}=\dfrac{84}{220}$

1, 2가 적힌 구슬 6개에서만 3개를 꺼낼 확률은 $\dfrac{_6C_3}{_{12}C_3}=\dfrac{20}{220}$

따라서 구하는 확률은 $\dfrac{84}{220}-\dfrac{20}{220}=\dfrac{64}{220}=\dfrac{16}{55}$

0335

A, B, C를 포함한 10명의 체조선수 중에서 대회에 출전할 3명의 선수를 임의로 뽑을 때, A, B, C 중 적어도 2명이 뽑힐 확률은?

① $\dfrac{11}{60}$　　② $\dfrac{23}{120}$　　③ $\dfrac{1}{5}$

④ $\dfrac{5}{24}$　　⑤ $\dfrac{13}{60}$

STEP A　전체 경우의 수 구하기

10명의 체조선수 중에서 임의로 3명을 뽑는 경우의 수는 $_{10}C_3$

STEP B　여사건인 A, B, C 중 어느 누구도 뽑히지 않거나 이들 세 명 중 한 명만 뽑히는 사건 구하기

A, B, C 중 적어도 2명이 뽑히는 사건을 E라 하면

A, B, C 중 어느 누구도 뽑히지 않거나 이들 세 명 중 한 명만 뽑히는 사건은 사건 E의 여사건 E^c이다.

A, B, C 중 어느 누구도 뽑히지 않는 경우의 수는 $_7C_3$

A, B, C 중 한 명만 뽑히는 경우의 수는 $_3C_1\times {_7C_2}$이므로

$$\mathrm{P}(E^c)=\frac{_7C_3+{_3C_1}\times {_7C_2}}{_{10}C_3}=\frac{98}{120}$$

STEP C　$\mathrm{P}(E)=1-\mathrm{P}(E^c)$을 이용하여 구하기

따라서 A, B, C 중 적어도 2명이 뽑힐 확률은

$$\mathrm{P}(E)=1-\mathrm{P}(E^c)=1-\frac{98}{120}=\frac{22}{120}=\frac{11}{60}$$

다른풀이　배반사건의 확률을 이용하여 풀이하기

10명의 체조선수 중에서 임의로 3명을 뽑는 경우의 수는 $_{10}C_3$

A, B, C 중 2명이 뽑히고 나머지 7명 중 1명이 뽑히는 경우의 수는 $_3C_2\times {_7C_1}$

A, B, C 3명이 뽑히는 경우의 수는 $_3C_3$

따라서 구하는 확률은 $\dfrac{_3C_2\times {_7C_1}}{_{10}C_3}+\dfrac{_3C_3}{_{10}C_3}=\dfrac{21}{120}+\dfrac{1}{120}=\dfrac{22}{120}=\dfrac{11}{60}$

0336

다음 물음에 답하여라.

(1) n이 20 이하의 자연수일 때, x에 대한 이차방정식 $10x^2-7nx+n^2=0$의 정수해가 존재할 확률은?

① $\dfrac{3}{5}$　　② $\dfrac{4}{5}$　　③ $\dfrac{5}{7}$

④ $\dfrac{2}{3}$　　⑤ $\dfrac{5}{6}$

STEP A　x에 대한 이차방정식의 해 구하기

$10x^2-7nx+n^2=0$에서 $(2x-n)(5x-n)=0$이므로

$$x=\frac{n}{2}\ \text{또는}\ x=\frac{n}{5}$$

STEP B　정수해가 존재하기 위한 각각의 확률 구하기

이때 정수해가 존재하려면 n이 2의 배수 또는 5의 배수이어야 한다.

n이 2의 배수인 사건을 A, 5의 배수인 사건을 B라고 하면

$A\cap B$는 10의 배수인 사건이므로

$$\mathrm{P}(A)=\frac{1}{2},\ \mathrm{P}(B)=\frac{1}{5},\ \mathrm{P}(A\cap B)=\frac{1}{10}$$

STEP C　$\mathrm{P}(A\cup B)=\mathrm{P}(A)+\mathrm{P}(B)-\mathrm{P}(A\cap B)$을 이용하여 구하기

따라서 정수해가 존재할 확률은

$$\mathrm{P}(A\cup B)=\mathrm{P}(A)+\mathrm{P}(B)-\mathrm{P}(A\cap B)=\frac{1}{2}+\frac{1}{5}-\frac{1}{10}=\frac{3}{5}$$

(2) $|n| \le 20$인 모든 정수 n에 대하여 x에 대한 이차방정식
$10x^2 + 3nx - n^2 = 0$의 근이 정수일 확률은?

① $\dfrac{9}{41}$ 　　② $\dfrac{17}{41}$ 　　③ $\dfrac{25}{41}$

④ $\dfrac{49}{81}$ 　　⑤ $\dfrac{37}{41}$

STEP A 　전체 경우의 수 구하기

$|n| \le 20$인 정수 n의 개수는 41이므로
이차방정식 한 개를 택하는 전체 경우의 수는 41이다.

STEP B 　x에 대한 이차방정식의 해 구하기

$10x^2 + 3nx - n^2 = 0$, $(5x-n)(2x+n) = 0$이므로
$x = -\dfrac{n}{2}$ 또는 $x = \dfrac{n}{5}$

STEP C 　정수해가 존재하기 위한 각각의 확률 구하기

이때 정수해가 존재하려면 n이 2의 배수 또는 5의 배수이어야 한다.
n이 2의 배수인 사건을 A, 5의 배수인 사건을 B라고 하면
$A \cap B$는 10의 배수인 사건이므로

(i) $n = 2k$ (k는 정수)를 만족시키는 경우
　　$|2k| \le 20$, $|k| \le 10$에서 정수 k의 개수는 21
　　　← $n \in \{-20, -18, -16, \cdots, 16, 18, 20\}$
　　　∴ $P(A) = \dfrac{21}{41}$

(ii) $n = 5k$ (k는 정수)를 만족시키는 경우
　　$|5k| \le 20$, $|k| \le 4$에서 정수 k의 개수는 9
　　　← $n \in \{-20, -15, -10, \cdots, 10, 15, 20\}$
　　　∴ $P(B) = \dfrac{9}{41}$

(iii) $n = 10k$ (k는 정수)를 만족시키는 경우
　　$|10k| \le 20$, $|k| \le 2$에서 정수 k의 개수는 5
　　　← $n \in \{-20, -10, 0, 10, 20\}$
　　　∴ $P(A \cap B) = \dfrac{5}{41}$

STEP D 　$P(A \cup B) = P(A) + P(B) - P(A \cap B)$을 이용하여 구하기

(i)~(iii)에서 정수해가 존재할 확률은
$P(A \cup B) = P(A) + P(B) - P(A \cap B) = \dfrac{21}{41} + \dfrac{9}{41} - \dfrac{5}{41} = \dfrac{25}{41}$

0337

4명의 학생 A, B, C, D가 체육대회에서 400m 이어달리기 경기의 반 대표로 출전하였다. 제비뽑기로 순서를 정할 때, B가 가장 먼저 달리거나 A보다 나중에 달리게 될 확률은?

① $\dfrac{4}{7}$ 　　② $\dfrac{1}{2}$ 　　③ $\dfrac{3}{4}$

④ $\dfrac{1}{3}$ 　　⑤ $\dfrac{2}{5}$

STEP A 　전체 경우의 수 구하기

4명의 학생 A, B, C, D를 제비뽑기로 순서를 정할 경우의 수는 4!

STEP B 　B가 가장 먼저 달리거나 A보다 나중에 달리게 될 확률 구하기

(i) B가 가장 먼저 달리는 사건을 E라 하면 $P(E) = \dfrac{3!}{4!} = \dfrac{1}{4}$

(ii) A보다 나중에 달리는 사건을 F라 하면 $P(F) = \dfrac{\frac{4!}{2}}{4!} = \dfrac{1}{2}$

STEP C 　배반사건을 이용하여 구하기

(i), (ii)에서 E, F는 배반사건이므로 $P(E \cap F) = 0$

따라서 구하는 확률은 $P(E \cup F) = P(E) + P(F) = \dfrac{1}{4} + \dfrac{1}{2} = \dfrac{3}{4}$

0338

○표가 있는 4개의 제비와 ×표가 있는 4개의 제비가 있다. 이 8개의 제비 중에서 4개를 뽑았을 때, ○표가 있는 제비가 3개 이상이 나오거나 4개 모두 ×표인 제비가 나올 확률을 $\dfrac{q}{p}$라 하자. $p+q$의 값을 구하여라.
(단, p와 q는 서로소인 자연수이다.)

STEP A 　전체 경우의 수 구하기

총 8개의 제비 중 4개를 뽑는 경우의 수는 $_8C_4 = 70$

STEP B 　○표인 제비가 3개 이상 나오거나 ×표인 제비가 4개 나오는 확률 구하기

(i) ○표인 제비가 3개 이상이 나올 사건을 A라 하면
　　○표인 제비가 3개 이상이 나오는 경우는
　　○표 3개, ×표 1개일 때와 ○표 4개이므로 경우의 수는
　　$_4C_3 \times {}_4C_1 + {}_4C_4$

　　$P(A) = \dfrac{{}_4C_3 \times {}_4C_1}{{}_8C_4} + \dfrac{{}_4C_4}{{}_8C_4} = \dfrac{16+1}{70} = \dfrac{17}{70}$

(ii) ×표인 제비가 4개가 나올 사건을 B라 하면
　　×표인 제비가 4개가 나오는 경우의 수는 $_4C_4$

　　$P(B) = \dfrac{{}_4C_4}{{}_8C_4} = \dfrac{1}{70}$

STEP C 　배반사건의 확률 구하기

(i), (ii)에서 A와 B는 서로 배반사건이므로 구하는 확률은
$P(A \cup B) = P(A) + P(B) = \dfrac{17}{70} + \dfrac{1}{70} = \dfrac{9}{35}$

∴ $p+q = 44$

0339

집합 $X = \{1, 2, 3, 4\}$에서 $Y = \{3, 4, 5, 6, 7\}$로의 함수 중에서 임의로 택한 한 함수를 f라 할 때, $f(1) = f(2) < f(3) \le f(4)$가 성립할 확률은?

① $\dfrac{4}{125}$ 　　② $\dfrac{6}{125}$ 　　③ $\dfrac{8}{125}$

④ $\dfrac{2}{25}$ 　　⑤ $\dfrac{12}{125}$

STEP A 　전체 경우의 수 구하기

집합 X에서 Y로의 함수의 개수는 $_5\Pi_4 = 5^4$

STEP B 　$f(1) = f(2) < f(3) \le f(4)$인 확률 구하기

$f(1) = f(2) < f(3) < f(4)$인 사건을 A라 하고
$f(1) = f(2) < f(3) = f(4)$인 사건을 B라 하면

(i) $f(1) = f(2) < f(3) < f(4)$인 함수 f의 개수는 $_5C_3 = 10$

　　　∴ $P(A) = \dfrac{10}{5^4} = \dfrac{2}{125}$

(ii) $f(1) = f(2) < f(3) = f(4)$인 함수 f의 개수는 $_5C_2 = 10$

　　　∴ $P(B) = \dfrac{10}{5^4} = \dfrac{2}{125}$

STEP C 　배반사건의 확률 구하기

(i), (ii)에서 두 사건 A, B는 서로 배반사건이므로
$P(A \cup B) = P(A) + P(B) = \dfrac{2}{125} + \dfrac{2}{125} = \dfrac{4}{125}$

0340

A, B를 포함한 친구 6명이 오른쪽 그림과 같이 좌석이 배열된 영화관에서 좌석번호가 F열 5번, F열 6번, F열 7번, G열 4번, G열 5번, H열 4번인 6개의 표를 구매하였다. 6개의 표를 임의로 나눠 가져 자리를 정할 때, A, B 두 사람이 같은 열의 이웃한 자리에 앉을 확률은?

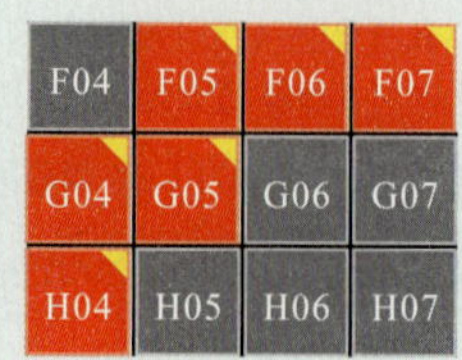

① $\dfrac{2}{15}$ ② $\dfrac{4}{15}$ ③ $\dfrac{1}{3}$

④ $\dfrac{1}{5}$ ⑤ $\dfrac{2}{5}$

STEP A A, B 두 사람이 같은 열의 이웃한 자리에 앉을 확률 구하기

(i) F열 5번, F열 6번, F열 7번에 A, B 두 사람이 같은 열의 이웃한 자리에 앉을 확률은 $\dfrac{2\times2\times4!}{6!}=\dfrac{2}{15}$

(ii) G열 4번, G열 5번에 A, B 두 사람이 같은 열의 이웃한 자리에 앉을 확률은 $\dfrac{2\times4!}{6!}=\dfrac{1}{15}$

STEP B 서로 배반사건임을 이용하여 확률 구하기

(i), (ii)가 서로 배반사건이므로 구하는 확률은 $\dfrac{2}{15}+\dfrac{1}{15}=\dfrac{3}{15}=\dfrac{1}{5}$

0341

다음 물음에 답하여라.

(1) 오른쪽 그림과 같이 크기가 같은 4개의 정사각형을 붙여 만든 도형 위에 10개의 점이 있다. 이들 점 중 임의로 3개의 점을 택하여 선분으로 연결할 때, 직각이등변삼각형이 만들어질 확률은 $\dfrac{q}{p}$ 이다. $p+q$ 의 값을 구하여라. (단, p, q 는 서로소인 자연수이다.)

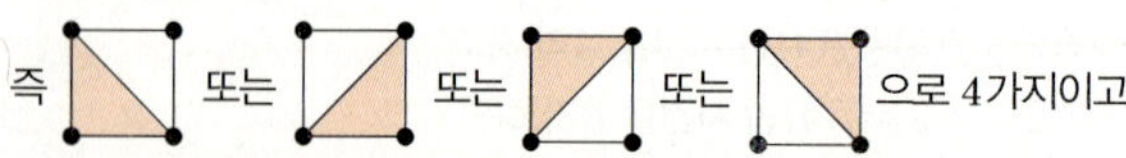

STEP A 전체 경우의 수 구하기

4개의 정사각형을 붙여 만든 도형 위의 10개의 점에서 3개를 택하는 경우의 수는 $_{10}C_3=120$

STEP B 1개의 정사각형 또는 연속된 2개의 정사각형을 택하여 직각이등변삼각형이 만들어지는 경우의 수를 구하기

직각이등변삼각형이 만들어지는 경우는
(i) 그림과 같이 1개의 정사각형을 택하여 직각이등변삼각형을 만드는 사건을 A 라 하면

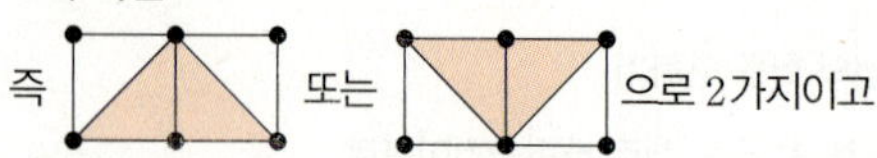

즉 (또는 또는 또는) 으로 4가지이고

1개의 정사각형을 택하는 경우의 수는 4이므로 사건 A 의 확률은
$P(A)=\dfrac{4\times4}{120}=\dfrac{2}{15}$

(ii) 그림과 같이 연속된 2개의 정사각형을 택한 직사각형에서 일직선 위의 3개의 점 중에서 가운데 점과 마주보는 변의 양 끝 점을 택하는 사건을 B 라 하면

즉 (또는) 으로 2가지이고

연속된 2개의 정사각형을 택하는 경우의 수는 3이므로 사건 B 의 확률은
$P(B)=\dfrac{2\times3}{120}=\dfrac{1}{20}$

STEP C 배반사건의 확률 구하기

(i), (ii)에서 A 와 B 는 서로 배반사건이므로 $P(A\cap B)=0$
구하는 확률은 $P(A\cup B)=P(A)+P(B)=\dfrac{2}{15}+\dfrac{1}{20}=\dfrac{11}{60}$
따라서 $p=60$, $q=11$ 이므로 $p+q=71$

---

(2) 그림과 같이 평행한 두 직선 l, m 에 대하여 직선 l 위에 3개의 점과 직선 m 위에 4개의 점이 있다. 이들 점 중 임의로 3개의 점을 택하여 선분으로 연결할 때, 삼각형이 만들어질 확률은 $\dfrac{q}{p}$ 이다. $p+q$ 의 값을 구하여라. (단, p, q 는 서로소인 자연수이다.)

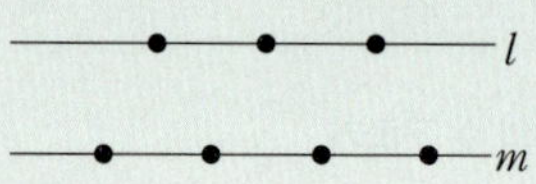

STEP A 전체 경우의 수 구하기

직선 l 위의 3개의 점과 직선 m 위의 4개의 점을 합하여 7개의 점 중 3개를 택하는 경우의 수는 $_7C_3=35$

STEP B 삼각형이 만들어지는 경우의 수 구하기

삼각형이 만들어지는 경우는 직선 l 의 2개의 점과 직선 m 의 1개의 점을 택하거나 직선 l 의 1개의 점과 직선 m 의 2개의 점을 택하면 된다.
(i) 직선 l 의 2개의 점과 직선 m 의 1개의 점을 택하는 경우의 수는
$_3C_2\times{}_4C_1=3\times4=120$이고 그 사건을 A 라 하면 $P(A)=\dfrac{12}{35}$
(ii) 직선 l 의 1개의 점과 직선 m 의 2개의 점을 택하는 경우의 수는
$_3C_1\times{}_4C_2=3\times6=18$이고 그 사건을 B 라 하면 $P(B)=\dfrac{18}{35}$

STEP C 배반사건의 확률 구하기

두 사건 A, B 는 서로 배반이므로 구하는 확률은
$P(A\cup B)=P(A)+P(B)=\dfrac{12}{35}+\dfrac{18}{35}=\dfrac{30}{35}=\dfrac{6}{7}$
따라서 $p=7$, $q=6$이므로 $p+q=13$

0342

다음 과정을 차례로 시행한다.

> [과정1] 한 모서리의 길이가 1인 정육면체 125개를 그림과 같이 빈틈없이 쌓아 한 변의 길이가 5인 정육면체 한 개를 만든다.
> [과정2] 한 모서리의 길이가 5인 정육면체의 한 밑면을 제외한 다섯 개의 면 전체에 색칠을 한다.
> [과정3] 모두 흩뜨린 후, 한 모서리의 길이가 1인 125개의 정육면체 중에서 한 개를 임의로 선택한다.

위의 [과정3]에서 ==적어도 한 면이 색칠 되어져 있는 정육면체를 선택할 확률==은 $\dfrac{q}{p}$ 이다. 이때 $p+q$ 의 값을 구하여라. (단, p, q 는 서로소인 자연수)

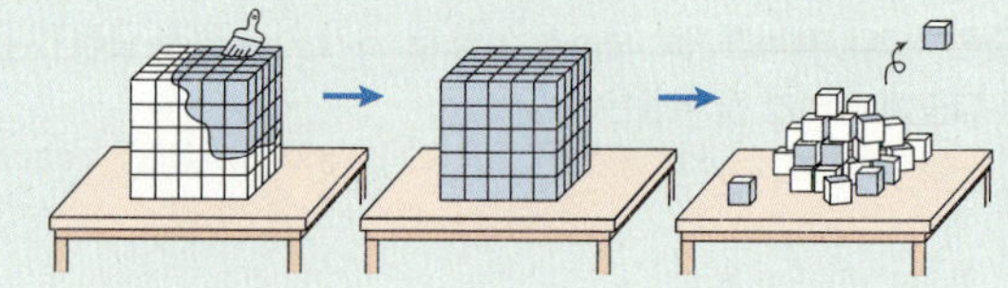

STEP A 전체 경우의 수 구하기

한 모서리의 길이가 1인 정육면체의 개수는 125

STEP B 여사건의 확률 구하기

적어도 한 면이 색칠되어져 있는 정육면체를 선택할 확률은 어떤 면도 색칠되지 않은 것을 선택할 사건의 여사건의 확률이다.
어떤 면도 색칠되지 않은 정육면체의 개수는 $3\times3\times4=36$
따라서 적어도 한 면이 색칠 되어져 있는 정육면체를 선택할 확률은
$\dfrac{q}{p}=1-\dfrac{36}{125}=\dfrac{89}{125}$ 이므로 $p+q=125+89=214$

> **다른풀이** 직접 구하여 풀이하기

적어도 한 면이 색칠된 정육면체의 개수는 $5\times5+4\times(4\times4)=89$

따라서 확률은 $\dfrac{q}{p}=\dfrac{89}{125}$ 이므로 $p+q=214$

0343

두 집합 $X=\{1, 2, 3\}$, $Y=\{4, 5, 6, 7\}$에 대하여 X에서 Y로의 함수 f 중에서 임의로 하나를 택할 때, $f(1)=5$ 또는 $f(2)=7$일 확률을 구하는 과정을 다음 단계로 서술하여라.

[1단계] X에서 Y로의 함수에서 $f(1)=5$를 만족하는 사건을 A라 할 때, $\mathrm{P}(A)$를 구한다.

[2단계] X에서 Y로의 함수에서 $f(2)=7$을 만족하는 사건을 B라 할 때, $\mathrm{P}(B)$를 구한다.

[3단계] X에서 Y로의 함수에서 $f(1)=5$, $f(2)=7$을 만족하는 사건을 $A \cap B$라 할 때, $\mathrm{P}(A \cap B)$을 구한다.

[4단계] $f(1)=5$ 또는 $f(2)=7$일 확률을 구한다.

1단계　X에서 Y로의 함수에서 $f(1)=5$를 만족하는 사건을 A라 할 때, $\mathrm{P}(A)$를 구한다.　◀ 30%

집합 Y의 4개의 원소 4, 5, 6, 7에서 중복을 허용하여 3개를 뽑아 집합 X의 3개의 원소 1, 2, 3에 각각 대응시키는 경우의 수와 같으므로 함수 f의 개수는 ${}_4\Pi_3=4^3$

$f(1)=5$에서 집합 X의 원소 1이 집합 Y의 원소 5에 대응하므로 집합 X의 나머지 2개의 원소 2, 3을 집합 Y의 4개의 원소 4, 5, 6, 7 중 중복을 허용하여 2개를 뽑아 대응시키면 된다.

그 경우의 수는 ${}_4\Pi_2=4^2$

즉 $\mathrm{P}(A)=\dfrac{4^2}{4^3}=\dfrac{1}{4}$

2단계　X에서 Y로의 함수에서 $f(2)=7$을 만족하는 사건을 B라 할 때, $\mathrm{P}(B)$를 구한다.　◀ 30%

또, $f(2)=7$에서 집합 X의 원소 2가 집합 Y의 원소 7에 대응하므로 집합 X의 나머지 원소 1, 3을 집합 Y의 4개의 원소 4, 5, 6, 7 중 중복을 허용하여 2개를 뽑아 대응시키면 된다.

그 경우의 수는 ${}_4\Pi_2=4^2$

즉 $\mathrm{P}(B)=\dfrac{4^2}{4^3}=\dfrac{1}{4}$

3단계　X에서 Y로의 함수에서 $f(1)=5$, $f(2)=7$을 만족하는 사건을 $A \cap B$라 할 때, $\mathrm{P}(A \cap B)$을 구한다.　◀ 20%

집합 X의 1개의 원소 3을 집합 Y의 4개의 원소 4, 5, 6, 7 중 1개를 뽑아 대응시키면 되므로 그 경우의 수는 4이다.

즉 $\mathrm{P}(A \cap B)=\dfrac{4}{4^3}=\dfrac{1}{16}$

4단계　$f(1)=5$ 또는 $f(2)=7$일 확률을 구한다.　◀ 20%

따라서 구하는 확률은

$\mathrm{P}(A \cup B)=\mathrm{P}(A)+\mathrm{P}(B)-\mathrm{P}(A \cap B)$
$=\dfrac{1}{4}+\dfrac{1}{4}-\dfrac{1}{16}=\dfrac{7}{16}$

0344

키가 서로 다른 네 사람이 있다. 이들을 일렬로 세울 때, 앞에서 세 번째 사람이 자신과 이웃한 두 사람보다 키가 작을 확률을 구하는 과정을 다음 단계로 서술하여라.

[1단계] 키가 서로 다른 네 사람을 일렬로 세우는 경우의 수를 구한다.

[2단계] 키가 제일 작은 사람이 앞에서 세 번째에 서는 사건을 A라 할 때, $\mathrm{P}(A)$를 구한다.

[3단계] 키가 두 번째로 작은 사람이 앞에서 세 번째에 서는 사건을 B라 할 때, $\mathrm{P}(B)$를 구한다.

[4단계] 두 사건 A, B가 배반사건임을 이용하여 구하는 확률을 구한다.

1단계　키가 서로 다른 네 사람을 일렬로 세우는 경우의 수를 구한다.　◀ 20%

키가 작은 사람부터 차례로 a_1, a_2, a_3, a_4라 할 때, 네 사람을 일렬로 세우는 경우의 수는 4!

2단계　키가 제일 작은 사람이 앞에서 세 번째에 서는 사건을 A라 할 때, $\mathrm{P}(A)$를 구한다.　◀ 30%

키가 제일 작은 사람이 앞에서 세 번째에 서는 경우의 수는 나머지 세 사람을 첫 번째, 두 번째, 네 번째에 일렬로 세우는 경우의 수와 같은 3!이므로 구하는 확률은 $\mathrm{P}(A)=\dfrac{3!}{4!}=\dfrac{1}{4}$

3단계　키가 두 번째로 작은 사람이 앞에서 세 번째에 서는 사건을 B라 할 때, $\mathrm{P}(B)$를 구한다.　◀ 30%

키가 두 번째로 작은 사람이 앞에서 세 번째에 서는 경우의 수는 키가 제일 작은 사람을 첫 번째에 세우고 나머지 2명을 두 번째, 네 번째에 세우는 경우의 수와 같은 2!이므로 구하는 확률은

$\mathrm{P}(B)=\dfrac{2!}{4!}=\dfrac{1}{12}$

4단계　두 사건 A, B가 배반사건임을 이용하여 구하는 확률을 구한다.　◀ 20%

두 사건 A, B는 서로 배반사건이므로 구하는 확률은

$\mathrm{P}(A \cup B)=\mathrm{P}(A)+\mathrm{P}(B)=\dfrac{1}{4}+\dfrac{1}{12}=\dfrac{1}{3}$

0345

1반과 2반의 학생으로만 구성된 어느 동아리 회원 10명 중에서 대표 2명을 뽑을 때, 같은 반 학생이 뽑힐 확률은 $\dfrac{8}{15}$이다. 이 동아리 회원 중에서 1반과 2반의 학생 수의 차를 구하는 과정을 다음 단계로 서술하여라.

[1단계] 동아리 회원 10명 중 대표 2명을 뽑는 경우의 수를 구한다.

[2단계] 2명의 대표를 각각 1반과 2반에서 뽑는 확률을 구한다.

[3단계] 같은 반 학생이 뽑힐 확률이 $\dfrac{8}{15}$임을 이용하여 1반과 2반의 학생 수를 구한다.

[4단계] 1반과 2반의 학생 수의 차를 구한다.

1단계　동아리 회원 10명 중 대표 2명을 뽑는 경우의 수를 구한다.　◀ 20%

1반과 2반의 학생 수를 각각 m, $10-m$이라 하자.

동아리 회원 10명 중에서 대표 2명을 뽑는 경우의 수는 ${}_{10}\mathrm{C}_2=45$

2단계　2명의 대표를 각각 1반과 2반에서 뽑는 확률을 구한다.　◀ 30%

이때 2명의 대표를 각각 1반과 2반에서 뽑는 경우의 수는
${}_m\mathrm{C}_1 \times {}_{10-m}\mathrm{C}_1 = m(10-m)$

이므로 2명의 대표를 각각 1반과 2반에서 뽑을 확률은

$\dfrac{m(10-m)}{45}$

3단계　같은 반 학생이 뽑힐 확률이 $\dfrac{8}{15}$임을 이용하여 1반과 2반의 학생 수를 구한다.　◀ 30%

2명의 대표가 같은 반에서 뽑힐 확률은

$1-\dfrac{m(10-m)}{45}=\dfrac{8}{15}$ 이므로 $45-m(10-m)=24$

$m^2-10m+21=0$, $(m-3)(m-7)=0$

$\therefore m=3$ 또는 $m=7$

4단계　1반과 2반의 학생 수의 차를 구한다.　◀ 20%

따라서 두 반의 학생 수는 각각 7, 3명이므로 A반과 B반의 학생 수의 차는 4

0346

두 주머니 A와 B에는 숫자 1, 2, 3, 4가 하나씩 적혀 있는 4장의 카드가 각각 들어 있다. 갑은 주머니 A에서, 을은 주머니 B에서 각자 임의로 두 장의 카드를 꺼내어 가진다. 갑이 가진 두 장의 카드에 적힌 수의 합과 을이 가진 두 장의 카드에 적힌 수의 합이 같을 확률은 $\dfrac{q}{p}$이다. $p+q$의 값을 구하여라. (단, p, q는 서로소인 자연수이다.)

STEP A 전체 경우의 수 구하기

갑이 주머니 A에서 두 장의 카드를 꺼내고 을이 주머니 B에서 두 장의 카드를 꺼내는 경우의 수는 $_4C_2 \times {_4C_2} = 6 \times 6 = 36$

STEP B 갑이 가진 두 장의 카드에 적힌 수의 합과 을이 가진 두 장의 카드에 적힌 수의 합이 같은 경우의 수 구하기

갑이 가진 두 장의 카드에 적힌 수의 합과 을이 가진 두 장의 카드에 적힌 수의 합이 같은 경우는 다음과 같다.

(i) 갑과 을이 꺼낸 두 장의 카드에 적힌 숫자가 모두 같은 경우

경우의 수는 $_4C_2 = \dfrac{4 \times 3}{2 \times 1} = 6$

(ii) 갑과 을이 꺼낸 두 장의 카드에 적힌 숫자는 다르지만 합이 같은 경우
갑이 1과 4가 적힌 카드를 꺼내고 을은 2와 3이 적힌 카드를 꺼내거나 갑이 2와 3이 적힌 카드를 꺼내고 을은 1과 4가 적힌 카드를 꺼낼 때, 경우의 수는 2

(i), (ii)에서 갑이 가진 두 장의 카드에 적힌 수의 합과 을이 가진 두 장의 카드에 적힌 수의 합이 같은 경우는 $6+2=8$가지이므로 구하는 확률은 $\dfrac{8}{36} = \dfrac{2}{9}$

따라서 $p=9$, $q=2$이므로 $p+q=9+2=11$

다른풀이 직접 표를 이용하여 풀이하기

갑과 을이 각각의 주머니에서 두 장의 카드를 꺼내는 전체 경우의 수는 각각 $_4C_2 = 6$가지이다.

갑이 두 장의 카드를 꺼내는 경우	을이 두 장의 카드를 꺼내는 경우	합	갑과 을이 두 장의 카드에 적힌 수의 합이 같을 확률
(1, 2)	(1, 2)	3	$\dfrac{1}{6} \times \dfrac{1}{6} = \dfrac{1}{36}$
(1, 3)	(1, 3)	4	$\dfrac{1}{6} \times \dfrac{1}{6} = \dfrac{1}{36}$
(1, 4)	(1, 4)	5	$\dfrac{2}{6} \times \dfrac{2}{6} = \dfrac{4}{36}$
(2, 3)	(2, 3)		
(2, 4)	(2, 4)	6	$\dfrac{1}{6} \times \dfrac{1}{6} = \dfrac{1}{36}$
(3, 4)	(3, 4)	7	$\dfrac{1}{6} \times \dfrac{1}{6} = \dfrac{1}{36}$
6 가지	6 가지		

따라서 갑이 가진 두 장의 카드에 적힌 수의 합과 을이 가진 두 장의 카드에 적힌 수의 합이 같을 확률은 $\dfrac{1}{36} + \dfrac{1}{36} + \dfrac{4}{36} + \dfrac{1}{36} + \dfrac{1}{36} = \dfrac{8}{36} = \dfrac{2}{9}$

0347

다음 물음에 답하여라.

(1) 1부터 9까지 자연수가 하나씩 적혀 있는 9개의 공이 주머니에 들어 있다. 이 주머니에서 임의로 3개의 공을 동시에 꺼낼 때, 꺼낸 공에 적혀 있는 수 a, b, c $(a < b < c)$가 다음 조건을 만족시킬 확률은?

(가) $a+b+c$는 홀수이다.
(나) $a \times b \times c$는 3의 배수이다.

① $\dfrac{5}{14}$　　② $\dfrac{8}{21}$　　③ $\dfrac{17}{42}$
④ $\dfrac{3}{7}$　　⑤ $\dfrac{19}{42}$

STEP A 전체 경우의 수 구하기

9개의 수 중 서로 다른 3개를 뽑는 경우의 수는 $_9C_3 = 84$

STEP B 조건 (가), (나)를 만족하는 경우의 수 구하기

조건 (가)에서 $a+b+c$가 홀수인 경우는
a, b, c가 홀수가 3개인 경우와 홀수 1개, 짝수 2개인 경우이다.
이때 조건 (나)를 만족하기 위해서 a, b, c 중 적어도 하나는 3의 배수이어야 한다.

(i) a, b, c 중 (짝수, 짝수, 홀수)인 경우

2, 4, 6, 8의 4개의 숫자에서 2개를 뽑고 1, 3, 5, 7, 9의 5개의 숫자에서 1개를 뽑는 경우의 수에서 조건 (나)를 만족하려면 세 수의 곱이 3의 배수가 되지 않는 경우,
즉 2, 4, 8의 3개의 숫자에서 2개를 뽑고 1, 5, 7의 3개의 숫자에서 1개를 뽑는 경우의 수를 제외시키면 되므로
$_4C_2 \times {_5C_1} - {_3C_2} \times {_3C_1} = 6 \times 5 - 3 \times 3 = 30 - 9 = 21$

(ii) a, b, c 모두 (홀수, 홀수, 홀수)인 경우

1, 3, 5, 7, 9의 5개의 숫자에서 3개를 뽑는 경우의 수에서 조건 (나)를 만족하려면 세 수의 곱이 3의 배수가 되지 않는 경우,
즉 1, 5, 7의 3개의 숫자에서 3개를 뽑는 경우의 수를 제외시키면 되므로
$_5C_3 - {_3C_3} = 10 - 1 = 9$

(i), (ii)에 의하여 $21 + 9 = 30$

STEP C 확률 구하기

따라서 구하는 확률은 $\dfrac{9+21}{84} = \dfrac{30}{84} = \dfrac{5}{14}$

다른풀이 직접 구하여 풀이하기

$a < b < c$로 순서가 정해져 있기 때문에 주머니에서 임의로 3개의 공을 동시에 꺼내는 가짓수는 $_9C_3$
조건 (가)를 만족하는 경우는 (홀수, 짝수, 짝수), (홀수, 홀수, 홀수)인 경우이다.
조건 (나)를 만족하기 위해서는 적어도 한 개는 3의 배수가 적힌 공을 꺼내야 한다.

(i) 3의 배수 중 3이 적힌 공만 포함되는 경우의 수는
(홀수, 짝수, 짝수) ⇨ 3(가지)
(홀수, 홀수, 홀수) ⇨ 3(가지)

(ii) 3의 배수 중 6이 적힌 공만 포함되는 경우의 수는
(홀수, 짝수, 짝수) ⇨ 9(가지)

(iii) 3의 배수 중 9가 적힌 공만 포함되는 경우의 수는
(홀수, 짝수, 짝수) ⇨ 3(가지)
(홀수, 홀수, 홀수) ⇨ 3(가지)

(iv) 3의 배수 중 3, 6이 적힌 공만 포함되는 경우의 수는
(홀수, 짝수, 짝수) ⇨ 3(가지)

(v) 3의 배수 중 3, 9가 적힌 공만 포함되는 경우의 수는
(홀수, 홀수, 홀수) ⇨ 3(가지)

(vi) 3의 배수 중 6, 9가 적힌 공만 포함되는 경우의 수는
(홀수, 짝수, 짝수) ⇨ 3(가지)

(i)~(vi)에 의하여 30가지이므로 $\dfrac{30}{_9C_3} = \dfrac{30}{84} = \dfrac{5}{14}$

(2) 1부터 9까지의 자연수가 각각 하나씩 적힌 9개의 공이 들어 있는 주머니가 있다. 이 주머니에서 임의로 4개의 공을 동시에 꺼낼 때, 꺼낸 공에 적혀 있는 수 a, b, c, d가 다음 조건을 만족시킬 확률은?

> (가) $a+b+c+d$는 홀수이다.
> (나) $a \times b \times c \times d$는 15의 배수이다.

① $\dfrac{4}{21}$ ② $\dfrac{3}{14}$ ③ $\dfrac{5}{21}$

④ $\dfrac{11}{42}$ ⑤ $\dfrac{2}{7}$

STEP Ⓐ 전체 경우의 수 구하기

9개의 공이 들어있는 주머니에서 임의로 4개의 공을 동시에 꺼내는
경우의 수는 $_9C_4 = 126$

STEP Ⓑ 조건 (가), (나)를 만족하는 경우의 수 구하기

조건 (가)에서 $a+b+c+d$는 홀수이므로 가능한 경우는 a, b, c, d 중
홀수 3개, 짝수 1개 또는 홀수 1개, 짝수 3개 있는 경우이다.

(i) 홀수가 3개, 짝수가 1개인 경우

조건 (나)에서 $a \times b \times c \times d$는 15의 배수이고 $15 = 3 \times 5$이므로
a, b, c, d 중 적어도 하나는 3의 배수이어야 하고 하나는 5이어야 한다.
즉 5를 제외한 수 중 홀수 2개, 짝수 1개를 뽑아야 하고 적어도 하나의
3의 배수를 뽑아야 한다.
따라서 여사건을 이용하여 경우의 수를 구하면

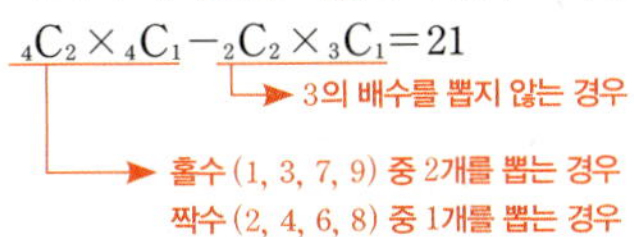

$_4C_2 \times {}_4C_1 - {}_2C_2 \times {}_3C_1 = 21$

> 3의 배수를 뽑지 않는 경우
>
> 홀수 $(1, 3, 7, 9)$ 중 2개를 뽑는 경우
> 짝수 $(2, 4, 6, 8)$ 중 1개를 뽑는 경우

(ii) 홀수가 1개, 짝수가 3개인 경우

5를 제외한 수 중 짝수 3개를 뽑아야 하고 적어도 하나의 3의 배수를
뽑아야 한다. 따라서 여사건을 이용하여 경우의 수를 구하면

$_4C_3 - {}_3C_3 = 3$

> 3의 배수인 6을 제외한 $(2, 4, 8)$ 중 3개를 뽑는 경우
> 짝수 $(2, 4, 6, 8)$ 중 3개를 뽑는 경우

(i), (ii)에서 구하는 경우의 수는 $21 + 3 = 24$

STEP Ⓒ 확률 구하기

따라서 구하는 확률은 $\dfrac{24}{126} = \dfrac{4}{21}$

0348

오른쪽 그림과 같이 12개의 전구와 전광판으로 이루어진 신호기가 있다. m열의 전구가 n개 켜져 있는 경우 $n \cdot 4^{m-1}$으로 계산되고, 네 개의 열이 계산된 수의 합이 전광판에 나타난다. 예를 들어 1열에서 1개, 3열에서 2개의 전구가 켜진 경우, 전광판에 33이 나타난다. 12개의 전구 중 임의로 2개를 켤 때, 전광판에 짝수가 나타날 확률을 $\dfrac{q}{p}$ (p, q는 서로소)라 하자. $p+q$의 값을 구하여라.

STEP Ⓐ $n \cdot 4^{m-1}$이 언제 홀수가 되는지 생각하기

신호기가 총 4열이고 각 열에 전구가 3개 있으므로
n은 $1 \le n \le 3$인 정수이고 m은 $1 \le m \le 4$인 정수이다.
$n \cdot 4^{m-1}$이 홀수일 때, $m=1$, $n=1, 3$
$n \cdot 4^{m-1}$이 짝수일 때, $m=2, 3, 4$이고 n의 값에 관계없다.
이때 12개의 전구 중 임의로 2개를 켤 때, 전체 경우의 수는 $_{12}C_2 = 66$

STEP Ⓑ 전광판이 나타내는 수가 짝수일 사건은 홀수인 사건의 여사건임을 이용하여 여사건의 확률 구하기

전광판에 짝수가 나타나는 경우의 수는 전체 경우의 수에서 홀수가 나타나는
경우의 수를 빼면 된다.
전광판에 홀수가 나타나려면 1열에서 전구 하나가 켜지고 나머지 열에서
전구 하나가 켜지면 되므로 그 확률은

$$\dfrac{_3C_1 \times {}_9C_1}{_{12}C_2} = \dfrac{27}{66} = \dfrac{9}{22}$$

STEP Ⓒ 확률 구하기

즉 전광판에 짝수가 나타날 확률은 $1 - \dfrac{9}{22} = \dfrac{13}{22}$

따라서 $p=22$, $q=13$이므로 $p+q=35$

0349

집합 $X=\{1, 2, 3\}$, $Y=\{1, 2, 3, 4\}$, $Z=\{0, 1\}$에 대하여 조건 (가)를 만족시키는 모든 함수 $f : X \longrightarrow Y$ 중에서 임의로 하나를 선택하고, 조건 (나)를 만족시키는 모든 함수 $g : Y \longrightarrow Z$ 중에서 임의로 하나를 선택하여 합성함수 $g \circ f : X \longrightarrow Z$를 만들 때, 이 합성함수의 치역이 Z일 확률은 $\dfrac{q}{p}$이다. $p+q$의 값을 구하여라.

(단, p, q는 서로소인 자연수이다.)

> (가) X의 임의의 두 원소 x_1, x_2에 대하여 $x_1 \neq x_2$이면
> $f(x_1) \neq f(x_2)$이다.
> (나) g의 치역은 Z이다.

STEP Ⓐ 전체 경우의 수 구하기

조건 (가)를 만족하는 함수 $f : X \longrightarrow Y$는 일대일함수이므로
그 개수는 $Y=\{1, 2, 3, 4\}$의 원소 4개에서 3개를 택하여 순서대로 나열하는
방법의 수와 같으므로 $_4P_3 = 4 \times 3 \times 2 = 24$
조건 (나)를 만족하는 함수 $g : Y \longrightarrow Z$의 개수는 $Y=\{1, 2, 3, 4\}$에서
$Z=\{0, 1\}$로 가는 모든 함수의 개수 $2^4 = 16$에서 모든 원소가 0 또는 1로만
대응되는 2개를 빼면 되므로 $16 - 2 = 14$
즉 합성함수 $g \circ f : X \longrightarrow Z$의 개수는 $24 \times 14 = 336$ $\cdots\cdots$ ㉠

STEP Ⓑ 합성함수 $g \circ f$의 치역이 Z가 아닌 경우의 수 구하기

이때 합성함수 중에서 치역이 Z가 아닌 경우는 ㉠ 중의 하나를 선택할 때,
다음과 같이 두 가지 경우가 있다.

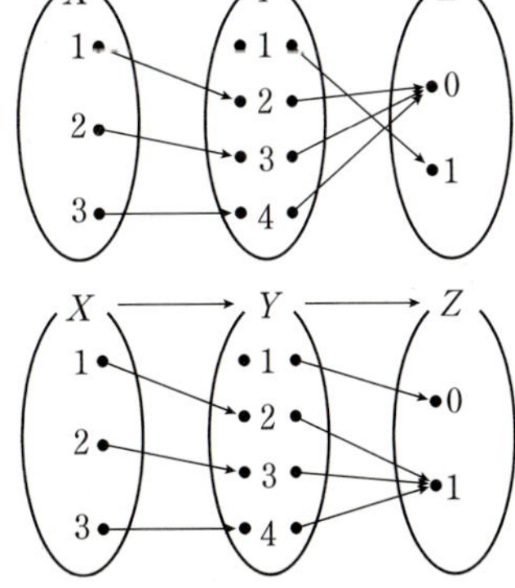

합성함수 $g \circ f$의 치역이 Z가 아닌 경우는
$(g \circ f)(1)$, $(g \circ f)(2)$, $(g \circ f)(3)$의 값이 모두 0으로만 대응되거나
모두 1로만 대응되는 2가지이므로 치역이 Z가 아닌 경우의 수는 $24 \times 2 = 48$

STEP Ⓒ 여사건의 확률 구하기

즉 합성함수의 치역이 Z일 확률은 $1 - \dfrac{48}{336} = \dfrac{288}{336} = \dfrac{6}{7}$

따라서 $p=7$, $q=6$이므로 $p+q=13$

03 확률의 곱셈정리

0350

어느 마라톤 대회에 참가한 50명의 동호회 회원 중 마라톤에서 완주한 회원 수와 기권한 회원 수가 다음과 같다. 참가한 회원 중에서 임의로 선택된 한 명의 회원이 여성이었을 때, 이 회원이 마라톤에서 완주하였을 확률이 p이다. $100p$의 값을 구하여라.

(단위 : 명)

구분	남성	여성
완주한 회원 수	27	9
기권한 회원 수	8	6

STEP A 각 사건을 정하기

참가한 회원 50명 중에서 임의로 선택한 한 명이 여성인 사건을 A, 마라톤에서 완주하였을 사건을 B라 하자.

STEP B 조건부확률을 이용하여 p의 값 구하기

$P(A)=\dfrac{9+6}{50}=\dfrac{15}{50}$, $P(A\cap B)=\dfrac{9}{50}$ 이므로 구하는 확률은

$$p=P(B|A)=\dfrac{P(A\cap B)}{P(A)}=\dfrac{\frac{9}{50}}{\frac{15}{50}}=\dfrac{9}{15}=\dfrac{3}{5}$$

따라서 $100p=100\cdot\dfrac{3}{5}=60$

다른풀이 원소의 개수를 이용하여 풀이하기

참가한 회원 중에서 임의로 선택한 한 명의 회원이 여성이므로 표본은 여성회원이다.

즉 전체 표본의 크기는 여성 회원의 수인 15명이고

이 중 마라톤에서 완주한 회원이 9명이므로 $p=\dfrac{9}{15}=\dfrac{3}{5}$

따라서 $100p=100\times\dfrac{3}{5}=60$

0351

M학교 학생 200명을 대상으로 신제품 교복 점퍼에 대한 만족도를 조사한 결과의 일부가 다음 표와 같다. 조사에 참여한 학생 중에서 임의로 선택한 학생이 남자일 때, 이 학생이 신제품에 대하여 '만족' 이라고 평가한 학생일 확률은? (단, a는 자연수이다.)

(단위 : 명)

	만족	불만족	합계
남학생		10	
여학생	$3a$	$2a$	
합계	160		200

① $\dfrac{4}{25}$　　② $\dfrac{13}{25}$　　③ $\dfrac{4}{5}$

④ $\dfrac{23}{25}$　　⑤ $\dfrac{54}{65}$

STEP A '불만족' 이라고 평가한 학생이 40명임을 이용하여 a 구하기

주어진 표에 의하면 '불만족' 이라고 평가한 학생이 40명이므로
$10+2a=40$
$\therefore a=15$

STEP B 주어진 표를 완성하여 조건부확률 구하기

즉 주어진 표를 완성하면 다음과 같다.

(단위 : 명)

	만족	불만족	합계
남학생	115	10	125
여학생	45	30	75
합계	160	40	200

조사에 참여한 학생 중에서 임의로 선택된 한 학생이 남자일 사건을 A, 신제품 교복 점퍼에 대하여 '만족' 이라고 평가한 학생일 사건을 B라 하면 구하는 확률 $P(B|A)$는 사건 A가 일어났을 때의 사건 B의 조건부확률

이므로 $P(B|A)=\dfrac{P(A\cap B)}{P(A)}=\dfrac{\frac{115}{200}}{\frac{125}{200}}=\dfrac{23}{25}$

0352

어느 공항에는 두 대의 검색대만 있으며, 비행기 탑승 전에는 반드시 공항 검색대를 통과하여야 한다.
남학생 7명, 여학생 7명이 모두 A, B검색대를 통과하였는데, A검색대를 통과한 남학생은 4명, B검색대를 통과한 남학생은 3명이다. 여학생 중에서 한 학생을 임의로 선택할 때, 이 학생이 A검색대를 통과한 여학생일 확률을 p라 하고 B검색대를 통과한 학생 중에서 한 학생을 임의로 선택할 때, 이 학생이 남학생일 확률을 q라 하자.
$p=q$일 때, A검색대를 통과한 여학생은 모두 몇 명인지 구하여라.
(단, 두 검색대를 모두 통과한 학생은 없으며, 각 검색대로 적어도 1명의 여학생이 통과하였다.)

STEP A 주어진 조건을 표로 나타내기

A검색대를 통과한 여학생 수를 x라 하면 B검색대를 통과한 여학생 수는 $7-x$이고 각 검색대를 통과한 학생 수는 다음 표와 같다.

	남학생	여학생	계
A 검색대	4	x	$4+x$
B 검색대	3	$7-x$	$10-x$
계	7	7	14

여학생 중에서 한 명을 선택할 때,
이 학생이 A검색대를 통과한 여학생일 확률은

$$p=P(A|\text{여})=\dfrac{x}{7}$$

B검색대를 통과한 학생 중에서 한 학생을 임의로 선택할 때,
이 학생이 남학생일 확률은

$$q=P(\text{남}|B)=\dfrac{3}{3+(7-x)}=\dfrac{3}{10-x}$$

STEP B $p=q$를 이용하여 여학생 수 구하기

$p=q$이므로 $\dfrac{x}{7}=\dfrac{3}{10-x}$
$x(10-x)=21$, $x^2-10x+21=0$
$(x-3)(x-7)=0$
$\therefore x=3$ 또는 $x=7$
이때 각 검색대로 적어도 1명의 여학생이 통과하므로 $1\leq x\leq 6$이어야 한다.
$\therefore x=3$
따라서 A검색대를 통과한 여학생은 3(명)

0353

휴대 전화의 메인 보드 또는 액정 화면 고장으로 서비스센터에 접수된 200건에 대하여 접수 시기를 품질보증 기간 이내, 이후로 구분한 결과는 다음과 같다. 접수된 200건 중에서 임의로 선택한 1건이 액정화면 고장 건일 때, 이 건의 접수 시기가 품질보증기간 이내일 확률이 $\dfrac{2}{3}$이다.

$a-b$의 값을 구하여라.
(단, 메인 보드와 액정 화면 둘 다 고장인 경우는 고려하지 않는다.)

(단위 : 건)

구분	메인보드 고장	액정화면 고장	합계
기간 이내	90	50	140
기간 이후	a	b	60

 확률의 사건을 정하고 조건부확률 구하기

서비스센터에 액정화면 고장으로 접수되는 사건을 A,
접수시기가 품질보증 기간 이내인 사건을 B라 하면

$P(A)=\dfrac{50+b}{200}$, $P(A\cap B)=\dfrac{50}{200}$ 이므로

$P(B|A)=\dfrac{P(A\cap B)}{P(A)}=\dfrac{\frac{50}{200}}{\frac{50+b}{200}}=\dfrac{50}{50+b}$

 주어진 조건을 이용하여 a, b의 값 구하기

$P(B|A)=\dfrac{2}{3}$ 이므로 $\dfrac{50}{50+b}=\dfrac{2}{3}$

$\therefore b=25$

또한, 주어진 표에서 $a+b=60$이므로 $a=60-25=35$

따라서 $a-b=35-25=10$

다른풀이 경우의 수를 이용하여 풀이하기

액정 화면 고장은 $(b+50)$건이고 액정화면 고장 건 중 품질보증기간 이내인 것은 50건이므로 $\dfrac{50}{b+50}=\dfrac{2}{3}$

$\therefore b=25$

$a+b=60$이므로 $a=35$

따라서 $a-b=35-25=10$

0354

여학생이 40명이고 남학생이 60명인 어느 학교 전체 학생을 대상으로 축구와 야구에 대한 선호도를 조사하였다.
이 학교 학생의 70%가 축구를 선택하였으며, 나머지 30%는 야구를 선택하였다. 이 학교의 학생 중 임의로 뽑은 1명이 축구를 선택한 남학생일 확률은 $\dfrac{2}{5}$이다. 이 학교의 학생 중 임의로 뽑은 1명이 야구를 선택한 학생일 때, 이 학생이 여학생일 확률은? (단, 조사에서 모든 학생들은 축구와 야구 중 한 가지만 선택하였다.)

① $\dfrac{1}{4}$ ② $\dfrac{1}{3}$ ③ $\dfrac{5}{12}$
④ $\dfrac{1}{2}$ ⑤ $\dfrac{7}{12}$

 축구를 선택한 남학생일 확률이 $\dfrac{2}{5}$ 임을 이용하여 남학생의 수 구하기

축구를 선택한 남학생을 a명이라 하면 축구를 선택한 남학생일 확률이 $\dfrac{2}{5}=\dfrac{a}{100}$ 이므로 축구를 선택한 남학생의 수는 $a=40$(명)

이 학교 전체 학생을 여학생과 남학생, 축구를 선택한 학생과 야구를 선택한 학생으로 나누어 표로 나타내면 다음과 같다.

	남학생	여학생	합계
축구선택	40	30	70
야구선택	20	10	30
합계	60	40	100

 조건부확률 구하기

따라서 여학생인 사건을 A, 학생이 야구를 선택한 사건을 B라 하면

구하는 확률은 $P(A|B)=\dfrac{P(A\cap B)}{P(B)}=\dfrac{n(A\cap B)}{n(B)}=\dfrac{10}{30}=\dfrac{1}{3}$

다른풀이 원소의 개수를 이용하여 풀이하기

전체 100명의 학생 중 축구를 선택한 학생의 비율이 0.7이므로
축구를 선택한 학생의 수는 $100\times0.7=70$(명)이고
축구를 선택한 남학생일 확률은 $\dfrac{2}{5}$이므로

축구를 선택한 남학생의 수는 $100\times\dfrac{2}{5}=40$

이와 같이 주어진 상황을 표로 나타내어 보면 다음과 같다.

	남학생	여학생	합계
축구선택	40	30	70
야구선택	20	10	30
합계	60	40	100

이 학교의 학생 중 야구를 선택한 학생이 30명이고

그 중에서 여학생은 $40-100\times0.3=10$이므로 구하는 확률은 $\dfrac{10}{30}=\dfrac{1}{3}$

0355

어느 학교의 전체 학생은 360명이고, 각 학생은 체험 학습 A, 체험 학습 B 중 하나를 선택하였다. 이 학교의 학생 중 체험 학습 A를 선택한 학생은 남학생 90명과 여학생 70명이다. 이 학교의 학생 중 임의로 뽑은 1명의 학생이 체험 학습 B를 선택한 학생일 때, 이 학생이 남학생일 확률은 $\dfrac{2}{5}$이다.

이 학교의 여학생의 수는?

① 180 ② 185 ③ 190
④ 195 ⑤ 200

 주어진 조건을 표로 나타내기

체험학습 A를 선택한 학생은 남학생 90명과 여학생 70명이므로
체험학습 A를 선택한 학생의 수는 $90+70=160$(명)
전체 학생은 360명이므로 체험학습 B를 선택한 학생의 수는
$360-160=200$(명)
체험학습 B를 선택한 학생 중 남학생의 수를 a라 하면
여학생의 수는 $200-a$이고 이를 표로 나타내면 다음과 같다.

	남자	여자	계
체험학습 A	90	70	160
체험학습 B	a	$200-a$	200
계	$90+a$	$270-a$	360

 조건부확률을 이용하여 여학생의 수를 구하기

또, 이 학교의 학생 중 임의로 뽑은 1명의 학생이 체험학습 B를 선택한 학생일 때, 이 학생이 남학생일 확률이 $\dfrac{2}{5}$이므로

체험학습 B를 선택할 사건을 A, 남학생일 사건을 B라 하면

$P(B|A)=\dfrac{n(A\cap B)}{n(A)}=\dfrac{a}{200}=\dfrac{2}{5}$

$5a=400$ $\therefore a=80$

체험학습 B를 선택한 학생 중 남학생의 수가 80이므로
체험학습 B를 선택한 여학생의 수는 $200-80=120$(명)
따라서 이 학교의 여학생의 수는 $70+120=190$

0356

어느 분식집의 1년 간 이용 고객 수를 조사하였더니 학생이 전체 고객의 75%이고, 여학생이 전체 고객의 50%이었다. 이 분식집 이용 고객 중 임의로 뽑은 한 명이 학생일 때, 그 학생이 여학생일 확률을 구하여라.

STEP A 주어진 상황을 사건 A, B로 나타내기

어느 분식집의 1년 간 이용 고객 중 학생일 사건을 A,

여학생일 사건을 B라 하면 구하는 확률은 $\mathrm{P}(B|A)$이다.

STEP B 조건부확률 구하기

$\mathrm{P}(A)=\dfrac{75}{100}=\dfrac{3}{4}$, $\mathrm{P}(A\cap B)=\dfrac{50}{100}=\dfrac{1}{2}$

따라서 구하는 사건 A가 일어났을 때의 사건 B의 조건부확률이므로

$$\mathrm{P}(B|A)=\frac{\mathrm{P}(A\cap B)}{\mathrm{P}(A)}=\frac{\dfrac{1}{2}}{\dfrac{3}{4}}=\frac{2}{3}$$

0357

어느 회사의 직원은 모두 60명이고, 각 직원은 두 개의 부서 A, B 중 한 부서에 속해 있다. 이 회사의 A부서는 20명, B부서는 40명의 직원으로 구성되어 있다. 이 회사의 A부서에 속해 있는 직원의 50%가 여성이다. 이 회사 여성 직원의 60%가 B부서에 속해 있다. 이 회사의 직원 60명 중에서 임의로 선택한 한 명이 B부서에 속해 있을 때, 이 직원이 여성일 확률은 p이다. $80p$의 값을 구하여라.

STEP A 주어진 조건을 표로 나타내기

직원 60명을 두 부서 A, B와 남자, 여자로 나누어 표로 나타내면 다음과 같다.

	A 부서	B 부서	계
남자	10	$40-0.6n$	$50-0.6n$
여자	10	$0.6n$	n
계	20	40	60

여성 직원의 수를 n이라 하면 B부서에 속해 있는 여성 직원의 수는 $0.6n$이므로 $n=10+0.6n$에서 $n=25$

STEP B 조건부확률 구하기

임의로 택한 직원이 B부서인 사건을 E, 여성 직원인 사건을 F라 하면 회사의 직원 60명 중에서 임의로 선택한 한 명이 B부서에 속해 있을 때, 이 직원이 여성일 확률은

$$\mathrm{P}(F|E)=\frac{\mathrm{P}(E\cap F)}{\mathrm{P}(E)}=\frac{\dfrac{0.6n}{60}}{\dfrac{40}{60}}=\frac{\dfrac{15}{60}}{\dfrac{40}{60}}=\frac{15}{40}=\frac{3}{8}$$

따라서 $p=\dfrac{3}{8}$이므로 $80p=80\times\dfrac{3}{8}=30$

> **참고** 직원 60명을 두 부서 A, B와 남자, 여자로 나눈 표

	A 부서	B 부서	계
남자	10	25	35
여자	10	15	25
계	20	40	60

0358

남학생 수와 여학생 수의 비가 2:3인 어느 고등학교에서 전체 학생의 70%가 K자격증을 가지고 있고, 나머지 30%는 가지고 있지 않다. 이 학교의 학생 중에서 임의로 한 명을 선택할 때, 이 학생이 K자격증을 가지고 있는 남학생일 확률이 $\dfrac{1}{5}$이다. 이 학교의 학생 중에서 임의로 선택한 학생이 K자격증을 가지고 있지 않을 때, 이 학생이 여학생일 확률을 구하여라.

STEP A 주어진 조건을 미지수를 이용하여 표로 나타내기

전체 학생 수를 100명으로 놓으면 남학생 수와 여학생 수가 2:3이므로 남학생 수 40명, 여학생 수는 60명이고 전체 학생의 70%가 K자격증을 가지므로 70명이 해당된다.

학생 수를 표로 나타내면 다음과 같다.

	남학생	여학생	계(명)
K 자격증 소지자	a	b	70
K 자격증 미소지자	c	d	30
계(명)	40	60	100

이때 임의로 한 명을 선택할 때, 이 학생이 K자격증을 가지고 있는 남학생일 확률이 $\dfrac{1}{5}$이므로 $\dfrac{a}{100}=\dfrac{1}{5}$

$\therefore a=20$

STEP B 조건부확률 구하기

그런데 $a+b=70$이므로 $b=50$

$a+c=40$에서 $c=20$이고 $c+d=30$에서 $d=10$

	남학생	여학생	계(명)
K 자격증 소지자	20	50	70
K 자격증 미소지자	20	10	30

따라서 임의로 선택한 학생이 K자격증을 가지고 있지 않을 때,

이 학생이 여학생일 확률은 $\dfrac{10}{30}=\dfrac{1}{3}$

> **다른풀이** 합의 법칙을 이용하여 조건부확률로 풀이하기

이 학교의 학생 중에서 임의로 한 명을 선택할 때,
이 학생이 K자격증을 가지고 있지 않은 사건을 A,

여학생인 사건을 B라 하면 $\mathrm{P}(A)=\dfrac{3}{10}$, $\mathrm{P}(B)=\dfrac{3}{5}$

임의로 선택한 한 학생이 K자격증을 갖고 있는 남학생인 사건은

$A^c\cap B^c$이므로 $\mathrm{P}(A^c\cap B^c)=\dfrac{1}{5}$

이때 $\mathrm{P}(A^c\cap B^c)=\mathrm{P}((A\cup B)^c)=1-\mathrm{P}(A\cup B)$이므로

$$\mathrm{P}(A\cup B)=1-\mathrm{P}(A^c\cap B^c)=1-\frac{1}{5}=\frac{4}{5}$$

$$\mathrm{P}(A\cap B)=\mathrm{P}(A)+\mathrm{P}(B)-\mathrm{P}(A\cup B)=\frac{3}{10}+\frac{3}{5}-\frac{4}{5}=\frac{1}{10}$$

따라서 선택한 학생이 K자격증을 가지고 있지 않을 때,

이 학생이 여학생일 확률은 $\mathrm{P}(B|A)=\dfrac{\mathrm{P}(A\cap B)}{\mathrm{P}(A)}=\dfrac{\dfrac{1}{10}}{\dfrac{3}{10}}=\dfrac{1}{3}$

0359

한 개의 주사위를 던질 때, 짝수의 눈이 나오는 사건을 A, 소수의 눈이 나오는 사건을 B라 하자. $\mathrm{P}(B|A)-\mathrm{P}(B|A^c)$의 값은? (단, A^c은 A의 여사건이다.)

① $-\dfrac{1}{3}$ ② $-\dfrac{1}{6}$ ③ 0

④ $\dfrac{1}{6}$ ⑤ $\dfrac{1}{3}$

STEP A   각 사건이 일어나는 경우 구하기

한 개의 주사위를 던질 때,
짝수의 눈이 나오는 사건
$A=\{2,\,4,\,6\}$, $A^c=\{1,\,3,\,5\}$
소수의 눈이 나오는 사건 $B=\{2,\,3,\,5\}$
이므로 $A\cap B=\{2\}$, $A^c\cap B=\{3,\,5\}$

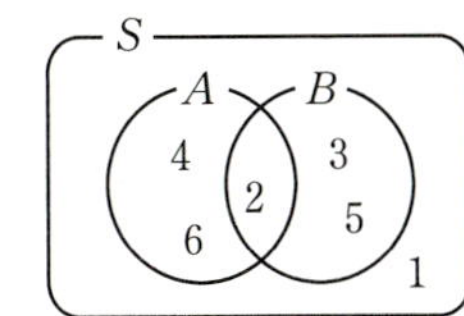

STEP B   조건부확률 구하기

$\mathrm{P}(B|A)=\dfrac{n(A\cap B)}{n(A)}=\dfrac{1}{3}$

$\mathrm{P}(B|A^c)=\dfrac{n(A^c\cap B)}{n(A^c)}=\dfrac{2}{3}$

따라서 $\mathrm{P}(B|A)-\mathrm{P}(B|A^c)=\dfrac{1}{3}-\dfrac{2}{3}=-\dfrac{1}{3}$

0360

오른쪽 그림과 같이 어느 카페의 메뉴에는 서로 다른 3가지의 주스와 서로 다른 2가지의 아이스크림이 있다.
두 학생 A, B가 이 5가지 중 1가지씩을 임의로 주문했다고 한다. A, B가 주문한 것이 서로 다를 때, A, B가 주문한 것이 모두 아이스크림일 확률은?

① $\dfrac{1}{6}$ ② $\dfrac{1}{7}$

③ $\dfrac{1}{8}$ ④ $\dfrac{1}{9}$

⑤ $\dfrac{1}{10}$

STEP A   A, B가 주문한 각 경우의 확률 구하기

A, B가 주문한 것이 서로 다른 사건을 X,
A, B가 주문한 것이 모두 아이스크림인 사건을 Y라 하자.

$\mathrm{P}(X)=\dfrac{{}_5\mathrm{C}_1\times {}_4\mathrm{C}_1}{{}_5\mathrm{C}_1\times {}_5\mathrm{C}_1}=\dfrac{20}{25}$

$\mathrm{P}(X\cap Y)=\dfrac{{}_2\mathrm{C}_1\times {}_1\mathrm{C}_1}{{}_5\mathrm{C}_1\times {}_5\mathrm{C}_1}=\dfrac{2}{25}$

STEP B   조건부확률 구하기

따라서 A, B가 주문한 것이 서로 다를 때, A, B가 주문한 것이 모두

아이스크림일 확률은 $\mathrm{P}(Y|X)=\dfrac{\mathrm{P}(X\cap Y)}{\mathrm{P}(X)}=\dfrac{\frac{2}{25}}{\frac{20}{25}}=\dfrac{1}{10}$

다른풀이   경우의 수를 이용하여 풀이하기

두 학생 A, B가 주문하는 것이 서로 다른 경우는 A가 5개 중 하나를 고르고 B는 A가 고른 하나를 뺀 4개 중에서 하나를 고르므로 $5\times 4=20$
이때 두 학생 A, B가 2가지의 아이스크림에서 서로 다른 것을 주문하는 경우의 수는 $2\times 1=2$
따라서 A, B가 주문한 것이 서로 다를 때, A, B가 주문한 것이 모두
아이스크림일 확률은 $\dfrac{2}{20}=\dfrac{1}{10}$

0361

다음 물음에 답하여라.

(1) 한 개의 주사위를 두 번 던진다. 6의 눈이 한 번도 나오지 않을 때, 나온 두 눈의 수의 합이 4의 배수일 확률은?

① $\dfrac{4}{25}$ ② $\dfrac{1}{5}$ ③ $\dfrac{6}{25}$

④ $\dfrac{7}{25}$ ⑤ $\dfrac{8}{25}$

STEP A   주어진 조건의 각 사건의 확률 구하기

한 개의 주사위를 두 번 던질 때, 6의 눈이 한 번도 나오지 않을 사건을 E라 하면 $\mathrm{P}(E)=\dfrac{5}{6}\times\dfrac{5}{6}=\dfrac{25}{36}$
또, 한 개의 주사위를 두 번 던져 나온 수를 순서쌍으로 나타낼 때, 6의 눈이 한 번도 나오지 않으면서 그 눈의 수의 합이 4의 배수일 사건을 A라 하면
(i) 눈의 합이 4인 경우
     $(1,\,3),\,(2,\,2),\,(3,\,1)$의 3(가지)
(ii) 눈의 합이 8인 경우
     $(3,\,5),\,(4,\,4),\,(5,\,3)$의 3(가지)   ← $(2,\,6),\,(6,\,2)$ 제외
(iii) 눈의 합이 12인 경우
     $(6,\,6)$이므로 제외
(i), (ii)에 의하여 6의 눈이 한 번도 나오지 않으면서 그 눈의 합이 4의
배수가 될 확률은 $\mathrm{P}(A\cap E)=\dfrac{3+3}{36}=\dfrac{1}{6}$

STEP B   조건부확률 $\mathrm{P}(A|E)$의 값 구하기

따라서 구하는 확률은 $\mathrm{P}(A|E)=\dfrac{\mathrm{P}(A\cap E)}{\mathrm{P}(E)}=\dfrac{\frac{1}{6}}{\frac{25}{36}}=\dfrac{6}{25}$

(2) 한 개의 주사위를 두 번 던질 때 나오는 눈의 수를 차례로 a, b라 하자. 두 수의 곱 ab가 6의 배수일 때, 이 두 수의 합 $a+b$가 7일 확률은?

① $\dfrac{1}{5}$ ② $\dfrac{7}{30}$ ③ $\dfrac{4}{15}$

④ $\dfrac{3}{10}$ ⑤ $\dfrac{1}{3}$

STEP A   전체 경우의 수 구하기

한 개의 주사위를 두 번 던지므로 전체 경우의 수는 $6\times 6=36$
ab가 6의 배수인 사건을 E, 두 수의 합 $a+b=7$인 사건을 A라 하자.

STEP B ab가 6의 배수인 경우 구하기

ab가 6의 배수가 되는 경우는 6, 12, 18, 24, 30, 36이므로
$ab=6$인 경우 순서쌍 $(a,\,b)$는 $(1,\,6),\,(6,\,1),\,(2,\,3),\,(3,\,2)$이므로 4가지
$ab=12$인 경우 순서쌍 $(a,\,b)$는 $(2,\,6),\,(6,\,2),\,(3,\,4),\,(4,\,3)$이므로 4가지
$ab=18$인 경우 순서쌍 $(a,\,b)$는 $(3,\,6),\,(6,\,3)$이므로 2가지
$ab=24$인 경우 순서쌍 $(a,\,b)$는 $(4,\,6),\,(6,\,4)$이므로 2가지
$ab=30$인 경우 순서쌍 $(a,\,b)$는 $(5,\,6),\,(6,\,5)$이므로 2가지
$ab=36$인 경우 순서쌍 $(a,\,b)$는 $(6,\,6)$이므로 1가지
즉 ab가 6의 배수가 되는 순서쌍의 개수는 $4+4+2+2+2+1=15$
ab가 6의 배수인 경우의 확률은 $\mathrm{P}(E)=\dfrac{15}{36}=\dfrac{5}{12}$

STEP C   조건부확률 구하기

이때 $a+b=7$인 경우는 $(3,\,4),\,(4,\,3),\,(1,\,6),\,(6,\,1)$으로 4가지이므로
$\mathrm{P}(E\cap A)=\dfrac{4}{36}=\dfrac{1}{9}$

따라서 구하는 확률은 $\mathrm{P}(A|E)=\dfrac{\mathrm{P}(A\cap E)}{\mathrm{P}(E)}=\dfrac{\frac{1}{9}}{\frac{5}{12}}=\dfrac{4}{15}$

두 수의 곱 ab가 6의 배수일 때의 순서쌍을 구해보면

(i) a, b 중 6이 포함된 순서쌍 (a, b)

 $a=6$일 때, $b=1, 2, 3, 4, 5, 6$의 6가지

 $b=6$일 때, $a=1, 2, 3, 4, 5, 6$의 6가지

 $a=6$, $b=6$일 때, 1가지

 즉 ab가 6의 배수인 순서쌍의 수는 $6+6-1=11$

(ii) a, b 중 6이 포함되지 않는 순서쌍 (a, b)

 $(2, 3), (3, 2), (3, 4), (4, 3)$으로 4가지

(i), (ii)에서 ab가 6의 배수인 경우의 수는 $11+4=15$

이들 중 두 수의 합 $a+b=7$일 경우는

$(1, 6), (6, 1), (3, 4), (4, 3)$로 4가지이므로 구하는 확률은 $\dfrac{4}{15}$

0362

두 사건 A, B에 대하여
$$\mathrm{P}(A)=\frac{1}{2},\ \mathrm{P}(B)=\frac{2}{5},\ \mathrm{P}(A\cup B)=\frac{4}{5}$$
일 때, $\mathrm{P}(B|A)$의 값은?

① $\dfrac{1}{10}$ ② $\dfrac{1}{5}$ ③ $\dfrac{3}{10}$

④ $\dfrac{2}{5}$ ⑤ $\dfrac{1}{2}$

STEP A 확률의 덧셈정리를 이용하여 $\mathrm{P}(A\cap B)$ 구하기

$\mathrm{P}(A\cup B)=\mathrm{P}(A)+\mathrm{P}(B)-\mathrm{P}(A\cap B)$이므로

$\mathrm{P}(A\cap B)=\mathrm{P}(A)+\mathrm{P}(B)-\mathrm{P}(A\cup B)$

$\qquad=\dfrac{1}{2}+\dfrac{2}{5}-\dfrac{4}{5}=\dfrac{1}{10}$

STEP B 조건부확률을 계산하기

따라서 $\mathrm{P}(B|A)=\dfrac{\mathrm{P}(A\cap B)}{\mathrm{P}(A)}=\dfrac{\dfrac{1}{10}}{\dfrac{1}{2}}=\dfrac{1}{5}$

0363

다음 물음에 답하여라. (단, A^c, B^c은 A, B의 여사건이다.)

(1) 두 사건 A, B에 대하여
$$\mathrm{P}(A)=\frac{1}{3},\ \mathrm{P}(A\cap B)=\frac{1}{8}$$
일 때, $\mathrm{P}(B^c|A)$의 값은?

① $\dfrac{11}{24}$ ② $\dfrac{1}{2}$ ③ $\dfrac{13}{24}$

④ $\dfrac{7}{12}$ ⑤ $\dfrac{5}{8}$

STEP A $\mathrm{P}(A)=\mathrm{P}(A\cap B)+\mathrm{P}(A\cap B^c)$을 이용하기

$\mathrm{P}(A)=\mathrm{P}(A\cap B)+\mathrm{P}(A\cap B^c)$

이므로

$\mathrm{P}(A\cap B^c)=\mathrm{P}(A)-\mathrm{P}(A\cap B)$

$\qquad=\dfrac{1}{3}-\dfrac{1}{8}=\dfrac{5}{24}$

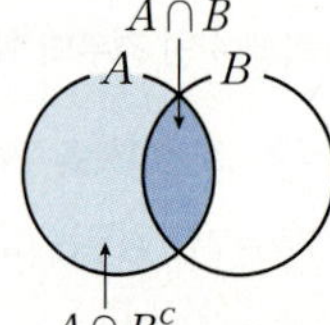

STEP B 조건부확률을 이용하기

따라서 $\mathrm{P}(B^c|A)=\dfrac{\mathrm{P}(A\cap B^c)}{\mathrm{P}(A)}=\dfrac{\dfrac{5}{24}}{\dfrac{1}{3}}=\dfrac{5}{8}$

(2) 두 사건 A, B에 대하여
$$\mathrm{P}(A)=\frac{1}{2},\ \mathrm{P}(B)=\frac{1}{3},\ \mathrm{P}(A\cap B)=\frac{1}{12}$$
일 때, $\mathrm{P}(B|A^c)$의 값은?

① $\dfrac{1}{6}$ ② $\dfrac{1}{4}$ ③ $\dfrac{1}{3}$

④ $\dfrac{5}{12}$ ⑤ $\dfrac{1}{2}$

STEP A 여사건을 이용하여 $\mathrm{P}(A^c)=1-\mathrm{P}(A)$의 값 구하기

$\mathrm{P}(A^c)=1-\mathrm{P}(A)=1-\dfrac{1}{2}=\dfrac{1}{2}$

STEP B $\mathrm{P}(B|A^c)$의 값 구하기

따라서 $\mathrm{P}(B|A^c)=\dfrac{\mathrm{P}(A^c\cap B)}{\mathrm{P}(A^c)}=\dfrac{\mathrm{P}(B)-\mathrm{P}(A\cap B)}{1-\mathrm{P}(A)}=\dfrac{\dfrac{1}{3}-\dfrac{1}{12}}{\dfrac{1}{2}}=\dfrac{\dfrac{1}{4}}{\dfrac{1}{2}}=\dfrac{1}{2}$

(3) 두 사건 A, B에 대하여
$$\mathrm{P}(A)=0.4,\ \mathrm{P}(B)=0.5,\ \mathrm{P}(A\cup B)=0.8$$
일 때, $\mathrm{P}(A^c|B)+\mathrm{P}(A|B^c)$의 값은?

① 1.1 ② 1.2 ③ 1.3

④ 1.4 ⑤ 1.5

STEP A 확률의 덧셈정리를 이용하여 확률 $\mathrm{P}(A\cap B)$ 구하기

$\mathrm{P}(A\cup B)=\mathrm{P}(A)+\mathrm{P}(B)-\mathrm{P}(A\cap B)$에서

$0.8=0.4+0.5-\mathrm{P}(A\cap B)$

$\therefore\ \mathrm{P}(A\cap B)=0.1$

STEP B 조건부확률 구하기

오른쪽 그림과 같이 벤 다이어그램에서

$\mathrm{P}(A^c|B)+\mathrm{P}(A|B^c)$

$=\dfrac{\mathrm{P}(A^c\cap B)}{\mathrm{P}(B)}+\dfrac{\mathrm{P}(A\cap B^c)}{\mathrm{P}(B^c)}$

$=\dfrac{\mathrm{P}(B)-\mathrm{P}(A\cap B)}{\mathrm{P}(B)}+\dfrac{\mathrm{P}(A)-\mathrm{P}(A\cap B)}{\mathrm{P}(B^c)}$

$=\dfrac{0.5-0.1}{0.5}+\dfrac{0.4-0.1}{0.5}$

$=\dfrac{0.4}{0.5}+\dfrac{0.3}{0.5}$

$=\dfrac{0.7}{0.5}=\dfrac{7}{5}=1.4$

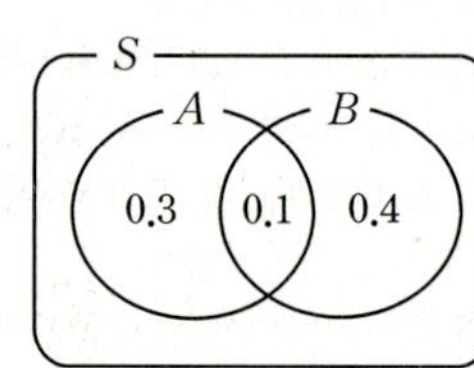

0364

다음 물음에 답하여라. (단, A^c, B^c은 A, B의 여사건이다.)

(1) 두 사건 A, B에 대하여
$$\mathrm{P}(A)=\frac{1}{3},\ \mathrm{P}(B)=\frac{1}{4},\ \mathrm{P}(A|B)=\frac{1}{3}$$
일 때, $\mathrm{P}(A^c \cap B^c)$의 값을 구하여라.

STEP A 주어진 조건을 이용하여 $\mathrm{P}(A \cap B)$의 값 구하기

$$\mathrm{P}(A|B)=\frac{\mathrm{P}(A \cap B)}{\mathrm{P}(B)}$$

$$\mathrm{P}(A \cap B)=\mathrm{P}(B)\mathrm{P}(A|B)=\frac{1}{12}$$

STEP B 확률의 덧셈정리를 이용하여 $\mathrm{P}(A \cup B)$ 구하기

$$\mathrm{P}(A \cup B)=\mathrm{P}(A)+\mathrm{P}(B)-\mathrm{P}(A \cap B)=\frac{1}{3}+\frac{1}{4}-\frac{1}{12}=\frac{1}{2}$$

STEP C $\mathrm{P}(A^c \cap B^c)=1-\mathrm{P}(A \cup B)$을 이용하여 구하기

따라서 $\mathrm{P}(A^c \cap B^c)=1-\mathrm{P}(A \cup B)=1-\frac{1}{2}=\frac{1}{2}$

(2) 두 사건 A, B에 대하여
$$\mathrm{P}(A)=\frac{3}{10},\ \mathrm{P}(B)=\frac{1}{2},\ \mathrm{P}(A^c \cap B^c)=\frac{2}{5}$$
일 때, $\mathrm{P}(B|A)$를 구하여라.

STEP A 여사건의 확률을 이용하여 $\mathrm{P}(A \cup B)$ 구하기

$\mathrm{P}(A^c \cap B^c)=\mathrm{P}((A \cup B)^c)=1-\mathrm{P}(A \cup B)=0.4$이므로
$$\mathrm{P}(A \cup B)=1-0.4=0.6$$

STEP B 확률의 덧셈정리를 이용하여 $\mathrm{P}(A \cap B)$ 구하기

$$\mathrm{P}(A \cap B)=\mathrm{P}(A)+\mathrm{P}(B)-\mathrm{P}(A \cup B)=0.3+0.5-0.6=0.2$$

STEP C $\mathrm{P}(B|A)$의 값 구하기

$$\mathrm{P}(B|A)=\frac{\mathrm{P}(A \cap B)}{\mathrm{P}(A)}=\frac{0.2}{0.3}=\frac{2}{3}$$

0365

다음 물음에 답하여라.

(1) 흰 공 3개, 검은 공 2개가 들어 있는 주머니에서 한 개씩 2개의 공을 꺼낸다. 두 번째 꺼낸 공이 흰 공일 확률은? (단, 꺼낸 공은 다시 넣지 않는다.)

① $\frac{3}{10}$ ② $\frac{3}{5}$ ③ $\frac{1}{2}$
④ $\frac{2}{3}$ ⑤ $\frac{5}{6}$

STEP A 주어진 사건을 사건 A, B로 나타내기

흰 공 3개, 검은 공 2개가 들어 있는 주머니에서 처음에 흰 공을 꺼내는
사건을 A, 두 번째에 흰 공을 꺼내는 사건을 B라고 하면
두 번째 꺼낸 공이 흰 공인 경우는 다음 두 가지가 있다.

STEP B 배반사건을 이용하여 두 번째에 꺼낸 공이 흰 공일 확률 구하기

(ⅰ) 처음에 흰 공을 꺼내고 두 번째에도 흰 공을 꺼내는 확률은
$$\mathrm{P}(A \cap B)=\mathrm{P}(A)\cdot\mathrm{P}(B|A)=\frac{3}{5}\times\frac{2}{4}=\frac{3}{10}$$

(ⅱ) 처음에 검은 공을 꺼내고 두 번째에 흰 공을 꺼내는 확률은
$$\mathrm{P}(A^c \cap B)=\mathrm{P}(A^c)\cdot\mathrm{P}(B|A^c)=\frac{2}{5}\times\frac{3}{4}=\frac{3}{10}$$

(ⅰ), (ⅱ)는 서로 배반사건이므로 구하는 확률은
$$\mathrm{P}(B)=\mathrm{P}(A \cap B)+\mathrm{P}(A^c \cap B)=\frac{3}{10}+\frac{3}{10}=\frac{3}{5}$$

흰 공 3개, 검은 공 2개가 들어 있는 주머니에서 한 개씩 2개의 공을 꺼낸다.
두 번째 꺼낸 공이 흰 공일 때, 처음에 꺼낸 공이 흰 공일 확률을 구하여라.

해설 두 번째 꺼낸 공이 흰 공일 때, 처음에 꺼낸 공이 흰 공일 확률은
$$\mathrm{P}(A|B)=\frac{\mathrm{P}(A \cap B)}{\mathrm{P}(B)}=\frac{\frac{3}{10}}{\frac{3}{5}}=\frac{1}{2}$$

(2) 나의 꿈에 대한 발표시간에 남학생 3명과 여학생 5명이 한 명씩 발표를 한다. 임의로 발표 순서를 정할 때, 두 번째로 발표하는 학생이 남학생으로 정해질 확률은?

① $\frac{15}{56}$ ② $\frac{9}{28}$ ③ $\frac{3}{8}$
④ $\frac{3}{7}$ ⑤ $\frac{27}{56}$

STEP A 주어진 사건을 사건 A, B로 나타내기

남학생 3명과 여학생 5명 중에서 임의로 발표 순서를 정할 때,
첫 번째 발표자가 남학생일 사건을 A,
두 번째 발표자가 남학생일 사건을 B라 하자.

STEP B 배반사건을 이용하여 두 번째로 발표하는 학생이 남학생일 확률 구하기

(ⅰ) 첫 번째 발표자가 남학생이고 두 번째 발표자가 모두 남학생일 확률은
$$\mathrm{P}(A \cap B)=\mathrm{P}(A)\mathrm{P}(B|A)=\frac{3}{8}\times\frac{2}{7}=\frac{3}{28}$$

(ⅱ) 첫 번째 발표자가 여학생이고 두 번째 발표자가 남학생일 확률은
$$\mathrm{P}(A^c \cap B)=\mathrm{P}(A^c)\mathrm{P}(B|A^c)=\frac{5}{8}\times\frac{3}{7}=\frac{15}{56}$$

(ⅰ), (ⅱ)는 서로 배반사건이므로 구하는 확률은
$$\mathrm{P}(B)=\mathrm{P}(A \cap B)+\mathrm{P}(A^c \cap B)=\frac{3}{28}+\frac{15}{56}=\frac{21}{56}=\frac{3}{8}$$

0366

어느 냉면집을 이용한 학생 50명 중에서 30명은 남학생, 20명은 여학생이고 남학생의 20%와 여학생의 40%가 물냉면을 먹은 학생이다. 이 50명의 학생 중에서 임의로 한 명을 선택할 때, 이 학생이 물냉면을 먹은 학생일 확률은?

① $\frac{3}{25}$ ② $\frac{1}{5}$ ③ $\frac{7}{25}$
④ $\frac{1}{4}$ ⑤ $\frac{11}{25}$

STEP A 주어진 사건을 사건 A, B, E로 나타내기

이 냉면집을 이용한 학생 중에서 임의로 한 명을 선택할 때,
이 학생이 남학생일 사건을 A, 여학생일 사건을 B,
물냉면을 먹은 학생일 사건을 E라 하면
$$\mathrm{P}(A)=\frac{30}{50}=\frac{3}{5},\ \mathrm{P}(B)=\frac{20}{50}=\frac{2}{5},$$
$$\mathrm{P}(E|A)=\frac{20}{100}=\frac{1}{5},\ \mathrm{P}(E|B)=\frac{40}{100}=\frac{2}{5}$$

STEP B 배반사건을 이용하여 임의로 선택한 학생이 물냉면을 먹은 학생일 확률 구하기

(ⅰ) 남학생이고 이 학생이 물냉면을 먹은 학생일 확률은
$$\mathrm{P}(A \cap E)=\mathrm{P}(A)\mathrm{P}(E|A)=\frac{3}{5}\times\frac{1}{5}=\frac{3}{25}$$

(ⅱ) 여학생이고 이 학생이 물냉면을 먹은 학생일 확률은
$$\mathrm{P}(B \cap E)=\mathrm{P}(B)\mathrm{P}(E|B)=\frac{2}{5}\times\frac{2}{5}=\frac{4}{25}$$

(ⅰ), (ⅱ)는 서로 배반사건이므로 구하는 확률은
$$\mathrm{P}(E)=\mathrm{P}(A \cap E)+\mathrm{P}(B \cap E)=\frac{3}{25}+\frac{4}{25}=\frac{7}{25}$$

0367

빨간 공 3개, 검은 공 1개가 들어 있는 주머니와 각 면에 1, 2, 3, 4의 숫자가 하나씩 적혀 있는 정사면체가 있다. 이 정사면체를 한 번 던져서 바닥에 닿은 면에 적힌 수에 해당하는 개수만큼 주머니에서 공을 동시에 꺼낼 때, 빨간 공이 2개 나올 확률을 구하여라.

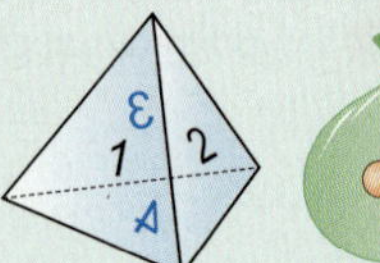

STEP A   주어진 사건을 사건 A, B, E로 나타내기

주어진 시행에서 빨간 공이 2개 나오려면 정사면체의 눈의 수가 2 또는 3이어야 한다.
주어진 시행에서 빨간 공이 2개 나오는 사건을 E라 하자.

STEP B   빨간 공이 2개 나올 확률 구하기

(i) 정사면체의 눈의 수가 2이고 빨간 공이 2개 나올 확률

정사면체의 눈의 수가 2인 사건을 A라 하면 $P(A)=\dfrac{1}{4}$

$P(E|A)$는 주머니에서 2개의 공을 꺼낼 때,

빨간 공이 2개 나올 확률은

$$P(E|A)=\dfrac{{}_3C_2}{{}_4C_2}=\dfrac{3}{6}=\dfrac{1}{2}$$

$\therefore\ P(A\cap E)=P(A)P(E|A)=\dfrac{1}{4}\times\dfrac{1}{2}=\dfrac{1}{8}$

(ii) 정사면체의 눈의 수가 3이고 빨간 공이 2개 나올 확률

정사면체의 눈의 수가 3인 사건을 B라 하면 $P(B)=\dfrac{1}{4}$

$P(E|B)$는 주머니에서 3개의 공을 꺼낼 때,

빨간 공이 2개 나올 확률이므로

$$P(E|B)=\dfrac{{}_3C_2\times{}_1C_1}{{}_4C_3}=\dfrac{3\times1}{4}=\dfrac{3}{4}$$

$\therefore\ P(B\cap E)=P(B)P(E|B)=\dfrac{1}{4}\times\dfrac{3}{4}=\dfrac{3}{16}$

STEP C   배반사건을 이용하여 구하기

(i), (ii)는 배반사건이므로 구하는 확률은

$$P(E)=P(A\cap E)+P(B\cap E)=\dfrac{1}{8}+\dfrac{3}{16}=\dfrac{5}{16}$$

0368

프리미어리그 M팀에서 활약 중인 E선수는 5번에 3번꼴로 경기에 출전한다. E선수가 출전한 경기에서 M팀이 승리할 확률은 $\dfrac{2}{3}$이고, E선수가 출전하지 않은 경기에서 M팀이 승리하지 못할 확률은 $\dfrac{3}{4}$이다. M팀이 승리할 확률은?

① $\dfrac{2}{5}$ ② $\dfrac{1}{2}$ ③ $\dfrac{3}{5}$

④ $\dfrac{4}{5}$ ⑤ $\dfrac{3}{4}$

STEP A   주어진 사건을 사건 A, B로 나타내기

E선수가 경기에 출전하는 사건을 A, M팀이 승리하는 사건을 B라 하자.

$P(A)=\dfrac{3}{5}$, $P(B|A)=\dfrac{2}{3}$

STEP B   M팀이 승리할 확률 구하기

(i) E선수가 출전하여 M팀이 승리할 확률은

$$P(A\cap B)=P(A)P(B|A)=\dfrac{3}{5}\times\dfrac{2}{3}=\dfrac{2}{5}$$

(ii) E선수가 출전하지 않고 M팀이 승리할 확률은

$$P(A^c\cap B)=P(A^c)P(B|A^c)=\dfrac{2}{5}\times\dfrac{1}{4}=\dfrac{1}{10}$$

STEP C   배반사건을 이용하여 구하기

(i), (ii)는 배반사건이므로 구하는 확률은

$$P(B)=P(A\cap B)+P(A^c\cap B)=\dfrac{2}{5}+\dfrac{1}{10}=\dfrac{1}{2}$$

M팀이 치른 전체 경기에서 임의로 선택한 한 경기가 M팀이 승리한 경기일 때, 이 경기가 E선수가 출전한 경기일 확률을 구하여라.

해설 $P(A|B)=\dfrac{P(A\cap B)}{P(B)}=\dfrac{\frac{2}{5}}{\frac{1}{2}}=\dfrac{4}{5}$

0369

다음 물음에 답하여라.

(1) 사랑 야구팀이 비가 내릴 때 경기에서 이길 확률이 0.6이고, 비가 내리지 않을 때 경기에서 이길 확률은 0.5 라고 한다. 경기가 예정된 날에 비가 내릴 확률이 0.4일 때, 그 날의 경기에서 사랑 야구팀이 이길 확률은?

① 0.34 ② 0.54 ③ 0.67

④ 0.72 ⑤ 0.74

STEP A   주어진 사건을 사건 W, R로 나타내기

경기가 예정된 날에 비가 내리는 사건을 R,
경기에서 이기는 사건을 W라 하면
$P(R)=0.4$, $P(W|R)=0.6$

STEP B   사랑 야구팀이 경기에서 이길 확률 구하기

(i) 경기가 예정된 날에 비가 내리고 경기에서 이기는 확률은

$P(R\cap W)=P(R)P(W|R)=0.4\times0.6=0.24$

(ii) 경기가 예정된 날에 비가 내리지 않고 경기에서 이기는 확률은

$P(R^c\cap W)=P(R^c)P(W|R^c)=0.6\times0.5=0.30$

STEP C   배반사건을 이용하여 구하기

(i), (ii)는 배반사건이므로 구하는 확률은

$P(W)=P(R\cap W)+P(R^c\cap W)=0.24+0.30=0.54$

(2) 희망축구팀은 다른 팀과의 경기에서 비가 내리면 이길 확률이 0.7이고, 비가 내리지 않으면 이길 확률이 0.4라고 한다. 경기가 열리는 날의 30%는 비가 내릴 것으로 예상될 때, 그날의 경기에서 희망축구팀이 이길 확률은?

① 0.39 ② 0.49 ③ 0.59

④ 0.69 ⑤ 0.79

STEP A   주어진 사건을 사건 W, R로 나타내기

경기가 예정된 날에 비가 내리는 사건을 R,
경기에서 이기는 사건을 W라 하면
$P(R)=0.3$, $P(W|R)=0.7$

STEP B   희망축구팀이 경기에서 이길 확률 구하기

(i) 경기가 예정된 날에 비가 내리고 희망축구팀이 이기는 확률은

$P(R\cap W)=P(R)P(W|R)=0.3\times0.7=0.21$

(ii) 경기가 예정된 날에 비가 내리지 않고 희망축구팀이 이기는 확률은

$P(R^c\cap W)=P(R^c)P(W|R^c)=0.7\times0.4=0.28$

STEP C   배반사건을 이용하여 구하기

(i), (ii)는 배반사건이므로 구하는 확률은

$P(W)=P(R\cap W)+P(R^c\cap W)=0.21+0.28=0.49$

0370

어느 청량음료 회사의 연간 청량음료 판매량은 그 해 여름의 평균 기온에 크게 좌우 된다. 과거 자료에 따르면 한 해의 판매 목표액을 달성할 확률은 그 해 여름의 평균 기온이 예년보다 높을 경우에 0.8, 예년과 비슷할 경우에 0.6, 예년보다 낮을 경우에 0.3이다. 일기예보에 따르면 내년 여름의 평균 기온이 예년보다 높을 확률이 0.4, 예년과 비슷할 확률이 0.5, 예년보다 낮을 확률이 0.1이라고 한다. 이 회사가 내년에 판매 목표액을 달성할 확률은?

① 0.55　　　　② 0.60　　　　③ 0.65
④ 0.70　　　　⑤ 0.75

STEP A 이 회사가 내년에 판매 목표액을 달성할 확률 구하기

(i) 내년 여름의 평균 기온이 예년보다 높고 판매 목표액을 달성할 확률은
$0.4 \times 0.8 = 0.32$

(ii) 내년 여름의 평균 기온이 예년과 비슷하고 판매 목표액을 달성할 확률은
$0.5 \times 0.6 = 0.3$

(iii) 내년 여름의 평균 기온이 예년보다 낮고 판매 목표액을 달성할 확률은
$0.1 \times 0.3 = 0.03$

STEP B 배반사건을 이용하여 구하기

(i)~(iii)에 의하여 구하는 확률은 $0.32 + 0.3 + 0.03 = 0.65$

0371

다음 물음에 답하여라.
(1) 주머니 A에는 흰 구슬이 3개, 검은 구슬이 2개 들어 있고, 주머니 B에는 흰 구슬이 2개, 검은 구슬이 4개 들어 있다. 주머니 A에서 한 개를 꺼내어 주머니 B에 넣고 잘 섞은 뒤에 주머니 B에서 한 개를 꺼낼 때, 그것이 검은 구슬일 확률을 구하여라.

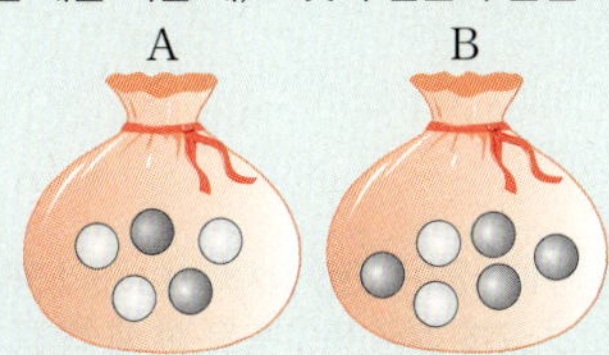

STEP A 주어진 상황을 사건 A, E로 나타내기

첫 번째 시행에서 주머니 A에서 주머니 B로 흰 구슬을 옮기는 사건을 A, 두 번째 시행에서 주머니 B에서 검은 구슬을 꺼낼 사건을 E라 하면 구하는 확률은 $P(E)$이다.

STEP B 주머니 B에서 한 개를 꺼낼 때, 그것이 검은 구슬일 확률 구하기

(i) 주머니 A에서 흰 구슬을 꺼내어 주머니 B에 넣고 주머니 B에서 검은 구슬 1개를 꺼낼 확률은
$$P(A \cap E) = P(A)P(E|A) = \frac{{}_3C_1}{{}_5C_1} \times \frac{{}_4C_1}{{}_7C_1} = \frac{12}{35} \quad \leftarrow \frac{3}{5} \times \frac{4}{7} = \frac{12}{35}$$

(ii) 주머니 A에서 검은 구슬을 꺼내어 주머니 B에 넣고 주머니 B에서 검은 구슬 1개를 꺼낼 확률은
$$P(A^c \cap E) = P(A^c)P(E|A^c) = \frac{{}_2C_1}{{}_5C_1} \times \frac{{}_5C_1}{{}_7C_1} = \frac{10}{35} \quad \leftarrow \frac{2}{5} \times \frac{5}{7} = \frac{10}{35}$$

STEP C 배반사건을 이용하여 구하기

(i), (ii)는 배반사건이므로 구하는 확률은
$$P(E) = P(A \cap E) + P(A^c \cap E)$$
$$= P(A)P(E|A) + P(A^c)P(E|A^c)$$
$$= \frac{12}{35} + \frac{10}{35} = \frac{22}{35}$$

---

(2) 주머니 A에는 흰 구슬이 4개, 빨간 구슬이 6개 들어 있고, 주머니 B에는 흰 구슬과 빨간 구슬을 합하여 10개가 들어 있다. 주머니 A에서 한 개의 구슬을 꺼내어 주머니 B에 넣고 잘 섞은 다음, 주머니 B에서 한 개의 구슬을 꺼낼 때 그것이 흰 구슬일 확률은 $\frac{2}{5}$이다. 이때 주머니 B에 처음 들어 있던 흰 구슬의 개수를 구하여라.

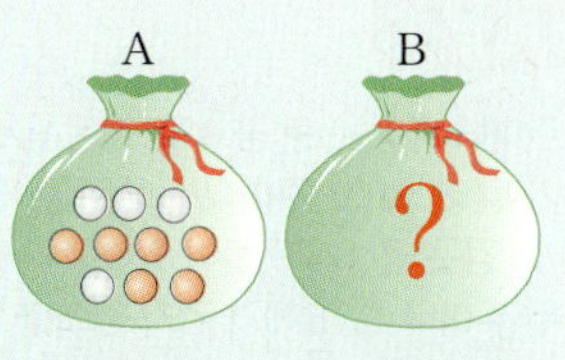

STEP A 주어진 사건을 사건 A, E로 나타내기

첫 번째 시행에서 주머니 A에서 주머니 B로 흰 구슬이 옮겨지는 사건을 A, 두 번째 시행에서 주머니 B에서 흰 구슬을 꺼낼 사건을 E라 하고 주머니 B에 있는 흰 구슬의 개수를 x라 하면 구하는 확률은 $P(E) = \frac{2}{5}$

STEP B 주머니 B에서 한 개를 꺼낼 때, 그것이 흰 구슬일 확률 구하기

(i) 주머니 A에서 흰 구슬을 꺼내어 주머니 B에 넣고 주머니 B에서 흰 구슬 1개를 꺼낼 확률은 주머니 B에는 흰 구슬 $x+1$, 빨간 구슬 $10-x$개가 들어있으므로 $P(A \cap E) = P(A)P(E|A) = \frac{2}{5} \times \frac{x+1}{11}$

(ii) 주머니 A에서 빨간 구슬을 꺼내어 주머니 B에 넣고 주머니 B에서 흰 구슬 1개를 꺼낼 확률은 주머니 B에는 흰 구슬 x, 빨간 구슬 $11-x$개가 들어있으므로 $P(A^c \cap E) = P(A^c)P(E|A^c) = \frac{3}{5} \times \frac{x}{11}$

STEP C 배반사건을 이용하여 구하기

(i), (ii)는 서로 배반사건이므로 구하는 확률은
$$P(E) = P(A \cap E) + P(A^c \cap E)$$
$$= P(A)P(E|A) + P(A^c)P(E|A^c)$$
$$= \frac{2}{5} \cdot \frac{x+1}{11} + \frac{3}{5} \times \frac{x}{11} = \frac{5x+2}{55} = \frac{2}{5}$$
따라서 $x = 4$

0372

주머니 A와 B에는 1, 2, 3, 4, 5의 숫자가 하나씩 적혀 있는 다섯 개의 공이 각각 들어 있다. 주머니 A에서 임의로 한 개의 공을 꺼내어 주머니 B에 넣은 후 주머니 B에서 임의로 두 개의 공을 동시에 꺼낼 때, 꺼낸 두 개의 공에 적혀 있는 수의 곱이 홀수일 확률은? (단, 모든 공의 크기와 모양은 같다.)

① $\frac{4}{25}$　　　　② $\frac{1}{5}$　　　　③ $\frac{6}{25}$
④ $\frac{7}{25}$　　　　⑤ $\frac{8}{25}$

STEP A 주어진 사건을 사건 X, E로 나타내기

주머니 A에서 꺼낸 공에 적혀 있는 숫자가 짝수인 사건을 X, 주머니 B에서 꺼낸 두 개의 공에 적혀 있는 수의 곱이 홀수인 사건을 E라 하자.

STEP B 주머니 B에서 두 개의 홀수의 공을 꺼낼 확률 구하기

(i) 주머니 A에서 짝수의 공을 한 개 꺼내 주머니 B에 넣고 주머니 B에서 홀수의 공을 두 개 꺼내는 경우의 확률은
$$P(X \cap E) = P(X)P(E|X) = \frac{2}{5} \times \frac{{}_3C_2}{{}_6C_2} = \frac{2}{5} \times \frac{1}{5} = \frac{2}{25}$$

(ii) 주머니 A에서 홀수의 공을 한 개 꺼내 주머니 B에 넣고 주머니 B에서 홀수의 공을 두 개 꺼내는 경우의 확률은
$$P(X^c \cap E) = P(X^c)P(E|X^c) = \frac{3}{5} \times \frac{{}_4C_2}{{}_6C_2} = \frac{3}{5} \times \frac{2}{5} = \frac{6}{25}$$

STEP C 배반사건을 이용하여 구하기

(i), (ii)는 배반사건이므로 구하는 확률은
$$P(E) = P(X \cap E) + P(X^c \cap E) = \frac{2}{25} + \frac{6}{25} = \frac{8}{25}$$

0373

주머니 A에는 흰 공 3개, 검은 공 2개가 들어 있고, 주머니 B에는 흰 공 2개, 검은 공 3개가 들어 있다.
두 주머니 A, B에서 각각 임의로 하나의 주머니를 택한 후 두 개의 공을 꺼낼 때, 검은 공이 들어 있을 확률은?

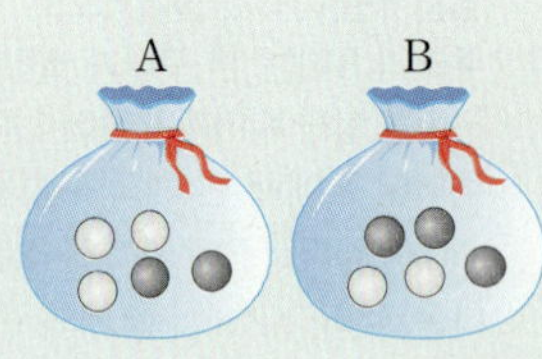

① $\dfrac{1}{20}$ ② $\dfrac{1}{6}$ ③ $\dfrac{7}{20}$

④ $\dfrac{2}{5}$ ⑤ $\dfrac{4}{5}$

STEP A 주어진 사건을 사건 X, E로 나타내기

첫 번째 시행에서 주머니 A를 택하는 사건을 X,
두 번째 시행에서 뽑은 2개의 공 중 검은 공이 있는 사건을 E라 하면
구하는 확률은 $P(E)$이다.

STEP B 두 개의 공을 꺼낼 때, 검은 공이 포함될 확률 구하기

(i) 주머니 A를 택하고 뽑은 2개의 공 중 검은 공이 1개 또는 2개가 있는
경우가 있는 확률은

$$P(X \cap E)=P(X)P(E|X)=\frac{1}{2}\times\frac{{}_3C_1\times{}_2C_1+{}_2C_2}{{}_5C_2}=\frac{7}{20}$$

(ii) 주머니 B를 택하고 뽑은 2개의 공 중 검은 공이 1개 또는 2개가 있는
경우가 있는 확률은

$$P(X^c \cap E)=P(X^c)P(E|X^c)=\frac{1}{2}\times\frac{{}_2C_1\times{}_3C_1+{}_3C_2}{{}_5C_2}=\frac{9}{20}$$

STEP C 배반사건을 이용하여 구하기

(i), (ii)는 배반사건이므로 구하는 확률은
$$P(E)=P(X \cap E)+P(X^c \cap E)=\frac{7}{20}+\frac{9}{20}=\frac{4}{5}$$

0374

다음 물음에 답하여라.

(1) 주머니에 흰색 공 2개와 검은색 공 5개가 들어 있다. 한 개의 공을 임의로 뽑아 그 색을 본 후 되돌려 놓고, 그 공과 같은 색의 공을 하나 더 주머니에 넣었다. 주머니에 있는 8개의 공 중에서 2개의 공을 임의로 뽑을 때, 둘 다 검은색 공일 확률은?

① $\dfrac{1}{49}$ ② $\dfrac{5}{49}$ ③ $\dfrac{5}{196}$

④ $\dfrac{25}{196}$ ⑤ $\dfrac{95}{196}$

STEP A 주어진 사건을 사건 A, E로 나타내기

첫 번째 시행에서 7개의 공에서 흰색 공을 뽑는 사건을 A,
두 번째 시행에서 8개의 공에서 검은색 공 2개를 뽑는 사건을 E라 하자.

STEP B 8개의 공 중에서 2개의 공을 임의로 뽑을 때, 둘 다 검은색 공일 확률 구하기

(i) 한 개의 흰색 공을 꺼내고 주머니에 넣고 흰색 공 1개를 더 넣어
2개의 검은 공을 꺼낼 확률은

$$P(A \cap E)=P(A)P(E|A)=\frac{2}{7}\times\frac{{}_5C_2}{{}_8C_2}=\frac{2}{7}\times\frac{5}{14}=\frac{5}{49}$$

(ii) 검은 공을 꺼내고 주머니에 넣고 검은색 공 1개를 더 넣어
2개의 검은 공을 꺼낼 확률은

$$P(A^c \cap E)=P(A^c)P(E|A^c)=\frac{5}{7}\times\frac{{}_6C_2}{{}_8C_2}=\frac{5}{7}\times\frac{15}{28}=\frac{75}{196}$$

STEP C 배반사건을 이용하여 구하기

(i), (ii)에서 서로 배반이므로 구하는 확률은
$$P(A)=P(A \cap E)+P(A^c \cap E)=\frac{5}{49}+\frac{75}{196}=\frac{95}{196}$$

(2) 흰 공 3개와 검은 공 2개가 들어 있는 주머니가 있다. 이 주머니에서 임의로 1개의 공을 꺼내어 꺼낸 공이 흰 공이면 꺼낸 흰 공 대신 1개의 검은 공을 넣고, 꺼낸 공이 검은 공이면 꺼낸 검은 공 대신 1개의 흰 공을 주머니에 넣는다. 다시 이 주머니에서 임의로 2개의 공을 동시에 꺼낼 때, 꺼낸 2개의 공이 모두 흰 공일 확률은?

① $\dfrac{1}{4}$ ② $\dfrac{3}{10}$ ③ $\dfrac{7}{20}$

④ $\dfrac{2}{5}$ ⑤ $\dfrac{9}{20}$

STEP A 주어진 사건을 사건 A, E로 나타내기

주머니에서 임의로 1개의 공을 꺼낼 때, 꺼낸 공이 흰 공인 사건을 A,
다시 이 주머니에서 임의로 2개의 공을 동시에 꺼낼 때, 꺼낸 공 2개가 모두
흰 공인 사건을 E라 하면 구하는 확률은 $P(E)$이다.

STEP B 꺼낸 2개의 공이 모두 흰 공일 확률 구하기

(i) 주머니에서 꺼낸 1개의 공이 흰 공일 때,
주머니에는 흰 공 2개와 검은 공 3개가 들어 있으므로 꺼낸 2개의 공이
모두 흰 공일 확률은

$$P(A \cap E)=P(A)P(E|A)=\frac{3}{5}\times\frac{{}_2C_2}{{}_5C_2}=\frac{3}{5}\times\frac{1}{10}=\frac{3}{50}$$

(ii) 주머니에서 꺼낸 1개의 공이 검은 공일 때,
주머니에는 흰 공 4개와 검은 공 1개가 들어 있으므로 꺼낸 2개의 공이
모두 흰 공일 확률은

$$P(A^c \cap E)=P(A^c)P(E|A^c)=\frac{2}{5}\times\frac{{}_4C_2}{{}_5C_2}=\frac{2}{5}\times\frac{3}{5}=\frac{6}{25}$$

STEP C 배반사건을 이용하여 구하기

(i), (ii)는 서로 배반사건이므로 구하는 확률은
$$P(E)=P(A \cap E)+P(A^c \cap E)=\frac{3}{50}+\frac{6}{25}=\frac{3}{10}$$

0375

검은 공 4개, 흰 공 3개가 들어 있는 상자에서 1개의 공을 꺼내어 색을 확인한 후 다시 넣고, 그 공과 같은 색의 공을 한 개 더 상자에 넣는다. 다시 이 상자에서 2개의 공을 뽑을 때, 적어도 1개의 흰 공을 뽑을 확률은?

① $\dfrac{17}{39}$ ② $\dfrac{18}{49}$ ③ $\dfrac{33}{98}$

④ $\dfrac{69}{98}$ ⑤ $\dfrac{71}{98}$

STEP A 주어진 상황을 사건 A, E로 나타내기

처음에 검은 공을 꺼내는 경우의 사건을 A, 이 상자에서 2개의 공을 뽑을 때,
적어도 1개의 흰 공을 뽑을 사건을 E라 하면 구하는 확률은 $P(E)$이다.

STEP B 적어도 1개의 흰 공을 뽑을 확률 구하기

(i) 처음에 검은 공을 꺼내는 경우
주머니에 검은 공 5개, 흰 공 3개가 있으므로 적어도 1개의 흰 공을
뽑을 확률은

$$P(A \cap E)=P(A)P(E|A)=\frac{4}{7}\times\left(1-\frac{{}_5C_2}{{}_8C_2}\right)=\frac{4}{7}\times\left(1-\frac{5}{14}\right)=\frac{18}{49}$$

(ii) 처음에 흰 공을 꺼내는 경우
주머니에 검은 공 4개, 흰 공 4개가 있으므로 적어도 1개의 흰 공을
뽑을 확률은

$$P(B \cap E)=P(B)P(E|B)=\frac{3}{7}\times\left(1-\frac{{}_4C_2}{{}_8C_2}\right)=\frac{3}{7}\times\left(1-\frac{3}{14}\right)=\frac{33}{98}$$

STEP C 배반사건을 이용하여 구하기

(i), (ii)는 서로 배반사건이므로 구하는 확률은
$$P(E)=P(A \cap E)+P(B \cap E)=\frac{18}{49}+\frac{33}{98}=\frac{69}{98}$$

0376

상자 A에는 빨간 공 3개와 검은 공 5개가 들어 있고, 상자 B는 비어 있다. 상자 A에서 임의로 2개의 공을 꺼내어 빨간 공이 나오면 [실행 1]을, 빨간 공이 나오지 않으면 [실행 2]를 할 때, 상자 B에 있는 빨간 공의 개수가 1개일 확률을 구하여라.

> [실행 1] 꺼낸 공을 상자 B에 넣는다.
> [실행 2] 꺼낸 공을 상자 B에 넣고, 상자 A에서 임의로 2개의 공을 더 꺼내어 상자 B에 넣는다.

STEP A 주어진 상황을 사건 A, B, E로 나타내기

상자 A에서 임의로 2개의 공을 꺼낼 수 있는 공의 조합은
(빨간 공, 빨간 공), (빨간 공, 검은 공), (검은 공, 검은 공)
세 가지이지만 상자 A에서 빨간 공 2개를 꺼낸 경우 [실행 1]에 따라 빨간 공 2개를 상자 B에 넣으므로 문제의 조건을 만족할 수 없다.
상자 A에서 빨간 공 1개, 검은 공 1개를 꺼낸 사건을 A,
상자 A에서 검은 공 2개를 꺼낸 사건을 B,
상자 B에 있는 빨간 공의 개수가 1개일 사건을 E라 하면
구하는 확률은 $\mathrm{P}(E)$이다.

STEP B 상자 B에 있는 빨간 공의 개수가 1개일 확률 구하기

(i) 상자 A에서 빨간 공 1개, 검은 공 1개를 꺼낸 경우
[실행 1]에 따라 빨간 공 1개, 검은 공 1개를 상자 B에 넣으므로
상자 B에 있는 빨간 공의 개수가 1이 된다.

$$\mathrm{P}(A \cap E)=\mathrm{P}(A)\mathrm{P}(E|A)=\frac{{}_3\mathrm{C}_1 \times {}_5\mathrm{C}_1}{{}_8\mathrm{C}_2} \times 1=\frac{15}{28}$$

(ii) 상자 A에서 검은 공 2개를 꺼낸 경우
[실행 2]를 해야 하므로 꺼낸 검은 공 2개를 상자 B에 넣고
상자 A에는 빨간 공 3개, 검은 공 3개에서 상자 B에 있는 빨간 공의
개수가 1이려면 상자 A에서 2개의 공을 더 꺼낼 때,
빨간 공 1개, 검은 공 1개를 꺼내야 한다.

$$\mathrm{P}(B \cap E)=\mathrm{P}(B)\mathrm{P}(E|B)=\frac{{}_5\mathrm{C}_2}{{}_8\mathrm{C}_2} \times \frac{{}_3\mathrm{C}_1 \times {}_3\mathrm{C}_1}{{}_6\mathrm{C}_2}=\frac{5}{14} \times \frac{3}{5}=\frac{3}{14}$$

STEP C 배반사건의 확률 구하기

(i), (ii)에 의하여 서로 배반사건이므로 구하는 확률은
$$\mathrm{P}(E)=\mathrm{P}(A \cap E)+\mathrm{P}(B \cap E)=\frac{15}{28} + \frac{3}{14}=\frac{21}{28}=\frac{3}{4}$$

0377

농구대회에 A, B, C, D, E, F의 6개 팀이 토너먼트 방식으로 경기를 한다. A팀은 부전승으로 결정되어 있다. 다음과 같이 대진표를 만들어 시합을 할 때, A팀과 B팀이 시합을 할 확률을 구하여라.
(단, 모든 팀이 시합에서 이길 확률은 모두 $\frac{1}{2}$이고 기권하는 팀은 없다.)

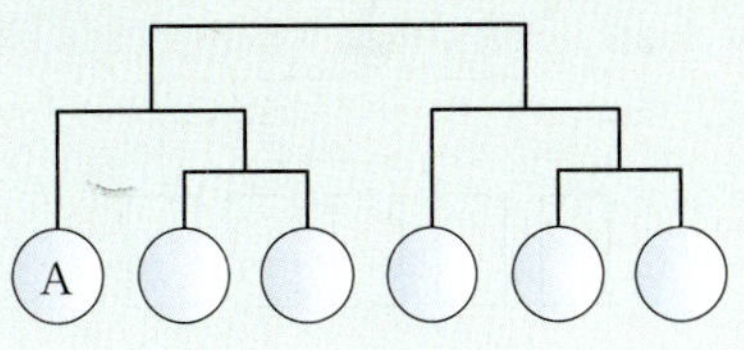

STEP A A팀과 B팀이 시합을 할 확률 구하기

A팀과 B팀이 시합을 하는 경우를 분류하면 다음과 같다.
(i) A팀과 B팀이 준결승에서 만나는 경우
$$\frac{2}{5} \times \frac{1}{2}=\frac{1}{5}$$

(ii) A팀과 B팀이 결승에서 만나는 경우
B팀이 부전승으로 결승에서 만나는 확률은 A팀이 1차전에서 이기고
B팀이 준결승에서 이겨야하므로 구하는 확률은
$$\frac{1}{5} \times \frac{1}{2} \times \frac{1}{2}=\frac{1}{20}$$
B팀이 1차전부터 결승에서 만나는 확률은 A팀이 1차전에서 이기고
B팀이 1차전과 준결승에서 이겨야 하므로 구하는 확률은
$$\frac{2}{5} \times \frac{1}{2} \times \frac{1}{2} \times \frac{1}{2}=\frac{1}{20}$$

STEP B 배반사건을 이용하여 확률 구하기

(i), (ii)이 배반사건이므로 구하는 확률은 $\frac{1}{5} + \frac{2}{20}=\frac{3}{10}$

0378

어떤 시합에서 A가 B를 이길 확률은 $\frac{1}{2}$, B가 C를 이길 확률은 $\frac{3}{4}$, C가 A를 이길 확률은 $\frac{1}{4}$이다.
A, B, C 세 사람이 토너먼트 방식으로 시합을 할 때, A가 우승할 확률은?
(단, A, B, C가 (가), (나), (다)에 배정될 확률은 같다.)

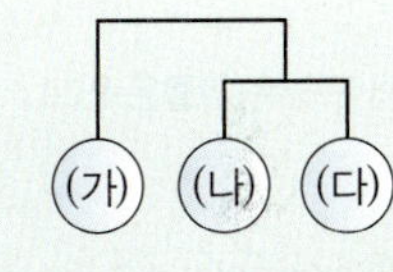

① $\frac{1}{4}$ ② $\frac{1}{3}$ ③ $\frac{5}{12}$
④ $\frac{7}{16}$ ⑤ $\frac{3}{4}$

STEP A A, B, C가 부전승으로 올라가 A가 우승할 확률 구하기

(i) A가 부전승으로 올라가 A가 우승할 확률은 ← A가 (가)에 배정될 확률은 $\frac{1}{3}$
　㉠ A와 B가 결승에서 만나는 경우 A가 우승할 확률은
$$\frac{1}{3} \times \frac{3}{4} \times \frac{1}{2}=\frac{1}{8}$$ ← A는 부전승으로 올라가고 B가 C를 이기고 A가 B를 이긴다.
　㉡ A와 C가 결승에서 만나는 경우 A가 우승할 확률은
$$\frac{1}{3} \times \frac{1}{4} \times \frac{3}{4}=\frac{1}{16}$$ ← A는 부전승으로 올라가고 C가 B를 이기고 A가 C를 이긴다.
　㉠, ㉡이 각각 배반사건이므로 A가 우승할 확률은 $\frac{1}{8} + \frac{1}{16}=\frac{3}{16}$

(ii) B가 부전승으로 올라가 A가 우승할 확률은 ← B가 (가)에 배정될 확률은 $\frac{1}{3}$
$$\frac{1}{3} \times \frac{3}{4} \times \frac{1}{2}=\frac{1}{8}$$ ← B는 부전승으로 올라가고 A가 C를 이기고 A가 B를 이긴다.

(iii) C가 부전승으로 올라가 A가 우승할 확률은 ← C가 (가)에 배정될 확률은 $\frac{1}{3}$
$$\frac{1}{3} \times \frac{1}{2} \times \frac{3}{4}=\frac{1}{8}$$ ← C는 부전승으로 올라가고 A가 B를 이기고 A가 C를 이긴다.

STEP B 배반사건을 이용하여 확률 구하기

(i)~(iii)은 서로 배반사건이므로 구하는 확률은 $\frac{3}{16} + \frac{1}{8} + \frac{1}{8}=\frac{7}{16}$

0379

어느 축구팀은 경기에서 이길 확률이 $\frac{1}{2}$ 이라고 한다. 이 축구팀이 그림과 같이 승자 진출전 방식으로 경기를 하여 최종 우승했을 때, 3승으로 우승했을 확률을 구하여라.

STEP A 우승할 확률 구하기

이 축구팀이 2승, 3승으로 우승할 수 있게 배정되는 사건을 각각 A, B, 우승하는 사건을 V 라 하면

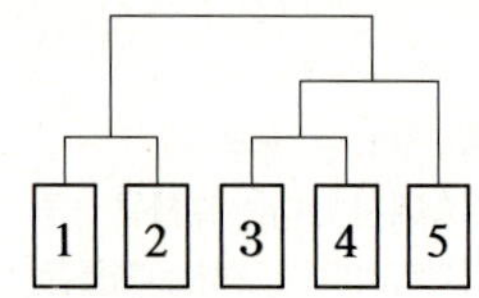

(i) 이 축구팀이 2승하여 우승할 확률은
　　 이 축구팀이 1, 2, 5의 위치에 배정되어야 하므로

$$P(A \cap V) = P(A)P(V|A) = \frac{3}{5} \times \left(\frac{1}{2}\right)^2 = \frac{3}{20}$$

(ii) 이 축구팀이 3승하여 우승할 확률은
　　 이 축구팀이 3, 4의 위치에 배정되어야 하므로

$$P(B \cap V) = P(B)P(V|B) = \frac{2}{5} \times \left(\frac{1}{2}\right)^3 = \frac{1}{20}$$

(i), (ii)가 배반사건이므로 이 축구팀이 우승할 확률은

$$P(V) = P(A \cap V) + P(B \cap V) = \frac{3}{20} + \frac{1}{20} = \frac{1}{5}$$

STEP B 조건부확률 구하기

따라서 구하는 확률은 $P(A \mid V) = \dfrac{P(B \cap V)}{P(V)} = \dfrac{\frac{1}{20}}{\frac{1}{5}} = \dfrac{1}{4}$

참고 이 축구팀이 최종 우승했을 때, 2승으로 우승했을 확률은

$$P(A \mid V) = \frac{P(A \cap V)}{P(V)} = \frac{\frac{3}{20}}{\frac{1}{5}} = \frac{3}{4}$$

0380

어느 학교 전체 학생의 60%는 버스로, 나머지 40%는 걸어서 등교하였다. 버스로 등교한 학생의 $\frac{1}{20}$ 이 지각하였고, 걸어서 등교한 학생의 $\frac{1}{15}$ 이 지각하였다. 이 학교 전체 학생 중 임의로 선택한 1명의 학생이 지각하였을 때, 이 학생이 버스로 등교하였을 확률은?

① $\frac{3}{7}$　　　　② $\frac{9}{20}$　　　　③ $\frac{9}{19}$

④ $\frac{1}{2}$　　　　⑤ $\frac{9}{17}$

STEP A 주어진 사건을 사건 A, B, E로 나타내기

학생이 버스로 등교하는 사건을 A, 걸어서 등교하는 사건을 B 라 하고 학생이 지각하는 사건을 E 라 하면 구하는 확률은 $P(A|E)$이다.

STEP B 확률의 곱셈정리를 이용하여 학생이 지각할 확률 구하기

(i) 버스로 등교하는 학생이 지각할 확률은

$$P(A \cap E) = P(A) \cdot P(E|A) = 0.6 \times \frac{1}{20} = \frac{3}{100}$$

(ii) 걸어서 등교하는 학생이 지각할 확률은

$$P(B \cap E) = P(B) \cdot P(E|B) = 0.4 \times \frac{1}{15} = \frac{4}{150}$$

(i), (ii)가 배반사건이므로 지각할 확률은

$$P(E) = P(A \cap E) + P(B \cap E) = \frac{3}{100} + \frac{4}{150} = \frac{17}{300}$$

STEP C 조건부확률 구하기

따라서 구하는 확률은 $P(A|E) = \dfrac{P(A \cap E)}{P(E)} = \dfrac{\frac{3}{100}}{\frac{17}{300}} = \dfrac{9}{17}$

다른풀이 표를 이용한 조건부확률 구하기

이 학교의 전체 학생 수를 300명이라 하고 주어진 조건의 표는 다음과 같다.

	지각 등교	정상 등교	계(명)
버스	$180 \cdot \frac{1}{20} = 9$	171	180
도보	$120 \cdot \frac{1}{15} = 8$	112	120
계(명)	17	283	300

따라서 이 학교 전체 학생 중 임의로 선택한 1명의 학생이 지각하였을 때, 이 학생이 버스로 등교하였을 확률은 $\frac{9}{17}$

0381

철수가 받은 전자우편의 10%는 '여행' 이라는 단어를 포함한다. '여행' 을 포함한 전자우편의 50%가 광고이고, '여행' 을 포함하지 않은 전자우편의 20%가 광고이다. 철수가 받은 한 전자우편이 광고일 때, 이 전자우편이 '여행' 을 포함할 확률은?

① $\frac{5}{23}$　　　　② $\frac{6}{23}$　　　　③ $\frac{7}{23}$

④ $\frac{8}{23}$　　　　⑤ $\frac{9}{23}$

STEP A 주어진 상황을 사건 A, B, E로 나타내기

철수가 받은 전자우편이 '여행' 이라는 단어를 포함한 사건을 A, '여행' 이라는 단어를 포함하지 않은 사건을 B, 광고인 사건을 E 라 하면 구하는 확률은 $P(A|E)$이다.

STEP B 확률의 곱셈정리를 이용하여 철수가 받은 한 전자우편이 광고일 확률 구하기

(i) 전자우편이 '여행' 을 포함하는 광고일 확률은

$$P(A \cap E) = P(A)P(E|A) = 0.1 \times 0.5 = 0.05$$

(ii) 전자우편이 '여행' 을 포함하지 않은 광고일 확률은

$$P(B \cap E) = P(B)P(E|B) = (1-0.1) \times 0.2 = 0.18$$

(i), (ii)이 서로 배반사건이므로

$$P(E) = P(A \cap E) + P(B \cap E) = 0.05 + 0.18 = 0.23$$

STEP C 조건부확률 구하기

따라서 구하는 확률은 $P(A|E) = \dfrac{P(A \cap E)}{P(E)} = \dfrac{0.05}{0.23} = \dfrac{5}{23}$

다른풀이 표를 이용하여 조건부확률 구하기

	'여행' 이란 단어를 포함한 확률	'여행' 이란 단어를 포함하지 않을 확률	계
광고일 확률	$0.1 \cdot 0.5 = 0.05$	$0.9 \cdot 0.2 = 0.18$	0.23
광고가 아닐 확률	$0.1 \cdot 0.5 = 0.05$	$0.9 \cdot 0.8 = 0.72$	0.77
계	0.1	0.9	1

따라서 철수가 받은 한 전자우편이 광고일 때, 이 전자우편이 '여행' 을 포함한 확률은 $\dfrac{0.05}{0.23} = \dfrac{5}{23}$

받은 전자우편을 100통이라 하고 표로 나타내면 다음과 같다.

	'여행' 이란 단어를 포함한 전자우편의 수	'여행' 이란 단어를 포함하지 않은 전자우편의 수	계
광고의 수	5	18	23
광고가 아닌 수	5	72	77
계	10	90	100

따라서 철수가 받은 전자우편이 광고일 때, 이 전자우편이 '여행' 을 포함한 확률은 $\dfrac{5}{23}$

0382

어느 학교의 전체 학생 320명을 대상으로 수학동아리 가입여부를 조사한 결과 남학생의 60%와 여학생의 50%가 수학동아리에 가입하였다고 한다. 이 학교의 수학동아리에 가입한 학생 중 임의로 1명을 선택할 때, 이 학생이 남학생일 확률을 p_1, 이 학교의 수학동아리에 가입한 학생 중 임의로 1명을 선택할 때 이 학생이 여학생일 확률을 p_2라 하자. $p_1 = 2p_2$일 때, 이 학교의 남학생의 수는?

① 170 　　② 180 　　③ 190
④ 200 　　⑤ 210

STEP Ⓐ 주어진 상황을 사건 A, B, E로 나타내기

수학동아리에 가입한 학생이 남학생일 사건을 A, 여학생일 사건을 B라 하고 수학동아리에 가입한 사건을 E라 하자.
또한, 남학생의 수를 x라 하고 여학생의 수는 y로 놓으면
$x + y = 320$

STEP Ⓑ 확률의 곱셈정리를 이용하여 수학동아리에 가입한 확률 구하기

(i) 남학생이 수학동아리에 가입할 확률은

$$P(A \cap E) = P(A)P(E|A) = \dfrac{x}{320} \times \dfrac{6}{10} = \dfrac{6x}{3200}$$

(ii) 여학생이 수학동아리에 가입할 확률은

$$P(B \cap E) = P(B)P(E|B) = \dfrac{y}{320} \times \dfrac{5}{10} = \dfrac{5y}{3200}$$

(i), (ii)이 서로 배반사건이므로 수학동아리에 가입한 확률은
$$P(E) = P(A \cap E) + P(B \cap E) = \dfrac{6x}{3200} + \dfrac{5y}{3200} = \dfrac{6x+5y}{3200}$$

STEP Ⓒ $p_1 = 2p_2$임을 이용하여 남학생 수 구하기

$$p_1 = P(A|E) = \dfrac{P(A \cap E)}{P(E)} = \dfrac{6x}{6x+5y}$$

$$p_2 = P(B|E) = \dfrac{P(B \cap E)}{P(E)} = \dfrac{5y}{6x+5y}$$이므로

$p_1 = 2p_2$에서 $\dfrac{6x}{6x+5y} = \dfrac{10y}{6x+5y}$, $6x = 10y$, $y = \dfrac{3}{5}x$

이때 $x + y = 320$이므로 $x + \dfrac{3}{5}x = \dfrac{8}{5}x = 320$

따라서 $x = 200$이므로 남학생 수는 200

STEP Ⓐ 표를 이용하여 정리하기

남학생의 수를 x라 하고 여학생의 수는 y로 놓으면
$x + y = 320$(명)

	수학동아리 가입	수학동아리 미가입	계(명)
남학생	$0.6x$	$0.4x$	x
여학생	$0.5y$	$0.5y$	y
계(명)	$0.6x+0.5y$	$0.4x+0.5y$	320

수학동아리에 가입한 학생 중 임의로 1명을 선택할 때,

이 학생이 남학생일 확률은 $p_1 = \dfrac{0.6x}{0.6x+0.5y}$

수학동아리에 가입한 학생 중 임의로 1명을 선택할 때,

이 학생이 여학생일 확률은 $p_2 = \dfrac{0.5y}{0.6x+0.5y}$

STEP Ⓑ $p_1 = 2p_2$임을 이용하여 남학생 수 구하기

이때 $p_1 = 2p_2$이므로

$\dfrac{0.6x}{0.6x+0.5y} = \dfrac{y}{0.6x+0.5y}$, $0.6x = y$, $y = \dfrac{3}{5}x$

이때 $x + y = 320$이므로 $x + \dfrac{3}{5}x = \dfrac{8}{5}x = 320$

따라서 $x = 200$이므로 남학생 수는 200

0383

주머니 A에서 검은 구슬 3개와 흰 구슬 1개가 들어 있고, 주머니 B에는 검은 구슬 2개와 흰 구슬 2개가 들어 있다. 두 주머니 A, B 중 임의로 선택한 하나의 주머니에서 동시에 꺼낸 2개의 구슬이 모두 검은색일 때, 선택된 주머니가 A이었을 확률을 구하여라.

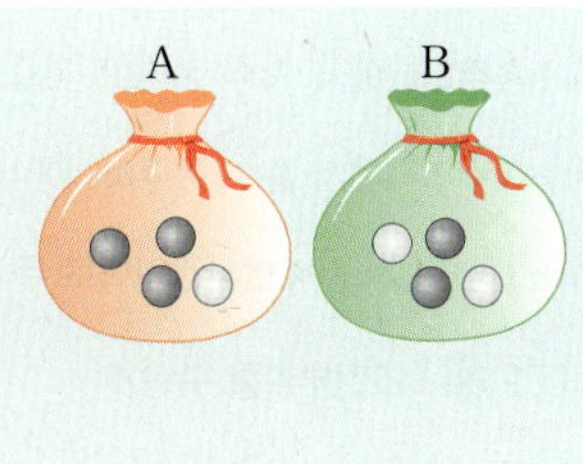

STEP Ⓐ 주어진 상황을 사건 A, B, E로 나타내기

주머니 A를 선택하는 사건을 A, 주머니 B를 선택하는 사건을 B,
꺼낸 2개의 구슬이 모두 검은색일 사건을 E라 하면
구하는 확률은 $P(A|E)$이다.

STEP Ⓑ 확률의 곱셈정리를 이용하여 꺼낸 2개의 구슬이 모두 검은색일 확률 구하기

(i) 주머니 A를 선택하고 꺼낸 2개의 구슬이 모두 검은색일 확률은

$$P(A \cap E) = P(A)P(E|A) = \dfrac{1}{2} \times \dfrac{{}_3C_2}{{}_4C_2} = \dfrac{1}{2} \times \dfrac{1}{2} = \dfrac{1}{4}$$

(ii) 주머니 B를 선택하고 꺼낸 2개의 구슬이 모두 검은색일 확률은

$$P(B \cap E) = P(B)P(E|B) = \dfrac{1}{2} \times \dfrac{{}_2C_2}{{}_4C_2} = \dfrac{1}{2} \times \dfrac{1}{6} = \dfrac{1}{12}$$

(i), (ii)이 서로 배반사건이므로 꺼낸 2개의 구슬이 모두 검은색일 확률은
$$P(E) = P(A \cap E) + P(B \cap E) = \dfrac{1}{4} + \dfrac{1}{12} = \dfrac{1}{3}$$

STEP Ⓒ 조건부확률 구하기

따라서 구하는 확률은 $P(A|E) = \dfrac{P(A \cap E)}{P(E)} = \dfrac{\dfrac{1}{4}}{\dfrac{1}{3}} = \dfrac{3}{4}$

0384

주머니 A에는 1, 2, 3, 4, 5의 숫자가 하나씩 적혀 있는 5장의 카드가 들어 있고, 주머니 B에는 6, 7, 8, 9, 10의 숫자가 하나씩 적혀 있는 5장의 카드가 들어 있다. 두 주머니 A, B에서 각각 카드를 임의로 한 장씩 꺼냈다. 꺼낸 2장의 카드에 적혀 있는 두 수의 합이 홀수일 때, 주머니 A에서 꺼낸 카드에 적혀 있는 수가 짝수일 확률은?

① $\dfrac{5}{13}$ ② $\dfrac{4}{13}$ ③ $\dfrac{3}{13}$

④ $\dfrac{2}{13}$ ⑤ $\dfrac{1}{13}$

STEP A 주어진 상황의 사건 나타내기

주머니 A, B에서 꺼낸 2장의 카드에 적혀 있는 두 수의 합이 홀수이려면 두 수 중 하나는 홀수, 다른 하나는 짝수이어야 한다.

STEP B 확률의 곱셈정리를 이용하여 두 수의 합이 홀수일 확률 구하기

(i) A주머니에서 짝수, B주머니에서 홀수일 확률은 $\dfrac{2}{5} \times \dfrac{2}{5} = \dfrac{4}{25}$

(ii) A주머니에서 홀수, B주머니에서 짝수일 확률은 $\dfrac{3}{5} \times \dfrac{3}{5} = \dfrac{9}{25}$

(i), (ii)이 서로 배반사건이므로 두 수의 합이 홀수일 확률은 $\dfrac{4}{25} + \dfrac{9}{25} = \dfrac{13}{25}$

STEP C 조건부확률 구하기

따라서 구하는 확률 $\dfrac{\dfrac{4}{25}}{\dfrac{13}{25}} = \dfrac{4}{13}$

> 참고 ❋ 위의 확률은 독립사건 $P(A \cap B) = P(A)P(B)$을 이용한다.

0385

주머니 A에는 1, 2, 3, 4, 5의 숫자가 하나씩 적혀 있는 5장의 카드가 들어 있고, 주머니 B에는 1, 2, 3, 4, 5, 6의 숫자가 하나씩 적혀 있는 6장의 카드가 들어 있다. 한 개의 주사위를 한 번 던져서 나온 눈의 수가 3의 배수이면 주머니 A에서 임의로 카드를 한 장 꺼내고, 3의 배수가 아니면 주머니 B에서 임의로 카드를 한 장 꺼낸다. 주머니에서 꺼낸 카드에 적힌 수가 짝수일 때, 그 카드가 주머니 A에서 꺼낸 카드일 확률은?

① $\dfrac{1}{5}$ ② $\dfrac{2}{9}$ ③ $\dfrac{1}{4}$

④ $\dfrac{2}{7}$ ⑤ $\dfrac{1}{3}$

STEP A 주어진 상황의 사건 나타내기

주머니에서 꺼낸 카드에 적힌 수가 짝수인 경우는 다음 두 가지가 있다.

STEP B 확률의 곱셈정리를 이용하여 짝수일 확률 구하기

(i) 주사위는 3의 배수의 눈이 나오고 주머니 A에서 짝수가 나올 확률은

$\dfrac{2}{6} \times \dfrac{2}{5} = \dfrac{2}{15}$

(ii) 주사위는 3의 배수가 아닌 눈이 나오고 주머니 B에서 짝수가 나올 확률은

$\dfrac{4}{6} \times \dfrac{3}{6} = \dfrac{1}{3}$

(i), (ii)이 각각 배반사건이므로 짝수일 확률은 $\dfrac{2}{15} + \dfrac{1}{3} = \dfrac{7}{15}$

STEP C 조건부확률 구하기

따라서 구하는 확률은 $\dfrac{\dfrac{2}{15}}{\dfrac{7}{15}} = \dfrac{2}{7}$

> 참고 ❋ 위의 확률은 독립사건 $P(A \cap B) = P(A)P(B)$을 이용한다.

0386

주머니 A에는 흰 공 3개와 검은 공 4개가 들어있고, 주머니 B에는 흰 공 5개와 검은 공 4개가 들어있다. 주머니 A에서 임의로 1개의 공을 꺼내어 주머니 B에 넣은 다음 주머니 B에서 임의로 꺼낸 1개의 공이 흰 공일 때, 주머니 A에서 꺼낸 공이 검은 공일 확률을 구하여라.

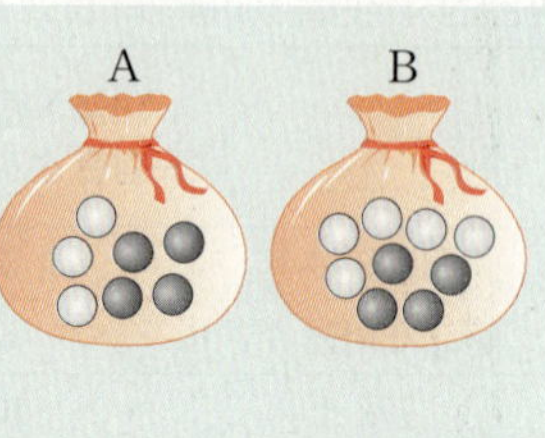

STEP A 주어진 상황을 사건 A, E로 나타내기

첫 번째 시행에서 주머니 A에서 주머니 B로 흰 공을 옮겨지는 사건을 A, 두 번째 시행에서 주머니 B에서 흰 공을 꺼낼 사건을 E라 하고 구하는 확률은 $P(A^c | E)$이다.

STEP B 확률의 곱셈정리를 이용하여 주머니 B에서 꺼낸 공이 흰 공일 확률 구하기

(i) A주머니에서 흰 공을 꺼내어 B주머니에 넣고 B주머니에서 흰 공 1개를 꺼낼 확률은 $P(A \cap E) = P(A)P(E|A) = \dfrac{3}{7} \times \dfrac{6}{10} = \dfrac{9}{35}$

(ii) A주머니에서 검은 공을 꺼내고 B주머니에 넣고 B주머니에서 흰 공 1개를 꺼낼 확률은 $P(A^c \cap E) = P(A^c)P(E|A^c) = \dfrac{4}{7} \times \dfrac{5}{10} = \dfrac{2}{7}$

(i), (ii)이 각각 배반사건이므로 B에서 꺼낸 공이 흰 공일 확률은

$P(E) = P(A \cap E) + P(A^c \cap E) = \dfrac{9}{35} + \dfrac{2}{7} = \dfrac{19}{35}$

STEP C 조건부확률 구하기

따라서 구하는 확률은 $P(A^c | E) = \dfrac{P(A^c \cap E)}{P(E)} = \dfrac{\dfrac{2}{7}}{\dfrac{19}{35}} = \dfrac{10}{19}$

0387

주머니에 크기와 모양이 같은 흰 공 2개와 검은 공 3개가 들어 있다. 이 주머니에서 임의로 1개의 공을 꺼내어 색을 확인한 후 다시 넣지 않는다. 이와 같은 시행을 두 번 반복하여 두 번째 꺼낸 공이 흰 공이었을 때, 첫 번째 꺼낸 공도 흰 공이었을 확률이 p이다. $40p$의 값을 구하여라.

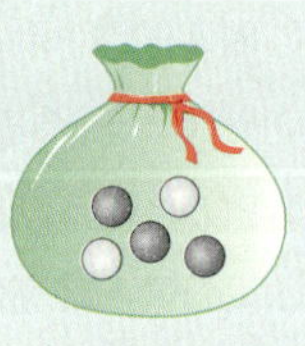

STEP A 주어진 상황을 사건 A, B, E로 나타내기

첫 번째 시행에서 꺼낸 공이 흰 공일 사건을 A,
첫 번째 시행에서 꺼낸 공이 검은 공일 사건을 B,
두 번째 시행에서 꺼낸 공이 흰 공일 사건을 E라 하면
구하는 확률은 $P(A|E)$이다.

STEP B 확률의 곱셈정리를 이용하여 두 번째 꺼낸 공이 흰 공일 확률 구하기

(i) 첫 번째 꺼낸 공이 흰 공이고 두 번째 꺼낸 공이 흰 공일 확률은

$P(A \cap E) = P(A)P(E|A) = \dfrac{2}{5} \times \dfrac{1}{4} = \dfrac{1}{10}$

(ii) 첫 번째 꺼낸 공이 검은 공이고 두 번째 꺼낸 공이 흰 공일 확률은

$P(B \cap E) = P(B)P(E|B) = \dfrac{3}{5} \times \dfrac{2}{4} = \dfrac{3}{10}$

(i), (ii)이 각각 배반사건이므로 두 번째 꺼낸 공이 흰 공일 확률은

$P(E) = P(A \cap E) + P(B \cap E) = \dfrac{1}{10} + \dfrac{3}{10} = \dfrac{4}{10}$

STEP C 조건부확률 구하기

따라서 구하는 확률은

$P(A|E) = \dfrac{P(A \cap E)}{P(E)} = \dfrac{\dfrac{1}{10}}{\dfrac{4}{10}} = \dfrac{1}{4}$ 이므로 $40p = 40 \times \dfrac{1}{4} = 10$

0388

상자 A에는 흰 공 2개, 검은 공 3개가 들어 있고, 상자 B에는 흰 공 3개, 검은 공 4개가 들어 있다. 한 개의 동전을 던져 앞면이 나오면 상자 A를, 뒷면이 나오면 상자 B를 택하고, 택한 상자에서 임의로 두 개의 공을 동시에 꺼내기로 한다. 이 시행을 한 번 하여 꺼낸 공의 색깔이 서로 같았을 때, 상자 A를 택하였을 확률은?

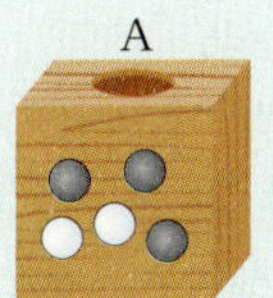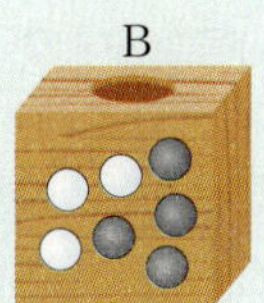

① $\dfrac{11}{29}$ ② $\dfrac{12}{29}$ ③ $\dfrac{13}{29}$

④ $\dfrac{14}{29}$ ⑤ $\dfrac{15}{29}$

STEP Ⓐ 주어진 상황을 사건 A, B, E로 나타내기

동전이 앞면이 나오고 상자 A를 선택하는 사건을 A,
동전이 뒷면이 나오고 상자 B를 선택하는 사건을 B,
꺼낸 2개의 공의 색깔이 서로 같은 사건을 E라 하고
구하는 확률은 $\mathrm{P}(A|E)$이다.

STEP Ⓑ 확률의 곱셈정리를 이용하여 색깔이 서로 같을 확률 구하기

(i) 동전이 앞면이 나오면 상자 A를 선택하고 흰 공 2개 또는 검은 공 2개를

  꺼낼 확률은 $\mathrm{P}(A\cap E)=\mathrm{P}(A)\mathrm{P}(E|A)=\dfrac{1}{2}\times\dfrac{{}_2\mathrm{C}_2+{}_3\mathrm{C}_2}{{}_5\mathrm{C}_2}=\dfrac{1}{5}$

(ii) 동전이 뒷면이 나오면 상자 B를 선택하고 흰 공 2개 또는 검은 공 2개를

  꺼낼 확률은 $\mathrm{P}(B\cap E)=\mathrm{P}(B)\mathrm{P}(E|B)=\dfrac{1}{2}\times\dfrac{{}_3\mathrm{C}_2+{}_4\mathrm{C}_2}{{}_7\mathrm{C}_2}=\dfrac{3}{14}$

(i), (ii)이 각각 배반사건이므로 2개의 공의 색깔이 서로 같을 확률은

$\mathrm{P}(E)=\mathrm{P}(A\cap E)+\mathrm{P}(B\cap E)=\dfrac{1}{5}+\dfrac{3}{14}=\dfrac{29}{70}$

STEP Ⓒ 조건부확률 구하기

따라서 구하는 확률은 $\mathrm{P}(A|E)=\dfrac{\mathrm{P}(A\cap E)}{\mathrm{P}(E)}=\dfrac{\dfrac{1}{5}}{\dfrac{29}{70}}=\dfrac{14}{29}$

0389

4번에 1번 꼴로 방문한 곳에 스마트폰을 두고 다니는 혜리가 어느 날 독서실, 체육관, 매점 세 곳을 갔다 와서 스마트폰이 없어진 것을 알았을 때, 체육관에 스마트폰을 두고 왔을 확률을 구하여라.

STEP Ⓐ 주어진 상황의 사건 A, B, C, E로 나타내기

독서실에 스마트폰을 두고 왔을 사건을 A,
체육관에 스마트폰을 두고 왔을 사건을 B,
매점에 스마트폰을 두고 왔을 사건을 C,
스마트폰을 분실했을 사건을 E라 하면 구하는 확률은 $\mathrm{P}(B|E)$이다.

STEP Ⓑ 확률의 곱셈정리를 이용하여 스마트폰을 분실할 확률 구하기

$\mathrm{P}(A\cap E)=\dfrac{1}{4}$, $\mathrm{P}(B\cap E)=\dfrac{3}{4}\times\dfrac{1}{4}=\dfrac{3}{16}$, $\mathrm{P}(C\cap E)=\left(\dfrac{3}{4}\right)^2\times\dfrac{1}{4}=\dfrac{9}{64}$

즉 세 곳 중 스마트폰을 두고 오는 사건이 배반사건이므로 확률은

$\mathrm{P}(E)=\mathrm{P}(A\cap E)+\mathrm{P}(B\cap E)+\mathrm{P}(C\cap E)=\dfrac{1}{4}+\dfrac{3}{16}+\dfrac{9}{64}=\dfrac{37}{64}$

STEP Ⓒ 조건부확률 구하기

따라서 구하는 확률은 $\mathrm{P}(B|E)=\dfrac{\mathrm{P}(B\cap E)}{\mathrm{P}(E)}=\dfrac{\dfrac{3}{16}}{\dfrac{37}{64}}=\dfrac{12}{37}$

0390

한 개의 주사위를 사용하여 다음 규칙에 따라 점수를 얻는 시행을 한다.

(가) 한 번 던져 나온 눈의 수가 5 이상이면 나온 눈의 수를 점수로 한다.
(나) 한 번 던져 나온 눈의 수가 5보다 작으면 한 번 더 던져 나온 눈의 수를 점수로 한다.

시행의 결과로 얻은 점수가 5점 이상일 때, 주사위를 한 번만 던졌을 확률을 $\dfrac{q}{p}$라 하자. p^2+q^2의 값을 구하여라. (단, p와 q는 서로소인 자연수이다.)

STEP Ⓐ 주어진 상황을 사건 A, E로 나타내기

조건 (가), (나)에 의하여 주사위를 던지는 회수는 1회 또는 2회이다.
주사위를 던져 얻은 점수가 5점 이상인 사건을 E,
주사위를 한 번 던져 얻은 점수가 5점 이상인 사건을 A라 하면

STEP Ⓑ 확률의 곱셈정리를 이용하여 얻은 점수가 5점 이상일 확률 구하기

(i) 주사위를 한 번 던져 나오는 눈의 수가 5 이상이면

  시행의 결과로 얻은 점수가 5점 이상일 확률은 $\dfrac{2}{6}=\dfrac{1}{3}$

(ii) 주사위를 한 번 던져 나오는 눈의 수가 5보다 작고 주사위를

  한 번 더 던져 눈의 수가 5 이상인 경우 확률은 $\dfrac{4}{6}\times\dfrac{2}{6}=\dfrac{2}{9}$

(i), (ii)에서 구하는 확률은 $\mathrm{P}(E)=\dfrac{1}{3}+\dfrac{2}{9}=\dfrac{5}{9}$

이때 주사위를 한 번만 던져 얻은 점수가 5점 이상인 확률은

$\mathrm{P}(A\cap E)=\dfrac{2}{6}=\dfrac{1}{3}$

STEP Ⓒ 조건부확률 구하기

구하는 확률은 $\mathrm{P}(A|E)=\dfrac{\mathrm{P}(A\cap E)}{\mathrm{P}(E)}=\dfrac{\dfrac{1}{3}}{\dfrac{5}{9}}=\dfrac{3}{5}$

따라서 $p=5$, $q=3$이므로 $p^2+q^2=25+9=34$

0391

4개의 야구팀 A, B, C, D가 다음과 같은 방법으로 우승팀을 결정하기로 하였다.

> (가) A팀과 B팀이 경기를 하고, C팀과 D팀이 경기를 한다.
> (나) (가)에서 이긴 팀끼리 경기를 한다.
> (다) (가)에서 진 팀끼리 경기를 한다.
> (라) (나)에서 진 팀과 (다)에서 이긴 팀이 경기를 한다.
> (마) (나)에서 이긴 팀과 (라)에서 이긴 팀이 경기를 한다.
> (바) (마)에서 이긴 팀이 우승팀이 된다.

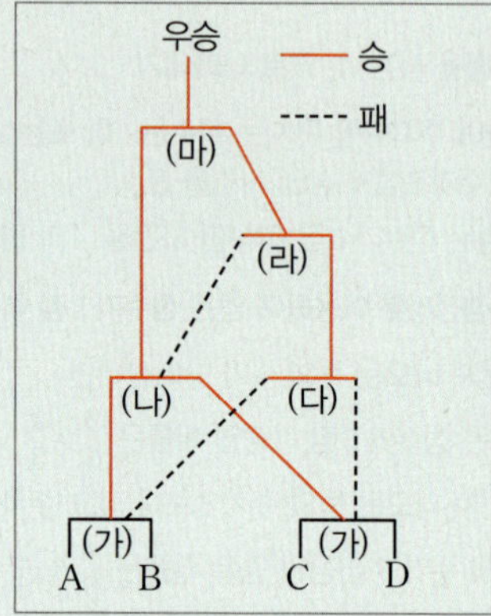

매 경기에서 각 팀이 이길 확률은 모두 $\frac{1}{2}$로 같다고 하자.

A팀이 우승했을 때, A팀이 (가)에서 이겼을 확률을 $\frac{q}{p}$이다.

이때 $p+q$의 값을 구하여라. (단, p와 q는 서로소인 두 자연수이다.)

STEP A A팀이 우승하는 확률 구하기

A팀이 우승하는 상황과 경기의 수는 다음과 같다.

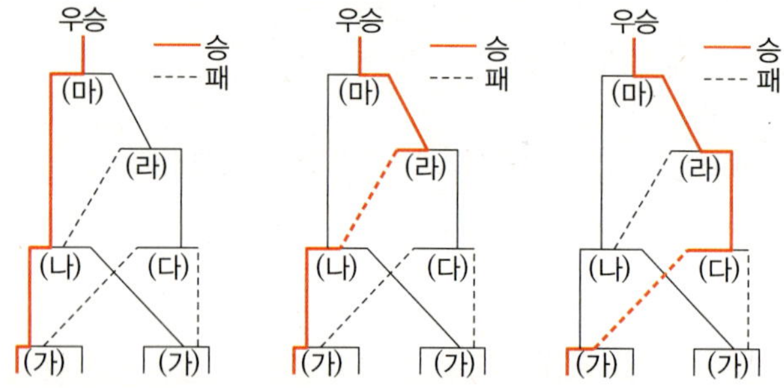

(ⅰ) (가)에서 이기고 (나)에서 이기고 (마)에서 이기는 경우

$$\frac{1}{2} \times \frac{1}{2} \times \frac{1}{2} = \frac{1}{8}$$ ← 총 3경기

(ⅱ) (가)에서 이기고 (나)에서 지고 (라)에서 이기고 (마)에서 이기는 경우

$$\frac{1}{2} \times \frac{1}{2} \times \frac{1}{2} \times \frac{1}{2} = \frac{1}{16}$$ ← 총 4경기

(ⅲ) (가)에서 지고 (다)에서 이기고 (라)에서 이기고 (마)에서 이기는 경우

$$\frac{1}{2} \times \frac{1}{2} \times \frac{1}{2} \times \frac{1}{2} = \frac{1}{16}$$ ← 총 4경기

(ⅰ)~(ⅲ)에서 A팀이 우승하는 확률은 $\frac{1}{8} + \frac{1}{16} + \frac{1}{16} = \frac{4}{16}$

STEP B 조건부확률 구하기

A팀이 우승했을 때, A팀이 (가)에서 이겼을 조건부확률은 $\dfrac{\frac{3}{16}}{\frac{4}{16}} = \frac{3}{4}$

따라서 $p+q = 4+3 = 7$

0392

다음 물음에 답하여라.

(1) 암을 조기에 발견하는 검사법으로 CT단층촬영이 있다. 이 CT촬영에 대하여 다음과 같은 연구 조사가 있다.

> 암에 걸린 사람에게 CT촬영을 하면 80%의 확률로 정확하게 암이라고 진단되고, 암에 걸리지 않은 사람에게 CT촬영을 하면 5%의 오진이 있다.

암에 걸린 사람과 걸리지 않은 사람의 비율이 각각 10%, 90%인 어떤 집단에서 임의로 한 사람을 택하여 CT촬영을 하여 암에 걸렸다고 진단할 때, 이 사람이 정말로 암에 걸렸을 확률을 구하여라.

STEP A 주어진 상황을 사건 A, E로 나타내기

암에 걸린 사람일 사건을 A,
CT촬영을 하여 암에 걸렸다고 진단할 사건을 E라 하면
구하는 확률은 $P(A|E)$이다.

STEP B 확률의 곱셈정리를 이용하여 CT촬영을 하여 암에 걸렸다고 진단할 확률 구하기

(ⅰ) 암에 걸린 사람을 CT촬영을 하여 암에 걸렸다고 진단할 확률은
$$P(A \cap E) = P(A) \times P(E|A) = 0.1 \times 0.8 = 0.08$$
← 실제로 암에 걸린 사람일 확률 0.1, 암에 걸린 사람을 암에 걸렸다고 진단할 확률 0.8

(ⅱ) 암에 걸리지 않은 사람을 CT촬영을 하여 암에 걸렸다고 진단할 확률은
$$P(A^c \cap E) = P(A^c) \times P(E|A^c) = 0.9 \times 0.05 = 0.045$$
← 실제로 암에 걸리지 않은 사람일 확률 0.9, 암에 걸리지 않은 사람을 암에 걸렸다고 진단할 확률 0.005

(ⅰ), (ⅱ)가 서로 배반사건이므로 암에 걸렸다고 진단할 확률은
$$P(E) = P(A \cap E) + P(A^c \cap E) = 0.08 + 0.045 = 0.125$$

STEP C 조건부확률 구하기

따라서 CT촬영을 하여 암에 걸렸다고 진단할 때,
이 사람이 정말로 암에 걸렸을 확률은
$$P(A|E) = \frac{P(A \cap E)}{P(E)} = \frac{0.08}{0.125} = \frac{80}{125} = \frac{16}{25}$$

(2) 어느 보안 전문회사에서 바이러스 감염 여부를 진단하는 프로그램을 개발하였다. 그 진단 프로그램은 바이러스에 감염된 컴퓨터를 감염되었다고 진단할 확률이 94%이고, 바이러스에 감염되지 않은 컴퓨터를 감염되지 않았다고 진단할 확률이 98%이다. 실제로 바이러스에 감염된 컴퓨터 200대와 바이러스에 감염되지 않은 컴퓨터 300대에 대해 이 진단 프로그램으로 바이러스 감염 여부를 검사하려고 한다. 이 500대의 컴퓨터 중 임의로 한 대를 택하여 이 진단 프로그램으로 감염 여부를 검사하였더니 바이러스에 감염되었다고 진단하였을 때, 이 컴퓨터가 실제로 감염된 컴퓨터일 확률은?

① $\dfrac{94}{97}$ ② $\dfrac{92}{97}$ ③ $\dfrac{90}{97}$

④ $\dfrac{47}{49}$ ⑤ $\dfrac{47}{50}$

STEP A 주어진 상황을 사건 A, E로 나타내기

실제로 바이러스에 걸린 사건을 A,
바이러스에 감염되었다고 진단할 사건을 E라 하면
구하는 확률은 $P(A|E)$이다.

STEP B 확률의 곱셈정리를 이용하여 바이러스에 감염되었다고 진단할 확률 구하기

(ⅰ) 프로그램이 바이러스에 감염된 컴퓨터를 감염되었다고 진단할 확률은
$$P(A \cap E) = P(A)P(E|A) = \frac{200}{500} \times \frac{94}{100} = \frac{188}{500}$$
← 실제로 바이러스에 감염된 컴퓨터일 확률은 $\frac{200}{500}$,
바이러스에 감염된 컴퓨터를 감염되었다고 진단할 확률은 $\frac{94}{100}$

(ii) 바이러스에 감염되지 않은 컴퓨터를 감염되었다고 진단할 확률은

$$P(A^c \cap E)=P(A^c)P(E|A^c)=\frac{300}{500}\times\frac{2}{100}=\frac{6}{500}$$

← 실제로 바이러스에 감염되지 않은 컴퓨터일 확률은 $\frac{300}{500}$,

바이러스에 감염되지 않은 컴퓨터를 감염되었다고 진단할 확률은 $1-\frac{98}{100}=\frac{2}{100}$

(i), (ii)가 서로 배반사건이므로 바이러스에 감염되었다고 진단할 확률은

$$P(E)=P(A\cap E)+P(A^c\cap E)=\frac{188}{500}+\frac{6}{500}=\frac{194}{500}$$

STEP C 조건부확률 구하기

따라서 구하는 확률은 $P(A|E)=\dfrac{P(A\cap E)}{P(E)}=\dfrac{\frac{188}{500}}{\frac{194}{500}}=\dfrac{188}{194}=\dfrac{94}{97}$

다른풀이 표를 이용하여 조건부확률 풀이하기

	바이러스에 감염됨	바이러스에 감염되지 않음	계
감염 진단됨	188	6	194
감염되지 않았다 진단	12	294	306
계	200	300	500

바이러스에 감염되었다고 진단하였을 때,

이 컴퓨터가 실제로 감염된 컴퓨터일 확률은 $\dfrac{188}{194}=\dfrac{94}{97}$

0393

다음 물음에 답하여라.

(1) A상자에는 '진실'이 적힌 2장의 카드와 '거짓'이 적힌 3장의 카드가 들어 있고, B상자에는 1부터 9까지의 자연수가 하나씩 적힌 9개의 공이 들어 있다. A상자에서 1장의 카드를 임의로 뽑을 때, '진실'이 적힌 카드를 뽑은 사람은 진실만을 말하고, '거짓'이 적힌 카드를 뽑은 사람은 거짓만을 말한다고 한다. 상순이가 A상자에서 1장의 카드를 뽑은 후, B상자에서 1개의 공을 꺼낸다고 하자. 상순이가 짝수가 적힌 공을 꺼냈다고 말했을 때, 그 공이 진짜 짝수가 적힌 공일 확률은?

① $\dfrac{7}{22}$ ② $\dfrac{8}{23}$ ③ $\dfrac{3}{8}$

④ $\dfrac{2}{5}$ ⑤ $\dfrac{11}{26}$

STEP A 상순이가 짝수가 적힌 공을 꺼냈다고 말할 확률 구하기

상순이가 짝수가 적힌 공을 꺼냈다고 말할 확률은 다음과 같다.

(i) A상자에서 '진실'이 적힌 카드를 뽑고, B상자에서 짝수가 적힌 공을 꺼낼 확률은 $\dfrac{2}{5}\times\dfrac{4}{9}=\dfrac{8}{45}$

← A상자에서 '진실'이 적힌 카드를 뽑을 확률은 $\dfrac{2}{5}$,

B상자에서 짝수가 적힌 공을 꺼낼 확률은 $\dfrac{4}{9}$

(ii) A상자에서 '거짓'이 적힌 카드를 뽑고, B상자에서 홀수가 적힌 카드를 뽑을 확률 $\dfrac{3}{5}\times\dfrac{5}{9}=\dfrac{15}{45}$

← A상자에서 '거짓'이 적힌 카드를 뽑을 확률은 $\dfrac{3}{5}$,

B상자에서 홀수가 적힌 공을 꺼낼 확률은 $\dfrac{5}{9}$

(i), (ii)가 서로 배반사건이므로 상순이가 짝수가 적힌 공을 꺼냈다고 말할 확률은 $\dfrac{8}{45}+\dfrac{15}{45}=\dfrac{23}{45}$

STEP B 조건부확률 구하기

따라서 상순이가 짝수가 적힌 공을 꺼냈다고 말했을 때,

그 공이 진짜 짝수가 적힌 공일 확률 $\dfrac{\frac{8}{45}}{\frac{23}{45}}=\dfrac{8}{23}$

(2) 태희와 병만이는 거짓말을 할 확률이 각각 $\dfrac{3}{10}, \dfrac{1}{10}$이다.

흰 공 3개와 검은 공 5개가 들어 있는 주머니에서 공 한 개를 꺼내어 태희와 병만이에게 보여주었더니 태희는 흰 공, 병만이는 검은 공이라고 하였을 때, 그 공이 실제로 검은 공이었을 확률은 $\dfrac{q}{p}$이다.

이때 $p+q$의 값을 구하여라. (단, p, q는 서로소인 자연수)

STEP A 태희는 흰 공, 병만이는 검은 공이라고 말할 확률 구하기

(i) 실제로 흰 공이 나와 태희는 참말, 병만이는 거짓말을 할 확률은

$$\dfrac{3}{8}\times\dfrac{7}{10}\times\dfrac{1}{10}=\dfrac{21}{800}$$

(ii) 실제로 검은 공이 나와 태희는 거짓말, 병만이는 참말을 할 확률은

$$\dfrac{5}{8}\times\dfrac{3}{10}\times\dfrac{9}{10}=\dfrac{135}{800}$$

(i), (ii)가 서로 배반사건이므로 태희는 흰 공, 병만이는 검은 공이라고 말할 확률은 $\dfrac{21}{800}+\dfrac{135}{800}=\dfrac{156}{800}$

STEP B 조건부확률 구하기

따라서 태희는 흰 공, 병만이는 검은 공이라고 하였을 때,

그 공이 실제로 검은 공이었을 확률은 $\dfrac{\frac{135}{800}}{\frac{156}{800}}=\dfrac{135}{156}=\dfrac{45}{52}$

$\therefore p+q=52+45=97$

0394

다음 물음에 답하여라.

(1) 어느 도시에서 야간에 뺑소니 사건이 일어났다.

이 도시 전체 차량의 80%는 자가용이고, 20%는 영업용이다. 그런데 한 목격자가 뺑소니 차량을 자가용이라고 증언하였다. 이 증언의 타당성을 알아보기 위해 사고와 동일한 상황에서 그 목격자가 자가용 차량과 영업용 차량을 구별할 수 있는 능력을 측정해 본 결과 바르게 구별할 확률이 90%이었다. 그렇다면 목격자가 본 뺑소니 차량이 실제로 자가용일 확률은 $\dfrac{q}{p}$이다. 이때 $p+q$의 값을 구하여라.

(단, p, q는 서로소인 자연수이고, 모든 차량이 뺑소니 사건을 일으킬 가능성은 같다고 가정한다.)

STEP A 확률의 곱셈정리를 이용하여 각 확률 구하기

차량이 자가용일 사건을 A,

목격자가 자가용이라 증언할 사건을 E라 하면

구하는 확률은 $P(A|E)$이다.

(i) 실제 자가용을 자가용이라 증언할 확률은

$$P(A\cap E)=P(A)P(E|A)=\dfrac{8}{10}\times\dfrac{9}{10}=\dfrac{72}{100}$$

(ii) 실제 영업용을 자가용이라 증언할 확률은

$$P(A^c\cap E)=P(A^c)P(E|A^c)=\dfrac{2}{10}\times\dfrac{1}{10}=\dfrac{2}{100}$$

(i), (ii)이 각각 배반사건이므로 자가용이라 증언할 확률은

$$P(E)=P(A\cap E)+P(A^c\cap E)=\dfrac{72}{100}+\dfrac{2}{100}=\dfrac{74}{100}$$

STEP B 조건부확률 구하기

즉 구하는 확률은

$$P(A|E)=\dfrac{P(A\cap E)}{P(E)}=\dfrac{\frac{72}{100}}{\frac{74}{100}}=\dfrac{72}{74}=\dfrac{36}{37}$$

따라서 $p=37, q=36$이므로 $p+q=73$

(2) 백인 80%, 흑인 10%, 동양인 10%의 세 인종의 주민으로 구성된 지역에서 범죄사건이 일어났다. 목격자는 '범인은 동양인'이라고 진술하였지만 가까이서 정확히 범인의 얼굴을 본 것은 아니고 CCTV도 없었다. 어두워지기 시작하는 저녁 무렵에 벌어진 사건임을 감안하여 수사관은 목격자 진술의 신빙성을 알아볼 필요가 있다고 판단하여 비슷한 조건에서 많은 테스트를 해 보았다. 그 결과 목격자가 인종을 옳게 판단할 확률은 모든 인종에 대해 동일하게 0.9이였고, 인종을 잘못 판단하는 경우에는 백인을 동양인으로, 흑인을 동양인으로 판단하였다고 한다. 목격자가 동양인이라고 진술한 범인이 실제로 동양인일 확률은?

① $\dfrac{1}{2}$　　　② $\dfrac{2}{3}$　　　③ $\dfrac{3}{4}$

④ $\dfrac{4}{5}$　　　⑤ $\dfrac{5}{6}$

STEP Ⓐ 목격자가 동양인이라고 진술할 확률 구하기

실제 범인이 각각 백인, 흑인, 동양인일 경우 목격자가 동양인이라고 진술할 확률을 각각 구하면 다음과 같다.

(i) 범인이 백인인데 목격자가 동양인이라고 진술할 확률은

$$\frac{8}{10} \times 0.1 = 0.8 \times 0.1 = 0.08$$

(ii) 범인이 흑인인데 목격자가 동양인이라고 진술할 확률은

$$\frac{1}{10} \times 0.1 = 0.1 \times 0.1 = 0.01$$

(iii) 범인이 동양인인데 목격자가 동양인이라고 진술할 확률은

$$\frac{1}{10} \times 0.9 = 0.1 \times 0.9 = 0.09$$

(i)~(iii)이 각각 배반사건이므로 목격자가 동양인이라고 진술할 확률은
$0.08 + 0.01 + 0.09 = 0.18$

STEP Ⓑ 조건부확률 구하기

따라서 목격자가 동양인이라고 진술한 범인이 실제로 동양인일 확률은

$$\frac{0.09}{0.18} = \frac{1}{2}$$

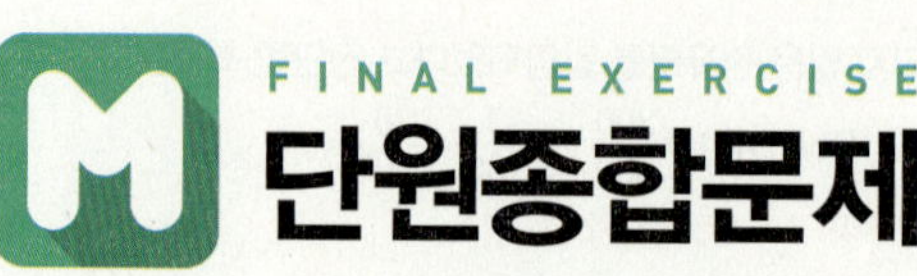

단원종합문제
확률의 곱셈정리

BASIC

0395

14개의 공에 각각 검은색과 흰색 중 한 가지 색이 칠해져 있고, 자연수가 하나씩 적혀 있다. 각각의 공에 칠해져 있는 색과 적혀 있는 수에 따라 분류한 공의 개수는 다음과 같다. 14개의 공 중에서 임의로 선택한 한 개의 공이 검은색일 때, 이 공에 적혀 있는 수가 짝수일 확률은?

(단위 : 개)

구분	검은색	흰색	합계
홀수	5	3	8
짝수	4	2	6
합계	9	5 5	14

① $\dfrac{2}{9}$　　　② $\dfrac{5}{18}$　　　③ $\dfrac{1}{3}$

④ $\dfrac{7}{18}$　　　⑤ $\dfrac{4}{9}$

STEP Ⓐ 확률의 사건 정하기

임의로 선택한 한 개의 공이 검은색일 사건을 A,
공에 적혀 있는 수가 짝수일 사건을 B라 하자.

STEP Ⓑ 주어진 표를 이용하여 조건부확률 구하기

14개의 공 중에서 임의로 선택한 한 개의 공이 검은색일 때,
이 공에 적혀 있는 수가 짝수일 확률이므로

$$P(B|A) = \frac{n(A \cap B)}{n(A)} = \frac{4}{9}$$

$P(A) = \dfrac{9}{14}$, $P(A \cap B) = \dfrac{4}{14}$ 이므로

$$P(B|A) = \frac{P(A \cap B)}{P(A)} = \frac{\frac{4}{14}}{\frac{9}{14}} = \frac{4}{9}$$

0396

어느 역사 동아리 1, 2학년 학생 32명을 대상으로 박물관 A와 박물관 B에 대한 선호도를 조사하였다. 이 조사에 참여한 학생은 박물관 A와 박물관 B 중 하나를 선택하였고, 각 학생이 선택한 박물관별 인원수는 다음과 같다.

(단위 : 명)

구분	1학년	2학년	합계
박물관 A	9	15	24
박물관 B	6	2	8
합계	15	17	32

이 조사에 참여한 역사 동아리 학생 중에서 임의로 선택한 1명이 박물관 A를 선택한 학생일 때, 이 학생이 1학년 학생일 확률은?

① $\dfrac{3}{8}$　　　② $\dfrac{5}{12}$　　　③ $\dfrac{11}{24}$

④ $\dfrac{1}{2}$　　　⑤ $\dfrac{13}{24}$

STEP Ⓐ 확률의 사건 정하기

역사 동아리 학생 중 임의로 선택한 1명이 박물관 A를 선택한 학생인 사건을 X, 1학년 학생인 사건을 Y라 하자.

STEP **B** 주어진 표를 이용하여 조건부확률 구하기

학생 중에서 임의로 선택한 1명이 박물관 A를 선택한 학생일 때,
이 학생이 1학년 학생일 확률이므로 $P(Y|X)$

따라서 주어진 표에 의하여 $P(Y|X)=\dfrac{n(X\cap Y)}{n(X)}=\dfrac{9}{24}=\dfrac{3}{8}$

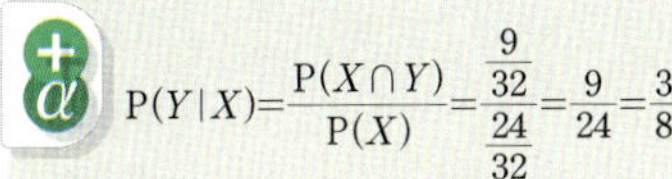

$P(Y|X)=\dfrac{P(X\cap Y)}{P(X)}=\dfrac{\frac{9}{32}}{\frac{24}{32}}=\dfrac{9}{24}=\dfrac{3}{8}$

0397

어느 인공지능 시스템에 고양이 사진 40장과 강아지 사진 40장을 입력한
후, 이 인공지능 시스템이 각각의 사진을 인식하는 실험을 실시하여 다음
결과를 얻었다.

(단위 : 장)

입력＼인식	고양이 사진	강아지 사진	합계
고양이 사진	32	8	40
강아지 사진	4	36	40
합계	36	44	80

이 실험에서 입력된 80장의 사진 중에서 임의로 선택한 1장이 인공지능 시
스템에 의해 고양이 사진으로 인식된 사진일 때, 이 사진이 고양이 사진일
확률은?

① $\dfrac{4}{9}$ ② $\dfrac{5}{9}$ ③ $\dfrac{2}{3}$

④ $\dfrac{7}{9}$ ⑤ $\dfrac{8}{9}$

STEP **A** 확률의 사건 정하기

인공지능으로 고양이 사진으로 인식되는 사건을 A,
고양이 사진을 입력한 사건을 B라 하자.

STEP **B** 조건부확률을 이용하여 구하기

인공지능 시스템에 의해 고양이 사진으로 인식된 사진일 때,
이 사진이 고양이 사진일 확률이므로 $P(B|A)$

따라서 주어진 표에 의하여 $P(B|A)=\dfrac{n(A\cap B)}{n(A)}=\dfrac{32}{36}=\dfrac{8}{9}$

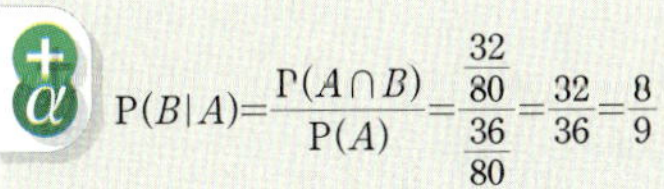

$P(B|A)=\dfrac{P(A\cap B)}{P(A)}=\dfrac{\frac{32}{80}}{\frac{36}{80}}=\dfrac{32}{36}=\dfrac{8}{9}$

0398

어느 고등학교 전체 학생 500명을 대상으로 지역 A와 지역 B에 대한 국
토 문화 탐방 희망 여부를 조사한 결과는 다음과 같다.

(단위 : 명)

지역B＼지역A	희망함	희망하지 않음	합계
희망함	140	310	450
희망하지 않음	40	10	50
합계	180	320	500

이 고등학교 학생 중에서 임의로 선택한 1명이 지역 A를 희망한 학생일
때, 이 학생이 지역 B도 희망한 학생일 확률은?

① $\dfrac{19}{45}$ ② $\dfrac{23}{45}$ ③ $\dfrac{3}{5}$

④ $\dfrac{31}{45}$ ⑤ $\dfrac{7}{9}$

STEP **A** 확률의 사건 정하기

고등학교 학생 중 임의로 선택한 1명이 지역 A를 희망한 학생일 사건을 X,
고등학교 학생 중 임의로 선택한 1명이 지역 B를 희망한 학생일 사건을 Y라
하자.

STEP **B** 조건부확률 구하기

이 고등학교 학생 중에서 임의로 선택한 1명이 지역 A를 희망한 학생일 때,
이 학생이 지역 B도 희망한 학생일 확률이므로

$P(Y|X)=\dfrac{n(X\cap Y)}{n(X)}=\dfrac{140}{180}=\dfrac{7}{9}$

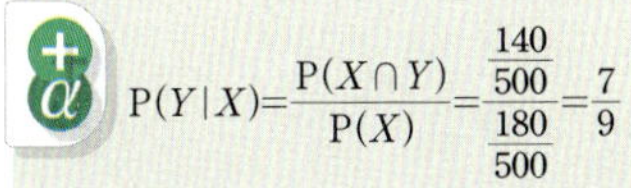

$P(Y|X)=\dfrac{P(X\cap Y)}{P(X)}=\dfrac{\frac{140}{500}}{\frac{180}{500}}=\dfrac{7}{9}$

0399

두 사건 A, B에 대하여

$$P(A^c)=\dfrac{1}{4},\ P(B|A)=\dfrac{1}{6}$$

일 때, $P(A\cap B)$의 값은? (단, A^c은 A의 여사건이다.)

① $\dfrac{1}{8}$ ② $\dfrac{1}{7}$ ③ $\dfrac{1}{6}$

④ $\dfrac{1}{5}$ ⑤ $\dfrac{1}{4}$

STEP **A** 여사건의 확률을 이용하여 $P(A)$ 구하기

$P(A^c)=\dfrac{1}{4}$이므로 $P(A)=1-P(A^c)=1-\dfrac{1}{4}=\dfrac{3}{4}$

STEP **B** 조건부확률을 계산하기

$P(B|A)=\dfrac{P(A\cap B)}{P(A)}=\dfrac{1}{6}$

따라서 $P(A\cap B)=\dfrac{1}{6}P(A)=\dfrac{1}{6}\cdot\dfrac{3}{4}=\dfrac{1}{8}$

다른풀이 확률의 곱셈정리를 이용하여 풀이하기

$$\begin{aligned} P(A\cap B)&=P(A)P(B|A)\\ &=\{1-P(A^c)\}P(B|A)\\ &=\left(1-\dfrac{1}{4}\right)\times\dfrac{1}{6}=\dfrac{1}{8} \end{aligned}$$

0400

두 사건 A, B에 대하여
$$P(A \cup B)=\frac{5}{8},\ P(B)=\frac{1}{4}$$
일 때, $P(A|B^c)$의 값은? (단, B^c는 B의 여사건이다.)

① $\frac{1}{2}$ ② $\frac{1}{3}$ ③ $\frac{1}{4}$
④ $\frac{1}{5}$ ⑤ $\frac{1}{6}$

STEP ⒜ 조건부확률을 이용하여 $P(B^c)$ 구하기

$$
\begin{aligned}
P(A \cap B^c) &= P(A)-P(A \cap B) \\
&= P(A \cup B)-P(B) \\
&= \frac{5}{8}-\frac{1}{4}=\frac{3}{8}
\end{aligned}
$$

$$P(B^c)=1-P(B)=\frac{3}{4}$$

STEP ⒝ 조건부확률을 계산하기

$$\text{따라서 } P(A|B^c)=\frac{P(A \cap B^c)}{P(B^c)}=\frac{\frac{3}{8}}{\frac{3}{4}}=\frac{1}{2}$$

0401

두 사건 A, B에 대하여
$$P(A)=\frac{5}{9},\ P(B)=\frac{1}{3},\ P(A \cup B)=\frac{2}{3}$$
일 때, $P(B|A)$의 값은?

① $\frac{4}{9}$ ② $\frac{1}{3}$ ③ $\frac{7}{9}$
④ $\frac{2}{5}$ ⑤ $\frac{4}{5}$

STEP ⒜ 확률의 덧셈정리를 이용하여 $P(A \cap B)$의 값 구하기

$P(A \cup B)=P(A)+P(B)-P(A \cap B)$에서
$$
\begin{aligned}
P(A \cap B) &= P(A)+P(B)-P(A \cup B) \\
&= \frac{5}{9}+\frac{1}{3}-\frac{2}{3}=\frac{2}{9}
\end{aligned}
$$

STEP ⒝ 조건부확률을 이용하여 계산하기

$$\text{따라서 } P(B|A)=\frac{P(A \cap B)}{P(A)}=\frac{\frac{2}{9}}{\frac{5}{9}}=\frac{2}{5}$$

0402

두 사건 A, B가 서로 배반사건이고, $P(A)=\frac{1}{2}$, $P(B)=\frac{2}{5}$일 때, $P(A|B^c)$의 값은? (단, B^c은 B의 여사건이다.)

① $\frac{2}{5}$ ② $\frac{3}{5}$ ③ $\frac{3}{4}$
④ $\frac{5}{6}$ ⑤ $\frac{6}{7}$

STEP ⒜ 배반사건을 이용하여 $P(A \cap B^c)$의 값 구하기

두 사건 A, B가 서로 배반사건이므로 $P(A \cap B)=0$
$$P(A \cap B^c)=P(A)-P(A \cap B)=\frac{1}{2}-0=\frac{1}{2}$$

STEP ⒝ $P(A|B^c)$을 이용하여 구하기

$$\text{따라서 } P(A|B^c)=\frac{P(A \cap B^c)}{P(B^c)}=\frac{P(A)-P(A \cap B)}{1-P(B)}=\frac{\frac{1}{2}}{\frac{3}{5}}=\frac{5}{6}$$

0403

다음 물음에 답하여라. (단, B^c은 B의 여사건이다.)

(1) 두 사건 A, B에 대하여 $P(A \cap B)=\frac{1}{8}$, $P(B^c|A)=2P(B|A)$일 때, $P(A)$의 값은?

① $\frac{5}{12}$ ② $\frac{3}{8}$ ③ $\frac{1}{3}$
④ $\frac{7}{24}$ ⑤ $\frac{1}{4}$

STEP ⒜ 조건부확률을 이용하여 계산하기

$P(B^c|A)=2P(B|A)$에서 $\dfrac{P(A \cap B^c)}{P(A)}=\dfrac{2P(A \cap B)}{P(A)}$

$P(A \cap B^c)=2P(A \cap B)=2 \times \frac{1}{8}=\frac{1}{4}\ \left(\because P(A \cap B)=\frac{1}{8}\right)$

STEP ⒝ $P(A)=P(A \cap B^c)+P(A \cap B)$을 이용하여 구하기

따라서 $P(A)=P(A \cap B^c)+P(A \cap B)=\frac{1}{4}+\frac{1}{8}=\frac{3}{8}$

$P(A \cap B^c)=2P(A \cap B)$에서 $P(A)-P(A \cap B)=2P(A \cap B)$
$$\therefore\ P(A)=3P(A \cap B)=\frac{3}{8}$$

(2) 두 사건 A, B에 대하여
$$P(A)=\frac{1}{2},\ P(B^c)=\frac{2}{3}\text{이며 } P(B|A)=\frac{1}{6}$$
일 때, $P(A^c|B)$의 값은? (단, A^c은 A의 여사건이다.)

① $\frac{1}{2}$ ② $\frac{7}{12}$ ③ $\frac{2}{3}$
④ $\frac{3}{4}$ ⑤ $\frac{5}{6}$

STEP ⒜ $P(B|A)=\dfrac{P(A \cap B)}{P(A)}$ 를 이용하기

$$P(B)=1-P(B^c)=\frac{1}{3}$$

$P(B|A)=\dfrac{P(A \cap B)}{P(A)}$에서 $P(A \cap B)=P(A)P(B|A)=\frac{1}{2} \times \frac{1}{6}=\frac{1}{12}$

STEP ⒝ 조건부확률을 이용하기

$$\text{따라서 } P(A^c|B)=\frac{P(A^c \cap B)}{P(B)}=\frac{P(B)-P(A \cap B)}{P(B)}=\frac{\frac{1}{3}-\frac{1}{12}}{\frac{1}{3}}=\frac{3}{4}$$

0404

두 사건 A, B에 대하여

$$P(A)=\frac{13}{16},\ P(A\cap B^c)=\frac{1}{4}$$

일 때, $P(B|A)$의 값은? (단, A^c은 A의 여사건이다.)

① $\frac{5}{13}$ ② $\frac{6}{13}$ ③ $\frac{7}{13}$

④ $\frac{8}{13}$ ⑤ $\frac{9}{13}$

STEP A $P(A)=P(A\cap B)+P(A\cap B^c)$을 이용하여 $P(A\cap B)$ 구하기

$P(A)=P(A\cap B)+P(A\cap B^c)$이므로

$$P(A\cap B)=P(A)-P(A\cap B^c)=\frac{13}{16}-\frac{1}{4}=\frac{9}{16}$$

STEP B 조건부확률을 계산하기

따라서 $P(B|A)=\dfrac{P(A\cap B)}{P(A)}=\dfrac{\frac{9}{16}}{\frac{13}{16}}=\dfrac{9}{13}$

0405

다음 물음에 답하여라.

(1) 주사위 한 개를 던져서 짝수의 눈이 나왔을 때, 그 눈이 소수일 확률은?

① $\frac{1}{6}$ ② $\frac{1}{3}$ ③ $\frac{1}{2}$

④ $\frac{2}{3}$ ⑤ $\frac{3}{10}$

STEP A 주어진 사건을 A, B로 나타내어 $P(A)$, $P(A\cap B)$의 값 구하기

주사위 한 개를 던져서 짝수의 눈이 나오는 사건을 A,
소수의 눈이 나오는 사건을 B라고 하면
$A=\{2,\ 4,\ 6\}$, $B=\{2,\ 3,\ 5\}$, $A\cap B=\{2\}$
이므로 $P(A)=\dfrac{1}{2}$, $P(A\cap B)=\dfrac{1}{6}$

STEP B $P(B|A)$의 값 구하기

따라서 구하는 확률은 사건 A가 일어났을 때의 사건 B의 조건부확률이므로

$$P(B|A)=\frac{P(A\cap B)}{P(A)}=\frac{\frac{1}{6}}{\frac{1}{2}}=\frac{1}{3}$$

(2) 한 개의 주사위 한 번 던져서 홀수의 눈이 나왔을 때, 그 눈이 소수일 확률은?

① $\frac{1}{6}$ ② $\frac{1}{3}$ ③ $\frac{1}{2}$

④ $\frac{2}{3}$ ⑤ $\frac{3}{10}$

STEP A 주어진 사건을 A, B로 나타내어 $P(A)$, $P(A\cap B)$의 값 구하기

주사위 한 개를 던져서 홀수의 눈이 나오는 사건을 A,
소수의 눈이 나오는 사건을 B라고 하면
$A=\{1,\ 3,\ 5\}$, $B=\{2,\ 3,\ 5\}$, $A\cap B=\{3,\ 5\}$이므로
$P(A)=\dfrac{1}{2}$, $P(A\cap B)=\dfrac{2}{6}=\dfrac{1}{3}$

STEP B $P(B|A)$의 값 구하기

따라서 구하는 확률은 사건 A가 일어났을 때의 사건 B의 조건부확률이므로

$$P(B|A)=\frac{P(A\cap B)}{P(A)}=\frac{\frac{1}{3}}{\frac{1}{2}}=\frac{2}{3}$$

0406

다음 물음에 답하여라.

(1) 빨간 구슬 5개, 흰 구슬 3개가 들어 있는 주머니에서 임의로 구슬을 한 개씩 두 번 꺼낼 때, 첫 번째와 두 번째 모두 흰 구슬일 확률은? (단, 꺼낸 구슬은 다시 넣지 않는다.)

① $\frac{1}{8}$ ② $\frac{3}{8}$ ③ $\frac{2}{7}$

④ $\frac{3}{28}$ ⑤ $\frac{7}{15}$

STEP A 주어진 사건을 사건 A, B를 이용하여 구하기

첫 번째에 꺼낸 구슬이 흰 구슬인 사건을 A라 하면 $P(A)=\dfrac{3}{8}$

또한, 두 번째에 꺼낸 구슬이 흰 구슬인 사건을 B라 하면
첫 번째에 흰 구슬을 꺼냈을 때, 두 번째에 꺼낸 구슬이 흰 구슬일 확률은

$P(B|A)=\dfrac{2}{7}$ ← 남은 구슬은 7개이며 그 중 흰 구슬은 2개

STEP B $P(A\cap B)$의 값 구하기

따라서 구하는 확률은 확률의 곱셈정리에 의하여

$$P(A\cap B)=P(A)P(B|A)=\frac{3}{8}\cdot\frac{2}{7}=\frac{3}{28}$$

(2) 10개의 제품이 들어있는 상자에 3개의 불량품이 들어있다. 이 상자에서 임의로 1개씩 두 번 연속하여 제품을 꺼낼 때, 모두 불량품이 나올 확률은? (단, 꺼낸 제품은 다시 넣지 않는다.)

① $\frac{1}{30}$ ② $\frac{1}{15}$ ③ $\frac{1}{10}$

④ $\frac{2}{15}$ ⑤ $\frac{1}{6}$

STEP A 주어진 상황을 사건 A, B를 이용하여 구하기

첫 번째 불량품이 나오는 사건을 A라 하면 $P(A)=\dfrac{3}{10}$

두 번째 불량품이 나오는 사건을 B라 하면
첫 번째에 불량품을 꺼냈을 때 두 번째에 불량품을 꺼낼 확률은

$P(B|A)=\dfrac{2}{9}$ ← 남은 제품 9개이며 그 중 불량품은 2개

STEP B $P(A\cap B)=P(A)P(B|A)=P(B)P(A|B)$의 값 구하기

따라서 구하는 확률은 확률의 곱셈정리에 의하여

$$P(A\cap B)=P(A)P(B|A)=\frac{3}{10}\times\frac{2}{9}=\frac{1}{15}$$

0407

흰 공 n개와 빨간 공 3개가 들어 있는 주머니에서 한 개씩 2개의 공을 꺼낼 때, 첫 번째는 흰 공, 두 번째는 빨간 공이 나올 확률이 $\dfrac{1}{4}$이다. 이때 모든 n의 값의 합은? (단, 꺼낸 공은 다시 넣지 않는다.)

① 4 ② 5 ③ 6
④ 7 ⑤ 8

STEP Ⓐ 주어진 사건을 사건 A, B를 이용하여 구하기

첫 번째에 흰 공이 나오는 사건을 A,
두 번째에 빨간 공이 나오는 사건을 B라 하면

$$P(A)=\frac{n}{n+3}, \ P(B|A)=\frac{3}{n+2}$$

STEP Ⓑ $P(A\cap B)$의 값 구하기

첫 번째는 흰 공, 두 번째는 빨간 공이 나올 확률은

$$P(A\cap B)=P(A)P(B|A)=\frac{n}{n+3}\times\frac{3}{n+2}=\frac{3n}{(n+3)(n+2)}$$

STEP Ⓒ 첫 번째는 흰 공, 두 번째는 빨간 공이 나올 확률이 $\dfrac{1}{4}$임을 이용하여 n의 값 구하기

즉 $\dfrac{3n}{(n+3)(n+2)}=\dfrac{1}{4}$이므로 $(n+3)(n+2)=12n$

$n^2-7n+6=0$, $(n-1)(n-6)=0$

$\therefore n=1$ 또는 $n=6$

따라서 모든 n의 값의 합은 7

0408

상자 A에는 흰 공 3개와 검은 공 4개가 들어 있고, 상자 B에는 흰 공 4개와 검은 공 3개가 들어 있다. A에서 한 개의 공을 꺼내 B에 넣은 후 두 상자에서 각각 한 개의 공을 꺼낼 때, 꺼낸 공이 모두 흰 공일 확률은?

① $\dfrac{5}{28}$ ② $\dfrac{13}{56}$ ③ $\dfrac{15}{56}$
④ $\dfrac{19}{56}$ ⑤ $\dfrac{11}{28}$

STEP Ⓐ 주어진 사건을 사건 A, D, E로 나타내기

상자 A에서 흰 공을 꺼내는 사건 A, 검은 공을 꺼내는 사건 D,
상자 A, B에서 각각 한 개의 공을 꺼낼 때,
꺼낸 공이 모두 흰 공일 사건을 E라 하면

STEP Ⓑ 꺼낸 공이 모두 흰 공일 확률 구하기

(i) 상자 A에서 흰 공을 꺼내 상자 B에 넣은 경우

A에서 흰 공을 꺼낼 확률은 $P(A)=\dfrac{3}{7}$이고 흰 공을 옮겼으므로

A에는 흰 공 2개와 검은 공 4개가 들어 있고
B에는 흰 공 5개와 검은 공 3개가 들어 있다.

$$P(A\cap E)=P(A)P(E|A)=\frac{3}{7}\cdot\frac{2}{6}\cdot\frac{5}{8}=\frac{5}{56}$$

(ii) 상자 A에서 검은 공을 꺼내 상자 B에 넣은 경우

A에서 검은 공을 꺼낼 확률은 $P(D)=\dfrac{4}{7}$이고 검은 공을 옮겼으므로

A에는 흰 공 3개와 검은 공 3개가 들어 있고
B에는 흰 공 4개와 검은 공 4개가 들어 있다.

$$P(D\cap E)=P(D)P(E|D)=\frac{4}{7}\times\frac{3}{6}\times\frac{4}{8}=\frac{1}{7}$$

STEP Ⓒ 서로 배반사건임을 이용하여 구하기

(i), (ii)는 서로 배반이므로 구하는 확률은

$$P(E)=P(A\cap E)+P(D\cap E)=\frac{5}{56}+\frac{1}{7}=\frac{13}{56}$$

0409

주머니 A에는 흰 구슬이 4개, 검은 구슬이 6개 들어 있고, 주머니 B에는 흰 구슬과 검은 구슬을 합하여 10개가 들어있다. 주머니 A에서 한 개의 구슬을 꺼내어 B에 넣고 잘 섞은 다음, 주머니 B에서 한 개의 구슬을 꺼낼 때 그것이 흰 구슬일 확률은 $\dfrac{2}{5}$이다. 이때 주머니 B에 처음 들어 있던 흰 구슬의 개수는?

① 3 ② 4 ③ 5
④ 6 ⑤ 7

STEP Ⓐ 주머니 B에 처음 들어 있던 흰 구슬의 개수를 x라 하고 확률 구하기

주머니 B에서 흰 구슬의 개수를 x라 하면
검은 구슬은 $(10-x)$개이다.

(i) 주머니 A에서 흰 구슬을 꺼내는 경우

주머니 A에서 흰 구슬을 꺼낼 확률이 $\dfrac{{}_{4}C_{1}}{{}_{10}C_{1}}=\dfrac{2}{5}$이고

꺼낸 구슬을 주머니 B에 집어넣었을 때,
주머니 B에는 흰 구슬이 $(x+1)$개, 검은 구슬이 $(10-x)$개
들어 있으므로 주머니 B에서 흰 구슬을 꺼낼 확률은
$\dfrac{2}{5}\times\dfrac{x+1}{11}$

(ii) 주머니 A에서 검은 구슬을 꺼내는 경우

주머니 A에서 검은 구슬을 꺼낼 확률이 $\dfrac{{}_{6}C_{1}}{{}_{10}C_{1}}=\dfrac{3}{5}$이고

꺼낸 구슬을 주머니 B에 집어넣었을 때,
주머니 B에는 흰 구슬이 x개, 검은 구슬이 $(11-x)$개
들어 있으므로 주머니 B에서 흰 구슬을 꺼낼 확률은
$\dfrac{3}{5}\times\dfrac{x}{11}$

STEP Ⓑ 배반사건을 이용하여 흰 구슬의 개수 구하기

주머니 A에서 한 개의 구슬을 꺼내어 B에 넣고 잘 섞은 다음,
주머니 B에서 한 개의 구슬을 꺼낼 때,

그것이 흰 구슬일 확률이 $\dfrac{2}{5}$이므로

$\dfrac{2}{5}\times\dfrac{x+1}{11}+\dfrac{3}{5}\times\dfrac{x}{11}=\dfrac{2}{5}$, $\dfrac{5x+2}{55}=\dfrac{2}{5}$

$5x+2=22$

$\therefore x=4$

따라서 주머니 B에 처음 들어 있던 흰 구슬의 개수는 4개이다.

0410

각 면에 1, 1, 1, 2의 숫자가 하나씩 적혀 있는 정사면체 모양의 상자가 있다. 이 상자를 던져서 밑면에 적힌 숫자가 1이면 오른쪽 그림의 영역 A에, 숫자가 2이면 영역 B에 색을 칠하기로 하였다. 두 영역에 색이 모두 칠해질 때까지 이 상자를 계속 던질 때, 3번째에 마칠 확률을 $\dfrac{q}{p}$라 하자. $p+q$의 값을 구하여라. (단, p, q는 서로소인 자연수이다.)

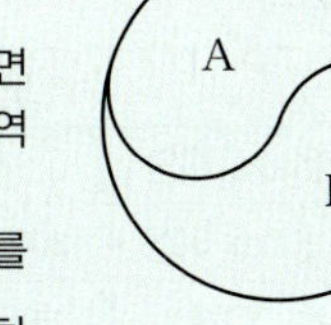

STEP Ⓐ **3번째에 마칠 수 있는 경우를 구하고 각각의 확률 구하기**

정사면체의 각 면에 1, 1, 1, 2의 숫자가 하나씩 적혀 있으므로 이 정사면체 모양의 상자를 한 번 던져 밑면에 적힌 숫자가

1이 나와서 영역 A에 색을 칠하게 될 확률은 $\dfrac{3}{4}$

2가 나와서 영역 B에 색을 칠하게 될 확률은 $\dfrac{1}{4}$

그러므로 상자를 던지는 시행을 3번째에 마치는 경우는 다음과 같다.

(i) A, A, B의 순서로 칠하는 경우

　1, 1, 2의 숫자가 순서대로 나와야 하므로 확률은

$$\frac{3}{4} \times \frac{3}{4} \times \frac{1}{4} = \frac{9}{64}$$

(ii) B, B, A의 순서로 칠하는 경우

　2, 2, 1의 숫자가 순서대로 나와야 하므로 확률은

$$\frac{1}{4} \times \frac{1}{4} \times \frac{3}{4} = \frac{3}{64}$$

STEP Ⓑ **배반사건임을 이용하여 확률 구하기**

(i), (ii)에서 서로 배반사건이므로 구하는 확률은

$$\frac{9}{64} + \frac{3}{64} = \frac{12}{64} = \frac{3}{16}$$

따라서 $p=16$, $q=3$이므로 $p+q=19$

0411

5명의 학생 A, B, C, D, E가 김밥, 만두, 쫄면 중에서 서로 다른 2종류의 음식을 표와 같이 선택하였다. 이 5명 중에서 임의로 뽑힌 한 학생이 만두를 선택한 학생일 때, 이 학생이 쫄면도 선택하였을 확률은?

	A	B	C	D	E
김밥	○	○		○	
만두	○	○	○		○
쫄면			○	○	○

① $\dfrac{1}{4}$　　② $\dfrac{1}{3}$　　③ $\dfrac{1}{2}$

④ $\dfrac{2}{3}$　　⑤ $\dfrac{3}{4}$

STEP Ⓐ **주어진 상황에서 각각 확률을 구하기**

5명 중 임의로 뽑힌 한 학생이 만두를 선택한 학생일 사건을 A, 쫄면을 선택한 학생일 사건을 B라 하면 $\mathrm{P}(A)=\dfrac{4}{5}$, $\mathrm{P}(A \cap B)=\dfrac{2}{5}$

STEP Ⓑ **조건부확률 구하기**

따라서 임의로 뽑힌 한 학생이 만두를 선택한 학생일 때, 이 학생이 쫄면도 선택하였을 확률은 $\mathrm{P}(B|A)=\dfrac{\mathrm{P}(A \cap B)}{\mathrm{P}(A)}=\dfrac{\frac{2}{5}}{\frac{4}{5}}=\dfrac{1}{2}$

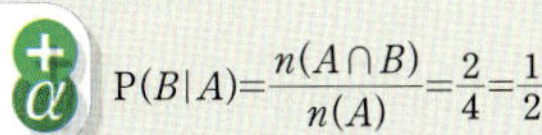

$$\mathrm{P}(B|A)=\frac{n(A \cap B)}{n(A)}=\frac{2}{4}=\frac{1}{2}$$

0412

다음 물음에 답하여라.

(1) 어느 지역에서 발생한 식중독과 음식 A의 연관성을 알아보기 위해 300명을 조사하여 다음 결과를 얻었다.

조사 대상 300명 중에서 임의로 선택된 사람이 A를 먹은 사람일 때, 이 사람이 식중독에 걸렸을 확률을 p_1, A를 먹지 않은 사람일 때, 이 사람이 식중독에 걸렸을 확률을 p_2라고 하자. $\dfrac{p_1}{p_2}$의 값은?

(단위 : 명)

	식중독에 걸린 사람	식중독에 걸리지 않은 사람	합계
A를 먹은 사람	22	28	50
A를 먹지 않은 사람	24	226	250
합계	46	254	300

① $\dfrac{11}{3}$　　② $\dfrac{25}{6}$　　③ $\dfrac{55}{12}$

④ $\dfrac{21}{4}$　　⑤ $\dfrac{35}{6}$

STEP Ⓐ **표를 이용하여 확률 p_1, p_2 구하기**

임의로 한 명을 선택할 때, A를 먹은 사람일 사건을 X, 식중독에 걸린 사람일 사건을 Y라 하면 A를 먹은 사람이 50명이고 이때 식중독에 걸린 사람은 22명이므로 확률은

$$p_1 = \mathrm{P}(Y|X) = \frac{22}{50}$$

A를 먹지 않은 사람이 250명이고 이때 식중독에 걸린 사람은 24명이므로 확률은

$$p_2 = \mathrm{P}(Y|X^c) = \frac{24}{250}$$

STEP Ⓑ **$\dfrac{p_1}{p_2}$ 구하기**

따라서 $\dfrac{p_1}{p_2} = \dfrac{\frac{22}{50}}{\frac{24}{250}} = \dfrac{55}{12}$

(2) 어느 학교의 독후감 쓰기 대회에 1, 2학년 학생 50명이 참가하였다. 이 대회에 참가한 학생은 다음 두 주제 중 하나를 반드시 골라야 하고, 각 학생이 고른 주제별 인원수는 표와 같다. 이 대회에 참가한 학생 50명 중에서 임의로 선택한 1명이 1학년 학생일 때, 이 학생이 주제 B를 고른 학생일 확률을 p_1이라 하고, 이 대회에 참가한 학생 50명 중에서 임의로 선택한 1명이 주제 B를 고른 학생일 때, 이 학생이 1학년 학생일 확률을 p_2라 하자. $\dfrac{p_2}{p_1}$의 값은?

(단위 : 명)

주제 A : 수학의 역사
주제 B : 수학과 예술

구분	1학년	2학년	합계
주제 A	8	12	20
주제 B	16	14	30
합계	24	26	50

① $\dfrac{1}{2}$　　② $\dfrac{3}{5}$　　③ $\dfrac{4}{5}$

④ $\dfrac{3}{2}$　　⑤ $\dfrac{7}{4}$

STEP Ⓐ **주어진 각각의 확률 구하기**

대회에 참가한 학생 50명 중에서 임의로 1명을 선택하였을 때, 그 학생이 1학년 학생인 사건을 X, 그 학생이 주제 B를 고른 학생인 사건을 Y라 하면

$$\mathrm{P}(X) = \frac{24}{50}, \ \mathrm{P}(Y) = \frac{30}{50}, \ \mathrm{P}(X \cap Y) = \frac{16}{50}$$

$$p_1 = P(Y|X) = \frac{P(X \cap Y)}{P(X)} = \frac{\frac{16}{50}}{\frac{24}{50}} = \frac{16}{24} = \frac{2}{3}$$

$$p_2 = P(X|Y) = \frac{P(X \cap Y)}{P(Y)} = \frac{\frac{16}{50}}{\frac{30}{50}} = \frac{16}{30} = \frac{8}{15}$$

따라서 $\dfrac{p_2}{p_1} = \dfrac{\frac{8}{15}}{\frac{2}{3}} = \dfrac{4}{5}$

0413

다음 표는 어느 동아리 회원들의 축구와 야구의 선호도를 조사한 것이다. 전체 동아리 회원 중에서 임의로 뽑은 한 명이 남자였을 때, 이 회원이 축구를 선호할 확률은 $\dfrac{2}{3}$라고 한다. 이때 x의 값은? (단, 각 회원은 한 종목에만 선호도를 나타낼 수 있다.)

구분	남자	여자
축구	x	8
야구	15	7

① 20　　　　② 23　　　　③ 27
④ 30　　　　⑤ 38

STEP **A** 표를 정리하기

전체 동아리 회원 수는 $15+7+8+x = 30+x$이고
남자일 사건을 A, 축구를 좋아할 사건을 B라 하면
$P(A) = \dfrac{x+15}{x+30}$, $P(A \cap B) = \dfrac{x}{x+30}$

구분	남자	여자	합계
축구	x	8	$x+8$
야구	15	7	22
합계	$x+15$	15	$x+30$

STEP **B** 조건부확률 구하기

전체 동아리 회원 중에서 임의로 뽑은 한 명이 남자였을 때,
이 회원이 축구를 선호할 확률은 $\dfrac{2}{3}$이므로
$$P(B|A) = \frac{P(A \cap B)}{P(A)} = \frac{\frac{x}{x+30}}{\frac{x+15}{x+30}} = \frac{x}{x+15} = \frac{2}{3} \text{에서 } 3x = 2x + 30$$

따라서 $x = 30$

0414

다음 표는 어느 고등학교 전체 학생 300명의 주요 통학수단과 통학거리를 조사한 것이다.

	도보	자전거	합계
5km 미만	a	$100-a$	100
5km 이상	$200-2a$	$2a$	200
합계	$200-a$	$100+a$	300

이 학교에서 임의로 택한 한 명의 학생이 자전거로 통학할 때, 그 학생의 통학거리가 5km 미만인 확률이 $\dfrac{3}{5}$이다. 이 학교에서 임의로 택한 한 명의 학생의 통학 거리가 5km 이상일 때, 그 학생이 도보로 통학할 확률은?

① $\dfrac{1}{5}$　　　　② $\dfrac{1}{4}$　　　　③ $\dfrac{1}{2}$
④ $\dfrac{3}{4}$　　　　⑤ $\dfrac{3}{5}$

STEP **A** 학생이 자전거로 통학할 때, 그 학생의 통학거리가 5km 미만인 확률이 $\dfrac{3}{5}$임을 이용하여 a 구하기

주어진 표에서 자전거로 통학하는 학생은 $(100+a)$명이고
이중 통학거리가 5km 미만인 학생은 $(100-a)$명이므로
$\dfrac{100-a}{100+a} = \dfrac{3}{5}$에서 $500 - 5a = 300 + 3a$
$8a = 200$
$\therefore a = 25$

(단위 : 명)

	도보	자전거	합계
5km 미만	25	75	100
5km 이상	150	50	200
합계	175	125	300

STEP **B** 이 학교에서 임의로 택한 한 명의 학생의 통학 거리가 5km 이상일 때, 그 학생이 도보로 통학할 확률 구하기

따라서 통학 거리가 5km 이상인 학생은 200명이고
이 중에서 도보로 통학하는 학생은 150명이므로 구하는 확률은 $\dfrac{150}{200} = \dfrac{3}{4}$

NORMAL

0415

떡볶이와 순대만 판매하는 어느 분식집을 이용하는 학생 30명을 대상으로 조사한 결과 떡볶이를 좋아하는 학생은 18명이었다. 이 분식집을 이용하는 학생 중 순대를 좋아하는 여학생인 확률은 $\frac{1}{6}$이고, 이 분식집을 이용하는 학생 중 떡볶이를 좋아할 때, 이 학생이 남학생일 확률은 $\frac{2}{3}$이다.
이 분식집을 이용하는 학생 중 임의로 택한 한 명이 남학생이었을 때, 순대를 좋아하는 확률은?

① $\frac{2}{19}$ ② $\frac{7}{19}$ ③ $\frac{5}{12}$

④ $\frac{7}{12}$ ⑤ $\frac{2}{3}$

STEP Ⓐ 학생 중 순대를 좋아하는 여학생인 확률은 $\frac{1}{6}$임을 이용하여 여학생의 수 구하기

학생 중 순대를 좋아하는 여학생 수를 x라 하면
이 분식집을 이용하는 학생은 30명이므로
$\frac{x}{30}=\frac{1}{6}$에서 $x=5$

STEP Ⓑ 학생 중 떡볶이를 좋아할 때, 이 학생이 남학생일 확률은 $\frac{2}{3}$임을 이용하여 남학생의 수 구하기

떡볶이를 좋아하는 학생이 18명이므로
떡볶이를 좋아하는 남학생의 수를 y라 하면
$\frac{y}{18}=\frac{2}{3}$에서 $y=12$

STEP Ⓒ 조건부확률 구하기

(단위 : 명)

	남학생	여학생	합계
떡볶이	12	6	18
순대	7	5	12
합계	19	11	30

이 분식집을 이용하는 남학생 19명 중 순대를 좋아하는 남학생은 7명이므로
구하는 확률은 $\frac{7}{19}$

0416

어느 도서관 이용자 300명을 대상으로 각 연령대별, 성별 이용 현황을 조사한 결과는 다음과 같다.

구분	19세 이하	20대	30대	40세 이상	계
남성	40	a	$60-a$	100	200
여성	35	$45-b$	b	20	100

이 도서관 이용자 300명 중에서 30대가 차지하는 비율은 12%이다.
이 도서관 이용자 300명 중에서 임의로 선택한 1명이 남성일 때, 이 이용자가 20대일 확률과, 이 도서관 이용자 300명 중에서 임의로 선택한 1명이 여성일 때, 이 이용자가 30대일 확률이 서로 같다. $a+b$의 값을 구하여라.

STEP Ⓐ 주어진 상황을 사건 A, B, C로 나타내기

도서관 이용자 300명 중에서 임의로 선택한 1명이 남성일 사건을 A, 20대인 사건을 B, 30대인 사건을 C라 하자.

STEP Ⓑ 조건부확률을 이용하여 a, b의 값 구하기

도서관 이용자 300명 중에서 30대가 차지하는 비율이 12%이므로
그 수는 $300 \times 0.12 = 36$
즉 $(60-a)+b=36$이므로 $a-b=24$ ······ ㉠
또한, 이용자 300명 중에서 임의로 선택한 1명이 남성일 때, 이 이용자가 20대일 확률과 임의로 선택한 1명이 여성일 때, 이 이용자가 30대일 확률이 서로 같으므로

$P(B|A)=P(C|A^c)$에서 $\dfrac{P(A \cap B)}{P(A)}=\dfrac{P(A^c \cap C)}{P(A^c)}$

$\dfrac{\frac{a}{300}}{\frac{200}{300}}=\dfrac{\frac{b}{300}}{1-\frac{200}{300}}$, $\dfrac{a}{200}=\dfrac{b}{100}$

$a=2b$ ······ ㉡
따라서 ㉠, ㉡에서 $a=48$, $b=24$이므로 $a+b=72$

0417

주머니 A와 B에는 1, 2, 3, 4, 5의 숫자가 하나씩 적혀 있는 다섯 개의 구슬이 각각 들어 있다. 철수는 주머니 A에서, 영희는 주머니 B에서 각자 구슬을 임의로 한 개씩 꺼내어 두 구슬에 적혀 있는 숫자를 확인한 후 다시 넣지 않는다. 이와 같은 시행을 반복할 때, ==첫 번째 꺼낸 두 구슬에 적혀 있는 숫자가 서로 다르고, 두 번째 꺼낸 두 구슬에 적혀 있는 숫자가 같을 확률은?==

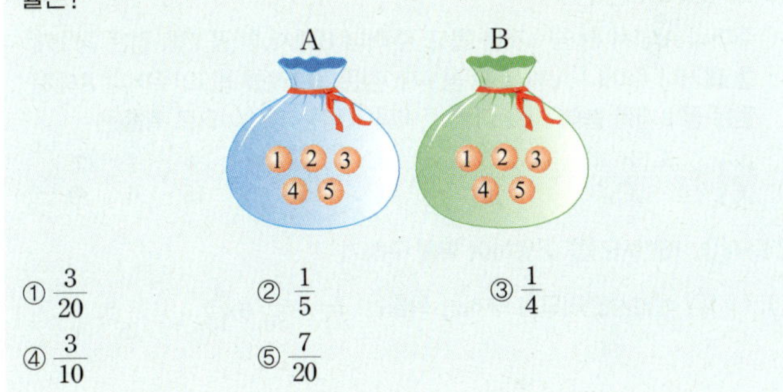

① $\frac{3}{20}$ ② $\frac{1}{5}$ ③ $\frac{1}{4}$

④ $\frac{3}{10}$ ⑤ $\frac{7}{20}$

STEP Ⓐ 첫 번째 꺼낸 두 구슬에 적혀 있는 숫자가 다를 확률 구하기

첫 번째 꺼낸 구슬에 적혀 있는 숫자가 같은 경우를 순서쌍 (철수, 영희)로 나타내면 (1, 1), (2, 2), (3, 3), (4, 4), (5, 5)의 5가지이므로

이때의 확률은 $5 \times \frac{1}{5} \times \frac{1}{5} = \frac{1}{5}$

첫 번째 꺼낸 두 구슬에 적혀 있는 숫자가 서로 다를 확률은 $1-\frac{1}{5}=\frac{4}{5}$

STEP Ⓑ 두 번째 꺼낸 구슬에 적혀 있는 숫자가 같을 확률 구하기

첫 번째 꺼낸 두 구슬에 적혀 있는 숫자가 다른 경우 남은 구슬에 적힌 숫자 중 같은 숫자는 3개뿐이므로 두 번째 꺼낸 구슬에 적혀 있는 숫자가 같을 확률은
$3 \times \frac{1}{4} \times \frac{1}{4} = \frac{3}{16}$

STEP Ⓒ 확률 구하기

따라서 첫 번째 꺼낸 두 구슬에 적혀 있는 숫자가 서로 다르고 두 번째 꺼낸 구슬에 적혀 있는 숫자가 같을 확률은 $\frac{4}{5} \times \frac{3}{16} = \frac{3}{20}$

다른풀이 철수를 기준으로 각 사건의 확률을 구하는 풀이하기

철수가 주머니 A에서 어느 한 숫자를 선택하고
영희가 주머니 B에서 그와 다른 숫자를 선택할 확률은
$_5C_1 \times \frac{1}{5} \times \frac{4}{5} = \frac{4}{5}$

철수는 두 사람이 꺼낸 첫 번째 숫자 2개를 제외한 나머지 3개의 숫자 중에서 한 개를 선택하고 영희는 그와 같은 숫자를 선택해야 하므로 그 확률은
$\frac{3}{4} \times \frac{1}{4} = \frac{3}{16}$

따라서 구하는 확률은 $\frac{4}{5} \times \frac{3}{16} = \frac{3}{20}$

0418

주머니 A에는 흰 공 3개, 검은 공 3개가 들어 있고, 주머니 B에는 흰 공 2개, 검은 공 2개가 들어 있다. 두 주머니 A, B에서 각각 임의로 2개의 공을 동시에 꺼내어 서로 다른 주머니에 넣었을 때, 주머니 A보다 주머니 B에 더 많은 흰 공이 들어 있을 확률은?

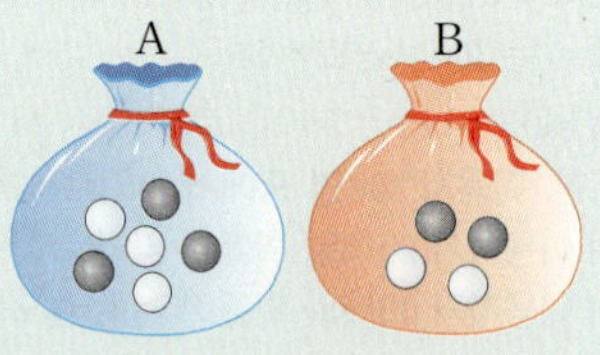

① $\dfrac{1}{10}$ ② $\dfrac{1}{6}$ ③ $\dfrac{7}{30}$

④ $\dfrac{4}{15}$ ⑤ $\dfrac{1}{2}$

STEP A 주머니 A보다 주머니 B에 더 많은 흰 공이 들어 있을 확률 구하기

두 주머니 A, B에서 각각 임의로 2개의 공을 동시에 꺼내어 서로 다른 주머니에 넣었을 때, 두 주머니 A, B에 들어있는 흰 공의 개수를 각각 a, b라 하자. $a < b$인 경우는 다음과 같다.

(ⅰ) $a=1$, $b=4$인 경우

주머니 A에서 흰 공 2개를 뽑고, 주머니 B에서 검은 공 2개를 뽑아 서로 다른 주머니에 넣는 경우이므로 확률은

$$\dfrac{_3C_2}{_6C_2} \times \dfrac{_2C_2}{_4C_2} = \dfrac{3}{15} \times \dfrac{1}{6} = \dfrac{1}{30}$$

(ⅱ) $a=2$, $b=3$인 경우

주머니 A에서 흰 공 2개를 뽑고, 주머니 B에서 흰 공 1개, 검은 공 1개를 뽑거나 주머니 A에서 흰 공 1개, 검은 공 1개를 뽑고, 주머니 B에서 검은 공 2개를 뽑아 서로 다른 주머니에 넣는 경우이므로 확률은

$$\dfrac{_3C_2}{_6C_2} \times \dfrac{_2C_1 \times _2C_1}{_4C_2} + \dfrac{_3C_1 \times _3C_1}{_6C_2} \times \dfrac{_2C_2}{_4C_2} = \dfrac{3}{15} \times \dfrac{4}{6} + \dfrac{9}{15} \times \dfrac{1}{6} = \dfrac{7}{30}$$

STEP B 배반사건을 이용하여 확률 구하기

(ⅰ), (ⅱ)이 배반사건이므로 구하는 확률은 $\dfrac{1}{30} + \dfrac{7}{30} = \dfrac{4}{15}$

0419

흰 공 3개, 검은 공 2개가 들어 있는 주머니에서 갑이 임의로 2개의 공을 동시에 꺼내고, 남아 있는 3개의 공 중에서 을이 임의로 2개의 공을 동시에 꺼낸다. 갑이 꺼낸 흰 공의 개수가 을이 꺼낸 흰 공의 개수보다 많을 때, 을이 꺼낸 공이 모두 검은 공일 확률은?

① $\dfrac{1}{15}$ ② $\dfrac{2}{15}$ ③ $\dfrac{1}{5}$

④ $\dfrac{4}{15}$ ⑤ $\dfrac{1}{3}$

STEP A 갑이 꺼낸 흰 공의 개수가 을이 꺼낸 흰 공의 개수보다 많은 확률 구하기

갑이 꺼낸 흰 공의 개수가 을이 꺼낸 흰 공의 개수보다 많으려면

(ⅰ) 갑이 꺼낸 흰 공이 2개이고 을이 꺼낸 흰 공이 1개일 확률은

$$\dfrac{_3C_2}{_5C_2} \times \dfrac{_1C_1 \times _2C_1}{_3C_2} = \dfrac{3}{10} \times \dfrac{2}{3} = \dfrac{1}{5}$$

(ⅱ) 갑이 꺼낸 흰 공이 2개이고 을이 꺼낸 검은 공이 2개일 확률은

$$\dfrac{_3C_2}{_5C_2} \times \dfrac{_2C_2}{_3C_2} = \dfrac{3}{10} \times \dfrac{1}{3} = \dfrac{1}{10} \quad \text{← 을이 꺼낸 흰 공이 없을 확률}$$

(ⅰ), (ⅱ)이 배반사건이므로 $\dfrac{1}{5} + \dfrac{1}{10} = \dfrac{3}{10}$

STEP B 조건부확률을 구하기

따라서 갑이 꺼낸 흰 공의 개수가 을이 꺼낸 흰 공의 개수보다 많을 때, 을이 꺼낸 공이 모두 검은 공일 확률은 $\dfrac{\frac{1}{10}}{\frac{3}{10}} = \dfrac{1}{3}$

0420

주머니에 1부터 10까지의 자연수가 각각 하나씩 적힌 10개의 공이 들어있다. 이 주머니에서 임의로 2개의 공을 동시에 꺼내 공에 적힌 수를 확인하고 꺼낸 공을 주머니에 다시 넣는다. 이 시행을 2번 했을 때, 확인한 4개의 수의 최댓값이 10일 확률은?

① $\dfrac{1}{5}$ ② $\dfrac{9}{25}$ ③ $\dfrac{11}{25}$

④ $\dfrac{12}{25}$ ⑤ $\dfrac{3}{5}$

STEP A 2개의 공을 동시에 꺼낼 때, 공에 적힌 수의 최댓값이 10일 확률 구하기

임의로 2개의 공을 동시에 꺼낼 때, 공에 적힌 수의 최댓값이 10이려면 임의로 꺼낸 2개의 공 중에 10이 적힌 공이 반드시 포함되어야 하므로 구하는 확률은

$$\dfrac{_9C_1}{_{10}C_2} = \dfrac{1}{5}$$

STEP B 4개의 수의 최댓값이 10일 확률 구하기

이 시행을 2번 했을 때, 공에 적힌 수의 최댓값이 10인 경우는 다음과 같다. 각 시행에서 10이 적힌 공이 포함되는 경우를 ○, 포함되지 않는 경우를 ×라 하자.

1회	2회	확률
○	○	$\dfrac{1}{5} \times \dfrac{1}{5} = \dfrac{1}{25}$
○	×	$\dfrac{1}{5} \times \left(1 - \dfrac{1}{5}\right) = \dfrac{4}{25}$
×	○	$\left(1 - \dfrac{1}{5}\right) \times \dfrac{1}{5} = \dfrac{4}{25}$

따라서 배반사건이므로 구하는 확률은 $\dfrac{1}{25} + \dfrac{4}{25} + \dfrac{4}{25} = \dfrac{9}{25}$

참고 한 번의 시행에서 공에 적힌 수의 최댓값이 10이 아닐 확률은 $\dfrac{4}{5}$, 2번의 시행에서 공에 적힌 수의 최댓값이 10이 아닐 확률은 $\left(\dfrac{4}{5}\right)^2$

따라서 구하는 확률은 $1 - \dfrac{_9C_2}{_{10}C_2} \times \dfrac{_9C_2}{_{10}C_2} = 1 - \left(\dfrac{4}{5}\right)^2 = \dfrac{9}{25}$

0421

다음 물음에 답하여라.

(1) 흰 공 3개에는 1, 2, 3의 숫자를 하나씩 적고, 검은 공 3개에는 4, 5, 6의 숫자를 하나씩 적어 주머니에 넣은 후 임의로 2개의 공을 동시에 꺼냈다. 주머니에서 꺼낸 2개의 공에 적힌 숫자의 합이 소수일 때, 꺼낸 2개의 공의 색이 같을 확률은?

① $\dfrac{2}{7}$ ② $\dfrac{5}{14}$ ③ $\dfrac{3}{7}$
④ $\dfrac{1}{2}$ ⑤ $\dfrac{4}{7}$

STEP A 전체 경우의 수 구하기

6개의 공이 들어 있는 주머니에서 임의로 2개의 공을 동시에 꺼내는 경우의 수는 $_6C_2 = 15$

STEP B 꺼낸 2개의 공에 적힌 숫자의 합이 소수일 확률 구하기

꺼낸 2개의 공에 적힌 숫자의 합이 소수인 사건을 A라 하자.
이때 꺼낸 2개의 공에 적힌 숫자를 a, b $(a < b)$라 하고 순서쌍 (a, b)로 나타내면 사건 A는 다음과 같이 네 가지로 나누어 생각할 수 있다.
(i) $a+b=3$일 때, (①, ②)
(ii) $a+b=5$일 때, (①, ❹), (②, ③)
(iii) $a+b=7$일 때, (①, ❻), (②, ❺), (③, ❹)
(iv) $a+b=11$일 때, (❺, ❻)

STEP C 조건부확률 구하기

(i)~(iv)에서 꺼낸 2개의 공에 적힌 숫자의 합이 소수일 확률은
$$P(A) = \frac{7}{15}$$
꺼낸 2개의 공의 색이 같은 경우는 (①, ②), (②, ③), (❺, ❻)의 3가지이므로 주머니에서 꺼낸 두 개의 공이 같은 색인 사건을 B라 하면
$$P(A \cap B) = \frac{3}{15}$$

따라서 구하는 확률은 $P(B|A) = \dfrac{P(A \cap B)}{P(B)} = \dfrac{\frac{3}{15}}{\frac{7}{15}} = \dfrac{3}{7}$

> 참고 $n(A) = 1+2+3+1 = 7$, $n(A \cap B) = 3$이므로
> $$P(B|A) = \frac{n(A \cap B)}{n(A)} = \frac{3}{7}$$

(2) 주머니에 1, 2, 3, 4의 숫자가 각각 하나씩 적힌 흰 공 4개와 3, 5, 7, 9의 숫자가 각각 하나씩 적힌 검은 공 4개가 들어 있다.
이 주머니에서 임의로 3개의 공을 동시에 꺼낸다. 꺼낸 3개의 공이 흰 공 2개, 검은 공 1개일 때, 꺼낸 검은 공에 적힌 수가 꺼낸 흰 공 2개에 적힌 수의 합보다 클 확률은?

① $\dfrac{11}{24}$ ② $\dfrac{1}{2}$ ③ $\dfrac{13}{24}$
④ $\dfrac{7}{12}$ ⑤ $\dfrac{5}{8}$

STEP A 흰 공이 2개, 검은 공이 1개일 확률 구하기

주머니에서 임의로 꺼낸 3개의 공 중에서 흰 공이 2개, 검은 공이 1개일 확률은 $\dfrac{_4C_2 \times _4C_1}{_8C_3} = \dfrac{24}{56}$

STEP B 검은 공에 적힌 수가 흰 공 2개에 적힌 수의 합보다 큰 경우의 확률 구하기

검은 공에 적힌 수가 흰 공 2개에 적힌 수의 합보다 큰 경우는 다음 표와 같다.

흰 공에 적힌 두 수	검은 공에 적힌 수	경우의 수
1, 2	5 또는 7 또는 9	3
1, 3	5 또는 7 또는 9	3
1, 4	7 또는 9	2
2, 3	7 또는 9	2
2, 4	7 또는 9	2
3, 4	9	1

즉 검은 공에 적힌 수가 흰 공 2개에 적힌 두 수의 합보다 클 확률은
$$\frac{3+3+2+2+2+1}{_8C_3} = \frac{13}{56}$$

STEP C 조건부확률 구하기

따라서 구하는 확률은 $\dfrac{\frac{13}{56}}{\frac{24}{56}} = \dfrac{13}{24}$

0422

오른쪽 그림과 같이 크기와 모양이 같은 공이 상자 A에는 검은 공 2개와 흰 공 2개, 상자 B에는 검은 공 1개와 흰 공 2개가 들어 있다.
두 상자 A, B 중 임의로 선택한 하나의 상자에서 공을 1개 꺼냈더니 검은 공이 나왔을 때, 그 상자에 남은 공이 모두 흰 공일 확률은?

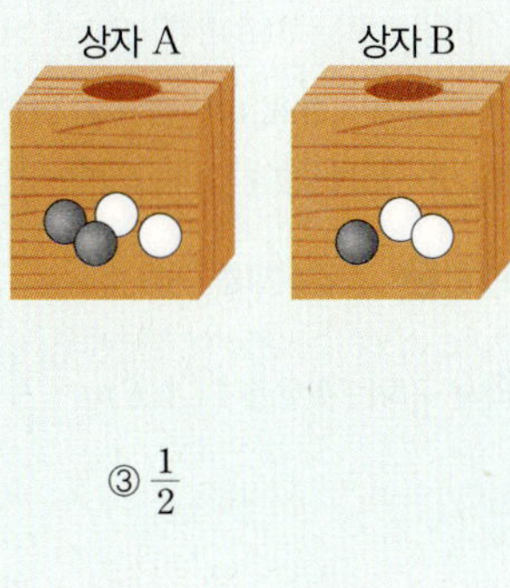

① $\dfrac{3}{10}$ ② $\dfrac{2}{5}$ ③ $\dfrac{1}{2}$
④ $\dfrac{3}{5}$ ⑤ $\dfrac{7}{10}$

STEP A 주어진 상황을 사건 A, B, E로 나타내기

상자 A, B를 택하는 사건을 각각 A, B, 검은 공 1개가 나오는 사건을 E라고 하면 구하는 확률은 $P(B|E)$이다.

STEP B 확률의 곱셈정리를 이용하여 검은 공이 나올 확률 구하기

(i) 상자 A에서 검은 공이 나오는 확률은
$$P(A \cap E) = P(A) \cdot P(E|A) = \frac{1}{2} \times \frac{2}{4} = \frac{1}{4}$$
(ii) 상자 B에서 검은 공이 나오는 확률은
$$P(B \cap E) = P(B) \cdot P(E|B) = \frac{1}{2} \times \frac{1}{3} = \frac{1}{6}$$
(i), (ii)이 배반사건이므로 검은 공이 나오는 확률은
$$P(E) = P(A \cap E) + P(B \cap E) = \frac{1}{4} + \frac{1}{6} = \frac{5}{12}$$

STEP C 조건부확률 구하기

따라서 구하는 확률은 $P(B|E) = \dfrac{P(B \cap E)}{P(E)} = \dfrac{\frac{1}{6}}{\frac{5}{12}} = \dfrac{2}{5}$

0423

상자 A에는 흰 공이 2개, 검은 공이 4개가 들어 있고, 상자 B에는 흰 공이 3개, 검은 공이 2개가 들어 있다. 두 상자 A, B 중에서 한 상자를 임의로 택하고 그 상자에서 2개의 공을 꺼냈을 때, 흰 공이 1개, 검은 공이 1개가 나왔다. 이때 택한 상자가 A일 확률은?

① $\dfrac{1}{15}$ ② $\dfrac{4}{15}$ ③ $\dfrac{3}{10}$

④ $\dfrac{17}{30}$ ⑤ $\dfrac{8}{17}$

STEP Ⓐ 주어진 상황을 사건 A, B, E로 나타내기

상자 A, B를 택하는 사건을 각각 A, B, 흰 공 1개, 검은 공 1개가 나오는 사건을 E라 하면 구하는 확률은 $P(A|E)$이다.

STEP Ⓑ 확률의 곱셈정리를 이용하여 흰 공 1개, 검은 공 1개가 나올 확률 구하기

(i) 상자 A에서 흰 공 1개, 검은 공 1개가 나오는 확률은

$$P(A \cap E) = P(A)P(E|A) = \frac{1}{2} \times \frac{{}_2C_1 \times {}_4C_1}{{}_6C_2} = \frac{4}{15}$$

(ii) 상자 B에서 흰 공 1개, 검은 공 1개가 나오는 확률은

$$P(B \cap E) = P(B)P(E|B) = \frac{1}{2} \times \frac{{}_3C_1 \times {}_2C_1}{{}_5C_2} = \frac{3}{10}$$

(i), (ii)에서 흰 공 1개, 검은 공 1개가 나오는 확률은

$$\therefore \; P(E) = P(A \cap E) + P(B \cap E) = \frac{4}{15} + \frac{3}{10} = \frac{17}{30}$$

STEP Ⓒ 조건부확률 구하기

따라서 구하는 확률은 $P(A|E) = \dfrac{P(A \cap E)}{P(E)} = \dfrac{\frac{4}{15}}{\frac{17}{30}} = \dfrac{8}{17}$

0424

주머니 A에는 흰 공 2개, 검은 공 4개가 들어 있고, 주머니 B에는 흰 공 4개, 검은 공 2개가 들어 있다. 주머니 A에서 임의로 2개의 공을 꺼내어 주머니 B에 넣고 섞은 다음 주머니 B에서 임의로 2개의 공을 꺼내어 주머니 A에 넣었더니 두 주머니에 있는 검은 공의 개수가 서로 같아졌다. 이때 주머니 A에서 꺼낸 공이 모두 검은 공이었을 확률은?

① $\dfrac{6}{11}$ ② $\dfrac{13}{22}$ ③ $\dfrac{7}{11}$

④ $\dfrac{15}{22}$ ⑤ $\dfrac{8}{11}$

STEP Ⓐ 확률의 곱셈정리를 이용하여 두 주머니에 있는 검은 공의 개수가 서로 같아질 확률 구하기

두 주머니에 있는 검은 공의 개수가 서로 같아질 사건을 E라 하면 주머니 A에서 검은 공은 줄고 흰 공은 늘어나야 하므로 다음의 두 가지 경우가 있다.

(i) 주머니 A에서 검은 공 2개 꺼내고 주머니 B에서 흰 공 1개, 검은 공 1개를 가져오는 경우의 확률은 $p_1 = \dfrac{{}_4C_2}{{}_6C_2} \times \dfrac{{}_4C_1 \times {}_4C_1}{{}_8C_2} = \dfrac{8}{35}$

(ii) 주머니 A에서 흰 공 1개, 검은 공 1개를 꺼내고 주머니 B에서 흰 공 2개를 가져오는 경우의 확률은 $p_2 = \dfrac{{}_2C_1 \times {}_4C_1}{{}_6C_2} \times \dfrac{{}_5C_2}{{}_8C_2} = \dfrac{4}{21}$

(iii) 주머니 A에서 흰 공 2개를 꺼내는 경우
이때 주머니 A의 검은 공이 주머니 B의 검은 공보다 많으므로 시행을 마친 후 두 주머니에 있는 검은 공의 개수가 같아질 수 없다.

(i), (ii)에서 두 주머니에 있는 검은 공의 개수가 서로 같아질 확률은

$$P(E) = p_1 + p_2 = \frac{8}{35} + \frac{4}{21} = \frac{44}{105}$$

STEP Ⓑ 조건부확률 구하기

따라서 구하는 확률은 $\dfrac{p_1}{p_1 + p_2} = \dfrac{\frac{8}{35}}{\frac{44}{105}} = \dfrac{24}{44} = \dfrac{6}{11}$

0425

어느 학교 전체 학생을 대상으로 지난 한 달 동안 컴퓨터를 사용한 시간에 대하여 조사하여 컴퓨터를 매일 1시간 이상 사용한 집단 A와 그렇지 않은 집단 B로 분류하였다. 집단 A에 속한 학생은 전체 학생의 60%이었고, 이 중에서 70%의 학생이 안경을 착용하고 있었다. 그리고 집단 B에 속한 학생의 40%가 안경을 착용하고 있는 것으로 나타났다. 이때 임의로 한 학생을 선택하였더니 안경을 착용하고 있었다.

이 학생이 집단 A에 속할 확률을 $\dfrac{q}{p}$라 할 때, $p+q$의 값을 구하여라. (단, p와 q는 서로소인 자연수이다.)

STEP Ⓐ 주어진 상황을 사건 A, B, E로 나타내기

집단 A에 속하는 사건을 A,
집단 B에 속하는 사건을 B,
안경을 착용하는 사건을 E라 하면 구하는 확률은 $P(A|E)$

STEP Ⓑ 확률의 곱셈정리를 이용하여 안경을 착용할 확률 구하기

(i) A집단에 속하면서 안경을 착용한 학생일 확률은

$$P(A \cap E) = P(A) \cdot P(E|A) = \frac{6}{10} \times \frac{7}{10} = \frac{42}{100}$$

(ii) B집단에 속하면서 안경을 착용한 학생일 확률은

$$P(B \cap E) = P(B) \cdot P(E|B) = \frac{4}{10} \times \frac{4}{10} = \frac{16}{100}$$

(i), (ii)로부터 안경을 착용하는 사건 E의 확률은
$$P(E) = P(A \cap E) + P(B \cap E) = \frac{42}{100} + \frac{16}{100} = \frac{58}{100}$$

STEP Ⓒ 조건부확률 구하기

구하는 확률은 $P(A|E) = \dfrac{P(A \cap E)}{P(E)} = \dfrac{42}{58} = \dfrac{21}{29}$

따라서 $p+q = 29+21 = 50$

> **다른풀이** 표를 이용한 조건부확률 구하기

집단 A에 속한 학생 중 안경을 착용하는 학생의 비율이 0.7이므로 전체 학생 중 집단 A에 속하며 안경을 착용하는 학생의 비율은 0.6×0.7 각 집단에 속하는 안경을 착용한 학생과 안경을 착용하지 않은 학생의 비율은 다음 표와 같다.

구분	집단 A	집단 B	계
안경 착용	$0.6 \times 0.7 = 0.42$	$0.4 \times 0.4 = 0.16$	0.58
안경 미착용	$0.6 \times 0.3 = 0.18$	$0.4 \times 0.6 = 0.24$	0.42
계	0.6	0.4	1

안경을 착용하고 있는 사건을 X,

이 학생이 집단 A에 속하는 사건을 Y라 하면 구하는 확률은

$$P(Y|X) = \frac{0.42}{0.58} = \frac{21}{29}$$

따라서 $p+q = 29+21 = 50$

0426

5개의 제비 중에서 당첨제비가 2개 있다. 갑이 먼저 한 개의 제비를 뽑은 다음 을이 한 개의 제비를 뽑을 때, 갑이 당첨제비를 뽑을 사건을 A, 을이 당첨제비를 뽑을 사건을 B라 하자. [보기]에서 옳은 것을 모두 고른 것은? (단, 한 번 뽑은 제비는 다시 넣지 않는다.)

> ㄱ. $P(A)=P(B)$
> ㄴ. $P(B|A)>P(B|A^c)$
> ㄷ. $P(B|A)=P(A|B)$

① ㄱ   ② ㄴ   ③ ㄷ
④ ㄱ, ㄴ   ⑤ ㄱ, ㄷ

STEP Ⓐ 두 사건 A, B의 확률 구하기

갑이 당첨제비를 뽑을 사건 A의 확률에서 $P(A)=\dfrac{2}{5}$

을이 당첨제비를 뽑을 사건 B는 갑이 당첨제비를 뽑고
을이 당첨제비를 뽑는 경우와 갑이 당첨제비를 뽑지 않고
을이 당첨제비를 뽑는 경우의 합과 같다.

즉 $P(B)=\dfrac{2}{5}\times\dfrac{1}{4}+\dfrac{3}{5}\times\dfrac{2}{4}=\dfrac{2}{5}$

STEP Ⓑ [보기]의 진위판단하기

ㄱ. $P(A)=P(B)=\dfrac{2}{5}$ [참]

ㄴ. $P(B|A)=\dfrac{P(A\cap B)}{P(A)}=\dfrac{\frac{2}{5}\cdot\frac{1}{4}}{\frac{2}{5}}=\dfrac{1}{4}$, $P(B|A^c)=\dfrac{P(A^c\cap B)}{P(A^c)}=\dfrac{\frac{3}{5}\cdot\frac{2}{4}}{\frac{3}{5}}=\dfrac{1}{2}$

$P(B|A)<P(B|A^c)$ [거짓]

ㄷ. $P(B|A)=\dfrac{P(A\cap B)}{P(A)}=\dfrac{\frac{2}{5}\cdot\frac{1}{4}}{\frac{2}{5}}=\dfrac{1}{4}$, $P(A|B)=\dfrac{P(A\cap B)}{P(B)}=\dfrac{\frac{2}{5}\cdot\frac{1}{4}}{\frac{2}{5}}=\dfrac{1}{4}$

이므로 $P(B|A)=P(A|B)$ [참]
따라서 옳은 것은 ㄱ, ㄷ이다.

0427

상자 속에 20개의 제비가 들어 있고, 그 중 4개가 당첨제비이다. 이 상자에서 강인이와 승호가 차례로 한 개씩 제비를 뽑을 때, 다음 물음에 답하고 그 과정을 서술하여라.
(단, 뽑은 제비는 다시 넣지 않는다.)

[1단계] 강인이가 당첨제비를 뽑을 확률을 구한다.
[2단계] 승호가 당첨제비를 뽑을 확률을 구한다.
[3단계] 1단계, 2단계 결과를 비교하여 강인이와 승호 중 누가 더 유리한지 설명한다.

1단계   강인이가 당첨제비를 뽑을 확률을 구한다.   ◀ 20%

강인이와 승호가 당첨 제비를 뽑는 사건을 각각 A, B라 하자.

강인이가 당첨 제비를 뽑을 확률은 $P(A)=\dfrac{1}{5}$

2단계   승호가 당첨제비를 뽑을 확률을 구한다.   ◀ 50%

승호가 당첨 제비를 뽑을 확률 $P(B)$는
(i) 강인이가 당첨 제비를 뽑고 승호가 당첨 제비를 뽑는 확률은

$$P(A\cap B)=P(A)P(B|A)=\dfrac{1}{5}\times\dfrac{3}{19}=\dfrac{3}{95}$$

(ii) 강인이가 당첨 제비를 뽑지 않고 승호가 당첨 제비를 뽑는 확률은

$$P(A^c\cap B)=P(A^c)P(B|A^c)=\dfrac{4}{5}\times\dfrac{4}{19}=\dfrac{16}{95}$$

(i), (ii)가 서로 배반사건이므로

$$P(B)=P(A\cap B)+P(A^c\cap B)=\dfrac{3}{95}+\dfrac{16}{95}=\dfrac{19}{95}=\dfrac{1}{5}$$

3단계   1단계, 2단계 결과를 비교하여 강인이와 승호 중 누가 더 유리한지 설명한다.   ◀ 30%

따라서 $P(A)=P(B)=\dfrac{1}{5}$ 이므로 강인이와 승호가 뽑는 순서에 관계없이

당첨 제비를 뽑을 확률은 $\dfrac{1}{5}$로 같다.

0428

어떤 축구팀은 비가 내릴 때 경기에서 이길 확률이 0.4이고, 비가 내리지 않을 때 경기에서 이길 확률이 0.6이라고 한다. 내일 비가 내릴 확률이 0.3일 때, 이 팀이 내일 경기에서 이길 확률을 다음 단계로 서술하여라.

[1단계] 내일 비가 내리고 이길 확률을 구한다.
[2단계] 내일 비가 내리지 않고 이길 확률을 구한다.
[3단계] 내일 경기에서 이길 확률을 구한다.

1단계   내일 비가 내리고 이길 확률을 구한다.   ◀ 40%

축구팀이 이기는 사건을 W, 경기가 예정된 날에 비가 오는 사건을 R이라 하자.
비가 오는 날 축구팀이 이길 확률, 즉 $P(W|R)=0.4$
비가 오지 않는 날 축구팀이 이길 확률, 즉 $P(W|R^c)=0.6$
비가 올 확률, 즉 $P(R)=0.3$
비가 오지 않을 확률, 즉 $P(R^c)=1-0.3=0.7$
내일 비가 내리고 이길 확률은
$$P(R\cap W)=P(R)P(W|R)=0.3\times0.4=0.12$$

2단계   내일 비가 내리지 않고 이길 확률을 구한다.   ◀ 40%

$$\begin{aligned}P(R^c\cap W)&=P(R^c)P(W|R^c)\\&=0.7\times0.6=0.42\end{aligned}$$

3단계   내일 경기에서 이길 확률을 구한다.   ◀ 20%

이 팀이 내일 경기에서 이길 확률 $P(W)$는
$$\begin{aligned}P(W)&=P(R\cap W)+P(R^c\cap W)\\&=P(R)P(W|R)+P(R^c)P(W|R^c)\\&=0.3\times0.4+0.7\times0.6\\&=0.12+0.42=0.54\end{aligned}$$

0429

다음 그림과 같이 주머니 A에는 2, 3의 숫자가 하나씩 적힌 공이 각각 4개, 5개가 들어있고, 주머니 B에는 흰 공 3개, 검은 공 7개가 들어있다.

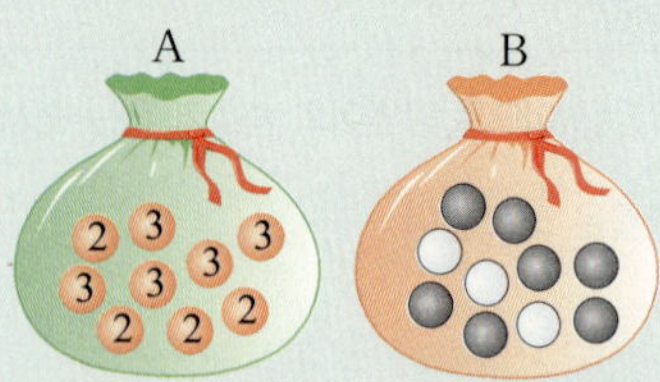

주머니 A에서 임의로 한 개의 공을 꺼낼 때, 꺼낸 공에 적힌 숫자가 $n(n=2, 3)$이면 주머니 B에서 임의로 $(8-2n)$개의 공을 동시에 꺼낼 때, 주머니 B에서 적어도 한 개의 흰 공이 나올 확률을 구하는 과정을 다음 단계로 서술하여라.

[1단계] $n=2$이면 주머니 B에서 임의로 4개의 공을 동시에 꺼낼 때, 적어도 한 개의 흰 공을 꺼낼 확률을 구한다.
[2단계] $n=3$이면 주머니 B에서 임의로 2개의 공을 동시에 꺼낼 때, 적어도 한 개의 흰 공을 꺼낼 확률을 구한다.
[3단계] 1단계, 2단계를 이용하여 주머니 B에서 적어도 한 개의 흰 공이 나올 확률을 구한다.

1단계 $n=2$이면 주머니 B에서 임의로 4개의 공을 동시에 꺼낼 때, 적어도 한 개의 흰 공을 꺼낼 확률을 구한다. ◀ 40%

주머니 A에서 임의로 한 개의 공을 꺼낼 때,
꺼낸 공에 적힌 숫자가 $n=2$일 때 사건을 A, $n=3$일 때 사건을 B,
주머니 B에서 임의로 $(8-2n)$개의 공을 동시에 꺼낼 때,
주머니 B에서 적어도 한 개의 흰 공이 나올 사건을 E라 하면
구하는 확률은 $P(E)$이다.
$n=2$일 때, 주머니 A에서 2가 적힌 공을 꺼내고, 주머니 B에서 4개의 공을 동시에 꺼낼 때, 적어도 한 개의 흰 공을 꺼낼 확률은

$$P(A \cap E)=P(A)P(E|A)=\frac{4}{9}\times\left(1-\frac{{}_7C_4}{{}_{10}C_4}\right)$$
$$=\frac{4}{9}\times\left(1-\frac{1}{6}\right)$$
$$=\frac{4}{9}\times\frac{5}{6}=\frac{10}{27}$$

2단계 $n=3$이면 주머니 B에서 임의로 2개의 공을 동시에 꺼낼 때, 적어도 한 개의 흰 공을 꺼낼 확률을 구한다. ◀ 40%

$n=3$일 때, 주머니 A에서 3이 적힌 공을 꺼내고, 주머니 B에서 2개의 공을 동시에 꺼낼 때, 적어도 한 개의 흰 공을 꺼낼 확률은

$$P(B \cap E)=P(B)P(E|B)=\frac{5}{9}\times\left(1-\frac{{}_7C_2}{{}_{10}C_2}\right)$$
$$=\frac{5}{9}\times\left(1-\frac{7}{15}\right)$$
$$=\frac{5}{9}\times\frac{8}{15}=\frac{8}{27}$$

3단계 1단계, 2단계를 이용하여 주머니 B에서 적어도 한 개의 흰 공이 나올 확률을 구한다. ◀ 20%

따라서 $P(E)=P(A \cap E)+P(B \cap E)=\dfrac{10}{27}+\dfrac{8}{27}=\dfrac{18}{27}=\dfrac{2}{3}$

0430

다음 표와 같이 두 상자 A, B에는 흰 구슬과 검은 구슬이 섞여서 각각 100개씩 들어 있다.

(단위 : 개)

	상자 A	상자 B
흰 구슬	a	$100-2a$
검은 구슬	$100-a$	$2a$
합계	100	100

두 상자 A, B에서 각각 1개씩 임의로 꺼낸 구슬이 서로 같은 색일 때, 그 색이 흰색일 확률은 $\dfrac{2}{9}$이다. a의 값을 구하는 과정을 다음 단계로 서술하여라.

[1단계] 두 상자 A, B에서 꺼낸 구슬이 모두 흰색일 확률을 a에 관한 식으로 나타낸다.
[2단계] 두 상자 A, B에서 꺼낸 구슬이 모두 검은 색일 확률을 a에 관한 식으로 나타낸다.
[3단계] 두 구슬이 모두 같은 색일 때, 그 색이 흰색일 확률이 $\dfrac{2}{9}$임을 이용하여 a에 관한 식으로 나타낸다.
[4단계] 자연수 a의 값을 구한다.

1단계 두 상자 A, B에서 꺼낸 구슬이 모두 흰색일 확률을 a에 관한 식으로 나타낸다. ◀ 20%

두 상자 A, B에서 꺼낸 구슬이 모두 흰색일 확률은
$$\frac{a}{100}\times\frac{100-2a}{100}$$

2단계 두 상자 A, B에서 꺼낸 구슬이 모두 검은 색일 확률을 a에 관한 식으로 나타낸다. ◀ 20%

두 상자 A, B에서 꺼낸 구슬이 모두 검은 색일 확률은
$$\frac{100-a}{100}\times\frac{2a}{100}$$

3단계 두 구슬이 모두 같은 색일 때, 그 색이 흰색일 확률이 $\dfrac{2}{9}$임을 이용하여 a에 관한 식으로 나타낸다. ◀ 40%

즉 두 구슬이 모두 같은 색일 때, 그 색이 흰색일 확률이 $\dfrac{2}{9}$이므로

$$\frac{(모두\ 흰색일\ 확률)}{(모두\ 흰색일\ 확률)+(모두\ 검은색일\ 확률)}$$

$$=\frac{\dfrac{a}{100}\times\dfrac{100-2a}{100}}{\dfrac{a}{100}\times\dfrac{100-2a}{100}+\dfrac{100-a}{100}\times\dfrac{2a}{100}}$$

$$=\frac{a(100-2a)}{a(100-2a)+(100-a)2a}$$

$$=\frac{a(100-2a)}{300a-4a^2}=\frac{2}{9}$$

4단계 자연수 a의 값을 구한다. ◀ 20%

$9a(100-2a)=600a-8a^2$
$10a^2-300a=0$, $a^2-30a=0$
$a(a-30)=0$
따라서 a가 자연수이므로 $a=30$

TOUGH

0431

H고등학교의 전체 학생을 대상으로 대입 수시모집 지원 여부를 조사하였다.
학생부종합전형에 지원한 학생과 지원 하지 않은 학생의 비는 $7:3$이고, 논술전형에 지원한 학생과 지원하지 않은 학생의 비는 $4:1$이다.
이 고등학교 학생 중에서 임의로 선택한 한 학생이 논술전형에 지원한 학생일 때, 이 학생이 학생부종합전형에 지원한 학생일 확률은 $\dfrac{3}{4}$이다.
이 학교 학생 중에서 임의로 뽑은 한 명이 학생부종합전형과 논술전형에 모두 지원하지 않은 학생일 확률을 $\dfrac{p}{q}$라 할 때, $p+q$의 값을 구하여라.
(단, p, q는 서로소인 자연수)

STEP A 대입 수시모집지원자가 같음을 이용하여 관계식 세우기

학생부종합전형에 지원한 학생의 수를 $7a$,
지원하지 않은 학생의 수를 $3a$,
논술전형에 지원한 학생의 수를 $4b$,
지원하지 않은 학생의 수를 b라 하면
$10a=5b$이므로 $2a=b$

STEP B 조건부확률을 이용하여 논술전형 모두 응시한 학생의 수 구하기

학생부종합전형과 논술전형 모두 응시한 학생의 수를 x라 하면
이 고등학교 학생 중에서 임의로 선택한 한 학생이 논술전형에 지원한 학생일 때, 이 학생이 학생부종합전형에 지원한 학생일 확률은 $\dfrac{3}{4}$이므로

$\dfrac{x}{4b}=\dfrac{3}{4}$에서 $x=3b$

STEP C 학생부종합전형과 논술전형에 모두 지원하지 않은 학생일 확률 구하기

따라서 주어진 조건을 표로 정리하면 다음과 같다.

	논술전형지원	논술전형미지원	합계
학생부종합전형지원	$x=3b$ $=6a$	a	$7a$
학생부종합전형미지원	$b=2a$	a	$3a$
합계	$4b$	b	$10a=5b$

이 학교 학생 중에서 임의로 뽑은 한 명이 학생부종합전형과 논술전형에 모두 지원하지 않은 학생일 확률은 $\dfrac{a}{10a}=\dfrac{1}{10}$
따라서 $p=1$, $q=10$이므로 $p+q=11$

0432

어느 도로에서 사고가 많이 발생하는 지점에 과속 단속 카메라를 설치하였다. 이 점을 지나는 차량 중 5%는 과속을 하여 통과하며, 과속 단속 카메라가 과속하는 차량을 과속이라고 판단할 확률은 0.98이고, 과속하지 않은 차량을 과속이라고 판단할 확률은 0.02이다. 이 지점을 통과한 차량 중 단속 카메라가 과속이라고 판단했을 때, 이 차량이 실제로 과속으로 단속된 차량일 확률은?

① $\dfrac{8}{25}$ ② $\dfrac{17}{250}$ ③ $\dfrac{9}{125}$
④ $\dfrac{19}{250}$ ⑤ $\dfrac{49}{68}$

STEP A 주어진 상황을 사건 A, E로 나타내기

이 지점을 지나는 차량이 과속인 사건을 A, 과속 단속 카메라가 과속이라고 판단하는 사건을 E라 하면 구하는 확률은 $P(A\,|\,E)$이다.

STEP B 확률의 곱셈정리를 이용하여 단속 카메라가 과속이라고 판단할 확률 구하기

(i) 과속한 차량을 단속 카메라가 과속이라고 판단할 확률은
$$P(A\cap E)=P(A)\times P(E\,|\,A)=0.05\times 0.98=0.049$$
(ii) 과속하지 않은 차량을 단속 카메라가 과속이라고 판단할 확률은
$$P(A^c\cap E)=P(A^c)\times P(E\,|\,A^c)=0.95\times 0.02=0.019$$
(i), (ii)가 서로 배반사건이므로 과속이라고 판단할 확률은
$$P(E)=P(A\cap E)+P(A^c\cap E)=0.049+0.019=0.068$$

STEP C 조건부확률 구하기

따라서 단속 카메라가 과속이라고 판단했을 때, 이 차량이 실제로 과속으로 단속된 차량일 확률은 $P(A\,|\,E)=\dfrac{P(A\cap E)}{P(E)}=\dfrac{0.049}{0.068}=\dfrac{49}{68}$

0433

어떤 제품은 전체 생산량의 30%, 20%, 50%가 각각 세 공장 A, B, C에서 생산되고, 제품의 불량률은 각각 2%, 4%, $a\%$라고 한다. 세 공장 A, B, C에서 생산된 제품 중 임의로 선택한 한 개의 제품이 불량품일 때, 그 제품이 C공장에서 생산된 제품이었을 확률은 $\dfrac{15}{29}$이다. a의 값을 구하여라. (단, 세 공장 A, B, C에서는 다른 제품은 생산되지 않는다.)

STEP A 세 공장에서 불량품이 생길 확률 구하기

각 공장에서 불량품이 생길 확률을 구해 보면
(i) A공장에서 생산되는 제품이 불량품인 경우
A공장에서 전체 제품의 30%가 생산되고 불량품이 2%이므로
A공장에서 불량품이 생길 확률은 $\dfrac{30}{100}\times\dfrac{2}{100}=\dfrac{3}{500}$
(ii) B공장에서 생산되는 제품이 불량품인 경우
B공장에서 전체 제품의 20%가 생산되고 불량품이 4%이므로
B공장에서 불량품이 생길 확률은 $\dfrac{20}{100}\times\dfrac{4}{100}=\dfrac{1}{125}$
(iii) C공장에서 생산되는 제품이 불량품인 경우
C공장에서 전체 제품의 50%가 생산되고 불량품이 $a\%$이므로
C공장에서 불량품이 생길 확률은 $\dfrac{50}{100}\times\dfrac{a}{100}=\dfrac{a}{200}$

(i)~(iii)에서 불량품이 생길 확률은 $\dfrac{3}{500}+\dfrac{1}{125}+\dfrac{a}{200}$

STEP B 조건부확률을 이용하여 a의 값 구하기

이때 임의로 선택한 한 개의 제품이 불량품일 때, 그 제품이 C공장에서 생산된 제품이었을 확률은

$$\dfrac{\dfrac{a}{200}}{\dfrac{3}{500}+\dfrac{1}{125}+\dfrac{a}{200}}=\dfrac{\dfrac{a}{200}}{\dfrac{14+5a}{1000}}=\dfrac{15}{29}$$

$$\dfrac{5a}{14+5a}=\dfrac{15}{29}$$

따라서 $29a=42+15a$이므로 $a=3$

0434

그림과 같이 주머니 A에는 1부터 6까지의 자연수가 하나씩 적힌 6장의 카드가 들어 있고 주머니 B와 C에는 1부터 3까지의 자연수가 하나씩 적힌 3장의 카드가 각각 들어 있다.

갑은 주머니 A에서, 을은 주머니 B에서, 병은 주머니 C에서 각자 임의로 1장의 카드를 꺼낸다. 이 시행에서 갑이 꺼낸 카드에 적힌 수가 을이 꺼낸 카드에 적힌 수보다 클 때, 갑이 꺼낸 카드에 적힌 수가 을과 병이 꺼낸 카드에 적힌 수의 합보다 클 확률이 k이다. $100k$의 값을 구하여라.

STEP A 조건부확률을 이용하여 식 작성하기

갑이 꺼낸 카드에 적힌 수가 을이 꺼낸 카드에 적힌 수보다 큰 사건을 E, 갑이 꺼낸 카드에 적힌 수가 을과 병이 꺼낸 카드에 적힌 수의 합보다

큰 사건을 F라 하면 구하는 확률은 $P(F|E)=\dfrac{P(E\cap F)}{P(E)}$

갑, 을, 병이 한 장씩 카드를 꺼내는 경우의 수는 $6\times3\times3=54$

STEP B 갑이 꺼낸 카드에 적힌 수가 을이 꺼낸 카드에 적힌 수보다 큰 확률 구하기

갑, 을, 병이 꺼낸 카드에 적힌 수를 각각 a, b, c라 하면
$a>b$인 경우는
$(2, 1)$, $(3, 1)$, $(3, 2)$, $(4, 1)$, $(4, 2)$, $(4, 3)$
$(5, 1)$, $(5, 2)$, $(5, 3)$, $(6, 1)$, $(6, 2)$, $(6, 3)$
위의 12가지 경우마다 병이 꺼낸 카드의 숫자가 3가지씩이므로 $12\times3=36$
$$P(E)=\frac{36}{54}=\frac{2}{3}$$

여사건을 이용하여 구하기
$a\le b$인 경우를 순서쌍 (a, b)로 나타내면
$(1, 1)$, $(1, 2)$, $(1, 3)$, $(2, 2)$, $(2, 3)$, $(3, 3)$의 6가지이므로
$$P(E)=1-\frac{6\times3}{54}=1-\frac{1}{3}=\frac{2}{3}$$

STEP C 갑이 꺼낸 카드의 숫자가 을과 병이 꺼낸 카드에 적힌 수의 합보다 클 확률 구하기

갑이 꺼낸 카드의 숫자가 을과 병이 꺼낸 카드에 적힌 수의 합보다 큰 경우는 즉 $a>b+c$인 경우는
$a=3$, $b=1$일 때, $c=1$
$a=4$, $b=1$일 때, $c=1, 2$
$a=4$, $b=2$일 때, $c=1$
$a=5$, $b=1$일 때, $c=1, 2, 3$
$a=5$, $b=2$일 때, $c=1, 2$
$a=5$, $b=3$일 때, $c=1$
$a=6$, $b=1$일 때, $c=1, 2, 3$
$a=6$, $b=2$일 때, $c=1, 2, 3$
$a=6$, $b=3$일 때, $c=1, 2$의 18가지이므로 $P(E\cap F)=\dfrac{18}{54}=\dfrac{1}{3}$

따라서 $k=P(F|E)=\dfrac{P(E\cap F)}{P(E)}=\dfrac{\frac{1}{3}}{\frac{2}{3}}=\dfrac{1}{2}$ 이므로 $100k=100\times\dfrac{1}{2}=50$

갑이 꺼낸 카드의 숫자가 을과 병이 꺼낸 카드에 적힌 수의 합보다 큰 경우의 수

갑의 수	을의 수	병의 수	계
3	1	1	1
4	1	1	3
	1	2	
	2	1	
5	1	1	6
	1	2	
	1	3	
	2	1	
	2	2	
	3	1	
6	1	1	8
	1	2	
	1	3	
	2	1	
	2	2	
	2	3	
	3	1	
	3	2	
			18

0435

오른쪽 그림과 같이 주머니에 ★ 모양의 스티커가
각각 1개씩 붙어 있는 카드 2장과 스티커가 붙어
있지 않은 카드 3장이 들어 있다.
이 주머니를 사용하여 다음의 시행을 한다.

주머니에서 임의로 2장의 카드를 동시에 꺼낸 다음, 꺼낸 카드에
★ 모양의 스티커를 각각 1개씩 붙인 후 다시 주머니에 넣는다.

위의 시행을 2번 반복한 뒤 주머니 속에 ★ 모양의 스티커가 3개 붙어 있
는 카드가 들어 있을 확률은 $\dfrac{q}{p}$이다. $p+q$의 값을 구하여라.

(단, p와 q는 서로소인 자연수이다.)

STEP Ⓐ **★ 모양의 스티커가 3개 붙어 있는 카드가 들어 있을 경우 구하기**

처음에 스티커가 붙어 있는 카드를 A, B,
스티커가 붙어 있지 않은 카드를 C, D, E라 하자.

(ⅰ) 스티커가 3개 붙어 있는 카드가 2장일 경우

첫 번째 시행에서 A, B 모두 꺼내고 두 번째 시행에서도 A, B를 모두

꺼내야 하므로 그 확률은 $\dfrac{{}_2C_2}{{}_5C_2}\times\dfrac{{}_2C_2}{{}_5C_2}=\dfrac{1}{100}$

(ⅱ) 스티커가 3개 붙어 있는 카드가 1장일 경우

① 첫 번째 시행에서 A, B를 모두 꺼내는 경우

두 번째 시행에서는 A, B 중에서 1장,
C, D, E 중에서 1장을 꺼내야 한다.

이 경우의 확률은 $\dfrac{{}_2C_2}{{}_5C_2}\times\dfrac{{}_2C_1\times{}_3C_1}{{}_5C_2}=\dfrac{6}{100}$

② 첫 번째 시행에서 A, B 중에서 1장, C, D, E 중에서 1장을 꺼내는 경우

첫 번째 시행에서 A, B 중에서 꺼낸 카드를 X, 꺼내지 않은 카드를
Y라 하면 두 번째 시행에서는 X를 반드시 꺼내고 나머지 1장을
Y, C, D, E 중에서 꺼내야 한다.

이 경우의 확률은 $\dfrac{{}_2C_1\times{}_3C_1}{{}_5C_2}\times\dfrac{{}_1C_1\times{}_4C_1}{{}_5C_2}=\dfrac{24}{100}$

①, ②에서 스티커가 3개 붙어 있는 카드가 1장일 확률은

$\dfrac{6}{100}+\dfrac{24}{100}=\dfrac{30}{100}$

STEP Ⓑ **배반사건의 확률 구하기**

(ⅰ), (ⅱ)에 의하여 구하는 확률은 $\dfrac{1}{100}+\dfrac{30}{100}=\dfrac{31}{100}$

따라서 $p=100$, $q=31$이므로 $p+q=131$

다른풀이 여사건을 이용하여 풀이하기

두 번의 시행에서 ★ 모양의 스티커가 3개 붙어 있는 카드가 들어 있는 경우는
다음과 같이 세 가지로 나눌 수 있다.

	첫 번째 시행	두 번째 시행	확률
(ⅰ)	스티커가 붙어 있는 카드 2장 꺼낸다. $\dfrac{{}_2C_2}{{}_5C_2}=\dfrac{1}{10}$	스티커가 2개씩 붙어 있는 카드 2장 중 적어도 한 장을 꺼낸다. 두 번째 2장 중 1장 이상 꺼낸다. $\left(1-\dfrac{{}_3C_2}{{}_5C_2}\right)=\dfrac{7}{10}$	$\dfrac{1}{10}\times\dfrac{7}{10}=\dfrac{7}{100}$
(ⅱ)	스티커가 붙어 있는 카드 1장 꺼낸다. $\dfrac{{}_2C_1\times{}_3C_1}{{}_5C_2}=\dfrac{6}{10}$	스티커가 2개 붙어 있는 카드 1장을 반드시 꺼낸다. $\dfrac{{}_1C_1\times{}_4C_1}{{}_5C_2}=\dfrac{4}{10}$	$\dfrac{6}{10}\times\dfrac{4}{10}=\dfrac{24}{100}$

	스티커가 붙어 있는 카드를 꺼내지 않는다.	스티커가 3개 붙어 있는 카드를 만들 수 없다.	
(ⅲ)			

(ⅰ)~(ⅲ)에서 ★ 모양의 스티커가 3개 붙어 있는 카드가 들어 있을 확률은

$\dfrac{7}{100}+\dfrac{24}{100}=\dfrac{31}{100}$

0436

흰 공 3개, 검은 공 4개가 들어 있는 주머니가 있다. 이 주머니에서 임의로
3개의 공을 동시에 꺼내어, 꺼낸 흰 공과 검은 공의 개수를 각각 m, n이라
하자. 이 시행에서 $2m \geq n$일 때, 꺼낸 흰 공의 개수가 2일 확률은 $\dfrac{q}{p}$이다.
$p+q$의 값을 구하여라. (단, p와 q는 서로소인 자연수이다.)

STEP Ⓐ **$2m \geq n$인 사건을 만족하는 확률 구하기**

3개의 공을 동시에 꺼내어, 꺼낸 흰 공과 검은 공의 개수가 각각
m, n이므로 $m+n=3$

이때 $2m \geq n$이 되는 경우는

$m=1$, $n=2$ 또는 $m=2$, $n=1$ 또는 $m=3$, $n=0$인 사건을 A,
흰 공의 개수가 2인 사건을 B라 하자.

(ⅰ) $m=1$, $n=2$일 때,

흰 공 3개 중 1개, 검은 공 4개 중 2개를 꺼내는 확률은 $\dfrac{{}_3C_1\times{}_4C_2}{{}_7C_3}=\dfrac{18}{35}$

(ⅱ) $m=2$, $n=1$일 때,

흰 공 3개 중 2개, 검은 공 4개 중 1개를 꺼내는 확률은 $\dfrac{{}_3C_2\times{}_4C_1}{{}_7C_3}=\dfrac{12}{35}$

(ⅲ) $m=3$, $n=0$일 때,

흰 공만 3개를 꺼내는 확률은 $\dfrac{{}_3C_3}{{}_7C_3}=\dfrac{1}{35}$

(ⅰ)~(ⅲ)에서 배반사건이므로 $\mathrm{P}(A)=\dfrac{18}{35}+\dfrac{12}{35}+\dfrac{1}{35}=\dfrac{31}{35}$

또한, 흰 공의 개수가 2인 확률 $\mathrm{P}(A \cap B)=\dfrac{12}{35}$

STEP Ⓑ **조건부확률 구하기**

$2m \geq n$일 때, 꺼낸 흰 공의 개수가 2개일 확률은

$$\mathrm{P}(B|A)=\dfrac{\mathrm{P}(A \cap B)}{\mathrm{P}(A)}=\dfrac{\dfrac{12}{35}}{\dfrac{31}{35}}=\dfrac{12}{31}$$

따라서 $p=31$, $q=12$이므로 $p+q=43$

다른풀이 m을 기준으로 분류하여 조건부확률 풀이하기

3개의 공을 꺼내므로 $m+n=3$

$2m \geq n$에서 $2m \geq 3-m$

∴ $m \geq 1$

(ⅰ) $m=1$

흰 공이 1개, 검은 공이 2개일 확률은 $\dfrac{{}_3C_1\times{}_4C_2}{{}_7C_3}=\dfrac{18}{35}$

(ⅱ) $m=2$

흰 공이 2개, 검은 공이 1개일 확률은 $\dfrac{{}_3C_2\times{}_4C_1}{{}_7C_3}=\dfrac{12}{35}$

(ⅲ) $m=3$

흰 공이 3개일 확률은 $\dfrac{{}_3C_3}{{}_7C_3}=\dfrac{1}{35}$

(ⅰ)~(ⅲ)에서 $2m \geq n$일 때, 꺼낸 흰 공의 개수가 2개일 확률은

$$\dfrac{\dfrac{12}{35}}{\dfrac{18}{35}+\dfrac{12}{35}+\dfrac{1}{35}}=\dfrac{12}{31}$$

따라서 $p+q=43$

04 사건의 독립과 종속

0437

한 개의 주사위를 던져 짝수의 눈이 나오는 사건을 A, 4의 약수의 눈이 나오는 사건을 B, 3의 배수의 눈이 나오는 사건을 C라 할 때, [보기]에서 옳은 것만을 있는 대로 고른 것은?

> ㄱ. 두 사건 A, B는 서로 독립이다.
> ㄴ. 두 사건 B, C는 서로 종속이다.
> ㄷ. 두 사건 C, A는 서로 독립이다.

① ㄱ   ② ㄴ   ③ ㄷ
④ ㄱ, ㄴ   ⑤ ㄴ, ㄷ

STEP Ⓐ 사건 A, B, C, $B \cap C$, $A \cap B$, $C \cap A$를 구하기

$A = \{2, 4, 6\}$, $B = \{1, 2, 4\}$, $C = \{3, 6\}$이므로
$B \cap C = \varnothing$, $A \cap B = \{2, 4\}$, $C \cap A = \{6\}$
$P(A) = \dfrac{1}{2}$, $P(B) = \dfrac{1}{2}$, $P(C) = \dfrac{1}{3}$
$P(B \cap C) = 0$, $P(A \cap B) = \dfrac{1}{3}$, $P(C \cap A) = \dfrac{1}{6}$

STEP Ⓑ [보기]의 진위판단하기

ㄱ. $P(A)P(B) = \dfrac{1}{2} \times \dfrac{1}{2} = \dfrac{1}{4}$, $P(A \cap B) = \dfrac{1}{3}$에서
$P(A \cap B) \neq P(A)P(B)$이므로 두 사건 A, B는 서로 종속이다. [거짓]

ㄴ. $P(B)P(C) = \dfrac{1}{2} \times \dfrac{1}{3} = \dfrac{1}{6}$, $P(B \cap C) = 0$에서
$P(B \cap C) \neq P(B)P(C)$이므로 두 사건 B, C는 서로 종속이다. [참]
← 두 사건 B, C는 배반사건

ㄷ. $P(C)P(A) = \dfrac{1}{3} \times \dfrac{1}{2} = \dfrac{1}{6}$, $P(C \cap A) = \dfrac{1}{6}$에서
$P(C \cap A) = P(C)P(A)$이므로 두 사건 C, A는 서로 독립이다. [참]
따라서 옳은 것은 ㄴ, ㄷ이다.

0438

1부터 10까지 자연수가 각각 하나씩 적힌 10장의 카드 중에서 임의로 한 장을 뽑을 때, n의 배수가 적힌 카드를 뽑는 사건을 A_n이라 하자. 이때 [보기]에서 옳은 것을 모두 고른 것은?

> ㄱ. A_3과 A_4는 서로 배반사건이다.
> ㄴ. $P(A_4 | A_2) = \dfrac{1}{5}$
> ㄷ. A_2와 A_5는 서로 독립이다.

① ㄱ   ② ㄱ, ㄴ   ③ ㄱ, ㄷ
④ ㄴ, ㄷ   ⑤ ㄱ, ㄴ, ㄷ

STEP Ⓐ $P(A_3 \cap A_4) = 0$을 이용하기

ㄱ. $A_3 = \{3, 6, 9\}$, $A_4 = \{4, 8\}$이므로 $A_3 \cap A_4 = \varnothing$
$P(A_3 \cap A_4) = 0$이므로 A_3과 A_4는 서로 배반사건이다. [참]

STEP Ⓑ 조건부확률을 이용하여 구하기

ㄴ. $A_2 = \{2, 4, 6, 8, 10\}$, $A_4 = \{4, 8\}$이므로 $A_2 \cap A_4 = \{4, 8\}$
$P(A_2) = \dfrac{1}{2}$, $P(A_4) = \dfrac{1}{5}$, $P(A_2 \cap A_4) = \dfrac{1}{5}$이므로

$P(A_4 | A_2) = \dfrac{P(A_4 \cap A_2)}{P(A_2)} = \dfrac{\dfrac{1}{5}}{\dfrac{1}{2}} = \dfrac{2}{5}$ [거짓]

STEP Ⓒ 두 사건 A_2, A_5의 독립, 종속을 확인하기

ㄷ. $A_2 = \{2, 4, 6, 8, 10\}$, $A_5 = \{5, 10\}$이므로 $A_2 \cap A_5 = \{10\}$
$P(A_2)P(A_5) = \dfrac{1}{2} \times \dfrac{1}{5} = \dfrac{1}{10}$, $P(A_2 \cap A_5) = \dfrac{1}{10}$에서
$P(A_2)P(A_5) = P(A_2 \cap A_5)$이므로
두 사건 A_2, A_5는 서로 독립이다. [참]
따라서 옳은 것은 ㄱ, ㄷ이다.

0439

10개의 제비 중에 당첨제비가 3개 들어 있다. 송이와 민호 두 사람이 이 순서대로 한 개씩만 제비를 뽑을 때, 송이가 당첨되는 사건을 A라 하고, 민호가 당첨되는 사건을 B라 하자. 옳은 것만을 [보기]에서 있는 대로 고른 것은? (단, 뽑은 제비는 다시 넣지 않는다.)

> ㄱ. $P(A \cap B) = \dfrac{3}{50}$
> ㄴ. $P(A | B) = P(B | A)$
> ㄷ. 두 사건 A, B는 서로 독립이다.

① ㄱ   ② ㄴ   ③ ㄷ
④ ㄱ, ㄷ   ⑤ ㄴ, ㄷ

STEP Ⓐ 확률 $P(A)$, $P(B)$ 구하기

송이가 당첨제비를 뽑을 확률은 $P(A) = \dfrac{3}{10}$

송이가 당첨제비를 뽑고 민호도 당첨제비를 뽑을 확률은 $P(B | A) = \dfrac{2}{9}$
민호가 당첨 제비를 뽑을 확률

(i) 송이가 당첨 제비를 뽑고, 민호도 당첨 제비를 뽑을 확률은
$$P(A \cap B) = P(A)P(B | A) = \dfrac{3}{10} \times \dfrac{2}{9} = \dfrac{1}{15}$$

(ii) 송이가 당첨 제비를 뽑지 않고, 민호가 당첨 제비를 뽑을 확률은
$$P(A^c \cap B) = P(A^c)P(B | A^c) = \dfrac{7}{10} \times \dfrac{3}{9} = \dfrac{7}{30}$$

(i), (ii)가 서로 배반사건이므로 민호가 당첨 제비를 뽑을 확률은
$P(B) = P(A \cap B) + P(A^c \cap B) = \dfrac{1}{15} + \dfrac{7}{30} = \dfrac{3}{10}$

STEP Ⓑ [보기]의 진위판단하기

ㄱ. 두 사람 모두 당첨 제비를 뽑을 확률은
$$P(A \cap B) = P(A)P(B | A) = \dfrac{3}{10} \times \dfrac{2}{9} = \dfrac{1}{15}$$ [거짓]

ㄴ. $P(B | A) = \dfrac{2}{9}$, $P(A | B) = \dfrac{P(A \cap B)}{P(B)} = \dfrac{\dfrac{1}{15}}{\dfrac{3}{10}} = \dfrac{2}{9}$이므로

$P(A | B) = P(B | A)$ [참]

ㄷ. $P(A)P(B) = \dfrac{3}{10} \times \dfrac{3}{10} = \dfrac{9}{100}$, $P(A \cap B) = \dfrac{1}{15}$에서
$P(A)P(B) \neq P(A \cap B)$이므로
두 사건 A, B는 서로 종속이다. [거짓]

> 참고 $P(B) = \dfrac{3}{10}$, $P(B | A) = \dfrac{2}{9}$에서 $P(B) \neq P(B | A)$이므로
> 두 사건 A, B는 서로 종속이다.

따라서 옳은 것은 ㄴ이다.

0440

소희 반은 안경을 쓴 남학생 15명, 안경을 안 쓴 남학생 3명, 안경을 쓴 여학생 10명, 안경을 안 쓴 여학생 x명으로 구성되어 있다.
소희 반 학생 중에서 임의로 한 명을 뽑을 때, 뽑힌 학생이 남학생인 사건을 A, 안경을 쓴 학생인 사건을 B라고 하자. 두 사건 A, B가 서로 독립일 때, x의 값은?

① 2 ② 4 ③ 6
④ 8 ⑤ 10

STEP A 확률 $\mathrm{P}(A)$, $\mathrm{P}(B)$, $\mathrm{P}(A\cap B)$ 구하기

뽑힌 학생이 남학생인 사건을 A, 안경을 쓴 학생 사건을 B,
소희반 전체학생을 표본공간 S라 하면

(단위 : 명)

	안경을 씀	안경을 안씀	합계
남학생	15	3	18
여학생	10	x	$10+x$
합계	25	$3+x$	$28+x$

$\mathrm{P}(A)=\dfrac{n(A)}{n(S)}=\dfrac{18}{28+x}$, $\mathrm{P}(B)=\dfrac{n(B)}{n(S)}=\dfrac{25}{28+x}$

사건 $A\cap B$는 남학생이고 안경을 쓴 학생일 사건이므로

$\mathrm{P}(A\cap B)=\dfrac{n(A\cap B)}{n(S)}=\dfrac{15}{28+x}$

STEP B $\mathrm{P}(A\cap B)=\mathrm{P}(A)\mathrm{P}(B)$를 이용하여 x의 값 구하기

두 사건 A, B가 서로 독립일 필요충분조건은

$\mathrm{P}(A\cap B)=\mathrm{P}(A)\mathrm{P}(B)$이므로

$\dfrac{15}{28+x}=\dfrac{18}{28+x}\times\dfrac{25}{28+x}$

따라서 $3(28+x)=90$에서 $x=2$

다른풀이 $\mathrm{P}(A|B)=\mathrm{P}(A)$를 이용하여 풀이하기

뽑힌 학생이 남학생인 사건을 A, 안경을 쓴 학생 사건을 B,

$\mathrm{P}(A)=\dfrac{18}{28+x}$, $\mathrm{P}(A|B)=\dfrac{15}{25}=\dfrac{3}{5}$

이때 두 사건 A, B가 서로 독립이므로 $\mathrm{P}(A|B)=\mathrm{P}(A)$이 성립한다.

따라서 $\dfrac{18}{28+x}=\dfrac{3}{5}$이므로 $x=2$

서로 독립인 사건에서는 비율이 동일하다.

(단위 : 명)

	안경을 씀	안경을 안씀	합계
남학생	15	3	18
여학생	10	x	$10+x$
합계	25	$3+x$	$28+x$

선택된 학생이 남학생인 사건을 A, 안경을 쓴 학생인 사건을 B라 하면
두 사건이 서로 독립이므로 $15:3=10:x$
따라서 $15x=30$이므로 $x=2$

0441

다음 표는 어느 회사에서 전체 직원 250명을 대상으로 폴더블 스마트폰의 구입 희망 여부를 조사하여 나타낸 표이다. 전체 직원 중 한 명을 임의로 뽑을 때, 뽑힌 직원이 남자 직원인 사건을 A, 폴더블 스마트폰을 구입 희망하는 직원인 사건을 B라 하자. 두 사건 A, B가 서로 독립일 때, a의 값은?

	구입 희망	구입 안함	합계
남자	a	b	130
여자	c	d	120
합계	150	100	250

① 65 ② 72 ③ 78
④ 82 ⑤ 104

STEP A $\mathrm{P}(A)$, $\mathrm{P}(B)$, $\mathrm{P}(A\cap B)$의 확률 구하기

뽑힌 직원이 남자 직원인 사건을 A,
폴더블 스마트폰을 구입 희망하는 직원인 사건을 B라 하면

$\mathrm{P}(A)=\dfrac{130}{250}=\dfrac{13}{25}$, $\mathrm{P}(B)=\dfrac{150}{250}=\dfrac{3}{5}$

사건 $A\cap B$는 남성이고 구입을 희망할 사건이므로 $\mathrm{P}(A\cap B)=\dfrac{a}{250}$

STEP B $\mathrm{P}(A\cap B)=\mathrm{P}(A)\mathrm{P}(B)$를 이용하여 a의 값 구하기

두 사건 A, B가 서로 독립일 필요충분조건은 $\mathrm{P}(A\cap B)=\mathrm{P}(A)\mathrm{P}(B)$이므로

$\dfrac{a}{250}=\dfrac{13}{25}\times\dfrac{3}{5}$에서 $a=78$

다른풀이 $\mathrm{P}(A|B)=\mathrm{P}(A)$를 이용하여 풀이하기

뽑힌 직원이 남자 직원인 사건을 A,
폴더블 스마트폰을 구입 희망하는 직원인 사건을 B,

$\mathrm{P}(A)=\dfrac{13}{25}$, $\mathrm{P}(A|B)=\dfrac{a}{150}$

이때 두 사건 A, B가 서로 독립이므로 $\mathrm{P}(A|B)=\mathrm{P}(A)$이 성립한다.

따라서 $\dfrac{13}{25}=\dfrac{a}{150}$이므로 $a=78$

0442

어느 회사의 전체 직원은 기혼남성 6명, 미혼남성 20명, 기혼여성 36명, 미혼여성 x명이다. 이 회사에서 직원 중 한 사람을 선택하여 선물을 주기로 하였다. 선택된 직원이 남성인 경우를 사건 A라 하고, 미혼인 경우를 사건 B라 하자. 두 사건 A, B가 서로 독립일 때, x의 값을 구하여라.
(단, 각 직원이 선택될 확률은 같다고 가정한다.)

STEP A $\mathrm{P}(A)$, $\mathrm{P}(B)$, $\mathrm{P}(A\cap B)$의 확률 구하기

분류된 직원들의 인원을 표로 나타내면 다음과 같다.

	남성	여성	계
기혼	6	36	42
미혼	20	x	$20+x$
계	26	$36+x$	$62+x$

선택된 직원이 남성인 경우가 사건 A, 미혼인 경우가 사건 B이므로

$\mathrm{P}(A)=\dfrac{26}{62+x}$, $\mathrm{P}(B)=\dfrac{20+x}{62+x}$

사건 $A\cap B$는 남성이고 미혼일 사건이므로 $\mathrm{P}(A\cap B)=\dfrac{20}{62+x}$

STEP B $\mathrm{P}(A\cap B)=\mathrm{P}(A)\mathrm{P}(B)$를 이용하여 x의 값 구하기

두 사건 A, B가 서로 독립일 필요충분조건은 $\mathrm{P}(A\cap B)=\mathrm{P}(A)\mathrm{P}(B)$이므로

$\dfrac{20}{62+x}=\dfrac{26}{62+x}\times\dfrac{20+x}{62+x}$

$20(62+x)=26(20+x)$ $\therefore 3x=360$

따라서 $x=120$

다른풀이 A, B가 독립이므로 $P(A|B)=P(A)$를 이용하여 풀이하기

선택된 직원이 남성인 경우가 사건 A, 미혼인 경우를 사건 B라 하면

$$P(A)=\frac{26}{62+x}, \quad P(A|B)=\frac{20}{20+x}$$

두 사건 A, B가 독립이므로 $P(A)=P(A|B)$

$$\frac{26}{62+x}=\frac{20}{20+x}$$
$$520+26x=1240+20x$$
$$6x=720$$

따라서 $x=120$

참고 두 사건 A, B가 독립이므로 $P(B|A)=P(B)$

$\dfrac{20}{26}=\dfrac{10}{13}=\dfrac{20+x}{62+x}$에서 $620+10x=260+13x$이므로 $3x=360$

따라서 $x=120$

서로 독립인 사건에서는 비율이 동일하다.
즉 기혼자 중 남성의 비율과 미혼자 중 남성의 비율이 동일하다.
분류된 직원들의 인원을 표로 나타내면 다음과 같다.

	기혼	미혼
남성	6	20
여성	36	x

이때 선택된 직원이 남성인 사건 A와 미혼인 사건 B가 서로 독립이므로
$6:20=36:x$
따라서 $x=120$

0443

주사위의 1의 눈의 면에서부터 $k(1 \leq k \leq 5)$의 눈의 면까지 빨간색을 칠하고 $(k+1)$의 눈의 면에서부터 6의 눈의 면까지는 파란색을 칠한다. 이 주사위를 던질 때, '짝수의 눈이 나온다.' 라는 사건을 A, '빨간색을 칠한 면이 나온다.' 라는 사건을 B라고 할 때, 두 사건 A, B가 서로 독립이 되는 k의 값들의 합을 구하여라.

STEP A k값에 따른 확률 구하기

짝수가 나오는 사건을 A, 빨간색 면이 나오는 사건을 B라 하면

$$P(A)=\frac{1}{2}, \quad P(B)=\frac{k}{6}$$

k값에 따른 확률을 구하여 표로 나타내면 다음과 같다.

k	1	2	3	4	5
$P(A)$	$\frac{1}{2}$	$\frac{1}{2}$	$\frac{1}{2}$	$\frac{1}{2}$	$\frac{1}{2}$
$P(B)$	$\frac{1}{6}$	$\frac{2}{6}$	$\frac{3}{6}$	$\frac{4}{6}$	$\frac{5}{6}$
$P(A)P(B)$	$\frac{1}{12}$	$\frac{2}{12}$	$\frac{3}{12}$	$\frac{4}{12}$	$\frac{5}{12}$
$P(A \cap B)$	0	$\frac{1}{6}$	$\frac{1}{6}$	$\frac{2}{6}$	$\frac{2}{6}$

← $n(A \cap B)$는 k개의 빨간색 면에서 짝수인 면의 개수

STEP B $P(A \cap B)=P(A)P(B)$를 이용하여 k의 값 구하기

즉 표에서

$k=2$일 때, $P(A \cap B)=\dfrac{1}{6}$, $P(A)P(B)=\dfrac{1}{2} \times \dfrac{2}{6}=\dfrac{1}{6}$에서

$P(A)P(B)=P(A \cap B)$이므로 독립

$k=4$일 때, $P(A \cap B)=\dfrac{2}{6}$, $P(A)P(B)=\dfrac{1}{2} \times \dfrac{4}{6}=\dfrac{1}{3}$에서

$P(A)P(B)=P(A \cap B)$이므로 독립

따라서 두 사건 A, B가 서로 독립이 되도록 하는 자연수 k의 값은 2, 4이고 합은 $2+4=6$

0444

어느 디자인 공모 대회에 철수가 참가하였다.
참가자는 두 항목에서 점수를 받으며, 각 항목에서 받을 수 있는 점수는 다음 표와 같이 3가지 중 하나이다. 철수가 각 항목에서 점수 A를 받을 확률은 $\frac{1}{2}$, 점수 B를 받을 수 있는 확률은 $\frac{1}{3}$, 점수 C를 받을 수 있는 확률은 $\frac{1}{6}$이다. 관람객 투표 점수를 받는 사건과 심사위원 점수를 받는 사건이 서로 독립일 때, 철수가 받는 두 점수의 합이 70일 확률은?

항목＼점수	점수 A	점수 B	점수 C
관람객 투표	40	30	20
심사 위원	50	40	30

① $\dfrac{1}{3}$ ② $\dfrac{11}{36}$ ③ $\dfrac{5}{18}$

④ $\dfrac{1}{4}$ ⑤ $\dfrac{2}{9}$

STEP A 관람객 투표점수와 심사위원의 점수의 사건이 독립임을 이용하여 확률 구하기

철수가 받는 관람객 투표 점수와 심사위원 점수의 합이 70점이 되는 경우는 관람객 투표 점수를 받는 사건과 심사위원 점수를 받는 사건이 서로 독립이므로 각각의 경우의 확률은 다음과 같다.

(ⅰ) 관람객 투표 점수 A(40), 심사위원 점수 C(30)인 경우의 확률은

$$\frac{1}{2} \times \frac{1}{6}=\frac{1}{12}$$

(ⅱ) 관람객 투표 점수 B(30), 심사위원 점수 B(40)인 경우의 확률은

$$\frac{1}{3} \times \frac{1}{3}=\frac{1}{9}$$

(ⅲ) 관람객 투표 점수 C(20), 심사위원 점수 A(50)인 경우의 확률은

$$\frac{1}{6} \times \frac{1}{2}=\frac{1}{12}$$

STEP B 배반사건을 이용하여 확률 구하기

(ⅰ)~(ⅲ)이 배반사건이므로 구하는 확률은 $\dfrac{1}{12} + \dfrac{1}{9} + \dfrac{1}{12} = \dfrac{5}{18}$

두 점수의 합이 70점이 되는 경우는 다음과 같다.

관람객 투표	심사위원
점수 A (40)	점수 C (30)
점수 B (30)	점수 B (40)
점수 C (20)	점수 A (50)

0445

한 개의 주사위를 한 번 던진다. 홀수의 눈이 나오는 사건을 A, 6 이하의 자연수 m에 대하여 m의 약수의 눈이 나오는 사건을 B라 하자. 두 사건 A와 B가 서로 독립이 되도록 하는 모든 m의 값의 합을 구하여라.

STEP A 두 사건의 확률 구하기

한 개의 주사위를 한 번 던질 때, 홀수의 눈이 나오는 사건이 A,

$A=\{1,\ 3,\ 5\}$이므로 $\mathrm{P}(A)=\dfrac{1}{2}$

6 이하의 자연수 m에 대하여 m의 약수의 눈이 나오는 사건이 B이다.

STEP B $\mathrm{P}(A\cap B)=\mathrm{P}(A)\mathrm{P}(B)$를 이용하여 m의 값 구하기

(i) $m=1$일 때,

$B=\{1\}$이므로 $A\cap B=\{1\}$

$\mathrm{P}(B)=\dfrac{1}{6}$, $\mathrm{P}(A\cap B)=\dfrac{1}{6}$

$\mathrm{P}(A)\mathrm{P}(B)=\dfrac{1}{2}\times\dfrac{1}{6}=\dfrac{1}{12}$, $\mathrm{P}(A\cap B)=\dfrac{1}{6}$에서

$\mathrm{P}(A\cap B)\neq\mathrm{P}(A)\mathrm{P}(B)$이므로 두 사건 A, B는 종속사건이다.

(ii) $m=2$일 때,

$B=\{1,\ 2\}$이므로 $A\cap B=\{1\}$

$\mathrm{P}(B)=\dfrac{1}{3}$, $\mathrm{P}(A\cap B)=\dfrac{1}{6}$

$\mathrm{P}(A)\mathrm{P}(B)=\dfrac{1}{2}\times\dfrac{1}{3}=\dfrac{1}{6}$, $\mathrm{P}(A\cap B)=\dfrac{1}{6}$에서

$\mathrm{P}(A\cap B)=\mathrm{P}(A)\mathrm{P}(B)$이므로 두 사건 A, B는 독립사건이다.

(iii) $m=3$일 때,

$B=\{1,\ 3\}$이므로 $A\cap B=\{1,\ 3\}$

$\mathrm{P}(B)=\dfrac{1}{3}$, $\mathrm{P}(A\cap B)=\dfrac{1}{3}$

$\mathrm{P}(A)\mathrm{P}(B)=\dfrac{1}{2}\times\dfrac{1}{3}=\dfrac{1}{6}$, $\mathrm{P}(A\cap B)=\dfrac{1}{3}$에서

$\mathrm{P}(A\cap B)\neq\mathrm{P}(A)\mathrm{P}(B)$이므로 두 사건 A, B는 종속사건이다.

(iv) $m=4$일 때,

$B=\{1,\ 2,\ 4\}$이므로 $A\cap B=\{1\}$

$\mathrm{P}(B)=\dfrac{1}{2}$, $\mathrm{P}(A\cap B)=\dfrac{1}{6}$

$\mathrm{P}(A)\mathrm{P}(B)=\dfrac{1}{2}\times\dfrac{1}{2}=\dfrac{1}{4}$, $\mathrm{P}(A\cap B)=\dfrac{1}{6}$에서

$\mathrm{P}(A\cap B)\neq\mathrm{P}(A)\mathrm{P}(B)$이므로 두 사건 A, B는 종속사건이다.

(v) $m=5$일 때,

$B=\{1,\ 5\}$이므로 $A\cap B=\{1,\ 5\}$

$\mathrm{P}(B)=\dfrac{1}{3}$, $\mathrm{P}(A\cap B)=\dfrac{1}{3}$

$\mathrm{P}(A)\mathrm{P}(B)=\dfrac{1}{2}\times\dfrac{1}{3}=\dfrac{1}{6}$, $\mathrm{P}(A\cap B)=\dfrac{1}{3}$에서

$\mathrm{P}(A\cap B)\neq\mathrm{P}(A)\mathrm{P}(B)$이므로 두 사건 A, B는 종속사건이다.

(vi) $m=6$일 때,

$B=\{1,\ 2,\ 3,\ 6\}$이므로 $A\cap B=\{1,\ 3\}$

$\mathrm{P}(B)=\dfrac{2}{3}$, $\mathrm{P}(A\cap B)=\dfrac{1}{3}$

$\mathrm{P}(A)\mathrm{P}(B)=\dfrac{1}{2}\times\dfrac{2}{3}=\dfrac{1}{3}$, $\mathrm{P}(A\cap B)=\dfrac{1}{3}$에서

$\mathrm{P}(A\cap B)=\mathrm{P}(A)\mathrm{P}(B)$이므로 두 사건 A, B는 독립사건이다.

STEP C 두 사건 A, B가 서로 독립이 되도록 하는 모든 m의 값의 합 구하기

(ii), (vi)에서 모든 m의 값의 합은 $2+6=8$

0446

1부터 10까지의 수가 각각 적힌 10장의 카드에서 한 장의 카드를 임의로 택할 때, 나오는 수가 홀수인 사건을 A라고 하자. 다음 조건을 만족시키는 사건 B의 개수를 구하여라.

> (가) 두 사건 A, B는 서로 독립이다.
>
> (나) $\mathrm{P}(B)=\dfrac{1}{5}$

STEP A $\mathrm{P}(A)$ 구하기

1부터 10까지의 수가 각각 적힌 10장의 카드에서

한 장의 카드의 모든 결과의 집합 $S=\{1,\ 2,\ 3,\ \cdots,\ 10\}$이고

홀수인 사건의 모든 결과의 집합 $A=\{1,\ 3,\ 5,\ 7,\ 9\}$이므로

$\mathrm{P}(A)=\dfrac{5}{10}=\dfrac{1}{2}$

STEP B $\mathrm{P}(A\cap B)=\mathrm{P}(A)\mathrm{P}(B)$를 이용하여 m의 값 구하기

조건 (나)에서 $\mathrm{P}(B)=\dfrac{1}{5}=\dfrac{2}{10}$이므로

$n(B)=2$ $\qquad\cdots\cdots$ ㉠

조건 (가)에서 두 사건 A, B가 서로 독립이므로

$\mathrm{P}(A\cap B)=\mathrm{P}(A)\mathrm{P}(B)$이 성립한다.

$\mathrm{P}(A\cap B)=\mathrm{P}(A)\mathrm{P}(B)=\dfrac{1}{2}\times\dfrac{1}{5}=\dfrac{1}{10}$이므로

$n(A\cap B)=1$ $\qquad\cdots\cdots$ ㉡

STEP C 사건 B의 개수 구하기

㉠, ㉡에서 사건 B의 원소의 개수는 2이고

그 중 1개는 사건 $A\cap B$의 원소이다.

사건 B의 원소는 사건 $A=\{1,\ 3,\ 5,\ 7,\ 9\}$ 중에서 1개를 택하고

$A^c=\{2,\ 4,\ 6,\ 8,\ 10\}$ 중에서 1개를 택하면 된다.

따라서 구하는 사건 B의 개수는 ${}_5\mathrm{C}_1\times{}_5\mathrm{C}_1=5\times5=25$

0447

> 표본공간 S는 $S=\{1,\ 2,\ 3,\ \cdots,\ 12\}$이고 모든 근원사건의 확률은 같다. 사건 A가 $A=\{4,\ 8,\ 12\}$일 때, 사건 A와 독립이고 $n(A\cap X)=2$인 사건 X의 개수는? (단, $n(B)$는 집합 B의 원소의 개수를 나타낸다.)
>
> ① 36　　　　② 54　　　　③ 136
> ④ 214　　　　⑤ 252

STEP A 조건을 만족하는 확률 $\mathrm{P}(X)$ 구하기

사건 A가 $A=\{4,\ 8,\ 12\}$이므로 $\mathrm{P}(A)=\dfrac{3}{12}=\dfrac{1}{4}$

사건 X가 $n(A\cap X)=2$이므로 $\mathrm{P}(A\cap X)=\dfrac{2}{12}=\dfrac{1}{6}$

두 사건 A, X가 서로 독립이므로 $\mathrm{P}(A\cap X)=\mathrm{P}(A)\mathrm{P}(X)$이 성립한다.

$\dfrac{1}{6}=\dfrac{1}{4}\times\mathrm{P}(X)$

$\therefore\ \mathrm{P}(X)=\dfrac{2}{3}=\dfrac{8}{12}$

즉 사건 X의 원소의 개수는 8이다.

STEP B 사건 X의 개수 구하기

즉 $n(X)=8$이고 $n(A\cap X)=2$이므로

사건 X의 개수는 $A=\{4,\ 8,\ 12\}$의 원소에서 2개를 택하고

$A^c=\{1,\ 2,\ 3,\ 5,\ 6,\ 7,\ 9,\ 10,\ 11\}$ 중에서 6개를 택하면 된다.

따라서 구하는 사건 X의 개수는 ${}_3\mathrm{C}_2\times{}_9\mathrm{C}_6={}_3\mathrm{C}_1\times{}_9\mathrm{C}_3=3\times84=252$

0448

한 개의 주사위를 던지는 시행에서 나올 수 있는 모든 결과의 집합을 $S=\{1, 2, 3, 4, 5, 6\}$이라 하자. 이때 두 사건 A, B가 다음 조건을 만족시킨다.

> (가) $\mathrm{P}(A)=\dfrac{1}{2}$, $\mathrm{P}(B)=\dfrac{2}{3}$
>
> (나) 두 사건 A, B는 서로 독립이다.

두 사건 A, B의 순서쌍 (A, B)의 개수는?

① 9 ② 20 ③ 60
④ 120 ⑤ 180

STEP A 조건을 만족하는 $n(A)$, $n(B)$, $n(A \cap B)$의 값 구하기

$n(S)=6$이므로 조건 (가)에서

$\mathrm{P}(A)=\dfrac{1}{2}=\dfrac{3}{6}$, $\mathrm{P}(B)=\dfrac{2}{3}=\dfrac{4}{6}$이므로 $n(A)=3$, $n(B)=4$ $\cdots\cdots$ ㉠

조건 (나)에서 두 사건 A, B는 서로 독립이므로

$$\mathrm{P}(A \cap B)=\mathrm{P}(A)\mathrm{P}(B)=\frac{1}{2} \times \frac{2}{3}=\frac{1}{3}$$

이때 $\mathrm{P}(A \cap B)=\dfrac{1}{3}=\dfrac{2}{6}$이므로 $n(A \cap B)=2$ $\cdots\cdots$ ㉡

STEP B 두 사건 A, B의 순서쌍 (A, B)의 개수 구하기

㉠에서 사건 A의 개수는 $S=\{1, 2, 3, 4, 5, 6\}$의 원소 중에서 3개를 택하고 $_6\mathrm{C}_3=20$

이 20개의 각 사건 A에 대하여 ㉠, ㉡에서 사건 B의 개수는 사건 A의 3개의 원소 중에서 2개를 택하고 사건 A^c의 3개의 원소 중에서 2개를 택하는 조합의 수와 같으므로 $_3\mathrm{C}_2 \times {}_3\mathrm{C}_2=3 \times 3=9$

따라서 구하는 순서쌍 (A, B)의 개수는 $20 \times 9=180$

0449

다음 물음에 답하여라.
(1) 두 사건 A, B가 서로 독립이고

$$\mathrm{P}(A^c)=\frac{1}{4}, \ \mathrm{P}(A \cap B)=\frac{1}{2}$$

일 때, $\mathrm{P}(B|A^c)$의 값은? (단, A^c은 A의 여사건이다.)

① $\dfrac{5}{12}$ ② $\dfrac{1}{2}$ ③ $\dfrac{7}{12}$
④ $\dfrac{2}{3}$ ⑤ $\dfrac{3}{4}$

STEP A $\mathrm{P}(A)=1-\mathrm{P}(A^c)$을 이용하여 $\mathrm{P}(A)$의 값 구하기

$\mathrm{P}(A^c)=\dfrac{1}{4}$이므로 $\mathrm{P}(A)=1-\mathrm{P}(A^c)=1-\dfrac{1}{4}=\dfrac{3}{4}$

STEP B A, B가 독립이면 $\mathrm{P}(A|B)=\mathrm{P}(A)$임을 이용하기

두 사건 A, B가 서로 독립이므로 $\mathrm{P}(A \cap B)=\mathrm{P}(A)\mathrm{P}(B)$

$\dfrac{1}{2}=\dfrac{3}{4}\mathrm{P}(B)$ $\quad \therefore \mathrm{P}(B)=\dfrac{2}{3}$

STEP C A, B가 독립이면 $\mathrm{P}(B|A^c)=\mathrm{P}(B)$임을 이용하기

이때 두 사건 A, B가 서로 독립이면 두 사건 A^c, B도 서로 독립이다.

따라서 $\mathrm{P}(B|A^c)=\mathrm{P}(B)=\dfrac{2}{3}$

다른풀이 $\mathrm{P}(A^c \cap B)=\mathrm{P}(B)-\mathrm{P}(A \cap B)$를 이용하여 풀이하기

$\mathrm{P}(A)=1-\mathrm{P}(A^c)=1-\dfrac{1}{4}=\dfrac{3}{4}$

두 사건 A, B가 서로 독립이므로 $\mathrm{P}(A \cap B)=\mathrm{P}(A)\mathrm{P}(B)$에서

$\dfrac{1}{2}=\dfrac{3}{4}\mathrm{P}(B)$ $\quad \therefore \mathrm{P}(B)=\dfrac{2}{3}$

따라서 $\mathrm{P}(B|A^c)=\dfrac{\mathrm{P}(B \cap A^c)}{\mathrm{P}(A^c)}=\dfrac{\mathrm{P}(B)-\mathrm{P}(A \cap B)}{\mathrm{P}(A^c)}=\dfrac{\dfrac{2}{3}-\dfrac{1}{2}}{\dfrac{1}{4}}=\dfrac{2}{3}$

---

(2) 두 사건 A와 B는 서로 독립이고

$$\mathrm{P}(A)=\frac{2}{3}, \ \mathrm{P}(A \cup B)=\frac{5}{6}$$

일 때, $\mathrm{P}(B)$의 값은?

① $\dfrac{1}{3}$ ② $\dfrac{5}{12}$ ③ $\dfrac{1}{2}$
④ $\dfrac{7}{12}$ ⑤ $\dfrac{2}{3}$

STEP A A, B가 독립이면 $\mathrm{P}(A \cap B)=\mathrm{P}(A)\mathrm{P}(B)$임을 이용하기

두 사건 A, B가 독립이므로 $\mathrm{P}(A \cap B)=\mathrm{P}(A)\mathrm{P}(B)$

STEP B $\mathrm{P}(A \cup B)=\dfrac{5}{6}$에서 $\mathrm{P}(B)$의 값 구하기

$\mathrm{P}(A \cup B)=\mathrm{P}(A)+\mathrm{P}(B)-\mathrm{P}(A \cap B)$
$\qquad\qquad =\mathrm{P}(A)+\mathrm{P}(B)-\mathrm{P}(A)\mathrm{P}(B)$

에서 $\dfrac{5}{6}=\dfrac{2}{3}+\mathrm{P}(B)-\dfrac{2}{3}\mathrm{P}(B)$

따라서 $\dfrac{1}{3}\mathrm{P}(B)=\dfrac{1}{6}$이므로 $\mathrm{P}(B)=\dfrac{1}{2}$

---

(3) 두 사건 A와 B는 서로 독립이고

$$\mathrm{P}(A \cap B)=\frac{1}{6}, \ \mathrm{P}(A|B)=\frac{5}{6}$$

일 때, $\mathrm{P}(A \cup B)$의 값은?

① $\dfrac{1}{3}$ ② $\dfrac{7}{15}$ ③ $\dfrac{3}{5}$
④ $\dfrac{11}{15}$ ⑤ $\dfrac{13}{15}$

STEP A A, B가 독립이면 $\mathrm{P}(A|B)=\mathrm{P}(A)$임을 이용하기

두 사건 A, B는 서로 독립이므로 $\mathrm{P}(A|B)=\mathrm{P}(A)=\dfrac{5}{6}$

STEP B $\mathrm{P}(A \cup B)$ 구하기

$\mathrm{P}(A \cap B)=\mathrm{P}(A)\mathrm{P}(B)=\dfrac{5}{6}\mathrm{P}(B)=\dfrac{1}{6}$이므로 $\mathrm{P}(B)=\dfrac{1}{5}$

따라서 $\mathrm{P}(A \cup B)=\mathrm{P}(A)+\mathrm{P}(B)-\mathrm{P}(A \cap B)$
$\qquad\qquad\qquad =\dfrac{5}{6}+\dfrac{1}{5}-\dfrac{1}{6}=\dfrac{13}{15}$

0450

다음 물음에 답하여라.
(1) 두 사건 A와 B는 서로 독립이고 $\mathrm{P}(A)=\dfrac{1}{4}$, $\mathrm{P}(A \cup B)=\dfrac{1}{2}$일 때, $\mathrm{P}(B^c|A)$의 값은? (단, B^c은 B의 여사건이다.)

① $\dfrac{1}{6}$ ② $\dfrac{1}{3}$ ③ $\dfrac{1}{2}$
④ $\dfrac{2}{3}$ ⑤ $\dfrac{5}{6}$

STEP A A, B가 독립이면 $\mathrm{P}(A \cap B)=\mathrm{P}(A)\mathrm{P}(B)$임을 이용하여 $\mathrm{P}(B)$ 구하기

두 사건 A, B가 독립이므로

$\mathrm{P}(A \cup B)=\mathrm{P}(A)+\mathrm{P}(B)-\mathrm{P}(A \cap B)$
$\qquad\qquad =\mathrm{P}(A)+\mathrm{P}(B)-\mathrm{P}(A)\mathrm{P}(B)$

에서 $\dfrac{1}{2}=\dfrac{1}{4}+\mathrm{P}(B)-\dfrac{1}{4}\mathrm{P}(B)$

$\dfrac{3}{4}\mathrm{P}(B)=\dfrac{1}{4}$ $\quad \therefore \mathrm{P}(B)=\dfrac{1}{3}$

STEP B A, B가 독립이면 $\mathrm{P}(B^c|A)=\mathrm{P}(B^c)$임을 이용하기

따라서 두 사건 A, B가 서로 독립이면 두 사건 A, B^c도 서로 독립이므로

$\mathrm{P}(B^c|A)=\mathrm{P}(B^c)=1-\mathrm{P}(B)=\dfrac{2}{3}$

(2) 두 사건 A와 B는 서로 독립이고 $P(A \cup B) = \dfrac{1}{2}$, $P(A|B) = \dfrac{3}{8}$일 때, $P(A \cap B^c)$의 값은? (단, B^c은 B의 여사건이다.)

① $\dfrac{1}{10}$　　② $\dfrac{3}{20}$　　③ $\dfrac{1}{5}$

④ $\dfrac{1}{4}$　　⑤ $\dfrac{3}{10}$

STEP Ⓐ 두 사건 A, B가 독립임을 이용하여 $P(A)$와 $P(B)$의 값 구하기

두 사건 A, B가 서로 독립이므로 $P(A|B) = P(A) = \dfrac{3}{8}$

$P(A \cup B) = P(A) + P(B) - P(A)P(B)$에서　← $P(A \cap B) = P(A)P(B)$

$\dfrac{1}{2} = \dfrac{3}{8} + P(B) - \dfrac{3}{8}P(B)$, $\dfrac{5}{8}P(B) = \dfrac{1}{8}$

$\therefore P(B) = \dfrac{1}{5}$

STEP Ⓑ 사건 A, B^c가 독립임을 이용하여 $P(A \cap B^c)$ 구하기

따라서 두 사건 A, B가 서로 독립이면 두 사건 A, B^c도 서로 독립이므로

$P(A \cap B^c) = P(A)P(B^c) = P(A)\{1 - P(B)\}$

$\qquad = \dfrac{3}{8} \times \left(1 - \dfrac{1}{5}\right)$

$\qquad = \dfrac{3}{8} \times \dfrac{4}{5} = \dfrac{3}{10}$

다른풀이 $P(A \cap B^c) = P(A) - P(A \cap B)$를 이용하여 풀이하기

$P(A \cap B^c)$를 벤 다이어그램에 나타내면 오른쪽과 같다.

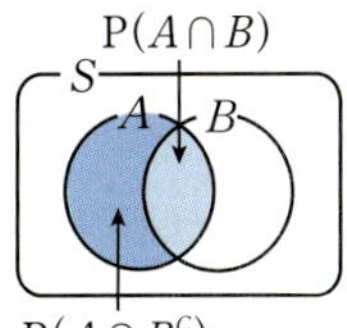

$P(A \cap B^c) = P(A) - P(A \cap B)$

$\qquad = P(A) - P(A)P(B)$

$\qquad = \dfrac{3}{8} - \dfrac{3}{8} \times \dfrac{1}{5} = \dfrac{3}{10}$

(3) 두 사건 A와 B는 서로 독립이고 $P(A|B) = \dfrac{5}{8}$, $P(A \cup B) = \dfrac{3}{4}$일 때, $P(A^c \cap B)$의 값은? (단, B^c은 B의 여사건이다.)

① $\dfrac{1}{12}$　　② $\dfrac{1}{8}$　　③ $\dfrac{1}{4}$

④ $\dfrac{3}{8}$　　⑤ $\dfrac{1}{2}$

STEP Ⓐ 두 사건 A, B가 독립임을 이용하여 $P(A)$와 $P(B)$의 값 구하기

두 사건 A, B가 서로 독립이므로 $P(A|B) = P(A) = \dfrac{5}{8}$

$P(A \cup B) = P(A) + P(B) - P(A \cap B)$

$\qquad = P(A) + P(B) - P(A)P(B)$

$\dfrac{3}{4} = \dfrac{5}{8} + P(B) - \dfrac{5}{8}P(B)$, $\dfrac{3}{8}P(B) = \dfrac{1}{8}$

$\therefore P(B) = \dfrac{1}{3}$

STEP Ⓑ 사건 A^c, B가 독립임을 이용하여 $P(A^c \cap B)$ 구하기

따라서 두 사건 A, B가 서로 독립이면 두 사건 A^c, B도 서로 독립이므로

$P(A^c \cap B) = P(A^c)P(B) = \{1 - P(A)\}P(B)$

$\qquad = \left(1 - \dfrac{5}{8}\right) \times \dfrac{1}{3}$

$\qquad = \dfrac{3}{8} \times \dfrac{1}{3} = \dfrac{1}{8}$

다른풀이 $P(A^c \cap B) = P(B) - P(A \cap B)$를 이용하여 풀이하기

$P(A^c \cap B)$를 벤 다이어그램에 나타내면 오른쪽과 같다.

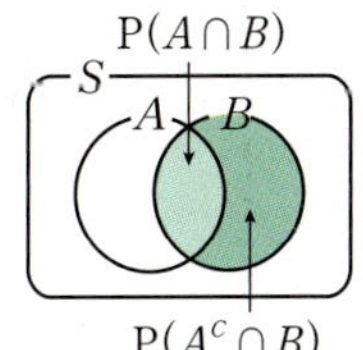

$P(A^c \cap B) = P(B) - P(A \cap B)$

$\qquad = P(B) - P(A)P(B)$

$\qquad = \dfrac{1}{3} - \dfrac{5}{8} \times \dfrac{1}{3} = \dfrac{1}{8}$

0451

다음 물음에 답하여라.

(1) 두 사건 A, B가 서로 독립이고

$$P(A) = \dfrac{1}{6},\ P(A \cap B^c) + P(A^c \cap B) = \dfrac{1}{3}$$

일 때, $P(B)$의 값은? (단, A^c은 A의 여사건이다.)

① $\dfrac{1}{8}$　　② $\dfrac{1}{4}$　　③ $\dfrac{3}{8}$

④ $\dfrac{1}{2}$　　⑤ $\dfrac{5}{8}$

STEP Ⓐ 두 사건 A, B가 독립이면 $P(A \cap B^c) = P(A)P(B^c)$, $P(A^c \cap B) = P(A^c)P(B)$임을 이용하기

두 사건 A, B가 서로 독립이므로 두 사건 A, B^c과 A^c, B도 서로 독립이다.

$P(A \cap B^c) + P(A^c \cap B) = P(A)P(B^c) + P(A^c)P(B)$

$\qquad = P(A)\{1 - P(B)\} + \{1 - P(A)\}P(B)$

$\qquad = \dfrac{1}{6}\{1 - P(B)\} + \dfrac{5}{6}P(B) = \dfrac{1}{6} + \dfrac{2}{3}P(B)$

이때 $\dfrac{1}{6} + \dfrac{2}{3}P(B) = \dfrac{1}{3}$이므로 $\dfrac{2}{3}P(B) = \dfrac{1}{6}$

따라서 $P(B) = \dfrac{1}{4}$

다른풀이 $P(A \cap B^c) + P(A^c \cap B) = P(A) + P(B) - 2P(A \cap B)$를 이용하여 풀이하기

두 사건 A, B가 서로 독립이고 $P(A) = \dfrac{1}{6}$이므로

$P(A \cap B) = P(A)P(B) = \dfrac{1}{6}P(B)$

$P(A \cap B^c) + P(A^c \cap B) = P(A) + P(B) - 2P(A \cap B)$에서

$\dfrac{1}{3} = \dfrac{1}{6} + P(B) - 2 \times \dfrac{1}{6}P(B)$

$\dfrac{2}{3}P(B) = \dfrac{1}{6}$

따라서 $P(B) = \dfrac{1}{4}$

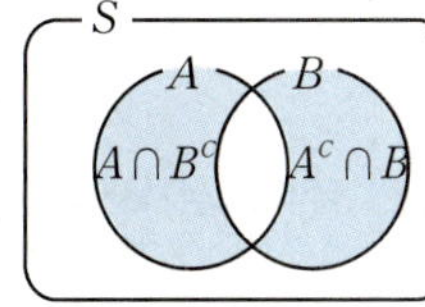

(2) 두 사건 A, B가 서로 독립이고

$$P(A^c|B) = \dfrac{1}{5},\ P(A \cap B^c) + P(A^c \cap B) = \dfrac{2}{5}$$

일 때, $P(B|A^c)$의 값은? (단, A^c은 A의 여사건이다.)

① $\dfrac{11}{25}$　　② $\dfrac{12}{25}$　　③ $\dfrac{2}{3}$

④ $\dfrac{4}{5}$　　⑤ $\dfrac{14}{15}$

STEP Ⓐ $P(A) = 1 - P(A^c)$임을 이용하기

두 사건 A, B가 서로 독립이므로 두 사건 A^c, B도 서로 독립이다.

$P(A^c|B) = P(A^c) = \dfrac{1}{5}$, $P(A) = 1 - P(A^c) = 1 - \dfrac{1}{5} = \dfrac{4}{5}$

STEP Ⓑ 두 사건 A, B가 독립이면 $P(A \cap B^c) = P(A)P(B^c)$, $P(A^c \cap B) = P(A^c)P(B)$임을 이용하기

두 사건 A, B가 서로 독립이므로 두 사건 A, B^c과 A^c, B도 서로 독립이다.

$P(A \cap B^c) + P(A^c \cap B) = P(A)P(B^c) + P(A^c)P(B)$

$\qquad = P(A)\{1 - P(B)\} + P(A^c)P(B)$

$\qquad = \dfrac{4}{5}\{1 - P(B)\} + \dfrac{1}{5}P(B)$

$\qquad = \dfrac{4}{5} - \dfrac{3}{5}P(B)$

이때 $\dfrac{4}{5} - \dfrac{3}{5}P(B) = \dfrac{2}{5}$이므로 $P(B) = \dfrac{2}{3}$

STEP Ⓒ 두 사건 A^c, B가 서로 독립임을 이용하기

따라서 $P(B|A^c) = P(B) = \dfrac{2}{3}$

0452

두 학생 A, B가 연말에 공연을 관람할 확률이 각각 $\dfrac{1}{7}$, $\dfrac{2}{5}$라고 한다.
각 학생이 공연을 관람하는 사건이 서로 독립일 때, 두 학생 중에서 한 학생만 연말에 공연을 관람할 확률을 구하여라.

STEP A 한 학생만 연말에 공연을 관람할 확률 구하기

두 학생 A, B가 연말에 공연을 관람하는 사건을 A, B라 하면

(i) 학생 A가 연말에 공연을 관람하고 학생 B는 연말에 공연을 관람하지 못할 확률은

$$P(A \cap B^c) = P(A)P(B^c) = \dfrac{1}{7} \times \left(1 - \dfrac{2}{5}\right) = \dfrac{1}{7} \times \dfrac{3}{5} = \dfrac{3}{35}$$

(ii) 학생 A가 연말에 공연을 관람하지 못하고 학생 B는 연말에 공연을 관람하는 확률은

$$P(A^c \cap B) = P(A^c)P(B) = \left(1 - \dfrac{1}{7}\right) \times \dfrac{2}{5} = \dfrac{6}{7} \times \dfrac{2}{5} = \dfrac{12}{35}$$

STEP B 사건이 서로 배반사건임을 이용하여 확률 구하기

(i)~(ii)가 서로 배반사건이므로 구하는 확률은 $\dfrac{3}{35} + \dfrac{12}{35} = \dfrac{15}{35} = \dfrac{3}{7}$

0453

각 면에 1, 1, 1, 2, 2, 3의 숫자가 하나씩 적혀있는 정육면체 모양의 상자를 던져 윗면에 적힌 수를 읽기로 한다.
이 상자를 3번 던질 때, 첫 번째와 두 번째 나온 수의 합이 4이고 세 번째 나온 수가 홀수일 확률은?

① $\dfrac{5}{27}$ ② $\dfrac{11}{54}$ ③ $\dfrac{2}{9}$

④ $\dfrac{13}{54}$ ⑤ $\dfrac{7}{27}$

STEP A 주어진 상자를 3번 던져 나온 수 나타내기

세 번 던져 나온 수를 차례로 $(a,\ b,\ c)$라 표시하면
첫 번째와 두 번째 나온 수의 합이 4이고
세 번째 나온 수가 홀수가 되는 경우의 확률은 다음과 같다.

1회	2회	3회
1	3	홀수
2	2	홀수
3	1	홀수

(i) (1, 3, 홀수)가 나올 확률은 $\dfrac{1}{2} \times \dfrac{1}{6} \times \dfrac{2}{3} = \dfrac{1}{18}$

(ii) (2, 2, 홀수)가 나올 확률은 $\dfrac{1}{3} \times \dfrac{1}{3} \times \dfrac{2}{3} = \dfrac{2}{27}$

(iii) (3, 1, 홀수)가 나올 확률은 $\dfrac{1}{6} \times \dfrac{1}{2} \times \dfrac{2}{3} = \dfrac{1}{18}$

STEP B 세 사건이 서로 배반사건임을 이용하여 확률 구하기

(i)~(iii)에서 각각의 사건은 서로 배반사건이므로 구하는 확률은
$\dfrac{1}{18} + \dfrac{2}{27} + \dfrac{1}{18} = \dfrac{5}{27}$

다른풀이 확률의 곱셈정리를 이용하여 풀이하기

(i) 첫 번째와 두 번째 나온 수의 합이 4인 사건을 A라 하면
첫 번째와 두 번째에 각각 (1, 3), (2, 2), (3, 1)이 나오는 경우이므로

$$P(A) = \dfrac{{}_3C_1 \times {}_1C_1 + {}_2C_1 \times {}_2C_1 + {}_1C_1 \times {}_3C_1}{6^2} = \dfrac{5}{18}$$

(ii) 세 번째 나온 수가 홀수가 나오는 사건을 B라 하면

$$P(B) = 1 \times 1 \times \dfrac{{}_4C_1}{{}_6C_1} = \dfrac{2}{3}$$

(i), (ii)에서 확률의 곱셈정리에 의하여
$$P(A \cap B) = P(A)P(B) = \dfrac{5}{18} \times \dfrac{2}{3} = \dfrac{5}{27}$$

0454

다음 물음에 답하여라.

(1) 두 사격선수 A, B가 한 번의 사격에서 10점을 얻을 확률은 각각 $\dfrac{3}{4}$, $\dfrac{2}{3}$라고 한다. 두 선수가 임의로 순서를 정하여 각각 한 번씩 사격하였더니 먼저 사격한 선수만 10점을 얻었다고 할 때, 먼저 사격한 선수가 A이었을 확률은?

① $\dfrac{1}{2}$ ② $\dfrac{9}{17}$ ③ $\dfrac{3}{5}$

④ $\dfrac{2}{3}$ ⑤ $\dfrac{9}{13}$

STEP A 확률의 곱셈정리를 이용하여 확률 구하기

두 사격선수 A, B가 각각 사격하여 10점을 득점할 사건을 A, B라 하면

(i) A가 먼저 사격하여 10점을 득점하고 B는 10점을 득점하지 않은 경우

$$P(A \cap B^c) = P(A) \cdot P(B^c) = \dfrac{3}{4} \times \left(1 - \dfrac{2}{3}\right) = \dfrac{1}{4}$$

(ii) B가 먼저 사격하여 10점을 득점하고 A는 10점을 득점하지 않은 경우

$$P(B \cap A^c) = P(B) \cdot P(A^c) = \dfrac{2}{3} \times \left(1 - \dfrac{3}{4}\right) = \dfrac{1}{6}$$

(i), (ii)이 배반사건이므로 먼저 사격한 선수만 10점을 얻는 확률은

$$P(A \cap B^c) + P(B \cap A^c) = \dfrac{1}{4} + \dfrac{1}{6} = \dfrac{5}{12}$$

STEP B 조건부확률 구하기

따라서 구하는 확률은 $\dfrac{P(A \cap B^c)}{P(A \cap B^c) + P(B \cap A^c)} = \dfrac{\dfrac{1}{4}}{\dfrac{5}{12}} = \dfrac{3}{5}$

(2) 두 축구 선수 승우, 강인이가 승부차기 할 때, 성공할 확률이 각각 $\dfrac{3}{5}$, $\dfrac{2}{3}$이다. 승우, 강인이가 한 번씩 승부차기 하여 한 선수만 성공을 할 때, 승우가 성공할 확률은? (단, 승우, 강인이 승부차기 하는 사건은 서로 독립이다.)

① $\dfrac{1}{5}$ ② $\dfrac{2}{7}$ ③ $\dfrac{3}{7}$

④ $\dfrac{2}{5}$ ⑤ $\dfrac{7}{15}$

STEP A 확률의 곱셈정리를 이용한 확률 구하기

승우, 강인이가 각각 성공할 사건을 A, B라 하면 사건은 서로 독립이므로

(i) 승우가 승부차기에서 성공하고 강인이가 성공하지 못할 확률은

$$P(A \cap B^c) = P(A) \cdot P(B^c) = \dfrac{3}{5} \times \left(1 - \dfrac{2}{3}\right) = \dfrac{3}{15}$$

(ii) 승우가 승부차기에서 성공하지 못하고 강인이가 성공하는 확률은

$$P(A^c \cap B) = P(A^c) \cdot P(B) = \left(1 - \dfrac{3}{5}\right) \times \dfrac{2}{3} = \dfrac{4}{15}$$

(i), (ii)는 서로 배반사건이므로 한 선수만 성공하는 확률은

$$P(A \cap B^c) + P(A^c \cap B) = \dfrac{3}{15} + \dfrac{4}{15} = \dfrac{7}{15}$$

STEP B 조건부확률 구하기

따라서 한 선수만 성공을 할 때, 승우가 성공할 확률은

$$\dfrac{P(A \cap B^c)}{P(A \cap B^c) + P(B \cap A^c)} = \dfrac{\dfrac{3}{15}}{\dfrac{7}{15}} = \dfrac{3}{7}$$

0455

세 선수 갑, 을, 병이 10점인 표적을 명중시킬 확률이 각각 $\frac{1}{3}$, $\frac{2}{5}$, $\frac{1}{2}$ 이다. 이들이 표적을 향해 한 발씩 쏠 때, 다음을 구하여라.

(1) 갑, 을, 병이 모두 명중시키지 못할 확률

STEP A 갑, 을, 병이 모두 명중시키지 못할 확률 구하기

갑, 을, 병이 10점인 표적을 성공시킬 사건을 각각 A, B, C라 하면
A, B, C는 서로 독립이므로 3명의 선수가 모두 10점인 표적을 맞히지 못할 확률은

$$\begin{aligned}
\mathrm{P}(A^c \cap B^c \cap C^c) &= \mathrm{P}(A^c)\mathrm{P}(B^c)\mathrm{P}(C^c) \\
&= \{1-\mathrm{P}(A)\}\{1-\mathrm{P}(B)\}\{1-\mathrm{P}(C)\} \\
&= \left(1-\frac{1}{3}\right)\left(1-\frac{2}{5}\right)\left(1-\frac{1}{2}\right) \\
&= \frac{6}{30} = \frac{1}{5}
\end{aligned}$$

(2) 갑, 을, 병 중에서 적어도 한명은 명중시킬 확률

STEP B 갑, 을, 병 중에서 적어도 한명은 명중시킬 확률 구하기

$1-$(세 선수가 모두 10점 표적을 맞히지 못할 확률)

$$\begin{aligned}
&= 1-\mathrm{P}(A^c \cap B^c \cap C^c) \\
&= 1-\mathrm{P}(A^c)\mathrm{P}(B^c)\mathrm{P}(C^c) \\
&= 1-\frac{1}{5} \\
&= \frac{4}{5}
\end{aligned}$$

0456

세 학생 A, B, C가 대학 수시모집에서 수리영역 최저학력 기준에 통과할 확률이 각각 $\frac{1}{2}$, $\frac{1}{3}$, $\frac{1}{4}$일 때, 이 시험에 두 사람만 합격할 확률을 구하여라. (단, A, B, C가 각각 시험에 합격하는 사건은 서로 독립이다.)

① $\frac{1}{4}$　　　② $\frac{3}{5}$　　　③ $\frac{1}{2}$

④ $\frac{4}{13}$　　　⑤ $\frac{5}{16}$

STEP A 두 사람만 합격할 확률 구하기

세 학생 A, B, C가 시험에 합격하는 사건을 각각 A, B, C라고 하면
사건 A, B, C는 독립이다.
3명 중 2명만이 합격할 확률은

(i) A, B만 합격하고 C는 불합격할 확률은
$$\mathrm{P}(A \cap B \cap C^c) = \frac{1}{2} \times \frac{1}{3} \times \left(1-\frac{1}{4}\right) = \frac{3}{24}$$

(ii) A, C만 합격하고 B는 불합격할 확률은
$$\mathrm{P}(A \cap B^c \cap C) = \frac{1}{2} \times \left(1-\frac{1}{3}\right) \times \frac{1}{4} = \frac{2}{24}$$

(iii) B, C만 합격하고 A는 불합격할 확률은
$$\mathrm{P}(A^c \cap B \cap C) = \left(1-\frac{1}{2}\right) \times \frac{1}{3} \times \frac{1}{4} = \frac{1}{24}$$

STEP B 서로 배반사건임을 이용하여 확률 구하기

(i)~(iii)은 서로 배반사건이므로 구하는 확률의 덧셈정리에 의하여
$$\frac{3}{24} + \frac{2}{24} + \frac{1}{24} = \frac{1}{4}$$

0457

세 명의 양궁 선수가 화살 한 발을 쏘아 10점 과녁에 맞힐 확률이 각각 $\frac{2}{5}$, $\frac{1}{3}$, p이다. 적어도 한 사람은 10점 과녁을 맞힐 확률이 $\frac{4}{5}$일 때, $20p$의 값을 구하여라.

STEP A $1-$(세 선수가 모두 10점 과녁을 맞히지 못할 확률)을 이용하여 구하기

세 선수가 화살 한 발을 쏘아 10점 과녁에 맞힐 사건을 각각 A, B, C라 하면
사건 A, B, C는 독립이므로 A^c, B^c, C^c도 독립이다.

이때 적어도 한 사람은 10점 과녁을 맞힐 확률이 $\frac{4}{5}$ 이므로

$1-$(세 선수가 모두 10점 과녁을 맞히지 못할 확률)

$$\begin{aligned}
&= 1-\mathrm{P}(A^c \cap B^c \cap C^c) \\
&= 1-\mathrm{P}(A^c)\mathrm{P}(B^c)\mathrm{P}(C^c) \\
&= 1-\left(1-\frac{2}{5}\right)\left(1-\frac{1}{3}\right)(1-p) \\
&= 1-\frac{2}{5}(1-p) \\
&= \frac{3}{5} + \frac{2}{5}p
\end{aligned}$$

이때 $\frac{3}{5} + \frac{2}{5}p = \frac{4}{5}$　∴ $p = \frac{1}{2}$

STEP B $20p$의 값 구하기

따라서 $20p = 20 \times \frac{1}{2} = 10$

0458

다음 물음에 답하여라.

(1) 소희가 문제를 맞힐 확률은 $\frac{1}{2}$ 이라 한다. 4문제 중에서 3문제 이상을 맞히면 합격하는 시험에서 소희가 합격할 확률은?

① $\frac{3}{16}$　　　② $\frac{5}{16}$　　　③ $\frac{7}{16}$

④ $\frac{11}{16}$　　　⑤ $\frac{13}{16}$

STEP A (3문제를 맞히는 확률) + (4문제를 맞히는 확률) 구하기

4문제 중에서 3문제 이상을 맞히는 경우는 3문제를 맞히는 경우와
4문제를 맞히는 경우의 2가지이다.
또한, 각각의 확률은 독립시행의 확률을 이용하면 구할 수 있다.

따라서 소희가 합격할 확률은 $_4\mathrm{C}_3\left(\frac{1}{2}\right)^3\left(\frac{1}{2}\right) + {}_4\mathrm{C}_4\left(\frac{1}{2}\right)^4 = \frac{5}{16}$

(2) 한 개의 동전을 4번 던질 때, 앞면이 적어도 한 번 나올 확률은?

① $\frac{7}{16}$　　　② $\frac{9}{16}$　　　③ $\frac{11}{16}$

④ $\frac{13}{16}$　　　⑤ $\frac{15}{16}$

STEP A $1-$(뒷면이 4번 나올 확률)을 이용하여 구하기

한 개의 동전을 4번 던질 때, 앞면이 적어도 한 번 나오는 사건은
한 개의 동전을 4번 던질 때, 뒷면이 4번 나오는 사건의 여사건이다.

따라서 구하는 확률은 $1 - {}_4\mathrm{C}_0\left(\frac{1}{2}\right)^4 = 1 - \frac{1}{16} = \frac{15}{16}$

0459

다음 물음에 답하여라.

(1) 각 면에 1, 1, 2, 3, 4, 4의 숫자가 하나씩 적혀 있는 정육면체 모양의 상자를 던져 윗면에 적힌 수를 읽기로 한다. 이 상자를 5번 던질 때, 나온 다섯 개의 수의 곱이 짝수일 확률은?

① $\dfrac{1}{16}$　　② $\dfrac{3}{32}$　　③ $\dfrac{9}{16}$

④ $\dfrac{15}{16}$　　⑤ $\dfrac{31}{32}$

STEP A　5번 모두 홀수가 나오는 확률 구하기

정육면체 모양의 상자를 한 번 던질 때,

나온 수가 홀수일 확률은 $\dfrac{3}{6}=\dfrac{1}{2}$ 이고 짝수일 확률은 $\dfrac{3}{6}=\dfrac{1}{2}$

이 상자를 5번 던질 때, 나온 다섯 개의 수의 곱이 짝수인 사건을 A라 하면

A의 여사건 A^c은 5번 모두 홀수가 나오는 사건이므로

$$P(A^c)={}_5C_5\left(\dfrac{1}{2}\right)^5\left(\dfrac{1}{2}\right)^0=\dfrac{1}{32}$$

STEP B　여사건을 이용하여 구하는 확률 구하기

따라서 $P(A)=1-P(A^c)=1-\dfrac{1}{32}=\dfrac{31}{32}$

(2) 각 면에 1, 2, 3, 3, 3, 4의 숫자가 하나씩 적혀 있는 정육면체 모양의 상자를 던져 윗면에 적힌 수를 읽기로 한다. 이 상자를 5번 던질 때, 나온 다섯 개의 수의 곱이 3의 배수일 확률은?

① $\dfrac{1}{32}$　　② $\dfrac{1}{16}$　　③ $\dfrac{9}{16}$

④ $\dfrac{15}{16}$　　⑤ $\dfrac{31}{32}$

STEP A　5번 모두 3 이외의 수가 나올 확률 구하기

정육면체 모양의 상자를 1번 던질 때,

나온 수가 3일 확률은 $\dfrac{3}{6}=\dfrac{1}{2}$ 이고

나온 수가 3 이외의 수일 확률은 $\dfrac{3}{6}=\dfrac{1}{2}$

정육면체 모양의 상자를 5번 던질 때,

나온 모든 수의 곱이 3의 배수인 사건을 A라 하면

A의 여사건 A^c은 모든 수의 곱이 3의 배수가 아닌 사건이다.

이때 모든 수의 곱이 3의 배수가 되지 않으려면

5번 모두 3 이외의 수가 나와야 하므로 $P(A^c)={}_5C_5\left(\dfrac{1}{2}\right)^5\left(\dfrac{1}{2}\right)^0=\dfrac{1}{32}$

STEP B　여사건을 이용하여 구하는 확률 구하기

따라서 $P(A)=1-P(A^c)=1-\dfrac{1}{32}=\dfrac{31}{32}$

0460

동전 A의 앞면과 뒷면에는 각각 1과 2가 적혀있고 동전 B의 앞면과 뒷면에는 각각 3과 4가 적혀 있다. 동전 A를 세 번, 동전 B를 네 번 던져 나온 7개의 수의 합이 19 또는 20일 확률은?

① $\dfrac{7}{16}$　　② $\dfrac{15}{32}$　　③ $\dfrac{1}{2}$

④ $\dfrac{17}{32}$　　⑤ $\dfrac{9}{16}$

STEP A　동전 A를 세 번 던졌을 때 나온 3개의 수의 합의 확률 구하기

동전 A의 앞면과 뒷면에는 각각 1과 2가 적혀 있으므로

동전 A를 세 번 던졌을 때, 나온 3개의 수의 합은 3, 4, 5, 6 중 하나이다.

(i) 3개의 수의 합이 3일 확률

세 번 모두 앞면이 나와야 하므로 $\left(\dfrac{1}{2}\right)^3=\dfrac{1}{8}$

(ii) 3개의 수의 합이 4일 확률

두 번은 앞면, 한 번은 뒷면이 나와야 하므로 ${}_3C_1\left(\dfrac{1}{2}\right)^3=\dfrac{3}{8}$

(iii) 3개의 수의 합이 5일 확률

한 번은 앞면, 두 번은 뒷면이 나와야 하므로 ${}_3C_2\left(\dfrac{1}{2}\right)^3=\dfrac{3}{8}$

(iv) 3개의 수의 합이 6일 확률

세 번 모두 뒷면이 나와야 하므로 $\left(\dfrac{1}{2}\right)^3=\dfrac{1}{8}$

STEP B　동전 B를 네 번 던졌을 때 나온 4개의 수의 합의 확률 구하기

동전 B의 앞면과 뒷면에는 각각 3과 4가 적혀 있으므로

동전 B를 네 번 던졌을 때, 나온 4개의 수의 합은

12, 13, 14, 15, 16 중 하나이다.

(i) 4개의 수의 합이 12일 확률

네 번 모두 앞면이 나와야 하므로 $\left(\dfrac{1}{2}\right)^4=\dfrac{1}{16}$

(ii) 4개의 수의 합이 13일 확률

세 번은 앞면, 한 번은 뒤면이 나와야 하므로 ${}_4C_1\left(\dfrac{1}{2}\right)^4=\dfrac{1}{4}$

(iii) 4개의 수의 합이 14일 확률

두 번은 앞면, 두 번은 뒷면이 나와야 하므로 ${}_4C_2\left(\dfrac{1}{2}\right)^4=6\times\dfrac{1}{16}=\dfrac{3}{8}$

(iv) 4개의 수의 합이 15일 확률

한 번은 앞면 세 번은 뒷면이 나와야 하므로 ${}_4C_3\left(\dfrac{1}{2}\right)^4=\dfrac{1}{4}$

(v) 4개의 수의 합이 16일 확률

네 번 모두 뒷면이 나와야 하므로 $\left(\dfrac{1}{2}\right)^4=\dfrac{1}{16}$

STEP C　동전 A를 세 번, 동전 B를 네 번 던져 나온 7개의 수의 합이 19 또는 20일 확률 구하기

동전 A를 세 번 던져 나온 3개의 수의 합을 a,

동전 B를 네 번 던져 나온 4개의 수의 합을 b라 하자.

(i) 7개의 수의 합이 19인 경우

$a+b=19$이므로 조건을 만족시키는 a, b의 순서쌍 (a, b)는

$(3, 16)$, $(4, 15)$, $(5, 14)$, $(6, 13)$이다.

① $a=3$, $b=16$일 때, 구하는 확률은 $\dfrac{1}{8}\times\dfrac{1}{16}=\dfrac{1}{128}$

② $a=4$, $b=15$일 때, 구하는 확률은 $\dfrac{3}{8}\times\dfrac{1}{4}=\dfrac{3}{32}$

③ $a=5$, $b=14$일 때, 구하는 확률은 $\dfrac{3}{8}\times\dfrac{3}{8}=\dfrac{9}{64}$

④ $a=6$, $b=13$일 때, 구하는 확률은 $\dfrac{3}{8}\times\dfrac{1}{4}=\dfrac{1}{32}$

즉 ①~④에서 7개의 수의 합이 19일 확률은

$$\dfrac{1}{128}+\dfrac{3}{32}+\dfrac{9}{64}+\dfrac{1}{32}=\dfrac{35}{128}$$

(ii) 7개의 수의 합이 20인 경우

$a+b=20$이므로 조건을 만족시키는 a, b의 순서쌍 (a, b)는

$(4, 16)$, $(5, 15)$, $(6, 14)$이다.

① $a=4$, $b=16$일 때, 구하는 확률은 $\dfrac{3}{8}\times\dfrac{1}{16}=\dfrac{3}{128}$

② $a=5$, $b=15$일 때, 구하는 확률은 $\dfrac{3}{8}\times\dfrac{1}{4}=\dfrac{3}{32}$

③ $a=6$, $b=14$일 때, 구하는 확률은 $\dfrac{1}{8}\times\dfrac{3}{8}=\dfrac{3}{64}$

즉 ①~③에서 7개의 수의 합이 20일 확률은

$$\dfrac{1}{128}+\dfrac{3}{32}+\dfrac{3}{64}=\dfrac{21}{128}$$

STEP D　배반사건을 이용하여 확률 구하기

(i), (ii)는 서로 배반사건이므로 구하는 확률은 $\dfrac{35}{128}+\dfrac{21}{128}=\dfrac{7}{16}$

0461

흰 공 4개와 검은 공 2개가 들어 있는 주머니에서 임의로 한 개의 공을 꺼내어 공의 색을 확인한 후 다시 넣는 시행을 5회 반복한다. 각 시행에서 꺼낸 공이 흰 공이면 1점을 얻고, 검은 공이면 2점을 얻을 때, 얻은 점수의 합이 7일 확률은?

① $\dfrac{80}{243}$ ② $\dfrac{1}{3}$ ③ $\dfrac{82}{243}$

④ $\dfrac{83}{243}$ ⑤ $\dfrac{28}{81}$

STEP Ⓐ 점수의 합이 7일 때, 흰 공을 꺼낸 횟수 구하기

흰 공 4개와 검은 공 2개가 들어 있는 주머니에서 임의로 한 개의 공을 꺼낼 때, 흰 공이 나올 확률은 $\dfrac{4}{6}=\dfrac{2}{3}$, 검은 공이 나올 확률은 $\dfrac{2}{6}=\dfrac{1}{3}$

이때 각 시행에서 꺼낸 공이 흰 공이면 1점을 얻고, 검은 공이면 2점을 얻을 때, 5회의 시행 중 흰 공이 나온 횟수를 x라 하면

검은 공이 나오는 횟수는 $5-x$이므로 얻은 점수의 합 7에서

$x+2(5-x)=7$ ∴ $x=3$

STEP Ⓑ 독립시행의 확률을 이용하여 구하기

따라서 5번 중 흰 공이 3번, 검은 공이 2번 나올 확률은 $_5C_3\left(\dfrac{2}{3}\right)^3\left(\dfrac{1}{3}\right)^2=\dfrac{80}{243}$

0462

다음 물음에 답하여라.

(1) 한 개의 동전을 7번 던질 때, 앞면이 뒷면보다 3번 더 많이 나올 확률은?

① $\dfrac{19}{128}$ ② $\dfrac{21}{128}$ ③ $\dfrac{23}{128}$

④ $\dfrac{25}{128}$ ⑤ $\dfrac{27}{128}$

STEP Ⓐ 조건을 만족하는 앞면이 나오는 횟수 구하기

앞면이 나오는 횟수를 a, 뒷면이 나오는 횟수를 b라 하면

$\begin{cases} a+b=7 & \cdots\cdots ㉠ \\ a-b=3 & \cdots\cdots ㉡ \end{cases}$

㉠, ㉡에 의하여 $a=5$, $b=2$

STEP Ⓑ 독립시행의 확률 구하기

따라서 앞면이 5번, 뒷면이 2번 나올 확률은 $_7C_5\left(\dfrac{1}{2}\right)^5\left(\dfrac{1}{2}\right)^2=_7C_2\left(\dfrac{1}{2}\right)^7=\dfrac{21}{128}$

(2) 한 개의 동전을 사용하여 다음 규칙에 따라 점수를 얻는 시행을 한다. 이 시행을 5번 반복하여 얻은 점수의 합이 6 이하일 확률은?

① $\dfrac{3}{32}$ ② $\dfrac{1}{8}$ ③ $\dfrac{5}{32}$

④ $\dfrac{3}{16}$ ⑤ $\dfrac{7}{32}$

STEP Ⓐ 독립시행의 정리를 이용하여 확률 구하기

동전 한 개를 던져 앞면이 나오는 횟수를 X라 할 때, 얻은 점수의 합이 6 이하가 되려면 $X=0$ 또는 $X=1$ 이므로 구하는 확률은

$P(X=0)+P(X=1)$

$=_5C_0\left(\dfrac{1}{2}\right)^5+_5C_1\left(\dfrac{1}{2}\right)^5$

$=\dfrac{1}{32}+\dfrac{5}{32}=\dfrac{3}{16}$

앞면	뒷면	점수의 합
5	0	10
4	1	9
3	2	8
2	3	7
1	4	6
0	5	5

0463

다음 물음에 답하여라.

(1) 한 개의 동전을 6번 던질 때, 앞면이 나오는 횟수가 뒷면이 나오는 횟수보다 클 확률은 $\dfrac{q}{p}$이다. $p+q$의 값을 구하여라.

(단, p와 q는 서로소인 자연수이다.)

STEP Ⓐ 앞면이 나오는 횟수가 뒷면이 나오는 횟수보다 큰 경우 구하기

앞면이 나오는 회수가 뒷면이 나오는 횟수보다 큰 경우는

(앞면이 6, 뒷면이 0), (앞면이 5, 뒷면이 1), (앞면이 4, 뒷면이 2)

의 경우가 있다.

STEP Ⓑ 독립시행을 이용하여 확률 구하기

동전을 1번 던질 때, 앞면, 뒷면이 나올 확률은 각각 $\dfrac{1}{2}$이므로

앞면이 나오는 회수가 뒷면이 나오는 횟수보다 큰 경우의 확률을 구하면

(ⅰ) 앞면이 6회, 뒷면이 0회 나올 확률은 $_6C_6\left(\dfrac{1}{2}\right)^6\left(\dfrac{1}{2}\right)^0$

(ⅱ) 앞면이 5회, 뒷면이 1회 나올 확률은 $_6C_5\left(\dfrac{1}{2}\right)^5\left(\dfrac{1}{2}\right)^1$

(ⅲ) 앞면이 4회, 뒷면이 2회 나올 확률은 $_6C_4\left(\dfrac{1}{2}\right)^4\left(\dfrac{1}{2}\right)^2$

STEP Ⓒ 배반사건의 확률 구하기

(ⅰ)~(ⅲ)에서 구하는 확률은

$_6C_6\left(\dfrac{1}{2}\right)^6+_6C_5\left(\dfrac{1}{2}\right)^6+_6C_4\left(\dfrac{1}{2}\right)^6=(_6C_6+_6C_5+_6C_4)\times\left(\dfrac{1}{2}\right)^6$

$=(1+6+15)\times\left(\dfrac{1}{2}\right)^6$

$=22\times\dfrac{1}{64}=\dfrac{11}{32}$

따라서 $p=32$, $q=11$이므로 $p+q=32+11=43$

(2) 각 면에 1, 2, 3, 4의 숫자가 하나씩 적혀 있는 정사면체 모양의 상자를 던져 밑면에 적힌 숫자를 읽기로 한다. 이 상자를 3번 던져 2가 나오는 횟수를 m, 2가 아닌 숫자가 나오는 횟수를 n이라 할 때, $i^{|m-n|}=-i$일 확률을 구하여라. (단, $i=\sqrt{-1}$)

STEP Ⓐ $i^{|m-n|}=-i$를 만족하는 경우의 수 구하기

각 면에 1, 2, 3, 4의 숫자가 하나씩 적혀있는 정사면체를 한 번 던졌을 때,

밑면에 적힌 숫자가 2일 확률은 $\dfrac{1}{4}$, 2 이외의 숫자일 확률은 $\dfrac{3}{4}$이고

상자를 3번 던져 2가 나오는 횟수가 m, 2가 아닌 숫자가 나오는 횟수가 $n=3-m$이 나올 확률은 $_3C_m\left(\dfrac{1}{4}\right)^m\left(\dfrac{3}{4}\right)^n=_3C_m\left(\dfrac{1}{4}\right)^m\left(\dfrac{3}{4}\right)^{3-m}$

STEP Ⓑ $i^{|m-n|}=-i$를 만족하는 확률 구하기

$i^{|m-n|}=-i$를 만족하는 경우는

$|m-n|$의 값이 4로 나눈 나머지가 3인 수이어야 하므로 $|m-n|=3$

즉 $m-n=3$ 또는 $m-n=-3$

(ⅰ) $m=3$, $n=0$일 때, $i^{|m-n|}=i^3=-i$

$_3C_3\left(\dfrac{1}{4}\right)^3\left(\dfrac{3}{4}\right)^0=\dfrac{1}{64}$

(ⅱ) $m=0$, $n=3$일 때, $i^{|m-n|}=i^3=-i$

$_3C_0\left(\dfrac{1}{4}\right)^0\left(\dfrac{3}{4}\right)^3=\dfrac{27}{64}$

(ⅰ), (ⅱ)가 배반사건이므로 구하는 확률은 $\dfrac{1}{64}+\dfrac{27}{64}=\dfrac{7}{16}$

0464

다음 물음에 답하여라.

(1) 흰 공 2개, 검은 공 2개가 들어있는 상자에서 1개의 공을 꺼내어 그것이 흰 공이면 동전을 3회 던지고 검은 공이면 동전을 4회 던질 때, 앞면이 3회 나올 확률은? (단, 동전의 앞면과 뒷면이 나올 확률은 같다.)

① $\dfrac{3}{16}$ ② $\dfrac{5}{16}$ ③ $\dfrac{7}{16}$

④ $\dfrac{9}{16}$ ⑤ $\dfrac{11}{16}$

STEP **A** 독립시행을 이용하여 확률 구하기

(ⅰ) 흰 공을 꺼내고 동전을 3회 던져 앞면이 3회 나올 확률은
$$\frac{2}{4} \times {}_3C_3 \left(\frac{1}{2}\right)^3 \left(\frac{1}{2}\right)^0 = \frac{1}{16}$$

(ⅱ) 검은 공을 꺼내고 동전을 4회 던져 앞면이 3회 나올 확률은
$$\frac{2}{4} \times {}_4C_3 \left(\frac{1}{2}\right)^3 \left(\frac{1}{2}\right)^1 = \frac{1}{8}$$

STEP **B** 배반사건을 이용하여 확률 구하기

(ⅰ), (ⅱ)의 두 사건은 배반사건이므로 구하는 확률은 $\dfrac{1}{16} + \dfrac{1}{8} = \dfrac{3}{16}$

(2) 한 개의 주사위를 한 번 던져서 3의 배수의 눈이 나오면 한 개의 동전을 3번 던지고 3의 배수가 아닌 눈이 나오면 한 개의 동전을 2번 던질 때, 동전의 앞면이 2번 이상 나올 확률은?

① $\dfrac{1}{6}$ ② $\dfrac{1}{4}$ ③ $\dfrac{1}{3}$

④ $\dfrac{5}{12}$ ⑤ $\dfrac{1}{2}$

STEP **A** 독립시행을 이용하여 확률 구하기

(ⅰ) 한 개의 주사위를 한 번 던져서 3의 배수의 눈이 나올 확률은
$$\frac{2}{6} = \frac{1}{3}$$
이때는 한 개의 동전을 3번 던지므로 앞면이 2번 이상 나올 확률은
$$\frac{1}{3} \times \left\{ {}_3C_2 \left(\frac{1}{2}\right)^2 \left(\frac{1}{2}\right)^1 + {}_3C_3 \left(\frac{1}{2}\right)^3 \left(\frac{1}{2}\right)^0 \right\} = \frac{1}{3}\left(\frac{3}{8} + \frac{1}{8}\right) = \frac{1}{3} \times \frac{1}{2} = \frac{1}{6}$$

(ⅱ) 한 개의 주사위를 한 번 던져서 3의 배수가 아닌 눈이 나올 확률은
$$1 - \frac{1}{3} = \frac{2}{3}$$
이때는 한 개의 동전을 2번 던지므로 앞면이 2번 나올 확률은
$$\frac{2}{3} \times {}_2C_2 \left(\frac{1}{2}\right)^2 = \frac{2}{3} \times \frac{1}{4} = \frac{1}{6}$$

STEP **B** 배반사건을 이용하여 확률 구하기

(ⅰ), (ⅱ)는 서로 배반사건이므로 구하는 확률은 $\dfrac{1}{6} + \dfrac{1}{6} = \dfrac{1}{3}$

0465

흰 공 4개, 검은 공 3개가 들어 있는 주머니가 있다. 이 주머니에서 임의로 2개의 공을 동시에 꺼내어, 꺼낸 2개의 공의 색이 서로 다르면 1개의 동전을 3번 던지고, 꺼낸 2개의 공의 색이 서로 같으면 1개의 동전을 2번 던진다. 이 시행에서 동전의 앞면이 2번 나올 확률은?

① $\dfrac{9}{28}$ ② $\dfrac{19}{56}$ ③ $\dfrac{5}{14}$

④ $\dfrac{3}{8}$ ⑤ $\dfrac{11}{28}$

STEP **A** 꺼낸 두 개의 공의 색이 서로 같은 경우와 서로 다른 경우로 나누기

꺼낸 2개의 공의 색에 따라 동전의 앞면이 2번 나오는 경우를 다음과 같이 나눈다.

(ⅰ) 꺼낸 2개의 공의 색이 서로 다른 색일 경우의 확률은

$$\frac{{}_4C_1 \times {}_3C_1}{{}_7C_2} = \frac{12}{21} = \frac{4}{7}$$

또, 1개의 동전을 3번 던지고 앞면이 2번 나올 확률은
$$ {}_3C_2 \left(\frac{1}{2}\right)^2 \left(\frac{1}{2}\right)^1 = \frac{3}{8}$$
즉 꺼낸 공의 색이 다르고 1개의 동전을 3번 던져서

앞면이 2번 나올 확률은 $\dfrac{4}{7} \times \dfrac{3}{8} = \dfrac{3}{14}$

(ⅱ) 꺼낸 2개의 공의 색이 서로 같을 확률은
$$\frac{{}_4C_2}{{}_7C_2} + \frac{{}_3C_2}{{}_7C_2} = \frac{6}{21} + \frac{3}{21} = \frac{3}{7}$$

또, 1개의 동전을 2번 던져 앞면이 2번 나올 확률은 ${}_2C_2 \left(\frac{1}{2}\right)^2 = \dfrac{1}{4}$

즉 꺼낸 공의 색이 같고 1개의 동전을 2번 던져서 앞면이 2번 나올 확률은
$$\frac{3}{7} \times \frac{1}{4} = \frac{3}{28}$$

STEP **B** 배반사건을 이용하여 확률 구하기

(ⅰ), (ⅱ)는 서로 배반사건이므로 구하는 확률은 $\dfrac{3}{14} + \dfrac{3}{28} = \dfrac{9}{28}$

꺼낸 2개의 공의 색이 서로 같을 확률은
$$1 - (꺼낸\ 2개의\ 공의\ 색이\ 서로\ 다를\ 확률) = 1 - \frac{4}{7} = \frac{3}{7}$$

0466

주머니 A에는 흰 구슬 2개, 검은 구슬 1개가 들어 있고, 주머니 B에는 흰 구슬 1개, 검은 구슬 2개가 들어있다. 한 개의 주사위를 던져서 3의 배수의 눈이 나오면 주머니 A에서 임의로 한 개의 구슬을 꺼내고, 3의 배수가 아닌 눈이 나오면 주머니 B에서 임의로 한 개의 구슬을 꺼낸다. 주사위를 4번 던지고 난 후에 주머니 A에는 검은 구슬이, 주머니 B에는 흰 구슬이 각각 한 개씩 남아 있을 확률은 $\dfrac{q}{p}$이다. $p+q$의 값을 구하여라. (단, p와 q는 서로소인 자연수이고, 꺼낸 구슬은 다시 넣지 않는다.)

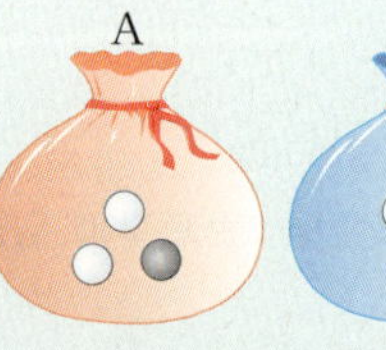

STEP **A** 주머니 A, B에서 구슬을 꺼낼 확률을 각각 구하기

한 개의 주사위를 던질 때, 3의 배수의 눈이 나올 확률은 $\dfrac{2}{6} = \dfrac{1}{3}$이고

3의 배수가 아닌 눈이 나올 확률은 $\dfrac{2}{3}$

주사위를 4번 던지고 난 후에 주머니 A에는 검은 구슬이, 주머니 B에는 흰 구슬이 각각 한 개씩 남아 있으려면 주사위를 4번 던져 3의 배수가 2번, 3의 배수가 아닌 눈이 2번 나와야 한다.

이때 확률은 ${}_4C_2 \left(\dfrac{1}{3}\right)^2 \left(\dfrac{2}{3}\right)^2 = \dfrac{8}{27}$

STEP **B** 꺼낸 구슬은 다시 넣지 않을 때, 조건을 만족하는 확률 구하기

주어진 조건을 만족하기 위해서는 주머니 A에서 흰 구슬 두 개, 주머니 B에서 검은 구슬 두 개를 꺼내야 한다.

주머니 A에서 흰 구슬을 하나씩 두 번 꺼낼 확률은 $\dfrac{2}{3} \times \dfrac{1}{2} = \dfrac{1}{3}$

주머니 B에서 검은 구슬을 하나씩 두 번 꺼낼 확률은 $\dfrac{2}{3} \times \dfrac{1}{2} = \dfrac{1}{3}$

꺼낸 구슬은 다시 넣지 않으므로

주머니 A에서 흰 공 2개를 꺼내는 방법은 $\dfrac{{}_2C_2}{{}_3C_2} = \dfrac{1}{3}$

주머니 B에서 검은 공 2개를 꺼내는 방법은 $\dfrac{{}_2C_2}{{}_3C_2} = \dfrac{1}{3}$

STEP **C** 확률 구하기

따라서 구하는 확률은 $\dfrac{8}{27} \times \dfrac{1}{3} \times \dfrac{1}{3} = \dfrac{8}{243}$이므로 $p+q = 243+8 = 251$

 이 문제는 주사위를 4번 던지는 것만 보고서 독립시행의 확률로 생각할 수 있으나 문제의 조건에 '꺼낸 구슬은 다시 넣지 않는다.' 가 주어졌으므로 앞의 시행이 뒤의 시행에 영향을 준다.
즉 독립적인 시행이 아니다.

 주사위를 4번 던지는 시행에서 주머니 A, B에서 각각 두 번씩 구슬을 꺼낼 확률은 독립시행의 확률에서 ${}_4C_2\left(\frac{1}{3}\right)\left(\frac{2}{3}\right)^2$이므로 구하는 확률은

$${}_4C_2\left(\frac{1}{3}\right)^2\left(\frac{2}{3}\right)^2\times\frac{1}{3}\times\frac{1}{3}=6\times\frac{4}{3^6}=\frac{8}{243}$$

따라서 $p=243$, $q=8$이므로 $p+q=251$

 주머니 A에서는 흰 구슬 2개, 주머니 B에서는 검은 구슬 2개를 꺼내어 풀이하기

주머니 A에는 검은 구슬이, 주머니 B에는 흰 구슬이 각각 한 개씩 남아있으려면 4번의 시행에서 주머니 A에서는 흰 구슬 2개, 주머니 B에서는 검은 구슬 2개를 꺼내면 된다.
이때 구슬을 꺼내는 순서가 A, A, B, B라면 확률은

$$\left(\frac{1}{3}\times\frac{2}{3}\right)\times\left(\frac{1}{3}\times\frac{1}{2}\right)\times\left(\frac{2}{3}\times\frac{2}{3}\right)\times\left(\frac{2}{3}\times\frac{1}{2}\right)=\frac{2^2}{3^6}$$

AABB가 아닌 그 밖의 경우에도 확률은 $\frac{2^2}{3^6}$으로 동일하다.
꺼낼 주머니의 순서를 정하는 방법의 수는
A, A, B, B를 나열하는 경우의 수와 같으므로 $\frac{4!}{2!2!}=6$
즉 주머니 A에는 검은 구슬이, 주머니 B에는 흰 구슬이 각각 한 개씩 남아있을 확률은 $\frac{2^2}{3^6}\times6=\frac{8}{243}$
따라서 $p=243$, $q=8$이므로 $p+q=251$

0467

E대학의 졸업시험은 2번까지 기회가 주어지는데 1차 시험은 모두 치러야 하고, 1차 시험을 통과하지 못한 학생은 2차 시험을 치러야 한다.
이 대학교 학생 5명이 1차 시험을 치렀을 때 각 학생이 1차 시험에 통과할 확률은 $\frac{1}{4}$이고, 2차 시험을 치렀을 때 각 학생이 2차 시험에 통과할 확률은 $\frac{1}{3}$이라고 하자. 5명의 학생 중 3명만 졸업시험에 통과할 확률이 $\frac{q}{p}$일 때, $p+q$의 값을 구하여라. (단, p, q는 서로소인 자연수이다.)

STEP A 한 학생이 졸업시험에 통과할 확률 구하기

졸업시험에 통과하려면 1차에 통과하거나 2차에 통과해야 하므로
한 학생이 졸업시험에 통과할 확률은 $\frac{1}{4}+\frac{3}{4}\times\frac{1}{3}=\frac{1}{2}$

STEP B 5명의 학생 중 3명만 졸업시험에 통과할 확률 구하기

따라서 5명 중 3명이 합격할 확률은 ${}_5C_3\left(\frac{1}{2}\right)^3\left(\frac{1}{2}\right)^2=\frac{5}{16}$

$\therefore\ p+q=21$

0468

어느 질병에 대한 치료법으로 1단계 치료를 하고, 1단계 치료에 성공한 환자만 2단계 치료를 하여 2단계 치료까지 성공한 환자는 완치된 것으로 판단된다. 1단계 치료 결과와 2단계 치료 결과는 서로 독립이며, 1단계 치료와 2단계 치료에 성공할 확률은 각각 $\frac{1}{2}$과 $\frac{2}{3}$이다. 4명의 환자를 대상으로 이 치료법을 적용하였을 때, 완치된 것으로 판단될 환자가 2명일 확률은?

① $\frac{13}{54}$ ② $\frac{8}{27}$ ③ $\frac{19}{54}$
④ $\frac{11}{27}$ ⑤ $\frac{25}{54}$

STEP A 환자가 완치될 확률 구하기

1단계 치료와 2단계 치료를 모두 성공해야 완치되고
1단계 치료와 2단계 치료 결과는 서로 독립이므로
한 명의 환자가 완치될 확률은 $\frac{1}{2}\times\frac{2}{3}=\frac{1}{3}$

STEP B 독립시행의 확률을 이용하여 구하기

따라서 4명의 환자 중 완치된 것으로 판단될 환자가 2명일 확률은
$${}_4C_2\left(\frac{1}{3}\right)^2\left(\frac{2}{3}\right)^2=\frac{24}{81}=\frac{8}{27}$$

0469

어느 인터넷 사이트에서 회원을 대상으로 행운권 추첨행사를 하고 있다. 행운권이 당첨될 확률은 $\frac{1}{3}$이고, 당첨되는 경우에는 회원 점수가 5점, 당첨되지 않는 경우에는 1점 올라간다. 행운권 추첨에 4회 참여하여 회원 점수가 16점 올라갈 확률은? (단, 행운권을 추첨하는 시행은 서로 독립이다.)

① $\frac{8}{81}$ ② $\frac{10}{81}$ ③ $\frac{4}{27}$
④ $\frac{14}{81}$ ⑤ $\frac{16}{81}$

STEP A 4회 추첨하여 회원 점수가 16점 올라갈 경우 구하기

당첨되는 횟수를 x라 하면 당첨되지 않는 횟수는 $4-x$
$5x+(4-x)=16$에서 $x=3$
4회 참여에 16점을 얻기 위해서는 3회는 당첨되고 1번 당첨되지 않아야 한다.

STEP B 독립시행의 확률을 이용하여 구하기

당첨될 확률이 $\frac{1}{3}$이므로 당첨되지 않을 확률은 $\frac{2}{3}$

따라서 구하는 확률은 ${}_4C_3\left(\frac{1}{3}\right)^3\left(\frac{2}{3}\right)=4\times\frac{1}{27}\times\frac{2}{3}=\frac{8}{81}$

 행운권 추첨행사를 4회에 걸쳐 참여하고 각 시행이 독립이라는 말을 하고 있으니 독립시행이라는 것을 알 수 있다.
그런데 문제를 보면 당첨되는 경우 5점, 당첨되지 않는 경우 1점씩 얻는데, 모두 16점을 얻을 확률을 구하려고 한다.
이 점수를 시행횟수와 관련시켜 풀어보면 4회의 시행에 걸쳐 16점이 올라가기 위해서 5점이 세 번, 1점이 한번 나오는 경우 이외에는 방법이 없다.
즉 4회의 시행 중 3번의 당첨, 1번의 탈락이 일어나야 된다는 것이다.

따라서 구하는 확률은 ${}_4C_3\left(\frac{1}{3}\right)^3\left(\frac{2}{3}\right)=4\times\frac{1}{27}\times\frac{2}{3}=\frac{8}{81}$

0470

프로농구 챔피언 결정전은 7번 경기를 해서 먼저 4번을 이기면 우승을 한다. 실력이 같은 정도로 기대되는 두 팀 A와 B가 프로농구 챔피언 결정전에서 맞붙게 되었을 때, 여섯 번째 경기에서 우승팀이 결정될 확률을 구하여라. (단, 비기는 경우는 없다.)

① $\frac{3}{25}$ ② $\frac{3}{16}$ ③ $\frac{5}{16}$
④ $\frac{5}{32}$ ⑤ $\frac{11}{16}$

STEP A 독립시행의 확률을 이용하여 A, B팀이 우승할 확률 구하기

여섯 번째 경기에서 우승팀이 결정되려면 우승팀은 5번의 경기에서 3번 이기고 마지막 여섯 번째 경기에서도 이겨야 한다.

(i) A팀이 우승할 확률은 ${}_5C_3\left(\frac{1}{2}\right)^3\left(\frac{1}{2}\right)^2\times\frac{1}{2}=\frac{5}{32}$

(ii) B팀이 우승할 확률은 ${}_5C_3\left(\frac{1}{2}\right)^3\left(\frac{1}{2}\right)^2\times\frac{1}{2}=\frac{5}{32}$

STEP B 배반사건을 이용하여 확률 구하기

(i), (ii)는 서로 배반사건이므로 구하는 확률은 $\frac{5}{32}+\frac{5}{32}=\frac{5}{16}$

0471

다음 물음에 답하여라.

(1) 프로 야구 한국시리즈에 진출한 두 팀 A, B는 7번의 경기 중 먼저 4
번 이기는 팀이 우승을 한다. 3번의 경기가 끝난 결과 A팀이 1승 2패
로 뒤져 있다. A팀이 한 경기에서 B팀을 이길 확률이 $\dfrac{2}{3}$일 때, 한국시
리즈에서 A팀이 우승할 확률을 구하여라. (단, 비기는 경우는 없다.)

STEP A 독립시행의 확률을 이용하여 A팀이 우승할 확률 구하기

A팀이 우승하는 경우는 연속으로 3승을 거두거나 2승 1패를 거둔 후
마지막 경기에서 이기는 경우이다.

(i) A팀이 연속으로 3승을 거둘 확률은

$$_3C_3\left(\dfrac{2}{3}\right)^3\left(\dfrac{1}{3}\right)^0=\dfrac{8}{27}$$

(ii) A팀이 2승 1패를 거둔 후 마지막 경기에서 이길 확률은

$$_3C_2\left(\dfrac{2}{3}\right)^2\left(\dfrac{1}{3}\right)^1\times\dfrac{2}{3}=\dfrac{8}{27}$$

STEP B 배반사건을 이용하여 확률 구하기

(i), (ii)에서 A팀이 우승할 확률은 $\dfrac{8}{27}+\dfrac{8}{27}=\dfrac{16}{27}$

(2) 두 프로 야구팀 A, B가 7전 4선승제인 한국시리즈에 진출하였다.
3경기를 진행한 결과가 A팀이 2승 1패로 앞서 가고 있을 때, A팀이
우승할 확률을 구하여라. (단, 각 경기에서 두 팀이 이길 확률은 서로
같고, 비기는 경우는 없다.)

STEP A 독립시행의 확률을 이용하여 A팀이 우승할 확률 구하기

두 팀이 이길 확률은 서로 같으므로 A팀이 이길 확률은 $\dfrac{1}{2}$

A팀이 2승 1패로 앞서 가고 있을 때,
A팀이 우승할 경우는 앞으로 2승일 경우이므로 다음과 같다.

(i) 5번째에 A팀이 우승할 확률

A팀이 4번째, 5번째 모두 이길 확률이므로

$$_2C_2\left(\dfrac{1}{2}\right)^2=\dfrac{1}{4}$$

(ii) 6번째에 A팀이 우승할 확률

A팀이 4번째, 5번째 중에서 한 번 이기고 6번째도 이길 확률이므로

$$_2C_1\left(\dfrac{1}{2}\right)\left(\dfrac{1}{2}\right)\times\dfrac{1}{2}=\dfrac{1}{4}$$

(iii) 7번째에 A팀이 우승할 확률

A팀이 4번째, 5번째, 6번째 중에서 한 번 이기고 7번째도 이길 확률
이므로 $_3C_1\left(\dfrac{1}{2}\right)\left(\dfrac{1}{2}\right)^2\times\dfrac{1}{2}=\dfrac{3}{16}$

STEP B 배반사건을 이용하여 확률 구하기

(i)~(iii)는 서로 배반사건이므로 구하는 확률은 $\dfrac{1}{4}+\dfrac{1}{4}+\dfrac{3}{16}=\dfrac{11}{16}$

0472

두 배구 팀 A, B가 상대를 각 세트에서 이길 확률이 각각 $\dfrac{2}{3}$, $\dfrac{1}{3}$이고
5세트 중에서 3세트를 먼저 이기는 팀이 경기에서 승리한다.
A팀이 승리했다고 할 때, A팀이 4세트 안에 승리했을 확률은?

① $\dfrac{4}{27}$　　　② $\dfrac{8}{27}$　　　③ $\dfrac{3}{4}$

④ $\dfrac{64}{81}$　　　⑤ $\dfrac{15}{16}$

STEP A A팀이 승리할 확률 구하기

(i) A팀이 3세트에서 승리할 확률은

$$\dfrac{2}{3}\times\dfrac{2}{3}\times\dfrac{2}{3}=\dfrac{8}{27}$$

(ii) A팀이 4세트에서 승리할 확률은

$$_3C_2\times\left(\dfrac{2}{3}\right)^2\times\left(\dfrac{1}{3}\right)^1\times\dfrac{2}{3}=\dfrac{8}{27}$$

(iii) A팀이 5세트에서 승리할 확률은

$$_4C_2\times\left(\dfrac{2}{3}\right)^2\times\left(\dfrac{1}{3}\right)^2\times\dfrac{2}{3}=\dfrac{16}{81}$$

(i)~(iii)에서 A팀이 승리할 확률은 $\dfrac{8}{27}+\dfrac{8}{27}+\dfrac{16}{81}=\dfrac{64}{81}$

STEP B 조건부 확률 구하기

따라서 A팀이 승리했다고 할 때, A팀이 4세트 안에 승리했을 확률은

$$\dfrac{\dfrac{8}{27}+\dfrac{8}{27}}{\dfrac{64}{81}}=\dfrac{3}{4}$$

0473

A가 동전을 2개 던져서 나온 앞면의 개수만큼 B가 동전을 던진다.
B가 던져서 나온 앞면의 개수가 1일 때, A가 던져서 나온 앞면의 개수가
2일 확률은?

① $\dfrac{1}{6}$　　　② $\dfrac{1}{5}$　　　③ $\dfrac{1}{4}$

④ $\dfrac{1}{3}$　　　⑤ $\dfrac{1}{2}$

STEP A 확률의 곱셈정리를 이용하여 앞면이 한 번 나올 확률 구하기

A가 동전을 2개 던져서 앞면이 1개 나오는 사건을 A_1,
2개 나오는 사건을 A_2라 하고 B가 동전을 던져서 앞면이 1개 나오는 사건을
E라 하면 A가 동전을 2개 던질 때, 앞면의 개수에 대하여 다음 두 가지 경우
로 나누어 정리한다.

(i) A가 던져서 앞면이 1개 나오고 B가 동전을 한 번 던져서 앞면이 한 번
나올 확률은

$$P(A_1\cap E)=P(A_1)P(E\,|\,A_1)=_2C_1\left(\dfrac{1}{2}\right)\left(\dfrac{1}{2}\right)\times\dfrac{1}{2}=\dfrac{1}{4}$$

(ii) A가 던져서 앞면이 2개 나오고 B가 동전을 두 번 던져서 앞면이 한 번
나올 확률은

$$P(A_2\cap E)=P(A_2)P(E\,|\,A_2)=_2C_2\left(\dfrac{1}{2}\right)^2\times\,_2C_1\left(\dfrac{1}{2}\right)\left(\dfrac{1}{2}\right)=\dfrac{1}{8}$$

(i), (ii)에서 $P(E)=P(A_1\cap E)+P(A_2\cap E)=\dfrac{1}{4}+\dfrac{1}{8}=\dfrac{3}{8}$

STEP B 조건부확률 구하기

따라서 구하는 확률은 $P(A_2\,|\,E)=\dfrac{P(A_2\cap E)}{P(E)}=\dfrac{\dfrac{1}{8}}{\dfrac{3}{8}}=\dfrac{1}{3}$

참고 A가 동전을 2개 던져서 나온 앞면의 개수만큼 B가 동전을 던질 때,

B가 던져서 나온 앞면의 개수가 1일 사건을 E라 하고

A가 동전을 던져서 앞면의 개수가 $k\,(k=0,\,1,\,2)$인 사건을 X_k라 하면

$$P(E)=P(X_0\cap E)+P(X_1\cap E)+P(X_2\cap E)$$

$$=_2C_0\left(\dfrac{1}{2}\right)^2\times0+_2C_1\left(\dfrac{1}{2}\right)\left(\dfrac{1}{2}\right)\times\dfrac{1}{2}+_2C_2\left(\dfrac{1}{2}\right)^2\times\,_2C_1\left(\dfrac{1}{2}\right)\left(\dfrac{1}{2}\right)$$

$$=0+\dfrac{1}{4}+\dfrac{1}{8}=\dfrac{3}{8}$$

이때 동전을 던져서 앞면이 2개일 사건을 X_2라 하면

$$P(X_2\cap E)=_2C_2\left(\dfrac{1}{2}\right)^2\times\,_2C_1\left(\dfrac{1}{2}\right)\left(\dfrac{1}{2}\right)=\dfrac{1}{8}$$

따라서 구하는 확률은 $P(X_2\,|\,E)=\dfrac{P(X_2\cap E)}{P(E)}=\dfrac{\dfrac{1}{8}}{\dfrac{3}{8}}=\dfrac{1}{3}$

0474

다음 물음에 답하여라.

(1) 서로 다른 2개의 주사위를 동시에 던져 나온 눈의 수가 같으면 한 개의 동전을 4번 던지고, 나온 눈의 수가 다르면 한 개의 동전을 2번 던진다. 이 시행에서 동전의 앞면이 나온 횟수와 뒷면이 나온 횟수가 같을 때, 동전을 4번 던졌을 확률은?

① $\dfrac{3}{23}$ ② $\dfrac{5}{23}$ ③ $\dfrac{7}{23}$

④ $\dfrac{9}{23}$ ⑤ $\dfrac{11}{23}$

STEP A 동전의 앞면이 나온 횟수와 뒷면이 나온 횟수가 같은 경우 구하기

동전의 앞면이 나온 횟수와 뒷면이 나온 횟수가 같은 확률은

(i) 서로 다른 2개의 주사위를 던져 나온 눈의 수가 같을 때,

두 눈의 수가 같을 확률은 $\dfrac{6}{36}=\dfrac{1}{6}$ 이고 동전을 4번 던졌을 때,

앞면과 뒷면이 각각 2번씩 나올 확률은

$$_4C_2\left(\dfrac{1}{2}\right)^2\left(\dfrac{1}{2}\right)^2=\dfrac{3}{8}$$

즉 구하는 확률은 $\dfrac{1}{6}\times\dfrac{3}{8}=\dfrac{1}{16}$ ← 동전 던지기, 주사위 던지기는 독립사건

(ii) 서로 다른 2개의 주사위를 던져 나온 눈의 수가 다를 때,

두 눈의 수가 다를 확률은 $\dfrac{30}{36}=\dfrac{5}{6}$ 이고 동전을 2번 던졌을 때,

앞면과 뒷면이 각각 1번씩 나올 확률은

$$_2C_1\left(\dfrac{1}{2}\right)^2=\dfrac{1}{2}$$ ← (앞, 앞), (앞, 뒤), (뒤, 앞), (뒤, 뒤)

즉 구하는 확률은 $\dfrac{5}{6}\times\dfrac{1}{2}=\dfrac{5}{12}$

STEP B 조건부확률 구하기

(i), (ii)에서 동전의 앞면이 나온 횟수와 뒷면이 나온 횟수가 같을 때,

동전을 4번 던졌을 확률은 $\dfrac{\dfrac{1}{16}}{\dfrac{1}{16}+\dfrac{5}{12}}=\dfrac{3}{3+20}=\dfrac{3}{23}$

다른풀이 조건부확률의 정의를 이용하여 풀이하기

주사위의 눈이 같은 사건 A,

앞면과 뒷면이 나온 횟수가 같은 사건 B라 하자.

주사위의 눈이 같아서 동전을 4번 던진 후 뒷면과 앞면이 나온 횟수가 같을

확률은 $P(A\cap B)=\dfrac{1}{6}\times\dfrac{_4C_2}{2^4}=\dfrac{1}{6}\times\dfrac{3}{8}=\dfrac{1}{16}$

주사위의 눈이 달라서 동전을 2번 던진 후 뒷면과 앞면의 나온 횟수가 같을

확률은 $P(A^c\cap B)=\dfrac{5}{6}\times\dfrac{_2C_1}{2^2}=\dfrac{5}{6}\times\dfrac{1}{2}=\dfrac{5}{12}$

$$P(A\mid B)=\dfrac{P(A\cap B)}{P(A\cap B)+P(A^c\cap B)}=\dfrac{\dfrac{1}{16}}{\dfrac{1}{16}+\dfrac{5}{12}}=\dfrac{3}{23}$$

(2) 주머니에 1, 2, 3, 4의 숫자가 하나씩 적혀 있는 4개의 공이 들어 있다. 이 주머니에서 임의로 2개의 공을 동시에 꺼낼 때, 꺼낸 공에 적혀 있는 숫자의 합이 소수이면 1개의 동전을 2번 던지고, 소수가 아니면 1개의 동전을 3번 던진다. 동전의 앞면이 2번 나왔을 때, 꺼낸 2개의 공에 적혀 있는 숫자의 합이 소수일 확률은?

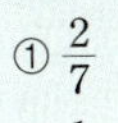

① $\dfrac{2}{7}$ ② $\dfrac{5}{14}$ ③ $\dfrac{3}{7}$

④ $\dfrac{1}{2}$ ⑤ $\dfrac{4}{7}$

STEP A 주머니에서 임의로 2개의 공을 동시에 꺼낼 때, 꺼낸 공에 적혀 있는 숫자의 합이 소수일 확률 구하기

주머니에서 임의로 2개의 공을 동시에 꺼내는 경우의 수는 $_4C_2=6$

꺼낸 2개의 공에 적혀 있는 숫자의 합이 소수인 경우는

(1과 2), (1과 4), (2와 3), (3과 4)의 4가지이다.

주머니에서 임의로 2개의 공을 동시에 꺼냈을 때, 적혀 있는 숫자의 합이

소수일 확률은 $\dfrac{4}{6}=\dfrac{2}{3}$ 이다.

STEP B 독립시행을 이용하여 확률 구하기

(i) 숫자의 합이 소수이고

1개의 동전을 2번 던져 동전의 앞면이 2번 나올 확률

$$\dfrac{2}{3}\times{}_2C_2\left(\dfrac{1}{2}\right)^2=\dfrac{1}{6}$$

(ii) 숫자의 합이 소수이고

1개의 동전을 3번 던져 동전의 앞면이 2번 나올 확률

$$\dfrac{1}{3}\times{}_3C_2\left(\dfrac{1}{2}\right)^2\left(\dfrac{1}{2}\right)=\dfrac{1}{8}$$

STEP C 조건부확률 구하기

(i), (ii)에서 동전의 앞면이 2번 나왔을 때, 꺼낸 2개의 공에 적혀 있는

숫자의 합이 소수일 확률은 $\dfrac{\dfrac{1}{6}}{\dfrac{1}{6}+\dfrac{1}{8}}=\dfrac{\dfrac{1}{6}}{\dfrac{7}{24}}=\dfrac{4}{7}$

참고 동전의 앞면이 2번 나오는 사건을 X, 꺼낸 2개의 공에 적혀 있는 숫자의 합이 소수인 사건을 Y라 하자.

$$P(X)=\dfrac{2}{3}\times{}_2C_2\left(\dfrac{1}{2}\right)^2+\dfrac{1}{3}\times{}_3C_2\left(\dfrac{1}{2}\right)^2\left(\dfrac{1}{2}\right)=\dfrac{1}{6}+\dfrac{1}{8}=\dfrac{7}{24}$$

$$P(X\cap Y)=\dfrac{2}{3}\times{}_2C_2\left(\dfrac{1}{2}\right)^2=\dfrac{1}{6}$$

$$P(Y\mid X)=\dfrac{P(X\cap Y)}{P(X)}=\dfrac{\dfrac{1}{6}}{\dfrac{7}{24}}=\dfrac{4}{7}$$

0475

좌표평면의 원점에 점 A가 있다. 한 개의 동전을 사용하여 다음 시행을
한다.

> 동전을 한 번 던져
> 앞면이 나오면 점 A를 x축의 양의 방향으로 1만큼,
> 뒷면이 나오면 점 A를 y축의 양의 방향으로 1만큼 이동시킨다.

위의 시행을 반복하여 점 A의 x좌표 또는 y좌표가 처음으로 3이 되면 이
시행을 멈춘다. 점 A의 y좌표가 처음으로 3이 되었을 때, 점 A의 x좌표
가 1일 확률은?

① $\dfrac{1}{4}$　　　② $\dfrac{5}{16}$　　　③ $\dfrac{3}{8}$

④ $\dfrac{7}{16}$　　　⑤ $\dfrac{1}{2}$

STEP Ⓐ y좌표가 처음으로 3이 되는 경우의 확률 구하기

y좌표가 처음으로 3이 되는 경우는

(i) 점 A가 $(0, 2)$에 있을 때 동전의 뒷면이 나오는 경우

(ii) 점 A가 $(1, 2)$에 있을 때 동전의 뒷면이 나오는 경우

(iii) 점 A가 $(2, 2)$에 있을 때 동전의 뒷면이 나오는 경우이다.

← 점 A의 x좌표 또는 y좌표가 처음으로 3이 되면 시행이 멈추므로 점 A는 $(3, 3)$에 있을 수 없다.

이때 점 A의 x좌표가 1인 경우는 (ii)의 경우이다.

(i) 점 A가 $(0, 3)$에 있을 때	(ii) 점 A가 $(1, 3)$에 있을 때	(iii) 점 A가 $(2, 3)$에 있을 때

(i)의 경우의 확률은 $_2C_2\left(\dfrac{1}{2}\right)^2 \times \dfrac{1}{2} = \dfrac{1}{8}$　← 뒷면만 세 번 나오는 경우

(ii)의 경우의 확률은 $_3C_2\left(\dfrac{1}{2}\right)^1\left(\dfrac{1}{2}\right)^2 \times \dfrac{1}{2} = \dfrac{3}{16}$

← 앞면이 1번, 뒷면이 2번 나온 뒤 마지막 시행에서 뒷면이 나오는 경우

(iii)의 경우의 확률은 $_4C_2\left(\dfrac{1}{2}\right)^2\left(\dfrac{1}{2}\right)^2 \times \dfrac{1}{2} = \dfrac{6}{32} = \dfrac{3}{16}$

← 앞면이 2번, 뒷면이 2번 나온 뒤 마지막 시행에서 뒷면이 나오는 경우

즉 y좌표가 3이 될 확률은 $\dfrac{1}{8} + \dfrac{3}{16} + \dfrac{3}{16} = \dfrac{4+6+6}{32} = \dfrac{1}{2}$

STEP Ⓑ 조건부 확률 구하기

따라서 점 A의 y좌표가 처음으로 3이 되었을 때, 점 A의 x좌표가 1인

경우는 (ii)의 $\dfrac{3}{16}$이므로 구하는 확률은 $\dfrac{\frac{3}{16}}{\frac{1}{2}} = \dfrac{3}{8}$

0476

다음 물음에 답하여라.

(1) 수직선 위의 원점에 점 A가 있다. 한 개의 주사위를 던져서 6의 약수
의 눈이 나오면 점 A를 1만큼, 그 이외의 눈이 나오면 점 A를 -1만큼
움직인다. 주사위를 4번 던질 때, 점 A가 2의 위치에 있을 확률을 구
하여라.

STEP Ⓐ 6의 약수의 눈이 나온 횟수 구하기

한 개의 주사위를 던질 때, 6의 약수의 눈이 나올 확률은 $\dfrac{2}{3}$이고

주사위를 4번 던지는 시행에서 6의 약수의 눈이 나온 횟수를
$x(0 \leq x \leq 4)$번이라 하면 그 이외의 눈이 나오는 횟수는 $4-x$

이때 6의 약수의 눈이 나오면 1만큼 그 이외의 눈이 나오면
-1만큼 움직이므로 위치는 $x-(4-x)=2$　∴ $x=3$

STEP Ⓑ 독립시행의 확률 구하기

따라서 구하는 확률은 $_4C_3\left(\dfrac{2}{3}\right)^3\left(\dfrac{1}{3}\right)^1 = \dfrac{32}{81}$

(2) 수직선 위의 점 P가 원점에 있다. 한 개의 주사위를 던져 짝수의 눈의
수가 나오면 오른쪽으로 1만큼 이동시키고 홀수의 눈의 수가 나오면
왼쪽으로 1만큼 이동시킨다. 주사위를 6회 던질 때, 원점에서 점 P까
지의 거리가 3 이하가 될 확률을 구하여라.

STEP Ⓐ 짝수의 눈의 수와 홀수의 눈이 나온 횟수 구하기

짝수의 눈의 수가 나오는 횟수를 a,

홀수의 눈의 수가 나오는 횟수를 b라 하면
$a+b=6,\ |a-b| \leq 3$

이를 만족시키는 순서쌍 (a, b)는 $(3, 3)$, $(4, 2)$, $(2, 4)$의 3가지이다.

STEP Ⓑ 독립시행의 확률 구하기

따라서 구하는 확률은

$$_6C_3\left(\dfrac{1}{2}\right)^3\left(\dfrac{1}{2}\right)^3 + {}_6C_4\left(\dfrac{1}{2}\right)^4\left(\dfrac{1}{2}\right)^2 + {}_6C_2\left(\dfrac{1}{2}\right)^2\left(\dfrac{1}{2}\right)^4$$

$$= \left({}_6C_3 + {}_6C_4 + {}_6C_2\right) \times \left(\dfrac{1}{2}\right)^6$$

$$= \dfrac{20+15+15}{2^6} = \dfrac{50}{64} = \dfrac{25}{32}$$

0477

주어진 좌표평면 위에서만 움직이는 원
점 위에 점 P가 있다. 점 P는 주사위를
한 번 던져서 3의 배수의 눈이 나오면 x
축의 양의 방향으로 2만큼 움직이고, 그
외의 눈이 나오면 x축의 음의 방향으로
1만큼 움직인다. 또, 주사위를 한 번 던
질 때마다 y축의 양의 방향으로 1만큼
움직인다. 이때 점 P가 점 $(4, 5)$의 위치
에 오게 될 확률은?

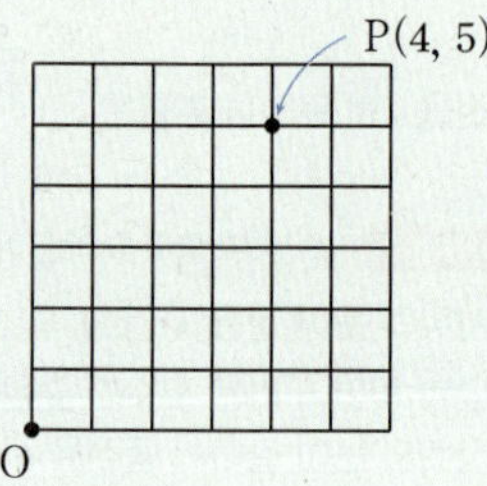

① $\dfrac{10}{87}$　　　② $\dfrac{15}{243}$　　　③ $\dfrac{40}{243}$

④ $\dfrac{60}{243}$　　　⑤ $\dfrac{80}{243}$

STEP Ⓐ 주사위를 5번 던져 3의 배수의 눈이 나오는 횟수 구하기

점 $(4, 5)$의 y좌표가 5이므로 점 P가 점 $(4, 5)$에 오려면 주사위를 5번 던져야
한다.

이때 3의 배수의 눈이 나오는 횟수를 r이라 하면

그 외의 눈이 나오는 횟수는 $5-r$

이때의 점 P의 x좌표는 $2 \times r + (-1) \times (5-r) = 3r-5$이므로 $3r-5=4$

$3r=9$　∴ $r=3$

즉 점 P가 점 $(4, 5)$의 위치에 올 확률은 한 개의 주사위를 5번 던질 때,
3의 배수의 눈이 나올 확률과 같다.

STEP Ⓑ 독립시행의 확률 구하기

따라서 구하는 확률은 $_5C_3\left(\dfrac{1}{3}\right)^3\left(\dfrac{2}{3}\right)^2 = \dfrac{40}{243}$

0478

다음 물음에 답하여라.

(1) 점 P는 한 변의 길이가 1인 정오각형 ABCDE 위를 다음 [규칙]에 따라 시계 방향으로 움직인다고 한다.

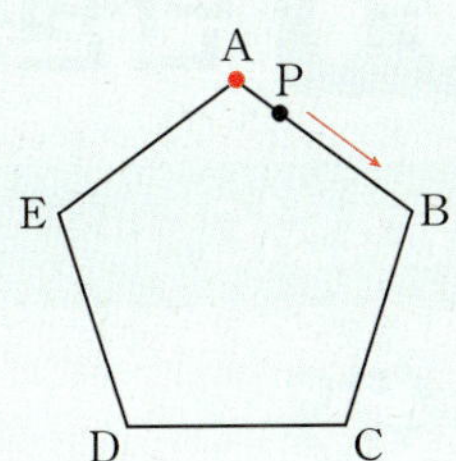

   (가) 점 P는 처음에 점 A에 있다.
   (나) 한 개의 동전을 던져 앞면이 나오면 1만큼, 뒷면이 나오면 2만큼 시계 방향으로 이동한다.

동전을 7번 던졌을 때, 점 P가 다시 점 A에 있게 될 확률을 구하여라.

STEP A 점 P가 다시 점 A에 있게 되는 경우 구하기

앞면이 나오는 횟수를 $x\,(0 \le x \le 7)$라 하면 뒷면이 나오는 회수는 $7-x$
한 개의 동전을 던져 앞면이 나오면 1만큼, 뒷면이 나오면 2만큼 시계 방향으로 이동하므로 $1 \times x + 2 \times (7-x) = 14 - x$
동전을 7번 던지는 동안 점 P가 움직일 수 있는 거리는 7 이상 14 이하이므로 점 P가 점 A에 있으려면 $14 - x = 10$이어야 한다. 즉 앞면이 4번 나오는 경우이다.

STEP B 독립시행의 확률 구하기

따라서 구하는 확률은 독립시행의 확률에 의하여 ${}_7C_4\left(\dfrac{1}{2}\right)^4\left(\dfrac{1}{2}\right)^3 = \dfrac{35}{128}$

(2) 점 P는 한 변의 길이가 1인 정육각형 ABCDEF 위를 다음 [규칙]에 따라 시계 반대 방향으로 움직인다고 한다.

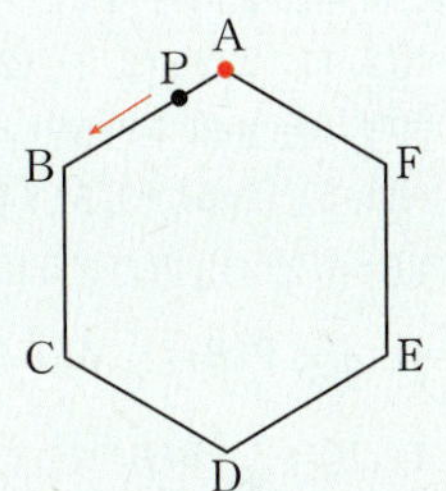

   (가) 점 P는 처음에 점 A에 있다.
   (나) 한 개의 동전을 던져 앞면이 나오면 2만큼, 뒷면이 나오면 1만큼 시계 반대방향으로 이동한다.

동전을 5번 던졌을 때, 점 P가 다시 점 A에 있게 될 확률을 구하여라.

STEP A 점 P가 다시 점 A에 있게 되는 경우 구하기

앞면이 나오는 횟수를 $x\,(0 \le x \le 5)$라 하면 뒷면이 나오는 회수는 $5-x$
한 개의 동전을 던져 앞면이 나오면 2만큼, 뒷면이 나오면 1만큼 시곗바늘 반대 방향으로 이동하므로 $2 \times x + 1 \times (5-x) = 5 + x$
동전을 5번 던지는 동안 점 P가 움직일 수 있는 거리는 5 이상 10 이하이므로 점 P가 점 A에 있으려면 $5 + x = 6$이어야 한다.
즉 앞면이 1번 나오는 경우이다.

STEP B 독립시행의 확률 구하기

따라서 구하는 확률은 독립시행의 확률에 의하여 ${}_5C_1\left(\dfrac{1}{2}\right)\left(\dfrac{1}{2}\right)^4 = \dfrac{5}{32}$

동전을 9번 던져 점 A를 출발한 점 P가 두 바퀴를 돌아 다시 점 A에 돌아올 확률을 구하여라.
[풀이] 동전을 한 번 던질 때 앞면이 나올 확률은 $\dfrac{1}{2}$이다.
   동전을 9번 던져서 앞면이 나오는 횟수를 a, 뒷변이 나오는 횟수를 b라 하면 $a+b=9$, $2a+b=12$
   두 식을 연립하여 풀면 $a=3$, $b=6$
   따라서 점 A를 출발한 점 P가 두 바퀴를 돌아 다시 점 A에 되돌아오려면 동전을 9번 던져서 앞면이 3번, 뒷면이 6번 나와야 하므로 구하는 확률은 ${}_9C_3\left(\dfrac{1}{2}\right)^3\left(\dfrac{1}{2}\right)^6 = \dfrac{21}{128}$

(3) 오른쪽 그림과 같이 한 변의 길이가 1인 정삼각형 ABC에서 점 P가 다음 규칙을 만족시키며 변을 따라 이동한다.

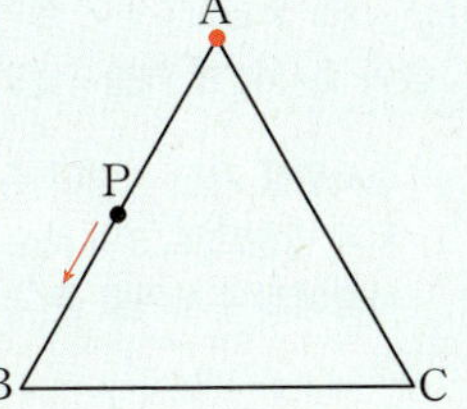

   (가) 점 P는 처음에 점 A에 있다.
   (나) 주사위 한 개를 던져 3의 배수의 눈이 나오면 2만큼, 다른 눈이 나오면 1만큼 시계 반대 방향으로 움직인다.

한 개의 주사위를 5번 던져서 점 P가 꼭짓점 A로 돌아갈 확률을 구하여라.

STEP A 점 P가 꼭짓점 A로 돌아갈 수 있는 경우 구하기

주사위를 던져 3의 배수의 눈이 나올 확률은 $\dfrac{1}{3}$, 다른 눈이 나올 확률은 $\dfrac{2}{3}$
5번의 시행 중에서 3의 배수의 눈이 나온 횟수를 $x\,(0 \le x \le 5)$라 하면 다른 눈이 나온 횟수는 $5-x$
3의 배수의 눈이 나오면 2만큼, 다른 눈이 나오면 1만큼 시곗바늘이 도는 반대 방향으로 이동하므로 $2x + 1 \times (5-x) = x+5$만큼 이동한다.
주사위를 5번 던지는 동안 점 P가 움직일 수 있는 거리는 5 이상 10 이하이므로 점 P가 점 A에 있으려면 $x+5=6$ 또는 $x+5=9$이어야 한다.

STEP B 독립시행의 확률 구하기

(ⅰ) $x=1$일 때, 즉 3의 배수의 눈이 1번 다른 눈이 4번 나올 확률은
$${}_5C_1\left(\dfrac{1}{3}\right)\left(\dfrac{2}{3}\right)^4 = \dfrac{80}{243}$$
(ⅱ) $x=4$일 때, 즉 3의 배수의 눈이 4번 다른 눈이 1번 나올 확률은
$${}_5C_4\left(\dfrac{1}{3}\right)^4\left(\dfrac{2}{3}\right) = \dfrac{10}{243}$$
(ⅰ), (ⅱ)는 서로 배반사건이므로 구하는 확률은 $\dfrac{80}{243} + \dfrac{10}{243} = \dfrac{10}{27}$

(4) 오른쪽 그림과 같이 한 변의 길이가 1인 정사각형 ABCD에서 점 P가 다음 규칙을 만족시키며 변을 따라 이동한다.

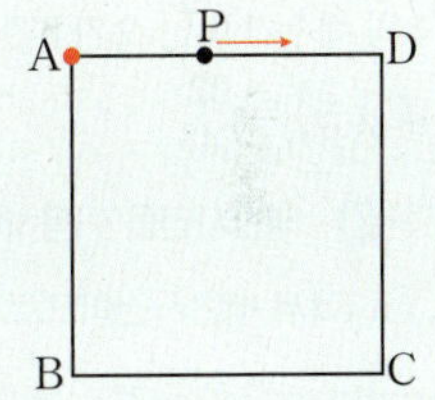

   (가) 점 P는 처음에 점 A에 있다.
   (나) 한 개의 동전을 던져서 앞면이 나오면 2만큼, 뒷면이 나오면 1만큼 시계 방향으로 이동한다.

한 개의 동전을 8번 던졌을 때, 점 P가 점 B에 있게 될 확률을 구하여라.

STEP A 점 P가 점 B에 있게 되는 경우 구하기

동전을 8번 던지는 동안 점 P가 움직일 수 있는 거리는 8 이상 16 이하이므로 8번의 시행 중에서 앞면이 나온 횟수를 $x\,(0 \le x \le 8)$라 하면 뒷면이 나온 횟수는 $8-x$
앞면이 나오면 2만큼, 뒷면이 나오면 1만큼 시계 방향으로 이동하므로 점 P는 $2 \times x + 1 \times (8-x) = x + 8$만큼 이동한다.
점 P가 점 B에 있으려면 $x+8=11$ 또는 $x+8=15$이어야 한다.

STEP B 독립시행의 확률 구하기

(ⅰ) $x=3$일 때, 즉 앞면이 3번 뒷면이 5번 나올 확률은
$${}_8C_3\left(\dfrac{1}{2}\right)^3\left(\dfrac{1}{2}\right)^5 = \dfrac{56}{2^8} = \dfrac{7}{32}$$
(ⅱ) $x=7$일 때, 즉 앞면이 7번 뒷면이 1번 나올 확률은
$${}_8C_7\left(\dfrac{1}{2}\right)^7\left(\dfrac{1}{2}\right)^1 = \dfrac{8}{2^8} = \dfrac{1}{32}$$
(ⅰ), (ⅱ)는 서로 배반사건이므로 구하는 확률은 $\dfrac{7}{32} + \dfrac{1}{32} = \dfrac{1}{4}$

(5) A, B를 포함한 6명이 정육각형 모양의 탁자에 그림과 같이 둘러 앉아 주사위 한 개를 사용하여 다음 규칙을 따르는 시행을 한다.

주사위를 가진 사람이 주사위를 던져 나온 눈의 수가 3의 배수이면 시계 방향으로, 3의 배수가 아니면 시계 반대 방향으로 이웃한 사람에게 주사위를 준다.

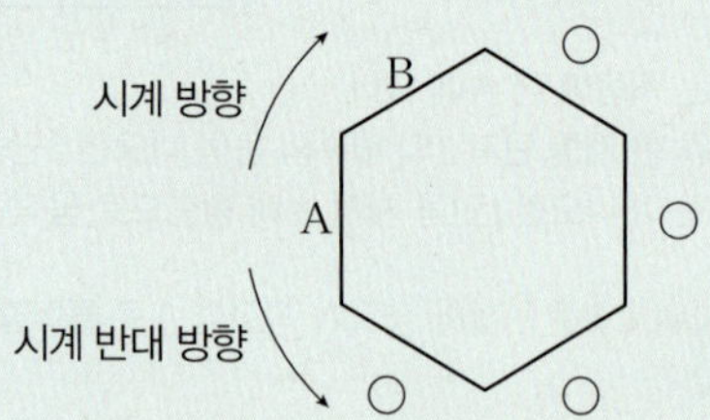

A부터 시작하여 이 시행을 5번 한 후 B가 주사위를 가지고 있을 확률을 구하여라.

STEP A 5번의 시행 후 B가 주사위를 갖고 있는 경우 구하기

수직선에서 A의 위치를 원점으로 놓고 시계 방향을 양의 방향, 시계 반대 방향을 음의 방향으로 생각하면 B의 위치는 다음과 같다.

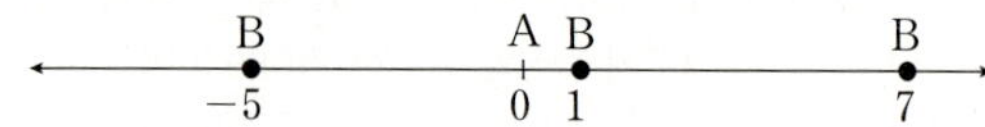

주사위를 던져 나온 눈의 수가 3의 배수이면 +1만큼, 3의 배수가 아니면 -1만큼 움직인다고 하자.

(ⅰ) B가 1의 위치에 있을 때,

3의 배수가 x번, 3의 배수가 아닌 수가 y번 나온다고 하면

$x+y=5,\ x+(-1)\cdot y=1$

$\therefore\ x+y=5,\ x-y=1$

두 식을 연립하여 풀면 $x=3,\ y=2$이므로 확률은

$${}_5C_3\left(\frac{1}{3}\right)^3\left(\frac{2}{3}\right)^2=\frac{40}{243}$$

(ⅱ) B가 -5의 위치에 있을 때,

3의 배수가 아닌 수가 5번 나와야 하므로 확률은

$${}_5C_5\left(\frac{2}{3}\right)^5=\frac{32}{243}$$

STEP B 배반사건을 이용하여 확률 구하기

(ⅰ), (ⅱ)에서 배반사건이므로 구하는 확률은 $\dfrac{40}{243}+\dfrac{32}{243}=\dfrac{72}{243}=\dfrac{8}{27}$

 주사위를 5번 던져서 B가 7의 위치에 올 수 없다.

다른풀이 5번 시행 후, B가 주사위를 갖고 있는 경우

5번 시행 후 B가 주사위를 가지게 되려면 시계반대방향으로 5번 주사위가 이동하거나 시계 방향으로 3번, 시계 반대방향으로 2번 주사위가 이동해야 한다.

주사위를 한 번 던져서 시계방향으로 주사위가 이동할 확률은 $\dfrac{4}{6}=\dfrac{2}{3}$

(ⅰ) 시계반대 방향으로 5번 이동할 확률은

$${}_5C_5\left(\frac{2}{3}\right)^5\left(\frac{1}{3}\right)^0=\frac{32}{243}$$

(ⅱ) 시계방향으로 3번, 시계반대 방향으로 2번 이동할 확률은

$${}_5C_3\left(\frac{1}{3}\right)^3\left(\frac{2}{3}\right)^2=\frac{40}{243}$$

(ⅰ), (ⅱ)에서 구하는 확률은 $\dfrac{32}{243}+\dfrac{40}{243}=\dfrac{72}{243}=\dfrac{8}{27}$

독립시행의 확률

BASIC

0479

한 개의 주사위를 두 번 던질 때 나오는 두 눈의 수의 합이 6인 사건을 A, 첫 번째 나온 눈의 수가 2인 사건을 B, 두 번째 나온 눈의 수가 5인 사건을 C라 하자. [보기]에서 옳은 것을 모두 고른 것은?

ㄱ. 두 사건 A, B는 서로 종속이다.

ㄴ. 두 사건 B, C는 서로 독립이다.

ㄷ. 두 사건 A, C는 서로 종속이다.

① ㄱ   ② ㄴ   ③ ㄱ, ㄴ
④ ㄴ, ㄷ   ⑤ ㄱ, ㄴ, ㄷ

STEP A 사건 A, B, C, $A\cap B$, $B\cap C$, $C\cap A$를 구하기

한 개의 주사위를 두 번 던질 때 첫 번째 나오는 눈의 수를 a, 두 번째 나오는 눈의 수를 b라 하고 순서쌍 $(a,\ b)$로 나타내자.

두 눈의 수의 합이 6인 사건 A는

$A=\{(1,\ 5),\ (2,\ 4),\ (3,\ 3),\ (4,\ 2),\ (5,\ 1)\}$

첫 번째 나온 눈의 수가 2인 사건 B는

$B=\{(2,\ 1),\ (2,\ 2),\ (2,\ 3),\ (2,\ 4),\ (2,\ 5),\ (2,\ 6)\}$

두 번째 나온 눈의 수가 5인 사건 C는

$C=\{(1,\ 5),\ (2,\ 5),\ (3,\ 5),\ (4,\ 5),\ (5,\ 5),\ (6,\ 5)\}$

$A\cap B=\{(2,\ 4)\},\ B\cap C=\{(2,\ 5)\},\ A\cap C=\{(1,\ 5)\}$이므로

$P(A)=\dfrac{5}{36},\ P(B)=\dfrac{1}{6},\ P(C)=\dfrac{1}{6},$

$P(A\cap B)=\dfrac{1}{36},\ P(B\cap C)=\dfrac{1}{36},\ P(A\cap C)=\dfrac{1}{36}$

STEP B [보기]의 진위판단하기

ㄱ. $P(A)P(B)=\dfrac{5}{36}\times\dfrac{1}{6}=\dfrac{5}{216},\ P(A\cap B)=\dfrac{1}{36}$에서

  $P(A\cap B)\neq P(A)P(B)$이므로 두 사건 A, B는 서로 종속이다. [참]

ㄴ. $P(B)P(C)=\dfrac{1}{6}\times\dfrac{1}{6}=\dfrac{1}{36},\ P(B\cap C)=\dfrac{1}{36},$

  $P(B\cap C)=P(B)P(C)$이므로 두 사건 B, C는 서로 독립이다. [참]

ㄷ. $P(A)P(C)=\dfrac{5}{36}\times\dfrac{1}{6}=\dfrac{5}{216},\ P(A\cap C)=\dfrac{1}{36}$

  $P(A\cap C)\neq P(A)P(C)$이므로 두 사건 A, C는 서로 종속이다. [참]

따라서 옳은 것은 ㄱ, ㄴ, ㄷ이다.

0480

1부터 10까지의 숫자가 적힌 10개의 공이 들어 있는 상자에서 임의로 1개의 공을 꺼낼 때, 홀수가 적힌 공이 나오는 사건을 A, 짝수가 적힌 공이 나오는 사건을 B, 소수가 적힌 공이 나오는 사건을 C라 한다. 다음 [보기] 중 옳은 것만을 있는 대로 고른 것은?

> ㄱ. A와 B는 서로 배반사건이다.
> ㄴ. A와 C는 서로 독립이다.
> ㄷ. B와 C는 서로 종속이다.

① ㄱ   ② ㄴ   ③ ㄷ
④ ㄱ, ㄴ   ⑤ ㄱ, ㄷ

STEP Ⓐ 사건 A, B, C, $A \cap B$, $A \cap C$, $B \cap C$를 구하기

$A = \{1, 3, 5, 7, 9\}$, $B = \{2, 4, 6, 8, 10\}$, $C = \{2, 3, 5, 7\}$
$A \cap B = \varnothing$, $A \cap C = \{3, 5, 7\}$, $B \cap C = \{2\}$

$P(A) = \dfrac{5}{10} = \dfrac{1}{2}$, $P(B) = \dfrac{5}{10} = \dfrac{1}{2}$, $P(C) = \dfrac{4}{10} = \dfrac{2}{5}$

$P(A \cap B) = 0$, $P(A \cap C) = \dfrac{3}{10}$, $P(B \cap C) = \dfrac{1}{10}$

STEP Ⓑ [보기]의 진위판단하기

ㄱ. $A \cap B = \varnothing$이므로 A와 B는 서로 배반사건이다. [참]
ㄴ. $P(A)P(C) = \dfrac{1}{2} \times \dfrac{2}{5} = \dfrac{1}{5}$, $P(A \cap C) = \dfrac{3}{10}$에서
     $P(A \cap C) \neq P(A)P(C)$이므로 두 사건 A, C는 서로 종속이다. [거짓]
ㄷ. $P(B)P(C) = \dfrac{1}{2} \times \dfrac{2}{5} = \dfrac{1}{5}$, $P(B \cap C) = \dfrac{1}{10}$에서
     $P(B \cap C) \neq P(B)P(C)$이므로 두 사건 B, C는 서로 종속이다. [참]
따라서 옳은 것은 ㄱ, ㄷ이다.

0481

다음 물음에 답하여라. (단, A^c은 A의 여사건이다.)
(1) 두 사건 A, B는 서로 독립이고,
$$P(A \cap B) = \dfrac{1}{6}, \ P(B) = \dfrac{1}{3}$$
일 때, $P(A^c)$의 값은?

① $\dfrac{1}{6}$ ② $\dfrac{1}{3}$ ③ $\dfrac{1}{2}$
④ $\dfrac{2}{3}$ ⑤ $\dfrac{5}{6}$

STEP Ⓐ $P(A \cap B) = P(A)P(B)$임을 이용하여 $P(A)$ 구하기

두 사건 A, B가 서로 독립이므로 $P(A \cap B) = P(A)P(B)$
$\dfrac{1}{6} = \dfrac{1}{3} P(A)$
$\therefore P(A) = \dfrac{1}{2}$

STEP Ⓑ $P(A^c) = 1 - P(A)$임을 이용하기

따라서 A^c은 A의 여사건이므로 $P(A^c) = 1 - P(A) = \dfrac{1}{2}$

(2) 두 사건 A, B는 서로 독립이고,
$$P(A^c) = \dfrac{2}{3}, \ P(A \cap B) = \dfrac{1}{12}$$
일 때, $P(B)$의 값은?

① $\dfrac{1}{8}$ ② $\dfrac{1}{4}$ ③ $\dfrac{3}{8}$
④ $\dfrac{1}{2}$ ⑤ $\dfrac{5}{8}$

STEP Ⓐ 여사건의 성질을 이용하여 구하기

$P(A) = 1 - P(A^c) = 1 - \dfrac{2}{3} = \dfrac{1}{3}$

STEP Ⓑ $P(A \cap B) = P(A)P(B)$임을 이용하여 $P(B)$ 구하기

두 사건 A, B가 서로 독립이므로 $P(A \cap B) = P(A)P(B)$
$\dfrac{1}{12} = \dfrac{1}{3} P(B)$
따라서 $P(B) = \dfrac{1}{4}$

0482

두 사건 A, B가 서로 독립이고,
$$P(A) = \dfrac{1}{4}, \ P(A^c \cap B) = \dfrac{1}{4}$$
일 때, $P(A \cap B)$의 값은? (단, A^c는 A의 여사건이다.)

① $\dfrac{1}{12}$ ② $\dfrac{1}{6}$ ③ $\dfrac{1}{4}$
④ $\dfrac{1}{3}$ ⑤ $\dfrac{5}{12}$

STEP Ⓐ $P(A^c \cap B) = P(A^c)P(B)$임을 이용하여 $P(B)$ 구하기

$P(A^c) = 1 - P(A) = 1 - \dfrac{1}{4} = \dfrac{3}{4}$
두 사건 A, B가 서로 독립이므로 A^c와 B도 서로 독립이다.
$P(A^c \cap B) = P(A^c)P(B) = \{1 - P(A)\}P(B) = \dfrac{1}{4}$
$\dfrac{3}{4} P(B) = \dfrac{1}{4}$ $\therefore P(B) = \dfrac{1}{3}$

STEP Ⓑ A, B가 독립이면 $P(A \cap B) = P(A)P(B)$임을 이용하기

따라서 $P(A \cap B) = P(A)P(B) = \dfrac{1}{4} \times \dfrac{1}{3} = \dfrac{1}{12}$

0483

다음 물음에 답하여라.
(1) 두 사건 A, B가 서로 독립이고,
$$P(A \cap B) = \dfrac{1}{4}, \ P(A \cap B^c) = \dfrac{1}{3}$$
일 때, $P(B)$의 값은? (단, B^c은 B의 여사건이다.)

① $\dfrac{3}{14}$ ② $\dfrac{2}{7}$ ③ $\dfrac{5}{14}$
④ $\dfrac{3}{7}$ ⑤ $\dfrac{1}{2}$

STEP Ⓐ $P(A) = P(A \cap B) + P(A \cap B^c)$을 이용하여 $P(A)$ 구하기

$P(A) = P(A \cap B) + P(A \cap B^c)$
$\quad = \dfrac{1}{4} + \dfrac{1}{3} = \dfrac{7}{12}$

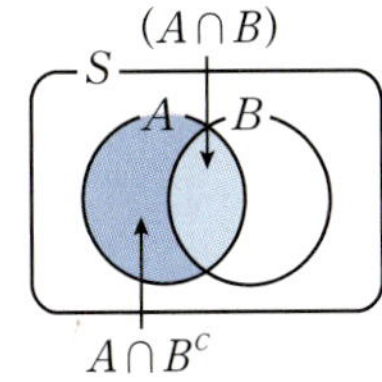

STEP Ⓑ $P(A \cap B) = P(A)P(B)$을 이용하여 $P(B)$ 구하기

두 사건 A, B는 서로 독립이므로 $P(A \cap B) = P(A)P(B)$
$\dfrac{1}{4} = \dfrac{7}{12} P(B)$이므로 $P(B) = \dfrac{3}{7}$

(2) 두 사건 A, B가 서로 독립이고,
$$P(A \cap B) = \frac{1}{4}, \quad P(A^c \cap B) = \frac{1}{6}$$
일 때, $P(A)$의 값은? (단, A^c은 A의 여사건이다.)

① $\frac{2}{5}$ ② $\frac{1}{2}$ ③ $\frac{3}{5}$
④ $\frac{7}{10}$ ⑤ $\frac{4}{5}$

STEP A $P(B) = P(A \cap B) + P(A^c \cap B)$를 이용하여 $P(B)$ 구하기

$P(B) = P(A \cap B) + P(A^c \cap B)$
$$= \frac{1}{4} + \frac{1}{6} = \frac{5}{12}$$

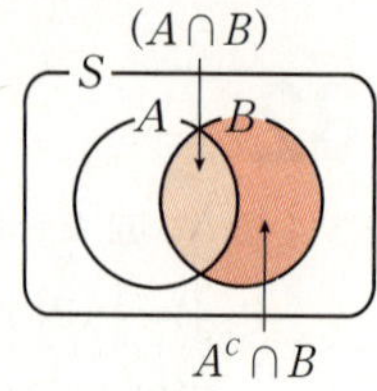

STEP B $P(A \cap B) = P(A)P(B)$을 이용하여 $P(A)$ 구하기

두 사건 A, B가 서로 독립이므로 $P(A \cap B) = P(A)P(B)$

따라서 $\frac{1}{4} = \frac{5}{12}P(A)$이므로 $P(A) = \frac{3}{5}$

다른풀이 독립사건의 성질을 이용하여 풀이하기

STEP A A, B가 독립이면 $P(A^c \cap B) = P(A^c)P(B)$임을 이용하여 $P(B)$ 구하기

두 사건 A, B가 서로 독립이므로
$$P(A \cap B) = P(A)P(B) = \frac{1}{4} \quad \cdots\cdots ㉠$$

두 사건 A, B가 서로 독립이므로 두 사건 A^c, B도 서로 독립이다.
$$\therefore P(A^c \cap B) = P(A^c)P(B)$$
$$= \{1 - P(A)\}P(B)$$
$$= P(B) - P(A)P(B)$$
$$= \frac{1}{6} \quad \cdots\cdots ㉡$$

㉠을 ㉡에 대입하면
$$P(B) - \frac{1}{4} = \frac{1}{6} \quad \therefore P(B) = \frac{1}{6} + \frac{1}{4} = \frac{5}{12}$$

STEP B A, B가 독립이면 $P(A \cap B) = P(A)P(B)$임을 이용하기

이 값을 ㉠에 대입하면 $P(A) \times \frac{5}{12} = \frac{1}{4}$

따라서 $P(A) = \frac{1}{4} \times \frac{12}{5} = \frac{3}{5}$

0484

다음 물음에 답하여라. (단, A^c는 A의 여사건이다.)

(1) 두 사건 A, B가 서로 독립이고,
$$P(A^c) = \frac{3}{4}, \quad P(A \cup B^c) = \frac{3}{10}$$
일 때, $P(B)$의 값은?

① $\frac{2}{3}$ ② $\frac{11}{15}$ ③ $\frac{4}{5}$
④ $\frac{13}{15}$ ⑤ $\frac{14}{15}$

STEP A $P(A) = 1 - P(A^c)$임을 이용하기

$P(A^c) = \frac{3}{4}$에서 $P(A) = 1 - P(A^c) = 1 - \frac{3}{4} = \frac{1}{4}$

STEP B A, B가 독립이면 $P(A \cap B^c) = P(A)P(B^c)$임을 이용하기

또, 두 사건 A, B가 서로 독립이므로 A와 B^c도 서로 독립이다.
$$\therefore P(A \cap B^c) = P(A)P(B^c)$$

한편 $P(A \cup B^c) = P(A) + P(B^c) - P(A \cap B^c)$
$$= P(A) + P(B^c) - P(A)P(B^c)$$

이므로 $\frac{3}{10} = \frac{1}{4} + P(B^c) - \frac{1}{4}P(B^c)$

$\frac{3}{4}P(B^c) = \frac{3}{10} - \frac{1}{4} = \frac{1}{20}$

$\therefore P(B^c) = \frac{1}{15}$

STEP C $P(B) = 1 - P(B^c)$임을 이용하기

따라서 $P(B) = 1 - P(B^c) = 1 - \frac{1}{15} = \frac{14}{15}$

(2) 두 사건 A, B가 서로 독립이고,
$$P(A^c) = \frac{3}{5}, \quad P(A \cup B^c) = \frac{7}{10}$$
일 때, $P(A \cap B)$의 값은?

① $\frac{1}{5}$ ② $\frac{1}{4}$ ③ $\frac{3}{5}$
④ $\frac{2}{3}$ ⑤ $\frac{3}{4}$

STEP A $P(A) = 1 - P(A^c)$임을 이용하기

$P(A^c) = \frac{3}{5}$에서 $P(A) = 1 - P(A^c) = 1 - \frac{3}{5} = \frac{2}{5}$

STEP B A, B가 독립이면 $P(A \cap B^c) = P(A)P(B^c)$임을 이용하기

두 사건 A와 B가 서로 독립이므로 A와 B^c도 서로 독립이다.
$$\therefore P(A \cap B^c) = P(A)P(B^c)$$
한편 $P(A \cup B^c) = P(A) + P(B^c) - P(A \cap B^c)$
$$= P(A) + P(B^c) - P(A) \times P(B^c)$$
$\frac{7}{10} = \frac{2}{5} + P(B^c) - \frac{2}{5}P(B^c)$

$\frac{3}{5}P(B^c) = \frac{7}{10} - \frac{2}{5} = \frac{3}{10}$ 이므로 $P(B^c) = \frac{1}{2}$

즉 $P(B) = 1 - P(B^c) = 1 - \frac{1}{2} = \frac{1}{2}$

STEP C $P(A \cap B) = P(A)P(B)$임을 이용하기

따라서 $P(A \cap B) = P(A)P(B) = \frac{2}{5} \times \frac{1}{2} = \frac{1}{5}$

0485

다음 물음에 답하여라.

(1) 세 사건 A, B, C에서 A와 B는 서로 배반사건이고,
A와 C는 서로 독립이다.
$$P(A \cup B) = \frac{4}{5}, \quad P(A \cap C) = \frac{1}{4}, \quad P(C) = \frac{1}{3}$$
일 때, $P(B)$의 값은?

① $\frac{1}{20}$ ② $\frac{1}{6}$ ③ $\frac{3}{7}$
④ $\frac{1}{2}$ ⑤ $\frac{4}{15}$

STEP A 두 사건 A와 C는 서로 독립임을 이용하여 $P(B)$ 구하기

두 사건 A, C는 서로 독립이므로 $P(A \cap C) = P(A)P(C)$에서
$P(A) \cdot \frac{1}{3} = \frac{1}{4}$ $\therefore P(A) = \frac{3}{4}$

STEP B A와 B는 서로 배반사건임을 이용하여 $P(B)$ 구하기

A와 B는 서로 배반사건이므로
$P(A \cup B) = P(A) + P(B)$에서 $\frac{4}{5} = \frac{3}{4} + P(B)$

따라서 $P(B) = \frac{1}{20}$

(2) 세 사건 A, B, C에 대하여 A와 B는 서로 배반사건이고, A와 C는 서로 독립이다.
$$P(A \cup B)=\frac{5}{6}, \ P(A \cap C)=\frac{1}{5}, \ P(C^C)=\frac{3}{4}$$
일 때, $P(B)$의 값은?

① $\frac{1}{30}$ ② $\frac{2}{5}$ ③ $\frac{3}{5}$

④ $\frac{4}{15}$ ⑤ $\frac{7}{15}$

STEP A 두 사건 A와 C는 서로 독립임을 이용하여 $P(B)$ 구하기

$P(C^C)=1-P(C)$에서 $P(C)=\frac{1}{4}$

두 사건 A와 C는 서로 독립이므로 $P(A \cap C)=P(A)P(C)$

$\frac{1}{5}=\frac{1}{4}P(A)$

$\therefore \ P(A)=\frac{4}{5}$

STEP B A와 B는 서로 배반사건임을 이용하여 $P(B)$ 구하기

두 사건 A와 B는 서로 배반사건이므로 $P(A \cap B)=0$

$P(A \cup B)=P(A)+P(B)$

따라서 $\frac{5}{6}=\frac{4}{5}+P(B)$이므로 $P(B)=\frac{1}{30}$

0486

다음 물음에 답하여라.
(1) 오른쪽 그림과 같이 ON, OFF 기능이 있는 스위치를 가진 회로가 있다. 각 스위치가 ON, OFF 일 확률이 각각 $\frac{1}{2}$일 때, A에서 B로 전류가 흐를 확률은?

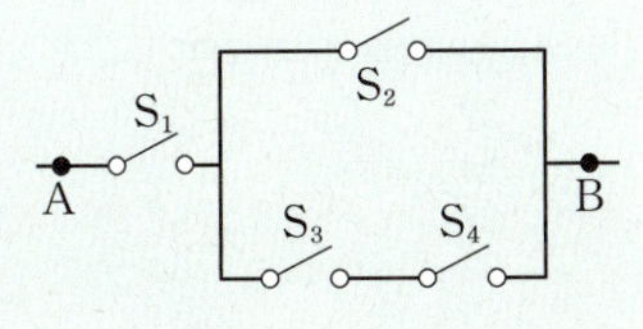

① $\frac{1}{16}$ ② $\frac{2}{7}$ ③ $\frac{5}{54}$

④ $\frac{5}{17}$ ⑤ $\frac{5}{16}$

STEP A 전류가 흐르는 사건을 A, B로 분류하고 확률 구하기

스위치 S_1, S_2를 통하여 전류가 흐르는 사건을 A,
스위치 S_1, S_3, S_4를 통하여 전류가 흐르는 사건을 B라고 하면

$P(A)=\frac{1}{2} \times \frac{1}{2}=\frac{1}{4}$

$P(B)=\frac{1}{2} \times \frac{1}{2} \times \frac{1}{2}=\frac{1}{8}$

$P(A \cap B)=\frac{1}{2} \times \frac{1}{2} \times \frac{1}{2} \times \frac{1}{2}=\frac{1}{16}$

STEP B 확률의 덧셈정리를 이용하여 전류가 흐를 확률 구하기

따라서 구하는 확률은

$P(A \cup B)=P(A)+P(B)-P(A \cap B)=\frac{1}{4}+\frac{1}{8}-\frac{1}{16}=\frac{5}{16}$

(2) 오른쪽 그림과 같은 전기회로에서 x번 스위치가 닫혀 있을 확률은 $\frac{x}{6}$이다. 각각의 스위치가 독립적으로 작동할 때, A와 B 사이에 전류가 흐를 확률은?

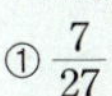
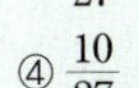

① $\frac{2}{15}$ ② $\frac{2}{7}$ ③ $\frac{5}{54}$

④ $\frac{5}{17}$ ⑤ $\frac{2}{13}$

STEP A 전류가 흐르는 사건을 A, B로 분류하고 확률 구하기

1번, 2번, 3번, 4번 스위치가 닫혀 있을 확률이 각각 $\frac{1}{6}$, $\frac{2}{6}$, $\frac{3}{6}$, $\frac{4}{6}$이므로

이때 A와 B 사이에 전류가 흐르는 경우는
스위치 1, 2번을 통하여 전류가 흐르는 사건을 A,
스위치 1, 3, 4를 통하여 전류가 흐르는 사건을 B라 하면

$P(A)=\frac{1}{6} \times \frac{2}{6}=\frac{1}{18}$, $P(B)=\frac{1}{6} \times \frac{3}{6} \times \frac{4}{6}=\frac{1}{18}$

이때 스위치가 모두 닫혀 있는 경우는 $A \cap B$이고
두 사건 A, B는 서로 독립이므로 $P(A \cap B)=\frac{1}{6} \times \frac{2}{6} \times \frac{3}{6} \times \frac{4}{6}=\frac{1}{54}$

STEP B 확률의 덧셈정리를 이용하여 전류가 흐를 확률 구하기

따라서 구하는 확률은

$P(A \cup B)=P(A)+P(B)-P(A \cap B)=\frac{1}{18}+\frac{1}{18}-\frac{1}{54}=\frac{5}{54}$

다른풀이 배반사건으로 나누어 확률 구하기

A와 B 사이에 전류가 흐르는 경우는 다음 표와 같다.

	1	2	3	4
(ⅰ)	○	○	X	X
(ⅱ)	○	○	○	X
(ⅲ)	○	○	X	○
(ⅳ)	○	○	○	○
(ⅴ)	○	X	○	○

○ : 닫힘 X : 열림

(ⅰ) 1번 닫힘, 2번 닫힘, 3번 열림, 4번 열림인 경우
$\frac{1}{6} \times \frac{2}{6} \times \frac{3}{6} \times \frac{2}{6}=\frac{12}{1296}=\frac{1}{108}$

(ⅱ) 1번 닫힘, 2번 닫힘, 3번 닫힘, 4번 열림인 경우
$\frac{1}{6} \times \frac{2}{6} \times \frac{3}{6} \times \frac{2}{6}=\frac{12}{1296}=\frac{1}{108}$

(ⅲ) 1번 닫힘, 2번 닫힘, 3번 열림, 4번 닫힘인 경우
$\frac{1}{6} \times \frac{2}{6} \times \frac{3}{6} \times \frac{4}{6}=\frac{24}{1296}=\frac{1}{54}$

(ⅳ) 1번 닫힘, 2번 닫힘, 3번 닫힘, 4번 닫힘인 경우
$\frac{1}{6} \times \frac{2}{6} \times \frac{3}{6} \times \frac{4}{6}=\frac{24}{1296}=\frac{1}{54}$

(ⅴ) 1번 닫힘, 2번 열림, 3번 닫힘, 4번 닫힘인 경우
$\frac{1}{6} \times \frac{4}{6} \times \frac{3}{6} \times \frac{4}{6}=\frac{48}{1296}=\frac{1}{27}$

(ⅰ)~(ⅴ)로부터 A와 B 사이에 전류가 흐를 확률은
$\frac{1}{108}+\frac{1}{108}+\frac{1}{54}+\frac{1}{54}+\frac{1}{27}=\frac{5}{54}$

0487

한 개의 주사위를 던져서 3의 배수의 눈이 나오면 오른쪽으로 한 칸 이동하고, 그 이외의 눈이 나오면 위로 한 칸 이동한다. 주사위를 4번 던졌을 때, O지점에서 출발한 점이 P지점으로 도착할 확률은?

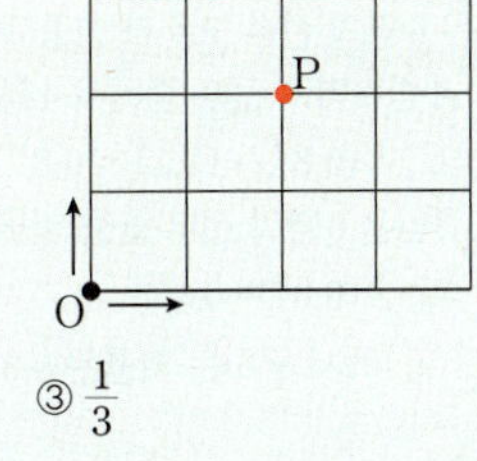

① $\frac{7}{27}$ ② $\frac{8}{27}$ ③ $\frac{1}{3}$

④ $\frac{10}{27}$ ⑤ $\frac{11}{27}$

STEP A 독립시행의 확률 구하기

주사위를 던져 3의 배수의 눈이 나오는 사건을 A라고 하면

$P(A)=\frac{2}{6}=\frac{1}{3}$

주사위를 4번 던져 O지점에서 출발하여 P지점에 도달하려면 오른쪽으로 2칸, 위로 2칸을 이동하면 되므로 구하는 확률은

$_4C_2\left(\frac{1}{3}\right)^2\left(\frac{2}{3}\right)^2=\frac{8}{27}$

0488

채널이 1부터 100까지 설정된 텔레비전이 있다. 이 텔레비전의 리모콘의 일부는 오른쪽 그림과 같고, 현재 켜져 있는 채널은 50이다. 채널증가 버튼 ∧ 과 채널감소 버튼 ∨ 두 개 중 한 번에 한 개의 버튼을 임의로 여섯 번 누를 때, 채널이 다시 50이 될 확률은? (단, 버튼을 한 번 누르면 채널은 1씩 변한다.)

① $\dfrac{1}{4}$ ② $\dfrac{5}{16}$ ③ $\dfrac{3}{8}$

④ $\dfrac{7}{16}$ ⑤ $\dfrac{1}{2}$

STEP A 증가버튼을 누른 횟수 구하기

두 버튼을 누를 확률은 각각 $\dfrac{1}{2}$ 이고 여섯 번 중에서 다시 채널 50이 나오려면 채널증가 버튼과 채널 감소버튼을 누른 횟수가 같아야 한다.
여섯 번 중에서 3번은 채널 증가 버튼을 누르고 3번은 채널 감소 버튼을 눌러야 한다.

STEP B 독립시행의 확률을 이용하여 확률 구하기

따라서 구하는 확률은 독립시행의 정리에 의해 $_6C_3\left(\dfrac{1}{2}\right)^3\left(\dfrac{1}{2}\right)^3=\dfrac{20}{2^6}=\dfrac{5}{16}$

다른풀이 순열로 풀이하기

∧ , ∨ 중 중복을 허락하여 6개를 임의로 나열하는 경우의 수는 $_2\Pi_6=2^6$
이때 ∧ 3개, ∨ 3개를 나열하는 경우의 수는 $\dfrac{6!}{3!3!}=20$

따라서 구하는 확률은 $\dfrac{20}{2^6}=\dfrac{5}{16}$

0489

다음 물음에 답하여라.

(1) A와 B 두 팀이 축구 경기에서 연장전까지 $0:0$으로 승부를 가리지 못하여 승부차기를 하였다. 각 팀당 5명의 선수가 A팀부터 시작하여 1명씩 교대로 승부차기를 할 때, B팀이 $5:4$로 이길 확률은? (단, 각 선수의 승부차기는 독립시행이고 성공할 확률은 0.8이다.)

① 0.2×0.8^8 ② 0.8^8 ③ 0.2×0.8^9

④ 0.8^9 ⑤ 0.8^{10}

STEP A 독립시행의 확률을 이용하여 구하기

각 선수가 승부차기를 성공할 확률은 0.8,
승부차기를 실패할 확률은 0.2
이때 B팀이 $5:4$로 이기려면 A팀은 5명의 선수 중 4명만 성공하고 B팀은 5명의 선수 모두가 성공해야 한다.
(i) A팀 5명의 선수 중에서 4명만이 골을 성공시킬 확률은
$_5C_4\times(0.8)^4\times(0.2)^1=0.8^4$
(ii) B팀은 5명이 전부 골을 넣을 확률은
$_5C_5\times(0.8)^5=0.8^5$
(i), (ii)에서 구하는 확률은 $0.8^4\times0.8^5=0.8^9$

(2) 어떤 야구 선수가 상대팀의 투수 A와 대결할 때, 안타를 칠 확률은 0.2이고, 투수 B와 대결할 때 안타를 칠 확률은 0.25이다. 한 경기에서 이 선수가 투수 A와 2회 대결한 후 투수 B와 1회 대결한다면 3회의 대결 중 2회 이상 안타를 칠 확률은?

① 0.10 ② 0.12 ③ 0.14

④ 0.15 ⑤ 0.16

STEP A 독립시행의 확률을 이용하여 확률 구하기

(i) 안타를 투수 A에게 2번, 투수 B에게 0번 칠 확률은
$_2C_2(0.2)^2\times0.75=0.03$

(ii) 안타를 투수 A에게 2번, 투수 B에게 1번 칠 확률은
$_2C_2(0.2)^2\times0.25=0.01$
(iii) 안타를 투수 A에게 1번, 투수 B에게 1번 칠 확률은
$_2C_1(0.2)^1(0.8)^1\times0.25=0.32\times0.25=0.08$
(i)~(iii)의 세 경우는 동시에 일어나지 않으므로 안타를 2회 이상 칠 확률은
$0.03+0.01+0.08=0.12$

다른풀이 직접 구하여 풀이하기

타자가 안타를 치는 경우를 ○, 못 치는 경우를 ×라 하면
3회의 대결 중 2회 이상 안타를 치는 경우의 확률은 다음의 표와 같다.

A	A	B	확률
○	○	×	$\dfrac{1}{5}\times\dfrac{1}{5}\times\dfrac{3}{4}=0.03$
○	×	○	$\dfrac{1}{5}\times\dfrac{4}{5}\times\dfrac{1}{4}=0.04$
×	○	○	$\dfrac{4}{5}\times\dfrac{1}{5}\times\dfrac{1}{4}=0.04$
○	○	○	$\dfrac{1}{5}\times\dfrac{1}{5}\times\dfrac{1}{4}=0.01$
계			0.12

0490

다음 물음에 답하여라.

(1) 안타를 칠 확률이 $\dfrac{1}{4}$인 야구 선수가 타석에 3번 섰을 때, 적어도 1번 이상 안타를 칠 확률은?

① $\dfrac{37}{64}$ ② $\dfrac{25}{32}$ ③ $\dfrac{13}{16}$

④ $\dfrac{27}{32}$ ⑤ $\dfrac{57}{64}$

STEP A 세 번 모두 안타를 못 칠 확률 구하기

이 야구 선수가 안타를 칠 확률은 $\dfrac{1}{4}$이므로
적어도 1번 이상 안타를 칠 사건을 A라 하면
A의 여사건 A^c은 세 번 모두 안타를 못 칠 확률이다.
$\mathrm{P}(A^c)=_3C_0\left(\dfrac{1}{4}\right)^0\left(\dfrac{3}{4}\right)^3=\dfrac{27}{64}$

STEP B 여사건을 이용하여 확률 구하기

따라서 적어도 1번 이상 안타를 칠 확률은 $\mathrm{P}(A)=1-\mathrm{P}(A^c)=1-\dfrac{27}{64}=\dfrac{37}{64}$

(2) 한 개의 주사위를 5번 던져서 나오는 다섯 눈의 수의 곱이 짝수일 확률은?

① $\dfrac{23}{32}$ ② $\dfrac{25}{32}$ ③ $\dfrac{27}{32}$

④ $\dfrac{29}{32}$ ⑤ $\dfrac{31}{32}$

STEP A 독립시행의 확률 구하기

주사위를 5번 던져서 나온 다섯 눈의 수의 곱이 짝수인 사건을 A라 하면
주사위를 5번 던져서 나온 다섯 눈의 수의 곱이 홀수인 사건은
A^c이므로 $\mathrm{P}(A^c)=_5C_6\left(\dfrac{1}{2}\right)^5=\dfrac{1}{32}$

STEP B 여사건을 이용하여 확률 구하기

따라서 $\mathrm{P}(A)=1-\mathrm{P}(A^c)=1-\dfrac{1}{32}=\dfrac{31}{32}$

0491

다음 물음에 답하여라.

(1) 한 개의 주사위를 던져 홀수의 눈이 나오면 동전을 3번 던지고, 짝수의 눈이 나오면 동전을 두 번 던지기로 할 때, 동전의 앞면이 한 번 나올 확률은?

① $\dfrac{3}{16}$ ② $\dfrac{1}{4}$ ③ $\dfrac{7}{16}$

④ $\dfrac{15}{32}$ ⑤ $\dfrac{27}{64}$

STEP Ⓐ 독립시행의 확률을 이용하여 앞면이 한 번 나올 확률 구하기

(ⅰ) 주사위의 홀수의 눈이 나오는 경우

주사위의 홀수의 눈이 나올 확률은 $\dfrac{1}{2}$ 이고

동전을 3번 던져 앞면이 한번 나올 확률은 $_3C_1\left(\dfrac{1}{2}\right)^1\left(\dfrac{1}{2}\right)^2$

$\therefore \dfrac{1}{2}\times {}_3C_1\left(\dfrac{1}{2}\right)^1\left(\dfrac{1}{2}\right)^2=\dfrac{3}{16}$

(ⅱ) 주사위의 짝수의 눈이 나오는 경우

주사위의 짝수의 눈이 나올 확률은 $\dfrac{1}{2}$ 이고

동전을 2번 던져 앞면이 한번 나올 확률은 $_2C_1\left(\dfrac{1}{2}\right)^1\left(\dfrac{1}{2}\right)^1$

$\therefore \dfrac{1}{2}\times {}_2C_1\left(\dfrac{1}{2}\right)^1\left(\dfrac{1}{2}\right)^1=\dfrac{1}{4}$

STEP Ⓑ 배반사건을 이용하여 확률 구하기

(ⅰ), (ⅱ)는 서로 배반사건이므로 구하는 확률은 $\dfrac{3}{16}+\dfrac{1}{4}=\dfrac{7}{16}$

(2) 1개의 동전을 한 번 던져서 앞면이 나오면 1개의 주사위를 2번 던지고, 뒷면이 나오면 1개의 주사위를 3번 던지는 시행이 있다. 이 시행을 한 번 할 때, 주사위의 3의 배수의 눈이 오직 한 번만 나올 확률은 $\dfrac{q}{p}$ 이다.

이때 $p+q$의 값은? (단, p, q는 서로소인 자연수)

① 11 ② 12 ③ 13

④ 14 ⑤ 15

STEP Ⓐ 독립시행의 확률을 이용하여 주사위의 3의 배수의 눈이 오직 한 번만 나올 확률 구하기

(ⅰ) 동전의 앞면이 나오고 1개의 주사위를 2번 던질 때,

3의 배수의 눈이 1번만 나올 확률은 $\dfrac{1}{2}\times {}_2C_1\left(\dfrac{1}{3}\right)\left(\dfrac{2}{3}\right)=\dfrac{2}{9}$

(ⅱ) 동전의 뒷면이 나오고 1개의 주사위를 3번 던질 때,

3의 배수의 눈이 1번만 나올 확률은 $\dfrac{1}{2}\times {}_3C_1\left(\dfrac{1}{3}\right)\left(\dfrac{2}{3}\right)^2=\dfrac{2}{9}$

STEP Ⓑ 배반사건을 이용하여 확률 구하기

(ⅰ), (ⅱ)는 서로 배반사건이므로 구하는 확률은 $\dfrac{2}{9}+\dfrac{2}{9}=\dfrac{4}{9}$

$\therefore p+q=13$

0492

다음 물음에 답하여라.

(1) 명중률이 75%인 사수가 있다. 한 개의 주사위를 던져서 1 또는 2의 눈이 나오면 두 번 쏘고, 그 이외의 눈이 나오면 세 번 쏘기로 한다. 한 개의 주사위를 한 번 던져서 이에 따라 목표물을 쏠 때, 오직 한 번 명중할 확률은?

① $\dfrac{5}{32}$ ② $\dfrac{7}{32}$ ③ $\dfrac{9}{32}$

④ $\dfrac{1}{4}$ ⑤ $\dfrac{11}{32}$

STEP Ⓐ 독립시행의 확률을 이용하여 오직 한 번 명중할 확률 구하기

(ⅰ) 한 개의 주사위를 한 번 던져서 1 또는 2의 눈이 나온 후에 두 발을 쏘아서 한 발 명중할 확률은

$\dfrac{2}{6}\times {}_2C_1\left(\dfrac{3}{4}\right)\left(\dfrac{1}{4}\right)=\dfrac{1}{8}$ ← 한 발 명중할 확률은 $75\%=\dfrac{3}{4}$

(ⅱ) 한 개의 주사위를 한 번 던져서 3, 4, 5 또는 6의 눈이 나온 후에 세 발 쏘아서 한 발 명중할 확률은

$\dfrac{4}{6}\times {}_3C_1\left(\dfrac{3}{4}\right)\left(\dfrac{1}{4}\right)^2=\dfrac{3}{32}$

STEP Ⓑ 배반사건을 이용하여 확률 구하기

(ⅰ), (ⅱ)는 서로 배반사건이므로 구하는 확률은 $\dfrac{1}{8}+\dfrac{3}{32}=\dfrac{7}{32}$

(2) 3부터 10까지의 번호가 각각 적힌 공이 들어 있는 상자에서 1개의 공을 꺼낼 때, 소수가 적힌 공이면 동전을 3번, 짝수가 적힌 공이면 동전을 4번 던진다. 이때 동전의 앞면이 3번 나올 확률은?

① $\dfrac{11}{64}$ ② $\dfrac{3}{16}$ ③ $\dfrac{13}{64}$

④ $\dfrac{7}{32}$ ⑤ $\dfrac{15}{64}$

STEP Ⓐ 독립시행의 확률을 이용하여 동전의 앞면이 3번 나올 확률 구하기

(ⅰ) 소수가 적힌 공을 꺼내고 동전을 3번 던져서 3번 모두 앞면이 나올 확률은

$\dfrac{3}{8}\times {}_3C_3\left(\dfrac{1}{2}\right)^3\left(\dfrac{1}{2}\right)^0=\dfrac{3}{64}$

(ⅱ) 짝수가 적힌 공을 꺼내고 동전을 4번 던져서 앞면이 3번 나올 확률은

$\dfrac{4}{8}\times {}_4C_3\left(\dfrac{1}{2}\right)^3\left(\dfrac{1}{2}\right)^1=\dfrac{1}{8}$

STEP Ⓑ 배반사건을 이용하여 확률 구하기

(ⅰ), (ⅱ)는 서로 배반사건이므로 구하는 확률은 $\dfrac{3}{64}+\dfrac{1}{8}=\dfrac{11}{64}$

0493

3개의 동전을 동시에 던질 때, 앞면이 나오는 동전이 한 개 이하인 사건을 A, 동전 3개가 모두 같은 면이 나오는 사건을 B라고 하자. 다음 [보기]에서 옳은 것을 모두 고르면?

ㄱ. $\mathrm{P}(A)=\dfrac{1}{2}$

ㄴ. $\mathrm{P}(A\cap B)=\dfrac{1}{8}$

ㄷ. 사건 A와 사건 B는 서로 독립이다.

① ㄱ   ② ㄷ   ③ ㄱ, ㄴ
④ ㄴ, ㄷ   ⑤ ㄱ, ㄴ, ㄷ

STEP A 각 사건의 확률을 구하고 [보기]의 진위판단하기

동전 1개를 던지면 앞면과 뒷면의 2가지 경우가 나오므로
동전 3개를 동시에 던질 때, 나올 수 있는 모든 경우의 수는
$2\times2\times2=8$

ㄱ. 동전의 앞면을 H, 뒷면을 T라 하면
앞면이 나오는 동전이 1개 이하인 경우는
(T, T, T), (H, T, T), (T, H, T), (T, T, H)의 4가지이다.

$\therefore \mathrm{P}(A)=\dfrac{4}{8}=\dfrac{1}{2}$ [참]

ㄴ. ㄱ의 경우 중 동전 3개가 모두 같은 면이 나오는 경우는
(T, T, T)의 1가지이다.

$\therefore \mathrm{P}(A\cap B)=\dfrac{1}{8}$ [참]

STEP B $\mathrm{P}(A\cap B)=\mathrm{P}(A)\mathrm{P}(B)$를 이용하여 참임을 판별하기

ㄷ. 동전 3개가 모두 같은 면이 나오는 경우는
동전 3개가 모두 앞면이 나오거나 모두 뒷면이 나오는 경우이므로
(H, H, H), (T, T, T)의 2가지이다.

$\therefore \mathrm{P}(B)=\dfrac{2}{8}=\dfrac{1}{4}$

$\mathrm{P}(A\cap B)=\dfrac{1}{8}$이고 $\mathrm{P}(A)\mathrm{P}(B)=\dfrac{1}{2}\times\dfrac{1}{4}=\dfrac{1}{8}$이므로

$\mathrm{P}(A\cap B)=\mathrm{P}(A)\mathrm{P}(B)$, 즉 사건 A와 사건 B는 서로 독립이다. [참]
따라서 옳은 것은 ㄱ, ㄴ, ㄷ이다.

다른풀이 독립시행을 이용하여 확률을 구하여 진위판단하기

X : 앞면이 나오는 개수

ㄱ. 세 개의 동전을 던질 때, 앞면의 수가 1 이하일 확률은

$\mathrm{P}(A)=\mathrm{P}(X=0)+\mathrm{P}(X=1)=\dfrac{4}{8}=\dfrac{1}{2}$ [참]

ㄴ. 3개 모두 같은 면이 나오는 동시에 앞면의 수가 1 이하일 확률은

$\mathrm{P}(A\cap B)=\mathrm{P}(X=0)={}_3\mathrm{C}_0\left(\dfrac{1}{2}\right)^3=\dfrac{1}{8}$ [참]

ㄷ. 3개 모두 같은 면이 나올 확률은

$\mathrm{P}(B)=\mathrm{P}(X=0)+\mathrm{P}(X=3)=2\times{}_3\mathrm{C}_0\left(\dfrac{1}{2}\right)^3=\dfrac{1}{4}$

$\mathrm{P}(A\cap B)=\dfrac{1}{8}$, $\mathrm{P}(A)\mathrm{P}(B)=\dfrac{1}{2}\cdot\dfrac{1}{4}=\dfrac{1}{8}$

$\therefore \mathrm{P}(A\cap B)=\mathrm{P}(A)\mathrm{P}(B)$

즉 두 사건 A, B는 서로 독립이다. [참]
따라서 옳은 것은 ㄱ, ㄴ, ㄷ이다.

0494

어느 지역에서 사관학교에 지원한 학생들을 대상으로 안경 착용여부를 조사하였더니 그 결과가 다음 표와 같았다.

	남학생	여학생
안경을 쓴 학생	n명	100명
안경을 안 쓴 학생	180명	$(n+30)$명

이 학생들 중에서 임의로 한 명을 선택할 때, 그 학생이 남학생일 사건을 A, 안경을 쓴 학생일 사건을 B라 하자. 두 사건 A, B가 서로 독립일 때, 자연수 n의 값을 구하여라.

STEP A 표에서 $\mathrm{P}(A)$, $\mathrm{P}(B)$, $\mathrm{P}(A\cap B)$의 확률 구하기

	남학생	여학생	계
안경을 쓴 학생	n	100	$n+100$
안경을 안 쓴 학생	180	$(n+30)$	$n+210$
계	$n+180$	$n+130$	$2n+310$

학생이 남학생일 사건이 A, 안경을 쓴 학생일 사건이 B이고
위의 표에서 전체 학생 수는 $(2n+310)$명이므로

$\mathrm{P}(A)=\dfrac{n+180}{2n+310}$, $\mathrm{P}(B)=\dfrac{n+100}{2n+310}$

사건 $A\cap B$는 안경을 쓴 남학생일 사건이므로

$\mathrm{P}(A\cap B)=\dfrac{n}{2n+310}$

STEP B $\mathrm{P}(A\cap B)=\mathrm{P}(A)\mathrm{P}(B)$를 이용하여 n의 값 구하기

두 사건 A, B가 서로 독립일 필요충분조건은 $\mathrm{P}(A\cap B)=\mathrm{P}(A)\mathrm{P}(B)$이므로

$\dfrac{n}{2n+310}=\dfrac{n+180}{2n+310}\times\dfrac{n+100}{2n+310}$

양변에 $(2n+310)^2$을 곱하면

$n(2n+310)=(n+180)(n+100)$

$n^2+30n-18000=0$

$(n+150)(n-120)=0$

따라서 n은 자연수이므로 $n=120$

다른풀이 A, B가 독립이므로 $\mathrm{P}(A|B)=\mathrm{P}(A)$를 이용하여 풀이하기

학생이 남학생일 사건이 A, 안경을 쓴 학생일 사건이 B이므로

$\mathrm{P}(A)=\dfrac{n+180}{2n+310}$, $\mathrm{P}(A|B)=\dfrac{n}{n+100}$

두 사건 A, B가 독립이므로 $\mathrm{P}(A)=\mathrm{P}(A|B)$

$\dfrac{n+180}{2n+310}=\dfrac{n}{n+100}$

즉 $(n+180)(n+100)=n(2n+310)$

$n^2+30n-18000=0$

$(n+150)(n-120)=0$

따라서 $n=120$

서로 독립인 사건에서는 비율이 동일하다.

	남학생	여학생
안경을 쓴 학생	n	100
안경을 안 쓴 학생	180	$(n+30)$

선택된 학생이 남학생일 사건 A와 안경을 쓴 학생일 사건 B가
서로 독립이므로 $n:100=180:(n+30)$

즉 $n(n+30)=100\times180$이므로

$n^2+30n-18000=0$, $(n+150)(n-120)=0$

따라서 $n=120\,(\because n\geq0)$

0495

5번의 경기 중에서 3번을 먼저 이기는 사람이 최종 우승하는 체스 대회의 결승에 A와 B 두 사람이 진출하였다.
A가 첫 번째 경기를 이겼을 때, A가 최종 우승할 확률은?
(단, A가 B를 이길 확률은 $\dfrac{2}{3}$ 이고, 비기는 경우는 없다.)

① $\dfrac{5}{9}$ ② $\dfrac{2}{3}$ ③ $\dfrac{7}{9}$

④ $\dfrac{8}{9}$ ⑤ $\dfrac{3}{4}$

STEP A A팀이 승리할 확률 구하기

A가 최종 우승하는 경우의 확률은 각각 다음과 같다.
(i) 두 번의 경기를 연속하여 모두 이기는 경우

$$_2C_2 \times \left(\dfrac{2}{3}\right)^2 = \dfrac{4}{9}$$

(ii) 두 번의 경기에서 1승 1패를 하고 네 번째 경기를 이기는 경우

$$_2C_1 \times \left(\dfrac{2}{3}\right)^1 \times \left(\dfrac{1}{3}\right)^1 \times \dfrac{2}{3} = \dfrac{8}{27}$$

(iii) 세 번의 경기에서 1승 2패를 하고 마지막 경기를 이기는 경우

$$_3C_1 \times \left(\dfrac{2}{3}\right)^1 \times \left(\dfrac{1}{3}\right)^2 \times \dfrac{2}{3} = \dfrac{4}{27}$$

STEP B 배반사건을 이용하여 확률 구하기

(i)~(iii)에서 배반사건이므로 구하는 확률은 $\dfrac{4}{9} + \dfrac{8}{27} + \dfrac{4}{27} = \dfrac{24}{27} = \dfrac{8}{9}$

0496

다음 물음에 답하여라.
(1) 세 명이 가위 바위 보를 하여 이긴 사람이 1명일 때, 그 사람을 대표로 뽑기로 하였다. 두 번째 가위 바위 보에서 대표가 결정될 확률은?
(단, 첫 번째에 두 사람이 이기는 경우도 무승부로 간주한다.)

① $\dfrac{1}{27}$ ② $\dfrac{1}{9}$ ③ $\dfrac{2}{9}$

④ $\dfrac{1}{3}$ ⑤ $\dfrac{2}{3}$

STEP A 세 명이 가위 바위 보를 하여 한 명이 이길 확률 구하기

세 명이 가위 바위 보를 할 때,
전체 경우의 수는 3^3 이고 한 번만 이기는 경우의 수는
(가위, 보, 보), (바위, 가위, 가위), (보, 바위, 바위)를 각각 일렬로 나열하는

경우의 수는 $3 \times \dfrac{3!}{2!} = 9$

즉 한 명만 이길 확률은 $\dfrac{9}{3^3} = \dfrac{1}{3}$

STEP B 두 번째 가위 바위 보에서 대표가 결정될 확률 구하기

첫 번째 가위 바위 보에서 대표가 결정되지 않고,
두 번째 가위 바위 보에서 대표가 결정될 확률은

$$\left(1 - \dfrac{1}{3}\right) \times \dfrac{1}{3} = \dfrac{2}{9}$$

(2) 세 명이 가위 바위 보 게임을 하여 우승자를 1명만 결정하려고 한다.
우승자 1명이 결정되지 않았을 때에는 이긴 사람들 또는 비긴 사람들 끼리 가위 바위 보를 다시 실시한다. 두 번째의 가위 바위 보에서 1명의 우승자가 결정될 확률은?

① $\dfrac{5}{27}$ ② $\dfrac{2}{9}$ ③ $\dfrac{7}{27}$

④ $\dfrac{8}{27}$ ⑤ $\dfrac{1}{3}$

STEP A 두 번째의 가위 바위 보에서 1명의 우승자가 결정될 확률 구하기

(i) 첫 번째 가위 바위 보에서 2명의 승자가 결정되고,
두 번째 가위 바위 보에서 1명의 승자가 결정되는 확률은

$$\dfrac{_3C_2 \times 3}{3^3} \times \dfrac{_2C_1 \times 3}{3^2} = \dfrac{1}{3} \times \dfrac{2}{3} = \dfrac{2}{9}$$

(ii) 첫 번째 가위 바위 보에서 승자가 생기지 않고,
두 번째 가위 바위 보에서 1명의 승자가 결정되는 확률은

$$\dfrac{3+3!}{3^3} \times \dfrac{_3C_1 \times 3}{3^3} = \dfrac{1}{3} \times \dfrac{1}{3} = \dfrac{1}{9}$$

(i), (ii)에서의 두 사건은 서로 배반사건이므로 구하는 확률은 $\dfrac{2}{9} + \dfrac{1}{9} = \dfrac{1}{3}$

> **참고** (i) 첫 번째 가위 바위 보에서 승자가 2명 생기는 경우의 수는
> 3명 중에서 승자 2명을 정하고, 가위 바위 보 중 어느 한가지로
> 이기는 경우이므로 $_3C_2 \times 3 = 9$
>
> ← (가위, 가위, 보), (바위, 바위, 가위), (보, 보, 바위)를 각각 일렬로 나열하는
> 경우의 수는 $3 \times \dfrac{3!}{2!} = 9$
>
> (ii) 첫 번째 가위 바위 보에서 승자가 생기지 않는 경우의 수는
> 세 사람이 모두 가위 바위 보를 같이 내는 경우이거나
> 세 사람이 모두 서로 다르게 내는 경우이므로 $3 + 3! = 9$

0497

한 개의 주사위를 3번 던지는 시행에서 나오는 눈의 수를 차례로 a, b, c 라 할 때, 세 수의 곱 abc 가 4의 배수일 확률을 $\dfrac{p}{q}$ 라 할 때, $p+q$ 의 값은? (단, p, q 는 서로소인 자연수이다.)

① 11 ② 12 ③ 13
④ 14 ⑤ 15

STEP A 세 수의 곱 abc 가 4의 배수일 확률 구하기

한 개의 주사위를 3번 던지는 시행에서 나오는 눈의 수의 곱이
4의 배수인 경우는
짝수의 눈이 3번 나오거나 짝수의 눈이 2번,
홀수의 눈이 1번 나오거나 4의 눈이 1번,
홀수의 눈이 2번 나오는 경우이다.

(i) 짝수의 눈이 3번 나올 확률은 $_3C_3 \left(\dfrac{1}{2}\right)^3 = \dfrac{1}{8}$

(ii) 짝수의 눈이 2번, 홀수의 눈이 1번 나올 확률은 $_3C_2 \left(\dfrac{1}{2}\right)^2 \left(\dfrac{1}{2}\right)^1 = \dfrac{3}{8}$

(iii) 4의 눈이 1번, 홀수의 눈이 2번 나올 확률은 $_3C_1 \left(\dfrac{1}{6}\right)^1 \left(\dfrac{1}{2}\right)^2 = \dfrac{1}{8}$

STEP B 배반사건을 이용하여 확률 구하기

(i)~(iii)이 배반사건이므로 구하는 확률은 $\dfrac{1}{8} + \dfrac{3}{8} + \dfrac{1}{8} = \dfrac{5}{8}$

따라서 $p=5$, $q=8$ 이므로 $p+q=13$

0498

검은 공 4개와 흰 공 2개가 들어 있는 상자에서 임의로 공 1개를 꺼내어 색을 확인하고 다시 집어넣는 것을 1회 시행이라고 하자.
검은 공이 나오면 3점, 흰 공이 나오면 1점을 얻을 때, 8회의 시행을 한 후 12점을 얻을 확률이 $\dfrac{k}{3^8}$이다. 상수 k의 값은?

① 98   ② 102   ③ 106
④ 110   ⑤ 112

STEP A   검은 공이 나온 횟수와 흰 공이 나온 횟수를 구하기

8회의 시행을 한 후 검은 공이 나온 횟수를 x,
흰 공이 나온 횟수를 y라고 하면
8회의 시행이므로 $x+y=8$ …… ㉠
12점을 얻으려면 $3x+y=12$ …… ㉡
을 연립하여 풀면 $x=2,\ y=6$

STEP B   독립시행의 확률을 이용하여 확률 구하기

8회의 시행을 한 후 12점을 얻을 확률은

검은 공이 2번, 흰 공이 6번 나올 확률이므로 ${}_8C_2 \times \left(\dfrac{2}{3}\right)^2 \times \left(\dfrac{1}{3}\right)^6 = \dfrac{112}{3^8}$

따라서 $k=112$

0499

주사위 1개와 동전 6개를 동시에 던질 때, 나온 주사위의 눈의 수와 앞면이 나온 동전의 개수가 서로 같을 확률은?

① $\dfrac{21}{128}$ ② $\dfrac{1}{6}$ ③ $\dfrac{11}{64}$
④ $\dfrac{25}{128}$ ⑤ $\dfrac{15}{64}$

STEP A   독립시행의 확률을 이용하여 식 구하기

주사위 1개를 던져 나온 눈의 수가 k $(k=1, 2, \cdots, 6)$일 확률은 $\dfrac{1}{6}$이고

동전 6개를 던져 앞면이 나온 동전이 k $(k=1, 2, \cdots, 6)$개일 확률은
${}_6C_k \left(\dfrac{1}{2}\right)^k \left(\dfrac{1}{2}\right)^{6-k}$

주사위 1개와 동전 6개를 동시에 던질 때, 주사위의 눈과 동전의 개수는 모두 6개씩이므로 나온 주사위의 눈의 수와 앞면이 나온 동전의 개수가 같은 총 경우의 수는 6이다.

STEP B   이항계수의 성질을 이용하여 구하기

나온 주사위의 눈의 수와 앞면이 나온 동전의 개수가 서로 같을 확률은

$\dfrac{1}{6}\left\{ {}_6C_1\left(\dfrac{1}{2}\right)^6 + {}_6C_2\left(\dfrac{1}{2}\right)^6 + {}_6C_3\left(\dfrac{1}{2}\right)^6 + {}_6C_4\left(\dfrac{1}{2}\right)^6 + {}_6C_5\left(\dfrac{1}{2}\right)^6 + {}_6C_6\left(\dfrac{1}{2}\right)^6 \right\}$

$= \dfrac{1}{6} \cdot \left(\dfrac{1}{2}\right)^6 \times \left({}_6C_1 + {}_6C_2 + {}_6C_3 + {}_6C_4 + {}_6C_5 + {}_6C_6 \right)$

$= \dfrac{1}{6} \cdot \left(\dfrac{1}{2}\right)^6 \times \left(2^6 - {}_6C_0\right)$

$= \dfrac{1}{6} \cdot \left(\dfrac{1}{2}\right)^6 \times (64-1)$

$= \dfrac{21}{128}$

> $\boldsymbol{+\alpha}$ ${}_nC_0 + {}_nC_1 + {}_nC_2 + \cdots + {}_nC_n = 2^n$

0500

다음 물음에 답하여라.

(1) 한 개의 주사위를 A는 4번 던지고 B는 3번 던질 때, 3의 배수의 눈이 나오는 횟수를 각각 a, b라 하자. $a+b=6$일 확률은?

① $\dfrac{10}{3^7}$ ② $\dfrac{11}{3^7}$ ③ $\dfrac{4}{3^6}$
④ $\dfrac{13}{3^7}$ ⑤ $\dfrac{14}{3^7}$

STEP A $a+b=6$인 경우를 나누어 각각의 확률 구하기

주사위의 눈의 수 중 3의 배수는 3, 6의 2가지이므로

한 개의 주사위를 한 번 던져서 3의 배수의 눈이 나올 확률은 $\dfrac{2}{6} = \dfrac{1}{3}$

이때 한 개의 주사위를 A는 4번, B는 3번 던지므로 $0 \le a \le 4,\ 0 \le b \le 3$인 정수 a, b에 대하여 $a+b=6$을 만족시키는 순서쌍 (a, b)는 $(3, 3)$, $(4, 2)$의 두 가지 경우이다.

(i) $a=3,\ b=3$인 경우

    A는 4번 중 세 번, B는 3번 모두 3의 배수의 눈이 나오는 확률은

    ${}_4C_3\left(\dfrac{1}{3}\right)^3\left(\dfrac{2}{3}\right)^1 \times {}_3C_3\left(\dfrac{1}{3}\right)^3 = \dfrac{8}{3^7}$

(ii) $a=4,\ b=2$인 경우

    A는 4번 모두, B는 3번 중 두 번 3의 배수의 눈이 나오는 확률은

    ${}_4C_4\left(\dfrac{1}{3}\right)^4 \times {}_3C_2\left(\dfrac{1}{3}\right)^2\left(\dfrac{2}{3}\right)^1 = \dfrac{6}{3^7}$

STEP B   배반사건을 이용하여 확률 구하기

(i), (ii)에서 구하는 확률은 $\dfrac{8}{3^7} + \dfrac{6}{3^7} = \dfrac{14}{3^7}$

(2) 한 개의 주사위를 4번 던질 때, 1의 눈이 나오는 횟수를 a, 2의 눈이 나오는 횟수를 b라 하자. $a-b=1$일 확률은?

① $\dfrac{4}{27}$ ② $\dfrac{5}{27}$ ③ $\dfrac{2}{9}$
④ $\dfrac{19}{81}$ ⑤ $\dfrac{7}{27}$

STEP A $a-b=1$인 경우를 나누어 각각의 확률 구하기

주사위의 눈의 수가 1인 확률은 $\dfrac{1}{6}$, 눈의 수가 2인 확률은 $\dfrac{1}{6}$

이때 한 개의 주사위를 4번 던지므로 $a+b \le 4$인 정수 a, b에 대하여 $a-b=1$을 만족시키는 순서쌍 (a, b)는 $(2, 1)$, $(1, 0)$의 두 가지 경우이다.

(i) $a=2,\ b=1$인 경우

    주사위를 4번 던져 눈의 수 1이 2번, 눈의 수 2가 1번,
    그 밖의 눈의 수가 1번 나올 확률은

    ${}_4C_2\left(\dfrac{1}{6}\right)^2 \times {}_2C_1\left(\dfrac{1}{6}\right) \times {}_1C_1\left(\dfrac{4}{6}\right) = \dfrac{1}{27}$

    $\left(\text{또는 } \dfrac{4!}{2!} \times \left(\dfrac{1}{6}\right)^2 \times \left(\dfrac{1}{6}\right) \times \dfrac{4}{6} = \dfrac{1}{27}\right)$

(ii) $a=1,\ b=0$인 경우

    주사위를 4번 던져 눈의 수 1이 1번, 눈의 수 2가 0번,
    그 밖의 눈의 수가 3번 나올 확률은

    ${}_4C_1\left(\dfrac{1}{6}\right)^1 \times {}_3C_0\left(\dfrac{1}{6}\right)^0 \times {}_3C_3\left(\dfrac{4}{6}\right)^3 = \dfrac{16}{81}$

    $\left(\text{또는 } \dfrac{4!}{3!} \times \left(\dfrac{1}{6}\right) \times \left(\dfrac{1}{6}\right)^0 \times \left(\dfrac{4}{6}\right)^3 = \dfrac{16}{81}\right)$

STEP B   배반사건을 이용하여 확률 구하기

(i), (ii)에서 구하는 확률은 $\dfrac{1}{27} + \dfrac{16}{81} = \dfrac{19}{81}$

0501

주머니에 흰 공 2개와 검은 공 4개가 들어있다.
이 주머니에서 임의로 1개의 공을 꺼내 공의 색을
확인하고 다시 주머니에 넣는다.
이 시행을 6회 반복할 때, 3번째 시행에서 흰 공
이 두 번째로 나오고 6번째 시행에서 검은 공이
두 번째로 나올 확률은 $\dfrac{q}{p}$이다. $p+q$의 값은?

(단, p와 q는 서로소인 자연수이다.)

① 729   ② 730   ③ 735
④ 737   ⑤ 740

STEP A 3번째 시행에서 흰 공이 두 번째로 나오고 6번째 시행에서
검은 공이 두 번째로 나올 확률 구하기

주머니에서 임의로 1개의 공을 꺼낼 때, 꺼낸 공이 흰 공일 확률은 $\dfrac{1}{3}$,

검은 공일 확률은 $\dfrac{2}{3}$이다.

(i) 3번째 시행에서 흰 공이 두 번째로 나오려면 앞의 두 번째의 시행에서
흰 공과 검은 공이 각각 한 번씩 나와야 하므로 구하는 확률은

$$_2\mathrm{C}_1\left(\dfrac{1}{3}\right)^1\left(\dfrac{2}{3}\right)^1 \times \dfrac{1}{3} = \dfrac{4}{27}$$

(ii) 6번째 시행에서 검은 공이 두 번째로 나오려면 네 번째, 다섯 번째 시행
에서 모두 흰 공이 나와야 하므로 구하는 확률은

$$_2\mathrm{C}_2\left(\dfrac{1}{3}\right)^2\left(\dfrac{2}{3}\right)^0 \times \dfrac{2}{3} = \dfrac{2}{27}$$

STEP B 독립사건을 이용하여 확률 구하기

(i), (ii)에 의해 주어진 시행을 6회 반복할 때, 3번째 시행에서 흰 공이
두 번째로 나오고 6번째 시행에서 검은 공이 두 번째로 나올 확률은

$$\dfrac{4}{27} \times \dfrac{2}{27} = \dfrac{8}{729}$$

따라서 $p=729$, $q=8$이므로 $p+q=737$

0502

한 개의 주사위를 5번 던질 때, 3의 약수의 눈이 나오는 횟수를 m, 3의
약수가 아닌 눈이 나오는 횟수를 n이라 하자. 방정식 $x^2+x+1=0$의
한 근을 ω라 할 때, $\omega^{|m-n|}=1$을 만족시킬 확률이 $\dfrac{q}{p}$일 때, $p+q$의 값을
구하여라. (p와 q는 서로소인 자연수이다.)

STEP A $\omega^{|m-n|}=1$을 만족시킬 확률 구하기

$x^2+x+1=0$의 한 근이 ω이므로 $\omega^3=1$
즉 $\omega^3=1$을 만족시키는 m, n은 $m+n=5$, $|m-n|=3$을 동시에 만족시켜야
한다.
$\therefore m=1$, $n=4$ 또는 $m=4$, $n=1$

(i) $m=1$, $n=4$일 경우의 확률은

$$_5\mathrm{C}_1\left(\dfrac{1}{3}\right)^1\left(\dfrac{2}{3}\right)^4 = \dfrac{80}{243}$$

(ii) $m=4$, $n=1$일 경우의 확률은

$$_5\mathrm{C}_4\left(\dfrac{1}{3}\right)^4\left(\dfrac{2}{3}\right)^1 = \dfrac{10}{243}$$

STEP B 배반사건임을 이용하여 확률 구하기

(i), (ii)는 서로 배반사건이므로 구하는 확률은 $\dfrac{80}{243}+\dfrac{10}{243}=\dfrac{90}{243}=\dfrac{10}{27}$

따라서 $p+q=27+10=37$

0503

표본공간 $S=\{1, 2, 3, 4, 5, 6, 7, 8, 9, 10\}$에 대하여 두 사건 A, B_k가
$$A=\{3, 5, 6, 7, 8\},\ B_k=\{1, 3, k, k+2\}$$
일 때, 두 사건 A와 B_k가 서로 독립이 되도록 하는 자연수 k의 합은?
(단, $n(B_k)=4$이다.)

① 15   ② 17   ③ 19
④ 21   ⑤ 23

STEP A 두 사건 A와 B_k가 서로 독립임을 이용하여 $n(A\cap B_k)$의 값
구하기

$$\mathrm{P}(A)=\dfrac{5}{10}=\dfrac{1}{2},\ \mathrm{P}(B_k)=\dfrac{4}{10}=\dfrac{2}{5}$$

이때 $n(A\cap B_k)=a$라 하면 두 사건 A와 B_k가 서로 독립이므로

$\mathrm{P}(A\cap B_k)=\mathrm{P}(A)\mathrm{P}(B_k)$에서 $\dfrac{a}{10}=\dfrac{1}{2}\times\dfrac{2}{5}$

$\therefore a=2$
즉 $n(A\cap B_k)=2$

STEP B 자연수 k의 합 구하기

$A=\{3, 5, 6, 7, 8\}$, $B_k=\{1, 3, k, k+2\}$에서
$3\in(A\cap B_k)$이므로 k, $k+2$ 중 하나만 집합 A의 원소이어야 한다.
$n(B_k)=4$이므로 $k\ne 1$, $k\ne 3$이고 $k+2\le 10$에서 $k\le 8$이므로
집합 B_k를 다음과 같이 생각할 수 있다.
$k=2$일 때, $B_2=\{1, 2, 3, 4\}$이므로 조건을 만족시키지 않는다.
$k=4$일 때, $B_4=\{1, 3, 4, 6\}$이므로 조건을 만족시킨다.
$k=5$일 때, $B_5=\{1, 3, 5, 7\}$이므로 조건을 만족시키지 않는다.
$k=6$일 때, $B_6=\{1, 3, 6, 8\}$이므로 조건을 만족시키지 않는다.
$k=7$일 때, $B_7=\{1, 3, 7, 9\}$이므로 조건을 만족시킨다.
$k=8$일 때, $B_8=\{1, 3, 8, 10\}$이므로 조건을 만족시킨다.
따라서 자연수 k는 4, 7, 8이므로 합은 $4+7+8=19$

0504

상자 A와 상자 B에 각각 6개의 공이 들어 있다. 동전 1개를 사용하여 다음 시행을 한다.

동전을 한 번 던져
앞면이 나오면 상자 A에서 공 1개를 꺼내어 상자 B에 넣고,
뒷면이 나오면 상자 B에서 공 1개를 꺼내어 상자 A에 넣는다.

위의 시행을 6번 반복할 때, 상자 B에 들어 있는 공의 개수가 6번째 시행 후 처음으로 8이 될 확률은?

① $\dfrac{1}{64}$ ② $\dfrac{3}{64}$ ③ $\dfrac{5}{64}$

④ $\dfrac{7}{64}$ ⑤ $\dfrac{9}{64}$

STEP A 경우의 수를 이용하여 독립시행의 확률을 구하기

6번째 시행 후 상자 B에 8개의 공이 들어 있으려면 동전의 앞면이 뒷면보다 2번 더 많이 나와야 한다.

즉 앞면이 4번, 뒷면이 2번 나와야 한다.
← 동전의 앞면이 나와 상자 A에서 공을 1개를 꺼내서 상자 B에 넣는 시행을 a번, 동전의 뒷면이 나와 상자 B에서 공을 꺼내어 상자 A에 넣는 시행을 b번 한다고 하면 시행을 6번 반복하므로
$a+b=6$　　　……㉠
처음 상자 B에는 6개의 공이 들어 있고 공을 a번 넣고 b번 빼서 6번째 시행 후 들어 있는 공의 개수가 8이려면 $6+a-b=8$에서 $a-b=2$　　　……㉡
㉠, ㉡을 연립하면 $a=4$, $b=2$

상자 B에 들어 있는 공의 개수가 6번째 시행 후 처음으로 8이 되어야 하므로 5번째 시행 후에는 7이어야 하고 4번째 시행 후에는 6이어야 한다.
따라서 4번째 시행까지 앞면이 2번, 뒷면이 2번 나와야 하고 이 중 상자 B에 공이 8개 들어가는 경우를 제외하면 된다.
앞면을 H, 뒷면을 T로 나타내면 문제의 조건을 만족시키는 경우는 다음과 같다.

(반드시 앞면이 4번, 뒷면이 2번 나와야 한다.)

1	2	3	4	5	6
H	T	H	T	H	H
H	T	T	H	H	H
T	H	T	H	H	H
T	T	H	H	H	H
T	H	H	T	H	H

← 1, 2회 시행 시 앞면이 연속해서 나오면 상자 B의 공의 개수가 8이다.
5가지 경우 모두 앞면이 4번, 뒷면이 2번이므로 각각의 확률은

$$\left(\dfrac{1}{2}\right)^4\left(\dfrac{1}{2}\right)^2=\left(\dfrac{1}{2}\right)^6$$

따라서 구하는 확률은 $5\times\left(\dfrac{1}{2}\right)^6=\dfrac{5}{64}$

다른풀이 여사건을 이용하여 풀이하기

STEP A 6번째 시행 후 처음으로 주머니 B에 들어 있는 공의 개수가 8이 되려면 동전의 앞면이 4번, 뒷면이 2번 나와야함을 이해하기

동전을 던져서 앞면과 뒷면이 나오는 확률은 $\dfrac{1}{2}$로 같다.

상자 B에 들어 있는 공의 개수가 6번째 시행 후 처음으로 8이 되려면
5번째 시행 후 B에 있는 공의 개수가 7이 되고
4번째 시행 후 B에 있는 공의 개수가 6이어야 한다.
즉 4번째 시행 까지 앞면이 2번, 뒷면이 2번 나와야 하고
첫 번째와 두 번째 연속 앞면이 나오는 경우를 제외해야 한다.
← 2회 시행 후 상자 B의 공의 개수가 8이다.

STEP B 첫 번째와 두 번째 연속 앞면이 나오는 경우를 제외하여 확률 구하기

따라서 구하는 확률은 $\left\{\left(\dfrac{4!}{2!2!}-1\right)\times\left(\dfrac{1}{2}\right)^4\right\}\times\dfrac{1}{2}\times\dfrac{1}{2}=\dfrac{5}{2^6}=\dfrac{5}{64}$

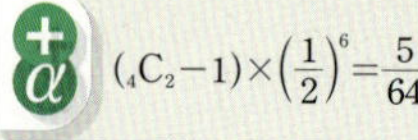

$({}_4C_2-1)\times\left(\dfrac{1}{2}\right)^6=\dfrac{5}{64}$

0505

한 개의 주사위를 두 번 던질 때 나오는 눈의 수를 차례로 a, b라 하자.
다음은 이차함수 $f(x)=x^2-7x+12$에 대하여 $f(a)f(b)=0$이 성립할 확률을 구하는 과정이다.

첫 번째 던져서 나오는 주사위의 눈의 수를 a라 할 때, $f(a)=0$이 되는 사건을 A라 하고, 두 번째 던져서 나오는 주사위의 눈의 수를 b라 할 때, $f(b)=0$이 되는 사건을 B라 하자.
이차방정식 $f(x)=0$의 해는 $x=3$ 또는 $x=4$이므로

$$P(A)=\boxed{(가)},\ P(B)=\boxed{(가)}$$

이다.
구하는 확률 $P(A\cup B)$는 $P(A\cup B)=P(A)+P(B)-P(A\cap B)$
이고, 두 사건 A와 B는 서로 독립이므로

$$P(A\cap B)=\boxed{(나)}$$

이다. 그러므로

$$P(A\cup B)=\boxed{(다)}$$

이다.

위의 (가), (나), (다)에 알맞은 수를 각각 m, n, k라 할 때, $m\times n\times k$의 값은?

① $\dfrac{1}{81}$ ② $\dfrac{5}{243}$ ③ $\dfrac{7}{243}$

④ $\dfrac{1}{27}$ ⑤ $\dfrac{11}{243}$

STEP A $P(A)$, $P(B)$ 구하기

이차방정식 $f(x)=0$의 해는 $x=3$ 또는 $x=4$
첫 번째 던져서 나오는 주사위의 눈의 수를 a라 할 때,
$f(a)=0$인 값이 $a=3$ 또는 $a=4$가 되는 사건을 A라 하면

$$P(A)=\dfrac{2}{6}=\boxed{\dfrac{1}{3}}$$

두 번째 던져서 나오는 주사위의 눈의 수를 b라 할 때,
$f(b)=0$인 값이 $b=3$ 또는 $b=4$가 되는 사건을 B라 하면

$$P(B)=\dfrac{2}{6}=\boxed{\dfrac{1}{3}}$$

STEP B 두 사건 A와 B는 서로 독립임을 이용하여 구하기

구하는 확률 $P(A\cup B)$는 $P(A\cup B)=P(A)+P(B)-P(A\cap B)$이고
두 사건 A와 B는 서로 독립이므로

$$P(A\cap B)=P(A)P(B)=\dfrac{1}{3}\times\dfrac{1}{3}=\boxed{\dfrac{1}{9}}$$

STEP C 확률의 덧셈정리를 이용하여 $P(A\cup B)$의 값 구하기

$$P(A\cup B)=P(A)+P(B)-P(A\cap B)$$
$$=\dfrac{1}{3}+\dfrac{1}{3}-\dfrac{1}{9}$$
$$=\boxed{\dfrac{5}{9}}$$

따라서 (가), (나), (다)에 알맞은 수는 각각 $\dfrac{1}{3}$, $\dfrac{1}{9}$, $\dfrac{5}{9}$이므로

$$m\times n\times k=\dfrac{1}{3}\times\dfrac{1}{9}\times\dfrac{5}{9}=\dfrac{5}{243}$$

0506 서술형

어떤 학급의 전체 학생 36명을 대상으로 뮤지컬 관람에 대한 찬성, 반대를 묻는 투표를 실시하였다. 이 학급에서 남학생은 16명이고, 뮤지컬 관람에 찬성한 학생은 27명이다. 이 학급의 학생 중에서 임의로 선택한 1명이 남학생인 사건과 뮤지컬 관람에 찬성하는 학생인 사건이 서로 독립일 때, 이 학급의 학생 중에서 뮤지컬 관람에 반대하는 여학생의 수를 구하는 과정을 다음 단계로 서술하여라. (단, 모든 학생들이 기권 없이 찬성과 반대 중 한 가지에 투표하였다.)

[1단계] 이 학급의 학생 중에서 임의로 선택한 1명이 남학생일 확률을 구한다.

[2단계] 뮤지컬 관람에 찬성하는 학생일 확률을 구한다.

[3단계] 선택한 1명이 남학생 중 뮤지컬 관람에 찬성하는 학생을 x명이라 하고 선택한 1명이 남학생인 사건과 뮤지컬 관람에 찬성하는 학생인 사건이 서로 독립임을 이용하여 x의 값을 구한다.

[4단계] 뮤지컬 관람에 반대하는 여학생의 수를 구한다.

1단계 이 학급의 학생 중에서 임의로 선택한 1명이 남학생일 확률을 구한다. ◀ 20%

이 학급의 학생 중에서 임의로 선택한 1명이 남학생인 사건을 A라 하면

$$P(A)=\frac{16}{36}=\frac{4}{9}$$

2단계 뮤지컬 관람에 찬성하는 학생일 확률을 구한다. ◀ 20%

뮤지컬 관람에 찬성하는 사건을 B라 하면

$$P(B)=\frac{27}{36}=\frac{3}{4}$$

3단계 선택한 1명이 남학생 중 뮤지컬 관람에 찬성하는 학생을 x명이라 하고 선택한 1명이 남학생인 사건과 뮤지컬 관람에 찬성하는 학생인 사건이 서로 독립임을 이용하여 x의 값을 구한다. ◀ 50%

$n(A \cap B)=x$라 하여 주어진 조건을 표로 나타내면 다음과 같다.

	찬성	반대	합계
남학생	x	$16-x$	16
여학생	$27-x$	$x-7$	20
계	27	9	36

$P(A)=\dfrac{4}{9}$, $P(B)=\dfrac{3}{4}$, $P(A \cap B)=\dfrac{x}{36}$이므로

두 사건 A, B가 서로 독립일 필요충분조건은 $P(A \cap B)=P(A)P(B)$이므로

$$\frac{x}{36}=\frac{4}{9}\times\frac{3}{4} \quad \therefore x=12$$

4단계 뮤지컬 관람에 반대하는 여학생의 수를 구한다. ◀ 10%

따라서 뮤지컬 관람에 반대하는 여학생의 수는 $x-7=12-7=5$

다른풀이 $P(A|B)=P(A)$를 이용하여 풀이하기

이 학급의 학생 중에서 임의로 선택한 1명이 남학생인 사건을 A, 뮤지컬 관람에 찬성하는 학생인 사건을 B라 하고

$$P(A)=\frac{4}{9},\ P(A|B)=\frac{x}{27}$$

이때 두 사건 A, B가 서로 독립이므로 $P(A|B)=P(A)$가 성립한다.

즉 $\dfrac{4}{9}=\dfrac{x}{27}$이므로 $x=12$

따라서 뮤지컬 관람에 반대하는 여학생의 수는 $x-7=12-7=5$

0507 서술형

한 개의 주사위를 두 번 던질 때, 첫 번째 나오는 눈의 수가 4의 배수인 사건을 A, 두 개의 주사위에서 나오는 눈의 수의 합이 k인 사건을 B_k라 하면 두 사건 A와 B_k는 서로 독립이다. (단, k는 5 이상의 자연수이다.) 다음 단계로 서술하여라.

[1단계] 사건 A의 확률을 구한다.

[2단계] 두 사건 A와 B_k는 서로 독립임을 이용하여 사건 B_k의 확률을 구한다.

[3단계] 1단계, 2단계를 이용하여 k의 값을 구한다.

1단계 사건 A의 확률을 구한다. ◀ 20%

한 개의 주사위를 두 번 던질 때, 나오는 모든 경우의 수는 $6 \times 6 = 36$

이때 $n(A)=1 \times 6=6$이므로 $P(A)=\dfrac{6}{36}=\dfrac{1}{6}$

2단계 두 사건 A와 B_k는 서로 독립임을 이용하여 사건 B_k의 확률을 구한다. ◀ 40%

첫 번째에 나오는 눈의 수가 4의 배수이고 두 눈의 수의 합이 k인 사건은 $A \cap B_k$

이때 첫 번째에 나오는 눈의 수가 4이면 두 눈의 수의 합이 k이기 위해서는 두 번째에 나오는 눈의 수가 $k-4$이어야 하므로

$n(A \cap B_k)=1$에서 $P(A \cap B_k)=\dfrac{1}{36}$

두 사건 A, B_k가 서로 독립이므로 $P(A)P(B_k)=P(A \cap B_k)$에서

$$\frac{1}{6}P(B_k)=\frac{1}{36} \quad \therefore P(B_k)=\frac{1}{6}$$

3단계 1단계, 2단계를 이용하여 k의 값을 구한다. ◀ 40%

$P(B_k)=\dfrac{1}{6}=\dfrac{6}{36}$이므로 $n(B_k)=6$

두 개의 주사위에서 나오는 눈의 수의 합이 k인 원소의 개수가 6인 경우는 $B_7=\{(1,\ 6),\ (2,\ 5),\ (3,\ 4),\ (4,\ 3),\ (5,\ 2),\ (6,\ 1)\}$이다.

따라서 구하는 k의 값은 7

0508 서술형

상자에 1부터 10까지의 자연수가 하나씩 적혀 있는 10개의 공이 들어있다. 이 상자에서 임의로 한 개의 공을 꺼낼 때, 홀수가 적힌 공이 나오면 동전을 4번, 짝수가 적힌 공이 나오면 동전을 5번 던진다. 이때 동전의 앞면이 3번 나올 확률을 구하는 과정을 다음 단계로 서술하여라.

[1단계] 홀수가 적힌 공이 나오고, 동전의 앞면이 3번 나올 확률을 구한다.

[2단계] 짝수가 적힌 공이 나오고, 동전의 앞면이 3번 나올 확률을 구한다.

[3단계] 동전의 앞면이 3번 나올 확률을 구한다.

1단계 홀수가 적힌 공이 나오고, 동전의 앞면이 3번 나올 확률을 구한다. ◀ 40%

홀수가 적힌 공이 나오고 동전을 4번 던져 동전의 앞면이 3번 나올 확률은

$$\frac{1}{2}\times\left\{{}_4C_3 \times\left(\frac{1}{2}\right)^3\times\frac{1}{2}\right\}=\frac{4}{32}=\frac{1}{8}$$

2단계 짝수가 적힌 공이 나오고, 동전의 앞면이 3번 나올 확률을 구한다. ◀ 40%

짝수가 적힌 공이 나오고 동전을 5번 던져 동전의 앞면이 3번 나올 확률은

$$\frac{1}{2}\times\left\{{}_5C_3 \times\left(\frac{1}{2}\right)^3\times\left(\frac{1}{2}\right)^2\right\}=\frac{5}{32}$$

3단계 동전의 앞면이 3번 나올 확률을 구한다. ◀ 20%

1단계, 2단계가 배반사건이므로 동전의 앞면이 3번 나올 확률은

$$\frac{1}{8}+\frac{5}{32}=\frac{9}{32}$$

0509

1부터 8까지의 자연수가 하나씩 적혀 있는 8장의 카드가 있다. 이 카드를 모두 한 번씩 사용하여 그림과 같은 8개의 자리에 각각 한 장씩 임의로 놓을 때, 8 이하의 자연수 k에 대하여 k번째 자리에 놓인 카드에 적힌 수가 k 이하인 사건을 A_k라 하자.

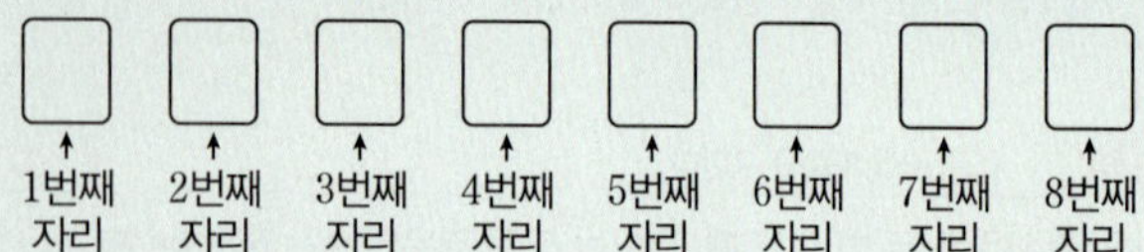

다음은 두 자연수 m, $n(1 \leq m < n \leq 8)$에 대하여 두 사건 A_m과 A_n이 서로 독립이 되도록 하는 m, n의 모든 순서쌍 (m, n)의 개수를 구하는 과정이다.

A_k는 k번째 자리에 k 이하의 자연수 중 하나가 적힌 카드가 놓여 있고 k번째 자리를 제외한 7개의 자리에 나머지 7장의 카드가 놓여 있는 사건이므로 $\mathrm{P}(A_k)=\boxed{(가)}$이다.

$A_m \cap A_n(m < n)$은 m번째 자리에 m 이하의 자연수 중 하나가 적힌 카드가 놓여있고, n번째 자리에 n 이하의 자연수 중 m번째 자리에 놓인 카드에 적힌 수가 아닌 자연수가 적힌 카드가 놓여 있고, m번째와 n번째 자리를 제외한 6개의 자리에 나머지 6장의 카드가 놓여 있는 사건이므로 $\mathrm{P}(A_m \cap B_n)=\boxed{(나)}$이다.

한편, 두 사건 A_m과 A_n이 서로 독립이기 위해서는 $\mathrm{P}(A_m \cap A_n)=\mathrm{P}(A_m)\mathrm{P}(A_n)$을 만족시켜야 한다.

따라서 두 사건 A_m과 A_n이 서로 독립이 되도록 하는 m, n의 모든 순서쌍 (m, n)의 개수는 $\boxed{(다)}$이다.

위의 (가)에 알맞은 식에 $k=4$를 대입한 값을 p, (나)에 알맞은 식에 $m=3$, $n=5$를 대입한 값을 q, (다)에 알맞은 수를 r이라 할 때, $p \times q \times r$의 값은?

① $\dfrac{3}{8}$ ② $\dfrac{1}{2}$ ③ $\dfrac{5}{8}$

④ $\dfrac{3}{4}$ ⑤ $\dfrac{7}{8}$

STEP Ⓐ 두 사건의 확률 구하기

A_k는 k번째 자리에 k 이하의 자연수 중 하나가 적힌 카드가 놓여 있고, k번째 자리를 제외한 7개의 자리에 나머지 7장의 카드가 놓여 있는 사건이므로

$$\mathrm{P}(A_k)=\frac{k \times 7!}{8!}=\boxed{\frac{k}{8}}$$이다.

$A_m \cap A_n(m < n)$은 m번째 자리에 m 이하의 자연수 중 하나가 적힌 카드가 놓여있고, n번째 자리에 n 이하의 자연수 중 m번째와 n번째 자리를 제외한 6개의 자리에 나머지 6장의 카드가 놓여 있는 사건이므로

$$\mathrm{P}(A_m \cap B_n)=\frac{m \times (n-1) \times 6!}{8!}=\boxed{\frac{m(n-1)}{56}}$$이다.

STEP Ⓑ 두 사건 A_m과 A_n이 서로 독립임을 이용하여 n의 값 구하기

한편 두 사건 A_m과 A_n이 서로 독립이기 위해서는 $\mathrm{P}(A_m \cap A_n)=\mathrm{P}(A_m)\mathrm{P}(A_n)$을 만족시켜야 한다.

즉 $\dfrac{m(n-1)}{56}=\dfrac{m}{8} \times \dfrac{n}{8}$이므로 $8(n-1)=7n$ $\therefore n=8$

이때 $m=1, 2, 3, \cdots, 7$

따라서 두 사건 A_m과 A_n이 서로 독립이 되도록 하는 m, n의 모든 순서쌍 (m, n)은 $(1, 8), (2, 8), (3, 8), \cdots, (7, 8)$이고 그 개수는 $\boxed{7}$이다.

STEP Ⓒ $p \times q \times r$의 값 구하기

이상에서 (가)에 알맞은 식은 $\dfrac{k}{8}$이므로 $p=\dfrac{4}{8}=\dfrac{1}{2}$

(나)에 알맞은 식은 $\dfrac{m(n-1)}{56}$이므로 $q=\dfrac{3(5-1)}{56}=\dfrac{3}{14}$

(다)에 알맞은 수는 7이므로 $r=7$

따라서 $p \times q \times r=\dfrac{1}{2} \times \dfrac{3}{14} \times 7=\dfrac{3}{4}$

0510

주머니에 1, 2, 3, 4, 5의 숫자가 하나씩 적혀 있는 다섯 개의 구슬이 들어 있다. 주머니에서 임의로 한 개의 구슬을 꺼내어 구슬에 적혀 있는 숫자를 확인한 후 다시 넣는다. 이와 같은 시행을 4회 반복하여 얻은 4개의 수 중에서 3개의 수의 합의 최댓값을 N이라 하자.

다음은 N ≥ 14일 확률을 구하는 과정이다.

(ⅰ) N = 15인 경우
　　5가 적힌 구슬이 4회 나올 확률은 $\dfrac{1}{625}$이고,
　　5가 적힌 구슬이 3회, 4 이하의 수가 적힌 구슬 중 한 개가
　　1회 나올 확률은 $\dfrac{\boxed{(가)}}{625}$이다.

(ⅱ) N = 14인 경우
　　5가 적힌 구슬이 2회, 4가 적힌 구슬이 2회 나올 확률은 $\dfrac{6}{625}$
　　이고, 5가 적힌 구슬이 2회, 4가 적힌 구슬이 1회, 3 이하의 수가
　　적힌 구슬 중 한 개가 1회 나올 확률은 $\dfrac{\boxed{(나)}}{625}$이다.

(ⅰ), (ⅱ)에서 구하는 확률은 $\dfrac{\boxed{(다)}}{625}$이다.

위의 (가), (나), (다)에 알맞은 수를 각각 p, q, r이라 할 때, $p+q+r$의 값은?

① 96   ② 101   ③ 106

④ 111   ⑤ 116

STEP Ⓐ N = 15인 경우 독립시행의 확률 구하기

꺼낸 구슬을 다시 넣으므로 전체 경우의 수는 서로 다른 5개에서 중복을 허락하여 4개를 택하는 중복조합의 수 $_5\Pi_4=5^4=625$

주머니에 1, 2, 3, 4, 5의 숫자가 하나씩 적혀 있는 다섯 개의 구슬에서 한 개를 꺼낼 때, 5가 적힌 구슬이 나올 확률은 $\dfrac{1}{5}$,

4 이하의 수가 적힌 구슬 중 한 개가 나올 확률은 $\dfrac{4}{5}$ 이다.

(ⅰ) N = 15인 경우
　　5가 적힌 구슬이 4회 나올 확률은 $\dfrac{1}{625}$이고 5가 적힌 구슬이 3회, 4 이하
　　의 수가 적힌 구슬 중 한 개가 1회 나올 확률은 $_4\mathrm{C}_3\left(\dfrac{1}{5}\right)^3\left(\dfrac{4}{5}\right)=\dfrac{\boxed{16}}{625}$

STEP Ⓑ N = 14인 경우 독립시행의 확률 구하기

주머니에 1, 2, 3, 4, 5의 숫자가 하나씩 적혀 있는 다섯 개의 구슬에서 한 개를 꺼낼 때, 5가 적힌 구슬이 나올 확률은 $\dfrac{1}{5}$, 4가 적힌 구슬이 나올 확률은 $\dfrac{1}{5}$ 이다.

(ⅱ) N = 14인 경우
　　5가 적힌 구슬이 2회, 4가 적힌 구슬이 2회 나올 확률은 $\dfrac{6}{625}$이고 5가
　　적힌 구슬이 2회, 4가 적힌 구슬이 1회, 3 이하의 수가 적힌 구슬 중 한
　　개가 1회 나올 확률은 $_4\mathrm{C}_2\left(\dfrac{1}{5}\right)^2 \times _2\mathrm{C}_1\left(\dfrac{1}{5}\right) \times _1\mathrm{C}_1\left(\dfrac{3}{5}\right)=\dfrac{\boxed{36}}{625}$ ← $\dfrac{4!}{2!} \times 3=36$

(ⅰ), (ⅱ)이 배반사건이므로 구하는 확률은 $\dfrac{1}{625}+\dfrac{16}{625}+\dfrac{6}{625}+\dfrac{36}{625}=\dfrac{\boxed{59}}{625}$

따라서 $p+q+r=16+36+59=111$

5가 적힌 구슬이 2회, 4가 적힌 구슬이 1회, 3 이하의 수가 적힌 구슬 중 한 개가 1회 나올 확률은 $\dfrac{4!}{2!1!1!}\left(\dfrac{1}{5}\right)^2\left(\dfrac{1}{5}\right)\left(\dfrac{3}{5}\right)=\dfrac{36}{625}$

III 통계

01 확률분포

0511

확률변수 X의 확률질량함수가 $P(X=x)=kx^2$ ($x=1, 2, 3, 4$)일 때, 다음을 구하여라.

(1) 상수 k의 값을 구하여라.

STEP A 확률변수 X의 확률분포를 표로 나타내기

확률변수 X의 확률분포를 표로 나타내면 다음과 같다.

X	1	2	3	4	합계
$P(X=x)$	k	$4k$	$9k$	$16k$	1

STEP B 확률의 합이 1임을 이용하여 k의 값 구하기

확률의 합은 1이므로 $k(1^2+2^2+3^2+4^2)=1$

따라서 $k=\dfrac{1}{30}$

(2) $P(1\leq X\leq 3)$의 값을 구하여라.

STEP A $P(1\leq X\leq 3)$의 값 구하기

$P(1\leq X\leq 3)=P(X=1)+P(X=2)+P(X=3)$
$=\dfrac{1}{30}+\dfrac{4}{30}+\dfrac{9}{30}=\dfrac{7}{15}$

0512

확률변수 X가 갖는 값이 0, 1, 2, 3이고 확률질량함수가

$$P(X=x)=\dfrac{ax+2}{20}\ (x=0, 1, 2, 3)$$

일 때, $P(|X-2|\leq 1)$의 값은? (단, a는 상수이다.)

① $\dfrac{11}{12}$ ② $\dfrac{3}{4}$ ③ $\dfrac{13}{20}$
④ $\dfrac{7}{8}$ ⑤ $\dfrac{9}{10}$

STEP A 확률변수 X의 확률분포를 표로 나타내기

확률변수 X의 확률분포를 표로 나타내면 다음과 같다.

X	0	1	2	3	합계
$P(X=x)$	$\dfrac{2}{20}$	$\dfrac{a+2}{20}$	$\dfrac{2a+2}{20}$	$\dfrac{3a+2}{20}$	1

STEP B 확률의 합이 1임을 이용하여 a의 값 구하기

확률의 합은 1이므로 $\dfrac{2}{20}+\dfrac{a+2}{20}+\dfrac{2a+2}{20}+\dfrac{3a+2}{20}=1$

$\dfrac{6a+8}{20}=1$, $6a+8=20$

$\therefore a=2$

STEP C $P(|X-2|\leq 1)$의 값 구하기

$P(|X-2|\leq 1)=P(-1\leq X-2\leq 1)=P(1\leq X\leq 3)$
$=P(X=1)+P(X=2)+P(X=3)$
$=\dfrac{a+2}{20}+\dfrac{2a+2}{20}+\dfrac{3a+2}{20}$
$=\dfrac{6+6a}{20}=\dfrac{6+6\times 2}{20}=\dfrac{9}{10}$

0513

다음 물음에 답하여라.

(1) 1, 2, 3, 4의 값을 갖는 확률변수 X의 확률분포가 다음 표와 같다.

$$P(1\leq X\leq 3)=\dfrac{2}{3}$$

일 때, 두 상수 a, b에 대하여 $a+b$의 값을 구하여라.

X	1	2	3	4	합계
$P(X=x)$	$\dfrac{1}{3}$	a	$\dfrac{1}{4}$	$2b$	1

STEP A 확률의 합이 1임을 이용하여 a, b의 관계식 구하기

확률의 합이 1이므로 $\dfrac{1}{3}+a+\dfrac{1}{4}+2b=1$

$\therefore a+2b=\dfrac{5}{12}$ ...... ㉠

STEP B $P(1\leq X\leq 3)=\dfrac{2}{3}$임을 이용하여 a, b의 관계식 구하기

$P(1\leq X\leq 3)=\dfrac{2}{3}$에서 $\dfrac{1}{3}+a+\dfrac{1}{4}=\dfrac{2}{3}$

$\therefore a=\dfrac{1}{12}$

$a=\dfrac{1}{12}$이므로 ㉠에서 $b=\dfrac{1}{6}$

STEP C $a+b$의 값 구하기

따라서 $a+b=\dfrac{1}{12}+\dfrac{1}{6}=\dfrac{3}{12}=\dfrac{1}{4}$

(2) 확률변수 X의 확률분포가 다음 표와 같을 때,

$$P(X=4)=\dfrac{3}{2}P(X=2)$$

일 때, $P(3\leq X\leq 4)$의 값을 구하여라. (단, a, b는 상수)

X	2	3	4	합계
$P(X=x)$	$2a$	$3a$	b	1

STEP A 확률의 합이 1임과 조건을 이용하여 a, b의 값 구하기

$P(X=4)=\dfrac{3}{2}P(X=2)$에서 $b=\dfrac{3}{2}\times 2a$

$\therefore b=3a$ ...... ㉠

확률의 합은 1이므로 $2a+3a+b=1$

$\therefore 5a+b=1$ ...... ㉡

㉠, ㉡에서 $a=\dfrac{1}{8}$, $b=\dfrac{3}{8}$

STEP B $P(3\leq X\leq 4)$의 값 구하기

따라서 확률변수 X의 확률분포는 다음 표와 같다.

X	2	3	4	합계
$P(X=x)$	$\dfrac{1}{4}$	$\dfrac{3}{8}$	$\dfrac{3}{8}$	1

$\therefore P(3\leq X\leq 4)=P(X=3)+P(X=4)=\dfrac{3}{8}+\dfrac{3}{8}=\dfrac{3}{4}$

0514

주머니 속에 빨간 공 2개와 검은 공 3개가 들어 있다. 이 중에서 2개의 공을 임의로 꺼낼 때, 나오는 빨간 공의 개수를 확률변수 X라 하자. 다음 물음에 답하여라.

(1) X의 확률분포를 표로 나타내어라.

STEP A 확률변수 X의 확률분포를 표로 나타내기

X가 가질 수 있는 값은 0, 1, 2이므로 각각의 확률을 구하면

$$P(X=0)=\frac{{}_2C_0 \times {}_3C_2}{{}_5C_2}=\frac{3}{10}$$

$$P(X=1)=\frac{{}_2C_1 \times {}_3C_1}{{}_5C_2}=\frac{6}{10}$$

$$P(X=2)=\frac{{}_2C_2 \times {}_3C_0}{{}_5C_2}=\frac{1}{10}$$

이므로 X의 확률분포를 표로 나타내면 다음과 같다.

X	0	1	2	합계
$P(X=x)$	$\frac{3}{10}$	$\frac{6}{10}$	$\frac{1}{10}$	1

(2) $P(X \geq 1)$을 구하여라.

STEP A $P(X \geq 1)$ 구하기

$$P(X \geq 1)=P(X=1)+P(X=2)=\frac{6}{10}+\frac{1}{10}=\frac{7}{10}$$

참고 ✿ 빨간 공이 적어도 한 개 나올 확률은

$$P(X \geq 1)=1-P(X=0)=1-\frac{3}{10}=\frac{7}{10}$$

0515

주머니 속에 1, 1, 3, 3, 5의 숫자가 각각 하나씩 적혀 있는 공이 5개 들어 있다. 이 주머니에서 임의로 2개의 공을 동시에 꺼낼 때, 두 공에 적혀 있는 수의 합을 확률변수 X라 하자. $P(X \geq 4)$의 값은?

① $\frac{1}{2}$ ② $\frac{3}{5}$ ③ $\frac{7}{10}$

④ $\frac{4}{5}$ ⑤ $\frac{9}{10}$

STEP A 확률변수 X의 확률분포를 표로 나타내기

확률변수 X가 취할 수 있는 값은 2, 4, 6, 8이고

$$P(X=2)=\frac{{}_2C_2}{{}_5C_2}=\frac{1}{10}$$

$$P(X=4)=\frac{{}_2C_1 \times {}_2C_1}{{}_5C_2}=\frac{4}{10}$$

$$P(X=6)=\frac{{}_2C_2}{{}_5C_2}+\frac{{}_2C_1 \times {}_1C_1}{{}_5C_2}=\frac{3}{10}$$

$$P(X=8)=\frac{{}_2C_1 \times {}_1C_1}{{}_5C_2}=\frac{2}{10}$$

이므로 X의 확률분포를 표로 나타내면 다음과 같다.

X	2	4	6	8	합계
$P(X=x)$	$\frac{1}{10}$	$\frac{4}{10}$	$\frac{3}{10}$	$\frac{2}{10}$	1

STEP B $P(X \geq 4)$ 구하기

따라서 $P(X \geq 4)=1-P(X=2)=1-\frac{1}{10}=\frac{9}{10}$

0516

3개의 배와 7개의 사과가 들어 있는 상자에서 임의로 5개를 꺼낼 때, 나오는 사과의 개수를 확률변수 X라 하자. $P(X \geq a)=\frac{1}{2}$일 때, 자연수 a의 값은?

① 2 ② 3 ③ 4
④ 5 ⑤ 6

STEP A 확률변수 X의 확률분포를 표로 나타내기

확률변수 X가 취할 수 있는 값은 2, 3, 4, 5이고 그 확률은 각각

$$P(X=2)=\frac{{}_7C_2 \times {}_3C_3}{{}_{10}C_5}=\frac{1}{12}$$

$$P(X=3)=\frac{{}_7C_3 \times {}_3C_2}{{}_{10}C_5}=\frac{5}{12}$$

$$P(X=4)=\frac{{}_7C_4 \times {}_3C_1}{{}_{10}C_5}=\frac{5}{12}$$

$$P(X=5)=\frac{{}_7C_5}{{}_{10}C_5}=\frac{1}{12}$$

이므로 X의 확률분포를 표로 나타내면 다음과 같다.

X	2	3	4	5	합계
$P(X=x)$	$\frac{1}{12}$	$\frac{5}{12}$	$\frac{5}{12}$	$\frac{1}{12}$	1

STEP B $P(X \geq a)=\frac{1}{2}$를 만족하는 a의 값 구하기

위의 표에서 $P(X=5)+P(X=4)=\frac{1}{12}+\frac{5}{12}=\frac{1}{2}$

따라서 $P(X \geq 4)=\frac{1}{2}$이므로 $a=4$

0517

다음 물음에 답하여라.

(1) 확률변수 X의 확률분포가 다음 표와 같다. 이때 $E(X)=4$일 때, $V(X)$의 값을 구하여라.

X	2	4	a	합계
$P(X=x)$	b	$\frac{1}{4}$	$\frac{1}{4}$	1

STEP A 확률의 합이 1임을 이용하여 b의 값 구하기

확률의 합이 1이므로 $b+\frac{1}{4}+\frac{1}{4}=1$

$$\therefore b=\frac{1}{2}$$

STEP B 확률변수 X의 평균이 $E(X)=4$임을 이용하여 a 구하기

$$E(X)=1+1+\frac{a}{4}=4$$

$$\therefore a=8$$

STEP C $V(X)=E(X^2)-\{E(X)\}^2$임을 이용하여 분산 구하기

따라서 $V(X)=E(X^2)-\{E(X)\}^2$

$$=4 \times \frac{1}{2}+16 \times \frac{1}{4}+64 \times \frac{1}{4}-16=6$$

(2) 확률변수 X의 확률분포가 다음 표와 같다. $E(X)=5$일 때, X의 분산을 구하여라.

X	1	2	4	8	합계
$P(X=x)$	$\frac{1}{4}$	a	$\frac{1}{8}$	b	1

STEP Ⓐ 확률의 합이 1과 $E(X)=5$임을 이용하여 a, b 구하기

확률의 합이 1이므로 $\dfrac{1}{4}+a+\dfrac{1}{8}+b=1$

$a+b=\dfrac{5}{8}$ ...... ㉠

$E(X)=1\times\dfrac{1}{4}+2\times a+4\times\dfrac{1}{8}+8\times b=5$

$2a+8b=\dfrac{17}{4}$ ...... ㉡

㉠, ㉡을 연립하여 풀면 $a=\dfrac{1}{8}$, $b=\dfrac{1}{2}$

STEP Ⓑ $V(X)=E(X^2)-\{E(X)\}^2$임을 이용하여 분산 구하기

$V(X)=E(X^2)-\{E(X)\}^2$

$\quad=1^2\times\dfrac{1}{4}+2^2\times\dfrac{1}{8}+4^2\times\dfrac{1}{8}+8^2\times\dfrac{1}{2}-5^2=\dfrac{39}{4}$

0518

확률변수 X의 확률분포가 다음 표와 같다.

X	-1	0	1	2	합계
$P(X=x)$	$\dfrac{3-a}{8}$	$\dfrac{1}{8}$	$\dfrac{3+a}{8}$	$\dfrac{1}{8}$	1

$P(0\le X\le 2)=\dfrac{7}{8}$일 때, 확률변수 X의 평균 $E(X)$의 값은?

① $\dfrac{1}{4}$　　② $\dfrac{3}{8}$　　③ $\dfrac{1}{2}$

④ $\dfrac{5}{8}$　　⑤ $\dfrac{3}{4}$

STEP Ⓐ $P(0\le X\le 2)=\dfrac{7}{8}$을 이용하여 a 구하기

$P(0\le X\le 2)=P(X=0)+P(X=1)+P(X=2)$

$\quad=\dfrac{1}{8}+\dfrac{3+a}{8}+\dfrac{1}{8}=\dfrac{a+5}{8}$

즉 $\dfrac{a+5}{8}=\dfrac{7}{8}$에서 $a=2$

STEP Ⓑ 확률변수 X의 평균 $E(X)$ 구하기

확률변수 X의 확률분포를 표로 나타내면 다음과 같다.

X	-1	0	1	2	합계
$P(X=x)$	$\dfrac{1}{8}$	$\dfrac{1}{8}$	$\dfrac{5}{8}$	$\dfrac{1}{8}$	1

따라서 $E(X)=-1\times\dfrac{1}{8}+0\times\dfrac{1}{8}+1\times\dfrac{5}{8}+2\times\dfrac{1}{8}=\dfrac{3}{4}$

확률변수 X는 -1, 0, 1, 2이므로

$P(X=-1)=1-P(0\le X\le 2)=1-\dfrac{7}{8}=\dfrac{1}{8}$

따라서 $\dfrac{3-a}{8}=\dfrac{1}{8}$이므로 $3-a=1$ $\therefore a=2$

0519

두 이산확률변수 X와 Y가 가지는 값이 각각 1부터 5까지의 자연수이고

$$P(Y=k)=\dfrac{1}{2}P(X=k)+\dfrac{1}{10}(k=1, 2, 3, 4, 5)$$

이다. $E(X)=4$일 때, $E(Y)=a$이다. $8a$의 값을 구하여라.

STEP Ⓐ 확률변수 X, Y의 확률분포표 나타내기

$P(X=k)=p_k(k=1, 2, 3, 4, 5)$인 확률변수 X의 확률분포표는 다음과 같다.

X	1	2	3	4	5	합계
$P(X=x)$	p_1	p_2	p_3	p_4	p_5	1

$P(Y=k)=\dfrac{1}{2}P(X=k)+\dfrac{1}{10}(k=1, 2, 3, 4, 5)$인 확률변수 Y의 확률분포표는 다음과 같다.

Y	1	2	3	4	5	합계
$P(Y=k)$	$\dfrac{1}{2}p_1+\dfrac{1}{10}$	$\dfrac{1}{2}p_2+\dfrac{1}{10}$	$\dfrac{1}{2}p_3+\dfrac{1}{10}$	$\dfrac{1}{2}p_4+\dfrac{1}{10}$	$\dfrac{1}{2}p_5+\dfrac{1}{10}$	1

STEP Ⓑ $E(X)=4$일 때, $E(Y)=a$의 값 구하기

$E(X)=p_1+2p_2+3p_3+4p_4+5p_5=4$

$E(Y)=\left(\dfrac{1}{2}p_1+\dfrac{1}{10}\right)+2\left(\dfrac{1}{2}p_2+\dfrac{1}{10}\right)+\cdots+5\left(\dfrac{1}{2}p_5+\dfrac{1}{10}\right)$

$\quad=\dfrac{1}{2}(p_1+2p_2+3p_3+4p_4+5p_5)+\dfrac{1+2+3+4+5}{10}$

$\quad=\dfrac{1}{2}\times 4+\dfrac{3}{2}=\dfrac{7}{2}$

따라서 $a=E(Y)=\dfrac{7}{2}$이므로 구하는 값은 $8a=28$

다른풀이 평균의 정의를 이용하여 풀이하기

STEP Ⓐ 두 이산확률변수의 확률질량함수의 관계를 이용하여 평균 구하기

$E(X)=\displaystyle\sum_{k=1}^{5}kP(X=k)=4$

$E(Y)=\displaystyle\sum_{k=1}^{5}kP(Y=k)$ ← $P(Y=k)=\dfrac{1}{2}P(X=k)+\dfrac{1}{10}$

$\quad=\displaystyle\sum_{k=1}^{5}k\left\{\dfrac{1}{2}P(X=k)+\dfrac{1}{10}\right\}$

$\quad=\displaystyle\sum_{k=1}^{5}\dfrac{1}{2}kP(X=k)+\displaystyle\sum_{k=1}^{5}\left(\dfrac{1}{10}k\right)$

$\quad=\dfrac{1}{2}\displaystyle\sum_{k=1}^{5}kP(X=k)+\dfrac{1}{10}\displaystyle\sum_{k=1}^{5}k$

$\quad=\dfrac{1}{2}E(X)+\dfrac{1}{10}\times\dfrac{5\times 6}{2}=\dfrac{1}{2}\times 4+\dfrac{1}{10}\times 15=2+\dfrac{3}{2}=\dfrac{7}{2}$

따라서 $a=\dfrac{7}{2}$이므로 $8a=8\times\dfrac{7}{2}=28$

0520

확률변수 X의 확률분포를 표로 나타내면 다음과 같다.

X	k	$2k$	$4k$	합계
$P(X=x)$	$\dfrac{4}{7}$	a	b	1

$\dfrac{4}{7}$, a, b가 이 순서로 등비수열을 이루고 X의 평균이 24일 때, k의 값을 구하여라.

STEP Ⓐ 확률의 합이 1임과 등비중항을 이용하여 a, b 구하기

$\dfrac{4}{7}$, a, b가 순서대로 등비수열을 이루므로

$a^2=\dfrac{4}{7}b$ ...... ㉠

또, 확률의 합은 1이므로 $\dfrac{4}{7}+a+b=1$ ...... ㉡

㉡에서 $b=\dfrac{3}{7}-a$를 ㉠에 대입하여 정리하면

$a^2=\dfrac{4}{7}\left(\dfrac{3}{7}-a\right)$에서 $49a^2+28a-12=0$

$(7a+6)(7a-2)=0$

$\therefore a=\dfrac{2}{7}(\because a\ge 0)$, $b=\dfrac{3}{7}-\dfrac{2}{7}=\dfrac{1}{7}$

STEP Ⓑ 확률변수 X의 평균 $E(X)$ 구하기

$E(X)=k\cdot\dfrac{4}{7}+2k\times a+4k\times b$

$\quad=k\left(\dfrac{4}{7}+2\times\dfrac{2}{7}+4\times\dfrac{1}{7}\right)=\dfrac{12k}{7}$

따라서 평균이 24이므로 $\dfrac{12k}{7}=24$에서 $k=14$

0521

확률변수 X의 확률분포를 표로 나타내면 다음과 같다.

X	1	2	3	합계
$\mathrm{P}(X=x)$	a	b	$\dfrac{4}{9}$	1

세 수 a, b, $\dfrac{4}{9}$ 가 이 순서대로 등차수열을 이룰 때,

X의 평균 $\mathrm{E}(X)$의 값은? (단, a, b는 상수이다.)

① $\dfrac{16}{9}$ ② $\dfrac{17}{9}$ ③ 2

④ $\dfrac{19}{9}$ ⑤ $\dfrac{20}{9}$

STEP A 확률의 합이 1임과 등차중항을 이용하여 a, b 구하기

확률의 총합이 1이므로 $a+b+\dfrac{4}{9}=1$

$\therefore a+b=\dfrac{5}{9}$ …… ㉠

세 수 a, b, $\dfrac{4}{9}$ 가 이 순서대로 등차수열을 이루므로 $2b=a+\dfrac{4}{9}$

$\therefore a-2b=-\dfrac{4}{9}$ …… ㉡

㉠, ㉡을 연립하여 풀면 $a=\dfrac{2}{9}$, $b=\dfrac{1}{3}$

STEP B 확률변수 X의 평균 $\mathrm{E}(X)$ 구하기

확률변수 X의 확률분포를 표로 나타내면 다음과 같다.

X	1	2	3	합계
$\mathrm{P}(X=x)$	$\dfrac{2}{9}$	$\dfrac{1}{3}$	$\dfrac{4}{9}$	1

$\therefore \mathrm{E}(X)=1\times\dfrac{2}{9}+2\times\dfrac{1}{3}+3\times\dfrac{4}{9}=\dfrac{20}{9}$

0522

확률변수 X의 확률분포를 표로 나타내면 다음과 같다.

X	-1	0	1	합계
$\mathrm{P}(X=x)$	p_1	p_2	p_3	1

p_1, p_2, p_3이 이 순서대로 등차수열을 이루고 X의 평균이 $\dfrac{1}{3}$일 때,

X의 표준편차를 구하여라.

STEP A 확률의 합이 1임과 등차중항을 이용하여 a, d 구하기

p_1, p_2, p_3을 차례로 $a-d$, a, $a+d$라 하면

$p_1+p_2+p_3=(a-d)+a+(a+d)=1$에서 $a=\dfrac{1}{3}$

X의 평균이 $\dfrac{1}{3}$이므로 $\mathrm{E}(X)=(-1)\times\left(\dfrac{1}{3}-d\right)+0\times\dfrac{1}{3}+1\times\left(\dfrac{1}{3}+d\right)=\dfrac{1}{3}$

$\therefore d=\dfrac{1}{6}$

STEP B 확률변수 X의 표준편차 $\sigma(X)$ 구하기

확률변수 X의 확률분포를 표로 나타내면 다음과 같다.

X	-1	0	1	합계
$\mathrm{P}(X=x)$	$\dfrac{1}{6}$	$\dfrac{1}{3}$	$\dfrac{1}{2}$	1

$\mathrm{V}(X)=\mathrm{E}(X^2)-\{\mathrm{E}(X)\}^2$

$\qquad =(-1)^2\times\dfrac{1}{6}+0^2\times\dfrac{1}{3}+1^2\times\dfrac{1}{2}-\left(\dfrac{1}{3}\right)^2$

$\qquad =\dfrac{2}{3}-\dfrac{1}{9}=\dfrac{5}{9}$

$\therefore \sigma(\mathrm{X})=\sqrt{\dfrac{5}{9}}=\dfrac{\sqrt{5}}{3}$

0523

다음 물음에 답하여라.

(1) 주사위를 한 번 던져 나온 눈의 수를 4로 나눈 나머지를 확률변수 X라 하자. X의 평균을 구하여라.
(단, 주사위의 각 눈이 나올 확률은 모두 같다.)

STEP A 확률변수 X의 확률분포를 표로 나타내기

주사위 눈 1, 2, 3, 4, 5, 6을 4로 나눈 나머지는 각각 1, 2, 3, 0, 1, 2이므로 확률변수 X를 표로 나타내면 다음과 같다.

X	0	1	2	3	합계
$\mathrm{P}(X=x)$	$\dfrac{1}{6}$	$\dfrac{2}{6}$	$\dfrac{2}{6}$	$\dfrac{1}{6}$	1

STEP B 확률변수 X의 평균 $\mathrm{E}(X)$ 구하기

따라서 확률변수 X의 평균 $\mathrm{E}(X)$는

$\mathrm{E}(X)=0\times\dfrac{1}{6}+1\times\dfrac{2}{6}+2\times\dfrac{2}{6}+3\times\dfrac{1}{6}=\dfrac{3}{2}$

(2) 붉은 공 2개, 흰 공 3개가 들어 있는 주머니 속에서 동시에 3개의 공을 꺼낼 때, 나오는 흰 공의 개수를 확률변수 X라 하자. X의 표준편차를 구하여라.

STEP A 확률변수 X가 취하는 값의 확률 구하기

확률변수 X가 가질 수 있는 값은 1, 2, 3이고 이에 대응하는 확률은 각각

$\mathrm{P}(X=1)=\dfrac{{}_2\mathrm{C}_2\times{}_3\mathrm{C}_1}{{}_5\mathrm{C}_3}=\dfrac{3}{10}$

$\mathrm{P}(X=2)=\dfrac{{}_2\mathrm{C}_1\times{}_3\mathrm{C}_2}{{}_5\mathrm{C}_3}=\dfrac{6}{10}$

$\mathrm{P}(X=3)=\dfrac{{}_3\mathrm{C}_3}{{}_5\mathrm{C}_3}=\dfrac{1}{10}$

이므로 X의 확률분포를 표로 나타내면 다음과 같다.

X	1	2	3	합계
$\mathrm{P}(X=x)$	$\dfrac{3}{10}$	$\dfrac{6}{10}$	$\dfrac{1}{10}$	1

STEP B 확률변수 X의 표준편차 구하기

따라서 확률변수 X의 평균과 분산을 각각 구하면

$\mathrm{E}(X)=1\times\dfrac{3}{10}+2\times\dfrac{6}{10}+3\times\dfrac{1}{10}=\dfrac{18}{10}$

$\mathrm{V}(X)=\mathrm{E}(X^2)-\{\mathrm{E}(X)\}^2$

$\qquad =1^2\times\dfrac{3}{10}+2^2\times\dfrac{6}{10}+3^2\times\dfrac{1}{10}-\left(\dfrac{18}{10}\right)^2$

$\qquad =\dfrac{36}{100}$

$\therefore \sigma(\mathrm{X})=\sqrt{\dfrac{36}{100}}=\dfrac{3}{5}$

0524

함수 $y=f(x)$의 그래프가 다음 그림과 같다.

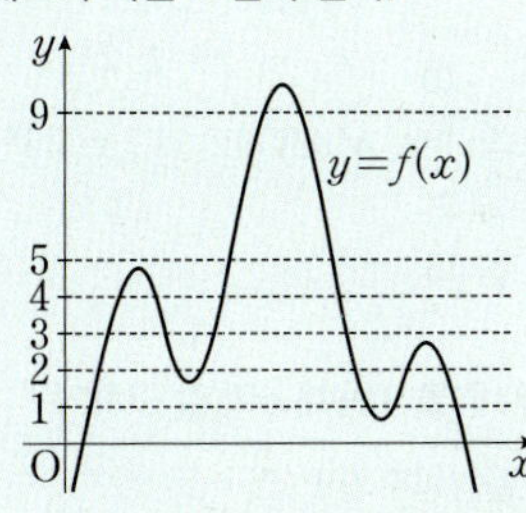

한 개의 주사위를 한 번 던져서 나온 눈의 수를 a라 할 때, 곡선 $y=f(x)$와 직선 $y=a$의 교점의 개수를 확률변수 X라 하자. $\mathrm{E}(X)=\dfrac{q}{p}$라 할 때, $p+q$의 값을 구하여라. (단, p, q는 서로소인 자연수이다.)

  a에 따른 곡선과 직선의 교점의 개수 구하기

a는 1, 2, 3, 4, 5, 6이므로 곡선 $y=f(x)$와 직선 $y=a$의 교점의 개수를 표로 나타내면 다음과 같다.

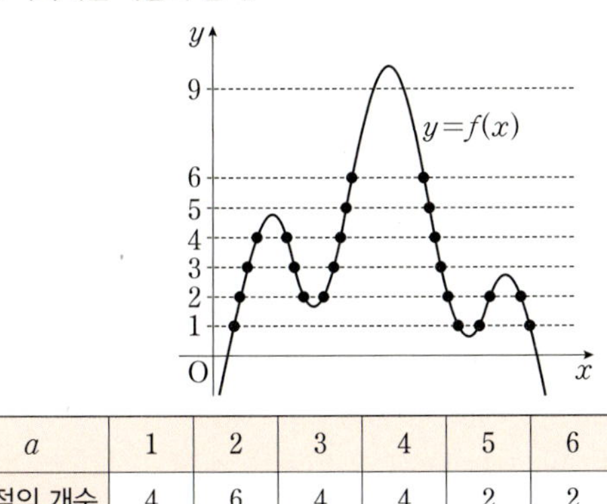

a	1	2	3	4	5	6
교점의 개수	4	6	4	4	2	2

  확률변수 X의 평균 $\mathrm{E}(X)$ 구하기

곡선과 직선의 교점의 개수가 확률변수 X이므로 X는 2, 4, 6이고 확률변수 X의 확률분포를 표로 나타내면 다음과 같다.

X	2	4	6	합계
$\mathrm{P}(X=x)$	$\dfrac{1}{3}$	$\dfrac{1}{2}$	$\dfrac{1}{6}$	1

$\mathrm{E}(X)=2\times\dfrac{1}{3}+4\times\dfrac{1}{2}+6\times\dfrac{1}{6}=\dfrac{11}{3}$

따라서 $p=3$, $q=11$이므로 $p+q=14$

0525

주머니 A에는 1, 2, 3, 4의 숫자가 각각 하나씩 적힌 4장의 카드가 들어있고, 주머니 B에는 1, 2, 3, 4, 5의 숫자가 각각 하나씩 적힌 5개의 공이 들어 있다. 주머니 A에서 임의로 한 장의 카드를 꺼내고 주머니 B에서 임의로 하나의 공을 꺼낼 때, 나오는 두 자연수 중 작지 않은 수를 확률변수 X라 하자. 이때 $\mathrm{E}(X)$의 값은?

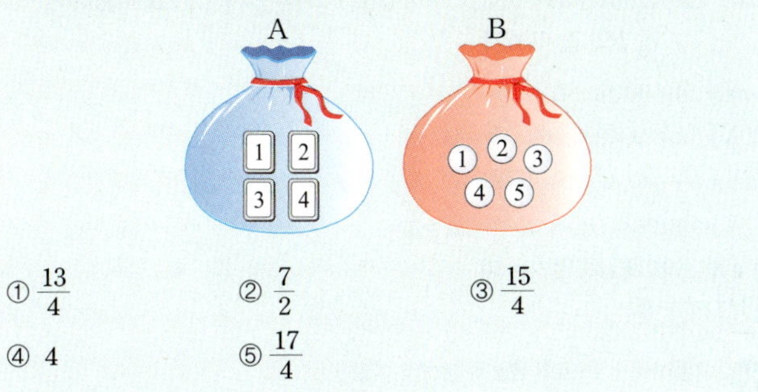

① $\dfrac{13}{4}$ ② $\dfrac{7}{2}$ ③ $\dfrac{15}{4}$

④ 4 ⑤ $\dfrac{17}{4}$

  모든 순서쌍의 수 구하기

주머니 A에는 4장의 카드가, 주머니 B에는 5개의 공이 들어있으므로 주머니 A에서 꺼낸 카드에 적힌 숫자를 a, 주머니 B에서 꺼낸 공에 적힌 숫자를 b라 하면 순서쌍 (a,b)의 모든 경우의 수는 $_4\mathrm{C}_1\times{}_5\mathrm{C}_1=20$

  확률변수 X의 경우의 수 구하기

두 자연수 중 작지 않은 수가 확률변수 X이므로
$X=1$인 경우 $(a, b)=(1, 1)$ 1가지
$X=2$인 경우 $(a, b)=(1, 2), (2, 1), (2, 2)$ 3가지
$X=3$인 경우 $(a, b)=(1, 3), (2, 3), (3, 3), (3, 1), (3, 2)$ 5가지
$X=4$인 경우 $(a, b)=(1, 4), (2, 4), (3, 4), (4, 4), (4, 1), (4, 2), (4, 3)$ 7가지
$X=5$인 경우 $(a, b)=(1, 5), (2, 5), (3, 5), (4, 5)$ 4가지

  확률분포를 표로 나타내고 평균 $\mathrm{E}(X)$ 구하기

확률변수 X의 확률분포를 표로 나타내면 다음과 같다.

X	1	2	3	4	5	합계
$\mathrm{P}(X)$	$\dfrac{1}{20}$	$\dfrac{3}{20}$	$\dfrac{5}{20}$	$\dfrac{7}{20}$	$\dfrac{4}{20}$	1

따라서 X의 기댓값은 $\mathrm{E}(X)=\dfrac{1}{20}+\dfrac{6}{20}+\dfrac{15}{20}+\dfrac{28}{20}+\dfrac{20}{20}=\dfrac{70}{20}=\dfrac{7}{2}$

0526

다음 물음에 답하여라.
(1) 확률변수 X에 대하여 $\mathrm{E}(X)=10$, $\mathrm{V}(X)=4$이고, 확률변수 $Y=aX+b$에 대하여 $\mathrm{E}(Y)=0$, $\mathrm{V}(Y)=16$일 때, 상수 a, b에 대하여 ab의 값은? (단, $a>0$)

① -120 ② -80 ③ -60
④ -40 ⑤ -20

  $\mathrm{E}(aX+b)=a\mathrm{E}(X)+b$, $\mathrm{V}(aX+b)=a^2\mathrm{V}(X)$을 이용하여

a, b의 값 구하기

$\mathrm{E}(Y)=0$에서 $\mathrm{E}(aX+b)=a\mathrm{E}(X)+b=0$
$10a+b=0$ $\quad\cdots\cdots$ ㉠
$\mathrm{V}(Y)=16$에서 $\mathrm{V}(aX+b)=a^2\mathrm{V}(X)=16$
$4a^2=16$, $a^2=4$ $\therefore a=2$ $(\because a>0)$
$a=2$을 ㉠에 대입하면
$10\times2+b=0$ $\therefore b=-20$
따라서 $ab=-40$

(2) 확률변수 X에 대하여 $E(X)=20$, $\sigma(X)=10$이다.
$E(aX+b)=90$, $\sigma(aX+b)=40$이 성립하도록 하는 두 양수 a, b에 대하여 ab의 값은?
① 20   ② 25   ③ 30
④ 35   ⑤ 40

STEP Ⓐ $E(aX+b)=aE(X)+b$, $\sigma(aX+b)=|a|\sigma(X)$을 이용하여 a, b의 값 구하기

$E(aX+b)=90$이므로
$aE(X)+b=90$에서 $20a+b=90$ …… ㉠
$\sigma(aX+b)=40$, $a>0$이므로
$a\sigma(X)=40$에서 $10a=40$ ∴ $a=4$
$a=4$를 ㉠에 대입하면 $b=10$
따라서 $ab=40$

확률변수 $aX+b$의 평균과 분산의 성질
(1) 확률변수에 일정한 값 b를 더했을 때,
  ① 평균은 b를 더한 값이 된다.
  ② 편차는 변하지 않으므로 분산도 변하지 않는다.
(2) 확률변수에 일정한 값 a를 곱했을 때,
  ① 평균은 a를 곱한 값이 된다.
  ② 편차는 a를 곱한 값이 되므로 분산은 a^2을 곱한 값이 된다.

0527

다음 물음에 답하여라.
(1) 확률변수 X에 대하여
$$E(X)=3,\ E(X^2)=10$$
일 때, 확률변수 $Y=3X+1$에 대하여 $E(Y)+V(Y)$의 값은?
① 12   ② 13   ③ 15
④ 17   ⑤ 19

STEP Ⓐ $V(X)=E(X^2)-\{E(X)\}^2$ 구하기

$E(X)=3$, $E(X^2)=10$이므로
$V(X)=E(X^2)-\{E(X)\}^2=10-3^2=1$

STEP Ⓑ $E(3X+1)+V(3X+1)$의 값 구하기

$E(Y)=E(3X+1)=3E(X)+1=3\times3+1=10$
$V(Y)=V(3X+1)=3^2V(X)=3^2\times1=9$
따라서 $E(3X+1)+V(3X+1)=10+9=19$

(2) 확률변수 X에 대하여
$$E(X)=4,\ V(X)=2$$
이다. 확률변수 $Y=2X+1$에 대하여 $E(Y^2)$의 값은?
① 79   ② 81   ③ 87
④ 89   ⑤ 93

STEP Ⓐ $E(aX+b)=aE(X)+b$, $V(aX+b)=a^2V(X)$을 이용하기

$E(X)=4$, $V(X)=2$이므로
$E(Y)=E(2X+1)=2E(X)+1=2\times4+1=9$
$V(Y)=V(2X+1)=2^2V(X)=4\times2=8$

STEP Ⓑ $V(Y)=E(Y^2)-\{E(Y)\}^2$을 이용하여 $E(Y^2)$값 구하기

따라서 $V(Y)=E(Y^2)-\{E(Y)\}^2$이므로
$E(Y^2)=V(Y)+\{E(Y)\}^2=8+9^2=89$

0528

확률변수 X의 확률질량함수가
$$P(X=x)=\frac{ax+2}{10}\ (x=-1,\ 0,\ 1,\ 2)$$
일 때, 확률변수 $3X+2$의 분산 $V(3X+2)$의 값은? (단, a는 상수이다.)
① 9   ② 18   ③ 27
④ 36   ⑤ 45

STEP Ⓐ 확률의 합이 1임을 이용해 a의 값 구하기

이산확률변수 X의 확률질량함수가 $P(X=x)=\dfrac{ax+2}{10}\ (x=-1,\ 0,\ 1,\ 2)$
이므로 확률분포를 표로 나타내면 다음과 같다.

X	-1	0	1	2	합계
$P(X=x)$	$\dfrac{2-a}{10}$	$\dfrac{2}{10}$	$\dfrac{2+a}{10}$	$\dfrac{2+2a}{10}$	1

확률의 합은 1이므로
$P(X=-1)+P(X=0)+P(X=1)+P(X=2)=1$에서
$\dfrac{2-a}{10}+\dfrac{2}{10}+\dfrac{a+2}{10}+\dfrac{2a+2}{10}=1$, $\dfrac{2a+8}{10}=1$
∴ $a=1$

STEP Ⓑ $V(X)=E(X^2)-\{E(X)\}^2$의 값 구하기

즉 $P(X=x)=\dfrac{x+2}{10}$이므로 확률변수 X의 확률분포표는 다음과 같다.

X	-1	0	1	2	합계
$P(X=x)$	$\dfrac{1}{10}$	$\dfrac{2}{10}$	$\dfrac{3}{10}$	$\dfrac{4}{10}$	1

$E(X)=-1\times\dfrac{1}{10}+0\times\dfrac{2}{10}+1\times\dfrac{3}{10}+2\times\dfrac{4}{10}=1$
$E(X^2)=(-1)^2\times\dfrac{1}{10}+0^2\times\dfrac{2}{10}+1^2\times\dfrac{3}{10}+2^2\times\dfrac{4}{10}=2$
$V(X)=E(X^2)-\{E(X)\}^2=2-1=1$

STEP Ⓒ $V(aX+b)=a^2V(X)$임을 이용하기

따라서 $V(3X+2)=3^2V(X)=9\times1=9$

0529

확률변수 X의 확률분포를 표로 나타내면 다음과 같다.
$E(4X+10)$의 값을 구하여라.

X	0	1	2	합계
$P(X=x)$	$\dfrac{1}{4}$	a	$2a$	1

STEP Ⓐ 확률의 합이 1임을 이용하여 a의 값 구하기

확률의 합은 1이므로 $\dfrac{1}{4}+a+2a=1$
∴ $a=\dfrac{1}{4}$

STEP Ⓑ 확률변수 X의 기댓값 구하기

이때 확률변수 X의 평균 $E(X)$를 구하면
$E(X)=0\times\dfrac{1}{4}+1\times\dfrac{1}{4}+2\times\dfrac{2}{4}=\dfrac{5}{4}$

STEP Ⓒ $E(aX+b)=aE(X)+b$을 이용하기

따라서 $E(4X+10)=4E(X)+10=4\times\dfrac{5}{4}+10=15$

0530

다음 물음에 답하여라. (단, a, b는 상수이다.)

(1) 확률변수 X의 확률분포를 표로 나타내면 다음과 같다.

$$P(1 \leq X \leq 4) = \frac{7}{8}$$

일 때, $E(2X+3)$의 값은?

X	1	2	4	8	합계
$P(X=x)$	a	$\frac{1}{4}$	$\frac{1}{8}$	b	1

① $\frac{5}{2}$　　　② 3　　　③ $\frac{7}{2}$

④ 5　　　⑤ 8

STEP Ⓐ $P(1 \leq X \leq 4) = \frac{7}{8}$ 을 이용하여 a 구하기

$P(1 \leq X \leq 4) = \frac{7}{8}$ 에서

$$P(X=1)+P(X=2)+P(X=4)=a+\frac{1}{4}+\frac{1}{8}=\frac{7}{8}$$

$$\therefore a=\frac{1}{2} \qquad \cdots\cdots ㉠$$

STEP Ⓑ 확률의 합이 1임을 이용하여 b 구하기

이때 확률의 합은 1이므로 $a+\frac{1}{4}+\frac{1}{8}+b=1$

$$a+b=\frac{5}{8} \qquad \cdots\cdots ㉡$$

㉠을 ㉡에 대입하면 $b=\frac{1}{8}$

STEP Ⓒ $E(aX+b)=aE(X)+b$임을 이용하여 구하기

확률변수 X의 확률분포를 표로 나타내면 다음과 같다.

X	1	2	4	8	합계
$P(X=x)$	$\frac{1}{2}$	$\frac{1}{4}$	$\frac{1}{8}$	$\frac{1}{8}$	1

$$E(X)=1\times\frac{1}{2}+2\times\frac{1}{4}+4\times\frac{1}{8}+8\times\frac{1}{8}=\frac{5}{2}$$

따라서 $E(2X+3)=2E(X)+3=2\times\frac{5}{2}+3=8$

(2) 확률변수 X의 확률분포를 표로 나타내면 다음과 같다.

$E(X)=2$일 때, $V(5X+1)$의 값은?

X	0	1	a	합계
$P(X=x)$	$\frac{1}{5}$	$\frac{2}{5}$	$\frac{2}{5}$	1

① 50　　　② 60　　　③ 70

④ 80　　　⑤ 90

STEP Ⓐ $E(X)=2$임을 이용하여 a 구하기

$$E(X)=0\times\frac{1}{5}+1\times\frac{2}{5}+a\times\frac{2}{5}=\frac{2+2a}{5}=2$$

$$\therefore a=4$$

STEP Ⓑ $V(X)$ 구하기

$$V(X)=E(X^2)-\{E(X)\}^2=0^2\times\frac{1}{5}+1^2\times\frac{2}{5}+4^2\times\frac{2}{5}-2^2=\frac{14}{5}$$

STEP Ⓒ $V(aX+b)=a^2V(X)$임을 이용하여 구하기

따라서 $V(5X+1)=5^2V(X)=25\times\frac{14}{5}=70$

0531

다음 물음에 답하여라. (단, a, b는 상수이다.)

(1) 확률변수 X의 확률분포를 표로 나타내면 다음과 같다.

$E(3X+1)$의 값은? (단, k는 상수이다.)

X	2	4	8	16	합계
$P(X=x)$	$\frac{{}_4C_1}{k}$	$\frac{{}_4C_2}{k}$	$\frac{{}_4C_3}{k}$	$\frac{{}_4C_4}{k}$	1

① 13　　　② 14　　　③ 15

④ 16　　　⑤ 17

STEP Ⓐ 확률의 합이 1임을 이용하여 k 구하기

확률의 합이 1이므로 $\frac{1}{k}({}_4C_1+{}_4C_2+{}_4C_3+{}_4C_4)=1$

이항정리에 의해

$$k={}_4C_1+{}_4C_2+{}_4C_3+{}_4C_4=2^4-1=15 \quad \leftarrow {}_nC_0+{}_nC_1+{}_nC_2+\cdots+{}_nC_n=2^n$$

STEP Ⓑ $E(aX+b)=aE(X)+b$임을 이용하여 구하기

$$E(X)=\frac{1}{15}(2\times{}_4C_1+2^2\times{}_4C_2+2^3\times{}_4C_3+2^4\times{}_4C_4)$$

$$=\frac{1}{15}(3^4-1) \quad \leftarrow {}_nC_0 2^0+{}_nC_1 2^1+{}_nC_2 2^2+\cdots+{}_nC_n 2^n=(2+1)^n$$

$$=\frac{1}{15}\times80=\frac{16}{3}$$

따라서 $E(3X+1)=3E(X)+1=16+1=17$

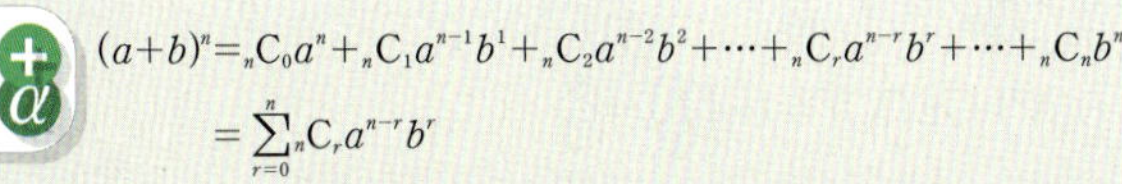

$$(a+b)^n={}_nC_0 a^n+{}_nC_1 a^{n-1}b^1+{}_nC_2 a^{n-2}b^2+\cdots+{}_nC_r a^{n-r}b^r+\cdots+{}_nC_n b^n$$

$$=\sum_{r=0}^{n}{}_nC_r a^{n-r}b^r$$

(2) 확률변수 X의 확률질량함수가

$$P(X=x)=\frac{{}_5C_x}{k} \quad (x=0,\,1,\,2,\,3,\,4,\,5\text{이고},\ k\text{는 자연수})$$

일 때, $E(2X+5)$의 값은?

① 10　　　② 12　　　③ 13

④ 14　　　⑤ 15

STEP Ⓐ 확률의 합이 1임을 이용하여 k 구하기

확률의 합은 1이므로

$$\frac{{}_5C_0}{k}+\frac{{}_5C_1}{k}+\frac{{}_5C_2}{k}+\frac{{}_5C_3}{k}+\frac{{}_5C_4}{k}+\frac{{}_5C_5}{k}$$

$$=\frac{{}_5C_0+{}_5C_1+{}_5C_2+{}_5C_3+{}_5C_4+{}_5C_5}{k}$$

$$=\frac{2^5}{k}=1 \quad \leftarrow {}_nC_0+{}_nC_1+{}_nC_2+\cdots+{}_nC_n=2^n$$

$$\therefore k=32$$

STEP Ⓑ 확률변수 X의 확률분포를 표로 나타내어 평균 $E(X)$ 구하기

확률변수 X의 확률분포를 표로 나타내면 다음과 같다.

X	0	1	2	3	4	5	합계
$P(X=x)$	$\frac{1}{32}$	$\frac{5}{32}$	$\frac{10}{32}$	$\frac{10}{32}$	$\frac{5}{32}$	$\frac{1}{32}$	1

X의 평균 $E(X)$는

$$E(X)=0\times\frac{1}{32}+1\times\frac{5}{32}+2\times\frac{10}{32}+3\times\frac{10}{32}+4\times\frac{5}{32}+5\times\frac{1}{32}=\frac{5}{2}$$

STEP Ⓒ $E(aX+b)=aE(X)+b$임을 이용하여 구하기

따라서 $E(2X+5)=2E(X)+5=2\times\frac{5}{2}+5=10$

0532

상자 안에 들어있는 5개의 제품 중에는 품질 검사를 통과하지 못한 불량품이 2개 포함되어 있다. 이 상자에서 임의로 2개의 제품을 동시에 꺼낼 때, 꺼낸 제품 중에서 불량품의 개수를 확률변수 X라 할 때, $E(5X+1)+V(5X+1)$의 값을 구하여라.

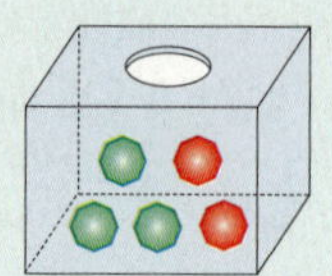

STEP A 확률변수 X의 확률분포를 표로 나타내기

확률변수 X가 취할 수 있는 값은 0, 1, 2이고 그 확률은 각각

$$P(X=0)=\frac{{}_3C_2}{{}_5C_2}=\frac{3}{10}, \quad P(X=1)=\frac{{}_2C_1\times{}_3C_1}{{}_5C_2}=\frac{6}{10}$$

$$P(X=2)=\frac{{}_2C_2}{{}_5C_2}=\frac{1}{10}$$

이므로 X의 확률분포를 표로 나타내면 다음과 같다.

X	0	1	2	합계
$P(X=x)$	$\frac{3}{10}$	$\frac{6}{10}$	$\frac{1}{10}$	1

STEP B 확률변수 X의 평균과 분산 $E(X)$, $V(X)$ 구하기

확률변수 X에 대하여

$$E(X)=0\times\frac{3}{10}+1\times\frac{6}{10}+2\times\frac{1}{10}=\frac{4}{5}$$

$$E(X^2)=0^2\times\frac{3}{10}+1^2\times\frac{6}{10}+2^2\times\frac{1}{10}=1$$

$$V(X)=E(X^2)-\{E(X)\}^2=1-\left(\frac{4}{5}\right)^2=\frac{9}{25}$$

STEP C $E(5X+1)+V(5X+1)$의 값 구하기

$$E(5X+1)=5E(X)+1=5\times\frac{4}{5}+1=5$$

$$V(5X+1)=5^2V(X)=25\times\frac{9}{25}=9$$

따라서 $E(5X+1)+V(5X+1)=5+9=14$

0533

다음 물음에 답하여라.

(1) 각 면에 1, 1, 2, 2, 2, 4의 숫자가 하나씩 적혀 있는 정육면체 모양의 상자가 있다. 이 상자를 던졌을 때, 윗면에 적힌 수를 확률변수 X라 하자. 확률변수 $5X+3$의 평균을 구하여라.

STEP A 확률변수 X에 대한 확률분포를 표로 나타내기

정육면체의 각 면이 나올 확률은 $\frac{1}{6}$로 모두 같고

1이 적혀 있는 면은 2개, 2가 적혀 있는 면은 3개, 4가 적혀 있는 면은 1개이므로 확률변수 X가 취할 수 있는 값은 1, 2, 4이고 각각의 확률은

$$P(X=1)=\frac{1}{6}\times2=\frac{2}{6}$$

$$P(X=2)=\frac{1}{6}\times3=\frac{3}{6}$$

$$P(X=4)=\frac{1}{6}$$

확률변수 X의 확률분포를 표로 나타내면 다음과 같다.

X	1	2	4	합계
$P(X=x)$	$\frac{2}{6}$	$\frac{3}{6}$	$\frac{1}{6}$	1

STEP B $E(X)$를 구하여 $E(5X+3)$ 구하기

$$E(X)=1\times\frac{2}{6}+2\times\frac{3}{6}+4\times\frac{1}{6}=2$$

따라서 $E(5X+3)=5E(X)+3=5\times2+3=13$

---

(2) 1부터 5까지의 자연수가 각각 하나씩 적혀 있는 5개의 서랍이 있다. 5개의 서랍 중 영희에게 임의로 2개를 배정해주려고 한다. 영희에게 배정되는 서랍에 적혀 있는 자연수 중 작은 수를 확률변수 X라 할 때, $E(10X)$의 값을 구하여라.

STEP A 확률변수 X에 대한 확률분포를 표로 나타내기

배정되는 서랍에 적혀있는 자연수 중 작은 수를 확률변수 X라 하므로 확률변수 X가 가질 수 있는 값은 1, 2, 3, 4이다.

이때 서랍 5개 중 임의로 2개를 배정하는 모든 경우의 수는 ${}_5C_2$이므로 배정된 서랍의 번호를 순서쌍으로 나타내면 각 경우의 확률은 다음과 같다.

(i) $X=1$인 경우

　　배정된 서랍의 번호를 순서쌍으로 나타내면

　　$(1, 2), (1, 3), (1, 4), (1, 5)$의 4가지

$$P(X=1)=\frac{4}{{}_5C_2}=\frac{4}{10}$$

(ii) $X=2$인 경우

　　배정된 서랍의 번호를 순서쌍으로 나타내면

　　$(2, 3), (2, 4), (2, 5)$의 3가지

$$P(X=2)=\frac{3}{{}_5C_2}=\frac{3}{10}$$

(iii) $X=3$인 경우

　　배정된 서랍의 번호를 순서쌍으로 나타내면

　　$(3, 4), (3, 5)$의 2가지

$$P(X=3)=\frac{2}{{}_5C_2}=\frac{2}{10}$$

(iv) $X=4$인 경우

　　배정된 서랍의 번호를 순서쌍으로 나타내면

　　$(4, 5)$의 1가지

$$P(X=4)=\frac{1}{{}_5C_2}=\frac{1}{10}$$

확률변수 X의 확률분포를 표로 나타내면 다음과 같다.

X	1	2	3	4	합계
$P(X=x)$	$\frac{4}{10}$	$\frac{3}{10}$	$\frac{2}{10}$	$\frac{1}{10}$	1

STEP B $10X$의 평균 $E(10X)$ 구하기

$$E(X)=1\times\frac{4}{10}+2\times\frac{3}{10}+3\times\frac{2}{10}+4\times\frac{1}{10}=2$$

따라서 $E(10X)=10E(X)=10\times2=20$

주의! 확률변수 X의 값을 1, 2, 3, 4, 5로 놓고 풀지 말아야 한다.

0534

남학생 3명과 여학생 2명을 임의로 한 줄로 세우고 앞에서부터 1, 2, 3, 4, 5의 번호를 부여한다고 한다. 앞에서부터 처음으로 서 있는 남학생이 부여받은 번호를 확률변수 X라 할 때, $V(20X+3)$의 값은?

① 90   ② 120   ③ 150
④ 180   ⑤ 210

STEP Ⓐ 확률변수 X의 확률분포를 표로 나타내기

확률변수 X가 갖는 값은 1, 2, 3이고
남학생 3명과 여학생 2명을 한 줄로 세우는 모든 경우의 수는 $5! = 120$
(i) 앞에서부터 처음으로 서있는 남학생의 번호가 1인 경우
    번호 1에 서 있을 남학생을 선택하는 경우의 수는 3,
    나머지 2, 3, 4, 5번에 남은 4명을 세우는 경우의 수는 4!이므로
    경우의 수는 $3 \times 4! = 72$
    즉 $P(X=1) = \dfrac{72}{120} = \dfrac{3}{5}$
(ii) 앞에서부터 처음으로 서 있는 남학생의 번호가 2인 경우
    여학생 2명 중에 한 명을 1번에 세워야 하므로 경우의 수는 2,
    번호 2에 서 있을 남학생을 선택하는 경우의 수는 3,
    나머지 3, 4, 5번에 남은 3명을 세우는 경우의 수는 3!이므로
    경우의 수는 $2 \times 3 \times 3! = 36$
    즉 $P(X=2) = \dfrac{36}{120} = \dfrac{3}{10}$
(iii) 앞에서부터 처음으로 서 있는 남학생의 번호가 3인 경우
    여학생 2명을 1번과 2번에 세워야 하므로 경우의 수는 2!,
    번호 3에 서 있을 남학생을 선택하는 경우의 수는 3,
    나머지 4번과 5번에 남학생 2명을 세우는 경우의 수는 2!이므로
    경우의 수는 $2! \times 3 \times 2! = 12$
    즉 $P(X=3) = \dfrac{12}{120} = \dfrac{1}{10}$
(i)~(iii)에서 확률변수 X의 확률분포를 표로 나타내면 다음과 같다.

X	1	2	3	합계
$P(X=x)$	$\dfrac{3}{5}$	$\dfrac{3}{10}$	$\dfrac{1}{10}$	1

STEP Ⓑ X의 분산 $V(X)$의 값 구하기

$E(X) = 1 \times \dfrac{3}{5} + 2 \times \dfrac{3}{10} + 3 \times \dfrac{1}{10} = \dfrac{3}{2}$ 이므로

$V(X) = E(X^2) - \{E(X)\}^2 = 1^2 \times \dfrac{3}{5} + 2^2 \times \dfrac{3}{10} + 3^2 \times \dfrac{1}{10} - \left(\dfrac{3}{2}\right)^2 = \dfrac{9}{20}$

STEP Ⓒ $V(20X+3)$의 값 구하기

따라서 $V(20X+3) = 400V(X) = 400 \times \dfrac{9}{20} = 180$

> **참고 ✽** $E(20X+3) = 20E(X) + 3 = 20 \times \dfrac{3}{2} + 3 = 33$

0535

이항분포 $B(n, p)$를 따르는 확률변수 X에 대하여 X의 평균이 2, 분산이 1이라고 할 때, $\dfrac{P(X=1)}{P(X=2)}$의 값을 구하여라.

STEP Ⓐ 이항분포를 따르는 확률변수 X의 평균, 분산을 이용하여 n, p 구하기

확률변수 X가 이항분포 $B(n, p)$를 따르므로
$E(X) = np = 2$ …… ㉠
$V(X) = np(1-p) = 1$ …… ㉡
㉠, ㉡에서 $2(1-p) = 1$
$\therefore p = \dfrac{1}{2}, n = 4$

STEP Ⓑ 이항분포를 따르는 확률변수 X의 확률질량함수를 구하기

즉 확률변수 X는 이항분포 $B\left(4, \dfrac{1}{2}\right)$을 따르므로 X의 확률질량함수는

$P(X=x) = {}_4C_x \left(\dfrac{1}{2}\right)^x \left(\dfrac{1}{2}\right)^{4-x} (x=0, 1, 2, 3, 4)$

따라서 $\dfrac{P(X=1)}{P(X=2)} = \dfrac{{}_4C_1 \left(\dfrac{1}{2}\right)^1 \left(\dfrac{1}{2}\right)^3}{{}_4C_2 \left(\dfrac{1}{2}\right)^2 \left(\dfrac{1}{2}\right)^2} = \dfrac{{}_4C_1}{{}_4C_2} = \dfrac{2}{3}$

0536

이산확률변수 X가 값 x를 가질 확률이
$$P(X=x) = {}_nC_x p^x (1-p)^{n-x} \ (\text{단}, x=0, 1, 2, \cdots, n\text{이고 } 0<p<1)$$
이다. 이때 $E(X) = 1$, $V(X) = \dfrac{9}{10}$일 때, $P(X<2)$를 구하여라.

① $\dfrac{19}{10}\left(\dfrac{9}{10}\right)^9$ ② $\dfrac{17}{9}\left(\dfrac{8}{9}\right)^8$ ③ $\dfrac{15}{8}\left(\dfrac{7}{8}\right)^7$
④ $\dfrac{13}{7}\left(\dfrac{6}{7}\right)^6$ ⑤ $\dfrac{11}{6}\left(\dfrac{5}{6}\right)^5$

STEP Ⓐ 이항분포를 따르는 확률변수 X의 평균, 분산을 이용하여 n, p 구하기

확률변수 X는 이항분포 $B(n, p)$를 따르므로
$E(X) = np = 1$ …… ㉠
$V(X) = np(1-p) = \dfrac{9}{10}$ 에서 $1-p = \dfrac{9}{10}$
$\therefore p = \dfrac{1}{10}$ …… ㉡
이 값을 ㉠에 대입하면 $n = 10$

STEP Ⓑ 이항분포를 따르는 확률변수 X의 확률질량함수를 구하기

즉 확률변수 X는 이항분포 $B\left(10, \dfrac{1}{10}\right)$을 따르므로 X의 확률질량함수는

$P(X=x) = {}_{10}C_x \left(\dfrac{1}{10}\right)^x \left(\dfrac{9}{10}\right)^{10-x} (x=0, 1, \cdots, 10)$

따라서 $P(X<2) = P(X=0) + P(X=1)$

$= {}_{10}C_0 \left(\dfrac{9}{10}\right)^{10} + {}_{10}C_1 \left(\dfrac{1}{10}\right)\left(\dfrac{9}{10}\right)^9$

$= \dfrac{19}{10}\left(\dfrac{9}{10}\right)^9$

0537

확률변수 X는 이항분포 $B(3,\ p)$를 따르고 확률변수 Y는 이항분포 $B(4,\ 2p)$를 따른다고 한다. 이때
$$10P(X=3)=P(Y\geq 3)$$
을 만족시키는 양수 p의 값은 $\dfrac{n}{m}$이다. $m+n$의 값을 구하여라.
(단, m, n은 서로소인 자연수이다.)

STEP A $\ P(X=r)={}_nC_r\,p^r(1-p)^{n-r}$ **임을 이용하기**

확률변수 X는 이항분포 $B(3,\ p)$를 따르므로
$$10P(X=3)=10\times {}_3C_3\,p^3(1-p)^0=10p^3$$
확률변수 Y는 이항분포 $B(4,\ 2p)$를 따르므로
$$\begin{aligned}P(Y\geq 3)&=P(Y=3)+P(Y=4)\\&={}_4C_3(2p)^3(1-2p)^1+{}_4C_4(2p)^4(1-2p)^0\\&=4\times 8p^3(1-2p)+16p^4\\&=16p^3(2-3p)\end{aligned}$$

STEP B $\ 10P(X=3)=P(Y\geq 3)$**을 만족하는 p의 값 구하기**

즉 $10p^3=16p^3(2-3p)$이므로
$$16p^3(2-3p)-10p^3=0,\ 2p^3(11-24p)=0$$
$$\therefore\ p=\frac{11}{24}\ (\because\ p>0)$$
따라서 $m=24$, $n=11$이므로 $m+n=35$

0538

다음 물음에 답하여라.

(1) 확률변수 X가 이항분포 $B\!\left(6,\ \dfrac{2}{3}\right)$를 따를 때, $V(-3X+2)$의 값은?

　① 8　　　　② 9　　　　③ 10
　④ 11　　　⑤ 12

STEP A **이항분포를 따르는 확률변수 X의 분산 구하기**

확률변수 X가 이항분포 $B\!\left(6,\ \dfrac{2}{3}\right)$를 따르므로
$$V(X)=6\times \frac{2}{3}\times\left(1-\frac{2}{3}\right)=\frac{4}{3}$$

STEP B $\ V(aX+b)=a^2V(X)$**을 이용하여 구하기**

따라서 $V(-3X+2)=(-3)^2V(X)=9\times\dfrac{4}{3}=12$

(2) 확률변수 X가 이항분포 $B(9,\ p)$를 따르고 $\{E(X)\}^2=V(X)$일 때, p의 값은? (단, $0<p<1$)

　① $\dfrac{1}{13}$　　　② $\dfrac{1}{12}$　　　③ $\dfrac{1}{11}$
　④ $\dfrac{1}{10}$　　　⑤ $\dfrac{1}{9}$

STEP A **이항분포를 따르는 확률변수 X의 평균과 분산 구하기**

확률변수 X가 이항분포 $B(9,\ p)$를 따르므로
$$E(X)=9p,\ V(X)=9p(1-p)$$

STEP B $\ \{E(X)\}^2=V(X)$**를 이용하여 p 구하기**

이때 $\{E(X)\}^2=V(X)$에서 $(9p)^2=9p(1-p)$
$$9p=1-p\ (\because\ 0<p<1)$$
따라서 $p=\dfrac{1}{10}$

(3) 확률변수 X가 이항분포 $B\!\left(n,\ \dfrac{1}{2}\right)$을 따르고 $E(X^2)=V(X)+25$를 만족시킬 때, n의 값은?

　① 10　　　　② 12　　　　③ 14
　④ 16　　　　⑤ 18

STEP A **이항분포를 따르는 확률변수 X의 평균, 분산 구하기**

확률변수 X가 이항분포 $B\!\left(n,\ \dfrac{1}{2}\right)$을 따르므로 X의 평균과 분산은
$$E(X)=n\times\frac{1}{2}=\frac{n}{2},\ V(X)=n\times\frac{1}{2}\times\frac{1}{2}=\frac{n}{4}$$

STEP B $\ V(X)=E(X^2)-\{E(X)\}^2$**을 이용하여 n의 값 구하기**

$V(X)=E(X^2)-\{E(X)\}^2$이므로 $E(X^2)-V(X)=\{E(X)\}^2$에서
주어진 조건에 대입하면 $\{E(X)\}^2=25$
즉 $\dfrac{n^2}{4}=25$
따라서 $n=10$

0539

다음 물음에 답하여라.

(1) 이항분포 $B\!\left(n,\ \dfrac{1}{2}\right)$을 따르는 확률변수 X에 대하여
　$V\!\left(\dfrac{1}{2}X+1\right)=5$일 때, n의 값은?

　① 60　　　② 80　　　③ 100
　④ 120　　⑤ 150

STEP A **이항분포를 따르는 확률변수 X의 분산 구하기**

확률변수 X가 이항분포 $B\!\left(n,\ \dfrac{1}{2}\right)$을 따르므로
$$V(X)=n\times\frac{1}{2}\times\frac{1}{2}=\frac{n}{4}\qquad\cdots\cdots\ \unicode{x2299}$$

STEP B $\ V(aX+b)=a^2V(X)$**을 이용하여 n의 값 구하기**

$V\!\left(\dfrac{1}{2}X+1\right)=5$에서 $\dfrac{1}{4}V(X)=5$
$$\therefore\ V(X)=20\qquad\cdots\cdots\ \unicode{x24C1}$$
$\unicode{x2299}$, $\unicode{x24C1}$에서 $\dfrac{n}{4}=20$
따라서 $n=80$

(2) 이항분포 $B(72,\ p)$를 따르는 확률변수 X에 대하여
　$E(2X-3)=45$일 때, $V(2X-3)$의 값은?

　① 16　　　② 20　　　③ 28
　④ 36　　　⑤ 64

STEP A **이항분포의 평균을 이용하여 확률 p 구하기**

확률변수 X가 이항분포 $B(72,\ p)$를 따르므로
$$E(X)=72p$$
$$E(2X-3)=2E(X)-3=144p-3=45$$
$$\therefore\ p=\frac{1}{3}$$

STEP B $\ V(aX+b)=a^2V(X)$**을 이용하여 구하기**

$$V(X)=72\times\frac{1}{3}\times\frac{2}{3}=16$$
따라서 $V(2X-3)=4V(X)=4\times 16=64$

0540

확률변수 X가 이항분포 $B(n, p)$를 따른다. 확률변수 $2X-5$의 평균과 표준편차가 각각 175와 12일 때, n의 값은?

① 130 ② 135 ③ 140
④ 145 ⑤ 150

STEP A 이항분포를 따르는 확률변수 X의 평균, 표준편차 구하기

확률변수 X가 이항분포 $B(n, p)$를 따르므로

$E(X)=np$, $\sigma(X)=\sqrt{np(1-p)}$

이때 확률변수 $2X-5$의 평균과 표준편차가 각각 175, 12이므로

$E(2X-5)=2E(X)-5=175$에서 $E(X)=90$

$\therefore np=90$ ...... ㉠

$\sigma(2X-5)=2\sigma(X)=12$에서 $\sigma(X)=6$

$\therefore \sqrt{np(1-p)}=6$ ...... ㉡

STEP B n 구하기

㉠을 ㉡에 대입하면 $\sqrt{90(1-p)}=6$, $90(1-p)=36$

$1-p=\dfrac{2}{5}$ $\therefore p=\dfrac{3}{5}$

따라서 ㉠에서 $n\times\dfrac{3}{5}=90$이므로 $n=150$

0541

확률변수 X의 확률질량함수가

$$P(X=x)={}_{100}C_x\left(\frac{1}{4}\right)^x\left(\frac{3}{4}\right)^{100-x} (x=0, 1, 2, \cdots, 100)$$

일 때, $E(2X-4)+V(2X-4)$의 값을 구하여라.

STEP A 이항분포를 따르는 확률변수 X의 평균, 분산 구하기

확률변수 X는 이항분포 $B\left(100, \dfrac{1}{4}\right)$을 따르므로

$E(X)=100\times\dfrac{1}{4}=25$, $V(X)=100\times\dfrac{1}{4}\times\dfrac{3}{4}=\dfrac{75}{4}$

STEP B $2X-4$의 평균과 분산 구하기

$E(2X-4)=2E(X)-4=2\times25-4=46$

$V(2X-4)=4V(X)=4\times\dfrac{75}{4}=75$

따라서 $E(2X-4)+V(2X-4)=46+75=121$

0542

확률변수 X의 확률질량함수가

$$P(X=x)=\begin{cases} {}_{150}C_0\left(\dfrac{3}{5}\right)^{150} & (x=0) \\ {}_{150}C_x\left(\dfrac{2}{5}\right)^x\left(\dfrac{3}{5}\right)^{150-x} & (x=1, 2, 3, \cdots, 149) \\ {}_{150}C_{150}\left(\dfrac{2}{5}\right)^{150} & (x=150) \end{cases}$$

일 때, $E(2X+3)+\sigma(2X+3)$의 값은?

① 123 ② 126 ③ 131
④ 135 ⑤ 137

STEP A 이항분포를 따르는 확률변수 X의 평균, 분산, 표준편차 구하기

확률변수 X는 이항분포 $B\left(150, \dfrac{2}{5}\right)$를 따르므로

$E(X)=150\times\dfrac{2}{5}=60$, $V(X)=150\times\dfrac{2}{5}\times\dfrac{3}{5}=36$

$\sigma(X)=\sqrt{V(X)}=\sqrt{36}=6$

STEP B $E(2X+3)+\sigma(2X+3)$의 값 구하기

$E(2X+3)=2E(X)+3=2\times60+3=123$

$\sigma(2X+3)=2\sigma(X)=2\times6=12$

따라서 $E(2X+3)+\sigma(2X+3)=123+12=135$

0543

다음 물음에 답하여라.

(1) 확률변수 X가 이항분포 $B(10, p)$를 따르고

$P(X=4)=\dfrac{1}{3}P(X=5)$일 때, $E(7X)$의 값은? (단, $0<p<1$)

① 20 ② 30 ③ 40
④ 50 ⑤ 60

STEP A $P(X=r)={}_nC_r p^r(1-p)^{n-r}$임을 이용하기

확률변수 X는 이항분포 $B(10, p)$를 따르므로

확률질량함수가 $P(X=r)={}_{10}C_r p^r(1-p)^{10-r}$ 이므로

$P(X=4)={}_{10}C_4 p^4(1-p)^6$, $P(X=5)={}_{10}C_5 p^5(1-p)^5$

STEP B p 구하기

$P(X=4)=\dfrac{1}{3}P(X=5)$에서 ${}_{10}C_4 p^4(1-p)^6=\dfrac{1}{3}{}_{10}C_5 p^5(1-p)^5$

$\dfrac{10!}{4!6!}p^4(1-p)^6=\dfrac{1}{3}\times\dfrac{10!}{5!5!}p^5(1-p)^5$ ← ${}_nC_r=\dfrac{n!}{r!(n-r)!}$

$\dfrac{1}{6}(1-p)=\dfrac{1}{15}p$, $5-5p=2p$, $7p=5$ $\therefore p=\dfrac{5}{7}$

STEP C $E(7X)$의 값 구하기

확률변수 X는 이항분포 $B\left(10, \dfrac{5}{7}\right)$를 따르므로 $E(X)=10\times\dfrac{5}{7}=\dfrac{50}{7}$

따라서 $E(7X)=7E(X)=7\times\dfrac{50}{7}=50$

(2) 확률변수 X가 이항분포 $B\left(n, \dfrac{1}{4}\right)$를 따르고

$9P(X=3)=10P(X=2)$일 때, $\sigma(6X+2)$의 값은?

① 3 ② 6 ③ 9
④ 12 ⑤ 15

STEP A $P(X=r)={}_nC_r p^r(1-p)^{n-r}$임을 이용하기

확률변수 X는 이항분포 $B\left(n, \dfrac{1}{4}\right)$를 따르므로

확률질량함수가 $P(X=r)={}_nC_r\left(\dfrac{1}{4}\right)^r\left(\dfrac{3}{4}\right)^{n-r}$ 이므로

$P(X=3)={}_nC_3\left(\dfrac{1}{4}\right)^3\left(\dfrac{3}{4}\right)^{n-3}$, $P(X=2)={}_nC_2\left(\dfrac{1}{4}\right)^2\left(\dfrac{3}{4}\right)^{n-2}$

STEP B n 구하기

$9P(X=3)=10P(X=2)$에서

$9{}_nC_3\left(\dfrac{1}{4}\right)^3\left(\dfrac{3}{4}\right)^{n-3}=10{}_nC_2\left(\dfrac{1}{4}\right)^2\left(\dfrac{3}{4}\right)^{n-2}$

$9\times\dfrac{n(n-1)(n-2)}{3!}\left(\dfrac{1}{4}\right)^3\left(\dfrac{3}{4}\right)^{n-3}=10\times\dfrac{n(n-1)}{2!}\left(\dfrac{1}{4}\right)^2\left(\dfrac{3}{4}\right)^{n-2}$

← ${}_nC_r=\dfrac{n(n-1)\cdots(n-r+1)}{r!}$

$3(n-2)\times\dfrac{1}{4}=10\times\dfrac{3}{4}$, $n-2=10$ $\therefore n=12$

STEP C $\sigma(6X+2)$의 값 구하기

확률변수 X는 이항분포 $B\left(12, \dfrac{1}{4}\right)$를 따르므로

$V(X)=12\times\dfrac{1}{4}\times\dfrac{3}{4}=\dfrac{9}{4}$, $\sigma(X)=\sqrt{\dfrac{9}{4}}=\dfrac{3}{2}$

따라서 $\sigma(6X+2)=6\sigma(X)=6\times\dfrac{3}{2}=9$

0544

어느 배구선수의 공격이 성공하는 횟수를 확률변수 X라 하면 n번 공격했을 때, k번 성공할 확률은 다음과 같다.
$$P(X=k)={}_n C_k\left(\frac{1}{2}\right)^n\ (k=0,\ 1,\ 2,\ \cdots,\ n)$$
$E(X^2)=39$일 때, $V(10X)$의 값을 구하여라.

STEP A 이항분포를 따르는 확률변수 X의 평균, 분산 구하기

확률변수 X는 $B\left(n,\ \frac{1}{2}\right)$인 이항분포를 따르므로

$E(X)=n\times\frac{1}{2}=\frac{n}{2}$, $V(X)=n\times\frac{1}{2}\times\frac{1}{2}=\frac{n}{4}$

STEP B $E(X^2)=39$을 만족하는 n의 값 구하기

$V(X)=E(X^2)-\{E(X)\}^2$에서 $E(X^2)=\frac{n^2}{4}+\frac{n}{4}=39$

$n^2+n-156=0,\ (n-12)(n+13)=0$

$\therefore\ n=12\ (\because\ n>0)$

STEP C $V(10X)$의 값 구하기

확률변수 X는 이항분포 $B\left(12,\ \frac{1}{2}\right)$를 따르므로

$V(X)=12\times\frac{1}{2}\times\frac{1}{2}=3$

$V(10X)=100V(X)=100\times3=300$

0545

한 개의 주사위를 200번 던지는 시행에서 3의 배수의 눈이 나오는 횟수를 확률변수 X라 할 때, X의 확률질량함수는
$$P(X=x)={}_{200}C_x\, a^x\left(\frac{2}{3}\right)^{200-x}\ (x=0,\ 1,\ 2,\ \cdots,\ 200)$$
이다. $E(3X+30a)$의 값은? (단, a는 상수이다.)

① 170   ② 190   ③ 210
④ 230   ⑤ 250

STEP A 이항분포를 따르는 확률변수 X의 확률질량함수를 구하기

3의 배수의 눈은 3, 6이므로

1회의 시행에서 3의 배수의 눈이 나오는 확률은 $\frac{1}{3}$이다.

이때 한 개의 주사위를 200번 던지는 시행에서 확률변수 X의 확률질량함수는

$P(X=x)={}_{200}C_x\left(\frac{1}{3}\right)^x\left(\frac{2}{3}\right)^{200-x}\ (x=0,\ 1,\ 2,\ \cdots,\ 200)$

이므로 $a=\frac{1}{3}$

STEP B 이항분포를 따르는 확률변수 X의 평균 구하기

확률변수 X는 이항분포 $B\left(200,\ \frac{1}{3}\right)$을 따른다.

$E(X)=200\times\frac{1}{3}=\frac{200}{3}$

STEP C $E(3X+30a)$의 값 구하기

따라서 $E(3X+30a)=3E(X)+30a=3\times\frac{200}{3}+30\times\frac{1}{3}=210$

0546

다음 물음에 답하여라.

(1) 확률변수 X의 확률질량함수가
$$P(X=x)={}_{180}C_x\, p^x q^{180-x}\ (x=0,\ 1,\ 2,\ 3,\ \cdots,\ 180)$$
이다. X의 평균이 60일 때, $E(X^2)$의 값을 구하여라. (단, $p+q=1$)

STEP A 이항분포를 따르는 확률변수 X의 평균, 분산, 표준편차 구하기

확률변수 X는 이항분포 $B(180,\ p)$를 따르므로

$E(X)=180p=60$이므로 $p=\frac{1}{3}$

$V(X)=180\times\frac{1}{3}\times\frac{2}{3}=40$

STEP B $E(X^2)=V(X)+\{E(X)\}^2$의 값 구하기

$V(X)=E(X^2)-\{E(X)\}^2$에서 $40=E(X^2)-60^2$

따라서 $E(X^2)=3640$

(2) 확률변수 X가 가지는 값이 0부터 25까지의 정수이고, $0<p<\frac{1}{2}$인 실수 p에 대하여 X의 확률질량함수는
$$P(X=x)={}_{25}C_x\, p^x(1-p)^{25-x}\ (x=0,\ 1,\ 2,\ \cdots,\ 25)$$
이다. $V(X)=4$일 때, $E(X^2)$의 값을 구하여라.

STEP A 이항분포의 성질을 이용하여 p의 값 구하기

확률질량함수가 $P(X=x)={}_{25}C_x\, p^x(1-p)^{25-x}$이므로

확률변수 X는 이항분포 $B(25,\ p)$를 따른다.

$E(X)=25p$, $V(X)=25p(1-p)$

$V(X)=4$일 때, $25p(1-p)=4$

$p(1-p)=\frac{4}{25}=\frac{1}{5}\times\frac{4}{5}$

조건에서 $0<p<\frac{1}{2}$ $\therefore\ p=\frac{1}{5}$

STEP B $E(X^2)=V(X)+\{E(X)\}^2$의 값 구하기

따라서 $E(X^2)=V(X)+\{E(X)\}^2=4+\left(25\times\frac{1}{5}\right)^2=4+5^2=29$

0547

다음 물음에 답하여라.

(1) 흰 공이 x개, 검은 공이 3개 들어 있는 주머니에서 공을 1개 꺼내어 색을 확인하고 다시 넣는 시행을 n회 반복한다. 흰 공이 나오는 횟수 X의 평균은 36, 분산은 9일 때, $n+x$의 값을 구하여라.

STEP A 이항분포를 따르는 확률변수 X의 평균과 분산 구하기

확률변수 X는 이항분포 $B\left(n,\ \frac{x}{x+3}\right)$를 따르므로

$E(X)=n\times\frac{x}{x+3}=36$ $\cdots\cdots$ ㉠

$V(X)=n\times\frac{x}{x+3}\times\left(1-\frac{x}{x+3}\right)=9$ $\cdots\cdots$ ㉡

STEP B $n+x$의 값 구하기

㉠을 ㉡에 대입하면

$36\cdot\frac{3}{x+3}=9,\ x+3=12$

$\therefore\ x=9$

$x=9$를 ㉠에 대입하면

$n\cdot\frac{9}{12}=36$ $\therefore\ n=48$

따라서 $n+x=48+9=57$

(2) 세 개의 빨간 공과 k개의 흰 공이 들어 있는 상자에서 한 개의 공을 꺼내어 색을 확인하고 다시 넣는 시행을 45번 반복할 때, 빨간 공이 나오는 횟수를 확률변수 X라고 하자. $E(X)=15$일 때, $E(X^2)$의 값을 구하여라.

STEP Ⓐ 이항분포를 따르는 확률변수 X의 평균 구하기

한 번의 시행에서 빨간 공이 나올 확률은 $\dfrac{3}{k+3}$이고

이러한 시행을 45번 반복할 때,

확률변수 X는 이항분포 $B\left(45, \dfrac{3}{k+3}\right)$을 따른다.

이때 $E(X)=15$에서 $45\times\dfrac{3}{k+3}=15$

$\therefore k=6$

STEP Ⓑ $E(X^2)$의 값 구하기

따라서 X는 이항분포 $B\left(45, \dfrac{1}{3}\right)$을 따르므로

$E(X^2)=\{E(X)\}^2+V(X)=15^2+45\times\dfrac{1}{3}\times\dfrac{2}{3}$

$\qquad\qquad =225+10=235$

0548

다음 물음에 답하여라.
(1) 서로 다른 동전 3개를 동시에 던지는 시행을 80번 반복할 때, 앞면이 나오는 동전이 2개인 횟수를 확률변수 X라 하자. 이때 $E(3X+2)$의 값은?
① 28   ② 88   ③ 90
④ 92   ⑤ 96

STEP Ⓐ 확률 p 구하기

서로 다른 세 개의 동전을 동시에 던져서 앞면이 나오는 동전이 2개일 확률은
$${}_3C_2\left(\dfrac{1}{2}\right)^2\left(\dfrac{1}{2}\right)=\dfrac{3}{8}$$

STEP Ⓑ 이항분포를 따르는 확률변수 X의 평균 구하기

서로 다른 세 개의 동전을 동시에 던지는 각각의 시행은 서로 독립이므로

확률변수 X는 이항분포 $B\left(80, \dfrac{3}{8}\right)$을 따른다.

$E(X)=80\times\dfrac{3}{8}=30$

STEP Ⓒ $E(3X+2)$의 값 구하기

따라서 $E(3X+2)=3E(X)+2=3\times30+2=92$

(2) 서로 다른 2개의 주사위를 동시에 던지는 시행을 120회 반복할 때, 2개의 주사위를 동시에 던져서 나오는 두 눈의 수의 합이 6 이하인 횟수를 확률변수 X라 하자. $E(2X+3)$의 값은?
① 102   ② 103   ③ 104
④ 105   ⑤ 106

STEP Ⓐ 확률 p 구하기

서로 다른 2개의 주사위의 눈의 수의 합이 6 이하인 경우는
$(1, 1), (1, 2), (1, 3), (1, 4), (1, 5),$
$(2, 1), (2, 2), (2, 3), (2, 4),$
$(3, 1), (3, 2), (3, 3),$
$(4, 1), (4, 2),$
$(5, 1)$
의 15가지이므로 서로 다른 2개의 주사위를 동시에 던져서 나오는 두 눈의 수의 합이 6 이하인 사건이 일어날 확률은 $\dfrac{15}{36}=\dfrac{5}{12}$

STEP Ⓑ 이항분포를 따르는 확률변수 X의 평균 구하기

따라서 확률변수 X는 이항분포 $B\left(120, \dfrac{5}{12}\right)$를 따른다.

$E(X)=120\times\dfrac{5}{12}=50$

STEP Ⓒ $E(2X+3)$의 값 구하기

따라서 $E(2X+3)=2E(X)+3=2\times50+3=103$

0549

다음 물음에 답하여라.
(1) 한 개의 주사위를 20번 던질 때 1의 눈이 나오는 횟수를 X라 하고, 한 개의 동전을 n번 던질 때 앞면이 나오는 횟수를 Y라고 하자. Y의 분산이 X의 분산보다 커지는 n의 최솟값을 구하여라.

STEP Ⓐ 두 확률변수 X, Y의 이항분포를 이용하여 각각 분산 구하기

한 개의 주사위를 한 번 던질 때 1의 눈이 나올 확률은 $\dfrac{1}{6}$이므로

확률변수 X는 이항분포 $B\left(20, \dfrac{1}{6}\right)$을 따른다.

$\therefore V(X)=20\times\dfrac{1}{6}\times\dfrac{5}{6}=\dfrac{25}{9}$

한 개의 동전을 던질 때 앞면이 나올 확률은 $\dfrac{1}{2}$이므로

확률변수 Y는 이항분포 $B\left(n, \dfrac{1}{2}\right)$을 따른다.

$\therefore V(Y)=n\times\dfrac{1}{2}\times\dfrac{1}{2}=\dfrac{n}{4}$

STEP Ⓑ $V(Y)>V(X)$를 만족하는 n의 최솟값 구하기

이때 $V(Y)>V(X)$이므로

$\dfrac{n}{4}>\dfrac{25}{9}$에서 $n>\dfrac{100}{9}=11.1\times\times\times$

따라서 자연수 n의 최솟값은 12

(2) 동전 3개를 동시에 100회 던지는 시행에서 동전 3개 모두 같은 면이 나오는 횟수를 확률변수 X라 하고 동전 3개를 동시에 n회 던지는 시행에서 동전 2개만 앞면이 나오는 횟수를 확률변수 Y라 하자. 이때 $E(8Y)\geq E(3X+3)$을 만족시키는 자연수 n의 최솟값을 구하여라.

STEP Ⓐ 확률변수 X의 이항분포를 이용하여 $E(3X+3)$ 구하기

동전 3개를 동시에 던질 때, 3개 모두 같은 면이 나올 확률은

3개 모두 앞면 또는 뒷면이 나올 확률이므로 $\dfrac{1}{2^3}+\dfrac{1}{2^3}=\dfrac{1}{4}$

즉 확률변수 X는 이항분포 $B\left(100, \dfrac{1}{4}\right)$을 따른다.

$E(X)=100\times\dfrac{1}{4}=25$이므로

$E(3X+3)=3E(X)+3=3\times25+3=78$

STEP Ⓑ 확률변수 Y의 이항분포를 이용하여 $E(8Y)$ 구하기

동전 3개를 동시에 던질 때 2개만 앞면이 나올 확률은
$${}_3C_2\left(\dfrac{1}{2}\right)^2\left(\dfrac{1}{2}\right)^1=\dfrac{3}{8}$$

즉 확률변수 Y는 이항분포 $B\left(n, \dfrac{3}{8}\right)$을 따른다.

$E(Y)=n\times\dfrac{3}{8}=\dfrac{3n}{8}$이므로

$E(8Y)=8E(Y)-8\times\dfrac{3n}{8}=3n$

STEP Ⓒ $E(8Y)\geq E(3X+3)$을 만족시키는 자연수 n의 최솟값 구하기

$E(8Y)\geq E(3X+3)$에서 $3n\geq78$

$n\geq26$

따라서 자연수 n의 최솟값은 26

0550

한 개의 주사위를 던져 나온 눈의 수 a에 대하여 직선 $y=ax$와 곡선 $y=x^2-2x+4$가 서로 다른 두 점에서 만나는 사건을 A라 하자.
한 개의 주사위를 300회 던지는 독립시행에서 사건 A가 일어나는 횟수를 확률변수 X라 할 때, X의 평균 $E(X)$는?

① 100 ② 150 ③ 180
④ 200 ⑤ 240

STEP A 확률변수 X는 이항분포를 따름을 이해하기

직선 $y=ax$와 곡선 $y=x^2-2x+4$가 서로 다른 두 점에서 만나려면
$x^2-2x+4=ax$에서 이차방정식 $x^2-(a+2)x+4=0$이 서로 다른 두 실근을 가져야 한다.
이차방정식의 판별식 D라 하면 $D=(a+2)^2-16>0$
$a^2+4a-12>0$, $(a+6)(a-2)>0$
$\therefore a>2\,(\because a+6>0)$
이때 $a=3,\ 4,\ 5,\ 6$이므로 사건 A가 일어날 확률은
$$P(A)=\frac{4}{6}=\frac{2}{3}$$
확률변수 X는 이항분포 $B\left(300,\ \frac{2}{3}\right)$을 따른다.

STEP B 이항분포 $B(n,\ p)$를 따르는 확률변수 X의 $E(X)=np$ 구하기

따라서 X의 평균은 $E(X)=300\times\dfrac{2}{3}=200$

0551

이차함수 $y=f(x)$의 그래프는 오른쪽 그림과 같고, $f(0)=f(3)=0$이다.
한 개의 주사위를 던져 나온 눈의 수 m에 대하여 $f(m)$이 0보다 큰 사건을 A라고 하자. 한 개의 주사위를 15회 던지는 독립시행에서 사건 A가 일어나는 횟수를 확률변수 X라 할 때, $E(X)$의 값은?

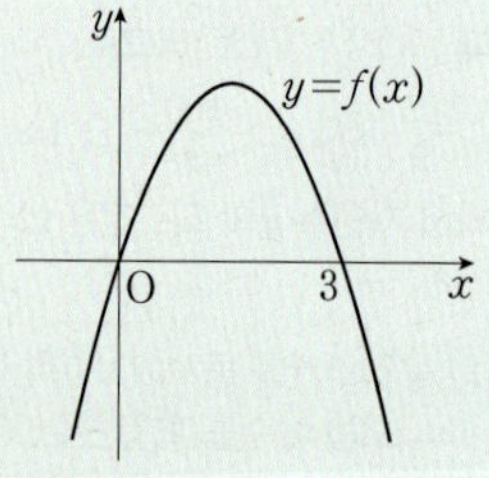

① 3 ② $\dfrac{7}{2}$ ③ 4
④ $\dfrac{9}{2}$ ⑤ 5

STEP A $f(m)>0$일 확률 구하기

주사위를 던져 나온 눈의 수 m은 1부터 6까지의 자연수이다.

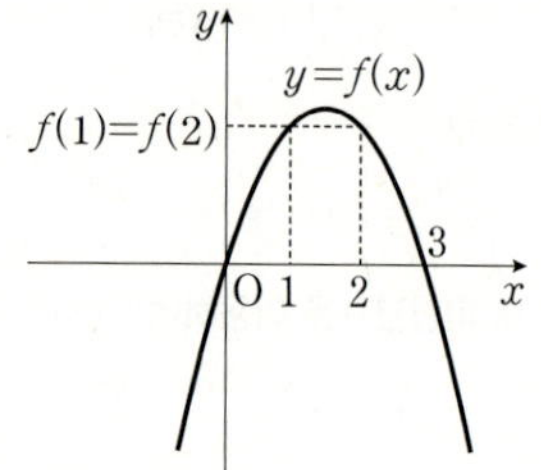

이때 주어진 함수에 대하여
$f(m)>0$을 만족하는 m의 값은 $m=1,\ m=2$이므로
사건 A가 일어날 확률은 $\dfrac{2}{6}=\dfrac{1}{3}$

STEP B 이항분포 $B(n,\ p)$를 따르는 확률변수 X의 $E(X)=np$ 구하기

주사위를 15번 던지는 독립시행이므로 $n=15$이고 확률은 $p=\dfrac{1}{3}$
따라서 X는 이항분포 $B\left(15,\ \dfrac{1}{3}\right)$을 따르므로 $E(X)=np=15\times\dfrac{1}{3}=5$

0552

어느 창고에 부품 S가 3개, 부품 T가 2개 있는 상태에서 부품 2개를 추가로 들여왔다. 추가된 부품은 S 또는 T이고, 추가된 부품 중 S의 개수는 이항분포 $B\left(2,\ \dfrac{1}{2}\right)$을 따른다. 이 7개의 부품 중 임의로 1개를 선택한 것이 T일 때, 추가된 부품이 모두 S였을 확률은?

① $\dfrac{1}{6}$ ② $\dfrac{1}{4}$ ③ $\dfrac{1}{3}$
④ $\dfrac{1}{2}$ ⑤ $\dfrac{3}{4}$

STEP A 추가된 부품 2개 중 S의 개수를 확률변수 X라 하여 경우 나누기

추가된 부품 S의 개수를 확률변수 X라 하면
X는 이항분포 $B\left(2,\ \dfrac{1}{2}\right)$을 따르므로
$$P(X=r)={}_2C_r\left(\frac{1}{2}\right)^r\left(\frac{1}{2}\right)^{2-r}={}_2C_r\left(\frac{1}{2}\right)^2 \text{과 같다.}$$
추가된 부품 S의 개수가 확률변수 X이므로 $X=0,\ 1,\ 2$이고 각각의 확률은 다음과 같다.
$$P(X=0)={}_2C_0\left(\frac{1}{2}\right)^2=\frac{1}{4}\quad\leftarrow\text{TT 추가}$$
$$P(X=1)={}_2C_1\left(\frac{1}{2}\right)^2=\frac{2}{4}\quad\leftarrow\text{TS 또는 ST 추가}$$
$$P(X=2)={}_2C_2\left(\frac{1}{2}\right)^2=\frac{1}{4}\quad\leftarrow\text{SS 추가}$$

STEP B 각 확률변수의 값에 대한 확률 구하기

7개의 부품 중 임의로 한 개를 선택한 것이 T인 사건을 A,
추가된 부품이 모두 S인 사건을 B라 하면

	원래 있던 부품	추가된 부품	전체부품	7개 중 T를 택할 확률
$X=0$	SSSTT	TT	SSSTTTT	$\dfrac{4}{7}$
$X=1$	SSSTT	ST	SSSSTTT	$\dfrac{3}{7}$
$X=2$	SSSTT	SS	SSSSSTT	$\dfrac{2}{7}$

STEP C 조건부확률 구하기

$$P(A)=P(X=0)\times\frac{4}{7}+P(X=1)\times\frac{3}{7}+P(X=2)\times\frac{2}{7}$$
$$=\frac{1}{4}\times\frac{4}{7}+\frac{2}{4}\times\frac{3}{7}+\frac{1}{4}\times\frac{2}{7}=\frac{3}{7}$$
$$P(A\cap B)=P(X=2)\times\frac{2}{7}=\frac{1}{4}\times\frac{2}{7}=\frac{1}{14}$$

따라서 7개의 부품 중 임의로 1개를 선택한 것이 T일 때,
추가된 부품이 모두 S였을 확률은 $P(B|A)=\dfrac{P(A\cap B)}{P(A)}=\dfrac{\dfrac{1}{14}}{\dfrac{3}{7}}=\dfrac{1}{6}$

0553

확률변수 X가 이항분포 $B\left(5, \frac{1}{3}\right)$을 따를 때, 기댓값 $E(4^X)$의 값은?

① 16   ② 32   ③ 64
④ 128   ⑤ 256

STEP A 이항분포를 따르는 확률변수 X의 확률질량함수를 구하기

확률변수 X는 이항분포 $B\left(5, \frac{1}{3}\right)$을 따르므로

확률변수 X의 확률질량함수는

$$P(X=r)={}_5C_r\left(\frac{1}{3}\right)^r\left(\frac{2}{3}\right)^{5-r} \ (r=0,\ 1,\ 2,\ 3,\ 4,\ 5)$$

STEP B 이항정리의 합을 이용하여 $E(4^X)$의 값 구하기

$$E(4^X)=4^0P(X=0)+4^1P(X=1)+4^2P(X=2)+\cdots+4^5P(X=5)$$

$$=4^0\times{}_5C_0\left(\frac{1}{3}\right)^0\left(\frac{2}{3}\right)^5+4^1\times{}_5C_1\left(\frac{1}{3}\right)^1\left(\frac{2}{3}\right)^4+4^2\times{}_5C_2\left(\frac{1}{3}\right)^2\left(\frac{2}{3}\right)^3+\cdots$$
$$+4^5\times{}_5C_5\left(\frac{1}{3}\right)^5\left(\frac{2}{3}\right)^0$$

$$={}_5C_0\left(\frac{4}{3}\right)^0\left(\frac{2}{3}\right)^5+{}_5C_1\left(\frac{4}{3}\right)^1\left(\frac{2}{3}\right)^4+{}_5C_2\left(\frac{4}{3}\right)^2\left(\frac{2}{3}\right)^3+\cdots+{}_5C_5\left(\frac{4}{3}\right)^5\left(\frac{2}{3}\right)^0$$

$$=\left(\frac{4}{3}+\frac{2}{3}\right)^5=2^5=32$$

> **참고** $E(4^X)=\sum_{r=0}^{5}4^r\cdot{}_5C_r\left(\frac{1}{3}\right)^r\left(\frac{2}{3}\right)^{5-r}=\sum_{r=0}^{5}{}_5C_r\left(\frac{4}{3}\right)^r\left(\frac{2}{3}\right)^{5-r}$
> $$=\left(\frac{4}{3}+\frac{2}{3}\right)^5=2^5=32$$

0554

서로 다른 4개의 주사위를 동시에 던져 나온 눈의 수 중 짝수의 개수가 X이면 강인이는 9^X원의 상금을 받고, 소희는 $100X^2$원의 상금을 받기로 하였다. 강인이와 소희가 받을 상금의 기댓값의 차는?

① 105   ② 110   ③ 115
④ 120   ⑤ 125

STEP A 확률변수 X가 따르는 이항분포 $B(n,\ p)$ 구하기

한 개의 주사위를 던졌을 때, 짝수의 눈이 나올 확률은 $\frac{1}{2}$이므로

4개의 주사위를 동시에 던져 나온 눈의 수 중 짝수의 개수를

확률변수 X라 하면 X는 이항분포 $B\left(4, \frac{1}{2}\right)$을 따른다.

이때 $E(X)=4\times\frac{1}{2}=2$, $V(X)=4\times\frac{1}{2}\times\frac{1}{2}=1$

STEP B 소희의 $100X^2$원의 상금의 기댓값 구하기

$E(X^2)=V(X)+\{E(X)\}^2=1+2^2=5$이므로

$E(100X^2)=100E(X^2)=500$

STEP C 강인이의 9^X원의 상금의 기댓값 구하기

확률변수 X의 확률질량함수는

$$P(X=x)={}_4C_x\left(\frac{1}{2}\right)^x\left(\frac{1}{2}\right)^{4-x} \ (x=0,\ 1,\ 2,\ 3,\ 4)$$

$$E(9^X)=9^0P(X=0)+9^1P(X=1)+\cdots+9^4P(X=4)$$

$$=9^0\times{}_4C_0\left(\frac{1}{2}\right)^0\left(\frac{1}{2}\right)^4+9^1\times{}_4C_1\left(\frac{1}{2}\right)^1\left(\frac{1}{2}\right)^3+\cdots+9^4\times{}_4C_4\left(\frac{1}{2}\right)^4\left(\frac{1}{2}\right)^0$$

$$={}_4C_0\left(\frac{9}{2}\right)^0\left(\frac{1}{2}\right)^4+{}_4C_1\left(\frac{9}{2}\right)^1\left(\frac{1}{2}\right)^3+\cdots+{}_4C_4\left(\frac{9}{2}\right)^4\left(\frac{1}{2}\right)^0$$

$$=\left(\frac{9}{2}+\frac{1}{2}\right)^4=5^4=625$$

따라서 구하는 기댓값의 차는 $625-500=125$(원)

0555

사건 A가 1회의 시행에서 일어날 확률이 p일 때, n회의 독립시행에서 사건 A가 일어나는 횟수를 확률변수 X라 하자. 확률변수 X의 평균이 80이고 분산이 64라 할 때, $\sum_{r=0}^{n}5^r\cdot P(X=r)$의 값은?

(단, $P(X=r)$은 $X=r$일 때의 확률이다.)

① $\left(\frac{9}{5}\right)^{400}$ ② $\left(\frac{7}{5}\right)^{450}$ ③ $\left(\frac{9}{5}\right)^{399}$
④ 2^{399} ⑤ 2^{400}

STEP A 확률변수 X의 평균이 80이고 분산이 64임을 이용하여 n, p 구하기

확률변수 X가 이항분포 $B(n,\ p)$를 따르므로

$$m=np=80 \qquad \cdots\cdots \ \text{㉠}$$
$$\sigma^2=np(1-p)=64 \qquad \cdots\cdots \ \text{㉡}$$

㉠, ㉡에서 $1-p=\frac{64}{80}=\frac{4}{5}$

$$\therefore \ p=\frac{1}{5},\ n=400$$

STEP B 이항분포를 따르는 확률변수 X의 확률질량함수를 구하기

확률변수 X는 이항분포 $B\left(400, \frac{1}{5}\right)$을 따르므로 확률질량함수는

$$P(X=r)={}_{400}C_r\left(\frac{1}{5}\right)^r\left(\frac{4}{5}\right)^{400-r} \ (\text{단},\ r=0,\ 1,\ 2,\ \cdots,\ 400)$$

STEP C 이항정리의 합을 이용하여 5^r의 기댓값 구하기

$$\sum_{r=0}^{400}5^rP(X=r)=\sum_{r=0}^{400}5^r{}_{400}C_r\left(\frac{1}{5}\right)^r\left(\frac{4}{5}\right)^{400-r}$$

$$=\sum_{r=0}^{400}{}_{400}C_r\left(\frac{5}{5}\right)^r\left(\frac{4}{5}\right)^{400-r}$$

$$=\sum_{r=0}^{400}{}_{400}C_r\left(\frac{4}{5}\right)^{400-r}$$

$$=\left(1+\frac{4}{5}\right)^{400}$$

$$=\left(\frac{9}{5}\right)^{400}$$

> **참고** $\sum_{r=0}^{n}{}_nC_r a^{n-r}b^r={}_nC_0a^n+{}_nC_1a^{n-1}b^1+\cdots+{}_nC_ra^{n-r}b^r+\cdots+{}_nC_nb^n=(a+b)^n$

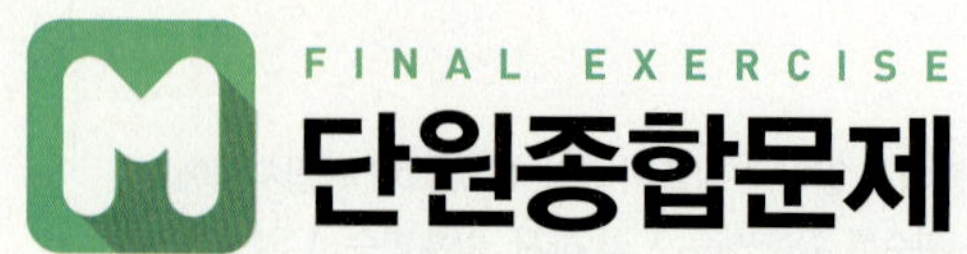

BASIC

0556

확률변수 X가 취하는 값이 6의 양의 약수이고 X의 확률질량함수가
$P(X=x)=\dfrac{7-kx}{16}$일 때, $P(X\leq 3)$의 값은? (단, k는 상수이다.)

① $\dfrac{5}{16}$ ② $\dfrac{3}{8}$ ③ $\dfrac{9}{16}$

④ $\dfrac{11}{16}$ ⑤ $\dfrac{15}{16}$

STEP A 확률변수 X의 확률분포를 표로 나타내기

확률변수 X가 취하는 값은 1, 2, 3, 6이므로 확률질량함수를 이용하여
확률분포를 표로 나타내면 다음과 같다.

X	1	2	3	6	합계
$P(X=x)$	$\dfrac{7-k}{16}$	$\dfrac{7-2k}{16}$	$\dfrac{7-3k}{16}$	$\dfrac{7-6k}{16}$	1

STEP B 모든 확률의 합이 1임을 이용하여 상수 k의 값 구하기

이때 확률의 합은 1이므로 $\dfrac{(7-k)+(7-2k)+(7-3k)+(7-6k)}{16}=1$

$28-12k=16$

$\therefore k=1$

STEP C $P(X\leq 3)=1-P(X=6)$임을 이용하여 구하기

따라서 $P(X\leq 3)=1-P(X=6)=1-\dfrac{7-1\times 6}{16}=\dfrac{15}{16}$

0557

이산확률변수 X의 확률분포를 표로 나타내면 다음과 같을 때,
$P(X\leq 2)$의 값은?

X	1	2	3	합계
$P(X=x)$	a	$a+\dfrac{1}{4}$	$a+\dfrac{1}{2}$	1

① $\dfrac{1}{4}$ ② $\dfrac{7}{24}$ ③ $\dfrac{1}{3}$

④ $\dfrac{3}{8}$ ⑤ $\dfrac{5}{12}$

STEP A 확률의 합이 1임을 이용하여 a의 값 구하기

확률의 합이 1이므로

$a+\left(a+\dfrac{1}{4}\right)+\left(a+\dfrac{1}{2}\right)=1$에서 $3a+\dfrac{3}{4}=1$

$\therefore a=\dfrac{1}{12}$

STEP B $P(X\leq 2)=1-P(X=3)$임을 이용하여 구하기

따라서 $P(X\leq 2)=1-P(X=3)=1-\left(\dfrac{1}{12}+\dfrac{1}{2}\right)=\dfrac{5}{12}$

0558

다음 물음에 답하여라.

(1) 확률변수 X의 확률분포를 표로 나타내면 다음과 같다.
$E(X)=\dfrac{11}{6}$일 때, $\dfrac{b}{a}$의 값은? (단, a, b는 상수)

X	0	1	2	3	합계
$P(X=x)$	a	$\dfrac{1}{3}$	$\dfrac{1}{4}$	b	1

① 1   ② 2   ③ 3

④ 4   ⑤ 5

STEP A 확률의 합이 1임을 이용하여 $a+b$의 값 구하기

확률의 합이 1이므로 $a+b+\dfrac{1}{3}+\dfrac{1}{4}=1$

$\therefore a+b=\dfrac{5}{12}$ …… ㉠

STEP B 확률변수 X의 평균을 이용하여 a, b의 값 구하기

$E(X)=0\times a+1\times\dfrac{1}{3}+2\times\dfrac{1}{4}+3\times b=\dfrac{5}{6}+3b$

이때 $\dfrac{5}{6}+3b=\dfrac{11}{6}$이므로 $b=\dfrac{1}{3}$

㉠에 대입하면 $a=\dfrac{1}{12}$

따라서 $\dfrac{b}{a}=\dfrac{\dfrac{1}{3}}{\dfrac{1}{12}}=4$

(2) 확률변수 X의 확률분포를 표로 나타내면 다음과 같다.
$E(X)=\dfrac{11}{2}$일 때, $V(X)$의 값은? (단, a, b는 상수)

X	a	$2a$	$3a$	합계
$P(X=x)$	$\dfrac{5}{12}$	$\dfrac{1}{3}$	b	1

① $\dfrac{11}{3}$ ② $\dfrac{23}{6}$ ③ $\dfrac{23}{4}$

④ $\dfrac{25}{4}$ ⑤ $\dfrac{13}{4}$

STEP A 확률의 합이 1임을 이용하여 b의 값 구하기

확률의 합이 1이므로

$\dfrac{5}{12}+\dfrac{1}{3}+b=1$에서 $b=\dfrac{1}{4}$

STEP B 확률변수 X의 평균을 이용하여 a의 값 구하기

$E(X)=a\times\dfrac{5}{12}+2a\times\dfrac{1}{3}+3a\times\dfrac{1}{4}=\dfrac{11a}{6}=\dfrac{11}{2}$

$\therefore a=3$

STEP C $V(X)=E(X^2)-\{E(X)\}^2$임을 이용하여 구하기

확률변수 X의 확률분포를 표로 나타내면 다음과 같다.

X	3	6	9	합계
$P(X=x)$	$\dfrac{5}{12}$	$\dfrac{1}{3}$	$\dfrac{1}{4}$	1

따라서 $V(X)=E(X^2)-\{E(X)\}^2$

$\qquad =3^2\times\dfrac{5}{12}+6^2\times\dfrac{1}{3}+9^2\times\dfrac{1}{4}-\left(\dfrac{11}{2}\right)^2$

$\qquad =\dfrac{23}{4}$

0559

다음 물음에 답하여라.

(1) 확률변수 X의 확률분포를 표로 나타내면 다음과 같다.

X	0	1	2	3	합계
$P(X=x)$	$2a$	$\dfrac{3}{8}$	$\dfrac{1}{4}$	a	1

$E(4X-1)$의 값은? (단, a는 상수이다.)

① 1   ② 2   ③ 3
④ 4   ⑤ 5

STEP A 확률의 합이 1임을 이용하여 a의 값 구하기

확률의 합이 1이므로 $2a+\dfrac{3}{8}+\dfrac{1}{4}+a=1$ $\therefore a=\dfrac{1}{8}$

STEP B $E(aX+b)=aE(X)+b$임을 이용하기

X	0	1	2	3	합계
$P(X=x)$	$\dfrac{1}{4}$	$\dfrac{3}{8}$	$\dfrac{1}{4}$	$\dfrac{1}{8}$	1

$E(X)=0\times\dfrac{1}{4}+1\times\dfrac{3}{8}+2\times\dfrac{1}{4}+3\times\dfrac{1}{8}=\dfrac{5}{4}$

따라서 $E(4X-1)=4E(X)-1=4\times\dfrac{5}{4}-1=4$

(2) 확률변수 X의 확률분포를 표로 나타내면 다음과 같다.

X	1	2	3	4	5	합계
$P(X=x)$	$\dfrac{3}{10}$	p	$\dfrac{1}{10}$	p	p	1

$E(5X+3)$의 값은? (단, p는 상수이다.)

① 17   ② 18   ③ 19
④ 20   ⑤ 21

STEP A 확률의 합이 1임을 이용하여 p의 값 구하기

확률의 합은 1이므로 $\dfrac{4}{10}+3p=1$ $\therefore p=\dfrac{1}{5}$

STEP B $E(aX+b)=aE(X)+b$임을 이용하기

확률변수 X의 평균 $E(X)$는

$E(X)=1\times\dfrac{3}{10}+2p+3\times\dfrac{1}{10}+4p+5p=\dfrac{6}{10}+11p=\dfrac{14}{5}$

따라서 $E(5X+3)=5E(X)+3=5\times\dfrac{14}{5}+3=17$

0560

확률변수 X의 확률분포표는 다음과 같다. 확률변수 $7X$의 분산 $V(7X)$의 값은?

X	0	1	2	합계
$P(X=x)$	$\dfrac{2}{7}$	$\dfrac{3}{7}$	$\dfrac{2}{7}$	1

① 14   ② 21   ③ 28
④ 35   ⑤ 42

STEP A 확률변수 X의 기댓값과 분산 구하기

확률변수 X의 평균 $E(X)$와 $E(X^2)$을 구하면

$E(X)=0\times\dfrac{2}{7}+1\times\dfrac{3}{7}+2\times\dfrac{2}{7}=1$

$E(X^2)=0^2\times\dfrac{2}{7}+1^2\times\dfrac{3}{7}+2^2\times\dfrac{2}{7}=\dfrac{11}{7}$

X의 분산 $V(X)$는

$V(X)=E(X^2)-\{E(X)\}^2=\dfrac{11}{7}-1^2=\dfrac{4}{7}$

STEP B $V(aX+b)=a^2V(X)$을 이용하기

따라서 $V(7X)=49V(X)=49\times\dfrac{4}{7}=28$

다른풀이 분산의 정의를 이용하여 풀이하기

$E(X)=1$이므로 분산의 정의에 의해

$V(X)=E\{(X-1)^2\}=(0-1)^2\times\dfrac{2}{7}+(1-1)^2\times\dfrac{3}{7}+(2-1)^2\times\dfrac{2}{7}$

$=\dfrac{2}{7}+\dfrac{2}{7}=\dfrac{4}{7}$

따라서 $V(7X)=49V(X)=49\times\dfrac{4}{7}=28$

0561

확률변수 X의 확률분포표는 다음과 같다.

X	1	2	3	4	합계
$P(X=x)$	a	$2a$	$3a$	$4a$	1

확률변수 $4X+7$의 평균 $E(4X+7)$의 값을 구하여라. (단, a는 상수이다.)

STEP A 확률의 합이 1임을 이용하여 a의 값 구하기

확률의 합이 1이므로 $a+2a+3a+4a=1$

$\therefore a=\dfrac{1}{10}$

STEP B $E(aX+b)=aE(X)+b$임을 이용하기

확률변수 X의 확률분포를 표로 나타내면 다음과 같다.

X	1	2	3	4	합계
$P(X=x)$	$\dfrac{1}{10}$	$\dfrac{2}{10}$	$\dfrac{3}{10}$	$\dfrac{4}{10}$	1

이때 확률변수 X의 평균 $E(X)$는

$E(X)=1\times\dfrac{1}{10}+2\times\dfrac{2}{10}+3\times\dfrac{3}{10}+4\times\dfrac{4}{10}=\dfrac{30}{10}=3$

따라서 $E(4X+7)=4E(X)+7=12+7=19$

0562

다음 물음에 답하여라.

(1) 확률변수 X가 갖는 값이 1, 2, 3이고 X의 확률질량함수가

$$P(X=x)=a(x+1) \ (x=1, 2, 3)$$

일 때, $9E(X)$의 값은? (단, a는 상수이다.)

① 10   ② 20   ③ 30
④ 40   ⑤ 50

STEP A 확률의 합이 1임을 이용하여 a의 값 구하기

$P(X=1)=2a$, $P(X=2)=3a$, $P(X=3)=4a$이므로

$P(X=1)+P(X=2)+P(X=3)=1$

즉 $2a+3a+4a=1$에서 $9a=1$ $\therefore a=\dfrac{1}{9}$

STEP B 확률변수 X의 확률분포를 표로 나타내기

이산확률변수 X의 확률분포를 표로 나타내면 다음과 같다.

X	1	2	3	합계
$P(X=x)$	$\dfrac{2}{9}$	$\dfrac{1}{3}$	$\dfrac{4}{9}$	1

STEP C $9E(X)$의 값 구하기

$E(X)=1\times\dfrac{2}{9}+2\times\dfrac{1}{3}+3\times\dfrac{4}{9}=\dfrac{20}{9}$

따라서 $9E(X)=9\times\dfrac{20}{9}=20$

(2) 확률변수 X가 0, 1, 2, 3의 값을 갖고 확률질량함수가

$$P(X=x)=\frac{a-x}{10}\ (x=0,\ 1,\ 2,\ 3)$$

일 때, 표준편차 $\sigma(X)$의 값은? (단, a는 상수이다.)

① 1   ② $\dfrac{\sqrt{11}}{10}$ ③ $\dfrac{\sqrt{30}}{5}$

④ $\dfrac{\sqrt{13}}{10}$ ⑤ $\dfrac{\sqrt{35}}{5}$

STEP Ⓐ   **확률의 합이 1임을 이용하여 a의 값 구하기**

확률의 합은 1이므로

$P(X=0)+P(X=1)+P(X=2)+P(X=3)$

$=\dfrac{a}{10}+\dfrac{a-1}{10}+\dfrac{a-2}{10}+\dfrac{a-3}{10}=\dfrac{4a-6}{10}=1$

$\therefore a=4$

STEP Ⓑ   **확률변수 X의 확률분포를 표로 나타내기**

확률변수 X의 확률분포를 표로 나타내면 다음과 같다.

X	0	1	2	3	합계
$P(X=x)$	$\dfrac{4}{10}$	$\dfrac{3}{10}$	$\dfrac{2}{10}$	$\dfrac{1}{10}$	1

STEP Ⓒ   **표준편차 $\sigma(X)$ 구하기**

$E(X)=0\times\dfrac{4}{10}+1\times\dfrac{3}{10}+2\times\dfrac{2}{10}+3\times\dfrac{1}{10}=1$

$V(X)=E(X^2)-\{E(X)\}^2$

$\qquad=0^2\times\dfrac{4}{10}+1^2\times\dfrac{3}{10}+2^2\times\dfrac{2}{10}+3^2\times\dfrac{1}{10}-1^2$

$\qquad=2-1=1$

$\therefore \sigma(X)=\sqrt{1}=1$

0563

확률변수 X가 취할 수 있는 값은 1, 2, 3, 4이고,

$$P(X=x+1)=2P(X=x)\ (x=1,\ 2,\ 3)$$

이 성립할 때, $E(30X-20)$의 값은?

① 76   ② 78   ③ 80
④ 82   ⑤ 84

STEP Ⓐ   **확률의 합이 1임을 이용하여 a의 값 구하기**

$P(X=1)=a$라 하면

$P(X=2)=2P(X=1)=2a$

$P(X=3)=2P(X=2)=2\times2a=4a$

$P(X=4)=2P(X=3)=2\times4a=8a$

확률의 합은 1이므로 $a+2a+4a+8a=1$

$\therefore a=\dfrac{1}{15}$

STEP Ⓑ   **확률변수 X의 확률분포를 표로 나타내기**

X의 확률분포를 표로 나타내면 다음과 같다.

X	1	2	3	4	합계
$P(X=x)$	$\dfrac{1}{15}$	$\dfrac{2}{15}$	$\dfrac{4}{15}$	$\dfrac{8}{15}$	1

STEP Ⓒ   **$30X-20$의 평균 구하기**

X의 평균 $E(X)$는

$E(X)=1\times\dfrac{1}{15}+2\times\dfrac{2}{15}+3\times\dfrac{4}{15}+4\times\dfrac{8}{15}=\dfrac{49}{15}$

$\therefore E(30X-20)=30E(X)-20=30\times\dfrac{49}{15}-20=78$

0564

확률변수 X에 대하여 $Y=2X-1$일 때, $E(Y)=9$, $V(Y)=12$이다. $E(X^2)$의 값은?

① 20   ② 22   ③ 24
④ 26   ⑤ 28

STEP Ⓐ   **$Y=2X-1$의 평균과 분산을 이용하여 $E(X)$, $V(X)$ 구하기**

$E(Y)=E(2X-1)=2E(X)-1=9$

$\therefore E(X)=5$

또한, $V(Y)=V(2X-1)=4V(X)=12$

$\therefore V(X)=3$

STEP Ⓑ   **$E(X^2)=V(X)+\{E(X)\}^2$임을 이용하여 구하기**

따라서 $E(X^2)=V(X)+\{E(X)\}^2=3+5^2=28$

0565

이산확률변수 X에 대하여

$$P(X=2)=1-P(X=0),\ 0<P(X=0)<1,\ \{E(X)\}^2=2V(X)$$

일 때, 확률 $P(X=2)$의 값은?

① $\dfrac{1}{6}$ ② $\dfrac{1}{3}$ ③ $\dfrac{1}{2}$

④ $\dfrac{2}{3}$ ⑤ $\dfrac{5}{6}$

STEP Ⓐ   **확률변수 X의 확률분포를 표로 나타내기**

$P(X=0)+P(X=2)=1$이므로 확률변수 X는 $X=0$, $X=2$의 두 가지 경우이고 $X\neq0$, 2인 확률변수 X에 대한 확률은 0이다.
확률변수 X의 확률분포를 표로 나타내면 다음과 같다.

X	0	2	합계
$P(X)$	a	b	1

STEP Ⓑ   **$\{E(X)\}^2=2V(X)$을 이용하여 $P(X=2)$인 확률 구하기**

$E(X)=0\times a+2\times b=2b$, $E(X^2)=0^2\times a+2^2\times b=4b$

$V(X)=E(X^2)-\{E(X)\}^2=4b-4b^2$

이때 $\{E(X)\}^2=2V(X)$에서 $4b^2=2\times(4b-4b^2)$

$0<b<1$이므로 $b=2-2b$

$\therefore b=\dfrac{2}{3}$

따라서 $P(X=2)=b=\dfrac{2}{3}$

0566

다음 물음에 답하여라.
(1) 확률변수 X에 대하여

$$\{E(X)\}^2=a,\ E(X^2)=30,\ \sigma(X)=5$$

일 때, 상수 a의 값은?

① 5   ② 10   ③ 15
④ 20   ⑤ 25

STEP Ⓐ   **분산 $V(X)$ 구하기**

$\sigma(X)=\sqrt{V(X)}$에서 $V(X)=\{\sigma(X)\}^2=5^2=25$

STEP Ⓑ   **$V(X)=E(X^2)-\{E(X)\}^2$을 이용하여 a의 값 구하기**

$V(X)=E(X^2)-\{E(X)\}^2$에서 $25=30-a$

따라서 $a=30-25=5$

(2) 확률변수 X에 대하여 $E(X)=3$, $E(X^2)=13$일 때, $\sigma(-3X+2)$의 값은?

① 3 　　　 ② 5 　　　 ③ 6
④ 9 　　　 ⑤ 11

STEP A $V(X)=E(X^2)-\{E(X)\}^2$을 이용하여 $\sigma(X)$ 구하기

$V(X)=E(X^2)-\{E(X)\}^2=13-9=4$

$\therefore \sigma(X)=\sqrt{V(X)}=2$

STEP B $-3X+2$의 표준편차 구하기

따라서 $\sigma(-3X+2)=|-3|\sigma(X)=3\times2=6$

(3) 확률변수 X에 대하여 $E(2X)=8$, $E(X^2)=20$일 때, $V(3X)$의 값은?

① 9 　　　 ② 18 　　　 ③ 27
④ 36 　　　 ⑤ 45

STEP A 분산 $V(X)$ 구하기

$E(2X)=2E(X)=8$이므로 $E(X)=4$

$V(X)=E(X^2)-\{E(X)\}^2=20-4^2=4$

STEP B $3X$의 분산 구하기

따라서 $V(3X)=3^2 V(X)=9\times4=36$

0567

다음 물음에 답하여라.

(1) 서랍 안에 있는 건전지 4개 중에서 수명이 다한 건전지는 1개 있다고 한다. 수명이 다한 건전지를 찾기 위해 한 번에 1개씩 차례로 건전지를 점검할 때, 점검 횟수를 확률변수 X라 하자. X의 분산은?

① $\dfrac{5}{4}$ 　　　 ② $\dfrac{3}{2}$ 　　　 ③ 2
④ $\dfrac{5}{2}$ 　　　 ⑤ 3

STEP A X의 확률분포를 표로 나타내기

점검횟수를 확률변수 X라 하면

$P(X=1)=\dfrac{1}{4}$

$P(X=2)=\dfrac{3}{4}\times\dfrac{1}{3}=\dfrac{1}{4}$

$P(X=3)=\dfrac{3}{4}\times\dfrac{2}{3}\times\dfrac{1}{2}=\dfrac{1}{4}$

$P(X=4)=\dfrac{3}{4}\times\dfrac{2}{3}\times\dfrac{1}{2}\times1=\dfrac{1}{4}$

이므로 X의 확률분포를 표로 나타내면 다음과 같다.

X	1	2	3	4	합계
$P(X=x)$	$\dfrac{1}{4}$	$\dfrac{1}{4}$	$\dfrac{1}{4}$	$\dfrac{1}{4}$	1

STEP B 확률변수 X의 평균과 분산 구하기

따라서 확률변수 X의 평균과 분산을 각각 구하면

$E(X)=1\times\dfrac{1}{4}+2\times\dfrac{1}{4}+3\times\dfrac{1}{4}+4\times\dfrac{1}{4}=\dfrac{5}{2}$

$V(X)=1^2\times\dfrac{1}{4}+2^2\times\dfrac{1}{4}+3^2\times\dfrac{1}{4}+4^2\times\dfrac{1}{4}-\left(\dfrac{5}{2}\right)^2=\dfrac{5}{4}$

(2) 주머니 안에 흰 공 2개와 검은 공 3개가 들어있다. 이 주머니에서 한 개씩 차례로 공을 꺼낼 때, 처음으로 흰 공이 나올 때까지 공을 꺼낸 횟수를 확률변수 X라 하자. X의 평균은? (단, 꺼낸 공은 다시 넣지 않는다.)

① 2 　　　 ② 3 　　　 ③ 4
④ 5 　　　 ⑤ 6

STEP A X의 확률분포를 표로 나타내기

확률변수 X가 가질 수 있는 값은 1, 2, 3, 4이므로 각각의 확률을 구하면 다음과 같다.

$P(X=1)=\dfrac{2}{5}$

$P(X=2)=\dfrac{3}{5}\times\dfrac{2}{4}=\dfrac{3}{10}$

$P(X=3)=\dfrac{3}{5}\times\dfrac{2}{4}\times\dfrac{2}{3}=\dfrac{1}{5}$

$P(X=4)=\dfrac{3}{5}\times\dfrac{2}{4}\times\dfrac{1}{3}\times\dfrac{2}{2}=\dfrac{1}{10}$

이므로 X의 확률분포를 표로 나타내면 다음과 같다.

X	1	2	3	4	합계
$P(X=x)$	$\dfrac{2}{5}$	$\dfrac{3}{10}$	$\dfrac{1}{5}$	$\dfrac{1}{10}$	1

STEP B 확률변수 X의 평균을 구하기

따라서 X의 평균은 $E(X)=1\times\dfrac{2}{5}+2\times\dfrac{3}{10}+3\times\dfrac{1}{5}+4\times\dfrac{1}{10}=\dfrac{20}{10}=2$

0568

다음 물음에 답하여라.

(1) 흰 공 4개, 검은 공 2개가 들어 있는 주머니에서 3개의 공을 동시에 꺼낼 때, 나오는 흰 공의 개수를 확률변수 X라 하자. $E(10X+5)$의 값은?

① 10 　　　 ② 15
③ 20 　　　 ④ 25
⑤ 30

STEP A 확률변수 X의 확률분포를 표로 나타내기

확률변수 X가 취할 수 있는 값은 1, 2, 3이고 그 확률은 각각

$P(X=1)=\dfrac{{}_4C_1\times{}_2C_2}{{}_6C_3}=\dfrac{1}{5}$

$P(X=2)=\dfrac{{}_4C_2\times{}_2C_1}{{}_6C_3}=\dfrac{3}{5}$

$P(X=3)=\dfrac{{}_4C_3}{{}_6C_3}=\dfrac{1}{5}$

이므로 확률변수 X의 확률분포를 표로 나타내면 다음과 같다.

X	1	2	3	합계
$P(X=x)$	$\dfrac{1}{5}$	$\dfrac{3}{5}$	$\dfrac{1}{5}$	1

STEP B 확률변수 $10X+5$의 평균 구하기

따라서 확률변수 X에 대하여 $E(X)=1\times\dfrac{1}{5}+2\times\dfrac{3}{5}+3\times\dfrac{1}{5}=2$이므로

$E(10X+5)=10E(X)+5=10\times2+5=25$

(2) 주머니 속에 흰 공이 5개, 검은 공이 3개 들어 있다. 이 주머니에서 임의로 4개의 공을 동시에 꺼낼 때, 나오는 검은 공의 개수를 확률변수 X라 하자. $E(X)$의 값은?

① $\dfrac{3}{2}$ ② $\dfrac{7}{4}$

③ 2 ④ $\dfrac{9}{4}$

⑤ $\dfrac{5}{2}$

STEP A 확률변수 X의 확률분포를 표로 나타내기

주머니 속의 흰 공 5개, 검은 공 3개 중에서 임의로 4개의 공을 동시에 꺼낼 때, 나오는 검은 공의 개수가 확률변수 X이므로

$$P(X=0)=\frac{{}_5C_4}{{}_8C_4}=\frac{5}{70}$$

$$P(X=1)=\frac{{}_5C_3\times{}_3C_1}{{}_8C_4}=\frac{30}{70}$$

$$P(X=2)=\frac{{}_5C_2\times{}_3C_2}{{}_8C_4}=\frac{30}{70}$$

$$P(X=3)=\frac{{}_5C_1\times{}_3C_3}{{}_8C_4}=\frac{5}{70}$$

확률변수 X의 확률분포를 표로 나타내면 다음과 같다.

X	0	1	2	3	합계
$P(X)$	$\dfrac{5}{70}$	$\dfrac{30}{70}$	$\dfrac{30}{70}$	$\dfrac{5}{70}$	1

STEP B 확률변수 X의 평균 구하기

따라서 $E(X)=0\times\dfrac{5}{70}+1\times\dfrac{30}{70}+2\times\dfrac{30}{70}+3\times\dfrac{5}{70}=\dfrac{105}{70}=\dfrac{3}{2}$

0569

다음 물음에 답하여라.

(1) 주머니 속에 흰 공 4개, 검은 공 3개가 들어 있다. 이 속에서 두 개의 공을 꺼내어 이들의 색이 같으면 1400원을 받고, 다르면 700원을 주기로 하는 놀이가 있다. 이때 받는 금액의 기댓값은?

① 170원   ② 180원   ③ 190원

④ 200원   ⑤ 210원

STEP A 확률변수 X의 확률분포를 표로 나타내기

받을 금액을 X라고 하면

X가 가질 수 있는 값은 1400, -700이고

이에 대응하는 확률은 각각 $\dfrac{{}_4C_2+{}_3C_2}{{}_7C_2}=\dfrac{3}{7}$, $\dfrac{{}_4C_1\times{}_3C_1}{{}_7C_2}=\dfrac{4}{7}$

확률분포를 표로 나타내면 다음과 같다.

X	1400	-700	합계
$P(X=x)$	$\dfrac{3}{7}$	$\dfrac{4}{7}$	1

STEP B 확률변수 X의 평균 $E(X)$ 구하기

따라서 $E(X)=1400\times\dfrac{3}{7}+(-700)\times\dfrac{4}{7}=200\,(원)$

(2) 흰 공 4개, 검은 공 3개가 들어 있는 주머니에서 2개의 공을 꺼내는 놀이를 하여 흰 공 1개당 350원, 검은 공 1개당 700원의 상금을 받는다고 한다. 이 놀이를 한 번 할 때의 상금의 기댓값은?

① 200원   ② 600원   ③ 800원

④ 1000원   ⑤ 1200원

STEP A 확률변수 X의 확률분포를 표로 나타내기

상금을 확률변수 X라 하면 상금에 대한 각각의 확률은 다음과 같다.

(ⅰ) $X=350\times2$: 흰 공 2개를 꺼내는 경우의 확률은

$$\frac{{}_4C_2}{{}_7C_2}=\frac{6}{21}=\frac{2}{7}$$

(ⅱ) $X=350+700$: 흰 공 1개, 검은 공 1개를 꺼내는 경우의 확률은

$$\frac{{}_4C_1\times{}_3C_1}{{}_7C_2}=\frac{12}{21}=\frac{4}{7}$$

(ⅲ) $X=700\times2$: 검은 공 2개를 꺼내는 경우의 확률은

$$\frac{{}_3C_2}{{}_7C_2}=\frac{3}{21}=\frac{1}{7}$$

X의 확률분포를 표로 나타내면 다음과 같다.

X	700	1050	1400	합계
$P(X=x)$	$\dfrac{2}{7}$	$\dfrac{4}{7}$	$\dfrac{1}{7}$	1

STEP B 확률변수 X의 평균 $E(X)$ 구하기

따라서 상금의 기댓값은

$$E(X)=\frac{2}{7}\times(350\times2)+\frac{4}{7}\times(350+700)+\frac{1}{7}\times(700\times2)$$
$$=200+600+200=1000\,(원)$$

0570

다음 물음에 답하여라.

(1) 확률변수 X가 이항분포 $B(200,\ p)$를 따르고 X의 평균이 40일 때, X의 분산은?

① 32   ② 33   ③ 34

④ 35   ⑤ 36

STEP A 평균이 40임을 이용하여 p의 값 구하기

확률변수 X의 평균이 40이므로

$E(X)=200p=40$에서 $p=\dfrac{1}{5}$

STEP B 분산 $V(X)$ 구하기

확률분포 X가 이항분포 $B\left(200,\ \dfrac{1}{5}\right)$를 따른다.

따라서 X의 분산은 $V(X)=200\times\dfrac{1}{5}\times\dfrac{4}{5}=32$

(2) 확률변수 X가 이항분포 $B(10,\ p)$를 따르고 X의 평균이 4일 때, X^2의 평균은?

① 12   ② 21   ③ $\dfrac{12}{5}$

④ $\dfrac{92}{5}$ ⑤ $\dfrac{97}{5}$

STEP A 이항분포를 따르는 확률변수 X의 평균 구하기

확률변수 X는 이항분포 $B(10,\ p)$를 따르므로

$E(X)=4$에서 $10p=4$

$\therefore p=\dfrac{2}{5}$

STEP B 이항분포를 따르는 확률변수 X의 분산 구하기

즉 확률변수 X는 이항분포 $B\left(10,\ \dfrac{2}{5}\right)$를 따르므로

$$V(X)=10\times\dfrac{2}{5}\times\dfrac{3}{5}=\dfrac{12}{5}$$

STEP C $E(X^2)=V(X)+\{E(X)\}^2$의 값 구하기

따라서 $V(X)=E(X^2)-\{E(X)\}^2$에서

$$E(X^2)=V(X)+\{E(X)\}^2=\dfrac{12}{5}+4^2=\dfrac{92}{5}$$

0571

다음 물음에 답하여라.

(1) 확률변수 X가 이항분포 $\mathrm{B}\left(n, \dfrac{1}{3}\right)$을 따르고 $\mathrm{V}(3X)=40$일 때,
n의 값은?

① 12 　　② 16 　　③ 20
④ 24 　　⑤ 30

STEP Ⓐ 이항분포를 따르는 확률변수 X의 분산 구하기

확률변수 X가 이항분포 $\mathrm{B}\left(n, \dfrac{1}{3}\right)$을 따르므로 $\mathrm{V}(X)=n\times\dfrac{1}{3}\times\dfrac{2}{3}=\dfrac{2}{9}n$

STEP Ⓑ $3X$의 분산을 이용하여 n의 값 구하기

따라서 $\mathrm{V}(3X)=9\mathrm{V}(X)=9\times\dfrac{2}{9}n=2n$이므로 $2n=40$에서 $n=20$

---

(2) 확률변수 X가 이항분포 $\mathrm{B}\left(n, \dfrac{1}{3}\right)$을 따르고 $\mathrm{E}(2X+5)=13$일 때,
n의 값은?

① 6 　　② 9 　　③ 12
④ 15 　　⑤ 18

STEP Ⓐ 이항분포를 따르는 확률변수 X의 평균 구하기

확률변수 X가 이항분포 $\mathrm{B}\left(n, \dfrac{1}{3}\right)$을 따르므로

$\mathrm{E}(X)=n\times\dfrac{1}{3}=\dfrac{1}{3}n$

STEP Ⓑ 평균의 성질을 이용하여 $\mathrm{E}(2X+5)$에서 n의 값 구하기

$\mathrm{E}(2X+5)=2\mathrm{E}(X)+5=13$이므로 $2\times\dfrac{1}{3}n+5=13$, $\dfrac{2}{3}n=8$

따라서 $n=12$

---

(3) 확률변수 X가 이항분포 $\mathrm{B}\left(n, \dfrac{1}{5}\right)$을 따르고 $\mathrm{E}\left(\dfrac{1}{4}X+10\right)=15$일 때,
$\mathrm{E}(X^2)$의 값은?

① 400 　　② 408 　　③ 412
④ 416 　　⑤ 420

STEP Ⓐ 이항분포의 성질을 이용하여 n의 값 구하기

확률변수 X가 이항분포 $\mathrm{B}\left(n, \dfrac{1}{5}\right)$을 따르므로 $\mathrm{E}(X)=\dfrac{n}{5}$

$\mathrm{E}\left(\dfrac{1}{4}X+10\right)=\dfrac{1}{4}\mathrm{E}(X)+10=\dfrac{n}{20}+10=15$에서 $n=100$

STEP Ⓑ $\mathrm{E}(X^2)=\mathrm{V}(X)+\{\mathrm{E}(X)\}^2$이용하여 구하기

확률변수 X가 이항분포 $\mathrm{B}\left(100, \dfrac{1}{5}\right)$을 따르므로

$\mathrm{E}(X)=\dfrac{100}{5}=20$, $\mathrm{V}(X)=100\times\dfrac{1}{5}\times\dfrac{4}{5}=16$

따라서 $\mathrm{E}(X^2)=\mathrm{V}(X)+\{\mathrm{E}(X)\}^2=16+20^2=416$

0572

다음 물음에 답하여라.

(1) 한 개의 주사위를 36번 던질 때, 3의 배수의 눈이 나오는 횟수를 확률
변수 X라 하자. $\mathrm{V}(X)$의 값은?

① 6 　　② 8 　　③ 10
④ 12 　　⑤ 14

STEP Ⓐ 이항분포를 따르는 확률변수 X의 분산 구하기

확률변수 X는 이항분포 $\mathrm{B}\left(36, \dfrac{1}{3}\right)$을 따르므로

$\mathrm{V}(X)=36\times\dfrac{1}{3}\times\dfrac{2}{3}=8$

---

(2) 동전 2개를 동시에 던지는 시행을 10회 반복할 때,
동전 2개 모두 앞면이 나오는 횟수를 확률변수 X라고 하자.
확률변수 $4X+1$의 분산 $\mathrm{V}(4X+1)$의 값은?

① 10 　　② 15 　　③ 20
④ 25 　　⑤ 30

STEP Ⓐ 확률변수 X는 이항분포를 따름을 이해하기

동전 2개를 동시에 던져 모두 앞면이 나올 확률이 $\dfrac{1}{2}\times\dfrac{1}{2}=\dfrac{1}{4}$이고
독립시행인 동전 던지기를 10회 반복하여 실시하므로 확률변수 X는
이항분포 $\mathrm{B}\left(10, \dfrac{1}{4}\right)$을 따른다.

STEP Ⓑ $\mathrm{V}(aX+b)=a^2\mathrm{V}(X)$임을 이용하기

X의 분산은 $\mathrm{V}(X)=10\times\dfrac{1}{4}\times\dfrac{3}{4}=\dfrac{15}{8}$

따라서 $\mathrm{V}(4X+1)=4^2\mathrm{V}(X)=4^2\times\dfrac{15}{8}=30$

0573

다음 물음에 답하여라.

(1) 이항분포 $\mathrm{B}\left(40, \dfrac{1}{2}\right)$을 따르는 확률변수 X에 대하여
$$\mathrm{E}(aX+b)=50, \ \sigma(aX+b)=2\sqrt{10}$$
이 성립할 때, 두 상수 a, b에 대하여 $a+b$의 값은? (단, $a>0$)

① 12 　　② 16 　　③ 18
④ 20 　　⑤ 22

STEP Ⓐ 이항분포를 따르는 확률변수 X의 평균과 분산 구하기

확률변수 X가 이항분포 $\mathrm{B}\left(40, \dfrac{1}{2}\right)$을 따르므로

$\mathrm{E}(X)=40\times\dfrac{1}{2}=20$, $\mathrm{V}(X)=40\times\dfrac{1}{2}\times\dfrac{1}{2}=10$, $\sigma(X)=\sqrt{10}$

STEP Ⓑ $\mathrm{E}(aX+b)=a\mathrm{E}(X)+b$, $\sigma(aX+b)=|a|\sigma(X)$임을 이용하기

$\mathrm{E}(aX+b)=a\mathrm{E}(X)+b=50$, $20a+b=50$ …… ㉠

$\sigma(aX+b)=|a|\sigma(X)=2\sqrt{10}$, $|a|=2$

즉 $a>0$이므로 $a=2$

$a=2$을 ㉠에 대입하면 $b=10$

따라서 $a+b=12$

---

(2) 확률변수 X가 이항분포 $\mathrm{B}(n, p)$를 따르고
$$\mathrm{E}(3X+1)=11, \ \mathrm{V}(3X+1)=20$$
이다. $n+p$의 값은?

① $\dfrac{25}{3}$ 　　② $\dfrac{28}{3}$ 　　③ $\dfrac{31}{3}$
④ $\dfrac{34}{3}$ 　　⑤ $\dfrac{37}{3}$

STEP Ⓐ $\mathrm{E}(aX+b)=a\mathrm{E}(X)+b$, $\mathrm{V}(aX+b)=a^2\mathrm{V}(X)$임을 이용하기

$\mathrm{E}(3X+1)=3\mathrm{E}(X)+1=11$이므로 $\mathrm{E}(X)=\dfrac{10}{3}$

$\mathrm{V}(3X+1)=3^2\mathrm{V}(X)=20$이므로 $\mathrm{V}(X)=\dfrac{20}{9}$

STEP Ⓑ 이항분포 $\mathrm{B}(n, p)$에서 n, p 구하기

확률변수 X가 이항분포 $\mathrm{B}(n, p)$를 따르므로

$\mathrm{E}(X)=np=\dfrac{10}{3}$, $\mathrm{V}(X)=np(1-p)=\dfrac{20}{9}$

이때 $np(1-p)=\dfrac{20}{9}$에서 $\dfrac{10}{3}(1-p)=\dfrac{20}{9}$, $1-p=\dfrac{2}{3}$

따라서 $p=\dfrac{1}{3}$, $n=10$이므로 $n+p=\dfrac{31}{3}$

(3) 확률변수 X가 이항분포 $B(n, p)$를 따르고

$E(X^2)=40$, $E(3X+1)=19$일 때, $\dfrac{P(X=1)}{P(X=2)}$의 값은?

① $\dfrac{4}{17}$ ② $\dfrac{7}{17}$ ③ $\dfrac{10}{17}$

④ $\dfrac{13}{17}$ ⑤ $\dfrac{16}{17}$

STEP Ⓐ $E(X)$, $V(X)$ 구하기

$E(3X+1)=3E(X)+1=19$이므로 $E(X)=6$

또, $E(X^2)=40$이므로 $V(X)=E(X^2)-\{E(X)\}^2=40-6^2=4$

STEP Ⓑ $P(X=r)={}_nC_r\,p^r(1-p)^{n-r}$임을 이용하기

확률변수 X는 이항분포 $B(n, p)$를 따르므로

$np=6$, $npq=4$에서 연립하여 풀면 $n=18$, $p=\dfrac{1}{3}$, $q=\dfrac{2}{3}$

$\therefore P(X=r)={}_{18}C_r\left(\dfrac{1}{3}\right)^r\left(\dfrac{2}{3}\right)^{18-r}$

따라서 $\dfrac{P(X=1)}{P(X=2)}=\dfrac{{}_{18}C_1\left(\dfrac{1}{3}\right)\left(\dfrac{2}{3}\right)^{17}}{{}_{18}C_2\left(\dfrac{1}{3}\right)^2\left(\dfrac{2}{3}\right)^{16}}=\dfrac{4}{17}$

0574

다음 물음에 답하여라.

(1) 확률변수 X의 확률질량함수가 $P(X=x)={}_{90}C_x\left(\dfrac{1}{3}\right)^x\left(\dfrac{2}{3}\right)^{90-x}$

(단, $x=0, 1, 2, \cdots, 90$)일 때, $E(X^2)$의 값은?

① 360   ② 460   ③ 660

④ 720   ⑤ 920

STEP Ⓐ 이항분포를 따르는 확률변수 X의 평균, 분산 구하기

확률변수 X의 확률질량함수가 $P(X=x)={}_{90}C_x\left(\dfrac{1}{3}\right)^x\left(\dfrac{2}{3}\right)^{90-x}$

이므로 확률변수 X는 이항분포 $B\left(90, \dfrac{1}{3}\right)$을 따른다.

$E(X)=90\times\dfrac{1}{3}=30$, $V(X)=90\times\dfrac{1}{3}\times\dfrac{2}{3}=20$

STEP Ⓑ $E(X^2)=V(X)+\{E(X)\}^2$의 값 구하기

따라서 $E(X^2)=V(X)+\{E(X)\}^2=20+30^2=920$

> **참고** 시그마를 이용하여 표현하면 다음과 같다.
>
> $E(X^2)=\sum_{x=0}^{90}x^2\cdot P(X=x)=V(X)+\{E(X)\}^2=20+30^2=920$

(2) 확률변수 X의 확률질량함수가 $P(X=x)={}_{72}C_x\left(\dfrac{1}{3}\right)^x\left(\dfrac{2}{3}\right)^{72-x}$

($x=0, 1, 2, \cdots, 72$)일 때, $E(2X-10)+V(2X-10)$의 값은?

① 98   ② 100   ③ 102

④ 104   ⑤ 106

STEP Ⓐ 이항분포를 따르는 확률변수 X의 평균, 분산 구하기

확률변수 X의 확률질량함수가 $P(X=x)={}_{72}C_x\left(\dfrac{1}{3}\right)^x\left(\dfrac{2}{3}\right)^{72-x}$

이므로 확률변수 X는 이항분포 $B\left(72, \dfrac{1}{3}\right)$을 따른다.

$E(X)=72\times\dfrac{1}{3}=24$, $V(X)=72\times\dfrac{1}{3}\times\dfrac{2}{3}=16$

STEP Ⓑ $2X-10$의 평균과 분산 구하기

$E(2X-10)=2E(X)-10=2\times24-10=38$

$V(2X-10)=4V(X)=4\times16=64$

따라서 $E(2X-10)+V(2X-10)=38+64=102$

0575

다음 물음에 답하여라.

(1) 주머니 속에 1부터 5까지의 숫자가 하나씩 적혀 있는 5장의 카드가 있다. 이 주머니에서 임의로 동시에 2장의 카드를 꺼낼 때, 꺼낸 두 카드에 적혀 있는 수 중 작은 수를 확률변수 X라 하자. $V(10X+3)$의 값은?

① 100   ② 150   ③ 200

④ 250   ⑤ 300

STEP Ⓐ 확률변수 X의 확률분포를 표로 나타내기

확률변수 X가 갖는 값은 1, 2, 3, 4이므로

$P(X=1)=\dfrac{{}_4C_1}{{}_5C_2}=\dfrac{2}{5}$, $P(X=2)=\dfrac{{}_3C_1}{{}_5C_2}=\dfrac{3}{10}$

$P(X=3)=\dfrac{{}_2C_1}{{}_5C_2}=\dfrac{1}{5}$, $P(X=4)=\dfrac{1}{{}_5C_2}=\dfrac{1}{10}$

따라서 확률변수 X의 확률분포를 표로 나타내면 다음과 같다.

X	1	2	3	4	합계
$P(X=x)$	$\dfrac{2}{5}$	$\dfrac{3}{10}$	$\dfrac{1}{5}$	$\dfrac{1}{10}$	1

STEP Ⓑ 확률변수 X의 평균, 분산 $E(X)$, $V(X)$의 값 구하기

$E(X)=1\times\dfrac{2}{5}+2\times\dfrac{3}{10}+3\times\dfrac{1}{5}+4\times\dfrac{1}{10}=2$

$V(X)=E(X^2)-\{E(X)\}^2=1^2\times\dfrac{2}{5}+2^2\times\dfrac{3}{10}+3^2\times\dfrac{1}{5}+4^2\times\dfrac{1}{10}-2^2$

$\qquad\qquad =5-4=1$

따라서 $V(10X+3)=10^2V(X)=100\times1=100$

(2) 주머니 속에 1부터 5까지의 숫자가 하나씩 적혀 있는 5장의 카드가 있다. 이 주머니에서 임의로 동시에 2장의 카드를 꺼낼 때, 꺼낸 두 카드에 적혀 있는 수 중 큰 수를 확률변수 X라 하자. $V(3X+5)$의 값은?

① 3   ② 5   ③ 7

④ 9   ⑤ 11

STEP Ⓐ 확률변수 X의 확률분포를 표로 나타내기

확률변수 X가 갖는 값은 2, 3, 4, 5이고 각 값을 가질 확률은

$P(X=2)=\dfrac{1}{{}_5C_2}=\dfrac{1}{10}$ ← 2보다 작은 수에서 1개를 꺼내는 경우의 수

$P(X=3)=\dfrac{2}{{}_5C_2}=\dfrac{2}{10}$ ← 3보다 작은 수에서 1개를 꺼내는 경우의 수

$P(X=4)=\dfrac{3}{{}_5C_2}=\dfrac{3}{10}$ ← 4보다 작은 수에서 1개를 꺼내는 경우의 수

$P(X=5)=\dfrac{4}{{}_5C_2}=\dfrac{4}{10}$ ← 5보다 작은 수에서 1개를 꺼내는 경우의 수

확률변수 X의 확률분포를 표로 나타내면 다음과 같다.

X	2	3	4	5	합계
$P(X=x)$	$\dfrac{1}{10}$	$\dfrac{2}{10}$	$\dfrac{3}{10}$	$\dfrac{4}{10}$	1

STEP Ⓑ 확률변수 X의 평균, 분산 $E(X)$, $V(X)$의 값 구하기

$E(X)=2\times\dfrac{1}{10}+3\times\dfrac{2}{10}+4\times\dfrac{3}{10}+5\times\dfrac{4}{10}=4$

$V(X)=E(X^2)-\{E(X)\}^2=2^2\times\dfrac{1}{10}+3^2\times\dfrac{2}{10}+4^2\times\dfrac{3}{10}+5^2\times\dfrac{4}{10}-4^2$

$\qquad\qquad =17-16=1$

STEP Ⓒ $3X+5$의 분산 $V(3X+5)$의 값 구하기

따라서 $V(3X+5)=3^2V(X)=9\times1=9$

0576

다음 물음에 답하여라.

(1) 주머니 속에 1부터 5까지의 자연수가 각각 하나씩 적힌 5개의 공이 들어 있다. 이 주머니에서 임의로 3개의 공을 동시에 꺼낼 때, 꺼낸 공에 적힌 수의 최솟값을 확률변수 X라 하자. 이때 X의 평균은?

① 1 　② $\dfrac{4}{3}$ 　③ $\dfrac{3}{2}$

④ $\dfrac{5}{3}$ 　⑤ 2

STEP Ⓐ 확률변수 X의 확률분포를 표로 나타내기

확률변수 X가 갖는 값은 1, 2, 3이고 각 값을 가질 확률은

$\mathrm{P}(X=1)=\dfrac{{}_4\mathrm{C}_2}{{}_5\mathrm{C}_3}=\dfrac{6}{10}$ ← 2, 3, 4, 5공 중에 2개가 나오는 경우

$\mathrm{P}(X=2)=\dfrac{{}_3\mathrm{C}_2}{{}_5\mathrm{C}_3}=\dfrac{3}{10}$ ← 3, 4, 5공 중에 2개가 나오는 경우

$\mathrm{P}(X=3)=\dfrac{{}_2\mathrm{C}_2}{{}_5\mathrm{C}_3}=\dfrac{1}{10}$ ← 4, 5공 중에 2개가 나오는 경우

따라서 확률분포를 표로 나타내면 다음과 같다.

X	1	2	3	합계
$\mathrm{P}(X=x)$	$\dfrac{6}{10}$	$\dfrac{3}{10}$	$\dfrac{1}{10}$	1

STEP Ⓑ 확률변수 X의 평균 $\mathrm{E}(X)$의 값 구하기

따라서 $\mathrm{E}(X)=1\times\dfrac{6}{10}+2\times\dfrac{3}{10}+3\times\dfrac{1}{10}=\dfrac{15}{10}=\dfrac{3}{2}$

(2) 1부터 6까지의 자연수가 하나씩 적혀있는 6개의 공이 들어있는 상자에서 임의로 3개의 공을 동시에 꺼낼 때, 이 3개의 공에 적혀 있는 수 중 가장 작은 수를 확률변수 X라 할 때, $\mathrm{E}(4X+2)$의 값은?

① 9 　② 10 　③ 11

④ 12 　⑤ 13

STEP Ⓐ 확률변수 X의 확률분포를 표로 나타내기

확률변수 X가 갖는 값은 1, 2, 3, 4이고 각 값을 가질 확률은

$\mathrm{P}(X=1)=\dfrac{{}_5\mathrm{C}_2}{{}_6\mathrm{C}_3}=\dfrac{10}{20}$ ← 2, 3, 4, 5, 6공 중에 2개가 나오는 경우

$\mathrm{P}(X=2)=\dfrac{{}_4\mathrm{C}_2}{{}_6\mathrm{C}_2}=\dfrac{6}{20}$ ← 3, 4, 5, 6공 중에 2개가 나오는 경우

$\mathrm{P}(X=3)=\dfrac{{}_3\mathrm{C}_2}{{}_6\mathrm{C}_2}=\dfrac{3}{20}$ ← 4, 5, 6공 중에 2개가 나오는 경우

$\mathrm{P}(X=4)=\dfrac{{}_2\mathrm{C}_2}{{}_6\mathrm{C}_3}=\dfrac{1}{20}$ ← 5, 6공 중에 2개가 나오는 경우

이므로 확률변수 X의 확률분포를 표로 나타내면 다음과 같다.

X	1	2	3	4	합계
$\mathrm{P}(X=x)$	$\dfrac{10}{20}$	$\dfrac{6}{20}$	$\dfrac{3}{20}$	$\dfrac{1}{20}$	1

STEP Ⓑ 확률변수 X의 평균 $\mathrm{E}(X)$의 값 구하기

X의 평균은

$\mathrm{E}(X)=1\times\dfrac{10}{20}+2\times\dfrac{6}{20}+3\times\dfrac{3}{20}+4\times\dfrac{1}{20}=\dfrac{35}{20}=\dfrac{7}{4}$

STEP Ⓒ $4X+2$의 평균 $\mathrm{E}(4X+2)$의 값 구하기

따라서 $\mathrm{E}(4X+2)=4\mathrm{E}(X)+2=4\times\dfrac{7}{4}+2=7+2=9$

0577

주머니 속에 1, 2, 3의 숫자가 하나씩 적혀 있는 공이 각각 3개, 2개, 1개 들어 있다. 이 주머니에서 임의로 두 개의 공을 꺼낼 때, 꺼낸 공에 적혀 있는 숫자의 합을 확률변수 X라 하자. $\mathrm{V}(X)$의 값은?

① $\dfrac{2}{3}$ 　② $\dfrac{5}{6}$ 　③ $\dfrac{5}{8}$

④ $\dfrac{5}{9}$ 　⑤ $\dfrac{8}{9}$

STEP Ⓐ 확률변수 X의 확률분포를 표로 나타내기

확률변수 X가 갖는 값은 2, 3, 4, 5이고 그 값을 가질 확률은

(ⅰ) $X=2$일 때, 1이 적혀 있는 공을 2개 꺼내는 경우

$\qquad \mathrm{P}(X=2)=\dfrac{{}_3\mathrm{C}_2}{{}_6\mathrm{C}_2}=\dfrac{1}{5}$

(ⅱ) $X=3$일 때, 1, 2가 적혀 있는 공을 각각 1개씩 꺼내는 경우

$\qquad \mathrm{P}(X=3)=\dfrac{{}_3\mathrm{C}_1\times{}_2\mathrm{C}_1}{{}_6\mathrm{C}_2}=\dfrac{2}{5}$

(ⅲ) $X=4$일 때, 2가 적혀 있는 공을 2개 또는 1, 3이 적혀 있는 공을 각각 1개씩 꺼내는 경우

$\qquad \mathrm{P}(X=4)=\dfrac{{}_2\mathrm{C}_2}{{}_6\mathrm{C}_2}+\dfrac{{}_3\mathrm{C}_1\times{}_1\mathrm{C}_1}{{}_6\mathrm{C}_2}=\dfrac{1}{15}+\dfrac{1}{5}=\dfrac{4}{15}$

(ⅳ) $X=5$일 때, 2, 3이 적혀 있는 공을 각각 1개씩 꺼내는 경우

$\qquad \mathrm{P}(X=5)=\dfrac{{}_2\mathrm{C}_1\times{}_1\mathrm{C}_1}{{}_6\mathrm{C}_2}=\dfrac{2}{15}$

확률변수 X의 확률분포를 표로 나타내면 다음과 같다.

X	2	3	4	5	합계
$\mathrm{P}(X=x)$	$\dfrac{1}{5}$	$\dfrac{2}{5}$	$\dfrac{4}{15}$	$\dfrac{2}{15}$	1

STEP Ⓑ 확률변수 X의 분산 $\mathrm{V}(X)$ 구하기

$\mathrm{E}(X)=2\times\dfrac{1}{5}+3\times\dfrac{2}{5}+4\times\dfrac{4}{15}+5\times\dfrac{2}{15}=\dfrac{10}{3}$

$\mathrm{V}(X)=\mathrm{E}(X^2)-\{\mathrm{E}(X)\}^2=2^2\times\dfrac{1}{5}+3^2\times\dfrac{2}{5}+4^2\times\dfrac{4}{15}+5^2\times\dfrac{2}{15}-\left(\dfrac{10}{3}\right)^2$

$\qquad=\dfrac{8}{9}$

0578

확률변수 X가 갖는 값이 -1, 0, 1, 2이고 X의 확률질량함수가

$$\mathrm{P}(X=x)=\dfrac{x+2}{10}\ (x=-1,\ 0,\ 1,\ 2)$$

일 때, 두 상수 a, b에 대하여 확률변수 $Y=aX+b$의 평균이 0, 분산이 1이다. $3a+b$의 값은? (단, $a>0$)

① 1 　② 2 　③ 3

④ 4 　⑤ 5

STEP Ⓐ 확률변수 X의 확률분포를 표로 나타내기

확률변수 X의 확률분포를 표로 나타내면 다음과 같다.

X	-1	0	1	2	합계
$\mathrm{P}(X=x)$	$\dfrac{1}{10}$	$\dfrac{1}{5}$	$\dfrac{3}{10}$	$\dfrac{2}{5}$	1

STEP Ⓑ $\mathrm{V}(X)=\mathrm{E}(X^2)-\{\mathrm{E}(X)\}^2$의 값 구하기

$\mathrm{E}(X)=-1\times\dfrac{1}{10}+0\times\dfrac{1}{5}+1\times\dfrac{3}{10}+2\times\dfrac{2}{5}=1$

$\mathrm{V}(X)=\mathrm{E}(X^2)-\{\mathrm{E}(X)\}^2$

$\qquad=(-1)^2\times\dfrac{1}{10}+0^2\times\dfrac{1}{5}+1^2\times\dfrac{3}{10}+2^2\times\dfrac{2}{5}-1^2$

$\qquad=2-1=1$

STEP C $E(aX+b)=aE(X)+b$, $V(aX+b)=a^2V(X)$을 이용하기

$E(aX+b)=aE(X)+b=a+b=0$ …… ㉠
$V(aX+b)=a^2V(X)=a^2=1$에서 $a>0$이므로 $a=1$
㉠에서 $b=-1$
따라서 $3a+b=3-1=2$

0579

100원짜리 동전 2개와 500원짜리 동전 2개를 동시에 던질 때, 100원짜리 동전 중 앞면이 나온 것의 개수와 500원짜리 동전 중 앞면이 나온 것의 개수의 곱을 확률변수 X라 하자. 확률변수 X의 확률분포는 다음 표와 같다. 두 상수 a, b에 대하여 $E(aX+b)$의 값은?

X	0	1	2	4	합계
$P(X=x)$	a	$\frac{1}{4}$	b	$\frac{1}{16}$	1

① $\frac{11}{16}$ ② $\frac{13}{16}$ ③ $\frac{15}{16}$
④ $\frac{17}{16}$ ⑤ $\frac{19}{16}$

STEP A 확률변수 X의 확률분포를 표로 나타내기

100원짜리 동전 2개 중 앞면이 나온 것의 개수가 0, 1, 2일 확률은 각각
$\frac{1}{4}$, $\frac{1}{2}$, $\frac{1}{4}$이고
500원짜리 동전 2개 중 앞면이 나온 것의 개수가 0, 1, 2일 확률도 각각
$\frac{1}{4}$, $\frac{1}{2}$, $\frac{1}{4}$이다.

$P(X=0)=\frac{1}{4}\times\left(\frac{1}{4}+\frac{1}{2}+\frac{1}{4}\right)+\left(\frac{1}{4}+\frac{1}{2}+\frac{1}{4}\right)\times\frac{1}{4}-\frac{1}{4}\times\frac{1}{4}=\frac{7}{16}$

$P(X=1)=\frac{1}{2}\times\frac{1}{2}=\frac{1}{4}$

$P(X=2)=\frac{1}{2}\times\frac{1}{4}+\frac{1}{4}\times\frac{1}{2}=\frac{1}{4}$

$P(X=4)=\frac{1}{4}\times\frac{1}{4}=\frac{1}{16}$

이므로 $a=\frac{7}{16}$, $b=\frac{1}{4}$

확률변수 X의 확률분포를 표로 나타내면 다음과 같다.

X	0	1	2	4	합계
$P(X=x)$	$\frac{7}{16}$	$\frac{1}{4}$	$\frac{1}{4}$	$\frac{1}{16}$	1

STEP B $E(aX+b)$의 값 구하기

$E(X)=0\times\frac{7}{16}+1\times\frac{1}{4}+2\times\frac{1}{4}+4\times\frac{1}{16}=1$

따라서 $E(aX+b)=E\left(\frac{7}{16}X+\frac{1}{4}\right)=\frac{7}{16}E(X)+\frac{1}{4}=\frac{7}{16}\times1+\frac{1}{4}=\frac{11}{16}$

0580

어느 전자 회사에서 판매하고 있는 스마트폰에 대한 제조 회사별 고객의 선호도를 조사한 표는 다음과 같다.

제조회사	S	A	L	H	합계
선호도(%)	28	25	26	21	100

192명의 고객을 대상으로 선호도를 조사할 때, A제조 회사 제품을 선호하는 고객의 수를 확률변수 X라 할 때, $\sigma(3X+6)$의 값은?
(단, 192명의 고객은 각각 한 제조 회사만을 선호한다.)
① 12 ② 14 ③ 16
④ 18 ⑤ 20

STEP A 이항분포를 따르는 확률변수 X의 분산, 표준편차를 구하기

확률변수 X는 이항분포 $B\left(192, \frac{1}{4}\right)$을 따르므로

$E(X)=192\times\frac{1}{4}=48$

$V(X)=192\times\frac{1}{4}\times\frac{3}{4}=36$

$\sigma(X)=\sqrt{V(X)}=\sqrt{36}=6$

STEP B $\sigma(3X+6)$의 값 구하기

따라서 $\sigma(3X+6)=3\sigma(X)=3\times6=18$

참고 $E(3X+6)=3E(X)+6=3\times48+6=150$
$V(3X+6)=3^2V(X)=9\times36=324$

0581

다음 물음에 답하여라.

(1) 확률변수 X의 확률분포가 다음 표와 같다.

X	0	1	2	$\cdots$	10	합계
$P(X=x)$	$_{10}C_0\left(\frac{1}{2}\right)^{10}$	$_{10}C_1\left(\frac{1}{2}\right)^{10}$	$_{10}C_2\left(\frac{1}{2}\right)^{10}$	$\cdots$	$_{10}C_{10}\left(\frac{1}{2}\right)^{10}$	1

상수 a, b에 대하여 $E(aX+b)=30$, $V(aX+b)=40$이라고 할 때, $a+b$의 값은? (단, $a>0$)
① 10 ② 12 ③ 14
④ 16 ⑤ 18

STEP A 확률변수 X의 확률질량함수로부터 이항분포 구하기

확률변수 X의 확률질량함수가

$P(X=x)=_{10}C_x\left(\frac{1}{2}\right)^x\left(\frac{1}{2}\right)^{10-x}$ $(x=0, 1, 2, \cdots, 10)$

이므로 확률변수 X는 이항분포 $B\left(10, \frac{1}{2}\right)$을 따른다.

STEP B 이항분포를 따르는 확률변수 X의 평균, 분산 구하기

이때 확률변수 X의 평균 $E(X)$와 분산 $V(X)$는 각각

$E(X)=10\times\frac{1}{2}=5$, $V(X)=10\times\frac{1}{2}\times\frac{1}{2}=\frac{5}{2}$

STEP C $E(aX+b)=aE(X)+b$, $V(aX+b)=a^2V(X)$을 이용하여 a, b의 값 구하기

주어진 조건에서 $a>0$이고
$E(aX+b)=30$, $V(aX+b)=40$이므로
$E(aX+b)=aE(X)+b=5a+b=30$ …… ㉠
$V(aX+b)=a^2V(X)=\frac{5}{2}a^2=40$
$\therefore a=4$
$a=4$를 ㉠에 대입하면 $b=10$
따라서 $a+b=4+10=14$

(2) 확률변수 X의 확률분포가 다음 표와 같다.

X	0	1	$\cdots$	n	합계
$P(X=x)$	$_n C_0 \left(\frac{2}{5}\right)^n$	$_n C_1 \left(\frac{3}{5}\right)^1 \left(\frac{2}{5}\right)^{n-1}$	$\cdots$	$_n C_n \left(\frac{3}{5}\right)^n$	1

확률변수 $-5X+3a$의 평균이 -90, 분산이 120일 때, $n+a$의 값은?
(단, a는 상수)

① 10   ② 20   ③ 30
④ 40   ⑤ 50

STEP Ⓐ 확률변수 X의 확률질량함수로부터 이항분포 구하기

확률변수 X의 확률질량함수가

$$P(X=x) = {}_n C_x \left(\frac{3}{5}\right)^x \left(\frac{2}{5}\right)^{n-x} \ (x=0, 1, 2, \cdots, n)$$

이므로 X는 이항분포 $B\left(n, \frac{3}{5}\right)$을 따른다.

STEP Ⓑ 이항분포를 따르는 확률변수 X의 평균, 분산 구하기

확률변수 X의 평균 $E(X)$와 분산 $V(X)$는 각각

$$E(X) = n \times \frac{3}{5} = \frac{3n}{5}, \ V(X) = n \times \frac{3}{5} \times \frac{2}{5} = \frac{6n}{25}$$

STEP Ⓒ $E(aX+b) = aE(X)+b$, $V(aX+b) = a^2 V(X)$을 이용하여 a, n의 값 구하기

이때 확률변수 $-5X+3a$의 평균

$$\begin{aligned} E(-5X+3a) &= -5E(X)+3a \\ &= -5 \times \frac{3n}{5} + 3a \\ &= -3n+3a = -90 \quad \cdots\cdots ㉠ \end{aligned}$$

분산 $V(-5X+3a) = 25V(X) = 25 \times \frac{6n}{25} = 6n = 120$

$\therefore n = 20$

$n=20$을 ㉠에 대입하면 $-3 \times 20 + 3a = -90$

$\therefore a = -10$

따라서 $n+a = 20-10 = 10$

0582

한 개의 주사위를 던져 나온 눈의 수 a에 대하여 직선 $y=ax$와 원 $x^2+(y-3)^2=1$이 서로 다른 두 점에서 만나는 사건을 A라고 하자. 한 개의 주사위를 90번 던지는 시행에서 사건 A가 일어나는 횟수를 확률변수 X라고 할 때, X의 분산은?

① 16   ② 18   ③ 20
④ 22   ⑤ 24

STEP Ⓐ 직선과 원이 만나기 위한 조건 구하기

직선 $y=ax$와 원 $x^2+(y-3)^2=1$이
서로 다른 두 점에서 만나려면
원의 중심 $(0, 3)$에서 직선 $ax-y=0$까지
이르는 거리가 반지름 1보다 작아야 하므로

$$\frac{|-3|}{\sqrt{a^2+(-1)^2}} < 1, \ \sqrt{a^2+1} > 3, \ a^2+1 > 9$$

$\therefore a > 2\sqrt{2}$

즉 $A=\{3, 4, 5, 6\}$이므로 한 번의 시행에서
사건 A가 일어날 확률은 $\frac{4}{6} = \frac{2}{3}$

STEP Ⓑ 이항분포를 따르는 확률변수 X의 분산 구하기

이때 확률변수 X는 이항분포 $B\left(90, \frac{2}{3}\right)$를 따른다.

따라서 X의 분산 $V(X) = 90 \times \frac{2}{3} \times \frac{1}{3} = 20$

0583

확률변수 X는 이항분포 $B(20, p)$를 따르고 확률변수 Y는 이항분포 $B(21, p)$를 따른다고 한다.

$$E(Y)-E(X) = \frac{1}{3}$$

일 때, $P(Y \geq 1) - P(X \geq 1)$의 값은?

① $\left(\frac{2}{3}\right)^{20}$ ② $\left(\frac{2}{3}\right)^{21}$ ③ $\frac{1}{3}\left(\frac{2}{3}\right)^{20}$
④ $\frac{1}{3}\left(\frac{2}{3}\right)^{21}$ ⑤ $\frac{1}{3}\left(\frac{2}{3}\right)^{22}$

STEP Ⓐ 이항분포를 따르는 확률변수 X, Y의 평균 구하기

$E(Y)-E(X) = 21p - 20p = \frac{1}{3}$이므로 $p = \frac{1}{3}$

STEP Ⓑ $P(X \geq 1)$, $P(Y \geq 1)$의 확률 구하기

확률변수 X는 이항분포 $B\left(20, \frac{1}{3}\right)$을 따르므로

$$P(X \geq 1) = 1 - {}_{20}C_0 \left(\frac{1}{3}\right)^0 \left(\frac{2}{3}\right)^{20} = 1 - \left(\frac{2}{3}\right)^{20}$$

확률변수 Y는 이항분포 $B\left(21, \frac{1}{3}\right)$을 따르므로

$$P(Y \geq 1) = 1 - {}_{21}C_0 \left(\frac{1}{3}\right)^0 \left(\frac{2}{3}\right)^{21} = 1 - \left(\frac{2}{3}\right)^{21}$$

STEP Ⓒ $P(Y \geq 1) - P(X \geq 1)$의 값 구하기

$$\begin{aligned} P(Y \geq 1) - P(X \geq 1) &= 1 - \left(\frac{2}{3}\right)^{21} - \left\{1 - \left(\frac{2}{3}\right)^{20}\right\} \\ &= \left(\frac{2}{3}\right)^{20} - \left(\frac{2}{3}\right)^{21} \\ &= \left(\frac{2}{3}\right)^{20} \left(1 - \frac{2}{3}\right) = \frac{1}{3}\left(\frac{2}{3}\right)^{20} \end{aligned}$$

0584

다음 물음에 답하여라.
(1) 확률변수 X가 이항분포 $B(n, p)$를 따르고 다음 두 조건을 모두 만족할 때, 평균 $E(X)$는?

(가) $V(X) = \frac{8}{9}$

(나) $P(X=1) = 8P(X=0)$

① $\frac{1}{2}$ ② $\frac{1}{3}$ ③ $\frac{3}{4}$
④ $\frac{8}{3}$ ⑤ $\frac{8}{7}$

STEP Ⓐ 이항분포를 따르는 확률변수 X의 확률질량함수 구하기

확률변수 X는 이항분포 $B(n, p)$를 따르므로
X의 확률질량함수는 $P(X=x) = {}_n C_x p^x q^{n-x} \ (q=1-p)$

STEP Ⓑ 조건을 만족하는 n, p 구하기

조건 (가)에서 $V(X) = npq = \frac{8}{9}$ $\cdots\cdots ㉠$

조건 (나)에서 $P(X=1) = 8P(X=0)$이므로

$${}_n C_1 p q^{n-1} = 8 \cdot {}_n C_0 p^0 q^n$$

$np = 8q \quad \cdots\cdots ㉡$

㉡을 ㉠에 대입하면 $8q^2 = \frac{8}{9}$

$\therefore q = \frac{1}{3} \ (\because 0 < q < 1)$

㉠에서 $p = \frac{2}{3}$, $n = 4$

STEP Ⓒ 평균 $E(X)$ 구하기

따라서 $E(X) = np = 4 \times \frac{2}{3} = \frac{8}{3}$

(2) 확률변수 X는 이항분포 $B(n,\ p)$를 따르고 다음 조건을 만족시킨다. $E(X^2)$의 값은? (단, $p \neq 0$)

> (가) $V(X)=12$
> (나) $P(X=n-1)=192P(X=n)$

① 260 ② 264 ③ 268
④ 272 ⑤ 276

STEP Ⓐ 이항분포를 따르는 확률변수 X의 확률질량함수 구하기

확률변수 X는 이항분포 $B(n,\ p)$를 따르므로
X의 확률질량함수는 $P(X=x)={}_nC_x p^x q^{n-x}\ (q=1-p)$

STEP Ⓑ 조건을 만족하는 $n,\ p$ 구하기

$V(X)=np(1-p)=12$ …… ㉠
$P(X=n-1)={}_nC_{n-1}p^{n-1}(1-p)=np^{n-1}(1-p)$
$P(X=n)={}_nC_n p^n=p^n$이므로
조건 (나)에서 $np^{n-1}(1-p)=192p^n$
즉 $n(1-p)=192p$ …… ㉡
㉡을 ㉠에 대입하면 $p \times 192p=12$

$p^2=\dfrac{1}{16}$

$0 < p \leq 1$이므로 $p=\dfrac{1}{4}$ …… ㉢

㉢을 ㉠에 대입하면 $n \times \dfrac{1}{4} \times \dfrac{3}{4}=12$에서 $n=64$

STEP Ⓒ 평균 $E(X^2)$ 구하기

확률변수 X는 이항분포 $B\left(64,\ \dfrac{1}{4}\right)$을 따르므로

$E(X)=64 \times \dfrac{1}{4}=16,\ V(X)=12$

따라서 $V(X)=E(X^2)-\{E(X)\}^2$에서
$E(X^2)=V(X)+\{E(X)\}^2=12+16^2=268$

0585

서 술 형

여학생 4명과 남학생 3명중에서 임의로 대표 3명을 뽑을 때, 뽑힌 여학생의 수를 확률변수 X라 할 때, 다음 단계로 서술하여라.

[1단계] X의 확률질량함수를 구한다.
[2단계] X의 확률분포를 표로 나타낸다.
[3단계] 여학생이 적어도 2명 뽑힐 확률을 구한다.
[4단계] 평균 $E(X)$를 구한다.
[5단계] 분산 $V(X)$를 구한다.

1단계 X의 확률질량함수를 구한다. ◀ 20%

확률변수 X가 갖는 값은 0, 1, 2, 3이다.
7명의 학생 중에서 3명의 대표를 뽑는 경우의 수는 ${}_7C_3$이고
뽑힌 3명의 대표 중에서 여학생이 x명인 경우의 수는 ${}_4C_x \times {}_3C_{3-x}$이므로

X의 확률질량함수는 $P(X=x)=\dfrac{{}_4C_x \times {}_3C_{3-x}}{{}_7C_3}\ (x=0,\ 1,\ 2,\ 3)$

2단계 X의 확률분포를 표로 나타낸다. ◀ 20%

확률변수 X의 각 값의 확률은
$P(X=0)=\dfrac{{}_4C_0 \times {}_3C_3}{{}_7C_3}=\dfrac{1}{35}$, $P(X=1)=\dfrac{{}_4C_1 \times {}_3C_2}{{}_7C_3}=\dfrac{12}{35}$,

$P(X=2)=\dfrac{{}_4C_2 \times {}_3C_1}{{}_7C_3}=\dfrac{18}{35}$, $P(X=3)=\dfrac{{}_4C_3 \times {}_3C_0}{{}_7C_3}=\dfrac{4}{35}$

이고 X의 확률분포를 표로 나타내면 다음과 같다.

X	0	1	2	3	합계
$P(X=x)$	$\dfrac{1}{35}$	$\dfrac{12}{35}$	$\dfrac{18}{35}$	$\dfrac{4}{35}$	1

3단계 여학생이 적어도 2명 뽑힐 확률을 구한다. ◀ 20%

여학생이 적어도 2명 뽑힐 확률은 $X \geq 2$일 확률이므로
$P(X \geq 2)=P(X=2)+P(X=3)=\dfrac{18}{35}+\dfrac{4}{35}=\dfrac{22}{35}$

4단계 평균 $E(X)$를 구한다. ◀ 20%

X의 평균은
$E(X)=0 \times \dfrac{1}{35}+1 \times \dfrac{12}{35}+2 \times \dfrac{18}{35}+3 \times \dfrac{4}{35}=\dfrac{60}{35}=\dfrac{12}{7}$

5단계 분산 $V(X)$를 구한다. ◀ 20%

$E(X^2)=0^2 \times \dfrac{1}{35}+1^2 \times \dfrac{12}{35}+2^2 \times \dfrac{18}{35}+3^2 \times \dfrac{4}{35}=\dfrac{120}{35}=\dfrac{24}{7}$

따라서 X의 분산은 $V(X)=E(X^2)-\{E(X)\}^2=\dfrac{24}{7}-\left(\dfrac{12}{7}\right)^2=\dfrac{24}{49}$

0586

서 술 형

이산확률변수 X의 확률분포가 다음 표와 같다.

X	0	1	2	합계
$P(X=x)$	$\dfrac{1}{4}$	a	b	1

$E(X)=\dfrac{7}{8}$일 때, 분산 $V(X)$의 값을 구하는 과정을 다음 단계로 서술하여라. (단, $a,\ b$는 상수이다.)

[1단계] $a+b$의 값을 구한다.
[2단계] 1단계에서 구한 $a+b$와 $E(X)=\dfrac{7}{8}$을 이용하여 $a,\ b$의 값을 구한다.
[3단계] 분산 $V(X)$를 구한다.

1단계 $a+b$의 값을 구한다. ◀ 20%

확률의 합이 1이므로 $\dfrac{1}{4}+a+b=1$

$\therefore a+b=\dfrac{3}{4}$ …… ㉠

2단계 1단계에서 구한 $a+b$와 $E(X)=\dfrac{7}{8}$을 이용하여 $a,\ b$의 값을 구한다. ◀ 40%

$E(X)=0 \times \dfrac{1}{4}+1 \times a+2 \times b=a+2b$이므로

$a+2b=\dfrac{7}{8}$ …… ㉡

㉠, ㉡을 연립하여 풀면 $a=\dfrac{5}{8},\ b=\dfrac{1}{8}$

3단계 분산 $V(X)$를 구한다. ◀ 40%

따라서 $V(X)=0^2 \times \dfrac{1}{4}+1^2 \times \dfrac{5}{8}+2^2 \times \dfrac{1}{8}-\left(\dfrac{7}{8}\right)^2=\dfrac{23}{64}$

0587

한 변의 길이가 1인 정육각형의 6개의 꼭짓점 중에서 임의로 서로 다른 3개의 점을 택하여 이 3개의 점을 꼭짓점으로 하는 삼각형을 만들 때, 이 삼각형의 넓이를 확률 변수 X라 하자. 다음 단계로 서술하여라.

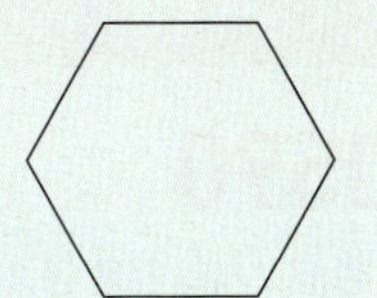

[1단계] 확률변수 X의 확률분포를 표로 나타낸다.

[2단계] $\mathrm{P}\left(X \geq \dfrac{\sqrt{3}}{2}\right)$의 값을 구한다.

[3단계] 확률변수 X의 기댓값을 구한다.

1단계 확률변수 X의 확률분포를 표로 나타낸다.　◀ 50%

세 점으로 만들어지는 삼각형은 다음과 같이 3가지 꼴이다

(i)　　　(ii)　　　(iii)

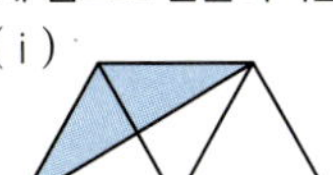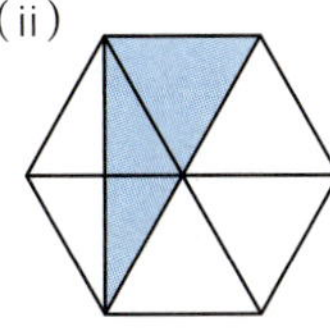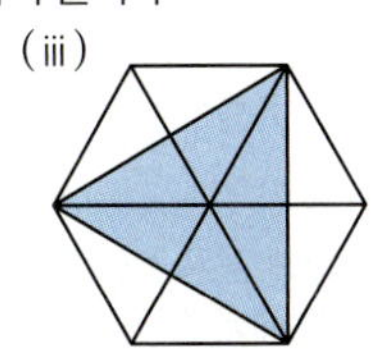

각 삼각형의 넓이는 다음과 같다.

(i) 밑변의 길이가 1, 높이가 $\dfrac{\sqrt{3}}{2}$인 삼각형의 넓이이므로

$$\frac{1}{2} \times 1 \times \frac{\sqrt{3}}{2} = \frac{\sqrt{3}}{4}$$

(ii) 밑변의 길이가 1, 높이가 $\sqrt{3}$인 삼각형의 넓이이므로

$$\frac{1}{2} \times 1 \times \sqrt{3} = \frac{\sqrt{3}}{2}$$

(iii) 정육각형의 넓이의 $\dfrac{1}{2}$배이므로

$$\frac{1}{2} \times 6 \times \frac{\sqrt{3}}{4} \times 1^2 = \frac{3\sqrt{3}}{4}$$

← 한 변의 길이가 $\sqrt{3}$인 정삼각형의 넓이이므로 $\dfrac{\sqrt{3}}{4} \times (\sqrt{3})^2 = \dfrac{3\sqrt{3}}{4}$

(i)~(iii)에서 확률변수 X가 취할 수 있는 값은 $\dfrac{\sqrt{3}}{4}$, $\dfrac{\sqrt{3}}{2}$, $\dfrac{3\sqrt{3}}{4}$이다.

정육각형의 6개의 꼭짓점 중에서 임의로 서로 다른 3개의 점을 택하는 전체 경우의 수는 $_6\mathrm{C}_3 = 20$

(i)~(iii)의 삼각형 꼴은 각각 6개, 12개, 2개 존재한다.

확률변수 X의 확률분포를 표로 나타내면 다음과 같다.

X	$\dfrac{\sqrt{3}}{4}$	$\dfrac{\sqrt{3}}{2}$	$\dfrac{3\sqrt{3}}{4}$	합계
$\mathrm{P}(X=x)$	$\dfrac{6}{20}$	$\dfrac{12}{20}$	$\dfrac{2}{20}$	1

2단계 $\mathrm{P}\left(X \geq \dfrac{\sqrt{3}}{2}\right)$의 값을 구한다.　◀ 20%

$$\mathrm{P}\left(X \geq \frac{\sqrt{3}}{2}\right) = \mathrm{P}\left(X = \frac{\sqrt{3}}{2}\right) + \mathrm{P}\left(X = \frac{3\sqrt{3}}{4}\right)$$
$$= \frac{12}{20} + \frac{2}{20} = \frac{14}{20} = \frac{7}{10}$$

3단계 확률변수 X의 기댓값을 구한다.　◀ 30%

따라서 $\mathrm{E}(X) = \dfrac{\sqrt{3}}{4} \times \dfrac{6}{20} + \dfrac{\sqrt{3}}{2} \times \dfrac{12}{20} + \dfrac{3\sqrt{3}}{4} \times \dfrac{2}{20} = \dfrac{9\sqrt{3}}{20}$

참고 3개의 점을 꼭짓점으로 하는 삼각형의 모양은 그림과 같은 세 종류이고 각각의 개수는 다음과 같다.

(i) 인접한 세 점을 선택할 때, 삼각형은 6개이다.

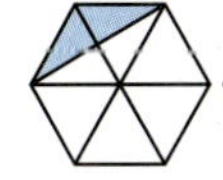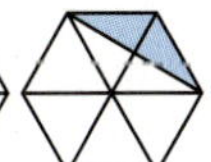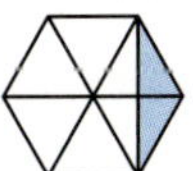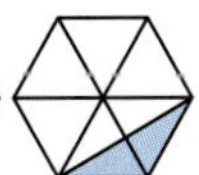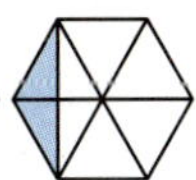

(ii) 인접한 두 점과 두 점 떨어진 점을 선택할 때, 삼각형은 12개이다.

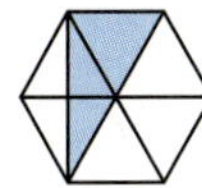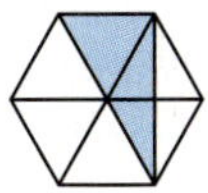

(iii) 두 점씩 떨어진 점을 선택할 때, 정삼각형은 2개이다.

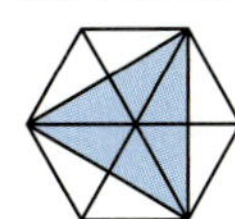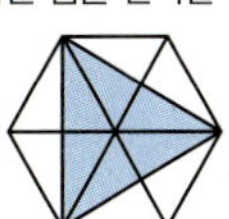

0588

확률변수 X가 갖는 값이 0, 1, 2, 3이고 X의 확률질량함수가

$$\mathrm{P}(X=x) = \frac{4-x}{k} \ (x=0, 1, 2, 3)$$

일 때, $\mathrm{E}(aX+b)=2$, $\mathrm{V}(aX+b)=1$을 만족하는 a, b에 대하여 $2a+b$의 값을 구하는 과정을 다음 단계로 서술하여라. (단, k, a, b는 상수이고 $a>0$)

[1단계] 확률변수 X의 확률분포를 표로 나타내고 상수 k의 값을 구한다.

[2단계] 확률변수 X의 평균 $\mathrm{E}(X)$와 분산 $\mathrm{V}(X)$를 구한다.

[3단계] $\mathrm{E}(aX+b)=2$, $\mathrm{V}(aX+b)=1$을 이용하여 상수 a, b의 값을 구한다.

[4단계] $2a+b$의 값을 구한다.

1단계 확률변수 X의 확률분포를 표로 나타내고 상수 k의 값을 구한다.　◀ 30%

확률변수 X의 확률분포를 표로 나타내면 다음과 같다.

X	0	1	2	3	합계
$\mathrm{P}(X=x)$	$\dfrac{4}{k}$	$\dfrac{3}{k}$	$\dfrac{2}{k}$	$\dfrac{1}{k}$	1

확률의 합이 1이므로 $\dfrac{4}{k} + \dfrac{3}{k} + \dfrac{2}{k} + \dfrac{1}{k} = 1$

$$\frac{10}{k} = 1$$

$$\therefore k = 10$$

2단계 확률변수 X의 평균 $\mathrm{E}(X)$와 분산 $\mathrm{V}(X)$를 구한다.　◀ 30%

확률변수 X의 확률분포를 표로 나타내면 다음과 같다.

X	0	1	2	3	합계
$\mathrm{P}(X=x)$	$\dfrac{4}{10}$	$\dfrac{3}{10}$	$\dfrac{2}{10}$	$\dfrac{1}{10}$	1

$$\mathrm{E}(X) = 0 \times \frac{4}{10} + 3 \times \frac{1}{10} + 2 \times \frac{2}{10} + 3 \times \frac{1}{5} = 1$$

$$\mathrm{V}(X) = \mathrm{E}(X^2) - \{\mathrm{E}(X)\}^2$$
$$= 0^2 \times \frac{4}{10} + 1^2 \times \frac{3}{10} + 2^2 \times \frac{2}{10} + 3^2 \times \frac{1}{10} - 1^2$$
$$= 1$$

3단계 $\mathrm{E}(aX+b)=2$, $\mathrm{V}(aX+b)=1$을 이용하여 상수 a, b의 값을 구한다.　◀ 30%

$\mathrm{E}(aX+b) = a\mathrm{E}(X) + b = a + b = 2$　　…… ㉠

$\mathrm{V}(aX+b) = a^2\mathrm{V}(X) = a^2 = 1$에서

$a>0$이므로 $a=1$

$a=1$을 ㉠에 대입하면 $b=1$

4단계 $2a+b$의 값을 구한다.　◀ 10%

따라서 $a=1$, $b=1$이므로 $2a+b = 2 \times 1 + 1 = 3$

0589

확률변수 X가 이항분포 $B(8, p)$를 따르고

$$P(X=3)=\frac{1}{2}P(X=4)$$

일 때, 확률변수 $13X$의 평균 $E(13X+6)$을 구하는 과정을 다음 단계로 서술하여라. (단, $0 < p < 1$)

[1단계] 확률변수 X의 확률질량함수 $P(X=x)$를 p를 사용하여 나타낸다.

[2단계] $P(X=3)=\frac{1}{2}P(X=4)$를 만족시키는 상수 p의 값을 구한다.

[3단계] $E(13X+6)$을 구한다.

1단계 확률변수 X의 확률질량함수 $P(X=x)$를 p를 사용하여 나타낸다. ◀ 20%

확률변수 X는 이항분포 $B(8, p)$를 따르므로
$$P(X=x)={}_8C_x p^x(1-p)^{8-x} \text{ (단, } x=1, 2, \cdots, 8)$$

2단계 $P(X=3)=\frac{1}{2}P(X=4)$를 만족시키는 상수 p의 값을 구한다. ◀ 40%

$$P(X=3)={}_8C_3 p^3(1-p)^5$$
$$P(X=4)={}_8C_4 p^4(1-p)^4$$

$P(X=3)=\frac{1}{2}P(X=4)$에서 ${}_8C_3 p^3(1-p)^5=\frac{1}{2}\times{}_8C_4 p^4(1-p)^4$

이므로

$$\frac{8!}{3!5!}p^3(1-p)^5=\frac{1}{2}\times\frac{8!}{4!4!}p^4(1-p)^4 \quad \leftarrow {}_nC_r=\frac{n!}{r!(n-r)!}$$

$$\frac{1}{5}(1-p)=\frac{1}{2}\times\frac{1}{4}p$$

$$8(1-p)=5p$$

$$\therefore p=\frac{8}{13}$$

3단계 $E(13X+6)$을 구한다. ◀ 40%

확률변수 X는 이항분포 $B\left(8, \frac{8}{13}\right)$를 따르므로

$$E(X)=8\times\frac{8}{13}=\frac{64}{13}$$

따라서 $E(13X+6)=13E(X)+6=13\times\frac{64}{13}+6=70$

0590

흰 공 2개와 검은 공 3개가 들어 있는 주머니에서 임의로 공을 한 개씩 꺼내어 공의 색을 확인한다. 흰 공 2개를 모두 꺼낼 때까지만 공을 꺼냈을 때, 주머니에 남아 있는 검은 공의 개수를 확률변수 X라 하자. $E(X^2)$의 값은? (단, 꺼낸 공은 다시 넣지 않는다.)

① $\frac{8}{5}$ ② $\frac{17}{10}$ ③ $\frac{9}{5}$
④ $\frac{19}{10}$ ⑤ 2

STEP A 확률변수 X의 확률분포를 표로 나타내기

확률변수 X가 갖는 값은 0, 1, 2, 3이다.

(i) 주머니에 검은 공이 남아 있지 않은 경우
다섯 번째에 흰 공이 나오고 네 번째까지 검은 공 3개와 흰 공 1개가 나오면 되므로 $P(X=0)=\frac{{}_3C_3\times{}_2C_1}{{}_5C_4}=\frac{2}{5}$

(ii) 주머니에 검은 공이 1개 남아 있는 경우
네 번째에 흰 공이 나오고 세 번째까지 검은 공 2개와 흰 공 1개가 나오면 되므로 $P(X=1)=\frac{{}_3C_2\times{}_2C_1}{{}_5C_3}\times\frac{1}{2}=\frac{3}{10}$

(iii) 주머니에 검은 공이 2개 남아 있는 경우
세 번째에 흰 공이 나오고 두 번째까지 검은 공 1개와 흰 공 1개가 나오면 되므로 $P(X=2)=\frac{{}_3C_1\times{}_2C_1}{{}_5C_2}\times\frac{1}{3}=\frac{1}{5}$

(iv) 주머니에 검은 공이 3개 남아 있는 경우
두 번째까지 흰 공 2개가 나오면 되므로 $P(X=3)=\frac{{}_2C_2}{{}_5C_2}=\frac{1}{10}$

따라서 확률변수 X의 확률분포를 표로 나타내면 다음과 같다.

X	0	1	2	3	합계
$P(X=x)$	$\frac{2}{5}$	$\frac{3}{10}$	$\frac{1}{5}$	$\frac{1}{10}$	1

STEP B X^2의 평균 구하기

따라서 $E(X^2)=0^2\times\frac{2}{5}+1^2\times\frac{3}{10}+2^2\times\frac{1}{5}+3^2\times\frac{1}{10}=2$

다른풀이 순열을 이용하여 풀이하기

확률변수 X가 갖는 값은 0, 1, 2, 3이다.

(i) 주머니에 검은 공이 남아 있지 않는 경우
첫 번째부터 네 번째까지 공을 한 개씩 꺼낼 때,
흰 공 1개와 검은 공 3개가 나오는 경우의 수는
흰 공 1개와 검은 공 3개를 일렬로 나열하는 경우의 수와 같으므로
$\frac{4!}{3!}$ 이고 각 경우의 확률은 $\frac{2}{5}\times\frac{3}{4}\times\frac{2}{3}\times\frac{1}{2}=\frac{1}{10}$이므로

$$P(X=0)=\frac{4!}{3!}\times\frac{2}{5}\times\frac{3}{4}\times\frac{2}{3}\times\frac{1}{2}=\frac{2}{5}$$

(ii) 주머니에 검은 공이 1개 남아 있는 경우
첫 번째부터 세 번째까지 공을 한 개씩 꺼낼 때,
흰 공 1개와 검은 공 2개가 나오는 경우의 수는
흰 공 1개와 검은 공 2개를 일렬로 나열하는 경우의 수와 같으므로
$\frac{3!}{2!}$ 이고 각 경우의 확률은 $\frac{2}{5}\times\frac{3}{4}\times\frac{2}{3}=\frac{1}{5}$이다.

또한, 네 번째 꺼낼 때 흰 공이 나올 확률은 $\frac{1}{2}$이므로

$$P(X=1)=\frac{3!}{2!}\times\frac{2}{5}\times\frac{3}{4}\times\frac{2}{3}\times\frac{1}{2}=\frac{3}{10}$$

(iii) 주머니에 검은 공이 2개 남아 있는 경우
첫 번째부터 두 번째까지 공을 한 개씩 꺼낼 때,
흰 공 1개와 검은 공 1개가 나오는 경우의 수는

흰 공 1개와 검은 공 1개를 일렬로 나열하는 경우의 수와 같으므로
$2!$이고 각 경우의 확률은 $\dfrac{2}{5} \times \dfrac{3}{4} = \dfrac{3}{10}$ 이다.

또한, 세 번째 꺼낼 때 흰 공이 나올 확률은 $\dfrac{1}{3}$이므로

$$\mathrm{P}(X=2) = 2! \times \dfrac{2}{5} \times \dfrac{3}{4} \times \dfrac{1}{3} = \dfrac{1}{5}$$

(iv) 주머니에 검은 공이 3개 남아 있는 경우
두 번째까지 흰 공 2개가 나오면 되므로

$$\mathrm{P}(X=3) = \dfrac{{}_2C_2}{{}_5C_2} = \dfrac{1}{10}$$

따라서 이산확률변수 X의 확률분포를 표로 나타내면 다음과 같다.

X	0	1	2	3	합계
$\mathrm{P}(X=x)$	$\dfrac{2}{5}$	$\dfrac{3}{10}$	$\dfrac{1}{5}$	$\dfrac{1}{10}$	1

$$\mathrm{E}(X^2) = 0^2 \times \dfrac{2}{5} + 1^2 \times \dfrac{3}{10} + 2^2 \times \dfrac{1}{5} + 3^2 \times \dfrac{1}{10} = 2$$

0591

오른쪽 그림과 같이 숫자 1, 2, 3이 각각 하나씩 적혀 있는 흰 공 3개와 검은 공 3개가 들어있는 주머니가 있다.
이 주머니에서 임의로 2개의 공을 동시에 꺼낼 때, 꺼낸 공에 적혀 있는 숫자의 최솟값을 확률변수 X라 하자. X의 평균이 $\dfrac{q}{p}$일 때, $p+q$의 값을 구하여라. (단, p, q는 서로소인 자연수이다.)

STEP Ⓐ 전체 경우의 수 구하기

전체 경우의 수는 주머니에서 임의로 2개의 공을 동시에 꺼내는 경우의 수이므로 ${}_6C_2 = 15$

STEP Ⓑ 최소 숫자에 따른 경우의 수 구하기

꺼낸 공에 적혀 있는 숫자의 최솟값이 확률변수 X이므로
X가 취할 수 있는 값은 1, 2, 3이다.
(i) $X=1$인 경우의 수는
(❶, ❷), (❶, ❸), (❶, ①), (❶, ②), (❶, ③)
(①, ②), (①, ③), (①, ❷), (①, ❸)의 9(가지)
(ii) $X=2$인 경우의 수는
(❷, ❸), (❷, ②), (❷, ③), (②, ③), (②, ❸)의 5(가지)
(iii) $X=3$인 경우의 수는
(❸, ③)의 1(가지)

STEP Ⓒ 확률변수 X의 평균 $\mathrm{E}(X)$ 구하기

확률변수 X의 확률분포를 표로 나타내면 다음과 같다.

X	1	2	3	합계
$\mathrm{P}(X=x)$	$\dfrac{3}{5}$	$\dfrac{1}{3}$	$\dfrac{1}{15}$	1

따라서 X의 기댓값은 $\mathrm{E}(X) = 1 \times \dfrac{3}{5} + 2 \times \dfrac{1}{3} + 3 \times \dfrac{1}{15} = \dfrac{22}{15}$

$\therefore p+q = 15+22 = 37$

다른풀이 여사건의 확률 구하여 평균 구하기

꺼낸 2개의 공에 적혀 있는 숫자 중에서 최솟값이 $k\,(k=1, 2, 3)$가 되는 경우의 수는 k 이상의 숫자 중에서 2개의 숫자를 뽑는 경우의 수에서 k보다 큰 숫자 중에서 2개의 숫자를 뽑는 경우의 수를 뺄 것과 같다.
(i) 꺼낸 공에 적혀 있는 숫자의 최솟값이 1인 경우

$$\mathrm{P}(X=1) = \dfrac{{}_6C_2 - {}_4C_2}{{}_6C_2} = \dfrac{9}{15} = \dfrac{3}{5}$$

(ii) 꺼낸 공에 적혀 있는 숫자의 최솟값이 2인 경우

$$\mathrm{P}(X=2) = \dfrac{{}_4C_2 - {}_2C_2}{{}_6C_2} = \dfrac{5}{15} = \dfrac{1}{3}$$

(iii) 꺼낸 공에 적혀 있는 숫자의 최솟값이 3인 경우

$$\mathrm{P}(X=3) = \dfrac{{}_2C_2}{{}_6C_2} = \dfrac{1}{15}$$

확률변수 X의 확률분포를 표로 나타내면 다음과 같다.

X	1	2	3	합계
$\mathrm{P}(X=x)$	$\dfrac{3}{5}$	$\dfrac{1}{3}$	$\dfrac{1}{15}$	1

따라서 확률변수 X의 평균은 $\mathrm{E}(X) = 1 \times \dfrac{3}{5} + 2 \times \dfrac{1}{3} + 3 \times \dfrac{1}{15} = \dfrac{22}{15}$

$\therefore p+q = 15+22 = 37$

0592

그림과 같이 주머니 A에는 1, 2, 3이 적힌 공이 각각 한 개씩 들어 있고, 주머니 B에는 0, 1, 2가 적힌 공이 각각 한 개씩 들어있다. 주머니 A에서 임의로 2개의 공을 동시에 꺼내고 주머니 B에서 임의로 1개의 공을 꺼낼 때, 꺼낸 3개의 공에 적힌 수의 합을 확률변수 X라 하자. $\mathrm{V}(X)$의 값은?

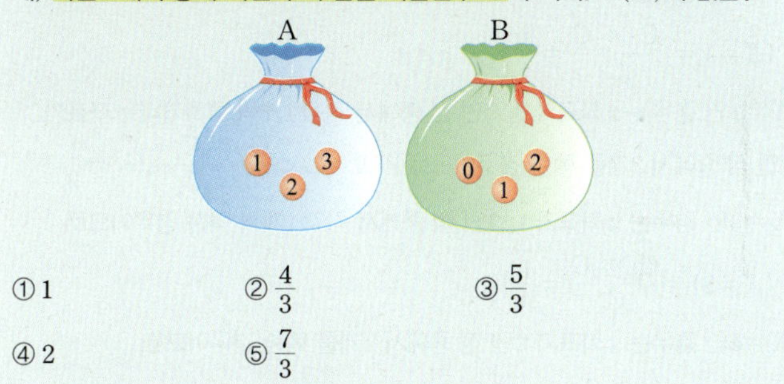

① 1   ② $\dfrac{4}{3}$ ③ $\dfrac{5}{3}$
④ 2   ⑤ $\dfrac{7}{3}$

STEP Ⓐ 확률변수 X의 확률분포를 표로 나타내기

주머니 A에서 2개의 공을 꺼낼 때 꺼낸 공에 적힌 수는
1, 2 또는 1, 3 또는 2, 3이므로 두 수의 합은 3 또는 4 또는 5이다.
두 주머니 A, B에서 각각 2개, 1개의 공을 꺼낼 때,
꺼낸 공에 적힌 세 수의 합은 3 또는 4 또는 5 또는 6 또는 7이다.
$3 = 3+0$이므로
$$\mathrm{P}(X=3) = \dfrac{1}{3} \times \dfrac{1}{3} = \dfrac{1}{9}$$
$4 = 3+1 = 4+0$이므로
$$\mathrm{P}(X=4) = \dfrac{1}{3} \times \dfrac{1}{3} + \dfrac{1}{3} \times \dfrac{1}{3} = \dfrac{2}{9}$$
$5 = 3+2 = 4+1 = 5+0$이므로
$$\mathrm{P}(X=5) = \dfrac{1}{3} \times \dfrac{1}{3} + \dfrac{1}{3} \times \dfrac{1}{3} + \dfrac{1}{3} \times \dfrac{1}{3} = \dfrac{1}{3}$$
$6 = 4+2 = 5+1$이므로
$$\mathrm{P}(X=6) = \dfrac{1}{3} \times \dfrac{1}{3} + \dfrac{1}{3} \times \dfrac{1}{3} = \dfrac{2}{9}$$
$7 = 5+2$이므로
$$\mathrm{P}(X=7) = \dfrac{1}{3} \times \dfrac{1}{3} = \dfrac{1}{9}$$

따라서 확률변수 X의 확률분포를 표로 나타내면 다음과 같다.

X	3	4	5	6	7	합계
$\mathrm{P}(X=x)$	$\dfrac{1}{9}$	$\dfrac{2}{9}$	$\dfrac{1}{3}$	$\dfrac{2}{9}$	$\dfrac{1}{9}$	1

STEP Ⓑ 확률변수 X의 분산 $\mathrm{V}(X)$ 구하기

$$\mathrm{E}(X) = 3 \times \dfrac{1}{9} + 4 \times \dfrac{2}{9} + 5 \times \dfrac{1}{3} + 6 \times \dfrac{2}{9} + 7 \times \dfrac{1}{9} = 5$$

$$\mathrm{V}(X) = 3^2 \times \dfrac{1}{9} + 4^2 \times \dfrac{2}{9} + 5^2 \times \dfrac{1}{3} + 6^2 \times \dfrac{2}{9} + 7^2 \times \dfrac{1}{9} - 5^2 = \dfrac{4}{3}$$

0593

오른쪽 그림과 같이 좌표평면 위에 x좌표와 y좌표가 각각 0 또는 1 또는 2인 9개의 점이 있다. 이 9개의 점 중에서 임의로 서로 다른 2개의 점을 동시에 택할 때, 두 점의 x좌표의 합을 확률변수 X라 하자. $V(6X)$의 값은?

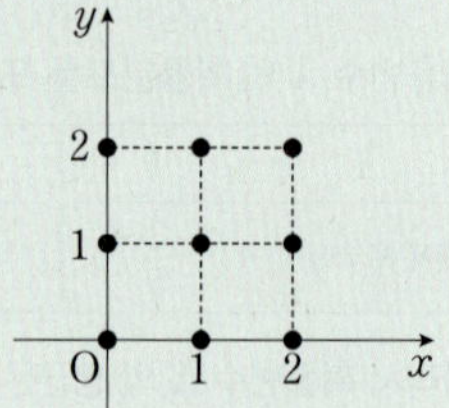

① 32   ② 36
③ 40   ④ 42
⑤ 46

STEP A   확률변수 X의 확률분포를 표로 나타내기

선택한 두 점의 x좌표가 0 또는 1 또는 2이므로 확률변수 X가 갖는 값은 0, 1, 2, 3, 4이다.

$X=0$인 경우는 x좌표가 0인 점 중에서 2개를 택한 경우이므로

$$P(X=0)=\frac{{}_3C_2}{{}_9C_2}=\frac{1}{12}$$

$X=1$인 경우는 x좌표가 0, 1인 점 중에서 각각 1개씩 택한 경우이므로

$$P(X=1)=\frac{{}_3C_1\times{}_3C_1}{{}_9C_2}=\frac{1}{4}$$

$X=2$인 경우는 x좌표가 0, 2인 점 중에서 각각 1개씩 택하거나 x좌표가 1인 점 중에서 2개를 택한 경우이므로 $P(X=2)=\dfrac{{}_3C_1\times{}_3C_1+{}_3C_2}{{}_9C_2}=\dfrac{1}{3}$

$X=3$인 경우는 x좌표가 1, 2인 점 중에서 각각 1개씩 택한 경우이므로

$$P(X=3)=\frac{{}_3C_1\times{}_3C_1}{{}_9C_2}=\frac{1}{4}$$

$X=4$인 경우는 x좌표가 2인 점 중에서 2개를 택한 경우이므로

$$P(X=4)=\frac{{}_3C_2}{{}_9C_2}=\frac{1}{12}$$

확률변수 X의 확률분포를 표로 나타내면 다음과 같다.

X	0	1	2	3	4	합계
$P(X=x)$	$\dfrac{1}{12}$	$\dfrac{1}{4}$	$\dfrac{1}{3}$	$\dfrac{1}{4}$	$\dfrac{1}{12}$	1

STEP B $6X$의 분산을 구하기

$$E(X)=0\times\frac{1}{12}+1\times\frac{1}{4}+2\times\frac{1}{3}+3\times\frac{1}{4}+4\times\frac{1}{12}=2$$

$$V(X)=0^2\times\frac{1}{12}+1^2\times\frac{1}{4}+2^2\times\frac{1}{3}+3^2\times\frac{1}{4}+4^2\times\frac{1}{12}-2^2=\frac{7}{6}$$

따라서 $V(6X)=6^2V(X)=36\times\dfrac{7}{6}=42$

0594

원점 O에서 출발하여 수직선 위를 움직이는 점 P는 주사위 1개를 던져서 홀수의 눈이 나오면 양의 방향으로 3만큼 움직이고, 짝수의 눈이 나오면 음의 방향으로 2만큼 움직인다. 주사위 1개를 10번 던질 때, 점 P의 좌표를 확률변수 X라고 하자. X의 평균과 분산을 구하여라.

STEP A   확률변수 Y는 이항분포를 따름을 이해하기

주사위 1개를 10번 던질 때, 홀수의 눈이 나오는 횟수를 확률변수 Y라 하면 Y는 이항분포 $B\left(10, \dfrac{1}{2}\right)$을 따른다.

STEP B   점 P의 좌표 구하기

이때 짝수의 눈이 나오는 횟수는 $10-Y$이므로
점 P의 좌표인 확률변수 X는 $X=3Y-2(10-Y)=5Y-20$

STEP C X의 평균과 분산 구하기

$E(Y)=10\times\dfrac{1}{2}=5$, $V(Y)=10\times\dfrac{1}{2}\times\dfrac{1}{2}=\dfrac{5}{2}$이므로

$E(X)=E(5Y-20)=5E(Y)-20=5\times5-20=5$

$V(X)=V(5Y-20)=25V(Y)=25\times\dfrac{5}{2}=\dfrac{125}{2}$

0595

소희는 기본점수로 100점을 부여 받고, 한 개의 주사위를 한 번 던지는 시행을 90회 하면서 다음과 같은 규칙으로 점수를 얻는다.

> (가) 주사위를 한 번 던져서 3의 배수의 눈이 나오면 소희의 점수에 3점을 더한다.
> (나) 주사위를 한 번 던져서 3의 배수의 눈이 나오지 않으면 소희의 점수에서 1점을 뺀다.

한 개의 주사위를 90회 던진 후 계산된 소희의 점수를 확률변수 X라 할 때, $V(X)$의 값을 구하여라.

STEP A   이항분포를 따르는 확률변수 Y 구하기

주사위를 90회 던져서 3의 배수의 눈이 나오는 횟수를 확률변수 Y라 하면

$$P(Y=r)={}_{90}C_r\left(\frac{1}{3}\right)^r\left(\frac{2}{3}\right)^{90-r} \text{ (단, } r=0, 1, 2, \cdots, 90)$$

이므로 확률변수 Y는 이항분포 $B\left(90, \dfrac{1}{3}\right)$을 따른다.

STEP B   한 개의 주사위를 90회 던진 후 계산된 소희의 점수 구하기

또, 주사위 90회 던질 때, 3의 배수의 눈이 r회 나오면 소희의 점수는 $100+3r-(90-r)=4r+10$이므로 확률변수 X가 갖는 값은 10, 14, 18, $\cdots$, 370이고

$$P(X=4r+10)=P(Y=r)={}_{90}C_r\left(\frac{1}{3}\right)^r\left(\frac{2}{3}\right)^{90-r} \text{ (단, } r=0, 1, 2, \cdots, 90)$$

STEP C $4Y+10$의 분산 구하기

따라서 $X=4Y+10$이므로

$$V(X)=V(4Y+10)=4^2V(Y)=16\times\left(90\times\frac{1}{3}\times\frac{2}{3}\right)=320$$

0596

두 개의 주사위를 던져서 나온 눈의 수의 곱을 N이라 하자.
$$N=k\cdot2^n \text{ (k는 홀수, n은 음이 아닌 정수)}$$
일 때, n의 값을 확률변수 X라 하자.
이때 확률변수 $3X+9$의 평균을 구하여라.

STEP A   확률변수 X에 대한 확률분포를 표로 나타내기

두 개의 주사위를 던져 나온 수의 곱 $N=k\cdot2^n$ (단, k는 홀수, n은 음이 아닌 정수)일 때, 확률변수 X의 값이 n이다.

(i) $n=0$일 때, $N=1, 3, 5, 9, 15, 25$이므로
눈의 수의 순서쌍은 다음의 9가지이다.
(1, 1), (1, 3), (1, 5), (3, 1), (3, 3), (3, 5), (5, 1), (5, 3), (5, 5)

(ii) $n=1$일 때, $N=2, 6, 10, 18, 30$이므로
눈의 수의 순서쌍은 다음의 12가지이다.
(1, 2), (1, 6), (2, 1), (2, 3), (2, 5), (3, 2), (3, 6), (5, 2), (5, 6),
(6, 1), (6, 3), (6, 5)

(iii) $n=2$일 때, $N=4, 12, 20, 36$이므로
눈의 수의 순서쌍은 다음의 10가지이다.
(1, 4), (2, 2), (2, 6), (3, 4), (4, 1), (4, 3), (4, 5), (5, 4), (6, 2), (6, 6)

(iv) $n=3$일 때, $N=8, 24$이므로
눈의 수의 순서쌍은 다음의 4가지이다.
(2, 4), (4, 2), (4, 6), (6, 4)

(v) $n=4$일 때, $N=16$이므로 눈의 수의 순서쌍은 다음의 1가지이다.
(4, 4)

확률변수 X의 확률분포를 표로 나타내면 다음과 같다.

X	0	1	2	3	4	합계
$P(X=x)$	$\dfrac{1}{4}$	$\dfrac{1}{3}$	$\dfrac{5}{18}$	$\dfrac{1}{9}$	$\dfrac{1}{36}$	1

STEP Ⓑ $3X+9$의 기댓값 구하기

확률변수 X의 평균 $\mathrm{E}(X)$는

$$\mathrm{E}(X)=0\times\frac{1}{4}+1\times\frac{1}{3}+2\times\frac{5}{18}+3\times\frac{1}{9}+4\times\frac{1}{36}=\frac{4}{3}$$

따라서 $\mathrm{E}(3X+9)=3\mathrm{E}(X)+9=3\times\frac{4}{3}+9=13$

0597

프로야구 한국시리즈는 두 팀이 출전하여 7번의 경기 중 4번을 먼저 이기는 팀이 우승팀이 된다. A, B 두 팀이 한국시리즈에 출전하여 우승팀이 정해지기까지 치른 경기의 수를 확률변수 X라 하자.
매 경기마다 각 팀이 이길 확률은 모두 $\frac{1}{2}$로 같다고 할 때, $\mathrm{E}(16X)$의 값을 구하여라. (단, 두 팀이 경기를 할 때 무승부는 없다고 가정한다.)

STEP Ⓐ 확률변수 X의 확률분포를 표로 나타내기

A팀이 우승하기까지 치른 경기의 수를 확률변수 X라 하면
각각의 확률은 다음과 같다.
이때 최소 4경기 이상 치러야 우승팀이 결정되므로 $\mathrm{P}(X\le 3)=0$이다.
(ⅰ) $X=4$인 경우는 어느 한 팀이 4경기를 연달아 이기는 경우이다.

$$\mathrm{P}(X=4)=2\times {}_4\mathrm{C}_4\left(\frac{1}{2}\right)^4\left(\frac{1}{2}\right)^0=\frac{1}{8}$$

(ⅱ) $X=5$인 경우는 어느 한 팀이 4경기를 치르는 동안 3승 1패를 하고 5번째 경기에서 이기는 경우이다.

$$\mathrm{P}(X=5)=2\times\left\{{}_4\mathrm{C}_3\left(\frac{1}{2}\right)^3\left(\frac{1}{2}\right)^1\times\frac{1}{2}\right\}=\frac{1}{4}$$

(ⅲ) $X=6$인 경우는 어느 한 팀이 5경기를 치르는 동안 3승 2패를 하고 6번째 경기에서 이기는 경우이다.

$$\mathrm{P}(X=6)=2\times\left\{{}_5\mathrm{C}_3\left(\frac{1}{2}\right)^3\left(\frac{1}{2}\right)^2\times\frac{1}{2}\right\}=\frac{5}{16}$$

(ⅳ) $X=7$인 경우는 두 팀이 6경기를 치르면서 3승 3패를 하는 경우이다.

$$\mathrm{P}(X=7)=2\times\left\{{}_6\mathrm{C}_3\left(\frac{1}{2}\right)^3\left(\frac{1}{2}\right)^3\times\frac{1}{2}\right\}=\frac{5}{16}$$

(ⅰ)~(ⅳ)에서 확률변수 X의 확률분포를 표로 나타내면 다음과 같다.

X	4	5	6	7	합계
$\mathrm{P}(X=x)$	$\frac{1}{8}$	$\frac{1}{4}$	$\frac{5}{16}$	$\frac{5}{16}$	1

STEP Ⓑ $\mathrm{E}(16X)$ 구하기

$$\mathrm{E}(X)=4\times\frac{1}{8}+5\times\frac{1}{4}+6\times\frac{5}{16}+7\times\frac{5}{16}=\frac{93}{16}$$

따라서 $\mathrm{E}(16X)=16\mathrm{E}(X)=16\times\frac{93}{16}=93$

0598

다음 물음에 답하여라.

(1) 어떤 학생이 오랜만에 방문하는 인터넷 사이트에 접속하기 위하여 비밀번호 여섯 자리를 입력하려고 한다.
이 학생은 비밀번호를 지정할 때, 앞의 네 자리는 항상 자신의 생일 숫자인 1023을 사용하고 뒤의 두 자리는 5, 6, 7, 8, 9 중에서 서로 다른 두 숫자를 택하여 사용하는데, 뒤의 두 자리 수가 전혀 기억나지 않는다. 비밀번호 입력을 시작하여 맞는지 확인하는 데 걸리는 시간은 10초이고, 접속에 실패한 비밀번호는 다시 입력하지 않는다.
처음 입력할 때부터 접속될 때까지 소요되는 시간의 기댓값은?

① 1분 　　② 1분 30초 　　③ 1분 45초
④ 2분 　　⑤ 3분 10초

STEP Ⓐ 전체 경우의 수 구하기

비밀번호를 누를 경우의 수는 5, 6, 7, 8, 9 중에서 서로 다른 2개의 수를 순서대로 누르는 경우이므로 ${}_5\mathrm{P}_2=20$

STEP Ⓑ 확률변수 X에 대한 확률분포를 표로 나타내기

즉 비밀번호를 맞출 확률은 $\frac{1}{20}$

처음 입력할 때부터 접속될 때까지 소요되는 시간을 확률변수 X라 하면
첫 번째 맞힐 확률은 $\mathrm{P}(X=10)=\frac{1}{20}$

첫 번째에서 전체 20개 중 틀린 것 19가지에서 한 개를 선택하고
두 번째에서 남은 19개 중 맞는 것 한 개를 선택하면

두 번째 맞힐 확률은 $\mathrm{P}(X=20)=\frac{19}{20}\times\frac{1}{19}=\frac{1}{20}$

세 번째 맞힐 확률은 $\mathrm{P}(X=30)=\frac{19}{20}\times\frac{18}{19}\times\frac{1}{18}=\frac{1}{20}$

$$\vdots$$

즉 임의의 회차에 비밀번호를 맞힐 확률이 모두 $\frac{1}{20}$

확률변수 X의 확률분포를 표로 나타내면 다음과 같다.

X	10	20	30	$\cdots$	190	200	합계
$\mathrm{P}(X=x)$	$\frac{1}{20}$	$\frac{1}{20}$	$\frac{1}{20}$	$\cdots$	$\frac{1}{20}$	$\frac{1}{20}$	1

STEP Ⓒ X의 확률분포를 표로 나타내고 소요되는 시간의 기댓값 구하기

소요되는 시간의 기댓값은

$$\mathrm{E}(X)=10\times\frac{1}{20}+20\times\frac{1}{20}+30\times\frac{1}{20}+\cdots+200\times\frac{1}{20}$$
$$=\frac{1}{20}(10+20+30+\cdots+200)$$
$$=\frac{1}{2}(1+2+3+\cdots+20)$$
$$=\frac{1}{2}\times\frac{20\times 21}{2}=105 \quad\leftarrow\ \text{등차수열의 합 } S=\frac{n(a+l)}{2}$$

따라서 처음 입력할 때부터 접속될 때까지 소요되는 시간의 기댓값은
1분 45초

(2) 수현이는 인터넷 강의 사이트에 회원으로 가입하면서 비밀번호를 10자리로 설정하였는데 앞의 4자리는 1318이라는 것이 정확히 기억났지만 뒤의 6자리는 영문자 e, e, b, b, s, s로 만들었다는 것만 기억나고 영문자 배열의 순서가 기억나지 않았다. 수현이는 비밀번호를 맞추어 로그인하기 위하여 1318○○○○○○과 같이 뒤의 6개의 자리에 e, e, b, b, s, s의 서로 다른 영문자 배열 중 임의로 한 배열을 선택하여 만든 비밀번호를 입력하여 로그인이 되는지 확인하는 과정을 반복하였다. 수현이가 처음으로 정확한 비밀번호를 맞추어 로그인이 될 때까지 확인한 횟수를 확률변수 X라 하자. $\mathrm{E}(aX-1)=90$을 만족시키는 상수 a의 값은? (단, 한 번 입력한 비밀번호는 다시 입력하지 않는다.)

① 2 　　② 3 　　③ 4
④ 6 　　⑤ 8

6개의 영문자 e, e, b, b, s, s를 나열하는 방법의 수는

$$\frac{6!}{2!2!2!}=90$$

STEP Ⓑ 확률변수 X에 대한 확률분포를 표로 나타내기

확률변수 X가 갖는 값은 1, 2, 3, $\cdots$, 90이고

$$P(X=1)=\frac{1}{90}$$

$$P(X=2)=\frac{89}{90}\times\frac{1}{89}=\frac{1}{90}$$

$$P(X=3)=\frac{89}{90}\times\frac{88}{89}\times\frac{1}{88}=\frac{1}{90}$$

$$\vdots$$

$$P(X=90)=\frac{89}{90}\times\frac{88}{89}\times\frac{87}{88}\times\cdots\times\frac{1}{2}\times1=\frac{1}{90}$$

즉 $P(X=k)=\dfrac{1}{90}$ (단, $k=1$, 2, 3, $\cdots$, 90)

확률변수 X의 확률분포를 표로 나타내면 다음과 같다.

X	1	2	3	$\cdots$	90	합계
$P(X=x)$	$\frac{1}{90}$	$\frac{1}{90}$	$\frac{1}{90}$	$\cdots$	$\frac{1}{90}$	1

STEP Ⓒ $E(aX-2)=89$를 만족하는 a 구하기

$$E(X)=1\times\frac{1}{90}+2\times\frac{1}{90}+3\times\frac{1}{90}+\cdots+90\times\frac{1}{90}$$

$$=\frac{1}{90}\times(1+2+3+\cdots+90)$$

$$=\frac{1}{90}\times\frac{90\times91}{2}\quad\leftarrow\text{등차수열의 합 } S=\frac{n(a+l)}{2}$$

$$=\frac{91}{2}$$

따라서 $E(aX-1)=aE(X)-1=\dfrac{91}{2}a-1=90$에서 $a=2$

0599

주머니 속에 1, 2, 3, 4, 5의 수가 각각 하나씩 적힌 5개의 공이 들어 있다. 이 주머니에서 임의로 3개의 공을 동시에 꺼내어 적힌 수를 확인하고 다시 집어넣는 시행을 한다. 이와 같은 시행을 25회 반복할 때, 꺼낸 3개의 공에 적힌 수들 중 두 수의 합이 나머지 한 수와 같은 경우가 나오는 횟수를 확률변수 X라 하자. 확률변수 X^2의 평균 $E(X^2)$의 값은?

① 102 ② 104 ③ 106
④ 108 ⑤ 110

STEP Ⓐ 확률변수 X는 이항분포를 따름을 이해하기

꺼낸 3개의 공에 적힌 수들 중 두 수의 합이 나머지 한 수와 같은 경우는 다음과 같다.

1+2=3, 1+3=4, 1+4=5, 2+3=5

경우의 수는 (1, 2, 3), (1, 3, 4), (1, 4, 5), (2, 3, 5)인 4가지이다.

확률은 $\dfrac{4}{{}_5C_3}=\dfrac{2}{5}$이므로 확률변수 X는 이항분포 $B\left(25,\ \dfrac{2}{5}\right)$를 따른다.

STEP Ⓑ $E(X^2)=V(X)+\{E(X)\}^2$ 구하기

$$E(X)=25\times\frac{2}{5}=10$$

$$V(X)=25\times\frac{2}{5}\times\frac{3}{5}=6$$

따라서 $E(X^2)=V(X)+\{E(X)\}^2=6+10^2=106$

0600

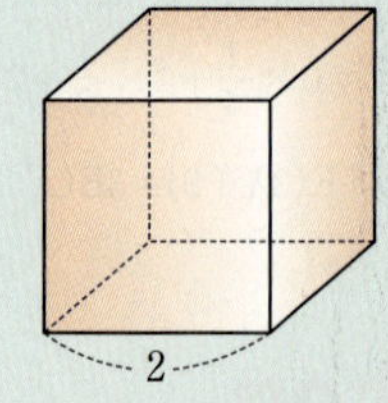

오른쪽 그림과 같이 한 모서리의 길이가 2인 정육면체에서 서로 다른 세 꼭짓점을 택하여 만든 삼각형의 넓이를 확률변수 X라 할 때, $E(7X^2)$의 값을 구하는 과정을 다음 단계로 서술하여라.

[1단계] X의 확률분포를 표로 나타낸다.
[2단계] 확률 $P(2\le X\le3)$을 구한다.
[3단계] $E(7X^2)$의 값을 구한다.

1단계 X의 확률분포를 표로 나타낸다. ◀ 50%

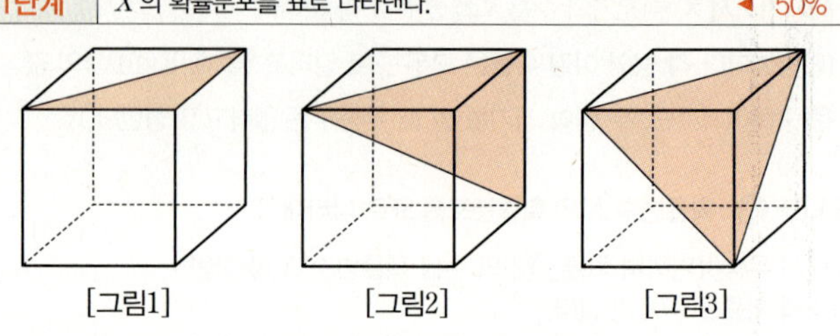

[그림1] [그림2] [그림3]

(ⅰ) [그림1]과 같이 세 꼭짓점을 택하여 만든 삼각형의 넓이는

$$\frac{1}{2}\times2\times2=2$$

(ⅱ) [그림2]와 같이 세 꼭짓점을 택하여 만든 삼각형의 넓이는

$$\frac{1}{2}\times2\sqrt{2}\times2=2\sqrt{2}$$

(ⅲ) [그림3]과 같이 세 꼭짓점을 택하여 만든 삼각형의 넓이는

$$\frac{\sqrt{3}}{4}\times(2\sqrt{2})^2=2\sqrt{3}$$

확률변수 X가 가질 수 있는 값은 2, $2\sqrt{2}$, $2\sqrt{3}$이므로

$$P(X=2)=\frac{6\times{}_4C_3}{{}_8C_3}=\frac{3}{7}$$

$$P(X=2\sqrt{2})=\frac{6\times2\times2}{{}_8C_3}=\frac{3}{7}$$

$$P(X=2\sqrt{3})=\frac{8}{{}_8C_3}=\frac{1}{7}$$

따라서 X의 확률분포를 표로 나타내면 다음과 같다.

X	2	$2\sqrt{2}$	$2\sqrt{3}$	합계
$P(X=x)$	$\frac{3}{7}$	$\frac{3}{7}$	$\frac{1}{7}$	1

2단계 확률 $P(2\le X\le3)$을 구한다. ◀ 20%

$$P(2\le X\le3)=P(X=2)+P(X=2\sqrt{2})$$

$$=\frac{3}{7}+\frac{3}{7}=\frac{6}{7}$$

3단계 $E(7X^2)$의 값을 구한다. ◀ 30%

$$E(X^2)=2^2\times\frac{3}{7}+(2\sqrt{2})^2\times\frac{3}{7}+(2\sqrt{3})^2\times\frac{1}{7}=\frac{48}{7}$$

따라서 $E(7X^2)=7E(X^2)=7\times\dfrac{48}{7}=48$

02 연속확률분포

0601

다음 물음에 답하여라. (단, a는 상수이다.)

(1) 연속확률변수 X의 확률밀도함수가 $f(x)=ax+\dfrac{1}{2}$ $(0 \le x \le 4)$일 때, $\mathrm{P}(1 \le X \le 2)$의 값을 구하여라.

STEP Ⓐ **확률밀도함수의 성질을 이용하여 a의 값 구하기**

확률밀도함수가 $f(x)=ax+\dfrac{1}{2}$이므로

$0 \le x \le 4$에서 $f(x)=ax+\dfrac{1}{2}$의 그래프와 x축 사이의 넓이는 1이다.

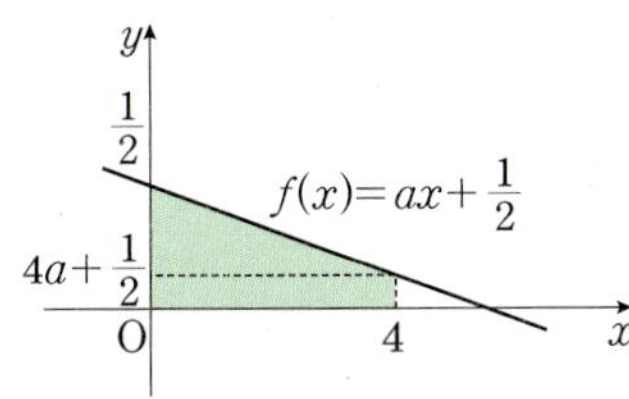

$f(4)=4a+\dfrac{1}{2}$이므로 $\dfrac{1}{2} \times \left(\dfrac{1}{2}+4a+\dfrac{1}{2}\right) \times 4 = 1$

$\therefore a=-\dfrac{1}{8}$

STEP Ⓑ $\mathrm{P}(1 \le X \le 2)$ **구하기**

따라서 구하는 확률은

$1 \le x \le 2$에서 $f(x)=-\dfrac{1}{8}x+\dfrac{1}{2}$의 그래프와 x축 사이의 넓이이다.

$\therefore \mathrm{P}(1 \le X \le 2)=\dfrac{1}{2} \times \left(\dfrac{3}{8}+\dfrac{1}{4}\right) \times 1 = \dfrac{5}{16}$

(2) 연속확률변수 X의 확률밀도함수가 $f(x)=1-ax$ $(1 \le x \le 3)$일 때, $\mathrm{P}(1 \le X \le 2)$의 값을 구하여라.

STEP Ⓐ **확률밀도함수의 성질을 이용하여 a의 값 구하기**

확률밀도함수가 $f(x)=1-ax$ $(1 \le x \le 3)$이므로

$1 \le x \le 3$에서 $f(x)=1-ax$의 그래프와 x축 사이의 넓이는 1이다.

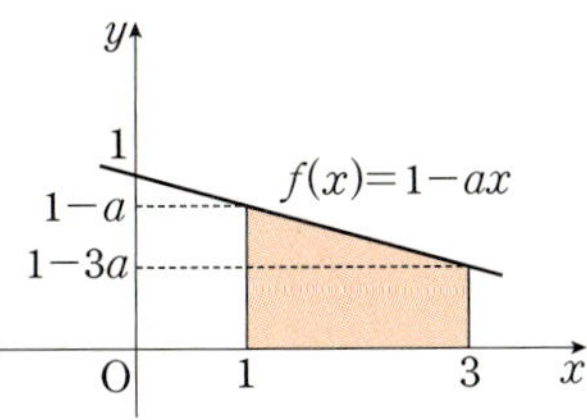

$\dfrac{1}{2} \times (3-1) \times \{(1-a)+(1-3a)\}=1$ $\therefore a=\dfrac{1}{4}$

확률밀도함수 $f(x)$는 $f(x)=1-\dfrac{1}{4}x$

STEP Ⓑ $\mathrm{P}(1 \le X \le 2)$ **구하기**

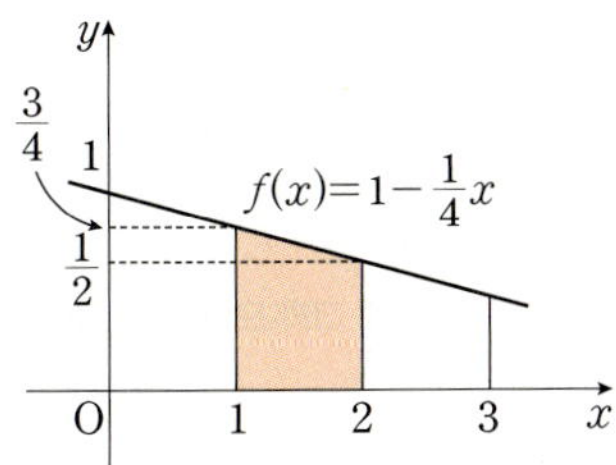

따라서 구하는 확률은

$1 \le x \le 2$에서 $f(x)=1-\dfrac{1}{4}x$의 그래프와 x축 사이의 넓이이다.

$\therefore \mathrm{P}(1 \le X \le 2)=\dfrac{1}{2} \times 1 \times \left(\dfrac{3}{4}+\dfrac{1}{2}\right)=\dfrac{5}{8}$

0602

구간 $0 \le x \le 2$에서 정의된 연속확률변수 X의 확률밀도함수 $f(x)$는 다음과 같다.

$$f(x)=\begin{cases} a(1-x) & (0 \le x < 1) \\ b(x-1) & (1 \le x \le 2) \end{cases}$$

$\mathrm{P}(1 \le X \le 2)=\dfrac{a}{6}$일 때, $a-b$의 값은?

① 1   ② $\dfrac{1}{2}$ ③ $\dfrac{1}{3}$

④ $\dfrac{1}{4}$ ⑤ $\dfrac{1}{5}$

STEP Ⓐ $y=f(x)$**의 그래프 그리기**

확률밀도함수 $f(x) \ge 0$이므로

$a>0$, $b>0$

$y=f(x)$의 그래프는 오른쪽 그림과 같다.

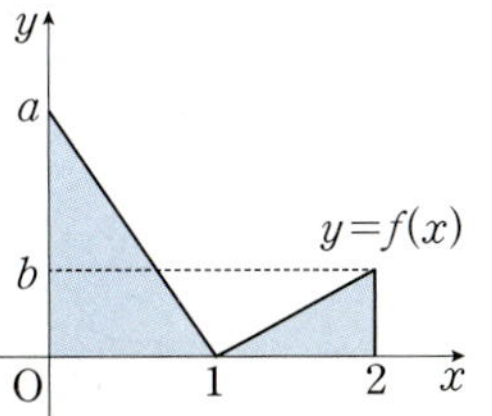

STEP Ⓑ **확률밀도함수의 성질을 이용하여 a, b의 값 구하기**

어두운 부분의 넓이가 1이므로

확률의 합이 1이므로 $\dfrac{a}{2}+\dfrac{a}{6}=1$ $\therefore a+b=2$ …… ㉠

또한, $\mathrm{P}(1 \le X \le 2)=\dfrac{a}{6}$이므로

$\dfrac{1}{2} \times 1 \times b=\dfrac{a}{6}$ $\therefore a=3b$ …… ㉡

㉠, ㉡을 연립하여 풀면 $a=\dfrac{3}{2}$, $b=\dfrac{1}{2}$

따라서 $a-b=1$

0603

구간 $0 \le x \le 3$의 모든 실수 값을 가지는 연속확률변수 X에 대하여
$$\mathrm{P}(x \le X \le 3)=a(3-x) \quad (0 \le x \le 3)$$
이 성립할 때, $\mathrm{P}(0 \le X \le a)=\dfrac{q}{p}$이다.

$p+q$의 값을 구하여라. (단, a는 상수이고, p와 q는 서로소인 자연수이다.)

STEP Ⓐ **구간 $[0, 3]$에서 확률이 1임을 이용하여 a의 값 구하기**

$\mathrm{P}(x \le X \le 3)=a(3-x)$ $(0 \le x \le 3)$에 대하여

확률변수 X가 구간 $[0, 3]$의 모든 실수값을 가지므로

$x=0$을 대입하면 $\mathrm{P}(0 \le X \le 3)=1$이어야 하므로

$\mathrm{P}(0 \le X \le 3)=3a=1$ $\therefore a=\dfrac{1}{3}$

$\therefore \mathrm{P}(x \le X \le 3)=\dfrac{1}{3}(3-x)$

STEP Ⓑ **구간 $[0, a]$에서 확률 구하기**

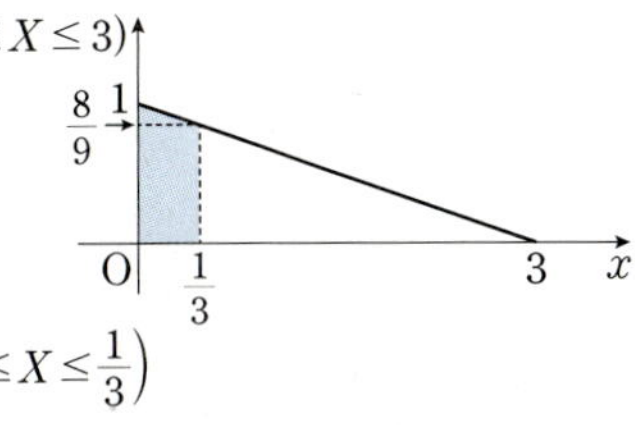

$\mathrm{P}(0 \le X \le a)=\mathrm{P}\left(0 \le X \le \dfrac{1}{3}\right)$

$\qquad =\mathrm{P}(0 \le X \le 3)-\mathrm{P}\left(\dfrac{1}{3} \le X \le 3\right)$

$\qquad =1-\dfrac{1}{3}\left(3-\dfrac{1}{3}\right)$

$\qquad =1-\dfrac{1}{3} \times \dfrac{8}{3}=\dfrac{1}{9}$

따라서 $p=9$, $q=1$이므로 $p+q=10$

확률밀도함수를 $f(x)$라 하면

$$P(x \leq X \leq 3) = \int_x^3 f(t)dt = a(3-x) \ (0 \leq x \leq 3)$$

즉 $\int_3^x f(t)dt = -3a + ax$

양변을 x에 대하여 미분하면 $f(x) = a$

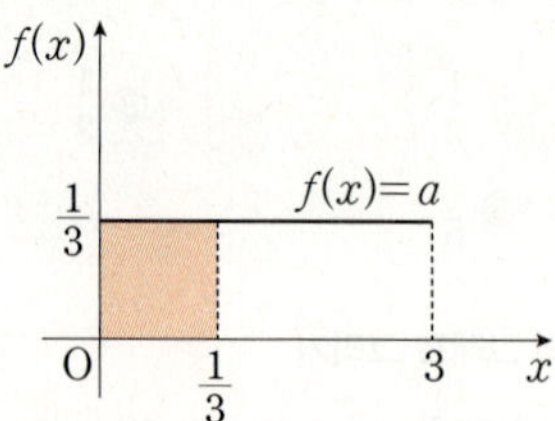

이때 $0 \leq x \leq 3$에서 확률의 합은 1이므로 넓이는 $3a = 1$

$\therefore a = \dfrac{1}{3}$

$$P(0 \leq X \leq a) = P\left(0 \leq X \leq \dfrac{1}{3}\right) = \int_0^{\frac{1}{3}} f(x)dx = \int_0^{\frac{1}{3}} \dfrac{1}{3} dx = \dfrac{1}{9}$$

따라서 $p = 9$, $q = 1$이므로 $p + q = 10$

0604

다음 물음에 답하여라.

(1) 연속확률변수 X가 갖는 값의 범위가 $0 \leq X \leq 4$이고 X의 확률밀도함수의 그래프가 그림과 같을 때, $P\left(\dfrac{1}{2} \leq X \leq 3\right)$의 값을 구하여라.

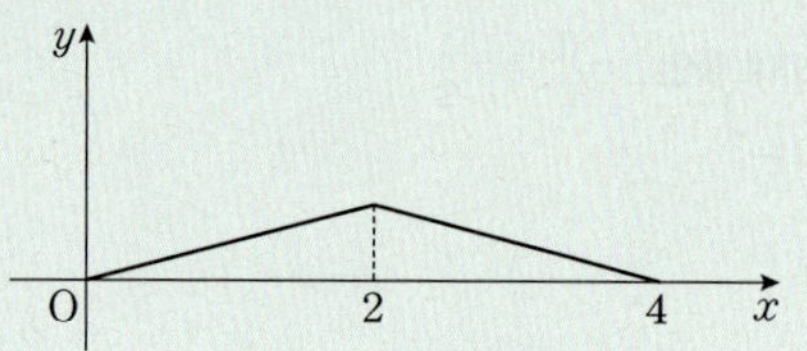

확률밀도함수의 성질에 의하여 $0 \leq X \leq 4$에서 전체 확률이 1이다.

즉 넓이가 1이므로 $x = 2$에서의 함숫값은 $\dfrac{1}{2}$이다.

확률밀도함수를 $f(x)$라 하면

$$f(x) = \begin{cases} \dfrac{1}{4}x & (0 \leq x \leq 2) \\ -\dfrac{1}{4}(x-4) & (2 \leq x < 4) \end{cases}$$

이므로 $f\left(\dfrac{1}{2}\right) = \dfrac{1}{8}$, $f(3) = \dfrac{1}{4}$

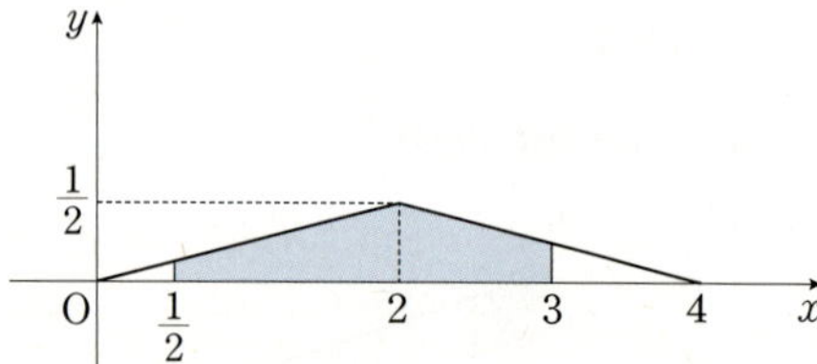

$P\left(\dfrac{1}{2} \leq X \leq 3\right)$ ← $y = f(x)$의 그래프와 x축 및 $x = \dfrac{1}{2}$ 및 $x = 3$으로 둘러싸인 넓이

$= 1 - P\left(0 \leq X \leq \dfrac{1}{2}\right) - P(3 \leq X \leq 4)$

$= 1 - \dfrac{1}{2} \times \dfrac{1}{2} \times \dfrac{1}{8} - \dfrac{1}{2} \times 1 \times \dfrac{1}{4}$

$= 1 - \dfrac{1}{32} - \dfrac{1}{8} = \dfrac{27}{32}$

(2) 연속확률변수 X가 갖는 값의 범위는 $0 \leq X \leq 4$이고 X의 확률밀도함수의 그래프는 다음 그림과 같을 때, $100P(0 \leq X \leq 2)$의 값을 구하여라.

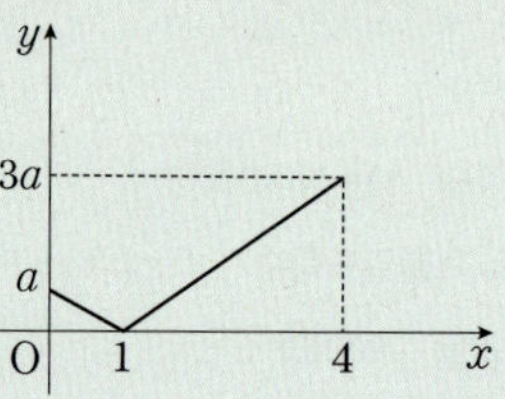

도함수와 x축으로 둘러싸인 부분의 넓이는 1이므로

$P(0 \leq X \leq 4) = 1$

$\dfrac{1}{2} \times 1 \times a + \dfrac{1}{2} \times 3 \times 3a = 1$, $5a = 1$이므로 $a = \dfrac{1}{5}$

점 $(1, 0)$, $\left(4, \dfrac{3}{5}\right)$을 지나는 직선의 방정식은

$y = \dfrac{1}{5}(x-1)$이므로

$x = 2$에서의 함숫값은 $\dfrac{1}{5}$

$P(0 \leq X \leq 2)$는 구간 $[0, 2]$에서 확률밀도함수의 그래프와 x축으로 둘러싸인 부분의 넓이이므로

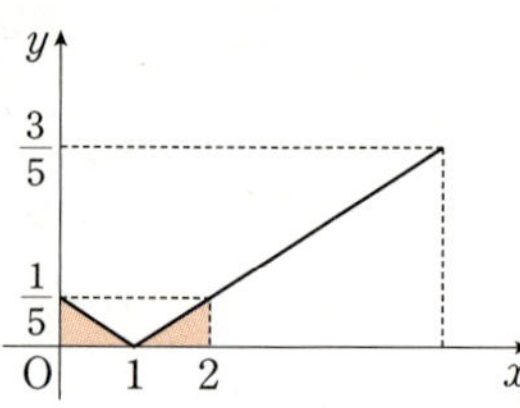

$P(0 \leq X \leq 2) = \dfrac{1}{2} \times 1 \times \dfrac{1}{5} + \dfrac{1}{2} \times 1 \times \dfrac{1}{5} = \dfrac{1}{5}$

따라서 $100P(0 \leq X \leq 2) = 100 \times \dfrac{1}{5} = 20$

0605

연속확률변수 X가 갖는 값의 범위는 $0 \leq X \leq 2$이고 X의 확률밀도함수의 그래프가 그림과 같을 때, $P\left(\dfrac{1}{3} \leq X \leq a\right)$의 값은? (단, a는 상수이다.)

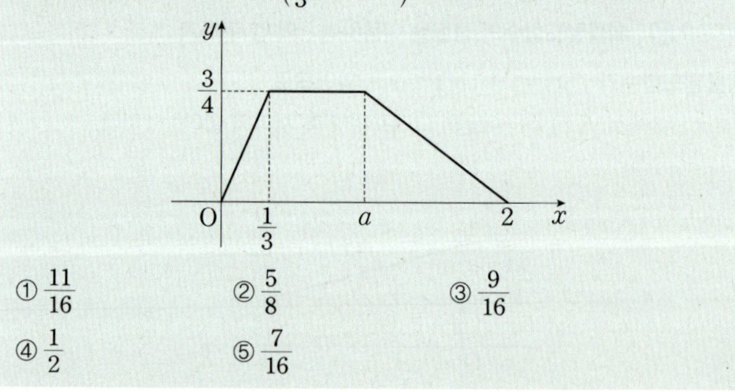

① $\dfrac{11}{16}$　　② $\dfrac{5}{8}$　　③ $\dfrac{9}{16}$

④ $\dfrac{1}{2}$　　⑤ $\dfrac{7}{16}$

$0 \leq x \leq 2$에서 확률밀도함수의 그래프와 x축으로 둘러싸인 부분의 넓이는 1이다.

$\dfrac{1}{2} \times \dfrac{1}{3} \times \dfrac{3}{4} + \left(a - \dfrac{1}{3}\right) \times \dfrac{3}{4} + \dfrac{1}{2} \times (2-a) \times \dfrac{3}{4} = 1$

즉 $\dfrac{3}{8}a = \dfrac{3}{8}$에서 $a = 1$

$P\left(\dfrac{1}{3} \leq X \leq a\right)$

$= P\left(\dfrac{1}{3} \leq X \leq 1\right)$ ← 사각형의 넓이

$= \left(1 - \dfrac{1}{3}\right) \times \dfrac{3}{4} = \dfrac{1}{2}$

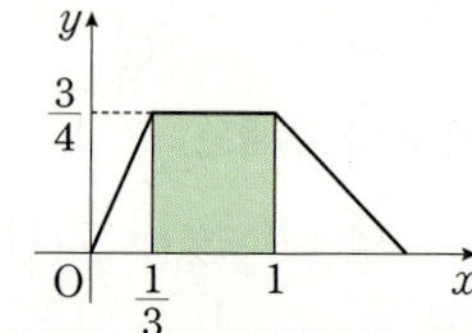

0606

양의 실수 a, b에 대하여 연속확률변수 X가 취하는 값의 범위는
$-a \leq X \leq 4$이고, 확률변수 X의 확률밀도함수가

$$f(x) = \begin{cases} \dfrac{b}{a}(x+a) & (-a \leq x \leq 0) \\ b - \dfrac{1}{12}x & (0 \leq x \leq 4) \end{cases}$$

이다. $\mathrm{P}(0 \leq X \leq 4) = 2\mathrm{P}(-a \leq X \leq 0)$일 때, 상수 a, b에 대하여 $a+b$의 값을 구하여라.

STEP A $\mathrm{P}(0 \leq X \leq 4) = 2\mathrm{P}(-a \leq X \leq 0)$**을 이용하여 각 구간별 확률 구하기**

$\mathrm{P}(-a \leq X \leq 0) + \mathrm{P}(0 \leq X \leq 4) = 1$이고
$\mathrm{P}(0 \leq X \leq 4) = 2\mathrm{P}(-a \leq X \leq 0)$이므로

$\mathrm{P}(-a \leq X \leq 0) = \dfrac{1}{3}$, $\mathrm{P}(0 \leq X \leq 4) = \dfrac{2}{3}$

STEP B **넓이를 이용하여** a, b**의 값 구하기**

다음 그림에서

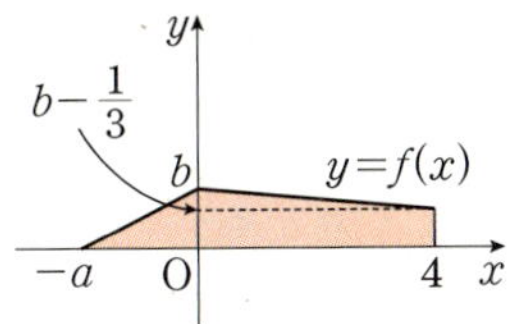

$\mathrm{P}(-a \leq X \leq 0) = \dfrac{1}{2} \times a \times b = \dfrac{1}{3}$ $\quad$ …… ㉠

$\mathrm{P}(0 \leq X \leq 4) = \dfrac{1}{2}\left\{b + \left(b - \dfrac{1}{3}\right)\right\} \times 4 = \dfrac{2}{3}$ $\quad$ …… ㉡

㉡에서

$2b - \dfrac{1}{3} = \dfrac{1}{3}$에서 $b = \dfrac{1}{3}$

$b = \dfrac{1}{3}$을 ㉠에 대입하면 $a = 2$

STEP C $a+b$**의 값 구하기**

따라서 $a = 2$, $b = \dfrac{1}{3}$이므로 $a + b = 2 + \dfrac{1}{3} = \dfrac{7}{3}$

0607

$-2 \leq X \leq 4$의 모든 값을 취하는 확률변수 X의 확률밀도함수 $f(x)$는
$f(1-x) = f(1+x)$를 만족시킬 때, $\mathrm{P}(1 \leq X \leq 3) = 2\mathrm{P}(3 \leq X \leq 4)$이고
$\mathrm{P}(0 \leq X \leq 1) = \dfrac{1}{4}$일 때, $\mathrm{P}(0 \leq X \leq 3)$의 값은?

① $\dfrac{5}{12}$ $\qquad$ ② $\dfrac{1}{2}$ $\qquad$ ③ $\dfrac{7}{12}$

④ $\dfrac{2}{3}$ $\qquad$ ⑤ $\dfrac{3}{4}$

STEP A $f(1-x) = f(1+x)$**을 만족하는 함수** $f(x)$**개형 그리기**

확률밀도함수 $f(x)$가 모든 실수 x에 대하여 $f(1-x) = f(1+x)$를
만족하므로 함수 $y = f(x)$의 그래프는 직선 $x = 1$에 대하여 대칭이다.

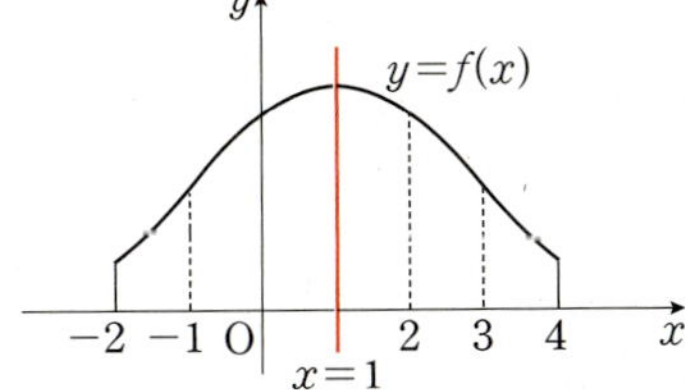

STEP B $\mathrm{P}(1 \leq X \leq 4)$**의 값을 구하여** $\mathrm{P}(3 \leq X \leq 4)$**의 값 구하기**

구간 $[-2, 4]$에서 확률밀도함수 $f(x)$의 그래프와 x축으로 둘러싸인 도형의
넓이가 1이므로 $\mathrm{P}(-2 \leq X \leq 4) = 1$

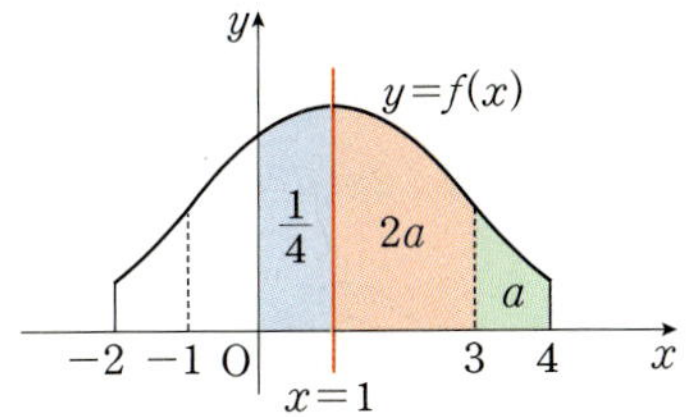

$\mathrm{P}(1 \leq X \leq 4) = \dfrac{1}{2}$, $\mathrm{P}(3 \leq X \leq 4) = a$라 하면

$\mathrm{P}(1 \leq X \leq 3) = 2\mathrm{P}(3 \leq X \leq 4)$이므로 $\mathrm{P}(1 \leq X \leq 3) = 2a$

$\mathrm{P}(1 \leq X \leq 4) = \mathrm{P}(1 \leq X \leq 3) + \mathrm{P}(3 \leq X \leq 4)$

$\qquad = 2a + a = 3a = \dfrac{1}{2}$

$\therefore a = \dfrac{1}{6}$

STEP C $\mathrm{P}(0 \leq X \leq 3)$**의 값 구하기**

따라서 $\mathrm{P}(1 \leq X \leq 3) = 2a = \dfrac{1}{3}$이므로

$\mathrm{P}(0 \leq X \leq 3) = \mathrm{P}(0 \leq X \leq 1) + \mathrm{P}(1 \leq X \leq 3)$

$\qquad = \dfrac{1}{4} + \dfrac{1}{3} = \dfrac{7}{12}$

0608

연속확률변수 X의 확률밀도함수 $f(x)$가 모든 실수 x에 대하여
$f(2+x) = f(2-x)$를 만족시킨다. 두 양수 a와 $b(a<b)$에 대하여
$$\mathrm{P}(2-a \leq X \leq 2+b) = p_1, \quad \mathrm{P}(2+a \leq X \leq 2+b) = p_2$$
일 때, 확률 $\mathrm{P}(2-b \leq X \leq 2+b)$를 p_1과 p_2로 나타낸 것은?
(단, $p_1 > 0$, $p_2 > 0$이다.)

① $p_1 + p_2$ $\qquad$ ② $\dfrac{p_1 + p_2}{2}$ $\qquad$ ③ $\dfrac{p_1 - p_2}{2}$

④ $p_1 - p_2$ $\qquad$ ⑤ $p_2 - p_1$

STEP A $f(2+x) = f(2-x)$**을 만족하는 함수** $f(x)$**개형 그리기**

확률밀도함수 $f(x)$가 모든 실수 x에 대하여 $f(2+x) = f(2-x)$를
만족하므로 함수 $y = f(x)$의 그래프는 직선 $x = 2$에 대하여 대칭이다.

STEP B $\mathrm{P}(2-b \leq X \leq 2+b)$**의 값 구하기**

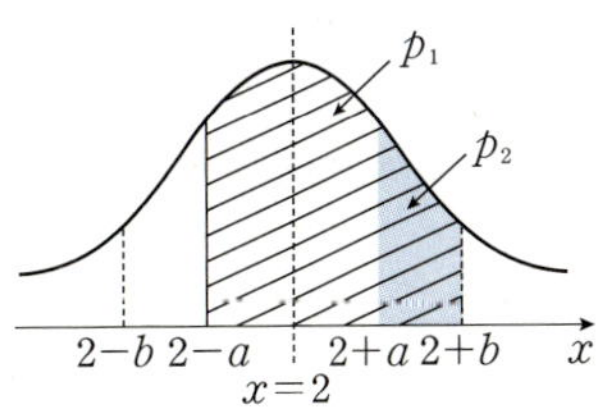

$\mathrm{P}(2-a \leq X \leq 2+b) = p_1$,

$\mathrm{P}(2+a \leq X \leq 2+b) = \mathrm{P}(2-b \leq X \leq 2-a) = p_2$

따라서 $\mathrm{P}(2-b \leq X \leq 2+b) = p_1 + p_2$

다른풀이 $\mathrm{P}(2 \leq X \leq 2+a)$, $\mathrm{P}(2 \leq X \leq 2+b)$**의 값을 이용하여 풀이하기**

STEP A **직선** $x = 2$**에 대하여 대칭인 함수** $y = f(x)$**의 그래프 이용하기**

확률밀도함수 $f(x)$가 모든 실수 x에 대하여 $f(2+x) = f(2-x)$를
만족하므로 함수 $y = f(x)$의 그래프는 직선 $x = 2$에 대하여 대칭이다.

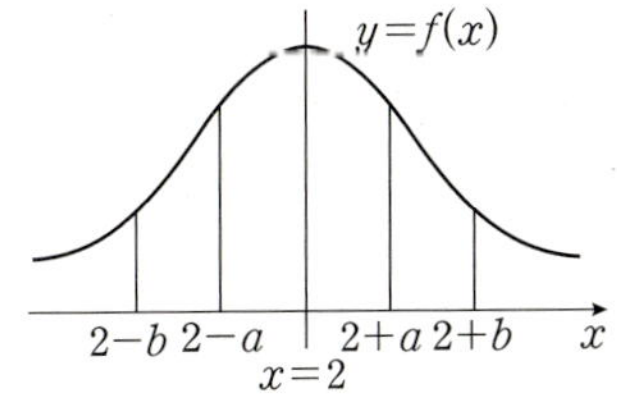

$\mathrm{P}(2 \leq X \leq 2+a)=\mathrm{P}(2-a \leq X \leq 2)=\alpha$,
$\mathrm{P}(2 \leq X \leq 2+b)=\mathrm{P}(2-b \leq X \leq 2)=\beta$라 하면

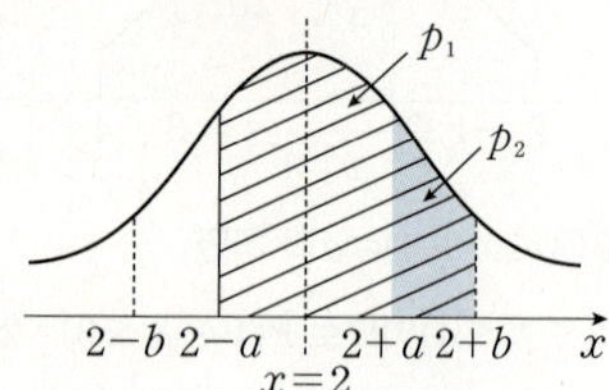

$p_1=\mathrm{P}(2-a \leq X \leq 2+b)$
$\quad=\mathrm{P}(2-a \leq X \leq 2)+\mathrm{P}(2 \leq X \leq 2+b)=\alpha+\beta \quad\cdots\cdots\text{㉠}$
$p_2=\mathrm{P}(2+a \leq X \leq 2+b)$
$\quad=\mathrm{P}(2 \leq X \leq 2+b)-\mathrm{P}(2 \leq X \leq 2+a)=\beta-\alpha \quad\cdots\cdots\text{㉡}$
㉠+㉡을 하면 $p_1+p_2=2\beta$
따라서 $\mathrm{P}(2-b \leq X \leq 2+b)=2\mathrm{P}(2 \leq X \leq 2+b)=2\beta=p_1+p_2$

0609

연속확률변수 X가 갖는 값의 범위는 $0 \leq X \leq 2$이고 확률밀도함수의 그래프는 다음 그림과 같다. 두 양수 a, b에 대하여

$$p_1=\mathrm{P}(0 \leq X \leq a),\ p_2=\mathrm{P}(a < X \leq b),\ p_3=\mathrm{P}(b < X \leq 2)$$

이다. 세 확률 p_1, p_2, p_3이 이 순서로 등차수열을 이루고 $a+b=\dfrac{4}{3}$일 때, b의 값을 구하여라. (단, $a<b$이다.)

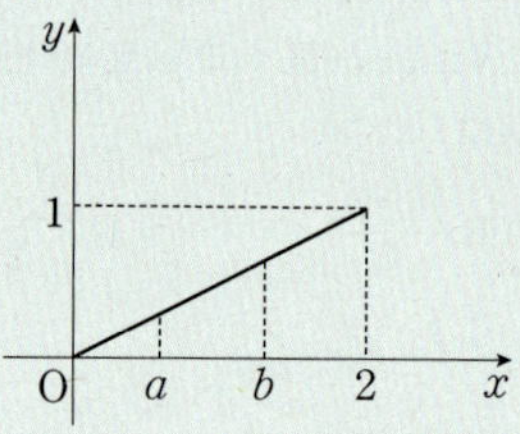

p_1, p_2, p_3가 이 순서로 등차수열을 이루므로 $2p_2=p_1+p_3$
이때 $p_1+p_2+p_3=1$이므로 $2p_2=1-p_2$
$\therefore p_2=\dfrac{1}{3}$

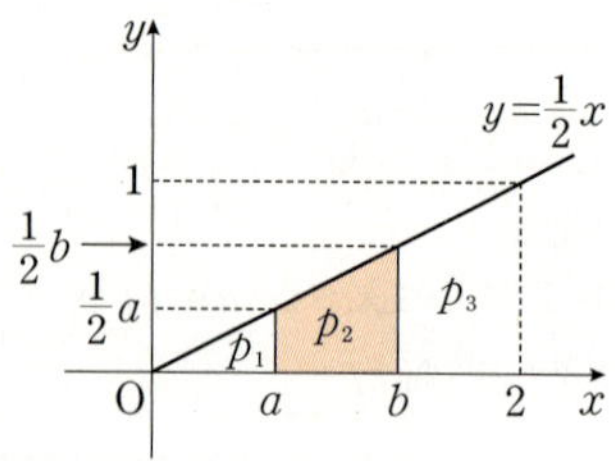

한편 $p_2=\mathrm{P}(a < X \leq b)$이므로
$p_2=\dfrac{1}{2} \times \left(\dfrac{1}{2}a+\dfrac{1}{2}b\right) \times (b-a)$
$\quad=\dfrac{1}{4} \times (a+b) \times (b-a)$

이때 $a+b=\dfrac{4}{3}$이므로 $\dfrac{1}{4} \times \dfrac{4}{3} \times (b-a)=\dfrac{1}{3}$
$\therefore b-a=1$
$b-a=1$과 $a+b=\dfrac{4}{3}$의 각 변을 더하면 $2b=\dfrac{7}{3}$
따라서 $b=\dfrac{7}{6}$

0610

연속확률변수 X의 확률밀도함수 $f(x)$가 다음과 같다.
$$f(x)=\dfrac{1}{2}x\,(0 \leq x \leq 2)$$
매회의 시행에서 사건 A가 일어날 확률이 $\mathrm{P}(0 \leq X \leq 1)$로 일정할 때, 3회의 독립시행에서 사건 A가 2회 이상 일어날 확률을 $\dfrac{q}{p}$라 하자. $p+q$의 값을 구하여라. (단, p와 q는 서로소인 자연수이다.)

확률밀도함수 $y=f(x)$의 그래프는 다음 그림과 같다.

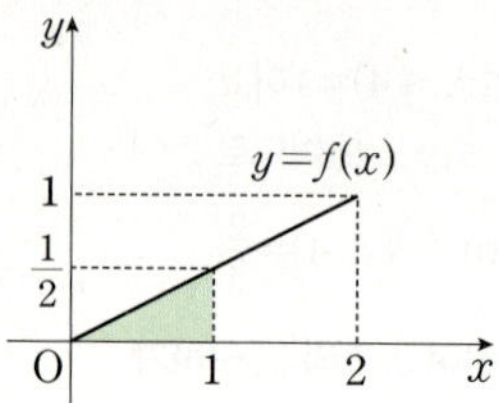

사건 A가 일어날 확률은
$\mathrm{P}(A)=\mathrm{P}(0 \leq X \leq 1)=\dfrac{1}{2} \times 1 \times \dfrac{1}{2}=\dfrac{1}{4}$
이므로 3회의 독립시행에서 사건 A가 일어나는 횟수를 Y라 하면
확률변수 Y는 이항분포 $\mathrm{B}\left(3, \dfrac{1}{4}\right)$를 따른다.

사건 A가 2회 이상 일어날 확률은
$\mathrm{P}(Y=2)+\mathrm{P}(Y=3)={}_3\mathrm{C}_2\left(\dfrac{1}{4}\right)^2\left(\dfrac{3}{4}\right)+{}_3\mathrm{C}_3\left(\dfrac{1}{4}\right)^3=3 \times \dfrac{3}{64}+\dfrac{1}{64}=\dfrac{5}{32}$
따라서 $p+q=37$

0611

지효가 집에서 학교까지 가는 데 걸리는 시간을 X분이라고 할 때, X의 확률밀도함수 $y=f(x)$의 그래프가 다음 그림과 같다고 한다. 학교 등교 시간이 8시까지일 때, 7시 30분에서 집에서 출발한 지효가 3일 중에서 2일 이상 지각할 확률은?

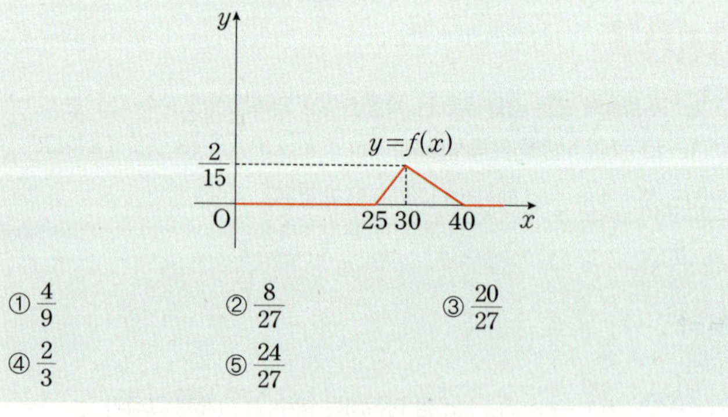

① $\dfrac{4}{9}$　　② $\dfrac{8}{27}$　　③ $\dfrac{20}{27}$
④ $\dfrac{2}{3}$　　⑤ $\dfrac{24}{27}$

학교까지 가는 데 걸리는 시간이 30분이 넘으면 지각을 하므로
지각할 확률은 $\mathrm{P}(X > 30)=\dfrac{1}{2} \times 10 \times \dfrac{2}{15}=\dfrac{2}{3}$
지효가 3일 중에서 지각하는 일수를 Y라 하면
확률변수 Y는 이항분포 $\mathrm{B}\left(3, \dfrac{2}{3}\right)$를 따른다.

따라서 지효가 3일 중에서 2일 이상 지각할 확률은 독립시행의 확률에 의하여
$${}_3\mathrm{C}_2\left(\dfrac{2}{3}\right)^2\left(\dfrac{1}{3}\right)^1+{}_3\mathrm{C}_3\left(\dfrac{2}{3}\right)^3\left(\dfrac{1}{3}\right)^0=\dfrac{12}{27}+\dfrac{8}{27}=\dfrac{20}{27}$$

0612

연속확률변수 X가 갖는 값의 범위가 $-3 \le X \le 1$이고 확률밀도함수가

$$f(x)=\begin{cases} ax+\dfrac{1}{2} & (-3 \le x \le 0) \\ \dfrac{1}{2}(1-x) & (0 \le x \le 1) \end{cases}$$

이다. 매회 시행에서 사건 A가 일어날 확률이 $2P(-3 \le X \le -2)$로 일정할 때, 720회의 독립시행에서 사건 A가 일어날 횟수를 Y라 하자. 이때 $E(Y)+V(Y)$의 값을 구하여라. (단, a는 상수이다.)

 확률밀도함수의 성질을 이용하여 a의 값 구하기

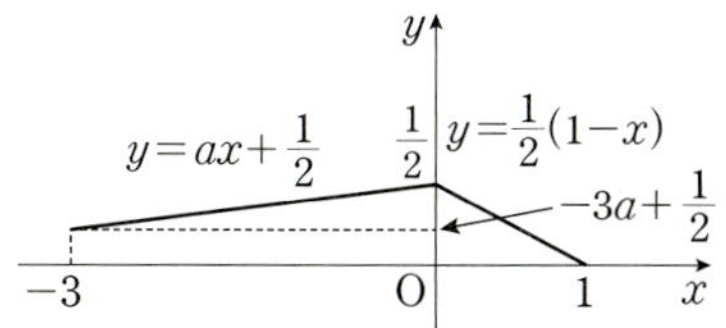

확률밀도함수의 성질에 의해 $y=f(x)$의 그래프와 x축으로 둘러싸인 부분의 넓이가 1이므로 $\dfrac{1}{2}\left(-3a+\dfrac{1}{2}+\dfrac{1}{2}\right)\times 3+\dfrac{1}{2}\times 1\times\dfrac{1}{2}=1$

$-\dfrac{9}{2}a+\dfrac{3}{2}+\dfrac{1}{2}\times\dfrac{1}{2}=1$에서 $a=\dfrac{1}{6}$

 1회 사건에서 사건 A가 일어날 확률 구하기

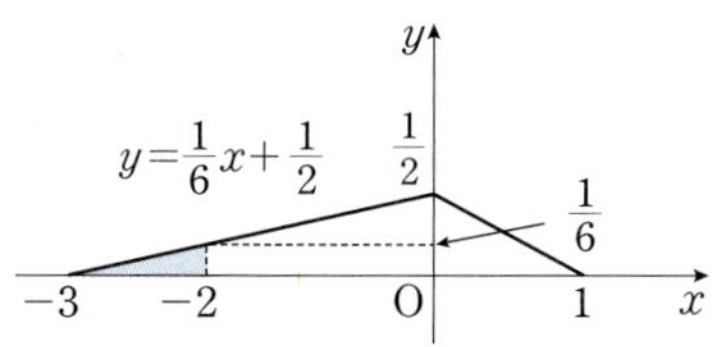

이때 1회 사건에서 사건 A가 일어날 확률 $2P(-3 \le X \le -2)$는

함수 $y=\dfrac{1}{6}x+\dfrac{1}{2}$의 그래프와 x축 및 $x=-3$, $x=-2$로 둘러싸인 부분의 넓이의 2배와 같으므로

$2\left(\dfrac{1}{2}\times 1\times\dfrac{1}{6}\right)=\dfrac{1}{6}$, 즉 $P(A)=\dfrac{1}{6}$

 $E(Y)+V(Y)$ **구하기**

따라서 720회의 독립시행에서 사건 A가 일어날 횟수 Y는

이항분포 $\left(720, \dfrac{1}{6}\right)$을 따른다.

$E(Y)=720\times\dfrac{1}{6}=120$, $V(Y)=720\times\dfrac{1}{6}\times\dfrac{5}{6}=100$

$\therefore E(Y)+V(Y)=120+100=220$

0613

3학년 재학생 수가 각각 500명인 같은 지역 A, B, C 세 고등학교 3학년 학생의 수학 성적 분포가 각각 정규분포를 이루고 다음 그림과 같다. 다음 중 옳은 것을 모두 고른 것은?

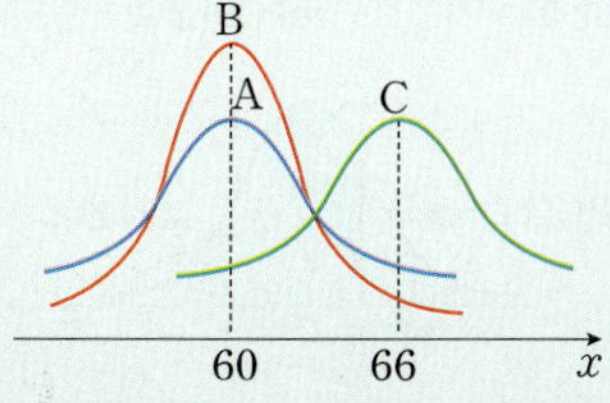

> ㄱ. 성적이 우수한 학생들이 B고등학교보다 A고등학교에 더 많이 있다.
> ㄴ. B고등학교 학생들은 평균적으로 A고등학교 학생들보나 성적이 더 우수하다.
> ㄷ. C고등학교 학생들보다 B고등학교 학생들의 성적이 더 고른 편이다.

① ㄱ   ② ㄴ   ③ ㄷ
④ ㄱ, ㄷ   ⑤ ㄴ, ㄷ

 정규분포곡선의 성질을 이용하여 [보기]의 진위판단하기

ㄱ. A고등학교와 B고등학교의 수학 성적의 분포를 나타내는 정규분포곡선이 다음 그림과 같으므로 A와 B의 평균은 같고 표준편차는 A가 더 크다.

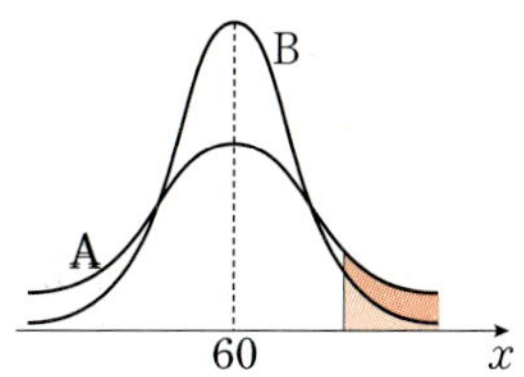

이때 상위권을 나타내는 x축의 오른쪽 부분의 넓이가 A고등학교의 곡선에서 더 넓기 때문에 B고등학교보다 A고등학교에 성적이 우수한 학생들이 더 많다. [참]

ㄴ. 정규분포에서 평균이 같으므로 A, B 두 고등학교 학생들의 성적은 평균적으로 같다. [거짓]

ㄷ. 평균을 중심으로 C고등학교의 분포가 B보다 넓게 퍼져 있으므로 B고등학교 학생들의 성적이 더 고른 편이다. [참]

따라서 옳은 것은 ㄱ, ㄷ이다.

0614

다음 물음에 답하여라.

(1) 세 확률변수 X_1, X_2, X_3은 각각 정규분포 $N(m, \sigma^2)$, $N(2m, \sigma^2)$, $N(m, 2\sigma^2)$을 따른다. 세 확률변수 X_1, X_2, X_3의 확률밀도함수를 각각 $f(x)$, $g(x)$, $h(x)$라 하자. 다음 그림의 네 곡선 A, B, C, D에서 함수 $y=f(x)$, $y=g(x)$, $y=h(x)$의 그래프로 적당한 것을 차례대로 나열한 것은? (단, m, σ는 양수이고 두 곡선 A와 B, C와 D는 각각 대칭축이 서로 같다.)

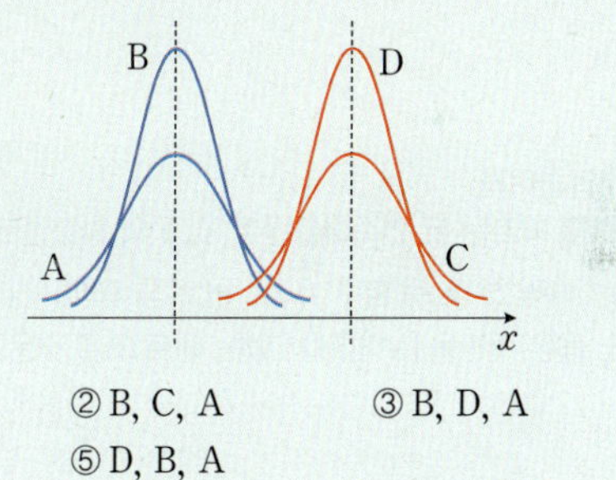

① A, C, B   ② B, C, A   ③ B, D, A
④ C, A, B   ⑤ D, B, A

 정규분포곡선의 성질을 이용하여 그래프 구하기

평균이 m, 표준편차가 σ인 정규분포를 따르는 연속확률변수 X의 정규분포곡선은 평균 m의 값이 일정할 때, σ의 값이 커지면 곡선의 중앙 부분이 낮아지면서 양쪽으로 퍼지고, σ의 값이 작아지면 곡선의 중앙 부분이 높아지면서 좁아진다.
또한, 표준편차 σ의 값이 일정할 때, m의 값이 변하면 대칭축의 위치는 바뀌지만 곡선의 모양은 같다.
(대칭축이 오른쪽에 있을수록 평균값이 크다.)
m이 양수이므로 $m < 2m$
따라서 다음 그림에서 함수 $y=f(x)$, $y=g(x)$, $y=h(x)$의 그래프로 적당한 것을 차례로 나열하면 B, D, A이다.

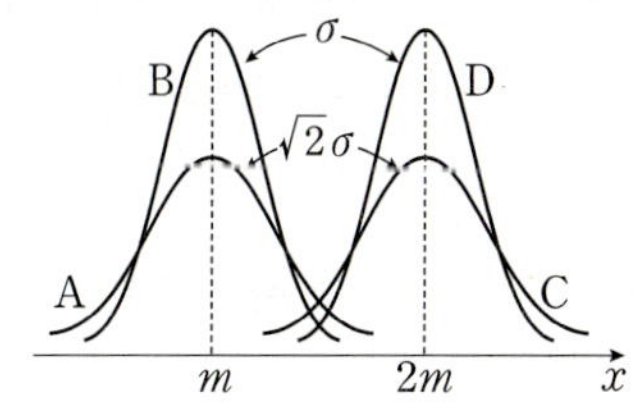

(2) 정규분포를 따르는 두 확률변수 X, Y의 확률밀도함수를 각각 $f(x)$, $g(x)$라 하자. $y=f(x)$, $y=g(x)$의 그래프가 다음 그림과 같을 때, 다음 중 옳지 않은 것은? (단, 두 그래프는 각각 두 직선 $x=5$, $x=10$에 대하여 대칭이다.)

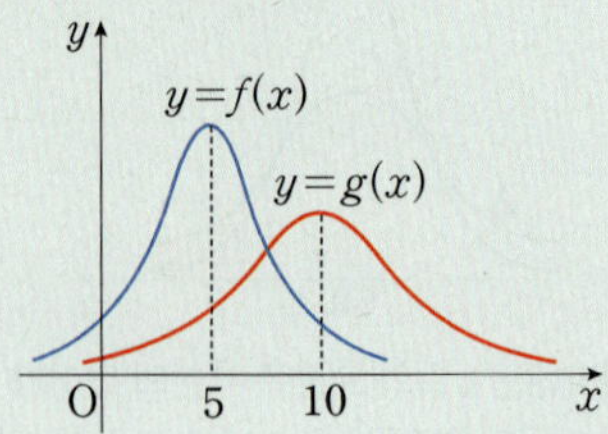

① $E(X) < E(Y)$
② $\sigma(X) < \sigma(Y)$
③ $P(Y \leq 10) + P(Y \geq 10) = 1$
④ $P(X \leq 5) = P(Y \leq 10)$
⑤ $P(5 \leq X \leq 10) = P(Y \geq 10)$

정규분포를 따르는 두 확률변수 X, Y의 확률밀도함수가 각각 $f(x)$, $g(x)$이므로

① 두 함수 $y=f(x)$, $y=g(x)$의 그래프는 각각 두 직선 $x=5$, $x=10$에 대하여 대칭이므로 $E(X)=5$, $E(Y)=10$ $\therefore E(X) < E(Y)$ [참]

② 함수 $y=g(x)$의 그래프가 함수 $y=f(x)$의 그래프보다 가운데 부분의 높이가 낮고, 양 옆으로 퍼져있으므로 $\sigma(X) < \sigma(Y)$ [참]

③ 확률분포에서 확률의 총합은 1이므로 $P(Y \leq 10) + P(Y \geq 10) = 1$ [참]

④ 두 함수 $y=f(x)$, $y=g(x)$의 그래프는 각각 두 직선 $x=5$, $x=10$에 대하여 대칭이므로 $P(X \leq 5) = P(Y \leq 10) = 0.5$ [참]

⑤ $P(X \geq 5) = 0.5$이므로 $P(5 \leq X \leq 10) < 0.5$이고
$P(Y \geq 10) = 0.5$이므로 $P(5 \leq X \leq 10) \neq P(Y \geq 10)$ [거짓]
따라서 옳지 않은 것은 ⑤이다.

0615

다음 물음에 답하여라.
(1) 정규분포를 따르는 두 연속확률변수 X, Y의 확률밀도함수를 각각 $f(x)$, $g(x)$라 하자. 두 함수 $f(x)$, $g(x)$의 그래프가 다음 그림과 같을 때, 옳은 것만을 [보기]에서 있는 대로 고른 것은?

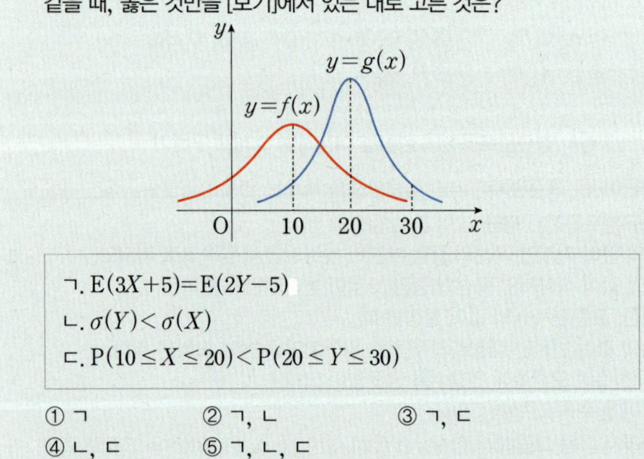

ㄱ. $E(3X+5) = E(2Y-5)$
ㄴ. $\sigma(Y) < \sigma(X)$
ㄷ. $P(10 \leq X \leq 20) < P(20 \leq Y \leq 30)$

① ㄱ
② ㄱ, ㄴ
③ ㄱ, ㄷ
④ ㄴ, ㄷ
⑤ ㄱ, ㄴ, ㄷ

ㄱ. 정규분포곡선에서 $E(X)=10$, $E(Y)=20$이므로
$E(3X+5) = 3E(X) + 5 = 35$, $E(2Y-5) = 2E(Y) - 5 = 35$
$\therefore E(3X+5) = E(2Y-5)$ [참]

ㄴ. σ가 클수록 곡선의 높이는 낮아지고 폭은 넓어지며 σ가 작을수록 곡선의 높이는 높아지고 폭은 좁아진다.
곡선 $y=f(x)$가 곡선 $y=g(x)$보다 높이가 낮고 폭이 넓게 퍼져 있으므로 $\sigma(Y) < \sigma(X)$ [참]

ㄷ. 두 확률변수 X, Y를 표준화하면
$$P(10 \leq X \leq 20) = P\left(\frac{10-10}{\sigma(X)} \leq Z \leq \frac{20-10}{\sigma(X)}\right)$$
$$= P\left(0 \leq Z \leq \frac{10}{\sigma(X)}\right) \quad \cdots\cdots \text{㉠}$$
$$P(20 \leq Y \leq 30) = P\left(\frac{20-20}{\sigma(Y)} \leq Z \leq \frac{30-20}{\sigma(Y)}\right)$$
$$= P\left(0 \leq Z \leq \frac{10}{\sigma(Y)}\right) \quad \cdots\cdots \text{㉡}$$
ㄴ에서 $\sigma(Y) < \sigma(X)$이므로 ㉠, ㉡에서 $\dfrac{10}{\sigma(X)} < \dfrac{10}{\sigma(Y)}$
$\therefore P(10 \leq X \leq 20) < P(20 \leq Y \leq 30)$ [참]
따라서 옳은 것은 ㄱ, ㄴ, ㄷ이다.

(2) 확률변수 X와 Y는 평균이 m($m \neq 0$), 표준편차가 각각 σ_1과 σ_2인 정규분포를 따르고, 확률밀도함수가 각각 $f(x)$와 $g(x)$이다.
$$P(X \geq 2m) = P(Y \geq 3m)$$
일 때, 옳은 것만을 [보기]에서 있는 대로 고른 것은?

ㄱ. $\sigma_2 = 2\sigma_1$
ㄴ. $f(m) > g(m)$
ㄷ. $P(X \leq 0) + P(Y \geq 0) = 1$

① ㄱ
② ㄷ
③ ㄱ, ㄴ
④ ㄴ, ㄷ
⑤ ㄱ, ㄴ, ㄷ

ㄱ. 두 확률변수 X, Y가 각각 정규분포 $N(m, \sigma_1{}^2)$, $N(m, \sigma_2{}^2)$을 따른다.
$P(X \geq 2m) = P(Y \geq 3m)$이고
$$P(X \geq 2m) = P\left(Z \geq \frac{2m-m}{\sigma_1}\right) = P\left(Z \geq \frac{m}{\sigma_1}\right)$$
$$P(Y \geq 3m) = P\left(Z \geq \frac{3m-m}{\sigma_2}\right) = P\left(Z \geq \frac{2m}{\sigma_2}\right)$$
이므로 $\dfrac{m}{\sigma_1} = \dfrac{2m}{\sigma_2}$ $\therefore \sigma_2 = 2\sigma_1$ [참]

ㄴ. m이 일정할 때, 표준편차가 커지면 확률밀도함수는 양쪽으로 퍼지고 표준편차가 작아지면 확률밀도함수는 가운데로 몰리게 되므로 ㄱ에 의해 $f(x)$, $g(x)$의 그래프는 다음과 같다.

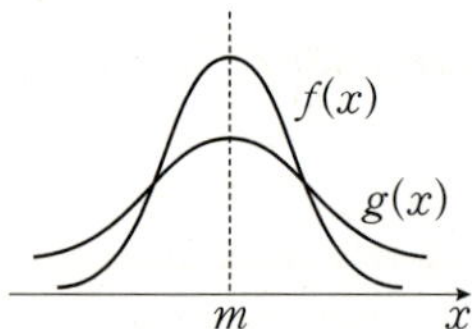

즉 $\sigma_1 < \sigma_2$이므로 $f(m) > g(m)$이다. [참]

ㄷ. 반례 $\sigma_1 = 1$, $\sigma_2 = 2$라 하면
$$P(X \leq 0) + P(Y \geq 0) = P(Z \leq -m) + P\left(Z \geq -\frac{m}{2}\right) < 1 \text{ [거짓]}$$

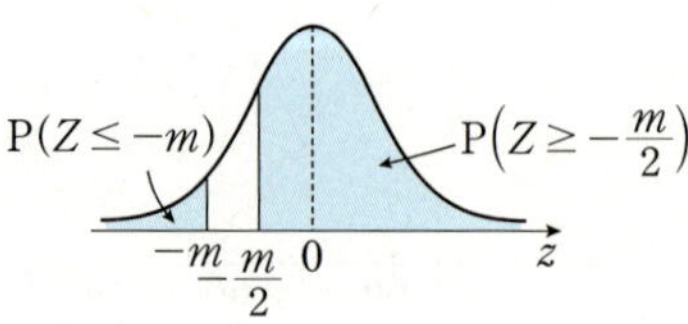

따라서 옳은 것은 ㄱ, ㄴ이다.

 연속확률변수 X가 어떤 특정한 값을 취할 확률은 0이다.
즉 $P(X=a) = P(X=b) = 0$이므로
$P(a \leq X \leq b) = P(a < X \leq b) = P(a \leq X < b) = P(a < X < b)$
$P(a \leq X \leq b) = P(X \leq b) - P(X \leq a)$

0616

다음 표는 소희의 국어, 수학, 영어 성적과 소희 반 전체 학생의 평균과 표준편차를 나타낸 표이다. 다른 학생과 비교할 때, 소희가 상대적으로 성적이 좋은 과목부터 순서대로 적으면? (단, 소희네 반 성적은 정규분포를 따른다.)

(단위 : 점)

과목	국어	수학	영어
평균	65	55	75
표준편차	10	15	5
소희의 성적	85	70	90

① 국어, 영어, 수학　　　　② 국어, 수학, 영어
③ 수학, 국어, 영어　　　　④ 수학, 영어, 국어
⑤ 영어, 국어, 수학

STEP A **소희의 국어, 수학, 영어의 점수를 각각 표준화하기**

소희의 국어, 수학, 영어의 점수를 각각 표준화한다.

(i) 국어 성적이 정규분포 $N(65, 10^2)$을 따르므로

소희의 국어 성적 85점 $\Rightarrow \dfrac{85-65}{10}=2$

(ii) 수학 성적이 정규분포 $N(55, 15^2)$을 따르므로

소희의 수학 성적 70점 $\Rightarrow \dfrac{70-55}{15}=1$

(iii) 영어 성적이 정규분포 $N(75, 5^2)$을 따르므로

소희의 영어 성적 90점 $\Rightarrow \dfrac{90-75}{5}=3$

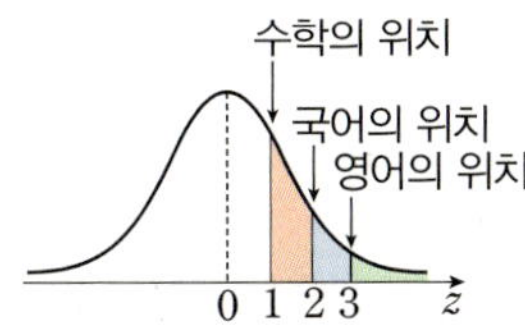

(i)~(iii)에서 확률이 작을수록 성적이 높은 분포에 속하므로 상대적으로 성적이 좋은 과목을 순서대로 적으면 영어, 국어, 수학이다.

> **다른풀이** 성적이 좋은 비율을 이용하여 풀이하기

국어, 수학, 영어 성적을 각각 확률변수 X_A, X_B, X_C라 하면

세 확률변수는 $N(65, 10^2)$, $N(55, 15^2)$, $N(75, 5^2)$을 따르므로

$Z_A=\dfrac{X_A-65}{10}$, $Z_B=\dfrac{X_B-55}{15}$, $Z_C=\dfrac{X_C-75}{5}$로 놓으면

Z_A, Z_B, Z_C는 모두 표준정규분포 $N(0, 1)$을 따른다.

소희의 국어, 수학, 영어 점수는 각각 85점, 70점, 90점이므로 소희보다 국어, 수학, 영어 성적이 높을 학생의 비율을 각각 구하면

$P(X_A>85)=P\left(Z_A>\dfrac{85-65}{10}\right)=P(Z_A>2)$

$P(X_B>70)=P\left(Z_B>\dfrac{70-55}{15}\right)=P(Z_B>1)$

$P(X_C>90)=P\left(Z_C>\dfrac{90-75}{5}\right)=P(Z_C>3)$

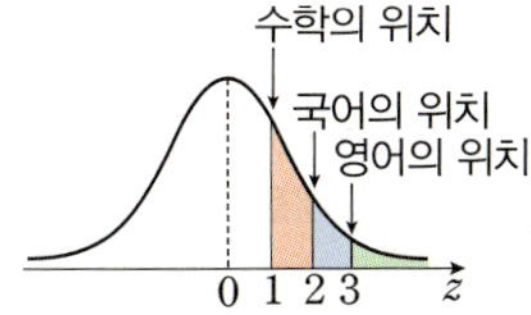

$\therefore P(Z_C>3)<P(Z_A>2)<P(Z_B>1)$

소희보다 높은 점수를 받은 학생의 비율이 적을수록 소희의 성적이 상대적으로 높으므로 소희의 성적이 상대적으로 높은 과목을 차례로 나열하면 성적이 좋은 과목부터 순서대로 적으면 영어, 국어, 수학이다.

0617

어느 해 한국, 미국, 일본의 대졸 신입 사원의 월급은 평균이 각각 80만 원, 2000불, 18만 엔이고 표준편차가 각각 10만 원, 300불, 2만 5천 엔인 정규분포를 따른다고 한다. 위 3개국에서 임의로 한 명씩 뽑은 대졸 신입 사원 A, B, C의 월급이 각각 94만 원, 2250불, 21만 엔이라고 할 때, 각각 자국 내에서 상대적으로 월급을 많이 받는 사람부터 순서대로 적은 것은?

① A, B, C　　　② A, C, B　　　③ B, A, C
④ C, A, B　　　⑤ C, B, A

STEP A **대졸 신입사원 A, B, C의 월급을 각각 표준화하기**

세 나라 대졸 신입사원 A, B, C의 월급을 각각 다음과 같이 표준화하여 보자.

(i) 한국의 대졸 신입사원의 월급은 정규분포 $N(80, 10^2)$을 따르므로

A의 월급 94(만 원) $\Rightarrow \dfrac{94-80}{10}=1.4$

(ii) 미국의 대졸 신입사원의 월급은 정규분포 $N(2000, 300^2)$을 따르므로

B의 월급 2250(달러) $\Rightarrow \dfrac{2250-2000}{300}=\dfrac{5}{6}=0.83$

(iii) 일본의 대졸 신입사원의 월급은 정규분포 $N(18, 2.5^2)$을 따르므로

C의 월급 21(만 엔) $\Rightarrow \dfrac{21-18}{2.5}=1.2$

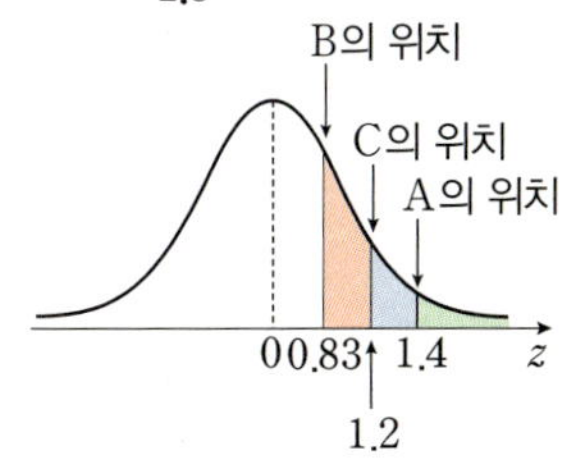

(i)~(iii)에서 상대적으로 A, C, B의 순서로 월급을 많이 받는다.

0618

다음 물음에 답하여라.

(1) 어느 학교 전체 학생의 시험 점수는 평균이 500점, 표준편차가 25점인 정규분포를 따른다고 한다. 이 학교 학생 중 임의로 1명을 선택할 때, 이 학생의 시험 점수가 475점 이상이고 550점 이하일 확률을 오른쪽 표준정규분포표를 이용하여 구한 것은?

z	$P(0 \le Z \le z)$
1.0	0.3413
1.5	0.4332
2.0	0.4772
2.5	0.4938

① 0.7745　　　② 0.8185
③ 0.9104　　　④ 0.9270
⑤ 0.9710

STEP A **학생 1명의 시험 점수를 확률변수 X로 정하기**

이 학교 학생 1명의 시험 점수를 확률변수 X라 하면

X는 정규분포 $N(500, 25^2)$을 따르므로 확률변수 $Z=\dfrac{X-500}{25}$는 표준정규분포 $N(0, 1)$을 따른다.

STEP B **확률변수 X를 표준화하여 확률 구하기**

따라서 구하는 확률은

$P(475 \le X \le 550)$

$=P\left(\dfrac{475-500}{25} \le Z \le \dfrac{550-500}{25}\right)$

$=P(-1 \le Z \le 2)$

$=P(0 \le Z \le 1)+P(0 \le Z \le 2)$

$=0.3413+0.4772$

$=0.8185$

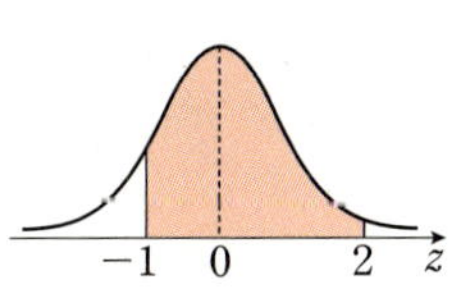

(2) 어느 공항에서 처리되는 각 수하물의 무게는 평균이 18kg, 표준편차가 2kg인 정규분포를 따른다고 한다.
이 공항에서 처리되는 수하물 중에서 임의로 한 개를 선택할 때, 이 수하물의 무게가 16kg 이상이고 22kg 이하일 확률을 오른쪽 표준정규분포표를 이용하여 구한 것은?

z	$P(0 \leq Z \leq z)$
0.5	0.1915
1.0	0.3413
1.5	0.4332
2.0	0.4772

① 0.5328　　② 0.6247
③ 0.7745　　④ 0.8185
⑤ 0.9104

STEP Ⓐ 수하물의 무게를 확률변수 X로 정하기

수하물의 무게를 확률변수 X라 하면 X는 정규분포 $N(18, 2^2)$을 따르므로

확률변수 $Z = \dfrac{X-18}{2}$는 표준정규분포 $N(0, 1)$을 따른다.

STEP Ⓑ 확률변수 X를 표준화하여 확률 구하기

따라서 구하는 확률은

$P(16 \leq X \leq 22)$
$= P\left(\dfrac{16-18}{2} \leq Z \leq \dfrac{22-18}{2}\right)$
$= P(-1 \leq Z \leq 2)$
$= P(0 \leq Z \leq 1) + P(0 \leq Z \leq 2)$
$= 0.3413 + 0.4772 = 0.8185$

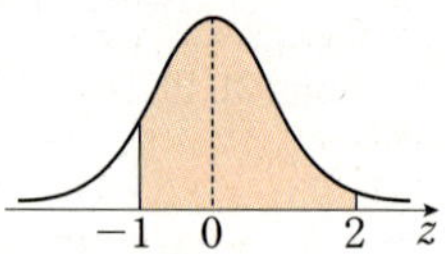

0619

어느 양계장에서 생산하는 계란 1개의 무게는 평균이 52g, 표준편차가 8g인 정규분포를 따른다고 한다.
이 양계장에서 생산하는 계란 중 임의로 1개 를 선택할 때, 이 계란의 무게가 60g 이상 이고 68g 이하일 확률을 오른쪽 표준정규분포표를 이용하여 구한 것은?

z	$P(0 \leq Z \leq z)$
1.0	0.3413
1.5	0.4332
2.0	0.4772
2.5	0.4938
3.0	0.4987

① 0.0440　　② 0.0655
③ 0.0919　　④ 0.1359
⑤ 0.1525

STEP Ⓐ 계란 1개의 무게를 확률변수 X로 정하기

이 양계장에서 생산하는 계란 1개의 무게를 확률변수 X라 하면
확률변수 X는 정규분포 $N(52, 8^2)$을 따르므로

확률변수 $Z = \dfrac{X-52}{8}$는 표준정규분포 $N(0, 1)$을 따른다.

STEP Ⓑ 확률변수 X를 표준화하여 확률 구하기

따라서 구하는 확률은

$P(60 \leq X \leq 68)$
$= P\left(\dfrac{60-52}{8} \leq Z \leq \dfrac{68-52}{8}\right)$
$= P(1 \leq Z \leq 2)$
$= P(0 \leq Z \leq 2) - P(0 \leq Z \leq 1)$
$= 0.4772 - 0.3413 = 0.1359$

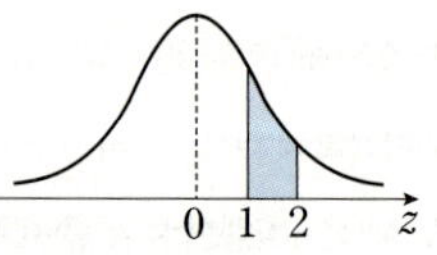

0620

어느 동물의 특정 자극에 대한 반응 시간은 평균이 m, 표준편차가 1인 정규분포를 따른다고 한다. 반응 시간이 2.93 미만일 확률이 0.1003일 때, m의 값을 오른쪽 표준정규분포표를 이용하여 구한 것은?

z	$P(0 \leq Z \leq z)$
0.91	0.3186
1.28	0.3997
1.65	0.4505
2.02	0.4783

① 3.47　　② 3.84
③ 4.21　　④ 4.58
⑤ 4.95

STEP Ⓐ 자극에 대한 반응 시간을 확률변수 X로 정하기

자극에 대한 반응 시간을 확률변수 X라 하면

X는 정규분포 $N(m, 1^2)$을 따르므로

확률변수 $Z = \dfrac{X-m}{1}$는 표준정규분포 $N(0, 1)$을 따른다.

STEP Ⓑ 확률변수 X를 표준화하여 m의 값 구하기

$P(X < 2.93) = 0.1003$이므로

$P(X < 2.93) = P\left(Z < \dfrac{2.93-m}{1}\right)$
$\qquad\qquad = P(Z > m-2.93)$
$\qquad\qquad = 0.5 - P(0 < Z < m-2.93)$
$\qquad\qquad = 0.1003$
$\therefore P(0 < Z < m-2.93) = 0.3997$

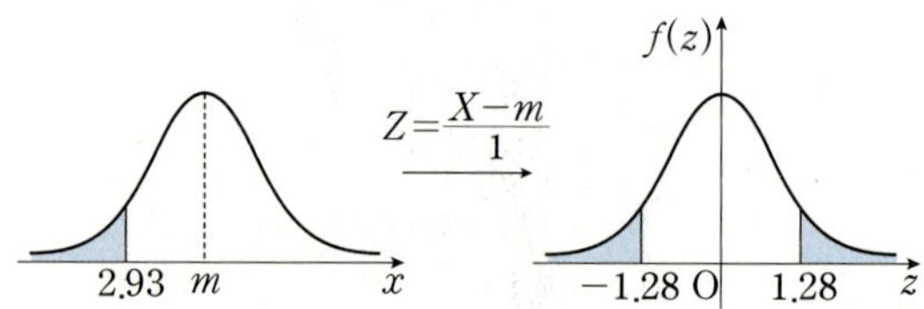

표준정규분포표에서 $P(0 < Z < 1.28) = 0.3997$이므로 $m-2.93 = 1.28$
따라서 $m = 4.21$

0621

디자인 자격시험의 필기시험에 1000명이 응시하였다. 응시자의 점수는 평균이 48점, 표준편차가 20점인 정규분포를 따른다고 한다. 이 필기 시험에서 60점 이상인 사람들에게 실기시험 응시자격이 주어진다고 할 때, 실기시험 응시자격이 주어진 사람 수를 오른쪽 표준정규분포표를 이용하여 구하여라.

z	$P(0 \leq Z \leq z)$
0.5	0.19
0.6	0.23
0.7	0.26
0.8	0.29

STEP Ⓐ 필기시험 응시자의 점수를 확률변수 X로 정하기

필기시험 응시자의 점수를 확률변수 X라 하면

X는 정규분포 $N(48, 20^2)$을 따르므로

확률변수 $Z = \dfrac{X-48}{20}$는 표준정규분포 $N(0, 1)$을 따른다.

STEP Ⓑ 확률변수 X를 표준화하여 확률 구하기

실기시험 응시자격이 주어진 확률(비율)은

$P(X \geq 60) = P\left(Z \geq \dfrac{60-48}{20}\right)$
$\qquad\qquad = P(Z \geq 0.6)$
$\qquad\qquad = 0.5 - P(0 \leq Z \leq 0.6)$
$\qquad\qquad = 0.5 - 0.23 = 0.27$

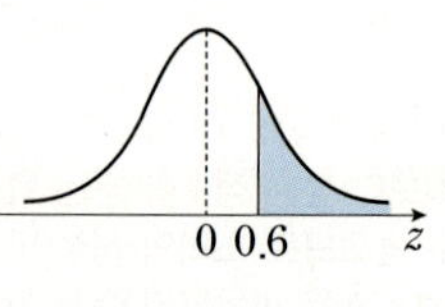

STEP Ⓒ 실기시험 응시자격이 주어지는 사람 수 구하기

(실기시험 응시자수) = (필기시험 응시자 수) × (필기시험의 비율)
따라서 실기시험 응시자격이 주어지는 사람 수는 $1000 \times 0.27 = 270$(명)

0622

어떤 특산품 과일을 재배하는 과수원에서는 해마다 수확량의 일부를 해외로 수출한다. 이 과수원에서 올해 수확한 과일 30000개의 무게는 평균 400g, 표준편차 20g인 정규분포를 따른다고 한다.
이 30000개의 과일 중 무게가 400g 이상이고 440g 이하인 과일을 선별하여 수출하였다. 이 과수원에서 올해 수출한 과일의 개수를 오른쪽 표준정규분포표를 이용하여 구한 것은?

z	$P(0 \le Z \le z)$
1.0	0.34
1.5	0.43
2.0	0.48
2.5	0.49

① 10200 ② 11600 ③ 12900
④ 14400 ⑤ 14700

STEP A 과일의 무게를 확률변수 X로 정하기

올해 수확한 과일의 무게를 확률분포 X라 하면

X는 정규분포 $N(400, 20^2)$을 따르므로

확률변수 $Z = \dfrac{X-400}{20}$는 표준정규분포 $N(0, 1)$을 따른다.

STEP B 수출한 과일의 확률 구하기

수출한 과일의 확률(비율)은

$P(400 \le X \le 440)$

$= P\left(\dfrac{400-400}{20} \le Z \le \dfrac{440-400}{20}\right)$

$= P(0 \le Z \le 2) = 0.48$

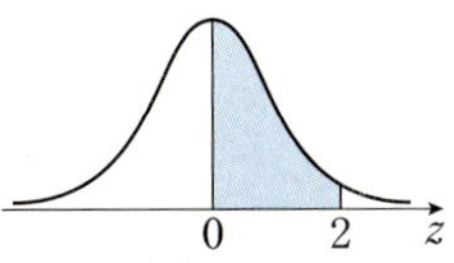

STEP C 수출한 과일의 개수 구하기

(수출한 과일의 개수)=(수확한 과일의 개수)×(수출한 과일의 비율)
이므로 올해 수확한 과일의 개수는 30000이므로 수출한 과일의 개수는
$30000 \times 0.48 = 14400$

0623

어느 대학의 신입생 모집에 3000명의 수험생이 지원하였다. 이 대학에 지원한 수험생은 모두 같은 시험을 치렀으며, 시험 성적은 평균이 382점, 표준편차가 8점인 정규분포를 따랐다. 이 시험 성적만으로 합격자를 정하였더니 가장 낮은 성적으로 합격한 학생의 성적은 398점이었고 동점자는 없었다.
이 모집에서 합격한 여학생의 수가 남학생의 수의 2배였을 때, 오른쪽 표준정규분포표를 이용하여 합격한 남학생은 몇 명인지를 구하여라.

z	$P(0 \le Z \le z)$
1.0	0.34
1.5	0.43
2.0	0.48
2.5	0.49

STEP A 수험생의 시험 성적을 확률변수 X로 정하기

수험생의 시험 성적을 확률변수 X라 하면

X는 정규분포 $N(382, 8^2)$을 따르므로

확률변수 $Z = \dfrac{X-382}{8}$는 표준정규분포 $N(0, 1)$을 따른다.

STEP B 합격할 확률 구하기

이 대학에 합격할 확률(비율)은

$P(X \ge 398) = P\left(Z \ge \dfrac{398-382}{8}\right)$

$= P(Z \ge 2)$

$= 0.5 - P(0 \le Z \le 2)$

$= 0.5 - 0.48 = 0.02$

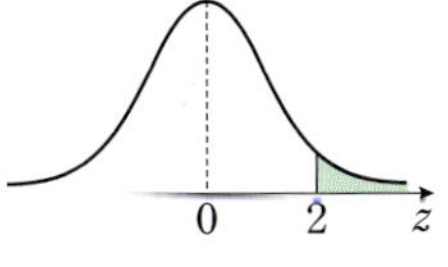

STEP C 합격한 남학생 수 구하기

(합격한 학생 수)=(수험생의 수)×(합격할 비율)
이므로 수험생 3000명에서 합격한 남학생을 x명이라 할 때, 이 대학에 합격한 학생의 수는 $x + 2x = 3x$, $3x = 3000 \times 0.02$ ∴ $x = 20$

0624

다음 물음에 답하여라.

(1) 확률변수 X가 정규분포 $N(50, 5^2)$을 따를 때,
$$P(45 \le X \le a) = 0.8185$$
를 만족시키는 실수 a의 값을 오른쪽 표준정규분포표를 이용하여 구하여라.

z	$P(0 \le Z \le z)$
0.5	0.1915
1.0	0.3413
1.5	0.4332
2.0	0.4772

STEP A 정규분포를 표준화하여 확률 구하기

정규분포 $N(50, 5^2)$을 따르는 확률변수 X에 대하여
$Z = \dfrac{X-50}{5}$는 표준정규분포 $N(0, 1)$을 따른다.

STEP B $P(45 \le X \le a) = 0.8185$를 만족하는 a의 값 구하기

$P(45 \le X \le a) = 0.8185$에서

$P\left(\dfrac{45-50}{5} \le Z \le \dfrac{a-50}{5}\right)$

$= P\left(-1 \le Z \le \dfrac{a-50}{5}\right)$

$= P(-1 \le Z \le 0) + P\left(0 \le Z \le \dfrac{a-50}{5}\right)$

$= 0.3413 + P\left(0 \le Z \le \dfrac{a-50}{5}\right)$

$= 0.8185$

∴ $P\left(0 \le Z \le \dfrac{a-50}{5}\right) = 0.4772$

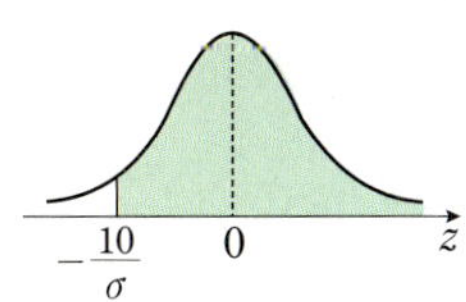

따라서 $P(0 \le Z \le 2) = 0.4772$이므로 $\dfrac{a-50}{5} = 2$, $a - 50 = 10$

∴ $a = 60$

(2) 확률변수 X가 정규분포 $N(55, \sigma^2)$을 따를 때,
$$P(X \ge 45) = 0.9772$$
를 만족시키는 σ의 값을 오른쪽 표준정규분포표를 이용하여 구하여라.

z	$P(0 \le Z \le z)$
0.5	0.1915
1.0	0.3413
1.5	0.4332
2.0	0.4772

STEP A 정규분포를 표준화하여 확률 구하기

정규분포 $N(55, \sigma^2)$을 따르는 확률변수 X에 대하여
$Z = \dfrac{X-55}{\sigma}$는 표준정규분포 $N(0, 1)$을 따른다.

STEP B $P(X \ge 45) = 0.9772$를 만족하는 σ의 값 구하기

$P(X \ge 45) = P\left(Z \ge \dfrac{45-55}{\sigma}\right)$

$= P\left(Z \ge -\dfrac{10}{\sigma}\right)$

$= P\left(0 \le Z \le \dfrac{10}{\sigma}\right) + 0.5$

이때 $P\left(0 \le Z \le \dfrac{10}{\sigma}\right) + 0.5 = 0.9772$

이므로 $P\left(0 \le Z \le \dfrac{10}{\sigma}\right) = 0.4772$

이때 $P(0 \le Z \le 2) = 0.4772$이므로 $\dfrac{10}{\sigma} = 2$

따라서 $\sigma = 5$

0625

확률변수 X는 평균이 m, 표준편차가 σ인 정규분포를 따르고 다음 등식을 만족시킨다.

$$P(m \le X \le m+12) - P(X \le m-12) = 0.3664$$

오른쪽 표준정규분포표를 이용하여 σ의 값을 구한 것은?

z	$P(0 \le Z \le z)$
1.5	0.4332
2.0	0.4772
2.5	0.4938
3.0	0.4987

① 4 　② 6

③ 8 　④ 10

⑤ 12

STEP A 표준정규분포표를 이용하여 조건을 만족시키는 σ의 값 구하기

확률변수 X는 정규분포 $N(m, \sigma^2)$을 따르므로

확률변수 $Z = \dfrac{X-m}{\sigma}$은 표준정규분포 $N(0, 1)$을 따른다.

$$P(m \le X \le m+12) = P\left(0 \le Z \le \frac{12}{\sigma}\right) \quad \leftarrow Z = \frac{(m+12)-m}{\sigma}$$

$$P(X \le m-12)$$
$$= P\left(Z \le -\frac{12}{\sigma}\right)$$
$$= P\left(Z \ge \frac{12}{\sigma}\right)$$
$$= 0.5 - P\left(0 \le Z \le \frac{12}{\sigma}\right)$$

$$P(m \le X \le m+12) - P(X \le m-12)$$
$$= P\left(0 \le Z \le \frac{12}{\sigma}\right) - 0.5 + P\left(0 \le Z \le \frac{12}{\sigma}\right)$$
$$= -0.5 + 2P\left(0 \le Z \le \frac{12}{\sigma}\right)$$

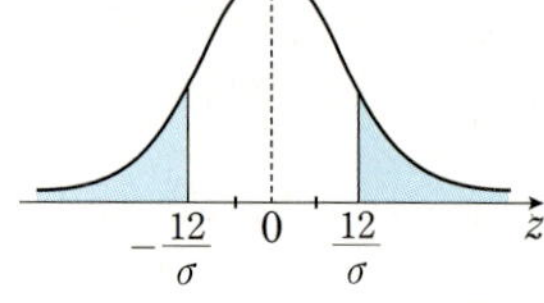

STEP B $P(m \le X \le m+12) - P(X \le m-12) = 0.3664$을 만족하는 σ 구하기

$-0.5 + 2P\left(0 \le Z \le \dfrac{12}{\sigma}\right) = 0.3664$에서

$$P\left(0 \le Z \le \frac{12}{\sigma}\right) = \frac{0.8664}{2} = 0.4332$$

따라서 표준정규분포표에서 $P(0 \le Z \le 1.5) = 0.4332$이므로 $\dfrac{12}{\sigma} = 1.5$

$$\therefore \sigma = \frac{12}{1.5} = 8$$

0626

확률변수 X가 평균이 m, 표준편차가 σ인 정규분포를 따르고

$$P(X \le 3) = P(3 \le X \le 80) = 0.3$$

일 때, $m+\sigma$의 값을 구하여라. (단, Z가 표준정규분포를 따르는 확률변수일 때, $P(0 \le Z \le 0.25) = 0.1$, $P(0 \le Z \le 0.52) = 0.2$로 계산한다.)

STEP A $P(X \le 3) = 0.3$을 표준화하여 m, σ의 관계식 구하기

확률변수 X가 정규분포 $N(m, \sigma^2)$을 따르므로

확률변수 $Z = \dfrac{X-m}{\sigma}$은 표준정규분포 $N(0, 1)$을 따른다.

$$P(X \le 3) = P\left(\frac{X-m}{\sigma} \le \frac{3-m}{\sigma}\right) = P\left(Z \le \frac{3-m}{\sigma}\right) = 0.3$$

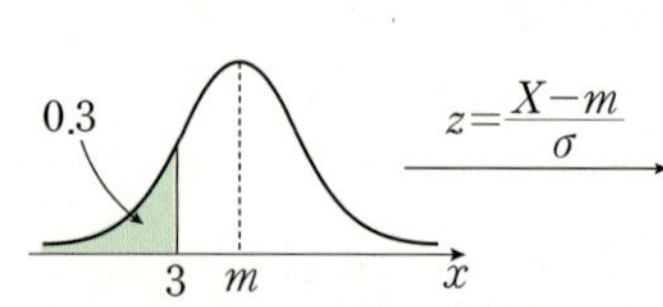

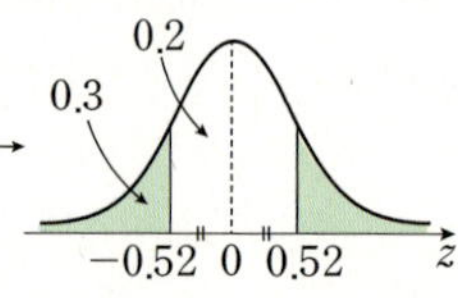

즉 $0.5 - P\left(0 \le Z \le \dfrac{m-3}{\sigma}\right) = 0.3$이므로

$P\left(0 \le Z \le \dfrac{m-3}{\sigma}\right) = 0.2$에서 $\dfrac{m-3}{\sigma} = 0.52$

$$\therefore m = 3 + 0.52\sigma \qquad \cdots\cdots \ \text{㉠}$$

STEP B $P(3 \le X \le 80) = 0.3$을 표준화하여 m, σ의 관계식 구하기

이때 $P(3 \le X \le 80) = P\left(\dfrac{3-m}{\sigma} \le \dfrac{X-m}{\sigma} \le \dfrac{80-m}{\sigma}\right)$

$$= P\left(\frac{3-m}{\sigma} \le Z \le \frac{80-m}{\sigma}\right)$$
$$= P\left(\frac{3-m}{\sigma} \le Z \le 0\right) + P\left(0 \le Z \le \frac{80-m}{\sigma}\right)$$
$$= 0.2 + P\left(0 \le Z \le \frac{80-m}{\sigma}\right)$$
$$= 0.3$$

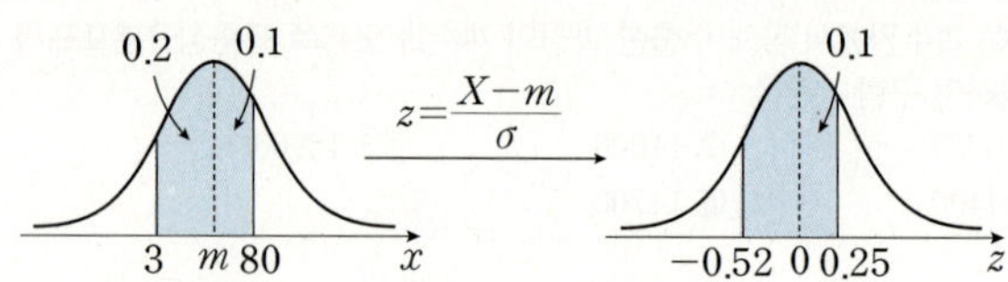

$P\left(0 \le Z \le \dfrac{80-m}{\sigma}\right) = 0.1$이므로 $\dfrac{80-m}{\sigma} = 0.25$

즉 $m = 80 - 0.25\sigma \qquad \cdots\cdots \ \text{㉡}$

STEP C $m+\sigma$의 값 구하기

㉠, ㉡에서 $3 + 0.52\sigma = 80 - 0.25\sigma$

$0.77\sigma = 77$ $\therefore \sigma = 100$

따라서 $m = 3 + 0.52 \times 100 = 55$이므로 $m + \sigma = 55 + 100 = 155$

0627

정규분포 $N(m, \sigma^2)$을 따르는 확률변수 X의 확률밀도함수 $f(x)$가 모든 실수 x에 대하여 $f(x) = f(200-x)$를 만족시킨다. $P(m-4 \le X \le m+4) = 0.8664$일 때, 확률 $P(X \ge 92)$는?

z	$P(0 \le Z \le z)$
1.5	0.4332
2.0	0.4772
2.5	0.4938
3.0	0.4987

① 0.9332 　② 0.9554

③ 0.9772 　④ 0.9938

⑤ 0.9987

STEP A $x = 100$에 대하여 대칭이므로 평균 m 구하기

정규분포 $N(m, \sigma^2)$을 따르는 확률변수 X의 확률밀도함수의 그래프는 직선 $x = m$에 대하여 대칭이다.

$f(x) = f(200-x)$에 x 대신 $100-x$를 대입하면 $f(100-x) = f(100+x)$ 이므로 확률밀도함수 $f(x)$의 그래프는 직선 $x = 100$에 대하여 대칭이므로 $m = 100$

STEP B $P(m-4 \le X \le m+4) = 0.8664$를 이용하여 σ 구하기

확률변수 X가 정규분포 $N(m, \sigma^2)$을 따르므로

$Z = \dfrac{X-m}{\sigma}$는 표준정규분포 $N(0, 1)$을 따른다.

$P(m-4 \le X \le m+4) = 0.8664$에서

$$P(m-4 \le X \le m+4) = P\left(\frac{m-4-m}{\sigma} \le X \le \frac{m+4-m}{\sigma}\right)$$
$$= P\left(-\frac{4}{\sigma} \le Z \le \frac{4}{\sigma}\right) = 2P\left(0 \le Z \le \frac{4}{\sigma}\right) = 0.8664$$

$$\therefore P\left(0 \le Z \le \frac{4}{\sigma}\right) = 0.4332$$

이때 $P(0 \le Z \le 1.5) = 0.4332$이므로 $\dfrac{4}{\sigma} = 1.5$ $\therefore \sigma = \dfrac{8}{3}$

STEP C $P(X \ge 92)$ 구하기

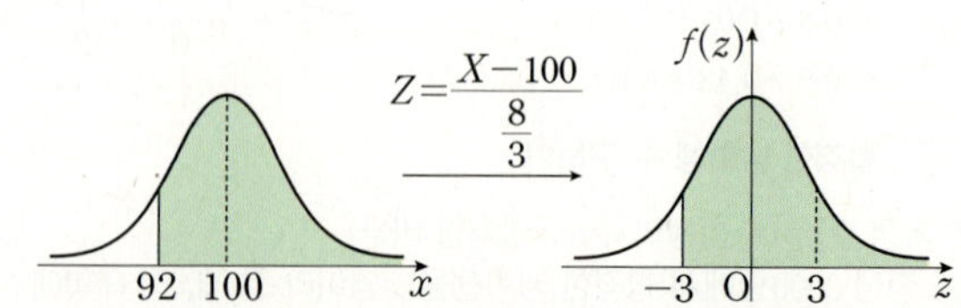

따라서 X는 정규분포 $N\left(100,\left(\dfrac{8}{3}\right)^2\right)$을 따르므로 확률변수 $Z=\dfrac{X-100}{\frac{8}{3}}$은

표준정규분포 $N(0,\,1)$을 따른다.

$$\therefore\ \mathrm{P}(X\geq 92)=\mathrm{P}\left(Z\geq\dfrac{92-100}{\frac{8}{3}}\right)=\mathrm{P}(Z\geq -3)=\mathrm{P}(0\leq Z\leq 3)+0.5$$
$$=0.4987+0.5=0.9987$$

0628

정규분포 $N(m,\,\sigma^2)$을 따르는 확률변수 X가 다음 조건을 만족시킨다.

z	$\mathrm{P}(0\leq Z\leq z)$
0.5	0.1915
1.0	0.3413
1.5	0.4332
2.0	0.4772

(가) $\mathrm{P}(X\geq 55)=\mathrm{P}(X\leq 45)$
(나) $\mathrm{P}(m\leq X\leq m+3)=0.3413$

$\mathrm{P}(X\leq 56)$의 값을 오른쪽 표준정규분포표를 이용하여 구한 것은?

① 0.6422 ② 0.7428 ③ 0.8849
④ 0.9224 ⑤ 0.9772

STEP A **정규분포곡선의 대칭성을 이용하여 평균 m의 값 구하기**

확률변수 X가 정규분포 $N(m,\,\sigma^2)$을
따르므로 이 정규분포곡선은
직선 $x=m$에 대하여 대칭이다.
조건 (가)에서
$\mathrm{P}(X\geq 55)=\mathrm{P}(X\leq 45)$이므로
$m=\dfrac{55+45}{2}=50$

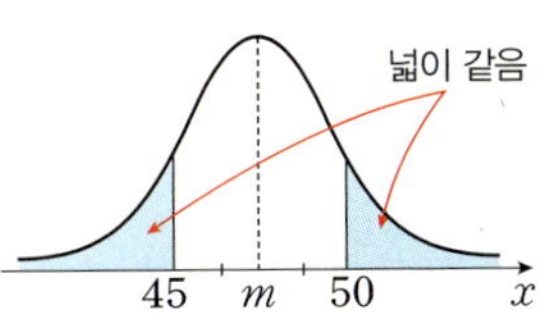

STEP B **주어진 표준정규분포표를 이용하여 표준편차 σ의 값 구하기**

$\mathrm{P}(m\leq X\leq m+3)=0.3413$에서

$\mathrm{P}\left(\dfrac{m-m}{\sigma}\leq\dfrac{X-m}{\sigma}\leq\dfrac{3}{\sigma}\right)=0.3413$,

즉 $\mathrm{P}\left(0\leq Z\leq\dfrac{3}{\sigma}\right)=0.3413$

$\mathrm{P}(0\leq Z\leq 1)=0.3413$이므로

$\dfrac{3}{\sigma}=1,\ \sigma=3$

STEP C **$\mathrm{P}(X\leq 56)$의 값 구하기**

따라서 X는 정규분포 $N(50,\,3^2)$을 따르므로 확률변수 $Z=\dfrac{X-50}{3}$은

표준정규분포 $N(0,\,1)$을 따른다.

$$\mathrm{P}(X\leq 56)=\mathrm{P}\left(\dfrac{X-50}{3}\leq\dfrac{56-50}{3}\right)$$
$$=\mathrm{P}(Z\leq 2)$$
$$=\mathrm{P}(Z\leq 0)+\mathrm{P}(0\leq Z\leq 2)$$
$$=0.5+0.4772=0.9772$$

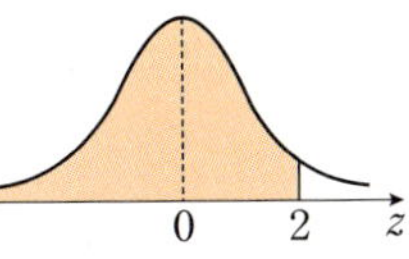

0629

확률변수 X는 평균이 m, 표준편차가 8인 정규분포를 따르고 다음 조건을 만족시킨다.

z	$\mathrm{P}(0\leq Z\leq z)$
0.5	0.1915
1.0	0.3413
1.5	0.4332
2.0	0.4772

(가) $\mathrm{P}(X\leq k)+\mathrm{P}(X\leq 100+k)=1$
(나) $\mathrm{P}(X\geq 2k)=0.0668$

m의 값을 오른쪽 표준정규분포표를 이용하여 구한 것은? (단, k는 상수이다.)

① 96 ② 100 ③ 104
④ 108 ⑤ 112

STEP A $\mathrm{P}(X\leq k)+\mathrm{P}(X\leq 100+k)=1$을 만족하는 k와 m의 관계식 구하기

확률변수 X는 정규분포 $N(m,\,8^2)$을 따르므로 이 정규분포곡선은
직선 $x=m$에 대하여 대칭이다.
조건 (가)에서 $\mathrm{P}(X\leq k)+\mathrm{P}(X\leq 100+k)=1$이므로
$\mathrm{P}(X\leq k)=\mathrm{P}(X\geq 100+k)$
즉 정규분포의 확률밀도함수의 그래프는
오른쪽 그림과 같으므로
$m=\dfrac{k+(100+k)}{2}=k+50$
$\therefore\ k=m-50$ ……㉠

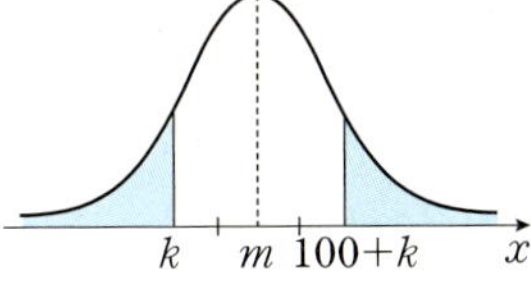

STEP B $\mathrm{P}(X\geq 2k)=0.0668$을 만족하는 m의 값 구하기

조건 (나)에서
$\mathrm{P}(X\geq 2k)=0.0668$이므로

$$\mathrm{P}(X\geq 2k)=\mathrm{P}\left(\dfrac{X-m}{8}\geq\dfrac{2k-m}{8}\right)$$
$$=\mathrm{P}\left(Z\geq\dfrac{m-100}{8}\right)=0.0668$$

$0.5-\mathrm{P}\left(Z\geq\dfrac{m-100}{8}\right)=\mathrm{P}\left(0\leq Z\leq\dfrac{m-100}{8}\right)=0.4332$

$\dfrac{m-100}{8}=1.5$

따라서 $m=112$

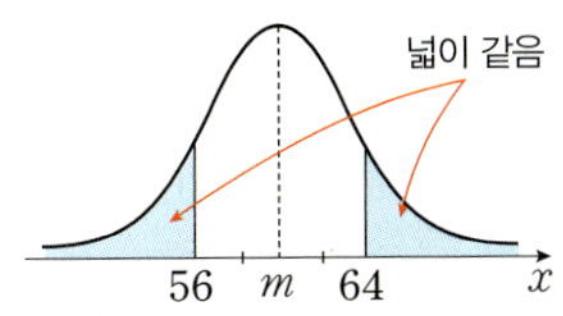

0630

확률변수 X가 정규분포 $N(m,\,\sigma^2)$을 따르고 다음 조건을 만족시킨다.

x	$\mathrm{P}(m\leq X\leq x)$
$m+1.5\sigma$	0.4332
$m+2\sigma$	0.4772
$m+2.5\sigma$	0.4938

(가) $\mathrm{P}(X\geq 64)=\mathrm{P}(X\leq 56)$
(나) $\mathrm{E}(X^2)=3616$

$\mathrm{P}(X\leq 68)$의 값을 오른쪽 표를 이용하여 구한 것은?

① 0.9104 ② 0.9332 ③ 0.9544
④ 0.9772 ⑤ 0.9938

STEP A **정규분포곡선의 대칭성을 이용하여 평균 m의 값 구하기**

확률변수 X가 정규분포 $N(m,\,\sigma^2)$을
따르므로 이 정규분포곡선은
직선 $x=m$에 대하여 대칭이다.
조건 (가)에서 $\mathrm{P}(X\geq 64)=\mathrm{P}(X\leq 56)$
이므로 $m=\dfrac{64+56}{2}=60$

STEP B $\mathrm{V}(X)=\mathrm{E}(X^2)-\{\mathrm{E}(X)\}^2$을 이용하여 표준편차 σ 구하기

조건 (나)에서 $\mathrm{E}(X^2)=3616$이므로
$$\sigma^2=\mathrm{V}(X)=\mathrm{E}(X^2)-\{\mathrm{E}(X)\}^2$$
$$=3616-60^2=16$$
$\therefore\ \sigma=4$
즉 $\sigma=4$이고 확률변수 X는 정규분포
$N(60,\,4^2)$을 따른다.
이때 주어진 표는 오른쪽 표와 같다.

x	$\mathrm{P}(60\leq X\leq x)$
66	0.4332
68	0.4772
70	0.4938

STEP C **$\mathrm{P}(X\leq 68)$의 값 구하기**

$$\mathrm{P}(X\leq 68)=\mathrm{P}(X\leq 60)+\mathrm{P}(60\leq X\leq 68)$$
$$=0.5+0.4772$$
$$=0.9772$$

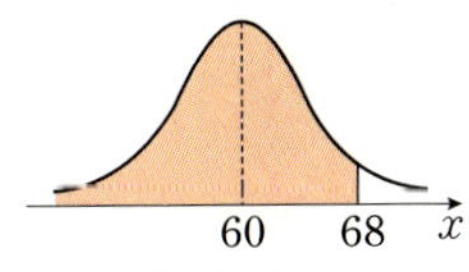

다른풀이 $68=m+2\sigma$를 이용하여 풀이하기

$68=m+2\sigma$이므로 구하는 확률은
$$\mathrm{P}(X\leq 68)=\mathrm{P}(X\leq m+2\sigma)=0.5+\mathrm{P}(m\leq X\leq m+2\sigma)$$
$$=0.5+0.4772=0.9772$$

확률변수 X가 정규분포 $N(60, 4^2)$을 따르므로

$P(X \leq 68) = P\left(Z \leq \dfrac{68-60}{4}\right) = P(Z \leq 2)$이고

따라서 주어진 표에서

$P(m \leq X \leq m+2\sigma) = P(0 \leq Z \leq 2) = 0.4772$이므로

$$P(X \leq 68) = P(Z \leq 2)$$
$$= 0.5 + P(0 \leq Z \leq 2)$$
$$= 0.5 + 0.4772 = 0.9772$$

0631

정규분포 $N(m, \sigma^2)$을 따르는 확률변수 X가 다음 조건을 만족시킨다.

(가) $P(X \geq 3) + P(X \geq 7) = 1$

(나) $E(X^2) + E(X) = 39$

$P(2 \leq X \leq 11)$의 값을 오른쪽 표준정규분포 표를 이용하여 구하여라.

z	$P(0 \leq Z \leq z)$
0.5	0.1915
1.0	0.3413
1.5	0.4332
2.0	0.4772

STEP Ⓐ　**정규분포곡선의 대칭성을 이용하여 평균 m의 값 구하기**

확률변수 X가 정규분포 $N(m, \sigma^2)$을 따르므로 이 정규분포곡선은 직선 $x = m$에 대하여 대칭이다.
조건 (가)에서

$P(X \geq 3) + P(X \geq 7) = 1$

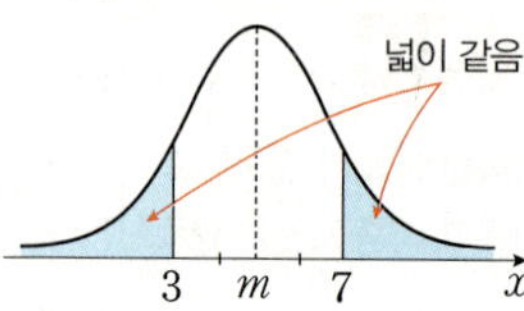

이므로 $m = \dfrac{3+7}{2} = 5$

STEP Ⓑ　**$V(X) = E(X^2) - \{E(X)\}^2$을 이용하여 표준편차 σ 구하기**

조건 (나)에서

$E(X^2) + E(X) = 39$이고 $E(X) = 5$이므로

$E(X^2) = 39 - E(X) = 39 - 5 = 34$

이때 $V(X) = E(X^2) - \{E(X)\}^2 = 34 - 25 = 9$

$\therefore \sigma = 3$

STEP Ⓒ　**$P(2 \leq X \leq 11)$의 값 구하기**

확률변수 X는 정규분포 $N(5, 3^2)$을 따르므로

$Z = \dfrac{X-5}{3}$은 표준정규분포 $N(0, 1)$을 따른다.

따라서 구하는 확률은

$P(2 \leq X \leq 11)$

$= P\left(\dfrac{2-5}{3} \leq \dfrac{X-5}{3} \leq \dfrac{11-5}{3}\right)$

$= P(-1 \leq Z \leq 2)$

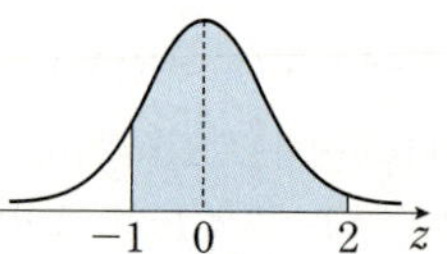

$= P(-1 \leq Z \leq 0) + P(0 \leq Z \leq 2)$

$= P(0 \leq Z \leq 1) + P(0 \leq Z \leq 2)$

$= 0.3413 + 0.4772 = 0.8185$

0632

확률변수 X는 정규분포 $N(m, \sigma^2)$을 따르고 다음 조건을 만족시킨다.

(가) $P(X \leq 60) = P(X \geq 100)$

(나) $V\left(\dfrac{1}{6}X + 3\right) = 1$

$P(74 \leq X \leq 86)$의 값을 다음 그림을 이용하여 구한 것은?

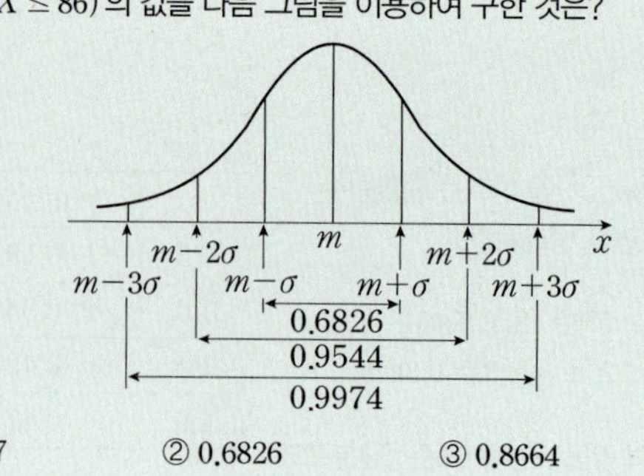

① 0.4987　　② 0.6826　　③ 0.8664
④ 0.9772　　⑤ 0.9987

STEP Ⓐ　**정규분포곡선의 대칭성을 이용하여 평균 m의 값 구하기**

확률변수 X가 정규분포 $N(m, \sigma^2)$을 따르므로 이 정규분포곡선은 직선 $x = m$에 대하여 대칭이다.
조건 (가)에서

$P(X \leq 60) = P(X \geq 100)$

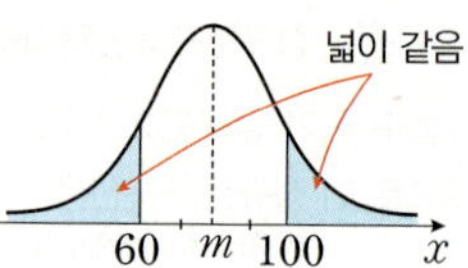

이므로 $m = \dfrac{60+100}{2} = 80$

STEP Ⓑ　**$V(aX+b) = a^2 V(X)$을 이용하여 표준편차 σ 구하기**

조건 (나)에서

$V\left(\dfrac{1}{6}X + 3\right) = \dfrac{1}{36}V(X) = 1$

$\therefore V(X) = \sigma^2 = 36$이므로 $\sigma = 6$

즉 $\sigma = 6$이고 확률변수 X는 정규분포 $N(80, 6^2)$을 따른다.
이때 주어진 표는 다음과 같다.

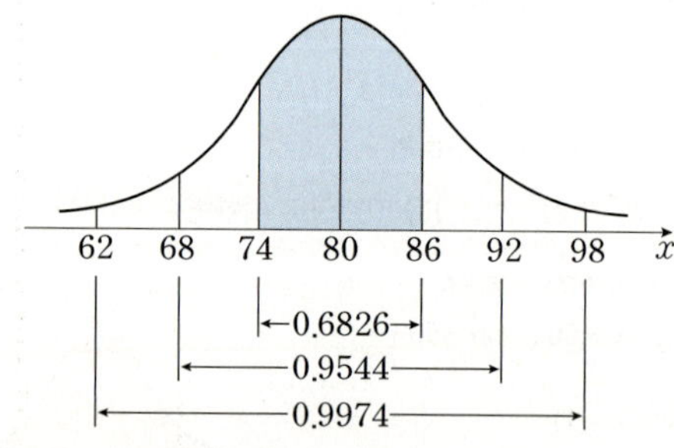

STEP Ⓒ　**$P(74 \leq X \leq 86)$의 값 구하기**

따라서 $P(74 \leq X \leq 86) = 0.6826$

다른풀이　$74 = m - \sigma$, $86 = m + \sigma$를 이용하여 풀이하기

$74 = m - \sigma$, $86 = m + \sigma$이므로 구하는 확률은

$P(74 \leq X \leq 86) = P(m - \sigma \leq X \leq m + \sigma) = 0.6826$

다른풀이　표준정규분포로 변형하여 풀이하기

$P(74 \leq X \leq 86) = P\left(\dfrac{74-80}{6} \leq Z \leq \dfrac{86-80}{6}\right)$

$= P(-1 \leq Z \leq 1)$

$= 2P(0 \leq Z \leq 1)$

$= 2 \times 0.3413 = 0.6826$

0633

고속도로의 어느 지점을 통과하는 자동차들의 속력은 평균이 104km/시, 표준편차가 8km/시인 정규분포를 따른다고 한다. 이 지점에서의 속력이 120km/시를 초과하면 과속으로 단속된다고 할 때, 이 지점을 통과하는 두 자동차 A, B가 모두 과속으로 단속될 확률을 주어진 표준정규분포표를 이용하여 구한 것은? (단, A와 B의 속력은 서로 독립이다.)

z	$P(0 \le Z \le z)$
1.0	0.34
1.5	0.43
2.0	0.48

① $\dfrac{1}{2500}$ ② $\dfrac{1}{400}$ ③ $\dfrac{49}{10000}$

④ $\dfrac{9}{2500}$ ⑤ $\dfrac{16}{625}$

자동차의 속력을 확률변수 X 라고 하면

X 는 정규분포 $N(104, 8^2)$ 을 따른다.

이때 $Z = \dfrac{X - 104}{8}$ 으로 놓으면 Z 는 표준정규분포 $N(0, 1)$ 을 따르므로

과속으로 단속되는 경우는 속력이 120km/시를 초과할 때이므로

구하는 확률은

$$\begin{aligned} P(X > 120) &= P\left(Z > \frac{120 - 104}{8}\right) \\ &= P(Z > 2) \\ &= 0.5 - P(0 \le Z \le 2) \\ &= 0.5 - 0.48 = 0.02 \\ &= \frac{1}{50} \end{aligned}$$

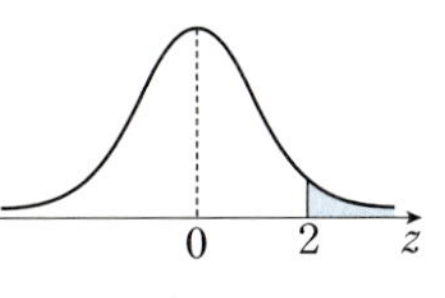

따라서 두 자동차 A, B의 속력은 서로 독립이므로 모두 과속으로 단속될

확률은 $\dfrac{1}{50} \times \dfrac{1}{50} = \dfrac{1}{2500}$

0634

어느 회사 직원들의 어느 날의 출근 시간은 평균이 66.4분, 표준편차가 15분인 정규분포를 따른다고 한다. 이 날 출근 시간이 73분 이상인 직원들 중에서 40%, 73분 미만인 직원들 중에서 20%가 지하철을 이용하였고, 나머지 직원들은 다른 교통수단을 이용하였다. 이 날 출근한 이 회사 직원들 중 임의로 선택한 1명이 지하철을 이용하였을 확률은? (단, Z 가 표준정규분포를 따르는 확률변수일 때, $P(0 \le Z \le 0.44) = 0.17$ 로 계산한다.)

① 0.306 ② 0.296 ③ 0.286

④ 0.276 ⑤ 0.266

이 회사 직원들의 이 날의 출근 시간을 확률변수 X 라 하면

X 는 정규분포 $N(66.4, 15^2)$ 을 따른다.

이때 출근 시간이 73분 이상일 확률은

$$\begin{aligned} P(X \ge 73) &= P\left(Z \ge \frac{73 - 66.4}{15}\right) \\ &= P(Z \ge 0.44) \\ &= 0.5 - P(0 \le Z \le 0.44) \\ &= 0.5 - 0.17 = 0.33 \end{aligned}$$

또한, 출근 시간이 73분 미만일 확률은

$$\begin{aligned} P(X < 73) &= P\left(Z < \frac{73 - 66.4}{15}\right) \\ &= P(Z < 0.44) \\ &= 0.5 + P(0 \le Z \le 0.44) \\ &= 0.5 + 0.17 = 0.67 \end{aligned}$$

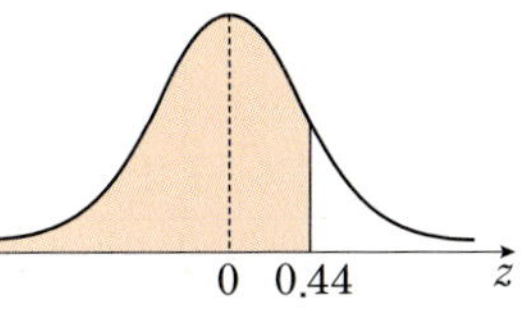

임의로 선택한 직원의 어느 날의 출근 시간이 73분 이상인 사건을 A,

지하철을 이용하여 출근하는 사건을 B 라 하자.

(i) 출근시간이 73분 이상이고 지하철을 이용할 확률은

$$P(A \cap B) = P(A) \times P(B|A) = 0.33 \times 0.4 = 0.132$$

(ii) 출근시간이 73분 미만이고 지하철을 이용할 확률은

$$P(A^c \cap B) = P(A^c) \times P(B|A^c) = 0.67 \times 0.2 = 0.134$$

따라서 구하는 확률은 $P(B) = P(A \cap B) + P(A^c \cap B)$

$$= 0.132 + 0.134 = 0.266$$

0635

어느 재래시장을 이용하는 고객의 집에서 시장까지의 거리는 평균이 1740m, 표준편차가 500m인 정규분포를 따른다고 한다.

집에서 시장까지의 거리가 2000m 이상인 고객 중에서 15%, 2000m 미만인 고객 중에서 5%는 자가용을 이용하여 시장에 온다고 한다. 자가용을 이용하여 시장에 온 고객 중에서 임의로 1명을 선택할 때, 이 고객의 집에서 시장까지의 거리가 2000m 미만일 확률은? (단, Z 가 표준정규분포를 따르는 확률변수일 때, $P(0 \le Z \le 0.52) = 0.2$ 로 계산한다.)

① $\dfrac{3}{8}$ ② $\dfrac{7}{16}$ ③ $\dfrac{1}{2}$

④ $\dfrac{9}{16}$ ⑤ $\dfrac{5}{8}$

재래시장을 이용하는 고객의 집에서 시장까지의 거리를 확률변수 X 라 하면

X 는 정규분포 $N(1740, 500^2)$ 을 따른다.

고객의 집에서 시장까지의 거리가 2000m 이상인 확률은

$$\begin{aligned} P(X \ge 2000) &= P\left(Z \ge \frac{2000 - 1740}{500}\right) \\ &= P(Z \ge 0.52) \\ &= 0.5 - P(0 \le Z \le 0.52) \\ &= 0.5 - 0.2 = 0.3 \end{aligned}$$

또, 집에서 시장까지의 거리가 2000m 미만일 확률은

$$P(X < 2000) = 1 - P(X \ge 2000) = 1 - 0.3 = 0.7$$

임의로 선택한 고객의 집에서 시장까지의 거리가 2000m 이상인 사건을 A, 자가용을 이용하여 시장에 오는 사건을 B 라 하자.

(i) 집에서 시장까지의 거리가 2000m 이상이고 자가용을 이용하여 시장에 오는 확률

$$P(A \cap B) = P(A) \times P(B|A) = 0.3 \times 0.15 = 0.045$$

(ii) 집에서 시장까지의 거리가 2000m 미만이고 자가용을 이용하여 시장에 오는 확률

$$P(A^c \cap B) = P(A^c) \times P(B|A^c) = 0.7 \times 0.05 = 0.035$$

(i), (ii)에서 자가용을 이용하여 시장에 오는 확률은

$$P(B) = P(A \cap B) + P(A^c \cap B) = 0.045 + 0.035 = 0.08$$

따라서 자가용을 이용하여 시장에 온 고객 중에서 임의로 1명을 선택할 때, 이 고객의 집에서 시장까지의 거리가 2000m 미만일 조건부확률은

$$P(A^c|B) = \frac{P(A^c \cap B)}{P(B)} = \frac{0.035}{0.08} = \frac{35}{80} = \frac{7}{16}$$

> **참고** 집에서 시장까지의 거리와 자가용 이용에 관한 표를 만들면 다음과 같다.

	자가용 이용	자가용 이용 안함	계
2000m 미만	0.05×0.7	0.95×0.7	0.7
2000m 이상	0.15×0.3	0.85×0.3	0.3
계	0.08	0.92	1

따라서 자가용을 이용하여 시장에 온 고객 중에서 임의로 1명을 선택할 때, 이 고객의 집에서 시장까지의 거리가 2000m 미만일 조건부확률은

$$\frac{0.05 \times 0.7}{0.05 \times 0.7 + 0.15 \times 0.3} = \frac{35}{80} = \frac{7}{16}$$

0636

다음 물음에 답하여라.

(1) 두 확률변수 X, Y가 각각 정규분포 $N(20, 4^2)$, $N(m, 8^2)$을 따를 때,
$$P(X \leq 15) = P(Y \leq 15)$$
를 만족하는 상수 m의 값을 구하여라.

STEP A 확률변수 X를 표준화하기

확률변수 X는 정규분포 $N(20, 4^2)$을 따르므로
$Z = \dfrac{X-20}{4}$은 표준정규분포 $N(0, 1)$을 따른다.

$$P(X \leq 15) = P\left(Z \leq \dfrac{15-20}{4}\right) = P\left(Z \leq -\dfrac{5}{4}\right) \cdots\cdots ㉠$$

STEP B 확률변수 Y를 표준화하기

확률변수 Y는 정규분포 $N(m, 8^2)$을 따르므로
$Z = \dfrac{Y-m}{8}$은 표준정규분포 $N(0, 1)$을 따른다.

$$P(Y \leq 15) = P\left(Z \leq \dfrac{15-m}{8}\right) \cdots\cdots ㉡$$

STEP C $P(X \leq 15) = P(Y \leq 15)$을 만족하는 m 구하기

이때 $P(X \leq 15) = P(Y \leq 15)$이므로 ㉠, ㉡에서 $\dfrac{15-m}{8} = -\dfrac{5}{4}$

$\therefore m = 25$

(2) 확률변수 X, Y가 각각 정규분포 $N(8, 2^2)$, $N(12, 3^2)$을 따를 때,
$$P(6 \leq X \leq 12) = P(6 \leq Y \leq k)$$
를 만족하도록 하는 상수 k의 값을 구하여라.

STEP A 확률변수 X를 표준화하기

확률변수 X는 정규분포 $N(8, 2^2)$을 따르므로
$Z = \dfrac{X-8}{2}$은 표준정규분포 $N(0, 1)$을 따른다.

$$\begin{aligned}
P(6 \leq X \leq 12) &= P\left(\dfrac{6-8}{2} \leq \dfrac{X-8}{2} \leq \dfrac{12-8}{2}\right) \\
&= P(-1 \leq Z \leq 2) \\
&= P(-2 \leq Z \leq 1) \cdots\cdots ㉠
\end{aligned}$$

STEP B 확률변수 Y를 표준화하기

확률변수 Y는 정규분포 $N(12, 3^2)$을 따르므로
$Z = \dfrac{Y-12}{3}$은 표준정규분포 $N(0, 1)$을 따른다.

$$\begin{aligned}
P(6 \leq Y \leq k) &= P\left(\dfrac{6-12}{3} \leq \dfrac{Y-12}{3} \leq \dfrac{k-12}{3}\right) \\
&= P\left(-2 \leq Z \leq \dfrac{k-12}{3}\right) \cdots\cdots ㉡
\end{aligned}$$

STEP C $P(6 \leq X \leq 12) = P(6 \leq Y \leq k)$을 만족하는 m 구하기

이때 $P(6 \leq X \leq 12) = P(6 \leq Y \leq k)$이므로
㉠, ㉡에서 $\dfrac{k-12}{3} = 1$

$\therefore k = 15$

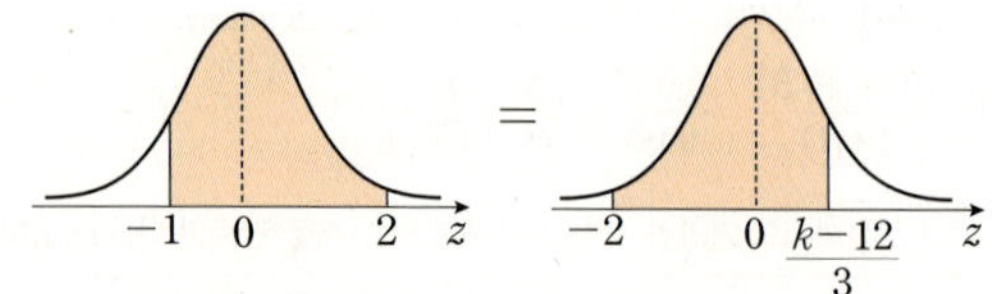

0637

두 연속확률변수 X와 Y는 각각 정규분포 $N(50, \sigma^2)$, $N(65, 4\sigma^2)$을 따른다.
$$P(X \geq k) = P(Y \leq k) = 0.1056$$
일 때, $k + \sigma$의 값을 오른쪽 표준정규분포표를 이용하여 구하여라. (단, $\sigma > 0$)

z	$P(0 \leq Z \leq z)$
1.25	0.3944
1.50	0.4332
1.75	0.4599
2.00	0.4772

STEP A 정규분포를 표준화하여 각 확률의 값 구하기

확률변수 X는 정규분포 $N(50, \sigma^2)$을 따르므로
$Z = \dfrac{X-50}{\sigma}$은 표준정규분포 $N(0, 1)$을 따른다.

$$P(X \geq k) = P\left(\dfrac{X-50}{\sigma} \geq \dfrac{k-50}{\sigma}\right) = P\left(Z \geq \dfrac{k-50}{\sigma}\right)$$

확률변수 Y는 정규분포 $N(65, 4\sigma^2)$을 따르므로
$Z = \dfrac{Y-65}{2\sigma}$은 표준정규분포 $N(0, 1)$을 따른다.

$$P(Y \leq k) = P\left(\dfrac{Y-65}{2\sigma} \leq \dfrac{k-65}{2\sigma}\right) = P\left(Z \leq \dfrac{k-65}{2\sigma}\right)$$

STEP B 두 확률이 같음을 이용하여 k, σ의 값 구하기

$$P\left(Z \geq \dfrac{k-50}{\sigma}\right) = P\left(Z \leq \dfrac{k-65}{2\sigma}\right)$$에서

$\dfrac{k-50}{\sigma} = -\dfrac{k-65}{2\sigma}$이므로 $k = 55$

$$P\left(Z \geq \dfrac{55-50}{\sigma}\right) = P\left(Z \geq \dfrac{5}{\sigma}\right)$$
$$= 0.1056$$

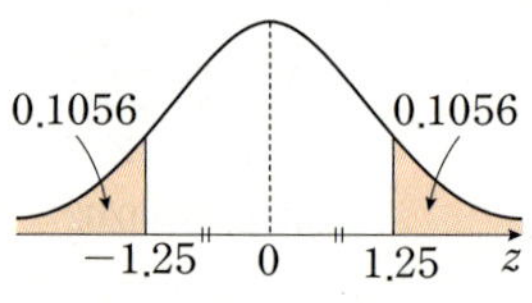

이므로 $P\left(0 \leq Z \leq \dfrac{5}{\sigma}\right) = 0.5 - 0.1056 = 0.3944$

따라서 $\dfrac{5}{\sigma} = 1.25$, $\sigma = 4$이므로 $k + \sigma = 55 + 4 = 59$

0638

다음 물음에 답하여라.

(1) 확률변수 X는 정규분포 $N(10, 4^2)$, 확률변수 Y는 정규분포 $N(m, 4^2)$을 따르고, 확률변수 X와 Y의 확률밀도함수는 각각 $f(x)$, $g(x)$이다. $f(12) = g(26)$, $P(Y \geq 26) \geq 0.5$ 일 때, $P(Y \leq 20)$의 값을 오른쪽 표준정규분포표를 이용하여 구한 것은?

z	$P(0 \leq Z \leq z)$
1.0	0.3413
1.5	0.4332
2.0	0.4772
2.5	0.4938

① 0.0062 ② 0.0228 ③ 0.0896
④ 0.1587 ⑤ 0.2255

STEP A 정규분포의 성질을 이용하여 m의 값 구하기

정규분포를 따르는 두 확률변수 X, Y의 표준편차가 같으므로 확률밀도함수
$y = f(x)$와 $y = g(x)$의 그래프는 평행이동에 의하여 일치할 수 있다.

확률변수 Y가 정규분포 $N(m, 4^2)$을 따르고 $P(Y \geq 26) \geq 0.5$이므로
$m \geq 26$이고 $f(12) = g(26)$이므로 대칭축으로부터 거리가 같으므로
$m = 26 + 2 = 28$

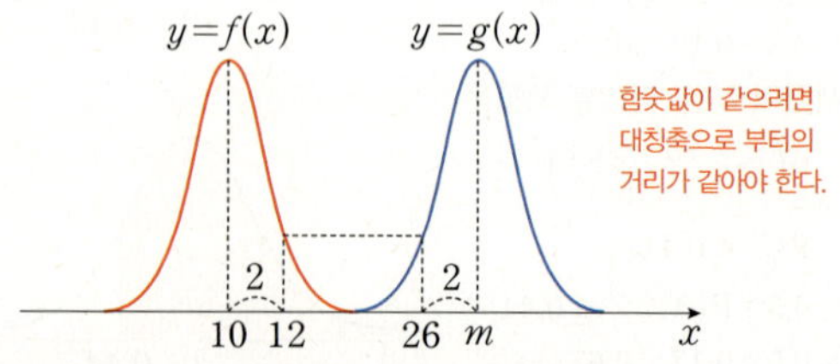

따라서 확률변수 Y는 정규분포 $N(28, 4^2)$을 따른다.

STEP B 표준화하여 $\mathrm{P}(Y\le 20)$의 값 구하기

$$\begin{aligned}\mathrm{P}(Y\le 20)&=\mathrm{P}\!\left(Z\le\frac{20-28}{4}\right)\\&=\mathrm{P}(Z\le -2)\\&=0.5-\mathrm{P}(0\le Z\le 2)\\&=0.5-0.4772\\&=0.0228\end{aligned}$$

$f(12)=g(26)$이고 $\mathrm{P}(Y\ge 26)\ge 0.5$이므로 Y를 표준화 하면
$\dfrac{26-m}{4}<0$, 즉 두 확률변수 X, Y를 표준화하면 $\dfrac{12-10}{4}=-\dfrac{26-m}{4}$
따라서 $m=28$

---

(2) 확률변수 X는 평균이 m, 표준편차가 5인 정규분포를 따르고, 확률변수 X의 확률밀도함수 $f(x)$가 다음 조건을 만족시킨다.

> (가) $f(10)>f(20)$
> (나) $f(4)<f(22)$

m이 자연수일 때, $\mathrm{P}(17\le X\le 18)$의 값을 오른쪽 표준정규분포표를 이용하여 구한 것은?

① 0.044　② 0.053
③ 0.062　④ 0.078
⑤ 0.097

z	$\mathrm{P}(0\le Z\le z)$
0.6	0.226
0.8	0.288
1.0	0.341
1.2	0.385
1.4	0.419

STEP A 정규분포의 대칭성을 이용하여 평균 m의 범위 구하기

확률변수 X는 정규분포 $\mathrm{N}(m, 5^2)$을 따르므로
확률밀도함수 $f(x)$는 직선 $x=m$에 대하여 대칭이다.
또한, 정규분포는 같은 구간이 주어질 때, 평균에서 멀어질수록 그 함숫값이 작아진다.
조건 (가)에서 확률밀도함수 $f(x)$가
$f(10)>f(20)$을 만족하므로 오른쪽
그림에서 $|m-10|<|m-20|$이 성립한다.
평균 m이 20보다 10에 더 가깝다.
즉 $m-10<20-m$, $2m<30$
$\therefore m<15$ ...... ㉠
조건 (나)에서 확률밀도함수 $f(x)$가
$f(4)<f(22)$을 만족하므로 오른쪽
그림에서 $|m-4|>|m-22|$이 성립한다.
평균 m이 4보다 22에 더 가깝다.
즉 $m-4>22-m$, $2m>26$
$\therefore m>13$ ...... ㉡
㉠, ㉡에서 $13<m<15$이므로 자연수 $m=14$

STEP B 확률 $\mathrm{P}(17\le X\le 18)$ 구하기

따라서 확률변수 X는 정규분포 $\mathrm{N}(14, 5^2)$을 따르므로

$$\begin{aligned}\mathrm{P}(17\le X\le 18)&=\mathrm{P}\!\left(\frac{17-14}{5}\le Z\le\frac{18-14}{5}\right)\\&=\mathrm{P}(0.6\le Z\le 0.8)=\mathrm{P}(0\le Z\le 0.8)-\mathrm{P}(0\le Z\le 0.6)\\&=0.288-0.226=0.062\end{aligned}$$

확률변수 X는 정규분포 $\mathrm{N}(m, 5^2)$을 따르므로 곡선 $y=f(x)$는 직선 $x=m$에 대하여 대칭이다.
정규분포는 평균에서 멀어질수록 그 함숫값이 작아짐을 이용하면
조건 (가)에서 $f(10)>f(20)$이므로 $m<\dfrac{10+20}{2}$
$m<15$ ...... ㉠
또, 조건 (나)에서 $f(4)<f(22)$이므로 $m>\dfrac{4+22}{2}$
$m>13$ ...... ㉡
㉠과 ㉡에서 $13<m<15$이므로 자연수 m은 $m=14$

0639

어느 회사에서는 두 종류의 막대 모양 과자 A, B를 생산하고 있다. 과자 A의 길이의 분포는 평균 m, 표준편차 σ_1인 정규분포이고, 과자 B의 길이의 분포는 평균 $m+25$, 표준편차 σ_2인 정규분포이다. 과자 A의 길이가 $m+10$ 이상일 확률과 과자 B의 길이가 $m+10$ 이하일 확률이 같을 때, $\dfrac{\sigma_2}{\sigma_1}$의 값은?

① $\dfrac{3}{2}$　② 2　③ $\dfrac{5}{2}$
④ 3　⑤ $\dfrac{7}{2}$

STEP A 정규분포를 표준화하여 각 확률의 값 구하기

과자 A의 길이를 확률변수 X라 하면 X는 정규분포 $\mathrm{N}(m, \sigma_1^2)$을 따르므로
$Z=\dfrac{X-m}{\sigma_1}$은 표준정규분포 $\mathrm{N}(0, 1)$을 따른다.
과자 A의 길이 X가 $m+10$ 이상일 확률은

$$\mathrm{P}(X\ge m+10)=\mathrm{P}\!\left(Z\ge\frac{m+10-m}{\sigma_1}\right)=\mathrm{P}\!\left(Z\ge\frac{10}{\sigma_1}\right)$$

과자 B의 길이를 확률변수 Y라 하면 정규분포 $\mathrm{N}(m+25, \sigma_2^2)$을 따르므로
$Z=\dfrac{Y-(m+25)}{\sigma_2}$은 표준정규분포 $\mathrm{N}(0, 1)$을 따른다.
과자 B의 길이 Y가 $m+10$ 이하일 확률은

$$\mathrm{P}(Y\le m+10)=\mathrm{P}\!\left(Z\le\frac{m+10-m-25}{\sigma_2}\right)=\mathrm{P}\!\left(Z\le-\frac{15}{\sigma_2}\right)$$

STEP B 두 확률이 같음을 이용하여 $\dfrac{\sigma_2}{\sigma_1}$의 값 구하기

두 확률이 같으려면 표준정규분포 곡선은 y축에 대해 대칭이므로
이때 $\mathrm{P}\!\left(Z\ge\dfrac{10}{\sigma_1}\right)=\mathrm{P}\!\left(Z\le-\dfrac{15}{\sigma_2}\right)$
이므로 $\dfrac{10}{\sigma_1}=\dfrac{15}{\sigma_2}$
따라서 $\dfrac{\sigma_2}{\sigma_1}=\dfrac{15}{10}=\dfrac{3}{2}$

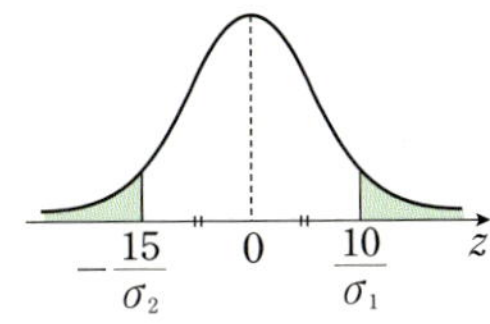

0640

어느 공장에서 생산되는 제품 A의 무게는 정규분포 $\mathrm{N}(m, 1)$을 따르고, 제품 B의 무게는 정규분포 $\mathrm{N}(2m, 4)$를 따른다. 이 공장에서 생산된 제품 A와 제품 B에서 임의로 제품을 1개씩 선택할 때, 선택된 제품 A의 무게가 k 이상일 확률과 선택된 제품 B의 무게가 k 이하일 확률이 같다. $\dfrac{k}{m}$의 값은?

① $\dfrac{11}{9}$　② $\dfrac{5}{4}$　③ $\dfrac{23}{18}$
④ $\dfrac{47}{36}$　⑤ $\dfrac{4}{3}$

STEP A 정규분포를 표준화하여 각 확률의 값 구하기

제품 A의 무게를 확률변수 X라 하면 X는 정규분포 $\mathrm{N}(m, 1^2)$을 따르므로
$Z=\dfrac{X-m}{1}$은 표준정규분포 $\mathrm{N}(0, 1)$을 따른다.
선택된 제품 A의 무게가 k 이상일 확률은

$$\mathrm{P}(X\ge k)=\mathrm{P}\!\left(\frac{X-m}{1}\ge\frac{k-m}{1}\right)=\mathrm{P}(Z\ge k-m)$$

제품 B의 무게를 확률변수 Y라 하면 정규분포 $\mathrm{N}(2m, 2^2)$을 따르므로
$Z=\dfrac{Y-2m}{2}$은 표준정규분포 $\mathrm{N}(0, 1)$을 따른다.
선택된 제품 B의 무게가 k 이하일 확률은

$$\mathrm{P}(Y\le k)=\mathrm{P}\!\left(\frac{Y-2m}{2}\le\frac{k-2m}{2}\right)=\mathrm{P}\!\left(Z\le\frac{k-2m}{2}\right)$$

STEP B 두 확률이 같음을 이용하여 $\dfrac{k}{m}$의 값 구하기

$\mathrm{P}(X \geq k) = \mathrm{P}(Y \leq k)$이므로 $\mathrm{P}\left(Z \geq k - m\right) = \mathrm{P}\left(Z \leq \dfrac{k - 2m}{2}\right)$

두 확률이 같으려면 표준정규분포
곡선은 y축에 대해 대칭이므로

$$k - m = -\dfrac{k - 2m}{2}$$

$$2k - 2m = -k + 2m$$

따라서 $3k = 4m$이므로 $\dfrac{k}{m} = \dfrac{4}{3}$

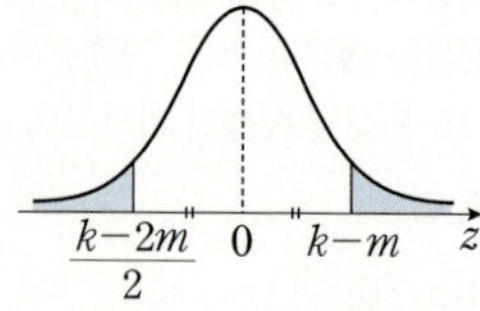

0641

어느 뼈 화석이 두 동물 A와 B 중에서 어느 동물의 것인지 판단하는 방법 가운데 한 가지는 특정 부위의 길이를 이용하는 것이다. 동물 A의 이 부위의 길이는 정규분포 $\mathrm{N}(10, 0.4^2)$을 따르고, 동물 B의 이 부위의 길이는 정규분포 $\mathrm{N}(12, 0.6^2)$을 따른다. 이 부위의 길이가 d 미만이면 동물 A의 화석으로 판단하고, d 이상이면 동물 B의 화석으로 판단한다. 동물 A의 화석을 동물 A의 화석으로 판단할 확률과 동물 B의 화석을 동물 B의 화석으로 판단할 확률이 같아지는 d의 값은? (단, 길이의 단위는 cm이다.)

① 10.4 ② 10.5 ③ 10.6
④ 10.7 ⑤ 10.8

STEP A 두 동물 A, B의 특정 부위의 길이를 각각 확률변수 X, Y로 놓고 각각의 확률 구하기

동물 A의 특정 부위의 길이를 확률변수 X라 하면

X는 정규분포 $\mathrm{N}(10, 0.4^2)$을 따르므로

$Z = \dfrac{X - 10}{0.4}$은 표준정규분포 $\mathrm{N}(0, 1)$을 따른다.

동물 A의 화석을 동물 A의 화석으로 판단할 확률은

$$\mathrm{P}(X < d) = \mathrm{P}\left(Z < \dfrac{d - 10}{0.4}\right) \quad \cdots\cdots \text{㉠}$$

동물 B의 특정 부위의 길이를 확률변수 Y라 하면

Y는 정규분포 $\mathrm{N}(12, 0.6^2)$을 따르므로

$Z = \dfrac{Y - 12}{0.6}$은 표준정규분포 $\mathrm{N}(0, 1)$을 따른다.

동물 B의 화석을 동물 B의 화석으로 판단할 확률은

$$\mathrm{P}(Y \geq d) = \mathrm{P}\left(Z \geq \dfrac{d - 12}{0.6}\right) \quad \cdots\cdots \text{㉡}$$

STEP B 두 확률이 서로 같음을 이용하여 d 구하기

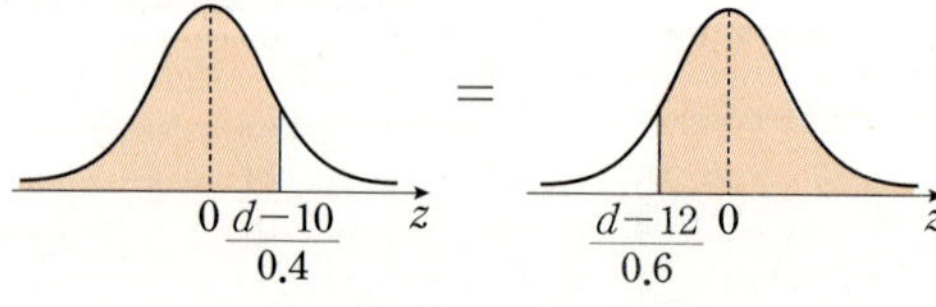

㉠, ㉡에서 두 확률이 같으려면 $\dfrac{d - 10}{0.4}$과 $\dfrac{d - 12}{0.6}$의 절댓값이 같고

부호가 달라야 하므로 $\dfrac{d - 10}{0.4} = -\dfrac{d - 12}{0.6}$, $0.6d - 6 = -0.4d + 4.8$

따라서 $d = 10.8$

0642

희망 고등학교 학생들의 일일 희망에듀 시청 시간을 X라 하면 확률변수 X는 평균 60분, 표준편차 10분인 정규분포를 따르고, $\mathrm{P}(X \leq 50) = 0.1587$이다. 이때 $Y = 3X - 4$라 할 때, 확률 $\mathrm{P}(Y \leq 206)$의 값은?

① 0.7745 ② 0.8185 ③ 0.8256
④ 0.8332 ⑤ 0.8413

STEP A $\mathrm{P}(X \leq 50) = 0.1587$을 표준화하여 구하기

확률변수 X가 정규분포 $\mathrm{N}(60, 10^2)$을 따르므로

$Z = \dfrac{X - 60}{10}$은 표준정규분포 $\mathrm{N}(0, 1)$을 따른다.

$\mathrm{P}(X \leq 50) = 0.1587$에서

$$\mathrm{P}\left(Z \leq \dfrac{50 - 60}{10}\right) = \mathrm{P}(Z \leq -1) = 0.1587$$

$$\therefore \ \mathrm{P}(Z \geq 1) = 0.1587$$

STEP B $Y = 3X - 4$의 평균과 표준편차를 구하기

$Y = 3X - 4$에서

$$\mathrm{E}(Y) = \mathrm{E}(3X - 4) = 3\mathrm{E}(X) - 4 = 3 \cdot 60 - 4 = 176$$

$$\mathrm{V}(Y) = \mathrm{V}(3X - 4) = 3^2 \mathrm{V}(X) = 3^2 \times 10^2 = 30^2$$

STEP C 확률 $\mathrm{P}(Y \leq 206)$의 값 구하기

확률변수 Y가 정규분포 $\mathrm{N}(176, 30^2)$을 따르므로

$Z = \dfrac{Y - 176}{30}$는 표준정규분포 $\mathrm{N}(0, 1)$을 따른다.

$$\mathrm{P}(Y \leq 206) = \mathrm{P}\left(\dfrac{Y - 176}{30} \leq \dfrac{206 - 176}{30}\right)$$
$$= \mathrm{P}\left(Z \leq \dfrac{206 - 176}{30}\right)$$
$$= \mathrm{P}(Z \leq 1)$$
$$= 1 - \mathrm{P}(Z \geq 1)$$
$$= 1 - 0.1587 = 0.8413$$

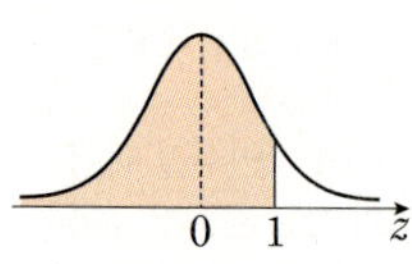

0643

정규분포를 따르는 두 연속확률변수 X, Y가 다음 조건을 만족시킨다.

> (가) $\mathrm{E}(X) = 10$
> (나) $Y = 3X$

$\mathrm{P}(X \leq k) = \mathrm{P}(Y \geq k)$를 만족시키는 상수 k의 값은?

① 14 ② 15 ③ 16
④ 17 ⑤ 18

STEP A $\mathrm{E}(aX) = a\mathrm{E}(X)$, $\sigma(aX) = |a|\sigma(X)$를 이용하여 정규분포 Y 구하기

$\mathrm{E}(X) = 10$이므로 $\mathrm{E}(Y) = \mathrm{E}(3X) = 3\mathrm{E}(X) = 30$

$\sigma(X) = \sigma(\sigma > 0)$라 하면

$\sigma(Y) = \sigma(3X) = |3|\sigma(X) = 3\sigma$

STEP B 두 확률변수 X, Y를 표준화하기

확률변수 X는 정규분포 $\mathrm{N}(10, \sigma^2)$을 따르므로

$Z = \dfrac{X - 10}{\sigma}$은 표준정규분포 $\mathrm{N}(0, 1)$을 따른다.

$$\mathrm{P}(X \leq k) = \mathrm{P}\left(Z \leq \dfrac{k - 10}{\sigma}\right) \quad \cdots\cdots \text{㉠}$$

확률변수 Y는 정규분포 $\mathrm{N}(30, 9\sigma^2)$을 따르므로

$Z = \dfrac{Y - 30}{3\sigma}$은 표준정규분포 $\mathrm{N}(0, 1)$을 따른다.

$$\mathrm{P}(Y \geq k) = \mathrm{P}\left(Z \geq \dfrac{k - 30}{3\sigma}\right) \quad \cdots\cdots \text{㉡}$$

STEP C 두 확률이 서로 같음을 이용하여 k 구하기

㉠, ㉡에서 $\mathrm{P}(X \leq k) = \mathrm{P}(Y \geq k)$이므로
두 확률이 같으려면 표준정규분포 곡선은
y축에 대해 대칭이므로

$$\dfrac{k - 10}{\sigma} = -\dfrac{k - 30}{3\sigma}$$

따라서 $3k - 30 = 30 - k$이므로 $k = 15$

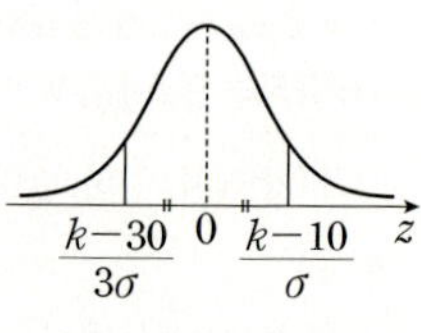

0644

정규분포를 따르는 두 연속확률변수 X, Y가 다음 조건을 만족시킨다.

> (가) $Y=aX(a>0)$
> (나) $P(X\le 18)+P(Y\ge 36)=1$
> (다) $P(X\le 28)=P(Y\ge 28)$

$E(Y)$의 값은?

① 42   ② 44   ③ 46
④ 48   ⑤ 50

STEP A $E(aX)=aE(X)$, $\sigma(aX)=|a|\sigma(X)$**를 이용하여 정규분포** Y **구하기**

$E(X)=m$, $\sigma(X)=\sigma$라 하면 조건 (가)에 의하여

$E(Y)=E(aX)=aE(X)=am$, $\sigma(Y)=\sigma(aX)=|a|\sigma(X)=a\sigma(\because a>0)$

이므로 확률변수 X는 정규분포 $N(m,\sigma^2)$을 따르고

확률변수 Y는 정규분포 $N(am,a^2\sigma^2)$을 따른다.

STEP B **두 확률변수** X, Y**를 표준화하기**

조건 (나)에서 $P(X\le 18)+P(Y\ge 36)=1$이므로 이를 표준화하면

$$P\left(Z\le \frac{18-m}{\sigma}\right)+P\left(Z\ge \frac{36-am}{a\sigma}\right)=1$$

$$\frac{18-m}{\sigma}=\frac{36-am}{a\sigma},\ 18a-am=36-am$$

$$\therefore a=2$$

조건 (다)에서 $P(X\le 28)=P(Y\ge 28)$이므로 이를 표준화하면

$$P\left(Z\le \frac{28-m}{\sigma}\right)=P\left(Z\ge \frac{28-2m}{2\sigma}\right)(\because a=2)$$

$$\frac{28-m}{\sigma}=-\frac{28-2m}{2\sigma},\ 56-2m=-28+2m$$

$$\therefore m=21$$

따라서 $E(Y)=am=2\times 21=42$

다른풀이 정규분포의 성질을 이용하여 풀이하기

조건 (가)의 $Y=aX$를 조건 (나)에 대입하면

$$P(X\le 18)+P(aX\ge 36)=1$$

$$P(X\le 18)+P\left(X\ge \frac{36}{a}\right)=1$$

즉 정규분포의 성질에 의하여 $\dfrac{36}{a}=18$

$$\therefore a=2$$

조건 (다)에서 $Y=2X$를 대입하면

$P(X\le 28)=P(2X\ge 28)=P(X\ge 14)$이므로 정규분포의 성질에 의하여

$$m=E(X)=\frac{14+28}{2}=21$$

따라서 $E(Y)=E(2X)=2E(X)=42$

0645

입학정원이 35명인 A학과는 올해 대학 수학능력시험 4개 영역 표준점수의 총합을 기준으로 하여 성적순에 의하여 신입생을 선발한다. 올해 A학과에 지원한 수험생이 500명이고 이들의 성적은 평균 500점, 표준편차 30점인 정규분포를 따른다고 할 때, A학과에 합격하기 위한 최저점수를 아래 표준정규분포표를 이용하여 구한 것은?

z	$P(0\le Z\le z)$
0.5	0.19
1.0	0.34
1.5	0.43
2.0	0.48
2.5	0.49

① 530   ② 535   ③ 540
④ 545   ⑤ 550

STEP A **수험생의** 4**개 영역 표준점수의 총합을 확률변수** X**, 합격하기 위한 최저점수를** k**이라 할 때,** $P(X\ge k)$**를 구하기**

A학과에 지원한 수험생의 4개 영역 표준점수의 총합을 확률변수 X라 하면

X는 정규분포 $N(500,30^2)$을 따른다.

500명에서 입학정원 35명을 선발하는

확률은 $\dfrac{35}{500}=0.07$

합격하기 위한 최저점수를 k라 하면 합격할 확률은 $P(X\ge k)=0.07$

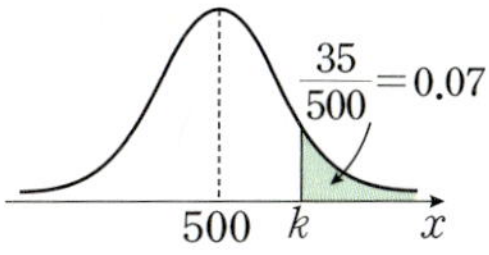

STEP B **확률변수** X**를 표준화하고 표준정규분포표를 이용하여** k **구하기**

$P(X\ge k)=0.07$에서

$$P\left(Z\ge \frac{k-500}{30}\right)$$

$$=0.07$$

$$=0.5-0.43$$

$$=P(Z\ge 0)-P(0\le Z\le 1.5)$$

$$=P(Z\ge 1.5)$$

이므로 $\dfrac{k-500}{30}=1.5$ $\therefore k=30\times 1.5+500=545$

따라서 A학과에 합격하기 위한 최저점수는 545

> **참고** $P\left(Z\ge \dfrac{k-500}{30}\right)=0.07$에서 $P\left(0\le Z\le \dfrac{k-500}{30}\right)=0.5-0.07=0.43$
>
> 표준정규분포표에서 $P(0\le Z\le 1.5)=0.43$이므로 $\dfrac{k-500}{30}=1.5$
>
> 따라서 A학과에 합격하기 위한 최저점수는 $k=30\times 1.5+500=545$

0646

어느 농장의 생후 7개월 된 돼지 200마리의 무게는 평균 110kg, 표준편차 10kg인 정규분포를 따른다고 한다. 이 200마리의 돼지 중 무거운 것부터 차례로 3마리를 뽑아 우량 돼지 선발대회에 보내려고한다. 우량돼지선발대회에 보낼 돼지의 최소 무게를 오른쪽 표준정규분포표를 이용하여 구한 것은?

z	$P(0\le Z\le z)$
2.12	0.4830
2.17	0.4850
2.29	0.4890

① 121.6kg   ② 126.7kg   ③ 130.7kg
④ 131.7kg   ⑤ 132.9kg

STEP A **돼지의 무게를 확률변수** X**, 우량돼지 선발대회에 보낼 돼지의 최소무게를** $k$kg**이라 할 때,** $P(X\ge k)$**를 구하기**

돼지 200마리의 무게를 확률변수 X라 하면

X는 정규분포 $N(110,10^2)$을 따른다.

돼지 200마리 중 3마리를 뽑아 우량돼지 선발대회에 보낼 확률은 $\dfrac{3}{200}=0.015$

우량돼지 선발대회에 보낼 돼지의 최소무게를 $k$kg이라 하면 $P(X\ge k)=0.015$

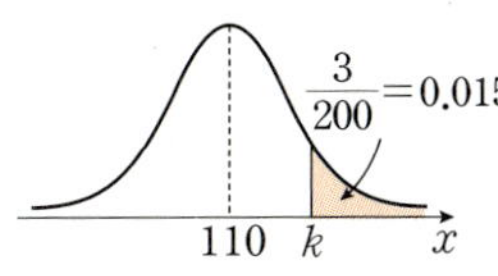

STEP B **확률변수** X**를 표준화하고 표준정규분포표를 이용하여** k **구하기**

$P(X\ge k)=0.015$에서

$$P\left(Z\ge \frac{k-110}{10}\right)$$

$$=0.015$$

$$=0.5-0.485$$

$$=P(Z\ge 0)-P(0\le Z\le 2.17)$$

$$=P(Z\ge 2.17)$$

이므로 $\dfrac{k-110}{10}=2.17$ $\therefore k=110+21.7=131.7(\text{kg})$

따라서 우량돼지선발대회에 보낼 돼지의 최소 무게는 131.7kg

> **참고** $P\left(Z\ge \dfrac{k-110}{10}\right)=0.015$에서 $P\left(0\le Z\le \dfrac{k-110}{10}\right)=0.5-0.015=0.485$
>
> 표준정규분포표에서 $P(0\le Z\le 2.17)=0.485$이므로 $\dfrac{k-110}{10}=2.17$
>
> 따라서 $k=110+21.7=131.7(\text{kg})$

0647

어느 자격증 시험에서 70점 이상을 받으면 합격이라 한다. 10000명이 응시한 이 자격증시험 점수가 평균이 55점이고 표준편차가 σ점인 정규분포를 따를 때, 합격자 수가 668명이었다. 오른쪽 표준정규분포표를 이용하여 σ의 값은?

z	$P(0 \leq Z \leq z)$
0.5	0.1915
1.0	0.3413
1.5	0.4332
2.0	0.4772

① 6   ② 8
③ 10   ④ 12
⑤ 14

STEP A 자격시험 점수를 확률변수 X라 하고 정규분포 구하기

자격시험 점수를 확률변수 X라고 하면

X는 정규분포 $N(55, \sigma^2)$을 따르고

확률변수 $Z = \dfrac{X-55}{\sigma}$은 표준정규분포 $N(0, 1)$을 따른다.

STEP B $P(X \geq 70) = 0.0668$를 만족하는 σ의 값 구하기

10000명 중에서 합격자 수가 668명이므로

상위 $\dfrac{668}{10000} = 0.0668$에 속해야 한다.

즉 자격증 시험에서 70점 이상을 받으면 합격하므로

$P(X \geq 70) = 0.0668$

$P\left(Z \geq \dfrac{70-55}{\sigma}\right) = 0.5 - P\left(0 \leq Z \leq \dfrac{70-55}{\sigma}\right) = 0.0668$

$P\left(0 \leq Z \leq \dfrac{70-55}{\sigma}\right) = 0.4332$

이때 $P(0 \leq Z \leq 1.5) = 0.4332$이므로

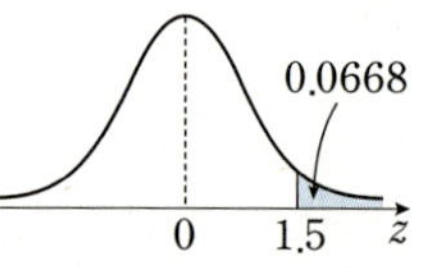

$\dfrac{70-55}{\sigma} = 1.5$

따라서 $15 - 1.5\sigma = 0$이므로 $\sigma = 10$

0648

정규분포 $N(10, 2^2)$을 따르는 확률변수 X에 대하여 함수 $f(t)$를

$$f(t) = P(t \leq X \leq t+4)$$

와 같이 정의할 때, 다음 [보기]에서 옳은 것을 모두 고르면?

ㄱ. $f(t)$의 최댓값은 $f(8)$이다.
ㄴ. $f(6) = f(10)$
ㄷ. $f(8+t) = f(8-t)$
ㄹ. $10 \leq x_1 < x_2$인 임의의 두 실수 x_1, x_2에 대하여 $f(x_1) > f(x_2)$이다.

① ㄱ   ② ㄴ, ㄷ   ③ ㄴ, ㄹ
④ ㄴ, ㄷ, ㄹ   ⑤ ㄱ, ㄴ, ㄷ, ㄹ

STEP A 확률변수 X가 정규분포 $N(10, 2^2)$을 따를 때, $Z = \dfrac{X-10}{2}$은 표준정규분포 $N(0, 1)$을 따름을 이용하여 [보기]의 진위판단하기

ㄱ. $f(t) = P\left(\dfrac{t-10}{2} \leq Z \leq \dfrac{t-6}{2}\right)$은 표준정규분포곡선에서

$z = \dfrac{t-10}{2}$과 $z = \dfrac{t-6}{2}$, z축으로 둘러싸인 부분의 넓이이므로

구간의 길이가 같을 때, 구간이 표준정규분포곡선에서
가운데에 몰려있어야 확률값이 가장 크다.

$z = \dfrac{t-10}{2}$과 $z = \dfrac{t-6}{2}$이 $z=0$에 대하여 대칭일 때, 최댓값을 갖는다.

즉 $-\left(\dfrac{t-10}{2}\right) = \dfrac{t-6}{2}$에서 $-t+10 = t-6$이므로 $t=8$ [참]

참고 $f(t)$가 최대인 경우는 주어진 구간의 중점에 평균이 위치할 때이다.

즉 $\dfrac{t+(t+4)}{2} = 10$, $t=8$일 때, 최대가 된다. [참]

ㄴ. $f(6) = P(6 \leq X \leq 10)$
$\quad\quad = P(-2 \leq Z \leq 0)$
$f(10) = P(10 \leq X \leq 14)$
$\quad\quad\quad = P(0 \leq Z \leq 2)$
이므로 $f(6) = f(10)$ [참]

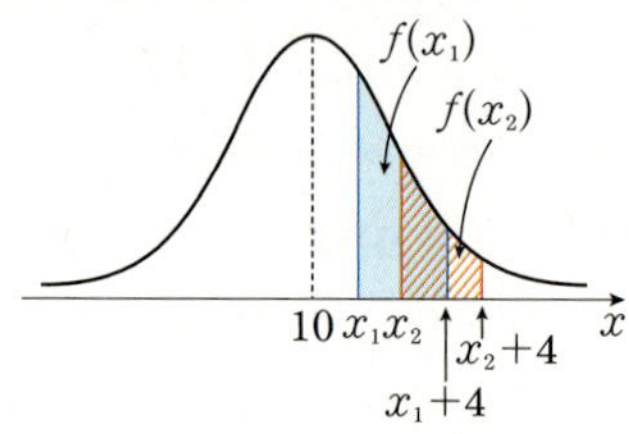

ㄷ. $f(8+t) = P(8+t \leq X \leq 12+t) = P\left(\dfrac{t-2}{2} \leq Z \leq \dfrac{t+2}{2}\right)$

$\quad f(8-t) = P(8-t \leq X \leq 12-t) = P\left(\dfrac{-t-2}{2} \leq Z \leq \dfrac{-t+2}{2}\right)$

이때 표준정규분포는 평균값 0을 중심으로 좌우대칭이므로
$P(a \leq Z \leq b) = P(-a \geq Z \geq -b)$가 성립한다.

이때 $P\left(\dfrac{-t-2}{2} \leq Z \leq \dfrac{-t+2}{2}\right) = P\left(\dfrac{t+2}{2} \geq Z \geq \dfrac{t-2}{2}\right)$가

성립하므로 $f(8+t) = f(8-t)$이다. [참]

ㄹ. $10 \leq x_1 < x_2$일 때, $P(x_1 \leq X \leq x_1+4) > P(x_2 \leq X \leq x_2+4)$
이므로 $f(x_1) > f(x_2)$이다. [참]

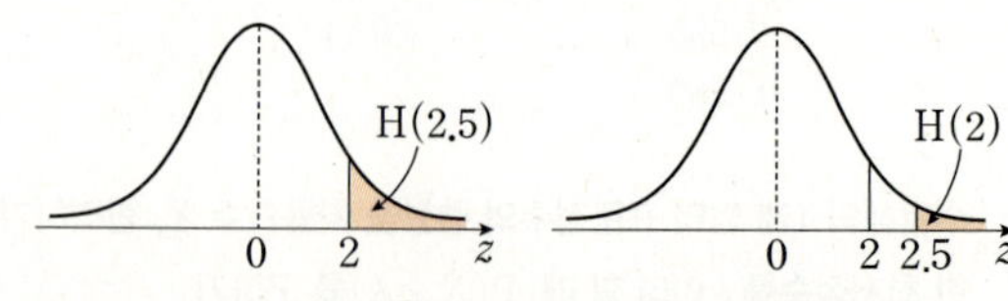

따라서 옳은 것은 ㄱ, ㄴ, ㄷ, ㄹ이다.

0649

양의 실수 전체의 집합을 정의역으로 하는 함수 $H(t)$는 평균 20, 표준편차 t인 정규분포를 따르는 확률변수 X에 대하여 $H(t) = P(X \leq 15)$이다. 옳은 것만을 [보기]에서 있는 대로 고른 것은? (단, 표준정규분포를 따르는 확률변수 Z에 대하여 $P(0 \leq Z \leq 1) = 0.3413$, $P(0 \leq Z \leq 2) = 0.4772$이다.)

ㄱ. $H(2.5) = P(Z \geq 2)$
ㄴ. $H(2) < H(2.5)$
ㄷ. $H(5) < 5H(2)$

① ㄱ   ② ㄷ   ③ ㄱ, ㄴ
④ ㄴ, ㄷ   ⑤ ㄱ, ㄴ, ㄷ

STEP A 확률변수 X를 표준화하여 진위판단하기

ㄱ. $t = 2.5$에서 확률변수 X는 정규분포 $N(20, 2.5^2)$을 따르므로

$H(2.5) = P(X \leq 15)$
$\quad\quad\quad = P\left(Z \leq \dfrac{15-20}{2.5}\right)$
$\quad\quad\quad = P(Z \leq -2)$
$\quad\quad\quad = P(Z \geq 2)$ [참]

ㄴ. $t = 2$에서 확률변수 X는 정규분포 $N(20, 2^2)$을 따르므로

$H(2) = P(X \leq 15)$
$\quad\quad = P\left(Z \leq \dfrac{15-20}{2}\right)$
$\quad\quad = P(Z \leq -2.5)$
$\quad\quad = P(Z \geq 2.5)$

이때 $H(2.5) = P(Z \geq 2)$이므로 $H(2) < H(2.5)$ [참]

ㄷ. $t=5$에서 확률변수 X는 정규분포 $N(20, 5^2)$을 따르므로

$H(5)=P(X\le 15)$

$\quad=P\left(Z\le\dfrac{15-20}{5}\right)$

$\quad=P(Z\le -1)$

$\quad=P(Z\ge 1)$

$\quad=0.5-P(0\le Z\le 1)$

$\quad=0.5-0.3413=0.1587$

$H(2.5)=P(Z\le -2)$

$\quad=0.5-P(0\le Z\le 2)$

$\quad=0.5-0.4772=0.0228$

ㄴ에서 $H(2)<H(2.5)$이므로 $5H(2)<5H(2.5)$

$\therefore 5H(2)<0.0228\times 5=0.114$

$\therefore H(5)>5H(2)$ [거짓]

따라서 옳은 것은 ㄱ, ㄴ이다.

0650

확률변수 X의 확률질량함수가

$P(X=x)={}_{48}C_x\left(\dfrac{1}{4}\right)^x\left(\dfrac{3}{4}\right)^{48-x}$

$(x=0, 1, 2, \cdots, 48)$일 때,

$P(9\le X\le 15)$의 값은?

z	$P(0\le Z\le z)$
1.0	0.3413
1.5	0.4332
2.0	0.4772

① 0.3413 ② 0.4772

③ 0.6826 ④ 0.8185

⑤ 0.9974

$P(X=x)={}_{48}C_x\left(\dfrac{1}{4}\right)^x\left(\dfrac{3}{4}\right)^{48-x}$는 사건이 일어날 확률이 $\dfrac{1}{4}$인 시행을
독립적으로 48회 되풀이 할 때, 사건이 x회 일어날 확률을 뜻한다.
이때 사건이 일어날 횟수를 확률변수 X라 하면

확률변수 X는 이항분포 $B\left(48, \dfrac{1}{4}\right)$을 따른다.

이때 확률변수 X의 평균 m과 표준편차 σ를 구하면

$m=48\times\dfrac{1}{4}=12$, $\sigma=\sqrt{48\times\dfrac{1}{4}\times\dfrac{3}{4}}=3$

100은 충분히 큰 수이므로
확률변수 X는 근사적으로 정규분포 $N(12, 3^2)$을 따른다.

확률변수 $Z=\dfrac{X-12}{3}$는 표준정규분포

$N(0, 1)$을 따르므로 구하는 확률은

$P(9\le X\le 15)$

$=P\left(\dfrac{9-12}{3}\le\dfrac{X-12}{3}\le\dfrac{15-12}{3}\right)$

$=P(-1\le Z\le 1)$

$=P(-1\le Z\le 0)+P(0\le Z\le 1)$

$=2P(0\le Z\le 1)$

$=2\times 0.3413=0.6826$

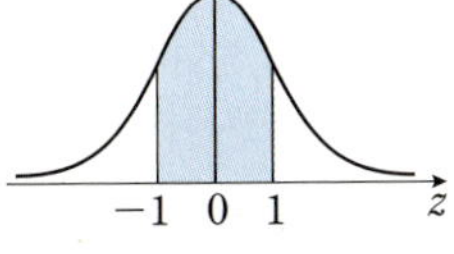

0651

확률변수 X의 확률질량함수와 기댓값이 다음 조건을 만족한다.

(가) $P(X=x)={}_{1200}C_x p^x(1-p)^{1200-x}$ $(x=0, 1, 2, \cdots, 1200)$

(나) $E(X)=300$

$P(X\ge 315)$의 값을 오른쪽 표준정규분포
표를 이용하여 구한 것은?

z	$P(0\le Z\le z)$
1.0	0.3413
1.5	0.4332
2.0	0.4772

① 0.0013 ② 0.0062

③ 0.0228 ④ 0.0668

⑤ 0.1587

조건 (가)에서 이산확률변수 X의 확률질량함수가

$P(X=x)={}_{1200}C_x p^x(1-p)^{1200-x}$ $(x=0, 1, 2, \cdots, 1200)$

이므로 확률변수 X는 이항분포 $B(1200, p)$을 따른다.

이때 $E(X)=1200p$

조건 (나)에서 $E(X)=300$이므로 $1200p=300$

$\therefore p=\dfrac{1}{4}$

즉 확률변수 X는 이항분포 $B\left(1200, \dfrac{1}{4}\right)$을 따른다.

이때 확률변수 X의 표준편차 σ를 구하면 $\sigma=\sqrt{1200\times\dfrac{1}{4}\times\dfrac{3}{4}}=15$

1200은 충분히 큰 수이므로
확률변수 X는 근사적으로 정규분포 $N(300, 15^2)$을 따른다.

확률변수 $Z=\dfrac{X-300}{15}$는 표준정규분포 $N(0, 1)$을 따르므로 구하는 확률은

$P(X\ge 315)=P\left(\dfrac{X-300}{15}\ge\dfrac{315-300}{15}\right)$

$\qquad=P(Z\ge 1)$

$\qquad=0.5-P(0\le Z\le 1)$

$\qquad=0.5-0.3413=0.1587$

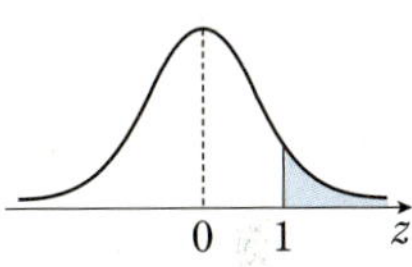

0652

확률변수 X의 확률질량함수와 분산이 다음 조건을 만족한다.

(가) $P(X=x)={}_nC_x\left(\dfrac{1}{4}\right)^x\left(\dfrac{3}{4}\right)^{n-x}$ $(x=0, 1, 2, 3, \cdots, n)$

(나) $V(X)=36$

이때 $P(X\ge a)=0.0228$을 만족시키는
상수 a의 값을 오른쪽 표준정규분포표를
이용하여 구하여라.

z	$P(0\le Z\le z)$
1.0	0.3413
1.5	0.4332
2.0	0.4772

조건 (가)에서 이산확률변수 X의 확률질량함수가

$P(X=x)={}_nC_x\left(\dfrac{1}{4}\right)^x\left(\dfrac{3}{4}\right)^{n-x}$ $(x=0, 1, 2, 3, \cdots, n)$

이므로 확률변수 X는 이항분포 $B\left(n, \dfrac{1}{4}\right)$를 따른다.

이때 확률변수 X의 평균 m과 분산 $V(X)$는

$E(X)=n\times\dfrac{1}{4}=\dfrac{n}{4}$, $V(X)=n\times\dfrac{1}{4}\times\dfrac{3}{4}=\dfrac{3n}{16}$

조건 (나)에서 $V(X)=36$이므로 $\dfrac{3n}{16}=36$에서 $n=12\times 16=192$

$E(X)=\dfrac{n}{4}=48$

STEP **B** 이항분포를 정규분포로 바꾸기

$n=192$는 충분히 큰 수이므로
확률변수 X는 근사적으로 정규분포 $N(48,\,6^2)$을 따른다.

STEP **C** 표준정규분포표를 이용하여 $P(X \geq a)=0.0228$의 값 구하기

확률변수 $Z=\dfrac{X-48}{6}$는 표준정규분포 $N(0,\,1)$을 따르므로 구하는 확률이

$$P(X \geq a)=P\left(Z \geq \frac{a-48}{6}\right)=0.0228$$

이므로 $P\left(Z \geq \dfrac{a-48}{6}\right)=0.0228$

$$=0.5-0.4772$$
$$=P(Z \geq 0)-P(0 \leq Z \leq 2)$$
$$=P(Z \geq 2)$$

이므로 $\dfrac{a-48}{6}=2,\ a-48=12$

따라서 $a=60$

0653

어느 문구점에 진열되어 있는 공책 중 10%는 A회사의 제품이라고 한다. 한 고객이 이 문구점에서 임의로 100권의 공책을 구입했을 때, A회사 제품이 13권 이상 포함될 확률을 오른쪽 표준정규분포표를 이용하여 구한 것은?

z	$P(0 \leq Z \leq z)$
0.75	0.2734
1.00	0.3413
1.25	0.3944
1.50	0.4332

① 0.0668 　② 0.1056
③ 0.1587 　④ 0.2266
⑤ 0.2734

STEP **A** 이항분포를 따르는 확률변수 X의 평균과 표준편차 구하기

100권의 공책 중 A회사 제품의 개수를 확률변수 X라 하면
확률변수 X는 이항분포 $B(100,\,0.1)$을 따른다.
이때 확률변수 X의 평균 m과 표준편차 σ를 구하면
$m=100 \times 0.1=10,\ \sigma=\sqrt{100 \times 0.1 \times 0.9}=3$

STEP **B** 이항분포를 정규분포로 바꾸기

100은 충분히 큰 수이므로
확률변수 X는 근사적으로 정규분포 $N(10,\,3^2)$을 따른다.

STEP **C** 표준정규분포표를 이용하여 $P(X \geq 13)$의 값 구하기

확률변수 $Z=\dfrac{X-10}{3}$은 표준정규분포 $N(0,\,1)$을 따르므로 구하는 확률은

$$P(X \geq 13)=P\left(\frac{X-10}{3} \geq \frac{13-10}{3}\right)$$
$$=P(Z \geq 1)$$
$$=0.5-P(0 \leq Z \leq 1)$$
$$=0.5-0.3413=0.1587$$

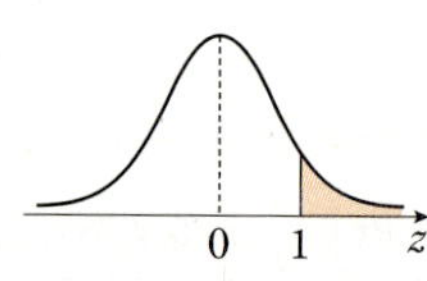

0654

각 면에 $1,\,2,\,3,\,4$의 숫자가 하나씩 적혀 있는 정사면체 모양의 상자 2개를 동시에 던졌을 때 바닥에 닿은 면에 적혀 있는 두 눈의 수의 곱이 홀수인 사건을 A라 하자. 이 시행을 1200번 하였을 때, 사건 A가 일어나는 횟수가 270 이하일 확률을 오른쪽 표준정규분포표를 이용하여 구한 값을 p라 할 때, $1000p$의 값을 구하여라.

z	$P(0 \leq Z \leq z)$
1.0	0.341
1.5	0.433
2.0	0.477
2.5	0.494

STEP **A** 이항분포를 구하여 정규분포의 평균과 표준편차를 구하기

정사면체 모양의 상자 2개를 동시에 던졌을 때, 나올 수 있는 눈의 순서쌍은 총 16가지이다.

바닥에 닿은 면에 적혀있는 두 눈의 수의 곱이 홀수인 사건을 A라 할 때,
사건 A가 일어날 경우는 $(1,\,1),\,(1,\,3),\,(3,\,1),\,(3,\,3)$으로 4가지이므로
1번의 시행에서 사건 A가 일어날 확률은 $\dfrac{4}{16}=\dfrac{1}{4}$
사건 A가 일어나는 횟수를 확률변수 X라 하면
확률변수 X는 이항분포 $B\left(1200,\,\dfrac{1}{4}\right)$을 따른다.

이때 확률변수 X의 평균 m과 표준편차 σ를 구하면
$m=1200 \times \dfrac{1}{4}=300,\ \sigma=\sqrt{1200 \times \dfrac{1}{4} \times \dfrac{3}{4}}=\sqrt{225}=15$

STEP **B** 이항분포를 정규분포로 바꾸기

1200은 충분히 큰 수이므로
확률변수 X는 근사적으로 정규분포 $N(300,\,15^2)$을 따른다.

STEP **C** 표준정규분포표를 이용하여 $P(X \leq 270)$의 값 구하기

확률변수 $Z=\dfrac{X-300}{15}$은 표준정규분포 $N(0,\,1)$을 따르므로 구하는 확률은

$p=P(X \leq 270)$

$$=P\left(\frac{X-300}{15} \leq \frac{270-300}{15}\right)$$
$$=P(Z \leq -2)=P(Z \geq 2)$$
$$=0.5-P(0 \leq Z \leq 2)$$
$$=0.5-0.477=0.023$$

따라서 $1000p=1000 \times 0.023=23$

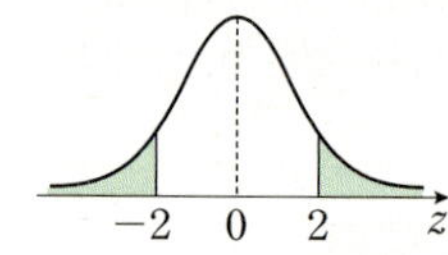

0655

다음은 어느 백화점에서 판매하고 있는 등산화에 대한 제조회사별 고객의 선호도를 조사한 표이다.

제조회사	A	B	C	D	합계
선호도(%)	20	28	25	27	100

192명의 고객이 각각 한 켤레씩 등산화를 산다고 할 때, C회사 제품을 선택할 고객이 42명 이상일 확률을 오른쪽 표준정규분포표를 이용하여 구한 것은?

z	$P(0 \leq Z \leq z)$
0.5	0.1915
1.0	0.3413
1.5	0.4332
2.0	0.4772

① 0.6915 　② 0.7745
③ 0.8256 　④ 0.8332
⑤ 0.8413

STEP **A** 이항분포를 구하여 정규분포의 평균과 표준편차 구하기

192명의 고객 중에서 C회사 제품을 선택할 고객의 수를 확률변수 X라 하면
C회사의 선호도가 $25\%=\dfrac{25}{100}=\dfrac{1}{4}$이므로

확률변수 X는 이항분포 $B\left(192,\,\dfrac{1}{4}\right)$을 따른다.

이때 확률변수 X의 평균 m과 표준편차 σ를 구하면
$m=192 \times \dfrac{1}{4}=48,\ \sigma=\sqrt{192 \times \dfrac{1}{4} \times \dfrac{3}{4}}=\sqrt{36}=6$

STEP **B** 이항분포를 정규분포로 바꾸기

192는 충분히 큰 수이므로
확률변수 X는 근사적으로 정규분포 $N(48,\,6^2)$을 따른다.

STEP **C** 표준정규분포표를 이용하여 $P(X \geq 42)$의 값 구하기

확률변수 $Z=\dfrac{X-48}{6}$은 표준정규분포 $N(0,\,1)$을 따르므로 C회사 제품을 선택할 고객이 42명 이상일 확률은

$$P(X \geq 42)=P\left(\frac{X-48}{6} \geq \frac{42-48}{6}\right)$$
$$=P(Z \geq -1)$$
$$=P(-1 \leq Z \leq 0)+P(Z \geq 0)$$
$$=P(0 \leq Z \leq 1)+0.5$$
$$=0.3413+0.5=0.8413$$

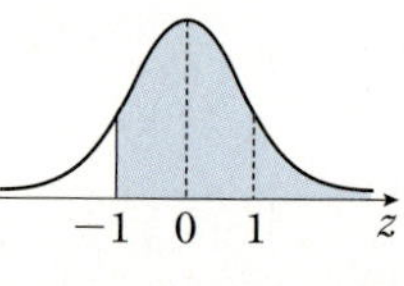

0656

한 개의 동전을 400번 던질 때, 앞면이 나온 횟수를 확률변수 X라 하자.
$$P(X \le k)=0.9772$$
를 만족시키는 상수 k의 값을 오른쪽 표준정규분포표를 이용하여 구하여라.

z	$P(0 \le Z \le z)$
1.0	0.3413
2.0	0.4772
3.0	0.4987

한 개의 동전을 던져 앞면이 나올 확률은 $\dfrac{1}{2}$이고 동전을 400번 던지므로

확률변수 X는 이항분포 $B\left(400, \dfrac{1}{2}\right)$을 따른다.

이때 확률변수 X의 평균 m과 표준편차 σ를 구하면
$$m=400 \times \frac{1}{2}=200, \quad \sigma=\sqrt{400 \times \frac{1}{2} \times \frac{1}{2}}=\sqrt{100}=10$$

400은 충분히 큰 수이므로
확률변수 X는 근사적으로 정규분포 $N(200, 10^2)$을 따른다.

확률변수 $Z=\dfrac{X-200}{10}$은 표준정규분포 $N(0, 1)$을 따른다.

$P(X \le k)=P\left(Z \le \dfrac{k-200}{10}\right)$이므로

$$
\begin{aligned}
P\left(Z \le \frac{k-200}{10}\right) &= 0.9772 \\
&= 0.5+0.4772 \\
&= P(Z \le 0)+P(0 \le Z \le 2) \\
&= P(Z \le 2)
\end{aligned}
$$

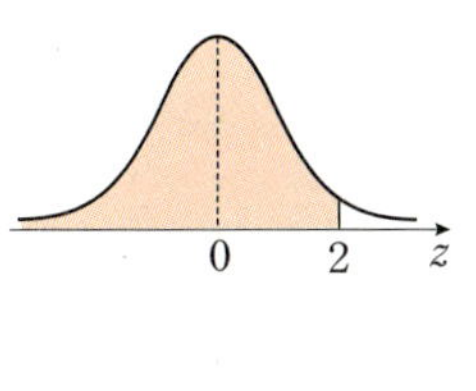

따라서 $\dfrac{k-200}{10}=2$이므로 $k=220$

0657

다음 물음에 답하여라.

(1) 한 개의 동전을 100번 던질 때, 앞면이 60번 이상 나올 확률과 한 개의 주사위를 1800번 던질 때, 3의 배수의 눈이 k번 이상 나올 확률이 같다고 한다. 이때 k의 값은?
① 590　　② 600　　③ 610
④ 640　　⑤ 720

동전의 앞면이 나오는 횟수를 확률변수 X라 하면
X는 이항분포 $B\left(100, \dfrac{1}{2}\right)$을 따른다.

이때 확률변수 X의 평균 m과 표준편차 σ를 구하면
$$m=100 \times \frac{1}{2}=50, \quad \sigma=\sqrt{100 \times \frac{1}{2} \times \frac{1}{2}}=5$$

이때 100은 충분히 큰 수이므로 X는 근사적으로 정규분포 $N(50, 5^2)$을 따르므로 확률변수 $Z=\dfrac{X-50}{5}$은 표준정규분포 $N(0, 1)$을 따른다.

$$P(X \ge 60)=P\left(\frac{X-50}{5} \ge \frac{60-50}{5}\right)=P(Z \ge 2)$$

주사위의 3의 배수의 눈이 나오는 횟수를 확률변수 Y라 하면
Y는 이항분포 $B\left(1800, \dfrac{1}{3}\right)$을 따른다.

이때 확률변수 Y의 평균 m과 표준편차 σ를 구하면
$$m=1800 \times \frac{1}{3}=600, \quad \sigma=\sqrt{1800 \times \frac{1}{3} \times \frac{2}{3}}=20$$

이때 1800은 충분히 큰 수이므로 Y는 근사적으로 정규분포 $N(600, 20^2)$을 따르므로 확률변수 $Z=\dfrac{Y-600}{20}$은 표준정규분포 $N(0, 1)$을 따른다.

$$P(Y \ge k)=P\left(\frac{Y-600}{20} \ge \frac{k-600}{20}\right)=P\left(Z \ge \frac{k-600}{20}\right)$$

$P(X \ge 60)=P(Y \ge k)$이므로 $\dfrac{k-600}{20}=2$

따라서 $k=640$

(2) 서로 다른 동전 2개를 동시에 100번 던질 때, 두 동전 중 한 개만 앞면이 나오는 횟수를 확률변수 X라 하고, A, B 두 사람이 가위 바위 보를 162번할 때, A가 이기는 횟수를 확률변수 Y라 한다.
$P(X \le 40)=P(Y \ge k)$를 만족시키는 상수 k의 값은?
① 64　　② 66　　③ 68
④ 70　　⑤ 72

동전 2개를 던져 1개만 앞면이 나올 확률은 $_2C_1\left(\dfrac{1}{2}\right)\left(\dfrac{1}{2}\right)=\dfrac{1}{2}$이므로
한 개만 앞면이 나오는 횟수를 확률변수 X라 하면
X는 이항분포 $B\left(100, \dfrac{1}{2}\right)$을 따른다.

이때 확률변수 X의 평균 m과 표준편차 σ를 구하면
$$m=100 \times \frac{1}{2}=50, \quad \sigma=\sqrt{100 \times \frac{1}{2} \times \frac{1}{2}}=5$$

이때 100은 충분히 큰 수이므로 X는 근사적으로 정규분포 $N(50, 5^2)$을 따르므로 확률변수 $Z=\dfrac{X-50}{5}$은 표준정규분포 $N(0, 1)$을 따른다.

$$P(X \le 40)=P\left(Z \le \frac{40-50}{5}\right)=P(Z \le -2)$$

가위 바위 보에서 A가 이길 확률은 $\dfrac{1}{3}$이므로 A가 이기는 횟수를
확률변수 Y라 하면 Y는 이항분포 $B\left(162, \dfrac{1}{3}\right)$을 따른다.

이때 확률변수 Y의 평균 m과 표준편차 σ를 구하면
$$m=162 \times \frac{1}{3}=54, \quad \sigma=\sqrt{162 \times \frac{1}{3} \times \frac{2}{3}}=6$$

100은 충분히 큰 수이므로 Y는 근사적으로 정규분포 $N(54, 6^2)$을 따르므로
확률변수 $Z=\dfrac{Y-54}{6}$는 표준정규분포 $N(0, 1)$을 따른다.

$$P(Y \ge k)=P\left(Z \ge \frac{k-54}{6}\right)$$

$P(X \le 40)=P(Y \ge k)$이므로
$P(Z \le -2)=P\left(Z \ge \dfrac{k-54}{6}\right)$에서

$\dfrac{k-54}{6}=2$

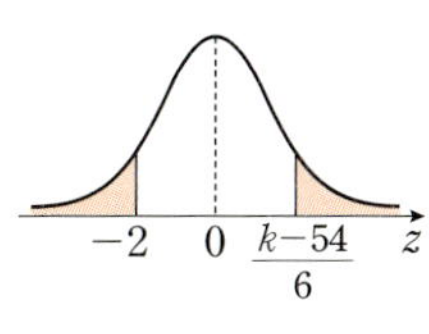

따라서 $k=66$

0658

한 개의 주사위를 한 번 던져서 나오는 눈의 수 a의 값에 따라 좌표평면 위에 이차함수 $y=x^2+2ax+5$의 그래프를 그리는 시행을 한다. 이 시행을 450회 반복할 때, 그려지는 이차함수의 그래프 중 x축과 서로 다른 두 점에서 만나는 횟수가 k 이상일 확률을 다음 표준정규분포표를 이용하여 구하면 0.9332이다. 자연수 k의 값을 구하여라.

z	$P(0 \leq Z \leq z)$
0.5	0.1915
1.0	0.3413
1.5	0.4332
2.0	0.4772

STEP A 서로 다른 두 점에서 만나는 횟수를 이항분포로 하는 확률 구하기

이차함수 $y=x^2+2ax+5$의 그래프가 x축과 서로 다른 두 점에서 만나려면 이차방정식 $x^2+2ax+5=0$의 판별식을 D라 할 때, $D>0$이어야 한다.

즉 $\dfrac{D}{4}=a^2-5>0$

$\therefore a^2>5$

즉 주사위의 눈의 수 a는 3, 4, 5, 6이어야 하므로

이차함수 $y=x^2+2ax+5$의 그래프가 x축과 서로 다른 두 점에서

만날 확률을 p라 하면 $p=\dfrac{4}{6}=\dfrac{2}{3}$

STEP B 이항분포를 구하여 정규분포의 평균과 표준편차 구하기

주사위를 450번 던질 때, 그려지는 이차함수 $y=x^2+2ax+5$의 그래프가 x축과 서로 다른 두 점에서 만나는 횟수를 확률변수 X라 하면

X는 이항분포 $B\left(450, \dfrac{2}{3}\right)$를 따르므로 평균 m과 표준편차 σ를 구하면

$m=450 \times \dfrac{2}{3}=300$, $\sigma=\sqrt{450 \times \dfrac{2}{3} \times \dfrac{1}{3}}=10$

STEP C 이항분포를 정규분포로 바꾸기

이때 450은 충분히 큰 수이므로 확률변수 X는 근사적으로 정규분포 $N(300, 10^2)$을 따르며 확률변수 $Z=\dfrac{X-300}{10}$은 표준정규분포 $N(0, 1)$을 따른다.

STEP D 표준정규분포표를 이용하여 $P(X \geq k)=0.9332$를 만족하는 k의 값 구하기

$P(X \geq k)=P\left(Z \geq \dfrac{k-300}{10}\right)$이므로

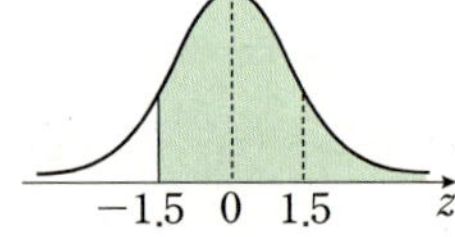

$P\left(Z \geq \dfrac{k-300}{10}\right)$

$=0.9332$

$=0.5+0.4332$

$=P(Z \geq 0)+P(0 \leq Z \leq 1.5)$

$=P(Z \geq 0)+P(-1.5 \leq Z \leq 0)$

$=P(Z \geq -1.5)$

이므로 $\dfrac{k-300}{10}=-1.5$

따라서 $k-300=-15$이므로 $k=285$

0659

고속열차의 탑승권을 예매한 사람이 예매를 취소하거나 실제로 고속열차를 타지 않을 확률이 20%라고 한다.
이러한 이유로 실수요자를 보호하고 예약 부도로 인한 손실을 방지하기 위해 초과 예약을 받는데 종종 좌석이 부족하여 소비자가 피해를 입는 사례가 발생한다.
좌석 수가 87석인 고속열차의 탑승권을 예매한 사람이 100명일 때, 좌석이 부족하게 될 확률을 구하여라.

z	$P(0 \leq Z \leq z)$
0.5	0.1915
1.0	0.3413
1.5	0.4332
2.0	0.4772

STEP A 이항분포를 구하여 정규분포의 평균과 표준편차 구하기

탑승권을 예약한 사람이 예약을 취소하거나 실제로 고속열차를 타지 않을 확률이 20%이므로 100명의 예약자 중 실제로 탑승하는 사람의 수를 확률변수 X라고 하면 X는 이항분포 $B\left(100, \dfrac{4}{5}\right)$를 따른다.

X의 평균 m과 표준편차 σ는

$m=100 \times \dfrac{4}{5}=80$, $\sigma=\sqrt{100 \times \dfrac{4}{5} \times \dfrac{1}{5}}=\sqrt{16}=4$

STEP B 이항분포를 정규분포로 바꾸기

이때 100은 충분히 큰 수이므로 확률변수 X는 근사적으로 정규분포 $N(80, 4^2)$을 따르므로 $Z=\dfrac{X-80}{4}$은 표준정규분포 $N(0, 1)$을 따른다.

STEP C 표준정규분포표를 이용하여 $P(X \geq 88)$의 값 구하기

좌석이 부족할 때는 실제로 탑승하는 사람이 88명 이상일 때이므로 좌석이 부족하게 될 확률은

$P(X \geq 88)=P\left(Z \geq \dfrac{88-80}{4}\right)$

$=P(Z \geq 2)$

$=0.5-P(0 \leq Z \leq 2)$

$=0.5-0.4772=0.0228$

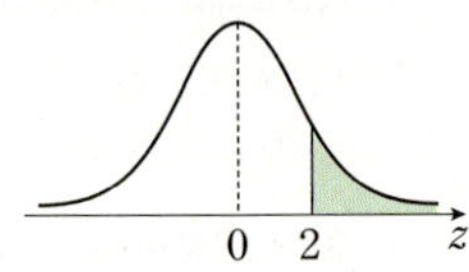

0660

어느 소극장의 좌석 수는 86석이고, 이 소극장의 공연을 예약한 사람이 공연을 보러 오지 않을 확률이 10%이어서 추가로 14개를 더하여 모두 100개의 티켓을 발매하여 매진되었다. 예약한 사람 중 공연을 보러 온 사람에게 선착순으로 좌석을 하나씩 배정할 때, 좌석이 부족할 확률을 오른쪽 표준정규분포표를 이용하여 구한 것은?

z	$P(0 \leq Z \leq z)$
0.5	0.1915
1.0	0.3413
1.5	0.4332
2.0	0.4772

① 0.6915 　② 0.6587 　③ 0.7780
④ 0.8413 　⑤ 0.9599

STEP A 이항분포를 구하여 정규분포의 평균과 표준편차 구하기

예약한 사람이 공연을 보러 오지 않을 확률이 10%이므로 공연에 올 확률은 90%이다.
즉 공연을 보러 오는 사람의 수를 나타내는 확률변수 X는 이항분포 $B(100, 0.9)$를 따른다.

X의 평균 m과 표준편차 σ는

$m=100 \times 0.9=90$, $\sigma=\sqrt{100 \times 0.9 \times 0.1}=\sqrt{9}=3$

STEP B 이항분포를 정규분포로 바꾸기

이때 100은 충분히 큰 수이므로 확률변수 X는 근사적으로 정규분포 $N(90, 3^2)$을 따르므로 $Z=\dfrac{X-90}{3}$은 표준정규분포 $N(0, 1)$을 따른다.

STEP C 표준정규분포표를 이용하여 $P(X \geq 87)$의 값 구하기

좌석이 부족할 때는 공연을 보러 온 사람이 87명 이상일 때이므로 구하는 확률은

$P(X \geq 87)=P\left(Z \geq \dfrac{87-90}{3}\right)$

$=P(Z \geq -1)$

$=0.5+P(0 \leq Z \leq 1)$

$=0.5+0.3413=0.8413$

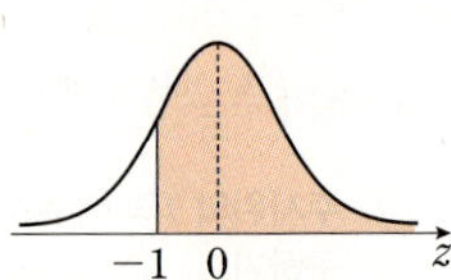

참고 공연을 보러 오는 사람의 수를 나타내는 확률변수 X는
이항분포 $B(100, 0.9)$를 따르므로 확률변수 X의 확률질량함수는
$P(X=x)={}_{100}C_x(0.9)^x(0.1)^{100-x}$ $(x=0, 1, 2, \cdots, 100)$

0661

소희가 100명을 선발하는 한국대학교 경영학과에 지원하여 7번째 예비 합격 후보가 되었다. 이 학과의 합격자가 등록을 하지 않을 확률이 0.1이라고 할 때, 소희가 이 학과에 합격할 확률을 표준정규분포를 이용하여 구하여라. (단, 예비 합격 후보들은 추가 합격의 기회가 주어질 경우 모두 등록한다.)

z	$P(0 \le Z \le z)$
0.5	0.1915
1.0	0.3413
1.5	0.4332
2.0	0.4772

STEP A 이항분포를 구하여 정규분포의 평균과 표준편차 구하기

B학과의 합격자 중에서 등록을 하지 않은 학생 수를 확률변수 X라 하면 X는 이항분포 $B(100, 0.1)$을 따른다.

X의 평균 m과 표준편차 σ는
$$m = 100 \times 0.1 = 10, \quad \sigma = \sqrt{100 \times 0.1 \times 0.9} = \sqrt{9} = 3$$

STEP B 이항분포를 정규분포로 바꾸기

이때 100은 충분히 큰 수이므로 확률변수 X는 근사적으로 정규분포 $N(10, 9)$을 따르므로 $Z = \dfrac{X-10}{3}$은 표준정규분포 $N(0, 1)$을 따른다.

STEP C 표준정규분포표를 이용하여 추가합격할 확률구하기

소희가 이 학과에 합격하려면 합격자 중 등록을 하지 않은 학생 수가 7명 이상이어야 하므로 구하는 확률은

$$\begin{aligned}
P(X \ge 7) &= P\left(Z \ge \frac{7-10}{3}\right) \\
&= P(Z \ge -1) \\
&= 0.5 + P(0 \le Z \le 1) \\
&= 0.5 + 0.3413 \\
&= 0.8413
\end{aligned}$$

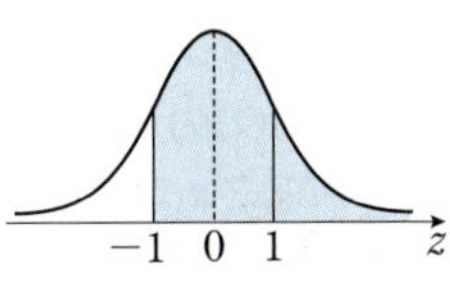

0662

5G 스마트 TV 안에 들어가는 핵심 반도체의 무게는 평균이 240g, 표준편차가 12g인 정규분포를 따르고, 무게가 216g 이하인 것은 불량품으로 처리하여 TV를 출시하지 않는다. 이때 핵심 반도체 10000개를 임의로 뽑아서 그 무게를 조사할 때, 불량품으로 처리될 핵심 반도체의 개수가 228개 이상일 확률을 오른쪽 표준정규분포표를 이용하여 구하여라.

z	$P(0 \le Z \le z)$
0.5	0.19
1.0	0.34
1.5	0.43
2.0	0.48

STEP A 무게가 216g 이하인 제품의 확률을 구하기

핵심 반도체의 무게를 확률변수 X라고 하면 X는 정규분포 $N(240, 12^2)$을 따른다.

X의 무게가 216g 이하인 것은 불량품이므로 불량품일 확률은

$$\begin{aligned}
P(X \le 216) &= P\left(Z \le \frac{216-240}{12}\right) \\
&= P(Z \le -2) \\
&= 0.5 - P(0 \le Z \le 2) \\
&= 0.5 - 0.48 = 0.02 \\
&= \frac{1}{50}
\end{aligned}$$

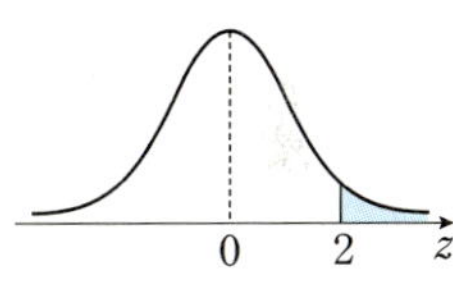

STEP B 이항분포를 이용하여 정규분포의 평균과 표준편차 구하기

이때 조사하는 10000개의 반도체 중 불량품으로 처리될 핵심 반도체의 개수를 Y라 하면 확률변수 Y는 이항분포 $B\left(10000, \dfrac{1}{50}\right)$을 따른다.

이때 Y의 평균 m과 표준편차 σ은 각각

$$m = 10000 \times \frac{1}{50} = 200, \quad \sigma = \sqrt{10000 \times \frac{1}{50} \times \frac{49}{50}} = \sqrt{196} = 14$$

STEP C 이항분포를 정규분포로 바꾸어 확률 구하기

10000이 충분히 큰 수이므로 Y는 근사적으로 정규분포 $N(200, 14^2)$을 따르므로 구하는 확률은

$$\begin{aligned}
P(Y \ge 228) &= P\left(Z \ge \frac{228-200}{14}\right) \\
&= P(Z \ge 2) \\
&= 0.5 - P(0 \le Z \le 2) \\
&= 0.5 - 0.48 = 0.02
\end{aligned}$$

0663

어느 과수원에서 수확한 사과의 무게는 평균 400g, 표준편차 50g인 정규분포를 따른다고 한다. 이 사과 중 무게가 442g 이상인 것을 1등급 상품으로 정한다. 이 과수원에서 수확한 사과 중 100개를 임의로 선택할 때, 1등급 상품이 24개 이상일 확률을 오른쪽 표준정규분포표를 이용하여 구한 것은?

z	$P(0 \leq Z \leq z)$
0.64	0.24
0.84	0.30
1.00	0.34
1.28	0.40

① 0.10　　② 0.16　　③ 0.20
④ 0.26　　⑤ 0.34

STEP A 사과의 무게를 확률변수 X로 놓고 1등급 상품이 될 확률 구하기

사과의 무게를 확률변수 X라 하면 X는 정규분포 $N(400, 50^2)$을 따르므로 1등급 상품이 될 확률은

$$P(X \geq 442) = P\left(Z \geq \frac{442-400}{50}\right)$$
$$= P(Z \geq 0.84)$$
$$= 0.5 - P(0 \leq Z \leq 0.84)$$
$$= 0.5 - 0.3 = 0.2$$

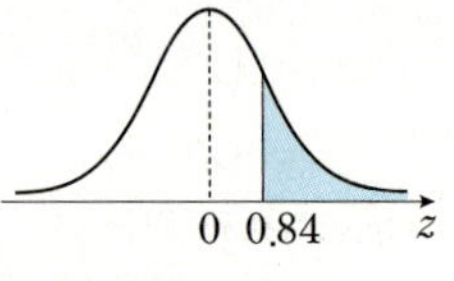

STEP B 이항분포를 이용하여 정규분포의 평균과 표준편차 구하기

사과 100개 중 1등급 상품의 개수를 확률변수 Y라 하면 Y는 이항분포 $B(100, 0.2)$를 따른다.
이때 확률변수 Y의 평균 m과 표준편차 σ은 각각
$$m = 100 \times 0.2 = 20, \quad \sigma = \sqrt{100 \times 0.2 \times 0.8} = \sqrt{16} = 4$$

STEP C 이항분포를 정규분포로 바꾸어 확률 구하기

100이 충분히 큰 수이므로 Y는 근사적으로 정규분포 $N(20, 4^2)$을 따르므로 1등급 상품이 24개 이상일 확률은

$$P(Y \geq 24) = P\left(Z \geq \frac{24-20}{4}\right)$$
$$= P(Z \geq 1)$$
$$= 0.5 - P(0 \leq Z \leq 1)$$
$$= 0.5 - 0.34 = 0.16$$

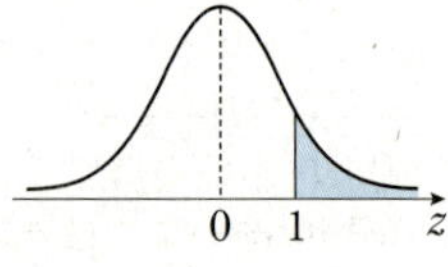

0664

어느 도시의 학생 2500명을 대상으로 조사한 통학 시간은 정규분포를 따르고 평균이 25분, 표준편차가 5분이라고 한다. 이 2500명의 학생 중 임의로 택한 한 학생의 통학 시간이 35분 이상일 확률은 p_1이다.

z	$P(0 \leq Z \leq z)$
1.0	0.34
1.5	0.43
2.0	0.48

또, 이 2500명의 학생 중에서 통학 시간이 35분 이상인 학생이 n명 이상일 확률은 p_2이다. $p_1 = p_2$일 때, 오른쪽 표준정규분포표를 이용하여 자연수 n의 값을 구하여라.

STEP A 한 학생의 통학시간을 확률변수 X로 놓은 후, 정규분포의 표준화를 이용하여 p_1 구하기

한 학생의 통학 시간을 확률변수 X라 하면 X는 정규분포 $N(25, 5^2)$을 따르므로 한 학생의 통학 시간이 35분 이상일 확률 p_1을 구한다.

$$p_1 = P(X \geq 35)$$
$$= P\left(Z \geq \frac{35-25}{5}\right)$$
$$= P(Z \geq 2)$$
$$= 0.5 - P(0 \leq Z \leq 2)$$
$$= 0.5 - 0.48 = 0.02$$

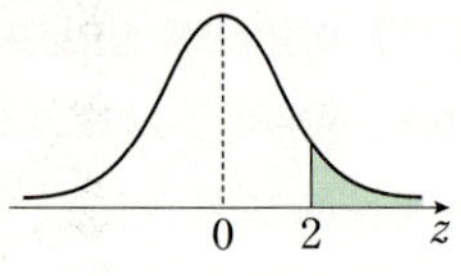

STEP B 통학시간이 35분 이상인 학생의 수를 확률변수 Y로 놓고 이항분포를 이용하여 정규분포의 평균과 표준편차 구하기

2500명 중 통학시간이 35분 이상인 학생의 수를 확률변수 Y라 하면 Y는 이항분포 $B(2500, 0.02)$을 따른다.
확률변수 Y의 평균 m과 표준편차 σ은 각각
$$m = 2500 \times 0.02 = 50, \quad \sigma = \sqrt{2500 \times 0.02 \times 0.98} = \sqrt{49} = 7$$

STEP C 이항분포를 정규분포로 바꾸어 확률 구하기

이때 2500은 충분히 큰 수이므로
확률변수 Y는 근사적으로 정규분포 $N(50, 7^2)$을 따른다.
이 2500명의 학생 중에서 통학 시간이 35분 이상인 학생이 n명 이상일 확률 p_2를 구하면 $p_2 = P(Y \geq n) = P\left(Z \geq \frac{n-50}{7}\right)$

즉 $p_1 = p_2$이므로 $P\left(Z \geq \frac{n-50}{7}\right) = P(Z \geq 2)$

따라서 $\frac{n-50}{7} = 2$이므로 $n = 64$

BASIC

0665

연속확률변수 X가 갖는 값의 범위는 $0 \le X \le 3$이고 확률 $P(X \le 1)$과 확률 $P(X \le 2)$의 값이 이차방정식 $6x^2-5x+1=0$의 두 근일 때, 확률 $P(1<X \le 2)$의 값은?

① $\dfrac{1}{12}$ ② $\dfrac{1}{6}$ ③ $\dfrac{1}{4}$

④ $\dfrac{1}{3}$ ⑤ $\dfrac{5}{12}$

STEP Ⓐ 이차방정식의 근을 구하여 $P(X \le 1)$, $P(X \le 2)$ 구하기

$6x^2-5x+1=0$에서 $(2x-1)(3x-1)=0$

$\therefore x=\dfrac{1}{2}$ 또는 $x=\dfrac{1}{3}$

$P(X \le 1)<P(X \le 2)$이므로

$P(X \le 1)=\dfrac{1}{3}$, $P(X \le 2)=\dfrac{1}{2}$

STEP Ⓑ $P(1<X \le 2)$의 값 구하기

따라서 $P(1<X \le 2)=P(X \le 2)-P(X \le 1)=\dfrac{1}{2}-\dfrac{1}{3}=\dfrac{1}{6}$

0666

확률변수 X가 정규분포 $N(120, 4^2)$을 따를 때,
$$P(X \le 100)=P(X \ge a)=P(Z \ge b)$$
가 성립한다. 두 상수 a, b에 대하여 ab의 값은?
(단, Z는 표준정규분포표를 따르는 확률변수이다.)

① 300 ② 400 ③ 500

④ 600 ⑤ 700

STEP Ⓐ 정규분포곡선의 대칭성을 이용하여 a의 값 구하기

확률변수 X가 정규분포 $N(120, 4^2)$을 따르므로
정규분포곡선 $y=f(x)$는 직선 $x=120$에 대하여 대칭이다.
오른쪽 그림에서
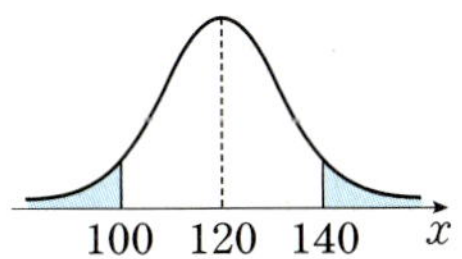
$P(X \le 100)=P(X \ge 140)$이므로
$a=140$

STEP Ⓑ 정규분포를 표준화하여 b의 값 구하기

$P(X \ge 140)=P\left(Z \ge \dfrac{140-120}{4}\right)=P(Z \ge 5)$에서 $b=5$

따라서 $ab=140 \times 5=700$

0667

정규분포 $N(m, \sigma^2)$을 따르는 확률변수 X의 확률밀도함수 $f(x)$에 대하여 [보기]에서 옳은 것을 고르면? (단, a, b는 상수이다.)

> ㄱ. $a<b$이면 $P(X \le a)<P(X \le b)$이다.
> ㄴ. $P(X \le a)+P(X \ge b)=1$이면 $a=b$이다.
> ㄷ. $P(X \le a)=P(X \ge b)$이면 $f(a)=f(b)$이다.
> ㄹ. 임의의 실수 x에 대하여 $f(m+x)=f(m-x)$이다.

① ㄱ ② ㄴ, ㄷ ③ ㄱ, ㄴ
④ ㄴ, ㄷ, ㄹ ⑤ ㄱ, ㄴ, ㄷ, ㄹ

STEP Ⓐ 정규분포곡선의 성질을 이용하여 진위판단하기

ㄱ. $a<b$일 때,
　$P(X \le b)=P(X \le a)+P(a \le X \le b)$에서
　$P(a \le X \le b)>0$이므로 $P(X \le b)>P(X \le a)$ [참]

ㄴ. $P(X \le a)+P(X \ge b)=1$에서 $P(X \ge b)=1-P(X \le b)$이므로
　$P(X \le a)+1-P(X \le b)=1$, $P(X \le b)=P(X \le a)$
　$\therefore a=b$ [참]

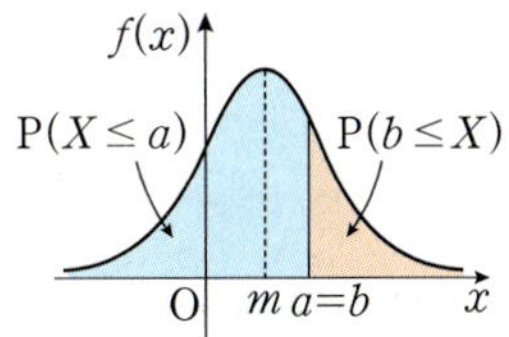

ㄷ. $m \le a$일 때,
　$P(m \le X \le a)=P(X \le a)-P(X \le m)$
　　　　　　　　$=P(X \ge b)-P(X \ge m)$
　　　　　　　　$=P(b \le X \le m)$
　$a \le m$일 때,
　$P(a \le X \le m)=P(X \le m)-P(X \le a)$
　　　　　　　　$=P(X \ge m)-P(X \ge b)$
　　　　　　　　$=P(m \le X \le b)$
　$\therefore f(a)=f(b)$ [참]

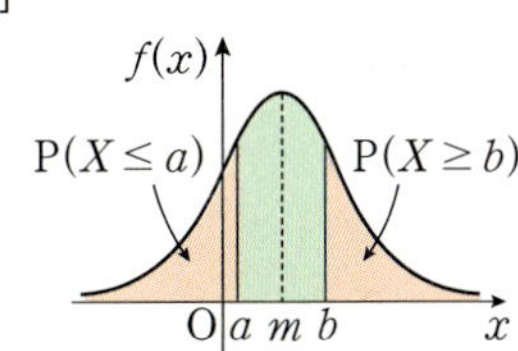

ㄹ. 확률밀도함수 $y=f(x)$의 그래프는 직선 $x=m$에 대하여 대칭이므로
　임의의 실수 x에 대하여 $f(m+x)=f(m-x)$이 성립한다. [참]
따라서 옳은 것은 ㄱ, ㄴ, ㄷ, ㄹ이다.

0668

다음 물음에 답하여라.
(1) 확률변수 X는 정규분포 $N(m, \sigma^2)$을 따른다. $\dfrac{1}{5}X$의 분산이 1이고
　$P(X \le 80)=P(X \ge 120)$일 때, $m+\sigma^2$의 값은?
　① 105 ② 110 ③ 115
　④ 120 ⑤ 125

STEP Ⓐ $V(aX+b)=a^2V(X)$를 이용하여 분산 σ^2 구하기

확률변수 X는 정규분포 $N(m, \sigma^2)$을 따른다.

$\dfrac{1}{5}X$의 분산 $V\left(\dfrac{1}{5}X\right)=\dfrac{1}{25}V(X)=1$

$\therefore V(X)=\sigma^2=25$

한편 정규분포곡선은 직선 $x=m$에
대하여 대칭이므로

$$m=\frac{80+120}{2}=100$$

따라서 $m+\sigma^2=125$

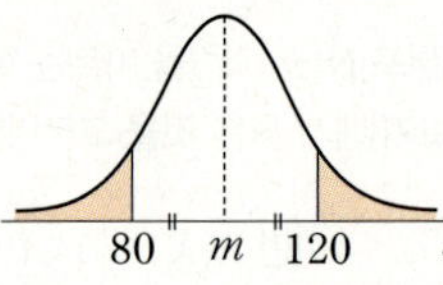

다른풀이　표준정규분포를 이용하여 m의 값 구하기

확률변수 X는 정규분포 $N(m, 5^2)$을 따르므로

$Z=\dfrac{X-m}{5}$으로 표준화하여 비교하면 된다.

$P(X \le 80)=P(X \ge 120)$에서 $P(X \le 80)=P\left(Z \le \dfrac{80-m}{5}\right)$

$P(X \ge 120)=P\left(Z \ge \dfrac{120-m}{5}\right)$

표준정규분포를 따르는 확률변수 Z에
대하여 오른쪽 그림과 같으므로

$$-\frac{80-m}{5}=\frac{120-m}{5}$$

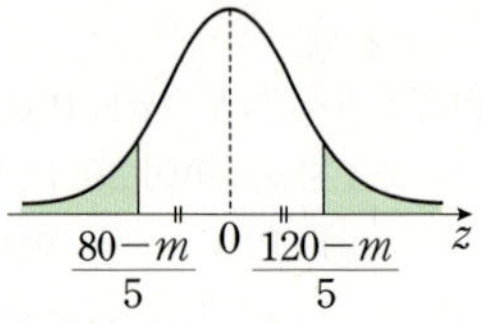

$m-80=120-m$, $2m=200$

따라서 $m=100$이므로 $m+\sigma^2=125$

---

(2) 확률변수 X는 정규분포 $N(m, \sigma^2)$을 따를 때, 실수 a, b에 대하여

$$P(X < a-3)=P(X > b+2)$$

가 성립한다. $Y=\dfrac{1}{3}X+1$일 때, 확률변수 Y의 평균은 51,

분산은 $\dfrac{4}{9}$이다. 이때 $a+b+\sigma$의 값은?

① 299　　② 300　　③ 301
④ 302　　⑤ 303

STEP **A**　정규분포곡선은 직선 $x=m$에 대하여 대칭이므로 a, b 사이의 관계식 구하기

확률변수 X는 정규분포 $N(m, \sigma^2)$을
따르고 $P(X < a-3)=P(X > b+2)$
이므로 오른쪽 그림과 같은 정규분포
곡선으로 나타낸다.

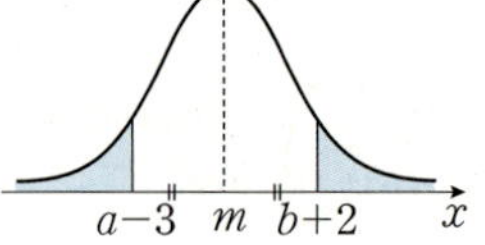

$(a-3)$과 $(b+2)$의 중점이 m이므로

$$\frac{(a-3)+(b+2)}{2}=m$$

$$m=\frac{a+b-1}{2} \qquad \cdots\cdots \ \text{㉠}$$

STEP **B**　$E(aX+b)=aE(X)+b$, $V(aX+b)=a^2V(X)$가 성립함을
이용하여 m, $a+b$, σ 구하기

$Y=\dfrac{1}{3}X+1$에서 $E(Y)=51$이므로

$$E(Y)=E\left(\frac{1}{3}X+1\right)=\frac{1}{3}m+1=51$$

$$\therefore \ m=150 \qquad \cdots\cdots \ \text{㉡}$$

㉡을 ㉠에 대입하면 $150=\dfrac{a+b-1}{2}$

$$\therefore \ a+b=301$$

또, $V(Y)=\dfrac{4}{9}$에서 $V(Y)=V\left(\dfrac{1}{3}X+1\right)=\dfrac{1}{9}V(X)=\dfrac{4}{9}$이므로

$$V(X)=\sigma^2=4 \quad \therefore \ \sigma=2$$

따라서 $a+b+\sigma=303$

0669

다음 물음에 답하여라.

(1) 확률변수 X가 정규분포 $N(m, \sigma^2)$을 따를 때,

$$P(X \le 30)=P(X \ge 52)$$

가 성립한다. $P(a \le X \le a+16)$의 값이 최대가 되도록 하는 실수 a의 값은?

① 31　　② 32　　③ 33
④ 34　　⑤ 35

STEP **A**　정규분포곡선의 대칭성을 이용하여 평균 m 구하기

정규분포 $N(m, \sigma^2)$을 따르는 확률변수
X의 확률밀도함수 $y=f(x)$의 그래프는
직선 $x=m$에 대하여 대칭이므로
$P(X \le 30)=P(X \ge 52)$에서

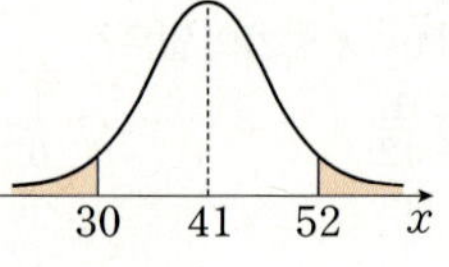

$$m=\frac{30+52}{2}=41$$

STEP **B**　$P(a \le X \le a+16)$의 값이 최대가 되도록 하는 a 구하기

또한, $P(a \le X \le a+16)$의 값이 최대일 때는 a와 $a+16$의 평균이
41일 때이다.

따라서 $\dfrac{a+a+16}{2}=41$이므로 $2a=82-16=66$　$\therefore \ a=33$

---

(2) 연속확률변수 X가 갖는 값의 범위가
$0 \le X \le 2$이고 확률변수 X의 확률
밀도함수가

$$f(x)=\begin{cases} x & (0 \le x < 1) \\ -x+2 & (1 \le x \le 2) \end{cases}$$

일 때, $P\left(a \le X \le a+\dfrac{1}{2}\right)$의 최댓값
은? (단, a는 상수이다.)

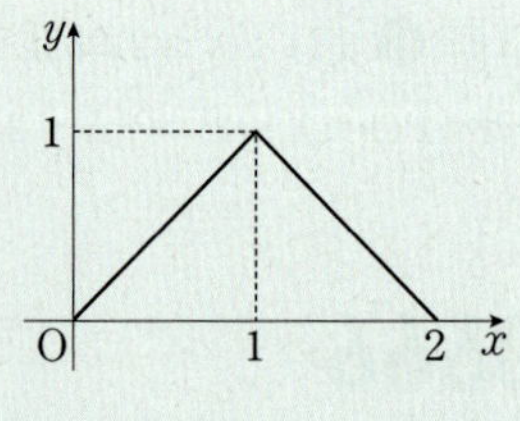

①$\dfrac{7}{16}$　　②$\dfrac{1}{2}$　　③$\dfrac{9}{16}$
④$\dfrac{5}{8}$　　⑤$\dfrac{11}{16}$

STEP **A**　최대가 되는 a 구하기

확률밀도함수 $y=f(x)$의 그래프에서
$P\left(a \le X \le a+\dfrac{1}{2}\right)$의 값이
최대가 되려면 오른쪽 그림에서 두 점
$(a, 0)$, $\left(a+\dfrac{1}{2}, 0\right)$이 직선 $x=1$에
대하여 대칭이 되어야 한다.

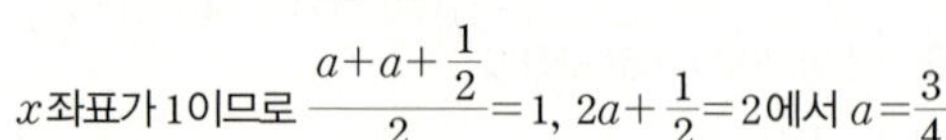

즉 x좌표가 a, $a+\dfrac{1}{2}$인 두 점의 중점의

x좌표가 1이므로 $\dfrac{a+a+\dfrac{1}{2}}{2}=1$, $2a+\dfrac{1}{2}=2$에서 $a=\dfrac{3}{4}$

STEP **B**　최댓값 구하기

따라서 $P\left(a \le X \le a+\dfrac{1}{2}\right)$의 최댓값은

$$P\left(\frac{3}{4} \le X \le \frac{5}{4}\right)=2P\left(\frac{3}{4} \le X \le 1\right)$$

$$=2\left\{\frac{1}{2}-P\left(0 \le X \le \frac{3}{4}\right)\right\}$$

$$=2\times\left(\frac{1}{2}-\frac{1}{2}\times\frac{3}{4}\times\frac{3}{4}\right)$$

$$=\frac{7}{16}$$

다른풀이 직접 넓이를 구하여 이차함수의 최대가 되는 값 구하기

STEP A 확률밀도함수의 그래프와 x축 및 두 직선 $x=a$, $x=a+\dfrac{1}{2}$로 둘러싸인 부분의 넓이를 구하기

확률 $\mathrm{P}\left(a\le X\le a+\dfrac{1}{2}\right)$의 값이 최대가 되려면 $a<1<a+\dfrac{1}{2}$을 만족해야 하므로

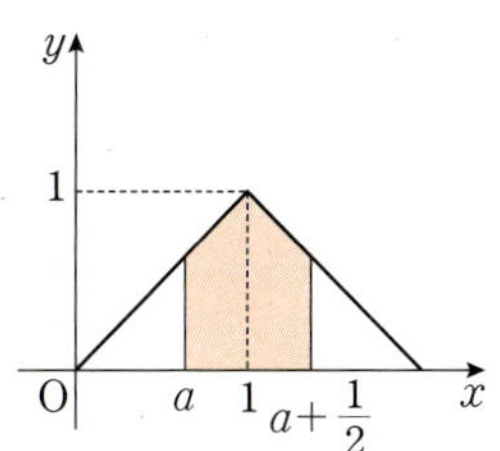

$$\mathrm{P}\left(a\le X\le a+\dfrac{1}{2}\right)=\mathrm{P}(a\le X\le 1)+\mathrm{P}\left(1\le X\le a+\dfrac{1}{2}\right)$$
$$=\dfrac{1}{2}(a+1)(1-a)+\dfrac{1}{2}\left(1-a+\dfrac{3}{2}\right)\left(a+\dfrac{1}{2}-1\right)$$
$$=\dfrac{1}{2}(1-a^2)+\dfrac{1}{2}\left(-a^2+3a-\dfrac{5}{4}\right)$$
$$=-a^2+\dfrac{3}{2}a-\dfrac{1}{8}$$
$$=-\left(a-\dfrac{3}{4}\right)^2+\dfrac{7}{16}$$

따라서 이 확률의 값이 최대가 되도록 하는 a의 값은 $\dfrac{3}{4}$

0670

다음 물음에 답하여라.

(1) 정규분포 $\mathrm{N}(m,\,2^2)$를 따르는 확률변수 X에 대하여 함수
$$g(k)=\mathrm{P}(k-8\le X\le k)$$
는 $k=12$일 때, 최댓값을 갖는다. 오른쪽 표준정규분포표를 이용하여 구한 최댓값은?

z	$\mathrm{P}(0\le Z\le z)$
0.5	0.1915
1.0	0.3413
1.5	0.4332
2.0	0.4772

① 0.3830   ② 0.5328
③ 0.6826   ④ 0.8664
⑤ 0.9544

STEP A 정규분포곡선의 대칭성을 이용하여 평균 m 구하기

정규분포 $\mathrm{N}(m,\,4)$을 따르는 확률변수 X에 대하여 함수 $g(k)=\mathrm{P}(k-8\le X\le k)$는 $k=12$일 때, 최댓값 a를 가지므로
$$a=g(12)=\mathrm{P}(4\le X\le 12)$$
확률변수 X의 확률밀도함수의 그래프는 직선 $x=m$에 대하여 대칭이므로
$$m=\dfrac{4+12}{2}=8$$

STEP B 최댓값 구하기

확률변수 X는 정규분포 $\mathrm{N}(8,\,2^2)$을 따르므로 확률변수 $Z=\dfrac{X-8}{2}$는 표준정규분포 $\mathrm{N}(0,\,1)$을 따른다.

$$\mathrm{P}(4\le X\le 12)=\mathrm{P}\left(\dfrac{4-8}{2}\le\dfrac{X-8}{2}\le\dfrac{12-8}{2}\right)$$
$$=\mathrm{P}(-2\le Z\le 2)$$
$$=2\mathrm{P}(0\le Z\le 2)$$
$$=2\times 0.4772$$
$$=0.9544$$

(2) 확률변수 X는 평균이 m이고 표준편차가 4인 정규분포를 따르고
$$\mathrm{P}(X\ge 10)=\mathrm{P}(X\le 14)$$
를 만족시킨다. 실수 t에 대하여 함수 $g(t)$를
$$g(t)=\mathrm{P}(t\le X\le t+8)$$
라 할 때, 오른쪽 표준정규분포표를 이용하여 $g(t)$의 최댓값은?

z	$\mathrm{P}(0\le Z\le z)$
0.5	0.1915
1.0	0.3413
1.5	0.4332
2.0	0.4772

① 0.3830   ② 0.5328   ③ 0.6826
④ 0.8664   ⑤ 0.9544

STEP A 정규분포 $\mathrm{N}(m,\,4^2)$을 따르는 확률변수 X에 대하여 평균 m 구하기

확률변수 X의 확률밀도함수의 그래프는 직선 $x=m$에 대하여 대칭이므로 $\mathrm{P}(X\ge 10)=\mathrm{P}(X\le 14)$에서
$$m=\dfrac{10+14}{2}=12$$

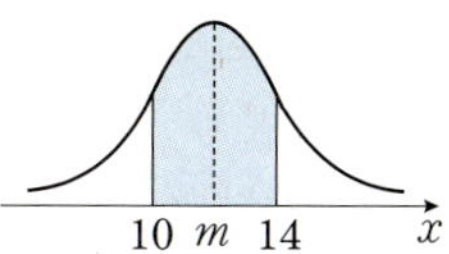

함수 $g(t)=\mathrm{P}(t\le X\le t+8)$는 $\dfrac{t+(t+8)}{2}=12$

즉 $t=8$일 때, 최댓값 $\mathrm{P}(8\le X\le 16)$를 갖는다.

STEP B $g(t)$의 최댓값 구하기

확률변수 X는 정규분포 $\mathrm{N}(12,\,4^2)$을 따르므로 확률변수 $Z=\dfrac{X-12}{4}$는 표준정규분포 $\mathrm{N}(0,\,1)$을 따른다.

$$\mathrm{P}(8\le X\le 16)$$
$$=\mathrm{P}\left(\dfrac{8-12}{4}\le\dfrac{X-12}{4}\le\dfrac{16-12}{4}\right)$$
$$=\mathrm{P}(-1\le Z\le 1)=2\mathrm{P}(0\le Z\le 1)$$
$$=2\times 0.3413=0.6826$$

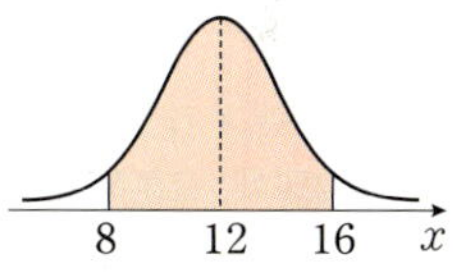

0671

확률변수 X는 정규분포 $\mathrm{N}(m,\,\sigma^2)$을 따르고 다음 조건을 만족시킨다.

(가) $\mathrm{P}(X\le 90)=\mathrm{P}(X\ge 36)$
(나) $\mathrm{V}(2X+1)=100$

이때 $\mathrm{P}(58\le X\le 73)$의 값을 오른쪽 표준정규분포표를 이용하여 구한 것은?

① 0.5328   ② 0.6826
③ 0.7745   ④ 0.8185
⑤ 0.9104

z	$\mathrm{P}(0\le Z\le z)$
0.5	0.1915
1.0	0.3413
1.5	0.4332
2.0	0.4772

STEP A 정규분포곡선의 대칭성을 이용하여 평균 m 구하기

조건 (가)에서 정규분포곡선은 직선 $x=m$에 대하여 대칭이므로
$$m=\dfrac{90+36}{2}=63$$

STEP B 분산의 성질을 이용하여 σ^2 구하기

조건 (나)에서 $\mathrm{V}(2X+1)=4\mathrm{V}(X)=100$, $\mathrm{V}(X)=25$

STEP C $\mathrm{P}(58\le X\le 73)$의 값 구하기

확률변수 X는 정규분포 $\mathrm{N}(63,\,5^2)$을 따르므로 구하는 확률은
$$\mathrm{P}(58\le X\le 73)$$
$$=\mathrm{P}\left(\dfrac{58-63}{5}\le Z\le\dfrac{73-63}{5}\right)$$
$$=\mathrm{P}(-1\le Z\le 2)$$
$$=\mathrm{P}(0\le Z\le 1)+\mathrm{P}(0\le Z\le 2)$$
$$=0.3413+0.4772=0.8185$$

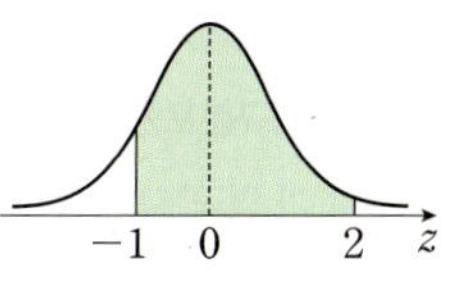

0672

다음 물음에 답하여라.

(1) 확률변수 X가 정규분포 $N(30, 2^2)$을
따를 때,
$$P(26 \le X \le a) = 0.1359$$
를 만족하는 상수 a의 값은?
(단, m은 평균, σ는 표준편차이다.)

x	$P(m \le X \le x)$
$m+\sigma$	0.3413
$m+2\sigma$	0.4772
$m+3\sigma$	0.4987

① 24 ② 26
③ 28 ④ 30
⑤ 32

STEP Ⓐ **정규분포 $N(30, 2^2)$을 이용하여 확률 정리하기**

확률변수 X가 정규분포 $N(30, 2^2)$을 따르므로 $m=30$, $\sigma=2$

$P(26 \le X \le a)$
$=P(30-4 \le X \le a)$
$=P(m-2\sigma \le X \le a)$
$=P(m-2\sigma \le X \le m)-P(a \le X \le m)$
$=0.4772-P(a \le X \le m)$

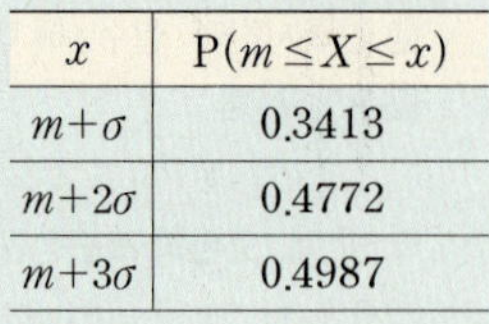

STEP Ⓑ **$P(26 \le X \le a)=0.1359$를 만족하는 상수 a의 값 구하기**

즉 $0.4772-P(a \le X \le m)=0.1359$이므로 $P(a \le X \le m)=0.3413$
이때 $P(m \le X \le m+\sigma)=0.3413$이므로 $P(m-\sigma \le X \le m)=0.3413$
$\therefore a=m-\sigma=30-2=28$

(2) 확률변수 X가 정규분포 $N(53, 7^2)$
을 따를 때, 오른쪽 표를 이용하여
$P(X \le a)=0.1587$을 만족시키는
상수 a의 값은?
(단, m은 평균, σ는 표준편차이다.)

x	$P(m \le X \le x)$
$m+\sigma$	0.3413
$m+2\sigma$	0.4772
$m+3\sigma$	0.4987

① 44 ② 46
③ 48 ④ 50
⑤ 52

STEP Ⓐ **정규분포 $N(53, 7^2)$을 이용하여 확률 정리하기**

확률변수 X가 정규분포 $N(53, 7^2)$을 따르므로 $m=53$, $\sigma=7$

$P(X \le a)=0.1587$에서
$P(X \le m)-P(a \le X \le m)=0.1587$
$0.5-P(a \le X \le m)=0.1587$
$\therefore P(a \le X \le m)=0.3413$

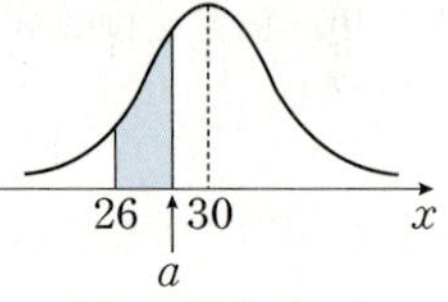

STEP Ⓑ **$P(m \le X \le m+\sigma)=0.3413$를 만족하는 상수 a의 값 구하기**

이때 $P(m \le X \le m+\sigma)=0.3413$이므로 $P(m-\sigma \le X \le m)=0.3413$
따라서 $a=m-\sigma$이므로 $a=53-7=46$

0673

확률변수 X가 정규분포 $N(12, 3^2)$을 따르고, 확률변수 Y는 정규분포
$N(27, 6^2)$을 따른다.
$$P(6 \le X \le 15)=P(21 \le Y \le a)$$
를 만족시키는 상수 a의 값은?

① 39 ② 40 ③ 41
④ 42 ⑤ 43

STEP Ⓐ **정규분포를 표준화하여 확률의 식 작성하기**

확률변수 X가 정규분포 $N(12, 3^2)$을 따르므로
확률변수 $Z=\dfrac{X-12}{3}$은 표준정규분포 $N(0, 1)$을 따른다.

$P(6 \le X \le 15)=P\left(\dfrac{6-12}{3} \le Z \le \dfrac{15-12}{3}\right)$
$\qquad\qquad\quad =P(-2 \le Z \le 1)$

확률변수 Y는 정규분포 $N(27, 6^2)$을 따르므로
확률변수 $Z=\dfrac{Y-27}{6}$은 표준정규분포 $N(0, 1)$을 따른다.

$P(21 \le Y \le a)=P\left(\dfrac{21-27}{6} \le Z \le \dfrac{a-27}{6}\right)$
$\qquad\qquad\quad =P\left(-1 \le Z \le \dfrac{a-27}{6}\right)$

STEP Ⓑ **$P(6 \le X \le 15)=P(21 \le Y \le a)$를 만족하는 상수 a의 값 구하기**

$P(6 \le X \le 15)=P(21 \le Y \le a)$에서
$P(-2 \le Z \le 1)=P\left(-1 \le Z \le \dfrac{a-27}{6}\right)$
따라서 $\dfrac{a-27}{6}=2$이므로 $a=39$

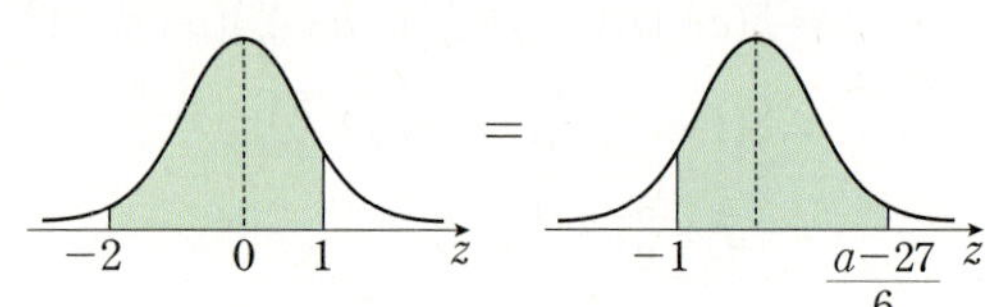

0674

다음 물음에 답하여라.

(1) 어느 공장에서 생산하는 축구공 1개의
무게는 평균이 430g이고 표준편차가
14g인 정규분포를 따른다고 한다.
이 공장에서 생산한 축구공 중에서
임의로 선택한 축구공 1개의 무게가
409g 이상일 확률을 오른쪽 표준정규
분포표를 이용하여 구한 것은?

z	$P(0 \le Z \le z)$
0.5	0.1915
1.0	0.3413
1.5	0.4332
2.0	0.4772
2.5	0.4938

① 0.6915 ② 0.8413 ③ 0.9332
④ 0.9772 ⑤ 0.9938

STEP Ⓐ **축구공 1개의 무게를 확률변수 X로 정하기**

축구공 1개의 무게를 X라 하면

확률변수 X는 정규분포 $N(430, 14^2)$을 따르므로

확률변수 $Z=\dfrac{X-430}{14}$은 표준정규분포 $N(0, 1)$을 따른다.

STEP Ⓑ **확률변수 X를 표준화하여 확률 구하기**

따라서 축구공 1개의 무게가 409g 이상일 확률은

$P(X \ge 409)=P\left(Z \ge \dfrac{409-430}{14}\right)$
$\qquad\qquad =P(Z \ge -1.5)$
$\qquad\qquad =0.5+P(0 \le Z \le 1.5)$
$\qquad\qquad =0.5+0.4332=0.9332$

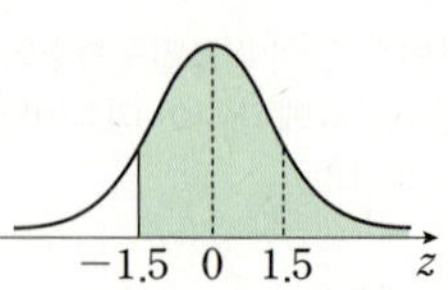

(2) 어느 자동차 타이어 회사에서 생산하
는 타이어의 수명은 평균이 36개월,
표준편차가 4개월인 정규분포를
따른다고 한다. 이 회사에서 생산한
타이어 중 임의로 1개를 선택할 때,
타이어의 수명이 30개월 이상 38개월
이하일 확률을 오른쪽 표준정규분포표
를 이용하여 구한 것은?

z	$P(0 \le Z \le z)$
0.5	0.1915
1.0	0.3413
1.5	0.4332
2.0	0.4772
2.5	0.4938

① 0.3830 ② 0.5238 ③ 0.6247
④ 0.7745 ⑤ 0.8185

STEP ⓐ 타이어의 수명을 확률변수 X로 정하기

타이어의 수명을 확률변수 X라 하면 X는 정규분포 $N(36, 4^2)$을 따르므로
확률변수 $Z=\dfrac{X-36}{4}$은 표준정규분포 $N(0, 1)$을 따른다.

STEP ⓑ 확률변수 X를 표준화하여 확률 구하기

따라서 타이어의 수명이 30개월 이상 38개월 이하일 확률은
$P(30 \le X \le 38)$
$=P\left(\dfrac{30-36}{4} \le Z \le \dfrac{38-36}{4}\right)$
$=P(-1.5 \le Z \le 0.5)$
$=P(-1.5 \le Z \le 0)+P(0 \le Z \le 0.5)$
$=P(0 \le Z \le 1.5)+P(0 \le Z \le 0.5)$
$=0.4332+0.1915=0.6247$

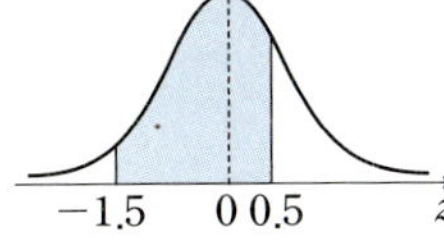

0675

어느 공장에서 생산되는 병의 내압강도는
정규분포 $N(m, \sigma^2)$을 따르고, 내압강도가
40보다 작은 병은 불량품으로 분류한다.
이 공장의 공정능력을 평가하는
공정능력지수 G는 $G=\dfrac{m-40}{3\sigma}$으로 계산
한다. $G=0.8$일 때, 임의로 추출한 한 개
의 병이 불량품일 확률을 오른쪽 표준정규분포표를 이용하여 구한 것은?

z	$P(0 \le Z \le z)$
2.2	0.4861
2.3	0.4893
2.4	0.4918
2.5	0.4938

① 0.0139　　② 0.0107　　③ 0.0082
④ 0.0062　　⑤ 0.0038

STEP ⓐ 병의 내압강도를 확률변수 X라 하고 $G=0.8$임을 이용하여 관계식 구하기

공장에서 생산되는 병의 내압강도를 확률변수 X라 하면
X는 정규분포 $N(m, \sigma^2)$을 따른다.
$G=0.8$이면 $0.8=\dfrac{m-40}{3\sigma}$이므로 $m=40+2.4\sigma$

STEP ⓑ 임의로 추출한 한 개의 병이 불량품일 확률 $P(X<40)$ 구하기

따라서 임의로 추출된 한 개의 병이 불량품일 확률은 $P(X<40)$이므로
$P(X<40)=P\left(Z<\dfrac{40-(40+2.4\sigma)}{\sigma}\right)$
$=P(Z<-2.4)$
$=0.5-P(0 \le Z \le 2.4)$
$=0.5-0.4918=0.0082$

0676

집에서 학교까지의 통학 시간을 X분이라고
하면 확률변수 X는 정규분포 $N(30, 5^2)$을
따른다. 수업 시작 40분 전에 집에서 출발할
때, 지각할 확률의 값은?

z	$P(0 \le Z \le z)$
1.0	0.3413
1.5	0.4332
2.0	0.4772

① 0.0228　　② 0.0668
③ 0.1587　　④ 0.2708
⑤ 0.3085

STEP ⓐ 통학 시간을 확률변수 X로 정하기

통학 시간을 확률변수 X라 놓으면 X는 정규분포 $N(30, 5^2)$을 따르므로
$Z=\dfrac{X-30}{5}$으로 놓으면 Z는 표준정규분포 $N(0, 1)$을 따른다.

STEP ⓑ 지각할 확률 구하기

수업 시작 40분 전에 출발하였으므로
집에서 학교까지 가는 데 40분을 초과하면 지각이다.

따라서 지각할 확률은
$P(X>40)=P\left(Z>\dfrac{40-30}{5}\right)$
$=P(Z>2)$
$=0.5-P(0 \le Z \le 2)$
$=0.5-0.4772=0.0228$

0677

다음 물음에 답하여라.

(1) 두 무선 이어폰 제품 A, B에 대하여 제품 A의 무게를 확률변수 X라
하면 X는 정규분포 $N(40, 5^2)$을 따르고, 제품 B의 무게를 확률변수
Y라 하면 Y는 정규분포 $N(26, 2^2)$을 따른다.
$$P(X \le 30)=P(Y \ge k)$$
일 때, k의 값은? (단, 제품의 무게의 단위는 g이다.)
① 25　　　　② 30　　　　③ 35
④ 40　　　　⑤ 45

STEP ⓐ 두 확률변수 X, Y의 정규분포를 표준화하기

제품 A의 무게 X는 정규분포 $N(40, 5^2)$을 따르고
제품 B의 무게 Y는 정규분포 $N(26, 2^2)$을 따른다.
이때 $P(X \le 30)=P(Y \ge k)$에서 $P\left(Z \le \dfrac{30-40}{5}\right)=P\left(Z \ge \dfrac{k-26}{2}\right)$
$P(Z \le -2)=P\left(Z \ge \dfrac{k-26}{2}\right)$

STEP ⓑ 정규분포곡선의 대칭성을 이용하여 k 구하기

이때 두 확률이 같으므로
$-2+\dfrac{k-26}{2}=0$
따라서 $k=30$

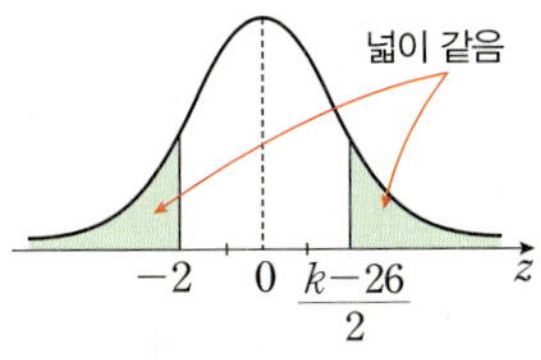

(2) 어느 제과회사에서 생산하는 A과자의 무게를 확률변수 X라 할 때,
X는 정규분포 $N(70, 4^2)$을 따르고, B과자의 무게를 확률변수 Y라
할 때, Y는 정규분포 $N(82, \sigma^2)$을 따른다.
$$P(X \le 78)=P(Y \le 85)$$
일 때, σ의 값은? (단, 제품의 무게의 단위는 g이다.)
① $\dfrac{1}{2}$　　　② 1　　　③ $\dfrac{3}{2}$
④ 2　　　⑤ $\dfrac{5}{2}$

STEP ⓐ 두 확률변수 X, Y의 정규분포를 표준화하기

A과자의 무게 X는 정규분포 $N(70, 4^2)$을 따르고
B과자의 무게 Y는 정규분포 $N(82, \sigma^2)$을 따른다.
이때 $P(X \le 78)=P(Y \le 85)$에서 $P\left(Z \ge \dfrac{78-70}{4}\right)=P\left(Z \ge \dfrac{85-82}{\sigma}\right)$
$P(Z \ge 2)=P\left(Z \ge \dfrac{3}{\sigma}\right)$

STEP ⓑ 정규분포곡선의 대칭성을 이용하여 σ 구하기

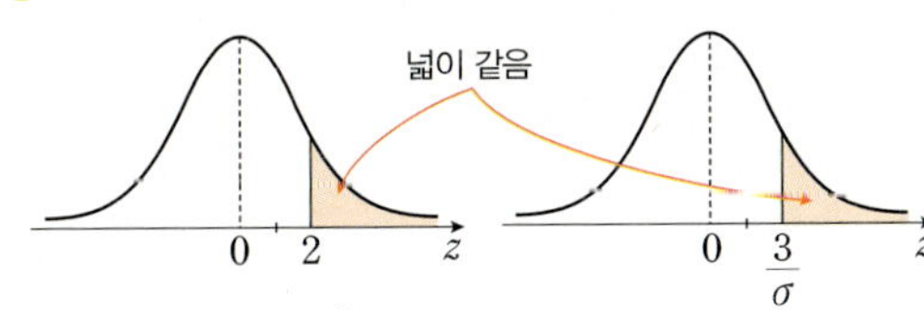

이때 두 확률이 같으므로 $2=\dfrac{3}{\sigma}$
따라서 $\sigma=\dfrac{3}{2}$

0678

다음 물음에 답하여라.

(1) 확률변수 X가 이항분포 $B\left(64, \frac{1}{2}\right)$를 따를 때, X는 근사적으로

정규분포 $N(a, b)$를 따르고
$$P(32 \le X \le 40) = P(0 \le Z \le c)$$
이다. 이때 상수 a, b, c에 대하여 $a+b+c$의 값은?
(단, 확률변수 Z는 표준정규분포를 따른다.)

① 36   ② 48   ③ 50
④ 52   ⑤ 56

STEP A 이항분포의 평균과 표준편차 구하기

확률변수 X는 이항분포 $B\left(64, \frac{1}{2}\right)$을 따르므로

평균 m와 표준편차 σ는
$$m = 64 \times 0.5 = 32, \quad \sigma = \sqrt{64 \times 0.5 \times 0.5} = 4$$

STEP B 이항분포를 정규분포로 바꾸기

시행 횟수 64가 충분히 큰 수이므로
확률변수 X는 근사적으로 정규분포 $N(32, 4^2)$을 따른다.
$\therefore a = 32, \ b = 16$

STEP C 표준정규분포표를 이용하여 c의 값 구하기

이때 $Z = \dfrac{X-32}{4}$는 표준정규분포 $N(0, 1)$을 따르므로

$$P(32 \le X \le 40) = P\left(\frac{32-32}{4} \le Z \le \frac{40-32}{4}\right)$$
$$= P(0 \le Z \le 2)$$
에서 $c = 2$
따라서 $a+b+c = 32+16+2 = 50$

---

(2) 이항분포 $B\left(100, \frac{1}{2}\right)$을 따르는 확률변수 X가 근사적으로

정규분포 $N(a, b)$를 따른다고 할 때,
$$P(X \ge 55) = 0.5 - P(0 \le Z \le c)$$
이다. 이때 상수 a, b, c에 대하여 $a+b+c$의 값은?
(단, 확률변수 Z는 표준정규분포를 따른다.)

① 72   ② 74   ③ 76
④ 78   ⑤ 80

STEP A 이항분포의 평균과 표준편차 구하기

확률변수 X는 이항분포 $B\left(100, \frac{1}{2}\right)$을 따르므로

평균 m와 표준편차 σ는
$$m = 100 \times \frac{1}{2} = 50, \quad \sigma^2 = 100 \times \frac{1}{2} \times \frac{1}{2} = 25$$

STEP B 이항분포를 정규분포로 바꾸기

시행 횟수 100가 충분히 큰 수이므로
확률변수 X는 근사적으로 정규분포 $N(50, 5^2)$을 따른다.
$\therefore a = 50, \ b = 25$

STEP C 표준정규분포표를 이용하여 c의 값 구하기

이때 $Z = \dfrac{X-50}{5}$는 표준정규분포 $N(0, 1)$을 따르므로

$$P(X \ge 55) = P\left(Z \ge \frac{55-50}{5}\right)$$
$$= P(Z \ge 1)$$
$$= 0.5 - P(0 \le Z \le 1)$$
에서 $c = 1$
따라서 $a+b+c = 50+25+1 = 76$

0679

다음 물음에 답하여라.

(1) 한 개의 주사위를 36번 던져서 짝수의 눈이 15번 이상 21번 이하 나올 확률을 오른쪽 표준정규분포표를 이용하여 구한 것은?

z	$P(0 \le Z \le z)$
0.5	0.1915
1.0	0.3413
1.5	0.4332
2.0	0.4772

① 0.1930   ② 0.3413
③ 0.4832   ④ 0.6826
⑤ 0.8664

STEP A 이항분포의 평균과 표준편차 구하기

한 개의 주사위를 36번 던질 때, 짝수의 눈이 나오는 횟수를 확률변수 X라

하면 X는 이항분포 $B\left(36, \frac{1}{2}\right)$을 따르므로 평균 m과 표준편차 σ는

$$m = 36 \times \frac{1}{2} = 18, \quad \sigma = \sqrt{36 \times \frac{1}{2} \times \frac{1}{2}} = 3$$

STEP B 이항분포를 정규분포로 바꾸기

36은 충분히 큰 수이므로
확률변수 X는 근사적으로 정규분포 $N(18, 3^2)$을 따른다.

STEP C 표준정규분포표를 이용하여 $P(15 \le X \le 21)$의 값 구하기

따라서 확률변수 $Z = \dfrac{X-18}{3}$은 표준정규분포 $N(0, 1)$을 따르므로

구하는 확률은

$$P(15 \le X \le 21)$$
$$= P\left(\frac{15-18}{3} \le Z \le \frac{21-18}{3}\right)$$
$$= P(-1 \le Z \le 1)$$
$$= 2P(0 \le Z \le 1)$$
$$= 0.6826$$

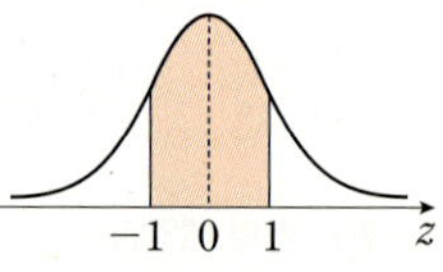

---

(2) 한 개의 주사위를 72번 던질 때, 3의 배수의 눈이 30번 이상 36번 이하로 나올 확률을 오른쪽 표준정규분포표를 이용하여 구한 것은?

z	$P(0 \le Z \le z)$
1.0	0.3413
1.5	0.4332
2.0	0.4772
2.5	0.4938
3.0	0.4987

① 0.0215   ② 0.0655
③ 0.1359   ④ 0.1525
⑤ 0.1574

STEP A 이항분포의 평균과 표준편차 구하기

주사위를 던져 3의 배수의 눈이 나오는 횟수를 확률변수 X라 하면

한 개의 주사위를 던져 3의 배수가 나올 확률은 $\dfrac{2}{6} = \dfrac{1}{3}$

주사위를 72번 던지므로 확률변수 X는 이항분포 $B\left(72, \frac{1}{3}\right)$을 따른다.

이때 확률변수 X의 평균 m과 표준편차 σ는
$$m = 72 \times \frac{1}{3} = 24, \quad \sigma = \sqrt{72 \times \frac{1}{3} \times \frac{2}{3}} = \sqrt{16} = 4$$

STEP B 이항분포를 정규분포로 바꾸기

72는 충분히 큰 수이므로
확률변수 X는 근사적으로 정규분포 $N(24, 4^2)$을 따른다.

STEP C 표준정규분포표를 이용하여 $P(30 \le X \le 36)$의 값 구하기

확률변수 $Z = \dfrac{X-24}{4}$은 표준정규분포 $N(0, 1)$을 따르므로 구하는 확률은

$$P(30 \le X \le 36)$$
$$= P\left(\frac{30-24}{4} \le Z \le \frac{36-24}{4}\right)$$
$$= P(1.5 \le Z \le 3)$$
$$= P(0 \le Z \le 3) - P(0 \le Z \le 1.5)$$
$$= 0.4987 - 0.4332 = 0.0655$$

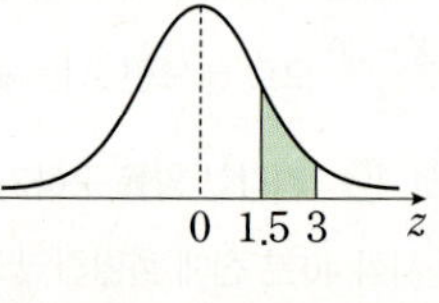

(3) 서로 다른 2개의 주사위를 동시에 던져서 나오는 두 눈의 수를 확인하는 시행을 한다.
이 시행을 300번 반복할 때, 두 눈의 수가 모두 홀수가 나오는 횟수가 60회 이하일 확률을 다음 표준정규분포표를 이용하여 구한 것은?

z	$P(0 \le Z \le z)$
0.5	0.1915
1.0	0.3413
1.5	0.4332
2.0	0.4772

① 0.0228 ② 0.0668 ③ 0.1587
④ 0.3085 ⑤ 0.4772

STEP Ⓐ 이항분포의 평균과 표준편차 구하기

서로 다른 2개의 주사위를 동시에 던져서 나오는 두 눈의 수가

모두 홀수일 확률 p는 $p = \dfrac{1}{2} \times \dfrac{1}{2} = \dfrac{1}{4}$

서로 다른 2개의 주사위를 동시에 던지는 시행을 300번 반복할 때, 두 눈의 수가 모두 홀수가 나오는 횟수를 확률변수 X라 하면

X는 이항분포 $B\left(300, \dfrac{1}{4}\right)$을 따른다.

이때 확률변수 X의 평균 m과 표준편차 σ는

$$m = 300 \times \frac{1}{4} = 75, \quad \sigma = \sqrt{300 \times \frac{1}{4} \times \frac{3}{4}} = \sqrt{\frac{225}{4}} = \frac{15}{2}$$

STEP Ⓑ 이항분포를 정규분포로 바꾸기

300은 충분히 큰 수이므로

확률변수 X는 근사적으로 정규분포 $N\left(75, \left(\dfrac{15}{2}\right)^2\right)$을 따른다.

STEP Ⓒ 표준정규분포표를 이용하여 $P(X \le 60)$의 값 구하기

따라서 확률변수 $Z = \dfrac{X-75}{\frac{15}{2}}$는 표준정규분포 $N(0, 1)$을 따르므로

구하는 확률은

$$P(X \le 60) = P\left(Z \le \frac{60-75}{\frac{15}{2}}\right)$$

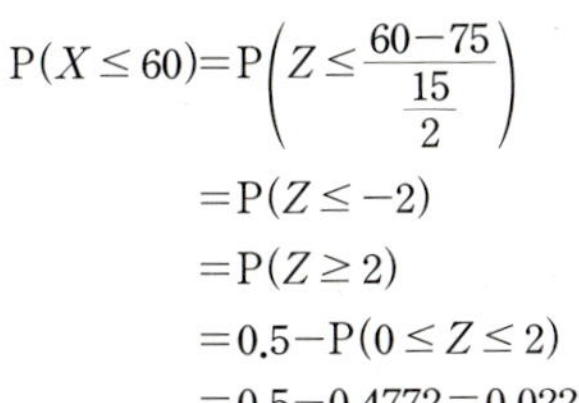

$$= P(Z \le -2)$$
$$= P(Z \ge 2)$$
$$= 0.5 - P(0 \le Z \le 2)$$
$$= 0.5 - 0.4772 = 0.0228$$

0680

다음 물음에 답하여라.

(1) 확률변수 X가 이항분포 $B\left(1200, \dfrac{1}{4}\right)$을 따를 때, $P\left(\left|\dfrac{X}{1200} - \dfrac{1}{4}\right| < \dfrac{1}{40}\right)$의 값을 오른쪽 표준정규분포표를 이용하여 구한 것은?

z	$P(0 \le Z \le z)$
0.5	0.1915
1.0	0.3413
1.5	0.4332
2.0	0.4772

① 0.0228 ② 0.0956
③ 0.1587 ④ 0.0668
⑤ 0.9544

STEP Ⓐ 이항분포의 평균과 표준편차 구하기

확률변수 X는 이항분포 $B\left(1200, \dfrac{1}{4}\right)$을 따르므로

평균 m과 표준편차 σ는

$$m = 1200 \times \frac{1}{4} = 300, \quad \sigma = \sqrt{1200 \times \frac{1}{4} \times \frac{3}{4}} = \sqrt{225} = 15^2$$

STEP Ⓑ 이항분포를 정규분포로 바꾸기

1200은 충분히 큰 수이므로

X는 근사적으로 정규분포 $N(300, 15^2)$을 따른다.

STEP Ⓒ 표준정규분포표를 이용하여 확률 구하기

따라서 구하는 확률은

$$P\left(\left|\frac{X}{1200} - \frac{1}{4}\right| < \frac{1}{40}\right)$$

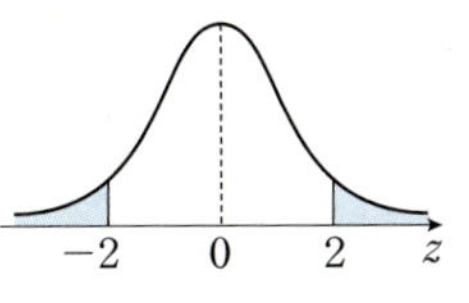

$$= P(|X - 300| < 30)$$
$$= P\left(\left|\frac{X-300}{15}\right| < 2\right)$$
$$= P(|Z| < 2)$$
$$= P(-2 < Z < 2) = 2P(0 < Z < 2)$$
$$= 2 \times 0.4772 = 0.9544$$

(2) 한 개의 주사위를 720회 던지는 시행에서 6의 눈이 나오는 횟수를 확률변수 X라 할 때, $P\left(\left|\dfrac{X}{720} - \dfrac{1}{6}\right| < \dfrac{1}{40}\right)$의 값을 오른쪽 표준정규분포표를 이용하여 구한 것은?

z	$P(0 \le Z \le z)$
1.2	0.3849
1.4	0.4192
1.6	0.4452
1.8	0.4641
2.0	0.4772

① 0.7781 ② 0.8041
③ 0.8644 ④ 0.9282
⑤ 0.9544

STEP Ⓐ 이항분포의 평균과 표준편차 구하기

확률변수 X는 이항분포 $B\left(720, \dfrac{1}{6}\right)$을 따르므로

평균 m과 표준편차 σ는

$$m = 720 \times \frac{1}{6} = 120, \quad \sigma = \sqrt{720 \times \frac{1}{6} \times \frac{5}{6}} = 10$$

STEP Ⓑ 이항분포를 정규분포로 바꾸기

720은 충분히 큰 수이므로

X는 근사적으로 정규분포 $N(120, 10^2)$을 따른다.

STEP Ⓒ 표준정규분포표를 이용하여 확률 구하기

따라서 구하는 확률은

$$P\left(\left|\frac{X}{720} - \frac{1}{6}\right| < \frac{1}{40}\right) = P\left(\left|\frac{X-120}{720}\right| < \frac{1}{40}\right)$$
$$= P\left(\left|\frac{X-120}{10}\right| < \frac{1}{40} \times 72\right)$$
$$= P(|Z| < 1.8)$$
$$= 2P(0 \le Z < 1.8)$$
$$= 2 \times 0.4641 = 0.9282$$

0681

확률변수 X가 정규분포 $N(10,\ \sigma^2)$을 따르고

$$P(7\leq X\leq 10)=0.1915$$

일 때, 확률 $P(X\geq 16)$을 오른쪽 표준정규분포표를 이용하여 구한 것은?

z	$P(0\leq Z\leq z)$
0.5	0.1915
1.0	0.3413
1.5	0.4332
2.0	0.4772

① 0.0228   ② 0.0668
③ 0.1587   ④ 0.2857
⑤ 0.3887

STEP A   확률변수 Z가 따르는 분포 구하기

확률변수 X는 정규분포 $N(10,\ \sigma^2)$을 따르므로

확률변수 $Z=\dfrac{X-10}{\sigma}$은 표준정규분포 $N(0,\ 1)$을 따른다.

STEP B $P(7\leq X\leq 10)=0.1915$을 이용하여 σ의 값 구하기

$P(7\leq X\leq 10)$

$=P\left(\dfrac{7-10}{\sigma}\leq Z\leq\dfrac{10-10}{\sigma}\right)$

$=P\left(-\dfrac{3}{\sigma}\leq Z\leq 0\right)$

이때 $P(0\leq Z\leq 0.5)=0.1915$이므로

$-\dfrac{3}{\sigma}=-0.5$

$\therefore\ \sigma=6$

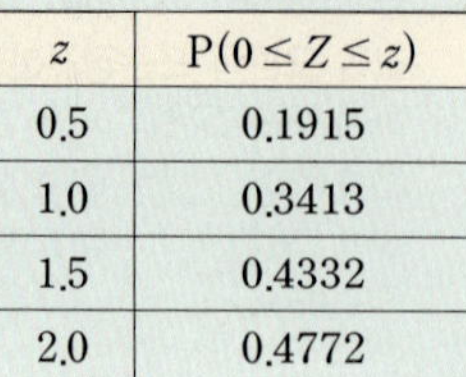

STEP C $P(X\geq 16)$의 값을 표준정규분포표를 이용하여 구하기

$P(X\geq 16)=P\left(Z\geq\dfrac{16-10}{6}\right)$

$\qquad\qquad=P(Z\geq 1)$

$\qquad\qquad=0.5-0.3413$

$\qquad\qquad=0.1587$

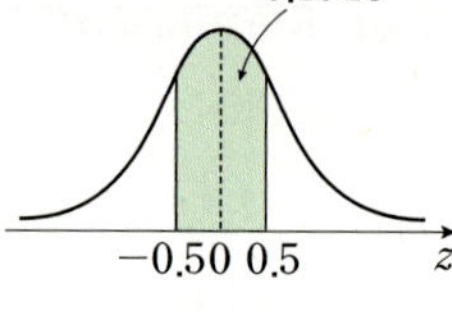

0682

두 확률변수 $X,\ Y$는 각각 정규분포 $N(a,\ \sigma^2)$, $N(a+24,\ \sigma^2)$을 따르고 두 확률변수 $X,\ Y$의 확률밀도함수가 각각 $f(x),\ g(x)$이다.
이때 방정식 $f(x)=g(x)$를 만족시키는 x의 값은 50이고
$P(33\leq X\leq 36)=0.24$, $P(38\leq X\leq 43)=0.39$를 만족시킬 때,
$P(62\leq Y\leq 64)$의 값은? (단, a는 상수이다.)

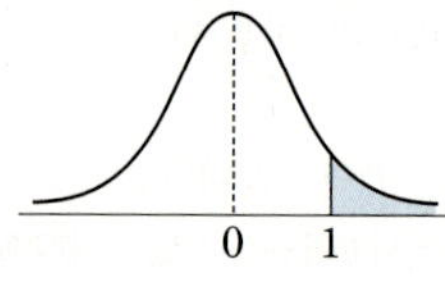

① 0.13   ② 0.14   ③ 0.15
④ 0.16   ⑤ 0.17

STEP A   정규분포를 따르는 두 확률변수 $X,\ Y$의 분산이 같고 방정식 $f(x)=g(x)$를 만족시키는 x의 값은 50이므로 $y=f(x)$의 그래프와 $y=g(x)$의 그래프는 직선 $x=50$에 대하여 대칭임을 이용하여 a 구하기

두 확률변수 $X,\ Y$의 분산이 같고 방정식 $f(x)=g(x)$를 만족시키는 x의 값은 50이므로 다음 그림과 같이

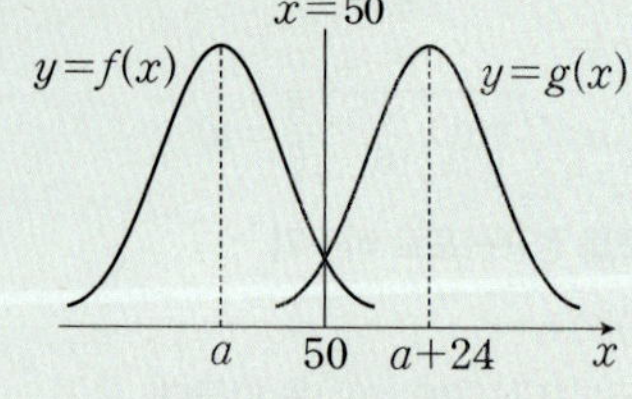

$y=f(x)$의 그래프와 $y=g(x)$의 그래프는 직선 $x=50$에 대하여 대칭이다.
두 점 $(a,\ 0)$, $(a+24,\ 0)$을 이은 선분의 중점이 $(50,\ 0)$이므로

$\dfrac{a+(a+24)}{2}=50$에서 $a=38$

STEP B   정규분포 곡선의 대칭성을 이용하여 확률 구하기

두 확률변수 $X,\ Y$는 각각 정규분포 $N(38,\ \sigma^2)$, $N(62,\ \sigma^2)$을 따르므로

$P(X\geq 38)=P(Y\geq 62)=0.5$이고

$P(38\leq X\leq 43)=P(62\leq Y\leq 67)=0.39$

$P(33\leq X\leq 36)=P(40\leq X\leq 43)=P(64\leq Y\leq 67)=0.24$

따라서 $P(62\leq Y\leq 64)=P(62\leq Y\leq 67)-P(64\leq Y\leq 67)$

$\qquad\qquad\qquad\qquad\quad=0.39-0.24=0.15$

0683

확률변수 X가 평균이 m, 표준편차가 σ인 정규분포를 따를 때, 실수 전체의 집합에서 정의된 함수 $f(t)$는

$$f(t)=P(t\leq X\leq t+2)$$

이다. 함수 $f(t)$는 $t=4$에서 최댓값을 갖고, $f(m)=0.3413$이다.

z	$P(0\leq Z\leq z)$
1.0	0.3413
1.5	0.4332
2.0	0.4772
2.5	0.4938

오른쪽 표준정규분포표를 이용하여 $f(7)$의 값을 구한 것은?

① 0.1359   ② 0.0919   ③ 0.0606
④ 0.0440   ⑤ 0.0166

STEP A   정규분포의 성질을 이용하여 평균이 m, 표준편차 σ 구하기

함수 $f(t)$는 $t=4$에서 최댓값을 가지므로

$f(4)=P(4\leq X\leq 6)$에서 확률변수 X의 평균 m은 5이다.

← 구간의 길이가 같을 때, 구간이 정규분포곡선에서 가운데에 몰려있어야 확률이 크다.

$f(5)=P(5\leq X\leq 7)$

$\qquad=P\left(0\leq Z\leq\dfrac{7-5}{\sigma}\right)$

$\qquad=0.3413$ ← $P(0\leq Z\leq 1)=0.3413$

즉 $\dfrac{7-5}{\sigma}=1$이므로 $\sigma=2$

STEP B $f(7)$의 값을 구하기

확률변수 X가 정규분포 $N(5,\ 2^2)$을 따르므로

$f(7)=P(7\leq X\leq 9)$

$\qquad=P\left(\dfrac{7-5}{2}\leq Z\leq\dfrac{9-5}{2}\right)$

$\qquad=P(1\leq Z\leq 2)$

$\qquad=P(0\leq Z\leq 2)-P(0\leq Z\leq 1)$

$\qquad=0.1359$

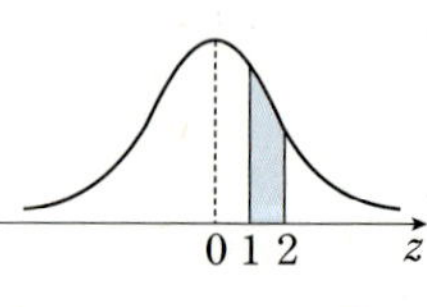

0684

자연수 n에 대하여 이산확률변수 X의 확률질량함수가

$$P(X=x)={}_nC_x\left(\frac{1}{5}\right)^{n-x}\left(\frac{4}{5}\right)^x\ (x=0,\ 1,\ 2,\ \cdots,\ n)$$

이고 $V(X)=16$일 때, [보기]에서 옳은 것만을 있는 대로 고른 것은?
(단, Z가 표준정규분포를 따르는 확률변수일 때,
$P(0\le Z\le 0.5)=0.1915$, $P(0\le Z\le 1.5)=0.4332$으로 계산한다.)

> ㄱ. 확률변수 X는 이항분포 $B\left(100,\ \frac{4}{5}\right)$을 따른다.
>
> ㄴ. 확률변수 X는 근사적으로 정규분포 $N(80,\ 4^2)$을 따른다.
>
> ㄷ. $P(78\le X\le 86)=0.6247$

① ㄱ   ② ㄴ   ③ ㄱ, ㄷ
④ ㄴ, ㄷ   ⑤ ㄱ, ㄴ, ㄷ

STEP Ⓐ 이항분포의 평균과 표준편차 구하기

이산확률변수 X의 확률질량함수가

$$P(X=x)={}_nC_x\left(\frac{1}{5}\right)^{n-x}\left(\frac{4}{5}\right)^x\ (x=0,\ 1,\ 2,\ \cdots,\ n)$$

이므로 확률변수 X는 이항분포 $B\left(n,\ \frac{4}{5}\right)$을 따른다.

확률변수 X의 분산 $V(X)=n\times\frac{1}{5}\times\frac{4}{5}=16$이므로 $n=100$이고

$$E(X)=100\times\frac{4}{5}=80$$

STEP Ⓑ 이항분포의 진위판단하기

ㄱ. 확률변수 X는 이항분포 $B\left(100,\ \frac{4}{5}\right)$을 따른다. [참]

ㄴ. $E(X)=80$, $V(X)=16$이고 100은 충분히 큰 수이므로

확률변수 X는 근사적으로 정규분포 $N(80,\ 4^2)$을 따른다. [참]

ㄷ. $Z=\dfrac{X-80}{4}$라 하면

확률변수 Z는 표준정규분포
$N(0,\ 1)$을 따르므로

$P(78\le Z\le 86)$

$=P\left(\dfrac{78-80}{4}\le Z\le\dfrac{86-80}{4}\right)$

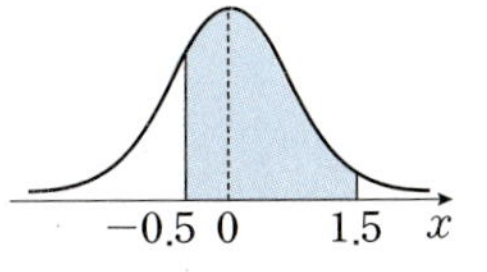

$=P(-0.5\le Z\le 1.5)$

$=P(-0.5\le Z\le 0)+P(0\le Z\le 1.5)$

$=P(0\le Z\le 0.5)+P(0\le Z\le 1.5)$

$=0.1915+0.4332=0.6247$ [참]

따라서 옳은 것은 ㄱ, ㄴ, ㄷ이다.

0685

확률변수 X는 정규분포 $N(0,\ \sigma^2)$을 따르고, 확률변수 Z는 표준정규분포 $N(0,\ 1)$을 따른다. 두 확률변수 X, Z의 확률밀도함수를 각각 $f(x)$, $g(x)$라 할 때, 다음 조건이 모두 성립한다.

> (가) $\sigma>1$
> (나) 두 곡선 $y=f(x)$, $y=g(x)$는 $x=-1.5$, $x=1.5$일 때 만난다.

두 곡선 $y=f(x)$, $y=g(x)$로 둘러싸인 부분의 넓이가 0.096일 때, X의 표준편차 σ의 값을 오른쪽 표준정규분포표를 이용하여 구한 것은?

z	$P(0\le Z\le z)$
1.2	0.385
1.5	0.433
2.0	0.477

① 1.20   ② 1.25
③ 1.50   ④ 1.75
⑤ 2.00

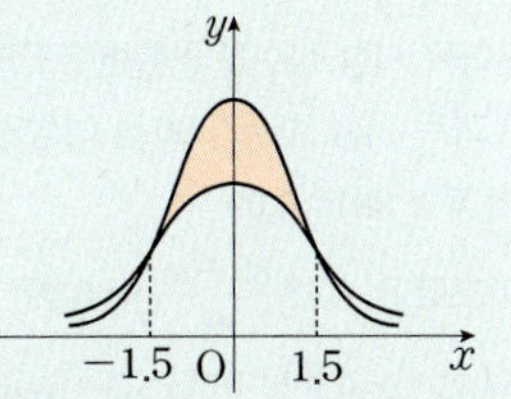

STEP Ⓐ 표준편차 $\sigma>1$임을 이용하여 두 곡선 $y=f(x)$, $y=g(x)$의 그래프를 각각 찾기

확률변수 X의 표준편차는 σ이고 확률변수 Z의 표준편차는 1이다.
표준편차가 클수록 확률밀도함수의 형태가 넓게 퍼져있고
조건 (가)에서 $\sigma>1$이므로 $-1.5<x<1.5$인 범위에서 $y=g(x)$가
위쪽 그래프이고 $y=f(x)$의 그래프가 아래쪽이다.

STEP Ⓑ $y=f(x)$, $y=g(x)$로 둘러싸인 부분의 넓이가 0.096임을 이용하여 σ 구하기

확률변수 Z는 표준정규분포 $(0,\ 1^2)$을 따르고
확률변수 X는 정규분포 $(0,\ \sigma^2)$을 따른다.
두 곡선 $y=f(x)$, $y=g(x)$로 둘러싸인 부분의 넓이가 0.096이다.

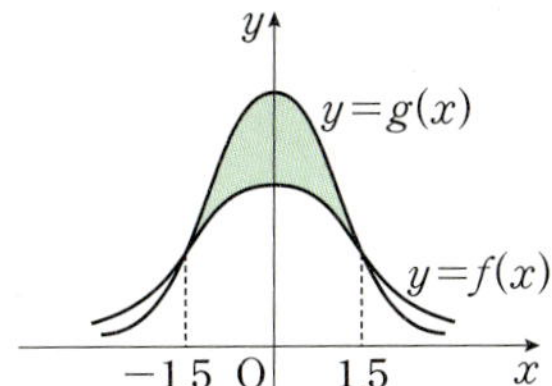

$2\{P(0\le Z\le 1.5)-P(0\le X\le 1.5)\}$이고

$2\left\{0.433-P\left(0\le Z\le\dfrac{1.5}{\sigma}\right)\right\}=0.096$이므로

$P\left(0\le Z\le\dfrac{1.5}{\sigma}\right)=0.385$

표준정규분포표에서 $P(0\le Z\le 1.2)=0.385$이므로 $\dfrac{1.5}{\sigma}=1.2$

따라서 $\sigma=\dfrac{1.5}{1.2}=\dfrac{5}{4}=1.25$

0686

어느 학교 3학년 학생의 A과목 시험 점수는 평균이 m, 표준편차가 σ인 정규분포를 따르고, B과목 시험 점수는 평균이 $m+3$, 표준편차가 σ인 정규분포를 따른다고 한다. 이 학교 3학년 학생 중에서 A과목 시험 점수가 80점 이상인 학생의 비율이 9%이고, B과목 시험 점수가 80점 이상인 학생의 비율이 15%일 때, $m+\sigma$의 값은? (단, Z가 표준정규분포를 따르는 확률변수일 때, $P(0 \le Z \le 1.04)=0.35$, $P(0 \le Z \le 1.34)=0.41$로 계산한다.)

① 68.6 ② 70.6 ③ 72.6
④ 74.6 ⑤ 76.6

 정규분포를 표준화하여 각 확률의 값 구하기

A과목 시험 점수를 확률변수 X라 하면 X는 정규분포 $N(m, \sigma^2)$을 따르고 B과목 시험 점수를 확률변수 Y라 하면 Y는 정규분포 $N(m+3, \sigma^2)$을 따른다.
A과목 시험 점수가 80점 이상인 학생의 비율이 9%이므로

$$P(X \ge 80)=0.09$$

이므로 $P\left(Z \ge \dfrac{80-m}{\sigma}\right)=0.09$

$$P\left(0 \le Z \le \dfrac{80-m}{\sigma}\right)=0.5-0.09=0.41$$

이므로 $\dfrac{80-m}{\sigma}=1.34$

$$80-1.34\sigma=m \qquad \cdots\cdots ㉠$$

또, B과목 시험 점수가 80점 이상인 학생의 비율이 15%이므로

$$P(Y \ge 80)=0.15$$

이므로 $P\left(Z \ge \dfrac{80-m-3}{\sigma}\right)=0.15$

$$P\left(0 \le Z \le \dfrac{77-m}{\sigma}\right)=0.5-0.15=0.35$$

한편 $P(0 \le Z \le 1.04)=0.35$

이므로 $\dfrac{77-m}{\sigma}=1.04$

$$77-1.04\sigma=m \qquad \cdots\cdots ㉡$$

 m, σ의 값 구하기

㉠, ㉡에서 $80-1.34\sigma=77-1.04\sigma$, $3=0.3\sigma$

$\therefore \sigma=10$

㉠에서 $m=66.6$

따라서 $m+\sigma=66.6+10=76.6$

0687

어느 공장에서는 두 종류의 5G스마트폰 케이스 A, B를 생산하고 있다.
스마트폰 케이스 A의 무게는 평균이 m, 표준편차가 σ인 정규분포를 따르고 스마트폰 케이스 B의 무게는 평균이 $m+15$, 표준편차가 2σ인 정규분포를 따른다.
스마트폰 케이스 A의 무게가 $m-5$ 이하일 확률이 0.1587일 때, 스마트폰 케이스 B의 무게가 m 이상 $m+25$ 이하일 확률을 다음 표준정규분포표를 이용하여 구한 것은? (단, 무게의 단위는 g이다.)

z	$P(0 \le Z \le z)$
0.5	0.1915
1.0	0.3413
1.5	0.4332
2.0	0.4772

① 0.5328 ② 0.6247 ③ 0.6687
④ 0.7745 ⑤ 0.8185

 정규분포를 표준화하여 $P(X \le m-5)=0.1587$을 만족하는 표준편차 σ 구하기

스마트폰 케이스 A의 무게를 확률변수 X라 하면 확률변수 X는 정규분포 $N(m, \sigma^2)$을 따른다.

확률변수 $Z_1=\dfrac{X-m}{\sigma}$은 표준정규분포 $N(0, 1)$을 따르므로

$$P(X \le m-5)=P\left(Z_1 \le -\dfrac{5}{\sigma}\right)$$
$$=P\left(Z_1 \ge \dfrac{5}{\sigma}\right)$$
$$=0.5-P\left(0 \le Z_1 \le \dfrac{5}{\sigma}\right)=0.1587$$

이때 $P\left(0 \le Z_1 \le \dfrac{5}{\sigma}\right)=0.3413$이고 주어진 표준정규분포표에서

$P(0 \le Z \le 1)=0.3413$이므로 $\dfrac{5}{\sigma}=1$

$\therefore \sigma=5$

 스마트폰 케이스 B의 무게가 m 이상 $m+25$ 이하일 확률 구하기

또한, 스마트폰 케이스 B의 무게를 확률변수 Y라 하면
확률변수 Y는 정규분포 $N(m+15, (2\sigma)^2)$, 즉 $N(m+15, 10^2)$을 따른다.

확률변수 $Z_2=\dfrac{Y-(m+15)}{10}$는 표준정규분포 $N(0, 1)$을 따르므로

$$P(m \le Y \le m+25)$$
$$=P\left(\dfrac{m-(m+15)}{10} \le Z_2 \le \dfrac{m+25-(m+15)}{10}\right)$$
$$=P(-1.5 \le Z_2 \le 1)$$
$$=P(0 \le Z_2 \le 1.5)+P(0 \le Z_2 \le 1)$$
$$=0.4332+0.3413=0.7745$$

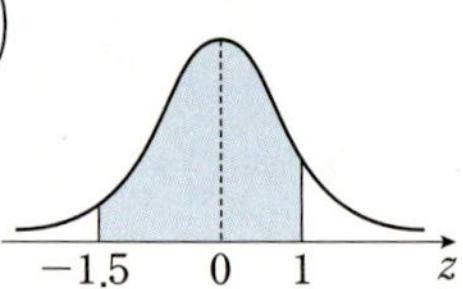

0688

확률변수 X는 이항분포 $B(720, p)$를 따른다. $V(2X+3)=400$일 때, $P(X \le 110)$의 값을 오른쪽 표준정규분포표를 이용하여 구한 것은?
$\left(단,\ 0 < p < \dfrac{1}{2}\right)$

z	$P(0 \le Z \le z)$
1.0	0.3413
1.5	0.4332
2.0	0.4772
2.5	0.4938

① 0.0228 ② 0.0668
③ 0.0778 ④ 0.1587
⑤ 0.4332

 이항분포의 확률 p와 평균 구하기

확률변수 X는 이항분포 $B(720, p)$를 따르므로

$$V(X)=720p(1-p) \qquad \cdots\cdots ㉠$$
$$V(2X+3)=2^2V(X)=400에서\ V(X)=100 \qquad \cdots\cdots ㉡$$

㉠, ㉡에서 $720p(1-p)=100$

$36p^2-36p+5=0$, $(6p-1)(6p-5)=0$

이때 $0 < p < \dfrac{1}{2}$이므로 $p=\dfrac{1}{6}$

즉 확률변수 X가 이항분포 $B\left(720, \dfrac{1}{6}\right)$를 따르므로

$$E(X)=720 \times \dfrac{1}{6}=120$$

 이항분포를 정규분포로 바꾸기

이때 720은 충분히 큰 수이므로 확률변수 X는 근사적으로 정규분포 $N(120, 10^2)$을 따르고 $Z=\dfrac{X-120}{10}$으로 놓으면 확률변수 Z는 표준정규분포 $N(0, 1)$을 따른다.

 표준정규분포표를 이용하여 확률을 구하기

따라서 구하는 확률은

$$P(X \le 110)=P\left(Z \le \dfrac{110-120}{10}\right)$$
$$=P(Z \le -1)$$
$$=0.5-P(0 \le Z \le 1)$$
$$=0.5-0.3413=0.1587$$

0689

확률변수 X가 이항분포 $B\left(400, \frac{1}{5}\right)$을 따를 때, $P(72 \le X \le a)=0.7745$를 만족시키는 상수 a의 값을 오른쪽 표준정규분포표를 이용하여 구한 것은?

① 90 ② 92 ③ 94 ④ 96 ⑤ 98

z	$P(0 \le Z \le z)$
0.5	0.1915
1.0	0.3413
1.5	0.4332
2.0	0.4772

STEP Ⓐ 이항분포의 평균과 표준편차 구하기

확률변수 X는 이항분포 $B\left(400, \frac{1}{5}\right)$을 따르므로

$$E(X)=400 \times \frac{1}{5}=80, \quad V(X)=400 \times \frac{1}{5} \times \frac{4}{5}=64$$

STEP Ⓑ 이항분포를 정규분포로 바꾸기

이때 400은 충분히 큰 수이므로 확률변수 X는 근사적으로 정규분포 $N(80, 8^2)$을 따르고 $Z=\dfrac{X-80}{8}$이라 하면 확률변수 Z는 표준정규분포 $N(0, 1)$을 따른다.

STEP Ⓒ 표준정규분포표를 이용하여 미지수 구하기

$P(72 \le X \le a)=0.7745$에서 $0.7745 > 0.5$이므로
$P(72 \le X \le a)=P(72 \le X \le 80)+P(80 \le X \le a)$에서

$$P(72 \le X \le 80)=P\left(\frac{72-80}{8} \le Z \le \frac{80-80}{8}\right)$$
$$=P(-1 \le Z \le 0)$$
$$=P(0 \le Z \le 1)$$
$$=0.3413$$

이므로

$$P(80 \le X \le a)=0.7745-P(72 \le X \le 80)$$
$$=0.7745-0.3413=0.4332$$

이때 $P(0 \le X \le 1.5)=0.4332$이므로

$$P\left(0 \le Z \le \frac{a-80}{8}\right)=0.4332$$

따라서 $\dfrac{a-80}{8}=1.5$이므로 $a=92$

0690

어느 지역에서 승용차를 가지고 있는 사람들 중 10년 이상 된 승용차를 가진 사람의 비율을 조사하였더니 20%이었다. 이 지역에서 승용차를 가지고 있는 사람 400명을 조사하여 그 중에 10년 이상 된 승용차를 가진 사람이 k명 이상일 확률이 0.0668일 때, 오른쪽 표준정규분포표를 이용하여 구한 k의 값은?

① 86 ② 88 ③ 90 ④ 92 ⑤ 94

z	$P(0 \le Z \le z)$
1.0	0.3413
1.5	0.4332
2.0	0.4772
2.5	0.4938

STEP Ⓐ 이항분포의 평균과 표준편차 구하기

400명 중 10년 이상 된 승용차를 가진 사람의 수를 확률변수 X라고 하면 X는 이항분포 $B\left(400, \frac{1}{5}\right)$을 따르므로 확률변수 X의 평균 m과 표순편차 σ는 ← 10년 이상 된 승용차를 가진 사람의 비율이 20%$\left(=\frac{1}{5}\right)$

$$m=400 \times \frac{1}{5}=80, \quad \sigma=\sqrt{400 \times \frac{1}{5} \times \frac{4}{5}}=8$$

STEP Ⓑ 이항분포를 정규분포로 바꾸기

이때 400은 충분히 큰 수이므로 확률변수 X는 근사적으로 정규분포 $N(80, 8^2)$을 따른다.

STEP Ⓒ 표준정규분포표를 이용하여 $P(X \ge k)=0.0668$을 만족하는 k의 값 구하기

10년 이상 된 승용차를 가진 사람이 k명 이상일 확률이 0.0668이므로

$$P(X \ge k)=P\left(Z \ge \frac{k-80}{8}\right)=0.0668$$

$$P\left(Z \ge \frac{k-80}{8}\right)$$
$$=0.0668$$
$$=0.5-0.4332$$
$$=P(Z \ge 0)-P(0 \le Z \le 1.5)$$
$$=P(Z \ge 1.5)$$

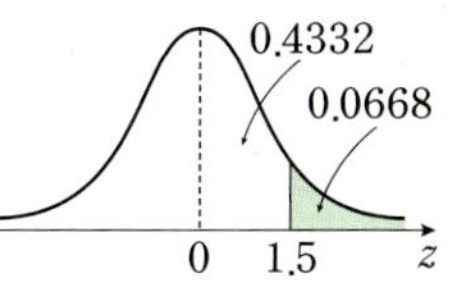

이므로 $\dfrac{k-80}{8}=1.5,\ k-80=12$
따라서 $k=92$

0691

서류전형 후 필기시험을 실시하는 어느 시험에서 720명이 서류전형에 합격하였다. 서류전형 합격자는 필기시험에서 A, B, C, D의 4과목 중 2과목을 반드시 선택해야 하고, 각 과목을 선택할 확률은 모두 같다고 한다. 4과목 중 A, B를 선택한 서류전형의 합격자의 수가 110명 이상 145명 이하일 확률을 오른쪽 표준정규분포표를 이용하여 구한 것은?

① 0.0166 ② 0.1359 ③ 0.1525 ④ 0.8351 ⑤ 0.9104

z	$P(0 \le Z \le z)$
1.0	0.3413
1.5	0.4332
2.0	0.4772
2.5	0.4938

STEP Ⓐ 이항분포의 평균과 표준편차 구하기

4과목 중 2과목을 선택하는 경우의 수는 $_4C_2=6$이므로 A, B를 선택할 확률은 $\dfrac{1}{6}$이 된다.

A, B를 선택한 서류전형자의 수를 확률변수 X라고 하면 X는 이항분포 $B\left(720, \frac{1}{6}\right)$를 따른다.

$$E(X)=720 \times \frac{1}{6}=120, \quad V(X)=720 \times \frac{1}{6} \times \frac{5}{6}=100=10^2$$

STEP Ⓑ 이항분포를 정규분포로 바꾸기

이때 720은 충분히 큰 수이므로 X는 정규분포 $N(120, 10^2)$을 따른다.

STEP Ⓒ 표준정규분포표를 이용하여 $P(110 \le X \le 145)$의 값 구하기

따라서 서류전형의 힙격자의 수가 110명 이상 145명 이하일 확률

$$P(110 \le X \le 145)$$
$$=P\left(\frac{110-120}{10} \le z \le \frac{145-120}{10}\right)$$
$$=P(-1 \le Z \le 2.5)$$

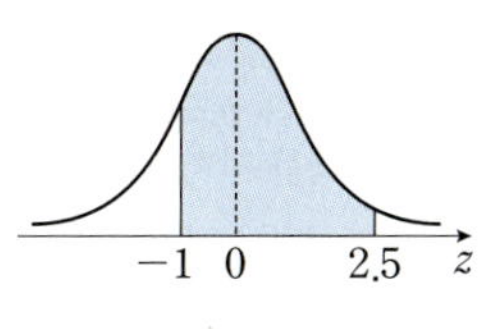

$$=P(0 \le Z \le 1)+P(0 \le Z \le 2.5)$$
$$=0.3413+0.4938=0.8351$$

0692

흰 공 4개, 검은 공 5개가 들어 있는 주머니에서 임의로 3개의 공을 동시에 꺼내 공의 색깔을 확인한 다음 주머니에 다시 넣는 시행을 980회 반복할 때, 나온 흰 공의 개수가 2인 횟수를 확률변수 X라 하자. $P(X \le a) = 0.8413$을 만족시키는 a를 표준정규분포표를 이용하여 구한 것은?

z	$P(0 \le Z \le z)$
1.0	0.3413
1.5	0.4332
2.0	0.4772
2.5	0.4938

① 305 ② 320 ③ 335
④ 350 ⑤ 365

STEP A 이항분포의 평균과 표준편차 구하기

주머니에서 임의로 3개의 공을 꺼낼 때,

나온 흰 공의 개수가 2일 확률은 $\dfrac{{}_4C_2 \times {}_5C_1}{{}_9C_3} = \dfrac{5}{14}$이므로

확률변수 X는 이항분포 $B\left(980, \dfrac{5}{14}\right)$을 따르므로

확률변수 X의 평균 m과 표준편차 σ는

$$m = 980 \times \frac{5}{14} = 350, \ \sigma = \sqrt{980 \times \frac{5}{14} \times \frac{9}{14}} = \sqrt{225} = 15$$

STEP B 이항분포를 정규분포로 바꾸기

980은 충분히 큰 수이므로

X는 근사적으로 정규분포 $N(350, 15^2)$을 따른다.

STEP C 표준정규분포표를 이용하여 $P(X \le a) = 0.8413$을 만족하는 a의 값 구하기

$$P(X \le a) = P\left(Z \le \frac{a-350}{15}\right) = 0.8413$$

이므로

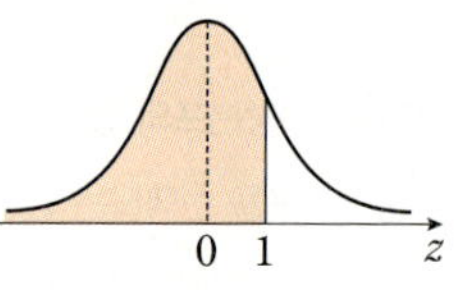

$$P\left(Z \le \frac{a-350}{15}\right)$$
$$= 0.8413$$
$$= 0.5 + 0.3413$$
$$= P(Z \le 0) + P(0 \le Z \le 1)$$
$$= P(Z \le 1)$$

따라서 $\dfrac{a-350}{15} = 1$이므로 $a = 365$

0693

서술형

L놀이공원 자유이용권을 이용하는 고객 10000명의 놀이기구 대기시간은 평균이 12분, 표준편차가 2분인 정규분포를 따른다고 한다. 자유이용권 고객 중 놀이기구 대기시간이 15분 이상인 고객의 수를 오른쪽 표준정규분포표를 이용하여 구하는 과정을 다음 단계로 서술하여라.

z	$P(0 \le Z \le z)$
0.5	0.1915
1.0	0.3413
1.5	0.4332
2.0	0.4772

[1단계] 놀이기구 대기시간을 확률변수 X라 할 때, 정규분포와 표준정규분포의 관계를 구한다.
[2단계] 자유이용권 이용고객 중 임의로 선택한 한 명의 놀이기구 대기시간이 15분 이상일 확률을 구한다.
[3단계] 자유이용권 고객 중 놀이기구 대기시간이 15분 이상인 고객의 수를 구한다.

1단계 놀이기구 대기시간을 확률변수 X라 할 때, 정규분포와 표준정규분포의 관계를 구한다. ◀ 20%

자유이용권을 이용하는 고객 중 임의로 선택한 한 명의 놀이기구 대기시간을 확률변수 X라 하면 X는 정규분포 $N(12, 2^2)$을 따르므로

확률변수 $Z = \dfrac{X-12}{2}$는 표준정규분포 $N(0, 1)$을 따른다.

2단계 자유이용권 이용고객 중 임의로 선택한 한 명의 놀이기구 대기시간이 15분 이상일 확률을 구한다. ◀ 40%

$$P(X \ge 15) = P\left(Z \ge \frac{15-12}{2}\right)$$
$$= P(Z \ge 1.5)$$
$$= 0.5 - P(0 \le Z \le 1.5)$$
$$= 0.5 - 0.4332$$
$$= 0.0668$$

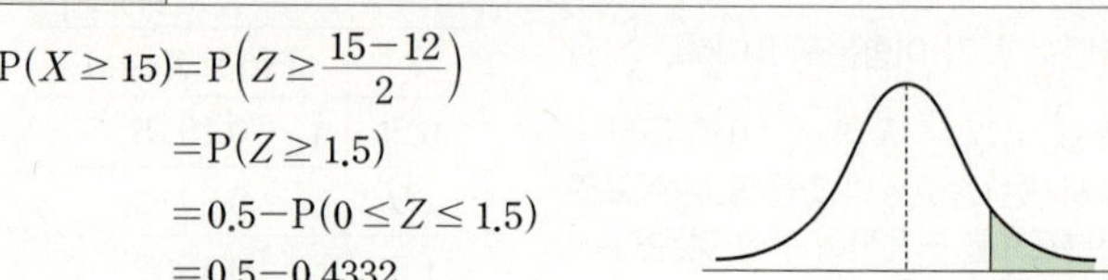

3단계 자유이용권 고객 중 놀이기구 대기시간이 15분 이상인 고객의 수를 구한다. ◀ 40%

(고객의 수) = (자유이용권을 이용하는 고객 수) × (15분 이상 대기비율)
이므로 자유이용권을 이용하는 고객이 10000명이므로 대기시간이 15분 이상인 고객의 수는 $10000 \times 0.0668 = 668$(명)

0694

서술형

어느 회사의 전체 신입 사원 1000명을 대상으로 신체검사를 한 결과, 키는 평균 m, 표준편차 10인 정규분포를 따른다고 한다. 전체 신입 사원 중에서 키가 177 이상인 사원이 242명이었다. 전체 신입 사원 중에서 임의로 선택한 한 명의 키가 180 이상일 확률을 오른쪽 표준정규분포표를 이용하여 구하는 과정을 다음 단계로 서술하여라. (단, 키의 단위는 cm이다.)

z	$P(0 \le Z \le z)$
0.7	0.2580
0.8	0.2881
0.9	0.3159
1.0	0.3413

[1단계] 신입사원의 키를 확률변수 X라 할 때, 정규분포와 표준정규분포의 관계를 구한다.
[2단계] 신입 사원 중에서 키가 177 이상인 사원이 242명임을 이용하여 평균 m을 구한다.
[3단계] 신입 사원 중에서 임의로 선택한 한 명의 키가 180 이상일 확률을 구한다.

1단계 신입사원의 키를 확률변수 X라 할 때, 정규분포와 표준정규분포의 관계를 구한다. ◀ 20%

신입사원의 키를 확률변수 X라 하면 X는 정규분포 $N(m, 10^2)$을 따르므로

확률변수 $Z = \dfrac{X-m}{10}$는 표준정규분포 $N(0, 1)$을 따른다.

2단계 신입 사원 중에서 키가 177 이상인 사원이 242명임을 이용하여 평균 m을 구한다. ◀ 40%

전체 신입 사원은 1000명이고 키가 177 이상인 사원은 242명이므로

$$P(X \ge 177) = \frac{242}{1000} = 0.242$$이므로

$$P(X \ge 177)$$
$$= P\left(Z \ge \frac{177-m}{10}\right)$$
$$= 0.5 - P\left(0 \le Z \le \frac{177-m}{10}\right)$$
$$= 0.242$$

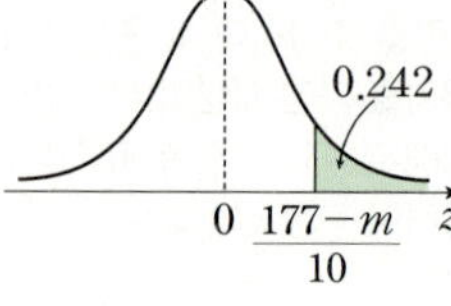

$$\therefore P\left(0 \le Z \le \frac{177-m}{10}\right) = 0.5 - 0.242 = 0.2580$$

표준정규분포표에서 $P(0 \le Z \le 0.7) = 0.2580$이므로

$$\frac{177-m}{10} = 0.7, \ 177-m = 7 \quad \therefore m = 170$$

3단계 신입 사원 중에서 임의로 선택한 한 명의 키가 180 이상일 확률을 구한다. ◀ 40%

따라서 확률변수 X는 정규분포 $N(170, 10^2)$을 따르므로
한 명의 키가 180 이상일 확률은

$$P(X \ge 180) = P\left(Z \ge \frac{180-170}{10}\right)$$
$$= P(Z \ge 1) = 0.5 - P(0 \le Z \le 1)$$
$$= 0.5 - 0.3413 = 0.1587$$

0695 서술형

모집정원이 30명인 어느 대학 뷰티학과 수시 모집에 150명이 응시하였다. 응시자의 내신 점수와 면접 점수를 더한 총점은 평균이 84점, 표준편차가 7점인 정규분포를 따른다고 한다. 모집 정원의 1.5배를 1차 합격자로 선발한다고 할 때, 1차 합격자가 되려면 총점을 몇 점 이상 받아야 하는지를 오른쪽 표준정규분포표를 이용하여 구하는 과정을 다음 단계로 서술하여라.

z	$P(0 \le Z \le z)$
0.52	0.2
0.62	0.23
0.84	0.3
1.00	0.34

[1단계] 응시자의 총점을 확률변수 X, 1차 합격선의 총점을 c라 할 때, $P(X \ge c)$를 구한다.

[2단계] 표준정규분포 $N(0, 1)$을 따르는 확률변수 Z를 이용하여 $P(X \ge c)$를 나타낸다.

[3단계] 오른쪽 표준정규분포표를 이용하여 c의 값을 구한다.

1단계 응시자의 총점을 확률변수 X, 1차 합격선의 총점을 c라 할 때, $P(X \ge c)$를 구한다. ◀ 30%

응시자의 총점을 확률변수 X라 하면 X는 정규분포 $N(84, 7^2)$을 따른다.

응시생 150명 중 1차 합격자가 45명이므로

합격할 확률(비율)은 $\dfrac{45}{150}=0.3$이고

45명 이내에 들기 위한 1차 합격선의 총점을 c라고 하면

$P(X \ge c)=0.3$

2단계 표준정규분포 $N(0, 1)$을 따르는 확률변수 Z를 이용하여 $P(X \ge c)$를 나타낸다. ◀ 30%

$P(X \ge c)=0.3$에서

$P\left(\dfrac{X-84}{7} \ge \dfrac{c-84}{7}\right)=P\left(Z \ge \dfrac{c-84}{7}\right)=0.3$

3단계 오른쪽 표준정규분포표를 이용하여 c의 값을 구한다. ◀ 40%

$P\left(Z \ge \dfrac{c-84}{7}\right)$

$=0.3$

$=0.5-0.2$

$=P(Z \ge 0)-P(0 \le Z \le 0.52)$

$=P(Z \ge 0.52)$

이므로 $\dfrac{c-84}{7}=0.52$

$c-84=3.64$

$\therefore c=87.64$

따라서 $c=87.64$이므로 1차 합격자가 되려면 총점을 87.64점 이상 받아야 한다.

0696

서로 다른 두 개의 주사위를 동시에 450번 던질 때, 두 주사위의 눈의 수의 차가 2 이하인 사건의 횟수를 확률변수 X라고 하자. 다음은 오른쪽 표준정규분포표를 이용하여 확률 $P(X \le 320)$을 구하는 과정이다. (가), (나), (다), (라), (마), (바)에 알맞은 수를 써넣어라.

z	$P(0 \le Z \le z)$
0.5	0.1915
1.0	0.3413
1.5	0.4332
2.0	0.4772

한 번의 시행에서 두 주사위의 눈의 수의 차가 2 이하인 사건의 확률은 (가) 이다.

확률변수 X는 이항분포 $B(\boxed{\text{(나)}}, \boxed{\text{(가)}})$를 따르고 시행횟수도 충분히 크므로 확률변수 X는 근사적으로 정규분포 $N(\boxed{\text{(다)}}, \boxed{\text{(라)}})$을 따른다.

따라서 구하는 확률은 $P(X \le 320)=P(Z \le \boxed{\text{(마)}})=\boxed{\text{(바)}}$

STEP Ⓐ 이항분포를 따르는 확률변수 X의 평균과 분산 구하기

한 번의 시행에서 두 주사위의 눈의 수의 차가 2 이하인 사건의 확률은 $\boxed{\dfrac{2}{3}}$ 이다. ◀ 두 주사위의 눈의 차가 0인 경우 6가지, 1인 경우 10가지, 2인 경우 8가지이므로 확률은 $\dfrac{6+10+8}{36}=\dfrac{2}{3}$

즉 확률변수 X는 이항분포 $B\left(\boxed{450}, \boxed{\dfrac{2}{3}}\right)$를 따르므로

확률변수 X의 평균과 분산은 각각

$E(X)=450 \times \dfrac{2}{3}=300$, $V(X)=450 \times \dfrac{2}{3} \times \dfrac{1}{3}=100$

STEP Ⓑ 표준정규분포표를 이용하여 확률 구하기

이때 시행횟수 450은 충분히 크므로 확률변수 X는 근사적으로 정규분포 $N(\boxed{300}, \boxed{10^2})$을 따르며 확률변수 $Z=\dfrac{X-300}{10}$은 표준정규분포 $N(0, 1)$을 따른다.

따라서 구하는 확률은

$P(X \le 320)=P\left(Z \le \dfrac{320-300}{10}\right)$

$=P(Z \le \boxed{2})$

$=0.5+P(0 \le Z \le 2)$

$=0.5+0.4772$

$=\boxed{0.9772}$

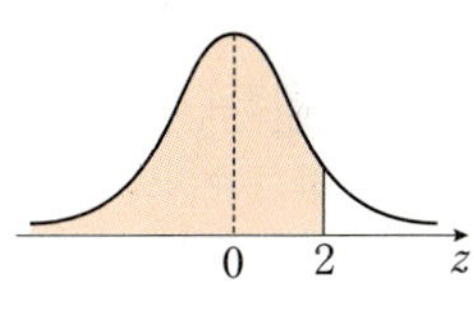

0697

어느 회사에서 만든 신제품의 무게는 정규분포 $N(180, 8^2)$을 따른다.
이 회사에서는 신제품의 무게가 164g 보다 작을 경우 불량품으로 판정한다.
하루에 2500개의 신제품을 생산할 때,

z	$P(0 \leq Z \leq z)$
1.0	0.34
1.5	0.43
2.0	0.48

불량품의 개수가 64개 이하일 확률을 오른쪽 표준정규분포표를 이용하여 구하는 과정을 다음 단계로 서술하여라.

[1단계] 신제품의 무게를 확률변수 X라 하고 불량품이 될 확률을 구한다.
[2단계] 불량품의 개수를 확률변수 Y라 하고 Y가 따르는 확률분포를 구한다.
[3단계] 확률변수 Y의 평균과 표준편차를 구한다.
[4단계] 불량품의 개수가 64개 이하일 확률을 구한다.

1단계 신제품의 무게를 확률변수 X라 하고 불량품이 될 확률을 구한다. ◀ 30%

신제품의 무게를 확률변수 X라 하면 X는 정규분포 $N(180, 8^2)$을 따른다.
X가 164g보다 작을 때, 불량품이므로 불량품일 확률은

$$P(X < 164) = P\left(Z < \frac{164 - 180}{8}\right)$$
$$= P(Z < -2)$$
$$= P(Z > 2)$$
$$= 0.5 - P(0 \leq Z \leq 2)$$
$$= 0.5 - 0.48 = 0.02$$

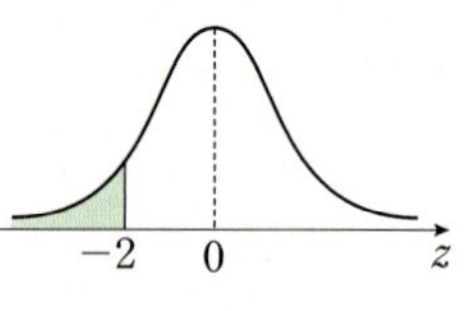

2단계 불량품의 개수를 확률변수 Y라 하고 Y가 따르는 확률분포를 구한다. ◀ 20%

신제품 중 불량품의 개수를 확률변수 Y라 하면
임의로 한 개의 제품을 뽑을 때, 불량품일 확률은 0.02이므로
Y는 이항분포 $B(2500, 0.02)$를 따른다.

3단계 확률변수 Y의 평균과 표준편차를 구한다. ◀ 20%

확률변수 Y의 평균 m, 표준편차 σ을 구하면
$$m = 2500 \times 0.02 = 50, \quad \sigma = \sqrt{2500 \times 0.02 \times 0.98} = \sqrt{49} = 7$$

4단계 불량품의 개수가 64개 이하일 확률을 구한다. ◀ 30%

2500은 충분히 큰 수이므로
확률변수 Y는 근사적으로 정규분포 $N(50, 7^2)$을 따른다.
따라서 불량품의 개수가 64개 이하일 확률은

$$P(Y \leq 64) = P\left(Z \leq \frac{64 - 50}{7}\right)$$
$$= P(Z \leq 2)$$
$$= 0.5 + 0.48$$
$$= 0.98$$

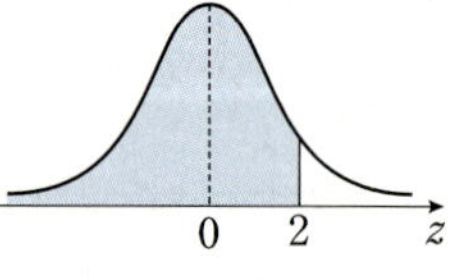

0698

다음 물음에 답하여라.

(1) 표준정규분포표를 이용하여 다음 식의 값을 구하면?

$$_{100}C_{96}\left(\frac{9}{10}\right)^{96}\left(\frac{1}{10}\right)^{4} + {}_{100}C_{95}\left(\frac{9}{10}\right)^{95}\left(\frac{1}{10}\right)^{5} + {}_{100}C_{94}\left(\frac{9}{10}\right)^{94}\left(\frac{1}{10}\right)^{6} + \cdots$$
$$+ {}_{100}C_{87}\left(\frac{9}{10}\right)^{87}\left(\frac{1}{10}\right)^{13}$$

① 0.5220 ② 0.5668
③ 0.6587 ④ 0.8085
⑤ 0.8185

z	$P(0 \leq Z \leq z)$
0.5	0.1915
1.0	0.3413
1.5	0.4332
2.0	0.4772

STEP A 이항분포의 평균과 표준편차 구하기

$P(X=k) = {}_{100}C_k\left(\frac{9}{10}\right)^{k}\left(\frac{1}{10}\right)^{100-k}$ 는 사건이 일어날 확률이 $\frac{9}{10}$인
시행을 독립적으로 100회 되풀이 할 때, 사건이 k회 일어날 확률을 뜻한다.
이때 사건이 일어날 횟수를 확률변수 X라 하면 확률변수 X는
이항분포 $B\left(100, \frac{9}{10}\right)$를 따르므로 평균 m와 표준편차 σ는

$$m = 100 \times \frac{9}{10} = 90, \quad \sigma = \sqrt{100 \times \frac{9}{10} \times \frac{1}{10}} = 3$$

STEP B 이항분포를 정규분포로 바꾸기

시행 횟수 100이 충분히 큰 수이므로
확률변수 X는 근사적으로 정규분포 $N(90, 3^2)$을 따른다.

STEP C 표준정규분포표를 이용하여 $P(87 \leq X \leq 96)$의 값 구하기

이때 준식은 $\displaystyle\sum_{k=87}^{96} {}_{100}C_k\left(\frac{9}{10}\right)^{k}\left(\frac{1}{10}\right)^{100-k}$ 의 값이고
이 값은 사건이 87회, 88회, $\cdots$, 96회 일어날 확률의 합이다.

확률변수 $Z = \dfrac{X-90}{3}$은 표준정규분포 $N(0, 1)$을 따르므로 구하는 확률은

$$\sum_{k=87}^{96} {}_{100}C_k\left(\frac{9}{10}\right)^{k}\left(\frac{1}{10}\right)^{100-k}$$
$$= P(87 \leq X \leq 96)$$
$$= P\left(\frac{87-90}{3} \leq Z \leq \frac{96-90}{3}\right)$$
$$= P(-1 \leq Z \leq 2)$$
$$= P(-1 \leq Z \leq 0) + P(0 \leq Z \leq 2)$$
$$= 0.3413 + 0.4772 = 0.8185$$

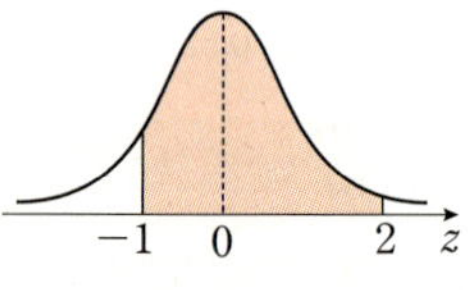

(2) $\displaystyle\sum_{k=351}^{369} {}_{400}C_k\left(\frac{9}{10}\right)^{k}\left(\frac{1}{10}\right)^{400-k}$ 의 값을
오른쪽 표준정규분포표를 이용하여 구한 것은?

① 0.1587 ② 0.3085
③ 0.6826 ④ 0.8664
⑤ 0.9544

z	$P(0 \leq Z \leq z)$
1.0	0.3413
1.5	0.4332
2.0	0.4772

STEP A 이항분포를 따르는 확률변수 X의 평균과 표준편차 구하기

이산확률변수 X의 확률질량함수가

$$P(X=k) = {}_{400}C_k\left(\frac{9}{10}\right)^{k}\left(\frac{1}{10}\right)^{400-k} \quad (k=0, 1, 2, \cdots, 400)$$

이므로 확률변수 X는 이항분포 $B\left(400, \frac{9}{10}\right)$를 따른다.

이때 확률변수 X의 평균 m과 표준편차 σ는
$$m = 400 \times \frac{9}{10} = 360, \quad \sigma = \sqrt{400 \times \frac{9}{10} \times \frac{1}{10}} = \sqrt{36} = 6$$

STEP B 이항분포를 정규분포로 바꾸기

400는 충분히 큰 수이므로
확률변수 X는 근사적으로 정규분포 $N(360, 6^2)$을 따른다.

STEP C 표준정규분포표를 이용하여 $P(351 \leq X \leq 369)$의 값 구하기

확률변수 $Z = \dfrac{X-360}{6}$은 표준정규분포 $N(0, 1)$을 따르므로

구하는 확률은

$\displaystyle\sum_{k=351}^{369} {}_{400}\mathrm{C}_k \left(\dfrac{9}{10}\right)^k \left(\dfrac{1}{10}\right)^{400-k}$ ← 사건이 351회, 352회, …, 369회 일어날 확률의 합이다.

$= P(351 \leq X \leq 369)$

$= P\left(\dfrac{351-360}{6} \leq Z \leq \dfrac{369-360}{6}\right)$

$= P(-1.5 \leq Z \leq 1.5)$

$= 2P(0 \leq Z \leq 1.5)$

$= 2 \times 0.4332 = 0.8664$

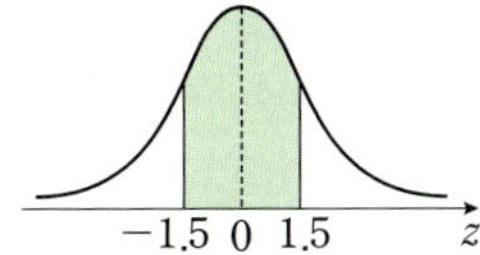

0699

각 면에 1, 2, 3, 4의 숫자가 하나씩 적혀 있는 정사면체 모양의 상자가 있다. 이 상자를 192회 던질 때, 1이 적혀있는 면이 바닥에 놓이는 횟수를 확률변수 X라 하자. $\displaystyle\sum_{k=39}^{60} P(X=k)$의 값을 오른쪽 표준정규분포표를 이용하여 구한 것은?

z	$P(0 \leq Z \leq z)$
0.5	0.1915
1.0	0.3413
1.5	0.4332
2.0	0.4772
2.5	0.4938

① 0.3413 ② 0.3830 ③ 0.7745
④ 0.8664 ⑤ 0.9104

STEP A 이항분포의 평균과 표준편차 구하기

정사면체 모양의 상자를 던질 때,

1이 적혀 있는 면이 바닥에 놓이는 확률은 $\dfrac{1}{4}$이고 확률변수 X에 대하여

$P(X=k) = {}_{192}\mathrm{C}_k \left(\dfrac{1}{4}\right)^k \left(\dfrac{3}{4}\right)^{192-k}$ $(k=0, 1, 2, \cdots, 192)$이므로

확률변수 X는 이항분포 $B\left(192, \dfrac{1}{4}\right)$을 따르므로

평균 m와 표준편차 σ는

$m = 192 \times \dfrac{1}{4} = 48, \ \sigma = \sqrt{192 \times \dfrac{1}{4} \times \dfrac{3}{4}} = \sqrt{36} = 6$

STEP B 이항분포를 정규분포로 바꾸기

이때 192는 충분히 큰 수이므로
확률변수 X는 근사적으로 정규분포 $N(48, 6^2)$을 따른다.

STEP C 표준정규분포표를 이용하여 $P(39 \leq X \leq 60)$의 값 구하기

확률변수 $Z = \dfrac{X-48}{6}$은 표준정규분포 $N(0, 1)$을 따르므로

구하는 확률은

$\displaystyle\sum_{k=39}^{60} P(X=k)$

$= P(39 \leq X \leq 60)$

$= P\left(\dfrac{39-48}{6} \leq Z \leq \dfrac{60-48}{6}\right)$

$= P(-1.5 \leq Z \leq 2)$

$= P(0 \leq Z \leq 1.5) + P(0 \leq Z \leq 2)$

$= 0.4332 + 0.4772 = 0.9104$

0700

수직선 위의 원점에 위치한 점 A가 있다. 주사위 1개를 던질 때 3의 배수의 눈이 나오면 점 A를 양의 방향으로 3만큼 이동하고, 그 이외의 눈이 나오면 점 A를 음의 방향으로 2만큼 이동하는 시행을 한다. 이와 같은 시행을 72회 반복할 때, 점 A의 좌표를 확률변수 X라 하자.

확률 $P(X \geq 11)$의 값을 오른쪽 표준정규분포표를 이용하여 구한 것은?

z	$P(0 \leq Z \leq z)$
1.00	0.3413
1.25	0.3944
1.50	0.4332
1.75	0.4599
2.00	0.4772

① 0.0228 ② 0.0401 ③ 0.0668
④ 0.1056 ⑤ 0.1587

STEP A 점 A의 좌표 확률변수 X가 $X \geq 11$일 때, 확률변수 Y의 범위 구하기

72회의 시행 중 3의 배수의 눈이 나온 횟수를 확률변수 Y라 하면
3의 배수 이외의 눈이 나오는 횟수는 $72-Y$
즉 점 A의 좌표 확률변수 X는 $X = 3Y - 2(72-Y) = 5Y - 144$
이때 $X \geq 11$이므로 $5Y - 144 \geq 11$
$\therefore Y \geq 31$

STEP B 이항분포를 구하여 평균과 표준편차 구하기

주사위 한 개를 던져 3의 배수의 눈이 나올 확률은 $\dfrac{1}{3}$이고

72회의 시행 중 3의 배수의 눈이 나온 횟수가 확률변수 Y이므로

확률변수 Y는 이항분포 $B\left(72, \dfrac{1}{3}\right)$을 따른다.

이때 확률변수 Y의 평균 m과 표준편차 σ는

$m = 72 \times \dfrac{1}{3} = 24, \ \sigma = \sqrt{72 \times \dfrac{1}{3} \times \dfrac{2}{3}} = \sqrt{16} = 4$

STEP C 이항분포를 정규분포로 바꾸어 확률 구하기

확률변수 Y는 근사적으로 정규분포 $N(24, 4^2)$을 따른다.

$\therefore P(X \geq 11) = P(Y \geq 31)$

$= P\left(Z \geq \dfrac{31-24}{4}\right)$

$= P(Z \geq 1.75)$

$= 0.5 - P(0 \leq Z \leq 1.75)$

$= 0.5 - 0.4599 = 0.0401$

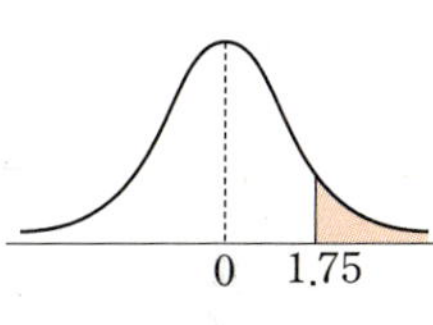

0701

우리나라의 남도에서 생산되는 특산품을 상자에 담아 포장하여 유통시키는데 특산품이 담긴 상자의 무게는 평균 10000g, 표준편차 8g인 정규분포를 따른다고 한다. 특산품이 담긴 상자의 무게가 9984g 이하인 상자는 다시 포장하는 것으로 판정한다. 특산품이 담긴 상자를 임의로 2500개를 택할 때, 다시 포장을 해야 할 상자가 43개 이하일 확률을 오른쪽 표준정규분포표를 이용하여 구한 값은?

z	$P(0 \leq Z \leq z)$
0.5	0.19
1.0	0.34
1.5	0.43
2.0	0.48

① 0.12 ② 0.16 ③ 0.17
④ 0.66 ⑤ 0.81

STEP Ⓐ 특산품이 담긴 상자의 무게가 $9984g$ 이하인 확률 구하기

특산품이 담긴 상자의 무게를 확률변수 X라고 하면
X는 정규분포 $N(10000, 8^2)$을 따른다.

그러므로
$$P(X \leq 9984) = P\left(Z \leq \frac{9984-10000}{8}\right)$$
$$= P(Z \leq -2)$$
$$= 0.5 - P(0 \leq Z \leq 2)$$
$$= 0.02$$

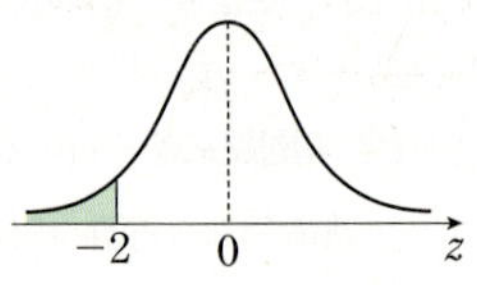

STEP Ⓑ 이항분포의 평균과 표준편차 구하기

즉 임의로 한 개의 상자를 뽑을 때, 다시 포장을 해야 할 확률이 0.02이므로 임의로 택한 2500개의 상자 중에서 다시 포장을 해야 할 상자의 개수를 Y라 하면 Y는 이항분포 $B(2500, 0.02)$를 따른다.

이때 Y의 평균 m과 표준편차 σ는
$$m = 2500 \times 0.02 = 50, \quad \sigma = \sqrt{2500 \times 0.02 \times 0.98} = \sqrt{49} = 7$$

STEP Ⓒ 이항분포를 정규분포로 바꾸어 확률 구하기

2500은 충분히 크므로 Y는 근사적으로 정규분포 $N(50, 7^2)$을 따른다.

$$P(Y \leq 43) = P\left(Z \leq \frac{43-50}{7}\right)$$
$$= P(Z \leq -1)$$
$$= 0.5 - P(0 \leq Z \leq 1)$$
$$= 0.16$$

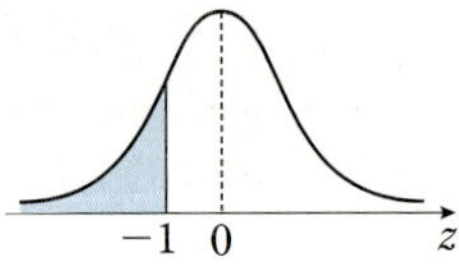

0702

어느 회사 직원의 하루 생산량은 근무 기간에 따라 달라진다고 한다. 근무 기간이 n개월 $(1 \leq n \leq 100)$인 직원의 하루 생산량은 평균이 $an + 100$(a는 상수), 표준편차가 12인 정규분포를 따른다고 한다. 근무 기간이 16개월인 직원의 하루 생산량이 84 이하일 확률이 0.0228일 때, 근무 기간이 36개월인 직원의 하루 생산량이 100 이상이고 142 이하일 확률을 오른쪽 표준정규분포표를 이용하여 구하는 과정을 다음 단계로 서술하여라.

z	$P(0 \leq Z \leq z)$
1.0	0.3413
1.5	0.4332
2.0	0.4772
2.5	0.4938

[1단계] 근무 기간이 16개월인 직원의 하루 생산량을 확률변수 X라 할 때, 정규분포와 표준정규분포의 관계를 구한다.
[2단계] 근무 기간이 16개월인 직원의 하루 생산량이 84 이하일 확률이 0.0228임을 이용하여 a를 구한다.
[3단계] 근무 기간이 36개월인 직원의 하루 생산량이 100 이상이고 142 이하일 확률을 구한다.

1단계 근무 기간이 16개월인 직원의 하루 생산량을 확률변수 X라 할 때, 정규분포와 표준정규분포의 관계를 구한다. ◀ 20%

근무 기간이 16개월인 직원의 하루 생산량을 확률변수 X라 하면
X는 정규분포 $N(16a + 100, 12^2)$을 따르므로

확률변수 $Z = \dfrac{X - (16a + 100)}{12}$는 표준정규분포 $N(0, 1)$을 따른다.

2단계 근무 기간이 16개월인 직원의 하루 생산량이 84 이하일 확률이 0.0228임을 이용하여 a를 구한다. ◀ 40%

$P(X \leq 84) = 0.0228$이므로
$$P(X \leq 84)$$
$$= P\left(Z \leq \frac{84 - (16a + 100)}{12}\right)$$
$$= P\left(Z \leq \frac{-4a - 4}{3}\right)$$
$$= 0.5 - P\left(0 \leq Z \leq \frac{4a + 4}{3}\right)$$
$$= 0.0228$$

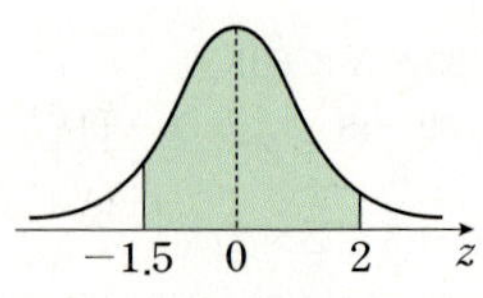

즉 $P\left(0 \leq Z \leq \dfrac{4a+4}{3}\right) = 0.5 - 0.0228 = 0.4772$

이때 표준정규분포표에서

$P(0 \leq Z \leq 2) = 0.4772$이므로 $\dfrac{4a+4}{3} = 2$

$\therefore a = \dfrac{1}{2}$

3단계 근무 기간이 36개월인 직원의 하루 생산량이 100 이상이고 142 이하일 확률을 구한다. ◀ 40%

근무기간이 36개월인 직원의 하루 생산량을 확률변수 Y라 하면
Y는 정규분포 $N(118, 12^2)$을 따르므로

확률변수 $Z = \dfrac{Y - 118}{12}$는 표준정규분포 $N(0, 1)$을 따른다.

따라서 구하는 확률은
$$P(100 \leq Y \leq 142)$$
$$= P\left(\frac{100 - 118}{12} \leq Z \leq \frac{142 - 118}{12}\right)$$
$$= P(-1.5 \leq Z \leq 2)$$
$$= P(0 \leq Z \leq 1.5) + P(0 \leq Z \leq 2)$$
$$= 0.4332 + 0.4772 = 0.9104$$

03 통계적 추정

0703

모평균이 m, 모표준편차가 σ인 정규분포를 따르는 모집단에서 크기 n_1인 표본을 임의추출하여 얻은 표본평균을 $\overline{X}$, 크기 n_2인 표본을 임의추출하여 얻은 표본평균을 $\overline{Y}$라고 할 때, 다음 [보기] 중 옳은 것을 고르면?

> ㄱ. $E(\overline{X})=E(\overline{Y})$이면 $n_1=n_2$
> ㄴ. $n_1<n_2$이면 $V(\overline{X})<V(\overline{Y})$
> ㄷ. $\sigma(\overline{X})=\sigma(\overline{Y})$이면 $n_1=n_2$

① ㄴ   ② ㄷ   ③ ㄱ, ㄴ
④ ㄴ, ㄷ   ⑤ ㄱ, ㄴ, ㄷ

STEP A 모집단의 평균, 표준편차와 표본평균의 평균과 표준편차 사이의 관계를 이용하여 진위판단하기

모집단이 정규분포 $N(m, \sigma^2)$을 따르고 표본의 크기가 각각 n_1, n_2이므로

$$E(\overline{X})=m, \ V(\overline{X})=\frac{\sigma^2}{n_1}$$

$$E(\overline{Y})=m, \ V(\overline{Y})=\frac{\sigma^2}{n_2}$$

ㄱ. 표본의 크기에 상관없이 $E(\overline{X})=E(\overline{Y})=m$이므로
반드시 $n_1=n_2$이라고 할 수 없다. [거짓]

ㄴ. $V(\overline{X})=\frac{\sigma^2}{n_1}$, $V(\overline{Y})=\frac{\sigma^2}{n_2}$이므로 $n_1<n_2$이면 $V(\overline{X})>V(\overline{Y})$ [거짓]

ㄷ. $\sigma(\overline{X})=\frac{\sigma}{\sqrt{n_1}}$, $\sigma(\overline{Y})=\frac{\sigma}{\sqrt{n_2}}$이므로 $\sigma(\overline{X})=\sigma(\overline{Y})$이면 $\sqrt{n_1}=\sqrt{n_2}$

$\therefore n_1=n_2$ [참]

따라서 옳은 것은 ㄷ이다.

0704

정규분포 $N(m, \sigma^2)$을 따르는 모집단에서 임의추출한 크기가 n_1과 n_2인 표본의 표본평균의 확률밀도함수를 각각 $f(x)$와 $g(x)$라고 하자. $n_1<n_2$일 때, 두 함수 $f(x)$와 $g(x)$의 그래프의 모양으로 가장 적절한 것은?

① 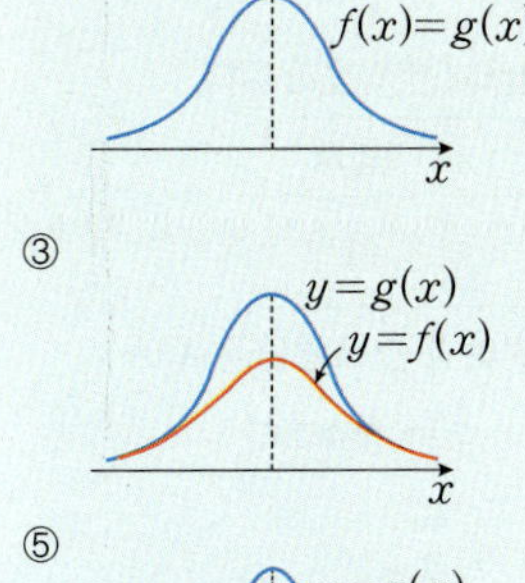
② 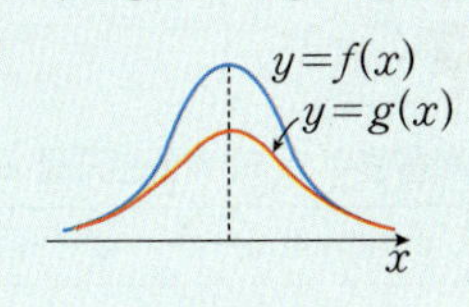
③ 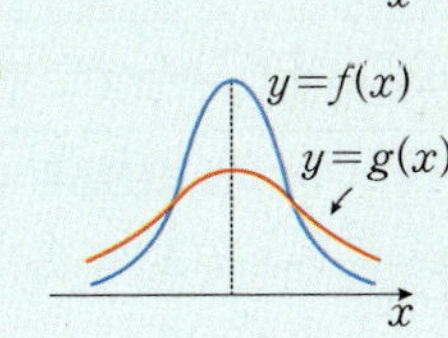
④ 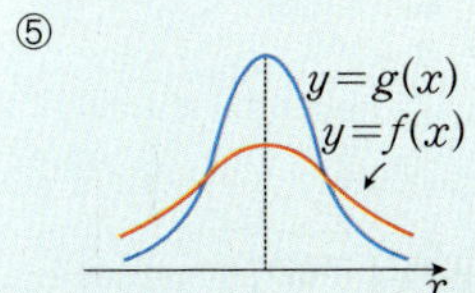
⑤

STEP A 표본평균의 표준편차 사이의 관계를 이용하기

크기가 n_1인 표본의 표본평균 $\overline{X_1}$는 정규분포 $N\left(m, \left(\frac{\sigma}{\sqrt{n_1}}\right)^2\right)$을 따르고

크기가 n_2인 표본의 표본평균 $\overline{X_2}$는 정규분포 $N\left(m, \left(\frac{\sigma}{\sqrt{n_2}}\right)^2\right)$을 따른다.

$\sigma(\overline{X_1})=\frac{\sigma}{\sqrt{n_1}}$, $\sigma(\overline{X_2})=\frac{\sigma}{\sqrt{n_2}}$에서 $n_1<n_2$일 때, $\frac{\sigma}{\sqrt{n_1}}>\frac{\sigma}{\sqrt{n_2}}$

이므로 확률밀도함수 $f(x)$와 $g(x)$의 그래프의 모양은 ⑤와 같다.

0705

어느 모집단의 확률변수 X가 정규분포 $N(m, \sigma^2)$을 따르고 이 모집단에서 크기가 n_1인 표본을 임의추출하여 구한 표본평균을 $\overline{X}$, 크기가 n_2인 표본을 임의추출하여 구한 표본평균을 $\overline{Y}$라 할 때, [보기]에서 옳은 것만을 있는 대로 고른 것은?

> ㄱ. $E(\overline{X})=E(\overline{Y})$
> ㄴ. $V(\overline{X})=V(2\overline{Y})$이면 $n_2=4n_1$
> ㄷ. $n_1<n_2$이면 두 확률변수 $\overline{X}$, $\overline{Y}$의 확률밀도함수를 각각 $f(x)$, $g(x)$라 할 때, 함수 $f(x)$의 최댓값은 함수 $g(x)$의 최댓값보다 작다.
> ㄹ. $m<a<b$인 a, b에 대하여 $P(m\leq\overline{X}\leq a)=P(m\leq\overline{Y}\leq b)$이면 $n_1>n_2$이다.

① ㄱ   ② ㄱ, ㄴ   ③ ㄴ, ㄷ
④ ㄱ, ㄷ, ㄹ   ⑤ ㄱ, ㄴ, ㄷ, ㄹ

STEP A 모집단의 평균, 표준편차와 표본평균의 평균과 표준편차 사이의 관계를 이용하여 진위판단하기

모집단이 정규분포 $N(m, \sigma^2)$을 따르고 표본의 크기가 각각 n_1, n_2이므로

$$E(\overline{X})=m, \ V(\overline{X})=\frac{\sigma^2}{n_1}$$

$$E(\overline{Y})=m, \ V(\overline{Y})=\frac{\sigma^2}{n_2}$$

ㄱ. $E(\overline{X})=E(\overline{Y})=m$ [참]

ㄴ. $V(\overline{X})=\frac{\sigma^2}{n_1}$, $V(\overline{Y})=\frac{\sigma^2}{n_2}$에서 $V(2\overline{Y})=4V(\overline{Y})=4\times\frac{\sigma^2}{n_2}$이므로

$V(\overline{X})=V(2\overline{Y})$에서 $\frac{\sigma^2}{n_1}=4\times\frac{\sigma^2}{n_2}$

즉 $n_2=4n_1$ [참]

ㄷ. $\sigma(\overline{X})=\frac{\sigma}{\sqrt{n_1}}$, $\sigma(\overline{Y})=\frac{\sigma}{\sqrt{n_2}}$에서

$n_1<n_2$일 때, $\frac{\sigma}{\sqrt{n_1}}>\frac{\sigma}{\sqrt{n_2}}$에서 $\sigma(\overline{X})>\sigma(\overline{Y})$이므로

두 정규분포곡선 $y=f(x)$, $y=g(x)$는 다음과 같이
곡선 $y=g(x)$가 곡선 $y=f(x)$보다 더 뾰족한 모양을 갖는다.

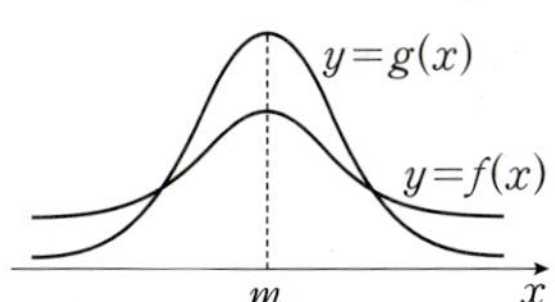

즉 함수 $f(x)$의 최댓값은 함수 $g(x)$의 최댓값보다 작다. [참]

ㄹ. $m<a<b$인 a, b에 대하여 $P(m\leq\overline{X}\leq a)=P(m\leq\overline{Y}\leq b)$이면

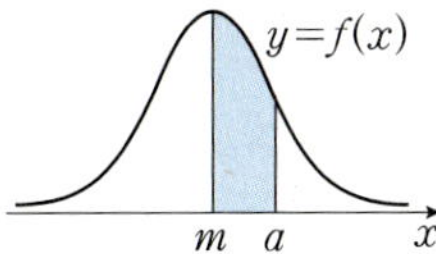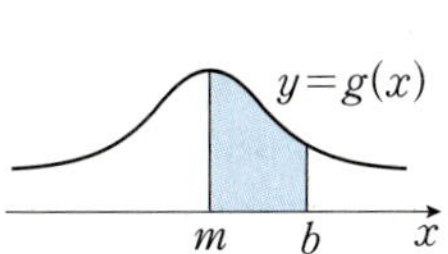

두 정규분포곡선 $y=f(x)$, $y=g(x)$는 위의 그림과 같이
곡선 $y=f(x)$가 곡선 $y=g(x)$보다 더 뾰족한 모양을 갖는다.

즉 $\sigma(\overline{X})<\sigma(\overline{Y})$이므로 $\frac{\sigma}{\sqrt{n_1}}<\frac{\sigma}{\sqrt{n_2}}$에서 $n_1>n_2$이다. [참]

따라서 옳은 것은 ㄱ, ㄴ, ㄷ, ㄹ이다.

0706

다음 물음에 답하여라.

(1) 모평균이 20, 모표준편차가 a인 모집단에서 크기가 4인 표본을 임의추출할 때, 표본평균 $\overline{X}$의 평균은 b, 표준편차는 4라고 한다. 이때 상수 a, b에 대하여 ab의 값을 구하여라.

STEP Ⓐ $E(\overline{X})$, $\sigma(\overline{X})$의 값 구하기

$E(X)=20$, $\sigma(X)=a$에서 표본의 크기가 $n=4$이므로

$E(\overline{X})=E(X)=20$ $\therefore b=20$

$\sigma(\overline{X})=\dfrac{\sigma(X)}{\sqrt{4}}=\dfrac{a}{\sqrt{4}}=4$ $\therefore a=8$

따라서 $ab=160$

(2) 모평균이 100, 모표준편차가 12인 모집단에서 크기가 n인 표본을 복원추출할 때, 표본평균 $\overline{X}$의 표준편차가 2 이하가 되도록 하는 n의 최솟값을 구하여라.

STEP Ⓐ $\sigma(\overline{X})$의 값 구하기

$E(X)=100$, $\sigma(X)=12$에서 표본의 크기가 n이므로

$\sigma(\overline{X})=\dfrac{\sigma(X)}{\sqrt{n}}=\dfrac{12}{\sqrt{n}}$

STEP Ⓑ 표본평균 $\overline{X}$의 표준편차가 2 이하가 되는 자연수 n의 최솟값 구하기

$\sigma(\overline{X})=\dfrac{12}{\sqrt{n}}\leq 2$

$\therefore \sqrt{n}\geq 6$

따라서 $n\geq 36$이므로 n의 최솟값은 36

0707

다음 물음에 답하여라.

(1) 정규분포 $N(10, 4)$를 따르는 모집단에서 크기가 2인 표본을 임의추출하여 구한 표본평균을 $\overline{X}$라 할 때, $E(\overline{X^2})$의 값은?

① 65　　② 85　　③ 95
④ 102　　⑤ 124

STEP Ⓐ $E(\overline{X})$, $V(\overline{X})$의 값 구하기

$E(X)=10$, $V(X)=4$에서 표본의 크기가 $n=2$이므로

$E(\overline{X})=E(X)=10$, $V(\overline{X})=\dfrac{V(X)}{2}=\dfrac{4}{2}=2$

STEP Ⓑ $E(\overline{X^2})$의 값 구하기

따라서 $V(\overline{X})=E(\overline{X^2})-\{E(\overline{X})\}^2$이므로

$E(\overline{X^2})=V(\overline{X})+\{E(\overline{X})\}^2=2+10^2=102$

(2) 모표준편차가 16인 정규분포를 따르는 모집단에서 크기가 16인 표본을 임의추출하여 구한 표본평균 $\overline{X}$에 대하여 $E(\overline{X^2})=25$일 때, 모평균 $E(X)$의 값은? (단, $E(X)>0$)

① 3　　② $2\sqrt{3}$　　③ $3\sqrt{2}$
④ 4　　⑤ 5

STEP Ⓐ $E(\overline{X})$, $V(\overline{X})$의 값 구하기

모표준편차가 16, 모집단에서 크기가 16에서 $\sigma(X)=16$, $n=16$이므로

$V(\overline{X})=\dfrac{16^2}{16}=16$

STEP Ⓑ $V(\overline{X})=E(\overline{X^2})-\{E(\overline{X})\}^2$을 이용하여 모평균 $E(X)$ 구하기

$E(X)=m$이라 하면 $E(\overline{X})=E(X)=m$이고 $E(\overline{X^2})=25$이므로

$V(\overline{X})=E(\overline{X^2})-\{E(\overline{X})\}^2$

$16=25-m^2$에서 $m^2=25-16=9$

이때 $m>0$이므로 $m=E(X)=3$

0708

다음 물음에 답하여라.

(1) 모평균이 10, 모표준편차가 4인 모집단에서 크기가 4인 표본을 임의추출하여 구한 표본평균을 $\overline{X}$라 할 때, $E(3\overline{X}+2)+\sigma(5\overline{X}-2)$의 값을 구하여라.

STEP Ⓐ $E(\overline{X})$, $\sigma(\overline{X})$의 값 구하기

$E(X)=10$, $\sigma(X)=4$에서 표본의 크기가 $n=4$이므로

$E(\overline{X})=E(X)=10$, $\sigma(\overline{X})=\dfrac{4}{\sqrt{4}}=2$

STEP Ⓑ $E(3\overline{X}+2)+\sigma(5\overline{X}-2)$의 값 구하기

$E(3\overline{X}+2)+\sigma(5\overline{X}-2)=3E(\overline{X})+2+5\sigma(\overline{X})=3\times 10+2+5\times 2=42$

(2) 모표준편차가 10인 정규분포를 따르는 모집단에서 크기가 n인 표본을 임의추출하여 구한 표본평균 $\overline{X}$에 대하여 $V(2\overline{X}+1)=16$일 때, 자연수 n의 값을 구하여라.

STEP Ⓐ $V(2\overline{X}+1)=16$에서 $V(\overline{X})$ 구하기

$V(2\overline{X}+1)=2^2V(\overline{X})=16$이므로 $V(\overline{X})=4$　　…… ㉠

STEP Ⓑ n의 값 구하기

확률변수 X가 정규분포 $N(m, 10^2)$을 따를 때, 표본의 크기가 n이면

표본평균 $\overline{X}$는 $N\left(m, \dfrac{10^2}{n}\right)$을 따르므로 ㉠에서 $\dfrac{10^2}{n}=4$

따라서 $n=\dfrac{10^2}{4}=25$

0709

모집단의 확률변수 X의 확률분포를 표로 나타내면 다음과 같다.

X	0	2	4	합계
$P(X=x)$	$\dfrac{1}{6}$	a	b	1

이 모집단에서 크기가 2인 표본을 임의추출하여 구한 표본평균 $\overline{X}$에 대하여 $E(\overline{X})=\dfrac{8}{3}$이다. $V(\overline{X})$의 값은? (단, a, b는 상수이다.)

① $\dfrac{5}{9}$　　② $\dfrac{10}{9}$　　③ $\dfrac{5}{3}$
④ $\dfrac{20}{9}$　　⑤ $\dfrac{25}{9}$

STEP Ⓐ 확률의 합이 1임을 이용하여 a, b의 관계식 구하기

모든 확률의 합이 1이므로

$\dfrac{1}{6}+a+b=1$에서 $a+b=\dfrac{5}{6}$　　…… ㉠

STEP Ⓑ $E(X)=E(\overline{X})$임을 이용하여 a, b의 값 구하기

$E(X)=E(\overline{X})=\dfrac{8}{3}$이므로

$E(X)=0\times\dfrac{1}{6}+2\times a+4\times b=\dfrac{8}{3}$에서 $a+2b=\dfrac{4}{3}$　　…… ㉡

㉠, ㉡을 연립하여 풀면 $a=\dfrac{1}{3}$, $b=\dfrac{1}{2}$

STEP C 표본평균과 모평균의 관계를 이용하여 표본평균 $\overline{X}$의 분산 구하기

$$V(X)=E(X^2)-\{E(X)\}^2=0^2\times\frac{1}{6}+2^2\times\frac{1}{3}+4^2\times\frac{1}{2}-\left(\frac{8}{3}\right)^2=\frac{20}{9}$$

따라서 표본의 크기가 2이므로 $V(\overline{X})=\dfrac{V(X)}{2}=\dfrac{20}{9}\times\dfrac{1}{2}=\dfrac{10}{9}$

0710

어느 모집단의 확률변수 X의 확률분포가 다음 표와 같다.

X	0	2	4	합계
$P(X=x)$	$\dfrac{1}{6}$	a	b	1

$E(X^2)=\dfrac{16}{3}$일 때, 이 모집단에서 임의추출한 크기가 20인 표본의 표본평균 $\overline{X}$에 대하여 $V(\overline{X})$의 값은?

① $\dfrac{1}{60}$　　　　② $\dfrac{1}{30}$　　　　③ $\dfrac{1}{20}$

④ $\dfrac{1}{15}$　　　　⑤ $\dfrac{1}{12}$

STEP A 확률변수 X의 성질에 의하여 상수 a, b의 값 구하기

확률의 합이 1이므로 $\dfrac{1}{6}+a+b=1$

$\therefore a+b=\dfrac{5}{6}$　　　　　　……㉠

$E(X^2)=0^2\times\dfrac{1}{6}+2^2\times a+4^2\times b=\dfrac{16}{3}$

$\therefore a+4b=\dfrac{4}{3}$　　　　　　……㉡

㉠, ㉡을 연립하여 풀면 $a=\dfrac{4}{6}$, $b=\dfrac{1}{6}$

STEP B 확률변수 X의 평균 $E(X)$ 구하기

즉 확률변수 X의 확률분포가 다음 표와 같을 때, 기댓값을 구하면

X	0	2	4	합계
$P(X=x)$	$\dfrac{1}{6}$	$\dfrac{4}{6}$	$\dfrac{1}{6}$	1

$$E(X)=0\times\frac{1}{6}+2\times\frac{4}{6}+4\times\frac{1}{6}=\frac{12}{6}=2$$

STEP C $V(\overline{X})$의 값 구하기

$$V(X)=E(X^2)-\{E(X)\}^2=\frac{16}{3}-4=\frac{4}{3}$$

따라서 임의추출한 크기가 20인 표본의 표본평균 $\overline{X}$에 대하여

$$V(\overline{X})=\frac{1}{20}\times\frac{4}{3}=\frac{1}{15}$$

0711

모집단의 확률변수 X의 확률분포가 다음 표와 같다.

X	10	20	30	합계
$P(X=x)$	$\dfrac{1}{2}$	a	$\dfrac{1}{2}-a$	1

이 모집단에서 크기가 2인 표본을 복원추출하여 구한 표본평균을 $\overline{X}$라 하자. $\overline{X}$의 평균이 18일 때, $P(\overline{X}=20)$의 값은?

① $\dfrac{2}{5}$　　　　② $\dfrac{19}{50}$　　　　③ $\dfrac{9}{25}$

④ $\dfrac{17}{50}$　　　　⑤ $\dfrac{8}{25}$

STEP A $E(X)=E(\overline{X})$임을 이용하여 a의 값 구하기

모평균 $E(X)$와 표본평균의 평균 $E(\overline{X})$는 같으므로

$E(X)=E(\overline{X})=18$

$$E(X)=10\times\frac{1}{2}+20\times a+30\times\left(\frac{1}{2}-a\right)$$
$$=5+20a+15-30a$$
$$=20-10a=18$$

$$\therefore a=\frac{1}{5}$$

STEP B $P(\overline{X}=20)$의 값 구하기

확률변수 X의 확률분포를 표로 나타내면 다음과 같다.

X	10	20	30	합계
$P(X=x)$	$\dfrac{1}{2}$	$\dfrac{1}{5}$	$\dfrac{3}{10}$	1

크기가 2인 표본을 $\{X_1,\ X_2\}$라 하면 복원추출할 때, $\overline{X}=20$인 경우는 $\{X_1=10,\ X_2=30\}$, $\{X_1=20,\ X_2=20\}$, $\{X_1=30,\ X_2=10\}$이고

$P(X=10)=\dfrac{1}{2}$, $P(X=20)=\dfrac{1}{5}$, $P(X=30)=\dfrac{3}{10}$이므로

여기서 각 경우의 확률을 구하면

(i) $\{X_1=10,\ X_2=30\}$　← 첫 번째에 10을 뽑고 두 번째에 30을 뽑을 확률

$$\frac{1}{2}\times\frac{3}{10}=\frac{3}{20}$$

(ii) $\{X_1=20,\ X_2=20\}$　← 첫 번째에 20을 뽑고 두 번째에 20을 뽑을 확률

$$\frac{1}{5}\times\frac{1}{5}=\frac{1}{25}$$

(iii) $\{X_1=30,\ X_2=10\}$　← 첫 번째에 30을 뽑고 두 번째에 10을 뽑을 확률

$$\frac{3}{10}\times\frac{1}{2}=\frac{3}{20}$$

(i)~(iii)에서 구하는 확률은

$$P(\overline{X}=20)=P(X=10)\cdot P(X=30)+P(X=20)\cdot P(X=20)$$
$$+P(X=30)\cdot P(X=10)$$
$$=\frac{1}{2}\times\frac{3}{10}+\frac{1}{5}\times\frac{1}{5}+\frac{3}{10}\times\frac{1}{2}=\frac{17}{50}$$

0712

오른쪽 그림과 같이 주머니 속에 1, 1, 2, 2, 2, 2, 3, 3이 적힌 8개의 공이 들어 있다. 이 주머니에서 임의추출한 3개의 공에 적힌 수의 표본평균을 $\overline{X}$라 할 때, $V(6\overline{X}+2)$의 값은? (단, 모든 공은 크기와 모양이 같다.)

① 3　　　　② 6　　　　③ 9

④ 12　　　　⑤ 16

STEP A 확률변수 X의 확률분포표를 이용하여 평균과 분산 구하기

주머니에서 1개의 공을 임의추출하였을 때, 공에 적힌 수를 X라고 하면 X의 확률분포는 다음 표와 같다.

X	1	2	3	합계
$P(X=x)$	$\dfrac{1}{4}$	$\dfrac{1}{2}$	$\dfrac{1}{4}$	1

모집단에서 평균과 분산을 구하면

$$E(X)=1\times\frac{1}{4}+2\times\frac{1}{2}+3\times\frac{1}{4}=2$$

$$V(X)=1^2\times\frac{1}{4}+2^2\times\frac{1}{2}+3^2\times\frac{1}{4}-2^2=\frac{1}{2}$$

STEP B 표본평균 $\overline{X}$의 분산을 이용하여 $V(6\overline{X}+2)$ 구하기

즉 모평균이 2, 모분산이 $\dfrac{1}{2}$이고 표본의 크기가 3이므로

$$E(\overline{X})=m=2,\ V(\overline{X})=\frac{\sigma^2}{3}=\frac{1}{6}$$

따라서 $V(6\overline{X}+2)=36V(\overline{X})=36\times\dfrac{1}{6}=6$

0713

모집단의 확률변수 X의 확률질량함수가

$$P(X=x)=\frac{x+1}{a} \ (x=0, 1, 2, 3)$$

이다. 이 모집단에서 크기가 5인 표본을 임의추출하여 그 표본평균을 $\overline{X}$라 할 때, $V(\overline{X})$의 값은? (단, a는 상수이다.)

① $\frac{1}{6}$ ② $\frac{1}{5}$ ③ $\frac{1}{4}$

④ $\frac{1}{3}$ ⑤ $\frac{1}{2}$

STEP Ⓐ 확률의 합이 1임을 이용하여 a, b의 관계식 구하기

확률의 총합은 1이므로 $\frac{1}{a}+\frac{2}{a}+\frac{3}{a}+\frac{4}{a}=\frac{10}{a}=1$

$\therefore a=10$

STEP Ⓑ 확률변수 X의 평균 $E(X)$ 구하기

확률변수 X의 확률분포를 표로 나타내면 다음과 같다.

X	0	1	2	3	합계
$P(X=x)$	$\frac{1}{10}$	$\frac{2}{10}$	$\frac{3}{10}$	$\frac{4}{10}$	1

$E(X)=0\times\frac{1}{10}+1\times\frac{2}{10}+2\times\frac{3}{10}+3\times\frac{4}{10}=2$이고

$E(X^2)=0^2\times\frac{1}{10}+1^2\times\frac{2}{10}+2^2\times\frac{3}{10}+3^2\times\frac{4}{10}=5$

$V(X)=E(X^2)-\{E(X)\}^2=5-4=1$

STEP Ⓒ 표본평균과 모평균의 관계를 이용하여 표본평균 $\overline{X}$의 분산 구하기

따라서 표본의 크기가 5이므로 $V(\overline{X})=\frac{V(X)}{5}=\frac{1}{5}$

0714

5개의 숫자 1, 1, 1, 2, 3이 각각 하나씩 적힌 5개의 공이 들어 있는 상자에서 크기가 n인 표본을 임의추출할 때, 공에 적힌 숫자의 표본평균 $\overline{X}$의 분산이 $\frac{1}{50}$이다. 이때 n의 값을 구하여라.

STEP Ⓐ 확률변수 X의 확률분포를 나타낸 표 만들기

공에 적힌 숫자를 X라고 하면 X의 확률분포를 나타낸 표는 다음과 같다.

X	1	2	3	합계
$P(X=x)$	$\frac{3}{5}$	$\frac{1}{5}$	$\frac{1}{5}$	1

모집단에서 평균과 분산을 구하면

$E(X)=1\times\frac{3}{5}+2\times\frac{1}{5}+3\times\frac{1}{5}=\frac{8}{5}$

$V(X)=1^2\times\frac{3}{5}+2^2\times\frac{1}{5}+3^2\times\frac{1}{5}-\left(\frac{8}{5}\right)^2=\frac{16}{25}$

STEP Ⓑ 표본평균 $\overline{X}$의 분산이 $\frac{1}{50}$임을 이용하여 n의 값 구하기

표본의 크기가 n일 때, 표본평균 $\overline{X}$의 분산이 $\frac{1}{50}$이므로

$V(\overline{X})=\frac{\frac{16}{25}}{n}=\frac{1}{50}$

따라서 $n=32$

0715

어느 지역의 1인 가구의 월 식료품 구입비는 평균이 45만 원, 표준편차가 8만 원인 정규분포를 따른다고 한다. 이 지역의 1인 가구 중에서 임의로 추출한 16가구의 월 식료품 구입비의 표본평균이 44만 원 이상이고 47만 원 이하일 확률을 오른쪽 표준정규분포표를 이용하여 구한 것은?

z	$P(0 \leq Z \leq z)$
0.5	0.1915
1.0	0.3413
1.5	0.4332
2.0	0.4772

① 0.3830 ② 0.5328 ③ 0.6915

④ 0.8185 ⑤ 0.8413

STEP Ⓐ 표본평균 $\overline{X}$의 평균 및 표준편차 구하기

이 지역의 1인 가구의 월 식료품 구입비를 확률변수 X라 하면 X는 정규분포 $N(45, 8^2)$을 따른다.

크기가 16인 표본의 표본평균을 $\overline{X}$라 하면

$E(\overline{X})=45$, $V(\overline{X})=\frac{8^2}{16}=2^2$

즉 확률변수 $\overline{X}$는 정규분포 $N(45, 2^2)$을 따른다.

STEP Ⓑ 표본평균 $\overline{X}$을 표준화하여 표준정규분포표를 이용하여 확률 구하기

따라서 구하는 확률은

$P(44 \leq \overline{X} \leq 47)$

$=P\left(\frac{44-45}{2} \leq Z \leq \frac{47-45}{2}\right)$

$=P(-0.5 \leq Z \leq 1)$

$=P(0 \leq Z \leq 0.5)+P(0 \leq Z \leq 1)$

$=0.1915+0.3413=0.5328$

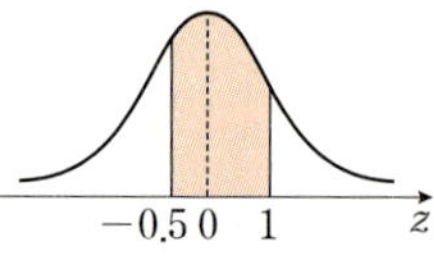

0716

어느 전화 상담원 A가 지난해 받은 상담 전화의 상담 시간은 평균이 20분, 표준편차가 5분인 정규분포를 따른다고 한다. 전화 상담원 A가 지난해 받은 상담 전화를 대상으로 크기가 16인 표본을 임의추출할 때, 상담시간의 표본평균이 19분 이상이고 22분 이하일 확률을 오른쪽 표준정규분포표를 이용하여 구한 것은?

z	$P(0 \leq Z \leq z)$
0.8	0.2881
1.2	0.3849
1.6	0.4452
2.0	0.4772

① 0.6730 ② 0.7333 ③ 0.7653

④ 0.8301 ⑤ 0.9224

STEP Ⓐ 크기가 16인 표본의 표본평균 $\overline{X}$의 평균 및 표준편차 구하기

상담전화의 상담시간을 확률변수 X라 하면 X는 정규분포 $N(20, 5^2)$을 따른다.

크기가 16인 표본의 표본평균을 $\overline{X}$라 하면

$E(\overline{X})=20$, $V(\overline{X})=\frac{5^2}{16}=\left(\frac{5}{4}\right)^2$

즉 확률변수 $\overline{X}$는 정규분포 $N\left(20, \left(\frac{5}{4}\right)^2\right)$을 따른다.

STEP Ⓑ 표본평균 $\overline{X}$을 표준화하여 확률 $P(19 \leq \overline{X} \leq 22)$의 값 구하기

따라서 구하는 확률은

$P(19 \leq \overline{X} \leq 22)$

$=P\left(\frac{19-20}{\frac{5}{4}} \leq Z \leq \frac{22-20}{\frac{5}{4}}\right)$

$=P(-0.8 \leq Z \leq 1.6)$

$=P(0 \leq Z \leq 0.8)+P(0 \leq Z \leq 1.6)$

$=0.2881+0.4452=0.7333$

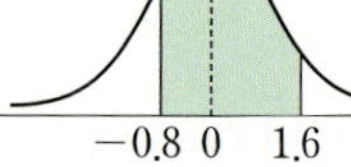

0717

어느 공장에서 생산하는 화장품 1개의 내용량은 평균이 201.5g이고 표준편차가 1.8g인 정규분포를 따른다고 한다.
이 공장에서 생산한 화장품 중 임의추출한 9개의 화장품 내용량의 표본평균이 200g 이상일 확률을 오른쪽 표준정규분포표를 이용하여 구한 것은?

z	$P(0 \le Z \le z)$
1.0	0.3413
1.5	0.4332
2.0	0.4772
2.5	0.4938

① 0.7745 ② 0.8413 ③ 0.9332
④ 0.9772 ⑤ 0.9938

STEP A 크기가 9인 표본의 표본평균 $\overline{X}$의 평균 및 표준편차 구하기

공장에서 생산하는 화장품 1개의 내용량을 확률변수 X라 하면
X는 정규분포 $N(201.5, 1.8^2)$을 따른다.
이때 이 공장에서 생산한 화장품 중 임의추출한 9개의 화장품 내용량의
표본평균을 확률변수 $\overline{X}$라 하면 $E(\overline{X})=201.5$, $V(\overline{X})=\dfrac{1.8^2}{9}=(0.6)^2$
즉 확률변수 $\overline{X}$는 정규분포 $N(201.5, (0.6)^2)$을 따른다.

STEP B 표본평균 $\overline{X}$을 표준화하여 확률 $P(\overline{X} \ge 200)$의 값 구하기

따라서 구하는 확률은

$$P(\overline{X} \ge 200)=P\left(\dfrac{\overline{X}-201.5}{0.6} \ge \dfrac{200-201.5}{0.6}\right)$$
$$=P\left(Z \ge \dfrac{200-201.5}{0.6}\right)$$
$$=P(Z \ge -2.5)$$
$$=P(-2.5 \le Z \le 0)+P(Z \ge 0)$$
$$=P(0 \le Z \le 2.5)+P(Z \ge 0)$$
$$=0.4938+0.5=0.9938$$

0718

정규분포 $N(27, 2^2)$을 따르는 모집단에서 크기가 n인 표본을 임의추출할 때, 표본평균을 $\overline{X}$라고 하자. 이때
$$P(26 \le \overline{X} \le 28)=0.9876$$
을 만족시키는 표본의 크기 n의 값을 구하여라.

z	$P(0 \le Z \le z)$
1.0	0.3413
1.5	0.4332
2.0	0.4772
2.5	0.4938

STEP A 표본평균 $\overline{X}$의 평균 및 표준편차 구하기

확률변수를 X라 하면 X는 정규분포 $N(27, 2^2)$을 따르고 표본의 크기가 n이므로 표본평균 $\overline{X}$는 정규분포 $N\left(27, \left(\dfrac{2}{\sqrt{n}}\right)^2\right)$을 따른다.

STEP B 주어진 확률을 표준정규분포를 따르는 확률변수 Z에 대한 식으로 나타내기

$$P(26 \le \overline{X} \le 28)=P\left(\dfrac{26-27}{\frac{2}{\sqrt{n}}} \le \dfrac{\overline{X}-m}{\frac{2}{\sqrt{n}}} \le \dfrac{28-27}{\frac{2}{\sqrt{n}}}\right)$$
$$=P\left(-\dfrac{\sqrt{n}}{2} \le Z \le \dfrac{\sqrt{n}}{2}\right)=2P\left(0 \le Z \le \dfrac{\sqrt{n}}{2}\right)$$

STEP C 표준정규분포표를 이용하여 표본의 크기 n의 값 구하기

한편 $P(0 \le Z \le 2.5)=0.4938$에서
$$2P\left(0 \le Z \le \dfrac{\sqrt{n}}{2}\right)=2 \times 0.4938=0.9876$$
이므로
$$2P\left(0 \le Z \le \dfrac{\sqrt{n}}{2}\right)=2P(0 \le Z \le 2.5)$$

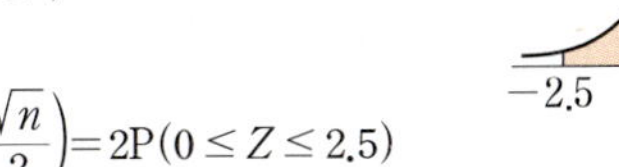

따라서 $\dfrac{\sqrt{n}}{2}=2.5$에서 $\sqrt{n}=2 \times 2.5=5$ $\therefore n=25$

0719

어느 공장에서 생산되는 건전지의 수명은 평균 m시간, 표준편차 3시간인 정규분포를 따른다고 한다.
이 공장에서 생산된 건전지 중 크기가 n인 표본을 임의추출하여 구한 건전지의 수명에 대한 표본평균을 $\overline{X}$라 하자.
$$P(m-0.5 \le \overline{X} \le m+0.5)=0.8664$$
를 만족시키는 표본의 크기 n의 값을 오른쪽 표준정규분포표를 이용하여 구한 것은?

z	$P(0 \le Z \le z)$
0.5	0.1915
1.0	0.3413
1.5	0.4332
2.0	0.4772

① 49 ② 64 ③ 81
④ 100 ⑤ 121

STEP A 크기가 n인 표본의 표본평균 $\overline{X}$의 평균 및 표준편차 구하기

건전지의 수명을 확률변수 X라 하면
X는 정규분포 $N(m, 3^2)$을 따른다.
크기가 n인 표본평균을 $\overline{X}$라 하면
표본평균 $\overline{X}$는 정규분포 $N\left(m, \left(\dfrac{3}{\sqrt{n}}\right)^2\right)$을 따른다.

STEP B 주어진 확률을 표준정규분포를 따르는 확률변수 Z에 대한 식으로 나타내기

$$P(m-0.5 \le \overline{X} \le m+0.5)$$
$$=P\left(\dfrac{(m-0.5)-m}{\frac{3}{\sqrt{n}}} \le \dfrac{\overline{X}-m}{\frac{3}{\sqrt{n}}} \le \dfrac{(m+0.5)-m}{\frac{3}{\sqrt{n}}}\right)$$
$$=P\left(-\dfrac{\sqrt{n}}{6} \le Z \le \dfrac{\sqrt{n}}{6}\right)$$
$$=2P\left(0 \le Z \le \dfrac{\sqrt{n}}{6}\right)$$

STEP C 표준정규분포표를 이용하여 표본의 크기 n의 값 구하기

한편 $P(0 \le Z \le 1.5)=0.4332$에서
$$2P\left(0 \le Z \le \dfrac{\sqrt{n}}{6}\right)=2 \times 0.4332=0.8664$$
이므로
$$2P\left(0 \le Z \le \dfrac{\sqrt{n}}{6}\right)=2P(0 \le Z \le 1.5)$$

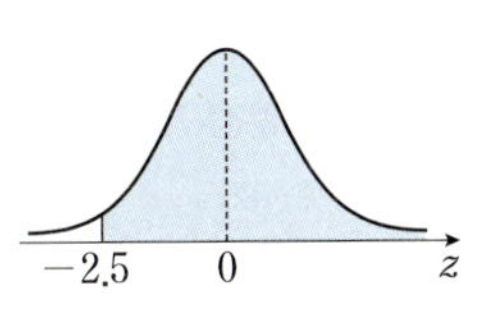

따라서 $\dfrac{\sqrt{n}}{6}=1.5$에서 $\sqrt{n}=6 \times 1.5=9$ $\therefore n=81$

0720

어느 공장에서 생산되는 농구공 무게는 평균이 600g, 표준편차가 20g인 정규분포를 따른다고 한다.
이 공장에서 생산된 농구공 n개를 임의추출하여 무게를 달아 보았을 때, 평균이 595g 이상 610g 이하일 확률이 0.8185이다. n의 값을 오른쪽 표준정규분포표를 이용하여 구하여라.

z	$P(0 \le Z \le z)$
1.0	0.3413
1.5	0.4332
2.0	0.4772

STEP A 표본평균 $\overline{X}$의 평균 및 표준편차 구하기

농구공의 무게를 확률변수 X라 하면
X는 정규분포 $N(600, 20^2)$을 따르고 표본의 크기가 n이므로
표본평균 $\overline{X}$는 정규분포 $N\left(600, \left(\dfrac{20}{\sqrt{n}}\right)^2\right)$을 따른다.

이때 주어진 확률은

$$P(595 \leq \overline{X} \leq 610) = P\left(\dfrac{595-600}{\dfrac{20}{\sqrt{n}}} \leq Z \leq \dfrac{610-600}{\dfrac{20}{\sqrt{n}}}\right)$$

$$= P\left(-\dfrac{\sqrt{n}}{4} \leq Z \leq \dfrac{\sqrt{n}}{2}\right)$$

$$= P\left(-\dfrac{\sqrt{n}}{4} \leq Z \leq 0\right) + P\left(0 \leq Z \leq \dfrac{\sqrt{n}}{2}\right)$$

STEP Ⓒ 표준정규분포표를 이용하여 표본의 크기 n의 값 구하기

한편 $P(0 \leq Z \leq 2) = 0.4772$, $P(0 \leq Z \leq 1) = 0.3413$에서

$$P\left(-\dfrac{\sqrt{n}}{4} \leq Z \leq 0\right) + P\left(0 \leq Z \leq \dfrac{\sqrt{n}}{2}\right)$$
$$= 0.3413 + 0.4772$$
$$= 0.8185$$

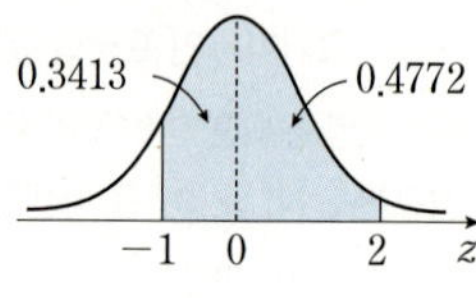

따라서 $\dfrac{\sqrt{n}}{2} = 2$이므로 $n = 16$

0721

어느 학교 학생들의 통학 시간은 평균이 50분, 표준편차가 σ분인 정규분포를 따른다. 이 학교 학생들을 대상으로 16명을 임의추출하여 조사한 통학 시간의 표본평균을 $\overline{X}$라 하자.

z	$P(0 \leq Z \leq z)$
1.0	0.3413
1.5	0.4332
2.0	0.4772

$$P(50 \leq \overline{X} \leq 56) = 0.4332$$

일 때, σ의 값을 표준정규분포표를 이용하여 구하여라.

STEP Ⓐ 크기가 16인 표본의 표본평균 $\overline{X}$의 평균 및 표준편차 구하기

학생들의 통학시간을 확률변수 X라 하면

X는 정규분포 $N(50, \sigma^2)$을 따르므로

학생 16명을 임의추출하여 조사한 통학시간이 표본평균 $\overline{X}$는

정규분포 $N\left(50, \dfrac{\sigma^2}{16}\right)$을 따른다. $\leftarrow E(\overline{X})=50,\ \sigma(\overline{X})=\dfrac{\sigma}{\sqrt{16}}$

STEP Ⓑ 주어진 확률을 표준정규분포를 따르는 확률변수 Z에 대한 식으로 나타내기

$$P(50 \leq \overline{X} \leq 56) = P\left(\dfrac{50-50}{\dfrac{\sigma}{4}} \leq \dfrac{\overline{X}-50}{\dfrac{\sigma}{4}} \leq \dfrac{56-50}{\dfrac{\sigma}{4}}\right)$$

$$= P\left(0 \leq Z \leq \dfrac{24}{\sigma}\right)$$

STEP Ⓒ 표준정규분포표를 이용하여 σ의 값 구하기

한편 $P(0 \leq Z \leq 1.5) = 0.4332$에서

$$P\left(0 \leq Z \leq \dfrac{24}{\sigma}\right) = P(0 \leq Z \leq 1.5)$$

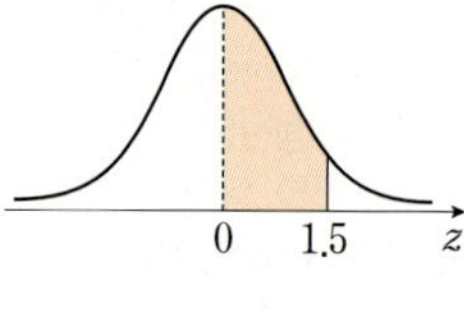

따라서 $\dfrac{24}{\sigma} = 1.5$이므로

$$\sigma = \dfrac{24}{1.5} = 24 \times \dfrac{2}{3} = 16$$

0722

모평균이 85, 모표준편차가 6인 정규분포를 따르는 모집단에서 크기가 16인 표본을 임의추출하여 구한 표본평균을 $\overline{X}$라 할 때,
$$P(\overline{X} \geq k) = 0.0228$$
을 만족시키는 상수 k의 값을 오른쪽 표준정규분포 표를 이용하여 구한 것은?

z	$P(0 \leq Z \leq z)$
0.5	0.1915
1.0	0.3413
1.5	0.4332
2.0	0.4772

① 86   ② 88   ③ 90
④ 92   ⑤ 94

STEP Ⓐ 크기가 16인 표본의 표본평균의 평균과 표준편차 구하기

확률변수 X는 정규분포 $N(85, 6^2)$을 따르고 표본의 크기가 16이므로

표본평균 $\overline{X}$는 정규분포 $N\left(85, \dfrac{6^2}{16}\right)$ $\leftarrow E(\overline{X})=85,\ V(\overline{X})=\dfrac{6^2}{16}=\left(\dfrac{3}{2}\right)^2$

즉 $N\left(85, \left(\dfrac{3}{2}\right)^2\right)$를 따른다.

STEP Ⓑ 주어진 확률을 표준정규분포를 따르는 확률변수 Z에 대한 식으로 나타내기

$$P(\overline{X} \geq k) = P\left(Z \geq \dfrac{k-85}{\dfrac{3}{2}}\right) = 0.5 - P\left(0 \leq Z \leq \dfrac{k-85}{\dfrac{3}{2}}\right)$$
$$= 0.0228$$

STEP Ⓒ 표준정규분포표를 이용하여 k의 값 구하기

$$P\left(0 \leq Z \leq \dfrac{k-85}{\dfrac{3}{2}}\right) = 0.4772$$이므로

$$P(0 \leq Z \leq 2) = 0.4772$$에서 $\dfrac{k-85}{\dfrac{3}{2}} = 2$

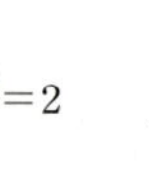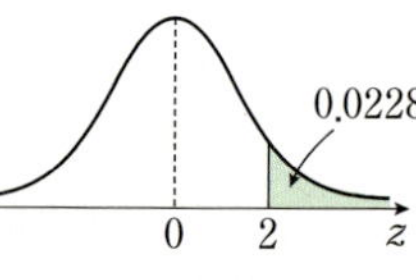

따라서 $k = 85 + \dfrac{3}{2} \times 2 = 88$

0723

다음 물음에 답하여라.
(1) 어느 약품 회사가 생산하는 약품 1병의 용량은 평균이 m, 표준편차가 10인 정규분포를 따른다고 한다. 이 회사가 생산한 약품 중에서 임의로 추출한 25병의 용량의 표본평균이 2000 이상일 확률이 0.9772일 때, m의 값을 오른쪽 표준정규분포표를 이용하여 구하여라. (단, 용량의 단위는 mL이다.)

z	$P(0 \leq Z \leq z)$
0.5	0.1915
1.0	0.3413
1.5	0.4332
2.0	0.4772

STEP Ⓐ 크기가 25인 표본의 표본평균 $\overline{X}$의 평균 및 표준편차 구하기

약품 1병의 용량을 확률변수 X라 하면 X는 정규분포 $N(m, 10^2)$을 따르고 이 약품 중에서 임의로 추출한 25병의 용량의 표본평균을 $\overline{X}$라 하면

즉 $\overline{X}$는 정규분포 $N(m, 2^2)$을 따른다. $\leftarrow E(\overline{X})=m,\ \sigma(\overline{X})=\dfrac{10}{\sqrt{25}}=2$

STEP Ⓑ 표본평균 $\overline{X}$을 표준화하여 주어진 확률을 만족하는 m의 값 구하기

$$P(\overline{X} \geq 2000) = P\left(Z \geq \dfrac{2000-m}{2}\right)$$
$$= 0.9772$$
$$= 0.5 + 0.4772$$
$$= 0.5 + P(0 \leq Z \leq 2)$$
$$= P(Z > 0) + P(0 \leq Z \leq 2)$$
$$= P(Z > 0) + P(-2 \leq Z \leq 0)$$
$$= P(Z \geq -2)$$

따라서 $\dfrac{2000-m}{2} = -2$이므로 $m = 2004$

(2) 어느 회사에서 생산하는 자동차 타이어
의 수명을 확률변수 X라 하면 X는
정규분포 $N(m, 3.6^2)$을 따른다고 한다.
이 회사에서 생산하는 자동차 타이어
중에서 임의추출한 81개의 자동차 타이
어의 수명의 표본평균을 $\overline{X}$라 하자.

$$P(\overline{X} \geq 50) = 0.0062$$

일 때, 오른쪽 표준정규분포표를 이용하여 m의 값을 구하여라.
(단, 자동차타이어의 수명의 단위는 개월이다.)

z	$P(0 \leq Z \leq z)$
1.0	0.3413
1.5	0.4332
2.0	0.4772
2.5	0.4938

 표본평균 $\overline{X}$의 평균과 표준편차 구하기

확률변수 X는 정규분포 $N(m, 3.6^2)$을 따르므로
이 회사에서 생산하는 자동차 타이어 중에서
임의추출한 81개의 자동차 타이어의 수명의 표본평균 $\overline{X}$는
정규분포 $N(m, 0.4^2)$을 따른다. ← $E(\overline{X}) = m$, $\sigma(\overline{X}) = \dfrac{3.6}{\sqrt{81}} = 0.4$

 주어진 확률을 표준정규분포를 따르는 확률변수 Z에 대한 식으로 나타내기

확률변수 $Z = \dfrac{\overline{X} - m}{0.4}$은 표준정규분포 $N(0, 1)$을 따르므로

$$P(\overline{X} \geq 50) = P\left(Z \geq \dfrac{50 - m}{0.4}\right)$$
$$= 0.5 - P\left(0 \leq Z \leq \dfrac{50 - m}{0.4}\right)$$
$$= 0.0062$$

 표준정규분포표를 이용하여 표본의 크기 m의 값 구하기

즉 $P\left(0 \leq Z \leq \dfrac{50 - m}{0.4}\right) = 0.4938$

이므로
$P(0 \leq Z \leq 2.5) = 0.4938$에서

$$\dfrac{50 - m}{0.4} = 2.5$$

따라서 $m = 50 - 2.5 \times 0.4 = 49$

0724

어느 도시에서 공용 자전거의 1회 이용
시간은 평균이 60분, 표준편차가 10분인
정규분포를 따른다고 한다.
공용 자전거를 이용한 25회를 임의추출
하여 조사할 때, 25회 이용 시간의 총합
이 1450분 이상일 확률을 오른쪽 표준정
규분포표를 이용하여 구한 것은?

z	$P(0 \leq Z \leq z)$
1.0	0.3413
1.5	0.4332
2.0	0.4772
2.5	0.4938

① 0.8351 ② 0.8413 ③ 0.9332
④ 0.9772 ⑤ 0.9928

 표본평균이 구하는 확률 작성하기

25회 이용 시간의 총합이 1450분 이상이려면
자전거의 25회 이용 시간의 평균이 $\dfrac{1450}{25} = 58$ 이상이어야 하므로
구하는 확률은 크기가 25인 표본의 표본평균이 58 이상일 확률이다.

← k회째 이용 시간을 X_k라 하면 $X_1 + X_2 + \cdots + X_{25} \geq 1450$에서

$\dfrac{X_1 + X_2 + \cdots + X_{25}}{25} \geq \dfrac{1450}{25} = 58$이므로 **표본평균이 58 이상이다.**

 크기가 25인 표본의 표본평균 $\overline{X}$의 평균 및 표준편차 구하기

공용자전거 1회 이용시간을 확률변수 X라 하면
X는 정규분포 $N(60, 10^2)$을 따른다.
크기가 25인 표본의 표본평균을 $\overline{X}$라 하면
확률변수 $\overline{X}$는 정규분포 $N(60, 2^2)$을 따른다. ← $E(\overline{X}) = 60$, $V(\overline{X}) = \dfrac{10^2}{25} = 2^2$

 표준정규분포표를 이용하여 확률 구하기

따라서 25회 이용시간의 총합이 1450분 이상일 확률은

$$P(25\overline{X} \geq 1450) = P(\overline{X} \geq 58)$$
$$= P\left(Z \geq \dfrac{58 - 60}{2}\right)$$
$$= P(Z \geq -1)$$
$$= 0.5 + P(0 \leq Z \leq 1)$$
$$= 0.5 + 0.3413 = 0.8413$$

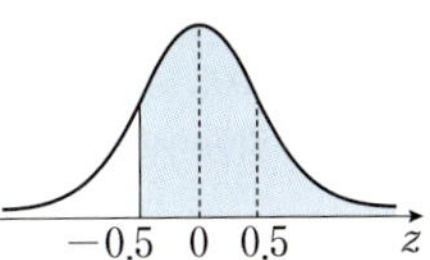

0725

어느 대민 봉사센터의 전화 상담의 통화
시간은 평균이 8분이고 표준편차가 2분
인 정규분포를 따른다고 한다.
이 봉사 센터에 걸려오는 상담 전화 중
임의로 선택한 **4통의 통화 시간의 합이
30분 이상일 확률**을 오른쪽 표준정규분포
표를 이용하여 구한 것은?

z	$P(0 \leq Z \leq z)$
0.5	0.192
1.0	0.341
1.5	0.433
2.0	0.477

① 0.690 ② 0.691 ③ 0.692
④ 0.693 ⑤ 0.694

 표본평균이 구하는 확률 작성하기

4통의 통화 시간의 합이 30분 이상이려면
4통의 통화 시간의 평균이 $\dfrac{30}{4} = \dfrac{15}{2}$ 이상이어야 하므로
구하는 확률은 크기가 4인 표본의 표본평균이 $\dfrac{15}{2}$ 이상일 확률이다.

 크기가 4인 표본의 표본평균 $\overline{X}$의 평균 및 표준편차 구하기

대민봉사 센터의 전화상담의 통화시간을 확률변수 X(분)라 하면
X는 정규분포 $N(8, 2^2)$을 따른다.
상담전화 중 임의로 선택한 4통의 통화시간의 평균을 $\overline{X}$라 하면
표본평균 $\overline{X}$는 정규분포 $N(8, 1^2)$을 따른다. ← $E(\overline{X}) = 8$, $\sigma(\overline{X}) = \dfrac{2}{\sqrt{4}} = 1$

 표준정규분포표를 이용하여 확률 구하기

따라서 4통의 통화시간의 합이 30분 이상일 확률을 구해야 하므로

$$P(4\overline{X} \geq 30) = P\left(\overline{X} \geq \dfrac{15}{2}\right)$$
$$= P\left(Z \geq \dfrac{\dfrac{15}{2} - 8}{1}\right)$$
$$= P(Z \geq -0.5)$$
$$= 0.5 + P(0 \leq Z \leq 0.5)$$
$$= 0.5 + 0.192 = 0.692$$

0726

어느 농장에서 판매하는 감자 한 박스의 무게는 평균이 18kg, 표준편차가 4kg인 정규분포를 따른다고 한다. 이 농장에서 임의추출한 감자 25박스의 무게의 총합을 확률변수 X라 할 때, $\mathrm{P}(X \geq 500)$인 값을 오른쪽 표준정규분포표를 이용하여 구한 것은?

z	$\mathrm{P}(0 \leq Z \leq z)$
1.0	0.3413
1.5	0.4332
2.0	0.4772
2.5	0.4938

① 0.0022 ② 0.0036 ③ 0.0062
④ 0.0228 ⑤ 0.0662

STEP A 크기가 25인 표본의 표본평균 $\overline{X}$의 평균 및 표준편차 구하기

감자 한 박스의 무게는 정규분포 $\mathrm{N}(18, 4^2)$을 따른다.

크기가 25인 표본의 평균을 $\overline{X}$라 하면 표본평균 $\overline{X}$는

정규분포 $\mathrm{N}(18, (0.8)^2)$을 따른다. ← $\mathrm{E}(\overline{X})=18,\ \sigma(\overline{X})=\dfrac{4}{\sqrt{25}}=\dfrac{4}{5}=0.8$

STEP B 확률변수 X와 표본평균 $\overline{X}$의 관계 구하기

감자 25박스의 무게의 총합이 확률변수 X이므로

표본평균 $\overline{X}=\dfrac{X}{25}$에서 $X=25\overline{X}$

STEP C 표준정규분포표를 이용하여 확률 구하기

$$\begin{aligned}
\mathrm{P}(X \geq 500) &= \mathrm{P}(25\overline{X} \geq 500) \\
&= \mathrm{P}(\overline{X} \geq 20) \\
&= \mathrm{P}\left(Z \geq \frac{20-18}{0.8}\right) \\
&= \mathrm{P}(Z \geq 2.5) \\
&= 0.5 - \mathrm{P}(0 \leq Z \leq 2.5) \\
&= 0.5 - 0.4938 = 0.0062
\end{aligned}$$

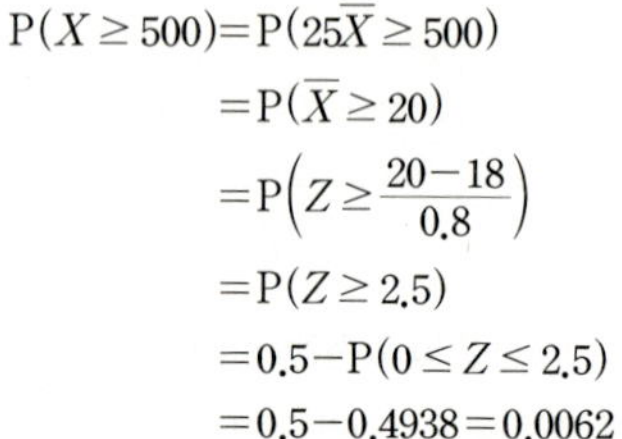

0727

어느 전기 회사에서 생산하는 형광등의 수명은 평균 1000시간이고 표준편차가 20시간인 정규분포를 따른다고 한다. 이 회사에서 생산한 형광등 중에서 임의추출한 n개의 표본의 표본평균을 $\overline{X}$라 할 때,
$$\mathrm{P}(995 \leq \overline{X} \leq 1005) \geq 0.99$$
가 성립하기 위한 n의 최솟값을 구하여라. (단, $\mathrm{P}(0 \leq Z \leq 2.5)=0.495$)

STEP A 크기가 n인 표본의 표본평균 $\overline{X}$의 평균 및 표준편차 구하기

형광등의 수명을 확률변수 X라 하면

X는 정규분포 $\mathrm{N}(1000, 20^2)$을 따르고

표본의 크기가 n인 표본을 임의로 추출하여 구한 표본평균 $\overline{X}$는

정규분포 $\mathrm{N}\left(1000, \dfrac{20^2}{n}\right)$을 따른다. ← $\mathrm{E}(\overline{X})=1000,\ \mathrm{V}(\overline{X})=\dfrac{20^2}{n}$

STEP B 주어진 확률을 표준정규분포를 따르는 확률변수 Z에 대한 식으로 나타내기

이때 $Z=\dfrac{\overline{X}-1000}{\dfrac{20}{\sqrt{n}}}$으로 놓으면 Z는 표준정규분포 $\mathrm{N}(0, 1)$을 따른다.

$$\begin{aligned}
\mathrm{P}(995 \leq \overline{X} \leq 1005) &= \mathrm{P}\left(\frac{995-1000}{\dfrac{20}{\sqrt{n}}} \leq Z \leq \frac{1005-1000}{\dfrac{20}{\sqrt{n}}}\right) \\
&= \mathrm{P}\left(-\frac{\sqrt{n}}{4} \leq Z \leq \frac{\sqrt{n}}{4}\right) \\
&= 2\mathrm{P}\left(0 \leq Z \leq \frac{\sqrt{n}}{4}\right) \geq 0.99
\end{aligned}$$

$$\therefore\ \mathrm{P}\left(0 \leq Z \leq \frac{\sqrt{n}}{4}\right) \geq 0.495$$

STEP C 표준정규분포표를 이용하여 자연수 n의 최솟값 구하기

$$\mathrm{P}\left(0 \leq Z \leq \frac{\sqrt{n}}{4}\right) \geq 0.495 = \mathrm{P}(0 \leq Z \leq 2.5)$$

이를 만족시키려면

$\dfrac{\sqrt{n}}{4} \geq 2.5$이어야 하므로 $\sqrt{n} \geq 10$

따라서 $n \geq 100$이므로 n의 최솟값은 100

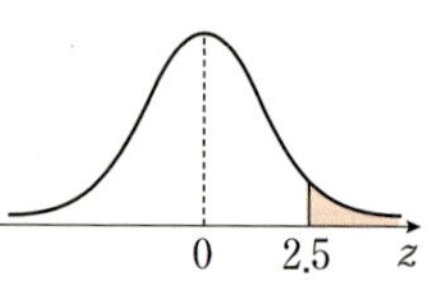

0728

대중교통을 이용하여 출근하는 어느 지역 직장인의 월 교통비는 평균이 8이고 표준편차가 1.2인 정규분포를 따른다고 한다. 대중교통을 이용하여 출근하는 이 지역 직장인 중 임의추출한 n명의 월 교통비의 표본평균을 $\overline{X}$라 할 때,
$$\mathrm{P}(7.76 \leq \overline{X} \leq 8.24) \geq 0.6826$$
이 되기 위한 n의 최솟값을 오른쪽 표준정규분포표를 이용하여 구하여라. (단, 교통비의 단위는 만 원이다.)

z	$\mathrm{P}(0 \leq Z \leq z)$
0.5	0.1915
1.0	0.3413
1.5	0.4332
2.0	0.4772

STEP A 크기가 n인 표본의 표본평균 $\overline{X}$의 평균과 표준편차 구하기

월 교통비를 확률변수 X라 하면 X는 정규분포 $\mathrm{N}(8, 1.2^2)$을 따르고

크기가 n인 표본을 임의로 추출하여 구한 표본평균 $\overline{X}$는

정규분포 $\mathrm{N}\left(8, \left(\dfrac{1.2}{\sqrt{n}}\right)^2\right)$을 따른다. ← $\mathrm{E}(\overline{X})=8,\ \mathrm{V}(\overline{X})=\dfrac{1.2^2}{n}$

STEP B 주어진 확률을 표준정규분포를 따르는 확률변수 Z에 대한 식으로 나타내기

확률변수 $Z=\dfrac{\overline{X}-8}{\dfrac{1.2}{\sqrt{n}}}$는 표준정규분포 $\mathrm{N}(0, 1)$을 따른다.

$$\begin{aligned}
\mathrm{P}(7.76 \leq \overline{X} \leq 8.24) &= \mathrm{P}\left(\frac{7.76-8}{\dfrac{1.2}{\sqrt{n}}} \leq Z \leq \frac{8.24-8}{\dfrac{1.2}{\sqrt{n}}}\right) \\
&= \mathrm{P}\left(-\frac{\sqrt{n}}{5} \leq Z \leq \frac{\sqrt{n}}{5}\right) \\
&= 2\mathrm{P}\left(0 \leq Z \leq \frac{\sqrt{n}}{5}\right) \geq 0.6826
\end{aligned}$$

$$\therefore\ \mathrm{P}\left(0 \leq Z \leq \frac{\sqrt{n}}{5}\right) \geq 0.3413$$

STEP C 표준정규분포표를 이용하여 자연수 n의 최솟값 구하기

$$\mathrm{P}\left(0 \leq Z \leq \frac{\sqrt{n}}{5}\right) \geq 0.3413 = \mathrm{P}(0 \leq Z \leq 1)$$

이를 만족시키려면

$\dfrac{\sqrt{n}}{5} \geq 1$이어야 하므로 $\sqrt{n} \geq 5$

따라서 $n \geq 25$이므로 n의 최솟값은 25

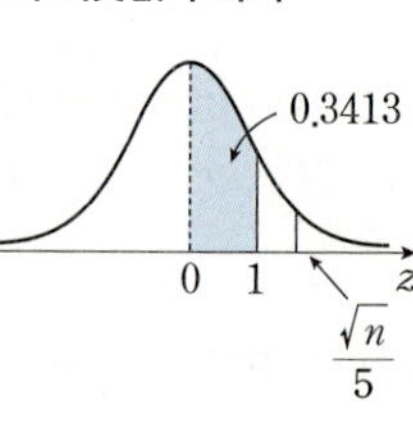

0729

어느 기계에서 생산된 제품 1개의 길이는 평균이 140cm, 표준편차가 20cm인 정규분포를 따른다고 한다.
이 기계에서 생산된 제품 중 임의추출한 n개의 길이의 표본평균을 $\overline{X}$라 할 때,
$$\mathrm{P}(\overline{X} \geq 135) \leq 0.9332$$
를 만족시키는 자연수 n의 최댓값을 오른쪽 표준정규분포표를 이용하여 구한 것은?

z	$\mathrm{P}(0 \leq Z \leq z)$
0.5	0.1915
1.0	0.3413
1.5	0.4332
2.0	0.4772

① 26 ② 36 ③ 56
④ 72 ⑤ 92

STEP A 크기가 n인 표본의 표본평균 $\overline{X}$의 평균과 표준편차 구하기

어느 기계에서 생산된 제품 1개의 길이를 확률변수 X라 하면
X는 정규분포 $\mathrm{N}(140,\ 20^2)$을 따르고

표본의 크기가 n인 표본을 임의로 추출하여 구한 표본평균 $\overline{X}$는

정규분포 $\mathrm{N}\left(140,\ \dfrac{20^2}{n}\right)$을 따른다. ← $\mathrm{E}(\overline{X})=140,\ \mathrm{V}(\overline{X})=\dfrac{20^2}{n}$

STEP B 주어진 확률을 표준정규분포를 따르는 확률변수 Z에 대한 식으로 나타내기

확률변수 $Z=\dfrac{\overline{X}-140}{\dfrac{20}{\sqrt{n}}}$는 표준정규분포 $\mathrm{N}(0,\ 1)$을 따른다.

$$\begin{aligned}
\mathrm{P}(\overline{X} \geq 135) &= \mathrm{P}\left(Z \geq \dfrac{135-140}{\dfrac{20}{\sqrt{n}}}\right)\\
&= \mathrm{P}\left(Z \geq -\dfrac{\sqrt{n}}{4}\right)\\
&= \mathrm{P}\left(-\dfrac{\sqrt{n}}{4} \leq Z \leq 0\right)+\mathrm{P}(Z \geq 0)\\
&= \mathrm{P}\left(0 \leq Z \leq \dfrac{\sqrt{n}}{4}\right)+0.5 \leq 0.9332
\end{aligned}$$

$$\therefore \mathrm{P}\left(0 \leq Z \leq \dfrac{\sqrt{n}}{4}\right) \leq 0.4332$$

STEP C 표준정규분포표를 이용하여 자연수 n의 최댓값 구하기

$$\mathrm{P}\left(0 \leq Z \leq \dfrac{\sqrt{n}}{4}\right) \leq 0.4332$$
$$= \mathrm{P}(0 \leq Z \leq 1.5)$$
이를 만족시키려면

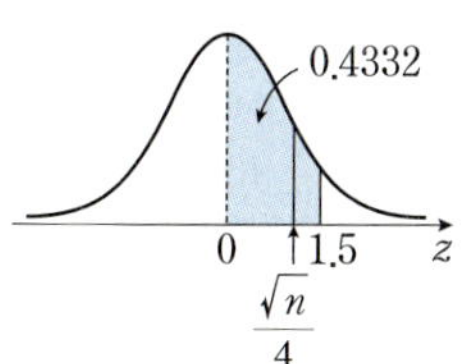

$\dfrac{\sqrt{n}}{4} \leq 1.5$이어야 하므로 $\sqrt{n} \leq 6$
따라서 $n \leq 36$이므로 자연수 n의 최댓값은 36

0730

어느 종편방송사의 8시뉴스의 방송 시간은 평균이 m분, 표준편차가 2분인 정규분포를 따른다고 한다.
방송된 8시뉴스를 대상으로 크기가 n인 표본을 임의추출하여 방송 시간을 조사하였더니 평균이 50분이었다. 방송된 8시뉴스의 평균 방송시간 m에 대한 신뢰도 95%로 추정한 신뢰구간은 $49.02 \leq m \leq 50.98$이다.
n의 값을 구하여라. (단, $\mathrm{P}(|Z| \leq 1.96)=0.95$)

STEP A σ, n, $\overline{x}$의 값을 이용하여 신뢰도 95%의 신뢰구간 구하기

$\sigma=2$, $\overline{x}=50$이므로

모평균 m에 대한 신뢰도 95%의 신뢰구간은
$$50-1.96 \times \dfrac{2}{\sqrt{n}} \leq m \leq 50+1.96 \times \dfrac{2}{\sqrt{n}}$$

STEP B 주어진 신뢰구간을 이용하여 표본의 크기 n의 값 구하기

주어진 신뢰구간이 $49.02 \leq m \leq 50.98$이므로
$$50-1.96 \times \dfrac{2}{\sqrt{n}}=49.02\text{이고 }50+1.96 \times \dfrac{2}{\sqrt{n}}=50.98$$
즉 $1.96 \times \dfrac{2}{\sqrt{n}}=0.98$이므로 $\sqrt{n}=4$
따라서 $n=16$

다른풀이 신뢰구간의 길이를 이용하여 풀이하기

모평균 m에 대하여 신뢰도 95%인 신뢰구간은
$$50-1.96 \times \dfrac{\sigma}{\sqrt{n}} \leq m \leq 50+1.96 \times \dfrac{\sigma}{\sqrt{n}}\text{이므로}$$
$$\left(42+1.96 \times \dfrac{\sigma}{\sqrt{n}}\right)-\left(42-1.96 \times \dfrac{\sigma}{\sqrt{n}}\right)=2 \times 1.96 \times \dfrac{\sigma}{\sqrt{n}}$$
주어진 신뢰구간이 $49.02 \leq m \leq 50.98$이므로
$$2 \times 1.96 \times \dfrac{\sigma}{\sqrt{n}}=50.98-49.02=1.96$$
$\sigma=2$이므로 $2 \times \dfrac{2}{\sqrt{n}}=1$
따라서 $\sqrt{n}=4$이므로 $n=16$

0731

어느 마을에서 수확하는 수박의 무게는 평균이 $m\mathrm{kg}$, 표준편차가 $1.4\mathrm{kg}$인 정규분포를 따른다고 한다.
이 마을에서 수확한 수박 중에서 49개를 임의추출하여 얻은 표본평균을 이용하여 이 마을에서 수확하는 수박의 무게의 평균 m에 대한 신뢰도 95%의 신뢰구간을 구하면 $a \leq m \leq 7.992$이다. a의 값은?
(단, Z가 표준정규분포를 따르는 확률변수일 때, $\mathrm{P}(|Z| \leq 1.96)=0.95$로 계산한다.)

① 7.198 ② 7.208 ③ 7.218
④ 7.228 ⑤ 7.238

STEP A σ, n, $\overline{x}$의 값을 이용하여 신뢰도 95%의 신뢰구간 구하기

$\sigma=1.4$, $n=49$이므로 모평균 m에 대한 신뢰도 95%의 신뢰구간은
$$\overline{x}-1.96 \times \dfrac{1.4}{\sqrt{49}} \leq m \leq \overline{x}+1.96 \times \dfrac{1.4}{\sqrt{49}}$$
즉 $\overline{x}-0.392 \leq m \leq \overline{x}+0.392$

STEP B 신뢰구간이 $a \leq m \leq 7.992$임을 이용하여 a의 값 구하기

신뢰도 95%의 신뢰구간 $a \leq m \leq 7.992$이므로
$$a=\overline{x}-0.392 \qquad \cdots\cdots \text{㉠}$$
$$7.992=\overline{x}+0.392 \qquad \cdots\cdots \text{㉡}$$
㉡에서 $\overline{x}=7.992-0.392=7.6$
따라서 ㉠에서 $a=7.6-0.392=7.208$

다른풀이 신뢰구간의 길이를 이용하여 풀이하기

모평균 m에 대한 신뢰도 95%의 신뢰구간은
$$\overline{x}-1.96 \times \dfrac{\sigma}{\sqrt{n}} \leq m \leq \overline{x}+1.96 \times \dfrac{\sigma}{\sqrt{n}}\text{이므로}$$
$$\left(\overline{x}+1.96 \times \dfrac{\sigma}{\sqrt{n}}\right)-\left(\overline{x}-1.96 \times \dfrac{\sigma}{\sqrt{n}}\right)=2 \times 1.96 \times \dfrac{\sigma}{\sqrt{n}}$$
이때 신뢰도 95%의 신뢰구간 $a \leq m \leq 7.992$이고
$\sigma=1.4$, $n=49$이므로
$$7.992-a=2 \times 1.96 \times \dfrac{1.4}{\sqrt{49}}=0.784$$
따라서 $a=7.992-0.784=7.208$

0732

다음 물음에 답하여라.

(1) 어느 나라에서 작년에 운행된 택시의 연간 주행거리는 모평균이 m인 정규분포를 따른다고 한다. 이 나라에서 작년에 운행된 택시 중에서 16대를 임의추출하여 구한 연간주행거리의 표본평균이 $\bar{x}$이고, 이 결과를 이용하여 신뢰도 95%로 추정한 m에 대한 신뢰 구간이 $\bar{x}-c \le m \le \bar{x}+c$이었다. 이 나라에서 작년에 운행된 택시 중에서 임의로 1대를 선택할 때, 이 택시의 연간 주행거리가 $m+c$ 이하일 확률을 오른쪽 표준정규분포표를 이용하여 구하여라. (단, 주행거리의 단위는 km이다.)

z	$P(0 \le Z \le z)$
0.49	0.1879
0.98	0.3365
1.47	0.4292
1.96	0.4750

STEP A σ, n, $\bar{x}$의 값을 이용하여 신뢰도 95%의 신뢰구간 구하기

어느 나라에서 작년에 운행된 택시의 연간 주행거리(km)를 확률변수 X, 모표준편차를 σ라 하면 X는 정규분포 $N(m,\ \sigma^2)$를 따른다.

$n=16$, 표본평균이 $\bar{x}$, 모평균 m에 대한 신뢰도 95%의 신뢰구간은

$$\bar{x}-1.96\times\frac{\sigma}{\sqrt{16}} \le m \le \bar{x}+1.96\times\frac{\sigma}{\sqrt{16}}$$

이고 신뢰구간이 $\bar{x}-c \le m \le \bar{x}+c$와 일치한다.

$$\therefore c=1.96\times\frac{\sigma}{\sqrt{16}}=1.96\times\frac{\sigma}{4}$$

STEP B 표준정규분포표를 이용하여 확률 구하기

임의로 선택한 택시 한 대의 연간 주행거리를 확률변수 X라 하면 X가 $m+c$ 이하일 확률은

$$P(X \le m+c)=P\left(Z \le \frac{m+c-m}{\sigma}\right)$$
$$=P\left(Z \le \frac{c}{\sigma}\right)$$
$$=P\left(Z \le \frac{1.96\times\frac{\sigma}{4}}{\sigma}\right)$$
$$=P(Z \le 0.49)$$
$$=P(Z \le 0)+P(0 \le Z \le 0.49)$$
$$=0.5+0.1879=0.6879$$

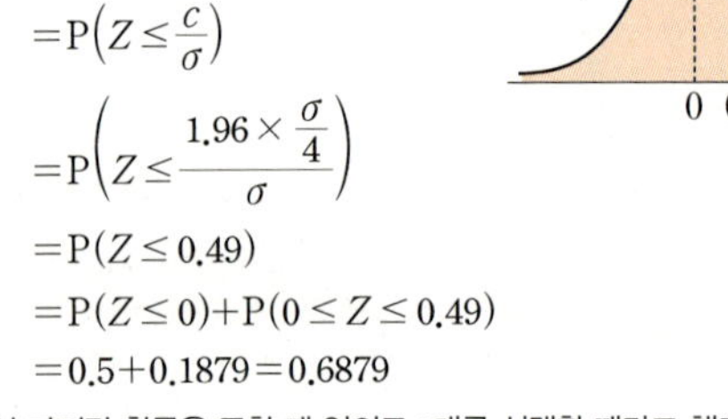

> **주의!** 여기서 마지막 확률을 구할 때 임의로 1대를 선택할 때라고 했기 때문에 $\overline{X}$에 대한 것이 아니라 X에 대한 분포임을 놓치면 안 된다.
> X와 $\overline{X}$를 단지 추출이라는 단어의 존재 유무만으로 구별하다 보면 이런 문제에서 실수하게 된다.
> X는 개별적인 것, 즉 하나에 대한 것이며 $\overline{X}$는 집단에 대한 것이다.

(2) 어느 분식점에서 판매하는 고기만두의 무게는 모평균이 m이고, 모표준편차가 σ인 정규분포를 따른다고 한다. 이 분식집에서 판매하는 고기만두 중 36개를 임의추출하여 구한 무게의 표본평균의 값이 $\bar{x}$이고, 이를 이용하여 구한 모평균 m에 대한 신뢰도 99%의 신뢰구간이 $\bar{x}-c \le m \le \bar{x}+c$이다. 이 분식집에서 판매하는 고기만두 중 임의추출한 64개의 고기만두의 무게의 평균이 $m+\frac{1}{2}c$ 이상일 확률을 오른쪽 표준정규분포표를 이용하여 구하여라. (단, 무게의 단위는 g이다.)

z	$P(0 \le Z \le z)$
0.98	0.3365
1.29	0.4015
1.72	0.4573
1.96	0.4750
2.58	0.4950

STEP A σ, n, $\bar{x}$의 값을 이용하여 신뢰도 95%의 신뢰구간 구하기

이 분식집에서 판매하는 고기만두의 무게를 확률변수 X라 하면 X는 정규분포 $N(m,\ \sigma^2)$을 따른다.

크기가 36인 표본의 표본평균의 값 $\bar{x}$로부터 구한 모평균 m에 대한 신뢰도 99%의 신뢰구간은

$$\bar{x}-2.58\times\frac{\sigma}{\sqrt{36}} \le m \le \bar{x}+2.58\times\frac{\sigma}{\sqrt{36}}$$

이므로 신뢰구간이 $\bar{x}-c \le m \le \bar{x}+c$와 일치한다.

$$\therefore c=2.58\times\frac{\sigma}{\sqrt{36}}=0.43\sigma$$

STEP B 표준정규분포표를 이용하여 확률 구하기

이 분식집에서 판매하는 고기만두 중 임의추출한 64개의 고기만두의 무게의 표본평균을 $\overline{X}$라 하면 $E(\overline{X})=m$, $V(\overline{X})=\frac{\sigma^2}{64}$이므로

확률변수 $\overline{X}$는 정규분포 $N\left(m,\ \left(\frac{\sigma}{8}\right)^2\right)$을 따르고

확률변수 $Z=\dfrac{\overline{X}-m}{\frac{\sigma}{8}}$은 표준정규분포 $N(0,\ 1)$을 따른다.

$$P\left(\overline{X} \ge m+\frac{1}{2}c\right)=P\left(Z \ge \frac{m+\frac{1}{2}c-m}{\frac{\sigma}{8}}\right)$$
$$=P\left(Z \ge \frac{\frac{1}{2}\times 0.43\sigma}{\frac{\sigma}{8}}\right)$$
$$=P(Z \ge 1.72)$$
$$=0.5-P(0 \le Z \le 1.72)$$
$$=0.5-0.4573=0.0427$$

0733

어느 회사에서 생산되는 휴대 전화의 배터리 사용시간은 정규분포를 따른다고 한다. 이 회사에서 생산된 휴대 전화 169대를 임의추출하여 배터리 사용시간을 조사하였더니 평균이 100시간이고 표준편차가 13시간이었다. 이 휴대전화의 배터리 사용시간의 모평균 m에 대한 신뢰도 99%의 신뢰구간을 구하여라. (단, Z가 표준정규분포를 따르는 확률변수일 때, $P(|Z| \le 2.58)=0.99$이다.)

STEP A 모표준편차 대신 표본표준편차를 이용하여 신뢰구간 구하기

$n=169$, $\bar{x}=100$, $s=13$

이때 표본의 크기 $n=169$이 충분히 크므로 모표준편차 σ 대신 표본표준편차 $s=13$을 사용하여 신뢰구간을 구할 수 있다.

$P(|Z| \le 2.58)=0.99$이므로 모평균 m에 대한 신뢰도 99%의 신뢰구간은

$$100-2.58\times\frac{13}{\sqrt{169}} \le m \le 100+2.58\times\frac{13}{\sqrt{169}}$$

$$\therefore 100-2.58 \le m \le 100+2.58$$

STEP B 99%의 신뢰구간 구하기

따라서 $97.42 \le m \le 102.58$

0734

어느 공장에서 생산되는 탁구공을 일정한 높이에서 강철바닥에 떨어뜨렸을 때 탁구공이 튀어 오른 높이는 정규분포를 따른다고 한다. 이 공장에서 생산된 탁구공 중 임의추출한 100개에 대하여 튀어 오른 높이를 측정하였더니 평균이 245, 표준편차가 20이었다.

이 공장에서 생산되는 탁구공 전체의 튀어 오른 높이의 평균에 대한 신뢰도 95%의 신뢰구간에 속하는 정수의 개수는? (단, 높이의 단위는 mm이고, Z가 표준정규분포를 따를 때, $P(0 \le Z \le 1.96)=0.4750$이다.)

① 5 ② 6 ③ 7
④ 8 ⑤ 9

STEP A 모표준편차 대신 표본표준편차를 이용하여 신뢰구간 구하기

표본의 크기 100이 충분히 크므로 모표준편차 σ는 표본표준편차로 대신하면 즉 $\sigma \fallingdotseq s=20$, $n=100$이므로 모평균 m에 대한 신뢰도 95%의 신뢰구간은

$$245-1.96 \times \frac{20}{\sqrt{100}} \le m \le 245+1.96 \times \frac{20}{\sqrt{100}}$$

$$\therefore 241.08 \le m \le 248.92$$

STEP B 신뢰구간에 속하는 정수의 개수 구하기

따라서 이 신뢰구간에 속하는 정수는 242, 243, 244, 245, 246, 247, 248이므로 개수는 7개이다.

0735

다음 물음에 답하여라.

(1) 어느 밭에서 수확한 딸기의 무게는 정규분포를 따른다고 한다. 이 딸기 중에서 임의추출한 n개의 무게를 조사하였더니 평균이 20g, 표준편차가 5g이었다. 이 결과를 이용하여 이 밭에서 수확한 딸기 무게의 평균을 신뢰도 95%로 추정한 신뢰구간이 $19.02 \le m \le a$이다. $n+a$의 값은? (단, 표준정규분포를 따르는 확률변수 Z에 대하여 $P(0 \le Z \le 1.96)=0.4750$이다.)

① 84.98 ② 85.96 ③ 101.02
④ 120.98 ⑤ 121.96

STEP A 모표준편차 대신 표본표준편차를 이용하여 신뢰구간 구하기

$\overline{x}=20$, $\sigma \fallingdotseq s=5$이므로 모평균 m에 대한 신뢰도 95%의 신뢰구간은

$$20-1.96 \times \frac{5}{\sqrt{n}} \le m \le 20+1.96 \times \frac{5}{\sqrt{n}}$$

STEP B $n+a$의 값 구하기

이때 신뢰구간이 $19.02 \le m \le a$와 일치하므로

$$20-1.96 \times \frac{5}{\sqrt{n}}=19.02 \qquad \cdots\cdots ㉠$$

$$20+1.96 \times \frac{5}{\sqrt{n}}=a \qquad \cdots\cdots ㉡$$

㉠에서 $1.96 \times \frac{5}{\sqrt{n}}=0.98$이므로 $\frac{5}{\sqrt{n}}=\frac{1}{2}$

$\sqrt{n}=10$ $\therefore n=100$

㉡에서 $a=20+1.96 \times \frac{5}{\sqrt{n}}$

$$=20+1.96 \times \frac{5}{\sqrt{100}}$$

$$=20+1.96 \times \frac{1}{2}$$

$$=20+0.98=20.98$$

따라서 $n+a=120.98$

---

(2) 어느 분식점에서 판매하는 떡볶이의 열량은 정규분포를 따른다고 한다. 이 분식점에서 판매하는 떡볶이 n그릇을 임의추출하여 그 열량을 조사하였더니 평균이 150kcal, 표준편차가 12kcal였다. 이 분식점에서 판매하는 떡볶이 열량의 평균 $m$kcal을 신뢰도 95%로 추정한 신뢰구간이 $146.08 \le m \le a$일 때, $n+a$의 값은? (단, $P(|Z| \le 1.96)=0.95$)

① 100.98 ② 120.96 ③ 140.92
④ 160.92 ⑤ 189.92

STEP A 모표준편차 대신 표본표준편차를 이용하여 신뢰구간 구하기

$\overline{x}=150$, $\sigma \fallingdotseq s=12$이므로 모평균 m에 대한 신뢰도 95%의 신뢰구간은

$$150-1.96 \times \frac{12}{\sqrt{n}} \le m \le 150+1.96 \times \frac{12}{\sqrt{n}}$$

STEP B $n+a$의 값 구하기

이때 신뢰구간이 $146.08 \le m \le a$와 일치하므로

$$150-1.96 \times \frac{12}{\sqrt{n}}=146.08 \qquad \cdots\cdots ㉠$$

$$150+1.96 \times \frac{12}{\sqrt{n}}=a \qquad \cdots\cdots ㉡$$

㉠에서 $1.96 \times \frac{12}{\sqrt{n}}=3.92$이므로 $\frac{12}{\sqrt{n}}=2$

$\sqrt{n}=6$ $\therefore n=36$

㉡에서 $a=150+1.96 \times \frac{12}{\sqrt{36}}$

$$=150+1.96 \times 2$$

$$=153.92$$

따라서 $n+a=36+153.92=189.92$

0736

어느 회사에서 생산하는 음료수 1병에 들어 있는 칼슘 함유량은 모평균이 m, 모표준편차가 σ인 정규분포를 따른다고 한다. 이 회사에서 생산한 음료수 16병을 임의추출하여 칼슘 함유량을 측정한 결과 표본평균이 12.34이었다. 이 회사에서 생산한 음료수 1병에 들어있는 칼슘 함유량의 모평균 m에 대한 신뢰도 95%의 신뢰구간이 $11.36 \le m \le a$일 때, $a+\sigma$의 값은? (단, Z가 표준정규분포를 따를 때, $P(0 \le Z \le 1.96)=0.4750$이고, 칼슘 함유량의 단위는 mg이다.)

① 14.32 ② 14.82 ③ 15.32
④ 15.82 ⑤ 16.32

STEP A n, $\overline{x}$의 값을 이용하여 신뢰도 95%의 신뢰구간 구하기

$n=16$, $\overline{x}=12.34$이므로 모평균 m을 신뢰도 95%로 추정하면

$$12.34-1.96 \times \frac{\sigma}{\sqrt{16}} \le m \le 12.34+1.96 \times \frac{\sigma}{\sqrt{16}}$$

이고 신뢰구간이 $11.36 \le m \le a$와 일치한다.

STEP B 신뢰구간을 이용하여 a, σ의 값 구하기

$$12.34-1.96 \times \frac{\sigma}{4}=11.36 \qquad \cdots\cdots ㉠$$

$$12.34+1.96 \times \frac{\sigma}{4}=a \qquad \cdots\cdots ㉡$$

㉠에서 $0.98=1.96 \times \frac{\sigma}{4}$ $\therefore \sigma=2$

㉡에서 $a=12.34+1.96 \times \frac{2}{4}=13.32$

따라서 $a+\sigma=13.32+2=15.32$

0737

어느 회사에서 생산하는 초콜릿 한 개의 무게는 평균이 m, 표준편차가 σ 인 정규분포를 따른다고 한다.

이 회사에서 생산하는 초콜릿 중에서 임의추출한 크기가 49인 표본을 조사하였더니 초콜릿 무게의 표본평균의 값이 $\bar{x}$이었다. 이결과를 이용하여 이 회사에서 생산하는 초콜릿 한 개의 무게의 평균 m에 대한 신뢰도 95%의 신뢰구간을 구하면 $1.73 \leq m \leq 1.87$이다. $\dfrac{\sigma}{\bar{x}} = k$일 때, $180k$의 값을 구하여라. (단, 무게의 단위는 g이고, Z가 표준정규분포를 따를 때, $P(0 \leq Z \leq 1.96) = 0.475$로 계산한다.)

STEP Ⓐ n, $\bar{x}$의 값을 이용하여 신뢰도 95%의 신뢰구간 구하기

$n = 49$, 표본평균의 값을 $\bar{x}$라 하면 모평균 m에 대한 신뢰도 95%의 신뢰구간은 $\bar{x} - 1.96 \times \dfrac{\sigma}{\sqrt{49}} \leq m \leq \bar{x} + 1.96 \times \dfrac{\sigma}{\sqrt{49}}$

이고 신뢰구간이 $1.73 \leq m \leq 1.87$와 일치한다.

STEP Ⓑ 신뢰구간을 이용하여 $\bar{x}$, σ의 값 구하기

$\bar{x} - 1.96 \times \dfrac{\sigma}{7} = 1.73$ $\qquad \cdots\cdots$ ㉠

$\bar{x} + 1.96 \times \dfrac{\sigma}{7} = 1.87$ $\qquad \cdots\cdots$ ㉡

㉠+㉡에서 $2\bar{x} = 3.6$이므로 $\bar{x} = 1.8$

㉡-㉠에서 $2 \times 1.96 \times \dfrac{\sigma}{7} = 0.14$이므로 $\sigma = 0.25$

따라서 $k = \dfrac{0.25}{1.8} = \dfrac{5}{36}$이므로 $180k = 180 \cdot \dfrac{5}{36} = 25$

0738

어느 지역 주민들의 하루 여가 활동 시간은 평균이 m분, 표준편차가 σ분 인 정규분포를 따른다고 한다.

이 지역 주민 중 16명을 임의추출하여 구한 하루 여가 활동 시간의 표본평균이 75분일 때, 모평균 m에 대한 신뢰도 95%의 신뢰구간이 $a \leq m \leq b$이다. 이 지역 주민 중 16명을 다시 임의추출하여 구한 하루 여가 활동 시간의 표본평균이 77분일 때, 모평균 m에 대한 신뢰도 99%의 신뢰구간이 $c \leq m \leq d$이다. $d - b = 3.86$을 만족시키는 σ의 값을 구하여라. (단, Z가 표준정규분포를 따르는 확률변수일 때, $P(|Z| \leq 1.96) = 0.95$, $P(|Z| \leq 2.58) = 0.99$로 계산한다.)

STEP Ⓐ n, $\bar{x}$의 값을 이용하여 신뢰도 95%의 신뢰구간 구하기

$n = 16$, $\bar{x} = 75$이므로 모평균 m에 대한 신뢰도 95%의 신뢰구간은 $75 - 1.96 \times \dfrac{\sigma}{\sqrt{16}} \leq m \leq 75 + 1.96 \times \dfrac{\sigma}{\sqrt{16}}$

이므로 신뢰구간이 $a \leq m \leq b$에서 $a = 75 - 1.96 \times \dfrac{\sigma}{\sqrt{16}}$, $b = 75 + 1.96 \times \dfrac{\sigma}{\sqrt{16}}$

STEP Ⓑ n, $\bar{x}$의 값을 이용하여 신뢰도 99%의 신뢰구간 구하기

$n = 16$, $\bar{x} = 77$이므로 모평균 m에 대한 신뢰도 99%의 신뢰구간은 $77 - 2.58 \times \dfrac{\sigma}{\sqrt{16}} \leq m \leq 77 + 2.58 \times \dfrac{\sigma}{\sqrt{16}}$

이므로 신뢰구간 $c \leq m \leq d$에서 $c = 77 - 2.58 \times \dfrac{\sigma}{\sqrt{16}}$, $d = 77 + 2.58 \times \dfrac{\sigma}{\sqrt{16}}$

STEP Ⓒ $d - b = 3.86$을 만족하는 σ의 값 구하기

이때 $b = 75 + 1.96 \times \dfrac{\sigma}{\sqrt{16}}$, $d = 77 + 2.58 \times \dfrac{\sigma}{\sqrt{16}}$이므로

$d - b = \left(77 + 2.58 \times \dfrac{\sigma}{\sqrt{16}}\right) - \left(75 + 1.96 \times \dfrac{\sigma}{\sqrt{16}}\right)$

$\qquad = 2 + 0.155\sigma = 3.86$

따라서 $0.155\sigma = 1.86$이므로 $\sigma = 12$

0739

표준편차가 2인 정규분포를 따르는 모집단에서 신뢰도 95%로 추정한 모평균 m의 신뢰구간이 $a \leq m \leq b$이다.

이때 $b - a$의 값이 0.98 이하가 되도록 하는 표본의 크기의 최솟값을 구하여라. (단, $P(|Z| \leq 1.96) = 0.95$)

STEP Ⓐ 신뢰도 95%의 신뢰구간의 길이 구하기

모표준편차는 $\sigma = 2$, 표본의 크기를 n, 표본평균을 $\bar{x}$라 하면 모평균 m의 신뢰도 95%의 신뢰구간은 $\bar{x} - 1.96 \times \dfrac{2}{\sqrt{n}} \leq m \leq \bar{x} + 1.96 \times \dfrac{2}{\sqrt{n}}$이므로 신뢰구간의 길이는 $b - a = 2 \times 1.96 \times \dfrac{2}{\sqrt{n}}$

STEP Ⓑ $b - a \leq 0.98$을 만족하는 자연수 n의 최솟값 구하기

$b - a = 2 \times 1.96 \times \dfrac{2}{\sqrt{n}} \leq 0.98$, $\sqrt{n} \geq 8$

즉 $n \geq 64$

따라서 구하는 표본의 크기의 최솟값은 64

0740

어느 농장에서 생산된 딸기의 당도는 모평균이 m브릭스, 모표준편차가 0.5브릭스인 정규분포를 따른다고 한다. 모평균 m을 신뢰도 95%로 추정할 때, 신뢰구간의 길이가 0.2 이하가 되기 위한 표본의 크기 n의 최솟값을 구하여라. (단, $P(0 \leq Z \leq 1.96) = 0.4750$)

STEP Ⓐ 신뢰도 95%의 신뢰구간의 길이 구하기

모표준편차는 $\sigma = 0.5$이므로 모평균 m을 신뢰도 95%로 추정할 때의 신뢰구간의 길이는 $2 \times 1.96 \times \dfrac{0.5}{\sqrt{n}} = \dfrac{1.96}{\sqrt{n}}$

STEP Ⓑ 신뢰구간의 길이가 0.2 이하가 되기 위한 표본의 크기 n의 최솟값 구하기

신뢰구간의 길이가 0.2 이하이려면 $\dfrac{1.96}{\sqrt{n}} \leq 0.2$에서 $\sqrt{n} \geq 9.8$, $n \geq 96.04$

따라서 n의 최솟값은 97

0741

다음 물음에 답하여라.

(1) 어느 회사에서 생산하는 영양제에 들어 있는 칼슘의 양은 정규분포를 따른다. 이 회사에서 생산된 영양제 16정을 임의추출하여 모평균 m에 대한 신뢰도 95%인 신뢰구간을 구했더니 $125.85 \leq m \leq 130.75$이었다. 이 회사에서 생산된 영양제 100정을 임의추출하여 모평균 m에 대한 신뢰도 99%인 신뢰구간을 구할 때, 이 신뢰구간의 길이는? (단, $P(|Z| \leq 1.96) = 0.95$, $P(|Z| \leq 2.58) = 0.99$)

  ① 1.96   ② 1.99   ③ 2.58
  ④ 2.99   ⑤ 3.14

STEP Ⓐ 신뢰도 95%의 신뢰구간의 길이 구하기

영양제 1정에 들어 있는 칼슘의 양의 표준편차를 σ라고 하면 $n = 16$일 때, 모평균 m에 대한 신뢰도 95%인 신뢰구간의 길이는 $2 \times 1.96 \dfrac{\sigma}{\sqrt{16}} = 130.75 - 125.85 = 4.9$ $\quad \therefore \sigma = 5$

STEP Ⓑ 신뢰도 99%의 신뢰구간의 길이 구하기

따라서 $n = 100$일 때, 모평균 m에 대한 신뢰도 99%인 신뢰구간의 길이는 $2 \times 2.58 \dfrac{5}{\sqrt{100}} = 2.58$

(2) 어떤 공장에서 생산되는 전구의 수명은 표준편차가 10시간인 정규분포를 따른다. 이 공장에서 생산된 전구 100개의 수명을 조사하여 모집단의 평균을 신뢰도 95%로 추정하였고, 또 표본의 크기를 n으로 하여 모집단의 평균을 신뢰도 99%로 추정하였다. 두 신뢰구간의 길이가 같을 때, n의 값은? (단, $\mathrm{P}(|Z|\leq 2)=0.95$, $\mathrm{P}(|Z|\leq 3)=0.99$)

① 121 ② 144 ③ 169
④ 196 ⑤ 225

STEP A 신뢰도 95%의 신뢰구간의 길이 구하기

전구의 수명이 표준편차가 10시간인 정규분포를 따르므로
모표준편차는 $\sigma=10$, 표본의 크기는 $n=100$이므로
모평균 m을 신뢰도 95%로 추정할 때의 신뢰구간의 길이는

$$2\times 2\frac{10}{\sqrt{100}}=4 \qquad \cdots\cdots ㉠$$

STEP B 신뢰도 99%의 신뢰구간의 길이 구하기

모표준편차는 $\sigma=10$, 표본의 크기는 n이므로
모평균 m을 신뢰도 99%로 추정할 때의 신뢰구간의 길이는

$$2\times 3\times \frac{10}{\sqrt{n}}=\frac{60}{\sqrt{n}} \qquad \cdots\cdots ㉡$$

따라서 ㉠, ㉡이 같으므로 $4=\dfrac{60}{\sqrt{n}}$, $\sqrt{n}=\dfrac{60}{4}=15$ $\therefore n=225$

0742

다음 표는 표준정규분포표의 일부분이다.

z	0.04	0.05	0.06	0.07
1.3	0.4099	0.4115	0.4131	0.4147
1.4	0.4251	0.4265	0.4279	0.4292

모표준편차가 10인 모집단에서 100개의 표본을 임의로 추출하였더니 모평균 m의 신뢰도 α%로 추정한 신뢰구간이 $25.54\leq m\leq 28.46$이었을 때, α의 값은? (단, 표의 값은 $\mathrm{P}(0\leq Z\leq z)$를 나타낸다.)

① 74.16 ② 79.55 ③ 85.58
④ 95 ⑤ 99

STEP A 신뢰도 α%의 신뢰구간의 길이 구하기

$\sigma=10$, $n=100$이고 주어진 신뢰구간의 길이가 $28.46-25.54=2.92$
$\mathrm{P}(|Z|\leq k)=\dfrac{\alpha}{100}$일 때, 신뢰도 α%의 신뢰구간의 길이는

$$2\times k\times \frac{10}{\sqrt{100}}=2.92$$

$$\therefore k=\frac{2.92}{2}=1.46$$

STEP B α의 값 구하기

따라서 표준정규분포표에서 $\mathrm{P}(0\leq Z\leq 1.46)=0.4279$이므로
$\alpha=100\mathrm{P}(-1.46\leq Z\leq 1.46)$
$\quad=100\times 2\times 0.4279=85.58$

0743

다음 물음에 답하여라.

(1) 정규분포를 따르는 모집단에서 크기가 100인 표본의 표본평균을 구하여 모평균을 추정하고 있다.
이때 신뢰도 95%로 모평균 m을 추정하였을 때의 신뢰구간의 길이는 l이었다. 모평균 m을 신뢰도 α%로 추정한 신뢰구간의 길이가 $\dfrac{l}{2}$일 때, 오른쪽 표준정규분포표를 이용하여 α의 값을 구하여라.

z	$\mathrm{P}(0\leq Z\leq z)$
0.98	0.335
1.96	0.475
2.58	0.495

STEP A 신뢰도 95%의 신뢰구간의 길이 구하기

$n=100$이므로 모평균 m의 신뢰도 95%인 신뢰구간의 길이는

$$l=2\times 1.96\times \frac{\sigma}{\sqrt{n}}=2\times 1.96\times \frac{\sigma}{\sqrt{100}}=2\times 1.96\times \frac{\sigma}{10}$$

STEP B 신뢰구간의 길이가 $\dfrac{l}{2}$인 α 구하기

신뢰구간의 길이를 $\dfrac{l}{2}=2\times 0.98\times \dfrac{\sigma}{10}$가 되게 하려면
$\mathrm{P}(0\leq Z\leq 0.98)=0.335$이므로
$\alpha=100\times \mathrm{P}(-0.98\leq Z\leq 0.98)$
$\quad=100\times 2\mathrm{P}(0\leq Z\leq 0.98)$
$\quad=200\times 0.335=67$

(2) 분산이 σ^2인 정규분포를 따르는 모집단에서 크기 n인 표본을 임의추출하여 모평균 m을 추정한 후 신뢰구간의 길이를 구하고자 한다.
오른쪽 표준정규분포표를 이용하여 구한 모평균 m에 대한 신뢰도 79.6%의 신뢰구간의 길이가 l이고, 모평균 m에 대한 신뢰도 α%의 신뢰구간의 길이는 $2l$이다. 이때 α의 값을 구하여라.

z	$\mathrm{P}(0\leq Z\leq z)$
1.27	0.3980
1.69	0.4545
1.96	0.4750
2.54	0.4945

STEP A 신뢰도 79.6%의 신뢰구간의 길이 l 구하기

모평균 m에 대한 신뢰도 79.6%에서 표준정규분포표에 의하여
$2\times \mathrm{P}(0\leq Z\leq 1.27)=2\times 0.398=0.796$
모평균 m에 대하여 신뢰도 79.6%의 신뢰구간의 길이는

$$l=2\times 1.27\times \frac{\sigma}{\sqrt{n}} \quad \leftarrow \text{모평균 } m\text{이 정규분포 } \mathrm{N}(m,\sigma^2)$$

STEP B 신뢰도 α%의 신뢰구간의 길이가 $2l$인 α 구하기

신뢰도 α%의 신뢰구간의 길이가 $2l$이므로

$$2l=2\times 2\times 1.27\times \frac{\sigma}{\sqrt{n}}=2\times 2.54\times \frac{\sigma}{\sqrt{n}}$$

따라서 주어진 표준정규분포표에 의하여
$\alpha=100\times 2\times \mathrm{P}(0\leq Z\leq 2.54)$
$\quad=100\times 2\times 0.4945=98.9$

0744

표준편차가 8인 정규분포를 따르는 어느 모집단에서 크기가 144인 표본을 임의추출하여 구한 표본평균을 $\overline{x}$라 하자. 다음 조건을 만족시키는 상수 a의 값을 오른쪽 표준정규분포표를 이용하여 구하여라.

z	$P(0 \leq Z \leq z)$
1.28	0.4000
1.60	0.4452
1.92	0.4726
2.24	0.4875

(가) $P(Z \leq a) = 0.90$
(나) 모평균 m을 신뢰도 $\alpha\%$로 추정한 신뢰구간이 $\overline{x} - a \leq m \leq \overline{x} + a$이다.

STEP A $P(Z \leq a) = 0.90$을 만족하는 a의 값 구하기

조건 (가)에서 주어진 표준정규분포표에 의하여
$P(Z \leq 1.28) = 0.5 + P(0 \leq Z \leq 1.28) = 0.90$
이므로 $P(Z \leq a) = 0.90$에서 $a = 1.28$ ······ ㉠

STEP B $\overline{x} - a \leq m \leq \overline{x} + a$를 만족하는 신뢰도 $\alpha\%$의 신뢰구간 구하기

모표준편차가 $\sigma = 8$인 모집단에서 임의추출한 크기가 $n = 144$인 표본의 표본평균이 $\overline{x}$이므로 모평균 m에 대한 신뢰도 $\alpha\%$의 신뢰구간은
$\overline{x} - k \times \dfrac{8}{\sqrt{144}} \leq m \leq \overline{x} + k \times \dfrac{8}{\sqrt{144}}$ ← $P(|Z| \leq k) = \dfrac{\alpha}{100}$

$\overline{x} - \dfrac{2k}{3} \leq m \leq \overline{x} + \dfrac{2k}{3}$ 이고 신뢰구간이 $\overline{x} - a \leq m \leq \overline{x} + a$와 일치한다.

$\therefore a = \dfrac{2k}{3}$

STEP C 상수 a의 값 구하기

㉠에서 $k = \dfrac{3}{2}a = \dfrac{3}{2} \times 1.28 = 1.92$
이때 $P(0 \leq Z \leq 1.92) = 0.4726$이므로
$\alpha = 100P(-1.92 \leq Z \leq 1.92)$
$\quad = 100 \times 2P(0 \leq Z \leq 1.92)$
$\quad = 200 \times 0.4726 = 94.52$

0745

정규분포 $N(m, \sigma^2)$을 따르는 모집단에서 크기가 n인 표본을 임의추출하여 구한 모평균 m에 대한 신뢰도 $\alpha\%$의 신뢰구간이 $a \leq m \leq b$이고, 신뢰도 $\beta\%$의 신뢰구간이 $c \leq m \leq d$일 때, [보기]에서 옳은 것만을 있는 대로 고른 것은? (단, σ, α, β는 상수이고, Z가 표준정규분포를 따르는 확률변수일 때, $P(|Z| \leq 1.96) = 0.95$로 계산한다.)

ㄱ. 신뢰도가 일정할 때, n의 값이 작아질수록 $b - a$의 값은 커진다.
ㄴ. 신뢰도가 커질수록 $b - a$의 값은 커진다.
ㄷ. $\alpha = 95$, $n = 100$일 때, $b - a < 0.4\sigma$이다.
ㄹ. $\alpha < \beta$이면 $b - a < d - c$이다.

① ㄱ   ② ㄱ, ㄷ   ③ ㄷ, ㄹ
④ ㄱ, ㄴ, ㄷ   ⑤ ㄱ, ㄴ, ㄷ, ㄹ

STEP A 신뢰도 $\alpha\%$의 신뢰구간을 식으로 나타내기

$P(|Z| \leq k) = \dfrac{\alpha}{100}$일 때, 모평균 m에 대한 신뢰도 $\alpha\%$의 신뢰구간

$\overline{x} - k \times \dfrac{\sigma}{\sqrt{n}} \leq m \leq \overline{x} + k \times \dfrac{\sigma}{\sqrt{n}}$

$P(|Z| \leq k_1) = \dfrac{\alpha}{100}$, $P(|Z| \leq k_2) = \dfrac{\beta}{100}$인 두 양수 k_1, k_2에 대하여 크기가 n인 표본을 이용하여 구한 표본평균 $\overline{x}$를 이용하여 구한 모평균 m에 대한 신뢰도 $\alpha\%$와 신뢰도 $\beta\%$의 신뢰구간은 각각

$\overline{x} - k_1 \times \dfrac{\sigma}{\sqrt{n}} \leq m \leq \overline{x} + k_1 \times \dfrac{\sigma}{\sqrt{n}}$,

$\overline{x} - k_2 \times \dfrac{\sigma}{\sqrt{n}} \leq m \leq \overline{x} + k_2 \times \dfrac{\sigma}{\sqrt{n}}$

이므로 신뢰구간의 길이는 각각 $b - a = \dfrac{2k_1\sigma}{\sqrt{n}}$, $d - c = \dfrac{2k_2\sigma}{\sqrt{n}}$

STEP B [보기]의 명제의 참, 거짓을 판별하기

ㄱ. 신뢰도가 일정할 때, n의 값이 작아질수록 $\dfrac{1}{\sqrt{n}}$의 값이 커지므로 신뢰구간의 길이 $b - a = 2k_1 \dfrac{\sigma}{\sqrt{n}}$의 값은 커진다. [참]

ㄴ. 신뢰도 α의 값이 커질수록 k_1의 값도 커지므로 신뢰구간의 길이 $b - a = 2k_1 \dfrac{\sigma}{\sqrt{n}}$의 값도 커진다. [참]

ㄷ. $\alpha = 95$에서 $P(|Z| \leq k_1) = \dfrac{\alpha}{100} = 0.95$이고
$P(|Z| \leq 1.96) = 0.95$이므로 $k_1 = 1.96$이다.
$n = 100$일 때, 신뢰구간의 길이는
$b - a = \dfrac{2 \times 1.96 \times \sigma}{\sqrt{100}} = \dfrac{1.96}{5} \times \sigma < \dfrac{2}{5}\sigma$ [참]

ㄹ. $\alpha < \beta$이면 $P(|Z| \leq k_1) < P(|Z| \leq k_2)$이므로 $k_1 < k_2$
즉 $\dfrac{2k_1\sigma}{\sqrt{n}} < \dfrac{2k_2\sigma}{\sqrt{n}}$이므로 $b - a < d - c$ [참]

따라서 옳은 것은 ㄱ, ㄴ, ㄷ, ㄹ이다.

0746

어떤 두 직업에 종사하는 전체 근로자 중 한 직업에서 표본 A를, 또 다른 직업에서 표본 B를 추출하여 월급을 조사하였더니 다음과 같은 결과를 얻었다. (단위는 만 원이고, 표본 A, B의 월급의 분포는 정규분포를 따른다.)

표본	표본의 크기	평균	표준편차	신뢰도(%)	모평균의 추정
A	n_1	240	12	α	$237 \leq m \leq 243$
B	n_2	230	10	α	$228 \leq m \leq 232$

위의 자료에 대한 다음 중 옳은 설명을 모두 고른 것은?

ㄱ. 표본 A보다 표본 B의 분포가 더 고르다.
ㄴ. 표본 A의 크기가 표본 B의 크기보다 작다.
ㄷ. 신뢰도를 α보다 크게 하면 신뢰구간의 길이도 길어진다.

① ㄱ   ② ㄱ, ㄴ   ③ ㄱ, ㄷ
④ ㄴ, ㄷ   ⑤ ㄱ, ㄴ, ㄷ

STEP A 표본 A, B의 신뢰구간을 각각 구하기

표본평균으로부터 모평균을 추정할 때,
신뢰도 α에 해당하는 z값을 k라 하면
$A : 240 - k \times \dfrac{12}{\sqrt{n_1}} \leq m \leq 240 + k \times \dfrac{12}{\sqrt{n_1}}$

$B : 230 - k \times \dfrac{10}{\sqrt{n_2}} \leq m \leq 230 + k \times \dfrac{10}{\sqrt{n_2}}$

STEP B 신뢰구간과 신뢰도의 관계를 이용하여 진위판단하기

ㄱ. 분포가 더 고르다는 것은 표준편차가 더 작다는 것이므로 표준편차가 표본 A가 표본 B의 분포보다 크므로 표본 A보다 표본 B의 분포가 더 고르다. [참]

ㄴ. 신뢰도가 같을 때, 두 표본 A, B의 신뢰구간의 길이는
$2k \times \dfrac{12}{\sqrt{n_1}} = 6 \, (\because 243 - 237 = 6)$

$2k \times \dfrac{10}{\sqrt{n_2}} = 4 \, (\because 232 - 228 = 4)$이므로

$\sqrt{n_1} = 4k$, $\sqrt{n_2} = 5k$에서 $n_1 = 16k^2$, $n_2 = 25k^2$

$\therefore n_1 < n_2$ [참]

ㄷ. 신뢰도를 α보다 크게 하면 k도 더 커지므로

$k \cdot \dfrac{12}{\sqrt{n_1}}$, $k \cdot \dfrac{10}{\sqrt{n_2}}$ 의 값이 더 커진다.

즉 신뢰도가 클수록 신뢰구간의 길이가 크다. [참]

따라서 옳은 것은 ㄱ, ㄴ, ㄷ이다.

0747

다음 물음에 답하여라.

(1) 모집단 A는 정규분포 $N(m_1,\ \sigma^2)$을 따르고, 모집단 B는 정규분포 $N\!\left(m_2,\ \left(\dfrac{\sigma}{2}\right)^2\right)$을 따른다. 모집단 A에서 크기 n_1, 모집단 B에서 크기 n_2인 표본을 각각 임의추출할 때의 표본평균을 각각 $\overline{X_A}$, $\overline{X_B}$라 하자. [보기]에서 옳은 것만을 있는 대로 고른 것은?
(단, n_1, n_2는 1보다 큰 자연수이다.)

> ㄱ. $m_1=m_2$이면 $E(\overline{X_A})=E(\overline{X_B})$이다.
>
> ㄴ. 표본평균 $\overline{X_B}$는 정규분포 $N\!\left(m_2,\ \left(\dfrac{\sigma}{2}\right)^2\right)$을 따른다.
>
> ㄷ. $n_1=4n_2$일 때, m_1에 대한 신뢰도 95%의 신뢰구간이 $[a,\ b]$이고, m_2에 대한 신뢰도 95%의 신뢰구간이 $[c,\ d]$이면 $b-a=d-c$이다.

① ㄱ   ② ㄷ   ③ ㄱ, ㄷ
④ ㄴ, ㄷ   ⑤ ㄱ, ㄴ, ㄷ

STEP Ⓐ $\overline{X_A}$, $\overline{X_B}$는 각각 정규분포를 이용하여 진위판단하기

$\overline{X_A}$, $\overline{X_B}$는 각각 정규분포 $N\!\left(m_1,\ \left(\dfrac{\sigma}{\sqrt{n_1}}\right)^2\right)$, $N\!\left(m_2,\ \left(\dfrac{\sigma}{2\sqrt{n_2}}\right)^2\right)$을 따른다.

ㄱ. 모집단 A의 평균이 m_1, 모집단 B의 평균이 m_2이므로

$E(\overline{X_A})=m_1$, $E(\overline{X_B})=m_2$이므로

이때 $m_1=m_2$이면 $E(\overline{X_A})=E(\overline{X_B})$ [참]

ㄴ. 모집단 B는 정규분포 $N\!\left(m_2,\ \left(\dfrac{\sigma}{2}\right)^2\right)$을 따르므로

크기 n_2인 표본평균 $\overline{X_B}$는

$E(\overline{X_B})=m$, $V(\overline{X_B})=\dfrac{\left(\dfrac{\sigma}{2}\right)^2}{n_2}=\left(\dfrac{\sigma}{2\sqrt{n_2}}\right)^2$이므로

정규분포 $N\!\left(m_2,\ \left(\dfrac{\sigma}{2\sqrt{n_2}}\right)^2\right)$을 따른다. [거짓]

STEP Ⓑ 신뢰구간의 길이를 구해 비교하기

ㄷ. $\overline{X_A}$, $\overline{X_B}$는 각각 $N\!\left(m_1,\ \left(\dfrac{\sigma}{\sqrt{n_1}}\right)^2\right)$, $N\!\left(m_2,\ \left(\dfrac{\sigma}{2\sqrt{n_2}}\right)^2\right)$을 따르므로

표준정규분포를 따르는 확률변수 Z에 대해
$P(|Z|\le k)=0.95$일 때,
모평균 m_1에 대한 신뢰도 95%의 신뢰구간의 길이는

$b-a=2\times k\times\dfrac{\sigma}{\sqrt{n_1}}$

모평균 m_2에 대한 신뢰도 95%의 신뢰구간의 길이는

$d-c=2\times k\times\dfrac{\sigma}{2\sqrt{n_2}}=\dfrac{k}{\sqrt{n_2}}\sigma$

이때 $n_1=4n_2$이므로

$b-a=2\times k\times\dfrac{\sigma}{\sqrt{n_1}}=2\times k\times\dfrac{\sigma}{2\sqrt{n_2}}=d-c$

$\therefore\ b-a=d-c$ [참]

따라서 옳은 것은 ㄱ, ㄷ이다.

(2) 정규분포 $N(m,\ 2^2)$을 따르는 모집단에서 임의추출한 크기 7인 표본과 크기 10인 표본의 표본평균을 각각 $\overline{X_A}$, $\overline{X_B}$라 하고, $\overline{X_A}$와 $\overline{X_B}$의 분포를 이용하여 추정한 모평균 m에 대한 신뢰도 95%의 신뢰구간을 각각 $a\le m\le b$, $c\le m\le d$라고 하자. [보기]에서 옳은 것을 모두 고른 것은?

> ㄱ. $\overline{X_A}$의 분산은 $\overline{X_B}$의 분산보다 크다.
>
> ㄴ. $P(\overline{X_A}\le m+2)<P(\overline{X_B}\le m+2)$
>
> ㄷ. $d-c<b-a$

① ㄱ   ② ㄷ   ③ ㄱ, ㄴ
④ ㄴ, ㄷ   ⑤ ㄱ, ㄴ, ㄷ

STEP Ⓐ 표본평균 $\overline{X_A}$, $\overline{X_B}$의 정규분포를 구하기

정규분포 $N(m,\ 2^2)$을 따르는 모집단에서
임의추출한 크기 7인 표본평균 $\overline{X_A}$는

$E(\overline{X_A})=m_1$, $V(\overline{X_A})=\dfrac{2^2}{7}=\left(\dfrac{2}{\sqrt{7}}\right)^2$이므로

정규분포 $N\!\left(m,\ \left(\dfrac{2}{\sqrt{7}}\right)^2\right)$을 따르고

모집단에서 임의추출한 크기 10인 표본평균 $\overline{X_B}$는

$E(\overline{X_B})=m_2$, $V(\overline{X_B})=\dfrac{2^2}{10}=\left(\dfrac{2}{\sqrt{10}}\right)^2$이므로

정규분포 $N\!\left(m,\ \left(\dfrac{2}{\sqrt{10}}\right)^2\right)$을 따른다.

STEP Ⓑ [보기]의 명제의 참, 거짓을 판별하기

ㄱ. $V(\overline{X_A})=\left(\dfrac{2}{\sqrt{7}}\right)^2=\dfrac{4}{7}$, $V(\overline{X_B})=\left(\dfrac{2}{\sqrt{10}}\right)^2=\dfrac{4}{10}$

이므로 $\overline{X_A}$의 분산은 $\overline{X_B}$의 분산보다 크다. [참] ← $V(\overline{X_A})>V(\overline{X_B})$

ㄴ. 두 확률변수 $\overline{X_A}$, $\overline{X_B}$는 각각 정규분포를 따르므로

$P(\overline{X_A}\le m+2)=P\!\left(Z\le\dfrac{m+2-m}{\dfrac{2}{\sqrt{7}}}\right)=P(Z\le\sqrt{7})$

$P(\overline{X_B}\le m+2)=P\!\left(Z\le\dfrac{m+2-m}{\dfrac{2}{\sqrt{10}}}\right)=P(Z\le\sqrt{10})$

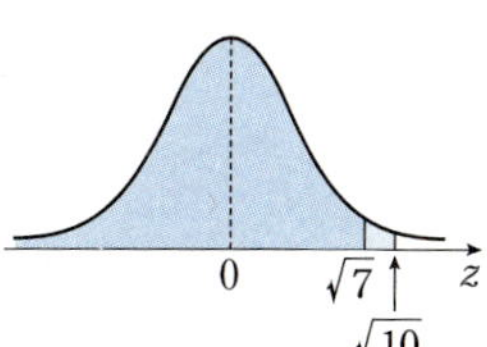

$\therefore\ P(\overline{X_A}\le m+2)<P(\overline{X_B}\le m+2)$ [참]

> 참고
>
> $\overline{X_A}$, $\overline{X_B}$의 분포는 오른쪽 그림과 같다.
> $P(\overline{X_A}>m+2)>P(\overline{X_B}>m+2)$
> 즉 $P(\overline{X_A}\le m+2)<P(\overline{X_B}\le m+2)$
> [참]

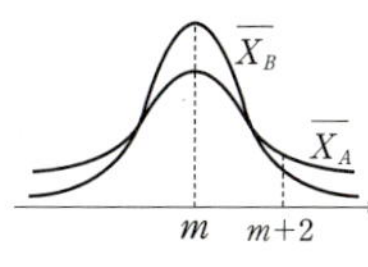

ㄷ. $\overline{X_A}$와 $\overline{X_B}$의 분포를 이용하여 추정한 모평균 m에 대한 신뢰도 95%의 신뢰구간이 각각 $a\le m\le b$, $c\le m\le d$이므로 $d-c$, $b-a$는 신뢰구간의 길이다.

$P(|Z|\le k)=0.95$라 하면

$b-a=2\times k\times\dfrac{2}{\sqrt{7}}=\dfrac{4k}{\sqrt{7}}$, $d-c=2\times k\times\dfrac{2}{\sqrt{10}}=\dfrac{4k}{\sqrt{10}}$

이므로 $d-c<b-a$ [참]

따라서 옳은 것은 ㄱ, ㄴ, ㄷ이다.

BASIC

0748

확률변수 X의 확률분포가 다음 표와 같은 모집단에서 크기가 n인 표본을 임의추출할 때, 표본평균 $\overline{X}$의 분산이 $\frac{1}{4}$이라고 한다. 이때 n의 값은? (단, a는 상수)

X	0	1	2	3	합계
$P(X=x)$	$\frac{1}{8}$	$\frac{3}{8}$	$\frac{3}{8}$	a	1

① 2　　　　② 3　　　　③ 4
④ 5　　　　⑤ 6

STEP Ⓐ 확률의 성질을 이용하여 상수 a의 값 구하기

확률의 총합은 1이므로 $\frac{1}{8}+\frac{3}{8}+\frac{3}{8}+a=1$

$\therefore a=\frac{1}{8}$

STEP Ⓑ 확률변수 X의 평균과 분산을 구하기

확률변수 X의 평균 m과 분산 σ^2을 구하면

$E(X)=m=0\times\frac{1}{8}+1\times\frac{3}{8}+2\times\frac{3}{8}+3\times\frac{1}{8}=\frac{3}{2}$

$V(X)=E(X^2)-\{E(X)\}^2=0^2\times\frac{1}{8}+1^2\times\frac{3}{8}+2^2\times\frac{3}{8}+3^2\times\frac{1}{8}-\left(\frac{3}{2}\right)^2$

$=\frac{3}{4}$

STEP Ⓒ 표본평균과 모평균의 관계를 이용하여 표본평균 $\overline{X}$의 분산 구하기

따라서 표본의 크기가 n일 때, 표본평균 $\overline{X}$의 분산이 $\frac{1}{4}$이므로

$V(\overline{X})=\frac{V(X)}{n}=\frac{\frac{3}{4}}{n}=\frac{1}{4}$　$\therefore n=3$

0749

다음은 어느 모집단의 확률분포표이다.

X	-2	0	1	합계
$P(X=x)$	$\frac{1}{4}$	a	$\frac{1}{2}$	1

이 모집단에서 크기가 16인 표본을 임의추출할 때, 표본평균 $\overline{X}$의 표준편차는? (단, a는 상수이다.)

① $\frac{\sqrt{6}}{8}$　　　　② $\frac{\sqrt{6}}{6}$　　　　③ $\frac{\sqrt{6}}{4}$
④ $\frac{\sqrt{6}}{2}$　　　　⑤ $\sqrt{6}$

STEP Ⓐ 확률의 합은 1임을 이용하여 a의 값 구하기

확률의 합은 1이므로 $\frac{1}{4}+a+\frac{1}{2}=1$　$\therefore a=\frac{1}{4}$

STEP Ⓑ $E(X)$, $V(X)$, $\sigma(X)$를 차례로 구하기

$E(X)=(-2)\times\frac{1}{4}+0\times\frac{1}{4}+1\times\frac{1}{2}=0$

$E(X^2)=(-2)^2\times\frac{1}{4}+0^2\times\frac{1}{4}+1^2\times\frac{1}{2}=\frac{3}{2}$

$V(X)=E(X^2)-\{E(X)\}^2=\frac{3}{2}-0^2=\frac{3}{2}$

$\sigma(X)=\sqrt{V(X)}=\sqrt{\frac{3}{2}}=\frac{\sqrt{6}}{2}$

STEP Ⓒ 표본의 크기가 16인 표본평균 $\overline{X}$의 표준편차 구하기

따라서 표본의 크기가 16인 표본평균 $\overline{X}$의 표준편차는

$\sigma(\overline{X})=\frac{\sigma(X)}{\sqrt{16}}=\frac{\frac{\sqrt{6}}{2}}{4}=\frac{\sqrt{6}}{8}$

0750

모집단의 확률변수 X의 확률분포가 다음 표와 같다.

X	-1	0	1	합계
$P(X=x)$	$\frac{1}{6}$	a	$\frac{1}{2}$	1

이 모집단에서 크기가 2인 표본을 임의추출하여 그 표본평균을 $\overline{X}$라 할 때, $E(\overline{X^2})$는? (단, a는 상수)

① $\frac{5}{18}$　　　　② $\frac{1}{3}$　　　　③ $\frac{7}{18}$
④ $\frac{4}{9}$　　　　⑤ $\frac{1}{2}$

STEP Ⓐ 확률의 성질을 이용하여 상수 a의 값 구하기

확률의 합은 1이므로 $\frac{1}{6}+a+\frac{1}{2}=1$　$\therefore a=\frac{1}{3}$

STEP Ⓑ 확률변수 X의 평균과 분산을 구하기

확률변수 X의 평균과 분산을 구하면

$E(X)=m=(-1)\times\frac{1}{6}+0\times\frac{1}{3}+1\times\frac{1}{2}=\frac{1}{3}$

$V(X)=(-1)^2\times\frac{1}{6}+0^2\times\frac{1}{3}+1^2\times\frac{1}{2}-\left(\frac{1}{3}\right)^2=\frac{5}{9}$

STEP Ⓒ 표본평균과 모평균의 관계를 이용하여 표본평균 $\overline{X}$의 분산 구하기

이때 표본의 크기가 2이므로 표본평균 $\overline{X}$의 평균과 분산은

$E(\overline{X})=m=\frac{1}{3}$, $V(\overline{X})=\frac{V(X)}{2}=\frac{\frac{5}{9}}{2}=\frac{5}{18}$

STEP Ⓓ $V(\overline{X})=E(\overline{X^2})-\{E(\overline{X})\}^2$을 이용하여 $E(\overline{X^2})$의 값 구하기

따라서 $V(\overline{X})=E(\overline{X^2})-\{E(\overline{X})\}^2$이므로

$E(\overline{X^2})=V(\overline{X})+\{E(\overline{X})\}^2=\frac{5}{18}+\left(\frac{1}{3}\right)^2=\frac{7}{18}$

0751

다음 물음에 답하여라.

(1) 모집단의 확률변수 X의 확률분포를 표로 나타내면 다음과 같다.

X	-1	0	1	합계
$P(X=x)$	$\dfrac{1}{5}$	$3a$	$5a$	1

이 모집단에서 크기가 4인 표본을 복원추출하여 구한 표본평균을 $\overline{X}$ 라 하자. $E(10\overline{X}+3)$의 값은?

① 4　　② 5　　③ 6
④ 7　　⑤ 8

STEP A 확률의 합이 1임을 이용하여 a의 값 구하기

확률의 합은 1이므로 $\dfrac{1}{5}+3a+5a=1$ $\therefore a=\dfrac{1}{10}$

STEP B 확률변수 X의 평균 $E(X)$ 구하기

모집단의 확률변수 X의 확률분포를 표로 나타내면 다음과 같다.

X	-1	0	1	합계
$P(X=x)$	$\dfrac{1}{5}$	$\dfrac{3}{10}$	$\dfrac{5}{10}$	1

$$E(X)=-1\times\dfrac{1}{5}+0\times\dfrac{3}{10}+1\times\dfrac{5}{10}=\dfrac{3}{10}$$

STEP C $E(10\overline{X}+3)$의 값 구하기

따라서 $E(\overline{X})=E(X)=\dfrac{3}{10}$ 이므로 $E(10\overline{X}+3)=10E(\overline{X})+3=6$

(2) 모집단의 확률변수 X의 확률분포를 표로 나타내면 다음과 같다.

X	1	3	5	합계
$P(X=x)$	$3a$	$2a$	a	1

이 모집단에서 크기가 4인 표본을 임의추출할 때, 표본평균을 $\overline{X}$ 라 하자. $V(3\overline{X}+2)$의 값은?

① $\dfrac{5}{2}$　　② 5　　③ 6
④ 8　　⑤ $\dfrac{21}{2}$

STEP A 확률의 합이 1임을 이용하여 a의 값 구하기

확률의 합은 1이므로 $3a+2a+a=1$ $\therefore a=\dfrac{1}{6}$

STEP B 확률변수 X의 평균 과 분산 구하기

확률변수 X의 확률분포는 다음 표와 같다.

X	1	3	5	합계
$P(X=x)$	$\dfrac{1}{2}$	$\dfrac{1}{3}$	$\dfrac{1}{6}$	1

$$E(X)=1\times\dfrac{1}{2}+3\times\dfrac{1}{3}+5\times\dfrac{1}{6}=\dfrac{7}{3}$$

$$V(X)=E(X^2)-\{E(X)\}^2=1^2\times\dfrac{1}{2}+3^2\times\dfrac{1}{3}+5^2\times\dfrac{1}{6}-\left(\dfrac{7}{3}\right)^2=\dfrac{20}{9}$$

STEP C $V(3\overline{X}+2)$의 값 구하기

모집단에서 크기가 4이므로 $V(\overline{X})=\dfrac{V(X)}{4}=\dfrac{5}{9}$

따라서 $V(3\overline{X}+2)=3^2V(\overline{X})=9\times\dfrac{5}{9}=5$

0752

어느 방송사의 '9시 뉴스' 의 방송시간은 평균이 50분, 표준편차가 2분인 정규분포 를 따른다고 한다.
방송된 '9시 뉴스' 를 대상으로 크기가 9인 표본을 임의추출하여 조사한 방송시간의 표본평균을 $\overline{X}$ 라 할 때, $P(49\le\overline{X}\le51)$ 의 값을 오른쪽 표준정규분포표를 이용하 여 구한 것은?

z	$P(0\le Z\le z)$
1.5	0.4332
1.6	0.4452
1.7	0.4554
1.8	0.4641

① 0.8664　　② 0.8904　　③ 0.9108
④ 0.9282　　⑤ 0.9452

STEP A 크기가 9인 표본의 표본평균 $\overline{X}$의 평균 및 표준편차 구하기

확률변수 X를 '9시뉴스' 의 방송시간이라 하면 X는 $N(50,\,2^2)$을 따른다.

크기가 9인 표본의 표본평균을 $\overline{X}$ 라 하면

$$E(\overline{X})=50,\ V(\overline{X})=\dfrac{2^2}{9}=\left(\dfrac{2}{3}\right)^2$$

즉 확률변수 $\overline{X}$는 정규분포 $N\left(50,\left(\dfrac{2}{3}\right)^2\right)$을 따른다.

STEP B 표준정규분포표를 이용하여 확률 구하기

따라서 구하는 확률은

$$P(49\le\overline{X}\le51)$$
$$=P\left(\dfrac{49-50}{\frac{2}{3}}\le Z\le\dfrac{51-50}{\frac{2}{3}}\right)$$
$$=P\left(-\dfrac{3}{2}\le Z\le\dfrac{3}{2}\right)$$
$$=2\times P(0\le Z\le1.5)$$
$$=2\times0.4332=0.8664$$

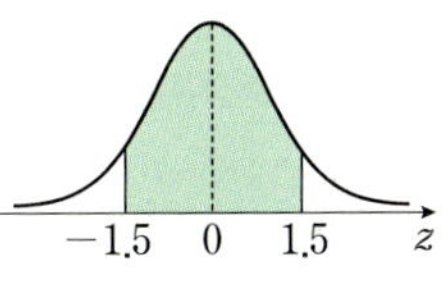

0753

어느 과수원에서 생산되는 사과의 무게는 평균이 350g이고 표준편차가 30g인 정규분포를 따른다고 한다.
이 과수원에서 생산된 사과 중에서 임의로 선택한 9개의 무게의 평균이 345g 이상 365g 이하일 확률을 오른쪽 표준정규분포 표를 이용하여 구한 것은?

z	$P(0\le Z\le z)$
0.5	0.1915
1.0	0.3413
1.5	0.4332
2.0	0.4772
2.5	0.4938

① 0.5328　　② 0.6247　　③ 0.6687
④ 0.7745　　⑤ 0.8185

STEP A 크기가 9인 표본의 표본평균 $\overline{X}$의 평균 및 표준편차 구하기

사과의 무게를 확률변수 X라 하면 X는 $N(350,\,30^2)$을 따른다.

이때 크기가 9인 표본을 임의추출 하므로 표본평균을 $\overline{X}$라 하면
$\overline{X}$는 정규분포 $N\left(350,\dfrac{900}{9}\right)$, 즉 $N(350,\,10^2)$을 따른다.

STEP B 표준정규분포표를 이용하여 확률 구하기

따라서 구하는 확률은

$$P(345\le\overline{X}\le365)$$
$$=P\left(\dfrac{345-350}{10}\le Z\le\dfrac{365-350}{10}\right)$$
$$=P(-0.5\le Z\le1.5)$$
$$=P(0\le Z\le0.5)+P(0\le Z\le1.5)$$
$$=0.1915+0.4332=0.6247$$

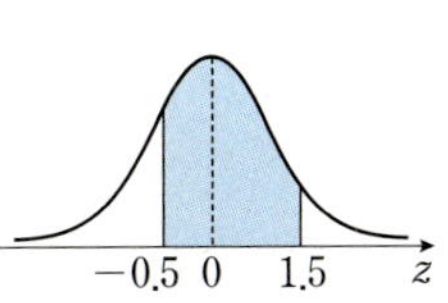

0754

다음 물음에 답하여라.

(1) 정규분포 $N(m, 4^2)$을 따르는 모집단에서 임의추출한 크기 m^2인 표본의 표본평균을 $\overline{X}$라 하자. 이때
$$P(m-1 \le \overline{X} \le m+1)=0.9544$$
를 만족시키는 m의 값은?
(단, m은 자연수이다.)

z	$P(0 \le Z \le z)$
1.0	0.3413
1.5	0.4332
2.0	0.4772

① 6 ② 8 ③ 10
④ 12 ⑤ 14

STEP Ⓐ **표본평균 $\overline{X}$의 평균 및 표준편차 구하기**

확률변수를 X라 하면 X는 정규분포 $N(m, 4^2)$을 따르고

표본의 크기가 m^2이므로 표본평균 $\overline{X}$는 정규분포 $N\left(m, \left(\dfrac{4}{m}\right)^2\right)$을 따른다.

STEP Ⓑ **주어진 확률을 표준정규분포를 따르는 확률변수 Z에 대한 식으로 나타내기**

$$P(m-1 \le \overline{X} \le m+1)=P\left(\frac{m-1-m}{\frac{4}{m}} \le \frac{\overline{X}-m}{\frac{4}{m}} \le \frac{m+1-m}{\frac{4}{m}}\right)$$
$$=P\left(-\frac{m}{4} \le Z \le \frac{m}{4}\right)=2P\left(0 \le Z \le \frac{m}{4}\right)$$

STEP Ⓒ **표준정규분포표를 이용하여 표본의 크기 m의 값 구하기**

한편 $P(0 \le Z \le 2)=0.4772$에서

$$2P\left(0 \le Z \le \frac{m}{4}\right)=2 \times 0.4772=0.9544$$

이므로

$$2P\left(0 \le Z \le \frac{m}{4}\right)=2P(0 \le Z \le 2)$$

따라서 $\dfrac{m}{4}=2$에서 $m=8$

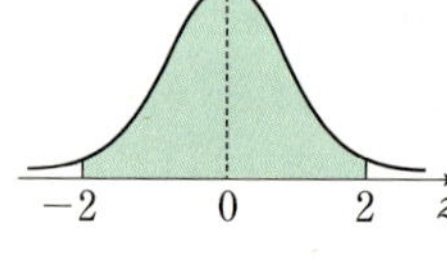

(2) 평균이 100kg이고 표준편차가 3kg인 정규분포를 따르는 모집단에서 크기가 n인 표본을 임의추출하여 구한 표본평균을 $\overline{X}$라 할 때,
$$P(99.5 \le \overline{X} \le 101.5)=0.6247$$
을 만족시키는 n의 값을 오른쪽 표준정규분포표를 이용하여 구한 것은?

z	$P(0 \le Z \le z)$
0.5	0.1915
1.0	0.3413
1.5	0.4332
2.0	0.4772

① 5 ② 6 ③ 7
④ 8 ⑤ 9

STEP Ⓐ **표본평균 $\overline{X}$의 평균 및 표준편차 구하기**

확률변수를 X라 하면 X는 정규분포 $N(100, 3^2)$을 따르고

표본의 크기가 n이므로 표본평균 $\overline{X}$는 정규분포 $N\left(100, \left(\dfrac{3}{\sqrt{n}}\right)^2\right)$을 따른다.

← $E(\overline{X})=m=100$, $\sigma(\overline{X})=\dfrac{\sigma(X)}{\sqrt{n}}=\dfrac{3}{\sqrt{n}}$

STEP Ⓑ **주어진 확률을 표준정규분포를 따르는 확률변수 Z에 대한 식으로 나타내기**

$$P(99.5 \le \overline{X} \le 101.5)=P\left(\frac{99.5-100}{\frac{3}{\sqrt{n}}} \le Z \le \frac{101.5-100}{\frac{3}{\sqrt{n}}}\right)$$
$$=P\left(-\frac{\sqrt{n}}{6} \le Z \le \frac{\sqrt{n}}{2}\right)$$

STEP Ⓒ **표준정규분포표를 이용하여 표본의 크기 n의 값 구하기**

한편 $P(0 \le Z \le 0.5)=0.1915$

$P(0 \le Z \le 1.5)=0.4332$

이므로

$P(-0.5 \le Z \le 1.5)=0.1915+0.4332$
$$=0.6247$$

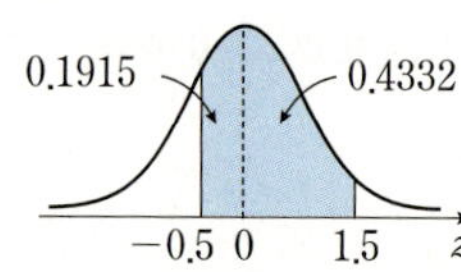

$$P\left(-\frac{\sqrt{n}}{6} \le Z \le \frac{\sqrt{n}}{2}\right)=P(-0.5 \le Z \le 1.5)$$이므로

$\dfrac{\sqrt{n}}{6}=0.5$이고 $\dfrac{\sqrt{n}}{2}=1.5$

따라서 $\sqrt{n}=3$에서 $n=9$

0755

어느 제과점에서 판매되는 찹쌀 도넛의 무게는 평균이 70, 표준편차가 2.5인 정규분포를 따른다고 한다. 이 제과점에서 판매되는 찹쌀 도넛 중 16개를 임의추출하여 조사한 무게의 표본평균을 $\overline{X}$라 하자. $P(|\overline{X}-70| \le a)=0.9544$를 만족시키는 상수 a의 값을 오른쪽 표준정규분포표를 이용하여 구한 것은? (단, 무게의 단위는 g이다.)

z	$P(0 \le Z \le z)$
1.0	0.3413
1.5	0.4332
2.0	0.4772
2.5	0.4938

① 1.00 ② 1.25 ③ 1.50
④ 2.00 ⑤ 2.25

STEP Ⓐ **크기가 16인 표본의 표본평균 $\overline{X}$의 평균 및 표준편차 구하기**

찹쌀도넛의 무게를 확률변수 X라 하면

X는 정규분포 $N(70, 2.5^2)$을 따르고

크기가 16인 표본평균 $\overline{X}$는 정규분포 $N\left(70, \dfrac{2.5^2}{16}\right)$

즉 $N\left(70, \left(\dfrac{5}{8}\right)^2\right)$을 따른다.

STEP Ⓑ **주어진 확률을 표준정규분포를 따르는 확률변수 Z에 대한 식으로 나타내기**

$$P(|\overline{X}-70| \le a)=P(70-a \le \overline{X} \le 70+a)$$
$$=P\left(\frac{-a}{\frac{5}{8}} \le Z \le \frac{a}{\frac{5}{8}}\right)$$
$$=P(-1.6a \le Z \le 1.6a)$$
$$=2P(0 \le Z \le 1.6a)$$

STEP Ⓒ **표준정규분포표를 이용하여 a의 값 구하기**

표준정규분포표에서

$P(0 \le Z \le 2)=0.4772$이므로

$2P(0 \le Z \le 2)=2 \times 0.4772=0.9544$

$2P(0 \le Z \le 1.6a)=2P(0 \le Z \le 2)$

따라서 $1.6a=2$이므로 $a=1.25$

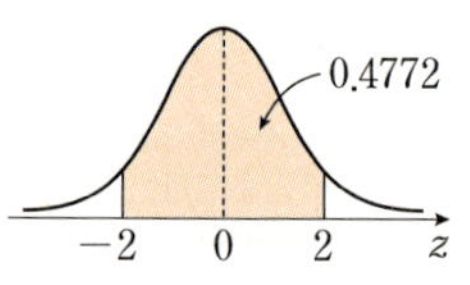

0756

표준편차 σ가 알려진 정규분포를 따르는 모집단에서 크기가 n인 표본을 임의추출하여 얻은 모평균에 대한 신뢰도 95%의 신뢰구간이 $100.4 \le m \le 139.6$이었다. 같은 표본을 이용하여 얻은 모평균에 대한 신뢰도 99%의 신뢰구간에 속하는 자연수의 개수는?
(단, Z가 표준정규분포를 따르는 확률변수일 때, $P(0 \le Z \le 1.96)=0.475$, $P(0 \le Z \le 2.58)=0.495$로 계산한다.)

① 45 ② 47 ③ 49
④ 51 ⑤ 53

STEP Ⓐ **신뢰도 95%의 신뢰구간 구하기**

모표준편차 σ, 표본의 크기 n, 표본평균 $\overline{x}$에 대하여

모평균 m에 대한 신뢰도 95%의 신뢰구간은

$$\overline{x}-1.96\frac{\sigma}{\sqrt{n}} \le m \le \overline{x}+1.96\frac{\sigma}{\sqrt{n}}$$

이고 신뢰구간은 $100.4 \le m \le 139.6$와 일치한다.

STEP B 신뢰구간을 이용하여 $\overline{x}$, $\dfrac{\sigma}{\sqrt{n}}$의 값 구하기

$$\overline{x}-1.96\dfrac{\sigma}{\sqrt{n}}=100.4 \qquad \cdots\cdots \ \text{㉠}$$

$$\overline{x}+1.96\dfrac{\sigma}{\sqrt{n}}=139.6 \qquad \cdots\cdots \ \text{㉡}$$

㉠+㉡을 하면 $2\overline{x}=240$

$\therefore \ \overline{x}=120$

$\overline{x}=120$을 ㉡에 대입하면 $1.96\dfrac{\sigma}{\sqrt{n}}=19.6$

$\therefore \ \dfrac{\sigma}{\sqrt{n}}=10$

STEP C 신뢰도 99%의 신뢰구간 구하기

이때 모평균 m에 대한 신뢰도 99%의 신뢰구간은

$\overline{x}-2.58\dfrac{\sigma}{\sqrt{n}} \le m \le \overline{x}+2.58\dfrac{\sigma}{\sqrt{n}}$ 이므로

$120-2.58\times10 \le m \le 120+2.58\times10$

$\therefore \ 94.2 \le m \le 145.8$

STEP D 자연수의 개수 구하기

따라서 신뢰도 99%의 신뢰구간에 속하는 자연수는 95, 96, $\cdots$, 145이므로 모두 51개이다.

0757

정규분포를 따르고 표준편차가 10인 어느 모집단에서 크기가 4인 표본을 임의추출 하였더니 평균이 30이었다. 이 결과를 이용하여 구한 모평균 m에 대한 신뢰도 95%의 신뢰구간에 속하는 ==자연수의 총합을== a, 모평균 m에 대한 신뢰도 99%의 신뢰구간에 속하는 ==자연수의 총합을== b라 할 때, $b-a$의 값은? (단, Z가 표준정규분포를 따르는 확률변수일 때, $P(0\le Z\le1.96)=0.475$, $P(0\le Z\le2.58)=0.495$이다.)

① 150 ② 160 ③ 170
④ 180 ⑤ 190

STEP A $\overline{x}$, σ, n의 값을 이용하여 신뢰도 95%의 신뢰구간 구하기

$\overline{x}=30$, $\sigma=10$, $n=4$이므로

모평균 m에 대한 신뢰도 95%의 신뢰구간은

$30-1.96\times\dfrac{10}{\sqrt{4}} \le m \le 30+1.96\times\dfrac{10}{\sqrt{4}}$

$30-9.80 \le m \le 30+9.80$, $20.20 \le m \le 39.80$

이므로 이 구간에 속하는 자연수는 21, 22, 23, $\cdots$, 39

STEP B $\overline{x}$, σ, n의 값을 이용하여 신뢰도 99%의 신뢰구간 구하기

$\overline{x}=30$, $\sigma=10$, $n=4$이므로

모평균 m에 대한 신뢰도 99%의 신뢰구간은

$30-2.58\times\dfrac{10}{\sqrt{4}} \le m \le 30+2.58\times\dfrac{10}{\sqrt{4}}$

$30-12.90 \le m \le 30+12.90$, $17.10 \le m \le 42.90$

이므로 이 구간에 속하는 자연수는 18, 19, 20, $\cdots$, 42

STEP C $b-a$의 값 구하기

따라서

$b-a=(18+19+20+21+\cdots+39+40+41+42)-(21+22+\cdots+39)$

$\quad\quad=18+19+20+40+41+42=180$

0758

다음 물음에 답하여라.

(1) 어느 회사에서 생산된 모니터의 수명은 정규분포를 따른다고 한다. 이 회사에서 생산된 모니터 중 임의추출한 100대의 수명의 표본평균이 $\overline{x}$, 표본표준편차가 500이었다. 이 결과를 이용하여 회사에서 생산된 모니터의 수명의 평균을 신뢰도 95%로 추정한 신뢰구간이 $\overline{x}-c \le m \le \overline{x}+c$이다. c의 값을 구하여라. (단, Z가 표준정규분포를 따르는 확률변수일 때, $P(0\le Z\le1.96)=0.4750$이다.)

STEP A 모표준편차 대신 표본표준편차를 이용하여 신뢰구간 구하기

표본의 크기 100이 충분히 크므로 모표준편차 σ는 표본표준편차로 대신하면 즉 $\sigma\fallingdotseq s=500$, $n=100$이고 모평균 m에 대한 신뢰도 95%로 모평균을 추정하면 $P(|Z|\le1.96)=0.95$이므로 $k=1.96$

신뢰구간에 대입하면

$\overline{x}-1.96\times\dfrac{500}{\sqrt{100}} \le m \le \overline{x}+1.96\times\dfrac{500}{\sqrt{100}}$

$\overline{x}-98 \le m \le \overline{x}+98$

따라서 $c=98$

(2) 어느 농가에서 생산하는 석류의 무게는 평균이 m, 표준편차가 40인 정규분포를 따른다고 한다. 이 농가에서 생산하는 석류 중에서 임의추출한 크기가 64인 표본을 조사하였더니 석류 무게의 표본평균의 값이 $\overline{x}$이었다. 이 결과를 이용하여 이 농가에서 생산하는 석류 무게의 평균 m에 대한 신뢰도 99%의 신뢰구간을 구하면 $\overline{x}-c \le m \le \overline{x}+c$이다. c의 값은? (단, 무게의 단위는 g이고, Z가 표준정규분포를 따르는 확률변수일 때, $P(0\le Z\le2.58)=0.495$로 계산한다.)

① 25.8 ② 21.5 ③ 17.2
④ 12.9 ⑤ 8.6

STEP A 주어진 조건을 이용하여 신뢰구간 구하기

표본의 크기가 64이고 표본평균이 $\overline{x}$, 모집단의 표준편차가 40이므로

신뢰도 99%로 모평균 m의 신뢰구간을 추정하면

$\overline{x}-2.58\times\dfrac{40}{\sqrt{64}} \le m \le \overline{x}+2.58\times\dfrac{40}{\sqrt{64}}$

$\therefore \ \overline{x}-12.9 \le m \le \overline{x}+12.9$

따라서 $c=12.9$

0759

다음 물음에 답하여라.

(1) 모표준편차가 3인 정규분포를 따르는 모집단에서 크기가 36인 표본을 임의 추출하여 구한 표본평균이 30일 때, 모평균 m에 대한 신뢰도 95%로 추정한 신뢰구간이 $a \leq m \leq b$이다. 두 상수 a, b에 대하여 $100(b-a)$의 값은? (단, $\mathrm{P}(|Z| \leq 1.96)=0.95$)

① 124   ② 132   ③ 172
④ 185   ⑤ 196

STEP A σ, n, $\bar{x}$의 값을 이용하여 신뢰도 95%의 신뢰구간 구하기

$\sigma=3$, $n=36$, $\bar{x}=30$이므로 모평균 m에 대한 신뢰도 95%의 신뢰구간은

$$30-1.96 \times \frac{3}{\sqrt{36}} \leq m \leq 30+1.96 \times \frac{3}{\sqrt{36}}$$

$$\therefore \ 29.02 \leq m \leq 30.98$$

STEP B $100(b-a)$의 값 구하기

따라서 $a=29.02$, $b=30.98$이므로

$$100(b-a)=100(30.98-29.02)=100 \times 1.96=196$$

다른풀이   신뢰구간의 길이를 이용하여 풀이하기

모평균 m에 대한 신뢰도 95%의 신뢰구간은

$$\bar{x}-1.96 \times \frac{\sigma}{\sqrt{n}} \leq m \leq \bar{x}+1.96 \times \frac{\sigma}{\sqrt{n}}$$

이므로 $a=\bar{x}-1.96 \times \frac{\sigma}{\sqrt{n}}$, $b=\bar{x}+1.96 \times \frac{\sigma}{\sqrt{n}}$

$$b-a=\left(\bar{x}+1.96 \times \frac{\sigma}{\sqrt{n}}\right)-\left(\bar{x}-1.96 \times \frac{\sigma}{\sqrt{n}}\right)=2 \times 1.96 \times \frac{\sigma}{\sqrt{n}}$$

따라서 $\sigma=3$, $n=36$이므로 $100(b-a)=100 \times 2 \times 1.96 \times \frac{3}{\sqrt{36}}=196$

(2) 청소년 가장 가정을 돕기 위해 경찰청에서 기획한 수박판매행사에 사용된 수박의 무게는 표준편차 1kg인 정규분포를 따른다고 한다. 이 수박들 중에서 49개의 수박을 임의추출하여 무게를 조사해보니 평균 9kg이였다. 이 행사에 사용된 수박의 모평균 $m(\mathrm{kg})$을 신뢰도 95%로 추정할 때의 신뢰구간이 $a \leq m \leq b$이다. 이때 $b-a$의 값은? (단, $(\mathrm{P}(|Z| \leq 2)=0.95)$

① $\dfrac{4}{7}$ ② $\dfrac{6}{7}$ ③ $\dfrac{8}{7}$
④ $\dfrac{10}{7}$ ⑤ $\dfrac{12}{7}$

STEP A σ, n, $\bar{x}$의 값을 이용하여 신뢰도 95%의 신뢰구간 구하기

$\sigma=1$, $n=49$, $\bar{x}=9$이므로 모평균 m을 신뢰도 95%로 추정할 때,

$$9-2 \times \frac{1}{\sqrt{49}} \leq m \leq 9+2 \times \frac{1}{\sqrt{49}}$$

즉 $9-\dfrac{2}{7} \leq m \leq 9+\dfrac{2}{7}$

STEP B   신뢰구간의 길이를 비교하여 a, b의 값 구하기

따라서 $a=9-\dfrac{2}{7}$, $b=9+\dfrac{2}{7}$이므로 $b-a=\left(9+\dfrac{2}{7}\right)-\left(9-\dfrac{2}{7}\right)=\dfrac{4}{7}$

0760

다음 물음에 답하여라.

(1) 어느 회사 직원들의 하루 여가 활동 시간은 모평균이 m, 모표준편차가 10인 정규분포를 따른다고 한다. 이 회사 직원 중 n명을 임의추출하여 신뢰도 95%로 추정한 모평균 m에 대한 신뢰구간이

$$38.08 \leq m \leq 45.92$$

일 때, n의 값은? (단, 시간의 단위는 분이고, Z가 표준정규분포를 따르는 확률변수일 때, $\mathrm{P}(|Z| \leq 1.96)=0.95$로 계산한다.)

STEP A σ, n, $\bar{x}$의 값을 이용하여 신뢰도 95%의 신뢰구간 구하기

$\sigma=10$이므로 모평균 m에 대한 신뢰도 95%의 신뢰구간은

$$\bar{x}-1.96 \times \frac{10}{\sqrt{n}} \leq m \leq \bar{x}+1.96 \times \frac{10}{\sqrt{n}}$$

STEP B   주어진 신뢰구간을 이용하여 표본의 크기 n의 값 구하기

$$\left(\bar{x}+1.96 \times \frac{10}{\sqrt{n}}\right)-\left(\bar{x}-1.96 \times \frac{10}{\sqrt{n}}\right)=2 \times 1.96 \times \frac{10}{\sqrt{n}}$$

신뢰도 95%의 신뢰구간 $38.08 \leq m \leq 45.92$이므로

$$45.92-38.08=2 \times 1.96 \times \frac{10}{\sqrt{n}}$$

$$7.84=2 \times 1.96 \times \frac{10}{\sqrt{n}}$$

따라서 $\sqrt{n}=5$이므로 $n=25$

(2) 모표준편차가 4인 정규분포를 따르는 모집단에서 크기가 n인 표본을 임의추출하여 구한 모평균 m에 대한 신뢰도 99%의 신뢰구간이

$$51.76 \leq m \leq 54.34$$

일 때, 자연수 n의 값은? (단, Z가 표준정규분포를 따르는 확률변수일 때, $\mathrm{P}(|Z| \leq 2.58)=0.99$로 계산한다.)

① 25   ② 36   ③ 49
④ 64   ⑤ 81

STEP A σ, n, $\bar{x}$의 값을 이용하여 신뢰도 99%의 신뢰구간 구하기

$\sigma=4$이므로 모평균 m에 대한 신뢰도 99%의 신뢰구간은

$$\bar{x}-2.58 \times \frac{4}{\sqrt{n}} \leq m \leq \bar{x}+2.58 \times \frac{4}{\sqrt{n}}$$

STEP B   주어진 신뢰구간을 이용하여 표본의 크기 n의 값 구하기

$$\left(\bar{x}+2.58 \times \frac{4}{\sqrt{n}}\right)-\left(\bar{x}-2.58 \times \frac{4}{\sqrt{n}}\right)=2 \times 2.58 \times \frac{4}{\sqrt{n}}$$

신뢰도 99%의 신뢰구간 $51.76 \leq m \leq 54.34$이므로

$$54.34-51.76=2 \times 2.58 \times \frac{4}{\sqrt{n}}$$

$$2.58=2 \times 2.58 \times \frac{4}{\sqrt{n}}$$

따라서 $\sqrt{n}=8$이므로 $n=64$

0761

표준편차가 σ인 정규분포를 따르는 모집단에서 크기가 400인 표본을 임의추출하여 구한 모평균 m에 대한 신뢰도 99%의 신뢰구간이

$$81.42 \leq m \leq 86.58$$

일 때, σ의 값은? (단, Z가 표준정규분포를 따르는 확률변수일 때, $P(|Z| \leq 2.58) = 0.99$로 계산한다.)

① 5 ② 10 ③ 15
④ 20 ⑤ 25

STEP Ⓐ σ, n, $\overline{x}$의 값을 이용하여 신뢰도 99%의 신뢰구간 구하기

$n = 400$이므로 모평균 m에 대한 신뢰도 99%의 신뢰구간은

$$\overline{x} - 2.58 \times \frac{\sigma}{\sqrt{400}} \leq m \leq \overline{x} + 2.58 \times \frac{\sigma}{\sqrt{400}}$$

$$\therefore \overline{x} - 0.129\sigma \leq m \leq \overline{x} + 0.129\sigma$$

STEP Ⓑ 주어진 신뢰구간을 이용하여 σ의 값 구하기

$$\left(\overline{x} + 2.58 \times \frac{\sigma}{\sqrt{400}}\right) - \left(\overline{x} - 2.58 \times \frac{\sigma}{\sqrt{400}}\right) = 2 \times 2.58 \times \frac{\sigma}{\sqrt{400}} = 0.258\sigma$$

신뢰도 99%의 신뢰구간 $81.42 \leq m \leq 86.58$이므로

$$86.58 - 81.42 = 0.258\sigma$$

$$5.16 = 0.258\sigma$$

따라서 $\sigma = \dfrac{5.16}{0.258} = 20$

0762

어느 지역의 버스 정류장 사이의 거리는 표준편차가 80m인 정규분포를 따른다. 모평균을 신뢰도 95%로 추정할 때, 모평균과 표본평균의 차가 39.2m 이하가 되기 위한 표본의 크기의 최솟값은?

(단, $P(|Z| \leq 1.96) = 0.95$)

① 9 ② 16 ③ 25
④ 36 ⑤ 49

STEP Ⓐ σ, n, $\overline{x}$의 값을 이용하여 신뢰도 95%의 신뢰구간 구하기

$\sigma = 80$이고 표본평균을 $\overline{X}$, 표본의 크기를 n이라 하면

모평균 m의 신뢰도 95%의 신뢰구간은

$$\overline{X} - 1.96 \times \frac{80}{\sqrt{n}} \leq m \leq \overline{X} + 1.96 \times \frac{80}{\sqrt{n}}$$

STEP Ⓑ 모평균과 표본평균의 차를 이용하여 표본의 크기 n의 최솟값 구하기

$$|m - \overline{X}| \leq 1.96 \times \frac{80}{\sqrt{n}}$$

모평균과 표본평균의 차가 39.2m 이하가 되려면

$$1.96 \times \frac{80}{\sqrt{n}} \leq 39.2, \quad \sqrt{n} \geq 4$$

즉 $n \geq 16$

따라서 표본의 크기의 최솟값은 16

0763

어느 모집단의 확률분포를 표로 나타내면 다음과 같다.

X	0	3	6	합계
$P(X=x)$	$\dfrac{1}{3}$	a	$\dfrac{2}{3} - a$	1

이 모집단에서 크기가 3인 표본을 복원추출하여 구한 표본평균을 $\overline{X}$라 하자. $\overline{X}$의 분산이 $\dfrac{17}{12}$일 때, a의 값은?

① $\dfrac{1}{6}$ ② $\dfrac{1}{5}$ ③ $\dfrac{1}{4}$
④ $\dfrac{1}{3}$ ⑤ $\dfrac{1}{2}$

STEP Ⓐ 확률변수 X의 평균과 분산을 구하기

$$E(X) = 0 \times \frac{1}{3} + 3 \times a + 6 \times \left(\frac{2}{3} - a\right) = 4 - 3a$$

$$E(X^2) = 0^2 \times \frac{1}{3} + 3^2 \times a + 6^2 \times \left(\frac{2}{3} - a\right) = 24 - 27a$$

$$V(X) = E(X^2) - \{E(X)\}^2 = 24 - 27a - (4 - 3a)^2 = -9a^2 - 3a + 8$$

STEP Ⓑ 표본의 크기가 3인 표본평균 $\overline{X}$의 분산을 이용하여 $V(X)$ 구하기

표본의 크기가 3일 때, 표본평균 $\overline{X}$의 분산이 $\dfrac{17}{12}$이므로

$$V(\overline{X}) = \frac{V(X)}{3} = \frac{17}{12} \quad \therefore V(X) = \frac{17}{4}$$

STEP Ⓒ a 구하기

즉 $-9a^2 - 3a + 8 = \dfrac{17}{4}$

$$36a^2 + 12a - 15 = 0, \quad 12a^2 + 4a - 5 = 0, \quad (2a-1)(6a+5) = 0$$

따라서 $a = \dfrac{1}{2} \; (\because a \geq 0)$

0764

어느 모집단의 확률분포를 표로 나타내면 다음과 같다.

X	1	2	4	합계
$P(X=x)$	$\dfrac{1}{4}$	a	b	1

이 모집단에서 크기가 2인 표본을 임의추출하여 구한 표본평균을 $\overline{X}$라 하자. $P(\overline{X}=2) = \dfrac{1}{9}$일 때, $P(\overline{X}=3)$의 값은? (단, a, b는 상수이다.)

① $\dfrac{2}{9}$ ② $\dfrac{5}{18}$ ③ $\dfrac{1}{3}$
④ $\dfrac{7}{18}$ ⑤ $\dfrac{4}{9}$

STEP Ⓐ 확률의 합은 1임을 이용하여 a의 값 구하기

확률의 합은 1이므로 $\dfrac{1}{4} + a + b = 1$

$$\therefore a + b = \frac{3}{4} \quad \cdots\cdots \text{㉠}$$

STEP Ⓑ $P(\overline{X}=2) = \dfrac{1}{9}$임을 이용하여 a, b의 값 구하기

$\overline{X} = \dfrac{X_1 + X_2}{2} = 2$에서 $X_1 + X_2 = 4$인 경우는 $X_1 = X_2 = 2$일 때이므로

$P(\overline{X}=2) = a^2 = \dfrac{1}{9}$에서 $a = \dfrac{1}{3}$, $b = \dfrac{5}{12} \; (\because \text{㉠})$

STEP Ⓒ $P(\overline{X}=3)$의 값 구하기

한편 $\overline{X} = \dfrac{X_1 + X_2}{2} = 3$에서 $X_1 + X_2 = 6$인 경우는 $X_1 = 2$, $X_2 = 4$ 또는

$X_1 = 4$, $X_2 = 2$일 때이므로 $P(\overline{X}=3) = ab + ba = 2ab = 2 \times \dfrac{1}{3} \times \dfrac{5}{12} = \dfrac{5}{18}$

0765

주머니 속에 1의 숫자가 적혀 있는 공 1개, 2의 숫자가 적혀 있는 공 2개, 3의 숫자가 적혀 있는 공 5개가 들어 있다. 이 주머니에서 임의로 1개의 공을 꺼내어 공에 적혀 있는 수를 확인한 후 다시 넣는다. 이와 같은 시행을 2번 반복할 때, 꺼낸 공에 적혀 있는 수의 평균을 $\overline{X}$라 하자. $P(\overline{X}=2)$의 값은?

① $\dfrac{5}{32}$ ② $\dfrac{11}{64}$ ③ $\dfrac{3}{16}$

④ $\dfrac{13}{64}$ ⑤ $\dfrac{7}{32}$

STEP Ⓐ 주머니에서 임의로 꺼낸 1개의 공에 적혀 있는 수 X의 분포를 나타낸 표 만들기

한 번의 시행에서 공에 적혀 있는 수를 확률변수 X라 하면 X의 확률분포를 나타낸 표는 다음과 같다.

X	1	2	3	합계
$P(X=x)$	$\dfrac{1}{8}$	$\dfrac{1}{4}$	$\dfrac{5}{8}$	1

STEP Ⓑ $\overline{X}=2$가 되는 순서쌍을 구한 후 $P(\overline{X}=2)$의 값 구하기

첫 번째, 두 번째 꺼낸 공에 적혀 있는 수의 순서쌍을 (X_1, X_2)라 하면

$\overline{X}=\dfrac{X_1+X_2}{2}=2$이려면 $X_1+X_2=4$이므로

순서쌍은 $(1, 3), (2, 2), (3, 1)$

(i) $(X_1, X_2)=(1, 3)$일 확률은 $\dfrac{1}{8} \times \dfrac{5}{8}=\dfrac{5}{64}$

(ii) $(X_1, X_2)=(2, 2)$일 확률은 $\dfrac{2}{8} \times \dfrac{2}{8}=\dfrac{4}{64}$

(iii) $(X_1, X_2)=(3, 1)$일 확률은 $\dfrac{5}{8} \times \dfrac{1}{8}=\dfrac{5}{64}$

(i)~(iii)에서 $P(\overline{X}=2)=\dfrac{5+4+5}{64}=\dfrac{14}{64}=\dfrac{7}{32}$

0766

어느 학교의 체육대회에서 학급 대항 멀리뛰기 시합을 하는데, 각 학급에서 임의추출한 학생 4명의 멀리뛰기 기록에 대한 표본평균 $\overline{X}$가 상수 L보다 크면 이 학급은 예선을 통과한 것으로 한다. 어느 학급 학생들의 멀리뛰기 기록은 평균 196.8, 표준편차 10인 정규분포를 따른다고 한다. 이 학급이 예선을 통과할 확률이 0.8770일 때, 상수 L의 값을 구한 것은? (단, 멀리뛰기 기록의 단위는 cm이다.)

z	$P(0 \le Z \le z)$
1.07	0.3577
1.16	0.3770
1.18	0.3810
1.27	0.3980

① 190 ② 191 ③ 192

④ 193 ⑤ 194

STEP Ⓐ 크기가 4인 표본의 표본평균 $\overline{X}$의 평균 및 표준편차 구하기

학급의 멀리뛰기 기록을 확률변수 X라 하면 X는 $N(196.8, 10^2)$을 따른다.

크기가 4인 표본의 표본평균을 $\overline{X}$라 하면

$E(\overline{X})=196.8$, $V(\overline{X})=\dfrac{10^2}{4}=5^2$

즉 확률변수 $\overline{X}$는 정규분포 $N(196.8, 5^2)$을 따른다.

STEP Ⓑ 표본평균 $\overline{X}$을 표준화하여 주어진 확률을 만족하는 L의 값 구하기

이때 이 학급이 예선을 통과할 확률은 표본평균 $\overline{X}$가 상수 L보다 클 확률이 0.8770이다.

$P(\overline{X}>L)=0.8770$이므로

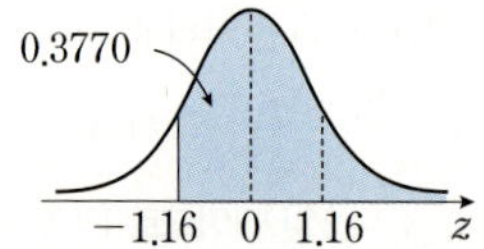

$P\left(Z>\dfrac{L-196.8}{5}\right)$

$=0.5+0.3770$

$=P(Z \ge 0)+P(0 \le Z \le 1.16)$

$=P(Z \ge 0)+P(-1.16 \le Z \le 0)$

$=P(Z \ge -1.16)$ ← $P(Z>-1.16)$와 같다.

따라서 $\dfrac{L-196.8}{5}=-1.16$이므로 $L-196.8=-5.8$ $\therefore L=191$

0767

어느 과자 공장에서 생산하는 과자 A의 무게는 평균 800g, 표준편차 14g인 정규분포를 따른다고 한다. 이 공장에서는 생산 시스템의 이상 여부를 점검하기 위하여 하루에 생산된 과자 A 중에서 크기가 49인 임의표본을 추출하여 과자의 무게에 대한 표본평균 $\overline{X}$를 계산한다. $\overline{X}$가 상수 c보다 작으면 생산 시스템에 이상이 있는 것으로 판단하고 생산 시스템을 점검한다. 이 공장에서 생산 시스템에 이상이 있다고 판단될 확률이 0.02라고 할 때, 상수 c의 값은?

z	$P(0 \le Z \le z)$
1.88	0.47
2.05	0.48
2.33	0.49

① 771.3 ② 784.7 ③ 787.1

④ 791.5 ⑤ 795.9

STEP Ⓐ 크기가 49인 표본의 표본평균의 평균 및 표준편차 구하기

과자 A의 무게를 확률변수 X라 하면 X는 $N(800, 14^2)$을 따른다.

크기가 49인 표본의 표본평균을 $\overline{X}$라 하면

$E(\overline{X})=800$, $V(\overline{X})=\dfrac{14^2}{49}=2^2$

즉 확률변수 $\overline{X}$는 정규분포 $N(800, 2^2)$을 따른다.

STEP Ⓑ 표본평균 $\overline{X}$을 표준화하여 주어진 확률에서 c의 값 구하기

이때 이 공장에서 생산 시스템에 이상이 있다고 판단될 확률이 0.02이다.

$P(\overline{X}<c)=0.02$이므로

$P(\overline{X}<c)=P\left(Z<\dfrac{c-800}{2}\right)$

$=0.5-P\left(\dfrac{c-800}{2} \le Z \le 0\right)$

$=0.02$

$P\left(\dfrac{c-800}{2} \le Z \le 0\right)=P\left(0 \le Z \le \dfrac{800-c}{2}\right)$

$=0.48$

$=P(0 \le Z \le 2.05)$

따라서 $\dfrac{800-c}{2}=2.05$이므로 $c=795.9$

0768

다음 물음에 답하여라.

(1) 어느 회사에서 생산하는 과자 1개의 무게는 평균이 40g, 표준편차가 4g인 정규분포를 따른다고 한다. 이 회사에서는 임의추출한 과자 16개를 한 세트로 포장하여 판매한다. 이 회사의 과자 한 세트를 구입하였을 때, 그 무게가 672g 이상일 확률을 오른쪽 표준정규분포표를 이용하여 구한 것은?
(단, 포장 재료의 무게는 제외한다.)

z	$P(0 \le Z \le z)$
1.0	0.3413
1.5	0.4332
2.0	0.4772
2.5	0.4938

① 0.0118 ② 0.01487 ③ 0.0228
④ 0.0668 ⑤ 0.0778

STEP Ⓐ 표본평균이 구하는 확률 작성하기

과자 16개의 무게가 672g 이상이려면

과자 16개의 무게의 평균이 $\dfrac{672}{16}=42$ 이상이어야 하므로

구하는 확률은 크기가 16인 표본의 표본평균이 42 이상일 확률이다.

STEP Ⓑ 크기가 16인 표본의 표본평균 $\overline{X}$ 의 평균 및 표준편차 구하기

과자 1개의 무게가 정규분포 $N(40, 4^2)$을 따르므로

과자 16개 무게의 평균 $\overline{X}$ 는 정규분포 $N\left(40, \left(\dfrac{4}{\sqrt{16}}\right)^2\right)$

즉 $N(40, 1^2)$을 따른다.

STEP Ⓒ 표준정규분포표를 이용하여 확률 구하기

따라서 임의추출한 과자 16개가 든 과자 한 세트의 무게가 672g 이상일 확률은

$$P\left(\overline{X} \ge \frac{672}{16}\right) = P(\overline{X} \ge 42)$$
$$= P\left(Z \ge \frac{42-40}{1}\right)$$
$$= P(Z \ge 2)$$
$$= P(Z \ge 0) - P(0 \le Z \le 2)$$
$$= 0.5 - 0.4772 = 0.0228$$

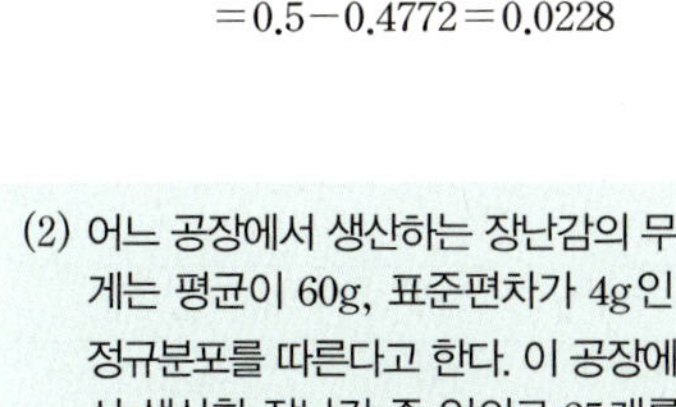

(2) 어느 공장에서 생산하는 장난감의 무게는 평균이 60g, 표준편차가 4g인 정규분포를 따른다고 한다. 이 공장에서 생산한 장난감 중 임의로 25개를 택할 때, 그 무게의 총합이 1550g 이하일 확률을 오른쪽 표준정규분포표를 이용하여 구한 것은?

z	$P(0 \le Z \le z)$
0.5	0.1915
1.0	0.3413
1.5	0.4332
2.5	0.4938

① 0.8413 ② 0.9332 ③ 0.9710
④ 0.9772 ⑤ 0.9938

STEP Ⓐ 표본평균이 구하는 확률 작성하기

장난감 25개의 무게가 1550g 이하이려면

장난감 25개의 무게의 평균이 $\dfrac{1550}{25}=62$ 이하이어야 하므로

구하는 확률은 크기가 25인 표본의 표본평균이 62 이하일 확률이다.

STEP Ⓑ 크기가 25인 표본의 표본평균 $\overline{X}$ 이 평균 및 표준편차 구하기

이 공장에서 생산하는 장난감의 무게를 확률변수 X 라 하면

X 는 정규분포 $N(60, 4^2)$을 따른다.

임의추출한 장난감 25개의 무게의 평균을 표본평균 $\overline{X}$ 라 하면

$\overline{X}$ 는 정규분포 $N\left(60, \dfrac{4^2}{25}\right)$을 따른다. ← $E(\overline{X})=60,\ V(\overline{X})=\dfrac{4^2}{25}$

STEP Ⓒ 표준정규분포표를 이용하여 확률 구하기

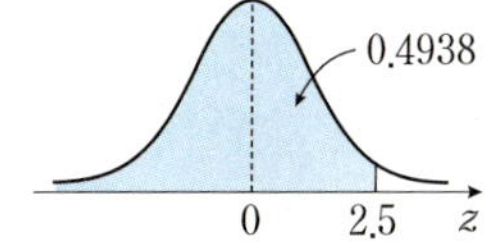

$$P(\overline{X} \le 62) = P\left(Z \le \frac{62-60}{\frac{4}{5}}\right)$$
$$= P(Z \le 2.5)$$
$$= 0.5 + P(0 \le Z \le 2.5)$$
$$= 0.5 + 0.4938 = 0.9938$$

0769

어느 마트에서 판매되는 통조림 한 개의 무게는 정규분포 $N(m, 8^2)$을 따르고, 이 정규분포의 확률밀도함수 $f(x)$는 모든 실수 x 에 대하여

$$f(600-x) = f(600+x)$$

를 만족시킨다. 이 마트에서는 임의로 통조림 4개씩을 한 상자에 포장하여 판매하고 있는데 한 상자에 들어 있는 통조림의 무게의 합이 2360 미만이면 이 상자의 통조림을 다른 것으로 바꿔 다시 포장한다고 한다. 이 마트에서 판매할 포장된 통조림 상자 중 임의로 선택한 통조림 한 상자에 들어 있는 통조림을 다른 것으로 바꿔 다시 포장할 확률을 오른쪽 표준정규분포표를 이용하여 구한 것은? (단, 무게의 단위는 g이다.)

z	$P(0 \le Z \le z)$
0.5	0.1915
1.0	0.3413
1.5	0.4332
2.0	0.4772
2.5	0.4938

① 0.0013 ② 0.0062 ③ 0.0228
④ 0.0668 ⑤ 0.1687

STEP Ⓐ 크기가 4인 표본의 표본평균 $\overline{X}$ 의 평균 및 표준편차 구하기

통조림 한 개의 무게를 확률변수 X 라 하면 확률밀도함수 $f(x)$가 모든 실수 x 에 대하여 $f(600-x)=f(600+x)$가 성립하므로 $f(x)$의 그래프는 직선 $x=600$에 대하여 대칭이다.

즉 평균 $m=600$이고 X 는 정규분포 $N(600, 8^2)$을 따른다.

판매하는 통조림 한 상자에 들어 있는 통조림의 무게의 평균 $\overline{X}$ 는

정규분포 $N\left(600, \left(\dfrac{8}{\sqrt{4}}\right)^2\right)$, 즉 $N(600, 4^2)$을 따른다.

STEP Ⓑ 표본평균 $\overline{X}$ 이 구하는 확률 작성하기

통조림 4개의 무게의 합이 2360 미만이려면

통조림 4개의 무게의 평균이 $\dfrac{2360}{4}=590$ 미만이어야 하므로

구하는 확률은 크기가 4인 표본의 표본평균 $\overline{X}$ 이 590 미만일 확률이다.

STEP Ⓒ 표준정규분포표를 이용하여 확률 구하기

따라서 다시 포장하게 될 확률은

$$P(\overline{X} < 590) = P\left(Z < \frac{590-600}{4}\right)$$
$$= P(Z < -2.5)$$
$$= 0.5 - P(0 \le Z \le 2.5)$$
$$= 0.5 - 0.4938 = 0.0062$$

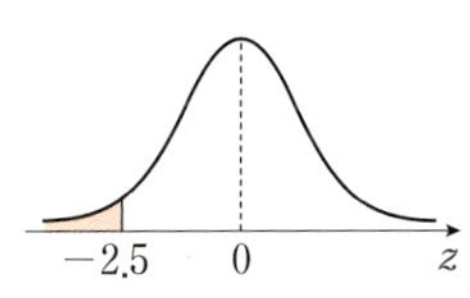

0770

어떤 모집단의 분포가 정규분포 $N(m, 10^2)$을 따르고, 이 정규분포의
확률밀도함수 $f(x)$의 그래프와 구간별 확률은 다음과 같다.

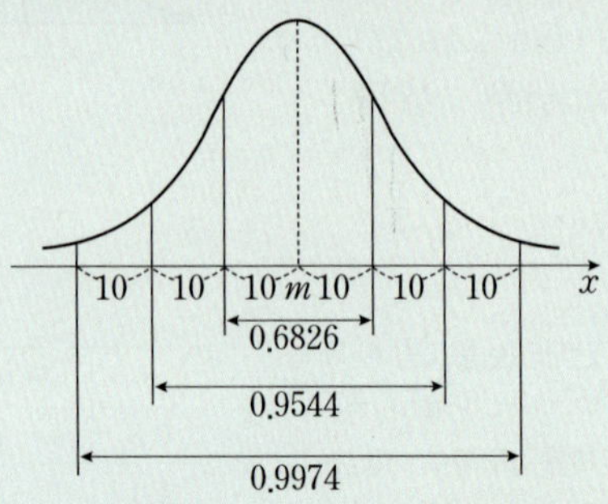

확률밀도함수 $f(x)$는 모든 실수 x에 대하여 $f(x)=f(100-x)$를 만족한
다. 이 모집단에서 크기 25인 표본을 임의추출할 때의 표본평균을 $\overline{X}$라 하
자. $P(44 \leq \overline{X} \leq 48)$의 값은?

① 0.1359　　② 0.1574　　③ 0.1965
④ 0.2350　　⑤ 0.2718

STEP A 주어진 확률밀도함수에서 평균 m 구하기

$f(x)=f(100-x)$에서 확률밀도함수 $f(x)$의 그래프는
직선 $x=50$에 대하여 대칭이므로 $m=50$

STEP B 표본평균 $\overline{X}$의 평균과 분산 구하기

$f(x)$는 정규분포 $N(50, 10^2)$의 확률밀도함수이므로 주어진 정규분포를
표준화시키면 표준정규분포곡선은 다음 그림과 같다.

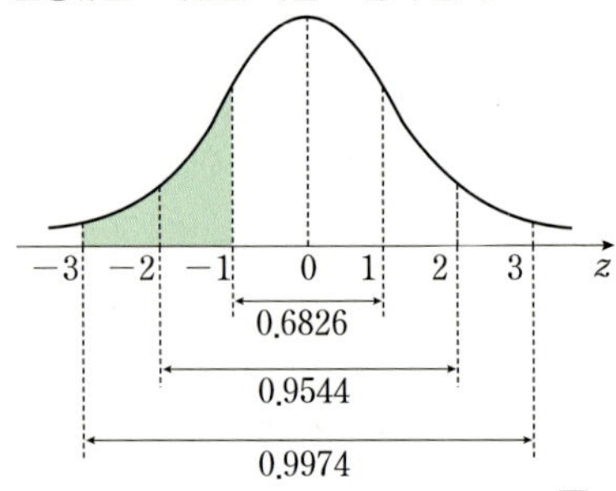

이 모집단에서 크기가 25인 표본을 임의추출한 표본평균 $\overline{X}$라 하면

$$E(\overline{X})=50, \ V(\overline{X})=\frac{10^2}{25}=2^2$$

즉 확률변수 $\overline{X}$는 정규분포 $N(50, 2^2)$을 따른다.

STEP C 표준정규분포표를 이용하여 확률 구하기

따라서 구하는 확률은
$$P(44 \leq \overline{X} \leq 48)$$
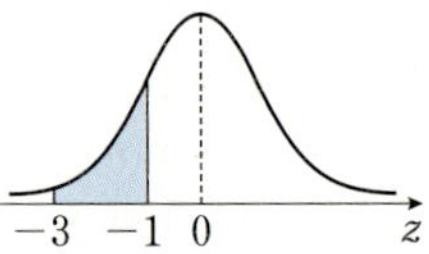
$$=P\left(\frac{44-50}{2} \leq Z \leq \frac{48-50}{2}\right)$$
$$=P(-3 \leq Z \leq -1)$$
$$=P(0 \leq Z \leq 3)-P(0 \leq Z \leq 1)$$
$$=\frac{1}{2} \times 0.9974 - \frac{1}{2} \times 0.6826$$
$$=0.4987-0.3413=0.1574$$

0771

어느 고등학교 신입생의 키는 평균이 168cm이고 표준편차가 2cm인 정규
분포를 따른다. 임의로 뽑은 한 신입생의 키가 164cm 이상 172cm 이하일
확률과 임의추출한 64명의 신입생의 평균키가 $(168-a)$cm 이상
$(168+a)$cm 이하일 확률이 서로 같을 때, a의 값은?

① $\frac{1}{3}$　　② $\frac{1}{4}$　　③ $\frac{1}{2}$

④ $\frac{3}{2}$　　⑤ $\frac{7}{2}$

STEP A 한 신입생의 키를 확률변수 X로 놓고 확률 구하기

임의로 뽑은 한 신입생의 키를 X라고 하면
X는 정규분포 $N(168, 2^2)$을 따른다.

이때 $Z=\dfrac{X-168}{2}$로 놓으면 Z는 표준정규분포 $N(0, 1)$을 따르므로

$$P(164 \leq X \leq 172)=P\left(\frac{164-168}{2} \leq Z \leq \frac{172-168}{2}\right)$$
$$=P(-2 \leq Z \leq 2)$$

STEP B 표본의 크기가 64인 표본평균 $\overline{X}$의 평균과 표준편차 구하기

한편 모집단이 정규분포 $N(168, 2^2)$을 따르고 표본의 크기가 64이므로

표본평균을 $\overline{X}$라고 하면 $\overline{X}$는 정규분포 $N\left(168, \dfrac{2^2}{64}\right)$

즉 $N\left(168, \dfrac{1}{16}\right)$을 따른다.

STEP C $P(164 \leq X \leq 172)=P(168-a \leq \overline{X} \leq 168+a)$을 만족하는 a
구하기

이때 $Z=\dfrac{\overline{X}-168}{\dfrac{1}{4}}$로 놓으면 Z는 표준정규분포 $N(0, 1)$을 따르므로

$$P(168-a \leq \overline{X} \leq 168+a)=P\left(\frac{-a}{\dfrac{1}{4}} \leq Z \leq \frac{a}{\dfrac{1}{4}}\right)$$
$$=P(-4a \leq Z \leq 4a)$$

따라서 $P(-2 \leq Z \leq 2)=P(-4a \leq Z \leq 4a)$이므로 $2=4a$

$$\therefore \ a=\frac{1}{2}$$

0772

이항분포 $B\left(180, \dfrac{1}{6}\right)$을 따르는 모집단에
서 크기가 25인 표본을 임의추출하여 구한
표본평균을 $\overline{X}$라 할 때, $P(28 \leq \overline{X} \leq 29)$
의 값을 오른쪽 표준정규분포표를 이용하
여 구한 것은?

z	$P(0 \leq Z \leq z)$
1.0	0.3413
1.5	0.4332
2.0	0.4772

① 0.0228　　② 0.0668　　③ 0.0919
④ 0.1359　　⑤ 0.1587

STEP A 이항분포를 따르는 확률변수 X의 평균, 분산, 표준편차 구하기

이항분포 $B\left(180, \dfrac{1}{6}\right)$을 따르는 모집단의 확률변수를 X라 하면

X의 평균 m과 표준편차 σ는

$$m=180 \times \frac{1}{6}=30, \ \sigma=\sqrt{180 \times \frac{1}{6} \times \frac{5}{6}}=\sqrt{25}=5$$

STEP B 표본평균 $\overline{X}$의 평균과 분산 구하기

시행횟수 180이 충분히 크므로 확률변수 X는 근사적으로
정규분포 $N(30, 5^2)$을 따른다.

이 모집단에서 임의추출한 크기가 25인 표본평균 $\overline{X}$는

정규분포 $N\left(30, \dfrac{5^2}{25}\right)$, 즉 $N(30, 1^2)$을 따른다.

따라서 구하는 확률은
$$P(28 \le \overline{X} \le 29)$$
$$= P\left(\frac{28-30}{1} \le Z \le \frac{29-30}{1}\right)$$
$$= P(-2 \le Z \le -1)$$
$$= P(1 \le Z \le 2)$$
$$= P(0 \le Z \le 2) - P(0 \le Z \le 1)$$
$$= 0.4772 - 0.3413 = 0.1359$$

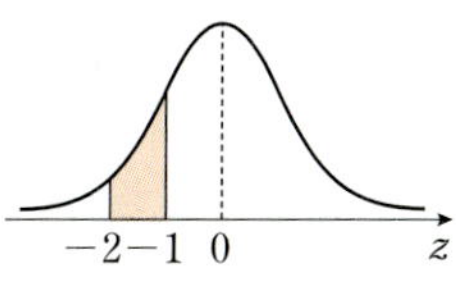

0773

정규분포 $N(10, 2^2)$을 따르는 모집단에서 임의추출한 크기 n인 표본의 표본평균을 $\overline{X}$, 표준정규분포를 따르는 확률변수를 Z라 하자. 옳은 것만을 [보기]에서 있는 대로 고른 것은? (단, a, b는 상수이다.)

> ㄱ. $V(\overline{X}) = \dfrac{4}{n}$
>
> ㄴ. $P(\overline{X} \le 10-a) = P(\overline{X} \ge 10+a)$
>
> ㄷ. $P(\overline{X} \ge a) = P(Z \le b)$이면 $a + \dfrac{2}{\sqrt{n}}b = 10$이다.

① ㄱ   ② ㄴ   ③ ㄱ, ㄷ
④ ㄴ, ㄷ   ⑤ ㄱ, ㄴ, ㄷ

STEP **A** 표본평균 $\overline{X}$ 의 평균과 분산 구하기

모집단의 분포는 정규분포 $N(10, 2^2)$을 따르므로 크기가 n인 표본의 표본평균 $\overline{X}$는 정규분포 $N\left(10, \left(\dfrac{2}{\sqrt{n}}\right)^2\right)$을 따른다.

← $E(\overline{X}) = 10$, $V(\overline{X}) = \dfrac{2^2}{n} = \left(\dfrac{2}{\sqrt{n}}\right)^2$

STEP **B** 표본평균의 성질 이용하여 참, 거짓 판별하기

ㄱ. $V(\overline{X}) = \left(\dfrac{2}{\sqrt{n}}\right)^2 = \dfrac{4}{n}$ [참]

ㄴ. 표본평균 $\overline{X}$가 평균이 10인 정규분포를 따르고
$$\frac{(10-a)+(10+a)}{2} = 10$$이므로
$a < 0$일 때,

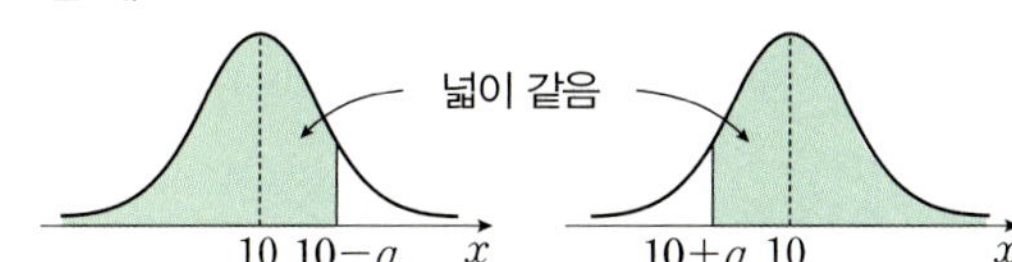

$a > 0$일 때,

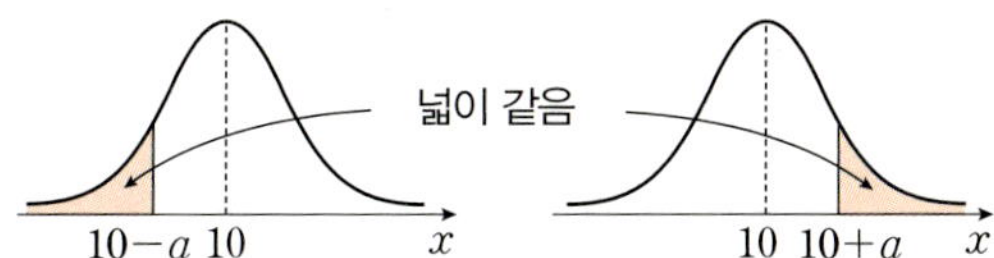

$P(\overline{X} \le 10-a) = P(\overline{X} \ge 10+a)$ [참]

ㄷ. $P(\overline{X} \ge a) = P\left(Z \ge \dfrac{a-10}{\frac{2}{\sqrt{n}}}\right) = P(Z \le b)$

이므로
$$\frac{a-10}{\frac{2}{\sqrt{n}}} = -b, \quad a-10 = -\frac{2}{\sqrt{n}}b$$

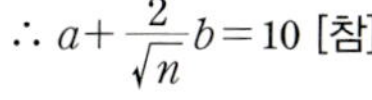

$\therefore a + \dfrac{2}{\sqrt{n}}b = 10$ [참]

따라서 옳은 것은 ㄱ, ㄴ, ㄷ이다.

0774

모평균 75, 모표준편차 5인 정규분포를 따르는 모집단에서 임의추출한 크기 25인 표본의 표본평균을 $\overline{X}$라 하자. 표준정규분포를 따르는 확률변수 Z에 대하여 양의 상수 c가 $P(|Z|>c)=0.06$을 만족시킬 때, [보기]에서 옳은 것을 모두 고른 것은?

> ㄱ. $P(Z>a)=0.05$인 상수 a에 대하여 $c>a$이다.
>
> ㄴ. $P(\overline{X} \le c+75)=0.97$
>
> ㄷ. $P(\overline{X}>b)=0.01$인 상수 b에 대하여 $c<b-75$이다.

① ㄱ   ② ㄷ   ③ ㄱ, ㄴ
④ ㄴ, ㄷ   ⑤ ㄱ, ㄴ, ㄷ

STEP **A** 표본평균 $\overline{X}$ 의 평균과 분산 구하기

표준정규분포곡선에서
$$P(|Z|>c) = P(Z>c) + P(Z<-c)$$
$$= 2P(Z>c) = 0.06$$
이므로
$P(Z>c)=0.03$이고 $P(Z<-c)=0.03$이다.

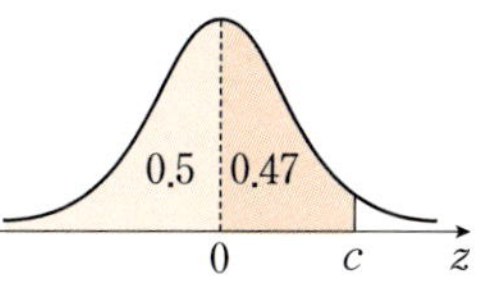

STEP **B** 표본평균의 성질 이용하여 참, 거짓 판별하기

ㄱ. $P(|Z|>c)=0.06$에서
$P(|Z| \le c) = 1 - 0.06 = 0.94$
$P(0 \le Z \le c) = \dfrac{1}{2}P(|Z| \le c) = 0.47$
또, $P(Z>a)=0.05$이면
$P(0 \le Z \le a) = 0.45$
즉 $P(0 \le Z \le a) < P(0 \le Z \le c)$
이므로 $a < c$ [참]

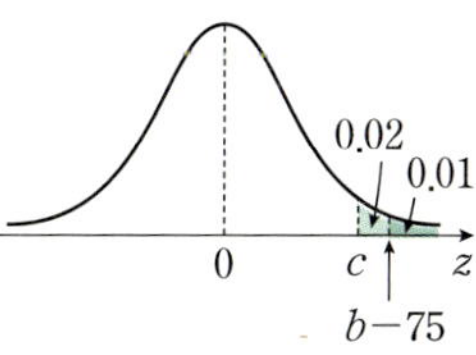

ㄴ. 모집단의 확률변수 X는 정규분포 $N(75, 5^2)$을 따르고 모집단의 크기가 25인 표본을 임의추출 하였으므로
표본평균 $\overline{X}$는 정규분포 $N\left(75, \dfrac{5^2}{25}\right)$, 즉 $N(75, 1^2)$을 따른다.

← $E(\overline{X}) = 75$, $V(\overline{X}) = \dfrac{5^2}{25} = \left(\dfrac{5}{\sqrt{25}}\right)^2$

$P(\overline{X} \le c+75)$
$= P\left(Z \le \dfrac{(c+75)-75}{1}\right)$
$= P(Z \le c)$
$= 0.5 + P(0 \le Z \le c)$
$= 0.5 + 0.47$
$= 0.97$ [참]

ㄷ. $P(\overline{X}>b) = P\left(Z > \dfrac{b-75}{1}\right) = 0.01$
이므로
$P(0 \le Z \le b-75) = 0.49$
$P(0 \le Z \le c) < P(0 \le Z \le b-75)$
이므로 $c < b-75$ [참]

따라서 옳은 것은 ㄱ, ㄴ, ㄷ이다.

0775

어느 공장에서 생산되는 전구의 수명은 정규분포를 따른다고 한다. 이 공장에서 생산된 전구 중 크기가 36인 표본을 임의추출 하여 전구의 수명을 조사하였더니 평균이 860시간, 표준편차가 48시간이었다. 이 공장에서 생산한 전체 전구의 평균수명 m에 대한 신뢰도 $\alpha\%$의 신뢰구간이 $a \le m \le b$일 때, $b-a=24$를 만족한다. 이때 오른쪽 표준정규분포표를 이용하여 α의 값을 구하여라.

z	$P(0 \le Z \le z)$
0.5	0.19
1.0	0.34
1.5	0.43
2.0	0.48

STEP A 모평균 m에 대한 $\alpha\%$의 신뢰구간 구하기

모표준편차를 알 수 없지만 표본의 크기 $n=36$은 충분히 크므로 표본표준편차 $s=48$을 모표준편차 대신 사용할 수 있다.

즉 $\overline{X}=860$, $\sigma=48$, $n=36$이므로 $P(|Z| \le k)=\dfrac{\alpha}{100}$ 라고 할 때,

모평균 m에 대한 $\alpha\%$의 신뢰구간은

$$860-k\frac{48}{\sqrt{36}} \le m \le 860+k\frac{48}{\sqrt{36}}$$

STEP B $b-a=24$을 만족하는 α 구하기

이때 $b-a=2k\dfrac{48}{\sqrt{36}}=24$

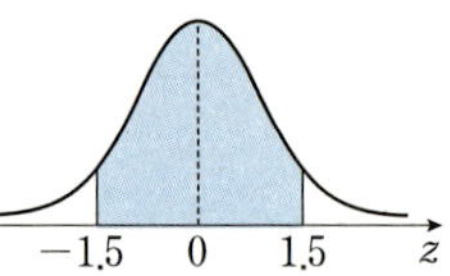

$\therefore k=1.5$

따라서 표준정규분포표에서

$P(|Z| \le 1.5)=2 \times 0.43 = \dfrac{\alpha}{100}$

$\therefore \alpha=86$

0776

어느 과수원에서 수확한 배의 무게는 정규분포를 따른다고 한다. 이 과수원에서 수확한 배 중 100개를 임의추출하여 무게를 측정하였더니 평균이 250g, 표준편차가 sg이었다.

이 과수원에서 수확한 배의 평균 mg에 대한 신뢰도 95%의 신뢰구간이

$$a \le m \le 251.96$$

일 때, $a+s$의 값은? (단, a는 상수) (단, Z가 표준정규분포를 따르는 확률변수일 때, $P(|Z| \le 1.96)=0.95$로 계산한다.)

① 248.04 ② 258.04 ③ 268.04
④ 278.04 ⑤ 288.04

STEP A 신뢰도 95%의 신뢰구간을 이용하여 구하기

$\overline{x}=250$, $n=100$이므로 모평균 m에 대한 신뢰도 95%의 신뢰구간은

$$250-1.96 \times \frac{s}{\sqrt{100}} \le m \le 250+1.96 \times \frac{s}{\sqrt{100}}$$

이므로 신뢰구간이 $a \le m \le 251.96$와 일치한다.

STEP B 신뢰구간을 이용하여 표준편차 s 구하기

즉 $250+1.96 \times \dfrac{s}{\sqrt{100}}=251.96$이므로 $1.96 \times \dfrac{s}{\sqrt{100}}=1.96$

$\therefore s=10$

또한, $250-1.96 \times \dfrac{s}{\sqrt{100}}=a$에서 $250-1.96 \times \dfrac{10}{\sqrt{100}}=248.04$

STEP C $a+s$의 값 구하기

따라서 $a=248.04$, $s=10$이므로 $a+s=258.04$

0777

4, 5, 6, 7의 숫자가 각각 하나씩 적힌 공이 각각 80개, 60개, 40개, 20개가 들어 있는 주머니에서 100개의 공을 임의추출할 때, 공에 적힌 숫자의 평균을 $\overline{X}$라 하자. 이때

$$P(\overline{X} \ge k)=0.0228$$

을 만족시키는 상수 k의 값을 구하는 과정을 표준정규분포를 이용하여 다음 단계로 서술하여라.

z	$P(0 \le Z \le z)$
1.0	0.3413
1.5	0.4332
2.0	0.4772
2.5	0.4938

[1단계] 공에 적힌 숫자를 확률변수 X라 할 때, X의 확률분포를 표로 나타낸다.

[2단계] 확률변수 X의 평균과 표준편차를 구한다.

[3단계] 확률변수 $\overline{X}$의 확률분포를 구한다.

[4단계] 확률변수 Z가 표준정규분포 $N(0, 1)$을 따를 때, $P(\overline{X} \ge k)=P(Z \ge \alpha)$를 만족하는 α의 값을 구한다.

[5단계] $P(\overline{X} \ge k)=0.0228$을 만족하는 상수 k를 구한다.

1단계 공에 적힌 숫자를 확률변수 X 할 때, X의 확률분포를 표로 나타낸다. ◀ 20%

주머니에서 1개의 공을 임의추출할 때, 공에 적힌 숫자를 확률변수 X라 하면 X의 확률분포는 다음 표와 같다.

X	4	5	6	7	합계
$P(X=x)$	$\dfrac{2}{5}$	$\dfrac{3}{10}$	$\dfrac{1}{5}$	$\dfrac{1}{10}$	1

2단계 확률변수 X의 평균과 표준편차를 구한다. ◀ 20%

$E(X)=4 \times \dfrac{2}{5}+5 \times \dfrac{3}{10}+6 \times \dfrac{1}{5}+7 \times \dfrac{1}{10}=5$

$V(X)=4^2 \times \dfrac{2}{5}+5^2 \times \dfrac{3}{10}+6^2 \times \dfrac{1}{5}+7^2 \times \dfrac{1}{10}-5^2=1$

$\sigma(X)=\sqrt{V(X)}=1$

3단계 확률변수 $\overline{X}$의 확률분포를 구한다. ◀ 10%

$n=100$이므로 표본평균 $\overline{X}$는 근사적으로

정규분포 $N\left(5, \left(\dfrac{1}{10}\right)^2\right)$을 따른다. ◀ $E(\overline{X})=m=5$, $V(\overline{X})=\dfrac{1^2}{100}=\left(\dfrac{1}{10}\right)^2$

4단계 확률변수 Z가 표준정규분포 $N(0, 1)$을 따를 때, $P(\overline{X} \ge k)=P(Z \ge \alpha)$을 만족하는 α의 값을 구한다. ◀ 20%

확률변수 $Z=\dfrac{\overline{X}-5}{\dfrac{1}{10}}=10(\overline{X}-5)$는 표준정규분포 $N(0, 1)$을 따르므로

$P(\overline{X} \ge k)=P(Z \ge 10(k-5))$ $\therefore \alpha=10(k-5)$

5단계 $P(\overline{X} \ge k)=0.0228$을 만족하는 상수 k를 구한다. ◀ 30%

$P(\overline{X} \ge k)=0.0228$에서

$P(Z \ge 10(k-5))=0.0228$

$P(0 \le Z \le 10(k-5))=0.5-0.0228$

$\qquad\qquad\qquad =0.4772$

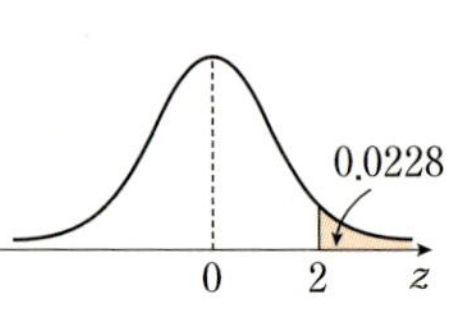

이때 $P(0 \le Z \le 2)=0.4772$이므로

$10(k-5)=2$

따라서 $k=\dfrac{26}{5}$

0778 서술형

어느 공장에서 생산하는 우유의 용량은 평균이 1000mL, 표준편차가 60mL인 정규분포를 따른다고 한다. 이 공장에서 생산하는 우유 중 n개를 임의추출할 때, 표본평균 $\overline{X}$에 대해 오른쪽 표준정규분포표를 이용하여

z	$P(0 \leq Z \leq z)$
1.0	0.3413
1.5	0.4332
2.0	0.4772
2.5	0.4938

$$P(970 \leq \overline{X} \leq 1030) = 0.9544$$

를 만족시키는 n의 값을 구하는 과정을 다음 단계로 서술하여라.

[1단계] $\overline{X}$의 확률분포를 구한다.
[2단계] 확률변수 Z가 표준정규분포 $N(0, 1)$을 따를 때,
$$P(970 \leq \overline{X} \leq 1030) = P(\alpha \leq Z \leq \beta)$$가 되도록 하는 α와 β를 구한다.
[3단계] n의 값을 구한다.

1단계 $\overline{X}$의 확률분포를 구한다. ◀ 20%

우유의 용량을 확률변수 X라 하면 $N(1000, 60^2)$을 따르고 표본의 크기가 n이므로 표본평균 $\overline{X}$는 정규분포 $N\left(1000, \left(\dfrac{60}{\sqrt{n}}\right)^2\right)$을 따른다.

2단계 확률변수 Z가 표준정규분포 $N(0, 1)$을 따를 때, $P(970 \leq \overline{X} \leq 1030) = P(\alpha \leq Z \leq \beta)$가 되도록 하는 α와 β를 구한다. ◀ 40%

$$P(970 \leq \overline{X} \leq 1030) = P\left(\dfrac{970-1000}{\dfrac{60}{\sqrt{n}}} \leq \dfrac{\overline{X}-m}{\dfrac{60}{\sqrt{n}}} \leq \dfrac{1030-1000}{\dfrac{60}{\sqrt{n}}}\right)$$

$$= P\left(-\dfrac{\sqrt{n}}{2} \leq Z \leq \dfrac{\sqrt{n}}{2}\right)$$

이므로 $\alpha = -\dfrac{\sqrt{n}}{2}$, $\beta = \dfrac{\sqrt{n}}{2}$

3단계 n의 값을 구한다. ◀ 40%

$$P\left(-\dfrac{\sqrt{n}}{2} \leq Z \leq \dfrac{\sqrt{n}}{2}\right) = 2P\left(0 \leq Z \leq \dfrac{\sqrt{n}}{2}\right)$$

한편 $P(0 \leq Z \leq 2) = 0.4772$에서

$$2P\left(0 \leq Z \leq \dfrac{\sqrt{n}}{2}\right) = 2 \times 4772 = 0.9544$$

이므로

$$2P\left(0 \leq Z \leq \dfrac{\sqrt{n}}{2}\right) = 2P(0 \leq Z \leq 2)$$

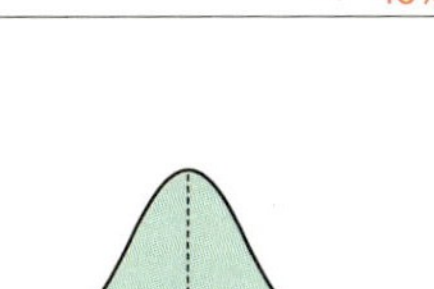

따라서 $\dfrac{\sqrt{n}}{2} = 2$에서 $n = 16$

0779 서술형

정규분포 $N(0, 4^2)$을 따르는 모집단에서 크기가 9인 표본을 임의추출하여 구한 표본평균을 $\overline{X}$, 정규분포 $N(3, 2^2)$을 따르는 모집단에서 크기가 16인 표본을 임의추출하여 구한 표본평균을 $\overline{Y}$라 하자.

$$P(\overline{X} \geq 1) = P(\overline{Y} \leq a)$$

를 만족시키는 상수 a의 값을 구하는 과정을 다음 단계로 서술하여라.

[1단계] $\overline{X}$의 확률분포를 구한다.
[2단계] $\overline{Y}$의 확률분포를 구한다.
[3단계] 확률변수 Z가 표준정규분포 $N(0, 1)$을 따를 때,
$$P(\overline{X} \geq 1) = P(Z \geq \alpha),\ P(\overline{Y} \leq a) = P(Z \leq \beta)$$가 되도록 하는 α와 β를 구한다.
[4단계] $P(\overline{X} \geq 1) = P(\overline{Y} \leq a)$을 만족하는 a의 값을 구한다.

1단계 $\overline{X}$의 확률분포를 구한다. ◀ 20%

정규분포 $N(0, 4^2)$을 따르는 모집단에서 크기가 9인 표본의 표본평균 $\overline{X}$는 정규분포 $N\left(0, \left(\dfrac{4}{3}\right)^2\right)$을 따른다. ◀ $E(\overline{X}) = m = 0$, $V(\overline{X}) = \dfrac{4^2}{9} = \left(\dfrac{4}{3}\right)^2$

2단계 $\overline{Y}$의 확률분포를 구한다. ◀ 20%

정규분포 $N(3, 2^2)$을 따르는 모집단에서 크기가 16인 표본의 표본평균 $\overline{Y}$는 정규분포 $N\left(3, \left(\dfrac{1}{2}\right)^2\right)$을 따른다. ◀ $E(\overline{Y}) = 3$, $V(\overline{Y}) = \dfrac{2^2}{16} = \left(\dfrac{1}{2}\right)^2$

3단계 확률변수 Z가 표준정규분포 $N(0, 1)$을 따를 때, $P(\overline{X} \geq 1) = P(Z \geq \alpha)$, $P(\overline{Y} \leq a) = P(Z \leq \beta)$가 되도록 하는 α와 β를 구한다. ◀ 30%

$$P(\overline{X} \geq 1) = P\left(Z \geq \dfrac{1-0}{\dfrac{4}{3}}\right) = P\left(Z \geq \dfrac{3}{4}\right) \quad \cdots\cdots\ \text{㉠}$$

$$P(\overline{Y} \leq a) = P\left(Z \leq \dfrac{a-3}{\dfrac{1}{2}}\right) = P(Z \leq 2a-6) \quad \cdots\cdots\ \text{㉡}$$

이므로 $\alpha = \dfrac{3}{4}$, $\beta = 2a-6$

4단계 $P(\overline{X} \geq 1) = P(\overline{Y} \leq a)$을 만족하는 a의 값을 구한다. ◀ 30%

㉠, ㉡이 같으므로

$$P\left(Z \geq \dfrac{3}{4}\right) = P(Z \leq 2a-6)$$

따라서 $\dfrac{3}{4} + 2a - 6 = 0$이므로

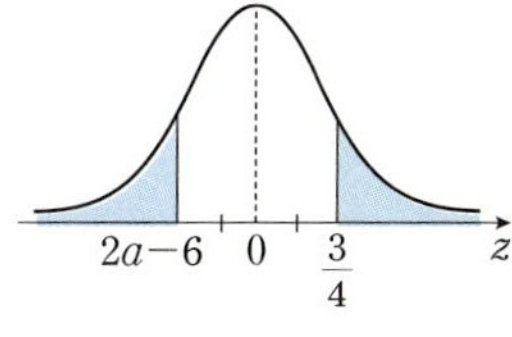

$a = \dfrac{21}{8}$

0780

정규분포 $N(50, 8^2)$을 따르는 모집단에서 크기가 16인 표본을 임의추출하여 구한 표본평균을 $\overline{X}$, 정규분포 $N(75, \sigma^2)$을 따르는 모집단에서 크기가 25인 표본을 임의추출하여 구한 표본평균을 $\overline{Y}$라 하자.

z	$P(0 \leq Z \leq z)$
1.0	0.3413
1.2	0.3849
1.4	0.4192
1.6	0.4452

$$P(\overline{X} \leq 53) + P(\overline{Y} \leq 69) = 1$$

일 때, $P(\overline{Y} \geq 71)$의 값을 오른쪽 표준정규분포표를 이용하여 다음 단계로 서술하여라.

[1단계] $\overline{X}$의 확률분포를 구한다.

[2단계] $\overline{Y}$의 확률분포를 구한다.

[3단계] 확률변수 Z가 표준정규분포 $N(0, 1)$을 따를 때,
$$P(\overline{X} \leq 53) = P(Z \leq \alpha), \ P(\overline{Y} \leq 69) = P(Z \leq \beta)$$가 되도록 하는 α와 β를 구한다.

[4단계] $P(\overline{X} \leq 53) + P(\overline{Y} \leq 69) = 1$을 만족하는 σ을 구한다.

[5단계] $P(\overline{Y} \geq 71)$의 값을 구한다.

1단계 $\overline{X}$의 확률분포를 구한다. ◀ 10%

정규분포 $N(50, 8^2)$을 따르는 모집단에서 임의추출한 표본의 크기가 16인 표본평균 $\overline{X}$는 정규분포 $N\left(50, \left(\dfrac{8}{\sqrt{16}}\right)^2\right)$, 즉 $N(50, 2^2)$을 따른다.

2단계 $\overline{Y}$의 확률분포를 구한다. ◀ 10%

정규분포 $N(75, \sigma^2)$을 따르는 모집단에서 임의추출한 표본의 크기가 25인 표본평균 $\overline{Y}$는 정규분포 $N\left(75, \left(\dfrac{\sigma}{\sqrt{25}}\right)^2\right)$, 즉 $N\left(75, \left(\dfrac{\sigma}{5}\right)^2\right)$을 따른다.

3단계 확률변수 Z가 표준정규분포 $N(0, 1)$을 따를 때, $P(\overline{X} \leq 53) = P(Z \leq \alpha)$, $P(\overline{Y} \leq 69) = P(Z \leq \beta)$하는 α와 β를 구한다. ◀ 20%

$$P(\overline{X} \leq 53) = P\left(\dfrac{\overline{X} - 50}{2} \leq \dfrac{53 - 50}{2}\right) = P(Z \leq 1.5)$$이고

$$P(\overline{Y} \leq 69) = P\left(\dfrac{\overline{Y} - 75}{\dfrac{\sigma}{5}} \leq \dfrac{69 - 75}{\dfrac{\sigma}{5}}\right) = P\left(Z \leq -\dfrac{30}{\sigma}\right)$$이므로

$$\alpha = 1.5, \ \beta = -\dfrac{30}{\sigma}$$

4단계 $P(\overline{X} \leq 53) + P(\overline{Y} \leq 69) = 1$을 만족하는 σ을 구한다. ◀ 30%

$$P(\overline{X} \leq 53) = P(Z \leq 1.5) = 0.5 + P(0 \leq Z \leq 1.5) \quad \cdots\cdots \ \text{㉠}$$

$$P(\overline{Y} \leq 69) = P\left(Z \leq -\dfrac{30}{\sigma}\right) = 0.5 - P\left(0 \leq Z \leq \dfrac{30}{\sigma}\right) \quad \cdots\cdots \ \text{㉡}$$

㉠, ㉡에서

$$P(\overline{X} \leq 53) + P(\overline{Y} \leq 69) = 1$$

이므로

$$P(0 \leq Z \leq 1.5) = P\left(0 \leq Z \leq \dfrac{30}{\sigma}\right)$$

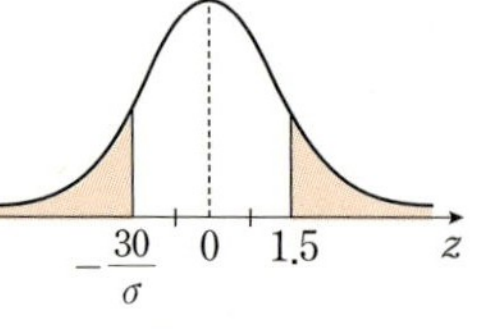

즉 $1.5 = \dfrac{30}{\sigma}$이므로 $\sigma = 20$

5단계 $P(\overline{Y} \geq 71)$의 값을 구한다. ◀ 30%

표본평균 $\overline{Y}$는 정규분포 $N\left(75, \left(\dfrac{20}{5}\right)^2\right)$을 따른다.

따라서 $P(\overline{Y} \geq 71) = P\left(Z \geq \dfrac{71 - 75}{4}\right)$
$$= P(Z \geq -1)$$
$$= 0.5 + P(0 \leq Z \leq 1)$$
$$= 0.5 + 0.3413$$
$$= 0.8413$$

0781

어느 초콜릿 공장에서 만드는 초콜릿 한개의 무게 평균이 30g이고 표준편차가 4g인 정규분포를 따른다고 한다. 이 초콜릿 공장에서는 초콜릿 4개씩 한 상자에 담아서 판매하는데, 4개의 초콜릿을 담은 상자의 무게가 109.76g 이하이면 불량품인 상자로 판정된다고 한다.

z	$P(0 \leq Z \leq z)$
0.58	0.22
1.28	0.40
1.64	0.45
2.00	0.48

이 초콜릿 공장에서 출하한 초콜릿 상자 400개 중에서 불량품인 상자가 28개 이하일 확률을 오른쪽 표준정규분포표를 이용하여 구하는 과정을 다음 단계로 서술하여라. (단, 상자의 무게는 무시한다.)

[1단계] 4개의 초콜릿의 평균 무게를 $\overline{X}$라 할 때, 초콜릿 상자가 불량일 확률을 $\overline{X}$에 관한 식으로 나타낸다.

[2단계] $\overline{X}$의 확률분포를 구한다.

[3단계] 출하한 상자가 불량품일 확률을 구한다.

[4단계] 초콜릿 상자 400개 중에서 불량품인 상자의 수를 확률변수 Y라 할 때, 이항분포를 따르는 확률변수 Y의 평균, 분산, 표준편차를 구한다.

[5단계] 표준정규분포표를 이용하여 불량품인 상자가 28개 이하일 확률을 구한다.

1단계 4개의 초콜릿의 평균 무게를 $\overline{X}$라 할 때, 초콜릿 상자가 불량일 확률을 $\overline{X}$에 관한 식으로 나타낸다. ◀ 20%

초콜릿 4개씩 한 상자에 담아서 판매하는데, 4개의 초콜릿을 담은 상자의 무게가 109.76g 이하이려면

초콜릿 4개의 평균이 $\dfrac{109.76}{4} = 27.44$ 이하이어야 하므로

구하는 확률은 크기가 4인 표본의 표본평균이 27.44 이하일 확률이다.

즉 $P(\overline{X} \leq 27.44)$이다.

2단계 $\overline{X}$의 확률분포를 구한다. ◀ 10%

한 상자에 들어 있는 초콜릿 4개의 평균 무게를 $\overline{X}$라 하면

$\overline{X}$는 정규분포 $N\left(30, \left(\dfrac{4}{\sqrt{4}}\right)^2\right)$, 즉 $N(30, 2^2)$을 따른다.

3단계 출하한 상자가 불량품일 확률을 구한다. ◀ 20%

따라서 출하한 상자가 불량품일 확률은
$$P(4\overline{X} \leq 109.76) = P(\overline{X} \leq 27.44)$$
$$= P\left(Z \leq \dfrac{27.44 - 30}{2}\right)$$
$$= P(Z \leq -1.28)$$
$$= 0.5 - P(0 \leq Z \leq 1.28)$$
$$= 0.5 - 0.4 = 0.1$$

4단계 초콜릿 상자 400개 중에서 불량품인 상자의 수를 확률변수 Y라 할 때 이항분포를 따르는 확률변수 Y의 평균, 표준편차를 구한다. ◀ 30%

한편 초콜릿 상자 400개 중에서 불량품인 상자의 수를 확률변수 Y라 하면 Y는 이항분포 $B(400, 0.1)$를 따르므로

$$E(Y) = 400 \times 0.1 = 40, \ \sigma(Y) = \sqrt{400 \times 0.1 \times 0.9} = \sqrt{36} = 6$$

이때 n이 충분히 큰 수이므로 Y는 근사적으로 정규분포 $N(40, 6^2)$을 따른다.

5단계 표준정규분포표를 이용하여 불량품인 상자가 28개 이하일 확률을 구한다. ◀ 20%

확률변수 $Z = \dfrac{Y - 40}{6}$은 표준정규분포 $N(0, 1)$을 따르므로

따라서 구하는 확률은
$$P(Y \leq 28) = P\left(Z \leq \dfrac{28 - 40}{6}\right)$$
$$= P(Z \leq -2)$$
$$= 0.5 - P(0 \leq Z \leq 2)$$
$$= 0.5 - 0.48 = 0.02$$

TOUGH

0782

어느 공장에서 생산되는 제품의 무게가
정규분포 $N(11,\ 2^2)$을 따른다고 하자.
A와 B 두 사람이 크기가 4인 표본을
각각 독립적으로 임의추출하였다.
A와 B가 추출한 표본의 평균이 모두
10 이상 14 이하가 될 확률을 오른쪽 표
준정규분포표를 이용하여 구한 것은?

z	$P(0 \leq Z \leq z)$
1.0	0.3413
2.0	0.4772
3.0	0.4987

① 0.8123　　② 0.7056　　③ 0.6587
④ 0.5228　　⑤ 0.2944

STEP A　크기가 4인 표본의 표본평균 $\overline{X}$, $\overline{Y}$의 평균 및 표준편차 구하기

제품의 무게를 확률변수 X라 하면 정규분포 $N(11,\ 2^2)$를 따른다.

A가 뽑은 크기 4인 표본의 평균 $\overline{X}$의 정규분포 $N(11,\ 1^2)$

B가 뽑은 크기 4인 표본의 평균 $\overline{Y}$의 정규분포 $N(11,\ 1^2)$

STEP B　표본평균 $\overline{X}$, $\overline{Y}$을 표준화하여 $P(10 \leq \overline{X} \leq 14)$의 값 구하기

A (또는 B)가 추출한 표본의 평균이 10 이상 14 이하가 될 확률은

$P(10 \leq \overline{X} \leq 14)$

$= P\left(\dfrac{10-11}{1} \leq Z \leq \dfrac{14-11}{1}\right)$

$= P(-1 \leq Z \leq 3)$

$= P(-1 \leq Z \leq 0) + P(0 \leq Z \leq 3)$

$= 0.3413 + 0.4987 = 0.84$

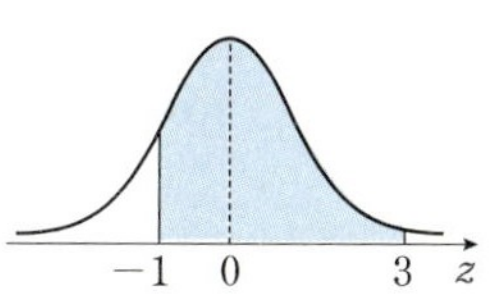

STEP C　두 사건은 서로 독립이므로 확률 구하기

이때 A, B 두 사람이 각각 독립적인 표본을 임의추출 하였으므로
두 사람이 뽑은 표본의 표본평균이 10 이상 14 이하일 확률은 모두 0.84로
같고 두 사건은 서로 독립이다.

따라서 두 표본평균이 모두 10 이상 14 이하일 확률은 $0.84 \times 0.84 = 0.7056$

0783

A고등학교 학생 전체의 1인당 1일 수면
시간은 평균이 m분, 표준편차가 σ분인
정규분포를 따르고, B고등학교 학생
전체의 1인당 1일 수면시간은 평균이
$(m+1)$분, 표준편차가 2σ분인 정규분포
를 따른다고 한다. A고등학교에서 임의
추출한 학생 25명의 1인당 1일 수면시간

z	$P(0 \leq Z \leq z)$
0.5	0.1915
1.0	0.3413
1.5	0.4332
2.0	0.4772
2.5	0.4938

의 평균이 335분 이상일 확률과 B고등학교에서 임의추출한 학생 25명의
1인당 1일 수면시간의 평균이 335분 이상일 확률을 다음 표준정규분포표
를 이용하여 구한 값이 각각 0.0062, 0.1587이다. $m+\sigma$의 값을 구하여라.

STEP A　표본평균 $\overline{X}$, $\overline{Y}$의 평균과 표준편차 구하기

A고등학교 학생 전체의 1인 당 1일 수면시간과 B고등학교 학생 전체의
1인당 1일 수면시간을 각각 확률변수 X, Y라 하면 X는

정규분포 $N(m,\ \sigma^2)$을 따르고, Y는 정규분포 $N(m+1,\ (2\sigma)^2)$을 따른다.
A고등학교에서 임의추출한 학생 25명과 B고등학교에서 임의추출한 학생
25명의 표본평균을 각각 $\overline{X}$, $\overline{Y}$라 하면

$E(\overline{X})=m$, $V(\overline{X})=\left(\dfrac{\sigma}{5}\right)^2$, $E(\overline{Y})=m+1$, $V(\overline{Y})=\left(\dfrac{2\sigma}{5}\right)^2$ 이므로

확률변수 $\overline{X}$는 정규분포 $N\left(m,\ \left(\dfrac{\sigma}{5}\right)^2\right)$을 따르고

확률변수 $\overline{Y}$는 정규분포 $N\left(m+1,\ \left(\dfrac{2\sigma}{5}\right)^2\right)$을 따른다.

STEP B　$P(\overline{X} \geq 335)=0.0062$을 표준정규분포를 따르는 확률변수 Z에
대한 식으로 나타내기

또, 두 확률변수 $Z_1 = \dfrac{\overline{X}-m}{\dfrac{\sigma}{5}}$, $Z_2 = \dfrac{\overline{Y}-m-1}{\dfrac{2\sigma}{5}}$은 모두 표준정규분포

$N(0,\ 1)$을 따른다.

$P(\overline{X} \geq 335) = P\left(Z_1 \geq \dfrac{335-m}{\dfrac{\sigma}{5}}\right)$

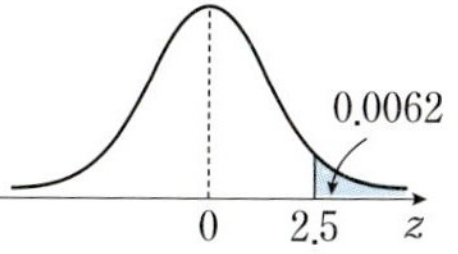

$\qquad\qquad = 0.0062$

$P\left(Z_1 \geq \dfrac{335-m}{\dfrac{\sigma}{5}}\right) = 0.0062$

$\qquad\qquad = 0.5 - 0.4938$

$\qquad\qquad = P(Z_1 \geq 0) - P(0 \leq Z_1 \leq 2.5)$

$\qquad\qquad = P(Z_1 \geq 2.5)$

이때 $\dfrac{335-m}{\dfrac{\sigma}{5}} = 2.5$이므로

$335-m = \dfrac{1}{2}\sigma$　　　$\cdots\cdots$ ㉠

STEP C　$P(\overline{Y} \geq 335)=0.1587$을 표준정규분포를 따르는 확률변수 Z에
대한 식으로 나타내기

$P(\overline{Y} \geq 335) = P\left(Z_2 \geq \dfrac{335-m-1}{\dfrac{2\sigma}{5}}\right)$

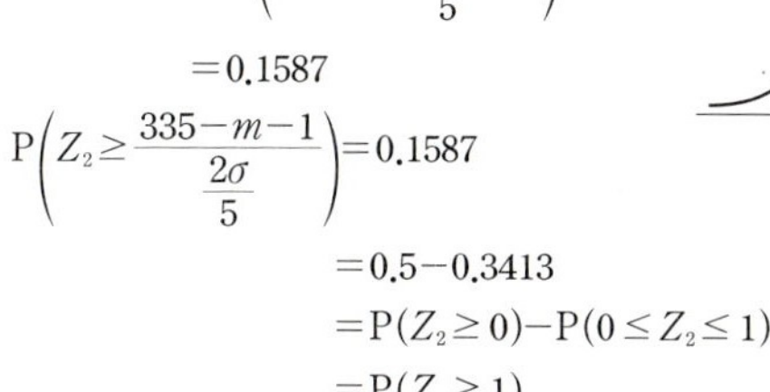

$\qquad\qquad = 0.1587$

$P\left(Z_2 \geq \dfrac{335-m-1}{\dfrac{2\sigma}{5}}\right) = 0.1587$

$\qquad\qquad = 0.5 - 0.3413$

$\qquad\qquad = P(Z_2 \geq 0) - P(0 \leq Z_2 \leq 1)$

$\qquad\qquad = P(Z_2 \geq 1)$

이때 $\dfrac{334-m}{\dfrac{2\sigma}{5}} = 1$이므로

$334-m = \dfrac{2}{5}\sigma$　　　$\cdots\cdots$ ㉡

STEP D　$m+\sigma$의 값 구하기

㉠, ㉡을 연립하여 풀면 $m=330$, $\sigma=10$
따라서 $m+\sigma = 330+10 = 340$

0784

어느 공장에서 생산하는 전구의 수명은 모평균이 1000시간이고 모표준편차가 100시간인 정규분포를 따른다고 한다. 이 공장에서 생산하는 전구 중에서 임의추출한 n개의 표본의 표본평균을 $\overline{X}$ 라고 할 때,

$$P\left(\overline{X} \geq 950 + \frac{172}{\sqrt{n}}\right) \geq 0.90$$

을 만족시키는 n의 최솟값을 오른쪽 표준정규분포표를 이용하여 구한 것은?

z	$P(0 \leq Z \leq z)$
0.58	0.22
1.28	0.40
1.65	0.45

① 26   ② 36   ③ 56
④ 72   ⑤ 92

STEP Ⓐ 크기가 n인 표본의 표본평균 $\overline{X}$의 평균과 표준편차 구하기

모집단이 정규분포 $N(1000, 100^2)$을 따르고 표본의 크기가 n이므로

표본평균 $\overline{X}$는 정규분포 $N\left(1000, \left(\frac{100}{\sqrt{n}}\right)^2\right)$을 따른다.

← $E(\overline{X})=1000$, $V(\overline{X})=\frac{100^2}{n}$

STEP Ⓑ 주어진 확률을 표준정규분포를 따르는 확률변수 Z에 대한 식으로 나타내기

확률변수 $Z = \dfrac{\overline{X}-1000}{\frac{100}{\sqrt{n}}}$ 는 표준정규분포 $N(0, 1)$을 따른다.

$$P\left(\overline{X} \geq 950 + \frac{172}{\sqrt{n}}\right) = P\left(Z \geq \frac{950 + \frac{172}{\sqrt{n}} - 1000}{\frac{100}{\sqrt{n}}}\right)$$

$$= P\left(Z \geq 1.72 - \frac{\sqrt{n}}{2}\right) \geq 0.90$$

STEP Ⓒ 표준정규분포표를 이용하여 자연수 n의 최댓값 구하기

$$P\left(Z \geq 1.72 - \frac{\sqrt{n}}{2}\right) \geq 0.90 = P(Z \geq -1.28)$$

이를 만족시키려면

$1.72 - \frac{\sqrt{n}}{2} \leq -1.28$이어야 하므로

$\sqrt{n} \geq 6$

따라서 $n \geq 36$이므로 자연수 n의
최솟값은 36

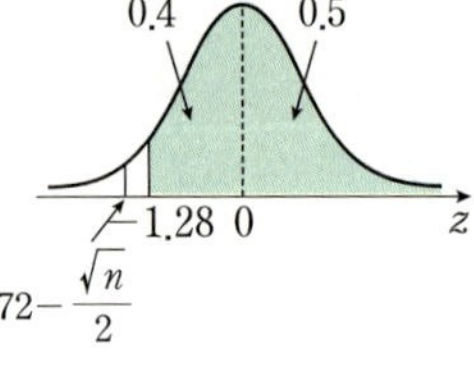

0785

어느 공장에서 생산되는 제품의 길이는 모표준편차가 $\frac{1}{1.96}$인 정규분포를 따른다고 한다. 이 공장에서 생산되는 제품 중에서 임의추출한 10개 제품의 길이를 측정하여 표본평균을 구하였다. 이 표본평균을 이용하여 구한 제품의 길이의 모평균에 대한 신뢰도 95%의 신뢰구간을 $\alpha \leq m \leq \beta$라 하자. α와 β가 이차방정식 $10x^2 - 100x + k = 0$의 두 근일 때, k의 값을 구하여라. (단, 표준정규분포를 따르는 확률변수 Z에 대하여 $P(0 \leq Z \leq 1.96) = 0.4750$이다.)

STEP Ⓐ n, $\overline{x}$의 값을 이용하여 신뢰도 95%의 신뢰구간 구하기

$\sigma = \frac{1}{1.96}$, $n = 10$이므로 모평균의 신뢰도 95%의 신뢰구간은

$$\overline{x} - 1.96 \times \frac{\frac{1}{1.96}}{\sqrt{10}} \leq m \leq \overline{x} + 1.96 \times \frac{\frac{1}{1.96}}{\sqrt{10}}$$

$$\overline{x} - \frac{1}{\sqrt{10}} \leq m \leq \overline{x} + \frac{1}{\sqrt{10}}$$이고

이 신뢰구간이 $\alpha \leq m \leq \beta$와 일치하므로

$$\therefore \alpha = \overline{x} - \frac{1}{\sqrt{10}}, \ \beta = \overline{x} + \frac{1}{\sqrt{10}}$$

STEP Ⓑ 근과 계수의 관계를 이용하여 표본평균 $\overline{x}$의 값 구하기

한편 α, β가 이차방정식 $10x^2 - 100x + k = 0$의 두 근이므로 이차방정식 근과 계수의 관계에 의하여

두 근의 합 $\alpha + \beta = \frac{100}{10} = 10$에서

$$\left(\overline{x} - \frac{1}{\sqrt{10}}\right) + \left(\overline{x} + \frac{1}{\sqrt{10}}\right) = 10$$

즉 $2\overline{x} = 10$이므로 $\overline{x} = 5$

STEP Ⓒ 근과 계수의 관계를 이용하여 k의 값 구하기

두 근의 곱 $\alpha\beta = \frac{k}{10}$

$$\alpha\beta = \left(\overline{x} - \frac{1}{\sqrt{10}}\right)\left(\overline{x} + \frac{1}{\sqrt{10}}\right)$$

$$= \left(5 - \frac{1}{\sqrt{10}}\right)\left(5 + \frac{1}{\sqrt{10}}\right)$$

$$= 25 - \frac{1}{10} = \frac{249}{10}$$

따라서 두 근의 곱이 $\alpha\beta = \frac{k}{10} = \frac{249}{10}$이므로 $k = 249$

다른풀이 신뢰구간의 길이를 이용한 풀이하기

이차방정식 $10x^2 - 100x + k = 0$의 근과 계수의 관계에 의하여

$$\alpha + \beta = \frac{100}{10} = 10, \ \alpha\beta = \frac{k}{10}$$

신뢰구간의 길이는 $\beta - \alpha = 2 \times 1.96 \times \frac{\frac{1}{1.96}}{\sqrt{10}} = \frac{2}{\sqrt{10}}$이므로

$(\alpha - \beta)^2 = (\alpha + \beta)^2 - 4\alpha\beta$에서

$$\alpha\beta = \frac{1}{4}\{(\alpha+\beta)^2 - (\beta-\alpha)^2\} = \frac{1}{4}\left(100 - \frac{4}{10}\right) = \frac{249}{10} = \frac{k}{10}$$

따라서 $k = 249$

0786

어느 고등학교 학생들의 1개월 자율학습실 이용 시간은 평균이 m, 표준편차가 5인 정규분포를 따른다고 한다. 이 고등학교 학생 25명을 임의추출하여 1개월 자율학습실 이용 시간을 조사한 표본평균이 $\overline{x_1}$일 때, 모평균 m에 대한 신뢰도 95%의 신뢰구간이 $80-a \leq m \leq 80+a$이었다.
또, 이 고등학교 학생 n명을 임의추출하여 1개월 자율학습실 이용시간을 조사한 표본평균이 $\overline{x_2}$일 때, 모평균 m에 대한 신뢰도 95%의 신뢰구간이 다음과 같다.

$$\frac{15}{16}\overline{x_1} - \frac{5}{7}a \leq m \leq \frac{15}{16}\overline{x_1} + \frac{5}{7}a$$

$n+\overline{x_2}$의 값은? (단, 이용시간의 단위는 시간이고, Z가 표준정규분포를 따르는 확률변수일 때, $P(0 \leq Z \leq 1.96)=0.475$로 계산한다.)

① 121　　　② 124　　　③ 127
④ 130　　　⑤ 133

STEP A 표본평균이 $\overline{x_1}$일 때, 모평균 m에 대한 신뢰도 95%의 신뢰구간 구하기

$n=25$인 표본평균이 $\overline{x_1}$이므로 모평균 m에 대한 신뢰도 95%의 신뢰구간은

$$\overline{x_1} - 1.96 \times \frac{5}{\sqrt{25}} \leq m \leq \overline{x_1} + 1.96 \times \frac{5}{\sqrt{25}}$$

즉 $\overline{x_1} - 1.96 \leq m \leq \overline{x_1} + 1.96$과 $80-a \leq m \leq 80+a$가 일치해야 한다.

$\therefore \overline{x_1}=80,\ a=1.96$　　　$\cdots\cdots$ ㉠

STEP B 표본평균이 $\overline{x_2}$일 때, 모평균 m에 대한 신뢰도 95%의 신뢰구간 구하기

n명을 임의추출하여 구한 표본평균이 $\overline{x_2}$이므로
모평균 m에 대한 신뢰도 95%의 신뢰구간은

$$\overline{x_2} - 1.96 \times \frac{5}{\sqrt{n}} \leq m \leq \overline{x_2} + 1.96 \times \frac{5}{\sqrt{n}}$$

이고 신뢰구간 $\frac{15}{16}\overline{x_1} - \frac{5}{7}a \leq m \leq \frac{15}{16}\overline{x_1} + \frac{5}{7}a$와 일치한다.

$$\overline{x_2} - 1.96 \times \frac{5}{\sqrt{n}} = \frac{15}{16}\overline{x_1} - \frac{5}{7}a \quad \cdots\cdots ㉡$$

$$\overline{x_2} + 1.96 \times \frac{5}{\sqrt{n}} = \frac{15}{16}\overline{x_1} + \frac{5}{7}a \quad \cdots\cdots ㉢$$

STEP C $n+\overline{x_2}$의 값 구하기

㉡, ㉢에서 $\overline{x_2} = \frac{15}{16}\overline{x_1}$

㉠을 대입하면 $\overline{x_2} = \frac{15}{16}\overline{x_1} = \frac{15}{16} \times 80 = 75$

또한, $1.96 \times \frac{5}{\sqrt{n}} = \frac{5}{7}a$에서 $\sqrt{n} = \frac{1.96 \times 7}{a}$이고

㉠을 대입하면 $n=49$
따라서 $n+\overline{x_2} = 49+75 = 124$